J. von Staudingers
Kommentar zum Bürgerlichen Gesetzbuch
mit Einführungsgesetz und Nebengesetzen
Buch 3 · Sachenrecht
§§ 925–984; Anhang zu §§ 929 ff
(Eigentum 2)

J. von Staudingers
Kommentar zum Bürgerlichen Gesetzbuch
mit Einführungsgesetz und Nebengesetzen

Buch 3
Sachenrecht
§§ 925–984;
Anhang zu §§ 929 ff:
Sonderformen der Übereignung
(Eigentum 2)

Neubearbeitung 2004
von
Karl-Heinz Gursky
Axel Pfeifer
Wolfgang Wiegand

Redaktor
Karl-Heinz Gursky

Sellier – de Gruyter · Berlin

Die Kommentatorinnen und Kommentatoren

Neubearbeitung 2004
§§ 925–928: AXEL PFEIFER
§§ 929–931: WOLFGANG WIEGAND
Anh zu §§ 929 ff: WOLFGANG WIEGAND
§§ 932–950: WOLFGANG WIEGAND
§§ 951–984: KARL-HEINZ GURSKY

Dreizehnte Bearbeitung 1995
§§ 925–928: AXEL PFEIFER
§§ 929–931: WOLFGANG WIEGAND
Anh zu §§ 929 ff: WOLFGANG WIEGAND
§§ 932–950: WOLFGANG WIEGAND
§§ 951–984: KARL-HEINZ GURSKY

12. Auflage
§§ 925–928: Notar RUDOLF ERTL
§§ 929–931: WOLFGANG WIEGAND (1989)
Anh zu §§ 929 ff: WOLFGANG WIEGAND (1989)
§§ 932–936: WOLFGANG WIEGAND (1989)
§§ 937–950: WOLFGANG WIEGAND (1983)
§§ 951–957: KARL-HEINZ GURSKY (1983)
§§ 958–984: KARL-HEINZ GURSKY (1978)

11. Auflage
§§ 925–928: Rechtsanwalt GÜNTHER SEUFERT (1956)
§§ 929–984: Oberlandesgerichtsrat Dr. HANS BERG (1956)

Sachregister

Rechtsanwalt Dr. Dr. VOLKER KLUGE, Berlin

Zitierweise

STAUDINGER/PFEIFER (2004) Vorbem 1 zu §§ 925 ff
STAUDINGER/WIEGAND (2004) Vorbem 1 zu §§ 929 ff
STAUDINGER/GURSKY (2004) § 951 Rn 1

Zitiert wird nur nach Paragraph bzw Artikel und Randnummer.

Hinweise

Das Vorläufige Abkürzungsverzeichnis 1993 für das „Gesamtwerk STAUDINGER" befindet sich in einer Broschüre, die den Abonnenten zusammen mit dem Band §§ 985–1011 (1993) bzw seit 2000 gesondert mitgeliefert wird. Eine aktualisierte Neubearbeitung befindet sich in Vorbereitung und wird den Abonnenten wiederum kostenlos geliefert werden.

Der Stand der Bearbeitung ist jeweils mit Monat und Jahr auf den linken Seiten unten angegeben.

Am Ende eines jeden Bandes befindet sich eine Übersicht über den aktuellen Stand des „Gesamtwerk STAUDINGER".

Die Deutsche Bibliothek verzeichnet diese Publikation in der Deutschen Nationalbibliografie; detaillierte bibliografische Daten sind im Internet über http://dnb.ddb.de abrufbar.

ISBN 3-8059-1008-8

Satz: Federer & Krauß, Augsburg.

Druck: H. Heenemann GmbH & Co., Berlin.

Bindearbeiten: Lüderitz und Bauer, Buchgewerbe GmbH, Berlin.

Umschlaggestaltung: Bib Wies, München.

⊗ Gedruckt auf säurefreiem Papier, das die DIN ISO 9706 über Haltbarkeit erfüllt.

Inhaltsübersicht

Seite[*]

Allgemeines Schrifttum _____ IX

Buch 3 · Sachenrecht
Abschnitt · Eigentum

Titel 2 · Erwerb und Verlust des Eigentums an Grundstücken _____ 1

Titel 3 · Erwerb und Verlust des Eigentums an beweglichen Sachen _____ 157

Untertitel 1 · Übertragung _____ 162
Anhang zu §§ 929–931; Sonderformen der Übereignung _____ 244

Untertitel 2 · Ersitzung _____ 482

Untertitel 3 · Verbindung. Vermischung. Verarbeitung _____ 501

Untertitel 4 · Erwerb von Erzeignissen und sonstigen Bestandteilen einer
Sache _____ 609

Untertitel 5 · Aneignung _____ 648

Untertitel 6 · Fund _____ 684

Sachregister _____ 759

---

* Zitiert wird nicht nach Seiten, sondern nach
Paragraph bzw Artikel und Randnummer; siehe
dazu auch S VI.

Allgemeines Schrifttum

Das Sonderschrifttum ist zu Beginn der einzelnen Kommentierungen bzw in Fußnoten innerhalb der Kommentierung aufgeführt.

ACHILLES/GREIFF/BEARBEITER, BGB (21. Aufl 1958)

Alternativkommentar zum Bürgerlichen Gesetzbuch, Band 4, Sachenrecht (1983); zit: Ak-BGB/Bearbeiter

Anwaltkommentar zum BGB (2003 f, Bd 3 Sachenrecht 2003); zit: AnwK-BGB/BEARBEITER

BAMBERGER/ROTH, Kommentar zum Bürgerlichen Gesetzbuch (3 Bde, 2003)

BAUMBACH/HOPT, Handelsgesetzbuch mit Nebengesetzen (31. Aufl 2003)

BAUMBACH/ALBERS/HARTMANN, Zivilprozeßordnung (62. Aufl 2004)

BAUMGÄRTEL/BEARBEITER, Handbuch der Beweislast im Privatrecht, Band 2: BGB-Sachen-, Familien- und Erbrecht (2. Aufl 1999)

BAUR/STÜRNER, Lehrbuch des Sachenrechts, begründet von F BAUR, fortgeführt von J F BAUR und R STÜRNER (17. Aufl 1999)

BGB-RGRK/BEARBEITER, Das Bürgerliche Gesetzbuch, Band III (12. Aufl 1975 ff)

BIERMANN, Kommentar zum BGB und zu seinen Nebengesetzen, Band III, Das Sachenrecht des BGB (3. Aufl 1914)

BREHM/BERGER, Sachenrecht (2003)

BÜLOW, Recht der Kreditsicherheiten (6. Aufl 2003)

COSACK/MITTEIS, Lehrbuch des Bürgerlichen Rechts, Band 2 (8. Aufl 1927)

CROME, Systems des Bürgerlichen Rechts, Band III, Rechte an Sachen und Rechten (1905)

DASSLER/SCHIFFHAUER/GERHARDT/MUTH, Gesetz über die Zwangsversteigerung und Zwangsverwaltung (12. Aufl 1991)

DERNBURG, Das Sachenrecht des Deutschen Reichs und Preußens (4. Aufl 1908)

ECKERT, Sachenrecht (2. Aufl 2000)

EICHLER, Institutionen des Sachenrechts, Band I, Allgemeiner Teil: Grundlagen des Sachenrechts

(1954); Band II 1, Eigentum und Besitz (1957); Band II 2, Besonderer Teil: Die dinglichen Rechte (1960)

ENDEMANN, Lehrbüch des Bürgerlichen Rechts, Band II (9. Aufl 1905)

ERMAN/BEARBEITER, Handkommentar zum Bürgerlichen Gesetzbuch, Band II (11. Aufl 2004)

GERHARDT, Mobiliarsachenrecht, Besitz – Eigentum – Pfandrecht (5. Aufl 2000); zit: GERHARDT I

GERNHUBER, Bürgerliches Recht (3. Aufl 1991)

J vGIERKE, Das Sachenrecht des Bürgerlichen Rechts (4. Aufl 1959)

GOLDMANN/LILIENTHAL, Das Bürgerliche Gesetzbuch, Band II (2. Aufl 1912 unter Mitwirkung von L STERNBERG)

GOTTWALD, BGB/Sachenrecht (13. Aufl 2002)

GURSKY, Klausurenkurs im Sachenrecht, Fälle und Lösungen (11. Aufl 2003)

ders, 20 Probleme aus dem Sachenrecht (6. Aufl 2004)

Handkommentar zum BGB (3. Aufl 2003); zit: Hk-BGB/BEARBEITER

HARMS, Sachenrecht (4. Aufl 1983)

HECK, Grundriß des Sachenrechts (1930)

HEDEMANN, Sachenrecht des Bürgerlichen Gesetzbuches (3. Aufl 1960)

HUECK/CANARIS, Recht der Wertpapiere (12. Aufl 1986)

JÄCKEL/GÜTHE, Kommentar zum Zwangsversteigerungsgesetz (7. Aufl 1937)

JAEGER, Kommentar zur Konkursordnung (8. Aufl 1958; 9. Aufl, bearbeitet von HENCKEL 1977 ff)

JAUERNIG/BEARBEITER, Bürgerliches Gesetzbuch (11. Aufl 2004)

KOHLER, Lehrbuch des Bürgerlichen Rechts, Band II 2 (1919)

KORINTHENBERG/WENZ, Zwangsversteigerungsgesetz (6. Aufl 1935)

KRETZSCHMAR, Sachenrecht des BGB (1906)

KROPHOLLER, Studienkommentar BGB
(7. Aufl 2004)

LANGE, Sachenrecht des BGB (1967)

LANGE/SCHEYHING/SCHIEMANN, Fälle zum
Sachenrecht (5. Aufl 2002)

MAENNER, Sachenrecht (2. Aufl 1906)

MATTHIASS, Lehrbuch des Bürgerlichen Rechts
(6. Aufl 1914)

MEDICUS, Bürgerliches Recht (19. Aufl 2002)

K MÜLLER, Sachenrecht (4. Aufl 1997)

Münchener Kommentar zum Bürgerlichen
Gesetzbuch. Band 4: Sachenrecht (4. Aufl 2004);
zit: MünchKomm/BEARBEITER

NÜRCK, Sachenrecht mit besonderer Berücksichtigung Elsaß-Lothringens (1909)

PALANDT/BEARBEITER, Bürgerliches Gesetzbuch
(63. Aufl 2004)

PLANCK/BEARBEITER, Kommentar zu BGB,
BGB III/1 (5. Aufl 1933), Band III/2
(5. Aufl 1938)

REINICKE/TIEDTKE, Kreditsicherung
(4. Aufl 2000)

RICHARDI, Wertpapierrecht (1987)

RIMMELSPACHER, Kreditsicherungsrecht
(2. Aufl 1987)

ROSENBERG, Sachenrecht (nur §§ 854-902)
(1919)

SCHAPP/SCHUR, Sachenrecht (3. Aufl 2002)

SCHLEGELBERGER/VOGELS/BEARBEITER, Erläu-
terungswerk zum BGB und zum neuen Volks-
recht, bearbeitet von HESSE, PRITSCH,
VSPRECKELSEN (1939 ff)

SCHREIBER, Sachenrecht (3. Aufl 2000)

SCHWAB/PRÜTTING, Sachenrecht (31. Aufl 2003)

SERICK, Eigentumsvorbehalt und Sicherungsübereignung, Band I: Der einfache Eigentumsvorbehalt (1963); Band II: Die einfache Sicherungsübertragung – 1. Teil (1965); Band III; Die
einfache Sicherungsübertragung – 2. Teil (1970);
Band IV: Verlängerungs- und Erweiterungsformen des Eigentumsvorbehalts und der Sicherungsübereignung – 1. Teil (1976); Band V:
Verlängerungs- und Erweiterungsformen des
Eigentumsvorbehalts und der Sicherungsübertragung – 2. und 3. Teil (1982); Band VI:
Sonstiges – Insolvenzrecht (Vergleich,
Insolvenzrechtsreform (1987); zit: SERICK I – VI

SOERGEL/BEARBEITER, Das Bürgerliche Gesetzbuch, Band 6: Sachenrecht (12. Aufl 1990); Band
14 (Sachenrecht 1, 13. Aufl 2002), Band 16:
(Sachenrecht 3, 13. Aufl 2001)

STEIN/JONAS/BEARBEITER, Kommentar zur ZPO
(21. Aufl 1993 ff; 22. Aufl 2002 ff)

STEINER/BEARBEITER, Zwangsversteigerung und
Zwangsverwaltung (9. Aufl 1984 ff)

STOLL, Grundriß des Sachenrechts (1983)

StudK/BEARBEITER, Studienkommentar zum
BGB (2. Aufl 1979)

TIEDTKE, Gutgläubiger Erwerb im Bürgerlichen
Recht, im Handels- und Wertpapierrecht (1985)

vTUHR, Der Allgemeine Teil des Bürgerlichen
Rechts, Band I (1910); Band II/1 (1914);
Band II/2 (1918)

UHLENBRUCK, Kommentar zur Insolvenzordnung (12. Aufl 2003)

VIEWEG/WERNER, Sachenrecht (2003)

WEBER, Kreditsicherheiten, Recht der Sicherungsgeschäfte (7. Aufl 2002)

H WESTERMANN, Lehrbuch des Sachenrechts
(5. Aufl 1966; Nachtrag 1973)

H WESTERMANN/BEARBEITER, Sachenrecht
(7. Aufl 1998, bearbeitet von H P WESTERMANN,
GURSKY und EICKMANN)

H P WESTERMANN, Sachenrecht, Schwerpunkte
(10. Aufl 2002); zit: WESTERMANN, Schwerpunkte

WIEACKER, Bodenrecht (1938)

WIELING, Sachenrecht (1992); zit: WIELING I
ders, Sachenrecht (4. Aufl 2001); zit: WIELING SR

WILHELM, Sachenrecht (2. Aufl 2002)

WINDSCHEID/KIPP, Lehrbuch des Pandekten-
rechts unter vergleichender Darstellung des
Bürgerlichen Rechts, Band I (9. Aufl 1906)

E WOLF, Lehrbuch des Sachenrechts (2. Aufl
1979)

M WOLF, Sachenrecht (20. Aufl 2004)

WOLFF/RAISER, Sachenrecht (10. Aufl 1957)

ZÖLLNER, Wertpapierrecht (14. Aufl 1987);
zit: ZÖLLNER, WPR

Titel 2
Erwerb und Verlust des Eigentums an Grundstücken

Vorbemerkungen zu §§ 925–928

Systematische Übersicht

I. Überblick zu §§ 925 bis 928
1. Systematische Einordnung _____ 1
2. Das dualistische Prinzip des deutschen Sachenrechts _____ 2
3. Auflassung _____ 3
4. Aneignung _____ 4

II. Vorschriften zum Erwerb und Verlust von Immobiliareigentum
1. Liegenschaftsrecht _____ 5
2. Rechtskonflikte im Bürgerlichen Recht und im IPR _____ 8
3. Schuldrecht _____ 9
4. Güter-, Erb-, Gesellschaftsrecht ____ 11
5. Geltung von Veräußerungs- und Erwerbsbeschränkungen _____ 13

6. Recht der Deutschen Einheit _____ 14

III. Arten des Erwerbs und Verlustes von Immobiliareigentum
1. Rechtsgeschäftliche Übertragung des Eigentums _____ 15
2. Eigentumsübergang kraft Gesetzes _ 16
3. Erwerb und Verlust des Eigentums durch Hoheitsakt _____ 17
4. Eigentumserwerb durch Buchersitzung _____ 18
5. Zur Herrenlosigkeit führender Eigentumsverlust _____ 19
6. Eigentumserwerb im Wege der Aneignung _____ 20
7. Untergang des Grundstücks _____ 21

Alphabetische Übersicht und Schrifttum

Siehe § 925.

I. Überblick zu §§ 925 bis 928

1. Systematische Einordnung

Unter der Überschrift „**Erwerb und Verlust des Eigentums an Grundstücken**" be- **1** handelt das BGB *in §§ 925 bis 928* im Rahmen der Vorschriften des Sachenrechts über das „Eigentum" (§§ 903 ff) *nicht alle Fälle*, sondern nur *zwei* Arten des Eigentumserwerbs am Grundstück (durch Rechtsgeschäft, Aneignung), *drei* Arten des Eigentumsverlustes am Grundstück (durch rechtsgeschäftliche Übertragung, Ausschlußurteil, einseitigen Verzicht) und außerdem *zwei* Arten des Erwerbs und Verlustes des Eigentums am Grundstückszubehör (nach Grundstücksrecht, nach Fahrnisrecht).

2. Das dualistische Prinzip des deutschen Sachenrechts

Alle in §§ 925 bis 928 geregelten Fälle des Erwerbs und Verlustes des Eigentums an **2** einem Grundstück und am Grundstückszubehör (mit Ausnahme des § 927 Abs 1) haben trotz ihrer Unterschiede die bemerkenswerte **Gemeinsamkeit**, *daß sie auf dem dualistischen Prinzip des deutschen Sachenrechts beruhen.* Nach diesem im alten deutschen Recht verwurzelten Grundsatz soll die Übertragung des Eigentums an einer Sache weder durch Einigung allein noch durch Übergabe oder Grundbucheintragung allein erfolgen, sondern durch eine Verbindung des Konsens-, Traditions- und Eintragungsprinzips, damit niemand ohne seinen Willen *(rechtsgeschäftliches Element)* und zum Zweck der Publizität nicht ohne sichtbares Zeichen nach außen *(Sichtbarmachungselement)* das Eigentum an einer Sache erwirbt oder verliert. Von diesem Grundsatz gibt es **Ausnahmen**, zB wenn zwangsläufig das rechtsgeschäftliche Element durch gerichtliches Ausschlußurteil (§ 927 Abs 1) oder in anderen Fällen durch einen öffentlich- oder vollstreckungsrechtlichen Hoheitsakt ersetzt werden muß oder wenn die Grundbucheintragung mit Rücksicht auf die vielfältigen Funktionen des deutschen Grundbuchs nicht mit konstitutiver Wirkung ausgestattet ist. Trotzdem ist das dualistische Prinzip **in abgewandelter Form** durch Hoheitsakt und Grundbucheintragung auch im öffentlichen Bodenrecht (unten Vorbem 17) und Immobiliarvollstreckungsrecht und sogar im formellen Grundbuchrecht zu finden. Denn die Eintragung eines Rechtsverlustes ist grundsätzlich von der Voreintragung des Betroffenen und seiner Bewilligung (§§ 19, 39 Abs 1 GBO) und die Eintragung des rechtsgeschäftlichen (§ 20 GBO) und des außerhalb des Grundbuchs bereits eingetretenen Eigentumserwerbs (§ 22 Abs 2 GBO) von der Zustimmung des Erwerbers zu seiner Eintragung als Eigentümer abhängig (vgl KEHE/MUNZIG § 22 GBO Rn 79).

3. Auflassung

3 Für die **rechtsgeschäftliche Übertragung des Eigentums** an einem Grundstück durch Einigung und Eintragung gelten die Vorschriften der §§ 925, 925 a und 926.

a) § 925 regelt als Sondernorm zu § 873 die zwingenden Anforderungen an die zur rechtsgeschäftlichen Übertragung des Eigentums an einem Grundstück erforderliche Einigung *(Auflassung)*. Abs 1 ist die maßgebliche Vorschrift für die materielle „Auflassungsform", die in der hoheitlichen Mitwirkung eines Staatsorgans an der privatrechtlichen Auflassung besteht (vgl § 925 Rn 75 ff). Abs 2 macht im Interesse der Rechtssicherheit des Grundstücksverkehrs eine unter einer Bedingung und Zeitbestimmung erfolgte Auflassung unwirksam (vgl § 925 Rn 91 ff).

Der **Auflassungsbegriff** ist alt. So bestimmte die erste Kodifikation des Hamburger Stadtrechts, das Ordelbok von 1270: „So we syn erve vorkoft, de schal id deme anderen *uplaten* vor deme rade…" (I art 6; vgl BUCHHOLZ 79, 81). Die Auflassung vor dem Rat nach den Stadtrechten insbesondere der Hansestädte hatte neben verschiedenen Formen der gerichtlichen Auflassung (vgl § 925 Rn 77) im Hochmittelalter eine bunte Fülle deutsch-rechtlicher Formen der Grundstücksübereignung abgelöst, die ursprünglich als ritualisierter Handlungsablauf auf dem veräußerten Grund und Boden selbst vorzunehmen waren. Ein wesentliches Element war hierbei stets der Verzicht (resignatio bzw abdicatio) des Veräußerers, der das Grundstück „verläßt" (vgl BUCHHOLZ 33). **Etymologisch** ist wohl zum Ver*lassen* des Grundstücks die Übertragung *auf* den Erwerber hinzugetreten. So formuliert das Hamburger Stadtrecht in der Fassung der Reform von 1603: „Aber unbewegliche Erbe und Zinse sollen für sitzenden Rath in offener Audientz ver*lassen* und *auf*getragen werden..." (II tit 4 art 4).

b)   § 925 a ist eine der *verfahrensrechtlichen Vorschriften* (nicht die einzige), die jede zur Entgegennahme der Auflassung zuständige Stelle zu beachten hat. Sie dient der Durchsetzung des Beurkundungszwanges für das schuldrechtliche Grundgeschäft (§ 311b Abs 1) und hat die Funktion einer Brücke zwischen dem Verpflichtungs- und Erfüllungsgeschäft (vgl § 925a Rn 3, 4).

c)   § 926 ist eine *Sondervorschrift für das Grundstückszubehör* (§§ 97, 98, 311 c), das trotz seiner Eigenschaft als bewegliche Sache im Zweifel (vgl § 926 Rn 14) mit dem Eigentum am Grundstück gem §§ 873, 925 vom Veräußerer auf den Erwerber übergeht (Abs 1) und vom Erwerber gutgläubig nach den für bewegliche Sachen geltenden Vorschriften (§§ 932 bis 936) erworben werden kann, wenn es nicht dem Veräußerer gehört oder mit Rechten Dritter belastet ist (Abs 2).

4.   Aneignung

Die Vorschriften der §§ 927 und 928 regeln *Fälle des* zur Herrenlosigkeit des **4** Grundstücks führenden *Eigentumsverlustes und* des originären Eigentumserwerbs am herrenlosen Grundstück im Wege *der Aneignung.*

a)   § 927 gibt dem (langjährigen) Eigenbesitzer eines Grundstücks unter bestimmten Voraussetzungen (vgl § 927 Rn 9 ff) das gesetzliche Recht, zuerst den bisherigen Eigentümer aufgrund eines gerichtlichen Aufgebots durch Ausschlußurteil von seinem Recht ausschließen zu lassen (Abs 1) und sich dann aufgrund dieses Urteils das Grundstück dadurch anzueignen, daß er sich als Eigentümer in das Grundbuch eintragen läßt (Abs 2). Die Rechte Dritter, gegen die das Urteil nicht wirkt, bleiben unberührt (Abs 3).

b)   § 928 erlaubt dem Eigentümer die Dereliktion seines Grundstücks durch Verzichtserklärung und deren Eintragung im Grundbuch (Abs 1) und gewährt dem Staat (Landesfiskus) das gesetzliche Recht, sich das dadurch herrenlos gewordene Grundstück (auf gleiche Weise wie § 927 Abs 2) anzueignen (Abs 2). Rechte Dritter bleiben unberührt (vgl § 928 Rn 26 ff).

c)   Der im Wege der **Rechtsfortbildung** aus §§ 927, 928 BGB, Art 190 EGBGB abgeleitete Rechtsgedanke ist die Grundlage für die Aneignung von herrenlosen Grundstücken in den Fällen, die im Gesetz nicht ausdrücklich geregelt sind (vgl § 927 Rn 21; § 928 Rn 23, 24).

II.   Vorschriften zum Erwerb und Verlust von Immobiliareigentum

1.   Liegenschaftsrecht

a)   Die Vorschriften über den Erwerb und Verlust des Eigentums an einem im **5** Bundesgebiet (Art 23 GG) gelegenen Grundstück sind in unserer Rechtsordnung verstreut und gehören überwiegend dem *Bundesrecht,* zum Teil auch dem *Landesrecht* der einzelnen Bundesländer an (vgl Staudinger/Seiler [2000] Einl 95 ff zu §§ 854 ff).

Sie befinden sich **vor allem im Liegenschaftsrecht**, das sich entsprechend der historischen Entwicklung des deutschen Rechts in die Teilgebiete Immobiliarsachenrecht, Grundbuchverfahrensrecht, öffentliches Bodenrecht und Immobiliarvollstreckungsrecht gliedert (vgl STAUDINGER/GURSKY [2000] Vorbem 8 zu §§ 873 ff).

6 b) **Die Geltung der lex rei sitae (Sachstatut)** *für alle dinglichen Rechtsverhältnisse* und die ausschließliche Zuständigkeit der Gerichte des Belegenheitsstaates für Streitigkeiten (vgl § 24 ZPO) sind von altersher gewohnheitsrechtlich anerkannt (vgl STAUDINGER/STOLL [1996] IntSachenR Rn 124 ff mit Einzelheiten Rn 218 ff). Deshalb sind für die in vielfältiger Weise vorgeschriebene Mitwirkung des Staates am rechtsgeschäftlichen und nichtrechtsgeschäftlichen Erwerb und Verlust des Eigentums an einem inländischen Grundstück *nur deutsche Staatsorgane und Amtsträger* (Gerichte, Behörden, Notare) zuständig (vgl § 925 Rn 80 f).

7 c) **Das Verfahrensrecht folgt der lex fori** (vgl STAUDINGER/STOLL [1996] IntSachenR Rn 230). Dies gilt für alle Verfahren, die zum Erwerb und Verlust des Eigentums an einem inländischen Grundstück erforderlich sind, zB für das Verfahren der GBÄmter bei Eintragungen im Grundbuch (§ 1 GBO; BayObLGZ 1986 Nr 16 = Mitt-BayNot 1986, 124, 125), der Gerichte und Behörden bei Genehmigung der Auflassung (vgl § 925 Rn 102) und der zuständigen Stellen bei Entgegennahme der Auflassung (§ 925 Abs 1; vgl § 925a Rn 2). Deshalb sind die Erklärungen der Beteiligten trotz materieller Wirksamkeit in diesen Verfahren nur verwendbar, wenn sie nach Inhalt und Form den Anforderungen des Verfahrensrechts entsprechen (vgl § 925 Rn 7, 8, 101; § 925a Rn 9).

2. Rechtskonflikte im Bürgerlichen Recht und im IPR

8 Trotz des Grundsatzes der *Trennung von Schuld- und Sachenrecht* lassen sich beide Bereiche nicht exakt abgrenzen, wie die vielfältigen Verknüpfungen schuldrechtlicher Beziehungen mit dinglichen Rechtspositionen und die umstrittenen Lösungsversuche zeigen. Zu den Regelungen, die der deutsche Gesetzgeber bewußt aus dem Liegenschaftsrecht ausgeklammert hat, gehören auch die *Vorschriften über bestimmte Vermögensmassen im Ehegüter-, Erb- und Gesellschaftsrecht* der Personen- und Kapitalgesellschaften. Sie enthalten Eingriffe in die Eigentumsverhältnisse an Grundstücken, die zu einem solchen Vermögen (Gesamtgut, Nachlaß, Gesellschaftsvermögen) gehören, eingebracht oder entnommen werden sollen. Der Eigentumsübergang tritt dann abweichend vom dualistischen Prinzip des Sachenrechts (oben Rn 2) kraft Gesetzes ein (unten Rn 15). Es liegt im Wesen sachenrechtlicher Tatbestände, daß sie das Grundstück (iSd BGB), das sog „Grundbuchgrundstück", als unbewegliche Sache (§ 90) und nicht das Grundstück als Teil eines Vermögens oder einer Vermögensmasse erfassen. Deshalb muß nach dem Spezialitätsgrundsatz des Sachenrechts über jedes einzelne Grundstück gesondert verfügt werden (vgl STAUDINGER/DILCHER [1995] Vorbem 8, 17 zu § 90). Die in den Grundstücksverkehr eingreifenden Vorschriften des Schuld-, Güter-, Erb-, Gesellschaftsrechts beruhen auf anderen Grundsätzen als das Liegenschaftsrecht und stehen zum Teil im Widerspruch zu ihnen.

Diese Rechtskonflikte werden durch das deutsche IPR verstärkt, das nicht alle, sondern nur die dinglichen Rechtsverhältnisse an Grundstücken der lex rei sitae unter-

stellt und für die übrigen Rechtsgebiete andere Wege geht, die zum Teil auch keine
Rechtswahl zugunsten des deutschen Rechts zulassen. Die am 1. 9. 1986 in Kraft
getretene Reform des deutschen IPR durch G v 25. 7. 1986 (BGBl I 1142) hat mit den
verschiedenen Vorschriften des EGBGB über eine Rechtswahl erhebliche Erleichterungen für die Anwendung deutschen Rechts gebracht, aber aus verständlichen
Gründen die Konkurrenz zwischen deutschem und ausländischem Recht für die an
inländischen Grundstücken bestehenden Rechtsverhältnisse nicht völlig beseitigt
(vgl zum Gesetzentwurf GEIMER und die Diskussion am Deutschen Notartag 1985; DNotZ-Sonder-
heft 1985, 102 ff). Das jetzt geltende EGBGB ermöglicht aufgrund einer entsprechenden Rechtswahl zB gemäß Art 15 Abs 2; 220 Abs 3 (in Form des Art 14 Abs 4) die
Anwendung der lex rei sitae für die güterrechtlichen Verhältnisse von Ehegatten an
ihrem unbeweglichen Vermögen (vgl § 925 Rn 57), gemäß Art 25 Abs 2 (in Form einer
letztwilligen Verfügung) die Geltung des deutschen Rechts für die Rechtsnachfolge
von Todes wegen an dem im Inland belegenen Vermögen (vgl § 925 Rn 58), gemäß
Art 27 Abs 1 und 2 (mit einer Einschränkung in Abs 3) die Geltung des von den
Parteien gewählten Rechts für vertragliche Schuldverhältnisse (vgl § 925 Rn 59) und
stellt gemäß Art 28 Abs 3 für einen Vertrag, der ein dingliches Recht an einem
Grundstücks oder ein Recht zur Nutzung eines Grundstücks zum Gegenstand hat,
mangels einer Rechtswahl die Vermutung auf, daß er die engsten Beziehungen zu
dem Staat hat, in dem das Grundstück belegen ist.

3. Schuldrecht

a)   Der Unterschied zwischen schuldrechtlichen und dinglichen Rechtsgeschäften,   **9**
den das deutsche Recht macht, ist den meisten fremden Rechtsordnungen unbekannt. Für das *dingliche Verfügungs- und Erwerbsgeschäft* gilt die lex rei sitae
zwingend. Im Gegensatz dazu können die Vertragspartner das *schuldrechtliche
Verpflichtungsgeschäft* (auch den *Grundstückskaufvertrag)* entsprechend den Regeln
des internationalen Schuldrechts einem ausländischen Recht unterstellen (vgl
STAUDINGER/STOLL [1996] IntSachenR Rn 222; STAUDINGER/KÖHLER[12] Vorbem 44 zu § 433) und
trotz des Formzwanges des BGB (§§ 311b Abs 1, 125) materiell formgültig im Ausland schließen, wenn die Erfordernisse des dortigen Ortsrechts (lex loci actus)
eingehalten werden, sofern dessen Anwendbarkeit nicht ausgeschlossen ist (Art 11
Abs 4 EGBGB; vgl STAUDINGER/WINKLER VON MOHRENFELS [2000] Art 11 EGBGB Rn 150 ff,
228 ff, 237 ff; beachte die amtliche Begründung zu Art 11 Abs 4 idF des IPR-Geset-
zes).

b)   Ob bei Verknüpfung schuldrechtlicher Beziehungen mit dinglichen Rechtsposi-   **10**
tionen Schuld- oder Sachenrecht anzuwenden ist, läßt sich nicht allgemeingültig
beantworten. Für *Gemeinschaftsverhältnisse* mehrerer Grundstückseigentümer untereinander (zB Miteigentümer nach Bruchteilen, Wohnungseigentümer), deren
Verdinglichung durch Eintragung im Grundbuch (zB gemäß §§ 1010 BGB, 10
Abs 2 WEG) herbeigeführt wird, kann wohl kaum ausländisches Recht vereinbart
werden. Die *Vormerkung* an einem Grundstück zur Sicherung eines Anspruchs auf
Übertragung des Eigentums (§§ 883 ff) ist ein sachenrechtliches Sicherungsmittel
und richtet sich deshalb nach deutschem Recht, auch wenn der Anspruch nach
fremdem Recht zu beurteilen ist (vgl STAUDINGER/STOLL [1996] IntSachenR Rn 242) wie
bei einer Hypothek an einem deutschen Grundstück für eine fremdem Recht unterstehende Forderung. Müssen *im Grundbuchverfahren* schuldrechtliche Vereinbarun-

gen oder Vollmachten (dazu STAUDINGER/STOLL [1996] IntSachenR Rn 229, 230 mwN) vorgelegt und überprüft werden, so sind sie trotz materieller Wirksamkeit nur verwendbar, wenn sie nach Inhalt und Form die im Grundbuchverfahrensrecht vorgeschriebenen Voraussetzungen erfüllen (vgl § 925 Rn 7, 8, 73, 76, 101; § 925a Rn 9; KEHE/ HERRMANN § 29 GBO Rn 106 ff).

4. Güter-, Erb-, Gesellschaftsrecht

11 a) Das Rechtsverhältnis mehrerer Personen untereinander, denen das Eigentum an einem Grundstück gemeinschaftlich zusteht, richtet sich *nicht nach Sachenrecht*, sondern nach dem für die entsprechende Gemeinschaft geltenden Recht, zB Güterrecht (§§ 1415 ff), Erbrecht (§§ 2032 ff, 2041), BGB-Gesellschaft (§§ 705 ff), OHG (§§ 105 ff HGB), KG (§§ 161 ff HGB), nichtrechtsfähiger Verein (§ 54). Ist dafür nach deutschem IPR fremdes Recht anzuwenden, so ist es für das Gemeinschaftsverhältnis maßgebend und in das Grundbuch einzutragen (vgl § 925 Rn 55, 57; STAUDINGER/STOLL [1996] IntSachenR Rn 186, 188, 191, 195). *Wird der Anteil eines Gesamthänders* (zB ein Erbanteil, nicht das Grundstück) *übertragen, gilt nicht Sachenrecht*, sondern das Recht der jeweiligen Gesamthandsgemeinschaft (vgl § 925 Rn 18, 24 ff). Dies hat die unerwünschte, aber nach geltendem Recht nicht vermeidbare Folge, daß diese Vorschriften auch anzuwenden sind, wenn sie vom Grundstücksrecht wesentlich abweichen, zB wenn das Eintragungsprinzip nicht gilt, abweichend von § 925 Abs 1 kein materieller Formzwang (auch keine Beurkundungspflicht) besteht oder wenn im Gegensatz zu § 925 Abs 2 eine bedingte oder befristete Übertragung des Anteils zulässig ist, wie zB bei der bedingten oder befristeten Übertragung eines Erbanteils oder Gesellschafteranteils (vgl STAUDENMAIER BWNotZ 1959, 191; KELLER BWNotZ 1962, 286; WINKLER MittBayNot 1978, 1).

12 b) Ob für die **Einbringung eines Grundstücks in ein Sondervermögen oder für die Entnahme daraus** Sachenrecht gilt oder nicht gilt, dafür gibt es *keine allgemeingültige Regel*. Deshalb ist in jedem Einzelfall zu prüfen, ob *Auflassung und Eintragung* im Grundbuch erforderlich sind (§§ 873, 925) *oder* ob das für die Gesamthand geltende (deutsche oder ausländische) Recht eine *Ausnahme* davon macht (vgl § 925 Rn 18, 23 ff; STAUDINGER/STOLL [1996] IntSachen Rn 188, 191, 195). Dem zugunsten des Eigentumsüberganges kraft Güterrechts vorgebrachten Argument, die notarielle Beurkundung des Ehevertrages (§ 1410) sei der Auflassungsform ebenbürtig, kann nicht gefolgt werden. Denn beide Formen haben nur zum Teil die gleichen Funktionen. Der Ehevertrag kann bei Wahrung der Ortsform auch im Ausland vereinbart werden, die Auflassung nur vor einem deutschen Staatsorgan (vgl § 925 Rn 75, 80, 81; STAUDINGER/THIELE [2000] § 1410 Rn 9). Die sachenrechtliche Lösung stützt sich auf das dualistische Prinzip (oben Rn 2), also auf die Funktionen der Auflassung und der Eintragung, dient der Sicherheit des Grundstücksverkehrs, entspricht dem Prinzip der Einzelübertragung und der ausschließlichen Geltung der lex rei sitae und verdient deshalb in Zweifelsfällen den Vorzug vor dem güter-, erb- oder gesellschaftsrechtlichen Eigentumsübergang außerhalb des Grundbuchs. Aus dem gleichen Grund spricht das deutsche Sachstatut hinsichtlich der in Deutschland belegenen Sachen einem Gesamtakt die dingliche Wirkung ab und verlangt Einzelübertragung eines jeden Grundstücks nach deutschem Grundstücksrecht (§§ 873, 925), auch wenn das (im übrigen) maßgebliche ausländische Vermögensstatut einen Gesamtakt zuläßt, zB die Übertragung des zu einem Unternehmen gehörenden Vermögens uno actu (vgl STAUDINGER/STOLL [1996] IntSachenR Rn 195).

5. Geltung von Veräußerungs- und Erwerbsbeschränkungen

a)   **Die Fähigkeit zum Eigentumserwerb** an einem deutschen Grundstück ist *nach*   **13** *deutschem Recht* zu beurteilen, das viele Arten von Beschränkungen des grundsätzlich freien Verkehrs mit Grundstücken kennt. Sie befinden sich im Bundes- und Landesrecht, privaten und öffentlichen Recht. Sie können auf Gesetz, gerichtlichem oder behördlichem Hoheitsakt, nur in den gesetzlich ausdrücklich zugelassenen Fällen auf rechtsgeschäftlicher Vereinbarung (zB § 12 Abs 1 WEG) beruhen und die Veräußerung oder den Erwerb des Eigentums einschränken (vgl § 925 Rn 48, 102; STAUDINGER/GURSKY [2000] § 873 Rn 92, 93). Eine allgemeine gesetzliche Regelung, wonach jeder rechtsgeschäftliche Eigentumserwerb an jedem deutschen Grundstück von einer behördlichen Genehmigung abhängig ist, gibt es in unserer Rechtsordnung nicht. Der Erwerb von Immobiliareigentum durch Ausländer, der landesrechtlich beschränkt werden könnte, ist derzeit keinen Beschränkungen unterworfen.

b)   **Veräußerungsbeschränkungen des ausländischen Rechts**, das nach deutschem IPR maßgebend ist, sind auch bezüglich der in Deutschland gelegenen Grundstücke grundsätzlich anzuerkennen. Absoluten Veräußerungsverboten des ausländischen Rechts, die die Verkehrsfähigkeit des Grundstücks (§ 903) ausschließen und ein gebundenes Grundvermögen schaffen würden, und rechtsgeschäftlichen Veräußerungsbeschränkungen, die gegen § 137 S 1 als Grundvorschrift des Zivilrechts verstoßen (vgl STAUDINGER/KOHLER [2003] § 137 Rn 3), ist im deutschen Recht die dingliche Wirkung und die Eintragungsfähigkeit im Grundbuch zu versagen (vgl STAUDINGER/ STOLL [1996] IntSachenR Rn 188).

6. Recht der Deutschen Einheit

a)   Unter den Problemen, die bei der **Rechtangleichung im Zuge der Herstellung**   **14** **der Deutschen Einheit** zu lösen waren und sind, nimmt die Überleitung der Ergebnisse der Anwendung des Liegenschaftsrechts der ehemaligen DDR, das systembedingt von den Wert- und Ordnungsvorstellungen des BGB und der GBO weit abgerückt war (vgl STAUDINGER/SEILER [2000] Einl 101 ff zu §§ 854 ff), einen besonders wichtigen Platz ein. Wie für die meisten Rechtsgebiete enthält auch für den Anwendungsbereich der §§ 925 bis 928 bereits der *Einigungsvertrag* vom 31. 8. 1990 (BGBl II 889) die wesentlichen Grundentscheidungen. Hervorzuheben sind insbesondere: die grundsätzliche Anerkennung der Eigentumsveränderungen durch die sog Bodenreform, die Beibehaltung des Grundstücksverkehrsgenehmigungsverfahrens (nunmehr mit dem Zweck, die Berechtigung vermögensrechtlicher Ansprüche zu prüfen) und die Einordnung des Gebäudeeigentums als grundstücksgleiches Recht, das gemäß § 925 übertragen wird. In der Rechtsanwendung offenbarte sich dann aber bald eine Fülle von Regelungslücken und -widersprüchen, durch die sich der Gesetzgeber zu Neuregelungen in immer schnellerem Rhythmus genötigt sah. Folgende Komplexe sollen hier angesprochen werden:

b)   Das **Zivilgesetzbuch** der ehemaligen DDR hat die **Auflassung nicht gekannt**. Anstelle der Auflassung verlangte § 297 ZGB (DDR) „die unbedingte und unbefristete Erklärung des Veräußerers und des Erwerbers, daß das Eigentum an dem Grundstück auf den Erwerber übergehen soll". Trotz der Ähnlichkeit der Regelungen in ZGB und BGB hat es die Rechtsprechung nach dem 3. 10. 1990 teilweise abgelehnt, in entsprechenden Erklärungen der Parteicn im Wege der Auslegung eine Auflassung zu erblicken (vgl die durch die spätere Rechtsentwicklung überholte Entscheidung BezG Dresden MittBayNot 1992, 141). Neue, mit dem *Zweiten Vermögensrechtsänderungsgesetz* einge-führte Übergangsvorschriften haben hier für Heilung gesorgt (vgl § 925 Rn 80).

Bis zum Inkrafttreten des ZGB am 1. Januar 1976 richtete sich der Eigentumsüber-gang gem § 2 Abs 2 S 2 EGZGB nach den bis dahin geltenden Vorschriften des BGB. Zuständige Stellen für die Entgegennahme der danach erforderlichen Auf-lassung waren der Rat des Kreises, Abteilung Kataster (als Nachfolger des Grund-buchamtes gem § 7 Abs 1 ÜbertrVO v 15. 10. 1952, GBl I 1057), die noch amtie-renden Einzelnotare, die Staatlichen Notariate und – beschränkt auf den Abschluß von Vergleichen – die Gerichte (vgl zur Übertragung von Grundstücken der *Kon-sumgenossenschaften* in Volkseigentum BGHZ 136, 228).

c) Bei **Bodenreformgrundstücken** erfolgte weder die seinerzeitige Landzuteilung an die sog Neubauern (aufgrund weitgehend inhaltsgleicher Bodenreformverord-nungen der Länder der früheren sowjetischen Besatzungszone) noch die spätere Übertragung des Grundbesitzes (aufgrund BesitzwechselVO) im Wege der Auflas-sung und Eintragung, sondern jeweils durch Hoheitsakt außerhalb des Grundbuchs (vgl BGH Rpfleger 1995, 63). Die berichtigende Grundbucheintragung unterblieb viel-fach, teilweise erfolgte umgekehrt eine Umschreibung im Grundbuch ohne Vorlie-gen der Voraussetzungen der BesitzwechselVO; ungeregelt war die Rechtsnachfolge von Todes wegen (vgl PALANDT/BASSENGE Art 233 § 11 EGBGB Rn 2, 3). Die Vererblich-keit ist von der Rspr erst nach langem Hin und Her anerkannt worden (BGHZ 140, 223, 226 gegen BGHZ 132, 71, 73). Die deshalb besonders schwierige Abwicklung der Bodenreform regelt der durch das *2. VermRÄndG* eingefügte zweite Abschnitt des Art 233 EGBGB, §§ 11 bis 16 (dazu ausführlich STAUDINGER/RAUSCHER [2003] Vorbem und Kommentierung zu Art 233 §§ 11 bis 16 EGBGB; BÖHRINGER Rpfleger 1993, 89), in wichtigen Punkten geändert durch das *Registerverfahrensbeschleunigungsgesetz* vom 20. 12. 1993 (vgl VOSSIUS MittBayNot 1994, 10, 14 f), neu bekanntgemacht aufgrund des *Sachenrechtsänderungsgesetzes* vom 21. 9. 1994 (BGBl I 2494) und nochmals geändert durch das *Wohnraummodernisierungsgesetz* vom 17. 7. 1997 (BGBl I 1823). Art 233 § 11 Abs 3 EGBGB gibt dem Berechtigten einen *Anspruch auf Auflassung* des Grundstücks an sich. Zur Bewertung der dadurch statuierten Pflicht zur unentgelt-lichen Auflassung vererbten Bodenreformlands als unzulässige entschädigungslose Enteignung EGMR NJW 2004, 923; BÖHRINGER Rpfleger 2004, 267.

d) Grundsätzlich bedarf auch nach der Neufassung der Grundstücksverkehrsord-nung vom 20. 12. 1993 (BGBl I 2182) jede Auflassung eines Grundstücks im Gebiet der ehemaligen DDR einer **Grundstücksverkehrsgenehmigung** (§ 925 Rn 102). Dies gilt auch für Alt- und „Uraltverträge", also die Vollziehung vor dem 3. 10. 1990 erklärter Auflassungen (so für einen Vertrag aus dem Jahre 1947 OLG Brandenburg DNotI-Re 1996, 206). Eine wesentliche Erleichterung des Rechtsverkehrs haben aber die Aus-nahmeregelungen des § 2 Abs 1 S 2 GVO mit sich gebracht, wonach eine GVO-Genehmigung insbesondere dann nicht mehr erforderlich ist, wenn eine solche für dasselbe Grundstück schon einmal erteilt worden ist (Nr 1).

e)   Zum Eigentumsübergang aufgrund **TreuhandG** unten Rn 16; zur Behandlung des **Gebäudeeigentums** § 925 Rn 22, § 927 Rn 6 und § 928 Rn 8; zu den einschlägigen Regelungen des **SpTrUG** und des **LwAnpG** § 925 Rn 27, 28; zum Eigentumsübergang durch **Restitutionsentscheidung** des Vermögensamts § 925 Rn 31; zu den Sondervorschriften gegenüber § **927** dort Rn 7 und gegenüber § **928** dort Rn 5.

III.   Arten des Erwerbs und Verlustes von Immobiliareigentum

1.   Rechtsgeschäftliche Übertragung des Eigentums

a)   Dazu gehört der im Grundstücksverkehr wichtigste Fall der Eigentumsüber- **15** tragung vom Veräußerer an den Erwerber *durch Auflassung und Eintragung* des Erwerbers als Eigentümer im Grundbuch (§§ 873, 925), wohl auch der gutgläubige Erwerb vom Bucheigentümer (§ 892), der in der Rechtslehre teils dem abgeleiteten, teils dem originären Eigentumserwerb zugeordnet wird (dazu STAUDINGER/GURSKY [2002] § 892 Rn 10, 70 ff).

b)   *Ausnahmen* bestehen für den Eigentumswechsel an buchungsfreien Grundstücken kraft Landesrecht (vgl Art 127 EGBGB; § 925 Rn 15).

2.   Eigentumsübergang kraft Gesetzes

Dazu gehören: **16**

a)   *Gesamtrechtsnachfolge*: zB durch Erbfolge (§ 1922), Eintritt der Nacherbfolge (§ 2100), Vermögensübergang gem §§ 11 Abs 2, 23 TreuhandG aus der Fondsinhaberschaft eines ehemaligen volkseigenen Betriebs in das Eigentum der durch Umwandlung entstandenen Kapitalgesellschaft (vgl BezG Erfurt Rpfleger 1993, 106), Vermögensübergang auf eine andere Gebietskörperschaft (vgl § 925 Rn 30, 31), von der Vor-GmbH auf die GmbH (vgl § 925 Rn 51), vom nichtrechtsfähigen Verein auf den eV, von Verein oder Stiftung an den anfallberechtigten Fiskus (vgl § 925 Rn 29);

b)   *im Ehegüterrecht* (dazu § 925 Rn 23): Vereinbarung der Gütergemeinschaft (§ 1416 Abs 2), Erwerb während der Ehe (§ 1416 Abs 1 S 2), Eintritt der fortgesetzten Gütergemeinschaft (§ 1483) und Anwachsung durch Ausscheiden eines Abkömmlings (§§ 1490, 1491);

c)   *Eintritt in und Ausscheiden aus einer Gesamthandsgemeinschaft* und Veränderungen innerhalb der Gesamthand im Wege der *Anwachsung, Abwachsung, Umwachsung*, zB bei der BGB-Gesellschaft, OHG, KG (vgl § 925 Rn 25, 26), Übertragung eines Erbanteils (§ 2033; vgl § 925 Rn 24);

d)   *Verschmelzung, Spaltung* (als Aufspaltung, Abspaltung oder Ausgliederung) und *Vermögensübertragung* nach dem durch das Umwandlungsbereinigungsgesetz (UmwBerG) v 28.10.1994 (BGBl I 3210) unter Aufhebung des früheren Umwandlungsgesetzes (UmwG aF) und des KapErhG eingeführten neuen Umwandlungsgesetz (UmwG), dem SpTrUG (vgl § 925 Rn 27) und dem LwAnpG (vgl § 925 Rn 28) bei Personenhandelsgesellschaften (vgl § 925 Rn 26), Kapitalgesellschaften (vgl § 925 Rn 27), Genossenschaften (vgl § 925 Rn 28), Vereinen und Stiftungen (vgl § 925 Rn 29), juristischen Personen des öffentlichen Rechts (vgl § 925 Rn 30), genossenschaftlichen Prüfungsverbänden und Versicherungsvereinen auf Gegenseitigkeit;

e) *Übertragung eines Grundstücks* oder des Gesamtvermögens eines Rechtsträgers auf einen anderen *durch Gesetz*, zB Bundes-, Landes-, Kirchengesetz (vgl § 925 Rn 30, 31).

3. Erwerb und Verlust des Eigentums durch Hoheitsakt

17 **a)** *Durch Hoheitsakt allein*: zB durch Zuschlag, Restitutionsentscheidung, Flurbereinigungsplan, Umlegungsplan, Beschluß über die vereinfachte Umlegung, Grenzscheidungsurteil, Enteignungsbeschluß, Änderung von Gebietskörperschaften (vgl § 925 Rn 31).

b) *Durch Hoheitsakt und Grundbucheintragung* (vgl § 925 Rn 31): zB bei Ausübung eines gesetzlichen Vorkaufsrechts (§ 28 Abs 3 und 4 BauGB).

18 **4. Eigentumserwerb durch Buchersitzung (§ 900 Abs 1)**

5. Zur Herrenlosigkeit führender Eigentumsverlust

19 **a)** Im Wege der rechtsgeschäftlichen *Aufgabe des Eigentums* (§ 928 Abs 1) durch Verzichtserklärung des Eigentümers und Eintragung des Verzichts im Grundbuch (vgl § 928 Rn 9 ff);

b) durch *Ausschlußurteil* gemäß § 927 Abs 1 (vgl § 927 Rn 15, 16).

20 **6. Eigentumserwerb im Wege der Aneignung** eines herrenlosen Grundstücks gem §§ 927 Abs 2, 928 Abs 2 durch Erklärung des Aneignungswillens und Grundbucheintragung (vgl § 927 Rn 22 ff; § 928 Rn 21).

21 **7.** Der **Untergang** des Grundstücks (zB durch Naturereignis) hat zwangsläufig auch den Untergang des Eigentums zur Folge, das an diesem Grundstück bestanden hat.

§ 925*
Auflassung

(1) Die zur Übertragung des Eigentums an einem Grundstück nach § 873 erforderliche Einigung des Veräußerers und des Erwerbers (Auflassung) muss bei gleichzeitiger Anwesenheit beider Teile vor einer zuständigen Stelle erklärt werden. Zur Entgegennahme der Auflassung ist, unbeschadet der Zuständigkeit weiterer Stellen, jeder Notar zuständig. Eine Auflassung kann auch in einem gerichtlichen Vergleich oder in einem rechtskräftig bestätigten Insolvenzplan erklärt werden.

---

* Für die Unterstützung bei der Neubearbeitung danke ich meiner Mitarbeiterin Assessorin ULRIKE GLÜCK-BROST

(2) Eine Auflassung, die unter einer Bedingung oder einer Zeitbestimmung erfolgt, ist unwirksam.

Materialien: VE SR §§ 117, 118; E I §§ 848, 871 f; II § 838; SCHUBERT, SRI 752 ff, 767 ff, 796 ff; Mot III 312 ff, 318 ff; Prot III 168 ff, 181 f; V 436 f, 444; JAKOBS/SCHUBERT, SRI 523 ff Abs 1 neu gefaßt durch Gesetz vom 5. 3. 1953 (BGBl I S 33) und Abs 1 S 2 durch BeurkG vom 28. 8. 1969 (BGBl I S 1513). Abs 1 S 3 geändert durch Art 33 EGInsO vom 5. 10. 1994 (BGBl I S 2911).

Schrifttum

Zugleich für Vorbem zu §§ 925 ff.

BÄRMANN/PICK/MERLE, Wohnungseigentumsgesetz (9. Aufl 2003)
BÄRMANN/PICK, Wohnungseigentumsgesetz (15. Aufl 2001)
BASSENGE, Der Eintritt der Bindung an die Auflassung, Rpfleger 1977, 8
BAUSBACK, Der dingliche Erwerb inländischer Grundstücke durch ausländische Gesellschaften – unter besonderer Berücksichtigung des US-amerikanischen Rechts, DNotZ 1996, 254
BERGERMANN, Auswirkungen unbewußter Falschbezeichnungen auf Grundstückskaufverträge und deren Vollzug – falsa demonstratio non nocet?, RNotZ 2002, 557
BEUTHIEN, Zur Voreintragung bei Kettenauflassung, Rpfleger 1962, 370
BÖHRINGER, Kleine Sachenrechtsreform in den neuen Bundesländern, Rpfleger 1993, 51
ders, Berichtigung des Grundbuchs bei Bodenreformgrundstücken, Rpfleger 1993, 89
ders, Erwerb und Veräußerung von Grundbesitz durch eingetragene Lebenspartner, Rpfleger 2002, 299
ders, Zur Übereignung von Bodenreformgrundstücken, Rpfleger 2004, 267
BÖTTCHER, Vertretung bei der notariellen Beurkundung von Verbraucherverträgen, BWNotZ 2003, 49
ders, Grundstücksteilung, Rpfleger 1989, 133
BRAMBRING, Mitbeurkundung der Auflassung beim Grundstückskaufvertrag?, in: FS Hagen (1999) 251
BUCHHOLZ, Abstraktionsprinzip und Immobiliarrecht. Zur Geschichte der Auflassung und der Grundschuld (1978)

DEMHARTER, Grundbuchordnung (24. Aufl 2002)
DIECKMANN, Zum Schutz des Auflassungsempfängers, der sich mit dem Berechtigten geeinigt und den Eintragungsantrag gestellt hat, in: FS Schiedermair (1976) 93
DÖBEREINER, Rechtsgeschäfte über inländische Grundstücke mit Auslandsberührung, ZNotP 2001, 465
DÜMIG, Die Beurkundung als materielles Formerfordernis der Auflassung?, ZfIR 2003, 583
ders, Grundbuchfähigkeit der Gesellschaft bürgerlichen Rechts infolge Anerkennung ihrer Rechts- und Parteifähigkeit, Rpfleger 2002, 53
DUMOULIN, Nacherbenzustimmung zur Grundstücksüberlassung vom Vorerben an Nacherben, DNotZ 2003, 571
ERTL, Probleme und Gefahren bei der Abtretung des Auflassungsanspruchs, DNotZ 1977, 81
ders, Antrag, Bewilligung und Einigung im Grundstücks- und Grundbuchrecht, Rpfleger 1980, 41
ders, Form der Auflassung eines Grundstücks – Aufgaben des Notars, MittBayNot 1992, 102
FORKEL, Grundfragen der Lehre vom privatrechtlichen Anwartschaftsrecht (1962)
FUCHS-WISSEMANN, Zur Form der Auflassung nach § 925 Abs 1 Sätze 1 u 2 BGB und der Einigung nach den §§ 20, 29 Abs 1 GBO, Rpfleger 1977, 9
ders, Abermals: Form und Nachweis der Auflassung, Rpfleger 1978, 431
GEIMER, Konsularisches Notariat, DNotZ 1978, 3
GOTZLER, Notwendiger Zusammenhang zwi-

schen Einigung und Eintragung im Grundbuch, NJW 1973, 2014

GRAUEL, Landesrechtliche Vorkaufsrechte, RNotZ 2002, 210

GRÜN, Das Sachenrechtsänderungsgesetz, NJW 1994, 2641

HABERSACK, Das Anwartschaftsrecht des Auflassungsempfängers – gesicherter Bestand des Zivilrechts oder überflüssiges Konstrukt der Wissenschaft?, Jus 2000, 1145

HÄSEMEYER, Die gesetzliche Form der Rechtsgeschäfte (1971)

HAGEN, Entwicklungstendenzen zur Beurkundungspflicht bei Grundstückskaufverträgen, DNotZ 1984, 267

HAGER, Die Anwartschaft des Auflassungsempfängers, JuS 1991, 1

HEIL, Das Grundeigentum der Gesellschaft bürgerlichen Rechts – res extra commercium?, NJW 2002, 2158

HEINZ, Beurkundung von Erklärungen zur Auflassung deutscher Grundstücke durch im Ausland bestellte Notare, ZNotP 2001, 460

HIEBER, Zur nachträglichen Änderung des Gemeinschaftsverhältnisses durch Grundstückserwerber, DNotZ 1965, 615

HINTZEN, Pfändung des Eigentumsverschaffungsanspruchs und des Anwartschaftsrechts aus der Auflassung, Rpfleger 1989, 439

HUHN, Nochmals: Form und Nachweis der Auflassung, Rpfleger 1977, 199

KANZLEITER, Der Schutz des Grundstücksverkäufers vor vollständiger Zahlung des Kaufpreises, DNotZ 1996, 242

ders, Ausreichende Bezeichnung der noch nicht vermessenen Teilfläche in einem Grundstückskaufvertrag, NJW 2000, 1919

KEHLER, Einigung und Auflassung (Diss Würzburg 1933)

KEIM, Die notarielle Vorlagesperre – Begründung einer Vorleistungspflicht oder Sicherungsinstrument im Rahmen der Zug-um-Zug-Abwicklung?, MittBayNot 2003, 21

KELLER, Das Gebäudeeigentum und seine grundbuchmäßige Behandlung nach der Gebäudegrundbuchverfügung – GGV, MittBayNot 1994, 389

KERSTEN/BÜHLING, Formularbuch und Praxis der Freiwilligen Gerichtsbarkeit (21. Aufl 2001)

ders, Formularbuch und Praxis der Freiwilligen Gerichtsbarkeit, Ergänzungsband zur 21. Auflage (2004)

KNIFFLER, Abtretung, Verpfändung und Pfändung des Anwartschaftsrechts aus der Auflassung (Diss Köln 1963)

KÖBL, Die Bedeutung der Form im heutigen Recht, DNotZ 1983, 207

KONZEN, Das Anwartschaftsrecht des Auflassungsempfängers in der Judikatur des Bundesgerichtshofs, in: 50 Jahre BGH – FG aus der Wissenschaft (2000) 871

KORTE, Handbuch der Beurkundung von Grundstücksgeschäften (1990)

KREMER, Die Gesellschaft bürgerlichen Rechts im Grundbuchverkehr, RNotZ 2004, 239

KUCHINKE, Zur Rechtsstellung des Auflassungsempfängers als Kreditunterlage und Haftungsobjekt, JZ 1964, 145

KUNTZE/ERTL/HERRMANN/EICKMANN (zit: KEHE), Grundbuchrecht (5. Aufl 1999)

LANGE, Übertragung, Verpfändung und Pfändung des Anwartschaftsrechts im Immobiliarsachenrecht (Diss Köln 1978)

LEHMANN, Zur Aufhebung eines Anwartschaftsrechts an einem Grundstück, DNotZ 1987, 142

LÖWISCH/FRIEDRICH, Das Anwartschaftsrecht des Auflassungsempfängers und die Sicherung des Eigentümers bei rechtsgrundloser Auflassung, JZ 1972, 302

LOHR, Das Anwartschaftsrecht aus Auflassung unter besonderer Berücksichtigung der Vormerkung (Diss Köln 1966)

LUDWIG, Die Verpfändung des Auflassungsanspruchs, DNotZ 1992, 339

MAASS, Grundstückserwerb im Umlegungsverfahren durch Rechtsnachfolger?, ZNotP 2003, 362

MAINUSCH, Übertragung von Grundstücken bei Veränderungen im Bestand kirchlicher Körperschaften, NJW 1999, 2148

MAROTZKE, Das Anwartschaftsrecht – ein Beispiel sinnvoller Rechtsfortbildung? (1977)

MEDICUS, Das Anwartschaftsrecht des Auflassungsempfängers, DNotZ 1990, 275

MEIKEL, Grundbuchrecht (9. Aufl 2004)

MONATH, Kettenkaufverträge, RNotZ 2004, 359

G MÜLLER, Beurkundungsbedürftigkeit der

Änderung und Aufhebung von Kaufverträgen
über Grundstücke und grundstücksgleiche
Rechte, MittRhNotK 1988, 243
MÜNZBERG, Abschied von der Pfändung der
Auflassungsanwartschaft?, in: FS Schiedermair
(1976) 439 ff
MÜNZEL, Grundsätzliches zum Anwartschafts-
recht, MDR 1959, 345
NOLTING, Rechtsnatur der Auflassung (Diss
Göttingen, 1931)
PAJUNK, Die Beurkundung als materielles
Formerfordernis der Auflassung (2002)
PANZ, Gütergemeinschaft und Auflassung: Über
den Inhalt der Einigung im Sachenrecht,
BWNotZ 1979, 86
PAUL, Rechtslage nach Auflassung aufgrund
formnichtigen Kaufvertrags (Diss 1925)
POHLMANN, Formbedürftigkeit und Heilung der
Aufhebung eines Grundstückskaufvertrages,
DNotZ 1993, 355
RAHN, Die Problematik der Verurteilung zur
Auflassung Zug um Zug gegen Zahlung des
Kaufpreises, BWNotZ 1966, 266
RAISER, Dingliche Anwartschaften (1961)
REINICKE/TIEDTKE, Das Anwartschaftsrecht
des Auflassungsempfängers und die Form-
bedürftigkeit eines Grundstückskaufvertrages,
NJW 1982, 2281
REITHMANN, Anspruchsverpfändung als Zwi-
schensicherung bei der Kaufpreisfinanzierung,
DNotZ 1983, 716 (auch DNotZ 1985, 605)
RONKE, Zur Pfändung und Verpfändung des mit
der Auflassung entstehenden sogenannten
dinglichen Anwartschaftsrechts, in: FS Nottarp
(1961) 91 ff
SCHLEGER, Ausgewählte Probleme zum Anwartschaftsrecht aus der Auflassung (1995)
K SCHMIDT, Ehegatten-Miteigentum oder „Ei-
genheim-Gesellschaft"? – Rechtszuordnungs-
probleme bei gemeinschaftlichem Grundeigentum, AcP 182 (1982), 481
ders, Auflassung an nichteingetragene KG, JuS
1984, 392
ders, Zur Vermögensordnung der Gesamt-
hands-BGB-Gesellschaft, JZ 1985, 909
ders, Die BGB-Außengesellschaft: rechts- und
parteifähig, NJW 2001, 993
W SCHMIDT, Zur Unwirksamkeit von Auflassungen in Prozeßvergleichen der Familienge-

richte bei Verwendung der rechtsgeschäftlichen
Bedingung: „Für den Fall der rechtskräftigen
Scheidung der Ehe", SchlHA 1980, 81
SCHÖNER, Auflösend bedingte Anspruchsver-
pfändung als Zwischensicherung zur Kaufpreis-
finanzierung – ein riskanter Weg, DNotZ 1985,
598
SCHÖNER/STÖBER, Grundbuchrecht (13. Aufl
2004)
SCHWANECKE, Formzwang des § 313 S 1 bei
Durchgangserwerb von Grundeigentum, NJW
1984, 1585
SEHNERT, Die Rechtslage zwischen Auflassung
und Eintragung (Diss Erlangen 1933)
SIEGFRIED, Schwebezustände bei der Auflas-
sung (Diss Rostock 1927)
A SIEVEKING, Gesellschafterwechsel zwischen
Auflassung und Eintragung, MDR 1979, 373
SPONER, Das Anwartschaftsrecht und seine
Pfändung (1965)
STAMM, Die Auflassungsvormerkung – eine
Fiktion der bedingten Verfügung im Immobili-
arsachenrecht (2003)
STAUDENMAIER, Grundstücksbezeichnung in
notariellen Urkunden, BWNotZ 1964, 4
STÖBER, Verpfändung des Eigentumsübertra-
gungsanspruchs und Grundbucheintragung,
DNotZ 1985, 587
STREUER, Auflassung und Einwilligung zur
Weiterveräußerung – eine Frage der Aus-
legung?, Rpfleger 1998, 314
STROBER, Probleme der unrichtigen Bezeich-
nung des Grundstücks in der notariellen Praxis,
MittBayNot 1973, 3
SÜSS, Notarieller Gestaltungsbedarf bei Eingetragenen Lebenspartnerschaften mit Ausländern, DNotZ 2001, 168
ders, Ausländer im Grundbuch und im Regi-
sterverfahren, Rpfleger 2003, 53
TIEDTKE, Universalsukzession und Gütergemeinschaft, FamRZ 1976, 510
ders, Grundstückserwerb von Ehegatten in Gütergemeinschaft, Fam RZ 1979, 370
ULMER/STEFFEK, Grundbuchfähigkeit einer
rechts- und parteifähigen GbR, NJW 2002, 330
VOGT, Die Eintragung der Gesellschaft bürgerlichen Rechts unter ihrem Namen im Grundbuch, Rpfleger 2003, 491

VOSSIUS, Das Registerverfahrens-
beschleunigungsgesetz, MittBayNot 1994, 10
WALCHSHÖFER, Die Erklärung der Auflassung in
einem gerichtlichen Vergleich, NJW 1973, 1103
WEITNAUER, WEG (9. Aufl 2005)
WESER, Die Erklärung der Auflassung unter
Aussetzung der Bewilligung der Eigentumsum-
schreibung, MittBayNot 1993, 253
WESSER/SAALFRANK, Formfreier Grundstücks-
erwerb durch Miterben, NJW 2003, 2937
G WINKLER, Verfügungen des bedingten
Grundstückseigentümers, MittBayNot 1978, 1

K WINKLER, Beurkundung im Ausland bei
Geltung deutschen Rechts, NJW 1972, 981
WIRNER, Zur Bezeichnung noch zu vermessen-
der Teilflächen im Hinblick auf den Bestimmtheitsgrundsatz im Grundbuchrecht, MittBayNot
1981, 221.
Weiteres Schrifttum vgl besonders Vorbem zu
§§ 873 ff.

Älteres Schrifttum vgl STAUDINGER/ERTL[12] und
STAUDINGER/SEUFERT[11].

Systematische Übersicht

I. Bedeutung des § 925

1. Systematische Abgrenzung _____ 1
2. Verhältnis zu § 873 BGB _____ 2
3. Verhältnis zum Grundbuchverfahrensrecht _____ 6
4. Wirkungen der Auflassung _____ 9

II. Anwendungsbereich des § 925

1. Rechtsgeschäftliche Eigentumsübertragung _____ 13
2. Grundstücksbegriff _____ 15
3. Anwartschaft des Auflassungsempfängers _____ 16
4. Miteigentum nach Bruchteilen _____ 17
5. Gesamthandsanteile _____ 18
6. Wohnungs- und Teileigentum _____ 19
7. Erbbaurecht _____ 20
8. Wohnungserbbaurecht _____ 21
9. Gebäudeeigentum und andere
   grundstücksgleiche Rechte _____ 22
10. Güterrecht und Vermögensstand _____ 23
11. Erbrecht _____ 24
12. Gesellschaft bürgerlichen Rechts _____ 25
13. Personengesellschaften _____ 26
14. Kapitalgesellschaften _____ 27
15. Genossenschaften _____ 28
16. Vereine, Stiftungen _____ 29
17. Juristische Personen des öffentlichen
    Rechts _____ 30
18. Eigentumsübertragung durch
    Hoheitsakt _____ 31
19. Grenzregelungen und Grenzände-
    rungen _____ 32
20. Originärer Eigentumserwerb _____ 33

III. Auflassungserklärungen

1. Anwendbare Vorschriften _____ 34
2. Inhalt der Auflassung _____ 35
3. Auslegung der Auflassungserklärungen _____ 36
4. Umdeutung der Auflassungserklärungen _____ 39
5. Erklärungen auf Übertragung und
   Erwerb des Eigentums _____ 41
6. Der Veräußerer _____ 43
7. Der Erwerber _____ 47
8. Gemeinschaftsverhältnis mehrerer
   Erwerber _____ 54
9. Erwerb in Bruchteilsgemeinschaft _____ 56
10. Erwerb in Gütergemeinschaft und
    nach ausländischem Güterrecht _____ 57
11. Erwerb in Erbengemeinschaft _____ 58
12. Erwerb personenrechtlicher Gesamt-
    handsgemeinschaften _____ 59
13. Gegenstand der Auflassung _____ 60
14. Falsche Bezeichnung des Auflas-
    sungsgegenstandes _____ 65
15. Auflassung durch Vertreter _____ 69

IV. Auflassungsform (§ 925 Abs 1)

1. Wesen und Funktionen der Auflassungsform _____ 75
2. Entwicklung der Auflassung im
   deutschen Recht _____ 77
3. Zuständigkeit der Notare _____ 80
4. Sonstige zuständige Stellen _____ 81
5. Auflassung im gerichtlichen
   Vergleich und im Insolvenzplan _____ 82

6. Gleichzeitige Anwesenheit aller
    Beteiligten _____ 83
7. Ersetzung der Auflassungserklärun-
    gen durch Urteil _____ 84
8. Abgabe der Auflassungserklärungen   85
9. Änderung der Auflassung _____ 87
10. Aufhebung der Auflassung _____ 89

V. Nichtigkeit der bedingten oder befri-
    steten Auflassung
1. Bedeutung und Entstehungs-
    geschichte des Abs 2 _____ 91
2. Unzulässige Bedingungen und Zeit-
    bestimmungen _____ 93
3. Bedingtes oder befristetes Verpflich-
    tungsgeschäft _____ 95
4. Bedingte Vollmacht, Einwilligung,
    Genehmigung _____ 96
5. Rechtsbedingungen _____ 97
6. Vollzugsvorbehalte _____ 98

VI. Verfahrensvoraussetzungen der
    Grundbucheintragung
1. Eintragungsvoraussetzungen _____ 100
2. Nachweis der Auflassungserklärun-
    gen (§ 20 GBO) _____ 101
3. Behördliche Genehmigungen _____ 102
4. Amtliche Bescheinigungen _____ 103

VII. Auflassung und Eintragung
1. Eigentumsübergang durch Auflas-
    sung und Eintragung _____ 106
2. Keine Besitzübergabe erforderlich __ 109
3. Sonstige Wirkungen _____ 110
4. Bindung an die Auflassung _____ 111
5. Die Auflassung bleibt wirksam _____ 112
6. Die Auflassung wird unwirksam ____ 113
7. Übereinstimmung von Auflassung
    und Eintragung _____ 114

8. Falschbezeichnung des aufgelassenen
    Grundstücks _____ 118
9. Verhinderung der Eintragung nach
    Auflassung _____ 119

VIII. Rechtslage zwischen Auflassung und
      Eintragung
1.   Vorstufen zum Eigentumserwerb ___ 120
2.   Anwartschaft des Auflassungsemp-
     fängers _____ 121
3.   Rechtsgrundlagen der Eigentumsan-
     wartschaft _____ 125
4.   Weiterveräußerung des Grundstücks 126
5.   Eigentumserwerb trotz Verfügung
     über den Anspruch _____ 127
6.   Verkehrsfähigkeit der Anwartschaft . 128
7.   Rechtslage bei Auflassung allein ___ 133
8.   Auflassung und Bewilligung _____ 134
9.   Auflassung und Veräußererantrag __ 136
10. Auflassung, Bewilligung und
     Erwerberantrag _____ 137
11. Auflassung und Eigentumsvormer-
     kung _____ 140
12. Auflassung, Antrag und Vormer-
     kung _____ 141
13. Eigentumsanwartschaft und Eigen-
     tumsvormerkung _____ 142

IX. Verkäuferschutz und Käuferschutz
     im Grundstücksverkehr
1.   Kein Eigentumsvorbehalt, keine
     Zug-um-Zug-Leistung _____ 143
2.   Bereiche der Verkehrsschutzmaß-
     nahmen _____ 144
3.   Maßnahmen zum Schutz des
     Verkäufers _____ 145
4.   Maßnahmen zum Schutz des
     Käufers _____ 146
5.   Maßnahmen zum Schutz des
     Zweiterwerbers _____ 147

Alphabetische Übersicht

Zugleich für Vorbem zu §§ 925 ff.

Abschichtung _____ 18, 24
Abtretung des Anspruchs _____ 127
– der Anwartschaft _____ 129
– des Erbanteils _____ 18

Änderung der Auflassung _____ 87
– der Rechtsform _____ 14
AGB-Recht _____ 34
Aktiengesellschaft _____ 27, 51
Altenteilerhaus _____ 102
Amtliche Bescheinigung _____ 103

Amtsträger _____ 75 ff
Aneignung _____ **Vorbem** 4, 20; 33
Anfechtung _____ 67, 113
Anlandung _____ 33
Anspruch auf Eigentumsverschaffung ____
_____ 2, 9, 127
Antrag _____ 100, 136 f
Antragsrecht _____ 10, 136 f, 141, 145
Antragsverzicht _____ 145
Anwachsung _____ 25 f
Anwartschaft _____ 16, 121 ff
Arglistige Täuschung _____ 67, 118
Aufgebotsverfahren _____ 33
Aufhebung der Auflassung _____ 89
Auflassungsbegriff _____ **Vorbem** 3
Auflassungsvormerkung ___ 57, 92, 127, 140 ff
Ausfertigungssperre _____ 145
Ausgliederung _____ **Vorbem** 16; 27, 30
Ausländische Gesellschaften _____ 52
Ausländischer Güterstand _____ 56, 57
Ausländischer Notar _____ 80
Auslegung _____ 36 ff, 114 ff
Außenbereich _____ 102

Baugesetzbuch _____ 31, 102, 105
Bedingte Anteilsübertragung _____ 18
– Auflassung _____ 4, 91 ff
– Genehmigung _____ 96
– Verpflichtung _____ 95
– Vollmacht _____ 96
Befristet vgl bedingt
Behördliche Genehmigung _____ 1, 102
Bescheinigung _____ 103
Besitzübergabe _____ 10, 109
Beurkundung _____ 5, 22, 71, 76, 86, 101
Bewilligung _____ 11, 100, 134, 141, 145
Bewilligungssperre _____ 145
Bezirksnotar _____ 80
BGB-Gesellschaft _____ 25, 59
Bindung an Auflassung _____ 111
Bodenreform _____ **Vorbem** 14
Bruchteilseigentum _____ 17, 56, 63
Buchungsfreiheit _____ 15, 30, 83

DDR, Recht der ehemaligen _____
_____ **Vorbem** 14, 16; 22, 28, 80, 102
Denkmalschutz _____ 105
Dinglicher Vertrag _____ 2, 34 ff
Dissens _____ 66, 118

Doppelvertretung _____ 70
Dritter, Auflassung zugunsten _____ 47
Dualistisches Prinzip _____ **Vorbem** 2, 12

Ehegattenzustimmung _____ 44
Ehescheidung _____ 94
Ehevertrag _____ 23, 97, 113
Eigentumsanwartschaft _____ 10, 121 ff
Eigentumsvorbehalt _____ 143
Eigentumsvormerkung _ 55, 57, 92, 127, 140 ff
Einigung _____ 1 ff, 14, 20
Einigungsvertrag _____ **Vorbem** 14
Einlagegrundstück _____ 15, 61, 113
Einmanngesellschaft _____ 50, 70
Einstweilige Verfügung _____ 119
Einwilligung _____ 46, 71, 96, 126, 135
Enteignung _____ 31, 102
Entschuldung _____ 102
Entwicklungsverfahren _____ 102
Erbanteil _____ 18, 24
Erbbaurecht _____ 20, 22, 101
Erbengemeinschaft _____ 41, 58
Erbrecht _____ 24, 58, 103
Erklärung der Auflassung _____ 34 ff, 86
Errungenschaftsgemeinschaft _____ 55, 57
Ersetzung der Auflassung _____ 84
Ersitzung _____ 33
Etymologie _____ **Vorbem** 3
Erwerbsbeschränkungen _____ 48
Erwerbsfähigkeit _____ 48
Erwerbsgeschäft _____ 6
Erwerbsverbot _____ 119

falsa demonstratio _____ 8, 68, 118
Falschbezeichnung _____ 65 ff, 118
Familiengericht _____ 84, 102
Finanzgericht _____ 82
Firmenänderung _____ 26
Fischereirecht _____ 22
Flurbereinigung _____ 15, 31, 61, 102
Form der/des
– Auflassung _____ 75 ff
– Bewilligung _____ 87
– Genehmigung _____ 74
– Verpflichtungsgeschäfts _____ 87 ff
– Vollmacht _____ 71 ff
Formelles Recht _____ 7
Formstatut _____ 5
Forstrecht _____ 105

Fortgesetzte Gütergemeinschaft —— 23, 57

Funktion der Auflassung —————— 75

Gebäude ————————————— 61

Gebäudeeigentum ——— **Vorbem** 14; 22, 60

Gebietskörperschaft ———————— 30

Gegenstand der Auflassung ———— 60, 65

Gemeinde ——————— 30, 42, 102

Gemeinschaftseigentum —————— 19

Gemeinschaftsverhältnis —————— 54 ff

Genehmigung —————— 1, 71, 96, 102

Genossenschaft ————————— 28

Gerichtlicher Vergleich —————— 82

Gesamtgläubiger ————————— 34

Gesamtgut ———————— 23, 56 f

Gesamtgutauseinandersetzung ——— 81

Gesamthand ——————— 18, 23 ff, 59

Gesamthandsanteil ———————— 18, 59

Geschäftsfähigkeit ———————— 112

Geschichte der Auflassung ——— **Vorbem** 3; 77

Gesellschaft —————————— 25 ff

Gesetzlicher Übergang —————— 14

Gleichzeitige Anwesenheit ———— 83

GmbH ———————————— 27, 51

Grenzänderung ————————— 32

Grenzregelung ————————— 32

Grenzscheidungsurteil —————— 31 f

Gründungsgesellschaft —————— 50 f, 59, 97

Grundbuchamt ————————— 77 ff, 100

Grundbucheintragung —————— 1, 100, 114

Grundbucherklärungen ——— 1, 7, 38, 40, 101

Grundbuchgrundstück —————— 61, 107

Grundgeschäft ——— 1, 5 f, 87, 89, 95, 100

Grundstück ——————————— 15, 61

Grundstücksgleiches Recht ———— 22, 60

Grundstücksteilung ——————— 14, 102

Grundstücksvereinigung ————— 14

GrundstücksverkehrsG —————— 102

GrundstücksverkehrsO ——— **Vorbem** 14; 102

Gütergemeinschaft ———————— 23, 57, 113

Güterrecht ——————————— 23, 57

Gutgläubiger Erwerb ———— 129, 142, 146 f

Hafenrecht —————————— 105

Heimstätte —————————— 102, 105

Höfeordnung ————————— 102

Hoheitsakt —————————— 14, 31

Hoheitsgrenze ————————— 32

Identitätserklärung ——————— 62

Inhaltskontrolle ———————— 34

Insolvenzplan ————————— 82

Insolvenzverwalter ——————— 70, 136

IPR ——————— **Vorbem** 6 ff; 58 f

Irrtum ——————————— 67, 118

Kapitalgesellschaft ——————— 27

Käuferschutz ————————— 146

Kettenauflassung ———— 104, 126, 135, 147

Kirchen ———————— **Vorbem** 16; 30

Kommanditgesellschaft ————— 26, 51, 59

– auf Aktien ————————— 27

Kondizierbarkeit ———————— 112

Konkursverwalter ——————— 70

Konsulat ——————————— 81

LandbeschaffungsG ——————— 31

Landwirtschaft ———————— 102

Landwirtschaftliche Produktionsgenossen-

schaft ————————— 22, 28

Landwirtschaftsgericht ————— 82

Lebenspartnerschaft ————— 44, 56, 57

Legaldefinition (Auflassung) ———— 2

lex fori ——————————— **Vorbem** 7

lex rei sitae ————————— **Vorbem** 6

Mehrheit von Erwerbern ————— 54 ff

Messungsanerkennung —————— 62

Mietverhältnis ———————— 110

Miteigentum ————————— 17, 56, 63

Mündliche Erklärung —————— 86

Nacherbfolge ————————— 24

Nachlaß ——————————— 24

Nachlaßauseinandersetzung ——— 81

nasciturus —————————— 49

Naturschutz ————————— 105

Nichtberechtigter ——————— 46

Nichtig s unwirksam

Nießbrauch ————————— 18

Notar ———— 5, 71, 79 ff, 99, 119, 143 ff

Öffentliche Rechtsträger ————— 30 f, 102

OHG ————————— 26, 51, 59

Originärer Erwerb ——————— 33

Pachtverhältnis ———————— 110

Parteien —————————— 59

Personengesellschaft _____ 26
Pfändung des Anspruchs _____ 127
– der Anwartschaft _____ 131
– Gesamthandsanteil _____ 18
Postmortale Vollmacht _____ 72

Ratsschreiber _____ 81
Realer Grundstücksteil _____ 62
Recht der Deutschen Einheit ____ **Vorbem** 14
Rechtsbedingung _____ 97
Rechtsgeschäft _____ 13
Rechtswahl _____ **Vorbem** 8
RegisterverfahrensbeschleunigungsG ____
_____ **Vorbem** 14; 22
Restitutionsentscheidung _____ 31
Rückerstattungsverfahren _____ 81
Rücktritt _____ 89, 145

SachenrechtsänderungsG ____ **Vorbem** 14; 22
SachenrechtsbereinigungsG _____ 22
Sachstatut _____ 10
Sanierung _____ 102, 105
Schutz des/der
– Anwartschaft _____ 125
– Käufers _____ 146
– Verkäufers _____ 145
– Zweiterwerbers _____ 147
Selbstkontrahieren _____ 70 f, 74
Sicherungshypothek _____ 130
Sondereigentum _____ 19, 64, 101
Sondernutzungsrecht _____ 19
Sozialgericht _____ 82
Sozialversicherungsträger _____ 102
Spaltung _____ **Vorbem** 16; 27 f
Spezialitätsgrundsatz _____ **Vorbem** 8
Staatliches Notariat _____ 80
Stiftung _____ 29
Strafgericht _____ 82

Teileigentum _____ 19, 64, 101, 145
Teilfläche _____ 15, 62, 68, 101
Teilungsanordnung _____ 24
Teilungserklärung _____ 19
Teilungsgenehmigung _____ 102
Testamentsvollstreckung _____ 24
TreuhandG _____ **Vorbem** 16
Tod _____ 112

Übereignung des Grundstücks ____ 15, 106 ff

Übereinstimmung _____ 34, 114 ff
Übertragung des Anspruchs _____ 127
– der Anwartschaft _____ 129
– des Eigentums _____ 13, 106 ff
Umdeutung _____ 39 ff, 56
Umlegung _____ 15, 31 f, 61, 102
Umwandlung _____ **Vorbem** 16; 27 ff; 112
Unbedenklichkeitsbescheinigung _____ 104
Untervollmacht _____ 70, 72
Unwirksamkeit der Auflassung _____ 42, 113
– der Eintragung _____ 107
Urteil _____ 84

Veränderungsnachweis _____ 62, 84, 100
Veräußerer _____ 43 ff
Verbrauchervertrag _____ 69
Verein _____ 29, 55, 59
Verfahrensform _____ 7, 101
Verfahrensvoraussetzung _____ 100
Verfügung über Gesamthandsanteil _____ 18
Verfügungsberechtigung _____ 44, 113
Verfügungsgeschäft _____ 6
Vergleich _____ 82
Verhinderung der Eintragung _____ 119
Verkäuferschutz _____ 145
Verkehrsfähigkeit _____ 128
Verkehrsschutz _____ 144 ff
Vermächtnis _____ 24
Vermessungsamt _____ 100
Vermögensanfall _____ 29
Vermögensbeschlagnahme _____ 102
VermögensG _____ 31
Vermögensgemeinschaft _____ 56
Vermögensübertragung ____ **Vorbem** 16; 27, 30
Verpfändung des Anspruchs _____ 127
– der Anwartschaft _____ 128 ff
– des Gesamthandsanteils _____ 18
Verpflichtungsgeschäft _____ 1, 95
Verschmelzung _____ **Vorbem** 16; 27 ff; 112
Versorgungsrecht _____ 102
Versteigerung _____ 31, 83
Vertretung _____ 69 ff
Verwaltungsgericht _____ 82
Verwertungsrecht _____ 26
Vollmacht _____ 71, 96
Vollstreckungsgericht _____ 82
Vollzugsvorbehalt _____ 98, 145
Vorgesellschaft _____ **Vorbem** 16; 50 f, 59, 97
Vorgründungsgesellschaft _____ 51

Vorkaufsrecht	31, 105	Zeitbestimmung	91 ff
Vorleistung	143	Zivilgesetzbuch	**Vorbem** 14
Vormerkung	120, 127, 129, 142, 144, 146	Zubehör	**Vorbem** 3; 110
Vormundschaftsgerichtliche Genehmi-		Zuflurstück	60, 62
gung	96 f, 102	Zug-um-Zug-Leistung	84, 143
		Zuschlagsbeschluß	31
Weisung an Notar	99, 119	Zuständige Stelle	80 f
Weiterveräußerung	126	Zwangsversteigerung	31
Widerrufsvorbehalt	94	Zweigniederlassung	27
Willenserklärungen	36, 41	Zweiterwerber	126, 128, 147
Wirkungen der Auflassung	9 ff, 110	Zwischeneintragung	126 f
Wohnungseigentum	19, 64, 97, 101		
Wohnungserbbaurecht	21		

I. Bedeutung des § 925

1. Systematische Abgrenzung

§ 925 betrifft nur die als *„Auflassung"* bezeichnete Einigung über die rechtsge- **1**
schäftliche Übertragung von Immobiliareigentum (unten Rn 2). Das *schuldrechtliche
Grundgeschäft*, das die Verpflichtung zur Übertragung und zum Erwerb des Eigentums an einem Grundstück enthält, richtet sich nach Schuldrecht, bedarf der notariellen Beurkundung (§ 311b Abs 1) und ist nach dem Abstraktionsgrundsatz weder
mit der Auflassung identisch noch eine materielle Voraussetzung für deren Wirksamkeit. Die *formellen Eintragungsvoraussetzungen* richten sich nach Grundbuchverfahrensrecht (unten Rn 100 ff). Die *Eintragung der Eigentumsübertragung* im
Grundbuch ist ein nach Grundbuchverfahrensrecht zustandekommender Hoheitsakt des GBAmts und gleichwertiges, selbständiges Element neben der Auflassung.
Die *Besitzübergabe* gehört im Immobiliarsachenrecht nicht zu den Voraussetzungen
des Eigentumsüberganges (unten Rn 109).

2. Verhältnis zu § 873 BGB

a)   **„Auflassung"** ist nach der *Legaldefinition* des § 925 Abs 1 S 1 „die zur Über- **2**
tragung des Eigentums an einem Grundstück nach § 873 erforderliche Einigung des
Veräußerers und des Erwerbers". Das Gesetz versteht demnach unter Auflassung
nur den in § 873 als „Einigung" bezeichneten abstrakten dinglichen Vertrag zwischen dem Veräußerer und dem Erwerber, also das rechtsgeschäftliche Element, für
das auch in § 929 der Begriff „Einigung" verwendet wird (vgl Schödermeier/Woopen
JA 1985, 622). *Dazu gehören nicht* die Grundbucheintragung und die dazu erforderlichen Verfahrenserklärungen (zB Antrag, Bewilligung) und auch nicht die zur
Wirksamkeit der Auflassung erforderlichen materiellrechtlichen Erklärungen
Dritter (zB Genehmigung). Häufig wird nach der historischen Entwicklung (unten
Rn 77 ff) der ganze Rechtsvorgang einschließlich Eintragung und der zu ihr benötig-
ten Erklärungen schlechthin Auflassung genannt, was mit dem BGB nicht übereinstimmt. Verstehen die Beteiligten unter Auflassung auch die zur Eintragung erforderlichen Maßnahmen und die Eintragung selbst, so ist dieser Auffassung bei

Beurteilung der vermeintlich auf Auflassung, in Wirklichkeit auf Eigentumsverschaffung gerichteten Erklärungen Rechnung zu tragen.

3 b)   Als Sondernorm zu § 873 gilt § 925 nur für den zur rechtsgeschäftlichen Übertragung des Eigentums an einem Grundstück nach § 873 erforderlichen dinglichen Vertrag zwischen dem Veräußerer und dem Erwerber. Abs 1 macht als Formvorschrift eine Ausnahme von der Formlosigkeit der Einigung, Abs 2 eine Ausnahme vom Grundsatz, daß die Einigung auch unter einer Bedingung oder Zeitbestimmung erklärt werden kann.

4 c)   § 925 enthält zwingendes materielles Recht, dessen Verletzung nach dem unmißverständlichen Gesetzeswortlaut die Auflassung unheilbar nichtig macht. Die Nichteinhaltung der Auflassungsform (Abs 1) führt zur Formnichtigkeit der Auflassung (§ 125), die nicht durch nachfolgende Eintragung geheilt wird. Bei einer bedingten oder befristeten Auflassung ist nicht nur die unzulässige Bedingung oder Zeitbestimmung, sondern die Auflassung insgesamt nichtig (Abs 2). Die Eintragung des Eigentumsüberganges trotz nichtiger Auflassung macht das Grundbuch unrichtig (§ 894), weil die Einigung fehlt.

5 d)   Ergänzt wird § 925 durch Art 11 Abs 5 EGBGB (Formstatut), § 311b Abs 1 (Beurkundungszwang für das schuldrechtliche Verpflichtungs- und Erwerbsgeschäft), § 925a (Vorlegung der Urkunde über das Grundgeschäft bei der Entgegennahme der Auflassung), §§ 8 ff BeurkG (Anforderungen an die Niederschrift bei der Beurkundung der Auflassungserklärungen), §§ 20, 29 GBO (Eintragung nur aufgrund urkundlichen Nachweises über die Auflassung) und durch die Vorschriften über die sonstigen Amtspflichten, die der Notar bei seinem Amtstätigkeiten (unten Rn 75, 79) und das GBAmt im Eintragungsverfahren zu beachten haben.

3.   Verhältnis zum Grundbuchverfahrensrecht

6 a)   Materiellrechtlich (§ 925) ist die Auflassung die zur Übertragung des Eigentums an einem Grundstück nach § 873 erforderliche Einigung des Veräußerers und des Erwerbers (oben Rn 2). Sie unterliegt deshalb abgesehen von § 925 grundsätzlich den allgemeinen Vorschriften über Verträge und den besonderen Vorschriften über den dinglichen Vertrag (unten Rn 34 ff), begründet keinen Anspruch auf die dingliche Rechtsänderung, ist als abstrakter Vertrag vom Bestand des schuldrechtlichen Grundgeschäfts unabhängig und als Verfügungs- und Erwerbsgeschäft das selbständige rechtsgeschäftliche Tatbestandselement des zur Grundstücksübereignung notwendigen Doppeltatbestandes (unten Rn 106 ff).

7 b)   Verfahrensrechtlich (§ 20 GBO) gehören die zur Eintragung des Eigentumsüberganges erforderlichen Erklärungen des Veräußerers und des Erwerbers über die Auflassung zu den *„Grundbucherklärungen"* iS § 29 GBO (unten Rn 101) mit der Bedeutung einer formellen Eintragungsvoraussetzung in dem zur Übertragung des Eigentums notwendigen Grundbuchverfahren. §§ 20, 29 GBO machen es dem GBAmt zur Verfahrenspflicht, bei Auflassung eines Grundstücks die Eintragung des Erwerbers als Eigentümer im Grundbuch nur vorzunehmen, wenn die Auflassungserklärungen in der Verfahrensform des § 29 GBO nachgewiesen werden (unten

Rn 76, 101) und inhaltlich den strengen Anforderungen des Verfahrensrechts entsprechen (unten Rn 38, 40; KEHE/MUNZIG § 20 GBO Rn 4, 94).

c)   Die Unterschiede zwischen der materiellrechtlichen Auflassung und ihrer ver- **8**
fahrensrechtlichen Bedeutung als Eintragungsvoraussetzung sind in der Praxis selten sichtbar, weil die Auflassung im Grundstücksverkehr auch für die Grundbucheintragung benötigt wird und deshalb zur Vermeidung von Vollzugshindernissen
(§ 18 GBO) den strengen verfahrensrechtlichen Anforderungen entsprechen muß.
Sie lassen sich entsprechend dem Prinzip der Trennung von materiellem und formellem Liegenschaftsrecht sachgerecht lösen, wenn man beide Vorgänge auf der
Grundlage der Lehre vom Doppeltatbestand einer getrennten rechtlichen Beurteilung unterzieht (vgl KEHE/MUNZIG Einl A 50 ff):

(1)   Über *Wirksamkeit und Inhalt der Auflassung* als materielles Erfordernis der
rechtsgeschäftlichen Eigentumsübertragung entscheidet das materielle Recht, das
weniger strenge Vorschriften als das formelle Grundbuchrecht enthält.

(2)   Die *Verwendbarkeit der Auflassungserklärungen* zur Grundbucheintragung
(§ 20 GBO) richtet sich nach Grundbuchverfahrensrecht. Wenn sie trotz materieller
Wirksamkeit den Verfahrensvorschriften nicht genügen, soll das GBAmt die Eigentumsübertragung nicht eintragen (vgl KEHE/MUNZIG § 20 GBO Rn 94, 114).

Einige **Fälle** zur Veranschaulichung:

(1)   Ist die Auflassung nicht bei gleichzeitiger Anwesenheit aller Beteiligten vor
dem Notar erklärt worden (§ 925 Abs 1) oder enthält sie eine Bedingung oder
Zeitbestimmung (§ 925 Abs 2), ist sie materiell unwirksam und formell für die
Eintragung ungeeignet. Entspricht sie dem § 925, aber nicht der Form des § 29
GBO, so ist sie materiell wirksam, aber aus formellen Gründen zur Eintragung nicht
verwendbar. Trägt das GBAmt unter Verletzung der Ordnungsvorschrift des § 29
GBO ein, ist das Grundbuch richtig.

(2)   Entsprechen die in Form des § 29 GBO dem GBAmt vorgelegten Auflas-
sungserklärungen nicht den vom Grundbuchverfahrensrecht gestellten strengen
Anforderungen an Bestimmtheit, Klarheit und Auslegungsfähigkeit, soll das
GBAmt die Eigentumsumschreibung nicht vollziehen. Kommt ein Prozeßgericht
im gleichen Fall zum Ergebnis, daß sich Veräußerer und Erwerber bei gleichzeitiger
Anwesenheit vor dem Notar trotz unklarer Erklärungen über die Übertragung des
Eigentums am Grundstück geeinigt haben, ist die Auflassung materiell wirksam.
Solange kein Veränderungsnachweis vorliegt, wäre bei Klage auf Auflassung einer
Grundstücksteilfläche das Urteil auch bei hinreichend genauer Bezeichnung der
Teilfläche wegen § 28 GBO zur Grundbucheintragung nicht verwendbar (unten
Rn 62, 84). Hat das GBAmt trotz eines Verfahrensverstoßes die mit der materiell
wirksamen Auflassung übereinstimmende Eintragung vorgenommen, ist das Grund-
buch richtig.

(3)   Haben alle Beteiligten das Grundstück unbewußt falsch bezeichnet, so haben
sie sich über das in Wahrheit gewollte Objekt wirksam geeinigt, aber die Eintragung
am falsch bezeichneten Grundstück macht das Grundbuch unrichtig. Die Ergänzung

und Berichtigung der zur Eintragung erforderlichen Grundbucherklärungen (§§ 19, 20 GBO) bedarf nur der Verfahrensform des § 29 GBO, nicht der Auflassungsform des § 925 Abs 1 (unten Rn 68, 118).

4. Wirkungen der Auflassung

9 a) Die **Wirkungen** der Auflassung entsprechen grundsätzlich denen der formlosen Einigung (vgl STAUDINGER/GURSKY [2000] § 873 Rn 37 ff). Sie können nicht anderer Art sein, weil die Auflassung ihrem Wesen nach nichts anderes als der dingliche Vertrag iS des § 873 ist (oben Rn 2). Die Auflassung begründet deshalb weder einen Anspruch des Erwerbers gegen den Veräußerer auf Verschaffung des Eigentums noch sonstige schuldrechtliche Ansprüche. Mit ihr hat der Veräußerer lediglich seine Verpflichtung zur Auflassung erfüllt, nicht die (darüber hinausgehende) auf Verschaffung des Eigentums (BGH NJW 1994, 2947; unten Rn 127). Die Auflassung enthält keine Verfügungsbeschränkung für den Veräußerer (RGZ 55, 340), wirkt nicht gegen Dritte, bindet nur die an der Einigung Beteiligten untereinander und steht deshalb weiteren Verfügungen des Veräußerers, zB einer anderweitigen Veräußerung an einen Dritten (BayObLG Rpfleger 1983, 249) oder Belastung des aufgelassenen Grundstücks oder Zwangsvollstreckungsmaßnahmen nicht entgegen. Die Eigentumsübertragung wird nicht auf den Zeitpunkt der Auflassung oder der Antragstellung zurückbezogen, weshalb erst die nachfolgende Eintragung den Schlußstein der Eigentumsübertragung bildet (unten Rn 107). Die Auflassung ersetzt weder die verfahrensrechtliche Eintragungsbewilligung (§ 19 GBO; unten Rn 101) noch den Eigenbesitz (§§ 854, 872; unten Rn 109).

10 b) Die **Auflassung allein** verschafft dem Auflassungsempfänger eine „Eigentumsanwartschaft" (unten Rn 133) und umfaßt idR auch die Einigung über die Besitzübergabe (§ 854 Abs 2), wenn der Erwerber in der Lage ist, die Gewalt über das Grundstück auszuüben (vgl STAUDINGER/BUND [2000] § 854 Rn 41). Das Antragsrecht des Auflassungsempfängers (§ 13 Abs 2 GBO) fließt als rein prozessuales Recht (BayObLGZ 1976, 180) aus der Auflassung und kann nicht ausgeschlossen, nicht eingeschränkt und nicht ohne Abtretung der Rechte aus der Auflassung auf einen Dritten übertragen werden (vgl KEHE/HERRMANN § 13 GBO Rn 54).

11 c) **Zusammen mit anderen Rechtsakten** hat die Auflassung Wirkungen, die im Grundstücksverkehr von Bedeutung sind: (1) Auflassung und Bewilligung (unten Rn 134, 135), (2) Auflassung, Bewilligung und Veräußererantrag (unten Rn 136); (3) Auflassung, Bewilligung und eigener Antrag des Auflassungsempfängers (unten Rn 137 ff), (4) Auflassung und Eigentumsvormerkung (unten Rn 140, 142).

12 d) **Nur zusammen mit der Eintragung** hat die Auflassung die aus § 873 Abs 1 abgeleitete Hauptwirkung der Übertragung des Eigentums am Grundstück vom Veräußerer auf den Erwerber (unten Rn 107) und einige Nebenwirkungen, die sich aus anderen Vorschriften ergeben (unten Rn 110).

II.   Anwendungsbereich des § 925

1.   Rechtsgeschäftliche Eigentumsübertragung

Zur *rechtsgeschäftlichen Übertragung des Eigentums* an einem Grundstück auf einen **13**
anderen Rechtsträger sind Auflassung und Eintragung des Eigentumsüberganges im
Grundbuch erforderlich (§§ 873, 925). Ob ein solcher Rechtsvorgang vorliegt, ist
nicht immer leicht feststellbar, zum Teil umstritten. In Zweifelsfällen ist der sichere
Weg der Auflassung zu empfehlen. Denn die rechtsgeschäftliche Eigentumsübertragung ist die Regel, der Eigentumsübergang außerhalb des Grundbuchs die Ausnahme und der Fall einer nicht zu einem Eigentumsübergang führenden Veränderung ohne Wechsel des Rechtsträgers selten (zur Konkurrenz zwischen § 925 und anderen
Vorschriften vgl Vorbem 4 ff zu § 925). Notfalls kann die Auflassungserklärung des Veräußerers als Berichtigungsbewilligung des Bucheigentümers (§§ 19, 22 Abs 1 GBO)
und die Entgegennahme der Auflassung durch den Erwerber als Berichtigungszustimmung des wahren Eigentümers (§ 22 Abs 2 GBO) ausgelegt werden, während
umgekehrt Bewilligung und Zustimmung zur Berichtigung des Grundbuchs den
Erfordernissen einer wirksamen Auflassung nicht genügen (unten Rn 36 ff, 41; KEHE/
Munzig § 20 GBO Rn 21; § 22 Rn 75).

Keine Auflassung ist erforderlich: **14**

a)   bei Rechtsänderungen, die gemäß § 873 durch Einigung und Eintragung eintreten, aber nicht die Übertragung von Grundstückseigentum betreffen; zB Bestellung, Übertragung, Belastung oder Inhaltsänderung eines Rechts an einem Grundstück;

b)   bei einem nichtrechtsgeschäftlichen Übergang des Eigentums an einem
Grundstück außerhalb des Grundbuchs kraft Gesetzes oder Hoheitsaktes (unten
Rn 30 ff), wodurch das Grundbuch unrichtig wird (§ 894);

c)   bei Veränderungen der nicht dem Sachenrecht angehörenden Regelungen im
Gemeinschaftsverhältnis von Eigentümern untereinander (Innenverhältnis), zB von
Gemeinschaftern (§§ 741 ff), Gesamthändern (unten Rn 25), Wohnungseigentümern
(§§ 10 ff WEG); Auflassung deshalb nötig zB zur Veränderung der Miteigentumsanteile, des Sonder- oder Miteigentums (unten Rn 17, 19), nicht zur Veränderung von
Gesamthandsanteilen (unten Rn 18, 24, 25, 26);

d)   bei Veränderungen ohne Wechsel des Rechtsträgers, zB Änderung des Namens oder der Rechtsform des Eigentümers unter Wahrung seiner rechtlichen
Identität (unten Rn 25 ff), die lediglich eine Richtigstellung (keine Berichtigung iS
§ 894) des Grundbuchs zur Folge haben;

e)   bei Vereinigung, Bestandteilszuschreibung oder Teilung eines Grundstücks
(vgl § 890) oder Aufteilung des Eigentums an einem Grundstück in verschiedene
Eigentumssphären ohne Wechsel des Eigentümers gemäß § 8 WEG.

2. Grundstücksbegriff

15 a) **Auflassung ist erforderlich** zur rechtsgeschäftlichen Übertragung des Eigentums an einem Grundstück (STAUDINGER/GURSKY [2000] Vorbem 11 ff zu §§ 873 ff), einer realen Grundstücksteilfläche (unten Rn 62), eines Einlage- oder Ersatzgrundstücks im Flurbereinigungs- oder Umlegungsverfahren (unten Rn 61), eines öffentlichen Grundstücks (vgl STAUDINGER/SEILER [2000] Einl 88 ff zu §§ 854 ff), weil das Bundesrecht für sie keine Ausnahme vom Auflassungszwang macht (BGH NJW 1969, 1437); eines buchungsfreien Grundstücks, wenn es auf eine buchungspflichtige Person übergeht (vgl § 3 Abs 2 GBO; RGZ 164, 385, 388), die landesrechtlich nicht vom Eintragungszwang befreit ist (vgl Art 127 EGBGB). Für ein bisher nicht gebuchtes Grundstück muß ein Grundbuchblatt angelegt werden (BayObLGZ 1980, 185 = Rpfleger 1980, 390). Die rechtsgeschäftliche Übertragung des Eigentums bedarf der Auflassung, gleichgültig ob der zugrundeliegende Anspruch durch rechtsgeschäftliche Vereinbarung (gemäß § 311b Abs 1 in Beurkundungsform) oder kraft Gesetzes entstanden ist.

b) **Keine Auflassung** ist erforderlich zur Übereignung von Baulichkeiten, die in Ausübung eines Rechts am fremden Grundstück oder nur zu einem vorübergehenden Zweck mit dem Grund und Boden verbunden sind, weil sie als bewegliche Sachen gelten (§ 95); eines buchungsfreien Grundstücks, sofern es nach der Übereignung buchungsfrei bleibt und für die Übereignung eine vom BGB abweichende landesrechtliche Regelung besteht (vgl Art 127 EGBGB).

3. Anwartschaft des Auflassungsempfängers

16 a) Einhaltung der **Auflassungsform** (ohne Eintragung) ist erforderlich zur Einigung über die Übertragung oder Verpfändung der Eigentumsanwartschaft des Auflassungsempfängers (BGHZ 49, 197, 202; BayObLGZ 1971, 307, 311; unten Rn 129, 130).

b) **Keine Auflassungsform** ist erforderlich zur Aufhebung der Auflassung (unten Rn 89); zur Übertragung und Verpfändung des schuldrechtlichen Anspruchs auf Auflassung oder Eigentumsverschaffung (BayObLGZ 1976, 190, 193 = DNotZ 1977, 107) samt Vormerkung, weil die Vormerkung gemäß § 401 mit Übertragung des Anspruchs (nicht durch Auflassung) auf den neuen Gläubiger übergeht (BayObLGZ 1971, 307, 310 = Rpfleger 1972, 16; unten Rn 127).

4. Miteigentum nach Bruchteilen

17 a) **Auflassung ist erforderlich** zur Übertragung von Bruchteilseigentum (§ 1008; unten Rn 63), zB eines Miteigentumsanteils von einem Bruchteilseigentümer an einen anderen oder an einen Dritten (RGZ 52, 174, 177); eines Bruchteilsanteils vom Alleineigentümer an einen Dritten, wodurch Bruchteilsgemeinschaft entsteht; Änderung der Miteigentumsanteile unter den gleichen Miteigentümern (RGZ 56, 96, 101; 76, 409, 413; BayObLGZ 1958, 263, 269); Übertragung von Bruchteilseigentum auf eine Gesamthand (zB BGB-Gesellschaft), auch wenn Bruchteilseigentümer und Gesamthänder die gleichen Personen sind (RGZ 65, 227, 233). Zum Erwerb mehrerer in Bruchteilsgemeinschaft unten Rn 56.

b) **Keine Auflassung** ist erforderlich in den oben Rn 15 (b) genannten Fällen.

5.   Gesamthandsanteile

a)   Auflassung ist erforderlich, wenn Gesamthänder das Eigentum am Grundstück **18** übertragen, also eine Verfügung über das Grundstück (nicht über den Gesamthandsanteil) vornehmen, auch wenn sie auf der Veräußerer- und Erwerberseite beteiligt sind (vgl RGZ 136, 402, 406; OLG Hamm DNotZ 1958, 416; FISCHER DNotZ 1955, 182). Einzelfälle unten Rn 23 ff. Zum Erwerb mehrerer in Gesamthandsgemeinschaft unten Rn 57 ff.

b)   Keine Auflassung ist erforderlich zur Übertragung, Vergrößerung oder Verkleinerung eines Gesamthandsanteils, weil der einzelne Gesamthänder im Gegensatz zum Bruchteilseigentümer keinen sachenrechtlich faßbaren Eigentumsanteil hat, sein Eigentum durch das gleiche Eigentumsrecht der übrigen Gesamthänder beschränkt ist und der Übergang oder die Veränderung sich deshalb nach dem für die betreffende Gesamthandsgemeinschaft geltenden Recht, nicht nach Sachenrecht richtet. Zur sog Abschichtung unten Rn 24.

c)   Die *Eintragungsfähigkeit* von Verfügungen über Gesamthandsanteile (zB Übertragung, Verpfändung, Pfändung, Nießbrauchsbestellung, auch die Teilabtretung eines Erbanteils; unten Rn 24) wird nach neuerer Auffassung mit Recht bejaht, obwohl sie außerhalb des Grundbuchs erfolgen und nicht eintragungsbedürftig sind (BayObLGZ 1959, 50 = NJW 1959, 1780; OLG Hamm Rpfleger 1977, 136; KEHE/EICKMANN Einl D 38 ff).

d)   Zur bedingten und befristeten Verfügung über Gesamthandsanteile vgl Vorbem 11 zu § 925.

6.   Wohnungs- und Teileigentum

a)   Auflassung (iS des § 925) ist erforderlich zu allen Rechtsänderungen, durch die **19** Miteigentum (= ME) am Grundstück (zB Wohnungseigentum = WE) rechtsgeschäftlich übertragen wird; Auflassungsform zu allen Verfügungen, durch die vertraglich Sondereigentum (= SE) eingeräumt, aufgehoben oder einer spätere Änderung des Gegenstands von SE vereinbart wird (§§ 3; 4 Abs 1, 2 WEG). *§ 4 Abs 2 WEG* ist eine notwendige *Sondervorschrift*, weil § 925 nur für die Übertragung von Eigentum (oder Miteigentum) an einem Grundstück gilt, während durch Einräumung, Aufhebung und Gegenstandsänderung von SE eine Inhaltsänderung von Eigentumsverhältnissen eintritt (vgl WEITNAUER/BRIESEMEISTER § 4 WEG Rn 2, 5). Dazu SCHMIDT MittBayNot 1985, 237, 243 ff.

Beispiele zu Fällen des § 925 (direkte Anwendung)

Veräußerung von WE oder ME-Anteilen daran; Bildung von Bruchteilseigentum unter gleichzeitiger Übertragung eines ME-Anteils auf einen anderen WEer, zB Übertragung eines Hälfteanteils vom Ehemann an Ehefrau, damit beide Miteigentümer je zur Hälfte des WE werden (BayObLGZ 1974, 466 = Rpfleger 1975, 90); Vergrößerung oder Verkleinerung von ME-Anteilen mit oder ohne Änderung des damit verbundenen SE zwischen verschiedenen WEern (BGH DNotZ 1976, 741, BayObLGZ 1958, 263 = DNotZ 1959, 40); Unterteilung mit gleichzeitiger Veräußerung der Teile an andere WEer oder Dritte (BayObLGZ 1977, 1 = DNotZ 1977, 546); Änderung der ME-Quoten bei Begründung von WE (BayObLG DNotZ 1986, 237); Wegveräußerung einer Teilfläche (LG Düsseldorf MittRhNotK 1980, 77); Hinzuerwerb neuer Grundstücksflächen zu einem in WE aufgeteilten Grundstück (OLG Frankfurt DNotZ 1974, 94; BayObLG Rpfleger 1976, 3; OLG Oldenburg Rpfleger 1977, 22). Siehe im übrigen unten Rn 64.

Beispiele zu Fällen der §§ 3, 4 WEG (Auflassungsform erforderlich)

Hauptfall ist die Teilungserklärung durch Vertrag der Miteigentümer; ist diese nicht bei gleichzeitiger Anwesenheit der Miteigentümer erklärt, ist sie unwirksam (BGHZ 29, 6, 10); der Mangel wird insgesamt geheilt, sobald ein Dritter gutgläubig eines der gebildeten Wohnungseigentumsrechte erwirbt (BGHZ 109, 179). Ferner gehören hierher vertragliche Änderungen des SE, wonach ein SE-Raum Gemeinschaftseigentum (BayObLG DNotZ 1998, 379 = Rpfleger 1998, 19), ein zum Gemeinschaftseigentum gehörender Raum SE (BayObLGZ 1973, 267; DNotZ 1990, 37 Anm ERTL; MittBayNot 1994, 41; OLG Frankfurt aM Rpfleger 1997, 374) oder ein SE-Raum abgetrennt und ohne Veränderung des ME-Anteils durch Veräußerung oder Tausch mit einem anderen Anteil verbunden (BGH Rpfleger 1976, 352; BayObLGZ 1976, 227) oder ein vollständiger Austausch des SE unter Beibehaltung der ME-Anteile vereinbart wird (BayObLG Rpfleger 1984, 168). Die in einer Teilungserklärung enthaltene Zustimmung oder Ermächtigung, Sondereigentum in gemeinschaftliches Eigentum umzuwandeln oder umgekehrt, vermag die Sondernachfolger nicht zu binden, weder als Inhalt des Sondereigentums (BayObLG DNotZ 1998, 379; 2002, 149), noch als schuldrechtliche Verpflichtung (BGH NJW 2003, 2165). Zur Anwendung des § 20 GBO unten Rn 101; zu weiteren Einzelheiten unten Rn 64.

b)   Keine Auflassung (auch keine Auflassungsform) ist erforderlich:

(1)   wenn Grundstückeigentum ohne Wechsel des Rechtsträgers in verschiedene Eigentumssphären aufgeteilt wird, zB zur einseitigen Teilung (§ 8 WEG) oder Unterteilung von WE in zwei oder mehrere Eigentumswohnungen ohne Veräußerung (BGHZ 49, 250), es sei denn, die Aufteilung des Sondereigentums kann nur in der Weise vorgenommen werden, daß ein Teil der bisher sondereigentumsfähigen Räume in gemeinschaftliches Eigentum überführt werden muß (BGHZ 139, 352 = NJW 1998, 3711); Bildung eines neuen WE aus anderen WE-Rechten des gleichen Eigentümers (BayObLGZ 1976, 227 = DNotZ 1976, 743);

(2)   wenn keine sachenrechtliche Eigentumsübertragung, sondern eine Veränderung des Rechtsverhältnisses der WEer untereinander stattfindet (vgl SCHMIDT MittBayNot 1985, 237, 245), zB zur vertraglichen oder einseitigen Inhaltsänderung der Gemeinschaftsordnung (§§ 10 ff WEG); Begründung, Übertragung, Änderung oder Aufhebung von Sondernutzungsrechten (vgl BayObLG DNotZ 1979, 174; Rpfleger 1980, 111; DNotZ 1986, 479; WEITNAUER/LÜKE § 15 WEG Rn 25 ff; KEHE/HERMANN Einl E 84 ff; ERTL DNotZ 1979, 267, 278; 1986, 485, 487); Umwandlung von Wohnungs- in Teileigentum ohne gleichzeitige Veränderung der Miteigentumsanteile und der Grenzen von Sondereigentum und gemeinschaftlichem Eigentum (BayObLG DNotZ 1998, 379).

7. Erbbaurecht

a) **Auflassung ist erforderlich** nur bei alten Erbbaurechten, die am 22.1. 1919 **20** bereits bestanden haben und sich nach §§ 1012 ff BGB (§ 38 ErbbVO) richten: zur Übertragung (§ 1015), Erstreckung (§ 1013), Inhaltsänderung (**aA** STAUDINGER/RAPP [2002] § 38 ErbbVO Rn 9) und zur Umwandlung eines alten in ein neues Erbbaurecht, weil für diese Rechtsänderungen noch das alte Recht des BGB maßgebend ist (STAUDINGER/RAPP [2002] § 38 ErbbVO Rn 4).

b) **Keine Auflassung,** *aber formlose Einigung* (§ 873) ist erforderlich zur Bestellung, Inhaltsänderung, Erstreckung und Übertragung eines Erbbaurechts gemäß § 11 ErbbVO, der die Anwendung des § 925 ausschließt (STAUDINGER/RAPP [2002] § 11 ErbbVO Rn 1, 19).

8. Wohnungserbbaurecht

Auflassung ist erforderlich jedenfalls bei Wohnungserbbaurechten an einem *alten* **21** (vor dem 22.1. 1919 begründeten) Erbbaurecht (praktisch selten, rechtlich zulässig) zur vertraglichen Einräumung, Änderung und Aufhebung von Sondereigentum und zur Übertragung des Wohnungserbbaurechtes, da für solche Rechtsänderungen das alte Recht (nicht § 11 ErbbVO) gilt (vgl oben Rn 20).

Zweifel, ob die Auflassung erforderlich ist, bestehen bei Wohnungserbbaurechten nach geltendem Recht, da § 11 Abs 1 ErbbVO für die Begründung von Erbbaurechten ausdrücklich keine Auflassungsform vorschreibt (verneinend deshalb STAUDINGER/ERTL[12] Rn 21; WEITNAUER/MANSEL § 30 WEG Rn 14). *Einigung in Auflassungsform gemäß § 4 Abs 2 WEG* für die Begründung und Aufhebung bzw *Auflassung* für die Übertragung des Rechts sind indessen hier gleichfalls *notwendig*. Das Wohnungserbbaurecht ist zwar eine besondere Art des Erbbaurechts, aber eben auch eine besondere Art des Wohnungseigentums, auf die gem § 30 Abs 3 S 2 WEG die Vorschriften über das Wohnungseigentum und damit auch die Regelungen der §§ 925 BGB, 4 Abs 2 WEG entsprechend anzuwenden sind (ebenso MünchKomm/RÖLL § 30 WEG Rn 2; PALANDT/BASSENGE § 30 WEG Rn 1).

9. Gebäudeeigentum und andere grundstücksgleiche Rechte

(a) **Auflassung ist erforderlich** gem Art 233 § 4 Abs 1 S 1 EGBGB zur Übertra- **22** gung von *Gebäudeeigentumsrechten* nach § 288 Abs 4 oder § 292 Abs 3 ZGB (DDR) bzw § 27 LPGG (DDR), Art 233 § 2b Abs 4 EGBGB oder § 459 ZGB (DDR), Art 233 § 8 EGBGB (vgl STAUDINGER/RAUSCHER [2003] Art 233 § 4 EGBGB Rn 25; PALANDT/BASSENGE Art 233 § 4 EGBGB Rn 3). Für Übertragungsakte aus der Zeit vor dem 3. 10. 1990 gilt die Formerleichterung des Art 231 § 7 EGBGB (unten Rn 80). Die *Eintragung* des Eigentumsübergangs erfolgt im *Gebäudegrundbuch*, das nach den Vorschriften der Gebäudegrundbuchverfügung vom 15. 7. 1994 (BGBl I 1606) iVm § 144 Abs 1 Nr 4 GBO anzulegen und zu führen ist (ausführlich hierzu KELLER MittBayNot 1994, 389). Für das weitere Schicksal der Gebäudeeigentumsrechte sind insbesondere zu beachten: das *Registerverfahrensbeschleunigungsgesetz* vom 20. 12. 1993 (BGBl I 2182) zur Befristung der bestehenden Gebäudeeigentumsrechte, die Regelungen des Art 231 § 5 Abs 3 sowie des Art 233 § 2a, § 2b, § 2c, § 3, § 4 und

§ 8 EGBGB in der Neufassung der Bekanntmachung vom 21. 9. 1994 aufgrund des *Sachenrechtsänderungsgesetzes* (BGBl I 2494) sowie die Vorschriften des dazugehörenden *Sachenrechtsbereinigungsgesetzes* vom 21. 9. 1994 (BGBl I 2457) zur Neugestaltung des Verhältnisses zwischen Gebäudeeigentümer und Grundstückseigentümer durch Bestellung eines Erbbaurechts (§§ 32, 34 SachenRBerG; dazu GRÜN NJW 1994, 2641, 2645 ff) mit den Änderungen durch das *Grundstücksrechtsänderungsgesetz* vom 2. 11. 2000 (BGBl I 1481; dazu TRIMBACH NJW 2001, 662). Zur Rechtsentwicklung seit Inkrafttreten des Einigungsvertrages s auch STAUDINGER/SEILER (2000) Einl 109 ff zu §§ 854 ff mwN; BAUR/STÜRNER § 63; BÖHRINGER Rpfleger 1999, 425.

(b)   Keine Auflassung, sondern nur einseitige Aufgabeerklärung gem §§ 875, 876 ist erforderlich zum Erwerb des Gebäudeeigentums durch den Grundstückseigentümer, wenn durch entsprechende Erklärung des Gebäudeeigentümers gegenüber dem Grundbuchamt das zugrundeliegende Nutzungsrecht aufgehoben wird (dazu BÖHRINGER Rpfleger 1995, 51, 52); dann erlischt gem Art 233 § 4 Abs 6 und § 2b Abs 4 EGBGB das Gebäudeeigentum, und das Gebäude wird Bestandteil des Grundstücks. Ist das Nutzungsrecht nicht im Grundbuch eingetragen, bedarf die Aufhebungserklärung der notariellen Beurkundung (Art 233 § 4 Abs 6 S 2 EGBGB).

(c)   Für die übrigen grundstücksgleichen Rechte ist **zu unterscheiden**: Gelten die für den Erwerb des Eigentums an Grundstücken bestehenden Vorschriften entsprechend, also auch § 925 ohne Rücksicht auf den Zeitpunkt ihrer Bestellung, so ist Auflassung erforderlich zur Bestellung, Änderung und Übertragung des Rechts (zB gem Art 9 des Bayerischen Fischereigesetzes: BayObLG MittBayNot 1992, 132; oder § 6 Abs 3 BadWürttFischG: VGH Mannheim NJW-RR 1992, 345). Gelten die Vorschriften für Erbbaurechte entsprechend (oben Rn 20), ist Auflassung nur im gleichen Umfang wie für alte Erbbaurechte erforderlich, also nur bei den Rechten, die am 22. 1. 1919 bereits bestanden haben (vgl Art 68 EGBGB).

10.   Güterrecht und Vermögensstand

23   a)   Auflassung ist erforderlich zur Auseinandersetzung des Gesamtguts der Gütergemeinschaft (§§ 1471 ff) oder fortgesetzten Gütergemeinschaft (KGJ 36 A 200; BayObLG JW 1926, 992), auch wenn der Ehegatte einen gesetzlichen Anspruch darauf hat (RGZ 20, 256; RG DR 44, 292); Erfüllung der ehevertraglichen Erklärung zum Vorbehaltsgut (§ 1418 Abs 2) durch Umwandlung eines zum Gesamtgut gehörenden Grundstücks in Alleineigentum eines Ehegatten (KG JFG 15, 194; BayObLGZ 6, 295; STAUDINGER/THIELE [2000] § 1416 Rn 34) oder der nachträglichen Aufhebung der Vorbehaltsguteigenschaft durch Einbringung in das Gesamtgut (KGJ 52, 137; BGH NJW 1952, 1330; BGB-RGRK/AUGUSTIN Rn 10; ERMAN/LORENZ Rn 15; aA STAUDINGER/THIELE [2000] § 1416 Rn 33 mwN; MünchKomm/KANZLEITER § 1416 Rn 18, 19). Zum Erwerb in Gütergemeinschaft unten Rn 57 und Vorbem 12 zu § 925. Zur Vermögensgemeinschaft eingetragener Lebenspartnerschaften unten Rn 56.

b)   Keine Auflassung ist erforderlich, wenn das Eigentum am Grundstück mit der Begründung der Gütergemeinschaft durch Ehevertrag (§ 1416 Abs 2) oder durch Erwerb während der Ehe (§ 1416 Abs 1 S 2) in das Gesamtgut fällt (RGZ 84, 326; BayObLGZ 1975, 209), wenn das Grundstück eines Ehegatten zu dessen Vorbehaltsgut erklärt wird und deshalb in seinem Eigentum verbleibt (§ 1418); wenn beim Ausscheiden eines Abkömmlings aus fortgesetzter Gütergemeinschaft dessen Anteil den übrigen nach §§ 1490, 1491 anwächst.

11. Erbrecht

a) Auflassung ist erforderlich zur Erfüllung eines Vermächtnisses gemäß §§ 2150, **24** 2174 (BayObLGZ 7, 349, 350; OLG Dresden OLGE 39, 218), Erbschaftskaufs gemäß § 2374 oder einer Teilungsanordnung gemäß §§ 2048, 2049 (OLG Neustadt MDR 1960, 497); Umwandlung eines erbengemeinschaftlichen Grundstücks in Bruchteilseigentum der Miterben zu gleichen oder ungleichen Quoten (RGZ 105, 246, 251; OLG Hamm MittRhNotK 1996, 225); Auseinandersetzung der Erbengemeinschaft gemäß §§ 2042 ff durch Übertragung von Grundbesitz auf Miterben oder Dritte (RGZ 57, 432, 434), während die Wiederherstellung der Erbengemeinschaft durch Aufhebung der Auseinandersetzung nicht mehr möglich ist (KG DNotZ 1952, 84; OLG Düsseldorf Rpfleger 1952, 343); Umwandlung der Erbengemeinschaft in eine andere Gesamthand, zB Gütergemeinschaft, BGB-Gesellschaft, OHG, KG (KG JFG 21, 168; OLG Hamm DNotZ 1958, 416; BayObLG Rpfleger 1958, 345); Grundstücksübertragung eines der Testamentsvollstreckung unterliegenden Grundstücks an Miterben, Testamentsvollstrecker oder Dritte (RGZ 61, 139, 143; BayObLGZ 7, 349); Grundstücksüberlassung vom Vorerben an Nacherben (ausführlich DUMOULIN DNotZ 2003, 571). Zum Erwerb in Erbengemeinschaft unten Rn 58 und Vorbem 11, 12 zu § 925; zur Surrogation im Zuge einer Erbauseinandersetzung zwischen Vor- und Nacherben BGH DNotZ 2001, 392.

b) Keine Auflassung ist erforderlich zur Übertragung (§ 2033) eines (BayObLG JFG 7, 319) oder aller Erbanteile (auch wenn zum Nachlaß Grundbesitz gehört) auf einen Miterben oder Dritten (BayObLGZ 1959, 56), gleichgültig ob gleichzeitig oder sukzessiv (RGZ 88, 116, 117); Übertragung aller Erbanteile auf eine unter den gleichen Miterben bestehende BGB-Gesellschaft (KG DR 1944, 455); Übertragung eines Bruchteils an einem Erbanteil (BGH NJW 1963, 1610); Übertragung eines Grundstücks als nahezu einziger Nachlaßgegenstand, wenn sie als Erbanteilsübertragung ausgelegt werden kann (BGH FamRZ 1965, 267); Übertragung des Eigentums an einem Nachlaßgrundstück durch Anwachsung bei Austritt von Miterben aus der Erbengemeinschaft im Zuge einer sog Abschichtungsvereinbarung (BGHZ 138, 8 = NJW 1998, 1557; LG Köln NJW 2003, 2993; WESSER/SAALFRANK NJW 2003, 2937); Erfüllung eines Vorausvermächtnisses an den durch Nacherbfolge beschränkten Alleinerben (KG OLGE 30, 202, 203); Umschreibung auf den Erben, wenn bei Nachlaßkonkurs der Konkursverwalter als Eigentümer eingetragen worden ist (LG Bonn JW 1937, 2121 zust HENKE), weil die Eintragung des Konkursverwalters unrichtig iSd § 894 und nicht (wie BayObLGZ 32, 377, 380 meint) unzulässig iSd § 53 Abs 1 S 2 GBO ist.

c) Die *Eintragungsfähigkeit* der Teilabtretung eines Erbanteils ist (entgegen BayObLGZ 1967, 405) aus praktischen Gründen zu bejahen (vgl OLG Köln Rpfleger 1974, 109; KEHE/EICKMANN Einl D 21 mwN), obwohl sie außerhalb des Grundbuchs erfolgt und zu ihrer Wirksamkeit weder Auflassung noch Eintragung erforderlich ist. Vgl auch oben Rn 18 und Vorbem 11 zu § 925.

12. Gesellschaft bürgerlichen Rechts

a) Auflassung ist erforderlich zur Übertragung des Eigentums an einem Grund- **25**

stück bei Einbringung eines Grundstücks durch einen oder mehrere Gesellschafter (RGZ 65, 227, 233) oder durch eine Gesamthandsgemeinschaft (zB Erbengemeinschaft) in die BGB-Gesellschaft (RGZ 136, 402, 406; OLG München JFG 18, 120; OLG Hamm DNotZ 1958, 416; STAUDINGER/KESSLER[12] § 705 Rn 38; SCHMEINCK MittRhNotK 1982, 97, 99); Übertragung eines Grundstücks aus der BGB-Gesellschaft in Alleineigentum eines oder Bruchteilseigentum mehrerer Gesellschafter (RGZ 65, 233; 57, 432; 89, 57) oder in das Vermögen einer anderen, aus den gleichen (oder anderen) Personen bestehenden Personengesellschaft (RGZ 155, 86; BayObLGZ 1950, 430; OLG Hamm DNotZ 1983, 750; DNotI-Report 2000; 151); Aufteilung von Grundbesitz einer BGB-Gesellschaft in verschiedene personengleiche BGB-Gesellschaften (BayObLGZ 1980, 199 = Rpfleger 1981, 58; 1981, 154 = DNotZ 1981, 573). Dazu SCHMIDT AcP 182 (1982) 490; EICKMANN Rpfleger 1985, 85. Zum Erwerb in BGB-Gesellschaft unten Rn 59 und Vorbem 11 f zu § 925.

b) **Keine Auflassung** ist erforderlich bei allen Rechtsvorgängen, die sich (aus unterschiedlichen Gründen) nicht nach Sachenrecht richten (oben Rn 18), zB

(1)   wenn nach dem *Anwachsungsprinzip* der Erwerb oder Verlust der Beteiligung eines Gesellschafters am Gesellschaftsvermögen mit seinem Eintritt oder Ausscheiden ohne besonderen Einzelübertragungsakt erfolgt (vgl STAUDINGER/KESSLER[12] § 705 Rn 37; SCHMIDT AcP 182 [1982] 491), zB bei Eintritt in eine bestehende BGB-Gesellschaft oder Ausscheiden aus ihr (RGZ 136, 97, 99); Ausscheiden eines Gesellschafters aus zweigliedriger BGB-Gesellschaft unter gleichzeitigem Eintritt eines neuen (PALANDT/SPRAU § 736 Rn 9), bei Ausscheiden eines Gesellschafters aus zweigliedriger BGB-Gesellschaft unter Übernahme des Grundbesitzes durch den anderen Gesellschafter (BGHZ 32, 307, 317 = NJW 1960, 1664; BGH NJW 1966, 827, 828; BGH NJW 1990, 1171; BayObLG Rpfleger 1983, 431; MünchKomm/ULMER § 730 Rn 50 ff, 62; ERMAN/LORENZ Vorbem § 925 Rn 5 entsprechend dem aus §§ 1490, 1491, 2033 BGB, § 142 Abs 3 HGB abgeleiteten Rechtsgrundsatz; im Gegensatz zur früheren Ansicht, Auflassung sei notwendig, vgl RGZ 68, 410, 414; CANTER NJW 1965, 1553, 1560);

(2)   wenn das Grundstück *nicht auf die Gesamthand übergeht*, zB bei Einbringung eines Grundstücks nur zur Nutzung oder dem Werte nach (RGZ 109, 380, 383; RG JW 1927, 1688; STAUDINGER/KESSLER[12] § 706 Rn 36) oder Einräumung eines Verwertungsrechts (RGZ 162, 78, 81; 166, 160, 165; MünchKomm/ULMER § 705 Rn 34; STAUDINGER/KESSLER[12] § 705 Rn 36; SCHMEINCK MittRhNotK 1982, 97, 99), weil in diesen Fällen das Grundstückseigentum dem Gesellschafter verbleibt;

(3)   wenn die Gesamthandsgemeinschaft unter *Wahrung ihrer Identität* lediglich ihre Rechtsform verändert und deshalb kein Übergang des Eigentums auf einen anderen Rechtsträger stattfindet, zB bei Umwandlung der BGB-Gesellschaft in OHG oder KG oder umgekehrt (unten Rn 26).

c) **Keine neue Auflassung** ist erforderlich, wenn zwischen Auflassung und Grundbucheintragung ein Gesellschafterwechsel bei der veräußernden (LG Köln Rpfleger 2002, 23) oder erwerbenden BGB-Gesellschaft stattgefunden hat, weil hier eine Gesamtrechtsnachfolge im Gesellschaftsvermögen vorliegt (jetzt **hM**: LG Köln RNotZ 2002, 54; BayObLG Rpfleger 1992, 160; zustimmend JASCHKE DNotZ 1992, 160; ebenso STAUDINGER/GURSKY [2000] § 873 Rn 107; SIEVEKING MDR 1979, 373; MEIKEL/BÖTTCHER § 22

GBO Rn 39 b; DEMHARTER § 20 GBO Rn 8; BAUER/VOEFELE § 20 GBO Rn 122; jetzt auch
SOERGEL/STÜRNER Rn 7; **aA** LG Aachen Rpfleger 1987, 104; zust VOORMANN 410; abl SCHMITZ-
VALCKENBERG 300 und JASCHKE Rpfleger 1988, 14; zu den erforderlichen Grundbucherklärungen
vgl KEHE/MUNZIG § 20 GBO Rn 28). Dies gilt auch dann, wenn zwischenzeitlich sämt-
liche Anteile an der BGB-Gesellschaft übertragen worden sind (LG Hannover Mitt-
BayNot 1993, 389).

d) Zur Eintragungsfähigkeit von Verfügungen über den Anteil vgl oben Rn 18,
zur bedingten und befristeten Verfügung vgl Vorbem 11 zu § 925.

13. Personengesellschaften (OHG, KG)

a) **Auflassung ist erforderlich** zur Grundstückseinbringung von einem Gesell- **26**
schafter in die OHG oder KG (RGZ 65, 227, 233; KG OLGE 13, 23); Einbringung von
Bruchteilseigentum in Gesellschaft, auch wenn der Bruchteilseigentümer zugleich
Gesellschafter ist (RGZ 56, 96, 101); Gründung einer OHG oder KG durch Aufnahme
eines Gesellschafters in Einzelfirma, wenn ein Betriebsgrundstück Eigentum der
Einzelfirma ist (KG OLGE 13, 23, 24; LG Dortmund NJW 1969, 137) oder der eintretende
Gesellschafter sein Grundstück in die OHG oder KG einbringt (RGZ 65, 227, 233);
Einbringung von einer Gesamthand (zB Erbengemeinschaft) in die OHG oder KG
(OLG München JFG 18, 120; KG JFG 21, 168; OLG Hamm DNotZ 1958, 416); Auseinandersetzung des Gesellschaftsvermögens durch Übertragung auf mehrere oder alle Gesellschafter in Bruchteilseigentum (RGZ 65, 227, 233); Übertragung aus dem Gesellschaftsvermögen auf einen Gesellschafter, gleich ob er in der Gesellschaft bleibt
oder ausscheidet (RGZ 65, 227, 233; 76, 409, 413); Übertragung auf eine gesellschafter-
gleiche GmbH (RGZ 74, 6, 9); Übertragung von einer OHG auf eine andere OHG,
KG oder GbR, auch wenn sie aus den gleichen Gesellschaftern besteht, sofern die
übertragende und erwerbende Gesellschaft rechtlich selbständig sind (RGZ 136, 402,
406; KG JFG 9, 6).

b) **Keine Auflassung** ist erforderlich aus den bei der BGB-Gesellschaft genannten
Gründen (oben Rn 18, 25) zB

(1) nach dem *Anwachsungsprinzip* bei Eintritt eines Gesellschafters in eine bestehende OHG oder KG (KG OLGE 13, 23, 24); Wechsel einzelner (RGZ 65, 227) oder
aller Gesellschafter (OLG Karlsruhe OLGE 41, 200); auch nur teilweiser Übertragung
eines Gesellschaftsanteils (OLG Frankfurt aM MittRhNotK 1996, 192); Ausscheiden eines
Gesellschafters aus bestehenbleibender OHG oder KG wegen § 738 BGB (RGZ 68,
410, 413; BayObLGZ 9, 103, 108; 30, 246) oder wenn der andere Gesellschafter Allein-
inhaber wird (RGZ 136, 96, 99); Übernahme der Firma mit Grundstück durch einen
Gesellschafter bei Auflösung der OHG oder KG ohne Liquidation durch Vereinbarung unter Lebenden oder mit den Erben des verstorbenen Gesellschafters (RGZ
65, 227, 240; 68, 410, 416); nach OLG München JFG 14, 498 kann das GBAmt den
Übernehmer zwingen, sich mit seinem Namen eintragen zu lassen;

(2) bei *Einbringung ohne Eigentumsübertragung* nur zur Nutzung, dem Werte
nach oder unter Einräumung eines Verwertungsrechts (dazu oben Rn 25).

(3) wegen *Wahrung der Rechtsidentität* bei Umwandlung von Gründungs-OHG in

OHG (unten Rn 51), von OHG in KG und umgekehrt (RGZ 55, 126, 128), der Stellung eines Komplementärs in die eines Kommanditisten (KGJ 51, 181), von OHG oder KG in BGB-Gesellschaft und umgekehrt (SCHÖNER/STÖBER Rn 984a), gleich ob durch Beschluß oder wegen Zurückgehens auf Kleingewerbe (RGZ 155, 75, 86; KG JFG 12, 279, 285; BayObLGZ 1950, 426, 430 = NJW 1952, 28; OLG Hamm DNotZ 1984, 769) bzw gem § 2 S 2 HGB nF durch Eintragung auch der bloß vermögensverwaltenden Gesellschaft in das Handelsregister (LG München Rpfleger 2001, 489) auch bei gleichzeitigem Eintritt eines neuen persönlich haftenden Gesellschafters (BayObLG NJW-RR 2002, 1363 = Rpfleger 2002, 536 Anm Demharter); Firmenänderung, wenn der Rechtsinhaber der gleiche bleibt und nur seinen Namen ändert (KG OLG 10, 407, 409);

(4) zur *formwechselnden Umwandlung, Verschmelzung* oder *Spaltung* einer OHG oder KG nach dem neuen Umwandlungsgesetz vgl oben Vorbem 16 und unten Rn 27.

c) **Verfügungen über Gesamthandsanteile** von Gesellschaften (oben Rn 18) sind bei der OHG und KG nicht eintragungsfähig, weil nicht die Gesellschafter, sondern die Gesellschaft unter ihrer Firma als Eigentümer eingetragen ist (§ 124 Abs 1 HGB).

14. Kapitalgesellschaften (AG, GmbH, KGaA)

27 **a)** **Auflassung ist erforderlich** zur Grundstückseinbringung vom Gesellschafter in die Kapitalgesellschaft, auch wenn das Grundstück bisher Miteigentum oder Gesamthandseigentum aller Gesellschafter oder Alleineigentum des einzigen Gesellschafters war (RGZ 56, 96; 84, 112; RG JW 1925, 1750); von OHG oder KG in GmbH, auch wenn auf beiden Seiten die gleichen Gesellschafter beteiligt sind (OLG Celle Rpfleger 1954, 108; aber keine Auflassung nötig nach dem UmwandlungsG); Einbringung von GmbH in GmbH & Co KG, auch wenn die GmbH einziger Komplementär ist oder Übertragung des Betriebsgrundstücks der GmbH auf einen Gesellschafter persönlich, auch wenn er der einzige ist; Grundstücksübertragung von einer Kapitalgesellschaft auf eine andere oder auf eine Personengesellschaft oder Einzelfirma und umgekehrt, sofern nicht ein Fall der Gesamtrechtsnachfolge nach dem Umwandlungsgesetz vorliegt. Zum Erwerb durch eine Vor-GmbH unten Rn 50 ff.

b) **Keine Auflassung** ist erforderlich bei

(1) *formwechselnder Umwandlung* nach §§ 190 bis 304 UmwG wegen Identität des Rechtsträgers (§ 202 Abs 1 Nr 1 UmwG); *Verschmelzung* von zwei oder mehreren Rechtsträgern nach §§ 2 bis 122 UmwG durch Aufnahme oder Neugründung, da mit Eintragung in das Handelsregister des Sitzes des übernehmenden bzw des neuen Rechtsträgers Gesamtrechtsnachfolge außerhalb des Grundbuchs eintritt (§§ 20 Abs 1 Nr 1, 36 UmwG); *Spaltung* (§§ 123 bis 173 UmwG) als *Aufspaltung* (§ 123 Abs 1 UmwG), *Abspaltung* (§ 123 Abs 2 UmwG) *oder Ausgliederung* (§ 123 Abs 3 UmwG) zur Aufnahme (§ 126 bis 134 UmwG) oder Neugründung (§§ 135 bis 137 UmwG), da gleichfalls ex lege (partielle) Gesamtrechtsnachfolge eintritt (LG Ellwangen Rpfleger 1996, 154 Anm BÖHRINGER), und zwar mit Eintragung in das Handelsregister des Sitzes des übertragenden Rechtsträgers (§ 131 Abs 1 UmwG); *Vermögensübertragung* zwischen Versicherungsunternehmen oder unter Beteiligung der öffentlichen Hand (§§ 174 bis 189 UmwG) als Vollübertragung mit den gleichen

Wirkungen wie bei Verschmelzung (§ 176 UmwG) oder als Teilübertragung mit den gleichen Wirkungen wie bei Spaltung (§ 177 UmwG); *Verschmelzung mit dem Vermögen eines Alleingesellschafters* (§§ 120 bis 122 UmwG), die als Unterfall der Verschmelzung durch Aufnahme an die Stelle der früheren verschmelzenden Umwandlung durch Übertragung des Vermögens auf den Allein- oder Hauptgesellschafter (§§ 1, 15, 23 und 24 UmwG aF) getreten ist; *Ausgliederung aus dem Vermögen eines Einzelkaufmanns* (§§ 152 bis 160 UmwG), die die frühere errichtende Umwandlung des Unternehmens eines Einzelkaufmanns durch Übertragung des Geschäftsvermögens (§ 56a UmwG aF) ersetzt hat;

(2)   *Spaltung* nach dem Gesetz über die Spaltung der von der *Treuhandanstalt* verwalteten Unternehmen (SpTrUG) v 5. 4. 1991 (BGBl I 854);

(3)   *Aufnahme oder Ausscheiden eines Gesellschafters* (Aktionärs) oder Übertragung eines GmbH-Anteils, auch bei Vereinigung aller Anteile in einer Hand, da in diesen Fällen das Vermögen der Kapitalgesellschaft nicht berührt wird;

(4)   Übertragung eines Grundstücks von *Hauptniederlassung auf Zweigniederlassung* des gleichen Unternehmens und umgekehrt (zulässig, wenn die Zweigniederlassung eine von der Hauptfirma abweichende Firma führt; RGZ 62, 7; KG JFG 15, 104), weil keine Übertragung des Grundstücks auf einen anderen Rechtsträger stattfindet (LG Freiburg BWNotZ 1982, 66);

(5)   Übergang eines Grundstücks von der *Vor-GmbH auf die GmbH* (unten Rn 50, 51).

15.   Genossenschaften

Auflassung ist erforderlich und entbehrlich nach den gleichen Grundsätzen wie bei **28** Kapitalgesellschaften (oben Rn 27). Auflassung ist deshalb nicht notwendig zB bei formwechselnder Umwandlung (§§ 251 bis 257 UmwG); Verschmelzung (§§ 79 bis 98 UmwG) oder Spaltung (§§ 147, 148 UmwG), ferner nicht bei Teilung, Zusammenschluß oder formwechselnder Umwandlung von *Landwirtschaftlichen Produktionsgenossenschaften* des Rechts der früheren DDR nach dem Landwirtschaftsanpassungsgesetz (LwAnpG) v 3. 7. 1991 (BGBl I 1418), einschließlich des erneuten Formwechsels einer durch Umwandlung einer LPG entstandenen eG in eine Personengesellschaft nach § 38a LwAnpG idF des UmwBerG v 28. 10. 1994 (BGBl I 3210, 3265 f).

16.   Vereine, Stiftungen

a)   Auflassung ist erforderlich zur Übertragung von Grundstücken aus dem Ver- **29** einsvermögen an ein Vereinsmitglied (KG OLG 5, 378); Einbringung in Verein oder Stiftung (§ 82); Grundstücksübertragung aus dem Vereins- oder Stiftungsvermögen aufgrund Liquidation an den Anfallberechtigten gemäß §§ 45 Abs 1, 88, weil hier keine Gesamtnachfolge vorliegt (STAUDINGER/WEICK [1995] § 45 Rn 5). Das Vermögen einer nicht mehr bestehenden juristischen Person des Privatrechts geht nicht ohne besondere gesetzliche Regelung auf den Funktionsnachfolger über (KG OLGZ 1969, 224). Zum Erwerb durch einen nicht rechtsfähigen Verein unten Rn 59.

b)　　Keine Auflassung ist erforderlich bei *Anfall* von Vereins- oder Stiftungsvermögen *an den Fiskus* gemäß §§ 46, 88 BGB; Übergang eines Grundstücks *vom nichtrechtsfähigen Verein an den eV* (RGZ 85, 256, 260; BGHZ 17, 385, 387; STAUDINGER/ WEICK [1995] § 21 Rn 31; **aA** HORN NJW 1964, 87); *formwechselnder Umwandlung* von rechtsfähigen Vereinen (§ 191 Abs 1 Nr 4 UmwG), also sowohl von eingetragenen Idealvereinen (§ 21), als auch von wirtschaftlichen Vereinen (§ 22); *Verschmelzung und Spaltung* von eingetragenen Vereinen (§ 3 Abs 1 Nr 4, § 124 Abs 1 UmwG); Verschmelzung und Spaltung von wirtschaftlichen Vereinen sowie Spaltung von Stiftungen (ausschließlich im Wege der Ausgliederung) nur dann, wenn der wirtschaftliche Verein bzw die Stiftung jeweils als übertragender Rechtsträger beteiligt ist (§§ 3 Abs 2 Nr 1, 124 Abs 1 UmwG).

17.　Juristische Personen des öffentlichen Rechts

30　**a)　　Auflassung ist erforderlich**, wenn ein Grundstück von einer juristischen Person des öffentlichen Rechts auf eine andere übertragen wird (sofern der Eigentumsübergang nicht nach Landesrecht stattfindet, durch Gesetz oder Hoheitsakt angeordnet oder gedeckt wird) zB von Schulverband auf politische Gemeinde (KGJ 31, 306), von Mutterpfarrei auf neugegründete Kirchengemeinde (OLG Düsseldorf NJW 1954, 1767), Teilung einer Kirchengemeinde (KGJ 41, 208; OLG Oldenburg DNotZ 1972, 492), Übertragung eines Grundstücks auf eine durch Teilung einer Kirchengemeinde entstandenen Einzelgemeinde (OLG Hamm OLGZ 1980, 170 = Rpfleger 1980, 148). Ob die Übertragung von Grundstücken von einer *kirchlichen Körperschaft* auf eine andere (zB Zusammenschluß, Teilung oder Neubegrenzung von Landeskirchen, Kirchenkreisen oder Kirchengemeinden) allein durch kirchliche Rechtsetzung, ohne Auflassung und Eintragung, zuzulassen ist (dann bloße Grundbuchberichtigung gem § 22 GBO aufgrund Vorlage der Veröffentlichung im kirchlichen Amtsblatt), entscheidet sich anhand der Reichweite des verfassungsrechtlich garantierten Selbstbestimmungs- und Selbstverwaltungsrecht der Kirchen. Dieses umfaßt jedenfalls die Befugnis, im Rahmen von Organisationsveränderungen durch Kirchengesetz den Übergang des Eigentums an kirchlichen Grundstücken mit unmittelbarer Wirkung anzuordnen (vgl OLG Hamburg NJW 1983, 2572 im Zuge der Bildung der Nordelbischen Ev-luth Kirche; **aA** MünchKomm/KANZLEITER Rn 13; AnwK-BGB/GRZIWOTZ Rn 10). Neuerdings wird in der kirchlichen Rechtsetzung der Weg beschritten und im Schrifttum die Auffassung vertreten, bei Veränderungen im Bestand kirchlicher Körperschaften könne auch durch Verwaltungsakt aufgrund kirchengesetzlicher Ermächtigungsgrundlage (zB Organisationsverfügung des Landeskirchenamts) die Übertragung von kirchlichen Grundstücken geregelt werden (MAINUSCH NJW 1999, 2148 zu dem entsprechenden Kirchengesetz der Ev-luth Landeskirche Hannovers; zust SOERGEL/STÜRNER Rn 4; BAMBERGER/ ROTH/GRÜN Rn 8; abl ERMAN/LORENZ Rn 6). Dem ist zuzustimmen, weil in Fällen ohne Beteiligung außerkirchlicher Dritter kein Schutzzweck ersichtlich ist, der aus der Sicht der staatlichen Gesetze die Regelung auf einer bestimmten Hierarchiestufe kirchlicher Normsetzung erfordert.

b)　　Keine Auflassung ist erforderlich bei

(1)　*formwechselnder Umwandlung* einer Körperschaft oder Anstalt des öffentlichen Rechts (§§ 301 bis 304 UmwG);

(2) *Ausgliederung* aus dem Vermögen von Gebietskörperschaften oder Zusammenschlüssen von Gebietskörperschaften (§§ 168 bis 173 UmwG);

(3) *Vermögensübertragung* von einer Kapitalgesellschaft auf den Bund, ein Land, eine Gebietskörperschaft oder einen Zusammenschluß von Gebietskörperschaften (§§ 174 bis 177 UmwG) als Vollübertragung mit den gleichen Wirkungen wie bei Verschmelzung (§ 176 UmwG) oder als Teilübertragung mit den gleichen Wirkungen wie bei Spaltung (§ 177 UmwG);

(4) Übergang von einer fiskalischen Stelle auf eine andere, weil sie keine selbständigen Rechtspersönlichkeiten sind, sondern insgesamt den Staat verkörpern (RGZ 59, 404; LG Freiburg BWNotZ 1982, 66), also wie beim Übergang von Hauptniederlassung auf Zweigniederlassung kein Eigentumsübergang stattfindet (oben Rn 27),

(5) Übertragung vom Staat an einen Kommunalverband oder von einem an einen anderen Kommunalverband aufgrund Landesgesetz (Art 126 EGBGB),

(6) Eigentumsübergang eines buchungsfreien Grundstücks nach Landesrecht (Art 127 EGBGB),

(7) Eigentumsübergang, der durch Gesetz (zB Straßen- und Wegegesetz) oder Hoheitsakt angeordnet oder gedeckt wird (unten Rn 31, 32).

18. Eigentumsübertragung durch Hoheitsakt

a) Durch Hoheitsakt ohne Grundbucheintragung tritt der Eigentumsübergang **31** außerhalb des Grundbuches in den gesetzlich geregelten Fällen ein, zB durch

(1) *Zuschlag* in der Zwangsversteigerung (§ 90 ZVG); Auflassung dagegen nötig bei sog freiwilliger Versteigerung;

(2) *Restitutionsentscheidung* nach §§ 32, 34 Vermögensgesetz idF der Bekanntmachung vom 21. 12. 1998 (BGBl I 4026): das Eigentum geht mit der Unanfechtbarkeit der Entscheidung auf den Berechtigten über; die Umschreibung im Grundbuch erfolgt im Wege der Grundbuchberichtigung auf entsprechendes Ersuchen des Vermögensamtes (§ 34 Abs 2 VermG);

(3) *Flurbereinigungsplan* (§§ 61, 79 FlurbG); Auflassung dagegen nötig bei freiwilliger Flurbereinigung durch Ringtausch verschiedener Grundstückseigentümer auf rechtsgeschäftlicher Grundlage; zur Bezeichnung eines Einlagegrundstücks BayObLGZ 1972, 242 (unten Rn 61);

(4) *Umlegungsplan* gemäß §§ 71, 72 BauGB (dazu BayObLGZ 1980, 108; unten Rn 61) mit Wirkung für und gegen den Rechtsnachfolger bei Eigentümerwechsel während des Umlegungsverfahrens (OLG Zweibrücken DNotZ 2003, 279 zust Anm GRZIWOTZ; krit MAASS ZNotP 2003, 362);

(5) *Beschluß über die vereinfachte Umlegung* gemäß §§ 82, 83 BauGB (unten Rn 32);

(6) *Grenzscheidungsurteil* gemäß § 920 (unten Rn 32);

(7) *Enteignungsbeschluß* (OLG Hamm NJW 1966, 1132; KG Rpfleger 1967, 115; BayObLGZ 1971, 336 = Rpfleger 1972, 26); Auflassung dagegen nötig bei freiwilliger Grundabtretung zur Abwendung der Enteignung, auch wenn die Kaufpreisfestsetzung unterblieben (BGH NJW 1967, 31; DITTUS NJW 1965, 2179) oder dem Verwaltungsschätzverfahren vorbehalten worden ist;

(8) *Enteignung* durch Beschluß nach §§ 47, 51 Landbeschaffungsgesetz: Bei Einigung der Beteiligten über den Eigentumsübergang am zu enteignenden Grundstück steht die Niederschrift der Enteignungsbehörde dem unanfechtbaren Enteignungsbeschluß gleich (§ 37 Abs 2 LandbeschG), macht also die Auflassung entbehrlich.

(9) Bei *Änderung von Gebietskörperschaften* (Bund, Länder, Regierungsbezirke, Landkreise, Gemeinden) als einem öffentlichrechtlichen Vorgang mit privatrechtlichen Wirkungen geht kraft Gesetzes, staatlichen Hoheitsakts oder öffentlichrechtlichen Vertrages das Vermögen des untergegangenen Rechtssubjekts im Wege der Gesamtrechtsnachfolge (wie bei Erbfolge) auf die erweiterte oder neu entstandene Gebietskörperschaft über (KG OLG 16, 153; 23, 239; RGZ 87, 284; BayObLGZ 6, 466). Die Grundbuchberichtigung erfolgt auf Ersuchen der Aufsichtsbehörde oder Antrag der Gebietskörperschaft unter Nachweis der Änderung oder unter Bezugnahme auf das über die Änderung ergangene Gesetz.

b) **Durch Hoheitsakt und Grundbucheintragung** geht das Eigentum am Grundstück auf die Gemeinde über im Wege der Ausübung des gemeindlichen Vorkaufsrechts im Falle des § 28 Abs 3 und 4 BauGB (dazu KEHE/MUNZIG § 20 GBO Rn 230 ff). Dies gilt gem § 28 Abs 3 und 4 BauGB aber nur für die dort geregelten Fälle der Ausübung des preislimitierten Vorkaufsrechts mit Rücktrittsrecht des Verkäufers. Auf das gemeindliche Vorkaufsrecht der §§ 24, 25 BauGB ist nach § 28 Abs 2 S 2 BauGB § 464 Abs 2 BGB anzuwenden; in diesem und anderen Fällen, zB dem Vorkaufsrecht nach dem Bayerischen Naturschutzgesetz, bedarf es der Auflassung (BayObLG MittBayNot 1999, 555).

19. Grenzregelungen und Grenzänderungen

32 a) Die Einigung zweier Nachbarn im Abmarkungsprotokoll des Vermessungsamts über die rechtlich maßgebliche Grenze *im Verlauf der bisherigen Besitzgrenze* hat (wie die gemeinschaftliche Abmarkung unbestrittener Grenzen; OLG Celle NJW 1956, 632) *keinen Eigentumswechsel* zur Folge, bedarf also weder einer Auflassung noch der Form des § 311b Abs 1 (OLG Nürnberg DNotZ 1966, 33; STAUDINGER/ROTH [2002] § 920 Rn 21).

b) Zur Grenzregelung bei Grenzverwirrungen ist, wenn der *Besitzstand der Nachbarn verändert wird*, ein schuldrechtlicher Grundabtretungsvertrag (in Form des § 311b Abs 1) und Auflassung erforderlich (STAUDINGER/ROTH [2002] § 920 Rn 21, 22).

c) Das *Grenzscheidungsurteil* nach § 920 teilt Eigentum zu (KG OLG 20, 405), wirkt also rechtsbegründend zwischen den Parteien und weitgehend auch gegenüber Dritten kraft der Gestaltungswirkung des Urteils und macht daher die Auflassung entbehrlich (STAUDINGER/ROTH [2002] § 920 Rn 17 ff).

d) Der *Beschluß über die vereinfachte Umlegung* gem § 82 BauGB wirkt rechtsübertragend; deshalb keine Auflassung erforderlich (BayObLGZ 1981, 8 = NJW 1981, 1626; WAIBEL Rpfleger 1976, 347).

e) *Zur Änderung von Hoheitsgrenzen* und ihren Rechtsfolgen vgl Art 29 Abs 7 GG; Gesetz v 16. 3. 1965 (BGBl I 65); § 58 Abs 2 FlurbG.

f) Zu Grenzänderungen durch *Anlandungen* vgl unten Rn 33.

20. Originärer Eigentumserwerb

a) **Keine Auflassung** ist bei originärem Eigentumserwerb erforderlich, weil er **33** nicht zu einer Übertragung des Grundstückseigentums führt, zB bei

(1) Buchersitzung gemäß § 900 (Einzelheiten dort),

(2) Aneignung aufgrund Ausschlußurteils im Aufgebotsverfahren gemäß § 927 (Einzelheiten § 927 Rn 22 ff),

(3) Aneignung eines herrenlosen Grundstücks gemäß § 928 (Einzelheiten § 928 Rn 20 ff),

(4) Eigentumserwerb an Grundstücken nach Anlandungen, Neubildung von Inseln usw (vgl § 928 Rn 23).

b) **Einhaltung der Auflassungsform** ist erforderlich zur Einigung über die Abtretung eines auf originären Eigentumserwerb gerichteten Rechts, zB Übertragung des dem Aneignungsberechtigten gemäß § 927 oder 928 zustehenden Aneignungsrechts an einem Dritten (Einzelheiten vgl § 927 Rn 20; § 928 Rn 20).

III. Auflassungserklärungen

1. Anwendbare Vorschriften

a) Die *rechtsgeschäftliche Übertragung des Eigentums* an einem Grundstück setzt **34** voraus:

(1) Wirksamkeit und Übereinstimmung der Auflassungserklärungen des Veräußerers und Erwerbers (Rn 35 ff),

(2) Wirksamkeit und Übereinstimmung der Auflassung und Eintragung (Rn 106 ff).

b) Die *Auflassung als dinglicher Vertrag* (oben Rn 6) richtet sich nach materiellem Recht. Für sie gelten §§ 873, 925 und die Vorschriften des allgemeinen Teils des

BGB für Rechtsgeschäfte und Verträge (§§ 104 bis 185) unmittelbar, soweit sie nicht durch Sondernormen eingeschränkt oder ersetzt werden, wie zB die wegen der Auflassungsform unanwendbaren Teile der §§ 145 bis 153 (unten Rn 74, 82) und die durch die Bedingungsfeindlichkeit der Auflassung ausgeschlossenen §§ 158 bis 163 (unten Rn 92). Die (analoge) Anwendung von Vorschriften des allgemeinen Schuldrechts ist nach den zu § 873 entwickelten Grundsätzen nur beschränkt möglich; unzulässig zB die Auflassung zugunsten eines Dritten gemäß § 328 (unten Rn 47) und der Eigentumserwerb durch Gesamtgläubiger gemäß § 428 (BayObLGZ 1963, 123). Eine Inhaltskontrolle der Auflassungserklärungen nach den Bestimmungen für AGB gemäß §§ 305 bis 310 ist ausgeschlossen.

c) *Im Grundbuchverfahren* sind die Auflassungserklärungen für die Eintragung nur verwendbar, wenn sie den strengen verfahrensrechtlichen Anforderungen entsprechen (oben Rn 7, 101). Dies gilt auch für die durch Urteil (oder Beschluß) erzwungenen Auflassungserklärungen (unten Rn 84). Ein Verstoß gegen Verfahrensvorschriften hat auf die materielle Wirksamkeit der Auflassung und der Eintragung aber keinen Einfluß (vgl STAUDINGER/GURSKY [2000] § 873 Rn 283). Zu den Auswirkungen dieser Unterscheidung oben Rn 8.

2. Inhalt der Auflassung

35 Die Auflassung erfordert *wirksame und übereinstimmende Willenserklärungen* aller als Veräußerer und Erwerber des Grundstücks am dinglichen Vertrag beteiligten Personen bei gleichzeitiger Anwesenheit vor der zuständigen Stelle darüber, daß sie über den gesamten Inhalt des zur Übertragung des Eigentums notwendigen dinglichen Vertrages einig sind. Aus den Erklärungen muß sich ausdrücklich oder auslegungsfähig (Rn 36 ff) der auf rechtsgeschäftliche Übertragung und Erwerb des Eigentums am aufgelassenen Grundstück (Rn 60 ff) gerichtete Wille (Rn 41) des Veräußerers (Rn 43 ff) und des Erwerbers (Rn 47 ff), ergeben, der nicht von einer Bedingung oder Zeitbestimmung abhängig gemacht werden darf (Rn 91 ff) und keine Vereinbarung über den Zweck der Auflassung enthalten muß. Diese Voraussetzungen gelten für die rechtsgeschäftlichen und für die durch Urteil (oder Beschluß) erzwungenen Auflassungserklärungen gleichermaßen (unten Rn 84).

3. Auslegung der Auflassungserklärungen

36 a) **Unterschiedliche Auslegungsmaßstäbe** sind anzuwenden, je nachdem, ob der Inhalt der Auflassung als dinglicher Vertrag (Rn 37) oder als verfahrensrechtliche Grundbucherklärung (Rn 38) oder ob der Inhalt der Grundbucheintragung (Rn 114 ff) im Wege der Auslegung ermittelt werden muß.

37 b) **Die Auflassung als dinglicher Vertrag** ist auslegungsfähig (RGZ 152, 189, 192; BayObLGZ 1974, 112, 115 = DNotZ 1974, 441) und erfordert keine bestimmten Formulierungen, auch nicht die Worte „Auflassung" oder „Einigung" (OLG Dresden OLGE 4, 311). Sie ist nach den für formbedürftige Verträge geltenden Regeln (§§ 133, 157) danach auszulegen, was die Beteiligten wirklich gewollt haben und wie der Erklärungsempfänger die Erklärungen seines Vertragspartners verstehen mußte. Es genügen Erklärungen, in denen der übereinstimmende Wille der Beteiligten auf Übertragung des Eigentums vom Veräußerer auf den Erwerber deutlich und zweifelsfrei

zum Ausdruck kommt (vgl Prot III 55; RGZ 54, 378, 382; 129, 124, RG JW 1928, 2519; BGHZ 60, 46, 52 = NJW 1973, 325).

Zur Wahrung der materiellen Auflassungsform (unten Rn 75) muß der Wille in den bei gleichzeitiger Anwesenheit vor dem Notar abgegebenen Erklärungen einen wenn auch unvollkommenen Ausdruck gefunden haben (vgl BGH LM §125 Nr 19; BGHZ 63, 362 = NJW 1975, 536). Zur Auslegung sind deshalb nicht nur die in die (nach Rn 76 nicht materiell, aber verfahrensrechtlich notwendige) notarielle Urkunde aufgenommenen Erklärungen, sondern auch alle bei gleichzeitiger Anwesenheit vor dem Notar abgegebenen nicht beurkundeten Erklärungen heranzuziehen. Selbst bei falscher Bezeichnung des Grundstücks ist die Auflassungsform bezüglich des wirklich gewollten Grundstücks gewahrt, wenn sich alle Vertragspartner über den wirklich gewollten Gegenstand der Auflassung vor dem Notar einig waren, ihn aber unbewußt unrichtig bezeichnet haben (dazu unten Rn 68, 118). Für die Auslegung kommt es auf den Willen und die Vorstellungen der Erklärenden an (BGH DNotZ 1966, 172) und nicht auf die Meinung des als Amtsperson mitwirkenden Notars über den Auflassungsinhalt. Bei Verschiedenheit der Auffassung des Notars und der Beteiligten ist die der Beteiligten allein maßgebend (BGH DNotZ 1961, 396). Das Prozeßgericht hat im Streitfall (notfalls nach entsprechender Beweiserhebung) alles zu beachten, was sich aus dem Wortlaut und Sinn der Erklärungen entnehmen läßt, die vor dem Notar abgegeben worden sind.

c)   Als Grundbucherklärungen (oben Rn 7) müssen die Auflassungserklärungen den **38** strengen Anforderungen an Bestimmtheit und Klarheit genügen, die für die formellen Eintragungsvoraussetzungen wegen der Besonderheiten des Grundbuchverfahrens gelten (vgl KG DNotZ 1958, 203; OLG Köln Rpfleger 1960, 56; OLG Frankfurt Rpfleger 1961, 155; KG OLGZ 1965, 244; BayObLGZ 1974, 112, 115; 1977, 189; 1980, 293; Einzelheiten KEHE/MUNZIG Einl C 25 ff) Das GBAmt darf seine Eintragungstätigkeit nur auf die im Eintragungsverfahren verwendbaren Urkunden und Umstände stützen und weder Amtsermittlungen anstellen noch Beweise erheben. Deshalb ist bei Auslegung der Auflassungserklärungen im Grundbuchverfahren auf ihren Wortlaut und Sinn abzustellen, wie er sich für einen unbefangenen Dritten als nächstliegende Bedeutung der Erklärungen ergibt (vgl etwa OLG Zweibrücken MittRhNotK 1996, 59 mwN). Im Grundbuchverfahren kommt es also nicht auf den Willen des Auflassungserklärers oder die Vorstellung des Auflassungsempfängers, sondern darauf an, was jeder gegenwärtige und zukünftige Betrachter als objektiven Inhalt der Erklärungen ansieht. Das Nächstliegende bedarf keiner Hervorhebung und ist maßgebend, solange keine gegenteiligen Anhaltspunkte ersichtlich sind (vgl BGH DNotZ 1970, 567; BayObLG DNotZ 1971, 659; 1976, 745). Die Grundbucherklärungen iS der §§ 19, 20 GBO sind folglich vom GBAmt im Eintragungsverfahren nach den gleichen Grundsätzen auszulegen, die für die Grundbucheintragung gelten (stRspr; vgl BGH DNotZ 1976, 16).

4.   Umdeutung der Auflassungserklärungen

a)   Die Auflassung als dinglicher Vertrag (oben Rn 6) ist nach den allgemeinen für **39** formbedürftige Verträge geltenden Regeln (§ 140) umdeutungsfähig (vgl BayObLGZ 1983, 118 = Rpfleger 1983, 346; STAUDINGER/ROTH [2003] § 140 Rn 21 f, 24 f; STAUDINGER/GURSKY [2000] § 873 Rn 66).

40 b) Die Auflassung als **Grundbucherklärung** (oben Rn 7) ist einer Umdeutung grundsätzlich zugänglich, aber nur in stark eingeschränkter Weise (BayObLGZ 1953, 333 = DNotZ 1954, 30; OLG Hamm Rpfleger 1957, 19). Die Umdeutung setzt (abgesehen von den allgemeinen Erfordernissen des § 140) voraus, daß die vorgelegte Urkunde dem GBAmt eine abschließende Würdigung gestattet (KG OLGZ 1967, 324 = NJW 1967, 2358). Der hypothetische Wille zu der im Umdeutungsweg gefundenen Ersatzlösung kann nicht gegen den Willen der Beteiligten und nicht nach rein objektiven Gesichtspunkten ermittelt (BGHZ 19, 272), aber dann bejaht werden, wenn die Beteiligten mit der Ersatzlösung einen gleichen oder nahezu gleichen Erfolg erreichen (Böhringer MittBayNot 1990, 12, 13 f) und der von ihnen – meist mangels ausreichender Rechtskenntnisse – gewählten Rechtsform kein besonderes Gewicht beigemessen haben (KEHE/Munzig Einl C 30), zB Umdeutung der Übertragung aller Erbanteile als Auflassung des Grundbesitzes, der den ganzen oder nahezu ganzen Nachlaß ausmacht (RGZ 129, 124; BGHZ 15, 102); der Auflassung zum Gesamtgut an Eheleute, zwischen denen keine Gütergemeinschaft und keine andere Gesamthandsgemeinschaft besteht oder beabsichtigt ist, in Miteigentum je zur Hälfte (BayObLGZ 1983, 118); jedoch keine Umdeutung einer bedingten Übertragung des Anteils am Vermögen einer BGB-Gesellschaft in die Auflassung eines Miteigentumsanteils an einem Grundstück (BayObLG DNotZ 1998, 752).

5.   Erklärungen auf Übertragung und Erwerb des Eigentums

41 a)   Die Auflassung als dingliches Veräußerungs- und Erwerbsgeschäft muß *zweierlei* zum Ausdruck bringen:

(1)   den auf Übertragung von Grundstückseigentum an den Erwerber gerichteten Willen des Veräußerers und

(2)   den auf Erwerb dieses Eigentums vom Veräußerer gerichteten Willen des Erwerbers.

Bestimmte Formulierungen sind nicht erforderlich, wenn die Erklärungen wenigstens in diesem Sinn ausgelegt oder umgedeutet werden können, zB, wenn der Veräußerer die Eintragung des Eigentumsüberganges auf den Erwerber bewilligt und der Erwerber diese Eintragung beantragt (RGZ 54, 378, 382), weil in diesen nur auf die Grundbucheintragung (die formelle Seite) gerichteten Erklärungen idR auch der Wille zur Übertragung und zum Erwerb des Eigentums zum Ausdruck kommt (BGHZ 60, 46, 52 = NJW 1973, 323, 325; BayObLG DNotZ 1975, 685, 686); wenn der Veräußerer erklärt, daß er das Eigentum auf den Erwerber überträgt und dieser die Erklärung annimmt (OLG Dresden OLGL 4, 311); wenn beide Teile erklären, sie seien darüber einig, daß das Eigentum übergehen soll (OLG Karlsruhe RJA 3, 143); wenn bei der Erbauseinandersetzung ein Grundstück einem Beteiligten „zugeteilt" wird (BayObLGZ 32, 477); wenn eine wegen Irrtums in der Bezeichnung des Erwerbers (Stadtgemeinde anstelle der von ihr verwalteten Stiftung) wirksam angefochtene Auflassung in der Nachtragsurkunde „berichtigt" wird (BayObLGZ 25, 214); wenn ein Erbanteil verkauft und übertragen wird und zur Erbmasse nur ein Grundstück gehört (RGZ 129, 124); materiell uU genügend, aber im Grundbuchverfahren nicht ausreichend, wenn in der Berichtigungsbewilligung eine Auflassung erblickt werden soll (wie von KG Recht 1905 Nr 1747 als materiell wirksam erachtet) oder der

Veräußerer die Übertragung des Eigentums und der Erwerber die Eintragung der Kaufpreisresthypothek bewilligt (so von BayObLGZ 12, 833; 22, 272 für im Grundbuchverfahren nicht verwendbar gehalten).

Nicht erforderlich ist zur Wirksamkeit der Auflassung, daß neben der materiellen Einigung auch Erklärungen über die Eintragung abgegeben werden, zB daß der Veräußerer die Umschreibung bewilligt und der Erwerber sie beantragt (Mot III 172, 174; Prot III 55; RGZ 54, 378, 383; 141, 374) oder daß der Veräußerer das Bewußtsein hat, Eigentümer zu sein (OLG Colmar OLG 26, 35).

Empfehlenswert ist wegen §§ 13, 19, 20, 28 GBO eine Formulierung, die Einigung, Eintragungsbewilligung und Eintragungsantrag enthält, also zB: „A und B sind darüber einig, daß das Eigentum am Grundstück Flst Nr 1 Gemarkung X-Stadt von A auf B übergeht. A bewilligt und B beantragt die Eintragung dieses Eigentumsüberganges im Grundbuch."

b) **Materiell unwirksam kann die Auflassung sein**, zB wenn der *Kaufvertrag* nicht **42** die Einigung über den Eigentumsübergang, sondern nur über die Kaufpreisresthypothek und den Antrag des Veräußerers auf deren Eintragung enthält; wenn in der Urkunde lediglich festgestellt wird, der Grundbesitz gehöre den Ehegatten zu je $1/2$ Miteigentumsanteil (so OLG Frankfurt Rpfleger 1973, 394; **aA** OLG Köln Rpfleger 1980, 16); wenn der als Eigentümer Eingetragene die Berichtigung des Grundbuches durch Eintragung des wirklichen Eigentümers bewilligt und dieser der Berichtigung mit dem Antrag auf Vollzug zustimmt und beide sich nicht (wie es § 873 verlangt) über den rechtsgeschäftlichen Eigentumsübergang einig sind. An die Feststellung des Übertragungswillens werden gelegentlich zu hohe Anforderungen gestellt. Es hängt stets von den Umständen des Einzelfalles ab, ob die Erklärungen (zB vom Prozeßgericht nach entsprechender Beweiserhebung und Beweiswürdigung) nach den Vorschriften des BGB (§§ 133, 157, 140) für materiell wirksam gehalten werden können (oben Rn 37, 39, 41), selbst wenn die gleichen Erklärungen (zB nach Auffassung des GBAmts, dem eigene Ermittlungen und Beweiserhebungen verwehrt sind) den im Eintragungsverfahren notwendigen strengeren Anforderungen nicht genügen (oben Rn 38, 40).

c) **Nichtig nach § 134 kann die Auflassung sein**, zB wenn eine politische Gemeinde ein Grundstück unter Verstoß gegen entsprechende Vorschriften der anwendbaren Gemeindeordnung unter Wert veräußert (vgl BayObLG MittBayNot 1995, 389).

6. Der Veräußerer

a) **Die Erklärungen des Veräußerers** müssen erkennen lassen, wer die Person des **43** Veräußerers ist, ob er im eigenen oder fremden Namen und für wen er handelt, ob er allein oder zusammen mit anderen Eigentum an einem Grundstück übertragen will.

b) **Der verfügungsberechtigte Eigentümer** kann wirksam die Auflassung erklären. **44** Besteht gegen ihn eine Verfügungsbeschränkung iSv § 892 Abs 1 S 2, ist die Auflassung nur wirksam, wenn die Beschränkung nicht eingetragen und dem Erwerber nicht bekannt ist. Der nicht eingetragene wahre Eigentümer ist materiell zur wirk-

samen Auflassung im eigenen Namen berechtigt, wie wenn er eingetragen wäre,
weil § 39 GBO als formelle Ordnungsvorschrift die materielle Wirksamkeit der
Auflassung nicht beeinträchtigt. Beim Erwerb vom nicht eingetragenen Eigentümer
wirkt jede Verfügungsbeschränkung gegen den Erwerber, weil er von einem nicht
Eingetragenen nicht gutgläubig Eigentum erwerben kann. Der noch nicht eingetragene Erbe muß Verfügungsbeschränkungen des noch eingetragenen Erblassers wie
eigene gegen sich gelten lassen. Ist der Erbe aber als Eigentümer eingetragen, so
muß eine gegen seine eigene Person fortwirkende Beschränkung des Erblassers zu
ihrer Wirkung aus dem Grundbuch ersichtlich sein. Der nicht eingetragene wahre
Eigentümer kann zum Zwecke der Eigentumsübertragung auch seinen Berichtigungsanspruch abtreten, statt diesen selbst zu verfolgen und erst dann aufzulassen
(RG JW 1901, 527). Der Ersteher eines Grundstückes ist bereits vom Zuschlag ab
verfügungsberechtigt (RGZ 62, 140). Auch der Inhaber der Verfügungsmacht über
das Grundstück kann wirksam die Auflassung im eigenen Namen erklären, wenn
ihm die Verfügungsmacht kraft Amtes oder kraft Verfügungsermächtigung des
Eigentümers im Zeitpunkt der Auflassung zusteht.

Im Falle des § 1365 bedarf die Auflassung nur dann der *Zustimmung des Ehegatten*
bzw nach § 8 Abs 2 LPartG des *eingetragenen Lebenspartners* (dazu Böhringer Rpfleger 2002, 299), wenn diese für das vorausgegangene Verpflichtungsgeschäft erforderlich war; eine erst nach Abschluß des schuldrechtlichen Vertrages erlangte Kenntnis
des Erwerbers von dem Umstand, daß das veräußerte Grundstück im wesentlichen
das ganze Vermögen des Veräußerers bildet, ist also unschädlich (BGHZ 106, 253
=Rpfleger 1989, 189). *Verfahrensrechtlich* ist das Grundbuchamt nur dann berechtigt
und verpflichtet, Nachweise im Hinblick auf § 1365 zu verlangen, wenn sich aus den
Eintragungsunterlagen oder sonst bekannten Umständen konkrete Anhaltspunkte
dafür ergeben, daß es sich bei dem Grundstück um das nahezu gesamte Vermögen
handelt und der Vertragspartner im Zeitpunkt des Abschlusses des Verpflichtungsgeschäfts weiß, daß dies der Fall ist (OLG Zweibrücken MittBayNot 1989, 93; BayObLG
MittBayNot 2000, 439; OLG Jena Rpfleger 2001, 298; Staudinger/Thiele [2000] § 1365 Rn 114
mwN). Diese eingeschränkte Prüfungskompetenz des Grundbuchamtes gilt auch für
güterrechtliche Verfügungsbeschränkungen nach ausländischem Recht (LG Aurich
Rpfleger 1990, 289; Schöner/Stöber Rn 3421).

45 c) **Der eingetragene Nichteigentümer** (= Bucheigentümer) ist zur Auflassung
legitimiert, auch wenn er den Mangel seines Rechts kennt. Denn das Bewußtsein,
Eigentümer zu sein, ist auf Seite des Veräußerers zu einer wirksamen Auflassungserklärung nicht notwendig, wenn er nur tatsächlich eine Erklärung auf Übertragung
des Eigentums abgegeben hat (oben Rn 41).

46 d) **Die Auflassung durch einen Nichtberechtigten**, gleich ob er eingetragen ist oder
nicht, ist gemäß § 185 Abs 1 von Anfang an wirksam, wenn der wahre Eigentümer
vorher eingewilligt hat (RGZ 54, 366; 129, 286; 152, 382). Sie wird gemäß § 185 Abs 2
wirksam, wenn er sie nachträglich genehmigt (RGZ 77, 84, 87; 134, 283, 286; 135, 378, 382;
BayObLG NJW 1956, 1279; BayObLGZ 1960, 462) oder wenn der auflassende Nichteigentümer nachträglich Eigentümer wird (KG OLG 5, 419). Von der Grundstücksauflassung durch einen Nichtberechtigten im eigenen Namen sind die Fälle der Auflassung durch einen Vertreter im fremden Namen (unten Rn 69 ff) und der Übertragung
der eigenen Anwartschaft des Auflassungsempfängers zu unterscheiden (unten

Rn 129). Die vom Grundstückseigentümer erteilte Einwilligung oder Genehmigung bedarf nicht der Auflassungsform (RGZ 129, 286; BayObLGZ 1953, 35; unten Rn 71, 74). Die Einwilligung zur Weiterveräußerung (§ 185 Abs 1) ist (idR) in der wirksamen Auflassung und Eintragungsbewilligung enthalten (unten Rn 126, 135).

7. Der Erwerber

a)   Die Erklärungen des Erwerbers müssen erkennen lassen, wer die Person des **47** Erwerbers ist, ob er im eigenen oder im fremden Namen und für wen er handelt, ob er allein oder zusammen mit anderen und in welchem Gemeinschaftsverhältnis er das Eigentum am Grundstück erwerben will. Der Erwerber muß bei Entgegennahme der Auflassung bereits bestimmt sein (BayObLGZ 1983, 275 = Rpfleger 1984, 11).

Die Auflassung zugunsten eines Dritten (§ 328) in der Weise, daß zwei Vertragspartner (A und B) über den Eigentumsübergang unmittelbar an einen Dritten (C) einig sind und C ohne eigene Mitwirkung an der Auflassung mit seiner Eintragung im Grundbuch unmittelbar von A das Eigentum am Grundstück erwirbt, *ist nicht möglich*. Die Gegenmeinung ist nach dem klaren Wortlaut des § 333 und § 925 Abs 1 und 2 unhaltbar (Einzelheiten STAUDINGER/GURSKY [2000] § 873 Rn 108; zuletzt auch BayObLG NJW 2003, 1402; AnwK-BGB/GRZIWOTZ Rn 15). Beim Verkauf eines Grundstücks „von A an B oder einen von B benannten Dritten" kann die Auflassung unter Beachtung des § 925 wirksam nur entweder von A an B und dann von B an C oder unmittelbar von A an C erfolgen (vgl AG Hamburg NJW 1971, 102), aber nicht an einen noch nicht bestimmten Erwerber, selbst wenn für ihn ein vollmachtloser Vertreter handelt (unten Rn 94).

b)   Die Fähigkeit zum Eigentumserwerb ist Ausfluß der Rechtsfähigkeit natürli- **48** cher und juristischer Personen, die vom BGB grundsätzlich anerkannt wird (vgl STAUDINGER/HABERMANN/WEICK [2004] § 1 Rn 1), *im Einzelfall aber eingeschränkt sein kann*:

(1)   durch Landesrecht oder Staatsverträge für ausländische natürliche oder juristische Personen; nach Aufhebung des § 88 EGBGB enthält § 86 EGBGB in europarechtkonformer Auslegung noch einen Vorbehalt für Landesgesetze, die den Eigentumserwerb juristischer Personen mit Sitz außerhalb der EU beschränken oder von staatlicher Genehmigung abhängig machen könnten; zZ bestehen in keinem Bundesland solche Beschränkungen;

(2)   durch Sondergesetze für bestimmte, einer Aufsicht unterstehende juristische Personen dadurch, daß der Erwerb eines Grundstücks von einer Genehmigung abhängig ist (Einzelheiten STAUDINGER/GURSKY [2000] § 873 Rn 92);

(3)   bei Erbengemeinschaften dadurch, daß sie nur unter den Voraussetzungen des § 2041 Eigentum an einem Grundstück erwerben können (unten Rn 58);

(4)   durch ein gerichtliches Erwerbsverbot aufgrund einstweiliger Verfügung oder *Urteil* (dazu STAUDINGER/GURSKY [2000] § 873 Rn 93).

Das GBAmt hat gesetzliche Erwerbsbeschränkungen von Amts wegen zu beachten, gerichtliche dann, wenn es sie kennt (vgl KEHE/MUNZIG § 20 GBO Rn 70 ff).

49 c)   Ob ein **nasciturus oder noch nicht Erzeugter** Eigentum an einem Grundstück gemäß §§ 873, 925 erwerben kann, ist umstritten, aber wegen der Bedingungsfeindlichkeit der Auflassung zu *verneinen*. Wäre ihm eine „gesetzlich fingierte Rechtspersönlichkeit" verliehen (vgl § 1923 Abs 2; RGZ 61, 355; 65, 277), so wäre sein Eigentumserwerb möglich, wenn er bei der Entgegennahme der Auflassung (zB des Vermächtnisgrundstücks; §§ 2162 Abs 2; 2178) wirksam vertreten (zB von einem Pfleger oder Testamentsvollstrecker) und in der Auflassung und Grundbucheintragung so genau bezeichnet wird, daß später über seine Person keine Zweifel auftreten können (MEIKEL/IMHOF/RIEDEL[6] § 3 GBO Rn 282 mit Hinweis auf BayDA für GBÄ § 262). Da die Frage, wem das Eigentum zusteht, wenn er nicht geboren wird, nicht befriedigend beantwortet werden kann, wird die Fiktionstheorie von der hM mit Recht abgelehnt. Die Meinung vom subjektiv-bedingten Erwerb des nasciturus oder des noch nicht Erzeugten (vgl STAUDINGER/WEICK [2004] § 1 Rn 25; STAUDINGER/SCHERÜBL[12] § 1115 Rn 4 mwN) läßt sich allenfalls nur auf die dinglichen Rechte anwenden, die aufschiebend bedingt durch die Geburt des Erwerbers bestellt werden können (vgl STAUDINGER/SCHERÜBL[12] § 1115 Rn 4; ablehnend für die Hypothek STAUDINGER/WOLFSTEINER [2002] § 1113 Rn 63), aber wegen § 925 Abs 2 nicht auf den rechtsgeschäftlichen Grundstückserwerb. Auch die Theorie, die im bedingten Erwerb eine Anwartschaft sieht (vgl STAUDINGER/OTTE [2002] § 2179 Rn 7), hilft nicht weiter. Denn Mindestvoraussetzung der Anwartschaft des Auflassungsempfängers ist eine wirksame Auflassung (unten Rn 125), die nicht von einer Bedingung abhängig sein darf. Dem praktischen Bedürfnis nach einem Schutz genügt § 883 Abs 1 S 2, wonach der bedingte oder künftige Auflassungsanspruch des nasciturus oder noch nicht Erzeugten vorgemerkt werden kann (STAUDINGER/OTTE [2002] § 2179 Rn 12).

50 d)   **Personenhandelsgesellschaften und juristischen Personen im Gründungsstadium (Vorgesellschaften)** ist die Fähigkeit zum Eigentumserwerb an einem Grundstück mangels eigener Rechtsfähigkeit von der hL lange abgesprochen und erst nach 1966 unter dem Einfluß des BGH (BGHZ 45, 338 = NJW 1966, 1311) zunächst zögernd und beschränkt auf Sonderfälle zuerkannt worden. Nach jetzt **hM** kann die Vorgesellschaft ieS (**Vor-GmbH** oder **Vor-AG**) als *Rechtsgebilde sui generis, das durch die angestrebte Rechtsform vorgeprägt ist*, trotz noch fehlender voller Rechtsfähigkeit nicht nur im Wege der Sacheinlage eines Gründungsgesellschafters (so BGB aaO), sondern auch von Dritten Eigentum erwerben und sich im Grundbuch als Eigentümer eintragen lassen (BGHZ 80, 129; 86, 122; 91, 148; NJW-RR 1988, 288; STAUDINGER/GURSKY [2000] § 873 Rn 104; KEHE/MUNZIG § 20 GBO Rn 68; DEMHARTER § 19 GBO Rn 102 ff; MEIKEL/BÖTTCHER, GBO Einl F Rn F 52 a MEIKEL/BÖHRINGER § 47 GBO Rn 856 mit Hinweisen zu den im Grundbuchverfahren vorzulegenden Urkunden; SCHÖNER/STÖBER Rn 987, 990). Die Gründe gegen den Eigentumserwerb eines nasciturus (oben Rn 49) treffen bei Gründungsgesellschaften nicht zu. Als *gesamthänderischer Verband der Gründer* erwerben sie Gesamthandseigentum dadurch, daß sie durch ihre vertretungsberechtigten Organe entweder durch Mitwirkung aller Gründer oder mit deren Ermächtigung die Auflassung entgegennehmen und unter ihrer mit einem Zusatz über ihr Gründungsstadium versehenen künftigen Firma im Grundbuch eingetragen werden. Mit Vollendung der Gründungsvoraussetzungen wird die Gesellschaft *ohne neue Auflassung und ohne neue Grundbucheintragung* Eigentümer; lediglich der Gründungszusatz im Grundbuch ist zu löschen. Scheitert die Gründung, dann steht das Eigentum ohne neue Auflassung und ohne neue Eintragung den Gründungsgesellschaftern in beendeter, nicht auseinandergesetzter Gesamthandsgemeinschaft zu, bei der Einmann-GmbH oder Einmann-AG dem Alleingesellschafter. Wollen sich die Gründer nicht auseinandersetzen und das Grundstück auch nicht auf einen Dritten übertragen, müssen sie sich entsprechend der durch das Scheitern der Gründung entstandenen Rechtslage im Grundbuch mit ihren Namen unter Angabe des Gemeinschaftsverhältnisses eintragen lassen. Das GBAmt kann dies gemäß §§ 82 ff GBO erzwingen (vgl KEHE/KUNTZE § 82 GBO Rn 2).

Einzelfälle: 51

(1) Die Entstehung der OHG oder KG mit ihrer Handelsregistereintragung gemäß § 2 HGB bewirkt *keinen Vermögensübergang*, sondern lediglich eine Änderung der Rechtsform des Vermögensträgers von der BGB-Gesellschaft zur OHG bzw zur KG (BGHZ 59, 179, 181 = NJW 1972, 1616; BGH WM 1977, 841, 843); das vorher erworbene Eigentum bleibt auch nach Vollendung der Gründung Gesamthandseigentum sämtlicher Gesellschafter. Hierauf beruft sich die Ansicht, nach der die **Vor-OHG (oder - KG)** als gesamthänderischer Verband der Gründungsgesellschafter unter ihrer Firma mit Gründungszusatz im Grundbuch eingetragen werden kann (so STAUDINGER/ ERTL[12] Rn 51; KEHE/MUNZIG § 20 GBO Rn 67; MEIKEL/BÖHRINGER § 47 GBO Rn 85 e mwN; AG Hildesheim GmbHR 1997, 799). Jedoch fehlt es der OHG oder KG in Gründung an der besonderen Rechtsqualität der Vorgesellschaft ieS, also der juristischen Person im Gründungsstadium. Sie ist kein Rechtsgebilde sui generis, sondern vor ihrer konstitutiven Eintragung im Handelsregister eine schlichte BGB-Gesellschaft. Die namentliche Eintragung aller Gründungsgesellschafter im Grundbuch ist deshalb unumgänglich (ebenso STAUDINGER/GURSKY [2000] § 873 Rn 101 mwN; MEIKEL/BÖTTCHER, GBO Einl F 51). Daran hat sich durch die Anerkennung der (Teil-) Rechtsfähigkeit der (Außen-) Gesellschaft bürgerlichen Rechts (BGHZ 146, 341) nichts geändert (hierzu unten Rn 59). Allerdings sollte das GBAmt, wenn dieser Umstand aus dem Eintragungsantrag deutlich wird, der Eintragung der einzelnen Gesellschafter den Zusatz hinzufügen: „… als Gründungsgesellschafter der X-OHG (oder -KG) iG" Nach Entstehung der OHG oder KG kann diese sodann als mit der Gründungsgesellschaft identischer Rechtsträger ohne erneute Auflassung in das Grundbuch eingetragen werden. Auf eine Bescheinigung des Registergericht nach § 15 Abs 3 GBVerf dürfte in diesem Fall verzichtet werden können.

In gleicher Weise ist der **Vor-Partnerschaft** die Grundbuchfähigkeit abzusprechen. (ebenso MEIKEL/BÖTTCHER Einl F 53 c; aA MEIKEL/BÖHRINGER § 47 GBO Rn 85 h).

Für die Europäische Wirtschaftliche Interessenvereinigung in Gründung (**Vor-EWIV**) muß dasselbe gelten, weil sie gem § 1 des Ausführungsgesetzes zur EG-VO (BGBl 1988 I 514) als Handelsgesellschaft im Sinne des HGB gilt (ebenso MEIKEL/ BÖTTCHER Einl F 53 b; aA MEIKEL/BÖHRINGER § 47 GBO Rn 85 g).

(2) Die durch ihre Eintragung im Handelsregister entstehende GmbH oder AG tritt *im Wege der Gesamtrechtsnachfolge* in alle Rechte und Verbindlichkeiten der **Vor-GmbH bzw Vor-AG** ein (vgl HACHENBURG/ULMER § 11 GmbHG Rn 73 f; HÜFFER § 41 AktG Rn 16) und somit auch in deren Rechte aus der Auflassung. Die Vorgesellschaft

entsteht mit Abschluß des Gesellschaftsvertrages (§ 2 GmbHG) bzw mit Feststellung der Satzung (§ 23 AktG) und Übernahme sämtlicher Aktien durch die Gründer (§ 29 AktG). Die Löschung des Gründungszusatzes ist Grundbuchberichtigung gem §§ 894 BGB, 22 GBO (Schöner/Stöber Rn 988), weil der Gründungszusatz auf das Gesamthandsverhältnis der Gründer (§ 47 GBO) hinweist, das materiellrechtlich nach Vollendung der Gründung nicht mehr besteht (aA Böhringer Rpfleger 1988, 448 f mit Erläuterungen zu dem Streit zwischen „Kontinuitäts-" und „Identitätstheorie", aus dem sich allerdings insoweit keine nennenswerten praktischen Auswirkungen ergeben; Meikel/Böttcher Einl F 52 c: bloße Richtigstellung tatsächlicher Angaben von Amts wegen).

Mit der Vorgesellschaft nicht identisch und von ihr *strikt zu unterscheiden* (BGH NJW 1984, 2164: „hat mit der in Aussicht genommenen GmbH im Rechtssinne noch nichts zu tun") ist die ggf vor der notariellen Beurkundung der Gründung bestehende **Vorgründungsgesellschaft**, regelmäßig in der Rechtsform der GbR, mit dem Zweck, die Gründung zu betreiben. Soweit diese während der Gesellschaftsdauer, also in der Vorgründungsphase, bereits Gesellschaftsvermögen erlangt, geht es nicht automatisch auf die Vorgesellschaft oder die eingetragene juristische Person über, eine Gesamtrechtsnachfolge findet insoweit nicht statt (Hachenburg/Ulmer § 2 GmbHG Rn 49 mwN; § 11 GmbHG Rn 21; Kölner Kommentar/Kraft § 41 AktG Rn 16; Schöner/Stöber Rn 994); die Einbringung eines Grundstücks bedarf also der Auflassung (vgl Böhringer Rpfleger 1988, 446 f; Staudinger/Gursky [2000] § 873 Rn 105; Meikel/Böhringer § 47 GBO Rn 85 a).

52 e) Einer **ausländischen Kapitalgesellschaft**, die in einem Mitgliedstaat des EG-Vertrags wirksam gegründet wurde und dort als rechtsfähig anerkannt ist, kann nach den Urteilen des EuGH in den Sachen Centros (NJW 1999, 2027), Überseering (NJW 2002, 3614; danach BGH NJW 2003, 1461) und Inspire Art (NJW 2003, 3331) die Fähigkeit zum Eigentumserwerb und die formelle Grundbuchfähigkeit auch dann nicht versagt werden, wenn der tatsächliche Verwaltungssitz in Deutschland liegt (BayObLG Rpfleger 2003, 241). Dasselbe gilt für in den USA gegründete Gesellschaften mit tatsächlichem Verwaltungssitz in Deutschland; aus der Anerkennung ihrer Rechtsfähigkeit durch den deutsch-amerikanischen Freundschaftsvertrag von 1954 (BGHZ 153, 353 = WM 2003, 699) folgt auch ihre Grundbuchfähigkeit. Im Anwendungsbereich des Gemeinschaftsrechts und entsprechenden Völkervertragsrechts ist damit die ersatzweise Behandlung der ausländischen Gesellschaft als Gesellschaft bürgerlichen Rechts (so BGHZ 151, 204) überwunden. Dieses Verfahren kommt für Gesellschaften außerhalb der EU weiterhin in Betracht (Schöner/Stöber Rn 3636a), solange im übrigen an der Sitztheorie (zum aktuellen Stand der Diskussion Horn NJW 2004, 893 m aktuellen Nachw) festgehalten wird, stößt aber an die durch die mangelnde Grundbuchfähigkeit der Gesellschaft bürgerlichen Rechts (unten Rn 59) vorgegebenen Grenzen.

53 f) Wer **gleichzeitig Veräußerer und Erwerber** ist, muß die Auflassung erklären und entgegennehmen, zB ein Miterbe bei Übernahme des Nachlaßgrundstücks; ein Testamentsvollstrecker, der (zB zur Erfüllung eines Vermächtnisses) auf der Veräußererseite für die Erben und auf der anderen Seite für den Grundstückserwerber handelt.

8.   Gemeinschaftsverhältnis mehrerer Erwerber

a)   **Übereinstimmende Erklärungen aller Veräußerer und Erwerber über das Ge-**   **54**
meinschaftsverhältnis, in dem mehrere Personen das Eigentum am Grundstück
erwerben wollen, *gehören zu den Voraussetzungen einer materiell wirksamen*
(§§ 873, 925) *und formell für die Eintragung verwendbaren Auflassung* (§§ 20, 47
GBO). Denn es gibt kein Eigentum und auch kein Gemeinschaftseigentum
schlechthin, sondern Allein-, Bruchteils- und mehrere Formen von Gesamthandseigentum, die verschiedenen Vorschriften unterliegen (so zutreffend HIEBER DNotZ
1959, 463, 464). Die *Gegenmeinung,* die Auflassung sei auch ohne Einigung über das
Gemeinschaftsverhältnis materiell wirksam, die Erwerber könnten es nachträglich
ohne Mitwirkung des Veräußerers untereinander regeln, ändern oder berichtigen,
weil § 47 GBO eine Verfahrensnorm ist und dem Veräußerer das Innenverhältnis
der Erwerber idR gleichgültig sei (so OLG Dresden Recht 1900 Nr 408; KG OLG 34, 192;
neuerdings auch LG Lüneburg Rpfleger 1994, 206; MEIKEL/BÖTTCHER § 20 GBO Rn 180; PALANDT/
BASSENGE Rn 16), wird überwiegend und mit Recht *abgelehnt* (vgl RGZ 76, 409, 413; OLG
München JFG 20, 52; KG DNotZ 1944, 177; BayObLGZ 1954, 12; 1958, 353; 1975, 209; 1978, 335;
OLG Frankfurt Rpfleger 1977, 204; OLG Düsseldorf DNotZ 1979, 219; OLG Zweibrücken OLGZ
1981, 171; STAUDINGER/GURSKY [2000] § 873 Rn 57). In vielen Fällen wurden (dies war der
Fehler) formalistisch unter Überspitzung des Bestimmtheitsgrundsatzes die Auflassungserklärungen ohne Rücksicht auf ihre Auslegungs- oder Umdeutungsfähigkeit
teils für materiell unwirksam (zB OLG Neustadt DNotZ 1965, 613; OLG Düsseldorf Rpfleger
1979, 139; OLG Zweibrücken OLGZ 1981, 171), teils für formell ungenügend und nur unter
Mitwirkung des Veräußerers (in Auflassungsform) berichtigungs- oder ergänzungs-
bedürftig gehalten (zB BayObLG DNotZ 1982, 162, 164). Die Ablehnung im Schrifttum
(vgl HIEBER DNotZ 1959, 463; 1965, 615; LEIKAMM BWNotZ 1979, 164; PANZ BWNotZ 1979, 86;
REHLE DNotZ 1979, 196; TIEDTKE FamRZ 1979, 370; ERTL Rpfleger 1980, 50; MEYER-STOLTE
Rpfleger 1980, 166; vgl auch BGB-RGRK/AUGUSTIN Rn 59; MünchKomm/KANZLEITER Rn 23)
hat einen *begrüßenswerten Wandel der Rspr* eingeleitet (vgl BGHZ 82, 346 = Rpfleger
1982, 135 zust MEYER-STOLTE; OLG Köln Rpfleger 1980, 16; BayObLGZ 1983, 118 = DNotZ 1983,
754), durch den rechtlich und praktisch viele frühere Entscheidungen verworfen
worden sind (vgl KEHE/MUNZIG § 20 GBO Rn 97). Auf das Erfordernis der Einigung
über das Gemeinschaftsverhältnis kann man weder nach materiellem Recht noch
nach Verfahrensrecht (§ 47 GBO!) verzichten. Aber *es genügt,* wenn das gewollte
Gemeinschaftsverhältnis durch Auslegung ermittelt oder ein unzulässiges in ein
zulässiges umgedeutet werden kann (oben Rn 36 ff und unten Rn 59; so wohl auch WILHELM
Rn 180).

Führen Auslegung oder Umdeutung nicht zum Ziel, ist es ausreichend, wenn die
fehlenden oder rechtlich ungenügenden Erklärungen über das Gemeinschaftsverhältnis materiell in Auflassungsform, formell in Form des § 29 GBO *wirksam nachgeholt* und die den Anforderungen genügenden Erklärungen aufrecht erhalten
werden. Dies ist allerdings nur im *Zusammenwirken beider Seiten* möglich. Die
Gegenmeinung, nach der die wegen fehlender Angabe des Verhältnisses gem § 47
GBO unwirksame Auflassung doch immerhin die Einwilligung des Veräußerers
nach § 185 in eine erneute, insofern präzisierte Auflassung enthalte, die sodann
einseitig vom Erwerber nachgeholt werden könnte (so MEIKEL/BÖTTCHER § 20 GBO
Rn 180; SCHÖNER/STÖBER Rn 3312), führt zu unsicheren Ergebnissen und läßt unberücksichtigt, daß ohne vollständig wirksame Auflassung kein Anwartschaftsrecht des

Erwerbers besteht, das eine einseitige Weiterverfügung ermöglichen würde (vgl unten Rn 126, 133, 135 und oben Rn 25 c). Sofern aber die Auflassung materiell wirksam ist und die Erklärungen des Veräußerers auch verfahrensrechtlich verwendbar sind, während lediglich die Grundbucherklärungen der Erwerber gegen § 47 GBO verstoßen, so können sie (entgegen der früheren Auffassung in Rspr und Lit) nach jetzt hM ohne Mitwirkung des Veräußerers nachgeholt, geändert oder berichtigt werden, weil sie nicht der Auflassungsform bedürfen (oben Rn 7). Ist die Eintragung berichtigungsfähig (§ 22 GBO), können zur Verhinderung einer Unrichtigkeit des Grundbuchs keine strengeren Erfordernisse aufgestellt werden als für die Beseitigung der eingetragenen Unrichtigkeit (vgl BGHZ 82, 346, 352).

55 b) **Das Gemeinschaftsverhältnis muß gesetzlich zulässig sein,** zB Bruchteilsgemeinschaft (§ 1008), Gesellschaft bürgerlichen Rechts (§§ 705 ff), Gütergemeinschaft (§§ 1415 ff), Errungenschaftsgemeinschaft (§§ 1519 ff aF), Erbengemeinschaft (§§ 2032 ff; 2041), nichtrechtsfähiger Verein (§§ 54 ff), Gesellschafts- und Gemeinschaftsformen des ausländischen Rechts, wenn dieses und nicht deutsches Recht (zB für den Güterstand) maßgebend ist (unten Rn 57; Vorbem 11 ff zu § 925). Notwendig ist die *Angabe des konkreten Gesamthandsverhältnisses,* nicht genügend (aber uU auslegungs- oder umdeutungsfähig, oben Rn 37, 39) deshalb zB die „Auflassung an die Erwerber zur gesamten Hand" (KG OLG 22, 179). Ein Eigentumserwerb mehrerer als „Gesamtgläubiger gemäß § 428 BGB" ist nicht zulässig (BayObLGZ 1963, 123; WOELKI Rpfleger 1968, 208), obwohl für sie im Gemeinschaftsverhältnis des § 428 der Auflassungsanspruch begründet und eine Eigentumsvormerkung bestellt und eingetragen werden kann (OLG Köln Rpfleger 1975, 19).

Keine Auflassung an mehrere Erwerber liegt vor, wenn zuerst das Grundstück vom Veräußerer an den Erwerber zu Alleineigentum aufgelassen wird und erst dann auf der Erwerberseite ein Gemeinschaftsverhältnis entsteht, zB in den Fällen des gesetzlichen Durchgangserwerbs bei Gütergemeinschaft (dazu BGHZ 82, 346; BayObLGZ 1975, 209) oder wenn der Auflassungsempfänger vor seiner Eintragung das Grundstück an mehrere zu Bruchteilen oder zur Gesamthand (auch wenn er wie im Fall des OLG Köln Rpfleger 1980, 16 selbst daran beteiligt ist) weiterüberträgt (unten Rn 126). Die Zwischeneintragung des Erwerbers als Alleineigentümer muß das GBAmt in Fällen des gesetzlichen Durchgangserwerbs ablehnen (BGH aaO; RGZ 155, 344, 347), in Fällen der rechtsgeschäftlichen Weiterveräußerung des Grundstücks auf Antrag vornehmen (unten Rn 126). Die Ablehnung kann aber nicht darauf gestützt werden, die Eintragung könne möglicherweise das Grundbuch unrichtig machen, zB wegen der Möglichkeit des Bestehens eines ausländischen Güterstandes, durch den das Grundstück in eheliches Gesamtgut fällt (BayObLG MittBayNot 1986, 124).

9.   Erwerb in Bruchteilsgemeinschaft

56 a)   Beim Erwerb in Bruchteilsgemeinschaft (§§ 1008 ff; 741 ff) muß sich die **Einigung auch auf die Größe der einzelnen Miteigentumsanteile** beziehen und die Summe aller Bruchteile ein Ganzes ergeben (unten Rn 63). Erhält der Erwerber Miteigentumsanteile mehrerer Veräußerer oder ist er bereits Inhaber eines Miteigentumsanteils am Grundstück, so vereinigen sie sich zu einem Anteil (BGHZ 13, 141; BayObLGZ 1979, 122 = DNotZ 1980, 98), sofern nicht ausnahmsweise die rechtliche

Selbständigkeit der Bruchteile aufrecht erhalten werden muß (dazu BayObLGZ 1974, 466 = Rpfleger 1975, 90).

b) Die *Auflassung „zum Gesamtgut" an Ehegatten, zwischen denen keine Gütergemeinschaft* und keine andere Gesamthandsgemeinschaft (zB BGB-Gesellschaft) besteht oder beabsichtigt ist, kann in eine wirksame Auflassung zu gleichen Miteigentumsanteilen *umgedeutet* werden, wenn (wie idR) Veräußerer und Erwerber der Begründung von Gesamthandseigentum keine besondere Bedeutung beimessen und bei Kenntnis des wirklich bestehenden Güterstandes eine Auflassung zu gleichen Bruchteilen vereinbart hätten (MünchKomm/Kanzleiter Rn 23; KEHE/Munzig § 20 GBO Rn 103). Sind sie als Eigentümer in Gütergemeinschaft eingetragen worden, kann man idR annehmen, daß sie Miteigentum je zur Hälfte erworben haben (BayObLGZ 1983, 118 = Rpfleger 1983, 346). Entsprechendes gilt, wenn nach dem anwendbaren *ausländischen Güterrecht* in Wirklichkeit keine Gütergemeinschaft besteht (dazu Süss Rpfleger 2003, 53, 62); ebenso, wenn *eingetragene Lebenspartner* angegeben haben, in Vermögensgemeinschaft zu leben, obwohl ein notarieller Lebenspartnerschaftsvertrag überhaupt nicht abgeschlossen wurde (dazu Böhringer Rpfleger 2002, 299, 302) bzw sich die Rechtsprechung der Auffassung anschließt, daß § 7 Abs 1 LPartG die Vereinbarung einer Vermögensgemeinschaft mit Außenwirkung im Sinne einer Gütergemeinschaft nicht zuläßt (str, vgl Soergel/Stürner Rn 16a; Palandt/Brudermüller § 7 LPartG Rn 1; Erman/Kaiser § 7 LPartG Rn 6 m umf Nachw), für welche die besseren Gründe sprechen, weil nur in den Fällen eine Gesamthand entstehen kann, für die sie das Gesetz zur Verfügung stellt, und im LPartG eine ausdrückliche Verweisung auf die Gütergemeinschaft gerade fehlt. Zur *„Umdeutung der Grundbucheintragung"* (von Gütergemeinschaft in Bruchteilseigentum zu gleichen Anteilen) bedarf es einer entsprechenden neuen Eintragung, die das GBAmt aufgrund der ihm vorliegenden Eintragungsunterlagen vorzunehmen hat, sofern sie eine abschließende Würdigung im Grundbuchverfahren gestatten (oben Rn 40), andernfalls aufgrund berichtigter Eintragungsunterlagen. Die Berichtigung des Gemeinschaftsverhältnisses in Abt I des Grundbuchs (§ 22 GBO) hat als Voreintragung zu erfolgen (§ 39 Abs 1 GBO), bevor eine weitere Verfügung über das Eigentum eingetragen werden kann (BayObLGZ 2002, 284 = DNotZ 2003, 49). Zur Umdeutung von unwirksamen Grundbucheintragungen im allgemeinen siehe Staudinger/Gursky (2000) § 873 Rn 276.

10.   Erwerb in Gütergemeinschaft und nach ausländischem Güterrecht

a)   Durch Auflassung *an beide* **Ehegatten in Gütergemeinschaft** und entsprechen- **57** de Eintragung erwerben sie rechtsgeschäftlich Gesamthandseigentum unmittelbar vom Veräußerer (vgl Staudinger/Thiele [2000] § 1416 Rn 23 mwN zu den beiden Theorien; Tiedtke FamRZ 1979, 370 ff; Mai BWNotZ 2003, 55, 57). Auflassung *an einen Ehegatten* zum Gesamtgut oder zum Alleineigentum (BayObLGZ 1975, 209) oder *an beide nach Bruchteilen* (BGHZ 82, 346 = DNotZ 1982, 692 ohne eigene Stellungnahme zu den Theorien) wirkt nach der Unmittelbarkeitstheorie zwangsläufig zwischen dem Veräußerer und den Ehegatten als Gesamthändern, die auf Antrag in Gütergemeinschaft einzutragen sind. Nach der Durchgangstheorie fällt (weil kein rechtsgeschäftlicher Erwerb mehrerer Personen vorliegt; oben Rn 55) das Eigentum nicht durch Auflassung und Eintragung, sondern (wie bei Erbschaft) erst eine „logische Sekunde" später nach Vollendung des Eigentumserwerbs kraft Gesetzes in das Gesamtgut. Da formell das

GBAmt (gemäß § 82 GBO) zur Ablehnung der unrichtigen Eintragung des Allein- oder Bruchteilserwerbs verpflichtet wäre (BGH aaO; RGZ 155, 344), kann die Eintragung der Ehegatten in Gütergemeinschaft beantragt und vollzogen werden (BayObLGZ 1975, 209). Wird das Grundstück an beide Ehegatten zum Miteigentum nach (gleichen oder unterschiedlichen) Bruchteilen aufgelassen, ist die Auflassung materiell wirksam und auch verfahrensrechtlich nicht zu beanstanden, wenn beide ihre Eintragung in Gütergemeinschaft beantragen (BGH aaO; KEHE/MUNZIG § 20 GBO Rn 101) oder die erworbenen Miteigentumsanteile durch Ehevertrag zum Vorbehaltsgut erklären (BayObLG Rpfleger 1982, 18 Anm MEYER-STOLTE). Zur Auflassung zum „Gesamtgut", wenn keine Gütergemeinschaft besteht, vgl oben Rn 56.

b) Für den Erwerb in *fortgesetzter Gütergemeinschaft* (§§ 1483 ff) oder *Errungenschaftsgemeinschaft* (§§ 1519 ff aF) gelten die obigen Grundsätze. Zur *Vermögensgemeinschaft eingetragener Lebenspartner* oben Rn 56.

c) Ehegatten mit ausländischem Güterstand, der kraft Gesetzes oder Ehevertrages einen gemeinschaftlichen Grundstückserwerb vorsieht, erwerben in dem diesem Güterstand entsprechenden Gemeinschaftsverhältnis, das auch bei Eintragungen im deutschen Grundbuch beachtet werden muß (vgl KEHE/MUNZIG § 19 GBO Rn 154; § 20 Rn 105; SCHÖNER/STÖBER Rn 772, 3409 ff; EICKMANN Rpfleger 1983, 465). Für das unbewegliche Vermögen können die Ehegatten das Recht des Lageortes wählen (Art 15 EGBGB Abs 2 Nr 3; Art 220 Abs 3 letzter Satz). Durch Ausübung dieses Wahlrechts können viele Schwierigkeiten vermieden werden. Bei eingetragenen Lebenspartnerschaften mit Ausländern ist eine solche Rechtswahl nicht möglich (Art 15 EGBGB gilt nicht, sondern Art 17b EGBGB; vgl SÜSS DNotZ 2001, 168).

d) Im Grundbuchverfahren ist das GBAmt nicht zur Ermittlung des Güterstands und nur zur Aufklärung verpflichtet, wenn es aufgrund konkreter Umstände des Einzelfalles berechtigte Zweifel an der Richtigkeit der gemachten Angaben hat. Es darf (und muß) den Antrag auf Eintragung von Ehegatten in dem von ihnen angegebenen Bruchteils- oder (deutschen oder ausländischen) güterrechtlichen Gemeinschaftsverhältnis oder auf Eintragung des allein erwerbenden Ehegatten als Alleineigentümer nur beanstanden, wenn es aufgrund von Tatsachen zur sicheren Überzeugung kommt, daß das Grundbuch unrichtig würde (vgl BayObLGZ 1954, 12, 16; 1975, 209, 211; 1981, 110, 112; OLG Düsseldorf MittBayNot 2000, 125). Die Prüfungspflicht des GBAmts wird nicht dadurch erweitert, daß eine Unrichtigkeit kraft ausländischen Güterrechts (Länderübersichten zuletzt bei MAUCH BWNotZ 2001, 25 ff und SÜSS Rpfleger 2003, 53, 60 ff) in Betracht kommt (OLG Hamm MittBayNot 1996, 210). Besteht nach dem anwendbaren Recht die nicht nur theoretische Möglichkeit, daß ein Ehegatte Alleineigentum erwerben kann, hat das Grundbuchamt die Eintragung vorzunehmen (so überzeugend BayObLG MittRhNotK 1992, 152 mwN zum Recht der aus dem früheren Jugoslawien entstandenen Republiken; vgl auch SÜSS Rpfleger 2003, 53, 62; MEIKEL/BÖHRINGER § 47 GBO Rn 161 a). Je nach Sachlage sind die Ehegatten auch als Bruchteilseigentümer einzutragen (vgl etwa BayObLG Rpfleger 2001, 173 zum Recht von Serbien, Montenegro und Kosovo; LG Duisburg RNotZ 2003, 396). Für *eingetragene Lebenspartnerschaften*, deren Anknüpfung der neue § 17b EGBGB regelt, gilt dies entsprechend (vgl SÜSS DNotZ 2001, 168, 171).

Eine *Eigentumsvormerkung* für den Erwerber allein (wenn beide gemäß § 1008 erwerben, für beide nach Bruchteilen) kann es auch eintragen, wenn es weiß, daß das Grundstück in eheliches Gesamtgut fällt (hM: nach deutschem Güterrecht BayObLGZ 1957, 184 = DNotZ 1957, 658; nach ausländischem Güterrecht BayObLG Rpfleger 1986, 127; AG Schwabach Rpfleger 1983, 429 Anm ERTL; AMANN Rpfleger 1986, 117; SCHÖNER/STÖBER Rn 1500 mwN auch zur aA von RAUSCHER Rpfleger 1985, 52; 1986, 119).

11. Erwerb in Erbengemeinschaft

Auflassung an Miterben ist nur möglich, wenn die Voraussetzungen des § 2041 **58** vorliegen und die Erbengemeinschaft noch nicht auseinandergesetzt ist (BGH NJW 1968, 1824; OLG Köln OLGZ 1965, 118; STAUDINGER/WERNER [2002] § 2041 Rn 5 ff). Fehlt eine der notwendigen Voraussetzungen, kann die Auflassung idR als Übertragung an die Erwerber zu Bruchteilseigentum entsprechend der Größe ihrer Erbquoten umgedeutet werden (oben Rn 39, 54, 57). Die Wiederherstellung der Erbengemeinschaft durch Aufhebung des Auseinandersetzungsvertrages oder Rückübertragung eines endgültig aus dem Nachlaß ausgeschiedenen Grundstücks ist nicht möglich (OLG Düsseldorf Rpfleger 1952, 244; KG DNotZ 1952, 84), zulässig dagegen die Anfechtung des Auseinandersetzungsvertrages und der zu seiner Erfüllung vereinbarten Auflassung und die Rückabwicklung nach Rücktritt (vgl LG Frankenthal MittBayNot 1978, 17; STAUDINGER/WERNER [2002] Vorbem 2 zu § 2032).

Gilt nach IPR als Erbstatut ausländisches Erbrecht, ist dieses maßgebend (oben Rn 55; Vorbem 11 zu § 925; STAUDINGER/DÖRNER [2000] Art 25 EGBGB Rn 615, 636 ff). Gemäß Art 25 Abs 2 EGBGB kann der Erblasser für im Inland belegenes unbewegliches Vermögen in der Form einer Verfügung von Todes wegen *deutsches Recht wählen* und dadurch den Erben und den mit dem Nachlaß befaßten deutschen Behörden Schwierigkeiten ersparen. Ist eine Rechtswahl getroffen, so erfaßt sie ua auch Anteile des Erblassers an einer Gesellschaft bürgerlichen Rechts, deren Vermögen ganz oder nahezu ausschließlich aus Eigentum an inländischen Grundstücken besteht (**anders** die **hM**; wie hier STAUDINGER/DÖRNER [2000] § 25 EGBGB Rn 485 mit umf Nachw). Dafür spricht, daß sich aus der Sicht des gewöhnlichen Grundstückserwerbers und -eigentümers die GbR als eines unter mehreren möglichen Gemeinschaftsverhältnissen darstellt, so daß insoweit eine übereinstimmende Behandlung von Gesamthandsanteil und ideellem Bruchteil geboten ist.

12. Erwerb personenrechtlicher Gesamthandsgemeinschaften

In solchen Fällen sind die Besonderheiten zu beachten, die sich aus ihrer Eintragung **59** im Handelsregister ergeben, erforderlichenfalls die Auslegungs- und Umdeutungsregeln (oben Rn 54, 57, 58) anzuwenden. Gilt ausländisches Recht, ist dieses maßgebend (vgl Vorbem 11 zu § 925 ff).

a) **OHG und KG** können durch Auflassung und Eintragung Eigentum unter ihrer Firma erwerben (§§ 124 Abs 1, 171 HGB) und bei der Auflassung durch ihre vertretungsberechtigten Organe (unten Rn 69 ff) vertreten werden.

b) Erwirbt eine **BGB-Gesellschaft**, so galt bisher nach ganz hM (vgl STAUDINGER/GURSKY [2000] § 873 Rn 97 m umf Nachw) und allgemeiner Praxis der Grundbuchämter, daß die Auflassung an alle Gesellschafter und die Eintragung unter deren Namen

§ 925   Buch 3

59   Sachenrecht

mit Angabe des Gemeinschaftsverhältnisses (§ 47 GBO) zu erfolgen hat. Diese Regel blieb – jedenfalls in ihrer grundbuchverfahrensrechtlichen Ausprägung – auch noch weitgehend unbestritten, nachdem das gesellschaftsrechtliche Schrifttum den Weg zur Bejahung der (Teil-) Rechtsfähigkeit der Gesellschaft bürgerlichen Rechts eingeschlagen hatte (zur Entwicklung der Diskussion STAUDINGER/HABERMEIER [2003] Vorbem §§ 705–740 Rn 6; MünchKomm/ULMER § 705 Rn 299). Der Befund hat sich erst – und dann schlagartig – mit dem Grundsatzurteil des BGH (BGHZ 146, 341 = NJW 2001, 1056) zur Anerkennung der Rechtsfähigkeit der (Außen-) Gesellschaft bürgerlichen Rechts geändert. Obwohl *Rechtsfähigkeit und Grundbuchfähigkeit der BGB-Gesellschaft nicht notwendig miteinander verbunden* sind, hat sich fußend auf dieser richterlichen Rechtsfortbildung die Mehrheit des gesellschaftsrechtlichen (HADDING ZGR 2001, 712, 724 ff; WARTENBRUCH NJW 2002, 324, 329; ULMER/STEFFEK NJW 2002, 330, 334 ff; OTT NJW 2003, 1223; BAMBERGER/ROTH/TIMM/SCHÖNE § 705 Rn 144; Münch-Komm/ULMER § 705 Rn 312 ff mwN; **aA** – im Ergebnis wie hier – aber K SCHMIDT NJW 2001, 993, 1002; ders, Gesellschaftsrecht 1715, 1772 f; STAUDINGER/HABERMEIER [2003] Vorbem §§ 705–740 Rn 26 a) und eine beachtenswerte Fraktion des sachen- und grundbuchrechtlichen Schrifttums (EICKMANN ZfIR 2001, 433, 436 f; DÜMIG Rpfleger 2002, 53; NAGEL NJW 2003, 1646) dafür ausgesprochen, der BGB-Gesellschaft auch die Grundbuchfähigkeit zuzuerkennen und damit – entgegen § 47 GBO – deren Eintragung als solche unter ihrem Namen für richtig zu halten. Dagegen haben das BayObLG (NJW 2003, 70; Rpfleger 2004, 93; anders lediglich in einer Kostensache BayObLG NJW-RR 2002, 1363 = Rpfleger 2002, 536 Anm DEMHARTER) und – soweit ersichtlich bisher ausnahmslos – weitere veröffentlichte Gerichtsentscheidungen (LG Dresden NotBZ 2002, 384; LG Aachen Rpfleger 2003, 496; LG Berlin Rpfleger 2004, 283) die Übertragung der Rechtsfortbildung durch den BGH auf das Grundbuchrecht verworfen und auf der Anwendung des § 47 GBO bestanden. Dieselbe Linie verfolgt die noch überwiegende Meinung in der Literatur (DEMHARTER Rpfleger 2001, 329, 330; MÜNCH DNotZ 2001, 335, 340 ff; STÖBER MDR 2001, 544; K SCHMIDT aaO; HEIL NJW 2002, 2158; VOGT Rpfleger 2003, 491; WILHELM Rn 157; STAUDINGER/HABERMEIER [2003] aaO; STAUDINGER/GURSKY [2002] § 891 Rn 26; Münch-Komm/WACKE § 873 Rn 46; ERMAN/LORENZ § 873 Rn 17; DEMHARTER § 19 GBO Rn 108; SCHÖNER/STÖBER Rn 241a; MEIKEL/BÖTTCHER Einl F 53; MEIKEL/BÖHRINGER § 47 GBO Rn 182 b). Der BGH hat bisher ausdrücklich offengelassen, ob aus der Rechtsfähigkeit auf die Grundbuchfähigkeit der Außengesellschaft bürgerlichen Rechts zu schließen ist (BGH WM 2004, 1827).

Der hier zu besprechende Komplex ist die zur Zeit umstrittenste und möglicherweise ohne Zutun des Gesetzgebers kaum lösbare Frage im Spannungsfeld von Gesellschaftsrecht, Immobiliarsachenrecht und Verfahrensrecht. Folgende Thesen illustrieren dies: Zunächst ist in der Tat nach der heutigen Rechtsentwicklung die Fähigkeit der BGB-Gesellschaft, Rechte an Immobilien als Gesamthandsvermögen zu erwerben, wohl unbestreitbar. Des weiteren stellt der Regelungsgehalt des § 47 GBO kein unüberwindbares Hindernis für die Eintragung der BGB-Gesellschaft als solche dar, weil die Vorschrift überhaupt nur dann anwendbar ist, wenn es um die Eintragung der Gesellschafter und nicht die einer rechtsfähigen Gesellschaft geht. Und anerkennt man die Eintragungsfähigkeit der Gesellschaft, sei es unter ihrem Namen, sei es unter dem Namen ihrer Gesellschafter „als" (statt „in") Gesellschaft bürgerlichen Rechts, wird selbst der Erwerb von allen eingetragenen Gesellschaftern nicht mehr zuverlässig von § 892 geschützt (ULMER/STEFFEK NJW 2002, 324, 337 f).

Der Verkehrsschutz, die Sicherung des gutgläubigen Erwerbs für denjenigen, an den
das Grundstück durch Erklärungen aller eingetragenen Gesellschafter aufgelassen
worden ist, muß aber im Zentrum der Suche nach der richtigen Lösung stehen. Es
ist schlechterdings nicht hinnehmbar, dem Vertragspartner nicht nur von Bauunter-
nehmer-Arbeitsgemeinschaften und professionellen Sozietäten, sondern vor allem
von unzähligen Ehegatten- und Familiengesellschaften, das Risiko aufzubürden, das
Eigentum etwa nicht sicher gutgläubig zu erwerben, wenn bei Eintragung einer
Gesellschaft bürgerlichen Rechts, bestehend aus A und B, eben diese A und B ihm
gegenüber die Auflassung ordnungsgemäß erklären. Diese Sicherheit, die bis vor
kurzem noch allgemein für selbstverständlich gehalten wurde, besteht bei undiffe-
renzierter Umsetzung der BGH-Grundsätze nur dann, wenn es sich bei der veräußernden BGB-Gesellschaft um eine bloße Innengesellschaft handelt, für die BGHZ
146, 341 nicht gilt. Wie diese Unterscheidung zu erfolgen hat, ob also das in dem
Grundstück bestehende Gesellschaftsvermögen entscheidend (WILHELM Rn 161 f, 175
iVm Rn 157 weist darauf hin, daß schon durch den Erwerb eines einzigen Rechts eine BGB-
Außengesellschaft entstehen kann und spricht in diesem Zusammenhang jeder BGB-Gesellschaft,
nicht nur der Außengesellschaft, Rechtsfähigkeit zu, lehnt aber die Eintragbarkeit der Gesellschaft
als solcher ab) oder aber ihre „Unternehmensträgerschaft" (K SCHMIDT, Gesellschaftsrecht
1716) oder eine eigene „Identitätsausstattung" (MünchKomm/ULMER § 705 Rn 306) maßgeblich sein soll, ist aber gesellschaftsrechtlich umstritten; welche Variante vorliegt,
ist für Auflassungsempfänger, Notar und Grundbuchamt kaum erkennbar, jedenfalls regelmäßig nicht in öffentlicher Form nachweisbar. Soll sich an dieser unsicheren Differenzierung wirklich entscheiden, ob das Grundbuch mit der Übertragung
von einzelnen oder allen Gesellschaftsanteilen unrichtig wird oder nicht? Wäre
diese Frage zu bejahen, geriete die Verkehrsfähigkeit des von einer Gesellschaft
bürgerlichen Rechts gehaltenen Grundeigentums prinzipiell in Zweifel; vor der
Verwendung dieses nützlichen (vgl auch K SCHMIDT, Gesellschaftsrecht 1717 f) Gemeinschaftsverhältnisses müßte gewarnt werden. Im *zwingenden Interesse des Verkehrsschutzes* erscheint es deshalb unabdingbar,

(1)   weiterhin der Gesellschaft bürgerlichen Rechts die Grundbuchfähigkeit zu
verwehren,

(2)   als Eigentümer in Abt I des Grundbuchs die Gesamthänder „in Gesellschaft"
oder „als Gesellschafter", jedoch keinesfalls „als Gesellschaft" bürgerlichen Rechts
einzutragen,

(3)   bei einem Gesellschafterwechsel das Grundbuch als unrichtig anzusehen und
gem § 22 GBO zu berichtigen und

(4)   dem Empfänger der Auflassung seitens aller eingetragenen BGB-Gesellschaf-
ter vollen Schutz des § 892 zu gewähren, unabhängig von Wesensart, Organisations-
struktur, Identitätsausstattung und Vertretungsverhältnissen der BGB-Gesellschaft.

Die Auflassung an die Gesamthand hat an „A, B... in Gesellschaft bürgerlichen
Rechts" zu erfolgen (BayObLG Rpfleger 2004, 93); wird sie an die „BGB-Gesellschaft,
bestehend aus A, B..." erklärt, kann ihr dennoch durch Auslegung (oben Rn 36 ff)
oder Umdeutung (oben Rn 39 f) Wirksamkeit beigelegt werden (WEIGL MittBayNot 2004,

202, 203 gegen BayObLG aaO), allerdings nicht gegen den Willen der Beteiligten (oben Rn 40).

Handelt nur ein Gesellschafter zugleich für alle übrigen, richtet sich die Wirksamkeit der Auflassung nach §§ 164 ff (unten Rn 69 ff). Sind Minderjährige beteiligt, muß der Gesellschaftsvertrag wirksam zustandegekommen sein (OLG Zweibrücken DNotZ 1981, 42). Vgl dazu EICKMANN Rpfleger 1985, 85. Zum Gesellschafterwechsel zwischen Auflassung und Eintragung oben Rn 25.

c) Beim **nichtrechtsfähigen Verein** (§ 54) ist mangels Grundbuchfähigkeit (wie bei BGB-Gesellschaften) Auflassung an alle Mitglieder und Eintragung unter deren Namen mit Angabe des Gemeinschaftsverhältnisses erforderlich (RGZ 127, 309; OLG Zweibrücken Rpfleger 1986, 12), die Eintragung nur unter dem Vereinsnamen abzulehnen (ebenso STAUDINGER/GURSKY [2000] § 873 Rn 97 mit umf Nachw gegen STAUDINGER/WEICK [1995] § 54 Rn 80). Dies gilt wegen des Fehlens jedweder Publizität hinsichtlich der Existenz und der Vertretung des nichtrechtsfähigen Vereins auch für die Rechtslage nach BGHZ 146, 341 (ebenso K SCHMIDT, Gesellschaftsrecht 739; SCHÖNER/STÖBER Rn 246; MEIKEL/BÖHRINGER § 47 GBO Rn 185; MEIKEL/EBELING § 15 GBV Rn 26 – für Grundbuchfähigkeit dagegen PALANDT/HEINRICHS § 54 Rn 8; ERMAN/WESTERMANN § 54 Rn 8; MünchKomm/REUTER § 54 Rn 26).

d) **Politische Parteien** sind wegen ihrer Privilegierung durch § 3 ParteiG grundbuchfähig (OLG Zweibrücken NJW-RR 2000, 749; LG Berlin Rpfleger 2003, 291; aA SCHÖNER/STÖBER Rn 246a mwN); dasselbe gilt für ihre Gebietsverbände der jeweils höchsten Stufe, jedoch nicht für die nachgeordneten Bezirks-, Kreis- oder Ortsverbände (OLG Celle NJW 2004, 1743).

e) Zur Auflassung an *Gesellschaften und juristische Personen im Gründungsstadium* oben Rn 50, 51.

13. Gegenstand der Auflassung

60 **a)** **Gegenstand der Auflassung** kann ein Grundstück (Rn 61), realer Grundstücksteil (Rn 62), Miteigentumsanteil (Rn 63), Wohnungseigentum (Rn 64), ein sich nach BGB richtendes Erbbaurecht (Rn 20) Wohnungserbbaurecht (Rn 21), Gebäudeeigentum oder sonstiges grundstücksgleiches Recht (Rn 22) sein, Gegenstand der Einigung (in Auflassungsform) auch eine Verfügung über die Anwartschaft des Auflassungsempfängers (unten Rn 129, 130) und das gesetzliche Aneignungsrecht (vgl § 927 Rn 20; § 928 Rn 20). Für eine *materiell wirksame Auflassung* ist es erforderlich, daß die Beteiligten in Form des § 925 Abs 1 übereinstimmende Angaben über den Gegenstand der Auflassung in einer für formbedürftige Willenserklärungen genügenden Weise machen (RGZ 78, 376; OLG Hamm DNotZ 1958, 644 Anm HIEBER). Die Bezeichnung des Grundstücks in Übereinstimmung mit dem Grundbuch (§ 28 GBO), eines Grundstückteiles in Übereinstimmung mit dem katastermäßigen Flurstück oder Zuflurstück (STAUDINGER/GURSKY [2000] Vorbem 22 zu §§ 873 ff), des Miteigentumsanteils mit der Größe des Bruchteils (§ 47 GBO), des Wohnungseigentums mit dem Wohnungsgrundbuch (§ 7 WEG), trägt zwar zur Klarheit bei, ist aber zur materiellen Wirksamkeit der Auflassung nicht vorgeschrieben (BayObLGZ 1962, 362, 371 = Rpfleger 1963, 243). Gibt der Wortlaut der Auflassungserklärungen zu Zweifeln Anlaß, ist das

Objekt der Auflassung *im Wege der Auslegung* zu ermitteln (oben Rn 36 ff). In der Übereignung eines Erbanteils kann uU die Auflassung des zur Erbmasse gehörenden Grundstücks liegen (RGZ 129, 122). Bei Auflassung des gesamten Grundbesitzes des Veräußerers umfaßt die Auflassung im Zweifel alle ihm zu diesem Zeitpunkt gehörenden Grundstücke (KG HRR 1930 Nr 1507). Ändern die Vertragspartner eine den Kauf und die Auflassung enthaltende Urkunde teilweise ab, so bezieht sich die im Abänderungsvertrag getroffene Vereinbarung „Im übrigen bleibt der Kaufvertrag in allen Teilen bestehen" auch auf die Auflassung (OLG München DNotZ 1942, 34).

b) Das Grundstück ist Gegenstand der Auflassung idR so, wie es als „Grundbuch- **61** grundstück" (STAUDINGER/GURSKY [2000] Vorbem 15 f zu §§ 873 ff) durch das Grundbuch und amtliche Verzeichnis hinsichtlich Flächeninhalt und Bestandteilen ausgewiesen wird. Dazu gehören alle wesentlichen Bestandteile (vgl §§ 93 ff) und das Zubehör im Rahmen des § 926. Die Auflassung eines Grundstücks ohne das einen wesentlichen Grundstücksbestandteil bildende Gebäude ist nach § 93 unmöglich und nichtig (PLANCK/SIBER Anm 2 a).

Aufgrund der Umstände des Einzelfalles ist zu beurteilen, ob oder inwieweit die Beteiligten bezüglich des Grundstücksumfanges mit den in ihre Auflassungserklärung aufgenommenen grundbuch- und katastermäßigen Begriffen gerechnet (RG Recht 1918 Nr 475) und ihre Erklärungen so abgegeben haben, daß sie ihrem wahren Willen entsprechen. Zur Vermeidung verfahrensrechtlicher Vollzugshindernisse ist es empfehlenswert, in die Auflassung oder Bewilligung (oder in beide) die dem § 28 GBO entsprechenden Angaben über das Grundstück aufzunehmen (KEHE/MUNZIG § 20 GBO Rn 10; § 28 GBO Rn 4, 12 ff). Nach hM ist die *Nachholung* der unterbliebenen Grundstücksbezeichnung allein durch den Erwerber jedenfalls dann ausreichend, wenn keine Zweifel über den Gegenstand der Auflassung bestehen (OLG Hamm DNotZ 1958, 644; BGH DNotZ 1966, 172; BayObLG NJW 1966, 600; BayObLGZ 1974 115; OLG Bamberg OLGZ 1976 641; OLG Köln Rpfleger 1992, 153; SCHÖNER/STÖBER Rn 3328 mwN). Diese (im Grundbuchverfahren nur mit Vorsicht anwendbare) Meinung entspricht den Erfordernissen des materiellen Rechts, das zweifelsfreie, aber keine dem § 28 GBO entsprechende Erklärungen der Beteiligten über das aufgelassene Grundstück verlangt. *Verfahrensrechtlich* soll das GBAmt aber wegen §§ 20, 28, 29 GBO die Eintragung ablehnen, wenn nur der Veräußerer oder nur der Erwerber den Gegenstand der Auflassung in der vom Verfahrensrecht angeordneten Weise eindeutig bestimmt hat und keine ausdrücklichen oder nach den Regeln des Grundbuchrechts auslegungsfähigen Erklärungen (oben Rn 38) des anderen Teiles in Form des § 29 GBO vorliegen, daß auch er damit einverstanden ist (vgl LG Bielefeld Rpfleger 1989, 364; PALANDT/BASSENGE Rn 11; MEIKEL/BÖTTCHER § 7 GBO Rn 40; KEHE/MUNZIG § 20 GBO Rn 107; SCHMALTZ NJW 1966, 600).

Die *Auflassung eines Einlagegrundstücks* vor Grundbuchvollzug des Flurbereinigungsplanes bzw Umlegungsbeschlusses bezieht sich nach dem Surrogationsprinzip auf das Ersatzgrundstück; eine Wiederholung oder Berichtigung der Auflassung oder Bewilligung ist weder materiell noch verfahrensrechtlich erforderlich (BayObLGZ 1972, 242 = Rpfleger 1972, 266; 1980, 108 = Rpfleger 1980, 293; OLG Frankfurt aM NJW-RR 1996, 974; BAUER/VOEFELE/KÖSSINGER § 20 Rn 106 f). Sie kann aber nicht eingetragen werden, solange das Grundbuch nach Anordnung der Ausführung des Flurbereinigungsplans (BayObLGZ 1982, 455 = Rpfleger 1983, 145) bzw Rechtskraft des

Umlegungsplans und Erledigung des Eintragungsersuchens der Behörde nicht berichtigt ist (OLG Zweibrücken DNotZ 2003, 279 Anm GRZIWOTZ). Zum Fall, daß der
Flurbereinigungsplan kein bestimmtes Ersatzgrundstück ausweist vgl BayObLGZ
1985, 372 = DNotZ 1986, 354.

62 c) Die Auflassung eines realen Grundstücksteils, der im amtlichen Grundstücks-
verzeichnis (§ 2 Abs 2 GBO) noch nicht als selbständiges Grundstück geführt wird,
muß folgende Voraussetzungen erfüllen:

(1) *Sie ist wirksam, wenn* die Beteiligten seine Grenzen hinreichend genau bestimmt haben (BGHZ 90, 323; BGH NJW 1988, 415; BayObLG NJW-RR 1986, 505; NJW-RR
1988, 330; OLG Köln Rpfleger 1992, 153). Für die Anforderungen an die Bestimmtheit der
aufgelassenen Fläche gelten die zu § 311b Abs 1 entwickelten Grundsätze (vgl BGH
NJW 1969, 131, 132; BGHZ 74, 116; SCHÖNER/STÖBER Rn 877, 863 ff; STAUDINGER/WUFKA [2001]
§ 313 Rn 160; MünchKomm/KANZLEITER § 311b Rn 63; § 925 Rn 22). Die Flächenbestimmung
durch einen Vertragspartner oder Dritten gemäß §§ 315, 317 ist aber nur für den
schuldrechtlichen Vertrag zulässig (vgl BGH DNotZ 1969, 286, 287; 1973, 609; MittBayNot
1981, 235; BayObLG Rpfleger 1974, 65; OLG Düsseldorf MittBayNot 2002, 44), nicht für die
Auflassung. Ist die *Fläche noch nicht vermessen*, muß sie in der Auflassung in
geeigneter Weise eindeutig bezeichnet werden (vgl § 9 Abs 1 S 3 BeurkG; BGH NJW-
RR 1999, 1030; ARNOLD DNotZ 1980, 262; WINKLER Rpfleger 1980, 169; WIRNER MittBayNot 1981,
221; GEISSEL MittRhNotK 1997, 333; V CAMPE DNotZ 2000, 109; SCHÖNER/STÖBER Rn 877), zB
durch eine mit der Urkunde durch Schnur und Siegel verbundene amtliche oder
nichtamtliche Karte (BGHZ 59, 15 = DNotZ 1972, 533), Orientierungshilfen in der
Natur, zB Bäume, Zäune, Gräben, Wasserläufe, Wege (BGH NJW 1969, 132) oder
Pflöcke (OLG München DNotZ 1971, 544). Bei *Differenzen* zwischen der zeichnerischen
Darstellung der aufgelassenen Teilfläche in der Plananlage zur Auflassungsurkunde
und einem gleichzeitig angegebenen Flächenmaß, geht in der Regel die Planzeich-
nung der Größenbezifferung vor (BGH WM 1980, 1013; VGH München NJW 1997, 1251;
PALANDT/BASSENGE Rn 12). Wollen die Parteien einer bestimmten Zielgröße den Vorrang geben, so können und müssen sie dies ausdrücklich bestimmen. Beziehen sich
die Beteiligten andererseits nur auf einen in eine Karte eingezeichneten Grenzverlauf, ist jedenfalls von der Verwendung nicht maßstabsgerechter Pläne abzuraten, da
die Bestimmtheitsanforderungen der Gerichte – teilweise übertrieben – hoch sind
(unverhältnismäßig streng zB BGH DNotZ 2000, 121, 109 abl Anm V CAMPE; gegen diese Entscheidung mit Recht auch KANZLEITER NJW 2000, 1919; WILHELM Rn 736).

(2) Die *katastermäßige Bezeichnung der Teilfläche*, die nach materiellem Recht
nicht erforderlich ist, muß aus verfahrensrechtlichen Gründen in den formellen
Eintragungsvoraussetzungen (§§ 13, 19, 20 GBO) mit einem dem § 28 GBO entsprechenden Inhalt in Form des § 29 GBO dem GBAmt nachgewiesen werden (vgl
OLG Hamm DNotZ 1958, 643; BayObLGZ 1962, 371 = Rpfleger 1963, 243, 244; HAEGELE Rpfleger
1973, 272, 276 mwN). Dies ist auch bei Klage auf Auflassung einer vermessenen (BGH
NJW 1984, 1959) und einer noch nicht vermessenen Teilfläche (BGH Rpfleger 1986, 210)
zu beachten (unten Rn 84). Denn für die Eintragung des Eigentumswechsels verlangt
§ 2 Abs 3 GBO, daß zur Übereinstimmung von Grundbuch und Kataster die aufgelassene Teilfläche vor ihrer rechtlichen Verselbständigung durch amtliche Vermessung katastermäßig als Flurstück oder Zuflurstück verselbständigt wird (vgl
KEHE/EICKMANN § 2 GBO Rn 12 ff; § 7 Rn 4; DEMHARTER § 2 GBO Rn 28 ff). Ist die Auflas-

sung materiell wirksam, bedarf die für die Eintragung erforderliche grundbuchmäßige Bezeichnung lediglich der *Verfahrensform des § 29 GBO* (vgl BGH WM 1971, 77;
OLG Hamm DNotZ 1958, 643; BayObLGZ 1956, 410; 1962, 362, 371; 1974, 112; HAEGELE Rpfleger
1973, 272).

(3) Für die *notarielle Praxis* wird häufig bei Abschluß des schuldrechtlichen
Vertrages vor Vermessung empfohlen, die Auflassung erst nach amtlicher Vermessung zu erklären, weil dann die aufgelassene Fläche aufgrund des Veränderungsnachweises völlig zweifelsfrei beschrieben und die Gefahr einer Nichtübereinstim-
mung von Auflassung und Eintragung vermieden werden kann (KEHE/MUNZIG § 20
Rn 109; § 28 Rn 15; SCHÖNER/STÖBER Rn 878; OLG Düsseldorf MittRhNotK 1980, 95). Dennoch
kann es ratsam sein, schon vor erfolgter Vermessung die Auflassung zu beurkunden.
Hierdurch wird die Stellung des Erwerbers verstärkt und eine Änderung oder
Ergänzung des Grundgeschäfts ohne Beachtung der Form des § 311b Abs 1 ermöglicht (hM, vgl BGH NJW 1985, 266 = DNotZ 1985, 284 Anm KANZLEITER; PALANDT/HEINRICHS
§ 311b Rn 44; ERMAN/GRZIWOTZ § 311b Rn 59; aA STAUDINGER/WUFKA [2001] § 313 Rn 206 ff;
MünchKomm/KANZLEITER § 311b Rn 59; MÜLLER MittRhNotK 1988, 243, 248). Nach erfolgter
Vermessung und Vorliegen des Veränderungsnachweises ist es sodann im Regelfall
zur Bezeichnung gem § 28 GBO erforderlich und ausreichend, daß die Beteiligten,
der hierzu von ihnen ausdrücklich bevollmächtigte Urkundsnotar (vgl DEMHARTER § 20
GBO Rn 32; § 29 GBO Rn 35) oder sonstige Bevollmächtigte, zB Angestellte des Notars,
die Übereinstimmung des vermessenen Flurstücks mit dem Gegenstand der Auflassung bestätigen *(Messungsanerkennung, Identitätserklärung)*. Wird eine solche Identitätserklärung vorgelegt, hat das Grundbuchamt nicht mehr selbst zu prüfen, ob das
im Zeitpunkt der Auflassung noch unvermessene Grundstück mit dem grundbuch-
mäßig in der Identitätserklärung bezeichneten Grundstück übereinstimmt (LG Saarbrücken MittRhNotK 1997, 364). Nicht erforderlich ist eine solche Bestätigung, wenn
keine Zweifel an der Identität bestehen, zB weil die Einzeichnung in der der
Auflassung zugrundeliegenden Flurkarte und in der amtlichen Flurkarte nach Vermessung genau übereinstimmen (OLG Köln Rpfleger 1992, 153). Ergibt sich aus der
Vermessung eine zu große Abweichung vom Gegenstand der Auflassung, was
mangels anderer Anhaltspunkte bei einer Größenabweichung von mehr als 10%
anzunehmen sein wird, sollte vorsorglich die Auflassung wiederholt, jedenfalls aber
die Identitätserklärung von den Beteiligten persönlich abgegeben (oder die entsprechenden Vollmachten bestätigt) werden, da in diesem Fall zweifelhaft ist, ob die in
der Vertragsurkunde erteilten Vollmachten zur Messungsanerkennung die Identitätserklärung noch decken (vgl BayObLG DNotZ 1997, 470; GEISSEL MittRhNotK 1997, 333,
336, 341).

d) Bei **Auflassung eines Miteigentumsanteils** (§ 1008; RGZ 146, 364) muß mate- **63**
riellrechtlich der übertragene Anteil hinreichend bestimmt werden, am besten durch
Angabe der Größe des Bruchteils (zB $1/2$, $1/3$ oder „Miteigentum zu gleichen Anteilen"; RGZ 76, 413). § 47 GBO, der als Verfahrensnorm für die Grundbucheintragung
und seinem Sinn nach außerdem für die formellen Grundbucherklärungen gilt, ist
auch für die Auflassung von Bedeutung, wenn der aufgelassene Miteigentumsanteil
auf andere Weise nicht hinreichend bestimmt werden kann. Die Eintragung des
Erwerbers eines in der Auflassung hinreichend bestimmten Miteigentumsanteils im
Grundbuch (entgegen § 47 GBO) ohne Angabe des Gemeinschaftsverhältnisses und

der Größe des Bruchteils beeinträchtigt die Wirksamkeit der Auflassung nicht. Nur die Eintragung muß entsprechend ergänzt werden.

Einzelfälle (vgl auch oben Rn 56)

(1) Die Auflassung eines Anteils *durch den Alleineigentümer an einen neu hinzu-tretenden Miteigentümer* ohne Angabe der Größe ist formell und idR auch materiell zu unbestimmt, weil § 742 die fehlende Bruchteilsangabe nicht ersetzen kann. Anders materiell zB, wenn der Ehemann einen Anteil seiner Ehefrau zur beiderseits gleichen Beteiligung am Grundstück oder der Alleineigentümer sein Grundstück an mehrere „nach Bruchteilen" ohne Angabe von Quoten aufläßt (oben Rn 56).

(2) *Überträgt ein Miteigentümer „seinen Anteil"* an *einen* Erwerber, ergibt sich dessen Größe aus dem Grundbuch. Überträgt er ihn *an mehrere* „nach Bruchtei-len", kann dies idR materiell als Übertragung „zu gleichen Bruchteilen" ausgelegt werden. Übereignet er nur einen *Teil seines Anteils*, so ist die Quotenangabe idR unerläßlich (anders uU bei Übertragung an seinen Ehegatten). Die Auflassung ideeller Bruchteile eines Grundstücks ist zulässig, solange sie insgesamt nicht größer sind als der Anteil des verfügenden Miteigentümers (BayObLGZ 1979, 122 = Rpfleger 1979, 303).

(3) *Übertragen mehrere Miteigentümer gemeinsam* einen ideellen Bruchteil, ist im Zweifel (zB wenn er ihnen je zur Hälfte zusteht) davon auszugehen, daß jeder von ihnen einen gleichen Anteil abgibt (BayObLGZ 1977, 189 = DNotZ 1978, 238; OLG Frankfurt Rpfleger 1978, 213). Würde dieser Anteil den Miteigentumsanteil eines der Veräußerer übersteigen, ist eine genaue Angabe erforderlich, welchen Anteil die einzelnen Veräußerer übertragen (LG Nürnberg-Fürth MittBayNot 1966, 9).

(4) Lassen *alle Miteigentümer „ihr Grundstück"* an einen Erwerber auf, überträgt jeder seinen Anteil (RGZ 146, 346), ohne daß es einer Angabe der Größe bedarf. Die Auflassung des ganzen Grundstücks kann im Eintragungsverfahren vom GBAmt nicht als Übertragung eines oder einzelner Miteigentumsanteile ausgelegt werden, wenn nicht alle Miteigentümer mitwirken oder die Erklärungen eines von ihnen unwirksam sind oder werden (OLG Düsseldorf JMBlNRW 1959, 1980; OLG Frankfurt Rpfleger 1975, 174). Ob die Auflassungserklärungen der anderen wenigstens als mate-riell wirksam angesehen können, ist Frage des Einzelfalles (RG JW 1910, 473).

(5) Bei *Quotenänderungen* müssen materiell und formell die neuen Anteile nach Bruchteilen bestimmt werden.

64 **e)** Für das **Wohnungseigentum** gelten §§ 873, 925, 925 a BGB; 20 GBO, soweit Miteigentum am Grundstück von einem Rechtsträger auf einen anderen übertragen wird. Nach den Sondervorschriften der §§ 3, 4 Abs 1, 2 WEG (und §§ 876, 877 BGB analog) richten sich die Rechtsvorgänge, durch die Sondereigentum vertraglich eingeräumt, aufgehoben oder eine spätere Änderung des Gegenstands von Sonder-eigentum vereinbart wird (vgl BayObLGZ 1958, 263, 267; 1958, 273, 276; dazu oben Rn 19). Hierbei ist die Einigung aller Wohnungseigentümer in Auflassungsform auch dann erforderlich, wenn nachträglich Sondereigentum an solchen Räumen begründet werden soll, an denen einem Wohnungseigentümer ein Sondernutzungsrecht zusteht

(BayObLG Rpfleger 1993, 488; 2000, 544 = MittBayNot 2000, 551 krit Anm ROELLENBLEG; DNotZ 2002, 149). Eine teilweise Aufhebung des Wohnungseigentums, die der Mitwirkung aller Wohnungseigentümer in der Form des § 925 bedarf, stellt auch die Teilung eines WE-Grundstücks zum Zwecke der Abschreibung eines Grundstücksteils dar (OLG Frankfurt Rpfleger 1990, 292).

Am Wohnungseigentum kann Alleineigentum und jede gesetzlich zulässige Art von Bruchteils- und Gesamthandseigentum wie an einem Grundstück erworben werden (vgl BGHZ 49, 250 = Rpfleger 1968, 114; BayObLGZ 1969, 82 = DNotZ 1969, 292; LG München I Rpfleger 1969, 431 zust DIESTER; WEITNAUER DNotZ 1960, 115, 118; SCHÖNER/STÖBER Rn 2815, 2938 mwN). Der Erwerb erfolgt *nach den für Miteigentumsanteile an Grundstücken geltenden Vorschriften* durch Auflassung und Eintragung (§§ 873, 925) und erstreckt sich gemäß § 6 Abs 2 WEG ohne weiteres auf das mit dem Miteigentumsanteil verbundene Sondereigentum. Werden die Miteigentumsquoten verändert, so bedarf dies der Auflassung (BayObLG DNotZ 1985, 237), sofern nicht § 8 WEG eingreift (vgl oben Rn 19). Soll die Größe der Miteigentumsanteile sämtlicher Wohnungseigentumsrechte verändert werden, sind Auflassungserklärungen aller Wohnungseigentümer erforderlich und ausreichend, aus denen sich die im Ergebnis gewollte Änderung jedes Miteigentumsanteils ergibt (BayObLG Rpfleger 1993, 444)

Eine Teilveräußerung in der Weise, daß Sondereigentum vom Miteigentumsanteil völlig getrennt und dadurch ein Miteigentümer kein Sondereigentum oder ein Sondereigentümer keinen Miteigentumsanteil erhalten würde oder daß Sondereigentum mit Gesamthandseigentum (nicht mit einem Miteigentumsanteil) verbunden wäre, ist durch § 6 Abs 1 WEG ausgeschlossen (vgl WEITNAUER/BRIESEMEISTER § 3 WEG Rn 22 ff; § 6 Rn 3). Die Veräußerung kann von der Zustimmung anderer Wohnungseigentümer oder eines Dritten (zB Verwalter) abhängig sein (§ 12 Abs 1 WEG). Für die Bezeichnung des Gegenstands der Auflassung gelten Rn 60 bis 63; zur Auflassung eines eingetragenen WE genügt die Angabe des betreffenden Wohnungsgrundbuches (BGHZ 125, 235).

14.   Falsche Bezeichnung des Auflassungsgegenstandes

a)   Die **bewußte Falschbezeichnung** des Objekts durch alle Beteiligten macht die   **65** Auflassung nichtig, zB wenn sie das ganze Grundstück auflassen, aber übereinstimmend nur eine Teilfläche veräußern und erwerben wollen (vgl BGHZ 74, 116 = DNotZ 1979, 403 zu einem Fall des § 313). Durch Eintragung wird das Grundbuch unrichtig (unten Rn 118). Die Regeln über die Unschädlichkeit der unbewußten Falschbezeichnung (unten Rn 68) können hier nicht angewandt werden.

b)   Bei **Dissens** fehlt es an der notwendigen Willenseinigung der Beteiligten (zur   **66** Eintragung in solchen Fällen unten Rn 118). Haben sie sich bewußt über das Auflassungsobjekt nicht geeinigt *(offener Dissens)*, ist die Auflassung noch nicht wirksam (§ 154). Haben sie objektiv mehrdeutige Erklärungen über einen für sie wesentlichen Punkt abgegeben, von dem sie fälschlich meinen, sie seien darüber einig (RGZ 66, 122; 68, 9; 78, 376; 165, 199), ist die Auflassung *wegen versteckten Dissenses* nicht wirksam (§ 155), zB wenn sie eines von mehreren Grundstücken des Veräußerers so unbestimmt bezeichnet haben, daß seine Identität nicht feststellbar ist, und jede der Parteien (ohne dies zu wissen) ein anderes Grundstück meint. Ob *bei* *teilweiser Übereinstimmung* der Auflassungserklärungen wenigstens dieser Teil wirksam oder die ganze Auflassung nichtig ist, richtet sich nach § 139.

Bei Dissens haben die Parteierklärungen einen objektiv mehrdeutigen, bei Irrtum einen objektiv eindeutigen Sinn. Zur Frage Dissens oder Erklärungsirrtum, wenn die Flächenangaben im Kaufvertrag nicht mit der Größe der den Vertragsgegenstand bildenden Teilfläche gemäß Planskizze übereinstimmen (vgl BGH DNotZ 1968, 22).

67 c)   Irrtum (§ 119) liegt vor, wenn die an sich eindeutigen Auflassungserklärungen beider Teile äußerlich übereinstimmen und die Erklärung des einen Teils seinem Willen entsprechen, aber der andere Teil aus unbewußter Unkenntnis des wirklichen Sachverhalts über die Identität des auch von ihm objektiv eindeutig bezeichneten Auflassungsgegenstands im Irrtum war, zB wenn in der Auflassung das Grundstück als Nr 1 bezeichnet worden ist oder A das ganze Grundstück Nr 1 veräußern, B aber irrtümlich das Nachbargrundstück Nr 2 oder nur einen Teil von Nr 1 erwerben will. In solchen Fällen ist die Auflassung wirksam, solange sie nicht angefochten wird. Nur der Irrende hat ein Anfechtungsrecht. *Erst mit der wirksamen Anfechtung* wird die Auflassung von Anfang an nichtig (§ 142) und die bis dahin richtige Eintragung des Erwerbers unrichtig (unten Rn 118).

68 d)   Bei unbewußter Falschbezeichnung des Auflassungsgegenstands (falsa demonstratio) ist die *Auflassung materiell wirksam*, wenn sich alle Beteiligten über das in Wahrheit gewollte Objekt einig waren (hM: BGH DNotZ 2001, 846; BGH NJW 2002, 1038; BGB-RGRK/Augustin Rn 43, 44; Palandt/Bassenge Rn 14; MünchKomm/Kanzleiter Rn 24, 31; MünchKomm/Wacke § 873 Rn 51, 38 Fn 90 mwN; Staudinger/Wufka [2001] § 313 Rn 284; Soergel/Stürner Rn 37; Erman/Lorenz Rn 38; Bergermann RNotZ 2002, 557, 565 ff).

Beispiele: Die Beteiligten wollen übereinstimmend Nr 1 veräußern und erwerben, haben aber versehentlich die Auflassung von Nr 2 erklärt (RGZ 109, 336; BGHZ 20, 110; BHG BB 1967, 811; NJW 1969, 2045; DNotZ 2001, 846; OLG Düsseldorf NJW-RR 2000, 1006). E hat das Teilstück x an A und das Teilstück y an B verkauft, aber bei der Auflassung werden beide Teilstücke verwechselt (RGZ 133, 279, 281). Die Beteiligten haben irrtümlich die Auflassung des ganzen, aus zwei Teilen dies- und jenseits einer Schneise bestehenden Waldgrundstücks erklärt, aber sich in Wahrheit nur über die Übereignung des einen Teils geeinigt (BGH DNotZ 1966, 172) oder von einem Grundstück, zu dem auch ein zum Nachbaranwesen führender Weg gehört, nur das Grundstück ohne diesen Weg (OLG Nürnberg DNotZ 1966, 542; vgl auch RGZ 112, 264) oder mehrere Grundstücke veräußern und erwerben wollen mit Ausnahme eines in der Auflassung versehentlich miterwähnten Grundstücks (BGH WM 1978, 194) oder einer Teilfläche (BGH ZfIR 2002, 485). Die Auflassungserklärung erfaßt irrtümlich eine in der Natur, zB durch Pflaster und Poller, klar abgegrenzte zum Nachbargrundstück gehörende Fläche (BGH NJW 2002, 1038). Bei Auflassung eines Teileigentums verwechseln die Parteien die zugehörigen Kellerräume (BayObLG Rpfleger 2002, 19).

Die Unschädlichkeit der Falschbezeichnung in formbedürftigen Verträgen ist in einem Teil des Schrifttums auf Ablehnung (vgl Wieling AcP 172 (1972), 297, 307 ff; JZ 1983, 760) und zunächst auch beim BGH (BGHZ 74, 116 = DNotZ 1979, 403, 405 mwN) auf Zweifel gestoßen. Sie wird aber vom BGH (BGHZ 87, 150 = DNotZ 1983, 618; dazu

HAGEN aaO; BGH NJW 2002, 1038) und in der hL (vgl STAUDINGER/WUFKA [2001] § 313 Rn 243 ff; MünchKomm/KANZLEITER § 311b Rn 67; § 925 Rn 31) neuerdings mit Recht *zum Schutz des Vertrauens in die Kontinuität der Rspr bejaht*. Für die materielle Auflassung (die keiner Beurkundung bedarf) läßt sich die Frage auf der Grundlage der Verschiedenheit zwischen der materiellen Auflassung (oben Rn 6) und der zu ihrem Vollzug erforderlichen formellen Grundbucherklärungen (oben Rn 7) einfacher lösen als für beurkundungspflichtige Verträge (§§ 125, 311 b Abs 1). Die Auflassungsform ist gewahrt und die Auflassung wirksam, wenn die Parteien bei gleichzeitiger Anwesenheit vor dem Notar sich über das wirklich gewollte Objekt einig waren und ihre gleichlautenden Erklärungen trotz der falschen Bezeichnung übereinstimmend im richtigen Sinn verstanden haben. Da im Grundbuchverfahren der Wortlaut und Sinn der gemäß § 20 GBO für die Eintragung erforderlichen Grundbucherklärungen maßgebend ist, wie er sich aus den in der Verfahrensform des § 29 GBO dem GBAmt vorliegenden Urkunden und Unterlagen für einen unbefangenen objektiven Betrachter als nächstliegende Bedeutung darstellt, kann das GBAmt die *Eintragung* nur *am falsch bezeichneten*, in Wahrheit von den Beteiligten nicht gewollten Auflassungsobjekt vornehmen (oben Rn 36 ff, 60 ff). Eine solche Eintragung führt *trotz materieller Wirksamkeit der Auflassung* und formeller Ordnungsmäßigkeit der Grundbucherklärungen zu einem unrichtigen, mit dem wirklichen Willen der Beteiligten nicht übereinstimmenden Grundbuch (§ 894) und folglich (im Gegensatz zum römischen Recht, das kein Grundbuch kannte) *nicht zum Übergang des Eigentums* (unten Rn 118; RGZ 133, 279; MünchKomm/KANZLEITER Rn 31; BERGERMANN RNotZ 2002, 557).

Die Auflassung selbst ist aber *unwirksam*, wenn die Parteien die Grenzen der Fläche, auf die sich ihr wirklicher Wille bezog, *nicht hinreichend bestimmt* haben, sie sich also bei einer Teilfläche anstelle der Katasterangaben auch nicht über ausreichende Orientierungshilfen in der Natur geeinigt haben (oben Rn 62; OLG Hamm NJW-RR 1992, 152).

15. Auflassung durch Vertreter

a)   Die Vertretung des Veräußerers und des Erwerbers bei der Auflassung durch **69** gesetzliche Vertreter, vertretungsbefugte Organe, Bevollmächtigte, Unterbevollmächtigte und Vertreter ohne Vertretungsmacht ist **zulässig**, weil zur Wahrung der Auflassungsform nur die gleichzeitige, nicht die persönliche Anwesenheit der an der Auflassung Beteiligten vorgeschrieben ist (unten Rn 83). Die für Verbraucherverträge eingeführte Soll-Vorschrift des § 17 Abs 2a S 2 Nr 1 BeurkG zur Einschränkung der Vertretung auf sog Vertrauenspersonen des Verbrauchers hindert nicht die Erklärung der Auflassung als Vollzugsgeschäft durch Notar-Mitarbeiter (näher BÖTTCHER BWNotZ 2003, 49, 51; AnwK-BGB/GRZIWOTZ Rn 41). Der Vertreter muß erklären, daß und für wen er im fremden Namen die Auflassung erklärt oder entgegennimmt (§ 164 Abs 2). Davon sind die *Fälle* zu *unterscheiden*, in denen der Inhaber der Verfügungsmacht oder ein Nichtberechtigter im eigenen Namen ein fremdes Grundstück aufläßt (oben Rn 46). Handelt der Vertreter für sich im eigenen Namen, so ist zur Übertragung des Eigentums an denjenigen, den er hätte vertreten sollen, eine neue Auflassung erforderlich. Gibt er sich selbst fälschlich als die Person des Erwerbers (oder Veräußerers) aus, ist die Auflassung nichtig (RGZ 106, 199).

70 b) **Die Vertretung beider Teile durch den gleichen Vertreter** ist zulässig (§ 181), wenn sie ihm das Selbstkontrahieren gestattet haben oder wenn die Auflassung ausschließlich der Erfüllung einer Verbindlichkeit (zB des schuldrechtlichen Verpflichtungsgeschäfts) dient (vgl Prot III 177; RGZ 51, 422; 89, 371; KG JFG 4, 328; OLG München DNotZ 1951, 31; OGHBrZ DNotZ 1951, 224; OLG Hamm DNotZ 1978, 434; 1983, 371; BGH NJW 1975, 1885; HIEBER DNotZ 1951, 212). Der Veräußerer kann vom Erwerber zur Entgegennahme der Auflassung (BayObLGZ 1985 318 = MittBayNot 1985, 257), der Erwerber vom Veräußerer zur Auflassung an sich selbst (RGZ 94, 147; OLG Düsseldorf DNotZ 1970, 27), ein Vertreter aller Erben zur Auflassung an sich als Vertreter eines Teils der Miterben (BayObLG BayZ 1912, 139) bevollmächtigt werden. Die vom Käufer dem Verkäufer erteilte Auflassungsvollmacht steht aber nicht dem Konkursverwalter des Verkäufers zu (BayObLGZ 1978, 194 = Rpfleger 1978, 372). Das Verbot des Selbstkontrahierens gilt nicht für Insichgeschäfte, die dem Vertretenen durch die Entgegennahme der Auflassung lediglich einen rechtlichen Vorteil bringen (BGHZ 59, 236 = JZ 1973, 284 Anm STÜRNER; BGHZ 78, 34 = Rpfleger 1980, 463; JAUERNIG JuS 1982, 576; JERSCHKE DNotZ 1982, 459; MEYER-STOLTE Rpfleger 1974, 85). Zur Auflassung zwischen einem Vertreter und dem von ihm Unterbevollmächtigten vgl BGHZ 62, 72 = NJW 1975, 1117, zwischen Einmann-GmbH und einzigem Gesellschafter vgl BGHZ 56, 97 = NJW 1971, 1355; BayObLGZ 1984, 109 = Rpfleger 1984, 359; zwischen gesetzlichem Vertreter (Eltern) und Kind vgl BGHZ 59, 236; 78, 28; BayObLGZ 1979, 49 = DNotZ 1979, 543. Ist der Selbstkontrahierende nicht befreit, kann er das Verbot nicht dadurch umgehen, daß er einen Unterbevollmächtigten bestellt, der die Auflassung im Namen des Vertretenen zusammen mit dem Hauptbevollmächtigten erklärt (jetzt ausdrücklich KG NJW-RR 1999, 168 in Aufgabe seiner früheren Rspr).

Das Verbot der Doppelvertretung gilt auch für den Fall, daß der Vertreter für den anderen Beteiligten ohne Vertretungsmacht handelt und ihn deshalb ohne dessen Genehmigung nicht binden kann (BayObLG Rpfleger 1988, 61 Anm ERTL), auch wenn der nicht befreite Vertreter seinen Geschäftsherrn als vollmachtlosen Vertreter für die andere Partei handeln läßt (OLG Düsseldorf MittBayNot 1999, 470; dazu FRÖHLER BWNotZ 2003, 14, 16–18). Zur Genehmigung des Vertretenen unten Rn 74. Ein Selbstkontrahieren liegt dagegen nicht vor, wenn ein Bevollmächtigter lediglich mehrere Veräußerer oder mehrere Erwerber vertritt, also bei der Auflassung nur für eine Seite handelt. Keine Beschränkung iS des § 181 besteht, wenn ein Bevollmächtigter als nicht befreiter Vertreter des Verkäufers (GmbH) und zugleich als befreiter Untervertreter des Käufers bei der Auflassung handelt (LG Bayreuth Rpfleger 1982, 17).

71 c) **Die Erteilung der Auflassungsvollmacht** richtet sich nach § 167, ihr *Erlöschen* nach § 168 ff. Die Vollmachterteilung bedarf *materiell nicht* der Auflassungsform, unterliegt grundsätzlich nicht der nach § 311b Abs 1 für das schuldrechtliche Grundgeschäft vorgeschriebenen Beurkundungsform (RGZ 129, 286; BayObLGZ 1953, 35; MEIKEL/BÖTTCHER Einl I 51) und muß lediglich *formell im Grundbuchverfahren* in öffentlich beurkundeter oder beglaubigter Form nachgewiesen werden (§ 29 GBO). Dasselbe gilt für die vorweg (Einwilligung) bzw nachträglich (Genehmigung) erteilte Zustimmung des Eigentümers zu der Auflassung des Grundstücks durch einen Dritten (BGH NJW 1998, 1482 = DNotZ 1999, 40 krit Anm EISELE).

Die Vollmacht zur Erklärung oder Entgegennahme der Auflassung bedarf aber nach st Rspr (vgl KORTE DNotZ 1984, 88; HAGEN DNotZ 1984, 267, 272) zu ihrer materiellen

Wirksamkeit *ausnahmsweise der Beurkundungsform*, wenn sie Teil eines beurkundungspflichtigen Veräußerungs- oder Erwerbsgeschäftes ist (RGZ 50, 168; 94, 150; 103, 300, KG DNotZ 1986, 290), wegen ihrer dauernden oder zeitlich begrenzten Unwiderruflichkeit eine bindende Verpflichtung zur Veräußerung oder Erwerb eines Grundstücks bedeutet (RGZ 110, 320; BGH NJW 1952, 1210; DNotZ 1965, 549; WM 1967, 1039) oder trotz ihrer Widerruflichkeit für den Vollmachtgeber tatsächlich die gleiche Gebundenheit wie eine unwiderrufliche Vollmacht bewirkt (RGZ 104, 238; 108, 126; BGH DNotZ 1965, 549; 1966, 92; NJW 1975, 39). Soweit die Warnfunktion des § 311b Abs 1, insbesondere in den beiden letztgenannten Fällen, die Beurkundung der Auflassungsvollmacht notwendig macht, bedarf auch das Kausalgeschäft selbst in dem Umfang, in dem die Erklärungen „miteinander stehen und fallen" der Form des § 311b Abs 1 (vgl auch BRAMBRING DNotZ 1988, 140). Formbedürftig ist die Vollmacht dagegen nicht allein wegen Befreiung des Bevollmächtigten von den Beschränkungen des § 181 (BGH NJW 1979, 2306 = DNotZ 1979, 684 Anm KANZLEITER). Eine Gestattung des Selbstkontrahierens kann aber ein wichtiges Indiz für die Erzeugung einer Bindung des Vollmachtgebers darstellen, die das Hauptgeschäft praktisch vorwegnimmt (vgl OLG Schleswig DNotZ 2000, 775).

Während die Formnichtigkeit eines formlosen Grundstücksvertrages idR auch die Nichtigkeit der darin erteilten Vollmacht zur Folge hat (BGH Rpfleger 1989, 320; RGZ 94, 147; 97, 273), führt die Nichtigkeit des beurkundeten schuldrechtlichen Grundgeschäfts nicht ohne weiteres (weil idR § 139 gilt) auch zur Nichtigkeit der darin enthaltenen Auflassungsvollmacht (RGZ 103, 300; 114, 351; 137, 339; BGH DNotZ 1980, 344 Anm WOLFSTEINER; LG Lübeck DNotZ 1980, 91; auch BayObLGZ 1980, 272).

Im Schrifttum wird teilweise – mit geringfügig abweichenden Ergebnissen – auf andere Unterscheidungsmerkmale abgestellt, so auf den Unterschied

(1) zwischen der Vollmacht zum Abschluß des schuldrechtlichen Verpflichtungs- oder Erwerbsgeschäfts (§ 311b Abs 1) und zur Erklärung oder Entgegennahme der Auflassung, für die § 311b Abs 1 nicht gilt (so zB MünchKomm/KANZLEITER § 311b Rn 44 ff; SCHÖNER/STÖBER Rn 3537 ff mwN; kritisch KORTE DNotZ 1984, 3, 88).

(2) zwischen dem für die Vollmacht „kausalen" Geschäft (zB Auftrag, Geschäftsbesorgung), das dem § 311b Abs 1 unterliegen kann, und der „abstrakten" Vollmacht (so insbesondere STAUDINGER/WUFKA [2001] § 313 Rn 132 ff, 145 ff).

Der Notar ist durch §§ 3, 6, 7 BeurkG nicht gehindert, eine ihm von den Beteiligten erteilte Vollmacht selbst zu beurkunden, wenn diese Vollmacht der Vorbereitung, Förderung oder Durchführung einer von ihm beurkundeten oder beglaubigten Erklärung dient (RGZ 155, 172, 179; BayObLGZ 1955, 155, 161). Er kann dann den Vollmachtgeber bei Grundbucherklärungen aufgrund einer mit Unterschrift und Dienstsiegel erstellten Eigenurkunde wirksam vertreten (vgl BGHZ 78, 36 = DNotZ 1981 118; BayObLG DNotZ 1983 172; KEHE/MUNZIG § 19 GBO Rn 196), darf aber an der Auflassung nicht zugleich als Bevollmächtigter und als zuständige Stelle iS § 925 Abs 1 mitwirken, sondern muß seine Erklärungen als Vertreter bei der Auflassung vor einem anderen Notar abgeben.

d) Die **Vertretungsmacht muß den gesamten Inhalt** der vom Vertreter abgege- **72**

nen Erklärungen **decken und zur Zeit der Auflassung bestehen**. Ein späterer Widerruf der Vollmacht oder Wegfall der Vertretungsmacht beeinträchtigt die materiellrechtliche Wirksamkeit der Auflassung nicht (KG DNotZ 1962, 615), auch dann nicht, wenn die Vertretungsmacht in der Zeit zwischen Auflassung und Eintragung endet. Das Grundbuchamt darf nicht den Nachweis des Fortbestands der Vertretungsmacht auch noch für den Zeitpunkt der Grundbucheintragung verlangen (MEIKEL/BRAMBRING § 29 GBO Rn 56). Zur bedingten oder befristeten Vollmacht siehe unten Rn 96. Ist der Vollmachtgeber vor Ausübung der Vollmacht *verstorben*, muß die Vollmacht über seinen Tod hinaus erteilt worden sein, was idR gemäß §§ 168, 672 anzunehmen ist (KG DNotZ 1972, 18). Läßt der postmortal Bevollmächtigte das Grundstück auf, so kann der Erwerber ohne Nachweis der Erbfolge und Zwischeneintragung der Erben als Eigentümer in das Grundbuch eingetragen werden. Der *Umfang der Vollmacht* ist notfalls durch Auslegung zu ermitteln (dazu BayObLGZ 1979, 12 = DNotZ 1979, 426), die sich materiell nach den allgemeinen Auslegungsregeln (oben Rn 6) und formell nach den für Grundbucherklärungen entwickelten Grundsätzen (oben Rn 7) richtet (vgl OLG Schleswig Rpfleger 1991, 17). Die Vollmacht für das Grundgeschäft umfaßt idR auch die Auflassungsvollmacht.

Bei *Auflassung durch einen Unterbevollmächtigten* ist zu klären, ob sie durch die Haupt- und Untervollmacht gedeckt ist und ob der Bestand der Untervollmacht vom Fortbestand der Hauptvollmacht abhängig ist oder ob es genügt, daß die Hauptvollmacht bei Erteilung der Untervollmacht noch bestanden hat (dazu Münch-Komm/SCHRAMM § 167 Rn 93 ff; ERMAN/PALM § 167 Rn 39 ff; PIKALO DNotZ 1943 165; SCHÜLE BWNotZ 1984, 156).

73 e) **Im Grundbuchverfahren** richtet sich der Nachweis der Vertretungsmacht nach § 29 GBO, auch wenn materiell die Vollmacht zu ihrer Wirksamkeit keiner Form bedarf (KEHE/MUNZIG § 20 GBO Rn 92). Das GBAmt hat zu prüfen, ob die Vertretungsmacht zur Abgabe der Grundbucherklärungen (§§ 19, 20 GBO) in dem nach Verfahrensrecht maßgeblichen Zeitpunkt ihres Wirksamwerdens noch bestanden hat (KEHE/HERRMANN § 29 GBO Rn 138 ff; SCHÖNER/STÖBER Rn 3579 ff; dazu BGH DNotZ 1959, 312; OLG Stuttgart DNotZ 1952, 183; OLG Frankfurt Rpfleger 1977, 102; KG DNotZ 1972, 18; OLG Köln MittRhNotK 1983, 209; BayOb Rpfleger 1986, 90; HIEBER DNotZ 1952, 185; HAEGELE Rpfleger 1972, 306; STIEGELER BWNotZ 1985, 129). Ein Widerruf der Vollmacht wirkt nicht zurück (BayObLG DNotZ 1983, 752).

Dem Grundbuchamt einzureichen ist das Original der beglaubigten bzw eine Ausfertigung der beurkundeten Vollmacht. Ausnahmsweise reicht die Vorlage einer beglaubigten Abschrift der Vollmacht beim GBAmt durch den Notar, wenn dieser in der Form des § 29 GBO bestätigt, daß ihm das Original bzw eine Ausfertigung der Vollmachtsurkunde vorlag (OLG Stuttgart DNotZ 1999, 138), ggf noch vorliegt. Handelt der Aussteller der Vollmacht als Organ oder Bevollmächtigter für einen Dritten, ist auch dessen Vertretungsmacht in öffentlicher Form nachzuweisen, etwa durch eine Notarbescheinigung nach § 21 BNotO über den Registerinhalt oder auch durch eine bescheinigende Urkunde gem § 20 Abs 1 S 2 BNotO über den Inhalt von Urkunden, die er eingesehen hat (BayObLG DNotZ 2000, 293 zust Anm LIMMER).

74 f) **Vertretung ohne Vertretungsmacht** bei Erklärung und Entgegennahme der Auflassung ist zulässig (RGZ 54, 367; 104, 259; 152, 380; KG JW 1937, 3230) und führt

zunächst zur schwebenden Unwirksamkeit der Auflassung (§ 177). Die frühere
gegenteilige Meinung (vgl STAUDINGER/SEUFERT[11] Rn 65; KORBMACHER DNotZ 1950, 244)
ist aufgegeben worden. Für eine noch nicht bestimmte Person kann ein vollmachtloser Vertreter die Auflassung nicht wirksam entgegennehmen (BayObLGZ 1983, 275 =
DNotZ 1984, 180). Mit der *nachträglichen Genehmigung* durch den Vertretenen oder
dessen Erben (OLG Hamm Rpfleger 1979, 17), die materiell gegenüber jedem an der
Auflassung Beteiligten (im Zweifel auch gegenüber dem Notar) erteilt werden kann
(BGHZ 29, 370 = Rpfleger 1959, 219 Anm HAEGELE) und nicht der Auflassungsform bedarf,
wird die Auflassung rückwirkend wirksam (RGZ 69, 263), mit ihrer Verweigerung
endgültig unwirksam. Soll im letzteren Fall das Grundstück doch übereignet werden, ist eine neue Auflassung erforderlich; der Widerruf der Genehmigungsverwei-
gerung genügt dazu nicht. Die Genehmigung des Grundgeschäfts ist idR dahin
auszulegen, daß sie auch die Auflassung umfaßt. Die Vollmachtsbestätigung einer
in Wirklichkeit bei Auflassung noch nicht oder nicht mehr bestehenden Vollmacht
ist als nachträgliche Genehmigung auszulegen (BGHZ 29, 366 = DNotZ 1959, 312). Lag
ein Fall des Selbstkontrahierens vor, so braucht die Genehmigungserklärung des
vollmachtlos Vertretenen eine Befreiung von den Beschränkungen des § 181 nicht
zu enthalten; die Genehmigung deckt die Einigung so, wie sie zustandegekommen
ist.

IV. Auflassungsform (§ 925 Abs 1)

1. Wesen und Funktionen der Auflassungsform

a)   **Die Auflassungsform** (§ 925 Abs 1) trägt der Bedeutung des Immobiliareigen-   75
tums und des Grundbuchs Rechnung. Sie besteht darin, daß die Beteiligten den auf
Übertragung des Eigentums an einem Grundstück gerichteten dinglichen Vertrag
bei gleichzeitiger Anwesenheit vor einem dafür nach dem Recht der Bundesrepublik Deutschland zuständigen Amtsträger (Art 11 Abs 5 EGBGB) schließen,
der in amtlicher Eigenschaft bei diesem privatrechtlichen Vertragsschluß mitwirkt.
Obwohl das Gesetz bereits für das zugrundeliegende Geschäft die Beurkundungsform vorschreibt (§ 311b Abs 1; vgl HAGEN DNotZ 1984, 267, 268), rechtfertigen die mit
der Grundstücksübereignung verbundenen privat- und öffentlichrechtlichen Folgen
den Zwang zur Mitwirkung eines Staatsorgans bei der Auflassung in einer von der
öffentlichen Beurkundung abweichenden Form. Von den Funktionen des gesetzlichen Formzwanges stehen bei der Auflassung *die öffentlichen Interessen an der
Institution des Grundbuchs* im Vordergrund (vgl HÄSEMEYER 183 ff; KÖBL DNotZ 1983,
207, 211). Die materielle Auflassungsform soll außerdem den Beteiligten, die das
Eigentum verlieren und erwerben, die Bedeutung dieses Rechtsvorganges bewußt
machen, bei dem weder ein Eigentumsvorbehalt noch eine Zug-um-Zug-Leistung
möglich ist *(Warnfunktion;* unten Rn 143). Durch Zuziehung einer rechtskundigen
Amtsperson soll ein klarer und eintragungsfähiger Auflassungsinhalt *(Schutzfunktion)*, die öffentliche Beurkundung der Auflassungserklärungen und des Einigungs-
zeitpunktes *(Beweisfunktion,* die gemäß §§ 20, 29 GBO in das formelle Recht
verlagert wird; unten Rn 76) und die erforderliche Aufklärung der Beteiligten über
die rechtliche Tragweite, etwaige Genehmigungserfordernisse und Vollzugshindernisse *(Beratungsfunktion)* gewährleistet werden (vgl § 925a Rn 7).

Die **Mitwirkung eines zuständigen Amtsträgers** ist (wie bei der Eheschließung;

§§ 1310, 1311) eine *materielle Wirksamkeitsvoraussetzung*. Sie besteht in der „Entgegennahme der Auflassung" (§ 925 Abs 1 S 2), ist ein Akt der Rechtspflege (BLUMENWITZ DNotZ 1968, 712, 735) und erfordert, daß der Amtsträger zu dieser Amtshandlung erkennbar bereit, nicht bloß anwesend ist (RGZ 132, 409; vgl zur Eheschließung RGZ 166, 342) und sie nicht ablehnt (RGZ 106, 198). Wenn er die ganze Verhandlung mit den Parteien nicht selbst führt, muß er sich deren Ergebnis von den Parteien bestätigen lassen (RGZ 61, 95). Die Amtspflicht zur Entgegennahme der Auflassung besteht nur, wenn die gesetzlichen Voraussetzungen (zu denen ein Ansuchen der Beteiligten gehört) vorliegen (dazu § 925a Rn 7 ff). Durch einen Verstoß gegen Ordnungsvorschriften wird die materielle Wirksamkeit der Auflassung ebenso wenig berührt, wie durch die Formnichtigkeit des schuldrechtlichen Grundgeschäfts (OLG Frankfurt NJW 1981, 876).

76 b)   Die Beurkundung der Auflassungserklärungen (§§ 128 BGB, 8 ff BeurkG) ist in § 925 Abs 1 nicht vorgeschrieben. Sie ist (entgegen der früheren aA; RGZ 54, 195) *keine materielle Voraussetzung* für die Wirksamkeit der Auflassung (BGH NJW 1992, 1101; 1994, 2768), sondern gehört gemäß §§ 20, 29 GBO lediglich zu den *verfahrensrechtlichen Erfordernissen* für ihre Verwendbarkeit im Grundbuchverfahren und zu den Amtspflichten des an der Auflassung mitwirkenden Amtsträgers (dazu RIEDEL DNotZ 1955, 521, 525). Ist trotz Verstoß gegen diese Verfahrensvorschriften (zB weil keine oder eine nichtige Urkunde errichtet, die Auflassung nicht in die Urkunde aufgenommen worden ist) die Auflassung gemäß § 925 Abs 1 wirksam erklärt und die Eintragung im Grundbuch in Übereinstimmung mit ihr erfolgt, so ist das Eigentum übergegangen (RGZ 99, 65; 132, 408; BGHZ 22, 312, 315). Auf diese Weise verhindert der Gesetzgeber, daß durch Verletzung von Beurkundungsförmlichkeiten oder Verfahrensvorschriften die Auflassung nichtig und das Grundbuch unrichtig wird. In diesem Punkt liegt die praktische Bedeutung des neuerdings wieder angestoßenen (durch PAJUNK 154 ff et passim; vgl auch DÜMIG ZfIR 2003, 583; LIPP DNotZ 2003, 235) Meinungsstreits über eine etwa doch materiellrechtlich erforderliche Beurkundung der Auflassung. Ausgehend vom Zweck der gesetzlichen Form (dazu ausführlich PAJUNK 112 ff, der Warnfunktion und Übereilungsschutz betont) können zwar teleologisch beachtliche Argumente für eine Beurkundungsbedürftigkeit ins Feld geführt werden; diese erweisen sich aber vielfach als zirkulär, jedenfalls nicht zwingend, und rechtfertigen im Ergebnis nicht ein Abrücken von der gefestigten auf Wortlaut und Entstehungsgeschichte gestützten Auffassung (ebenso MünchKomm/KANZLEITER Rn 16; ERMAN/LORENZ Rn 25; AnwK-BGB/GRZIWOTZ Rn 27). Auch die jüngere Rspr ist bei der Beurteilung geblieben, daß eine unterbliebene oder fehlerhafte Beurkundung die Wirksamkeit der Auflassung nicht berührt (BGH DNotZ 1993, 55; BayObLG MittBayNot 1998, 339; OLG Hamm DNotZ 1996, 671).

Der *verfahrensrechtliche Nachweis* der Auflassung gegenüber dem GBAmt (§ 29 GBO) ist nach hM **auf andere Weise nicht möglich** (KG HRR 1934, 652), nicht durch eine mit öffentlicher Beglaubigung der Unterschriften versehene Erklärung (§§ 129 BGB; 39, 40 BeurkG) und auch nicht durch ein Tatsachenzeugnis des Notars (§§ 36, 37 BeurkG), daß und mit welchem Inhalt die Auflassung in Form des § 925 Abs 1 vor ihm erklärt worden sei (BayObLG DNotZ 2001, 560 Anm REITHMANN; ERMAN/LORENZ Rn 25; HUHN Rpfleger 1977, 199; KEHE/MUNZIG § 20 GBO Rn 114; DEMHARTER § 20 GBO Rn 27; SCHÖNER/STÖBER Rn 3324; MEIKEL/BÖTTCHER § 20 GBO Rn 130; BAUER/VOEFELE § 20 GBO Rn 206). Die **aA** (OLG Celle MDR 1948, 252; LG Oldenburg Rpfleger 1980, 224; FUCHS-

WISSEMANN Rpfleger 1977, 9; 1978, 431; WILHELM Rn 737) ist abzulehnen, weil sie mit § 8 BeurkG über die Form der Beurkundung von Willenserklärungen und folglich auch mit § 415 ZPO und § 29 GBO nicht in Einklang steht. Das Beurkundungsrecht schreibt zwingend vor, daß Willenserklärungen außerhalb eines gerichtlichen Verfahrens ausschließlich durch notarielle Beurkundung in einer öffentlichen Urkunde verkörpert werden können. Ein Tatsachenprotokoll mag zwar die Wahrnehmung enthalten, daß bestimmte Willenserklärungen abgegeben worden sind; dies ersetzt aber nicht Vorlage und formgerechten Nachweis der Erklärung selbst. Zur Ergänzung durch notarielle Eigenurkunde unten Rn 86 aE.

2. Entwicklung der Auflassung im deutschen Recht

a) Die „gerichtliche Auflassung" zum Zwecke der Grundstücksübereignung war 77 im deutschen Rechtskreis bereits im 11. bis 14. Jh weit verbreitet. Als „Auflassung" bezeichnete man damals teils nur die Erklärung des Übereignungswillens vor Gericht „Sale", teils auch den anschließenden Vollzug der Übereignung durch Einsetzung in die „Gewere". Schloß sich ein richterliches Aufgebotsverfahren an, hatte die „Verschweigung" (zB für Anwesende sofort, für Abwesende nach Jahr und Tag) den Verlust entgegenstehender Rechte zur Folge. Die Form der richterlichen Mitwirkung war örtlich und zeitlich verschieden, zB Auflassung durch Gerichtsurteil (Prozeßform), durch Erklärung der Beteiligten vor Gericht (= Auflassungsform des § 925 BGB aF) teils ohne teils mit gerichtlicher Beurkundung (vgl Form des § 29 GBO), gerichtliche Bestätigung der außergerichtlich vereinbarten Auflassung (nach BGB unzulässig), lehnsrechtliche Auflassung vom Veräußerer an den Gerichtsherrn und von diesem an den Erwerber (sog Allodialinvestitur). Nach Stadtrecht war vielfach die Auflassung vor dem Rat der Stadt üblich (vgl Vorbem zu §§ 925 ff), teils ohne und teils mit anschließender Bucheintragung (näher BUCHHOLZ 54, 81 zu den Stadtrechten von Lübeck und Hamburg). Die deutsch-rechtliche Mitwirkung eines Staatsorgans bei der Auflassung war im Rechtsbewußtsein des Volkes mehr als eine bloße Formalität und konnte sich deshalb gegen das zur Formlosigkeit tendierende römische Recht als ein im deutschen Rechtsdenken verwurzeltes Prinzip in allen Staaten des deutschen Rechtskreises (auch Österreich und Schweiz) durchsetzen. Zur *Etymologie* oben Vorbem 3 zu §§ 925 ff.

b) **Im BGB** war nie die Notwendigkeit einer staatlichen Mitwirkung bei der 78 Auflassung, sondern nur die Frage umstritten, welche amtliche Stelle dafür zuständig ist. Nach preußischem Vorbild (vgl § 2 EEG) sah der Entw I nur die *Auflassung vor dem GBAmt* vor, weil dadurch ihre Übereinstimmung mit dem Grundbuch und ein schneller Vollzug am besten gewährleistet seien. Trotz der überzeugenden Kritik, daß die gerichtliche oder notarielle Beurkundung des schuldrechtlichen Vertrages (§ 313 aF) und die davon getrennte Auflassung vor dem GBAmt wegen der dann zu erwartenden Tendenz zur Auflassung durch Stellvertreter den Grundstücksverkehr unnötig erschweren und den Bestand des für die Beurkundung und Rechtsbetreuung unentbehrlichen Notariats gefährden würden, scheiterte der Vorschlag, allgemein die Auflassung wahlweise vor Gericht, GBAmt oder Notar zu gestatten, an der Ablehnung der Länder. Reichsrechtlich war deshalb ursprünglich nur das GBAmt zuständig (§ 925 aF), während *landesrechtlich* (Art 143 EGBGB) die *Auflassung auch vor Notar, Gericht, anderen Behörden* oder Beamten zugelassen werden konnte. Die in der Praxis wichtigsten Ländervorschriften wurden später doch

Reichsrecht. Durch die *VO vom 11. 5. 1934* (RGBl I 378) wurde die *allgemeine Zuständigkeit der Notare* eingeführt (auch für Grundstücke außerhalb des Amtsbezirks des Notars oder des Landes), durch die *VO vom 9. 1. 1940* (RGBl I 46) die Meinung bestätigt, daß die Auflassung auch *im gerichtlichen Vergleich* erklärt werden kann (KG JW 1936, 3477; HUNN JW 1937, 792; RECKE JW 1937, 1045) und der Inhalt dieser beiden VO durch *Gv 5. 3. 1953* (BGBl I 33) in die Neufassung des § 925 Abs 1 übernommen. *Seit 1. 1. 1970 ist* Art 143 Abs 1 EGBGB aufgehoben, die Zuständigkeit der GBÄmter, Amtsgerichte und landesrechtlich bestimmten Stellen durch § 57 Abs 3 Nr 3; Abs 4 Nr 3a BeurkG (BGBl I 1969, 1513) beseitigt und § 925 Abs 1 Satz 2 (im jetzt geltenden Wortlaut) neu gefaßt worden.

79 **c)**   **Die Auflassung vor dem Notar** ist (gleichzeitig mit der Übertragung der ausschließlichen Beurkundungszuständigkeit auf die Notare) durch die *seit 1. 1. 1970* geltende Neufassung des § 925 Abs 1 S 2 (BGBl I 1969, 1513) aus sachlichen Erwägungen *zur gesetzlichen Regel* im gesamten Bundesgebiet geworden. Sie ist schon lange die in der Praxis wichtigste Auflassungsform (dazu RIEDEL DNotZ 1955, 521 ff) und hat als jüngstes Glied der fast tausendjährigen Geschichte die Auflassung vor Gericht und GBAmt völlig verdrängt. Denn im Amt des Notars als dem Träger eines öffentlichen Amtes (§ 1 BNotO) vereinigt sich jetzt die Zuständigkeit zur Entgegennahme der Auflassung (§ 925 Abs 1 BGB; § 20 Abs 2 BNotO) und zur Beurkundung des schuldrechtlichen Grundgeschäfts (§ 311b Abs 1) und der Auflassungs- und sonstigen Grundbucherklärungen (vgl Rn 7, 76, 101). Der Notar hat gleichzeitig die Pflicht zur Belehrung der Beteiligten über Grundbuchinhalt und Vollzugshindernisse (§§ 17 ff BeurkG). Im Gegensatz zur Zeit um 1900, als noch die sofortige Grundbucheintragung möglich war, haben sich im Grundstücksverkehr die zahlreichen behördlichen Genehmigungen und Bescheinigungen (unten Rn 102 ff) und die Maßnahmen zur Freistellung des Grundstücks von nicht übernommenen Belastungen sowie zum Verkäufer- und Käuferschutz (unten Rn 143 ff) erheblich vermehrt. Sie machen umfangreiche Vollzugs- und Betreuungstätigkeiten erforderlich, die idR dem Urkundsnotar übertragen werden (vgl SCHIPPEL/REITHMANN § 24 BNotO Rn 25 ff).

3.   Zuständigkeit der Notare

80 **a)**   **Jeder deutsche Notar,** auch ein nach LFGG in Baden-Württemberg bestellter Notar oder Bezirksnotar (§ 64 BeurkG), ist zuständig zur Entgegennahme der Auflassung (§ 20 Abs 2 BNotO), unbeschadet der Zuständigkeit weiterer Stellen (§ 925 Abs 1 S 2), auch wenn das Grundstück außerhalb des Bundeslandes liegt, in dem er zum Notar bestellt ist. *Nicht zuständig sind* (Art 11 Abs 5 EGBGB) *ausländische* Notare (OLG Köln Rpfleger 1972, 134; KG Rpfleger 1986, 428; WEBER NJW 1955, 1784; WINKLER NJW 1972, 981, 985; KUNTZE Betrieb 1975, 193, 195; STAUDINGER/WINKLER VON MOHRENFELS [2000] Art 11 EGBGB Rn 315; STAUDINGER/STOLL [1996] IntSachenR Rn 228; MünchKomm/KANZLEITER Rn 14; BGB-RGRK/AUGUSTIN Rn 69; SOERGEL/STÜRNER Rn 19; AnwK-BGB/GRZIWOTZ Rn 28; DEMHARTER § 20 GBO Rn 15), unwirksam also auch die Auflassung eines deutschen Grundstücks in österreichischen Notariatsurkunden (vgl DNotZ 1964, 451; MittBayNot 1964, 172) oder vor einem Schweizer Notar (LG Ellwangen/Jagst MittRhNotK 2000, 252). Die aA (zB MANN NJW 1955, 1177; HEINZ ZNotP 2001, 460) entspricht nicht dem geltenden Recht und auch nicht den Funktionen und der

Entstehungsgeschichte der Auflassungsform (RIEDEL DNotZ 1955, 521; DÖBEREINER ZNotP 2001, 465).

Aufgrund der durch das 2. VermRÄndG v 14. 7. 1992 (BGBl I 1257, 1277) eingeführten Regelung des Art 233 § 7 Abs 1 S 3 EGBGB, die eine zuvor entstandene Rechtsunsicherheit beseitigte (dazu ERTL MittBayNot 1992, 102, 110 f; BÖHRINGER Rpfleger 1993, 51, 52), kann ein vor dem 3. 10. 1990 von einem *Staatlichen Notariat der DDR* (zu weiteren Verfahrens- und Zuständigkeitsfragen vgl BGHZ 136, 228) gem § 297 ZGB ohne förmliche Auflassung, die das DDR-Recht nicht kannte, beurkundeter Grundstückskaufvertrag Grundlage für eine nach dem 2. 10. 1990 beantragte Eigentumsumschreibung sein (vgl STAUDINGER/RAUSCHER [2003] Art 233 § 2 EGBGB Rn 24; Art 233 § 7 EGBGB Rn 24). Andersherum gilt ein solcher Vertrag gem Art 231 § 7 EGBGB idFd 2. VermRÄndG auch dann als wirksam, wenn er von einem Notar in der Bundesrepublik einschließlich West-Berlins beurkundet worden war (vgl STAUDINGER/ RAUSCHER [2003] Art 231 § 7 EGBGB Rn 10).

b) Die *Entgegennahme der Auflassung* durch den Notar *als eine nach materiellem Recht notwendige Amtshandlung* ist auch wirksam, wenn sie außerhalb des Bundeslandes, in dem er bestellt ist (§ 2 BeurkG) oder von einem amtlich bestellten Vertreter des Notars (§ 41 BNotO) oder Notariatsverweser (§ 58 Abs 2 BNotO) vorgenommen wird oder wenn der Beurkundungsvorgang gegen zwingendes Recht verstößt (zB gegen §§ 6, 7 BeurkG; § 16 BNotO), weil die Auflassung zu ihrer Wirksamkeit materiell keiner Beurkundung bedarf (oben Rn 76). Eine unwirksame Urkunde iS des Beurkundungsgesetzes ist lediglich im Grundbuchverfahren ein formelles Eintragungshindernis (unten Rn 101). Die Entgegennahme der Auflassung und ihre Beurkundung sind aber unwirksam, wenn ein deutscher Notar sie im Ausland vornimmt (WINKLER BeurkG § 2 Rn 2); denn im Ausland sind dafür nur die deutschen Konsulate zuständig (unten Rn 81).

4.   Sonstige zuständige Stellen

Die Zuständigkeit aller anderen Stellen zur Entgegennahme der Auflassung ist in **81** irgendeiner Weise beschränkt:

a) Die *Konsularbeamten* der Bundesrepublik Deutschland sind gemäß § 12 Nr 1 KonsG vom 11. 9. 1974 (BGBl I 2317) nur bei Auflassung im Ausland zuständig. Unwirksam ist ihre Mitwirkung bei der Auflassung im Inland. Nach dem neuen Recht (ausführlich GEIMER DNotZ 1978, 3; BINDSEIL DNotZ 1993, 5) ist (anders als vorher; vgl STAUDINGER/SEUFERT[11] § 925 Rn 42 m) die für die Wirksamkeit der Auflassung früher wichtige Unterscheidung zwischen den kraft Gesetzes berechtigten Berufskonsuln (vgl jetzt § 19 Abs 1: Berufskonsularbeamte mit Befähigung zum Richteramt), den besonders dazu ermächtigten Berufskonsularbeamten (jetzt § 19 Abs 2) und den Wahlkonsularbeamten (jetzt § 24) beseitigt und durch Dienstvorschriften ersetzt worden, deren Verletzung die Wirksamkeit der Auflassung nicht beeinträchtigt.

b) Der *Ratsschreiber* im Land Baden-Württemberg (§ 32 Abs 3 S 2 LFGG) ist nur zuständig für die Auflassung in Erfüllung eines von ihm beurkundeten Vertrages (vgl SCHIPPEL/REITHMANN § 115 BNotO Rn 6; dazu § 60 Nr 68; § 61 Abs 4 BeurkG).

c) Die (zulässige) Auflassung *im Rückerstattungsverfahren* hat keine praktische Bedeutung mehr (vgl § 61 Abs 1 Nr 10 BeurkG).

d) *Gerichte* sind nur noch zuständig im Rahmen eines *gerichtlichen Vergleichs* (unten Rn 82). Auch bei der amtlichen Vermittlung von Nachlaß- und Gesamtgutauseinandersetzungen gemäß §§ 86 ff FGG sind die Amtsgerichte zur Entgegennahme der Auflassung nicht mehr befugt, sofern es im Verfahren nicht zu einem gerichtlichen Vergleich kommt (KEIDEL/KUNTZE/WINKLER § 98 FGG Rn 19; WEBER DRiZ 1970, 46; ZIMMERMANN Rpfleger 1970, 189, 195).

e) *Aufgehoben* ist seit 1.1.1970 die frühere Zuständigkeit der GBÄmter und aller sonstigen Stellen und der früher dem Landesgesetzgeber eingeräumte Vorbehalt zur Schaffung landesrechtlich zuständiger Stellen (vgl STAUDINGER/SEUFERT[11] § 925 Rn 42 ff).

5. Auflassung im gerichtlichen Vergleich oder Insolvenzplan

82 § 925 Abs 1 S 3 ermöglicht die Auflassung in einem **gerichtlichen Vergleich** (dazu WALCHSHÖFER NJW 1973, 1102) unter folgenden *Voraussetzungen*:

a) *Gerichte iS dieser Vorschrift* sind alle Instanzen von staatlichen Gerichten der Bundesrepublik Deutschland. Die früher hM (vgl Vorbearbeitung 1995) hielt nur Gerichte der streitigen und freiwilligen Gerichtsbarkeit für zuständig, die in gerichtlicher Funktion in Verfahren tätig werden, in denen sich mehrere Beteiligte im Streit gegenüberstehen und über den Streitgegenstand verfügen können, also zwar auch Vollstreckungs- und Landwirtschaftsgerichte (BGHZ 14, 387), Strafgerichte in Privatklage- und Adhäsionssachen (OLG Stuttgart NJW 1964, 110), nicht aber Verwaltungs-, Sozial- und Finanzgerichte (BayVGH BayVBl 1972, 664), Gerichte im Genehmigungsverfahren nach GrdstVG (KEIDEL DNotZ 1952, 106) oder im Fideikommißverfahren (HESSE DR 1940, 1035). Dagegen hat das BVerwG (NJW 1995, 2179) mit überzeugenden Gründen die Gleichrangigkeit der Gerichtsbarkeiten und den Zweck und Wortlaut des § 127a geltend gemacht, nämlich die Anwendung und Einhaltung der Protokollierungsvorschriften der ZPO (unten c), die im verwaltungsgerichtlichen Verfahren gewahrt werden (§§ 106, 173 VwGO). Als zuständig zu betrachten sind mithin nun auch die Gerichte der allgemeinen und besonderen Verwaltungsgerichtsbarkeit (ebenso jetzt MünchKomm/KANZLEITER Rn 15; SOERGEL/STÜRNER Rn 20; JAUERNIG/JAUERNIG Rn 15; aA AnwK-BGB/GRZIWOTZ Rn 29), gleichfalls die Arbeitsgerichte (PALANDT/BASSENGE Rn 8), weiterhin jedoch nicht ausländische Gerichte (aus denselben Gründen wie oben Rn 80) oder private Schiedsgerichte (AnwK-BGB/GRZIWOTZ Rn 29). Kein gerichtlicher Vergleich ist der Anwaltsvergleich nach § 796a ZPO (SOERGEL/STÜRNER Rn 20).

b) *In einem anhängigen Verfahren* muß der Vergleich abgeschlossen sein; sonst ist er kein gerichtlicher Vergleich. Das Verfahren braucht nicht den Auflassungsanspruch zum Gegenstand haben. Die Auflassung muß aber sachlich mit der Beendigung des Verfahrens zusammenhängen und darf nicht nur gelegentlich beigefügt sein (OLG Neustadt DNotZ 1951, 465). Zulässig ist zB die Auflassung eines Grundstücks zur Abgeltung eines Unterhaltsanspruchs, nicht aber zur Erfüllung eines unabhängig vom Unterhaltsprozeß bestehenden Anspruchs aus einem Kaufvertrag.

c) Die *Protokollierung des gerichtlichen Vergleichs* (§§ 159 ff ZPO) ist Wirksamkeitsvoraussetzung des Prozeßvergleichs (BGHZ 16, 390; 35, 312) und nach hM auch eine materielle Voraussetzung für die Wirksamkeit der Auflassung (OGHZ 2, 114; OLG Neustadt DNotZ 1951, 465; KEIDEL DNotZ 1952, 103; DEMHARTER § 20 GBO Rn 16; STAUDINGER/GURSKY [2000] § 873 Rn 50).

d) Der *Nachweis der Vollmacht* von Prozeßbevollmächtigten ist kein materielles Erfordernis für die Wirksamkeit der Auflassung, aber eine formelle Eintragungsvoraussetzung für die Verwendbarkeit des gerichtlichen Protokolls durch das GBAmt im Eintragungsverfahren (ebenso SCHÖNER/STÖBER Rn 3338 Fn 77; MünchKomm/ KANZLEITER Rn 15; PALANDT/BASSENGE Rn 30; **aA** OLG Saarbrücken OLGZ 1969, 210; OLG Frankfurt Rpfleger 1980, 291; DEMHARTER § 20 GBO Rn 16).

e) Im übrigen gelten die allgemeinen Grundsätze, insbesondere die Bedingungsfeindlichkeit der Auflassung gem § 925 Abs 2, so daß zB die (im gerichtlichen Vergleich nicht seltene) Aufnahme eines *Widerrufsvorbehalts* zur Nichtigkeit der Auflassung führt (unten Rn 94; das verkennt BVerwG 1995, 2179, 2180).

f) Durch Art 33 EGInsO vom 5. 10. 1994 ist die in einen **rechtskräftig bestätigten Insolvenzplan** aufgenommene Auflassung als formwirksam zugelassen worden (§§ 254 Abs 1 S 2, 248, 228 InsO).

6. Gleichzeitige Anwesenheit aller Beteiligten

a) Die auf der Veräußerer- und Erwerberseite beteiligten Personen müssen *bei* **83** *gleichzeitiger (nicht persönlicher) Anwesenheit vor der zuständigen Stelle* die Auflassungserklärungen abgeben. Dieses *materiellrechtliche Erfordernis* ist eine Ausnahme von § 128 (BGHZ 29, 1; begrifflich anders JAUERNIG/JAUERNIG Rn 13), schließt die Wirksamkeit der Auflassungserklärung durch Bevollmächtigte, Unterbevollmächtigte, vollmachtlose Vertreter und Nichtberechtigte nicht aus (oben Rn 69 ff). Das Erfordernis der gleichzeitigen Anwesenheit und einer wirksamen Vertretung ist nicht erfüllt, wenn der Vertreter des Auflassungsempfängers im Namen einer erst noch zu benennenden Person handelt (AG Hamburg DNotZ 1971, 51; MünchKomm/KANZLEITER Rn 18; offengelassen von BayObLGZ 1983, 255, 280). Die Personen und der mitwirkende Amtsträger müssen sich nicht im gleichen Raum befinden, aber (auch bei Anwesenheit im gleichen Raum) sich sehen und hören können (RGZ 61, 95; RG JW 1928, 2519 Anm ROSENBERG; OLG Jena 1999 394, 395; PALANDT/BASSENGE Rn 2). Einer besonderen Feststellung über die gleichzeitige Anwesenheit aller Beteiligten in der (wegen § 29 GBO notwendigen) Niederschrift bedarf es nicht. Es genügt, wenn die Niederschrift darüber keinen Zweifel läßt (vgl LG München I MittBayNot 1989, 31). Andernfalls müßte der Notar seine Mitwirkung an der Auflassung (§ 925 Abs 1) und deren Beurkundung (§ 29 GBO) ablehnen.

b) *Die Vorschrift verlangt nicht,* daß von mehreren auf der gleichen Seite Beteiligten alle ihre Erklärungen gleichzeitig abgeben. Zur Wirksamkeit der Auflassung genügt es zB, wenn in mehreren, sich zu einer gemeinschaftlichen Verfügung ergänzenden Auflassungsverhandlungen nacheinander einzelne der auf der Veräußererseite Beteiligten (zB Miterben) jeweils bei gleichzeitiger Anwesenheit des Erwerbers die Auflassung erklären und der Erwerber sie jeweils entgegennimmt (KG

OLGE 9, 342, 343); wenn Miterben in Unkenntnis des Umstands, daß zur Erbengemeinschaft weitere Miterben gehören, über ein Nachlaßgrundstück verfügen und
die ursprünglich nicht mitverfügenden und nicht vertretenen Miterben die Verfügung gemäß § 185 Abs 2 genehmigen (BGHZ 19, 138); wenn ein Mit- oder Gesamthandseigentümer die Auflassungserklärung genehmigt, die ein anderer Miteigentümer abgegeben hat, ohne daß der Genehmigende als Berechtigter der Einigung
aufgeführt worden ist (LG Aurich Rpfleger 1987, 194; PALANDT/BASSENGE Rn 5); wenn ein
Gesamthänder im eigenen Namen ein gemeinschaftliches Grundstück an einen
anderen Gesamthänder zu dessen Alleineigentum aufläßt, weil hier in der Entgegennahme der Auflassung auch seine Zustimmung zur Veräußerung liegt
(BayObLGZ 1957, 370 = Rpfleger 1958, 354). In der Praxis handelt in solchen Fällen
meistens der eine Gesamthänder für sich und zugleich als vollmachtloser Vertreter
für die anderen, die nachträglich die Auflassung (in Abwesenheit des Erwerbers)
genehmigen (oben Rn 74).

c)   *Ausnahmen* vom Erfordernis gleichzeitiger Anwesenheit können landesrecht-
lich gemäß Art 143 EGBGB angeordnet werden, wenn das Grundstück durch einen
Notar versteigert worden ist (§ 20 Abs 3 BNotO) und die Auflassung noch in dem
Versteigerungstermin stattfindet. Solche Ausnahmen gelten für das ehemalige Land
Preußen sowie die Bundesländer Bremen, Hessen und Rheinland-Pfalz (ERMAN/
LORENZ Rn 34; STAUDINGER/HÖNLE [1998] Art 143 EGBGB Rn 5). Zu berücksichtigen sind
ferner landesgesetzliche Abweichungen von § 925 gem Art 127 EGBGB (hierzu
STAUDINGER/HÖNLE [1998] Art 127 EGBGB Rn 5, 7).

7.   Ersetzung der Auflassungserklärungen durch Urteil

a)   § 894 ZPO

84 Die Ersetzung der Auflassungserklärungen des Veräußerers oder des Erwerbers
durch ein auf Abgabe dieser Erklärungen lautendes Urteil (vgl STAUDINGER/GURSKY
[2000] § 873 Rn 224 ff) hindert nicht die Wahrung der Auflassungsform und verlangt
weder die Anwesenheit des Verurteilten (oder eines Vertreters) noch die Vorlage
des Urteils bei der Auflassung (ebenso BAMBERGER/ROTH/GRÜN Rn 22 mwN; aA BAUR/
STÜRNER § 22 Rn 4; MEIKEL/BÖTTCHER § 20 Rn 122). *Notwendig* ist nur, daß er bereits
vorher rechtskräftig zur Auflassung (oder Entgegennahme der Auflassung) *verurteilt*
worden ist (BayObLGZ 1983, 181 = Rpfleger 1983, 390 mwN), das Urteil inhaltlich alle
Voraussetzungen einer materiell wirksamen Auflassung erfüllt (oben Rn 34 ff) *und der
andere Vertragspartner* seine Auflassungserklärungen vor der zuständigen Stelle
abgibt (OLG Celle DNotZ 1979, 309). Da im Falle der Verurteilung des Veräußerers
Zug um Zug gegen eine Leistung (zB Kaufpreiszahlung) seine Auflassungserklärung erst mit Erteilung einer vollstreckbaren Ausfertigung als abgegeben gilt, muß
in einem solchen Fall die vollstreckbare Ausfertigung bei der Auflassung bereits
erteilt sein; bei späterer Erteilung ist die Auflassung unwirksam (RG HRR 1928 Nr 215;
RAHN BWNotZ 1966, 266; 1966, 317). Urteil und Rechtskraftvermerk (bei Zug-um-Zug-
Urteil auch die vollstreckbare Ausfertigung) müssen *zum grundbuchrechtlichen
Nachweis* dafür, daß diese Voraussetzungen vorliegen (§ 29 GBO), entweder bei
der Auflassung vorgelegt oder nachgereicht werden. Ein *vorläufig vollstreckbares
Urteil* reicht nur für die Eintragung einer Vormerkung (§ 895 ZPO). Bei Verurtei-
lung zur Auflassung Zug um Zug gegen eine Leistung (zB gegen Kaufpreiszahlung;

dazu unten Rn 143) ist nicht vom GBAmt, sondern im Klauselerteilungsverfahren zu prüfen, ob die Gegenleistung erbracht ist (BayObLG Rpfleger 1983, 480; SCHÖNER/ STÖBER Rn 748).

Zur Verwendbarkeit des Urteils zur Grundbucheintragung muß es auch den Anforderungen des Grundbuchverfahrensrechts genügen (dazu Rn 7 f, 38, 61 ff, 76, 101). Deshalb ist die Verurteilung des Veräußerers zur Auflassung einer Grundstücksteilfläche zwar dann möglich, wenn das Urteil die materiellen Voraussetzungen einer wirksamen Auflassung erfüllt, aber formell nicht verwendbar, solange nicht wenigstens ein Veränderungsnachweis für diese Fläche vorliegt, auf den Bezug genommen werden kann (vgl BGHZ 90, 323 = LM § 313 Nr 14 Anm VOGT; BGH NJW 1986, 2820; 1988, 415; oben Rn 62). Denn die mit der Klage begehrten Erklärungen des Veräußerers (§§ 19, 20 GBO) würden nicht dem für die Grundbucheintragung gemäß § 28 GBO notwendigen Inhalt entsprechen (vgl ERMAN/LORENZ Rn 7; KEHE/MUNZIG § 28 GBO Rn 15; vgl auch BGH Rpfleger 1986, 210 zur Unzulässigkeit einer Klage auf Bewilligung der Grundbuchberichtigung des Eigentums an einer nicht vermessenen Fläche, für die noch kein Veränderungsnachweis vorliegt).

b)   § 1383 BGB

Der Beschluß des Familiengerichts, der das Eigentum an einem Grundstück überträgt, hat die Wirkungen eines gerichtlichen Urteils und ersetzt ebenso wie in den Fällen des § 894 ZPO die Auflassungserklärungen des einen Teils, aber nicht die Entgegennahme der Auflassung durch den anderen Teil (vgl MEYER-STOLTE Rpfleger 1976, 7).

8.   Abgabe der Auflassungserklärungen

a)   Die Erklärung der Auflassung durch die Beteiligten **vor der zuständigen Stelle** 85 ist neben ihrer gleichzeitigen Anwesenheit eine weitere Wirksamkeitsvoraussetzung, weil nur auf diese Weise der zuständige Amtsträger durch „Entgegennahme der Auflassung" beim dinglichen Vertragsschluß mitwirken kann.

b)   Zur Art der Erklärungsabgabe herrscht Streit darüber, ob die Auflassung nur 86 mündlich oder auch auf andere Weise erklärt werden kann.

(1)   *Die frühere hM* (STAUDINGER/SEUFERT[11] Rn 49 mwN; JAUERNIG/JAUERNIG Rn 11) *verlangt* zur Wahrung der Auflassungsform *„mündliche Erklärungen"* aller an der Auflassung Beteiligten durch ein verständlich gesprochenes Wort (Mot III 173; Prot III 55), läßt allerdings auch die mündliche Genehmigung einer vorgelesenen Urkunde, die mündliche Bezugnahme auf eine schriftliche Erklärung, die mündliche Zustimmung zu den Auflassungserklärungen der übrigen Beteiligten genügen, hält aber bloßes Stillschweigen oder schlüssiges Verhalten auch in Verbindung mit der Unterzeichnung der notariellen Urkunde nicht für ausreichend (so STAUDINGER/SEUFERT[11] Rn 49, 50; BGB-RGRK/AUGUSTIN Rn 71). Zu den Anforderungen an eine „mündliche" Erklärung (§ 2232 BGB aF) vgl zB RGZ 161, 378, 381; OGH NJW 1949, 544; BGHZ 2, 172; 37, 79; BayObLGZ 1968, 272; KG DNotZ 1960, 485; STAUDINGER/ BAUMANN (1996) § 2232 Rn 13 ff mwN.

(2) Nach der *inzwischen herrschenden Gegenmeinung* (insbesondere MünchKomm/ KANZLEITER Rn 20; STAUDINGER/ERTL[12] Rn 86; MEIKEL/BÖTTCHER § 20 GBO Rn 117; PALANDT/ BASSENGE Rn 3; ERMAN/LORENZ Rn 24; HK/ECKERT Rn 4) kann die Einigung über den Eigentumsübergang nicht nur mündlich, sondern auf *jede andere unmißverständliche Weise* erklärt (= ausgedrückt) werden.

Der letzteren *Ansicht (2) ist zuzustimmen*, weil sie dem Gesetzeswortlaut nicht entgegensteht, dem Sinn der Auflassungsform entspricht (oben Rn 4, 75) und durch die Entstehungsgeschichte des § 925 Abs 1 gedeckt wird. Zur Wahrung der Auflassungsform genügt es, wenn auch ohne ein verständlich gesprochenes Wort die Auflassungserklärungen für alle anderen anwesenden Vertragspartner (nicht zwingend auch für den mitwirkenden Amtsträger, der andernfalls aber eine Mitwirkung ablehnen muß; vgl oben Rn 83) *zu keinem Zweifel am Einverständnis mit dem gesamten Inhalt der Auflassung* Anlaß geben. Trifft dies zu, dann sind die in der Rspr (zB RG JW 1928, 2519; BayObLGZ 12, 833; 22, 272; OLG Braunschweig OLGE 45, 210; OLG Stuttgart Recht 1920 Nr 904) verlangten Voraussetzungen für eine formgerechte Auflassung erfüllt und dann genügt zB Kopfnicken, Unterlassen eines Widerspruchs gegen die Erklärungen des anderen Teils, Unterzeichnung der Urkunde im Anschluß an deren Verlesung (ebenso MünchKomm/KANZLEITER Rn 21; BAMBERGER/ROTH/ GRÜN Rn 26; AnwK-BGB/GRZIWOTZ Rn 16 gegen BayObLG DNotZ 2001, 557 Anm REITHMANN = MittBayNot 2001, 202 Anm KANZLEITER; vgl oben Rn 41 und unten c). Andernfalls wären alle Personen, die (dauernd oder vorübergehend) zu einem verständlich gesprochenen Wort nicht fähig sind, von der persönlichen Mitwirkung an der Auflassung ausgeschlossen und müßten sich dabei durch einen Vertreter (§§ 164 ff) oder Pfleger (§ 1910) vertreten lassen, *§ 925 verlangt, daß die Auflassung „erklärt", nicht daß sie* „mündlich" erklärt werden muß. Der Vorschlag (vgl § 118 TE; Prot II Bd 3 S 176, 177), daß sie „mündlich und gleichzeitig" vor der zuständigen Stelle erklärt werden muß, ist in das BGB nicht aufgenommen worden (SCHUBERT 102, 134). Unser Recht ermöglicht die Beurkundung von Erklärungen eines Stummen (§ 22 BeurkG), auch wenn er sich nicht schriftlich verständigen kann (§ 24 BeurkG). Es läßt die Errichtung eines Testament und Erbvertrages durch Übergabe einer Schrift (§§ 2232; 2276 Abs 1) und die Eheschließung mit Hilfe eines Dolmetschers zu (§ 1311; §§ 5, 6 PStV). Im Grundstücksverkehr ist das verständlich gesprochene Wort die Regel, aber nicht die einzige zwingend vorgeschriebene Art der Abgabe von Willenserklärungen. Die Erklärungsabgabe durch Wort, Schrift oder sonstiges unmißverständliches Verhalten *läßt sich mit dem Formerfordernis in Einklang bringen*, so zB mit der Beurkundungsform (vgl BayObLGZ 1965, 341 = DNotZ 1966, 374, 376), bei der die Genehmigung des Urkundeninhalts von keiner bestimmten Form abhängt und durch die Unterschrift vermutet wird (§ 13 Abs 1 Satz 3 BeurkG), und ebenso mit der Eheschließungsform, bei der das Erklären des Eheschließungswillens an keine besondere Form gebunden ist und nur vom Ehepartner, nicht vom Standesbeamten verstanden werden muß (vgl STAUDINGER/DIETZ[11] § 13 EheG Rn 14, 15, 18). Es ist kein Grund ersichtlich, warum an die Auflassungsform strengere Anforderungen gestellt werden müßten.

c) Wird die Auflassung, wie regelmäßig, beurkundet, richten sich die Anforderungen an die **Niederschrift** nach den Regelungen des BeurkG (§§ 8 ff). Es reicht aus, wenn die Auflassungserklärungen in einer Anlage zur Niederschrift des Notars enthalten sind (LG Ingolstadt Rpfleger 1992, 289). Sind die Auflassungserklärungen des

Veräußerers und des Erwerbers vor dem Notar wirksam und übereinstimmend (oben Rn 35 ff, 41 und oben b) abgegeben, aber unzureichend protokolliert worden, ist die Auflassung materiell wirksam (oben Rn 76), während der für den grundbuchlichen Vollzug erforderliche Nachweis der Einigung hilfsweise durch einen notariellen Nachtragsvermerk geführt werden kann (REITHMANN DNotZ 2001, 563; KANZLEITER Mitt-BayNot 2001, 203 gegen BayObLG DNotZ 2001, 557; ebenso ERMAN/LORENZ Rn 25).

9. Änderung der Auflassung

a) **Vor Grundbuchvollzug** bedürfen Änderungen und Ergänzungen des Inhalts 87 der Auflassung materiellrechtlich der *Auflassungsform*. Denn die Einhaltung des Formzwanges ist eine der Voraussetzungen für die Wirksamkeit des gesamten Inhalts der Auflassung. Dabei hat die zuständige Stelle § 925a zu beachten.

Änderungen der formellen Grundbucherklärungen (zB §§ 19, 20, 29 GBO) und des Eintragungsantrags (§§ 13, 31 GBO), die zugleich eine Teilrücknahme enthalten (BayObLGZ 1955, 53 = DNotZ 1956, 206), sind in der Verfahrensform des § 29 GBO vorzunehmen.

Änderungen des schuldrechtlichen Grundgeschäfts sind nur zum Teil formfrei und im übrigen (vor allem soweit sie die Verpflichtung zur Änderung der Auflassung begründen) gemäß § 311b Abs 1 beurkundungspflichtig (vgl STAUDINGER/WUFKA [2001] § 313 Rn 198 ff; MünchKomm/KANZLEITER § 311b Rn 57 ff; HAGEN DNotZ 1984, 267, 277).

b) **Nach Grundbuchvollzug** ist eine Änderung der Auflassung, die zusammen mit 88 der Eintragung den Eigentumsübergang bewirkt hat, nicht mehr möglich, sondern nur eine Übertragung des Eigentums durch neue Auflassung und Eintragung. Ist dagegen das Grundbuch durch die vollzogene Eintragung unrichtig und durch Eintragung des alten Eigentümers berichtigt worden, dann kann die Auflassung zusammen mit einer neuen Eintragung den gewollten Eigentumsübergang herbeiführen und deshalb erforderlichenfalls (wie oben Rn 87 dargelegt) auch geändert und ergänzt werden.

10. Aufhebung der Auflassung

a) **Vor Grundbuchvollzug** ist die vertragliche Aufhebung der Auflassung formlos 89 möglich (RGZ 65, 392; BGH MittRhNotK 1993, 310; BayObLGZ 1954, 147; STAUDINGER/GURSKY [2000] § 873 Rn 177), und zwar auch dann, wenn bereits ein Anwartschaftsrecht entstanden ist (ebenso MEIKEL/BÖTTCHER § 20 GBO Rn 144; MünchKomm/KANZLEITER Rn 33; wohl auch, aber ohne ausdrückliche Entscheidung BGH aaO mwN aus dem Schrifttum, das überwiegend nicht danach unterscheidet, ob ein Anwartschaftsrecht besteht oder nicht; aA LEHMANN DNotZ 1987, 142, 147 f; zum notwendigen Käuferschutz bei der Vertragsgestaltung BRAMBRING, in: FS Hagen 251, 261 f). Ein einseitiger Widerruf ist wegen der Bindungswirkung nicht zulässig (unten Rn 111). Zur Zurückforderung der Auflassung bei „Unterverbriefung" vgl OLG München DNotZ 1986, 293; KANZLEITER DNotZ 1986, 258.

Die *Aufhebung der verfahrensrechtlichen Grundbucherklärungen* iSd §§ 19, 20 GBO richtet sich nach Verfahrensrecht und hängt davon ab, auf welche Weise sie wirksam geworden sind (Einzelheiten dazu bei KEHE/MUNZIG § 19 GBO Rn 165 ff). Die Aufhebung

(= Zurücknahme) des Eintragungsantrags bedarf nach § 31 GBO der Verfahrensform des § 29 GBO.

Die *Aufhebung des schuldrechtlichen Grundgeschäfts* ist grundsätzlich formfrei (STAUDINGER/WUFKA [2001] § 313 Rn 212 ff; MünchKomm/KANZLEITER § 311b Rn 60), aber dann beurkundungspflichtig, wenn der Auflassungsempfänger bereits eine Anwartschaftsposition erlangt hat, die der Veräußerer nicht mehr einseitig zu zerstören vermag (BGHZ 83, 395 = DNotZ 1982, 619, 621 Anm LUDWIG; BGH NJW 1994, 3346). Eine danach gegebene Formnichtigkeit der Aufhebungsvereinbarung wird nicht entsprechend § 311b Abs 1 S 2 durch das Erlöschen des Anwartschaftsrechts geheilt (ebenso MünchKomm/KANZLEITER § 311b Rn 60 mwN; aA OLG Düsseldorf DNotZ 1990, 370 und OLG Hamm DNotZ 1991, 149 abl Anm BRAMBRING für den Fall der Löschung der Eigentumsvormerkung; STAUDINGER/WUFKA [2001] § 313 Rn 315; POHLMANN DNotZ 1993, 355, 361 ff).

Haben die Vertragspartner das schuldrechtliche Grundgeschäft nicht wirksam aufgehoben, ist der Veräußerer trotz Aufhebung der alten Auflassung verpflichtet, das Grundstück erneut an den Erwerber aufzulassen. Deshalb ist in der Praxis darauf zu achten, daß die Auflassung, die dem Grundbuchvollzug dienenden Verfahrenserklärungen und das schuldrechtliche Geschäft *sämtlich* wirksam aufgehoben werden. Durch Rücktritt vom schuldrechtlichen Vertrag (§§ 346 ff) wird die Auflassung nicht unwirksam, weil auf sie die Rücktrittsvorschriften nicht anwendbar sind und ein als auflösende Bedingung zu deutender Rücktrittsvorbehalt sich nicht auf die bedingungsfeindliche Auflassung erstrecken darf (unten Rn 92, 94). Deshalb sind die Vertragspartner nach wirksamem Rücktritt verpflichtet, die (wirksam gebliebene) Auflassung vertraglich aufzuheben, die zur Eintragung der Eigentumsübertragung abgegebenen Grundbucherklärungen (§§ 19, 20 GBO) und, wenn der Antrag bereits gestellt ist (§ 13 GBO), auch ihn zurückzunehmen.

90 b) **Nach Grundbuchvollzug** ist die Aufhebung der Auflassung nicht mehr möglich. Die Aufhebung des schuldrechtlichen Grundgeschäfts, die die Verpflichtung zur Rückübereignung enthält oder gemäß § 812 Abs 1 S 2 begründet, bedarf gemäß § 311b Abs 1 der notariellen Beurkundung (BGHZ 83, 395 = NJW 1982, 1639; HAGEN DNotZ 1984, 267, 270). Zur *Rückübertragung des Eigentums* am Grundstück sind eine neue formgerechte, wirksame Auflassung vom neuen an den alten Eigentümer und die Eintragung des Eigentumsüberganges notwendig (vgl STAUDINGER/KAISER [2001] § 346 Rn 28). Ist dagegen die alte Auflassung unwirksam oder nach Anfechtung als von Anfang an nichtig anzusehen (§ 142 Abs 1), so bedarf es keiner Rückauflassung, sondern der Berichtigung des Grundbuches durch Eintragung des alten Eigentümers (§ 894 BGB; § 22 GBO), der in Wirklichkeit Grundstückseigentümer geblieben ist (vgl OLG Frankfurt aM NJW-RR 1996, 14). In Zweifelsfällen ist die formgerechte Rückauflassung und deren Eintragung der sicherste Weg, weil die (nicht an die Auflassungsform gebundene) Berichtigungsbewilligung (§ 22 Abs 1 und 2 GBO) nicht als Auflassung und der Wille zur Grundbuchberichtigung idR nicht als Wille zur rechtsgeschäftlichen Grundstücksübereignung ausgelegt oder umgedeutet werden kann (oben Rn 42).

V. Nichtigkeit der bedingten oder befristeten Auflassung

1. Bedeutung und Entstehungsgeschichte des § 925 Abs 2

a)   Die Bedingungs- und Befristungsfeindlichkeit der Auflassung ist keine der Ei- **91** gentumsübertragung von Natur aus anhaftende Eigenschaft, sondern eine vom Gesetzgeber *im Interesse der Rechtssicherheit des Grundstücksverkehrs* angeordnete Regelung, damit das Grundbuch möglichst keinen falschen Grundstückseigentümer ausweist und der Eigentumsübergang nicht (auch nicht vorübergehend) von einem künftigen Ereignis oder Termin abhängig gemacht werden kann. Auf dem gleichen Rechtsgedanken wie § 925 Abs 2 beruht § 4 Abs 2 S 2 WEG, wonach Sondereigentum nicht unter einer Bedingung oder Zeitbestimmung eingeräumt oder aufgehoben werden kann. Abgesehen von §§ 1 Abs 4; 11 Abs 1 S 1 ErbbVO und § 33 Abs 1 S 2 WEG sind im übrigen Immobiliarsachenrecht Bedingungen und Zeitbestimmungen bei der Bestellung, Änderung, Übertragung und Aufhebung dinglicher Rechte zugelassen (vgl STAUDINGER/GURSKY [2000] § 873 Rn 117 ff) und müssen ausdrücklich in den Eintragungsvermerk des Grundbuchs aufgenommen werden.

b)   Im Gesetzgebungsverfahren war das Verbot der bedingten und befristeten **92** Auflassung *heftig umstritten*. Denn *einerseits* besteht im Grundstücksverkehr ein praktisches Bedürfnis für einen Eigentumsvorbehalt (wie im Mobiliarrecht: § 449), für eine Zug-um-Zug-Leistung von Eigentumsübertragung und Gegenleistung und für ein „Eigentum auf Zeit". *Andererseits* verlangt das der Offenkundigkeit des Eigentums dienende Buchungsprinzip sichere und aus dem Grundbuch selbst erkennbare Eigentumsverhältnisse. Während nach dem TE (§ 117) die bedingte oder befristete Auflassung unzulässig und das bedingte oder befristete „Recht auf Auflassung" eintragungsfähig sein sollte, sah der Entw I (§ 871) die Zulässigkeit einer auflösend bedingten Auflassung vor, weil man zum Zweck einer strengen Trennung von Schuld- und Sachenrecht das ius ad rem und die Auflassungsvormerkung abschaffen wollte (SCHUBERT 108, 116). In den Beratungen zum Entw II war man sich einig, daß man bedingte und befristete Auflassungen entweder uneingeschränkt zulassen oder ausnahmslos verbieten müsse, und sprach sich schließlich für die Unwirksamkeit der bedingten und befristeten Auflassung mit der Begründung aus, daß die Vormerkung zum Schutz persönlicher Ansprüche eine ausreichende dingliche Sicherung bietet (SCHUBERT 137). Mit dieser *rechtspolitischen Entscheidung*, die im Grundbuchrecht durch die der Übereinstimmung von Grundbuch und Eigentum dienenden Vorschriften der §§ 20, 22 Abs 2, 82 ff GBO bekräftigt worden ist, hat der Gesetzgeber der Vormerkung eine Schutzfunktion im Grundstücksverkehr zugewiesen, obwohl gerade sie im Gesetzgebungsverfahren mehr umstritten war als die dinglichen Rechte (auf Grundlage dieser Funktionsverschiebung spricht sich STAMM 44 ff et passim für eine Zulassung der bedingten Auflassung im Wege einer teleologischen Reduktion des § 925 Abs 2 im Anwendungsbereich der Vormerkung aus, verläßt damit aber den Boden des geltenden Rechts). Ihrer Aufgabe als Fundament des Erwerber- und Zweiterwerberschutzes wird die Vormerkung nur gerecht werden können, wenn die im Gesetz nicht geregelten Fragen trotz dogmatischer Bedenken unter dem dominierenden Gesichtspunkt ihrer Verkehrsschutzfunktion gelöst werden. Der Verkäufer- und Käuferschutz bereitet in der Praxis ohnehin Schwierigkeiten genug (unten Rn 143 ff).

2. Unzulässige Bedingungen und Zeitbestimmungen

93 **Jede rechtsgeschäftliche Bedingung und Zeitbestimmung** iS §§ 158, 163, von der die Beteiligten die Wirksamkeit der Auflassung abhängig machen wollen, führt zur *Nichtigkeit der gesamten Auflassung*, nicht etwa nur der Nebenabrede über die Bedingung oder Befristung. Eine solche Auflassung ist und bleibt *unheilbar* nichtig, auch wenn die aufschiebende Bedingung eintritt oder die auflösende Bedingung ausfällt. Ein „Eigentum auf Zeit", das mit einem in der Auflassung bestimmten oder im Grundbuch eingetragenen Zeitpunkt beginnt oder endet, ist dem geltenden Grundstücksrecht fremd. Wird eine gegen § 925 Abs 2 verstoßende Auflassung eingetragen, kann die dadurch eintretende Unrichtigkeit des Grundbuchs (§ 894) nur durch eine nachfolgende, mit dem Inhalt der Eintragung übereinstimmende wirksame Auflassung behoben werden (unten Rn 108). *Im Zweifel muß durch Auslegung* ermittelt werden, ob die Erklärungen eine unzulässige Bedingung oder Befristung der Auflassung oder eine sich nur auf das schuldrechtliche Grundgeschäft beziehende Bedingung (unten Rn 95), eine Rechtsbedingung (unten Rn 97), oder einen Vorbehalt des Grundbuchvollzugs (unten Rn 98, 99) enthalten. Wird die Auflassung unbedingt und unbefristet erklärt, obwohl der Wille der Parteien auf eine Bedingung oder Befristung gegangen ist (KG OLGE 26, 35), ist die Auflassung nichtig, weil das Erklärte nicht dem Parteiwillen entspricht und das Gewollte nach zwingendem Recht nicht wirksam vereinbart werden kann.

94 **Einzelfälle einer unwirksamen Auflassung:**

a) **Bedingungen**, *die die Auflassung abhängig machen* von Wirksamkeit oder Bestehenbleiben des Grundgeschäfts (OLG Celle DNotZ 1974, 731; WINKLER DNotZ 1974, 742); von der Ehescheidung, auch wenn die Auflassung im gerichtlichen Vergleich erklärt und das Scheidungsurteil im gleichen Termin unter beiderseitigem Rechtsmittelverzicht verkündet wird (BayObLGZ 1972, 257 = NJW 1972, 2131; LG Aalen Rpfleger 1979, 61; BLOMEYER Rpfleger 1972, 385; MEYER-STOLTE Rpfleger 1981, 472); vom künftigen Abschluß der Ehe oder eines Ehevertrages (zB Auflassung an Ehegatten zum Gesamtgut der Gütergemeinschaft, die erst später vereinbart werden soll); von späterer Eheschließung der Erwerber bei Erwerb von einem Dritten (BayObLG OLGE 14, 7; 42, 161); Auflassung in einem unter Widerrufsvorbehalt geschlossenen gerichtlichen Vergleich (BGHZ 88, 364; BGH NJW 1988, 415; SOERGEL/STÜRNER Rn 39; MünchKomm/KANZLEITER Rn 27; BAMBERGER/ROTH/GRÜN Rn 34; JAUERNIG/JAUERNIG Rn 6; WESTERMANN/EICKMANN § 76 II 2; WALCHSHÖFER NJW 1973, 1103, weil seine Widerruflichkeit einen Schwebezustand zur Folge hat; vgl oben Rn 82); Auflassung an eine noch nicht bestimmte (oben Rn 47), noch nicht geborene oder noch nicht erzeugte Person (oben Rn 49). Die Auflassung kann von der gleichzeitigen, aber nicht von der späteren Kaufpreiszahlung abhängig gemacht werden (vgl Rn 84, 143).

b) **Zeitbestimmungen**, zB Auflassung unter dem Anfangstermin, daß das Eigentum erst mit dem Tod des Veräußerers auf den Erwerber übergeht (KG OLGE 41, 157); Endtermin, daß das Eigentum mit dem Tod des Erwerbers, sofern er vor dem Veräußerer verstirbt, automatisch an den Veräußerer zurückfällt. Zulässig ist die Bestellung eines Erbbaurechts als zeitlich befristbares Eigentum am Gebäude (§ 12 ErbbauVO).

3. Bedingtes oder befristetes Verpflichtungsgeschäft

Die Auflassung ist in der Regel nicht bedingt und nicht befristet, wenn das schuld- **95** rechtliche Grundgeschäft unter einer Bedingung oder Zcitbestimmung oder unter Rücktrittsvorbehalt (§ 346) abgeschlossen worden ist (BGH NJW 1976, 237; OLG Oldenburg Rpfleger 1993, 330; HAGEN DNotZ 1984, 267, 287), weil nach dem Abstraktionsgrundsatz der dingliche vom schuldrechtlichen Vertrag unabhängig ist (vgl WINKLER DNotZ 1974, 742). Zwar können Grundgeschäft und Erfüllungsgeschäft durch Parteiwillen ausnahmsweise zu einer Einheit im Sinne des § 139 zusammengefaßt werden, eine solche Ausnahme rechtfertigt sich indessen nicht in bezug auf das Verhältnis zwischen Grundgeschäft und Auflassung (BGHZ 112, 376, 378 mwN). Im einzelnen muß durch Auslegung ermittelt werden, ob die im Rahmen des schuldrechtlichen Grundgeschäfts zulässig vereinbarten Bedingungen, Zeitbestimmungen, Rücktritts- oder Widerrufsrechte (KG DNotZ 1926, 51; OLG Düsseldorf MDR 1957, 479) nach dem Parteiwillen auch die in der gleichen Urkunde erklärte Auflassung erfassen sollen. Wird diese Frage bejaht, ist das Grundgeschäft wirksam, die Auflassung nichtig. Zur Vermeidung von Zweifeln ist eine Klarstellung in der Urkunde empfehlenswert, daß die Auflassung unbedingt und unbefristet ist.

4. Bedingte (befristete) Vollmacht, Einwilligung, Genehmigung

Hängt die Wirksamkeit der Auflassung von einer Vollmacht oder Genehmigung des **96** Vertretenen (§§ 167, 177), Einwilligung oder Genehmigung des Berechtigten (§ 185) oder gerichtlichen oder behördlichen Genehmigung ab (unten Rn 102), die bedingt oder befristet ist, so ist *im Einzelfall zu prüfen*, ob dies zur Unwirksamkeit der Auflassung führt.

Einzelfälle

(a)   Ist die *Auflassungsvollmacht* von einer aufschiebenden Bedingung oder einem Anfangstermin abhängig, kann der Bevollmächtigte die Auflassung erst nach Eintritt der Bedingung oder des Termins wirksam erklären (OLG 42, 161). Aufgrund einer auflösend bedingten oder befristeten Vollmacht kann die Auflassung bis zum Bedingungseintritt oder Endtermin wirksam erklärt werden, nachher nicht mehr. Denn es genügt, daß die Vollmacht bei Erklärung der Auflassung noch besteht (oben Rn 72).

(b)   Wird die Auflassung *behördlich oder vormundschaftsgerichtlich* unter einer aufschiebenden Bedingung oder von einem bestimmten Anfangstermin an *genehmigt* (was zulässig ist; vgl KGJ 44, 193; 53, 143), so wird die bis dahin schwebend unwirksame Auflassung erst mit Eintritt der Bedingung oder des Termins wirksam. Die Genehmigung der Auflassung unter einer auflösenden Bedingung oder bis zu einem bestimmten Endtermin würde dem § 925 Abs 2 widersprechen und ist deshalb nicht zulässig (vgl KEIDEL DNotZ 1953, 657). Die Genehmigung unter einer Auflage hat nicht die Unwirksamkeit der Auflassung zur Folge, auch wenn die Auflage nicht erfüllt wird.

(c)   *Für die (vorherige) Einwilligung zur Auflassung* durch einen Nichtberechtigten (§ 185 Abs 1) gilt das gleiche wie für die Auflassungsvollmacht.

(d)   Die (nachträgliche) *Genehmigung*, zB einer von einem vollmachtlosen Vertreter
(§ 177) oder Nichtberechtigten (§ 185 Abs 2) erklärten Auflassung kann wie die
Auflassung selbst weder aufschiebend oder auflösend bedingt noch unter einem
Anfangs- oder Endtermin erklärt werden (nicht überzeugend die **aA** von Kuhn RNotZ
2001, 306, 321, der zu Unrecht von den oben zu (a) und (b) dargestellten Einzelfällen eine Regel
ableitet).

5.   Rechtsbedingungen

97   Rechtsbedingungen machen die **Auflassung nicht unwirksam**. Denn sie sind keine
rechtsgeschäftlichen Bedingungen iS § 158, sondern gesetzliche Wirksamkeitsvoraussetzungen eines Rechtsgeschäfts. Dieser Unterschied hat zur Folge, daß sie
unschädlich der bedingungsfeindlichen Auflassung hinzugefügt werden können.

a)   **Wirksam** ist deshalb: Auflassung vorbehaltlich der nachträglichen Genehmigung des vollmachtlos Vertretenen (KGJ 22 A 146), des Berechtigten (BGH NJW 1952,
1330) der noch ausstehenden Genehmigung einer Behörde (KG HRR 1938 Nr 1526)
oder des Vormundschaftsgerichts (OLG Celle DNotZ 1957, 660), eines nach §§ 888, 1098
zur Zustimmung verpflichteten Dritten (BayObLGZ 18, 258); Auflassung eines Grundstücks an die in Gründung befindliche juristische Person unter der Rechtsbedingung, daß sie entsteht (BGHZ 45, 339; oben Rn 50), zum künftigen Gesamtgut der noch
Verlobten, die gleichzeitig durch Ehevertrag das Grundstück zum ehelichen Gesamtgut erklärt haben (BGH NJW 1953, 1330; **aA** MünchKomm/Kanzleiter Rn 27 mit Recht,
weil hier die Auflassung in Wirklichkeit von der künftigen Eheschließung abhängig gemacht wird);
Weiterauflassung eines Grundstücks durch den noch nicht eingetragenen Erwerber
(§ 185 Abs 2) unter der Rechtsbedingung seiner Zwischeneintragung (RG JW 1930,
132; BayObLGZ 7, 388); Auflassung eines Wohnungseigentumsrechts unter der Rechtsbedingung, daß es durch Eintragung im Grundbuch entsteht (vgl AG München Mitt-
BayNot 1989, 93).

b)   **Unwirksam** ist die Auflassung aber, *wenn eine Rechtsbedingung* durch Parteiwillen *zur rechtsgeschäftlichen Bedingung* erhoben wird, weil hier die Beteiligten
(nicht, das Gesetz) einen vom Bedingungsverbot erfaßten Zustand der Ungewißheit
eintreten lassen wollen (vgl Staudinger/Bork [2003] Vorbem 25, 26 zu § 158), zB wenn sie
die Auflassung von einer erforderlichen behördlichen Genehmigung innerhalb bestimmter Frist abhängig machen (RG Recht 1924 Nr 345) oder mit dem Eintritt einer
bestimmten Bedingung außer Kraft treten lassen wollen (BGH NJW 1976, 519).

6.   Vollzugsvorbehalte

98   Unter dem Begriff *„Vollzugsvorbehalte"* lassen sich alle Erklärungen zusammenfassen, mit denen die Beteiligten *den Grundbuchvollzug (nicht die Auflassung) von
einer Voraussetzung abhängig machen* wollen. Die Vollzugsvorbehalte sind je nach
Art, Wesen und Adressat verschieden nach Grundbuch-, Beurkundungs-, Notar-,
Schuldrecht zu beurteilen, aber nicht nach Sachenrecht. Denn sie haben keine
sachenrechtlichen Wirkungen, verstoßen nicht gegen § 925 Abs 2, machen weder
die Auflassung noch die Eintragung unwirksam und werden daher in der Praxis
häufig zum Verkäufer- und Käuferschutz verwendet (unten Rn 145 ff).

Einzelfälle

(a)   *An das GBAmt gerichtete Erklärungen* und Verfahrenshandlungen, zB Antrag **99**
(§ 13 GBO), Bewilligung (§ 19 GBO), Ersuchen von Behörden (§ 38 GBO) können
in bestimmtem Umfang unter einem Vorbehalt abgegeben werden (vgl OLG Frankfurt
Rpfleger 1975, 177; KEHE/HERRMANN § 16 GBO Rn 6 ff, 23 ff; KEHE/MUNZIG § 19 GBO Rn 32;
§ 20 GBO Rn 8). Das GBAmt als Adressat dieser Erklärungen hat die Zulässigkeit
des Vorbehalts nach der GBO zu prüfen. Eine Eintragung unter Verletzung einer
verfahrensrechtlichen Ordnungsvorschrift macht weder die Eintragung unwirksam
noch das Grundbuch unrichtig. Gemäß § 16 Abs 2 GBO zulässig sind Antrag und
Bewilligung unter dem Vorbehalt, daß eine Eintragung nicht ohne eine bestimmte
andere Eintragung erfolgen soll (OLG Hamm Rpfleger 1973, 305; BayObLGZ 1975, 1 =
DNotZ 1976, 103), zB Auflassung zweier Tauschgrundstücke nur gemeinsam, Auflassung an den Käufer nicht ohne gleichzeitige Eintragung der Kaufpreishypothek des
Verkäufers.

(b)   *Durch Weisungen an den Notar* für den Grundbuchvollzug (dazu KEHE/MUNZIG
§ 19 GBO Rn 207 ff) können die Beteiligten kraft ihrer Verfahrensherrschaft auf die
Einleitung und Beendigung des zur Eigentumsübertragung notwendigen Grundbuchverfahrens Einfluß nehmen, zB durch Weisung zur Stellung und Rücknahme
des Antrags, zur Vorlage oder Zurücknahme der Urkunde, die die Bewilligung (§ 19
GBO) oder Auflassung (§ 20 GBO) enthält. Nach § 53 BeurkG ist der Notar bei
Vollzugsreife zur Vorlage der Auflassungsurkunde an das GBAmt verpflichtet,
sofern nicht alle Beteiligten gemeinsam etwas anderes verlangen. Die Anweisung
an den Notar, den Antrag auf Eintragung der Eigentumsänderung nicht vor einem
bestimmten Zeitpunkt zu stellen, ist keine Befristung der Auflassung (BGH NJW
1953, 1301).

(c)   *Schuldrechtliche Vereinbarungen* der Beteiligten untereinander über den
Grundbuchvollzug sind rechtlich zulässig (OLG Düsseldorf NJW 1954, 1041; LG München
I DNotZ 1950, 33; LG Hannover DNotZ 1972, 187), aber weder für das GBAmt noch für
den Notar noch für Dritte bindend (vgl KEHE/MUNZIG § 19 GBO Rn 213).

VI.   Verfahrensvoraussetzungen der Grundbucheintragung

1.   Eintragungsvoraussetzungen Die Voraussetzungen für die Eintragung der **100**
rechtsgeschäftlichen Eigentumsübertragung sind grundsätzlich die gleichen wie für
jede andere Eintragung mit einigen Besonderheiten:

(a)   *Antrag* des Veräußerers oder Erwerbers (§ 13 GBO);

(b)   *Bewilligung* des Veräußerers (§ 19 GBO) in Form des § 29 GBO;

(c)   *Nachweis über die Auflassungserklärungen* (§ 20 GBO) in Form des § 29
GBO;

(d)   *je nach Sachlage des Einzelfalles*:

(1)   Voreintragung des Veräußerers (§§ 39, 40, GBO);

(2) behördliche Genehmigungen (unten Rn 102);

(3) Vorkaufsrechtsbescheinigung (unten Rn 105);

(4) Unbedenklichkeitsbescheinigung (unten Rn 104);

(5) Veränderungsnachweis des Vermessungsamtes bei Auflassung einer Teilfläche, die im Grundbuch noch nicht als selbständiges Grundbuchgrundstück gebucht ist (oben Rn 62);

(6) Urkunde über das schuldrechtliche Grundgeschäft nur in den besonderen Fällen, in denen schuldrechtliche Erklärungen der Beteiligten für die Wirksamkeit oder den Inhalt verfahrensrechtlicher Voraussetzungen von Bedeutung sind (vgl KEHE/Munzig Einl A 42), nicht wegen § 925a (vgl dort Rn 12);

(7) bei Erklärungen durch Bevollmächtigte oder vertretungsberechtigte Organe juristischer Personen Nachweis ihrer Vertretungsmacht in Form des § 29 GBO (oben Rn 73);

(8) bei einem Vollzugsvorbehalt (oben Rn 98, 99) die zur Erledigung des Vorbehalts erforderlichen Unterlagen.

2. Nachweis der Auflassungserklärungen (§ 20 GBO)

101 a) § 20 GBO ist eine Verfahrensvorschrift (oben Rn 7), die dem Einigungsprinzip des BGB (§§ 873, 925) entspricht und die Fälle nennt, in denen abweichend vom formellen Bewilligungsprinzip des § 19 GBO die einseitige Bewilligung des Betroffenen für die Eintragung nicht genügt, sondern dem GBAmt im Eintragungsverfahren die Einigungserklärungen des Berechtigten und des anderen Teiles in Form des § 29 GBO nachgewiesen werden müssen.

§§ 20, 29 GBO sind verfahrensrechtliche Ordnungsvorschriften, deren Beachtung zu den Pflichten des GBAmts gehört. *Ihre Verletzung hat keinen Einfluß auf die dingliche Rechtslage* und macht das Grundbuch nicht unrichtig, wenn die Einigung in Auflassungsform nach den Vorschriften des BGB wirksam erklärt worden ist (§§ 873, 925) und mit der Eintragung übereinstimmt (unten Rn 107, 114 ff). In Fällen des § 20 GBO hat das GBAmt darüber zu wachen, daß die Einigungserklärungen nach Tag und Inhalt urkundlich festgehalten und zur Vermeidung einer auch nur vorübergehenden Unrichtigkeit des Grundbuchs zeitlich vor der Eintragung abgegeben werden, obwohl das materielle Recht auch die umgekehrte Reihenfolge zuläßt (unten Rn 108). Entgegen der früheren Ansicht (vgl PLANCK/SIBER Anm 5), in Fällen des § 20 GBO sei eine zusätzliche Bewilligung des Veräußerers unnötig, hat sich inzwischen die Auffassung durchgesetzt (vgl BayObLG DNotZ 1975, 685; BEHMER Rpfleger 1984, 306), daß die Auflassungserklärung des Veräußerers (§ 20 GBO) seine nach § 19 GBO erforderliche Eintragungsbewilligung (im Auslegungswege) nur beinhaltet, wenn sein gegenteiliger Wille weder ausdrücklich erklärt noch aus den Umständen des Einzelfalles erkennbar ist (vgl Rn 134, 143 sowie STAUDINGER/GURSKY [2000] § 873 Rn 253; MEIKEL/BÖTTCHER § 20 Rn 5 jew mwN).

b)   Der Geltungsbereich des § 20 GBO umfaßt:

(1)   Auflassung eines Grundstücks, realen Grundstücksteils und Miteigentumsanteils (vgl RGZ 76, 413);

(2)   Bestellung, Änderung und Übertragung eines Erbbaurechts;

(3)   Übertragung von Wohnungseigentum;

(4)   Einräumung und Aufhebung von Sondereigentum durch Vertrag der Mitei-
gentümer (§§ 3, 4 WEG), welche nach dem Sinn des § 20 GBO nur gegen Nachweis
der Einigungserklärungen eingetragen werden sollen (nunmehr **hL**, siehe MEIKEL/BÖTT-
CHER § 20 GBO Rn 29; KEHE/MUNZIG § 20 GBO Rn 15, 119; SCHÖNER/STÖBER Rn 2842;
BÄRMANN/PICK/MERLE § 4 WEG Rn 6; STAUDINGER/RING[12] § 4 WEG Rn 10; MünchKomm/RÖLL
§ 7 WEG Rn 4; BAUER/VOEFELE § 20 GBO Rn 66 im Gegensatz zur früher hM, die wegen des
Wortlautes des § 20 GBO lediglich § 19 GBO anwendet: so WEITNAUER/BRIESEMEISTER § 4 WEG
Rn 5; DEMHARTER Anh zu § 3 GBO Rn 41 sowie § 20 GBO Rn 10).

Mithin kann der Nachweis der Begründung von Wohnungseigentum durch Vertrag
gem § 3, 4 WEG nur mittels einer notariell beurkundeten Teilungserklärung geführt
werden kann; die die Einigung bewirkenden Willenserklärungen können nur so gem
§ 8 BeurkG wirksam protokolliert werden und als formgerechter Nachweis iSd § 29
GBO dienen (siehe oben Rn 76). Davon abweichend genügt im Falle der einseitigen
Aufteilung durch den Eigentümer gem § 8 WEG (beachte hierzu BayObLG DNotZ 1994,
233, Rpfleger 1999, 178, wonach der Alleineigentümer die Befugnis zu einseitiger Änderung der
Teilungserklärung verliert, sobald eine Vormerkung für den ersten Erwerber eines WE eingetragen
ist) notarielle Beglaubigung der Teilungserklärung; Beurkundung ist aber auch hier
regelmäßig empfehlenswert, um die Bezugnahme nach § 13a BeurkG zu ermöglichen (vgl WEITNAUER/BRIESEMEISTER § 8 WEG Rn 6).

3.   Behördliche Genehmigungen

Die *Wirksamkeit der Auflassung* hängt in vielen Fällen von einer behördlichen **102**
Genehmigung ab (vgl STAUDINGER/GURSKY [2000] Vorbem 48 ff zu §§ 873 ff; KEHE/MUNZIG
§ 20 GBO Rn 155 ff; MEIKEL/GRZIWOTZ Einl J; SCHÖNER/STÖBER Rn 3800 ff; AnwK-BGB/GRZI-
WOTZ § 925a Rn 7). Da das GBAmt die Verfügungsbefugnis des Veräußerers von Amts
wegen prüfen muß, wenn konkrete Anhaltspunkte im Einzelfall Anlaß dazu geben,
gehört die Vorlage des erforderlichen behördlichen Genehmigungs- oder Negativ-
bescheides zu den formellen Eintragungsvoraussetzungen (zum Erfordernis des Nega-
tivbescheides auch bei Genehmigungen, die nach Fristablauf als erteilt gelten, zB § 145 Abs 1 Satz 2
BauGB iVm § 19 Abs 3 BauGB vgl OLG Frankfurt aM Rpfleger 1997, 209). Ist *das schuldrechtliche Grundgeschäft* genehmigt worden und umfaßt diese Genehmigung auch
die Auflassung (ausdrücklich zB gemäß § 2 Abs 1 S 2 GrstVG; § 2 Abs 1 S 4 GVO;
§ 144 Abs 2 Nr 3 BauGB), so ist die Vorlage der Vertragsurkunde notwendig, um
dem GBAmt die Prüfung zu ermöglichen, ob die Auflassung in Erfüllung des Verpflichtungsgeschäftes erfolgt ist und deshalb als genehmigt gilt. Bei Genehmigung
unter einer Bedingung oder Zeitbestimmung ist zu prüfen, ob die Auflassung wirksam geworden ist und im Grundbuch vollzogen werden darf (oben Rn 96). Ein
unrichtiges Negativzeugnis ersetzt materiellrechtlich nicht eine zur Wirksamkeit

der Auflassung erforderliche behördliche Genehmigung (BGHZ 76, 242) oder vor-
mundschaftsgerichtliche Genehmigung (BGHZ 44, 325= DNotZ 1966, 611; deshalb die
zutreffende Kritik von MEYER-STOLTE an LG Braunschweig Rpfleger 1986, 90).

Einzelfälle, in denen die Auflassung genehmigungsbedürftig ist oder jedenfalls sein
kann:

(a)   Grundstücke im *Gebiet der ehemaligen DDR* (Beitrittsgebiet): § 2 GVO (vgl
vor § 925 Rn 14);

(b)   im *Sanierungsgebiet*: § 144 Abs 2 BauGB;

(c)   im städtebaulichen *Entwicklungsbereich*: § 169 Abs 1 Nr 3 iVm § 144 BauGB;

(d)   im *Umlegungsgebiet*: § 51 Abs 1 BauGB;

(e)   im *Enteignungsverfahren* nach BauGB: § 109 iVm § 51 BauGB;

(f)   *land- und forstwirtschaftliche* Grundstücke: § 2 GrdstVG mit den in § 4
GrdstVG geregelten Ausnahmen;

(g)   im *Flurbereinigungsverfahren* wenn unwiderrufliche Zustimmung zu einer
Geldabfindung vorliegt: § 52 FlurbG; das Verfügungsverbot ist auf Ersuchen der
Flurbereinigungsbehörde in das Grundbuch einzutragen, die Eintragung wirkt aber
nur deklaratorisch (MEIKEL/SIEVEKING[7] Anh § 19 GBO Rn 170);

(h)   bei *versorgungs- oder sozialversicherungsrechtlichen* Veräußerungsbeschränkungen: § 75 Abs 1 BundesversorgungsG (SCHÖNER/STÖBER Rn 4061); § 31 S 2 SVG
(SCHÖNER/STÖBER Rn 4062); § 85 Abs 1 SGB IV (SCHÖNER/STÖBER Rn 4059);

(i)   Einzelfälle, in denen *öffentliche Rechtsträger* zur Veräußerung oder zum Erwerb eines Grundstücks einer Genehmigung bedürfen (vgl dazu STAUDINGER/GURSKY
[2000] Vorbem 86 ff zu §§ 873 ff; SCHÖNER/STÖBER Rn 4075 ff), insbesondere auch Gemeinden nach den landesrechtlichen Gemeindeordnungen;

(j)   in Fällen der §§ 1643 Abs 1, 1821 Abs 1 Nr 1, 5, 1896 ff, 1909 ff Genehmigung
des *Vormundschaftsgerichts bzw Familiengerichts* und Mitteilung der Genehmigung
gegenüber dem anderen Teil (§ 1829 Abs 1). Zum Genehmigungserfordernis gem
§ 1821 bei der Veräußerung von Grundstücken durch eine Gesellschaft bürgerlichen
Rechts, an der Minderjährige beteiligt sind, OLG Koblenz NJW 2003, 1401.

Keine Genehmigungspflicht besteht dagegen (mehr) zB für die Auflassung

(a)   von Grundstücken im *Außenbereich*: die Genehmigungsbedürftigkeit gem § 19
BBauG aF wurde bereits durch die Änderung des BBauG v 6. 7. 1979 (BGBl I 949)
abgeschafft (zu den Auswirkungen BGH Rpfleger 1980, 274); nach der Neuregelung des
§ 19, die in das BauGB aF übernommen wurde, bedurfte bis zum 31. 12. 1997 nur
noch die Grundstücksteilung selbst, gleich ob im Außen- oder Innenbereich, der
Genehmigung (dazu ausführlich BÖTTCHER Rpfleger 1989, 133). Durch das Bau- und

Raumordnungsgesetz 1998 (BauROG) vom 18.8. 1997 (BGBl I 2081) war diese bundesrechtliche Teilungsgenehmigung seit dem 1.1. 1998 nicht mehr vorgeschrieben. § 19 Abs 1 BauGB aF enthielt lediglich noch eine Ermächtigungsgrundlage für die Gemeinden, eine Satzung zu erlassen, die für die Wirksamkeit bestimmter Grundstücksteilungen eine Genehmigung vorschreiben konnte, sofern nicht die Landesregierung durch Rechtsverordnung den Erlaß einer solchen gemeindlichen Satzung untersagt hatte. Aufgrund des Europarechtsanpassungsgesetz Bau vom 24.6. 2004 (BGBl I 1359) ist mit Wirkung vom 20.7. 2004 auch diese Ermächtigungsgrundlage weggefallen, so daß eine Teilung keiner Genehmigung mehr nach § 19 BauGB nF bedarf. Das GBAmt kann für den Vollzug auch keinen Nachweis darüber fordern, daß die Teilung gem § 19 Abs 2 BauGB nF den Festsetzungen des Bebauungsplans entspricht, da trotz eines Verstoßes hiergegen die Teilung zivilrechtlich wirksam bleibt (vgl hierzu Begründung des Regierungsentwurfes BT-Drs 15/2250, 52; vgl auch Feststellung des Bundesrates vom 28.11. 2003 BR-Drs 756/03 wonach § 19 Abs 2 BauGB nF kein Verbotsgesetz iSv § 134 BGB sei) und daher der grundbuchverfahrensrechtliche Legalitätsgrundsatz nicht greift;

(b)   im *vereinfachten Umlegungsverfahren* gem §§ 80 ff BauGB;

(c)   bei früheren *Reichsheimstätten* nach Aufhebung des RHeimstG durch Gesetz vom 17.6. 1993 (BGBl 1993 I, 912).

4.   Amtliche Bescheinigungen

a)   Amtliche Bescheinigungen sind die von einer dafür zuständigen Stelle *über* **103** *eine Rechtslage ausgestellten Zeugnisse,* auf die man sich im Rahmen der für sie geltenden Vorschriften im Rechtsverkehr verlassen kann, obwohl sie nicht wie öffentliche Urkunden iS §§ 415, 418 ZPO den vollen Beweis ihrer Richtigkeit begründen (vgl REITHMANN, Allgemeines Urkundenrecht 61 ff; SCHIPPEL/REITHMANN Vorbem 14 ff vor §§ 20–25 BNotO; KEHE/MUNZIG § 20 Rn 218 ff).

b)   Unbedenklichkeitsbescheinigung des Finanzamtes
Nach § 22 GrEStG darf der Erwerber eines Grundstücks (oder Erbbaurechts) in das **104** Grundbuch erst eingetragen werden, wenn eine (wirksame, nicht widerrufene) Bescheinigung der zuständigen Finanzbehörde vorgelegt wird, daß der Eintragung steuerliche Bedenken nicht entgegen stehen (BayObLGZ 1975, 90 = Rpfleger 1975, 227; ausführliche Darstellung bei BÖHRINGER Rpfleger 2000, 99 ff). Im Rahmen des Steuerentlastungsgesetzes 1999/2000/2002 (BGBl I 1999, 495) wurde in § 22 Abs 1 GrEStG ein neuer Satz aufgenommen, der vorsieht, daß die obersten Finanzbehörden der Länder im Einvernehmen mit den Landesjustizverwaltungen Ausnahmen zulassen können (zu Ausnahmen in NRW vgl NJW 2000, 125; in Bayern vgl NJW 2000, 1169; in SchlH vgl NJW 2000, 2803; ferner BÖHRINGER 105). Die Unbedenklichkeitsbescheinigung ist *keine materiellrechtliche* Voraussetzung der dinglichen Rechtsänderung (BGHZ 5, 179 = DNotZ 1952, 216), bei deren Fehlen das Grundbuch nicht unrichtig ist und kein Amtswiderspruch nach § 53 Abs 1 S 1 GBO eingetragen werden darf.

Obwohl für die Entscheidung über die Steuerfreiheit ausschließlich das Finanzamt zuständig ist (BayObLG Rpfleger 1952, 89; 1983, 103), hat das GBAmt in eigener Zuständigkeit zu prüfen, ob der Erwerbsvorgang seiner Art nach dem Grunderwerbsteuergesetz unterliegen kann. Verneint es diese Frage oder ist es kraft besonderer Ausnahmevorschrift von seiner Beistandspflicht entbunden (vgl SCHÖNER/STÖBER Rn 148 ff), darf es die Eintragung nicht von einer Unbedenklichkeitsbescheinigung abhängig machen (BGHZ 7, 53: Rückerstattung; OLG Frankfurt Rpfleger 1995, 346: Firmenänderung), gleichfalls dann nicht, wenn ganz offenbar eine Ausnahme von der Besteuerung gem §§ 3 ff GrEStG gegeben ist (LG Köln MittRhNotK 1994, 253). Notwendig ist die Unbedenklichkeitsbescheinigung, zB wenn der Erwerber eines Grundstücks, Grundstücksteiles, Miteigentumsanteils, Wohnungseigentums, Erbbaurechts (BFH DNotZ 1968, 698), Erbanteils (BFH BStBl II 1976, 159) aufgrund Rechtsgeschäfts oder im Berichtigungsweg im Grundbuch eingetragen werden soll (WEBER NJW 1973, 2015). Bei Umwandlungsvorgängen ist zu differenzieren: Vorlagepflicht besteht bei Verschmelzungen, Spaltungen und Vermögensübertragungen nach UmwG, nicht dagegen bei formwechselnder Umwandlung, Umwandlungsfällen außerhalb des UmwG und Übergang von der Vor-GmbH auf die GmbH (BÖHRINGER Rpfleger 2000, 99, 103). Bei der Kettenauflassung (Rn 126) darf das GBAmt nur für den letzten Erwerbsvorgang eine Unbedenklichkeitsbescheinigung verlangen, nicht für die Vorerwerbsgeschäfte (AnwK-BGB/GRZIWOTZ Rn 54). Die Unbedenklichkeitsbescheinigung ist wirksam, wenn sie dem GBAmt unzweideutig Auskunft darüber gibt, auf welchen Rechtsvorgang und auf welche Eintragung sie sich bezieht. Dafür genügt es, daß ein erst noch abzutrennendes Grundstück in der Urkunde, auf die die Unbedenklichkeitsbescheinigung Bezug nimmt, unzweideutig bezeichnet ist (BFH BStBl II 1976, 32). Ungenauigkeiten der Bescheinigung in anderen Punkten, auch bei Widersprüchen zu der notariellen Urkunde, hindern den Vollzug der Auflassung nicht (OLG Hamm MittRhNotK 1997, 357).

c) Vorkaufsrechtsbescheinigung

105 Eine solche Bescheinigung ist *Verfahrensvoraussetzung* für die Eintragung der Auflassung (Grundbuchsperre; nicht materielle Wirksamkeitsvoraussetzung) in Fällen eines Verkaufs (vgl die Überblicke bei SCHÖNER/STÖBER Rn 4108 ff; MEIKEL/GRZIWOTZ Einl J):

(1) von Grundstücken (nicht von Rechten nach dem WEG oder von Erbbaurechten) nach dem Baugesetzbuch: § 24 (allg VorkR); § 25 (bes VorkR kraft gemeindlicher Satzung); § 3 BauGB-MaßnG idF der Bekanntmachung v 28. 4. 1993 (BGBl I 623) aufgrund des Investitions- und Wohnbaulandgesetzes vom 22. 4. 1993 (BGBl I 466) welche die Fassung des Wohnungsbau-Erleichterungsgesetzes vom 17. 5. 1990 abgelöst hat, war befristet bis zum 31. 12. 1997 und wurde durch das Bau- und Raumordnungsgesetz vom 18. 8. 1997 (BGBl I 2081) mit Wirkung vom 1. 1. 1998 in das BauGB übernommen;

(2) nach den landesrechtlichen Gesetzen zum Denkmalschutz zB in Berlin, Mecklenburg-Vorpommern und Thüringen (Übersicht bei GRAUEL RNotZ 2002, 210);

(3) nach den landesrechtlichen Gesetzen zum Naturschutz und Forstrecht zB in Berlin, Hamburg und dem Saarland (vgl GRAUEL aaO) sowie seit Juni 2004 in Sachsen-Anhalt;

(4) nach den landesrechtlichen Gesetzen zum Gewässer- und Hochwasserschutz, zB in Sachsen und Hamburg (GRAUEL aaO);

(5) eines Grundstücks im Hafengebiet der Freien und Hansestadt Hamburg gem § 13 HafenentwicklungsG idF v 4. 12. 2001 (GVBl 2001, 462).

Das GBAmt darf keine Negativbescheinigung verlangen, wenn es aus den ihm vorliegenden Urkunden mit Sicherheit entnehmen kann, daß ein Verkaufsfall nicht vorliegt (BGHZ 73, 12 = Rpfleger 1979, 97; BayObLG DNotZ 1986, 223) oder nicht in den Anwendungsbereich des betreffenden Gesetzes fällt, aber darauf bestehen, wenn dies zweifelhaft ist (OLG Köln Rpfleger 1982, 338).

Keine Grundbuchsperre besteht ua in folgenden Fällen:

(1) für das siedlungsrechtliche Vorkaufsrecht nach § 4 RSG, weil dessen Ausübung in das Genehmigungsverfahren nach § 2 GrdstVG einbezogen ist;

(2) für das Vorkaufsrecht des Mieters nach § 577 und nach § 20 VermG;

(3) nach den landesrechtlichen Gesetzen zum Denkmalschutz zB in Rheinland-Pfalz, Saarland, Sachsen und Sachsen-Anhalt (vgl GRAUEL aaO);

(4) nach den landesrechtlichen Gesetzen zum Naturschutz und Forstrecht zB in Baden-Württemberg, Bayern, Brandenburg, Bremen, Hessen, Mecklenburg-Vorpommern, Niedersachsen, Sachsen, Schleswig-Holstein und Thüringen (vgl GRAUEL aaO);

VII. Auflassung und Eintragung

1. Eigentumsübertragung durch Auflassung und Eintragung

a) **Zwei Voraussetzungen** müssen zur rechtsgeschäftlichen Übertragung des Ei- **106** gentums an einem Grundstück erfüllt sein:

(1) die Wirksamkeit und Übereinstimmung der Auflassungserklärungen des Veräußerers und Erwerbers (oben Rn 34 ff),

(2) die Wirksamkeit der Grundbucheintragung und ihre Übereinstimmung mit der Auflassung (unten Rn 114 ff).

Beide Voraussetzungen sind getrennt voneinander zu beurteilen. Die Eintragung verändert die materielle Rechtslage (§ 873), zumindest die Buchlage, begründet die Vermutung des § 891 und ermöglicht aufgrund des öffentlichen Glaubens des Grundbuchs gemäß § 892 den gutgläubigen Erwerb von Rechten am Grundstück.

b) **Auflassung und Eintragung gemeinsam** bewirken (auch ohne Besitzübergabe; **107** unten Rn 109) die Übertragung des Eigentums am Grundstück vom Veräußerer auf den Erwerber, sofern Auflassung und Eintragung *zu irgendeinem Zeitpunkt wirksam sind und inhaltlich übereinstimmen* (vgl STAUDINGER/GURSKY [2000] § 873 Rn 182 ff). Dies folgt aus dem sachenrechtlichen Grundsatz von Einigung und Eintragung, der nach dem (durch § 925 ergänzten) § 873 Abs 1 Fall 1 für die rechtsgeschäftliche Übertragung des Eigentums an einem Grundstück gilt. Ist die Auflassung unwirksam oder decken sich Auflassung und Eintragung nicht, wird das Grundbuch durch Eintragung unrichtig (§ 894). Fehlt es an einer wirksamen Eintragung (vgl STAUDINGER/GURSKY [2000] § 873 Rn 257 ff, 286 ff), hat die Auflassung für sich allein zwar Wirkungen, aber nicht die der Übertragung des Immobiliareigentums. Die Frage, ob die Auflassung wirksam ist und inhaltlich mit der Eintragung ganz, wenigstens teilweise oder gar nicht übereinstimmt (dazu unten Rn 114 ff), bedarf vor allem einer Prüfung in folgenden Fällen:

(1)   Wenn alle oder einzelne Beteiligte, ohne sich über Lage und Grenzen des im Grundbuch eingetragenen Grundstücks zu vergewissern, vom aufgelassenen Grundstück eine Vorstellung haben, die von dem im Rechtsverkehr maßgeblichen „Grundbuchgrundstück" (vgl oben Rn 61) abweicht. Denn dann ist nach den Umständen des Einzelfalles darüber zu entscheiden, ob eine wirksame, anfechtbare oder unwirksame Auflassung vorliegt (unten Rn 118) und ob das Grundstück so übertragen wird, wie es im Grundbuch und amtlichen Verzeichnis ausgewiesen und von den Beteiligten in der Auflassung gemäß § 28 GBO bezeichnet worden ist (oben Rn 61), oder so wie es sich Veräußerer und Erwerber gemeinsam oder einzelne von ihnen abweichend von den anderen vorgestellt haben. Ist die Auflassung vollzogen, spricht die Vermutung für die Richtigkeit des Grundbuchs, also für Übereinstimmung von Auflassung und Eintragung (§ 891). Wer ein Abweichen behauptet, hat dies zu beweisen.

(2)   Wenn zwischen Auflassung und Eintragung Grenzen und/oder Größe des „Grundbuchgrundstücks" verändert werden (zB durch Vollzug eines Veränderungsnachweises) und die Beteiligten das Grundstück in ihren Auflassungserklärungen so bezeichnet haben, wie es im Zeitpunkt der Auflassung im Grundbuch beschrieben war (§ 28 GBO). In einem solchen Fall sind die gleichen Fragen je nach den Umständen des Einzelfalles unter den Gesichtspunkten des materiellen Rechts (unten Rn 114 bis 117) und des davon abweichenden Verfahrensrechts (oben Rn 100, 101) zu prüfen. Auch wenn (im günstigsten Fall) die Auflassungserklärungen des Veräußerers und Erwerbers inhaltlich voll übereinstimmen und sich mit dem veränderten Grundbuchgrundstück voll decken, also materiellrechtlich wirksam sind (zB weil alle Beteiligten das Grundstück mit seinen neuen Grenzen bereits gekannt haben und es im neuen Umfang übertragen und erwerben wollten), sind sie aus verfahrensrechtlichen Gründen für die Eintragung nicht verwendbar (§§ 18, 28 GBO). Wenn aber einer der Fälle nicht ausgeschlossen ist, daß entweder die Auflassungserklärungen voneinander abweichen (oben Rn 35 ff) oder daß sie trotz Übereinstimmung über die beantragte Eintragung hinausgehen (Rn 115), hinter ihr zurückbleiben (Rn 116) oder mit ihr nicht übereinstimmen (Rn 117), dann ist in der Praxis als sicherster Weg die entsprechende Abänderung der Auflassung (in Form des § 925 Abs 1), der Eintragungsvoraussetzungen (in Form des § 29 GBO) und gegebenenfalls der sonstigen Voraussetzungen (zB behördliche Genehmigungen, Bescheinigungen; oben Rn 102 ff) empfehlenswert. Ob ohne Abänderung der materiellen Auflassung aufgrund bloßer Berichtigung der formellen Voraussetzungen die Eintragung erfolgen darf, hat das GBAmt entsprechend seinen Amtspflichten (vgl STAUDINGER/GURSKY [2000] § 873 Rn 229 ff) zu entscheiden.

108   c)   Materiell muß **keine bestimmte Reihenfolge** von Auflassung und Eintragung eingehalten werden. § 20 GBO macht es zwar dem GBAmt zur Verfahrenspflicht, darüber zu wachen, daß zuerst die Auflassung und dann die Eintragung erfolgt. Trotz des Wortlauts „… darf nur erfolgen, wenn…" ist *§ 20 GBO nur eine an das GBAmt gerichtete Ordnungsvorschrift*, um das Grundbuch bezüglich des Eigentums nach Möglichkeit auch nicht vorübergehend unrichtig werden zu lassen. Ihre Verletzung berührt die materielle Rechtslage nicht (vgl KEHE/MUNZIG § 20 GBO Rn 4). Wird die Auflassung an den (unrichtig) eingetragenen Erwerber wirksam nachgeholt, geht das Eigentum auf ihn mit der Wirksamkeit der Auflassung ohne neue Eintragung über und das Grundbuch wird richtig. Der Vermerk gemäß § 9 (d) GBVfg in Abteilung I Spalte 4 des Grundbuchs (wonach der neue Eigentümer aufgrund „Auflassung vom …" eingetragen worden ist) gehört nicht zum Inhalt des Grundbuchs und nimmt am öffentlichen Glauben und den sonstigen Wirkungen der Eigentumseintragung nicht teil (BGHZ 7, 64). Ist dieser Vermerk falsch, soll er berichtigt werden (im Falle einer vorsorglich wiederholten Auflassung nach BayObLG DNotZ 2002, 731 jedoch nur, wenn die Unwirksamkeit der ersten Auflassung feststeht); materiell notwendig zur Eigentumsübertragung ist dies aber nicht.

Wird die Auflassung erst zu einem Zeitpunkt wirksam nachgeholt, zu dem der Erwerber nicht mehr als Eigentümer im Grundbuch eingetragen ist, kann die Auflassung die Eigentumsübertragung aus den gleichen Gründen nicht mehr herbeiführen wie im umgekehrten Fall, daß die Auflassung vor der Eintragung unwirksam geworden ist (vgl BayObLGZ 1954, 142). In beiden Fällen fehlt es am Erfordernis des zeitlichen Zusammentreffens von Auflassung und Eintragung (oben Rn 107).

2. Keine Besitzübergabe erforderlich

Die Besitzübergabe ist keine materielle Voraussetzung der Übertragung des Eigen- **109** tums am Grundstück und kein Ersatz für die Auflassung oder für die Eintragung. Trotzdem ist sie rechtlich von Bedeutung. Denn der Besitz ist die Grundlage der Besitzerrechte (§§ 859 ff), der Ersitzung (§ 900), des Aneignungsrechts des Eigenbesitzers (§ 927) und der Einrede des Rechts zum Besitz gegenüber der Vindikation des eingetragenen Veräußerers (§ 986). Er ist auch maßgebend für den Gefahrübergang am Grundstück (§ 446).

3. Sonstige Wirkungen

Auflassung und Eintragung haben außer der in § 873 geregelten Eigentumsüber- **110** tragung *auch noch andere Wirkungen*:

(a) Gemäß § 311b Abs 1 S 2 machen Auflassung und Eintragung das entgegen § 311b Abs 1 S 1 nicht in Beurkundungsform geschlossene schuldrechtliche Grundgeschäft seinem ganzen Inhalt nach wirksam (zur Heilung vgl STAUDINGER/WUFKA [2001] § 313 Rn 262 ff; MünchKomm/KANZLEITER § 311b Rn 75 ff; HAGEN DNotZ 1984, 267, 288).

(b) *Nach § 926 Abs 1* erlangt der Erwerber mit dem Eigentum am Grundstück auch das Eigentum an den im Erwerbszeitpunkt vorhandenen, dem Veräußerer gehörenden Zubehörstücken (vgl § 926 Rn 10).

(c) *Gemäß §§ 566 und 578 tritt* der Grundstückserwerber in die das Grundstück betreffenden Miet- und Pachtverhältnisse ein (vgl STAUDINGER/EMMERICH [2003] § 566 Rn 4, 37 ff).

(d)　Zu den *sonstigen Wirkungen* der Auflassung vgl oben Rn 9 ff und STAUDINGER/ GURSKY (2000) § 873 Rn 37 sowie § 873 Rn 280 zu denen der Eintragung.

4.　Bindung an die Auflassung

111　In jüngerer Zeit ist *strittig* geworden, ob § 873 Abs 2 nur für die formlose Einigung (§ 873 Abs 1) oder auch für die Auflassung (§ 925 Abs 1) gilt. *Nach früher hM* (BayObLGZ 1957, 229 = Rpfleger 1957, 231; BGB-RGRK/AUGUSTIN Rn 28; SOERGEL/STÜRNER Rn 42; ERMAN/LORENZ Rn 50; STAUDINGER/SEUFERT[11] Rn 82; STAUDINGER/ERTL[12] Rn 111) tritt die *Bindung an die Auflassung sofort* mit der wirksamen Abgabe der Auflassungserklärungen in der materiellen Auflassungsform ein, auch wenn keine der Bindungsvoraussetzungen des § 873 Abs 2 (insbesondere notarielle Beurkundung) erfüllt ist. *Gegen* diese Auffassung wendet sich eine zunehmende Zahl von Stimmen im Schrifttum (BASSENGE Rpfleger 1977, 8; PALANDT/BASSENGE Rn 29; MünchKomm/KANZLEITER Rn 32; MEDICUS DNotZ 1990, 275, 279; BAMBERGER/ROTH/GRÜN Rn 37; ERMAN/LORENZ Rn 50) mit überzeugenden Gründen. Es ist zwar richtig, daß in der Zeit bis zum 31. 12. 1969, in der noch die Zuständigkeit der GBÄmter zur Entgegennahme der Auflassung bestand (oben Rn 81), kaum ein Grund dafür ersichtlich war, warum die Auflassung vor dem GBAmt nach dem Wortlaut des § 873 Abs 2 sofort bindend (vgl § 873 Abs 2 Fall 2) und im Gegensatz dazu die Auflassung vor dem Notar ohne Beurkundung der Einigungserklärung einseitig widerruflich sein sollte (ausführlich hierzu und zu den Argumenten aus dem Gesetzgebungsverfahren STAUDINGER/ERTL[12] aaO). Nachdem aber die Erklärung der Auflassung vor dem Notar zum Regelfall geworden ist und dieser aus verfahrensrechtlichen Gründen die Erklärungen der Parteien vermittelst einer Niederschrift in der Form der §§ 8 ff BeurkG zu beurkunden hat (oben Rn 76), entspricht es den Vorstellungen der Beteiligten eher, die Bindung mit dem ihnen bekannten Akt der Protokollierung eintreten zu lassen und nicht etwa mit der bloß mündlichen Abgabe der Erklärungen. Bei einem Abbruch der Verhandlung wären sonst Streitigkeiten und Beweisschwierigkeiten wahrscheinlich (differenzierend deshalb STAUDINGER/GURSKY [2000] § 873 Rn 154).

5.　Die Auflassung bleibt wirksam

112　**a)　Bei Vollendung des Eigentumserwerbs muß die Auflassung wirksam sein** (oben Rn 44). Dazu gehört die Verfügungsmacht dessen, der sie erklärt hat, und die Erwerbsfähigkeit des Auflassungsempfängers (oben Rn 48 ff). Erfolgt die Auflassung (wie idR) vor der Eintragung, dann kann in der Zwischenzeit eine zunächst wirksame Auflassung unwirksam (unten Rn 113) und eine zunächst unwirksame Auflassung wirksam werden, zB die Auflassung durch einen Nichtberechtigten oder durch einen Vertreter ohne Vertretungsmacht.

b)　Die Auflassung bleibt wirksam zB in folgenden Fällen:

(1)　*Tod und Verlust der Geschäftsfähigkeit* des Veräußerers oder Erwerbers machen gemäß § 130 Abs 2 die Auflassung nicht unwirksam. Als *Auswirkung der Gesamtrechtsnachfolge* bedarf es zum Eigentumsübergang keiner neuen Auflassung oder Zustimmung der Erben, wenn der Erbe des Veräußerers (BGHZ 48, 351) als Eigentümer im Grundbuch eingetragen worden ist, es sei denn, sein Eigentumserwerb hat nicht auf der Erbfolge, sondern auf einer Einzelrechtsnachfolge durch Auflassung und Eintragung beruht, die die Gesamtrechtsnachfolge bezogen auf das Grundstück unterbrochen hat (BayObLG NJW-RR 1999, 1392). Andere Fälle werden nach bestrittener Meinung ebenso behandelt, zB wenn auf der Veräußerer- oder Erwerberseite außerhalb des Grundbuchs ein Wechsel von Gesamthändern (oben Rn 23, 24, 25, 26) stattfindet oder der bisherige Alleineigentümer Gütergemeinschaft vereinbart (unten Rn 113). Gleichfalls wirksam bleibt die Auflassung in den Fällen der (auch partiellen) *Gesamtrechtsnachfolge nach UmwG.*

(2)   Die *Kondizierbarkeit* (§§ 812 ff) oder *Anfechtbarkeit* (§§ 119, 123) für sich allein führt die Unwirksamkeit der Auflassung noch nicht herbei, sondern erst die vertragliche Aufhebung (oben Rn 89) oder die wirksame Anfechtung.

(3)   Durch *anderweitige Auflassung oder Belastung* des Grundstücks wird die frühere Auflassung nicht unwirksam. Für das gleiche Grundstück können nebeneinander mehrere wirksame Auflassungen (BayObLG Rpfleger 1983, 249) oder eine wirksame Auflassung und ein wirksam vorgemerkter Auflassungsanspruch für einen Dritten bestehen. Es kommt darauf an, welche Auflassung zuerst zusammen mit der Eintragung des Erwerbers zur Übertragung des Eigentums führt.

(4)   *Auflassung eines Einlagegrundstücks* (oben Rn 61).

(5)   *Relative Verfügungsbeschränkungen* belassen dem Eigentümer die volle Verfügungsmacht und können im Grundstücksrecht nur nach § 888 Abs 2 geltend gemacht werden. Deshalb ist die „relativ unwirksame" Auflassung eine wirksame Auflassung, die zusammen mit der Eintragung das Eigentum am Grundstück auf den Erwerber überträgt.

(6)   Der *nachträgliche Verlust der Vertretungsmacht* (zB Erlöschen der Vollmacht) vor Vollendung des Eigentumserwerbs macht die von einem Vertreter wirksam erklärte Auflassung nicht unwirksam (vgl oben Rn 72).

6.   Die Auflassung wird unwirksam

Die Auflassung kann in der Zwischenzeit bis zur Eintragung **unwirksam werden**, zB **113**

(a)   durch *vertragliche Aufhebung*, die formfrei jederzeit vor der Eintragung möglich ist (oben Rn 89), während der einseitige Rücktritt von der Auflassung wegen ihrer Bindungswirkung ausgeschlossen ist (oben Rn 111),

(b)   durch *Anfechtung* in Fällen der §§ 119, 123 (oben Rn 67), auch durch Gläubigeranfechtung (RGZ 39, 343);

(c)   durch *Verlust der Verfügungsmacht* des Veräußerers (vgl STAUDINGER/GURSKY [2000] § 873 Rn 74), sofern nicht die Wirksamkeit der Auflassung gemäß § 878 aufrecht erhalten wird;

(d) durch *Verlust des Eigentums* des Veräußerers: Ist er nicht mehr als Eigentümer eingetragen, so ist die von ihm vorher wirksam erklärte Auflassung unwirksam geworden, gleich aus welchem Grund er sein Eigentum verloren hat (zB gemäß §§ 873, 925, außerhalb des Grundbuch oder gemäß § 928). Ist er noch als Eigentümer eingetragen, so bleibt, auch wenn er den Mangel seines Eigentums kennt, seine Auflassung wirksam, wenn der Auflassungsempfänger das Eigentum von ihm gutgläubig erwirbt (§ 892).

(e) Umstritten ist, ob durch *Vereinbarung der Gütergemeinschaft* eine erbähnliche Gesamtrechtsnachfolge (wie Rn 112 b Fall 1) eintritt und deshalb die von einem Ehegatten bereits vorher erklärte, aber im Grundbuch noch nicht vollzogene Auflassung seines in das Gesamtgut fallenden Grundstücks aufgrund der Universalsukzession ihre Wirksamkeit auch gegen den anderen Ehegatten behält, selbst wenn dieser nicht zustimmt oder die Genehmigung verweigert (so zu Recht STAUDINGER/THIELE [2000] § 1416 Rn 28; STAUDINGER/GURSKY [2000] § 873 Rn 74; MünchKomm/KANZLEITER Rn 45; TIEDTKE FamRZ 1976, 510; BÖHRINGER BWNotZ 1983, 133) oder ob die Auflassung bis zur Genehmigung durch den anderen Ehegatten (schwebend) unwirksam wird, weil der Veräußerer zwischen Auflassung und Eintragung des Erwerbers sein Alleineigentum durch Umwandlung in Gesamthandseigentum verloren hat und hier ein Fall des Verlustes der alleinigen Rechtsinhaberschaft (nicht der Verfügungsmacht iS des § 878) vorliegt (so BayObLG MittBayNot 1975, 228). In jedem Fall wird der Auflassungsempfänger, wenn er von dem als Eigentümer eingetragenen, aber nicht mehr alleinberechtigten Ehegatten erwirbt, durch § 892 materiell- und grundbuchrechtlich geschützt, sofern er bei Auflassung und Antragstellung gutgläubig war (vgl STAUDINGER/GURSKY [2002] § 892 Rn 203, 236, 249 mwN; zur Anwendbarkeit des § 892 im Grundbuchverfahren auch BayObLGZ 1985, 401 = DNotZ 1986, 357).

7. Übereinstimmung von Auflassung und Eintragung

114 a) Die Notwendigkeit der inhaltlichen Übereinstimmung von Auflassung und Eintragung ergibt sich aus dem Grundsatz des § 873, wonach nur das Zusammenwirken von Einigung und Eintragung zur vereinbarten Übertragung des Eigentums am Grundstück vom Veräußerer an den Erwerber führt. Zur Feststellung der Übereinstimmung ist der Inhalt der Auflassung *notfalls durch Auslegung oder Umdeutung* nach den für formbedürftige Verträge geltenden Regeln (oben Rn 36 ff) und getrennt davon der Grundbuchinhalt nach den für Grundbucheintragungen entwickelten besonderen Auslegungsgrundsätzen (vgl STAUDINGER/GURSKY [2000] § 873 Rn 265 ff) zu ermitteln. Decken sich die wirksame Auflassung und die wirksame Eintragung ihrem Inhalt nach, so ist das Eigentum übergegangen. Andernfalls ist festzustellen, ob ein völliges Abweichen oder eine wenigstens teilweise Übereinstimmung mit der Folge vorliegt, daß ein teilweiser Eigentumsübergang stattgefunden hat (vgl im einzelnen STAUDINGER/GURSKY [2000] § 873 Rn 187 ff).

115 b) Geht der Inhalt der Auflassung über die Eintragung hinaus, ist die Eigentumsübertragung nur an dem von der übereinstimmenden Einigung und Eintragung gedeckten Teil eingetreten. Denn in der Regel ist davon auszugehen, daß die weitergehende Einigung auch den Willen der Beteiligten zur Übertragung des Eigentums an dem der Eintragung entsprechenden geringeren Teil des Auflassungsobjekts umfaßt (ebenso MünchKomm/WACKE § 873 Rn 51).

Diese Regel kann in folgenden Fällen in Betracht kommen: Ist die Eigentumsum-schreibung nur an Flst Nr 1 erfolgt, obwohl die Auflassung die Grundstücke Nr 1 und 2 oder eine über das Grundstück Nr 1 hinausgehende reale Teilfläche eines anderen Grundstücks umfaßt (oben Rn 60 ff), so ist nur das Eigentum an Flst Nr 1 übergegangen und zur Übertragung des Eigentums am übrigen Teil die Nachholung der Eintragung erforderlich, gegebenenfalls nach Klarstellung des Umfanges der Auflassung gemäß §§ 20, 29 GBO (oben Rn 101) und bei Auflassung einer realen Teilfläche nach deren Vermessung und Verselbständigung als Flurstück oder Zuflur-stück (oben Rn 62). Ist die Auflassung des ganzen Grundstücks durch alle Miteigen-tümer nicht an allen Miteigentumsanteilen eingetragen worden, so ist nur die Über-eignung der umgeschriebenen Miteigentumsanteile erfolgt und die Eintragung im übrigen nachzuholen. Ist ein Grundstück vom Alleineigentümer E an A und B zum Miteigentum nach gleichen Bruchteilen aufgelassen, aber nur A als neuer Alleinei-gentümer eingetragen worden, so hat A nur den an ihn aufgelassenen Miteigen-tumshälfteanteil erworben. Die dadurch eingetretene Unrichtigkeit des Grundbuchs bezüglich des anderen Hälfteanteils wird erst dann beseitigt, wenn die Eintragung der Auflassung dieses Anteils an B nachgeholt wird. Die in solchen Fällen verfah-rensrechtlich gemäß § 39 Abs 1 GBO vorgeschriebene vorherige Wiedereintragung des E für den in seinem Eigentum verbleibenden Hälfteanteil im Berichtigungsweg (§ 22 Abs 2 GBO) könnte man für eine überflüssige Eintragung halten. Sie sollte trotzdem wegen des schutzwürdigen Interesses des B an einem wirksamen und notfalls auch durch § 892 gedeckten Eigentumserwerb vom Eigentümer E (und nicht vom Nichteigentümer A) durchgeführt werden.

c)   Bleibt der Inhalt der Auflassung hinter der Eintragung zurück, kann die Eigen- **116** tumsübertragung nur eintreten, soweit sich Einigung und Eintragung decken. Be-züglich dieses Teiles ist das Grundbuch richtig, im übrigen unrichtig (vgl BayObLG DNotZ 1998, 820). Dies kommt in der Praxis vor allem dann vor, wenn gemäß § 28 GBO das aufgelassene Grundstück entsprechend seinem Grundbuchbeschrieb oder durch Hinweis auf das Grundbuchblatt (KEHE/Munzig § 28 GBO Rn 12, 13) bezeichnet und deshalb ganz im Grundbuch auf den Erwerber umgeschrieben worden ist, obwohl die Vertragspartner oder einzelne von ihnen sich unter dem aufgelassenen Grundstück nur eine reale Teilfläche oder unter dem aufgelassenen Grundbesitz nicht alle auf dem gleichen Grundbuchblatt vorgetragenen Grundstücke vorgestellt und deshalb den Gegenstand der Auflassung teilweise falsch bezeichnet haben (Rn 65 ff, 118).

d)   Stimmen Auflassung und Eintragung nicht überein, auch nicht teilweise und **117** auch nicht nach Ermittlung ihres wirklichen Inhalts im Auslegungs- oder Umdeu-tungsweg, so ist das Eigentum nicht übergegangen; das Grundbuch ist unrichtig. Die vereinbarte Übertragung des Eigentums ist nicht eingetragen, die eingetragene nicht vereinbart. Diesem Mangel kann nur dadurch abgeholfen werden, daß ent-weder die Eigentumsübertragung des aufgelassenen Grundstücks eingetragen (dies ist die Regel) oder nachträglich das auf den Erwerber bereits umgeschriebene Grundstück an ihn wirksam aufgelassen wird, wozu materiell keine neue Grund-bucheintragung notwendig, aber formell ein Vermerk über die neue Eintragungs-grundlage zweckmäßig ist (oben Rn 108). In beiden Fällen sollte vorher geprüft werden, welches Grundstück der Veräußerer nach dem Inhalt des schuldrechtlichen Verpflichtungsgeschäfts an den Erwerber zu übereignen hat und ob das schuldrechtliche Geschäft wegen falscher, zweifelhafter oder unwirksamer Bezeichnung des Vertragsgegenstands einer dem wirklichen Parteiwillen entsprechenden Berichtigung, Ergänzung oder Klarstellung bedarf. *Weichen Gegenstand des schuldrechtlichen und des dinglichen Vertrages voneinander ab*, so ist der Eigentumserwerb nach dem Abstraktionsgrundsatz in der Regel zwar wirksam, aber gemäß §§ 812 ff kondizierbar (vgl STAUDINGER/GURSKY [2000] 873 Rn 123 ff) und der noch nicht erfüllte Anspruch auf Übereignung des vom schuldrechtlichen Grundgeschäft erfaßten Grundstücks erzwingbar.

8. Falschbezeichnung des aufgelassenen Grundstücks

118 Bei Falschbezeichnung des Vertragsgegenstands sind mehrere Fälle zu unterscheiden (vgl STAUDINGER/WUFKA [2001] § 313 Rn 243 ff; STROBER MittBayNot 1973, 3):

a) *Bei bewußter Falschbezeichnung* des Objekts durch alle Beteiligten (oben Rn 65), zB Grundstück statt Teilfläche, ist die Auflassung nichtig, die Eintragung am falsch bezeichneten Grundstück unrichtig (§ 894), aber wirksam.

b) Stimmen *bei Dissens* (oben Rn 66) die Auflassungserklärungen nicht überein, liegt keine wirksame Auflassung vor. Offensichtlich nicht übereinstimmende (in Fällen des § 154) und objektiv mehrdeutige Auflassungserklärungen (in Fällen des § 155) sind für die Grundbucheintragung nicht verwendbar (oben Rn 7, 38, 101).

c) *Bei Irrtum* (oben Rn 67) oder *arglistiger Täuschung* über die Identität des Auflassungsgegenstandes, den alle übereinstimmend und objektiv eindeutig (zB als Nr 1) bezeichnet haben, obwohl A Nr 1 veräußern und B Nr 2 erwerben wollte, ist die Auflassung (über Nr 1) wirksam, aber anfechtbar. Bei Eintragung der Eigentumsumschreibung am eindeutig bezeichneten Grundstück (hier Nr 1) stimmen Auflassung und Eintragung überein. Der Irrende (oder Getäuschte) kann die Auflassung anfechten (§§ 119, 123), nicht die Eintragungsbewilligung (§ 19 GBO) und nicht die Eintragung, deren Wirksamkeit und Rückgängigmachung sich nach Verfahrensrecht (nicht nach BGB) richten (KEHE/MUNZIG § 19 GBO Rn 184). Die wirksame Anfechtung der materiellen Auflassung macht die Eigentumsübertragung von Anfang an nichtig (§ 142) und das Grundbuch unrichtig (§ 894), aber die Eintragung nicht unwirksam. Der Irrende (oder Getäuschte) kann die Löschung der unrichtigen Eintragung verlangen (§ 894) und gemäß § 22 GBO durchführen lassen.

d) Die *unbewußte Falschbezeichnung* des Objekts durch alle Beteiligten (oben Rn 68) hindert zwar nicht die Wirksamkeit der Auflassung des von ihnen übereinstimmend in Wirklichkeit gewollten Grundstücks, aber den Übergang des Eigentums (ebenso MünchKomm/KANZLEITER Rn 31). Trägt das GBAmt den Erwerber aufgrund der Eintragungsunterlagen (§§ 19, 20 GBO) am falsch bezeichneten Grundstück ein, stimmen Einigung und Eintragung nicht überein. Um die Eigentumsübertragung an dem in Wahrheit gewollten Grundstück herbeizuführen, müssen die Beteiligten durch freiwillige Erklärung oder gerichtliches Urteil die Falschbezeichnung in den für den Grundbuchvollzug erforderlichen Verfahrenserklärungen (§§ 19, 20 GBO) in Form des § 29 GBO berichtigen (RGZ 60, 340; 112, 264; BGH DNotZ 2001, 846, 850; BERGERMANN, RNotZ 2002, 557, 566, 569 f) und die Eintragung des Eigentumsüberganges auf den Erwerber am richtigen Grundstück unter gleichzeitiger Berichtigung des Eigentums am falsch bezeichneten Grundstück durch Wiedereintragung des Veräußerers bewilligen und beantragen (RGZ 133, 279; BGH NJW 2002, 1038; BGB-RGRK/AUGUSTIN Rn 43, 44; STROBER aaO). Die Pflicht des GBAmts, diese Eintragungen voneinander abhängig zu machen, folgt nicht unmittelbar aus § 39 Abs 1 oder § 82 GBO, läßt sich aber mit dem aus diesen beiden Vorschriften abgeleiteten Rechtsgedanken begründen.

9. Verhinderung der Eintragung nach Auflassung

Auch zwischen Auflassung und Eintragung gibt es Fälle, in denen ein Beteiligter **119** einen Anspruch auf Aufhebung der Auflassung, ein Recht zur Anfechtung oder Geltendmachung ihrer Nichtigkeit und deshalb ein *berechtigtes Interesse* an der Verhinderung der Grundbucheintragung hat. Wegen der konstitutiven Wirkungen der Grundbucheintragung ist er keineswegs darauf angewiesen, zuerst die Eintragung abzuwarten und dann die Rückübertragung des Eigentums oder Berichtigung des Grundbuchs zu verlangen. Welche der vor und nach Grundbuchvorlage in Frage kommenden Maßnahmen Erfolg versprechen, ist je nach Sachlage verschieden, zB:

a) **Vor Grundbuchvorlage**: Einstweilige Verfügung auf Verbot des Eigentumserwerbs (vgl STAUDINGER/GURSKY [2002] § 888 Rn 7; [2000] § 873 Rn 89); Anspruch auf Aufhebung der Auflassung und des Grundgeschäfts (oben Rn 89); ggf Anfechtung, Berufung auf ihre Nichtigkeit (vgl STAUDINGER/GURSKY [2000] § 873 Rn 131 ff); wenn noch möglich Anweisung an den Notar, den übrigen Beteiligten keine Unterlagen auszuhändigen und die Grundbuchvorlage zu unterlassen (vgl KEHE/MUNZIG § 19 GBO Rn 240 ff); Anspruch gegen die übrigen Beteiligten auf Rückgabe der Eintragungsunterlagen und Verzicht auf das Recht eine Urkundenausfertigung zu verlangen (vgl KEHE/MUNZIG § 19 GBO Rn 178, 181). Der einseitige Widerruf der Anweisung an den Notar zur Vorlage der Auflassung ist grundsätzlich nicht wirksam (OLG Düsseldorf MittBayNot 2002, 206).

b) **Nach Grundbuchvorlage**: Einstweilige Verfügung auf Unterlassung der Grundbucheintragung und Anspruch auf Aufhebung des schuldrechtlichen und dinglichen Geschäfts, Anfechtung, Nichtigkeit (vgl oben a); Zurücknahme des eigenen Eintragungsantrags (§§ 13, 31 GBO); Zurücknahme der Eintragungsunterlagen beim GBAmt erforderlichenfalls mit Einverständnis der übrigen Beteiligten (vgl KEHE/MUNZIG § 19 GBO Rn 175); Vorlage von Nachweisen an das GBAmt über die Unwirksamkeit der Auflassung oder wenigstens von konkreten Hinweisen, die es ihm zur Amtspflicht machen, die Wirksamkeit der Eintragungsvoraussetzungen aufzuklären, nachzuprüfen und gegebenenfalls den Antrag der übrigen Beteiligten zur Verhinderung der dauernden Unrichtigkeit des Grundbuch zurückzuweisen (KEHE/MUNZIG Einl C 63, 68).

VIII. Rechtslage zwischen Auflassung und Eintragung

1. Vorstufen zum Eigentumserwerb

Die einzelnen Stufen zwischen Auflassung und Eintragung sind: **120**

(1) Auflassung allein (Rn 133),

(2)   Auflassung und Eintragungsbewilligung (Rn 134, 135),

(3)   Auflassung, Bewilligung und Antrag des Veräußerers (Rn 136),

(4)   Auflassung, Bewilligung des Veräußerers und Antrag des Erwerbers (Rn 137 ff),

(5)   Auflassung und Eigentumsvormerkung (Rn 140),

(6)   Auflassung, Antrag des Erwerbers und Eigentumsvormerkung (Rn 141).

Der *Erwerb einer Vormerkung* (§§ 883, 885) ist keine notwendige Vorstufe zum Eigentumserwerb, verläuft aber in ähnlichen Stufen. Die Vormerkung und ihre Vorstufen sind vom Bestehen des vorgemerkten Anspruchs abhängig, die Vorstufen des Eigentumserwerbs nicht (unten Rn 140).

Im Grundstücksverkehr ist die Frage von Bedeutung:

Wie sicher (oder unsicher) ist die Rechtsposition

(a)   des Auflassungsempfängers (B) in den einzelnen Stufen,

(b)   eines Zweiterwerbers (C), dem der Auflassungsempfänger (B) das Grundstück (des A) weiteraufgelassen (Rn 126), seinen (vorgemerkten) schuldrechtlichen Anspruch (Rn 127) oder sein Anwartschaftsrecht abgetreten hat (Rn 129),

(c)   eines Pfandrechtsgläubigers (X), für den B am Grundstück (des A) ein Grundpfandrecht bestellt (Rn 126), den schuldrechtlichen Anspruch (Rn 127) oder sein Anwartschaftsrecht verpfändet hat (Rn 130),

(d)   eines Pfändungsgläubigers (X), der den Anspruch (Rn 127) oder das Anwartschaftsrecht des B gepfändet hat (Rn 131).

Was die Beteiligten mit der in der Praxis üblichen Formulierung „Übertragung (Verpfändung) der Rechte aus der Auflassung" wirklich meinen, ist durch Auslegung zu ermitteln (dazu BayObLGZ 1971, 307, 310 = DNotZ 1972, 233).

2.   Anwartschaft des Auflassungsempfängers

121   a)   *Anwartschaften sind Vorstufen* auf dem Weg zur Entstehung oder Übertragung eines Rechts. Mindestvoraussetzung ist eine rechtlich geschützte Erwerbsaussicht, die die Struktur des Vollrechts und den Rechtsträger erkennen läßt (vgl BAUR/STÜRNER § 3 B III Rn 44 ff; MÜNZBERG 451), ausreichend zB ein bindendes Angebot auf Begründung eines Rechts (RGZ 151, 75; STAUDINGER/BORK [2003] § 145 Rn 33).

Im Sachenrecht gibt es viele geschützte Rechtspositionen, zB

(1)   *an beweglichen Sachen* das Anwartschaftsrecht des Eigentumsvorbehaltskäufers (vgl STAUDINGER/BECKMANN [2004] § 449 Rn 60 ff);

(2) *im Grundbuch eingetragen*:

das Anwartschaftsrecht des Inhabers eines bedingt bestellten oder abgetretenen Rechts (vgl STAUDINGER/GURSKY [2000] § 873 Rn 180 ff; STAUDINGER/BORK [2003] Vorbem 53 ff zu § 158), des Gläubigers einer Buchhypothek vor Valutierung (vgl STAUDINGER/WOLF-STEINER [2002] § 1163 Rn 21 ff), des Wohnungseigentümers vor Fertigstellung seiner Wohnung (WEITNAUER/BRIESEMEISTER § 3 WEG Rn 67; MünchKomm/RÖLL § 3 WEG Rn 13); die Eintragung des „Bucheigentümers" (ohne Auflassung) als eine mit Buchrechts-wirkungen ausgestattete Rechtsstellung (vgl STAUDINGER/GURSKY [2000] § 873 Rn 280); die Eigentumsvormerkung vor und nach Auflassung (unten Rn 127, 140).

(3) *im Grundbuch eintragungsfähig* (nicht eintragungsbedürftig): die Abtretung (§§ 398, 401), Verpfändung (§§ 1273, 1274, 1279 ff), und Pfändung (§§ 846, 848, 828 ff ZPO) des vorgemerkten (§ 883) Anspruchs (unten Rn 127).

(4) *im Grundbuch nicht eintragungsfähig*:

die Anwartschaftsstufen des Auflassungsempfängers (unten Rn 129); den Besitz am Grundstück (geschützt zB durch §§ 858 ff, 900, 927, 986, 994 ff).

b)   **Die Bedeutung der Begriffe „Anwartschaft" und „Anwartschaftsrecht"**, für die   **122** es bisher keine präzise Definition gibt (STAUDINGER/SEILER [2000] Einl 46 zu §§ 854 ff), ist ebenso umstritten wie die Frage, in welcher der einzelnen Stufen (oben Rn 120) der Auflassungsempfänger ein eigenes verkehrsfähiges „Recht" hat (vgl Überblick OLG Hamm NJW 1975, 879). Aus den Bezeichnungen „Anwartschaftsrecht" oder „Anwart-schaft", „Recht" oder „Nicht-Recht", „gesichert" oder „ungesichert" allein darf man keine Rückschlüsse ziehen (ebenso BAUR/STÜRNER § 3 B III Rn 44 ff; REINICKE/TIEDTKE NJW 1982, 2281, 2286; MÜNZBERG 439; ERMAN/GRUNEWALD § 449 Rn 27).

Inhaber eines „Anwartschaftsrechts" ist der Auflassungsempfänger nach Ansicht der **Gegner** dieser Lehre in *keiner einzigen Stufe* (vgl MünchKomm/WACKE § 873 Rn 43 m umf Nachw; WESTERMANN/EICKMANN § 75 I 6; WILHELM Rn 754 ff, 2153 ff; HABERSACK, JuS 2000, 1145), nach **Teilen der Lehre** *in den Stufen 1 bis 4* (vgl BayObLGZ 1971, 307, 311; KG JFG 4, 339; 14, 131; WOLFF/RAISER § 38 III 1; MÜNZBERG 452, 454; HOCHE NJW 1955, 652; REINICKE/TIEDTKE NJW 1982, 2281, 2286), nach Rspr des **BGH und hM** *in der Stufe 4* (unten Rn 123, 137; vgl BGHZ 49, 197; 106, 108; BGB-RGRK/AUGUSTIN Rn 84; ERMAN/LORENZ Rn 55; BAUR/STÜRNER § 19 B I Rn 16 ff) *und auch in der Stufe 5* (unten Rn 140; vgl BGHZ 83, 395; 106, 108; MünchKomm/KANZLEITER Rn 37; PALANDT/BASSENGE Anm Rn 25), nach einer neuen An-sicht *erst in der Stufe 6* (unten Rn 141; vgl MEDICUS DNotZ 1990, 275, 283).

Die hM bezeichnet das Anwartschaftsrecht des Auflassungsempfängers als „eine Rechtsstellung, die dem Eigentum so nahe kommt, daß man von einem dinglichen Anwartschaftsrecht sprechen kann" (BGB-RGRK/AUGUSTIN Rn 84), „ein dem Volleigentum wesensähnliches Recht" (BGHZ 45, 186, 192), „wenn auch ein minus" (Münch-Komm/KANZLEITER Rn 36) eine selbständig verkehrsfähige Vorstufe des Grundstücks-eigentums" (BGHZ 83, 395, 399).

Die hL hält die Eigentumsanwartschaft ohne eigenen Antrag oder Vormerkung für „ein Vermögensrecht, das noch kein dingliches Anwartschaftsrecht", aber bereits

verkehrsfähig ist (BGB-RGRK/Augustin Rn 82; Erman/Lorenz Rn 51, 55 ff; Palandt/Bas-
senge Rn 26; MünchKomm/Kanzleiter Rn 35; Münzberg 452) und durch § 812 (RGZ 112,
268), nicht durch § 823 Abs 1 (BGHZ 45, 186) geschützt und von einem Teil der Rspr
(zB BayObLGZ 1972, 242; KG JFG 4, 339; 14, 131; LG München II Rpfleger 1969, 225 Anm
Vollkommer) in diesem Rahmen praktisch wie ein Anwartschaftsrecht behandelt
wird.

123 **c)** **Nach Rspr des BGH** liegt ein „Anwartschaftsrecht" dann vor, wenn von einem
mehraktigen Entstehungstatbestand eines Rechts schon so viele Erfordernisse erfüllt sind, daß von einer gesicherten Rechtsposition des Erwerbers gesprochen
werden kann, die der andere an der Entstehung des Rechts Beteiligte nicht mehr
einseitig (zB durch Erklärungen, Handlungen, Unterlassungen) zu zerstören vermag; diese Voraussetzung sieht er dann als erfüllt an, wenn nach erfolgter Auflassung entweder der *Antrag auf Eigentumsumschreibung vom Erwerber beim Grundbuchamt gestellt* oder eine *Eigentumsvormerkung* im Grundbuch eingetragen ist
(BGHZ 45, 186 = JZ 1966, 796 Anm Kuchinke; BGHZ 49, 197 = LM § 857 ZPO Nr 9/10 Anm
Mattern; BGHZ 83, 395 = DNotZ 1982, 619 Anm Ludwig; BGH Rpfleger 1975, 432 = DNotZ
1976, 96; BGHZ 89, 41 = Rpfleger 1982, 271; BGHZ 106, 108 = Rpfleger 1989, 192; BGHZ 114, 161,
166; BGH NJW-RR 1992, 1178, 1180; vgl Konzen, FG BGH 871, 875 ff, 877 f).

124 **d)** **Das Anwartschaftsrecht des Auflassungsempfängers ist kein dingliches Recht**,
weil es noch kein Eigentum, wegen § 925 Abs 2 kein bedingtes Eigentum und kein
beschränktes dingliches Recht am Grundstück ist. Trotz zunehmender Kritik an der
übertriebenen Ausweitung der Diskussion über die Lehre vom Anwartschaftsrecht
des Auflassungsempfängers halten BGH und hL an seiner Bedeutung fest. Die für
Grundsatz- und Einzelfragen gefundenen Lösungen bedürfen allerdings einer ständigen Überprüfung und Korrektur (eingehend dazu Reinicke/Tiedtke NJW 1982, 2281;
Münzberg 439 ff; Medicus DNotZ 1990, 275, 288 f; Staudinger/Seiler [2000] Einl 46 zu
§§ 854 ff).

3. **Rechtsgrundlagen der Eigentumsanwartschaft**

125 Die hier – wie in der früheren Bearbeitung (vgl Staudinger/Ertl[12] Rn 128 ff) – vertretene Auffassung, die teilweise von den Leitlinien der bisherigen BGH-Rspr
abweicht, beruht vor allem auf folgenden Überlegungen:

a) Die *Auflassung* ist, solange sie nicht unwirksam wird (oben Rn 113), die *einzige
rechtlich maßgebliche Grundlage* der abstrakten Anwartschaft des Auflassungsempfängers in allen Stufen bis zur Eintragung. Hinzutritt oder Wegfall eines weiteren
Rechtsaktes (Bewilligung, Antrag, Vormerkung) verändern nur die Stärke des Anwartschaftsschutzes, lösen aber nicht das Erlöschen der alten und Entstehen einer
neuen Anwartschaft aus (Rn 133 ff).

b) Die *Bezeichnungen* „Anwartschaft" und „Anwartschaftsrecht" sind Ausdruck
der unterschiedlichen Stärke des Anwartschaftsschutzes und haben keinen Einfluß
auf die Identität und Verkehrsfähigkeit der Eigentumsanwartschaft (Rn 128 ff).

c) Der *Anwartschaftsschutz ist in keiner Stufe absolut*. Die Bezeichnung „Anwartschaftsrecht" verdient (wenn überhaupt) nur die Rechtsstellung, in der alle

materiellen und formellen Voraussetzungen vorliegen, als letzter, die Eigentumsübertragung vollendender Akt nur noch die Grundbucheintragung fehlt und der
Anwärter durch §§ 873, 878, 925 BGB, 13, 17, 19, 20 GBO, ergänzt durch § 823
Abs 1 und Staatshaftung weniger als absolut, aber mehr als nach dem gewöhnlichen
Verlauf der Dinge geschützt ist (Rn 137 ff).

d)   Die abstrakte *Eigentumsanwartschaft* und die forderungsabhängige *Eigentumsvormerkung* sind zwei selbständige Rechtsinstitute, die sich nicht zu einem
einzigen vormerkungsgesicherten akzessorischen Anwartschaftsrecht verbinden lassen (unten Rn 140, 141).

4.   Weiterveräußerung des Grundstücks (Kettenauflassungen)

Die Weiterveräußerung des Grundstücks des Veräußerers (A) durch den Auflas   **126**
sungsempfänger (B) an den Zweiterwerber (C) ist eine *Verfügung über fremdes
Eigentum*, deren Wirksamkeit nach § 185 zu beurteilen ist, die Übertragung der
Anwartschaft (unten Rn 128) eine Verfügung über sein eigenes Recht. Auflassung und
Eintragungsbewilligung gemeinsam (unten Rn 135) enthalten, wenn sich aus ihnen
nichts Gegenteiliges ergibt (zB bei einer Weiterveräußerung, die einer vertraglichen Zweckbestimmung zuwiderliefe, BGH NJW 1997, 936), die *Ermächtigung* (§ 185 Abs 1) des
Veräußerers zur Weiterauflassung seines Grundstücks durch den Auflassungsempfänger an einen Dritten (RGZ 129, 150, 153; BGHZ 106, 108, 112 = NJW 1989, 1093; BGH
NJW-RR 1992, 1178, 1180; KG DNotZ 1998, 200, 202), jedoch nicht ohne weiteres zur
Belastung des Grundstücks oder Bestellung einer Vormerkung für einen Dritten
oder für den Auflassungsempfänger (BayObLGZ 1979, 12 = DNotZ 1979, 426). Da Auflassung (oben Rn 113) und Eintragungsbewilligung unwirksam werden können (vgl
BGHZ 84, 202; Ertl Rpfleger 1982, 407), ist der Zweiterwerber C nicht gegen die
Beseitigung dieser (nahezu fiktiven) Einwilligung geschützt (zu den Risiken vgl auch
Weser MittBayNot 1993, 253, 257; Monath RNotZ 2004, 359, 375; Kersten/Bühling/Wolf-
steiner § 61 Rn 24). Deshalb ist es *empfehlenswert*, die *gesonderte und ausdrückliche
Einwilligung* (§ 185 Abs 1) oder Genehmigung (§ 185 Abs 2) des Grundstückseigentümers A einzuholen, die nicht der Auflassungsform bedarf (oben Rn 46). Läßt
der Auflassungsempfänger das Grundstück an einen Dritten auf, stehen zwei wirksame Auflassungen bezüglich desselben Grundstückes nebeneinander (zB von A an
B und von B an 9A), von denen jede zusammen mit der entsprechenden Eintragung
des Erwerbers zum Übergang des Eigentums führen kann (BayObLG Rpfleger 1983,
249). Eine Zwischeneintragung des B ist nicht erforderlich, aber möglich und führt
dann zum Eigentumserwerb des B (anders als unten Rn 129). In der Praxis wird dieser
Weg idR gegenüber der Übertragung der Eigentumsanwartschaft bevorzugt (unten
Rn 147).

5.   Eigentumserwerb trotz Verfügung über den Anspruch

a)   *Schuldrechtliche Beziehungen* und anderweitige Verfügungen über das gleiche   **127**
Grundstück haben auf die Wirksamkeit der Auflassung und der Eintragung keinen
Einfluß (oben Rn 1, 9, 112). Der Übereignungsanspruch kann vor und nach Auflassung
durch Vormerkung (§ 883) gesichert werden (KG DNotZ 1971, 418, 420; Ertl DNotZ
1977, 81, 89). Der für diese Vormerkung immer noch vielfach gebrauchte Terminus
„Auflassungsvormerkung" ist irreführend, im Regelfall, in dem die Auflassung

schon erklärt ist, sogar falsch: gesichert wird nicht der Anspruch auf Auflassung, sondern der Anspruch auf Eigentumsverschaffung (vgl MEDICUS DNotZ 1990, 275, der den Ausdruck „Übereignungsvormerkung" vorschlägt); „vorgemerkt" wird nicht die Auflassung, sondern das Eigentum des Erwerbers. Richtiger sollte von der **„Eigentumsvormerkung"** gesprochen werden.

Die Vormerkung teilt das rechtliche Schicksal des Anspruchs (vgl BGH DNotZ 1981, 181; BayObLGZ 1971, 310 = DNotZ 1972, 233) und hat weder eine Verfügungsbeschränkung noch eine Grundbuchsperre zur Folge (RGZ 113, 403, 408; 132, 419, 424). Daran ändert sich auch durch eine (vor oder nach der Auflassung erfolgte) Verfügung über den schuldrechtlichen Anspruch nichts (dazu STÖBER DNotZ 1985, 587). Die Auflassung des Kaufgrundstücks steht also der Abtretung des Anspruchs des Käufers auf Eigentumsübertragung mit der diesen Anspruch sichernden Vormerkung an einen Dritten nicht entgegen (BGH NJW 1994, 2947 mwN).

b) *Abtretung und Verpfändung des Anspruchs* sind formlos wirksam (BGHZ 89, 41, 46 = Rpfleger 1984, 143, 144; BGH NJW-RR 1992, 1178, 1180; BayObLGZ 1976, 190 = DNotZ 1977, 107), können von Bedingungen und Zeitbestimmungen abhängig gemacht werden (RÖLL MittBayNot 1974, 251; SCHÖNER DNotZ 1985, 598; REITHMANN DNotZ 1983, 716; 1985, 605) und bedürfen idR (Ausnahme § 399) keiner Zustimmung des Grundstückseigentümers, dem lediglich die Verpfändung zu ihrer Wirksamkeit angezeigt werden muß (§ 1280; Anzeige der Abtretung ist wegen §§ 407 ff zweckmäßig). Im Wege der Grundbuchberichtigung kann nach Abtretung des Anspruchs (mit dem auch die Vormerkung übergeht; § 401) der neue Anspruchsgläubiger als Vormerkungsberechtigter und nach Verpfändung (Pfändung) des Anspruchs bei der Vormerkung ein Verpfändungs- bzw Pfändungsvermerk eingetragen werden (BayObLGZ 1971, 307 = Rpfleger 1972 16; KEHE/MUNZIG § 20 GBO Rn 130, 139, 150). Erfolgt die Anspruchsabtretung zwischen Bewilligung und Eintragung der Vormerkung, kann diese unmittelbar für den Zessionar eingetragen werden (WEIMANN Rpfleger 2001, 583).

c) Der Auflassungsempfänger *B erwirbt trotz Abtretung des Anspruchs an C das Eigentum* durch Auflassung von A und Eintragung (§§ 873, 925). Eine Zustimmung des neuen Anspruchsgläubigers C ist dazu nicht erforderlich. Das GBAmt muß (gemäß §§ 13, 19, 20, 29 GBO; oben Rn 100) B als Eigentümer eintragen, selbst wenn es die Abtretung des Anspruchs an C kennt, die Vormerkung auf C übergegangen und umgeschrieben ist und C mit der Zwischeneintragung des B nicht einverstanden wäre, darf aber die Vormerkung des C, die seinem gemäß § 883, 888 erzwingbaren Schutz dient, nur aufgrund dessen Bewilligung (§ 19 GBO) löschen (KEHE/MUNZIG § 20 GBO Rn 131, 133).

d) Der *Zweiterwerber C erwirbt das Eigentum* entweder (mit möglicher Zwischeneintragung des B) nach Rn 126 oder aufgrund Übertragung der Anwartschaft und Eintragung (bei der Zwischenerwerb des B nicht möglich ist) nach Rn 129.

e) *Trotz Verpfändung (Pfändung) des Anspruchs* (vor oder nach Auflassung) erwirbt der Auflassungsempfänger B das Eigentum am Grundstück durch Auflassung und Eintragung (§§ 873, 925), auch wenn der Pfandgläubiger X an der Auflassung nicht mitwirkt (so mit überzeugender Begründung STÖBER DNotZ 1985, 587, 589 ff; ebenso WEIDEMANN NJW 1968, 1334; BLOMEYER Rpfleger 1970, 228). Wenn die Vormerkung für B

mit dem Verpfändungs- bzw Pfändungsvermerk für X als Sicherung für den Pfand-
schuldner und Pfandgläubiger bestehen bleibt, hat das GBAmt den Eigentumsübergang an B auch ohne Mitwirkung des X einzutragen und nicht zu prüfen, ob die
Anspruchsberechtigung des Pfandgläubigers X auf Leistung nach Maßgabe der
§§ 1281, 1282 gewahrt worden ist (so Stöber aaO). Materiell richten sich die Voraussetzungen für die Erfüllungswirkung der Auflassung (§ 362) nach §§ 1281, 1282,
formell die Voraussetzungen für die Löschung der Vormerkung samt Verpfändungs-
vermerk nach §§ 19, 22 GBO (dazu BayObLGZ 1985, 332 = DNotZ 1986, 345 Anm Reithmann; vgl auch Stöber, Schöner, Reithmann je aaO). Die aA, die eine Mitwirkung des
Pfandgläubigers X zur Wirksamkeit der Auflassung von A an B oder zur Eigentumseintragung des B verlangt (zB BayObLGZ 1967, 295; DNotZ 1983, 758; Staudinger/
Wiegand [2002] § 1287 Rn 13) ist insoweit nicht haltbar (MünchKomm/Damrau § 1274 Rn 34;
KEHE/Munzig § 20 Rn 140).

6. Verkehrsfähigkeit der Eigentumsanwartschaft

a) Die Übertragbarkeit, Verpfändbarkeit und Pfändbarkeit der Anwartschaft des **128**
Auflassungsempfängers (soweit nicht Gesetze oder Rechte Dritter entgegenstehen;
§ 903) ist eine Eigenschaft, die den praktischen Bedürfnissen im Grundstücks- und
Vollstreckungsrecht entspricht, sich aus ihrem dinglichen, abstrakten und an keine
bestimmte Person gebundenen Charakter als Vorstufe zum Grundstückseigentum
ableiten läßt und analog § 137 nicht durch Vereinbarung ausgeschlossen oder eingeschränkt werden kann (vgl BGH NJW 1970, 699 zu § 455; **aA** Reithmann DNotZ 1996,
991). Wenn der Anspruch auf Auflassung mit Erklärung der Auflassung an B erfüllt
ist (§ 362 Abs 1) und nur noch der Restanspruch auf Verschaffung des Eigentums
weiterbesteht (KG OLGZ 1971, 456), kann der Veräußerer A die nochmalige Auflassung an den Anspruchserwerber C (oder Sequester) verweigern. C kann nur dann
Eigentümer werden, wenn der Auflassungsempfänger B ihm das Grundstück (oben
Rn 126) oder die Eigentumsanwartschaft wirksam überträgt (unten Rn 129). Über
seine eigene Anwartschaft kann der Auflassungsempfänger B ohne Zustimmung
oder Mitwirkung des Veräußerers A verfügen, auch wenn er über das Grundstück
des A mangels der Voraussetzungen des § 185 (oben Rn 126) und über seinen Anspruch gegen A wegen § 399 nicht verfügen kann. Es gibt keine sachgerechte
Begründung für die (zB vom BGH Rpfleger 1975, 432, offenbar auch BGHZ 49,
197, 200; 83, 395; 106, 108 vertretene) Meinung, Verfügungen über die Rechte aus
der Auflassung seien erst nach Antragstellung des B oder Eintragung einer Vormerkung für B zulässig (so überzeugend zB Reinicke/Tiedtke NJW 1982, 2281, 2284; Münzberg 449 ff).

b) Die Übertragung der Eigentumsanwartschaft durch den Auflassungsempfänger **129**
(B) an einen Dritten (C) *ist weder eintragungsfähig noch eintragungsbedürftig*
(Staudinger/Gursky [2000] § 873 Rn 181). Sie bedarf keiner Einwilligung des Veräußerers (A) und keiner Anzeige an ihn. Die dazu erforderliche Einigung über die
Übertragung der Rechte aus der Auflassung von B an C ist nach hM (BGHZ 49,
197, 202; 83, 395, 399 mwN; BGH NJW-RR 1992, 1178, 1180) nur *in Auflassungsform ohne
Bedingung oder Zeitbestimmung* (§ 925 Abs 2) wirksam. Ein entsprechender Parteiwille muß sich mit der nötigen Bestimmtheit aus der Urkunde ergeben und ist zu
bejahen, wenn etwa von der Abtretung des „Anwartschaftsrechts" oder der „dinglichen Rechtsstellung" des B an C die Rede ist, jedoch bei einer bloßen Abtretung

„sämtlicher Ansprüche aus dem Grundstückskaufvertrag" (oben Rn 127) zu verneinen (OLG Jena Rpfleger 2002, 431).

Mangels Eintragungsfähigkeit kann C (auch wenn er später als Eigentümer eingetragen wird) die Anwartschaft *nicht gutgläubig erwerben*. Besteht sie nicht (zB wegen vorheriger Abtretung an D), erwirbt C nichts. Ist sie mit einem Pfandrecht belastet, erwirbt er sie belastet, auch wenn er davon keine Kenntnis hat. Mit der Übertragung verliert B und erwirbt C die gesamte Rechtsstellung des B aus der Auflassung einschließlich Antragsrecht. Ein Nebeneinander von zwei wirksamen Auflassungen (wie im Fall Rn 126) ist ausgeschlossen, eine spätere Aufhebung der Auflassung durch Vereinbarung zwischen A und B ohne Zustimmung des C nicht möglich. Verfügungsbeschränkungen gegen A beeinträchtigen die Wirksamkeit der Auflassung, Verfügungsbeschränkungen gegen B, die nach der Abtretung eintreten, beeinträchtigten sie nicht mehr. Trägt das GBAmt B ein, wird das Grundbuch (weil keine wirksame Auflassung zwischen A und B mehr besteht) unrichtig (REINICKE/ TIEDTKE NJW 1982, 2281, 2284). Vor Eintragung der Eigentumsübertragung an C ist eine Rückberichtigung auf A nach dem Zweck des § 39 GBO nicht erforderlich (vgl KEHE/MUNZIG § 20 GBO Rn 136). C erwirbt mit seiner Eintragung das Eigentum unmittelbar von A (BGHZ 49, 197, 207); ein Durchgangserwerb in der Person des B wäre (anders als oben Rn 126) nicht möglich (Einzelheiten zur Grundbucheintragung KEHE/MUNZIG § 20 GBO Rn 129 ff, 134 ff).

Zur Eintragungsfähigkeit werden zwei Meinungen vertreten:

(1)   Nach der einen Meinung kann die Übertragung der Eigentumsanwartschaft von B an C (ebenso ihre Verpfändung/Pfändung zugunsten des X), auch wenn der Anspruch nicht mitübertragen (verpfändet, gepfändet) worden ist, jedenfalls dann bei der Vormerkung im Grundbuch vermerkt werden, wenn für B eine Eigentumsvormerkung eingetragen ist (so HOCHE NJW 1955, 932;; SCHÖNER/STÖBER Rn 1594; MünchKomm/DAMRAU § 1274 Rn 38; ERMAN/MICHALSKI § 1274 Rn 9; wohl auch BayObLG MittBayNot 1997, 102). Dies ist äußerst bedenklich und höchstrichterlich keineswegs gefestigt (so mit Recht warnend MÜNZBERG Rpfleger 1985, 306, 307).

(2)   Die hier vertretene *Gegenmeinung* (vgl KEHE/MUNZIG Einl L 9, 31, 32, 43; § 20 GBO Rn 135, 146; PALANDT/BASSENGE Rn 26; ebenso STAUDINGER/GURSKY [2000] § 873 Rn 180) lehnt dies ab. Denn die Rechtsposition des Auflassungsempfängers B als Inhaber der Anwartschaft ist in keiner ihrer Stufen eintragungsfähig (unten Rn 133 ff), kann ein von seinem Anspruch (samt Vormerkung) abweichendes rechtliches Schicksal haben und unterscheidet sich von der Vormerkung auf vielfältige Weise (unten Rn 142). Ohne Abtretung des Anspruchs steht die Eigentumsanwartschaft nach ihrer Übertragung dem C, der Anspruch und mit ihm die Vormerkung noch dem B zu. Ein Vermerk hätte zur Folge, daß das bezüglich der Vormerkung richtige Grundbuch unrichtig würde. Eine spätere Verpfändung (Pfändung) der an C übertragenen Anwartschaft zugunsten des X würde nicht gegen den Vormerkungsberechtigten B wirken. Anders ist die Rechtslage bei wirksamer Doppelübertragung (Verpfändung, Pfändung) von Anwartschaft und Anspruch samt Vormerkung (vgl Rn 127, 140, 142). Auch hier kann aber im Grundbuch nur die Übertragung (Verpfändung, Pfändung) des Anspruchs bei der Vormerkung vermerkt werden, nicht die der Eigentumsanwartschaft. Ihr fehlt (zum Unterschied von anderen Anwartschaften;

oben Rn 121) die im Rechtsverkehr wichtige Eigenschaften der Grundbuchfähigkeit (Publizität), die sich auch mit Zweckmäßigkeitserwägungen (zB zur Stärkung der Eigentumsanwartschaft) nicht rechtfertigen läßt.

c)   Zur Verpfändung der Eigentumsanwartschaft an einen Dritten (X) bedarf der **130** Auflassungsempfänger B (anders als zur Bestellung eines Grundpfandrechts am Grundstück des A gemäß § 185) keiner Einwilligung des A und im Gegensatz zur Anspruchsverpfändung (§ 1280) keiner Anzeige an A (hM, zB Erman/Michalski § 1274 Rn 9; aber offengelassen in BGHZ 49, 197 und deshalb vorsorglich empfehlenswert) und ist (wie die Übertragung; Rn 129) *weder eintragungsfähig noch eintragungsbedürftig*. Nach hM ist die Einigung über die Verpfändung wegen § 1274 nur in Auflassungsform des § 925 Abs 1 (vgl BGHZ 49, 197, 202), aber entgegen § 925 Abs 2 wie bei sonstigen Pfand- und Grundpfandrechten *auch unter einer Bedingung oder Zeitbestimmung* wirksam. Ein sinnvoller Grund für den Zwang zur Auflassungsform ist bei der Verpfändung nicht erkennbar (vgl Köbl DNotZ 1983, 207, 215; Vollkommer Rpfleger 1969, 409, 411 Fn 26), zumal die Verpfändung der Ansprüche aus dem schuldrechtlichen Verpflichtungsgeschäft formlos wirksam (vgl BayObLGZ 1976, 190 = DNotZ 1977, 107) und ein Vermerk bei der Vormerkung nur bei Verpfändung des vorgemerkten Anspruchs zulässig ist (vgl Kehe/Munzig Einl L 31, 37, 39). Mit Eintragung des B als Eigentümer entsteht für X eine *Sicherungshypothek kraft Gesetzes* analog § 1287 (BGHZ 49, 197, 205 mwN). Ein gutgläubiger Erwerb von Pfandrecht und Sicherungshypothek ist nicht möglich. Einzelheiten vgl Hintzen Rpfleger 1989, 439 ff; Medicus DNotZ 1990, 275 ff; Staudinger/Wiegand (2002) § 1287 Rn 12 ff, 16 ff mwN; zu Rang- und Eintragungsfragen Kehe/Munzig Einl L 45 ff; § 20 GBO Rn 138 ff, 145 ff.

d)   Die Pfändung der Eigentumsanwartschaft des B durch X (§ 857 ZPO) setzt **131** einen gerichtlichen Pfändungsbeschluß und dessen Zustellung an den Auflassungsempfänger B, nicht an den Grundstückseigentümer A voraus (hM: BGHZ 49, 197, 203; aA Schwab/Prütting § 29 VI Rn 362). Sie ist *nicht eintragungsfähig* (oben Rn 129, 130). Ein Vermerk bei der Vormerkung ist nur zulässig, wenn der vorgemerkte Anspruch gepfändet worden ist (vgl Kehe/Munzig Einl L 31, 43; vgl auch OLG Frankfurt aM DNotZ 1997, 731). Mit Eintragung des B der notfalls durch einen Sequester vertreten werden kann (§ 848 Abs 2 ZPO), erwirbt X eine *Sicherungshypothek kraft Gesetzes* analog § 848 Abs 2 S 2 ZPO (BGHZ 49, 206), sofern Pfändung und Anwartschaft (noch) wirksam sind (vgl BGH DNotZ 1976 96) *Einzelheiten*: Münzberg 439 ff; Kommentare zu § 857 ZPO; zu Rang- und Eintragungsfragen vgl Kehe/Munzig Einl L 45 ff; § 20 GBO Rn 149 ff, 153 ff; zur Eintragung der Sicherungshypothek vgl LG Düsseldorf Rpfleger 1985, 305 m krit Anm Münzberg.

e)   Vorausverfügungen über ein künftiges Anwartschaftsrecht sind nicht ohne wei **132** teres wie Vorausverfügungen über künftige Forderungen und Rechte zulässig (§§ 398, 413, 1274; vgl Staudinger/Wiegand [2002] § 1273 Rn 14 ff). Bei Prüfung der Frage, unter welchen Voraussetzungen Verfügungen über eine Anwartschaftsposition ohne Eingriff in Rechte des Eigentümers und Interessen Dritter um eine oder mehrere Stufen vorverlegt werden können (dazu Münzberg 444, 448, 451 ff), kommt der materiellen Auflassung (nicht irgendeinem Verfahrensakt) entscheidende Bedeutung zu. *Vor Auflassung* liegt weder die Mindestvoraussetzung einer Anwartschaft (oben Rn 121, 125) noch ein schutzwürdiges Bedürfnis für Vorausverfügungen vor, weil Verfügungen über den Anspruch zum Ziel führen und im Grundbuch vorgemerkt werden können (so Münzberg 444, 452 überzeugend gegen Vorauspfändungen vor Auflassung). *Nach bindender Auflassung,* auch wenn sie schwebend unwirksam ist, die Bewilligung oder der Antrag des Auflassungsempfängers noch fehlt (oben Rn 133), liegt eine Verfügung (keine Vorausverfügung) über die Eigentumsanwartschaft vor. Es ist zu hoffen, daß der BGH (trotz seiner bisherigen abweichenden Meinung) diesen Verfügungen die Wirksamkeit nicht versagen wird.

7. Rechtslage bei Auflassung allein

133 Mit Grundstücksauflassung allein (ohne weitere Erfordernisse) erhält der Auflassungsempfänger eine nur von der Wirksamkeit der Auflassung abhängige *Anwartschaft* auf Erwerb des Grundstückseigentums, die ihre *Rechtsgrundlagen in §§ 873, 925 BGB und §§ 20, 29 GBO hat.* Der Schutz durch §§ 878 BGB, 13, 17, 19 GBO fehlt (unten Rn 134, 137). Die Auflassung, die dem Veräußerer die volle Verfügungsmacht über sein Grundstück beläßt (oben Rn 112), kann wegen der Bindung vom Veräußerer nicht einseitig widerrufen werden (oben Rn 111), ist nach dem Abstraktionsprinzip vom Bestand eines Anspruchs auf Übertragung des Eigentums unabhängig und verleiht dem Auflassungsempfänger die unentziehbare Befugnis, durch eigenen Antrag ohne Mitwirkung des Veräußerers seine Eintragung als Eigentümer herbeizuführen (vgl Staudinger/Gursky [2000] § 873 Rn 37). Solange die Auflassung schwebend unwirksam ist, teilen die ausgeübten Befugnisse (zB Übertragung der Anwartschaft) das rechtliche Schicksal der Auflassung. Hat der Veräußerer sein Grundstück ohne Rechtsgrund aufgelassen, kann er die Auflassung kondizieren (§ 812) und dem Auflassungsempfänger die Ausübung der Rechte aus der Auflassung durch gerichtliches Veräußerungs- oder Erwerbsverbot untersagen lassen, das nur gegen diejenigen Dritten wirkt, die das Verbot kennen (so zutreffend Löwisch/Friedrich JZ 1972, 302, 303 ff). Die Anwartschaft gewährt kein Recht auf Besitz (OLG Celle NJW 1958, 870), ist nicht eintragungsfähig, auch nicht vormerkungsfähig (unten Rn 140) und kann deshalb nicht gutgläubig erworben werden (oben Rn 129).

8. Rechtslage bei Auflassung und Bewilligung

134 a) Die *Auswirkungen der abgegebenen oder fehlenden formellen Eintragungsbewilligung* des Veräußerers (§ 19 GBO) auf die Eigentumsanwartschaft werden in Rspr und Lit vernachlässigt, weil man sie neben der Auflassung nicht für erforderlich hielt (zum Meinungsstreit vgl Kehe/Munzig § 20 GBO Rn 5 ff). Entgegen der früheren Meinung hat sich inzwischen die Ansicht durchgesetzt, daß das GBAmt trotz der ihm vorgelegten Auflassungserklärungen (§ 20 GBO) die Eintragung nicht vornehmen darf, wenn die Bewilligung des Veräußerers fehlt und sich auch nicht durch Auslegung aus seinen Erklärungen ergibt (oben Rn 101 sowie Staudinger/Gursky [2000] § 873 Rn 180). Einen Anspruch auf Abgabe der Bewilligung hat der Auflassungsempfänger gegen den Veräußerer nicht aufgrund der Auflassung, sondern nur aufgrund einer im schuldrechtlichen Geschäft eingegangenen Verpflichtung zur Verschaffung des Eigentums (RGZ 113, 403, 405; 118, 100, 102).

Dazu folgende Fälle

(1) Fehlt die Bewilligung, hat der Auflassungsempfänger eine Anwartschaft durch

Auflassung allein (oben Rn 133). Seinem Antrag steht ein Eintragungshindernis entgegen (§ 18 GBO). Nach wirksamer Bewilligung hat der Auflassungsempfänger den zusätzlichen Schutz aus § 19 GBO.

(2) Hat der Auflassungsempfänger selbst den Eintragungsantrag gestellt (unten Rn 137), ist ein Anwartschaftsrecht im Sinn der vom BGH vertretenen Auffassung nur zu bejahen, wenn und solange die Eintragungsbewilligung wirksam ist.

(3) Verliert die Bewilligung ihre Wirksamkeit (dazu BGHZ 84, 202; ERTL Rpfleger 1983, 407; KEHE/MUNZIG § 19 GBO Rn 168, 169, 175) richtet sich die Rechtslage wieder nach Rn 133, solange die Auflassung wirksam ist.

b) Auflassung und Bewilligung gemeinsam enthalten die Einwilligung des als **135** Eigentümer eingetragenen Veräußerers A zur Weiterveräußerung seines Grundstücks durch den Auflassungsempfänger B(§ 185 Abs 1) und zur formellen Bewilligung der Eigentumsumschreibung an Dritte (analog § 185 Abs 1), wenn sich aus den Erklärungen des A nichts Gegenteiliges ergibt (oben Rn 126). Die Meinung, daß diese Einwilligung allein aus der Auflassung abgeleitet werden kann (vgl BayObLGZ 1970, 254; 1972, 397; KG DNotZ 1971, 419; RGZ 129, 153; 135, 382; STREUER Rpfleger 1998, 314), ist nur in den Fällen anwendbar, in denen die Auflassung im Auslegungsweg auch die formelle Bewilligung beinhaltet (oben Rn 101). Die Bedenken gegen die „fiktive" Einwilligung (vgl KUCHINKE JZ 1964, 145, 148; SCHÖNFELD JZ 1959, 144) lassen sich dadurch zerstreuen, daß A berechtigt ist, seine (stillschweigende) Ermächtigung für B zu Verfügungen über das fremde Recht (nicht über dessen eigenes Recht; Rn 128) auszuschließen oder einzuschränken, entweder die Auflassung oder trotz Auflassung die Bewilligung bis zur Vertragserfüllung durch B zurückzuhalten oder analog § 16 Abs 2 GBO als Inhalt der Bewilligung die Eintragung des Eigentumsüberganges von der gleichzeitigen Eintragung der für ihn oder Dritte bestellten Rechte (zB Kaufpreishypothek, Grunddienstbarkeit, Rückauflassungsvormerkung) abhängig zu machen (oben Rn 99; KEHE/MUNZIG § 19 Rn 28, 32, 51, 80; § 20 Rn 8, 9; zum Rang BGHZ 49, 197, 202; BayObLGZ 1952, 46 = DNotZ 1952, 36). Wer als eingetragener (§ 39 Abs 1 GBO) Veräußerer mit der Auflassung und Bewilligung (§§ 925 BGB; 19, 20 GBO) alles seinerseits materiell- und verfahrensrechtlich zur Übertragung des Eigentums Erforderliche getan hat, muß sich so behandeln lassen, wie wenn er dem Auflassungsempfänger die Veräußerungsermächtigung erteilt hätte, sofern er diesem nahezu fiktiven Charakter seiner nach der Verkehrsauffassung so verstandener Erklärungen nicht unmißverständlich entgegengetreten ist.

9. Rechtslage bei Auflassung und Veräußererantrag

Nach Antrag des Veräußerers auf Eintragung der Eigentumsübertragung (§ 13 Abs 2 **136** GBO) ändert sich die Rechtslage in einigen Punkten:

a) Wenn der Veräußerer die Eintragung beantragt, besteht kein Zweifel, daß seine Auflassungserklärung *auch seine Bewilligung* zu dieser Eintragung (§ 19 GBO) enthält (oben Rn 134). Führt sein Antrag zur Eintragung, erübrigt sich ein Antrag des Auflassungsempfängers.

b) *Nach BGH* (oben Rn 123) genügt der Antrag des Veräußerers nicht für das

Entstehen eines Anwartschaftsrechts. Der Auflassungsempfänger (ohne eigene Antragstellung) gehört nach hM nicht zu den Verfahrensbeteiligten (aA EICKMANN Rpfleger 1982, 449, 456 mwN) und hat deshalb auf die Zurücknahme und Zurückweisung des nicht von ihm gestellten Antrages keinen Einfluß. *Das Antragsrecht des Veräußerers* ist ein prozessuales Recht, das aus der Verfügungsmacht über das Grundstück fließt (vgl KEHE/HERRMANN § 13 GBO Rn 54, 68; RAHN BWNotZ 1967, 272) und stets der Verfügungsmacht folgt. Es kann nicht in ein Recht zur Antragstellung und ein Recht zur Antragsrücknahme aufgespalten werden. Geht mit Insolvenzeröffnung das Antrags- und Antragsrücknahmerecht auf den Insolvenzverwalter über (so hM; SCHÖNER/STÖBER Rn 120), dann deshalb, weil die Verfügungsmacht auf ihn übergegangen ist. Dann haben der Antrag des Gemeinschuldners durch Verlust seines Antragsrechts und die vom Gemeinschuldner erklärte Auflassung und Bewilligung ihre Wirksamkeit verloren, weil die Voraussetzungen des § 878 nicht mehr vorliegen (so die überwiegende Auffassung in der Literatur zum Grundbuchverfahrensrecht: vgl MEIKEL/SIEVEKING[7] § 13 GBO Rn 80 sowie Anh 53 und 119 zu § 119; KEHE/MUNZIG § 19 GBO Rn 90; DEMHARTER § 13 GBO Rn 9, 54; VENJAKOB Rpfleger 1991, 284 ff mwN). Die *Gegenmeinung* (wohl zZ **hM**; jedenfalls hL im Schrifttum zu § 878 BGB), nach der Auflassung, Bewilligung und Antrag gemäß § 878 wirksam bleiben, weil der Fortbestand der Verfügungsmacht auch bezüglich der Antragsberechtigung fingiert wird (so STAUDINGER/GURSKY [2000] § 878 Rn 50 mit umf Nachw; MünchKomm/WACKE § 878 Rn 8, 23; JAUERNIG § 878 Anm 2 b; SCHÖNER/ STÖBER Rn 120 mwN; offengelassen von BGH NJW-RR 1988, 1274) würde praktisch bedeuten, daß der Gemeinschuldner trotz Insolvenzeröffnung Herr des Grundbuchverfahrens und damit auch der Herr über das weitere rechtliche Schicksal seiner Auflassung und Bewilligung wäre, die bis dahin bindend waren (aA HENCKEL JZ 1997, 338). Dies widerspricht dem Gesetz und der Interessenlage. Denn § 878 ist eine materielle Vorschrift, die einen bis zur Eintragung wirksam bleibenden Antrag zur Voraussetzung (nicht zur Folge) hat und nur auf bindende Verfügungen, nicht auf den jederzeit einseitig widerruflichen Antrag anwendbar ist. Ein Auflassungsempfänger, der (idR nur um nicht Kostenschuldner zu werden) sein Antragsrecht nicht ausübt, bedarf des Schutzes des § 878 nicht. Wird er als Eigentümer eingetragen, dann (nach der hier vertretenen Meinung) wegen unwirksamer Auflassung zu Unrecht (§ 894). Er nimmt den Verlust seiner auf der Antragstellung des Veräußerers beruhenden Anwartschaftsposition in Kauf. Bei Interessenabwägung erscheint dieses Ergebnis deshalb sachgerecht. Es dürfte auch der BGH-Rspr zum Anwartschaftsrecht (oben Rn 123) eher entsprechen als die hier abgelehnte Auffassung.

c)   Hat der Auflassungsempfänger seine *Anwartschaft (an C) abgetreten*, muß das GBAmt bei Kenntnis der Abtretung den Antrag auf Eintragung des Eigentumsüberganges an B (wenn zB A ihn nicht vorher zurückgenommen oder abgeändert hat) zurückweisen, weil das Grundbuch unrichtig würde (oben Rn 129).

10.   Rechtslage bei Auflassung, Bewilligung und Erwerberantrag

137 a)   Mit eigener Antragstellung des Auflassungsempfängers B *entsteht* nach BGH (oben Rn 123) sein *Anwartschaftsrecht*, während sich nach der hier vertretenen Auffassung lediglich seine bereits bestehende Anwartschaft durch den zusätzlichen Schutz der §§ 878 BGB, 13, 17 GBO zu einer Rechtsstellung *verstärkt*, die als „Anwartschaftsrecht" bezeichnet werden kann (oben Rn 125). Da das GBAmt trotz Insolvenz des Veräußerers bei Nachweis der Voraussetzungen des § 878 den Auflassungsempfänger eintragen muß (KEHE/MUNZIG § 19 GBO Rn 87 ff), ist sein Eigentumserwerb *insolvenzgeschützt.* Gerät der Auflassungsempfänger in eine Insolvenz, so gehören sein Anwartschaftsrecht und das aus ihm erwachsende Eigentum zur Insolvenzmasse (JAEGER/HENCKEL § 1 KO Rn 56). Ferner besteht *Deliktschutz* gemäß § 823 Abs 1 (BGHZ 49, 197; 114, 161; BAUR/STÜRNER § 19 B I Rn 20; aA DIECKMANN 108: nur gemäß § 826) und § 823 Abs 2 iVm § 909 (BGHZ 114, 161), aber wie in den anderen Anwartschaftsstufen kein Besitzrecht iSv § 986 (OLG Celle NJW 1958, 870 Anm HOCHE; aA HAGER JuS 1991, 1, 7). Mit der Übertragung (oben Rn 129) tritt C als Erwerber des Anwartschaftsrechts in die volle dingliche und grundbuchmäßige Stellung des Auflassungsempfängers B aus Auflassung, Bewilligung und Antrag einschließlich der sich aus § 878 BGB und § 17 GBO ergebenden Rechtslage ein. C erwirbt das Eigentum am Grundstück unmittelbar vom eingetragenen Eigentümer A ohne Zwischenerwerb des B (BGHZ 49, 197, 205). A kann seinen Antrag zurücknehmen, weil seine Antragsberechtigung weder erloschen noch auf einen anderen übergegangen ist (oben Rn 136), B wegen Überganges seines Antragsrechtes auf C nicht und bei Verpfändung oder Pfändung der Anwartschaft nicht ohne Zustimmung des Pfandrechtsgläubigers X (KEHE/MUNZIG § 20 GBO Rn 137, 147, 154).

b) Der Schutz ist nicht absolut. Denn § 878 setzt voraus, daß der Antrag zur **138** Eintragung führt (vgl STAUDINGER/GURSKY [2000] § 878 Rn 42), § 17 GBO, daß sich das GBAmt an die Antragsreihenfolge hält und §§ 13, 17 GBO, daß der Antrag nicht zurückgewiesen wird und mindestens im Rechtsmittelverfahren wieder auflebt, bevor das Eigentum auf einen Dritten übergegangen ist. Ein unter Verstoß gegen § 17 GBO oder nach Antragszurückweisung für einen Dritten eingetragenes Recht ist durch Einigung und Eintragung wirksam entstanden (vgl RGZ 135, 378, 385; BGHZ 45, 186, 191; 49, 197, 201). Mit Übergang des Grundstücks an einen Dritten verliert die Auflassung und mit ihr die Eigentumsanwartschaft ihre Wirkung, wenn der Veräußerer vor Vollendung des Eigentumserwerbs des Auflassungsempfängers sein Eigentum verloren hat (BGH LM § 185 Nr 6), was weder durch Grundbuchberichtigung noch nach Bereicherungsrecht rückgängig gemacht werden kann.

c) Zum Erlöschen des Anwartschaftsrechts einschließlich aller daran bestehenden **139** Pfandrechte werden zwei *Meinungen* vertreten:

(1) Soweit (oben Rn 125) das Anwartschaftsrecht (Stufe 4) als die am stärksten geschützte, aber mit den anderen Stufen (1, 2 und 3) identische Rechtsstellung des Auflassungsempfängers angesehen wird, führt *nur die Unwirksamkeit der Auflassung* (oben Rn 113) zum vollständigen Untergang des Anwartschaftsrechts. Mit Unwirksamkeit von Bewilligung oder Antrag (zB durch Zurücknahme oder Zurückweisung) entfällt lediglich der zusätzliche Schutz für die (samt Pfandrechten) weiterbestehende Eigentumsanwartschaft (PALANDT/BASSENGE Rn 25; MÜNZBERG 443; REINICKE/TIEDTKE NJW 1982, 2281, 2284).

(2) *Nach aA* (zB des BGH; oben Rn 123) sind Ent- und Bestehen des Anwartschaftsrechts *von Auflassung, Bewilligung und eigenem Antrag des Auflassungsempfängers abhängig.* Deshalb erlischt es, wenn eine dieser Voraussetzungen (zB der Antrag durch Zurücknahme) die Wirksamkeit verliert (so BGH Rpfleger 1975, 432; MünchKomm/KANZLEITER Rn 37). Äußerst bedenklich (dazu MÜNZBERG 450) wäre der endgültige Untergang des Anwartschaftsrechts samt Pfandrechten durch erst-

instanzliche Antragszurückweisung in den Fällen, in denen das Beschwerdegericht die Antragszurückweisung mit der Folge aufhebt, daß der alte Antrag mit allen materiell- und verfahrensrechtlichen Wirkungen, insbesondere aus §§ 878 BGB, 17 GBO (unbeschadet der Wirksamkeit zwischenzeitlicher Eintragungen) wieder auflebt (vgl BGHZ 45, 186, 191; BayObLG Rpfleger 1983, 101 Anm MEYER-STOLTE). Denn wenn der Antrag (wegen der Beschwerdeentscheidung) als nie erloschen behandelt wird und Auflassung und Bewilligung wirksam geblieben sind (KEHE/HERRMANN § 18 GBO Rn 92 ff), dann ist das Anwartschaftsrecht nicht erloschen. Wird (wie in dem vom BGH Rpfleger 1975, 432 entschiedenen Fall) der Antrag nach unangefochtener Zurückweisung neu gestellt, gelten § 878 und § 17 GBO nicht. Dies hat (nach BGH und hL) zur Folge, daß das Anwartschaftsrecht erlischt.

11. Rechtslage bei Auflassung und Eigentumsvormerkung

140 Ob ein **Anwartschaftsrecht durch Auflassung und Eigentumsvormerkung** (gleich in welcher Reihenfolge) auch ohne eigenen Antrag entsteht, ist umstritten:

a) *Bejaht* wird dies von BGHZ 83, 395, 399 (= DNotZ 1982, 619 zust LUDWIG), ausdrücklich bestätigt durch BGHZ 106, 108 (=Rpfleger 1989, 192, 439 Anm HINTZEN) und BGH NJW-RR 1992, 1178, 1180; (ferner von OLG Hamm NJW 1975, 879; OLG Düsseldorf Rpfleger 1981, 199; LG Düsseldorf Rpfleger 1985, 305; PALANDT/BASSENGE Rn 25; MünchKomm/KANZLEITER Rn 37; ERMAN/LORENZ Rn 57; BRETTERMANN MittRhNotK 1969, 687), mit der Begründung, der Auflassungsempfänger habe durch Auflassung und Vormerkung eine vom Veräußerer nicht mehr zerstörbare dingliche Rechtsstellung. Das OLG Düsseldorf aaO (zust ERMAN/LORENZ Rn 55) hat das Entstehen eines Anwartschaftsrechts sogar eine weitere Stufe früher bejaht, wenn die Auflassung erklärt und ein Antrag auf Eintragung der Vormerkung (oben Rn 120), aber noch kein Antrag auf Eintragung des Eigentumsüberganges gestellt ist.

b) *Abgelehnt* wird von der Gegenmeinung (vgl EICKMANN Rpfleger 1981, 201; HINTZEN Rpfleger 1989, 439, 440 f; JAUERNIG § 873 Anm III 3; MÜNZBERG 456 und Rpfleger 1985, 306, 308; REINICKE/TIEDTKE NJW 1982, 2281, 2285; VOLLKOMMER Rpfleger 1969, 409, 414; 1972, 18; AK-BGB/vSCHWEINITZ Rn 65 ff; KEHE/MUNZIG Einl L 18, 19; WILHELM Rn 2157) ein „durch Vormerkung gesichertes Anwartschaftsrecht" aus mehreren zutreffenden Gründen:

(1) Ein von der Vormerkung abhängiges Anwartschaftsrecht wäre (entgegen BGHZ 83, 395, 399) ein neuartiges, streng akzessorisches, dem abstrakten Volleigentum nicht wesensähnliches Rechtsgebilde und keine selbständig verkehrsfähige Vorstufe des Grundstückseigentums. Denn es wäre unwirksam, wenn der Anspruch nicht besteht. Es würde erlöschen, wenn der Anspruch erlischt. Es wäre nicht übertragbar, wenn der vorgemerkte Anspruch nicht übertragbar ist (§ 399).

(2) Einer „Anwartschaft ohne Antrag des Auflassungsempfängers" fehlt der Schutz der §§ 878 BGB, 13, 17 GBO (oben Rn 137). Wird die durch § 878 nicht geschützte Auflassung trotz Vormerkung (zB durch Konkurs des Veräußerers) unwirksam oder führt sie nicht zur Eintragung des Eigentumsüberganges an B, weil das GBAmt trotz Vormerkung einem früher gestellten Antrag eines anderen Erwerbers (zB des D, dem A sein Grundstück aufgelassen hat) stattgeben muß (vgl STAUDINGER/ERTL[12] Vorbem 40 zu §§ 873 ff), dann liegt (entgegen BGHZ 83, 395, 399) keine

selbständige, vom Veräußerer nicht mehr zerstörbare Vorstufe des Grundstückseigentums vor. Die durch Vormerkung geschützten Fälle lassen sich mit der Vormerkung allein lösen (so mit Recht MÜNZBERG 456; VOLLKOMMER Rpfleger 1969, 414 Fn 64). Versagt der Vormerkungsschutz, hilft auch das vormerkungsabhängige Anwartschaftsrecht nicht weiter.

12. Auflassung, Bewilligung, Erwerberantrag und Vormerkung

Wer für das Entstehen eines Anwartschaftsrechts des Auflassungsempfängers das **141** **kumulierte** Vorliegen von Auflassung, Umschreibungsantrag des Erwerbers und Vormerkung verlangt (so MEDICUS DNotZ 1990, 275, 283, der im übrigen -aaO 289- sehr zutreffend der gesamten Lehre vom Anwartschaftsrecht eine nicht mehr zu rechtfertigende Umständlichkeit vorwirft), macht aus zwei Anwartschaftsrechten ein einziges „abstraktakzessorisches Anwartschaftsrecht". Dies ist aus dogmatischen und praktischen Gründen abzulehnen. Die Verbindung des abstrakten Anwartschaftsrechts (oben Rn 137) mit der aus der Vormerkung entstehenden und von ihr abhängigen Rechtsposition des Erwerbers (oben Rn 140) zu einem einzigen Recht würde zur Anspruchsabhängigkeit des ganzen Rechts und damit praktisch zur Schwächung der Rechtsstellung des Auflassungsempfängers führen. Den bestmöglichen Schutz hat der Auflassungsempfänger nur, wenn man seine beiden Rechtsstellungen als Inhaber des abstrakten dinglichen Anwartschaftsrechts aufgrund Auflassung, Bewilligung und eigenen Antrags (oben Rn 137) und als Vormerkungsberechtigter (= Gläubiger des vorgemerkten Übereignungsanspruchs) rechtlich getrennt behandelt (unten Rn 142).

13. Eigentumsanwartschaft und Eigentumsvormerkung

Folgende **Gegenüberstellung** zeigt die unterschiedlich geschützten, voneinander un- **142** abhängigen **Rechtsstellungen eines Auflassungsempfängers, der zugleich Vormerkungsberechtigter ist:**

a)   Eine notwendige Vorstufe zum Grundstückseigentum ist die Vormerkung nie (oben Rn 120), die Eigentumsanwartschaft immer dann, wenn nicht ausnahmsweise (entgegen der GBO) die Eintragung vor der Auflassung erfolgt (oben Rn 108).

b)   Die abstrakte Eigentumsanwartschaft und die akzessorische Vormerkung sind in allen Stufen voneinander unabhängig (oben Rn 127). Die Eigentumsanwartschaft steht und fällt mit der Auflassung (oben Rn 125, 133), die Vormerkung mit dem Anspruch (oben Rn 120, 127).

c)   Die Eigentumsanwartschaft ist nicht eintragungsfähig (oben Rn 129 ff), die Vormerkung eintragungsbedürftig. Das Grundbuch ist bei Über- und Untergang der Eigentumsanwartschaft richtig, bei Über- und Untergang der Vormerkung unrichtig.

d)   Schutz gegen beeinträchtigende Verfügungen gewährt die Eigentumsanwartschaft auch ohne Anspruch nur während des Eintragungsverfahrens (§ 17 GBO), die Vormerkung nur bei Bestehen des Anspruchs (§§ 883, 888), aber auch vor, während und nach dem auf Eintragung des Eigentumserwerbs gerichteten Grundbuchverfahren.

e) Die Verkehrsfähigkeit der Eigentumsanwartschaft kann nur durch Gesetz ausgeschlossen oder eingeschränkt werden (oben Rn 128), die des vorgemerkten Anspruchs auch durch Parteivereinbarungen (§ 399).

f) Ein gutgläubiger Erwerb der Eigentumsanwartschaft ist ausgeschlossen (oben Rn 129), ein gutgläubiger Erwerb der Vormerkung vom Bucheigentümer möglich. Umstritten ist, ob auch eine zu Unrecht eingetragene Vormerkung für einen bestehenden Anspruch durch Anspruchsübertragung gutgläubig erworben werden kann (vgl STAUDINGER/GURSKY [2002] § 892 Rn 55 ff mwN zur hL und abweichenden BGH-Rspr (BGHZ 25, 16, 23). Die vom BGH vertretene Meinung, die dies bejaht, steht im Einklang mit der vom Gesetzgeber der Vormerkung zugewiesenen Schutzfunktion im Grundstücksverkehr (oben Rn 92; vgl auch BGH DNotZ 1981, 179, 181).

g) Der Vormerkungsschutz muß notfalls im Prozeßweg durchgesetzt werden. Die Eigentumsanwartschaft führt unter den im BGB und GBO geregelten Voraussetzungen im Verfahren der freiwilligen Gerichtsbarkeit mit der Eintragung des Eigentumsüberganges zum Eigentumserwerb.

IX. Verkäuferschutz und Käuferschutz im Grundstücksverkehr

1. Kein Eigentumsvorbehalt, keine Zug-um-Zug-Leistung

143 **a)** Bei der Übereignung eines Grundstücks gibt es (im Gegensatz zu § 449) keinen Eigentumsvorbehalt (§ 925 Abs 2). Eine Zug-um-Zug-Leistung von Kaufpreiszahlung und Erklärung der Auflassung ist zwar möglich, schützt aber den Käufer nicht dagegen, daß die Auflassung vor der Grundbucheintragung unwirksam werden kann, selbst wenn sie zunächst wirksam war (oben Rn 113). Eine Zug-um-Zug-Leistung der Kaufpreiszahlung und der Eintragung des Käufers als Eigentümer im Grundbuch ist nicht möglich, weil das Grundbuchverfahren unter Ausschluß der Öffentlichkeit zu einem nicht im voraus bestimmten Termin stattfindet. Das GBAmt hat darüber zu wachen, daß zuerst die Auflassung und dann die Eintragung des Eigentums im Grundbuch erfolgt (§ 20 GBO), aber nicht darüber, daß der Veräußerer seinen Kaufpreis (oder sonstige Gegenleistung) erhält. Eine von der (späteren) Kaufpreiszahlung abhängig gemachte Auflassung wäre unwirksam (§ 925 Abs 2; oben Rn 84, 94).

b) Eine *Vorleistung entweder des Verkäufers oder des Käufers* ist daher *unvermeidlich* (deshalb die Warnfunktion der Auflassungsform, oben Rn 75). Um deren Risiken möglichst klein zu halten, sind in der Praxis eine Reihe von Vertragsgestaltungen und Maßnahmen entwickelt worden. Die meisten von ihnen wären ohne Einschaltung des Notars als Träger eines öffentlichen Amtes und Vertrauensmann aller Beteiligten nicht denkbar. Deshalb war es sinnvoll, die Zuständigkeit zu Beurkundungen (§ 1 BeurkG) und zur Entgegennahme der Auflassung (§ 925 Abs 1 S 2) den Notaren zu übertragen (oben Rn 79).

2. Bereiche der Verkehrsschutzmaßnahmen

144 Die Maßnahmen zum Verkehrsschutz sollen je nach der Größe des Risikos und des

Sicherungsbedürfnisses der Vertragspartner einzelne oder alle Bereiche einbeziehen, die vom Grundstücksverkehr betroffen werden:

(a) *das schuldrechtliche Geschäft*

Denn es ist maßgebend dafür, ob der Käufer die Übertragung des Eigentums am Grundstück verlangen und den Anspruch notfalls durchsetzen kann und ob er das Eigentum behalten darf. Sicherungsmittel für den Anspruch ist die Vormerkung (§ 883), die als Folge der §§ 925 Abs 2 BGB, 20 GBO ein unentbehrliches Instrument des Käuferschutzes ist (oben Rn 92).

(b) *das dingliche Geschäft*

Denn die Eigentumsübertragung erfolgt nicht ohne Auflassung zwischen dem Veräußerer und dem Erwerber des Grundstücks (§§ 873, 925).

(c) *die formellen Eintragungsvoraussetzungen*

Denn ohne sie trägt das GBAmt nicht ein (§ 18 GBO).

(d) *die Grundbucheintragung*

Denn ohne sie geht das Eigentum nicht auf den Erwerber über (§ 873, 925).

3. Maßnahmen zum Schutz des Verkäufers

Dem Schutz des Verkäufers gegen die Risiken eines Eigentumsverlustes vor Kauf- **145** preiszahlung dienen zB (hierzu ausführlich auch AnwK-BGB/GRZIWOTZ Rn 39 ff; BRAMBRING, in: FS Hagen 251, 267 ff)

(a) *Trennung von Kaufvertrag und Auflassung* und Verpflichtung des Verkäufers zur Auflassung erst nach Kaufpreiszahlung (vgl KERSTEN/BÜHLING/BASTY § 36 Rn 75; MEIKEL/BÖTTCHER § 20 GBO Rn 13); diese sog materiell-rechtliche Vorgehensweise stellt trotz der damit verbundenen höheren Kosten nicht etwa per se eine unrichtige Sachbehandlung dar (so zu Recht OLG Hamm MittBayNot 1998, 275; gegen OLG Düsseldorf DNotZ 1996, 324, 242 abl Anm KANZLEITER; differenzierend BayObLG MittBayNot 2000, 575;), ist aber, außer beim Vermessungskauf, wegen des höheren Aufwands nur in Ausnahmefällen zu empfehlen und kann den Notar im Hinblick auf die Abweichung von der Regel-Praxis verpflichten, über Alternativen und Kostenfolgen zu belehren (OLG Celle DNotZ 2004, 196 krit Anm KANZLEITER);

(b) Übertragung des Eigentums durch Auflassung und Eintragung verbunden mit einem *Rücktrittsvorbehalt* vom schuldrechtlichen Vertrag, zB bei Zahlungsverzug, oder einem bedingten durch Vormerkung gesicherten Rückübertragungsanspruch des Verkäufers (vgl Rspr und Lit bei KEHE/ERBER-FALLER Einl G 15, 43, 48, 52, 53);

(c) *bei Verkauf einer noch nicht vermessenen Grundstücksteilfläche* Übertragung des Eigentums am ganzen Grundstück verbunden mit der durch Vormerkung gesicherten Verpflichtung zur Rückübereignung der nicht verkauften Fläche (zB wenn der Käufer das Grundstück zur Finanzierung belasten muß);

(d)   *Vollzugsvorbehalt nach § 16 Abs 2 GBO*, wonach die Auflassung nicht ohne Kaufpreishypothek eingetragen (JAUERNIG/JAUERNIG Rn 6; HK-BGB/ECKERT Rn 8) oder die Auflassung zweier Tauschgrundstücke nur gleichzeitig vollzogen werden darf;

(e)   *Vorbehalt der Eintragungsbewilligung* (§ 19 GBO) in der Weise, daß die Auflassung erklärt und in der Auflassungsurkunde die Eintragung weder bewilligt noch beantragt wird (oben Rn 101, 134; vgl OLG Köln MittRhNotK 1997, 325, 328 Anm RECKER = NJW-RR 1997, 1222; OLG Frankfurt aM MittBayNot 2001, 225 Anm REITHMANN; ERTL Rpfleger 1980, 41, 49; BEHMER Rpfleger 1984, 306; WESER MittBayNot 1993, 253; AnwK-BGB/GRZIWOTZ Rn 43; KEHE/MUNZIG § 20 GBO Rn 9; MEIKEL/BÖTTCHER § 20 GBO Rn 6 f) und dem Notar entweder die Eintragungsbewilligung in einer eigenen Erklärung zur Treuhandverwahrung übergeben oder eine Vollmacht zur Bewilligung und Antragstellung mit der Weisung erteilt wird, von der Bewilligungserklärung oder von der Vollmacht erst nach Bestätigung des Verkäufers über den Empfang des Kaufpreises Gebrauch zu machen; dieser sog grundbuch-verfahrensrechtliche Weg leidet an der Unsicherheit, daß die Notwendigkeit einer separaten Eintragungsbewilligung neben der Auflassung (oben Rn 134) bisher von der Rspr nicht eindeutig bestätigt worden ist (ebenso BRAMBRING, in: FS Hagen 251, 270 f; aA MEIKEL/BÖTTCHER § 20 GBO Rn 5),

(f)   *Vorbehalt der Eigentumsumschreibung* durch Anweisung an den Notar, bis zum Nachweis der Kaufpreiszahlung nur auszugsweise Ausfertigungen und beglaubigte Abschriften der Urkunde ohne die Erklärungen über die Auflassung und Eintragungsbewilligung zu erteilen (REITHMANN DNotZ 1975, 324, 330; ERTL DNotZ 1975, 644, 646; WESER MittBayNot 1993, 253; KERSTEN/BÜHLING/BASTY § 36 Rn 77); dieses Verfahren hat sich vielerorts durchgesetzt und ist auch in Bauträgerverträgen und nach AGB-Recht zulässig, weil hierdurch keine materielle Vorleistungspflicht des Käufers begründet (so zu Unrecht und praxisfern BGH NJW 2002, 140 = DNotZ 2002, 42 krit Anm BASTY), sondern die Zug-um-Zug-Abwicklung der Vertragspflichten gesichert wird (wie hier KEIM MittBayNot 2003, 21); die hiergegen mitunter vorgebrachte Kritik (vgl zB MEIKEL/BÖTTCHER § 20 GBO Rn 12), diese Technik sei zu aufwendig und schütze nicht genügend vor Büroversehen des Notars, bewertet nicht ausreichend die Mehrbelastungen und möglichen Fehlerquellen durch eine sonst regelmäßig zusätzlich erforderliche Notariatsurkunde; zur Beurkundungsbedürftigkeit von Vereinbarungen über Abänderungen der Vorlagesperre OLG Düsseldorf NJW 1998, 2223 = DNotZ 1998, 949 Anm KANZLEITER; zu den Auswirkungen der sog beurkundungsrechtlichen Vorgehensweise auf die Formerfordernisse bei Vertragsänderungen und das Anwartschaftsrecht des Käufers BRAMBRING, in: FS Hagen 251, 257, 263, 275.

(g)   *schuldrechtliche Vereinbarung* über den zeitlichen Aufschub des Vollzugs der Auflassung im Grundbuch (OLG Düsseldorf NJW 1954, 1041), nicht empfehlenswert, weil sie weder vom GBAmt noch vom Notar beachtet werden muß (vgl ERTL DNotZ 1975, 644, 647);

(h)   *Verzicht auf das Antragsrecht* in der Weise, daß die Auflassung erklärt und die Eintragungsbewilligung abgegeben wird, verbunden mit dem Verzicht auf das eigene Antragsrecht der Beteiligten und mit der (verdrängenden) Vollmacht für den

Notar, in ihrem Namen den Grundbuchvollzug zu beantragen (OLG Hamm DNotZ 1975, 686), nach hM unzulässig (LG Frankfurt Rpfleger 1992, 58; ERTL DNotZ 1975, 644, 649 ff; KEHE/HERRMANN § 13 GBO Rn 62; SCHÖNER/STÖBER Rn 88, 183) und deshalb zwar unschädlich, aber wirkungslos.

Die vorstehend dargestellten Vorgehensweisen, die es erlauben, trotz bereits erklärter Auflassung die Umschreibungsreife zu kontrollieren, stellen sämtlich nicht etwa einen Verstoß gegen § 925 Abs 2 dar (vgl ERMAN/LORENZ Rn 49 und oben Rn 98), weil sie nicht wie eine Bedingung den Inhalt der Einigung einschränken, sondern ihre Wirkung schuld- bzw verfahrensrechtlich entfalten (vgl STAUDINGER/GURSKY [2000] § 873 Rn 114; BAMBERGER/ROTH/GRÜN Rn 33).

4. Maßnahmen zum Schutz des Käufers

Die Zahlung des Kaufpreises ohne Sicherung ist Vertrauensangelegenheit. Deshalb **146** wird dem Käufer empfohlen, seine Leistungen von einem vorherigen Schutz abhängig zu machen, zB

(a) *Übertragung des Eigentums* an den Käufer, bevor er den Kaufpreis zu zahlen hat. Dies ist idR dem Verkäufer nicht ohne weiteres zumutbar (oben Rn 145).

(b) *Vormerkungsschutz* (§§ 883, 888 BGB; 24 KO; 50 Abs 4 VerglO): Zahlung des Kaufpreises erst nach Eintragung einer Vormerkung für den Käufer zur Sicherung seines Anspruchs auf Übertragung des Eigentums (§ 883). Die Belastung des Grundstücks mit einer Vormerkung ist im Grundstücksverkehr idR üblich; die Parteien sollten sich aber darüber bewußt sein, daß hierin eine Vorleistung des Verkäufers liegt, die ihm im Fall der Rückabwicklung des Vertrages erhebliche Probleme bereiten kann. Hiergegen kann der Verkäufer insbesondere durch Hinterlegung bzw Zug-um-Zug-Zahlung eines ausreichenden Teilkaufpreises und/oder durch eine vom Notar treuhänderisch verwahrte und überwachte Vollmacht des Käufers zur Löschung der Vormerkung geschützt werden.

(c) *Anwartschaftsschutz* (oben Rn 120 ff), der in den verschiedenen Anwartschaftsstufen unterschiedlich groß ist (oben Rn 133 ff);

(d) *Verfahrensschutz*, zu dem das eigene Antragsrecht des Erwerbers (§ 13 Abs 2 GBO), die Maßnahmen zur Unwiderruflichkeit der Eintragungsbewilligung (vgl KEHE/MUNZIG § 19 GBO Rn 165 ff) und das originäre Recht des Erwerbers auf eine Ausfertigung der für den Grundbuchvollzug notwendigen Urkunden (§ 51 Abs 1 BeurkG) gehören;

(e) *Gutglaubensschutz*, den es beim Grundstückserwerb vom eingetragenen Bucheigentümer (§§ 892, 893), nur in beschränktem Umfang beim Vormerkungserwerb (vgl STAUDINGER/GURSKY [2002] § 892 Rn 55 ff) und nicht beim Anwartschaftserwerb (oben Rn 129) gibt.

(f) Abwicklung der Kaufpreiszahlung über *Notaranderkonto* (§ 23 BNotO; §§ 54a bis 54d BeurkG), uU auch über Treuhandkonto einer Bank.

Axel Pfeifer

5. Maßnahmen zum Schutz des Zweiterwerbers

147 Verkauft der Auflassungsempfänger B das noch im Eigentum des A stehende Grundstück an C, gibt es drei Wege für den Schutz des Zweiterwerbers C:

a) Grundstücksübertragung (oben Rn 126):
Diese Vertragsgestaltung, die sich nach § 185 richtet, hat den Vorteil, daß eine Zwischeneintragung des B und ein gutgläubiger Erwerb des Grundstücks durch C möglich ist. In der notariellen Praxis, die das geringste Risiko sucht und den öffentlichen Glauben des Grundbuchs zu schätzen weiß, wird dieser Weg idR bevorzugt. Zu den Anforderungen an den notariellen Vertragsvollzug vgl OLG Hamm NJW-RR 2001, 376.

b) Anspruchsübertragung (oben Rn 127):
Sie ist als zusätzliche Sicherung des Zweiterwerbers C empfehlenswert, weil mit dem Anspruch auch die Vormerkung übergeht und dem C Vormerkungsschutz gewährt. Die Rechtsstellung des C ohne Anspruch und ohne Vormerkung wäre wesentlich schwächer. Trotzdem ist zu beachten: Die abgetretene Vormerkung kann nicht die gleiche Sicherheit bieten wie die originär von A für C bestellte Vormerkung. Andererseits ist auch der Weiterverkäufer B zu schützen: Bei einer unbedingten Abtretung des Übereignungsanspruchs bestünde die Gefahr, daß der Zweiterwerber C das Eigentum unmittelbar vom Erstverkäufer A erwirbt, unabhängig von der Zahlung des Kaufpreises an B. Interessengerecht ist deshalb eine sicherungshalber und bedingt erfolgende Anspruchsabtretung.

c) Anwartschaftsübertragung (oben Rn 129):
Die Übertragung der Eigentumsanwartschaft hat Nachteile (keine Eintragungsfähigkeit, kein Gutglaubensschutz). Deshalb verdient dieser Weg im Interesse des C idR nur dann den Vorzug, wenn die Grundstücksübertragung an § 185 scheitert, die Anspruchsübertragung nicht oder nicht ohne Zustimmung des A zulässig oder der Anspruch nicht vorgemerkt ist. Der Anwartschaftsschutz ist in den einzelnen Stufen unterschiedlich groß (oben Rn 133 ff). Der Anwartschaftserwerber C erhält keine stärkere Rechtsstellung als der Auflassungsempfänger B.

d) Der dreifache Weg der Grundstücks-, Anspruchs- und Anwartschaftsübertragung von B an C hat keine zusätzlichen Vorteile, sondern den Nachteil, daß ein Zwischenerwerb des Eigentums am Grundstück durch B (von dem dann C das Eigentum -notfalls gutgläubig – erwerben könnte) nicht möglich ist, weil keine wirksame Auflassung von A an B mehr vorliegt (oben Rn 129).

e) Verkauft der **Auflassungsempfänger B lediglich seinen Anspruch** gegen A an C (oben Rn 127), nicht das Grundstück, dann ist der Zweiterwerber C nur zur Durchsetzung des Eigentumserwerbs am Grundstück in der Lage, wenn B ihm außer dem Anspruch auch seine Anwartschaft überträgt, weil A bei bloßer Anspruchsübertragung die nochmalige Auflassung an C verweigern könnte (oben Rn 128).

§ 925a
Urkunde über Grundgeschäfte

Die Erklärung einer Auflassung soll nur entgegengenommen werden, wenn die nach § 311b Abs 1 Satz 1 erforderliche Urkunde über den Vertrag vorgelegt oder gleichzeitig errichtet wird.

Materialien: Eingefügt durch Gesetz vom 5. 3. 1953 (BGBl I S 33); geändert mWv 1. 8. 2002 durch Art 25 Abs 1 OLGVertrÄndG vom 23. 7. 2002 (BGBl I S 2850).

Schrifttum

RIEDEL, Erklärung der Auflassung vor einem ausländischen Notar?, DNotZ 1955, 521 WUFKA, Rechtseinheit zwischen Kausalgeschäft und Einigung bei Erbbaurechtsbestellungen, DNotZ 1985, 651 (666 ff).

1. Entstehungsgeschichte des § 925a

a) *Landesrechtlich* konnte gemäß § 98 GBO aF bestimmt werden, daß dem 1 GBAmt vor der Entgegennahme der Auflassung die nach § 311b Abs 1 BGB erforderliche Urkunde vorzulegen ist. Davon hatten Bayern (Art 12 AGBGB), Württemberg (Art 22 AGBGB), Baden (§ 23 AGGBO), Bremen (§ 9 AGGBO) Gebrauch gemacht, nicht dagegen Preußen.

b) *Reichsrechtlich* wurde erstmals gemäß § 2 VO v 11. 5. 1934 (RGBl I 378) eine entsprechende Vorlegungspflicht angeordnet. Der Vorbehalt entfiel deshalb in der Neufassung der GBO (v 5. 8. 1935, RGBl I 1073). Der durch Gesetz vom 5. 3. 1953 (BGBl I 33) in das BGB aufgenommene § 925a bestimmt allgemein, daß die Erklärung der Auflassung nur entgegengenommen werden soll, wenn die nach § 311b Abs 1 erforderliche Urkunde über den Vertrag vorgelegt oder gleichzeitig errichtet wird.

2. Verfahrensrechtliche Vorschrift

§ 925a ist eine verfahrensrechtliche Vorschrift (vgl WUFKA DNotZ 1985, 651, 666), deren 2 Zweck im Zusammenhang mit anderen Vorschriften des materiellen und formellen Rechts steht, zB §§ 311b Abs 1, 925, 362 BGB; 20, 29 GBO; 14 ff BNotO; 17 ff BeurkG; (unten Rn 3, 4, 7; vgl § 925 Rn 5, 79). Trotz ihres verfahrensrechtlichen Charakters hat sie mit Recht ihren Standort im BGB unmittelbar hinter dem für die Auflassung maßgeblichen § 925. Denn sie begründet eine Amtspflicht *für jede zur Entgegennahme der Auflassung zuständige Stelle* (vgl § 925 Rn 80, 81), nicht nur für den Notar (§ 20 Abs 2 BNotO). *Für dieses Verfahren gilt* (wie für die Auflassung; vgl § 925 Rn 75) *deutsches Recht* (lex fori; vgl Vorbem 7 zu §§ 925 ff), auch wenn das Verpflichtungsgeschäft ausländischem Recht unterliegt oder im Ausland nach dem dortigen Ortsstatut wirksam abgeschlossen worden ist (vgl STAUDINGER/STOLL [1996]

IntSachenR Rn 222 ff; STAUDINGER/WINKLER VON MOHRENFELS [2000] Art 11 EGBGB Rn 99 ff;
SCHOETENSACK DNotZ 1952, 265, 271 ff).

3. Zweck des § 925a

3 § 925a dient der *Durchsetzung der in § 311b Abs 1 S 1 vorgeschriebenen Beurkun-dungspflicht* für das schuldrechtliche Grundgeschäft, ohne im Verstoßfall die Wirk-samkeit der nach dem Abstraktionsprinzip von einem Grundgeschäft unabhängigen Auflassung zu beeinträchtigen (unten Rn 10). Denn einerseits kann die Auflassung ohne Mitwirkung einer dafür zuständigen Stelle nicht wirksam erklärt werden. Andererseits hat jeder dafür zuständige Amtsträger seine Mitwirkung bei der Auf-lassung zu verweigern, wenn die Beteiligten die Voraussetzungen des § 925a nicht erfüllen (unten Rn 7 ff). Der materielle Formzwang des § 311b Abs 1 S 1 bedarf einer solchen Maßnahme, weil sonst bei Einverständnis beider Parteien die Beurkun-dungspflicht umgangen und auf dem Weg über § 311b Abs 1 S 2 die Heilung der Formnichtigkeit des schuldrechtlichen Vertrages herbeigeführt werden könnte.

4. Brücke zwischen Verpflichtungs- und Erfüllungsgeschäft

4 Die Auflassung bedarf als abstrakter Vertrag zu ihrer Wirksamkeit keiner Verein-barung über ihren Zweck. Die Urkunden, Unterlagen und Angaben über den zugrundeliegenden Verpflichtungstatbestand sind ein Beweis, mindestens ein Indiz für den vom Veräußerer und Erwerber mit der Auflassung verfolgten Zweck. Der Notar als Organ der freiwilligen Gerichtsbarkeit (ebenso der Richter im Rahmen eines gerichtlichen Vergleichs) hat nicht wie ein Prozeßgericht darüber zu entschei-den, ob dieser Zweck wirklich erreicht wird und ob die mit der Eigentumsüber-tragung idR angestrebte Erfüllungswirkung (§ 362) eintritt. Er hat aber über die rechtliche Tragweite der Auflassung zu belehren, auf die Vermeidung von Irrtümern und Zweifeln zu achten und uU seine Mitwirkung zu verweigern. Diesen Pflichten kann er nur nachkommen, wenn er den Inhalt des zugrundeliegenden Verpflich-tungstatbestandes kennt.

§ 925a hat deshalb die Funktion einer Brücke zwischen Verpflichtungs- und Erfüllungsgeschäft und trägt dazu bei, die mit dem Abstraktionsprinzip zwangs-läufig verbundenen Folgen zu mildern, ohne an der Trennung von Schuld- und Sachenrecht und der Bedingungsfeindlichkeit der Auflassung zu rütteln. Diese zweite Aufgabe ist nicht weniger wichtig als die erste.

5. Geltungsbereich des § 925a

5 a) Nach dem Wortlaut des § 925a *deckt sich* sein Geltungsbereich *mit dem des § 925* (vgl § 925 Rn 13 ff, 87) *und dem des § 311b Abs 1* (vgl STAUDINGER/WUFKA [2001] § 313 Rn 6 ff), umfaßt also grundsätzlich alle Fälle, in denen zur Erfüllung eines dem Beurkundungszwang unterliegenden Übereignungsanspruchs eine Auflassung erfor-derlich ist (unten Rn 8). *Zweifelhaft* ist allerdings, ob § 925a auch auf die der Auflas-sungsform bedürftige *Einräumung und Aufhebung von Sondereigentum* (§ 4 Abs 1, 2 WEG) anzuwenden ist (bejahend STAUDINGER/ERTL[12] Rn 5; BÄRMANN/PICK/MERLE § 4 WEG Rn 8, 11, 43; BÄRMANN/PICK § 4 WEG Rn 6; verneinend WEITNAUER/BRIESEMEISTER § 4 WEG Rn 7; DEMHARTER Anh zu § 3 GBO Rn 13; unentschieden SCHÖNER/STÖBER Rn 2840). Da einerseits die vertragliche Begründung von Sondereigentum verfahrensrechtlich ohnehin der Beurkundung bedarf (§ 925 Rn 101, 76) und andererseits in der Praxis nicht immer ein Bedürfnis für die Formulierung besonderer schuldrechtlicher Verpflichtungen im Zusammenhang mit der Aufteilung besteht, ist die Frage im Ergebnis zu verneinen. Auch wenn § 925a nicht anwendbar ist, kann die Pflicht, den schuldrechtlichen Vertrag zu prüfen oder sich wenigstens die Urkunde darüber vorlegen zu lassen, auf anderen Vorschriften (dazu unten Rn 7) beruhen (zur Streitfrage bei der Eigentumsvormerkung vgl ERTL Rpfleger 1979, 361, 362; KEHE/ERBER-FALLER Einl G 34, 35 mwN; beim Erbbaurecht vgl WUFKA DNotZ 1985, 651, 662, mwN).

b)   **In den von § 311b Abs 1 nicht erfaßten Fällen** (unten Rn 9) hat die zuständige   **6** Stelle vor Entgegennahme der Auflassung zu prüfen, ob ein solcher Ausnahmefall wirklich vorliegt (ebenso MünchKomm/KANZLEITER Rn 2). Dazu gehören gesetzliche Verpflichtungen (vgl STAUDINGER/WUFKA [2001] § 313 Rn 45 ff) oder eine rechtskräftige Verurteilung zur Übertragung des Eigentums (vgl BayObLG ZNotP 2003, 160 zur Anwendbarkeit des § 38 Abs 2 Nr 6a KostO).

Dies führt zwangsläufig dazu, daß § 925a unter Berücksichtigung seiner beiden Aufgaben (oben Rn 3, 4) auf diese Fälle jedenfalls insoweit ausgedehnt werden muß, als es zur Erfüllung der Amtspflichten der zuständigen Stelle erforderlich und den Beteiligten zumutbar ist.

6.   Inhalt der Amtspflichten

a)   Amtspflichten bei Mitwirkung an der Auflassung

Die Mitwirkung an der Auflassung ist eine Amtstätigkeit, die ein entsprechendes   **7** Ansuchen der Beteiligten voraussetzt (vgl SCHIPPEL/REITHMANN § 15 BNotO Rn 49 ff). *§ 925a begründet eine Amtspflicht*, deren Befolgung nicht in das Ermessen des zuständigen Organs gestellt ist, selbst wenn keine Bedenken gegen die wirtschaftliche Ordnungsmäßigkeit des Grundgeschäfts bestehen (vgl KG JW 1934, 2856). Sind die *Voraussetzungen des § 925a nicht erfüllt*, darf die zuständige Stelle die Auflassung nicht entgegennehmen und die Auflassungserklärungen nicht beurkunden (vgl SCHIPPEL § 14 BNotO Rn 18). Die Vorlage einer dem § 311b Abs 1 entsprechenden Urkunde ohne zweckentsprechende Prüfung ihres Inhalts wäre keine dem Sinn des § 925a entsprechende Rechtfertigung für die Mitwirkung an der Auflassung (unten Rn 8), die Nichtvorlage für sich allein kein Ablehnungsgrund (unten Rn 9). Es ist durchaus möglich, daß ein an sich zuständiger Amtsträger seine Mitwirkung verweigern und ein anderer (zB der Urkundsnotar, der die Urkunde über den zugrundeliegenden Vertrag verwahrt) die Auflassung entgegennehmen muß.

Auch im Rahmen des Verfahrens über die Entgegennahme der Auflassung bestehen für den zuständigen Amtsträger *Aufklärungs-, Prüfungs- und Belehrungspflichten* (vgl §§ 14 ff BNotO; 17 ff BeurkG), die durch § 925a weder ausgeschlossen noch eingeschränkt werden (ebenso WUFKA DNotZ 1985, 651, 666 ff; MünchKomm/KANZLEITER Rn 3). Diesen Pflichten hat er nachzukommen, zB wenn er erkennt, daß der Veräußerer mit der Auflassung keine oder jedenfalls nicht die ihm obliegende Verpflichtung erfüllen würde (zB weil er das falsche Grundstück auflassen würde) oder der Auflassungsempfänger das Eigentum am Grundstück nicht behalten dürfte (zB gemäß § 812, weil er keinen Anspruch auf dieses Grundstück hat).

Diese Pflichten können dazu führen, daß er seine Mitwirkung verweigern muß.

b) Amtspflichten in Fällen des § 311b Abs 1

8 In Fällen des § 311b Abs 1 S 1 begründet § 925a für den Notar und jede sonstige zuständige Stelle (vgl § 925 Rn 80 ff) die Pflicht, sich vor der Entgegennahme der Auflassung den beurkundeten Vertrag über das zugrundeliegende schuldrechtliche Geschäft vorlegen zu lassen, sofern diese Urkunde nicht gleichzeitig errichtet wird oder bereits vorliegt (zB in Verwahrung des Notars gemäß § 25 Abs 1 BNotO). Eine privatschriftliche oder aus anderen Gründen formnichtige Urkunde genügt nicht (vgl LG Verden Rpfleger 1950, 184). Eine Pflicht zur Prüfung der Wirksamkeit des Grundgeschäfts läßt sich aus § 925a nicht ableiten und könnte von dem an der Auflassung mitwirkenden Amtsträger nur ungenügend erfüllt werden (ebenso Münch-Komm/KANZLEITER Rn 3). Drängen sich ihm aber Zweifel an der Wirksamkeit auf oder können sich die Mängel auch auf die Auflassung erstrecken, dann hat er Maßnahmen zu ihrer Beseitigung anzuregen, uU die Mitwirkung an der Auflassung zu verweigern. Ergibt sich dabei, daß die bereits beurkundeten Erklärungen der Beteiligten (zB über den Vertragsgegenstand) nicht richtig oder nicht vollständig sind, so ist der schuldrechtliche Vertrag in Form des § 311b Abs 1 S 1 so abzuändern oder zu ergänzen, daß er dem übereinstimmenden Parteiwillen entspricht.

c) Amtspflichten in anderen Fällen

9 Wird keine dem § 311b Abs 1 S 1 entsprechende Urkunde vorgelegt, muß das zuständige Organ prüfen, ob (wie idR) ein Fall des § 311b Abs 1 oder (ausnahmsweise) ein anderer Fall (oben Rn 6) vorliegt. Dazu genügt nicht die bloße Behauptung der Beteiligten, es liege eine von § 311b Abs 1 nicht erfaßte wirksame Verpflichtung zur Auflassung vor, weil dies der Umgehung des § 925a Tür und Tor öffnen würde. Die Beteiligten müssen vielmehr *den gesamten Verpflichtungstatbestand so darlegen*, daß der um Entgegennahme der Auflassung ersuchte Amtsträger sich ein ausreichendes eigenes Urteil über die behauptete Rechtslage bilden kann. Welche Unterlagen und Angaben dazu erforderlich sind, ist je nach den Umständen des Einzelfalles verschieden. Sind Urkunden (zB ein notarielles Testament über ein Vermächtnis) oder andere schriftliche Unterlagen (zB ein eigenhändiges Testament; ein im Ausland nach dortigem Ortsstatut lediglich der Schriftform bedürftiger Vertrag) vorhanden, ist deren Vorlage erforderlich und idR auch ausreichend. Ist das schuldrechtliche Geschäft in fremder Sprache geschlossen worden und der zuständige Amtsträger dieser Sprache nicht hinreichend mächtig, kann er eine deutsche Übersetzung verlangen (vgl § 5 Abs 2 BeurkG; § 15 Abs 2 BNotO). Bei einem Auflassungsanspruch, der sich aus einem mündlich geschlossenen Vertrag oder aus dem Gesetz ergibt, ist idR eine Darstellung der Beteiligten über den Inhalt des zur Übertragung des Eigentums verpflichtenden Sachverhalts in die Urkunde aufzunehmen, die ohnehin (vgl § 925 Rn 76) über die Auflassungserklärungen gemäß §§ 20, 29 GBO zu errichten ist. In *Zweifelsfällen* ist im Interesse der Beteiligten eine *Beurkundung des zugrundeliegenden Geschäfts ratsam*, die notfalls als „Bestätigung" iS des § 141 die Form des § 311b Abs 1 S 1 erfüllt und der Ordnungsvorschrift des § 925a entspricht. Für die Beteiligten ist dies sicherer und auch zumutbar, weil die gleichzeitige Beurkundung oder Bestätigung des schuldrechtlichen Verpflichtungsgeschäftes *keine Mehrkosten* verursacht. Die KostO sieht zwar für die Beurkundung der isolierten Auflassung eine Ermäßigung der Gebühr vor (§ 38 Abs 2 Nr 6 KostO); diese greift jedoch nur, „wenn das zugrunde liegende Rechtsgeschäft bereits beurkundet ist". Bei Abschluß des schuldrechtlichen Vertrages im Ausland entstehen also im Inland auf jeden Fall noch einmal die vollen Kosten; und zwar auch dann, wenn das der Auflassung zugrundeliegende Rechtsgeschäft von einem ausländischen Notar beurkundet worden ist (str, wie hier BayObLG DNotZ 1978, 58; OLG Hamm MittBayNot 1998, 201; KORINTENBERG/SCHWARZ § 38 KostO Rn 50 a; ROHS/WEDEWER § 38 KostO Rn 44; AnwK-BGB/GRZIWOTZ Rn 62; aA OLG Düsseldorf und OLG Stuttgart DNotZ 1991, 410, 411, 413 abl Anm LAPPE; OLG Zweibrücken DNotZ 1997, 245; OLG Karlsruhe BWNotZ 1998, 64; OLG Jena NJW-RR 1998, 645; OLG Köln RNotZ 2002, 239 abl Anm KNOCHE). Dasselbe gilt für die Beurkundung der Auflassung in Erfüllung der Übertragungsverpflichtung aus einem privatschriftlichen Stiftungsgeschäft (aA OLG Schleswig-Holstein DNotZ 1996, 770 abl Anm WOCHNER).

7. Folgen eines Verstoßes gegen § 925 a

§ 925a ist eine *Ordnungsvorschrift*. Ein Verstoß berührt im Interesse der Sicherheit **10** des Rechtsverkehrs die materielle Wirksamkeit der Auflassung nicht, kann aber für den Amtsträger haftungs- und dienstrechtliche Folgen haben. Deshalb sind in Urkunden, die nur die Auflassung (nicht das Verpflichtungsgeschäft) enthalten, Erklärungen der Parteien darüber empfehlenswert, welcher Verpflichtungstatbestand nach ihrer Meinung der Auflassung zugrundeliegt.

8. Folgen der Angaben über den Verpflichtungstatbestand

Die Angaben der Beteiligten über den Verpflichtungstatbestand haben *Folgen für* **11** *die Heilungs-* (§ 311b Abs 1 S 2) *und Erfüllungswirkung* (§ 362). Haben die Beteiligten zB mit der übereinstimmenden Behauptung, die Auflassung diene der Erfüllung einer gesetzlichen Verpflichtung, die Mitwirkung der zuständigen Stelle bei der Auflassung ohne Vorlage einer notariellen Urkunde über das Verpflichtungsgeschäft erschlichen, obwohl sie in Wirklichkeit unter Umgehung des Formzwanges ein formnichtiges (zB mündliches) Verpflichtungsgeschäft erfüllen wollten, so ist die Auflassung materiell wirksam. Das formnichtige Verpflichtungsgeschäft wird dadurch aber weder geheilt noch erfüllt.

9. Pflichten des GBAmts bei Eintragung der Auflassung

§ 925a richtet sich (anders als § 20 GBO) nicht an das GBAmt, das für die Ein- **12** tragung der Auflassung zuständig ist. Es darf, auch wenn der Notar seine Amtspflicht verletzt hat, zum Vollzug der Auflassung nicht die Vorlage der Urkunde über das schuldrechtliche Geschäft verlangen (OLG Schleswig SchlHA 1960, 341; PALANDT/ BASSENGE Rn 1; MünchKomm/KANZLEITER Rn 5; aA AnwK-BGB/GRZIWOTZ Rn 6). Hat es aufgrund besonderer Umstände dieses Recht, dann *nicht gemäß § 925 a*, sondern aufgrund seiner grundbuchrechtlichen Prüfungs- und Aufklärungspflichten, die grundsätzlich nur die ihm als Eintragungsunterlagen vorzulegenden Urkunden betreffen und sich lediglich in Ausnahmefällen auch auf das schuldrechtliche Grundgeschäft erstrecken (vgl OLG Hamm Rpfleger 1979, 127; KEHE/MUNZIG Einl A 42) da das GBAmt im Regelfall die Eigentumsumschreibung nicht deshalb ablehnen darf, weil die Auflassung nicht mit dem schuldrechtlichen Grundgeschäft übereinstimmt (OLG Celle MittRhNotK 1996, 227).

§ 926
Zubehör des Grundstücks

(1) Sind der Veräußerer und der Erwerber darüber einig, dass sich die Veräußerung auf das Zubehör des Grundstücks erstrecken soll, so erlangt der Erwerber mit dem Eigentum an dem Grundstück auch das Eigentum an den zur Zeit des Erwerbs vorhandenen Zubehörstücken, soweit sie dem Veräußerer gehören. Im Zweifel ist anzunehmen, dass sich die Veräußerung auf das Zubehör erstrecken soll.

(2) Erlangt der Erwerber auf Grund der Veräußerung den Besitz von Zubehörstücken, die dem Veräußerer nicht gehören oder mit Rechten Dritter belastet sind, so finden die Vorschriften der §§ 932 bis 936 Anwendung; für den guten Glauben des Erwerbers ist die Zeit der Erlangung des Besitzes maßgebend.

Materialien: E II § 839; Prot III 178 ff, 216 ff.

Schrifttum

BINGER, Regelung über Scheinbestandteile, Zubehör und andere auf dem Grundstück befindliche Gegenstände in Grundstücks-, Kauf- und Übertragungsverträgen, MittRhNotK 1984, 205
JAEGER, Einbauküchen: Wesentlicher Bestandteil oder Zubehör?, NJW 1995, 432
KOLLHOSSER, Der Kampf ums Zubehör, JA 1984, 196

SCHULTE-THOMA, Zubehörveräußerung bei Grundstückskaufverträgen, RNotZ 2004, 61
SIEBERT, Zubehör des Unternehmens und Zubehör des Grundstücks, in: FS Gieseke (1958) 62.

Weiteres Schrifttum vgl STAUDINGER/JICKELI/STIEPER (2004) § 97.

Systematische Übersicht

I.   **Bedeutung des § 926**
1.   Zweck des § 926 _____ 1
2.   Inhalt des § 926 _____ 2
3.   Zubehörerwerb nach Grundstücks- oder Fahrnisrecht _____ 3

II. **Anwendungsbereich des § 926**
1.   Grundstückszubehör _____ 4
2.   § 926 und § 314 _____ 5
3.   Abgrenzung: Bestandteil, Zubehör _ 6
4.   Wegnahme- und Aneignungsrecht _ 8
5.   Erweiterung des Anwendungsbereichs _____ 9

III. **Zubehör im Eigentum des Veräußerers (Abs 1)**
1.   Voraussetzungen des Eigentumsüberganges _____ 10

2.   Kein gutgläubiger Zubehörerwerb gemäß Abs 1 _____ 11
3.   Kein Besitz notwendig _____ 12
4.   Einigung über den Zubehörübergang _____ 13
5.   Vermutung des Abs 1 Satz 2 _____ 14
6.   Zubehörerwerb nach Fahrnisrecht (§§ 929 ff) _____ 15

IV. **Nicht dem Veräußerer gehörendes Zubehör (Abs 2)**
1.   Voraussetzungen für Abs 2 _____ 16
2.   Gutgläubiger Zubehörerwerb gem Abs 2 _____ 17

V.   **Zubehör, das mit Rechten Dritter**   2.   Zubehörerwerb gemäß § 926 Abs 1 _   19
     belastet ist   3.   Kein Erlöschen von Drittrechten ___   20
1.   Zubehörerwerb gemäß § 926 Abs 2 _   18

I.   Bedeutung des § 926

1.   Zweck des § 926

§ 926 trägt der *wirtschaftlichen Einheit von Grundstück und Zubehör* Rechnung **1**
(Prot III 179, 218) und beruht auf der allgemeinen Lebenserfahrung, daß sich die
schuldrechtliche Verpflichtung zur Veräußerung eines Grundstücks (vgl § 311 c) und
die dingliche Übertragung des Eigentums an einem Grundstück im Zweifel auch auf
das im Eigentum des Veräußerers stehende Grundstückszubehör erstreckt. Ohne
§ 926 müßte (was trotz § 926 rechtlich möglich ist; unten Rn 3, 15) das Eigentum am
einzelnen Zubehörstück gemäß §§ 929 ff durch Einigung und Besitzübergabe (oder
Übergabeersatz) übertragen werden. Ohne § 926 würden Zubehörstücke, die versehentlich nicht übergeben worden sind, Eigentum des Veräußerers bleiben.

2.   Inhalt des § 926

a) *Gemäß Abs 1 S 1* geht das Eigentum am Zubehör des Veräußerers mit dem **2**
Eigentum am Grundstück auf den Erwerber über (unten Rn 10). Abs 1 S 2 enthält
eine für die Praxis wichtige Auslegungs- und Beweisregel (unten Rn 14) und stellt
klar, daß S 1 abdingbar ist (unten Rn 3, 15).

b) *Gemäß Abs 2* richtet sich der gutgläubige Erwerb von Grundstückszubehör,
das nicht dem Veräußerer gehört oder mit Rechten Dritter belastet ist, nicht nach
Grundstücksrecht, sondern nach den für den gutgläubigen Erwerb beweglicher
Sachen geltenden Vorschriften (unten Rn 16 ff).

3.   Zubehörerwerb nach Grundstücks- oder Fahrnisrecht

§ 926 und §§ 929 ff *schließen sich gegenseitig nicht aus.* Ob die Übereignung von **3**
Zubehör oder einzelnen Zubehörstücken auf die eine oder die andere Weise erfolgen soll, ist Frage des Einzelfalles (unten Rn 14, 15).

II.   Anwendungsbereich des § 926

1.   Grundstückszubehör

a) *§ 926 gilt für das Grundstückszubehör* (§ 97), zB gewerbliches (§ 98 Nr 1) und **4**
landwirtschaftliches Inventar (§ 98 Nr 2). Zum Begriff des Zubehörs vgl BGHZ 62,
51; 85, 237; STAUDINGER/JICKELI/STIEPER (2004) § 97 Rn 4 ff; zum Verlust der Zubehöreigenschaft vgl STAUDINGER/JICKELI/STIEPER (2004) § 97 Rn 27.

b) Auf Sachen, die nicht nur Zubehör des veräußerten, sondern auch eines
anderen Grundstücks sind, findet § 926 keine Anwendung (vgl OLG Breslau OLGE
35, 291), selbst wenn das andere Grundstück dem gleichen Veräußerer gehört.

2. § 926 und § 311c

5 a) Für den *Eigentumsübergang* am Zubehörstück gemäß § 926 Abs 1 müssen dessen Voraussetzungen (unten Rn 10) im Zeitpunkt des Überganges des Eigentums am Grundstück (vgl § 925 Rn 107) vorliegen.

b) Für die Frage, ob sich gemäß § 311c die *Verpflichtung zur Übertragung des Eigentums* auch auf das einzelne Zubehörstück erstreckt, kommt es dagegen (häufig, nicht immer) auf den (idR früheren) Zeitpunkt des Zustandekommens des schuldrechtlichen Vertrages an (vgl STAUDINGER/WUFKA [2001] § 314 Rn 8), weshalb den Verkäufer eine Verschaffungsverpflichtung an Gegenständen treffen kann, die entweder in der Zwischenzeit das Eigentum gewechselt oder die Zubehöreigenschaft verloren haben (vgl STAUDINGER/WUFKA [2001] § 314 Rn 4).

3. Abgrenzung: Bestandteil, Zubehör, sonstiger Gegenstand

6 a) *Wesentliche Grundstücksbestandteile* (§§ 93, 94) erwirbt der Erwerber stets zugleich mit dem Eigentum am Grundstück, nicht gemäß § 926. Ein gegenteiliger Wille der Beteiligten kann zur Nichtigkeit der Auflassung führen (RGZ 97, 102), uU als Vereinbarung eines Aneignungsrechts oder Rückübereignungsanspruchs ausgelegt werden (unten Rn 8).

b) Für *unwesentliche Bestandteile*, die dem Veräußerer gehören, gilt § 926 analog (RGZ 158, 362, 368; OLG Frankfurt NJW 1982, 653, 654).

c) Für *andere Gegenstände*, die weder zu den Grundstücksbestandteilen noch zum Grundstückszubehör gehören (also auch für „Scheinbestandteile" iS des § 95), gelten die Vorschriften über die Übertragung beweglicher Sachen (§§ 929 ff), nicht § 926.

7 Die Abgrenzung des Zubehörs von den Bestandteilen und sonstigen Gegenständen ist im Einzelfall *oft schwierig, aber* wegen der unterschiedlichen Rechtsfolgen *notwendig* (vgl BINGER MittRhNotK 1984, 205, 211). Dazu folgende Übersicht (ausführlich SCHULTE-THOMA RNotZ 2004, 61, 63 ff):

Alarmanlage (OLG München MDR 1979, 934); *Antennen* (BGH NJW 1975, 688; LEPPIN NJW 1974, 1472); *Baracken* (BGHZ 8, 1; OGHZ 1, 168; OLG Hamburg MDR 1951, 736); *Baumaterial* (RGZ 84, 284; 86, 326, 330; 89, 61, 65; BGHZ 58, 312; BGH NJW 1972, 1187); *Bodenbelag* (OLG Hamburg OLGE 45, 110; LG Hamburg NJW 1979, 721; AG Karlsruhe NJW 1978, 2602); *Büroeinrichtung* (BayObLG OLGE 24, 250; LG Mannheim Betrieb 1976, 2206); *Einbauküche* (hierzu weichen die Anschauungen regional stark voneinander ab; vgl OLG Zweibrücken und OLG Hamm MittBayNot 1989, 113 und 114 OLG Düsseldorf NJW-RR 1994, 1039; LG Hagen Rpfleger 1999, 341; OLG Nürnberg MDR 2002, 815; JAEGER NJW 1995, 432; SCHULTE-THOMA RNotZ 2004, 61, 63 f); *Einbaumöbel* (BFH BStBl II 1971, 162; NJW 1977, 648; OLG Nürnberg MDR 1973, 758; OLG Hamburg MDR 1978, 138; OLG Köln VersR 1980, 52); *Fahrzeuge* (RGZ 47, 200; BGH WM 1980, 1384; BGHZ 85, 234, 238); *Fernsprechanlage* (OLG Köln NJW 1961, 461; LG Mannheim JW 1937, 3305); *Gardinenleisten* (BINGER MittRhNotK 1984, 205, 212); *Gastank* (LG Gießen NJW-RR 1999, 1538); *Gastwirtschaftsinventar* (OLG Hamburg OLGE 31, 192; 38, 30; RGZ 48, 207, 209); *Geräte* (RGZ 51, 272; BGH Betrieb 1971, 2113;

BGHZ 62, 49 = NJW 1974, 269); *Heizkörper* (BGHZ 58, 309, 311); *Heizmaterial* (RGZ 77, 36; OLG Düsseldorf NJW 1966, 1714; LG Kiel SchlHA 1997, 110; AG Saarlouis DGVZ 1999, 187); *Heizungsanlage* (BGH NJW 1953, 1180; 1975, 688; 1979, 712; OLG Frankfurt DNotZ 1968, 656); Herd (BGHZ 40, 275; BGH NJW 1953, 1180; NJW 1979, 712; OLG Hamburg MDR 1978, 138); *Ladeneinrichtung* (OLG Braunschweig HRR 1939 Nr 869; OLG Marienwerder JW 1932, 2097); *Lampen* (OLG Bamberg OLGE 14, 8, 9); *Landw Inventar* (RGZ 142, 379, 382; 143, 33, 39; 163, 104, 106; KG OLGL 15, 327; OLG Augsburg OLGE 37, 212); *Maschinen* (RGZ 51, 272, 274; 89, 61, 65; 125, 362, 364; BGHZ 62, 49 = NJW 1974, 269; 1979, 2514; BayObLG OLGE 24, 250; LG Kassel MDR 1959, 487); *Markisen* (BINGER MittRhNotK 1984, 205, 212); *Pflastersteine* (OLGR Hamm 1992, 67); *Satellitenempfangsanlage* (LG Nürnberg-Fürth DGVZ 1996, 123); *Solarium* (OLGR Hamm 1992, 301); *Waschmaschinen* (BayObLG NJW 1975, 2296; LG Dortmund MDR 1965, 740); *Wohnmöbel* (BINGER MittRhNotK 1984, 205, 212).

4. Wegnahme- und Aneignungsrecht

Der Übergang des Eigentums am Zubehör (und auch an wesentlichen und unwe- 8 sentlichen Bestandteilen; STAUDINGER/JICKELI/STIEPER (2004) § 93 Rn 14 ff, 38 ff) schließt nicht aus, daß dem Veräußerer kraft Gesetzes ein Wegnahmerecht zusteht (§ 258) oder vertraglich ein Aneignungsrecht (eingehend dazu STAUDINGER/GURSKY [2004] § 956 Rn 10 ff) oder ein Rückübereignungsanspruch eingeräumt wird.

5. Erweiterung des Anwendungsbereichs

a) Die Bestellung und Aufhebung eines *Nießbrauchs* (§§ 1031, 1062) und die 9 Bestellung eines dinglichen *Vorkaufrechts* (§ 1096) erstrecken sich im Zweifel auch auf das Zubehör am Grundstück.

b) Zum Zubehör in der *Versteigerung* des Grundstücks: §§ 20, 21, 55 Abs 2, 146, 148 ZVG (vgl RGZ 45, 284; 49, 253; 127, 272; 143, 33; OLG Oldenburg NJW 1952, 671)

c) Zur *dinglichen Haftung* von Zubehörstücken für Grund- und Schiffspfandrechte und für die einzelnen Leistungen einer Reallast vgl §§ 1120 ff, 1192 Abs 1, 1107 BGB; 31 SchiffsRG (dazu STAUDINGER/WOLFSTEINER [2002] § 1120 Rn 1 ff).

d) Zur entsprechenden Anwendung auf Rechte, die dem wirtschaftlichen Zweck einer Hauptsache dienen, wie zB gewerbliche Schutzrechte vgl STAUDINGER/WUFKA (2001) § 314 Rn 9 ff.

III. Zubehör im Eigentum des Veräußerers (Abs 1)

1. Voraussetzungen des Eigentumsübergangs gemäß § 926

a) *Mit dem Eigentumsübergang am Grundstück* (§§ 873, 925; vgl § 925 Rn 107, 108) 10 geht auch das Eigentum am Zubehör vom Veräußerer auf den Grundstückserwerber über (RGZ 83, 68; 97, 102, 107), unabhängig vom Zeitpunkt der Übergabe des Besitzes am Grundstück (vgl § 925 Rn 109) und am Zubehör (unten Rn 13).

b) Deshalb müssen *zu diesem Zeitpunkt auch Zubehöreigenschaft und Eigentum des Veräußerers* am Zubehör bestehen (OLG Augsburg OLGE 34, 177). Hat in der

Zwischenzeit die Sache ihre Zubehöreigenschaft verloren, kann das Eigentum daran weder nach Abs 1 noch nach Abs 2 auf den Grundstückserwerber übergehen (oben Rn 4). An einem dem Veräußerer bei Auflassung noch und bei Eintragung nicht mehr gehörenden Zubehör (zB weil es in der Zwischenzeit veräußert, aufgegeben oder kraft Gesetzes oder Hoheitsaktes in das Eigentum eines Dritten übergegangen ist) kann der Grundstückserwerber das Eigentum nicht gemäß Abs 1 erwerben (allenfalls aber gemäß Abs 2). § 926 Abs 1 schützt den Erwerber gegen etwaige Belastungen oder Pfändungen der Zubehörstücke und gegen Konkurs und sonstige Verfügungsbeschränkungen nach dem für den Eigentumsübergang maßgeblichen Zeitpunkt. § 878 gilt auch im Falle einer in der Zwischenzeit eingetretenen Beschränkung der Verfügungsmacht über das Zubehör.

c)   Ist der Veräußerer bei der Auflassung des Grundstücks *in der Verfügung über ein Zubehörstück beschränkt*, geht das Eigentum daran nicht über; anders zB bei Veräußerung eines Grundstücks durch den Vorerben bezüglich des von der Nacherbfolge nicht erfaßten Zubehörs (vgl RGZ 97, 102, 106). Bei Veräußerung eines Fideikommißgrundstücks geht das Zubehör mit über, wenn es Allodialgut ist.

2.   Kein gutgläubiger Zubehörerwerb gemäß Abs 1

11 Im Rahmen des Abs 1 ist (anders als nach Abs 2) ein gutgläubiger Erwerb eines dem Veräußerer nicht gehörenden Zubehörstücks nicht möglich (LG Gießen NJW-RR 1999, 1538). Er erwirbt mit dem Grundstück auch nicht, was er gutgläubig für Zubehör hält, sondern nur, was wirklich Zubehör nach §§ 97, 98 ist (KG OLGE 14, 80; OLGR Hamm 1992, 301).

3.   Kein Besitz notwendig

12 Im Falle des Abs 1 wird (anders als gemäß Abs 2) nicht verlangt, daß der Veräußerer die einzelnen in seinem Eigentum stehenden Zubehörstücke im maßgeblichen Zeitpunkt in seinem Besitz hatte. Deshalb ist auch keine Abtretung des Herausgabeanspruchs des Veräußerers gegen einen Drittbesitzer (§ 931) notwendig. Allerdings tritt in solchen Fällen die Tatfrage auf, ob nicht die Zubehöreigenschaft verlorengegangen und deshalb ein Erwerb gemäß § 926 ausgeschlossen ist. Wurde der Besitz am Grundstück und Zubehör schon vor Auflassung oder Eintragung dem Erwerber übergeben, so erlangt er trotzdem erst mit Auflassung und Grundbucheintragung das Eigentum am Zubehör, sofern es nicht gemäß §§ 929 ff (unten Rn 15) übertragen wird (OLG Augsburg OLGE 34, 177).

4.   Einigung über den Zubehörübergang

13 Die Einigung des Veräußerers und des Erwerbers (§ 873) muß sich auch auf das mit dem Grundstück übergehende Zubehör erstrecken, ohne daß eine spezifizierte Einigung für die einzelnen Zubehörstücke erforderlich wäre. Dies ist die Regel, die nach Abs 1 S 2 im Zweifel gilt (unten Rn 14). In der Praxis genügt es vielfach, in Grundstücksverträgen mitverkauftes Zubehör nicht oder nur pauschal zu erwähnen. Vor allem bei Übertragung vermieteter, vom Veräußerer bewohnter oder gewerblich genutzter Gebäude und bei wichtigem oder wertvollem Zubehör ist eine Klärung empfehlenswert, ob der Rechtssatz der §§ 311c, 926 wirklich dem Willen aller Beteiligten entspricht (vgl BINGER MittRhNotK 1984, 205, 214).

5. Vermutung des Abs 1 Satz 2

a)   Bei einer Grundstücksveräußerung spricht die Vermutung dafür, daß auch das **14** im Eigentum des Veräußerers stehende *Zubehör mitveräußert werden sollte.* Wer den Eigentumsübergang aller oder einzelner Zubehörstücke bestreitet, muß dartun, daß sie ausdrücklich oder aus den Umständen erkennbar (zB aus den schuldrechtlichen Vereinbarungen oder aus der Natur der Sache; vgl Prot III 179) ausgenommen worden sind. Diese *Auslegungs- und Beweisregel* gilt (wie überhaupt § 926) nicht, wenn das Zubehör nicht als Nebensache des Grundstücks, sondern als selbständiger Kaufgegenstand (wenn auch im gleichen Vertrag) veräußert wird, da in diesem Fall nicht von einer gleichzeitigen Übertragung des Eigentums am Grundstück und Zubehör ausgegangen werden kann (OLG Augsburg OLGE 34, 177).

b)   Der Erwerber ist dafür beweispflichtig, daß die Voraussetzungen „Zubehöreigenschaft" und „Eigentum des Veräußerers" im maßgeblichen Zeitpunkt vorgelegen haben. Ist er Besitzer, gilt für ihn die Eigentumsvermutung des § 1006.

6. Zubehörerwerb nach Fahrnisrecht (§§ 929 ff)

Die Eigentumsübertragung am Zubehör (insgesamt oder an einzelnen Stücken) **15** kann auch nach §§ 929 ff *durch Einigung und Besitzübergabe* (oder Übergabeersatz) erfolgen, wenn die Parteien es so wollen. Daher kann in Fällen des § 854 Abs 2 auch die zur Übertragung des Besitzes an Zubehörstücke genügende Einigung (§ 929) mit der Auflassung verbunden werden; dann ist für den guten Glauben der Zeitpunkt der Einigung iS §§ 929, 932 maßgebend. Die Vertragspartner können nach §§ 929 ff zB das Eigentum am Zubehör früher oder später als am Grundstück, bedingt oder befristet (§§ 158 ff) oder unter Eigentumsvorbehalt bis zur Bezahlung des Kaufpreises (§ 449) übertragen, was wegen § 925 Abs 2 für das Grundstück nicht möglich ist.

IV. Nicht dem Veräußerer gehörendes Zubehör (Abs 2)

1. Voraussetzungen für die Anwendung des Abs 2

Die Mitveräußerung *fremder Zubehörstücke* wird wie eine gesonderte selbständige **16** Veräußerung beweglicher Sachen behandelt (§§ 929 ff). Die Auslegungsregel des Abs 1 Satz 2 gilt für den Anwendungsbereich des Abs 2 nicht, sondern nur für Zubehörstücke, die dem Veräußerer gehören (jetzt hM, vgl OLG Düsseldorf DNotZ 1993, 342; LG Saarbrücken NJW-RR 1987, 11; SOERGEL/STÜRNER Rn 3; PALANDT/BASSENGE Rn 3; BAMBERGER/ROTH/GRÜN Rn 6; ERMAN/LORENZ Rn 6; aA noch STAUDINGER/ERTL[12] Rn 16). Erstreckt sich der Veräußerungswille nicht auf fremde Zubehörstücke, so wird der Grundstückserwerber nicht Eigentümer dieser Sachen, auch nicht wenn er gutgläubig ist. Der gute Glaube heilt nur den Mangel des Eigentums, nicht den des Veräußerungswillens und nicht den der Zubehöreigenschaft (oben Rn 11).

2. Gutgläubiger Zubehörerwerb gem Abs 2

17 Der gutgläubige Eigentumserwerb *nach §§ 932 bis 936* an den nicht dem Veräußerer gehörenden Zubehörstücken unterscheidet sich in einer Reihe von Punkten vom Zuhörererwerb gem § 926 Abs 1:

a) Gutgläubiger Erwerb ist *nur an Zubehörstücken* möglich, *an denen der Erwerber den Besitz erlangt hat*, sei es körperlich oder durch Surrogate (§§ 932 bis 934). Für den guten Glauben ist die allgemeine Übung zu berücksichtigen.

b) Der *maßgebliche Zeitpunkt* für den guten Glauben des Erwerbers ist daher nicht der Zeitpunkt des Grundstückserwerbs durch Auflassung und Eintragung, sondern derjenige der Besitzerlangung an den einzelnen Zubehörstücken, wobei der gute Glaube (im Gegensatz zu § 892) auch durch eine auf grober Fahrlässigkeit beruhende Unkenntnis ausgeschlossen wird (§ 932 Abs 2).

c) War der *Erwerber bei Auflassung bereits im Besitz*, genügt die Auflassung (§ 925) zum Besitzerwerb, falls der Erwerber den Besitz vom Veräußerer erlangt hatte (§ 932 Abs 1 S 2). In diesem Fall muß der gute Glaube zur Zeit der Auflassung vorhanden sein.

d) Der *Erwerb des mittelbaren Besitzes* ist auch hier mit der durch §§ 930, 933 oder §§ 931, 934 bedingten Einschränkung als Surrogat zugelassen.

e) Der *Beweis*, daß die Voraussetzungen des Eigentumserwerbs fehlen, obliegt dem Gegner.

V. Zubehör, das mit Rechten Dritter belastet ist

1. Fälle des Zubehörerwerbs gemäß § 926 Abs 2

18 War der Veräußerer nicht Eigentümer der Zubehörstücke (oben Rn 16), so erlöschen die Rechte Dritter hieran unter den Voraussetzungen des § 936 in dem Zeitpunkt, in welchem der Erwerber das Eigentum am Zubehörstück erwirbt (oben Rn 17; Ausnahme unten Rn 20).

2. Fälle des Zubehörerwerbs gemäß § 926 Abs 1

19 Beim Eigentumserwerb an Zubehörstücken ohne Besitzübergabe aufgrund Abs 1 (oben Rn 10 ff) besteht einen Divergenz zwischen dem Wortlaut des § 926 und des § 936 Abs 1 S 2 und S 3. Dem Sinn des Gesetzes entsprechend tritt auch in diesem Fall das Erlöschen der fraglichen Rechte unter den gleichen Voraussetzungen ein, unter denen der Erwerber das Eigentum an den nicht dem Veräußerer gehörenden Zubehörstücken erwirbt (ebenso BGB-RGRK/AUGUSTIN Rn 9), also frühestens mit dem Besitzerwerb.

3. Kein Erlöschen von Drittrechten

20 Das Recht eines Dritten erlischt nicht, wenn es dem Erwerber in dem nach § 936

Abs 1 maßgeblichen Zeitpunkt bekannt oder wegen grober Fahrlässigkeit nicht bekannt war (§ 936 Abs 2) oder im Falle des § 931 trotz Gutgläubigkeit des Erwerbers dem Drittbesitzer zusteht (§ 936 Abs 3).

§ 927
Aufgebotsverfahren

(1) Der Eigentümer eines Grundstücks kann, wenn das Grundstück seit 30 Jahren im Eigenbesitz eines anderen ist, im Wege des Aufgebotsverfahrens mit seinem Recht ausgeschlossen werden. Die Besitzzeit wird in gleicher Weise berechnet wie die Frist für die Ersitzung einer beweglichen Sache. Ist der Eigentümer im Grundbuch eingetragen, so ist das Aufgebotsverfahren nur zulässig, wenn er gestorben oder verschollen ist und eine Eintragung in das Grundbuch, die der Zustimmung des Eigentümers bedurfte, seit 30 Jahren nicht erfolgt ist.

(2) Derjenige, welcher das Ausschlussurteil erwirkt hat, erlangt das Eigentum dadurch, dass er sich als Eigentümer in das Grundbuch eintragen lässt.

(3) Ist vor der Erlassung des Ausschlussurteils ein Dritter als Eigentümer oder wegen des Eigentums eines Dritten ein Widerspruch gegen die Richtigkeit des Grundbuchs eingetragen worden, so wirkt das Urteil nicht gegen den Dritten.

Materialien: E I § 873; II § 840; Mot III 327 ff; Prot III 190 ff; VI 232; Jakobs/Schubert, SR I 558 ff.

Schrifttum

Böhringer, Beseitigung dinglicher Rechtslagen bei Grundstücken in den neuen Ländern, Rpfleger 1995, 51
Finkenauer, Eigentum und Zeitablauf – das dominum sine re im Grundstücksrecht (2000)
Kuhn, Grundbuchberichtigungszwang und Aufgebotsverfahren, Deutsche Rechtspflege 1937, 299
vLübtow, Die Struktur der Pfandrechte und Reallasten, in: FS Lehmann (1956) Band I 328
Muhr, Das Aufgebotsverfahren des 9. Buchs der ZPO in der notariellen Praxis, MittRhNotK 1965, 148

Schwiete, Ausschließung eines Grundstückseigentümers im Aufgebotsverfahren, Recht 1905, 278
Siebels, Die Ersitzung im Liegenschaftsrecht, MittRhNotK 1971, 439
Saenger, Grundstückserwerb nach dem Aufgebotsverfahren, MDR 2001, 134
Süss, Durchgangs-Herrenlosigkeit. Zur Problematik von Aneignung und Ersitzung, insbesondere des § 927 BGB, AcP 151 (1950/51) 1.
Weiteres Schrifttum vgl §§ 946 ff ZPO.

Systematische Übersicht

I.	Bedeutung des § 927		II.	Geltungsbereich	
1.	Zweck des § 927	1	1.	§ 927 ist anwendbar	4
2.	Inhalt des § 927	2	2.	Bei Gesamthandseigentum	5
3.	Aneignung und Ersitzung	3	3.	§ 927 ist nicht anwendbar	6

4. Sondervorschriften für Grundstücke
in der ehemaligen DDR _____ 7

III. **Verfahren zur Ausschließung des
Eigentümers**
1. Gerichtliches Aufgebot _____ 8
2. Glaubhaftmachung des 30jährigen
Eigenbesitzes _____ 9
3. Weitere Voraussetzungen des Ausschlußurteils _____ 10
4. Entscheidung über den Antrag _____ 13

IV. **Wirkungen des Ausschlußurteils
(Abs 1)**
1. Verlust des Eigentums, Aneignungsrecht _____ 15
2. Beschränkter Wirkungsbereich _____ 16
3. Weiterbestehende Rechte und
Schuldverhältnisse _____ 17

V. **Aneignungsrecht des Eigenbesitzers**
1. Wesensmerkmale des Aneignungsrechts _____ 18

2. Dingliche Wirkungen des Aneignungsrechts _____ 19
3. Verfügungen über das Aneignungsrecht _____ 20
4. Verzicht auf das Aneignungsrecht _ 21

VI. **Eigentumserwerb am Grundstück
(Abs 2)**
1. Voraussetzungen des Eigentumserwerbs _____ 22
2. Aneignungsberechtigter _____ 23
3. Erklärung des Aneignungswillens _ 24
4. Zustimmung Dritter _____ 25
5. Eintragung des Aneignungsberechtigten _____ 26
6. Originärer, nicht rückwirkender
Eigentumserwerb _____ 27

VII. **Voraussetzungen der Grundbucheintragung**
1. Zweck des Grundbuchverfahrens _ 28
2. Eintragungsvoraussetzungen _____ 29

I. Bedeutung des § 927

1. Zweck des § 927

1 § 927 ermöglicht dem langjährigen Eigenbesitzer die *Aneignung des Grundstücks aufgrund eines gerichtlichen Aufgebots* und gehört wie die Buchersitzung (§ 900 Abs 1) zu den Vorschriften, die das Auseinanderfallen von Eigenbesitz und Eigentum, Buchlage und Rechtslage, Rechtsschein und Rechtswirklichkeit beenden sollen (vgl Süss AcP 151 [1950/51] 1, 13 ff; Siebels MittRhNotK 1971, 439, 442). Zweck dieser Vorschrift ist es, ein lange Zeit entweder unrichtiges Grundbuch zu berichtigen oder richtiges Grundbuch dem tatsächlichen Besitzstand anzupassen.

Hauptanwendungsfälle:

§ 927 ermöglicht die Aneignung des Grundstücks, zB wenn

(1) die Erben nicht mehr in der Lage sind, das Eigentum ihres selbst nicht eingetragenen Erblassers nachzuweisen (Mot III 239; RG JW 1936, 2399; OLG Bamberg NJW 1966, 1413; Baur/Stürner § 53 H) oder

(2) der zu Unrecht als Eigentümer Eingetragene bereits seit 30 Jahren Eigenbesitzer ist, aber das Eigentum nicht im Wege der Ersitzung erwerben kann, weil er noch keine 30 Jahre im Grundbuch eingetragen ist (dazu Süss AcP 151 [1950/51] 1, 13), oder

(3) ein Grundstück verkauft und übergeben wird und die Versäumung der Auflassung und Eintragung (zB wegen Rechtsunkenntnis, Nachlässigkeit, Kostenerspar-
nis) die auf Dauer untragbare Rechtsfolge auslöst, daß nach 10 Jahren der Käufer
seinen Anspruch auf das Eigentum wegen Verjährung nicht durchsetzen (§ 196),
aber trotz des nicht verjährten Anspruchs des eingetragenen Verkäufers auf den
Besitz (§§ 985, 902 Abs 1) rechtmäßiger Besitzer bleiben kann (§§ 986 Abs 1, 433
Abs 1; dazu SIEBELS MittRhNotK 1971, 439, 442).

2. Inhalt des § 927

§ 927 regelt zwei Rechtsvorgänge: 2

(a) *den Ausschluß des bisherigen Eigentümers* von seinem Recht durch gerichtliches Ausschlußurteil (Abs 1) unbeschadet der Rechte Dritter, gegen die das Urteil
nicht wirkt (Abs 3);

(b) *den Erwerb des Eigentums* am Grundstück durch den Aneignungsberechtigten
dadurch, daß er sich als Eigentümer in das Grundbuch eintragen läßt (Abs 2).

3. Aneignung und Ersitzung im deutschen Liegenschaftsrecht

a) § 927 über die Aneignung und § 900 Abs 1 über die Ersitzung des Immobi- 3
liareigentums sind *typisch deutschrechtliche Regelungen auf der Grundlage des
Grundbuchsystems*, wie man sie in ausländischen Rechtsordnungen (die sich in
solchen Fällen mit der Ersitzung begnügen) nicht findet (dazu Süss AcP 151 [1950/51]
1, 17 ff). Sie haben die gemeinsame Voraussetzung des 30jährigen Eigenbesitzes und
die gemeinsame Wirkung des originären Eigentumserwerbs. *§ 927 ist kein Fall der
Ersitzung* (so zutreffend Süss aaO), auch wenn er als „Aufgebotsersitzung" bezeichnet
wird (so zB SIEBELS MittRhNotK 1971, 457), weil der Eigentumsverlust durch gerichtliches Ausschlußurteil (§ 927 Abs 1) und der Eigentumserwerb entsprechend dem
dualistischen Prinzip des deutschen Liegenschaftsrechts (Vorbem 2 zu §§ 925 ff) durch
rechtsgeschäftliche Aneignungserklärung und Grundbucheintragung (§ 927 Abs 2)
eintritt, also im Gegensatz zur Ersitzung nicht automatisch durch Zeitablauf allein.

b) Nach geltendem Recht gibt es *keine Kontratabularersitzung und keine Kontra-
tabularaneignung*, für die § 927 als Ersatz dient. Denn der Eigenbesitzer kann sich
das Grundstück erst aneignen, wenn es vorher durch das Ausschlußurteil herrenlos
geworden ist (unten Rn 15, 19, 27). Er kann sich mit konstitutiver Wirkung im Grundbuch als Eigentümer nur eintragen lassen, wenn mindestens gleichzeitig der als
Eigentümer Eingetragene, der sein Eigentum verloren hat, im Wege der Grundbuchberichtigung gelöscht wird (unten Rn 28). Selbst in den Fällen, in denen der bei
Erlaß des Ausschlußurteils eingetragene Eigenbesitzer aneignungsberechtigt ist und
sich weder löschen noch sofort wieder neu eintragen lassen muß (unten Rn 26),
erwirbt er im Aneignungsweg das Eigentum am Grundstück, das einen Augenblick
(einen Durchgangsmoment) herrenlos gewesen ist (wie Süss AcP 151 [1950/51] 15, 29
überzeugend nachgewiesen hat).

c) § 927 hat (wie § 900) trotz seiner problemreichen Dogmatik (dazu Süss aaO) *in
der Praxis kaum Bedeutung*. Dies liegt nicht an einer verfehlten gesetzlichen Re-

gelung (wie gelegentlich behauptet wird), sondern an der Perfektion des deutschen Grundbuchwesens und Liegenschaftsrechts, das dafür sorgt, daß in den meisten Fällen ein einmal eingetretener Zwiespalt zwischen Buch- und Rechtslage nicht offenkundig (§ 891) und ohne gerichtliches Urteil im Wege des gutgläubigen Erwerbs (§§ 892, 893) wieder beseitigt wird.

d) Eine nach früherem Recht geltende Aneignungs- oder Ersitzungsart ist auch unter der Herrschaft des BGB zulässig, wenn die Voraussetzungen bis zum 1. 1. 1900 oder bis zur Anlegung des Grundbuchs erfüllt waren (ausführlich dazu STAUDINGER/SEUFERT[11] Rn 9).

II. Geltungsbereich

1. § 927 ist anwendbar:

4 a) auf **Alleineigentum** am Grundstück;

b) auf **reale Grundstücksteile**, die durch Abschreibung verselbständigt werden müssen, wenn die Voraussetzungen des § 927 nur für eine Teilfläche vorliegen (ebenso PALANDT/BASSENGE Rn 1);

c) nach hM auf **Miteigentum nach Bruchteilen** (§ 1008); der Anteil wächst nicht den anderen Miteigentümern an, sondern kann als selbständiger herrenloser Miteigentumsanteil vom Aneignungsberechtigten erworben werden (vgl AnwK-BGB/ GRZIWOTZ Rn 3; BAMBERGER/ROTH/GRÜN Rn 3; BGB-RGRK/AUGUSTIN Rn 2; MünchKomm/ KANZLEITER Rn 3; ERMAN/LORENZ Rn 2; vgl dazu § 950 E I, Prot III 190 ff);

d) nach hM auf **Wohnungs- und Teileigentum** (BÄRMANN/PICK/MERLE § 3 WEG Rn 78; AnwK-BGB/GRZIWOTZ Rn 3; BAMBERGER/ROTH/GRÜN Rn 3; ERMAN/LORENZ Rn 2), weil es sich aus den Elementen Bruchteilseigentum und Alleineigentum (Sondereigentum) zusammensetzt, die beide zum Anwendungsbereich des § 927 gehören (was für das Erbbaurecht und Wohnungserbbaurecht nicht zutrifft; unten Rn 6).

In der Lehre sind die Anwendungsbereiche des *§ 927 einerseits* und des *§ 928 andererseits* bisher fast einhellig als kongruent angesehen worden (vgl FINKENAUER 154). Nachdem nunmehr die Rspr § 928 auf Miteigentumsanteile und Wohnungseigentumsrechte nicht mehr anwendet (vgl § 928 Rn 8), bleibt zu beobachten, wie sich das Meinungsbild zur Anwendung des § 927 entwickelt. Die *Bedenken*, die dazu geführt haben, die Anwendbarkeit des § 928 für Miteigentum nach Bruchteilen und Wohnungseigentum abzulehnen (§ 928 Rn 8), treffen auf die Interessenlage im Falle des § 927 dann gleichfalls zu, wenn der Eigenbesitzer als einer von mehreren Miteigentümern auf sein durch das Ausschlußurteil entstandene Aneignungsrecht verzichtet (unten Rn 21) oder es ruhen läßt.

2. Bei Gesamthandseigentum ist zu unterscheiden:

5 a) Für den *einzelnen Anteil* an einer Gesamthand *gilt § 927 nicht*, weil kein sachenrechtlich faßbarer Anteil vorhanden ist, der herrenlos werden könnte (ebenso LG Aurich NJW-RR 1994, 1170; PALANDT/BASSENGE Rn 1; SOERGEL/STÜRNER Rn 1; ERMAN/

LORENZ Rn 2; BAMBERGER/ROTH/GRÜN Rn 3; **aA** MünchKomm/KANZLEITER Rn 3). Ein Ausschlußurteil gegen einen einzelnen Gesamthänder käme einer nicht zulässigen Verfügung über den Anteil am Grundstück gleich.

b) *§ 927 ist aber anwendbar beim Ausschluß aller Gesamthänder*, auch wenn der Antragsteller selbst zu ihnen gehört (ebenso SCHÖNER/STÖBER Rn 1020; PALANDT/BASSENGE Rn 1; BAMBERGER/ROTH/GRÜN Rn 3; SIEBELS MittRhNotK 1971, 439, 467; OLG Bamberg NJW 1966, 1413 zum Ausschluß eines Miterben) oder des Eigentümers, wenn die Gesamthandsanteile im Grundbuch nicht vermerkt sind (so SCHWIETE Recht 1905, 278).

3. **§ 927 ist nicht anwendbar:**

a) auf **beschränkte dingliche Rechte, Erbbaurechte** (§ 11 Abs 1 ErbbVO), Woh- **6** nungserbbaurechte (§ 30 WEG) und andere grundstücksgleiche Rechte (aus den gleichen Gründen wie § 928; vgl dort Rn 8);

b) auf **Gebäudeeigentumsrechte** nach § 288 Abs 4 oder § 292 Abs 3 ZGB (DDR), Art 233 § 4 Abs 1 S 1 EGBGB bzw § 27 LPGG (DDR), Art 233 § 2b Abs 4 EGBGB oder § 459 ZGB (DDR), Art 233 § 8 EGBGB.

Zum Ausschluß eines *Fischereiberechtigten* in Baden-Württemberg vgl AG Schwäbisch Hall BWNotZ 1985, 68; 1985, 163; SCHMID BWNotZ 1978, 21; 1981, 73; 1982, 9; BÖHRINGER BWNotZ 1984, 153; LAIBLIN/BÖHRINGER BWNotZ 1985, 153.

4. **Sondervorschriften für Grundstücke in der ehemaligen DDR**

Nach der früheren Regelung des § 459 ZGB (DDR) waren Gebäude, die ein volks- **7** eigener Betrieb auf einem vertraglich genutzten Grundstück errichtet hatte, unabhängig vom Eigentum am Boden Volkseigentum (zum Gebäudeeigentum unten Rn 6 und § 925 Rn 22). Im Falle „bedeutender Werterhöhungen" durch Erweiterungs- und Erhaltungsmaßnahmen entstand von Gesetzes wegen ein *volkseigener Miteigentumsanteil am Grundstück*, der dann aufgrund der §§ 11 Abs 2, 23 TreuhandG ggf in das Eigentum der durch Umwandlung gebildeten Kapitalgesellschaft überging (vor § 925 Rn 16). Für diese Fälle hat § 114 des Sachenrechtsbereinigungsgesetzes vom 21. 9. 1994 (BGBl I 2457, 2486) ein Aufgebotsverfahren eingeführt, das dem eingetragenen Eigentümer die Möglichkeit gibt, den nach § 459 ZGB (DDR) entstandenen Miteigentumsanteil zum Erlöschen zu bringen und dadurch das Alleineigentum zu erwerben, unter der Voraussetzung, daß bis zum 30. 9. 1999 die Eintragung dieses Miteigentumsanteils im Grundbuch gemäß § 113 SachenRBerG weder erfolgt noch beantragt ist (vgl BÖHRINGER Rpfleger 1995, 51). Im übrigen gelten für das Beitrittsgebiet die allgemeinen Auslegungsregeln, insbesondere bei der Anwendung des § 927 Abs 1 S 3 (vgl unten Rn 11).

III. **Verfahren zur Ausschließung des Eigentümers**

1. **Gerichtliches Aufgebot**

a) Das Verfahren ist *in der ZPO* (§§ 946 bis 959; 977 bis 981; 1024 Abs 1) geregelt **8** (dazu MUHR MittRhNotK 1965, 150), zuständig das Amtsgericht der belegenen Sache

(§ 978 ZPO). Durch das Aufgebot ist der bisherige Eigentümer aufzufordern, sein Recht spätestens im Aufgebotstermin anzumelden, widrigenfalls seine Ausschließung erfolgen werde (§ 981 ZPO); vgl SCHÖNER/STÖBER Rn 1023.

b) *Antragsberechtigt* ist, wer das Grundstück 30 Jahre lang im Eigenbesitz (§ 872) gehabt hat (bei mehreren nur alle gemeinsam, § 979 ZPO). Er kann gegenüber seinem Käufer zur Durchführung des Verfahrens verpflichtet sein. Nach Pfändung des Aneignungsrechts (unten Rn 20) ist der Pfändungsgläubiger zur Durchführung des Verfahrens und nach dessen Abschluß zur Herbeiführung des Eigentumserwerbs des Eigenbesitzers befugt (RGZ 76, 357).

2. Glaubhaftmachung des 30jährigen Eigenbesitzes

9 a) *Verfahrensrechtliche Voraussetzung* des Aufgebots ist gemäß § 927 Abs 1 stets die Glaubhaftmachung des 30 Jahre langen Eigenbesitzes des Antragstellers am Grundstück iSd § 872, genügend auch ein mittelbarer Besitz Die Besitzzeit ist wie bei Ersitzung beweglicher Sachen zu berechnen (vgl §§ 939 ff), die des Rechtsvorgängers ebenso anzurechnen (vgl § 943; OLG Bamberg NJW 1966, 1413) wie die vor Inkrafttreten des BGB (so auch BGB-RGRK/AUGUSTIN Rn 5). Nicht erforderlich sind Erwerbstitel und guter Glaube an das Recht zum Besitz (BGB-RGRK/AUGUSTIN Rn 3).

b) Für die *weiteren Voraussetzungen* sind zu unterscheiden:

– die seltenen Fälle des Abs 1 Satz 1 (Rn 10),

– der häufigere Fall des Abs 1 Satz 3 (Rn 11),

– der im Gesetz nicht ausdrücklich geregelte Fall der Zustimmung des Eigentümers zum Ausschluß (Rn 12).

3. Weitere Voraussetzungen des Ausschlußurteils

a) Fälle des Abs 1 Satz 1: Kein Eigentümer oder ein nachweisbar Nichteigentümer ist eingetragen

10 Die Fälle, daß kein Eigentümer (vgl LG Hamburg DNotZ 1967, 34; SIEBELS MittRhNotK 1971, 458; SÜSS AcP 151 [1950/51] 25 ff) oder bei Unrichtigkeit des Grundbuchs ein Nichteigentümer eingetragen ist, *stehen einander gleich* (BGH WM 1978, 194), weil das Gesetz in Abs 1 Satz 3 unter dem „Eigentümer" nur den nach materiellem Recht wahren Eigentümer versteht (vgl FINKENAUER 136 mwN).

Einzelfälle

(1) Ist das *Grundstück nicht gebucht*, obwohl es dem Buchungszwang unterliegt, bedarf der Eigenbesitzer eines Ausschlußurteils, weil seine Eintragung im Anlegungsverfahren die materielle Wirkung des Eigentumserwerbs nicht hätte (§ 14 AVOGBO; vgl § 928 Rn 4). Ist es vom Buchungszwang befreit (§§ 3 Abs 2, 122 GBO), unterliegt es nicht dem § 927 (SÜSS AcP 151 [1950/51] 28).

(2) Bei *herrenlosem Grundstück* richtet sich das Aufgebot gegen etwaige Aneig-

nungsberechtigte, deren Recht ohne Ausschlußurteil dem Eigentumserwerb des
Eigenbesitzers entgegenstehen würde (Süss AcP 151 [1950/51] 25 ff). Deshalb ist nach
hM § 927 (mindestens analog) anwendbar (SIEBELS MittRhNotK 1971, 459).

(3) *Ist jemand als Eigentümer eingetragen, muß* im Aufgebotsverfahren die für ihn
sprechende Vermutung des *§ 891 widerlegt werden*; Glaubhaftmachung gemäß 980
ZPO genügt dazu nicht (hM: SIEBELS MittRhNotK 1971, 459 Fn 30 mwN; FINKENAUER 137;
ERMAN/LORENZ Rn 4; **aA** MünchKomm/KANZLEITER Rn 4). Gelingt dieser Beweis, dann
bedarf der eingetragene Nichtberechtigte, der weder Eigentümer noch Eigenbesitzer ist, des besonderen Schutzes des Abs 1 Satz 3 nicht. Denn es fehlt (nach zutreffender Auffassung von WOLFF/RAISER § 62 I 2) an einem inneren Grund dafür, dem Eigenbesitzer das Aufgebotsrecht zu geben, wenn niemand oder ein Toter eingetragen
ist, es ihm aber zu versagen, wenn jemand eingetragen ist, dessen Nichtberechtigung
er beweisen kann. Die Eintragung eines nachweisbar Nichtberechtigten kann nicht
das Eigentum des Berechtigten verlautbaren.

**b)   Fälle des Abs 1 Satz 3: Der Eigentümer oder sein Rechtsvorgänger ist einge-
tragen**

Rechtsgrundlage des Ausschlusses ist in diesen Fällen die Tatsache, daß sich der als **11**
Eigentümer *Eingetragene (oder sein Gesamtrechtsnachfolger) um sein Recht nicht
kümmert* (vgl MünchKomm/KANZLEITER Rn 4; SIEBELS MittRhNotK 1971 461). Ein Ausschlußurteil ist unter **zwei Voraussetzungen** zulässig:

(1)   Der als Eigentümer *Eingetragene muß verstorben oder verschollen*, nicht für
tot erklärt (BGB-RGRK/AUGUSTIN Rn 6), bei Eintragung einer OHG (KG) der letzte
Gesellschafter verstorben oder verschollen (LG Köln RhNotZ 1931, 171; SIEBELS Mitt-
RhNotK 1971, 460), bei Eintragung einer juristischen Person diese erloschen sein
(PALANDT/BASSENGE Rn 4). Beweispflichtig dafür ist der Antragsteller. Wenn die eingetragene juristische Person nicht aufgelöst ist und ihre Organe festzustellen sind,
kommt ein Ausschluß auch bei Vorliegen besonderer Umstände nicht in Betracht,
zB wenn es sich um ein ehemals volkseigenes Grundstück handelt, dessen wahrer
Eigentümer enteignet worden ist (so BGH WM 2003, 1955 zu einem auf die BVVG eingetragenen Grundstück). Das Verfahren richtet sich gegen den eingetragenen Verschol-
lenen bzw nicht eingetragenen Erben/Gesamtrechtsnachfolger (Süss AcP 151 [1950/51]
24, 25) und ist nicht davon abhängig, daß die Erben unbekannt oder nicht feststellbar
sind (LG Köln MittRhNotK 1985, 215). Der Begriff der „Verschollenheit" im Sinne von
§ 927 ist mit dem des § 1 VerschG identisch (AG Bergheim MDR 2002, 1431).

(2)   *Innerhalb der letzten 30 Jahre* vor Beginn des Aufgebotsverfahrens (RG JW
1936, 2399) *darf keine Eintragung erfolgt sein*, die nach materiellem (zB §§ 873, 875,
877, 880, 1183 BGB) oder formellem Recht (zB §§ 19, 20, 22, 27 GBO) der Zustimmung des Eigentümers bedurfte. Das Gesetz stellt zum Schutz des Eigentümers
nur darauf ab, ob eine zustimmungsbedürftige Eintragung tatsächlich erfolgt ist,
unabhängig davon, ob und in welcher Form die Zustimmung vorgelegen hat (so
ausführlich STAUDINGER/SEUFERT[11] Rn 3 c mwN). Deshalb wird durch eine vom Bevollmächtigten des Eigentümers bewilligte Eintragung (so mit Recht SCHÖNER/STÖBER
Rn 1021 gegen LG Flensburg SchlHA 1962, 246) oder durch eine formell ordnungswidrig
ohne Bewilligung des Eigentümers vollzogene Eintragung eine neue 30-Jahresfrist
in Lauf gesetzt (hM: BGB-RGRK/AUGUSTIN Rn 7, 8; MünchKomm/KANZLEITER Rn 4; ERMAN/

LORENZ Rn 6). Die **aA**, wonach eine fehlerhafte Eintragung ohne Zustimmung des wahren Eigentümers oder Bucheigentümers die Frist nicht (so WOLFF/RAISER § 62 Anm 2; GÜTHE/TRIEBEL § 19 Rn 135; FINKENAUER 139) oder jedenfalls dann nicht unterbricht, wenn sie dem Eigentümer bekanntgemacht worden ist (so SIEBELS MittRhNotK 1971, 461), wird von der hM mit Recht abgelehnt. Denn eine fehlerhafte Eintragung ist eine wirksame Eintragung (vgl STAUDINGER/GURSKY [2000] § 873 Rn 281 ff), die auch im Rahmen des § 927 Wirkungen hat. Da der Eigentümer seine Zustimmung (materiell) formlos und auch in der Unterlassung eines Rechtsmittels gegen die ihm nicht gemäß § 55 GBO, aber anderweitig bekanntgewordene Eintragung zum Ausdruck bringen kann, müßte im Aufgebotsverfahren über Fragen entschieden werden, die in diesem Verfahren nicht abschließend geklärt werden können und deshalb für ihn nicht zur Gefahr eines unberechtigten Eigentumsverlustes führen dürfen. Dagegen tritt keine Fristunterbrechung ein durch eine Eintragung aufgrund der Bewilligung des für den Eigentümer bestellten Abwesenheitspflegers (so AG Berlin-Schöneberg MittBayNot 1975, 25) oder durch eine unwirksame Eintragung, die materiell und formell für und gegen jedermann wirkungslos ist (vgl STAUDINGER/GURSKY [2000] § 873 Rn 286 ff).

Die *sachliche Prüfung eines angemeldeten Rechts* findet nicht im Aufgebotsverfahren statt und bleibt dem ordentlichen Verfahren (§§ 253 ff ZPO) vorbehalten. Wird dort der Bestand des angemeldeten Rechts verneint, ist der Antragsteller des Aufgebotsverfahrens so behandeln, als ob zu seinen Gunsten ein vorbehaltloses Urteil ergangen wäre.

c) Fall der Zustimmung zum Ausschluß vom Eigentum

12 Dieser (in der Praxis häufigere) Fall ist im Gesetz nicht ausdrücklich geregelt und muß nach dem Normzweck beurteilt werden. Die Voraussetzungen und Fristen des § 927 Abs 1 dienen dem Schutz des Grundstückseigentümers. Beantragt er das Aufgebotsverfahren (zB weil er selbst zugleich Eigenbesitzer ist) oder stimmt er ihm zu, ist das Aufgebotsverfahren auch dann durchzuführen und das Ausschlußurteil zu erlassen, wenn in seiner Person diese Voraussetzungen nicht zutreffen oder die Fristen nicht abgelaufen sind (ebenso MünchKomm/KANZLEITER Rn 4; SIEBELS MittRhNotK 1971, 467), zB wenn von mehreren Mitberechtigten nur einige verstorben sind und die noch Lebenden die Durchführung des Verfahrens beantragt haben (OLG Bamberg NJW 1966, 1413; LG Amberg MittRhNotK 1964, 1).

4. Entscheidung über den Antrag

13 a) **Ein vorbehaltloses Ausschlußurteil** „gegen den bisherigen Eigentümer" (§ 981 ZPO) oder gegen den Aneignungsberechtigten eines herrenlosen Grundstücks (vgl Süss AcP 151 [1950/51] 25 ff) darf nur ergehen, wenn keine Anmeldung erfolgt ist (vgl BGB-RGRK/AUGUSTIN Rn 10; SIEBELS MittRhNotK 1971, 462). Andere Rechte als das Eigentum oder Aneignungsrecht, auch Ansprüche auf Übertragung des Eigentums können nicht angemeldet werden und die Ausschlußwirkung gegenüber dem Rechtsinhaber nicht beseitigen (BGHZ 76, 169 = LM ZPO § 953 Nr 1 Anm LINDEN). Dies ist auch nicht nötig, weil sie weiterbestehen (unten Rn 17).

14 b) **Bei rechtzeitiger Anmeldung** eines Eigentums- oder Aneignungsrechts ist je „nach Beschaffenheit des Falles entweder das Aufgebotsverfahren bis zur endgültigen Entscheidung über das angemeldete Recht auszusetzen oder in dem Ausschlußurteil das angemeldete Recht vorzubehalten" (§ 953 ZPO). Die Aussetzung soll nur erfolgen, wenn durch die Anmeldung zugleich die Zulässigkeit des ganzen Verfahrens in Frage gestellt wird (RGZ 67, 95, 98), zB wenn die Anmeldung des 30jährigen Eigenbesitzes des Antragstellers zweifelhaft erscheint.

IV. Wirkungen des Ausschlußurteils (Abs 1)

1. Verlust des Eigentums, Entstehen des Aneignungsrechts

a) Durch das Ausschlußurteil *verlieren alle das Eigentum, gegen die das Urteil* 15 *wirkt*, auch der Antragsteller, wenn er der wahre Eigentümer war (RGZ 76, 359). Das Grundstück wird herrenlos, wenn es daran kein Eigentum Dritter gibt (unten Rn 16). Mit dem Eigentum erlöschen auch die mit ihm verbundenen Verfügungsbeschränkungen, zB beim Ausschluß eines Vorerben die im Aufgebotsverfahren nicht angemeldeten und deshalb im Ausschlußurteil nicht vorbehaltenen Nacherbenrechte, die trotz Eintragung des Nacherbenvermerks auch dann nicht bestehen bleiben und nicht wieder aufleben, wenn sich der Vorerbe selbst als Eigentümer eintragen läßt (RGZ 76, 359; RFHJW 1925, 2503; RG JW 1936, 2399). Denn dieser Eigentumserwerb ist für den Vorerben originärer, nicht abgeleiteter Art (RGZ 76, 360). Für die Dauer der Herrenlosigkeit des Grundstücks werden die mit ihm verbundenen Rechte (§ 96) subjektlos (unten Rn 17). Richtet sich das Aufgebot (zB beim nicht gebuchten oder herrenlosen Grundstück) gegen etwaige Aneignungsberechtigte (oben Rn 10), so verlieren sie ihr Aneignungsrecht, wenn es im Urteil nicht vorbehalten ist.

b) Das Ausschlußurteil gewährt *dem Eigenbesitzer* lediglich *ein Aneignungsrecht*, noch nicht das Eigentum (unten Rn 18 ff).

c) Diese Wirkungen hat das Ausschlußurteil auch, wenn es sachlich unrichtig ist oder der Eigentümer sein Recht in anderer Weise als durch Anmeldung im Aufgebotsverfahren (zB durch Herausgabe- oder Berichtigungsklage gegen den Besitzer) geltend gemacht hat (Mot III 331). Ist das Ausschlußurteil rechtskräftig, steht dem bisherigen Eigentümer kein Bereicherungsanspruch zu, auch wenn das Urteil sachlich unrichtig ist oder mangels einer seiner Voraussetzungen nicht hätte erlassen werden dürfen (LG Koblenz NJW 1963, 254). Unter den Voraussetzungen der §§ 957 ff ZPO ist gegen das Ausschlußurteil Anfechtungsklage zulässig.

2. Beschränkter Wirkungsbereich des Ausschlußurteils

Das Ausschlußurteil hat **keine Wirkungen** gegen   16

(a)   diejenigen, deren Rechte im Urteil vorbehalten sind (§ 953 ZPO; RGZ 67, 95),

(b)   denjenigen, der vor Erlaß des Ausschlußurteils in das Grundbuch als Eigentümer eingetragen worden ist (§ 927 Abs 3), gleichgültig ob aufgrund Auflassung, im Wege der Berichtigung oder originär (zB der Fiskus gemäß § 928);

(c)   den Widerspruchsberechtigten, für den wegen seines Eigentums vor Erlaß des Ausschlußurteils ein Widerspruch im Grundbuch eingetragen worden ist (§ 927 Abs 3; dazu unten Rn 25, 27, 29);

(d)   das Eigentumsrecht anderer Personen, auch das der Erben des Eingetragenen
(RGZ 76, 357), wenn der Urteilstenor vorschriftswidrig statt gegen „den bisherigen
Eigentümer" (§ 981 ZPO) gegen den eingetragenen Eigentümer gerichtet ist, weil
das Ausschlußurteil keine Wirkungen über den Urteilstenor hinaus hat.

Ist jemand, gegen den das Ausschlußurteil nicht wirkt, der wahre Eigentümer, dann
behält er das Eigentum; das Grundstück wird nicht herrenlos. Der Aneignungsberechtigte kann, selbst wenn er im Grundbuch als Eigentümer eingetragen werden
sollte, nicht Eigentümer werden (unten Rn 26). Sein *Aneignungsrecht reicht nicht
weiter als das Ausschlußurteil*. Wird (im Gegensatz zu Abs 3) erst nach Erlaß des
Ausschlußurteils ein Dritter als Eigentümer eingetragen, so berührt dies die Wirkungen des Urteils nicht. Hat ein Dritter das Grundstück vom Bucheigentümer
oder dessen Erben erworben und das Ausschlußurteil nicht gekannt und war zugunsten des Aneignungsberechtigten kein Widerspruch im Grundbuch eingetragen
(§ 899), dann hat er gutgläubig das durch das Ausschlußurteil herrenlos gewordene
Grundstück erworben (§ 892). Ihm gegenüber kann das Aneignungsrecht nicht
mehr durchsetzt werden.

3.   Weiterbestehende dingliche Rechte und Schuldverhältnisse

17 a)   Die auf dem Grundstück ruhenden *Belastungen* (auch Eigentümerrechte und
subjektiv-dingliche Rechte), *Vormerkungen* und *Widersprüche*, ein vor Erlaß des
Ausschlußurteils gegen den Eigentümer eingetragener Widerspruch (§ 927 Abs 3)
und die *schuldrechtlichen Verpflichtungen* bezüglich des Grundstücks werden durch
das Ausschlußurteil des § 927 nicht berührt (BGHZ 76, 169 = NJW 1980, 1521; Einzelheiten: § 928 Rn 27 ff).

b)   Die dinglich Berechtigten können ihre Rechte bis zum Ausschlußurteil gegen
den bisherigen Eigentümer, nach Eintragung des Aneignungsberechtigten gegen ihn
geltend machen. Für die Zwischenzeit der Herrenlosigkeit fehlt es an einer Vorschrift, wie sie in §§ 58, 787 ZPO bezüglich § 928 enthalten ist. Wegen der gleichen
Sachlage sind diese Vorschriften analog anzuwenden (vgl § 928 Rn 32 ff).

V.   Aneignungsrecht des Eigenbesitzers

1.   Wesensmerkmale des Aneignungsrechts

18 a)   Das Aneignungsrecht des § 927 Abs 2 ist ein *gesetzliches Recht*, nach hL (wie
das des § 928) *ein dingliches Recht eigener Art"* (so WOLFF/RAISER § 62 II; SIEBELS Mitt-
RhNotK 1971, 463) das früher (zu Unrecht) als Verfügungsbeschränkung oder (wenig
aussagekräftig) als „gesetzliches Recht auf Aneignung" bezeichnet worden ist (zum
Meinungsstreit vgl STAUDINGER/SEUFERT[11] Rn 5 b).

b)   § 927 Abs 2 *gewährt keinen Anspruch* (§ 194) auf Verschaffung des Eigentums,
weil es wegen der Herrenlosigkeit keinen Schuldner (Grundstückseigentümer) gibt,
der dem Aneignungsberechtigten das Eigentum übertragen könnte, und bietet deshalb nach der zutreffenden hM (PALANDT/BASSENGE Rn 7; ERMAN/LORENZ Rn 13; AnwK-
BGB/GRZIWOTZ Rn 10) keine Rechtsgrundlage für eine Sicherung des Aneignungs-

rechts durch Vormerkung (§ 883). Für den Aneignungsberechtigten besteht keine *gesetzliche* Verpflichtung, es auszuüben (oben Rn 8).

c) Das *Aneignungsrecht entsteht durch das Ausschlußurteil ohne Eintragung* im Grundbuch, erlischt mit dem ohne Rückwirkung eintretenden Eigentumserwerb (unten Rn 26) und ist während seines Bestehens *nicht eintragungsfähig*. Es ist kein Eigentum (der Aneignungsberechtigte noch nicht Eigentümer; RGZ 76, 359), auch kein bedingtes Eigentum (vgl § 925 Abs 2; dort Rn 91 ff) und zum Unterschied von dem auf Erwerb des Eigentums gerichteten dinglichen Vorkaufsrecht kein Recht am Grundstück.

d) Trotzdem ist es ein *Recht, das dem Immobiliarsachenrecht angehört*, mit unmittelbarer Sachbeziehung und absoluter Wirkung (also Wesensmerkmalen dinglicher Rechte) ausgestattet ist, dem Aneignungsberechtigten kraft des Ausschlußurteils die Macht verleiht, sich selbst das Eigentum am Grundstück zu verschaffen, ihm nicht mehr gegen oder ohne seinen Willen entzogen werden kann und sich dadurch in das Vollrecht verwandelt, daß er sich als Eigentümer in das Grundbuch eintragen läßt (§ 927 Abs 2; dazu unten Rn 22 ff). Wegen dieser Eigenarten ist es eine gesetzliche Vorstufe zum Eigentum, die man (trotz mancher Unterschiede) mit dem „Eigentumsanwartschaftsrecht" vergleichen kann (vgl § 925 Rn 121 ff). Von den für dingliche Rechte an Grundstücken geltenden Vorschriften (§§ 873 ff; 925) können nur diejenigen angewandt werden, die den Wesensmerkmalen des Aneignungsrechts entsprechen.

2. Dingliche Wirkungen des Aneignungsrechts

Der Aneignungsberechtigte hat gegen den im Grundbuch eingetragenen, mit sei- **19** nem Recht ausgeschlossenen Bucheigentümer den *Berichtigungsanspruch gemäß § 894* auf Löschung seiner Eintragung und kann sein Recht durch *Widerspruch gemäß § 899* (nicht durch Vormerkung; oben Rn 18) sichern lassen (ebenso Münch-Komm/KANZLEITER Rn 8). Ihm stehen auch die Ansprüche aus §§ 985 ff zu, was allerdings wegen seiner Ansprüche aus dem Eigenbesitz (§§ 870 ff) nur dann von Bedeutung ist, wenn er in der Zwischenzeit seinen Eigenbesitz verloren hat (dazu unten Rn 23).

3. Verfügungen über das Aneignungsrecht des Eigenbesitzers

a) Das Aneignungsrecht ist *übertragbar, verpfändbar und pfändbar* (§ 857 ZPO). **20**

Seine Abtretbarkeit kann nicht ausgeschlossen oder eingeschränkt werden (§ 137) und endet erst mit seinem Erlöschen (unten Rn 21, 26 c).

b) Die *Übertragung* erfolgt durch Einigung zwischen dem alten und neuen Aneignungsberechtigten *in Auflassungsform* (analog § 925 Abs 1; hM: MünchKomm/ KANZLEITER Rn 8; PALANDT/BASSENGE Rn 7) ohne Eintragung (oben Rn 18). Sie kann *nicht von einer Bedingung oder Zeitbestimmung abhängig* gemacht (analog § 925 Abs 2) und nicht schon vor dem Erlaß des Ausschlußurteils vereinbart werden (vgl § 925 Rn 132; aA MünchKomm/KANZLEITER Rn 8; AnwK-BGB/GRZIWOTZ Rn 11). Steht das Aneignungsrecht mehreren zu (zB Miterben), von denen einzelne es nicht ausüben wollen, so kann es im Wege der Auseinandersetzung (in Auflassungsform) auf den Aneignungswilligen übertragen werden. Da es nicht eintragungsfähig ist, sind auf seinen Erwerb die Vorschriften über den Gutglaubensschutz *(§§ 892, 893) nicht anwendbar.*

c) *Die Verpfändung und Pfändung* (im Gesetz nicht ausdrücklich geregelt) richtet sich (wohl am besten) nach den gleichen Grundsätzen wie die Verpfändung und Pfändung des Anwartschaftsrecht des Auflassungsempfängers. Mit Eintragung des Aneignungsberechtigten als Eigentümer entsteht demnach eine Sicherungshypothek kraft Gesetzes für den Pfandrechtsgläubiger (Einzelheiten dazu § 925 Rn 130, 131).

4.   Verzicht auf das Aneignungsrecht des Eigenbesitzers

21   a)   An der *Zulässigkeit des Verzichts* besteht kein Zweifel, um so weniger nachdem der BGH ausdrücklich auch den Verzicht des Fiskus auf sein Aneignungsrecht nach § 928 anerkannt hat (dazu § 928 Rn 24, 25). Nach dem Erwerb des Eigentums ist nur noch dessen Übertragung (§§ 873, 925) oder Aufgabe (§ 928) möglich (unten Rn 26 c).

b)   Der Verzicht erfolgt *analog § 928 durch einseitige Erklärung* des Aneignungsberechtigten *an das zuständige Grundbuchamt* (vgl § 928 Rn 10 ff) und ist bei Verpfändung (Pfändung) von der Zustimmung des Pfandgläubigers abhängig (analog § 876).

Der Verzicht auf das (selbst nicht eintragungsfähige) Aneignungsrecht *bedarf zu seiner Wirksamkeit nicht der Eintragung* im Grundbuch, ist aber eintragungsfähig (hM; vgl § 928 Rn 24).

c)   Mit dem wirksamen Verzicht erlischt das Aneignungsrecht. Das *Ausschluß-urteil behält seine Wirkungen* (oben Rn 15 ff). Aneignungsberechtigt ist dann der Fiskus (vgl § 928 Rn 23), der für den originären Erwerb des Eigentums der Zustimmung Dritter bedarf, wenn auch der Verzichtende ohne deren Zustimmung das Eigentum nicht hätte erwerben können (unten Rn 25).

VI.   Eigentumserwerb am Grundstück (Abs 2)

1.   Voraussetzungen des Eigentumserwerbs

22   Nach § 927 Abs 2 erlangt derjenige, welcher das Ausschlußurteil erwirkt hat, das Eigentum dadurch, „daß er sich als Eigentümer in das Grundbuch eintragen läßt". Dafür *gilt nicht das reine Eintragungsprinzip.* Der Eigentumserwerb ist nach den allgemeinen Grundsätzen des Immobiliarsachenrechts von folgenden, an keine bestimmte Reihenfolge gebundenen (unten Rn 27) materiellen Voraussetzungen abhängig:

(a)   Aneignungsrecht (Rn 23),

(b)   Erklärung des Aneignungswillens (Rn 24),

(c)   Zustimmung Dritter zum Eigentumserwerb (Rn 25),

(d)   Eintragung des Aneignungsberechtigten als Eigentümer (Rn 26).

2.   Aneignungsberechtigter

a)   Aneignungsberechtigt ist, wer das Ausschlußurteil erwirkt hat (§ 927 Abs 2)   **23**
oder auf dessen Namen es erwirkt worden ist (zB vom Pfändungsgläubiger; oben
Rn 8, 20), wer von ihm das Aneignungsrecht wirksam erworben hat (oben Rn 20) und
im Falle des Verzichts der Fiskus des Bundeslandes, in dem das Grundstück liegt
(oben Rn 21).

b)   Der *Eigenbesitz* ist nur eine formelle Voraussetzung des Aufgebotsverfahrens
und Ausschlußurteils, *keine materielle Voraussetzung* des Aneignungsrechts (oben
Rn 15). Deshalb bleibt es auch bestehen, wenn der Aneignungsberechtigte nach
dem Urteil den Eigenbesitz verloren hat.

3.   Erklärung des Aneignungswillens

a)   Die Erklärung des Willens zum Erwerb des Eigentums am Grundstück durch   **24**
den Aneignungsberechtigten ist eine einseitige, rechtsgeschäftliche, *nach materiellem Recht notwendige, aber an keine besondere Form gebundene Willenserklärung.*
Sie ist als amtsempfangsbedürftige Willenserklärung (§ 130 Abs 3) idR (Ausnahme
Rn 26) gegenüber dem für die Eintragung zuständigen GBAmt abzugeben. Ohne
wirksame Aneignungserklärung des wahren Aneignungsberechtigten würde das
Grundbuch unrichtig (§ 894). Der Eintragungsantrag (unten Rn 29) ist deshalb nicht
nur eine formell für die Grundbucheintragung erforderliche Verfahrenshandlung
(§ 13 GBO), sondern enthält zugleich als Doppeltatbestand (vgl KEHE/Munzig Einl A
26 ff, 49 ff) in aller Regel die materielle Erklärung des Aneignungsberechtigten, daß
er das Eigentum am Grundstück erwerben will (ebenso BGB-RGRK/Augustin Rn 14;
Süss AcP 151, 17). Die Einhaltung einer bestimmten Frist (nach dem Ausschlußurteil)
ist dazu nicht erforderlich. Hat der Aneignungsberechtigte sein Recht wirksam
übertragen und wird er (zB wenn das GBAmt davon keine Kenntnis hat) als
Eigentümer eingetragen, so erwirbt er trotzdem das Eigentum nicht (oben Rn 23).
Hat ein Dritter das Aneignungsrecht nicht wirksam erworben (zB wegen Verstoß
gegen § 925 Abs 1 oder 2), so hat seine Eintragung nicht den Eigentumserwerb zur
Folge (oben Rn 20).

b)   *Von mehreren Aneignungsberechtigten* muß jeder diese Erklärung abgeben
und darin zum Ausdruck bringen, in welchem Gemeinschaftsverhältnis er mit den
anderen das Eigentum erwerben will.

4.   Zustimmung Dritter

a)   Da das Eigentum eines Dritten weiterbesteht, gegen den das Ausschlußurteil   **25**
nicht wirkt (oben Rn 16), hängt der Eigentumserwerb des Aneignungsberechtigten
von der wirksamen Zustimmung des Dritten ab, die durch rechtsgeschäftliche Willenserklärung abgegeben (§§ 183 ff) oder durch gerichtliches Urteil ersetzt werden
kann (§ 894 ZPO).

b)   *Nicht erforderlich* ist die Zustimmung eines Widerspruchsberechtigten iS des

§ 927 Abs 3, weil dessen Widerspruch bestehen und im Grundbuch eingetragen bleibt und später bei entsprechendem Nachweis des Eigentums durchgesetzt werden kann (unten Rn 27).

5. Eintragung des Aneignungsberechtigten im Grundbuch

26 **a)** Mit seiner Eintragung als Eigentümer in das Grundbuch vollendet sich der originäre Eigentumserwerb, sofern alle übrigen materiellen Voraussetzungen vorliegen, ohne Rückwirkung (RG JW 1913, 204). Bis dahin bleibt das Grundstück herrenlos.

b) Hat der *Eigenbesitzer* das Ausschlußurteil erwirkt, *der bei Erlaß dieses Urteils selbst bereits als Eigentümer im Grundbuch eingetragen war*, so ist zum originären Erwerb des Eigentums (gleichgültig ob die Eintragung richtig oder unrichtig war) aus den von der hL zu § 873 dargelegten Gründen weder eine Löschung noch eine neue Eintragung erforderlich. Sinnvoll und empfehlenswert ist lediglich ein (materiell nicht notwendiger) formeller Klarstellungsvermerk im Grundbuch über die neue Rechtsgrundlage seines Eigentums. Der bereits als Eigentümer eingetragene Aneignungsberechtigte erwirbt das Eigentum sofort mit dem Ausschlußurteil (so WOLFF/RAISER § 62 A 6; PALANDT/BASSENGE Rn 7; SÜSS AcP 151 [1950/51] 29; SIEBELS MittRhNotK 1971, 464), weil er mit seinem Antrag im Aufgebotsverfahren gegenüber dem für das Ausschlußurteil zuständigen Gericht die Erklärung seines Aneignungswillens (oben Rn 24) abgegeben hat.

6. Originärer, nicht rückwirkender Eigentumserwerb

27 **a)** Für den Eigentumserwerb ist *keine bestimmte Reihenfolge der materiellrechtlichen Voraussetzungen* erforderlich. Wird der Aneignungsberechtigte eingetragen, solange seine Aneignungserklärung oder die erforderliche Zustimmung eines Dritten fehlt, ist das Grundbuch unrichtig (§ 894). Wird dieses Erfordernis wirksam nachgeholt, so wird das Grundbuch von diesem Zeitpunkt an richtig. Der Aneignungsberechtigte erwirbt das Eigentum *erst mit Vollendung des mehraktigen Erwerbstatbestandes ohne Rückwirkung* auf den Zeitpunkt der Grundbucheintragung und ohne Rückwirkung auf den Zeitpunkt des Ausschlußurteils (RG JW 1913, 204; MünchKomm/KANZLEITER Rn 7).

b) *Der Eigentumserwerb ist originärer Art* (RGZ 76, 357, 360; LG Aachen MittRhNotK 1971, 405) also kein vom bisherigen Eigentümer abgeleiteter Erwerb. Daher ist ein gutgläubiger lastenfreier Erwerb gemäß § 892 hinsichtlich zu Unrecht gelöschter Belastungen nicht möglich (WOLFF/RAISER § 62 III; MünchKomm/KANZLEITER Rn 7). Es bestehen keine Beziehungen zu Rechten, die vor dem Ausschlußurteil am Grundstück und auf dieses bestanden haben (RG JW 1911, 715). Der Aneignungsberechtigte ist nicht Rechtsnachfolger früherer Eigentümer und tritt nicht in einen Rechtsstreit ein, der von einem Pfleger für die unbekannten Eigentümer geführt worden ist (RG JW 1913, 204).

c) Der Eigentumserwerb tritt auch dann ein, wenn vor dem Ausschlußurteil für einen Dritten wegen seines Eigentums ein Widerspruch eingetragen worden ist (§ 927 Abs 3; oben Rn 16, 25). Der Widerspruchsberechtigte kann sein Eigentum, wenn er es nachweist, gegen den Aneignungsberechtigten auch noch nach dessen Eigentumserwerb durchsetzen (Mot III 331; BGB-RGRK/AUGUSTIN Rn 15).

VII. Voraussetzungen der Grundbucheintragung

1. Zweck des Grundbuchverfahrens

Das Grundbuchverfahren dient (jedenfalls idR) *einem zweifachen Zweck* (der im **28** Antrag gemäß § 13 GBO genannt werden muß):

(a) der *Berichtigung des Grundbuchs* durch Löschung des eingetragenen Bucheigentümers, der sein Eigentum durch das Ausschlußurteil verloren hat (oben Rn 15) oder der Anlegung des Grundbuchs für ein bis dahin nicht gebuchtes Grundstück (dazu § 928 Rn 4),

(b) der *Eintragung des Aneignungsberechtigten* als neuer Eigentümer (oben Rn 26).

Eine *getrennte Eintragung* ist nur in der Weise zulässig, daß der Vorgang (a) ohne den Vorgang (b) vollzogen wird, aber nicht umgekehrt (oben Rn 3). Denn für den Antrag auf Eintragung des Eigentumserwerbs besteht keine Frist. Der Verlust des Eigentums ist nicht vom Eigentumserwerb des Aneignungsberechtigten abhängig (oben Rn 15) und tritt auch im Falle eines Verzichtes auf das Aneignungsrecht (oben Rn 21) ein. Sieht der Aneignungsberechtigte zunächst von der Ausübung seines Rechtes ab, sollte er zu seinem Schutz die Eintragung eines Widerspruchs (§ 899) veranlassen (oben Rn 16, 19). Zur Frage, unter welchen Voraussetzungen in solchen Fällen dem Fiskus ein Aneignungsrecht zusteht vgl § 928 Rn 23.

2. Eintragungsvoraussetzungen

Die Voraussetzungen für die Eintragung richten sich nach *Grundbuchverfahrens-* **29** *recht* unter Berücksichtigung des Eintragungszweckes.

Danach sind zur Löschung des Bucheigentümers und Eintragung des Aneignungsberechtigten als neuer Eigentümer erforderlich:

(a) ein *Antrag* (§ 13 GBO) des Betroffenen (= des eingetragenen Bucheigentümers), des Begünstigten (= des Aneignungsberechtigten) oder des Pfändungsgläubigers (oben Rn 8), da die Eintragung nur auf Antrag erfolgt;

(b) Vorlage der *Ausfertigung des Ausschlußurteils* als Nachweis (§ 22 Abs 1 GBO) für das Erlöschen des Eigentums des eingetragenen Bucheigentümers (oben Rn 15) und für das Aneignungsrecht, das die Berichtigungsbewilligung des von der Eintragung betroffenen Bucheigentümers ersetzt (§§ 19, 22 GBO);

(c) *Einverständnis des Aneignungsberechtigten* mit seiner Eintragung als Eigentümer, das verfahrensrechtlich analog §§ 20, 22 Abs 2 GBO erforderlich ist und deshalb der Verfahrensform des § 29 GBO bedarf;

(d) *Zustimmung der Dritten*, deren grundbuchmäßiges Recht beeinträchtigt wird

oder werden kann (§ 19 GBO; vgl BGHZ 66, 341, 345 = DNotZ 1976, 490, 492; KEHE/
MUNZIG § 19 Rn 51, 56; § 22 Rn 73), zB der Inhaber derjenigen Rechte, gegen die das
Ausschlußurteil nicht wirkt (oben Rn 16), aber nicht eines Widerspruchsberechtigten
(KGJ 33 A 210; BGB-RGRK/AUGUSTIN Rn 15) oder eines Vormerkungsberechtigten oder
sonstigen dinglich Berechtigten (oben Rn 17);

(e)   wenn sich der Erwerber des Aneignungsrechts eintragen lassen will, Nachweis
der Übertragung des Aneignungsrechts (§ 20 GBO) in Form des § 29 GBO (oben
Rn 20);

Nicht erforderlich ist eine *Unbedenklichkeitsbescheinigung* des Finanzamts, da die
Aneignung gem § 927 keinen Erwerbsvorgang iSd § 1 GrEStG darstellt und deshalb
§ 22 Abs 1 GrEStG keine Anwendung findet (jetzt hM: OLG Zweibrücken NJW-RR 1986,
1461; BAUER/vOEFELE § 22 GBO Rn 255; DEMHARTER § 20 GBO Rn 48, 49; SCHÖNER/STÖBER
Rn 1025; SOERGEL/STÜRNER Rn 1; PALANDT/BASSENGE Rn 8; ERMAN/LORENZ Rn 10; AnwK-
BGB/GRZIWOTZ Rn 14; **aA** MünchKomm/KANZLEITER Rn 7 und noch STAUDINGER/ERTL[12]
Rn 29; vgl auch § 925 Rn 104).

30 Str ist, ob ein *formloser Antrag* genügt (so zB OLG Jena Rpfleger 2003, 177; MünchKomm/
KANZLEITER Rn 7; PALANDT/BASSENGE Rn 8; SAENGER MDR 2001, 134, 135) Diese Auffassung
setzt sich über das materielle Erfordernis der Aneignungserklärung (oben Rn 24), die
verfahrensrechtlich in der Zustimmung zur Eintragung des Eigentumserwerbs einen
Ausdruck finden muß, und über den aus §§ 20, 22 Abs 2 GBO abgeleiteten verfahrensrechtlichen Grundsatz hinweg, daß die Eintragung eines Eigentümers nicht
ohne dessen Zustimmung erfolgen darf (vgl KEHE/MUNZIG § 20 Rn 39; § 22 Rn 76) Deshalb handelt es sich bei dem Antrag des Aneignungsberechtigten um einen *gemischten Antrag* (§ 30 GBO), der verfahrensrechtlich der *Form des § 29 GBO* bedarf
(ebenso BGB-RGRK/AUGUSTIN Rn 14; ERMAN/LORENZ Rn 10; AnwK-BGB/GRZIWOTZ Rn 13;
DEMHARTER Anh zu § 44 GBO Rn 6; SCHÖNER/STÖBER Rn 1026 mwN; vgl auch § 928 Rn 22 f;
Vorbem 7 zu § 925).

§ 928
Aufgabe des Eigentums, Aneignung des Fiskus

**(1) Das Eigentum an einem Grundstück kann dadurch aufgegeben werden, dass der
Eigentümer den Verzicht dem Grundbuchamt gegenüber erklärt und der Verzicht in
das Grundbuch eingetragen wird.**

**(2) Das Recht zur Aneignung des aufgegebenen Grundstücks steht dem Fiskus des
Bundesstaats zu, in dessen Gebiet das Grundstück liegt. Der Fiskus erwirbt das
Eigentum dadurch, dass er sich als Eigentümer in das Grundbuch eintragen lässt.**

Materialien: § 128 VE SR; E I § 872; II § 841;
SCHUBERT, 5 RI 842 ff; Mot III 32411; Prot III
18411; JAKOBS/SCHUBERT, SR I 572 ff.

Schrifttum

BÖHRINGER, Beseitigung dinglicher Rechtslagen bei Grundstücken in den neuen Ländern, Rpfleger 1995, 51
KANZLEITER, Aufgabe des Miteigentumsanteils an einem Grundstück durch Verzicht nach § 928 BGB?, NJW 1996, 905

SÜSS, Durchgangs-Herrenlosigkeit. Zur Problematik von Aneignung und Ersitzung, insbesondere des § 927 BGB, AcP 151 (1950/51) 1.

Älteres Schrifttum vgl STAUDINGER/SEUFERT[11].

Systematische Übersicht

I. Bedeutung des § 928
1. Inhalt des § 928 — 1
2. Rechtfertigung der Dereliktion und Aneignung — 2
a) Dereliktion eines Grundstücks — 2
b) Aneignung des herrenlosen Grundstücks durch den Fiskus — 3
c) Ermittlung der Eigentümer bei Grundbuchanlegung — 4
3. Sondervorschriften für Grundstücke in der ehemaligen DDR — 5

II. Anwendungsbereich des § 928
1. § 928 ist anwendbar — 6
2. Gesamthandseigentum — 7
3. § 928 ist nicht anwendbar — 8

III. Aufgabe des Eigentums am Grundstück
1. Voraussetzungen — 9
2. Verzichtserklärung — 10
3. Eintragung des Verzichts in das Grundbuch — 14
4. Voraussetzungen der Eintragung des Verzichts — 15
5. Keine Besitzaufgabe erforderlich — 16

6. Verpflichtung zur Aufgabe des Eigentums — 17
7. Wirkungen der Eigentumsaufgabe — 18
8. Aufgabe des Eigentums öffentlicher Rechtsträger — 19

IV. Aneignung des Grundstücks durch den Landesfiskus
1. Aneignungsrecht des Fiskus gemäß § 928 — 20
2. Eigentumserwerb durch den Fiskus — 21
3. Voraussetzungen der Eintragung — 22
4. Aneignungsrecht des Fiskus in anderen Fällen — 23
5. Verzicht des Fiskus auf sein Aneignungsrecht — 24

V. Weiterbestehende Rechte, Ansprüche und Pflichten
1. Eigentum Dritter — 26
2. Beschränkte dingliche Rechte — 27
3. Ansprüche gegen den Verzichtenden — 29
4. Schadensersatzansprüche — 32
5. Eigentümerpflichten — 33
6. Geltendmachung der Rechte — 34

I. Bedeutung des § 928

1. Inhalt des § 928

§ 928 regelt *zwei Rechtsvorgänge*: **1**

(a) *Abs 1* erlaubt dem Eigentümer die Aufgabe seines Eigentums am Grundstück;

(b) *Abs 2* gewährt dem Staat (Landesfiskus) das gesetzliche Recht zur Aneignung des aufgegebenen Grundstücks.

2. Rechtfertigung der Dereliktion und Aneignung

a) Dereliktion eines Grundstücks

2 Das Recht zur freiwilligen Aufgabe des Eigentums an Grundstücken ist *Ausfluß der vom BGB dem Eigentümer verliehenen Befugnis*, mit seiner Sache nach Belieben im Rahmen der Gesetze (dazu Rn 11, 19) zu verfahren (§ 903). Im Gegensatz zum Schuldverhältnis, das ein nicht einseitig lösbares rechtliches Band zwischen dem Gläubiger und dem Schuldner herstellt (vgl §§ 311 Abs 1, 397), hat der Grundstückseigentümer als Herr über sein Grundstück die Macht, das sachenrechtliche Band zwischen ihm und dem Grundstück aufzuheben und sich dadurch von den mit dem Eigentum verbundenen Pflichten zu befreien, ohne sich schadensersatzpflichtig zu machen. Denn die Aufgabe des Eigentums ist eine rechtmäßige Ausübung seiner Verfügungsfreiheit, die das Grundstück herrenlos macht und die am Grundstück bestehenden Rechte Dritter nicht beeinträchtigt (unten Rn 18). Wer zur Aufgabe seines Eigentums berechtigt ist, kann auch auf sein Aneignungsrecht verzichten (unten Rn 19, 24, 25, § 927 Rn 21). Denn es wäre sinnlos, sich das Grundstück zuerst aneignen zu müssen, um dann das Eigentum daran aufgeben zu können.

b) Aneignung des herrenlosen Grundstücks durch den Fiskus

3 Das dem Landesfiskus zustehende Recht zur Aneignung herrenloser Grundstücke ist *ein im bürgerlichen Recht verankertes gesetzliches Recht*, das seine Rechtsgrundlage in § 928 Abs 2, Art 190 EGBGB oder in dem aus beiden Vorschriften abgeleiteten Rechtsgedanken hat (unten Rn 23). Das Aneignungsrecht des Fiskus beruht (wie das des Eigenbesitzers; § 927 Abs 2) zwar auf bürgerlichem Recht. Aber bei ihm stehen *öffentliche Aufgaben und die Wahrung öffentlicher Interessen im Vordergrund*. Seine innere Rechtfertigung erfährt es in der Gebietshoheit des Staates, aus der das Privateigentum an Grundstücken entstanden ist. Einerseits sollen die Vorteile eines herrenlosen Grundstücks der Allgemeinheit zufließen und nicht zu einem Konflikt zwischen mehreren Aneignungswilligen führen. Andererseits wäre eine dauernde, uU (zB bei Katastrophen) auch eine kurzfristige Herrenlosigkeit eines wertlosen Grundstücks für die Allgemeinheit nicht tragbar, weil ein für den Zustand des Grundstücks und für die Verhinderung oder Beseitigung von Gefahren verantwortlicher Eigentümer fehlt. Rechtsordnungen (zB Art 539 code civil), wonach herrenlose Grundstücke dem Staat anheimfallen (dazu STAUDINGER/DITTMANN[11] Art 129 EGBGB Rn 5; SÜSS AcP 151 [1950/51] 3, 4), sind folgerichtig einen Schritt weitergegangen als das BGB. Soweit eine solche Regelung früher in einzelnen deutschen Bundesländern nach Landesrecht gegolten hat (zB Art 89 PrAGBGB), ist sie nach hM (seit der Neugliederung des Bundesgebietes) nicht mehr in Kraft (vgl STAUDINGER/HÖNLE [1998] Art 129 EGBGB Rn 3).

Das Aneignungsrecht an einem herrenlosen Grundstück steht in Fällen des § 927 aufgrund eines Ausschlußurteils dem Eigenbesitzer zu (vgl § 927 Rn 15), einer bestimmten anderen Person dann, wenn sie es durch Rechtsgeschäft erworben hat (vgl § 927 Rn 20; § 928 Rn 20) oder es ihr spezialgesetzlich zugewiesen wird, so gemäß Art 129 EGBGB durch Landesrecht (unten Rn 20) oder gemäß Art 233 § 15 Abs 3 EGBGB bei Bodenreformgrundstücken (unten Rn 5).

Daneben gibt es (abweichend vom Recht der beweglichen Sachen; § 958) *ein Aneignungsrecht an Immobilien für jedermann* nur in den Fällen, in denen der Fiskus auf sein Aneignungsrecht wirksam verzichtet hat (ausführlich unten Rn 24, 25; gegen diese Möglichkeit noch STAUDINGER/ERTL[12] Rn 4 und 25).

c) Ermittlung des Eigentümers bei Grundbuchanlegung

Das GBAmt hat bei Anlegung des Grundbuchs für ein bisher nicht gebuchtes **4** Grundstück die Amtspflicht zur Ermittlung des Eigentümers und zur Eintragung eines Eigentümers. Diese Eintragung hat, auch wenn ihr ein grundbuchrechtliches Aufgebotsverfahren vorausgegangen ist, im Gegensatz zu den Eintragungen gemäß §§ 927 Abs 2, 928 Abs 2 *nicht die materielle Wirkung eines Eigentumserwerbs, aber doch Buchwirkungen*, auf die man sich im Grundstücksverkehr berufen kann (vgl KEHE/MUNZIG Einl B 11). Mit dieser Regelung trägt das Grundbuchverfahrensrecht auf seine Weise der Bedeutung des Eigentums an gebuchten Grundstücken und den Bedenken gegen ihre Herrenlosigkeit Rechnung.

3. Sondervorschriften für Grundstücke in der ehemaligen DDR

a) Wer nach den Vorschriften des Vermögensgesetzes **Anspruch auf Restitution** **5** eines Grundstücks hat, kann gemäß § 11 Abs 1 S 2 VermG auf sein Eigentum verzichten und Entschädigung nach dem Entschädigungsgesetz wählen. In diesem Fall steht das Aneignungsrecht gemäß § 11 Abs 1 S 3 VermG nicht dem Fiskus, sondern dem Entschädigungsfonds zu (dazu BÖHRINGER Rpfleger 1995, 51).

b) Wer aufgrund der Vorschriften über die Abwicklung der Bodenreform (Vorbem 14 zu §§ 925) Eigentümer eines **Bodenreformgrundstücks** (geworden) ist, kann sein Eigentum gemäß Art 233 § 15 Abs 2 EGBGB nach Maßgabe des § 928 Abs 1 aufgeben. Das Recht zur Aneignung steht in diesem Fall abweichend von § 928 Abs 2 primär dem nach den Abwicklungsvorschriften (Art 233 § 12 EGBGB) Berechtigten, danach dem Fiskus und schließlich auch bestimmten Gläubigern zu (Art 233 § 15 Abs 3 EGBGB; vgl BÖHRINGER aaO).

c) Zur Aufgabe von **Gebäudeeigentum** unten Rn 8 und § 925 Rn 22.

II. Anwendungsbereich des § 928

1. § 928 ist anwendbar

a) auf **Grundstücke** iS des BGB, auch auf nicht gebuchte, die vor der Eintragung **6** der Eigentumsaufgabe gebucht werden müssen (unten Rn 14) mit Ausnahme von Grundstücken, die im Eigentum des Landesfiskus stehen (unten Rn 19, 25);

b) auf **reale Grundstücksteile**, die vor dem Verzicht verselbständigt werden müssen.

2. Gesamthandseigentum

Nicht der einzelne Anteil an einer Gesamthand kann aufgegeben werden, sondern **7** nur das Eigentum am Grundstück durch alle Gesamthänder (aus den gleichen Gründen wie § 927 Rn 5).

3. § 928 ist nicht anwendbar

8 a) auf **Miteigentumsanteile** an einem Grundstück (so mit Recht BGHZ 115, 1 = Rpfleger 1991, 495; OLG Celle NJW-RR 2000, 227; OLG Düsseldorf NJW-RR 2001, 233; LG Koblenz, NJW-RR 2003, 234; ERMAN/LORENZ Rn 2; BAMBERGER/ROTH/GRÜN Rn 2; AnwK-BGB/ GRZIWOTZ Rn 4 mwN gegen die früher hM, vgl STAUDINGER/ERTL[12] Rn 6; BGB-RGRK/AUGUSTIN Rn 2; MünchKomm/KANZLEITER Rn 3; KANZLEITER NJW 1996, 905), weil sonst die übrigen Teilhaber gezwungen wären, Mehrbelastungen an Kosten und Lasten des gemeinschaftlichen Grundstücks nach § 748 hinzunehmen, ohne daß ihnen der aufgegebene Anteil, der herrenlos würde und nach § 928 Abs 2 nur dem Aneignungsrecht des Fiskus unterläge, anwüchse; der verzichtswillige Miteigentümer ist auf das Recht beschränkt, gem § 749 die Aufhebung der Gemeinschaft zu verlangen;

b) auf **Wohnungs- und Teileigentum** (OLG Zweibrücken ZfIR 2002, 830; OLG Düsseldorf NJW-RR 2001, 223; BayObLG NJW 1991, 1962; NJW-RR 1994, 403; LG Konstanz Rpfleger 1989, 496; AnwK-BGB/GRZIWOTZ Rn 4; aA noch STAUDINGER/ERTL[12] Rn 6; MünchKomm/KANZLEITER Rn 3; jew mwN) oder *Sondereigentum* als solches (RÖLL DNotZ 1993, 159);

c) auf **beschränkte dingliche Rechte** an Grundstücken, *Erbbaurechte* (§ 11 ErbbVO schließt § 928 ausdrücklich aus), andere grundstücksgleiche Rechte und selbständige Gerechtigkeiten, soweit nicht gem Art 196 EGBGB durch Landesgesetz bestimmt ist, daß auf ein dingliches Nutzungsrecht die für den Erwerb des Eigentums an Grundstücken geltenden Vorschriften Anwendung finden (vgl § 925 Anm 22; so für die selbständigen Fischereirechte in Baden-Württemberg LG Ellwangen BWNotZ 1995, 148; vgl auch § 927 Rn 6), weil sie durch ihre Aufhebung gemäß § 875 Abs 1 mit der Folge erlöschen, daß das Eigentum von der Belastung frei wird (ebenso ERMAN/LORENZ Rn 2; AnwK-BGB/GRZIWOTZ Rn 3; MünchKomm/KANZLEITER Rn 2);

d) auf das **Wohnungserbbaurecht** (§ 30 WEG), das einen Bruchteilsanteil am Erbbaurecht mit dem Sondereigentum an einer Wohnung verbindet und weder nach § 928 Abs 1 (vgl § 11 ErbbVO) noch nach § 875 Abs 1 aufgegeben werden kann, weil der Untergang eines ideellen Bruchteilsanteils bei gleichzeitigem Fortbestand der Anteile der übrigen Wohnungserbbauberechtigten am gleichen Erbbaurecht rechtlich nicht möglich wäre;

e) gem Art 233 § 4 Abs 1 S 1 EGBGB auf das **Gebäudeeigentum** nach § 288 Abs 4 oder § 292 Abs 3 ZGB (DDR) bzw § 27 LPGG (DDR), Art 233 § 2b Abs 4 EGBGB oder § 459 ZGB (DDR), Art 233 § 8 EGBGB.

III. Aufgabe des Eigentums am Grundstück

1. Voraussetzungen

9 Nach § 928 Abs 1 hat die freiwillige Aufgabe des Eigentums an einem Grundstück nur rechtliche Wirkung, wenn der wahre Eigentümer seinen *Verzicht* ohne jeden Vorbehalt gegenüber dem Grundbuchamt erklärt hat *und dieser Verzicht im Grund-*

buch eingetragen wird (Rn 14). Die bloße tatsächliche Dereliktion (zB Besitzaufgabe) genügt dazu nicht, selbst wenn der Aufgabewille des Eigentümers unzweifelhaft feststeht (dazu Mot III 325; oben Rn 5).

2. Verzichtserklärung

a)   Die Verzichtserklärung ist ein **einseitiges Verfügungsgeschäft**, dem das für den **10** dinglichen Vertrag (§ 873) charakteristische Erwerbsgeschäft auf der anderen Seite fehlt. Sie ist eine einseitige, abstrakte, *gegenüber dem Grundbuchamt* abzugebende rechtsgeschäftliche Willenserklärung, die eine Verfügung über das Grundstück enthält (RGZ 82, 76), den allgemeinen Vorschriften für Rechtsgeschäfte unterliegt (§§ 104 ff) und analog § 925 Abs 2 nicht unter einer Bedingung oder Zeitbestimmung erfolgen kann (WOLFF/RAISER § 63 Anm 3; BGB-RGRK/AUGUSTIN Rn 5; MünchKomm/ KANZLEITER Rn 6). Der aneignungsberechtigte Landesfiskus ist nicht der empfangsberechtigte Erklärungsgegner.

b)   Der Verzicht muß **durch den wahren Eigentümer** (oder Verfügungsberechtig- **11** ten) erfolgen. Er bedarf (nach den für Verfügungsbeschränkungen geltenden Vorschriften) der Zustimmung eines Dritten (zB des anderen Ehegatten in Fällen des § 1424) oder einer behördlichen Genehmigung (zB § 15 StBauFG).

Verstößt er gegen ein gesetzliches Verbot, von dem keine Befreiung möglich ist (zB nach Verfassungsrecht; vgl BayObLGZ 1983, 85), ist er nichtig (§ 134). Die Eintragung des Verzichts eines Nichtberechtigten macht das Grundbuch unrichtig (§ 894). Zur nachträglichen Genehmigung vgl § 875 Rn 13, 32.

c)   Nach BGB bedarf der Verzicht **keiner Form**, auch nicht der des § 925 Abs 1, **12** obwohl § 925 Abs 2 analog gilt. Trägt das GBAmt ihn aufgrund einer privatschriftlichen Erklärung unter Verstoß gegen die Verfahrensform des § 29 GBO ein (unten Rn 15), ist er wirksam und hat den Verlust des Eigentums zur Folge (ebenso BGB-RGRK/AUGUSTIN Rn 5; KEHE/HERRMANN § 29 GBO Rn 3).

d)   Die Verzichtserklärung **wird bindend** mit dem Zugang bei dem für die Ein- **13** tragung zuständigen GBAmt, nicht erst mit der Eintragung. Dies ist jetzt hM und ergibt sich aus § 130 und entsprechender Anwendung des § 875 Abs 2 (vgl RGZ 82, 74; BGB-RGRK/AUGUSTIN Rn 5; MünchKomm/KANZLEITER Rn 6). Da der Eintragungsantrag zurückgenommen werden kann und nur der Eigentümer antragsberechtigt ist (unten Rn 15), hat die Bindung an die Verzichtserklärung praktische Bedeutung nur im Rahmen des § 878, der auf sie anwendbar ist.

3. Eintragung des Verzichts in das Grundbuch

Der Verzicht auf das Eigentum ist in Abt 1 Spalte 4 des Grundbuchs (§ 9 GBVfg) **14** einzutragen (KG HRR 1931 Nr 1860; LG Ellwangen BWNotZ 1995, 148). Eine Löschung des Eigentums ist weder nötig noch möglich, aber die auf den bisherigen Eigentümer bezogenen Eintragungen sind (analog § 16 GBVfg) zu röten (vgl KEHE/EICKMANN § 16 GBVfg Rn 1) Daß der Verzicht zeitlich vorausgeht und die Eintragung nachfolgt, ist nach materiellem Recht nicht erforderlich, aber verfahrensrechtlich die Regel. Gegen die Eintragung des Eigentumsverzichts kann Beschwerde mit dem Ziel der

Berichtigung durch Löschung und Wiedereintragung eingelegt werden (OLG Zwei-brücken OLGZ 1981, 139).

4. Voraussetzungen der Eintragung des Verzichts

15 Die Voraussetzungen für die Eintragung des Verzichts auf das Eigentum am Grund-stück richten sich *nach Grundbuchverfahrensrecht* (vgl dazu BGB-RGRK/AUGUSTIN Rn 6; MünchKomm/KANZLEITER Rn 6, 7; auch BayObLGZ 1983, 85 = Rpfleger 1983, 308).

Danach sind erforderlich:

(a) *Antrag* des von der Eintragung betroffenen Eigentümers (§ 13 GBO), nicht des künftigen Aneignungsberechtigten, dem kein Antragsrecht zusteht, weil der Verzicht nicht (iS des § 13 Abs 2 GBO) zu seinen Gunsten erfolgt (LG Ellwangen BWNotZ 1995, 148). Nach Antragszurücknahme (§ 31 GBO) darf das GBAmt den Verzicht nicht mehr eintragen (KGJ 48, 255; MünchKomm/KANZLEITER Rn 6). Dies gilt auch bei einem „Widerruf" der Verzichtserklärung, der materiell zwar nicht zulässig (oben Rn 13), aber als Antragszurücknahme auszulegen und zu behandeln ist.

(b) *Bewilligung* der Eintragung des Verzichts durch den betroffenen Eigentümer (§ 19 GBO), bei mehreren aller Eigentümer (vgl KEHE/MUNZIG § 19 GBO Rn 74) in Form des § 29 GBO (MünchKomm/KANZLEITER Rn 6).

(c) *Zustimmung* aller sonstigen Verfügungsberechtigten in Form des § 29 GBO (vgl KEHE/MUNZIG § 19 GBO Rn 73, 74) oder Vorlage der zum Verzicht erforderlichen behördlichen Genehmigung (oben Rn 11), wenn der Eigentümer in der Verfügung über sein Recht beschränkt ist.

(d) *Voreintragung* des Betroffenen (§ 39 GBO).

Nicht erforderlich ist die Zustimmung der dinglich Berechtigten, deren Rechte trotz des Verzichts auf das Eigentum bestehen bleiben (unten Rn 19).

5. Keine Besitzaufgabe erforderlich

16 *Die Besitzaufgabe ist weder erforderlich noch genügend.* Denn für die Publizität sorgt unabhängig vom Besitz die Grundbucheintragung. Der Eigentumsverlust hat nicht den Besitzverlust zur Folge. Aber das Recht zum Besitz geht verloren, soweit es aus dem Eigentum fließt. Bleibt der Verzichtende Eigenbesitzer, kann er über § 927 wieder das Eigentum am Grundstück erlangen. In die 30jährige Frist ist dann auch die Besitzzeit vor der Eigentumsaufgabe einzurechnen.

6. Verpflichtung zur Aufgabe des Eigentums

17 Die Verpflichtung zur Aufgabe des Eigentums bedarf (wie die zur Aufgabe eines Erbbaurechts) der Form des § 311b Abs 1 (MünchKomm/KANZLEITER Rn 9; **aA** STAUDINGER/WUFKA [2001] § 313 Rn 65; WILHELM Rn 763), weil sie zwar nicht eine Eigentumsübertragung, aber (wie diese) einen Eigentumsverlust betrifft.

7. Wirkungen der Eigentumsaufgabe

a) *Mit der Wirksamkeit des Verzichts und seiner Eintragung* im Grundbuch ver- **18** liert der Eigentümer sein Eigentum am Grundstück (vgl Prot III 185; RGZ 82, 74) einschließlich aller wesentlichen (§§ 93, 94) und der dem Verzichtenden gehörenden unwesentlichen Bestandteile (vgl § 926 Rn 6; MünchKomm/KANZLEITER Rn 10). Das Grundstück wird herrenlos. Der Verzichtende wird von den mit dem Eigentum verbundenen dinglichen Lasten frei, nicht von seinen persönlichen Verpflichtungen.

b) Zu den weiterbestehenden Rechten, Ansprüchen und Verpflichtungen vgl unten Rn 26 ff.

c) Mit der wirksamen Aufgabe des Eigentums entsteht gemäß § 928 Abs 2 das *gesetzliche Recht des Landesfiskus auf Aneignung* des herrenlos gewordenen Grundstücks (unten Rn 20).

8. Aufgabe des Eigentums durch öffentliche Rechtsträger

Vom *Grundsatz*, daß juristische Personen des öffentlichen Rechts Privateigentum **19** an Grundstücken erwerben und veräußern, also auch aufgeben können, gibt es *Ausnahmen und Einschränkungen*:

(a) Bei „öffentlichen Sachen" (vgl STAUDINGER/SEILER [2000] Einl 88 ff zu §§ 854 ff; MünchKomm/QUACK Einl 74 ff zum SachenR) ist die Verfügungsfreiheit des Eigentümers durch öffentliches Recht überlagert.

(b) *Absolute Verfügungsverbote* (§ 134) haben zur Folge, daß die Aufgabe des Eigentums entweder von einer behördlichen Genehmigung abhängig oder nichtig ist (zB bei Verstoß gegen Art 12 BayVerf; Art 75 BayGO; vgl BayObLG Rpfleger 1983, 308).

(c) Bei *Beschränkung der gesetzlichen Vertretungsmacht* der zuständigen Organe (zB Abhängigkeit von der Genehmigung einer Aufsichtsbehörde oder eines Beschlußorgans) ist die Verzichtserklärung ohne sie nicht wirksam.

(d) Das *Recht des Landesfiskus zur Aufgabe des Eigentums* an seinem eigenen Grundstück, an dem er selbst das Aneignungsrecht des § 928 Abs 2 erhalten würde, ist ebenso umstritten, wie die Zulässigkeit des Verzichts auf sein Aneignungsrecht, muß aber (entgegen der hM) verneint werden (unten Rn 24, 25).

Bei einem im Eigentum der Bundesrepublik stehenden Grundstück richtet sich die Zulässigkeit der Dereliktion nach der Aufgabenverteilung zwischen Bund und Ländern (dazu Art 30, 70 ff GG).

Bei allen *übrigen öffentlichen Rechtsträgern* greifen diese Bedenken nicht durch. Soweit keine gesetzlichen Vorschriften entgegenstehen, können sie durch Aufgabe des Eigentums die Verantwortung für das dadurch herrenlos gewordene Grundstück auf den aneignungsberechtigten Landesfiskus abwälzen.

IV. Aneignung des Grundstücks durch den Landesfiskus

1. Aneignungsrecht des Fiskus gemäß § 928 Abs 2

20 a) Das Recht auf Aneignung eines durch Aufgabe des Eigentums herrenlos gewordenen Grundstücks steht dem *Fiskus des Bundeslandes* zu, in dessen Gebiet das Grundstück liegt (§ 928 Abs 2). Es könnte aufgrund des Vorbehalts des Art 129 EGBGB (von dem zZ in keinem Bundesland Gebrauch gemacht worden ist) durch Landesrecht anstelle des Fiskus einer bestimmten anderen Person (nicht jedermann, wie in § 958) übertragen werden. Ein Bedürfnis für eine solche gesetzliche Regelung besteht offenbar nicht (dazu Rn 4, 24, 25).

b) Das Aneignungsrecht des Fiskus hat (abgesehen von seinem Zweck; oben Rn 3, 4) *die gleichen Wesensmerkmale wie das des § 927* (vgl dort Rn 18 ff) und ist deshalb ein dem Immobiliarsachenrecht angehörendes, nicht eintragungsfähiges, mit dinglichen Wirkungen ausgestattetes, gesetzliches Recht, durch das sich der Fiskus selbst das Eigentum am herrenlosen Grundstück verschaffen und das er in Form des *§ 925* Abs 1 (ohne Eintragung) nicht unter einer Bedingung oder Zeitbestimmung (analog § 925 Abs 2) an einen Dritten übertragen kann (vgl § 927 Rn 20; Soergel/Stürner Rn 4, MünchKomm/Kanzleiter Rn 9; aA Wilhelm Rn 763: nur § 873 sei anwendbar). Es erstreckt sich auf die noch nicht vom Grundstück getrennten Erzeugnisse und Früchte (§ 953) und auf die sonst dem Eigentümer zufallenden Surrogate (zB Versteigerungserlös, Enteignungsentschädigung). Ein anhängiges Versteigerungs- oder Enteignungsverfahren wird dadurch nicht berührt (vgl KGJ 38 A 262).

2. Eigentumserwerb durch den aneignungsberechtigten Fiskus

21 Der aneignungsberechtigte Fiskus erwirbt das Eigentum am herrenlosen Grundstück mit Vollendung des letzten der beiden Voraussetzungen (gleich in welcher Reihenfolge; vgl § 927 Rn 22, 26; KG JFG 8, 214):

(a) *Erklärung des Aneignungswillens* des Fiskus gegenüber dem zuständigen GBAmt (dazu § 927 Rn 24), worauf wegen des originären Eigentumserwerbs die Vorschriften über den gutgläubigen Erwerb nicht anwendbar sind (vgl § 927 Rn 27).

(b) *Eintragung des Aneignungsberechtigten* als Eigentümer in das Grundbuch (vgl § 9 [d] GBVfg; Kehe/Eickmann³ § 9 GBVfg Rn 7). Durch Eintragung allein ohne materiell wirksame Aneignungserklärung würde das Grundbuch unrichtig (vgl § 927 Rn 22).

Die Zustimmung Dritter ist *nicht* erforderlich, weil deren Rechte bestehen bleiben (unten Rn 26), auch nicht die Zustimmung desjenigen, für den wegen des Eigentums ein Widerspruch eingetragen ist (§ 899). Ist dieser der wahre Eigentümer, kann der Fiskus das Eigentum nicht wirksam erwerben (unten Rn 28).

3. Voraussetzungen der Eintragung

22 Zur Eintragung des aneignungsberechtigten Fiskus als Eigentümer in das Grundbuch sind nach *Grundbuchverfahrensrecht* erforderlich:

(a) *Eintragung des Verzichts des früheren Eigentümers* auf das Eigentum (oben Rn 14), durch die dem GBAmt das gesetzliche Aneignungsrecht des Fiskus nachgewiesen wird; bei Übertragung des Aneignungsrechts auch Vorlage der entsprechenden Urkunde an das GBAmt (§§ 20, 29 GBO) als Nachweis für das Aneignungsrecht des neuen Berechtigten;

(b) *Antrag* des aneignungsberechtigten Fiskus (bei Übertragung Antrag des Erwerbers) auf Eintragung als Eigentümer, der sowohl den Verfahrensantrag (§ 13 GBO) als auch sein (analog §§ 20, 22 Abs 2 GBO notwendiges) Einverständnis zu dieser Eintragung enthält (§ 30 GBO) und deshalb wie im Fall des § 927 (vgl dort Rn 30) der *Form des § 29 GBO* bedarf (ebenso KG JFG 8, 214; BGB-RGRK/Augustin Rn 9; MünchKomm/Kanzleiter Rn 14; AnwK-BGB/Grziwotz Rn 5).

Eine *Unbedenklichkeitsbescheinigung* des Finanzamts ist zur Eintragung des aneignungsberechtigten Fiskus nicht erforderlich (vgl § 927 Rn 29), wohl aber im Falle der Übertragung des Aneignungsrechts auf einen Dritten (Böhringer Rpfleger 2000, 99, 102).

4. Aneignungsrecht des Fiskus in anderen Fällen

Entsprechend dem aus § 928 Abs 2 und Art 190 EGBGB abgeleiteten Rechtsgedanken steht dem Landesfiskus das *Aneignungsrecht an allen herrenlosen Grundstücken* zu, gleichgültig wodurch die Herrenlosigkeit eingetreten ist und ob es sich um eine ursprüngliche oder nachträgliche Herrenlosigkeit handelt (so Süss AcP 151 [1950/51] 1, 31) also zB auch in folgenden, im Gesetz nicht ausdrücklich geregelten Fällen: **23**

(a) an herrenlosen Grundstücken, die erst später entstanden oder eigentumsfähig geworden sind zB durch Anlandungen (RGZ 71, 67; OLG Schleswig NJW 1994, 949), Trockenlegung von Teilen eines Flußbetts (RG JW 1915, 799), neu entstanden Inseln (zB vor der ostfriesischen Küste; RGZ 137, 263), Einverleibung eines bisher im Ausland gelegenen Grundstücks in das Bundesgebiet, an dem kein Eigentum iS des BGB besteht;

(b) an dem durch Ausschlußurteil herrenlos gewordenen Grundstück, wenn der Eigenbesitzer auf sein Aneignungsrecht des § 927 Abs 2 verzichtet hat (vgl § 927 Rn 21),

(c) nach erfolglosem Fristablauf, wenn der nach § 927 Abs 2 Berechtigte trotz einer vom Fiskus gesetzten angemessenen Frist von seinem Aneignungsrecht keinen Gebrauch macht, ohne es einem anderen zu übertragen oder darauf zu verzichten (vgl § 927 Rn 21).

5. Verzicht des Fiskus auf sein Aneignungsrecht

Der Fiskus **kann** auf das Aneignungsrecht aus § 928 Abs 2 **verzichten**. Diese lange umstrittene Frage (vgl Staudinger/Ertl[12] Rn 24 mit umf Nachw) ist nunmehr im Wege richterlicher Rechtsfortbildung entschieden (BGHZ 108, 278 = NJW 1990, 251; Erman/Lorenz Rn 11; MünchKomm/Kanzleiter Rn 12; AnwK-BGB/Grziwotz Rn 15). Der Verzicht **24** bedarf zu seiner Wirksamkeit nicht der Eintragung in das Grundbuch (AG Unna Rpfleger 1991, 16; MünchKomm/KANZLEITER Rn 12; ERMAN/LORENZ Rn 11; aA WILHELM Rn 762; PALANDT/BASSENGE § 928 Rn 4; DEMHARTER Anh zu § 44 GBO Rn 5; vom BGH aaO offengelassen). Dafür spricht, daß auch das Aneignungsrecht selbst nicht im Grundbuch eingetragen ist. Das betroffene Grundstück ist und bleibt herrenlos; durch die Ausübung des Rechts zum Verzicht wird das Grundbuch also nicht etwa unrichtig (so BGHZ 108, 278, 281 f). In jedem Fall ist der Verzicht auf das Aneignungsrecht eintragungs*fähig* (MünchKomm/KANZLEITER Rn 12; BGB-RGRK/AUGUSTIN Rn 8; BAUER/ vOEFELE GBO AT II 10; ERMAN/LORENZ Rn 11; BAMBERGER/ROTH/GRÜN Rn 9; AnwK-BGB/ GRZIWOTZ Rn 15; aA AG Unna aaO).

25 Nach wirksamem Verzicht des Fiskus kann sich jeder Dritte das herrenlose Grundstück durch Erklärung gegenüber dem Grundbuchamt und Eintragung im Grundbuch aneignen. Eigenbesitz oder ein Aufgebotsverfahren (analog § 927) ist für den Eigentumserwerb nicht erforderlich (BGHZ 108, 278, 282; zur früheren Gegenauffassung vgl STAUDINGER/ERTL[12] Rn 24).

Gegen die Möglichkeit eines Verzichts des Fiskus auf sein Aneignungsrecht sind auch aus rechtspolitischer Sicht keine durchgreifenden Einwände zu erheben (so noch STAUDINGER/ERTL[12] Rn 25). Denn die Herrenlosigkeit eines Grundstücks bliebe auch von einem Fortbestand des Aneignungsrechts des Fiskus unberührt, da dieser sein Recht unbegrenzt ruhen lassen könnte (BGHZ 108, 278, 281). Der Übergang des Aneignungsrechts auf jedermann verbessert demgegenüber die Aussicht auf einen neuen Eigentümer.

V. Weiterbestehende Rechte, Ansprüche und Pflichten

1. Eigentum Dritter

26 Ist ein Dritter der wahre Eigentümer, so *behält er sein Eigentum* trotz Eintragung des Verzichtes und Eintragung des Fiskus als Eigentümer im Grundbuch, weil ein vom Bucheigentümer abgegebener Verzicht nicht wirksam ist, deshalb dem Fiskus kein Aneignungsrecht zusteht und ein gutgläubiger Erwerb ausgeschlossen ist (oben Rn 11, 20, 21, 23). Der Eigentümer kann seinen Berichtigungsanspruch geltend machen (§ 894) und gemäß § 22 GBO seine Eintragung betreiben, auch wenn für ihn kein Widerspruch (§ 899) eingetragen ist. In diesem Punkt unterscheidet sich § 928 von § 927 (vgl § 927 Rn 15, 27).

2. Beschränkte dingliche Rechte

27 a) **Alle beschränkten dinglichen Rechte** am aufgegebenen Grundstück bleiben bestehen (zB Erbbaurecht, Grundpfandrecht), auch ein zu Unrecht gelöschtes Recht, das wegen Unanwendbarkeit des § 892 nicht erlischt (vgl OLG Zweibrücken OLGZ 1981, 139); ein dem verzichtenden Eigentümer selbst zustehendes Eigentümerrecht, das mit dem Verlust des Eigentums ein Fremdrecht wird; ein subjektiv-dingliches Recht, das für die Dauer der Herrenlosigkeit subjektlos ist (vgl vLÜBTOW, in: FS Lehmann I 379 ff) und mit der Aneignung als Bestandteil des Grundstücks (§ 96) miterworben wird. Die persönliche Haftung des verzichtenden Eigentümers aus einer Reallast (§ 1108) erlischt für die Zukunft.

b)   **Bei Hypotheken** bleibt der Verzichtende persönlicher Schuldner der Hypo- **28**
thekenforderung, soweit er es schon vorher war. Er kann den Gläubiger nicht auf
Vorausbefriedigung aus dem Grundstück verweisen. Die *Folgen der Rückzahlung*
der Forderung sind noch immer *umstritten* (die hM hat sich wiederholt geändert; vgl
STAUDINGER/ERTL[12] Rn 28 im Gegensatz zu STAUDINGER/SEUFERT[11] Rn 4, dieser wiederum im
Gegensatz zur früher hM):

(1)   *Nach jetzt hM* geht bei Befriedigung des Gläubigers durch den persönlichen
Schuldner die Hypothek auf ihn (analog § 1164), nicht gemäß § 1163 auf den Fiskus
über. Zahlt der Aneignungsberechtigte die Schuld zurück, kann nicht zu Lasten des
Verzichtenden § 1143 nicht angewandt werden; vielmehr gilt dann § 1163 (so
STAUDINGER/SEUFERT[11] Rn 4 b; WOLFF/RAISER § 63 Anm 5; SOERGEL/STÜRNER Rn 2; PALANDT/
BASSENGE Rn 3; ERMAN/LORENZ Rn 8). Dem Fiskus die Lastenfreistellung des unentgeltlich angeeigneten Grundstücks auf Kosten des Verzichtenden zu ermöglichen, würde den Sinn der Eigentumsaufgabe in das Gegenteil verkehren, die gerade die
Befreiung von der „Last des Eigentums" bringen soll. Fiskus und Verzichtender
sind wirtschaftlich vielmehr so zu stellen, als hätte der Fiskus eine Schuldbefreiung
bis zur Höhe des Grundstückswertes übernommen.

(2)   Nach der *Gegenmeinung* (STAUDINGER/ERTL[12] Rn 28; MünchKomm/KANZLEITER
Rn 11) treten die umgekehrten Folgen ein. Leistet der persönliche Schuldner, soll
danach § 1163 gelten, da er keinen Ersatzanspruch gegen den neuen Eigentümer
(oder Aneignungsberechtigten) hat. Zahlt der neue Eigentümer (oder Aneignungsberechtigte), so soll § 1143 gelten, weil er nicht persönlich verpflichtet ist.

Gegen die hM wird das rechtspolitische Bedenken vorgebracht, sie schaffe einen
Anreiz zur Aufgabe überschuldeter Grundstücke. Dies trifft aber nur sehr eingeschränkt zu, weil die persönliche Schuld in jedem Fall fortbesteht. Ein ausreichender
Grund, die Eigentumsaufgabe in solchen Fällen entgegen dem Zweck der Regelung
des § 928 wirtschaftlich ihres Sinns zu berauben, folgt daraus nicht. *An der hM ist
deshalb festzuhalten.*

3.   Ansprüche gegen den Verzichtenden

a)   *Die Ansprüche der persönlichen Gläubiger* des Verzichtenden, auch die An- **29**
sprüche auf Übertragung des Eigentums oder auf Bestellung eines beschränkten
dinglichen Rechtes am Grundstück, werden durch die Aufgabe des Eigentums nicht
berührt (BGH NJW 1980, 1521). Sie können sich nach wie vor an den Verpflichteten
halten, auch Schadenersatz verlangen, falls dieser sich durch den Verzicht außerstande gesetzt hat, seine Verbindlichkeit zu erfüllen. Ein Grundstückskäufer kann
zum Schutz seines Auflassungsanspruchs eine einstweilige Verfügung erwirken,
wenn der Verkäufer versucht, sich seiner Übereignungsverpflichtung durch Dereliktion des verkauften Grundstücks zu entziehen. Ein vor Eintragung des Verzichts
anhängiges Verfahren nimmt seinen Fortgang (vgl §§ 265, 266 ZPO; 26 ZVG).

b)   **Vormerkungen** iS des § 883 (vgl KGJ 51, 195) **und Widersprüche** iS des § 899 **30**
bleiben (ihre materielle Wirksamkeit vorausgesetzt) wie dingliche Rechte am
Grundstück bestehen.

Deshalb können Gläubiger eines vorgemerkten Anspruchs auf Übertragung des Eigentums oder Bestellung eines dinglichen Rechts (§§ 883 Abs 2, 888 Abs 1) oder eines durch Widerspruch gesicherten Berichtigungsanspruchs (§§ 894, 899) ihren Anspruch auch gegen den als Eigentümer eingetragenen Fiskus durchsetzen, obwohl er nicht Rechtsnachfolger des Verpflichteten ist. Dies gilt auch, wenn der persönliche Anspruch gegen den früheren Eigentümer durch ein Veräußerungsverbot gesichert ist (§ 888 Abs 2).

31 c) § 571 ist analog anzuwenden. Der Aneignungsberechtigte tritt in das Miet- oder Pachtverhältnis ein (RGZ 103, 166; WOLFF/RAISER § 63 Anm 10).

4. Schadenersatzansprüche

32 a) Dem früheren Eigentümer verbleiben persönliche Ansprüche gegen Dritte auf Schadenersatz wegen einer Beschädigung des Grundstücks (zB gemäß § 823) auch nach Aufgabe des Eigentums.

b) Behält der Verzichtende den Eigenbesitz, besteht seine Haftung für Schäden gemäß § 836 weiter.

c) Hat ein Dritter das Grundstück während seiner Herrenlosigkeit vorsätzlich oder fahrlässig beschädigt, ist er zum Schadenersatz verpflichtet (OLG Schleswig NJW 1994, 949). Die Regelungen der §§ 987 ff sind für die Zeit der Herrenlosigkeit nicht anwendbar (PALANDT/BASSENGE Rn 4; ERMAN/LORENZ Rn 10).

5. Eigentümerpflichten

33 § 928 trifft angesichts der klaren gesetzlichen Folgen der Dereliktion (oben Rn 2, 18) *keine allgemeine Vorsorge gegen Manipulationen* des Verzichtenden, zB durch Bestellung von Eigentümergrundschulden und anderen Eigentümerrechten, Nießbrauch, Wohnungsrecht oder anderen dinglichen Rechten für nahestehende Personen, oder gegen den Versuch, sich durch Aufgabe des Eigentums selbst von den auf dem Grundstück ruhenden öffentlichen Lasten und Abgaben oder von mit ihm verbundenen Haftungen zu befreien. Dagegen hilft im Einzelfalle nur die analoge Anwendung der Vorschriften über die Eigentümerpflichten unter dem *Gesichtspunkt der Umgehung* und die Aufrechterhaltung persönlicher Verpflichtung des Verzichtenden (ebenso MünchKomm/KANZLEITER Rn 11).

6. Geltendmachung von Rechten während der Herrenlosigkeit

34 a) **Der Aneignungsberechtigte** ist weder Eigentümer des Grundstücks noch Rechtsnachfolger des früheren Eigentümers (vgl § 927 Rn 18, 27). Vor seinem Eigentumserwerb können deshalb Rechte und Ansprüche, die trotz Aufgabe des Eigentums am Grundstück weiterbestehen, nicht gegen ihn geltend gemacht oder durchgesetzt werden. Er ist nicht der richtige Adressat für die dazu erforderlichen Willenserklärungen, Rechts-, Prozeß- und Verfahrenshandlungen. Auch die Bestellung eines Pflegers gemäß § 1913 ist nach hM nicht zulässig (ebenso BGB-RGRK/ AUGUSTIN Rn 7; ERMAN/LORENZ Rn 7; aA MünchKomm/KANZLEITER Rn 11), weil diese Vorschrift nur die Personen-, nicht die Gütersorge betrifft (vgl STAUDINGER/BIENWALD [1999] § 1913 Rn 5, 8, 13,).

b) **Die Bestellung eines Vertreters** ist erforderlich, wenn während der Herrenlo- 35 sigkeit ein Recht am Grundstück, ein gegen den Eigentümer gerichteter vorgemerkter Anspruch, nachbarrechtlicher Anspruch oder Berichtigungsanspruch im Wege der Klage geltend gemacht (§ 58 ZPO) oder durch Zwangsvollstreckung durchgesetzt (§ 787 ZPO; zur Zwangsversteigerung in herrenlose Immobilien vgl ZELLER/ STÖBER § 15 ZVG Rn 22) oder ein Verwaltungsverfahren (vgl § 207 BauGB) durchgeführt werden soll. Gleich ob er Partei kraft Amtes oder gesetzlicher Vertreter des künftigen Eigentümers ist, seine Rechtshandlungen sind dem künftigen Eigentümer gegenüber wirksam. Seine Befugnisse beschränken sich auf die Wahrnehmung der sich aus dem Eigentum ergebenden Rechte und Pflichten während des Verfahrens. Er hat keine Pflicht zur Verwaltung und zur Wahrnehmung der sonstigen Rechte des künftigen Eigentümers (KGJ 50, 50). Die Kosten der Vertretung fallen zunächst dem Antragsteller zur Last, der Ersatz nicht vom künftigen Eigentümer persönlich, aber aus dem Grundstück verlangen kann, soweit dieses (wie zB bei Grundpfandrechten) für die Kosten der Rechtsverfolgung dinglich haftet.

c) Ein **Sequester** kann im Wege der einstweiligen Verfügung gemäß ZPO §§ 938, 36 848 bestellt werden, damit er diejenigen Handlungen vornimmt, die zur einstweiligen Regelung der Verhältnisse und zur Verhütung von Schäden erforderlich sind (KG OLGE 15, 297).

Titel 3
Erwerb und Verlust des Eigentums an beweglichen Sachen

Einleitung zu §§ 929–984

I. Aufbau und Stellung des 3. Titels im Gesetz

1. Der 3. Titel entspricht nicht nur in der Bezeichnung, sondern auch funktionell **1** dem vorhergehenden. Während der erste Titel den Inhalt des Eigentums und der vierte die Ansprüche aus dem Eigentum betreffen, enthalten die dazwischen liegenden Titel 2 und 3 die Regeln, nach denen dieses Eigentum erworben und verloren wird. Daraus ergibt sich, dass die Bestimmungen von vornherein nur diejenigen Eigentumsveränderungen betreffen, die als sachenrechtliche Zuordnungsvorgänge verstanden wurden. Infolgedessen kann der Erwerb und Verlust von Eigentum selbstverständlich auch aus anderen, in diesem Titel nicht enthaltenen Gründen erfolgen (vgl Zusammenstellung unten Rn 15 ff).

2. Vom vorausgehenden Titel unterscheidet sich der 3. primär durch den **Gegen-** **2** **stand**, der zugleich den unterschiedlichen Umfang der Regulierung erklärt: Während an *Grundstücken* der (sachenrechtliche) Erwerb praktisch nur durch Auflassung in Betracht kommt, kann der Eigentumswechsel bei *beweglichen Sachen* auf einer ganzen Reihe von Gründen beruhen. Das hat eine ausführliche Regelung der Erwerbsarten (55 Paragraphen in 5 Unterabschnitten) bedingt. Eine **isolierte Regelung des Eigentumsverlustes** ist bewusst unterblieben; dieser wird vielmehr als Voraussetzung und Konsequenz der Neuzuordnung des Eigentumsrechtes verstanden. (Einzig die Eigentumsaufgabe passt nicht in dieses Konzept; sie wird deshalb auch nur im Zusammenhang mit dem Erwerb „herrenloser" Sachen geregelt; vgl § 959m Erl).

3. Dieses Vorgehen hat den großen Vorteil, dass der Gesetzgeber auf eine **3** nähere dogmatische Qualifizierung des Eigentumserwerbs verzichten konnte (Mot III 332). Infolgedessen ist allerdings bis heute die konstruktive Erfassung des Eigentumswechsels bei einer Reihe von Tatbeständen Gegenstand von Kontroversen, die zT unter dem Aspekt gesetzlicher oder rechtsgeschäftlicher (vgl schon Mot III 332), zT mit den Schlagworten originärer oder derivativer Erwerb geführt werden (vgl dazu die Erl zu den einzelnen Tatbeständen sowie unten Rn 12).

II. Gegenstand und Inhalt des 3. Titels

1. Die in den §§ 929–984 zusammengefassten Tatbestände betreffen *den Erwerb* **4** *des Eigentums* an **beweglichen Sachen**. Der Begriff wird hier wie im ganzen Sachenrecht als selbstverständlich vorausgesetzt (STAUDINGER/DILCHER [1995] Vorbem 3 ff zu § 90; STAUDINGER/SEILER [2000] Einl 16 zu §§ 854 ff); er umfasst auch die in § 95 genannten Sachen, die nicht als Bestandteile des Grundstückes betrachtet werden (STAUDINGER/DILCHER [1995] § 95 Rn 22; PLANCK/STRECKER Einl 3). Einzelne Vorschriften greifen insofern darüber hinaus, als sie gerade die **Übergangsprobleme** behandeln, so zB § 946,

Wolfgang Wiegand

der die Verbindung einer beweglichen mit einer unbeweglichen Sache betrifft, oder die §§ 953 ff, die die Ablösung von Sachteilen – auch bei Grundstücken – regeln.

5 2.   Die im Gesetz aufgeführten Tatbestände entsprechen den traditionellen, schon im GemR fixierten Erwerbsformen. Der Gesetzgeber hat die Gelegenheit benutzt, **eine Reihe von allgemeinen Zuordnungsfragen** zu regeln. So betrifft **§ 952** das Verhältnis des verbrieften Rechts zum *Eigentum an der Urkunde*, während die Regeln über die Aneignung generelle Bestimmungen über wilde Tiere sowie sehr spezielle über den Bienenschwarm enthalten (§§ 961 ff). Von den zwanzig Paragraphen des Fundrechts behandeln nur einige wenige den Eigentumserwerb (§§ 973, 974, 976 und 984, Schatzfund), während die Übrigen die Rechtsbeziehung zwischen Finder und Eigentümer sowie die Abwicklung eines Fundes ordnen.

6 3.   Darüber hinaus finden sich in den einzelnen Regelungskomplexen **Ergänzungsnormen**, die Folgeprobleme des Eigentumserwerbs betreffen. Die eine Gruppe enthält eine Ausdehnung, indem sie mit dem Eigentumserwerb das „**Erlöschen der Rechte Dritter**" vorsieht (§§ 936, 945, 949); die andere Gruppe regelt die Kompensation für die eingetretenen **Rechtsverluste** (§§ 951, 977).

Diese Vorschriften, die sowohl rein sachenrechtliche als auch schuldrechtliche Konsequenzen der Neuzuordnung des Eigentums betreffen, weisen auf einen grundsätzlichen Aspekt hin: die Stellung der Eigentumserwerbsgründe im System des BGB. Die damit zusammenhängenden Fragen sind bis heute vielfach ungeklärt (vgl etwa § 937 Rn 18 f; Vorbem 3 ff zu §§ 946 ff) und keineswegs alle „nur von theoretischem Interesse" (so für § 951 wohl zutr STAUDINGER/GURSKY [1995] § 951 Rn 1; siehe aber zB auch § 950 Rn 18 ff).

III.   Funktion und Bedeutung des 3. Titels

7 1.   Die in den §§ 929–984 geregelten Tatbestände differieren in ihrer praktischen Relevanz ganz erheblich. Ersitzung, Fund und Aneignung spielen im Rechtsleben heute kaum eine Rolle. Dagegen enthalten die §§ 929 ff und §§ 946 ff Regelungen, die eine zentrale Funktion in unserer Wirtschaft und damit auch entsprechende Bedeutung in der Rechtsordnung haben: Sie erfassen einerseits den gesamten rechtsgeschäftlichen *Güteraustausch* (Vorbem 1 ff zu §§ 929 ff), zum anderen alle Formen der Sachverbindung und -trennung (Vorbem 1 ff zu §§ 946 ff und Vorbem 1 zu §§ 953 ff) und somit auch wesentliche Teilbereiche der *Güterproduktion*. Eine völlig neue (und für den Gesetzgeber nicht vorstellbare) Dimension haben diese Regelungen dadurch erhalten, dass als reine Zuordnungsnormen konzipierte Vorschriften *zu Institutionen der Kreditsicherung* „umfunktioniert" wurden (vgl dazu Vorbem 8 zu §§ 946 ff; § 950 Rn 8 sowie ausf Anh 8 ff, 20 ff zu §§ 929 ff).

8 2.   Die wirtschafts- und rechtspolitische Relevanz der zu treffenden Regelungen ist im **Gesetzgebungsverfahren** nur sehr punktuell behandelt worden (vgl etwa zur Verarbeitung § 950 Rn 2 ff). Der Gesetzgeber hat vielmehr – seinem Selbstverständnis und der Grundkonzeption des BGB entsprechend – versucht, sich auf rechtstechnische, rein „sachenrechtliche" Lösungen der Zuordnung zu beschränken.

9 a)   Die *leitenden Gesichtspunkte* werden in den Diskussionen nur vereinzelt und in den Begründungen noch sporadischer sichtbar; dennoch treten *zwei Aspekte* immer wieder ganz deutlich hervor:

– das Bemühen um **Eindeutigkeit** und **Klarheit** bei der Gestaltung der **Eigentums-verhältnisse**, das jedoch nicht mit Publizität und Transparenz verwechselt werden darf (dazu insbes Vorbem 1 ff zu §§ 946 ff)

– der Versuch einer *„sachenrechtlichen"* Lösung, der seinerseits auf der Vorstellung eines in sich geschlossenen, gewissermaßen **autonomen Sachenrechts** beruht (vgl Mot III 3: „Das Sachenrecht muß, um seine Selbständigkeit zu wahren, die Er-werbung der dinglichen Rechte nach Gesichtspunkten ordnen, die auf seinem Gebiet liegen"; ausf dazu Vorbem 15 zu §§ 929 ff und WIEGAND AcP 190, 112 ff).

b)   Diesen Grundprämissen des Gesetzgebers kommt entscheidende Bedeutung **10** zu, wenn es darum geht, *Stellenwert und Tragweite der Eigentumserwerbsregeln* zu bestimmen.

– So ist aus der Beschränkung auf sachenrechtliche Regelungen zu schließen, dass mit der Anerkennung der Ersitzung als Eigentumserwerbsgrund über die schuld-rechtliche „Richtigkeit" und infolgedessen über die Ausgleichspflicht nichts aus-gesagt werden sollte (vgl dazu § 937 Rn 18 f). Umgekehrt darf die generelle Verwei-sung auf Ausgleich in § 951 nicht als Vorgriff auf die obligationenrechtliche Bewertung verstanden werden (dazu § 951 Rn 1).

– Die Entscheidung für die *abstrakte Verfügung* muss vor dem Hintergrund der „Selbständigkeit des Sachenrechts" verstanden (Vorbem 15 zu §§ 929 ff) und dem-entsprechend relativiert werden (vgl § 929 Rn 28).

– Aus der skizzierten Zielsetzung des Gesetzgebers ergibt sich mit einer gewissen Selbstverständlichkeit, dass die Erwerbsgründe der §§ 946–950 an objektive Kri-terien anknüpfen und deshalb prinzipiell *nicht zur Disposition der Parteien* stehen sollten (Vorbem 5 ff zu §§ 946 ff).

Andererseits zeigt gerade die Diskussion um die Abdingbarkeit dieser Normen **11** durch Verbindungs- und Verarbeitungsklauseln zum Zwecke der Kreditsicherung ebenso wie die Verwendung der Eigentumsübertragung als Kreditsicherungsmittel mit aller Deutlichkeit, dass rechtspolitische Wertungen notwendig, im Konzept des Gesetzes dafür aber allenfalls rudimentäre Ansätze zu finden sind (vgl Anh 34 ff zu §§ 929 ff; § 950 Rn 27 ff).

3.   Der zuvor dargelegten Konzeption des Gesetzgebers entspricht auch der Ver- **12** zicht auf die Fixierung dogmatischer Positionen. Infolgedessen hat man – wie oben bereits erwähnt – bewusst davon abgesehen, die Erwerbstatbestände näher zu qualifizieren:

„Die Erwerbung des Eigenthumes beruht entweder auf Rechtsgeschäft oder auf Gesetz. Unter der rechtsgeschäftlichen Erwerbung ist vor Allem die auf der Wil-lenserklärung des bisherigen Eigenthümers beruhende Erwerbung zu verstehen. Über diesen Fall hinaus ist die rechtsgeschäftliche Natur anderer Erwerbungsarten zweifelhaft; bei der Spezifikation erscheint die Verneinung unbedenklich. Aber auch bei der Okkupation ist die einfache Bejahung nicht ohne Bedenken. Als ein Rechtsgeschäft erkennt der Entwurf die vertragsmäßige Übertragung des Eigenthumes an; im Übrigen wird dic Frage, inwieweit auf die Rechtshandlungen, welche nach dem Gesetze die Voraussetzung des Eigenthumserwerbes bilden, die Vorschriften über Rechtsgeschäfte anwendbar sind, der Entscheidung durch die Wissenschaft und Praxis überlassen" (Mot III 332).

Die Unterscheidung gesetzlicher – rechtsgeschäftlicher Erwerb ist in der Lit nur vereinzelt aufgegriffen worden (etwa PLANCK/BRODMANN Einl 3. Titel Anm 2); sie überschneidet sich teilweise mit der heute noch vielfach erörterten Differenzierung von originärem und derivativem Erwerb (vgl dazu etwa Vorbem 39 ff zu §§ 932 ff; Erl zu § 937 Rn 17; § 958 Rn 13; § 973 Rn 4).

13 Beiden Kategorienbildungen kommt keine wirkliche Bedeutung zu; denn es handelt sich um terminologische Unterscheidungen, die durch die zugrundeliegende Definition von „originär"/„derivativ" bestimmt sind (vgl auch EICHLER II 1 42 f; 87 f). *Sachfragen* werden durch die Zuordnung zu der einen oder anderen Kategorie nicht gelöst; vielmehr sind Folgeprobleme (siehe oben Rn 6) wie die Aufhebung von Rechten Dritter ausdrücklich und differenziert geregelt (vgl zB §§ 936, 945, 949, 973).

14 Praktische Auswirkungen könnten sich allenfalls für die Frage *der Rechtsnachfolge im Prozess* ergeben. Indessen sollte auch dabei nicht die rein terminologische Qualifizierung, sondern eine funktionelle Beurteilung des Erwerbsvorganges maßgeblich sein (siehe dazu § 937 Rn 17 u ausf Vorbem 41 zu §§ 932 ff; § 932 Rn 109).

IV. Erwerb und Verlust des Eigentums außerhalb des 3. Titels

15 1.　Außerhalb des Dritten Titels finden sich weitere Regelungen über den Erwerb bzw Verlust des Eigentums:

– die Vorschriften über den Rechtserwerb durch Anfall des Vermögens eines Vereins oder einer Stiftung an den Fiskus, §§ 46, 88 S 2, vgl auch Art 85 EG;

– Eintritt einer Bedingung oder Zeitbestimmung, §§ 158 Abs 2, 163;

– depositum irregulare, § 700; hierzu auch § 475d HGB zu eingelagerten Sachen;

– Mit der Einverleibung der vom Pächter angeschafften Stücke in das Inventar werden diese Eigentum des Verpächters § 582a Abs 2 S 2; beim Nießbrauch an einem Grundstück mit Inventar verweist § 1048 Abs 2 auf § 582a;

– Einbringung verbrauchbarer Sachen in die Gesellschaft, § 706;

– verbrauchbare Sachen werden Eigentum des Nießbrauchers, § 1067;

– Eigentumserwerb an herüberragenden Wurzeln und Zweigen, § 910, an überhängenden Früchten, § 911;

– Eigentumserwerb am Zubehör eines veräußerten oder bei der Zwangsvollstreckung zugeschlagenen Grundstücks, § 926 und §§ 90 Abs 2, 55 Abs 2 ZVG;

– Eigentumserwerb bei rechtmäßiger Veräußerung der Pfandsache, § 1242;

– im Familienrecht: Eigentumserwerb auf Grund der bis zum 31. 3. 1953 geltenden §§ 1381, 1382, der bis zum 18. 6. 1957 geltenden §§ 1438 Abs 1, 2, 1519 Abs 2, 1525 Abs 2, 1549, 1550 Abs 2, sowie auf Grund der §§ 1416 Abs 1, 2, 1485 Abs 3; § 1370 für Ersatzanschaffungen von Haushaltsgegenständen;

– Eigentumserwerb durch Erbfolge, §§ 1922, 1942, 2139.

2.   Außerhalb des BGB sind Vorschriften über Erwerb und Verlust von Eigentum **16** in anderen Reichs- und Bundesgesetzen enthalten:

– §§ 894 Abs 1, 897 Abs 1, 989 ZPO: Zwangsvollstreckung gegen den Schuldner, der zur Übereignung einer Sache verurteilt ist;

– § 90 ZVG: Zuschlag in der Zwangsversteigerung;

– § 55 Abs 2 ZVG iVm § 90 Abs 2 ZVG: Eigentumserwerb an Zubehör mit Zuschlag;

– §§ 475 g, 650 HGB, § 72 BinSchG: Ersatz der Übereignung durch Übergabe eines Lagerscheins, Ladescheins und Konossementes;

– § 2 SchiffsRG: Übereignung eines im Seeschiffsregister eingetragenen Schiffes durch bloße Einigung;

– § 18 Abs 3 DepotG: Übereignung von Wertpapieren durch Absendung eines Stückeverzeichnisses;

– § 8 ff HausratsVO: Verteilung des Hausrats geschiedener Eheleute durch den Richter;

– § 7 HintO: Erwerb an gesetzlichen und gesetzlich zugelassenen Zahlungsmitteln;

3.   In den Fällen des Zuschlags im Zwangsversteigerungsverfahrens nach §§ 90 **17** Abs 2, 55 Abs 2 ZVG sowie der Zuteilung von Hausratsgegenständen an die geschiedenen Ehegatten durch den Richter nach §§ 8 ff HausratsVO geht das Eigentum durch Staatsakt über. Gleiches gilt bei der Versteigerung beweglicher Sachen nach § 817 ZPO und der strafrichterlichen Einziehung nach § 74e StGB.

Untertitel 1
Übertragung

Vorbemerkungen zu §§ 929–931

Schrifttum

ADLER, Zur Lehre vom Übergang der Ware vom Verkäufer an den Käufer, ZHR 86 (1923) 272

AFFOLTER, Die Mobiliarhypothek (Diss Zürich 1981)

ARETZ, Das Abstraktionsprinzip, JA 1998, 242

ASSFALG, Wirtschaftliches Eigentum als Rechtsbegriff, NJW 1963, 1582

AVENARIUS, Übereignung besitzloser Sachen und Vindikationszession, JZ 1994, 511

BATTES, Auseinandersetzung, Rückabwicklung, Entgeltliche Leistungen an den Partner während der Ehe oder des nichtehelichen Zusammenlebens und ihre Auswirkungen im Fall der Scheidung oder Trennung, in: FS H Hübner (1984) 379

BEYERLE, Der dingliche Vertrag, in: FS Boehmer, 1954, S 164

BEZZENBERGER, Schaltplan für die Übereignung beweglicher Sachen, JA 1998, 657

BLOMEYER, Die Rechtsstellung des Vorbehaltskäufers, AcP 162 (1962) 193

BORCHERT, Tanken ohne zu zahlen, NJW 1983, 2799

BÖVING, Eigentum/Eigentumsvorbehalt, PUSt Gruppe 6/E 48, 1

BRANDT, Eigentumserwerb und Austauschgeschäft (1940)

BROX, Das Anwartschaftsrecht des Vorbehaltskäufers, JuS 1984, 657

BRUCK, Die Einigung im Sachenrecht (1900)

BRUNS, Besitzerwerb durch Interessenvertreter (1910)

BUCHER, Die Eigentums – Translativwirkung von Schuldverträgen, ZEuP 1998, 615

BYDLINSKI, Der Sachbegriff im elektronischen Zeitalter – zeitlos oder anpassungsbedürftig?, AcP 198 (1998), 287

vCAEMMERER, Rechtsvergleichung und Reform der Fahrnisübereignung, Gesammelte Schriften Bd I (1965) 146

ders, Übereignung durch Anweisung zur Übergabe, JZ 1963, 586

COING, Die Treuhand kraft privaten Rechtsgeschäfts (1973)

DAMRAU, Aufgabe des einheitlichen Begriffs der Übergabe?, BGHZ 67, 207, JuS 1978, 519

DEMELIUS, Das Pfandrecht an beweglichen Sachen nach österreichischem bürgerlichen Recht (1879)

DERLEDER, Vermögensdelikte zwischen Lebensgefährten bei Auflösung ihrer Gemeinschaft, NJW 1980, 545

ders, Die Auslegung und Umdeutung defizitärer mobilsachenrechtlicher Übereignungsabreden, JZ 1999, 176

DEUTSCH, Gutgläubiger Eigentumserwerb durch erlaubte Ansichnahme der Sache gemäß § 933, JZ 1978, 385

DEUTSCHER, Tanken ohne zu zahlen, JA 1983, 215

DIEDERICHSEN, Die nichteheliche Lebensgemeinschaft im Zivilrecht, NJW 1983, 1017

EBBECKE, Übersendung und Übereignung im Kaufgeschäft, Recht 1919, 303

ECKERT, Der objektive Beobachter in der Rechtsprechung des Bundesgerichtshof (Diss Kiel 1983)

EICHENHOFER, Anwartschaftslehre und Pendenztheorie – Zwei Deutungen von Vorbehaltseigentum, AcP 185 (1985) 162

EINSELE, Inhalt, Schranken und Bedeutung des Offenkundigkeitsprinzips, JZ 1990, 1005

EISENHARDT, Die Einheitlichkeit des Rechtsgeschäfts und die Überwindung des Abstraktionsprinzips, JZ 1991, 271

ders, Die Entwicklung des Abstraktionsprinzips im 20. Jahrhundert, in: FS Kroeschell (1997) 215

ENDERS, Der Besitzdiener – ein Typusbegriff
(Diss Münster 1991)

ERATH, Bestimmtheit des Leistungsgegenstandes bei Sicherungsübereignung von Sachgesamtheiten, AcP 128 (1928) 344

ERNST, Eigenbesitz und Mobiliarerwerb (1992)

FABER, Eigentumserwerb an sog vergessenen
Sachen, JR 1987, 313

FERRARI, Vom Abstraktionsprinzip und Kon-
sensualprinzip zum Traditionsprinzip. Zu den
Möglichkeiten der Rechtsangleichung im Mobiliarsachenrecht, ZEuP 1993, 52

FLECHTHEIM, Eigentumsübertragung beim
Kommissionsgeschäft, LZ 1909, 48

FLUME, Der Eigentumserwerb bei Leistungen
im Dreiecksverhältnis, in: FS Ernst Wolf
(1985) 61

ders, Die Rechtsstellung des Vorbehaltskäufers,
AcP 161 (1961) 385

FRANK, Gesellschaften zwischen Ehegatten und
Nichtehegatten, FamRZ 1983, 541

FUCHS, Grundbegriffe des Sachenrechts, 1914,
164 ff

GAUL, Lex comissaria und Sicherungsübereignung, AcP 168 (1968) 352

O VGIERKE, Deutsches Privatrecht II (1905), III
(1917)

GOTTHEIMER, Zum Eigentumsübergang beim
Kauf beweglicher Sachen, RabelsZ 18 (1953),
356

GRIGOLEIT, Abstraktion und Willensmängel-
Die Anfechtbarkeit des Verfügungsgeschäftes,
AcP 199 (1999) 379

GRUNDMANN, Zur Anfechtbarkeit des Verfügungsgeschäfts, JA 1985, 80

GURSKY, Die neuere höchstrichterliche Rechtsprechung zum Mobiliarsachenrecht, JZ 1984,
604

ders, Die neuere höchstrichterliche Rechtsprechung zum Mobiliarsachenrecht, JZ 1991, 496

ders, Fälle und Lösungen nach höchstrichterlichen Entscheidungen BGB-Sachenrecht
(10. Aufl 2000)

HABERMEIER, Das Trennungsdenken, AcP 195
(1995) 283

HAAG MOLKENTELLER, Die These vom dinglichen Vertrag. Zur formalen Struktur der Eigentumsübertragung nach § 929 Satz 1 BGB
(Diss Frankfurt 1991)

HAGER, Lagerschein und gutgläubiger Erwerb,
WM 1980, 669

HAMMER Artenschutzrechtliche Eingriffe in die
Grundrechte, MDR 1990, 369

HECK, Grundriß des Sachenrechts (1930)

ders, Das abstrakte dingliche Rechtsgeschäft,
1937

HEDINGER, Das System des Besitzrechtes (Bern
1985)

HERZBERG, Verkauf und Übereignung beim
Selbstbedienungstanken, NStZ 1983, 251

ders, Zivilrechtliche Schliessung von Strafbar-
keitslücken, NJW 1984, 896 mwNw

HILGER, Analoge Anwendung des § 44 KO
beim Durchhandeln, ZIP 1989, 1246

HOFMANN, Eigentumsvermutung und Gewahr-
samsfiktion in der „Ehe ohne Trauschein", ZRP
1990, 409

HOLLER, Die Besitzveränderung als tatbe-
standliche Voraussetzung der Übertragung beweglicher Sachen (Diss Mainz 1994)

HOLZHAUER, Bespr. Zu A. Schulz, AcP 184
(1984) 194

HROMODKA, Die Entwicklung des Faustpfandprinzips im 18. und 19. Jahrhundert (1971)

JAHR, Romanistische Beiträge zur modernen
Zivilrechtswissenschaft, AcP 168 (1968) 2

JAUERNIG, Trennungsprinzip und Abstraktionsprinzip, JuS 1994, 721

KADUK, Fragen zur Zulässigkeit von Verfügungen zugunsten eines Dritten, FS Larenz, 1983, S
304

KASER, Das Geld im Sachenrecht, AcP 143
(1937) 1

KEMPER, Die neue Rechtsprechung des
Bundesgerichtshofs zum Übereignungstatbestand und zum Eigentumsvorbehalt, BB 1983,
94

KLUCKHOHN, Verfügungen zugunsten Dritter
(1915)

KOHLER, Vertrag und Übergabe, ArchBürgR
18, 1

KOLLER, Der gutgläubige Erwerb von Sammel-
depotanteilen an Wertpapieren im Effektengiroverkehr, DB 1972, 1857

KOLLHOSSER/BORK, Rechtsfragen bei der Verwendung von Mehrwegpackungen, BB 1987,
909

KÖNIG, Zur Sacheigenschaft von Computer-

Wolfgang Wiegand

programmen und deren Überlassung, NJW 1990, 1584

KRAUSE, Das Einigungsprinzip und die Neugestaltung des Sachenrechts, AcP 145 (1939) 312

KRESS, Besitz und Recht (1904)

KRIEGSMANN, Der Rechtsgrund (causa) der Eigentumsübertragung nach dem BGB (1905)

KRÜCKMANN, Über abstrakte und kausale Tradition, ArchBürgR 18 (1900) 1 ff

KRÜGER, Das Anwartschaftsrecht – ein Faszinosum, JuS 1994, 905

KUDLICH, Mit Tesafilm zum Reichtum: Missbrauch eines Geldwechselautomaten, JuS 2001, 20, 22 ff

KUPISCH, Durchgangserwerb oder Direkterwerb, JZ 1976, 417

vLAMBSDORFF, GRAF, Eigentumsvorbehalt bei Kollision von Verkaufs- und Einkaufsbedingungen, ZIP 1987, 1370

LANGE, Rechtsgrundabhängigkeit der Verfügung im Boden- und Fahrnisrecht, AcP 146 (1941) 28

ders, Rechtswirklichkeit und Abstraktion, AcP 148 (1943) 188

LEMPENAU, Direkterwerb und Durchgangserwerb bei Übertragung künftiger Rechte (1968)

LINDEMANN, Die Durchbrechung des Abstraktionsprinzips durch die höchstrichterliche Rechtsprechung seit 1900 (1989)

LIVER, Schweizerisches Privatrecht, V/1 (Basel 1977), § 49

LOPAU, Gutglaubensschutz und Bereicherungsausgleich bei Zuwendungen durch einen Putativschuldner auf Veranlaßung eines Dritten – BGH NJW 1974, 1132, JuS 1975, 773

LORENZ, Fahrnisübereignung und Leistungswille (Diss Bonn 1990)

vLÜBTOW, Das Geschäft „für den es angeht" und sogenannte „antezipierte Besitzkonstitut", ZHR 112 (1949) 257

MANIGK, Willenserklärung und Willensgeschäft, ihr Begriff und ihre Behandlung nach dem Bürgerlichen Gesetzbuch. Ein System der juristischen Handlungen (1907)

MARLY, Computerprogramme als Sache, BB 1991, 432

MARTINEK, Traditionsprinzip und Geheisserwerb, AcP 188 (1988) 573

MARTINEK/RÖHRBORN, Der legendäre Bonifa-

tius-Fall – Nachlese zu einer reichsgerichtlichen Fehlentscheidung, JuS 1994, 473

MASLOFF, Eigentumserwerb durch Geheisspersonen, JA 2000, 503

MAY, Die Möglichkeit der Beseitigung des Abstraktionsprinzips im Fahrnisrecht (1952)

MEDICUS, Überlegungen zum Nebenbesitz, FS Hübner (1984) 611

MEINHART, Die Übertragung des Eigentums (1988) (zugl Diss Salzburg 1987)

MOSBACHER, Die Beweislastlehre nach dem BGB unter besonderer Berücksichtigung der §§ 929–986 (1914)

MÜHE, Das Gesetz zur Verbesserung der Rechtsstellung des Tieres im bürgerlichen Recht, NJW 1990, 2238

MÜLBERT, Das inexistente Anwartschaftsrecht und seine Alternativen, AcP 202 (2002) 912

A MÜLLER, Die Zulässigkeit der Veräußerung künftiger Mobilien, Gruchot 54, 226

R MÜLLER, Die kommerzielle Nutzung menschlicher Körpersubstanzen-Rechtliche Grundlagen und Grenzen (Diss Erlangen-Nürnberg 1995)

MÜLLER, Das Geschäft für den, den es angeht, JZ 1982, 777

MÜLLER-ERZBACH, Das Traditionsprinzip bei Erwerb des Eigentums (1898)

ders, Das Recht des Besitzes aus der vom Gesetz vorausgesetzten Interessen- und Herrschaftslage entwickelt, AcP 142 (1939) 5

NEUMAYER, Die sogenannte Vindikationszession (§ 931 BGB) im dogmatischen Spannungsfeld zwischen Übereignung und procuratio in rem, in: FS Lange (1970) 305

NIELSEN, Die Stellung der Bank im Konkurs des Kreditnehmers bei Import- und Exportfinanzierung, ZIP 1983, 13

NOLTE, Zur Reform der Eigentumsübertragung (1941)

OLSHAUSEN/SCHMIDT, Automatenrecht (1972)

OTTE, Der Bonifatiusfall, Jura 1993, 643

PADECK, Rechtsprobleme des sog Streckengeschäfts, Jura 1987, 454

PICKER, Mittelbarer Besitz, Nebenbesitz und Eigentumsvermutung in ihrer Bedeutung für den Gutglaubenserwerb, AcP 188 (1988) 511

PIKART, Die neuere Rechtsprechung des Bundesgerichtshofs zum Erwerb und Verlust

des Eigentums an beweglichen Sachen, WM
1971, 1526

RAISER, Eigentumsanspruch und Recht zum
Besitz, in: FS M Wolff (1952) 123

REICHART, Besitzrechtliche Fragen bei der
Fahrnisübereignung durch Besitzeskonstitut
(Diss München 1996)

RINNEWITZ, Zur dogmatischen Struktur des
Anwartschaftsrechts aus dem Eigentumsvorbehalt (Diss Göttingen 1989)

RÜHL, Eigentumsvorbehalt und Abzahlungsgeschäft (1930)

SCHINDLER, Kausale oder abstrakte Übereignung, in FS Kroeschell (1997) 1033

SCHLÜTER, Durchbrechung des Abstraktionsprinzips über § 139 BGB, JuS 1969, 12

SCHMIDT, Ehegatten-Miteigentum oder „Ei-
genheim-Gesellschaft", AcP 182 (1982) 481

SCHMIDT, Übereignung von Bargeld, JuS, 1993,
846

K SCHMIDT, Der Konkursverwalter als Gesell-
schaftsorgan und als Repräsentant des Gemeinschuldners (Versuch einer Konkursverwal-
tertheorie für heute und morgen), KTS 1984,
345

SCHMOLKE, Der rechtsgeschäftliche Erwerb des
Eigentums an beweglichen Sachen gem
§§ 929 ff BGB (zu Weber JuS 1998, 577 ff), JuS
1999, 728

SCHNAUDER, Sachenrechtliche und wertpapier-
rechtliche Wirkungen der kaufmännischen Traditionspapiere, NJW 1991, 1642

SCHÖDERMEIER-WOOPEN, Die diskriminierte
Einigung, JA 1985, 622

SCHREIBER, Der Abstraktionsgrundsatz. Eine
Einführung, Jura 1989, 617

SCHRÖDER, Der Eigentumsübergang bei ver-
sandten Sachen, ZHR 114 (1951) 39 ff

SCHUBERT, Die Entstehung der Vorschriften des
BGB über Besitz und Eigentumsübertragung
(1966)

SCHULTZE, Treuhänder im geltenden Bürgerlichen Recht, JherJb 43 (1901) 1

A SCHULZ, Ehewohnung und Hausrat in der
ungestörten Ehe (Diss München 1982)

SCHULZE, Rechtsfragen des Selbstbedienungs-
kaufs, AcP 201 (2001) 232

SENNE/WOHLMANN, Die Grundtatbestände des
Eigentumserwerbs im internationalen Ver-

gleich: Deutschland, Niederlande, Schweiz,
Frankreich, JA 2000, 810

SIBER, Das Buchrechtsgeschäft nach Reichs-
Grundbuchrecht (1909)

SIEBERT, Das rechtsgeschäftliche Treuhandverhältnis (1933)

SLAPNICAR, Das Anrecht. Die von Lübtow'sche
Begriffsbildung als Erklärungsmodell für das
Anwartschaftsrecht in: Tradition und Fortent-
wicklung im Recht 1991, 133

STADLER, Gestaltungsfreiheit und Verkehrsschutz durch Abstraktion (1996)

STINTZING, Die Übertragung beweglicher
Sachen (1911)

SÜSS, Das Traditionsprinzip – Ein Atavismus
des Sachenrechts, in: FS M Wolff (1952) 141

vTUHR, Eigentumserwerb an Mobilien nach
dem Bürgerlichen Gesetzbuch verglichen mit
dem Rechte des code civil, ZffranzZR 30 (1899)
527

ders, Zur Lehre von der Anweisung, JherJb 48
(1904) 1

THÜMMEL, Überlegungen zum Übergabebegriff
des Mobiliarsachenrechts (Diss Trier 1986)

TIEDTKE, Erwerb und Verlust des Sicherungseigentums an eingelagerten Sachen, WM 1978,
446

TIEDTKE, Die Übereignung eingelagerter Waren
bei Ausstellung eines Lagerscheins, WM 1979,
1142

vVLIET, Transfer of movables in German,
French, English and Dutch Law (2000)

WACKE, Das Besitzkonstitut als Übergabesurrogat in Rechtsgeschichte und Rechtsdogmatik:
Ursprung, Entwicklung und Grenzen des Traditionsprinzips im Mobiliarsachenrecht (1974)

WADLE, Die Übergabe auf Geheiß und der
rechtsgeschäftliche Erwerb des Mobiliareigentums, JZ 1974, 689

WALTER, Dingliche Schlüsselgewalt und Eigentumsvermutung – Enteignung kraft Eheschließung?, JZ 1981, 601

WANK/KAMANABROU Zur Widerruflichkeit der
Einigung bei den §§ 929 S 1, 930, 931 BGB, Jura
2000, 154

WEITNAUER, Die bewußte und zweckgerichtete
Vermehrung fremden Vermögens, NJW 1974,
1729

WEBER, Der rechtsgeschäftliche Erwerb des
Eigentums an beweglichen Sachen gemäss
§§ 929 ff BGB, JuS 1998 577

WERDERMANN, Der Eigentumsübergang bei der
Effektenkommission (Diss Hamburg 1962)

GRAF vWESTPHALEN, Wirksamkeit des einfachen Eigentumsvorbehalts bei Kollision von
Abwehrklauseln, ZIP 1987, 1361

WERNER, Besitz- und Eigentumsübertragung
am Inhalt eines Schrankfaches – OLG Oldenburg NJW 1977, 1780, JuS 1980, 175

WIEACKER, Die juristische Sekunde zur Legitimation der Konstruktionsjurisprudenz, in:
FS E Wolf (1962) 421

WIEGAND, Kreditsicherung und Rechtsdogmatik, Berner Festgabe zum Schweizerischen Juristentag 1979 (Bern 1979) 283

ders, Sachenrecht im Obligationenrecht, Das
Obligationenrecht 1883–1983 (Bern 1984) 107

ders, Fiduziarische Sicherungsgeschäfte,
ZBernJV 116, 357

ders, Die Entwicklung des Sachenrechts im
Verhältnis zum Schuldrecht, AcP 190 (1990) 112

ders, Die Entwicklung der Übereignungstatbestände einschliesslich der Sicherungsübereignung, in: FG BGH (2000) I, 753

WIELING, Voraussetzungen, Übertragung und
Schutz des mittelbaren Besitzes, AcP 184 (1984)
439

ders, Das Abstraktionsprinzip für Europa,
ZEuP 2001, 301

WILLOWEIT, Einwendungen des Drittschuldners
aus dem Sicherungsverhältnis zwischen Zedent
und Zessionar, NJW 1974, 975

ZITELMANN, Übereignungsgeschäft und Eigentumserwerb an Bestandteilen, JherJb 70
(1921) 1

ZÖLLNER, Die Zurückdrängung des Verkörperungselements bei den Wertpapieren, in: FS
Raiser (1974) 249

Vgl im Übrigen das allgemeine Schrifttumsverzeichnis zu diesem Band sowie die Verzeichnis-
se vor dem Anhang zu §§ 929–931 und vor den
einzelnen Paragraphen.

I. Bedeutung und Stellung im Gesetz

1 1. Die in den §§ 929 ff geregelte Übertragung des Eigentums stellt die **geläufigste und hauptsächliche Form der Neuzuordnung von Eigentum** an beweglichen Sachen dar. Das beruht darauf, dass alle – vertraglich oder gesetzlich begründeten – Ver- pflichtungen zur Eigentumsverschaffung an beweglichen Sachen durch die in §§ 929–931 vorgesehenen Eigentumsübertragungsformen erfüllt werden. Infolge- dessen spielen diese Regeln für den gesamten Güteraustausch einschließlich der Geschäfte des alltäglichen Lebens eine zentrale Rolle.

2 2. Die Bedeutung der Eigentumsübertragungsregeln beschränkt sich jedoch nicht auf diesen Austausch und die dadurch bewirkte Erfüllung der Obligationen. Vielmehr kommt der Übertragung von Eigentum eine davon unabhängige Funktion zu, nämlich **die Zuordnung einer Sache zu einer anderen Vermögensmasse.** Daraus ergeben sich sachenrechtliche Zuständigkeitsveränderungen und vollstreckungs- rechtliche Konsequenzen. Gerade diese Aspekte haben die Entwicklung der §§ 929 ff entscheidend mitbestimmt und prägen heute das Erscheinungsbild des Übereignungstatbestandes. Denn neben die traditionelle Funktion des Güteraus- tausches treten zwei weitere Aufgaben, die sich zum Teil überschneiden: **die Eigen- tumsübertragung als Kreditsicherungsvorgang** und **die Übertragung des Eigentums zu fiduziarischen Zwecken.** Diese werden hier nur kurz skizziert, eine ausführliche Darstellung ihrer Struktur und Funktion findet sich im Anh zu §§ 929–931.

3 a) Bei der Übereignung unter **Eigentumsvorbehalt** zielt der Gesamtvorgang letztlich auf einen Güteraustausch und die Erfüllung eines schuldrechtlichen Verpflichtungsgeschäftes. Dennoch wird dieses Ziel durch den Sicherungszweck verdrängt oder zumindest verdeckt. Die Übereignung unter Eigentumsvorbehalt hat sich heute zu einem **eigenen Typus der Eigentumsübertragung verselbständigt**, bei dem der Güteraustausch mit dem Sicherungseffekt kombiniert wird. Dies gilt insbes, seitdem das Vorbehaltseigentum nicht nur zur Sicherung der eigentlichen Kaufpreisforderung, sondern zur Abdeckung beliebiger Forderungen des Käufers verwendet wird. Der Verselbständigung des Eigentumsvorbehaltes korrespondiert die Verselbständigung der Rechtsposition des Käufers, die unter der Bezeichnung **Anwartschaft** zu einem Sachenrecht eigener Art geworden ist. Die Sicherung des Verkäufers wird durch eine Verzögerung des Eigentumsübergangs erreicht, der erst bei vollständiger Tilgung des Kaufpreises oder der anderen gesicherten Forderungen eintritt.

b) Gerade umgekehrt liegt es bei der **Sicherungsübereignung**. Dort wird das **4** Eigentum sofort auf den Gläubiger übertragen, ohne dass eine dauernde Zuordnung beabsichtigt wäre. Dies geschieht vielmehr ausschließlich zu dem Zweck, dem Gläubiger die Eigentumsrechte so lange zuzuordnen, bis der Veräußerer den ihm gewährten Kredit zurückzahlt. Die Sicherungsübereignung teilt also mit dem Eigentumsvorbehalt den Sicherungszweck, sie stimmt aber in der Struktur nicht mit dem Eigentumsvorbehalt überein. Vielmehr handelt es sich bei der Sicherungsübereignung um eine *vorübergehende, auf einer besonderen schuldrechtlichen Vereinbarung beruhende Eigentumsüberlassung.*

c) Solche zweckgebundenen Eigentumsübertragungen können nicht nur zu **5** Sicherungszwecken, sondern zu jedem beliebigen, gesetzlich zulässigen Zweck erfolgen. Sie werden unter dem Oberbegriff der **fiduziarischen oder treuhänderischen Eigentumsübertragung** zusammengefasst. Gemeinsam ist diesen Formen der Eigentumsübertragung, dass dem Treuhänder die volle Eigentümerposition und die damit verbundenen Befugnisse eingeräumt werden, jedoch mit der internen Abrede, von diesen Befugnissen nur nach Maßgabe der treuhänderischen Bindung Gebrauch zu machen.

3. Die hier skizzierten Funktionen der §§ 929 ff machen sichtbar, dass diesen **6** **Vorschriften eine zentrale Stellung im System des Gesetzes und eine bedeutsame Rolle im Vermögensrecht** des BGB zukommt (so zu Recht AK-BGB/Reich Rn 2 vor §§ 929 ff). Diese vielseitige Verwendbarkeit und der breit angelegte Anwendungsbereich werden dadurch ermöglicht, dass der Gesetzgeber die Eigentumsübertragung als ein *selbständiges, gewissermaßen neutrales Verfügungsgeschäft* konzipierte. Seine wesentlichen Elemente bestehen in folgenden Grundpositionen:

(1) **Verselbständigung der Eigentumsübertragung** in einem doppelten Sinne:

(a) Scheidung des schuldrechtlichen oder sonstigen Übertragungsgrundes (causa) vom Übertragungsgeschäft *(Trennungsprinzip,* dazu unten Rn 15).

(b) Unabhängigkeit dieses Übertragungsgeschäftes von der causa der Übereignung *(Abstraktionsprinzip,* dazu unten Rn 15 ff).

Wolfgang Wiegand

(2) Konzipierung des – in diesem Sinne getrennten und abstrakten – Eigentumserwerbs als *kombinierten oder gestreckten Tatbestand*, zusammengesetzt aus:

(a) Rechtsgeschäftlicher Eigentumsübertragung *(Einigung,* dazu unten Rn 8 ff, 13 f)
und

(b) Besitzerlangung als tatsächliches Moment *(Übergabe*; Traditionsprinzip, dazu
unten Rn 9, 13 f, 19 ff).

7 Damit hat sich der Gesetzgeber unter allen denkbaren Eigentumsübertragungsformen für das komplizierteste Modell entschieden. Dieser Entscheid war mehr als
andere zeitbedingt: Die Dogmatik der Eigentumsübertragung befand sich in einer
besonderen Umbruchphase, was wiederum mit einer Umstrukturierung der Lebens-
und Wirtschaftsverhältnisse zusammenhängt. Infolgedessen ist *bei der Interpretation
der §§ 929 ff wie bei ihrer Fortentwicklung* im Hinblick auf die inzwischen erneut
veränderten Gegebenheiten *der Entstehungszusammenhang in besonderem Maße zu
berücksichtigen.*

Die oben skizzierten wesentlichen Merkmale des Übereignungstatbestandes sind im
Folgenden kurz zu erörtern, um ihren seinerzeitigen Stellenwert und ihre heutige
Tragweite näher bestimmen zu können (dazu WIEGAND, in: FG BGH, 756 ff). Da es sich
im Wesentlichen um prinzipielle Festlegungen des Gesetzgebers handelt, die für das
ganze Sachenrecht Geltung haben, kann hinsichtlich der Grundlagen und der wichtigsten Lit auf STAUDINGER/SEILER (2000) Einl zu §§ 854 ff verwiesen werden.

II. Der Übereignungstatbestand

8 1. Rechtsübertragungen erfolgen nach der Konzeption des BGB durch selbständige Verfügungsgeschäfte. Diese setzen zumindest ein rechtsgeschäftliches Element
voraus, bei dem es der Gesetzgeber in vielen Fällen – wie etwa bei der Zession –
bewenden ließ. Im Sachenrecht hat man sich jedoch für ein einheitliches Modell
entschieden: Alle Rechtsübertragungen (und -begründungen) sind als kombinierte
Tatbestände konzipiert. Sie bestehen aus einem *rechtsgeschäftlichen* Element und
einem zu diesem hinzutretenden weiteren Akt. Dieser dient nach der dem Gesetz
zugrunde liegenden Vorstellung der *Kenntlichmachung des Rechtsübertragungsvor-
gangs.* Die dadurch erlangte Publizitätswirkung soll im Bereich der beweglichen
Sachen von der Besitzübertragung ausgehen, weshalb das BGB grundsätzlich dem
Traditionsprinzip folgt.

9 Damit wird der Tatbestand *zweigliedrig*; man spricht von *zusammengesetztem, ge-
strecktem* und – wie hier und im Folgenden – *kombiniertem* Tatbestand oder auch
Gesamttatbestand. Mit diesen Bezeichnungen soll dem Umstand Rechnung getragen werden, dass die Eigentumsübertragung durch zwei Elemente bewirkt wird, die
zwar uno actu vorgenommen werden können, zwischen denen aber auch ein großer
Zeitraum liegen kann. Aus dieser Konzeption entstehen eine Reihe von Schwierigkeiten, die teils auf begrifflich-dogmatischer Ebene liegen, teils aber auch erheblich
praktische Relevanz haben.

10 2. Die Schwierigkeiten bei der rechtlichen Qualifikation des Übereignungstat-

bestandes ergeben sich zunächst aus der historischen Entwicklung. In Erkenntnis dieser Tatsache hat schon der Gesetzgeber die Klärung der Frage der Wissenschaft überlassen (Prot III 56 ff, insbes 59). Die seit Inkrafttreten des BGB geführte Diskussion hat jedoch entgegen diesen Erwartungen keine Klarheit gebracht (zu den gemeinrechtlichen Hintergründen und der Behandlung des Problems im Gesetzgebungsverfahren vgl PLANCK/STRECKER Vorbem III 2, 3–4 mwNw aus der älteren Lit; eingehende Analyse bei HECK § 29; EICHLER I 103 ff und WIELING I 31 ff. Aus der Spezialllt s BRUCK, Die Einigung im Sachenrecht; SIBER, Das Buchrechtsgeschäft; ZITELMANN JherJb 70, 1; GRUCHOT 45, 455; 47, 51; 51, 681; KRIEGSMANN, Rechtsgrund). Die Kontroverse bewegt sich allerdings primär im begrifflich-terminologischen Rahmen; dennoch ist nicht zu verkennen, dass diese Differenzen ihrerseits auf unterschiedlichen dogmatischen Konzeptionen beruhen (so zutr STAUDINGER/SEILER [2000] Einl 21 zu §§ 854 ff). Streit besteht weiter darüber, ob der Gesamttatbestand der Eigentumsübertragung als Verfügungsgeschäft anzusehen sei oder nur die Einigung eine Verfügung darstelle und ob diese Einigung als dinglicher Vertrag bezeichnet werden könne (umf Darstellung bei EICHLER I 103–105).

Die überwiegende Mehrheit der Autoren sowie die Rspr betrachten die Einigung **11** als **dinglichen Vertrag**. Sie gehen dabei davon aus, dass das *Einigsein* iS des Gesetzes die Struktur eines Vertrages habe, weil es sich um zwei übereinstimmende Willenserklärungen handle (HECK § 29, 5; EICHLER I 105; WESTERMANN/WESTERMANN § 38 3; SCHWAB/PRÜTTING Rn 33, 372; WIELING I 32; von den Kommentaren grundlegend PLANCK/BRODMANN § 929 2 IV 3 a m umf Nw zur älteren Lit; SOERGEL/HENSSLER § 929 Rn 16; ERMAN/MICHALSKI § 929 Rn 3; MünchKomm/QUACK Rn 43; PALANDT/BASSENGE § 929 Rn 2; vgl auch die differenzierenden Bemerkungen in STAUDINGER/SEILER [2000] Einl 27 zu §§ 854 ff mit Nw zur Lit des AT; sowie BGHZ 28, 16, 19; RGZ 132, 183, 188).

Die Gegenmeinung hat sich vor allem deshalb gegen die Vertragsnatur der Einigung **12** ausgesprochen, weil diese allein nicht geeignet sei, die Rechtsfolgen herbeizuführen (vor allem SIBER, Buchrechtsgeschäft 122 ff; in diesem Sinne auch WOLFF/RAISER § 38 II 2, § 66 I 2; BGB-RGRK/PIKART § 929 Rn 4). Es liegt auf der Hand, dass derartige Differenzen weniger auf einer unterschiedlichen Sachbeurteilung als auf einem abweichenden Vertragsbegriff beruhen. Für die zuletzt genannten Autoren besteht denn auch kein Zweifel, dass Einigung und Übergabe als Gesamttatbestand das Verfügungsgeschäft bilden, während die hM sich dazu häufig gar nicht oder nur unklar äußert. Aber auch in diesem Punkt handelt es sich um vorwiegend terminologisch bedingte Unterschiede, die wie die gesamte zuvor skizzierte Kontroverse ohne eigentliche praktische Konsequenzen bleiben. Die Sachprobleme können nicht durch begriffliche Ableitungen gelöst werden, sondern nur durch eine der Funktion des Übereignungstatbestandes entsprechende Rechtsanwendung. Das gilt vor allem für die bis heute streitig gebliebenen, praktisch relevanten Fragen, die sich auf das Verhältnis Einigung/Übergabe beziehen (vgl dazu § 929 Rn 71 ff), insbes die Frage nach der Bindungswirkung der Einigung (§ 929 Rn 82 ff) und der Beziehung der Übergabe zur Einigung (vgl § 929 Rn 85 ff).

III. Die Übereignung als abstraktes Verfügungsgeschäft

Ungeachtet der zuvor erwähnten terminologischen Differenzen besteht Einigkeit **13** darüber, dass der Übereignungstatbestand ein rechtsgeschäftliches *(Einigung)* und ein tatsächliches Element *(Übergabe)* enthält. Daraus ergeben sich folgende Konsequenzen:

14 1.   Auf die **Einigung** sind die allgemeinen Regeln über Rechtsgeschäfte prinzipiell anwendbar. Zu beachten bleibt freilich, dass die Einigung auch dann, wenn man sie isoliert als Vertrag betrachtet und bezeichnet, nicht ohne weiteres den schuldrechtlichen Verträgen gleichgestellt werden kann. Es ist deshalb von Fall zu Fall zu prüfen, ob eventuelle Abweichungen oder Modifikationen geboten sind (vgl dazu ausf § 929 Rn 8 ff). Die rechtsgeschäftlichen Regeln können jedoch ausschließlich auf den rechtsgeschäftlichen Teil des Übertragungstatbestandes Anwendung finden; das bedeutet andererseits, dass auf die Übergabe rechtsgeschäftliche Regeln nicht anzuwenden sind.

Diese an sich klare Trennung wird dadurch wieder relativiert, dass das Gesetz eben dieses rechtsgeschäftliche und das tatsächliche Element miteinander verknüpft hat und erst der Gesamttatbestand den Eigentumsübergang bewirkt. Es ist deshalb auch müßig, darüber zu streiten, ob auch schon die Einigung als solche eine Verfügung enthalte (vgl oben Rn 10), denn jedenfalls müssen die Voraussetzungen für eine wirksame Verfügung beim Vollzug des Übertragungsvorganges gegeben sein. Dazu zählt neben der schon für die Einigungserklärung notwendigen Geschäftsfähigkeit die Verfügungsmacht des Veräußerers. Diese Verfügungsmacht kann ihm aus eigenem Recht zustehen, aber auch durch Zustimmung eines Dritten (§ 185) verliehen werden. Jedenfalls muss sie in dem Moment vorliegen, in dem der Erwerb wirksam werden soll (Einzelheiten vgl § 929 Rn 14 ff und 80 f; zu den Besonderheiten des Erwerbs vom Nichtberechtigten vgl Vorbem zu §§ 932 ff).

15 2.   Während die Konzeption der Übereignung als kombinierter Tatbestand zwar gewisse Probleme aufgeworfen hat, haben sich wirkliche Schwierigkeiten erst aus *der Verselbständigung der Eigentumsübertragung* ergeben. Diese vollzieht sich in zwei Schritten: einmal durch die Ablösung vom schuldrechtlichen Grundgeschäft, die üblicherweise mit dem Schlagwort *Trennungsprinzip* bezeichnet wird; erst dann und auf der Basis dieser Trennung durch die Unabhängigkeit des Verfügungsgeschäftes von der causa der Übereignung, das sogenannte *Abstraktionsprinzip*. Beide Grundsätze beruhen auf einer für den Gesetzgeber ganz zentralen Prämisse, die sich in anschaulicher Weise bei der Auseinandersetzung um das ius ad rem des Allgemeinen Preußischen Landrechts formuliert findet: „Der Standpunkt des Allgemeinen Landrechts ist in der That unhaltbar. Denn er beruht auf einer Verkennung des Gegensatzes zwischen dinglichem und persönlichem Rechte und führt damit zu einer Verdunkelung der Grenzen zwischen den Gebieten des Sachenrechts und des Rechts der Schuldverhältnisse. Der Titel zur Erwerbung des dinglichen Rechtes ist an sich nichts anderes als der persönliche Anspruch auf Einräumung desselben; er gehört daher nicht dem Sachenrechte an. Das Sachenrecht muss, um seine Selbständigkeit zu wahren, die Erwerbung der dinglichen Rechte nach Gesichtspunkten ordnen, die auf seinem Gebiet liegen. Es hat die Tatsachen, an welche die Erwerbung zu knüpfen ist, nicht minder als den Inhalt der einzelnen Rechte und deren Wesen und Zwecke zu bestimmen" (Mot III 3).

Diese Passage macht deutlich, dass die **Verselbständigung der sachenrechtlichen Vorgänge** für den Gesetzgeber ein zentrales Anliegen darstellte (dazu und zum Folgenden insgesamt WIEGAND AcP 190, 112 ff sowie STAUDINGER/SEILER [2000] Einl 27 und 48 ff zu §§ 854 ff). Die in Zusammenhang mit dem Übereignungstatbestand getroffenen Entscheidungen dürfen deshalb nicht nur als Bekenntnis zu einzelnen gemeinrechtlichen Dogmen – wie der Savigny'schen Theorie vom dinglichen Vertrag – verstanden, vielmehr müssen sie unter dem diese Einzelpunkte übergreifenden, das Gesamtverständnis des Gesetzes betreffenden Aspekt betrachtet werden. Das bedeutet konkret, dass *Korrekturen oder Modifikationen* einzelner gesetzgeberischer Entscheidungen durch Interpretation oder Rechtsfortbildung *nicht punktuell* erfolgen können; sie erfordern vielmehr eine Gesamtbetrachtung, die die soeben angedeutete Grundkonzeption des Gesetzgebers ebenso berücksichtigt wie andere im Zusammenhang mit der Verselbständigung des dinglichen Geschäftes stehende Prinzipien (zB das Verhältnis zum Traditionsprinzip und zum Gutglaubensschutz). Dies vorausgeschickt ist zur Verselbständigung der Verfügung Folgendes zu sagen:

3.   Während das in vielen europäischen Privatrechtsordnungen anzutreffende   **16** Trennungsprinzip, dh die Scheidung zwischen Rechtsgrund und Vollzug des Rechtsgrundes durch Verfügung, kaum auf Kritik gestossen ist und in der Rechtsanwendung nur wenig Probleme bereitet, hat das Abstraktionsprinzip vor und seit Erlass des BGB die Gemüter erregt.

Die **Abstraktion des Verfügungsgeschäftes** (zur Differenzierung zwischen äußerer und inhaltlicher Abstraktion insbes JAHR AcP 168, 9, 16 f; vgl auch unten § 929 Rn 24) gehört zu den typischen Merkmalen der deutschen Rechtsordnung und bildet ein wesentliches Element des Vermögensrechts des BGB (zutr STAUDINGER/SEILER [2000] Einl 48 zu §§ 854 ff; Literaturnachweise im Schrifttumsverzeichnis der Einl zum Sachenrecht; vgl zum Abstraktionsprinzip ausserdem GRIGOLEIT AcP 199 [1999] 379). Sofern sich die *Kritik gegen diesen prinzipiellen Entscheid des Gesetzgebers* wendet, könnte ihr nur durch eine **umfassende Revision** des gesamten Vermögensrechtes und eine Veränderung der oben skizzierten Grundkonzeption einschließlich einer Anpassung des Traditionsprinzips und der Regeln über den gutgläubigen Erwerb Rechnung getragen werden.

Damit sind Korrekturen des Abstraktionsprinzips nicht grundsätzlich ausgeschlossen. Vielmehr haben Rspr und Lit seit langem versucht, punktuell regulierend einzugreifen und unerträgliche Konsequenzen des Abstraktionsprinzips oder dessen Überspannung zu vermeiden (die einzelnen dazu entwickelten Argumente und Konstruktionen sind in den Erl zu § 929 Rn 18 ff zusammengestellt). Wie immer bei fallbezogener richterlicher Rechtsfortbildung erscheint es freilich geboten und an der Zeit, verallgemeinernde Regeln zu entwickeln, die die wesentlichen Ergebnisse dieser Rechtsfortbildung fixieren (vgl dazu zusammenfassend § 929 Rn 28). Leitende Gesichtspunkte müssen dabei diejenigen Erkenntnisse bilden, die die neuere *Forschung über die Entstehungszusammenhänge* erbracht hat. Daraus ergibt sich nämlich, dass der Gesetzgeber die **Interpendenz** der verschiedenen prinzipiellen Entscheidungen und die teilweise **Funktionsüberschneidung** einzelner Rechtsinstitute nicht oder nicht in voller Tragweite gesehen hat (grundlegend vor allem die Untersuchungen von HROMODKA; vgl außerdem zusammenfassend WACKE, Traditionsprinzip 31 ff insbes 38 ff sowie AFFOLTER 21 f). Diese Zusammenhänge sind in der Lit schon am Ende des 19. Jahrhunderts aufgezeigt, vom Gesetzgeber aber nicht mehr realisiert worden (exemplarisch DEMELIUS, Pfandrecht).

17 Schlagwortartig verkürzt lassen sich diese Zusammenhänge folgendermaßen beschreiben: Das Abstraktionsprinzip dient – wie schon hervorgehoben – der Verselbständigung der sachenrechtlichen Vorgänge; deren wichtigster Effekt ist es, dass der Erwerber das Eigentum an der Sache ohne Rücksicht darauf erlangt, ob die Vermögensverschiebung durch eine gültige causa gedeckt ist. Gravierende Folgen hat das vor allem bei Vollstreckung in das Vermögen des Erwerbers oder bei dessen Konkurs. Diese Gesichtspunkte waren jedoch für den Gesetzgeber nicht ausschlaggebend. Als entscheidendes Motiv erweist sich vielmehr die Absicht, Zweit- und Dritterwerber, zukünftige Pfandgläubiger, mit anderen Worten das Publikum schlechthin zu schützen. Dieser *Gesichtspunkt des Verkehrsschutzes überschneidet sich nun mit der gleichzeitig eingeführten Regelung des gutgläubigen Erwerbs.* Die Überschneidung ist darauf zurückzuführen, dass der gutgläubige Erwerb sich erst im Laufe des 19. Jahrhunderts in den deutschsprachigen Partikulargesetzgebungen durchsetzt, und bei fast allen Kodifikationen des 19. Jahrhunderts lässt sich in den Beratungen feststellen, dass die Zusammenhänge zwischen Vindikationsausschluss und Gutglaubensschutz sowie Abstraktion von Verfügungsgeschäften und Traditionsprinzip nicht in vollem Umfang realisiert wurden.

18 Daraus ergibt sich, dass bei der Anwendung dieser Rechtsinstitute und der sie tragenden Grundsätze auf die nunmehr erkannten Funktionsüberschneidungen und wechselseitigen Zusammenhänge Rücksicht zu nehmen ist. Für die Anwendung des Abstraktionsgrundsatzes bedeutet das: Aus den oben dargelegten Gründen ist an der Verselbständigung der Verfügungsgeschäfte und deren *Abstraktheit grundsätzlich festzuhalten.* Da jedoch die Interessen Dritter weitgehend durch den Gutglaubensschutz abgedeckt werden, ist im Verhältnis zwischen den Parteien dem *Parteiwillen Vorrang* einzuräumen. Das bedeutet konkret, dass eine erkennbar gewordene Absicht der Parteien, beide Geschäfte miteinander zu verknüpfen, in großzügiger Weise anerkannt werden muss. Eine Schlechterstellung Dritter könnte sich allenfalls im Insolvenzverfahren oder bei der Vollstreckung in das Vermögen des Erwerbers ergeben. Das ist jedoch hinzunehmen; denn die Parteien hätten mit gleicher Wirkung eine bedingte Übereignung (Eigentumsvorbehalt) vereinbaren können, ohne dass der vollstreckende Dritte (anders als der gutgläubige Erwerber) in irgendeiner Weise geschützt wäre.

IV. Tradition und Publizität

19 1. Seit Inkrafttreten des BGB ist mit großer Heftigkeit darüber gestritten worden, ob überhaupt und wenn ja inwieweit das Gesetz dem Traditionsprinzip folge. Für die Gesetzesverfasser hat sich die Frage in dieser Form nicht gestellt; sie gingen nach intensiver und kontroverser Diskussion davon aus, dass der Übereignungstatbestand prinzipiell auf dem im gemeinen Recht verwurzelten und in vielen partikularen Kodifikationen verankerten Traditionsprinzip aufzubauen sei (umf Nachw über seinerzeit und seither geführte Diskussionen bei WACKE 2 f; insbes hervorzuheben sind die Verhandlungen des 14. und 15. deutschen Juristentages [1878/1880]; ähnliche Diskussionen lassen sich praktisch bei allen Kodifikationen des 19. Jahrhunderts nachweisen; in vieler Hinsicht exemplarisch ist die Durchsetzung des Traditionsprinzips bei Erlaß des Schweizerischen Obligationenrechts von 1881; dazu WIEGAND, Sachenrecht im Obligationenrecht 115 f).

Es ist nun freilich nicht zu verkennen, dass der Gesetzgeber selbst schon mit der **20** Zulassung der brevi manu traditio in § 929 S 2 wie auch durch Anerkennung des Besitzkonstitutes und der Vindikationszession den prinzipiellen Entscheid für das *Traditionsprinzip stark relativiert* hat. Es scheint jedoch wenig sinnvoll, aus diesem Grund nun darüber zu streiten, ob der Gesetzgeber seine eigenen Prinzipien verraten habe, ob überhaupt vom Traditionsprinzip die Rede sein kann. Mit der berühmten Formel von HECK „Das Traditionsprinzip ist nur das historische Kostüm, in dem das Vertragsprinzip den Eintritt in das geltende Recht gefunden hat" (§ 56 11) ist nichts gewonnen; denn es entbindet nicht von der Notwendigkeit, von Fall zu Fall zu prüfen, ob eine Übergabe erforderlich ist, und wenn ja, was unter Übergabe zu verstehen ist. Dabei ist allerdings dem Umstand Rechnung zu tragen, dass der Gesetzgeber selbst auf die mit der Tradition normalerweise *verbundene Sichtbarmachung der Rechtsänderung weitgehend verzichtet* hat, wenn andere – höher bewertete Interessen – entgegenstanden. Daraus sind folgende *Konsequenzen* zu ziehen:

Für das Verständnis der Übereignungstatbestände ist es unerlässlich, vom Traditionsprinzip als derjenigen Konstruktion auszugehen, auf der die gesamte Struktur des Übereignungstatbestandes beruht. Bei der konkreten Anwendung der §§ 929 ff ist dann zu bestimmen, welche Bedeutung diesem prinzipiellen Ansatz des Gesetzgebers zukommt. Dabei ist sowohl der Funktion als auch der Bedeutung Rechnung zu tragen, die das Gesetz selbst diesem Prinzip zuweist, und ebenso ist zu berücksichtigen, wie sich gerade im Hinblick auf diese Faktoren die Rahmenbedingungen verändert haben. Für diese Beurteilung sind folgende Aspekte wesentlich.

2.   Als die Grundlagen für die Einführung des *Traditionsprinzips* gelegt wurden, **21** ging man von einer *Konzeption* aus, in der die *Übergabe iS* WINDSCHEIDS nichts anderes darstellt als die *Form der Eigentumsübertragung*; in ihr manifestierte sich der Übereignungswille (vgl dazu die Texte und Nachweise in den Erl in § 929 Rn 79 ff). Auch nach der zunehmenden Ablösung und schließlichen Verselbständigung der Übergabe blieb deren Hauptzweck die Bestätigung des Übereignungswillens zwischen den Parteien. Die bis zu diesem Zeitpunkt unverbindliche Absicht, Eigentum zu übertragen, sollte praktisch durch die Herstellung der der neuen Eigentumslage entsprechenden Besitzverhältnisse vollzogen werden. Auf geradezu exemplarische Weise wird dieses Verständnis der Übergabe durch die in der zweiten Kommission über die Zulässigkeit des Besitzkonstitutes geführte Diskussion veranschaulicht. Zur *Funktion der Übergabe* heißt es dort: „Wäre die regelmäßig geforderte körperliche Übergabe der Sache lediglich dazu bestimmt, *den Übergang des Eigenthums erkennbar zu machen*, so ließe sich allerdings das constitutum possessorium kaum rechtfertigen. Indessen, dass dies *nicht der wesentliche Zweck der Übergabe sei*, ergebe sich schon daraus, dass das durch die Übergabe hergestellte Besitzverhältnis nicht die Gewähr der Dauer biete, sondern jeden Augenblick verändert werden könne. Es handle sich vielmehr wesentlich darum, *durch die Übergabe den ernstlichen Willen festzustellen, dass eine dingliche Wirkung beabsichtigt sei*" (Prot III 197, Hervorhebungen nicht im Original). Diese Passage macht zugleich deutlich, dass die **Publizitätswirkungen der Tradition** einen vom eigentlichen Zweck der Übergabe nur schwer zu trennenden **Nebeneffekt** bilden, der aber dem eigentlichen Ziel untergeordnet bleibt. Hält man sich dieses Verständnis des Übergabeelementes vor Augen, so ergeben sich daraus zwei maßgebliche Konsequenzen: Zum einen erscheint die Konzeption der §§ 929–931 keineswegs so widersprüchlich, wie man immer behauptet hat, zum anderen lassen sich aus diesem *Grundansatz wesentliche Erkenntnisse für die Interpretation* der Übergabe und das Publizitätsprinzip ableiten.

22 **3.** Die **Übergabe** bildet das **adäquate Mittel**, um den Übereignungswillen zu bestätigen. Sofern aber – wie im Fall des § 929 S 2 – schon die der neuen Eigentumslage entsprechenden Besitzverhältnisse bestehen, bedarf es einer solchen zusätzlichen Bestätigung nicht. Umgekehrt kann der Übertragungswille statt durch einen manifesten Akt dadurch bekundet werden, dass die Parteien ein Besitzmittlungsverhältnis vereinbaren oder einen bestehenden Besitz durch „Abtretung des Herausgabeanspruchs" übertragen; denn auch diese Akte erfüllen denselben Zweck, den sonst die Übergabe erfüllt; sie bestätigen – wie es in den Prot heißt –, „dass eine dingliche Wirkung beabsichtigt sei". Dabei ist nochmals festzuhalten, dass es um die Bestätigung dieser Absicht *im Verhältnis der Parteien* untereinander geht. Selbstverständlich entsprach es dem prinzipiellen Ansatz des Gesetzes, diese Veränderung der Rechtslage auch Dritten gegenüber sichtbar zu machen. Während aber dieses Prinzip im Immobiliarsachenrecht durch das Grundbuch weitestgehend verwirklicht werden konnte, war man sich von allem Anfang an darüber im Klaren, dass die Tradition derartige Publizitätswirkungen niemals würde entfalten können (Mot III 333 letzter Absatz). Die mangelnde „Eignung" der Tradition als Publizitätsmittel hat vTuhr bereits 1899 folgendermaßen beschrieben: „Als Kennzeichen des Eigentumsübergangs kann der Besitzwechsel nicht dienen, weil er ebenso oft vorkommt, ohne daß Eigentum übertragen wird" (ZffranzZR 30 [1899] 529).

23 **4.** Wesentlich ist jedoch der Umstand, dass aus der dargelegten Konzeption mit Selbstverständlichkeit folgt, dass die **Publizitätsinteressen** dann **zurückzutreten** haben, wenn anderweitige, vom Gesetzgeber **höher eingeschätzte Interessen** einer Kundbarmachung der Rechtsveränderung gegenüber Dritten durch Tradition entgegenstehen. Die Regelung der §§ 929 S 2–931 beruhen eben darauf, dass der Gesetzgeber von einem unabweisbaren Bedürfnis für derartige Übertragungstatbestände ausging und infolgedessen bereit war, den damit verbundenen Verlust an Publizität in Kauf zu nehmen (Mot III 335; Prot III 197).

24 **5.** Für die **Interpretation des Gesetzes** ergeben sich daraus **Leitlinien**, die es ermöglichen, die Tatbestände auch heute noch in sachgerechter Weise anzuwenden und de*n Begriff der Übergabe den Erfordernissen eines komplexen Güteraustausches anzupassen* (vgl Erl zu § 929 Rn 45 ff). Dabei kann auch dem Umstand Rechnung getragen werden, dass durch die Zulassung immer „unsichtbarerer" Übergabevorgänge die Publizitätswirkung auch in den Fällen des § 929 S 1 weitgehend eliminiert wird. Dies aus zwei Gründen: Einmal entspricht es der Wertung des Gesetzgebers wie sie eben dargelegt wurde, zum anderen ist der Publizitätseffekt der Besitzübertragung seit Erlass des Gesetzes durch die Ausbreitung von Eigentumsvorbehalt und Sicherungseigentum noch weiter zurückgegangen (vgl dazu § 929 Rn 58 und Anh 20 f zu §§ 929 ff).

25 Gerade in Anbetracht der im Bereich der **Kreditsicherung** eingetretenen Rechtsentwicklung erlaubt die hier festgestellte historische Ausgangslage aber auch eine *Neuorientierung* insofern, als eine Höherbewertung von Publizitätsinteressen nach der gesetzlichen Konzeption möglich ist (vgl zu den Konsequenzen Anh 20 ff zu §§ 929 ff).

Schließlich folgt aus den dargelegten Grundpositionen des Gesetzgebers bei **26**
§§ 929 ff, dass sowohl die Funktion der Übergabe als auch die Publizitätserwägungen jeweils auf *bestimmte Interessenlagen und Fallgruppen zugeschnitten* sind (zu Unrecht verlangt deshalb MünchKomm/QUACK Rn 6 für die §§ 929–936 mit Fussnote 6 einen „einheitlichen/umfassenden" Rechtsbegriff der Übergabe). Infolgedessen hat die Übergabe im Bereich des Fahrnispfandrechts eine ganz andere Ausgestaltung erfahren, weil der Gesetzgeber hier relativ strikt am Traditionsprinzip festhalten und eine möglichst große Publizitätswirkung erreichen wollte (vgl dazu STAUDINGER/WIEGAND [2002] Vorbem 1, 22 zu § 1204). Wiederum eine andere Funktion hat die Übergabe im Bereich des gutgläubigen Erwerbs, da sie dort nicht nur dazu dient, den Eigentumsübertragungswillen zu manifestieren, sondern zugleich auch die Funktion hat, die in Wahrheit fehlende Rechtszuständigkeit des Veräußerers zu kompensieren (dazu im Einzelnen Vorbem 12 ff zu §§ 932 ff).

V. Internationales Privatrecht

Zum IPR wird generell auf die Erl von STAUDINGER/STOLL [1996] Internationales **27** Sachenrecht – insbes Rn 191 ff, verwiesen.

§ 929
Einigung und Übergabe

Zur Übertragung des Eigentums an einer beweglichen Sache ist erforderlich, dass der Eigentümer die Sache dem Erwerber übergibt und beide darüber einig sind, dass das Eigentum übergehen soll. Ist der Erwerber im Besitz der Sache, so genügt die Einigung über den Übergang des Eigentums.

Materialien: E I §§ 803, 847, 874; E II §§ 842 ff, 862; E III § 913; Mot III 91 ff, 187, 335 f; Prot III 56 ff, 196, 201.

Systematische Übersicht

I.	**Bedeutung und Anwendungsbereich der Vorschrift**		**II.**	**Einigung**		8
1.	Grundtatbestand der Übereignung	1	1.	Zustandekommen und Inhalt der Einigung		9
2.	Übereignung als abstraktes Verfügungsgeschäft	2	a)	Konsens, Form		9
			b)	Bestimmtheit		11
3.	Gegenstand der Übereignung	3	c)	Geschäftsfähigkeit		13
a)	Bewegliche Sachen	3	d)	Verfügungsmacht		14
b)	Einzelfälle	4	2.	Fehlerhafte Einigung		18
c)	Tiere	5	a)	Die Irrtumsregeln		19
d)	Geld	6	b)	Verstoß gegen gesetzliche Verbote		21
e)	Wertpapiere	6	c)	Sittenwidrigkeit		22
f)	Anwartschaftsrecht	7	d)	Geschäftseinheit		25
			e)	Stellungnahme und Konsequenzen		28
			3.	Bedingte Übereignung		29

a) Auflösend bedingte Übereignung___ 30
b) Aufschiebend bedingte Über-
eignung_____ 34
c) Befristung_____ 36
4. Stellvertretung_____ 38
a) Direkte Stellvertretung_____ 39
b) Anwendung der Vorschriften über
die Stellvertretung_____ 40
5. Einigung zugunsten Dritter_____ 42

III. Übergabe_____ 45
1. Ausgangslage und Entwicklung____ 46
a) Geben und Nehmen_____ 46
b) Ausweitung_____ 47
c) Einschaltung von Mittelspersonen _ 48
d) Geheiß-Erwerb_____ 50
e) Fehlende Kundbarmachung_____ 52
2. Diskussion_____ 53
a) Analyse_____ 53
b) Würdigung_____ 55
c) Stellungnahme_____ 60
3. Elemente der Übergabe_____ 61
a) Aufgabe des Besitzes durch den
Veräußerer_____ 62
b) Dauer der Besitzbegründung_____ 64

c) Symbolische Vorgänge, Erkennbar-
keit_____ 65
d) Besitzergreifung durch den Erwer-
ber_____ 67

IV. Verhältnis von Einigung und Über-
gabe_____ 71
1. Grundlagen der gesetzlichen Rege-
lung_____ 72
a) Entwicklung während des Gesetz-
gebungsverfahrens_____ 73
b) Würdigung und Stellungnahme____ 77
2. Die Auswirkungen im Einzelnen__ 79
a) Einigsein im Moment der Übergabe;
Bindungswirkung_____ 80
b) Innerer Bezug der Übergabe zur
Einigung_____ 85

V. Zusammenstellung von Fallgruppen
nach Schlagworten_____ 89

VI. Übereignung durch bloße Einigung
(§ 929 S 2)
1. Grundlagen und Entstehung_____ 117
2. Die Einigung_____ 119
3. Besitz des Erwerbers_____ 123

Alphabetische Übersicht

Abstraktheit_____ 18 ff, 2
Abstraktion, inhaltliche_____ 24
Abstraktionsprinzip_____ 2, 18 ff
– Einschränkung des_____ 31
Aktien_____ 90
Anwartschaftsrecht_____ 7, 34

Bedingte Übereignung
s Übereignung, bedingte
Bedingtheit, wechselseitige_____ 31
Bedingungszusammenhang_____ 31
Befristung_____ 35 ff
Besitz, mittelbarer u unmittelbarer___ 11
Besitzaufgabe_____ 62
Besitzbegründung_____ 54
– Dauer der_____ 64
Besitzdiener_____ 48 f, 63, 125
Besitzergreifung durch Erwerber ___ 67 f, 93 f
Besitzmittler_____ 48 f, 63
Besitzübertragung_____ 1

Besitzverschaffung_____ 62
Bestandteil, nichtwesentlicher_____ 4
Bestimmtheit der Einigung_____ 11
Bestimmtheitsgrundsatz, sachen-
rechtlicher_____ 11 f
Bewucherter_____ 23
Bindungswirkung_____ 80 ff

Drohung_____ 20

Ehegatten_____ 101 ff
Eigentumsvorbehalt_____ 10, 33, 58
Einheitstheorie_____ 77
Einigsein im Moment der Übergabe___ 80 ff
Einigung_____ 1, 18 ff
– antizipierte_____ 80 ff, 119 ff
– Bestimmtheit_____ 11
– dinglicher Vertrag_____ 8
– fehlerhafte_____ 18 ff
– Form_____ 10

- „Geschäftseinheit" _____ 25 ff
- Geschäftsfähigkeit _____ 13
- Inhalt _____ 9 ff
- konkludente _____ 9
- Irrtum _____ 19
- Sittenwidrigkeit _____ 22 ff
- Täuschung, Drohung _____ 20
- Verbotswidrigkeit _____ 21
- Wucher _____ 23
- Verhältnis zur Übergabe _____ 71 ff
- zugunsten Dritter _____ 42 ff
- Zustandekommen _____ 9 ff
Einwilligung in Verfügung _____ 16
Entziehung der Verfügungsbefugnis _____ 16
Erfüllung einer Verbindlichkeit _____ 41
Erkennbarkeit, äußerliche
- der Besitzveränderung _____ 65 ff
Erwerb, gutgläubiger _____ 17

Familienverhältnisse _____ 101 ff
Frachtgut _____ 91
Freistellungsschein _____ 92
Fremdes Geld, Geschäfte mit _____ 99 f
Früchte, ungetrennte _____ 106

Geheiß-Erwerb _____ 50 f, 97
Geld _____ 6, 99 f
Genehmigung der Verfügung _____ 16
Geschäft für den, den es angeht _____ 39
Geschäftseinheit _____ 25
Geschäftsfähigkeit _____ 13
Geschäftsfähiger, beschränkt _____ 13, 40
Grundstückszubehör _____ 4

Handauflegen als Besitzbegründung zur
  Eigentumsverschaffung _____ 101
Haushaltsgeld _____ 103
Hausrat _____ 101 f, 105
Hochzeitsgeschenke _____ 104
Holz auf dem Stamm _____ 106

Inhaberaktien _____ 90
Inhaberpapiere _____ 6
Informationstechnologie _____ 4a
Insichgeschäft _____ 41
Inventar, Einverleibung von _____ 4
Irrtum _____ 41

Kfz-Brief _____ 92

Knebelungsverträge _____ 24
Kommission _____ 108
Konkursverwaltung _____ 16

Lagergut _____ 91
Lebensgemeinschaft, nichteheliche _____ 105
Lieferschein _____ 92

Miteigentum _____ 109
Mittelsmänner, Einschaltung von _____ 48
Münzgaszähler _____ 95

Nachnahmesendung _____ 17
Nichteigentümer, verfügungsberechtigter _____ 16

Orderpapiere _____ 6

Publizitätsfunktion des Traditionsprinzips _____ 56
Publizitätsprinzip _____ 54

Raum _____ 110
Rechtsgeschäft, abstraktes, dingliches _____ 18
Regulierungstatbestand _____ 24
Rektapapier _____ 6

Sache
- bewegliche _____ 3 f
- hinterlegte _____ 4
Sachgesamtheit _____ 111
Scheinbestandteil _____ 4
Selbstbedienungskauf _____ 95
Sicherungsübereignung _____ 32, 58
Sicherungsverträge _____ 70
Sittenwidrigkeit _____ 22 ff
Stellvertretung _____ 38 ff
Streckengeschäft _____ 51 ff, 91

Tatbestand, kombinierter _____ 1
Täuschung _____ 20
Testamentsvollstreckung _____ 16
Tiere _____ 5
Traditionspapier _____ 91
Traditionsprinzip _____ 54 ff
Transportmittel _____ 112

Übergabe _____ 1, 12, 45 ff
Übereignung
- als Verfügung _____ 14
- bedingte _____ 29 ff

– auflösend _____ 30 ff, 27
– aufschiebend _____ 33 ff
– Funktion _____ 52

Verbrieftes Recht _____ 6
Verbotswidrigkeit des Kausalgeschäftes ___ 21
Verfügung _____ 14
– zugunsten Dritter _____ 44
Verfügungsbefugnis
– Entziehung der _____ 16
– fehlende _____ 17
Verfügungsgeschäft, abstraktes _____ 2, 18 ff
Verfügungsmacht _____ 15
Verkaufsautomat _____ 94
Verkaufskommission _____ 108
Vermögensübernahme _____ 113

Vertrag, dinglicher _____ 8
Vertragsfreiheit _____ 31
Versendung
– von Waren _____ 114
– in ein fremdes Land _____ 115

Warenlager _____ 116
Wegnahmeberechtigung _____ 24
Wertneutrales Geschäft _____ 24
Wertpapier _____ 6
Wertpapierkommission _____ 108

Zugunsten Dritter
– Begründung dinglicher Rechte _____ 43
– Einigung _____ 42 ff
– Verfügung _____ 44

I. Bedeutung und Anwendungsbereich der Vorschrift

1. Grundtatbestand der Übereignung

1 Die Vorschrift enthält in S 1 das *Grundmodell* für die Übereignung beweglicher Sachen. Danach erfolgt die Eigentumsübertragung durch *Einigung und Übergabe*. Der Gesetzgeber ging dabei davon aus, dass dieser Vorgang idR dadurch verwirklicht würde, „dass der Eigentümer die Sache dem Erwerber übergibt und beide darüber einig sind, dass das Eigentum übergehen soll". Bezüglich der Besitzübertragung wird dieser Idealfall allerdings sogleich in S 2 und in den folgenden §§ 930, 931 abgewandelt. Aber auch die dort vorgesehenen Alternativen decken die Vielfalt der in der modernen Verkehrswirtschaft auftretenden Übereignungsformen bei weitem nicht (vgl MünchKomm/QUACK Rn 5). Indessen haben sich alle auftauchenden Fallgestaltungen ungeachtet ihrer Komplexität in das vom Gesetzgeber entwickelte Konzept einordnen lassen. Dieses beruht auch hier auf der für alle sachenrechtlichen Verfügungsgeschäfte entwickelten **Grundfigur eines kombinierten Tatbestandes,** *der sich aus einem rechtsgeschäftlichen (Einigung) und einem tatsächlichen (Besitzübertragung) Element zusammensetzt* (vgl Vorbem 8 ff zu §§ 929 ff sowie BAUR/STÜRNER § 51 Rn 1).

2. Übereignung als abstraktes Verfügungsgeschäft

2 Liegen beide Tatbestandsmerkmale vor, so geht das Eigentum auf den Erwerber über. Dieser Eigentumsübergang tritt ohne Rücksicht darauf ein, ob der Eigentumsübertragung überhaupt ein schuldrechtliches Geschäft zugrunde liegt oder ob dieses wirksam ist. Der Gesetzgeber folgt auch bei beweglichen Sachen, ohne das ausdrücklich auszusprechen, dem *Abstraktionsprinzip* (vgl STAUDINGER/SEILER [2000] Einl 48 ff zu §§ 854 ff; Vorbem 15 zu §§ 929 ff mwNw; Mot III 187; BGHZ 1, 294, 304; vgl dazu aber auch LANGE AcP 146, 29 ff). Das Fehlen eines Verpflichtungsgeschäftes oder dessen Fehlerhaftigkeit wirken sich, wie dies bei allen Verfügungen der Konzeption des Gesetzgebers entspricht (dazu STAUDINGER/SEILER [2000] Einl 48 zu § 854 ff und Vorbem 15 zu

§§ 929 ff), auf die Gültigkeit der Rechtsübertragung also nicht aus (vgl RGZ 63, 179, 184; 75, 68, 74; 154, 99, 163; BGH NJW 1952, 60). Das dingliche Rechtsgeschäft wird nur *ausnahmsweise* tangiert, wenn die Mängel des schuldrechtlichen Vertrages sich auch auf die Verfügung erstrecken (dazu unten Rn 20 ff; dort auch zur Begrenzung des Abstraktionsprinzipes mit Hilfe der allgemeinen Rechtsgeschäftsregeln).

3.   Gegenstand der Übereignung

a)   § 929 und die folgenden Vorschriften regeln die **Übertragung des Eigentums an**   **3** **beweglichen Sachen.** Sie sind deshalb auf alle diejenigen beweglichen Sachen anwendbar, an denen selbständig Eigentum begründet und übertragen werden kann. Ob und in welchem Umfang dies möglich ist, bestimmt sich nach den in §§ 93–96 enthaltenen Regeln (SOERGEL/HENSSLER § 929 Rn 2; MünchKomm/QUACK Rn 15; BAUR/STÜRNER § 3 Rn 2 ff).

b)   Als bewegliche Sachen gelten ua *nichtwesentliche Bestandteile* eines Grund-   **4** stückes (RG JW 28, 562) und *Scheinbestandteile* gem § 95 (STAUDINGER/DILCHER [1995] § 95 Rn 22; SOERGEL/HENSSLER § 929 Rn 2, vgl auch BGH NJW 1987, 774); dies gilt auch bei Änderung des Zweckes (BGHZ 23, 57, 60). Auch *Körperteile und -substanzen* können, sofern sie vom Körper abgetrennt oder ausgeschieden (BGH 124, 52) sind, als selbständige bewegliche Sachen übereignet werden (Einzelheiten bei STAUDINGER/DILCHER [1995] § 90 Rn 14 ff und unten Rn 109). Sonderregelungen gelten jedoch bei Entnahme, Übertragung oder Spende von Organen nach dem Transplantationsgesetz (1997).

Nach Sondervorschriften bestimmt sich auch der Erwerb von *Grundstückszubehör* § 926, ZVG 55 Abs 2, 90 Abs 2; *Einverleibung von Inventar* § 582a Abs 2 S 2, 1048 Abs 1 (RGZ 104, 394, 396; 142, 201, 202); *Hinüberfall von Früchten* § 911; *verbrauchbare Sachen als Gegenstand des Nießbrauchs* § 1067 Abs 1 S 1; *hinterlegte Sachen* HintO 7 Abs 1, 23; *Ersatzanschaffungen von Hausrat* § 1370.

Elemente der **Informationstechnologie** gelten als bewegliche Sachen, wenn und so-   **4a** weit sie „verkörpert" sind, zB auf Datenträgern gespeicherte Programme oder Informationen (SOERGEL/HENSSLER Rn 6). Sie werden dann nach §§ 929 ff übertragen, zB durch Überlassung einer CD zur Abwicklung des Zahlungsverkehrs an den Bankkunden. Wird dasselbe Programm per Internet übermittelt liegt kein sachenrechtlicher Übertragungsakt vor (für analoge Anwendung aber AnWK-BGB/SCHILKEN Rn 9; siehe auch unten Rn 113).

c)   **Tiere** gelten gemäß *§ 90a* nicht mehr als Sachen. Da aber die Vorschriften über   **5** Sachen auf sie anwendbar sind, sofern nichts anderes bestimmt ist (§ 90a S 3), erfolgt die Übertragung nach den sachenrechtlichen Vorschriften(Einzelheiten bei STAUDINGER/DILCHER [1995] § 90a Rn 5). Es finden also die §§ 929 ff Anwendung (so auch PALANDT/HEINRICHS § 90a Rn 1). Ob es sich dabei um eine direkte oder eine analoge Anwendung handelt, hängt von der hier nicht zu diskutierenden Frage ab, welche Bedeutung man der Regelung des § 90a zumisst (dazu MÜHE NJW 1990, 2238 ff und KÜPPER JZ 1993, 435 ff).

d)   Auf **Geld**, gleichgültig ob auf Münzen oder Scheine, sind die §§ 929 ff un-   **6**

eingeschränkt anwendbar (BGH NJW 1990, 1913; SOERGEL/HENSSLER Rn 3; WESTERMANN/
PINGER § 30 V; WOLFF/RAISER § 65 IV; **aM** BRANDT, Eigentumserwerb 239 f; KASER AcP 143,
1 ff).

e) Auch **Wertpapiere** werden nach den §§ 929 ff übertragen, jedoch gilt dies mit
Einschränkungen. Während sich die Übertragung von *Inhaberpapieren* nach den
§§ 929 ff richtet (vgl BGB-RGRK/PIKART Rn 23 mwNw; SCHNAUDER NJW 1991, 1642), ist für
die *Orderpapiere* die Verwirklichung eines Tatbestandes der §§ 929 ff nicht ausreichend (MünchKomm/QUACK Rn 18). Es bedarf zusätzlich zu den sachenrechtlichen
Erfordernissen noch entweder des Begebungsvermerkes oder der Abtretung des
verbrieften Rechtes (WOLFF/RAISER § 65 III 2; BGH NJW 1958, 302). Dagegen gelten für
die *Rektapapiere* die Grundsätze des Sachenrechtes überhaupt nicht. Mit der Übertragung des verbrieften Rechtes geht das Eigentum am Papier von selbst über, § 952
(SOERGEL/HENSSLER Rn 4; BGB-RGRK/PIKART Rn 25; WOLFF/RAISER § 65 III 3; STAUDINGER/
GURSKY [1995] § 952 Rn 5).

7 f) Auch die Übertragung von **Anwartschaftsrechten** (an beweglichen Sachen)
erfolgt nach ganz hM nach den in §§ 929 ff aufgestellten Regeln. Diese Auffassung
ergibt sich aus der weitgehenden Gleichstellung der Anwartschaftsrechte mit dem
Eigentumsrecht (zum Ganzen vgl BROX JuS 1984, 664 sowie BGH ZIP 1984, 420, 421; HAAS
JABl 1998, 23). Zur Problematik dieser Konzeption und ihren Konsequenzen im
Einzelnen Rn 34 f und Anh 20, 24 f zu §§ 929 ff.

II. Einigung

8 Die Einigung stellt den *rechtsgeschäftlichen Teil des Übereignungstatbestandes* dar
(vgl oben Rn 1); sie wird überwiegend als **dinglicher Vertrag** bezeichnet und verstanden (so schon vTUHR ZffranzZR 30 [1899] 527; heute ganz hM SOERGEL/HENSSLER Rn 16; BAUR/
STÜRNER § 5 Rn 5; WESTERMANN/WESTERMANN § 38 3; WIELING I 32; **aM** WOLFF/RAISER § 38 II 2,
§ 66 I 1, für den es ohne Bedeutung ist, ob die Einigung als Vertrag bezeichnet wird. Vgl im
Übrigen Vorbem 8 ff zu §§ 929 ff). Die über diese Qualifikation geführte Kontroverse
berührt die Rechtsanwendung nicht unmittelbar. Es besteht nämlich Einigkeit
darüber, dass Zustandekommen und Wirksamkeit der Einigung sich nach den *allgemeinen Vorschriften über die Rechtsgeschäfte und den Vertrag* bestimmen (BGB-
RGRK/PIKART Rn 47; MünchKomm/QUACK Rn 43; AK-BGB/REICH Rn 2), sofern diese der
besonderen Gestaltung des dinglichen Rechtsgeschäftes angemessen sind (zum Ganzen Rn 71 ff).

Daraus ergeben sich folgende Konsequenzen:

1. Zustandekommen und Inhalt der Einigung

9 a) Nach dem Wortlaut des Gesetzes liegt die Einigung dann vor, wenn der
Eigentümer und der Erwerber **„darüber einig sind, dass das Eigentum übergehen
soll"**. Ob zwischen den Parteien ein derartiger *Konsens* besteht, beurteilt sich nach
den allgemeinen Regeln. Nicht erforderlich ist die Abgabe ausdrücklicher Einigungserklärungen; die Einigung kann auch durch konkludentes Verhalten zustande
kommen (BAUR/STÜRNER § 51 Rn 7; MünchKomm/QUACK Rn 44; RGZ 47, 270). Es reicht
somit aus, wenn aus den Umständen auf den Einigungswillen geschlossen werden

kann (vgl RGZ 47, 270; 64, 145; 108, 25, 28; BGH WM 1974, 11 f; BGH WM 1970, 395 f und 286; zum Inhalt der Einigung vgl Köln NZG 2002, 679). Erforderlich und genügend ist allein das durch Erklärung oder Verhalten *manifestierte Bewusstsein der Parteien, Eigentum zu übertragen bzw zu erwerben.* Ob ein solches Bewusstsein vorliegt und damit der erforderliche rechtsgeschäftliche Wille gegeben ist, beurteilt sich nach den allgemeinen Grundsätzen *der Auslegung von Rechtsgeschäften* (so jetzt ausdrücklich BGH NJW 1990, 1913 und dazu Sᴄʜᴍɪᴅᴛ JuS 1990, 846; BGH WM 1974, 11 ff; MünchKomm/Qᴜᴀᴄᴋ Rn 46; BGB-RGRK/Pɪᴋᴀʀᴛ Rn 49 vgl dazu auch – teilweise kritisch – Dᴇʀʟᴇᴅᴇʀ JZ 1999, 176). Allgemeine Regeln lassen sich infolgedessen nicht aufstellen, vielmehr ist das Vorliegen einer Einigung von Fall zu Fall konkret zu prüfen.

Daraus folgt aber auch, dass die Einigung – entgegen der Regelung bei Grundstücken – an keine Form gebunden ist (vgl AK-BGB/Rᴇɪᴄʜ Rn 1; Pᴀʟᴀɴᴅᴛ/Bᴀssᴇɴɢᴇ Rn 2; Sᴏᴇʀɢᴇʟ/Hᴇɴssʟᴇʀ Rn 16). Infolgedessen vollzieht sich die Einigung bei *den Rechtsgeschäften des Alltags fast automatisch.* Auch im gewerblichen Rechtsverkehr erfolgt sie, sofern nicht Eigentumsvorbehalt vereinbart wird (dazu unten Rn 33), *mehr oder weniger unreflektiert.* **10**

b) Nach den gleichen Grundsätzen ist die Frage zu beurteilen, ob die Einigung die erforderliche **Bestimmtheit** aufweist. Die Übertragung von Eigentum nach § 929 kann sich nur an bestimmten einzelnen Sachen vollziehen, da nur diese als Gegenstand des mittelbaren oder unmittelbaren Besitzes in Betracht kommen (vgl RGZ 52, 385; 103, 151, 153 f). Nach einer Formulierung des BGH (BGHZ 21, 52, 55) ist die Bestimmtheit nur dann gegeben, „wenn die Beteiligten eine gemeinsame auf individuell bestimmte Gegenstände gerichtete Vorstellung haben und es ihr Wille ist, dass das Eigentum an diesen Gegenständen übergehen soll". Nach Auffassung des BGH ergibt sich „das Verlangen nach Bestimmtheit … aus der Lehre vom Vertrag" (BGHZ 28, 16, 19 im Anschluss an die Ausführungen von Eʜʀᴀᴛ AcP 128, 347; dazu Wɪᴇɢᴀɴᴅ, in: FG BGH I 761, 774). In der Lit wird das Bestimmtheitserfordernis überwiegend aus dem *sachenrechtlichen Bestimmtheitsgrundsatz* abgeleitet, welcher für alle sachenrechtlichen Verfügungsgeschäfte gilt (vgl MünchKomm/Qᴜᴀᴄᴋ Rn 75; Bᴀᴜʀ/Sᴛürnᴇʀ § 4 Rn 17 ff, § 51 Rn 8). Im Ergebnis kann man auf beide Gesichtspunkte zurückgreifen (so auch BGB-RGRK/Pɪᴋᴀʀᴛ Rn 20), wobei der sachenrechtliche Bestimmtheitsgrundsatz eher noch zu einer strengeren Erfassung des Verfügungsgegenstandes zwingt (Wɪᴇ-ɢᴀɴᴅ, Kreditsicherung 288 ff mNw). **11**

Diesem Prinzip wird bei der Übereignung von beweglichen Sachen allerdings im *Normalfall durch die Übergabe* Rechnung getragen, die sich notwendigerweise nur auf bestimmte Gegenstände beziehen kann. Das Bestimmtheitserfordernis wird also nur in den Fällen aktuell, in denen eine Übergabe von Hand zu Hand nicht stattfindet, beispielsweise bei der Übereignung eines Warenlagers, wo eine die Aussonderung ermöglichende Bezeichnung notwendig ist (vgl BGH LM Nr 34 zu § 929). Infolgedessen beziehen sich alle Entscheidungen der Bestimmtheitsproblematik auf Fälle der Sicherungsübereignung, wo diese Frage näher erörtert wird (vgl Anh 77 f, 95 ff zu §§ 929 ff sowie allg Sᴛᴀᴜᴅɪɴɢᴇʀ/Sᴇɪʟᴇʀ [2000] Einl 54 f zu §§ 854 ff). **12**

c) Da die Einigung durch Willenserklärungen zustande kommt, müssen die für die Abgabe einer wirksamen Willenserklärung notwendigen Voraussetzungen vorliegen. Grundsätzlich ist dafür **Geschäftsfähigkeit** nach den Regeln der §§ 104 ff **13**

erforderlich (Baur/Stürner § 51 Rn 6). Auf seiten des *Erwerbers* ergibt sich insofern eine Modifikation, als dieser durch die Übertragung des Eigentums „lediglich einen rechtlichen Vorteil" iS von § 107 erlangt. Infolgedessen kann der *beschränkt Geschäftsfähige* dieses sog *Erwerbsgeschäft* ohne Mitwirkung gesetzlicher Vertreter vornehmen (zur Begriffsbildung vgl Staudinger/Dilcher[12] [1980] Einl 43 ff zu §§ 104 ff; zu den in vielen Punkten umstrittenen Einzelfragen vgl Staudinger/Dilcher[12] [1980] § 107 Rn 10 ff, 14; MünchKomm/Quack Rn 53; Petersen Jura 2003, 399 f).

14 **d)** Ungeachtet der Kontroverse um ihre rechtliche Einordnung (vgl oben Rn 8) wird die Einigungserklärung zumindest als rechtsgeschäftlicher Teil einer Verfügung des Veräußerers betrachtet; deshalb müssen neben den allgemeinen Regeln für Rechtsgeschäfte ergänzend diejenigen für Verfügungen herangezogen werden. Dabei ist jedoch zu beachten, dass die Übereignung nur für den Veräußerer eine Verfügung darstellt (zum Ganzen Staudinger/Dilcher[12] [1980] Einl 44 ff zu §§ 104 ff; Larenz/Wolf, AT § 18 II; vgl oben Rn 13).

Im Einzelnen bedeutet dies Folgendes:

15 Der Veräußerer kann das Eigentum auf den Erwerber nur dann übertragen, wenn ihm die **Verfügungsmacht** zusteht (MünchKomm/Quack Rn 108; BGH 27, 360). Normalerweise fallen Verfügungsmacht und Eigentumsrecht zusammen.

16 Diese Kongruenz wird jedoch in den Fällen aufgehoben, in denen das Gesetz kraft spezieller Anordnung dem Rechtsinhaber die *Verfügungsbefugnis ganz oder teilweise entzieht* (Hauptfälle: *Insolvenzverwaltung* §§ 21, 22 InsO; *Testamentsvollstreckung* §§ 2205, 2211; außerdem §§ 135/136 und 2113; zum Ganzen § 932 Rn 5–7 mwH). Während in diesen Fällen der Eigentümer nicht mehr wirksam über sein Recht verfügen kann, ist er umgekehrt in entgegengesetzt gelagerten Fällen in der Lage, der Verfügung eines an sich nicht Berechtigten Wirksamkeit zu verleihen.

Dies kann er gemäß § 185, der auf die Einigungserklärung des Veräußerers Anwendung findet (allgM), entweder dadurch tun, dass er den Dritten zu einer Verfügung im eigenen Namen ermächtigt (§ 185 Abs 1 „Einwilligung", vgl dazu Baur/Stürner § 5 Rn 6, 10, § 51 Rn 42) oder indem er der (an sich eigenmächtigen) Verfügung eines Dritten über sein Recht nachträglich zustimmt (§ 185 Abs 2 „Genehmigung", vgl dazu Palandt/Bassenge Vorbem 4 zu §§ 929 ff; MünchKomm/Quack Rn 110).

17 Bei diesen Abspaltungen der Verfügungsbefugnis vom Eigentumsrecht sind zwei Gesichtspunkte wichtig: Einmal ist der Tatbestand des § 929 erweiternd dahin zu verstehen, dass die Eigentumsübertragung entgegen dem Wortlaut auch vom *verfügungsberechtigten Nichteigentümer* vorgenommen werden kann, und andererseits ist zu beachten, dass bei derartigen Fallkonstellationen die Möglichkeit eines *gutgläubigen Erwerbes* in Betracht kommt, bei fehlender Verfügungsbefugnis allerdings nur aufgrund sehr eingeschränkter Sondertatbestände (vgl dazu unten § 932 Rn 5 ff).

2. **Fehlerhafte Einigung**

18 Die Einigung als der rechtsgeschäftliche Teil der Eigentumsübertragung unterliegt all denjenigen Begrenzungen, die der Allgemeine Teil für die Gültigkeit von

Rechtsgeschäften aufstellt. Aus der **Konzeption der Eigentumsübertragung als abstraktes dingliches Rechtsgeschäft** ergibt sich jedoch, dass etwaige Mängel oder Fehler der Einigung selbst anhaften müssen. Deshalb ist jeweils konkret zu prüfen, ob sich der *Fehler des Grundgeschäftes im sachenrechtlichen Geschäft wiederholt* hat (so etwa in Irrtumsfällen) *oder* ob die *Unwirksamkeit des Grundgeschäftes die Einigungserklärung in gleicher Weise ergreift.* Dabei ist Folgendes zu beachten: Ungeachtet der klaren und eindeutigen Konzeption des Gesetzgebers darf die Abstraktheit des dinglichen Rechtsgeschäftes nicht übertrieben und rein formalistisch beurteilt werden. Andererseits darf man nicht der Versuchung verfallen, das Abstraktionsprinzip durch einen praktisch automatischen Übergriff des Fehlers im Kausalgeschäft auf das Verfügungsgeschäft zu unterlaufen. Eine sachgerechte Rechtsanwendung hat somit von der Grundkonzeption des Gesetzgebers (dazu Vorbem 8 ff, 13 ff zu §§ 929 ff) auszugehen, ohne den Grundsatz der Abstraktheit zu stark zu überziehen (ausführlich hierzu WIEGAND AcP 190 [1990] 112, 122 ff, 132 ff; außerdem vor allem WOLFF/RAISER § 66 I 2, § 38 II; WESTERMANN/WESTERMANN § 4 IV; sowie STAUDINGER/SEILER [2000] Einl 48 ff zu §§ 854 ff; STAUDINGER/GURSKY [2000] § 873 Rn 85 ff,). Dies vorausgeschickt ist zu den problematischen Fallgestaltungen, die üblicherweise unter dem Schlagwort *Fehleridentität* diskutiert werden, im Einzelnen Folgendes zu bemerken:

a)   **Die Irrtumsregeln**
aa)   § 119 ist grundsätzlich nur auf das Verpflichtungsgeschäft anwendbar. In einigen, allerdings seltenen Fallkonstellationen kann es jedoch vorkommen, dass sich die Einigung auf den falschen Gegenstand (Verwechslung) oder auf eine falsche Person bezieht. Im einzelnen Falle kann sich ein im Grundgeschäft angelegter Irrtum bei der Übereignung wiederholen; dies dürfte jedoch die Ausnahme darstellen (vgl RGZ 66, 385, 390; MünchKomm/QUACK Rn 55 ff). Normalerweise hat der Irrtum im Grundgeschäft keine Auswirkungen auf die Übereignung.   **19**

bb)   Gerade umgekehrt liegt es, wenn das Kausalgeschäft wegen **Täuschung oder Drohung gemäß § 123** angefochten werden kann. Hier wird in der Regel auch die Willensbildung bei der Einigung durch anhaltende Täuschung oder Drohung verfälscht, so dass Grundgeschäft und Übereignung wegen Willensmangels angefochten werden können (MünchKomm/QUACK Rn 60; WOLFF/RAISER § 38 Fn 11; SOERGEL/HENSSLER Rn 34; GRIGOLEIT 199 AcP [1999] 379, 406 ff).   **20**

b)   **Verstoß gegen gesetzliche Verbote**
aa)   Grundsätzlich ist davon auszugehen, dass die **Verbotswidrigkeit** des Kausalgeschäftes nicht zur Nichtigkeit des dinglichen Rechtsgeschäftes gemäß § 134 führt (RG SeuffA 76 Nr 208; RGZ 68, 97, 100; BGH NJW 1952, 60). Etwas anderes gilt jedoch, wenn sich das Verbot der Verbotsnorm iS von § 134 gerade auf die Erfüllung des Rechtsgeschäftes bezieht (vgl RGZ 109, 201). Dann wird auch das dingliche Rechtsgeschäft von der Nichtigkeit ergriffen (BGHZ 11, 59, 62). Daraus folgt, dass in jedem Einzelfall der Zweck der Verbotsnorm durch Auslegung ermittelt werden muss, um festzustellen, ob die Nichtigkeit des Kausalgeschäftes auch die Übereignung erfasst (zum Ganzen vgl auch STAUDINGER/SACK [2003] § 134 Rn 114 ff; RGZ 68, 97, 100; 75, 68, 74; vgl auch BGH NJW 1991, 2955).   **21**

bb)   Bei den Regelungen der §§ 305–310 (ehemals **AGBG**) führt die Auslegung durchweg zu dem Resultat, dass der Zweck der Klauselverbote nur erreicht werden

kann, wenn auch das Verfügungsgeschäft unwirksam ist (so im Ergebnis wohl auch BAUR/
STÜRNER § 5 Rn 19 ff mit Kritik an BGH NJW 1998, 671 und Rn 51; zur theoretischen Begründung
ausführlich WIEGAND AcP 190 [1990] 112, 124 f, 135 f sowie in: FG BGH I 771 f). Besondere
Bedeutung hat die AGB-Kontrolle im Bereich der Sicherungsgeschäfte; deshalb
wird diese Frage dort ausführlich behandelt, vgl Anh 18 f, 169 ff zu §§ 929 ff.

c) Sittenwidrigkeit

22 Die Anwendung des § 138 hat zu besonderen Zweifeln Anlass gegeben; dies deshalb, weil die Annahme einer Gültigkeit des Erfüllungsgeschäftes bei gleichzeitiger
Nichtigkeit des Grundgeschäftes wegen Sittenwidrigkeit das Gerechtigkeitsgefühl in
besonderem Maße strapaziert. Dennoch haben Lit und Rspr ganz überwiegend an
dem Grundsatz festgehalten, dass die Nichtigkeit des Grundgeschäftes die Verfügung prinzipiell nicht tangiert (übereinstimmende Auffassung der Lehrbuch- und
Kommentarlit sowie der ständigen Rspr des RG und BGH; vgl RGZ 63, 179, 184; 154,
99, 103; BGH NJW 1952, 60 und NJW 1973, 615). Indessen zeigt eine nähere Betrachtung,
dass dieser Grundsatz iE weitgehend aufgelockert ist (so schon zu Recht WOLFF/RAISER
§ 38 Fn 11).

23 aa) Zunächst besteht Übereinstimmung darüber, dass in den Fällen des **Wuchers
nach § 138 Abs 2** die Verfügung des Opfers der Ausbeutung („Bewucherten") nichtig ist (vgl dazu BAUR/STÜRNER § 5 Rn 51; MünchKomm/QUACK Rn 63; RGZ 57, 95; 63, 179, 184;
109, 201; vgl auch BGH NJW 1982, 2767). Diese Rechtsfolge wird allgemein aus dem
Wortlaut („gewähren lassen") abgeleitet. Daraus schließt man, dass der Gesetzgeber auch die Nichtigkeit des Erfüllungsgeschäftes des *Bewucherten* beabsichtigt
habe (vgl MünchKomm/QUACK Rn 63; STAUDINGER/SACK [2003] § 138 Rn 139). Für die Lei-
stung/Verfügung des *Wucherers* lässt sich diese Lösung nicht mehr auf den Wortlaut
des § 138 Abs 2 stützen, da er diesen Fall nicht regelt. Vielfach wird eine Nichtigkeit
des Verfügungsgeschäftes des Wucherers angenommen, weil dieses unmittelbar
gegen § 138 Abs 1 verstoße (Übersicht bei STAUDINGER/SACK [2003] § 138 140 ff).

24 bb) Ob und unter welchen Voraussetzungen eine Verfügung gemäß **§ 138 Abs 1** als
sittenwidrig betrachtet werden kann, ist zweifelhaft. Im Prinzip gehen Rspr und Lit
beinahe einhellig davon aus, dass die *Verfügung als wertneutrales Geschäft* betrachtet und deshalb gar nicht als sittenwidrig beurteilt werden könne (BGH NJW 1973,
615). In der Sache ist dieser Standpunkt jedoch weitgehend modifiziert, wenn nicht
gar aufgehoben worden (so schon WOLFF/RAISER § 38 Fn 11; BAUR/STÜRNER § 5 Rn 51;
MünchKomm/QUACK Rn 63; RGZ 109, 201, 202; 145, 152, 154). Die allgemeine Meinung
nimmt nämlich Nichtigkeit auch des Verfügungsgeschäftes dann an, wenn der sittenwidrige Zweck sich gerade durch die Rechtsübertragung verwirklicht (BGB-
RGRK/PIKART Rn 47). Mit dieser seit RGZ 145, 152, 154 eingeleiteten Entwicklung
hat man die strikte Trennung von Geschäftszweck und Verfügungsgeschäft *(sog
inhaltliche Abstraktion*, vgl JAHR AcP 168 [1968] 9, 14 ff) weitgehend aufgegeben. Betrachtet man § 138 als einen *umfassenden Regulierungstatbestand*, so muss dieser
nicht nur auf die Verpflichtungsgeschäfte, sondern auch auf die durch rechtsgeschäftliche Erklärungen vorgenommenen Vermögensverschiebungen selbst angewendet werden (vgl BGH NJW 1953, 1839). Kauft jemand eine Mordwaffe, so ist
schwerlich einzusehen, warum der Kaufvertrag mit dem in die Tatpläne eingeweih-
ten Verkäufer wegen Sittenwidrigkeit nichtig, die Übereignung des Tatwerkzeuges
dagegen gültig sein sollte. Aus den gleichen Gründen ist die Rspr zu billigen, die sog

Knebelungsverträge für sittenwidrig erklärt (RGZ 82, 308; 85, 343) und die Nichtigkeit auf die Vollzugsgeschäfte, insbes auch auf die Sicherungsübereignungen, erstreckt hat. Gerade durch die Vollzugsgeschäfte wird der missbilligte Rechtszustand erst hergestellt und die Handlungsfähigkeit des Betroffenen gänzlich ausgeschaltet (RGZ 136, 247; 145, 152, 154; BGHZ 7, 111, 114; 10, 228; BGH NJW 1970, 657; WESTERMANN/WESTERMANN § 4 IV 1; vgl dazu unten Anh 146 ff zu §§ 929 ff).

d) Geschäftseinheit
Eine Unwirksamkeit der Einigung könnte sich auch dann ergeben, wenn eine **Ver- 25 knüpfung von Grund- und Verfügungsgeschäft über § 139** zulässig wäre (vgl dazu WOLFF/RAISER § 66 I 2; WESTERMANN/WESTERMANN § 4 IV 3; BGB-RGRK/PIKART Rn 13; vCAEMMERER I 170; LANGE AcP 146, 28; 148, 188; KRAUSE AcP 145, 312; JAHR AcP 168 [1968] 14 ff; FLUME II § 12 I, III). Mit der Annahme einer solchen „Geschäftseinheit" hat man verschiedentlich versucht, die Folgen des Abstraktionsprinzipes zu mildern, indem man mit Hilfe des § 139 die Nichtigkeit des Grundgeschäftes auf das Erfüllungsgeschäft ausgedehnt hat (ausdrücklich in diesem Sinne vor allem HECK § 30, 8; § 54, 3). Die Lit steht der Anwendung des § 139 zT skeptisch gegenüber, während die Rspr eher zu einer grosszügigeren Haltung neigt (Übersicht und zusammenfassende Darstellung bei EISENHARDT JZ 1991, 271 ff). Prinzipiell sind zwei Fallkonstellationen zu unterscheiden:

aa) Einmal stellt sich die Frage, ob *ohne entsprechende Indizien* zwischen Grund- **26** und Erfüllungsgeschäft eine Einheit iS von § 139 angenommen werden kann (zur Anwendbarkeit des § 139 auf zusammengesetzte Rechtsgeschäfte EISENHARDT JZ 1991, 271, 272 f; insoweit zutreffend auch STAUDINGER/ROTH [2003] § 139 Rn 54 ff). Das wird überwiegend und zu Recht verneint, und zwar auch dann, wenn beide Geschäfte *uno actu* vorgenommen werden (BAUR/STÜRNER § 5 Rn 55 ff; BGB-RGRK/PIKART Rn 13).

bb) Als schwieriger erweist sich die Beurteilung, wenn ein ausdrücklich geäußer- **27** ter oder ein eindeutig erkennbarer konkludenter **Wille der Parteien** dahin geht, *das Geschäft als eine Einheit zu behandeln.* In diesen Fällen kommt es darauf an, ob man dem Abstraktionsgrundsatz (als einem die Verkehrsinteressen schützenden Prinzip) den Vorrang vor dem Parteiwillen einräumt (so STAUDINGER/ROTH [2003] § 139 Rn 54 ff; FLUME II § 12 III; LARENZ/WOLF AT § 23 II a und SCHLÜTER JuS 1969, 12). Eine derartige Auffassung lässt sich heute kaum mehr rechtfertigen; sie verkennt die Veränderung der Beurteilungsmaßstäbe seit Erlaß des BGB. Während man seinerzeit davon ausging, dass das Abstraktionsprinzip Verkehrsschutzinteressen diene, ist man sich heute weitgehend darüber einig, dass dieser Zielsetzung durch die gleichzeitige Einführung eines *weitgehenden Gutglaubensschutzes* nur noch geringe Bedeutung zukommt. Da andererseits durch den weitgehenden Verfall der Publizität auch sonstige Drittschutzinteressen kaum erkennbar sind (vgl zum Ganzen Vorbem 17 zu §§ 929 ff), besteht kein Anlass mehr, dem Parteiwillen mit Rücksicht auf die genannten Prinzipien die Geltung zu versagen. Vielmehr ist mit der überwiegenden Ansicht in der Lit (WESTERMANN/WESTERMANN § 4 IV 3; BGB-RGRK/PIKART Rn 13) und der Rspr (vgl etwa BGH NJW 1952, 60; BGH NJW 1967, 1128; RGZ 57, 95 und die umfassende Übersicht bei EISENHARDT JZ 1991, 271, 276) anzunehmen, dass § 139 dann anwendbar ist, wenn die Parteien eine Einheit iS dieser Vorschrift gewollt haben (zur Begründung ausführlich WIEGAND AcP 190 [1990] 112, 123, 135 f und in: FG BGH I 772 f; dem im Ergebnis zustimmend EISENHARDT aaO). Allerdings wird man in derartigen Fällen in Betracht ziehen müssen, dass die Annahme einer auflösenden Bedingung den Vorstellungen der Parteien vermutlich näher kommt, als die komplizierte Figur der Geschäftseinheit (so zutr WESTERMANN/WESTERMANN § 4 IV 3; vgl unten Rn 30 f).

e) Stellungnahme und Konsequenzen

28 Die Übersicht über die verschiedenen Mängel des Grundgeschäftes und deren Auswirkung auf die Eigentumsübertragung zeigt ein diffuses Bild. Zwar lässt sich als Grundkonzept der oben (Rn 22) skizzierte Ansatz erkennen, dass jeweils die Fehlerhaftigkeit des Verfügungsgeschäftes aus sich selbst heraus und gesondert überprüft werden müsse. Die verschiedenen und oft zufällig wirkenden Ergebnisse – etwa bei § 119 im Gegensatz zu § 123, bei § 138 Abs 2 und Abs 1 und sogar innerhalb des § 134 – werfen allerdings die Frage nach der Tragfähigkeit der bisher verwendeten Kriterien auf. Die vielfach *willkürlich erscheinende Differenzierung* ist vor allem auf die unterschiedliche Einschätzung des Abstraktionsprinzipes zurückzuführen. Im Hinblick auf die hier vertretene differenzierende Betrachtungsweise der gesetzgeberischen Entscheidung (Vorbem 15 ff zu §§ 929 ff) schiene eine Vereinheitlichung sinnvoll und möglich: Es ist davon auszugehen, dass **Entstehungsmängel des Grundgeschäftes idR auch die Übereignung ergreifen.** Ausschlaggebend ist dabei, dass bei sachgerechter Betrachtungsweise von einer vollkommenen Isoliertheit oder Neutralität des Verfügungsgeschäftes nicht die Rede sein kann. Darüber hinaus hat das Abstraktionsprinzip hinter dem Parteiwillen zurückzustehen, sofern dieser auf eine Verknüpfung beider Geschäfte zielt (zur Begründung vgl Vorbem 18 zu §§ 929 ff und ausführlich WIEGAND AcP 190 [1990] 112 ff, 135 f), zumal eine Gefährdung von schützenswerten Interessen Dritter nicht besteht (vgl auch WIEGAND, in: FG BGH I 770 ff).

3. Bedingte Übereignung und Anwartschaftsrecht

29 Im Gegensatz zur Auflassung kann die Übereignung beweglicher Sachen unter einer auflösenden oder aufschiebenden Bedingung iS von § 158 erklärt werden (BGB-RGRK/PIKART Rn 9; BAUR/STÜRNER § 51 Rn 9; WOLFF/RAISER § 66 I 3; SOERGEL/HENSSLER Rn 39). Für die aufschiebende Bedingung ergibt sich dies schon aus § 449. Auch gegen die Beifügung einer auflösenden Bedingung bestehen bei der Übereignung beweglicher Sachen keine Bedenken.

30 a) Allerdings spielt die **auflösend bedingte Übereignung** in der Praxis keine besondere Rolle. Bestimmen die Parteien ausdrücklich, dass die Übereignung auflösend bedingt sein soll, so bereitet ein solches Rechtsgeschäft keinerlei Schwierigkeiten. Probleme haben sich nur für den Fall der stillschweigenden Annahme einer auflösenden Bedingung ergeben. Mit dieser Konstruktion hat man – ähnlich wie mit Hilfe des § 139 (dazu Rn 25 f) – versucht, die Folgen des Abstraktionsprinzipes zu mildern oder gänzlich auszuschalten. So ist vielfach angenommen worden, dass die Gültigkeit der Übereignung auch ohne ausdrückliche Parteiabrede *stillschweigend unter der auflösenden Bedingung* stehe, dass das Grundgeschäft wirksam sei (vgl RGZ 57, 95).

31 Diese unter dem Schlagwort **Bedingungszusammenhang** diskutierte, vielfach vertretene Ansicht bedarf jedoch einer Klarstellung und Modifizierung: Aufgrund der Vertragsfreiheit kann die Gültigkeit der Übereignung selbstverständlich an eine auflösende Bedingung geknüpft werden (vgl ERMAN/MICHALSKI Rn 4, 7; SIEBERT, Treuhandverhältnis 215) und diese Bedingung kann auch stillschweigend vereinbart werden. Indessen geht es nicht an, einen derartigen Bedingungszusammenhang zwischen Grundgeschäft und Verfügung ohne weiteres stets anzunehmen (so Schultze JherJb 43, 103; O vGierke III 204 ff, vgl allerdings auch II 152 Anm 43). Dabei würde es sich um eine *Hypothese zur Einschränkung des Abstraktionsgrundsatzes* handeln. Vielmehr kommt eine derartige Bedingung nur dann in Betracht, wenn die Parteien die Eigentumsübertragung *in bewusster Ungewissheit über das Grundgeschäft vorgenommen haben und erkennbar von einer wechselseitigen Bedingtheit ausgingen* (in diesem Sinne Baur/Stürner § 5 Rn 53; Westermann/Westermann § 4 IV 2; BGB-RGRK/Pikart Rn 13; vgl zum Ganzen auch BGH NJW 1982, 275, 276; Jauernig NJW 1982, 268 ff; Thoma NJW 1984, 1162 ff).

Aus ähnlichen Überlegungen ist auch die verbreitete These abzulehnen, dass die **32** *Sicherungsübereignung* stets unter auflösender Bedingung der Rückzahlung der gesicherten Forderung stünde (so schon Heck § 107, 4 und Wolff/Raiser § 179 III mwNw, § 180 II 2; vgl auch Siebert, Treuhandverhältnis 229, der einen Mittelweg einschlägt). Im Hinblick auf die Entwicklung im Bereich der Kreditsicherung und die verschiedenen Versuche, die Ausuferung der Sicherungsübereignung zu begrenzen, bedarf diese Frage erneuter Diskussion (vgl dazu unten Anh 196 f zu §§ 929 ff und § 950 Rn 42 ff).

Im Gegensatz zur auflösend bedingten Übereignung spielt die **aufschiebend bedingte** **33** in der Praxis eine außerordentlich große Rolle (die schuldrechtliche Basis findet sich nunmehr im neugefassten § 449, dazu Habersack/Schürnbrand Jus 2003, 833). Die Einigung, welche an die Bezahlung des Kaufpreises als aufschiebende Bedingung geknüpft ist, hat sich unter dem Schlagwort **Eigentumsvorbehalt** zu einem *selbständigen Rechtsinstitut* entwickelt, das sich nicht nur weitgehend von der Grundstruktur des Übereignungstatbestandes entfernt, sondern zudem zur Ausbildung neuer Sachenrechte geführt hat (vgl zu den Einzelheiten Vorbem 2 f zu §§ 929 ff und Anh 23 ff zu §§ 929 ff).

b) Die durch aufschiebend oder auflösend bedingte Übereignung entstehende **34** Rechtsposition des Erwerbers wird üblicherweise als Eigentumsanwartschaft oder schlechthin als das **Anwartschaftsrecht** bezeichnet (zusammenfassend Eichenhofer AcP 185 [1985] 162 und mit umfassenden Literaturhinweisen Banke, zitiert in der Literaturübersicht im Anhang zu §§ 929–931 sowie dort Rn 10 f mwNw; vgl außerdem zum Ganzen Staudinger/Beckmann [2004] § 449 Rn 60 ff).

Sowohl dieser Begriff wie die rechtliche Erfassung der damit bezeichneten Erscheinung sind bis heute Gegenstand umfassender Kontroversen (vgl etwa Krüger, Das Anwartschaftsrecht – ein Faszinosum, JuS 1994, 905; Schreiber, Anwartschaftsrechte, Jura 2001, 623; Mülbert AcP 202 [2002] 912). Dies ändert indessen nichts daran, dass die Rechtsfigur der Eigentumsanwartschaft zu einem zentralen Element des Vermögensrechts des BGB geworden ist und eine bedeutende Rolle in der Wirtschaftspraxis spielt. Da das Anwartschaftsrecht primär als Kreditsicherungsinstrument verstanden und benutzt wird, findet sich zum Anwartschaftsrecht eine eingehende Darstellung im Anhang zu §§ 929–931 unter 3. Abschnitt. Im Folgenden wird deshalb nur die sich daraus ergebende Funktion des Anwartschaftsrechts und dessen rechtliche Handhabung kurz skizziert, soweit sie sich auf die Übereignung beweglicher Sachen bezieht.

Auflösend und aufschiebend bedingte Übereignungen führen der Sache nach zu einer **funktionellen Aufteilung des Eigentums**. Da das System des BGB von der Unteilbarkeit des Eigentums ausgeht, war der Weg zu dieser einfachsten Lösung versperrt (vgl dazu und zum Folgenden Anh 2 ff, 24 ff zu §§ 929 ff mit umfassenden Nachw). Infolgedessen hat man den methodisch zulässigen Weg eingeschlagen und im Wege der Rechtsfortbildung neue dingliche Rechte entwickelt. Das Anwartschaftsrecht wurde zu einem Sachenrecht ausgestaltet. Da es seiner Funktion entsprechend nicht als ein ius in re aliena konzipiert werden konnte, ist es etwas Eigentumsähnliches. Der BGH hat dem durch die berühmte Wendung Rechnung getragen, es handle sich nicht um ein Aliud, sondern um ein „wesensgleiches Minus" (BGHZ 28, 16, 21). Darin kommt trotz aller Kritik an dieser Metapher zum Ausdruck, dass es eben funktionell doch um eine Eigentumsteilung geht. Dies ist deshalb wichtig, weil sich daraus mit Notwendigkeit ergibt, dass ein um das Anwartschaftsrecht verkürztes Eigentum kein „Volleigentum" mehr sein kann (dazu und zu den hier nicht weiter zu verfolgenden Auswirkungen auf die Eigentumskonzeption und die Sonderbehandlung von Vorbehalts- und Treuhandeigentum vgl WIEGAND AcP 190 [1990] 112; dort auch zum Folgenden).

Die **Eigentumsanwartschaft** wird infolgedessen als ein *subjektives, dingliches Recht behandelt* und in der gesamten Privatrechtsordnung einschließlich des Vollstreckungsrechts den übrigen dinglichen Rechten weitgehend gleichgestellt. Dies gilt insbesondere für den Deliktschutz nach § 823 sowie für das Schadensersatzrecht insgesamt. So wird etwa bei der Zerstörung einer auflösend oder aufschiebend bedingt übereigneten Sache der Schadenersatzanspruch dem Anwartschaftsberechtigten und dem Eigentümer gemeinschaftlich zugewiesen (Nachw Anh 26 zu §§ 929 ff).

Desgleichen wird im Rahmen der §§ 985 und 1004 der Anwartschaftsberechtigte dem Eigentümer weitgehend gleichgestellt (STAUDINGER/GURSKY [1999] Vorbem 6 §§ 985 ff; zur umstrittenen Frage des Rechts zum Besitz § 986 Rn 13, zur actio negatoria § 1004 Rn 15; LARENZ/WOLF, AT 1997, § 50 Rn 78; HAAS JABl 1998, 23, 115; vgl außerdem Anh 24 zu §§ 929 ff).

35 Aus der dargelegten Konzeption des Anwartschaftsrechts ergibt sich von selbst, dass sowohl die **Begründung eines Anwartschaftsrechts sowie die Übertragung** (s oben Rn 7) **eines solchen nach den Regeln der §§ 929 ff zu geschehen hat**, denn im Ergebnis und funktionell betrachtet wird Eigentum übertragen. Daraus ergibt sich mit Notwendigkeit, dass auch der gutgläubige Erwerb eines Anwartschaftsrechts nach §§ 932 ff erfolgen kann und muss. Zu den dabei auftretenden Komplikationen vgl im Einzelnen § 932 Rn 8, 129 ff, 198.

Im Übrigen wird bezüglich des **Eigentumsvorbehalts** und der damit zusammenhängenden Problematik auf die Kommentierung STAUDINGER/BECKMANN (2004) zu § 449 verwiesen. Zu den Problemen, die sich aus der Funktion der Eigentumsanwartschaft als *Kreditsicherungsmittel* ergeben, vgl neben der erwähnten Darstellung im Anh 112 ff, 206 ff, 300 ff zu §§ 929 ff auch § 950 Rn 46.

36 **c)** Keine Form der Bedingung ist die **Befristung** der Übereignung (richtiger die Befristung der Einigung, MünchKomm/QUACK Rn 98). Haben die Parteien eine befristete Übereignung vereinbart, so tritt der Eigentumserwerb mit Ablauf der vereinbarten Frist ein (BGH MDR 1960, 100) bzw er endet damit. Gelegentlich wird eine derartige Übereignungsform mit der bedingten Übereignung kombiniert. Anders als bei der Bedingung ist bei der Befristung die Entstehung oder der Wegfall eines Rechtes gewiss. Es finden jedoch die Vorschriften über die Bedingung analoge Anwendung, wenn für die Wirkung ein bestimmter Anfangs- bzw Endtermin festgesetzt wird. Als *Befristung* gelten bestimmte festgelegte Daten, aber auch der Tod (so Palandt/Heinrichs § 163 Rn 1; **aM** MünchKomm/Quack Rn 95 mwNw).

Beispiele für eine *Bedingung* (und nicht für eine Befristung) sind das künftige **37** Entstehen einer Sache, der künftige Erwerb einer Sache durch den Veräußerer, die Verbringung der Sache in einen bestimmten Raum (vgl MünchKomm/Quack Rn 94). Bedingtheit ist auch stillschweigend vereinbar, vgl OLG Düss NJW 1988, 1335, 1336.

4. Stellvertretung

Die Einschaltung dritter Personen in die Eigentumsübertragung verursacht erheb- **38** liche Schwierigkeiten, gehört aber andererseits heute zum alltäglichen Erscheinungsbild der Übereignung. Komplikationen ergeben sich vor allem im Bereich der Übergabe (dazu unten Rn 48 ff; zum besonderen Fall der Ermächtigung eines Dritten s oben Rn 16). Dabei sind folgende Fallgestaltungen zu unterscheiden:

a) Die **direkte Stellvertretung** ist nicht problematisch (Erman/Michalski Rn 25; **39** Palandt/Bassenge Rn 23). Sofern der Vertreter seine Absicht, in fremdem Namen zu handeln, offenlegt, wirkt die von ihm abgegebene *Einigungserklärung für und gegen den Vertretenen.* Dabei genügt es, dass die Absicht, für einen Dritten zu erwerben, sich aus den Umständen des Geschäftes ergibt (§ 164 Abs 1 S 2). Ein von dieser Erklärung oder dem Erscheinungsbild des Verhaltens abweichender innerer Wille bleibt dann außer Betracht (vgl BGB-RGRK/Pikart Rn 46; RGZ 44, 303, 306). Umgekehrt spielt die wirkliche Willenslage dann keine Rolle, wenn sie im Verhalten des Vertreters nicht zum Ausdruck gekommen ist. Tritt seine Absicht, für einen Dritten zu erwerben, nicht in Erscheinung, so kommt die Einigung gemäß § 164 Abs 2 mit dem Vertreter selbst zustande (Wolff/Raiser § 66 I 1 b; vgl dazu auch oben Rn 9).

Zur Vermeidung dieses vielfach als unbefriedigend empfundenen Ergebnisses sind eine Reihe von Hilfskonstruktionen entwickelt worden, die allerdings nur teilweise Abhilfe bringen. Die wichtigste unter ihnen ist die Konstruktion der Einigung nach den Grundsätzen der Lehre vom **„Geschäft für den, den es angeht"** (zusammenfassende Darstellung bei Staudinger/Schilken [2001] Vorbem 51 ff zu § 164; sowie Müller JZ 1982, 777; ausführlich vLübtow ZHR 112, 257; aus der Rspr RGZ 99, 208, 209; 100, 190; NJW 1955, 67; vgl auch unten Rn 47 ff).

b) Im Übrigen finden die **Vorschriften des Stellvertretungsrechts Anwendung 40** (BGB-RGRK/Pikart Rn 48, 55). Das bedeutet unter anderem, dass *ein beschränkt Geschäftsfähiger* als Vertreter bei der Einigung tätig werden kann (§ 165) und für das Zustandekommen grundsätzlich die Willensbildung des Vertreters maßgeblich ist (vgl § 166; vgl zu dieser insbes für den gutgläubigen Erwerb bedeutsamen Frage § 932 Rn 97).

Bei der Anwendung des **§ 181** ist zu beachten, dass sich die Einigung in aller Regel **41** als „Erfüllung einer Verbindlichkeit" iS dieser Vorschrift darstellt. Der Vertreter bedarf zur Vornahme eines Insichgeschäftes keiner Gestattung, sofern das Grundgeschäft unter Beachtung des § 181 oder sonst gültig zustande gekommen ist (vgl auch RGZ 139, 114, 117). § 181 steht einer Einigung nur entgegen, wenn überhaupt keine zu erfüllende Verbindlichkeit vorliegt. In diesem Sinne ist auch BGHZ 33, 189, 194 zu verstehen.

5. Einigung zugunsten Dritter

42 Im Zusammenhang mit der Frage, inwieweit die allgemeinen Regeln des Vertragsrechtes auf die Einigung Anwendung finden können, besteht eine alte und bis heute fortgeführte Kontroverse darüber, ob in Analogie zu § 328 eine Einigung zugunsten eines unbeteiligten Dritten erfolgen könne (dazu STAUDINGER/SEILER [2000] Einl 83 zu §§ 854 ff mwNw).

43 Die Rspr hat konstant die Auffassung vertreten, dass eine entsprechende Anwendung der **§§ 328 ff** nicht in Betracht komme (RGZ 66, 97, 99; 98, 279, 283; 124, 217, 229; BGHZ 41, 95; BGH JZ 1965, 361; NJW 1993, 2697). Dagegen hat die Lit sich in zunehmendem Maße der schon 1915 von KLUCKHOHN vertretenen Auffassung angeschlossen, dass die Begründung dinglicher Rechte zugunsten Dritter möglich sei (so vor allem HECK § 10, 7; WESTERMANN/WESTERMANN § 3 II 4 mwNw zum Streitstand; so auch, wenngleich im Ergebnis weitgehend wie hier AnwK-BGB/Schilken Rn 39 und SOERGEL/HENSSLER Rn 48; aus der schuldrechtlichen Lit vor allem LARENZ/WOLF § 17 IV und mit umf Nw STAUDINGER/ JAGMANN [2001] Vorbem 49 ff zu §§ 328 ff).

44 In der Tat bestehen **keine grundsätzlichen theoretischen Bedenken gegen die Möglichkeit einer Verfügung zugunsten Dritter.** Insbes ist WACKE (in: MünchKomm § 873 Rn 28) darin zuzustimmen, dass sich die Wirkung der §§ 328 ff von derjenigen der Stellvertretung nicht grundsätzlich unterscheidet, zumal § 333 die Zurückweisung des aufgedrängten Rechtes ermöglicht. Indessen ist damit noch nichts gewonnen; denn bei den sachenrechtlichen Erwerbstatbeständen muss zur rechtsgeschäftlichen Übertragung jeweils ein Publizitätsakt hinzutreten, an dem auch nach Meinung der für eine Analogie zu § 328 eintretenden Autoren der Begünstigte mitwirken muss (zusammenfassende Darstellung bei BAUR/STÜRNER § 5 Rn 28; LARENZ I § 17 IV). Für die Übereignung beweglicher Sachen ergibt sich daraus, dass *allenfalls eine Einigung zugunsten des betroffenen Dritten erfolgen kann, die Besitzverschaffung jedoch ohne seine Mitwirkung nicht möglich ist.* Bei einer derartigen Sachlage wirkt die Annahme einer vorhergehenden Einigung zu seinen Gunsten gekünstelt; ein praktisches Bedürfnis oder ein nennenswerter Vorteil besteht nicht, da sich der Erwerb jedenfalls erst mit der Besitzerlangung vollzieht (dazu unten Rn 46 ff; MünchKomm/ GOTTWALD § 328 Rn 191). Deshalb ist iE der Auffassung zuzustimmen, die bei der Übereignung beweglicher Sachen die analoge Anwendung der §§ 328 ff ablehnt (vgl etwa BGB-RGRK/PIKART Rn 5; ERMAN/MICHALSKI Rn 6; JAUERNIG § 873; grundsätzlich abl auch WOLFF/RAISER § 38 I 3, § 66 I 1 Fn 4; zur Begründung ausserdem WIEGAND, in: FG BGH I 763 ff).

III. Übergabe

45 Die Übergabe bildet das tatsächliche Element des Übereignungstatbestandes; sie muss zur Einigung hinzutreten, um den Eigentumsübergang herbeizuführen. Funktion und Begriff der Übergabe haben sich seit Erlass des Gesetzes erheblich verändert (dazu Vorbem 19 ff zu §§ 929 ff und unten Rn 47 ff).

1. Ausgangslage und Entwicklung

a) Nach der Vorstellung des Gesetzgebers vollzieht sich die Übergabe durch **46** einen **Wechsel des unmittelbaren Besitzes, der zwischen Veräußerer und Erwerber durch „Geben und Nehmen"** (vgl oben Rn 1; BGHZ 67, 207; WOLFF/RAISER § 66 I 1 a) **von Hand zu Hand erfolgt.** Diesem Konzept entspricht auch der Wortlaut des § 929 S 1, der davon ausgeht, „dass der Eigentümer die Sache dem Erwerber übergibt und beide darüber einig sind, dass das Eigentum übergehen soll". Der Gesetzestext verdeutlicht, dass der Gesetzgeber bei der Formulierung des Übereignungstatbestandes einem *bestimmten Leitbild* gefolgt ist. Dieses ist gekennzeichnet durcss das einverständliche Geben und Nehmen der Sache, welches von dem Bewusstsein begleitet wird, dadurch Eigentum zu übertragen. Abstrakter ausgedrückt verlaufen *Einigung und Übergabe bei dieser Modellvorstellung parallel und kongruent.*

b) Aber schon aus § 929 S 2, insbes aber aus den in §§ 930, 931 aufgestellten **47** Regeln ergibt sich, dass der Gesetzgeber sich darüber im Klaren war, dass in § 929 S 1 nur das **Grundkonzept des Übereignungstatbestandes** formuliert wurde. Es zeigte sich jedoch sehr rasch, dass auch dieses Grundkonzept zu eng angelegt war, um den Verkehrsbedürfnissen Rechnung zu tragen (vgl oben Rn 1). Infolgedessen wurde das Merkmal der Übergabe – unabhängig von § 929 S 2 und ungeachtet der Traditionssurrogate in §§ 930, 931 – schrittweise verändert.

c) Der *erste Schritt* bestand darin, dass man auf die unmittelbare Übergabe vom **48** Veräußerer auf den Erwerber verzichtete. Es sollte demnach nicht erforderlich sein, „dass der Veräußerer mit eigener Hand die Sache in die eigene Hand des Erwerbers" (RGZ 137, 23 ff; WOLFF/RAISER § 66 I 1 a) gibt. Vielmehr wurde auf beiden Seiten die **Einschaltung von Mittelspersonen** allgemein akzeptiert. Infolgedessen wurde als Übergabe iS von S 1 anerkannt: Aushändigung vom Veräußerer an den Besitzdiener oder Besitzmittler des Erwerbers; Aushändigung vom Besitzdiener oder Besitzmittler des Veräußerers an den Erwerber selbst; Aushändigung der Sache von einer Mittelsperson an die andere, also des Besitzmittlers oder -dieners des Veräußerers an den Besitzmittler oder -diener des Erwerbers (vgl BAUR/STÜRNER § 51 Rn 13 ff; MünchKomm/QUACK Rn 120 ff, 130 ff; AK-BGB/REICH Rn 15; ERMAN/MICHALSKI Rn 12, 13; RGZ 137, 23; BGH NJW 1959, 1536; BGH BB 1960, 881; BGH WM 1976, 153; teilweise kritisch MARTINEK AcP 188 [1988] 573, insbesondere 603 ff, infolge des von ihm zugrunde gelegten Übergabebegriffs, vgl dazu unten Rn 61; WEBER JuS 1998, 577, 579).

In diesem Rahmen bewegen sich auch die Vorgänge, die man mit dem Schlagwort **49** **Umwandlung der Besitzverhältnisse** kennzeichnen kann (OLG Jena Recht 10, 2831; RG Recht 12, 3371; aber auch RG LZ 20, 695; WarnR 24, 104; MünchKomm/QUACK Rn 114; BGB-RGRK/PIKART Rn 27;): So etwa, wenn der Veräußerer nunmehr als Besitzdiener des Erwerbers fungiert (zB Verkauf des Autos an die Firma, dessen Angestellter der Veräußerer ist) – hierbei kann aber eine reine Kennzeichnung oder symbolische Übergabe nicht ausreichen (RGZ 77, 201), ebensowenig wie die bloß verbale Vereinbarung der Besitzdienerstellung (vgl MünchKomm/QUACK Rn 121; SOERGEL/HENSSLER Rn 59) – oder wenn der Veräußerer einen Besitzmittler anweist, nunmehr für den

Erwerber zu besitzen und der Besitzmittler dieser Anweisung Folge leistet (vgl SOERGEL/HENSSLER Rn 61; TIEDTKE WM 1978, 446; WarnR 22, 77; RG JW 38, 1394; RGZ 103, 151; BGH NJW 1959, 1536; BGH BB 1960, 881; BGHZ 92, 280, 288). Diese Fälle liegen sachlich sehr nahe bei den Übereignungsformen der §§ 930, 931. Im letzten Beispiel handelt es sich jedoch um keine Übereignung nach § 931, da nicht der Herausgabeanspruch des Veräußerers gegen den Besitzmittler abgetreten wird, sondern ein neues Besitzmittlungsverhältnis zwischen dem Besitzmittler und dem Erwerber begründet wird. Ein Erwerb nach § 930 kommt ebenfalls nicht in Betracht, da nicht zwischen Erwerber und Veräußerer, sondern zwischen dem bisherigen Besitzmittler und dem Erwerber das Besitzmittlungsverhältnis begründet wird. MARTINEK (AcP 188 [1988] 573, 604) will hier nur eine Übereignung nach § 931 zulassen (vgl zur Auffassung von MARTINEK auch unten Rn 61). Bei den zuletzt besprochenen Formen der Veränderung der Besitzverhältnisse tritt die Veränderung nach außen kaum in Erscheinung; dennoch ist diesen Fällen mit den zuvor genannten gemeinsam, dass sowohl auf der Veräußererseite (vorher) wie auf der Erwerberseite (nachher) eine *irgendwie geartete Beziehung zur Sache* besteht, die in unterschiedlichen Besitzformen ihren Ausdruck findet.

50 d) Der *nächste Schritt* bestand nun darin, auch auf diese Besitzbeziehung zu verzichten. So wurde schon bald anerkannt, dass es genügt, wenn der *Veräußerer imstande ist, dem Erwerber Besitz zu verschaffen*. Diese später unter dem Schlagwort **Geheiß-Erwerb** (dazu ausführlich MARTINEK AcP 188 [1988] 573, insbes 599 ff und ERNST 87 ff; bei beiden Autoren ist sowohl hinsichtlich der Argumentation wie auch bezüglich ihrer Ergebnisse zu beachten, dass sie von selbstentwickelten Konzeptionen ausgehen, auf die hier im Einzelnen nicht eingegangen werden kann) bekannt gewordene Konstellation ist schon 1914 bei PLANCK/BRODMANN (Anm 2 III) beschrieben und alsbald allgemein akzeptiert worden (vgl PLANCK/FLAD § 1205 Anm 1 b; RGZ 93, 233; BGHZ 36, 56; BGH WM 1969, 186 und 861; BGH NJW 1974, 1132 mwNw; BGH LM Nr 22 zu § 929; BGH LM Nr 19 zu § 929; SÜSS, in: FS M Wolff 153; WADLE JZ 1974, 689; BAUR/STÜRNER § 51 Rn 15; WOLFF/RAISER § 66 I 1; MünchKomm/QUACK Rn 141 ff; SOERGEL/HENSSLER Rn 61; vCAEMMERER JZ 1963, 586; BGH NJW 1999, 425 zustimmende Anm von MASLOFF JA 2000, 503). Danach soll es ausreichen, wenn zB ein Produzent oder Großhändler auf Weisung des Erstkäufers die Ware an den Zweitkäufer unmittelbar liefert (BGHZ 36, 56; BGH WM 1973, 141; BGH NJW 1974, 1133; BGH NJW 1968, 1239; LOPAU JuS 1975, 773; WEITNAUER NJW 1974, 1732 mwNw; ausführlich, zT differenzierend MARTINEK AcP 188 [1988] 573, 601 ff).

Konsequenterweise hat man diese Ausweitung dann auf die *Erwerberseite* übertragen und es genügen lassen, wenn die Sache *an einen vom Erwerber genannten Dritten ausgehändigt wird, der keinerlei Besitzbeziehungen zum Erwerber aufweist* (zuerst WOLFF/RAISER § 66 I 1 a; sowie WESTERMANN/WESTERMANN § 40 III 3; BGB-RGRK/PIKART Rn 35 mwNw; SÜSS, in: FS M Wolff 153 f; BGH LM Nr 19 zu § 929; offengelassen BGH WM 1976, 153; vgl auch WADLE JZ 1974, 690 mwNw sowie MARTINEK AcP 188 [1988] 573, 606 ff).

51 Daraus ergibt sich mit Notwendigkeit die letzte Kombination, die darin besteht, dass man als Übergabe iS von S 1 auch anerkennt, wenn auf beiden Seiten Personen handeln, die sowohl zum Veräußerer als auch zum Erwerber keinerlei Besitzbeziehungen haben. Diese Konstellation ergibt sich vor allem bei dem unter dem Schlagwort **Streckengeschäft** bekannt gewordenen sog Durchhandeln von Waren (vgl FLUME, in: FS E Wolf [1985] 61 ff; PADECK Jura 1987, 454, 460 f; BGH JZ 1982, 684, dazu GURSKY

JZ 1984, 604 ff; BGH WM 1986, 146, 147; zu den Konsequenzen unten Rn 53 ff; Einzelheiten unten Rn 93).

e) Betrachtet man die skizzierte Entwicklung der Interpretation des Begriffes **52** *Übergabe*, so muss man die **Funktion der Übergabe** neu überdenken und den Begriff neu bestimmen. Die Übergabe hat demnach nicht mehr die Funktion einer Kundbarmachung des Übereignungswillens durch eine parallel dazu verlaufende Übertragung des unmittelbaren Besitzes vom Veräußerer auf den Erwerber. Vielmehr stellt sie sich als *eine der beabsichtigten Eigentumsänderung korrespondierende Veränderung der Besitzverhältnisse* dar. Diese **Veränderung der Besitzverhältnisse kann in jeder denkbaren Form** erfolgen, sofern sie nur dazu führt, dass die *neu geschaffene Besitzsituation der angestrebten Änderung der Eigentumsverhältnisse entspricht*. Das ist immer dann der Fall, wenn die Veränderung der bisherigen und die Schaffung der neuen Besitzsituation vom Willen des Veräußerers gedeckt ist, dh vom Veräußerer veranlasst oder geduldet wurde (vgl dazu Gursky JZ 1984, 606; BGH JZ 1982, 683; Weber JuS 1998, 577, 579).

Mit der skizzierten Entwicklung und deren Ergebnis hat man sich weit vom legislatorischen Grundmodell entfernt; es stellt sich deshalb die Frage, ob und inwieweit die von Rspr und Lit betriebene Ausweitung des Übergabetatbestandes mit der gesetzlichen Regelung vereinbar ist (vgl dazu auch die Ausführungen von Martinek, die jedoch mE auf einem verfehlten Ansatz beruhen, s Rn 50, 61 und Vorbem 19 ff zu Publizität und Tradition). Um dazu Stellung nehmen zu können, bedarf sowohl diese gesetzliche Regelung wie die Argumentation bei der Ausweitung des Tatbestandes einer weiteren Analyse.

2. Diskussion

a) Analyse
Die über den engen Wortlaut hinausgehende Einbeziehung von Dritten ist insoweit **53** und solange unproblematisch, als diese **Besitzdiener oder Besitzmittler des Erwerbers oder Veräußerers** sind, denn die Einschaltung derartiger Hilfspersonen wurde – ungeachtet des späteren Wortlautes des § 929 – als selbstverständliche Variante der Übergabe betrachtet (vgl §§ 803 iVm 847 des E I [1888]; Mot III 91 ff; andererseits § 842 ff des E II; vgl auch vTuhr JherJb 48, 41 ff; vgl als Bsp aus neuerer Zeit BGH JZ 1982, 683 zur Weiterveräußerung unter Eigentumsvorbehalt: Wenn diese mehrfach erfolgt, besteht eine entsprechende Besitzkette).

Prinzipielle Einwände ergeben sich erst, wenn die Aushändigung der Sache **von und 54 an Personen erfolgt, die keine Besitzbeziehung zu den Vertragsparteien (mehr) haben**. Ob eine solche Besitzübertragung noch als *Übergabe iS von § 929* gewertet werden könne, ist verschiedentlich in Zweifel gezogen worden (ausführliche Übersicht bei Martinek AcP 188 [1988] 573, 599 ff).

Auf der *Veräußererseite* werden die Bedenken dadurch zerstreut, dass man das entscheidende Gewicht bei der Übergabe auf die Begründung neuen Besitzes legt (vgl MünchKomm/Quack Rn 114 ff). Wenn auch der Veräußerer beim normalen Ablauf der Übereignung nach § 929 den Besitz zugunsten des Erwerbers aufgibt, so bildet der vorhergehende Besitz und dessen vollständige Aufgabe durch den Veräußerer nicht ein eigentliches Merkmal der Übergabe. Vielmehr kommt es darauf an, ob eine *Besitzbegründung auf Seiten des Erwerbers* erfolgt, die jedoch dann zweifelhaft ist, wenn der vom Erwerber benannte Dritte in keinerlei Besitzbeziehung zum Erwerber steht.

Sieht man von vereinzelt gebliebenen Konstruktionsversuchen ab, die auf die kunstvolle Begründung eines Besitzverhältnisses zielen (Nachw bei WADLE JZ 1974, 692 ff und MARTINEK AcP 188 [1988] 573, 601 ff), so wird die Zulassung dieser Übergabeform vor allem mit unabweisbaren Verkehrsbedürfnissen gerechtfertigt (vgl dazu WESTERMANN/ WESTERMANN § 40 III 3; MünchKomm/QUACK Rn 146; SOERGEL/HENSSLER Rn 65; WIELING § 9 VIII b; s auch GURSKY JZ 1984, 606 und 1991, 498), die eine *Durchbrechung des Publizitäts-* (vgl MünchKomm/QUACK aaO) oder des *Traditionsprinzipes* (BAUR/STÜRNER § 51 Rn 17) geboten erscheinen lassen (anders offensichtlich OLG Ffm NJW-RR 1986, 470).

b) Würdigung

55 Gegen die von Rspr und Lit vorgenommene Ausweitung des Übergabebegriffes bestehen keine Bedenken. Sie kann allerdings weder durch Konstruktion von *gekünstelten Besitzverhältnissen* noch durch einen schlichten Hinweis auf die Verkehrsbedürfnisse (so aber wohl auch AK-BGB/REICH Vorbem zu § 929 Rn 9) gerechtfertigt werden. Ihre Zulässigkeit ergibt sich vielmehr aus einer **zeitgemäßen Interpretation des Traditionsprinzipes**. Diese hat sowohl *Entstehungszusammenhänge als auch Verkehrsbedürfnisse zu berücksichtigen.*

56 Die dem Traditionsprinzip zugeschriebene **Publizitätsfunktion** stellt historisch betrachtet nur eine **relativ kurze Durchgangsphase** dar (vgl Mot III 335; Einzelheiten Vorbem 19 ff zu §§ 929 ff). Bei der Entscheidung für einen – aus Einigung und Übergabe – zusammengesetzten Tatbestand als Eigentumsübertragung bildeten Publizitätserwägungen nur *einen* – aber keineswegs dominierenden – Aspekt (AK-BGB/ REICH Vorbem zu § 929 Rn 9). In dieser Phase wurden *beide Elemente der Eigentumsübertragung noch nicht scharf voneinander geschieden.* Der Übereignungswille manifestierte sich vielmehr in der Übergabe (vgl Redaktionsvorlage § 132; vgl den Text unten Rn 73; PLANCK/STRECKER Vorbem Sachenrecht Anm III 2 3 a). Als die Übergabe im Laufe des Gesetzgebungsverfahrens von der (rechtsgeschäftlichen) Einigung immer mehr abgelöst wurde (vgl Prot III 196), lag in dieser Verselbständigung keine Funktionsveränderung. Primärer **Zweck der Übergabe** war und blieb es, den bis dahin unverbindlichen **Eigentumsübertragungswillen zu bestätigen** (dazu auch Vorbem 21 f zu §§ 929 ff und unten Rn 71 ff). Dass er dadurch zugleich auch Dritten gegenüber manifestiert wurde, war willkommener Effekt, nicht aber maßgebliches Motiv.

57 In dieses Konzept fügen sich die *Tatbestände der §§ 930, 931* ohne weiteres ein. Denn auch durch Begründung eines Besitzmittlungsverhältnisses oder durch Abtretung des Herausgabeanspruches kann der Einigungswille manifestiert werden. Publizitätserwägungen spielen hierbei zwar eine Rolle, sie mussten aber letztlich hinter anderen Gesichtspunkten wie den Verkehrsinteressen zurücktreten (vgl § 930 Rn 1 u Vorbem 19 ff zu §§ 929 ff).

58 Diese Tendenz hat sich mit Inkrafttreten des BGB weiter verstärkt: zunächst durch die schon vom Gesetzgeber in ihren Ansätzen gesehene Bedeutung der *Sicherungsübereignung* (vgl Prot III 201) und deren rasches Vordringen im Geschäftsverkehr,

und dann durch die für den Gesetzgeber noch unvorstellbare Ausbreitung des *Eigentumsvorbehaltes* in praktisch allen Bereichen des Warenkaufs. Während bei der Sicherungsübereignung der Eigentumswechsel ohne erkennbaren Besitzwechsel stattfindet, kommt es beim Eigentumsvorbehalt trotz einer auf Eigentumsverschaffung zielenden Übergabe noch nicht zum Eigentumsübergang; dieser erfolgt vielmehr erst später ohne jede Manifestation nach außen, wenn die Bedingung der selbständigen Bezahlung des Kaufpreises erfüllt wird.

Die alltägliche Verwendung dieser Rechtsinstitute hat jedenfalls – unabhängig von **59** Vorstellung und Intention des Gesetzgebers – dazu geführt, dass Publizitätserwägungen im Bereich der Übereignung beweglicher Sachen praktisch keine Rolle mehr spielen. Infolgedessen kann der Übergabe diese Publizitätsfunktion nicht mehr zukommen.

c) Stellungnahme
Die Übergabe erweist sich nach alledem als *Neuordnung der Besitzverhältnisse in* **60** *Bezug auf eine Neuordnung der Eigentumsverhältnisse.* Das Übergabeerfordernis ist dann als erfüllt anzusehen, wenn eine Besitzlage hergestellt ist, die der von den Parteien gewollten neuen Zuordnung des Eigentumsrechtes entspricht (oben Rn 52, so jetzt auch SOERGEL/HENSSLER Rn 50). Der äußere Ablauf der Veränderung der Besitzlage tritt hinter diesem Zweck zurück. Der Zweck des Übergabeerfordernisses muss vielmehr darin gesehen werden, dass die Ernsthaftigkeit des Eigentumsübertragungswillens durch die Herstellung neuer Besitzverhältnisse manifestiert werden muss. Verallgemeinernd kann man das Übergabeerfordernis folgendermaßen umschreiben: **Eigentumsübertragung bedeutet die vom Veräußerer veranlasste oder geduldete Überführung der Sache aus seinem Zuordnungsbereich in den Zuordnungsbereich des Erwerbers und die Herstellung einer der neuen Eigentumslage entsprechenden/kongruenten Besitzsituation.**

3. Elemente der Übergabe

Aus diesem Verständnis des Übergabeerfordernisses ergibt sich, dass **generelle** **61** **Merkmale des Übergabevorganges nicht festgelegt werden können** (so aber MARTINEK AcP 188 [1988] 573, 598, der einen – mE – prinzipiell und im Einzelnen verfehlten Katalog von „Mindesterfordernissen" aufzustellen versucht). Vielmehr muss *von Fall zu Fall beurteilt* werden, ob die konkrete Veränderung der Besitzlage Funktion und Zweck des Übergabeerfordernisses entspricht (so iE auch BGB-RGRK/PIKART Rn 28). Nur unter diesem Vorbehalt können die in der Lit üblicherweise aufgestellten Voraussetzungen für eine wirksame Übergabe angewandt werden. Dabei ist zudem zu beachten, dass diese Kriterien heute im Wesentlichen im Anschluss an die Rspr des RG formuliert werden. Die dafür maßgeblichen Entscheidungen beziehen sich jedoch fast ausschließlich auf Fälle des gutgläubigen Erwerbs im Zusammenhang mit Kreditsicherungsgeschäften; das Gleiche gilt auch für die die Rspr des RG fortsetzende Judikatur des BGH (vgl insbes RGZ 137, 23, 25; BGHZ 27, 360; 67, 207). Infolgedessen bedarf es näherer Erörterung, ob und inwieweit die daraus entwickelten Merkmale einer wirksamen Übergabe zu verallgemeinern sind (vgl zu der erwähnten Rspr außer dem folgenden Text die Erl zu § 933).

a) Einhelligkeit besteht darüber, dass der **Veräußerer seinen Besitz vollkommen** **62**

und endgültig aufgeben muss (vgl für viele PALANDT/BASSENGE Rn 9; SOERGEL/HENSSLER Rn 59; BAUR/STÜRNER § 51 Rn 19). Infolgedessen wird es nicht als Übergabe betrachtet, wenn der Veräußerer den Besitz nur vorübergehend oder teilweise aufgibt (so wohl WOLFF/RAISER § 5 III 1, § 10 II; J v GIERKE § 7 I 1).

Diesem allenthalben aufgestellten *Erfordernis kommt indessen keine selbständige Bedeutung zu.* Der Besitz des Veräußerers ist nicht Voraussetzung für eine Übergabe iS von § 929. Vielmehr genügt es (vgl oben Rn 50 ff), wenn der Veräußerer in der Lage ist, dem Erwerber Besitz zu verschaffen, auch wenn er ihn vorher selbst nicht gehabt hat (insoweit zutr MünchKomm/QUACK Rn 114).

63 Das *entscheidende Gewicht* liegt also *nicht auf der Übertragung des Besitzes* vom Veräußerer auf den Erwerber, sondern in der **Herstellung einer dem Erwerber zuzurechnenden Sachherrschaft** (vgl WESTERMANN/WESTERMANN § 40 III 1). In der Regel wird diese darin bestehen, dass der Erwerber selbst oder ein Besitzdiener oder -mittler für ihn Besitz erlangt (vgl RGZ 103 153). Aus der oben dargelegten Ausweitung des Übergabeerfordernisses (vgl oben Rn 48 ff) ergibt sich jedoch, dass das nicht notwendig so sein muss. Vielmehr genügt es, wenn die Sache in den Zuordnungsbereich des Erwerbers gelangt, zB an einen vom Erwerber benannten Dritten, auch wenn dieser ihm nicht den Besitz vermittelt (vgl oben Rn 50 ff).

64 b) Die **Dauer der Besitzbegründung** spielt keine Rolle. Wenn in der Lit gesagt wird, die Besitzbegründung dürfe nicht vorübergehender Natur sein (vgl BGB-RGRK/ PIKART Rn 31; EICHLER II 1 102), so ist im Grunde *nicht die Dauer der Besitzbegründung* gemeint, sondern ihre **Endgültigkeit**. Es sollen diejenigen Fälle ausgeschlossen werden, in denen der Veräußerer dem Erwerber die Sache nur zu vorübergehender Benutzung überlassen hat (vgl PALANDT/BASSENGE Rn 11; BGB-RGRK/PIKART Rn 31; zur Unbrauchbarkeit des Kriteriums der Dauer MünchKomm/JOOST § 854 Rn 11 f), oder dieser die Sache noch nicht endgültig in Besitz genommen hat – wie etwa bei der Prüfung übersendeter Waren; so auch die in diesem Zusammenhang zitierten Entscheidungen RG Recht 1915 Nr 2, 33 und RGZ 75, 221, 223. Es geht in diesen Fällen um den *definitiven Wechsel der Sachherrschaft* und nicht um die Dauer oder Beständigkeit des vom Erwerber erlangten Besitzes (deshalb zumindest missverständlich MünchKomm/ QUACK Rn 116).

65 c) Richtig ist dagegen, dass rein **symbolische Vorgänge, Änderungen von Bezeichnungen oder gar nur Erklärungen über die Veränderung der Besitzlage nicht ausreichen** (MünchKomm/JOOST § 854 Rn 29). *Vielmehr muss es zu einer Begründung von Sachherrschaft aufseiten des Erwerbers kommen, die eine eventuelle Sachherrschaft des Veräußerers vollkommen und endgültig ausschließt* (vgl zB OGHBrZ 3, 229; RGZ 77, 201, 208; WESTERMANN/WESTERMANN § 40 III 1; SOERGEL/HENSSLER Rn 53; WEBER JuS 1998, 577, 578; weitere Einzelheiten unter Rn 49; vgl aber auch die Präzisierungen in Rn 66).

66 Dass dieser **Vorgang äußerlich erkennbar** sein müsse (so etwa STAUDINGER/BERG[11] [1956] Rn 18 mwNw aus der Rspr; MünchKomm/QUACK Rn 117), kann in dieser Allgemeinheit nicht gesagt werden (überzeugend gegen das Kriterium der Erkennbarkeit MünchKomm/JOOST § 854 Rn 13). Die in Zusammenhang damit zitierte *Judikatur* bezieht sich vorwiegend auf *Kreditsicherungsgeschäfte und auf die pfandrechtliche Besitzübertragung,* für die jedoch besondere Maßstäbe anzuwenden sind (so insbes ERMAN/MICHALSKI Rn 15;

WESTERMANN/WESTERMANN § 40 III 1). *Die Erkennbarkeit bildet deshalb kein eigentliches Merkmal der Übergabe iS von § 929 und stellt auch kein Erfordernis der Publizität* dar, wie sich aus der dargestellten Entwicklung und Funktion der Übergabe ergibt (vgl oben Rn 55 ff). **Es genügt** infolgedessen die **Herstellung der tatsächlichen Herrschaftsgewalt** (vgl RGZ 151, 184, 186). *Ob ein solcher Herrschaftswechsel stattgefunden hat, richtet sich danach, was die Verkehrsauffassung dafür verlangt oder was üblicherweise dazu erforderlich ist.* Die Frage, ob eine den Erfordernissen des § 929 genügende Änderung der Besitzlage vorliegt, kann infolgedessen nicht nach einer generellen Formel, sondern nur nach den Umständen des Einzelfalles entschieden werden. Dabei kann sogar „von jeder in die äußere Erscheinung tretenden Veränderung der Verhältnisse abgesehen werden, wenn nur mit nicht mißzuverstehender Deutlichkeit der Entschluß, eine unmittelbar wirksame Verfügung zu treffen, betätigt wird" (PLANCK/BRODMANN Anm 2 III; vgl auch BGB-RGRK/PIKART Rn 28; WESTERMANN/ WESTERMANN § 40 III 1; RGZ 151, 184, 186; BGH WM 1970, 1518; **aM** ohne überzeugende Begründung MARTINEK AcP 188 [1988] 573, 599; vgl dazu oben Rn 61). Infolgedessen kann es sehr wohl vorkommen, dass ein Herrschaftswechsel und damit die für § 929 erforderliche Besitzbegründung auf Seiten des Erwerbers auch dann bejaht wird, wenn nicht jegliche Einwirkungsmöglichkeit durch den Veräußerer beseitigt wurde (vgl dazu insbes RGZ 66, 258, 263; 106, 135, 136; 151, 184, 187; im Übrigen die Erl zu § 854).

d)   Die gleichen Grundsätze müssen auch bei der Beurteilung der Frage, unter   **67** welchen Voraussetzungen die **Inbesitznahme durch den Erwerber als Übergabe** gewertet werden kann, herangezogen werden.

Die **Besitzergreifung durch den Erwerber** wurde seit jeher der Übergabe gleichgestellt, sofern sich der Erwerber mit Zustimmung des Veräußerers den Besitz verschafft hat (vgl RGZ 53, 218, 220; BGH WM 1979, 715; allgM vgl etwa WESTERMANN/WESTERMANN § 40 III 1; SOERGEL/HENSSLER Rn 50; MünchKomm/QUACK Rn 123). Durch eine Entscheidung des BGH (BGHZ 67, 207), die eine Fallkonstellation nach § 933 betraf, ist die Berechtigung dieser Gleichbehandlung von Übergabe und Besitzergreifung durch den Erwerber in Frage gestellt worden. Seither wird in der Lit erörtert, ob daraus auch Konsequenzen für das Übergabeerfordernis iS von § 929 zu ziehen sind (vgl dazu DAMRAU JuS 1978, 519; DEUTSCH JZ 1978, 385).

Aus dem zuvor entwickelten Verständnis der Übergabe (vgl oben Rn 50 ff) ergibt sich   **68** mit Selbstverständlichkeit, dass die **Besitzergreifung durch den Erwerber als Übergabe betrachtet werden muss, sofern sie vom Willen des Veräußerers gedeckt ist.** Das ist dann der Fall, wenn im Moment der Wegnahme das Einverständnis mit der Besitzergreifung durch den Erwerber besteht. In dieser Voraussetzung liegt das *eigentliche Problem* und auch die Bedeutung der BGH-Entscheidung. Es geht darum, *unter welchen Umständen von einer wirksamen und dauernden Zustimmung des Veräußerers die Rede sein kann.*

Hier zeigt sich nun in besonderem Maße, dass eine differenzierte Beurteilung und eine Entscheidung für den konkreten Fall geboten ist. Denn nur so kann ermittelt werden, ob im Moment der Inbesitznahme durch den Erwerber ein Einverständnis des Veräußerers gegeben war oder ob es sich um eine unbefugte Wegnahme (und damit um verbotene Eigenmacht) handelte, die selbstverständlich nicht zum Eigentumserwerb führen kann.

69 Als überaus schwierig erweist sich dabei schon die Frage, *nach welchen Gesichtspunkten das Einverständnis des Veräußerers beurteilt werden soll.* Nicht in Betracht kommt jedenfalls die schon im Veräußerungsvertrag festgelegte Verpflichtung zur Eigentumsübertragung, ebensowenig die in Erfüllung dieses Vertrages erklärte Einigung iS von § 929. *Vielmehr muss der Veräußerer im entscheidenden Moment der Wegnahme mit der Aufhebung der bestehenden eigenen Sachherrschaft einverstanden sein* (so auch schon RG JW 1904, 362; sinngemäß RGZ 146, 182, 186; MünchKomm/QUACK Rn 138). Eine nähere Betrachtung zeigt freilich, dass dieses – rein besitzrechtliche – Einverständnis praktisch von der auf Eigentumsübertragung gerichteten Einigung kaum getrennt werden kann: Solange der Wille des Veräußerers darauf gerichtet ist, Eigentum zu übertragen, wird er idR mit einer Aufhebung seiner Sachherrschaft einverstanden sein. Ist dem Veräußerer noch ein Besitzrecht eingeräumt, so liegt entweder ein Fall des § 930 vor oder aber der Eigentumsübergang ist hinausgeschoben, so dass neben dem Einverständnis zur Wegnahme auch der Eigentumsübertragungswille nicht tatsächlich vorhanden ist. Wird umgekehrt ein ursprünglich erklärtes Einverständnis mit der Wegnahme durch Willensänderung des Veräußerers beseitigt – die besitzrechtliche Gestattung ist unabhängig von bestehenden vertraglichen Bindungen jederzeit frei widerruflich (vgl MünchKomm/QUACK Rn 138; WESTERMANN/WESTERMANN § 40 III 1) –, so entfällt damit auch die bereits erklärte Einigung über den Eigentumsübergang; denn es ist zwar theoretisch denkbar, aber wirklichkeitsfremd anzunehmen, dass jemand das Einverständnis mit der Wegnahme durch den Erwerber aufgebe, ohne dass davon auch sein Einigungswille berührt werde.

70 Die in diesem Zusammenhang viel diskutierten **Klauseln in Sicherungsverträgen**, die eine **Wegnahmeberechtigung** enthalten (so BGHZ 67, 207), können für den Fall der *Übereignung nach § 929 nicht herangezogen werden*; sie betreffen eine völlig andere Ausgangslage: Da es sich idR um Sicherungsübereignungen handelt, gehen die Parteien bei der Abfassung des Vertrages davon aus, dass der Sicherungsnehmer bereits mit Vertragsschluss durch Besitzkonstitut gemäß § 930 Eigentum erworben hat. Infolgedessen geht es nur noch darum, die Frage zu regeln, unter welchen Voraussetzungen der bereits durch den Sicherungsvertrag zum Eigentümer gewordene Sicherungsnehmer die Sache in Besitz nehmen kann. Diese Frage ist sowohl unter dem Aspekt der Vorformulierung der entsprechenden Klauseln (AGB-Problematik) wie auch im Hinblick auf die besondere Konstellation des § 933 zu entscheiden. Auf diese Problematik bezog sich auch die erwähnte Entscheidung des BGH (BGHZ 67, 207; vgl oben Rn 67); infolgedessen ist daran festzuhalten, dass **in den normalen Eigentumsübertragungsfällen iS von § 929 eine Übergabe auch durch Besitzergreifung seitens des Erwerbers möglich ist.** Voraussetzung ist freilich, dass der Veräußerer im Moment der Besitzbegründung durch den Erwerber (noch) damit einverstanden ist (dem insgesamt weitgehend zustimmend WESTERMANN/WESTERMANN § 40 III 1).

IV. Verhältnis von Einigung und Übergabe

71 Die im Zusammenhang mit der Besitzergreifung durch den Erwerber ausgelöste Diskussion verdeutlicht eine allgemeinere Problematik, nämlich die Frage, welches Verhältnis zwischen Einigung und Übergabe besteht und ob die Übergabe ihrerseits ein von der Einigung getrenntes und trennbares Willenselement enthält.

1.   Grundlagen der gesetzlichen Regelung

Der zeitliche Ablauf des Übereignungsvorganges ist vom Gesetz nicht vorgeschrie- **72**
ben. Der Gesetzgeber betrachtet allerdings die gleichzeitige Vornahme von Einigung und Übergabe als den Normalfall (vgl oben Rn 1). Er hält jedoch – wie schon die
Regelung des S 2 erkennen läßt – Abweichungen von diesem Grundmodell für
möglich und zulässig, ohne allerdings die sich daraus ergebenden Konsequenzen
näher zu regeln. Infolgedessen gehen die Ansichten darüber auseinander, wie sich
Einigung und Übergabe zueinander verhalten und welche Modalitäten bei der
Durchführung des Übereignungsvorganges zulässig sind (vgl ua BAUR/STÜRNER § 5
Rn 30 ff). Die verschiedenen Standpunkte beruhen im Wesentlichen auf einem unterschiedlichen Verständnis des Übereignungstatbestandes, auf dessen Entstehungsgeschichte deshalb zunächst kurz einzugehen ist (vgl zum Folgenden insbes PLANCK/BROD-
MANN Anm 3 b, PLANCK/STRECKER Vorbem Sachenrecht III 2 3 sowie WIEGAND, in: FG BGH I
764).

a)   Entwicklung während des Gesetzgebungsverfahrens

Die Vorstellung über Funktion und Verhältnis von Übergabe und Einigung hat sich **73**
im Laufe der Gesetzgebungsarbeiten verschoben. Während der VE Übergabe und
Einigung praktisch als einen Akt betrachtete (Redaktionsvorlage § 132: „Das Eigentum an einer beweglichen Sache wird im Falle der Übertragung erworben durch
die in dieser Absicht erfolgte Übergabe der Sache von Seiten des Eigentümers an
den Erwerber."), haben die Beratungen der 2. Komm zu einer Verselbständigung
des Übergabeerfordernisses geführt (vgl PLANCK/STRECKER Vorbem Sachenrecht III 2 3).

Der VE hatte in enger Anlehnung an die Lehren WINDSCHEIDS (Pandekten § 171) die **74**
Übergabe als Form des Eigentumsübertragungsvertrages aufgefasst und dieses Konzept folgendermaßen beschrieben: „In dem Geben und Nehmen der Sache spiegelt
sich der Vertragswille; das Geben und Nehmen tritt nicht etwa zu einem schon
früher abgeschlossenen dinglichen Vertrag hinzu und vollendet denselben, sondern
nur aus der innerlich ihm entsprechenden That soll der Vertragswille kraft positiver
Vorschrift herausgelesen werden können. Die Übergabe *ist* der Eigenthumsübertra-
gungsvertrag. Für die beiderseitige Willenserklärung ist eine bestimmte Handlungs-
weise als nothwendiger Spiegel des Vertragswillens vorgeschrieben." (VE Sachenrecht
754 ff, Hervorhebung hinzugefügt).

Dementsprechend wurde dann im E 1 (§ 874) formuliert: „Zur Übertragung des **75**
Eigentums an einer beweglichen Sache durch Rechtsgeschäft ist ein zwischen dem
Eigentümer und dem Erwerber unter Übergabe der Sache zu schließender Vertrag
erforderlich, welcher die Willenserklärung der Vertragsschließenden enthält, dass
das Eigentum auf den Erwerber übergehen soll". In den Mot (III 336) heißt es dazu:
„Die Übergabe wird als ein notwendig präsentes Moment des dinglichen Vertrages
und nicht etwa als eine Bedingung der Wirksamkeit desselben bestimmt, welche sich
auch nachträglich erfüllen kann. Vor der Übergabe liegt deshalb ein bindender
dinglicher Vertrag nicht vor."

Im Verlauf der weiteren Beratungen wurde der Begriff „*Vertrag*" durch „*Einigung*" **76**
ersetzt (Prot III 56 ff). Im Rahmen dieser Diskussion wird dann festgehalten, „dass
eine Willenseinigung zwischen dem Eigentümer und dem Erwerber über den Über-

gang des Eigentums gefordert werden müsse, dass dagegen diese Willenseinigung nicht notwendig ausdrücklich zu erklären sei, dass namentlich eine solche Erklärung nicht notwendig bei der Übergabe abgegeben zu werden brauche. Anlangend endlich das Verhältnis der Übergabe zu der Willenseinigung, so beschloß man zum Ausdrucke zu bringen, dass die Übergabe zu der Vereinbarung hinzukommen müsse; die Übergabe stelle nicht die Form dar, in welcher die Vereinbarung zu Tage trete, sondern sie sei ein selbständiges Erfordernis für den Eigentumsübergang" (Prot III 196).

b)   Würdigung und Stellungnahme

77 Von der Bewertung dieses Vorganges und insbes von der Einschätzung der Verselbständigung der Übergabe hängt im Wesentlichen die Konzeption der Eigentumsübertragung ab. Heck (§ 55 Anm 1) hat aus dem Verlauf der Gesetzgebung den Schluß gezogen, dass die von ihm so genannte *Einheitstheorie* aufgegeben sei und infolgedessen Einigung und Übergabe jeweils getrennt zu beurteilen seien (vgl dazu auch Krause AcP 145, 312). Die herrschende Auffassung beruht in ihren Konsequenzen dagegen wesentlich auf der ursprünglichen Konzeption und behandelt *Einigung und Übergabe weitgehend als einheitlichen Vorgang* (vgl ua Wolff/Raiser § 66 I 4; Planck/ Brodmann Anm 3 b; vgl oben Rn 73 und Vorbem 11 zu §§ 929 ff).

78 Dieser Ansicht ist aus folgenden Gründen der Vorzug zu geben: Tragweite und Bedeutung der vom Gesetzgeber in letzter Phase angestrebten Verselbständigung der Übergabe sind von ihm selbst nicht realisiert worden. Vor allem hat er versäumt, die notwendigen Konsequenzen zu ziehen und die Übertragungtatbestände der veränderten Konzeption anzupassen. Besonders deutlich kommt dies im Wortlaut des § 929 zum Ausdruck, welcher verlangt, „dass der Eigentümer die Sache dem Erwerber übergibt und beide darüber einig sind, dass das Eigentum übergehen soll." Zwar formuliert das Gesetz einen aus zwei Elementen zusammengesetzten oder gestreckten Tatbestand, es geht jedoch eindeutig davon aus, dass alle rechtsgeschäftlichen Erfordernisse bis zur Vollendung des Rechtserwerbs gegeben sein müssen (sog *„Einigsein"*).

Daraus ergeben sich für die umstrittenen Einzelfragen folgende Konsequenzen:

2.   Die Auswirkungen im Einzelnen

79 Keine Probleme bereitet der Normalfall der Übereignung, bei dem Einigungserklärung und Übergabe in einem Akt vollzogen werden. In Anbetracht der heutigen Verkehrsverhältnisse wird man allerdings davon ausgehen müssen, dass sich dieser Normalfall praktisch nur bei den Handgeschäften des Alltags ereignet. Bei komplexeren Austauschgeschäften kommt es dagegen sehr häufig zu einem Auseinanderfallen der zwei Übereignungselemente (vgl schon JW 1905, 290). Im Hinblick auf die oben (vgl Rn 73 ff) geschilderte gesetzgeberische Konzeption bestehen dagegen keine prinzipiellen Bedenken; bei der Behandlung derartiger Fälle bleibt jedoch zu beachten, dass auf diese Weise die Übereignung zwar zu einem sog gestreckten Tatbestand werden kann, der jedoch als ein *Gesamttatbestand* betrachtet werden muss. Einigung und Übergabe müssen deshalb eine Einheit bilden; zwischen beiden Elementen muss eine – nicht notwendig äußerlich erkennbare – Beziehung bestehen.

Das bedeutet im Einzelnen:

a) „Einigsein" im Moment der Übergabe; Bindungswirkung

Aus der dargelegten Konzeption ergibt sich, dass bei einer vorweggenommenen 80
Einigung (sog *antizipierte Einigung)* das vom Gesetz geforderte *„Einigsein" bis zur*
Besitzerlangung durch den Erwerber andauern muss (vgl RGZ 83, 223, 229 f; 135, 366, 367;
BGHZ 7, 111, 115; 14, 119; BGH NJW 1978, 696 mwNw und die gesamte Kommentar- und
Lehrbuchlit mit Ausnahme von HECK § 55 Anm 1). Daraus ergeben sich zwei Folgerungen:

Sofern vor Abschluss des Erwerbsvorganges die **rechtsgeschäftlichen Voraussetzun-** 81
gen für die Einigung entfallen, kann es zu einem Eigentumserwerb nicht mehr
kommen. Beim Veräußerer ist dies der Fall, wenn er die volle Geschäftsfähigkeit
oder aber die Verfügungsmacht verliert, beim Erwerber löst der Verlust der beschränkten Geschäftsfähigkeit diese Rechtsfolge aus (vgl oben Rn 13).

Umgekehrt ergibt sich aus dieser Konzeption, dass es als ausreichend anzusehen ist,
wenn die rechtsgeschäftlichen Voraussetzungen einschließlich der Verfügungsmacht
erst im letzten Moment der Tatbestandsvollendung vorliegen (vgl zum Ganzen WOLFF/
RAISER § 66 I 4).

Besonders umstritten ist die Frage, ob die *Parteien an eine erklärte Einigung ge-* 82
bunden sind, bevor die Übergabe erfolgt und damit der Erwerbsvorgang abgeschlossen ist. Der überwiegende Teil der Lit und die Judikatur (vgl ua BGHZ 7, 111,
115; 14, 119; BGH NJW 1978, 696; BAUR/STÜRNER § 5 Rn 36; SOERGEL/HENSSLER Rn 38; AnwK-
BGB/SCHILKEN Rn 33, MARTINEK/RÖHRBORN JuS 1994, 473, 477 f mwNw) lehnen eine solche
Bindungswirkung ab. Aufgrund der von HECK entwickelten abweichenden Auffassung über den Einigungsvorgang wird dagegen teilweise eine Bindungswirkung
angenommen (neben HECK § 55 vor allem WESTERMANN/WESTERMANN § 38, 4; WIELING § 1
III 2 b; vLÜBTOW ZHR 112, 257 ff).

Die Lösung dieser Frage *darf nicht von der formalen Betrachtungsweise des Eini-* 83
gungsvorganges abhängen. Insbesondere darf sie nicht darauf gestützt werden, dass
die Einigung als Rechtsgeschäft den Vorschriften des Allgemeinen Teils unterliegt.
Diese Vorschriften sind unbestrittenermaßen auf die Begründung von Verpflichtungen zugeschnitten; ihre Anwendung im Bereich dinglicher Rechtsgeschäfte bedarf
deshalb jeweils einer Überprüfung der Angelegenheit in Bezug auf die Interessenlage. Gerade im Hinblick auf diese Interessenlage hat der Gesetzgeber den Übereignungstatbestand in der oben geschilderten Weise ausgestaltet (vgl oben Rn 73 ff).
Man wollte dem *Einigungswillen der Parteien erst dann Wirkung verleihen, wenn er*
durch eine entsprechende Veränderung der Besitzlage betätigt und bestätigt wird.

Infolgedessen würde es dieser Konzeption zuwiderlaufen, wenn man schon vorher 84
eine Bindung der Parteien an ihren Einigungswillen akzeptieren würde (vgl Mot III
336; auch die in der 2. Komm vorgenommenen Korrekturen sollten diese Grundstruktur nicht verändern). Eine derartige Bindungswirkung könnte zudem zu einer
erheblichen Komplizierung der Eigentumsübertragung in kritischen Fällen führen.
Aufgrund der Bindungswirkung wären die Parteien einzeln nicht mehr in der Lage,
die Einigung rückgängig zu machen, so dass iE die Übergabe nur noch die Manifestation gegenüber Dritten bewirken könnte. Eine derartige Konstruktion steht

Wolfgang Wiegand

einer relativen Wirksamkeit der Verfügung inter partes sehr nahe und läuft darauf hinaus, dass die Übergabe lediglich eine Bedingung der Wirksamkeit der Einigung wäre. Gerade diese Konzeption war im VE ausdrücklich bekämpft worden (vgl VE III 755; Mot III 336). Ähnliche Konzeptionen in ausländischen Rechten – wie etwa Art 717 SchwZGB – haben zu unbefriedigenden und sehr komplizierten Rechtslagen geführt.

Für die Bindungswirkung der Einigung haben sich ausführlich SCHÖDERMEIER/ WOOPEN ausgesprochen (JA 1985, 622; zustimmend WESTERMANN/WESTERMANN § 38 4; OTTE Jura 1993, 643, 645). Die von SCHÖDERMEIER/WOOPEN vorgetragene historische Argumentation, die im Wesentlichen die oben behandelten (Rn 73 ff) Entwicklungsstadien des Gesetzgebungsverfahrens darlegt, bringt keine neuen Gesichtspunkte. Die daraus und aus der dogmatisch-systematischen Analyse gezogenen Schlüsse überzeugen nicht. Wenn man die Einigung allein als Vertrag und Verfügung betrachtet und die Übergabe zu einer Art „Vollzugsbedingung" degradiert, so ermöglicht das zwar „glattere" (zB für die Anwartschaft), nicht aber bessere, dh der Interessenlage entsprechende Lösungen. Die Konzeption hebt iE die zweigliedrigen Verfügungstatbestände auf. Eine derart fundamentale Neuorientierung setzt eine umfassende Revision der Rechtsübertragung im Sachenrecht voraus, die sich allein mit den von SCHÖDERMEIER/WOOPEN vorgetragenen Aspekten nicht begründen lässt. **An der hL und der hier vertretenen Auffassung ist festzuhalten. Die Bindungswirkung einer vor Abschluss des Erwerbsvorganges erklärten Einigung ist abzulehnen** (im Wesentlichen wie hier MARTINEK/RÖHRBORN JuS 1994, 473, 477 f; vgl zum Ganzen auch Vorbem 10 ff zu §§ 929 ff). Praktisch wird die Bedeutung dieser Kontroverse in zweierlei Hinsicht etwas entschärft (so zu Recht WESTERMANN/WESTERMANN § 38 4). Geht man – wie hier und mit der hM – von der Widerrufbarkeit der Einigung aus, so ist zu betonen, dass der Widerruf nach der allgemeinen Rechtsgeschäftslehre beim Erwerbswilligen **zugegangen** sein muss (BGH NJW 1978, 696; 1979, 213; BAUR/STÜRNER § 5 Rn 36; PALANDT/BASSENGE Rn 6). Zugang liegt vor, wenn die Widerrufserklärung für den Adressaten zumindest *erkennbar* war, was sich nach den Umständen des Einzelfalles beurteilt (zutr PALANDT/ BASSENGE Rn 6). Der Widerruf ist vom Widerrufenden zu beweisen, wobei zu beachten ist, dass der **Fortbestand einer einmal erklärten Einigung vermutet wird** (BGH WM 1977, 218; SIEBERT 129; MünchKomm/QUACK Rn 101; SOERGEL/HENSSLER Rn 38; ERMAN/ MICHALSKI Rn 5). Bei dieser Vermutung handelt es sich um eine tatsächliche Vermutung iS des Anscheinsbeweises (BAUMGÄRTEL II Rn 2; JAUERNIG Rn 6).

b) Innerer Bezug der Übergabe zur Einigung

85 Ebenso ergibt sich aus der geschilderten, dem Gesetz zugrundeliegenden Konzeption, dass sich die Frage nach der Beziehung zwischen Einigung und Übergabe gar nicht stellen konnte. Nach dem vom Gesetzgeber vorausgesetzten Verständnis der Eigentumsübertragung musste die Übergabe der Sache in dem Bewusstsein erfolgen, damit den Eigentumsübergang zu bewirken. In Lit und Rspr ist immer wieder ein derartiger *„innerer Bezug"* zwischen Einigung und Übergabe verlangt worden (vgl WOLFF/RAISER § 66 I 4 Fn 27; vCAEMMERER JZ 1963, 588; WADLE JZ 1974, 691; MARTINEK AcP 188 [1988] 573, 582 f; AK-BGB/REICH Rn 7; MünchKomm/QUACK Rn 124, jedoch gegen die Qualifizierung der Übergabe als „Vollziehung" der Einigung vgl Rn 113, 125; vgl dazu aber auch vTUHR ZffranzZR 30 [1899] 529, der dem Besitzwechsel neutralen Charakter beimisst, Text in Fn zu Vorbem 22 zu § 929 ff). Eine nähere Betrachtung zeigt jedoch, dass darüber, was unter

dem inneren Bezug zu verstehen ist und welche Bedeutung ihm zukommt, unterschiedliche Vorstellungen bestehen.

Die *in diesem Zusammenhang zitierten Entscheidungen* (RGZ 75, 221, 223; 92, 265; 137, 23, 25; BGHZ 67, 207, 209; BGH NJW 1979, 714; BGH MDR 1959, 1006; BGH DB 1970, 294) betreffen eine rein **besitzrechtliche Fragestellung**: Einmal geht es um die oben (vgl Rn 67 ff) schon behandelte Problematik der Abgrenzung verbotener Eigenmacht von der als Übergabe zu bewertenden Inbesitznahme durch den Erwerber und um die damit zusammenhängende Frage, ob der Besitz „nur durch eine vom Aufgabewillen getragene, äußerlich erkennbare Handlung" aufgegeben werden könne (BGH NJW 1979, 715). Diese Fragestellung darf nicht mit derjenigen verwechselt werden, ob zwischen dem besitzrechtlich relevanten Willen bzw dem Einverständnis mit der Wegnahme und der Einigung ein *finaler Bezug* (Wadle) besteht. Zwar werden idR der Eigentumsübertragungswille und das besitzrechtliche Einverständnis mit der Begründung neuen Besitzes in kaum unterscheidbarer Weise vorhanden sein; dies ändert jedoch nichts daran, dass beide in kritischen Fällen getrennt beurteilt werden müssen und können (vgl oben Rn 69 und unten Rn 88).

Ähnliches gilt für eine zweite, in diesem Zusammenhang – oft ohne klare Unter- **86** scheidung – behandelte Konstellation: die **Übergabe im Hinblick auf einen anderen Tatbestand als ein Veräußerungsgeschäft** (vgl AK-BGB/Reich Rn 7; MünchKomm/Quack Rn 124). Hier fehlt der „Zusammenhang mit der Einigung" (Reich) oder „Veräußerung als beiderseitiges Motiv" (Quack). Andere (so Palandt/Bassenge Rn 11; BGB-RGRK/Pikart Rn 31 im Anschluss an RGZ 75, 221) verweisen unter diesem Aspekt darauf, dass eine *Überlassung zu vorübergehendem Gebrauch* nicht ausreichen könne. In all diesen Fällen geht es jedoch nicht darum, dass es – wie oben im Zusammenhang mit der Dauer des Besitzes bereits ausgeführt (vgl oben Rn 64) – an einer „inneren Beziehung" zwischen Einigung und Übergabe fehle; denn wer die Sache lediglich zu einem vorübergehenden Zwecke (Miete oder Verwahrung) übergibt, will kein Eigentum übertragen. Es liegt also gar *keine Einigung* (mehr) vor (dazu und zum Folgenden Wiegand, in: FG BGH I 764 f).

Es stellt sich deshalb die Frage, welche Funktion dem allenthalben geforderten „Bezug" der Übergabe auf die Einigung zukommt. Der entscheidende Impuls ging von Martin Wolff (vgl Wolff/Raiser § 66 II 4 Fn 27) aus; er verlangt, dass die Übergabe *„zu Übereignungszwecken"* geschehen müsse (in Auseinandersetzung mit Zitelmann JherJb 70, 10 ff; die Diskussion reicht weiter zurück; die früheren Arbeiten, mit denen sich Wolff noch auseinandersetzt, spielen in der späteren Lit keine Rolle mehr. Im Sinne der hier vertretenen Ansicht ausführlich Zitelmann JherJb 70, 16 ff und schon Manigk, Willenserklärung und Willensgeschäft, 194; im Sinne der hM zB Siber, Buchrechtsgeschäft 120). Bei dem von Wolff behandelten Beispiel geht es jedoch in Wahrheit gar nicht um ein Übergabeproblem: Die Erben eines Verkäufers werden durch den Erwerber in den Glauben versetzt, sie seien nur Verwahrer; daraufhin geben sie die Sache heraus. Es liegt auf der Hand, dass es sich auch hier um einen der eben erwähnten Fälle handelt, in denen es an einer wirksamen Einigung fehlt, weil die eine Partei keinen Eigentumsübertragungswillen hat.

Seither ist über das von Wolff in die Diskussion eingeführte Kriterium nicht mehr **87** wirklich diskutiert worden. Vielmehr hat man es unreflektiert übernommen und als selbstverständliches Element der Übergabe betrachtet (vgl die oben angeführten Autoren, wie insbes WADLE JZ 1974, 691; MARTINEK AcP 188 [1988] 582 rechnet es sogar zu den unverzichtbaren Mindesterfordernissen der Übergabe, allerdings ohne sich mit der grundlegenden Diskussion am Anfang des Jahrhunderts und der hier vertretenen Position auseinanderzusetzen). Von hier aus ist dieses Element in die Diskussion um den gutgläubigen Erwerb bei einer Übergabe auf Geheiß eingeflossen (effektive Unterwerfung des unmittelbaren Besitzers unter die Weisung des Veräußerers); inwieweit es dort von Nutzen ist, bedarf einer besonderen Erörterung (vgl Erl zu § 932 Rn 21 ff mNw).

88 Für die Übergabe nach § 929 ist das Kriterium zumindest überflüssig und deshalb aufzugeben. Der entscheidende Grund liegt darin, dass das *Fehlen dieses finalen Bezuges keine erkennbaren Rechtsfolgen hat*. Es ist dargelegt worden, dass in allen in diesem Zusammenhang besprochenen Fällen der Einigungswille fehlt und häufig zudem noch ein Tatbestand verbotener Eigenmacht vorliegt. Das Kriterium einer inneren Beziehung der Übergabe zur Einigung hat deshalb keinerlei Funktion. Vielmehr würde eine derartige Beziehung dazu führen, dass die Übergabe mit einem rechtsgeschäftlichen Element verquickt wird, auch wenn alle Autoren Wert auf die Feststellung legen, dass es sich *nicht um ein rechtsgeschäftliches Element* handele (die derart beschriebene Übergabe nähert sich in starkem Maße den in ausländischen Rechtsordnungen auftretenden Übergabeformen, in denen eine isolierte Einigung nicht bekannt ist; vgl hierzu exemplarisch LIVER, Schweizerisches Privatrecht V/1 § 49).

Das Willensmoment bei der Übergabe ist infolgedessen auf die rein besitzrechtliche Komponente zu beschränken (weitgehend zustimmend WESTERMANN/WESTERMANN § 40 III 4). Demnach genügt es, wenn der bisherige Inhaber der Sachherrschaft mit dem Verlust des Besitzes einverstanden ist, so dass die Besitzbegründung durch den Erwerber nicht als verbotene Eigenmacht zu qualifizieren ist. Damit kommt den beiden Tatbestandselementen eine eindeutige Funktion zu: Die Einigung als rechtsgeschäftliches Element bezieht sich auf den Willen zur Veräußerung, während es für die Übergabe genügt, wenn der Veräußerer die Aufhebung seiner Sachherrschaft veranlasst oder zumindest geduldet hat. So ist der Veräußerer vor unfreiwilligem Rechtsverlust sowohl auf normativer als auch auf faktischer Ebene geschützt und das Übergabeerfordernis von unangemessenen rechtsgeschäftlichen Elementen entlastet (so überzeugend WESTERMANN/WESTERMANN § 40 III 4). Das schließt nicht aus, dass idR ein „innerer Bezug" besteht; entscheidend ist jedoch, dass es sich dabei nicht um ein unverzichtbares Element der Übergabe handelt, dessen Fehlen letztlich den Eigentumsübergang ausschließen würde (in diesem Sinne schon ZITELMANN JherJb 70, 18 ff; **aM** MARTINEK AcP 188 [1988] 582).

V. Zusammenstellung von Fallgruppen nach Schlagworten

89 Im Folgenden werden die wichtigsten in Judikatur und Literatur behandelten Problemkreise und Konstellationen kurz erörtert. Die Gliederung erfolgt nach Fallgruppen oder Schlagworten, die sofern und soweit möglich alphabetisch geordnet sind.

Alphabetische Übersicht

Aktien	90	Lebensgemeinschaft, nichteheliche	105
		Liefer- und Freistellungsscheine	92
Besitzergreifung	93		
Beteiligung Dritter	96	Mitbesitz	96
		Miteigentum	110
Ehegatten			
– Erwerb von Hausratsgegenständen	102	Raum	
		– Gegenstände in einem	111
Früchte, ungetrennte	106		
		Sachgesamtheiten	112
Geheißerwerb	97	Selbstbedienungskauf	95
Geld, fremdes	99	Software/IT Elemente	113
– Übergabe zur Geschäftsbesorgung	100	Stellvertretung	96
Geldautomaten	94	Streckengeschäft	98
Haushaltsgeld	103	Traditionspapiere	91
Hausrat	102	Transportmittel	114
Hochzeitsgeschenk	104		
Holz auf dem Stamm	106	Verkaufsautomaten	94
		Versendung	
Kettenhandel	98	– von Waren	114
Kindsmittel	107	– in ein fremdes Land	115
Kommissionsware	108		
Konkubinat	105	Warenlager	116
Körperteile und Leichnam	109		

1.   Aktien, Traditionspapiere, Liefer- und Freistellungsscheine

Bei der Übertragung von **Aktien** ist zu unterscheiden; *Inhaberaktien* werden wie **90** andere bewegliche Sachen behandelt (vgl BGH WM 1972, 297, 298). Hinsichtlich *Namensaktien* ist zur Wirksamkeit des Übertragungsvorganges noch zusätzlich das Indossament oder die Abtretung des verbrieften Rechtes erforderlich (vgl BGH NJW 1958, 302). Zu den *Wertpapieren* generell s oben Rn 6.

Die Übergabe von **Traditionspapieren** gem §§ 424, 450, 650 HGB an den zur Emp- **91** fangnahme des Gutes Berechtigten ist bei der *Übereignung von Fracht- und Lagergut* in ihren Wirkungen der Übergabe des Fracht- und Lagergutes gleichgestellt. Erforderlich für die Übergabewirkung ist jedoch, dass Lagerhalter, Frachtführer oder Verfrachter das Gut zur Lagerung oder Beförderung übernommen haben und der dadurch begründete Besitz nicht aufgegeben ist (vgl RGZ 89, 40, 41; 119, 215; so auch BGB-RGRK/Pikart Rn 41, 116). Die Eigentumsübertragung am Papier hat jedoch noch nicht notwendig die Übertragung des Eigentums an dem Fracht- und Lagergut zur Folge. Ob in der Übereignung der Traditionspapiere auch eine Übereignung des Fracht- und Lagergutes zu sehen ist, ist durch Auslegung von Fall zu Fall zu ermitteln (vgl dazu BGHZ 36, 336; BGH WM 1979, 771 sowie Hager WM 1980, 660; vgl dazu auch § 931 Rn 37).

Wolfgang Wiegand

92 Etwas anderes gilt beim Gebrauch von **Liefer- und Freistellungsscheinen**. So stellt beim Durchhandeln von eingelagerter Ware die Übergabe von Liefer- oder Freistellungsscheinen *keine Übergabe der Ware* dar. Der Erstverkäufer verliert im Zweifel sein Eigentum erst mit der tatsächlichen Besitzverschaffung des Letzterwerbers (vgl dazu BGB-RGRK/Pikart Rn 117; Palandt/Bassenge Rn 21; BGH NJW 1971, 1608; zur Übergabe durch Lieferschein vgl RGZ 103, 151, 153 f u § 931 Rn 40).

Ebenfalls den Traditionspapieren nicht gleichzusetzen ist der **Kfz-Brief**, dessen Übertragung noch nicht die Übergabe ersetzt (vgl BGH NJW 1978, 1854).

2.   Besitzergreifung als Übergabe

93 Der Übergabe gleichgestellt ist auch die *Inbesitznahme durch den Erwerber*. Dies gilt allerdings nur, wenn die Besitzergreifung durch den Erwerber vom Willen des Veräußerers gedeckt ist, wobei es sich um eine wirksame und dauernde Zustimmung des Veräußerers handeln muss, die im entscheidenden Moment der Inbesitznahme vorliegen muß. Vgl dazu ausf oben Rn 67 ff.

94 Eine *praktisch bedeutsame Form der Besitzergreifung durch den Erwerber* ist der Erwerb einer Sache aus einem **Verkaufsautomaten**. Dies setzt jedoch voraus, dass die Automatenware durch für den Einwurf bestimmtes Geld erlangt wurde. Verwendet der Erwerber Falschgeld oder ausländische Währung, so fehlt es nicht nur an der Einigung zwischen Veräußerer und Erwerber, sondern auch am Einverständnis des Automatenaufstellers, da von einer wirksam fortbestehenden Ermächtigung zur Besitzergreifung nicht ausgegangen werden kann. Ebenso liegt es beim Aufbrechen des Automaten oder sonstiger Gewaltanwendung (vgl die strafrechtliche Entscheidung OLG Düsseldorf NJW 2000, 158, dazu Otto JR 2000, 214 ff; Martin JuS 2000, 406; Kudlich JuS 2001, 20, 22 ff; Biletzki NStZ 2000, 424 f).

Bei Benutzung eines **Geldautomaten** durch einen Nichtberechtigten mit einer codierten ec-Karte findet keine Einigung statt, weil die auf Eigentumsübertragung gerichtete Willenserklärung fehlt. Es sind keine Interessen, Belange oder Zwecke erkennbar, denen das Geldinstitut mit einer solchen Eigentumsübertragung Rechnung tragen wollte (BGH NJW 1988, 979, 980 f; anders OLG Schleswig NJW 1986, 2652, 2653 bei unerlaubter Kontoüberziehung durch Kontoinhaber; aA LG Frankfurt aM NJW 1998, 3785; h M BGHSt 35, 152, 161 ff).

95 Selbstbedienungskauf: Ein Sonderfall dieser Form der Übereignung nach § 929 S 1 liegt vor beim Abzapfen an *Selbstbedienungssäulen* (vgl dazu Herzberg NJW 1984, 896 mwNw), wobei insbesondere das Abfüllen von **Benzin an Tankstellen** erhebliche Bedeutung hat (dazu Deutscher JA 1983, 215; Baier JABl 1999, 364, 366 f; Wrage DAR 2000, 232). Eine ähnliche Konstellation ergibt sich beim Einwurf von Geld in einen Münzgaszähler des Gaswerks (BGB-RGRK/Pikart Rn 37 im Anschluss an OLG Stuttgart Die Justiz 63, 211).

Beim Einkauf in Selbstbedienungsläden sind Zeitpunkt der Besitzerlangung und der Einigung umstritten (zum Ganzen jetzt Schulze, AcP 201 (2001) 232).

3. Beteiligung Dritter

In die Eigentumsübertragung können *dritte Personen als Stellvertreter* eingeschaltet **96** werden. Es finden die Regeln des Stellvertretungsrechts Anwendung.

Dazu BGH WM 1993, 285, 286: Für die Übergabe des Grundschuldbriefes iS von § 1154 Abs 1 (mit Verweisung auf die §§ 929–931), § 1192 Abs 1 ist erforderlich, dass der Abtretungsempfänger den Brief vom Abtretenden und mit dessen Wille erlangt. Übergibt ein Dritter den Brief, so kann dies dem Abtretenden nur dann zugerechnet werden, wenn der Dritte als dessen Vertreter handelt, was im vom BGH zu beurteilenden Sachverhalt nicht der Fall war (vgl dazu auch oben Rn 38 ff).

Dritte können bei der Übergabe auf beiden Seiten, sei es als Besitzmittler oder als Besitzdiener, auftreten. Vgl dazu oben Rn 48 ff.

Eine Einschaltung Dritter liegt auch beim sog **Geheißerwerb** vor. Unter Verzicht auf **97** eine irgendwie geartete Besitzbeziehung des Veräußerers zur Sache wird es in den durch dieses Schlagwort gekennzeichneten Fällen für die Eigentumsübertragung als genügend angesehen, wenn der Veräußerer imstande ist, dem Erwerber Besitz zu verschaffen. Hierbei ist zwischen Geheiß auf der Erwerber- und der Veräußererseite zu unterscheiden. Vgl dazu oben Rn 50 ff mNw.

Einen in vielfältigen Varianten (dazu insbes MARTINEK AcP 188 [1988] 573, 613 ff) vor- **98** kommenden *Sonderfall des Geheißerwerbs* stellt die mehrfach hintereinanderge-schaltete Veräußerung von Waren, der sog **Kettenhandel** dar. Bei dieser auch als **„Streckengeschäft"** bezeichneten Konstellation wird das Vorliegen einer Übergabe iS von § 929 S 1 bejaht, obwohl auf beiden Seiten Personen handeln, die weder zum Veräußerer noch zum Erwerber in irgendeiner Besitzbeziehung stehen (vgl dazu oben Rn 51). Die Eigentumsübertragung erfolgt nur bei tatsächlicher Besitzübertragung am Ende der Veräußererkette, symbolische Übergaben reichen nicht aus. Mit der Auslieferung vom ersten zum letzten Erwerber erfolgt Zwischen- und Durchgangs-erwerb bei allen Beteiligten, unabhängig davon, wie viele Zwischenerwerber einge-schaltet sind (ganz hM; vgl neben der schon in Rn 51 angeführten Lit und Rspr vor allem WESTERMANN/WESTERMANN § 40 III 3 mit umfangreichen Nw und SOERGEL/HENSSLER R 63 f sowie MARTINEK aaO; FLUME, in: FS E Wolff 61 ff).

4. Fremdes Geld

Wer mit *fremdem Geld* eine Sache in der Absicht, diese für sich selbst zu erwerben, **99** kauft, erlangt das Eigentum an der Sache, während der Geldeigentümer auf schuld-rechtliche Anspüche angewiesen bleibt.

Wird *fremdes Geld zum Zwecke der Geschäftsbesorgung übergeben*, so ist von Fall **100** zu Fall zu entscheiden, ob der Beauftragte am übergebenen Geld Eigentum erlangt hat oder nicht. Denn maßgebend für den Eigentumserwerb an Geld ist, dass es mit Übereignungswillen gezahlt und mit Erwerberwillen in Empfang genommen wurde. Dies ist Auslegungsfrage (RGZ 101, 307, 308; ERMAN/MICHALSKI Rn 29). Deshalb ist bei einer Geldanweisung davon auszugehen, dass der Anweisungsadressat Eigentum an dem Geld erwirbt und nicht derjenige, der das Geld entgegennimmt (RGST 26, 389;

Wolfgang Wiegand

63, 406). Deshalb wird auch in der Regel der Wirt Eigentümer des dem Kellner übergebenen Geldes.

Wenn der Vermieter mit den ihm von den Mietern gezahlten *Kostenvorschüssen* Heizstoff anschafft, wird er Eigentümer derselben (vgl KG JW 1924, 848).

5. Hausrat und dgl

101 An *Hausrat* haben beide Ehegatten während der Ehe Mitbesitz (vgl BGH NJW 1979, 976), was zur Folge hat, dass die *Übertragung* des Hausrates *von einem Ehegatten auf den anderen* erst nach der Trennung durch Übergabe gem § 929 erfolgen kann, da der Veräußerer vorher seinen Besitz noch nicht aufgegeben hat. Es käme allerdings eine Anwendung des § 930 in Betracht (vgl unten § 930 Rn 10, 28 f sowie BGHZ 73, 253; RGZ 108, 122; OGHBrZ NJW 1950, 593; ERMAN/MICHALSKI Rn 29; BAUR/STÜRNER § 51 Rn 25 und WALTER JZ 1981, 607).

102 Erwerben die Ehegatten Hausratsgegenstände *von einem Dritten*, so ist idR Miteigentum nach Bruchteilen anzunehmen (BGHZ 114, 74; in diesem Sinne auch BAUR/STÜRNER § 51 Rn 27; FRANK FamR 1983, 541; SCHMIDT AcP 182 [1982] 481; **aM** OLG München NJW 1972, 542, das Gesamthandseigentum annimmt). Die Ehegatten erwerben aber nicht bereits kraft Gesetzes Miteigentum, weil die Gegenstände im Rahmen des § 1357 Abs 1 erworben wurden (§ 1357 ist keine dingliche Wirkung zu entnehmen). Wer Eigentümer der für den gemeinschaftlichen Haushalt der Ehegatten angeschafften und im Mitbesitz stehenden Sachen geworden ist, hängt von der nach § 929 S 1 erforderlichen Einigung mit dem jeweiligen Veräußerer ab (so auch SOERGEL/HENSSLER Rn 26). Dabei ist der eine Ehegatte befugt, den andern bei der Abgabe der Einigungserklärung zu vertreten (gem § 1357 Abs 1 oder aus einer schlüssig erteilten Vollmacht; BGHZ 114, 78 ff, dazu insgesamt die kritische Würdigung bei GURSKY JZ 1997, 1094, 1098 f). Siehe aber § 1370 bei *Ersatzanschaffung* von Haushaltsgegenständen.

103 Hinsichtlich des vom anderen Ehegatten zur Verfügung gestellten **Haushaltgeldes** wird man im Zweifel von zweckgebundenem Treuhandeigentum des den Haushalt führenden Ehegatten auszugehen haben (so auch BGH NJW 1986, 1869 mwNw; ERMAN/MICHALSKI Rn 29; PALANDT/BASSENGE Rn 2; **aM** AK-BGB/REICH Rn 17, nach dem das Haushaltsgeld im Zweifel Eigentum des verdienenden Ehegatten bleibt).

104 **Hochzeitsgeschenke** werden idR Miteigentum der Ehegatten, es sei denn, es handle sich um Geschenke für den persönlichen Gebrauch eines Ehegatten.

105 Bei der **nichtehelichen Lebensgemeinschaft** (vgl dazu DERLEDER NJW 1980, 545 mwNw; FRANK FamRZ 1983, 541; SCHMIDT AcP 182 [1982] 481; DIEDERICHSEN NJW 1983, 1017; BATTES, in: FS H Hübner, 379; BGH NJW 1983, 1055; BFH NJW 1983, 1080; KG FamRZ 1983, 1117) soll Mitbesitz an der gemeinsam benutzten Wohnung und an gemeinschaftlich benutzten Sachen angenommen werden (LG CHEMNITZ, NJW – RR 1995, 269). Hinsichtlich des Eigentumserwerbes wird man jedoch die zu den zum Eigentumserwerb unter Ehegatten entwickelten Grundsätze analog anwenden können (so auch AK-BGB/REICH Rn 18). Das hat zur Folge, dass die Lebenspartner an allen Hausratsgegenständen, die nicht nur dem Alleingebrauch des einen Partners dienen, Miteigentum zu Bruchteilen haben (vgl DERLEDER NJW 1980, 549; **aM** OLG Hamm NJW 1989, 909;

DIEDERICHSEN NJW 1983, 1021 Fn 86; gemäß OLG Düsseldorf NJW 1992, 1706 ist einerseits auf die Einigung mit dem Veräußerer abzustellen, andererseits auf die Miteigentumsvermutung gem §§ 1006 Abs 2 iVm 1008; gegen eine solche Vermutung SOERGEL/HENSSLER Rn 27). Dies gilt, wenn beide Partner finanziell selbständig sind, die Gegenstände aber aus gemeinsamen Mitteln angeschafft wurden, aber auch wenn der eine Partner vom anderen wirtschaftlich abhängig ist, sofern anderslautende Vereinbarungen fehlen (vgl dazu auch AK-BGB/REICH Anhang zu § 1362 Rn 15). Zum Teil wird aber der Miteigentumserwerb nur dann bejaht, wenn ein erkennbarer Wille zu gemeinsamem Erwerb vorhanden war (etwa JAUERNIG/STÜRNER § 741 Rn 3).

6. Holz auf dem Stamm

Bei der Übertragung von *Holz auf dem Stamm* und *ungetrennter Früchte* erfolgt der **106** Besitzübergang nach § 854 Abs 2. In diesem Fall wird das Eigentum durch zwei Einigungen übertragen, die zusammenfallen oder aber auch getrennt vorliegen können. Bei den beiden Einigungen handelt es sich um die Einigung über den Eigentumsübergang und die über die Besitzübertragung. Wird Holz auf dem Stamm unter Vorbehalt des Eigentums bis zur Bezahlung des Kaufpreises aber unter Gestattung des Anhiebes verkauft, so ist der Verkäufer berechtigt, das Abfahren zu verhindern, wenn der Kaufpreis nicht bezahlt wird (vgl RGZ 72, 309). Kein Besitzerwerb des Käufers liegt trotz Hammeranschlages und Zurichten des Holzes vor, wenn ihm nach dem Vertrag die Abfuhr vor der Zahlung des Kaufpreises verboten war und vom Verkäufer verhindert wurde.

7. Kindsvermögen

Kaufen *Eltern für ihr Kind mit Mitteln aus dessen Vermögen* bewegliche Sachen, so **107** wird das Kind Eigentümer gem § 1646 Abs 1. Es findet kein Durchgangserwerb der Eltern statt. Verwenden die Eltern jedoch Mittel teils aus dem Kindesvermögen teils aus ihrem eigenen Vermögen, so erwirbt das Kind Miteigentum im Verhältnis seines Anteils (vgl RGZ 152, 349, 355; in diesem Sinne auch MünchKomm/HUBER § 1646 Rn 7).

8. Kommissionsware

Hinsichtlich des Eigentumserwerbes durch den Kommissionär an der Kommissions- **108** ware ist zwischen den einzelnen Arten des Kommissionsauftrages zu unterscheiden. Während bei der *Einkaufskommission* der Kommissionär üblicherweise Zwischeneigentümer wird, bleibt bei der *Verkaufskommission* grundsätzlich der Kommittent bis zur Veräußerung der Ware an einen Dritten Eigentümer. Bei der *Wertpapierkommission* geht das Eigentum an den durch den Kommissionär erworbenen Wertpapieren mit der Übersendung eines Verzeichnisses der gekauften Stücke über (§ 18 Abs 3 DepotG; siehe auch § 930 Rn 43).

9. Körperteile und Leichnam

Körperteile und -substanzen können, sofern sie vom Körper abgetrennt oder aus- **109** geschieden (BGHZ 124, 52-Spermakonserve) sind, als selbständige bewegliche Sachen übereignet werden. Dies gilt jedoch nicht bei nur vorübergehender Trennung, wenn die Reintegration beabsichtigt ist (Eigenblutkonserve). Künstliche Köperteile werden nach ihrer Entfernung aus dem Körper wieder zu beweglichen Sachen (Einzelheiten bei Staudinger/Dilcher [1995] § 90 Rn 14 ff; Sonderregelungen gelten bei Entnahme, Übertragung oder Spende von Organen nach dem Transplantationsgesetz [1997]). Der menschliche Körper als solcher ist dem Rechtsverkehr ebenso entzogen wie der *Leichnam*, die Sachqualität ist jedoch umstritten (Staudinger/Dilcher [1995] § 90 Rn 19 ff; Soergel/ Henssler Rn 7).

10. Miteigentum, Mitbesitz

110 *Miteigentum* wird durch Einigung und Mitbesitzverschaffung begründet (vgl BGH WM 1974, 19, 20). Es wird nach den §§ 929 übertragen, wobei grundsätzlich der veräußernde Miteigentümer seinen Mitbesitz aufgeben muss (vgl RGZ 137, 23, 25). Die Übertragung des Mitbesitzes kann nach § 930 erfolgen.

Exemplarisch für die Eigentumsübertragung von in *Mitbesitz* stehenden Gegenständen *innerhalb von Gemeinschaftsverhältnissen* sind die Grundsätze für die Eigentumsübertragung zwischen *Ehegatten*, da aufgrund des geltenden Güterrechts grundsätzlich die sachenrechtlichen Übereignungstatbestände Anwendung finden (vgl dazu oben Rn 102).

111 **11.** Die Übereignung der **in einem Raum befindlichen Gegenstände** kann durch Übergabe des Schlüssels (BGH NJW 1979, 714) oder durch Zunageln des Raumes erfolgen. Ein vollkommener Ausschluss der Einwirkungsmöglichkeiten durch den Veräußerer ist nicht erforderlich (vgl RGZ 66, 258, 263; 106, 133, 136).

Zur Übereignung des Inhaltes eines **Schrankfaches** vgl Werner JuS 1980, 175.

12. Sachgesamtheiten

112 Hinsichtlich der *Übereignung von Sachgesamtheiten* müssen die der Einigung unterworfenen Gegenstände genügend bezeichnet und umgrenzt sein, um dem Erfordernis der Bestimmtheit zu genügen (dazu ausf Anh 93 ff zu §§ 929 ff). Dementsprechend können Sachgesamtheiten, die nur wert- oder mengenmäßig bezeichnet sind, nicht nach § 929 übertragen werden, da Gegenstand des Besitz- und Eigentumserwerbes nur die körperlichen Sachen, nicht jedoch deren Werte sind (vgl RGZ 127, 340; 103, 151, 153; 127, 337, 340; BGHZ 21, 52).

13. Software und Informationstechnologie-Elemente

113 *Softwareprogramme* und sonstige *elektronische Informationen* sind, soweit und solange sie nicht verköpert, dh auf einem die Merkmale der Köperlichkeit aufweisenden Element (etwa CD) gespeichert sind, nicht Gegenstand von Sachenrechten. An ihnen kann Eigentum nicht begründet und auch nicht übertragen werden. Liegt eine Verkörperung vor, so finden die §§ 929 ff Anwendung (vgl oben Rn 4a).

14. Versendung von Waren

114 Der *Eigentumserwerb bei der Versendung* von Waren ist *differenziert zu betrachten*. Das Angebot zur Einigung liegt regelmäßig in der Zusendung von Waren, wobei die

Einigungsofferte idR mit dem Zugang der Waren durch den vom Veräußerer eingeschalteten Transporteur als *Boten* überbracht wird. Die Annahme dieser Offerte, deren Zugang gem § 151 entbehrlich ist, erfolgt dabei nicht automatisch mit der Annahme der Waren durch den Erwerber (vgl RGZ 64, 145; 108, 25, 27). Vielmehr muss nach allgemeinen Grundsätzen durch Auslegung festgestellt werden, ob in der Entgegennahme der Waren bereits eine Annahme zu sehen ist (vgl RGZ 102, 38, 40; 108, 25, 28). Die sachenrechtliche Einigung kommt auf jeden Fall dann zustande, wenn der Käufer durch sein Verhalten – etwa wie Einbau, Weiterveräußerung, Bezahlung – seinen Eigentumerwerbswillen bekundet. Die Übereignung erfolgt somit noch nicht mit der Übergabe der Ware an den Spediteur (RG LZ 20 Sp 701). Etwas anderes gilt jedoch dann, wenn der Spediteur vereinbarungsgemäß als Vertreter des Empfängers fungiert (RGZ 84, 320, 322; 102, 38, 39). Werden die Transporteure vom Erwerber eingesetzt, um die Waren beim Verkäufer abzuholen, sind diese die Empfangsboten für die Erklärungen des Veräußerers, was zur Folge hat, dass die Einigungsofferte mit Übergabe der Ware an die Transportperson des Erwerbers zugegangen ist. Handelt es sich um *Nachnahmesendungen*, so sind die eingeschalteten Spediteure Empfangsboten sowohl des Veräußerers als auch des Erwerbers (aM BGB-RGRK/ Pikart Rn 115). Hinsichtlich der Übersendung von Waren durch Dritte vgl oben Rn 50 ff.

Durch die Lieferung und Annahme *unbestellter Ware* wird der Verbraucher nicht Eigentümer (Sosnitza BB 2000, 2317, 2322; Riehm Jura 2000, 505, 512).

115 Auf die Übereignung von Waren durch **Versendung in ein fremdes Land** finden die Vorschriften des Bestimmungsortes Anwendung, soweit sich aus der Ausstellung und Verwertung von Transportpapieren nicht etwas anderes ergibt. Etwas anderes gilt jedoch, wenn vor der Ausfuhr alles für den Eigentumsübergang erforderliche vorgenommen wurde.

15.   Zum Erwerb von **Warenlagern** vgl unten Anh zu §§ 929–931 Rn 93 ff.   **116**

VI.   Übereignung durch bloße Einigung (§ 929 S 2)

1.   Grundlagen und Entstehung

117 Der in § 929 S 2 geregelte Tatbestand knüpft an die gemeinrechtliche *brevi manu traditio* an. Mit Hilfe dieser Rechtsfigur konnte die Übereignung in den Fällen vollzogen werden, in denen der zukünftige Erwerber sich bereits im Besitz der Sache befand; als Schulbeispiel diente die Übereignung der verpachteten Sache an den Pächter. Zu beachten ist freilich, dass der gemeinrechtlichen Übereignungslehre ein anderes Besitzsystem zugrundelag (vgl dazu die Darstellung bei Staudinger/ Bund [2000] Vorbem zu §§ 854 ff sowie § 868 Rn 1 f). Bei Umwandlung dieses Besitzsystems in der letzten Phase der Gesetzgebung ist auch die gemeinrechtliche Terminologie (Unterscheidung zwischen Innehabung/detentio und juristischem Besitz/possessio) aufgegeben worden (zum Ganzen Schubert 57 ff und jetzt umfassend Ernst 80 ff, der allerdings von einer hier nicht zu diskutierenden abweichenden Konzeption ausgeht. Daß ein Verständnis des modernen Besitzrechts ohne Kenntnis der doktrinären Grundlagen am Ende des vorigen Jahrhunderts nicht möglich ist, zeigt auf exemplarische Weise auch Hedinger [Besitzrecht]). In den zugrundeliegenden römischrechtlichen Quellen und der pandektistischen Doktrin wurde zur Erklärung des Vorgangs die Rückübertragung an den Eigentümer und die Aushändigung der Sache an den Erwerber in Form einer Fiktion unterstellt. Die Ausführungen in den Mot knüpfen unmittelbar an diese Vorstellung an: „Ist derjenige, welchem Eigenthum übertragen werden soll, bereits Besitzer, so könnte für eine Besitzübergabe nur dadurch Raum geschafft werden, dass der Erwerber durch *constitutum possessorium* sich zunächst zum bloßen Inhaber macht, um durch *brevi manu traditio* den Besitz zurückzuerhalten. Man wird vielleicht ohne Weiteres anzunehmen haben, dass alles in dieser Weise vorgegangen ist, wenn der besitzende Erwerber den Tradenten dadurch, dass er mit ihm die Übertragung des Eigenthums vereinbart, als bisherigen Eigenthümer anerkannt hat. Jedenfalls ist aber nichts weiter erforderlich, als diese Vereinbarung" (Mot III 335).

118 Die Frage der konstruktiven Erfassung der besitzrechtlichen Seite bleibt also bewusst dahingestellt, ausschlaggebend ist allein die Vereinbarung des Eigentumsübergangs. Infolgedessen geht das Gesetz heute davon aus, dass die einfache Einigung genügt, wenn der Erwerber bereits im Besitz der Sache ist. Auch vor dem Hintergrund der den heutigen Verkehrsverhältnissen angepassten Interpretation der Übereignungstatbestände wie sie oben (Rn 47 ff) entwickelt wurde, erscheint die Regelung konsequent. Da bereits diejenigen Besitzverhältnisse bestehen, die der neuen Zuordnung der Sache entsprechen, genügt es, diese Zuordnung durch eine schlichte Einigung vorzunehmen; eine diesen Willen manifestierende Handlung erübrigt sich, sie würde angesichts der schon bestehenden Besitzverhältnisse einen puren Formalismus darstellen.

2. Die Einigung

119 Aus dem Gesagten ergibt sich, dass es sich bei der Einigung iS von § 929 S 2 um dasselbe Rechtsgeschäft handelt, das auch zur Eigentumsübertragung nach S 1 erforderlich ist. Für die Einigung *gelten also die oben (Rn 8 ff) aufgeführten Grundsätze*. Fraglich ist allein, ob auch im Fall des § 929 S 2 eine sogenannte **antizipierte Einigung** möglich ist.

120 a) Es liegt auf der Hand, dass der Gesetzgeber bei der Formulierung des Tatbestandes eine derartige Variante nicht in Betracht gezogen hat. Vielmehr ging er – wie oben dargelegt – davon aus, dass die schlichte Einigung in den Fällen genügen sollte, in denen die *bestehende* Besitzlage eine Übergabe gar nicht mehr erfordert. Im gleichen Sinne stellt dann auch der BGH fest: „Diese Bestimmung stellt nur klar, dass es für die Wirksamkeit der Übereignung genügt, wenn die nach §§ 929 ff BGB vorausgesetzte Besitzverschaffung schon vor der Einigung erfolgt ist. Mit § 929 S 2 BGB wird aber kein selbständiger gesetzlicher Erwerbstatbestand aufgestellt" (BGHZ 56, 123, 130; ebenso Wadle JuS 1996, L 25=JuS 2000, L 57). Gerade im Hinblick auf die zuletzt hervorgehobene Tatsache, dass es sich bei der brevi manu traditio nur um eine Modifikation des Erwerbstatbestandes handelt, bestehen *keine grundsätzlichen Bedenken gegen eine antizipierte Einigung*. Dabei ist freilich zu beachten, dass einer vorweggenommenen Einigung deshalb keine besondere Bedeutung zukommt, weil sie bis zur Vollendung des Erwerbstatbestandes andauern muss (vgl oben Rn 80). Infolgedessen ist der heute wohl überwiegenden Auffassung zuzustimmen, dass auch beim Tatbestand des § 929 S 2 prinzipiell **die Einigung der Besitzerlangung vorausgehen kann** (für die antizipierte Einigung die gesamte Kommentarlit sowie die Lehrbuchlit mit Ausnahme von WOLFF/RAISER § 66 II; die dort geäußerten Bedenken richten sich nicht speziell gegen die antizipierte Einigung im Falle des § 929 S 2, sondern gegen die Brauchbarkeit dieser Rechtsfigur schlechthin. Im Hinblick auf die überwiegend abgelehnte Bindungswirkung der Einigung [dazu oben Rn 82 ff] hat diese unterschiedliche Auffassung keine sachlichen Auswirkungen).

b) Die *praktische Relevanz* der Streitfrage ist gering; denn fast alle in den Lehr- **121** büchern und Kommentaren behandelten Beispiele lassen sich ohne besondere Mühe auch unter § 929 S 1 einordnen, vor allem im Hinblick auf den oben dargelegten weiten Begriff der Übergabe. Dies gilt auch für die beiden in der Rspr behandelten und allenthalben als Beispielsfälle diskutierten Konstellationen: den Erwerb *künftiger Sachen* (RGZ 85, 327, 333; 103, 151, 153 jeweils Aktien betreffend) sowie den *Einbau von Material* in ein Gebäude, das nur Scheinbestandteil eines Grundstücks werden soll (BGH NJW 1976, 1539 f sowie BGH WM 64, 614 f).

In BGH NJW 1990, 761, 763 f war im Rahmen der Inhaltskontrolle der „Allgemei- **122** nen Vertragsbedingungen für Krankenhausbehandlungsverträge" streitig, ob die Bestimmung, wonach zurückgelassene Sachen in das Eigentum des Krankenhauses übergehen, wenn sie nicht innerhalb von zwölf Wochen nach Aufforderung abgeholt werden, zulässig sei. Der BGH hielt die Klausel für zulässig. Weil im Verbandsprozess die dem Kunden ungünstigste Auslegung zugrunde zu legen ist, konnte die Vertragsbedingung dahin verstanden werden, dass die zum Eigentumsübergang nach § 929 S 2 notwendige Einigungserklärung des Krankenhausbenutzers fingiert wird.

Eine wirklich nur nach § 929 S 2 zu lösende Konstellation ergibt sich außerdem in dem als *Lehrbuchbeispiel* verwendeten Fall der Übereignung einer verlorenen oder verlegten Sache durch antizipierte Einigung unter der Voraussetzung (oder Bedingung) der Besitzergreifung durch den Erwerber (WESTERMANN/WESTERMANN § 40 IV; BAUR/STÜRNER § 51 Rn 20).

3. Besitz des Erwerbers

Voraussetzung für die Anwendung des § 929 S 2 ist der Besitz des Erwerbers. In **123** Betracht kommen neben dem selbstverständlichen Fall des alleinigen **unmittelbaren Besitzes** auch der **mittelbare Besitz** des Erwerbers sowie der **Mitbesitz**. Entscheidend ist auch hier, dass diejenige *Besitzlage besteht, die der zukünftigen Zuordnung der Sache entspricht*. Dabei kommt es nicht darauf an, ob die Besitzlage vom Veräußerer geschaffen worden ist, sondern allein darauf, dass jetzt die der Einigung korrespondierende Besitzlage besteht (zu der gerade in diesem Punkt abweichenden Regelung des § 932 Abs 1 S 2 vgl § 932 Rn 32 ff). Daraus ergeben sich im Hinblick auf die besitzrechtliche Seite dieser Übereignung *folgende Konsequenzen*:

a) Der **Veräußerer** muss die *Besitzbeziehung*, sofern sie überhaupt vorhanden **124** war, *vollständig aufgeben*; dies gilt nicht nur für den unmittelbaren und mittelbaren Besitz (dazu BGH WM 1987, 74), sondern auch für den Mitbesitz. Ist der Veräußerer also Mitbesitzer der Sache, so muss er seinen Besitz zugunsten des Erwerbers aufgeben. Dagegen genügt die schlichte Einigung, wenn der Erwerber zusammen mit anderen Mitbesitzer der Sache war (BGB-RGRK/PIKART Rn 62).

125 b) Umstritten ist schließlich, ob die Voraussetzungen des § 929 S 2 auch dann vorliegen, wenn die Sache an einen **Besitzdiener** des Veräußerers übereignet werden soll. Solange man an der Figur des Besitzdieners festhält (dazu kritisch HEDINGER 65; völlig andere Sicht jetzt bei ERNST 115 ff), muss man davon ausgehen, dass er ungeachtet der von ihm ausgeübten Sachherrschaft *nicht als Besitzer zu betrachten* ist. Unter diesen Voraussetzungen aber kommt eine **Anwendung des § 929 S 2** auf die Übereignung an den Besitzdiener **nicht in Betracht**. Vielmehr handelt es sich um eine Übereignung nach S 1. Die Übergabe liegt im *Verzicht des Veräußerers* auf die die Besitzdienerschaft kennzeichnende *Weisungsbefugnis* und in dem mit der auf Eigentumserwerb gerichteten Einigung einhergehenden Besitzerwerbswillen des neuen Eigentümers (so zutr WOLFF/RAISER § 11 III 1; AnwK-BGB/SCHILKEN Rn 64; BAUR/STÜRNER § 51 Rn 20; ein Teil der Autoren geht davon aus, dass bei dieser Art der Besitzübertragung eine Einigung im iS von § 854 Abs 2 vorliegt, so PLANCK/BRODMANN Anm 2 IV a; BGB-RGRK/PIKART Rn 61; die eher uneinheitliche Rspr tendiert ebenfalls in diese Richtung, so etwa RGLZ 1920, 695, 696; RG WarnR 1924, 104; RGZ 137, 23, 25; ausschließlich mit der Einigung wollen sich begnügen Süss 151 Anm 31 und MünchKomm/QUACK Rn 158 sowie jetzt ausdrücklich und ausführlich ERNST 80 ff, 87).

Weitaus wesentlicher als die Konstruktions- erscheint die Sachfrage, ob eine *derartige Übereignung in irgendeiner Weise kenntlich gemacht werden muss*. Dies hat vor allem WESTERMANN im Hinblick auf die nach außen nicht sichtbare Verfügung der Herrschaftsverhältnisse gefordert (jetzt aufgegeben bei WESTERMANN/WESTERMANN § 40 IV; vgl dazu auch oben Rn 49 f). In der Sache geht es wohl eher um eine Verifizierung des Übereignungswillens, der gerade bei derartigen Konstellationen (berechtigten) Zweifeln begegnen kann. Die Kenntlichmachung erleichtert dem (beweispflichtigen) Erwerber diesen Beweis; sie lässt sich jedoch kaum mit Publizitätserwägungen begründen und kann keineswegs zur Wirksamkeitsvoraussetzung gemacht werden (zustimmend ERNST 87; vgl zur ähnlich gelagerten Problematik beim Besitzkonstitut § 930 Rn 28).

§ 929a
Einigung bei nicht eingetragenem Seeschiff

(1) Zur Übertragung des Eigentums an einem Seeschiff, das nicht im Schiffsregister eingetragen ist, oder an einem Anteil an einem solchen Schiff ist die Übergabe nicht erforderlich, wenn der Eigentümer und der Erwerber darüber einig sind, dass das Eigentum sofort übergehen soll.

(2) Jeder Teil kann verlangen, dass ihm auf seine Kosten eine öffentlich beglaubigte Urkunde über die Veräußerung erteilt wird.

I. Allgemeines

1 Grundsätzlich ist für die Eigentumsfrage an (See- oder Binnen-) Schiffen das Gesetz über Rechte an eingetragenen Schiffen und Schiffsbauwerken (SchiffsRG) vom 15. 11. 1940 (RGBl I 1499) maßgeblich (siehe dazu die Kommentierung in STAUDINGER/NÖLL [2002] mit umfassenden Literaturhinweisen). Mit der **DurchführungsVO zu diesem Gesetz vom 21. 12. 1940** (RGBl I 1609) wurden die **§§ 929a und 932a in das BGB eingefügt**. Sie regeln den Eigentumserwerb an nicht im *See*schiffsregister eingetragenen Schiffen. Diese sind ihrer Natur nach bewegliche Sachen, weshalb sie grundsätzlich den für bewegliche Sachen geltenden Vorschriften unterliegen. Infolgedessen gelten für die Übertragung des Eigentums an einem *nicht* im Schiffsregister eingetragenen Schiff die Vorschriften der §§ 929 ff. Gemäß § 929a genügt jedoch bei einem nicht eingetragenen Seeschiff schon schlichte *Einigung*. Die Übergabe des Schiffes wird nicht verlangt. Es ist dieselbe Regelung, die gemäß § 2 SchiffsRG für im Seeschiffsregister eingetragene Schiffe gilt. Beide Bestimmungen tragen der besonderen Lage der Seeschifffahrt Rechnung, wo eine tatsächliche Übergabe oft nicht möglich ist, da Schiffe sich oft in See befinden (zu den Einzelheiten insoweit STAUDINGER/NÖLL [2002] § 2).

Bei Schiffen, die im *Binnen*schifffahrtsregister eingetragen sind, bedarf es zur Übereignung der Einigung *und Eintragung*, bei *nicht eingetragenen Binnenschiffen* der Einigung *und Übergabe* nach §§ 929 ff. § 929a ist hier nicht anwendbar.

Für den Eigentumswechsel an im *See*schiffsregister eingetragenen Schiffen gelten die Grundsätze des Grundstücksrechts (vgl Amtl Begr zum SchiffsRG [1332]). Bei ihnen richtet sich der (rechtsgeschäftliche) Eigentumserwerb nach den §§ 3 Abs 1 SchiffsRG (vgl STAUDINGER/NÖLL [2002] 3).

Weiterführendes Schrifttum: PRÜSSMANN-RABE, Seehandelsrecht (2. Aufl 1983); AB-RAHAM, Das Seerecht (4. Aufl 1974); SCHAPS-ABRAHAM, Das Deutsche Seerecht (3. Aufl 1959–1967); WÜSTENDORFER, Neuzeitliches Seehandelsrecht (2. Aufl 1950); KRIEGER, in: PFUNDTNER/NEUBERT, Das neue deutsche Reichsrecht, II b Nr 75/76, 1933 ff; DOBBERAHN, Rechte an Schiffen und Luftfahrzeugen, MittRhNOtK 1998, 145; HERBER, Seehandelsrecht 1998, § 8 IV; RABE, Seehandelsrecht 2000, Einf Rn 18.

II. Gegenstand

1. *Nicht eingetragene Seeschiffe:* Einzig die *Nichteintragung* ist maßgeblich. Die **2** Gründe, die dazu geführt haben, sind belanglos. Ein Seeschiff ist im Gegensatz zum Binnenschiff zur Seefahrt bestimmt. In Zweifelsfällen entscheidet der Wille des Eigentümers. Ist ein Seeschiff in das Binnenschifffahrtsregister oder ein Binnenschiff in das Seeschiffsregister eingetragen, so ist die Eintragung nach § 5 SchRegO nicht aus diesem Grund unwirksam. Allerdings kann sich der Eigentümer nicht darauf berufen, dass ein im Seeschiffsregister eingetragenes Schiff ein Binnenschiff oder ein im Binnenschifffahrtsregister eingetragenes Schiff eine Seeschiff ist (§ 6 SchiffsRegO). Damit soll der Eigentümer an die von ihm im Rechtsverkehr abgegebenen Erklärung über den Charakter seines Schiffes gebunden sein (NJW 1990, 3210 mwH). Die Übertragung des Eigentums an einem *Schiffswrack* erfolgt nach der allgemeinen Regeln von § 929.

2. *Anteile* an einem nicht eingetragenen Seeschiff sind Anteile einer Bruchteilsgemeinschaft (§§ 741–758). Der Anteil ist vom *Schiffspart* zu unterscheiden. Letzterer bezeichnet den Anteil an einer Partnerreederei (§ 491 Abs 1 HGB; PALANDT/BASSENGE § 929a Rn 1).

III. Übertragung

3 1. Bloße Einigung genügt. Diese entspricht derjenigen des § 929. Sofort bedeutet hier nicht, dass der Eigentumsübergang unverzüglich zu erfolgen hat, sondern dass dieser ohne Veränderung der Besitzesverhältnisse vollzogen wird (ERMAN/MICHALSKI § 929a Rn 2; WÜSTENDORFER, Neuzeitliches Seehandelsrecht [2. Aufl 1950] 78).

2. § 929a gilt nur für die Eigentumsübertragung. Für Verpfändung und Nießbrauchbestellung sind Einigung *und Übergabe* erforderlich (vgl § 1030 ff und § 1204 ff).

IV. Urkunden gemäß Abs 2

4 Es handelt sich nur um eine *Beweisurkunde.* Ihre Erteilung kann jedoch rechtsgeschäftlich zur Suspensivbedingung für den Eigentumsübergang gemacht werden, deren Nichterfüllung Schadensersatzansprüche begründen kann (PALANDT/BASSENGE § 929a Rn 6).

§ 930
Besitzkonstitut

Ist der Eigentümer im Besitz der Sache, so kann die Übergabe dadurch ersetzt werden, dass zwischen ihm und dem Erwerber ein Rechtsverhältnis vereinbart wird, vermöge dessen der Erwerber den mittelbaren Besitz erlangt.

Materialien: E I §§ 805, 874 Abs 1; II § 843; III § 914; Mot III 335; Prot III 190, 196 ff.

Systematische Übersicht

I. Entstehung und Bedeutung _____ 1

II. Anwendungsbereich und Voraussetzungen _____ 5

III. Das Besitzkonstitut
1. Die Funktion des Besitzkonstitutes _ 11
2. Besitzkonstitut und Rechtsgeschäft _ 12
3. Inhalt des Besitzkonstitutes _____ 14
4. Stellungnahme _____ 18
5. Fazit _____ 25

IV. Sonderformen des Konstitutes
1. Gesetzliche Rechtsverhältnisse _____ 26
2. Antizipiertes Besitzkonstitut _____ 30
3. Insichkonstitut _____ 34
4. Nachträglich vereinbarter Eigentumsvorbehalt _____ 36

V. Die Anwendung im Einzelnen
1. Sachgesamtheiten _____ 41
2. Kauf und Verbleib beim Käufer ____ 42
3. Kommissionsgeschäft und Wertpapiere _____ 43

I. Entstehung und Bedeutung

1 1. Die Vorschrift sieht gegenüber dem Grundtatbestand der Übereignung gemäß

§ 929 eine *erhebliche Erleichterung der Rechtsübertragung* vor: Der die Sache besitzende Eigentümer kann dem Erwerber den Besitz dadurch verschaffen, dass er mit ihm „ein Rechtsverhältnis vereinbart, vermöge dessen der Erwerber den mittelbaren Besitz erlangt". Über die Zulässigkeit einer Übereignung durch dieses „Besitzkonstitut" (gemeinrechtlich *constitutum possessorium* oder auch Übereignung mit Besitzvorbehalt) ist während der Gesetzgebungsarbeiten einläßlich diskutiert worden. In der Überzeugung, dass auf ein derartiges Rechtsinstitut im Verkehrsinteresse nicht verzichtet werden könne, hat der Gesetzgeber sich für die Aufnahme des heutigen § 930 entschieden (vgl dazu die Nachw in Vorbem 19 ff zu §§ 929 ff). Man war sich dabei durchaus im Klaren, dass mit diesem Entscheid *erhebliche Konsequenzen und Risiken* in Kauf genommen wurden.

Die erste Konsequenz bestand in einer weitgehenden Einbuße der Erkennbarkeit **2** des Eigentumsübertragungsvorganges, also in einem **Verzicht auf Publizität**. Das Bedürfnis hierfür bestand natürlich vor allem im *Bereich der Kreditsicherung*. Es ist anerkanntes Ergebnis der neueren Forschung, dass der Gesetzgeber die Möglichkeit der Sicherungsübereignung durch Besitzkonstitut nicht nur gesehen, sondern ganz bewusst akzeptiert hat (vgl dazu HROMADKA 172 ff; GAUL AcP 168 [1968] 352, 357 ff; WACKE 77). Man wird allerdings bezweifeln müssen, dass der Gesetzgeber die spätere Entwicklung vorhersehen konnte, die die Sicherungsübereignung zum Normalfall gemacht und dem Pfandrecht zu einem „Stiefmütterchendasein" verholfen hat (zum Ganzen auch STAUDINGER/WIEGAND [2002] Vorbem 1 zu § 1204 mwNw; zu den rechtspolitischen Konsequenzen vgl Anh 20 f, 58 ff zu §§ 929 ff).

Den sich schon in den Beratungen deutlich abzeichnenden Risiken, die aufgrund **3** verbreiteter Konkursschiebereien und daraus resultierender partikularrechtlicher Verbote des constitutum possessorium allen Beteiligten bekannt waren (vgl Mot III 335), suchte man auf zweierlei Weise Rechnung zu tragen: Einmal sollte es dem Richter überlassen bleiben, die simulierte Übereignung durch ein fingiertes Besitzmittlungsverhältnis von der wirklichen zu trennen, zum anderen wurde verschiedentlich verlangt, dass das Besitzmittlungsverhältnis von den Parteien konkretisiert werden müsse (vgl Prot III 196 ff; vgl unten Rn 14 ff).

2. Mit § 930 hat der Gesetzgeber einen Tatbestand geschaffen, der die *Eigen-* **4** *tumsübertragung ohne nach außen erkennbaren Besitzwechsel ermöglicht*, diesen vielmehr auf einen (äußerlich nicht sichtbaren) Vorgang – Begründung eines Besitzmittlungsverhältnisses – verlagert. Bis heute wird in der Lit darüber gestritten, ob es sich bei dieser Regelung um ein Übergabesurrogat handelt, was insbes im Hinblick auf den Wortlaut der Vorschrift („… die Übergabe dadurch *ersetzt* werden …") behauptet wird. Die Diskussion darüber ist indessen müßig; denn richtigerweise geht es bei § 930 nicht darum, dass die Übergabe durch etwas anderes ersetzt wird, sondern darum, dass das *Gesetz auf die Übergabe verzichtet*, weil es eine andere Art der Besitzbegründung des Erwerbers zur Eigentumsübertragung für ausreichend erachtet (ausführlich hierzu jetzt ERNST 123 ff, wobei zu beachten ist, dass ERNST von einer grundlegend anderen Konzeption der Übergabe ausgeht).

II.   Anwendungsbereich und Voraussetzungen

1.   Der Anwendungsbereich der Vorschrift liegt heute ganz überwiegend bei der **5**

Sicherungsübereignung. Diese hat sich jedoch aufgrund der veränderten Verkehrsverhältnisse und der Eigendynamik des Kreditsicherungsrechts zu einem selbständigen Rechtsinstitut entwickelt, das im Anh zu §§ 929–931 zusammenhängend dargestellt wird. Darüberhinaus kommt § 930 in all denjenigen Fällen zur Anwendung, in denen der bisherige Eigentümer das Eigentum übertragen will, aber – aus welchem Grund auch immer – die Sache weiterhin benutzen möchte. Häufig geschieht dies aus rein praktischen Erwägungen, so zB wenn der Mieter dem Vermieter seine Möbel nach § 930 übereignet, weil er sie nach dem Auszug in der Wohnung belassen möchte. Ob man in diesem Zusammenhang von einem Vereinfachungsprinzip (BAUR/STÜRNER § 51 Rn 21) sprechen kann, erscheint zweifelhaft. Immerhin bleibt festzuhalten, dass in zahlreichen Anwendungsfällen § 930 eine problemlose und praktikable Übereignung beweglicher Sachen ermöglicht.

6 2. Die Übereignungsform des § 930 kann bei **allen beweglichen Sachen** zur Anwendung kommen. Die im Anschluss an vereinzelte OLG-Urteile gelegentlich vertretene Ansicht, dass „bei zum Verbrauch oder zum Verkauf bestimmten Gegenständen ... die Übergabe durch constitutum possessorium rechtsunwirksam" (STAUDINGER/BERG[11] [1956]) sei, kann nicht aufrechterhalten werden (zustimmend SOERGEL/HENSSLER Rn 4). Die ältere Judikatur beruht offenbar auf der Auffassung, dass in derartigen Fällen ein Besitzvorbehalt nicht in Betracht komme, da mit der Herausgabe der Gegenstände nicht zu rechnen sei. Schon die Praxis der Übereignung von Warenlagern bei der Sicherungsübereignung zeigt, dass dieses Argument heute nicht mehr zutrifft; es ist im Übrigen im Ansatz verfehlt, weil *für die Frage der Wirksamkeit* des Besitzkonstitutes *einzig und allein* der *Fremdbesitzwille und die Ernsthaftigkeit des Eigentumsübertragungswillens* maßgeblich sind (dazu unten Rn 11 f, 18, 21 ff).

7 3. § 930 regelt nur die Begründung der neuen Besitzlage durch Besitzkonstitut und setzt das Vorliegen einer **Einigung** (iS von § 929) voraus. Infolgedessen gelten alle für die Einigung nach § 929 entwickelten Grundsätze (§ 929 Rn 1, 8 ff) auch für die Übereignung durch Besitzkonstitut. Von besonderer praktischer Relevanz ist dabei der *Bestimmtheitsgrundsatz*, der im Recht der Sicherungsübereignung eine große Rolle spielt (unten Rn 31 und Anh 77 f, 95 ff zu §§ 929 ff), sowie die Tatsache, dass auch nach § 930 eine Übereignung in *Stellvertretung* oder mit *Ermächtigung* des Eigentümers möglich ist (vgl dazu § 929 Rn 16, 38 ff und unten Rn 34).

8 4. Voraussetzung für die Anwendbarkeit des § 930 bildet der **Besitz des verfügenden Eigentümers.** Denn ohne diese Besitzposition kann das Besitzmittlungsverhältnis zugunsten des Erwerbers nicht begründet werden. Es genügt allerdings, wenn dieser Besitz in dem Moment vorhanden ist, in dem der Eigentumserwerb eintreten soll. Daraus ergibt sich einerseits, dass bei *aufschiebend bedingter Übereignung* der Besitz des Veräußerers im Moment des Bedingungseintrittes (noch) vorhanden sein muss (PLANCK/BRODMANN Anm 4; KOHLER ArchBR 18, 1 ff, 75), andererseits folgt daraus, dass das Besitzmittlungsverhältnis schon im *Vorgriff auf die spätere Besitzerlangung* vereinbart werden kann. Entscheidend für den Eigentumsübergang ist allein, dass bei der späteren Entstehung dieses Besitzmittlungsverhältnisses Besitz und Eigentum – sei es auch nur vorübergehend – in eine Hand gelangen; denn dann sind in diesem Moment die Eigentumsübertragungsvoraussetzungen gegeben (zu diesem sog *antizipierten Besitzkonstitut* und seiner Kombination mit der antizipierten Einigung vgl unten Rn 30 ff).

Der Besitz des Veräußernden kann sowohl **unmittelbarer** als auch **mittelbarer** Besitz **9** sein. Dass mittelbarer Besitz des Veräußerers ausreichen solle, war schon Meinung der Gesetzesverfasser (Prot III 204) und entspricht heute der allgemeinen Meinung (PLANCK/BRODMANN Anm 2 mNw zur älteren Judikatur; heute übereinstimmende Auffassung der Lehrbuch- und Kommentarliteratur). In diesem Fall hat der Veräußerer die Wahl zwischen der Vereinbarung eines Besitzkonstitutes oder der Abtretung des Herausgabeanspruches nach § 931. Bei Verwendung des Besitzkonstitutes entsteht zweifach gestufter mittelbarer Besitz (vgl STAUDINGER/BUND [2000] § 871 Rn 5). Dagegen scheidet beim Vorgehen nach § 931 der Veräußerer aus der Besitzkette aus (vgl § 931 Rn 5). In Zweifelsfällen können gerade aus dieser unterschiedlichen Konzeption Schlüsse auf den Parteiwillen ermöglicht werden. In beiden Fällen ist eine Orientierung des unmittelbaren Besitzers nicht erforderlich, bei § 931 allerdings geboten (§ 931 Rn 22).

§ 986 Abs 2 ist auch beim Eigentumserwerb nach § 930 anwendbar, *wenn der Veräußerer mittelbarer Besitzer* ist (allgM). „Der Grundgedanke des § 986 Abs 2, den Besitzer durch die Eigentumsübertragung nicht schlechter zu stellen, sondern ihm das nach § 986 Abs 1 zustehende Recht zur Verweigerung der Herausgabe auch gegenüber dessen Rechtsnachfolger zu bewahren..., gilt nicht nur für die Eigentumsübertragung nach § 931, sondern trifft auch für die Eigentumsverschaffung durch den mittelbaren Besitzer nach § 930 zu. Würden dem unmittelbaren Besitzer bei einer Eigentumsübertragung durch Besitzkonstitut die *Einwendungen* gegenüber dem Erwerber abgeschnitten, hätten dieser und der Veräußerer es häufig in der Hand, allein durch die oft beliebige Art und Weise der Eigentumsübertragung den in § 986 Abs 2 mißbilligten Erfolg zu erreichen" (so BGHZ 111, 142, 146 mNw u Urteilsanm KRÜGER JuS 1993, 12 ff, und ausführlich STAUDINGER/GURSKY [1999] § 986 Rn 55).

Auch **Mitbesitz** kann ausreichen, sofern dieser seinerseits zur Begründung des **10** Eigentumsrechts führen kann (RG SeuffA 76 Nr 216; RGZ 139, 114, 117; zum Ganzen WESTERMANN/WESTERMANN § 41 II 2 a; vgl auch BAUR/STÜRNER § 51 Rn 25). Üben Veräußerer und Erwerber den Mitbesitz aus, so genügt es, wenn der Veräußerer in unmittelbarem Besitz verbleibt und dem Erwerber durch Vereinbarung iS von § 930 den mittelbaren Besitz einräumt (so WOLFF/RAISER § 66 Fn 31; zustimmend WESTERMANN/WESTERMANN § 41 II 2 a; vgl dazu außerdem § 929 Rn 102 zum Mitbesitz am Hausrat bei Ehegatten).

III. Das Besitzkonstitut

1. Die Funktion des Besitzkonstitutes

Das *Besitzmittlungsverhältnis hat dieselbe Funktion*, die in § 929 S 1 der *Übergabe* **11** zukommt. Es soll den in der Einigung der Parteien zum Ausdruck gekommenen *Übereignungswillen in die Realität umsetzen*. Das hat nach dem Wortlaut des Gesetzes dadurch zu geschehen, dass Veräußerer und Erwerber ein Rechtsverhältnis vereinbaren, „vermöge dessen der Erwerber den mittelbaren Besitz erlangt". Die Interpretation dieser Tatbestandsmerkmale ist vor allem deshalb umstritten, weil der dort verwendete Begriff des mittelbaren Besitzes Anlass zu Zweifeln gibt. Für die Rechtsanwendung ist infolgedessen der Zweck der in § 930 getroffenen Regelung und die darin dem *Besitzkonstitut zugewiesene Funktion* von entscheidender Bedeutung. Danach kommt es vor allem darauf an, dass der bisherige Eigentümer den Willen hat, die bei ihm verbleibende Sache für den Erwerber zu besitzen. **Mit dem Fremdbesitzwillen begründet er den mittelbaren Besitz des Erwerbers und anerkennt zugleich dessen Eigentum.** Diese Willenshaltung des Veräußerers ist es, die den Eigentumserwerb nach § 930 ermöglicht und bewirkt; sie kommt üblicherweise in *zwei Rechtshandlungen* zum Ausdruck, von denen die eine sich auf die Eigentumsübertragung (Einigung), die andere auf die Begründung eines Besitzmittlungsverhältnisses bezieht. Beide werden als Rechtsgeschäfte qualifiziert. Während diese Qualifizierung für die Einigung selbstverständlich zutrifft, ergeben sich bezüglich der Begründung des mittelbaren Besitzes Probleme.

2. Besitzkonstitut und Rechtsgeschäft

12 a) Ein Besitzmittlungsverhältnis kommt im Regelfall dadurch zustande, dass die Parteien untereinander ein *Rechtsverhältnis* vereinbaren, das dem Veräußerer den unmittelbaren Besitz belässt und dem Erwerber den mittelbaren verschafft. Dieser *Vorgang ist zweifellos rechtsgeschäftlicher Natur*; deshalb trifft es durchaus zu, wenn grundsätzlich gesagt wird, dass die Übereignung nach § 930 durch den Abschluss zweier Rechtsgeschäfte erfolge (so im Ergebnis auch ERNST 127 ff; dagegen ist dieses Nebeneinander zweier Konsensualakte – Einigung und Verabredung eines Rechtsverhältnisses – einer der Hauptansatzpunkte für die berühmte Kritik von SÜSS insbes 150). Indessen kann dies nicht ohne Einschränkung gelten. Vielmehr ist festzuhalten, dass die Begründung des mittelbaren Besitzes zwar idR durch Rechtsgeschäfte erfolgt, dass aber die Entstehung eines Besitzmittlungsverhältnisses nicht vom rechtsgeschäftlichen Willen abhängt. Sie beruht vielmehr *letztlich allein auf dem Fremdbesitzwillen des unmittelbaren Besitzers* (vgl statt aller die zusammenfassende und zutreffende Darstellung von WIELING AcP 184 [1984] 439 ff, insbes 451 ff und WIELING § 9 II 1–4; wie hier jetzt WESTERMANN/WESTERMANN § 41 II 2 b). Die Entstehung dieses Willens ist unabhängig davon, ob zwischen den Parteien ein Rechtsgeschäft geschlossen oder ob das geschlossene Rechtsgeschäft wirksam ist (so zu Recht E WOLF 224).

13 b) Daraus ergibt sich auch die Antwort auf die früher stark umstrittene Frage, ob das den **mittelbaren Besitz begründende Rechtsverhältnis gültig sein** müsse, damit eine Eigentumsübertragung überhaupt bewirkt werde (so vor allem MÜLLER-ERZBACH AcP 142 [1939] 51; BRUNS 157; KRESS 200; weitere Nachw bei STAUDINGER/BUND [2000] § 868 Rn 16). Demgegenüber geht die *hM* (gesamte Lehrbuch- und Kommentarliteratur; vgl ausf Nachw bei WIELING AcP 184 [1984] 439 ff Fn 3 u STAUDINGER/BUND [2000] § 868 Rn 13; insoweit übereinstimmend auch ERNST 124 f) zu Recht – wenn auch mit unterschiedlichen Begründungen – davon aus, *dass das Vorliegen eines ungültigen Rechtsverhältnisses genüge*, sofern dadurch nur der mittelbare Besitz tatsächlich entstanden sei.

3. Inhalt des Besitzkonstitutes

14 a) Schon während der *Gesetzgebungsarbeiten* war umstritten, welche Anforderungen an das vereinbarte Rechtsverhältnis zu stellen seien, damit dieses als Besitzkonstitut anerkannt werden könne. Der Antrag für ein *individualisiertes Konsti-*

tut, das lediglich bei Vereinbarung von Nießbrauch, Miete, Pacht oder Verwahrung zulässig sein sollte, wurde jedoch ebenso zurückgewiesen wie jener auf Einführung eines sog *abstrakten Konstitutes* mit der bloßen Erklärung des Veräußerers, die Sache künftig für den Erwerber besitzen zu wollen. Die Mehrheit nahm folgenden Standpunkt ein: „Ein abstraktes Konstitutum ... komme in der Wirklichkeit überhaupt nicht vor. Es müsse vielmehr immer irgendein Rechtsverhältnis zugrunde liegen, wenn die Parteien ernstlich einerseits den Eigentumsübergang und andererseits das Verbleiben des Besitzes beim Veräußerer wollten. Daß man gesetzlich den Eigentumsübergang von der (mindestens vermeintlichen) Existenz eines solchen Rechtsverhältnisses abhängig mache, diene dazu, die Ernstlichkeit des Willens der Parteien klarzustellen, dass sie die Übergabe durch eine Erklärung des Veräußerers ersetzt wissen wollten" (zum Ganzen Prot III 197 ff mNw zur zeitgenössischen Diskussion und Gesetzgebung; Zitat S 198). Dessen ungeachtet ist seit Erlass des BGB streitig geblieben, ob das Besitzkonstitut individualisiert bzw konkret sein müsse oder ob ein abstraktes Konstitut genüge.

b) Die Vereinbarung eines **konkreten Besitzmittlungsverhältnisses** hatte insbes die **15** *ältere Rechtsprechung* verlangt (vgl RGZ 49, 170, 173; 54, 396 ff; 98, 131, 133). Schon die Rspr des **RG** hatte aber zunehmend Konzessionen gemacht; so wird einerseits anerkannt, dass das Konstitut nicht einem der im Gesetz geregelten Vertragstypen entsprechen muss, sondern dass jedes besitzbegründende Rechtsverhältnis ausreicht (so ausdrücklich RGZ 132, 183 ff). Darüber hinaus aber sind auch die materiellen *Voraussetzungen schrittweise gelockert* worden. Exemplarisch RGZ 118, 361, 365: „Wenn die Parteien den Willen hatten, dass die betreffenden Sachen in das Eigentum der Beklagten übergehen sollten, dass ihr also auch der Besitz als ein zum Eigentumsübergang notwendiges Erfordernis übertragen werden sollte, so genügt jede Handlung, die objektiv geeignet war, den Besitzübergang herbeizuführen, ohne Rücksicht darauf, ob sich die Parteien über die rechtliche Bedeutung und Wirkung ihrer ... Abrede klar waren". Damit aber hat die Rspr sich bereits soweit vorgewagt, dass das Festhalten am konkreten Besitzkonstitut eher formellen Charakter hat als materielle Substanz. Der **BGH** hat sich der Rspr des RG angeschlossen (das ergibt sich eher beiläufig aus der Entscheidung NJW 1979, 2308 Ziff II 1 a. Dieses Urteil betrifft wie die zuletzt zitierte Entscheidung des RG die Problematik des Besitzkonstitutes bei der Sicherungsübereignung, vgl dazu unten Rn 24, 30 und Anh 85 ff zu §§ 929 ff).

c) Die **Literatur** vertritt bis heute überwiegend einen ähnlichen Standpunkt. **16** Zumindest lehnt die *Mehrheit der Autoren ein abstraktes Konstitut* ausdrücklich ab (WOLFF/RAISER § 67 I 1; BAUR/STÜRNER § 51 Rn 22; WESTERMANN/WESTERMANN § 41 II 2 b; SCHWAB/PRÜTTING Rn 380; bes ausf m umf Übersicht über die ältere Lit und Rspr sowie einer gründlichen Analyse der vertretenen Ansichten EICHLER II 1 138 ff; von den Kommentaren PLANCK/BRODMANN Anm 3; PALANDT/BASSENGE Rn 8; JAUERNIG Rn 11 und 33).

Betrachtet man indessen die Darstellungen näher, so zeigt sich rasch, dass das Beharren auf dem konkreten Besitzkonstitut auch hier eher formalen Charakter hat. Denn alle Autoren stimmen darin überein, dass es in der Sache nur darum gehe, dass zwischen Veräußerer und Erwerber bestimmte **Minimalanforderungen** erfüllt sein müssen. Diese lassen sich schlagwortartig dahin zusammenfassen: *Fremdbesitz auf Zeit – dementsprechender Herausgabeanspruch – bestimmte Pflichten des Veräußerers bezüglich der Sache* (so insbes WESTERMANN/WESTERMANN § 41 II 2 b; WOLFF/RAISER

§ 67 Fn 3; EICHLER II 1 139; BGB-RGRK/PIKART Rn 10 und ERMAN/MICHALSKI Rn 4, die sich allerdings nicht ausdrücklich zum konkreten Konstitut bekennen; unentschieden ebenfalls SOERGEL/HENSSLER Rn 10).

17 Nach allgemeiner Auffassung müssen diese Beziehungen nicht durch ausdrückliche Vereinbarung hergestellt werden, es genügt vielmehr, wenn sie sich aus dem Verhalten der Parteien ergeben, wobei ihnen dies nicht unbedingt bewusst sein muss (vgl etwa WESTERMANN/WESTERMANN § 41 II 2 b unter Bezug auf die oben zitierte Entscheidung RGZ 118, 361, 364 und schon RG JW 1913, 492). EICHLER hat diese Gedanken noch verallgemeinert und den *Standpunkt der herrschenden Auffassung* folgendermaßen zusammengefasst: „Worauf es entscheidend ankommt, ist eine *sachgemäße* Ableitung eines Besitzmittlungsverhältnisses nach objektiven Gesichtspunkten aus der Interessenlage der Beteiligten, die einerseits den Eigentumsübergang, andererseits das Verbleiben der Sache beim Veräußerer beabsichtigen" (II 1 140, Hervorhebung im Original). Es ist nun schwer einzusehen, warum die Vereinbarung eines abstrakten Konstitutes mit dem ausschließlichen Inhalt, die Sache für den Erwerber als Eigentümer besitzen zu wollen, diesen Erfordernissen nicht entspricht. So ist es nur konsequent, wenn in der neueren Lit *zunehmend die Forderung* erhoben wird, das Kriterium des *konkreten Besitzkonstitutes aufzugeben* (so etwa MEDICUS BürgR Rn 491; AK-BGB/REICH §§ 930/931 Rn 7; ausdrücklich jetzt auch AnwK-BGB/SCHILKEN; iE auch Münch-Komm/QUACK Rn 21 und E WOLF 223 f; grundlegend schon KOHLER ArchBR 18, 76 ff und HECK 500 ff).

4.　Stellungnahme

18 **a)** Das Dogma vom *konkreten Besitzkonstitut* wird von der hM zwar noch vertreten, in der Sache aber so weitgehend ausgehöhlt, dass ihm *keine selbständige Bedeutung* mehr zukommt. Eine nähere Analyse zeigt nämlich, dass die Vereinbarung eines individualisierten Rechtsverhältnisses zwischen Veräußerer und Erwerber *nicht als eigentliche Entstehungsvoraussetzung* betrachtet wird, sondern gewissermaßen als Beweis für den Parteiwillen. Symptomatisch dafür kann die von WOLFF gegebene Begründung für das konkrete Besitzkonstitut gelten: „Daher kann, solange der Veräußerer unmittelbarer Besitzer bleiben soll, auf die Herstellung eines Schuldverhältnisses zum Erwerb nicht verzichtet werden, das die Verwandlung des bisherigen Eigen- in Fremdbesitz bewirkt und glaubhaft macht. Darauf, wie die Parteien dieses Verhältnis rechtlich qualifizieren, kommt es aber nicht an; entscheidend ist ihr Wille, Sorgfalts- und Treuepflichten des Veräußerers gegenüber dem Bewerber in bezug auf die Sache zu begründen" (WOLFF/RAISER § 67 Fn 3). Hier zeigt sich sehr deutlich, dass die Pflichtenbeziehung, die als das wesentliche Merkmal des Rechtsverhältnisses iS von § 930 betrachtet wird, keine andere Funktion hat als diejenige, die ihr schon nach der Meinung der Gesetzesverfasser zukam, nämlich die *Ernsthaftigkeit des Eigentumsübertragungswillens zu manifestieren*. Dies wird ganz besonders dadurch unterstrichen, dass die hM diese Beziehung auch dann anerkennt, wenn ihr kein gültiges Rechtsverhältnis zugrunde liegt (vgl oben Rn 13). Damit wird iE aber eingeräumt, dass es ausschließlich darauf ankommt, dass der Veräußerer den Besitz für den Erwerber ausüben will. Ob diese Voraussetzung wirklich vorliegt, ist durch (richterliche) **Wertung** zu entscheiden. Die *von der hM aufgestellten Kriterien* sind dabei weder immer erforderlich noch immer ausreichend; ihnen kommt allenfalls *Indizfunktion* zu.

b)   Diese Kriterien sind entscheidend von der Theorie des mittelbaren Besitzes **19** geprägt. Ob und inwieweit an ihnen im Einzelnen festzuhalten ist, kann hier dahinstehen (vgl dazu zusammenfassend STAUDINGER/BUND [2000] § 868 Rn 15 ff; die Entbehrlichkeit der meisten dieser Kriterien hat WIELING in der oben angeführten Abhandlung AcP 184 [1984] 439 ff überzeugend dargelegt). Die maßgeblichen und richtigen Gesichtspunkte ergeben sich vielmehr aus einer natürlichen Betrachtungsweise des mit einer Vereinbarung nach § 930 beabsichtigten Eigentumsübertragungsvorganges. Bei allen Übereignungen nach § 930 besteht eine von der Grundnorm des § 929 abweichende Situation. Der zukünftige Eigentümer soll und will das Recht erwerben, dagegen soll und will er (im Moment) nicht die unmittelbare Sachherrschaft und den damit verbundenen Sachgenuss erlangen. Auf eine solche Form der Übereignung wird sich der Erwerber nur dann einlassen, wenn dafür bestimmte Gründe vorliegen. Sofern aber diese Gründe existieren, *treffen die Parteien stillschweigend oder ausdrücklich Verabredungen* über gerade den Punkt, der das entscheidende Kriterium für die Übereignung nach § 930 bildet; sie müssen nämlich **Einverständnis** darüber erzielen, dass der **Veräußerer die Sache nun nicht mehr als Eigentümer, sondern für den Erwerber besitzen soll.** Sofern über diesen Punkt Einverständnis besteht, ergeben sich daraus mit Notwendigkeit gewisse Verhaltens- und Treuepflichten im Hinblick auf die schonende Behandlung der Sache und eine eventuelle Herausgabe, mit anderen Worten jene Gruppen von Pflichten, die die hM als Kriterium eines Besitzmittlungsverhältnisses bezeichnet (zu diesen über die reine Obligation zur Übereignung hinausreichenden Pflichten vgl auch OLG Hamm NJW 1970, 2067; OLG Stuttgart BB 1975, 940). In Anbetracht dieser Realitäten hatte schon die Kommissionsmehrheit (vgl Zitat aus Prot oben Rn 14) zu Recht hervorgehoben, dass ein wirklich abstraktes Konstitut niemals vorkomme (bes eindringlich und überzeugend HECK 500 ff).

c)   Die *Diskussion über das konkrete und abstrakte Besitzkonstitut* war deshalb **20** *von allem Anfang an im Ansatz verfehlt.* Schon die oben (Rn 1 ff) kurz skizzierte Entstehungsgeschichte (vgl dazu jetzt auch WIELING § 9 I, II und ERNST 122 ff) zeigt, dass der Gesetzgeber die Problematik vor allem in der **Abgrenzung von simulierten Rechtsgeschäften** gesehen hat. Entscheidend kam es darauf an, dass der ernsthafte Wille, Eigentum zu übertragen, auch in den Übereignungstatbeständen ohne Übergabe in irgendeiner Weise dokumentiert würde. Diese Manifestation war deshalb erforderlich, weil andernfalls nachträglich begründete Sicherungsübereignungen oder zum Schein geschlossene Sicherungsgeschäfte geradezu provoziert worden wären. Der Gesetzgeber hat indessen deutlich erkannt, dass man derartige Manipulationen nicht dadurch verhindern könne, dass man die Vereinbarung bestimmter Rechtsverhältnisse vorschreibe; denn diese können ebenso simuliert werden wie die Einigungserklärung selbst (vgl auch WIELING § 9 III 2 b aa). Diese vor allem von der zeitgenössischen Diskussion um die Abgrenzung der fiduziarischen von den simulierten Rechtsgeschäften her zu verstehende Grundhaltung schlägt sich in den Beratungen und in der Konzeption des Tatbestandes ganz deutlich nieder (vgl dazu insbes HROMODKA 144 ff; COING, Treuhand 29 ff, 34 ff u zusammenfassend WIEGAND, Fiduziarische Rechtsgeschäfte 540 ff; vgl auch Mot III 335; Prot III 196 und oben Rn 14). Dem muss die heutige Interpretation Rechnung tragen.

Das kann nur dadurch geschehen, dass man – wie schon in den Prot hervorgehoben **21** – entscheidend darauf abstellt, ob der Nachweis der **Ernsthaftigkeit des Übereignungswillens durch Herstellung einer neuen Besitzlage verifiziert wird.** Dafür ist ausschließlich der Fremdbesitzwille und der ihm korrespondierende Besitzerwerbswille des zukünftigen Eigentümers maßgeblich. Alle anderen Umstände wie die Begrenzung des Besitzes auf Zeit, Herausgabeansprüche, Treuepflichten bezüglich der Sache sind zusätzliche Elemente, deren Vereinbarung gelegentlich auf den Fremdbesitzwillen schließen lässt; sie sind aber weder notwendiges Element eines solchen Besitzverhältnisses noch Voraussetzung für einen wirksamen Eigentumsübergang. „Erforderlich sind nur inhaltlich bestimmte, nicht rechtsgeschäftliche Einverständniserklärungen" (E Wolf 224; so wohl auch Wieling § 9 III 2 b aa). Im Ergebnis stellt auch die hM nur auf diesen Aspekt ab; andernfalls würde sie nicht akzeptieren können, dass bei der antizipierten Übereignung durch vorweggenommenes Besitzkonstitut (dazu unten Rn 30 ff) das Fehlen des Fremdbesitzwillens im Moment der Besitzerlangung zum Scheitern des Eigentumserwerbs führen muss.

22 d) Auch die gelegentlichen Versuche, das Erfordernis eines konkreten Konstitutes in **Anknüpfung an das Traditionsprinzip und den kombinierten Tatbestand** zu rechtfertigen, halten einer näheren Analyse nicht stand. So hatte Harry Westermann ([5. Aufl] § 40 II 2 b) behauptet, dass die Zulassung eines abstrakten Konstitutes iE „die Aufgabe eines neben der Einigung bestehenden selbständigen Teils des Übereignungstatbestandes" herbeiführe, verlangte jedoch iE nur „eine auf den Besitz einer Sache abgestellte Beziehung". Gerade eine solche Beziehung entsteht aber, sobald ein Besitzkonstitut vereinbart wird, mit einer gewissen Notwendigkeit – wie insbes Heck nachgewiesen hat (vgl oben Rn 19). Daß diese Beziehung mit einem *Herausgabeanspruch* gleichzusetzen sei, überzeugt schon deshalb nicht, weil nach allgemeiner Auffassung die Herausgabe nicht notwendig an den neuen Eigentümer erfolgen muss. *Entscheidend ist vielmehr, dass der unmittelbare Besitzer und bisherige Eigentümer die Sache nicht mehr als eigene besitzt*, sondern als Fremdbesitzer für den neuen Eigentümer, und dies impliziert seine **Bereitschaft zur Herausgabe**, sei es an diesen Eigentümer oder an einen von ihm benannten sonstigen Dritten.

23 Infolgedessen liegt auch *kein Verstoß gegen die prinzipielle Entscheidung des Gesetzgebers* für das Traditionsprinzip vor. Denn die Zulassung des Besitzkonstitutes erfolgt in bewusster Anerkennung entsprechender Verkehrsbedürfnisse und mit der ausdrücklichen Maßgabe, dass gerade deshalb auf die Übergabe verzichtet werden müsse. Im Übrigen fügt sich die Regelung des § 930 auch bei Zulassung des sog abstrakten Konstitutes problemlos in die oben dargelegte *Funktion des Übergabeerfordernisses* ein (vgl § 929 Rn 45 ff). Danach hat die Übergabe nur den Zweck, diejenigen Besitzverhältnisse herzustellen, die der neuen Eigentumszuordnung entsprechen. Eine derartige Kongruenz entsteht aber auch dann, wenn der bisherige Eigentümer die Sache nunmehr für den Erwerber besitzt. Auf eine Publizierung dieses Vorganges hat der Gesetzgeber ganz bewusst verzichtet. Er hat sich damit begnügt, dass **unter den Parteien der ernsthafte Wille auf Übereignung durch Schaffung von mittelbarem Besitz realisiert wird.**

24 e) Im Kern geht es denn auch in der Diskussion um das konkrete Besitzmittlungsverhältnis gar nicht um dogmatische Aspekte, sondern um *rechtspolitische Erwägungen.* Ein Teil der Autoren versucht im Rahmen des § 930 durch das Erfordernis der Konkretheit das *Traditionsprinzip* wenigstens in rudimentärer Weise aufrechtzuerhalten. Die Mehrheit der Autoren aber hat die *Sicherungsübereignung* im Auge. Dies beruht nicht zuletzt darauf, dass die ganz überwiegende Anzahl der

Gerichtsurteile sich mit der Frage der Zulässigkeit eines Besitzkonstitutes zum Zwecke der Sicherungsübereignung befasst. Das Problem „abstraktes – konkretes Konstitut" wurde schon während der Gesetzgebungsarbeit unter dem Aspekt der Sicherungsübereignung diskutiert. Wie oben mehrfach hervorgehoben, geht es hier vor allem um die Verhinderung simulierter Geschäfte, die der Vollstreckungsvereitelung oder Konkursschieberei dienen. Mit Hilfe der Forderung nach einem konkreten Konstitut wollte man die Sicherungsübereignung als solche erschweren und damit unliebsamen Machenschaften vorbeugen (exemplarisch WESTERMANN [5. Aufl] § 40 II 2 b am Ende). Dieser Ansatz ist verfehlt. Schon während der Gesetzgebungsarbeiten ist deutlich hervorgehoben worden, dass *Manipulationen nur durch richterliche Kontrolle* unterbunden werden können. Diese bezieht sich auf die Ernsthaftigkeit des Geschäftes als solche, sie betrifft also sowohl die Einigung als auch die Schaffung entsprechender besitzrechtlicher Verhältnisse. Sofern aber die Ausbreitung der Sicherungsübereignung generell bekämpft werden soll, stellt sich das Erfordernis eines konkreten Besitzkonstitutes als untaugliches Mittel dar. Wie schon HECK (s oben Rn 19) eindringlich nachgewiesen hat, lässt sich ein Konstitut ebenso simulieren wie eine Einigung. Maßnahmen gegen eine Ausuferung der Sicherungsübereignung können deshalb nicht in punktuellen dogmatischen Anforderungen bestehen, sie müssen vielmehr einen breiteren Ansatz verfolgen (vgl dazu Anh 144 ff zu §§ 929 ff).

5. Fazit

Das Erfordernis eines konkreten Besitzkonstitutes ist aufzugeben (so jetzt auch AnwK- **25** BGB/SCHILKEN Rn 11). Für die Begründung eines *Besitzmittlungsverhältnisses iS von § 930 sind erforderlich aber auch genügend*: der **Fremdbesitzwille des Veräußerers und der Wille des Erwerbers, Eigenbesitz zu begründen** (insoweit zutreffend ERNST 127 ff; WACKE ZeuP 2000, 254, 260). Beide Elemente werden idR durch ein Schuldverhältnis begründet, was aber nicht notwendigerweise einem der im Gesetz geregelten Vertragstypen entsprechen muß. Vielmehr kommt es entscheidend darauf an, dass die Ernsthaftigkeit des Übereignungswillens durch eine Veränderung der besitzrechtlichen Situation tatsächlich gewollt und bewirkt wird. Dazu ist es vollkommen ausreichend, wenn der Veräußerer sich in eindeutiger Weise dazu bekennt, nunmehr für den Erwerber zu besitzen. Eine Subsumtion dieser Willenshaltung der Parteien unter ein bestimmtes Rechtsverhältnis ist ebensowenig notwendig wie die Gültigkeit eines eventuell tatsächlich vereinbarten Rechtsverhältnisses. „Erforderlich sind nur inhaltlich bestimmte, nicht rechtsgeschäftliche Einverständniserklärungen. Durch sie entsteht das Besitzmittlungsverhältnis" (so treffend E WOLF 224). In der Literaur findet dies Auffassung zunehmend Zustimmung (AnwK-BGB/SCHILKEN Rn 11; BAMBERGER/ROTH-KINDL Rn 5; iE wie hier MEDICUS, BürgR Rn 491; AK-BGB/REICH Rn 7 und wohl auch MünchKomm/QUACK Rn 21, 25 ff). Der BGH hat das Erfordernis eines konkreten Besitzkonstituts zumindest faktisch aufgegeben (vgl JuS 1999, 500, dazu MEDICUS in EwiR 1999 § 930).

IV. Sonderformen des Konstitutes

1. Gesetzliche Besitzmittlungsverhältnisse

a) Dass es zur Eigentumsübertragung gemäß § 930 ausreicht, wenn (neben der **26**

selbstverständlich notwendigen Einigung) ein *auf Gesetz beruhendes Besitzmittlungsverhältnis* besteht, ist iE heute nicht mehr umstritten (BAUR/STÜRNER § 51 Rn 24; WESTERMANN/WESTERMANN § 41 II 3; WOLFF/RAISER § 67 I 5; BGB-RGRK/PIKART Rn 12; ERMAN/ MICHALSKI Rn 5; PALANDT/BASSENGE Rn 8; MünchKomm/QUACK Rn 40 ff; PLANCK/BRODMANN Anm 3 mNw zur älteren, abl Ansicht; aus der älteren Rspr vgl STAUDINGER/BERG[11] [1956] Rn 8 sowie RGZ 59, 200, 201; 94, 341 f; 98, 131, 134 f; 105; 19, 20 f; 108, 122, 124).

Bedenken könnten sich formell aus dem Wortlaut ergeben, der eine „Vereinbarung" voraussetzt, die das Besitzmittlungsverhältnis erst schafft. Die ganz hM begnügt sich jedoch damit, „dass eine Rechtslage besteht, aus der heraus der Besitzmittler (Veräußerer) den Oberbesitz des Erwerbers künftig anerkennt" (BAUR/STÜRNER § 51 Rn 24 unter Bezugnahme auf RGZ 108, 122, 123 f). Das in diesem Zusammenhang als abweichend zitierte Urteil des RGZ 126, 21 ff betrifft vor allem die Unanwendbarkeit des § 929 S 2, wenn der Veräußerer dem Erwerber den Besitz vermittelt (dazu § 929 Rn 124); es kann nicht verallgemeinert werden. In diesem Sinne hat der BGH *bezüglich des Hausrats die Ehe* als ein „gesetzliches Besitzmittlungsverhältnis" bezeichnet, das „für die Anwendung des § 930 genügt" (BGHZ 73, 253, 257 f; bestätigt in BGH NJW 1992, 1163 sowie zuletzt Düsseldorf OLG-Report 1996, 198) und für das *Eltern-Kind-Verhältnis* hat der BGH in NJW 1989, 2542 aus der elterlichen Vermögenssorge ein gesetzliches Besitzmittlungsverhältnis hergeleitet, das für die Übereignung nach § 930 ausreicht.

27 b) Differenzen bestehen nur noch hinsichtlich der Frage, ob die Auslegung des Parteiwillens eine **Bezugnahme auf das gesetzliche Rechtsverhältnis** ergeben muss. Die hM verlangt dies, wobei sich im Einzelnen starke Nuancen ergeben. Für den **BGH** *gilt* das gesetzliche Rechtsverhältnis als *vereinbartes* Besitzmittlungsverhältnis iS von § 930, „wenn die Beteiligten die gesetzliche Rechtsfolge ins Auge gefaßt und übereinstimmend in ihren Willen aufgenommen haben" (BGHZ 73, 253, 258 im Anschluss an RGZ 108, 122, 124). Die ältere Rspr hatte sich dagegen mit einer schlichten Bezugnahme begnügt (so zB LG Nordhausen JW 1933, 2078; BAER JW 1931, 2140). Differenzierend will JAUERNIG bei bestehendem mittelbaren Besitz eine Einigung im Hinblick darauf genügen lassen, bei noch nicht bestehendem mittelbarem Besitz fordert er eine Einbeziehung in das Rahmenverhältnis (zB Ehe) durch rechtsgeschäftliche Vereinbarung (JAUERNIG Rn 13 f). In bestimmten Fällen mag die letzte Einschränkung zutreffen (Schenkung aus Familienbesitz an minderjährige Kinder, vgl etwa BGH NJW 1989, 2542), insgesamt aber ist eine bewusste Bezugnahme nicht erforderlich.

28 c) Auch hier kommt es entscheidend darauf an, dass die Besitzlage der angestrebten Neuzuordnung des Eigentums entspricht (vgl § 929 Rn 52, 60). Ist dies schon der Fall, dann genügt zur **Eigentumsübertragung die schlichte Einigung** (wie hier jetzt auch WESTERMANN/WESTERMANN § 41 II 3; BAUR/STÜRNER § 51 Rn 24; SOERGEL/HENSSLER Rn 13). Die Situation gleicht dann vollkommen der des § 929 S 2, in dem ebenfalls auf jeden weiteren Akt verzichtet wurde (§ 929 Rn 121).

29 d) **Als gesetzliche Besitzmittlungsverhältnisse dieser Art kommen in Betracht:**
– die eheliche Gemeinschaft, BGHZ 73, 253 ff und BGH NJW 1992, 1163 (vgl dazu ausführlich und differenzierend BAUR/STÜRNER § 51 Rn 25);

– Verwaltung des Kindesvermögens; „elterliche Vermögenssorge als Besitzmittlungsverhältnis" (so BGH NJW 1989, 2542);

– Insolvenzverwaltung;

– Testamentsvollstreckung und Pfändungspfandrecht.

2. Antizipiertes Besitzkonstitut

a) Von einem anitizipierten oder vorweggenommenen Besitzkonstitut spricht **30**
man, wenn ein *zukünftiger Besitzer (Veräußerer) und ein späterer mittelbarer Besitzer (Erwerber)* ein **Besitzmittlungsverhältnis schon vor Besitzerlangung vereinbaren.** Eine derartige Vereinbarung wird heute allgemein für zulässig gehalten (übereinstimmende Auffassung der Kommentar- und Lehrbuchliteratur; aus der Rspr RGZ 73, 415, 417 f; 140, 223, 230 f; zur Rspr des BGH s unten Rn 32 ff und ausführlich Anh 132 ff, 282 f zu §§ 929 ff); in der Praxis tritt sie fast ausschließlich in Verbindung mit einer antizipierten Einigung (§ 929 Rn 80) auf. Der Hauptanwendungsbereich liegt bei der *Sicherungsübereignung* (ausführlich dazu Anh 51 ff zu §§ 929 ff) und der *Veräußerung zukünftiger Sachen* (vgl etwa für die Verarbeitung § 950 Rn 41).

b) Fraglich ist, ob bei dieser Form der Übereignung zusätzliche Gültigkeitsvor- **31**
aussetzungen erfüllt werden müssen. Als solche werden besondere Anforderungen an die **Bestimmtheit** und ein **Akt der Kenntlichmachung** im Moment der Besitzerlangung diskutiert. Für die *gegenständliche Bestimmtheit* des Konstitutes (die inhaltliche Bestimmtheit betrifft das Rechtsverhältnis – „konkretes" Konstitut s oben Rn 15 ff) gelten an sich keine Besonderheiten. Die Individualisierung der Übereignungsgegenstände muss auf Grund der Einigung möglich sein (§ 929 Rn 11). Das gilt auch dann, wenn die Besitzverschaffung nicht durch Übergabe, sondern durch Begründung mittelbaren Besitzes erfolgt (oben Rn 7). Auch bei Vorwegnahme des Besitzmittlungsverhältnisses und der Einigung genügt **Bestimmbarkeit**, dh es müssen die zu übereignenden Gegenstände derart umschrieben werden, dass im Moment der Besitzerlangung ohne weiteres feststeht, ob und welche Gegenstände übereignet sind (dazu § 929 Rn 11 aus der Rspr etwa BGH NJW 1984, 803; 1991, 2144, 2146 und 1992, 1161; zur Problematik dieser bei allen Vorausverfügungen verwendeten Kriterien WIEGAND, Kreditsicherung, 300 ff; Düsseldorf ZMR 1999, 474, 476; NJW 1995, 2348). Einzelheiten zu dieser vor allem bei Sicherungsübereignungen zentralen Frage Anh 95 ff zu §§ 929 ff.

In engem Zusammenhang mit dem Bestimmtheitsgrundsatz steht die – oft nicht **32**
genügend davon getrennte – Forderung nach *Kenntlichmachung der Übereignung* durch eine **Ausführungshandlung** (STAUDINGER/BERG[11] [1956] Rn 6 m Verw auf ältere Judikatur; BGB-RGRK/PIKART Rn 21 f; PLANCK/BRODMANN Anm 4; u vor allem SIEBERT, Treuhand 132 f; RGZ 73, 415, 418; 140, 229, 231; zur Rspr des BGH im Zusammenhang mit der Sicherungsübereignung Anh 129 ff zu §§ 929 ff). Eine nähere Betrachtung der Einzelfälle zeigt zunächst, dass es sich häufig nur um eine **Präzisierung der antizipierten Einigung** handelt. In derartigen Fällen wird erst jetzt der Verfügungsgegenstand wirklich individualisiert, zB durch Separierung, Erstellung von Listen oder Verzeichnissen (dazu etwa BGHZ 21, 52, 55 f; Einzelheiten vgl Anh 129 ff zu §§ 929 ff). Soweit es aber darum geht, die antizipierten Erklärungen durch sichtbare Akte nochmals zu bestätigen, findet ein derartiges Erfordernis im Gesetz keine Stütze. Wenn Einigung und Be-

sitzmittlungsverhältnis den allgemeinen Kriterien des Bestimmtheitsgrundsatzes entsprechen, bedarf es keiner weiteren Voraussetzung als der, dass Übereignungs- und Fremdbesitzwille im Zeitpunkt der Besitzerlangung bestehen (unten Rn 33). Die Forderung nach Ausführungshandlungen, die die *Erkennbarkeit wenigstens für die Beteiligten* (so RGZ 99, 208, 210; BGH NJW 1964, 398 – iE offengelassen; BGH NJW 1991, 2144, 2146 mNw) bewirken, lässt sich auch nicht mit allgemeinen Publizitätserwägungen begründen (so aber RGZ 140, 223, 231); denn die Entstehungsgeschichte (s oben Rn 1 ff) zeigt, dass der Gesetzgeber im Verkehrsinteresse bereits auf die Erkennbarkeit der Übereignung nach § 930 verzichtet hatte. Wenn die Rspr bei der Sicherungsüber- eignung eine Kenntlichmachung erreichen will, so bedarf dieser an sich richtige Ansatz einer breiten Abstützung und kann nicht auf die antizipierte Übereignung nach § 930 beschränkt werden (dazu Anh 40 ff zu §§ 929 ff). Sieht man von derartigen rechtspolitisch motivierten Restriktionen ab, so ist jedenfalls für die *nicht kredit- sichernde Übereignung* durch antizipiertes Konstitut die **Kenntlichmachung durch Ausführungshandlungen nicht erforderlich** (nunmehr hM AnwK-BGB/Schilken § 930 Rn 15; Westermann/Westermann § 41 III 2; Baur/Stürner § 51 Rn 31; E Wolf 224; Erman/ Michalski Rn 7; MünchKomm/Quack Rn 36; Soergel/Henssler Rn 18, durchweg abweichend aufgrund seiner grundsätzlich anderen Konzeption; Ernst 177 ff).

33 c)   Der **Rechtserwerb** vollzieht sich erst in dem Moment, in dem der Veräußerer die Tatbestandsvoraussetzungen des § 930 erfüllt, also Eigentum und Besitz an der Sache erlangt. Hieraus ergibt sich mit Selbstverständlichkeit, dass ein sog **Durch- gangserwerb** stattfindet: Der Professor, der seine Bibliothek gemäß § 930 mit anti- zipiertem Besitzkonstitut für Neuerwerbungen der Bank zur Sicherheit übereignet hat, erwirbt an den Neuzugängen Eigentum, ehe es auf die Bank übergeht. In dieser *Durchgangsphase* (man spricht in diesem Zusammenhang von einer „juristischen oder logischen Sekunde"; dabei handelt es sich um Relikte der „naturhistorischen" Methode, vgl Wieacker, in: FS E Wolf 421 ff, 443; grundlegend jetzt Kupisch JZ 1976, 417 und Marotzke AcP 191 [1991] 177; beide mit teilw abweichenden Konzeptionen und Resultaten) können Belastungen – zB ein Vermieterpfandrecht – entstehen (allgM; aM Marotzke AcP 191 [1991] 177, 187 ff). Voraussetzung für den Eigentumsübergang ist allerdings, dass der **„antizipierte" Übertragungs- und der Besitzbegründungswille in diesem Mo- ment noch bestehen.** Insofern kann man im Anschluss an Siebert (Treuhand 135 ff) von einer *„unechten Vorwegnahme"* sprechen, weil *keine echte Bindungswirkung eintritt.* Für den Besitz ist dies unbestritten, da auch eine wirksame Verpflichtung zur Besitzbegründung den wirklichen Willen nicht ersetzen kann (bes klar Wester- mann/Westermann § 41 III 2). Das Gleiche gilt nach hM (§ 929 Rn 80) auch für die Einigung. Deren Fortbestand wird aber immer angenommen, solange sich der Veräußerer nicht in erkennbarer Weise von der Einigung distanziert (BGH NJW 1978, 696; wNw § 929 Rn 84 aE). Auch bezüglich des Besitzwillens wird man prinzipiell von der Fortdauer ausgehen können, sofern nicht Indizien für eine Willensänderung vorliegen (BGB-RGRK/Pikart Rn 30; MünchKomm/Quack Rn 46).

3. Insichkonstitut

34 Das Besitzmittlungsverhältnis (und gegebenenfalls die Einigung) kann auch durch Insichgeschäft des Veräußerers begründet werden. Ein derartiges **Insichkonstitut** ist zulässig, wenn die *Voraussetzungen des Selbstkontrahierens gemäß § 181* gegeben sind. In aller Regel wird der Veräußerer in Erfüllung einer Verbindlichkeit oder aber auf Grund einer Gestattung handeln (allg Auffassung der Kommentar- und Lehrbuch-literatur; außerdem SERICK II § 20 II 4; Beispiele aus der Judikatur: RGZ 52, 130, 132; 99, 208, 209; 139, 114, 117; 140, 223, 229; BGH NJW 1989, 2542 „In-Sich-Geschäft der gesetzlichen Vertreter"). Der praktische Anwendungsbereich liegt da, wo ein antizipiertes Konstitut (noch) nicht in Betracht kommt, zB im Kommissionsgeschäft (BGB-RGRK/PIKART Rn 31; SERICK II § 20 II 4; die Rspr prüft primär die Voraussetzungen eines antizipierten Konstitutes, ehe sie das Insichkonstitut in Betracht zieht, RG JW 1917, 217 f). Im Gegensatz zum anti-zipierten Konstitut **erfordert das Insichkonstitut eine Ausführungshandlung** (allgM, dazu genügt Erkennbarkeit für Personen, die mit den Verhältnissen vertraut sind, BGH NJW 1989, 2542 und NJW 1964, 398; RGZ 99, 208, 210). Das Erfordernis der Sicht-barmachung beruht hier nicht auf sachenrechtlichen Publizitätserwägungen; es er-gibt sich vielmehr aus allgemeinen Prinzipien der Rechtsgeschäftslehre, die eine Äußerung des (Übereignungs-)Willens verlangen (WESTERMANN/WESTERMANN § 43 IV 2; SERICK II § 20 II 4; zur Erkennbarkeit bei Insichgeschäften generell STAUDINGER/SCHILKEN [1995] § 181 Rn 64 ff). Ausreichend ist „jede Art von Manifestation" (FLUME, AT II § 48 1). Auf eine solche Manifestation will FLUME gerade beim Eigentumserwerb durch Insich-konstitut des mittelbaren Stellvertreters verzichten, weil es sich um „die selbstver-ständliche Folge vorhergehender Rechtsgeschäfte" handelt.

Als diesen Anforderungen *genügender Ausführungsakt* kann etwa gelten: die Kenn-   35
zeichnung der veräußerten Ware beim Einkaufskommissionär; Verbringen der Sa-che in einen besonderen Raum; Einlegen einer Aktie in eine besondere Schleife (RGZ 52, 130, 132); Vermerk in den Handelsbüchern unter allgemeiner Mitteilung an den Kunden, dass bestimmte Wertpapiere für ihn in Verwahrung genommen seien (RGZ 139, 114, 117); Einlegen von Geld in einen Briefumschlag mit der Aufschrift „Depot NN" (RGZ 63, 16, 17). Ein gesetzlich geregelter Sonderfall findet sich in § 18 Abs 3 DepotG: Ausreichend ist die Absendung eines Stückeverzeichnisses über die gekauften Wertpapiere.

4. Nachträglich vereinbarter Eigentumsvorbehalt

Ob und gegebenenfalls wie eine bereits übereignete Sache vom Käufer auf den   36
Verkäufer unter gleichzeitiger Vereinbarung eines Eigentumsvorbehaltes zurück-übertragen werden kann, ist streitig (vgl dazu die zusammenfassende Darstellung bei STAUDINGER/BECKMANN [2004] § 449 Rn 24 ff mit Nw).

a)   In der älteren Lit und Rspr wurde einem solchen **nachträglich vereinbarten**   37
Eigentumsvorbehalt (dieser ist scharf zu unterscheiden von dem oft ebenso bezeich-neten nachträglichen Eigentumsvorbehalt, der erst bei Lieferung einer vorbehaltlos verkauften Sache nachgeschoben wird, dazu STAUDINGER/BECKMANN [2004] § 449 Rn 21) jede Wirkung abgesprochen (aus der Rspr RGZ 49, 170; 54, 396; OLG Dresden SeuffA 67 Nr 108), weil ein Besitzmittlungsverhältnis iS von § 930 nicht vorliege (so auch BGH NJW 1953, 217); vielmehr handele es sich bei der Vereinbarung um ein abstraktes Konstitut. Bei speziell gelagerten Fällen war jedoch schon früher die Wirksamkeit der Vereinbarung anerkannt (zB RG JW 1915, 445).

Nach der hier vertretenen Auffassung (oben Rn 25) bestehen generell keine Zweifel, dass durch eine derartige Abrede ein Besitzmittlungsverhältnis entsteht; sie bildet vielmehr ein typisches Beispiel dafür, dass sich Fremdbesitzwille und entsprechende

Pflichten aus dem Vorgang und den von den Parteien verfolgten Zwecken praktisch von selbst ergeben (oben Rn 19). Es handelt sich also beim nachträglich vereinbarten Eigentumsvorbehalt nicht um ein Problem des Besitzkonstituts, sondern um eine Frage der sachgerechten Konstruktion der Rückübertragung. Die Rechtsprechung nimmt eine der Rückübereignung nach § 930 folgende aufschiebend bedingte Übereignung des Veräusserers an den Erwerber gemäss § 929 S 2 an (SOERGEL/HENSSLER Rn 24).

38 b) In der Lit werden verschiedene Konzeptionen vorgeschlagen, die jedoch darin übereinstimmen, dass das gewünschte Ergebnis durch ein einziges Rechtsgeschäft zu erreichen sei: Der Käufer überträgt sein um das **Anwartschaftsrecht verkürztes Eigentum** auf den Verkäufer zurück, der damit sofort *auflösend* bedingtes Vorbehaltseigentum erwirbt (grundlegend RAISER NJW 1953, 217 f). Als Besitzmittlungsverhältnis soll der modifizierte Kaufvertrag gelten (etwa LARENZ II/1 § 43 II a; wNw bei STAUDINGER/BECKMANN [2004] Rn 25).

39 c) Im Ergebnis führen beide Ansichten dazu, dass der Verkäufer *ex nunc Vorbehaltseigentum* erlangt, das allenfalls mit zwischenzeitlich beim Käufer entstandenen Belastungen behaftet sein kann.

40 d) Schließlich ist – im Hinblick auf die von der damals hM angenommenen Unwirksamkeit – die Ansicht vertreten worden, die fehlgeschlagene Vereinbarung sei in eine *Sicherungsübereignung umzudeuten* (HECK § 107, 5; RÜHL, Eigentumsvorbehalt 72 ff). Eine derartige Umdeutung widerspricht dem Parteiwillen, der ja bewusst auf die günstigere Sicherungsform gerichtet ist (LARENZ II/1 § 43 II a); die Konversion ist auch entbehrlich geworden, da die heute hM den nachträglichen Eigentumsvorbehalt zu Recht anerkennt.

V. Die Anwendung im Einzelnen

1. Sachgesamtheiten

41 Die Veräußerung von Sachgesamtheiten bildet einen der Hauptanwendungsfälle der Übereignung nach § 930; dies nicht zuletzt deshalb, weil die *Sicherungsübereignung von Warenlagern* geradezu zum Paradebeispiel einer Eigentumsübertragung mittels Besitzkonstitut geworden ist. Die Einzelheiten sind deshalb bei der Sicherungsübereignung zusammengefasst (Anh 103 ff zu §§ 929 ff). Aber auch ohne Sicherungsabrede kommen derartige Übereignungen vor; in diesen Fällen sind die vor allem im Zusammenhang mit der Sicherungsübereignung diskutierten Bestimmtheitserfordernisse ebenfalls zu beachten (dazu Anh 95 ff zu §§ 929 ff; sowie BGB-RGRK/PIKART Rn 35 ff und BGH LM Nr 34 zu § 929).

2. Kauf und Verbleib beim Verkäufer

42 Dass die Sache nach der Übereignung gemäß § 930 beim Veräußerer verbleibt, bildet die eigentliche Besonderheit dieser Übereignungsform. Jedoch ist nicht generell bei einem Verbleib der Kaufsache bei dem Verkäufer auf eine Übereignung nach § 930 zu schließen. Eine verallgemeinernde Betrachtungsweise kommt nicht in Frage; vielmehr muss von Fall zu Fall der Parteiwille ermittelt werden; denn nur dieser entscheidet darüber, ob das Eigentum schon jetzt gemäß § 930 oder erst bei Abholung übergehen soll (vgl auch BAUR/STÜRNER § 51 Rn 33; BGB-RGRK/PIKART Rn 45).

3. Kommissionsgeschäft und Wertpapiere

Besonders häufig findet sich die Übereignung nach § 930 im Kommissionsgeschäft, **43** vor allem durch Insichgeschäft oder als antizipiertes Konstitut.

Bei Wertpapierkommissionen kommen ergänzend die Regeln des Depotgesetzes zur Anwendung, zB § 18 Abs 3 (s oben Rn 35; zum Ganzen EICHLER II 1 104 ff; BGB-RGRK/ PIKART Rn 41 f).

§ 931
Abtretung des Herausgabeanspruchs

Ist ein Dritter im Besitz der Sache, so kann die Übergabe dadurch ersetzt werden, dass der Eigentümer dem Erwerber den Anspruch auf Herausgabe der Sache abtritt.

Materialien: E I §§ 804, 874 Abs 1; II § 844; III § 915; Prot III 201 ff.

Schrifttum

AVENARIUS, Übereignung besitzloser Sachen und Vindikationszession, JZ 1994, 511
CANARIS, Die Verdinglichung obligatorischer Rechte, in: FS W Flume (1978) I 371
EINSELE-WILI, Die Vindikationszession (Diss Zürich 1975)
NEUBURGER, Eigentumserwerb durch Anspruchsabtretung (Diss 1901)
NEUMAYER, Die sogenannte Vindikationszession (§ 931 BGB) im dogmatischen Spannungsfeld zwischen Übereignung und procuratio in rem, in: FS H Lange (1970) 305
OERTMANN, Beiträge zur Lehre von der Abtretung des Eigentumsanspruches, AcP 113 (1915) 51
RAIBLE, Vertragliche Beschränkung der Übertragung von Rechten (1969)

REICHEL, Zwangsüberweisung gepfändeter Fahrnis an den Gläubiger (§ 825 ZPO). Ihre bürgerlich-rechtlichen Wirkungen, JherJb 53, 109
RUPPEL, Die Übertragung dinglicher Rechte an beweglichen Sachen bei Besitz eines Dritten nach BGB (Diss 1905)
SIBER, Die Passivlegitimation bei der rei vindicatio als Beitrag zur Lehre von der Aktionenkonkurrenz (1907)
WIEGAND, Der gutgläubige Erwerb beweglicher Sachen nach §§ 932 ff BGB, JuS 1974, 201
ders, Rechtsableitung vom Nichtberechtigten – Rechtsschein und Vertrauensschutz bei Verfügungsgeschäften, JuS 1978, 145.

Systematische Übersicht

I.   Regelungsgehalt und Entstehung___ 1   II. Voraussetzungen der Eigentums-
                                                   übertragung_____ 3
                                             1.   Besitz eines Dritten_____ 4

2. Abtretung des Herausgabe-   IV. **Wirkungen der Abtretung**_____ 29
    anspruches_____ 10
                                         V. **Einzelfälle**_____ 34
III. Die Abtretung_____ 19
1. Der Abtretungsvertrag_____ 20
2. Gegenstand der Abtretung_____ 24

I.   Regelungsgehalt und Entstehung

1 1.   Die Vorschrift ermöglicht – wie §§ 929 S 2, 930 – eine nach außen nicht
sichtbar werdende Übertragung des Eigentums. Sie vollzieht sich durch zwei
Rechtsgeschäfte – Einigung und Abtretung –, ohne dass eine erkennbare Veränderung der Besitzlage stattfindet. Vielmehr tritt an die Stelle der die Eigentumsübertragung manifestierenden Übergabe die Zession des Herausgabeanspruches.

2.   Auch für die Zulassung dieser Übereignungsform waren wie bei §§ 929 S 2,
930 (§ 929 Rn 47, 118, § 930 Rn 1) die **Verkehrsbedürfnisse** ausschlaggebend (so ausdrücklich und ausführlich Prot III 201 ff). Diese haben den Gesetzgeber auch
bewogen, eine verallgemeinernde und auf alle Fallgestaltungen anwendbare Lösung
zu suchen. Während nämlich zunächst nur eine gesetzliche Festschreibung der
gemeinrechtlichen Doktrin vorgesehen war, gab man in der Schlussphase der Gesetzgebung die traditionellen Figuren der *Besitzanweisung* und der *Vindikationszession* auf (vgl die zusammenfassende Darstellung bei SCHUBERT 81 f, 164 f sowie die historische
Analyse in den Arbeiten von WIELING [vgl Schrifttum vor §§ 929] zum gemeinrechtlichen Hintergrund der Besitzanweisung und NEUMAYER und EINSELE-WILI zur Vindikationszession). An die
Stelle der an den unmittelbaren Besitzer gegebenen Anweisung trat die *Abtretung
des aus dem Besitzmittlungsverhältnis entspringenden Herausgabeanspruches*, die
ohne Mitwirkung (oder auch nur Kenntnis) des betreffenden Besitzers unmittelbar
zum Eigentumsübergang auf den Erwerber führt. Das gleiche Ergebnis sollte jedoch
auch dann eintreten, wenn zwischen Eigentümer und Besitzer ein derartiges Verhältnis nicht bestünde und nur *die Abtretung des „vindikatorischen Anspruches"*
möglich sei. In beiden Varianten kommt der Abtretung des entweder auf dem
Besitzmittlungsverhältnis oder auf dem Eigentum beruhenden Herausgabeanspruches die gleiche Funktion zu: Sie bildet neben der Einigung – und anstelle der
Übergabe – das zweite Element des zweigliedrigen Erwerbstatbestandes.

2 3.   Die Regelung des § 931 hat in der Folgezeit zu erheblichen Interpretations-
schwierigkeiten geführt. Diese beruhen einerseits auf der schon mehrfach erwähnten Umgestaltung des Besitzrechts in der Schlussphase der Gesetzgebung (Vorbem
19 ff zu §§ 929 ff), andererseits aber auf einem für die *Vindikationszession* relevanten
Prozess: der zögernden und noch nicht voll verarbeiteten Ablösung des Aktionen-
denkens durch die materiellrechtliche Betrachtungsweise. Die Vorstellung, dass ein
vom Eigentum abtrennbarer Vindikationsanspruch bestehe und durch Zession übertragen werden könne, ist noch im *aktionenrechtlichen Denken* verwurzelt. Infolgedessen geht der Gesetzgeber davon aus, die Abtretung eines vom Eigentum selbst
gesonderten Herausgabeanspruches könne wie die Zession eines solchen Anspruches aus einem Besitzmittlungsverhältnis als weiteres Tatbestandselement der Übereignung konzipiert werden. Die hier skizzierten entstehungsgeschichtlichen Zusam-

menhänge bilden die Grundlage der später mit großem Aufwand ausgetragenen Kontroversen um die Interpretation des § 931 insbes in Bezug auf die Übereignung von Gegenständen, zu denen keine Besitzbeziehung besteht.

II. Voraussetzungen der Eigentumsübertragung

Das Gesetz knüpft die Übereignung nach § 931 an folgende Tatbestandsvorausset- **3** zungen: *Besitz eines Dritten* und *Abtretung eines gegen diesen gerichteten Herausgabeanspruches*. Beide Elemente sind durch Interpretation modifiziert oder teilweise aufgegeben worden.

1. Besitz eines Dritten

§ 931 setzt voraus, dass die zu übereignende Sache sich im **Besitz eines Dritten 4** befindet. Dabei spielt es nach dem Wortlaut des Gesetzes keine Rolle, welcher Art dieser Besitz ist. Es kann sich um unmittelbaren oder mittelbaren, Eigen- oder Fremdbesitz handeln. Entscheidend ist vielmehr, dass der Besitzer die Sache dem Eigentümer (jetzt oder später) herauszugeben hätte. Dieser Herausgabeanspruch (s u Rn 10 ff) kann auf unterschiedlichen Rechtsgründen beruhen, die ihrerseits wieder von der jeweiligen Besitzsituation abhängen. Folgende Fallgestaltungen sind zu unterscheiden:

a) Ist der *Veräußerer mittelbarer Besitzer*, so hat er den auf *dem Besitzmittlungs-* **5** *verhältnis beruhenden Herausgabeanspruch* an den Erwerber abzutreten. Eine zusätzliche und davon zu trennende Abtretung des dinglichen Anspruches auf Herausgabe ist nach heute hM nicht mehr erforderlich (dazu unten Rn 14 f). Hat der Besitzmittler die Sache einem Dritten überlassen (zB Untervermietung) und ist er deshalb selbst nur mittelbarer Besitzer, so muss der veräußernde Eigentümer den Anspruch gegen ihn als „seinen" Besitzmittler abtreten (WOLFF/RAISER § 67 II Anm 18; WESTERMANN/WESTERMANN § 42 II 4 a; EICHLER II 1 147).

Beide Übertragungsarten spielen in der Praxis eine gewisse Rolle: So kommt es zB im *Leasinggeschäft* häufig vor, dass die Leasinggesellschaft als Eigentümerin während der Leasingdauer das Eigentum auf Dritte übertragen will. Da der Leasingnehmer Fremdbesitzer ist, kann das Eigentum nach § 931 durch Einigung und Zession des aus dem Leasingvertrag abzuleitenden Herausgabeanspruches übertragen werden. Sofern der Leasingnehmer die Sache seinerseits unter Offenlegung der Eigentumsverhältnisse einem Dritten überlassen hat, was in der Praxis ebenfalls häufig vereinbart wird, kann die Leasinggesellschaft das Eigentum durch Zession ihres Herausgabeanspruches gegen den Leasingnehmer als mittelbaren Besitzer übertragen. In der Lit wird in diesem Zusammenhang die Veräußerung eines unter Eigentumsvorbehalt verkauften und vom Käufer weitervermieteten Fahrzeugs als Beispiel genannt: Die Eigentumsübertragung an einen Dritten (etwa als Sicherungsübereignung) scheitert jedoch bei Offenlegung des Eigentumsvorbehaltes an § 161 Abs 1. Wird die Verfügung dagegen verheimlicht, so dürfte in aller Regel Gutgläubigkeit in Anbetracht der Besitzlage und der heutigen Verkehrsverhältnisse zu verneinen sein (dazu WIEGAND JuS 1974, 201, 205 ff). Nur bei Gutgläubigkeit könnte in analoger Anwendung des § 934 iVm § 161 Abs 3 der Erwerber Eigentum erlangen (dazu WIEGAND JuS 1978, 145 ff, Einzelheiten in den Erl zu §§ 934, 936).

6 Wenn das von den Parteien vorausgesetzte Rechtsverhältnis unwirksam ist oder überhaupt nicht existiert, kann dennoch mittelbarer Besitz vorliegen. Entscheidend ist nämlich allein der *Fremdbesitzwille* (STAUDINGER/BUND [2000] § 868 Rn 16; WIELING AcP 184 [1984] 439, 451; oben § 930 Rn 12 ff). Es besteht dann jedoch kein Herausgabeanspruch aus dem Besitzmittlungsverhältnis. In der Regel liegen allerdings die Voraussetzungen einer Besitzkondiktion nach § 812 vor. Deshalb nimmt man an, dass dieser gesetzliche Rückgabeanspruch (dazu unten Rn 12) stillschweigend mitzediert sei und lässt das für die Übereignung nach § 931 genügen.

7 b)   Ist der *Dritte nur Besitzdiener*, so sind folgende Fallgestaltungen zu unterscheiden: Der Besitzdiener übt die Sachherrschaft aus für

– den *Veräußerer*, dann kommt § 929 S 1 oder § 930 zur Anwendung (vgl § 929 Rn 48);

– den *Erwerber*, dann liegt ein Fall von § 929 S 2 vor;

– einen *Dritten*, so ist § 931 anwendbar; sofern gegen diesen Dritten ein Herausgabeanspruch besteht, kann durch dessen Abtretung Eigentum übertragen werden (OLG Marienwerder OLGE 22, 347; BGB-RGRK/PIKART Rn 6; EICHLER II 1 146).

8 c)   *Besitzt der Dritte die Sache nicht für den Eigentümer*, so besteht kein Besitzmittlungsverhältnis und damit kein abtretbarer Anspruch iS von § 870. Dennoch sollte nach dem Willen des Gesetzgebers auch in diesen Fällen die Übereignung möglich sein (s oben Rn 1). Jedoch spielt die beim mittelbaren Besitz im Vordergrund stehende Aufhebung der Besitzbeziehung hier keine Rolle. Infolgedessen ist fraglich geworden, was Gegenstand der Abtretung sein und welche Funktion ihr allenfalls zukommen könne (s u Rn 10 ff).

9 d)   Diese Frage stellt sich erst recht dann, wenn der Verbleib der Sache nicht zu ermitteln ist (gestohlene/verlorene Gegenstände) oder Besitz überhaupt nicht bestehen kann (zB gesunkenes Schiff). Dem Wortlaut nach ist § 931 nicht anwendbar. Ob die Übereignung derartiger Gegenstände nach § 931 erfolgen kann und wie sie gegebenenfalls zu erfolgen hat, ist umstritten (s u Rn 17).

2. Abtretung des Herausgabeanspruches

10 Gegenstand der Zession muss ein Anspruch sein, „der dem Eigentümer das Recht gewährt, die Sache in Besitz zu nehmen und in seine Verfügungsgewalt zu bringen, und dessen Abtretung dem Zessionar die Ausübung eines gleichen Rechtes ermöglicht" (RGZ 69, 36, 43, wo Anspruch auf Vorlage eines Hypothekenbriefes als für eine Übereignung nach § 931 ungenügend bezeichnet wird).

11 a)   Diesen Anforderungen entspricht nach der Konzeption des Gesetzes vor allem der *Herausgabeanspruch aus dem Besitzmittlungsverhältnis iS von § 870* (zu Recht hebt allerdings WIELING AcP 184 [1984] 456, hervor, dass der gerade im Hinblick auf § 931 geschaffene § 870 in systemwidriger Weise der Grundstruktur des mittelbaren Besitzes zuwiderlaufe; denn dieser kann an sich nur durch Veränderung des Besitzwillens des unmittelbaren Besitzers auf einen neuen Besitzer übertragen werden. Dem kann jedoch angesichts des klaren Wortlauts der §§ 870, 931 nur begrenzt Rechnung getragen werden [Einzelheiten bei WIELING aaO, ähnlich auch E Wolf § 5 VII c 1]). Die heutige Interpretation des § 931 geht denn auch dahin, dass idR mit der Einigung zugleich der Anspruch aus einem den Besitz vermittelnden Rechtsverhältnis abgetreten wird (allgM, aus der Rspr BGH NJW 1959, 1536). Dabei wird zwischen Einigung und Abtretung nicht scharf geschieden; entscheidend ist der Wille, Eigentum zu verschaffen. Das wird (im Wege der Auslegung) auch dann angenommen, „wenn die Parteien sich über das Erforderliche nicht klar geworden sein sollten" (BGH WM 1968, 1144, wo Übereignung nach § 931 bejaht wird, obwohl die Parteien irrig annahmen, das Eigentum sei schon mit Kaufpreiszahlung übergegangen; vgl auch RG JW 1910, 814; RGZ 135, 85; RG HRR 1933 Nr 1188 in diesem Sinne schon Planck/Brodmann Anm 3 c und vor allem Reichel JherJb 53, 149).

Auch sonstige *gesetzliche Ansprüche auf Besitzeinräumung* wie etwa aus §§ 812, 823 **12** oder GoA können abgetreten werden und zum Eigentumserwerb nach § 931 führen (MünchKomm/Quack Rn 8; BGB-RGRK/Pikart Rn 11; Neumayer 310 f). Verfügt hingegen ein Schuldner entgegen einem *relativen Verfügungsverbot* iS von § 135, so entsteht kein (gesetzliches) Besitzmittlungsverhältnis, aus dem sich ein Anspruch des Verfügenden gegen den Erwerber ergeben könnte (BGHZ 111, 364, 369 und dazu unten Rn 47).

b)   Auch der *Vindikationsanspruch des Eigentümers gem § 985* entspricht an sich **13** den oben (Rn 10) aufgestellten Erfordernissen. Infolgedessen hat man zunächst – ganz in Übereinstimmung mit den oben (Rn 1) dargelegten Vorstellungen des Gesetzgebers – angenommen, dass auch durch Abtretung dieses Anspruches Eigentum gem § 931 übertragen werden könne: Sofern kein Besitzmittlungsverhältnis bestehe, sei allein der Anspruch aus § 985 zu zedieren, andernfalls müsse sich die Abtretung sowohl auf den Anspruch aus dem Rechtsverhältnis wie auch denjenigen aus § 985 beziehen. Exemplarisch für diese Auffassung ist RGZ 52, 385: Der Herausgabeanspruch ist unter allen Umständen der „dingliche Anspruch des Eigentümers iS von § 985 und, wenn dieser mittelbarer Besitzer ist, auch sein persönlicher Anspruch" (394). Im Anschluss an die Ausführungen von Siber (Passivlegitimation, 246 ff) hat sich jedoch zunehmend die Ansicht durchgesetzt, dass der Übergang des Eigentumsanspruches eine Konsequenz des Eigentumsüberganges sei und nicht etwa dessen Voraussetzung (zuerst Wolff/Raiser § 67 II 1, seither praktisch die gesamte Lehrbuch- und Kommentarliteratur, nicht ganz eindeutig BGB-RGRK/Pikart Rn 11, 12 und Staudinger/Berg[11] [1956] Rn 3; auch der BGH NJW 1959, 1536, 1538 u WM 1964, 426 folgt jetzt dieser Auffassung. Vgl zur gesamten Entwicklung die umf Darstellung bei Neumayer). Theoretisch wird diese Ansicht heute dadurch gerechtfertigt, dass der Vindikationsanspruch entgegen der seinerzeitigen Vorstellung des Gesetzgebers gar *nicht selbständig abtretbar* sei, sondern gewissermaßen die äußere Erscheinungsform des (dem Eigentümer vorenthaltenen) Eigentums darstelle (zB Baur/Stürner § 51 Rn 37; Westermann/Westermann § 42 II 4 b; zu den Einzelheiten dieser mit der Theorie des subjektiven Rechts zusammenhängenden Entwicklung Staudinger/Gursky [1999] § 985 Rn 3 m umf Verw).

c)   Für die Fälle, in den*en neben dem Vindikationsanspruch kein anderer Heraus-* **14** *gabeanspruch besteht*, folgt aus der dargelegten Auffassung, dass für eine Abtretung neben der Einigung über den Eigentumsübergang kein Raum bleibt. Diese Konsequenz hat ebenfalls bereits Wolff gezogen, der unter diesen Umständen eine Übereignung „durch bloße Einigung über den Eigentumsübergang" annimmt (Wolff/Raiser § 67 II 2; zustimmend Baur/Stürner § 51 Rn 37; Westermann/Westermann

§ 42 II 4 b; in diesem Sinne jetzt auch PALANDT/BASSENGE Rn 1, 3; AK-BGB/REICH §§ 930/931 Rn 11; JAUERNIG Rn 10; SOERGEL/HENSSLER Rn 7).

15 Demgegenüber hält ein Teil der Lit und wohl auch Rspr (STAUDINGER/BERG¹¹ [1956] Rn 2, 3 und EICHLER II 1 145 ff mNw; Übersicht bei NEUMAYER 327; aus der Rspr zB BGH WM 1964, 426 ff) daran fest, dass eine Abtretung des „vindikatorischen Anspruchs" (s oben Rn 1) möglich und notwendig sei, wenn kein anderer Herausgabeanspruch existiert. Da ein solcher Anspruch jedoch fast immer besteht (wenigstens aus §§ 812, 823 oder GoA, s oben Rn 12 und ausf NEUMAYER 311 ff), ist die praktische Bedeutung der Kontroverse gering (zu den „besitzlosen" Sachen s unten Rn 17). Eine nähere Betrachtung zeigt zudem, dass die meisten Autoren davon ausgehen, dass die Einigung die Abtretung des Vindikationsanspruches enthalte. Dessen ungeachtet lässt sich diese Auffassung nicht halten. Sie beruht letzten Endes auf Missverständnissen, die ihre Ursache in den oben dargelegten (Rn 2, 3) und besonders von NEUMAYER (307 ff, 315 ff) hervorgehobenen Entstehungszusammenhängen haben: Die geläufige Anknüpfung an die Vindikationszession des gemeinen Rechts erweckte den unzutreffenden Eindruck einer – in Wahrheit nicht vorhandenen – Kontinuität. In einem Sachenrechtssystem, wie es dem BGB zugrundeliegt, hatte eine vom Eigentumsrecht abtrennbare und selbständig abtretbare Eigentumsklage von Anfang an keinen Platz. Das hat schon 1915 vTUHR in aller Deutlichkeit festgestellt: „Der Eigentümer kann sich des Anspruchs nicht entäußern, ohne gleichzeitig das Eigentum aufzugeben" (AT I 265). Man kann das auch dahingehend formulieren, dass neben der Einigung für eine Abtretung kein Raum bleibt; denn es würde sich um eine sinnlose Wiederholung desselben Rechtsaktes handeln. Nur diese Betrachtungsweise trägt der Konzeption des Eigentums als subjektives Recht (vgl zB AICHER, Das Eigentum als subjektives Recht [1975] insbes S 64 ff) Rechnung, und nur sie ist mit den Grundprinzipien des Zessionsrechtes zu vereinbaren (zutr NEUMAYER 316 ff. – Dagegen ist es ohne weiteres möglich und vielfach zB bei Versicherungsfällen auch notwendig, einen Dritten zur Geltendmachung der Vindikation zu ermächtigen; BGH WM 1964, 252 u 426 f; 1985, 1324 f).

16 Als **Ergebnis** ist deshalb festzuhalten, dass die schlichte Einigung zur Eigentumsübertragung ausreicht, wenn außer dem Vindikationsanspruch kein anderer Herausgabeanspruch besteht (vgl dazu die Verw oben Rn 14).

17 d) Die sog *„besitzlosen"* Sachen (Rn 9; dazu ausführlich, aber ohne neue Gesichtspunkte AVENARIUS JZ 1994, 511) bilden von diesem Standpunkt aus gar keine eigene Fallgruppe. Die Besonderheit besteht einzig darin, dass der Herausgabeanspruch hier gar nicht entsteht oder später wegfällt. Nach dem hier vertretenen Standpunkt können derartige Gegenstände durch schlichte Einigung übereignet werden, da eine Abtretung des Vindikationsanspruches weder möglich noch erforderlich ist (so schon HECK § 57 III und WOLFF/RAISER § 67 II 2; in diesem Sinne auch die oben in Rn 14 genannten Kommentare). Die ältere Rspr und ein Teil der Lit (RG Recht 1918 Nr 1536; EICHLER II 1 146 m umf Nachw sowie STAUDINGER/BERG¹¹ [1956] Rn 2 a E) lehnen in diesem Fall die Anwendung des § 931 ab. Dem unbestrittenen Bedürfnis, auch derartige Gegenstände übereignen zu können (so zu Recht WESTERMANN/WESTERMANN § 42 II 3; MünchKomm/QUACK Rn 15), soll durch die *Abtretung des zukünftigen Herausgabeanspruches* Rechnung getragen werden. Diese Lösung vermag – abgesehen von allen dogmatischen Bedenken – auch sachlich nicht zu befriedigen; denn sie macht einerseits den Eigentumsübergang von reinen Zufälligkeiten abhängig und verwehrt andererseits

die Möglichkeit der sofortigen Eigentumsübertragung. An einer sofortigen Übereignung „besitzloser" Sachen besteht aber gelegentlich ein legitimes Interesse, etwa
Zug um Zug gegen Auszahlung einer Versicherungssumme oder beim Verkauf
gestohlener oder sonst verlorengegangener Gegenstände an eventuelle Interessen-
ten (Schulbeispiel: Kauf des gesunkenen Schiffes, WESTERMANN/WESTERMANN § 42 II 3).
Die Abtretung eines künftigen Herausgabeanspruches schiebt den Eigentumserwerb hinaus (s u Rn 26) und macht ihn im Übrigen davon abhängig, ob irgendjemand
irgendwann Besitz an der Sache erlangt. Infolgedessen ist auch in diesen Fällen die
(sofort wirksam werdende) *Übereignung durch bloße Einigung* zuzulassen (zustimmend jetzt AnwK-BGB/SCHILKEN Rn 6). Das kann deshalb unbedenklich geschehen,
„weil keine besitzrechtliche Beziehung des Veräußerers zum Veräußerungsgegen-
stand mehr besteht" (WESTERMANN [5. Aufl] § 41 II 3). Eine durch Abtretung iS von
§ 931 kundbar zu machende Aufhebung einer solchen Beziehung kommt deshalb
gar nicht in Betracht. Eine andere Frage ist es, ob man in diesem Zusammenhang
dann noch von einer „Übereignung nach § 931" sprechen will, wie das traditioneller-
weise bei den „besitzlosen" und bei den nur nach § 985 herauszugebenden Sachen
geschieht (abl WESTERMANN/WESTERMANN § 42 II 3). Entscheidend erscheint mir, dass
man die Übereignungsmöglichkeit auch dann anerkennt, wenn keinerlei Besitzbeziehung existiert und deshalb im Grunde nur das Eigentumsrecht übertragen werden kann (s auch § 929 Rn 50). Für Publizitätsakte besteht dann weder Bedarf noch
Raum (vgl dazu sofort in Zusammenfassung Rn 18).

e) Zusammenfassung
Als abtretbare Herausgabeansprüche iS von § 931 kommen nur solche aus einem **18**
vertraglichen oder gesetzlichen Rechtsverhältnis *mit Ausnahme des Vindikationsan-*
spruches in Betracht. Besteht ein solcher Anspruch nicht, so genügt *die schlichte*
Einigung zur Eigentumsübertragung. Sofern ein abtretbarer Anspruch existiert,
kommt der Zession die gleiche Funktion zu wie der Übergabe: Sie dient der
Herstellung der der angestrebten Eigentumslage entsprechenden Besitzverhältnisse
(vgl § 929 Rn 52). Eine – wie auch immer geartete – Besitzbeziehung des Veräußerers
zur Sache muss deshalb aufgelöst werden. Damit wird inter partes zugleich der
Übereignungswille verdeutlicht (Prot III 203), während auf eine Kundbarmachung
gegenüber Dritten bewusst verzichtet wurde (s oben Rn 1 ff). Nicht zuletzt deshalb
wird sich für die Parteien die Zession häufig nicht als eigenes Rechtsgeschäft darstellen, so dass zu Recht an die Vornahme der Abtretung keine allzu strengen
Anforderungen gestellt werden. Theoretisch betrachtet stellt jedoch die *Abtretung*
des Herausgabeanspruches ein selbständiges Rechtsgeschäft dar.

III. Die Abtretung

Bei der Übertragung des Herausgabeanspruches handelt es sich um eine Abtretung, **19**
auf die

(1) die *gesetzlichen Vorschriften* (direkt oder über § 413) sowie

(2) die *allgemeinen Grundsätze* des Zessionsrechtes Anwendung finden.

1. Der Abtretungsvertrag

20 Die Abtretung erfolgt gemäß § 398 durch einen idR *formfreien Vertrag*. In diesem
Zusammenhang wurde zT (SOERGEL/MÜHL[12] Rn 1; STAUDINGER/BERG[11] [1956] Rn 4) von
einem *dinglichen Vertrag* gesprochen. Trotz aller terminologischen Differenzen sollte man mit diesem Begriff entweder den Gesamttatbestand oder nur die Einigung
bezeichnen (dazu Vorbem 11 zu §§ 929 ff). Die Abtretung des Herausgabeanspruches
stellt (unabhängig von der Eigentumsübertragung) jedenfalls eine Verfügung (über
den Besitzverschaffungsanspruch) dar.

21 a) Auf diesen Vertrag sind die allgemeinen *Rechtsgeschäftsregeln* anzuwenden; er
erfordert also im Gegensatz zur Übergabe volle *Geschäftsfähigkeit*, lässt andererseits aber auch *Stellvertretung* zu (dazu § 929 Rn 38 ff). Besondere Bedeutung kommen
jedoch den allgemeinen Auslegungsgrundsätzen zu; denn sie ermöglichen es – wie
bereits oben (Rn 11) dargelegt –, dem Parteiwillen Rechnung zu tragen. So wurde
anerkannt, dass die formfreie Zession auch durch schlüssiges Verhalten vorgenommen werden kann (RGZ 135, 85, 88; 54, 111); darüberhinaus aber deutet man bei
Vorliegen der Einigung jeden Akt als Abtretung, der dem Eigentumsübertragungswillen irgendwie korrespondiert (exemplarisch BGH NJW 1959, 1536. Der Eintritt des Erwerbers in den Vertrag zwischen Eigentümer und Besitzer wird als Abtretung des Herausgabeanspruches interpretiert). Dabei gehen Interpretation der Einigung und der Zession oft
untrennbar ineinander über, zB auch bei Aushändigung von Urkunden, die keine
Traditionswirkung hat (vgl dazu Rn 36 u § 929 Rn 91).

22 b) Die Verfügung über den Herausgabeanspruch kann wie jede Zession ohne
Kenntnis, Benachrichtigung (*anders als bei der Verpfändung*, dazu STAUDINGER/WIE-
GAND [2002] § 1205 Rn 27 ff) oder gar Mitwirkung des Betroffenen erfolgen (zu den
Problemen, die sich daraus für die Theorie des mittelbaren Besitzes ergeben vgl Rn 11). Dieser
ist jedoch gegenüber dem neuen Eigentümer durch die *Schuldnerschutzregel* des
Zessionsrechts §§ 404, 407 ff geschützt.

So kann er mit befreiender Wirkung iS von *§ 407* die Sache *an den bisherigen
Eigentümer herausgeben, wenn die Veräußerung nicht angezeigt wurde.* Infolgedessen ist es zwar nicht für den Eigentumsübergang wohl aber zum Schutz des Erwerbers empfehlenswert, die Übereignung anzuzeigen (WOLFF/RAISER § 67 III 3).

Gemäß *§ 404* bleiben dem Besitzer alle Einwendungen und Einreden gegenüber
dem neuen Eigentümer erhalten (abgesehen von § 986 Abs 2, § 936 Abs 3, dazu unten
Rn 30). Andererseits steht hier – wie bei jeder gewöhnlichen Abtretung – die Exis-
tenz von Einreden der Übertragung des Herausgabeanspruches und damit dem
Eigentumserwerb nicht entgegen (KG OLGE 26, 56; ERMAN/MICHALSKI Rn 5; Münch-
Komm/QUACK Rn 17).

23 c) Die *Anwendbarkeit des § 399* ist im Anschluss an eine Entscheidung des OLG
Düsseldorf (WM 1970, 765) deshalb in Frage gestellt worden, weil dadurch die Ver-
fügungsbefugnis in (nach § 137) unzulässiger Weise eingeschränkt werde (für die
Zulässigkeit insoweit aber ausdr BGH NJW 1979, 2037). Bei der Beurteilung derartiger
Fälle, die vor allem im Wertpapiergeschäft auftreten, muss zunächst differenziert
werden: Selbstverständlich steht es den Parteien frei, die Abtretung eines Heraus-

gabeanspruches (zB aus Verwahrung, Leihe oder Miete) durch ein pactum de non cedendo auszuschließen. Eine solche Abrede verstößt auch bezüglich der Forderung nicht gegen § 137; es handelt sich dabei vielmehr um eine zulässige Inhaltsbestimmung des Rechts (allgM, STAUDINGER/KOHLER [1996] § 137 Rn 13; BGHZ 19, 355, 359; s auch BGHZ 40, 156, 160 f). Durch diesen Ausschluss wird an sich die Verfügungsbefugnis des Eigentümers auch gar nicht berührt, sondern allein die Veräußerungsmöglichkeit nach § 931 beseitigt. Ein Verstoß gegen § 137 kommt also allenfalls dann in Betracht, wenn die Veräußerung nach § 931 die *einzige Möglichkeit* darstellt und die Vereinbarung gerade darauf abzielt, diese Möglichkeit abzuschneiden (AK-BGB/ REICH § 930/931 Rn 11; BGB-RGRK/PIKART Rn 19; so jetzt auch AnwK-BGB/SCHILKEN Rn 7; SOERGEL/HENSSLER Rn 11, der zu Recht darauf hinweist, dass der nur Geldforderungen betreffende § 354a HGB hier nicht relevant ist).

2. Gegenstand der Abtretung

Inhaltlich muss die Abtretung den Anforderungen genügen, die für die Zession von **24** Forderungen generell entwickelt worden sind.

a) Das bedeutet vor allem, dass der *Herausgabeanspruch hinreichend bestimmt* **25** sein muss. Dieses Erfordernis ist nach Zessionsrecht dann erfüllt, wenn die Forderung im Moment der Abtretung oder ihrer (späteren) Entstehung *bestimmbar* ist (MünchKomm/ROTH § 398 Rn 53 ff, 65; STAUDINGER/BUSCHE [1999] § 398 Rn 53 ff; zur Entstehung und Haltbarkeit dieses Begriffs „Bestimmbarkeit" WIEGAND, Kreditsicherung 285 ff). Bei der Übereignung nach § 931 kommt diesem Kriterium insofern keine eigenständige Bedeutung zu, als schon die Einigung sich auf bestimmte Gegenstände beziehen muss (s oben § 929 Rn 11 f) und die dabei anzuwendenden Maßstäbe strenger sind als diejenigen bei der Zession (so zutr WESTERMANN/WESTERMANN § 42 III 1). Im Ergebnis führt das allenfalls zu einer Kombination der zu §§ 398 und 929 entwickelten Anforderungen.

Der *unmittelbare Besitzer* braucht im Übrigen dem Erwerber nicht bekannt zu sein (BGH NJW 1994, 133, 134), er muss sich aber auf Grund der Vereinbarung eindeutig bestimmen lassen, also bestimmbar sein (vgl SOERGEL/HENSSLER Rn 6).

b) Daraus ergibt sich, dass die Abtretung *zukünftiger Herausgabeansprüche* an **26** sich ohne weiteres möglich ist. Ein Bedürfnis dafür besteht insbes bei der Sicherungsübereignung von Warenlagern mit wechselndem Bestand, die bei Dritten eingelagert sind. Hier kann wie nach § 930 (antizipierte Einigung und Besitzkonstitut vgl § 929 Rn 80, § 930 Rn 30 ff) auch gemäß § 931 durch vorweggenommene Einigung und Vorauszession des bei Einlagerung neuer Waren entstehenden Herausgabeanspruches übereignet werden. Die Wirkungen treten allerdings – wie bei § 930 (s dort Rn 33) – erst in dem Moment ein, in dem der Herausgabeanspruch entsteht und sofern der Übereignungswille (Einigung) noch andauert (allgM; RGZ 135, 366; BGH LM Nr 7 zu § 931 und u Rn 28; vgl auch § 929 Rn 84 aE zur Vermutung der Fortdauer der Einigung).

c) Sofern der Herausgabeanspruch **nicht existiert** (und auch künftig nicht entsteht), soll eine Übereignung nach § 931 nicht in Betracht kommen (ERMAN/ **27** MICHALSKI Rn 3 gestützt auf RG JW 1934, 1484 = RGZ 143, 275). Die Auffassung kann in dieser Allgemeinheit nicht aufrechterhalten werden. In dem ihr zugrunde liegenden

Urteil hat das RG die Frage nicht entschieden, sondern nur erwogen, ob der *Verpächter* dem *Pächter* (!) die Herausgabe einer (mit dem Boden nicht fest verbundenen) Halle schulde und ob der Pächter diesen Herausgabeanspruch allenfalls hätte abtreten können. Da der Pächter unmittelbarer Besitzer der Halle gewesen zu sein scheint, wird das Urteil allgemein zitiert, um die – selbstverständliche – These zu begründen, dass bei unmittelbarem Besitz des Veräußerers § 931 nicht anwendbar sei (vgl ERMAN/MICHALSKI Rn 2; WESTERMANN/WESTERMANN § 42 II 2; STAUDINGER/BERG[11] [1956] Rn 2). Weitergehende Folgerungen können aus dem Urteil nicht gezogen werden. Vielmehr ist nach den oben aufgeführten Differenzierungen zu unterscheiden (vgl Rn 11 ff; zustimmend AnwK-BGB/SCHILKEN Rn 10). Auch das in diesem Zusammenhang vereinzelt zitierte BGH-Urteil (LM Nr 7 zu § 931=WM 1969, 242) betrifft nicht die Abtretung nichtexistenter Herausgabeansprüche, sondern die Frage der doppelten Zession eines solchen Anspruches.

28 d) Wird ein *Herausgabeanspruch **mehrmals abgetreten***, so ist wie folgt zu differenzieren:

Besteht der Anspruch bereits, dann geht er mit der Zession sofort auf den Erwerber über; dieser wird bei gleichzeitiger gültiger Einigung Eigentümer. Eine spätere, weitere Abtretung hat keinerlei Wirkung; es gilt (wie bei der gewöhnlichen Zession) das Prioritätsprinzip.

Dagegen kommt das Prioritätsprinzip nicht unbedingt zum Zuge, wenn ein *künftiger* Herausgabeanspruch zweimal oder öfter abgetreten wird. Hier gelten vielmehr die gleichen Grundsätze wie bei der antizipierten Übereignung nach § 930 (s dort Rn 30 ff). Maßgebend ist der Übereignungswille in dem Moment, in dem der Veräußerer selbst den mittelbaren Besitz erlangt (vgl oben Rn 26). Will er zu diesem Zeitpunkt das Eigentum nicht mehr auf den Ersterwerber übertragen, entfällt die (frei widerrufbare) Einigung (vgl § 929 Rn 80 ff) und das Eigentum geht entsprechend dem jetzigen Willen des Veräußerers auf den Zweiterwerber über (BGH LM Nr 7 zu § 931; PALANDT/BASSENGE Rn 6; BGB-RGRK/PIKART Rn 31). Dies gilt allerdings nur, wenn dem Ersterwerber der Widerruf der Einigung zugegangen ist (BGH NJW 1978, 696; 1979, 213), wobei der Fortbestand einer einmal erklärten Einigung vermutet wird (BGH WM 1977, 218; dazu oben § 929 Rn 84 aE).

IV. Wirkungen der Abtretung

29 1. Mit *Wirksamwerden der Zession* geht – bei gleichzeitigem Bestehen des Übereignungswillens (s oben Rn 26) – das *Eigentum auf den Erwerber* über. Anders als im gemR ist also weder Besitzerlangung (s aber § 934) noch Geltendmachung des Herausgabeanspruches erforderlich (vgl die Nachw in Rn 1). Vielmehr geht das Eigentum auch schon dann über, wenn die Herausgabe im Moment noch gar nicht verlangt werden kann. Das kann der Fall sein, wenn der abgetretene Anspruch bedingt, betagt oder mit einer Einrede behaftet war (PLANCK/BRODMANN Anm 3 a; s sofort Rn 30 und oben Rn 22).

30 2. Der *Besitzer* der Sache kann die bisher schon bestehenden und die nach Abtretung mit dem bisherigen Eigentümer in Unkenntnis der Zession begründeten *Einreden und Einwendungen* dem neuen Eigentümer entgegenhalten. Das ergibt

sich aus einer analogen Anwendung der §§ 404, 407 und § 986 Abs 2, der gerade zu
diesem Zweck geschaffen wurde. Zur systematischen Stellung und zur Anwendung
wird auf die ausführliche Erläuterung zu § 986 (Rn 23 ff) verwiesen. Während § 986
Abs 2 nur obligatorische Besitzrechte betrifft, fallen dingliche Berechtigungen unter
§ 986 Abs 1; gegen deren Verlust ist der Besitzer durch § 936 Abs 3 geschützt (zum
Ganzen EICHLER II 1 150 und im Hinblick auf „die Verdinglichung obligatorischer Rechte" CANA-
RIS, in: FS Flume I 371, 392 ff).

3. Eine *Anfechtung des Abtretungsvertrages* (s oben Rn 21) hebt den Eigentums- **31**
übergang ex tunc auf (§ 142). Aufgrund dieser Rückwirkung stellen sich zwischenzeitlich vom Erwerber vorgenommene Veräußerungen und Belastungen als Verfügungen eines Nichtberechtigten dar. Ihre Wirksamkeit beurteilt sich nach den
§§ 932 ff, wobei § 142 Abs 2 zu berücksichtigen ist.

Die *Anfechtung des Grundgeschäftes* lässt dagegen die *Abtretung und die Einigung*
idR unberührt; es gelten die bei § 929 dargelegten Grundsätze (§ 929 Rn 19 f) auch für
die Zession des Herausgabeanspruches.

4. Ist unter den Parteien streitig, ob die Übereignung nach § 931 wirksam er- **32**
folgte, so muss unterschieden werden: Die **Beweislast** für die Erfüllung des *schuldrechtlichen Grundgeschäftes* trägt der Schuldner; das gilt selbst dann, wenn der
Gläubiger aus der Nichterfüllung Rechte ableitet (ROSENBERG, Beweislast 346; BGH
NJW 1969, 875). Bei einer Übereignung (nach § 931) genügt es, wenn der Schuldner
beweist, dass er vor der Veräußerung die zur Erfüllung erforderliche Rechtsposition
erlangt hatte. Behauptet der Gläubiger den Verlust dieser Position, so trägt er dafür
die Beweislast (BGH JZ 1972, 744; SOERGEL/HENSSLER Rn 17). Die nur auf das Eigentum
bezogene Entscheidung ist sinngemäß auf den Herausgabeanspruch anzuwenden.
Bestreitet der unmittelbare Besitzer den Herausgabeanspruch, so trifft die Beweislast den Erwerber (SOERGEL/HENSSLER Rn 17). Im Übrigen gilt § 1006 (AK-BGB/REICH
§ 930/931 Rn 14).

5. Strittig ist, ob § 931 zur Anwendung kommt, wenn durch Urteil nach § 894 **33**
ZPO die Einigung ersetzt und der Herausgabeanspruch gegen einen Dritten dem
Erwerber nach § 835 Abs 1 2. Alt iV mit § 886 überwiesen wird. Nach hM in der
Prozessliteratur wird der Anspruch nur zur Einziehung überwiesen (THOMAS/PUTZO
§ 835 Anm 3; BAUMBACH/LAUTERBACH § 886 Anm 2; so auch PLANCK/BRODMANN Anm 3 d), so
dass vor Herausgabe kein Eigentumserwerb stattfindet. Nimmt man dagegen Über-
weisung an Erfüllungs Statt an, so geht das Eigentum sofort über (dafür MünchKomm/
QUACK Rn 26).

V. Einzelfälle

1. Die Übertragung von **Miteigentumsanteilen** ist möglich durch Abtretung des **34**
entsprechenden Herausgabeanspruches (RGZ 69, 36 ff, im konkreten Fall verneint, dazu
oben Rn 10).

Besondere Bedeutung kommt dieser Übereignungsform im Wertpapiergeschäft zu
(vgl zB die oben Rn 23 zitierte Entscheidung des OLG Düsseldorf). Das Miteigentum an
Wertpapieren in Sammelverwahrung (§ 5 DepotG) kann durch Einigung und Zession

des Herausgabeanspruches übertragen werden (vgl § 6 DepotG u dazu Heinsius/ Horn/Than Rn 35 ff, insbes 38 ff; siehe außerdem Staudinger/Wiegand [2002] Anh 4 zu § 1296 mwNw).

35 2.   Auf Grund der besonderen Konzeption des Tatbestandes lässt sich häufig nur aus den gesamten Umständen ermitteln, ob eine Übereignung nach § 931 gewollt war. Es ist deshalb bereits hervorgehoben worden, dass der *Auslegung* bei § 931 eine besondere Bedeutung zukommt (vgl Rn 11).

36 a)   Die Übereignung eingelagerter oder auf dem Transport befindlicher Waren kann auf verschiedene Weise erfolgen.

37 aa)   Wenn für die Waren ein handelsrechtliches **Traditionspapier** existiert (vgl §§ 363, 424, 445 ff, 642 ff HGB), ersetzt dessen Übergabe an sich diejenige der Ware. Jedoch kann die Übereignung auch nach § 931 erfolgen (allgM). Bedeutung hat diese Übereignungsart vor allem bei einem *unwirksamen Indossament* (vgl RG SeuffA 67 Nr 83; RGZ 119, 215; Nachw zur älteren Lit u Rspr s Staudinger/Berg[11] [1956] Rn 8). Jedenfalls muss auch bei der Übereignung nach § 931 das Papier ausgehändigt werden, denn der Herausgabeanspruch ist in diesem Papier „verkörpert" (so zu Recht BGB-RGRK/Pikart Rn 22; Soergel/Henssler Rn 15). Die theoretische Begründung liegt darin, dass erst und nur die Übergabe des Papiers die Besitzbeziehung zur Sache auflöst. Infolgedessen genügt es auch nicht, wenn der empfangsberechtigte Inhaber des Traditionspapiers der Herausgabe der Ware an den Erwerber zustimmt (so zu Recht BGH LM Nr 1 zu § 931 – *Konossement*; vgl auch BGHZ 49, 160 – *Orderlagerschein*, ausf dazu Schnauder NJW 1991, 1642, 1648; verhaltene Kritik – ohne Gegenvorschlag – bei Erman/Michalski Rn 8 f).

38 bb)   Bei der Aushändigung sonstiger Papiere können keine allgemeinen Regeln aufgestellt werden. Vielmehr entscheidet allein der durch *Auslegung zu ermittelnde Parteiwille*, ob die Erfordernisse einer Übertragung nach § 931 vorliegen. Bejaht wurde dies bei folgenden Fallgestaltungen:

39   Aushändigung von **Warenbegleitpapieren**, insbes wenn Klauseln wie „*Kasse gegen Frachtbriefdoppel*" verwendet werden (letzteres stellt nach Auffassung des OLG München NJW 1958, 424 eine Art Handelsbrauch dar; in diesem Sinne auch RGZ 102, 96; RG JW 1919, 182).

40   Bei **Lieferscheinen** hängt die Beurteilung allein vom Zweck der Aushändigung ab, der durch Auslegung zu ermitteln ist; es kommt darauf an, ob wirklich ein *Wille zur Abtretung* des Herausgabeanspruches vorhanden war (so zB RGZ 103, 152 u ausdr BGH NJW 1971, 1608).

41   Die gleichen Grundsätze gelten für **einfache (nicht indossable) Lagerscheine** und den sog **Freistellungsschein**. Hieraus ergibt sich, dass beim „*Durchhandeln*" eingelagerter Waren in der Weiterleitung derartiger Papiere zunächst keine Übertragung des Herausgabeanspruches gesehen wird. Vielmehr hängt es von den konkreten Umständen ab, wann und wie der Eigentumsübergang erfolgen soll. So hat der BGH in der soeben erwähnten Entscheidung (NJW 1971, 1608) den Übergang des Eigentums auf den Letzterwerber angenommen, dagegen in einem neueren Urteil eine Art „Kettenerwerb" konstruiert (BGH JZ 1982, 682; dazu § 929 Rn 51 ff), weil alle Vertrags-

parteien einen Eigentumsvorbehalt vereinbart hatten. Diese Differenzierung, die
allerdings nicht unproblematisch erscheint, unterstreicht die Bedeutung, die der
Auslegung bei der Anwendung des § 931 zukommt.

Die konkreten Umstände entscheiden auch bei Aushändigung von **Zollniederlage-** **42**
scheinen (RG WarnJb 1933, 22), **Depotscheinen** (Bankhinterlegungsscheine, die – auch
an Order gestellt – nur Legitimationsurkunden sind; Abtretung des Herausgabeanspruches bejaht in RGZ 118, 34, 38). Dagegen vermag die Übergabe des *„Forwarder's
Receipt"* (Spediteurempfangsquittung) den Rechtsübergang nicht herbeizuführen,
da der Herausgabeanspruch in dem daneben bestehenden Order-Konossoment verkörpert ist (BGHZ 68, 18).

b)   Grenzfälle bilden die folgenden Beispiele:
Wird der **Sachbesitzer vom Veräußerer angewiesen**, dem Erwerber die Sache aus- **43**
zuhändigen, so kann darin ein Indiz liegen, das gegen eine Übereignung nach § 931
spricht; es kann hier die Absicht vorliegen, dass das Eigentum erst mit der Übergabe der Sache, also nach § 929 übergehen solle (vgl dazu RGZ 49, 97, 99).

Ob die Übergabe des **Kfz-Briefes** als Abtretung eines Herausgabeanspruches zu **44**
qualifizieren ist, hängt von der Art der dabei getroffenen Vereinbarung ab; zu
bejahen, wenn ein Sicherungseigentümer nach § 931 weiterübereignen will (Münch-
Komm/Quack Rn 25; NJW-RR 98, 1068).

Ob die *Entgegennahme einer Versicherungssumme* für eine verlorene oder gestohle- **45**
ne Sache als Abtretung des Herausgabeanspruches zu verstehen ist, hängt vom
Willen des Leistungsempfängers ab. Bei normativer Auslegung seines Verhaltens
wird man idR einen solchen Willen annehmen müssen (so auch RGZ 108, 110).

Die *Allgemeinen Versicherungsbedingungen* enthalten zudem eine **Abtretungsklau-** **46**
sel, die die Zession des Anspruches vorsieht. Dass auf diese Weise Eigentum an
besitzlosen Sachen übertragen werden kann, ist oben dargelegt worden (Rn 17).
Auch wenn die Abtretung in (im Übrigen nicht zu beanstandenden) AGB vereinbart wird, bewirkt das eine Zession, die den Anforderungen des § 931 genügt.
Voraussetzung ist allerdings, dass nicht nur eine Verpflichtung zur Abtretung, sondern die sofort wirksam werdende Zession vorgesehen ist (Erman/Michalski Rn 5).

3.   Der Eigentümer und Schuldner, der entgegen einem **relativen Veräußerungs-** **47**
verbot iS von § 135 über bewegliche Sachen verfügt, muss die ihm nach dem Erwerb
des (bösgläubigen) Dritten verbliebene Rechtsmacht seinem durch das Veräußerungsverbot geschützten Gläubiger übertragen. Allein schon durch eine solche
Erklärung erlangt der Gläubiger das Recht, die Sachen vom Erwerber herauszuverlangen. Dazu ist eine Abtretung von Ansprüchen gegen den Erwerber gemäß
§ 931 nicht erforderlich (so BGHZ 111, 364, 367 ff mH auf abw M). Der BGH geht zu
Recht davon aus, dass § 135 das der Verfügung zugrunde liegende Verpflichtungsgeschäft (Kauf, Sicherungsvertrag usw) unberührt belässt. Ein (gesetzliches) Besitzmittlungsverhältnis und damit ein abtretbarer obligatorischer Herausgabeanspruch
besteht mangels Fremdbesitzwille des Ersterwerbers nicht, weil § 135 an diesem
Umstand eben nichts ändert; der Verfügende ist hingegen aufgrund des relativen
Verfügungsverbotes Besitzer und Eigentümer geblieben. Dem Verfügenden ver-

bleibt somit eine Rechtsmacht, wodurch er die beim Ersterwerber liegende Sache in Erfüllung der ihm obliegenden Pflicht dem gem § 135 geschützten Gläubiger sowohl gem § 931 durch schlichte Einigung (vgl oben Rn 18) oder nach § 930 zu Eigentum übertragen kann. Wenn der BGH im LS sagt, dass eine Abtretung von Ansprüchen gegen den Erwerber gem § 931 nicht erforderlich sei, so ist zu präzisieren, dass hier neben der Einigung kein Raum für eine Abtretung bleibt (dazu oben Rn 14).

Anhang zu §§ 929–931

Sonderformen der Übereignung

Schrifttum

ADAMS, Ökonomische Analyse der Sicherungsrechte (1980)

ADEN, Sicherungsübereignung und Vermögensübernahme, MDR 1980, 98

ARMBRÜSTER, Zur Wirkung von Treuhandabreden in der Insolvenz, DZWiR 2003, 485

ARNHOLD-ZEDELIUS, Pfandrecht und Sicherungseigentum. Zur Anwendung von Pfandrechtsvorschriften auf die Sicherungsübereignung (Diss Bochum 1992)

ARTZ, Schuldrechtsmodernisierung 2001/2002 – Integration der Nebengesetze in das BGB, JuS 2002, 528

ASCH, Die Vertragspflichten beim Kauf unter Eigentumsvorbehalt, AcP 140 (1935) 183

ASSFALG, Die Behandlung von Treugut im Konkurs des Treuhänders (1960)

BÄHR, Akzessorietät bei der Sicherungszession, NJW 1983, 1473

BANKE, Das Anwartschaftsrecht aus Eigentumsvorbehalt in der Einzelzwangsvollstreckung (1991)

BARBIER, Konkurrierende vorweggenommene Sicherungsübereignungen, ZIP 1985, 520

M BAUER, Zur Publizitätsfunktion des Besitzes bei Übereignung von Fahrnis, in: FS S W Bosch (1976) 1

C BECKER, Fremde Forderungen und Sicherungsgut in der Gesamtvollstreckung, ZIP 1991, 783

ders, Massvolle Kreditsicherung (1999)

H-J BECKER, Ausgleich zwischen mehreren Sicherungsgebern nach Befriedigung des Gläubigers, NJW 1971, 2151

W BECKER, Grundsätzliches zum Eigentumserwerb an beweglichen Sachen, insbes zur Sicherungsübereignung in der neueren Rechtsprechung, AcP 139 (1934) 228

BECKER-EBERHARD, Zur Anwendbarkeit des § 419 BGB auf Sicherungsübereignung, AcP 185 (1985) 429

ders, Die Forderungsgebundenheit der Sicherungsrechte (1993)

BEHRENS, Die Rückabwicklung der Sicherungsübereignung bei Erledigung oder Nichterreichung des Sicherungszwecks (1989)

BEISER, Die Sicherungsübereignung in umsatzsteuerrechtlicher Sicht, ÖStZ 2000, 645

BEKKER, Die Aktionen des Römischen Privatrechts II (1873)

C BERGER, Rechtsgeschäftliche Verfügungsbeschränkungen (1998)

W BERGER, Eigentumsvorbehalt und Anwartschaftsrecht – besitzloses Pfandrecht und Eigentum (Diss Trier 1984)

K P BERGER, Zur Deckungsgrenze und zum Freigabeanspruch bei Globalsicherheiten, DZWiR 1998, 205

ders, Erweiterter Eigentumsvorbehalt und Freigabe von Sicherheiten, ZIP 2004, 1073

BERGES, Zur Sittenwidrigkeit von Sicherungsübereignungen, BB 1954, 886

BLOMEYER, Studien zur Bedingungstheorie, 2. Teil: Über bedingte Verfügungsgeschäfte (1939) ders, Kreditsicherung durch Übertragung von Anwartschaftsrechten aus bedingter Übereignung, NJW 1951, 295

ders, Eigentumsvorbehalt und gutgläubiger Erwerb, AcP 153 (1954) 239

BOLLWEG, Entwürfe einer UNIDROIT/ICAO-Konvention über internationale Sicherungsrechte an beweglicher Ausrüstung und eines Protokolls über Luftfahrtausrüstung, ZIP 2000, 1361

BORK, Einführung in das neue Insolvenzrecht (1998)

BÖTTICHER, Die Intervention des Sicherungseigentümers: § 771 oder § 805 ZPO, MDR 1950, 705

BRANDT, Eigentumserwerb und Austauschgeschäft (1940)

BROX, Das Anwartschaftsrecht des Vorbehaltskäufers, JuS 1984, 657

BUCHHOLZ, Können Sicherungszession und Sicherungsübereignung akzessorisch gestaltet werden?, Jura 1990, 300

BÜLOW, Anwendbarkeit der Pfandrechtsbestimmungen auf die Sicherungstreuhand, WM 1985, 373 u 405

ders, Kauf unter Eigentumsvorbehalt, Jura 1986, 129, 234

ders, Mehrfachübertragung von Kreditsicherheiten, WM 1998, 845

ders, Recht der Kreditsicherheiten (6. Aufl 2003)

ders, Der Treuhandvertrag (3. Auflage 2000)

BUNTE, Die Vereinbarung des Eigentumsvorbehalts, JA 1982, 321

BYDLINSKI, Der Rücktritt vom Vorbehaltskauf, JZ 1986, 1028

CANARIS, Die Verdinglichung obligatorischer Rechte, in: FS W Flume (1978) I 371

ders, Die Problematik der Sicherheitsfreigabeklauseln im Hinblick auf § 9 AGBG und § 138 BGB, ZIP 1996, 1109

CLEMENTE, Sicherungsabreden im Spiegel der neueren Rechtsprechung, ZIP 1985, 193

COING, Die Treuhand kraft privaten Rechtsgeschäftes (1973)

ders, Die Treuhandtheorie als Beispiel der geschichtlichen Dogmatik des 19. Jahrhunderts, RabelsZ 37 (1973) 202

DERLEDER, Sicherungsübereignung und Wertausschöpfung, BB 1969, 725

ders, Zu den Sanktionen des Eigentumsvorbehalts bei Leistungsstörungen auf der Käuferseite, ZHR 139 (1975) 20

DERNBURG, Das bürgerliche Recht des Deutschen Reiches und Preußens, III: Sachenrecht (1908)

ders, Das Pfandrecht nach den Grundsätzen des heutigen römischen Rechts I (1860), II (1864)

DORNDORF, Kreditsicherungsrecht und Wirtschaftsordnung (1986)

DORNDORF/FRANK, Reform des Rechts der Mobiliarsicherheiten unter besonderer Berücksichtigung der ökonomischen Analyse der Sicherungsrechte, ZIP 1985, 65

DROBNIG, Empfehlen sich gesetzliche Maßnahmen zur Reform der Mobiliarsicherheiten?, Gutachten zum 51. DJT (1976)

DRUKARCZYK, Kreditsicherheiten und Insolvenzverfahren, ZIP 1987, 205

DRUKARCZYK/DUTTLE/RIEGER, Mobiliarsicherheiten (1985)

DUTTLE, Ökonomische Analyse der Mobiliarsicherheiten (1986)

EBERDING, Zubehörhaftung und Sicherungsübereignung, Bank-Betrieb 1976, 319

ders, Vermieterpfandrecht und Sicherungsübereignung, Die Bank 1977, 27

EDER, Das Pfandrecht am Anwartschaftsrecht des Vorbehaltskäufers (1990)

EICHENHOFER, Anwartschaftslehre und Pendenztheorie, zwei Deutungen von Vorbehaltseigentum, AcP 185 (1985) 162

EINSELE, Inhalt, Schranken und Bedeutung des Offenkundigkeitsprinzips, JZ 1990, 1005

ERATH, Bestimmtheit des Leistungsgegenstandes bei der Sicherungsübereignung von Sachgesamtheiten, AcP 128 (1928) 344

ERNST, Zur Präzisierung der sogenannten Nachrangklausel im Konflikt mit dem verlängerten Eigentumsvorbehalt, in: FS Serick (1992) 87

FEUERBORN, Der Bestimmtheitsgrundsatz bei der Übereignung von Sachgesamtheiten, ZIP 2001, 600

FLUME, Der verlängerte und erweiterte Eigentumsvorbehalt, NJW 1950, 841 ders, Zur Problematik des verlängerten Eigentumsvorbehaltes, NJW 1959, 913

ders, Die Rechtsstellung des Vorbehaltskäufers, AcP 161 (1961) 385

FROTZ, Aktuelle Probleme des Kreditsicherungsrechts. Verhandlungen des vierten Österreichischen Juristentags (1970) Bd I 3

FRÜH, Zur Notwendigkeit von Freigabeklauseln in vorformulierten Sicherungsverträgen, DB 1994, 1860

GANTER, Rechtsprechung des BGH zum Kreditsicherungsrecht, WM 1998, 2045 (Teil 1), 2081 (Teil 2)

ders, Aktuelle BGH-Rspr zum Kreditsicherungsrecht, WM 1999, 1741

ders, Die ursprüngliche Übersicherung, WM 2001, 1

ders, Die Sicherungsübereignung von Windkraftanlagen als Scheinbestandteil eines fremden Grundstücks, WM 2002, 105

GAUL, Lex comissaria und Sicherungsübereignung, AcP 168 (1968) 352

ders, Neuere „Verdinglichungs"-Tendenzen zur Rechtsstellung des Sicherungsgebers bei der Sicherungsübereignung, in: FS Serick (1992) 105

GEHRLEIN, Sicherungsübereignung von Wohnungsgegenständen – Genügt der Begriff „Inventar" dem Bestimmtheitsgrundsatz, MDR 2001, 911

GEISSLER, Einzelprobleme und Kollisionslagen bei der Verwertung von Sicherungseigentum, KTS 1989, 787

GESSNER, Die Praxis der Konkursabwicklung in der BRD (1978)

GERHARD, Die neuere Rechtsprechung zu den Mobiliarsicherheiten – Teil 1, JZ 1986, 672

GERNHUBER, Die fiduziarische Treuhand, JuS 1988, 355

GIERKE, Personengemeinschaften und Vermögensinbegriffe in dem Entwurfe eines Bürgerlichen Gesetzbuches für das Deutsche Reich, Beiträge 18

GIESEN, Mehrfachverfügungen des Sicherungsgebers nach § 930 BGB, AcP 203 (2003) 210

GRAF VON LAMBSDORF, Handbuch des Eigentumsvorbehalts im deutschen und ausländischen Recht, 1974 (zit LAMBSDORFF, Hdbch EV)

ders, Die Übersicherung des Eigentumsvorbe-

haltsverkäufers und die Funktion der Freigabeklauseln, ZIP 1986, 1524

GRAF VON WESTPHALEN, Vertragsrecht und Klauselwerke (Stand März 2002)

GRAUE, Der Eigentumsvorbehalt im Deutschen Recht (1954)

GRAVENHORST, Eigentumsvorbehalt gleich Sicherungsübereignung?, JZ 1971, 494

ders, Mobiliarsicherheiten in Belgien, Frankreich, Luxemburg, Italien und Niederlanden (1976)

GRÖNWALD, Anmerkung zur Entscheidung des Grossen Senats des BGH zur Freigabe bei revolvierenden Globalsicherheiten, DB 1998, 364

GRUNDMANN, Der Treuhandvertrag im System des deutschen Zivilrechts (1995)

GRUNSKY, Sicherungsübereignung, Sicherungsabtretung und Eigentumsvorbehalt in der Zwangsvollstreckung und im Konkurs des Schuldners, JuS 1984, 498

ders, Die höchstrichterliche neuere Rechtsprechung zum Mobiliarsachenrecht, JZ 1991, 496 und 650

HAARMEYER/WUTZKE/FÖRSTER, Handbuch zur Insolvenzordnung (1998)

HABERSACK, Sachenrecht, 3. Aufl (2003)

HÄCKER, Verwertungs- und Benutzungsbefugnis des Insolvenzverwalters für sicherungsübertragene gewerbliche Schutzrechte, ZIP 2001, 995

HADDING, Vorüberlegungen zu einem Allgemeinen Teil des Rechts der Kreditsicherheiten, in: Aktuelle Probleme des Unternehmensrechts, FS Frotz (1993) 495

HAEGELE, Eigentumsvorbehalt und Sicherungsübereignung (1968)

ders, Nichtige und anfechtbare Sicherungsübereignungen, BWNotZ 1969, 61

HANISCH, Die Rechtszuständigkeit der Konkursmasse (1973)

HECKEL, Zivil-, konkurs- und verfassungsrechtliche Probleme des Sicherungspoolvertrags (Diss Heidelberg 1983)

HEIDNER, Die rechtsgeschäftliche Treuhand in Zivil- und Insolvenzrecht, DStR 1989, 276

HENCKEL, Empfehlen sich gesetzliche Massnahmen zur Reform der Mobiliarsicherheiten?, Referat zum 51. DJT 1976

HENNRICHS, Raumsicherungsübereignung und Vermieterpfandrecht, DB 1993, 1707

HEYMANNS, Die Sicherung des Treugebers bei Treuhandverfügungen für Geschäftsanteile, ZIP 89 II, 900

HOFMANN, Der verlängerte Eigentumsvorbehalt als Mittel der Kreditsicherung des Warenlieferanten (1960)

HONSELL, Aktuelle Probleme des Eigentumsvorbehalts, JuS 1981, 705

HROMADKA, Die Entwicklung des Faustpfandprinzips im 18. und 19. Jahrhundert (1971)

ders, Sicherungsübereignung und Publizität, JuS 1980, 89

HUBER, Der Eigentumsvorbehalt im Synallagma, ZIP 1987, 750

H HÜBNER, Der Rechtsverlust im Mobiliarsachenrecht (1955)

U HÜBNER, Zur dogmatischen Einordnung der Rechtsposition des Vorbehaltskäufers, NJW 1980, 729

INGELMANN, Dokumentäre Sicherungsübereignung bei kombinierten Transporten (Diss Hamburg 1992)

JACUSIEL, Der Eigentumsvorbehalt (1932)

JAUERING, Zur Akzessorietät bei der Sicherungsübertragung, NJW 1982, 268

ders, Trennungsprinzip und Abstraktionsprinzip, JuS 1994, 721

JAYME, Transposition und Parteiwille bei grenzüberschreitenden Mobiliarsicherheiten, in: FS Serick (1992) 241

KEMPER, Die neue Rechtsprechung des BGH zu Übereignungstatbestand und Eigentumsvorbehalt, BB 1983, 94

KILGER, Der Konkurs des Konkurses, KTS 1975, 148

ders, Empfehlen sich gesetzliche Massnahmen zur Reform der Mobiliarsicherheiten?, Referat zum 51. DJT (1976)

KLEIN, Sicherungsübereignung und abstrakte bzw kausale Gestaltung des dinglichen Übertragungsgeschäfts in der kontinentalen Judikatur und Rechtslehre, BaslerJurMitt 1958, 201 ff, 249 ff

KNÖPFEL, Der Eigentumsvorbehalt in der Praxis des Geschäftslebens (1954)

KÖTZ, Trust und Treuhand (1963)

KRÜGER, Das Anwartschaftsrecht – ein Faszinosum, JuS 1994, 905

KÜNZL, Sicherungsübereignung und AGB, BB 1985, 1884

KUPISCH, Durchgangserwerb oder Direkterwerb?, JZ 1976, 417

LANGE, Lage und Zukunft der Sicherungsübereignung, NJW 1950

ders, Gekoppelte Sicherungsübereignung, NJW 1951, 751

LAU, Container als Kreditsicherheit, WM 1985, 561

LAUTE, Zur Besitzregelung bei Sicherungsübereignungen, BlfGenW 1968, 28

H LEHMANN, Gläubigerschutz (1962)

ders, Reform der Kreditsicherung an Fahrnis und Forderungen (1937)

ders, Sicherung von Kundenkrediten (1956)

LIEBELT-WESTPHAL, Die gesetzliche Deckungsgrenze bei der Gewährung von Sicherheiten, ZIP 1997, 230

LIEBS, Die unbeschränkte Verfügungsbefugnis, AcP 175 (1975) 1

LEMPENAU, Direkterwerb oder Durchgangserwerb bei Übertragung künftiger Rechte, 1968

LOEWENHEIM, Die Verfügung über das Anwartschaftsrecht nach dessen sicherungsweiser Übertragung, JuS 1981, 721

VAN LOOK/STOLTENBERG, Eigentumsvorbehalt und Verjährung der Kaufpreisforderung, WM 1990, 661

LORENZ, Bereicherungsausgleich beim Einbau fremden Materials (einfacher Eigentumsvorbehalt, fehlende Veräusserungsermächtigung und § 816 BGB), in: FS Serick (1992) 255

LUDWIG, Zur Auflösung des Anwartschaftsrechts des Vorbehaltskäufers, auch bei Zubehörhaftung, NJW 1989, 1458

LÜKE, Zur Wirksamkeit einer Übereignung von Sachgesamtheiten und zu Rückübertragungsvereinbarungen, WuB IV A § 929 BGB 1.01

LUKOSCH, Ansprüche der Bank aus verlängerter Sicherungsübereignung im Konkurs ihres Kreditnehmers trotz Abtretungsverbots?, ZIP 1985, 84

LWOWSKI, Neuere Rechtsprechung zur Sicherungsübertragung, ZIP 1980, 11

ders, Die anfängliche Übersicherung als Grund für die Unwirksamkeit von Sicherheitenbestellung (§ 138), in: FS Schimansky (1999) 389 ders, Das Recht der Kreditsicherung, (8. Auflage 2000)

MAIER, Erkundigungspflicht über verlängerten Eigentumsvorbehalt, JuS 1982, 487

MANKOWSKI, Die Sicherungsübereignung im internationalen Sachenrecht, DZWiR 1997, 158

MARGELLOS, La protection du vendeur à credit d'objets mobiliers corporels à travers la clause de réserve de propriété. Etude de droit comparé (Paris 1989)

MAROTZKE, Das Anwartschaftsrecht – ein Beispiel sinnvoller Rechtsfortbildung (1977)

MARTINEK/OECHSLER, Poolverträge, in: SCHIMANSKY/BUNTE/LWOWSKI (Hrsg), Bankrechts-Handbuch, Band II (2. Auflage, München 2001)

MAURER, Sicherungseigentum und Namenslagerschein, BB 1959, 872

MAYER, Eigentumsvorbehalt und Viehkauf (1932)

MEDICUS, Akzessorietätsersatz, JuS 1971, 503

ders, Sicherungsübereignung, Sicherungszession, Freigabeanspruch, Sittenwidrigkeit, Allgemeine Geschäftsbedingungen, EwiR 1998, 155

ders, Besitzmittlungsverhältnis, mittelbarer Besitz, Übereignung/„Mastkälber", EwiR 1999, 57

MEIER-HAYOZ, Strategische und takische Aspekte der Fortbildung des Rechts – Zur Frage nach den Grenzen richterlicher Rechtsprechung, JZ 1981, 417

MELSHEIMER, Sicherungsübereignung oder Registerpfandrecht (1967)

MELZER, Zur Situs-Regel und zum konkludenten Beitritt zur Sicherungsabrede, WuB I E 5 Bankbürgschaft/-garantie 1.97

MENKE, Mehrfache Sicherungsübereignung eines Warenlagers mit wechselndem Bestand, WM 1997, 405

METTE, Zur Problematik von vollstreckungserweiternden, -beschränkenden und -ausschließenden Vereinbarungen (Diss 1991)

MEYER-CORDING, Umdenken nötig bei Mobiliarsicherheiten, NJW 1979, 2126

MISERA, Zum Eigentumsvorbehalt im klassischen römischen Recht, in: FS Serick (1992) 275

MÖHRING, Eigentumsvorbehalt und Sicherungsübereignung – Rechtsinstitute extra legem, BB 1964, 4

MORMANN, Praktische Probleme der Anschlus-

sicherungsübereignung, Ehrengabe Heusinger (1968) 185

MÖSCHEL, Unklarheitenregel und sachenrechtlicher Bestimmtheitsgrundsatz durch AGB-Banken, NJW 1981, 2273

MÜHL, Sicherungsübereignung, Sicherungsabrede und Sicherungszweck, in: FS Serick (1992) 285

MÜLBERT, Das inexistente Anwartschaftsrecht und seine Alternativen, AcP 202 (2002) 912 ff

K MÜLLER, Die Sicherungsübertragung von GmbH-Anteilen (1969)

W MÜLLER, Die Sicherungsübereignung von Anteilen an Personengesellschaften (1969)

MÜLLER-LAUBE, Die Konkurrenz zwischen Eigentümer und Anwartschaftsberechtigtem um die Drittschutzansprüche, JuS 1993, 529

MUSCHELER, Verlängerter Eigentumsvorbehalt und Wechseldiskont, NJW 1981, 657

NAGATA, Sicherungsübertragung nach japanischem Recht, RiW 1985, 694

NEUHOF, 16 Jahre Kreditsicherheiten Makulatur?, NJW 1993, 2840

ders, Aktuelle Rechtsfragen der Sicherheitenfreigabe, Die Rolle der Kreditinstitute bei der Sanierung von Unternehmen, WM 1994, 1705

NICKEL-SCHWEIZER, Rechtsvergleichender Beitrag zum fiduziarischen Eigentum in Deutschland und in der Schweiz (1977)

NIELSEN, Dokumentäre Sicherungsübereignung bei Import- und Exportfinanzierung, WM 1986, Sonderbeilage 9

ders, Sicherungsverträge der Import- und Exportfinanzierung im Lichte der aktuellen Rechtsprechung zur Deckungsgrenze und zur Sicherheitenfreigabe, WM 1994, 2221 ff, 2261 ff

NIRK, Interessenwiderstreit der Waren- und Geldkreditgeber aus der Sicht der neueren höchstrichterlichen Rechtsprechung, NJW 1971, 1913

NOBBE, Aktuelle Entwicklungen der Sicherungsübereignung und der Globalzession im Lichte des AGB-Gesetzes, ZIP 1996, 657

OBERMÜLLER, Nachträgliche Besicherung von Krediten, ZIP 1981, 352

ders, Auswirkungen der Insolvenzrechtsreform auf Kreditgeschäft und Kreditsicherheiten, WM 1994, 1829 und 1869

ders, Umsatzsteuer bei der Verwertung sicherungsübereigneter Gegenstände vor dem Hintergrund eines Insolvenzverfahrens, ZInsO 1999, 249

OSTENDORF, Der Gutglaubensschutz des Verwaltungstreuhänders, NJW 1974, 217

PATZEL, Zur Frage der Wirksamkeit eines deutschen Sicherungseigentums in Frankreich, DB 1970, 577

PAULUS, Kreditsicherung durch Übertragung von Eigentum und Anwartschaften, JZ 1957, 41

ders, Die Behelfe des Sicherungseigentümers gegen den Vollstreckungszugriff, ZZP 64, 169

ders, Probleme und Möglichkeiten der institutionellen Ausformung der Sicherungsübereignung, JZ 1975, 7, 41

ders, Auswirkungen der Insolvenzrechtsreform auf Kreditgeschäft und Kreditsicherheiten, WM 1994, 1829 u 1869

PETERS, Pool-Veträge in der Unternehmenskrise, ZIP 2000, 2238

PETRI, Akzessorietät bei der Sicherungsübereignung (Diss Giessen 1991/92)

PICOT, Die Anschlusssicherung nach vorausgegangener Sicherungsübertragung als eigenständige Kreditunterlage, BB 1979, 1269

PULINA, Die Gleichbehandlung von Sicherungseigentum und akzessorischen Sicherheiten im Sicherungsfall, NJW 1984, 2872

RAISER, Dingliche Anwartschaften (1961)

RAUTMANN, Kreditsicherung durch Übertragung von Anwartschaftsrechten aus bedingter Übereignung, NJW 1951, 298

REBE, Zur Ausgleichsfunktion von § 935 BGB zwischen Vertrauensschutz und Eigentümerinteressen beim gutgläubigen Mobiliarerwerb, AcP 173 (1973) 186 ff

REEB, Recht der Kreditfinanzierung (1994)

REICH, Funktionsanalyse und Dogmatik bei der Sicherungsübereignung, AcP 169 (1969) 246

ders, Die Sicherungsübereignung (1970)

ders, Reform der Kreditsicherung, JZ 1976, 463

REIMER-SCHMIDT, Zur Diskussion um Eigentumsvorbehalt und Sicherungsübereignung, MDR 1955, 447

REINHARD/ERLINGHAGEN/SCHULER, Die rechtsgeschäftliche Treuhand – ein Problem der Rechtfortbildung, JuS 1962, 41

REINICKE, Der Kampf um das Zubehör zwischen Sicherungseigentümer und Grundpfandgläubiger, JuS 1986, 957

REINICKE/TIEDTKE, Begründung des Sicherungseigentums, DB 1994, 2173

dies, Sonderfälle des Sicherungseigentums, DB 1994, 2601

dies, Kaufrecht (1997)

dies, Kreditsicherung, (4. Auflage 2000)

REITHMANN, Der Beitrag der Notare zur Rechtsentwicklung, DNotZ Sonderh 1977, 13

ders, Die Zweckerklärung bei der Grundschuld, WM 1985, 441

RIGGERT, Die Raumsicherungsübereignung: Bestellung und Realisierung unter den Bedingungen der Insolvenzrechung, NZI 2000, 241

RIMMELSPACHER, Kreditsicherungsrecht (1987)

VRINTELEN, Der Übergang nichtakzessorischer Sicherheiten bei der Forderungszession (1996)

ROMBACH, Die anfängliche und nachträgliche Übersicherung bei revolvierenden Globalsicherheiten, 2001

ROTTNAUER, Die Mobiliarsicherheiten unter besonderer Berücksichtigung der besitzlosen Pfandrechte im deutschen und englischen Recht (1992) 96

RÜHL, Eigentumsvorbehalt und Abzahlungsgeschäft (1930)

SAENGER, Ende der Unsicherheiten bei den Globalsicherheiten?, ZBB 1998, 174

SCHARRENBERG, Das Recht des Treuhänders in der Zwangsvollstreckung (Diss Mainz 1989)

SCHIEMANN, Über die Funktion des pactum reservati domini während der Rezeption des römischen Rechts in Italien und Mitteleuropa, SavZ, Rom Abt, 1976, 161 ff

H SCHLOSSER, Aussenwirkungen verfügungshindernder Abreden bei der rechtsgeschäftlichen Treuhand, NJW 1970, 681

SCHMID, Rücksichtnahmepflicht bei Sicherungsübereignungen (1961)

SCHMIDT, Zur Akzessorietätsdiskussion bei Sicherungsübereignung und Sicherungsabtretung, in: FS Serick (1992) 329

K SCHMIDT, Übereignung einer Sachgesamtheit – sachenrechtlicher Bestimmtheitsgrundsatz, JuS 2000, 1118

SCHÖLERMANN/SCHMID-BURGK, Flugzeuge als Kreditsicherheit, WM 1990, 1137

SCHOLZ, Der sicherungsrechtliche Rückge-

Wolfgang Wiegand

währanspruch als Mittel der Kreditsicherung, in: FS Möhring (1965) 419

SCHREIBER, Sicherungseigentum und seine Verwertung, JR 1984, 485

SCHRÖTER, Die Freigabe von Globalsicherheiten, WM 1997, 2193

SCHWAB, Globalsicherheiten und Freigabeklauseln vor dem Grossen Senat, WM 1997, 1883

ders, Übersicherung und Sicherheitenfreigabe – BGH, NJW 1998, 671, JuS 1999, 740

SCHWARZ, Bestimmtheitsgrundsatz und variabler Zins in vorformulierten Kreditverträgen, NJW 1987, 626

ders, Erwerb der Verfügungsmacht durch den Sicherungsnehmer vor Verwertung des Sicherungsgutes, Umsatzsteuer-Rundschau 1989, 339

SCHWEIGER, Die Sittenwidrigkeit der Sicherungsübereignung, MDR 1953, 707

SERICK, Die Verwertung von Sicherungseigentum, BB 1970, 541

ders, Bemerkungen zu formularmässig verbundenen Verlängerungs- und Erweiterungsformen beim Eigentumsvorbehalt und der Sicherungsübereignung, BB 1971, 2

ders, Abschied von fragwürdigen Kommissionsklauseln, BB 1974, 285

ders, Verarbeitungsklauseln im Wirkungskreis des Konkursverfahrens, ZIP 1982, 507

ders, Insolvenzrechtsreform und der Schutz gesicherter Gläubiger, ZIP 1985, 1449

ders, Deutsche Mobiliarsicherheiten. Aufriß und Grundgedanken. Vorlesung und Vorträge an japanischen Universitäten sowie für Praktiker in Tokio (1988)

ders, Mobiliarsicherheiten im Diskussionsentwurf zur Reform des Insolvenzrechts – Möglichkeiten der Enteignung von Vorbehaltslieferanten zum Nulltarif, ZIP 1989, 409

ders, Formularverträge und Mobiliarsicherheiten mit Freigabeklauseln in der höchstrichterlichen Rechtsprechung: Vereinbartes Gewohnheitsrecht oder kautelarisches Kreditsicherungsrecht?, BB 1995, 2013

ders, Das normative Leitbild der gewohnheitsrechtlichen Sicherungstreuhand und ihrer Haftungsobergrenze auf der Waage des Grossen Senats für Zivilsachen, WM 1997, 2053

ders, Freigabeklauseln, Deckungsgrenze und Haftobergrenze, NJW 1997, 1529

ders, Der Beschluss des Grossen Senats vom 27. 11. 1997 am Pranger höchstrichterlicher Rechtsfortbildungsblockade, BB 1998, 801

ders, Verlängerter Eigentumsvorbehalt und massengeschäftsbedingtes Kontokorrent im Zweitverhältnis, in: FS W Lorenz (1991) 253

ders, Eigentumsvorbehalt und Sicherungsübertragung, Neue Rechtsentwicklungen (1993)

ders, Eigentumsvorbehalt und Sicherungsübertragung: Monographie in 6 Bd

SIEBERT, Das rechtsgeschäftliche Treuhandverhältnis (1933)

SIEG, Die einfache Sicherungsübertragung. Schranken, Zwangsvollstreckung und Insolvenz-Abwicklung, Die AG 1971, 229

SIMON, Die Verwertung sicherungsübereigneter Gegenstände durch den Sicherungsnehmer, BB 1957, 600

SINTENIS, Handbuch des gemeinen Pfandrechts (1836)

SLAPNICAR, Das Anrecht. Die von Lübtow'sche Begriffsbildung als Erklärungsmodell für das Anwartschaftsrecht, Tradition und Fortentwicklung im Recht 1991, 133

SMID, Zwangsvollstreckung und Passivprozess durch Sicherungsnehmer als Gläubiger und Kläger in der Insolvenz des Sicherungsnehmers, ZInsO 2001, 433

STECKERMEIER, Der Eingriff in die rechtsgeschäftlichen Grundlagen der Anwartschaft aus Vorbehaltsübereignung zu Lasten des Zweiterwerbers (1993, zugl Diss Regensburg 1992)

STERN, Insolvenzrechtsreform und verfassungsrechtlicher Schutz der Mobiliarsicherungsgläubiger, Für Recht und Staat 1994, 737

STULZ, Der Eigentumsvorbehalt im in- und ausländischen Recht (1932)

STUMPF/THAMM, Erweiterungsformen des Eigentumsvorbehalts unter besonderer Berücksichtigung der neueren Rechtsprechung, BB 1966, 749

THAMM, Der Eigentumsvorbehalt im deutschen Recht (1977)

ders, Rechtsprobleme beim Scheck/Wechsel-Verfahren, ZIP 1984, 922

ders, Untergang des Eigentumsvorbehalts wegen wesentlicher Bestandteilseigenschaft eines Grundstücks/Gebäudes, BB 1990, 866

THOMAS, Die rechtsgeschäftliche Begründung an Treuhandverhältnissen, NJW 1968, 1705

E TIEDTKE, Schadenersatzansprüche des Vorbehaltsverkäufers gegen den bösgläubigen Abnehmer des Käufers, JZ 1989, 179

K TIEDTKE, Erwerb und Verlust von Sicherungseigentum an eingelagerter Ware, WM 1978, 446

ders, Zur Rechtsprechung des Bundesgerichtshofes auf dem Gebiete des Kaufrechts Teil 2, JZ 1997, 931

ders, Der erweiterte Eigentumsvorbehalt, in: FS 50 Jahre BaH, Bd I (2000) S 829

ders, Aktuelle Tendenzen in der Rechtsprechung des Bundesgerichtshofs zum Realkredit seit dem 1. 1. 1997, DStR 2001, 257

TIMM, Aussenwirkungen vertraglicher Verfügungsverbote?, JZ 1989, 13 ff

TROST-SCHÜTZ, Bankgeschäftliches Formularbuch (1969) 558

vTUHR, Eigentumserwerb an Mobilien nach dem Bürgerlichen Gesetzbuch verglichen mit dem Rechte des code civil, ZffranzZR 30 (1899) 527

ULMER/BRANDNER/HENSEN, AGB Gesetz (7. Aufl 1993)

ULMER/SCHMIDT, Nachträglicher einseitiger Eigentumsvorbehalt, JuS 1984, 18

URTZ, Umsatzsteuer bei Eigentumsvorbehalt und Sicherungseigentum, ÖStZ 2000, 449

VIERTELHAUSEN, Umsatzsteuer bei der Verwertung im Insolvenzverfahren, InVo 2001, 349

VORTMANN, Raumsicherungsübereignung und Vermieterpfandrecht, ZIP 1988, 626

VOSS, Haftung aus Vermögensübernahme trotz hoher dinglicher Belastung des übernommenen Vermögens, ZIP 1992, 1217

A WACKE, Das Besitzkonstitut als Übergabesurrogat in Rechtsgeschichte und Rechtsdogmatik (1974)

ders, Die Sicherungsübereignung unpfändbarer Sachen, in: FS Pleyer (1986) 585 ff

ders, Eigentumserwerb des Käufers durch schlichten Konsens oder erst mit Übergabe? – Unterschiede im Rezeptionsprozess und ihre mögliche Überwindung, ZeuP 2000, 254

WALTER, Das Unmittelbarkeitsprinzip bei der fiduziarischen Treuhand (Diss Tübingen 1974)

H WEBER, Die Rechtsprechung des Bundesgerichtshofs zu Freigabeklauseln bei Kreditsicherheiten, WM 1994, 1549

ders, Kreditsicherheiten: Recht der Sicherungsgeschäfte (7. Auflage 2002)

M WEBER, Erweiterter Eigentums- und Konzernvorbehalt in allgemeinen Lieferbedingungen, BB 1989, 1768

S WEBER, Aktuelle Probleme im Treuhandrecht der Banken (Diss München 1989)

WECKERLE, Treugeberrechte bei Insolvenz des Treuhänders (1971)

WEERTH, Die Verwertung sicherungsübereigneter Gegenstände nach Inkrafttreten der Insolvenzrechtsreform im Blickwinkel des Umsatzsteuerrechts, BB 1999, 821

WEIMAR, Die Befriedigung aus dem Sicherungsgut, MDR 1976, 21

ders, Kann die Sicherungsübereignung immer einem Pfandrecht gleichgesetzt werden?, JR 1972, 55

WEITNAUER, Betrachtungen zur causa der Sicherungsübertragung, in: FS Serick (1992) 389

WESTERMANN, Interessenkollision und ihre richterliche Wertung bei den Sicherungsrechten an Fahrnis und Forderungen (1954)

ders, Gesetzliche Regelung der Sicherungsübereignung von Warenlagern und des Eigentumsvorbehalts?, Verhandlungen des 41. DJT 1956 BD 2/F

ders, Probleme der Sicherungsübereignung von Warenlagern, NJW 1956, 1927

WESTPHAL, Die gesetzliche Deckungsgrenze bei der Gewährung von Sicherheiten, ZIP 1997, 230

WIEACKER, Der Eigentumsvorbehalt als dingliche Vorzugshaftung (1938)

WIEGAND, Der gutgläubige Erwerb beweglicher Sachen nach §§ 932 ff BGB, JuS 1974, 201

ders, Der abstrakte Eigentumsbegriff, Wissenschaft und Kodifikation des Privatrechts im 19. Jahrhundert (1976) III 118

ders, Rechtsableitung vom Nichtberechtigten – Rechtsschein und Vertrauensschutz bei Verfügungsgeschäften, JuS 1978, 145

ders, Fiduziarische Sicherungsgeschäfte, ZBernJV 116 (Bern 1980), 357

ders, Akzessorietät und Spezialität – Zum Verhältnis zwischen Forderung und Sicherungsgegenstand, Probleme der Kreditsicherung 1981, 35

Wolfgang Wiegand

ders, Zur Entwicklung der Pfandrechtstheorien im 19. Jahrhundert, Zeitschrift für neuere Rechtsgeschichte Bd 3 (1981) 1

ders, Trau, schau wem – Bemerkungen zur Entwicklung des Treuhandrechts in der Schweiz und in Deutschland, in: FS H Coing (1982) 565

ders, Numerus clausus der dinglichen Rechte. Zur Entstehung und Bedeutung eines zentralen zivilrechtlichen Dogmas, in: FS Kroeschell (1987) 623 ff

ders, Die Entwicklung der Übereignungstatbestände einschliesslich der Sicherungsübereignung, in: Festgabe aus der Wissenschaft 50 Jahre BGH, Bd I (2000) 753 ff

WILHELM, Das Anwartschaftsrecht des Vorbe-

haltskäufers im Hypotheken- und Grundschuldverband, NJW 1987, 1785

WILLKE, Vermögensübernahme durch Sicherungsübereignung, NJW 1975, 2093

WOCHNER, Eigentumsvorbehalt und Verbrauchsermächtigung, BB 1981, 1802

ders, Minderungseinrede und Eigentumsvorbehalt, in: FS Serick (1992) 403

WOLF, Inhaltskontrolle von Sicherungsgeschäften, in: FS Baur (1981) 141 ff

WOLF/HAAS, Das Prioritätsprinzip im Konflikt zwischen Waren- und Geldkreditgebern, ZHR 154 (1990) 64

WOLF/HORN/LINDACHER, AGB-Gesetz (4. Aufl 1999).

Systematische Übersicht

Allgemeiner Teil:
Grundlagen und Entwicklungen

I.   Grundlagen _____ 1

II.   Entwicklung
1.   Grundlegendes _____ 8
2.   Das Treuhandeigentum als Sonderform _____ 9
3.   Die Ausweitung der Sicherungsrechte _____ 10
a)   Zulässigkeit der Sicherungsrechte __ 11
b)   Die „horizontale" Erweiterung _____ 12
c)   Die „vertikale" Erweiterung _____ 15
d)   Die Bedeutung der AGB für die Entwicklung _____ 18

III. Konsequenzen für das Sachenrecht
und die Übereignungstatbestände __ 20
1.   Sicherungsübereignung _____ 21
2.   Eigentumsvorbehalt _____ 23
3.   Zwischenergebnis _____ 27
4.   Das Verhältnis der Tatbestände und ihre Bedeutung _____ 28
5.   Zusammenfassung _____ 33

IV.   Reform der Mobiliarsicherheiten __ 34

V.   Kreditsicherung und Sicherungsüber-
eignung
1.   Maßgebende Kriterien bei der Anwendung des geltenden Rechts _____ 40
2.   Forderung nach größerer Publizität _ 41
3.   Forderung nach Reduktion der Ausweitung _____ 44
4.   Regelungsmechanismen _____ 48

Besonderer Teil

1. Abschnitt:
Die Sicherungsübereignung

A.   Bedeutung, Struktur und Erschei-
nungsform der Sicherungsübereig-
nung

I.   Entwicklung und Bedeutung
1.   Entwicklung _____ 51
2.   Bedeutung _____ 56

II.   Funktion und Struktur _____ 58

III. Mögliche Gestaltungen und typische
Erscheinungsformen
1.   Grundmodell _____ 64
2.   Mögliche Ausgestaltungen und typische Erscheinungsformen _____ 68

B. Begründung

**I. Die wesentlichen Elemente der
Sicherungsübereignung** _____ 75

**II. Die Verschaffung des Sicherungs-
eigentums**
1. Sicherungsübereignung nach § 929
    S 1 und § 931 _____ 82
2. Sicherungsübereignung nach § 930 __ 85
3. Die Sicherungsübereignung von
    Sachgesamtheiten und Sachmengen _ 93
4. Das Spezialitäts- oder Bestimmt-
    heitsprinzip _____ 95
5. Die Sicherungsübereignung von exi-
    stenten, konstanten Sachgesamt-
    heiten _____ 103
6. Teilmengen _____ 108
7. Die Sicherungsübereignung von „ge-
    mischten" Beständen _____ 109
8. Sachgesamtheiten mit wechselndem
    Bestand _____ 123
a) Nachträgliche Veränderung der
    Sachgesamtheit _____ 124
b) Warenlager mit wechselndem Be-
    stand _____ 125
c) Erkennbarkeit als Kriterium _____ 129
d) Zwischenergebnis _____ 136
e) Publizität _____ 137
f) Zusammenfassung _____ 138
9. Resümee – Sachgesamtheiten als
    Sicherungsgut _____ 139

C. Beschränkungen

I. Ausgangslage _____ 144

**II. Sittenwidrigkeit als Begrenzungs-
kriterium** _____ 146
1. Sittenwidrigkeit als Voraussetzung
    der §§ 138, 826 _____ 147
a) Objektive Kriterien für die Sitten-
    widrigkeit _____ 148
b) Subjektive Kriterien für die Sitten-
    widrigkeit _____ 149
2. Fallkonstellationen zur Beurteilung
    der Sittenwidrigkeit _____ 151
a) Knebelung _____ 152

b) Aussaugung _____ 153
c) Übersicherung und Freigabe-
    klauseln _____ 154
d) Gläubigergefährdung _____ 159
e) Insolvenzverschleppung _____ 163
f) Kreditbetrug _____ 164
3. Vorsatz _____ 165
4. Rechtsfolgen _____ 166

**III. Kontrolle nach den §§ 305 bis 310
BGB**
1. Grundsätzliches _____ 169
2. Überraschende Klausel – § 305c _____ 172
3. Vorrang der Individualabreden –
    § 305b _____ 180
4. Unangemessenheit – § 307 _____ 182

IV. Generelle Ansätze zur Restriktion _ 186
1. Sicherungsübereignung und Akzes-
    sorietät _____ 187
2. Sicherungsübereignung und Bedin-
    gung _____ 196
3. Stellungnahme und rechtspolitische
    Würdigung _____ 200
4. Fazit _____ 210

D. Das Sicherungseigentum

I. Allgemeines _____ 211

**II. Die Beziehung zwischen Sicherungs-
geber und Sicherungsnehmer**
1. Die Sicherungsabrede als Schuldver-
    hältnis _____ 218
2. Verwertung des Sicherungsgutes _____ 225

III. Das Verhältnis zu Dritten _____ 236

**IV. Sicherungseigentum in Zwangsvoll-
streckung und Insolvenz**
1. Insolvenz des Sicherungsnehmers ___ 249
a) Zwangsvollstreckung _____ 250
b) Insolvenz _____ 251
2. Insolvenz des Sicherungsgebers
a) Zwangsvollstreckung _____ 252
b) Insolvenz _____ 253
3. Sonderprobleme
a) Anfechtungsgesetz _____ 254

b) Anwendbarkeit des § 419 —————— 256

V. **Beendigung** —————————— 257

E. **Kollisionsfälle**

I. **Die Problematik**
1. Der Automatismus der Sicherungsgeschäfte —————————— 261
2. Folgerungen —————————— 264

II. **Kollision von Sicherungsübereignungen**
1. Mehrfache Verfügungen über das
Sicherungsgut —————————— 267
2. Entscheidungsgrundlagen ————— 268
3. Mehrfache Sicherungsübereignung — 271

III. **Zusammentreffen der Sicherungs-**
übereignung mit anderen Siche-
rungsverfügungen
1. Die Sicherungsübereignung von Vorbehaltsgut —————————— 285
2. Verlängerte Sicherungsübereignung
und verlängerter Eigentumsvorbehalt —————————————— 287
3. Grundpfandrecht, Vermieterpfandrecht und Sicherungsübereignung
a) Ausgangslage ————————— 292
b) Die möglichen Kollisionen ———— 293
c) Vermieterpfandrecht —————— 302

4. Exkurs: Der Sicherheitenpool ——— 303
a) Zustandekommen, Art, Zweck und
Inhalt des Sicherheiten-Pools ——— 304
b) Zulässigkeit ————————— 306
c) Rechtliche Natur der Pool-Vereinbarung —————————— 307

2. Abschnitt:
Die fiduziarische Übereignung

A. **Der Erwerb des Treuhandeigentums**

I. **Die Übereignung** ——————— 310

II. **Die Zweckvereinbarung** ———— 316

III. **Der Erwerb von Dritten** ———— 318

B. **Das Treuhandeigentum**

I. **Erscheinungsformen und Arten des**
Treuhandeigentums —————— 321

II. **Treugut in Konkurs und Zwangsvoll-**
streckung —————————— 326

III. **Verfügungen des Treuhänders über**
das Treugut ————————— 331

Alphabetische Übersicht

Absonderungsrecht des Sicherungsnehmers
in der Insolvenz des Sicherungsgebers — 253
Abstraktionsprinzip —— 9, 33, 61, 66, 167, 269
Abtretungsklausel in Sicherungsabrede — 223
Akzessorietät u Sicherungsübereignung —
—————————————— 186, 196 ff, 209
Akzessorietätsprinzip
– Konkretisierung des ———————— 12
– Übertragung des ————————— 197
Allgemeine Geschäftsbedingungen ——— 18 f
– u Besitzkonstitut bei Sicherungsüber-
eignung ——————————————— 86
– u Sicherungsübereignung von
„gemischten" Beständen ————— 112

– Verwertung des Sicherungsgutes in —— 229
Anfechtungsgesetz ————————— 254
Anschlusssicherungsübereignung ————
—————————————— 206, 257 ff, 274
Antizipierte Eigentumsübertragung ————
71 f, 90 f, 112, 120, 128, 130 ff, 209, 221, 279 ff
Anwartschaft — 24 ff, 31, 112 ff, 206 ff, 216, 259
Anwartschaftsrecht
– Erwerb eines ——————————— 25,
112 ff, 140, 206 ff, 239, 247, 250, 274, 286, 297 ff
– u aufschiebende Bedingung ————— 24 ff
– u Zwangsvollstreckung ——————— 329
– Umdeutung der fehlgeschlagenen Eigen-
tumsübertragung in den Erwerb eines

Anwartschaftsrechtes _____ 31, 247, 286

Auflösende Bedingung, Eigentumsübertragung unter _____ 171, 196 ff, 334, 341

Ausführungshandlung bei Sicherungsübereignung _____ 129 ff

Aussaugung bei Sicherungsübereignung ___ 153

Aussonderungsrecht des Sicherungsgebers
in der Insolvenz des Sicherungsnehmers _
_____ 202, 251

Bedingung
– u Sicherungsübereignung _____ 49, 196 ff
– u fiduziarische Übereignung _____ 332 ff

Besitzkonstitut u Sicherungsübereignung _____ 85 ff, 280

Bestimmtheit(sgrundsatz) _____
_____ 12, 43, 48, 76 ff, 91, 95 ff, 103, 110,
112 f, 118, 124, 130, 132, 139, 186, 268, 278, 327

Direkterwerb _____ 260

Drittwiderspruchsklage gem § 771 ZPO
– des Sicherungsgebers _____ 250
– des Sicherungsnehmers _____ 252
– des Treugebers _____ 329
– des Treuhänders _____ 329

Durchgangserwerb _____
_____ 122, 141 ff, 260, 266, 270, 283, 297

Eigentumserwerb
– an Sachgesamtheiten ___ 103 ff, 109 ff, 123 ff
– an Warenlagern _____ 103 ff, 109 ff, 123 ff

Eigentumsübertragung, fiduziarische _____ 5

Eigentumsvorbehalt _____ 1, 6, 12 ff, 23 ff, 34
– erweiterter _____ 12 f, 44
– Kollision von – u Sicherungsübereignung _____ 32, 285 ff
– verlängerter _____ 15 ff, 44

Erlösklausel _____ 223

Ersatzklausel
– als Ausfluss der Erhaltungspflichten des
Sicherungsnehmers _____ 220, 241
– bei Sicherungsübereignung von Warenlagern mit wechselndem Bestand ____ 127

Erweiterung von Sicherungsrechten
– „horizontale" _____ 12 ff
– „vertikale" _____ 15 ff

Factoring u Sicherungsübereignung _____ 291

Faustpfand(prinzip) ____ 7, 11, 42, 52, 55, 269

Fiduziarische Eigentumsübertragung __ 309 ff

Fiduziarische Übereignung _____ 309 ff
– Zweckbezogenheit _____ 309 ff
– Zweckvereinbarung _____ 316 ff

Freigabeklauseln _____ 156 f

Gewohnheitsrecht u Sicherungsübereignung _____ 54 f

Gläubigergefährdung bei Sicherungsübereignung _____ 158 ff

Globalzession _____ 268, 288, 291

Grundpfandrecht _____ 292 ff

Gute Sitten, Verstoß gegen – bei
Sicherungsübereignung _____ 146 ff

Gutglaubensschutz _____ 38, 269

Herstellervereinbarung _____ 263, 283 f

Knebelung _____ 152

Kollision
– von Eigentumsvorbehalt u Sicherungsübereignung _____ 32, 285 ff
– von Herstellervereinbarung u Übereignung
von Warenlager mit wechselndem
Bestand _____ 284
– von Sicherungsgeschäften _____ 261 ff
– von Sicherungsrechten _____ 37, 73
– von Sicherungsübereignungen _____ 267 ff
– von Sicherungsübereignung u Factoring _ 291
– von Verarbeitungsklauseln _____ 283

Kreditbetrug bei Sicherungsübereignung __ 163

Kreditsicherung _____ 1, 8

Insolvenz
– u Sicherungseigentum _____ 249 ff
– u Sicherungsrechte _____ 36 ff

Insolvenzverschleppung bei Sicherungsübereignung _____ 162

Insolvenzverwalter, Anfechtung eines
anfechtbaren Rechtsgeschäftes durch
den _____ 255

Markierungsvereinbarung _____ 108

Musterverträge für Sicherungsübereignungen _____ 74

Nachschubklausel
– bei Sicherungsübereignung von Warenlagern mit wechselndem Bestand _____ 127

Wolfgang Wiegand

– als Ausfluss der Erhaltungspflichten
des Sicherungsgebers _____ 220
numerus clausus der Sachenrechte _____
_____ 4, 61, 9, 33 ff

Offenkundigkeitsprinzip _____ 227

Pool _____ 37, 303 ff
– vor/nach Insolvenz _____ 305 f
– Zulässigkeit des _____ 306
Poolvereinbarung (Poolvertrag) _____
_____ 37, 142, 144, 261, 303 ff
– rechtliche Natur der _____ 307 ff
Prioritätsprinzip _____
_____ 38, 48, 268 ff, 278 ff, 283, 290 ff
Publizität _____ 33, 35, 40
– u Sicherungsrechte _____ 41 ff, 137
Publizitätsprinzip _____ 42

Raumsicherungsvereinbarung bei
Sicherungsübereignung von Teilmengen _ 108

Sachgesamtheit
– als Sicherungsgut _____ 139 ff
– mit wechselndem Bestand _ 123 ff, 284, 289
– existente, konstante _____ 103 ff
– nachträgliche Veränderung der _____ 124
– Sicherungsübereignung von _____
_____ 93 f, 103 ff, 109 ff, 123 ff, 278 ff
Sicherheitenpool _____ 303 ff
Sicherungsabrede _____
_____ 5, 66, 75, 80 f, 214 ff, 218 ff, 248
Sicherungsabtretung _____ 291
Sicherungseigentum _____ 21 f, 211 ff
– in Konkurs unten Zwangsvollstrek-
kung _____ 249 ff
– als Sondereigentum _____ 9, 60, 211
Sicherungsgeber
– Aussonderungsrecht des – im Konkurs
des Sicherungsnehmers _____ 251
– Drittwiderspruchsklage gem § 771 ZPO
des _____ 250
– Insolvenz des _____ 252 f
– Rechte u Pflichten des _____ 218 ff
– Verfügungen des – über das Sicherungs-
gut _____ 243 ff
Sicherungsgeschäfte
– Automatismus der _____ 261 ff
– Kollision von – n _____ 261 ff

Sicherungsgut
– Beschädigung u Zerstörung des _____ 238
– Sachgesamtheit als _____ 139 ff
– Verwertung des _____ 225 ff
– Verarbeitung u Veräußerung des ____ 223 f
– Verwertung des – in AGB _____ 229
– Verfügungen des Sicherungsgebers über
das _____ 243 ff
Sicherungsnehmer
– Absonderungsrecht des – im Konkurs
des Sicherungsgebers _____ 253
– Drittwiderspruchsklage gem § 771 ZPO
des _____ 252
– Insolvenz des _____ 250 f
– Selbsteintrittsrecht des _____ 234
– Verfügungen des – über das Sicherungs-
gut _____ 242, 331 ff
– Verwertung des Sicherungsgutes
durch _____ 225 ff
Sicherungsrechte
– Ausweitung der _____ 10 ff
– u AGB _____ 18 f
Sicherungsübereignung _____
_____ 1 ff, 13 f, 21 f, 34, 40 ff, 51 ff
– Entwicklung u Bedeutung der _____ 51 ff
– Funktion u Struktur der _____ 58 ff
– u Zweckvereinbarung _____ 59
– u Gewohnheitsrecht _____ 54 f
– Zulässigkeit der _____ 11, 34
– Gestaltungen u Erscheinungsformen _ 64 ff
– mittels Besitzkonstitut _____ 85 ff
– gem §§ 929, 931 _____ 82 ff
– verlängerte _____ 44, 73
– verlängerte – u verlängerter Eigentumsvorbehalt _____ 287 ff
– erweiterte _____ 44, 72, 173
– einfache _____ 71
– antizipierte _____ 112, 120 f, 128, 140, 280 f
– u Erkennbarkeit der Übereignung __ 129 ff
– u Verarbeitungsklauseln _____ 73, 263, 283
– u Nachschub- u Ersatzklauseln_____ 127
– u Publizität _____ 30, 41 ff, 137
– u auflösende Bedingung _____ 196 ff, 239
– u Akzessorietät _____ 187 ff
– Beschränkung der _____ 144 ff
– über §§ 138, 826 _____ 146 ff
– über § 305c BGB (§ 3 AGBG a F) __ 172 ff
– über § 305b BGB (§ 4 AGBG a F) __ 180 f

– über § 307 BGB (§ 9 AGBG a F) _____
_____ 154 ff, 182 ff
– u überraschende Klausel gem § 305c
  BGB _____ 172 ff
– u Unangemessenheit gem § 307
  BGB _____ 154 ff, 182 ff
– Sittenwidrigkeit der _____ 146 ff
– von Sachgesamtheiten _____
  _____ 93 ff, 103 ff, 108, 109 ff, 123 ff, 278 ff
– von existenten, konstanten Sachgesamtheiten _____ 103 ff
– von Sachgesamtheiten mit wechselndem
  Bestand _____ 123 ff, 279, 284
– von „gemischten Beständen" _____ 109 ff
– von Teilmengen _____ 108
– u Bestimmtheitserfordernis _____
  _____ 76 ff, 95 ff, 110, 112 ff
– Sittenwidrigkeit der _____ 146 ff
– u AnfG _____ 254 f
– u § 419 (weggefallen) _____ 256
– Beendigung der _____ 257 ff
– u Pfandrecht _____ 29
– u Grundpfandrecht _____ 292 ff
– Kollision von -en _____ 267 ff
– von Vorbehaltsgut _____ 285 ff
– Kollision von – u Factoring _____ 291 ff
– Anschluss _____ 206, 258 ff
Sicherungszweck _____ 66, 81, 212 ff
– Wegfall des _____ 257
Sittenwidrigkeit der Sicherungs-
  übereignung _____ 146 ff
Spezialitätsprinzip _____ 95 ff

Teilmengen, Sicherungsübereignung von _ 108
Treugeber
– Konkurs des _____ 330
– Widerspruchsrecht des -s _____ 229
Treugut
– in Konkurs und Zwangsvollstreckung 326 ff
– Verfügungen des Treuhänders über
  das _____ 331 ff
Treuhand _____ 310 ff

– eigennützige/fremdnützige _____ 324
– echte/unechte _____ 327
Treuhänder _____ 310 ff
– Konkurs des -s _____ 330
– Verfügungen des -s über das Treugut 331 ff
Treuhandeigentum _____ 9
– Erwerb des -s _____ 310 ff
– Erwerb des -s von Dritten _____ 318 ff
– Erscheinungsformen u Arten des -s _ 321 ff
– als Sonderform _____ 9
– als Sondervermögen _____ 322
– Sonderstellung des -s in der Insolvenz _ 327
– Zweckvereinbarung u _____ 316 ff

Übereignung von Sachgesamtheiten _____
  _____ 103 ff, 109 ff, 123 ff, 278 f
Übernahme des Vermögens bei Sicherungs-
  übereignung _____ 256
Übersicherung bei Sicherungsübereig-
  nung _____ 154 ff, 184
Umdeutung der fehlgeschlagenen Sicherungs-
  übereignung in den Erwerb eines
  Anwartschaftsrechtes _____ 31, 247, 286
Unmittelbarkeitsprinzip _____ 320, 327
Unpfändbare Sachen _____ 111

Verarbeitungsklauseln ____ 73, 223, 263, 283 ff
Verfallklausel u Verwertung des Sicherungs-
  gutes _____ 234
Vermögensübernahme u Sicherungs-
  übereignung _____ 256
Vertragsbruchtheorie _____ 263, 283, 288 ff

Warenlager, Eigentumserwerb an _____
  _____ 103 ff, 109 ff, 123 ff, 278 f, 284

Zubehör _____ 294 ff
Zwangsvollstreckung
– Sicherungseigentum in _____ 250, 252
– Treugut _____ 329
Zweckvereinbarung bei Eigentums-
  übertragung _____ 59, 177 ff, 217, 316 ff

Allgemeiner Teil: Grundlagen und Entwicklungen

I. Grundlagen

1.   Die §§ 929 bis 931 ermöglichen die Eigentumsübertragung von beweglichen **1**

Sachen in vielfältigen Varianten, die den unterschiedlichen Interessenlagen der beteiligten Parteien Rechnung tragen. Infolgedessen hat sich die Regelung des Gesetzes auch unter stark veränderten Verkehrsverhältnissen im Großen und Ganzen bewährt. Das gilt indessen nur für die äußere Struktur, die formal unangetastet blieb. In materieller Hinsicht haben sich jedoch gravierende Verschiebungen ergeben (dazu und zum Folgenden WIEGAND, in: FG BGH, 753): Unter Benutzung des vom Gesetz zur Verfügung gestellten Instrumentariums sind die Sicherungsgeschäfte in einer für den Gesetzgeber unvorstellbaren Weise ausgebaut worden. Das betrifft nicht nur den quantitativen Aspekt, sondern auch die qualitative Seite. Eigentumsvorbehalt und Sicherungsübereignung sind zu selbständigen Rechtsinstituten entwickelt worden; Ähnliches gilt für die nicht der Kreditsicherung dienende treuhänderische Übereignung. Die Entwicklung dieser Rechtsinstitute seit Erlass des BGB hat nicht nur zu der in Rn 40 ff näher dargelegten kritischen Situation im Bereich der Kreditsicherung, sondern auch zu einer Veränderung der Grundstrukturen des gesamten Privatrechtes geführt und darüber hinaus bis in das Vollstreckungs- und Insolvenzrecht Auswirkungen gehabt. Die im Zusammenhang mit Eigentumsvorbehalt und fiduziarischer Rechtsübertragung auftretenden Probleme können nur zutreffend analysiert und angemessen bewältigt werden, wenn sie in diesen Gesamtrahmen gestellt werden. Dieser ist gekennzeichnet durch eine Reihe von prinzipiellen Festlegungen und Entscheidungen des Gesetzgebers, die das Sachenrecht als Ganzes betreffen. Sie stehen untereinander in engem sachlichen und theoretischen Konnex. Für die im Folgenden darzulegende Problematik genügt eine Skizzierung der wesentlichen Faktoren und ihrer wechselseitigen Bedingtheit (zum Folgenden ausf WIEGAND AcP 190 [1990] 112 ff).

2 **2.** Der Gesetzgeber ging für das gesamte Sachenrecht von dem Eigentumsbegriff (dazu mit umf Nachw WIEGAND, Eigentumsbegriff 118 ff) aus, der sich im Laufe des 19. Jahrhunderts durchgesetzt hatte. Während die Verfasser des BGB bereits darauf verzichten konnten, diesen Begriff näher zu definieren (Mot III 257, 262 f), finden sich derartige Definitionen in zahlreichen Partikulargesetzen und in der gesamten Literatur des 19. Jahrhunderts. Als exemplarisch kann diejenige des Sächsischen BGB gelten: „Das Eigenthum gewährt das Recht der vollständigen und ausschließlichen Herrschaft über eine Sache. ... Das Eigenthum an einer Sache kann zu gleicher Zeit Mehreren nicht ungetheilt, wohl aber nach ideellen Theilen zustehen" (§§ 217, 225 des Sächsischen BGB).

3 **3.** Mit der Entscheidung für diese *Eigentumskonzeption* sind zwei *Grundpositionen fixiert*, die einander wechselseitig bedingen:

a) Das Eigentum als solches ist unteilbar, es kann nur einer oder mehreren Personen als Ganzes zustehen (Mot III 262: „Deshalb läßt sich das Eigenthum auch nicht so theilen, daß dem Einen und dem Anderen eine Reihe bestimmter im Eigenthume liegender Befugnisse zugewiesen werden und dem beiderseitigen Rechte der Karakter des Eigenthumes beigemessen wird."). Will der Eigentümer Dritten bestimmte Befugnisse oder Eigentumssplitter überlassen, so kann dies auf schuldrechtlicher und sachenrechtlicher Ebene geschehen. Auch die sachenrechtliche Begründung derartiger Rechte führt nicht zu einer Aufteilung des Eigentums. Der Dritte erlangt vielmehr ein dingliches Recht an einer fremden Sache (ius in re aliena).

b) Diese *beschränkten dinglichen Rechte* sind nicht in beliebiger Zahl und Form **4** begründbar. Vielmehr geht das Sachenrecht des BGB von der **geschlossenen Zahl der dinglichen Rechte** aus (vgl STAUDINGER/BUND [2000] Einl 54 ff zu §§ 854 ff; zum Folgenden WIEGAND, numerus clausus 623 ff und AcP 190 [1990] 117 ff). Mit der Entscheidung für die skizzierte Eigentumskonzeption war auch ein Vorentscheid für den sog *numerus clausus der Sachenrechte* gefallen. Beide bedingen einander nicht logisch notwendig, stehen jedoch in einem engen Konnex. Auch der Gesetzgeber ging, ohne das auszudrücken, ganz erkennbar davon aus, dass zwischen beiden Prinzipien ein unauflöslicher Zusammenhang besteht. Darüber hinaus wird in eher beiläufiger Weise die Verkehrssicherheit als Rechtfertigung für die beschränkte Zahl der dinglichen Rechte angeführt. Dieses Argument findet sich vor allem im Zusammenhang mit den Vorschriften, die gewissermaßen als flankierende Maßnahmen zur Absicherung des numerus-clausus-Prinzips eingefügt wurden. Es handelt sich in erster Linie um § 137 und eine Reihe anderer Bestimmungen, die verhindern sollten, dass mit Hilfe von Verfügungsbeschränkungen im Ergebnis die Begründung äußerlich nicht sichtbarer dinglicher Rechtspositionen an einer fremden Sache herbeigeführt werden können (vgl dazu bereits VE Sachenrecht I § 796).

4. Als ein erstes **Zwischenergebnis** bleibt also festzuhalten: Die hier skizzierten **5** Grundmaximen führen dazu, dass eine irgendwie geartete Aufsplitterung des Eigentums unter mehrere Beteiligte ebenso ausgeschlossen ist wie jegliche Form von (nicht gesetzlich vorgesehenen) Verfügungsbeschränkungen durch vertragliche Abreden. Daraus ergeben sich *weit reichende*, vom Gesetzgeber durchaus gesehene und gewollte **Konsequenzen**: Alle *fiduziarischen Eigentumsübertragungen* führen zwingend zum Volleigentum des Erwerbers, der Treuhandabrede kann nach dieser Konzeption ausschließlich schuldrechtliche Wirkung zukommen (COING, Treuhand 85; WIEGAND, Fiduziarische Sicherungsgeschäfte 541; ders, Treuhand, 575, 577). Dieser Aspekt ist von besonderer Bedeutung für die **Sicherungsübereignung**, die kreditsichernde Form der treuhänderischen Rechtsübertragung. Denn gerade die Verwerfung jeder „Verdinglichung obligatorischer Rechte", die die Unabhängigkeit der Sicherungsübereignung von der ihr zugrunde liegenden Sicherungsabrede mit sich bringt, hat diese Form der Sicherung neben anderen später zu besprechenden Faktoren für die Gläubiger besonders attraktiv gemacht (man kann auch hier im Sinne JAHRS von einer inhaltlichen Abstraktion sprechen, § 929 Rn 24 mNw; sie besteht darin, dass die Zweckbestimmung des gültigen Grundgeschäftes nicht auf die Wirkung der Verfügung durchgreift).

Weniger deutlich sind diese Zusammenhänge mit den zuvor dargelegten Grund- **6** prinzipien bei der zweiten Form, bei der die Eigentumsübertragung als Kreditsicherungsmittel verwendet wird, dem **Eigentumsvorbehalt**. Im Gegenteil: Beim Eigentumsvorbehalt wird aufgrund ausdrücklicher gesetzlicher Anordnung die Übereignung über die Bedingung mit dem schuldrechtlichen Grundgeschäft verknüpft. Gleichwohl ist aber auch der Eigentumsvorbehalt durch die Unteilbarkeit des Eigentums und den numerus clausus der dinglichen Rechte geprägt. Eigentümer ist bis zum Eintritt der Bedingung der Verkäufer und nur er; die Position des Käufers kann weder als Sonderform des Eigentums noch als Sachenrecht betrachtet werden. Die gleich zu besprechende spätere Entwicklung ist gerade durch diese Prämissen in entscheidender Weise gekennzeichnet.

5. Ehe darauf näher einzugehen ist, ist auf einige weitere *Grundentscheide im* **7**

Bereich der Mobiliarsicherheiten hinzuweisen, die ihrerseits wiederum mit den zuvor dargelegten Prinzipien in Zusammenhang stehen. Eine konsequente Verfolgung des numerus-clausus-Gedankens hätte eigentlich dazu führen müssen, dass Mobiliarsicherheiten nur in der Form eines beschränkten dinglichen Rechtes begründet werden können. Einen Schritt in diese Richtung bedeutet denn auch die Entscheidung des Gesetzgebers für das Faustpfandprinzip. Ohne auf die entstehungsgeschichtlichen Zusammenhänge und die seinerzeitigen rechtspolitischen Debatten näher einzugehen (zum Folgenden grundlegend HROMADKA 144 ff sowie GAUL AcP 168 [1968] 352, 357 ff; vgl die Hinweise oben § 929 Rn 46 ff, § 930 Rn 1 ff, 14 ff sowie STAUDINGER/ WIEGAND [2002] Vorbem 1 ff zu § 1204), kann man mit den Ergebnissen der neueren Forschung als gesichert festhalten, dass dieser Entscheid jedenfalls nur halbherzig erfolgte; denn mit der Schaffung des § 930 hat man ganz bewusst die Möglichkeit der Sicherungsübereignung eröffnet. Das beweist ein Vergleich mit der Regelung im Schweizerischen ZGB, das zwar das Besitzkonstitut ebenfalls zulässt, zugleich aber seine Verwendung zu Kreditsicherungszwecken praktisch ausschließt (Art 717 SchwZGB, dazu WIEGAND, Fiduziarische Sicherungsgeschäfte 537, 548 ff). Mit dem Verzicht auf derartige flankierende Maßnahmen hat der Gesetzgeber die Verlagerung der Mobiliarsicherheiten vom Pfandrecht auf die Übereignungstatbestände selbst programmiert.

II. Entwicklung

1. Grundlegendes

8 Die zuvor skizzierten Prämissen waren bei Inkrafttreten des BGB zum Teil schon überholt; die seitherige Entwicklung hat zu einer weitgehenden Umstrukturierung geführt, bei der die grundlegenden dogmatischen Positionen nur äußerlich unangetastet blieben. Diese gewissermaßen schleichend vollzogene Veränderung der Sachenrechtssystematik geht Hand in Hand mit der zunehmenden Verwendung der Übereignungstatbestände zu Zwecken der Kreditsicherung (dazu WIEGAND, in: FG BGH I 754 f). Bei der Analyse der Entwicklung sind die beiden Gesichtspunkte jedoch voneinander zu trennen, wenn man eine sichere Grundlage für die rechtspolitische und rechtsdogmatische Diskussion gewinnen will.

2. Das Treuhandeigentum als Sonderform

9 Schon 1899 hat das Reichsgericht die *Sonderstellung des Treuhandeigentums* anerkannt, indem es die Aussonderung von Grundstückseinheiten zuließ, die dem Gemeinschuldner mit dem Auftrag zur Veräußerung übereignet worden waren (RGZ 45, 80 ff; zur Bedeutung dieses Urteils ASSFALG 165; KÖTZ 152 ff; WALTER 53 f sowie zusammenfassend COING, Treuhand 40 ff). Dass es sich um ein Grundstück handelt, spielt für die aufgezeigten Konsequenzen keine Rolle. Die treuhänderische Übereignung von Grundstücken (auch zu Sicherungszwecken) war zu jener Zeit durchaus verbreitet (vgl den vollkommen gleich gelagerten Fall, der vom Schweizerischen Bundesgericht – mit genau umgekehrtem Ergebnis – entschieden wurde [BGE 39 II 809 ff]; vgl zum Ganzen mit historischen und rechtsvergleichenden Hinw WIEGAND, Treuhand 565 ff). Der für die hier darzustellende Entwicklung zentrale Punkt liegt in der folgenden Sentenz des Reichsgerichtes: „Es kann jedoch nicht behauptet werden, daß diese Ausdrücke notwendig in dem Sinne verstanden werden müßten, als ob das formale Eigentums- oder sonstige Recht des

Gemeinschuldners das Entscheidende sein solle. Ein Gegenstand, der dem Gemeinschuldner zwar zum Eigentum übergeben worden ist, jedoch mit der Abmachung, daß derselbe gleichwohl von ihm nicht wie sein Eigentum behandelt werden dürfe, sondern wirtschaftlich ein Vermögensbestandteil des früheren Eigentümers bleiben solle, ‚gehört‘ dem Gemeinschuldner zwar formell und juristisch, aber nicht materiell und wirtschaftlich, und deshalb würde es von letzterem Standpunkte aus sogar ungenau sein, wenn der Gesetzgeber jene Ausdrücke auch auf dieses Verhältnis hätte beziehen wollen" (RGZ 45, 80, 85). Mit dieser Feststellung werden praktisch alle (oben Rn 3 skizzierten) Grundpositionen des soeben in Kraft getretenen BGB relativiert: Das Urteil basiert auf der Unterscheidung verschiedener Arten von Eigentum; diese Differenzierung wird aus der schuldrechtlichen Vereinbarung abgeleitet und führt zu einer abweichenden Behandlung in der Vollstreckung. Abstraktionsprinzip, einheitlicher Eigentumsbegriff und damit Typenzwang bzw numerus clausus der dinglichen Rechte sind damit in Frage gestellt und im Ergebnis bereits aufgegeben. Das wird besonders deutlich in dem diametral entgegenstehenden Urteil des Schweizerischen Bundesgerichtes, das in Auseinandersetzung mit der These des RG folgendermaßen formuliert: „Auf alle Fälle müßte die Auffassung der Klägerin, wonach ‚im internen Verhältnis zwischen Fiduziant und Fiduziar‘ nicht diesem, sondern jenem das Eigentum an der anvertrauten Sache zusteht, das Eigentum also gewissermaßen in ein solches ‚nach außen‘ und ein solches ‚nach innen‘ zerfällt … aus den bereits in einem frühern Urteil des Bundesgerichts angegebenen Gründen abgelehnt werden; desgleichen aber auch die, davon eigentlich nur durch die Formulierung verschiedene Konstruktion, die darauf abstellt, daß die dem Fiduziar anvertraute Sache ‚wirtschaftlich‘ nicht zu dessen Vermögen gehöre, sondern sich im ‚wirtschaftlichen Eigentum‘ des Fiduzianten befinde … Allein bei der Abgrenzung des dem Art 197 zu Grunde liegenden Vermögensbegriffes bedarf es eines scharfen und objektiven Kriteriums; ein solches aber kann, soweit körperliche Sachen in Betracht kommen, nur dadurch gewonnen werden, daß auf den absoluten Begriff des Eigentums, im eigentlichen („juristischen") Sinne des Wortes abgestellt wird" (BGE 39 II 800, 809 ff; dazu Wiegand, Treuhand 568).

Indessen wäre die Sonderbehandlung des Treuhandeigentums – trotz ihrer grundsätzlichen Bedeutung – wohl eine Randerscheinung geblieben, wenn sie nicht mit der im Folgenden zu skizzierenden Entwicklung der Sicherungsgeschäfte verknüpft gewesen wäre (denn als Treuhandeigentum betrachtet und behandelt wurde auch das – erst später so genannte – Sicherungseigentum).

3. Die Ausweitung der Sicherungsrechte

Weder die Entstehungsgeschichte noch das BGB selber lassen ein klares Konzept **10** der Sicherungsgeschäfte erkennen (statt aller Hromadka 133 ff). Vielmehr treten die Diskrepanzen und Widersprüche offen zutage: Während die Verpfändung durch Traditionsprinzip und Akzessorietät an strenge Voraussetzungen geknüpft und „publik" gemacht wird, lässt man gleichzeitig ausdrücklich den Eigentumsvorbehalt und stillschweigend die Sicherungsübereignung zu. Beide erlauben eine „diskrete", flexiblere und weitergehende Sicherung der Gläubiger. Bei dieser Ausgangslage erscheint die heute allgemein beklagte Entwicklung als beinahe unvermeidlich. Sie vollzog sich in mehreren Etappen:

a)   Zulässigkeit der Sicherungsübereignung

11 Der erste Schritt erfolgte mit der Anerkennung der in ihrer Zulässigkeit zunächst umstrittenen Sicherungsübereignung durch die Rspr (Grundsatzurteil des RG aus dem Jahre 1904, RGZ 59, 146; Einzelheiten unten Rn 51 ff). Damit war die Verdrängung des Faustpfandes durch die Sicherungsübereignung gewissermaßen programmiert.

b)   Die „horizontale" Erweiterung

12 Der zweite und folgenreichste Schritt liegt in der Ausweitung des Kreises der gesicherten Forderungen (vgl DROBNIG, Gutachten zum 51. DJT [1976] F 48 ff; zum Folgenden die eindrückliche Analyse bei SERICK V § 56 II). Die Sicherung künftiger, auch wechselnder Forderungen war schon im 19. Jahrhundert verbreitet, blieb aber im Bereich der beweglichen Sachen auf das Pfandrecht beschränkt (zum GemR DERNBURG, Pfandrecht I § 68 ff; WINDSCHEID/KIPP § 225 1; vgl auch BEKKER, Aktionen II 254; SINTENIS, Pfandrecht § 11). Allerdings stellte man im Hinblick auf die Akzessorietät des Pfandrechtes das „Erfordernis [auf], daß die zu sichernde Forderung in dem dinglichen Vertrage auf eine solche Weise bezeichnet ist, welche schließlich auf eine bestimmte Forderung hinleitet" (Mot III 798). Dieses **Bestimmtheitserfordernis** wird als *Konkretisierung des Akzessorietätsprinzips* verstanden und bis heute im Pfandrecht beachtet (STAUDINGER/WIEGAND [2002] § 1204 Rn 10 f, 20 ff; es ist zu unterscheiden vom Bestimmtheitserfordernis, das den Verfügungsgegenstand betrifft und insbes bei der Sicherungsübereignung eine wichtige Rolle spielt [§ 929 Rn 11 ff und unten Rn 77, 95 ff]; zu den unterschiedlichen Grundlagen und der Terminologie vgl WIEGAND, Akzessorietät 40 ff mNw). Die Kautelarjurisprudenz hat dieses Kriterium aufgegriffen und auf die Sicherungsübereignung und auf den Eigentumsvorbehalt übertragen.

Für den **Eigentumsvorbehalt** bedeutet das eine völlig neue, den tradierten Rahmen sprengende Ausweitung; denn die Regelung des BGB, die ihrerseits an das gemeinrechtliche pactum reservati dominii anknüpft, beruht ganz eindeutig auf der Vorstellung, dass (nur) der Kaufpreis für die gelieferte und bedingt übereignete Ware gesichert werde (zum historischen Hintergrund: MISERA, in: FS Serick 275 ff; SCHIEMANN, SavZ, Rom Abt, 1976, 161 ff und STAUDINGER/BECKMANN [2004] § 449 Rn 4; zur Entstehungsgeschichte Mot II 319 ff, III 336 f, Prot II 78 f. Kritische Analyse, die allerdings vom Zeitgeist beeinflusst ist, bei BRANDT, Austauschgeschäft 212 f). Diese Vorstellung war für den Gesetzgeber deshalb besonders nahe liegend, weil nach gemeinrechtlichem Verständnis an sich das Eigentum sowieso erst bei Kaufpreiszahlung übergehen sollte. Die Einführung des heute sog erweiterten Eigentumsvorbehaltes bedeutete insofern einen doppelten Bruch mit der Tradition. Denn im Ergebnis führt das dazu, dass das Eigentum trotz Kaufpreiszahlung nicht übergeht, solange noch Forderungen des Verkäufers bestehen (zum GemR WINDSCHEID/KIPP § 172 7). Dennoch hat die Rspr die Ausweitung des Eigentumsvorbehaltes auf andere Forderungen als die Kaufpreisforderung zunächst ohne weiteres anerkannt (RG in Recht 1909 Nr 2376, grundlegend RGZ 147, 312 ff; Einzelheiten bei SERICK V § 56 II 2).

13 Bedenken gegen die Zulässigkeit dieser Erweiterung sind zunächst nur vereinzelt erhoben worden. So hat RÜHL schon 1930 von einer Entartung des Eigentumsvorbehalts gesprochen, weil „der innere Zusammenhang zwischen Sicherungsmittel und zu sichernder Forderung" aufgegeben worden sei (RÜHL 79; als „mißbräuchlich" bezeichnet LEHMANN [1937] die Erstreckung. Grundsätzliche, aber vom ideologischen Ansatz her problematische Kritik bei BRANDT, Austauschgeschäft). Der BGH hat sich der Rspr des RG angeschlossen (BGHZ 26, 185, 190; BGH NJW 1964, 1788, 1790; BGH LM Nr 20 zu § 455 zum Kontokorrentvorbehalt und zum nunmehr nach § 449 Abs 3 unzulässigen „Konzernvorbehalt" STAUDINGER/BECKMANN [2004] § 449 Rn 127 ff; SOERGEL/HENSSLER Anh § 929 Rn 17 ff; zum Problem insgesamt unten Rn 44 ff).

Die Kritik ist rechtspolitisch motiviert, hat aber auch einen dogmatischen Aspekt. Beim *Eigentumsvorbehalt* wird die an sich auf Güteraustausch abzielende Übereignung gewissermaßen verzögert, bis der Käufer seiner Leistungspflicht nachgekommen ist. Die Verknüpfung mit „vertragsfremden" Forderungen stellt eine substantielle Veränderung des Rechtsinstitutes dar, die eine Funktionsverlagerung mit sich bringt: Der Eigentumsvorbehalt kann als Dauersicherungsrecht ausgestaltet werden (dazu unten Rn 14, 73). Bei der *Sicherungsübereignung* scheiden derartige „institutionell" begründete Bedenken aus; sie steht dem Pfandrecht näher und stellt von vornherein ein reines Sicherungsmittel dar. Als solches wurde sie zunächst zur Sicherstellung gegebener oder erwarteter Kredite verwendet. Damit war eine Ausdehnung auf einen weiten Forderungskreis vorgezeichnet, die Sicherung der Kontokorrentforderung erscheint deshalb bei der Sicherungsübereignung weniger problematisch als beim Kontokorrentvorbehalt. Dieses um so mehr, als der Bezug zur Schuld des Sicherungsgebers infolge der fehlenden Akzessorietät (dazu unten Rn 187 ff) lockerer ist als bei allen anderen Sicherungsmitteln.

Mit der Ausdehnung des Kreises der gesicherten Forderungen werden die Sicherungsübereignung und mehr noch der Eigentumsvorbehalt qualitativ verändert; ihre horizontale Erweiterung macht sie zu dauernden Sicherungsrechten, die dem Gläubiger permanente Sicherheit verschaffen und zugleich den Zugriff späterer Gläubiger ausschließen (zur damit verbundenen rechtspolitischen Problematik und zur Häufigkeit der Verwendung der Erweiterungen siehe unten Rn 93 ff, 109 ff). **14**

Den gleichen Zweck verfolgt die Erstreckung der Sicherungsmittel.

c) Die „vertikale" Ausweitung
Der nächste Schritt der Ausdehnung erfolgte mit dem **Zugriff auf die Surrogate** der ursprünglichen Sicherheit (vgl DROBNIG, Gutachten zum 51. DJT [1976] F 39 ff und umf SERICK IV). Die Kautelarpraxis bezog die *Verarbeitung* und *die Veräußerung der Vorbehaltsware bzw des Sicherungsgutes* in den Sicherungsvorgang ein und schaffte damit eine Art Sicherheitenverbund. Rechtstechnisch geschieht dieses durch Verbindungs-, Verarbeitungs-, Erlös- und Zessionsklauseln. Rspr und Lit haben auch diese Ausweitung im Prinzip als zulässig anerkannt. **15**

Geäußerte Bedenken betreffen zunächst nicht die Zulässigkeit als solche, sondern wie beim Eigentumsvorbehalt die Verfremdung bestimmter Rechtsinstitute (dazu § 947 Rn 8 und § 950 Rn 41 ff) sowie den Umfang der Sicherung bei der Vorauszession (STAUDINGER/BECKMANN [2004] § 449 Rn 142 ff). Die zunehmende Kritik an den vertikalen Erweiterungen der Sicherungsgeschäfte ist vorwiegend rechtspolitisch motiviert und vor allem durch die Kollisions- und die damit zusammenhängende Insolvenzproblematik bestimmt (dazu unten Rn 34 ff, 288 ff). **16**

Dessen ungeachtet hat man davon auszugehen, dass der verlängerte Eigentumsvorbehalt und die entsprechende Form der Sicherungsübereignung zum täglichen Er- **17** scheinungsbild des Rechtslebens gehören (SERICK IV mNw aus der Formularpraxis und die tabellarischen Übersichten bei DRUKARCZYK) und von der Judikatur als zulässig angesehen werden. Damit sind neue Rechtsinstitute entstanden, die durch ihre Verwendung in den Geschäftsbedingungen aller Branchen standardisiert und typisiert wurden (zur „horizontalen" und „vertikalen" Ausweitung des Eigentumsvorbehalts siehe auch SERICK, Neue Rechtsentwicklungen 105 ff sowie SOERGEL/HENSSLER Anh § 929 Rn 108 ff).

d) Die Bedeutung der AGB für die Entwicklung

18 Die maßgebende Rolle der Kautelarjurisprudenz bei der Ausformung und Durchsetzung der Sicherungsrechte ist mehrfach hervorgehoben worden. Erst durch die massenhafte und branchenweite Verwendung der immer weiter entwickelten Konzeptionen haben sich diese zu Typen verdichtet, die heute trotz schmaler oder fehlender gesetzlicher Grundlage zu festen Institutionen unserer Rechtsordnung geworden sind.

19 Die mit der Aufnahme in die AGB fast aller Geschäftsbereiche herbeigeführte (und auch erzwungene) breite Streuung bildet eine wesentliche Ursache der im Folgenden zu beschreibenden Konsequenzen für das Sachenrechtssystem. Andererseits eröffneten sich dadurch seit Beginn der AGB-Rechtsprechung und erst recht seit Erlass des AGB-Gesetzes Möglichkeiten für korrigierende Eingriffe. Die Eingliederung durch das Gesetz zur Modernisierung des Schuldrechts vorgenommene Reintegration in das BGB hat für die hier zu behandelnde Problematik keine Auswirkungen. Die materiell-rechtlichen Vorschriften des AGBG finden sich nun in den §§ 305 bis 310 BGB nur unwesentlich verändert wieder (dazu PALANDT/HEINRICHS, Überblick vor § 305; GRAF V WESTPHALEN NJW 2002, 12; ARTZ JuS 2002, 528).

III. Konsequenzen für das Sachenrecht und die Übereignungstatbestände

20 Die skizzierte Entwicklung hat Auswirkungen auf weite Teile des Privat- und Insolvenzrechts, die Anlass und Gegenstand von rechtspolitisch motivierten Reformen sind (dazu unten Rn 34 ff). Die Veränderungen, die dadurch im Sachenrecht ausgelöst wurden, haben weniger Beachtung gefunden. Dies kaum zu Recht; denn die Konsequenzen für die Strukturen des Sachenrechts und der Übereignungstatbestände sind erheblich und fundamental. Die Verwendung und Verbreitung von Eigentumsvorbehalt und Sicherungsübereignung führen zu neuen, im Gesetz in dieser Form nicht vorgesehenen dinglichen Rechten und zu einer Relativierung zentraler Prinzipien (Abstraktheit, Publizität). Die nachfolgenden Hinweise (ausf WIEGAND AcP 190 [1990] 128 ff) sollen diesen Befund in knapper Form dokumentieren:

1. Sicherungsübereignung

21 Das **Sicherungseigentum** stellt eine besondere Art des Eigentums dar; die vom RG für das Treuhandeigentum entwickelten Grundsätze (Rn 9) gelten auch für das Sicherungseigentum. Das bedeutet, dass der formellen/juristischen Eigentümerposition des Sicherungsnehmers die materielle/wirtschaftliche des Sicherungsgebers gegenübergestellt wird. Mit dieser Differenzierung im Vollstreckungsrecht wird zugleich der einheitliche Eigentumsbegriff aufgegeben; es findet eine funktionelle Eigentumsteilung statt (Einzelheiten unten Rn 58 ff, 236 ff).

Verstärkt und verdeutlicht wird die Verschränkung beider Rechtspositionen vor **22** allem durch die neuere Entwicklung im Treuhandrecht, die dahin geht, auch die Verfügungsbefugnisse des Treuhänders durch Anerkennung einer Außenwirkung der internen Abreden zunehmend einzuschränken (COING, Treuhand 161, 164 ff u unten Rn 325 ff). Damit wird die Abstraktheit der Übereignung ebenso relativiert wie diejenige des „immer und überall" gleichen Eigentums. Zugleich zeichnet sich eine strukturelle Annäherung an die sachenrechtliche Konzeption des Eigentumsvorbehaltes ab.

2. Eigentumsvorbehalt*

Auch das **Vorbehaltseigentum** stellt eine Sonderform des Eigentums dar. Es wird **23** nicht nur in Insolvenz und Vollstreckung anders behandelt als das „Volleigentum" (STAUDINGER/BECKMANN [2004] § 449 Rn 84 ff u unten Rn 38), es unterscheidet sich von diesem auch materiell. Der Unterschied ergibt sich daraus, dass durch die bereits erfolgte (bedingte) Verfügung das bisherige Eigentum verändert wird. Das Gesetz trägt dem nur beschränkt Rechnung, indem es den Erwerber nach § 161 vor weiteren Verfügungen schützt.

a) Die derart geschützte Position des Käufers hat man als **Anwartschaft** (ausf zu **24** dieser Rechtsfigur STAUDINGER/BECKMANN [2004] § 449 Rn 75; vgl dazu auch § 929 Rn 7 und 34) bezeichnet und (jedenfalls im Bereich der Fahrnisübertragung) zu einem Sachenrecht eigener Art ausgebaut (vgl dazu auch SERICK, Neue Rechtsentwicklungen 66 ff). Zwar ist in der Theorie die „Möglichkeit" der Anwartschaft ebenso umstritten wie die Notwendigkeit oder Brauchbarkeit der Begriffsbildung (grundlegend KUPISCH JZ 1976, 417 und MÜLBERT AcP 202 [2002] 912 ff; MAROTZKE, Anwartschaftsrecht [1977]; zum Meinungsstand HONSELL Jus 1981, 705; BROX Jus 1984, 657). An dem durch Vertragspraxis und Judikatur geschaffenen Rechtszustand ändert das nichts: Die Rechtsposition des Vorbehaltskäufers, wie immer man sie bezeichnen mag (als ein dem Eigentum „wesensgleiches minus", so BGHZ 20, 99, oder als „Rechtsverhältnis auf Zeit im Sinne von § 868 BGB", so zuletzt BGH NJW-RR 1989, 1453), genießt denselben Schutz wie andere absolute Rechte. Das gilt für das *Deliktsrecht* (STAUDINGER/HAGER [1999] § 823 Rn B 151 mit umf Nachw), die *actio negatoria* (STAUDINGER/GURSKY [1999] § 1004 Rn 15), ebenso wie für die Abwehrrechte in *Zwangsvollstreckung* und Insolvenz.

b) Die Anwartschaft kann als selbständiges Recht veräußert werden; die Über- **25** tragung erfolgt nach §§ 929 ff (nicht etwa durch Zession), also nach sachenrechtlichen Regeln (vgl § 929 Rn 7 und 34). Daraus ergibt sich die Möglichkeit des gutgläubigen Erwerbs (zu den Konkurrenzproblemen unten Rn 31), die ihrerseits wiederum den sachenrechtlichen Charakter der Anwartschaft unterstreicht.

c) Symptomatisch für die hier nur skizzierte Veränderung ist die Situation bei **26** der Ausübung und Geltendmachung von Rechten, die die die unter Vorbehalt verkaufte Sache betreffen. Hier zeigt sich sehr deutlich, dass die Rechtszuständigkeit nicht mehr allein beim Vorbehaltseigentümer liegt. Während etwa bei Beschädigung

---

* Auf eine ausführliche Darstellung des Eigen-   zu § 449 vorliegt (STAUDINGER/BECKMANN
tumsvorbehalts und des Anwartschaftsrechts   [2004]).
wird verzichtet, da diese in den Erläuterungen

eines gemieteten Autos allein der Eigentümer gegen den Schädiger vorgehen kann, wird die Rechtslage beim Vorbehaltskauf anders beurteilt. Durch verschiedene Konstruktionen versucht man, dem Umstand Rechnung zu tragen, dass der Käufer schon einen Anteil am Eigentum hat (im Kern hat die Rechtsentwicklung die 1961 von LUDWIG RAISER, Dingliche Anwartschaften, vertretene These einer Teilung des Eigentums zwischen Käufer und Verkäufer bestätigt; die schroffe Ablehnung, auf die diese Ansicht gestoßen ist, beruht allein auf der Axiomatisierung des numerus clausus). Infolgedessen wird die analoge Anwendung von § 1281 oder § 432 vorgeschlagen (dazu BAUR/STÜRNER § 59 Rn 45; WALTER, Kaufrecht § 10 IV; JAUERNIG/STÜRNER § 432 Rn 2). Gerade diese Vorschläge machen, auch wenn sie im Einzelnen umstritten sind, auf exemplarische Weise klar, welche Verschiebung hier stattgefunden hat: Das Vorbehaltseigentum ist ein um die Anwartschaft vermindertes, dh unvollkommenes Eigentum. Der Käufer seinerseits hat ein „Partikel" (von „particulum proprietatis" oder „partizipieren an der Proprietät" sprach man bei vergleichbaren Sachlagen im älteren gemeinen Recht, vgl WIEGAND, Eigentumsbegriff 124 ff und so jetzt wieder – allerdings ohne historischen Bezug MÜLBERT AcP 202 [2002] 912) des Eigentums, das als dingliches, absolutes Recht verstanden und gewissermaßen in Form eines Kürzels als Anwartschaft bezeichnet wird.

3. Zwischenergebnis

27 Als erstes Resümee lässt sich festhalten, dass mit Treuhand-/Sicherungs-/Vorbehaltseigentum und Anwartschaft dingliche Rechtspositionen eigener Art entstanden sind. Sie entsprechen weder dem Eigentumsbegriff des Gesetzes, noch lassen sie sich einem der beschränkten dinglichen Rechte zuordnen. Mit der vom Kern des Privatrechts bis zur Insolvenz reichenden Anerkennung dieser Besonderheiten sind neue Sachenrechte geschaffen, die strikte Trennung von Sachen- und Schuldrecht relativiert und zumindest im Wege der Rechtsfortbildung die Zahl der dinglichen Rechte vergrößert worden. Infolge der massenhaften Verbreitung dieser Rechtsformen hat sich jedenfalls das Sachenrechtssystem als solches verändert. Inwieweit dadurch die zugrunde liegenden Prinzipien selbst tangiert werden, ist eher eine Frage der Betrachtungsweise. CANARIS (Verdinglichung 376 f) geht davon aus, dass der Typenzwang der Rechtsfortbildung nicht entgegenstehe, aber auch nicht aufgegeben werden dürfe (dazu grundsätzlich WIEGAND, numerus clausus 641 ff und unten Rn 33, 51 ff). Indessen beschränken sich die Umstrukturierungen nicht auf die Grundlagen, sie betreffen auch die Anwendungsbereiche und die Gewichtung der Tatbestände. Dieses soll nur an einigen Punkten aufgezeigt werden. Die folgende Darstellung beschränkt sich auf die hier relevanten Bestimmungen des Sachenrechts; ähnliche Beobachtungen lassen sich aber auch in der Rechtsgeschäftslehre (§ 138) oder im Zessionsrecht machen.

4. Das Verhältnis der Tatbestände und ihre Bedeutung

28 Das Verhältnis der Tatbestände zueinander und ihre Bedeutung haben sich vor allem durch die exponentielle Zunahme der Kreditsicherungsgeschäfte verschoben (dazu und zum Folgenden WIEGAND, in: FG BGH I 753).

29 **a)** Die **Verdrängung des Pfandrechts durch die Sicherungsübereignung** führte zu einer außerordentlichen Häufung der Übereignungen nach § 930. Als dogmatische Konsequenz ergab sich daraus die Anerkennung der Sicherungsabrede als Besitzmittlungsverhältnis und im Ergebnis der Verzicht auf das „konkrete" Konstitut (§ 930 Rn 18 ff, insbes 25).

b) Der mit der Ausbreitung der Sicherungsübereignung eingeleitete **Verlust** an   **30** **Publizität** wird durch die alltäglich gewordene Verwendung des Eigentumsvorbehaltes noch verstärkt. Beide Institute bewirken, dass dem an sich schon problematischen Schluss vom Besitz auf das Eigentum zunehmend der Boden entzogen wird (vgl dazu die Äußerung von vTUHR ZffranzZR 30 [1899] 529, der dem Besitzwechsel neutralen Charakter beimisst; Zitat in Vorbem 22 zu §§ 929 ff). Inwieweit daraus Folgerungen für die Vermutung des § 1006 zu ziehen wären, mag dahinstehen; gewiss ist, dass die gesamte Regelung des gutgläubigen Erwerbs in fundamentaler Weise von der Ausbreitung der nicht erkennbaren Sicherungsrechte betroffen wurde. Die Auswirkungen sind im Einzelnen in den Vorbem 47 ff zu §§ 932 ff und in den Erl zu § 932 behandelt (Rn 14 ff); für den hierzu beurteilenden Wandel ist Folgendes wichtig:

aa) Die Zahl der Fälle, in denen der Gutglaubensschutz überhaupt eine Rolle   **31** spielt, ist in einer der Zunahme von Eigentumsvorbehalt und Sicherungsübereignung korrespondierenden Weise gestiegen. Während die traditionellen Fälle, in denen der Mieter oder Verwahrer die Sache veräußert, eher selten sind, liegt die unerlaubte Weiterveräußerung durch den Vorbehaltskäufer schon näher.

Die Häufigkeit derartiger Vorgänge hat einen doppelten Effekt: Auf der einen Seite werden die Anforderungen an die Gutgläubigkeit des Erwerbers systematisch verschärft (WIEGAND JuS 1974, 206 ff und Vorbem 27 zu §§ 932 ff); für die dadurch immer zahlreicheren Fälle, in denen der Eigentumserwerb scheitert, lässt man gewissermaßen als Kompensation die Anwartschaft (auf den Erwerber) übergehen (zur Konstruktion STAUDINGER/BECKMANN [2004] § 449 Rn 75).

bb) Die zuvor geschilderte Konstellation ergibt sich insbes dann, wenn eine unter   **32** Eigentumsvorbehalt gelieferte Ware einem anderen Gläubiger zur Sicherheit übereignet wird. Nicht selten kommt diese Situation beinahe ungewollt oder unbewusst zustande, wenn Eigentumsvorbehalt und Sicherungsübereignung – routinemäßig vereinbart – miteinander kollidieren.

Die aufgrund der Formularpraxis fast vorprogrammierten Kollisionen führen jedenfalls zunächst immer zu einer Überprüfung des gutgläubigen Erwerbs. Auch hieraus haben sich gravierende Konsequenzen ergeben: Die eher marginale Regelung des § 933 ist heute zu einer zentralen Norm geworden, und selbst die allenfalls wegen ihrer umstrittenen Konzeption bemerkenswerte Vorschrift des § 934 hat relative Bedeutung erlangt. Die Zahl der Entscheide zu § 933 *übertrifft* seit langem diejenigen zur Grundnorm des § 932.

5. Zusammenfassung

Die aufgezeigten Veränderungen betreffen einerseits die Grundstrukturen des Sa-   **33** chenrechtssystems: Mit der Anerkennung der Sicherungsübereignung und der Ausbreitung der Sicherungsgeschäfte in ihren verschiedenen Ausgestaltungen sind **neue Typen von Sachenrechten** entstanden, die im Rechtsverkehr alltäglich geworden und von Rspr und Lit akzeptiert sind. Die damit verbundene Relativierung des Eigentumsbegriffes, die Auflockerung des numerus clausus (Typenzwang) und des Abstraktionsprinzips sind zwar gelegentlich registriert, aber nicht eigentlich diskutiert worden. Ähnliches gilt für die Umstrukturierung und Gewichtsverlagerung innerhalb der Tatbestände des Eigentumserwerbs; zwar sind Folgerungen aus der mangelnden Aussagekraft des Besitzes gezogen oder vorgeschlagen worden (zB BAUER, Publizitätsfunktion des Besitzes 1 ff; REBE AcP 173 [1973] 186 ff), eine eigentliche Analyse erfolgte jedoch nicht. Ohne eine derartige Analyse hängen Vorschläge zur Neuorientierung gewissermaßen in der Luft. Das zeigt sich auf besonders anschauliche Weise bei der Diskussion um die **Publizität** (dazu HEDINGER, Über Publizitätsdenken im Sachenrecht, ASR 1987, 507). Der oben konstatierte Verlust an Erkennbarkeit und Sichtbarmachung der Eigentumszuordnung wird im Gegensatz zu den strukturellen Änderungen lebhaft beklagt und zum Anlass und Gegenstand zahlloser rechtspolitischer Postulate genommen. Indessen unterbleibt auch hier meist eine klare Analyse der Konzeption des Gesetzes, der dogmatischen Bedeutung des Publizitätsprinzips und eventueller Funktionsverschiebungen durch die hier geschilderte Entwicklung.

Zusammenfassend ist festzuhalten: Im Mobiliarsachenrecht sind erhebliche Strukturveränderungen zu verzeichnen. Sie beruhen in erster Linie auf der Entwicklung im Bereich der Mobiliarsicherheiten. Der Befund ist in *zweifacher Hinsicht von Bedeutung*: für die *Interpretation des geltenden Rechts* (dazu unten Rn 40 ff) *und für die rechtspolitische Debatte*. Eine Diskussion über die Neuordnung der Sicherungsgeschäfte ist nur sinnvoll, wenn sie die systematisch-dogmatischen Zusammenhänge mitberücksichtigt, die durch den knappen Abriss der Entwicklung sichtbar gemacht worden sind.

IV. Reform der Mobiliarsicherheiten

34 **1.** Schon während des Gesetzgebungsverfahrens wurde um das richtige Konzept für die Mobiliarsicherheiten heftig gerungen. Die dadurch ausgelöste Debatte kam durch den Erlass des BGB nur kurz zum Erliegen. Bereits 1908 stand auf dem Deutschen Juristentag der Eigentumsvorbehalt an Maschinen und 1912 die Zulässigkeit der Sicherungsübereignung zur Diskussion. Die „Reform der Mobiliarsicherheiten" ist nicht nur zu einem Standardthema der Juristentage geworden (DROBNIG 51. DJT [1976] F; s auch FROTZ, Gutachten zum 4. ÖJT Bd 1 Teil 3), sie bildet auch den Gegenstand von Monographien (ua LEHMANN, Reform der Kreditsicherung [1937]; WESTERMANN, Interessenkollisionen [1954]) sowie von zahllosen Stellungnahmen verschiedener Provenienz und Bedeutung (exemplarisch MEYER-CORDING NJW 1979, 2126).

35 **2.** Der Verlauf der Diskussion (Übersicht bei DROBNIG 51. DJT F 54 ff) und die Vielfalt der vertretenen Konzepte können hier nicht dargestellt werden. Es genügt, die wesentlichen Forderungen festzuhalten: verstärkte Publizität und Restriktion der ausufernden Sicherungsgeschäfte (exemplarisch DROBNIG 51. DJT F 55). So einleuchtend diese Postulate erscheinen, ihre Verwirklichung erweist sich als überaus schwierig; denn die postulierten Korrekturen lassen sich nicht ohne weiteres mit dem traditionellen Instrumentarium verwirklichen und noch weniger mit dem überlieferten System vereinbaren. Hinzu kommt der Umstand, dass die erforderlichen Korrekturen nicht eigentlich gerechtfertigt, sondern mit dem verbreiteten Missbehagen an der vorgefundenen Situation begründet und auf allgemeine Erwägungen gestützt werden.

3. Im letzten Jahrzehnt hat sich ein entscheidender Wandel vollzogen: In der **36** Reformdiskussion rückte das Insolvenzrecht in den Mittelpunkt. Anstelle einer Reform der materiellen Ausgestaltung der Sicherungsrechte wurde im Rahmen einer breit angelegten **Reform des Insolvenzrechtes** (vgl hierzu Erster und Zweiter Bericht der Kommission für Insolvenzrecht [1985, 1986]; BORK, Einführung in das neue InsOR, 1998 vgl auch unten Rn 249) der Stellenwert der einzelnen Sicherungsrechte neu bestimmt. Dass dieser Neuansatz prinzipiell richtig ist, lässt sich historisch vielfach belegen; denn Struktur und Funktion der Sicherungsrechte wurden zu allen Zeiten entscheidend durch die Konkursvorschriften geprägt. Exemplarisch dafür ist die Entstehungsgeschichte des Faustpfandrechtes sowie dessen Ablösung durch die Sicherungsübereignung (dazu HROMADKA; für Österreich FROTZ 104 ff, besonders anschaulich KLEIN BaslerJurMitt 1958, 256 f; auch in der Schweiz waren es vor allem kantonale verfahrensrechtliche Bestimmungen, die schließlich das Verbot der Sicherungsübereignung durch Besitzkonstitut bewirkt haben; Nachw bei WIEGAND, Fiduziarische Sicherungsgeschäfte 545 ff). Dass der eingeschlagene Weg auch sachlich richtig ist, ergibt sich aus folgenden (kurz zusammengefassten) Gesichtspunkten:

a) Die eigentlichen Krisensituationen ergeben sich in der Insolvenz: Auf der **37** einen Seite wird hier die *Kollision* der verschiedenen gesicherten Gläubiger erst wirklich relevant, auf der anderen Seite wird die Kluft zwischen gesicherten und ungesicherten Gläubigern evident. Symptomatisch dafür war die zunehmende Verbreitung der Poolvereinbarungen, in denen sich die gesicherten Gläubiger zur gemeinsamen Verwertung zusammenschließen (dazu Rn 306 ff). Einerseits dokumentiert der „Pool", dass allzu perfekte Sicherungssysteme – wenn sie alle verwenden – letztlich wenigstens in dem Sinne ineffizient werden, dass die Realisierung des Sicherungsrechtes mit zu hohen Risiken und Kosten verbunden ist. Andererseits veranschaulicht der „Pool" die drastischen Unterschiede zwischen gesicherten Gläubigern und den „have nots", die in aller Regel leer ausgehen.

Korrekturen müssen deshalb in der Insolvenz ansetzen, wenn eine wirkliche Abhilfe geschaffen werden soll. Das materielle Recht hat weder Maßstäbe noch Regelungskriterien, die zu einer angemessenen Verteilung der Sicherheiten beitragen könnten. Die Wertungen, um die es hier geht, müssen nach insolvenzrechtlichen Prinzipien erfolgen. (Damit kommen aber in der Insolvenz andere Maßstäbe zur Anwendung als in der Einzelvollstreckung. Das ist auch sachlich angemessen; denn die Situation und die Interessenlage der Beteiligten unterscheidet sich in grundlegender Weise von derjenigen der völligen Insolvenz.)

b) Die Reform des Insolvenzrechts hat darüber hinaus den Vorteil, dass gravie- **38** rende Eingriffe in das Privatrechtssystem vermieden werden. Die bisherigen Korrekturversuche zeigen sehr deutlich, dass Eingriffe in **zentrale Regelungsmechanismen** (wie *Prioritätsprinzip, Gutglaubensschutz)* erfolgen müssen, deren Konsequenzen häufig nicht überschaubar oder auch unerwünscht sind (dazu unten Rn 48, 271 ff). Dadurch bleibt schließlich die Gestaltungsfreiheit der Parteien gewahrt, auf die gerade in einem Bereich wie der Kreditsicherung aus ökonomischen Gründen nicht verzichtet werden kann (DORNDORF 65 f). Zugleich wäre auch gewährleistet, dass die erforderlichen Anpassungsreaktionen vollzogen werden könnten; denn eine Neuordnung der Mobiliarsicherheiten in der Insolvenz kann nicht ohne Auswirkungen auf das Mobiliarsachenrecht bleiben. Allerdings lassen sich jedenfalls bisher keine wirklichen Veränderungen beobachten (vgl dazu GERHARDT, Insolvenzreform und das BGB, AcP 200 [2000] 426) ohne konkrete Folgerungen für das Sachenrechtssystem). Die Auswirkungen der Neuerungen im Insolvenzrecht werden bei den einzelnen Sicherungsformen behandelt. Festzuhalten ist schon jetzt, dass die eigentlichen Ursachen der Unzulänglichkeiten des deutschen Kreditsicherungssystems durch diese Reform leider nicht beseitigt wurden. Abhilfe kann hier nur ein Systemwechsel bringen wie er in verschiedenen internationalen Projekten angestrebt wird. So sieht etwa die UNIDROIT Konvention (Convention on International Interests in Mobile Equipment, abrufbar unter http://www.unidroit.org/english/conventions/c-main.htm; MAGNUS, Global Trade Law 452 ff) eine Registerlösung vor. Eine solche Publizitätseinrichtung wird auch in der UNCITRAL Richtlinie zur Kreditsicherung vorgeschlagen (Draft Legaslative Guide on Secured Transactions, abrufbar unter http://www.uncitral.org/en-index.htm). Auch die in Vorbereitung befindliche EU-Richtlinie soll eine Registerlösung anstreben. Einen grundsätzlich neuen Ansatz verfolgt auch HENCKEL (in: FS Zeuner (1994) 193), dessen Vorschläge jedoch leider ohne Widerhall geblieben sind.

39 **4.** Für die Interpretation des geltenden Rechts spielen die geschilderten rechtspolitischen Diskussionen eine erhebliche Rolle, wie im Einzelnen zu zeigen sein wird. In einer Reihe von Untersuchungen (ADAMS, Ökonomische Analyse der Sicherungsrechte [1980]; DORNDORF, Kreditsicherungsrecht und Wirtschaftsordnung [1986]; DRUKARCZYK, Mobiliarsicherheiten [1985]; GESSNER, Die Praxis der Konkursabwicklung in der BRD [1978]) ist nämlich gezeigt worden, dass eine empirisch abgestützte Bestandsaufnahme und eine nach Effizienzkriterien vorgenommene Beurteilung der Sicherungsgeschäfte völlig neue Aspekte und Perspektiven erbringen. Auch diesen muss bei der Anwendung des geltenden Rechts und seiner Fortentwicklung Rechnung getragen werden (dazu im Einzelnen unten Rn 249).

V. Kreditsicherung und Übereignung

40 **1.** Vor dem Hintergrund der rechtspolitischen Situation und dogmatischen Entwicklung ist die Frage zu stellen, welche Kriterien bei der Anwendung des geltenden Rechts maßgeblich sein sollen. Derartige **Leitlinien für die Rechtsanwendung** sind deshalb dringend erforderlich, weil Rspr und Lit ein verwirrendes Bild von punktuellen Korrekturen bieten. Die Herausarbeitung von verallgemeinerungsfähigen Kriterien stößt aber nicht nur wegen dieser Vielfalt auf Schwierigkeiten; vielmehr sind diese nur Ausdruck einer Orientierungslosigkeit, die ihrerseits auf zwei Gründen beruht: Das Gesetz enthält keine eindeutigen Wertungen, und die rechtspolitische Diskussion hat im Ergebnis die *erforderlichen* Wertungsgesichtspunkte nicht geliefert (so zu Recht AK-BGB/REICH Rn 44 vor §§ 929 ff). Geblieben sind allenfalls zwei Postulate, die als einigermaßen konsensfähig angesehen werden können: die Forderung nach **vermehrter Publizität** und die nach dem **Abbau der allzu weitreichenden Sicherungsrechte** (so spricht AK-BGB/REICH Rn 44 vor §§ 929 ff von „Hypertrophie der Sicherungsrechte"; in der Sache ebenso DROBNIG 51. DJT F 54 ff; BAUR/STÜRNER § 56 Rn 4; WOLFF/RAISER § 179 I sowie die ganz überwiegende Zahl der oben aufgeführten Abhandlungen. Dagegen vertreten SERICK – jedenfalls in den ersten Bänden, vorsichtiger in Band V sowie jetzt in Neue Rechtsentwicklungen, 135 ff – und FLUME in seinen Aufsätzen NJW 1950, 841; 1959, 913 den

Vorrang privatrechtlicher Gestaltungsfreiheit; in diesem Sinne auch DORNDORF 65 ff, 68 f; vgl dazu oben Rn 38). Ehe zu den einzelnen Maßnahmen, die der Realisierung dieser Ziele dienen können, Stellung zu nehmen ist, bedürfen diese Zielvorstellungen selbst einer näheren Abklärung.

2.   Forderung nach größerer Publizität

Die Forderung nach **größerer Publizität** im Bereich der Mobiliarsicherheiten bedarf **41** der *Präzisierung*.

a)   Auf der Grundlage des geltenden Rechts bleiben von vornherein alle Vor- **42** schläge außer Betracht, die die Einführung neuer Publizitätsmittel wie Register anregen (Übersicht bei DROBNIG 51. DJT F 56 ff, insbes F 58 ff; WIEGAND, Fiduziarische Sicherungsgeschäfte 557). Aber auch alle Versuche, im Rahmen des geltenden Rechts die „heimlichen" Sicherungsrechte zurückzudrängen, sind mit der Konzeption des BGB nicht zu vereinbaren. Der Gesetzgeber hat den Eigentumsvorbehalt ausdrücklich geregelt und die Sicherungsübereignung zumindest nicht verboten; mit der neuen Forschung (HROMADKA, GAUL) ist vielmehr davon auszugehen, dass die Zulässigkeit als selbstverständlich betrachtet wurde (vgl auch § 930 Rn 2 und MünchKomm/OECHSLER Anh §§ 929–936 Rn 3). Vor diesem Hintergrund haben die Entscheidungen für das Traditionsprinzip und die damit verbundene Einführung des Faustpfandes nicht die überragende Bedeutung, die ihnen früher und gelegentlich heute noch zugedacht wurde (vgl dazu und zum Folgenden § 929 Rn 45 ff). Jedenfalls lässt sich daraus **nicht ein allgemeines Publizitätsprinzip** ableiten, das als Wertungsgrundlage und Maßstab zur Offenlegung von Sicherungsrechten herangezogen werden könnte. Im Gegenteil: Die unentschlossene Haltung des Gesetzgebers und die in Bezug auf die Mobiliarsicherheiten uneinheitliche Konzeption stehen allen Versuchen entgegen, durch nachträgliche Harmonisierung ein durchgehendes Publizitätsprinzip zu schaffen. Das gilt auch für Modellvorstellungen über die Struktur von Eigentumsvorbehalt und Sicherungsübereignung sowie die Problematik der Anwendung von Pfandrechtsgrundsätzen auf die Sicherungsübereignung (dazu unten Rn 50, 106, 226 ff sowie GAUL, in: FS Serick 105, 150 ff).

b)   Publizität im Sinne von *Erkennbarkeit der Sachzuordnung* darf weder ver- **43** wechselt noch gleichgesetzt werden **mit Klarheit und Eindeutigkeit der Eigentumsverhältnisse**. Das Bemühen des Gesetzgebers, in diesem Sinne „klare Verhältnisse" zu schaffen, durchzieht die Beratungen und die Erwägungen wie ein roter Faden. Eine ganze Reihe gesetzlicher Regelungen sind durch dieses Bestreben gekennzeichnet, so etwa der gesamte 3. Abschnitt III (Verbindung, Vermischung, Verarbeitung; vgl dazu Vorbem 1 ff zu § 946 ff; § 950 Rn 6). Aber auch die dem Sachenrecht und seiner Funktion zugrunde gelegten Prinzipien (s oben Rn 8 ff) dienen vor allem dem Zweck, zweifelsfreie Zuordnungen zu schaffen (typisch dafür ist die Begründung, mit der die schroffe Ablehnung des ius ad rem gerechtfertigt wird; vgl dazu den Text in Vorbem 15 zu §§ 929 ff. Ganz auf dieser Linie liegen die Ausführungen zu den heutigen §§ 946 ff im VE Sachenrecht; vgl das folgende Zitat und Vorbem 5 zu §§ 946 ff. Vor allem aber wird die gesamte Theorie vom Eigentum und der geschlossenen Zahl der dinglichen Rechte, sofern man überhaupt eine Rechtfertigung für nötig erachtet, mit dem Bedürfnis nach Klarheit und Rechtssicherheit begründet; zum Ganzen WIEGAND, numerus clausus 623 ff). Dabei geht es allerdings nicht um die Erkennbarkeit für Dritte, sondern allein darum, eindeutige und nachprüfbare Kriterien für die Rechtszuständigkeit festzulegen. So sollen die Regeln über die Sachverbindung, die überaus komplexe Verhältnisse herbeiführen können, „zur Lösung des Konflikts kollidierender Eigenthumsansprüche dienen" (VE Sachenrecht I § 806).

Daraus folgt für die Rechtsanwendung im Bereich der Mobiliarsicherheiten: Anders als bei der eher diffusen Publizität liegt dem Gesetz hier ein durchgehender Ansatz zugrunde, aus dem für die **Rechtsanwendung konkrete Folgen** entstehen. Als Mittel dafür kommen in Betracht: der *Bestimmtheitsgrundsatz* sowie eine Reihe ergänzender oder korrigierender Maßnahmen. Ehe auf diese einzugehen ist, muss der Bereich abgesteckt werden, in dem korrigierende Eingriffe überhaupt möglich/notwendig sind. Das führt zugleich zum zweiten Postulat: dem Abbau zu weit reichender Sicherungen.

3.   Forderung nach Reduktion der Ausweitung

44 Unklare Zuordnungsverhältnisse können nur dann entstehen, wenn der traditionelle Rahmen der Übereignungstatbestände überschritten oder die gesetzlichen Regeln über die Verteilung neuer Eigentumsrechte (§§ 946 ff) ausgeschaltet werden sollen. Beides geschieht bei den **Erweiterungen und Verlängerungen von Eigentumsvorbehalt und Sicherungsübereignung**, also den komplizierten, durch die Formularpraxis geschaffenen Rechtsinstituten. Dagegen konnte es beim *einfachen Eigentumsvorbehalt* und der *Grundform der Sicherungsübereignung* (dazu unten Rn 64) weder zu komplizierten Eigentumsverhältnissen noch zu einer Ausdehnung der Sicherung kommen. Das gilt im Prinzip auch für den Vorbehalt gegenüber dem Konsumenten; sofern und soweit hier Unzuträglichkeiten entstehen, geht es primär um einen Ausgleich zwischen den Vertragsparteien, insbes mit Hilfe von Konsumentenschutzregelungen, also insbes durch die Anwendung der §§ 305–310 BGB (ehemals AGBG) und der §§ 655 a-e BGB (ehemals VerbrKrG) (vgl dazu auch AK-BGB/ Reich Rn 22), nicht aber um die hier zu diskutierende Problematik.

Wenn von einer „Hypertrophie der Sicherungsrechte" die Rede ist, geht es um die alle Produktionsstufen und Handelsabläufe erfassenden Sicherungsformen, die einerseits ein hohes Maß rechtlicher Komplexität, andererseits eine „Auszehrung" (Hanisch) der Insolvenzmasse bewirken. Die Forderung nach Abbau und Reduktion betrifft die horizontale und die vertikale Ausweitung der Sicherungsgeschäfte. Nachdem im Rahmen der Insolvenzreform eine, wenn auch mE nicht ausreichende Neuorientierung erfolgt ist, kann die Problematik der insolvenzrechtlichen Auswirkungen ausgeblendet werden. Es stellt sich deshalb – jedenfalls momentan – nur noch die Frage, ob unabhängig von der Insolvenzproblematik eine Reduktion der Sicherungsrechte wünschbar und machbar ist (wobei immerhin mit § 449 Abs 3 [Unwirksamkeit des Konzernvorbehalts, dazu oben Rn 13] im Zusammenhang mit der Inkraftsetzung der InsO [Art 33 Nr 17 EGInsO] ein Postulat erfüllt wurde).

45 **a)**   **Bei der Beantwortung sind zunächst folgende Gesichtspunkte zu beachten:**
– Die hier allein zur Diskussion stehende Ausdehnung von Sicherungsübereignung und Eigentumsvorbehalt spielt rein quantitativ in der Kreditsicherung keine überragende Rolle (vgl Drukarczyk, Mobiliarsicherheiten 63 f, 85 ff, 99 ff, 151 f).

– Diese Sicherungsformen kommen nur im gewerblich-kaufmännischen Bereich zur Anwendung.

Daraus folgt *zweierlei*: Die Bedeutung der Erweiterungsform von Eigentumsvorbehalt und Sicherungsübereignung darf nicht überschätzt werden und eigentliche soziale Schutzerwägungen (Konsumentenschutz; Schutz des Schwächeren) kommen grundsätzlich nicht in Betracht.

b)   Diese Feststellung ist deshalb wichtig, weil die Diskussion, in der rechts- und   **46**
wirtschaftspolitische, dogmatische und ökonomische Argumente beliebig verwendet und vermischt werden, doch eher den Eindruck vermittelt, ungerechtfertigte Privilegierungen einzelner, mächtiger Gläubiger würden zu einer Benachteiligung ungesicherter, schwacher Gläubiger führen (es ist ein besonderes Verdienst der Arbeit von DORNDORF, hier für notwendige Klarstellungen gesorgt zu haben; natürlich verkennt auch er weder die Interdependenz dieser Argumente noch die Notwendigkeit, die Rechtsdogmatik veränderten Verhältnissen und Bedürfnissen anzupassen). Sowohl die rechtstatsächlichen Untersuchungen als auch die ökonomischen Analysen haben gezeigt, dass das weder der Realität entspricht, noch als Ansatz für eine korrigierende Rechtsanwendung in Betracht kommen kann; denn die Möglichkeit, sich bestimmte Sicherungspositionen einräumen zu lassen und diese gegenüber Dritten auch durchsetzen zu können, ist in einem auf Vertragsfreiheit basierenden Vermögensrecht systemimmanent. Die Gläubiger verhalten sich in diesem Sinne systemkonform. Der Abbau der Privilegien kommt deshalb nur in Betracht

– aus Gründen des **sozialen Schutzes**, die hier nicht relevant sind,

– aus **wirtschaftspolitischen Erwägungen** (Effizienz des Insolvenzverfahrens), die jedoch nur im Rahmen des Insolvenzrechtes eine Rolle spielen sollten,

– aus **dogmatisch-systematischen Gründen**, die im Folgenden noch zu diskutieren sind.

c)   Wenn die Gläubiger von der Möglichkeit der privatautonomen **Rechtsgestal-**   **47**
tung Gebrauch machen, bleibt gleichwohl zu prüfen, ob nicht in *bestimmten Konstellationen ein individueller oder institutioneller Rechtsmissbrauch* vorliegt. Darüber hinaus ist zu kontrollieren, ob die Ausformung der Sicherungsrechte noch mit den vom Gesetzgeber zugrunde gelegten Wertungen übereinstimmen und ob Abweichungen akzeptiert werden können (zB Perpetuierung der Sicherungsrechte). Schließlich bleibt zu fragen, inwieweit die Ergebnisse noch mit den Grundmaximen – wie etwa Eindeutigkeit der Zuordnung – übereinstimmen (zB im Bereich der Kollisionen).

Festzuhalten bleibt jedoch, dass diese Tätigkeit der Gerichte und der Wissenschaft nicht mit dem vorgegebenen Ziel „Abbau" der Sicherungsrechte und dem Vorurteil, diese seien „an sich schlecht oder falsch", erfolgen darf. Vielmehr besteht hier wie überall die Funktion der dogmatischen Kontrolle der Rechtsentwicklung darin, die Einheitlichkeit der Wertungen und die Verlässlichkeit der Ergebnisse der Rechtsanwendung sicherzustellen. In Bereichen des Richterrechts und der Rechtsfortbildung kommt dem eine besondere Bedeutung zu (statt aller COING, Treuhand 28 ff, 40 ff).

4. Regelungsmechanismen

48 a) Als Mittel dabei kommen vor allem die oben schon erwähnten Regelungs-
prinzipien (Prioritäts-, Bestimmtheitsgrundsatz) in Betracht, daneben selbstverständlich die Generalklauseln (§§ 138, 242) und insbes § 307 (ehemals § 8 und 9
AGBG). Dem kommt insofern eine zentrale Stellung zu, als die hier zur Diskussion
stehenden Erscheinungen praktisch ausschließlich aufgrund von AGB-Regelungen
zustande kommen.

49 b) In diesem Rahmen kann dann auch eine Heranziehung allgemeiner Siche-
rungsgrundsätze (Akzessorietät) oder die generelle Annahme einer Bedingung bei
der Sicherungsübereignung (dazu unten Rn 187 ff, 196 ff) diskutiert werden.

50 c) Als wenig hilfreich erweisen sich dagegen „strukturelle" Betrachtungsweisen
und Konstruktionen, wie sie etwa von BLOMEYER, HÜBNER oder BERGER vorgetragen wurden (BLOMEYER, Studien zur Bedingungslehre, 2. Teil; HÜBNER, Dogmatische Einordnung, NJW 1980, 729; BERGER, Eigentumsvorbehalt und Anwartschaftsrecht [1984]; kritisch
hierzu jetzt auch GAUL, in: FS Serick 105, 151 f). Dass Eigentumsvorbehalt und Sicherungsübereignung der Struktur nach als besitzlose Pfandrechte anzusehen seien, war
schon Ende des vergangenen Jahrhunderts kein Geheimnis (Nachw bei WIEGAND,
Fiduziarische Sicherungsgeschäfte 539 ff). Daraus können für die Rechtsanwendung keine
Folgerungen abgeleitet werden; denn das Gesetz eröffnet eben gerade die Möglichkeit, denselben Zweck mit anderen Strukturen zu verwirklichen. Diese haben sich –
wie oben dargelegt – zu neuen Sachenrechten entwickelt.

Besonderer Teil

1. Abschnitt: Die Sicherungsübereignung

A. Bedeutung, Struktur und Erscheinungsformen der Sicherungsübereignung

I. Entwicklung und Bedeutung

1. Entwicklung

51 Auf die rechtsdogmatischen und -politischen Aspekte, die sich aus der Entwicklung
der Sicherungsübereignung ergeben, ist im AT bereits hingewiesen worden. Hier
sind die wesentlichen Thesen dieser Entwicklung kurz festgehalten:

52 a) Unmittelbar nach Erlass des BGB wurde die Sicherungsübereignung verschiedentlich als unzulässig angesehen, weil sie mit dem Faustpfandprinzip unvereinbar
sei. Dieser Einwand betraf von vornherein nicht die Sicherungsübereignung als
solche, sondern nur die Sicherungsübereignung mittels Besitzkonstitut, die als Ge-
setzesumgehung, als (institutioneller) Rechtsmissbrauch oder schlechthin als gesetz-
eswidrig angesehen wurde (vgl Verhandlungen des Deutschen Juristentages 1908 u 1912; zum

historischen Hintergrund HROMADKA; REICH AcP 169 [1969] 247, 251 ff. Die Vorstellungen der Kritiker decken sich weitgehend mit der Lösung, die das schweizerische ZGB in Art 717 enthält: „Bleibt die Sache infolge eines besonderen Rechtsverhältnisses beim Veräußerer, so ist der Eigentumsübergang Dritten gegenüber unwirksam, wenn damit ihre Benachteiligung oder eine Umgehung der Bestimmungen über das Faustpfand beabsichtigt worden ist" [Art 717 Abs 1 SchwZGB]; dazu WIEGAND, Kreditsicherung und Rechtsdogmatik 306).

b)   Das Reichsgericht hat von Beginn an alle Einwände verworfen und nie Zwei-   **53** fel daran aufkommen lassen, dass es die Sicherungsübereignung für zulässig hält. Nach eher marginalen Bemerkungen in RGZ 5, 181 hat es in RGZ 13, 200 seinen Standpunkt grundlegend fixiert: „… die rechtliche Möglichkeit eines in dieser Weise bedingten constitutum possessorium ist nicht zu beanstanden …" (S 201).

c)   Die Bedenken gegen die Zulässigkeit der Sicherungsübereignung sind seitdem   **54** praktisch verstummt; sie wurde allgemein als Ergebnis richterlicher **Rechtsfortbildung** anerkannt und zunehmend als **Gewohnheitsrecht** betrachtet (statt aller BAUR/ STÜRNER § 56 Rn 4, 57 Rn 1 und speziell MEIER-HAYOZ JZ 1981, 417). Diese Qualifizierung geht freilich immer noch von der Vorstellung aus, dass die Sicherungsübereignung „an sich" vom Gesetz nicht vorgesehen und die Anerkennung „praeter" oder gar „contra legem" erfolgt sei (typisch für diese Betrachtungsweise etwa noch BAUR [14. Aufl] § 56 I 2 i: „Die Rechtsprechung hat den wirtschaftlichen Interessen und Forderungen nachgegeben"; im Prinzip immer noch unverändert BAUR/STÜRNER § 56 Rn 4 sowie REINICKE/TIEDTKE, Kreditsicherung [2000] Rn 448). Die neuere Forschung hat indessen gezeigt, dass diese Sicht der Entwicklung im Ansatz verfehlt ist. Wie bereits im AT und in den Erl zu § 930 dargelegt wurde, geht aus der Gesetzgebungsgeschichte hervor, dass der Gesetzgeber zwar die Simulation und die Irreführung, nie aber die Übereignung zu Sicherungszwecken als solche verhindern wollte (vgl Rn 8 ff mNw und GAUL AcP 168 [1968] 357 ff). Auch aus der Entscheidung für das Faustpfandprinzip lässt sich eine entsprechende Folgerung nicht ableiten; denn man hat bei Zulassung des Besitzkonstitutes die Umgehungsgefahr gesehen (vgl § 930 Rn 1 ff) und ganz bewusst auf eine Absicherung nach dem Vorbild partikularer Kodifikationen oder des schweizerischen Rechts verzichtet.

d)   Daraus ergibt sich für die *Stellung der Sicherungsübereignung im geltenden*   **55** *Recht* Folgendes: Die **Übereignung zu Sicherungszwecken** als solche ist weder ein Ergebnis richterlicher Rechtsfortbildung, noch bedurfte sie gewohnheitsrechtlicher Anerkennung (so jetzt auch MünchKomm/OECHSLER Anh §§ 929–936 Rn 3); sie stellt vielmehr **eine im BGB vorgesehene und mit der Systematik des Gesetzes zu vereinbarende Form der Übereignung** dar. Gleichwohl hat die Bezugnahme auf ein zum Gewohnheitsrecht verfestigtes Richterrecht aus zwei Gründen eine gewisse Berechtigung: Erst die neuere Forschung hat den Bedenken gegen die Sicherungsübereignung den Boden entzogen, ihre Durchsetzung erfolgte (vermeintlich) „praeter" oder „contra legem". Die Sicherungsübereignung als Rechtsinstitut umfasst weit mehr als nur die schlichte Übereignung zu Sicherungszwecken; sie bildet einen Teil des Treuhandrechts und stellt somit ein im Gesetz nicht vorgesehenes Sachenrecht dar. Dessen Entwicklung und Anerkennung in allen Teilen des Privat- und Verfahrensrechtes ist das Ergebnis richterlicher Rechtsfortbildung und hat heute in weiten Teilen gewohnheitsrechtliche Anerkennung gefunden (dazu grund-

legend COING, Treuhand 1 ff; SIEBERT, Treuhand [1933]; COING RabelsZ 37 [1973] 202 ff; WIE-
GAND, Treuhand 565).

2. Bedeutung

56 Die Stellung der Sicherungsübereignung im System des Privatrechts ergibt sich aus
der eben dargestellten Entwicklung und den Aspekten, die im AT skizziert wurden.
Ihre Wichtigkeit als Sicherungsgeschäft lässt sich am besten aus ihrer ökonomischen
Bedeutung ableiten.

57 Aus den vorstehend genannten ökonomischen Untersuchungen (vgl Rn 39) geht hervor, dass die Sicherungsübereignung im Wirtschaftsleben ebenso bedeutend ist wie
der Eigentumsvorbehalt. Bemerkenswert ist allerdings, dass vergleichbare Volks-
wirtschaften wie die österreichische und die schweizerische auch ohne Sicherungsübereignung auskommen und dass sie in den nicht zum deutschen Rechtskreis
zählenden Rechtsordnungen weitgehend ausgeschlossen oder an Publizitätserfordernisse gebunden ist (SOERGEL/HENSSLER Anh § 930 Rn 128).

II. Funktion und Struktur

58 **1.** Die Sicherungsübereignung basiert auf einer funktionellen Aufteilung des
Eigentums. Eine solche Aufteilung liegt an sich auch den beschränkten dinglichen
Rechten zugrunde. Bei den im Sachenrecht ausdrücklich geregelten Sicherungsrechten überträgt der Eigentümer dem Gläubiger die Verwertungsbefugnis, dh er
überlässt ihm die Substanz der Sache für den Fall der Insolvenz (WIEGAND, Pfandrechtstheorien 1 ff), behält aber die Eigentümerposition als solche. Gerade diese wird
bei der Sicherungsübereignung aufgegeben. Dadurch unterscheidet sie sich von den
als beschränkte dingliche Rechte konzipierten Sicherungsgeschäften (Hypothek,
Pfandrecht, Grundschuld). Der Sicherungsgeber überträgt dem Sicherungsnehmer
die volle Eigentümerposition.

59 **2.** Die erwähnte Aufteilung des Eigentumsrechts erfolgt nicht auf sachenrechtlicher, sondern auf **schuldrechtlicher Ebene** durch *Zweckvereinbarung, die zugleich
den Rechtsgrund der Übereignung* darstellt (zu der sich daraus ergebenden causa-Frage und
zur Simulationsproblematik COING, Treuhand, insbes 107 ff; WIEGAND, Treuhand, insbes 575 ff;
BEHRENS 53 ff; vgl auch WEITNAUER, in: FS Serick 389 ff). Diese Vereinbarung kann als
selbständiges Rechtsgeschäft abgeschlossen werden, aber auch Teil eines komplexen
Vertragswerkes (Darlehens-, Bank-, Lieferungsvertrag) sein. Sie enthält zwei wesentliche Elemente: Durch sie wird der Zweck der Übereignung festgelegt und
damit zugleich der Rahmen bestimmt, innerhalb dessen der Sicherungsnehmer
von dem ihm übertragenen Eigentum Gebrauch machen darf. Derartige schuldrechtliche Abreden, die eine Zweckbestimmung und Zweckbindung der übereigneten Gegenstände enthalten (im Rahmen der fiduziarischen Sicherungsgeschäfte
[Sicherungsübereignung/Sicherungsabtretung] spricht man üblicherweise von der
Sicherungsabrede oder dem Sicherungsvertrag, dazu etwa BAUR/STÜRNER § 57 Rn 15 ff;
SERICK II § 18 S 44 ff; LWOWSKI Rn 106, 600 verwenden den präziseren Ausdruck „Sicherstellungsvertrag"), begründen und kennzeichnen die **Struktur der Sicherungsübereignung**: Der
Sicherungsnehmer erlangt sachenrechtlich unbeschränktes (Voll-) Eigentum, ver-
pflichtet sich aber dem Sicherungsgeber gegenüber, von diesem Eigentum nur nach

Maßgabe der schuldrechtlichen Sicherungsabrede Gebrauch zu machen (SERICK I § 4 II 57 ff; dazu auch MÜHL, in: FS Serick 285 ff).

3. Aufgrund der im AT bereits skizzierten Entwicklung (Rn 8 ff) hat die an sich **60** nur inter partes wirkende obligatorische Zweckbestimmung immer stärkere Außenwirkung erlangt: Man kann aus schuldrechtlicher Perspektive von einer gewissen „Verdinglichung" der Sicherungsabrede sprechen. Sachenrechtlich betrachtet stellt das Sicherungseigentum heute ein Eigentum besonderer Art dar (ebenso Münch-Komm/OECHSLER Anh §§ 929–936 Rn 1; Einzelheiten oben Rn 9 ff u unten Rn 211). Als Ganzes hat sich die Sicherungsübereignung zu einem selbständigen Rechtsinstitut entwickelt, das aufgrund der geschilderten Struktur eine besondere Stellung im Rahmen der Sicherungsgeschäfte hat.

4. Die Sicherungsübereignung ermöglicht dem Sicherungsgeber die Sachnutzung **61** und gewährt dem Sicherungsnehmer als Eigentümer größtmögliche Sicherung. Diese ist nicht nur von der Gültigkeit der Sicherungsabrede infolge des Abstraktionsprinzips unabhängig, sondern auch mit der Existenz der zu sichernden Forderung nicht verknüpft (zur Akzessorietätsproblematik unten Rn 187 ff).

a) All diese Faktoren haben bewirkt, dass die *Sicherungsübereignung* heute im **62** Bereich der Mobiliarsicherheiten eine *zentrale Funktion* hat, während das Pfandrecht nicht die ihm vom Gesetzgeber zugedachte Rolle spielen konnte. Dafür mag zeitweilig das „Geheimhaltungsinteresse" (BAUR/STÜRNER § 56 Rn 3) der Schuldner mitverantwortlich gewesen sein. Ausschlaggebend war indessen ein schon vor Erlass des BGB diskutierter Umstand: Für einen erheblichen Teil der Volkswirtschaft müssen Gegenstände als Kreditunterlage verwendet und zugleich vom Kreditnehmer genutzt werden können. Diesem Bedürfnis kann man durch Registerpfandrechte oder eine Reihe anderer Einrichtungen Rechnung tragen, die das BGB sämtlich verworfen oder nicht ermöglicht hat. Da es andererseits den Weg zur Sicherungsübereignung mittels Besitzkonstitut nicht nur nicht versperrt, sondern bewusst offen gelassen hat, hat die Sicherungsübereignung dieses Bedürfnis befriedigt und infolgedessen die oben belegte Bedeutung erlangt. Daraus ergibt sich zugleich die besondere Struktur der Sicherungsübereignung.

b) Die Sicherungsübereignung teilt zwar mit den anderen Sicherungsrechten die **63** kreditsichernde Funktion; sie stimmt auch mit ihnen insoweit überein, als der Sachwert dem Gläubiger als Sicherheit dient. In der rechtlichen Struktur weist die Sicherungsübereignung dagegen gravierende Unterschiede auf: Es werden dem Gläubiger nicht einzelne das Eigentum belastende „dingliche" Rechte, sondern es wird das Eigentum selbst und als Ganzes zur Sicherung übertragen. Daraus ergibt sich die **besondere Struktur** der Sicherungsübereignung: Während bei der *gewöhnlichen Übereignung die Zuordnung definitiv* erfolgt und der neue Eigentümer allein über das weitere Schicksal der Sache bestimmt, ist der *Sicherungsnehmer durch den Zweck* (s oben Rn 59) *in doppelter Hinsicht gebunden.* Er darf über das Sicherungsgut nicht frei verfügen, solange der Sicherungszweck besteht. Der Sicherungsnehmer ist kein Eigentümer, der „seine" Sache behalten darf; er muss sie vielmehr der Sicherungsabrede entsprechend verwerten, den Erlös zur Schuldentilgung verwenden und Überschüsse an den Sicherungsgeber abführen. Gerade in diesem Stadium zeigt sich, dass bei der Sicherungsübereignung in jedem Fall nur eine vorübergehende Verschaffung der Eigentümerposition erfolgt, die durch den Sicherungszweck determiniert ist.

Dieser **transitorische Charakter der Zuordnung und die Zweckgebundenheit** bilden den eigentlichen Grund dafür, dass das Sicherungseigentum als eine Sonderform des Eigentums betrachtet werden muss.

III. Mögliche Gestaltungen und typische Erscheinungsformen

1. Grundmodell

64 a) *Bei der Sicherungsübereignung überträgt der Sicherungsgeber das Eigentum an einer oder mehreren Sachen zur Sicherung einer oder mehrerer Forderungen auf den Sicherungsnehmer mit der Abrede, dass dieser von dem ihm überlassenen Eigentum nur im Rahmen der Zweckbestimmung Gebrauch machen darf.* Die Sicherungsübereignung ist also ein Sicherungsgeschäft, das der Sicherstellung einer bestehenden oder noch zu begründenden Schuld dient; sie setzt sich aus einer an diesen Zweck gebundenen Eigentumsübertragung und einer diesen Zweck bestimmenden Vereinbarung zusammen. Ungeachtet des zwischen den drei Rechtsverhältnissen bestehenden Zweckverbundes sind diese nach der Konzeption des deutschen Rechts prinzipiell in ihrer Existenz voneinander unabhängig. Rspr und Theorie haben diese Unabhängigkeit zwar stark relativiert (dazu bereits oben Rn 9), im Grundsatz aber daran festgehalten, dass die Sicherungsübereignung aus drei selbständigen Elementen besteht:

– Eigentumsübertragung,

– zu sichernde Forderung,

– Sicherungsabrede, als Bindeglied, das sich aber zur Übereignung abstrakt und zur Forderung nicht akzessorisch verhält.

Zu den Elementen im Einzelnen ist Folgendes festzuhalten:

65 b) Die **Eigentumsübertragung** erfolgt durch Übereignung gemäß §§ 929–931, wobei das Besitzkonstitut gemäß § 930 die Regel bildet (dazu unten Rn 85 ff).

66 Die **Sicherungsabrede** stellt die causa der Übereignung dar, deren Wirksamkeit infolge des Abstraktionsprinzips jedoch von der Existenz oder Gültigkeit der Sicherungsabrede unabhängig ist. Sie unterscheidet sich von einer „gewöhnlichen" causa dadurch, dass sie auch nach der Eigentumsübertragung auf die Rechtsposition des neuen Eigentümers in der bereits skizzierten und noch weiter zu diskutierenden Weise einwirkt. Das geschieht durch die Bindung des Eigentums an den Sicherungszweck, der durch die Verknüpfung zwischen Eigentumsverschaffung und Sicherstellung einer Forderung ebenfalls in der Sicherungsabrede konstituiert wird. Diese Beziehung zwischen Schuldsicherung und Übereignung wird durch Vertrag hergestellt (BAUR/STÜRNER § 57 Rn 15; dazu auch WEITNAUER, in: FS Serick 389 ff). In der Praxis werden primär die dem Sicherungsgeber obliegenden Pflichten vertraglich festgelegt, in der Regel durch Verwendung von Formularverträgen, auf die die AGB-Vorschriften anzuwenden sind (Lwowski Rn 106, 600).

Die **zu sichernde Forderung** steht also zu der Sicherungsübereignung in einer recht- **67** lich relevanten Korrelation, ohne dass zwischen beiden eine Interdependenz vorliegt, wie sie etwa bei den kraft Gesetzes „akzessorischen" Sicherungsrechten besteht. Daraus ergibt sich zugleich, dass die Parteien sowohl die Konstellation als auch die Ausgestaltung im Einzelnen weitgehend frei bestimmen können.

2. Mögliche Ausgestaltungen und typische Erscheinungsformen

a) Die in Betracht kommenden **Konstellationen** stimmen im Wesentlichen bei **68** allen Sicherungsgeschäften überein; sie sind gewissermaßen vorgegeben und durch die Funktion der Sicherungsrechte bestimmt (vgl etwa Staudinger/Wiegand [2002] Vorbem 20 ff zu § 1204). Besonderheiten ergeben sich nur im Hinblick auf die konkrete Ausgestaltung, welche durch die Struktur des jeweiligen Sicherungsrechtes geprägt wird. Bei der Sicherungsübereignung sind folgende Varianten denkbar:

aa) Im „Normalfall" bleiben Sicherungsgeber und Sicherungsnehmer gewisserma- **69** ßen unter sich; sie sind alleinige Parteien aller drei Rechtsverhältnisse:

– Der Sicherungsnehmer hat eine Forderung gegen den Sicherungsgeber;

– Sicherungsgeber und Sicherungsnehmer vereinbaren die Sicherungsabrede;

– der Sicherungsgeber übereignet an den Sicherungsnehmer.

Diese Kongruenz der Rechtsbeziehungen ist aber nicht notwendig, vielmehr können die verschiedensten Modifikationen auftreten.

bb) So kann die Sicherungsübereignung zB für eine *fremde* Schuld erfolgen. Dabei **70** sind folgende Kombinationen möglich:

– Der Sicherungsnehmer hat eine Forderung gegen den Schuldner;

– der Sicherungsgeber verspricht dem Sicherungsnehmer Sicherstellung der Forderung;

– der Sicherungsgeber übereignet an den Sicherungsnehmer;

oder

– der Schuldner und der Sicherungsnehmer schließen eine Sicherungsvereinbarung;

– der Sicherungsgeber übereignet an den Sicherungsnehmer und erfüllt die Sicherungsabrede.

b) Die technische *Ausgestaltung* der Sicherungsübereignung (vgl dazu auch die Musterverträge unten Rn 74) kann in den folgenden Formen auftreten:

Einfache Sicherungsübereignung

Grundfall

71 Der Sicherungsgeber übereignet eine (ihm gehörende) Sache zur Sicherung *einer* schon bestehenden Schuld an den Sicherungsnehmer.

Bsp 1: Der Bankkunde übereignet zur Sicherung eines bereits ausgezahlten Kredites seinen PKW.

1. Variante: Der Sicherungsgeber übereignet eine ihm noch nicht gehörende Sache zur Sicherung einer zu begründenden Schuld.

Bsp 2: Der Bankkunde übereignet den gekauften PKW an die den Kauf finanzierende Bank zur Sicherung („antizipierte" Sicherungsübereignung, dazu unten Rn 112, 120 f).

2. Variante: Der Sicherungsgeber übereignet mehrere Sachen zur Sicherung einer bestimmten Schuld.

Bsp 3: Der Sicherungsgeber übereignet ein Warenlager an die Hausbank zur Sicherstellung eines Betriebskredites.

Erweiterte Sicherungsübereignung

72 Es geht um die Sicherstellung *mehrerer* gegenwärtiger und/oder künftiger Forderungen.

Grundfall

Sicherung des Kontokorrentkredites durch Übereignung einer Maschine oder eines Wagenparks an die Bank.

1. Variante: Ist abzusehen, dass der Sicherungsgegenstand während der Laufzeit der Sicherung ausgewechselt werden muss, so kann dem bereits durch Einbeziehung von Ersatz im Sicherungsgeschäft Rechnung getragen werden.

Bsp 4: Der Sicherungsgeber hat die Befugnis, die Maschinen zu ersetzen oder einzelne Fahrzeuge zu veräußern und neue anzuschaffen, wobei in Bezug auf die Ersatzgegenstände die Übereignung „antizipiert" wird.

2. Variante: In vielen Fällen sind Kreditgewährung und Sicherstellung von vornherein auf längere Dauer bei ständiger Auswechslung von Forderung und Sicherungsgegenstand angelegt. In diesen Fällen sichert der Schuldner eine langfristige Kreditbeziehung durch Übereignung einer Sachgesamtheit ab, wobei sowohl Forderungs- als auch Gegenstandsauswechslung im Sicherungsvertrag vorgesehen sind.

Bsp 5: Der Sicherungsgeber übereignet sein Warenlager im jeweiligen Bestand an

den Sicherungsnehmer, der ihm einen Kontokorrentkredit gewährt (vgl dazu unten
Rn 109 ff).

Bei diesen Konstellationen entsteht ein zusätzliches Sicherungsbedürfnis: Der
Wechsel der Sicherungsgegenstände schafft ein Vakuum bis zum Ersatzerwerb,
den der Sicherungsnehmer nicht erzwingen kann. Dem tragen die verschiedenen
Erstreckungsformen Rechnung.

Verlängerte Sicherungsübereignung

Grundfall

Der Sicherungsnehmer erlaubt dem Sicherungsgeber neben der Sachnutzung auch   **73**
die Veräußerung oder Verarbeitung des Sicherungsgutes. Den Verlust an Sicherungssubstanz sollen die Surrogationsklauseln kompensieren, die im Wesentlichen
in folgenden Formen auftreten (SERICK IV § 43 III 3; ders, Neue Rechtsentwicklungen 82 ff;
FROTZ, Gutachten F 39 ff; LWOWSKI Rn 588 ff; BÜLOW Rn 1456 ff).

1. Variante: In den Fällen der gewerbsmäßigen oder industriellen Verwendung der
Sache wird die Sicherungsübereignung von vornherein auf das neu entstehende
Eigentum erstreckt; dazu dienen die sog **Verarbeitungs- und Verbindungsklauseln**
(siehe unten Rn 109 ff, 220 ff).

2. Variante: Bei gänzlichem Ausscheiden des Sicherungsgutes aus dem Vermögen
des Sicherungsgebers sieht die Sicherungsabrede die *Erstreckung auf die künftige
Gegenleistung* vor. Das geschieht idR durch eine **fiduziarische Vorauszession**, die
etwa in der Form der *Sicherungsabtretung künftiger Kaufpreisforderungen* erfolgt.
Daneben kommen – in der Praxis weniger häufig – *Erlösklauseln* vor, die den durch
Veräußerung erzielten Preis selbst erfassen. Die hier nur in ihren Haupterschein-
ungsformen zusammengestellten Varianten können auf vielfältige Weise kombiniert
und verfeinert werden. Auf jeden Fall haben sie einen doppelten Effekt: Sie verschaffen dem Sicherungsnehmer eine **permanente Sicherung**, die die Auswechslung
der Forderung einerseits und eine dauernde Belastung und Blockierung eines Teils
des Vermögens des Sicherungsgebers andererseits bewirkt. Diese Bindung führt
zusammen mit der Perpetuierung *unausweichlich zu Kollisionen* mit anderen Gläubigern, die sich derselben Mittel bedienen (dazu unten Rn 270 ff).

Musterverträge für Sicherungsübereignungen*

Sicherungsübereignung einzelner Sachen   **74**

Zwischen (nachstehend „Sicherungsgeber" genannt)

[Name und Anschrift des Sicherungsgebers]

---

* Zur Zeit verwendete Formulare. Mit freund-
licher Genehmigung des Bank Verlages; Hervorhebungen im Original.

und dem oben genannten Kreditinstitut (nachstehend „Bank" genannt) wird Folgendes vereinbart:

1. Gegenstand der Sicherungsübereignung

(1) Der Sicherungsgeber übereignet der Bank hiermit die nachstehend aufgeführten / in der beigefügten Liste aufgeführten Gegenstände (nachstehend „Sicherungsgut" genannt):
[Bezeichnung der übereigneten Gegenstände]

(2) Das Sicherungsgut befindet sich an dem Standort:
[Bezeichnung des Standorts]
Der Sicherungsgeber wird der Bank jede Änderung des Standortes unverzüglich bekanntgeben.

2. Übertragung von Eigentum, Miteigentum, Anwartschaftsrecht

Soweit der Sicherungsgeber Eigentum oder Miteigentum an dem Sicherungsgut hat der dieses künftig erwirbt, überträgt er der Bank das Eigentum oder Miteigentum. Soweit der Sicherungsgeber Anwartschaftsrechte auf Eigentumserwerb (aufschiebend bedingtes Eigentum) an den von seinen Lieferanten unter Eigentumsvorbehalt gelieferten Waren hat, überträgt er hiermit der Bank diese Anwartschaftsrechte.

3. Übergabeersatz

Die Übergabe des Sicherungsgutes an die Bank wird dadurch ersetzt, daß der Sicherungsgeber es für die Bank sorgfältig unentgeltlich verwahrt. Soweit Dritte unmittelbaren Besitz am Sicherungsgut erlangen, tritt der Sicherungsgeber bereits jetzt seine bestehenden und künftigen Herausgabeansprüche an die Bank ab.

4. Sicherungszweck

Die Übereignung und die Übertragung der sonstigen mit diesem Vertrag bestellten Rechte erfolgt

[] zur **Sicherung der Ansprüche**, die der Bank **aus dem nachstehend bezeichneten Kreditvertrag** zustehen, und zwar auch dann, wenn die vereinbarte Laufzeit des Kredits verlängert wird
[Bezeichnung des Kreditvertrages, ggf Name des Kreditnehmers, falls dieser mit dem Sicherungsgeber nicht identisch ist]

[] zur **Sicherung aller bestehenden, künftigen und bedingten Ansprüche** der Bank mit ihren sämtlichen in- und ausländischen Geschäftsstellen **aus der bankmäßigen Geschäftsverbindung** gegen den Sicherungsgeber. Hat dieser die Haftung für Verbindlichkeiten eines anderen Kunden der Bank übernommen (zB als Bürge), so sichert die Übereignung die aus der Haftungsübernahme folgende Schuld erst ab deren Fälligkeit.

5. Ablösung von Eigentumsvorbehalten

Der Sicherungsgeber ist verpflichtet, einen etwa bestehenden Eigentumsvorbehalt durch Zahlung des Kaufpreises zum Erlöschen zu bringen. Die Bank ist befugt, eine Kaufpreisrestschuld des Sicherungsgebers auf dessen Kosten an die Lieferanten zu zahlen.

6. Behandlung und Kennzeichnung des Sicherungsgutes

Der Sicherungsgeber hat das Sicherungsgut an seinem Standort zu belassen und es auf seine Kosten sorgfältig zu behandeln. Zur Wahrung ihrer berechtigten Belange kann die Bank in einer ihr zweckmäßig erscheinenden Weise das Sicherungsgut als ihr Eigentum kennzeichnen. In den Unterlagen des Sicherungsgebers ist die Übereignung mit dem Namen der Bank kenntlich zu machen.

7.   Versicherung des Sicherungsgutes

(1)   Der Sicherungsgeber verpflichtet sich ferner, das Sicherungsgut für die Dauer der Übereignung auf eigene Kosten in voller Höhe gegen die üblichen Gefahren und gegen diejenigen, gegen die der Bank Versicherungsschutz erforderlich erscheint, versichert zu halten. Alle daraus entstehenden gegenwärtigen und künftigen Ansprüche gegen die Versicherungsgesellschaft tritt der Sicherungsgeber hiermit an die Bank ab. Der Sicherungsgeber hat der Versicherungsgesellschaft davon Mitteilung zu machen, daß das Sicherungsgut Eigentum der Bank ist, daß sämtliche Rechte aus dem Versicherungsvertrag, soweit sie das Sicherungsgut betreffen, der Bank zustehen sowie daß die Bank nur in die Rechte und nicht in die Pflichten des Versicherungsvertrages eintritt mit der Maßgabe, daß der Sicherungsgeber zur Aufhebung der Versicherung ohne Zustimmung der Bank nicht berechtigt ist. Der Sicherungsgeber wird die Versicherungsgesellschaft ersuchen, der Bank einen entsprechenden Sicherungsschein zu übersenden.

(2)   Wenn der Sicherungsgeber die Versicherung nicht oder nicht ausreichend bewirkt hat, darf die Bank das auf seine Kosten tun.

8.   Gesetzliche Pfandrechte Dritter

Soweit gesetzliche Pfandrechte Dritter, zB Vermieter, Verpächter, Lagerhalter, an dem Sicherungsgut bestehen, hat der Sicherungsgeber auf Wunsch der Bank jeweils nach Fälligkeit des Mietzinses, Pachtzinses oder Lagergeldes deren Zahlung nachzuweisen. Wird dieser Nachweis nicht erbracht, ist die Bank befugt, zur Abwendung der Pfandrechte den Miet- oder Pachtzins oder das Lagergeld auf dessen Kosten zu bezahlen.

9.   Informationspflichten des Sicherungsgebers

(1)   Der Sicherungsgeber hat der Bank unverzüglich anzuzeigen, wenn die Rechte der Bank an dem Sicherungsgut durch Pfändung oder sonstige Maßnahmen Dritter beeinträchtigt oder gefährdet werden sollten, und zwar unter Übersendung einer Abschrift des Pfändungsprotokolls sowie aller sonstigen zu einem Widerspruch gegen die Pfändung erforderlichen Schriftstücke. Außerdem hat der Sicherungsgeber den Pfändungsgläubiger oder sonstige Dritte unverzüglich schriftlich von dem Eigentumsrecht der Bank in Kenntnis zu setzen.

(2)   Auch von sonstigen das Sicherungsgut betreffenden Ereignissen, insbesondere von Schadensfällen, hat der Sicherungsgeber der Bank unverzüglich Mitteilung zu machen.

10.   Prüfungsrecht der Bank

(1)   Die Bank ist berechtigt, das Sicherungsgut an seinem Standort zu überprüfen oder durch ihre Beauftragten überprüfen zu lassen. Der Sicherungsgeber hat jede zu diesem Zweck erforderliche Auskunft zu erteilen und die betreffenden Unterlagen zur Einsicht vorzulegen.

(2)   Soweit sich das Sicherungsgut in unmittelbarem Besitz Dritter (zB Lagerhalter) befindet, werden diese vom Sicherungsgeber hiermit angewiesen, der Bank Zutritt zum Sicherungsgut zu gewähren.

11.   Herausgabe des Sicherungsgutes an die Bank

Die Bank ist zur Wahrung ihrer berechtigten Belange befugt, die Herausgabe des Sicherungsgutes zu verlangen, wenn der Sicherungsgeber erheblich gegen die Pflicht zur sorgfältigen Behandlung des Sicherungsgutes verstößt. Dies gilt auch, wenn der Sicherungsgeber seine Zahlungen eingestellt hat oder die Eröffnung eines gerichtlichen Insolvenzverfahrens über sein Vermögen beantragt worden ist. Die Bank darf die Herausgabe von Sicherungsgut ferner verlangen, wenn sie gemäß Nr 12 Abs 1 wegen des Zahlungsverzugs des Kreditnehmers zur Verwertung des Sicherungsgutes befugt ist.

12. Verwertungsrecht der Bank

(1) Die Bank ist berechtigt, das Sicherungsgut zu verwerten, wenn der Kreditnehmer mit fälligen Zahlungen auf die durch diesen Vertrag gesicherten Forderungen in Verzug ist. Die Bank wird das Sicherungsgut nur in dem Umfange verwerten, als dies zur Erfüllung der rückständigen Forderungen erforderlich ist.

(2) Die Verwertung wird die Bank dem Sicherungsgeber unter Fristsetzung schriftlich androhen. Stellt der Abschluß dieses Vertrages für den Sicherungsgeber ein Handelsgeschäft dar, beträgt die Frist mindestens eine Woche. In allen übrigen Fällen beträgt sie einen Monat.

(3) Die Bank darf das Sicherungsgut auch durch freihändigen Verkauf im eigenen Namen oder im Namen des Sicherungsgebers veräußern. Sie wird auf die berechtigten Belange des Sicherungsgebers Rücksicht nehmen. Sie kann auch von dem Sicherungsgeber verlangen, daß dieser nach ihren Weisungen das Sicherungsgut bestmöglich verwertet oder bei der Verwertung mitwirkt.
Der Sicherungsgeber hat alles bei der Verwertung des Sicherungsgutes Erlangte unverzüglich an die Bank herauszugeben.

(4) Nach Verwertung des Sicherungsgutes wird die Bank den ihr nach Abführung der Umsatzsteuer verbleibenden Erlös zur Abdeckung der gesicherten Ansprüche verwenden. Wenn der Verwertungsvorgang der Umsatzsteuer unterliegt, wird die Bank eine Gutschrift erteilen, die als Rechnung für die Lieferung der als Sicherheit dienenden Sache gilt und den Voraussetzungen des Umsatzsteuerrechts entspricht.

13. Rückübertragung, Sicherheitenfreigabe

(1) Nach Befriedigung ihrer durch diesen Vertrag gesicherten Ansprüche hat die Bank an den Sicherungsgeber die mit dieser Vereinbarung übertragenen Sicherheiten zurückzuübertragen und einen etwaigen Übererlös aus der Verwertung herauszugeben. Die Bank wird jedoch diese Sicherheiten an einen Dritten übertragen, falls sie hierzu verpflichtet ist.

(2) Die Bank ist schon vor vollständiger Befriedigung ihrer durch die Sicherungsübereignung gesicherten Ansprüche verpflichtet, auf Verlangen das ihr übertragene Sicherungsgut sowie auch etwaige andere ihr bestellte Sicherheiten (zB abgetretene Forderungen, Grundschulden) nach ihrer Wahl an den jeweiligen Sicherungsgeber ganz oder teilweise freizugeben, sofern der realisierbare Wert sämtlicher Sicherheiten

110%

der gesicherten Ansprüche der Bank nicht nur vorübergehend überschreitet. Sofern die Bank bei der Verwertung mit der Umsatzsteuer belastet wird, erhöht sich dieser Prozentsatz um den gesetzlichen Umsatzsteuersatz.

(3) Die Bank wird bei der Auswahl der freizugebenden Sicherheiten auf die berechtigten Belange des Sicherungsgebers und der Besteller zusätzlicher Sicherheiten Rücksicht nehmen.

14. Rechtswirksamkeit

Sollte eine Bestimmung dieses Vertrages nicht rechtswirksam sein oder nicht durchgeführt werden, so wird dadurch die Gültigkeit des übrigen Vertragsinhaltes nicht berührt.

Ort, Datum
Unterschrift des
Sicherungsgebers

Ort, Datum
Unterschrift der Bank

Raumsicherungsübereignungsvertrag

Zwischen (nachstehend „Sicherungsgeber" genannt)

[Name und Anschrift des Sicherungsgebers]

und dem oben genannten Kreditinstitut (nachstehend „Bank" genannt) wird Folgendes vereinbart:

1.   Gegenstand der Sicherungsübereignung
(1)   Der Sicherungsgeber übereignet der Bank hiermit den gesamten jeweiligen Bestand an
[Bezeichnung des Sicherungsgutes]

der sich in

[Bezeichnung des Sicherungsgebietes]

befindet und in Zukunft dorthin verbracht wird.

(2)   Das Sicherungsgebiet ist in der beigefügten Lageskizze [Hier folgt die nähere Kennzeichnung, also zB, „rot schraffiert"], wie folgt gekennzeichnet:
[Art der Kennzeichnung]

Die Lageskizze bildet einen Bestandteil dieses Vertrages.

2.   Übertragung von Eigentum, Miteigentum, Anwartschaftsrecht
Soweit der Sicherungsgeber Eigentum oder Miteigentum an dem Sicherungsgut hat oder diese künftig erwirbt, überträgt er der Bank das Eigentum oder Miteigentum. Soweit der Sicherungsgeber Anwartschaftsrechte auf Eigentumserwerb (aufschiebend bedingtes Eigentum) an den von seinen Lieferanten unter Eigentumsvorbehalt gelieferten Waren hat, überträgt er hiermit der Bank diese Anwartschaftsrechte. Eigentum, Miteigentum und Anwartschaftsrechte gehen mit Abschluss dieses Vertrages oder bei späterer Verbringung der Gegenstände in das Sicherungsgebiet zu diesem Zeitpunkt auf die Bank über.

3.   Übergabeersatz
Die Übergabe des Sicherungsgutes an die Bank wird dadurch ersetzt, dass der Sicherungsgeber es für die Bank sorgfältig unentgeltlich verwahrt. Soweit Dritte unmittelbaren Besitz am Sicherungsgut erlangen, tritt der Sicherungsgeber bereits jetzt seine bestehenden und künftigen Herausgabeansprüche an die Bank ab.

4.   Sicherungszweck
(1)   Die Übereignung und die Übertragung der sonstigen mit diesem Vertrag bestellten Rechte erfolgt zur Sicherung aller bestehenden, künftigen und bedingten Ansprüche, die der Bank mit ihren sämtlichen in- und ausländischen Geschäftsstellen aus der bankmäßigen Geschäftsverbindung gegen
[] den Sicherungsgeber oder

[] den vom Sicherungsgeber verschiedenen Kreditnehmer

[Name und Anschrift des Kreditnehmers]

(2)   Hat der Kreditnehmer die Haftung für Verbindlichkeiten eines anderen Kunden der Bank übernommen (zB als Bürge), so sichert die Übereignung die aus der Haftungsübernahme folgende Schuld erst ab deren Fälligkeit und nur dann, wenn der Kreditnehmer zugleich der Sicherungsgeber ist.

5.   Bestandslisten

(1)   Der Sicherungsgeber hat der Bank bei Abschluss des Vertrages und zu den mit der Bank vereinbarten Zeitpunkten, mindestens jedoch einmal jährlich eine Bestandsliste über das an die Bank übertragene Sicherungsgut einzureichen. Zur Wahrung ihrer berechtigten Belange kann die Bank auch in kürzeren als den vereinbarten Zeitabständen und auch mehr als einmal jährlich die Übersendung von Bestandslisten verlangen. Die Bestandsliste hat Angaben über Art, Menge, Einkaufs- und Verkaufspreise zu enthalten.

(2)   Der tatsächlich vorhandene Bestand ist auch dann übereignet, wenn die Bestandslisten unrichtig oder in irgendeiner Weise unvollständig sind.

(3)   Sofern der Sicherungsgeber die Buchführung und/oder Datenverarbeitung von einem Dritten vornehmen lässt, wird die Bank hiermit ermächtigt, im eigenen Namen auf Kosten des Sicherungsgebers die Bestandslisten unmittelbar bei dem Dritten einzuholen.

6.   Verfügung über das Sicherungsgut

Die Bank gestattet dem Sicherungsgeber, über das Sicherungsgut im Rahmen eines ordnungsgemäßen Geschäftsbetriebes zu verfügen.

7.   Ablösung von Eigentumsvorbehalten

Der Sicherungsgeber ist verpflichtet, einen etwa bestehenden Eigentumsvorbehalt durch Zahlung des Kaufpreises zum Erlöschen zu bringen. Die Bank ist befugt, eine Kaufpreisrestschuld des Sicherungsgebers auf dessen Kosten an die Lieferanten zu zahlen.

8.   Behandlung und Kennzeichnung des Sicherungsgutes

Der Sicherungsgeber hat das Sicherungsgut vorbehaltlich der Verfügungsbefugnis gemäß Nr 6 in dem Sicherungsgebiet zu belassen und es auf seine Kosten sorgfältig zu behandeln. Zur Wahrung ihrer berechtigten Belange kann die Bank in einer ihr zweckmäßig erscheinenden Weise das Sicherungsgut als ihr Eigentum kennzeichnen.

In den Unterlagen des Sicherungsgebers ist die Übereignung mit dem Namen der Bank kenntlich zu machen.

9.   Versicherung des Sicherungsgutes

(1)   Der Sicherungsgeber verpflichtet sich ferner, das Sicherungsgut für die Dauer der Übereignung auf eigene Kosten in voller Höhe gegen die üblichen Gefahren und gegen diejenigen, gegen die der Bank Versicherungsschutz erforderlich erscheint, versichert zu halten. Alle daraus entstehenden gegenwärtigen und künftigen Ansprüche gegen die Versicherungsgesellschaft tritt der Sicherungsgeber hiermit an die Bank ab. Der Sicherungsgeber hat der Versicherungsgesellschaft davon Mitteilung zu machen, dass das Sicherungsgut Eigentum der Bank ist, dass sämtliche Rechte aus dem Versicherungsvertrag, soweit sie das Sicherungsgut betreffen, der Bank zustehen sowie dass die Bank nur in die Rechte und nicht in die Pflichten des Versicherungsvertrages eintritt mit der Maßgabe, dass der Sicherungsgeber zur Aufhebung der Versicherung ohne Zustimmung der Bank nicht berechtigt ist. Der Sicherungsgeber wird die Versicherungsgesellschaft ersuchen, der Bank einen entsprechenden Sicherungsschein zu übersenden.

(2)   Wenn der Sicherungsgeber die Versicherung nicht oder nicht ausreichend bewirkt hat, darf die Bank das auf seine Kosten tun.

10. Gesetzliche Pfandrechte Dritter

Soweit gesetzliche Pfandrechte Dritter, zB Vermieter, Verpächter, Lagerhalter, an dem Sicherungsgut bestehen, hat der Sicherungsgeber auf Wunsch der Bank jeweils nach Fälligkeit des Mietzinses
Pachtzinses oder Lagergeldes deren Zahlung nachzuweisen. Wird dieser Nachweis nicht erbracht, ist
die Bank befugt, zur Abwendung der Pfandrechte den Miet- oder Pachtzins oder das Lagergeld auf
dessen Kosten zu bezahlen.

11. Informationspflichten des Sicherungsgebers

(1) Der Sicherungsgeber hat der Bank unverzüglich anzuzeigen, wenn die Rechte der Bank an
dem Sicherungsgut durch Pfändung oder sonstige Maßnahmen Dritter beeinträchtigt oder gefährdet
werden sollten, und zwar unter Übersendung einer Abschrift des Pfändungsprotokolls sowie aller
sonstigen zu einem Widerspruch gegen die Pfändung erforderlichen Schriftstücke. Außerdem hat
der Sicherungsgeber den Pfändungsgläubiger oder sonstige Dritte unverzüglich schriftlich von dem
Eigentumsrecht der Bank in Kenntnis zu setzen.

(2) Auch von sonstigen das Sicherungsgut betreffenden Ereignissen, insbesondere von Schadensfällen, hat der Sicherungsgeber der Bank unverzüglich Mitteilung zu machen.

12. Prüfungsrecht der Bank

(1) Die Bank ist berechtigt, das Sicherungsgut am jeweiligen Lagerort zu überprüfen oder durch
ihre Beauftragten überprüfen zu lassen. Der Sicherungsgeber hat jede zu diesem Zweck erforderliche Auskunft zu erteilen und die betreffenden Unterlagen zur Einsicht vorzulegen.

(2) Soweit sich das Sicherungsgut in unmittelbarem Besitz Dritter (zB Lagerhalter) befindet,
werden diese vom Sicherungsgeber hiermit angewiesen, der Bank Zutritt zum Sicherungsgut zu
gewähren.

13. Herausgabe des Sicherungsgutes an die Bank

Die Bank ist zur Wahrung ihrer berechtigten Belange befugt, die Verfügungsbefugnis zu widerrufen
und die Herausgabe des Sicherungsgutes zu verlangen, wenn der Sicherungsgeber erheblich gegen
die Pflicht zur sorgfältigen Behandlung des Sicherungsgutes verstößt oder aber über das Sicherungsgut Verfügungen trifft, die nicht im Rahmen eines ordnungsgemäßen Geschäftsbetriebes liegen.
Dies gilt auch, wenn der Sicherungsgeber seine Zahlungen eingestellt hat oder die Eröffnung eines
gerichtlichen Insolvenzverfahrens über sein Vermögen beantragt worden ist. Die Bank darf die
Herausgabe von Sicherungsgut ferner verlangen, wenn sie gemäß Nr 14 Abs 1 wegen des Zahlungs-
verzuges des Kreditnehmers zur Verwertung des Sicherungsgutes befugt ist.

14. Verwertungsrecht der Bank

(1) Die Bank ist berechtigt, das Sicherungsgut zu verwerten, wenn der Kreditnehmer mit fälligen
Zahlungen auf die durch diesen Vertrag gesicherten Forderungen in Verzug ist. Die Bank wird das
Sicherungsgut nur in dem Umfange verwerten, als dies zur Erfüllung der rückständigen Forderun-
gen erforderlich ist.

(2) Die Verwertung wird die Bank dem Sicherungsgeber unter Fristsetzung schriftlich androhen.
Stellt der Abschluss dieses Vertrages für den Sicherungsgeber ein Handelsgeschäft dar, beträgt die
Frist mindestens eine Woche. In allen übrigen Fällen beträgt sie einen Monat.

(3) Die Bank darf das Sicherungsgut auch durch freihändigen Verkauf im eigenen Namen oder
im Namen des Sicherungsgebers veräußern. Sie wird auf die berechtigten Belange des Sicherungsgebers Rücksicht nehmen. Sie kann auch von dem Sicherungsgeber verlangen, dass dieser nach
ihren Weisungen das Sicherungsgut bestmöglich verwertet oder bei der Verwertung mitwirkt. Der
Sicherungsgeber hat alles bei der Verwertung des Sicherungsgutes Erlangte unverzüglich an die
Bank herauszugeben.

(4) Nach Verwertung des Sicherungsgutes wird die Bank den ihr nach Abführung der Umsatzsteuer verbleibenden Erlös zur Abdeckung der gesicherten Ansprüche verwenden. Wenn der Verwertungsvorgang der Umsatzsteuer unterliegt, wird die Bank eine Gutschrift erteilen, die als Rechnung für die Lieferung der als Sicherheit dienenden Sache gilt und den Voraussetzungen des Umsatzsteuerrechts entspricht.

15. Rückübertragung, Sicherheitenfreigabe

(1) Nach Befriedigung ihrer durch diesen Vertrag gesicherten Ansprüche hat die Bank an den Sicherungsgeber die mit dieser Vereinbarung übertragenen Sicherheiten zurückzuübertragen und einen etwaigen Übererlös aus der Verwertung herauszugeben. Die Bank wird jedoch diese Sicherheiten an einen Dritten übertragen, falls sie hierzu verpflichtet ist.

(2) Die Bank ist schon vor vollständiger Befriedigung ihrer durch die Sicherungsübereignung gesicherten Ansprüche verpflichtet, auf Verlangen das ihr übertragene Sicherungsgut sowie auch etwaige andere ihr bestellte Sicherheiten (zB abgetretene Forderungen, Grundschulden) nach ihrer Wahl an den jeweiligen Sicherungsgeber ganz oder teilweise freizugeben, sofern der realisierbare Wert sämtlicher Sicherheiten

110%

der gesicherten Ansprüche der Bank nicht nur vorübergehend überschreitet. Sofern die Bank bei der Verwertung mit der Umsatzsteuer belastet wird, erhöht sich dieser Prozentsatz um den gesetzlichen Umsatzsteuersatz.

(3) Die Bank wird bei der Auswahl der freizugebenden Sicherheiten auf die berechtigten Belange des Sicherungsgebers und der Besteller zusätzlicher Sicherheiten Rücksicht nehmen.

16. Bewertung des Sicherungsgutes

(1) Soweit keine abweichende Vereinbarung getroffen worden ist, wird der realisierbare Wert des Sicherungsgutes wie folgt ermittelt:
Maßgeblich ist
● der Marktpreis im Zeitpunkt des Freigabeverlangens, bei Fehlen eines solchen,
● der Einkaufspreis für Sicherungsgut, das vom Sicherungsgeber gekauft worden ist,
● der Herstellungspreis für Sicherungsgut, das vom Sicherungsgeber selbst hergestellt oder be- oder verarbeitet worden ist.

(2) Von dem vorstehend festgestellten Wert wird zunächst der Wert derjenigen Sicherungsgüter abgezogen, an denen ein Dritter ein vorrangiges Sicherungsrecht (zB Eigentumsvorbehalt, Sicherungsübereignung, Pfandrecht) hat, jedoch nur in Höhe der gesicherten Ansprüche des jeweiligen Gläubigers.

(3) Von dem gemäß Absatz 2 ermittelten Wert wird ein Sicherungsabschlag wegen möglicher Mindererlöse (zB bei Zwangsverkauf, veraltetem Sicherungsgut) vorgenommen, dessen Höhe erst im Zeitpunkt des Freigabeverlangens ermittelt werden kann.

17. Verarbeitungsbefugnis

(1) Vorbehaltlich des aus wichtigem Grund zulässigen Widerrufs gestattet die Bank dem Sicherungsgeber, das Sicherungsgut in eigenen oder fremden Betrieben zu ver- oder bearbeiten. Die Ver- oder Bearbeitung erfolgt unentgeltlich im Auftrag der Bank derart, dass die Bank in jedem Zeitpunkt und in jedem Grade der Ver- oder Bearbeitung das Eigentum, Miteigentum oder Anwartschaftsrecht an den Erzeugnissen behält oder erwirbt.

(2) Sollte trotzdem bei der Ver- oder Bearbeitung das Eigentum, Miteigentum oder Anwart-

schaftsrecht der Bank an dem Sicherungsgut untergehen, so sind sich Bank und Sicherungsgeber einig, dass das Eigentum, Miteigentum oder Anwartschaftsrecht an den neuen Sachen auf die Bank in dem Zeitpunkt übergeht, in dem der Sicherungsgeber diese Rechte erwirbt. Die Übergabe an die Bank wird dadurch ersetzt, dass der Sicherungsgeber die neuen Sachen für die Bank sorgfältig unentgeltlich verwahrt. Soweit Dritte Besitzer der neuen Sachen sind oder werden, tritt der Sicherungsgeber hiermit seine bestehenden und künftigen Herausgabeansprüche an die Bank ab.

18. Rechtswirksamkeit

Sollte eine Bestimmung dieses Vertrages nicht rechtswirksam sein oder nicht durchgeführt werden, so wird dadurch die Gültigkeit des übrigen Vertragsinhaltes nicht berührt.

Ort, Datum   Ort, Datum
Unterschrift des   Unterschrift der Bank
Sicherungsgebers

B. Begründung

I. Die wesentlichen Elemente der Sicherungsübereignung

Die Begründung von Sicherungseigentum erfolgt wie jede andere Eigentumsüber- **75** tragung nach den §§ 929–931, setzt also **Einigung** und **Besitzverschaffung** voraus. Die Verknüpfung der Eigentumsübertragung mit der **Sicherungsabrede** verleiht der Sicherungsübereignung ihren spezifischen Charakter.

1. Für die **Einigung**, gleichgültig ob eine Sicherungsübereignung nach § 929, **76** § 930 oder § 931 vorliegt, gelten die allgemeinen Grundsätze, die in den Erl zu §§ 929–931 dargelegt sind (§ 929 Rn 8 ff; § 930 Rn 7; § 931 Rn 21). Die *besondere Betonung des Bestimmtheitserfordernisses in diesem Zusammenhang* (dazu schon § 929 Rn 11 f; insbes § 930 Rn 31) beruht auf zwei Faktoren:

a) **Das Bestimmtheitserfordernis** ist aus *der Abgrenzung vom simulierten Rechts-* **77** *geschäft* entstanden, die den leitenden Gesichtspunkt der rechtspolitischen und dogmatischen Diskussion zur Zeit der Abfassung des BGB und im Gesetzgebungsverfahren selbst bildete (vgl die Nachw in § 930 Rn 3, 20). Angesichts der Verfügungskonzeption des BGB und der seitherigen Entwicklung der Treuhandtheorie spielt die Simulationsproblematik im geltenden deutschen Recht keine Rolle mehr. Der Eigentumsübertragungswille wird, obwohl nur eine zweckgebundene und im Prinzip vorübergehende Verschaffung des Eigentums angestrebt wird, im Grunde nicht mehr in Zweifel gezogen (zur Vereinbarkeit mit dem numerus-clausus-Prinzip und zur ausländischen Diskussion über Simulation und treuhänderische Rechtsübertragung vgl oben Rn 59 mNw).

b) Die zweite Wurzel, aus der das Bestimmtheitserfordernis abgeleitet wird, ist **78** rechtsdogmatischer Natur und ergibt sich sowohl aus der *Rechtsgeschäftslehre* als auch aus der *Theorie von der Verfügung.* Die Verwendung in diesem Zusammenhang verfolgt allerdings vorwiegend rechtspolitische Zwecke (vgl dazu ausf unten Rn 95 ff).

79 **2.** Für die **Besitzverschaffung** gelten an sich keine Besonderheiten. Sie erfolgt nach der jeweils zur Anwendung kommenden Übereignungsform; es gelten die in den Erl zu §§ 929–931 dargelegten Regeln.

In der Praxis kommen jedoch Sicherungsübereignungen nach § 929 kaum und nach § 931 seltener vor (zB bei eingelagerten Waren, welche dann aber auch nach § 930 übereignet werden können; vgl dazu § 930 Rn 41, § 931 Rn 26 sowie unten Rn 82 ff). Die eigentlich **verkehrstypische Sicherungsübereignung erfolgt nach § 930** durch Vereinbarung eines Besitzmittlungsverhältnisses. Auch hier gelten dem Grundsatz nach die bei § 930 entwickelten Kriterien. Indessen werden in *Lit und Rspr* wie bei der Einigung verschiedentlich *besondere Anforderungen* gestellt. Sie beruhen auf denselben Gründen, die auch bei der Einigung für die Entstehung besonderer Erfordernisse maßgebend waren (soeben Rn 76). So lässt sich nachweisen, dass die Forderung nach dem konkreten Besitzkonstitut aus der Simulationsdebatte im Rahmen des Gesetzgebungsverfahrens entstanden ist. Das Gleiche gilt für das immer wieder anzutreffende Erfordernis einer Ausführungshandlung (zum Ganzen § 930 Rn 31 ff). Die heutige Betonung dieser Elemente erfolgt aber ebenfalls aus rechtspolitischen Gründen, nämlich in der Absicht, die Begründung der Sicherungsübereignung erschwerten Anforderungen zu unterwerfen (ausf unten Rn 85 ff, 129 ff).

80 **3.** Das eigentlich zentrale, zugleich aber auch problematische Element der Sicherungsübereignung bildet die **Sicherungsabrede**, die auch *Sicherungsvereinbarung, Sicherungsvertrag* oder besonders signifikant *Sicherstellungsvertrag* genannt wird (oben Rn 59). Sie stellt einen Unterfall der Treuhandabrede dar (s hierzu auch HENSSLER AcP 196 [1996] 37, 42). Die dazu entwickelten Grundsätze finden deshalb prinzipiell auf die Sicherungsabrede Anwendung (zusammenfassend COING 91 ff, 107 ff, 137 ff; sowie speziell für die Sicherungsübereignung SERICK I 55 ff und MÜHL, in: FS Serick, 285 ff; WIEGAND, in: FG BGH I [2000] S 753, 774 ff).

81 Dabei sind *verschiedene Aspekte* zu unterscheiden: Zunächst geht es um die Frage, welche **Stellung die Treuhandabrede überhaupt im System des BGB** hat. Die Antwort darauf ist wiederum bestimmt durch die Funktionen, die sie im Rahmen des kreditsichernden Treuhandgeschäfts wahrnimmt. Dabei sind – wie oben bereits skizziert – folgende Gesichtspunkte zu unterscheiden:

– Die Sicherungsabrede stellt zunächst einmal den *Rechtsgrund* der Übereignung dar.

– Sie enthält zugleich die *Zweckbestimmung* für die Rechtsübertragung als Ganzes.

Daraus resultiert einerseits die Sonderstellung des Sicherungseigentums in sachenrechtlicher Hinsicht, zum anderen beruhen darauf die verschiedenen vertraglichen Verpflichtungen während der Sicherungsperiode wie auch die Rückabwicklungspflichten nach deren Abschluss.

– Schließlich wird der Sicherungsabrede vielfach die Funktion des *Besitzmittlungsverhältnisses* im Sinne eines konkreten Besitzkonstitutes zugewiesen.

– Darüber hinaus ist die Sicherungsabrede maßgeblich für das *Verhältnis zur gesicherten Forderung.*

Diese Funktionen sind miteinander auf das engste verknüpft und beeinflussen ihrerseits wiederum die rechtliche Qualifikation und die Behandlung der Sicherungsabrede. Die Einzelheiten werden bei den jeweiligen Fallkonstellationen erörtert.

II. Die Verschaffung des Sicherungseigentums

1. Sicherungsübereignung nach § 929 S 1 und § 931

Übereignet der Schuldner eine einzelne Sache als *Sicherungsgegenstand* (zur Siche- **82** rungsübereignung von unpfändbaren Sachen vgl unten Rn 111; zu den Sicherungsrechten an *Flugzeugen* vgl SCHÖLERMANN/SCHMID-BURGK WM 1990, 1137; zur praxisrelevanten Sicherungsübereignung von auf fremdem Boden befindlichen Windkraftanlagen vgl LG Flensburg WM 2000, 2112 ff = WuB IV A § 95 BGB 1.01 [Anm PANKEWITZ]; GOECKE/GAMON WM 2000, 1309 ff; GANTER WM 2002, 105 ff; PETERS WM 2002, 110 ff), so ergeben sich keine Abweichungen vom Normalfall der Eigentumsübertragung (vgl Bsp 1 oben Rn 71). Das gilt uneingeschränkt für die (allerdings seltenen) Fälle einer Übereignung nach den §§ 929 und 931.

a) Bei einer *Sicherungsübereignung nach § 929 S 1* ist neben der Einigung die **83** Übergabe des Sicherungsgutes an den Sicherungsnehmer erforderlich. Der Sicherungsgeber muss dem Sicherungsnehmer Besitz am Sicherungsgut verschaffen und selber jeglichen Besitz daran aufgeben (dazu § 929 Rn 61 ff). Die Übergabe kann auch bei der Sicherungsübereignung dadurch erfolgen, dass der Veräußerer die Sache auf Anweisung des Erwerbers unmittelbar an einen Zweit- oder Dritterwerber aushändigt (vgl § 929 Rn 50 mwNw; SERICK II § 20 I 2; BGH WM 1986, 146, 147; BGH NJW 1999, 425). Eine Sicherungsübereignung nach § 929 S 1 liegt auch dann vor, wenn das Herstellerwerk auf Anweisung des Kfz-Händlers den Kfz-Brief der den Kauf finanzierenden Bank, das Fahrzeug aber dem Händler aushändigt (vgl BGH LM Nr 19 zu § 929). Im Gegensatz zur Verpfändung reicht bei der Begründung von Sicherungseigentum die Einräumung von Mitbesitz nicht aus (§ 929 Rn 62, 97 und STAUDINGER/WIEGAND [2002] § 1205 Rn 9 ff).

b) Bei der in der Praxis etwas häufigeren Sicherungsübereignung nach § 931 **84** ergeben sich ebenfalls keine Abweichungen. Neben der Einigung bedarf es der Abtretung des Herausgabeanspruches nach den in der Erl zu § 931 (insbes Rn 19 ff) dargelegten Grundsätzen. Hat der Sicherungsgeber mittelbaren Besitz, so kann er zwischen der Übereignung nach § 930 und der nach § 931 wählen. Es ist wie folgt zu differenzieren: Will der Sicherungsgeber nach der Sicherungsübereignung weiterhin unmittelbarer Besitzer bleiben, so muss die Übereignung nach § 930 erfolgen. Will oder soll er dagegen als Besitzer ausscheiden, so ist nach § 931 vorzugehen (vgl dazu § 930 Rn 9).

2. Sicherungsübereignung nach § 930

In der *Praxis steht die Sicherungsübereignung nach § 930 ganz im Vordergrund.* Das **85** beruht darauf, dass diese Form der Übereignung am ehesten den Interessen der Parteien entspricht. Der Sicherungsgeber ist in der Regel daran interessiert und zum Teil auch darauf angewiesen, das an den Sicherungsnehmer übereignete Sicherungsgut nutzen zu können. Demgegenüber liegt dem Sicherungsnehmer idR nichts am unmittelbaren Besitz des Sicherungsgutes. Die Übereignung nach § 930 ermöglicht dem Sicherungsgeber unter Aufrechterhaltung seines unmittelbaren Besitzes den weiteren Gebrauch und die Nutzung des Sicherungsgutes, dem Sicherungsnehmer wird der mittelbare Besitz eingeräumt, womit ihm ein Herausgabeanspruch gegen den Sicherungsgeber zusteht. Eine derartige Ausgestaltung der Beziehung zwischen Sicherungsgeber und -nehmer erfolgt durch Begründung eines Besitzmittlungsverhältnisses iS von § 868. Die Rspr und die in der Lit noch vorherrschende Meinung halten daran fest, dass es sich um ein sog **konkretes** Besitzkonstitut handeln muss (zur Entstehung und Bedeutung dieses Kriteriums vgl § 930 Rn 11 ff, worauf auch für das Folgende verwiesen wird; zur Möglichkeit von Einwendungen des unmittelbaren Besitzers bei Veräußerung durch Besitzkonstitut siehe BGHZ 111, 142 und dazu § 930 Rn 9 u STAUDINGER/GURSKY [1999] § 986 Rn 55). Für die Praxis der Sicherungsübereignung ergeben sich daraus keine Konsequenzen. Das hat mehrere Gründe:

86 a) **In der Formularpraxis** wird das Besitzmittlungsverhältnis stets ausdrücklich vereinbart und idR auch benannt (Beispiele etwa bei LWOWSKI, Kreditsicherung Rn 534 ff, 603 ff und im Anhang).

87 b) **Die Anforderungen**, unter denen ein konkretes Besitzkonstitut anerkannt wurde, sind schrittweise reduziert und schließlich minimalisiert worden (im Einzelnen dazu § 930 Rn 15 ff). Im Ergebnis genügt heute **jedes „besitzbegründende Rechtsverhältnis"** (so schon RGZ 132, 183 ff). Ein derartiges Rechtsverhältnis kann sich auch aus dem Verhalten der Parteien ergeben, selbst dann, wenn diese sich dessen nicht bewusst sind. „Worauf es entscheidend ankommt, ist eine *sachgemäße* Ableitung eines Besitzmittlungsverhältnisses nach objektiven Gesichtspunkten aus der Interessenlage der Beteiligten, die einerseits den Eigentumsübergang, andererseits das Verbleiben der Sache beim Veräußerer beabsichtigen" (EICHLER II 1 140, Hervorhebung im Original). Eine solche Sachlage ist bei der Sicherungsübereignung stets gegeben; infolgedessen nimmt die Rspr in konsequenter Verfolgung dieses Konzeptes an, dass aus der Sicherungsabrede die stillschweigende Vereinbarung eines Besitzmittlungsverhältnisses abgeleitet werden kann, (auch) wenn diese keine ausdrücklichen Regelungen enthält (zB BGH WM 1961, 1046; BGH WM 1962, 1194; siehe auch BGH NJW 1979, 2038 und 1989, 2542; LG Aachen VersR 1992, 253; BGH ZIP 1998, 2160 [mzustAnm MEDICUS EWiR 1999, 57]; mit dieser Entscheidung ist das Erfordernis des konkreten Besitzkonstituts faktisch aufgegeben worden, Einzelheiten bei § 930 Rn 18 ff, insbes 25).

Man kann heute jedenfalls davon ausgehen, dass die *Sicherungsabrede sich zu einem Vertragstyp verfestigt hat*, der – auch ohne spezielle Bestimmung – die Vereinbarung eines Besitzkonstitutes umfasst (so schon WOLFF/RAISER § 67 Fn 4).

88 c) Deshalb kommt den gelegentlichen *Qualifikationsversuchen* keine praktische Bedeutung zu (BGH LM Nr 11 a zu § 929; kritisch dazu SERICK BB 1974, 287); sie sind zumindest entbehrlich und insofern „irreführend" (MünchKomm/QUACK[2] [1986] Rn 42), als dadurch der falsche Eindruck erweckt wird, es seien aus derartigen Qualifikationen Rechtsfolgen abzuleiten. Andererseits ergibt sich aus der Typisierung und

Anerkennung der Sicherungsabrede als Besitzmittlungsverhältnis, dass eine *ausdrückliche Bezeichnung* zwar nicht notwendig, aber auch unschädlich ist. Wenn vereinzelt behauptet wird, Qualifizierungen durch die Parteien als „Miete" oder „Verwahrung" seien „fiktiv" (WOLFF/RAISER § 67 Fn 4), so führt das nicht etwa zur Unwirksamkeit des Konstitutes an sich (unklar SERICK II 122; BGH WM 1959, 52). Es kommen nur nicht die Regeln des benannten Schuldverhältnisses, sondern die für die Sicherungsübereignung typischen zur Anwendung, und zwar ebenso, wie wenn keine ausdrücklichen Vereinbarungen getroffen wurden.

d) **Als Zwischenergebnis** lässt sich also festhalten, dass das **Erfordernis eines** **89** **konkreten Besitzkonstitutes immer als erfüllt angesehen werden kann, wenn die Parteien die Sicherungsübereignung ernsthaft gewollt haben.** In der Sache dient dieses Erfordernis wohl auch nur als Gradmesser für die Ernsthaftigkeit, nicht aber als Tatbestandsvoraussetzung für den Eigentumsübergang (zum Ganzen § 930 Rn 18 ff; s auch BÜLOW Rn 1319 f). Das ergibt sich schon daraus, dass nach heute allgemeiner Ansicht die Ungültigkeit des vereinbarten Rechtsverhältnisses die Gültigkeit der Übereignung nicht berührt (Nachw in § 930 Rn 13). Das bedeutet aber iE, dass auch die hM letztlich nur auf das *Vorliegen der besitzrechtlichen Voraussetzungen abstellt* (vgl MünchKomm/OECHSLER Anh §§ 929–936 Rn 15; in diesem Sinne auch BÜLOW Rn 1321 ff; ausf § 930 Rn 18–25 mwNw).

e) Für die Sicherungsübereignung sind daraus **folgende Konsequenzen** zu ziehen: **90**
– Die Übertragung des Eigentums auf den Sicherungsnehmer ist immer, aber auch nur dann *wirksam*, wenn – neben der Einigung – ein *Besitzmittlungsverhältnis zustande gekommen ist.* Die entsprechenden rechtsgeschäftlichen Vereinbarungen, die idR in der Sicherungsabrede enthalten sind, begründen eine Vermutung, dass die entsprechende Willenslage besteht. *Fehlt ausnahmsweise der Fremdbesitzwille, geht das Eigentum nicht über*, was insbes bei antizipierten Übereignungen eine Rolle spielen kann (dazu unten Rn 129 ff, insbes 131).

– Andererseits erwirbt der Sicherungsnehmer auch *dann Eigentum*, wenn die *Sicherungsabrede ungültig* ist, der *Übereignungs- und Fremdbesitzwillen jedoch vorhanden ist.* Diese Konstellation kann sich insbes dann ergeben, wenn das Sicherungsgeschäft (nach den unten Rn 146 ff dargelegten Grundsätzen) nichtig ist, Übereignung und Besitzbeziehungen aber ordnungsgemäß zustande gekommen waren. Wenn demgegenüber JAUERNIG (§ 930 Rn 39; ihm folgend ERMAN/MICHALSKI Anh §§ 929–931 Rn 3; PALANDT/BASSENGE § 930 Rn 20) in diesen Fällen den Eigentumserwerb ablehnt, so verkennt diese Auffassung, dass das Vorliegen der besitzrechtlichen Veräußerung in dem oben dargelegten Sinne genügt. Die Nichtigkeit des Sicherungsvertrages beseitigt den Fremdbesitzwillen nicht. Wenn das Fehlen eines Herausgabeanspruches des Sicherungsnehmers damit begründet wird, dass der Sicherungsnehmer kein Eigentum erlangt habe (JAUERNIG aaO), so würde diese Argumentation jeden Erwerb nach § 930 ausschließen; denn die Begründung des Besitzmittlungsverhältnisses ist Erwerbsvoraussetzung und muss demnach vorliegen, damit das Eigentum überhaupt übergehen kann. Infolgedessen kann die Frage, ob ein Besitzmittlungsverhältnis entsteht, nicht davon abhängig sein oder gemacht werden, ob der Erwerber Eigentum erlangt. Auch wenn man in dieser Argumentation keinen Zirkelschluss sehen will (dagegen insbes JAUERNIG § 930 Rn 39), ist sie jedenfalls verfehlt (so jetzt auch BAUR/STÜRNER § 57 Rn 15; WESTERMANN/WESTER-

MANN § 44 III 2; MünchKomm/OECHSLER Anh §§ 929–936 Rn 14; SOERGEL/HENSSLER § 930 Anh Rn 13; BAMBERGER/ROTH/KINDL § 930 Rn 5 und Anh Rn 5). Im Übrigen sprechen gegen das Abstellen auf die besitzrechtlichen Voraussetzungen prinzipielle Bedenken: Wenn der Sicherungsvertrag nichtig ist, darf die Frage, ob das Eigentum übergeht, nicht von der (zufälligen) Form der Übertragung abhängen. Es handelt sich um ein *Wertungsproblem*, das *einheitlich* zu beurteilen ist (dazu WIEGAND AcP 190 [1990] 122 ff, 135 f u unten Rn 165 ff iE wie hier SERICK I 65, III 24 und ERNST 124 Fn 7).

91 f) *Zusammenfassend* lässt sich deshalb festhalten: Die Diskussion um die **Notwendigkeit eines konkreten Besitzkonstitutes bleibt für die Sicherungsübereignung ohne praktische Relevanz.** Vereinzelte Versuche, dem Besitzmittlungsverhältnis wieder schärfere Konturen und mehr Gewicht zu verleihen (SERICK II 123), beruhen auf rechtspolitischen Erwägungen. Die Zielsetzungen – Erschwerung und Eindämmung der Sicherungsübereignung – sind jedoch, wenn man ihre Wünschbarkeit einmal unterstellt (dazu Rn 44 ff), mit Hilfe des Besitzmittlungsverhältnisses nicht zu verwirklichen. Nach der hier vertretenen Auffassung ergibt sich das schon aus der historischen Analyse (vgl § 930 Rn 18 ff).

Aber auch wenn man mit der traditionellen, aber wohl nicht mehr überwiegenden Auffassung vom Erfordernis eines konkreten Konstitutes ausgeht, zeigt die Darstellung der heutigen Konzeption, dass selbst eine „strengere Auffassung" (SERICK II 123) den Übergang des Eigentums gemäß § 930 nicht erschweren oder gar verhindern würde (GANTER § 95 Rn 46 ff). Hinzu kommt, dass die Kautelarjurisprudenz durch Anpassung der entsprechenden Klauseln in den Formularen reagieren kann.

Insgesamt erweist sich das *Besitzkonstitut als untaugliches Mittel zur rechtspolitisch motivierten Steuerung im Bereich der Sicherungsübereignung*; inwieweit das auch für die in Verbindung mit dem Besitzkonstitut stets erhobenen Postulate (§ 930 Rn 30 f) in Bezug auf die Bestimmtheit und die Erkennbarkeit der Verfügung gilt, ist im Zusammenhang mit der antizipierten Übereignung zu erörtern (unten Rn 130 f).

92 g) Im Hauptanwendungsfall der Sicherungsübereignung nach § 930 wird der **Sicherungsnehmer mittelbarer Eigenbesitzer** und der **Sicherungsgeber unmittelbarer Fremdbesitzer.** Hatte der Sicherungsgeber nur mittelbaren Eigenbesitz, so erfolgt die Sicherungsübereignung nach § 930 durch Umwandlung in mittelbaren Fremdbesitz; der Sicherungsnehmer wird zum mittelbaren Eigenbesitzer 2. Stufe (§ 930 Rn 9). Das Besitzmittlungsverhältnis zwischen Sicherungsgeber und unmittelbar besitzendem Dritten bleibt von der *Sicherungsübereignung* unberührt.

3. Die Sicherungsübereignung von Sachgesamtheiten und Sachmengen

93 In der Praxis spielt die Sicherungsübereignung von *Warenlagern* die wichtigste Rolle. Daneben kommen im *gewerblich-industriellen* Bereich aber auch Sicherungsübertragungen von *Büroeinrichtungen, Wagen- oder Maschinenparks* oder von *(Teil-) Mengen eingelagerter Vorräte (Öl, Benzin, Getreide), aber auch ganzer Unternehmen* vor (vgl § 929 Rn 109). Im *privaten* Sektor finden sich zB Übereignungen von *Bibliotheken* oder *Gemäldesammlungen*. In nahezu allen Fällen besteht das Bedürfnis beider Parteien nach *Austausch* und fortlaufender *Ergänzung des Sicherungsgutes*.

Sowohl die Übertragung solcher besonderer Sicherungsgüter wie auch die Perpetu- **94** ierung durch Austauschklauseln werfen **Probleme** auf, die auf *zwei Ebenen* liegen: Einmal geht es darum, ob und inwieweit derartige Verfügungen zulässig und möglich sind; zum anderen stellt sich die Frage, ob im Hinblick auf die Sicherungsfunktion besondere Anforderungen erfüllt werden müssen. Während es sich bei der ersten Frage um einen theoretisch-dogmatischen Gesichtspunkt handelt, liegt die zweite mehr auf rechtspolitischer Ebene. Auch wenn zwischen beiden Aspekten eine Beziehung besteht, dürfen sie nicht miteinander vermengt werden, was jedoch in Lit und Rspr häufig geschieht.

4.   Das Spezialitäts- oder Bestimmtheitsprinzip

a)   Die **Gesamtübertragung** *von mehreren Gegenständen* bereitet *konstruktive* **95** *Schwierigkeiten.* Diese beruhen darauf, dass nach der Konzeption des BGB dingliche Rechte nur an individuellen Sachen begründet und übertragen werden können. Dieses im Gesetz nirgends ausdrücklich verankerte, sondern als selbstverständlich vorausgesetzte Dogma wird als Spezialitätsprinzip oder Bestimmtheitsgrundsatz bezeichnet und ganz allgemein als verbindliche Maxime anerkannt (statt aller STAUDINGER/SEILER [2000] Einl 54 f zu §§ 854 ff mNw). Gelegentlich wird der Versuch unternommen, zwischen beiden zu differenzieren. Mit Spezialitätsprinzip soll die Beschränkung dinglicher Rechte auf einzelne Sachen, mit Bestimmtheitsgrundsatz das Erfordernis der genauen Umschreibung des Verfügungsgegenstandes bezeichnet werden (so SERICK II 149 f; ähnlich BGB-RGRK/PIKART § 929 Rn 18 ff und wiederholt K SCHMIDT, zuletzt in JuS 2000, 1118; BREHM/BERGER Rn 1.41). Diese Unterscheidung hat sich – zu Recht – nicht durchgesetzt, ihre Nützlichkeit ist zudem zweifelhaft (dazu § 929 Rn 11 und generell WIEGAND, Kreditsicherung 288 ff; gänzlich ablehnend MünchKomm/QUACK § 929 Rn 75 ff). Im Zusammenhang mit der Vorauszession wurde aus dem Bestimmtheitsgrundsatz der Begriff der „Bestimmbarkeit" entwickelt; beide Begriffe werden bei der Sicherungsübereignung häufig einander gegenübergestellt, ohne dass über ihre Bedeutung Klarheit bestünde (dazu sogleich bei Rn 98).

b)   Im Normalfall der Übereignung nach § 929 ergeben sich deshalb keine Pro- **96** bleme, weil (zumindest) die *Übergabe* automatisch eine Individualisierung der Sache(n) bewirkt. Schwierigkeiten bereitet die Durchführung der Übereignung unter Beachtung des Spezialitätsprinzips, wenn der Traditionsakt nicht real vorgenommen, sondern durch Vereinbarung eines Besitzkonstitutes oder Abtretung eines Herausgabeanspruches ersetzt wird. Hier geht es um die Bestimmtheit des Übereignungsgegenstandes; daneben spielt noch die Bestimmbarkeit des abzutretenden Anspruchs eine Rolle, die sich ebenfalls aus dem Spezialitätsprinzip ergibt (dazu § 931 Rn 25).

c)   In Rspr und Lit hat man sich zur Überwindung dieser Schwierigkeiten auf **97** einen *Kompromiss* geeinigt, der *formal das Bestimmtheitserfordernis unangetastet* lässt, zugleich aber Gesamtverfügungen zulässt. Danach können die Parteien zur Individualisierung des Verfügungsgegenstandes **Sammelbezeichnungen** verwenden, wenn dieser dadurch hinreichend bestimmt wird. Der BGH formuliert diesen Standpunkt folgendermaßen: „Wie bei allen rechtsgeschäftlichen Erklärungen gilt das Erfordernis der Bestimmtheit auch für die Einigung nach § 929 BGB. Das bedeutet aber nicht, daß bei der Verwendung von Sammelbezeichnungen jedes einzelne

Objekt des Übereignungsvorganges genau bezeichnet oder gar schriftlich festgelegt werden muss. Dem Bestimmtheitsgrundsatz wird auch dann ausreichend Rechnung getragen, wenn es infolge der Wahl einfacher, äußerer Abgrenzungskriterien für jeden, der die Parteiabreden in dem für den Eigentumsübergang vereinbarten Zeitpunkt kennt, ohne weiteres ersichtlich ist, welche individuell bestimmten Sachen übereignet worden sind" (BGHZ 73, 253, 254). In einer weiteren Entscheidung hat der **BGH** seinen Standpunkt dahingehend präzisiert, „daß die zu übereignenden Gegenstände *im Zeitpunkt der Einigung* über den Eigentumsübergang so bestimmt" sein müssen, „daß jeder, der die Vereinbarung kennt, die übereigneten Sachen ohne Schwierigkeiten von anderen unterscheiden kann" (BGH WM 1988, 346, 347 [Hervorhebung nicht im Original]; außerdem BGH NJW 1994, 133 f mwNw; dazu und zu weiteren Entscheiden Rn 99 f; eingehende Analyse der verschiedenen Entwicklungsstufen der BGH-Rspr FEUERBORN ZIP 2001, 600; zu den Einzelheiten Rn 100 f). Zusammenfassend kann man festhalten: **Das Bestimmtheitspostulat bezieht sich auf die Einigung (nicht auf den Sicherungsvertrag), und es muss in dem Moment erfüllt sein, in dem die Einigung über den Eigentumsübergang erfolgt.**

Die Lit schließt sich im Grunde dem Standpunkt des BGH an, hebt aber zu Recht hervor, dass dieser in verschiedener Hinsicht der Präzisierung bedarf (so schon SERICK II 153 f). Denn es kommt entscheidend darauf an, was im konkreten Fall als „bestimmt" anzusehen ist. Dabei sind nahezu alle vom BGH verwendeten Kriterien problematisch. Das gilt sowohl für die *Abgrenzungskriterien* (dazu Rn 98) wie auch für das Abstellen auf die Beurteilung durch Dritte *(Beobachterklausel,* dazu unten Rn 99, 101 und 105).

98 d) Vielfach wird versucht, mit Hilfe der Begriffe „Bestimmtheit" und „Bestimmbarkeit" Grenzziehungen zu ermöglichen. Üblicherweise verwendet man diese Unterscheidung in folgendem Sinne: *Bestimmtheit* liegt vor, wenn sich aus dem Vertrag selbst entnehmen lässt, über welche Gegenstände verfügt werden sollte, bloße *Bestimmbarkeit* dann, wenn die Verfügungsgegenstände erst durch Rückgriff auf Umstände ermittelt werden können, die außerhalb des Vertrages liegen (zB BGB-RGRK/PIKART § 929 Rn 18; PALANDT/BASSENGE § 930 Rn 2; SCHLEGELBERGER/HEFERMEHL Anh zu § 382 Rn 187; MÖSCHEL NJW 1981, 2273, 2276; für diese Unterscheidung auch BAUR/STÜRNER § 57 Rn 13, die die „Bestimmbarkeit" als genügend ansehen; SOERGEL/HENSSLER § 930 Anh Rn 28; ebenso, aber differenzierter AnwK-BGB/SCHILKEN § 930 Rn 55; Ausgangspunkt bildet die Rspr des RG, die diese Formel verwendet, zB RGZ 132, 183, 187).

99 Diese Formulierungen sind insofern unscharf, als sie nicht klarstellen, welcher „Vertrag" überhaupt gemeint ist. Der BGH verlangt zwar Bestimmtheit im „Zeitpunkt der Einigung", äußert sich aber nicht dazu, ob die Einigung selbst die entsprechenden Kriterien aufweisen müsse oder ob diese auch im Sicherungsvertrag enthalten sein können. Die Lit geht offenkundig von der letzten Version aus (s hierzu LWOWSKI Rn 549). In diesem Sinne ist wohl auch die regelmäßig verwendete Klausel im Hinblick auf die Erkennbarkeit zu verstehen: Die Erkennbarkeit muss gegeben sein „für jeden Dritten, der die Parteiabreden kennt" (BGH WM 1986, 594, sowie in allen hier und in Rn 97 zitierten Urteilen, sog Beobachterklausel). Hieraus ergibt sich, dass die *Bestimmtheit* dann bejaht wird, wenn der rechtsgeschäftliche Wille aus der Vereinbarung der Parteien entnommen und auf bestimmte Gegenstände bezogen werden kann (vgl auch BGH NJW 1984, 803; BGH NJW 1986, 1985; BGH NJW 1992, 1161; BGH NJW

1991, 2144; BGH NJW 1992, 1162; BGH NJW 1994, 133; BGH NJW 1996, 2654 und BGH NJW 2000, 2898).

e)   Verfolgt man diesen Ansatz konsequent, so ergibt sich ohne weiteres, dass die   **100** geläufige *Unterscheidung zwischen innervertraglichen und außervertraglichen Umständen gar nicht relevant sein kann.* Richtigerweise ist darauf abzustellen, ob durch Auslegung der Parteivereinbarungen festgestellt werden kann, welche Gegenstände übereignet werden sollten. Dafür können – wie für jede Vertragsauslegung – **alle Umstände herangezogen werden, die geeignet sind, den Parteiwillen zu ermitteln** (ebenso jetzt MünchKomm/OECHSLER Anh §§ 929–936 Rn 6; MünchKomm/QUACK § 929 Rn 75 ff; wohl auch SERICK II 256 ff; so schon PAULUS JZ 1957, 41, 45).

Deshalb geht man mit Selbstverständlichkeit und zu Recht davon aus, dass der Sicherungsvertrag zur Konkretisierung des Übereignungswillens herangezogen werden könne, obwohl rein theoretisch betrachtet das Bestimmtheitspostulat nur für die Einigung als Verfügungsvertrag gilt. Es ist dann allerdings nicht einzusehen, warum andere Umstände nicht ebenfalls zur Individualisierung der Verfügungsgegenstände herangezogen werden dürfen. Eine derartige Differenzierung lässt sich nicht mit dem Bestimmtheitserfordernis rechtfertigen; denn sie trägt nicht zur Verwirklichung des damit verfolgten Zweckes bei. Dieser besteht darin, eindeutige Zuordnungen und Übertragungsvorgänge zu gewährleisten; auch wenn zur Feststellung außervertragliche Umstände herangezogen werden müssten, schließt das nicht aus, dass die Rechtslage in dem Sinne bestimmt ist, wie es der BGH üblicherweise formuliert: „daß jeder, der die Vereinbarung der Parteien kennt, die übereigneten Gegenstände von anderen unterscheiden kann" (BGH WM 1986, 594; NJW 1984, 803, 804; WM 1988, 346, 347; NJW 1992, 1161 sowie die oben Rn 97 und 99 zitierten Urteile, außerdem OLG Düsseldorf WM 1990, 1190; OLG Koblenz ZIP 1992, 420).

f)   Die *Unterscheidbarkeit* der von der Übereignung betroffenen von den nicht   **101** erfassten Sachen bildet das eigentliche Zentralthema aller Urteile, in denen die bis heute verwendete Floskel entwickelt und benutzt wurde. Das beruht nicht auf Zufall; denn in allen Fällen geht es um eine Sicherungsübereignung, die nicht alle Gegenstände betreffen oder auf zukünftige ausgedehnt werden soll (RGZ 113, 57, 61 f; 129, 61, 62 f; 132, 183, 187; BGHZ 21, 52, 56; 28, 12, 16 f und BGH NJW 1984, 803, 804; WM 1986, 594; WM 1988, 346, 347, die in Rn 97 und 99 außerdem genannten Urteile und insbes in BGH NJW 2000, 2898). Für die stets wiederholte Formel: „Bloße Bestimmbarkeit genügt nicht. An der erforderlichen Bestimmtheit fehlt es dann, wenn erst außerhalb des Vertrages liegende Umstände herangezogen werden müssen, zB Fakturen, Lagerbücher etc" (vgl dazu BGH NJW 1992, 1161; BGH NJW 1995, 2348, 2350: Unwirksamkeit, weil die beigefügte Liste der „Nachfrage und Erläuterung" bedurft hätte) fehlt aus den oben dargelegten Gründen jegliche dogmatische Grundlage, da sie mit den anerkannten Auslegungsregeln für Verträge nicht vereinbar ist. Mit Selbstverständlichkeit folgt daraus, dass es nicht darauf ankommen kann, ob „jeder, der die Vereinbarung der Parteien kennt, die übereigneten Gegenstände von anderen unterscheiden kann" (vgl die Nachweise in Rn 100). Das Abstellen auf Dritte *(„Beobachterklausel")* ist eine reine Publizitätsüberlegung und für die Wirksamkeit der Einigung irrelevant. Entscheidend dafür ist allein, ob die Parteien Konsens erzielt haben und dass sie diesen im Zweifelsfalle beweisen können (dazu unten Rn 105 f). Beide Formeln sollten deshalb nicht mehr verwendet werden. Da die Rechtsprechung jedoch darauf abstellt, werden sie bei der weiteren Erörterung der Fallgestaltungen berücksichtigt (s unten Rn 103 ff, ähnlich verfährt Bamberger/Roth/Kindl § 930 Anh Rn 7 ff, der die hier geäußerte Kritik im Prinzip für berechtigt hält).

102 **g)** *Zusammenfassend* ist der hier vertretene Standpunkt zunächst festzuhalten: Generell ist das Bestimmtheitsprinzip dann beachtet, wenn **im Zeitpunkt der Einigung eindeutig festgelegt und feststellbar ist, welche Gegenstände zur Sicherung übereignet werden sollten.** Zur Ermittlung dient in erster Linie die Einigung selbst; dann können der Sicherungsvertrag und alle sonstigen „Auslegungsmittel" zur Feststellung herangezogen werden. Die *Verwendung und Gegenüberstellung der Begriffe „Bestimmtheit" und „Bestimmbarkeit" ist in diesem Zusammenhang verfehlt* (zustimmend MünchKomm/Oechsler Anh §§ 929–936 Rn 6; vgl aber AnwK-BGB/Schilken § 930 Rn 55), weil dadurch die eigentlich zu treffende Entscheidung verdeckt wird. Es kommt in der Sache darauf an, **welche materiellen Anforderungen hinsichtlich der Bestimmtheit zu stellen sind.** Dabei sind verschiedene Fallgruppen zu unterscheiden sowie dogmatische und rechtspolitische Aspekte in die Betrachtung einzubeziehen.

5. Die Sicherungsübereignung von existenten, konstanten Sachgesamtheiten

103 Soll das Eigentum an einer bereits vorhandenen Sachgesamtheit zur Sicherheit übertragen werden, so ergeben sich bei der Beachtung des Bestimmtheitserfordernisses keine Probleme, sofern sich die Übertragung auf die ganze Menge bezieht und diese eine einheitliche Rechtsstruktur aufweist. Schwierigkeiten entstehen dagegen, wenn Teilmengen oder „gemischte" Bestände als Sicherungsgut dienen sollen (dazu unten Rn 108 ff).

104 Wenn es um die Übereignung eines feststehenden Bestandes von Sachen geht, genügt das, was der BGH für die Übereignung von Hausrat verlangt hat (Zitat oben Rn 97). Der BGH lässt die Sammelbezeichnung „Hausinventar des gemeinsam bewohnten Einfamilienhauses" genügen; hier zeigt sich in geradezu exemplarischer Weise, dass auf außervertragliche Interpretationselemente zurückgegriffen werden muss. Das Urteil betrifft jedoch keine Sicherungsübereignung; gerade das unterstreicht aber, dass eine *Verschärfung der Anforderungen* für diesen Fall *nicht dogmatisch begründet*, sondern nur rechtspolitisch gerechtfertigt werden könnte. Indessen sind solche **Gründe** bei der Übereignung existenter, konstanter und homogener Sachgesamtheiten auch dann **nicht ersichtlich**, wenn diese zur Sicherung erfolgt. Es kommt nur darauf an, dass festgestellt werden kann, welche Gegenstände übereignet werden sollten. *Schnelligkeit* und *Leichtigkeit* der Feststellung (so BGHZ 73, 254) stellen ebenso wenig ein Kriterium für die Gültigkeit dar wie die rasche Nachvollziehbarkeit für Dritte (so aber die stRspr, vgl die in den Rn 97, 99 und 100 zitierten Urteile; zu diesen Kriterien der Rspr: Feuerborn ZIP 2001, 600). *Derartige Postulate beruhen auf einer Vermengung verschiedener Aspekte*: Wenn man die Verfügung über Sachgesamtheiten und die Verwendung von Sammelbezeichnungen zulässt, dann muss sichergestellt werden, dass die Verfügungsgegenstände jederzeit ermittelt werden können. Sofern und solange das möglich ist, spielt es *keine Rolle, ob diese Feststellung langwierig oder nur mit Hilfe außervertraglicher Elemente erfolgen kann* (zustimmend Gursky JZ 1997, 1094, 1097; im Ergebnis auch MünchKomm/Oechsler Anh §§ 929–936 Rn 6). Nur wenn sie scheitert, ist die Sicherungsübereignung unwirksam.

Wer mehr fordert, lässt sich von anderen Vorstellungen leiten, die nicht auf das **105** Verhältnis „inter partes" beschränkt sind. Offenkundig von solchem Denken bestimmt ist die Floskel des BGH, „daß jeder Dritte, der die Vereinbarung der Vertragspartner kennt, die übereigneten Sachen ohne weiteres von anderen unterscheiden kann" (WM 1986, 594; OLG-Rep Köln 1997, 39; vgl auch die oben Rn 100 aufgeführten Urteile). Es handelt sich um ein Gemisch aus Publizitäts- und Transparenzerwägungen; das Gleiche gilt für die insbes von JAUERNIG artikulierte Forderung, dass das *Bestimmungsverfahren* einfach sein müsse (vgl etwa JAUERNIG § 930 Rn 46; SOERGEL/ HENSSLER § 930 Anh Rn 28). In der Sache hat der BGH mehrfach gegen diese Postulate verstoßen, bes klar im „Stutenfall" NJW 1996, 2654; wo mehr als fraglich ist, ob „jeder Dritte, der die Parteiabrede kennt", in einem schnellen und einfachen Verfahren die zur Sicherheit übereigneten Pferde und die nicht übereigneten „Hengste und Wallachen" unterscheiden konnte.

Da der Gesetzgeber Transparenz- und Publizitätserwägungen angestellt, sie aber **106** geringer bewertet hat als die Parteiinteressen an nicht „sichtbaren" Übereignungsformen, bedarf eine andere Interessenbewertung besonderer Begründung (zum Ganzen Vorbem 24 ff zu §§ 929 ff). Dabei ist eine gewisse Einheitlichkeit und **Konsistenz der Interessenbewertung unverzichtbar** (so auch HENCKEL, 198 f, der allerdings ein vollkommen neues Konzept vorschlägt). Wer zB die Sicherungsübereignung als akzessorisch oder auflösend bedingt betrachtet, kann nicht zugleich die leichte Erkennbarkeit der Zuordnung verlangen (dazu unten Rn 129 ff).

Bei der Sicherungsübereignung bereits *existierender, konstanter* (nicht wechselnder) **107** und *homogener* (rechtlich einheitlicher) *Sachgesamtheiten geht es um die eindeutig feststellbare Zuordnung*; besondere Drittschutzinteressen sind nicht gegeben, solange die Verfügungsgegenstände (unter Zuhilfenahme aller anerkannten Auslegungsmittel) eindeutig bestimmt werden können (in diesem Punkt wie hier BAUR/STÜRNER § 57 Rn 13). Eine andere Beurteilung kommt dann in Betracht, wenn es sich um Teilmengen aller Art (dazu sofort Rn 108) oder um wechselnde Bestände (dazu unten Rn 123 ff) handelt.

6. Teilmengen

Bei der (Sicherungs-) Übertragung von **Teilmengen** sind verschiedene Varianten **108** denkbar, die zur Bestimmung des „Teils" verwendet werden können: Numerische Miteigentums-Quoten ($1/4$ oder $1/8$ eines Warenlagers), Wertanteile (Waren für 10 000,– € oder 10 % des Warenwertes) oder Bezeichnung durch Zahlen (100 von 1000 Kühen). Dass die ersten beiden Varianten sowohl nach der Eigentumskonzeption des BGB als auch nach den allgemeinen Übereignungsregeln in Betracht kommen, ist allgemein anerkannt und bedarf keiner weiteren Begründung (vgl etwa BGHZ 21, 52, 55 f mNw zur älteren Rspr; außerdem SERICK II 156 f; möglich ist – nach hM – eine quotenmäßig bestimmte Begründung von Miteigentum am gesamten Warenlager; diese vor allem bei der Verarbeitung vorkommende Vereinbarung begegnet keinen Bedenken, soweit es um die Bestimmbarkeit der Eigentumsübertragung geht; vgl im Übrigen § 950 Rn 51 ff). Inwieweit dagegen eine Kennzeichnung der Teilmenge durch Festlegung von Zahlen ausreicht, ist zweifelhaft. Diese Form der Bestimmung des Verfügungsgegenstandes könnte zwar an sich dem Spezialitätsgrundsatz genügen; fraglich ist jedoch, wie die *Unterscheidbarkeit* sichergestellt werden kann (vgl oben Rn 101–102). Die Rspr verlangt deshalb zu Recht eine Kennzeichnung der zu übertragenden Teilmenge, die jeden Zweifel ausschließt (exemplarisch BGH NJW 1984, 804: „Soll nur ein Teil einer größeren Menge übereignet werden, bedarf es einer eindeutigen Abgrenzung gegenüber dem nichtübereigneten Teil."; ebenso BGH NJW 1996, 2654; GEHRLEIN MDR 2001, 911, 912). Als geeignet haben sich vor allem die Verwahrung in einem gesonderten Raum **(Raumsicherungsvereinbarung)** und Markierung der betreffenden Gegenstände **(Markierungsvereinbarung)** erwiesen (vgl dazu BGH NJW 1992, 1161 mwHinw; Übersicht über die verschiedenen Erscheinungsformen und die nicht immer ganz einheitliche Terminologie bei LWOSKSKI Rn 555 ff; zum Vorrang des Vermieterpfandrechts an einer Sachgesamtheit gegenüber einer Raumsicherungsübereignung, wobei sich das Vermieterpfandrecht auch auf nach der Sicherungsübereignung eingebrachte Sachen erstreckt: BGHZ 117, 200; dazu SCHMIDT JuS 1992, 695; GNAMM NJW 1992, 2806; FISCHER JuS 1993, 542; HENNRICHS DB 1993, 1707; eine Kombination beider Erscheinungsformen hat der BGH [NJW 2000, 2898 „Porzellan-Mustersammlung"] ausdrücklich als möglich bezeichnet, dazu SCHMIDT JuS 2000, 1118 f; zur Frage der Wirksamkeit im konkreten Fall unten Rn 112). Als genügend kann es auch angesehen werden, wenn die zu übereignenden Sachen durch bestimmte *Merkmale* gekennzeichnet sind (zB „alle Kfz der Marke Mercedes" oder „des Baujahres 1986"; so auch BGH NJW 1994, 133: „Die Notwendigkeit einer räumlichen Abgrenzung von Sicherungsgut besteht nur dort, wo eine eindeutige Feststellung der zu übereignenden Gegenstände nicht auf andere Weise gewährleistet ist ..." [aaO, LS]. Dies war aber der Fall, weil alle Gegenstände, die ein bestimmtes Merkmal erfüllen, übereignet werden sollten [hier: Container von bestimmter Größe] dazu GURSKY JZ 1997, 1094, 1098, der zu Recht darauf hinweist, dass damit faktisch die unten [Rn 110] beschriebene Position des BGH aufgegeben wurde).

7. Die Sicherungsübereignung von „gemischten" Beständen*

109 Die bei weitem wichtigste Variante bildet die Sicherungsübereignung von **Sachge-**

---

* Schrifttum: Zur Sicherungsübereignung von Warenlagern vgl ua RGZ 113, 57; 132, 183, 187 f; RG SeuffA 71 Nr 254; RG HRR 34, 1116; BGHZ 21, 52, 55; BGHZ 28, 16, 19 ff; BGHZ 30, 149, 153; BGHZ 35, 85, 91; 73, 253, 254; BGH WM 1959, 52; BGH WM 1962, 740; BGH BB 1963, 1237, 1238; BGH WM 1970, 1518, 1519; BGH WM 1971, 300, 301; ACKERMANN, Die Sicherungsübereignung an Warenlagern (1919); BONNET, Die Sicherungsübereignung von Warenlagern (1912); BÜHRING, Die Sicherungsübereignung von Rechten an Warenlagern, DB 1957, 449; DÖNHOFF, Sicherungsübereignung durch Raumsicherungsvertrag, BB 1956, 827; DÜRINGER, Warenlager als Gegenstand der Sicherungsübereignung, LZ 1911, 417; ERATH, Die Bestimmtheit des Leistungsgegenstandes bei Sicherungsübereignung von Sachgesamtheiten, AcP 128 (1928) 344; GERHARDT, Die neuere Rechtsprechung zu den Mobiliarsicherheiten, JZ 1986, 672, 677; GURSKY, Die

neuere Rechtsprechung zum Mobiliarsachenrecht, JZ 1984, 604; HAUPT, Sicherungsrechte mehrerer Gläubiger an einem Warenlager, DB 1953, 1008; ders, Gültigkeit von Raumsicherungsverträgen, ZKW 1957, 600; HENNRICHS, Raumsicherungsübereignung und Vermieterpfandrecht, Der Betrieb 1993, 1707; HÖNIGER, Die Sicherungsübereignung von Warenlagern (1911 u 1912); HÖNINGER, Die Sicherungsübereignung von Warenlagern (1941); KLEINRATH, Die Sicherungsübereignung von Warenlagern, LZ 1912, 104; LAURITZEN, Sicherungsübereignung von Warenlagern (1936); LUDEWIG, Sicherungsübereignung eines Warenlagers, DB 1953 Beilage Nr 5; MELSBACH, Die Sicherungsübereignung bei Warenlagern, JW 1913, 404; MORMANN, Die neuere Rechtsprechung des Bundesgerichtshofes zur Sicherungsübereignung, WM 1975, 582; PAULUS, Kreditsicherung durch Übertragung von Eigentum und Anwartschaften, JZ 1957, 41 ff; POLLEMS, Zur Siche-

samtheiten, die unterschiedliche rechtliche Strukturen aufweisen. Wegen der heute fast obligaten Vereinbarung von Eigentumsvorbehalten und Verarbeitungsklauseln finden sich kaum je zu Sicherungszwecken geeignete Warenlager, Maschinenparks oder sonstige Bestände, an denen einheitliche Rechtszuständigkeiten bestehen. Diese *fehlende Homogenität der Zuordnung führt notwendigerweise zu Problemen bei der Übereignung der Gesamtbestände.* Rspr, Lit und Formularpraxis haben diese Schwierigkeiten bisher nicht in angemessener Weise zu lösen vermocht (vgl aber immerhin OLG Hamm NJW-RR 1990, 488). Das ist darauf zurückzuführen, dass auch hier einerseits verschiedene Sicherungsformen einander überlagern und andererseits rechtspolitische und dogmatische Argumente vermengt werden. Folgende Konstellationen kommen in Betracht:

a) Der **Sicherungsgeber verfügt über den Bestand, sofern und soweit ihm daran** 110 **Eigentum zusteht.** Die Rspr hat diese Form der Sicherungsübereignung für unwirksam gehalten, weil es an der notwendigen *Bestimmtheit fehle* (BGHZ 21, 52, 56; beiläufig bestätigt in BGHZ 28, 16, 20, sowie BGH WM 1986, 594 u BGH NJW-RR 1990, 95; die dort zu beurteilende Klausel lautete: „Waren, die unter Eigentumsvorbehalt stehen, sind von der Sicherungsübereignung ausgeschlossen." Der BGH führt dazu aus: „Eine solche Vertragsgestaltung ist sachenrechtlich nicht wirksam" [595]. Zustimmend oder ähnlich BÜLOW Rn 1294 und ausf SERICK II 176 ff, 178; zweifelnd ERMAN/MICHALSKI Anh zu §§ 929 ff Rn 6 f; SCHLEGELBERGER/HEFERMEHL Anh zu § 382 Rn 190; differenzierend MünchKomm/OECHSLER Anh §§ 929–936 Rn 7). Die Begründung vermag nicht zu überzeugen; sie beruht auf der (bereits dargelegten, vgl oben Rn 95 ff) *verfehlten Verwendung des Bestimmtheitsgrundsatzes.* Diesem ist Genüge getan, wenn im Zeitpunkt der Einigung die Verfügungsgegenstände durch Auslegung eindeutig ermittelt werden können (vgl oben Rn 99 f). Dass dazu Lagerbücher, Rechnungen oder sonstige Unterlagen benötigt werden, verzögert die Ermittlung, verhindert sie aber nicht. Das Spezialitätsprinzip erfordert nur, dass (inter partes) keine Zweifel darüber bestehen, welche Gegenstände übereignet werden sollen oder worden sind. Betrachtet man die *Argumentation* genauer, so geht es *in Wahrheit um die Transparenz einerseits und die Leichtigkeit der Feststellung* der sachenrechtlichen Situation andererseits. Will man aus diesen Gründen der Sicherungsübereignung die Wirksamkeit versagen und damit zugleich eine rechtspolitisch motivierte Restriktion erreichen, so sind zwei Punkte zu beachten:

– Der Bestimmtheitsgrundsatz rechtfertigt diese Entscheidung nicht, das Spezialitätsprinzip ist vielmehr durchaus beachtet, wenn fremde Gegenstände ausdrücklich ausgenommen werden und identifiziert werden können (vgl oben Rn 99 ff; MünchKomm/OECHSLER Anh §§ 929–936 Rn 7; **aA** GEHRLEIN, MDR 2001, 911, 912).

– Die eigentlichen Anliegen dieser Rspr treffen in weit höherem Maße bei der Gesamtverfügung über eigenes und fremdes Gut zu, welche die Rspr als zulässig ansieht (dazu sofort Rn 111 ff).

– **Zusammenfassend** ist deshalb festzuhalten, dass Übereignungen, bei denen die

---

rungsübertragung von Rechten an Warenlagern, DB 1957, 449; SÄTTLER, Sicherungsübereignung von Sachgesamtheiten, JW 1927, 1453; TIEDTKE, Erwerb und Verlust des Sicherungseigentums an eingelagerter Ware, WM 1978, 446; ZEILER, Der Verfügungsnießbrauch als Grundlage der Sicherungsübereignung von Warenlagern, DNotZ 1915, 176.

dem Veräußerer nicht gehörenden Gegenstände ausgenommen werden, entgegen der älteren Rspr (zuletzt BGH NJW-RR 1990, 95), als wirksam zu betrachten sind, sofern nach den oben dargelegten Grundsätzen (Rn 95 ff) bestimmt werden kann, welche Gegenstände im Moment der Einigung im Eigentum des Sicherungsgebers standen. Dem entsprechen die neueren Urteile des BGH (so etwa die mehrfach erwähnte Entscheidung „Porzellan-Mustersammlung" BGH NJW 2000, 2898, ähnlich BGH NJW 1996, 2654 „Stuten"; zur Entwicklung eingehend Feuerborn, ZIP 2001, 600) ohne dass jedoch der unzutreffende Ansatz aufgegeben worden wäre (vgl die Hinweis oben Rn 108 aE).

111 Die Sicherungsübereignung von **unpfändbaren Sachen** ist ebenso zulässig wie deren Verpfändung (vgl dazu Staudinger/Wiegand [2002] § 1204 Rn 47; in diesem Sinne auch OLG Frankfurt NJW 1973, 104; Reich NJW 1971, 757; **aM** OLG Stuttgart NJW 1971, 50 für die Anwendbarkeit von § 138 Abs 1; Wacke, in: FS Pleyer 583, 602; aus prozessrechtlicher Sicht Mette 35 ff; *§ 90a* steht der Sicherungsübereignung nicht entgegen, so Palandt/Bassenge § 930 Rn 22). Problematischer ist, wenn der Sicherungsgeber (in Analogie zur Konstellation in Rn 110) über den Bestand **verfügt, soweit die Sachen unpfändbar** sind. Dem BGH ist hier (jedenfalls iE) zuzustimmen, wenn er eine Sicherungsübereignung, durch die eine Vielzahl aufgelisteter Hausratsgegenstände übereignet werden sollte, soweit sie nicht unpfändbar sind, mangels Bestimmtheit für unwirksam erklärt hat (BGH JZ 1988, 471). *Die Sachlage liegt hier deshalb anders* als bei einer Verfügung des Sicherungsgebers über den Bestand, soweit ihm das Eigentum daran zusteht, da zum einen hier bereits die Feststellbarkeit (und damit die Bestimmtheit) der von der Verfügung ausgenommenen Sachen problematisch ist und zum andern jedenfalls die Rechtszuständigkeit (dazu Rn 117) unklar bleibt. Dem Gerichtsvollzieher verbleibt hier ein *Ermessensspielraum* (vgl § 811 ZPO), der eine eindeutige Abgrenzung des zu übereignenden Teils der aufgelisteten Sachen ausschließt (so auch MünchKomm/Oechsler Anh §§ 929–936 Rn 7). In solchen Fällen wird idR eine Vereinbarung iS von § 317 fehlen, wobei deren Wirksamkeit, soweit sie eine sachenrechtliche Zuordnungsfunktion erfüllen soll, ohnehin abzulehnen ist.

112 b) Bei der **zweiten** (in der Formularpraxis verbreiteten) **Variante** wird versucht, **die (noch) nicht dem Sicherungsgeber gehörenden Gegenstände einzubeziehen.** Das geschieht dadurch, dass die Übertragung auf Produkte, die aufgrund von Verarbeitungsklauseln Dritten gehören, oder auf Vorbehaltsware erstreckt wird. Diese Erstreckung kann auf zweierlei Weise angestrebt werden: durch *antizipierte Übereignung* (Rn 120 f) der noch nicht ins Eigentum gelangten Bestände oder durch Übertragung des *Anwartschaftsrechtes.* **Beide Formen der Sicherungsübereignung werden heute ganz überwiegend für wirksam gehalten.** In Rspr und Formularpraxis steht vor allem die *Erfassung von Vorbehaltsware* im Mittelpunkt des Interesses; bei dieser Fallkonstellation geht es um die Übereignung von Warenlagern, die Vorbehaltsware und Eigenbestände enthalten, ohne dass eine Spezifizierung oder Absonderung vorgenommen wird bzw möglich ist.

Der **BGH** hat zunächst an die ältere Rspr angeknüpft, einen Verstoß gegen den Bestimmtheitsgrundsatz angenommen und die entsprechenden Übereignungen als unwirksam betrachtet (BGHZ 21, 52). Nach massiver Kritik hat er diese Beurteilung revidiert (BGHZ 28, 16 u BGH WM 1959, 52) und erachtet nunmehr derartige Übereignungen als zulässig. In einer Art Zusammenfassung beschreibt der BGH seinen

nunmehrigen Standpunkt folgendermaßen: „Allerdings ist es bei der Sicherungsübereignung eines sog gemischten Warenlagers, in dem sich sowohl Waren befinden,
die bereits dem Sicherungsgeber gehören, wie auch solche, die noch mit dem
Eigentumsvorbehalt eines Lieferanten belastet sind, nicht erforderlich, die Sachen
des Sicherungsgebers und die Vorbehaltsware voneinander zu trennen und unterschiedlich zu kennzeichnen. Vielmehr können die Parteien vereinbaren, daß in
erster Linie die Anwartschaft auf das Eigentum an dem Sicherungsgut und im
Übrigen, soweit der Sicherungsgeber bereits Eigentümer ist oder wird, das Eigentum bzw umgekehrt vorzugsweise das Vollrecht und subsidiär das Anwartschaftsrecht übergehen sollen." (WM 1986, 594, 595).

Das **Schrifttum** *hat diese Rspr iE gebilligt* (heute nahezu einhellige Auffassung der   **113**
Kommentar- und Lehrbuchliteratur), während die Begründung nicht so einhellig
Zustimmung fand (vgl etwa BAUR/STÜRNER § 57 Rn 13). Bei näherer Betrachtung der
Argumentation erweist sich denn auch rasch, dass *nicht dogmatischen, sondern
rechtspolitischen* Erwägungen das entscheidende Gewicht beigemessen wird. Beide
werden auch hier *nicht hinreichend getrennt* und gesondert gewertet, was jedoch
dringend geboten ist:

Der *Bestimmtheitsgrundsatz trägt zur Lösung nichts bei*, da er überhaupt nicht
verletzt wird. Es ist – jedenfalls nach der hier vertretenen Konzeption des Spezialitätsprinzips – nie zweifelhaft, über welche Gegenstände, zu welchem Zeitpunkt
und in welcher Form verfügt wurde (in diesem Sinne auch SCHLEGELBERGER/HEFERMEHL
Anh zu § 382 Rn 189). Insofern hat sich der BGH in der früheren Entscheidung (21,
52 f) zu Unrecht auf dieses Prinzip berufen; in Wahrheit geht es auch gar nicht um
die mangelnde Bestimmtheit der Verfügung, sondern um die *Unklarheit der Zuordnung*. Besonders deutlich wird das durch die Erwägungen, die in ganz unge-
wohnter Weise nachgeschoben werden (aaO 57 f). Nach Ansicht des BGH „bestehen
aber auch bedeutsame wirtschaftspolitische Gründe, die es gebieten, an den nach
der Rechtsdogmatik gebotenen Erfordernissen festzuhalten". Diese liegen nach
Ansicht des Gerichts in der unverzichtbaren Eindeutigkeit der Zuordnung – auch
und gerade unter den Parteien. Dabei handelt es sich jedoch keineswegs um spezifisch „wirtschaftspolitische" Erwägungen, sondern um das Bemühen, klare Zuordnungen zu gewährleisten und damit zentrale Postulate und Maximen zu verwirklichen, die der Sachenrechtsordnung des BGB zugrunde liegen (s oben § 929 Rn 11, § 930
Rn 31 f, Vorbem 1 zu §§ 946 ff; vgl auch BGHZ 21, 52, 58: „Die individuelle Bestimmung der zu
übereignenden Sachen ist im Interesse der Rechtssicherheit ganz allgemein deswegen geboten,
damit die Beteiligten selbst volle Klarheit darüber haben, an welchen Sachen das Eigentum übergegangen ist. Insbesondere muss der Erwerber wissen, an welchen Sachen er Eigentum erlangt hat.
Das gilt auch, wenn ihm bezüglich eines Teils der Waren das Anwartschaftsrecht des Veräußerers
und bezüglich eines anderen Teils das Eigentum übertragen ist."). Dass diese Prinzipien auch
auf rechtspolitischen Zielsetzungen beruhen, bedarf keiner näheren Begründung.
Dieser Umstand rechtfertigt es jedoch nicht, durch eine fallbezogene rechtspolitische Betrachtung von den Grundmaximen abzuweichen, wie dies in *BGHZ 28, 16*
geschehen ist:

Neben den vordergründigen dogmatischen Argumenten über die Gleichartigkeit
von Eigentums- und Anwartschaftsübertragung (kritisch insoweit BAUR/STÜRNER § 57
Rn 13) stützt sich das Urteil entscheidend auf die folgenden Erwägungen: „Eine

Trennung in vorbehaltsfreie und unter Eigentumsvorbehalt stehende Ware läßt sich nämlich angesichts der allgemein verbreiteten Übung, ohne sofortige Barzahlung Waren nur unter Eigentumsvorbehalt zu liefern, wobei vielfach sogar ein erweiterter oder verlängerter Eigentumsvorbehalt vereinbart wird, in Mittel- und Großbetrieben praktisch in sinnvoller Weise gar nicht durchführen. Sie würde zudem in dem Augenblick, in dem sie fertig gestellt ist, bereits überholt sein, weil in einem Mittel- und Großbetrieb ständig neue Waren eingehen und Zahlungen für bereits gelieferte Waren geleistet werden. Da die Kapitaldecke der deutschen Wirtschaft nach der Währungsreform sehr schmal und sie auf Kredite dringend angewiesen ist, würde der Wegfall des Warenlagers als Kreditunterlage für viele Unternehmen schwerwiegende Folgen haben. In diesem Urteil (BGHZ 21, 52) ist aber mit Recht betont, daß die Rechtsprechung bei der Rechtsanwendung auch die Interessen des Wirtschaftslebens nicht außer Acht lassen darf und dogmatische Gründe allein nicht zu einer diesen Interessen zuwiderlaufenden Entscheidung Anlaß geben können" (BGHZ 28, 25). Auch die Zustimmung, die diese Rspr in der Lit gefunden hat, beruht vorwiegend auf derartigen Bekenntnissen zur „Einsicht in die Notwendigkeit" (zB BAUR/STÜRNER § 57 Rn 13: „Ausschlaggebend ist aber schließlich die rechtspolitische Erwägung, daß eine rechtliche Qualifizierung praktisch die Sicherungsübereignung von Warenlagern unmöglich machen würde", oder MünchKomm/QUACK § 929 Rn 86: „Das ist nicht unproblematisch, aber jedenfalls praktikabel").

114 Eine derartige Kapitulation vor der „normativen Kraft des Faktischen" bedürfte zunächst einer näheren Analyse der rechts- und wirtschaftspolitischen Situation; punktuelle Betrachtungen und Gemeinplätze können nicht genügen. Erforderlich wäre eine Gesamtbeurteilung der Kreditsituation (dazu oben Rn 39); nur deren Ergebnisse könnten eine Abweichung von den gesetzlichen Grundlagen rechtfertigen. Solange derartige Beurteilungsmaßstäbe fehlen, ist allein an Hand des legislatorischen Grundkonzepts zu prüfen, inwieweit einzelne Verfügungen Bestand haben können:

115 **aa)** Überträgt der *Sicherungsgeber ein* „gemischtes" Warenlager und erklärt dazu *ausdrücklich*, **auch die Anwartschaft auf die Vorbehaltsware solle übergehen**, so ergibt sich folgende Situation:

Der Erwerber weiß nicht, wie sich die Rechtslage hinsichtlich der Vorbehaltsware darstellen wird. Er erwirbt ein Anwartschaftsrecht, das er jederzeit verlieren kann, ohne dies je zu bemerken (Rücktritt der Lieferanten); er wird bei – vollständiger – Zahlung Eigentümer, ohne das zu erfahren oder zu realisieren. Zwar kann – zumindest aufgrund der Unterlagen – ermittelt werden, welche Zuordnung bei Vornahme der Verfügung bestand. Nach Vornahme der Verfügung entsteht dann aber eine Situation, die eine sachenrechtliche Zuordnung der Vorbehaltsware praktisch unmöglich macht.

116 Zieht man in Betracht, dass nach einer heute schon *vielfach vertretenen Ansicht die Sicherungsübereignung als auflösend bedingt anzusehen ist* (anders die hier vertretene Auffassung und der BGH [NJW 1991, 353]; dazu unten Rn 196 ff), jedenfalls aber häufig eine solche Bedingung vereinbart wird, dann ergibt sich folgende Situation:

Der Sicherungsgeber überträgt seine Anwartschaft und erlangt gleichzeitig eine

Anwartschaft auf Rückfall sei es dieser Anwartschaft oder des inzwischen vom Sicherungsnehmer erlangten Eigentums. Dem Anwartschaftsrecht des Sicherungsnehmers steht also ein gleichzeitig entstehendes Anwartschaftsrecht des Sicherungsgebers auf diese Anwartschaft gegenüber; beide Anwartschaften erstarken unter verschiedenen Voraussetzungen (Erfüllung der Kaufpreisforderung des Vorbehaltsverkäufers bzw Erfüllung der zu sichernden Forderung des Sicherungsnehmers). Die Anwartschaft des Sicherungsnehmers würde dem Anwartschaftsrecht des Sicherungsgebers an sich vorgehen, weil letzteres bloß eine eigentliche „Subanwartschaft" ist, die von ersterem abhängig ist und allenfalls zur „Vollanwartschaft" und nicht zu Eigentum erstarkt.

Entscheidend ist nun aber, dass die sich hier ergebende **Besitzlage** nicht nur völlig **117** verworren, sondern genau betrachtet sogar **zur rechtlichen Unmöglichkeit** dieser Konstruktion führt: Während in der Lit mehrheitlich ein *gleichstufiger mittelbarer Nebenbesitz* auf der einen und ein *doppelter einstufiger Fremdbesitz* (partiell auch Eigenbesitz) auf der anderen Seite angenommen wird, geht die Rspr (BGHZ 28, 16, 27) davon aus, dass der Vorbehaltskäufer und Sicherungsgeber unmittelbarer Fremdbesitzer, der Sicherungsnehmer mittelbarer Fremdbesitzer 1. Stufe und der Vorbehaltsverkäufer mittelbarer Eigenbesitzer 2. Stufe ist (vgl dazu SCHLEGELBERGER/ HEFERMEHL Anh zu § 382 Rn 35; BAUR/STÜRNER § 59 Rn 35, die der Theorie der Besitzstufung den Vorzug geben; dass die Besitzverhältnisse mit den traditionellen Mitteln nicht mehr adäquat beschrieben werden können, beruht auf der Verselbständigung der Anwartschaft zu einem dinglichen Recht, das im Sachenrechtssystem nicht vorgesehen ist und sich deshalb auch nicht nahtlos einfügen lässt). Die Konstruktion des Nebenbesitzes ist als solche problematisch und abzulehnen; daneben könnte sie hier das Problem auch nicht befriedigend lösen (BAUR/STÜRNER § 59 Rn 35). Aufgrund der Theorie der Besitzstufung gelangt man zu folgenden Überlegungen: Zwischen dem Sicherungsnehmer (auch Dritter genannt) und dem Eigentümer (Vorbehaltsverkäufer) bestehen keine schuldrechtlichen Rechtsbeziehungen, der Dritte ist daher dem Vorbehaltsverkäufer gegenüber nicht zum Besitze berechtigt. Der Vorbehaltskäufer kann andererseits dem Sicherungsnehmer im Moment der Vornahme der Sicherungsübereignung auch noch keinen Besitz verschaffen; der (tatsächliche, nicht rechtsgeschäftliche und somit nicht einer Bedingung unterstellbare) Fremdbesitzwille, dh die Bereitschaft, die Sache an den Besitzmittler herauszugeben, besteht nur für den Fall, dass der Eigentumsvorbehalt erloschen und daher der mittelbare Besitz des Lieferanten (Vorbehaltsverkäufers) beendigt ist (vgl BGHZ 28, 28). Gleichzeitiger effektiver Fremdbesitzwille einer Person zugunsten zweier verschiedener, durch keine schuldrechtlichen Beziehungen verbundener Rechtsubjekte, ist unmöglich. Wirksamkeit erlangen kann das Besitzmittlungsverhältnis zwischen Sicherungsgeber und -nehmer, welches durch aufschiebend bedingtes, sprich antizipiertes Besitzkonstitut (BGHZ 28, 27) bewirkt werden kann, erst mit Untergang des Eigentumvorbehalts. Die Frage nach einem Erwerb der Anwartschaft *in diesem Zeitpunkt* ist aber sinnlos; *der Sache nach handelt es sich bei dieser Konstruktion richtigerweise um eine antizipierte Übereignung des Vollrechts.*

Es geht dabei weder um die Publizität der Zuordnung (dazu Vorbem 21 ff zu §§ 929 ff) noch um die leichte Feststellbarkeit, sondern um die – wenigstens inter partes – **unverzichtbare Klarheit und Eindeutigkeit der Rechtszuständigkeit.** Auf diese Transparenz und Ordnungsfunktion der dinglichen Rechte kann ohne zwingenden Grund nicht verzichtet werden. Derartige Gründe liegen aber nicht vor; denn das angestrebte Ergebnis lässt sich auf adäquate Weise und *ohne unverträgliche Einbußen am Sicherungsgut* verwirklichen (dazu Rn 120 f).

118 Verfügungen über „gemischte" Warenlager, die sich auf Eigentum und Vorbehaltsware als Einheit beziehen, sind demnach nur auf dem Weg der antizipierten Übereignung mit der Folge des Durchgangserwerbs zulässig (unten Rn 120 ff). Die Unmöglichkeit, in dieser Konstellation die Anwartschaft zu übertragen, beruht nicht auf einem Verstoß gegen den Bestimmtheitsgrundsatz, sondern auf der Unklarheit der Besitzlage, mangelnder Eindeutigkeit der Zuordnung und den damit verbundenen Problemen bei Insolvenzen. Liegt nun eine Vereinbarung vor, wonach (auch) die Anwartschaft auf die Vorbehaltsware übergehen soll, so ist nach Sinn und Zweck der Abrede, die regelmäßig auf eine umfassende Absicherung des Sicherungsgebers abzielen wird, der Durchsetzung des mutmaßlichen Parteiwillens durch **Umdeutung iS von § 140 in eine antizipierte Übereignung Rechnung zu tragen.**

119 bb) Das Gleiche gilt, wenn die Parteien **die Vorbehaltsware bzw die Anwartschafts-übertragung nicht ausdrücklich erwähnen, sondern das ganze Warenlager übereignen** („Alle-Klausel"). Ein Eigentumserwerb scheitert an § 933, idR auch an fehlender Gutgläubigkeit (vgl dazu § 933 Rn 10 ff). Infolgedessen geht man davon aus, dass auch hier die Anwartschaft übertragen werde (vgl etwa Serick II 178 f; AnwK-BGB/Schilken § 930 Rn 59; Schlegelberger/Hefermehl Anh zu § 382 Rn 189). Auch in dieser Form wäre nach der hier vertretenen Auffassung die Übereignung unwirksam, da ihr die gleichen Bedenken entgegenstehen wie bei der *ausdrücklichen* Einbeziehung der Anwartschaft, wobei auch hier eine *Konversion* in eine antizipierte Übereignung der Vorbehaltsware möglich ist.

120 cc) Wie oben dargelegt wurde, können *„gemischte" Warenlager als Kreditunterlage* entweder durch Beschränkung der Übereignung auf die im Eigentum des Veräußerers stehenden Waren (s oben Rn 109 ff) oder durch Übertragung des **Fremdgutes im Wege antizipierter Übereignung** verwendet werden. Ein derartiges Vorgehen hat folgende Vorteile:

121 Die *Zuordnungsverhältnisse sind wesentlich klarer.* Der Sicherungsnehmer erwirbt an allen Gegenständen Eigentum, er weiß also, welche Rechte ihm am Sicherungsgut zustehen. Bei Vereinbarung oder Annahme einer auflösenden Bedingung ist auch die Position des Sicherungsgebers klar, er hat an allen Gegenständen ein Anwartschaftsrecht. Wesentlich einfacher liegen auch die Besitzverhältnisse; mit Erlöschen des Vorbehaltseigentums erlischt auch das Besitzmittlungsverhältnis zwischen Verkäufer und Sicherungsgeber, während gleichzeitig das neue Besitzmittlungsverhältnis zum Sicherungsgeber begründet wird.

122 Die *Bedenken* gegen diese Lösung liegen auf der Hand; sie sind seit langem geläufig. Bei dieser Konstruktion kommt es nur zum Erwerb, wenn der Sicherungsgeber bei Erlangung des Eigentums noch den Veräußerungswillen hat, dessen Vorliegen allerdings vermutet wird (§ 929 Rn 84; § 930 Rn 33). Jedenfalls aber kommt es zum sog **Durchgangserwerb**, der die Gefahr der Zwischenbelastung oder Arrestierung mit sich bringt (**aM** dazu va Marotzke AcP 191 [1991] 172; vgl die Nachw unten im Text). Diese Risiken sollen durch kombinierte Übertragung von Eigentum und Anwartschaft ausgeschaltet werden. *Sie sind jedoch keine Zufallsprodukte*, die man durch entsprechende Vertragsgestaltungen beliebig abbedingen kann (vgl § 950 Rn 41 u oben Rn 30 ff); vielmehr handelt es sich um **Konsequenzen, die sich aus der Systematik des Sachenrechts und der Zuordnungsfunktion der dinglichen Rechte ergeben**, die der Disposition der Parteien weitgehend entzogen ist.

Die sachenrechtlichen Vorgänge stellen sich – in den hier interessierenden Bereichen – als Folgen schuldrechtlicher Beziehungen dar: Wenn also der Vorbehaltskäufer Eigentum erwerben und dann Dritten dieses Eigentum als Sicherheit übertragen will, dann kann dieser Erwerb nicht am Käufer und Sicherungsgeber „vorbeigelenkt" werden. Andererseits steht der Sicherungsnehmer in schuldrechtlichen Beziehungen zum Sicherungsgeber, nicht aber zum Vorbehaltskäufer. Wäre die Sache mit Rechten Dritter belastet oder würde der Erwerb sonst scheitern, wollte und könnte er sich nur an seinen Vertragspartner halten. *Infolgedessen müssen die sachenrechtlichen „Bewegungen" kongruent zu den schuldrechtlichen verlaufen*, mit allen Vor- und Nachteilen, die damit verbunden sind. Der Streit um den sog Direkterwerb kann deshalb nicht mit dogmatisch konstruktiven Argumenten geführt oder gar entschieden werden; es handelt sich um ein reines Wertungsproblem, das nach der jeweiligen Interessenlage unter Berücksichtigung der gesetzlichen Grundprinzipien beurteilt werden muss (vgl dazu schon § 930 Rn 34 mit Nachw; ausf hierzu und zum Folgenden ERNST 173 ff).

Der letzte und gewissermaßen automatisch mit der **hier vertretenen Konzeption verbundene Vorteil besteht in der Einheitlichkeit und Konsistenz der Lösung**: Alle Gegenstände, die im Moment der Verfügung noch nicht dem Sicherungsgeber gehören, werden gleich behandelt, ob es sich um Vorbehaltsware, Verarbeitungsprodukte oder sonstiges Fremdgut handelt. *Sofern und sobald der Sicherungsgeber Eigentum erwirbt, geht dieses auf den Sicherungsnehmer über, wenn der Veräußerungswille andauert.*

8. Sachgesamtheiten mit wechselndem Bestand*

In der Praxis bilden die Sicherungsgeschäfte, in denen konstante Sachgesamtheiten **123** übereignet werden, die Ausnahme; idR haben beide Parteien Interesse an einer flexiblen Lösung, die es ermöglicht, dass Gegenstände aus dem Sicherungsverbund ausgeschieden und andere eingegliedert werden können. Damit sind neben konstruktiv dogmatischen auch rechtspolitische Probleme aufgeworfen, die sich vor allem durch die Perpetuierung der Sicherheit ergeben (vgl Rn 94). Ehe dazu Stellung genommen werden kann, sind die verschiedenen Konstellationen gegeneinander abzuwägen.

---

* Ältere Rspr RG Recht 1909 Nr 70; RG JW 1911, 762; RG Recht 1912 Nr 1183; RG JW 1912, 144; 1913, 492; RG Recht 1914 Nr 1277, 1278; RG JW 1927, 669; WarnR 1928 Nr 11; 1931 Nr 154; 1932 Nr 39 u 87; RG JW 1929, 2149; RGZ 102, 153; 113, 57; 132, 183; 147, 326; BGH BB 1955, 203 f; BGH LM Nr 5 zu § 929 BGB; BGH Spark 1956, 324, 326; BGH WM 1958, 673, 674; BGH BB 1959, 92 f; BGH WM 1959, 561, 563; BGH WM 1960, 1223, 1226; BGH WM 1961, 1297, 1300; BGH WM 1962, 740, 741; BGH BB 1963, 537.

a) Nachträgliche Veränderung der Sachgesamtheit

124 Von den Veränderungen des Verfügungsgegenstandes nach Vertragsschluss ist zunächst der Fall zu unterscheiden, dass *nachträglich Gegenstände hinzukommen*, auf die sich die Verfügung nicht bezogen hat und die *auch nicht erfasst werden sollten*. Die ältere Rspr hatte die Sicherungsübereignung in derartigen Fällen wegen Verstoßes gegen den Bestimmtheitsgrundsatz für unwirksam gehalten. Das RG hat diese Auffassung mit der zutreffenden Begründung aufgegeben, dass es für die Frage der Bestimmtheit der Verfügung auf den Zeitpunkt des Vertragsschlusses ankäme. Später könne die einmal gegebene Bestimmtheit nicht mehr entfallen (RGZ 132, 183 ff, gegen RGZ 113, 57; diese Entscheidung war in der Lit heftig kritisiert worden; vgl etwa HÖNIGER JW 1930, 2936; HIRSCH JW 1930, 3394; sowie HERZFELDER DZ 1932, 162 und RGZ 140, 223, 225). Der BGH hat diese Rspr fortgeführt, sie hat in der Lit einhellige Zustimmung gefunden (vgl vor allem BGHZ 21, 52 ff und 73, 253 ff; Düsseldorf ZMR 1999, 474, 476. Aus der Lit: LWOWSKI ZIP 1980, 913; SCHLEGELBERGER/HEFERMEHL Anh zu § 382 Rn 192; SERICK II 112; sowie die gesamte Kommentarliteratur).

b) Warenlager mit wechselndem Bestand

125 Den eigentlich typischen Fall stellt jedoch die Übereignung von Sachgesamtheiten dar, mit deren Veränderung von vornherein zu rechnen ist. Den Prototyp bildet die Sicherungsübereignung eines **Warenlagers mit wechselndem Bestand**, daneben kommen aber auch zahlreiche andere Sicherungsgüter in Betracht, deren Substanz nicht konstant ist, wie etwa Bibliotheken, Kunstsammlungen, Wagen- und Maschinenparks. In allen diesen Fällen wird das Sicherungsgeschäft so ausgestaltet, dass die Veränderungen des Sicherungsgutes gewissermaßen automatisch ablaufen (s dazu SERICK, Neue Rechtsentwicklungen 75 ff; MENKE WM 1997, 405). Die dafür vorzunehmenden Regelungen liegen teils auf schuldrechtlicher, teils auf sachenrechtlicher Ebene; sie betreffen das Ausscheiden von Einzelstücken eines Sicherungsgutes und deren Ersetzung.

126 aa) Bei Maschinen- und Wagenparks können Einzelstücke durch Abnutzung, Diebstahl oder Zerstörung verloren gehen; hier stellt sich nur das Problem der Ergänzung (vgl dazu unten Rn 127), während das Ausscheiden auf faktischen Umständen beruht. Häufig werden aber Gegenstände durch Veräußerung aus der Sachgesamtheit ausgegliedert, die abgenutzte Maschine oder das alte Auto wird in Zahlung gegeben oder sonst verwertet. Bei **Warenlagern aller Art** (zu denken ist nicht nur an Waren, die der Händler „auf Lager" hat, sondern auch an die vielfältigen Formen der Lagerung von Produktionsstoffen und -produkten jeder Fertigungsstufe in Gewerbe und Industrie. Das Folgende gilt insbes auch für Produkte, die durch Verarbeitungsklauseln an Lieferanten- oder Kreditgeber übereignet werden; zur Zulässigkeit § 950 Rn 24 ff, zur Rechtsnatur dieses Eigentums § 950 Rn 53) bildet die Veräußerung (oder Verarbeitung) der Gegenstände eine selbstverständliche Voraussetzung dafür, dass diese überhaupt als Sicherheit verwendet werden können. Dem Sicherungsgeber wird deshalb in der Sicherungsvereinbarung die dazu erforderliche Befugnis eingeräumt. (Sie wird allerdings normalerweise auf die „vertragsmäßige" Verwendung beschränkt und mit entsprechenden Verlängerungsklauseln [Zessions-, Verarbeitungs-, Erlösklauseln] verbunden. Vgl auch SERICK, Neue Rechtsentwicklungen 75 ff; REINICKE/TIEDTKE Rn 462). Sofern ein Gegenstand auf diese Weise veräußert wird, erfolgt die Übertragung aufgrund einer Ermächtigung des (Sicherungs-)Eigentümers gem § 185.

bb) Der dadurch eingetretenen Verringerung der Sicherheit kann durch entspre- **127** chende Klauseln in den Sicherungsvereinbarungen Rechnung getragen werden. In der Regel verspricht der Sicherungsgeber, Ersatzstücke zu beschaffen, um einen gewissen Minimalbestand zu gewährleisten. Derartige Abreden, die als *Ersatz*- oder *Nachschubklauseln* bezeichnet werden, haben allerdings nur obligatorische Wirkung; sie begründen die Verpflichtung, neue Sicherungsstücke in die Sachgesamtheit einzubringen.

cc) Dies geschieht durch eine bereits in der Sicherungsvereinbarung enthaltene **128** **antizipierte Übereignung**. Die generelle Zulässigkeit einer Sicherungsübereignung von Gegenständen, die erst nachträglich in eine Sachgesamtheit eingebracht werden, steht heute außer Streit (zur früheren Diskussion HÖNIGER JW 1930, 2936; HIRSCH JW 1930, 3394; HERZFELDER LZ 1932, 162; WarnR 1934 Nr 52; RGZ 140, 223, 225). Fraglich ist jedoch, unter welchen Voraussetzungen derartige Übereignungen wirksam werden. In der Sache geht es darum, die *Kriterien festzulegen, die für eine Eingliederung neuer Sachen in das Sicherungsgut notwendig aber auch genügend sind.*

c) Erkennbarkeit als Kriterium
Im Mittelpunkt der Diskussion steht die Frage, ob ein **Akt der Kenntlichmachung**, **129** insbes eine so genannte *„Ausführungshandlung"* erforderlich ist. Nachdem für die (nicht-kreditsichernde) „normale" Übereignung fast allgemein angenommen wird, dass zusätzliche Akte entbehrlich sind (für die Übereignung durch Besitzkonstitut vgl § 930 Rn 31 ff, für die Übereignung durch Abtretung des Herausgabeanspruches vgl § 931 Rn 26 jeweils mit Nachw), bleibt allein zu erörtern, *ob eine abweichende Beurteilung geboten ist*, weil es sich um die Übereignung einer Sachgesamtheit handelt und diese *zu Sicherungszwecken* erfolgt. Den Ansatzpunkt bildet die schon vom RG aufgestellte und vom BGH fortgeführte Konzeption, die dieser folgendermaßen umschreibt: „Für die nicht im Ursprungsbestand enthaltenen, sondern erst später hinzutretenden einzelnen Sachen muss infolge eines einfachen, nach außen erkennbaren Geschehens in dem für den Eigentumsübergang maßgeblichen Zeitpunkt für jeden Dritten, der die Parteiabreden kennt, ohne weiteres ersichtlich sein, welche individuell bestimmten Sachen übereignet werden sollen" (WM 1986, 594; zur älteren Rspr vgl Recht 1909 Nr 70; 1922 Nr 1942; 1914 Nr 1278; RGZ 103, 153; 113, 57; 132, 183; WarnR 1928 Nr 11; 1931 Nr 154; 1932 Nr 87; KG JW 1931, 2579; RG JW 1934, 222; RGZ 140, 223, 225 sowie zu den wesentlichen Urteilen § 930 Rn 32; zum Folgenden insbes SERICK II 163 ff). Eine nähere Betrachtung zeigt jedoch, dass die *Floskel vom „einfachen, nach außen erkennbaren Geschehen"* stereotyp verwendet wird, ihre eigentliche Funktion aber unklar bleibt. Das ist darauf zurückzuführen, dass es sich um eine **Art Mehrzweckformel** handelt; deshalb ist *wie folgt zu differenzieren:*

aa) Aus der Zulässigkeit von antizipierten Übereignungen von Sachgesamtheiten **130** mit wechselndem Bestand ergibt sich die Notwendigkeit, die gewissermaßen abstrakt *vorweggenommene Eigentumsübertragung auf konkrete Gegenstände* zu beziehen. Dieser Vorgang vollzieht sich in dem Moment, in dem die neuerworbene Sache zum Teil der Sachgesamtheit wird. Wann das der Fall ist, ist nach den für die Kennzeichnung des Sicherungsgutes maßgeblichen Kriterien zu beurteilen, die durch den Sicherungsvertrag und dessen Auslegung zu ermitteln sind (dazu oben Rn 95 ff, insbes 100). In diesem Sinne werden derartige Konkretisierungsakte gelegentlich als Erfüllung des Bestimmtheitsprinzips interpretiert (so etwa MünchKomm/QUACK

§ 930 Rn 34 f, siehe aber unten Rn 131 Serick II 164 f; Bülow Rn 1296. Nach BGH NJW 1991, 2144, 2146 besteht keine genügende Individualisierung, wenn für zukünftige Ware nach Sorten, Mengen und Einzelpreisen spezifizierte Bestandslisten im Sicherungsvertrag verlangt und dann auch ausgefertigt werden. Der BGH verlangte hier eine „Aufstellung der einzelnen Gegenstände" in den Bestandslisten. – Es genügt indessen, wenn die zu übereignenden Sachen durch bestimmte Merkmale gekennzeichnet sind; vgl Rn 108 aE, zust der BGH in NJW 1994, 133; nicht ausreichend ist die Übereignung aller dem Sicherungsgeber gehörenden Gegenständen aus einem bestimmten Raum, wenn sich in dem Raum noch eine größere Anzahl gleichartiger Gegenstände anderer Eigentümer befindet BGH NJW 1996, 2654, 2655; Gehrlein MDR 2001, 911, 912).

131 Genau genommen geht es aber nur darum, dass erst und nur mit der *Eingliederung in die Sachgesamtheit die im Vertrag für die Sicherungsübereignung festgelegten tatbestandlichen Voraussetzungen* gegeben sind (so jetzt ausdrücklich MünchKomm/ Oechsler Anh §§ 929–936 Rn 16). Diese Betrachtungsweise ist insofern von Bedeutung, als es danach keine Rolle spielen kann, von wem, warum und auf welche Weise die Ware zB in den separaten Lagerraum gelangt. Es muss sich also nicht um einen „Akt" des Sicherungsgebers handeln, durch den die Einigung auf bestimmte Gegenstände konkretisiert wird, sondern **es genügt die faktische Integration** in die schon durch den Vertrag bestimmte Sachgesamtheit (MünchKomm/Oechsler Anh §§ 929–936 Rn 16; so auch Jauernig § 930 Rn 47 und Serick II 130 f u 163 f, die jedoch zu Unrecht auf eine Erfüllung des Bestimmtheitserfordernisses abstellen). Insbesondere muss es sich nicht um einen für Dritte nachvollziehbaren Vorgang handeln, soweit es um die sachenrechtlichen Wirksamkeitsvoraussetzungen geht. Derartige Anforderungen beruhen auf rechtspolitisch motivierten Publizitätserwägungen (dazu schon oben Rn 95 ff und sofort bei Rn 137).

132 **bb)** Von **Ausführungshandlung** wird auch häufig im Sinne einer *Bestätigung des Übereignungswillens* gesprochen. Es ist bereits hervorgehoben worden (oben Rn 129), dass zusätzliche Vollzugsakte bei der antizipierten Übereignung nicht erforderlich sind. Auch wenn es sich um eine Sachgesamtheit handelt, treffen die dafür gegebenen Begründungen uneingeschränkt zu (vgl vor allem § 930 Rn 32). Neue Gesichtspunkte könnten sich allenfalls daraus ergeben, dass es sich um eine *Übereignung zu Sicherungszwecken* handelt. Dies ist an sich nicht der Fall; dennoch spielt die Sicherungsfunktion eine entscheidende Rolle: Jede antizipierte Übereignung ist insofern eine „unechte Vorwegnahme" (Siebert, Treuhand 128; dazu und zum Folgenden § 930 Rn 33 und ausf Ernst 177 ff mit teilw abw Begründungen und Resultaten), als sie bis zum Wirksamwerden jederzeit rückgängig gemacht werden kann. Da es entscheidend darauf ankommt, ob im maßgeblichen Moment noch der Wille zur Eigentumsübertragung vorhanden ist, besteht ein **Bedürfnis nach Manifestation und Dokumentation der erforderlichen Willenshaltung**. Diesem Bedürfnis entsprang die Floskel vom „einfachen, nach außen erkennbaren Geschehen" als Bestätigung des Übereignungs- und Besitzverschaffungswillens. In der Sache handelt es sich dabei jedoch *keineswegs um eine Wirksamkeitsvoraussetzung, sondern* allenfalls um eine *Beweiserleichterung*, die gerade im Hinblick auf die *kreditsichernde* Funktion in der Konkurrenz zu anderen Gläubigern von Nutzen sein kann, jedoch nicht immer eingreift.

133 Demonstrieren lassen sich diese Gesichtspunkte sämtlich an dem oben (§ 930 Rn 33) eingeführten **Fallbeispiel:** Der Professor, der seine Bibliothek der Bank zur Sicherheit übereignet hat, befindet sich im Urlaub. Der gelegentlich das Haus versorgende

Sohn stellt die eingegangenen Bücher in die Regale. Damit liegt ein „einfaches,
nach außen erkennbares Geschehen" vor. Der Sohn fügt die Bücher in die Sachgesamtheit (in dem oben dargelegten Sinn) ein und bewirkt damit den Erwerb der
Bücher durch die Bank, sofern der abwesende Vater noch den Übereignungs- und
Besitzmittlungswillen hat.

Dieses *Beispiel macht zweierlei deutlich*: Die „Ausführungshandlung" des Sohnes ist **134**
Voraussetzung für den Eigentumserwerb, weil sie die neuen Bücher erst zum Sicherungsgut werden lässt. Der Erwerb vollzieht sich dann ganz unabhängig davon
und beruht auf der Fortdauer des Übertragungswillens. Das „einfache, nach außen
erkennbare Geschehen" kann deshalb als Indiz für das Vorhandensein eines solchen
Willens verstanden werden, wenn die entsprechende Handlung vom Sicherungsgeber selbst vorgenommen oder veranlasst wird. Es handelt sich jedoch nicht um ein
materielles Erwerbskriterium, sondern um ein – im Streitfalle – willkommenes
Beweismittel dafür, dass der Sicherungsgeber sich vertragsgemäß an sein Übereig-
nungsversprechen gehalten hat (wie hier MünchKomm/OECHSLER Anh §§ 929–936 Rn 16).
Das Verlangen nach Manifestation durch eine Ausführungshandlung entspringt also
dem im Bereich der Kreditsicherung verständlicherweise besonders ausgeprägten
Bedürfnis nach Beweisbarkeit der Übereignung. Dem tragen Lit und Rspr durch eine
Reihe von Erleichterungen Rechnung.

cc) Besondere Bedeutung hat gerade bei der kreditsichernden, antizipierten **135**
Übereignung die *Vermutung für den Fortbestand* des einmal erklärten Übereignungswillens erlangt, die in entsprechender Weise auch für den Besitzwillen gilt
(vgl Nachw in § 929 Rn 84, § 930 Rn 33 u § 931 Rn 26, 28; ZMR 1999, 474). Wenn diese
Vermutungen auch keine gesetzliche Grundlage haben, so ist ihre sachliche Berechtigung durchaus anzuerkennen, solange die *Beschränkung auf die Beweisfunktion*
beachtet wird. In der Lit wird aber häufig diese Grenze verwischt, indem verlangt
wird, dass eine Änderung der Willenshaltung *erkennbar* erfolgen müsse (zB PALANDT/
BASSENGE § 930 Rn 11). Richtigerweise ist wie folgt zu differenzieren: Die Vermutung
begründet die Annahme, dass sowohl Übereignungs- wie auch Besitzverschaffungs-
wille noch vorhanden waren. Wer den Eigentumsübergang auf den Sicherungsnehmer bestreiten will, muss diese Vermutung widerlegen. Das gelingt natürlich leichter, wenn die Willensänderung sich in irgendeiner sichtbaren Handlung manifestiert
hat. Derartige *Erkennbarkeit* erleichtert den Beweis, sie stellt jedoch keine materielle Voraussetzung dar. Für den **Erwerb kommt es allein auf den wirklichen Willen
an**, der mit allen Beweismitteln festgestellt werden kann: Wenn etwa der Sicherungsgeber seinen Willen tatsächlich geändert hat und dies im Prozess aussagt, so
kann die „Erkennbarkeit" nur als Element der Beweiswürdigung eine Rolle spielen.
Auch ohne Kundgabe nach außen kann der Richter zu der Überzeugung gelangen,
dass der Übereignungs- oder der Besitzwille nicht mehr vorhanden waren und das
Eigentum infolgedessen nicht übergegangen ist.

d) Zwischenergebnis
Zusammenfassend ist deshalb festzuhalten: Die **„Erkennbarkeit"** des Vollzugs wie **136**
des Nichtvollzugs einer antizipierten Sicherungsübereignung ist **aus materiellrechtlichen Gründen nicht notwendig. Das Verlangen nach Manifestation beruht auf besonderen Beweisbedürfnissen**, die durch die Konkurrenzsituation der Gläubiger im
derzeitigen System der Kreditsicherung ausgelöst oder wenigstens verstärkt werden.

Wolfgang Wiegand

Zum anderen spielen – häufig nicht ausdrücklich genannte – Publizitätserwägungen eine Rolle, die auf der Vorstellung basieren, dass Sicherungsgeschäfte durch einen sichtbaren Akt „nach außen erkennbar" gemacht werden müssen.

e) Publizität

137 Das Verlangen nach einer „Ausführungshandlung", nach „Erkennbarkeit" wird vielfach auf allgemeine *Publizitätserwägungen* gestützt (etwa RGZ 140, 223, 231). Prinzipiell ist vermehrte Publizität ein Postulat, dem bei der Restrukturierung der Sicherungsrechte eine zentrale Bedeutung zukommt (dazu etwa ADAMS, Ökonomische Analyse 277 ff; WIEGAND, Fiduziarische Sicherungsgeschäfte 534 ff und oben Rn 33, 40 ff). Selbst wenn man davon ausgeht, dass schon bei der Interpretation des geltenden Rechts mit Hilfe allgemeiner Prinzipien eine gewisse Restriktion „hypertropher" Sicherungsrechte angestrebt werden soll (vgl etwa AK-BGB/REICH vor §§ 929 ff Rn 53), so kann diese nicht beliebig und punktuell erfolgen. Vielmehr muss ein *Mindestmaß an Konsistenz der Wertung* gewahrt bleiben. Wenn also bei der antizipierten Sicherungsübereignung Publizitätsakte als Wirksamkeitsvoraussetzung betrachtet werden, müsste Gleiches für den Eigentumsvorbehalt gelten. Die Restriktion und Reduktion der Sicherungsrechte durch Publizitätserfordernisse kann deshalb nicht auf einzelne Fallgruppen beschränkt, sondern sie muss auf breiterer Basis durchgeführt und damit wohl dem Gesetzgeber überlassen werden. Dass dies einer internationalen Tendenz entspricht, ist bereits hervorgehoben worden (siehe die Nachweise oben Rn 38).

f) Zusammenfassung

138 Die Sicherungsübereignung von **Sachgesamtheiten mit wechselndem Bestand** kann durch **antizipierte Einigung** und durch **antizipiertes Konstitut** oder Abtretung des künftigen Herausgabeanspruches erfolgen (vgl RGZ 73, 415, 417 f; 140, 223, 230 f; wNw § 930 Rn 30 ff; vgl § 931 Rn 26). Dabei gelten die gleichen Grundsätze wie bei der vorweggenommenen Übereignung von Einzelgegenständen gemäß §§ 930, 931. Die einzige Besonderheit ergibt sich daraus, dass die Fluktuation neben der Ermächtigung zur Verfügung (siehe oben Rn 126) auch *einen Akt der Inkorporierung* der neuen Gegenstände erfordert; er bildet die Voraussetzung dafür, dass die antizipierte Sicherungsübereignung überhaupt diese Sachen erfasst. Deshalb kann das Einfügen hinzukommender Stücke in die Sachgesamtheit *nicht als „Ausführungshandlung"* im Sinne eines Publizitätsaktes oder einer Bestätigung des Übereignungswillens angesehen werden.

9. Resümee: Sachgesamtheiten als Sicherungsgut

139 Die Sicherungsübereignung von Sachgesamtheiten in den dargelegten Varianten spielt *in der Praxis eine gewichtige Rolle*, die allerdings auch nicht überschätzt werden darf (vgl die Statistiken bei DRUKARCZYK, Mobiliarsicherheiten 62 ff ua). Wissenschaft und Rspr haben dem im Prinzip, wenn auch nicht immer in konsistenter Weise und in gleichem Ausmaß, durch eine weiterzige Interpretation und Anwendung des Spezialitätsprinzips Rechnung getragen. *Dem Bestimmtheitsgrundsatz ist demnach Genüge getan, wenn durch Auslegung jederzeit ermittelt werden kann, welche Gegenstände von der Übereignung erfasst werden.* Damit ist die Eindeutigkeit und Klarheit der Zuordnung gewährleistet.

Gerade daran fehlt es, wenn **Teilmengen** quotenmäßig oder Sachgesamtheiten über- **140** tragen werden, die nicht vollständig im Eigentum des Sicherungsgebers stehen.

Die nach der hM und Rspr angenommene Übertragung von **Anwartschaftsrechten** (siehe oben Rn 111 ff) führt zu einer Aufsplitterung der Sachzuständigkeiten und der Besitzverhältnisse, die mit den dem BGB zugrunde liegenden Vorstellungen von der Zuordnungsfunktion der Sachenrechte nicht mehr vereinbar ist (siehe oben Rn 117). **Derartige gemischte Bestände können nach der hier vertretenen Auffassung im Bezug auf die (noch) nicht dem Sicherungsgeber gehörenden Sachen nur durch antizipierte Übereignung als Sicherungsgut verwendet werden.** Auf gleichem Wege ist es möglich, Warenlager mit wechselndem Bestand als Sicherheit zu übereignen.

Die mit dieser Konstruktion verbundenen *Konsequenzen werden vielfach als unbe-* **141** *friedigend empfunden*: Es kommt zum **Durchgangserwerb**, der Dritten die Zugriffs- möglichkeit eröffnet, und auch der Sicherungsgeber selber kann den Eigentums- übergang bis zum letzten Moment vereiteln. Dabei handelt es sich jedoch nicht um zufällige Erscheinungen, sondern um Folgen, die sich aus der Systematik des Sa- chenrechts und seiner Stellung im BGB ergeben (vgl oben Rn 122).

Die *Resultate sind aber auch rechtspolitisch erwünscht*. Sowohl der Durchgangser- **142** werb wie die Möglichkeit, die vorweggenommene Übereignung rückgängig zu ma- chen, haben einen positiven Effekt: Sie wirken dem Ausschluss aller anderen Gläu- biger entgegen und verhindern eine frühzeitige und definitive Zuordnung großer Vermögenswerte an einen Gläubiger. Die Exklusivität und die Perpetuierung der Sicherungen sind die Hauptursache für die Probleme des Sicherungssystems, das von der Selbsterstickung bedroht ist, wie etwa Poolvereinbarungen und andere Symptome belegen.

Durchgangserwerb und mangelnde Bindung an die antizipierte Übereignung sind des- **143** **halb unverzichtbar**, wenn man die Übereignung von gemischten und wechselnden Beständen einer Sachgesamtheit zulässt. Sie verhindern eine permanente Bindung dieser Vermögensteile zugunsten eines Gläubigers.

C.   Beschränkungen

I.   Ausgangslage

1.   In Literatur und Rechtsprechung besteht Übereinstimmung darüber, dass im **144** vorgegebenen gesetzlichen Rahmen einer Ausuferung der Sicherungsrechte entge- genzuwirken sei. Der Ruf nach einem „Umdenken bei Mobiliarsicherheiten" (MEYER-CORDING NJW 1979, 2126; dazu § 950 Rn 30 und oben Rn 34 ff) ist zu einem All- gemeinplatz geworden. Bei näherem Hinsehen zeigt sich jedoch rasch, dass nur hinsichtlich des Befundes ein weitgehender Konsens besteht: Das Sicherungssystem bei beweglichen Sachen ist durch ständige Perfektionierung so ausgebaut worden, dass sich die verschiedenen Gläubiger wechselseitig blockieren und deshalb Zu- flucht zu Auswegen wie Poolvereinbarungen suchen. Die mit diesem System ver- bundene Perpetuierung von Sicherheiten durch verlängerte und erweiterte Eigen- tumsvorbehalte und Sicherungsübereignungen führt praktisch zu einer totalen

Bindung des Schuldnervermögens, deren Auswirkungen bei Insolvenzen zum berühmten „Konkurs des Konkurses" geführt haben. So einhellig die Auffassungen in der Verurteilung dieser Situation sind, so sehr *weichen die Vorstellungen über mögliche Abhilfen voneinander ab*. Das verwundert nicht; denn es kommt entscheidend darauf an, von welchem rechts- und wirtschaftspolitischen Leitbild man ausgeht.

Im Folgenden wird die nach Inkrafttreten der neuen Insolvenzordnung weitgehend unveränderte Praxis dargestellt. Dies ist freilich nicht möglich ohne eine **eigene Konzeption**. Die hier vertretene Auffassung ist in den Ausführungen des AT (Rn 34 ff, 40 ff) sowie in den Erläuterungen zu den §§ 929 ff und § 950 dargelegt worden. Sie soll im Folgenden anhand der einzelnen Korrekturmöglichkeiten verdeutlicht werden. *Zusammenfassend ist vorauszuschicken, dass auf der Grundlage des geltenden Rechts an den prinzipiellen Leitentscheidungen des Gesetzgebers festzuhalten ist*: **Die Gestaltungsfreiheit der Parteien und die Autonomie des Sachenrechts sind in größtmöglichem Maße zu gewährleisten. Andererseits muss dort korrigierend eingegriffen werden, wo die Ordnungsfunktion des Sachenrechts unterlaufen oder vom Gesetzgeber geschützte Drittinteressen verletzt werden.**

145 2.   *Die folgende Darstellung beschränkt sich auf diejenigen **Möglichkeiten***, die sich bei der **Begründung der Sicherungsübereignung** ergeben. Alle Probleme, die das Verhältnis der Sicherungsübereignung zu anderen Sicherungsmöglichkeiten betreffen, werden im zweiten Abschnitt (Kollision von Sicherungen) mitbehandelt. Bei der Begründung der Sicherungsübereignung stellt sich die Frage, ob sie *wirksam zustande gekommen* ist und ob sie *Dritten gegenüber Bestand* hat. Als Überprüfungsmöglichkeiten kommen für die Entstehung zunächst die traditionellen Rechtsbehelfe zur Anwendung, die für Rechtsgeschäfte aller Art gelten, insbesondere also die §§ 138 und 826. Seit Erlass des AGB-Gesetzes hat sich die Kontrollfunktion von diesem traditionellen Instrumentarium auf die AGB-Kontrolle verlagert. Diese Verlagerung scheint insofern sachlich angemessen, als die Regeln des AGB-Gesetzes (jetzt §§ 305 bis 310 BGB) in Teilbereichen die ordre-public-Funktion des § 138 übernommen haben und die Sicherungsübereignungen aller Art fast ausschließlich durch vorformulierte Verträge zustande kommen. Bei der Wirksamkeit gegenüber Dritten kommen die Gläubigeranfechtung und ähnliche Rechtsbehelfe in Betracht. Besondere Bedeutung hatte vor allem die Frage erlangt, ob durch die Anwendung des § 419 ein gewisser Gläubigerschutz bewirkt werden kann. Die Rechtsprechung bewertete eine Sicherungsübereignung als Vermögensübernahme im Sinne des durch das EGInsO 33 Nr 16 aufgehobenen § 419, wenn sie den übrigen Gläubigern endgültig die Zugriffsmöglichkeit nimmt und für sie kein fassbarer Vermögenswert zugeflossen oder noch vorhanden ist (BGHZ 80, 296, 299 ff). Die nach Abschaffung des § 419 verbleibenden Rechtsbehelfe hängen eng mit der Stellung des Sicherungsgebers und Sicherungsnehmers im Insolvenzverfahren zusammen und werden dort erörtert (unten Rn 249 ff).

II.   Sittenwidrigkeit als Begrenzungskriterium

146 Als Kontrollnormen kommen § 138 und § 826 in Betracht.

1. Sittenwidrigkeit als Voraussetzung der §§ 138, 826

In beiden Normen bildet die „Sittenwidrigkeit" die Voraussetzung für die Anwend- **147** barkeit. Man geht dabei von demselben Verständnis des Verstoßes gegen die guten Sitten aus (PALANDT/SPRAU § 826 Rn 2; JAUERNIG Rn 55; BGH WM 1958, 590, 592), so dass eine unterschiedliche Auslegung an sich nicht in Betracht kommt (in diesem Sinne SERICK III § 31 I 2 § 103 ff; NIRK NJW 1971, 1913, 1915; aM WESTERMANN, Interessenkollisionen 28). Dennoch führt die Sittenwidrigkeit des § 138 nicht immer zu einer Anwendbarkeit des § 826 (so zu Recht im Hinblick auf die unterschiedlichen Verschuldensmaßstäbe SOERGEL/HENSSLER Anh § 930 Rn 92). Beide Tatbestände können sich aber überschneiden. Sie schließen sich nicht gegenseitig aus (so auch SERICK III § 31 I 2 S 103 ff). Deshalb ist es jedoch erforderlich, sie scharf von einander zu trennen (BGHZ 10, 228, 232; BGH WM 1970, 399; demgegenüber ohne eindeutige Trennung BGH NJW 1984, 728).

Grundsätzlich lassen sich für die Beurteilung, wann Sittenwidrigkeit einer Sicherungsübereignung anzunehmen ist, keine einheitlichen oder zu verallgemeinernden Maßstäbe aufstellen (in diese Richtung ging jedoch das Bemühen des RG; vgl dazu RGZ 126, 247, 253 ff; 143, 48, 50). Es hat eine umfassende Gesamtwürdigung des jeweiligen Einzelfalles unter Berücksichtigung aller Umstände, die zum Abschluss des Vertrages geführt haben, zu erfolgen (RGZ 143, 48, 51; BGHZ 10, 228; 16, 185, 190; 19, 12, 16; BGH NJW 1962, 102; BGH WM 1965, 1248, 1249; BGH WM 1970, 399; OLG Köln WM 1986, 452, 453; BGH WM 1987, 1172, 1173; BGH NJW 1991, 354).

Man hat jedoch versucht, verallgemeinerungsfähige Kriterien für die Sittenwidrigkeit zu entwickeln, wobei zwischen objektiven und subjektiven unterschieden wurde (vgl auch AnwKBGB/SCHILKEN § 930 Rn 65 und SOERGEL/HENSSLER § 930 Anh Rn 92 f).

a) Objektive Kriterien für die Sittenwidrigkeit

In objektiver Hinsicht sind für die Würdigung des jeweiligen Einzelfalles die *Ver-* **148** *hältnisse zu beurteilen, unter denen der Vertrag geschlossen wurde* (u a BGHZ 52, 17, 20; BGH NJW 1968, 932). Hierfür hat das OLG Köln (WM 1986, 452, 453; vgl dazu aber auch GERHARDT JZ 1986, 672, 679) gewisse Aspekte herausgearbeitet, die als Indiz für eine Sittenwidrigkeit angesehen werden können (bei dem vom OLG zu beurteilenden Sachverhalt handelt es sich allerdings um eine nachträgliche Besicherung bei bereits eingeräumter und ausgeschöpfter Kreditlinie, weshalb diesen Aspekten allenfalls Beispielcharakter zukommen kann; in Rspr und Lit sind jedoch bisher keine besseren Kataloge entwickelt worden, vgl etwa GANTER, Bankrechtshandbuch § 90 Rn 343 ff):

– Übertragung nahezu des gesamten freien Vermögens des Kreditnehmers auf den Kreditgeber,

– Belassung nur solcher Vermögenswerte, die im wirtschaftlichen Verkehr nicht als Haftungsobjekt dienen,

– Nichterkennbarkeit des Umfangs der Sicherungsübertragung für Außenstehende,

– Verbot anderweitiger Kreditaufnahme,

– Verbot freier Verfügung über die Geschäftseinnahmen,

– faktische Entscheidungsmacht des Kreditgebers über den Fortbestand des Unternehmens,

– sich abzeichnende Zahlungsunfähigkeit des Kreditnehmers bei Vertragsschluss,

– Finanzierung laufender Geschäfte im sog Check-Wechsel-Verfahren,

– der Kreditgeber verlangt Vorteile, die nach Art und Umfang zu dessen Sicherungsbedürfnis in keinem Verhältnis stehen (BGH NJW 1991, 354; zu diesem und anderen Fällen der Übersicherung vgl Rn 154 ff).

b) Subjektive Kriterien für die Sittenwidrigkeit

149 Bei den subjektiven Kriterien sind die Absichten und Beweggründe zu bewerten, die die Parteien verfolgt haben (ua BGH JZ 1953, 664; BGH LM Nr 7 a zu § 138; BGHZ 52, 17, 20), wobei *an den Sicherungsnehmer Anforderungen gestellt werden*. So wird vom Sicherungsnehmer erwartet, dass er die wirtschaftliche Lage des Sicherungsgebers prüft (aM WESTERMANN, Interessenkollisionen 38). Unterlässt er die Prüfung und verschließt er sich grob fahrlässig der Erkenntnis, dass die spätere Kreditsicherung eine Knebelung des Sicherungsgebers bedeutet und zur Gläubigergefährdung führt, so handelt er sittenwidrig. Eine derartige Prüfungspflicht wird vor allem dann angenommen, wenn aufgrund besonderer Umstände Zweifel an der Ehrlichkeit des Sicherungsgebers bestehen oder Anzeichen für den Rückgang des Unternehmens sprechen (BGHZ 10, 228, 234; BGHZ 20, 43, 52; BGH WM 1955, 402, 403).

150 *Nicht zur Prüfung verpflichtet* ist der Sicherungsnehmer, wenn keinerlei Anhaltspunkte für eine schlechte wirtschaftliche Lage des Kreditnehmers bestanden (BGH WM 1965, 84, 86; BGH WM 1966, 13, 15; OLG Stuttgart NJW 1964, 666, 668; BGH WM 1962, 1220, 1222). Grundsätzlich ist auch hier auf den Einzelfall abzustellen.

2. Fallkonstellationen zur Beurteilung der Sittenwidrigkeit

151 Im Laufe der Zeit haben sich Fallkonstellationen entwickelt, denen bei der Beurteilung der Sittenwidrigkeit eine gewisse Leitfunktion zukommt. Hierbei handelt es sich um die Knebelung und Aussaugung des Kreditnehmers, um die Übersicherung des Kreditgebers/Sicherungsnehmers sowie die Tatbestände der Gläubigergefährdung, des Kreditbetruges und der Insolvenzverschleppung.

152 a) Unter **Knebelung** wird die übermäßige Einschränkung der wirtschaftlichen Bewegungsfreiheit des Kreditnehmers bzw Sicherungsgebers verstanden (BGHZ 7, 111; BGH WM 1955, 914, 916; BGH WM 1959, 406). Da mit der Inanspruchnahme eines Kredites idR und berechtigterweise eine gewisse wirtschaftliche „Überwachung" des Kreditnehmers (die Finanzinstitute sind dazu nach bankrechtlichen Grundsätzen sogar verpflichtet) sowie eine gewisse Mitwirkung an dessen Unternehmen durch den Kreditgeber einhergeht (zust SOERGEL/HENSSLER Anh § 930 Rn 92; AnwKBGB/SCHILKEN § 930 Rn 65 vgl dazu aber auch BGH WM 1956, 527, 529; BGH WM 1965, 475, 476), kann von einer sittenwidrigen Knebelung allerdings erst dann gesprochen werden, wenn die Übertragung der Sicherheiten zu einer *wirtschaftlichen Abhängigkeit des Kreditnehmers vom Kreditgeber in erheblichem Maße* (OLG Köln WM 1986, 452, 453; BGH NJW-RR 1988, 1012; BÜLOW Rn 1130; oben Rn 148) führt. Das ist immer dann der

Fall, wenn die Abhängigkeit einen Grad erreicht, der eine Vernichtung der wirtschaftlichen sowie sozialen Lebensstellung des Kreditnehmers bedeutet (SCHLEGELBERGER/HEFERMEHL Anh zu § 382 Rn 228). *Kann der Sicherungsgeber nicht mehr frei über seine Mittel verfügen und ist ihm die Sicherung anderer Gläubiger nicht mehr möglich, liegt eine Knebelung vor* (BGH WM 1959, 406, 408). Solange jedoch dem Kreditnehmer erlaubt ist, Sicherungseigentum im Rahmen des ordnungsgemäßen Geschäftsverkehrs zu entnehmen und/oder zu veräußern, kann nicht von einer sittenwidrigen Knebelung ausgegangen werden (OLG Köln WM 1985, 119).

Hat der Kreditnehmer mit ein und demselben Kreditgeber mehrere Verträge abgeschlossen, so wirkt sich die Sittenwidrigkeit eines späteren Vertrages wegen Knebelung grundsätzlich nicht auf die früheren Verträge aus. Eine sittenwidrige Knebelung kann jedoch darin liegen, dass der Kreditgeber den Kreditnehmer am alten Vertrag festhält und sich aufgrund dieses Vertrages zu dessen Durchführung weitere Sicherheiten übertragen lässt (BGHZ 7, 111, 114; in diesem Sinne auch OLG Köln WM 1986, 452, 454).

b)   Führt die Knebelung dazu, dass der Kreditnehmer seine gesamten Geschäfts- **153** erträge immer an den Kreditgeber abführen muss, so spricht man von **Aussaugung** (RGZ 137, 247, 253; der Begriff wird in der neueren Lit und Judikatur kaum noch verwendet).

c)   Übersicherung*
aa)   Begriff: Von einer *Übersicherung* oder auch *inkongruenten Deckung* des Kre- **154** ditgebers wird gesprochen, wenn dieser Vorteile erlangt, die nach Art und Umfang in keinem Verhältnis zu seinem Sicherungsbedürfnis stehen (BGH WM 1959, 52, 53; BGH WM 1965, 1248, 1249; BGH KTS 1970, 50). Nach neuerer Formulierung des BGH liegt Übersicherung bei in AGB vereinbarten Sicherungsübereignungen vor, „wenn der Wert der Sicherheit den Betrag der zu sichernden Forderung nicht nur vorüber-

---

* Schrifttum: FRÜH, Zur Notwendigkeit von Freigabeklauseln in vorformulierten Sicherheitenverträgen, DB 1994, 1860 ff; GANTER, Die nachträgliche Übersicherung eines Kredites, ZIP 1994, 257 ff; NEUHOF, Drittwirkung der AGB-Gesetzwidrigkeit zugunsten Vertragsfremder und Rückwirkung des Unwirksamkeitsverdikts auf Sicherheitenverträge, NJW 1994, 1763 ff; NEUHOF, Inhaltskontrolle formularmäßig bestellter Kreditsicherheiten, NJW 1994, 841 ff; ders, Wiederaufnahme abgeschlossener Konkursverfahren bei nachträglich erkannter Unwirksamkeit formularmäßig bestellter Kreditsicherheiten, NJW 1995, 937 ff; RELLERMEYER, Objektive Bezugsgrößen für die Bewertung von Kreditsicherheiten – Ist das Wirksamkeitserfordernis des Bundesgerichtshofs erfüllbar?, WM 1994, 1009 ff; 1053 ff; SCHOLZ/LWOWSKI, Das Recht der Kreditsiche- rung (7. Aufl 1994) Rn 148d ff; SERICK Nachträgliche Übersicherung eines Kredites, ZIP 1995, 789 ff; WEBER, Die Rechtsprechung des Bundesgerichtshofs zu Freigabeklauseln bei Kreditsicherheiten, WM 1994, 1549 ff; WIEGAND/BRUNNER, Übersicherung und Freigabeanspruch, NJW 1995, 2513 ff; WOLF/UNGEHEUER, Zum Recht der allgemeinen Geschäftsbedingungen – Teil 2, JZ 1995, 176 ff; ROMBACH, Die anfängliche und nachträgliche Übersicherung bei revolvierenden Globalsicherheiten (2001); KINDL, Der Beschluss des Grossen Senats für Zivilsachen vom 27. November 1997 zur Freigabe von revolvierenden Globalsicherheiten – eine Nachbetrachtung, Jura 2001, 92; NOBBE, Konsequenzen aus dem Beschluss des Grossen Senats für Zivilsachen des Bundesgerichtshofs zur Sicherheitenfreigabe, in: FS Schimansky (1999) 433.

gehend weit übersteigt und deshalb zwischen Sicherheit und Forderung kein aus-
gewogenes, die beiderseitigen berechtigten Interessen berücksichtigendes Verhältnis
besteht" (BGH NJW 1991, 2768; 1994, 861, 862; 1994 1796, 1798; 1998 2047 mwNw). Zu
unterscheiden ist die **ursprüngliche**, bereits bei Vertragsschluss bestehende, nicht
nur vorübergehende Übersicherung (dazu unten Rn 157) von der erst **nachträglich**
eintretenden Übersicherung, welche durch Abnahme der zu sichernden Forderungen oder wertmäßiger Zunahme der Sicherheiten entstehen kann.

Die Problematik der **nachträglichen Übersicherung** hatte sich zur Zeit der Publika-
tion der Vorauflage durch die Verkettung einer Reihe von Umständen zu einem
Zentralthema der Kreditsicherung, aber auch zu einer justizpolitischen Frage entwickelt, die eine Serie von Urteilen und eine Publikationsflut ausgelöst hat (eine
Zusammenfassung der Entwicklung findet sich bei BAUR/STÜRNER § 57 Rn 18 ff und WESTERMANN/
WESTERMANN § 44 VI 2 b). Durch den **Beschluss des Grossen Zivilsenats des BGH**
(BGHZ 132, 212) sind die im Mittelpunkt stehenden Fragen der **Freigabe von Sicherheiten bei nachträglich eintretender Übersicherung und der dabei zugrunde zu legen-
den Deckungsgrenzen** entschieden worden. Insoweit beschränken sich die folgenden
Kommentierung und die Nachweise auf die danach noch relevanten Punkte sowie
für das Verständnis der bisherigen und auch der weiteren Entwicklung nach wie vor
notwendigen Voraussetzungen (im Übrigen wird auf die Darstellung in der Vorbearbeitung
STAUDINGER/WIEGAND [1995] verwiesen). Für die Beurteilung der **anfänglichen Übersicherung** hat das Urteil keine unmittelbaren Auswirkungen gehabt; diese Form der
Übersicherung ist jedoch zunehmend problematisiert worden, weshalb darauf ausführlicher einzugehen ist (dazu unten Rn 157).

154a **bb) Verhältnis von § 138 zu § 307 (früher § 9 AGBG)***

Das für § 138 maßgebliche Kriterium der Sittenwidrigkeit ist nur unter wesentlich
strengeren Voraussetzungen zu bejahen als die Unangemessenheit des § 307 (BGH
ZIP 1996, 961; PALANDT/HEINRICHS Vorb § 307 Rn 16). So setzt die Sittenwidrigkeit eine
grobe Interessenbeeinträchtigung voraus, die erheblich über eine unangemessene
Benachteiligung iS von § 307 hinausgeht. Daneben wird bei § 307 anders als bei
§ 138 BGB allein auf den objektiven Befund abgestellt, *subjektive Kriterien* bleiben
außer Betracht (die Frage lautet, ob bei einer generalisierenden Betrachtung unter
Berücksichtigung der typischen Interessen der Beteiligten eine unangemessene Benachteiligung des Vertragspartners des Klauselverwenders entsteht; vgl BGH NJW
1994, 861, 862 mwNw; GANTER ZIP 1994, 257, 258).

§ 138 und § 307 können nebeneinander angewendet werden. Zwar stellt § 307 eine
lex specialis zu § 138 dar, eine Anwendbarkeit von § 138 ist damit aber grundsätzlich nicht ausgeschlossen. § 138 kommt nicht nur zum Tragen, wenn die *Individualvereinbarung* sittenwidrig ist, sondern auch dann, wenn die AGB *nicht wegen Benachteiligung des Kunden*, sondern aus sonstigen Gründen (Benachteiligung Dritter
bzw Allgemeininteressen) anstößig sind (vgl dazu ULMER/BRANDNER/HENSEN § 9 Rn 32;
WOLF/HORN/LINDACHER § 9 Rn 12 ff; PALANDT/HEINRICHS Vorb v § 307, Rn 16 und § 307, Rn 7

---

* Im Folgenden wird weiterhin auf die Kommentare zum AGBG Bezug genommen, soweit
sie noch relevant sind.

mwNw). Sind AGB im Einzelfall sittenwidrig im Sinne des § 138 wegen Benachteiligung der anderen Vertragspartei, so sind sie grundsätzlich auch unangemessen im Sinne des § 307, jedoch nicht umgekehrt (vgl dazu LAMBSDORFF/HÜBNER Rn 96 ff). Eine Besonderheit besteht für den Fall, dass sich Kreditgeber kumulativ Sachen übereignen, dingliche Rechte an Grundstücken bestellen und Bürgschaften erteilen lassen. Auch wenn die Sicherungsabreden einzeln betrachtet nicht gegen § 307 verstoßen, kann darin bei einer *Gesamtbetrachtung* eine unter § 138 fallende Übersicherung liegen (vgl BGH NJW 1994, 1796, 1798). Diese Grundsätze sind in dem Beschluss des Grossen Zivilsenats ausdrücklich aufrechterhalten worden; demnach findet § 138 auch bei formularmäßiger Vereinbarung von Globalsicherheiten grundsätzlich Anwendung, diese können „insbesondere wegen der Kumulation verschiedener Sicherheiten oder wegen anfänglicher Übersicherung gegen die guten Sitten verstoßen und deshalb nichtig sein" (BGHZ 137, 212, 223). Dass die Richtlinie 93/13/EWG über missbräuchliche Klauseln in Verbraucherverträgen vom 5. 4. 1993 (ABl v 21. 4. 1993 Nr L 95, S 29) erst durch § 310 Abs 3 (§ 24a ABGB aF) in nationales Recht umgesetzt wurde, ist im hier interessierenden Bereich ohne Konsequenzen geblieben. Schadensersatzansprüche kommen nicht in Betracht, da bereits seit 1. 1. 1995 eine richtlinienkonforme Auslegung des AGBG und des § 242 erfolgte (FFM NJW-RR 2000. 1367; HEINRICHS NJW 1995, 159 ff; 1996, 2190. Zum zeitlichen Anwendungsbereich vgl PALANDT/HEINRICHS § 310, Rn 9).

Für die Beurteilung nach § 307 wie auch nach § 138 ist es gleichgültig, ob das gesamte Aktivvermögen des Kreditnehmers, beträchtliche oder nur geringfügige Teile desselben zur Sicherheit übertragen werden. *Es kommt lediglich auf das Wertverhältnis zwischen gegebener Sicherheit und gesicherter Forderung an* (STRICK III § 30 VII 2 c S 82). Im Rahmen der Sittenwidrigkeitsprüfung wird aber der „minimis-Einwand" vorzubehalten sein, wie auch eine ungewöhnlich kurze Laufzeit des Kreditverhältnisses mit entsprechend geringer Bindungsdauer zu beachten ist (vgl BGH NJW 1991, 355; BGH WM 1965, 85 f).

Die Frage nach dem *hinnehmbaren Maß* an Übersicherung stellt sich bei der **154b** Sicherungsübereignung (wie auch bei anderen Sicherheiten) unabhängig davon, ob sie durch AGB oder Individualvertrag vorgenommen wird (so ausdrücklich BGH NJW 1994, 863 und bestätigt im Beschluss des GS, dazu unten Rn 155b). Die bei der Beurteilung anzuwendenden Methoden und Kriterien sind jedoch unterschiedlicher Art. Für die Ermittlung der nachträglichen Übersicherung bei formularmäßig bestellten Sicherheiten hat der Grosse Senat diese festgelegt, sie eignen sich jedoch nicht für die Feststellung der anfänglichen Übersicherung (dazu unten Rn 157) sowie für die Anwendung von § 138 auf die Individualvereinbarung. Dabei ist vielmehr auf den Einzelfall bezogen zu entscheiden. In Betracht kommen die wirtschaftlichen Gesamtumstände, die Geschäftsbeziehungen zwischen Kreditnehmer und Kreditgeber, die persönliche Zuverlässigkeit des Schuldners oder die Bindungsdauer (vgl BGH NJW 1991, 354 f u SERICK III § 30 VII 2 b S 79; das gilt allerdings nur soweit die Art und Weise des Abschlusses der Individualvereinbarung effektiv eine unterschiedliche Behandlung gegenüber AGB rechtfertigt, was längst nicht immer der Fall sein wird). Nur wenn sich aus dieser Gesamtwürdigung eine grobe Interessenbeeinträchtigung ergibt, kommt ein Verstoß gegen § 138 in Frage; das Hinzutreten weiterer sittenwidriger Umstände, wie etwa die bewusste Ausnützung der schwächeren Lage des Kreditnehmers durch den Kreditgeber, ist dazu aber nicht zwingend erforderlich (so aber GANTER ZIP 1994, 257, 259 bei Fn 13). Eine Anwendung von § 138 wird indessen bei nachträglicher Übersicherung kaum in Betracht kommen, da auf den Zeitpunkt des Vertragsschlusses abzustellen und allenfalls eine anfängliche Übersicherung gegeben ist (so zu Recht MünchKomm/OECHSLER Anh §§ 929–936 Rn 32).

Die *Beweislast* für die Übersicherung trägt bei § 138 sowie § 307 Abs 1 diejenige Partei, die Übersicherung geltend macht (BGH NJW 1996, 388; bestätigt im Beschluss des Grossen Senats BGHZ 137, 212; dazu unten Rn 156). In den Fällen des § 307 Abs 2 wird dem Gesetzeswortlaut entsprechend („im Zweifel") die unangemessene Benachteiligung vermutet.

cc) Freigabeanspruch und Freigabeklauseln bei nachträglicher Übersicherung

155 Das Problem der nachträglichen Übersicherung stellt sich in dem hier zu erörternden sachenrechtlichen Kontext vor allem bei der Sicherungsübereignung von Warenlagern mit wechselndem Bestand. Die hierzu entstandenen Lösungsansätze waren gekennzeichnet durch die Schlagworte (qualifizierte) *Freigabeklausel* sowie *Freigabeanspruch*. Durch den Freigabeanspruch wird dem Sicherungsgeber ein Rückübertragungsanspruch eingeräumt, wenn das Sicherungsgut wertmäßig die Deckungsgrenze nicht nur vorübergehend übersteigt. Damit sollte sowohl bei Individual- wie bei Formularverträgen eine Übersicherung verhindert werden, die iS von § 307 oder § 138 unangemessen bzw sittenwidrig wäre. Hierzu waren in der Vergangenheit zwei Konzeptionen entwickelt worden, die zu zahlreichen Kontroversen im Bereich der Anforderungen an die Ausgestaltung des Freigabeanspruchs bei nachträglicher Übersicherung führten: Die sog **explizite Freigabeklausel und der „richterliche/gesetzliche" Freigabeanspruch**, der sich unmittelbar und zwingend aus dem Gesetz ergibt (gestützt auf das Rechtsmissbrauchs- und Bereicherungsverbot, BGH NJW 1994, 1862 ff).

155a Der Grosse Senat (GS) für Zivilsachen hat nach Anrufung durch den IX und XI Zivilsenat die bestehende Rechtsunsicherheit durch seinen Beschluss vom 27. 11. 1997 (GS BGHZ 137, 212 ff) weitgehend und insoweit endgültig beseitigt*. Er gewährt dem Sicherungsgeber im Falle einer nachträglichen Übersicherung einen **ermessensunabhängigen Freigabeanspruch. Dieser Anspruch steht dem Sicherungsge-**

---

* **Schrifttum:** NEUHOF, Rechtsprechung zur Freigabe von Sicherheiten am Scheideweg, NJW 1995, 1068; PFEIFFER, Übersicherung, Freigabeanspruch, Freigabeklausel, WM 1995, 1565; SERICK, Formularverträge und Mobiliarsicherheiten mit Freigabeklauseln in höchstrichterlicher Rechtsprechung, BB 1995, 2013; ders Nachträgliche Übersicherung eines Kredites – Freigabeklauseln und das Warten auf den Spruch des Grossen Senats für Zivilsachen, ZIP 1995, 789; WIEGAND/BRUNNER, Übersicherung und Freigabeanspruch, NJW 1995, 2513; TRAPP, Praktische Auswirkungen des Abschieds von der qualifizierten Freigabeklausel

bei Globalzessionen, NJW 1996, 2914; NOBBE, Konsequenzen aus dem Beschluss des Grossen Senats für Zivilsachen des BGH zur Sicherheitenfreigabe, in: FS Schimansky (1999) 433; SCHWAB, Übersicherung und Sicherheitenfreigabe BGH, NJW 1998, 671, JuS 1999, 740; ders, Die Auswirkungen des Freigabeklauselbeschlusses auf den einfachen EV an Sachgesamtheiten, ZIP 2000, 609; KINDL, Der Beschluss des Grossen Senats f ZS vom 27. 11. zur Freigabe von revolvierenden Globalsicherheiten – eine Nachbetrachtung, Jura 2001, 92; BAUR/STÜRNER § 57 Rn 18 ff.

ber auch dann zu, wenn der Sicherungsvertrag keine oder eine ermessensabhängige Freigabeklausel enthält. Die Begründung des GS basiert auf den schon für die Anerkennung des gesetzlichen Freigabeanspruchs angeführten Argumenten; sie stellt auf die (oben Rn 21 f dargelegte) Eigenart des Sicherungseigentums als Treuhandeigentum und den Umstand ab, dass dieses (wie auch die hier nicht behandelte Sicherungszession) eine nicht-akzessorische, fiduziarische Sicherheit sei (dazu im Einzelnen unten Rn 310 ff). Aus dieser treuhänderischen Struktur des Rechtsverhältnisses ergibt sich die Pflicht des Sicherungsnehmers, die Sicherheit schon vor Beendigung des Vertrages zurück zugewähren, wenn und soweit sie endgültig nicht mehr benötigt wird. Durch die Gewährung dieses Anspruches soll die wirtschaftliche Bewegungsfreiheit des Sicherungsgebers außerhalb des Insolvenzverfahrens und der Zwangsvollstreckung gewährleistet werden (BGHZ 137, 212, 223; STAUDINGER/WIEGAND [1995] Rn 157 und MünchKomm/OECHSLER Anh §§ 929–936 Rn 30). Deshalb kann prinzipiell nicht auf das Ermessen des Sicherungsnehmers abgestellt werden. Einen Ermessenspielraum hat dieser nur bei der Entscheidung, welche von mehreren Sicherheiten er freigeben will. Das ergibt sich aus § 262 und entspricht dem Rechtsgedanken des § 1230 S 1 (vgl BGHZ 133, 25, 30 = ZIP 1996, 1164; BGH ZIP 1997, 632 = NJW 1997, 1570; BGH ZIP 1997, 1185 = WM 1997, 1197, 1199; BGHZ 137, 212, 219). Infolgedessen korrespondiert dem Freigabeanspruch eine Wahlschuld des Sicherungsnehmers hinsichtlich der freizugebenden Sicherheiten, bei der nach § 262 das Wahlrecht im Zweifel ihm als Schuldner zusteht (entsprechende Klauseln in AGB sind demnach zulässig, vgl BGH NJW 1994, 1798, 1799 mwNw).

Diese Festlegungen gelten „ohne Rücksicht darauf, ob es sich um einen Individual- **155b** oder um einen Formularvertrag handelt, ob er eine Singularsicherheit oder revolvierende Globalsicherheiten zum Gegenstand hat" (BGHZ 137, 212, 219; dies und das Folgende gestützt auf BGHZ 133, 25; BGH Beschluss vom 6. März 1997 = WM 1997, 750 und vom 13. Mai 1997 = WM 1997, 1197) und sie finden auch dann Anwendung, wenn der Sicherungsvertrag keine Freigaberegelung vorsieht. Infolgedessen war im Hinblick auf die Vorlagefrage nur noch klarzustellen, dass auch bei *formularmäßigen revolvierenden Globalsicherheiten* „eine ausdrückliche Regelung des Freigabeanspruchs keine Wirksamkeitsvoraussetzung" darstellt.

Zu entscheiden war jedoch über die Auswirkungen einer Freigabeklausel, die die Freigabe ins Ermessen des Sicherungsnehmers stellt. Der GS führt hierzu aus, dass eine *ermessensabhängige Freigaberegelung* dem Sicherungsnehmer einen zweckwidrigen Entscheidungsspielraum eröffne, obwohl feststehe, dass er das Sicherungsgut teilweise nicht mehr benötige. Seine Entscheidung unterliege zwar gemäß § 315 Abs 3 der richterlichen Nachprüfung, jedoch beschränkt darauf, ob sie die Grenzen der Billigkeit überschreite. Eine solche Bestimmung „schränkt wesentliche Rechte und Pflichten, die sich aus der Natur des Sicherungsvertrages ergeben, ein" (BGHZ 137, 212, 220); sie oder jede andere **den Freigabeanspruch einschränkende Regelung ist deshalb unwirksam nach § 307.** Diese Unwirksamkeit bleibt jedoch auf die unzulässige Freigabeklausel beschränkt. Der durch sie vermeintlich ausgeschlossene „ermessensunabhängige Freigabeanspruch tritt wieder hervor". Der GS stützt diese Lösung auf § 306 Abs 2 (BGHZ 137, 212, 221 unter Verweis auf die zuvor genannten Entscheidungen). Dessen Anwendung verletze weder die Privatautonomie noch verstoße sie gegen das Verbot der geltungserhaltenden Reduktion. In diesem letzten Punkt ist die Argumentation teilweise auf Kritik gestoßen (TIEDKE, in: FG BGH I 829, 840 f mwNw; MEDICUS EwiR 1998, 155; SERICK BB 1998, 801; alle noch zu § 6 Abs 2 AGBG und bes eindringlich JAUERNIG/STADLER § 307 Rn 5, die darin eine verdeckte Form der geltungserhaltenden Reduktion sieht; nach SOERGEL/HENSSLER § 930 Rn 103 f handelt es sich indessen um eine konsequente Anwendung der Methode der ergänzenden Vertragsauslegung; vgl auch PALANDT/ HEINRICHS § 306 Rn 8, nach hM ist das Vorgehen des BGH in diesem und anderen Fällen gerechtfertigt, weil es sich bei dem Rückgriff auf § 157 um einen Rückgriff auf Gesetzesrecht handelt, Nachweise bei TIEDTKE), im Übrigen hat das Urteil weitgehend Zustimmung in Theorie und Praxis gefunden. Für die Praxis gewichtiger war allerdings die Fixierung klarer Kriterien für die Entstehung und Geltendmachung des schon vor Erlass des Urteils kaum mehr in Zweifel gezogenen Freigabeanspruchs (so schon BGHZ 109, 240, Münch-Komm/OECHSLER Anh §§ 929–936 Rn 30). Der GS hat dem durch Festsetzung einer Deckungsgrenze und einer Grenze „für das Entstehen des Freigabeanspruchs" (BGHZ 137, 212 – Leitsatz) zu entsprechen versucht.

dd) Die Deckungsgrenze und Bemessung

156 In einem *ersten Schritt* hält der GS fest, dass bei formularmäßig bestellten, revolvierenden Globalsicherheiten eine zahlenmäßig bestimmte Deckungsgrenze ebenso wenig wie eine ausdrückliche Freigabeklausel eine Wirksamkeitsvoraussetzung solcher Verträge darstellt. Da dem Sicherungsgeber der (zuvor begründete vgl Rn 155a) vertragsimmanente Freigabeanspruch zusteht, kommt wegen des Fehlens einer solchen Deckungsgrenze auch eine Sittenwidrigkeit nach § 138 Abs 1 nicht in Betracht (zur möglichen Sittenwidrigkeit aus anderen Gründen oben Rn 154a). Dasselbe gilt für die Festlegung von Maßstäben für die Bewertung des Sicherungsgutes. Ihr Fehlen berührt die Wirksamkeit der Vereinbarung nicht; es ist vielmehr eine privatautonome Entscheidung der Parteien, ob sie solche Kriterien in den Vertrag aufnehmen wollen (BGHZ 137, 212, 222 f). Da weder die Festlegung einer Deckungsgrenze noch diejenige von Bewertungsmaßstäben eine Wirksamkeitsvoraussetzung darstellt, sind für deren Ermittlung Kriterien zu entwickeln.

In einem *zweiten Schritt* legt der GS diese Maßstäbe fest:

„Bei formularmäßigen Sicherungsverträgen, in denen keine oder eine inhaltlich unangemessene Deckungsklausel festgelegt worden ist, beträgt die Deckungsgrenze – bezogen auf den realisierbaren Wert der Sicherungsgegenstände – 110% der gesicherten Forderungen. Die Grenze für das Entstehen eines Freigabeanspruchs liegt regelmäßig bei 150% des maßgeblichen Schätzwertes (§ 237 Satz 1 BGB)" (BGHZ 137, 212, 224). Beide Größen versteht das Gericht als Orientierungshilfen, die die Feststellung und Durchsetzung des Freigabeanspruchs erleichtern sollen (vgl dazu oben Rn 74 die Vorschläge für die Kautelarpraxis).

Bei der Festlegung der **Deckungsgrenze**, „deren Überschreitung die Übersicherung als Voraussetzung für den vertraglichen Freigabeanspruch anzeigt" (BGH aaO 225), stellt das Gericht auf den **Sicherungswert** ab, als den es den bei der Verwertung erzielbaren Erlös *(„realisierbaren Wert")* ansieht. Der *Zuschlag von 10%* war schon in der bisherigen Praxis für Verwertungs- und Feststellungskosten berücksichtigt worden und deckt sich zudem fast mit den in der InsO vorgesehenen Sätzen (§ 171 Abs 2 S 1 und Abs 2 S 1 InsO). Weitere Aufschläge werden ausdrücklich abgelehnt (unter Hinweis auf die in der Literatur vertretenen Argumente WIEGAND/BRUNNER NJW 1995, 2513, 2517; SCHROETER WM 1997, 2193, 2195), sie sind im Rahmen der Ermittlung des realisierbaren Wertes zu berücksichtigen (Ganter WM 1996, 1705, 1710). Dagegen ist bei der Verwertung die nunmehr nach § 170 Abs 2, § 171 Abs 2 S 3 InsO anfallende Mehrwertsteuer zu berücksichtigen. Eine Ersetzung der so definierten Deckungsgrenze durch eine Freigabeklausel, die diese dem Ermessen des Sicherungsnehmers überlässt, ist ebenso wie beim Freigabeanspruch als solchem (oben Rn 155b) bei formularmäßigen Sicherungsübertragungen unwirksam.

Geeignete Parameter für die Feststellung des so zu errechnenden Sicherungswertes werden sich indessen in der Praxis nur selten finden. Zudem wird sich die Deckungsgrenze von 110 % nur auswirken, wenn kein merkliches Verwertungsrisiko besteht. Im Normalfall muss jedoch mit einem erheblich höheren Einschlag gerechnet werden. Der GS hat deshalb mit der **zweiten Bemessungsgröße** den Beteiligten eine „Orientierungshilfe" an die Hand gegeben. Er legt die **Grenze für das Entstehen eines Freigabeanspruchs für Sicherungsgut auf 150 % des Schätzwerts** (vgl das Zitat aus BGHZ 137, 212, 224 oben; außerdem Schwab JuS 1999, 740, 743; Roth JZ 1998, 462, 464). Der GS hat die Grenze in Anlehnung an § 237 gewählt; schon die Gesetzesmaterialien hierzu zeigen, dass dem Gesetzgeber die bei jedem Sicherungsgut bestehenden Verwertungsschwierigkeiten bekannt waren und er sich gleichwohl für einen Risikoaufschlag von 50 % entschieden hat (Liebelt-Westphal ZIP 1997, 230, 231 unter Bezugnahme auf Mot I, 390; Baur/Stürner, § 57 Rn 29 b; Schwab WM 1997, 1883, 1890). In dem Zuschlag von 50 % ist der Anteil von 10 % für Feststellungs-, Verwertungs- und Rechtsverfolgungskosten enthalten. Dagegen bleibt die Mehrwertsteuer außer Betracht. Als Schätzwert gilt der *Marktpreis im Zeitpunkt des Freigabeverlangens*; sofern ein solcher nicht existiert, ist auf den Einkaufspreis abzustellen (BGHZ 137, 212, 234).

Der GS versteht diese Formel als eine *widerlegbare Vermutung*. Wer behauptet, eine Freigabegrenze von 150 % sei unangemessen, hat dies substantiiert darzulegen und zu beweisen. Erforderlich ist der Nachweis konkreter Tatsachen, die belegen, dass der gesetzliche Abschlag den besonderen Verhältnissen der Branche oder des Sicherungsgebers überhaupt nicht gerecht wird (BGHZ 137 212, 236; Baur/Stürner § 57 Rn 28).

Durch die Festlegungen des GS sind die Grundsätze über die **Kombination von** **156a** **Sicherheiten** nicht verändert worden. Hier gilt nach wie vor:

Für die Berechnung der Deckungsgrenze, deren Überschreiten eine Übersicherung indiziert und somit einen Freigabeanspruch begründet, ist zu dem Wert der dinglichen Sicherheiten derjenige einer *Bürgschaft* nicht einfach pauschalisierend (die Umstände des Einzelfalles können eine andere Beurteilung rechtfertigen) hinzuzurechnen. Dies ergibt sich aufgrund des akzessorischen Charakters der Bürgschaft, § 767 Abs 1 (BGH NJW 1994, 1796, 1798). Ob als Personalsicherheiten bestellte Drittsicherheiten für die Berechnung des Werts der Sicherheiten generell nicht einbezogen werden dürfen, weil sie nicht bewertbar sind, ist fraglich, als Grundsatz aber wohl zutreffend. Hier bleibt ansonsten nichts anderes übrig, als auf die Umstände des Einzelfalls abzustellen.

Von Dritten bestellte *Sach*sicherheiten sind dagegen immer dann hinzuzurechnen, wenn – wie dies die Regel darstellt – der Dritte im Auftrag des Sicherungsgebers die

Sicherheiten bestellt hat (vgl zu den Berechnungsmethoden und Werten vor allem Lwowski, in: FS Schimansky 389 ff und Nobbe, in: FS Schimansky 433, 453).

156b Die vom GS entwickelte *Konzeption ist in der Lit grundsätzlich positiv aufgenommen worden* (kritisch jedoch Serick BB 1998, 801). Sie hat die Rechtsanwendungsprobleme, wenn auch nicht gänzlich gelöst, so doch reduziert. So folgt aus dem Umstand, dass das Fehlen oder die fehlerhafte Formulierung einer Freigabeklausel nicht die Unwirksamkeit der Vereinbarung nach sich zieht, dass die früher streitige Frage, inwieweit sich Dritte darauf berufen könnten (abl LG Chemnitz NJW 1994, 1806; bejahend Neuhof NJW 1994, 1763 f, dazu Vorbearb Staudinger/Wiegand [1995] Rn 157), gegenstandslos geworden ist (vgl auch Soergel/Henssler § 930 Anh Rn 101). Zu betonen ist jedoch, dass der Freigabeanspruch bei der **Zwangsvollstreckung gegen den Sicherungsnehmer oder bei dessen Insolvenz keine Rolle mehr spielt.** Hier wird durch § 51 Nr 1 InsO oder § 1247 S 2 (zur dinglichen Surrogation gemäß § 1247 S 2 vgl Staudinger/Wiegand [2002] § 1247 Rn 2) sichergestellt, dass der überschießende Wert nicht dem Sicherungsgläubiger zufällt (vgl oben Rn 155a; BGHZ 137, 212, 223; MünchKomm/Oechsler Anh §§ 929–936 Rn 30).

Die Praxis hat sich auf dieser vom GS geschaffenen Basis arrangiert. Das gilt jedoch nur für die nachträgliche Übersicherung. Die anfängliche Übersicherung bereitet demgegenüber zunehmend Probleme (zum Ganzen Lwowski, „Berlin").

157 ee) Ursprüngliche (Anfängliche) Übersicherung
Eine anfängliche oder **ursprüngliche Übersicherung** liegt vor, wenn im Zeitpunkt des Vertragsschlusses feststeht, dass im noch ungewissen Verwertungsfall zwischen dem realisierbaren Wert (Sicherungswert) und der oder den gesicherten Forderungen ein auffälliges Missverhältnis besteht (so zuletzt BGH WM 1998, 856, 857; ausf Ganter, Bankrechtshandbuch § 90 Rn 352 f mwNw; MünchKomm/Oechsler Anh §§ 929–936 Rn 30). Wird eine derartige krasse Diskrepanz festgestellt, so ist die Sicherungsübereignung als sittenwidrig zu qualifizieren, sofern auch die subjektiven Voraussetzungen gegeben sind (dazu und zur Sittenwidrigkeit insges oben Rn 146 ff), dh dem Sicherungsnehmer eine verwerfliche Gesinnung vorgeworfen werden kann. Dies ist nach einer vom BGH gewählten Umschreibung dann der Fall, „wenn der Sicherungsnehmer aus eigensüchtigen Gründen eine Rücksichtslosigkeit gegenüber den berechtigten Belangen des Sicherungsgebers an den Tag legt, die nach sittlichen Maßstäben unerträglich ist" (BGH WM 1998, 856, 857). Sind diese Erfordernisse erfüllt, so ist das gesamte Sicherungsgeschäft nichtig, die Sittenwidrigkeit ergreift auch die Verfügung, was allgemein vorausgesetzt, aber nicht immer deutlich ausgesprochen wird (zur theoretischen Begründung § 929 Rn 24). Abstrakter ausgedrückt beruht das Sittenwidrigkeits-Urteil darauf, dass die Nachhaltigkeit der ursprünglichen Übersicherung für den Sicherungsnehmer erkennbar war (so insbes Ganter WM 2001, 1; vgl auch Schwab JuS 1999, 740). Für den Sicherungsgeber wäre es in diesem Zeitpunkt auch unzumutbar, den ihm theoretisch zustehenden Freigabeanspruch auszuüben. Der vertragsimmanente – wenn auch an sich genügende – Freigabeanspruch kann hier die Sicherungsabrede nicht wirksam machen (so schon zu Recht Wolf/Horn/Lindacher AGBG § 9 Rn S 102; Serick III, S 80 und auch BGHZ 26, 178, 182 ff). Dies folgt schon daraus, dass eine Sicherheit, die der Sicherungsnehmer sogleich wegen Übersicherung wieder freigeben müsste, gar nicht erst verlangt werden darf („dolo-facit-Einrede" vgl Ganter WM 2001, 1; ders WM 1999, 1741, 1742; ders WM 1998, 2048).

Während über diese Punkte im Prinzip weitgehende Übereinstimmung besteht, herrscht große **Unklarheit darüber, wie bestimmt werden soll, wann ein „auffälliges Missverhältnis" vorliegt**. Es fehlt an maßgeblichen Kriterien, die der Bewertung zu Grunde gelegt werden können (zum Folgenden GANTER, Bankrechtshandbuch § 90 Rn 352; ders WM 2001, 1; LWOWSKI Rn 154 ff und ders, in: FS Schimansky 389, 391 ff; NOBBE, in: FS Schimanksy, 433, 455 ff). Teilweise wird angenommen, dass die vom GS entwickelten Eckwerte und Orientierungshilfen für die nachträgliche Übersicherung (oben Rn 156) bei der Ermittlung der für die Beurteilung einer ursprünglichen Übersicherung maßgeblichen Werte herangezogen werden könnten (so insbes NOBBE aaO; RIMMELS-PACHER WuB I F 4–1.98). Mehrheitlich wird jedoch ein solcher Rückgriff abgelehnt, da die Rechtsfolgen zu unterschiedlich seien (GANTER, Bankrechtshandbuch § 90 Rn 352; MünchKomm/OECHSLER Anh §§ 929–936 Rn 30; in diesem Sinne auch der IX Senat in BGH WM 1998, 856). Die bisher vorliegende Rspr ergibt kein einheitliches Bild; vielmehr sind Deckungen von 200 und mehr Prozent als zulässig betrachtet worden (vgl auch die Zusammenstellung bei MünchKomm/OECHSLER Anh §§ 929–936 Rn 30). In der Lit sind zudem Rechenbeispiele vorgeführt worden, die eine Deckung bis zu 350% für plausibel halten (vgl insbes LWOWSKI Rn 155 und ders, in: FS Schimansky 394 ff). Im Moment zeichnet sich kein konsensfähiges Konzept ab. Vielmehr wird die *Bewertung unein-heitlich vorgenommen und beurteilt*. Hinzu kommt, dass die Bejahung der Sitten-widrigkeit letztlich immer auf einer Gesamtbeurteilung beruht (dazu oben Rn 147 ff). Dies alles führt dazu, dass im Hinblick auf die **ursprüngliche Übersicherung eine erhebliche Rechtsunsicherheit** besteht, die Anlass zu Besorgnis gibt (so schon NOBBE, in: FS Schimansky, 433, 455).

d)   Während Knebelung und Übersicherung (eine sittenwidrige Übersicherung **158** führt nicht unbedingt zu einer Knebelung, kann mit dieser aber Hand in Hand gehen, GANTER, Bankrechtshandbuch § 90 Rn 351) die Interessen des Sicherungsgebers beeinträchtigen, richten sich *Insolvenzverschleppung, Gläubigergefährdung und Kreditbetrug gegen dritte Gläubiger* des Kreditnehmers.

Die **Gläubigergefährdung** ist ein Fall der *Kredittäuschung*. Für den objektiven Tat- **159** bestand muss durch die Einschränkung des Kreditnehmers in seiner wirtschaftlichen Bewegungsfreiheit aufgrund der Übertragung von Sicherheiten auf den Kreditgeber der Dritte getäuscht werden. Da dieses aber in gewissem Sinne bei jeder Sicherungs-übertragung der Fall ist, ist darüber hinaus erforderlich, dass die Täuschung eine Gefährdung des Gläubigers zur Folge haben kann und diese Möglichkeit der Ge-fährdung nahe liegt (SCHLEGELBERGER/HEFERMEHL Anh zu § 382 Rn 234 ff; BÜLOW Rn 1132; BGH WM 1958, 590, 592; BGH NJW 1991, 353, 355).

Fehlt ein derartiges „Naheliegen", ist auf die **Beweggründe** der Vertragsparteien **160** abzustellen. Um eine sittenwidrige Gläubigergefährdung annehmen zu können, müssen die *Parteien zum Zwecke der Täuschung* gegenwärtiger oder zukünftiger Gläubiger *zusammengewirkt* haben. Das ist dann der Fall, wenn die Parteien die Tatumstände kennen, aus denen sich objektiv Anhaltspunkte für die Unsittlichkeit des Geschäftes ergeben (BGH WM 1965, 283). Grobfahrlässige Unkenntnis hinsicht-lich der objektiven Tatbestandsmerkmale reicht uU auch aus (BGHZ 10, 228, 233; SERICK III § 30 VI S 30 ff; SOERGEL/HENSSLER Anh § 930 Rn 98; AnwK-BGB/SCHILKEN § 930 Rn 69).

161 Gegen die Qualifizierung der Gläubigergefährdung als einen Unterfall des § 138 wendet sich WESTERMANN (Interessenkollisionen 37) mit dem Argument, dass der Gläubiger die Vermögensverhältnisse des Schuldners vor Kreditgewährung überprüfen könne, da sich die Vermögensverhältnisse aus der Bilanz des Unternehmens entnehmen ließen. Diese Argumentation lässt jedoch unberücksichtigt, dass gerade dem „kleinen" Gläubiger in der Regel eine derartige Überprüfung nicht möglich ist. Aus diesem Grunde lässt es sich kaum rechtfertigen, die Gläubigergefährdung nicht unter § 138 fallen zu lassen.

162 Im *Allgemeinen* wird aber die Übereignung von Sicherungsgut in Gläubigerbenachteiligungsabsicht *lediglich die Anfechtbarkeit des Sicherungsvertrages* nach AnfG oder InsO zur Folge haben (RGZ 170, 328, 332). Rechtsgeschäfte, die nach den Bestimmungen des AnfG oder der InsO anfechtbar sind, sind deshalb noch nicht auch nach § 138 nichtig. Zu der nur dem anderen Teil bekannten Gläubigerbenachteiligungsabsicht des Schuldners müssen noch besondere Umstände hinzukommen, um zu einer Nichtigkeit des Rechtsgeschäftes wegen Sittenwidrigkeit führen zu können (BGH WM 1987, 1172, 1173). Beide Regelungskomplexe sind jedoch komplementär (SOERGEL/HENSSLER Anh § 930 Rn 98; für einen Vorrang der Gläubiger- und Insolvenzanfechtung jedoch MünchKomm/OECHSLER Anh §§ 929–936 Rn 33).

163 e) Hält der Sicherungsnehmer den vor dem wirtschaftlichen Zusammenbruch stehenden Kreditnehmer durch die Gewährung eines unzureichenden Kredites und durch die Forderung nach übermäßigen Sicherheiten davon ab, den an sich gebotenen Antrag auf Insolvenzeröffnung zu stellen, um sich aus den erhaltenen Sicherheiten oder dem sonstigen Vermögen des Sicherungsgebers befriedigen zu können, so spricht man von **Insolvenzverschleppung** (s zur Konkursverschleppung BGHZ 10, 228; BÜLOW Rn 1133; vgl zum österreichischen Recht OGH ZIP 1987, 702 m Anm v HONSELL). Eine unter diesen Umständen vorgenommene Sicherheitenbestellung kann sittenwidrig sein (GANTER, Bankrechtshandbuch § 90 Rn 365).

164 f) Wirken Sicherungsnehmer und Sicherungsgeber zusammen oder wirkt der Sicherungsnehmer allein mit dem Ziel, andere Gläubiger durch die Gewährung eines Kredites sowie die Übertragung entsprechender Sicherheiten zu der Annahme zu veranlassen, das Unternehmen des Sicherungsgebers sei wirtschaftlich noch gesund, und gewähren diese daraufhin weitere Kredite, so liegt **Kreditbetrug** vor (AnwK-BGB/SCHILKEN § 930 Rn 69). Erforderlich hierfür ist jedoch eine besondere *Täuschungshandlung*. Diese kann zB darin bestehen, dass Kreditnehmer und Kreditgeber in Täuschungsabsicht eine ausdrückliche Vereinbarung getroffen haben, die dem Sicherungsnehmer übertragenen Sicherheiten zu verschweigen (RGZ 133, 239; 243, 51, 53). Nicht als Täuschungshandlung ist dagegen zu qualifizieren, wenn der Sicherungsnehmer die ihm übertragenen Sicherheiten den anderen Gläubigern gegenüber lediglich nicht erwähnt, da eine allgemeine Offenbarungspflicht für den Sicherungsnehmer nicht besteht, auch wenn die Sicherungen ein größeres Ausmaß als üblicherweise angenommen haben (so auch SCHLEGELBERGER/HEFERMEHL Anh zu § 382 Rn 233 a).

3. Vorsatz

165 Vorsätzlich sittenwidriges Handeln ist nicht erforderlich. Vielmehr reicht es aus, wenn der Handelnde Tatsachen kennt, aus denen sich die Sittenwidrigkeit ergibt (RGZ 161, 233; BGH WM 1982, 630; vgl dazu auch BGHZ 10, 228, 232; 20, 52; BGH NJW 1951, 397; vgl oben Rn 160).

4. Rechtsfolgen

Während § 826 nur zu einem Schadensersatzanspruch führt, der allerdings Schädi- **166** gungsvorsatz erfordert (BAMBERGER/ROTH/KINDL § 930 Anh Rn 16), hat § 138 die Nichtigkeit des „Rechtsgeschäfts" gegenüber jedermann zur Folge (JAUERNIG § 930 Rn 55). Umstritten ist, welche Konsequenzen sich daraus ergeben:

a) In der Lit wird teilw prinzipiell an der **Gültigkeit der Übereignung** festgehalten **167** (BAUR/STÜRNER § 57 Rn 15), wobei *aber punktuell Ausnahmen* zugelassen werden; so soll bei Nichtigkeit der Sicherungsabrede die Übereignung nach § 930 daran scheitern, dass kein Besitzmittlungsverhältnis zustande gekommen sei (JAUERNIG § 930 Rn 39; zur Unhaltbarkeit dieser Auffassung oben Rn 90). In anderen Fällen soll die Sittenwidrigkeit gerade (oder sogar nur, BGHZ 7, 115) in der Übereignung liegen.

b) Derartige *punktuelle Korrekturen* sind nicht nur methodisch, sondern auch **168** rechtspolitisch fragwürdig. Richtigerweise muss die *Beurteilung nach einheitlichen Maßstäben und ohne Rücksicht auf die (zufällige) Form der Übereignung* erfolgen. Die Grundlage bildet dabei das Abstraktionsprinzip, wie es aufgrund der Entstehungszusammenhänge heute verstanden werden muss (Vorbem 16 ff zu § 929 ff). Die für die Behandlung der sittenwidrigen causa daraus abzuleitenden Konsequenzen sind in den Erl zu § 929 (Rn 22–28) sowie bei WIEGAND AcP 190 (1990) 112, 134 ff dargelegt; sie finden auch hier Anwendung. Konkret bedeutet das, dass bei *Sittenwidrigkeit der Sicherungsabrede auch die Übereignung als unwirksam anzusehen ist* (die Unsittlichkeit liegt gerade im Vollzug der Leistung; so auch MünchKomm/OECHSLER Anh §§ 929–936 Rn 14; BÜLOW Rn 1143; PALANDT/BASSENGE § 930 Rn 20; PALANDT/HEINRICHS § 138 Rn 20).

III. Kontrolle nach den §§ 305 bis 310 BGB (früher AGB-Gesetz)

1. Grundsätzliches

Da die Sicherungsübereignungen zum ganz überwiegenden Teil aufgrund vorformu- **169** lierter Vertragsbedingungen zustande kommen, hat sich seit Inkrafttreten des AGB-Gesetzes in diesem Bereich eine Verschiebung von den traditionellen Regulierungstatbeständen, die auf Individualabreden zugeschnitten sind, zu den Kontrollmechanismen des AGB-Gesetzes (neu §§ 305 bis 310 BGB) vollzogen.

§ 310, der den **persönlichen Anwendungsbereich** regelt, ist – jedenfalls was die in **170** diesem Zusammenhang interessierenden *§§ 305c, 305b (ehemals §§ 3, 4 AGBG) und § 307 (ehemals § 9 AGBG) betrifft* – prinzipiell *auch auf Kaufleute anwendbar.* Abweichungen von diesem Grundsatz ergeben sich allenfalls dort, wo sich der Sorgfaltsmaßstab des Kunden nach verkehrsgenuinen Maßstäben richtet, wobei der Kaufmann insbes im Rahmen von § 305c aufgrund seiner größeren Geschäftserfahrung auch eher mit Ungewöhnlichem rechnen muss (vgl WOLF/HORN/LINDACHER § 24 Rn 5, § 3 Rn 35, 93). Insbesondere die Grundsätze des § 307 gelten auch für Kauf-

leute und Gewerbetreibende (s BGH WM 1993, 24; MünchKomm/BASEDOW § 9 AGBG
Rn 46 ff; kritisch JAUERNIG/STADLER § 307 Rn 1 und 5). Für die Beurteilung einer Übersicherung unter dem Gesichtspunkt der Inhaltskontrolle nach § 307 spielt die Kaufmannseigenschaft des Kunden jedenfalls in der Praxis keine Rolle.

171 Sofern und soweit die Voraussetzungen vorliegen, kann auch mit Hilfe der §§ 305 bis 310 eine gewisse Korrektur der Entwicklung des Kreditsicherungssystems (vgl oben Rn 10 ff, 34 ff) erreicht werden (dazu unten Rn 172 ff). Indessen darf das nicht dazu führen, dass auf diesem Wege Desiderate und Postulate verwirklicht werden. Exemplarisch dafür ist der Versuch, in jede Sicherungsübereignung ohne Rücksicht auf den Parteiwillen eine auflösende Bedingung einzufügen (vgl dazu unten Rn 196 ff).

2. Überraschende Klausel – § 305c

172 Sog überraschende Klauseln – das sind Klauseln, die nach den Umständen insbesondere nach dem äußeren Erscheinungsbild des Vertrages so ungewöhnlich sind, dass der Vertragspartner des Verwenders mit ihnen nicht zu rechnen braucht – werden nach § 305c nicht in den geschlossenen Vertrag einbezogen (vgl BGH ZIP 1987, 565; vgl aber auch BGH ZIP 1987, 695). Es stellt sich die Frage, wann im *Zusammenhang mit einer Sicherungsvereinbarung von einer überraschenden Klausel* im Sinne des § 305c auszugehen ist.

173 Der wichtigste Anwendungsbereich des § 305c liegt bei der **erweiterten Sicherungsübereignung** (vgl oben Rn 72). Wurde von den Parteien eine erweiterte Sicherungsübereignung vereinbart, dient das übertragene Eigentum der Sicherung sämtlicher bestehenden oder künftigen Forderungen des Kreditgebers gegen den Kreditnehmer. Dies hat im Falle der Vereinbarung einer auflösend bedingten Sicherungsübereignung zur Folge, dass das Eigentum am Sicherungsgut erst mit Tilgung aller bestehenden oder künftigen Forderungen automatisch an den Sicherungsgeber zurückfällt. Ist die Sicherungsübereignung nicht auflösend bedingt, steht dem Sicherungsgeber dagegen in dem Moment, in dem sämtliche Forderungen getilgt sind, erst ein schuldrechtlicher Rückgewährungsanspruch gegen den Kreditgeber zu.

174 Für die Beantwortung der Frage nach der Zulässigkeit derartiger Klauseln wird unterschieden, ob die Person des Sicherungsgebers identisch ist mit derjenigen des Kreditnehmers (Schuldners), dh ob eine **Drittsicherheit** vorliegt oder nicht.

175 a) Sind **Sicherungsgeber und Kreditnehmer nicht identisch**, beurteilt der BGH eine Klausel als überraschend im Sinne des § 305c, wenn in den AGB festgelegt ist, „daß ohne besondere und mit ihm (Sicherungsgeber) ausgehandelte Vereinbarung die *Grundschuld* als Sicherheit für alle zukünftigen Forderungen aus laufender Geschäftsverbindung zwischen dem Darlehensschuldner und Darlehensgläubiger dient" und der Sicherungsgeber die Sicherheit für einen Einzelkredit des Kreditnehmers bestellt hat (BGH NJW 1982, 1035; BGH NJW 1986, 136; zuletzt BGH NJW 1992, 1822, 1823 und mwNw ULMER/BRANDNER/HENSEN § 3 Rn 40a). Der BGH führt aus, dass die künftige Inanspruchnahme des Sicherungsgebers von dessen Kenntnis und seinem Einfluss völlig unabhängig sei. Auf diese Weise könne er nicht verhindern, auf unabsehbare Zeit in Anspruch genommen zu werden (SERICK V § 58 VII S 184 hält die Klausel als Individualvereinbarung wegen Sicherheitsbestellung auf unabsehbare Dauer für unwirksam). In diesem Fall ist es für die Anwendbarkeit des § 305c unerheblich, ob zwischen Kreditnehmer und Sicherungsgeber familiäre, gesellschaftliche oder sonstige Beziehungen bestehen, da kaum jemand für einen anderen dessen bestehende oder zukünftige Verbindlichkeiten sichern will, die er nicht oder noch nicht kennt (so CLEMENTE ZIP 1985, 193, 196; OLG Hamburg ZIP 1983, 803; OLG Düsseldorf ZIP 1984, 42; OLG Oldenburg ZIP 1984, 1468; BGH NJW 1994, 2145). „Der überraschende Charakter entfällt erst, wenn Sicherungsgeber und Dritter persönlich und wirtschaftlich so eng verbunden sind, daß das Risiko künftiger von der Grundschuldbestellung erfasster Verbindlichkeiten für den Sicherungsgeber berechenbar und vermeidbar ist, wenn im Rahmen von Verhandlungen auf die Erweiterung der dinglichen Haftung hingewiesen worden ist, oder wenn der Sicherungsgeber ein mit Kreditgeschäften vertrautes Unternehmen ist" (so BGH NJW 1994, 2145 mwHinw).

Der BGH (aaO) hat diese Grundsätze zur Zweckerklärung bei Sicherungsgrund- **176** schulden (vgl dazu auch BGH NJW 2001 1416 und 1417) auch auf formularmäßige *Bürgschaftserklärungen*, die aus Anlass der Gewährung eines bestimmten Tilgungsdarlehens abgegeben werden, angewandt (sog „Anlassrechtsprechung"); *sie müssen auch für die Sicherungsübereignung als maßgebend betrachtet werden* (in diesem Sinne STAUDINGER/SCHLOSSER [1998] § 3 AGBG Rn 37).

Aus der Argumentation folgt auch, dass derartige weite Zweckvereinbarungen **177** zulässig sind, wenn die Sicherheitenbestellung nicht nur für einen Einzelkredit erfolgte oder eben wenn der Dritte (ein mit Kreditgeschäften vertrauter) *Kaufmann* ist (so BGH aaO; vgl auch die Nachw bei WOLF/HORN/LINDACHER § 3 Rn 68). Die konkreten individuellen Begleitumstände bei Vertragsabschluss (Anlass der Sicherheitenbestellung) können allerdings den im kaufmännischen Verkehr weniger strengen, generellen Maßstab modifizieren und damit die Ausdehnung des Haftungsumfangs über den Anlass des Vertrages hinaus als überraschend erscheinen lassen (BGHZ 109, 197, 202).

b) Daraus kann andererseits nicht gefolgert werden, dass diese weiten Zweckver- **178** einbarungen generell bei **Identität zwischen Sicherungsgeber und Kreditnehmer** zulässig sind. Das hat zwar der BGH angenommen, indem er eine weite Sicherungsvereinbarung bei Personenidentität nicht als überraschende Klausel ansieht, weil „der Sinn einer Sicherheit, die im Rahmen eines Kreditvertrages einer Bank für zukünftige Forderungen gegeben wird" darin besteht, „alle Möglichkeiten der Kreditgewährung, sei es durch Darlehenshingabe, durch Wechseldiskont oder durch Hereinnahme von Wechseln des Kreditschuldners von Dritten oder auch durch Erwerb von Forderungen gegen den Kreditnehmer, abzudecken. Die Erstreckung der Sicherheiten der Bank auf alle Forderungen gegen den Kreditnehmer, die im Laufe der Geschäftsverbindung entstehen, kann nicht überraschend oder unbillig sein, weil die Sicherheiten das Kreditverhältnis in der Regel insgesamt absichern sollen, auch wenn die Erstreckung auf formularmäßig verwendeten Klauseln beruht" (BGH NJW 1981, 756; so auch ULMER/BRANDNER/HENSEN § 3 Rn 34, jedenfalls für den kaufmännischen Bereich). Dagegen nimmt SCHLOSSER (STAUDINGER/SCHLOSSER [1998] § 3 AGBG Rn 29) zu Recht an, dass eine Klausel überraschend ist, „wenn Sicherheit für einen bestimmten Zweck geleistet wird und die vorgedruckten Bestandteile des Sicherungsvertrages bestimmen, daß die Sicherheit auch für alle weiteren dem Sicherungsgeber gewährten Kredite gelten soll". Bei Identität zwischen Sicherungs-

geber und Kreditnehmer ist es uU sinnvoll, danach zu differenzieren, ob die Zweck-
erweiterung weitere *gegenwärtige Forderungen* (Altschulden) oder auch *zukünftige
Forderungen* erfassen soll. Bei einer Absicherung unter Einbeziehung auch zukünftiger Forderungen wird das Überraschungsmoment tendenziell stärker sein als bei
einer Erweiterung, die sich bloß auf weitere Altschulden beschränkt (in dieser Richtung BGHZ 26, 185; 42, 53; BGH WM 1970, 900; BGH WM 1977, 1353, 1354 und 1422; BGH BB
1979, 1741). Der Unterschied ist allerdings nur ein gradueller; abzustellen ist auf die
Umstände des Einzelfalles, wobei maßgeblich ist, ob die Zweckvorstellung des
Sicherungsgebers in den Vorverhandlungen explizit (BGHZ 99, 203, 206, allgM) oder
auch implizit (insoweit strittig, vgl WOLF/HORN/LINDACHER § 3 Rn 68 mwNw) dahin geht,
dass die Sicherheit nur eine ganz bestimmte Forderung sichern soll, was regelmäßig
dann der Fall ist, wenn die Sicherheitenbestellung aus Anlass eines bestimmten
Kredits erfolgte (vgl zum Ganzen BGH ZIP 1987, 695, 829).

179 Dagegen werden *Vorausabtretungen* im Rahmen von Verlängerungsformen auch
geschäftlich Unerfahrenen gegenüber sowie in Branchen, in denen Verlängerungs-
und Erweiterungsformen unüblich sind, allgemein als zulässig und damit nicht als
überraschende Klausel im Sinne des § 305c angesehen (LÖWE/GRAF VON WESTPHALEN/
TRINKNER § 3 Rn 27; LAMBSDORFF/HÜBNER Rn 104 für den Eigentumsvorbehalt; vgl aber auch
BGH ZIP 1981, 147). Dies kann generell nur für den kaufmännischen Geschäftsverkehr zutreffend sein und überdies nur für diejenigen Branchen, wo der *Verbrei-
tungsgrad solcher Klauseln tatsächlich auch sehr hoch ist*; denn das ist der eigentliche
Grund für diese Beurteilung (vgl WOLF/HORN/LINDACHER, AGBG § 3 Rn 60 mwNw).

3. Vorrang der Individualabreden – § 305b BGB (früher § 4 AGBG)

180 Darüber hinaus ist zu beachten, dass gemäß § 305b individuelle Vertragsabreden
Vorrang vor den AGB haben. Da Individualabreden auch konkludent erfolgen
können, *ist stets zu prüfen, ob eine die AGB verdrängende Individualvereinbarung
getroffen wurde.* Das hätte zur Folge, dass die der *Individualvereinbarung* entgegen-
stehende AGB-Klausel in den Vertrag nicht einbezogen würde, durch die AGB-
Klausel statuierte Erweiterungen der Sicherungsabrede (Zweckvereinbarung) keine
Gültigkeit erlangen würden.

181 Derartige Individualabreden können sowohl bei, als auch erst nach dem Vertrags-
schluss, der die Einbeziehungsvereinbarung enthält, erfolgen (WOLF/HORN/LINDACHER,
AGBG § 4 Rn 4). Die Beantwortung der Frage, ob eine vorrangige Individualvereinbarung vorliegt, hat aufgrund der Beurteilung des Gesamtzusammenhanges und der
Gesamtumstände zu erfolgen. So kann in der Sicherungsübereignung, von der der
Kreditgeber die Gewährung des Kredites abhängig gemacht hat, eine Individualvereinbarung des Inhaltes gesehen werden, dass die „Sicherheit allein für diesen
Kredit" bestellt wird. Eine formularmäßig erweiterte Sicherungsabrede steht damit
im Widerspruch und kommt somit nicht zum Tragen (vgl dazu CLEMENTE ZIP 1985, 193,
198; BGH WM 1982, 443; vgl auch OLG Karlsruhe WM 1986, 548, 550).

4. Unangemessenheit – § 307 BGB (früher § 9 AGBG)

182 Der Inhaltskontrolle der AGB aufgrund des § 307 kommt die größte Bedeutung zu.

AGB-Klauseln, bei denen die §§ 305b, 305c nicht zum Tragen kommen, halten vielfach der Inhaltskontrolle nach § 307 nicht stand.

Bei **fehlender Identität zwischen Sicherungsgeber und Kreditnehmer** wird die *Erwei-* **183** *terung der Sicherungsabrede auf alle bestehenden und künftigen Forderungen* (**erweiterte Zweckerklärung**) als **unangemessen** im Sinne des § 307 angesehen, wenn nach dem Inhalt der Klausel die künftige Inanspruchnahme des Sicherungsgebers von dessen Kenntnis und Einfluss völlig unabhängig ist; der Sicherungsgeber könnte nicht verhindern, dass der Kreditgeber neue Kredite gewährt oder auf sonstige Weise Forderungen gegen den Kreditnehmer erwirbt. Der Sicherungsgeber könnte auf unabsehbare Zeit in Anspruch genommen werden (OLG Karlsruhe WM 1986, 548, 549; BGH ZIP 1982, 290; vgl aber auch BGH ZIP 1987, 695 u zum Ganzen BGH ZIP 1987, 829; die gleiche Problematik stellt sich nach § 305c, vgl Rn 175). Der BGH hat es bisher offen gelassen, ob die erweiterte Zweckerklärung auch der Inhaltskontrolle nach § 307 zu unterziehen sei (vgl [befürwortend] WOLF/HORN/LINDACHER § 9 Rn 96 f mwNw).

Zur Problematik **Übersicherung und Freigabeklauseln** vgl die Erläuterungen oben **184** Rn 154 ff.

Eine *unbedingte Sicherungsübereignung* ist mit § 307 vereinbar (BGH ZIP 1984, 420; **185** dazu sofort Rn 196 ff, insbes 199).

IV. Generelle Ansätze zur Restriktion

Neben den soeben dargelegten traditionellen Kontrollregeln und spezifischen Vor- **186** schriften des Gläubigerschutzes, die nur zur punktuellen Korrektur verwendet werden können, ist eine stärkere *Tendenz zu beobachten, durch Rückgriff auf Grundprinzipien einer Ausuferung der Sicherungsgeschäfte entgegenzuwirken* (vgl zB AK-BGB/REICH vor § 929 insbes Rn 44 ff). Dazu zählen alle Ansätze, die an dem **Bestimmtheitsgrundsatz** anknüpfen und mit dessen Hilfe die Wirksamkeit oder den Umfang der Sicherungsübereignung begrenzen wollen (dazu im Einzelnen oben Rn 95 ff). Auf der gleichen Linie liegen auch Überlegungen, die darauf abzielen, die *pfandrechtlichen Grundsätze* auf die Sicherungsübereignung *entsprechend* anzuwenden, wovon vor allem die Stellung des Sicherungsnehmers und die Verwertungsvorgänge betroffen sind (zum Ganzen ARNHOLD-ZEDELIUS; zusammenfassend BÜLOW WM 1985, 373 ff, 405 ff; vgl auch GAUL, in: FS Serick 105, insbes 108 ff). Mit Einführung des **AGB-Gesetzes** (jetzt §§ 305 bis 310 BGB) haben all diese Versuche nicht nur Auftrieb, sondern auch eine neue Basis erhalten. Das vor allem im bisherigen § 9 AGBG verankerte System der Inhaltskontrolle hat dazu geführt, dass auch im Bereich der sachenrechtlichen Sicherungsgeschäfte gesetzliche Modelle den Parteivereinbarungen vergleichend gegenübergestellt werden. Der Übergang zu den neuen Kontrollmechanismen ist noch nicht in allen Bereichen erfolgt und ist naturgemäß auf die – allerdings bei weitem den Hauptfall bildende – Sicherungsübereignung aufgrund von AGB beschränkt. Allerdings haben Folgen der AGB-Kontrolle hier wie überall Rückwirkungen auf die individualvertraglichen Vereinbarungen und deren Interpretation. Vor diesem Hintergrund sind die beiden im Folgenden zu behandelnden Probleme zu betrachten, die im Vordergrund der Diskussion gestanden haben: Die Frage nach der *Akzessorietät der Sicherungsübereignung* und die damit eng verbundene These, dass *Sicherungsübereignungen im Zweifel als auflösend bedingt* anzusehen seien.

1. Sicherungsübereignung und Akzessorietät

187 In einem viel beachteten, aber vereinzelt gebliebenen Urteil des BGH aus dem Jahre 1981 (NJW 1982, 275) wird die Auffassung vertreten, dass die *Sicherungszession als solche akzessorisch* sei (vgl nun aber BGH NJW 1991, 353; dazu unten Rn 195, 199). Das Urteil, das von seiner Aussage her ohne weiteres auch auf die Sicherungsübereignung Anwendung finden müsste, beruht einerseits auf einer Vermengung der Begriffe Abstraktheit und Akzessorietät, es trennt aber auch nicht mit der gebotenen Klarheit zwischen parteiautonomer Befugnis und der Disposition entzogenen gesetzlichen Prinzipien (vgl dazu insgesamt die umfassende und überzeugende Kritik von JAUERNIG NJW 1982, 268 ff sowie GAUL, in: FS Serick 109 f; differenzierend SCHMIDT, in: FS Serick 329 ff, dazu Rn 191 und 196 ff). Entscheidend ist jedoch, dass mit der Annahme einer generellen Akzessorietät keine durchgreifende Änderung der Situation bewirkt werden könnte; allenfalls wären punktuelle Korrekturen möglich, wie in dem vom BGH entschiedenen Fall bei Nichtentstehen der zu sichernden Forderung. Diese rechtfertigen jedoch keinesfalls die vom BGH postulierte Missachtung des Parteiwillens und Außerkraftsetzung zentraler sachenrechtlicher Prinzipien. Im Einzelnen ist dazu Folgendes zu bemerken:

188 a) Während der Begriff der akzessorischen Rechte nicht scharf definiert ist, besteht bezüglich des *Prinzips der Akzessorietät* weitgehende Übereinstimmung: Durch dieses wird der vor allem für die Sicherungsrechte maßgebende Grundsatz beschrieben, dass die Sicherheit (Bürgschaft, Pfandrecht) in Entstehung, Zuordnung und Untergang an das zu sichernde Recht gebunden ist (vgl dazu STAUDINGER/HORN [1997] Vorbem 18 zu § 765 Rn 11, STAUDINGER/WIEGAND [2002] § 1204 Rn 10 ff, § 1250 Rn 1; MEDICUS JuS 1971, 498 f).

189 Im Bereich der **sachenrechtlichen Sicherungsrechte** hat der Gesetzgeber sowohl akzessorische als auch nichtakzessorische Sicherungsrechte vorgesehen, die dadurch geschaffenen *dinglichen Rechte gesetzlich typisiert, fixiert und der Parteidisposition entzogen.* Infolgedessen ist es eine Selbstverständlichkeit, dass die Parteien über die Akzessorietät der Sicherungsrechte keine Vereinbarungen treffen können. Wenn die Parteien die Zuordnung dinglicher Rechte mit der Existenz anderer Rechte verknüpfen wollen, kann dies nach den Regeln des Allgemeinen Teils mit Hilfe von Bedingungen und sonstigen rechtsgeschäftlichen Gestaltungen geschehen, nicht aber durch Kreation neuer Sachenrechte (dazu WIEGAND, numerus clausus 623, 630 ff und AcP 190 [1990] 112, 128 ff).

190 Daraus ergibt sich als erstes *Zwischenergebnis*: Die Akzessorietät von Sicherungsrechten steht nicht zur Disposition der Parteien. Es können weder neue akzessorische Rechte kreiert noch kann die Akzessorietät gesetzlicher Rechte beseitigt werden (zum Letzteren WIEGAND, Akzessorietätsprinzip 35 ff).

191 Soweit also das Urteil des BGH auf den Parteiwillen abstellt, ist es im Ansatz verfehlt. Eine nähere Analyse zeigt jedoch rasch (vgl JAUERNIG NJW 1982, 269), dass das Urteil in Wahrheit gar nicht auf der Interpretation des Parteiwillens beruht, sondern auf der Funktionsgleichheit von Sicherungsabtretung und Pfandrechtsbestellung (SCHMIDT, in: FS Serick 329, 334 ff, teilt zwar die Kritik an diesem Ansatz sowie anderen sachenrechtlichen Prämissen des Urteils, nimmt aber an, dass der BGH in Wahrheit nur eine – vertretbare – Auslegung des Sicherungsgeschäftes vorgenommen hat; vgl dazu auch unten Rn 196 ff).

b)   Auch dieser Gedanke ist im Ansatz verfehlt: Das Urteil basiert auf der Hypo- **192** these, dass die Parteien die Sicherungszession deshalb wählen, weil sie die Publizität des Pfandrechts scheuen. Dass diese Hypothese unzutreffend ist, lässt sich leicht belegen: In der Schweiz bedarf die Verpfändung einer Forderung keiner Anzeige, dessen ungeachtet hat die Sicherungszession auch dort die Verpfändung von Forderungen weitgehend verdrängt. Der Grund liegt unbestrittenermaßen darin, dass die Sicherungszession im Gegensatz zum Forderungspfandrecht nicht akzessorisch ist (Nachw WIEGAND, Fiduziarische Sicherungsgeschäfte 560 ff).

c)   Im Ergebnis basiert das *Urteil des BGH* auch auf der nicht direkt zum Aus- **193** druck gekommenen *Überlegung, dass Sicherungsübertragungen als pfandrechtsersetzende Geschäfte strukturell gleich konzipiert und deshalb gleich zu behandeln sind.* Relativ deutlich wird die Betrachtungsweise des BGH durch die Sentenz, dass die Akzessorietät den Interessen beider Parteien entspreche.

d)   Dass sich diese Auffassung mit traditionellen Mitteln nicht rechtfertigen lässt, **194** ergibt sich aus den dargelegten dogmatischen und systematischen Bedenken – insoweit bedürften die Erwägungen von JAUERNIG (NJW 1982, 268) keiner Ergänzung (vgl aber die relativierenden Bemerkungen von SCHMIDT, in: FS Serick 329, 334 ff). Unter dem Aspekt der AGB-Kontrolle erlangt die Entscheidung des BGH jedoch eine andere Dimension. Man könnte sie dahin interpretieren, dass jedenfalls Sicherungsübereignungen in vorformulierten Vertragsbestimmungen als akzessorisch anzusehen seien, weil sie ansonsten einer Prüfung nach § 307 nicht standhalten würden. Anders ausgedrückt: Das gesetzliche Leitbild sei für die Sicherungsübereignung das akzessorische Pfandrecht und davon abweichende Gestaltungen seien unangemessene Klauseln im Sinne des § 307 – oder aber eben im Sinne einer akzessorischen Sicherungsübereignung zu interpretieren (dazu SCHMIDT, in: FS Serick 329 ff, 345 ff; zur Akzessorietätsdiskussion und AGB-Problematik siehe auch BECKER-EBERHARD, insbes 337 ff und 343 ff).

Die Bedenken, die sich gegen die eben dargelegte Betrachtungsweise richten, **195** treffen im Wesentlichen auch auf die Annahme einer auflösenden Bedingung zu, die ihrerseits wiederum in engem Zusammenhang mit der Akzessorietätsfrage steht. Es wird deshalb in den Rn 196 ff zuerst die Frage der Bedingtheit der Sicherungsübereignung behandelt, um dann zu beiden Varianten zusammenfassend Stellung zu nehmen (unten Rn 201).

Vorab ist festzuhalten, dass der **BGH inzwischen ausdrücklich klargestellt hat, dass es einen allgemeinen Rechtsgrundsatz, wonach die Sicherungsübereignung stets durch den Sicherungszweck bedingt sei, nicht gibt** (NJW 1991, 353; ausführlich dazu SCHMIDT, in: FS Serick 329 ff; außerdem SERICK EWiR 1991, 147 und BGH DB 1991, 798, 799). Der BGH geht in diesem Entscheid zutreffend davon aus, dass es jeweils Auslegungsfrage ist, ob die Eigentumsübertragung durch die Tilgung der gesicherten Forderung auflösend bedingt sei oder ob der Eigentumsübergang durch das Entstehen der gesicherten Forderung aufschiebend bedingt sein soll (354; Einzelheiten dazu unten Rn 199).

2. Sicherungsübereignung und Bedingung

196 Der *Effekt der Akzessorietät* lässt sich auch dadurch herbeiführen, dass die *Sicherungsübertragung bedingt* erfolgt (Bülow Rn 1180). Auf diese Weise kann das Sicherungseigentum wie bei den akzessorischen Sicherungsrechten *mit der Existenz der Forderung verknüpft werden.* Wenn in diesem Zusammenhang in der Literatur gelegentlich von **Akzessorietätsersatz** gesprochen wird (Medicus JuS 1971, 503 f), so wird damit der Zustand treffend beschrieben. Die Sicherungsübereignung kann sowohl bezüglich des Beginns wie auch der Beendigung mit der Bedingung verknüpft werden. Das darf freilich nicht darüber hinwegtäuschen, dass zwischen einer in dieser Weise bedingten Sicherungsübereignung und einem akzessorischen Sicherungsrecht *strukturelle Unterschiede* bestehen, die sich im Wesentlichen schon aus den Ausführungen zur Akzessorietät der Sicherungsübereignung ergeben. Verdeutlicht wird dieser Unterschied auf besonders einleuchtende Weise bei der Übertragung des gesicherten Rechtes. Die gesetzlich vorgesehenen akzessorischen Rechte folgen dem gesicherten Recht (vgl § 401 sowie speziell für das Pfandrecht STAUDINGER/ WIEGAND [2002] § 1250 Rn 2).

197 Sieht man aber einmal von diesen durch die unterschiedliche Struktur verursachten Abweichungen ab, so kann mit Hilfe der Bedingung im Wesentlichen dasselbe *erreicht werden, was auch mit der Übertragung des Akzessorietätsprinzips auf die Sicherungsübereignung angestrebt wird*: Durch die Vereinbarung einer aufschiebenden Bedingung wird die Wirksamkeit der Übereignung bis zur Entstehung der zu sichernden Forderung hinausgeschoben, durch die Vereinbarung einer auflösenden Bedingung kann ein *automatischer Rückfall* des Sicherungsgutes erreicht werden (vgl auch Bülow Rn 1180; zur Problematik insgesamt jetzt BGH NJW 1991, 353 = JZ 1991, 723 mit Anm Gerhardt, dazu ausführlich Schmidt, in: FS Serick 329 ff; vgl im Übrigen Rn 199).

198 a) Ausdrückliche vertragliche *Vereinbarungen*, in denen die Sicherungsübereignung von den Parteien bewusst bedingt gestaltet wird, sind sowohl in individualvertraglichen wie in vorformulierten Vereinbarungen *selten*. Die Frage nach der Bedingtheit einer Sicherungsübereignung kann also überhaupt nur dann an Bedeutung gewinnen, wenn man sie auch ohne entsprechende Erklärung der Parteien in die Vereinbarung hineininterpretiert. Für die einzelvertragliche Sicherungsübereignung ist diese Forderung seit langem immer wieder aufgestellt worden (für die auflösende Bedingung so schon Siebert, Treuhand 229; Lange NJW 1950, 569; Böhmer, Grundlagen II 2 164; Eichler I 136; Wolff/Raiser § 180, II 2 in Verbindung mit § 179 Fn 16; Soergel/Henssler Anh § 930 Rn 24; für die aufschiebende Bedingung; Tiedtke DB 1982, 1709 ff; Bähr NJW 1983, 1473 ff; dazu auch BGH NJW 1991, 353). In der ganz *überwiegenden Lit* hat man jedoch in *Übereinstimmung mit der Rspr* stets daran *festgehalten*, dass in der individualvertraglichen Vereinbarung eine Bedingung nur dann angenommen werden kann, wenn die Parteien diese *ausdrücklich vereinbart* haben (Erman/Michalski Anh zu §§ 929–931 Rn 3; Reich AcP 169 [1969] 247; 263; Westermann/Westermann § 44 III 4 b; BGB-RGRK/Pikart § 930 Rn 66; Bamberger/Roth/Kindl § 930 Anh 13; vgl dazu und zum Folgenden außerdem die differenzierende Darstellung bei AnwK-BGB/Schilken § 930 Rn 31 f sowie Soergel/Henssler § 930 Anh Rn 24 f und insges Becker-Eberhard 343 ff).

199 In dem mehrfach erwähnten Urteil aus dem Jahre 1990 (oben Rn 195 mit Hinweisen) hat der BGH diesen Standpunkt bestätigt und bekräftigt. Das Urteil enthält allerdings – entgegen dem ersten, durch den Leitsatz ausgelösten Anschein – keine wirkliche Neuerung. Es wird vielmehr erneut betont, dass die Frage, ob eine Sicherungsübereignung, die keine entsprechende Regelung enthalte, als bedingt anzusehen sei, nur auf Grund einer die *Interessen der Parteien berücksichtigenden Auslegung* zu entscheiden sei (vgl dazu SCHMIDT, in: FS Serick 329, 335 f). Entscheidende Bedeutung kommt aber dennoch der Festlegung zu, dass „eine allgemeine automatische Verknüpfung zwischen Sicherungsübereignung und gesicherter Forderung" abzulehnen sei. Das ist auch für die Kontrolle nach dem AGB-Grundsätzen (§§ 305 bis 310) richtig.

b)   Aufgrund der oben dargelegten generellen Tendenz, die Sicherungsgeschäfte **200** in zunehmendem Maße einer Kontrolle nach dem AGB-Regeln (§§ 305 bis 310) zu unterziehen, ist verschiedentlich die Auffassung vertreten worden, dass *unbedingte Sicherungsübereignungen einer Überprüfung nach § 307 nicht standhalten* könnten (WOLF, in: FS Baur 141 ff, 159 ff; MünchKomm/QUACK[3] [1997] Anh zu §§ 929–936 Rn 113 ff). Der BGH hat in einer ausführlich begründeten Entscheidung (ZIP 1984, 420 ff = JR 1985, 17 ff mit zustimmender Anmerkung von REHBEIN) *diese Auffassung zu Recht verworfen.* Der Versuch, die *formularmäßig* unbedingte Sicherungsübereignung mit Hilfe der AGB-Kontrolle in eine bedingte umzugestalten, weckt nicht nur grundlegende systematische und dogmatische Bedenken, er ist auch sachlich nicht gerechtfertigt und verfehlt sein eigentliches Ziel. Die Gründe, die diese Beurteilung rechtfertigen, gelten in gleichem Maße für die Annahme einer Akzessorietät wie für die einer auflösenden Bedingung als Akzessorietätsersatz. Sie werden deshalb zusammen dargestellt und zugleich mit den damit untrennbar verbundenen Erwägungen verknüpft.

3.   Stellungnahme und rechtspolitische Würdigung

a)   Der Versuch, die fiduziarische Sicherungsübertragung am Maßstab der gesetz- **201** lich geregelten Sicherungsrechte zu messen, ist schon im Ansatz verfehlt. Er bedeutet der Sache nach eine Rückkehr zu der seit REGELSBERGER (vgl zum Folgenden grundsätzlich COING, Treuhand 36 ff; WIEGAND, Treuhand 566 ff; ders, Fiduziarische Sicherungsgeschäfte 538 ff m umf Nachw sowie oben Rn 54) überwundenen Simulationstheorie und *verkennt, dass die fiduziarischen Rechtsgeschäfte anerkannte Ergebnisse richterlicher Rechtsfortbildung darstellen.* Es geht deshalb nicht an, diese Neuschöpfungen des Rechtsverkehrs so zu behandeln, als seien sie immer noch „Schleichwege" (JHERING). Es handelt sich vielmehr um eigen- und selbständige Rechtsinstitute, denen die gesetzlich geregelten Sicherungsgeschäfte weder als Leitbilder noch als Kontrollmaßstäbe gegenübergestellt werden können (insoweit übereinstimmend SCHMIDT, in: FS Serick 329 ff, für den deshalb allenfalls eine Kontrolle nach § 9 Abs 1 und § 5 AGBG in Betracht kommt. Dabei berücksichtigt er die im Folgenden dargelegten Gesichtspunkte nur teilweise).

b)   Aber auch sachlich-rechtliche Überlegungen rechtfertigen eine Anwendung des § 307 nicht. Insbesondere liegt keine unangemessene Benachteiligung des Sicherungsgebers vor, wenn die Sicherungsübereignung nicht auflösend bedingt ist. Die in diesem Zusammenhang angeführten Argumente lassen deutlich die Widersprüchlichkeiten derartiger Korrekturversuche erkennen, die ihrerseits wiederum Ausdruck einer Konzeptions- oder Hilflosigkeit sind.

aa)   So geht WOLF (WOLF/HORN/LINDACHER AGBG § 9 Rn S 112) davon aus, dass der **202**

Sicherungsgeber deshalb unangemessen benachteiligt werde, weil er bei der unbedingten Sicherungsübereignung auf den schuldrechtlichen Rückübertragungsanspruch beschränkt und dadurch mit dem Konkursrisiko belastet sei. Es gehört aber
gerade zu den grundsätzlichen Wesenszügen der Sicherungstreuhand, dass der Sicherungsgeber im Konkurs des Sicherungsnehmers ein Aussonderungsrecht hat
(s unten Rn 251). Mit dieser grundlegenden, schon vor In-Kraft-Treten des BGB
anerkannten Sonderstellung des fiduziarischen Eigentums (so AT Rn 9 ff) ist die
Konkursgefahr praktisch ausgeschaltet, und der Sicherungsgeber wird allen anderen
Gläubigern des Sicherungsnehmers gegenüber bevorzugt. In konkursrechtlicher
Hinsicht besteht deshalb für den Sicherungsgeber bei der unbedingten und der
auflösend bedingten Übereignung kein Unterschied (so auch REHBEIN aaO und WESTER-
MANN/WESTERMANN § 44 III 4 b).

203 **bb)**　Größeres Gewicht kommt dem Hinweis zu, dass die auflösend bedingte Sicherungsübereignung den Sicherungsgeber besser vor *Verfügungen des Sicherungsnehmers* schützt. Diese könnten nur noch unter den Voraussetzungen des § 161
Abs 3 wirksam werden, so dass bei der Sicherungsübereignung nach § 930 der gutgläubige Erwerb immer, in den übrigen Fällen aber häufig mangels guten Glaubens
scheitern würde (dazu WIEGAND JuS 1974, 203; JuS 1978, 145; vgl STAUDINGER/BORK [2003]
§ 161 Rn 14). Indessen bestehen auch hier grundlegende Zweifel, die sowohl die
Richtigkeit des Konzeptes als auch die damit verbundenen Wertungen betreffen:
Wenn schon dem Sicherungsgeber Schutz vor unberechtigten Verfügungen des
Sicherungsnehmers gewährt werden soll, so dürfte dieser nicht von der zufälligen
Konzeption des Übereignungsvorganges abhängen. Richtiger erschiene dann der
prinzipielle Verfügungsschutz, der bei allen fiduziarischen Rechtsübertragungen
zugunsten des Treugebers eingreifen müsste (zu dieser in der Lit u Rspr seit langem
diskutierten Konzeption im Einzelnen unten Rn 211 ff).

204　Hinzu kommt Folgendes: Dem Interesse des Sicherungsgebers auf Schutz vor unberechtigten Verfügungen des Sicherungsnehmers stehen gewichtige *andere Interessen
entgegen*, und zwar einerseits Interessen Dritter und der Allgemeinheit, andererseits
Interessen des Sicherungsnehmers. So haben die Gläubiger des Sicherungsnehmers
ein durchaus legitimes Interesse, in ihren Erwerbsgeschäften mit dem Sicherungsnehmer geschützt zu werden. Will man ihnen (ähnlich wie im Insolvenzrecht) diesen
Schutz versagen, so darf dieses nicht von der juristischen Konstruktion des Übereignungsvorganges abhängen, sondern muss damit begründet werden, dass bei gebundenen Rechtsübertragungen die Erwerbsinteressen Dritter in dem eben dargelegten Sinne zurücktreten müssen (vgl dazu Rn 243 ff).

205　Darüber hinaus aber besteht ein *generelles Interesse an der Klarheit der Zuordnungsverhältnisse*. Dieses wäre empfindlich gestört, wenn sämtliche formularmäßigen Sicherungsübereignungen ohne Wollen und Zutun der Parteien als auflösend
bedingt bezeichnet würden. Der jeweilige Zeitpunkt des Rechtsübergangs wäre
ebenso unklar wie die damit verbundenen Besitzverhältnisse (die Kritik von SCHMIDT,
in: FS Serick 239, 337 f beruht auf einer Gleichsetzung von Publizität und Klarheit der sachenrechtlichen Zuordnung, Letztere ist jedoch von der an den Besitz anknüpfenden Publizität zu
unterscheiden; vgl Rn 117). Dieses allgemeine Interesse an der Transparenz und Klarheit der sachenrechtlichen Zuordnungs- und Besitzverhältnisse deckt sich weitgehend mit den Sicherungsinteressen des Sicherungsnehmers, die bei schuldrechtlicher

Rückübertragungspflicht besser geschützt sind als bei einem automatischen Rückfall – wie der BGH in seiner grundlegenden Entscheidung (ZIP 1984, 420, 422) treffend dargelegt hat. Jedenfalls wird man sagen müssen, dass die Interessenlage insgesamt sich keineswegs so darstellt, dass durch eine nicht auflösend bedingte Sicherungsübereignung der Kreditnehmer und Sicherungsgeber in einer gegen Treu und Glauben verstoßenden Weise benachteiligt würde.

cc) Dies gilt insbesondere für einen zentralen weiteren Punkt, der zugunsten einer **206** auflösenden Bedingung angeführt und vor allem von QUACK hervorgehoben wird (MünchKomm/QUACK Anh zu §§ 929–936 Rn 68, 115): Bei einer auflösend bedingten Sicherungsübereignung steht dem *Sicherungsgeber ein Anwartschaftsrecht* zu, das inhaltlich und strukturell demjenigen des Vorbehaltskäufers gleichzustellen ist (allgM, vgl BGH ZIP 1984, 420, 421 mwN; zur Verarbeitung vgl § 950 Rn 46). Der Vorteil für den Sicherungsgeber soll nun darin bestehen, dass er über dieses Anwartschaftsrecht als Vermögensbestandteil bereits vor Rückzahlung des Kredites im Wege einer sog **Anschlusssicherungsübereignung** verfügen kann (dazu unten Rn 261 ff). Ein derartiges Interesse des Sicherungsgebers ist nicht zu bestreiten, fraglich ist allein, ob es schützenswert ist. Der vom BGH entschiedene Fall (ZIP 1984, 420 ff) zeigt mit aller Deutlichkeit, zu welchen Komplikationen und Konsequenzen die Annahme eines solchen Anwartschaftsrechtes geführt hätte. In der Sache ermöglicht dieses nämlich dem Sicherungsgeber, das Sicherungsgut ein zweites Mal als Sicherheit zu verwenden. Damit wird notwendigerweise ein Konflikt zwischen dem ersten und dem zweiten Sicherungsnehmer programmiert (die Grundsatzentscheidung des BGH veranschaulicht diese Konfliktsituation auf exemplarische Weise).

Eine *zweite gravierende Konsequenz*, die sich aus dieser Konstruktion ergibt, liegt **207** darin, dass bei Übertragung des Anwartschaftsrechtes an einen weiteren Gläubiger nach Rückzahlung des ersten Kredites das Sicherungseigentum unmittelbar vom ersten Sicherungsnehmer auf den Zweiten übergeht (heute allgM, grundl BGHZ 20, 88; in diesem Sinne bestätigend BGH ZIP 1984, 420, 424; vgl auch BGH NJW 1992, 1156, 1157). Damit werden alle übrigen Gläubiger vom Zugriff ausgeschlossen und im Falle der Insolvenz wird die Masse geschmälert. Dieses Ergebnis wird sich nicht vermeiden lassen, wenn die Parteien eine auflösend bedingte Sicherungsübereignung vereinbart haben und dann das zweifellos entstandene Anwartschaftsrecht in dieser Weise verwendet wird. Es ist jedoch nicht zulässig, aus dem Fehlen dieser Möglichkeit eine unangemessene Benachteiligung des Sicherungsgebers abzuleiten; vielmehr ist dem Sicherungsgeber, der sich diese Option offen halten möchte, zuzumuten, eine entsprechende Vereinbarung mit dem Sicherungsnehmer zu treffen. *Es geht nicht an, mit Hilfe von § 307 eine weitere Ausuferung und Komplizierung der Sicherungsrechte auch noch zu fördern*, während in allen anderen Bereichen das Gesetz – zu Recht – dazu verwendet wird, Ausuferungen entgegenzuwirken (vgl dazu oben Rn 144 ff, 169 ff sowie § 950 R 30). Eine wünschenswerte Reduzierung der „Hypertrophie der Sicherungsrechte" kann nur erreicht werden, wenn eine gewisse Konsistenz in den Wertungen und eine Abstimmung der verschiedenen Maßnahmen gewährleistet wird (vgl dazu HENCKEL, FS ZEUNER, 193 und oben Rn 40 und 106).

c) Im Übrigen ist darauf hinzuweisen, dass bei **schuldrechtlicher Rückabwicklung** **208** ein *angemessener Interessenausgleich* zwischen Sicherungsnehmer und Sicherungsgeber stattfindet und zugleich auch das für die Insolvenz und den Drittschutz bessere Ergebnis erzielt wird. Dies aus folgenden Gründen: Wenn eine zweifache Verfügung über das Sicherungsgut erfolgt, führt diese in aller Regel zu einer Überbelastung der Gegenstände. Da bei Übersicherung die oben dargelegten Konsequenzen (Rn 154 ff) drohen, wird in der Regel das Sicherungsgut bis zu 70% „ausgelastet" sein. In dieser Situation ist eine weitere Verwendung derselben Gegenstände als Sicherungsgut mit Anwartschaftsübertragung gar nicht erstrebenswert, da im Falle der Nichtrückzahlung der zweite Sicherungsnehmer weitgehend leer ausgeht oder nur einen geringen Rest erhalten wird. Wenn ein solcher Restbetrag überhaupt verbleibt, sollte er indessen besser in die Insolvenzmasse fallen und damit dem Zugriff aller weiteren Gläubiger offen stehen. Dieses Ergebnis ergibt sich bei schuldrechtlicher Abwicklung und es erscheint sachgerechter als dasjenige einer Anschlusssicherungsübereignung.

209 **d)**   Aber selbst wenn man die zuvor dargelegten Bedenken nicht für durchgreifend erachtet, wird letztlich *sowohl mit der Annahme der Akzessorietät wie mit der Hypothese einer stillschweigenden auflösenden Bedingung im Ergebnis nichts gewonnen.*

Da in den meisten der Sicherungsverträge, insbes aber in den vorformulierten Vertragsbedingungen in aller Regel auch die künftigen Forderungen mitgesichert werden, kommt es weder zu einem wirklichen Erlöschen der gesicherten Forderung im Sinne des Akzessorietätsgedankens noch zu einem Eintritt der auflösenden Bedingung. Es sei denn, man wollte annehmen, dass nach dem Erlöschen der jeweils einzelnen Forderung das Sicherungseigentum im Wege der antizipierten Einigung erneut begründet würde. Eine derartige Konstruktion wäre nicht nur lebensfremd, sie widerspricht auch in jeder Hinsicht den Parteivorstellungen. Die Sicherung einer „rotierenden" Forderung, die dadurch zu einer Art permanenten Sicherungsübereignung führt, wird heute in dem oben dargelegten Rahmen allgemein anerkannt. Für die Sicherungsübereignung stehen ihr auch nicht irgendwie geartete institutionelle Bedenken gegenüber, wie es beim Eigentumsvorbehalt der Fall ist (dazu oben Rn 13). Schon im 19. Jahrhundert war es für das Pfandrecht (insbes bei Verpfändung von Sachgesamtheiten) allgemein anerkannt, dass dadurch permanente Pfandrechte mit austauschbaren Forderungen begründet werden könnten. Korrekturen, die zu einer Reduzierung dieser dauernden Sicherungsrechte führen sollen, müssen deshalb beim Kreis der gesicherten Forderungen ansetzen.

4.   Fazit

210 Die Versuche, mit Hilfe der Akzessorietät oder der auflösenden Bedingung das Sicherungseigentum rascher an den Sicherungsgeber zurückfallen zu lassen, sind sowohl aus dogmatischen wie aus praktischen aber auch aus rechtspolitischen Gründen verfehlt. Bei der Annahme einer durch Auslegung zu ermittelnden Bedingung ist deshalb Zurückhaltung geboten. Das Gleiche gilt für die Kontrolle unbedingter Sicherungsübereignungen nach den §§ 305 bis 310 BGB.

D. Das Sicherungseigentum

I. Allgemeines

1. Das Sicherungseigentum ist eine **besondere Form des Eigentums**, die sich zu **211** einem dinglichen Recht eigener Art entwickelt hat (dazu oben Rn 20 ff).

a) Die erste Besonderheit liegt im *transitorischen Charakter*: Sicherungseigentum **212** ist per definitionem eine vorübergehende, zweckgebundene Zuordnung, die entweder durch Übereignung oder Verwertung beendet wird (dazu unten Rn 225 ff, 260 ff).

b) Diese **Zweckgebundenheit** greift auch während der Zuordnung zum *Siche-* **213** *rungsnehmer* auf dessen Position durch: *Seine Eigentümerstellung ist durch die Bindung geprägt.* Sie wirkt sich sowohl auf die Stellung des Sicherungseigentümers im Allgemeinen wie auch auf die Behandlung des Sicherungseigentümers bei Insolvenz aus. Grundlage und Maßstab der Bindung bildet die Sicherungsabrede.

2. Der **Inhalt der Sicherungsabrede** bestimmt zugleich die Position des *Siche-* **214** *rungsgebers*: Sie legt fest, wann und unter welchen Bedingungen er die Sachen verarbeiten, verbrauchen oder veräußern kann/darf und welche Konsequenzen sich daraus ergeben sollen (vgl die Verarbeitungs-, Abtretungs- und anderen Erstrekkungsklauseln, dazu Rn 220 ff). Die Sicherungsvereinbarung regelt zudem auch die Form der Übereignung und die Rückübertragung, die ihrerseits wieder die Stellung beider Parteien beeinflussen (vgl dazu MÜHL, in: FS Serick 285 ff).

3. Erfolgt die Übertragung nach § 930, verbleibt die Nutzungsmöglichkeit beim **215** *Sicherungsgeber*. Bei der Übereignung gemäß § 931 (vor allem hinsichtlich eingelagerter Ware, dazu oben Rn 125 ff) entfällt dieser Vorteil. Die *Rechtsstellung des Sicherungsnehmers* und die Qualität des Eigentums werden durch die Form der Übereignung nicht tangiert.

Dagegen hat die *Ausgestaltung der Übereignung wesentlichen Einfluss auf die Stel-* **216** *lung beider Parteien*: Erfolgt sie unter auflösender Bedingung, hat der Sicherungsgeber eine Rückfall-Anwartschaft (siehe oben Rn 206). Die Verfügungsmöglichkeiten des Sicherungsnehmers werden dadurch gemäß § 161 beschränkt. Im Normalfall der Sicherungsübereignung entfällt diese Beschränkung und es besteht ausschließlich ein schuldrechtlicher Anspruch auf Rückübereignung.

4. Den Kern der Sicherungsabrede bildet die **Zweckvereinbarung**. Sie macht das **217** eigentliche Wesen einer treuhänderischen Rechtsgestaltung aus und stellt die Verknüpfung zwischen Sicherungszweck und Übereignung her. Neben der erwähnten Gebundenheit des Eigentums bestimmt diese Zweckabrede auch darüber, *welche Forderungen in welchem Umfang gesichert sind.* In Betracht kommt dabei eine einzelne Forderung und im Rahmen der oben dargelegten Zulässigkeitsgrenzen auch die Sicherung mehrerer, wechselnder Forderungen. Derartige Abreden betreffen also insbesondere laufende, sich erneuernde Kredite und können auch auf zukünftige Forderungen erstreckt werden. Die Sicherungsabrede ist zudem maßgeblich für die Frage der Beendigung der Sicherungsübereignung, indem sie festlegt, wann die Verwertungsbefugnis entsteht und wann andernfalls das Sicherungsgut zurückzugeben ist (dazu und zum Folgenden BEHRENS).

II. Die Beziehung zwischen Sicherungsgeber und Sicherungsnehmer

1. Die Sicherungsabrede als Schuldverhältnis

218 a) Grundlage für die Beziehungen zwischen Sicherungsgeber und Sicherungsnehmer bildet die *Sicherungsabrede, welche die gegenseitigen Rechte und Pflichten bestimmt* (RGZ 143, 116; HRR 1941 Nr 682; dazu MünchKomm/OECHSLER Anh §§ 929–936 Rn 25 ff; SOERGEL/HENSSLER § 930 Rn 52 ff; BÜLOW Rn 1146 ff; LWOWSKI, Kreditsicherung Rn 106, 600 [„Sicherstellungsvertrag"] s oben Rn 59). Im Hinblick auf die in der Rspr und Lit vorherrschende Auffassung vereinbaren die Parteien üblicherweise, dass zwischen ihnen eines der gesetzlich geregelten Schuldverhältnisse bestehen soll (zB Verwahrung, Leihe). Dies geschieht in der Absicht, Zweifel bezüglich der Konkretheit des Besitzkonstitutes auszuräumen (zum Ganzen oben Rn 85 ff). *Diese gesetzlichen Schuldverhältnisse* entsprechen jedoch *normalerweise nicht den Regelungsbedürfnissen,* die bei einem Sicherungsgeschäft bestehen. Infolgedessen werden darüber hinaus *spezielle Abmachungen* getroffen, die den *Umgang mit dem Sicherungsgut,* dessen Rückgabe und andere Fragen betreffen. Selbst beim Fehlen solcher Abreden wird man annehmen können, dass sich derartige Pflichten aus dem spezifischen Sicherungsinteresse ergeben und deshalb als *stillschweigend vereinbart* angesehen werden müssen. Dies gilt umso mehr, wenn man mit der hier vertretenen Auffassung davon ausgeht, dass ein konkretes Besitzmittlungsverhältnis nicht erforderlich ist, sondern die Sicherungsabrede sowohl für den Übereignungstatbestand wie auch für die schuldrechtlichen Beziehungen die Grundlage bildet. Als wesentliche Merkmale der schuldrechtlichen Beziehungen kommen folgende Elemente in Betracht:

219 aa) Im Zentrum jeder Sicherungsvereinbarung steht die **Pflicht des Sicherungsgebers, das Sicherungsgut zu erhalten**; dies gilt sowohl in rechtlicher wie in tatsächlicher Hinsicht und umfasst die Verpflichtung zu notwendigen Reparaturen, Wartungsarbeiten, sachgemäßer Aufbewahrung oder Unterbringung. Ebenso sind übermäßige Abnutzung und gefährliche Verwendung des Sicherungsgutes zu vermeiden (vgl in diesem Sinne BGHZ 34, 191). In der Regel gehört es auch zu den Pflichten des Sicherungsgebers, das Sicherungsgut – soweit dies möglich und üblich ist – gegen Schadensfälle zu versichern (SOERGEL/HENSSLER Anh § 930 Rn 60). Des Weiteren gehört zu den Erhaltungspflichten die Pflicht des Sicherungsgebers, den Sicherungsnehmer von drohenden Zwangsvollstreckungen in das Sicherungsgut zu unterrichten, um auf diese Weise dem Sicherungsnehmer die Erhebung der Drittwiderspruchsklage zu ermöglichen.

220 bb) Als Ausfluss der Erhaltungspflichten des Sicherungsgebers sind die **Ersatz- und Nachschubklauseln** zu betrachten (vgl schon oben Rn 123 ff). Danach ist der Sicherungsgeber verpflichtet, verbrauchte, zerstörte oder sonst *wegfallende Sicherungsstücke* entsprechend zu *ersetzen.* Bei der Sicherungsübereignung von *Sachgesamtheiten* bezweckt die *Nachschubklausel,* anstelle der ausgeschiedenen Stücke *neue in die Sicherungsmasse einzugliedern.* Derartige Klauseln haben zunächst rein obligatorische Wirkung. Da sie jedoch häufig mit antizipierten Übereignungen verbunden sind, wird auch schon der sachenrechtliche Vollzug vorweg vereinbart (im Einzelnen oben Rn 128). Den gleichen Zweck verfolgen die so genannten **Verarbeitungsklauseln**, die darauf abzielen, die durch ordnungsgemäße Verwendung des Sicherungsgutes entstandenen Produkte als Sicherungssubstanz zu erhalten (Einzelheiten § 950 Rn 28 ff und im Hinblick auf Kollisionen unten Rn 264 ff).

b) Der *Sicherungsgeber* hat im Hauptfall der Sicherungsübereignung gemäß **221** *§ 930* die Möglichkeit, das Sicherungsgut im bisherigen Umfang weiter zu nutzen. Darin liegt der wesentliche Vorteil und der eigentliche Grund für die Verdrängung des Pfandrechts durch die Sicherungsübereignung. Diesem *Recht des Sicherungsgebers* entspricht die **Pflicht des Sicherungsnehmers**, die Benutzung der Sache so lange zu dulden, wie der Sicherungsgeber die vertraglich festgelegten Verpflichtungen beachtet.

aa) Dazu gehört zunächst, dass der *Sicherungsgeber die Sache ausschließlich be-* **222** *stimmungsgemäß verwendet* sowie die soeben dargelegten Erhaltungspflichten beachtet. Bei Nichteinhaltung dieser vertraglichen Verpflichtungen hat der Sicherungsnehmer das Recht, die Sache vom Sicherungsgeber wegen Gefährdung des Sicherungszwecks herauszuverlangen. Derartige Pflichtverletzungen begründen darüber hinaus einen Schadensersatzanspruch wegen positiver Forderungsverletzung sowie eventuell eine deliktische Haftung gemäß § 823, da der Sicherungsnehmer Eigentümer der Gegenstände ist. Eine Herausgabepflicht kann sich auch deshalb ergeben, weil der Sicherungsgeber seinen Zahlungsverpflichtungen nicht nachkommt (zum Ganzen unten Rn 230 ff).

bb) Neben der eigentlichen Weitergebrauchsmöglichkeit spielt in der Praxis die **223** **Verarbeitung und Veräußerung des Sicherungsgutes** eine erhebliche Rolle. Diese werden – vor allem bei Sachgesamtheiten – in der Regel in der Sicherungsabrede gestattet und zugleich mit den erwähnten, die Verwendung kompensierenden Klauseln verbunden. Handelt der Sicherungsgeber im Rahmen dieser Ermächtigungen, so sind die von ihm vorgenommenen Veräußerungen wirksam; die Kaufpreisforderung beziehungsweise der Erlös stehen in der Regel dem Sicherungsnehmer aufgrund von *Erlös- oder Abtretungsklauseln* zu (zu Kollisionsproblemen unten Rn 264 ff). Bei einer Verarbeitung im vorgesehenen Rahmen erwirbt der Sicherungsnehmer Sicherungseigentum am Verarbeitungsprodukt; dabei ist freilich Voraussetzung, dass die Verarbeitungsklausel überhaupt zulässig ist und der Übereignungswille des Sicherungsgebers fortbesteht (zu den Streitpunkten vgl § 950 Rn 17 ff). Bei einer unbefugten Veräußerung liegt im Verhältnis zwischen Sicherungsgeber und Sicherungsnehmer eine Vertragsverletzung vor, die zum Schadensersatz verpflichtet. Ob der Dritte Eigentum am Sicherungsgut erwerben kann, hängt nicht nur von der konkreten Fallgestaltung, sondern auch davon ab, inwieweit man der internen Bindung Außenwirkung zuerkennt (dazu unten Rn 234 ff).

cc) Neben den erwähnten Pflichtverletzungen besteht der gravierendste Fall des **224** Verstoßes darin, dass der Sicherungsgeber die Zahlungsverpflichtungen nicht einhält. Die Konsequenzen bestimmen sich nach dem Inhalt der Sicherungsabrede (dazu sofort Rn 225 ff).

2. Verwertung des Sicherungsgutes

225 a) Das *Verwertungsrecht* des Sicherungsnehmers bildet den eigentlichen *Kern der Sicherungsübereignung* (dazu im Einzelnen GEISSLER KTS 1989, 787). Der Verwertungsfall tritt in der Regel mit Fälligkeit der gesicherten Forderung ein und wird in seinen Einzelheiten durch die Sicherungsabrede bestimmt. Vor Eintritt der Verwertungsvoraussetzungen bestehen nur die oben dargelegten schuldrechtlichen Verpflichtungen zwischen den Parteien.

226 b) Die *Voraussetzungen* sowie die *Art und Weise* der Verwertung bestimmen sich nach dem *Sicherungsvertrag* (WOLFF/RAISER § 179 III 2 c; REICH AcP 169 [1969] 247, 269; BGB-RGRK/PIKART § 930 Rn 71; WESTERMANN/WESTERMANN § 44 V 1; RGZ 143, 113, 117; BGH WM 1961, 2431; BGH ZIP 1980, 40, 41). Fehlt eine ausdrückliche Vereinbarung, so wird vielfach eine *analoge Anwendbarkeit der Pfandrechtsvorschriften* über die Pfandverwertung angenommen (GERHARDT JZ 1986, 672, 679; WOLFF/RAISER § 179 III 2 c; WESTERMANN/WESTERMANN § 44 V 2 b; BAUR/STÜRNER § 57 Rn 42; WIELING § 18 II 2; Rn 49; GRUNSKY JuS 1984, 497; SCHWAB/PRÜTTING § 34 Rn 412; eher zurückhaltend MünchKomm/OECHSLER Anh zu §§ 929–936 Rn 49).

227 aa) Ein **genereller Rückgriff** *auf die Pfandrechtsvorschriften kommt indessen nicht in Betracht* (s auch GAUL, in: FS Serick 105, 151 f). Vielmehr haben die Parteien in bewusst ausgeübter Gestaltungsfreiheit die Sicherungsübereignung gewählt, weil diese ihrer Interessenlage besser entspricht als das gesetzlich vorgesehene Institut des Pfandrechts. Aus dem Wesen des treuhänderischen Rechtsverhältnisses ergeben sich neben den bereits dargelegten noch allgemeinere Verpflichtungen grundsätzlicher Art. Diese beruhen darauf, dass alle *fiduziarischen Rechtsgeschäfte durch eine generelle Verpflichtung zur wechselseitigen Interessenwahrnehmung* gekennzeichnet sind (so auch MÜHL, in: FS Serick 285, insbes 290 f; ähnlich jetzt MünchKomm/OECHSLER Anh zu §§ 929–936 Rn 49). Das ist von der Rspr ausdrücklich festgehalten worden für die Verwertung des Sicherungsgutes (BGH KTS 1966, 177, 178; BGH NJW 1980, 226, 227). Angesichts dieser Sachlage kommt ein Rückgriff auf die Pfandrechtsvorschriften nur ganz punktuell in Betracht (zu einzelnen Anwendungsfragen vgl die folgenden Erl).

228 bb) In der Regel wird sich das Rechtsverhältnis zwischen Sicherungsgeber und Sicherungsnehmer *aufgrund der Treuhandabrede in angemessener Weise konkretisieren* lassen (in diesem Sinne auch SOERGEL/HENSSLER Anh § 930 Rn 67; SCHLEGELBERGER/HEFERMEHL Anh zu § 382 Rn 209; iE wohl auch SERICK III 456 ff; zum Ganzen ausf BÜLOW WM 1985, 373 ff, 405 ff).

229 cc) Erfolgt die **Sicherungsübereignung aufgrund von AGB**, so enthalten diese in den branchenüblichen Formen detaillierte Regelungen über die Voraussetzungen und die Art der Verwertung. Hier ist normalerweise weder ein Rückgriff auf den fiduziarischen Charakter des Rechtsgeschäftes noch auf die Pfandrechtsvorschriften erforderlich. Eine andere Beurteilung käme nur dann in Betracht, wenn man die Pfandrechtsvorschriften im Sinne des AGB-Rechtes als gesetzliches Leitbild betrachten und die jeweiligen Vereinbarungen daran messen würde. Eine derartige Funktion kommt jedoch den Pfandrechtsvorschriften gerade nicht zu; in der Sache würde man dann die Sicherungsübereignung wieder unter dem Aspekt der Simulation behandeln (vgl dazu schon oben Rn 201). Die Anwendung der §§ 305 bis 310 kann allenfalls dazu führen, dass einzelne Bestimmungen nach § 307 als unangemessen zu beurteilen sind (Beispiel einer solchen Überprüfung [noch nach § 9 Abs 2 AGBG] in BGHZ 124, 380, 39, betr Sicherungszession-Verwertungsklausel gemessen an § 1234).

c) Für die **Durchführung der Verwertung** benötigt der Sicherungsnehmer den **230** unmittelbaren *Besitz des Sicherungsgutes*. Mit Fälligkeit der gesicherten Forderung ist der Sicherungszweck eingetreten und dem Sicherungsnehmer steht der Herausgabeanspruch des § 985 zu. Als Sicherungsfall gilt auch die Eröffnung des Insolvenzverfahrens, die die Fälligkeit auslöst (§ 41 Abs 1 InsO; MünchKomm/OECHSLER Anh zu §§ 929–936 Rn 48; vgl auch BGHZ 31, 337, 339). Als Eintritt der Verwertungsvoraussetzungen muss auch der Fall gelten, in dem der Sicherungsnehmer wesentliche Pflichten der Sicherungsabrede in einer Weise verletzt, die den Sicherungszweck gefährden (vgl oben Rn 218 ff; aA MünchKomm/OECHSLER Anh zu §§ 929–936 Rn 48, der in diesem Fall zunächst eine Kündigung gemäß § 314 verlangt).

aa) In allen diesen Fällen hat der Sicherungsnehmer das Recht, die *Herausgabe* **231** *des Sicherungsgutes* zu verlangen. Bei einer Sicherungsübereignung gemäß *§ 931* richtet sich dieser Anspruch gegen den Drittbesitzer, im Regelfall der Übereignung nach *§ 930* gegen den Sicherungsgeber selbst. Verweigert der Sicherungsgeber die Herausgabe, so wird er von nun an als unberechtigter Besitzer im Sinne der §§ 987 ff betrachtet und ist auch zur Herausgabe von Nutzungen verpflichtet (BGH NJW 1980, 224, 226; im Falle des § 931 ist jedoch § 986 Abs 2 zu beachten, dazu STAUDINGER/GURSKY [1999] § 986 Rn 55).

bb) Der Herausgabeanspruch richtet sich grundsätzlich auf das *gesamte Siche-* **232** *rungsgut*. Das Verbot der Überpfändung (§ 803 Abs 1 S 2 ZPO) kann auf die Sicherungsübereignung nicht analog angewendet werden (BGH WM 1961, 243, 244). Dies schon deshalb, weil das Ergebnis der Veräußerung des Sicherungsgutes im Voraus nur schwer abgeschätzt werden kann. Dessen ungeachtet ergibt sich aus der wechselseitigen Interessenwahrnehmungspflicht der Grundsatz der schonenden Ausübung des Sicherungsrechtes. Dies kann im Einzelfall dazu führen, dass der Anspruch auf Herausgabe angemessen zu beschränken ist. Daraus ergibt sich mit Selbstverständlichkeit, dass weitere Veräußerungen in dem Moment zu unterbleiben haben, in dem der verfallene Kredit durch die Erlöse abgedeckt ist.

d) Die **Verwertung** des Sicherungsgutes kann durch *freihändigen Verkauf, öffent-* **233** *liche Versteigerung*, aber auch im Wege der Zwangsvollstreckung gemäß §§ 808 ff ZPO erfolgen (vgl dazu ausf SCHREIBER JR 1984, 485, 488 ff; GEISSLER KTS 1989, 787). Der Sicherungsnehmer hat denjenigen Weg zu wählen, der den größtmöglichen Erfolg verspricht (dazu OLG Düsseldorf WM 1990, 1062); das ergibt sich aus seiner Verpflichtung, die Interessen des Sicherungsgebers im Sinne einer treuhänderischen Abwicklung des Rechtsverhältnisses wahrzunehmen (WM 2000, 68; TIEDTKE DStR 2001, 257, 259). Erreicht der Erlös die Höhe der geschuldeten Forderung nicht, so bleibt die Restschuld als nichtgesicherte Forderung bestehen. Im Übrigen ist der Erlös mit der Forderung des Sicherungsnehmers zu verrechnen, dieser wird Eigentümer des Kauferlöses. Übersteigt der Erlös den Wert der gesicherten Forderung, so hat der Sicherungsnehmer den Restbetrag (Mehr-Erlös) an den Sicherungsgeber abzuführen. All diese Verpflichtungen ergeben sich auch ohne besondere Abrede aus der Natur der fiduziarischen Rechtsbeziehung.

234 e) Anstelle einer Veräußerung an Dritte kann auch ein sog *Selbsteintrittsrecht des Sicherungsnehmers* vereinbart werden (BGH WM 1960, 171; SOERGEL/HENSSLER Anh § 930 Rn 77; ausdrückliche Vereinbarung erforderlich OLG Rep Hamm 1999, 317). Von diesem Fall zu unterscheiden ist die Vereinbarung, dass das Sicherungsgut ohne Veräußerungsvorgang definitiv im Eigentum des Sicherungsnehmers verbleibt. Derartige **Verfallklauseln** hatte schon das Römische Recht bei der Sicherungsübereignung verboten (Einzelheiten und Nachw STAUDINGER/WIEGAND [2002] § 1229 Rn 1 ff). In der Lit ist umstritten, inwieweit diese sog *lex commissoria*, die heute als pfandrechtliche Vorschrift in **§ 1229** ihren Niederschlag gefunden hat, auf die Sicherungsübereignung angewendet werden kann. Die lange Zeit überwiegende Meinung schließt eine Anwendung aus und will allenfalls § 138 als Grenze heranziehen (WOLFF/RAISER § 179 III 2 c; BGB-RGRK/PIKART § 930 Rn 72; RGZ 83, 50, 53; BGH NJW 1980, 226, 227; ERMAN/MICHALSKI Anh zu 929–931 Rn 15; MünchKomm/OECHSLER Anh zu §§ 929–936 Rn 51). Dies deshalb, weil der für die Pfandverwertung geltende Schutzgedanke für die dem Sicherungsnehmer eingeräumte weitergehende und stärkere Rechtsstellung eines Eigentümers nicht passe. Demgegenüber ist mit GAUL (AcP 168 [1968] 151) festzuhalten, dass – wie bereits angedeutet – *§ 1229 einen allgemeinen Rechtsgedanken* enthält, der nicht typisch pfandrechtlicher Natur ist. Vielmehr geht es darum, dass der im Voraus erklärte Verzicht auf die Rückerlangung des Eigentums in der Regel auf der Vorstellung beruht, dass dieser Fall nie eintreten werde. Hinzu kommt der Umstand, dass derartige Erklärungen häufig in Bedrängnis abgegeben bzw deshalb erreicht werden. Dies alles führt dazu, dass der Rechtsgedanke des § 1229 auch *auf die Sicherungsübereignung entsprechend anzuwenden ist* (heute überwiegende Meinung im Schrifttum BAUR/STÜRNER § 57 Rn 16; SOERGEL/HENSSLER Anh § 930 Rn 78; WESTERMANN/WESTERMANN § 44 V 2 c; AnwK-BGB/SCHILKEN § 930 Rn 78; BAMBERGER/ROTH/KINDL § 930 Anh 25; JAUERNIG § 930 Rn 37; Hk-ECKERT § 930 Rn 25 sowie nahezu die gesamte Pfandrechtsliteratur, dazu STAUDINGER/WIEGAND [2002] § 1229 Rn 14 f mwNw).

235 f) Ähnlich umstritten ist die Frage, ob der Sicherungsnehmer vor Verwertung der Gegenstände den **Sicherungsgeber benachrichtigen** muss. Dabei ist zunächst klarzustellen, dass idR eine solche Benachrichtigung deshalb nicht erforderlich sein wird, weil der Sicherungsgeber durch das Herausgabeverlangen hinreichend gewarnt wird (insoweit zustimmend MünchKomm/OECHSLER Anh zu §§ 929–936 Rn 50). Wenn jedoch zwischen der Herausgabe und der Verwertung ein längerer Zeitraum liegt oder aber die Sache sich bereits aus anderen Gründen im Besitz des Sicherungsnehmers befindet, ist eine Anzeige notwendig (so zu Recht MünchKomm/OECHSLER Anh zu §§ 929–936 Rn 50). Dies nicht deshalb, weil das Pfandrecht eine entsprechende Bestimmung enthält (vgl § 1234 m Erl STAUDINGER/WIEGAND [2002]), sondern aus dem Prinzip der Interessenwahrnehmung, die das fiduziarische Rechtsgeschäft kennzeichnet. Die zum Teil abweichenden Bestimmungen in den *AGB der Kreditinstitute* dürften unter diesem Aspekt kaum einer Überprüfung nach § 307 standhalten).

III. Das Verhältnis zu Dritten

236 Aus der Konzeption der treuhänderischen Rechtsübertragung (wie sie sich mit der von REGELSBERGER entwickelten Theorie der fiduziarischen Rechtsgeschäfte durchgesetzt hat) ergibt sich zunächst, dass der *Treuhänder die volle Eigentümerstellung* erlangt. Lehre und Rspr haben jedoch im Laufe der Zeit immer mehr dem *Umstand Rechnung getra-*

gen, dass es sich bei dem *Treuhandeigentum nicht um ein gewöhnliches Eigentum* handelt.

Die Konsequenzen, die sich daraus generell ergeben, sind im 2. Abschnitt (Rn 309) **237** dargestellt. Im Folgenden werden nur die speziell für das Sicherungseigentum wesentlichen Punkte behandelt.

1. Wird das **Sicherungsgut beschädigt oder zerstört**, so steht der Anspruch gegen **238** den Schädiger wegen Eigentumsverletzung gemäß § 823 Abs 1 dem Inhaber des Eigentumsrechtes zu. Geht man von der der Treuhandtheorie zugrunde liegenden Konzeption aus, so ist der Sicherungseigentümer selbstverständlich auch Eigentümer im Sinne des § 823. Das würde bedeuten, dass der Anspruch gegen den Schädiger ihm zukommt. Zieht man jedoch die Funktion und die verschiedenen Erscheinungsformen der Sicherungsübereignung in Betracht, so ergeben sich folgende Differenzierungen:

a) Handelt es sich um eine *auflösend bedingte Sicherungsübereignung*, dann steht **239** dem Sicherungsgeber und Schuldner ein Anwartschaftsrecht zu. Bei dieser Konstellation sind die Grundsätze anzuwenden, die für den Verkauf unter Eigentumsvorbehalt entwickelt worden sind: Der Vorbehaltsverkäufer (und Noch-Eigentümer) sowie der Vorbehaltskäufer (und Anwartschaftsberechtigte) werden gemäß §§ 432 und 1281 als gemeinschaftliche Gläubiger des Schadensersatzanspruches betrachtet (Nachw Rn 26).

b) Sofern die *Sicherungsübereignung nicht unter auflösender Bedingung* erfolgt, **240** stellt sich die Frage, ob an der formalen Zuordnung angeknüpft werden kann. Dagegen spricht der Umstand, dass es sich bei der Sicherungsübereignung von vornherein um eine transitorische Zuordnung handelt, die bei der Zuteilung von Schadensersatzansprüchen berücksichtigt werden müsste. Dies ist indessen nicht möglich, ohne der gesamten Treuhandtheorie die Basis zu entziehen. Anders als im Fall der unten zu behandelnden Vollstreckung in das Treuhandvermögen, geht es hier darum, ob der Treuhänder gegenüber Dritten sein Sicherungseigentum geltend machen kann. Ungeachtet der nur vorübergehend und durch den Sicherungszweck gebundenen Zuordnung muss diese Frage bejaht werden (MünchKomm/Oechsler Anh zu §§ 929–936 Rn 40). Die definitive Zuweisung des *Schadensersatzes* darf nicht vermengt werden mit der Frage der Zuordnung des *Schadensersatzanspruches*. Auf schuldrechtlicher Ebene ist auf der Basis der Sicherungsabrede zu entscheiden, wem der Schadensersatz zukommen soll. Dem entsprechend handelt die Praxis, die Versicherungssummen aus Feuer- oder Kaskoversicherung dem Sicherungsnehmer zugesprochen hat (OLG Düsseldorf NVerZ 2001, 177; OLG Köln Schadens-Praxis 1999, 57).

c) Verdeutlichen lässt sich dieser Mechanismus, wenn die Sicherungsabrede eine **241** *Ersatzklausel* enthält. Hiernach ist der Sicherungsgeber verpflichtet, beschädigte oder zerstörte Sicherungsstücke zu ersetzen (vgl oben Rn 220). Daraus könnte man ableiten, dass ihm auch ein eventueller *Schadensersatzanspruch* wegen Zerstörung eines Sicherungsgegenstandes zusteht. Wirtschaftlich wäre das oft das richtige Ergebnis; konstruktiv muss die Sache jedoch anders betrachtet werden: Inhaber des Schadensersatzanspruches ist der Sicherungseigentümer. Wenn der Sicherungsgeber allerdings ein Ersatzstück beschafft und dieses vereinbarungsgemäß zur Sicherheit überträgt, ergibt sich aus dem fiduziarischen Charakter des Gesamtgeschäftes die Verpflichtung des Sicherungseigentümers, den Ersatzanspruch an den Sicherungsgeber abzutreten. Selbstverständlich wäre es auch denkbar, dass der Sicherungsnehmer den Anspruch gegen den Schädiger geltend macht und die Schadensersatzsumme auf die gesicherte Schuld anrechnet.

242 2.   Von größerer praktischer Bedeutung und mit erheblichen theoretischen Schwierigkeiten verbunden ist die Frage, wie **Verfügungen des Sicherungsnehmers** über das ihm treuhänderisch anvertraute Eigentum zu beurteilen sind. Es handelt sich dabei jedoch um eine Problematik, deren Schwergewicht in der allgemeinen Treuhandtheorie liegt. Sie wird deshalb im 2. Abschnitt dargestellt (siehe unten Rn 312 ff).

243 3.   **Verfügt** der **Sicherungsgeber** *über das Sicherungsgut*, so sind folgende Fallgestaltungen zu unterscheiden:

244 a)   In der Sicherungsvereinbarung wird bei fortlaufendem Kreditverhältnis und/ oder der Übereignung von Sachgesamtheiten dem Sicherungsgeber häufig die *Ermächtigung* erteilt, über Sicherungsgegenstände im *Rahmen des gewöhnlichen Geschäftsbetriebes* zu verfügen. Derartige Verfügungen sind gemäß § 185 Abs 1 wirksam und verschaffen dem Erwerber uneingeschränktes und unantastbares Eigentum. In aller Regel wird die Erteilung dieser Ermächtigung verknüpft mit einer Erlös- oder Abtretungsklausel.

245 b)   **Erfolgt die** *Verfügung ohne eine derartige Ermächtigung*, so ist wie folgt zu differenzieren:

246 aa)   Bei der den Regelfall bildenden Sicherungsübereignung gemäß § 930 ist der Sicherungsgeber im Besitz der Sache geblieben. Er kann diese an einen zweiten Erwerber herausgeben und ihm infolgedessen gemäß § 932 Eigentum verschaffen. Überträgt er aber auch an den zweiten Erwerber das Eigentum mittels Besitzkonstitut, so steht der Erlangung des Eigentums § 933 entgegen. Darüber hinaus ist bei allen Mehrfachverfügungen zu beachten, dass bei den heutigen Verkehrsverhältnissen die Gutgläubigkeit nicht ohne weiteres angenommen werden kann (dazu Einzelheiten unten Erl zu § 932 Rn 57 ff).

247 bb)   Scheitert der Eigentumserwerb aus einem der zuvor genannten Gründe, so wird auch hier – wie bei der Veräußerung von Vorbehaltsware (dazu oben Rn 118) – grundsätzlich angenommen, dass die Verfügung über das Eigentum die *Verfügung über das Anwartschaftsrecht* in sich enthalte oder einschließe. Folgt man (entgegen der hier vertretenen Ansicht; oben Rn 115 ff, 119) dieser Auffassung, so ergibt sich für alle diejenigen Fälle, in denen die Sicherungsübereignung auflösend bedingt gestaltet wurde, dass der zweite Erwerber wenigstens das Anwartschaftsrecht des Sicherungsgebers auf Eigentumsrückfall erlangt. Besondere Bedeutung kommt dem dann zu, wenn man mit der verbreiteten, hier abgelehnten Ansicht annimmt, dass Sicherungsübereignungen im Zweifel als bedingt zu betrachten seien und diese Annahme insbesondere bei Sicherungsübereignungen aufgrund von AGB zum Zuge kommt (vgl dazu oben Rn 196 ff).

c) Eine Verfügung des Sicherungsgebers über das Sicherungsgut stellt, sofern sie **248** nicht im Vertrag vorgesehen ist oder die darin eingeräumte Befugnis überschreitet, eine *Verletzung der Sicherungsabrede* dar. Der Sicherungsgeber ist dem Sicherungsnehmer gemäß § 280 zum Schadensersatz verpflichtet. Der Umfang des Schadens bestimmt sich danach, inwieweit durch die Verfügung des Sicherungsgebers die Befriedigung des Sicherungsnehmers beeinträchtigt oder vereitelt wird.

IV. Sicherungseigentum in Zwangsvollstreckung und Insolvenz

Mit der am 1. Januar 1999 in Kraft getretenen Insolvenzordnung Sicherungseigentum **249** in Zwangsvollstreckung und Insolvenz ein völlig anderes Schicksal als bisher erfahren (zur Insolvenzrechtsreform im Ganzen: OBERMÜLLER WM 1994, 1829 ff; zum Sicherungseigentum insbes 1869 ff; BORK, Einführung in das neue Insolvenzrecht). Dies gilt sowohl für die Bestellung wie für die Verwertung von Sicherheiten. Für letzteren Fall ist hervorzuheben, dass das Verwertungsrecht vom Sicherungsnehmer auf den Verwalter übergeht (§ 166 Abs 1 InsO), sofern dieser im Besitz der Sache ist bzw ihn sich verschafft (was insbesondere bei zur Sicherheit übereigneten Gegenständen der Fall sein wird, vgl BORK Rn 254). (Für unter einfachem Eigentumsvorbehalt stehende Sachen gilt dies jedoch nicht.) Befindet sich die bewegliche Sache nicht im Besitz des Insolvenzverwalters, so ist der Gläubiger zur Verwertung befugt, § 173 Abs 1 InsO, wenn der Gläubiger zur Verwertung berechtigt ist, was sich für Sicherungsübereignungen aus dem Sicherungsvertrag ergibt (BORK Rn 255). Das Verwertungsrecht des Verwalters führt jedoch nicht dazu, dass die Schaffung von Sicherheitenpools obsolet wird. Ein Interesse an der Schaffung solcher Pools, die sich bisher im deutschen Wirtschaftsleben fest etabliert haben, besteht nach wie vor (siehe aber die Kritik von SERICK, Neue Rechtsentwicklungen, insbes 237 ff und in ZIP 1989, 409; zum Sicherheitenpool unten Rn 303 ff).

Die Tatsache, dass dem *Sicherungseigentum* in der Einzel- und Gesamtvollstreckung eine *Sonderstellung* zukommt, ist seit langem anerkannt (zur Grundproblematik oben Rn 9, 21 f; vgl auch BÜLOW Rn 1269 ff). Umstritten sind lediglich Einzelheiten, die sich auf die konstruktive Gestaltung und die theoretische Begründung beziehen. Im Einzelnen gilt Folgendes:

1. Insolvenz des Sicherungsnehmers

a) Zwangsvollstreckung
Befindet sich das Sicherungsgut ausnahmsweise in unmittelbarem Besitz des Siche- **250** rungsnehmers und wollen die Gläubiger desselben gemäß § 808 ZPO in die Sache vollstrecken, so steht dem *Sicherungsgeber die Drittwiderspruchsklage* gemäß § 771 ZPO zu (RGZ 79, 121, 122; 91, 12, 14; BGHZ 72, 141, 145 f; SERICK III § 34 I 3; WOLFF/RAISER § 180 IV), da ein echtes Treuhandverhältnis vorliegt und das Sicherungsgut nach wie vor wirtschaftlich zum Vermögen des Sicherungsgebers gehört.

Dies gilt auch, wenn die gesicherte Forderung noch nicht getilgt ist (PALANDT/BASSENGE § 930 Rn 34; SERICK II S 77, 213; WOLFF/RAISER § 180 IV 2; ERMAN/MICHALSKI Anh §§ 929–931 Rn 11; **aM** WEBER NJW 1976, 1605; ders, Sicherungsgeschäfte § 8 VI 2; SIEBERT, Treuhand 170) und unabhängig davon, ob der Sicherungsgeber bei auflösend bedingter Sicherungsübereignung Inhaber eines Anwartschaftsrechtes ist oder ob er nur einen schuldrechtlichen Rückgewähranspruch hat (vgl DERLEDER BB 1969, 725, 728 Fn 43).

Man wird ihm dieses Widerspruchsrecht allerdings nur solange zugestehen können, als der Sicherungsnehmer das Sicherungsgut nicht verwerten darf (vgl BGHZ 72, 141, 146; PALANDT/BASSENGE § 930 Rn 34; SOERGEL/HENSSLER Anh § 930 Rn 131; AnwK-BGB/SCHILKEN § 930 Rn 85).

b) Insolvenz

251 Im Insolvenzverfahren des Sicherungsnehmers steht dem *Sicherungsgeber ein Aussonderungsrecht nach § 47 InsO* zu, allerdings nur, wenn er die gesicherte Forderung erfüllt hat oder ihre Erfüllung Zug um Zug gegen die Aussonderung anbietet (heute unbestritten, zur Entwicklung s oben Rn 9; aus Rspr u Lit zB RGZ 91, 12, 14; 94, 305, 307; SERICK III § 35 II 2 c; WESTERMANN/WESTERMANN § 44 IV 2 b; BORK, Einführung in das neue Insolvenzrecht Rn 240; REINICKE/TIEDTKE, Kreditsicherung Rn 588). Auf diese Weise wird der treuhänderischen Bindung des Sicherungseigentums Rechnung getragen. Mit Erfüllung der gesicherten Schuld ist der Zweck der Sicherungsübereignung erreicht worden. Es widerspräche der Rechtsstellung des Sicherungsnehmers als eines Treuhänders, wenn das Sicherungsgut trotz Tilgung der gesicherten Forderung seinen (Insolvenz-) Gläubigern zur Verfügung stünde (REINICKE/TIEDTKE, Kreditsicherung Rn 588). Übt der Sicherungsgeber sein Aussonderungsrecht nicht aus, so verwertet der Insolvenzverwalter es gemäss Sicherungsvertrag. Den Mehrerlös muss er dem Sicherungsgeber herausgeben, da insoweit eine Masseverbindlichkeit nach § 55 Abs 1 Nr 3 InsO vorliegt (REINICKE/TIEDTKE, Kreditsicherung Rn 589).

2. Insolvenz des Sicherungsgebers

a) Zwangsvollstreckung

252 In einer Zwangsvollstreckung gegen den Sicherungsgeber steht dem *Sicherungsnehmer* aufgrund seines Sicherungseigentums die *Drittwiderspruchsklage gemäß § 771 ZPO* zu (hM; BAUR/STÜRNER § 57 Rn 32; AnwK-BGB/SCHILKEN § 930 Rn 84; SERICK III § 34 1; SCHLEGELBERGER/HEFERMEHL Anh zu § 382 Rn 24; BGHZ 12, 232, 234; 20, 88; 72, 144, 146; BGH BB 1981, 1180; BGH WM 1985, 1182; RGZ 124, 73; aM MünchKomm/K SCHMIDT § 771 ZPO Rn 29; BAUMBACH/HARTMANN ZPO § 771 Rn 26). Dies deshalb, weil es sich beim Sicherungsnehmer um einen – wenn auch in seiner Rechtsstellung beschränkten – Eigentümer und nicht nur um einen besitzlosen Pfandgläubiger handelt. Der nicht besitzende Pfandgläubiger hat gemäß § 805 ZPO im Gegensatz zum idR mittelbar besitzenden Sicherungsnehmer keinerlei Besitz. Darüber hinaus entspricht die Sicherung des Gläubigers durch die stärkere Eigentümerposition dem Parteiwillen, der nicht durch eine Umdeutung in die Position eines besitzlosen Pfandgläubigers unterlaufen werden darf (ähnlich SOERGEL/HENSSLER Anh § 930 Rn 139). Jedoch kann bei einer unangemessen hohen Sicherung in der Erhebung der Drittwiderspruchsklage eine unzulässige Rechtsausübung gemäß § 242 liegen. Hierdurch wäre der Sicherungsnehmer gezwungen, sich mit der vorzugsweisen Befriedigung aus dem Erlös zu begnügen (LANGE NJW 1950, 569; SCHLEGELBERGER/HEFERMEHL Anh zu § 382 Rn 249).

b) Insolvenz

253 In der Insolvenz des Sicherungsgebers steht dem *Sicherungsnehmer* auch nach neuem Recht **kein Aussonderungsrecht**, sondern lediglich ein *Recht auf abgesonderte Befriedigung gemäß §§ 50, 51 Nr 1 InsO* zu (vgl zum alten Recht RGZ 124, 73, 75; BGH NJW 1959, 1224; BGH WM 1965, 84; BGH ZIP 1980, 40, 42; OLG Nürnberg KTS 1974, 115, 117). Die Verwertung und Erlösverteilung erfolgt durch den Insolvenzverwalter nach

§§ 166 InsO, der Sicherungsnehmer ist von der Verwertung in Kenntnis zu setzen, so dass er auf eine ihm günstigere Verwertungsmöglichkeit hinweisen kann, § 168 Abs 1 InsO. Der Verwertungserlös dient seiner Befriedigung, §§ 170 Abs 1, 171 InsO. Die Verwertung aufgrund eines Insolvenzplans (§§ 217–253 InsO) stellt eine der wichtigsten Neuerungen der Reform dar. Die andere Verwertungsmöglichkeit kann auch darin bestehen, dass der Gläubiger die Sache selbst übernimmt, § 168 Abs 3 S 1 InsO (REINICKE/TIEDTKE, Kreditsicherung Rn 585).

3. Sonderprobleme

a) Anfechtungsrechte

Hat der Schuldner in der Absicht gehandelt, andere Gläubiger als den Sicherungs- **254** nehmer zu benachteiligen und kommt § 138 nicht zum Tragen, so gewähren *§ 3 Abs 1 AnfG* und *§§ 129 ff InsO* ein Anfechtungsrecht unter den in den Gesetzen aufgeführten Bedingungen. Nach § 3 Abs 1 AnfG liegt eine Benachteiligungsabsicht dann vor, wenn der Zweck des schuldnerischen Handelns primär in der Schädigung anderer Gläubiger liegt (BGHZ 12, 138). Sobald der Schuldner davon ausgeht, seine vertraglichen Verpflichtungen erfüllen zu können, auch wenn seine gesamten Vermögensverhältnisse kritisch geworden sind (BGH ZIP 1985, 1008, 1009), ist eine Benachteiligungsabsicht nicht gegeben. Nicht erforderlich für die Benachteiligungsabsicht ist, dass der Schuldner die Benachteiligung eines ganz bestimmten Gläubigers angestrebt hat; vielmehr ist es ausreichend, wenn er sich von einer solchen generellen Einstellung seinen Gläubigern gegenüber hat leiten lassen (BGH ZIP 1985, 1008, 1009). Die Benachteiligungsabsicht muss dem Vertragspartner bekannt gewesen sein, wobei dieser jedoch nicht notwendig ebenfalls die Benachteiligung der Gläubiger gewollt haben muss (BGH ZIP 1985, 1008, 1009). Keine Gläubigerbenachteiligung ist gegeben wenn unpfändbare Sachen zur Sicherheit übereignet werden (s Rn 111).

Ficht der Insolvenzverwalter (§ 129 InsO) an, so muss der Sicherungsnehmer das, **255** was er durch die anfechtbare Handlung erlangt hat, in die Insolvenzmasse zurückführen, § 143 Abs 1 InsO. Voraussetzung hierfür ist nicht der Vorsatz der Gläubigerbenachteiligung, es reicht bereits eine inkongruente Deckung nach § 131 InsO, die der Sicherungsnehmer nicht oder nicht in der Art oder nicht zu der Zeit ihrer Gewährung beanspruchen durfte (vgl auch REINICKE/TIEDTKE, Kreditsicherung Rn 586 f).

b) Anwendbarkeit des § 419

§ 419 wurde aufgehoben durch das EGInsO 33 Nr 16. Auf Vermögensübernahme **256** aus der Zeit vor dem 1.1.1999 ist § 419 weiter anzuwenden. § 419 betraf die Haftung des Vermögensübernehmers.

V. Die Beendigung

1. Zeitpunkt und Modalität der Beendigung der Sicherungsübereignung werden **257** ebenfalls durch die *Sicherungsabrede* geregelt. Sofern eine ausdrückliche Vereinbarung nicht getroffen ist, ergibt sich aus dem Wesen der treuhänderischen Rechtsübertragung und der Interessenlage das Folgende: *Mit Wegfall des Sicherungszweckes ist das Eigentum zurückzuübertragen*, sofern es sich nicht um eine auflösend bedingte Sicherungsübereignung handelt, bei der der Rückfall des Eigentums automatisch eintritt.

258 2. Im Normalfall der Sicherungsübereignung durch Besitzkonstitut erfolgt die Rückübertragung gemäß § 929 S 2. Über den schuldrechtlichen Rückübertragungsanspruch kann bereits zuvor verfügt werden; seine Verwendung als sog *Anschlusssicherheit* kommt im Hinblick auf den geringen Wert der Sicherung jedoch kaum in Betracht (Einzelheiten dazu bei SCHOLZ, in: FS Möhring [1965] 419 ff; vgl MünchKomm/OECHSLER Anh zu §§ 929–936 Rn 18).

259 Handelt es sich um eine auflösend bedingte Übereignung, so kann über die *Rückfallanwartschaft* ebenfalls bereits vor Bedingungseintritt verfügt werden. Dies kann sowohl zum Zwecke definitiver Eigentumsübertragung als auch zu Sicherungszwecken geschehen. In jedem Fall hat eine Einigung nach § 929 oder § 930 zu erfolgen (vgl dazu oben Rn 83, 90). Nach heute ganz vorherrschender Auffassung geht bei Bedingungseintritt das Eigentum unmittelbar auf den Erwerber über (BGHZ 20, 88; STAUDINGER/BECKMANN [2004] § 449 Rn 69; vgl aber oben Rn 115 ff).

260 In der **Praxis** bedeutet dies: Der Sicherungsgeber kann den Gegenstand in jedem Fall seiner Haftungsmasse entziehen, egal ob das aus Gründen definitiver Veräußerung oder zu Sicherungszwecken geschieht. In beiden Varianten sollte jedoch sichergestellt werden, dass der Rücklauf des Sicherungsgutes durch die Haftungsmasse des Sicherungsgebers erfolgt und damit Drittgläubigern der Zugriff eröffnet wird. Infolgedessen ist unabhängig von dogmatischen Konzeptionen der Direkterwerb abzulehnen und *Durchgangserwerb* anzunehmen (vgl oben Rn 111 ff, 206 ff).

E. Kollisionsfälle

I. Die Problematik

1. Der Automatismus der Sicherungsgeschäfte

261 Die zunehmende Verbreitung und die damit einhergehende Perfektionierung des Systems der Mobiliarsicherheiten (s oben Rn 10 ff, dem zustimmend SOERGEL/HENSSLER Anh § 930 Rn 114) haben bewirkt, dass eine immer größere Anzahl von Gegenständen erfasst wurde. Das führt zwangsläufig zu Überschneidungen, die Praxis und Theorie vor *außerordentliche Probleme* stellen. Symptomatisch für diese Schwierigkeiten sind die unter den Schlagworten „Poolverträge" (s unten Rn 303 ff) bekannt gewordenen Vereinbarungen.

262 a) Die *Sicherungsnehmer* gingen offenbar davon aus, dass die Rechtsverfolgung mit *sehr hohen Risiken* verbunden ist. Sie verzichteten deshalb auf die Durchsetzung eventueller Vorrechte und schlossen sich mit den übrigen gesicherten Gläubigern zusammen, die ihre Position ebenso einschätzten.

Ökonomisch betrachtet heißt das nichts anderes, als dass die Kosten (dazu SCHÄFER/OTT, Lehrbuch der ökonomischen Analyse des Rechts [1986] 61 ff) für die individuelle Verwirklichung der Sicherungsrechte zu hoch geworden waren. Die Gläubiger nahmen deshalb gewisse Einbußen in Kauf, um schnell und mit kalkulierbarem Risiko zu ihrem Geld zu kommen. Seit Inkrafttreten der Insolvenzordnung haben diese Zusammenschlüsse der verschiedenen privilegierten Gläubiger zu Verwertungsgemein-

schaften bis zu einem gewissen Grade an Bedeutung verloren (Einzelheiten dazu unten
Rn 303 ff), ohne dass sich dadurch am generellen Befund wirklich etwas geändert
hätte.

b)   Das bedeutet aus *rechtlicher Sicht*, dass die Sicherungsgeschäfte nicht mehr **263**
zum erwünschten Ergebnis führen. Der eigentliche Zweck, dem Gläubiger bestimmte Vermögenswerte als Sicherheit zur Verfügung zu stellen, kann nicht erreicht werden, weil die sachenrechtlichen Zuordnungen nicht mehr mit der notwendigen Klarheit und Eindeutigkeit bewirkt werden können. Die mangelnde
Transparenz beruht darauf, dass die **verschiedenen Sicherungsgeschäfte mit der ihnen
innewohnenden Mechanik praktisch alle neuen Vermögenswerte ergreifen und diese
deshalb fast automatisch mehrfach erfasst werden.** Typisch dafür ist etwa der Fall,
dass sowohl der Lieferant von Vorbehaltsware als auch die kreditgewährende Bank
sich mittels einer *„Herstellervereinbarung"* das Eigentum an Verarbeitungsproduk-
ten zu sichern versuchen (vgl § 950 Rn 20 ff insbes Rn 27 und oben Rn 220 ff) und zudem
beide sich die Forderungen aus Verkäufen haben abtreten lassen. Rspr und Teile der
Lehre wenden bei dieser Konstellation in Bezug auf die Abtretung die (sog) *Vertragsbruchtheorie* an, die an die Differenzierung zwischen Geld- und Warenkredit
anknüpft (dazu STAUDINGER/BECKMANN [2004] § 449 Rn 144 und unten Rn 283). Aber schon
bei der Kollision der beiden Verarbeitungsklauseln zeigt sich, dass diese Differenzierung zu einer wirklichen Interessenabwägung nicht taugt. Auf besonders eindrückliche Weise wird die Untauglichkeit dieses Ansatzes aber durch die Poolverträge belegt, in denen Geld- und Warenkreditgeber sich zu gleichen Bedingungen
zusammenschließen.

2.   Folgerungen

Aus diesen hier nur skizzierten Befunden ergeben sich folgende Konsequenzen: **264**

a)   Das Kollisionsproblem ist **systemimmanent**, weil es im Sicherungssystem selbst **265**
angelegt ist. Eigentliche „Lösungen" kann es deshalb nicht geben. Es geht daher um
die Frage, welche *Kriterien für die Rechtsanwendung maßgebend sein sollen.*

Dabei sind *zwei Ansätze* denkbar:

– Durch eine möglichst strikte Befolgung der allgemeinen Regeln der Rechtsgeschäftslehre und des Sachenrechts wird eine möglichst klare Zuordnung angestrebt.

– Die Ergebnisse der „normalen" Rechtsanwendung werden durch Eingriffe in die
  Mechanik der Sicherungsgeschäfte korrigiert (so zB bei der Vertragsbruchtheorie).

b)   Nach der hier vertretenen Auffassung ist der erste Weg vorzuziehen. Der **266**
Sachlage angemessene Ergebnisse können allerdings nur erzielt werden, wenn der
Ausweitung und Automatik in der geschilderten Weise entgegengewirkt wird (Beispiele oben Rn 111 ff u Rn 206 u unten Rn 274). Da jedoch auch bei strikter Anwendung
dieser Grundsätze die Problematik nur reduziert, nicht aber beseitigt werden kann,
solange die Sicherung „rotierender" Forderungen zugelassen wird (s oben Rn 72), ist

im *Einzelfall* zu prüfen, ob ein Rückgriff auf allgemeine Kontrollmechanismen geboten ist. Die folgende Darstellung beschränkt sich auf diejenigen Kollisionsfälle, die **spezifisch für die Sicherungsübereignung** sind. Die bei allen Sicherungsformen auftretenden generellen Probleme (Zusammentreffen mehrerer Zessionen etc) werden hier nur insoweit behandelt, als sich für die Sicherungsübereignung Besonderheiten ergeben. Im Übrigen wird auf die Erl zu §§ 398 ff und §§ 449 verwiesen.

II. Kollision von Sicherungsübereignungen

1. Mehrfache Verfügungen über das Sicherungsgut

267 Zu einander *überschneidenden Sicherungsübereignungen* kommt es, wenn der Sicherungsgeber zwei- oder mehrmals über dieselben Gegenstände verfügt. Das kann auf zweierlei Weise geschehen:

– Der Sicherungsgeber verwendet bewusst Gegenstände, die er bereits zuvor einem anderen zur Sicherheit übereignet hatte.

– Die zweite Verfügung kann aber auch unbewusst oder unbeabsichtigt erfolgen, weil sie sich aus dem oben (Rn 264 ff) skizzierten Automatismus der Sicherungsgeschäfte ergibt; sie wird dann häufig erst im Krisenfalle realisiert, wenn mehrere Gläubiger Ansprüche auf dieselben Sachen erheben, so etwa bei der Sicherungsübereignung von Sachgesamtheiten oder bei Kollisionen zwischen Verarbeitungsklauseln (dazu unten Rn 286).

In allen Fällen sind zwei Fragen zu beantworten:

Welcher Gläubiger hat das Sicherungseigentum erworben und welche Rechte stehen demjenigen zu, der kein Eigentum erlangt hat?

2. Entscheidungsgrundlagen

268 **a)** Ausgangspunkt der Beurteilung bildet das für *alle Verfügungsgeschäfte maßgebende Prioritätsprinzip*, das in bestimmten Grenzfällen (bei Globalzessionen/Sammelverfügung über Sachgesamtheiten) durch den **Bestimmtheitsgrundsatz** in seinen Auswirkungen etwas korrigiert werden kann.

269 **b)** Während im Bereich der Verfügungen über Rechte das Prioritätsprinzip im Übrigen aber unangetastet bleibt, kann der *Schutz des gutgläubigen Erwerbers im Sachenrecht* (und im hier nicht dargestellten Wertpapierrecht) dazu führen, dass die spätere Verfügung die Erste verdrängt. Der Gutglaubensschutz *hebt also im Einzelfall den Prioritätsgrundsatz auf*. Es ist deshalb zu prüfen, ob sich ein solches Ergebnis mit der Funktion der §§ 932 ff überhaupt vereinbaren lässt. Dabei ist zu berücksichtigen, dass der Verkehrsschutz, das Abstraktionsprinzip, das Traditionsprinzip und das Faustpfandprinzip untereinander in einem Zusammenhang stehen, der im Gesetzgebungsverfahren nicht voll realisiert wurde (vgl Vorbem 13–26 zu §§ 929 ff). Eine generelle Stellungnahme erfolgt in den Erl zu §§ 932 ff, die folgenden Bemerkungen beziehen sich auf die einzelnen Fallgestaltungen der Mehrfachverfügung (s unten Rn 274 ff).

c) Zu einer *Ausschaltung des Prioritätsprinzips* kann es auch noch auf andere **270** Weise kommen: Da es nach der hier durchweg vertretenen Auffassung in allen wesentlichen Fällen zum primären Eigentumserwerb des Sicherungsgebers kommt (sog „Durchgangserwerb"), hängt der Übergang des Sicherungseigentums davon ab, auf wen der Sicherungsgeber in diesem Moment das Eigentum übertragen will (vgl schon oben Rn 122 u § 950 Rn 41 sowie unten Rn 282 ff).

3. Mehrfache Sicherungsübereignung

Wird über das Sicherungsgut zwei- oder mehrfach verfügt, so sind *folgende Fall-* **271** *gestaltungen* zu unterscheiden:

a) Der Sicherungsgeber ist *unmittelbarer (Fremd-)Besitzer* und hat das Siche- **272** rungsgut gemäß § 930 an den ersten Sicherungsnehmer übereignet.

aa) Die zweite Übereignung erfolgt ebenfalls mittels Besitzkonstitut. Da der **273** Sicherungsgeber als Nichtberechtigter verfügt, könnte der zweite Sicherungsnehmer nur aufgrund der Regeln über den gutgläubigen Erwerb Eigentümer werden. Gemäß § 933 ist hierzu die Erlangung des unmittelbaren Besitzes notwendig, so dass der Erwerb schon daran scheitert (zur generellen Frage der Anwendbarkeit der Gutglaubensvorschriften vgl Vorbem 26 zu §§ 929 ff und Vorbem 44 ff zu §§ 932 ff).

bb) Nach einer in Lit und Rspr nahezu allgemein vertretenen Ansicht wird diese **274** zweite (fehlgeschlagene) Sicherungsübereignung in eine sog *Anschlusssicherung* (so MünchKomm/Oechsler Anh zu §§ 929–936 Rn 18 f; AnwK-BGB/Schilken § 930 Rn 80; zur Anschlusssicherung vgl Derleder BB 1969, 725, 727; Mormann WM 1975, 582) umgedeutet, die entweder den (schuldrechtlichen) Anspruch auf Rückübereignung oder bei auflösend bedingter erster Sicherungsübereignung das Anwartschaftsrecht des Sicherungsgebers erfassen soll (dazu oben Rn 206).

Diese für den Fall der Verfügung des Vorbehaltskäufers entwickelte Konstruktion ist als solche schon sehr fragwürdig; sie *darf aber in keinem Fall* dazu führen, dass nach Beendigung der ersten Sicherungsübereignung das Sicherungsgut direkt an den zweiten Sicherungsnehmer fällt (zur Begründung s oben Rn 111 ff, 206).

cc) Erfolgt die Sicherungsübereignung gemäß § 929, erwirbt der zweite Siche- **275** rungsnehmer nach Maßgabe des § 932 Eigentum, sofern dessen Voraussetzungen vorliegen und seine Anwendbarkeit generell bejaht wird (dazu Vorbem 45 zu §§ 932 ff).

b) Ist der Sicherungsgeber *mittelbarer Besitzer* und erfolgte die erste Sicherungs- **276** übereignung gemäß § 930, so ergeben sich – gegenüber dem Normalfall (Rn 275) – keine Abweichungen, wenn auch die zweite Sicherungsübereignung mittels Besitzkonstitut vorgenommen wird. Erfolgt dagegen die zweite Sicherungsübereignung nach § 931, so kann es gemäß § 934 zum gutgläubigen Erwerb kommen (vgl § 934 Rn 3 ff u zum Ganzen auch OLG Düsseldorf WM 1992, 111).

c) Als besonders problematisch erweisen sich die Fälle, in denen *mehrere Klauseln* **277** *dasselbe Sicherungsgut* betreffen.

278 aa)   Kommt es zu Überschneidungen bei der Sicherungsübereignung von Waren-
lagern, so ist zunächst mit Hilfe des *Bestimmtheitsgrundsatzes* festzustellen, welche
Gegenstände erfasst wurden. Im Übrigen gilt das **Prioritätsprinzip** (siehe dazu auch
Wolf/Haas ZHR 154 [1990] 64; Menke WM 1997, 405), allerdings nicht uneingeschränkt
wie im Folgenden im Einzelnen dargelegt wird (die Annahme eines allgemeinen, in allen
Fällen der Sicherungsübereignung anwendbaren Prioritätsgrundsatzes wie er etwa von Giesen
[AcP 203 <2003> 210, 236] entwickelt wird, entbehrt nicht nur der Rechtsgrundlage, sie ist auch
nicht sachgerecht; so zu Recht MünchKomm/Oechsler Anh zu §§ 929–936 Rn 19)

279 bb)   Handelt es sich um antizipierte Übereignungen, wie sie bei *Sachgesamtheiten
mit wechselndem Bestand* üblich sind, entscheidet der **Wille des Sicherungsgebers in
maßgeblichem Moment**:

280   Bei einer antizipierten Sicherungsübereignung nach § 930 muss *in dem Moment*, in
dem der Veräußerer den unmittelbaren Besitz erwirbt und der Sicherungsnehmer
den mittelbaren Besitz erwerben soll, *beim Veräußerer noch der Wille zur Eigentumsübertragung und zur Besitzvermittlung vorhanden sein* (vgl § 929 Rn 80 ff, § 930
Rn 11). Solange der Veräußerer einen entgegenstehenden Willen nicht kundtut, wird
der *Eigentumsübertragungs- und Besitzvermittlungswille vermutet*. Das heißt aber
auch, dass bis zum Erwerb des unmittelbaren Besitzes der Veräußerer seinen
erklärten Willen widerrufen kann (§ 929 Rn 80 ff). Dieser Widerruf kann sowohl
ausdrücklich als auch konkludent erfolgen. Er hat jedoch nach außen erkennbar
zu sein (BGH WM 1965, 1248 s aber dazu oben Rn 135). Hat der Kreditnehmer die Ware
bereits antizipiert übereignet und übereignet er dieselbe Ware noch ein zweites Mal
antizipiert an einen Dritten, so kann in der zweiten antizipierten Sicherungsübereignung ein Widerruf der vorherigen antizipierten Sicherungsübereignung gesehen
werden (ebenso MünchKomm/Oechsler Anh zu §§ 929–936 Rn 19 f; krit Giesen AcP 203 [2003]
223 f). Mit der zweiten Sicherungsübereignung gibt der Kreditnehmer kund, für den
Fall der Erlangung des unmittelbaren Besitzes nicht mehr für den ersten Sicherungsnehmer den Besitz zu vermitteln und diesem das Eigentum übertragen zu wollen.
Die zweite Sicherungsübereignung enthält jedoch lediglich eine Vermutung dafür,
dass der Kreditnehmer nunmehr künftig den Besitz für den zweiten Sicherungsnehmer vermitteln und diesem das Eigentum an der Sache übertragen will (BGH
WM 1960, 1223, 1225). Diese Vermutung kann durch entsprechende Verhaltensweisen
des Sicherungsgebers widerlegt werden. So kann daraus, dass der Sicherungsgeber
zB die zur Sicherheit übereignete Ware vertragswidrig nicht kenntlich macht, sie
vertragswidrig lagert, sie nicht in die vertraglich vorgesehenen Bestands- oder
Negativlisten aufnimmt oder Versicherungsscheine nicht richtig verwendet (Barbier
ZIP 1985, 521) auf eine Widerlegung der Vermutung geschlossen werden. Demzufolge
braucht in einer zweiten Sicherungsübereignung nicht generell der Widerruf der
ersten Sicherungsübereignung zu liegen. Der Widerruf der Einigung ist außerdem
zugangsbedürftig, das heißt, dass die Widerrufserklärung für den Erwerbswilligen
zumindest erkennbar sein muss (§ 929 Rn 84; vgl auch Giesen AcP 203 [2003] 224, der aber
strengere Anforderungen an den Zugang anstellen will). Es ist daher letztlich auf den
Einzelfall unter Beurteilung des gesamten Verhaltens des Sicherungsgebers sowie
der gesamten Umstände, die die zweite Sicherungsübereignung begleiten, abzustellen (vgl zum Ganzen oben Rn 132 ff und im Wesentlichen wie hier MünchKomm/Oechsler Anh
zu §§ 929–936 Rn 19).

Entsprechendes gilt auch bei einer *antizipierten Sicherungsübereignung durch Ab-* **281**
tretung des künftigen Herausgabeanspruches nach § 931. Der Prioritätsgrundsatz, der
die Kollision bei mehrfacher Abtretung zukünftiger Forderungen löst, lässt sich hier
nicht heranziehen, da es sich bei einer antizipierten Sicherungsübereignung nach
§ 931 nicht um eine Verfügung über Forderungen, sondern um eine Verfügung über
Sachen unter Abtretung des Herausgabeanspruches handelt (BGH KTS 1969, 237, 239).
Aus dem Prioritätsgrundsatz folgt nicht, dass der Eigentümer, der bereits einen
künftigen Herausgabeanspruch abgetreten hat, daran gehindert sei, die Ware, die
der künftige Herausgabeanspruch betrifft, anderweitig zu veräußern, da zu einer
Eigentumsübertragung nach § 931 nicht nur die Abtretung des Herausgabeanspruches, sondern auch die Einigung über den Eigentumsübergang gehört (vgl § 931
Rn 26). Wie bei der Übereignung durch vorweggenommenes Besitzkonstitut gilt
bei der Übereignung künftig zu erwerbender Sachen durch antizipierte Einigung
und Abtretung des Herausgabeanspruches, dass der Eigentumsübertragungswille
noch in dem Moment vorhanden sein muss, in dem der Veräußerer den mittelbaren
Besitz an der Sache erlangt (BGH KTS 1969, 237, 239).

Damit wird die Frage, welche Sicherungsübereignung wirksam ist, dadurch entschie- **282**
den, *an wen der Sicherungsgeber übereignen will.* Die Reihenfolge der Sicherungsübereignungen spielt keine Rolle. Das Prioritätsprinzip wird überspielt (Einzelheiten
oben Rn 271 ff).

Der Sicherungsnehmer, der „leer ausgeht" kann Ansprüche auf Schadensersatz
geltend machen (vgl dazu – aber mit ablehnendem Ergebnis – BGH DB 1991, 151).

cc) Besonders häufig sind *Kollisionen von Verarbeitungsklauseln;* sie ergeben sich **283**
mit einer gewissen Zwangsläufigkeit aus dem oben dargelegten Automatismus der
Sicherungsgeschäfte (oben Rn 264 ff): Die kreditgebende Bank erlaubt in der Regel
die Verarbeitung des Sicherungsgutes mit der Maßgabe, dass das Eigentum an den
Produkten aufgrund einer Herstellungsvereinbarung unmittelbar an die Bank falle
oder andernfalls sofort auf sie übertragen werden müsse. Die Konstellation gleicht
derjenigen bei sich überschneidenden (Global-)Zessionen, und sie zeigt zugleich,
dass der dort verwendete Ansatz, von der Unterscheidung „Geld-/Warenkredit"
auszugehen, nicht tragfähig ist, wie die nachfolgenden Ausführungen belegen. Praktisch identische Vereinbarungen treffen die Lieferanten von Vorbehaltsware mit
dem Produzenten. Infolgedessen ist zu entscheiden, welche Rechtsfolgen gelten
sollen (s dazu GEISSLER KTS 1989, 787). Dabei ist schrittweise vorzugehen: Es ist zunächst zu prüfen, ob die *Herstellervereinbarungen* wirksam sind. Nach der hier
vertretenen restriktiven Auffassung ist das nur ausnahmsweise der Fall (vgl § 950
Rn 27). Aber auch wenn man der großzügigeren Ansicht der Rspr und der überwiegenden Lit folgt, ist die Einhaltung der Begrenzung (durch Miteigentumsquoten
– § 950 Rn 23) zu beachten.

Erfüllen **mehrere Herstellervereinbarungen** diese Voraussetzungen und überschneiden sie sich ungeachtet der heute üblichen und notwendigen Beschränkungen auf
Miteigentumsteile, so gilt der *Prioritätsgrundsatz.* Eine Heranziehung der Gedan-
kengänge, auf denen die *Vertragsbruchtheorie* beruht, kommt nicht in Betracht. Im
Gegenteil: Gerade dieser Fall zeigt, dass die Durchbrechung des Prioritätsgrundsatzes unter Bezugnahme auf den Gegensatz Waren-/Geldkredit verfehlt ist (vgl dazu

auch WOLF/HAAS ZHR 154 [1990] 64). Die Interessenlage beider Parteien unterscheidet sich nicht. Maßgeblich können allein die (in den Erl zu § 950 dargelegten) Faktoren sein, die sowohl der Geld- wie der Waren-Kreditgeber erfüllen kann. Darüber hinaus aber verdeutlicht gerade diese Konstellation, dass die Anerkennung der „Herstellereigenschaft" die Ausnahme bleiben muss. Schon der Umstand, dass zwei verschiedene Gläubiger als Hersteller gelten wollen, begründet eine Vermutung dafür, dass keiner der beiden die Kriterien erfüllt.

Sofern keine unmittelbare Eigentumszuordnung an einen Gläubiger gemäß § 950 erfolgt, wird der Verarbeiter selbst Eigentümer. In diesem Fall entscheidet wie bei allen anderen antizipierten Übereignungen nicht die Priorität, sondern die Willenslage im Moment des sog „Durchgangserwerbs" (vgl soeben Rn 284 und § 930 Rn 33).

284 **dd)** Steht eine „**Herstellervereinbarung**" in Konkurrenz mit der **Übereignung des Warenlagers** (mit wechselndem Bestand), so geht der Eigentumserwerb nach § 950 vor. Ist die „Herstellervereinbarung" unzulässig, so kommt es auch hier auf den Willen des Sicherungsgebers bei Vollzug der Übereignung an.

III. **Zusammentreffen der Sicherungsübereignung mit anderen Sicherungsverfügungen**

1. **Die Sicherungsübereignung von Vorbehaltsgut**

285 **a)** Die üblicherweise bei zum Umsatz bestimmten Waren erteilte *Ermächtigung*, über **Vorbehaltsgut** zu verfügen, deckt die Übereignung zur Sicherung nicht ab; ein gutgläubiger Erwerb kommt aus einer ganzen Reihe von Gründen nicht in Betracht: Der gute Glaube an die Verfügungsbefugnis wird nach § 932 nicht geschützt; aber selbst bei Vorliegen der Voraussetzungen des § 366 HGB scheidet in aller Regel Gutgläubigkeit aus (dazu § 932 Rn 135). Schließlich scheitert in beiden Fällen der Erwerb auch noch an § 933, sofern die übliche Form der Sicherungsübereignung vorliegt.

286 **b)** Die fehlgeschlagene sofortige Übereignung wird allgemein in eine Übertragung des Anwartschaftsrechtes umgedeutet (dazu oben Rn 111 ff).

2. **Verlängerte Sicherungsübereignung und verlängerter Eigentumsvorbehalt, Factoring**

287 Wird die Sicherungsübereignung nach dem Vorbild des Eigentumsvorbehaltes auf die Veräußerungsforderungen erstreckt, so kann es zur Kollision zwischen den verschiedenen Abtretungen kommen.

288 **a)** Als paradigmatisch kann der Konflikt gelten, der sich bei Überschneidung einer Globalzession (zugunsten der kreditgewährenden Bank) mit einer Vorausabtretung zugunsten des Vorbehaltsverkäufers ergibt. Mit Hilfe der sog *Vertragsbruchtheorie* wird in derartigen Fällen das Prioritätsprinzip ausgeschaltet oder zumindest relativiert (s oben Rn 265; näher zu diesem Konzept STAUDINGER/BECKMANN [2004] § 449 Rn 144 ff). Diese (vor allem vom BGH forcierte, zuletzt BGH JZ 1999, 404 mit teilw krit Anm von KIENINGER) Korrektur beruht auf zwei Elementen: Sie knüpft einerseits an die Unterscheidung Waren-/Geldkredit an, andererseits wird das Verhalten eines Gläubigers nach den Maßstäbcn des § 138 als sittenwidrig qualifiziert. Die Vertragsbruchtheorie ist an sich schon problematisch, sie kann jedenfalls auf keine der anderen Konstellationen übertragen werden.

b)   Kommt es zur Kollision, weil eine verlängerte Sicherungsübereignung und ein **289** verlängerter Eigentumsvorbehalt vereinbart werden, so liegt schon hier *kein eigentlicher Gegensatz von Waren- und Geldkredit vor*, sondern eine strukturell gleich gelagerte Umwandlung von sachbezogenen Sicherungsrechten in forderungsbezogene Sicherungsrechte. Ebenso wenig kann hier von einer irgendwie gearteten Sittenwidrigkeit die Rede sein, selbst wenn diese – wie bei der Vertragsbruchtheorie – vollkommen objektiviert und formalisiert wird. Das gilt erst recht und auf noch anschaulichere Art, wenn es sich um zwei verlängerte Sicherungsübereignungen handelt (**aM** MünchKomm/OECHSLER Anh zu §§ 929–936 Rn 22, der die Vertragsbruchtheorie im Falle der Kollision eines verlängerten Sicherungseigentums mit einem verlängerten Eigentumsvorbehalt anwenden will).

c)   Als *Ergebnis* ist deshalb festzuhalten: Bei der Kollision von Vorauszessionen **290** im Rahmen vertikaler Erweiterungen der Sicherungsgeschäfte gilt ausschließlich das **Prioritätsprinzip**; *die Vertragsbruchtheorie kann auf diese Konstellationen nicht übertragen werden*. Im Gegenteil: Die Ausführungen zeigen, dass diese Theorie im Ansatz verfehlt ist.

Selbstverständlich kann im Einzelfall bei Vorliegen der entsprechend subjektiven Elemente eine einzelne Vorauszession als sittenwidrig angesehen werden; ein genereller Rückgriff auf dieses Kriterium eignet sich ebenso wenig als Korrektiv wie die Gegenüberstellung von Waren- und Geldkredit.

d)   Keine Besonderheiten ergeben sich bei **der Kollision von Factoring und ver- 291 längerter Sicherungsübereignung**. Hier gelten im Prinzip die für das Verhältnis Eigentumsvorbehalt/Factoring entwickelten Grundsätze (vgl dazu STAUDINGER/BECKMANN [2004] § 449 Rn 152 ff; SOERGEL/HENSSLER Anh § 929 Rn 137 ff).

Primär geht es auch hier um die Frage der Anwendbarkeit der Vertragsbruchtheorie auf die Kollision zwischen dem Sicherungsgeschäft und der Factoring-Zession. Lit und Rspr unterscheiden für die Beantwortung dieser Frage zwischen *echtem* (Factoring mit Delcredere-Übernahme, dh der Haftung für die Zahlungswilligkeit und die Zahlungsfähigkeit des Dritten, durch den Factor) und *unechtem* Factoring (nicht der Factor, sondern der Klient haftet für die Zahlungswilligkeit und Zahlungsfähigkeit des Dritten). Es werden im Wesentlichen vier Lösungsansätze vertreten:

– In der Globalzession beim *echten* Factoring wird die Sicherung des Barvorschusses des Factors und nicht lediglich das Erfüllungsgeschäft des Forderungskaufes gesehen, da sie dem Forderungskauf vorangehe. Deshalb seien die vom BGH für den Kollisionsfall entwickelten Grundsätze anwendbar. Dagegen liege beim *unechten* Factoring kein echter Leistungsaustausch von Forderung und Geld vor; durch die Globalzession werde vielmehr ein Kredit gesichert (vgl HEIDLAND KTS 1970, 165, 177; TEUBNER JuS 1972, 261, 263).

           Wolfgang Wiegand

– Da es sich beim Factoring um ein auf kaufrechtlicher Grundlage geschlossenes Geschäft handele, bei dem der Factor als gleichberechtigter Partner des Klienten auftrete, wird zum Teil die Anwendbarkeit der Vertragsbruchtheorie abgelehnt (MICHELS DB 1976, 325, 326 f; GRAF vLAMBSDORFF Rn 430 ff S 198 ff; RÖDL BB 1976, 1301, 1303).

– Weiter wird im *echten* Factoring ein Kauf gesehen (SERICK IV § 52 II 2 S 537 ff, insbes 2 a S 546) mit der Folge der Unanwendbarkeit der Vertragsbruchtheorie (SERICK IV § 52 IV 3, 4, vor allem S 578 f). Beim *unechten* Factoring handele es sich dagegen um ein Kreditgeschäft (so auch BGHZ 58, 364; 69, 254, 257 f; 71, 306, 308; 82, 50, 61) mit der Konsequenz, dass die Vertragsbruchtheorie anwendbar sei (SERICK IV § 52 IV 5 ab S 579 ff; PALANDT/HEINRICHS § 398 Rn 36 f mit einem Vorbehalt beim unechten Factoring).

– Gegen die Unterscheidung zwischen *echtem* und *unechtem* Factoring wendet sich CANARIS (HGB Rn 1686), der die grundsätzlich anwendbare Vertragsbruchtheorie durch seine sog Barvorschuss-Theorie modifiziert sehen will (HGB Rn 1665, NJW 1981, 249 ff; zust FIKENTSCHER [8. Aufl] § 58 II 2 S 365). Danach findet die Vertragsbruchtheorie keine Anwendung, wenn der Factor für die abgetretenen Forderungen dem Klienten tatsächlich einen Barvorschuss hat zufließen lassen (vgl dazu krit SERICK NJW 1981, 794 ff und die Erwiderung von CANARIS NJW 1981, 1347 ff).

Geht man dagegen mit der hier vertretenen Ansicht davon aus, dass die Vertragsbruchtheorie bereits auf die Kollision zwischen Globalzession und verlängerter Sicherungsübereignung unanwendbar sei, erübrigen sich die rechtliche Qualifizierung von echtem und unechtem Factoring sowie die Konstruktionsversuche der aufgezeigten Lösungsansätze, da *jede Kollision allein mit Hilfe des Prioritätsgrundsatzes zu lösen ist.*

3. Grundpfandrecht, Vermieterpfandrecht und Sicherungsübereignung

a) Ausgangslage

292 Aufgrund des allseitigen Zugriffs auf dieselben Sicherungsgegenstände, der sich als Konsequenz aus dem System der Sicherungsgeschäfte ergibt, kommt es immer häufiger auch zur Konkurrenz zwischen Grundpfandgläubigern und Gläubigern, die Sicherungsrechte an beweglichen Sachen haben. Der Konflikt entsteht dadurch, dass die Zuordnung einzelner Gegenstände zum jeweiligen Haftungsobjekt nicht immer ohne weiteres geklärt werden kann. Auch hier geht es nicht um dogmatisch „richtige" Lösungen, sondern um – rechtspolitisch motivierte – Wertungen. Eine auf den gleichen Gründen beruhende Kollision ergibt sich bei der der Konkurrenz zwischen Vermieterpfandgläubigern und Gläubigern, die Sicherungsrechte an beweglichen Sachen in vermieteten Räumen haben (vgl dazu unten Rn 302 sowie schon oben Rn 108 und § 932 Rn 182).

b) Die möglichen Kollisionen

293 Bestellt ein Grundstückseigentümer einer Bank für einen ihm gewährten Kredit an seinem Grundstück ein Grundpfandrecht und übereignet er einer anderen Bank für einen von dieser erhaltenen Kredit bewegliche Sachen zur Sicherheit, können in der Insolvenz des Sicherungsgebers die Sicherungsinteressen beider Kreditgeber miteinander kollidieren.

Ob es zu einer Kollision kommt, hängt davon ab, ob die zur Sicherheit übereigneten beweglichen Sachen in den *Haftungsverband des Grundstücks* fallen und damit die Grundpfandgläubiger diese zur Tilgung ihrer Forderungen gegen den Schuldner verwerten dürfen oder ob dem Kreditgeber, dem die beweglichen Sachen zur Sicherheit übereignet wurden, das Verwertungsrecht an den Sachen zusteht (s hierzu auch BGH WM 1996, 293 = EWiR 1996, 259 mit Anm PLANDER).

aa) Nach § 1192 Abs 1, § 1120 erstreckt sich die Haftung eines Grundstücks auch **294** auf das Zubehör des Grundstücks, soweit es im Eigentum des Grundeigentümers steht. Im Eigentum Dritter stehendes Zubehör wird von der Haftung des Grundstücks nicht erfasst. Damit erhebt sich die Frage, ob die zur Sicherheit übereigneten beweglichen Sachen Zubehör im Sinne des § 97 Abs 1 – und zwar schuldnereigenes Zubehör – sind.

Schon die Beantwortung der Frage, ob es sich um Zubehör im Sinne des § 97 Abs 1 handelt, kann Schwierigkeiten bereiten. Das soll an Beispielen verdeutlicht werden: Für LKWs eines Fabrik- und Handelsunternehmens, die der Zu- oder Ablieferung von Gütern dienen, wurde die Zubehöreigenschaft bejaht (BGH WM 1980, 1384). Dagegen sind die LKWs eines Speditions- und Transportunternehmens, die monatelang in ganz Europa unterwegs sind und nur für Inspektionen und Reparaturen auf das Betriebsgrundstück zurückkommen, kein Zubehör (BGHZ 85, 234 ff). Problematisch kann die Beurteilung werden, wenn die LKWs einer Lager- und Güterspedition gehören und sowohl dem An- und Abtransport des Lagergutes als auch dem internationalen Güterverkehr mit wechselnden Einsatzorten dienen (vgl KOLLHOSSER JA 1984, 196, 197).

bb) Die Beantwortung der Frage, ob es sich um *schuldnereigenes oder schuldner-* **295** *fremdes Zubehör* handelt, hängt im Wesentlichen damit zusammen, wann das Zubehör zur Sicherung übereignet wurde: Erfolgte die Sicherungsübereignung vor dem Zeitpunkt, in dem das Zubehör in den Haftungsverband des Grundstücks fiel, oder erst später?

(a) Ist der Sicherungsgeber Eigentümer des Zubehörs und befindet sich dieses auf **296** dem Grundstück, so kann zwar der Sicherungsgeber das Zubehör nach § 930 zur Sicherheit übereignen. Das führt jedoch noch nicht zum Erlöschen der Zubehörhaftung. Gemäß § 1121 Abs 1 bewirkt bei Veräußerung des Zubehörs erst dessen dauerhafte Entfernung und Lösung vom Grundstück dessen Enthaftung (PALANDT/ BASSENGE § 1121 Rn 1 f). Damit verbleibt das Zubehör für den Verwertungsfall im Haftungsverband des Grundstücks.

(b) Schwieriger gestaltet sich die Sachlage, wenn der Grundeigentümer das Zu- **297** behör von einem Dritten unter Eigentumsvorbehalt erworben und es dann der kreditgebenden Bank zur Sicherheit übereignet hat.

Nach *Rspr und herrschender Lehre* (BGHZ 20, 88; 28, 16; 35, 85; 42, 53; 56, 123; 75, 211) erhält der Grundeigentümer an den unter Eigentumsvorbehalt gekauften Sachen ein Anwartschaftsrecht, über das der Vorbehaltskäufer eigenständig verfügen kann (vgl BGHZ 35, 85; REINICKE/TIEDTKE, Kaufrecht 232 ff; REINICKE JuS 1986, 957, 959; BROX JuS 1984, 662; zur Kritik MAROTZKE, Anwartschaftsrecht; KUPISCH JZ 1976, 417 ff; E WOLF, Allgemeiner Teil [2. Aufl 1976] 42 ff). Mit Zahlung der letzten Kaufpreisrate geht das Eigentum automatisch auf den Anwartschaftsrecht-Berechtigten über. Hat dieser sein Anwartschaftsrecht auf einen Dritten übertragen, so erstarkt dieses mit Zahlung der letzten Kaufpreisrate in der Person des Dritten zum Vollrecht, ohne dass es zum Durchgangserwerb des Eigentumsvorbehaltskäufers kommt (BGHZ 20, 88, 100; 35, 85, 87; v LÜBTOW JuS 1963, 175; BAUR/STÜRNER § 59 Rn 34; zur Problematik dieser Konstruktion oben Rn 111 ff uö).

Da das *Anwartschaftsrecht als Vermögensrecht behandelt wird*, wird dasjenige am Zubehör auch von der Mithaftung des Grundpfandrechts erfasst. Durch die Übertragung des Anwartschaftsrechtes auf einen Dritten kommt es nicht zu einer Enthaftung. Dementsprechend erstarkt das Anwartschaftsrecht mit Zahlung der letzten Kaufpreisrate zwar zum Vollrecht, ist jedoch mit dem Grundpfand belastet (HOLTZ JW 1933, 2573; LETZGUS, Die Anwartschaft des Käufers unter Eigentumsvorbehalt 27 ff; G REINICKE, Gesetzliche Pfandrechte und Hypotheken am Anwartschaftsrecht aus bedingter Übereignung 7 ff, 37 ff; RAISER, Dingliche Anwartschaften 97 ff; PAULUS JZ 1957, 41, 44; SCHULTE/LASAUX AcP 151, 449, 457; KOLLHOSSER JA 1984, 196, 198 f; REINICKE JuS 1986, 957, 958 f; WILHELM, Das Anwartschaftsrecht des Vorbehaltskäufers im Hypotheken- und Grundschuldverband, NJW 1987, 1785; vgl BGHZ 35, 85, 88 ff). Dieses ergibt sich aus einer analogen Anwendung des § 1287 (STAUDINGER/WIEGAND [2002] § 1287 Rn 20). Somit hat auch hier der *Grundpfandgläubiger den Vorrang*.

298 (c)   Es stellt sich die Frage, ob das belastete Anwartschaftsrecht durch eine *Vereinbarung* zwischen Grundeigentümer, Vorbehaltsverkäufer und dem Kreditgeber, dem das Zubehör zur Sicherheit übereignet werden soll, unter Umgehung des Grundpfandgläubigers *aufgehoben* werden kann. Nimmt man mit BGHZ 92, 280 ff eine derartige Aufhebungsmöglichkeit ohne Zustimmung des Grundpfandgläubigers an, hätte das zur Folge, dass durch die einverständliche Aufhebung der aufschiebend bedingten Übereignung der Kreditgeber unbelastetes Eigentum am Zubehör erlangt.

299   Die Beantwortung der Frage hängt davon ab, ob man eine Anwendbarkeit des § 1276 Abs 1 auf das belastete Anwartschaftsrecht bejaht. Nach § 1276 Abs 1 kann ein *verpfändetes Recht durch Rechtsgeschäft nur mit Zustimmung des Pfandgläubigers aufgehoben werden* (STAUDINGER/WIEGAND [2002] § 1276 Rn 1, 7 ff). Jedoch steht einer direkten wie auch analogen Anwendung des § 1276 Abs 1 entgegen, dass das Anwartschaftsrecht generell wie Sacheigentum behandelt wird. Darauf beruht die analoge Anwendung der Vorschriften über Pfandrechte an Sachen (vgl STAUDINGER/WIEGAND [2002] § 1204 Rn 44; BGHZ 35, 85, 93; 92, 280, 290 f). Der stärkere Schutz des Rechts-Pfandgläubigers *scheint* daher nicht angemessen.

Der BGH zieht eine Parallele zwischen der Aufhebung des Anwartschaftsrechtes auf Erwerb des Eigentums an beweglichen Sachen und der Zerstörung einer Sache, an der ein Pfandrecht bestellt ist (BGHZ 92, 280, 290 f), was dem BGH zufolge dazu führt, dass der Grundpfandgläubiger allenfalls Schadensersatzansprüche geltend machen kann und die Verfügung nicht – wie im Falle des § 1276 Abs 1 – (relativ) unwirksam ist (STAUDINGER/WIEGAND [2002] § 1276 Rn 3).

300   Dieser Argumentation kann jedoch nicht gefolgt werden, da bereits der Ansatzpunkt verfehlt ist. Zwischen einer rechtsgeschäftlichen Verfügung – der Aufhebung eines Rechtes – und einer tatsächlichen Handlung – der Zerstörung einer Sache – lässt sich keine Parallele ziehen. Wenn hier schon an der Nähe zum Eigentum festgehalten werden soll, kann das nur in der Weise geschehen, dass die Parallele zur rechtsgeschäftlichen Aufhebung des Anwartschaftsrechtes ausschließlich in der rechtsgeschäftlichen Aufhebung des Eigentums – des Rechtes an der Sache – in Form der Dereliktion gesehen wird. Durch die Dereliktion wird jedoch nicht ein bestehendes Pfandrecht an der derelinquierten Sache aufgehoben, die derelinquierte Sache hat lediglich keinen Eigentümer mehr, der eines entsprechenden Schutzes bedürfte, wie er von § 1276 Abs 1 vorgesehen ist (so auch TIEDTKE NJW 1985, 1305, 1306; REINICKE JuS 1986, 957, 961 f).

Zum anderen hat die analoge Anwendung der §§ 1205 ff auf das Anwartschaftsrecht nicht notwendig die Folge, dass eine analoge Anwendung der Vorschriften über das Pfandrecht an Rechten auf das Anwartschaftsrecht ausgeschlossen ist. Die analoge Anwendung von Vorschriften ermöglicht interessengerechte Lösungen. Dies gilt auch für den vorliegenden Fall. Auch wenn man das Anwartschaftsrecht in die Nähe des Eigentums rückt und daher grundsätzlich die Anwendbarkeit der §§ 1205 ff für richtig erachtet, muss trotz allem den Besonderheiten jedes Einzelfalles Rechnung getragen werden. In der vorliegenden Fallkonstellation steht das auf dem Grundstück befindliche Zubehör noch im Eigentum des Eigentumsvorbehaltsverkäufers. Die Sache – das Zubehör – kann damit (noch) gar nicht mit dem Grundpfand belastet werden. Das Einzige, was mit der Verbringung der Sache auf das Grundstück mit dem Grundpfand belastet und damit in den Haftungsverband des Grundstückes mit einbezogen werden kann, ist das Anwartschafts**recht** des Grundstückseigentümers auf Erlangung des Eigentums am Zubehör. Die Sache wird erst „Gegenstand der Befriedigung, sobald sich die Anwartschaft zum Vollrecht entwickelt hat" (BGHZ 35, 85, 93). Dies sieht auch der BGH, kommt jedoch nicht zu dem einzig richtigen Ergebnis, dass bis zum Moment der Erstarkung des Anwartschaftsrechtes zum Vollrecht einzig das **Recht** Gegenstand der Befriedigung sein kann. Mit Aufhebung des mit dem Grundpfand belasteten Anwartschaftsrechtes würde ebenfalls das bestehende Grundpfandrecht am Anwartschaftsrecht aufgehoben. In der Aufhebung des belasteten Anwartschaftsrechtes liegt damit letztlich doch eine Verfügung über ein mit einem Pfandrecht belastetes Recht. Würde man dem Grundpfandgläubiger den Schutz des § 1276 Abs 1 versagen, könnte der Schuldner auf diese Weise dem Haftungsverband des Grundstückes Haftungsgegenstände (in Form von Anwartschaftsrechten) entgegen dem Willen des Grundpfandgläubigers entziehen.

Eine nachträgliche *rechtsgeschäftliche Aufhebung des mit einem Grundpfand belasteten Anwartschaftsrechtes ohne Zustimmung des Grundpfandgläubigers ist von daher analog § 1276 Abs 1 als unwirksam anzusehen* (zustimmend MünchKomm/OECHSLER Anh zu §§ 929–936 Rn 24; SOERGEL/HENSSLER Anh § 930 Rn 120; so auch iE REINICKE JuS 1986, 957, 958 ff; TIEDTKE NJW 1985, 1305 ff; KOLLHOSSER JA 1984, 196, 200 f; PALANDT/BASSENGE § 1276 Rn 5).

(d)   Damit ist ein lastenfreier Eigentumserwerb der kreditgebenden Bank, der **301** Sachen zur Sicherheit übereignet werden sollen, nicht mehr möglich, wenn diese Sachen Zubehör des mit einem Grundpfand belasteten Grundstücks wurden, sich auf diesem befinden und dem Grundeigentümer an diesem Zubehör zumindest ein

Anwartschaftsrecht auf Erwerb des Eigentums zusteht. Die einzige Möglichkeit, lastenfreies Sicherungseigentum zu erlangen, besteht in der Übertragung des Sicherungseigentums oder der Sicherungsanwartschaft vor Verbringung des Zubehörs auf das Grundstück und damit vor Begründung der Zubehörhaftung.

c) Vermieterpfandrecht

302 Im Falle der Sicherungsübereignung von Sachen, die sich in gemieteten Räumen befinden, erwirbt der Sicherungsnehmer lediglich *ein mit dem Vermieterpfandrecht nach § 562 belastetes Sicherungseigentum*. Belastet ist ebenso das *Anwartschaftsrecht*, wenn der Sicherungsnehmer vom Sicherungsgeber Vorbehaltsware erwirbt. Bei Erfüllung des Kaufvertrages bleibt das Pfandrecht an dem zum Volleigentum erstarkenden Anwartschaftsrecht bestehen. Bei Nichterfüllung und anschliessendem Rücktritt seitens des Vorbehaltsverkäufers erlischt das Vermieterpfandrecht aufgrund des Untergangs des Pfandobjekts (Erlöschen des Anwartschaftsrechts).

Bei Vereinbarung einer *antizipierten Sicherungsübereignung* durch Besitzeskonstitut wird das Eigentum bzw das Anwartschaftsrecht an der eingebrachten Ware während der Durchgangsphase (vgl oben § 930 Rn 33) mit dem Vermieterpfandrecht belastet.

Hingegen erwirbt der Sicherungsnehmer bei der Sicherungsübereignung von bereits im Eigentum des Sicherungsgebers stehenden, jedoch noch nicht in die gemieteten Räume eingebrachten Waren *unbelastetes Eigentum* (nach der hM sind nur im Eigentum des Mieters stehende Waren „Sachen des Mieters" iSd § 562; statt aller STAUDINGER/EMMERICH [2003] § 562 Rn 15). Belastungsfrei bleibt auch das vor Einbringung der Vorbehaltsware in die gemieteten Räume erworbene Anwartschaftsrecht (ebenso zum Ganzen Soergel/HENSSLER Anh § 930 Rn 116 ff; MünchKomm/OECHSLER Anh zu §§ 929–936 Rn 23; AnwK-BGB/SCHILKEN § 930 Rn 81).

4. Exkurs: Der Sicherheitenpool

303 Entgegen manchen Erwartungen (vgl dazu schon oben Rn 249) besteht auch nach Inkrafttreten der Insolvenzordnung ein Interesse an der Schaffung von Sicherheitenpools. Eine etwas veränderte Situation ergibt sich allerdings für die Pool-Vereinbarungen nach Insolvenz. Mit der neuen starken Ausgestaltung der Position des Insolvenzverwalters haben die Gläubiger nicht mehr die gleichen Einflussmöglichkeiten auf die Verwertung der Insolvenzmasse wie noch unter der Geltung der Konkursordnung (dazu insges PETERS ZIP 2000, 2238 ff und unten Rn 305 und 306).

a) Zustandekommen, Art, Zweck und Inhalt des Sicherheiten-Pools

304 Ein Sicherheiten-Pool ist ein *schuldrechtlicher Zusammenschluss von Kreditgebern zur Übernahme und Verwaltung von Sicherheiten auf das gemeinsame Risiko der Kreditgeber* (LWOWSKI Rn 205). Wer an der Pool-Vereinbarung (dem Pool-Vertrag) beteiligt ist, richtet sich nach Art, Zweck und Inhalt des Pools.

Beteiligte am Pool sind entweder ausschließlich Geld- oder Geld- und Warenkreditgeber.

305 Zu unterscheiden sind der *Pool nach Insolvenz* des Kreditnehmers und der *Pool vor Insolvenz* des Kreditnehmers (BOHLEN 6 f; MOHRBUTTER/MOHRBUTTER, Konkurs- und Ver-

gleichsverfahren 233; Mentzel/Kuhn/Uhlenbruck, Konkursordnung § 4 Rn 14). Während der *Pool nach Insolvenz* auf der ausschließlichen Vereinbarung zwischen den Kreditgebern beruht, erfolgt die Bildung des *Pools vor Insolvenz* unter Einbeziehung des Schuldners, der die Pool-Vereinbarung ebenfalls unterzeichnet (Bohlen 6 f; vgl aber auch Wenzel BuB S 4/96 ff und Lwowski Rn 205 ff, die die Unterscheidung zwischen Pool vor/nach Insolvenz nicht treffen).

Zweck des *Pools vor Insolvenz* ist allgemein die gemeinsame Sicherung der Rechte der Kreditgeber. So erfolgt durch die Vereinbarung eines *Pools vor Insolvenz* die Abstimmung und Abgrenzung von Sicherheiten der Warenkreditgeber einerseits und Geldkreditgeber andererseits in Absprache mit dem Schuldner (Bohlen 6 f). Darüber hinaus enthält der Vertrag über einen *Pool vor Insolvenz* in der Regel ein Stillhalteversprechen, ein sog *Moratorium*, durch das dem Schuldner die Möglichkeit gegeben werden soll, seine eventuell eintretenden Zahlungsschwierigkeiten zu beheben (Linhardt 34).

Bei der Poolbildung nach Insolvenz scheidet eine stille Sanierung nunmehr aus, weil nach § 80 Abs 1 InsO der Insolvenzverwalter anstelle des Schuldners in ein einschlägiges Verfahren eingebunden werden muss (dazu Martinek/Oechsler § 97 Rn 11). In dieser Situation dient der Poolvertrag vor allem der Erreichung einer besseren Position gegenüber dem Insolvenzverwalter, indem das gemeinsame Einbringen der Sicherheiten idR die *Geltendmachung von Absonderungsrechten* nach § 50 Abs 1 und § 51 Nr 1 InsO sowie von *Aussonderungsrechten* nach § 47 InsO erleichtern sollen.

Die gemeinsame Interessenvertretung mündet in die Abwicklung des Pools, dh der Verteilung des durch den Insolvenzverwalter verwerteten Pool-Vermögens. Dieses setzt sich aus den von den am Pool beteiligten Gläubigern eingebrachten Ansprüchen schuldrechtlicher und dinglicher Art zusammen, die den Gläubigern aus den mit dem Schuldner vereinbarten Sicherungsrechten zustehen oder zugestanden haben (vgl ua Hess 24).

Entsprechend einem zuvor vereinbarten Verteilungsschlüssel werden die gegenüber dem Insolvenzverwalter erfolgreich durchgesetzten Sicherungsrechte unter den am Pool beteiligten Gläubigern aufgeteilt.

b) Zulässigkeit
An der Zulässigkeit von Pool-Vereinbarungen bestehen auch nach Inkrafttreten der **306** neuen InsO in der Regel *keine Zweifel* (so auch Soergel/Henssler Anh § 929 Rn 163; Martinek/Oechsler § 97 Rn 59 ff; vgl zur Situation nach KO OLG Karlsruhe NJW 1979, 2317; OLG Frankfurt WM 1986, 27; ua Heckel, Zivilkonkurs- und verfahrensrechtliche Probleme des Sicherheitenpoolvertrages [Diss Heidelberg 1983]; Serick III § 42 2 S 69; s auch BGH NJW 1989, 895). Dies gilt insbes dann, wenn durch den Pool-Vertrag *Beweisschwierigkeiten* Rechnung getragen werden soll, die über die Quoten der einzelnen Beteiligten bestehen, wenn Sachen verschiedener Eigentümer vermengt oder vermischt worden sind und dadurch Miteigentum entstanden ist (dazu ausf Martinek/Oechsler § 97 Rn 44 ff und Rn 57; zum bisherigen Recht OLG Frankfurt WM 1986, 27, 29; OLG Karlsruhe NJW 1979, 2317, 2318; BGH WM 1982, 482; vgl aber auch Marx NJW 1978, 246, 250, der die Sittenwidrigkeit einer derartigen Vereinbarung erörtert). Dagegen sind *Pool-Vereinbarungen*

unwirksam, die Sicherungsrechte betreffen, die wegen fehlender genügender Be-
stimmbarkeit individuell nicht durchsetzbar wären (Lwowski Rn 206; OLG Karlsruhe
NJW 1979, 2317 f; Soergel/Henssler Anh § 929 Rn 164; zu weiteren Nichtigkeitsgründen vgl
Hess 42 ff u Bohlen 71 ff).

Problematisch sind Pool-Vereinbarungen dann, wenn sie in Konflikt mit den insolvenzrechtlichen Anfechtungstatbeständen geraten. Hier muss wiederum zwischen
dem *Pool vor* und *nach Insolvenz* unterschieden werden: Beim *Pool vor Insolvenz*
kann eine Anfechtung durch den Insolvenzverwalter wegen inkongruenter Deckung
(§ 131 Abs 1 InsO) durch „Masseplünderung im Vorfeld der Insolvenz", vorsätzlicher Gläubigerbenachteiligung durch den Schuldner (§ 133 Abs 1 Satz 1 InsO),
unmittelbarer Gläubigerbenachteiligung durch den Schuldner nach § 132 Abs 1
InsO sowie im Falle einer Ausschliessung eines Beitrittsrechts für konkurrierende
Gläubiger auch wegen Vereitelung deren Rechte nach § 130 InsO in Frage kommen
(zum Ganzen eingehend Martinek/Oechsler § 97 Rn 47 ff). Noch unter Herrschaft der
alten KO hat der BGH entschieden, dass die Ausweitung des Sicherungsgegenstandes eines bestehenden Sicherheitenpoolvertrages durch Vereinbarung zwischen
Gläubiger und Schuldner der Absichtsanfechtung unterliegen könne, dies selbst
dann, wenn der Sicherungszweck nicht verändert werde (BGH NJW 1998, 2592).
Entscheidend ist aber, ob die Leistung des Schuldners als unentgeltlich oder entgeltlich (§ 134 Abs 1 InsO) eingestuft wird. Dabei soll es darauf ankommen, ob der
Schuldner bei der Kreditgewährung (und der damit verbundenen Ausweitung des
Sicherungsgegenstandes) selbst ein wirtschaftliches Interesse hat (dazu auch Soergel/
Henssler Anh § 929 Rn 164 und Martinek/Oechsler § 97 Rn 55).

Beim *Pool nach Insolvenz* finden die Anfechtungstatbestände nach den §§ 129 ff
InsO nach klarem Wortlaut des § 129 Abs 1 InsO keine Anwendung. In diesem Fall
obliegt der Schutz der Insolvenzmasse dem Insolvenzverwalter (§§ 80 ff InsO). Die
mit der Poolung von Sicherheiten einhergehende blosse Beweiserleichterung bedeutet keinen Verstoss gegen § 91 InsO, da dadurch nicht die materielle Rechtslage,
sondern nur die prozessuale Beweissituation der Gläubiger verändert wird (so zu
Recht Martinek/Oechsler § 97 Rn 57).

Werden mehrere Pools gebildet, ist darauf zu achten, dass nicht Rechte Dritter, die
Inhaber eines Rückgewähranspruches gegenüber dem ersten Pool sind, beeinträchtigt werden (BGH WM 1982, 482; Lwowski Rn 206).

c) Rechtliche Natur der Pool-Vereinbarung

307 Umstrittener ist dagegen die *Rechtsnatur des Pool-Vertrages*. Es werden im Allgemeinen die *BGB-Gesellschaft* und die *unechte Treuhand* als mögliche Rechtsfiguren
diskutiert (vgl zur Diskussion ua Martinek/Oechsler § 97 Rn 17 ff; Staudinger/Langhein
[2002] § 741 Rn 231 ff; Henckel, Pflichten des Konkursverwalters gegenüber Aus- und Absonde-
rungsberechtigten, RWS-Skript 25 [1983] 7; Reinicke/Tiedtke WM 1979, 186; Weitnauer, in:
FS F Baur 709, 710; Marx NJW 1978, 246, 247; Graf vLambsdorff, Grundsätzliche Fragen zum
Eigentumsvorbehalt unter Berücksichtigung der höchstrichterlichen Rechtsprechung, RWS-Skript
93 [1981] 119; Mentzel/Kuhn/Uhlenbruck, KO § 43 Rn 44 c; Uhlenbruck, Insolvenz [1979]
Rn 782; Stürner, Aktuelle Probleme des Konkursrechts, ZZP 94 [1981] 263, 274 ff; Mohrbutter/
Mohrbutter, Konkurs- und Vergleichsverwaltung 233; für BGB-Gesellschaft oder Rechtsgemein-
schaft gem §§ 741 ff vgl Uhlenbruck, Gläubigerberatung in der Insolvenz [1983] 131). Generell

lässt sich die Frage nach der Rechtsnatur des Pool-Vertrages nicht beantworten; vielmehr hängt die Qualifizierung einzig und allein von der *Ausgestaltung des Pool-Vertrages durch die Parteien* ab (vgl dazu BOHLEN 10 f). Soll nach dieser ein „Gemeinschaftsvermögen" entstehen, das den am Pool Beteiligten gehört, ist eine BGB-Gesellschaft anzunehmen mit der Folge, dass das Pool-Vermögen gemäß §§ 718, 719 ein Gesamthandvermögen darstellt. Gesellschaftszweck ist die bestmögliche Sicherung bzw Verwertung der Sicherungsrechte im Insolvenzfalle sowie die vereinbarungsgemäße bzw gleichmäßige Verteilung des Verwertungserlöses. Werden dagegen die Rechtspositionen von den Gläubigern auf einen einzigen Pool-Gläubiger oder einen Dritten mit der Befugnis übertragen, die Sicherheiten im Konkursfalle für die übrigen Gläubiger geltend zu machen, liegt eine unechte Treuhand vor (so auch BOHLEN 10 f).

Von der Qualifizierung als BGB-Gesellschaft oder als unechte Treuhand hängt die **308** *Wahrnehmung der gemeinsamen Interessen* der Kreditgeber ab.

Liegt ein Pool in Form einer BGB-Gesellschaft vor, steht die Geschäftsführung und damit die gemeinsame Interessenwahrnehmung gemäß § 709 grundsätzlich allen Gesellschaftern gemeinsam zu. Diese Regelung ist jedoch nicht zwingend. So kann die Wahrnehmung der Interessen auch durch einen Pool-Verwalter als Alleingeschäftsführer und Vertreter oder einen Pool-Beirat als Gesamtgeschäftsführung und Vertretung erfolgen (BOHLEN 12).

Handelt es sich bei dem Pool dagegen um eine unechte Treuhand, ist der Treuhänder formeller Inhaber der Sicherungsrechte und kann wirksam über diese als Pool-Vermögen verfügen.

2. Abschnitt: Die fiduziarische Übereignung

Vorbemerkung

Die wesentlichen Charakteristika der treuhänderischen Rechtsübertragung sind im **309** AT (Rn 8 ff) bereits dargelegt worden. Dabei wurde mit der Rspr und der hM in der Lit angenommen, dass die Sicherungsübereignung eine der Arten der treuhänderischen Eigentumsübertragung darstelle (dazu unten Rn 324 ff). Im Übrigen aber wurde die Sicherungsübereignung im Hinblick auf ihren spezifischen Zweck und ihre besondere Problemstellungen getrennt behandelt. Die folgenden Erl beschränken sich deshalb im Wesentlichen auf diejenigen *Probleme, die sich bei der fiduziarischen Übereignung ohne Sicherungszweck* ergeben (zur Treuhandtheorie im Allgemeinen STAUDINGER/SCHILKEN [2004] Vorbem 58 ff zu §§ 164 ff; HENSSLER AcP 196 [1996] 37, 42; vgl im Übrigen die im Schrifttumsverzeichnis angeführten Titel).

A. Der Erwerb des Treuhandeigentums

I. Die Übereignung

1. Die nicht auf Sicherstellung abzielende Übertragung kann *verschiedensten* **310**

Zwecken dienen; infolgedessen gibt es anders als bei der Sicherungsübereignung keine typische Übertragungsform. In der Praxis wird jedoch die Übereignung nach § 929 im Vordergrund stehen, da im Gegensatz zu den fiduziarischen Sicherungsgeschäften idR der Treuhänder die Sachherrschaft und die Nutzung benötigt, um den Treuhandzweck zu verwirklichen.

311 2. Diese *Zweckbezogenheit der Eigentumsverschaffung* kennzeichnet zwar die treuhänderische Übereignung, sie wirkt sich aber (infolge der Abstraktheit der Verfügung) auf den Übertragungsakt selbst nicht aus (s oben Rn 60, 90, 165 ff). Konsequenzen ergeben sich erst für die Behandlung des Treuhandeigentums (dazu unten Rn 324). Auch wenn die Parteien das Eigentum in dem Bewußtsein übertragen, dass es („wirtschaftlich" beim Veräußerer bleiben und) nicht in das Vermögen des Erwerbers integriert werden soll, so spielt das für den Vorgang der Eigentumsübertragung keine Rolle.

312 3. Infolgedessen ergeben sich für die beiden Elemente der Übereignung – Einigung und Besitzverschaffung – *keine Abweichungen* von der normalen, auf definitive und vollkommene Zuordnung des Eigentums gerichtete Übertragung.

313 a) Die Einigung erfolgt bei der fiduziarischen Übereignung nach den allgemeinen Regeln, die in den Erl zu § 929 (Rn 9 ff) dargelegt sind. Sie richtet sich bei den (hier behandelten) Treuhandgeschäften auf die Verschaffung der vollen Eigentümerstellung; das heißt, dass beide Parteien sich einig sein müssen, dass das Eigentum *wirklich* übergehen soll. Die Ernsthaftigkeit dieses Willens und die damit verbundene Konsequenz, den Erwerber tatsächlich zum vollen Rechtsinhaber zu machen, sind die Kriterien für das Vorliegen einer – wenn auch zweckgebundenen – Übereignung und ihrer Abgrenzung vom Scheingeschäft (Coing, Treuhand 34 ff, insbes 36 f; Wiegand, Fiduziarische Sicherungsgeschäfte 538 ff; ders, Treuhand 575 ff; dort auch zur causa-Problematik, die in den Ländern mit rechtsgrundabhängiger Übereignung besonders diffizil ist; vgl hierzu speziell Klein BaslerJurMitt 1958, 201 ff, 249 ff).

Die Zweckgebundenheit tangiert die Einigung als solche nicht, sie kann jedoch in einer besonderen Ausgestaltung ihren Niederschlag finden:

314 Um den Treugeber vor abredewidrigen Verfügungen zu schützen, wird häufig eine **auflösend bedingte Übereignung** vorgenommen. Sie entspricht in ihrer Konzeption derjenigen, die bei der auflösend bedingten Sicherungsübereignung dargestellt wurde (oben Rn 196 ff). Als *Bedingung* kommt neben dem Zugriff der Gläubiger des Treuhänders vor allem die Vornahme einer *abredewidrigen Verfügung* in Betracht (zu den Konsequenzen unten Rn 324 ff).

315 b) Für die Übergabe gelten die in den §§ 929–931 dargelegten Grundsätze, wobei alle dort aufgeführten Varianten in Betracht kommen können.

II. Die Zweckvereinbarung

316 1. **Die vertragliche Vereinbarung**, in der die **Zweckbindung** des (zu übertragenden) Eigentums fixiert wird, bildet das eigentliche *Kernstück und das Charakteristikum* des treuhänderischen Rechtsgeschäftes (vgl dazu oben schon Rn 310). Ihr kommt eine *doppelte Funktion* zu: Sie bildet den Rechtsgrund der Eigentumsübertragung und legt zugleich die Rahmenbedingungen für die Verwendung des übertragenen Eigentums fest. Diese Abrede kann in unterschiedlicher Form und auf vielfältige Weise zustande kommen. Bei den hier behandelten, nicht der Kreditsicherung dienenden treuhänderischen Rechtsgeschäften wird sie häufig als selbständige vertragliche Vereinbarung abgeschlossen. Es ist jedoch durchaus denkbar, dass auch nicht-kreditsichernde treuhänderische Rechtsübertragungen Teil eines umfassenderen Rechtsgeschäftes bilden und in dieses integriert sind.

Gerade in Anbetracht dieser Tatsache verbietet sich jede generelle Qualifizierung der Treuhandabrede im Sinne einer Zuordnung zu bestimmten rechtsgeschäftlichen Typen. Zwar ist es richtig, dass Treuhandgeschäfte sehr häufig Auftragscharakter haben; das muss jedoch nicht so sein (vgl etwa COING, Treuhand 111 f).

Für die mit der Erfüllung und der Verletzung der Treuhandabrede zusammenhängenden Rechtsfragen spielt indessen auch die Qualifikation der Treuhandabrede keine maßgebliche Rolle (Einzelheiten dazu unten Rn 324 ff).

2.   Aus der Funktion der Zweckvereinbarung ergibt sich ohne weiteres, dass **317** besondere Probleme entstehen, wenn die Zweckvereinbarung ungültig ist. Infolge der Abstraktheit des Verfügungsgeschäftes geht das Eigentum auf den Treuhänder über, der idR zur Rückübereignung gemäß § 812 verpflichtet ist. Fraglich ist jedoch, wie die Rechtslage vor Erfüllung der Rückübereignungsverpflichtung zu beurteilen ist, insbesondere dann, wenn den Parteien die Ungültigkeit des Grundgeschäftes (noch) nicht bekannt ist. Von besonderer Bedeutung ist dieser Punkt einerseits für die Rechtsgeschäfte, die der Treuhänder in Bezug auf das Treugut vornimmt, zum anderen aber für die Rechtsstellung Dritter, die etwa in das Treugut vollstrecken wollen. Hier zeigt sich mit aller *Deutlichkeit, dass die Zweckgebundenheit der Übereignung wohl kaum auf die schuldrechtliche Ebene beschränkt bleiben darf* (dazu generell WIEGAND AcP 190 [1990] 126 ff, 136 f); vielmehr ist auch bei **Nichtigkeit** *oder sonstiger Ungültigkeit* des Grundgeschäftes davon auszugehen, dass das *übertragene Eigentum wie Treuhandeigentum zu behandeln* ist (zu den Konsequenzen unten Rn 234 ff).

III.   Der Erwerb von Dritten

1.   Treuhänderisch gebundenes Eigentum kann auch an Gegenständen begründet **318** werden, die der Treuhänder nicht vom Treugeber, sondern von Dritten erlangt. Typisch dafür sind alle Tatbestände, in denen der Treugeber den Treuhänder beauftragt, Vermögenswerte in eigenem Namen zu erwerben und zu verwalten (darin liegt der Unterschied zur Kommission). Die Finanzierung kann aus einem zu treuen Händen übertragenen Kapital oder auch durch nachträgliche Rechnungstellung erfolgen. Der gleiche Ablauf und dieselbe rechtliche Situation ergeben sich bei Ersatzanschaffungen für verlorengegangenes oder veräußertes Treugut.

2.   Der Eigentumserwerb beruht in diesen Fällen auf einem ganz „gewöhnlichen" **319** Erwerbsgrund (zB Kauf, Werkvertrag etwa bei Treuhandgeschäften im Baubereich). Für den Dritten handelt es sich um ein normales Veräußerungsgeschäft. Erst auf Seiten des Treuhänders kommt es dann zu einer Abweichung vom typischen Erwerbsvorgang: Das Eigentum wird von der Treuhandabrede erfasst und damit zum Treugut (so SERICK I 59; dazu COING, Treuhand 107 f, 114 ff; WIEGAND, Treuhand 573 f).

320 **3.**　Wenn auch die Gegenstände auf unterschiedlichem Wege zum Treugut wurden, erscheint die *Gleichbehandlung* geboten. Die Praxis stellt jedoch auf die Erwerbsart ab und zieht daraus für die Beurteilung des Treuhandeigentums Konsequenzen, die mit dem Schlagwort „Unmittelbarkeitsprinzip" bezeichnet werden (vgl dazu die berechtigte Kritik bei HENSSLER AcP 196 [1996] 37, 54 f und unten Rn 327). Prinzipiell ist dazu festzuhalten, dass Differenzierungen nicht an die Art und Weise der Eigentumserlangung, sondern allenfalls an die Zweckbestimmung anknüpfen dürfen (dazu sofort Rn 324 ff).

B.　Das Treuhandeigentum

I.　Erscheinungsformen und Arten des Treuhandeigentums

321 **1.**　Das durch die fiduziarische Übertragung erlangte Eigentum ist – das ergibt sich schon aus der Theorie vom vollen Rechtserwerb – an sich Eigentum wie jedes andere. Wenn gleichwohl Treuhandeigentum als eine besondere Form des Eigentums oder mit anderen Worten als eine durch richterliche Rechtsfortbildung anerkannte *neue Art von dinglichem Recht betrachtet wird*, so ist dieses unter zwei Aspekten richtig:

322 **a)**　Theoretisch gesehen handelt es sich beim Treugut um ein *Sondervermögen*. Zwar ist es dem Treuhänder rechtlich in gleicher Weise zugeordnet wie sein sonstiges Vermögen, es wird jedoch nicht gleich behandelt (dazu im Einzelnen COING, Treuhand 86). Die Sonderstellung dieses Vermögens beruht nicht auf der internen Bindung zwischen Treugeber und Treuhänder, sondern darauf, dass dieser *internen Bindung Außenwirkung zuerkannt* wird. Die Drittwirkung der treuhänderischen Abrede verleiht dem Treuhandeigentum die seiner Funktion entsprechende besondere Qualität als eigenständiges Sachenrecht (zu den Einzelheiten unten II und III, zum theoretischen Hintergrund und den Konsequenzen WIEGAND, numerus clausus 642 und AcP 190 [1990] 126 ff).

323 **b)**　Daraus ergibt sich mit Notwendigkeit, dass es *nicht ein Treuhandeigentum schlechthin* gibt, vielmehr ist von Fall zu Fall zu prüfen, welche Funktion das treuhänderische Eigentum nach den schuldrechtlichen Abreden haben sollte und welche Außenwirkungen daraus resultieren bzw anerkannt werden können. Darauf beruhen auch die Versuche, eine gewisse *Typisierung* der treuhänderischen Rechtsübertragungen nach dem Zweck herbeizuführen (dazu ausführlich BÜLOW, Der Treuhandvertrag; GERNHUBER JuS 1988, 355).

324 **2.**　An Bedeutung gewonnen hat in dieser Hinsicht vor allem die Unterscheidung zwischen *eigennütziger und fremdnütziger Treuhand*. Darüberhinaus differenziert man zwischen echter (eigentlicher) und unechter (uneigentlicher) bzw Treuhand im engeren und weiteren Sinne, zwischen Sicherungs- und Verwaltungstreuhand, uneigennütz einseitiger und uneigennütz zwei- bzw mehrseitiger (oder auch Doppel-) Treuhand; je nach Rechtsstellung des Treuhänders unterscheidet man fiduziarische, deutschrechtliche, Ermächtigungs- und Vollmachtstreuhand (vgl dazu Coing, Treuhand 88 ff; Siebert, Treuhand 99 ff; Walter, Unmittelbarkeitsprinzip 7 ff, 12 ff).

3. Die zuvor dargelegten Differenzierungen, insbesondere die Unterscheidung **325** zwischen eigennütziger und fremdnütziger Treuhand haben nur die Funktion, die *Interessenlage, die dem jeweiligen Treuhandgeschäft zugrunde liegt,* zu umreißen. Bei der für das Treuhandrecht zentralen und im Folgenden allein zu behandelnden Frage des Verhältnisses zu Dritten geht es darum, aufgrund einer Analyse dieser Interessenlage zu entscheiden, inwieweit bei Verfügungen des Treuhänders die Außenwirkung der Bindung anerkannt werden oder Drittschutz den Vorrang hat und inwieweit bei Vollstreckungsmaßnahmen Dritter der Besonderheit des Treuhandeigentums Rechnung getragen werden kann und soll.

II. Treuhandgut in Insolvenz und Zwangsvollstreckung

1. Mit der Sonderbehandlung des Treugutes im Konkurs hat das Reichsgericht **326** schon vor In-Kraft-Treten des BGB die Entwicklung eingeleitet, die das Treuhandeigentum zu einer besonderen Art des Eigentums gemacht hat (vgl oben Rn 9 ff, 324 ff). Im Laufe einer lang anhaltenden, aber nicht immer gradlinigen Rechtsprechung ist diese Grundposition ausgebaut und zunehmend verfestigt worden.

Zu dieser Entwicklung gehört der von der Rspr herausgearbeitete Unterschied **327** zwischen der **echten und der unechten Treuhand**. Diese Differenzierung (siehe schon oben Rn 324) wird dazu verwendet, Treugut, das der Treuhänder nicht vom Treugeber (sog *Übertragungstreuhand*), sondern von Dritten bzw im Wege der Surrogation erlangt hat (sog *Erwerbstreuhand*), gegenüber gewöhnlichem Treugut abzugrenzen. Einen Fall unechter Treuhand nimmt man auch dann an, wenn der Treuhänder hinsichtlich eines bislang in seinem Vermögen befindlichen Gegenstandes mit dem Treugeber übereinkommt, dass er den Gegenstand nunmehr als Treugut innehat (sog *Vereinbarungstreuhand*). An diese Unterscheidung anknüpfend hat man mit Hilfe des sog *Unmittelbarkeitsprinzips* die Sonderstellung des Treugutes in der Insolvenz und Zwangsvollstreckung auf die „echten" Treuhandverhältnisse bzw auf das vom Treugeber dem Treuhändler unmittelbar überlassene Gut beschränkt. Die Unzulänglichkeit dieses Konzeptes sowohl in methodischer Hinsicht als auch vom Ergebnis ist wiederholt dargelegt worden (vgl dazu zuletzt Armbrüster 486 f; sowie Henssler AcP 196 [1996] 37, 54 f; Scharrenberg 76 ff; Coing, Treuhand 176 ff; Nickel/Schweizer 88 ff sowie generell die Arbeiten von Assfalg und Walter, Unmittelbarkeitsprinzip, insbes 113 ff). Besonders offenkundig ist die Unausgewogenheit dieser Lösung, wenn man sie mit dem ebenso unausgewogenen schweizerischen Recht vergleicht. Während in Deutschland nur die vom Treugeber ausgehändigten Gegenstände ausgesondert werden können, beschränkt das schweizerische Recht die Aussonderung auf Gegenstände, die der Treuhänder von Dritten erworben hat (dazu Wiegand, Treuhand 586 ff mNw).

Sofern man noch vom Unmittelbarkeitsprinzip ausgeht, wird vielfach versucht, dessen Konsequenzen mit „Umgehungskonstruktionen" auszuschalten. Gemeinsames Ziel dieser Umgehungskonstruktionen ist es zu erreichen, dass das Treugut zunächst in das Vermögen des Treugebers übergeht – wenn auch nur für eine logische Sekunde –, um es anschließend durch eine erneute Vollrechtsübertragung der Rechtszuständigkeit des Treuhänders zu unterstellen. Für den Vollzug kommt die Übereignung für denjenigen, den es angeht, das antizipierte Besitzeskonstitut, das Insichgeschäft und der Vertrag zugunsten Dritter in Frage (zum Ganzen SCHAR-RENBERG 59 ff). Zur Überwindung der mit dieser Theorie verbundenen Unzulänglich-keiten wird in der Lit andererseits vorgeschlagen, den Unmittelbarkeitsgrundsatz aufzugeben und an seine Stelle das *Bestimmtheits- und Offenkundigkeitsprinzip* zu setzen (vgl NICKEL/SCHWEIZER 94 ff; COING, Treuhand 176 ff). Eine eher stillschweigende Aufgabe des Unmittelbarkeitsprinzips kann in einem neueren Urteil des BGH (BGH DZWIR 2003, 510) gesehen werden. Indem darin der Treuhandbegriff auf die Übertragungs- und Erwerbstreuhand (unter Ausschluss der Vereinbarungstreu-hand) beschränkt wird, ist das Unmittelbarkeitsprinzip für die Erwerbstreuhand höchstrichterlich – wenn auch nicht ausdrücklich – ausgeschaltet worden (so zu Recht ARMBRÜSTER 485 ff). Ob und inwieweit daraus Konsequenzen für die weitere Rechts-anwendung gezogen werden können, ist zur Zeit noch unklar.

328 Die folgende Darstellung beschränkt sich deshalb auf den bisherigen Stand der Rspr. Hierbei wird nun der Unterschied in der Interessenlage relevant, der sich in den verschiedenen Begriffsbildungen wie eigennützige und uneigennützige, echte und unechte Treuhand äußert. Was die eigennützige Treuhand betrifft, so bildet deren Hauptanwendungsfall die Sicherungsübereignung. Diesbezüglich kann auf die Darstellung oben (Rn 250 ff) verwiesen werden.

329 **2.**　　Bei der *uneigennützigen oder Verwaltungstreuhand* gelten folgende Grund-sätze: Bei der Vollstreckung (dazu ausführlich HENSSLER AcP 196 [1996] 37, 50 f) der *Gläubiger des Treuhänders in das Treugut* steht dem **Treugeber das Widerspruchs-recht des § 771 ZPO** zu (BGHZ 11, 37; NJW 1959, 1223; ZIP 1993, 1185: auch bei fehlender Publizität eines Treuhandkontos), weil das Treugut wirtschaftlich in dessen Vermögen fällt (BGH NJW 1996, 1543). Ist der Treugeber unmittelbarer Besitzer, kann er auch nach §§ 766, 809 ZPO vorgehen. Vollstrecken hingegen *Gläubiger des Treugebers* in das Treugut, kann der Treuhänder nicht nach §§ 771, 805 ZPO vorgehen (BGHZ 11, 37). Das Treugut gehört wirtschaftlich nicht zu seinem Vermögen. Der Treuhänder kann jedoch bei unmittelbarem Besitz nach §§ 766, 809 ZPO vorgehen. Die Gläu-biger können dann allenfalls in das Anwartschaftsrecht oder in den Rückübereig-nungsanspruch des Treugebers vollstrecken (PALANDT/BASSENGE § 903 Rn 42).

330 Fällt der *Treuhänder in die Insolvenz*, kann der Treugeber nach § 47 InsO ausson-dern (BGH NJW 1959, 1223; BAUR/STÜRNER, I ZVR Rn 46.7 ff; ARMBRÜSTER 486), da das Treugut wirtschaftlich in sein Vermögen fällt. In der Insolvenz *des Treugebers* steht dem Treuhänder weder ein Aus- noch ein Absonderungsrecht zu. Das Treugut gehört nicht zu seinem Vermögen. Mit Eintritt des Konkursfalles des Treugebers endet das Treuhandverhältnis (§ 115 Abs 1 InsO).

III.　Verfügungen des Treuhänders über das Treugut

331 **1.**　　Während die vollstreckungsrechtliche Sonderstellung des Treugutes auch unter Verwendung insolvenzrechtlicher Kriterien betrachtet und gelöst werden kann (so insbes WALTER 56 ff im Anschluss an PAULUS ZZP 64, 169, 173), berührt die Frage nach der Behandlung von *Verfügungen des Treuhänders*, die mit den in der Treuhandabrede getroffenen Begrenzungen nicht zu vereinbaren sind, *zentrale Positionen des gesam-*

ten Privatrechtssystems (dazu Wiegand, numerus clausus 642 f und AcP 190 [1990] 126 ff mNw und eingehend C Berger, Verfügungsbeschränkungen 136 ff). Infolgedessen ist sowohl die anzustrebende Lösung wie auch der dabei einzuschlagende Weg, ja selbst die Frage, ob das Problem in der Praxis Relevanz habe (vgl dazu Timm 14), heftig umstritten.

Bei Beurteilung der Verfügungen des Treuhänders ist ähnlich wie bei den Vollstreckungsfragen eine Differenzierung nach der jeweiligen Ausgestaltung des Treuhandverhältnisses erforderlich. Dabei wird im Folgenden entsprechend dem oben gegebenen Hinweis (vgl oben Rn 312) auch das Sicherungseigentum einbezogen, da es sich um ein Problem allgemeinen Treuhandrechts handelt.

2. Relative Klarheit und weitgehende Übereinstimmung besteht in der Beurteilung derjenigen Fälle, in denen die *Übereignung des Treugutes unter auflösender Bedingung* erfolgte. **332**

a) Besonders häufig ist eine derartige Konstellation bei Sicherungsübereignungen, wo in zunehmendem Maße die Ansicht vertreten wird, dass die Bedingtheit auch ohne ausdrückliche Parteivereinbarung anzunehmen sei (vgl dazu oben Rn 196 ff mNw). Während dort die *Bedingung an die Fortexistenz der zu sichernden Forderung* geknüpft und damit eine Art Akzessorietätsersatz geschaffen wird, besteht die Bedingung in den nicht-kreditsichernden Treuhandgeschäften darin, dass ein abredewidriges Verhalten des Treuhänders den Rückfall des Eigentums auslösen soll. Die Zulässigkeit derartiger Bedingungen wird überwiegend bejaht (Staudinger/Kohler [2003] § 137 Rn 30 ff; C Berger 160 f; 185 Henssler AcP 196 [1996] 37, 69 f; Timm 18 ff; zur Vereinbarkeit mit § 137 insbes Liebs AcP 175 [1975] 1). **333**

Liegt eine solche Situation vor, so kommt § 161 zur Anwendung, was zu folgenden Differenzierungen führt:

Die *abredewidrige Verfügung* ist *prinzipiell unwirksam* (§ 161 Abs 2 iVm Abs 1), sofern nicht ausnahmsweise der Erwerber durch die entsprechende Anwendung „der Vorschriften zugunsten derjenigen, welche Rechte von einem Nichtberechtigten herleiten", geschützt wird (§ 161 Abs 3; zur Bedeutung und Auswirkung dieser Verweisung Wiegand JuS 1978, 145 ff; sowie unten Rn 338 u Vorbem 34 f zu § 932).

b) Wie bei der Sicherungsübereignung besteht nun auch im Rahmen der fremdnützigen Treuhand eine Tendenz, *die Bedingtheit der Rechtsübertragung dann anzunehmen, wenn es an einer ausdrücklichen Vereinbarung der Parteien fehlt* (so insbes Schlosser NJW 1970, 681, 684 ff). Gegen ein derartiges Vorgehen sprechen die gleichen Gründe, die schon im Zusammenhang mit der automatischen Annahme einer Bedingtheit der Sicherungsübereignung dargelegt wurden (vgl oben Rn 196 ff). Es geht hier wie dort nicht an, Zielvorstellungen dadurch zu verwirklichen, dass man den Parteien unterstellt, sie müssten „vernünftigerweise" (Schlosser) den Willen zur auflösend bedingten Rechtsübertragung gehabt haben. Solange daran festgehalten wird, dass Parteien mit Hilfe des Vertrages wechselseitige Interessenverwirklichung suchen und ihre Abreden entsprechend formulieren, können rechtspolitische Wunschvorstellungen nicht mittels fiktiven Parteiwillens oder im Sinne einer ordre-public-Korrektur durchgesetzt werden. Dieses gilt schon für die Sicherungsgeschäfte, noch mehr aber für die fremdnützige Treuhand. Wer derartige Vereinba- **334**

rungen trifft, zählt idR nicht zu denjenigen, die rechtlicher Bevormundung oder sozialen Schutzes bedürfen. Infolgedessen ist prinzipiell *daran festzuhalten, dass eine auflösende Bedingung nur dann anzunehmen ist, wenn sie ausdrücklich vereinbart wird oder aber aus den Umständen des Geschäftes zweifelsfrei entnommen werden kann* (so auch TIMM JZ 1989, 18 f).

335 **c)** Selbst wenn man dieser Auffassung nicht zu folgen vermag, so spricht *gegen die Tendenz, die Bedingtheit der Rechtsübertragung zum „Regelfall"* (SCHLOSSER) zu machen, dass sich daraus weitreichende, bisher *noch nicht reflektierte Konsequenzen* ergeben: Wenn man davon auszugehen hat, dass praktisch jede fremdnützige Treuhand und auch jede Sicherungsübereignung mit Hilfe dieser „objektivierenden" Interpretation des Parteiwillens als bedingt betrachtet wird, *kommt auch ein Schutz des Gutgläubigen nicht mehr in Betracht.* Die Rechtsableitung vom Nichtberechtigten iS von § 161 Abs 3 ist nämlich schon dann ausgeschlossen, wenn der Dritte mit der Existenz einer derartigen Verfügungsbeschränkung rechnen musste (zu den Einzelheiten WIEGAND JuS 1978, 145, 148). Im Ergebnis liefe das darauf hinaus, dass ein gutgläubiger Erwerb von Sicherungseigentum und Treuhandeigentum weitgehend ausgeschlossen wäre. Ehe dazu abschließend Stellung zu nehmen ist, sind die weiteren Varianten zu erörtern.

336 **3.** Für diejenigen Fälle, in denen die Parteien in erkennbarer Weise eine *Vollrechtsübertragung gewünscht haben* als sog **echte fiduziarische Übereignung** oder in denen sich aus anderen Gründen die Annahme einer Bedingung verbietet, stellt sich gleichwohl die Frage, wie bei abredewidrigen Verfügungen des Treuhänders zu verfahren ist. Hier sind zwei Fallkonstellationen zu unterscheiden:

337 **a)** Relativ eindeutig sind die Stellungnahmen in Bezug auf solche Verfügungen, in denen der *Treuhänder sich bewusst über die Treuhandabrede hinwegsetzt und auch sein Vertragspartner bei diesem Verstoß mitwirkt.* In derartigen Fällen versucht man mit Hilfe der §§ 134, 138, 826, die Auswirkungen des Vertrauensbruches zu minimieren und den ursprünglichen Zustand so weit möglich wieder herzustellen (vgl dazu ausf COING, Treuhand 164 u aus der Rspr BGH JZ 1968, 791 mit Anm von HUBER). Die Rspr hat damit zugleich alle weitergehenden, den Treugeber schützenden Konstruktionen verworfen.

338 **b)** Unter diesen Konstruktionen hat besondere Bedeutung diejenige gewonnen, die darauf abzielt, „daß die für den Mißbrauch der Vollmacht aufgestellten Regeln auf den Mißbrauch der Treuhänderstellung zu übertragen seien" (so KÖTZ 141 f; SCHLOSSER NJW 1970, 681, 685; so auch noch PALANDT/DEGENHARDT [31. Aufl] Anm 7 Ba vor § 929; COING, Treuhand, 164 ff, insbes 168; TIMM 22 ff; einen Mittelweg einschlagend SIEBERT, Treuhand 157 ff; **aM** HUBER, in: Rechtsvergleichung und Rechtsvereinheitlichung, in: FS des Instituts für ausländische und internationales Privat- und Wirtschaftsrecht der Universität Heidelberg [1967] 399 ff; ders JZ 1968, 791 f; PALANDT/HEINRICHS § 164 Rn 14a; grundlegend zu diesem Problem KRIES, Die Rechtsstellung des Erwerbers bei treuwidrigen Verfügungen eines Treuhänders [Diss Freiburg 1965]; eingehende Kritik bei C BERGER 153 ff).

Diese Theorie, deren Begründung hier nicht näher darzulegen ist, hat der BGH (JZ 1968, 791) wegen Unvereinbarkeit mit § 137 und Unvergleichbarkeit des Vollmachtsrechtes mit der Stellung des Treuhänders abgelehnt. In der Lit hat sie zunehmend

Anerkennung gefunden (dazu zusammenfassend TIMM 22 ff mwNw; entschiedene Ablehnung bei C BERGER 153 ff).

4. Stellungnahme

a) Auszugehen ist davon, dass der *Versuch*, sowohl mit Hilfe der Bedingtheit der **339** Eigentumsübertragung als auch durch Anwendung der Regeln über den Vollmachtsmissbrauch abredewidrigen Verfügungen des Treuhänders die Wirkung zu versagen, *nicht nach dogmatischen Kriterien beurteilt* werden kann. Eine dogmatisch schlüssige Begründung hierfür kann es deshalb nicht geben, weil die angestrebte Lösung Grundprämissen und zentrale Positionen des dem BGB zugrunde liegenden Systems durchbricht (vgl dazu WIEGAND, numerus clausus 642 f mNw).

b) Wenn man gleichwohl versucht, mit Hilfe dieser Konstruktionen wenigstens **340** einem Teil der abredewidrigen Verfügungen die Wirksamkeit zu versagen, so liegen dem Wertungen und rechtspolitische Zielsetzungen zugrunde, was insbes auf den Bereich der Sicherungsübereignung *zutrifft*. Die Art des Vorgehens ist als solche methodisch nicht zu beanstanden und auch in anderen Bereichen anzutreffen. Was indessen näherer *Diskussion bedarf, sind die Ergebnisse und die daraus resultierenden Konsequenzen.*

Im Hinblick auf die fingierte Annahme einer auflösenden Bedingung ist darauf **341** oben bereits hingewiesen worden. Wenn man darüber hinausgehend noch in allen denjenigen Fällen, in denen eine auflösende Bedingung nun wirklich nicht in Betracht kommen kann, mit Hilfe der analogen Anwendung der Stellvertretungstheorien ebenfalls den Erwerb begrenzen will, so ist die Frage, was damit erreicht werden kann und soll: Soweit damit bewirkt wird, dass Dritte, die von der Treuhandabrede Kenntnis haben, bei einer abredewidrigen Verfügung kein Eigentum erwerben können, besteht über die *Wünschbarkeit dieses Ergebnisses kaum Divergenz.* Man darf dabei freilich nicht verkennen, dass mit der Versagung der Verfügungsbefugnis für den Treuhänder oder – umgekehrt betrachtet – mit der Verhinderung des Erwerbs durch den wissenden Dritten definitiv eine *Sonderform von Eigentum* geschaffen wird. Die Tatsache, dass dieser Effekt mit Hilfe der analogen Anwendung von Stellvertretungsgrundsätzen auf Treuhandverhältnisse herbeigeführt wird, ändert nichts am Befund selbst. Fraglich bleibt allein, ob man dann nicht im Sinne einer klaren Lösung eine wirkliche Sonderform des Eigentums anerkennen sollte, die ähnlich wie gesamthänderisches Eigentum auch besonderen Regeln folgt. Dass auch dann noch der allgemein als unverzichtbar empfundene Schutz des Gutgläubigen möglich wäre, zeigt die Behandlung des gesamthänderischen Eigentums im Rahmen des Gutglaubensschutzes (dazu allg WIEGAND JuS 1978, 145 ff sowie § 932 Rn 8; zusammenfassend auch zum Folgenden AcP 190 [1990] 126 ff, 136 f; ablehnend C BERGER 159 f).

c) Als weitaus problematischer erweist sich die Frage, welche Folgerungen sich **342** daraus ergeben, dass man nicht nur bei Kenntnis des Erwerbers, sondern auch bei „wissen können/müssen" korrigierend eingreifen will. In diesem Bereich führt die analoge Anwendung der Stellvertretungsregeln ähnlich wie bei § 161 Abs 3 diejenige des Gutglaubensschutzes zu der *zentralen Fragestellung, wie die Interessen beurteilt werden sollen.* Es liegt auf der Hand, dass es sich hier um eine Wertungsfrage handelt, die jedoch massive wirtschaftliche Konsequenzen hat: Geht man etwa im Bereich des Sicherungseigentums davon aus, dass heutzutage jeder fahrlässig handelt, der nicht mit dem Vorliegen von Sicherungseigentum rechnet (dazu § 932 Rn 55 ff), so bedeutet dieses iE, dass praktisch bei jeder Verfügung über Sicherungseigentum die Erkennbarkeit im Sinne des Vollmachtsmissbrauchs zu bejahen wäre ebenso wie bei den Fällen der auflösenden Bedingtheit die Gutgläubigkeit im Sinne des § 161 Abs 3 iVm §§ 932 ff zu verneinen wäre. Ob und inwieweit der Schutz des *Sicherungs-/Treugebers* in diesen Fällen wirklich eine *derartige Einschränkung der Verkehrsfähigkeit des Sicherungs- und Treugutes* rechtfertigt, erscheint zumindest zweifelhaft. In der Lit sind diese Interessen im Hinblick auf die rechtspolitische Wünschbarkeit der Konsequenzen bisher noch nicht hinreichend diskutiert worden; für die Rspr hat sich diese Frage deshalb noch nicht gestellt, weil sie sowohl die stillschweigende Bedingtheit der Eigentumsübertragung als auch die analoge Anwendung des Vollmachtmissbrauchs bisher abgelehnt hat.

343 **d)** Bei der zu treffenden *Entscheidung sind folgende Gesichtspunkte* zu berücksichtigen: Wenn man Dritterwerb durch Annahme der Bedingtheit und Anwendbarkeit der Stellvertretungsgrundsätze verhindert und eine damit einhergehende Restriktion der Gutgläubigkeit bejaht, führt das dazu, dass die Sicherungs-/Treugeber besser geschützt werden. Preis dafür ist die Benachteiligung der Erwerber, deren Schutzinteressen geringer bewertet werden. Ob die dadurch bewirkte Reduzierung der Zirkulationsfähigkeit von Treu- und Sicherungsgut wirklich wünschbar ist, bedürfte jedoch näherer ökonomischer Analyse (vgl dazu oben Rn 40 ff sowie unten Vorbem 45 ff zu § 932).

Vorbemerkungen zu §§ 932–936

Schrifttum

ALTMEPPEN, Disponibilität des Rechtsscheins (1993)

BARHEINE, Kraftfahrzeugerwerb im guten Glauben (Diss Bochum 1991)

BAUMGÄRTEL, Beweislast im Privatrecht, Bd 2 (1985)

BAUER, „Guter Glaube" und Rechtsirrtum, in: FS Schultz (1987) 21

M BAUER, Zur Publizitätsfunktion des Besitzes bei Übereignung von Fahrnis, FS in: Bosch (1976) 1 ff

BAUR/STÜRNER, Sachenrecht (17. Auflage 1999) ders, I ZVR

BEATE, Zur Möglichkeit des gutgläubigen Erwerbes einer juristischen Person von ihrem Gesellschafter (1990)

BECKER, Das Problem des gutgläubigen Erwerbs im Effektengiroverkehr (1982)

BENDIX, Zur Auslegung des § 935 Abs 1, SeuffBl 66, 373

BERG, Der Verwendungsanspruch des Werkunternehmers bei Reparatur einer bestellerfremden Sache, JuS 1970, 12

BENDIX, Die Ungerechtigkeit des Eigentumserwerbs vom Nichteigentümer nach BGB § 932, 935 (1908)

BINDING, Die Ungerechtigkeit des Eigentumserwerbs vom Nichtberechtigten nach § 932 und § 935 und ihre Reduktion auf das kleinstmögliche Maß (1908)

BÖHMER, Grundlagen der bürgerlichen Rechtsordnung II/2 (1952)

BOKELMANN, Grobe Fahrlässigkeit (1973)

BOSCH, Nochmals – Schützt § 366 HGB auch das Vertrauen auf die Vertretungsmacht im Handelsverkehr, JuS 1988, 439

BRANDT, Eigentumserwerb und Austauschgeschäft (1940)

BRAUN, § 935 I 2 BGB ist zu eng formuliert, JZ 1993, 391

ders, Gutgläubiger Erwerb vom Minderjährigen gem §§ 107, 932 BGB?, Jura 1993, 459

BRONS, Gutgläubiger Erwerb einer beweglichen öffentlichen Sache (Diss Hamburg 1980)

BROX, Das Anwartschaftsrecht des Vorbehaltsverkäufers, JuS 1984, 657

BULL, Pfandrechtserwerb an Abzahlungssachen, BB 1963, 119

BÜLOW, Gutgläubiger Erwerb vom Scheinkaufmann, AcP 186 (1986), 576

ders, Kauf unter Eigentumsvorbehalt, Jura 1986, 129, 234

vCAEMMERER, ders, Rechtsvergleichung und Reform der Eigentumsübertragung, RabelsZ 12 (1938/39) 675

Bereicherungsausgleich bei Verpfändung fremder Sachen, in: FS Lewald (1953) 443

ders, Leistungsrückgewähr bei gutgläubigem Erwerb, in: FS Böhmer (1954) 145

ders, Übereignung durch Anweisung zur Übergabe, JZ 1963, 586

CANARIS, Die Vertrauenshaftung im deutschen Privatrecht (1971)

CHIUSI, Zur Verzichtbarkeit von Rechtsscheinswirkungen, AcP 202 (2002) 494, 496

COING, Die Treuhand kraft privaten Rechtsgeschäfts (1973)

DAMRAU, Aufgabe des einheitlichen Begriffs Übergabe? – BGHZ 67, 207, JuS 1978, 519

DERLEDER, Mobiliarsachenrechtlicher Verkehrsschutz durch Privilegierung des Erwerbs vom Nichtberechtigten, JuS 1979, 477

DEUTSCH, Gutgläubiger Erwerb durch erlaubte Ansichnahme der Sache gemäß § 933, JZ 1978, 385

DUDEN, Der Rechtserwerb vom Nichtberechtigten an beweglichen Sachen und Inhaberpapieren im deutschen internationalen Privatrecht (1934)

DÜNKEL, Öffentliche Versteigerung und gutgläubiger Erwerb (1970)

EICHENHOFER, Anwartschaftslehre und Pedenztheorie – Zwei Deutungen von Vorbehaltseigentum –, AcP 185 (1985) 162

EICHLER, Die Rechtslehre vom Vertrauen (1950)

ERKLENZ, Der Erwerb vom Nichtberechtigten, eine Schöpfung des germanischen Rechts (1933)

ERNST, Eigenbesitz und Mobiliarerwerb (1992)

ders, Ist der gutgläubige Mobiliarerwerb eine Rechtsscheinwirkung?, in: FS Joachim Gernhuber (1993) 95

EWALD, Der Rückerwerb vom Nichtberechtigten, JherJb. 76 (1926) 231, 233

FLUME, Der Eigentumserwerb bei Leistungen im Dreiecksverhältnis, in: FS Ernst Wolf (1985) 61

ders, Die Rechtsstellung des Vorbehaltsverkäufers, AcP 161 (1961) 385

FRANK/VEH, Gutgläubiger Erwerb beweglicher Sachen im Wege der öffentlichen Versteigerung, JA 1983, 249

FRANKE, Der Erwerber und sein guter Glaube nach BGB, SeuffBl 1971, 645

ders, Für die §§ 932, 935 gegen Binding, SeuffBl 1973, 895

ders, Gutglaubensschutz beim Erwerb gestohlener Ersatzdividendenscheine, Wirtschaft-, Wertpapier- und Bankrecht (1973) 982

FROTSCHER, Probleme des öffentlichen Sachenrechts, VerwA 1971, 153

FROTZ, Gutgläubiger Mobiliarerwerb und Rechtsscheinsprinzip, in: FS Kastner (1972) 131

FULD, Zum Mobiliarerwerb nach bürgerlichem und Handelsrecht, AcP 89 (1898) 402

GEHRLEIN, Gutgläubiger Erwerb von Sachen trotz Verbindung mit gestohlenen oder abhanden gekommenen Gegenständen, MDR 1995, 16

GESSLER/HEFERMEHL, Aktiengesetz, Kommentar, Bd I §§ 53a-75 (1983)

GIEHL, Der gutgläubige MOBILIARERWERB – Dogmatik und Rechtswirklichkeit, AcP 161 (1962) 357

vGIERKE, Die Bedeutung des Fahrnisbesitzes für streitiges Recht nach dem BGB (1897)

GURSKY, Die neuere höchstrichterliche Rechtsprechung zum Mobiliarsachenrecht, JZ 1984, 604

ders, Nachträglicher guter Glaube, JR 1986, 225

ders, Die neuere höchstrichterliche Rechtsprechung zum Mobiliarsachenrecht, JZ 1991, 496

ders, Die neue höchstrichterliche Rechtspre-

Wolfgang Wiegand

chung zum Mobiliarsachenrecht (Teil 1 und 2),
JZ 1997, 1094 u 1154

ders, Sachenrecht – Fälle und Lösungen
(10. Aufl 2000)

HAGER, Lagerschein und gutgläubiger Erwerb,
WM 1980, 609

ders, Verkehrsschutz durch redlichen Erwerb
(1990)

ders, Verkehrsschutz durch gutgläubigen Erwerb (1990)

ders, Streckengeschäft und redlicher Erwerb,
ZIP 1993, 1446

ders, Der sachenrechtliche Verkehrsschutz als
Muster der Lösung von Dreipersonenkonflik-
ten, in: FS 50 Jahre BGH, Bd I (2000) 777

HEUER, Die Kunstraubzüge der Nationalsozialisten und ihre Rückabwicklung, NJW 1999,
2558

HINDERLING, Die Bedeutung der Besitzübertragung für den Rechtserwerb im Mobiliarsachenrecht, ZSchweizR 111 (1970) 159

HINZ, Die Entwicklung des gutgläubigen Fahr-
niserwerbs in der Epoche des usus modernus
und des Naturrechts (Diss Hamburg 1991)

ders, Die Entwicklung des gutgläubigen Fahr-
niserwerbs in der europäischen Rechtsgeschichte, ZEuP 1995, 398

HOLTHAUP, Eigentumserwerb und bereicherungsrechtliche Rückabwicklung im Streckengeschäft (Diss Heidelberg 1979)

HÜBNER, Der Rechtsverlust im Mobiliarsachenrecht (1955)

HUWILER, Vindikationsprinzip versus Hand
wahre Hand, in: FS Karl S Bader (1986) 75

KIEHL, Tragweite des guten Glaubens eines fiduziarischen Rechtserwerbs, JW 1922, 787

KINDL, Gutgläubiger Mobiliarerwerb und Erlangung mittelbaren Besitzes, AcP 201 (2001)
391

KOBAN, Haben auf eigene Gefahr als Grund des
Eigentumserwerbs von Scheinberechtigten
(1909)

ders, Zwei Fragen aus dem bürgerlichen Recht
II (1909)

KOHLER, Eigentumserwerb des durch Verfügungsverbot Geschützten an verbotswidrig ver-
äusserten Mobilien, Jura 1991, 349

ders, Funktionales Recht – Zum Wandel im
Rechtsdenken, dargestellt an einem zivilpro-

zessualen Beispiel (betr ua gutgl Erwerb v
Herausgabeanspruch), AcP 192 (1992) 255

KOLLER, Der gutgläubige Erwerb von Miteigentumsanteilen, JZ 1972, 646

ders, Der gutgläubige Erwerb von Sammelde-
potanteilen an Wertpapieren im Effektengiroverkehr, Teil 1 und 2, DB 1972, 1857 u 1905

ders, Vertrag und Übergabe, ArchBürgR 18
(1900) 1

Kölner Kommntar zum Aktienrecht, hrsg von
ZÖLLER, Bd I §§ 1–75 AktG (1988)

KORTE, Anwendung und Verbreitung des
Rechtssatzes „Hand wahre Hand" im mittelal-
terlichen Deutschen Privatrecht (Diss Marburg
1981)

KRAPP, Der Rückerwerb des Nichtberechtigten
(Diss Mainz 1955)

KRAUSE, Das Einigungsprinzip und die Neugestaltung des Sachenrechts, AcP 145 (1939) 312

KRÜGER, Das Anwartschaftsrecht – ein Faszinosum, JuS 1994, 905

KÜHLBERG, Der Verkehrsschutz bei den Traditionspapieren (Diss Hamburg 1970)

KUNZE, Restitution „Entarteter Kunst" –
Sachenrecht und Internationales Privatrecht
(2000)

KUPISCH, Durchgangserwerb oder Direkterwerb, JZ 1976, 417

LOPAU, Der Rückerwerb des Nichtberechtigten,
JuS 1971, 233

ders, Gutglaubensschutz und Bereicherungsausgleich bei Zuwendungen durch einen Putativschuldner auf Veranlassung eines Dritten,
BGH NJW 1974, 1132, JuS 1975, 773

LORENZ, Mala fides superveniens im Eigentümer-Besitzer-Verhältnis und Wissenszurechnung von Hilfspersonen, JZ 1994, 549

vLÜBTOW, Das Geschäft „für den es angeht"
und das sogenannte „antizipierte Besitzeskonstitut", ZHR 112 (1949) 227

ders, Hand wahre Hand – Historische Entwick-
lung, Kritik und Reformvorschläge, in:
FS Juristische Fakultät der FU Berlin zum 41.
DJT (1955) 119

LUTTER, Die Grenzen des sogenannten Gutglaubensschutzes im Grundbuch, AcP 164
(1964) 122

LUX, Die Entwicklung des Gutglaubensschutzes
im 19. und 20. Jahrhundert mit besonderer Be-

rücksichtigung des Wechselrechts, Beiheft 16
ZHR 1939

MAIER, Erkundigungspflicht über verlängerten
Eigentumsvorbehalt, JuS 1982, 487

MANSSEN, Der Hamburger Stadtsiegelfall, JuS
1992, 745

MAROTZKE, Die logische Sekunde, AcP 191
(1991) 195

MARTINEK, Traditionsprinzip und Geheisserwerb, AcP 188 (1988) 573

MAUCH, Gutgläubiger Erwerb akzessorischer
Sicherungsrechte, BWNotZ 1994, 139

MEDICUS, Gedanken zum Nebenbesitz, in:
FS Hübner (1984) 611

A MENGER, Das bürgerliche Recht und die besitzlosen Klassen (1890)

MEYER, Publizitätsprinzip im deutschen Recht
(1909)

MICHALSKI, Versuch einer Korrektur der In-
kongruenz von § 933 und § 934, AcP 181 (1981)
384

MINUTH, Besitzfunktionen beim gutgläubigen
Mobiliarerwerb im deutschen und französischen
Recht (1990)

MITTENZWEI, Gutgläubiger Erwerb gebrauch-
ter Kraftfahrzeuge bei Handeln unter fremdem
Namen, NJW 1986, 2472

MORMANN, Der Erwerb beweglicher Sachen auf
Grund guten Glaubens in der Rechtsprechung
des Bundesgerichtshofs, WM 1966, 2

W MÜLLER, Heimlicher Gutglaubenserwerb?,
AcP 1933, 86

H. MÜLLER, Gedanken zum Schutz des guten
Glaubens in rechtsvergleichender Sicht, ZfRV 4
(1963) 2

MÜLLER-ERZBACH, Das private Recht der Mitgliedschaft als Problem eines kausalen Rechtsdenkens (1948)

MÜLLER-KATZENBURG, Besitz- und Eigentums-
situation bei gestohlenen und sonst abhanden
gekommenen Kunstwerken, NJW 1999, 2551

MUSIELAK, Eigentumserwerb an beweglichen
Sachen nach §§ 932 ff BGB, JuS 1992, 713

NEUBECKER, Erwerb vom Nichteigentümer, 55
(1908) 145

NIELSEN, Die Stellung der Bank im Konkurs
des Kreditnehmers bei Import- und Exportfinanzierung, ZIP 1983, 131

NOLTE, Zur Reform der Eigentumsübertragung
(1941)

NÜSSGENS, Der Rückerwerb des Nichtberechtigten (1939)

OERTMANN, Privatrechtsschutz gegenüber Un-
zurechnungsfähigen, SeuffBl 74, 513 ff, 580

ders, Verfügungen ohne Rechtsgrund über
fremde Sachen, Recht 1915, 510

vOLSHAUSEN, Der Schutz des guten Glaubens
an die Nicht-Rechtshängigkeit, JZ 1988, 584

ders, Rechtsschein und „Rosinentheorie" oder
vom guten und vom schlechten Tropfen, AcP
189 (1989) 223

OLZEN, Zur Geschichte des gutgläubigen Erwerbs, Jura 1990, 505

OSSIG, Vertragliches Pfandrecht des Werkunternehmers an schuldnerfremden Sachen im
Konkurs des Vorbehaltskäufers, ZIP 1986, 558

OSTENDORF, Der Gutglaubensschutz des Verwaltungstreuhänders, NJW 1974, 217

PADEK, Rechtsprobleme des sogenannten
Streckengeschäfts, Jura 1987, 463

PARODI, Die Massgeblichkeit der Kenntnis vom
Erbschein für den gutgläubigen Erwerb einer
beweglichen Sache, AcP 185 (1985) 511

PETERS, Der Entzug des Eigentums an beweglichen Sachen durch gutgläubigen Erwerb
(1991)

PICKER, Gutgläubiger Erwerb und Bereicherungsanspruch bei Leistungen im Dreiperso-
nenverhältnis, NJW 1974, 1790

ders, Mittelbarer Besitz, Nebenbesitz und Eigentumsvermutung in ihrer Bedeutung für den
Gutglaubenserwerb, AcP 188 (1988) 511

PINGER, Der Gläubiger als Ersteiger einer
schuldnerfremden Sache, JR 1973, 94

PLANITZ, Fahrnisverfolgung im deutschen
Recht, ZRG 1934, 424

RAISER, Dingliche Anwartschaften (1961)

REBE, Zur Ausgleichsfunktion von § 935 BGB
zwischen Vertrauensschutz und Eigentümerinteressen beim gutgläubigen Mobiliarerwerb,
AcP 173 (1973) 186

REEB, Die Tatbestände der sogenannten Nichtverkehrsgeschäfte (Diss Mainz 1967)

REGELSBERGER, Der sogenannte Rechtserwerb
vom Nichtberechtigten, JherJb 47 (1904) 339

REICH/FISCHER, Wem gehören die als „entartete Kunst" verfemten, von den Nationalsozia-

listen beschlagnahmten Werke, NJW 1993, 1417, 1420

REICHEL, Gutgläubigkeit beim Fahrniserwerb (1915)

ders, GrünhutsZ 1942, 173

REINICKE, Schützt § 366 Abs 1 HGB den guten Glauben an die Vertretungsmacht?, AcP 189 (1989) 79

ders, Guter Glaube und Orderlagerschein, BB 1960, 1368

REINKING/EGGERT, Der Autokauf (1992)

RÖMER, Der gutgläubige Mobiliarerwerb im französischen Recht; rechtsvergleichende Betrachtungen (Diss Münster 1984)

ROSENBERG, Die Beweislast auf der Grundlage des bürgerlichen Gesetzbuchs und der Zivilprozessordnung (1965)

ROUSSOS, Die Übertragung mittelbaren Besitzes beim gutgläubigen Fahrniserwerb, Jura 1987, 403

SCHANTZ, Mißtrauensschutz? Zur Rechtsprechung des Reichsgerichts über Eigentumsvorbehalt und gutgläubigen Dritterwerb, AcP 142, 67

SCHILKEN, Wissenszurechnung im Zivilrecht (1983)

SCHMELZEISEN, Die Relativität des Besitzbegriffs, AcP 136 (1932) 149

SCHMIDT, Aktionsberechtigung und Vermögensberechtigung (1969)

SCHMIDT, Rechtsprechungsübersicht – Eigentumserwerb bei der Versteigerung schuldnerfremder Sachen, JuS 1993, 76

SCHMITZ, Jus 1975, 719

ders, Grundfälle zum Eigentumserwerb an beweglichen Sachen, JuS 1976, 169

SCHREIBER, Neutrale Geschäfte Minderjähriger (§ 107 BGB), Jura 1987, 221

SCHREIBER/BURBULLA, Der gutgläubige Erwerb von beweglichen Sachen, Jura 1999, 150

SCHULZE, Bösgläubiger oder wegen Gläubigerbenachteiligung anfechtbarer Erwerb im Gesellschaftsvertrag einer Aktiengesellschaft oder Gesellschaft mit beschränkter Haftung, LZ 1291, 675

ders, Publizität und Gewährschaft im deutschen Fahrnisrecht, JherJb 49 (1905) 159

SCHWERDTNER, Anwartschaftsrechte, Jura 1980, 665

SIEHR, Der gutgläubige Erwerb beweglicher Sachen, ZVglRW 80 (1981) 273

SOELLNER, Der Erwerb vom Nichtberechtigten in romanistischer Sicht, in: FS Coing I (1982) 363

STILLSCHWEIG, Der Schutz des redlichen Erwerbers bei der Übereignung beweglicher Sachen (1929)

STOEVESANDT, Der Rückerwerb des Nichtberechtigten (1936) Beiheft 8 ZHR

STRICKER, Die abhanden gekommene Sache (1934)

SÜSS, Das Traditionsprinzip, ein Atavismus des Sachenrechts, in: FS M Wolff (1952) 141

THORN, Der Mobiliarerwerb vom Nichtberechtigten (1996)

TIEDTKE, Die Übereignung eingelagerter Ware bei Ausstellung eines Lagerscheins, WM 1979, 1142

ders, Erwerb beweglicher und unbeweglicher Sachen kraft guten Glaubens, Jura 1983, 460

ders, Gutgläubiger Erwerb (1985)

URBANCZYK, Zum Gutglaubenserwerb bei mittelbarem Besitz, in: Erlanger FS Karl Heinz Schwab (1990) 23

VALENTIN, Das Prinzip des Gutglaubensschutzes und seine Abwandlungen (Diss München 1968)

WACKE, Das Besitzkonstitut als Übergabesurrogat in Rechtsgeschichte und Rechtsdogmatik (1974)

WADLE, Die Übergabe auf Geheiss und der rechtsgeschäftliche Erwerb des Mobiliareigentums, JZ 1974, 689

J. A. WEBER, Warenpapiere ohne Traditionsfunktion (Diss Bonn 1978)

R WEBER, Gutgläubiger Erwerb des Eigentums an beweglichen Sachen gemäss § 932 ff BGB, JuS 1999, 1

WEHMANN, Gutgläubiger Fahrniserwerb bei alternativ zum fehlenden Eigentum des Veräusserers wirkenden Übertragungshindernissen. Der gutgläubige Erwerb vom Minderjährigen und bei Verfügungsbeschränkungen (Diss Göttingen 1988)

WEIMAR, Der gutgläubige Erwerb vom Nichtberechtigten (1960)

ders, Eigentumserwerb an abhanden gekommenen Sachen, MDR 1965, 970 ders, Eigentumserwerb des bösgläubigen Ehemanns bei Rechtsgeschäften seiner gutgläubigen Ehefrau, JR 1976, 318

ders, Gutgläubiger Erwerb bei Besitzmittlung, JR 1981, 363

WEITNAUER, Die bewusste und zweckgerichtete Vermehrung fremden Vermögens, NJW 1974, 1729

WELLSPACHER, Das Vertrauen auf äussere Tatbestände im bürgerlichen Recht (1906)

ders, GrünhutsZ 1931, 613

WENDT, Erwerb von einem Nichtberechtigten, AcP 89 (1898) 1

WESTERMANN, Die Grundlagen des Gutglaubensschutzes, JuS 1963, 1

WEYER, Schutz des Eigentumsvorbehalts und gutgläubiger Erwerb an beweglichen Sachen, NJW 1966, 959

WIEACKER, Wandlungen der Eigentumsverfassung (1935)

WIEGAND, Der Rückerwerb des Nichtberechtigten, JuS 1971, 57

ders, Der gutgläubige Erwerb beweglicher Sachen nach §§ 932 ff BGB, JuS 1974, 201

ders, Fälle des gutgläubigen Erwerbs ausserhalb der §§ 932 ff BGB, JuS 1974, 545

ders, Der öffentliche Glaube des Erbscheins, JuS 1975, 285

ders, Rechtsableitung vom Nichtberechtigten – Rechtsschein und Vertrauensschutz bei Verfügungsgeschäften, JuS 1978, 145

ders, Trau, schau wem – Bemerkungen zur Entwicklung des Treuhandrechts in der Schweiz und in Deutschland, in: FS H Coing (1982) 565

ders, Treuhand und Vertrauen, in: FS Fikentscher (1998), 329

ders, Sachenrecht im Obligationenrecht, in: Das Obligationenrecht 1883–1983, Berner Ringvorlesung zum Jubiläum des schweizerischen Obligationenrechts (Bern 1984) 107

ders, Numerus clausus der dinglichen Rechte. Zur Entstehung und Bedeutung eines zentralen zivilrechtlichen Dogmas, in: FS Kroeschell (1987), 623

ders, Rechtsschein und Vertrauen, in Recht und Verhalten, hrsg von HOF/KUMMER/WEINGART (1994) 183

WIELING, Empfängerhorizont: Auslegung der Zweckbestimmung und Eigentumserwerb, JZ 1977, 291

ders, Voraussetzung, Übertragung und Schutz des mittelbaren Besitzes, AcP 184 (1984) 439

WIESER, Zum gutgläubigen Erwerb beweglicher Sachen, JuS 1972, 567

WILBURG, Zum Problem des gutgläubigen Erwerbs, in: FS Baltl (1978) 557

WITTKOWSKI, Die Lehre vom Verkehrsgeschäft. Zum Anwendungsbereich der Vorschriften über den gutgläubigen Erwerb (Diss Hamburg 1990)

WOLF, Übertriebener Verkehrsschutz, JZ 1997, 1087

ZERANSKI, Prinzipien und Systematik des gutgläubigen Erwerbs beweglicher Sachen, JuS 2002, 340

ZIGANKE, Der Schutz des Verlierers von Wertpapieren durch das Gesetz, WM 1967, 838

ZWEIGERT, Rechtsvergleichend – Kritisches zum gutgläubigen Mobiliarerwerb, RabelsZ 23 (1958) 1.

Systematische Übersicht

I. Bedeutung und Entstehungsgeschichte

1. Bedeutung der Regelungen _____ 1
2. Ausgangslage _____ 2

II. Grundzüge der gesetzlichen Regelung

1. Allgemeines _____ 7
2. Die objektiven Voraussetzungen ___ 12
a) Rechtsscheinposition _____ 12

b) Die Begrenzung der Rechtsscheinwirkung _____ 19
3. Die subjektiven Voraussetzungen __ 25
a) Bedeutung _____ 25
b) Ausgestaltung in §§ 932 ff _____ 26
c) Entwicklung _____ 27
4. Kritik und Stellungnahme _____ 28
a) Prinzipielle Ablehnung _____ 28
b) Kritik an der Konzeption _____ 29
c) Kritik an Einzelpunkten _____ 32
d) Stellungnahme _____ 34

Wolfgang Wiegand

III. Anwendungsfragen
1. Anwendungsbereich _____ 35
2. Die Konstruktionsproblematik _____ 39

IV. Interpretation und Konsequenzen
1. Beschränkung auf Verkehrsgeschäfte _____ 42
2. Steuerungswirkungen _____ 47

Alphabetische Übersicht

Abstraktionsprinzip _____ 3, 14
Abtretung des Herausgabeanspruches zum
  Zwecke der Eigentumsübertragung _____ 17

Besitzkonstitut und gutgläubiger Erwerb _
_____ 16 f, 32
Besitzverschaffungsmacht _____ 18

Eigentumserwerb, originärer/derivativer _ 39 ff

Güterzirkulation _____ 3

Interdependenz von Rechtsschein u
  Vertrauen _____ 9, 27, 31

Nebenbesitz _____ 32

Nichtberechtigter _____ 1

Rechtsschein _____ 9 ff, 19 ff
Rechtsscheinbasis (-position) _____
_____ 8 f, 12 f, 19, 29 f, 48
Rechtsscheinbegründend _____ 12 f, 16 ff, 24
Rechtsscheintatbestand _____ 26, 30
Rechtsscheinwirkung _____ 19 ff
Risikoprinzip u Rechtsschein _____ 23

Veranlassungsgedanke u Rechtsschein _____ 22
Verfügungsbeschränkung _____ 38
Verkehrsgeschäft _____ 42 ff
Verkehrsinteresse _____ 4
Verkehrsrecht _____ 2
Vindikationsprinzip _____ 4

I. Bedeutung und Entstehungsgeschichte

1. Bedeutung der Regelungen

1 Die §§ 932–936 ermöglichen den *gutgläubigen und lastenfreien Eigentumserwerb beweglicher* Sachen von dem als Nichtberechtigter verfügenden Besitzer.

Die *wirtschaftliche Bedeutung* dieser Regelungen zur Zeit des Gesetzgebungsverfahrens darf nicht überschätzt werden. Das *Auseinanderfallen von Eigentum und Besitz* ist erst in der Industrie- und Konsumgesellschaft zur Selbstverständlichkeit geworden, und insbes die Entwicklung der Kreditsicherungspraxis (Anh 20 ff uö zu §§ 929 ff) hat Anwendungsbereich und -häufigkeit der §§ 932 ff in einem Maße ausgedehnt, das der Gesetzgeber sich nicht vorstellen konnte. Trotz der ursprünglich nicht allzu großen Breitenwirkung der Bestimmungen haben sie im Gesetzgebungsverfahren selbst und seither immer wieder *Anlass zu teilweise heftigen Diskussionen* gegeben.

Dabei sind zwei Aspekte zu unterscheiden:

– Einerseits wurde die Möglichkeit des gutgläubigen Eigentumserwerbs generell als Missgriff betrachtet (dazu unten Rn 28).

– Andererseits ist die Ausgestaltung des Instituts, insbes die Anknüpfung an den

Besitz und die in sich widersprüchliche Regelung (vor allem §§ 933, 934), kritisiert worden (dazu unten Rn 29 ff).

Schließlich ist mit hohem theoretischem Aufwand versucht worden, dogmatische Begründungskonzepte für die Entscheidung des Gesetzgebers zu entwickeln. Im Folgenden sind die Grundlagen der Regelung und die Hauptgesichtspunkte der Diskussion nur insoweit dargestellt, als sie für die Anwendung und die heutige Interpretation der Vorschriften von Bedeutung sind.

2. Ausgangslage

a) Die Regelung des BGB knüpft an diejenige des ADHGB (§§ 306 ff) an, die **2** ihrerseits nur den Ausschnitt einer größeren Entwicklung darstellt (Zusammenstellung Mot III 341 ff; Lux 1 ff; besonders klar die knappe Skizze bei Hübner 1 ff, 25 ff und Olzen Jura 1990 505 ff). In zahlreichen Partikularrechten hatte sich im Laufe des 19. Jahrhunderts die Überzeugung durchgesetzt, dass der gutgläubige Eigentumserwerb beweglicher Sachen und Wertpapiere *den Erfordernissen des kaufmännischen und gewerblichen Wirtschaftslebens* entspreche. Er bildete ein wesentliches Element des auf diese gesellschaftlichen Verhältnisse zugeschnittenen Verkehrsrechts, das sich teils in gesonderten Handelsgesetzbüchern, teils im Rahmen des Obligationenrechts entwickelte. Der Begriff *„Verkehrsrecht"* wurde zuerst von Goldschmidt verwendet; er diente dann in der Schweiz zur Umschreibung der gesamt-schweizerisch zu regelnden Sachbereiche und wurde sogar in den verfassungsrechtlichen Kompetenzartikel aufgenommen (zur Funktion und Bedeutung des „Verkehrsrechtes" Wiegand, Sachenrecht 109 ff; dort auch zum Folgenden).

b) Auch bei den sachenrechtlichen Regeln über den „Erwerb und Verlust des **3** Eigentums" spielt das „Verkehrsinteresse" eine entscheidende Rolle. Sowohl das *Abstraktionsprinzip* als auch der *gutgläubige Fahrniserwerb* sollen die **Leichtigkeit und Sicherheit der Güterzirkulation** ermöglichen, wobei der Gesetzgeber nicht realisiert hat, dass beide dem gemeinen Recht gegenüber neuen Institutionen kumulative Wirkung haben würden (dazu schon Vorbem 16 zu §§ 929 ff mNw).

c) Ausschlaggebend für die Ausgestaltung und Durchsetzung des gutgläubigen **4** Erwerbs waren die Ergebnisse des 15. DJT (1880; dazu Hübner 30 ff), denen der Gesetzgeber im Wesentlichen gefolgt ist. Damit hatte sich das *„Verkehrsinteresse" endgültig gegen das römisch-rechtliche Vindikationsprinzip und den naturrechtlichen Eigentumsschutz durchgesetzt* (vgl insbes Prot III 208). Es ist für das Verständnis der Regelung von besonderer Bedeutung, dass die heute geläufigen dogmatischen Theorien erst entwickelt oder beachtet wurden, als die Sachentscheidung gefallen war.

d) Dies gilt für die Ableitung aus der „germanisch-deutschen"-Tradition, aber **5** auch für die an den Besitz anknüpfende Rechtsscheinlehre und die verschiedenen Vertrauenstheorien (anschaulich, wenn auch punktuell überzeichnet Hübner 31 f, 47 ff, 56 ff). Es handelt sich um *Erklärungstheorien* im Sinne Heck's, die darauf abzielen, die gesetzliche Lösung abzusichern und in das Geflecht allgemeiner Grundprinzipien einzubinden (neuerdings betont Ernst 99 f die methodische Fehlerhaftigkeit eines „zwischen" gesetzlichem Tatbestand und rechtspolitischer Wertung angesiedelten „Erklärungsprinzips"). Dass dies keiner Theorie widerspruchslos und völlig überzeugend gelingt, ergibt sich aus dem dargelegten Entstehungszusammenhang ohne weiteres. Für das *Verständnis der seither geführten Diskussion* sind diese Umstände insofern von Bedeutung, als die Regelung im Nachhinein in die Kontroversen zwischen Romanisten und Germanisten geriet. Dies hat bis heute Nachwirkungen, die darin zum Ausdruck kommen, dass eine restriktive Interpretation insbes von romanistisch orientierten Juristen gefordert wurde (exemplarisch die Abhandlung von vLÜBTOW, Hand wahre Hand), die in der Ausschaltung des Vindikationsprinzips vielfach immer noch eine (nicht zu rechtfertigende) „Enteignung" sehen (s dazu eingehend PETERS 32 ff und HAGER 9 ff).

6 e)   In jüngster Zeit hat dieser nicht neue (so hatte schon ANTON MENGER, Das bürgerliche Recht und die besitzlosen Klassen, von einer „Konfiskation des Privateigentums" gesprochen; vgl auch die Kritik von BINDING unten Rn 28), aber zumeist auf den genannten wissenschaftsgeschichtlichen Gründen oder rechtspolitischen Motiven beruhende Vorwurf der „Enteignung" eine andere Dimension und Qualität erlangt. Es ist die Frage aufgeworfen worden, ob der gutgläubige Erwerb mit der Eigentumsgarantie von Art 14 GG vereinbar sei (HAGER und PETERS). Während HAGER die Verfassungsmäßigkeit letztendlich bejaht (vgl auch LARENZ/CANARIS, Schuldrecht II/2 § 69 II 1), fordert PETERS starke Restriktionen in der Auslegung und Anwendung der §§ 932 ff. Auf die Grundsatzfrage ist hier nicht einzugehen, zu Einzelpunkten wird bei den jeweiligen Problemen Stellung genommen.

II. Grundzüge der gesetzlichen Regelung

1. Allgemeines

7 a)   Bei allen gesetzlichen Tatbeständen, die eine **Rechtsableitung vom Nichtberechtigten** ermöglichen, finden sich *objektive und subjektive Erwerbsvoraussetzungen*, die nach Art des Geschäftes und des Gegenstandes variieren (dazu und zum Folgenden WESTERMANN JuS 1963, 1 ff; WIEGAND JuS 1978; 145, HAGER 225 ff; MUSIELAK JuS 1992 713 ff; sowie die zusammenfassenden Darstellungen bei MEDICUS § 22; GERNHUBER, Bürgerliches Recht § 8). Trotz dieser sachlich bedingten und gebotenen Unterschiede stimmen die Regelungen in ihrer Grundstruktur überein.

8   Den Ausgangspunkt bildet eine (mit der tatsächlichen nicht übereinstimmende) scheinbare Rechtslage, die durch einen Anscheinstatbestand ausgelöst wird. Diesen bezeichnet man als **Rechtsscheinbasis, -position** oder auch als **vertrauensauslösenden Tatbestand.** Vertrauensbasis in diesem Sinne sind immer objektive, sachbezogene Kriterien wie Urkunden, Bucheintragungen oder der Besitz.

9   Diese Rechtsscheinposition bildet die Basis für die (mit der Realität nicht übereinstimmenden) Vorstellungen des Erwerbers, die je nach Intensität des Rechtsscheins mehr oder weniger geschützt werden. Zwischen diesen subjektiven und den objektiven Elementen besteht also eine Beziehung, die man am besten als **Interdependenz** bezeichnen kann: *je stärker der Rechtsschein, desto geringer die subjektiven Erfordernisse und umgekehrt.* Diese wechselseitige Abhängigkeit zeigt sich auch dann, wenn innerhalb eines Erwerbstatbestandes eine Veränderung der Rechtsscheinwirkung eintritt, wie dies gerade bei § 932 geschehen ist (dazu § 932 Rn 34 ff; vgl dazu auch generell WIEGAND, Rechtsschein und Vertrauen 183 ff).

Ob und inwieweit darüber hinaus eine zweite Beziehung, nämlich die *Kausalität* **10**
zwischen Rechtsschein und Vertrauen, bestehen muss, ist umstritten (dazu WIEGAND
JuS 1978, 145 ff und die Nachw bei § 932 Rn 136). In den §§ 932 ff spielt die Kausalitätsfrage
infolge der Beweislastregelungen praktisch keine Rolle (§ 932 Rn 101 ff und unten
Rn 26).

b) In einer Formulierung, die als exemplarisch gelten kann, hat der *BGH*, das **11**
Grundkonzept der §§ 932 ff folgendermaßen umschrieben: „Der Rechtsgrund für
einen gutgläubigen Erwerb nach § 932 BGB ist immer ein auf dem Besitz beruhender Rechtsschein, auf den der Erwerber sich verlassen durfte" (BGHZ 56, 128).
Danach basiert der Eigentumserwerb des Gutgläubigen auf *zwei Faktoren*: dem
vom *Besitz ausgehenden Rechtsschein* und dem *daran anknüpfenden Vertrauen*. Es
handelt sich um zwei einander ergänzende, untereinander in (der soeben beschriebenen) Wechselbeziehung stehende Elemente, von denen das eine die objektiven
und das andere die subjektiven Erwerbsvoraussetzungen enthält. Beide Elemente
sind im Laufe der Zeit in verschiedener Hinsicht modifiziert worden. Die Kritiker
haben ihre Eignung überhaupt in Zweifel gezogen, wobei vielfach zugleich das
Konzept als Ganzes verworfen wurde (dazu im Einzelnen unten Rn 12 ff, 25 ff, 28 ff).

2. Die objektiven Voraussetzungen

a) Rechtsscheinposition

Ausgangspunkt der gesetzlichen Regelung bildet die in vielen historischen Entwick- **12**
lungsphasen entstandene Vermutung für die *Koinzidenz von Besitz und Eigentum*,
die im BGB in § 1006 ihren Niederschlag gefunden hat. Der Gesetzgeber hat jedoch
den *Besitz allein nicht als Rechtsscheinposition* angesehen. Als *vertrauensauslösenden Tatbestand* hat man bestimmte, den einzelnen Erwerbsarten angepasste **Formen
der Besitzverschaffung** konzipiert. Die rechtsscheinbegründende Voraussetzung ist
also nur, aber auch immer dann gegeben, wenn der *Veräußerer in der Lage ist, dem
Erwerber die Besitzerlangung an der Sache zu ermöglichen*. Diese nur den geringsten
gemeinsamen Nenner umschreibende Formel *bedarf* der Präzisierung und Konkretisierung.

aa) Voraussetzung für die Begründung des Rechtsscheins ist nicht der *bestehende* **13**
Besitz des Veräußerers, wenn dieser auch den Regelfall bildet. Die „beglaubigende
Besitzlage" (HECK) musste den komplexeren Verkehrsverhältnissen angepasst wer-
den; dies geschah zunächst durch eine Modifikation des Begriffs der *Übergabe*,
deren Entstehung und Auswirkung in den Erl zu § 929 (Rn 45 ff) dargestellt wurde.
Bei einer Übertragung auf die §§ 932 ff zeigt sich, dass die *rechtsscheinbegründende
Wirkung* auch dann erhalten bleibt, wenn man von diesem erweiterten, den vorherigen Besitz des Veräußerers nicht voraussetzenden Übergabebegriff ausgeht (vgl im
Einzelnen § 932 Rn 15 mNw; zur Kritik unten Rn 29 ff). Für den Grundfall der Eigentumsübertragung ist die Rechtsscheinposition klar fixiert. Die Anknüpfung an den Begriff der Übergabe iS von § 929 hat eine kongruente und konsistente Entwicklung
ermöglicht.

bb) Eine ebenso *klare Lösung* konnte für die *anderen Übereignungstatbestände* **14**
nicht gefunden werden und kann auch aufgrund der legislatorischen Vorgaben nicht entwickelt werden. Die Gründe dafür sind vielfältig und können hier im Einzelnen nicht

dargelegt werden. Wesentlich sind vor allem die Aspekte, die bereits im Zusammenhang mit der Entstehung der §§ 929 ff hervorgehoben wurden (vgl dazu Vorbem 13 ff zu §§ 929 ff). War schon die Tragweite des Abstraktionsprinzips und dessen Zusammenhang mit dem Gutglaubensschutz nicht gesehen worden, so kam für die Gutglaubensregeln als vielleicht ausschlaggebender Faktor hinzu, dass die neu geschaffene Institution des mittelbaren Besitzes weder voll dogmatisch durchdacht war, noch nahtlos in das bereits weitgehend entwickelte Konzept des Sachenrechts integriert werden konnte (vgl Wieling AcP 184 [1984] 439 sowie Picker AcP 188 [1988] 511 ff; vgl dazu jetzt auch Ernst 100). Hinzu kommt schließlich, dass man sich zwar mehrheitlich für den Verkehrsschutz entschieden hatte, dass aber die Verwirklichung und damit auch die Konkretisierung in den Einzeltatbeständen noch viel Spielraum beließ.

15 cc) Vor diesem Hintergrund müssen die §§ 933, 934 gesehen werden, die bis heute ganz überwiegend als in ihren Wertungen widersprüchlich gelten und den Gegenstand zahlloser dogmatischer Harmonisierungsversuche bilden (grundlegend Böhmer II 2 § 23; zuletzt Michalski AcP 181 [1981] 385 ff; Picker AcP 188 [1988] 511 ff; Hager 330 ff).

16 α) Bei der *Übereignung mittels Besitzkonstitut* lässt das Gesetz die *Verschaffung des vom Veräußerer vermittelten Besitzes* nicht genügen. § 933 verlangt vielmehr, dass der Erwerber selbst oder eine auf seiner Seite stehende Person neuen (eventuell auch mittelbaren) Besitz begründet. Darin liegt der rechtsscheinbegründende Tatbestand. Die heute vorherrschende Deutung stellt deshalb im Prinzip richtig (aber zu einseitig) darauf ab, dass der Veräußerer sich gänzlich von der Sachherrschaft lösen müsse (so insbes Baur und ihm folgend der BGH; dazu § 933 Rn 3).

17 β) Bei den Übereignungsformen nach § 931 konnte diese Linie nicht weiter verfolgt werden; denn die *Übertragung des mittelbaren Besitzes* war nach dessen Konzeption (§§ 868, 870) ohne Unterstützung oder auch nur Orientierung des unmittelbaren Besitzers möglich (dazu Staudinger/Bund [2000] § 870 Rn 1 und § 931 Rn 22). Infolgedessen musste man, wenn diese Konzeption beibehalten werden sollte, den gutgläubigen Erwerb durch Abtretung des Herausgabeanspruches jedenfalls dann ermöglichen, „wenn der Veräußerer mittelbarer Besitzer der Sache ist" (§ 934 1. Alt). Immerhin kommt es auch hier zu einem Besitzwechsel, jedoch *nicht zu einem Wechsel in der Sachherrschaft*, sondern nur zum Übergang des „Oberbesitzes". Zwar erlangt der Erwerber diesen mittelbaren Besitz auf Veranlassung des Veräußerers, es ist aber nur schwer zu erklären, worin hier der rechtsscheinbegründende oder vertrauensauslösende Tatbestand liegen soll; denn der Erwerber vertraut allein den Erklärungen des Veräußerers, es fehlt das für die Rechtsscheinposition typische objektive Anknüpfungselement. Der Verzicht auf eine Besitzbegründung auf Seiten des Erwerbers ist aufgrund der Entstehungsgeschichte verständlich, im Ergebnis aber wenig befriedigend.

18 In § 934 2. Alt konnte und musste man dagegen zur Grundkonzeption zurückkehren: Da in diesen Fällen der Veräußerer keinerlei Sachbeziehung hat, tritt der gutgläubige Erwerb erst mit Besitzbegründung durch den Erwerber ein. Die Problematik dieser Alternative ist, dass hier überhaupt keine „beglaubigende Besitzlage" iS Heck's als Anknüpfungspunkt für den guten Glauben des Erwerbers besteht. Stellt man indessen auf die **Besitzverschaffungsmacht** des Veräußerers ab und zieht weiter in Betracht, dass es genügt, wenn der Erwerber (bis oder aber auch *erst)* im Moment der Erlangung der Sachherrschaft gutgläubig sein muss, so fügt sich der Erwerb nach § 934 2. Alt eher in das Grundkonzept ein als derjenige nach § 934 1. Alt; denn immerhin hat die *Besitzerlangung „von dem Dritten" für den Erwerber rechtsscheinbegründende Wirkung.*

b)   Die Begrenzung der Rechtsscheinwirkung

aa)   Die Wirkung der rechtsscheinbegründenden Tatbestände gem §§ 932–934 tritt **19** mit deren Vollzug immer ein; sie ist unabhängig davon, wie der Veräußerer die Dispositionsbefugnis über die Sache erlangt hat. Der Gesetzgeber stand deshalb vor der Frage, ob er *allein auf diesen Rechtsschein abstellen oder die Art des Zustandekommens berücksichtigen* sollte. Für beide Modelle gab es Vorbilder, beide Varianten finden sich auch heute in geltenden Rechtsordnungen (vgl dazu die Abhandlungen von Zweigert und Siehr).

bb)   Die Verfasser des BGB entschieden sich dafür, den breit angelegten *Schutz* **20** *des Erwerbers einzuschränken,* „wenn die Sache dem Eigentümer gestohlen worden, verloren gegangen oder sonst abhanden gekommen war" (§ 935 Abs 1 S 1). Dies gilt jedoch nach *§ 935 Abs 2* dann *nicht,* wenn die Sache im Wege öffentlicher Versteigerung veräußert wurde oder wenn es sich um Geld bzw Inhaberpapiere handelt. Gerade diese Regelung verdeutlicht den *Kompromisscharakter des gesamten § 935,* der versucht, einen Mittelweg zwischen dem Grundprinzip des Verkehrsschutzes und den Erhaltungsinteressen des Eigentümers zu finden. Das BGB verzichtet dabei auf eine weitere Differenzierung, die ebenfalls in den Partikularrechten vorzufinden war und in das schweizerische ZGB (Art 934; dazu BGHZ 100, 321) aufgenommen wurde: das sog „Lösungsrecht" des Eigentümers, der seine Sache nur gegen Erstattung des vom Erwerber bezahlten Kaufpreises herausverlangen kann (vgl § 932 Rn 111). Aus alledem ergibt sich, dass es sich bei der *Begrenzung des Rechtsscheins durch § 935 Abs 1* um eine **reine Wertungsfrage** handelt. Infolgedessen ist deren grundsätzliche Berechtigung wie die dogmatische Erfassung bis heute umstritten geblieben. Die dabei vertretenen Standpunkte, die hier nicht im Einzelnen darzulegen sind, werden wiederum von der prinzipiellen Einstellung der Autoren zum Rechtsschein des Besitzes geprägt (zum Folgenden mNw Wiegand JuS 1974, 205 ff).

cc)   Ausgangspunkt der in § 935 Abs 1 getroffenen Regelung bildet die von **21** deutschrechtlichen Vorstellungen beeinflusste *Unterscheidung* zwischen *anvertrauten* und *abhanden gekommenen Sachen* (vgl dazu § 935 Rn 2). Die Vorschrift kann insofern historisch erklärt werden, ohne dass dadurch die dogmatische Einordnung ersetzt werden könnte. Bei den zur Rechtfertigung entwickelten Theorien ist indessen an den bereits oben erwähnten Ablauf zu erinnern. Maßgebend war allein die Entscheidung für den Verkehrsschutz. Das wird ganz besonders deutlich durch § 935 Abs 2: In einer in ganz Europa geführten Diskussion hatte sich die Auffassung durchgesetzt, dass bei Wertpapieren im Hinblick auf die Zirkulationsfähigkeit die Interessen des Eigentümers hinter denjenigen des „Verkehrs" zurückstehen mussten (dazu mNw Wiegand, Sachenrecht 121 ff). Vor diesem Hintergrund müssen die Erklärungsversuche zu § 935 gesehen werden. Im Wesentlichen werden zwei Aspekte hervorgehoben:

22 α) WESTERMANN sieht in § 935 eine Korrektur des „reinen Rechtsscheinprinzips"
durch den **Veranlassungsgedanken**. Danach ist der Eigentumsverlust dem Eigentümer nur dann zuzumuten, wenn er das Auseinanderfallen von Eigentum und Besitz
selbst *veranlasst* und damit die Grundlage des Rechtsscheins geschaffen hat (WESTER-
MANN JuS 1963, 7).

Wer sein Eigentum ungesichert dem Zugriff eines Diebes aussetzt, erzeugt zwar
einen Rechtsschein, wird aber gem § 935 nicht mit dem Eigentumsverlust bestraft.
Es genügt demnach für die Veranlassung des Rechtsscheins iS der §§ 932 ff nicht
jedes rechtsscheinerzeugende Verhalten iS einer reinen Kausalitätsbetrachtung (in
diesem Sinn CANARIS 474). Eine in diesem Zusammenhang rechtserhebliche Veranlassung erfordert ein *willentliches* (vgl § 935 Rn 9) Tun oder Unterlassen des Betroffenen
(WESTERMANN JuS 1963, 6) und (allenfalls kumulativ) des Besitzmittlers im Falle des
§ 935 Abs 1 S 2 (MUSIELAK JuS 1992 714, abl REBE AcP 173 [1973] 198 f).

23 β) Überwiegend wird heute das **Risikoprinzip** zur Erklärung herangezogen. Danach ist die Gefahrbeherrschung das entscheidende Kriterium. Der Eigentümer
muss sich das durch die Besitzüberlassung an Dritte geschaffene Risiko zurechnen
lassen (zuerst MÜLLER-ERZBACH, Das private Recht der Mitgliedschaft als Problem eines kausalen Rechtsdenkens [1948] 328 ff; HÜBNER 105 ff; CANARIS 479 ff; WESTERMANN/GURSKY §§ 45 III 2,
4; zusammenf Darstellung REBE AcP 1973 [1973] 200 f).

24 γ) Ungeachtet der unterschiedlichen Ansätze besteht im Wesentlichen *Einigkeit*
darüber, dass die „Verantwortlichkeit für das Bestehen des rechtsscheinbegründenden Tatbestandes" (REBE) als *entscheidendes Zurechnungskriterium* für die Interpretation des § 935 maßgebend ist. Die bei der Auslegung auftretenden Differenzierungen (etwa beim Besitzdiener, vgl dazu § 935 Rn 14) unterstreichen nur, dass die
dogmatische Rechtfertigung und Einordnung die eigentliche Wertung nicht ersetzen
kann und darf.

3. Die subjektiven Voraussetzungen

a) Bedeutung
25 Mit Hilfe der *subjektiven Erwerbsvoraussetzungen* wird die *Rechtsableitung vom*
Nichtberechtigten gesteuert. Die umfassende und an sich indifferente Rechtsscheinwirkung wird dadurch eingeschränkt, dass nur diejenigen Erwerber geschützt werden, die als schutzwürdig angesehen werden. Diese subjektiven Elemente werden
heute als Teil und Ausdruck eines umfassenden Vertrauensschutzes verstanden
(Nachw bei WIEGAND JuS 1978, 145 ff). Dabei muss – wie beim Rechtsschein – betont
werden, dass es sich auch hier um eine nachträglich entworfene Begründungsstra-
tegie handelt, die den im Gesetzgebungsverfahren im Vordergrund stehenden formalen Gedanken des Verkehrsschutzes materiell untermauern sollte (überzeugend
HÜBNER 53 ff).

b) Ausgestaltung in §§ 932 ff
26 Die Regelung der §§ 932–936 knüpft an überlieferte Modelle an und unterscheidet
zwischen *gutem und bösem* Glauben. Für die Anwendung von ausschlaggebender
Bedeutung wurde die negative Formulierung der Erwerbsvoraussetzungen in § 932
Abs 2 und die damit verbundene Beweislastregelung. Die knappe und späte Ent-

scheidung, die dem den Erwerb Bestreitenden die Beweislast auferlegt (Prot III 207; dazu und zu den Konsequenzen § 932 Rn 102 ff), war nicht nur für die Anwendbarkeit der Regelung von großer Tragweite; zugleich wurde auf diese Weise für die §§ 932 ff die schwierige Problematik des Bezugs zwischen Rechtsschein- und Vertrauenstatbestand ausgeblendet (dazu Wiegand JuS 1978, 148 sowie § 932 Rn 101).

c)   Entwicklung

Die *Judikatur* hat die *„Gutgläubigkeit"* zunehmend zu einem **Steuerungselement**   **27** entwickelt. Dies geschah einerseits durch die schon 1904 kreierten „Erkundigungs- obliegenheiten" (dazu § 932 Rn 55), andererseits durch Anpassung der subjektiven Maßstäbe an die jeweiligen generellen Verkehrsverhältnisse und die dementspre- chend wechselnde Intensität des Rechtsscheins. Gerade diese **Interdependenz** *von* ***objektiven und subjektiven Kriterien*** (grundsätzlich Wiegand JuS 1974, 206 ff; Einzelheiten in Erl zu § 932 Rn 37, 40 ff) bildet einen Hauptansatzpunkt der Kritik.

4.   Kritik und Stellungnahme

a)   Prinzipielle Ablehnung

Diejenige Kritik, die sich gegen den gutgläubigen Erwerb als solchen wendet, ist für   **28** das geltende Recht nur insofern von Bedeutung, als damit Vorschläge für eine (meist restriktive) Anwendung verbunden werden (vgl etwa die berühmte Schrift von Binding, Die Ungerechtigkeit des Eigentumserwerbs vom Nichtberechtigten nach BGB § 932 und 935 und ihre Reduktion auf das kleinstmögliche Maß [1908]; außerdem Wieacker, Wandlungen der Eigentumsverfassung [1935] 30 ff; Brandt 261 ff; Böhmer 28 ff; vLübtow 119 ff; Zweigert Ra- belsZ 23 (1958) 1 ff; Giehl AcP 161 [1962] 357 ff; Rebe AcP 173 [1973] 186 ff; zu neuen kritischen Ansätzen bei Hager, Peters, Ernst, in: FS Gernhuber, vgl oben Rn 6 u in den Erl zu § 932). Ein derartiger Einfluss ist jedoch, soweit ich sehe, nicht zu registrieren. Inwieweit die auf dem Verfassungsrecht basierende Kritik und die damit verbundenen Vorschläge zur restriktiven Anwendung (dazu oben Rn 6) Berücksichtigung finden werden, bleibt abzuwarten.

b)   Kritik an der Konzeption

aa)   Hauptansatzpunkt der *Kritik ist die Rechtsscheinfunktion des Besitzes* (zuletzt   **29** vor allem Hübner, Zweigert, M Bauer, Rebe; dazu Wiegand JuS 1974, 206 m wNachw sowie Ernst). Das ist insoweit richtig, als allein vom Besitz schon bei Erlass des BGB kaum noch eine verlässliche Rechtsscheinwirkung ausging; das gilt erst recht, „je differenzierter die Arbeitsteilung in der Wirtschaft wird und je häufiger in einer kreditabhängigen Wirtschaft durch Eigentumsvorbehalt und Sicherungsübereignung Besitz und Eigentum auseinander fallen" (Rebe AcP 173 [1973] 193). Diese an sich zutreffende Einschätzung führt unmittelbar zu der Frage, welche Tatbestände dann als Rechtsscheinbasis in Betracht kommen.

bb)   Ein allgemeiner, zugleich aber differenzierender Rechtsscheintatbestand, wie   **30** er vor allem Rebe und Hübner vorzuschweben scheint, wäre kaum praktikabel. Die Typisierung hat sich in der historischen Entwicklung gerade deswegen durch- gesetzt, weil nur sie eine gewisse Rechtssicherheit garantiert. Zudem ist an die oben und in den Erl zu den einzelnen Vorschriften herausgearbeitete Tatsache zu erin- nern, dass der Rechtsschein nicht an den Besitz allein angeknüpft wird. Vielmehr hat der Gesetzgeber *festumrissene rechtsscheinbegründende Tatbestände geschaffen.*

In Einzelfällen hat die Rspr diese noch um zusätzliche Merkmale ergänzt, exemplarisch ist die Vorlage des Kfz-Briefes im Gebrauchtwagenhandel (§ 932 Rn 145). Andererseits hat sie durch Verschärfung der subjektiven Voraussetzungen reagiert, wenn die Rechtsscheinbasis nicht mehr tragfähig schien.

31 **cc)** Gerade diese *Flexibilität* bildet einen weiteren Ansatzpunkt für die Kritik, die vor allem auf methodischen Bedenken beruht. Die Anpassungsfähigkeit der Regelung liegt indessen in der (mehrfach dargelegten) Interdependenz der objektiven und subjektiven Kriterien begründet. Wie sie durch eine bessere Regelung ersetzt werden könnte, ist bisher nicht gezeigt worden. Wichtiger wäre es mE, der Rspr Entscheidungskriterien für die Ausfüllung des ihr erwachsenen Spielraums zu geben, damit sie die ihr zufallende Steuerungsfunktion ausüben kann (dazu unten Rn 47 ff).

c) Kritik an Einzelpunkten

32 **aa)** Heftige Kritik, zum Teil Polemik, hat die Regelung der besonderen Übereignungsformen in den §§ 933, 934 ausgelöst. Speziell der als Wertungswiderspruch empfundene Unterschied zwischen § 933 und § 934 1. Alt hat immer wieder zu Korrekturvorschlägen Anlass gegeben (s oben Rn 14 ff mNw).

Versuche, die mit dogmatischen Kunstgriffen *rechtspolitisch motivierte Korrekturen* anstreben, sind etwa der Vorschlag M WOLFF'S (WOLFF/RAISER § 69 II 2 c; dazu § 933 Rn 7), *das Besitzmittlungsverhältnis bei § 933* einfach für unwirksam zu erklären, oder die ebenfalls von M WOLFF erfundene, neuerdings vielfach propagierte Figur des *Nebenbesitzes* (vgl dazu die ausf Begründung von MEDICUS, in: FS Hübner 611 ff und die kritische Analyse von PICKER AcP 188 [1988] 511, 533 ff). Auf diese Weise soll der (von den Autoren missbilligte) Eigentumserwerb nach § 934 1. Alt ausgeschlossen werden. Es geht indessen nicht an, mit Hilfe besitzrechtlicher „Konstruktionen" im Bereich der §§ 933, 934 Korrekturen von Einzelergebnissen zu erzielen. Wenn man daran festhält, dass §§ 933, 934 1. Alt einen zu beseitigenden Wertungswiderspruch enthalten, dann erfordert das eine umfassende Korrektur. Einen solchen Vorschlag hat PICKER unterbreitet (AcP 188 [1988] 511 ff; s dazu auch § 934 Rn 2 ff).

33 **bb)** Die heute *hM* hält den Widerspruch zwischen den §§ 933, 934 1. Alt für erträglich, da die durch die von der Rechtsanwendung vorgenommenen Korrekturen zu akzeptablen Ergebnissen geführt haben (so im Ergebnis etwa BAUR/STÜRNER § 52 IV Rn 20, an den der BGH sich im Wesentlichen anlehnt; ausf vor allem MICHALSKI AcP 181 [1981] 383, insbes 421 f).

d) Stellungnahme

34 Insgesamt erweist sich die *Regelung der §§ 932–936* gewiss nicht als eine legislatorische Meisterleistung, wobei freilich die geschilderten Entstehungsvoraussetzungen in Betracht zu ziehen sind. Die Kritik im Detail scheint deshalb weitgehend berechtigt. Dagegen entspricht die **Grundentscheidung** wohl auch noch heute besser den Verkehrsverhältnissen und -bedürfnissen als eine restriktive oder gar ablehnende Behandlung des gutgläubigen Erwerbs. Das Grundkonzept des Gesetzes hat sich insgesamt als brauchbar und entwicklungsfähig erwiesen.

III. Anwendungsfragen

1. Anwendungsbereich

a) Die §§ 932–936 betreffen den *rechtsgeschäftlichen* Erwerb. Nur in diesem 35
Rahmen entfalten die Vorschriften ihre Schutzfunktion, nur hier ist Raum für Vertrauenserweckung und -schutz.

b) Geschützt wird nach den *§§ 932–935* derjenige, der vom *nichtberechtigten* 36
Veräußerer Eigentum erwerben will. *§ 936* perfektioniert diesen Schutz insofern,
als er den lastenfreien Eigentumserwerb ermöglicht.

aa) Im Gegensatz zu ausländischen Rechtsordnungen (zB Art 933 schweizerisches 37
ZBG) hat der Gesetzgeber jedoch den guten Glauben an die *Verfügungsbefugnis*
nicht geschützt. Man wollte diesen Schutz auf den *kaufmännischen Verkehr* beschränken und hat sich deshalb mit einer handelsrechtlichen Sonderreglung begnügt
(heute § 366 HGB; dazu und zum Folgenden § 932 Rn 135 ff). Das hat einerseits zu Abgrenzungsschwierigkeiten, andererseits zu Überschneidungen geführt.

bb) Die §§ 932 ff kommen auch nicht zur Anwendung, wenn *Verfügungsbeschrän-* 38
kungen bestehen. Dies gilt uneingeschränkt für die absoluten Verfügungsverbote
(vgl § 932 Rn 7). Bei einer Reihe von Verfügungsbeschränkungen ist allerdings die
analoge Anwendung vorgesehen, die jedoch nicht auf die §§ 932 ff beschränkt ist,
sondern alle „Vorschriften zugunsten derjenigen, die Rechte vom Nichtberechtigten
ableiten", umfasst (dazu WIEGAND JuS 1978, 145 mNw sowie § 932 Rn 134).

2. Die Konstruktionsproblematik

a) Schon im Gesetzgebungsverfahren und in den parallel dazu verlaufenden 39
Diskussionen hat man die Frage erörtert, wie der gutgläubige Erwerb systematisch
einzuordnen sei. So war bei den Verhandlungen des (einflussreichen, s oben Rn 4) 15.
DJT diskutiert worden, ob es sich um *originären* (FRANKEN) oder *derivativen* (REU-
LING) Eigentumserwerb handele. Die *Gesetzesverfasser* neigten der letzteren Auffassung zu, wie sich aus den Materialien und der Stellung im Gesetz ergibt, wollten
die Frage aber nicht ausdrücklich entscheiden (zum Ganzen HÜBNER 44 ff mNw, dort auch
zum Folgenden).

b) In der Lit wird heute ganz überwiegend die Auffassung vertreten, dass es sich 40
um einen **derivativen Erwerb** handelt (Nachw bei § 932 Rn 107 ff). Es ist indessen festzuhalten, dass es dafür keine zwingende Begründung gibt und dass vor allem in
Anbetracht der Regelung des § 936 aus materiell-rechtlicher Sicht keine Präferenz
für eine der beiden Zuordnungen besteht (besonders klar HÜBNER 46 ff; Nachw bei WIE-
GAND JuS 1974, 202 f). Ansatzpunkte für die (rein klassifikatorische) Zuordnung ergeben sich allenfalls aus den oben erwähnten (Rn 22 f) dogmatischen Begründungsversuchen. Sieht man das Hauptgewicht in dem dem Eigentümer zuzurechnenden
Risiko der Aufspaltung von Eigentum und Besitz, so spricht das für derivativen
Erwerb, weil der Eigentümer ihn ermöglicht hat. Sieht man dagegen das Vertrauen
des Erwerbers als ausschlaggebend an, so könnte es als rechtsbegründend bewertet
werden und für originären Erwerb sprechen.

41 c) Praktische Relevanz hätte die Frage dann, wenn sie für die Rechtsnachfolge im Sinne des Prozessrechtes maßgebend wäre. Dies hatte – von seiner Position folgerichtig – HELLWIG bejaht (HELLWIG, Wesen und Grenzen der subjektiven Rechtskraft 92 ff; Einzelheiten bei HÜBNER 46 ff). Heute wird mE zu Recht die Frage der Rechtsnachfolge weitgehend prozessautonom beurteilt (vgl im Übrigen § 932 Rn 109 sowie die Erl in den Kommentaren zu § 325 Abs 2 ZPO).

IV. Interpretation und Konsequenzen

1. Beschränkung auf Verkehrsgeschäfte

42 a) Aus dem oben dargestellten Entstehungszusammenhang und dem Regelungszweck der §§ 932 ff ergibt sich ohne weiteres, dass deren Anwendung dann nicht in Betracht kommt, wenn es gar nicht um den vom Gesetzgeber intendierten **Verkehrsschutz** geht.

43 Zur Durchführung dieser *teleologischen Reduktion* hat man die **Lehre vom Verkehrsgeschäft** entwickelt. Sie besagt – auf einen einfachen Nenner gebracht – Folgendes: Der Gutgläubige genießt den Schutz des § 932 gewissermaßen als *Repräsentant der Allgemeinheit*. Handelt es sich um ein Geschäft, bei dem der Erwerber nicht als solcher auftritt und das nur formal unter § 932 ff fallen würde, ist der Erwerber nicht schutzwürdig.

44 b) Der *Begriff des Verkehrsgeschäftes* stammt von M WOLFF und wurde hauptsächlich für und in der Doktrin zu § 892 entwickelt. In den Erl zu § 892 (STAUDINGER/GURSKY [2002] § 892 Rn 90 ff) sind die Standpunkte von Rspr und Lehre zum Verkehrsgeschäft so umfassend dargestellt, dass darauf generell verwiesen werden kann (vgl auch die Zusammenstellung der Fallgruppen bei WITTKOWSKI 16 f mNw sowie HAGER 182 ff). Für die *Begrenzung auf Verkehrsgeschäfte* hat sich der *BGH* ausgesprochen in Zusammenhang mit der Frage des gutgläubig „lastenfreien" Erwerbs von Aktien mit Bareinlagepflichten aufgrund der Ausübung eines mittelbaren Bezugsrechts bei Einschaltung eines Emissionsinstituts, vgl BGHZ 122, 180, 196 = NJW 1993, 1983, 1987 u dazu § 936 Rn 5.

45 Für den *gutgläubigen Erwerb beweglicher Sachen* sind nur folgende Gesichtspunkte hervorzuheben: Mit der hM ist davon auszugehen, dass die fiduziarische Übertragung nicht unter § 932 fällt, wenn es sich um eine uneigennützige Treuhand handelt (zum Begriff oben Anh 327 zu §§ 929 ff; zur Begründung vor allem COING, Treuhand 118 ff; so auch MünchKomm/QUACK Rn 19). Zu erwägen wäre nur, ob man die *teleologische Reduktion auf die Sicherungsübereignung ausdehnt*. Damit könnte ein wesentlicher Beitrag zum Abbau der Kollision von Sicherungsrechten geleistet werden. Sieht man einmal davon ab, ob eine solche Doktrin realisierbar und ob überhaupt eine weitere Reduktion des Gutglaubensschutzes wünschbar wäre (s unten Rn 47 ff), so kommt dies für die Sicherungsübereignung aus folgenden Gründen nicht in Betracht: Der Erwerb der Sachsubstanz zu Sicherungszwecken ist kein Umsatzgeschäft, wohl aber ein typisches Verkehrsgeschäft oder „rechtsgeschäftlicher Dritterwerb" (LUTTER AcP 164 [1964] 159). Hinzu kommt – zugleich als Bestätigung und Sperre für eine derartige restriktive Auslegung der §§ 932 ff – der Umstand, dass das Gesetz in §§ 1207, 1208 den gutgläubigen Pfandrechtserwerb nach den Grundsätzen der §§ 932 ff ausdrücklich regelt (dazu STAUDINGER/WIEGAND [2002] § 1207 Rn 1 ff). Dennoch ist der Unterschied zwischen einer echten Veräußerung und einem Sicherungsgeschäft nicht belanglos. Die Rspr hat ihm bei der Interpretation des § 932 Rechnung getragen und sollte das noch vermehrt tun (§ 932 Rn 74 ff).

Dies führt zu der Frage, inwieweit die Rechtsanwendung durch *Interpretation* der **46** objektiven und subjektiven Erwerbsmerkmale *Steuerungsfunktion* ausüben soll; von besonderer Bedeutung ist diese Frage im Bereich der Kreditsicherung (dazu Anh 34 ff, 40 ff zu §§ 929 ff) und im Treuhandrecht (Anh 346 zu §§ 929 ff).

2. Steuerungswirkungen

a) Es ist mehrfach hervorgehoben und wird in den Erl zu den einzelnen Vor- **47** schriften auch belegt, dass die Rspr unter dem überwiegenden Beifall der Lit die Anwendungsvoraussetzungen der §§ 932 ff präzisiert, aber zum Teil auch umgebildet hat.

aa) Exemplarisch ist die mehrfache Veränderung der Rechtsscheinposition im Kfz- **48** Handel (§ 932 Rn 63, 90), der vorübergehende faktische Ausschluss des Gutglaubensschutzes im Wertpapierhandel nach dem zweiten Weltkrieg oder die Verschärfung der Anforderungen als Folge der Weltwirtschaftskrise (vgl § 932 Rn 62). Besonders augenfällig wird diese Steuerung durch Interpretation des Gutglaubenserfordernisses, wenn man die Nachforschungspflichten analysiert (§ 932 Rn 55 ff), deren Bedeutung etwa im Kunsthandel eine noch vor kurzem kaum vorstellbare Dimension angenommen hat (dazu unten § 932 Rn 132).

bb) Aus alledem ergibt sich, dass die Rspr über ein Instrumentarium verfügt, das **49** sie in die Lage versetzt, die *Gutglaubensvorschriften bewusst als Steuerungsinstrument* zu verwenden.

α) In der Rspr zum *Kreditsicherungsrecht* sind derartige Ansätze auch erkennbar, **50** ohne dass sich indessen eine klare Linie abzeichnen würde. Das kann freilich der Rspr nicht angelastet werden. Es fehlen ihr entsprechende Leitlinien. Diese müsste die Lit erst – unter Einbezug ökonomischer Analysen – bereitstellen. Wesentlich wäre dabei vor allem eine klare Vorstellung davon, ob eine eventuelle Restriktion des gutgläubigen Erwerbs durch *Verschärfung* subjektiver Kriterien zum Abbau von Kollisionen im Sicherungsrecht beiträgt, und wenn ja, ob das die Herabsetzung der Zirkulationsfähigkeit der Waren rechtfertigen würde (vgl dazu § 932 Rn 78 ff).

β) Eine nahezu identische Problematik ergibt sich, wenn man mit der neueren **51** Theorie der Außenwirkung der Treuhandabrede verstärkte Wirkung verschaffen will (Anh 340 ff zu §§ 929 ff). Auch hier muss sehr sorgfältig abgewogen werden, inwieweit der Verlust an Zirkulationsfähigkeit akzeptiert werden könnte (dazu Anh 346 zu §§ 929 ff und WIEGAND, numerus clausus 635 ff; ders AcP 190 [1990] 126 ff).

§ 932
Gutgläubiger Erwerb vom Nichtberechtigten

(1) Durch eine nach § 929 erfolgte Veräußerung wird der Erwerber auch dann Eigentümer, wenn die Sache nicht dem Veräußerer gehört, es sei denn, dass er zu der Zeit, zu der er nach diesen Vorschriften das Eigentum erwerben würde, nicht in gutem Glauben ist. In dem Falle des § 929 Satz 2 gilt dies jedoch nur dann, wenn der Erwerber den Besitz von dem Veräußerer erlangt hatte.

(2) Der Erwerber ist nicht in gutem Glauben, wenn ihm bekannt oder infolge grober Fahrlässigkeit unbekannt ist, dass die Sache nicht dem Veräußerer gehört.

Materialien: E I 877 S 1; II 846; III 916; Mot III 344 ff; Prot III 206 ff.

Systematische Übersicht

A. Inhalt und Anwendungsbereich

I. Regelungsgehalt — 1

II. Sachlicher Anwendungsbereich — 4

III. Gegenständlicher Anwendungsbereich — 6

B. Die Voraussetzungen — 9

C. Die objektiven Voraussetzungen

I. Grundgedanke
1. Der Rechtsschein — 14
2. Terminologie — 15

II. Der Rechtsscheintatbestand in § 932 Abs 1 S 1
1. Die Übergabe als Grundlage des Rechtsscheins — 16
2. Konkretisierung — 17
a) Besitzerlangung des Erwerbers — 18
b) Mit Willen des Veräußerers — 19
c) Auf Veranlassung des Veräußerers — 20
d) Durch Täuschung des besitzenden Dritten — 21
e) Stellungnahme — 22
f) Ergebnis — 28

3. Besitzergreifung durch den Erwerber — 29
4. Einzelfragen — 31

III. Der rechtsscheinbegründende Tatbestand in § 932 Abs 1 S 2 — 32

D. Die subjektiven Voraussetzungen – guter Glaube

I. Grundlagen
1. Funktion des „guten Glaubens" — 35
2. Der Tatbestand des guten Glaubens — 36
3. Interdependenz von Rechtsschein und Vertrauen — 37

II. Konkretisierung
1. Inhalt und Gegenstand des guten Glaubens — 38
2. Ausschluss der Gutgläubigkeit — 40
3. Die anzuwendenden Maßstäbe — 47
4. Die Anwendung auf den Einzelfall — 53
5. Insbesondere: Die Erkundigungsobliegenheiten — 55
6. Würdigung und Stellungnahme — 68
7. Zusammenfassende Würdigung — 86

III. Erfordernisse des guten Glaubens
1. Der maßgebliche Zeitpunkt — 92
2. Die maßgeblichen Personen — 95

3. Die Verteilung der Beweislast _____ 101

E. **Rechtsfolgen** _____ 106

I. **Wirkungen** _____ 107

II. **Ansprüche der Beteiligten**
1. Ansprüche des Eigentümers _____ 111
a) Eigentümer/Erwerber _____ 111
b) Eigentümer/Nichtberechtigter _____ 112
2. Ansprüche des Erwerbers _____ 113

III. **Die Rückabwicklung** _____ 114
1. Ausgangslage _____ 115
2. Herrschende Meinung _____ 116
3. Gegenansicht _____ 119
4. Gegenargumente _____ 120
5. „Automatischer" Rückfall _____ 125

F. **Besondere Anwendungsfälle**

I. **Miteigentum** _____ 126

II. **Anwartschaftsrecht** _____ 129

III. **Haushaltsgegenstände** _____ 131

IV. **Kulturgüter und Kunstgegenstände/
Antiquitäten** _____ 132

V. **Analoge Anwendung** _____ 134

VI. **Zusammenwirken mit anderen Vorschriften** _____ 135

G. **Zusammenstellung der Rechtsprechung nach Schlagworten und Fallgruppen** _____ 138

Alphabetische Übersicht

Anfechtung
– Eigentumserwerb aufgrund von
anfechtbaren Rechtsgeschäften _____
_____ 115, 125, 137, 196 f
– der Übereignung _____ 196
Anwartschaftsrecht _____ 8, 129 ff, 198

Besitzergreifung durch den Erwerber _____ 29 f
Besitzerlangung des Erwerbers
– auf Veranlassung des Veräußerers _____ 20
– durch Besitzergreifung des Erwerbers s dort
– durch Täuschung des besitzenden
Dritten _____ 21
– mit Willen des Veräußerers _____ 19
Besitzverschaffungsmacht _____ 20, 24, 72, 131
Beweislast _____ 101 ff
Böser Glaube _____ 38 ff

Drohung bei Besitzaufgabe _____ 21 ff

Ehegatten u Verfügung über Hausrat _____ 133
Eigentumserwerb an beweglichen Sachen
– an in Mitbesitz stehenden Gegenständen 213
– originär/derivativ _____ 107 ff

– vom Nichteigentümer, Voraussetzun-
gen _____ 14 ff, 35 ff
– Wirkung des redlichen Erwerbs _____ 107 ff
Eigentumsübertragung u Miteigentum _____
_____ 126, 213
Eigentumsvorbehalt u Erkundigungs-
obliegenheiten _____ 64
Einigung bei Eigentumsübertragung an
beweglichen Sachen _____ 9 ff, 22, 32, 94, 107
Erbschein _____ 136
Erkundigungsobliegenheiten _____ 55 ff
Erkundigungspflicht s Nachforschungspflicht

Fahrlässigkeit _____ 40 ff
Flaschen _____ 200

Geheiß-Erwerb _____ 16, 19, 24
Geschäftsfähigkeit _____ 10 ff
Grobe Fahrlässigkeit _____ 40 ff
Guter Glaube _____ 35 ff

Hausrat _____ 133, 209

Interdependenz zwischen Rechtsschein u
Vertrauen _____ 37, 46, 52, 89

Kulturgüter _____ 132
Kunsthandel siehe Kulturgüter
Kraftfahrzeug _____ 63, 139 ff, 166 ff
Kraftfahrzeugbrief _____ 63, 90, 140 ff, 156, 211

Minderjähriger _____ 10 f
Miteigentum _____ 99, 126 ff, 213
Mitbesitz _____ 213

Nachforschungspflicht _____
_____ 43, 47 ff, 55 ff, 68 ff, 171 ff
Nachlassgegenstand _____ 225
Neutrales Geschäft iS von § 107 _____ 10 f
Nichtberechtigter _____ 11, 112
Nichteigentümer _____ 1

Pfandrecht _____ 228 ff

Rechtsscheinbasis (-position) _____
_____ 15, 21, 24, 31 f, 35, 62, 68, 75, 90, 135

Rechtsscheintatbestand _____ 15 ff, 36, 90, 130
Rückerwerb vom Nichtberechtigten ___ 114 ff

Sicherungseigentum u Erkundigungs-
    obliegenheit _____ 64
Sicherungsgeschäfte u Nachforschungs-
    pflicht _____ 57, 74, 79, 81
Sicherungsübereignung _____
_____ 30, 59, 63 ff, 75, 77, 80, 135, 188 ff
Stellvertretung _____ 97

Täuschung bei Besitzaufgabe _____ 21, 25 ff

Veräußerungsgeschäft _____ 68
Verfügungsbeschränkung _____ 7, 133 f, 201
Verfügungsverbot _____ 7
Verkehrsgeschäft _____ 13, 117
Vorführwagen _____ 170

Warenlager _____ 174, 187

A.   Inhalt und Anwendungsbereich

I.   Regelungsgehalt

1 Die Vorschrift ermöglicht den **Eigentumserwerb vom Nichteigentümer** (vgl zu den theoretischen Grundlagen und zur Terminologie Vorbem 1 ff, 7 ff zu §§ 932 ff), sofern „eine nach § 929 erfolgte Veräußerung" vorliegt und der Erwerber „gutgläubig" ist. Mit diesen Kriterien werden sowohl die Erwerbsvoraussetzungen als auch der Anwendungsbereich umschrieben:

2 1.   Durch die Bezugnahme auf § 929 wird klargestellt: Es geht (nur) um die Übereignung von *beweglichen Sachen* nach den in § 929 enthaltenen Tatbeständen, also um *rechtsgeschäftlichen* Erwerb von Eigentum (dazu im Einzelnen unten Rn 4 f).

3 2.   Voraussetzung für diesen Erwerb bildet generell eine Besitzerlangung im Sinne des § 929, wobei im Sonderfall des § 929 S 2 „der Erwerber den Besitz vom Veräußerer erlangt" haben muss (dazu unten Rn 14 ff). Als weitere Voraussetzung muss hinzukommen, dass der Erwerber nicht weiß und auch nicht wissen konnte, „dass die Sache nicht dem Veräußerer gehört" (dazu unten Rn 35 ff).

II.   Sachlicher Anwendungsbereich

4 1.   Die **Beschränkung** des Erwerbers auf die **rechtsgeschäftliche Veräußerung (beweglicher Sachen)** ergibt sich sowohl aus der Stellung der Vorschrift im Gesetz als auch aus ihrer Funktion. Der (in § 932 vorausgesetzte) Schluss vom Rechtsschein des Besitzes auf das Eigentum kann an sich von jedermann in beliebigem Zusam-

menhang gezogen werden. Durch die Wendung „eine nach § 929 erfolgte *Veräußerung* wird der *Erwerber"* stellt der Gesetzgeber klar, dass der Glaube an das Eigentum nur im Rahmen dieses rechtsgeschäftlichen Erwerbstatbestandes geschützt werden soll (Einzelheiten dazu Vorbem 4, 35 zu §§ 932 ff und unten Rn 14 ff).

2.   Daraus ergeben sich zwei Konsequenzen für den Anwendungsbereich:

Da § 932 nur den Glauben an das *Eigentum* schützt, kommt eine **analoge Anwen-**   **5** **dung** bei anderen Verfügungshindernissen nur in Betracht, sofern das Gesetz sie vorgesehen hat. Dieses ist in einer ganzen Reihe von Vorschriften geschehen (vgl etwa § 161 Abs 3 u s unten Rn 134; dazu WIEGAND JuS 1978, 145 ff und Vorbem 38).

Eine Ausdehnung des in § 932 enthaltenen Rechtsgedankens auf andere Erwerbsvorgänge im Bereich des Privatrechts bedarf prinzipiell einer gesetzlichen Anordnung; eine Heranziehung in anderen Rechtsgebieten beurteilt sich nach den dort anzuwendenden Kriterien (bejahend etwa für das Vollstreckungsrecht MAROTZKE NJW 1978, 937).

III.   Gegenständlicher Anwendungsbereich

1.   § 932 regelt den gutgläubigen Eigentumserwerb an *beweglichen Sachen.* Auch   **6** diese Begrenzung des Anwendungsbereiches ergibt sich aus der Stellung im Gesetz mit der gleichen Selbstverständlichkeit (vgl insbes Einl 4 zu §§ 929 ff) wie aus dem Wortlaut des § 929, an den die Vorschrift anknüpft. Es kann deshalb zum Begriff der beweglichen Sache auf die Erl zu § 929 (Rn 3–7) verwiesen werden, die jedoch im Hinblick auf die Besonderheiten des gutgläubigen Erwerbs in einigen Punkten zu verdeutlichen sind.

2.   *Ausgeschlossen* ist der gutgläubige Erwerb an Sachen, die *im Sinne des § 935*   **7** *abhanden gekommen* sind (Einzelheiten § 935 Rn 1 ff, 4 ff). Ein Eigentumserwerb nach § 932 kommt auch nicht in Betracht, wenn **Verfügungsbeschränkungen** bestehen. Dabei ist jedoch zu differenzieren:

Einzelne Verfügungshindernisse können durch die im Gesetz vorgesehene analoge Anwendung der Vorschriften zugunsten derjenigen, welche Rechte vom Nichtberechtigten herleiten, überwunden werden (vgl dazu Vorbem 38 u unten Rn 134). Wo das Gesetz eine solche analoge Anwendung nicht vorsieht, hindern neben dem fehlenden Eigentum des Veräußerers bestehende alternative Verfügungshindernisse (insbes Verfügungsbeschränkungen) den Eigentumserwerb, selbst wenn ansonsten alle Erwerbsvoraussetzungen vorliegen (insoweit unstreitig, vgl nur PALANDT/BASSENGE Vorbem § 929 Rn 1).

Verfügungsbeschränkungen, die im Falle des Eigentums des Veräußerers die Sache ergreifen würden, hindern den Eigentumserwerb, obwohl die Sache (objektiv) nicht erfasst wird (wie hier MEDICUS, BürgR 540; MünchKomm/QUACK Rn 10 ff; BGB-RGRK/PIKART Rn 26; **aM** PALANDT/BASSENGE Rn 3 und WEHMANN 56 ff und Lit bei Fn 31, 276 f. Zur Begründung s unten Rn 9 ff; zu § 81 InsO vgl Rn 134; für § 107 BGB Rn 10 f; zu § 1365, 1369 s unten 133).

Praktisch bedeutsam sind vor allem die das Familienvermögen betreffenden Regelungen in §§ 1365 Abs 1 S 2, 1369, die nach allgM als absolut wirkende Verfügungsbeschränkung anzusehen sind (Nachw bei STAUDINGER/THIELE § 1365 Rn 99, § 1369 Rn 68). Besondere Probleme ergeben sich bei Verfügungen über Haushaltsgegenstände (dazu unten Rn 133).

Schwierigkeiten ähnlicher Art ergeben sich auch im Hinblick auf das **Miteigentum** (vgl dazu ausf unten Rn 126).

Der rechtsgeschäftliche Eigentumserwerb kraft guten Glaubens an einem im (See- oder Binnen-) Schiffsregister **eingetragenen Schiff** richtet sich ausschließlich nach den §§ 15f SchiffsRG, dh es gelten die Grundsätze des Grundstücksrechts (BGH NJW 1990, 3209).

8 **3.** Zu den Gegenständen, die nach § 932 gutgläubig erworben werden können, zählt auch das **Anwartschaftsrecht** auf den Eigentumserwerb an beweglichen Sachen. Da nach heute unbestrittener Auffassung die Übertragung einer solchen Anwartschaft nach den Eigentumsübertragungsregeln erfolgt (§ 929 Rn 7 u 34), kann dieses Recht auch vom Nichtberechtigten erworben werden, wenn er aufschiebend bedingt über sein vermeintliches Eigentum verfügt (allgM; vgl dazu die Ausf unten Rn 129).

Streitig ist dagegen, ob ein gutgläubiger Erwerb auch dann stattfinden kann, wenn der Veräußerer über ein behauptetes, aber *nicht vorhandenes Anwartschaftsrecht* verfügt. Dabei handelt es sich jedoch nicht um eine Frage des Anwendungsbereiches, sondern darum, ob die Voraussetzungen für einen Gutglaubensschutz überhaupt gegeben sind (dazu unten Rn 130 ff).

B.   Die Voraussetzungen

9 **I.   Der Erwerb des Eigentums gemäß § 932 setzt voraus:**

– Eine wirksame Einigung zwischen Veräußerer und Erwerber,

– Besitzerlangung durch den Erwerber,

– den darauf basierenden guten Glauben des Erwerbers an das Eigentum des Veräußerers.

Die beiden letzten Voraussetzungen bilden die eigentlichen Grundlagen des gutgläubigen Erwerbes (Vorbem 11), die eine große Zahl von Zweifelsfragen mit sich bringen (dazu unten Rn 14 ff, 35 ff). Das Vorliegen beider Voraussetzungen kann jedoch nur das fehlende Eigentum des Veräußerers ersetzen. Hinzukommen muss noch die fehlerfreie Einigung; denn gutgläubiger Erwerb vom Nichtberechtigten kommt nur dann in Betracht, wenn die Übereignung durch einen Berechtigten wirksam gewesen wäre (aM WEHMANN 59).

10 **II.   Es muss zwischen dem Veräußerer und dem Erwerber eine Einigung iS von**

§ 929 zustande gekommen sein. Ob das der Fall ist, beurteilt sich nach den allgemeinen Regeln über die Konsensbildung. Die in der Erl zu § 929 (Rn 9 ff) dargelegten Grundsätze kommen auch bei § 932 zur Anwendung. Die mangelnde Verfügungsmacht wird durch den an den Rechtsschein anknüpfenden guten Glauben ersetzt (vgl § 929 Rn 15 f). Dagegen gelten für die **Geschäftsfähigkeit** die gleichen Voraussetzungen wie bei § 929 (dort Rn 13). Demgegenüber wird gelegentlich angenommen, die Verfügung eines *Minderjährigen* über fremde Sachen sei iS von § 107 ein *neutrales* Geschäft und deshalb wirksam (so etwa MünchKomm/Gitter § 107 Rn 16 ff; Westermann/Gursky § 47 II 1; kritisch zum Ergebnis MünchKomm/Quack Rn 15, zustimmend im Ansatz). Die Lehre vom „neutralen" Geschäft ist als solche schon problematisch, ihre Anwendung auf Verfügungen, die nach § 932 wirksam werden könnten, ist schon im Ansatz, aber auch vom Ergebnis her verfehlt (zustimmend Braun Jura 1993, 459 f mNw).

Zum einen darf nicht außer acht gelassen werden, dass die Gutglaubensvorschriften **11** auf einer Interessenabwägung beruhen, die das Verkehrsinteresse nur beschränkt schützen und so dem Schutz des bisherigen Eigentümers insofern dienen, als der gute Glaube nur das fehlende Eigentum des Veräußerers zu ersetzten vermag. Das bedeutet, dass von ihnen der Eigentumserwerb nur desjenigen bezweckt wird, der auch bei Richtigkeit seiner Vorstellung – nämlich dass der Veräußernde der Eigentümer des Veräußerungsgegenstandes ist – das Eigentum an der veräußerten Sache hätte erlangen können. Das ist aber bei der Veräußerung durch einen Minderjährigen nicht der Fall. Verfügt der Minderjährige über einen ihm gehörenden Gegenstand, liegt hierin der Verlust eines ihm zustehenden Rechtes und nicht – wie von § 107 gefordert – ein lediglich rechtlicher Vorteil. Willigt der gesetzliche Vertreter in die Veräußerung nicht ein, kann der Dritte auch kein Eigentum erlangen, obwohl der Minderjährige Eigentümer des Veräußerungsgegenstandes und damit „Berechtigter" ist. Würde man dagegen dem Dritten das Eigentum zusprechen, wenn der Minderjährige als Nichtberechtigter verfügte, hätte dieser mehr erlangt als im Falle des Erwerbs vom Berechtigten. Die Interessen des früheren Eigentümers würden dann hinter die des erwerbenden Dritten gestellt, wofür es keine hinreichenden Gründe gibt (so auch zu Recht Medicus BürgR 542; Petersen Jura 2003, 399, 401; Weber JuS 1999, 1, 7; ähnlich MünchKomm/Quack Rn 15; aM Westermann/Gursky § 47 II 1; Soergel/ Henssler Rn 34; AnwK-BGB/Schilken Rn 12; Wehmann 57; Schreiber/Burbulla Jura 1999, 150).

Zum anderen wäre der Minderjährige Ausgleichsansprüchen ausgesetzt, wenn man dessen *Verfügung* als wirksam betrachtete. Diese Konsequenz lässt sich nicht mit der nach § 107 erforderlichen Gesamtbetrachtung vereinbaren (dazu Staudinger/Dilcher § 107 Rn 10, 14; Soergel/Hefermehl § 107 Rn 4; Flume § 13, 76), so dass in keiner Weise von einem „neutralen" Geschäft gesprochen werden kann.

Nach den für § 929 (Rn 18 ff) entwickelten Richtlinien ist auch zu entscheiden, ob **12** einer der dort aufgeführten Gründe (Irrtum, Sittenwidrigkeit) der Wirksamkeit der Einigung entgegensteht.

Auch die Regeln über die *Stellvertretung* kommen in gleicher Weise zur Anwendung wie bei § 929 (Rn 38 f). Zu dem Problem hinsichtlich der Gutgläubigkeit des Vertreters s unten Rn 97. Für den Fall, dass der Erwerber den in indirekter Stellvertretung

handelnden Veräußerer als vom Vertretenen zur Verfügung befugt ansieht, vgl
Vorbem 37 u unten Rn 135 ff.

13 III. Eine aus dem Gesetz nicht direkt zu entnehmende Voraussetzung ergibt sich
aus dem Zweck, dem die §§ 932 ff nach der Konzeption des BGB dienen: Der
Erwerb vom Nichtberechtigten soll die Verkehrsfähigkeit der Mobilien sichern (dazu
Vorbem 2 ff). Hieraus folgt, dass § 932 nur Anwendung findet, wenn ein solches
„Verkehrsgeschäft" vorliegt (dazu Vorbem 42 ff; für § 892 STAUDINGER/GURSKY [2002]
Rn 90 ff; BGH NJW 1991, 1415, 1417).

C.   Die objektiven Voraussetzungen

I.   Grundgedanke

1.   Der Rechtsschein

14 Die Regelung des § 932 (und der folgenden Sondertatbestände in §§ 932 Abs 1 S 2,
§§ 933, 934) beruht auf einer im Gesetzestext selbst nicht zum Ausdruck kommenden Grundannahme, die der BGH folgendermaßen formuliert hat: „Der Rechtsgrund für den gutgläubigen Erwerb nach § 932 BGB ist immer ein auf dem Besitz
beruhender Rechtsschein, auf den der Erwerber sich verlassen durfte" (BGHZ 56,
128; ähnlich schon BGHZ 10, 81; zum theoretischen Hintergrund und zum legislatorischen Konzept
Vorbem 7 ff, auf die für das Folgende generell verwiesen wird).

Diese zentrale Prämisse ist seit langem kritisiert und in jüngster Zeit vermehrt in
Zweifel gezogen worden (vgl umf Nachw Vorbem 29; REBE AcP 173 [1973] 186 ff; M BAUER,
in: FS Bosch 1 ff; PETERS 61 ff; HAGER, 241 ff; ERNST, in: FS Gernhuber 95 ff; zur Rechtsscheinfunktion des Besitzes auch MINUTH 66 ff). Diese Zweifel haben insofern an Gewicht
gewonnen, als die oben dargelegte Ausbreitung der Mobiliarsicherheiten (Anh 10 ff
zu §§ 929 ff) dem an sich schon problematischen Schluss vom Besitz auf das Eigentum
zunehmend den Boden entzogen hat. Indessen haben Rspr und die ganz überwiegende Lit (Einzelheiten Vorbem 11 ff u unten Rn 16 ff) an dem dem Gesetz zugrunde
liegenden Konzept festgehalten. Dieses basiert nicht auf einem generell vom Besitz
ausgehenden Rechtsschein, sondern auf einer Reihe von Tatbeständen, in denen das
Gesetz diesen Rechtsschein anerkennt (WIEGAND JuS 1974, 206 ff; 1978, 146 f).

In § 932 sind zwei dieser Tatbestände enthalten, die im Folgenden näher erläutert
werden; die beiden Übrigen finden sich in §§ 933, 934, während § 935 die Rechtsscheinwirkung in bestimmten Fällen ausschließt (vgl dazu Erl zu den Vorschriften sowie
generell Vorbem 12 ff, 19 ff).

2.   Terminologie

15 Die Tatbestände, die gegeben sein müssen, damit ein Gutglaubensschutz überhaupt
in Betracht kommt, werden hier als „objektive" (Erwerbs-)Voraussetzungen bezeichnet. Geläufig sind dafür auch die folgenden *Begriffe*, die im Wesentlichen
synonym sind: Anscheins- oder Vertrauenstatbestand, Rechtsscheinposition oder
objektive Rechtsscheinbasis.

In § 932 Abs 1 S 1 ist dieser Rechtsscheintatbestand durch die Bezugnahme auf § 929 umschrieben; deutlicher tritt er in S 2 hervor, weil dort eine zusätzliche einschränkende Voraussetzung aufgestellt wird: Der Erwerber muss den Besitz vom Veräußerer erlangt haben. In dieser Formulierung kommt der eigentliche Kerngedanke des Rechtsscheins zum Ausdruck, der im Ergebnis für beide Varianten gleich zu interpretieren ist (Wiegand JuS 1974, 202 f).

II. Der Rechtsscheintatbestand in § 932 Abs 1 S 1

1. Die Übergabe als Grundlage des Rechtsscheins

Mit der Bezugnahme auf § 929 verweist das Gesetz (neben der Einigung) auf die **16** Übergabe. Dabei ist davon auszugehen, dass die dem Gesetzgeber als selbstverständlich erscheinende Form des Gebens und Nehmens von Hand zu Hand (vgl § 929 Rn 46) das Leitbild darstellte. Die Vorstellung, dass dieser Vorgang (dazu Vorbem 12 ff) eine Rechtsscheinwirkung auslöst, ist (zumindest unter Berücksichtigung der damaligen Verkehrsverhältnisse) leicht nachvollziehbar. Das gilt auch noch für die seit langem anerkannte Möglichkeit, auf beiden Seiten „Mittelsleute" einzuschalten (dazu § 929 Rn 48 f mNw). Problematisiert wurde diese Konzeption erst durch die Fallgestaltungen, die mit dem Schlagwort „Geheiß-Erwerb" bezeichnet werden (§ 929 Rn 50 ff), bei denen die Anwendbarkeit des § 932 in Zweifel gezogen wurde.

Das beruht nicht auf Zufall, sondern ist darauf zurückzuführen, dass gerade diese Konstellationen die eigentliche Funktion und die heutige Bedeutung der „Übergabe" aufzeigen, wie sie oben (§ 929 Rn 45 ff, insbes 60 ff) dargestellt wurden. Dort ist bereits die Frage aufgeworfen worden, ob diese Konzeption auch für den gutgläubigen Erwerb nach §§ 932 ff zugrunde gelegt werden könne (§ 929 Rn 67 ff).

Die Beantwortung dieser Frage kann nur vor dem Hintergrund der (in den Vorbem 7 ff entwickelten) Grundkonzeption des gutgläubigen Erwerbs erfolgen. Dabei ist von vornherein klarzustellen, dass dogmatisch-systematischen Argumenten, weil sie im Gesetz nur rudimentär verankert sind, allenfalls eine subsidiäre, nicht aber eine entscheidende Bedeutung zukommt. Maßgeblich sind die der gesetzlichen Regelung zugrunde liegende Interessenbewertung und eine den heutigen Verkehrsverhältnissen entsprechende Interpretation der Regelungen.

2. Konkretisierung

Bei der Beurteilung der Frage, ob eine *rechtsscheinbegründende Übergabe* vorliegt, **17** ist schrittweise vorzugehen.

a) Besitzerlangung des Erwerbers

Erste Voraussetzung ist zunächst, dass nach Abschluss des Veräußerungsvorganges **18** der *Erwerber Besitz an der Sache* erlangt. Handelt auf Seiten des *Erwerbers* eine *Geheißperson*, so erwirbt der Erwerber keinen Besitz. Ob der Erwerber auch in dieser Konstellation gutgläubig vom Nichtberechtigten erwerben kann, ist umstritten, wird aber in BGH NJW 1973, 141, 142 (Kettenhandel) zu Recht bejaht. Jedenfalls sollte der Umstand, dass bei dieser Konstellation der (an sich möglichen, vgl § 929 Rn 54 ff) Übergabe keine Publizitätsfunktion mehr zukommt, nicht ausschlaggebend sein, da dieses Prinzip bereits vom Gesetzgeber stark relativiert worden war (vgl Vorbem 19 ff zu §§ 929). Der sich dem Erwerber präsentierende Rechtsschein ist hier nicht schwächer, als wenn auf seiner Seite ein Besitzmittler oder ein Besitzdiener für ihn Besitz erworben hat, da sich objektiv die Besitzverschaffungsmacht des Veräußerers realisiert hat (vgl zu diesem Problem auch MARTINEK AcP 188 [1988] 639 ff mNw).

b) Mit Willen des Veräußerers

19 Nach § 929 genügt jede Besitzerlangung, die vom Willen des Veräußerers gedeckt war, dh die von ihm veranlasst oder geduldet wurde (§ 929 Rn 52).

Als problematischer erweisen sich die Grenzfälle (die durch die Worte „veranlasst" und „geduldet" umschrieben werden): Einmal geht es um die „Wegnahme" durch den Erwerber (vgl § 929 Rn 67, dazu unten Rn 29), zum anderen den sog „Geheiß-Erwerb" (§ 929 Rn 50).

c) Auf Veranlassung des Veräußerers

20 Erlangt der Erwerber (oder der von ihm benannte Dritte) den Besitz *auf Veranlassung des Veräußerers*, ohne dass dieser selbst zuvor in irgendeiner Form Besitz gehabt hat, so genügt das für die Anwendbarkeit des § 932 Abs 1 S 1; denn die Tatsache, dass der Veräußerer in der Lage war, dem Erwerber den Besitz zu verschaffen, ist durchaus geeignet, Rechtsschein zu begründen. Die Gleichsetzung dieser sog **„Besitzverschaffungsmacht"** mit tatsächlich vorhandenem Besitz ist auch gerechtfertigt: Der Gutglaubensschutz basiert nicht auf dem allgemeinen in § 1006 gesetzlich verankerten Schluss vom Besitz auf das Eigentum schlechthin, sondern knüpft an bestimmte (diese generelle Vermutung konkretisierende) Vorgänge an. In § 932 geschieht dieses durch die Bezugnahme auf die Übergabe, durch die sich der Veräußerer legitimiert. Im Sinne der den heutigen Verkehrsverhältnissen entsprechenden Interpretation dieses Erfordernisses genügt dazu die – wie auch immer geartete – Herstellung der der neuen Zuordnung kongruenten Besitzverhältnisse. Infolgedessen ist dazu auch die Besitzverschaffung durch den nicht besitzenden Veräußerer zu rechnen (heute dem Grundsatz nach weitgehend anerkannt, vCAEMMERER JZ 1963, 586, 588; WIEGAND JuS 1974, 202; BGHZ 36, 56, 60; BGH NJW 1999, 425; WESTERMANN/GURSKY § 47 I 1 a; MARTINEK AcP 188 [1988] 625 ff; M BAUER, in: FS Bosch 9 f; TIEDTKE Jura 1983 460; MünchKomm/QUACK § 929 Rn 141 ff; PALANDT/BASSENGE § 932 Rn 4; MUSIELAK JuS 1992 716; BAUR/STÜRNER, § 52 Rn 13; **aM** GIEHL AcP 161 [1962] 378).

d) Durch Täuschung des besitzenden Dritten

21 Umstritten geblieben sind diejenigen *Fälle*, in denen die Besitzverschaffung zwar durch den Veräußerer veranlasst wird, dieser dabei aber den *besitzenden Dritten durch Täuschung oder andere Manipulationen zur Herausgabe verleitet*. Für den Erwerber unterscheidet sich diese Situation nicht von derjenigen, in der eine wirkliche „Weisung" vorliegt. In beiden Fällen glaubt er, der betreffende Dritte handele auf *„Geheiß"* des Veräußerers („Scheingeheisserwerb"). Der BGH und ein Teil der Lit wollen den Erwerber auch in diesem Glauben schützen (BGH NJW 1974, 1132, 1133 = BGH JZ 1975, 27 ff [Hemdenfall], BGHZ 36, 56 f [Koksfall]; WIELING JZ 1977, 291, 295; ders § 10 III 6; GURSKY, Fälle und Lösungen Rn 114 ff; WESTERMANN/GURSKY § 47 I 1 a; HAGER 289 f und in: FS BGH I 777, 799 f; SCHWAB/PRÜTTING Rn 428; SOERGEL/HENSSLER Rn 14; BAMBERGER/ROTH/ KINDL Rn 9; AnwK-BGB/SCHILKEN Rn 15; MUSIELAK JuS 1992 716 ff; vgl auch die Übersicht bei

MARTINEK AcP 188 [1988] 625 ff). Die Gegenansicht, die in der Lit überwiegt, lehnt einen gutgläubigen Erwerb ab, wenn keine wirklich vorhandene Weisungsbefugnis vorliegt, weil nur die darauf gegründete „Unterwerfung" des Angewiesenen als rechtsscheinbegründend angesehen werden könne (JAUERNIG § 932 Anm II 2; PALANDT/ BASSENGE Rn 4; vCAEMMERER JZ 1963 586, 587; WEITNAUER NJW 1974 1729, 1732; PICKER NJW 1974, 1790; LOPAU JuS 1975, 773; MEDICUS, BürgR 564; TIEDTKE Jura 1983 463 f; FLUME, in: FS Ernst Wolf 61, 69 f, jetzt aber anders; MünchKomm/QUACK § 929 Rn 145; 145; MARTINEK AcP 188 [1988] 630, der die Unterwerfung schon als Übergabevoraussetzung bei der Einschaltung einer Geheißperson verlangt). Es fehlt nach dieser Ansicht mangels Weisungsbefugnis die Rechtsscheinbasis (dazu WIEGAND JuS 1978, 146), so dass es auf die subjektiven Elemente auf Seiten des Erwerbers gar nicht ankommt. Bezieht sich jedoch die Täuschung des Veräusserers nur auf den Zweck der Herausgabe an den Erwerber (so wenn etwa der Eigentümer die Sache auf Geheiss seines Mieters [= nichtberechtigter Veräußerer] an den Erwerber herausgibt in der irrtümlichen Annahme, der Erwerber wolle von ihm selber mieten), bejaht diese Auffassung eine für § 932 Abs 1 S 1 genügende Übergabe, da dann eine Weisungsbefugnis des Veräusseres bestehe (JAUERNIG Rn 15).

e) Stellungnahme

Eine nähere Analyse der Argumentation zeigt, dass sich in der Diskussion verschie- **22** dene Gesichtspunkte und Elemente überlagern (eingehend dazu GURSKY, Fälle und Lösungen Rn 114 ff)

Die von der Rspr behandelten Sachverhalte und die konstruierten Beispielsfälle haben dazu geführt, dass

(1) die Frage des Eigentumserwerbes mit derjenigen nach dem „Leistenden" iS des Bereicherungsrechtes verknüpft wird. Als Brücke dient der „Empfängerhorizont" (so ausdr BGH JZ 1975, 27 ff; dazu insbes – insoweit zutreffend – PICKER NJW 1974, 1790 ff).

(2) das Zustandekommen der Einigung im Einzelfall bezweifelt wird (WEITNAUER, PICKER, MARTINEK 605 f, 642).

All diese Erwägungen sind für die zu entscheidende generelle Frage irrelevant. Ausgangspunkt für die Beurteilung sind vielmehr *zwei von der konkreten Konstellation ganz unabhängige Faktoren:*

aa) Wenn überhaupt gutgläubiger Erwerb in Betracht kommen soll, muss eine **23** **wirksame Einigung** zwischen nichtberechtigtem Veräußerer und Erwerber vorliegen. Ob diese Voraussetzung gegeben ist, ist nach den Grundsätzen der allgemeinen Rechtsgeschäftslehre und allenfalls des Beweisrechts zu entscheiden (vgl § 929 Rn 9, wonach für das Zustandekommen der Einigung die Grundsätze bezüglich Auslegung von Rechtsgeschäften bzw empfangsbedürftigen Willenserklärungen anwendbar sind; für die Fälle des Geheiß-Erwerbs bedeutet dies, dass dort, wo der Erwerber gutgläubig ist, auch die Einigung [zum „inneren Bezug" zwischen Einigung und Übergabe vgl § 929 Rn 85 ff] nicht zweifelhaft sein wird [grundsätzlich ebenso MUSIELAK JuS 1992, 718]).

bb) Kann das bejaht werden, stellt sich als nächstes die Frage, ob der vermeint- **24**

liche **Eigentümer die Besitzerlangung durch den Erwerber veranlasst hat**. Gelingt es dem nichtberechtigten Dritten, die der Neuordnung der Eigentumsverhältnisse entsprechende Besitzsituation herzustellen, dann hat er sich durch seine „Besitzverschaffungsmacht" legitimiert. Der auf diese Weise entstandene Rechtsschein löst den guten Glauben des Erwerbers aus und rechtfertigt seinen Schutz unter den Voraussetzungen, unter denen die Rechtsscheinwirkungen generell anerkannt werden.

Die entscheidende Frage geht deshalb nicht dahin, ob der gute Glaube an eine „scheinbare" Übergabe geschützt wird oder ob die objektiven Voraussetzungen (Rechtsscheinbasis) fehlen (so etwa PICKER, JAUERNIG, MEDICUS aaO). Mit der (zu Recht erfolgten) Ausdehnung des „Geheiß-Erwerbs", dessen Genese (seit 1914!) und Ausweitung in den Erl zu § 929 (Rn 53 ff) dargelegt sind, hat man den veränderten Verhältnissen und Verkehrsbedürfnissen Rechnung getragen. Will man bei § 932 anders urteilen, so bedarf das besonderer Begründung. Sie könnte dahin gehen, dass aus der Konzeption der §§ 932–936 abzuleiten sei, dass die Rechtsscheinwirkung nur der tatsächlichen Innehabung zuerkannt wird (darauf stellt WIELING JZ 1977, 291, 294 ab, der zu Recht hervorhebt, dass der Besitz im Rechtssinne keine [objektive] erkennbare Rechtsscheinsbasis darstelle; dazu Vorbem 12 ff). Daraus ergäbe sich aber zwingend, dass Gutglaubensschutz beim Geheiß-Erwerb generell entfiele, was aber auch von den Kritikern nicht verlangt wird (so allerdings WIESER JuS 1972, 569; LANGE, Sachenrecht § 16 f). Demgegenüber stellt der BGH zutreffend fest, „daß die Übergabe auf Veranlassung des Veräußerers *tatsächlich* erfolgt. Ob sich der Dritte dessen ‚Geheiß' auch wirklich unterworfen hatte, bleibt dem Empfänger naturgemäß verborgen. Die Interessenlage ist deshalb in beiden Fällen gleich. Die Tatsache, daß der Dritte aus der Sicht des Empfängers dem „Geheiß" des Veräußerers tatsächlich folgt, weist den Veräußerer gegenüber dem Empfänger ebenso als „Herrn der Sache" aus, wie wenn der Dritte die Weisung des Veräußerers kennt und sich ihr in voller Kenntnis unterwirft" (BGH JZ 1975, 27, 29).

25 cc) Maßgeblich für die Entscheidung ist deshalb – wie der BGH an sich zutreffend hervorhebt – *die Bewertung der Interessenlage*. Sie bleibt im Urteil jedoch rudimentär, da der BGH auf die der gesetzlichen Regelung zugrunde liegende Interessenbewertung nicht wirklich eingeht (BGH JZ 1975, 27, 29: „Hier erschien ... die Lieferung des Dritten objektiv betrachtet aus der Sicht des Empfängers als Leistung des wahren Schuldners, des Veräußerers der übergebenen Gegenstände. Daß es so war, ist letztlich auf das Verhalten des Dritten zurückzuführen und diesem daher auch zurechenbar." Vgl dazu und zum Folgenden die zutr Analyse von vOLSHAUSEN in der Anm zu diesem Urteil). Diese findet sich nicht in § 932 selbst, sondern in den die Rechtsscheinwirkung begrenzenden Regeln des § 935 (vgl zum Folgenden § 935 Rn 1 ff und ausf Vorbem 19 ff). Das Gesetz versagt dem gutgläubigen Erwerber den Schutz, wenn die Entstehung des Rechtsscheins dem Eigentümer nicht zugerechnet werden kann. Die Frage, nach welchen Kriterien die Zurechnung des (an sich vorhandenen) Rechtsscheins beurteilt werden soll, ist in einer Reihe von Grenzfällen umstritten. Es handelt sich um eine *Wertungsfrage*, für die das Gesetz zwar richtungsweisende Beispiele, nicht aber „verbindliche Wertungen" (PICKER) enthält (verschiedentlich wird eine solche Wertung in § 934 2. Alt [dazu § 934 Rn 10 ff] gesehen – so schon WOLFF/RAISER § 69 II 2 a, umfassende Nachw bei GURSKY, Fälle und Lösungen Rn 114 ff; dagegen MARTINEK AcP 188 [1988] 605, 636; zum Ganzen jetzt HAGER 288 ff, der im Wesentlichen der hier vertretenen Auffassung

folgt, diese jedoch teilweise anders begründet; ders ZIP 1993, 1446 ff; zustimmend LARENZ/CANA-
RIS § 70 III 3 a).

Entscheidend kommt es also darauf an, ob die Fälle, in denen der Eigentümer oder
ein Dritter aufgrund einer Manipulation des nichtberechtigt Verfügenden dem Erwerber Besitz verschafft, *demjenigen gleichzustellen sind*, in dem dem Eigentümer
die *Sache iS von § 935 abhanden gekommen* ist (so im Ansatz vOLSHAUSEN JZ 1975, 30 f,
der dieses im Ergebnis für den konkreten Fall verneint; jedenfalls iE zutr dagegen WIELING JZ 1977,
290 ff).

Eindeutig ist die Sachlage, wenn der Nichtberechtigte mit dem besitzenden Nicht-   **26**
eigentümer kollusiv *zusammenwirkt*: Der Nichtberechtigte überredet den Lagerhalter, die vom Eigentümer eingelagerte Ware an X zu liefern, dem der Nichtberechtigte diese verkauft und übereignet hat.

Dieser Sachverhalt darf nicht anders beurteilt werden als der vom Gesetz als
Grundtatbestand vorausgesetzte, bei dem der Lagerhalter selbst über die Ware
verfügt und der Erwerber gemäß § 932 Eigentum erlangt. Durch Aushändigung
der Sachen an den Lagerhalter hat der Eigentümer die Grundlagen für den Rechtsschein geschaffen. Der Vertrauensbruch geht nach der Regelung des § 935 zu seinen
Lasten, da der Lagerhalter die Sachen freiwillig aus der Hand gegeben hat, gleichgültig, ob der Lagerhalter „für sich" oder für den Nichtberechtigten handelt (s unten
Rn 31).

Gelingt es dem Nichtberechtigten, den Lagerhalter *durch Täuschung zur Herausgabe* zu veranlassen, kann die *Bewertung nicht anders* ausfallen; denn auch hier liegt
eine freiwillige Besitzaufgabe vor, so dass der Rechtsschein dem Eigentümer zuzurechnen und der daran geknüpfte gute Glauben des Erwerbers zu schützen ist.

Wenn die Herausgabe nicht durch einen besitzenden Dritten, sondern durch den
Eigentümer selbst erfolgt, stellt sich für den Erwerber die Rechtsscheinsituation
vollkommen gleich dar. Andererseits sind Gründe für die Nichtanerkennung der
Rechtsscheinwirkung nicht ersichtlich, da dem Eigentümer die Sache nicht abhanden gekommen ist. Der Fall unterscheidet sich nicht von dem, in dem der Nichtberechtigte sich zuerst die Sache vom Eigentümer durch Täuschung verschafft und
dann über sie verfügt (dazu unten § 935 Rn 11).

dd) Betrachtet man die **Ergebnisse**, so stellen diese eine konsequente Fortentwick-   **27**
lung der im Gesetz angelegten Wertungen dar: Ausgangspunkt bildet die Schaffung
eines Vertrauenstatbestandes („Übergabe") durch den Nichtberechtigten. Grundlage für den Rechtsverlust des Eigentümers ist der Umstand, dass er die Entstehung
des Rechtsscheins ermöglicht hat. In den Grenzfällen, in denen er (oder ein Dritter,
dem er die Sache überlassen hat) durch Täuschung oder andere Manipulationen zur
Besitzverschaffung veranlasst wird, stellt sich die Frage, ob auch dieser Rechtsschein
dem Eigentümer zuzurechnen oder dem Erwerber der Schutz zu versagen sei. Diese
Frage ist nach der in § 935 angelegten Konzeption dahin zu beantworten, dass der
Erwerber geschützt wird, wenn der Besitzverlust „freiwillig" erfolgte. Wenn die
Besitzaufgabe durch eine Manipulation der Willensbildung bewirkt wurde, trägt der
Eigentümer das Risiko für derartige Manöver als Opfer der Täuschung ebenso wie

in den Fällen der Veruntreuung durch denjenigen, dem er die Sache anvertraut
hatte.

f) Ergebnis

28 Erlangt der **Erwerber auf Veranlassung des nichtberechtigt Verfügenden Besitz an der
Sache**, so *erwirbt er Eigentum ohne Rücksicht darauf, ob der Besitzer einer Weisung
des Veräußerers gefolgt oder dieser durch Manipulation seines Willens die „Übergabe" bewirkt hat.* Infolgedessen scheitert der Erwerb, wenn die Sache ohne jede
Einflussnahme des Veräußerers an den Erwerber gelangt (die Besitzverschaffungsmacht ist nicht wahrnehmbar) oder wenn dieser bösgläubig ist. Letztendlich erweist
sich die Gutgläubigkeit auch hier als das eigentlich sachgerechte Steuerungskrite-
rium (vgl Vorbem 25 ff und unten Rn 35 ff, 47 ff); sie wird in derartigen Fällen kaum je zu
bejahen sein.

3. Besitzergreifung durch den Erwerber

29 Dass die Besitzergreifung als Übergabe zu betrachten sei, sofern die Wegnahme
vom Willen des Veräußerers gedeckt ist, ergibt sich aus der oben dargestellten
Entwicklung (§ 929 Rn 45 ff) mit Selbstverständlichkeit. Zweifel an dieser in Lit und
Rspr einhellig vertretenen Auffassung sind durch die Entscheidung BGHZ 67, 207
ausgelöst worden (dazu DAMRAU JuS 1978, 519; DEUTSCH JZ 1978, 385). Es ist in der Erl zu
§ 929 dargelegt worden, dass bezüglich des Erwerbs vom Berechtigten kein Anlass
besteht, die traditionelle Konzeption aufzugeben (§ 929 Rn 67 ff m umf Nachw).

30 Ob eine andere Beurteilung für die Fälle geboten ist, in denen es sich um die
Verfügung eines Nichtberechtigten handelt, hängt davon ab, *inwieweit dieser Art der
Besitzergreifung Rechtsscheinwirkung zukommt.* Dabei muss jede Form des gut-
gläubigen Erwerbs gesondert betrachtet werden:

Für den in § 932 enthaltenen Grundfall der Übereignung (bei Abs 1 S 2 kommt
diese Konstellation nicht vor) besteht kein Anlass, an der Rechtsscheinwirkung zu
zweifeln. Maßgeblich ist allein, dass es dem nichtberechtigten Veräußerer gelingt,
die für die Eigentumsverschaffung erforderliche Besitzsituation herzustellen. Dabei
spielt die Art der Besitzerlangung so lange keine Rolle, als ein Nichtabhanden-
kommen iS von § 935 vorliegt. Die Besitzergreifung durch den Erwerber kann
deshalb nur dann nicht zum gutgläubigen Erwerb führen, wenn dieser verbotene
Eigenmacht begeht. Entscheidend ist deshalb für den Fall des § 932 wie bei § 929,
dass der besitzende Verfügende im Moment der Inbesitznahme durch den Erwerber
mit der Wegnahme einverstanden ist. Für die Fortdauer und den Beweis des einmal
erklärten Einverständnisses gilt das zu § 929 Ausgeführte (vgl dort Rn 68; zum Urteil des
BGH, das eine Sicherungsübereignung durch Besitzkonstitut betraf, vgl § 933 Rn 20 f; zur gleichen
Problematik bei Abtretung eines Herausgabeanspruches vgl § 934 Rn 11; wie hier AnwK-BGB/
SCHILKEN Rn 17; BAMBERGER/ROTH/KINDL Rn 9; MünchKomm/QUACK Rn 16).

4. Einzelfragen

31 Als rechtsscheinbegründender Tatbestand wird auch die (oben Rn 26 bereits erwähnte)
folgende Konstellation anerkannt: Der veräußernde Nichtberechtigte hat selber
keinen Besitz, aber der die Sache besitzende Dritte stimmt als vermeintlicher

Eigentümer der Veräußerung zu (BGHZ 10, 81; 56, 123; AnwK-BGB/SCHILKEN Rn 17; BAMBERGER/ROTH/KINDL Rn 9). Die Gleichsetzung mit dem Grundtatbestand ist deshalb gerechtfertigt, weil dieser hier praktisch komplementär verwirklicht wird. Die Rechtsscheinbasis bildet der Besitz des Zustimmenden, die übrigen Elemente verwirklicht der Verfügende. Sofern alle weiteren Voraussetzungen gegeben sind, erwirbt der Gutgläubige auch in diesem Falle Eigentum (dazu WIEGAND JuS 1974, 203; kritisch WIESER JuS 1972, 567 ff). Dagegen scheitert der Erwerb im spiegelbildlich verkehrten Fall: Wenn der besitzende Veräusserer sich auf die Zustimmung des vermeintlichen Eigentümers beruft (WESTERMANN/GURSKY § 46 2 b; BAMBERGER/ROTH/KINDL Rn 9; AnwK-BGB/SCHILKEN Rn 17).

III. Der rechtsscheinbegründende Tatbestand in § 932 Abs 1 S 2

1. Ist der Erwerber bereits im Besitz der Sache, so genügt die *schlichte Einigung* **32** zur Eigentumsübertragung (zu den Voraussetzungen und Einzelheiten vgl § 929 Rn 117, 123 ff). Bei dieser Konstellation stellt sich die Frage nach der Begründung der Rechtsscheinwirkung neu; denn die mit der Übergabe verbundene Auslösung des Rechtsscheins entfällt hier. Das Gesetz schränkt deshalb gegenüber § 929 S 2 den Tatbestand ein, indem es den Erwerb nur ermöglicht, „wenn der Erwerber den Besitz von dem Veräußerer erlangt hatte". Mit dieser Voraussetzung wird die *Rechtsscheinbasis* umrissen; sie bedarf jedoch in verschiedener Hinsicht der *Konkretisierung*.

2. Wie bei allen anderen Tatbeständen ist es nicht erforderlich, dass der Erwer- **33** ber die Sache direkt vom Veräußerer erhalten hat. Vielmehr genügt auch hier *jede Veranlassung oder Ermöglichung des Besitzerwerbs durch den Veräußerer*, sofern diese geeignet ist, einen Rechtsschein zu seinen Gunsten zu begründen. Infolgedessen ist auch der von M WOLFF entwickelten Auffassung zuzustimmen, wonach es genügt, wenn „der Veräußerer früher einmal Besitzer gewesen ist und nach ihm der Eigentümer nicht mehr besessen hat" (WOLFF/RAISER § 69 II 2 b gegen PLANCK/BRODMANN 4 vor 932). Dabei handelt es sich in der Sache um einen Fall, der als Veranlassung der Besitzerlangung qualifiziert und damit als hinreichende Rechtsscheingrundlage betrachtet werden kann (WIEGAND JuS 1974, 203; PALANDT/BASSENGE Rn 4; aM WESTERMANN/GURSKY § 17 I 2; BAMBERGER/ROTH/KINDL Rn 10).

3. *Auf Seiten des Erwerbers genügt jede Form der Besitzerlangung* wie bei § 929 **34** S 2. Eine Ausnahme bildet nur der Fall, in dem eine auf der Veräußererseite stehende Person dem Erwerber den Besitz vermittelt. Dieses deshalb, weil es sich dann in der Sache um eine Veräußerung nach § 933 handelt und dessen Voraussetzungen nicht umgangen werden dürfen (WIEGAND JuS 1974, 203). Wenn demgegenüber in der Lit und auch vom BGH (BGHZ 56, 123, 129 im Anschluss an BAUR/STÜRNER § 52 Rn 3; ähnlich schon RGZ 126, 25) als maßgebliches Kriterium die völlige Besitzaufgabe auf Seiten des Veräußerers bezeichnet wird, so handelt es sich um eine nicht unproblematische, aber letztlich nicht entscheidende Zusatzerwägung (vgl dazu insgesamt Vorbem 12 ff).

D. Die subjektiven Voraussetzungen – guter Glaube

I. Grundlagen

1. Funktion des „guten Glaubens"

35 Den objektiven Voraussetzungen korrespondiert bei allen Vertrauensschutzregeln ein subjektives Element, das mehrere Funktionen erfüllt: Zunächst stellt das „Vertrauen" und dessen Schutzwürdigkeit einen, vielleicht sogar den entscheidenden Gesichtspunkt für die Rechtfertigung des gutgläubigen Erwerbes dar. Daraus ergibt sich mit einer gewissen Zwangsläufigkeit, dass die Frage der Gutgläubigkeit zur eigentlichen Schlüsselfrage und zum Regulierungsinstrument geworden ist. Das beruht nicht zuletzt auch darauf, dass sich dieses Kriterium als weitaus flexibler erwiesen hat als die formale Rechtsscheinposition (zum Ganzen WIEGAND JuS 1974, 206 ff; JuS 1978, 145 ff und Vorbem 25 ff mNw; vgl auch MUSIELAK JuS 1992 713, 715; grundsätzlich anders HÜBNER und HAGER).

2. Der Tatbestand des guten Glaubens

36 Der Gesetzgeber, der diese Funktion und damit die Bedeutung der „Gutgläubigkeit" durchaus gesehen hat, obwohl es sich um ein relativ neues Institut handelte, hat diesem Umstand durch Ausgestaltung des Tatbestandes Rechnung getragen, indem er

a) nicht die Gutgläubigkeit als Voraussetzung, sondern die Bösgläubigkeit als Erwerbshindernis formuliert und definiert (Abs 2),

b) damit zugleich die Beweislastregeln programmiert („es sei denn ..."),

c) sowie schließlich die Frage nach der Beziehung des Erwerbers zum Rechtsscheintatbestand (Kausalität) praktisch ausgeblendet hat.

3. Interdependenz von Rechtsschein und Vertrauen

37 Ehe diese Konzeption in ihrer praktischen Anwendung dargestellt wird, ist ein Punkt hervorzuheben: Auch wenn das Gesetz zwischen subjektiven und objektiven Erwerbsvoraussetzungen keine Beziehung herstellt, spielt diese in der Interpretation des § 932 eine ganz entscheidende Rolle (vgl auch WIEGAND, Rechtsschein und Vertrauen 183, 193 ff und zu den übrigen Rechtsscheintatbeständen WIEGAND JuS 1978, 145 ff): Zwischen beiden Elementen besteht eine Interdependenz, die sich in vielfältiger Weise auf die Rechtsanwendung auswirkt. Je geringer die Rechtsscheinwirkung des Vertrauenstatbestandes ist oder wird (vgl dazu unten 40 ff, 47 ff), desto strenger werden die Voraussetzungen für die Gutgläubigkeit bestimmt. Nur vor dem Hintergrund dieser wechselseitigen Abhängigkeit von Rechtsschein und Vertrauensschutz können die von Lehre und Rspr entwickelten Leitlinien für die Überprüfung der „Bösgläubigkeit" richtig eingeordnet und beurteilt werden. Dies verkennt ERNST (in: FS Gernhuber 109), welcher die hier vorgeschlagene Korrektur des je nach Erwerbssituation schwächeren Rechtsscheins durch strengere Anforderungen an den guten Glauben ablehnt. Das Vorhandensein des guten Glaubens beurteilt sich aufgrund sämtlicher Umstände des Einzelfalls, wozu eben in erster Linie die im gesetzlich umschriebenen Erwerbstatbestand vorausgesetzte und dem Erwerber erkennbare rechtsscheinauslösende Situation gehört. Die entscheidende Frage ist nicht, ob der Erwerber bösgläubig war (so Ernst); maßgeblich ist vielmehr, ob er angesichts der konkreten Umstände dem Rechtschein vertrauen, also gutgläubig sein durfte. Genau diesen Weg geht die Praxis und gelangt damit zu überzeugenden Resultaten (vgl die Beispiele zur komplementären Steuerungsfunktion des guten Glaubens unten Rn 90 sowie zu den konkreten Auswirkungen der Konzeption die folgenden Rn).

II. Konkretisierung

1. Inhalt und Gegenstand des guten Glaubens

a) Auch wenn das Gesetz den guten Glauben nicht als positive Voraussetzung **38** formuliert, sondern die Bösgläubigkeit als Ausschlussgrund ansieht (Rn 36), hat es sich doch eingebürgert, vom *gutgläubigen Erwerb* oder *Erwerb kraft guten Glaubens* zu sprechen und diesen auch positiv zu umschreiben. Die berühmteste Definition ist diejenige von M Wolff: „Guter Glaube ist der nicht grobfahrlässige Glaube an das Eigentum des Veräußerers" (Wolff/Raiser § 69 II 1).

Wichtig an dieser positiven Formulierung ist vor allem, dass sie (besser als die negative Fassung in § 932 Abs 2) deutlich macht, was Gegenstand der Gut- oder Bösgläubigkeit ist, nämlich *das Eigentum des Veräußerers* (bzw des Zustimmenden, vgl oben Rn 9).

b) Nur diese Vorstellung kann (bei Vorliegen der objektiven Voraussetzungen) **39** zum Erwerb vom Nichtberechtigten führen. Alle anderen Annahmen – mögen sie noch so berechtigt sein – finden im Rahmen des § 932 keine Berücksichtigung. Dies gilt insbes für den guten Glauben an die *Vertretungsmacht* oder die *Verfügungsbefugnis* des Nichtberechtigten; hier greift allenfalls § 366 HGB ein, wobei eine alternative Anwendung möglich ist (BGHZ 77, 274, 276; Jauernig Rn 10 spricht von „Wahlfeststellung", s unten Rn 135). Ebenso wenig vermag der gute Glaube die fehlende *Geschäftsfähigkeit* oder *Verfügungsmacht* des Eigentümers zu „heilen"; in diesem Falle kommt allerdings eine Rechtsableitung vom Nichtberechtigten aufgrund der in Rn 5 und 134 angeführten Regeln in Betracht.

2. Ausschluss der Gutgläubigkeit

a) Wer den gutgläubigen Erwerb bestreitet (dies kann der wahre Eigentümer **40** oder auch ein aus anderen Gründen interessierter Dritter – zB Pfandgläubiger – sein; denkbar ist auch, dass der als Nichtberechtigter Verfügende – etwa im Hinblick auf eventuelle Rückgewähransprüche, dazu unten Rn 114 ff – den Eigentumsübergang bezweifelt), muss behaupten (zur Beweislast s unten Rn 101 ff), dass dem Erwerber „bekannt oder infolge grober Fahrlässigkeit unbekannt war, dass die Sache nicht dem Veräußerer gehört". Diese Regel des § 932 Abs 2 hat eine weit über den unmittelbaren Wortlaut hinausreichende Bedeutung: Sie ermöglicht eine differenzierende Risikoverteilung, indem sie eine Anpassung der subjektiven Voraussetzungen an die jeweilige Erwerbssituation erlaubt und damit eine Feinsteuerung der Interessenabwägung zwischen Eigentümer und Erwerber ermöglicht (ausf Wiegand

JuS 1974, 202, 207; WESTERMANN/GURSKY § 46 2b; für eher strenge Anforderungen und eine prinzipiell restriktive Interpretation der „Gutgläubigkeit" tritt – von seinem Standpunkt aus konsequent – PETERS 123 ff ein).

41 **b)** Dass die *positive Kenntnis* von der Nichtberechtigung den Erwerb ausschließt, bedürfte an sich gar keiner Erwähnung im Gesetz; denn hier besteht in der (allein relevanten) Vorstellung des Erwerbers gar kein Rechtsschein und noch viel weniger ein irgendwie gearteter guter Glaube. Zu einer Vertrauensbildung, die den Vertrauensschutz rechtfertigen würde, kann es gar nicht kommen.

Die Kenntnis des Erwerbers ist zu bejahen, wenn er *weiß*, dass der Veräußerer nicht Eigentümer ist; die Kenntnis aller das Eigentum ausschließenden *Umstände genügt grundsätzlich nicht* (allgM; BGH NJW 1961, 777; so schon RG JW 1922, 77 f; weitere Nachw zur älteren Judikatur STAUDINGER/BERG[11] [1956] Rn 23 a; nach BGHZ 26, 526 soll in bestimmten Fällen die Kenntnis der Umstände der Kenntnis der Rechtslage gleichstehen; dies mag für § 892 zutreffen, zu dem die Entscheidung erging; eine Übertragung auf § 932 erübrigt sich wegen der weiteren Fassung des Ausschlusstatbestandes. Dazu STAUDINGER/GURSKY [2002] § 892 Rn 131 ff). Die falsche Einschätzung der Rechtslage kann dann aber auf grober Fahrlässigkeit beruhen (dazu sofort Rn 42 ff) und den Erwerb ebenfalls ausschließen.

42 **c)** Als die eigentliche Schlüsselfrage erweist sich deshalb gerade in Anbetracht der reduzierten Rechtsscheinwirkungen (oben Rn 32 ff u unten Rn 47 ff) bei nahezu allen Fällen des § 932 die Frage, ob dem Erwerber *grobe Fahrlässigkeit* entgegengehalten werden kann. Bei dieser Beurteilung spielen theoretische, prozessuale und pragmatische Erwägungen eine Rolle, die aber nur schwer voneinander zu trennen sind.

43 **aa)** Grundsätzlich ist zunächst festzuhalten, dass der Begriff der „Fahrlässigkeit" hier ähnlich wie in § 122 untechnisch verwendet wird (so jetzt auch SOERGEL/HENSSLER Rn 18; AnwK-BGB/SCHILKEN Rn 21). Nach der üblichen Terminologie und dem mit dem Begriff verbundenen (Vor-)Verständnis stellt Fahrlässigkeit eine Verschuldensform dar, die sich ihrerseits auf eine (anderen gegenüber bestehende) Pflicht bezieht.

Selbstverständlich hat der *Erwerber nicht die Rechtspflicht*, sich vor Abschluss eines Kaufs oder vor dessen Vollzug darüber zu vergewissern, ob der Verkäufer Eigentümer des veräußerten Gegenstandes ist (zur Frage der Verletzung der Eigentümerrechte s unten Rn 111). Wer dabei sorglos handelt, muss vielmehr die möglichen Konsequenzen (Scheitern des Eigentumserwerbs) in Kauf nehmen.

Rechtstechnisch gesehen umschreibt § 932 Abs 2 in seiner zweiten Alternative also eine **Obliegenheit des Erwerbers**, deren Nichtbeachtung den Eigentumsübergang ausschließt*. Dessen ungeachtet haben Rspr und Lit stets an dem vom Gesetzgeber

---

* Besonders klar ESSER: „Demgegenüber handelt es sich bei den sog Erwerbstatbeständen des Sachenrechts nicht um echte Rechtspflichten, deren Verletzung dem Schuldner zum Nachteil gereicht. Aus dem Vorliegen grober Fahrlässigkeit folgt hier keine Haftung. Ledig- lich der Erwerb vom Nichtberechtigten ist ausgeschlossen" ([4. Aufl 1970] 251, in der späteren Aufl entfallen). REIMER/SCHMID, der „Erfinder" des Begriffes spricht in diesem Zusammenhang treffend von „Erkundigungsobliegenheiten" (Die Obliegenheiten [1953] 307; vgl

gebrauchten Begriff der (groben) Fahrlässigkeit festgehalten und ihn in derselben Weise verstanden und verwendet wie bei der Pflichtverletzung. Das ist unschädlich, solange man sich dabei der soeben aufgezeigten dogmatischen Konzeption bewusst bleibt (dass dies nicht immer geschieht, zeigt sich, wenn im Zusammenhang mit § 932 Abs 2 von „bedingtem Vorsatz" und „bewusster Fahrlässigkeit" die Rede ist [BGB-RGRK/Pikart Rn 38; MünchKomm/Quack Rn 25]; ebenso wenig ist es angebracht, von Verschulden oder Redlichkeit des Erwerbers zu sprechen [zutref MünchKomm/Quack Rn 22]); daraus ergeben sich aber für die Rechtsanwendung Konsequenzen, die einerseits die Bestimmung der Maßstäbe (unten Rn 47 ff), andererseits die gerichtliche Überprüfung dieser Maßstäbe betreffen.

bb) Der *Begriff der groben Fahrlässigkeit* ist ein *Rechtsbegriff* und als solcher **44** *revisibel*. Der **BGH** hat diesen allgemeinen Grundsatz im Anschluss an die Rspr des RG (RGZ 141, 131; 143, 14; 166, 112) folgendermaßen formuliert: „Der erkennende Senat hat ... die Auffassung vertreten, dass die Frage, ob der Erwerber einer Sache sich einer groben Fahrlässigkeit schuldig macht, *im wesentlichen* eine Tatfrage ist, die einer Nachprüfung in der Revisionsinstanz nur insoweit unterliegt, als Verstöße gegen § 286 ZPO, gegen die Denkgesetze oder Erfahrungssätze vorliegen. An dieser grundsätzlichen Auffassung muss auch bei erneuter Nachprüfung festgehalten werden. Der Begriff der groben Fahrlässigkeit als solcher ist allerdings ... ein Rechtsbegriff. Es ist im Revisionsrechtszuge daher nachprüfbar, ob das Berufungsgericht diesen Rechtsbegriff verkannt hat ... Was grobe Fahrlässigkeit ist, sagt das Gesetz nicht. Die Rechtsprechung versteht darunter im allgemeinen ein Handeln, bei dem die erforderliche Sorgfalt nach den gesamten Umständen in ungewöhnlich großem Maße verletzt worden ist und bei dem dasjenige unbeachtet geblieben ist, was in gegebenem Falle jedem hätte einleuchten müssen ... Das Revisionsgericht hat daher, wenn die Frage, ob im gegebenen Falle grobe Fahrlässigkeit vorliegt, entscheidungserheblich ist, nachzuprüfen, ob das Berufungsgericht den Begriff der gewöhnlichen Fahrlässigkeit richtig beurteilt hat, ob es sich ferner des Unterschieds der Begriffe der gewöhnlichen Fahrlässigkeit und der groben Fahrlässigkeit bewusst und ob es sich schließlich darüber klar ist, dass im gegebenen Falle gewöhnliche Fahrlässigkeit nicht ausreicht, sondern grobe Fahrlässigkeit in dem oben gekennzeichneten Sinne vorliegen muss" (BGHZ 10, 14, 16 f; vgl auch OGHZ 3, 20 sowie BGHZ 10, 69, 74; 77, 274, 277; BGH NJW 1981, 226; BGH NJW 1992, 316, 317 mwNw u BGH NJW 1994, 2093).

So klar dieses *theoretische Konzept* erscheint, für die praktische Rechtsanwendung ergeben sich daraus *kaum Konsequenzen*. Dies stellt allerdings keine Besonderheit dar, sondern ist darauf zurückzuführen, dass seit eh und je alle Versuche einer verbindlichen Abgrenzung von Tat- und Rechtsfrage gescheitert sind (schon im Mittelalter sind alle Abgrenzungsversuche dieser Art gescheitert); andererseits ist die Zuweisung zu den Kategorien Tatsachen/Recht zur Steuerung von Entscheiden eingesetzt worden (das berühmteste Beispiel bildet die Qualifikation des Gewohnheitsrechts, das bis dahin als „factum" gegolten hatte, als „Recht" durch Puchta,

---

dazu unten Rn 55 ff). Auf besonders plastische Weise hat der Schweizerische Gesetzgeber den Obliegenheitscharakter umschrieben: „Wer bei der Aufmerksamkeit, wie sie nach den Um-   ständen von ihm verlangt werden darf, nicht gutgläubig sein konnte, ist nicht berechtigt, sich auf den guten Glauben zu berufen", Art 3 Abs 2 SchweizZGB.

Gewohnheitsrecht [1828]; zum Ganzen WIEGAND, Studien zur Rechtsanwendungslehre in der Rezeptionszeit [1977] mNw). Vielmehr ergeben sich hier für den Richter Spielräume, von denen die Judikatur (zu Recht) Gebrauch macht. So hat der BGH sich selbst nicht an die oben wiedergegebenen Grundsätze gehalten, sondern wiederholt eine andere Bewertung des Verhaltens des Erwerbers vorgenommen als die Vorinstanz, ohne dass Verstöße gegen Erfahrungs- oder Denkgesetze vorlagen (zB BGH LM Nr 21 zu § 932; BGH NJW 1981, 227 zum gutgläubigen Pfandrechtserwerb; vgl hierzu insgesamt die sehr klare Analyse bei MünchKomm/QUACK Rn 72 f). Im Ergebnis hat die Rspr sich gerade in diesem Punkt die für die Anwendung des § 932 Abs 2 dringend notwendige Flexibilität erhalten und auch die Obergerichte können unter „Berücksichtigung aller Umstände des Falles" (WESTERMANN/GURSKY § 46 2 c) beurteilen, ob grobe Fahrlässigkeit vorlag.

45 cc)   Der notwendigen Differenzierung steht schließlich nicht entgegen, dass der in § 932 Abs 2 verwendete Begriff der Fahrlässigkeit „normativ" oder „objektiviert" verstanden wird; denn das Abstellen auf den Durchschnittsmaßstab wird durch die „Typisierung" gerade in dem Punkt relativiert (hierzu allg STAUDINGER/LÖWISCH [2001] § 276 Rn 25, 35 ff; LARENZ, Schuldrecht I § 21 III), der für die Anwendung des § 932 entscheidend ist (dazu unten Rn 47 ff).

46 dd)   Aus allem folgt, dass die Bezugnahme des § 932 Abs 2 auf den Begriff der groben Fahrlässigkeit *nicht zu Fixierungen* geführt hat, die der Flexibilität der Rechtsanwendung entgegenstehen. Diese ist deshalb erforderlich, weil allein so der oben skizzierte Mechanismus der Interdependenz von objektiven und subjektiven Erwerbsvoraussetzungen (Rn 37) wirklich funktioniert. Dass nur **nach Intensität des Rechtsscheins differenzierende Anforderungen an den „guten Glauben"** zu sachgerechten Ergebnissen führen, ist bereits *mehrfach* hervorgehoben worden (oben Rn 37, 40 ff u Vorbem 25 ff). Die Richtigkeit dieser These wird durch die Handhabung der subjektiven Voraussetzungen in Lit und Rspr bestätigt.

3.   Die anzuwendenden Maßstäbe

47 a)   Auch hinsichtlich der **inhaltlichen Umschreibung** hat der **BGH** in den oben bereits erwähnten Entscheidungen (BGHZ 10, 14 u 69) die *schon vom RG entwickelten Maßstäbe übernommen* (siehe Zitat oben Rn 44); der BGH hat seither stets an dieser Floskel festgehalten (vgl zB BGH NJW 1981, 1271; 1992, 310), was ihn freilich nicht an den oben (Rn 44) aufgezeigten Differenzierungen gehindert hat (dazu sofort im Text Rn 48 ff und die Beispiele in Rn 138 ff, insbes 145, 207). Diese Formel hat auch nahezu wörtlich in die gesamte Lehrbuch- u Kommentarlit Eingang gefunden, was kaum verwundert; denn die eigentliche Problematik liegt in ihrer *Konkretisierung* und *Anwendung* auf den Einzelfall.

48 b)   **Dabei spielen folgende** *Komponenten* **eine Rolle:**

49 aa)   Auszugehen ist von einem **durchschnittlichen Maßstab** im Sinne des *objektivierten Fahrlässigkeitsbegriffes* (s oben Rn 44). Dem wird üblicherweise hinzugefügt, dass die *Personengruppe* zu berücksichtigen sei, der der Erwerber angehört (BGB-RGRK/PIKART Rn 38; WESTERMANN/GURSKY § 46 2 c; kritisch MünchKomm/QUACK Rn 28; dazu sofort im Text). Gemeint ist damit nichts anderes als die *typisierte Sorgfalt*, die auf die *berufsspezifischen* oder *gruppentypischen* Fähigkeiten abstellt (zum Ganzen LARENZ, Schuldrecht I § 20 III; detaillierte Übersicht bei STAUDINGER/LÖWISCH [2001] § 276 Rn 25, 35 ff). Damit ist zugleich auch klargestellt, dass der objektive Maßstab eine Art Sperrwirkung hat; in bestimmten Kreisen üblich gewordene Nachlässigkeiten oder „Unsitten" finden keine Berücksichtigung (RGZ 102, 49; 105, 83; BGH LM Nr 12 zu § 932).

bb) Liegt in der *Typisierung nicht eine eigentliche Subjektivierung* (insofern ist die **50** erwähnte Kritik von MünchKomm/QUACK Rn 28 unberechtigt), so muss natürlich dieser Maßstab **auf die konkrete Situation bezogen** werden. Das gilt für die Fahrlässigkeit schlechthin (LARENZ, Schuldrecht I § 20 III) und muss für § 932 Abs 2 erst recht gelten. Hier ist dem Umstand Rechnung zu tragen, dass es sich eben nicht um eine echte Rechtspflicht, sondern um eine Obliegenheit des Erwerbers handelt (s oben Rn 43), die mE eine noch stärkere Individualisierung des Maßstabes zulässt und erfordert. WESTERMANN hat das auf folgende Formel gebracht: „Ob ein solcher Verstoß gegeben ist, lässt sich nur bei Berücksichtigung aller Umstände des Falles beurteilen" (§ 46 2 b und jetzt WESTERMANN/GURSKY § 46 2 c; nichts anderes meint wohl auch QUACK, wenn er auf die konkrete Erwerbssituation abstellen will, MünchKomm/QUACK Rn 28, 32 ff).

cc) Die Ermittlung der *gebotenen Sorgfalt* hat also diese beiden Komponenten **51** zu berücksichtigen. Dann erst ist zu prüfen, ob der Erwerber diesen Maßstab in so erheblichem Umfang unterschritten hat, dass von *grober* Fahrlässigkeit die Rede sein kann. Die mangelnde Sorgfalt kann nicht nur in der Nichtbeachtung signifikanter Hinweise, sondern auch in der Unterlassung gebotener Nachforschungen bestehen. Ob diese erforderlich gewesen wären, bestimmt sich ebenfalls nach den dargelegten Maßstäben; es geht also immer um eine **fallbezogene Anwendung des objektiviert/typisierten Fahrlässigkeitsbegriffes** (PETERS, 129 ff, der dem prinzipiell zustimmt, will jedoch den Erwerb nur dann zulassen, wenn von dem Gutgläubigen „durchschnittliche" Sorgfalt verlangt wird; andernfalls hält er den Erwerb für verfassungswidrig [130 Fn 17]).

c) Diese von Rspr und Lit *entwickelten Kriterien ermöglichen auf ideale Weise,* **52** *der Interdependenz von Rechtsschein und Vertrauen Rechnung zu tragen* (s oben Rn 37). Denn der Maßstab der anzuwendenden Sorgfalt kann einerseits mit Hilfe der Typisierung, andererseits durch Berücksichtigung der Geschäftsarten modifiziert und damit zugleich der Intensität des Rechtsscheins im jeweiligen Bereich angepasst werden. Dass zumindest die Rspr – wenn auch vielfach unbewusst – seit eh und je so vorgegangen ist, zeigt sich bei der Anwendung der Kriterien.

4. Die Anwendung auf den Einzelfall

a) Ausgangspunkt für die Prüfung bildet zunächst immer die *durchschnittliche* **53** *Sorgfalt.* Der BGH hat dies so umschrieben: „Für den Erwerber muss also auch bei nur durchschnittlichem Merk- und Erkenntnisvermögen *ohne besonders hohe* Aufmerksamkeit und *ohne besonders gründliche* Überlegung zu erkennen gewesen sein, dass die Verkaufssache dem Verkäufer nicht gehörte". Das wird dann angenommen, wenn „ihm beim Erwerb Umstände bekannt gewesen" sind, „die *mit auffallender*

Deutlichkeit dafür sprechen, dass der Verkäufer nicht Eigentümer war" (BGH WM 1978, 1208, 1209; Hervorhebung hinzugefügt; ähnlich schon BGH WM 1956, 884).

54 **b)** In Anwendung dieser Kriterien hat man grobe Fahrlässigkeit angenommen bei Kenntnis der „desolaten finanziellen Verhältnisse" (BGH JZ 1978, 400) oder beim Verkauf von Waren zu Schleuderpreisen (zB OLG Hamburg MDR 1970, 506). Bei Verkauf auf offener Straße (BGH NJW 1975, 735) müssen indes bereits weitere Merkmale hinzukommen. Schon diese wenigen Beispiele (vgl im Übrigen die Zusammenstellung unten Rn 138 ff, insbes 194 und 207 f) bestätigen die bereits aus der Konzeption des Tatbestandes abgeleitete These (s oben Rn 44), dass verallgemeinerungsfähige Gesichtspunkte nicht entwickelt werden können. Insofern ist die Zusammenstellung der „Kriterien für Bösgläubigkeit" bei MünchKomm/QUACK Rn 32 schon vom Ausgangspunkt her nicht überzeugend; es handelt sich eher um eine Art „Checkliste" für den Rechtsanwender (eine ähnliche Liste findet sich jetzt bei SOERGEL/HENSSLER Rn 21; vgl auch die Zusammenstellung von Fallgruppen unten Rn 138 ff). Versucht man dennoch eine Art *„gemeinsamen Nenner"* zu finden, so kann man ihn *folgendermaßen* umschreiben: **Grobe Fahrlässigkeit ist immer dann zu bejahen, wenn der an sich von der Übergabe ausgehende Rechtsschein durch andere Elemente zerstört oder überlagert wird.** Daraus ergeben sich sogleich weitere Fragen:

– Muss der Erwerber Nachforschungen anstellen, wenn der Rechtsschein nicht eindeutig ausgeschlossen wird, sondern nur Zweifel entstehen (dazu unten Rn 55 ff) und

– können solche Zweifel bei bestimmten Geschäftsarten, in gewissen Branchen oder zu besonderen Zeiten immer angebracht sein (dazu Rn 68 ff)?

5. **Insbesondere: Die Erkundigungsobliegenheiten**

55 Geht man von der eben formulierten Grundposition aus, so ist klar, dass der Übergang zwischen den Fällen, in denen der Rechtsschein ausgeschlossen ist, und den Fällen, in denen nur Zweifel oder Verdachtsmomente begründet sind, immer fließend sein wird. Das Bild der Rspr bestätigt dies: In der ganz überwiegenden Zahl der Urteile zu § 932 Abs 2 spielt die Frage eine ausschlaggebende Rolle, ob der Erwerber Erkundigungen hätte einziehen oder Nachforschungen hätte anstellen müssen, um bestehende Zweifel am Eigentum des Veräußerers auszuräumen.

56 **a)** Schon unmittelbar nach Inkrafttreten des BGB hat das RG die neue Regelung (das Urteil aus dem Jahre 1904 setzt sich zunächst mit dem Zustand vor Inkrafttreten des BGB auseinander) folgendermaßen interpretiert: „... geht das Gesetz davon aus, dass von dem Erwerber ein gewisses Maß an Vorsicht geübt werde, dass er diejenige Prüfung in Ansehung des Rechts seines Vormannes nicht unterlasse, die nach den gegebenen Umständen zu erwarten ist und deren Nichtvornahme schlechthin mit dem Verhalten eines ordentlichen Mannes unverträglich ist" (RGZ 58, 162, 164). Damit war bereits in der ersten Entscheidung zu § 932 Abs 2 **die Grundlage für die später so genannten „Nachforschungspflichten"** geschaffen worden. Bei der Konkretisierung dieser noch sehr allgemein gehaltenen Formulierung lässt die Rspr des RG keine bestimmte Linie erkennen, was indessen auch hier in der Natur der Sache liegt.

Bemerkenswert sind immerhin folgende *Aspekte*:

aa) Von Anfang an stehen **Sicherungsgeschäfte im Vordergrund**: Das zitierte Urteil 57
aus dem Jahre 1904 betrifft eine Verpfändung (§ 1207 iVm § 932) von Wertpapieren
und die in vieler Hinsicht bis heute grundlegenden (dazu unten Rn 58 ff) Entscheidungen aus den dreißiger Jahren betreffen ebenfalls durchweg Kreditsicherungsfälle,
wobei allmählich die Verlagerung zu neuen Sicherungsformen sichtbar wird. Wesentlich daran sind zwei Gesichtspunkte: *Die Rspr zu den Nachforschungspflichten*
bezieht sich von allem Anfang an *nicht auf gewöhnliche Umsatzgeschäfte*; sie ist
vielmehr geprägt durch die besonderen Gegebenheiten der Kreditsicherung. Vor
diesem Hintergrund müssen auch die *folgenden Entscheidungen* gesehen werden.

bb) In dem bereits oben erwähnten (Rn 44) **Grundsatzurteil** zum Begriff der groben 58
Fahrlässigkeit aus dem Jahre 1933 (RGZ 141, 129 ff), das wiederum § 1207 iVm §§ 932,
366 HGB betrifft, revidiert das **RG** seinen noch 5 Jahre zuvor (RGZ 135, 75) einge-
nommenen Standpunkt bezüglich der Nachforschungspflicht mit folgender Begründung: „Richtig ist, daß bisweilen eine solche Prüfungs- und Nachforschungspflicht
nur angenommen worden ist, wenn bestimmte Verdachtsmomente dazu Veranlassung gaben. Einem solchen Ausspruche kann aber keine allgemeine Gültigkeit
beigemessen werden, da die Entscheidung stets auf den einzelnen Fall abgestellt
werden muß. Dieser Rechtsprechung entspricht es nun nicht, wenn der Berufungsrichter… ausführt, das Reichsgericht habe, wenn es sich um einen zuverlässigen
älteren Kunden handelte, als ausschlaggebend bezeichnet, ob Anlaß zum Mißtrauen
in dessen ‚Bonität und Redlichkeit‘ gegeben war. Dabei hat der Berufungsrichter
nicht berücksichtigt, daß seit diesen Entscheidungen die wirtschaftlichen Verhältnisse sich verschlechtert haben, und er hat ungeprüft gelassen, ob nicht infolge der
Wirtschaftskrise die Aufstellung strengerer Erfordernisse geboten ist. Diese Prüfung
hätte umso näher gelegen, als im Juli 1931 die bekannte Bankenkrise in Deutschland ausgebrochen war, die zu staatlichen Eingriffen in das Wirtschaftsleben geführt
hatte, um einen allgemeinen Zusammenbruch zu verhüten" (RGZ 141, 129, 131 f).
Diese Ausführungen sind von außerordentlicher Tragweite, weil das RG damit die
gesamtwirtschaftliche Situation zu den „gegebenen Umständen" rechnet, die den
Erwerber zur „Prüfung des Rechts seines Vormannes" veranlassen müssen (zur
methodologisch-dogmatischen Bedeutung dieser Entscheidung vgl unten Rn 86 ff).

cc) In der Folgezeit hat das **RG dann die Anforderungen tendenziell verschärft** 59
(dazu SCHLECHTRIEM NJW 1970, 2088) und Nachforschungspflichten für *bestimmte Geschäftsarten* und bezüglich *bestimmter Voraussetzungen verallgemeinert*: In RGZ
143, 14 wird für die Lieferung eines Kfz und in RGZ 147, 321 für eine Sicherungsübereignung festgestellt, „die Veräußerung von Waren unter Eigentumsvorbehalt
sei heute derart üblich geworden, daß jeder, der sich Ware eines Kaufmannes zur
Sicherheit übereignen lasse, mit einer Belastung der Ware durch einen Eigentumsvorbehalt rechnen müsse" (RGZ 147, 321, 331).

dd) Weniger auffällig aber vielleicht noch gravierender ist ein letzter Gesichts- 60
punkt, der in RGZ 143, 14, 18 erstmals formuliert wird: „Die Revision kann auch
nicht mit der Darlegung durchdringen, Z. würde, wenn ihn E. des näheren befragt
hätte, unwahre Ausflüchte gebraucht und so den E. auch weiter in Unkenntnis der
wahren Sach- und Rechtslage erhalten haben. Denn die Annahme eines nach § 932

Abs 2 BGB zu beurteilenden Falles setzt nicht den Nachweis voraus, daß der Erwerber bei Vornahme der Nachforschungen, deren Unterlassung ihm zur Last gelegt wird, den wahren Sachverhalt unter allen Umständen erfahren hätte. Dem Erwerber wird nur zum Schutze des Eigentums vom Gesetz eine gewisse Prüfungspflicht auferlegt; er soll die Vorsicht üben, deren Anwendung nach den Umständen des Falles ohne weiteres für jeden geboten erscheint und deren Außerachtlassung als ein besonders schwerer Verstoß gegen seine Pflicht empfunden wird ... Hat der Erwerber der Prüfungspflicht genügt, die ihm nach Lage des Falles aufgrund tatrichterlicher Erwägungen anzusinnen war, so ist eine grobe Fahrlässigkeit im Sinne des § 932 Abs 2 BGB auch dann zu verneinen, wenn die Erfüllung der Prüfungspflicht nicht zu dem Ergebnis geführt hat, daß der Erwerber den wahren Sachverhalt erkannt hat" (RGZ 143, 14, 18 f).

Mit dieser in RGZ 147, 321, 331 bestätigten und nunmehr auch vom BGH übernommenen Rspr wird dem Erwerber die Möglichkeit abgeschnitten, eine Art „Gegenbeweis" über die Nutzlosigkeit eventueller Nachforschungen zu führen (kritisch SCHANTZ AcP 142, 67, siehe dazu zusammenfassend unten Rn 105).

61 **b)** Die *Judikatur der Nachkriegszeit* hat die Grundpositionen der RG-Rspr übernommen und im Wesentlichen unverändert fortgeführt. Hervorzuheben sind folgende Punkte (zu den Einzelheiten siehe die Zusammenstellung unten Rn 138 ff):

62 **aa)** In den Nachkriegswirren wurde – ähnlich wie in RGZ 141, 129 (oben Rn 58) aus Anlass der Weltwirtschaftskrise – den Zeitumständen insgesamt Rechnung getragen: Bei Erwerb von Wertpapieren wurden die Anforderungen derart verschärft, dass man letztlich zu einer Vermutung für die Bösgläubigkeit gelangte (BGHZ 23, 86). Andererseits hat der BGH es abgelehnt, allein aufgrund der „Liquiditätsschwäche der Bauwirtschaft" (BGHZ 86, 300, 311) eine allgemeine Erkundigungspflicht abzuleiten.

63 **bb)** Für den *Kauf von Kraftfahrzeugen* (Übersicht unten Rn 139 ff, 166 ff; vgl dazu auch die Zusammenstellung bei SOERGEL/HENSSLER Rn 42 f; und BARHEINE, Kraftfahrzeugerwerb im guten Glauben, 1991) hat die Rspr eine Differenzierung vorgenommen, die symptomatisch und von weit reichender Bedeutung ist:

– Im *Gebrauchtwagen-Handel* wird der Erwerber als bösgläubig betrachtet, wenn er sich den Kfz-Brief nicht hat vorlegen lassen, um die Berechtigung des Veräußerers überprüfen zu können (BGHZ 68, 323, 325; BGH NJW 1991, 1415 mwNw; BGH NJW 1994, 2022). Dahinter steht die Erwägung, dass es Argwohn erwecken und zu weiteren Nachforschungen Anlass geben muss, wenn der Veräußerer entweder den Fahrzeugbrief nicht vorlegen kann oder wenn sich aus diesem ein vom Veräußerer personenverschiedener Halter ergibt (BGH NJW 1994, 2023; BGH NJW 1996, 2226). In der Sache handelt es sich hierbei um eine Veränderung der Rechtsscheinbasis, was der BGH selbst einräumt (WM 1975, 362, Text unten Rn 90, dort auch zur Beurteilung dieses Vorgehens).

Darüber hinaus können aber noch weitere Nachforschungen notwendig sein, insbes wenn der Kfz-Brief Anlass zu Zweifeln gibt (BGH WM aaO).

Bei *Neuwagen* schließt das Fehlen des Kfz-Briefes den guten Glauben nicht automatisch aus, begründet aber Verdachtsmomente, die wiederum Nachforschungen (etwa nach Sicherungsübereignung) erforderlich machen können (BGHZ 30, 374, 380; BGH WM 1965, 1136 ff; Düsseldorf NJW – RR 1992, 381; OLG Frankfurt aM NJW – RR 1999, 927).

cc) Ähnliche Differenzierungen finden sich beim Erwerb von Gegenständen, die **64** Dritten als Sicherheit dienen:

– **Vorbehaltseigentum:** Unter Bezugnahme auf den in RGZ 147, 321, 331 (Zitat oben Rn 59) entwickelten Grundsatz hat auch der BGH eine Erkundigungspflicht des Erwerbers nach einem eventuellen **Eigentumsvorbehalt** prinzipiell bejaht (BGHZ 10, 14, 17). Die Instanzgerichte haben diese Grundsätze auf **Leasinggüter** ausgedehnt. Die Voraussetzungen und der Umfang der anzustellenden Nachforschungen variieren jedoch stark (Übersicht unten Rn 171 ff).

– **Sicherungseigentum:** Dagegen hält der BGH eine Erkundigung danach, ob die veräußerte Ware zur Sicherheit an Dritte übereignet sei, prinzipiell nicht für notwendig (WM 1966, 792; BGH JZ 1970, 187; bestätigt in BGHZ 86, 300, 311).

Der *Grund für die Differenzierung* wird darin gesehen, dass der Eigentumsvorbehalt derart verkehrsüblich sei, dass man jederzeit mit ihm rechnen müsse; für die Sicherungsübereignung soll dies nicht im gleichen Maße gelten (zustimmend CANARIS, HGB § 366 Anm 36). Abgesehen davon, dass das wohl nur teilweise der Rechtswirklichkeit entspricht (das Sicherungsvolumen durch Sicherungsübereignungen ist eher höher als dasjenige durch Eigentumsvorbehalt), dürfte es entscheidend auf Geschäftsgegenstand und -art ankommen. Die Rspr hat dem auch inzwischen Rechnung getragen und die Erkundigungspflichten beim Eigentumsvorbehalt relativiert, indem sie zB auf die übliche Finanzierungsdauer (BGH JZ 1973, 27; WM 1975, 1050) abstellt. Danach müssen besondere Umstände hinzukommen, wie etwa die schlechte Vermögenslage des Veräußerers (BGH JZ 1978, 1208). Diese wird aber auch als Anlass für Nachforschungen nach einer Sicherungsübereignung angesehen (OLG Celle JZ 1978, 400; BGH WM 1975, 1050; OLG Celle NJW 1960, 967). Damit zeichnet sich eine *Annäherung bezüglich beider Sicherungsformen* ab, die der Realität besser entspricht als die „prinzipielle" unterschiedliche Behandlung.

dd) Handelt es sich bei der Übereignung um ein *Sicherungsgeschäft* des Erwer- **65** bers, so wendet der BGH die gleichen Kriterien an wie beim gewöhnlichen Kauf (so ausdr BGHZ 86, 300, 311 zu § 1207: „… für den Pfandrechtserwerber, der sich im allgemeinen in keiner anderen Lage befindet als der Käufer"; vgl dazu unten Rn 78). Für die *Sicherungsübereignung* findet sich dieser Grundsatz in BGH WM 1970, 120 (ähnlich WM 1966, 792, 793; vgl die insofern strengere Auffassung des RG oben Rn 59; zum Ganzen unten Rn 78 ff).

ee) Im Übrigen hat der BGH an dem auch schon vom RG praktizierten **Grundsatz 66** festgehalten, dass, sofern nicht besondere Verdachtsmomente dazu Anlass geben, *eine allgemeine Nachforschungspflicht nicht besteht* (zB BGH NJW 1975, 735; BGHZ 77, 274, 277).

c) Die vom RG eingeleitete und vom BGH fortgeführte *Rspr zu den Nachfor-* **67**

schungspflichten des Erwerbers ist im Grundsatz von den Kommentaren und Lehrbüchern, aber auch in der sonstigen Literatur *nahezu einhellig akzeptiert* worden. Die Kritik betrifft vorwiegend einzelne Ergebnisse sowie die Gewichtungen (eher zurückhaltend WESTERMANN/GURSKY § 46 2 c und vor allem SCHANTZ AcP 142, 67 ff). Immerhin bemängelt QUACK „Unklarheiten und Inkonsequenzen" (MünchKomm/QUACK Rn 46), die auf das Fehlen klarer Differenzierungen zurückzuführen seien. Eine Stellungnahme erfordert jedoch eine grundsätzliche Überprüfung der Ausgangssituation und der Interessenlage.

6. Würdigung und Stellungnahme

68 a)   *Ausgangspunkt* für die Beurteilung muss die *dem Gesetz zugrunde liegende Konzeption* sein; sie bezweckt eine rasche und reibungslose Abwicklung des Warenverkehrs und räumt diesem „Verkehrsschutz" Vorrang gegenüber den Interessen des Eigentümers ein (Einzelheiten Vorbem 2 ff zu §§ 932 ff). In diesem Konzept haben Nachforschungspflichten an sich keinen Platz; denn es basiert auf der Alternative, *dass der gute Glaube entweder aufgrund der Rechtsscheinposition des Veräußerers gerechtfertigt oder infolge (Kenntnis oder) grober Fahrlässigkeit des Erwerbers ausgeschlossen sei*; nämlich dann, wenn andere Elemente den Rechtsschein eindeutig überlagern oder zerstören. **Jede Verifizierung durch den Erwerber verwischt diese Grenzziehung und steht der angestrebten reibungslosen Abwicklung der Veräußerungsgeschäfte entgegen.** So gesehen wären Nachforschungspflichten kaum mit der gesetzlichen Regelung zu vereinbaren. Dass sie jedoch eine notwendige und zulässige Präzisierung des gesetzlichen Tatbestandes darstellen, ergibt sich aus einer Betrachtung der Gesamtregelung der §§ 932–936 und der Analyse der Interessenlage.

69 b)   Auszugehen ist dabei von der oben bereits getroffenen Feststellung, dass die *Rechtsscheinlage häufig nicht so eindeutig* ist wie dies für eine klare Abgrenzung notwendig wäre. Die Rechtsanwendung hätte dann in Zweifelsfällen nur die Möglichkeit des entweder/oder; diese Alternative würde bei großzügiger Praxis den Erwerber, bei strengen Maßstäben den Eigentümer bevorzugen. Mit der Einführung von Nachforschungspflichten hat sich die Praxis ein *Instrumentarium* geschaffen, mit dem der *Interessenausgleich fall- und situationsbezogen* vorgenommen werden kann.

Diese Verfeinerung der Anwendungskriterien entspricht auch der Interessenbewertung des Gesetzgebers, wenn man die Regelung der §§ 932–936 als Ganzes betrachtet (dazu Vorbem 25 ff zu §§ 932 ff). Schon in § 935 trägt das Gesetz dem Umstand Rechnung, dass das Auseinanderfallen von Eigentum und Besitz nicht immer dem Eigentümer angelastet werden kann (§ 935 Rn 1). In § 932 Abs 2 wird dieser Ansatz weitergeführt: Das mit der freiwilligen Weggabe verbundene Risiko soll nicht vom Eigentümer allein, sondern auch vom Erwerber getragen werden. Die Abgrenzung der Risikosphären erfolgt durch die „grobfahrlässige Unkenntnis" in dem oben (Rn 40 ff) dargestellten Sinne. Damit stellt § 932 Abs 2 die eigentliche Regelung des Interessenausgleiches zwischen Eigentümer und Erwerber dar. *Die Nachforschungspflichten bilden nun nichts anderes als eine Konkretisierung und Präzisierung der im Gesetz angelegten Wertung*; sie ermöglichen einen differenzierten Ausgleich zwischen Eigentümer und Erwerber. Mit ihrer Hilfe kann der unterschiedlichen

Verlässlichkeit des Rechtsscheins im Einzelfall wie in bestimmten Bereichen generell Rechnung getragen werden.

c)   Von diesem Verständnis ist schon das RG ausgegangen, als es in dem ersten, **70** die Nachforschungspflicht begründenden Urteil aus dem Jahre 1904 (s oben Rn 55) ausführte: „Die Prüfungspflicht liegt dem Erwerber *lediglich im Interesse des wahren Eigentümers* ob" (RGZ 58, 162, 164; Hervorhebungen im Original; ähnlich RGZ 143, 14, 18; s oben Rn 60). Die Formulierung ist in doppelter Hinsicht aufschlussreich: Einerseits klingt bereits der damals als dogmatischer Terminus noch nicht gebräuchliche Begriff der Obliegenheit an (dazu unten Rn 86 ff). Andererseits aber weist die Formulierung vor allem unmittelbar auf den Interessenausgleich zwischen Eigentümer und Erwerber hin.

Auch in der Rspr der Nachkriegszeit haben die Gerichte die Nachforschungspflichten zum Interessenausgleich verwendet, ohne dass dies immer gesehen oder gar gesagt worden wäre. Daraus resultieren die zum Teil berechtigterweise als widersprüchlich empfundenen Ergebnisse. Derartige „Inkonsequenzen" (so etwa MünchKomm/Quack Rn 46) lassen sich vermeiden, wenn man von den skizzierten legislatorischen Grundlagen und der daraus entwickelten Funktion der Nachforschungspflicht ausgeht. Wenn im **Folgenden einige „Leitlinien"** aufgestellt werden, so geschieht das in dem Bewusstsein, dass letztlich natürlich dennoch die Umstände des Einzelfalles darüber entscheiden, ob und in welchem Umfang dem Erwerber ein Nachfragen obliegt.

d)   Aus der skizzierten Grundkonzeption ergibt sich ohne weiteres, dass **Nachfor- 71 schungspflichten immer die Ausnahme bleiben** müssen und dementsprechend eine Ausnahmesituation voraussetzen. Daraus folgt mit Notwendigkeit, dass auch in Bezug auf das Ausmaß und die Art und Weise der Verifizierung eine restriktive Handhabung geboten ist.

aa)   Ob eine solche *Ausnahmesituation* gegeben ist, beurteilt sich nach den kon- **72** kreten Umständen des Einzelfalles und kann hier deshalb nicht weiter verdeutlicht werden als durch Hinweise auf Beispiele aus der Rspr (s bereits oben Rn 58 ff und die Zusammenstellung unten Rn 171 ff). Als Leitlinie lässt sich allenfalls Folgendes festhalten: *Erst und nur dann, wenn der durch die Besitzverschaffungsmacht* (s oben Rn 20) *ausgelöste Rechtsschein durch andere Elemente erheblich beeinträchtigt wird, muss der Erwerber versuchen, sich über die wahre Rechtslage Klarheit zu verschaffen* (so auch Soergel/Henssler Rn 23).

bb)   Von zentraler Bedeutung ist nun die Frage, ob in bestimmten *Lebensbereichen* **73** oder bei **gewissen Geschäftstypen** eine solche *Ausnahmesituation immer gegeben ist*, oder anders ausgedrückt, ob der Erwerber auch ohne spezielle Indizien Nachforschungen anstellen muss. In diese Richtung geht die Rspr vor allem beim Erwerb von Vorbehaltsware und weniger eindeutig bei Sicherungsgut (s oben Rn 59 f). Indessen ist auch hier eine sachgerechte Lösung nur möglich, wenn man von der gesetzlichen Grundkonzeption ausgehend auf die Interessenlage abstellt. Deshalb ist folgendermaßen zu differenzieren:

e)   Zunächst muss zwischen *Umsatzgeschäften* und *Sicherungsgeschäften* unter- **74** schieden werden. Es ist oben gezeigt worden, dass die „Prüfungspflicht" (vgl RGZ 58,

162, 164; Rn 70) im Bereich der Kreditsicherung entstanden ist und dort ihre Ausformung gefunden hat. Während sie in diesem Bereich durchaus gerechtfertigt
werden kann (s unten Rn 78 f), sind **Nachforschungen als „Regelfall"** (BGHZ 77, 274,
277 im Anschluss an SERICK IV 691) **bei Umsatzgeschäften nicht mit dem Konzept des
Gesetzes und der Interessenlage zu vereinbaren.** Dies lässt sich am besten bei der
weithin anerkannten *Erkundigungsobliegenheit nach eventuellen Eigentumsvorbehalten* darlegen.

75 aa) Schon das RG hatte die These aufgestellt, dass Eigentumsvorbehalte so verbreitet seien, dass jedermann jederzeit mit ihnen rechnen müsse (s oben Rn 59). Diese
Feststellung trifft heute mehr denn je zu; und nicht minder richtig ist die daraus
gezogene Schlussfolgerung, dass „im Zuge der wirtschaftlichen Entwicklung die
Legitimationskraft des Besitzes, auf der die gesetzliche Regelung des § 932 BGB
beruht, erheblich geschwächt worden (ist), soweit es sich um Sachen handelt, die auf
Kredit und deshalb unter Eigentumsvorbehalt gekauft zu werden pflegen" (BGHZ
77, 274, 278 im Anschluss an MORMANN WM 1966, 1, 9). Die einzig logische Konsequenz
wäre dann allerdings die, generell von der Bösgläubigkeit des Erwerbers auszugehen wie etwa beim Wertpapierhandel in der Nachkriegszeit (s oben Rn 62).

Will man dieses (mE völlig unangemessene) Ergebnis nicht, so kann die *Lösung
nicht darin bestehen, dass man alle Probleme dem Erwerber zuschiebt*: Er muss sich
darüber klar werden, ob es „sich um Sachen handelt, die auf Kredit und deshalb
unter Eigentumsvorbehalt gekauft zu werden pflegen", oder er muss „bei allen
Waren, die oder deren Rohstoffe von einem Vorlieferanten erworben wurden, mit
einem Eigentumsvorbehalt rechnen" (BGH 77, 274, 277, 278). Die praktischen Konsequenzen, die sich daraus ergeben, führen zu inakzeptablen Ergebnissen*: Wie soll
der Erwerber feststellen, ob man diese Waren auf Kredit zu kaufen „pflegt", und
selbst im „kaufmännischen Verkehr" (BGH aaO) ist es keineswegs leicht festzustellen, wer Verarbeiter oder Hersteller ist. Wie soll sich der Erwerber, wenn er diese
erste „Hürde" überwunden hat, Klarheit über die Rechtslage verschaffen? Dass
eine *Befragung* des Veräußerers sich nicht eignet, um den Schutz des Eigentümers
zu erhöhen, liegt auf der Hand (so tendenziell auch der BGH). Auch aus dogmatischen Gründen **kommen Auskünfte des Nichtberechtigten nicht in Betracht**; *der Gutgläubige soll geschützt werden, weil er objektiven Rechtsscheinpositionen vertraut, die
den Verfügenden als Eigentümer erscheinen lassen.* Wäre das Vertrauen in seine
Auskünfte genügend, könnte man einerseits auf die objektive Anknüpfung verzichten und zum anderen auch den Glauben an die Vertretungsmacht oder die Verfügungsbefugnis schützen (vgl zur Situation bei § 366 HGB unten Rn 135). Das bedeutet, dass
der Erwerber sich entweder Dokumente vorlegen lassen oder bei *Lieferanten/Her-
stellern* Erkundigungen einziehen muss. Diese müssten sich auch darauf erstrecken,
ob ein verlängerter oder erweiterter Eigentumsvorbehalt vereinbart sei. Schließlich

---

* Symptomatisch war die Formulierung von
BAUR: „Wer in einem als gut bekannten Ra-
diofachgeschäft ein Rundfunkgerät kauft,
braucht nicht zu fragen, ob das Gerät noch unter Eigentumsvorbehalt des Lieferers steht und
der Verkäufer zur Veräußerung ermächtigt ist;
anders dann, wenn ein fabrikneues Gerät von

einem Unbekannten angeboten wird. Wer eine
Ware sich sicherungsübereignen läßt, braucht
sich nicht zu erkundigen, ob sie etwa schon an-
derweitig sicherungsübereignet ist" (BAUR § 52
III 1 b; anders jetzt BAUR/STÜRNER § 52 CI
Rn 26).

könnte man ebenso gut verlangen, dass nach eventuellen Sicherungsübereignungen zugunsten eines Finanzierungsinstituts geforscht wird.

bb) All dies ließe sich nur dann vertreten, wenn es durch den *Zweck der Norm,* **76** und speziell der Nachforschungsobliegenheiten, *gerechtfertigt würde. Dies ist indessen nicht der Fall:* Es geht – wie oben gezeigt – darum, dass der Eigentümer nicht in unangemessenem Ausmaß mit dem Risiko belastet wird, das sich aus dem Auseinanderfallen von Eigentum und Besitz ergibt. Es gibt keine plausiblen Gründe, die dafür sprechen, den Vorbehalts- oder Sicherungseigentümer in stärkerem Maße von diesem Risiko zu entlasten als den „normalen" Eigentümer. Wenn dieser seine Sache zB in Erfüllung eines Gebrauchsüberlassungsvertrages einem Dritten aushändigt, so trägt er das Risiko eines Eigentumsverlustes nach § 932 in dem oben dargelegten Umfang: Nur wenn ganz besondere Indizien vorliegen, entsteht eine Nachforschungsobliegenheit, die den Schutz des Eigentümers erhält. Der *Vorbehalts- oder Sicherungseigentümer verdient nun keineswegs einen höheren Schutz durch Annahme einer generellen Nachforschungspflicht,* im Gegenteil: Vorbehalts- und Sicherungseigentum sind Sonderformen des Eigentums, für die in vielfacher Hinsicht besondere Regeln gelten (s oben Anh 9, 20 ff, 211 ff zu §§ 929 ff). Damit trägt man dem Umstand Rechnung, dass die Zuordnung der Sache hier einem begrenzten Zweck, nämlich der Sicherung von Forderungen, dient und deshalb nur „transitorischen" Charakter hat: Der Veräußerer hat bereits über das Eigentum verfügt und hält es nur noch bis zur Tilgung der Forderung(en) zurück, der Sicherungseigentümer erlangt es nur für diesen Zeitraum. Es handelt sich also in beiden Fällen um eine zweckgebundene Zuordnung der Sachsubstanz, die funktionell betrachtet besitzlose Pfandrechte oder eine Teilung des Eigentums darstellen (s Anh 10 ff zu §§ 929 ff). Die Unterschiede zu der im Normalfall des § 932 geregelten Interessenlage liegen auf der Hand: Der Eigentümer verfolgt bei der Besitzüberlassung einen spezifischen Zweck, er will durch Zurückhaltung des Eigentums seinen Kredit sichern; der Verfügende hat infolgedessen eine wesentlich stärkere Berechtigung an der Sache als der Besitzer aufgrund eines Gebrauchsüberlassungsvertrages. Seine Position genießt in vielfacher Hinsicht den Schutz eines dinglichen Rechtes (auch soweit man sie nicht als Anwartschaft bezeichnet). Diese Situation entsteht allein deshalb, weil der Eigentümer – anders als bei der Gebrauchsüberlassung – dem Dritten Kredit einräumt und diesen sicherstellen will; dieses geschieht mit anderen Worten allein in seinem – und allenfalls des Kreditnehmers – Interesse. Keinesfalls aber profitiert der Erwerber in irgendeiner Weise davon. *Infolgedessen rechtfertigt die Interessenlage es nicht, den Vorbehalts- und Sicherungseigentümer durch eine generelle Nachforschungspflicht (Erkundigungsobliegenheit) des Erwerbers besser zu schützen als im Normalfall.* Der Verkehrsschutz hat hier eindeutig den Vorrang vor den Sicherungsinteressen (zustimmend MUSIELAK JuS 1992, 715). Noch viel weniger rechtfertigen lässt sich eine solche Verpflichtung in Bezug auf Leasinggüter. Betrachtet man Leasing als eine Sonderform der Gebrauchsüberlassung, so gibt es keinen Anlass, den Leasinggeber besser zu stellen als einen Vermieter oder Verpächter. Geht man davon aus, dass Leasing funktional betrachtet eine Form der Kreditsicherung darstellt, gilt das zu Eigentumsvorbehalt und Sicherungübereignung Gesagte entsprechend. Die „Ausdehnung" auf Leasinggüter ist erst recht verfehlt (so aber OLG-Düsseldorf NJW RR 1999, 615, 617; LG Schwerin DB 1999, 277; zustimmend BAMBERGER/ROTH/KINDL Rn 18; PALANDT/BASSENGE Rn 12a).

77 cc) *Zusammenfassend* ist festzuhalten: **Eine allgemeine Nachforschungspflicht des Erwerbers nach dem Bestehen von Eigentumsvorbehalten, Sicherungsübereignungen oder Leasingvereinbarungen ist weder mit dem Konzept des § 932 noch mit der Funktion dieser Erkundigungsobliegenheiten zu vereinbaren** (aM die grosse Mehrheit der Kommentare und Lehrbücher). Es bleibt deshalb dabei, dass solche Nachforschungen wie bei allen anderen Fällen nur dann erforderlich sind, wenn besondere Umstände vorliegen, die den Rechtsschein erheblich beeinträchtigen. *Eine Differenzierung zwischen Eigentumsvorbehalt und Sicherungseigentum ist nicht gerechtfertigt* (Einzelheiten unten Rn 171 ff).

78 f) Aus den soeben dargelegten Gründen ergibt sich, dass dann eine **andere Beurteilung** geboten ist, **wenn die Verfügung über die Sache zu Sicherungszwecken** erfolgt: Anders als beim Umsatzgeschäft verdient der Erwerber hier nicht als Repräsentant der Allgemeinheit den Verkehrsschutz, sondern er handelt in einem sehr spezifischen Eigeninteresse. Er will seinen Kredit sichern. Damit steht der Erwerber hier *auf der gleichen Stufe mit dem Vorbehalts- und Sicherungseigentümer, die die Sache dem Verfügenden aus demselben Grund überlassen haben.* Die Interessenlage ist auf beiden Seiten gleich. Der Erwerber befindet sich gerade nicht in der Lage eines „gewöhnlichen Käufers" (so aber BGHZ 86, 300, s oben Rn 65). Infolgedessen können und müssen hier Nachforschungspflichten zur Ausdifferenzierung herangezogen werden.

79 aa) Schon das RG hatte deshalb zu Recht und keineswegs zufällig die Nachforschungspflichten im Bereich der **Sicherungsgeschäfte** entwickelt (s oben Rn 59). Der vom RG (RGZ 147, 321, 331) aufgestellte Grundsatz, dass „dem Sicherungsnehmer die Verpflichtung zu einer weitgehenden Nachprüfung der Eigentumsverhältnisse" obliege, kann uneingeschränkt übernommen werden. Für denjenigen, der Waren zu Sicherungszwecken erwirbt, stellen derartige Nachforschungen auch keine unzumutbaren Belastungen dar. Sie dienen vielmehr einem angemessenen Intcressenausgleich zwischen ihm und anderen Sicherungsnehmern.

80 bb) Für die *Sicherungsübereignung* ist allerdings zu beachten, dass der aufgestellte Grundsatz nur bedingt zum Tragen kommt: einerseits bei den seltenen Fällen einer Sicherungsübereignung nach § 929 (so in RGZ 147, 321), andererseits in ergänzender Funktion bei § 933, dem Hauptfall der Sicherungsübereignung. Dort scheitert der Erwerb in der Regel schon, weil es nicht zur Besitzerlangung kommt (§ 933 Rn 17 ff u Anh 276 zu §§ 929 ff; zu § 934 dort Rn 12 ff).

81 cc) Zusammenfassend ist festzuhalten: Bei **Sicherungsgeschäften** obliegt dem Erwerber eine **generelle Nachforschungspflicht** *in Bezug auf die Sicherungsrechte Dritter* (anders BGHZ 86, 300 [oben Rn 62, 65 f] und die hM, soweit die Frage behandelt wird, AnwK-BGB/Schilken Rn 29; Bamberger/Roth/Kindl Rn 18; MünchKomm/Quack Rn 33; Musielak JuS 1992, 715; Westermann/Gursky § 46 2 c).

82 g) Aus dem hier vertretenen Verständnis der *Nachforschungsobliegenheiten* ergibt sich ohne weiteres, **dass es auf den eventuellen Erfolg nicht ankommen kann.** Dies hatte schon das RG einleuchtend begründet (s oben Rn 60); der **BGH** hat die Frage zunächst offen gelassen (BGHZ 77, 274, 279 im Anschluss an die Kritik von Mormann WM 1966, 1, 9), ist nun aber der Auffassung des RG gefolgt (BGH NJW 1991, 1415, 1417;

1994, 2024). Die Richtigkeit dieses Konzepts lässt sich durch die folgenden Erwägungen verdeutlichen:

aa) Die Nachforschungsobliegenheit stellt eine Konkretisierung des Tatbestandes **83** dar. Der Erwerber muss – im Interesse des Eigentümers – *versuchen*, die wahre Rechtslage zu ermitteln. Unternimmt er diesen Versuch in angemessener Form aber ohne Erfolg, so ist der Erwerbstatbestand erfüllt. Unterlässt er den Versuch der Aufklärung, dann ist der Erwerbstatbestand nicht erfüllt. Es spielt also keine Rolle, ob die Nachforschungen zur Erkenntnis der wirklichen Rechtslage geführt hätten (so nun auch SOERGEL/HENSSLER Rn 24 mit eingehender Begründung).

bb) Es geht also *nicht um ein Problem der (hypothetischen) Kausalität* (so MORMANN **84** WM 1966, 1, 9 und auch JAUERNIG Rn 17). Zu Recht hat WESTERMANN (§ 46 2 b, ebenso WESTERMANN/GURSKY § 46 2 c mwNw) dem entgegengehalten: „Die grobe Fahrlässigkeit, die in der Verletzung der Nachforschungspflicht liegt, entscheidet den Interessenstreit zwischen Eigentümer und Erwerber zugunsten des Eigentümers." Auf rein dogmatischer Ebene kann man die Richtigkeit des hier vertretenen Standpunktes dadurch stützen, dass es bei der *Nichtbeachtung von Obliegenheiten auf die Kausalität nicht ankommt*. Der mit der Außerachtlassung der Obliegenheit verbundene Rechtsnachteil setzt weder Verschulden noch Ursächlichkeit voraus. Dadurch unterscheidet sich die Obliegenheitsverletzung von der entsprechend anders sanktionierten Pflichtverletzung (ESSER, Schuldrecht I [4. Aufl] 30 ff, 251; kritisch insoweit SOERGEL/HENSSLER Rn 24 mit Fn 121).

cc) *Zusammenfassend ist deshalb festzuhalten*: Die Erkundigungsobliegenheit ist **85** erfüllt, wenn der Erwerber die gebotenen Nachforschungen angestellt hat. Unterlässt er diese, so spielt es keine Rolle, ob die Abklärungen zur Kenntnis der wahren Rechtslage geführt hätten (so WESTERMANN/GURSKY § 46 2 b; SOERGEL/HENSSLER Rn 24; BAMBERGER/ROTH/KINDL Rn 20; ERMAN/MICHALSKI Rn 12; **aM** AnwK-BGB/SCHILKEN Rn 25; JAUERNIG Rn 17; prinzipiell ablehnend, aber modifizierend MünchKomm/QUACK Rn 42 ff und dem folgend PALANDT/BASSENGE Rn 10).

7. Zusammenfassende Würdigung

a) Rechtsschein und „guter Glaube" bilden zwei komplementäre Elemente des **86** Erwerbstatbestandes nach § 932 (dazu Vorbem 9, 12 ff, 25 ff zu §§ 932 ff).

In § 932 Abs 2 werden die Voraussetzungen umschrieben, unter denen der Erwerber dem Rechtsschein nicht vertrauen darf. Neben dem selbstverständlichen, praktisch bedeutungslosen Fall der Kenntnis spielt die *grobfahrlässige Unkenntnis* der wahren Rechtslage die entscheidende Rolle. Mit *Hilfe dieses Kriteriums* findet der *Interessenausgleich zwischen Eigentümer und Erwerber* statt.

aa) Aus dem Begriff der „groben Fahrlässigkeit" hat man bestimmte *Verhaltens-* **87** *maßstäbe* entwickelt, die rechtstechnisch als *Obliegenheiten* zu qualifizieren sind. In Anlehnung an die bei der Fahrlässigkeit als Pflichtverletzung üblichen Methode geht man dabei zunächst *von* der **durchschnittlichen Sorgfalt** aus, die aber dann **durch Berücksichtigung gruppentypischer und/oder branchenspezifischer Elemente präzisiert**

wird. Der so ermittelte Sorgfaltsmaßstab wird dann **nochmals konkretisiert**, indem er auf die **Umstände des Einzelfalles** bezogen wird.

88 bb) In Fortführung dieses Ansatzes hat die Rspr vom Erwerber zur Vermeidung des Vorwurfs der groben Fahrlässigkeit verlangt, dass er Erkundigungen über die wahre Rechtslage einhole. *Solche Nachforschungsobliegenheiten laufen an sich dem Grundkonzept des § 932 zuwider.* Sie sind deshalb nur unter den besonderen, oben Rn 55 ff dargelegten Voraussetzungen zulässig. Derart restriktiv verwendet stellen sie eine Präzisierung des Sorgfaltsmaßstabes und damit eine Konkretisierung des § 932 Abs 2 dar, mit deren Hilfe ein differenzierter Interessenausgleich zwischen Eigentümer und Erwerber ermöglicht wird.

89 b) In der dargelegten Weise eingesetzt bildet das Kriterium *„guter Glaube" ein Instrument*, mit dem eine *auf den Einzelfall zugeschnittene Anpassung der Erwerbsvoraussetzungen* erfolgen kann. Dadurch ist es möglich, die schwankende Bedeutung des Besitzes und die damit verbundene unterschiedliche Intensität des von der Besitzübertragung ausgelösten Rechtsscheins zu berücksichtigen. Daraus ergibt sich die mehrfach betonte **Interdependenz zwischen** (dem auf dem Besitz beruhenden) **Rechtsschein und dem Vertrauen** (dh den Anforderungen an den guten Glauben) und in diesem Sinne sind **beide Tatbestandselemente komplementär**.

90 c) Diese wechselseitige Abhängigkeit und Ergänzung der Tatbestandselemente zeigt sich gelegentlich in der Rechtsprechung in geradezu exemplarischer Weise. So soll bei der Veräußerung eines Gebrauchtwagens der Besitz allein nicht mehr genügen, vielmehr hat der BGH die Veränderung der Rechtsscheinposition selbst beschrieben: „In der Rechtsprechung ist anerkannt, daß der Besitz des Kraftfahrzeugs samt dem Kfz-Schein und dem Kfz-Brief den Rechtsschein der Verfügungsmacht über einen gebrauchten Kraftwagen gibt, und daß das Unterlassen der Einsicht in den Kfz-Brief in der Regel einen gutgläubigen Erwerb beim Käufer eines Gebrauchtwagens ausschließt" (BGH WM 1975, 362, 363). Die Formulierung macht den fließenden Übergang zwischen beiden Elementen sichtbar. Die Rspr geht nämlich nicht davon aus, dass es sich um eine Veränderung der Rechtsscheinbasis handelt. Sie betrachtet vielmehr die Nichteinsichtnahme in die Kfz-Papiere als grobe Fahrlässigkeit.

Diese Steuerungsfunktion des guten Glaubens als subjektive, komplementäre Erwerbsvoraussetzung geht auf anschauliche Weise auch aus den Erwägungen hervor, die der BGH zum umstrittenen gutgläubigen Erwerb eines aus dem Ausland eingeführten Gebrauchtwagens angestellt hat (BGH NJW 1994, 2022, 2023). Der Erwerber hatte sich nicht nur die Fahrzeugpapiere vorlegen lassen, sondern darüber hinaus Auskünfte beim Hersteller, dem Kraftfahrtbundesamt und der Münchener Kriminalpolizei eingeholt, die ergeben hatten, dass das Fahrzeug nicht als gestohlen gemeldet sei. Nach Ansicht des BGH ist der aus Fahrzeugbesitz (bzw Besitzverschaffungsmacht) und Kfz-Brief hervor gehende Rechtsschein hier eher gering, da erstens das Fahrzeug aus dem Ausland eingeführt worden ist und zweitens kein Halter eingetragen war. Umso höhere Anforderungen stellte der BGH daher an die Gutgläubigkeit des Erwerbers: „Angesichts des zunehmend auch ins allgemeine Bewußtsein dringenden Unwesens der internationalen Kraftfahrzeugverschiebung muß eher erhöhte Wachsamkeit gefordert werden, zumal beim Hinzutreten weiterer

Auffälligkeiten, wie sie das Berufungsgericht hier festgestellt hat (besonders günstiger Preis, Ausstellung des Fahrzeugbriefs durch weit vom Verzollungs- und Verkaufsort entfernte Behörde). Daß die Nachfrage nach Diebstahlsmeldungen die nach Vorstehendem gebotenen Erkundigungen nicht ersetzen kann, erhellt schon daraus, daß in dem häufigen Fall der Fahrzeugunterschlagung solche Meldungen zunächst nicht erstattet werden."

Es liegt auf der Hand, dass diese Flexibilität Anlass zur Kritik gibt. Man hat vom guten Glauben als „Ventil" gesprochen, mit dem die Unzuverlässigkeit des Besitzes als Rechtsscheinbasis ausgeglichen werden soll. Stattdessen hat man die Formulierung neuer Rechtsscheinpositionen gefordert; das würde jedoch keineswegs zu besseren Resultaten führen (dazu Vorbem 29 ff zu §§ 932 ff und oben Rn 37).

d)   Zusammenfassend ist deshalb festzuhalten, dass die Verwendung des Kriteriums „guter Glaube" in der dargestellten Weise zu einer sachgerechten und anpassungsfähigen Rechtsanwendung führt (vgl auch dazu Vorbem 25 ff zu §§ 932 ff). **91**

III.   Erfordernisse des guten Glaubens

1.   Der maßgebliche Zeitpunkt

a)   Nach dem Wortlaut des Gesetzes muss der Erwerber zu der Zeit in gutem **92** Glauben sein, „zu der er nach diesen Vorschriften das Eigentum erwerben würde". Im Wege einer Gesamtinterpretation, die die entsprechenden Regeln in §§ 933, 934 und den Fall der Übereignung nach § 929 S 2 einbezieht, hat man diesen Satz dahin gedeutet, dass der *letzte Erwerbsakt maßgebend* sei (ausf begründet in BGHZ 10, 69, 73 mNw; BGHZ 30, 374, 377; heute allgM; vgl etwa MUSIELAK JuS 1992, 715).

b)   Damit ist zugleich die praktisch bedeutsame Frage entschieden, auf welchen **93** Zeitpunkt es bei einer *aufschiebenden Bedingung* ankommt. Mit dem letzten Erwerbsakt ist die Übereignung abgeschlossen; wird der gute Glaube vor Bedingungseintritt zerstört, hindert dieses den Eigentumserwerb nicht mehr (BGH aaO; allgM; unbillige Ergebnisse sollen durch Rückgriff auf § 826 vermieden werden, so WESTERMANN/GURSKY § 46 4).

c)   Stellt man auf den *letzten Erwerbsakt* ab, so folgt daraus weiter, dass der gute **94** Glaube *erst in diesem Moment* vorhanden sein muss. Für den (allerdings seltenen) Fall der anfänglichen Bös- und späteren Gutgläubigkeit bedeutet das, dass der Erwerber auch dann Eigentümer wird, wenn sich zB der gute Glaube zwischen Einigung und Besitzerlangung einstellt (vgl dazu GURSKY JR 1986, 225). Nach diesem Zeitpunkt beeinflussen weder Gut- noch Bösgläubigkeit die Rechtsfolgen (dazu unten Rn 110).

2.   Die maßgeblichen Personen

Da auf Erwerber- wie Veräußererseite eine Vielzahl von Personen beteiligt sein **95** kann (§ 929 Rn 38 ff, 46 ff), stellt sich die Frage, wer gutgläubig sein und auf wessen Eigentum sich der gute Glaube beziehen muss.

96 a)　　Handeln auf der **Erwerberseite** mehrere Personen (dazu generell Schilken 233 ff und Staudinger/Schilken [2001] § 166 Rn 8, 26 ff sowie die umfassende Darstellung des entsprechenden Problems beim Erwerb kraft öffentlichen Glaubens bei Staudinger/Gursky [2002] § 892 Rn 152 ff), so ist wie folgt zu differenzieren:

97 aa)　　Liegt gewillkürte oder gesetzliche **Stellvertretung bei der Einigung** vor, so kommt es auf den guten Glauben des Vertreters an. Das ergibt sich aus der Anwendung von § 166 Abs 1 (BGH NJW 1982, 39); sind dagegen die Voraussetzungen von *§ 166 Abs 2* erfüllt (dazu Staudinger/Schilken [2001] § 166 Rn 26 ff), verhindert auch die Bösgläubigkeit des Erwerbers den Eigentumsübergang (§ 166 Abs 2 gilt nicht für die gesetzliche Vertretung, Staudinger/Schilken [2001] § 166 Rn 30, vgl aber im Hinblick auf § 932 Abs 2 Schilken 250 f). Handeln *mehrere Einzelvertreter*, so kommt es auf den guten Glauben desjenigen an, der das Geschäft vornimmt. Liegt *Kollektivvertretung* vor, so schadet die Bösgläubigkeit eines Vertreters; das Gleiche gilt bei Bösgläubigkeit eines Organs (Westermann/Gursky § 46 3 b; RG JW 1935, 2044; vgl auch Staudinger/Gursky [2002] § 892 Rn 153 ff).

Eher von theoretischem Interesse als von praktischer Relevanz ist der Fall des *mittelbar bösgläubigen Erwerbs*. Gelegentlich wird angenommen, beim Erwerb des mittelbaren Stellvertreters und Bösgläubigkeit des Hintermannes handle es sich um ein Nichtverkehrsgeschäft (so Reeb 54; vgl auch Rn 13 u Vorbem 43 ff). Daneben wird auch die Anwendung der §§ 138 oder 826 befürwortet (BGB-RGRK/Pikart Rn 39; abl MünchKomm/Quack Rn 68). Richtigerweise sollte bei einer solchen rechtsmissbräuchlichen Benutzung der Institution des gutgläubigen Erwerbs der Erwerb des mittelbaren Stellvertreters durch analoge Anwendung des § 166 Abs 2 ausgeschlossen werden (auch wenn grds die Anwendung von § 166 Abs 2 auf die mittelbare Stellvertretung abzulehnen ist, vgl Schilken 153 f).

98 bb)　　Werden beim **Besitzerwerb Personen eingeschaltet** (dazu § 929 Rn 46 ff), so spielt deren Gut- oder Bösgläubigkeit nach ganz hM *keine Rolle* (RGZ 137, 22, 26; MünchKomm/Quack Rn 52; Baur/Stürner § 52 Rn 32; Soergel/Henssler Rn 31; Bamberger/Roth/Kindl Rn 13; abw Schilken 252 mNw und AnwK-BGB/Schilken Rn 32). An dieser Ansicht ist festzuhalten; denn sie allein entspricht der Grundkonzeption der §§ 932 ff (s oben Rn 12). Zwar erstrecken vor allem die Regelungen in §§ 933, 934 die „Gutglaubensfrist" ausdrücklich bis zur Besitzerlangung; das bedeutet aber nur, dass der Erwerber nur dann geschützt werden soll, wenn er bis zu diesem Zeitpunkt, in dem der Rechtsschein durch die Übergabe bestätigt wird, vertraut hat. Wollte man jetzt auf das Wissen von Hilfs- oder Mittelspersonen abstellen, so müsste man diesen auch die Erkundigungsobliegenheiten in oben dargestelltem Sinne auferlegen. Sowohl aus praktischen Erwägungen als auch im Hinblick auf den mit der Gesamtregelung angestrebten Verkehrsschutz kann das nicht akzeptiert werden.

99 cc)　　Erwerben mehrere *Miteigentum*, so erlangt nur der Gutgläubige „seinen" Anteil (Bamberger/Roth/Kindl Rn 13; Palandt/Bassenge Rn 7; zum Ganzen Koller JZ 1972, 646 ff). Bei *Gesamthandserwerb* dagegen schadet die Bösgläubigkeit eines Gesamthänders.

100 b)　　Sind auf **Veräußererseite** mehrere Personen beteiligt, muss der Erwerber an das Eigentum des durch die *Besitzverschaffung(smacht)* legitimierten Veräußerers glauben. In dem oben (Rn 31) besprochenen Sonderfall bezieht sich der gute Glaube auf das Eigentum des der Veräußerung zustimmenden Besitzers.

In dem speziellen Fall, dass der Nichtberechtigte (mittels eines fremden Kraftfahrzeugbriefes) *den Erwerber über seine Identität täuscht*, ist die Übereignung trotz unterlassener Identitätsprüfung nach § 932 wirksam, sofern keine besonderen Verdachtsmomente vorliegen (OLG Düsseldorf NJW 1989, 906 f). Die Auffassung, dass das Rechtsgeschäft nach den Grundsätzen des Handelns unter fremden Namen in entsprechender Anwendung von §§ 164, 177 so behandelt wird, als wäre es vom Nichtberechtigten als Stellvertreter des wahren Eigentümers (und Namensträger des Kraftfahrzeugbriefes) ohne Vertretungsmacht abgeschlossen worden (OLG Düsseldorf NJW 1985, 2484), wird zu Recht abgelehnt, da es allein auf die Sicht des Erklärungsempfängers ankommt, wie er die Erklärung des unter fremden Namen Handelnden verstehen durfte und musste. Dabei kann er grundsätzlich davon ausgehen, dass sein Gegenüber sein Vertragspartner sei (vgl OLG Düsseldorf NJW 1989, 906 f; WESTERMANN/GURSKY § 46 2 c; MITTENZWEI NJW 1986, 2472; GIGERICH NJW 1986, 1975).

3.   Die Verteilung der Beweislast

a)   In den Entwürfen war eine „Beweispflicht des Erwerbers" (Mot III 346) vorge- **101** sehen. Erst in der allerletzten Gesetzgebungsphase wurde die Beweislast dem Eigentümer auferlegt (Prot III 207 f), wobei das knappe Stimmenverhältnis von 9:8 verdeutlicht, wie umstritten diese Entscheidung war. Sie war jedoch insofern zwingend, als sie das oben (Rn 14 ff, 38 ff u Vorbem 7 ff zu §§ 932 ff) dargelegte Grundkonzept konsequent fortführt (von seinem Standpunkt ausgehend – vgl Vorbem 6 zu §§ 932 ff – besonders kritisch hierzu PETERS 51 ff). Der vom Gesetzgeber angestrebte Verkehrsschutz durch den Schutz des gutgläubigen Erwerbers wäre nämlich weitgehend illusorisch geworden, wenn dieser seinen guten Glauben hätte beweisen müssen (so ausdr Prot III 208).

Die Schwierigkeiten, die der Nachweis solcher „innerer Tatsachen" bereitet (dazu etwa CANARIS 516) sind seit langem geläufig. Schon im Naturrecht hatte sich deshalb eine *Vermutung der Gutgläubigkeit* herausgebildet, der auch das BGB in allen Vertrauensschutztatbeständen folgt (dazu WIEGAND JuS 1978, 145 ff, 148 f; besonders plastisch formuliert in Art 3 Abs 1 des schweizerischen ZGB: „Wo das Gesetz eine Rechtswirkung an den guten Glauben einer Person geknüpft hat, ist dessen Dasein zu vermuten." Damit wird, auch wenn es sich rechtstechnisch nicht um eine wirkliche Vermutung handelt [ROSENBERG, Beweislast 208 f], die Funktion treffend beschrieben).

Mit dieser Regelung wird zugleich ein weiteres Problem gelöst, das gerade deshalb im Rahmen der §§ 932 ff keine Beachtung gefunden hat. Zur Grundkonzeption des Vertrauensschutzes gehört die Vorstellung, dass der Rechtsschein das (zu schützende) Vertrauen ausgelöst habe. Würde man damit Ernst machen, so müsste der Erwerber die Ursächlichkeit des Rechtsscheins für seinen guten Glauben nachweisen. Mit der vom Gesetzgeber gewählten Lösung, die in der Bösgläubigkeit einen vom Eigentümer zu beweisenden Ausschlussgrund sieht (Prot III 208), wird auch diese Schwierigkeit ausgeschaltet (dazu mNw WIEGAND JuS 1978, 145, 147 ff).

102 b) Aus dieser *Beweislastverteilung* (vgl auch SOERGEL/HENSSLER Rn 51; AnwK-BGB/ SCHILKEN Rn 44 und dazu m umf Nw BAUMGÄRTEL/LAUMEN zu § 932) ergeben sich folgende *Konsequenzen*:

103 aa) Der Erwerber hat wie bei der gewöhnlichen Übereignung nach § 929 die Erwerbsvoraussetzungen zu beweisen.

104 bb) Wer den Eigentumserwerb bestreitet, muss beweisen, dass der Veräußerer nicht Eigentümer und der Erwerber nicht in gutem Glauben war (heute unbestritten; zuletzt BGH NJW 1982, 38 f; vgl im Übrigen BAUMGÄRTEL/LAUMEN Rn 2). Gelingt dieser Nachweis, so steht dem Erwerber (nur noch) die Möglichkeit offen, seine Gutgläubigkeit infolge eines Rechtsirrtums zu beweisen (RGZ 74, 356 f; BGH NJW 1961, 777; dazu oben Rn 41).

105 cc) Behauptet der den Erwerb bestreitende Eigentümer/Dritte, dass *grobe Fahrlässigkeit infolge der Nichtbeachtung einer Erkundigungsobliegenheit* vorliegt, so hat er die tatsächlichen Umstände zu beweisen, aus denen sich die Verpflichtung des Erwerbers zu Nachforschungen ergibt. Der Erwerber hat dann zu beweisen, dass er angemessene Maßnahmen getroffen hat. Kann er diesen Beweis nicht führen, so scheitert der Eigentumserwerb ohne Rücksicht darauf, ob eventuelle Erkundigungen zur Aufklärung der wahren Rechtslage geführt hätten (RGZ 143, 14, 19; 147, 321, 331; dazu oben Rn 60). Die Gegenansicht, die damit begründet wird, dass die „Informationspflicht nicht Selbstzweck" sei (JAUERNIG Rn 17, ihm folgend BAUMGÄRTEL/LAUMEN Rn 7; AnwK-BGB/SCHILKEN Rn 44), beruht auf einer Verkennung der Funktion und der Rechtsnatur der Erkundigungsobliegenheit (s oben Rn 70 ff).

E. Rechtsfolgen

106 Die Veräußerung nach § 932 wird vom Gesetz, sofern die bisher dargelegten Voraussetzungen vorliegen, derjenigen nach § 929 in jeder Hinsicht gleichgestellt. Von vornherein verfehlt ist deshalb die gelegentlich gestellte Frage, ob der Erwerber auf den Eigentumserwerb verzichten kann (dazu unten Rn 113). Weiter ergeben sich hieraus *wichtige Konsequenzen* für das Verhältnis der Beteiligten (Ausgleichsansprüche, dazu unten Rn 111 ff) und eine Reihe von Kontroversen, deren praktische Relevanz eher gering ist.

I. Wirkungen

107 1. Aufgrund der Übereignung nach § 932 erlangt der Erwerber *Eigentum, wie wenn die Sache vom Berechtigten veräußert* worden wäre. Hieraus ergeben sich zwangsläufig zwei Fragen, die wiederum zusammenhängen:

108 a) Von rein *theoretischer Bedeutung* ist die Diskussion um die *Rechtsnatur des Eigentumserwerbs*. Ihre Beantwortung hängt wesentlich davon ab, wie man den gutgläubigen Erwerb generell versteht. Überwiegend wird heute die „Rechtsableitung vom Nichtberechtigten" als derivativer Erwerbsvorgang angesehen (zu den Einzelheiten Vorbem 39 ff zu §§ 932 ff).

b) Erhebliche *praktische Konsequenzen* hat dagegen die Frage, ob der Erwerber **109** als *Rechtsnachfolger* des bisherigen Eigentümers anzusehen ist. Geht man vom derivativen Erwerb aus, so liegt diese Konsequenz nahe. ME erscheint es aber auch unabhängig von der rein formalen Einordnung des Erwerbsvorgangs allein sachgerecht, den neuen Eigentümer der Sache als Rechtsnachfolger des bisherigen Eigentümers zu betrachten (**aM** MünchKomm/QUACK Rn 59; WOLFF/RAISER § 69 IV; vgl § 937 Rn 17; vgl auch die Erl in den Kommentaren zu § 325 Abs 2 ZPO; zum Ganzen Vorbem 39 ff zu §§ 932 ff). In Bezug auf den *Besitz* wird der Erwerber Rechtsnachfolger des Veräußerers oder derjenigen Person, die auf dessen Veranlassung dem Erwerber Besitz verschafft hat (allgM im Anschluss an WOLFF/RAISER § 69 III Anm 28).

2. Der Eigentumserwerb ist endgültig (dazu Rn 107 und unten Rn 113) und vollkom- **110** men, dh im Einzelnen: *Spätere Bösgläubigkeit* beeinträchtigt die Position des neuen Eigentümers nicht mehr, auch die *Kenntnis Dritter* von der fehlenden Berechtigung des Veräußerers ist unerheblich. Der Erwerber kann ihnen und jedem anderen Eigentum verschaffen, er kann also über die Sache verfügen wie ein „normaler" Eigentümer. Hieraus ergeben sich für das Verhältnis der Beteiligten untereinander folgende Konsequenzen:

II.   Ansprüche der Beteiligten

1.   Ansprüche des Eigentümers

a)   Eigentümer/Erwerber
Gegen den Erwerber hat der Eigentümer weder schuldrechtliche noch dingliche **111** Ansprüche (zu § 816 I 2 s u Rn 112). Der Gesetzgeber hat sich bewusst gegen den in den Partikularrechten verbreiteten *Lösungsanspruch* entschieden. Ebenso wenig kann eine Eigentumsverletzung geltend gemacht werden, obwohl bei leichter Fahrlässigkeit des Erwerbers der Tatbestand des § 823 Abs 1 an sich gegeben wäre; dogmatisch begründet man dieses Ergebnis damit, dass § 932 als speziellere Regelung anzusehen sei (BGH JZ 1956, 490; allgM).

b)   Eigentümer/Nichtberechtigter
Als *Korrespondenznorm* zu allen Tatbeständen des Erwerbs vom Nichtberechtigten **112** hat der Gesetzgeber § 816 konzipiert; dieser Ausgleichtatbestand ist deshalb neutral formuliert und enthält *keine subjektiven Voraussetzungen.* § 816 kommt infolgedessen immer zur Anwendung, wenn eine Veräußerung nach § 932 erfolgte. Streitig ist allein, worauf sich der Anspruch des Eigentümers richtet, konkret was das *„Erlangte"* iS von § 816 Abs 1 S 1 ist (dazu vCAEMMERER, in: FS Lewald 443 ff; REEB JuS 1973, 494 f). Aufgrund der vom Gesetzgeber prinzipiell vertretenen Linie wird die Schenkung nicht als vollwertige causa angesehen; infolgedessen hat in diesem (allerdings wohl seltenen) Fall der Eigentümer einen Anspruch nach *§ 816 Abs 1 S 2* gegen den Erwerber auf Rückübertragung (s dazu auch unten Rn 114 ff). Sofern der Verfügende grobfahrlässig oder gar in Kenntnis der Nichtberechtigung gehandelt hat, stehen dem Eigentümer *gesetzliche* (§ 823, § 687 Abs 2 u eventuell § 992) sowie gegebenenfalls *vertragliche Ersatzansprüche* zu.

2. Rechte des Erwerbers

113 Da der Erwerber vollumfänglich und endgültig Eigentum erlangt (so Rn 107, 110), kann er keine Ansprüche gegen den Veräußerer geltend machen; dieser hat seine Verpflichtungen aus dem Grundgeschäft erfüllt, allerdings auf Kosten eines Dritten. Der „Makel", den vor allem das RG (in Strafsachen!) darin gesehen hatte, steht dem nicht entgegen; deshalb kommt auch eine Anfechtung nicht in Betracht (zum Ganzen vCAEMMERER, in: FS Böhmer 150). Daraus ergibt sich zugleich, dass ein Verzicht auf den Erwerb nicht in Betracht kommt (vgl schon oben Rn 107); denn damit würde die bereits eingetretene, ordnungsgemässe Erfüllung des Vertrages durch den (nichtberechtigt verfügenden) Veräusserer rückgängig gemacht, wozu jegliche gesetzliche Grundlage fehlt (für eine Disponibilität des redlichen Mobiliarerwerbs tritt ALTMEPPEN 291 ff ein; dagegen mit überzeugender Begründung CHIUSI AcP 202 (2002) 494, 496 ff).

III. Die Rückabwicklung

114 Aus den dargelegten Wirkungen, die der Verfügung des Nichtberechtigten nach der Konzeption der gesetzlichen Lösung zukommen, ergeben sich zugleich auch die Konsequenzen für die Rückabwicklung des gutgläubigen Eigentumserwerbs. Während über diese Konsequenzen bei nachträglichem Wegfall der Verfügung (dazu unten Rn 115) Einigkeit herrscht, wird über die Rechtsfolgen der Rückübereignung seit Inkrafttreten des BGB gestritten. Die darüber geführte Diskussion hat unter dem Schlagwort vom **„Rückerwerb des Nichtberechtigten"** Eingang in die gesamte Kommentar- und Lehrbuchlit gefunden, ihre praktische Bedeutung ist allerdings gering (STEIN, Der Rechtserwerb des Nichtberechtigten [Diss Greifswald 1920]; OBERLÄNDER, Der mittelbare Eigentumserwerb des Nichtberechtigten [Diss Göttingen 1925]; BILLER, Der Rückerwerb des Nichtberechtigten [Diss Köln 1952]; REEB, Die Tatbestände der sogenannten Nichtverkehrsgeschäfte [Diss Mainz 1967]; KRAPP, STOEVESANDT, NÜSSGENS [siehe LitVerz]; KIEHL JW 1922, 787; EWALD, Der Rückerwerb des Nichtberechtigten, JherJb 76 [1926], 233; F HAYMANN JherJb 77 [1927] 261; KRAWIELICKI JherJb 81 [1931] 257; OERTMANN JR 1930, 169; GRUNSKY JT 1962, 209; WIEGAND JuS 1971, 62; PLANCK/STRECKER III 2; BGB-RGRK/AUGUSTIN § 892 Rn 14; zur neueren Lit vgl die folgenden Rn).

1. Ausgangslage

115 Erweist sich nach Vollzug der *Verfügung* das Kausalgeschäft als nichtig oder wird es durch Rücktritt, Wandelung oder actus contrarius aufgehoben, so stellt sich zunächst die Frage, wem der vertragliche oder gesetzliche Rückübertragungsanspruch zusteht. Bei der Rückabwicklung infolge Rücktritt, Wandelung oder Aufhebungsvertrages steht dieser Anspruch dem Nichtberechtigten als Vertragspartner zu. Aber auch wenn das Kausalgeschäft gänzlich entfällt (Anfechtung) oder gar nie existierte, kann nur der verfügende Nichtberechtigte als „Leistender" den Anspruch aus § 812 geltend machen (hM, begründet vor allem durch vCAEMMERER, in: FS Böhmer 145; u etwa LARENZ/CANARIS II/2 § 70 III 1; **aM** BGHZ 37, 363, 367 u kritisch dazu [iS der hM] SCHLOSSER JuS 1963, 141; GRUNSKY JZ 1962, 207). Den eigentlichen Streitpunkt bildet die Frage, ob bei dieser Rückübereignung das Eigentum an den Nichtberechtigten oder auf irgendeine Weise an den früheren Eigentümer fällt.

2. Überwiegende Meinung

Die *lange Zeit überwiegende Meinung* (WESTERMANN [5. AUFL] § 47 II 3; BAUR/STÜRNER **116**
§ 52 Rn 34; WOLFF/RAISER § 69 IV; M WOLFF Rn 435; SCHAPP 118; EICHLER II 1 178 f; SOERGEL/
STÜRNER § 892 Rn 48; SOERGEL/HENSSLER Rn 40 f; SCHWAB/PRÜTTING Rn 438; WIELING § 10 V II;
STAUDINGER/BERG[11] [1956] Rn 3) will den „Rückerwerb des Nichtberechtigten" verhin-
dern und statt dessen einen „automatischen" Rückfall oder eine „Wiedererstehung"
des ursprünglichen Eigentums herbeiführen. Während über dieses Ziel und seine
Berechtigung weitgehend Einigkeit herrscht (s unten Rn 117 f), bestehen über die
Wege, die zu diesem Ergebnis führen keine klaren Vorstellungen.

a) Die verschiedenen *Konstruktionsversuche* (insbes EWALD, NÜSSGENS, KRAPP, REEB) **117**
haben in der Standardliteratur keine Aufnahme gefunden. Auf die größte Resonanz
ist der Versuch von NÜSSGENS gestoßen, durch eine Fortführung und Differenzierung der Lehre vom Verkehrsgeschäft (dazu Vorbem 42 ff zu §§ 952 ff u oben Rn 13) die
Anwendbarkeit des § 932 auszuschließen, wenn es zu einer Rückabwicklung des
Grundgeschäftes kommt. Diese (teleologische) Reduktion des Verkehrsschutzes
führt zwangsläufig zu der Annahme, dass der Eigentumserwerb des Gutgläubigen
rückwirkend beseitigt und das Eigentum mit ex tunc Wirkung zurückfällt (so auch
REEB).

b) Demgegenüber tritt die *Standardliteratur* nur für eine Wiedererlangung des **118**
Eigentums ein, ohne der Frage des „wie" besondere Bedeutung zuzumessen (Analyse
bei WIEGAND JuS 1971, 62 f).

Letztlich gehen die Begründungen nicht über das hinaus, was BESELER (in: FS Haenel
136) bereits 1907 folgendermaßen formuliert hat: „Hier muß das Eigentum … ipso
iure auf den alten Eigentümer zurückspringen. Die Vernunft fordert hier, daß mit
einem Schlage alles beim alten sei." Als entscheidend erweist sich in allen Darstellungen der Gedanke, dass der „Rückerwerb des Nichtberechtigten" gegen das
„Rechtsgefühl" (BAUR) verstoße und mit der Interessenlage unvereinbar sei.

3. Gegenansicht

Die *Gegenansicht* tritt *für den Eigentumserwerb des Nichtberechtigten* ein, weil nur **119**
dieser mit der gesetzlichen Regelung und der (richtig beurteilten) Interessenlage
übereinstimmt. Ob überhaupt und gegebenenfalls nach welchen Regeln die Sache
an den ursprünglichen Eigentümer übereignet werden muss, soll allein nach dem
zwischen ihm und dem Nichtberechtigten bestehenden Rechtsverhältnis entschieden werden. Diese Auffassung war schon immer vereinzelt vertreten worden, hatte
jedoch kaum Beachtung gefunden. In jüngster Zeit haben sich jedoch immer mehr
Autoren dieser Ansicht angeschlossen (aus der älteren Lit: vTUHR, AT II 1 142 Fn 105;
HAYMANN JherJb 77 [1927] 261; KRAWIELICKE JherJb 81 [1931] 257 ff, 310; OERTMANN JR 1930, 169
sowie die Arbeit von STOEVESANDT; ausserdem LENT/SCHWAB § 32 VI; BGB-RGRK/PIKART
Rn 34 ff; vgl im Übrigen die umfassende Dokumentation bei NÜSSGENS 11 ff; nunmehr für den
Rückerwerb des Nichtberechtigten PALANDT/BASSENGE Rn 17; JAUERNIG Anm I 1 b; MünchKomm/
QUACK Rn 62 ff; AK-BGB/REICH §§ 932–933 Rn 6; SOERGEL/HENSSLER Rn 40; AnwK-BGB/
SCHILKEN Rn 38; BAMBERGER/ROTH/KINDL Rn 7; E WOLF, Sachenrecht § 5 B IV I und WESTER-

MANN/GURSKY § 47 II 3; ausführlich WIEGAND JuS 1971, 62 ff; im Ergebnis für den – einstweiligen – Rückerwerb, aber verstärkten Eigentümerschutz HAGER 183 ff; vgl auch BGH NJW 2003, 170 f).

4. Gegenargumente

120 Gegen die bisher überwiegende Meinung sprechen folgende Gründe (umfassende Analyse jetzt bei HAGER 183 ff sowie WIEGAND JuS 1971, 61 ff):

Sowohl die verschiedenen sachenrechtlichen Lösungsansätze wie auch die in der schuldrechtlichen Literatur vorgeschlagenen Konstruktionen zur „Umleitung" der Übereignung auf den früheren Berechtigten stellen im Ergebnis eine *Durchbrechung des Abstraktionsgrundsatzes* dar (im Einzelnen belegt bei WIEGAND JuS 1971, 63 f). Dies allein wäre freilich nicht Grund genug, den automatischen Rückfall des Eigentums abzulehnen. Geht man von dem oben dargelegten Verständnis (Vorbem 13 ff zu §§ 929 ff u § 929 Rn 2) des Abstraktionsprinzips aus, so müsste dessen Restriktion oder Durchbrechung (ausf dazu jetzt Wiegand AcP 190 [1990] 122 ff, 135 f) hingenommen werden, wenn der *Eigentumserwerb des Nichtberechtigten zu unangemessenen Ergebnissen führen würde* und deshalb nicht akzeptiert werden könnte. Die Gegner des Rückerwerbs haben diesen Nachweis nie geführt: Das beruht darauf, dass sie von vornherein alles andere als den Rückfall des Eigentums als widersinnig ansehen, der deshalb „nicht an konstruktiven Hemmungen scheitern" (vCAEMMERER 159) darf. Diese Einschätzung stand einer wirklichen Analyse der Interessenlage entgegen. Sie kommt schon in von BESELERS Forderung nach einem „mutvollen ius singulare" (s oben Rn 118) zum Ausdruck und ist aus der damals noch verbreiteten generellen Ablehnung des gutgläubigen Erwerbs entstanden (typisch dafür ist das weit überstrapazierte Beispiel des mittelbar-bösgläubigen Erwerbs, wonach der Nichtberechtigte an den Gutgläubigen veräußert, um sich dann durch Rückerwerb Eigentum zu verschaffen; Nachw bei WIEGAND JuS 1971, 62, 66). Prüft man unvoreingenommen die Folgen, die sich aus dem Eigentumserwerb des Nichtberechtigten ergeben, so zeigt sich, dass diese Art der Rückabwicklung den Interessen der Beteiligten insgesamt gesehen am besten entspricht: Bei dem Wunsch, „daß mit einem Schlag alles beim alten sei" (BESELER s oben Rn 118), werden die Interessen des bisherigen Eigentümers zu hoch bewertet, denn der Eigentumsverlust trifft ihn nach der Konzeption des § 932 deshalb, weil er die Sache einem Dritten überlassen hat.

121 **a)** Der „Rückerwerb des Nichtberechtigten" soll nach Ansicht seiner Gegner vor allem deshalb verhindert werden, weil ansonsten die *Gefahr* bestünde, dass vor der Weiterübereignung an den Berechtigten dessen Gläubiger *in die Sache vollstrecken* oder der *Nichtberechtigte in Konkurs* fällt. Mit demselben Argument wird auch die fragwürdige „Übereignung an den, den es angeht" (§ 929 Rn 39) begründet. In beiden Fällen handelt es sich um ein „Kurieren an Symptomen", weil die eigentliche Ursache der als unannehmbar empfundenen Ergebnisse im Vollstreckungsrecht liegt. Korrekturen hätten deshalb dort (ähnlich wie beim Treuhandeigentum) punktuell zu erfolgen, nicht aber durch die Nichtbeachtung rechtsgeschäftlicher und sachenrechtlicher Grundregeln (so auch MünchKomm/QUACK Rn 63, zu den geringen praktischen Konsequenzen Rn 64). HAGER lehnt dagegen punktuelle Korrekturen dieser Art ab und schlägt einen umfassenden materiell- und vollstreckungsrechtlichen Schutzmechanismus zugunsten des ursprünglichen Eigentümers vor (189 ff, vor allem gestützt auf § 812 Abs 1 S 2 Fall 2 und § 1007).

b) Auch der Hinweis auf die *Einheitlichkeit der Lösung bei allen Rückabwick-* **122** *lungen* (so vor allem vCAEMMERER, in: FS Böhmer 159) rechtfertigt den automatischen Rückfall nicht. Im Gegenteil: Wenn die Verfügung an einem Mangel leidet, entfällt die Übereignung aus *sachenrechtlichen* Gründen (s unten Rn 125); erweist sie sich dagegen als ungerechtfertigt, weil die Causa fehlt oder entfällt, so hat die **Rückabwicklung mit allen Konsequenzen nach schuldrechtlichen Regeln zu erfolgen.** Das entspricht der Grundkonzeption der Gesetzgeber, die – weit über das Abstraktionsprinzips hinaus – ein „autonomes" Sachenrecht schaffen wollten (Vorbem 15 zu §§ 929 ff; ausf WIEGAND, numerus clausus 623 ff und AcP 190 [1990] 112 ff).

c) Entscheidend aber ist, dass nur eine den *schuldrechtlichen Beziehungen kon-* **123** *gruente Rückübertragung zu sachgerechten Ergebnissen* führt; denn nur dann können alle Beteiligten ihre Rechte in angemessener Weise geltend machen – auch der Nichtberechtigte (der ja in vielen Fällen von seiner fehlenden Berechtigung nichts weiß) gegenüber dem früheren Eigentümer (Nachw bei WIEGAND JuS 1971, 62, 66; vgl zur ähnlichen Situation bei der Übereignung von Warenlagern und im Streckengeschäft § 929 Rn 51 ff, 91 u Anh 110 ff und 208 zu §§ 929 ff). Dieser ist andererseits nicht so *schutzbedürftig*, dass nur durch einen automatischen Rückfall seine Interessen ausreichend gesichert werden könnten. Er hat die Sache einem Dritten anvertraut und damit den Eigentumserwerb des Gutgläubigen erst ermöglicht (Vorbem 21 ff zu §§ 932 ff). Es ist deshalb nahe liegend und allein sachgerecht, dass er sich mit „seinem" Partner auseinandersetzt – getreu dem Rechtssprichwort: „Wo du deinen Glauben gelassen hast, sollst du ihn suchen" (vgl § 935 Rn 2).

d) Schließlich entspricht nur die Abwicklung nach schuldrechtlichen Regeln den **124** *Bedürfnissen der Verkehrssicherheit und Klarheit der Zuordnung.* Die früher überwiegende Meinung in ihrer hauptsächlichen Variante hat nie eine klare Grenze zwischen dem unerwünschten Rückerwerb und dem „zufälligen" Wiedererwerb infolge eines neuen Rechtsgrundes ziehen können (für automatischen Rückfall an den Eigentümer bei *jeder* Rückübereignung an den Nichtberechtigten vor allem EICHLER II 1 178 f u SCHMIDT, Aktionsberechtigung und Vermögensberechtigung [1969] 145 ff). Dies ist auch gar nicht möglich – man denke nur an die Abgrenzung vom Rücktritt, Umtausch oder die Inzahlungnahme und die dabei möglichen konstruktiven Varianten. Völlig unklar ist, wie bei der Veräußerung von Vorbehalts- oder Sicherungseigentum nach der Rückabwicklung mit „einem Schlage wieder alles beim alten" sein soll. Ebenso wenig vermag zu überzeugen, dass der Rückfall nicht eintreten soll (so die überwiegende Meinung), wenn die Verfügung mit einer Ermächtigung nach § 185 *erfolgte* (so etwa bei Veräußerungen aus Warenlagern), obwohl dieser Fall strukturell der Verfügung nach § 932 gleichsteht und auch gem § 816 gleichbehandelt wird (Einzelheiten bei WIEGAND JuS 1971, 62, 66).

Deshalb ist nicht zuletzt aus Gründen der Rechtssicherheit und der Klarheit der Zuordnung (s dazu Anh 43 zu §§ 929 ff) **der Rückerwerb des Nichtberechtigten dem „automatischen" Rückfall des Eigentums an den früheren Berechtigten vorzuziehen.**

5. „Automatischer" Rückfall

Zu einem „automatischen" Rückfall kommt es dagegen dann, wenn das Verfü- **125** gungsgeschäft infolge Bedingungseintritts oder Anfechtung entfällt. Hierbei handelt es sich aber um einen *sachenrechtlichen Vorgang*, dessen Wirkungen kraft Gesetzes aufgehoben werden (s oben Rn 122; BAMBERGER/ROTH/KINDL Rn 7; JAUERNIG Rn 2).

F. Besondere Anwendungsfälle

I. Miteigentum

126 Wenn man überhaupt vom Nichtberechtigten Eigentum erwerben kann, muss man auch Miteigentum erwerben können. Im Einzelnen ist dabei wie folgt zu differenzieren:

127 1.   Der *Miteigentümer* tritt als Alleineigentümer auf: Der Erwerber wird geschützt wie wenn er vom Nichteigentümer erworben hätte; zu beachten ist jedoch, dass bei Gesamthandeigentum fast immer und bei Miteigentum häufig ein „Abhandenkommen" vorliegen wird (dazu WIEGAND JuS 1978, 145 sowie unten § 935 Rn 7).

128 2.   **Bei Veräußerung eines** *Miteigentumsanteils* ist wie folgt zu differenzieren:

Über *Gesamthandsanteile* kann der Gesamthänder nicht allein verfügen; eine Schutzvorschrift existiert nicht. Der Erwerber wird deshalb nicht Gesamthandseigentümer, egal ob der Veräußerer es selbst gewesen ist oder die Mitberechtigung nur behauptet hat. Das gilt selbst dann, wenn die Sache ausgehändigt oder dem Erwerber anderweitig Besitz verschafft wird.

Bei der *Bruchteilsgemeinschaft* kann der Miteigentümer ohne Zustimmung der anderen Berechtigten verfügen (§ 747 S 1). Die sich für die Verfügungen eines Nichtberechtigten daraus ergebenden Möglichkeiten und Konstellationen sind ausf bei STAUDINGER/HUBER[12] ([1986] § 747 Rn 18 m umf Nachw) und HAGER (320 ff) dargelegt.

II. Anwartschaftsrecht

129 1.   Auch bei den Anwartschaftsrechten ergibt sich die Möglichkeit des gutgläubigen Erwerbs praktisch von selbst oder durch einen Schluss a maiore, sofern der Veräußerer als Eigentümer auftritt (vgl oben Rn 8; zum maßgeblichen Zeitpunkt für das Vorliegen des guten Glaubens vgl Rn 93).

130 2.   Verfügt dagegen der besitzende Nichteigentümer nur über ein **vermeintliches Anwartschaftsrecht**, so lässt sich der gutgläubige Erwerb nicht einfach durch einen Schluss a maiore begründen. Vielmehr stellt sich die Frage, ob hier überhaupt ein Rechtsscheintatbestand vorliegt, der den Schutz des Gutgläubigen rechtfertigen könnte. Das ist zu verneinen.

a)   Der Gesetzgeber hat den vom Besitz ausgehenden Rechtsschein in der dargestellten Weise zugleich typisiert und begrenzt (oben Rn 14 ff u Vorbem 7 ff zu §§ 932 ff). Durch die Besitzverschaffung(smacht) kann der Nichtberechtigte sich als Eigentümer legitimieren, aber eben nur als Eigentümer. Wer aber behauptet, er habe ein Anwartschaftsrecht, der bewegt sich gerade nicht mehr in dem vom Gesetz vorgesehen Rahmen. Er ist nicht anders zu behandeln als derjenige, der zB eine Verfügungsbefugnis behauptet; beide geben zu, nicht Eigentümer zu sein und zerstören damit die Rechtsscheinwirkung. Während der gute Glaube an die Verfügungsbefugnis aber durch einen speziellen Tatbestand (§ 366 HGB s unten Rn 135) geschützt wird, fehlt dafür bei der Anwartschaft jegliche Grundlage. Der Erwerber vertraut nicht dem Rechtsschein, sondern den Behauptungen des Veräußerers. Infolgedessen kommt eine (analoge) Anwendung des § 932 nicht in Betracht (bes eindrücklich FLUME, Allgemeiner Teil II § 42; FLUME AcP 161 [1961] 394 ff; KUPISCH JZ 1976, 417, 427; WIEGAND JuS 1974, 211; MEDICUS BürgR 475; SCHWERDTNER Jura 1980, 665; BROX JuS 1984, 657, 661 f; BÜLOW Jura 1986, 238; AnwK-BGB/SCHILKEN Rn 8; ERMAN/GRUNEWALD § 455 Rn 33; WESTERMANN/GURSKY § 45 III 1 d).

b) Demgegenüber tritt die *wohl überwiegende Auffassung* – wenn auch mit Abweichungen in Ausmaß und Begründung – für eine *entsprechende Anwendung des § 932* ein (BAUR/STÜRNER § 59 Rn 39; LARENZ, Schuldrecht II/1 § 43 II c; SERICK I § 11 IV 1; TIEDTKE, Gutgläubiger Erwerb 59; RAISER, Dingliche Anwartschaften [1961] 36 ff; WIELING § 17 III 1 b aa; SOERGEL/HENSSLER Anh § 929 Rn 75; JAUERNIG § 929 Rn 45; PALANDT/BASSENGE § 929 Rn 46; BGB-RGRK/PIKART § 929 Rn 76; SCHWAB/PRÜTTING Rn 393; M WOLFF Rn 697; vgl auch KRÜGER JuS 1994, 905, 906 f). Gerade die dabei vorgenommene Differenzierung zwischen einem Anwartschaftsrecht, das tatsächlich einem Dritten zusteht (Erwerb möglich), und einem vermeintlichen Anwartschaftsrecht (Erwerb nicht möglich) zeigt aber, dass diese Auffassung mit dem Grundkonzept des § 932 unvereinbar ist (vgl zum Ganzen auch STAUDINGER/BECKMANN [2004] § 449 Rn 75 ff).

III. Haushaltsgegenstände

Ein gutgläubiger Erwerb von Haushaltsgegenständen, die von dem einen Ehegatten **131** ohne die Zustimmung des anderen Ehegatten veräußert werden, ist nicht möglich, auch wenn die veräußerten Gegenstände im Eigentum des veräußernden Ehegatten standen (OLG Köln FamRZ 1969, 92; zum Problem der absoluten Verfügungsbeschränkung in Bezug auf gutgläubigen Erwerb oben Rn 7).

IV. Kunstgegenstände und Kulturgüter

Beim Erwerb von Kunstgegenständen, insbes auch Antiquitäten, sind bei der Be- **132** urteilung der Gutgläubigkeit strenge Maßstäbe anzulegen. Es handelt sich um einen *typischen Beispielsfall für die oben beschriebene Interdependenz von Rechtsschein und Vertrauen* (oben Rn 37 ff, 90 ff). Ähnlich wie im Wertpapierhandel nach dem zweiten Weltkrieg und im Kraftfahrzeughandel (Rn 61 ff) ist der vom Besitz und der Besitzverschaffungsmacht ausgehende Rechtsschein zunehmend erschüttert worden. Anlass dazu bildeten die Fälle, in denen gestohlene oder sonst wie abhanden gekommene Kunstgegenstände (etwa die vom Nazi-Regime beschlagnahmten Werke der „entarteten Kunst" und die sog „Beute- und Raubkunst") veräußert wurden. In derartigen Fällen verhindert § 935 Abs 1 den Erwerb bei einer gewöhnlichen Übereignung. In aller Regel werden solche Gegenstände jedoch in einer Versteigerung veräußert, so dass ein Eigentumserwerb nach § 932/935 Abs 2 in Betracht käme, sofern der Erwerber gutgläubig ist. Bei der Beurteilung dieser Frage wirkt sich die Verschärfung der Maßstäbe aus: So wird etwa vorgeschlagen, dass der Erwerber sich vor einem Steigerungskauf selbst um die Klärung der Herkunft bemühen und insbesondere die branchenbekannten Kontrollregister (www.beute-kunst.de oder www.lostart.de) einsehen müsse (ARMBRÜSTER NJW 2001, 3581, 3585; vgl im Übrigen § 935 Rn 18 und die dort angeführte Lit).

133 Ähnlich ist die Lage beim Erwerb von Kulturgütern (der Begriff hat sich im An-schluss an die UNESCO Convention on the Means of Prohibiting and Preventing the illicit Import, Export and Transfer of Ownership of *Cultural Property* eingebürgert; die EU verwendet in ihren Rechtsakten den Terminus *Cultural Goods*). In einer Reihe von internationalen Regulierungen, die teilweise ratifiziert bzw in der EU umgesetzt wurden, soll der Kulturgüterschutz durchgesetzt und der illegale Handel unterbunden werden. Dieser noch in vollem Gang befindliche Prozess ist hier inso-weit von Interesse als er ähnliche Erkundigungsobliegenheiten auslöst wie beim Erwerb der zuvor genannten (Rn 132) Kunstgegenstände. Der Erwerber muss die Vorlage von Herkunftsnachweisen, Ex-/Importpapieren und allenfalls behördlichen Genehmigungen verlangen. Andernfalls kann er nicht als gutgläubig betrachtet werden. Dies gilt sowohl für den Erwerb nach § 932 wie nach § 935 Abs 2, sofern die Gegenstände nach den maßgeblichen öffentlich-rechtlichen Vorschriften als abhanden gekommen anzusehen sind (dazu wird ebenfalls auf die Erl zu § 935 und die dort angeführte Lit verwiesen). Die generelle Tendenz der internationalen Regelungen und des Kulturgütersicherungsgesetzes sowie des Kulturgüterrückgabegesetzes geht da-hin, den gutgläubigen Erwerb derartiger Gegenstände völlig auszuschließen oder rückgängig zu machen.

V. Analoge Anwendung

134 In einer Reihe von Bestimmungen ist die entsprechende Anwendung der „Vor-schriften zugunsten derjenigen, welche Rechte von einem Nichtberechtigten ablei-ten", angeordnet (§§ 135 Abs 2, 161 Abs 3, 2113 Abs 3, 2129 Abs 2, 2211 Abs 2 sowie außerhalb des BGB §§ 325 Abs 2 ZPO; zur Bedeutung WIEGAND JuS 1978, 145 ff mNw sowie Vorbem 38; vgl auch SCHREIBER/BURBULLA Jura 1999, 150, 151). Die analoge Anwendung des § 932 führt dazu, dass derjenige, der – ohne grob fährlässig iS von Abs 2 (s oben Rn 40 ff) zu handeln – keine Kenntnis von der Verfügungsbeschränkung hat, Eigentum erwerben kann (zu den Einzelheiten vgl die Erl bei den jeweiligen Vorschrif-ten).

§ 81 Abs 1 InsO sieht gutgläubigen Erwerb lediglich entsprechend §§ 892, 893 BGB, 16, 17 SchiffsRG und 98 Abs 3 S 2 LuftfzRG vor. Verfügt der Schuldner nach der Eröffnung des Verfahrens über eine fremde *bewegliche* Sache, ist der gutgläubige Erwerb *nicht möglich*. Der Erwerber müsste dazu notwendigerweise vom Eigentum des Veräußerers ausgehen, wobei der Bestand der Masse in Mitleidenschaft gezogen würde, die Übereignung demnach an dieser absolut wirksamen Verfügungsbe-schränkung scheitern würde. Der Erwerber ist nicht besser zu stellen, als er bei Richtigkeit seiner Vorstellung bezüglich des Eigentums sein könnte (vgl Rn 9 ff). Die Heilung des Rechtsmangels des Verfügungshindernisses „Konkurseröffnung" durch Gutgläubigkeit scheitert letztlich infolge Fehlens einer gesetzlichen Grundlage (ERMAN/PALM § 135/136 Rn 5; SOERGEL/HENSSLER Rn 33 mit AnwK-BGB/SCHILKEN Rn 6 [grund-legend schon vTUHR DJZ 1899, 307]; aM BGH WM 1969, 175 und aus der Lit zur KO JAEGER/HENCKEL § 7 KO Rn 71; WEHMANN 30 ff, 56 ff; *differenzierend* KUHN/UHLENBRUCK § 7 KO Rn 16, wonach der Erwerber nur dann geschützt wird, wenn er nicht weiß, dass der Veräußerer im Konkurs ist. Diese Meinung verkennt, dass der gute Glaube an die infolge Konkurseröffnung fehlende Verfügungsbefugnis bei beweglichen Sachen nicht geschützt wird).

VI. Zusammenwirken mit anderen Vorschriften

1.   **§ 366 Abs 1 HGB** erweitert den Schutz des Erwerbers, wenn *„ein Kaufmann im*   **135** *Betrieb seines Handelsgewerbes* eine ihm nicht gehörige bewegliche Sache" veräußert. Liegt diese *gegenüber § 932 modifizierte Rechtsscheinbasis* vor, dann wird auch der **gute Glaube an die Verfügungsbefugnis** geschützt (vgl im Übrigen zur Bedeutung und systematischen Stellung dieser Ausweitung Vorbem 37 zu §§ 932 ff). § 366 HGB kommt also vor allem dann zur Anwendung, wenn der Erwerber in Bezug auf das Eigentum des Veräußerers bösgläubig war, jedoch Anlass hatte, an dessen Befugnis zur Veräußerung zu glauben. Die Bedeutung dieser Ausweitung angesichts der (oben Anh 10 ff zu §§ 929 ff) dargestellten Praxis der Kreditsicherung liegt auf der Hand: Der Erwerber kann auch dann Eigentümer werden, wenn er wusste, dass der veräußernde Kaufmann seine Waren unter Eigentumsvorbehalt erhalten oder zur Sicherheit übereignet hatte. Er wird geschützt, wenn er keinen Grund hatte, an der Veräußerungsbefugnis zu zweifeln. Dies ist nach den oben dargelegten Grundsätzen bei *Umsatzgeschäften* eher zu bejahen, bei der *Sicherungsübereignung* – trotz der Erwähnung der Verpfändung in § 366 Abs 1 HGB – prinzipiell zu verneinen (Einzelheiten bei GK-HGB/CANARIS, § 366 Anm 27 ff). Wesentlich für die Rechtsanwendung ist vor allem, dass bei der vielfach bestehenden Unklarheit über die Vorstellungen des Erwerbers § 932 und § 366 Abs 1 HGB alternativ herangezogen werden können (vgl dazu die Beispiele in der Zusammenstellung der Rspr Rn 138 ff). Dies darf allerdings nicht zu einer Vermengung beider Tatbestände führen (so zu Recht GURSKY JZ 1984, 604, 608 zu BGHZ 77, 274 ff). Die Neuformulierung von § 366 Abs 3 HGB hat für die hier zu behandelnden Fragen keine Veränderung gebracht (vgl dazu STAUDINGER/WIEGAND [2002] Anh 9 zu § 1257 und im Übrigen auch oben Rn 39 zu Abgrenzungsschwierigkeiten).

2.   Ein ähnlich komplementäres Zusammenwirken ergibt sich im Verhältnis von   **136** **§ 2366** und *§ 932*. Veräußert der durch den Erbschein ausgewiesene Scheinerbe einen Gegenstand, der nicht zur Erbschaft gehört (ohne dem Eigentümer abhanden gekommen zu sein), dann ersetzt § 2366 nur die fehlende Erbenstellung; darüber hinaus müssen die Voraussetzungen des § 932 erfüllt sein, weil der Erwerber auch nur dann vom Erblasser Eigentum erlangt hätte. Nach umstrittener, aber zutreffender Ansicht ist zudem erforderlich, dass der Erwerber der Überzeugung war, es handele sich um einen Erbschaftsgegenstand (STAUDINGER/SCHILKEN § 2366 Rn 2 ff, 30; WIEGAND JuS 1972, 87 u 335 mNw auch zur Gegenansicht; ausf PARODI AcP 185 [1985] 362 ff und nunmehr HAGER 442 ff, der sich gegen die hier vertretene Auffassung wendet).

3.   Ein Zusammenwirken kann sich auch bei **§ 142 Abs 2** und *§ 932* ergeben.   **137** Wenn der Erwerber wusste oder grobfahrlässig iS von § 932 Abs 2 nicht bemerkte, dass die *Verfügung*, durch die der Veräußerer Eigentum erworben hatte, anfechtbar war, dann verliert er nach erfolgter Anfechtung rückwirkend das Eigentum (vgl STAUDINGER/ROTH [2003] § 142 Rn 40).

G. Zusammenstellung der Rechtsprechung nach Schlagworten und Fallgruppen

138 Die nachstehende Gliederung ist so zu verstehen, dass bei den unter I und III genannten Fallgruppen nicht auszuschließen ist, dass auch dort Nachforschungen verlangt werden. Zu betonen ist, dass der Übergang „durchschnittlicher Sorgfaltsmaßstab – gruppen- bzw branchenspezifische Sorgfalt – einzelfallbezogene Sorgfalt" bis zur Statuierung eigentlicher Nachforschungsobliegenheiten fließend ist; die Anforderungen an die Bemühungen des Erwerbers im Hinblick auf seine Gutgläubigkeit variieren deshalb bloß graduell.

I. Kraftfahrzeugerwerb
1. Gebrauchtwagen _____ 139
2. Neuwagen _____ 166

II. Nachforschungsobliegenheiten
1. Erkundigung nach Bestehen eines Eigentumsvorbehaltes, einer Siche-

rungsübereignung oder eines Vermieterpfandrechts _____ 171
2. Erwerb zur Sicherheit (Sicherungsgeschäfte) _____ 188

III. Übrige Fälle _____ 194

I. Kraftfahrzeugerwerb

139 ## 1. Gebrauchtwagen

Alphabetische Übersicht

Ausland
– eingeführt aus dem _____ 146
– Kraftfahrzeug im – zugelassen _____ 141

Besondere Umstände ohne Kraftfahrzeugbrief _____ 156 f
Besondere Umstände und Kraftfahrzeugbrief _____ 154
Betriebserlaubnis nach §§ 18 Abs 3, 21 StVZO
– Unterschied zum Kraftfahrzeugbrief ____ 199

Erwerb vom Händler _____ 160
Erwerb von einem Ausländer _____ 147, 149

Gebrauchtwagenhandel (gewerbsmäßiger) _ 150
– aus beendeten Leasingverträgen _____ 144
Gebrauchtwagenhändler als Erwerber ____
_____ 144, 147, 148 f, 165, 170
Gebrauchtwagenhändler untereinander ___
_____ 144, 165
Grundsatz _____ 140

Händler
s Gebrauchtwagenhändler

Kraftfahrzeugbrief _____ 140
– allein genügt nicht bei besonderen Umständen _____ 154
– Eintrag mangelhaft _____ 161, 164
– gefälschter _____ 148
– Halterangabe
– falsche _____ 145
– fehlende _____ 146
– Händler kann – nicht vorlegen _____ 152
– Händlervermerk (fehlt) _____ 145, 161
– Mindestanforderung _____ 159
– Pfandrecht an _____ 233
– Urkunde (ausländische) _____ 147, 141
– Vorlage (fehlt bzw Verzicht auf) _____
_____ 143, 153, 156 f
– Vorlage (tatsächliche) und Vorlegungsmöglichkeit _____ 158

Markt (grauer, Praktiken des –) _____ 142

Personalausweis (Vorlage des –)_____ 147

Schrottpreis_____ 156
Sicherungsübereignung
– zu Gunsten eines Kreditinstituts_____ 151

Verdachtsgründe
– Fahrzeug soll ins Ausland gebracht
  werden_____ 162

– Händlerpreis wird erheblich unter-
  schritten_____ 165, 146
– Person des Veräußerers nicht näher
  bekannt_____ 162
Vorführwagen (kein Gebrauchtwagen)____
_____ 155, 170

In der Regel handelt derjenige, der sich beim Erwerb eines gebrauchten Kraftfahr- **140** zeuges den *Kraftfahrzeugbrief nicht vorlegen lässt*, grob fahrlässig iS von § 932 Abs 2, es sei denn, dass es unter den konkreten Umständen mit der Sorgfaltspflicht des Erwerbers vereinbar ist, sich den Brief nicht vorlegen zu lassen (BGH WM 1956, 158; OLG Hamburg BB 1962, 657; BGH NJW 1991, 1415; vgl auch BGHZ 119, 75, 92 und BGH WM 1963, 1253).

Wird im Inland ein *im Ausland zugelassenes* gebrauchtes Kraftfahrzeug verkauft, **141** dann hat sich der Käufer grundsätzlich die *Kraftfahrzeugpapiere im Original* (hier: italienische carta di circolazione mit dem zugehörigen foglio complementare) vorlegen zu lassen, um sich – notfalls unter Einschaltung eines sprachkundigen Fachmanns – darüber zu vergewissern, dass er nach dem Inhalt der ausländischen Papiere unbelastetes Eigentum erwerben kann (BGH NJW 1991, 1415, LS).

Die Schutzfunktion des Kraftfahrzeugbriefes zugunsten des Eigentümers darf durch **142** Praktiken des grauen Marktes nicht entfallen (BGH WM 1963, 1253).

Auf die *Vorlage* des Kraftfahrzeugbriefes *kann verzichtet werden*, wenn ein autori- **143** sierter Händler einer namhaften Autofabrik versichert hat, dass das Fahrzeug in seinem uneingeschränkten Eigentum und Besitz stehe und er den Kraftfahrzeugbrief dem Finanzierungsinstitut unmittelbar zusenden werde, und das Finanzierungsinstitut den Erwerber bei der Übergabe des Wagens wissen ließ, dass es den Kreditantrag bereits bearbeite (OLG Bremen DAR 1963, 301).

Auch *Gebrauchtwagenhändler* untereinander müssen sich zur Vermeidung grober **144** Fahrlässigkeit in der Regel den Kraftfahrzeugbrief vorlegen lassen (BGH WM 1959, 138). Dies gilt auch unter Kraftfahrzeughändlern, die mit gebrauchten, aus beendeten Leasingverträgen stammenden Kraftfahrzeugen handeln, gilt der Grundsatz, dass der gute Glaube des Erwerbers an das Eigentum bzw die Verfügungsbefugnis des Veräußerers nur geschützt ist, wenn er sich zumindest den Kraftfahrzeugbrief vorlegen lässt. Verzichtet der Erwerber hierauf in der Annahme, der Brief befinde sich noch bei der Leasinggesellschaft, trägt er das Risiko, dass der Veräußerer nicht einmal verfügungsbefugt ist (BGH NJW 1996, 2226).

Ist in dem von einem Gebrauchtwagenhändler bei Veräußerung eines Fahrzeugs **145** vorgelegten Kraftfahrzeugbrief *noch der Name des früheren Eigentümers* und kein Händlervermerk *eingetragen*, ist der gute Glaube des Erwerbers nicht geschützt, wenn dieser keine weiteren Nachforschungen anstellt (KG NJW 1960, 2243).

146 Beim *Erwerb* eines *aus dem Ausland* eingeführten Gebrauchtwagens ist die Verkaufsberechtigung des Veräußerers besonders sorgfältig zu prüfen, wenn sich aus dem von diesem vorgelegten Fahrzeugbrief lediglich die Tatsache der Einfuhr und Verzollung, nicht aber die Identität des früheren Halters ergibt (LS). Ein 10% *unter dem üblichen Händlerpreis* liegender Preis begründet ein Verdachtsmoment (BGH NJW 1994, 2022; zu diesem Entscheid eingehend oben Rn 90).

147 Zur Frage, wann ein Gebrauchtwagenhändler beim Kauf eines gebrauchten Fahrzeuges deutschen Fabrikats mit ausländischem Kennzeichen bezüglich des Eigentums des Veräußerers grob fahrlässig ist, wenn das Fahrzeug von einem Ausländer unter Vorlage des Personalausweises und der in seinem Heimatlande üblichen, sich auf die Merkmale des Wagens beziehenden Urkunde angeboten wird, vgl BGH BB 1961, 1300 (LS).

148 Zur Frage der groben Fahrlässigkeit beim Kauf eines gebrauchten Fahrzeugs durch einen Gebrauchtwagenhändler, dem ein gefälschter Kraftfahrzeugbrief vorgelegt wird, vgl BGH BB 1966, 1014 (LS).

149 Zur Frage der groben Fahrlässigkeit eines Gebrauchtwagenhändlers, der von einem schweizerischen Staatsangehörigen einen gebrauchten PKW deutschen Fabrikats mit schweizerischem Kennzeichen erwirbt, vgl BGH WM 1966, 1325 (LS).

150 Zur Frage des gutgläubigen Erwerbs beim gewerbsmäßigen Gebrauchtwagenhandel vgl LG Berlin WM 1967, 1295 (LS).

151 Zur Frage, ob ein *Kreditinstitut* grob fahrlässig handelt, wenn es sich zur Kreditsicherung von einem Händler ein gebrauchtes Fahrzeug übereignen lässt, das diesem mit Kraftfahrzeugbrief vom Eigentümer zur kommissionsweisen Veräußerung überlassen war, vgl BGH WM 1963, 1186 (LS).

152 Zur Frage, unter welchen Voraussetzungen der Käufer eines gebrauchten Kraftfahrzeugs, dessen Brief der Händler nicht vorlegen kann, ohne grobe Fahrlässigkeit an das Eigentum oder die Verfügungsbefugnis des Händlers glauben darf, vgl BGH WM 1965, 169 (LS).

153 Zur Frage, ob beim Erwerb eines Kraftfahrzeugs der Umstand, dass bei dessen Übergabe der Kraftfahrzeugbrief noch nicht mit übergeben wird, gegen das Eigentum des Veräußerers und seine Berechtigung zur vorbehaltslosen Übereignung spricht, vgl BGH WM 1965, 1136 (LS).

154 Wenn *besondere Umstände* vorliegen, die den Verdacht des Erwerbers erregen mussten, dass der Veräußerer eines gebrauchten Fahrzeuges nicht dessen Eigentümer ist, und der Erwerber diese Umstände unbeachtet lässt, kann dieser bösgläubig sein, auch wenn der Veräußerer im Besitz sowohl des Fahrzeuges als auch des Kraftfahrzeugbriefes war (BGH WM 1963, 1186).

155 Dagegen wird der gutgläubige Erwerb eines *Vorführwagens* nicht dadurch ausgeschlossen, dass der Erwerber sich den Kraftfahrzeugbrief nicht vorlegen lässt, da es sich nach der Verkehrsauffassung bei einem Vorführwagen nicht um den Ge-

brauchtwagen eines Dritten, sondern um einen neuwertigen Werks- oder Vertragshändlerwagen handelt, bei dessen Erwerb die Rechtsgrundsätze für den Kauf eines
Neuwagens anzuwenden sind (OLG Hamm NJW 1964, 2257).

Lässt sich der Käufer eines Gebrauchtfahrzeuges nicht den Kraftfahrzeugbrief vor- **156**
legen, handelt er in der Regel auch dann grob fahrlässig iS von § 932 Abs 2, wenn er
das Fahrzeug zum Schrottpreis und nur zum Verschrotten ankauft (OLG München
DAR 1965, 99).

Der Käufer eines gebrauchten Fahrzeugs kann trotz Nichtvorlage des Kraftfahr- **157**
zeugbriefes gutgläubig Eigentum erwerben, wenn keine vernünftigen Gründe bestanden, am Eigentum des Verkäufers zu zweifeln (OLG Schleswig v 26. 4. 1966 [1 U 136/
65]).

Voraussetzung für den gutgläubigen Erwerb eines gebrauchten Fahrzeugs ist nicht **158**
die tatsächliche Vorlage des Kraftfahrzeugbriefes durch den Verkäufer. Es reicht
aus, wenn dieser den Brief in Besitz hat und ihn auf Verlangen des Käufers vorlegen
könnte (OLG Saarbrücken NJW 1968, 1936 gegen BGH WM 1958, 754).

Die Übergabe und *Prüfung des Kraftfahrzeugbriefes* ist beim Kauf eines Gebraucht- **159**
wagens nur eine *Mindestanforderung* für einen gutgläubigen Eigentumserwerb. Bei
Vorhandensein von Verdachtsgründen, wie zB beim Verkauf des Fahrzeugs auf der
Straße und wenn der Verkäufer nicht der letzte im Kraftfahrzeugbrief eingetragene
Halter des Fahrzeugs ist, obliegt dem Erwerber eine Erkundigungspflicht beim
letzten eingetragenen Halter des Fahrzeugs (BGH WM 1975, 362).

Zum Umfang der Nachforschungspflicht des Erwerbers beim Kauf eines Kraftwa- **160**
gens vom Händler vgl RGZ 143, 14, dazu oben Rn 61.

Der Käufer, der von einem Gebrauchtwagenhändler ein Fahrzeug unter Vorlage des **161**
Kraftfahrzeugbriefes erwirbt, in dem jedoch *nicht der Name des früheren Eigen-*
tümers und kein Händlervermerk eingetragen ist, kann sich nicht auf den Schutz des
guten Glaubens berufen, ohne Nachforschungen hinsichtlich der Eigentumsverhältnisse angestellt zu haben (KG NJW 1960, 2243).

Wenn der Käufer eines Kraftwagens die Person des Verkäufers nicht näher kennt **162**
und ihm außerdem bekannt ist, dass das Fahrzeug ins Ausland gebracht werden soll,
obliegt ihm eine erhöhte Prüfungspflicht (BGH WM 1967, 562).

Beim Kauf eines Kraftwagens im Inland durch einen Händler, der das Fahrzeug **163**
dann ins Ausland weiterverkauft und hierfür eine Ausfuhrvergütung in Anspruch
nimmt, hat dieser sich um die Vorlage des Kraftfahrzeugbriefes zu kümmern und
nahe liegende Zweifel bezüglich des Eigentums des deutschen Verkäufers auszuräumen, auch wenn er nicht Besitzer des Fahrzeugs wird und keine dinglichen
Verfügungsgeschäfte über das Fahrzeug vornehmen will (BGH WM 1967, 562).

Sind der Veräußerer und der im Fahrzeugbrief ausgewiesene Eigentümer nicht ein **164**
und dieselbe Person, hat der Erwerber für einen gutgläubigen Eigentumserwerb

Ermittlungen anzustellen, die diese Diskrepanz zu beheben vermögen (OLG Hamm WM 1975, 208).

165 Zur Frage der groben Fahrlässigkeit eines Gebrauchtwagenhändlers, der von einem anderen Gebrauchtwagenhändler ein Fahrzeug zu einem erheblich unter dem durchschnittlichen Händlereinkaufspreis liegenden Preis erwirbt, vgl BGH WM 1987, 1282 (LS).

166   2.   Neuwagen

Alphabetische Übersicht

Beschlagnahmtes Kraftfahrzeug	– juristische Person eingetragen	169
– lastenfreier gutgläubiger Erwerb 168	– ohne Haltereintragung (bei veräußernder	
	Privatperson)	169a
Kraftfahrzeugbrief		
– Übergabe des – fehlt 167	Vorführwagen	155, 170

167 Zum gutgläubigen Erwerb bei neuen Kraftfahrzeugen *ohne Briefübergabe* vgl BGH WM 1965, 1136 ff; OLG Celle JZ 79, 608 (LS).

168 Solange sich ein noch nicht rechtskräftig eingezogenes Kraftfahrzeug aufgrund einer Beschlagnahme in behördlichem Gewahrsam befindet, kann an ihm kein gutgläubig-lastenfreier Eigentumserwerb stattfinden (OLG München NJW 1982, 2330).

169 Zum gutgläubigen Erwerb des Kfz vom Nichtberechtigten, *wenn im Kraftfahrzeugbrief eine juristische Person eingetragen* ist (OLG Schleswig DAR 1985, 26 [LS]).

169a Zur Frage des gutgläubigen Erwerbs von fabrikfremden Neuwagen durch die Niederlassung eines Autoherstellers, wenn eine veräußernde Privatperson Fahrzeugbriefe ohne Haltereintragung vorlegt (BGH NJW 1996, 314).

170 Bei einem *Vorführwagen* handelt es sich nicht um einen Gebraucht-, sondern um einen neuwertigen Werks- oder Vertragshändlerwagen. Demzufolge finden bei dessen Erwerb die *Rechtsgrundsätze für den Kauf eines Neuwagens* Anwendung. Deshalb wird der gutgläubige Erwerb eines Vorführwagens nicht bereits dadurch ausgeschlossen, dass sich der Käufer nicht den Kraftfahrzeugbrief vorlegen ließ (OLG Hamm NJW 1964, 2257).

II.   Nachforschungsobliegenheiten

171 1.   Erkundigung nach Bestehen eines Eigentumsvorbehaltes, einer Sicherungsübereignung, eines Leasingvertrages oder eines Vermieterpfandrechts

Alphabetische Übersicht

Abtretung
– Abtretungsverbot _____ 172, 223
– vertraglicher Ausschluss der Abtretung   187a

Bank _____ 190 f
Baumaschine _____ 179 f, 183, 185

Eigentumsvorbehalt _____ 173
– häufig Lieferung unter verlängertem __ 172
Erklärung (schriftliche)
– des Vorbehaltskäufers (= Veräußerer) __ 183
Erkundigungspflicht s Nachforschungsobliegenheit

Geschäftsverkehr _____ 181

Investitionshilfe vom Arbeitsamt _____ 186

Leasing _____ 187b

Maschine
– Bagger _____ 185
– Groß- _____ 184

Schmuckstücke _____ 190
Stahlhandel _____ 176

Verarbeitungsbetrieb _____ 172
Verdachtsgründe
– übliche Finanzierungsdauer von Geräten   184
– Veräußerer hat von Erwerber schon
  vorher Kredit erhalten _____ 176
– Verkauf auf Strasse _____ 159
– wirtschaftliche Schwierigkeiten _____ 173
Vermieterpfandrecht _____ 182
Vermögenslage des Veräußerers
– schlechte _____ 178

Waren
– Wahrscheinlichkeit groß, dass nur
  unter EV geliefert _____ 175, 193
Warenlager _____ 174, 187
Weinhandel _____ 177

Zweifel
– des Veräußerers selbst an seinem Eigentum _____ 186

Bei Unterwerfung des Erstabnehmers unter ein in den Allgemeinen Geschäfts- **172** bedingungen enthaltenes *Abtretungsverbot* ist dieser nicht ermächtigt, die Lieferantenware an den Zweitabnehmer zu veräußern. Der Zweitabnehmer ist verpflichtet, sich bezüglich des Eigentums bzw der Verfügungsbefugnis des Erstabnehmers zu erkundigen. Dies gilt jedenfalls *bei der Kenntnis des Zweitabnehmers* von der Tatsache, *dass es sich bei dem Lieferanten um einen Verarbeitungsbetrieb handelt*, da derartige Unternehmen häufig unter verlängertem Eigentumsvorbehalt liefern. Bei Vernachlässigung seiner Erkundigungspflicht handelt der Zweitabnehmer grob fahrlässig; ein gutgläubiger Eigentumserwerb an der Lieferantenware scheidet sodann aus (BGH ZIP 1980, 634).

Bei Abschluss eines außergewöhnlichen Geschäftes und Vorliegen von *Verdachts-* **173** *gründen*, dass das Geschäft wegen wirtschaftlicher Schwierigkeiten und nicht aus den vom Verkäufer angegebenen Gründen vorgenommen wurde, muss sich der Erwerber darüber erkundigen, ob die Ware unter Eigentumsvorbehalt geliefert wurde. Ansonsten würde ein gutgläubiger Eigentumserwerb an der groben Fahrlässigkeit des Erwerbers scheitern (BGH WM 1959, 117).

Für einen Kaufmann, der von einem Einzelhändler ein *Warenlager* erwerben will, **174** besteht die Pflicht, bezüglich der Eigentumsverhältnisse des Veräußerers Nachforschungen anzustellen, da er damit rechnen muss, dass an der Ware ein Eigentumsvorbehalt des Verkäufers besteht (OLG Celle NJW 1959, 1686).

175 Bei Waren, bei denen die *Wahrscheinlichkeit groß ist, dass sie nur unter Eigentums-vorbehalt geliefert* werden, ist der Erwerber verpflichtet, bezüglich der Eigentums-verhältnisse Nachforschungen anzustellen und sich das vorbehaltslose Eigentum des Veräußerers nachweisen zu lassen (OLG Celle WM 1960, 270).

176 Eine Informationspflicht des Erwerbers einer mit einem verlängerten Eigentums-vorbehalt belasteten Sache ist im Hinblick auf die *im Stahlhandel allgemein üblichen Eigentumsvorbehalte,* wegen der größtenteils direkten Anlieferung seitens der Vor-lieferanten und mit Rücksicht darauf, dass der nicht berechtigte Veräußerer auch in den Geschäftsbeziehungen mit dem Erwerber Kredit in Anspruch genommen hat, anzunehmen (BGH NJW 1989, 895, 897).

177 Da es nach den *Handelsbräuchen* und Geschäftsbedingungen im *Weinhandel* üblich ist, dass der Erzeuger den Wein dem Großhändler nur unter Eigentumsvorbehalt verkauft, handelt der Weinhändler grob fahrlässig und kann nicht gutgläubig Eigen-tum erwerben, wenn er von einem Weingroßhändler Wein in erheblichen Mengen kauft, ohne Erkundigungen über den Eigentumsvorbehalt des Weinerzeugers ein-zuziehen (LG Mannheim BB 1961, 1135).

178 Befindet sich bei Kaufabschluss die Kaufsache noch im Besitze desjenigen, von dem sie der Veräußerer erworben hat, ist der Erwerber in der Regel auch bei schlechter Vermögenslage des Veräußerers nicht verpflichtet, sich bei dem Voreigentümer zu erkundigen, ob der Veräußerer die Sache vor der Veräußerung schon einem Dritten zur Sicherheit übereignet hat (BGH WM 1966, 792).

179 Zur Frage, inwieweit der Käufer einer wertvollen gebrauchten *Baumaschine* eine Erkundigungs- und Prüfungspflicht hat, ob der Verkäufer Eigentümer ist, vgl BGH WM 1968, 540 (LS).

180 Muss der Käufer beim Erwerb einer gebrauchten *Baumaschine* vom Verkäufer den Nachweis des Eigentums oder der Verfügungsberechtigung verlangen? (OLG Düssel-dorf Betrieb 1968, 1396 [LS]).

181 Zur Frage, ob sich im *Geschäftsverkehr* der Erwerber einer Sache zur Vermeidung der Bösgläubigkeit danach erkundigen muss, ob der Veräußerer die Sache schon einem Dritten zur Sicherung übereignet habe, vgl BGH WM 1970, 120 (LS).

182 Befinden sich Gegenstände in Mieträumen und erkundigt sich der Erwerber dieser Gegenstände, der vom bestehenden Mietverhältnis Kenntnis hat, nicht nach dem *Vermieterpfandrecht,* so handelt er grob fahrlässig (BGH DB 1971, 2301).

183 Zur Frage, ob ein Käufer, der von einem Vorbehaltskäufer eine von diesem noch nicht voll bezahlte, gebrauchte *Straßenbaumaschine* erwirbt, sich mit der schrift-lichen Erklärung des Vorbehaltskäufers begnügen darf, die Maschine sei sein „un-umschränktes Eigentum und von Lasten Dritter frei", vgl BGH DB 1972, 2156 (LS).

184 Gibt sich der Erwerber einer teuren *Großmaschine,* der die wirtschaftlichen Ver-hältnisse des Veräußerers nicht kennt, allein mit dessen Erklärung zufrieden, so handelt er grob fahrlässig, wenn ihm bekannt ist, dass die Maschine jünger als die üibliche Finanzierungsdauer solcher Geräte ist (BGH WM 1975, 1050).

Wer eine Arbeitsmaschine *(Bagger)* erwerben will und sich die für den Betrieb **185** dieser Maschine auf öffentlichen Straßen ausgestellte Betriebserlaubnis nicht vorlegen lässt, handelt, anders als bei der Vorlage des Kraftfahrzeugbriefes, nicht automatisch grob fahrlässig. Der Erwerber ist jedoch verpflichtet, nach der Betriebserlaubnis zu fragen und die Angaben des Veräußerers zu überprüfen, um Verdachtsmomente bezüglich der Eigentumsverhältnisse zu entkräften (OLG Braunschweig WM 1977, 1212).

Der Erwerber von Gegenständen, deren *Veräußerer selbst an seinem Eigentum* an **186** den mit Investitionshilfe vom Arbeitsamt erworbenen Gegenständen *zweifelt*, darf sich über dadurch hervorgerufene Zweifel, ob der Eigentumsvorbehalt erloschen ist, nicht mit dem Argument hinwegsetzen, dass die Investitionshilfe dem Käufer nicht gewährt worden wäre, wenn dieser nicht bereits seinen Käuferanteil am Preis bezahlt hätte (BGH WM 1978, 1208).

Ein Kaufmann, der von einem Einzelhändler ein *Warenlager* erwerben will, ist **187** verpflichtet, Nachforschungen über die Eigentumsverhältnisse des Veräußerers an den Waren anzustellen, da er damit rechnen muss, dass an der Ware ein Eigentumsvorbehalt des Lieferanten besteht (OLG Celle NJW 1959, 1636).

Muss der Erwerber nach den Umständen mit einem verlängerten Eigentumsvorbe- **187a** halt des Vorlieferanten seines Vertragspartners rechnen, so handelt er grob fahrlässig, wenn er die Abtretung der Kaufpreisforderung vertraglich (wirksam) ausschließt und keine Erkundigungen über das Verfügungsrecht und/oder die Eigentumsverhältnisse an der Kaufsache einzieht (BGH NJW 1999, 425).

Zur Frage ob die Nachforschungspflicht auch auf Leasingvereinbarungen auszudeh- **187b** nen sei (OLG Düsseldorf NJW-RR 1999, 615, 617; LG Schwerin DB 1999, 277).

2. Erwerb zur Sicherheit (Sicherungsübereignung) **188**

Alphabetische Übersicht

Bank	190 ff, 151	Schmuckstücke — 190
		Sorgfaltspflicht des Erwerbers allgemein — 189
Kraftfahrzeug	151	
Kreditnehmer		Waren — 192 f
– Erwerb eines Gerätes von einem		
Händler	191	

Zur *Sorgfaltspflicht des Erwerbers* einer beweglichen Sache *bei der Sicherungsüber-* **189** *eignung* vgl RGZ 147, 321; dazu oben Rn 60 ff.

Zur Frage, ob eine Bank fahrlässig handelt, wenn sie sich *von einem Juwelier* **190**

Schmuckstücke sicherungsübereignen lässt, ohne von ihm einen *Nachweis für deren Bezahlung* zu verlangen, vgl BGH WM 1967, 1198 (LS).

191 Zur Frage, welche Anforderungen an die Sorgfaltspflicht einer Bank zu stellen sind, wenn ihr zur Sicherung eines Kredites ein *Gerät* übereignet wird, *das der Kreditnehmer von einem Händler gekauft* haben will, vgl BGH WM 1969, 175 (LS).

192 Zur Frage der Bösgläubigkeit einer Bank bei Sicherungsübereignung *eingelagerter Waren*, vgl BGH WM 1958, 754 (LS).

193 Ob eine Bank, der ein Kaufmann *Waren, die in der Regel unter Eigentumsvorbehalt geliefert werden* und für den Weiterverkauf bestimmt sind, zur Sicherheit für einen Kredit übereignet, sich Belege über die Bezahlung der Ware vorlegen lassen oder sonstige Nachforschungen anstellen muss, um dem Vorwurf der groben Fahrlässigkeit zu entgehen, hängt von den Umständen des Einzelfalls ab (BGH WM 1958, 930).

194 III. Übrige Fälle

Alphabetische Übersicht

Abtretungsverbot	223	Guter Glaube	
Aktien	195	– trotz Kenntnis bestimmter Tatsachen	203
– von der Einlageverpflichtung lastenfreier			
Erwerb	218	Handelsgesellschaft (offene)	226
Anfechtung	197	Haushaltsgegenstände	
– § 142 Abs 2	196	– Zustimmung des Eigentümer-Ehegatten	
Anwartschaftsrecht (vermeintliches –)		fehlt	209
– § 161	198		
		Inventarstücke	
Bank	219	– Erwerb eines Betriebes	210
– Zurechnung des Wissens von Bank-			
mitarbeitern	208	Konnossement	217
Baumaschine	199	Kraftfahrzeugbrief	
Betriebserlaubnis nach §§ 18 Abs 3,		– Sondereigentum nicht möglich	211
21 StVZO		Kunstwerke (wertvolle)	212
– Unterschied zum Kraftfahrzeugbrief	199		
Beweislastumkehr	195	Lagerschein	
Bösgläubigkeit s grobe Fahrlässigkeit		– nicht angegebene Vorbelastungen	219
		Lastenfreier Erwerb	218 f
Flaschen	200		
		Mitbesitz zur Übertragung von Alleineigen-	
Gemeinschuldner		tum	213
– verfügt über fremde Sache	201	Miteigentum	213
Gepfändete Sache	202		
Grobe Fahrlässigkeit		Nachlassgegenstand	
– Definition	207	– nicht im Eigentum der Erben	225
– Rechtsbegriff	205		

Pfandrecht (gutgläubiger Erwerb eines –)_ 228
– Beweislast _____ 230, 236
– Kraftfahrzeugbrief, Nichtvorlage _____ 233
– Reparatur an Kraftfahrzeug _____ 232, 234
– Verhalten des Verpfänders bei
  anderer Gelegenheit _____ 235
– Wertpapiere _____ 229
– § 1207 und § 366 HGB _____ 231

Rechtsirrtum _____ 204

Tatfrage _____ 206
Testamentsvollstrecker _____ 224

Verdachtsgründe
– Erwerb unter Einkaufspreis _____ 221

– Liquiditätsschwierigkeiten _____ 221
– Persönlichkeit des Veräußerers _____ 220
– Vermögenslage des Veräußerers schlecht 222
– Wertpapiere (Veräußerung von –) _____ 215
Verfügungsbefugnis gem § 366 HGB _____ 216

Wertpapiere
– abhanden gekommene _____ 215
– verkehrsmäßige Beschaffenheit _____ 214
– § 366 HGB _____ 216
Wertpapierwesen (Verwirrung und Unordnung) _____ 195
Wissenszurechnung _____ 208

Zwischenverfügung _____ 198

Sind in den ersten Jahren nach dem Zusammenbruch in Berlin *Aktien* ohne Lie- **195** ferbarkeitsbescheinigungen erworben worden, so kann infolge der *tief greifenden Verwirrung* und Unordnung, die *auf dem Gebiet des Wertpapierwesens geherrscht hat*, vermutet werden, dass der Erwerber nicht in gutem Glauben war. Er hat daher in einem solchen Fall die Pflicht, darzutun und gegebenenfalls zu beweisen, dass er, obwohl Misstrauen geboten war, nicht grob fahrlässig nicht wusste, dass es sich bei den erworbenen Aktien um abhanden gekommene handelte (BGH WM 1957, 238).

Bei *Anfechtung* der Übereignung eines Kfz beurteilt sich die Frage, ob der Abneh- **196** mer des Ersterwerbers gutgläubig Eigentum erworben hat, wenn das Auto in der Zwischenzeit bereits weiter veräußert wurde, nicht nach § 932, sondern nach *§ 142 Abs 2 BGB* (OLG Hamm VersR 1975, 814).

Eine *anfechtbar erworbene Sache*, die vor der Anfechtung weiterveräußert wurde, **197** bleibt trotz der Anfechtung des Vorerwerbs im Eigentum des Dritten, wenn dieser die Anfechtbarkeit weder kannte noch grob fahrlässig nicht kannte (BGH WM 1987, 1282; dazu GURSKY JZ 1991, 501).

Wird die vom Vorbehaltsverkäufer aufschiebend bedingt übereignete Sache mit **198** Zustimmung des Vorbehaltskäufers noch einmal an einen Dritten veräußert, so kann dieser aufgrund seines Vertrauens auf das vermeintliche *Anwartschaftsrecht* des zustimmenden Vorbehaltskäufers, der in der Zwischenzeit über sein Anwartschaftsrecht anderweitig verfügt hatte, *nach §§ 161, 932* unbedingtes Eigentum erwerben. Voraussetzung hierfür ist allerdings, dass der Vorbehaltskäufer durch den Besitz der Sache legitimiert ist und diesen Besitz zugunsten des Erwerbers vollständig aufgibt (OLGZ 79, 329; s aber oben Rn 129 ff).

Übergibt der Verkäufer einer *betriebserlaubnispflichtigen Baumaschine* dem Käufer **199** lediglich eine Ablichtung der Betriebserlaubnis nach §§ 18 Abs 3, 21 StVZO, so muss sich der Käufer, um gutgläubig Eigentum erwerben zu können, jedenfalls bei Hinzutreten weiterer verdächtiger Umstände nach dem Verbleib des Originals erkundigen und die Angaben des Verkäufers nachprüfen. Die Betriebserlaubnis hat allerdings für den Gutglaubensschutz eines Erwerbers nicht dieselbe, grundlegende Bedeutung wie der Kraftfahrzeugbrief bei einem zulassungspflichtigen Kraftfahrzeug (BGH NJW 1993, 1649).

200 Sind *Flaschen*, die von einer Genossenschaft hergestellt und nur unter Verwendungsbeschränkungen an die Genossen abgegeben werden, besonders gestaltet und mit einer in den Glaskörper eingeprägten Aufschrift „Leihflasche Deutscher Brunnen" und dem ebenfalls eingeprägten Waren- und Verbandszeichen GDB versehen, so kann auch ein gutgläubig außenstehender Dritter kein Eigentum an den Flaschen erwerben, insbesondere dann nicht, wenn der Erwerb zum gewerblichen Vertrieb anderweitiger Erzeugnisse gedacht ist (OLG München GRUR 1980, 1010).

201 Bei Verfügungen des *Gemeinschuldners* über eine fremde Sache spielt dessen Eigenschaft als Gemeinschuldner für die Frage des Eigentumserwerbs keine Rolle. Eine derartige Verfügung berührt den durch die Vorschriften der Konkursordnung über die Verfügungsbeschränkung des Gemeinschuldners geschützten Personenkreis nicht (BGH WM 1969, 175; s oben Rn 134).

202 Zum gutgläubigen Eigentumserwerb einer *gepfändeten Sache* vgl RGZ 104, 300; BGH DB 1971, 2301 sowie BGHZ 119, 75.

203 Zum *guten Glauben* des Erwerbers *trotz Kenntnis* der seinem Eigentumserwerb an sich *entgegenstehenden Tatsachen* vgl RGZ 74, 354.

204 Der Erwerber, der infolge *rechtsirriger Beurteilung* der ihm bekannten Tatumstände an das Eigentum des Veräußerers geglaubt hat, ohne dabei grob fahrlässig gehandelt zu haben, kann gutgläubig Eigentum erlangen, auch wenn er die Umstände gekannt hat, die den Eigentumserwerb des Veräußerers ausschließen können (BGH WM 1961, 150 im Anschluss an RGZ 74, 354).

205 Ergänzendes zum *Rechtsbegriff der groben Fahrlässigkeit* im Sinne der §§ 932 BGB, 366 HGB (im Anschluss an BGHZ 10, 14, 16) in BGH WM 1956, 884 und BGH NJW 1992, 316, 317: Der Begriff der groben Fahrlässigkeit ist zwar ein Rechtsbegriff. Die Feststellung der Voraussetzungen ist jedoch tatrichterliche Würdigung und mit der Revision nur beschränkt angreifbar. Der Nachprüfung unterliegt aber jedenfalls, ob der Tatrichter den Rechtsbegriff der groben Fahrlässigkeit verkannt oder bei der Beurteilung des Grades der Fahrlässigkeit wesentliche Umstände außer Betracht gelassen hat (str Rspr, BGH, NJW 1988, 1265, 1266). Ist das der Fall, kann das RevGer die Beurteilung des Verschuldensgrades selbst vornehmen, wenn die Feststellungen des BerGer ein abgeschlossenes Tatsachenbild ergeben (BAG NJW 1989, 2076 mwNw; BGH NJW 1991, 1415, 1417).

206 Beim *groben Verstoß gegen die erforderliche Sorgfalt* iS von § 932 Abs 2 handelt es sich um eine *Tatfrage*, die in der Revisionsinstanz nicht frei nachprüfbar ist (BGH WM 1956, 156).

207 Bei der *groben Fahrlässigkeit* handelt es sich um eine auch subjektiv schlechthin unentschuldbare, das gewöhnliche Maß der Fahrlässigkeit des § 276 erheblich übersteigende Pflichtverletzung (vgl BGH NJW 1992, 316). Dieser Vorwurf ist nur gerechtfertigt, wenn das Geschäft nach den besonderen Umständen des Falles ungewöhnlich erscheint oder besondere Gründe in der Person des Veräußerers vorlagen, die zu besonderer Vorsicht oder zu weiteren Nachforschungen veranlassen mussten (vgl BGH NJW 1962, 1056; WM 1969, 1383; BGH NJW 1994, 2093).

Für die Frage *grober Fahrlässigkeit bei Erwerb eines abhanden gekommenen Inha-* **208** *berverrechnungsschecks* (nach ScheckG Art 21) ist einer Bank nicht nur das Wissen des zuständigen Schalterangestellten, sondern auch das des Mitarbeiters zuzurechnen, der in der Scheckabteilung oder der sonst zuständigen Stelle über die Hereinnahme des Schecks endgültig entscheidet. Diese Stelle ist die kontoführende Bankfiliale, wenn ihr der Scheck nach Entgegennahme durch eine andere Filiale zur weiteren Bearbeitung zugeleitet wird (BGH NJW 1993, 1066, LS der Red).

An durch den einen Ehegatten ohne Zustimmung des anderen Ehegatten veräu- **209** ßerten *Haushaltsgegenständen*, die dem nicht zustimmenden Ehegatten gehörten, kann der Erwerber nicht gutgläubig Eigentum erlangen (OLG Köln FamRZ 1969, 92).

Zum gutgläubigen Eigentumserwerb an *Inventarstücken* bei Erwerb eines Betriebes **210** vgl OLG Stuttgart BB 1969, 1157 (LS).

Am *Kraftfahrzeugbrief* kann gutgläubig *kein Sondereigentum* erworben werden (LG **211** Mannheim BB 1961, 737).

Zur Frage der Bösgläubigkeit beim Erwerb wertvoller *Kunstwerke* vgl BGH WarnR **212** 73 Nr 3 (LS); siehe auch oben Rn 132 f.

Derjenige, dem vom nichtberechtigten Veräußerer *zur Übertragung des Alleinei-* **213** *gentums nur Mitbesitz eingeräumt* wurde, erlangt *auch nicht* kraft guten Glaubens *Miteigentum* an der veräußerten Sache (BGH WM 1962, 818).

Beim Erwerb von *Wertpapieren* ist es die mindeste Sorgfaltspflicht, dass sich der **214** Empfänger von der *verkehrsmäßigen Beschaffenheit* der Wertpapiere überzeugt (RGZ 58, 162, 165).

Eine Bank kann *abhanden gekommene Inhaberpapiere* gutgläubig von einem Ver- **215** käufer erwerben, wenn sie dessen Personalien feststellt und keine erheblichen Verdachtsmomente vorliegen; die Tatsache, dass der Verkäufer nur 19 Jahre alt ist und keine Berufsangaben macht, ist für sich allein noch kein erhebliches Verdachtsmoment. Der *Verkauf* von *Wertpapieren über eine Bank* ist – anders als der *Verkauf im freien Handel* – kein ungewöhnliches Geschäft. Im Gegensatz zur Einreichung von Verrechnungsschecks ist auch die *gleichzeitige Kontoerrichtung* kein den guten Glauben ausschließendes Verdachtsmoment (JuS 1994, 889 = BGH NJW 1994, 2093).

Zum guten Glauben und zur *Nachforschungspflicht* bei bestehenden Zweifeln an **216** der Verfügungsbefugnis gem § 366 HGB beim *Erwerb von Wertpapieren* vgl RGZ 68, 130, 134 f.

Grobe Fahrlässigkeit beim Erwerb einer Ladung, wenn der Erwerber vom Vorhan- **217** densein eines *Konnossements* Kenntnis hatte, sich jedoch um dessen Verbleib nicht gekümmert hat (RGZ 119, 215, 219 f).

218 Hinsichtlich der Möglichkeit, nicht eingezahlte junge Aktien gutgläubig lastenfrei (§§ 932, 936 BGB), dh ohne Haftung für die Erfüllung der auf sie entfallenden Einlageverpflichtung, zu erwerben, steht der Altaktionär, der von seinem mittelbaren Bezugsrecht (§ 186 Abs 5 AktG) Gebrauch macht, nicht einem Zweiterwerber (und jedem folgenden Erwerber) der Aktien, sondern einem unmittelbar bezugsberechtigten Aktionär gleich (BGHZ 122, 180, 196 = BGH NJW 1993, 1983, 1987 [LS]; vgl dazu auch Vorbem 42 ff zu §§ 932 ff u § 936 Rn 5).

219 Zur Frage, ob eine Bank grob fahrlässig handelt, wenn sie sich darauf verlässt, dass *im Lagerschein nicht angegebene Vorbelastungen* durch Frachtkosten, Zölle, Steuern usw und ein gesetzliches Pfandrecht für sie nicht vorhanden seien, vgl BGH WM 1966, 118 (LS).

220 Insbesondere *aus der Persönlichkeit des Veräußerers* kann sich der Verdacht ergeben, dass dieser nicht Eigentümer ist (BGH WM 1969, 1233).

221 Zur Frage der Bösgläubigkeit, wenn ein Großhändler eine Ware von einem anderen Großhändler, der sich in *Liquiditätsschwierigkeiten* befindet, *unter Einkaufspreis erwirbt*, vgl BGH WM 1969, 1452 (LS).

222 Der *Erwerber* von Gegenständen, *der die seit langem bestehende schlechte Vermögenslage des Veräußerers kennt*, darf sich für einen gutgläubigen Eigentumserwerb nicht auf die Versicherung des Veräußerers verlassen, dass die von diesem angeschafften Gegenstände vor geraumer Zeit voll bezahlt worden seien (BGH WM 1978, 1208).

223 Zur Erkundigungspflicht des Zweitabnehmers bei einem vereinbarten *Abtretungsverbot* vgl BGH ZIP 1980, 634 (LS) u dazu oben Rn 172.

224 Zur Erkundigungspflicht des *Testamentsvollstreckers* vgl BGH WM 1981, 405 (LS).

225 An einem *Nachlassgegenstand*, der nicht im Eigentum der Erben steht, ist der gutgläubige Erwerb durch den Testamentsvollstrecker ausgeschlossen, wenn dieser aufgrund der Tatsache, dass er die Unterlagen des Erblassers nicht durchgesehen hat, nicht wusste, dass der erworbene Gegenstand nicht zum Nachlass gehörte (WM 1981, 405).

226 Eine *offene Handelsgesellschaft* kann nicht gutgläubig Eigentum erwerben, wenn auch nur einer der Gesellschafter bösgläubig war (BGH WM 1959, 348).

227 Der gutgläubige Erwerb einer beweglichen Sache, die *Gegenstand eines späteren Rückerstattungsverfahren* wurde, ist möglich, wenn in dem Rückerstattungsverfahren der Vergleich geschlossen wurde, dass der Gegenstand beim Rückerstattungspflichtigen verbleiben soll, und der Erwerber in dem von § 932 Abs 2 geforderten Zeitpunkt gutgläubig war, da mit der Aufhebung der Vermögenssperre die Veräußerung der Sache wirksam wird (BGH WM 1957, 634).

Zur Sorgfaltspflicht des Pfandgläubigers beim Erwerb eines **Pfandrechts** vgl RGZ **228** 118, 35.

Zum gutgläubigen Erwerb an einem Pfandrecht durch eine Bank an Wertpapieren, **229** die ihr von einem Kunden, dem die Wertpapiere nicht gehörten, ins offene Depot gegeben wurden, vgl RGZ 118, 35.

Zur Frage der Beweislast für den guten oder bösen Glauben des Pfandnehmers vgl **230** RGZ 133, 187.

Zur Anwendung des § 1207 (iVm § 932) und des § 366 HGB beim Pfandrechtser- **231** werb vgl RGZ 141, 129 und BGHZ 119, 75, 92.

An einem dem Handwerker zur Reparatur übergebenen älteren Kraftfahrzeug kann **232** dieser gutgläubig ein Pfandrecht erwerben, da er bei einem älteren Fahrzeug nicht damit zu rechnen braucht, dass ein Dritter an dem Wagen aus Finanzierungsgrün- den noch Eigentum hat (OLG Hamburg MDR 1959, 1017).

In der Regel ist aber der gutgläubige Erwerb des Unternehmerpfandrechtes bei **233** Nichtvorlage des Kraftfahrzeugbriefes ausgeschlossen. Das gilt sowohl für ge- brauchte als auch für neue Fahrzeuge (LG München NJW 1960, 44).

Der Inhaber einer Reparaturwerkstätte kann an den zur Ausstattung eines Kraftfahr- **234** zeugs gehörenden Gegenständen ein vertragliches Pfandrecht gutgläubig erwerben, sofern am Eigentum des Verpfänders keine Zweifel bestehen (BGH WM 1980, 1427).

Dem gutgläubigen Erwerb eines Pfandrechts an einer nicht dem Verpfänder gehö- **235** renden Sache kann entgegenstehen, dass der Pfandgläubiger die ihm bekannte Tatsache unberücksichtigt lässt, dass der Verpfänder sich bei anderer Gelegenheit kaufmännisch unkorrekt verhalten hat (BGH WM 1980, 1349).

Erwirbt ein Dritter vom Nichtberechtigten ein Pfandrecht, so hat grundsätzlich der **236** bisherige Eigentümer die Umstände, die die Bösgläubigkeit des Pfandrechtserwer- bers begründen, zu beweisen. Sind jedoch bewegliche Sachen an eine Pfandkredit- anstalt verpfändet worden, müssen an die Sorgfaltspflicht des Erwerbers besondere Anforderungen gestellt werden (BGH ZIP 1981, 1343).

§ 932a
Gutgläubiger Erwerb nicht eingetragener Seeschiffe

Gehört ein nach § 929a veräußertes Schiff nicht dem Veräußerer, so wird der Er- werber Eigentümer, wenn ihm das Schiff vom Veräußerer übergeben wird, es sei denn, dass er zu dieser Zeit nicht in gutem Glauben ist; ist ein Anteil an einem Schiff Gegenstand der Veräußerung, so tritt an die Stelle der Übergabe die Ein- räumung des Mitbesitzes an dem Schiff.

Materialien: S § 929a Rn 1.

Wolfgang Wiegand

I.   Allgemeines

1 Zur Begriffsbestimmung vgl die Erl des § 929a. Der gutgläubige Erwerb eines nicht eingetragenen Seeschiffes von einem Nichtberechtigten wird im Gegensatz zu § 929a – systemkonform – an die Besitzerlangung geknüpft. Es gelten die Grundsätze von § 932. Für eingetragene Seeschiffe gelten die §§ 15 ff SchiffsRG (weiterführendes Schrifttum § 929a Rn 1).

II.   Anwendbarkeit von § 366 Abs 1 HGB

2 Gemäß der Rechtspr des BGH (NJW 1990, 3209 f) ist § 366 Abs 1 HGB auf Schiffe anwendbar, welche *nicht* im Schiffsregister eingetragen sind. Dies gilt auch für Seeschiffe im Falle einer Veräußerung nach § 929a (**aM** PRÜSSMANN-RABE, Seehandelsrecht [2. Aufl 1983] Vorbem § 476 Anm I B 2). Bei eingetragenen Schiffen gehen die Spezialbestimmungen des SchiffsRG gegenüber § 366 Abs 1 HGB vor, da schon ein gutgläubiger Eigentumserwerb an solchen Schiffen nach den §§ 932 ff, auf welche § 366 Abs 1 HGB verweist, ausgeschlossen ist.

3 Für den Erwerb eines Miteigentumsanteils genügt die Einräumung des Mitbesitzes (dazu STAUDINGER/NÖLL [2002] SchiffsRG § 2 Rn 12 ff).

§ 933
Gutgläubiger Erwerb bei Besitzkonstitut

Gehört eine nach § 930 veräußerte Sache nicht dem Veräußerer, so wird der Erwerber Eigentümer, wenn ihm die Sache von dem Veräußerer übergeben wird, es sei denn, dass er zu dieser Zeit nicht in gutem Glauben ist.

Materialien: E I § 879 S 1; II § 847 Abs 1; III § 917; Mot III 345 f; Prot III 208 ff.

Schrifttum

Ältere Rechtsprechung
RGZ 49, 172; 77, 24; 81, 141; 95, 105; 126, 26; 137, 23; 147, 321

BGH LM Nr 1 zu § 933; BGH WM 1970, 251; BGH WM 1976, 1192; BGH WM 1977, 1353; BGH WM 1979, 17.

Literatur

DAMRAU JuS 1978, 519
DEUTSCH JZ 1978, 385
HAGER 330 ff
MICHALSKI AcP 181 (1981) 384

PICKER AcP 188 (1988) 511
WEIMAR JR 1981, 363
WIEGAND JuS 1974, 201.

Systematische Übersicht

I.   Normzweck und Bedeutung _____ 1

II.   Die Tatbestandsvoraussetzungen
1.   Allgemeines _____ 10
2.   Einigung _____ 12
3.   Besitzkonstitut und Übergabe _____ 16

4.   Die Übergabe _____ 17
5.   Guter Glaube _____ 29

III. Wirkungen _____ 31

Alphabetische Übersicht

Anwartschaftsrecht _____ 5, 14, 16

Besitz _____ 1
Besitzergreifung _____ 20 ff
Böser Glaube _____ 33

Erwerb vom Nichteigentümer
– Voraussetzungen _____ 10 ff
– Wirkung des redlichen Erwerbs ____ 31 ff
Einigung _____ 12

Guter Glaube _____ 29 ff

Nichtberechtigter _____ 14

Rechtsscheinbasis (-position) _____ 21, 23
Rechtsscheinbegründend _____ 20, 28

Veräußerungsgeschäft _____ 8, 25

I.   Normzweck und Bedeutung

1.   Übereignet der Nichtberechtigte die Sache unter _Vereinbarung eines Besitz-_ **1**
mittlungsverhältnisses, so erlangt der gutgläubige Erwerber erst und nur dann Eigentum, „wenn ihm die Sache von dem Veräußerer übergeben wird". Mit diesem Erfordernis ist nichts anderes gemeint als eine Besitzverschaffung iS der §§ 929, 932 (zu den Einzelheiten unten Rn 17 ff).

a)   Damit hat der Gesetzgeber die _Erwerbsform des § 930 für den Gutglaubens-_ **2**
schutz praktisch aufgehoben. In den Motiven wird diese Regelung, die an die Praxis des RG zu § 306 des ADHGB anknüpft (zum Ganzen Vorbem 12 ff zu §§ 932 ff), mit folgenden Erwägungen begründet: „Das HGB § 306 ist, obgleich eine ausdrückliche Bestimmung fehlt, immer dahin verstanden worden, daß körperliche Übergabe, mit Ausschluß einer solchen Übergabe, welche die Detention dem Tradenten beläßt (constitutum possessorium), gefordert wird. Der Entwurf schließt sich dieser handelsrechtlichen Auffassung an. Der durch den bona fide Erwerb bedrohte Eigenthümer muß dagegen geschützt werden, daß der ihn treffende Rechtsverlust hinter einen so wenig ersichtlichen Akt wie das constitutum possessorium sich verstecke ... Durch die Rücksicht auf das bisherige Eigentum kommt man dahin, dieses Eigenthum so lange fortdauern und die Vindikation so lange durchdringen zu lassen, als die Sache in den Händen einer Person verbleibt, welche der Vindikation unterliegt und gegen welche die Eigentumsklage vielleicht schon rechtshängig geworden ist, mag auch der Besitzer bzw Inhaber den Versuch einer Veräußerung mittels constitutum possessorium gemacht haben. Eine Unbilligkeit gegen den gutgläubigen Erwerber liegt nicht vor, da in dem Belassen der Sache in den Händen des Veräußerers eine Vertrauenserweisung liegt, deren Gefahr ohne Unbilligkeit den

Vertrauenden trifft. Übrigens wird selbstverständlich der dem dinglichen Vertrag anklebende Mangel im Falle der späteren Herausgabe als gehoben zu gelten haben, auch wenn der dingliche Vertrag nicht wiederholt, sondern die Herausgabe als Restitution angesehen ist" (Mot III 345).

3 b) Die Entscheidung des Gesetzgebers findet iE bis heute die *fast einhellige Zustimmung der Literatur* (kritisch zum Ergebnis wie zu dessen Begründung HECK § 59 4, der von einer nicht gerechtfertigten „Zurücksetzung des gutgläubigen Erwerbers" spricht), die lediglich die legislatorischen Erwägungen weiterentwickelt und verfeinert hat. Als ausschlaggebend wird vor allem der Umstand angesehen, dass der Veräußerer sich nicht völlig vom Besitz löst, sondern die tatsächliche Sachherrschaft behält (vgl insbes BAUR/STÜRNER § 52 Rn 17 f, ihnen folgend BGHZ 56, 123, 129; so schon RGZ 126, 25 und 137, 123; zum Ganzen Vorbem 12 ff zu §§ 932 ff).

4 2. Die Konsequenzen, die sich aus dieser Entscheidung des Gesetzgebers ergeben, sind weit reichend und vielfältig:

5 a) Die *praktisch bedeutsamste Folge* besteht darin, dass die Sicherungsübereignung von Dritteigentum, insbes von Vorbehaltsware, durch Besitzkonstitut nicht möglich ist. Das ist Anlass zu zahlreichen „Umwegkonstruktionen" (s unten Rn 33); deren Wichtigste ist die *Umdeutung* in eine *Übertragung des Anwartschaftsrechtes* des Vorbehaltskäufers auf den Sicherungsnehmer. Bei Einzelgegenständen ist diese idR wirksam, bei Verfügungen über Sachgesamtheiten (Warenlager) gelten die oben (Anh 111 ff zu §§ 929 ff) dargelegten Grundsätze.

6 b) Funktionell betrachtet bewirkt die Regelung des *§ 933 eine Rückkehr zu §§ 929 S 1, 932 Abs 1 S 1*, wobei die Übergabe hinausgeschoben wird. Daraus ergibt sich die Frage, welche Bedeutung dem Vorgehen nach §§ 930, 933 dann noch zukommt.

7 aa) Mit dem nicht näher begründeten Hinweis auf § 139 hatte M WOLFF (§ 69 II 2 c) die Auffassung vertreten, dass ein *Besitzmittlungsverhältnis nicht zustande kommen könne*, wenn der Eigentumserwerb scheitere. Diese Ansicht hat zwar große Beachtung gefunden, sich aber letztlich nicht durchsetzen können. Sie verkennt, dass der Erfolg der Einigung überhaupt nichts mit der Frage zu tun hat, ob der – für das Besitzmittlungsverhältnis allein maßgebende – Fremdbesitzwille und die diesem korrespondierende Herausgabebereitschaft bestehen (so schon überzeugend PLANCK/ BRODMANN Anm 2 a). Heute wird deshalb *zu Recht allgemein angenommen*, dass zwischen dem Nichtberechtigten und dem gutgläubigen Erwerber ein **Besitzmittlungsverhältnis** entsteht (BGH 50, 45, allerdings mit verfehlter Begründung; PALANDT/BASSENGE Rn 1; MünchKomm/QUACK Rn 13; JAUERNIG Rn 4; ausf MICHALSKI AcP 181 [1981] 384, 388 und mit teilweise abw Begründung HAGER 332 ff; vgl zum Ganzen auch § 930 Rn 12 ff u Anh 90 zu §§ 929 ff).

8 bb) Für den Eigentumserwerb nach § 933 spielt diese Frage an sich gar keine Rolle; denn ausschlaggebend ist letztlich allein die Übergabe an den Erwerber (s u Rn 17 ff). Trotzdem handelt es sich keineswegs um eine akademische Kontroverse. Wenn nämlich der *Gutgläubige* schon mit Abschluss des Veräußerungsgeschäftes mittelbaren Besitz erlangt, dann kann er seinerseits *nach § 934 1. Alt* Eigentum übertragen. Nur vor diesem Hintergrund ist die These WOLFFS zu verstehen. Es handelt sich indessen um den untauglichen (und unzulässigen) Versuch, (vermeintliche) rechtspolitische Fehlentscheide mit dogmatischen Mitteln zu korrigieren (so schon PLANCK/BRODMANN Anm 2 b). Korrekturen müssen, wenn man sie für geboten hält, bei § 934 ansetzen (vgl § 934 Rn 3 u Vorbem 17 zu §§ 932 ff). Es ist deshalb auch unter diesem Aspekt daran festzuhalten, dass ein Besitzmittlungsverhältnis besteht und damit der Weg einer Übereignung nach §§ 931, 934 grundsätzlich eröffnet wird.

cc) Für die *Einigung* ergeben sich keine Besonderheiten (sie ist sofort wirksam 9 und bis zur Vollendung des Erwerbs widerruflich, wobei ihr Fortbestand vermutet wird, vgl § 929 Rn 80 ff) und hinsichtlich des *guten Glaubens* enthält § 933 eine ausdrückliche Regelung, die der Streckung des Erwerbsaktes Rechnung trägt (dazu generell § 932 Rn 92 ff sowie unten Rn 29 ff).

II. Die Tatbestandsvoraussetzungen

1. Allgemeines

a) Der Eigentumserwerb gem § 933 ist nach dem Wortlaut der Vorschrift an 10 folgende Voraussetzungen geknüpft:

– Einigung im Sinne von § 929

– Besitzmittlungsverhältnis nach § 930

– Übergabe

– guter Glaube

b) Neben diesen ausdrücklich genannten Elementen kommen natürlich auch bei 11 § 933 die allgemeinen Grundsätze des gutgläubigen Erwerbs zur Anwendung, insbes muss ein „Verkehrsgeschäft" (Vorbem 42 ff zu §§ 932 ff) vorliegen.

2. Einigung

Für die *Einigung* gelten die allgemeinen Grundsätze; ihre Wirksamkeit ist wie bei 12 § 929 und § 932 Voraussetzung für jeglichen Eigentumserwerb. Der Fortbestand des Konsenses bis zum Abschluss der Übereignung wird auch hier vermutet (vgl § 929 Rn 80 ff).

a) Gerade in diesem Punkt ergeben sich aus der besonderen Ausgestaltung des 13 Tatbestandes Abweichungen, die Auswirkungen auf alle Tatbestandsmerkmale haben. Im Gegensatz zu § 929 oder § 932, die kombinierte oder erstreckte Erwerbstatbestände enthalten, welche sich aus zwei Elementen zusammensetzen (Vorbem 6 zu § 929 u § 932 Rn 9), enthält § 933 einen noch weiter „gestreckten" Tatbestand: Zu den zwei Elementen Einigung und Konstitut muss als letztes auch noch eine Übergabe hinzutreten. Die Folgen, die das für die *Einigung* hat, sind klar: Sie muss bis zu diesem letzten Erwerbsakt andauern. Daraus ergeben sich jedoch eine Reihe von Konsequenzen, die (eng miteinander zusammenhängen und) zu Missverständnissen geführt haben.

14 b) Dabei sind folgende *Konstellationen zu unterscheiden*:

aa) Weiß der Veräußerer, dass er als Nichtberechtigter verfügt, so könnte man generell die Ernsthaftigkeit seines Übereignungswillens in Frage stellen. Ganz allgemein wird indessen angenommen, dass der *Veräußerer* (sofern nicht ganz besondere Umstände vorliegen) *dem gutgläubigen Erwerber Eigentum verschaffen will* (so jetzt auch HAGER 334 f). Dies gilt auch für die praktisch bedeutsamsten Fälle der Verfügung über Vorbehaltsware oder Sicherungsgut, ohne dass die (vertraglichen) Voraussetzungen für eine Weiterveräußerung gegeben sind. Beim *Vorbehaltskäufer* und, *sofern man die auflösende Bedingtheit der Sicherungsübereignung bejaht* (dazu Anh 196 ff zu §§ 929 ff), auch beim *Sicherungsgeber* folgt das schon daraus, dass der Wille jedenfalls auf die (nach §§ 929, 930 abzuwickelnde) *Übertragung der Anwartschaft* gerichtet ist. Gerade bei dieser Ausgangslage wird der Veräußerer auch nach Vornahme des Übereignungsaktes noch den Willen haben, dem Erwerber endgültig Eigentum zu verschaffen (zur Willenslage beim Erwerber sofort Rn 15 und zur Besitzfrage unten Rn 17 ff).

15 bb) Weiß dagegen der *Veräußerer nichts von der fehlenden Berechtigung*, glaubt er mit Einigung und Begründung des Besitzmittlungsverhältnisses dem Erwerber Eigentum verschafft zu haben. Der **Erwerber** seinerseits muss dies ebenfalls annehmen, da er den Veräußerer (gutgläubig) für den Eigentümer hält. Bei dieser Konstellation kann bei einer späteren Übergabe der Wille, Eigentum zu übertragen oder zu erlangen, vernünftigerweise nicht mehr vorhanden sein; denn beide Seiten gehen ja davon aus, dass der Eigentumsübergang bereits erfolgt sei.

Für Lit und Rspr haben sich aus dieser Situation nur deshalb keine Schwierigkeiten ergeben, weil sie diese durch die Vermutung des Fortbestehens der Einigung überspielt haben, ohne dabei den gegenüber §§ 929, 932 veränderten Umständen Rechnung zu tragen.

Vom Ergebnis her wird man das akzeptieren können, wobei allerdings klar sein muss, dass die Fortdauer der Einigung in derartigen Fällen letztlich eine Fiktion darstellt. Dass dadurch aber das Problem nur verlagert wurde, ergibt sich aus den Diskussionen um die Erfordernisse der „Übergabe" iS von § 933.

3. Besitzkonstitut und Übergabe

16 Im Anschluss an eine Entscheidung des RG (RGZ 81, 141) wird allgemein angenommen, dass der Übergabe eine Veräußerung „nach § 930" vorangegangen sein muss (PALANDT/BASSENGE Rn 2; MünchKomm/QUACK Rn 4). Gemeint ist damit allerdings nur, was soeben (Rn 14 f) dargelegt wurde: Sofern die Parteien bereits nach §§ 930, 933 vorgegangen sind, erfolgt die daraus anknüpfende Übergabe in einer anderen Vorstellung als bei einer Übergabe nach §§ 929, 932.

Das Besitzmittlungsverhältnis als solches ist für den Eigentumserwerb unerheblich (zutref BAUR/STÜRNER § 52 Rn 17), sofern dieser nach § 933 erfolgt. Bedeutung erlangt es jedoch in zwei Fällen:

– Falls der Nichtberechtigte später das Eigentum erwirbt, wird seine Verfügung nach *§ 185 Abs 2 S 1* wirksam. Der Eigentumserwerb tritt also dann aufgrund der

Einigung und der Besitzmittlungsvereinbarung ein; die *Konvaleszenz* hat keine Rückwirkung zur Folge (STAUDINGER/GURSKY [2001] § 185 Rn 59 ff).

– Falls die Veräußerung das *Anwartschaftsrecht* – mittelbar oder im Wege der Umdeutung (s oben Rn 5) – erfassen soll, muss für dessen Übertragung neben der Einigung ein Besitzmittlungsverhältnis vorliegen. Mit Eintritt der Bedingung erlangt der Erwerber dann (nach hM unmittelbar) Eigentum gemäss § 930 (SOERGEL/ HENSSLER Rn 6), auch wenn die Sache beim Veräußerer bleibt.

4. Die Übergabe

Bezüglich der (der Begründung des Besitzmittlungsverhältnisses folgenden) Über- **17** gabe gehen Lit und Rspr einhellig davon aus, „daß der Begriff der Übergabe einer Sache in § 933 BGB nicht anders als in § 929 BGB verstanden werden kann" (BGHZ 67, 207, 208 im Anschluss an die Rspr des RG, insbes RGZ 137, 23, 25).

a) Daraus folgt zunächst, dass die bei § 929 dargestellten Formen der Übergabe **18** (§ 929 Rn 45 ff, 61 ff) auch bei § 933 zur Anwendung kommen (s unten 24 ff). Das Gleiche gilt an sich auch für das prinzipielle, den heutigen Verkehrsverhältnissen angepasste Verständnis der Funktion der Übergabe (§ 929 Rn 52 ff, insbes 60).

b) Es ist indessen zu *prüfen*, ob das *Konzept* oder einzelne *Modalitäten der* **19** *Übergabe der Modifikation bedürfen.* Diese Prüfung hat unter zwei Aspekten zu erfolgen: einmal im Hinblick auf die generelle Bedeutung der Übergabe für den Gutglaubensschutz, zum anderen in Bezug auf die, oben bereits dargelegte, besondere Stellung der Übergabe beim § 933 als *Zusatzerfordernis* nach der Vereinbarung des Besitzkonstitutes (vgl oben Rn 13).

aa) In den Erl zu § 932 ist bereits gezeigt worden, dass für die **rechtsscheinbe- 20 gründende Wirkung der Übergabe** keine zusätzlichen Elemente notwendig sind und dass sich infolgedessen gegenüber den Erfordernissen des § 929 grundsätzlich keine Abweichungen ergeben. Das gilt auch für die im Anschluss an eine Entscheidung des BGH (BGHZ 67, 207) heftig diskutierte Frage, ob die *Besitzergreifung durch den Erwerber* für den gutgläubigen Erwerb genügen könne (§ 932 Rn 29 ff; § 929 Rn 67 ff mNw). Fraglich kann deshalb nur sein, ob sich aus der besonderen *Konstellation bei § 933 Gesichtspunkte* ergeben, die eine *andere Beurteilung* erfordern.

bb) Der **BGH** hatte angenommen, dass die durch den Sicherungsnehmer vorge- **21** nommene Inbesitznahme dreier nach § 933 sicherungsübereigneter Kompressoren nicht zum Erwerb führe, obwohl der Veräußerer zuvor sein generelles Einverständnis dazu gegeben hatte. Dieses schließe zwar verbotene Eigenmacht des Erwerbers aus, genüge aber „für einen gutgläubigen Erwerb nach § 933 nicht" (BGHZ 67, 207, 209).

Darin liegt eine Verkennung der Funktion der „Übergabe" im Sinne von § 933. Die Vorschrift versagt dem Erwerber gutgläubigen Erwerb trotz Einigung und Erlangung des mittelbaren Besitzes, weil dessen Begründung durch den Veräußerer nicht als ausreichende Rechtsscheinbasis angesehen wird. Erst wenn die *Sache vollkommen und definitiv aus dem Herrschaftsbereich des Veräußerers ausscheidet*, liegt ein *rechtsscheinbegründender Tatbestand* vor. Für die *Besitzerlangung des Erwerbers* genügen *dann alle Varianten, die auch für §§ 929, 932 als ausreichend angesehen werden*. Es wäre besonders widersinnig bei § 933 mehr zu verlangen, denn der Veräußerer hat ja bereits zuvor dem Erwerber mittelbaren Besitz verschafft und beide Parteien gehen selbst normalerweise davon aus, dass das Eigentum bereits übergegangen ist (s oben Rn 14 f).

22 Gerade der letzte Umstand ist entscheidend: Der Veräußerer wird in aller Regel mit der Besitzergreifung durch den (vermeintlich schon) Eigentümer gewordenen Erwerber einverstanden sein. Wenn dieses *besitzrechtliche Einverständnis* des Veräußerers im Moment des Besitzverlustes nicht mehr existiert, scheitert der Erwerb; dann liegt aber in jedem Falle verbotene Eigenmacht vor (vgl schon § 929 Rn 67 ff; woraus sich ergibt, dass es genügen muss, wenn sich der Veräußerer nachträglich mit der Wegnahme einverstanden erklärt, so schon WOLFF/RAISER § 69 II 2 c; PLANCK/BROD-MANN Anm 2; vgl auch DEUTSCH JZ 1978, 385, 388; **aM** die wohl hM, vgl zB WESTERMANN/GURSKY § 48 I 2 und BGH JZ 1978, 104). Es ist indessen davon auszugehen, dass auch für dieses (nichtrechtsgeschäftliche) *Einverständnis eine Vermutung* besteht, die im Hinblick auf die besondere Konstellation bei § 933 noch schwerer zu widerlegen ist als diejenige zugunsten der Einigung (s oben Rn 12 f). Deshalb muss mE auch bei formularmäßig erklärtem Einverständnis mit der Wegnahme von dessen Fortdauer ausgegangen bzw dessen Wegfall nachgewiesen werden (anders BGHZ 67, 207; DEUTSCH JZ 1978 385, 388; WOLF Rn 567; eher wie hier MünchKomm/QUACK Rn 10 f; SCHAPP § 12 II 2 c; PALANDT/BASSENGE § 929 Rn 11; § 933 Rn 4; KROPHOLLER/BERENBROK § 933 Rn 1; MUSIELAK JuS 1992, 718).

23 **cc) Zusammenfassend** ist festzuhalten: **Auch für § 933 gilt der Übergabebegriff, der für §§ 929, 932 maßgebend ist.** Dieser „Herrschaftswechsel" (vgl § 929 Rn 66) ist notwendig, damit die Besitzverschaffung als Rechtsscheinbasis anerkannt werden kann.

24 **c)** Aus der dargelegten Funktion der Übergabe und dem ihr entsprechenden Konzept ergeben sich **Konsequenzen für die Rechtsanwendung**.

25 **aa)** In Lit und Rspr findet sich durchgehend die Floskel, der Erwerber müsse den Besitz *„aufgrund der Veräußerung" erlangt* haben. Sie geht zurück auf eine Formulierung des RG aus dem Jahre 1912 (RGZ 81, 141 ff). Das Urteil geht von der Vorstellung aus, dass „das Konstitut durch die Übergabe ersetzt" werde, sie stellt also (eine Wiederholung der Besitzverschaffung in anderer Form oder) eine Art zweiten Vollzug der Veräußerung dar. Entscheidend für § 933 ist die Vorstellung, „daß *aufgrund des Veräußerungsgeschäftes* der bisherige mittelbare Besitz des Erwerbers in unmittelbaren umgewandelt werden soll" (Hervorhebung nicht im Original). M WOLFF hat dasselbe Kriterium in ganz anderem Sinne, nämlich dazu verwendet, um den engen Übergabebegriff auszudehnen. „Es genügt, wie nach § 936 Abs 1 S 3, daß der Erwerber nachträglich den Besitz „auf Grund der Veräußerung", dh in Realisierung der Veräußerung, erlangt" (WOLFF/RAISER § 69 II 2 c). Die von ihm gebildeten Beispiele finden sich in allen Handbüchern und Kommentaren (zB PLANCK/BRODMANN Anm 2). Sie fallen sämtlich unter den oben entwickelten Übergabebegriff.

26 **bb)** Fraglich ist, *ob dieses Kriterium überhaupt erforderlich ist*. In der Lit werden die beiden ganz unterschiedlichen Ansätze vermengt und die Beispiele zeigen bei

näherer Betrachtung, dass es im Grunde *nur um selbstverständliche Klarstellungen* geht. Gemeint sein kann nur, dass die Besitzerlangung nicht auf einem anderen Rechtsgrund (Miete oder Leihe) beruhen darf, der das Besitzrecht des Veräußerers nicht endgültig ausschließt (so zutref BGB-RGRK/Pikart Rn 7). Aus den gleichen Gründen reicht eine kurzfristige Überlassung, etwa eines Autos zur Probefahrt (vgl OLG München NJW 1970, 667) oder zur Montage von Nummernschildern nicht aus (OLG Frankfurt WM 1976, 802). In all diesen *Fällen würde aber auch eine Übergabe gem § 929 zu verneinen sein* (vgl § 929 Rn 67 ff). Entscheidend kommt es deshalb für § 933 wie bei jeder Übergabe darauf an, dass die Aufhebung der bisherigen Sachherrschaft vollkommen und definitiv ist; die Besitzergreifung wird sich dann automatisch als *Realisierung* der nach den Vorstellungen der Parteien idR schon vollzogenen Übereignung darstellen. Dass die Besitzergreifung *„auf Grund der Veräußerung"* erfolgte, kann jedoch nicht in dem Sinn einer Tatbestandsergänzung verstanden und zur Erwerbsvoraussetzung gemacht werden. Im Prinzip gilt hier das zum Verhältnis Einigung/Übergabe Ausgeführte entsprechend (vgl § 929 Rn 71 ff; siehe auch AnwK-BGB/Schilken Rn 9, 13; Bamberger/Roth/Kindl Rn 3).

cc) **Einzelfälle:** Einhellig und zu Recht *bejaht wird die Übergabe* bei folgenden   **27**
Sachverhalten:

– Wegnahme durch den Gerichtsvollzieher aufgrund eines Herausgabetitels gem §§ 897, 898 ZPO (dazu Sichtermann MDR 1953, 154), nicht dagegen bei Herausgabe an den Sequester zur Verwahrung aufgrund einstweiliger Verfügung (OLG Hamm Recht 1925, 652).

– Herausgabe der vom Gemeinschuldner nach § 930 veräußerten Sache durch den Insolvenz-/Konkursverwalter (BGH MDR 1960, 305 mAnm Baumgärtel).

Umstritten sind folgende Fallgestaltungen: **28**

– Wenn bei einer Veräußerung nach § 933 der Erwerber den Besitz aufgrund einer fiduziarischen Abrede vom Treuhänder des Nichtberechtigten erhält und die Sache dann in Eigenbesitz nimmt, soll nach BGH JZ 1972, 165, 166 kein Eigentumserwerb eintreten. Richtig ist dies insofern, als die Besitzbegründung nach den oben dargelegten Kriterien nicht als Übergabe anzusehen ist; fraglich bleibt indessen, ob nicht die Nichtgeltendmachung des Herausgabeanspruches durch den Konkursverwalter entgegen der Auffassung des BGH als Genehmigung gewertet werden und damit zum Eigentumserwerb führen könnte (s oben Rn 22).

– Den Eigentumserwerb hat der BGH (JZ 1978, 104) auch dann abgelehnt, „wenn der Veräußerer ohne Wissen des Erwerbers die Sache an einen Dritten übergibt, der zu dieser Zeit weder Besitzdiener noch Besitzmittler des Erwerbers ist". Insoweit ist dem Urteil zuzustimmen; denn es liegt zwar an sich eine rechtsscheinbegründende Herausgabe vor, aber es fehlt eine dem Erwerber zuzurechnende Besitzerlangung. Dafür genügt es aber – im Gegensatz zur Ansicht des BGH – „wenn der Dritte später mit dem Erwerber ein Besitzmittlungsverhältnis vereinbart". Sofern der Erwerber noch gutgläubig ist, erlangt er jetzt Eigentum (str; dazu Deutsch JZ 1978, 385, 388).

5. Guter Glaube

29 a)   § 933 stellt klar, dass die Gutgläubigkeit bis zum letzten Erwerbsakt, der Besitzerlangung, andauern muss. In materieller Hinsicht ergeben sich keine Abweichungen zu den bei § 932 dargestellten Kriterien.

30 b)   Bei Erwerb von Gegenständen aus Warenlagern und Sachgesamtheiten gem §§ 930, 933 sind angesichts der Kreditsicherungspraxis besonders *strenge Anforderungen an die Gutgläubigkeit* zu stellen (vgl § 932 Rn 53 ff, 74 ff).

III. Wirkungen

31 1.   Die Rechtsfolgen treten mit Vollendung der Übergabe ein; sie stimmen im Übrigen mit denjenigen bei § 932 (Rn 106 ff) überein.

32 2.   Bei *mehrfachen* Übereignungen nach § 933 wird derjenige Eigentümer, an den die „Übergabe" im dargelegten Sinne erfolgt (zur mehrfachen Sicherungsübereignung Anh zu §§ 929–931). Bei *Konvaleszenz der Verfügung* gem § 185 (vor Übergabe) gilt das Prioritätsprinzip (MünchKomm/Quack Rn 16 f).

33 3.   Der Ausschluss der Erwerbsmöglichkeit durch Besitzkonstitut hat dazu geführt, dass zahlreiche Konstruktionen entwickelt wurden, um dem Erwerber direkt Eigentum zu verschaffen – etwa durch Einschaltung eines Treuhänders (Baur/Stürner § 52 Rn 19). Derartige, vor allem im Bereich der Kreditsicherung übliche *Ausweichkonstruktionen* sind idR als Umgehungsgeschäfte unwirksam; meist werden sie jedoch schon infolge der (oben genannten) strengen Anforderungen zur Bösgläubigkeit des Erwerbers führen (Baur/Stürner aaO; MünchKomm/Quack Rn 19; ausf Böhmer, Grundlagen II 2, 31 f).

§ 934
Gutgläubiger Erwerb bei Abtretung des Herausgabeanspruchs

Gehört eine nach § 931 veräußerte Sache nicht dem Veräußerer, so wird der Erwerber, wenn der Veräußerer mittelbarer Besitzer der Sache ist, mit der Abtretung des Anspruchs, andernfalls dann Eigentümer, wenn er den Besitz der Sache von dem Dritten erlangt, es sei denn, dass er zur Zeit der Abtretung oder des Besitzerwerbs nicht in gutem Glauben ist.

Materialien: E II § 847 Abs 2; III § 918; Prot III 205 ff.

I. Regelungsgehalt und Anwendungsbereich

1 1.   § 934 unterscheidet hinsichtlich des gutgläubigen Erwerbs vom Nichtberechtigten wie § 931 zwischen der Konstellation, in der der **nichtberechtigte Veräußerer** *im Zeitpunkt der Verfügung mittelbarer Besitzer* der Sache ist, und der, in der zwischen dem nichtberechtigten Veräußerer und *einem Dritten im maßgebenden Augenblick kein Besitzmittlungsverhältnis* iS von § 868 besteht. Während bei der zweiten Alternative wie bei § 933 die Besitzerlangung durch den Erwerber hinzukommen muss, erwirbt der gutgläubige Dritte bei Vorliegen eines Besitzmittlungsverhältnisses bereits mit der Abtretung des Herausgabeanspruches das Eigentum an der Sache.

a) Darin sehen zahlreiche Autoren einen Wertungswiderspruch, weil § 934 1. Alt **2** im Gegensatz zu § 933 die Verschaffung mittelbaren Besitzes als Rechtsscheintatbestand genügen lasse (vgl zur Entstehung und zur Kritik Vorbem 12 ff zu §§ 932 ff mNw auch zum Folgenden). Demgegenüber muss allerdings festgehalten werden, dass bei § 933 nur die Begründung des mittelbaren Besitzes *durch den Veräußerer* nicht ausreicht. Entsteht dagegen auf der Erwerberseite ein Besitzmittlungsverhältnis, so geht das Eigentum über (§ 933 Rn 16). Die *wesentliche Differenz* zwischen beiden Vorschriften wird deshalb heute auch nicht in der unterschiedlichen Bewertung des Besitzkonstitutes, sondern darin gesehen, dass bei § 933 der Veräußerer noch einen „Rest von Besitz" (RGZ 137, 23, 25) behält, während er bei *§ 934 1. Alt gänzlich die Sachherrschaft aufgibt* (so vor allem BAUR/STÜRNER § 52 Rn 20 ff und dem folgend BGHZ 50, 45 ff [Fräsmaschine]; WESTERMANN/GURSKY § 48 II 2 a; ausf MICHALSKI AcP 181 [1981] 384 ff). Inwieweit diese Begründung die in §§ 933, 934 1. Alt getroffene Regelung zu rechtfertigen vermag, ist in der Lit nach wie vor umstritten, wobei die kritischen Beurteilungen überwiegen (Übersicht bei KINDL AcP 201 [2001] 391, 394 ff sowie Vorbem 12 ff mNw).

b) Die **Rspr** hat bisher den geäußerten Bedenken nicht Rechnung getragen (be- **3** sonders pointiert BGHZ 50, 45 ff; vgl schon RGZ 135, 75 und 138, 265; grundsätzlich der den Eigentumserwerb bejahenden Rspr zustimmend MICHALSKI AcP 181 [1981] 398 ff). Sie ist auch Korrekturkonzepten, die auf eine Reduktion des Anwendungsbereiches des § 934 abzielen, nicht gefolgt. Dies gilt vor allem für den Vorschlag, mit Hilfe der Figur des **„Nebenbesitzes"** den gutgläubigen Erwerb auszuschließen. In der Sache handelt es sich dabei um den *Versuch*, mit einer (besitzrechtlich zumindest problematischen) Konstruktion den als verfehlt empfundenen Tatbestand des *§ 934 zu korrigieren*, indem man die Erlangung des *Nebenbesitzes als rechtsscheinbegründenden Tatbestand nicht anerkennen will* (zur und für die Lehre vom Nebenbesitz, die auf M WOLFF zurückgeht, sowie zu § 934 MEDICUS, in: FS Hübner 611 ff; zusammenfassend MEDICUS BürgR 558 ff; zustimmend BAUR/STÜRNER § 52 Rn 24; die Lehre vom Nebenbesitz wird zunehmend abgelehnt: vgl etwa TIEDTKE Jura 1983, 460 ff, 465 und Gutgläubiger Erwerb 17, 36; PICKER AcP 188 [1988], 511, 539 ff und auch WESTERMANN/GURSKY § 48 II 3, § 19 II 4; HAGER 360 ff; MUSIELAK JuS 1992, 720; KINDL AcP 201 [2001] 391, 399 mwNw; vgl zum Ganzen Anh 114 ff zu §§ 929 ff).

Diese wie die meisten anderen Korrekturvorschläge (weitere Vorschläge, den gutgläubigen Erwerb in diesen Fällen auszuschließen, stammen etwa von MÜLLER AcP 137, 88 f; HARMS, Sachenrecht 160 und HAGER 342 ff, 363; Übersicht und eigener Ansatz bei MUSIELAK JuS 1992, 720 ff) sind methodisch verfehlt (dazu und insoweit überzeugend PICKER aaO; zur Kritik an PICKERS und HAGERS Auffassung zusammenfassend KINDL AcP 201 [2001] 391, 402 mwNw) oder doch zumindest weitgehend entbehrlich; sie werden vor allem mit dem unklaren Verhalten des unmittelbaren Besitzers und der fehlenden Verlässlichkeit des Rechtsscheins begründet. Bei einer solchen Sachlage bietet das *Grundkonzept der § 932 ff jedoch eine wesentlich näher liegende Möglichkeit*, nämlich den **Rückgriff auf die subjektiven Voraussetzungen** (Vorbem 9 zu §§ 932 ff und § 932 Rn 35 ff). Damit wird es

Wolfgang Wiegand

der Rspr ermöglicht, fallbezogene Maßstäbe zu entwickeln (zustimmend AnwK-BGB/ SCHILKEN Rn 2, kritisch SOERGEL/HENSSLER Rn 8, im Widerspruch zu Rn 4). Dass diese angesichts der heutigen Verhältnisse bei einer Veräußerung nach § 934 (und § 933) streng sein müssen und insbes auch Nachforschungspflichten umfassen können, bedarf keiner näheren Erläuterung (s oben § 932 Rn 55 ff). Auf diese Weise hätte jeder der in der Lit diskutierten Fälle sachgerecht gelöst werden können, ohne dass man auf generelle und deshalb auch undifferenzierte Konzepte wie etwa den Nebenbesitz zurückgreifen musste. Dass es sich letztlich um eine Wertungsfrage handelt, anerkennen auch diejenigen, die eine Korrektur wünschen und den „Wertungswiderspruch" beseitigen wollen (zB MEDICUS BürgR 561). Die subjektiven Voraussetzungen sind von vornherein auf eine solche Wertung angelegt; schon deshalb sollte man die Lösung dort suchen und nicht in fragwürdigen Korrekturen der Rechtsscheinposition.

Das gilt auch für den interessanten Interpretationsversuch von KINDL (Rechtsscheintatbestände 330 ff; KINDL AcP 201 [2001] 391, 399 mwNw), der den Erwerb ausschließen will, „solange sich die Sache noch bei der Person befindet, der sie der Eigentümer anvertraut hat" (BAMBERGER/ROTH/KINDL Rn 2, vgl dazu und zu den Versuchen der „Normkorrektur" insgesamt GURSKY, Fälle und Lösungen Rn 138). KINDL geht – wie schon HÜBNER und PICKER – davon aus, dass hier Vertrauen gegen Vertrauen stehe, übersieht dabei aber, dass es sich um zwei verschiedene Arten des Vertrauens handelt. Der Eigentümer vertraut einer Person, wie die von Kindl angeführten Rechtssprichwörter (KINDL AcP 201 [2001] 391, 408 f; Wo Du Deinen Glauben gelassen hast, da sollst Du ihn suchen; Hand wahre Hand und am deutlichsten der nicht zitierte Satz Trau, schau wem; dazu § 935 Rn 2; zu den unterschiedlichen Arten des Vertrauens und den dementsprechend notwendigen Differenzierungen vgl WIEGAND, Treuhand und Vertrauen, in: FS Fikentscher; Rechtsschein und Vertrauen und Trau, schau wem, in: FS Coing) deutlich erkennen lassen. Gerade dieses Vertrauen wird in den §§ 932 ff nicht geschützt; der Verkehrsschutz knüpft vielmehr an vom Gesetzgeber als solche anerkannte Rechtsscheinpositionen an, die personenunabhängig sind („Objektive Voraussetzungen" vgl Vorbem 12 ff). In § 934 1. Alt hat der Gesetzgeber den existierenden (nicht den behaupteten!) mittelbaren Besitz (dazu sofort Rn 4) als eine solche Rechtsscheinposition anerkannt. Das mag man bedauern, weginterpretieren kann man das nicht.

II. Tatbestandsvoraussetzungen

1. § 934 1. Alternative

4 a) Voraussetzung für einen Eigentumserwerb nach § 934 1. Alt ist das *Bestehen eines Besitzmittlungsverhältnisses iS von § 868* (RGZ 89, 348, 349) zwischen dem nichtberechtigten Veräußerer und einem Dritten, wofür es *allein auf den Fremdbesitzwillen des unmittelbaren Besitzers* ankommt (BGHZ 5, 281, 283; WESTERMANN/GURSKY § 48 II 2; vgl § 930 Rn 12). Fehlt dieser, kann trotz Wirksamkeit des bestehenden Schuldverhältnisses und Bestehens des daraus resultierenden schuldrechtlichen Herausgabeanspruches eine Übereignung nach § 934 1. Alt nicht erfolgen (entgegen der hM M BAUER, in: FS Bosch 22 ff, die die 1. Alt auf alle Fälle ausdehnen will, in denen der Veräußerer einen Herausgabeanspruch abtritt; s dazu MUSIELAK JuS 1992, 719 bei Fn 87). Gleichgültig ist, wie der Verfügende den mittelbaren Besitz an der Sache erlangt hat. So hat der gutgläubige Sicherungsnehmer, der mangels Übergabe an einer unter Ei-

gentumsvorbehalt verkauften Ware kein Eigentum aber immerhin das Anwartschaftsrecht auf Eigentumserwerb erwirbt, mittelbaren Besitz an der Sache, so dass
er gemäß § 934 1. Alt über diese verfügen kann (vgl LANGE JuS 1969, 162 – Besprechung
von BGHZ 50, 45; MünchKomm/QUACK Rn 5; SOERGEL/HENSSLER Rn 6; sehr strittig s oben Rn 3
mNw).

b)   Der nichtberechtigte Veräußerer hat seinen *auf dem Besitzmittlungsverhältnis*   **5**
*beruhenden Herausgabeanspruch gegen den unmittelbaren oder einen eine Stufe nach
ihm stehenden mittelbaren Besitzer* (PLANCK/BRODMANN Anm 3) abzutreten. Hierbei
kann es sich um jeden sich aus einem den Besitz vermittelnden Rechtsverhältnis
ergebenden Anspruch handeln (vgl § 931 Rn 10 ff).

c)   Die *Abtretung* des Herausgabeanspruches muss wirksam sein (vgl hierzu die Ausf   **6**
in § 931 Rn 19 ff). Infolgedessen schließt ein Abtretungsverbot den Erwerb aus, da es
nicht durch den guten Glauben „überwunden" werden kann (§ 931 Rn 23 mNw).

d)   Umstritten ist, ob für § 934 1. Alt gleichgültig ist, wer unmittelbarer Besitzer   **7**
ist (so BGB-RGRK/PIKART § 934 Rn 7; PLANCK/BRODMANN Anm 3), oder ob in dem Fall, in
dem der *Eigentümer der Sache unmittelbarer Besitzer* und der nichtberechtigte
Veräußerer mittelbarer Besitzer sind, der Eigentumserwerb nach § 934 1. Alt an
§ 936 Abs 3 direkt oder analog scheitert (so PALANDT/BASSENGE Rn 3; BAMBERGER/ROTH/
KINDL Rn 3; WESTERMANN/GURSKY § 50 3; HAGER 330 f). Aufgrund des durch das Besitzmittlungsverhältnis hervorgerufenen Rechtsscheins vertraut der gutgläubige Dritte
auf das Eigentum des Veräußerers. Es wird von ihm nicht generell verlangt, sich
nach den Eigentumsverhältnissen zu erkundigen (BGH NJW 1975, 735; vgl dazu auch
oben § 932 Rn 43 ff). Das von WESTERMANN (aaO) für die Anwendbarkeit des § 936
Abs 3 vorgebrachte Argument, der Erwerber könne sich bei dem Besitzer nach der
Rechtslage erkundigen, verfängt insofern nicht, als es dann nie zu einem gutgläubigen Erwerb kommen kann. Eine Anwendung des § 936 Abs 3 auf den Fall, dass
der Eigentümer unmittelbarer Besitzer ist, *entspricht nicht dem Schutzzweck des
§ 936*. Dieser regelt den lastenfreien Eigentumserwerb. Das heißt aber, dass ein
Eigentumserwerb stattfindet bzw stattgefunden hat. Denn nur wenn der gutgläubige
Erwerber Eigentum erlangt hat, kann es um die Frage gehen, ob er mit Rechten
Dritter belastetes oder lastenfreies Eigentum erworben hat. Bei den Rechten iS von
§ 936 kann es sich somit nur um Rechte handeln, die den Erwerb des Eigentums
durch den gutgläubigen Dritten nicht von vornherein verunmöglichen und das vom
gutgläubigen Dritten erworbene Eigentum grundsätzlich in seinem Bestand unberührt lassen. § 936 stellt keine zu den §§ 929–935 hinzutretende Regelung über den
Eigentumserwerb dar. Er enthält lediglich eine Regelung darüber, ob der Erwerber
belastetes oder unbelastetes Eigentum erworben hat. Würde man § 936 Abs 3 auf
den Fall anwenden, dass der Eigentümer unmittelbarer Besitzer und der verfügende
Nichtberechtigte mittelbarer Besitzer ist, hieße das, eine außerhalb der §§ 929–935
liegende Regelung über den Eigentumserwerb mit dem Inhalt „Der gutgläubige
Dritte kann jedoch dann kein Eigentum gemäß § 934 1. Alt erwerben, wenn der
Eigentümer unmittelbarer Besitzer der Sache ist" zu schaffen. Ein Eigentumserwerb wäre damit ausgeschlossen, es würde also nicht mehr um die Frage des lastenfreien oder belasteten Eigentumserwerbs gehen. Eine derartige Ausweitung des
§ 936 wäre verfehlt. *Deshalb ist eine Anwendbarkeit des § 936 Abs 3 auf die oben
dargelegte Konstellation abzulehnen* (vgl § 936 Rn 17). Schließlich erfordert auch die

Grundkonzeption der §§ 932 ff keine andere Beurteilung: Mit der Begründung mittelbaren Besitzes hat der *Eigentümer* (anders als in § 936 Abs 3 der besitzende Drittberechtigte) *die Rechtsscheinbasis selbst geschaffen*; der Grundgedanke von § 935 Abs 1 spricht also auch für den Eigentumserwerb (ebenso HAGER 330 Fn 6 aE). Dass nach § 934 1. Alt die Übertragung des mittelbaren Besitzes als rechtsschein-begründender Tatbestand genügt (s oben Rn 3 und Vorbem 17 zu §§ 932 ff), kann nicht allein deshalb und für den Fall ausgeschlossen werden, dass der Eigentümer zufällig unmittelbarer Besitzer ist (AnwK-BGB/SCHILKEN Rn 8; SOERGEL/HENSSLER Rn 10 f).

8 **e)** Hinsichtlich der *Gutgläubigkeit* des Erwerbers gelten grundsätzlich die in § 932 Rn 35 ff gemachten Ausführungen. Ausreichend ist der gute Glaube des Erwerbers im Zeitpunkt der Abtretung. Unerheblich ist eine spätere Änderung der Kenntnis sowie ein Wechsel in den Besitzverhältnissen (BGH WM 1965, 1254, 1255).

9 **f)** Für die *Einigung* über den Eigentumsübergang gelten die Erläuterungen zu §§ 929, 930 entsprechend.

2. § 934 2. Alternative

10 **a)** Der Veräußerer, der nicht mittelbarer Besitzer ist, tritt einen (nicht aufgrund eines Besitzmittlungsverhältnisses bestehenden) *wirklichen oder einen vermeintlichen Herausgabeanspruch* an den Erwerber ab (RGZ 138, 267; BGH NJW 1978, 696; MUSIELAK JuS 1992, 719 will in Fällen eines nicht bestehenden Herausgabeanspruchs § 932 Abs 1 S 1 anwenden, was zu den gleichen praktischen Ergebnissen führt). Anders als bei § 934 1. Alt ist die Einhaltung gesetzlicher oder vertraglich vereinbarter Formvorschriften nicht erforderlich, weil diese lediglich für bestehende, nicht aber für vermeintliche Herausgabeansprüche Geltung beanspruchen können (so auch TIEDTKE WM 1969, 1142; GURSKY JZ 1984, 604; SCHMIDT JuS 1980, 298; **aM** BGH NJW 1979, 2037).

11 **b)** Da kein Besitzmittlungsverhältnis besteht, reicht die Abtretung des Herausgabeanspruches für den Eigentumserwerb nicht aus. Der Erwerber muss *mittelbaren oder unmittelbaren Eigenbesitz* erlangen, wofür auch die nachträgliche Begründung eines Besitzmittlungsverhältnisses zwischen unmittelbarem Besitzer und dem Erwerber ausreicht (BGH DB 1969, 436; vgl auch RGZ 89, 349; 138, 265, 267; dies ist bei § 933 – zu Unrecht – bestritten, vgl § 933 Rn 28; zum Problem des Nebenbesitzes s oben Rn 3). Für die *Besitzergreifung* durch den Erwerber muss dasselbe gelten wie bei § 933 (dort Rn 20 ff); nur bei verbotener Eigenmacht kommt es nicht zum Eigentumsübergang (**aM** die wohl hM).

12 **c)** Schließlich gelten die bei § 933 (Rn 17 ff) dargelegten Grundsätze auch für die *Kriterien* „Erlangung des Besitzes von dem Dritten" und „aufgrund der Veräußerung".

13 **aa)** Ebenso wenig wie bei § 933 der Erwerber den Besitz unmittelbar vom Veräußerer erlangen muss, ist es hier erforderlich, dass er die Sache direkt vom besitzenden Dritten erhält. Es genügt, wenn der Dritte oder auch der Veräußerer selbst die Besitzbegründung auf Seiten des Erwerbers, dh durch diesen selbst oder eine ihm zurechenbare Person, ermöglicht (§ 933 Rn 18).

bb) Dass diese Besitzerlangung in „Realisierung der Veräußerung" erfolgt, ist hier **14** wie bei § 933 nicht als Erwerbsvoraussetzung zu verstehen (vgl § 933 Rn 25 f).

d) Für die *Gut- bzw Bösgläubigkeit* gilt grundsätzlich das zu § 932 (Rn 35 ff) **15** Ausgeführte. Tritt der Veräußerer einen nicht bestehenden Herausgabeanspruch ab, so muss der Erwerber auch hinsichtlich dieses Herausgabeanspruches gutgläubig sein (ua PALANDT/BASSENGE Rn 5). Im Gegensatz zu § 934 1. Alt hat die Gutgläubigkeit im Zeitpunkt der Besitzerlangung vorzuliegen (RGZ 138, 268; BGH WM 1959, 813; hinsichtlich der zwischen Abtretung des Herausgabeanspruches und Besitzerlangung eintretenden Gutgläubigkeit vgl GURSKY JR 1986, 225). Derjenige, der sich auf den Nichterwerb des Eigentums an der Sache infolge Bösgläubigkeit beruft, hat die fehlende Gutgläubigkeit auch hier zu beweisen (BGH WM 1958, 757; BGH WM 1965, 1255; § 932 Rn 101 ff).

§ 935
Kein gutgläubiger Erwerb von abhanden gekommenen Sachen

(1) Der Erwerb des Eigentums auf Grund der §§ 932 bis 934 tritt nicht ein, wenn die Sache dem Eigentümer gestohlen worden, verloren gegangen oder sonst abhanden gekommen war. Das Gleiche gilt, falls der Eigentümer nur mittelbarer Besitzer war, dann, wenn die Sache dem Besitzer abhanden gekommen war.

(2) Diese Vorschriften finden keine Anwendung auf Geld oder Inhaberpapiere sowie auf Sachen, die im Wege öffentlicher Versteigerung veräußert werden.

Materialien: E I § 879 S 2; II § 848; III § 919;
Mot III 347 f; Prot III 206, 213 f.

Schrifttum

BENDIX, Zur Auslegung des § 935 Abs 1 BGB, SeuffBl 66, 373
BRAUN, § 935 I 2 ist zu eng formuliert, JZ 1993, 391 ff
DÜNKEL, Öffentliche Versteigerung und gutgläubiger Erwerb (1970)
FRANCKE, Für die §§ 932 und 935 BGB, gegen Binding, SeuffBl 73, 895
REBE, Zur Ausgleichsfunktion von § 935 BGB

zwischen Vertrauensschutz und Eigentümerinteressen beim gutgläubigen Mobiliarerwerb, AcP 173 (1973) 186
SIEHR, Der gutgläubige Erwerb beweglicher Sachen, ZVglRW 80, 273
SÖLLNER, Der Erwerb vom Nichtberechtigten in romanistischer Sicht, in: FS Coing I (1982) 363.

Systematische Übersicht

I. **Regelungsgehalt, Zweck, Anwendungsbereich** _____ 1	2. Besitzverlust _____ 5	
	3. Unfreiwilligkeit _____ 9	
	4. Bestandteile, Früchte _____ 16	
II. **Begriff der abhanden gekommenen Sache**	5. Besitzverlust kraft öffentlichen Rechts _____ 17	
1. Definition _____ 4	6. Erbschaftsbesitzer _____ 19	

7. Wirkung des Abhandenkommens __ 21   3. Öffentliche Versteigerung _____ 27

III. Die Ausnahmen des Abs 2 _____ 23   **IV. Beweisfragen** _____ 28
1. Geld _____ 24
2. Inhaberpapiere _____ 25

Alphabetische Übersicht

Anwartschaftsrecht _____ 13   Erbschein _____ 19 f

Begriff der abhanden gekommenen Sache _ 4   Früchte _____ 16
Besitz
– Mitbesitz _____ 7   Geld _____ 23 ff
– mittelbarer _____ 13   Gestohlene Sachen _____ 2, 4
– unmittelbarer _____ 4 ff
Besitzaufgabe _____ 9 ff   Hand wahre Hand _____ 2
– infolge Irrtums _____ 11   Hoheitsakt _____ 17
– infolge Täuschung _____ 11
– u juristische Person _____ 15   Inhaberpapiere _____ 23 ff
Besitzdiener _____ 14
Bestandteile _____ 16   Orderpapiere _____ 26
Beweislast _____ 28
                                          Scheck _____ 26
Ehegatten u Verfügung über Hausrat ___ 8
Eigentumserwerb/-verlust _____ 3, 11, 21   Unterschlagene Sachen _____ 20
„Entartete Kunst" _____ 18
Erbschaftsbesitzer _____ 19 ff   Versteigerung _____ 27

I. Regelungsgehalt, Zweck, Anwendungsbereich

1 **1.** § 935 BGB trägt durch eine *Reduzierung* des breit angelegten *Gutglaubens-schutzes* den Interessen des Eigentümers Rechnung. Die den §§ 932–934 zugrunde liegende These, der vom Besitz bzw seiner Verschaffung ausgehende Rechtsschein rechtfertige das Vertrauen des Erwerbers, soll zugunsten des Eigentümers nicht gelten, wenn es um abhanden gekommene Sachen geht. Der Bestandsschutz des Eigentums erhält dort Vorrang vor dem Interesse an der Sicherheit und Leichtigkeit des Rechtsverkehrs, wo der Eigentümer die Verfügung des Nichtberechtigten nicht selbst durch Besitzüberlassung ermöglicht hat (dazu und zum Folgenden Vorbem 12 ff, 19 ff zu §§ 932 ff; vgl auch MünchKomm/QUACK Rn 1).

2 Diese Begrenzung des Rechtsscheinprinzips knüpft an deutschrechtliche Grund-sätze an, die vor allem in den Partikularrechten des 19. Jh Niederschlag gefunden hatten. Danach brauchte der Erwerber einer nicht dem Veräußerer gehörenden Sache diese nicht an den Eigentümer herauszugeben, wenn der Eigentümer selbst die Sache zuvor aus der Hand gegeben und einem Dritten anvertraut hatte (vgl BENDIX SeuffBl 66 [1901] 374; SÖLLNER, in: FS Coing I 368 f; besonders aufschlussreich ist die vor allem unter ökonomischen Aspekten geführte Diskussion in der Schweiz – insbesondere an den Handelsplätzen Zürich und Basel –, die dazu führte, dass dieser Komplex schon im Obligationenrecht von 1881 geregelt wurde; vgl dazu bei WIEGAND, Sachenrecht im Obligationenrecht 121 ff; wNw in den Vorbem 2 ff zu §§ 932 ff). Eine geraubte oder gestohlene Sache dagegen konnte der Eigentümer von jedermann herausverlangen. Auf einen kurzen Nenner gebracht wird diese germanisch-deutsche Rechtsauffassung in Sprichwörtern wie „Hand wahre Hand" und „Wo du deinen Glauben gelassen hast, da sollst du ihn suchen" (vgl vLÜBTOW, Hand wahre Hand; REBE AcP 173 [1973] 190 ff).

Der Eigentümer, der das Auseinanderfallen von rechtsscheinbegründender Besitzlage und Verfügungsmacht veranlasst hat, erscheint nicht schutzwürdig, während unfreiwilliger Besitzverlust nicht den endgültigen Rechtsverlust nach sich ziehen soll (zur theoretischen Erfassung dieser Regelung vgl Vorbem 22 ff zu §§ 932 ff).

2. Systematisch bildet § 935 Abs 1 eine Ausnahme zu §§ 932 ff, § 935 Abs 2 wie- **3** derum eine Ausnahme zu § 935 Abs 1. Der *Anwendungsbereich* der Vorschrift erstreckt sich auf den rechtsgeschäftlichen Eigentumserwerb gem §§ 932 ff, nicht jedoch auf Ersitzung und Fund. Für Verbindung und Vermischung vgl § 949 Rn 4 f.

II. Begriff der abhanden gekommenen Sache

1. Definition

Abhanden gekommen sind solche Sachen, „die dem unmittelbaren Besitzer ohne **4** seinen Willen aus dem Besitz gekommen sind" (WOLFF/RAISER § 69 I 1; RGZ 101, 225). Nach dieser klassischen Definition tritt neben den tatsächlichen Verlust des unmittelbaren Besitzes das voluntative Element der *Unfreiwilligkeit dieses Besitzverlustes*. Unkenntnis des unmittelbaren Besitzers reicht aus; Besitzverlust gegen seinen Willen ist nicht erforderlich.

Die im Gesetz angeführten Modalitäten des Diebstahls bzw Verlierens einer Sache haben lediglich Beispielcharakter (vgl MünchKomm/QUACK Rn 5; SOERGEL/HENSSLER Rn 2; AnwK-BGB/SCHILKEN Rn 3; PLANCK/BRODMANN Anm 2).

2. Besitzverlust

a) Entscheidend ist der *Verlust* des **unmittelbaren Besitzes**, sei es durch den **5** Eigentümer oder, gem § 935 Abs 1 S 2, durch den Besitzmittler. Gibt jedoch der Besitzmittler die Sache freiwillig an einen Dritten weiter, so stellt dies kein Abhandenkommen für den mittelbaren Besitzer (Eigentümer) dar (OLG Hamburg OLGZ 6, 118; RGZ 54, 68; RG LZ 1923, 602). Schließlich hat dieser die Sache dem Besitzmittler anvertraut und damit das Risiko des Besitzverlustes bewusst in Kauf genommen. Das Verhalten des („ungetreuen") Besitzmittlers muss der Eigentümer sich zurechnen lassen (dazu oben Rn 2 und Vorbem 19 ff); er hat dadurch zugleich selbst den Rechtsschein geschaffen, auf den der Erwerber vertraut (vgl WESTERMANN/GURSKY § 49 I 5; FRANCKE SeuffBl 73 [1908] 895).

b) Umstritten ist die Frage, ob § 935 auch dann anwendbar ist, wenn die Sache **6** einem *unmittelbaren Besitzer* abhanden kommt, der *nicht Besitzmittler* des Eigentümers war. Vom Wortlaut des § 935 Abs 1 S 2 wird diese Konstellation nicht erfasst. In der Literatur wird für diesen Fall zT die *analoge Anwendung* von § 935

BGB befürwortet (so Westermann [5. Aufl] § 49 I 5; Planck/Brodmann Anm 4; Baur/Stür-
ner § 52 Rn 38; Musielak JuS 1992, 723; Braun JZ 1993, 391, 394 f mwNw). Dagegen spricht
jedoch der Normzweck des § 935: Der Eigentümer soll vor unfreiwilligem Verlust
seiner Besitzposition geschützt werden; wo eine solche bereits nicht mehr besteht,
ist auch für eine **analoge Anwendung des § 935 kein Raum** (vgl Wolff/Raiser § 69 I 2;
OLG Düsseldorf JZ 1951, 269; Palandt/Bassenge Rn 3; Jauernig Rn 7; MünchKomm/Quack
Rn 7; Wieling § 10 IV 1 b; Westermann/Gursky § 49 I 5).

Die *Besitzmittlereigenschaft* des unmittelbaren und unselbständigen Besitzers kann
problematisch sein: An sich selbstverständlich ist, dass der Erwerber dem Eigentümer und Veräußerer nicht den Besitz mittelt, weil der Erwerber Eigenbesitzer sein
will. Sind nun Übereignung und Grundgeschäft nichtig oder anfechtbar und kommt
die Sache dem (vermeintlichen) Erwerber abhanden, so ist ein späterer gutgläubiger
Erwerb möglich, da die Sache weder dem Eigentümer noch – so scheint es jedenfalls
– einem mittelbaren Besitzer dieses Eigentümers abhanden gekommen ist (so etwa
AnwK-BGB/Schilken Rn 6; Soergel/Henssler Rn 3). Richtigerweise ist hier allerdings
dem Erwerber die Besitzmittlereigenschaft zuzuerkennen. Auszugehen ist nämlich
von einer stillschweigenden, auf dem hypothetischen Parteiwillen beruhenden Abrede eines Besitzmittlungsverhältnisses zwischen Veräußerer und Erwerber, die,
weil im evidenten Interesse beider Kontrahenten liegend, zu vermuten ist (vgl die
beiden Fallkonstellationen bei Braun JZ 1993, 395 f, der mit unzutreffender Begründung zum
selben Ergebnis gelangt).

7 c) Der Besitzverlust eines unmittelbaren **Mitbesitzers oder Miteigentümers** reicht
aus, um Abhandenkommen anzunehmen. Hat ein Miterbe Gegenstände aus dem
Nachlass verschenkt in der irrigen Annahme, Alleinerbe zu sein, so müssen diese
den weiteren Miterben gegenüber als abhanden gekommen gelten (OLGZ 26, 58).

8 Mitbesitz besteht auch im Rahmen der **ehelichen Lebensgemeinschaft** am gemeinsam benützten Hausrat und an der Ehewohnung (BGH NJW 1979, 976). Gutgläubiger
Erwerb ist folglich ausgeschlossen, wenn der Ehegatte, der *nicht Eigentümer* ist,
ohne Zustimmung des andern über einen Haushaltsgegenstand verfügt. Entscheidend für die Anwendbarkeit von § 935 ist der Bruch des *unmittelbaren Mitbesitzes*.
Demgegenüber beschränkt die güterrechtliche Regelung des § 1369 BGB den *Alleineigentümer* in seiner Verfügungsbefugnis über Gegenstände des ehelichen Haus-
halts (vgl dazu § 932 Rn 7, 133).

3. Unfreiwilligkeit

9 a) Der für die Freiwilligkeit erforderliche Wille zur Besitzaufgabe ist rein tatsächlicher, nicht rechtsgeschäftlicher Natur (Staudinger/Bund [2000] § 856 Rn 10 ff).
Mit dieser Feststellung ist jedoch noch nichts darüber gesagt, wie sich *Mängel in
der Geschäftsfähigkeit auf den Willen zur Besitzaufgabe auswirken.* In der Literatur
ist diese Frage umstritten. Während bei einem **Geschäftsunfähigen** das Abhandenkommen überwiegend bejaht wird (vgl OLG München NJW 1991, 2571; Palandt/Bas-
senge Rn 5; Schmitz JuS 1975, 719, Anm 22; K Müller, Sachenrecht Rn 2411), da ihm die
natürliche Einsichtsfähigkeit hinsichtlich der Bedeutung der Besitzaufgabe fehle,
finden sich für den **beschränkt Geschäftsfähigen** folgende *Differenzierungen:* Entweder wird auf die Urteilsfähigkeit im Einzelfall abgestellt (so Tiedtke, Gutgläubiger

Erwerb 42; PALANDT/BASSENGE Rn 5; MünchKomm/QUACK Rn 9), oder ein Abhandenkommen wird stets bejaht (FLUME, AT II, § 13, 11 d) oder grundsätzlich verneint (so STAUDINGER/BERG[11] [1956] Rn 8 mit Hinweis auf Mot III, 348; WESTERMANN [5. Aufl] § 49 I 3; BGB-RGRK/PIKART Rn 14 mwNw; OLG Hamburg OLGZ 43, 225). Schließlich wird die Auffassung vertreten, es sei sowohl beim beschränkt Geschäftsfähigen wie auch beim Geschäftsunfähigen entscheidend auf die natürliche Willensfähigkeit abzustellen, dh auf die Fähigkeit, die Bedeutung der Weggabe einer Sache zu beurteilen, wodurch je nach Konstellation jedes Ergebnis möglich wird (BAUR/STÜRNER § 52 Rn 42; SOERGEL/HENSSLER Rn 6; WESTERMANN/GURSKY § 49 I 3 und wohl auch JAUERNIG Rn 4).

Dabei verdeckt diese Kontroverse jedoch die *eigentliche Wertungsfrage*, ob die **10** Vorschriften über den gutgläubigen Erwerb sich zu Lasten der Geschäftsunfähigen oder beschränkt Geschäftsfähigen auswirken dürfen (vgl WIEGAND JuS 1974, 205, Anm 58 a).

Während der Schutz des Geschäftsunfähigen gegenüber dem Verkehrsschutz stets Priorität haben muss, ist beim beschränkt Geschäftsfähigen je nach erzeugtem Rechtsschein und Offensichtlichkeit der mangelnden Urteilsfähigkeit zu differenzieren: Bei der Besitzaufgabe durch ein 7-jähriges Kind erscheinen größere Zweifel an dessen Einsichtsfähigkeit angebracht als bei einem 16-jährigen Jugendlichen; der Erwerber kann daher in einem solchen Fall auf den vom Besitz ausgehenden Rechtsschein nur begrenzt vertrauen. Damit erscheint er auch in geringerem Maße schutzwürdig als der beschränkt Geschäftsfähige.

b) Bei Besitzaufgabe *infolge rechtswidriger Einwirkung auf den Willen des Auf-* **11** *gebenden* ist nach Art der Einwirkung zu unterscheiden (dazu STAUDINGER/BUND [2000] § 856 Rn 18): **Täuschung** und **Irrtum** ändern nichts an der Freiwilligkeit der Besitzaufgabe, die eben nicht rechtsgeschäftliche Handlung, sondern Realakt ist. Auch der sich irrende Besitzer gibt seinen Besitz freiwillig auf. Aus diesem Grunde ist auch eine Anfechtung unerheblich. Sie lässt zwar die rechtsgeschäftliche Einigung entfallen, hat aber keine Auswirkungen auf den Akt der Besitzaufgabe (vgl PALANDT/BASSENGE Rn 5; RGZ 101, 225; TIEDTKE, Gutgl Erwerb 41 f; MünchKomm/QUACK Rn 9).

Anders stellt sich die Rechtslage bei der **Drohung** dar: Hier ist dem Besitzer die Zwangslage und damit die Unfreiwilligkeit seines Besitzverlustes bewusst und daher Abhandenkommen anzunehmen. Eine freie Willensbestimmung ist nicht erst bei unwiderstehlicher physischer Gewalt oder gleichstehender psychischer Zwangslage auszuschließen (so aber BGHZ 4, 10, 34; JAUERNIG Rn 4; SOERGEL/HENSSLER Rn 5; wie hier BAUR/STÜRNER § 52 Rn 43; HECK § 60, 5; WESTERMANN/GURSKY § 49 I 3; PALANDT/BASSENGE Rn 5; AnwK-BGB/SCHILKEN Rn 9).

c) Die *Nichtigkeit der Übereignung*, zB wegen Wucher (RGZ 57, 97 ff) oder bei **12** einem Scheingeschäft, ändert nichts daran, dass der Besitz freiwillig aufgegeben wird; es liegt also kein Abhandenkommen vor (PALANDT/BASSENGE Rn 6; SOERGEL/HENSSLER Rn 5).

d) Stimmt der *mittelbar besitzende Eigentümer* der Wegnahme beim unmittel- **13** baren Besitzer zu, so ist dessen entgegenstehender Wille für § 935 Abs 1 unbeachtlich. Die Sache ist dann nicht dem Eigentümer abhanden gekommen, wohl aber dem unmittelbaren Besitzer, soweit dieser ein Pfandrecht, §§ 1207, 1208 BGB, oder ein Anwartschaftsrecht, § 161 Abs 3 BGB, an der Sache innehat (vgl MünchKomm/ QUACK Rn 11, sowie unten § 936 Rn 16).

14 e)　Streitig ist, wie eine *Unterschlagung oder Weggabe der Sache durch einen Besitzdiener* iS von § 855 BGB zu beurteilen ist. Der Besitzdiener übt zwar die tatsächliche Sachherrschaft aus, Besitzer im Sinne des Gesetzes ist jedoch der „Besitzherr". Bei Besitzaufgabe ohne Ermächtigung des „Besitzherrn" bzw Unterschlagung durch den Besitzdiener ist deshalb an sich der Tatbestand des Abhandenkommens gegeben (RGZ 71, 252 f; 106, 5; STAUDINGER/BERG[11] [1956] Rn 9; WEIMAR MDR 1962, 21 f; HOCHE JuS 1961, 78; MünchKomm/QUACK Rn 11; PALANDT/BASSENGE Rn 8; BAUR/STÜRNER § 52 Rn 39; WESTERMANN/GURSKY § 49 I 6 mwNw; jetzt auch SOERGEL/HENSSLER Rn 8; AnwK-BGB/SCHILKEN Rn 10; BAMBERGER/ROTH/KINDL Rn 6; WITT AcP 201 [2001] 165, 172 ff; OLG München NJW 1987, 1830). Man könnte sogar gutgläubigen Erwerb schon mit der Begründung ausschließen, der Rechtsschein des Besitzes spreche gar nicht für den Besitzdiener, da dieser nur tatsächliche Gewalt, nicht aber den Besitz im rechtlichen Sinne innehabe (WIEGAND JuS 1974, 205). Dagegen wird eingewandt, der Rechtsschein knüpfe gerade an die Ausübung der tatsächlichen Gewalt und nicht an den „Besitz im Sinne des Rechtsbegriffs" an. Man will daher den Besitzdiener einem Besitzmittler gleichstellen, *sofern seine Gebundenheit gegenüber dem Besitzherrn nach außen nicht erkennbar* ist (WESTERMANN [5. Aufl] § 49 I 6; SCHMELZEISEN AcP 136, 149; SOERGEL/MÜHL[12] [1990] Rn 2; HÜBNER, Rechtsverlust 107; WIELING JZ 1977, 295; ders § 10 IV 1 c). In dieser eingeschränkten Form ist der Auffassung zuzustimmen, weil sie dem Grundkonzept entspricht: Der Eigentümer hat die Sache dem Besitzdiener freiwillig überlassen; das (Fehl-)Verhalten des Besitzdieners fällt in seine Risikosphäre und ist ihm deshalb zuzurechnen. Die Auffassung von SCHMIDT (FS Seiler 579, 594 f), die auf einer eingehenden gesetzgebungsgeschichtlichen Analyse beruht, führt im Ergebnis zum gleichen Resultat. Danach ist die Weggabe durch einen „Obhutsgehilfen" der Risikosphäre des Eigentümers zuzurechnen. Damit wird aber nur aus „unternehmensrechtlicher" Sicht diejenige Personengruppe umschrieben, die schon WESTERMANN im Auge hatte: nämlich diejenigen, deren Verhalten in die Risikosphäre des Eigentümers fällt. Nach der hier durchgehend vertretenen Auffassung ist es sachgerechter an das Erscheinungsbild und den dadurch ausgelösten Rechtsschein anzuknüpfen. Dass es durch die Anknüpfung an die Figur des „Obhutsgehilfen" weniger Zweifelsfälle gäbe und damit die Rechtsfindung erleichtert oder sicherer werde, behauptet SCHMIDT selbst nicht. Dass ein Abhandenkommen nicht vorliegt, wenn der Besitzdiener im Rahmen des § 56 HGB handelt (dazu anschaulich SCHMIDT 586), ist nicht nur unbestritten, sondern entspricht genau dem hier vertretenen Konzept (JAUERNIG Rn 8; PALANDT/BASSENGE Rn 9; TIEDTKE Jura 1983, 470).

15 Organe einer *juristischen Person* üben die tatsächliche Sachherrschaft für die juristische Person aus; von ihnen außerhalb ihrer Geschäftsführungs- und Vertretungsbefugnis weggegebene Sachen sind deshalb nicht abhanden gekommen, es sei denn (analog zur Lage beim Besitzdiener) die Gebundenheit gegenüber der juristischen Person sei nach außen offensichtlich erkennbar, was dann der Fall ist, wenn jegliche auch nur abstrakte und potentielle Zweckdienlichkeit auszuschließen ist. Nach

BGH kommt es bei der GmbH & Co KG auf den Besitzaufgabewillen des Geschäftsführers der GmbH an (BGHZ 57, 166; dazu generell STEINDORFF 151 ff).

4. Bestandteile, Früchte

Bestandteile und widerrechtlich getrennte Früchte sind mit der Sache abhanden **16**
gekommen (MünchKomm/QUACK Rn 12; ERMAN/MICHALSKI Rn 7; PALANDT/BASSENGE Rn 2).

Streitig ist die Rechtslage für Früchte, die bei Abhandenkommen der Muttersache bereits im Keim vorhanden waren. Nach hM gilt hier § 935 nicht; vielmehr sind die Früchte als neue Sachen anzusehen, auf die sich der Makel des Abhandenkommens nicht überträgt (TIEDTKE, Gutgläubiger Erwerb 53 f; PALANDT/BASSENGE Rn 2 u § 955 Rn 1; BAUR/STÜRNER § 53 Rn 53; BGB-RGRK/PIKART § 955 Rn 4; **aM** WOLFF/RAISER § 69 I 3; PLANCK/ BRODMANN Anm 5; ausführlich STAUDINGER/GURSKY [1995] § 955 Rn 9).

5. Besitzverlust kraft öffentlichen Rechts

Die *Wegnahme* oder *Weggabe* einer Sache aufgrund öffentlich-rechtlichen **Hoheits-** **17**
aktes fällt grundsätzlich nicht in den Anwendungsbereich von § 935 BGB. Der fehlende Wille des Besitzers wird durch die öffentlich-rechtliche Befugnis des Eingreifenden ersetzt (BGHZ 4, 10, 33; TIEDTKE, Gutgläubiger Erwerb 42). Dies gilt für rechtmäßige und rechtswidrige hoheitliche Akte gleichermaßen (zB fehlerhafte Zwangsvollstreckungsmaßnahmen, rechtswidrige Verwaltungsakte). Dagegen ist nach LG Ansbach (NJW 1952, 592) eine Sache abhanden gekommen, wenn der Eigentümer sie aufgrund eines nichtigen oder mit rückwirkender Kraft aufgehobenen Verwaltungsaktes aufgegeben hat (**aM** LG Frankfurt NJW 1949, 429, dazu WEDESWEILER NJW 1949, 416). Da in den meisten Fällen nichtiger Verwaltungsakte die entsprechende öffentlich-rechtliche Befugnis des Eingreifenden fehlen dürfte, ist hier Abhandenkommen zu bejahen (so im Ergebnis auch PALANDT/BASSENGE Rn 6; BAUR/STÜRNER § 52 Rn 44; TIEDTKE, Gutgläubiger Erwerb 43; MünchKomm/QUACK Rn 14 bejaht Abhandenkommen nur bei Nichtakten).

Die Anwendung dieser Grundsätze hat vor allem im Hinblick auf die Beschlag- **18**
nahme sog **Entarteter Kunst** durch das Nazi-Regime Anlass zu Zweifeln gegeben, die hier nicht im Einzelnen zu diskutieren sind. *Im Ergebnis kann kein Zweifel daran bestehen, dass diese Gegenstände abhanden gekommen sind und ihr gutgläubiger Erwerb nicht in Betracht kommt* (zu den Erwerbseinschränkungen in der Versteigerung unten Rn 27 sowie zum gutgläubigen Erwerb von Kulturgütern generell § 932 Rn 132). Dafür sind hier nur die wesentlichsten Gründe zu nennen:

Die zu § 935 BGB entwickelte Doktrin erscheint sinnvoll und sachgerecht, wenn sie sich auf hoheitliche Handlungen eines Rechtsstaates bezieht, die im konkreten Fall versehentlich an einem Rechtsmangel leiden. Ihre Anwendung auf die hier in Rede stehenden Maßnahmen des nationalsozialistischen Unrechtsstaates, dh die Inbesitznahme der Bilder und deren regelmäßig später erfolgte Konfiskation, erscheint deshalb von vornherein problematisch, weil für deren Beurteilung die erforderlichen rechtsstaatlichen Kriterien fehlen. Infolgedessen ist davon auszugehen, dass bei der Entfernung der Bilder aus öffentlichen wie privaten Sammlungen und damit auch bei deren Inbesitznahme die erforderliche Befugnis des Eingreifenden, die den

Willen des unmittelbaren Besitzers ersetzt, nicht gegeben war (ganz in diesem Sinne schreiben REICH/FISCHER unter Bezugnahme auf diese Doktrin: „Um so mehr muss dies bei dem Unrechtshandeln im Hinblick auf die Werke der verfemten Künstler gelten." Wem gehören die als „entartete Kunst" verfemten, von den Nationalsozialisten beschlagnahmten Werke, NJW 1993, 1417, 1420). KUNZE hat eingehend dargelegt, dass und warum die Einziehung der „Entarteten Kunst" als rechts- und verfassungswidrig qualifiziert werden muss (KUNZE, Restitution „Entarteter Kunst" – Sachenrecht und Internationales Privatrecht [2000] 187 f, der sich ausführlich mit den tatsächlichen Gegebenheiten und der nationalsozialistischen Gesetzgebungstechnik in dieser Angelegenheit auseinandergesetzt hat).

Schließlich aber stehen allgemeine Erwägungen der Möglichkeit des gutgläubigen Erwerbs in derartigen Konstellationen entgegen, die man aus dem oben eingehend dargelegten Konzept des gutgläubigen Erwerbs und einer dementsprechenden Interpretation des § 935 ableiten kann:

(1) Es wäre mit den rechtspolitischen wie den dogmatischen Grundlagen der §§ 932 ff BGB vollkommen unvereinbar, wenn diese nationalsozialistische Besitzergreifung dazu führen würde, dass Kunstgegenstände gutgläubig erworben und die Eigentümer um ihr Recht gebracht werden könnten. Denn gerade um derartige Folgen zu vermeiden hat der Gesetzgeber § 935 BGB als Korrektiv geschaffen und die Rechtsscheinwirkung des Besitzes in bestimmten Fällen ausgeschlossen. Es ist bereits darauf hingewiesen worden, dass die Umschreibung dieser Konstellation mit dem Begriff des Abhandenkommens bewusst allgemein gehalten ist. Sie erlaubt und erfordert eine wertende Betrachtung bei der Rechtsanwendung. Dabei ist insbesondere der oben (Vorbem 6 zu §§ 932 ff) erwähnte Umstand zu berücksichtigen, dass die Verfassungsmäßigkeit des gutgläubigen Erwerbs verschiedentlich angezweifelt worden ist. Selbst wenn man nicht so weit gehen will, besteht doch Einverständnis darüber, dass die verfassungsmäßige Auslegung der §§ 932 ff BGB dazu führen muss, sie restriktiv zu interpretieren, wo dies geboten erscheint (insoweit richtig PETERS, vgl Vorbem 6 zu §§ 932 ff). Auch daraus folgt, dass die nationalsozialistische Inbesitznahme nicht zur Grundlage eines Eigentumsverlustes gemacht werden darf.

(2) Die mit dem Schutz des gutgläubigen Erwerbers angestrebte Förderung der Zirkulation der Güter bezieht sich nach den Vorstellungen des Gesetzgebers naturgemäß auf den Warenhandel (und Wertpapiere). Sie passt deshalb von vornherein nicht gut, wenn es um die Veräußerung von speziellen, einzelnen Gegenständen geht. Vor allem aber entspricht es ganz gewiss nicht den Vorstellungen des Gesetzgebers und der ratio legis, wenn dadurch der Erwerb von Kunstgegenständen ermöglicht würde, deren Besitz der Eigentümerin durch den nationalsozialistischen Unrechtsstaat entzogen wurde.

Ebenso wenig lässt sich ein solches Resultat mit der dogmatisch – systematischen Konzeption des gutgläubigen Erwerbs vereinbaren. Dieser beruht auf dem vom Eigentümer in zurechenbarer Weise veranlassten Rechtsschein, der vom Besitz ausgeht. Es kann nicht angehen, dass man den Entzug des Besitzes durch die Nationalsozialisten der Eigentümerin zurechnet. Das wäre weder mit dem richtig verstandenen Veranlassungsprinzip noch mit der Risikotheorie zu begründen.

(3) Schließlich wäre es auch schlechthin unerträglich, das Abhandenkommen bei

einem gewöhnlichen Diebstahl zu bejahen und es bei einem gewissermaßen staatlich organisierten Raubzug zu verneinen.

6. Erbschaftsbesitzer

§ 857 BGB fingiert den Übergang des *Besitzes vom Erblasser auf den wirklichen* **19** *Erben.* Gibt der Inhaber der tatsächlichen Sachherrschaft, vielleicht als vermeintlicher Erbe, zum Nachlass gehörende Sachen freiwillig weg, so sind sie dem Erben abhanden gekommen. Dagegen ist die Anwendung des § 935 von vornherein ausgeschlossen, wenn der Erbschaftsbesitzer durch einen *Erbschein* legitimiert ist: Kraft öffentlichen Glaubens des Erbscheins, § 2366 BGB, vollzieht sich der Eigentumserwerb durch einen Dritten als Erwerb vom Berechtigten nach §§ 929–931, nicht nach §§ 932 ff BGB (vgl Wiegand JuS 1975, 285; Hoffmann JuS 1968, 229). Nach hM ist Kenntnis vom Erbschein auf Seiten des Erwerbers nicht erforderlich (Baur/Stürner § 52 Rn 40; BGHZ 33, 314; Erman/Schlüter § 2366 Rn 5; Palandt/Edenhofer § 2366 Rn 2; Hager 442 ff).

Diese Auffassung lässt sich jedoch kaum mit dem System des gutgläubigen Erwerbs in Einklang bringen, das den Vertrauensschutz stets an objektive Rechtsscheinpositionen wie Besitz, öffentliche Register oder Urkunden knüpft (Vorbem 7 ff zu §§ 932 ff). Als ein solches Kriterium kommt im Rahmen des § 2366 BGB einzig der Erbschein in Betracht (vgl Parodi AcP 185 [1985] 362 ff; Canaris, Vertrauenshaftung 508; Wiegand JuS 1978, 149). Der Erwerber ist daher *nur schutzwürdig*, wenn er den *Erbschein kannte* und auf *seine Richtigkeit vertraute* (dagegen ausf Hager 442 ff).

Allerdings beschränkt sich der Schutz des § 2366 auf die Gegenstände, die dem **20** Erblasser gehörten, da man vom Scheinerben im Rahmen des § 2366 nur erwerben kann, was man vom Erblasser selbst oder vom wirklichen Erben hätte erwerben können (vgl Wiegand JuS 1975, 285; MünchKomm/Quack § 935 Rn 16). Nicht dem Erblasser gehörende Gegenstände können nur in Verbindung mit den allgemeinen Regeln (§§ 405, 892, 932 ff, 1207) gutgläubig erworben werden (Wiegand JuS 1975, 285; BGH WM 1963, 219; Erman/Schlüter § 2366 Rn 7; Kipp/Coing § 103 II 4; Staudinger/Schilken § 2366 Rn 13, 30). Der gutgläubige Erwerb eines Gegenstandes, der sich zwar im Besitz des Erblassers befand, seinem wirklichen Eigentümer jedoch abhanden gekommen war, scheitert folglich an § 935 (MünchKomm/Promberger § 2366 Rn 45).

Das Abhandenkommen schließt den gutgläubigen Erwerb dauerhaft, dh für alle **21** folgenden Veräußerungen, aus (vgl Westermann/Gursky § 49 II 1; Tiedtke, Gutgläubiger Erwerb 43). Der Eigentümer kann die Sache von jedem späteren rechtsgeschäftlichen Erwerber vindizieren; lediglich die nicht rechtsgeschäftlichen Erwerbsgründe Ersitzung, Verbindung, Vermischung, Verarbeitung und Fund, begründen neues (originäres) Eigentum an der Sache (vgl Vorbem 3 zu §§ 946 ff).

Dem Eigentümer einer gestohlenen Sache, die vom redlichen Erwerber weiterveräußert **22** wurde und daher nicht mehr zurückgegeben werden kann, steht kein Anspruch auf Ersatz-Herausgabe des Erlöses gem § 285 BGB zu; andernfalls sähe sich der vermeintliche Erwerber einer Doppelhaftung ausgesetzt. Neben dem Anspruch des Eigentümers gem § 285 müsste er mit einer Rechtsmängelhaftung gegenüber demjenigen rechnen, an den er die Sache veräußert hat (vgl dazu Staudinger/Löwisch

[2001] § 281 Rn 12 f; zum Ersatzanspruch u zum Lösungsrecht des Eigentümers in anderen Rechts-ordnungen Siehr ZVglRW 80 [1981], 273 ff). Der Eigentümer kann jedoch die Weiter-veräußerung durch den Dritten genehmigen (konkludent mit Klageerhebung auf Herausgabe des Erlöses) und sodann einen Bereicherungsanspruch gem § 816 Abs 1 S 1 BGB geltend machen (RGZ 115, 34; 157, 44; Soergel/Henssler Rn 9, hM).

III. Die Ausnahmen des Abs 2

23 Für den Erwerb von *Geld, Inhaberpapieren* oder in *öffentlicher Versteigerung* ver-äußerten Sachen kehrt das Gesetz zu dem Grundkonzept des gutgläubigen Erwerbs zurück (Baur/Stürner § 52 Rn 47; Vorbem 21 zu §§ 932 ff; zur Notwendigkeit der Gutgläubigkeit vgl RGZ 103, 288; zum Begriff des guten Glaubens siehe § 932 Rn 39 f). Ein „Plus an Gut-gläubigkeit" in dem Sinne, daß der Erwerber auch gutgläubig annehmen müsse, die Sache sei auf redliche Weise in den Verkehr gelangt, wird vom Gesetz nicht ge-fordert (AnwK-BGB/Schilken Rn 15; anders wohl RGZ 31, 71; vgl dazu Planck/Brodmann Anm 6 b).

Der Grund für die Ausnahme des Abs 2 bei Geld und Wertpapieren liegt in dem Wunsch nach deren gesteigerten Umlauffähigkeit, die den vorrangigen Schutz des Verkehrsinteresses vor den Interessen des Eigentümers erfordert. Die Ausnahme für die öffentliche Versteigerung ist historisch bedingt (Gedanke des Rechtsver-lustes durch Verschweigung, da die Öffentlichkeit der Versteigerung dem Eigentü-mer eine größere Chance lässt, vom Verbleib der Sache zu erfahren und seine Rechte geltend zu machen; vgl Westermann/Gursky § 49 III 2; Heck § 60, 2; Marotzke NJW 1978, 133; ausführlich Dünkel, Öffentliche Versteigerung und gutgläubiger Erwerb [1970]).

Die Ausnahmen im Einzelnen:

1. Geld

24 Darunter sind alle im Umlauf befindlichen, staatlich anerkannten gesetzlichen Zahlungsmittel zu verstehen, und zwar sowohl inländische wie ausländische (Münch-Komm/Quack Rn 20). Nicht erfasst wird ungültiges und außer Kurs gesetztes Geld. Ebensowenig fallen reine Sammlermünzen und Anlagemünzen (Goldmünzen von Ländern ohne Goldwährung) in den Anwendungsbereich der Vorschrift (Münch-Komm/Quack Rn 20; aA Planck/Brodmann Anm 6 a), da für sie ein gesteigertes Ver-kehrsschutzinteresse nicht besteht. So genanntes *elektronisches Geld* fällt seiner Natur nach nicht unter die Vorschriften über die Übereignung beweglicher Sachen (Soergel/Henssler Rn 18).

Ob im Einzelfall ein bestimmtes Geldstück als Zahlungsmittel anzusehen ist, richtet sich nicht nach der subjektiven Zweckbestimmung des Eigentümers oder Veräuße-ers, sondern nach der Verkehrsanschauung (MünchKomm/Quack Rn 21; AnwK-BGB/ Schilken Rn 16; Soergel/Henssler Rn 17; aM Staudinger/Berg[11] [1956] Rn 24; BGB-RGRK/Pikart Rn 31; Erman/Michalski Rn 8).

2. Inhaberpapiere

25 Hierunter fallen Schuldverschreibungen auf den Inhaber (§§ 793 ff BGB), Inhaber-

aktien, Investmentanteilscheine, Lotterielose sowie die Inhaberkarten und -marken des § 807 BGB (Fahrkarten aller Art, Theaterkarten, gültige, nicht entwertete Briefmarken).

Soweit bei Scheckkartenschecks (Euroschecks) die Voraussetzungen der Garantie erfüllt sind, müssen sie im Hinblick auf die in ihnen verkörperte Garantieerklärung wie Inhaberpapiere behandelt werden (MünchKomm/QUACK Rn 23). Abs 2 gilt auch für solche Papiere, die ohne oder gegen den Willen des Ausstellers in den Verkehr gelangt sind (vgl CANARIS, Vertrauenshaftung 252; ZÖLLNER, Wertpapierrecht § 28 III; PLANCK/BRODMANN Anm 6 b).

Keine Papiere im Sinne von Abs 2 sind die Legitimationspapiere des § 808 BGB, zB   **26** Sparkassenbücher (ältere Literatur u Rspr STAUDINGER/BERG[11] [1956] Rn 26; MünchKomm/QUACK Rn 24). Die Vorschrift bezieht sich auch nicht auf Wechsel, Schecks und kaufmännische Orderpapiere (zum gutgläubigen Erwerb bei Wechseln siehe Art 16 WG, bei Schecks Art 21 ScheckG; vgl auch §§ 365, 367 HGB. Zum Abhandenkommen von Verrechnungsschecks vgl BILDA DB 1981, 1383 ff; zum Gutglaubensschutz beim Erwerb gestohlener Ersatz-Dividendenscheine FRANKE WM 1973, 982).

3. Öffentliche Versteigerung

Erfasst wird nur die *bürgerlich-rechtliche Versteigerung* gem § 383 BGB. Auch ein   **27** Erwerb in freiwilliger Versteigerung wird, soweit die in § 383 Abs 3 genannten Voraussetzungen erfüllt sind, gem § 935 Abs 2 geschützt (BGH NJW 1990, 899 mNw). Nicht unter den gegenständlichen Anwendungsbereich von Abs 2 fallen hingegen öffentlich-rechtliche Versteigerungen nach den Regeln von ZPO und ZVG. Bei Letzteren erfolgt die Eigentumszuweisung an den Ersteher kraft hoheitlicher Gewalt, so dass Abhandenkommen der Sache und Gutgläubigkeit des Erwerbers keine Rolle spielen (RGZ 156, 398; kritisch dazu MAROTZKE NJW 1978, 133).

Die ordnungsgemäße Versteigerung im Rahmen des § 383 Abs 3 lässt jedoch nur die Anwendbarkeit von § 935 Abs 1 entfallen; die übrigen Erwerbsvoraussetzungen bleiben unberührt (vgl dazu KUHNT MDR 1953, 641; vHOYNINGEN-HUENE NJW 1973, 1473; HÜBNER, Rechtsverlust 145; ausführlich DÜNKEL, Öffentl Versteigerung).

Fraglich ist, ob dies auch für Kulturgüter allgemein und insbes für die näher umschriebenen (Rn 18) Kunstgegenstände gilt. Dies ist, solange spezielle gesetzliche Regeln nicht existieren, zu bejahen (dazu ARMBRÜSTER NJW 2001, 3581, 3585, der sich gegen Sonderregelungen und für strenge Anforderungen an die Gutgläubigkeit des Ersteigerers ausspricht, dazu oben § 932 Rn 132 f).

IV. Beweisfragen

Die Vortrags- und Beweislast hinsichtlich des Abhandenkommens liegt bei demje-   **28** nigen, der den Eigentumserwerb bestreitet. Die Voraussetzungen (Geld, Inhaberpapiere etc) für einen Erwerb nach Abs 2 hat der (vermeintliche) Erwerber darzutun. Der gute Glaube wird auch hier vermutet; er muss sich jedoch auch auf die Rechtmäßigkeit der Versteigerung erstrecken (§ 1244 analog; DÜNKEL 71 ff; vgl STAUDINGER/WIEGAND [2002] § 1244 Rn 2, 7 ff mwNw sowie BGHZ 119, 75, 90 f).

§ 936
Erlöschen von Rechten Dritter

(1) Ist eine veräußerte Sache mit dem Recht eines Dritten belastet, so erlischt das Recht mit dem Erwerbe des Eigentums. In dem Falle des § 929 Satz 2 gilt dies jedoch nur dann, wenn der Erwerber den Besitz von dem Veräußerer erlangt hatte. Erfolgt die Veräußerung nach § 929a oder war die nach § 931 veräußerte Sache nicht im mittelbaren Besitz des Veräußerers, so erlischt das Recht des Dritten erst dann, wenn der Erwerber auf Grund der Veräußerung den Besitz der Sache erlangt.

(2) Das Recht des Dritten erlischt nicht, wenn der Erwerber zu der nach Abs 1 maßgebenden Zeit in Ansehung des Rechtes nicht in gutem Glauben ist.

(3) Steht im Falle des § 931 das Recht dem dritten Besitzer zu, so erlischt es auch dem gutgläubigen Erwerber gegenüber nicht.

Materialien: E I §§ 804 S 2, 878; II § 849; III § 920; Mot III 347 ff; Prot III 211 ff.

Systematische Übersicht

I.   **Zweck und Anwendungsbereich** — 1

II.   **Voraussetzungen**
1. Rechte Dritter als dingliche Belastung der Sache — 2
2. Rechtsgeschäftlicher Eigentumserwerb — 6
3. Guter Glaube — 7

III.   **Einschränkungen und Ausnahmen**
1. Abhandenkommen — 12
2. Übereignung ohne unmittelbare Besitzübergabe — 13

3. Beim Rechtsinhaber verbleibende Besitzposition, § 936 Abs 3 — 15

IV.   **Rechtsfolgen** — 19

V.   **Sonderfälle**
1. Grundpfandrechte — 20
2. Sonstige Sonderregelungen — 21

VI.   **Beweisfragen** — 22

Alphabetische Übersicht

Abhanden gekommene Sache — 11
Abtretung des Herausgabeanspruchs — 13 ff
Anwartschaftsrecht — 3, 15
Auflösende Bedingung — 2

Besitzkonstitut — 13 ff
Beweislast — 21
Böser Glaube — 7 f

Eigentum als dingliche Belastung — 16
Eigentumserwerb/-verlust — 5

Fahrlässigkeit — 6, 8

Grundpfandrechte — 19
Guter Glaube — 6 ff, 18

Nichtberechtigter — 5, 15

Rückerwerb vom Nichtberechtigten — 18

Scheck — 26

Traditionspapiere _____ 17   Vorbehaltskäufer/-verkäufer _____ 15

Verfolgungsrecht im Konkurs _____ 4   Zubehör _____ 19

I. Zweck und Anwendungsbereich

§ 936 regelt den lastenfreien Erwerb einer mit dem Recht eines Dritten belasteten **1**
Sache. Die Vorschrift enthält gewissermaßen eine Miniatur der §§ 932–935 und
beruht auf denselben Prinzipien: Wer vom Besitzer erwirbt, soll darauf vertrauen
können, dass diesem unbelastetes Eigentum zusteht (Wiegand JuS 1974, 210).

Allerdings kommt die Rechtsscheinwirkung des Besitzes auch hier nur zur Geltung,
wenn der Veräußerer sich durch „Besitzverschaffungsmacht" (vgl § 932 Rn 21) ausgewiesen hat und die Sache demjenigen, dem das belastende Recht zusteht, nicht
abhanden gekommen ist. Als Belastungen kommen in Betracht dingliche Rechte an
der Sache, insbes vertragliche und gesetzliche Pfandrechte (im Einzelnen siehe unten
Rn 2). Öffentlich-rechtliche Belastungen werden nicht erfasst. § 936 regelt auch nicht
den gutgläubigen Erwerb von beschränkten dinglichen Rechten als solchen (Münch-
Komm/Quack Rn 3; für Nießbrauch und Pfandrecht vgl §§ 1032, 1207, dazu Staudinger/Frank
[2002] § 1032 Rn 6 ff; Staudinger/Wiegand [2002] § 1207 Rn 1 ff).

II. Voraussetzungen

1. Rechte Dritter als dingliche Belastung der Sache

a)   Neben **Nießbrauch** und **Pfandrecht** erfasst § 936 auch *dingliche Aneignungs-* **2**
rechte (zB Jagdrecht, Bergrecht). Von den gesetzlichen Pfandrechten sind vor allem
Vermieterpfandrecht (§ 559 BGB) und Unternehmerpfandrecht (§ 647 BGB) von
Bedeutung. Auch das Pfändungspfandrecht fällt unter § 936 (MünchKomm/Quack
Rn 4; Westermann/Gursky § 50 1; BGH WM 1962, 1177; RGZ 161, 109; OLG Dresden OLGZ
10, 113; **aM** Lüke JZ 1955, 484).

Nach hM sind weiterhin das *Anwartschaftsrecht* des Vorbehaltskäufers sowie dasjenige des Sicherungsgebers bei auflösend bedingter Sicherungsübereignung zu den
Belastungen iS von § 936 zu zählen (Palandt/Bassenge Rn 1; Erman/Michalski Rn 1;
AnwK-BGB/Schilken Rn 6; Soergel/Henssler Rn 4; BGHZ 45, 186, 190; Hoche NJW 1955,
652; Röwer NJW 1961, 539; ablehnend MünchKomm/Quack Rn 5). Es ist wie folgt zu
differenzieren:

Von Bedeutung ist nur die entsprechende Anwendung von § 936 Abs 3. Sie ist
erforderlich und geboten, wenn der Anwartschaftsberechtigte den unmittelbaren
Besitz der Sache hat und der Eigentümer gem §§ 931/934 1. Alt darüber verfügt.
Hier würde sich der Rechtsschein sonst gegen den unmittelbaren Besitzer selbst
wenden (ausführliche Begründung bei Wiegand JuS 1974, 210 f und unten Rn 16).

b)   Nicht erfasst werden dagegen *öffentlich-rechtliche Beschwerungen*, zB die **3**
Widmung als öffentliche Sache oder Erwerbsbeschränkungen im Bereich des Natur-
schutzrechts (Wolff/Raiser § 70 Anm 1; MünchKomm/Quack Rn 7). Ein noch nicht

rechtskräftig eingezogenes Kraftfahrzeug kann nicht gutgläubig-lastenfrei erworben werden, solange es sich aufgrund einer Beschlagnahme in behördlichem Gewahrsam befindet (OLG München MDR 1982, 949). Auch die Insolvenzbeschlagnahme gem §§ 80 InsO fällt nicht unter § 936 (MünchKomm/Quack Rn 7). Bei den familienrechtlichen Verfügungsbeschränkungen der §§ 1365, 1369 BGB kommt ein Gutglaubensschutz von vornherein nicht in Betracht (vgl § 932 Rn 7).

4 *Schuldrechtliche Zurückbehaltungsrechte* (§§ 273 BGB, 369 HGB) sowie alle sonstigen schuldrechtlichen Ansprüche werden von § 936 nicht berührt, ebenso wenig die Anfechtungsrechte gem §§ 129 ff InsO, 1 ff AnfG. Der Inhaber schuldrechtlicher Rechtspositionen wird jedoch im Rahmen des § 986 Abs 2 BGB geschützt, der im Wesentlichen § 936 Abs 3 entspricht (Wolff/Raiser § 70 Anm 1; Staudinger/Gursky [1999] § 986 Rn 14 ff).

5 **c)** Der BGH lässt einen gutgläubigen „lastenfreien" Zweiterwerb *von Inhaberaktien mit Bareinlagepflichten* (also nicht voll eingezahlter Aktien) nach den §§ 932, 936 zu (BGHZ 122, 180, 196 = BGH NJW 1993, 1983, 1987). Es entspricht der allgemeinen Auffassung in der Literatur, dass der gutgläubige Erwerber einer Inhaberaktie das Aktienrecht ohne die beim Veräußerer noch bestehende Belastung mit der Einlagepflicht erwerben kann, nachdem zuvor das Verbot der Ausgabe von Inhaberaktien vor vollständiger Einzahlung der Einlage, § 10 Abs 2 S 1 AktG, verletzt worden ist. Auch der Erwerber einer nicht voll eingezahlten *Namenaktie* soll nach der hM, sofern entgegen § 10 Abs 2 S 2 AktG entweder gar kein oder ein überhöhter Betrag über die Teilleistung aus der Urkunde ersichtlich ist, in seinem guten Glauben geschützt werden (vgl nur Hefermehl/Bungeroth § 54 AktG Rn 12 ff; Lutter, Kölner Komm zum AktG § 54 Rn 7, je mwNw).

Die Schutzwürdigkeit des gutgläubigen Erwerbs wird damit begründet, dass in beiden Fällen das Vertrauen in die korrekte Einhaltung zwingender Vorschriften (§ 10 Abs 2 AktG) geschützt werden müsse, wobei bei Inhaberaktien zusätzlich das Erfordernis der Sicherheit und Leichtigkeit des aktienrechtlichen Verkehrs betont wird (Hefermehl/Bungeroth aaO; vgl auch BGH NJW 1993, 1987). Der BGH will den gutgläubigen, von Einlagepflichten freien Erwerb von Aktien ohne weitere Begründung gestützt auf §§ 932, 936 grundsätzlich zulassen. Nach Sinn und Zweck von § 936 Abs 1 muss sich das belastende Recht des Dritten ohne die Möglichkeit eines lastenfreien Erwerbs bei jedem Erwerber durchsetzen, dh es muss insoweit absolute Wirkung entfalten. Das Recht der Gesellschaft auf Bezahlung der Bareinlage richtet sich grundsätzlich gegen den jeweiligen Aktionär (vgl §§ 54 Abs 2 u 65 Abs 1, 66 Abs 1 AktG). Diese „subjektiv-mitgliedschaftliche Verbindung" unterscheidet dieses Drittrecht von einem gewöhnlichen „Schuldrecht", welches von § 936 (wie oben dargelegt Rn 4) nicht berührt wird. Einer Subsumtion dieses Tatbestandes unter § 936 steht deshalb an sich nichts entgegen.

Zweifelhaft ist allerdings, ob die vom BGH vorgenommene alleinige Abstützung des „lastenfreien" Erwerbs von Aktien auf §§ 932, 936 mit der Folge, dass bei (noch) nicht verurkundeten Aktien, die gem §§ 398 ff durch Zession übertragen werden, ein gutgläubiger Erwerb nicht möglich wäre (so der BGH, aaO), richtig ist. Aus § 189 AktG ergibt sich, dass die neuen Mitgliedschaftsrechte im Zeitpunkt der Eintragung entstehen. Es fragt sich daher, ob insbesondere das Vertrauen in den Bestand von

Inhaberaktien aufgrund des Handelsregisters nicht ebenso schutzwürdig sei, wie der aus der Urkunde hervorgehende Rechtschein. Ein nur das Grundprinzip der §§ 932, 936 (insbes auch die Umschreibung des guten Glaubens) übernehmende Regelung des Vertrauensschutzes in freier richterlicher Rechtsfortbildung wäre daher wohl vorzuziehen.

Nachzutragen bleibt, dass der BGH im konkreten Fall den gutgläubigen „lastenfreien" Erwerb abgelehnt hat, weil der von seinem mittelbaren Bezugsrecht Gebrauch machende Erwerber die Aktien von einem als fremdnützigen Treuhänder fungierenden Emissionsinstitut erworben hat. Daher ist er einem unmittelbar bezugsberechtigten Aktionär gleichzustellen, welcher die Aktien originär erwirbt (man könnte hier auch von einem Nichtverkehrsgeschäft sprechen; vgl dazu Vorbem 42 ff zu §§ 932 ff).

2.   Rechtsgeschäftlicher Eigentumserwerb

Weitere Tatbestandsvoraussetzung ist der wirksame rechtsgeschäftliche Erwerb der **6** Sache gem §§ 929 ff bzw 932 ff BGB. Es spielt also keine Rolle, ob das Eigentum vom Berechtigten oder vom Nichtberechtigten erworben wird (Wiegand JuS 1974, 210; Westermann/Gursky § 50 1). § 936 gilt hingegen *nicht bei gesetzlichem Eigentumserwerb*. Die Belastung der Sache muss bereits im Zeitpunkt der Veräußerung gegeben sein; entsteht sie erst später, kommt § 936 nicht zur Anwendung (MünchKomm/Quack Rn 10).

3.   Guter Glaube

a)   Der Erwerber muss in Bezug auf die **Lastenfreiheit der Sache gutgläubig** sein, **7** dh er darf nicht Kenntnis bzw grob fahrlässige Unkenntnis von dem belastenden Recht haben; die Grundsätze des § 932 gelten entsprechend. Guter Glaube an die Verfügungsbefugnis des Veräußerers wird auch hier nur im Rahmen von § 366 HGB geschützt.

Der gute Glaube muss grundsätzlich im Zeitpunkt des Eigentumserwerbs vorhanden sein; bei Übereignung gem §§ 930/931 (933/934) muss er jeweils bis zu dem Zeitpunkt vorliegen, in dem Lastenfreiheit gem § 936 Abs 1 S 3 überhaupt erst eintreten kann (Planck/Brodmann Anm 3).

b)   Ist dem Erwerber zwar der *Bestand* eines belastenden Rechts, nicht jedoch **8** dessen Umfang *bekannt*, so muss er dennoch als *bösgläubig* gelten. Die Rechtsscheinwirkung des Besitzes, auf der der lastenfreie Erwerb beruht, ist bei beweglichen Sachen an den Bestand, nicht an den Umfang der Belastung gebunden und somit bereits bei Kenntnis vom Bestand des belastenden Rechts zerstört (anders beim Grundbuch, das über die Höhe einer Grundstücksbelastung Auskunft gibt, vgl Westermann/Gursky § 50 1 a; MünchKomm/Quack Rn 12; zu möglichen Differenzierungen Staudinger/Wiegand [2002] § 1208 Rn 4; aM Wolff/Raiser § 70 I 2, der partielle Gutgläubigkeit und Teiluntergang der Belastung annimmt).

c)   Von Bedeutung sind insbesondere folgende **Einzelfälle**: Beim Erwerb von **9** Gegenständen aus Mietwohnungen wird die Bösgläubigkeit des Erwerbers hinsichtlich eines *Vermieterpfandrechts* regelmäßig vermutet: Der Käufer handelt grob fahrlässig, wenn er sich nicht entsprechend erkundigt (RG JW 1907, 672; JW 1937, 613; BGH NJW 1972, 43; PALANDT/BASSENGE Rn 3; WESTERMANN/GURSKY § 50 1 a; aM BAUR/STÜRNER § 52 Rn 52).

10 Dies gilt jedoch nicht für das gesetzliche *Pfandrecht des Verpächters*: Solange der Verkauf im regelmäßigen Geschäftsbetrieb des Pächters erfolgt, besteht für den Käufer keine Veranlassung, eine pfandrechtliche Belastung der Sache in Erwägung zu ziehen (vgl SOERGEL/HENSSLER Rn 10; aA MünchKomm/QUACK Rn 13; KLEINEIDAM DJZ 1906, 1359).

11 Gem § 5 *Abs 1 PachtkredG* (dazu STAUDINGER/WIEGAND [2002] Anh 26 ff zu § 1257) kann sich der Erwerber von Inventarstücken eines Pachtbetriebs, die mit dem Pfandrecht eines Kreditinstitutes belastet sind, diesem gegenüber nicht auf seinen guten Glauben berufen, solange der Verpfändungsvertrag beim Amtsgericht niedergelegt ist. Diese weitgehende Sicherung der kreditgebenden Banken soll die Vergabe von Krediten an Pächter begünstigen. Erfolgt die Veräußerung erst nach Aufgabe des Pachtbetriebs und Entfernung des Inventars vom Grundstück, so greift wiederum § 936 ein, da in diesem Falle für den Erwerber kein Grund mehr besteht, mit einem Pfandrecht gem § 5 Abs 1 PachtKG zu rechnen (BGHZ 51, 337, 340; STAUDINGER/WIEGAND [2002] Anh 28 zu § 1257; MünchKomm/QUACK Rn 14).

III. Einschränkungen und Ausnahmen

1. Abhandenkommen

12 *§ 935 BGB gilt* nach ganz hM auch im Rahmen des § 936, und zwar *in zweifacher Hinsicht* (vgl zB MünchKommy/QUACK Rn 15; PALANDT/BASSENGE Rn 3; BAUR/STÜRNER § 52 Rn 52; AnwK-BGB/SCHILKEN Rn 14; TIEDTKE, Gutgläubiger Erwerb 44): Zum einen ist ein Eigentumserwerb nicht möglich, wenn die Sache dem Eigentümer abhanden gekommen ist, folglich auch kein lastenfreier Erwerb. Zum andern scheitert lastenfreier Erwerb auch, wenn die Sache zwar nicht dem Eigentümer, wohl aber dem Inhaber des beschränkten dinglichen Rechts abhanden gekommen ist. In analoger Anwendung von § 935 erhält in diesem Falle der gutgläubige Erwerber zwar Eigentum; jedoch bleibt die dingliche Belastung bestehen (vgl MünchKomm/QUACK Rn 15; PALANDT/BASSENGE Rn 3; TIEDTKE Jura 1983, 472; WOLFF/RAISER § 70 I 3).

2. Übereignung ohne unmittelbare Besitzübergabe

13 In den Fällen des § 936 Abs 1 S 2 und 3 muss der Erwerber **dieselbe Besitzposition erlangen wie beim Erwerb vom Nichtberechtigten** gem §§ 932–934 (vgl PLANCK/BRODMANN Anm 2; WOLFF/RAISER § 70 I 1; BAUR/STÜRNER § 52 Rn 52).

14 Dies bedeutet im Einzelnen: Bei Übereignung durch bloße Willenseinigung, *§ 929 S 2* BGB, muss der Erwerber gem § 936 Abs 1 S 2 seinen Besitz zu einem früheren Zeitpunkt unmittelbar vom Veräußerer erlangt haben. Erfolgt die Eigentumsübertragung gem *§ 930* mittels Besitzkonstitut, so tritt Lastenfreiheit gem § 936 Abs 1 S 3 erst ein, wenn der Erwerber nachträglich den unmittelbaren Besitz an der Sache erhält und zu diesem Zeitpunkt noch gutgläubig ist.

Im Falle der Übereignung durch Abtretung des Herausgabeanspruchs (§§ 931, 934) ist zu unterscheiden: War der Veräußerer selbst mittelbarer Besitzer, so tritt Lastenfreiheit bereits mit Abtretung des Herausgabeanspruchs ein, andernfalls erst dann, wenn der Erwerber (mittelbaren) Besitz an der Sache erlangt (MünchKomm/Quack Rn 17; Wolff/Raiser § 70 I 1). Allerdings darf bei beiden Konstellationen der unmittelbare Besitzer nicht Inhaber des dinglichen Rechts sein (sofort Rn 15).

3. Beim Rechtsinhaber verbleibende Besitzposition, § 936 Abs 3

a)   Wird eine Sache durch *Abtretung des Herausgabeanspruchs* aus dem *Besitz-* **15** *mittlungsverhältnis* (§§ 931, 934) veräußert, so erhält auch der gutgläubige Erwerber kein lastenfreies Eigentum, wenn der Besitzmittler zugleich der Inhaber des belastenden Rechts ist (Wiegand JuS 1974, 210; MünchKomm/Quack Rn 18). Dies gilt auch für den Fall, dass der unmittelbare Besitzer, gegen den sich der Herausgabeanspruch richtet, dem Rechtsinhaber lediglich den Besitz vermittelt (Westermann/Gursky § 50 2; KG OLGZ 41, 184). Ohne diese Einschränkung der §§ 931/934 würde sich die Rechtsscheinwirkung des Besitzes gerade gegen denjenigen richten, der dem Eigentümer die Rechtsscheinposition vermittelt (Wiegand JuS 1974, 210). Das Interesse des Besitzers erscheint hier jedoch schutzwürdiger als die Belange des Erwerbers, der weiß, dass sich die Sache im Besitz eines Dritten befindet, und mit Rechten des Dritten an der Sache rechnen muss (Tiedtke Jura 1983, 472).

b)   Einen wichtigen Anwendungsfall des § 936 Abs 3 bildet heute der *Schutz des* **16** *Vorbehaltskäufers* gegen weitere Verfügungen des Verkäufers.

Veräußert der Vorbehaltsverkäufer die Sache an einen Dritten, so erwirbt dieser zunächst Eigentum vom Berechtigten. Erst mit Eintritt der Bedingung, der Zahlung der letzten Kaufpreisrate, geht gem § 161 Abs 1 S 1 dieses Eigentum unter. Gem § 161 Abs 3 gelten aber „die Vorschriften zugunsten derjenigen, welche Rechte von einem Nichtberechtigten ableiten", entsprechend. Demzufolge würde der Zweiterwerber dann geschützt, wenn die Voraussetzungen vorlagen, unter denen er sogar vom Nichteigentümer hätte erwerben können, §§ 932–936. Der Vorbehaltskäufer würde folglich seine Rechtsstellung einbüßen. Im Falle der Veräußerung gem § 934 1. Alt wird diese Konsequenz durch die Anwendung des § 936 Abs 3 vermieden. Da nach hM auch das Anwartschaftsrecht unter die Belastungen iS von § 936 fällt (s oben Rn 3; Soergel/Henssler Rn 4; Palandt/Bassenge Rn 1; **aM** MünchKomm/Quack Rn 5), wird der besitzende Anwartschaftsberechtigte durch § 936 Abs 3 vor dem Verlust seiner Rechtsposition bewahrt. Mit der Zahlung der letzten Kaufpreisrate erstarkt die Anwartschaft zum Vollrecht und verdrängt das Eigentum des Zwischenerwerbers (zur Begründung Wiegand JuS 1974, 210 f). Fraglich ist jedoch, inwieweit bei derartigen Konstellationen guter Glaube überhaupt in Betracht kommt (vgl §§ 932 Rn 38 ff; 934 Rn 2 f).

c)   Nach hM soll § 936 Abs 3 *analoge Anwendung auf das Eigentum* finden, wenn **17** der Eigentümer dem gem § 934 nichtberechtigt Verfügenden den Besitz vermittelt. Zur Begründung wird angeführt, das Eigentum solle als stärkstes Recht nicht schwächere Durchsetzungskraft haben als beschränkte dingliche Rechte an der Sache, die gegenüber dem Erwerber des Herausgabeanspruchs bestehen bleiben (Westermann/Gursky § 50 3; Boehmer, Grundlagen II 2 § 23, 35; Wolff/Raiser § 70 Anm 5;

PALANDT/BASSENGE § 934 Anm 3). Gegen dieses Argument spricht jedoch der *Schutzzweck* des § 936: Dieser regelt *nicht* den gutgläubigen Erwerb des *Eigentums an sich*, sondern entscheidet nur darüber, ob Eigentum *lastenfrei* oder mit dem Recht eines Dritten belastet erworben wird. Die analoge Anwendung von Abs 3 auf das Eigentum würde zu einer zusätzlichen Regel betreffend den gutgläubigen Eigentumserwerb führen, die im Rahmen des § 936 systemfremd erscheint (ausführliche Begründung oben § 934 Rn 7; vgl BGB-RGRK/PIKART § 934 Rn 7; PLANCK/BRODMANN § 934 Anm 3; so jetzt auch AnwK-BGB/SCHILKEN Rn 17 und § 934 Rn 8).

18 d) § 936 Abs 3 kommt nicht zur Anwendung bei Übereignung mittels eines Traditionspapieres (Ladeschein, Konnossement); diese erfolgt kraft gesetzlicher Fiktion (§§ 647, 450, 424 HGB) gem § 929 (§ 929 Rn 103), nicht gem § 931, so dass der dritte (unmittelbare) Besitzer nicht geschützt wird (PLANCK/BRODMANN Anm 2 c; WOLFF/RAISER § 70 Anm 4; AnwK-BGB/SCHILKEN Rn 17; **aM** SOERGEL/HENSSLER Rn 7 mwNw zur Gegenansicht).

IV. Rechtsfolgen

19 Bei Erfüllung der Tatbestandsvoraussetzungen gehen die betroffenen dinglichen Rechte ersatzlos unter (MünchKomm/QUACK Rn 20). Nachträgliche Kenntnisnahme des gutgläubigen Erwerbers oder Wiederveräußerung der Sache an einen Bösgläubigen lassen die erloschenen Rechte ebenso wenig wieder aufleben wie eine Rückgängigmachung des Eigentumserwerbs (es gilt das zum Rückerwerb des Nichtberechtigten Ausgeführte entsprechend, s oben § 932 Rn 115 ff).

Bei entgeltlicher Veräußerung hat der Dritte gegen den Veräußerer einen Kondiktionsanspruch aus § 816 Abs 1 S 1 BGB; bei unentgeltlicher Veräußerung kann er gem § 816 Abs 1 S 2 gegen den Erwerber vorgehen (ERMAN/MICHALSKI Rn 5; RG 119, 269; vgl im Übrigen § 932 Rn 112 ff). „Durch die Verfügung erlangt" ist beim Untergang eines Pfandrechtes der dem Kaufpreis entsprechende Betrag der Forderung, beim Erlöschen eines Nießbrauchs die Summe, um die der Kaufpreis bei Fortbestand des Nießbrauchs niedriger gewesen wäre (ERMAN/MICHALSKI Rn 5; vgl im Übrigen § 932 Rn 113 mwNw).

V. Sonderfälle

1. Grundpfandrechte

20 Werden bewegliche Sachen vom Haftungsbereich einer Hypothek oder Grundschuld erfasst, so richtet sich der lastenfreie Erwerb nach §§ 1120 ff BGB. Zu beachten ist insbesondere § 1121 Abs 2 S 1, wonach der gute Glaube des Erwerbers ausgeschlossen ist, wenn Bestandteile oder Zubehör eines Grundstücks vor der Entfernung vom Grundstück veräußert werden (dazu STAUDINGER/WOLFSTEINER [2003] § 1121 Rn 17 ff; vgl ferner PLANDER JuS 1975, 345 ff; REINICKE/TIEDTKE, Gesamtschuld und Schuldsicherung durch Bürgschaft, Hypothek, Grundschuld, Pfandrecht an bewegl Sachen u Rechten [1981] 186 ff).

2. Sonstige Sonderregelungen

Registerpfandrechte an Schiffen und Schiffsbauwerken bleiben trotz guten Glau- 21
bens des Erwerbers bestehen, §§ 15, 77 SchiffsRG; vgl auch §§ 755 HGB und 103
Abs 2 BinSchG. Zum Registerpfandrecht an Luftfahrzeugen vgl § 98 Abs 1 LuftfzG
(vgl im Übrigen STAUDINGER/WIEGAND [2002] Vorbem 2 zu § 1204 und Anh 32 ff zu § 1257).

VI. Beweisfragen

Der Erwerber trägt die Behauptungs- und Beweislast für den rechtsgeschäftlichen 22
Eigentumserwerb. Hingegen muss der Inhaber des belastenden Rechts die Bösgläubigkeit des Erwerbers dartun und beweisen, und zwar gegebenenfalls nicht nur
hinsichtlich der Lastenfreiheit, sondern auch bezüglich des Eigentumserwerbs nach
§§ 932 ff an der Sache, zB ein Abhandenkommen (PLANCK/BRODMANN Anm 3; Münch-
Komm/QUACK Rn 25; SOERGEL/HENSSLER Rn 12; AnwK-BGB/SCHILKEN Rn 23).

Untertitel 2
Ersitzung

Vorbemerkungen zu §§ 937–945

Schrifttum

ARENDTS, Ersitzung beweglicher Sachen im internationalen Privatrecht (1911)

K BAUER, Ersitzung und Bereicherung im klassischen römischen Recht und die Ersitzung im BGB (1989)

BINDER, Die Rechtsstellung des Erben (1905) 40 ff

BRAUN, Kunstprozesse von Menzel bis Beuys (1995) 1 ff

FINKENAUER, Gutgläubiger Erbe des bösgläubigen Erblassers – das Bernstein-Mosaik, NJW 1998, 960

HUWILER, Zum Bereicherungsanspruch gegen den Fahrniseigentümer kraft Ersitzung: Eine rechtsvergleichende Fallstudie, in: Die schweizerische Rechtsordnung in ihren internationalen Bezügen (Bern 1988)

KNÜTEL, Bösgläubiger Erblasser – gutgläubiger Erbe, in: FS Lange (1992) 903 ff

KRÄMER, Bernsteinzimmer-Mosaik, Ersitzung durch den gutgläubigen Erben des bösgläubigen Besitzers?, NJW 1997, 2580

KRETZSCHMAR, Die Mobiliar-Ersitzung nach dem BGB (Diss Bonn 1910)

KRÜCKMANN, Bereicherungsklage trotz Ersitzung, LZ 1933, 617

KUNZE, Restitution „Entarteter Kunst" (2000)

LESSING, Die Ersitzung des Eigentums, SächsArch 6, 607

LUIG, Historische Betrachtungen über die Ersitzung des Wegrechts nach dem ALR und dem BGB, in: FS der rechtswissenschaftlichen Fakultät Köln (1988), 95 ff

NAENDRUP, Die Ersitzung als Rechtsscheinswirkung, in: Die Reichsgerichtspraxis im deutschen Rechtsleben (1929) III 35

OERTMANN, Ersitzung und Bereicherungshaftung, Recht 1910, 585

PETERSEN, Der Menzelbilderfall, Jura 1999, 297

PFEIFFER RvglHWB III 188

REMIEN, Vindikationsverjährung und Eigentumsschutz, AcP 201 (2001) 730

SELLO, Die lex rei sitae im Fahrnisrecht, besonders bei Ersitzung, Fund, Aneignung (Diss Greifswald 1936)

SIEHR, Ersitzung und Bereicherung: Zum Verhältnis zwischen Sachen- und Schuldrecht, in: FS Stoll (2001) 373

TRINKNER, Eigentumserwerb durch Ersitzung im altorientalischen Recht, BB 1991, 2454

WERNECKE, Die öffentliche Sache im Widerstreit privater und allgemeiner Belange, AcP 195 (1995) 445

I. Wesen und Bedeutung

1. Allgemeines

1 Die §§ 937–945 regeln den **Eigentumserwerb** an **beweglichen Sachen** durch **Ersitzung** als *einheitliches Rechtsinstitut*. Das BGB unterscheidet nicht mehr zwischen ordentlicher (kürzerer Fristenlauf und Erwerbsgrund) und außerordentlicher (ohne Erwerbsgrund) Ersitzung (anders GemR; vgl Mot III 350).

Erforderlich ist in allen Fällen lediglich zehnjähriger, gutgläubiger Eigenbesitz.

Ersitzungsfähig sind neben dem Eigentumsrecht, der Nießbrauch an beweglichen **2**
Sachen (§ 1033) sowie bestimmte Immobiliarrechte (§ 900 Abs 2), dagegen nicht
Pfandrechte und Grunddienstbarkeiten (s Vorbem zu § 1018 und Art 128 EGBGB).
Rechte, deren Regelung der Landesgesetzgebung vorbehalten sind, können nach
Landesrecht ersessen werden (vgl für das ehemalige Preussen BIERMANN Anm 5 vor § 937).

Zur unvordenklichen Verjährung s Vorbem zu §§ 194 ff und für Schleswig-Holstein
LG Flensburg SchlHAnz 1950, 303.

2. Zweck

Der Zweck der Ersitzung liegt darin, die durch den Mangel im Erwerb der Sache **3**
bewirkte Diskrepanz zwischen Besitz- und Eigentumslage zu beseitigen und den
Verkehrsschutz zu ergänzen (BAUR/STÜRNER § 53 Rn 85; WESTERMANN/GURSKY § 51 I 2).
Darüber hinaus stellt sie eine Beweiserleichterung für den wirklichen Eigentümer
dar, der statt den anderweitigen Erwerbsakt nachzuweisen, sich auf die stattgefun-
dene Ersitzung berufen kann (DERNBURG, Sachenrecht § 106 I; HACHENBURG, Vortr 184;
GOLDMANN/LILIENTHAL § 19 Anm 6; BGB-RGRK/PIKART Rn 3).

3. Bedeutung

Durch die Vorschriften des gutgläubigen Eigentumserwerbs vom Nichtberechtigten **4**
(§§ 932 ff) hat das Institut der Ersitzung die Bedeutung verloren, die ihm im früheren Recht zukam. In der rechtspolitischen Diskussion ist verschiedentlich die
Einschränkung des gutgläubigen Erwerbs nach §§ 932 ff und damit verbunden eine
Ausweitung der Ersitzung gefordert worden (zB vLÜBTOW zitiert im Schrifttum vor § 932).

Nach geltendem Recht bleibt das Anwendungsgebiet der Ersitzung auf diejenigen
Fälle beschränkt, in denen ein gutgläubiger Erwerb scheitert oder nicht in Betracht
kommt, weil

– ein anderer Mangel als das Fehlen des Eigentums beim Veräußerer den Erwerb
  hindert, zB Geschäftsunfähigkeit, mangelnde Vertretungsmacht (vgl § 932 Rn 10 f)

– die Sache gestohlen, verloren oder sonst abhanden gekommen ist (§ 935 Abs 1,
  Ausnahme Abs 2, erhebliche praktische Bedeutung hat dies im Zusammenhang
  mit abhanden gekommenen Kunstwerken [vgl § 932 Rn 132, § 935 Rn 18, 27, vgl die dort
  angeführte Lit und allgemein KUNZE, 101 ff])

– das äußere Moment der Übertragung fehlt (mangelhafte Übergabe § 929 Rn 50)

– der Besitzerwerb ohne Veräußerungsgeschäft erfolgt, zB eine vermeintlich herrenlose oder verwechselte Sache wird in Besitz genommen.

Problematisch und bis heute umstritten ist die Frage, wann der in diesen Fällen vom
Gesetz vorgesehene Eigentumserwerb definitiv ist und ob gegebenenfalls ein Ausgleichsanspruch besteht (dazu unten § 937 Rn 18 ff).

II. Übergangsrecht und internationales Privatrecht

1. Übergangsrecht

5 Eine Übergangsbestimmung enthält der Art 185 mit Art 169 EG BGB. Handelt es sich um eine Ersitzung, welche nach bisherigem Recht unzulässig war (zB an einer res furtiva im GemR), so konnte die Ersitzung erst mit dem Inkrafttreten des BGB beginnen. In diesem Zeitpunkt müssen also die Erfordernisse der Ersitzung (§ 937) gegeben sein (vgl BIERMANN Vorbem 4).

2. Internationales Privatrecht und Gemeinschaftsrecht

6 Wechselt die Sache während der Ersitzungszeit den Ort, so ist für die Vollendung der Ersitzung das Recht des letzten Ortes maßgebend (vgl STAUDINGER/STOLL [1996] Intern Sachenrecht Rn 272 f; MünchKomm/BALDUS Rn 7; WOLFF, Das Intern Privatrecht Deutschlands [3. Aufl 1954] § 35 VII; ders, SR § 89 II 2 b sowie ausf die angeführten Arbeiten von ARENDTS und SELLO).

Das nationale Recht der Ersitzung wird nicht direkt ausgeschaltet, aber jetzt schon teilweise überlagert durch die VO (EWG) Nr 3911/92 und das diese umsetzende Kulturrückgabegesetz vom 15. 10. 1998 (zu beiden § 932 Rn 133 und ausf MünchKomm/ BALDUS Rn 7 ff).

§ 937
Voraussetzungen, Ausschluss bei Kenntnis

(1) Wer eine bewegliche Sache zehn Jahre im Eigenbesitz hat, erwirbt das Eigentum (Ersitzung).

(2) Die Ersitzung ist ausgeschlossen, wenn der Erwerber bei dem Erwerb des Eigenbesitzes nicht in gutem Glauben ist oder wenn er später erfährt, dass ihm das Eigentum nicht zusteht.

Materialien: E I §§ 881 Abs 1, Abs 2 S 1, 886; II § 851; III § 922; Mot III 351 ff; Prot III 238–244.

Systematische Übersicht

I.	Inhalt	1	III.	Objekt der Ersitzung	12
II.	Voraussetzungen		IV.	Rechtsfolgen	
1.	Eigenbesitz	2	1.	Originärer und derivativer Erwerb	17
2.	Guter Glaube	7	2.	Ersitzung und Rückgewähransprüche	18

Alphabetische Übersicht

Auseinanderfallen von Eigentum und		mala fides superveniens	9
Besitz	22	Menzel-Entscheidung	21
Ausgleichung	18 ff		
		Nachforschungsobliegenheit	8
Bewegliche Sache	12	Nachweis des Besitzes	2
Derivativer Erwerb	17	Objekt	12
		Öffentliche Sachen	13
Eigenbesitz	2	Originärer Erwerb	17
– mittelbarer	3		
– unmittelbarer	3	Rechtsnachfolge im Prozess	17
Erbschaftssachen	14	res sacrae	13
Erkundigungspflicht	9	res sanctae	13
		Rückgewähransprüche	18
Geschäftsunfähiger	4		
Glaube an das eigene Recht	7	Veräußerungsverbot	15
Kenntnis des Nichtrechts	9	Zuordnung dinglicher Rechte	22

I. Inhalt

Die Vorschrift des § 937 nennt in Abs 1 den zehnjährigen Eigenbesitz und in Abs 2 **1** den guten Glauben als wesentliche **Voraussetzungen** der Ersitzung an beweglichen Sachen, wobei das subjektive Kriterium aus beweisrechtlichen Gründen negativ formuliert ist. Im Gegensatz zum gutgläubigen Rechtserwerb nach §§ 932 ff bedarf es eines den Besitzerwerb rechtfertigenden Grundes nicht (Mot III 51).

II. Voraussetzungen

1. Eigenbesitz

a) Grundlage der Ersitzung bildet der **zehnjährige** (§§ 938, 943, 944, s Erl dazu) **2** **fortgesetzte Eigenbesitz** (§ 872) an der Sache (unten Rn 12 ff, und zwar als Ganzes, vgl STAUDINGER/DILCHER [1995] § 93 Rn 28), den der Ersitzende zu beweisen hat. Der *Nachweis des Besitzes* allein genügt nach heute hL nicht (BIERMANN zu § 937; BUHL § 13; CROME III § 405 Nr 1; NEUMANN zu § 937; PLANCK/BRODMANN Anm 2 aa; MünchKomm/QUACK[3] [1997] Rn 26; die von DERNBURG, Sachenrecht III § 106, 1 vertretene Gegenansicht war schon von der 2. Komm verworfen worden, Prot III 229). Der Ersitzende muss vielmehr beweisen, dass er die Sache mit dem Willen, sie als ihm gehörend zu besitzen, erworben hat (dazu ausf STAUDINGER/BUND [2000] § 872 Rn 9). Dieser Wille kann nur aus den Umständen des Besitzerwerbs, insbes aus dem Rechtsgeschäft, das diesem zugrunde liegt, entnommen werden. Insofern kann die Darlegung des Rechtstitels auch nach heutigem Recht von Bedeutung sein (s oben Rn 1; PLANCK/BRODMANN Anm 2 aa; BAMBERGER/ ROTH/KINDL Rn 10). Für den Erwerber streitet allerdings die Vermutung von § 1006. § 938 greift dagegen erst nach dem Besitzerwerb ein (AnwK-BGB/SCHILKEN Rn 13; s auch unten § 938 Rn 1).

3 b) Der Eigenbesitz kann sowohl *unmittelbar* als auch *mittelbar* sein (§ 941). So kann zB derjenige, welcher eine Sache als ihm gehörend besitzt und sie einem Pfandgläubiger oder Verwahrer zum unmittelbaren Besitz übergeben hat (Gold-mann/Lilienthal § 19 Fn 20) Eigentum erwerben. Auch wenn der Ersitzende von Anfang an nur mittelbaren Besitz erhält, führt dies zum Eigentumserwerb. Im Gegensatz zu § 933, wo ein derartiges Besitzmittlungsverhältnis nicht genügt (vgl § 933 Rn 1), reicht das constitutum possessorium für den Ersitzungserwerb aus (Westermann/Gursky § 51 II 1; Planck/Brodmann Anm 2 aa und Biermann § 937 Anm 1 b).

Mitbesitz und gesamthänderischer Besitz führen zu dementsprechendem Eigentumserwerb. Die Frage der Gutgläubigkeit wird für jeden einzeln geprüft; im Falle der Bösgläubigkeit verbleibt der betroffene Anteil beim bisherigen Eigentümer (Naendrup 36; Westermann/Gursky § 51 II 1).

4 c) Beim Erwerb des Eigenbesitzes kommt es nicht auf den rechtsgeschäftlichen, sondern nur auf den natürlichen Willen an, so dass auch ein *Geschäftsunfähiger* das Eigentum an einer Sache ersitzen kann (Staudinger/Bund [2000] § 872 Rn 2; Erman/Ebbing Rn 5; Planck/Brodmann § 872 Anm 4 a; Soergel/Henssler Rn 3; Westermann/Gursky § 12 II; BVerwG MDR 1961, 254; **aM** Manigk, Das rechtswirksame Verhalten [1939] 366, 458).

5 d) Soweit die Fähigkeit zum Erwerb des Eigentums beschränkt ist, kann an sich das Eigentum auch nicht ersessen werden. Derartige Vorschriften bestanden für bewegliche Sachen hinsichtlich Schenkungen und Zuwendungen an geistliche Gesellschaften nach Landesrecht (Art 86 EGBGB, Art 6 § 1 Preuss AGBGB). Sie sind durch Teil II Art 2 BüREG aufgehoben, soweit sie den Erwerb von Rechten durch jur Personen mit Sitz im Inland von einer staatlichen Genehmigung abhängig machten. Das sog „Volkseigentum" war der Ersitzung nicht zugänglich (DDR-ZGB-§ 32 Abs 2 S 2); dies soll auch schon vor Inkrafttreten der Vorschrift so gewesen sein (dazu BGHZ 132, 245, 254, vgl MünchKomm/Baldus Rn 14).

6 e) Der Eigenbesitz muss (als unmittelbarer oder mittelbarer) während zehn Jahren seit Erwerb ununterbrochen bestanden haben (§§ 938, 939, 940–944; vgl auch § 292 ZPO). Die Frist berechnet sich nach § 187 Abs 1 und § 188 Abs 2. Eine Fristverlängerung ist in jedem Falle ausgeschlossen.

2. Guter Glaube

7 Die Ersitzung ist gem Abs 2 ausgeschlossen, wenn der Eigenbesitzer bösgläubig ist (s Rn 1, § 932 Rn 36 f). Geschützt wird hier der *Glaube an das eigene Recht*. Dieser Grundsatz gilt für die ganze Ersitzungszeit (Prot II 234), wobei das Gesetz zu Beginn der Ersitzung an den guten Glauben strengere Anforderung stellt als während der laufenden Ersitzungszeit. Eine entsprechende Differenzierung findet sich in § 990. Den Ausgangspunkt bildet der Begriff des guten Glaubens, wie er in § 932 grundlegend festgehalten ist (§ 932 Rn 35 ff). Im Hinblick auf die anders gelagerte Situation ergeben sich jedoch Modifikationen und Verschiebungen. Diese haben Rspr und Lehre im Zusammenhang mit § 990 stark beschäftigt; die zu dieser Vorschrift entwickelten Grundlagen sind in den Erl zu § 990 (Staudinger/Gursky [1999]

Rn 10 ff) ausführlich zusammengestellt, sie können auf die §§ 937 ff praktisch uneingeschränkt übertragen werden.

a) Im Zeitpunkt des Besitzerwerbs darf dem Ersitzenden weder bekannt noch **8** infolge grober Fahrlässigkeit unbekannt sein, dass er das Eigentum nicht erwirbt. Bei der Annahme einer *Nachforschungsobliegenheit* ist allerdings auch hier Zurückhaltung geboten (vgl § 932 Rn 55 und STAUDINGER/GURSKY [1999] § 990 Rn 17 f). Ein Rechtsirrtum des Ersitzenden hindert die Ersitzung nur dann, wenn er auf grober Fahrlässigkeit beruht (so etwa beim Erwerb wertvoller Kunstgegenstände s dazu auch § 932 Rn 132; BIERMANN Anm d; dazu STAUDINGER/GURSKY [1999] § 990 Rn 9; s auch MünchKomm/BALDUS Rn 25).

b) **Nach Beginn der Ersitzung** entfällt der gute Glaube nur bei *positiver Kenntnis* **9** *des Nichtrechts* (mala fides superveniens). Dies bedeutet zunächst, dass selbst grob fahrlässige Unkenntnis dem Ersitzenden nicht schadet. Infolgedessen trifft ihn auch *keine Erkundigungspflicht*, wenn nachträglich Zweifel an der Berechtigung auftauchen. Ebensowenig reicht allein die Kenntnis von Tatsachen aus, aus denen sich die Nichtberechtigung ableiten ließe. Erst und allein der Umstand, dass dem Ersitzenden seine mangelnde Berechtigung bewusst wird, schließt den Eigentumserwerb aus. Ein derartiges Bewusstwerden muss man allerdings annehmen, wenn die Rechtslage dem Besitzer so dargelegt wurde, dass er sich bei Anlegung eines durchschnittlichen Maßstabes der Erkenntnis seiner mangelnden Berechtigung nicht verschließen konnte (zum Ganzen STAUDINGER/GURSKY [1999] § 990 Rn 27 und die dort angegebene, allerdings zu § 990 ergangene Rspr; BAMBERGER/ROTH/KINDL Rn 6). Dem „Kenntnis erlangen" gleichgestellt werden muss das Verhalten des Ersitzenden, wenn dieser die Kenntnisnahme bewusst vermeidet (so zu Recht ERMAN/EBBING Rn 7 gestützt auf §§ 162 Abs 1 und 242; MünchKomm/BALDUS Rn 26; AnwK-BGB/SCHILKEN Rn 8). Spätere Gutgläubigkeit („**Gutgläubigwerden**") ist wie bei den rechtsgeschäftlichen Erwerbstatbeständen möglich (vgl § 932 Rn 94; AnwK-BGB/SCHILKEN Rn 8; MünchKomm/BALDUS Rn 27). Dafür ist das bloße Vergessen mangelnder Berechtigung nicht ausreichend, wohl aber das Vertrauen auf ein später vorgenommenes (vermeintlich gültiges) Erwerbsgeschäft (WOLFF/RAISER § 71 I 2 d; AnwK-BGB/SCHILKEN Rn 8; BAMBERGER/ROTH/ KINDL Rn 6, vgl aber auch § 943 Rn 5).

c) Über den guten Glauben beim Einsatz von *Hilfspersonen und Vertretern* vgl **10** § 932 Rn 96 ff und STAUDINGER/GURSKY (1999) § 990 Rn 36 ff. Zur Lage beim Mitbesitz s oben Rn 3.

d) *Beweislast*: Der gute Glaube des Eigenbesitzers wird vermutet; dem Ersit- **11** zungsgegner obliegt es, den bösen Glauben nachzuweisen. Nachträglich eingetretene Gutgläubigkeit muss der Erwerber beweisen (AnwK-BGB/SCHILKEN Rn 13; BAMBERGER/ROTH/KINDL Rn 10). Zu den weiteren Voraussetzungen vgl Rn 2.

III. Objekt der Ersitzung

Objekt der Ersitzung nach § 937 ist **jede bewegliche** Sache (über Grundstücke **12** s §§ 900, 927), an der Privateigentum bestehen kann. Das Gesetz kennt grundsätzlich keine der Ersitzung entzogene Sachen mehr. Anders noch das GemR für gestohlene Sachen; die Ersitzung der „res furtiva" bildet heute gerade einen der wesentlichen Fälle (Vorbem 4 zu § 937).

13 Auch die *öffentlichen Sachen* und die sog *res sacrae* und *sanctae* unterliegen der Ersitzung, da sie nach hL und Rspr regelmäßig den privatrechtlichen Regeln über das Eigentum unterliegen, sofern sich keine Beschränkung aus öffentlichen oder landesrechtlichen Vorschriften ergibt (Mot III 27 a und β und 352; zum Ganzen vgl Vorbem zu § 90; Soergel/Henssler Rn 1; Westermann/Gursky § 51 I 3; Wolff/Raiser § 71 Anm 2; BGB-RGRK/Pikart Rn 4). Eine Ersitzung derartiger Gegenstände dürfte aber in der Regel scheitern, weil die Gutgläubigkeit bei Kenntnis der Herkunft der Sache (zB Museumsstück) fehlen wird (vgl Rn 8). Selbst wenn das Eigentum ersessen werden kann, kann nach einer Auffassung die Durchsetzung des Widmungszweckes dem entgegenstehen (so insbes MünchKomm/Baldus Rn 16 f mit Hinweis auf die Rechtsprechung zum Hamburger Stadtsiegel BGH NJW 1990, 899 und Vg Köln NJW 1991, 2584 sowie OVG Münster NJW 1993, 2635 ff; Wernecke AcP 195 [1995] 445, 455 ff). Dagegen will die überwiegende Meinung auch hier § 945 (analog) anwenden (Wieling § 11 I 3 b; Westerman/Gursky § 51 I 3, dazu auch unten § 945 Rn 8).

14 Für *Erbschaftssachen* enthält § 2026 eine Sonderregelung. Danach kann sich der Erbschaftsbesitzer dem Erben gegenüber nicht auf die Ersitzung berufen, solange der Erbschaftsanspruch nicht verjährt ist; die Verjährungsfrist beträgt 30 Jahre (§ 2018 in Verb mit § 197 Abs 1 Nr 2; AnwK-BGB/Schilken Rn 4; vgl im Übrigen Erl zu § 2026). Hinsichtlich der Stellung des Erben im allg vgl § 943 Rn 5.

15 Ein relatives *Veräußerungsverbot* hindert die Ersitzung nicht (§§ 135, 136). Dagegen ist die Ersitzung ausgeschlossen, wenn ein absolutes gesetzliches Veräußerungsverbot gleichzeitig die Verkehrsfähigkeit einer Sache beschränkt (dies trifft zB nicht zu bei einer gerade einem Nießbrauch unterworfenen Sache trotz des § 1059 S 1, wohl aber bei Materialien, deren Erwerb gesetzlich beschränkt ist, vgl MünchKomm/Baldus Rn 21).

IV. Rechtsfolgen

16 Mit Ablauf der zehnjährigen Ersitzungsfrist erwirbt der gutgläubige Besitzer Eigentum an der Sache. Art und Tragweite dieses durch die Ersitzung begründeten Eigentumserwerbs sind bis heute umstritten. Während die erste Frage nach der Qualifizierung des Erwerbs rein theoretischer Natur ist, hat die Beantwortung der Zweiten (in den allerdings seltenen Fällen der Ersitzung) praktische Bedeutung.

1. Originärer oder derivativer Erwerb

17 Der Frage, ob der nach § 937 kraft Gesetzes eintretende Eigentumserwerb als originär oder derivativ zu bezeichnen ist, kommt *keine praktische Bedeutung zu.* Es geht vielmehr ausschließlich darum, diesen Erwerbsvorgang konstruktiv zu erfassen und zu beschreiben. Ausgangspunkt bildet dabei die nicht in Zweifel gezogene Annahme, dass im Gegensatz zu den im folgenden Abschnitt (Verbindung, Vermischung, Verarbeitung) geregelten Tatbeständen bei der Ersitzung kein neues Eigentumsrecht entsteht. Vielmehr wird § 937 dahin verstanden, dass das Eigentum des bisherigen Eigentümers kraft Gesetzes auf den Ersitzenden übergeht. Ob man

einen derartigen Erwerbstatbestand als originär oder derivativ bezeichnet, hängt
allein davon ab, wie man diese Begriffe bestimmt. Hierzu gibt es verschiedene, stark
voneinander abweichende Konzeptionen (dazu ausf EICHLER II 1 43 ff, 87 ff). Als besonders problematisch erweisen sich alle Definitionsversuche bei der Einordnung
des gutgläubigen Eigentumserwerbs, wo diese Frage ausführlicher diskutiert wird
(vgl dazu Vorbem 39 ff zu § 932 mit ausf Nachw). Bei der Ersitzung wird der Eigentumserwerb heute nahezu einhellig als originär qualifiziert (gesamte Kommentarliteratur mit
Ausnahme von PLANCK/BRODMANN Vorbem 4 zu § 937; gesamte Lehrbuchliteratur und außerdem
SÜSS AcP 151 [1951] 6). Diese Qualifizierung könnte einzig für die Frage der *Rechtsnachfolge im Prozess von* Bedeutung sein. Hier nimmt man jedoch – ähnlich wie
beim gutgläubigen Erwerb – heute in der Prozessrechtsliteratur einhellig an, dass
der Ersitzende ohne Rücksicht auf die konstruktive Beschreibung des Erwerbstatbestandes als Rechtsnachfolger des früheren Eigentümers zu betrachten ist (statt aller
BAUMBACH/LAUTERBACH/ALBERS/HARTMANN, ZPO § 325 Anm 2 b).

2. Ersitzung und Rückgewähransprüche

Seit Inkrafttreten des BGB wird eine heftige Kontroverse darüber geführt, wie sich **18**
der Eigentumserwerb des Ersitzenden zu den übrigen Vorschriften, insbes zu den
schuldrechtlichen Regeln verhält und ob der Rechtsverlust des bisherigen Eigentümers in irgendeiner Weise **auszugleichen** ist. Im Gegensatz zu der theoretischen
Diskussion um die zutreffende Bezeichnung dieses Erwerbsvorgangs kam dieser
Kontroverse praktische Bedeutung zu. Durch die im Rahmen der Schuldrechtsmodernisierung vollzogene grundsätzliche Neuorientierung des Verjährungsrechts ist
auch diese nunmehr weitgehend ohne praktische Relevanz (dass sie völlig ohne Bedeutung sei [so BAMBERGER/ROTH/KINDL Rn 9; Hk-ECKERT Rn 3 und etwas abgemildert AnwK-BGB/
SCHILKEN Rn 11] trifft in dieser Absolutheit nicht zu, vgl dazu den folgenden Text). Da mögliche
schuldrechtliche Ausgleichs- oder Rückgewähransprüche nach drei (§ 195) oder
maximal nach 10 Jahren (§ 199 Abs 4) verjähren, tritt deren Verjährung in aller
Regel vor oder spätestens gleichzeitig mit der Ersitzung ein. Bei Verzicht auf die
Geltendmachung der Einrede der Verjährung, in dem allerdings noch unwahr-
scheinlicheren Fall der Hemmung/Ablaufhemmung (ohne gleichzeitige Hemmung/
Ablaufhemmung gemäß § 939) und in der Übergangsphase nach EGBGB Art 229
§ 5 Abs 3 kann die Frage eine Rolle spielen, ob trotz Ersitzung schuldrechtliche
Ausgleichsansprüche geltend gemacht werden können (SOERGEL/HENSSLER Rn 1 mit
Fn 16). Infolgedessen wird auf eine Darstellung dieser „rechtsdogmatischen Heraus-
forderung" (SOERGEL/HENSSLER Rn 1) hier nicht verzichtet.

a) Meinungsstand
Im Hinblick auf die Gesetzgebungsgeschichte und den gemeinrechtlichen Hinter- **19**
grund (insbes Beseitigung des Unterschiedes zwischen ordentlicher und außerordentlicher Ersitzung oben Vorbem 1 zu §§ 937 ff) war zunächst die auch in den Motiven
(III 350 ff) zum Ausdruck gekommene Ansicht vorherrschend, dass mit dem Ersitzungserwerb eine definitive und umfassende Regelung der Verhältnisse erreicht
werden müsse (HUWILER 108 ff legt demgegenüber dar, dass der Gesetzgeber durch den Verzicht
auf eine iusta causa usucapionis einem allfälligen Bereicherungsausgleich bei der Ersitzung nicht
vorgreifen wollte). Vorwiegend wurde dies damit begründet, dass im Interesse der
Rechtssicherheit eine endgültige Regelung angestrebt und somit ein rechtlicher
Nachteil des bisherigen Eigentümers in Kauf zu nehmen sei. Im Gesetz findet diese

Auffassung vor allem darin eine Stütze, dass das Recht der Ersitzung im Gegensatz zu den in den folgenden Titeln geregelten Erwerbstatbeständen (vgl §§ 951, 977) keine Ausgleichsvorschriften enthält. Diese Ansicht wurde mit aller Entschiedenheit vor allem von ERMAN/HEFERMEHL vertreten (ERMAN/HEFERMEHL[10] Rn 6; jetzt aber anders ERMAN/EBBING Rn 10; BGB-RGRK/PIKART Rn 20; GIERKE § 31 II; HECK § 61, 5; HAYMANN JherJb 77, 268 und JW 1931, 1031; KRÜCKMANN LZ 1933, 617; SCHWAB/PRÜTTING Rn 450; MÜGEL JW 1933, 1230; PALANDT/BASSENGE Vorbem Rn 2; PLANCK/BRODMANN Anm 3). Sie soll darüber hinaus auch für den Fall gelten, dass jemand auf Grund eines ungültigen schuldrechtlichen Geschäftes infolge der Abstraktheit der Übereignung Eigentümer wird und die Sache infolgedessen anschließend während der Ersitzungszeit gutgläubig in Besitz hat (vor allem gestützt auf GIERKE ZHR 111, 70). Begründet wurde dies vor allem damit, dass der gutgläubige Eigentümer nicht einem erst nach 30 Jahren verjährenden Bereicherungsanspruch ausgesetzt sein dürfe, wenn die Ersitzung in anderen Fällen schon nach 10 Jahren möglich sei.

20 Demgegenüber versteht die *Gegenansicht*, welche schon früh von WOLFF (Sachenrecht [1. Aufl 1910] § 71 IV) und OERTMANN (Recht 1910, 585) formuliert wurde, § 937 als einen reinen sachenrechtlichen Zuordnungstatbestand, der wie jeder andere eine auf schuldrechtlichen Ansprüchen beruhende Rückforderung nicht ausschließt. Im Einzelnen treten dabei allerdings sowohl in der Begründung wie in den Rechtsfolgen Divergenzen auf. Diese erklären sich daraus, dass die Frage, in welchem Umfange schuldrechtliche Rückgewährungsansprüche anzuerkennen seien, eine Wertung beinhaltet, welche nicht bei allen Autoren gleich ausfällt. Die Mehrzahl lässt sowohl vertragliche Rückgabeansprüche als auch einen Bereicherungsanspruch in Form der Leistungskondiktion zu (Leistungskondiktion: RGZ 130, 69; BAUR/STÜRNER Rn 90; BIERMANN Anm 2; ausf GOPPERT Gruchot 72, 425; LANGE § 17 II 4; MünchKomm/QUACK[3] [1997] Rn 24 ff; OERTMANN Recht 1910, 585 und LZ 1933, 881; SOERGEL/MÜHL[10] Rn 7; STROHAL JherJb 34, 365; WESTERMANN/GURSKY § 51 III 2; WOLFF/RAISER § 71 IV; vgl auch vCAEMMERER, in: FS Boehmer 152; LARENZ/CANARIS, SchR II/2 § 67 IV 2 b; HUWILER 99, 107 ff), während andere dem früheren Eigentümer einen Rückgabeanspruch nur bei Vorliegen vertraglicher Rückgabeverpflichtungen einräumen wollen (so etwa PALANDT/BASSENGE Vorbem Rn 2, MünchKomm/BALDUS Rn 35 ff; SOERGEL/HENSSLER Rn 11).

21 Mit der berühmt gewordenen **Menzel-Entscheidung** des Reichsgerichts (RGZ 130, 69; BRAUN 1 ff; PETERSEN 297; rechtsvergleichend SIEHR, in: FS Stoll [2001] 373) hat sich die zweite Auffassung durchgesetzt. Ihr ist das Schrifttum überwiegend gefolgt, welches heute mehrheitlich folgenden Standpunkt einnimmt: Die Ersitzung ist ein gesetzlicher Eigentumserwerbsgrund, der keiner weiteren causa bedarf. Deshalb begründet die Ersitzung keinen Bereicherungsanspruch (Eingriffskondiktion). Ein Bereicherungsanspruch kommt jedoch dann in Betracht, wenn die Ersitzung durch ein fehlgeschlagenes Austauschverhältnis ermöglicht wurde. Vertragliche Rückgabeansprüche werden durch die Ersitzung nicht berührt. In beiden Fällen richtet sich der Rückgabeanspruch auf Rückübereignung des durch die Ersitzung erlangten Eigentums.

b)   Stellungnahme

22 Die Annahme, dass die Ersitzung zu einem endgültigen Eigentumserwerb führe, lässt sich weder aus der Funktion dieses Rechtsinstitutes noch aus seiner Stellung im Gesetz ableiten. Es geht bei der Ersitzung vielmehr wie bei allen andern sachenrechtlichen Erwerbstatbeständen um die *Zuordnung dinglicher Rechte*. Dagegen ist es keine sachenrechtliche Frage, ob diese Zuordnung zu Recht besteht und wie lange sie Bestand hat. Auch der vielfach verwendete Hinweis auf die „Beruhigungsfunktion" der Ersitzung steht dem nicht entgegen; denn auch bei den übrigen Ansprüchen findet eine derartige „Beruhigung" durch das Institut der Verjährung statt, welches allerdings im Hinblick auf die unterschiedliche Sachlage anderen Regeln folgt. Geht man von einer derartigen auf das Sachenrecht beschränkten Funktion der Ersitzung aus, so folgt daraus zunächst einmal, dass vertragliche Rückgabepflichten durch den kraft Gesetzes eingetretenen Eigentumserwerb nicht aufgehoben werden können. Das Gleiche muss aber auch gelten, wenn der Ersitzende ohne gültigen Rechtsgrund vom Eigentümer den Besitz erlangt hatte. Nachdem die verschiedenen Rückabwicklungsansprüche in zunehmendem Maße als strukturell ähnlich betrachtet werden, scheint es heute weniger denn je gerechtfertigt, vertragliche Rückabwicklungsansprüche anders zu behandeln als die Leistungskondiktion. Liegt keine derartige Leistungsbeziehung zwischen dem bisherigen Eigentümer und dem Ersitzenden vor, so stellt allerdings die Ersitzung einen endgültigen Erwerbsgrund dar, welcher die Eingriffskondiktion ausschließt.

Auch bei dieser auf einen engen Anwendungsbereich reduzierten Konzeption erfüllt die Ersitzung die eigentlich ihr zugewiesene Funktion, nämlich der *Beseitigung eines dauernden Auseinanderfallens von Eigentum und Besitz*. Dies allerdings unter dem Vorbehalt, dass dem Eigentümer nicht andere Rechtsbehelfe zur Zurückerlangung seines Eigentums zustehen.

Die *Rückübertragung des Eigentums* bereitet insofern konstruktive Schwierigkeiten, **23** als sowohl nach den vertraglichen Pflichten (Rückgabe der entliehenen Sache), wie bei der Besitzkondiktion an sich nicht Eigentumsverschaffung geschuldet ist. Da beide Verpflichtungen sich jedoch auf die Wiederherstellung des zuvor bestehenden Zustandes richten, sind sie der inzwischen eingetretenen veränderten sachenrechtlichen Situation anzupassen. Auf Grund dieser Konzeption lassen sich die traditionellen Beispiele angemessen lösen: Die scheinbar herrenlose Sache, welche der Gutgläubige in Besitz nimmt, wird dessen Eigentum. Der Ersitzende erwirbt Eigentum, wenn ihm eine abhanden gekommene Sache auf Grund eines gültigen Kaufvertrages übergeben wird. Erhält er dagegen den Besitz oder auch Eigentum auf Grund eines nichtigen schuldrechtlichen Vertrages, so besteht dem Grundsatz nach ein Kondiktionsanspruch, der allerdings in der Regel bei Ablauf der Ersitzungsfrist verjährt sein wird. Gleiches gilt im Schulfall, in dem der gutgläubige Erbe ersitzt; sie wäre zurückzugeben, wenn die Sache sich auf Grund eines Leihvertrages im Nachlass befand. Indessen wird auch dieser vertragliche Rückgabeanspruch normalerweise verjährt sein.

Festzuhalten ist allerdings, dass diese durch die Änderung des Verjährungsrechts bewirkten Resultate als „Bestätigung" derjenigen Auffassung gedeutet werden dürfen, die den völligen Ausschluss von Ausgleichsansprüchen annimmt (so aber erstaunlicherweise SCHWAB/PRÜTTING Rn 450a).

§ 938
Vermutung des Eigenbesitzes

Hat jemand eine Sache am Anfang und am Ende eines Zeitraums im Eigenbesitz gehabt, so wird vermutet, dass sein Eigenbesitz auch in der Zwischenzeit bestanden habe.

Materialien: E I § 883; II § 852; III § 922; Mot III 353; Prot III 230.

1 Die Vorschrift enthält eine *widerlegbare* (s § 292 ZPO; ECKSTEIN Gruchot 57, 647) **Vermutung** für den zehnjährigen *ununterbrochenen* (§ 937 Rn 8) Eigenbesitz, sofern dieser am Anfang und am Ende der Ersitzungszeit bewiesen ist (SOERGEL/HENSSLER Rn 1; die Regelung entspricht der bekannten Parömie: olim et hodie possessor semper possessor; vgl DERNBURG Pand I § 182 und ALR T I Tit 9 § 509.) Diese Vermutung gilt auch für den mittelbaren Eigenbesitz (BGB-RGRK/PIKART Rn 2).

§ 939
Hemmung der Ersitzung

(1) Die Ersitzung ist gehemmt, wenn der Herausgabeanspruch gegen den Eigenbesitzer oder im Falle eines mittelbaren Eigenbesitzes gegen den Besitzer, der sein Recht zum Besitz von dem Eigenbesitzer ableitet, in einer nach den §§ 203 und 204 zur Hemmung der Verjährung geeigneten Weise geltend gemacht wird. Die Hemmung tritt jedoch nur zugunsten desjenigen ein, welcher sie herbeiführt.

(2) Die Ersitzung ist ferner gehemmt, solange die Verjährung des Herausgabeanspruchs nach den §§ 205 bis 207 oder ihr Ablauf nach den §§ 210 und 211 gehemmt ist.

Materialien: E I § 884; II § 853; III § 923; Mot III 353 f; Prot III 230 f.

I. Regelungsgehalt

1 Der Gedanke, der § 939 zugrunde liegt, entspricht der Billigkeit. Dem Eigentümer darf ein Rechtsnachteil nicht zugemutet werden, solange er aus bestimmten tatsächlichen oder rechtlichen Gründen sein Recht nicht durchsetzen und somit die Ersitzung nicht hindern kann (Mot III 354, zum GemR DERNBURG, Pand I § 183). Dieser Grundgedanke ist durch die im Rahmen der Schuldrechtsmodernisierung erfolgte Umgestaltung nicht geändert worden. Der Text wurde weitgehend dem bisherigen § 941 entnommen, dessen Anwendungsbereich als Folge der allgemeinen Umorientierung des Verjährungsrechts (Einschränkung der Unterbrechungstatbestände und Verlagerung zu den Hemmungstatbeständen) radikal eingeschränkt wurde (SOERGEL/

HENSSLER Rn 1; AnwK-BGB/SCHILKEN Rn 2). Da das neue Verjährungsrecht auf teilweise grundlegend anderen Konzeptionen beruht, sind die bisherigen Auslegungsergebnisse unter diesem Aspekt zu überprüfen. Hinzukommt, dass der Gesetzgeber noch weitere kleinere Veränderungen vorgenommen hat („Herausgabeanspruch" statt „Eigentumsanspruch", dazu unten Rn 2). Dessen ungeachtet sind die früher zu § 941 entwickelten Interpretationen weiterhin heranzuziehen (BAMBERGER/ROTH/KINDL Rn 2).

Liegt ein die *Verjährung des Herausgabeanspruchs* **hemmendes** (§§ 203–207) oder ihrer **Vollendung** (§§ 210, 211, jetzt so genannte *Ablaufhemmung)* **entgegenstehendes Hindernis** vor, kann die Ersitzung weder beginnen noch fortgesetzt werden. Der Zeitraum, während dessen der Hemmungsgrund besteht, wird auf die Ersitzungszeit nicht angerechnet (§ 209). Fällt das Hindernis weg, läuft die früher begonnene Ersitzung wieder weiter (anders bei der Unterbrechung §§ 940–942).

II. Voraussetzungen der Hemmung

1. Anwendungsbereich

Wenn nun nicht von „Eigentumsanspruch" (so die frühere Formulierung in § 941), **2** sondern von **Herausgabeanspruch** gesprochen wird, so bedeutet das keine materielle Änderung, sondern nur eine Klarstellung; denn schon in der alten Fassung war nur der Eigentumsherausgabeanspruch gemeint (Mot III 354). Allgemeiner ausgedrückt sollen alle diejenigen Ansprüche erfasst werden, die sich auf das Eigentum als Grundlage für eine Herausgabe stützen, und zwar sowohl in den verjährungshemmenden Verhandlungen (§ 203) wie auch bei allen Rechtsverfolgungsakten (§ 204). Deshalb genügt auch weiterhin eine Eigentumsfeststellungsklage, weil sie auf Feststellung des klägerischen Eigentums gerichtet und den guten Glauben zu zerstören geeignet ist (AnwK-BGB/SCHILKEN Rn 3; MünchKomm/BALDUS Rn 1; BAMBERGER/ROTH/ KINDL Rn 2).

2. Voraussetzungen

Die hemmende Wirkung tritt ein, wenn der Herausgabeanspruch in einer der in **3** § 204 aufgeführten Formen geltend gemacht wird. Eigentlich neu ist dabei nur die verjährungshemmende Wirkung von Verhandlungen (§ 203), wobei in diesen Verhandlungen die Herausgabe gestützt auf das Eigentum verlangt werden muss (ERMAN/EBBING Rn 2).

a) Die Hemmung der Ersitzung wirkt lediglich **zugunsten des klagenden Eigentümers** (Abs 1 S 2) und seiner Rechtsnachfolger. Die Regelung entspricht dem bisherigen § 941 S 2. Die dort entwickelten Grundsätze gelten unverändert: Klagt ein *Miteigentümer*, wird die Ersitzung nicht zugunsten der Übrigen gehemmt (vgl §§ 1011, 432 Abs 2; anders die hM mit wechselnden Begründungen SOERGEL/HENSSLER Rn 2; AnwK-BGB/SCHILKEN Rn 4; ERMAN/EBBING Rn 1; MünchKomm/BALDUS Rn 8). Die Hinterlegung der Sache für alle Miteigentümer dagegen (§§ 1011, 432 Abs 1 S 2) unterbricht die Ersitzung auch zugunsten der Nichtklagenden nach § 940 Abs 1 (GOLDMANN/LILIENTHAL § 19 bß und Fn 49).

Keine Unterbrechungswirkung kommt der Klage des Nichtberechtigten zu (DERN-
BURG, Pand I § 221; PALANDT/BASSENGE Rn 2).

b)   Die Hemmung tritt ein bei einer Klage des Eigentümers gegen den **Eigenbesitzer** oder dessen **Besitzmittler**, welcher sein Besitzrecht vom Eigenbesitzer ableitet (SOERGEL/HENSSLER Rn 2; BGB-RGRK/PIKART Rn 3 f; ERMAN/EBBING Rn 2; PLANCK/
BRODMANN Anm 4). Die Klage gegen den Zwischenbesitzer iS von § 940 Abs 2 hat
dagegen diese Wirkung nicht, weil sonst der Normzweck des § 941 Abs 2 unter-
laufen würde (BIERMANN Anm 1 c; PLANCK/BRODMANN Anm 5; PALANDT/BASSENGE Rn 1;
SOERGEL/HENSSLER Rn 3 f; AnwK-BGB/SCHILKEN Rn 5; WOLFF/RAISER § 71 III 2; BGB-RGRK/
PIKART Rn 5; MünchKomm/BALDUS Rn 10; **aM** ERMAN/EBBING Rn 2; WESTERMANN/GURSKY § 51
II 4). Ebenso wenig bewirkt die Klage gegen den **Besitzdiener** eine Hemmung
(BAMBERGER/ROTH/KINDL Rn 2; SOERGEL/HENSSLER Rn 3).

4 **c)**   Ohne ein Tätigwerden des Eigentümers tritt die Hemmung ein, wenn die
Verjährung des Herausgabeanspruchs nach den allgemeinen Verjährungsregeln ge-
hemmt ist. Dies wird in Abs 2 durch die Verweisung auf die neu formulierten
Vorschriften des Verjährungsrechts klargestellt, ohne dass eine inhaltliche Verän-
derung beabsichtigt oder notwendig gewesen wäre (vgl auch BAMBERGER/ROTH/KINDL
Rn 3).

3.   Beweislast und Rechtsfolgen

5 Die Beweislast für Hemmungsgründe trägt der Ersitzungsgegner. Gelingt der Nachweis, so treten die oben (Rn 1) beschriebenen Rechtsfolgen ein.

§ 940
Unterbrechung durch Besitzverlust

(1) Die Ersitzung wird durch den Verlust des Eigenbesitzes unterbrochen.

**(2) Die Unterbrechung gilt als nicht erfolgt, wenn der Eigenbesitzer den Eigenbe-
sitz ohne seinen Willen verloren und ihn binnen Jahresfrist oder mittels einer
innerhalb dieser Frist erhobenen Klage wiedererlangt hat.**

Materialien: E I § 885 Abs 1, 3; II § 854; III
§ 924; Mot III 354 f; Prot III 231 f.

I.   Unterbrechung durch Besitzverlust

1 Der Terminus „Unterbrechung" wurde für das Ersitzungsrecht (§§ 940–942) beibehalten. Eine Anpassung an die Terminologie des neuen Verjährungsrechts war
weder notwendig noch sachgerecht (SOERGEL/HENSSLER Rn 1; in diesem Sinne wohl auch
MünchKomm/BALDUS Rn 1).

2 Die Ersitzung wird grundsätzlich unterbrochen, wenn eine wesentliche Voraussetzung (§ 937 Rn 2 ff) wegfällt. Die Vorschrift des § 940 nennt in Abs 1 den **Verlust des Eigenbesitzes** ausdrücklich als **Unterbrechungsgrund**. Der Verlust des Eigenbesitzes tritt ein, wenn der Besitz *beendigt* (§ 856) oder der *Wille, die Sache als eigene zu besitzen, aufgegeben* wird (wie zB bei der Sicherungsübereignung gem § 930; vgl STAUDINGER/BUND [2000] § 872 Rn 12). Wird der unmittelbare Eigenbesitz in mittelbaren (oder umgekehrt) umgewandelt, geht der Besitz nicht verloren.

Stirbt der Eigenbesitzer, tritt der Erbe gem § 857 in die besitzrechtliche Stellung des **3** Erblassers ein und setzt somit dessen Eigenbesitz fort, den er erst mit der Besitzergreifung durch einen Dritten verliert.

Zum Besitzverlust infolge Anfechtung vgl unten Rn 6. **4**

II. Ausnahme (Abs 2)

1. Voraussetzungen

Liegen die folgenden Voraussetzungen vor, gilt die Ersitzung gem Abs 2 als nicht **5** unterbrochen:

a) Der **Besitzverlust** des Eigenbesitzers (oder des Erben) muss **unfreiwillig** sein. **6** Anders als bei § 935 ist der Verlust des mittelbaren Eigenbesitzes nach § 940 zu berücksichtigen, wenn der unmittelbare Besitzer diesen gegen den Willen des Eigentümers aufgegeben hat (BGB-RGRK/PIKART Rn 3; WESTERMANN/GURSKY § 51 II 4; SOERGEL/HENSSLER Rn 2). Das ist nicht der Fall, wenn der Verlust auf einem die Anfechtung rechtfertigenden Willensmangel, zB Irrtum, beruht; dann ist weder der Tatbestand des Abs 1 noch des Abs 2 erfüllt (BIERMANN Anm 2 a; AnwK-BGB/ SCHILKEN Rn 2; SOERGEL/HENSSLER Rn 2; **aM** DERNBURG, Sachenrecht III § 106, 5; PLANCK/ BRODMANN Anm 2 a, vgl zum Ganzen § 935 Rn 2).

b) Innerhalb eines Jahres (für die Fristberechnung vgl §§ 187 Abs 1, 188 Abs 2) **7** muss der Eigenbesitzer entweder den Besitz **wiedererlangt** oder die **Klage** auf Herausgabe der Sache erhoben haben (dazu § 864 Rn 1 ff; BGH VersR 1971, 518). Mittels Klage ist der Besitz wiedererlangt, wenn er vom Beklagten oder einer Person, gegen die das rechtskräftige Urteil nach § 325 ZPO wirkt, zwangsweise oder freiwillig wieder eingeräumt wurde. Verbotene Eigenmacht (§ 858) steht der Anwendung des Abs 2 nicht entgegen (Mot III 355; BGB-RGRK/PIKART Rn 4; WESTERMANN/GURSKY § 51 II 4).

2. Rechtsfolgen

Sind die genannten Voraussetzungen, die der Ersitzende zu beweisen hat, gegeben, **8** wird ihm die **Zwischenzeit** (Zeit seit Verlust oder Klageerhebung und der Wiedererlangung des Besitzes) angerechnet. Gegenüber einem Erwerber, der zwischenzeitlich Eigentum erlangt hat, findet § 940 Abs 2 keine Anwendung (BAMBERGER/ ROTH/KINDL Rn 4; AnwK-BGB/SCHILKEN Rn 4; **aM** SOERGEL/HENSSLER Rn 4; differenzierend MünchKomm/BALDUS Rn 10).

Wolfgang Wiegand

III. Wirkungen der Unterbrechung

9 Die Wirkungen der Unterbrechung bestimmen sich nach § 942.

§ 941
Unterbrechung durch Vollstreckungshandlung

Die Ersitzung wird durch Vornahme oder Beantragung einer gerichtlichen oder behördlichen Vollstreckungshandlung unterbrochen. § 212 Abs 2 und 3 gilt entsprechend.

Materialien: E I § 887; II § 855; III § 925; Mot
III 355 f; Prot III 234 f.

Die Vorschrift wurde zusammen mit § 939 (vgl dort Rn 1) umgestaltet, wodurch ihr Anwendungsbereich stark reduziert wurde. Die Unterbrechung tritt nur noch bei Beantragung/Vornahme der in § 212 Abs 1 S 2 genannten Vollstreckunghandlungen ein.

Grundlage für die Unterbrechung ist der Antrag auf Vollstreckung des Herausgabeanspruchs, dessen gerichtliche Geltendmachung die Ersitzung nach § 939 gehemmt hat. Hierbei hat sowohl der Zwangsvollstreckungsantrag des Gläubigers als auch der hierauf ergehende Akt des Vollstreckungsorgans unterbrechende Wirkung (AnwK-BGB/Schilken Rn 3). Für den Fall der Aufhebung der Vollstreckungshandlung oder der Abweisung oder Rücknahme des Vollstreckungsantrags gilt nach Abs 2 die Unterbrechung entsprechend § 212 Abs 2 und 3 als nicht eingetreten (dazu Palandt/Heinrichs § 212 Rn 12).

§ 942
Wirkung der Unterbrechung

Wird die Ersitzung unterbrochen, so kommt die bis zur Unterbrechung verstrichene Zeit nicht in Betracht; eine neue Ersitzung kann erst nach der Beendigung der Unterbrechung beginnen.

Materialien: E I § 855 Abs 2; II § 856; III § 926;
Mot III 354; Prot III 232 f.

Der § 942 regelt die Wirkung der Unterbrechung in Übereinstimmung mit dem Verjährungsrecht, jedoch in eigener Terminologie (vgl § 940 Rn 1).

Im Gegensatz zu § 939 (Rn 1) bleibt die bis zur Unterbrechung abgelaufene Zeit unberücksichtigt. Ist die Unterbrechung beendigt, beginnt eine neue selbständige

Ersitzung, sofern die Erfordernisse des § 937 (Rn 2 ff) noch erfüllt sind. Nach den Umständen des Einzelfalles ist zu entscheiden, ob der Eigenbesitzer nach der Unterbrechung, insbes durch Geltendmachung des Eigentumsanspruchs noch gutgläubig ist; böser Glaube wird nicht vermutet (BIERMANN Erl zu § 942; vgl § 286 ZPO).

§ 943
Ersitzung bei Rechtsnachfolge

Gelangt die Sache durch Rechtsnachfolge in den Eigenbesitz eines Dritten, so kommt die während des Besitzes des Rechtsvorgängers verstrichene Ersitzungszeit dem Dritten zugute.

Materialien: E I § 882 Abs 1; II § 857; III § 927;
Mot III 353; Prot III 270.

Anrechnung der Besitzzeit des Rechtsvorgängers

Die Vorschrift gestattet dem Rechtsnachfolger die Besitzzeit des Vorgängers auf die **1** Ersitzungszeit anzurechnen (sog accessio possessionis iS von GemR) und unterscheidet dabei nicht mehr zwischen *Einzel- und Gesamtnachfolge* (Mot III 353; anders GemR).

1.   Besitznachfolge

Besitznachfolge iS von § 943 liegt vor, wenn der neue Besitzer kraft Erbenstellung **2** (§ 857) oder aufgrund einer Einigung iS von § 854 Abs 2 (dazu STAUDINGER/BUND [2000] Rn 19 ff) mit dem bisherigen Besitzer den Besitz erhält. Ein wirksames Veräußerungsgeschäft ist nicht erforderlich, jedoch genügen Vorgänge rein wirtschaftlicher Art nicht (RGZ 129, 204 und PLANCK/BRODMANN Anm 1).

Nach hL gilt § 943 auch zugunsten desjenigen, welcher den Eigenbesitz infolge **3** Eintritts einer *Resolutivbedingung* oder eines kraft Gesetzes auflösend wirkenden Umstandes zurückerhält (Mot III 353 u § 158 Abs 2; BIERMANN Anm 2; HELLWIG, Rechtskraft § 15 Anm 17; NAENDRUP 59, 60 mit Anm 92; PLANCK/BRODMANN Anm 1; WINDSCHEID/KIPP 1, 473).

2.   Anrechnung

Der Rechtsnachfolger beginnt für sich zwar eine neue Ersitzung, kann sich aber die **4** beim Rechtsvorgänger verstrichene *Ersitzungszeit* anrechnen lassen, vorausgesetzt, dass sämtliche Erfordernisse der Ersitzung (§ 937) bei beiden gegeben sind (BIERMANN Erl zu § 943; GOLDMANN/LILIENTHAL § 19 III 4). Fehlt eine Voraussetzung beim Rechtsvorgänger, beginnt die Ersitzungszeit erst beim gutgläubigen Nachfolger. Ist letzterer bösgläubig, findet eine Ersitzung nicht statt.

Der *Erbe* tritt kraft Gesetzes (§ 857; vgl auch § 1922 Abs 1) in die besitzrechtliche **5**

Stellung des Erblassers ein und kann somit die Ersitzung des Erblassers fortsetzen (vgl § 940 Rn 2 und § 944 hinsichtlich eines Erbschaftsbesitzers; allg zur Ersitzung durch den Erben: KNÜTEL, in: FS Lange [1992] 903). Voraussetzung ist aber, dass der Erblasser und der Erbe gutgläubige Eigenbesitzer sind. Unter welchen Voraussetzungen der Erbe als gutgläubig anzusehen ist, ist umstritten. Die heute hM verlangt guten Glauben wie bei einer neuen Besitzbegründung; maßgeblich soll dabei nicht der Zeitpunkt des gesetzlichen Besitzübergangs (§§ 857, 1922) sondern derjenige der tatsächlichen Besitzerlangung sein (so vor allem MünchKomm/QUACK[3] [1997] Rn 9; WESTERMANN/GURSKY § 51 II 3 b; ERMAN/EBBING Rn 4; SOERGEL/HENSSLER Rn 5; differenzierend WOLFF/RAISER § 71 I 3 a). Dem Sinn des § 943 und dem Zweck des § 857 entspricht es allerdings viel eher, wenn die Ersitzungszeit vom Eintritt des Erbfalles an weiterläuft und der gute Glaube nur unter den oben (§ 937 Rn 9 ff) dargelegten Voraussetzungen zerstört wird (so auch ERMAN/EBBING Rn 4 und BGB-RGRK/PIKART Rn 3).

War der Erblasser bösgläubig, kann der Erbe eine selbständige neue Ersitzung beginnen (nach der abw M von KNÜTEL, in: FS Lange [1992] 932 ff kann der gutgläubige Erbe eines bösgläubigen Erblassers in dem seltenen Fall ersitzen, wenn ihm nach dem Erbfall Umstände bekannt werden, die auch dem Erblasser – wären sie diesem bekannt geworden – nachträglich zu Gutgläubigkeit verholfen hätten). Dies geschieht in der Regel dann, wenn er eine dem Erblasser nicht gehörende Sache im Nachlass vorfindet und sie im guten Glauben an das Eigentum des Erblassers in seinen Eigenbesitz nimmt. In diesem Fall schließt grobfahrlässiges Nichtwissen jedoch die Ersitzung aus (BIERMANN aaO; BUHL § 13; GOLDMANN/LILIENTHAL Anm 54; MünchKomm/BALDUS Rn 10 ff; SOERGEL/HENSSLER Rn 7; aM BINDER, Die Rechtsstellung des Erben 40 ff; DERNBURG, Sachenrecht III § 106; WESTERMANN/ GURSKY § 51 II 3 c; PLANCK/BRODMANN Anm 2; STROHAL, Erbrecht § 63).

6 Die Anrechnung beschränkt sich nicht auf die Besitzzeit des unmittelbaren Rechtsvorgängers, sondern erstreckt sich auch auf die Besitzzeit der *entfernteren Rechtsvorgänger* des Ersitzenden, sofern auch bei diesen die entsprechenden Voraussetzungen vorlagen (OLG Frankfurt MDR 1976, 223; ERMAN/EBBING Rn 1; SOERGEL/HENSSLER Rn 3 f; aM ORDEMANN JR 1961, 93).

§ 944
Erbschaftsbesitzer

Die Ersitzungszeit, die zugunsten eines Erbschaftsbesitzers verstrichen ist, kommt dem Erben zustatten.

Materialien: E I § 858 Abs 2; III § 928; Prot III 236 f.

1 In § 944 wird im Interesse des wahren Erben der Grundsatz des § 943 auf einen Fall ausgedehnt, in dem an sich eine Rechtsnachfolge nicht vorliegt (dazu ausf NAENDRUP 61 ff). Der Erbe kann sich danach die beim **Erbschaftsbesitzer** (§§ 2018, 2030) verstrichene Ersitzungszeit anrechnen lassen. Als Voraussetzung der Anrechnung genügt nach hL der *gute Glaube* des Erbschaftsbesitzers *an das Eigentum des Erblas*

sers. Gutgläubigkeit hinsichtlich seines Erbrechts wird zu Recht nicht verlangt (Prot III 236 und 237; s auch Prot V 233, 234; BGB-RGRK/PIKART Rn 2; COSACK II § 209 Ziff 5; DERNBURG, Sachenrecht III § 106 Anm 10; WINDSCHEID/KIPP 1, 833; PALANDT/BASSENGE Rn 1; PLANCK/BRODMANN Anm 1; SOERGEL/MÜHL[12] Rn 2 [jetzt aber anders SOERGEL/HENSSLER Rn 1]; WESTERMANN/GURSKY § 51 II 3 d; **aM** BIERMANN Erl zu § 944; ERMAN/EBBING Rn 1; GOLDMANN/ LILIENTHAL § 19 Anm 55; WOLFF/RAISER § 71 Anm 14; MünchKomm/BALDUS Rn 5; AnwK-BGB/ SCHILKEN Rn 2).

§ 944 gilt nur für den Erben. Für den *Erbschaftsbesitzer läuft* eine *eigene zehnjährige* 2 Ersitzungsfrist (§ 937) mit deren Ablauf er Eigentümer wird. Solange aber der Erbschaftsanspruch des Erben nicht verjährt ist, kann er sich dem Erben gegenüber nicht auf die Ersitzung berufen (§ 2026) und er muss dem Erben das Eigentum nach §§ 929 ff übertragen.

Eignet sich ein *Dritter*, der nicht Erbschaftsbesitzer ist, die Sache an, wird die 3 Ersitzung unterbrochen, sofern der Erbe den Besitz nicht innert Jahresfrist zurück- erhält (§ 940 Abs 2 Rn 4 ff; s auch § 939 Rn 1).

§ 945
Erlöschen von Rechten Dritter

Mit dem Erwerb des Eigentums durch Ersitzung erlöschen die an der Sache vor dem Erwerb des Eigenbesitzes begründeten Rechte Dritter, es sei denn, dass der Eigen- besitzer bei dem Erwerb des Eigenbesitzes in Ansehung dieser Rechte nicht in gutem Glauben ist oder ihr Bestehen später erfährt. Die Ersitzungsfrist muss auch in Ansehung des Rechts des Dritten verstrichen sein; die Vorschriften der §§ 939 bis 944 finden entsprechende Anwendung.

Materialien: E I § 889; II § 860; III § 929; Mot III 356; Prot III 237 f.

Ersitzung der Lastenfreiheit

§ 945 ermöglicht den lastenfreien Eigentumserwerb durch Ersitzung und entspricht 1 der in § 936 getroffenen Regelung (ausf dazu NAENDRUP § 10 und allg Erl zu § 936).

1.   Grundsatz

Die vor dem Erwerb des Eigenbesitzes begründeten Rechte Dritter (§ 936 Rn 2) 2 erlöschen nicht ohne weiteres mit der Ersitzung des Eigentums, sondern nur, wenn:

a)   Der Ersitzende bezüglich dieser Rechte im Zeitpunkt des Besitzerwerbs *gut-* 3 *gläubig* ist und ihr Bestehen auch später nicht erfährt (vgl Erl zu § 936 und § 937 Rn 7 ff).

b)   Die *Ersitzungszeit* gegenüber dem Drittberechtigten *abgelaufen* ist. Für jedes 4 einzelne Recht läuft eine besondere zehnjährige Ersitzungszeit, für deren Berechnung die §§ 939–944 entsprechend anwendbar sind. Liegt ein Hinderungsgrund nur hinsichtlich eines solchen Rechtes vor, kann sich die Ersitzung des Eigentums und der Lastenfreiheit zu verschiedenen Zeiten vollenden.

5 Von der Ersitzung unberührt bleiben dagegen die vom Ersitzenden selbst bestellten Rechte sowie ein vom Eigentümer nach dem Besitzerwerb des Ersitzenden mittels Abtretung des Herausgabeanspruches bestellter Nießbrauch (§ 1052 S 2; PLANCK/ BRODMANN Anm 1 a; WESTERMANN/GURSKY § 51 IV; **aM** NAENDRUP 73 Anm 132). Ein Pfandrecht kommt nicht in Betracht, da der Ersitzende nicht Besitzmittler sein kann (STAUDINGER/WIEGAND [2002] § 1205 Rn 22 ff).

2. Ausnahme

6 § 936 Abs 3 gilt auch bei der Ersitzung der Lastenfreiheit (SOERGEL/HENSSLER Rn 5). Hat der Ersitzende durch Abtretung des Herausgabeanspruchs nach § 870 mittelbaren Eigenbesitz erworben, bleibt ein vor seinem Besitzerwerb begründetes Recht des unmittelbaren Besitzers bestehen (vgl § 936 Rn 1 ff; BAMBERGER/ROTH/KINDL Rn 3).

3. Beweislast

7 Wer das Erlöschen der Rechte aufgrund § 945 behauptet, muss beweisen, dass er das Eigentum durch Ersitzung erworben hat und dass die Ersitzungsfrist auch hinsichtlich des Rechts des Dritten abgelaufen ist (AnwK-BGB/SCHILKEN Rn 6; GOLDMANN/LILIENTHAL § 19 Anm 64; **aM** PALANDT/BASSENGE Rn 3; PLANCK/BRODMANN Anm 1 b). Der Beweis des bösen Glaubens dagegen obliegt dem Dritten (vgl §§ 932, 936, 937).

4. Anwendungsbereich

8 Strittig ist, ob und inwieweit der gutgläubige Erwerb der Lastenfreiheit auch auf **öffentlich-rechtliche „Lasten"** zumindest analog Anwendung findet. Die Antwort darauf hängt erheblich von der Konzeption des Rechts öffentlicher Sachen ab (vgl § 937 Rn 13 mit Nw). GURSKY hat aber zu Recht und in genereller Form hervorgehoben, dass der gutgläubige Besitzer einer Sache, „die zehn Jahre der öffentlichen Organisation entzogen ist" den Schutz gemäß § 945 durchaus verdient (WESTERMANN/ GURSKY § 51 I 3; **aM** WERNECKE AcP 195 [1995] 445, 455 ff).

9 Die Vorschrift des § 945 ist auf *andere Eigentumserwerbsarten* entsprechend anwendbar (Mot III 356; Prot III 238; DERNBURG, Sachenrecht III § 106, 9; ERMAN/EBBING Rn 1; PLANCK/BRODMANN Erl zu § 945; SOERGEL/HENSSLER Rn 5; **aM** GOLDMANN/LILIENTHAL § 19 Anm 63). In diesem Fall ist eine selbständige Ersitzung der Lastenfreiheit möglich (hM). Vorbehalten bleiben aber die Sondervorschriften der §§ 936, 949, 950, 955, 957, 973.

Untertitel 3
Verbindung, Vermischung, Verarbeitung

Vorbemerkungen zu §§ 946–950

Schrifttum

BIERMANN, Superficies solo cedit, JherJb 34, 169 ff

COSTEDE, Der Eigentumswechsel beim Einbau von Sachgesamtheiten, NJW 1977, 2340

DOLEZALEK, Plädoyer für Einschränkung des § 950 BGB (Verarbeitung), AcP 195 (1995) 392

GEHRLEIN, Gutgläubiger Erwerb von Sachen trotz Verbindung mit gestohlenen oder abhandengekommenen Gegenständen, MDR 1995, 16

GIESEN, Scheinbestandteil – Beginn und Ende, AcP 202 (2002) 689

GOECKE/GAMON, Windkraftanlagen auf fremdem Grund und Boden – Rechtliche Gestaltungsmöglichkeiten zur Absicherung des Betreibers und der finanzierenden Bank, WM 2000, 1309

HEILBORN, Die rechtsgestaltende Kraft der Sachverbindung (1909)

HOLTHÖFER, Sachteile und Sachzubehör im römischen und im gemeinen Recht (1972)

KOHLER, Wandelungsbedingte Rücklieferung eingebauter Waren zum Vorbehaltskäufer – OLG Stuttgart ZIP 1987, 1129 in: JuS 1990, 530

MICHAELIS, Voraussetzungen und Auswirkungen der Bestandteilseigentumschaft, in: FS Nipperdey I (1965) 553

MOOG, Der Eigentumsvorbehalt an eingefügten Sachen, NJW 1962, 381

OTTE, Wesen, Verkehrsanschauung, wirtschaftliche Betrachtungsweise – ein Problem der §§ 93, 119 II, 459 und insbesondere 950 BGB, JuS 1970, 154

PETERS, Wem gehören die Windkraftanlagen auf fremdem Grund und Boden?, WM 2002, 110

PIKART, Rechtsprechung des Bundesgerichtshofs zum Eigentumserwerb durch Verbindung, Vermischung und Verarbeitung, WM 1974, 650

SCHULZ, System der Rechte auf Eingriffserwerb, AcP 105 (1909) 361

SERICK, Verbindungsklauseln als Kreditsicherungsmittel, BB 1973, 1405

TOBIAS, Eigentumserwerb durch Verbindung, AcP 94 (1903) 371

VENNEMANN, Gebäude auf fremdem Grund und Boden, MDR 1952, 75

WEIMAR, Der Eigentumsverlust des Vorbehaltsverkäufers durch Verbindung, JR 1975, 229

WIELING, Vom untergegangenen, schlafenden und aufgewachten Eigentum bei Sachverbindungen, JZ 1985, 511

M WOLF, Der Bau auf fremdem Boden, insbesondere der Grenzüberbau (1900).

Vgl im Übrigen die Literaturangaben vor und bei §§ 93 ff und speziell zur Verarbeitung vor § 950.

I. Entstehung und Zweck der Vorschriften

Die gesetzlichen Regeln über Verbindung, Vermischung und Verarbeitung beruhen **1** auf folgenden Überlegungen: Gewisse tatsächliche Vorgänge wie das Zusammenfügen mehrerer Sachen, die Verbindung von beweglichen Sachen mit Grundstücken oder die Be- und Verarbeitung beweglicher Sachen erfordern die **Neuordnung der Rechtszuständigkeit**. Dies deshalb, weil einerseits auf Grund des Sachbegriffs in den §§ 90 ff, andererseits im Hinblick auf das im Grundstücksrecht geltende Akzessionsprinzip und schließlich mit Rücksicht auf die Verkehrsauffassung, welche bei derartigen Vorgängen vielfach das Entstehen einer neuen Sache annimmt, die Eigentumsrechte ebenfalls neu zugeordnet werden müssen. Die in §§ 946 bis 951 enthaltenen Regeln verfolgen zunächst und *in erster Linie diesen Zweck*, der sich dahin zusammenfassen lässt, dass die vom Gesetzgeber aufgestellten Regeln größtmögliche **Klarheit über die Zuordnung der Eigentumsrechte** schaffen sollen. Den gleichen Zweck verfolgt schließlich die Vorschrift des § 952, die im Interesse der Rechtssicherheit und -klarheit ein Auseinanderfallen von Forderungsrecht und Eigentumsrecht am Papier verhindern soll (vgl im Einzelnen dazu Erl zu § 952).

2 Erst *in zweiter Linie* will das Gesetz mit der in §§ 946 ff vorgesehenen Neuordnung der Eigentumsrechte einen **Interessenausgleich** zwischen den verschiedenen Beteiligten bewirken. Die Aufgabe des Interessenausgleichs übernimmt zunächst § 951, welcher entstandene Vermögensverschiebungen kompensieren soll. Andererseits hat der Gesetzgeber bei den in §§ 946, 947, 948 und 950 getroffenen Regelungen die Interessenlage der Beteiligten natürlich nicht völlig ausser Acht gelassen, was in den abgestuften Lösungen (vgl etwa § 947 Abs 1 und 2 sowie § 950 – Abwägen des Arbeitswertes gegenüber dem Sachwert) zum Ausdruck kommt. Die skizzierte gesetzgeberische Konzeption zeichnet sich in der Begründung zum Vorentwurf Sachenrecht (III 803 ff) und in den Mot (III 358 ff) deutlich ab, wo hervorgehoben wird, dass einerseits ein Interessenausgleich herbeigeführt, andererseits aber vor allem die Gewährleistung der Durchsetzbarkeit von Sachenrechten sichergestellt werden müsse. Diese der gesetzlichen Regelung zu Grunde liegenden Absichten muss man im Auge behalten, wenn es darum geht, die systematische Stellung der Vorschriften und die damit verbundenen Streitfragen zu beurteilen.

II. Rechtsfolgen, insbesondere Abdingbarkeit

3 **1.** Die in §§ 946 ff angeordneten Rechtsfolgen treten *kraft Gesetzes* ein und bilden einen Fall *originären Eigentumserwerbs*. Dies ist ebenso unbestritten wie die Tatsache, dass der Eintritt dieser Rechtsfolgen unabhängig von der Willenslage der beteiligten Parteien erfolgt, dh dass allein nach objektiven Gesichtspunkten beurteilt wird, ob eine Verbindung/Verarbeitung oder Vermengung vorliegt. Es kommt deshalb weder auf guten oder bösen Glauben der Beteiligten noch auf deren rechtsgeschäftlichen Willen an (zu Einzelheiten vgl die Erl zu den jeweiligen Vorschriften, insbes aber § 946 Rn 4 und 6).

4 **2.** Heftig umstritten ist dagegen, inwieweit die §§ 946 ff Raum für *abweichende Parteivereinbarungen* lassen. Besonders kontrovers ist dies bei der Verarbeitung, wo die näheren Einzelheiten dargelegt sind (vgl § 950 Rn 2). Hier geht es nur darum, aus den gesetzgeberischen Überlegungen, der systematischen Stellung und der Funktion der Vorschriften einige allgemeine Konsequenzen zu ziehen, die für die Entscheidung dieser Frage von Bedeutung sind:

5 **a)** Der Gesetzgeber ging zweifellos vom **zwingenden Charakter** der in §§ 946 ff getroffenen Regelungen aus. Besonders deutlich kommt dies in der Begründung zum Vorentwurf Sachenrecht (I 806) zum Ausdruck: „Eine Abänderung der nachgehends begründeten gesetzlichen Vorschriften durch Vereinbarung stellt sich um deswillen schon von vornherein als ausgeschlossen dar, weil dieselben zur Lösung des Konflikts kollidierender Eigenthumsansprüche dienen"; es handelt sich deshalb stets um „eine Eigenthumsübertragung, deren Rechtsgültigkeit nach den für sie vorgeschriebenen Erfordernissen zu beurtheilen ist". Diese Einschätzung hat sich auch in den späteren Beratungen bis hin zum BGB nicht geändert.

b) Nun darf man nicht ausser Betracht lassen, dass die in §§ 946 ff vorgenom- 6 mene Zuweisung der Eigentumsrechte auch einen gewissen Interessenausgleich bewirken soll (vgl oben Rn 2). Daraus hat man den naheliegenden Schluss gezogen, dass es den Parteien frei stehe, diesen Interessenausgleich durch vertragliche Regelungen selbst vorzunehmen. Nach dieser Auffassung käme der *gesetzlichen Regelung nur subsidiäre Funktion zu*, sofern keine Parteivereinbarung getroffen wird. Dieses Argument wird vor allem im Zusammenhang mit § 950 verwendet (vgl dazu § 950 Rn 19) gilt aber prinzipiell zumindest auch für die §§ 947, 948 (vgl zB WOLFF/RAISER § 72 II 3).

c) Vergleicht man allein diese beiden Punkte, so spricht manches dafür, dem 7 Parteiwillen den Vorrang vor der gesetzlichen Regelung zu geben. Insbes ließe sich dafür zweierlei anführen:

Die gesetzlichen Vorschriften führen keineswegs zu leicht durchschaubaren Eigentumsverhältnissen; vielmehr ergeben sich jeweils erhebliche Zweifel – so bei § 946 über die Bestandteileigenschaft, bei § 947 über die Abgrenzung von Abs 1 und 2 und bei § 950 über den Begriff der neuen Sache und den Wert der Arbeitsleistung (vgl dazu die Einzelheiten in den jeweiligen Erl).

Als Weiteres kommt hinzu, dass im Bereich der beweglichen Sachen durch die verdeckten Sicherungsrechte (Eigentumsvorbehalt und Sicherungsübereignung, dazu Anh 1 ff zu §§ 929 ff) die Transparenz der sachenrechtlichen Zuordnung soweit gelockert ist, dass auch im Bereich der §§ 946 ff Zuordnungen durch Parteiabrede möglich sein sollten.

d) Gerade der letzte Punkt führt nun zum entscheidenden Aspekt: durch die 8 weitgehende Verwendung von sog **Verbindungs- oder Verarbeitungsklauseln** hat man in der Praxis der Kreditsicherung versucht, die vom Gesetzgeber angestrebte Neuverteilung der Eigentumsrechte auszuschalten oder doch zugunsten bestimmter Kreditgeber umzulenken. Damit hat die Kontroverse eine neue Dimension gewonnen. Infolgedessen ist sie auch weder mit historisch-systematischen noch mit rein dogmatischen Argumenten zu entscheiden. Vielmehr bedarf es einer eindeutigen und offenen Wertung. Dabei sind folgende Gesichtspunkte zu berücksichtigen:

Die in §§ 946 ff bezweckte **Neuverteilung der Eigentumsrechte** darf nicht mit Trans- 9 parenz verwechselt werden. Der Gesetzgeber hat mit diesen komplexen Regelungen nicht eine leichtere Durchschaubarkeit angestrebt, sondern einzig und allein den Zweck verfolgt, objektive und nachprüfbare Kriterien für die Zuordnung der Eigentumsrechte festzulegen. Er wollte damit erreichen, dass nach der Vornahme einer Verbindung, Vermischung oder Verarbeitung unabhängig vom Willen der Beteiligten und ohne Rücksicht auf eventuelle rechtsgeschäftliche Vorstellungen und Vereinbarungen die Eigentumslage feststellbar sei. Es liegt sowohl im Interesse der Beteiligten wie im Interesse des Rechtsverkehrs, dass der Zeitpunkt der Entstehung neuer Eigentumsrechte wie auch die Rechtsträgerschaft eindeutig bestimmt werden können.

Vor diesem Hintergrund ist zu prüfen, ob und in welchem Umfang die an sich berechtigten Interessen der Kreditgeber berücksichtigt werden können. Diese Frage muss für jede einzelne in diesem Abschnitt enthaltene Norm gesondert beantwortet werden. Das gilt insbes für § 950, wo die Abwägung zwischen den beiden aufgezeigten Gesichtspunkten nur schwer zu treffen ist (vgl § 950 Rn 2 ff). Für die übrigen Normen fällt die Entscheidung leichter; sie ist auch weit weniger umstritten: § 946 wird im Hinblick auf die notwendige Eindeutigkeit der Rechtsverhältnisse bei Grundstücken allgemein als zwingend betrachtet. Auch bei der Verbindung und Vermengung beweglicher Sachen gem §§ 947/948 ist das Bedürfnis nach eindeutigen Zuordnungsverhältnissen höher einzuschätzen als die entgegenstehenden Interessen, wie sie sich vor allem bei der Verbindung von Sachen, die unter Eigentumsvorbehalt oder unter Sicherungseigentum stehen, ergeben (vgl SERICK IV § 44 II 4 und unten § 947 Rn 8, § 950 Rn 27, anders wohl nur noch WOLFF/RAISER § 72 II 3).

III. Inhalt der Regelungen und Anwendungsbereich

10 Die §§ 946 ff regeln drei Tatbestände: Verbindung beweglicher Sachen mit einem Grundstück (§ 946), Verbindung oder Vermengung beweglicher Sachen untereinander (§§ 947 948) und Verarbeitung beweglicher Sachen (§ 950).

Die Neuordnung der Eigentumsrechte erfolgt entweder in der Weise, dass einem der Beteiligten das Alleineigentum (§§ 946, 947 Abs 2, 948, 950) oder mehreren Miteigentum (§§ 947 Abs 1, 948) zugesprochen wird. § 949 regelt die Rechtsfolgen, die sich aus dieser Neuordnung für die Rechte Dritter ergeben, während § 951 eine in ihren Voraussetzungen und Konsequenzen umstrittene Ausgleichsordnung für die nach §§ 946 bis 950 eingetretenen Rechtsverluste enthält (vgl § 951 Rn 1). Eine Sondervorschrift bezüglich der Wirkungen der Verbindung, Vermischung oder Verarbeitung einer beweglichen Sache, die Gegenstand eines Vermächtnisses bildet, enthält § 2172 (vgl dazu STAUDINGER/OTTE [2003] § 2172 Rn 1).

§ 946
Verbindung mit einem Grundstück

Wird eine bewegliche Sache mit einem Grundstück dergestalt verbunden, dass sie wesentlicher Bestandteil des Grundstücks wird, so erstreckt sich das Eigentum an dem Grundstück auf diese Sache.

Materialien: E I § 890; II § 861; III § 930; Mot III 359 f; Prot III 238.

I. Grundgedanke und Bedeutung

1 Die Regelung beruht auf dem in der gemeinrechtlichen Parömie *superficies solo* *cedit* zum Ausdruck kommenden Grundsatz, welcher auch in viele andere europäische Rechtsordnungen Eingang gefunden hat (dazu vor allem MICHAELIS 553 ff). Dieses sogenannte **Akzessionsprinzip** soll dazu dienen, die durch die Verbindung entstandene wirtschaftliche Einheit zu erhalten und klare Rechtsverhältnisse zu schaffen (STAUDINGER/DILCHER [1995] § 93 Rn 3; WESTERMANN/GURSKY § 52 I 1). Zu beachten ist freilich, dass dieser Grundgedanke nicht konsequent verfolgt werden kann, weil er im Hinblick auf die in §§ 93–95 getroffenen Entscheidungen auch hier nur auf die wesentlichen Bestandteile im Sinne dieser Vorschriften angewendet werden kann (zu dieser Konzeption STAUDINGER/DILCHER [1995] § 93 Rn 2–5 und zum ausländischen Recht Rn 37 ff).

II. Voraussetzungen

Der Eigentumserwerb nach § 946 tritt ein, wenn eine bewegliche Sache durch **2** Verbindung wesentlicher Bestandteil des Grundstückes wird.

1. Wann einer Sache diese Eigenschaft zukommt, bestimmt sich nach den **3** §§ 93–95 (auf deren Erl generell verwiesen wird).

a) *Wesentliche Bestandteile* eines Grundstückes sind danach Gegenstände, die mit dem Grundstück derart verbunden sind, dass die Trennung den einen Teil zerstören oder im Wesen verändern würde (§ 93) sowie die mit dem Grund und Boden fest verbundenen (§ 94 Abs 1) und die zur Herstellung in ein Gebäude eingefügten Sachen (§ 94 Abs 2; zum Verhältnis der §§ 93/94 vgl RGZ 90, 198; 150, 26; STAUDINGER/ DILCHER [1995] § 93 Rn 5 und § 94 Rn 2). Ob im Einzelfall diese Voraussetzungen vorliegen, beurteilt sich nach der Verkehrsauffassung (Einzelheiten s in den Erl zu § 94 insbes Rn 24 ff).

b) Keine Bestandteile sind dagegen Sachen, die nur zu *vorübergehenden Zwe-* **4** *cken* mit dem Grundstück verbunden oder in ein Gebäude eingefügt sind (§ 95 Abs 1 S 1; STAUDINGER/DILCHER [1995] § 95 Rn 2; eingehend dazu GIESEN AcP 202 [2002] 689, 698 ff). Eine Verbindung zu vorübergehenden Zwecken ist in der Regel gegeben, wenn im *Zeitpunkt ihrer Vornahme* die spätere Trennung beabsichtigt ist. Entscheidend ist der Wille des Verbinders/Einfügenden und nicht des Eigentümers; dieser darf jedoch nicht zum Erscheinungsbild des Verhaltens im Widerspruch stehen, sonst ist er unbeachtlich (ERMAN/MICHALSKI § 95 Rn 1; MünchKomm/FÜLLER Rn 6; PALANDT/BASSENGE § 95 Rn 2; SOERGEL/HENSSLER Rn 3; STAUDINGER/DILCHER [1995] § 95 Rn 4). In jüngster Zeit ist die Frage der Scheinbestandteile im Zusammenhang mit der sachenrechtlichen Erfassung sog Windkraftanlagen intensiv diskutiert worden (vgl dazu GOECKE/GAMON 1309 ff und PETERS 110).

Eine unter **Eigentumsvorbehalt** gekaufte Sache ist daher nicht zu vorübergehenden Zwecken eingebaut, wenn objektive Gründe für eine dauernde Verbindung sprechen (BGH MDR 1974, 298; BGB-RGRK/PIKART Rn 21; ERMAN/EBBING Rn 3; MünchKomm/ FÜLLER Rn 6; STAUDINGER/DILCHER [1995] § 95 Rn 5; WESTERMANN/GURSKY § 52 I 3; aM MOOG NJW 1962, 382, siehe auch unten Rn 10). Zugunsten des *Mieters/Pächters* besteht dagegen die Vermutung, dass Einbauten nur für die Dauer des Vertragsverhältnisses vorgenommen werden (STAUDINGER/DILCHER [1995] § 95 Rn 4 ff mwNw).

5 c) *Keine Bestandteile* des Grundstückes werden gemäß § 95 Abs 1 S 2 auch die *in Ausübung eines dinglichen Rechts* (Nießbrauch, Grunddienstbarkeit, Erbbaurecht) errichteten Gebäude und Werke (STAUDINGER/DILCHER [1995] § 95 Rn 14 ff). Das aufgrund eines Erbbaurechts erstellte Bauwerk wird jedoch Bestandteil des Erbbaurechts (§ 12 ErbbVO; STAUDINGER/DILCHER [1995] § 95 Rn 15; vgl unten Rn 9). Eine entsprechende Regelung enthält für das Wohnungseigentum § 5 WEG (STAUDINGER/DILCHER [1995] § 93 Rn 25 und § 95 Rn 20).

6 2. *Die Verbindung* ist ein rein tatsächlicher Vorgang (Realakt, allgM). Es kommt deshalb weder auf die Geschäftsfähigkeit des Handelnden noch darauf an, ob sie absichtlich oder zufällig, gut- oder bösgläubig erfolgt. Selbst das arglistige Handeln des Grundstückseigentümers steht seinem Eigentumserwerb (RG JW 1904, 139) ebensowenig entgegen wie das Abhandenkommen der Sache. Die Rechtsfolgen einer vorgenommenen Verbindung sind aus den oben (Rn 1 und Vorbem 1) genannten Gründen an den weitgehend objektivierten Tatbestand geknüpft (vgl OLG Hamm NJW-RR 1992, 1105). Willensrichtung und Vorstellung des Handelnden spielen nur insoweit eine Rolle, als sie für die Qualifizierung einer dauernden oder vorübergehenden Verbindung von Bedeutung sind (Rn 4). Im Übrigen aber löst allein der tatsächliche Vorgang der Verbindung die Rechtsfolgen des § 946 aus.

III. Rechtsfolgen

7 1. Im *Zeitpunkt der Verbindung* (BGH NJW 1956, 1273; MünchKomm/FÜLLER Rn 9; SOERGEL/HENSSLER Rn 7; PALANDT/BASSENGE Rn 3; PIKART WM 1974, 251) erwirbt der *Grundstückseigentümer* kraft Gesetzes lastenfreies (§ 949) *Eigentum an der* mit dem Grundstück *verbundenen Sache* und das Recht des bisherigen Fahrniseigentümers erlischt. Der Eigentumsübergang ist *endgültig* und das Eigentum an der Sache verbleibt dem Grundstückseigentümer auch bei einer späteren Trennung (vgl § 953; WOLFF/RAISER § 72 I; WESTERMANN/GURSKY § 52 II 1).

8 a) Die Rechtswirkung des § 946 tritt jedoch nicht ohne weiteres ein, wenn die *zunächst nur zu vorübergehenden Zwecken* vorgenommene Verbindung (§ 95 Abs 1 S 1) *nunmehr dauernd* gelten soll. Will in diesem Fall der Grundstückseigentümer das Eigentum an der Sache erwerben, bedarf es nach hM einer *Einigung* zwischen ihm und dem Sacheigentümer, weil für die dingliche Wirkung der Verbindung allein auf den Zeitpunkt ihrer Vornahme abgestellt wird (BGHZ 23, 57, 59; BGH-RGRK/PIKART Rn 23; MünchKomm/FÜLLER Rn 11; PALANDT/BASSENGE Rn 2; SOERGEL/HENSSLER Rn 7; STAUDINGER/DILCHER [1995] § 95 Rn 9; ERMAN/EBBING Rn 7; GOLLNICK AcP 157, 460/69; PLANCK/BRODMANN Anm 1 cs; TOBIAS AcP 94, 414 ff). *Vereinigen sich* dagegen *die Eigentumsrechte* am Grundstück und an der Sache, wird idR angenommen, dass der Wille zur vorübergehenden Verbindung entfällt und die Sache kraft Gesetzes wesentlicher Bestandteil des Grundstückes wird (RGZ 97, 105). Eine derartige Willensänderung des Eigentümers braucht aber nicht notwendig einzutreten (BGH NJW 1980, 771; vgl zum Ganzen WESTERMANN/GURSKY § 52 II 1 b).

9 b) *Keinen Einfluß* auf die dingliche Rechtslage hat der *Wegfall eines dinglichen Rechts iS* von *§ 95 Abs 1 S 2* (PALANDT/BASSENGE Rn 2; PLANCK/BRODMANN Anm 1 c; STAUDINGER/DILCHER [1995] § 95 Rn 19; **aM** TOBIAS AcP 94 [1903] 415 ff). Nur das aufgrund des Erbbaurechts errichtete Gebäude wird gemäß § 12 Abs 1 ErbbVO mit dem

Erlöschen der Berechtigung Bestandteil des Grundstückes (STAUDINGER/DILCHER [1995] § 95 Rn 19).

2.   Der Eigentumserwerb infolge Verbindung ist *zwingend* und kann nicht durch **10** Vereinbarung ausgeschlossen werden. Daher erlischt ein *Eigentumsvorbehalt* an Sachen, zB Maschinen, die wesentliche Bestandteile geworden sind (RGZ 150, 22; 152, 100; BGH NJW 1954, 265; BAUR/STÜRNER § 53 Rn 5 ff 2; ERMAN/EBBING Rn 3; MünchKomm/ FÜLLER Rn 12; SOERGEL/HENSSLER Rn 8; ausf dazu STAUDINGER/DILCHER [1995] § 93 Rn 24; WESTERMANN/GURSKY § 52 I 3; **aM** MOOG aaO). Die Erklärung des Käufers, die Sache nur zu vorübergehenden Zwecken einzubauen, hindert das Erlöschen des Eigentumsvorbehalts nicht (vgl oben Rn 3 f). Auch dann, wenn die Verbindung nachträglich wegfällt, lebt das ursprüngliche Eigentum nicht wieder auf (OLG Stuttgart ZIP 1987, 1129 und dazu KOHLER JuS 1990, 530; **aM** WIELING JZ 1985, 511, 515 ff).

Im **Zwangsversteigerungsverfahren** gehen die zu wesentlichen Bestandteilen gewor- **11** denen Sachen selbst dann auf den Ersteher über, wenn sie im Zuschlagsbeschluss ausgenommen waren (RGZ 50, 241; 67, 32).

IV.   Anwendungsbereich und Sonderfälle

1.   Die Vorschrift des § 946 kommt *entsprechend* zur Anwendung bei der Verbin- **12** dung beweglicher Sachen mit einem Gebäude, das nur zu vorübergehenden Zwecken iS von § 95 Abs 1 S 2 erstellt ist (BAMBERGER/ROTH/KINDL Rn 10; BGB-RGRK/ PIKART Rn 52; ERMAN/EBBING Rn 7, vgl aber § 947 Rn 2; WOLFF/RAISER § 72 I Anm 3; **aM** BGH NJW 1987, 774; MünchKomm/FÜLLER Rn 7; SOERGEL/HENSSLER Rn 11; PALANDT/BASSENGE § 947 Rn 2; PLANCK/BRODMANN § 947 Anm 1; TOBIAS AcP 94 [1903] 430 f). § 946 ist auch sinngemäß anwendbar bei der Verbindung beweglicher Sachen mit eingetragenen Schiffen (BGB-RGRK/PIKART Rn 53).

Umstritten ist die Frage, ob § 946 auch dann anwendbar ist, wenn die bewegliche **13** Sache dem Grundstückseigentümer selbst gehört (dagegen PLANCK/BRODMANN Anm 1 a). Die Verbindung eigener Sachen ist dann rechtlich relevant, wenn daran Rechte Dritter bestehen; die sinngemäße Anwendung ist zu bejahen (so wohl auch WESTERMANN/GURSKY § 52 I 4).

2.   Überbau: Werden zwei Grundstücke mit einem Gebäude überbaut, erwirbt **14** der jeweilige Grundstückseigentümer Eigentum an den auf seinem Grundstück stehenden Gebäudeteil (hM; **aM** HECK § 62 1 c). Eine *Ausnahme* enthält § 912 für den *entschuldigten Überbau* (vgl Erl zu § 912 und STAUDINGER/DILCHER [1995] § 94 Rn 16 ff).

Der Erwerb nach *Ufer- und Wasserrecht* wie zB Anlandungen, neu entstehende **15** Inseln usw regelt das Landesrecht (Art 65 EG; RGZ 54, 52; STAUDINGER/DILCHER [1995] § 94 Rn 10).

V.   Über die Wirkungen der Verbindung auf die *Rechte Dritter* vgl § 949 und zum **16** *Ausgleichsanspruch* (hierzu BGH WM 1991, 137 ff) sowie zum Wegnahmerecht vgl § 951. Wem die *getrennten Erzeugnisse* gehören, entscheiden die §§ 953 ff.

Die gem § 946 zum Verlust des Eigentums des Vorbehaltslieferanten führende **17**

Verbindung von Baumaterialien mit dem Baugrundstück stellt eine *Eigentumsverletzung iS von § 823 Abs 1* dar, wenn die Baustoffe unter einem verlängerten Eigentumsvorbehalt geliefert worden sind und zwischen Vorbehaltskäufer und dessen Auftraggeber ein Abtretungsverbot vereinbart worden ist, so dass der Vorbehaltskäufer die Forderung gegen den Auftraggeber bzw Besteller nicht dem Vorbehaltslieferanten abtreten kann. Die Ermächtigung des Vorbehaltslieferanten steht nämlich unter dem Vorbehalt, dass er die dem Käufer im Zuge der Verbindung gegen den Auftraggeber zuwachsende Forderung anstelle seines nach § 946 untergehenden Eigentums an den Baustoffen erwirbt (dazu BGHZ 109, 297, 300, wo dies zu einer deliktischen Eigenhaftung des Geschäftsführers einer GmbH führte).

§ 947
Verbindung mit beweglichen Sachen

(1) Werden bewegliche Sachen miteinander dergestalt verbunden, dass sie wesentliche Bestandteile einer einheitlichen Sache werden, so werden die bisherigen Eigentümer Miteigentümer dieser Sache; die Anteile bestimmen sich nach dem Verhältnis des Wertes, den die Sachen zur Zeit der Verbindung haben.

(2) Ist eine der Sachen als die Hauptsache anzusehen, so erwirbt ihr Eigentümer das Alleineigentum.

Materialien: E I § 891; II 862; III § 931; Mot III
359; Prot III 328 f.

I. Inhalt und Anwendungsbereich

1 Die Vorschrift regelt die Eigentumsverhältnisse bei der Sachverbindung und unterscheidet dabei, ob eine der verbundenen Sachen im Verhältnis zur anderen als Hauptsache anzusehen ist oder nicht. Kann keine der Sachen als Hauptsache betrachtet werden, entsteht Miteigentum (Abs 1), andernfalls Alleineigentum (Abs 2).

2 Nach einem Teil der Lehre gilt § 947 auch dann, wenn bewegliche Sachen in ein Gebäude eingefügt werden, das gemäß § 95 Abs 1 nicht Bestandteil des Grundstückes ist (vgl dazu § 946 Rn 12). *Liegt in der Verbindung* gleichzeitig eine *Verarbeitung*, geht § 950 vor, vorausgesetzt, dass der Wert der Verarbeitung nicht erheblich geringer als der Stoffwert ist (RGZ 161, 113; OGHBrZ 2, 389, 392; BGH LM Nr 4 zu § 947; vgl SERICK BB 1973, 1407 f sowie ausführlich unten § 950 Rn 15).

§ 947 ist entspr anwendbar, wenn die verbundenen Sachen rechtlich zu verschiedenen Gütermassen derselben Person gehören, zB zum Gesamtgut und zum Vorbehaltsgut (BGB-RGRK/PIKART Rn 31; ERMAN/EBBING Rn 9; WOLFF/RAISER § 72 II Anm 13).

II. Voraussetzungen

Die dingliche Rechtsänderung hängt wie in § 946 allein von **objektiven** Kriterien ab 3
(vgl § 946 Rn 6).

1. Voraussetzung ist gemäß Abs 1 zunächst, dass die **Einzelsachen durch die** 4
Verbindung ihre Selbständigkeit verlieren und nur noch als Bestandteile einer Sach-
einheit (STAUDINGER/DILCHER [1995] Vorbem 13 zu § 90 und § 93 Rn 6 ff) erscheinen. Ob eine
einheitliche Sache vorliegt, ist im Einzelfalle nach der Verkehrsauffassung oder der
natürlichen Betrachtungsweise zu entscheiden (STAUDINGER/DILCHER [1995] § 93 Rn 8).

2. Die verbundenen Gegenstände müssen **wesentliche Bestandteile der einheit-** 5
lichen Sache bilden. Nach § 93 (s Erl dazu) sind wesentlich jene Bestandteile, die nicht
getrennt werden können, ohne dass einzelne Sachteile zerstört oder im Wesen
verändert werden (BGHZ 18, 229; 20, 156, 162; STAUDINGER/DILCHER [1995] § 93 Rn 14 ff).
Maßgebend sind wirtschaftliche Gesichtspunkte. Nach heute allgemein vertretener
Auffassung liegt keine Wesensänderung vor, wenn der Sachteil nach der Trennung
für sich oder in Verbindung mit anderen Sachen in der bisherigen Art wirtschaftlich
genutzt werden kann (BGHZ 18, 229; 20, 156; STAUDINGER/DILCHER [1995] § 93 Rn 16). Es
wird dabei auf die *Verwendbarkeit* der *Einzelteile* und nicht der Gesamtsache abgestellt (krit BAUR/STÜRNER § 3 Rn 8; zT schwankend die Rspr, vgl dazu STAUDINGER/DILCHER
[1995] § 93 Rn 4 und 16). So ist nach der Rspr des BGH in der Regel der serienmäßig
hergestellte Motor eines Kraftfahrzeuges nicht dessen wesentlicher Bestandteil, was
auch für den eingebauten Austauschmotor eines Gebrauchtwagens gilt (BGHZ 61, 80
= JR 1973, 462 m krit Anm PINGER; STAUDINGER/DILCHER [1995] § 93 Rn 16 ff). Generell sind
Kfz-Teile heute eher als nicht-wesentliche Bestandteile anzusehen.

III. Rechtswirkungen

1. Die bisherigen Sacheigentümer erwerben in der Regel **Miteigentum** an der 6
Sache (vgl §§ 1008 ff, 741 ff). Ihre Anteile bestimmen sich abweichend von § 741
nach dem *Wertverhältnis* der *Einzelsachen* zueinander, und zwar nach dem objektiven Verkehrswert zur Zeit der Verbindung (BGB-RGRK/PIKART Rn 11; ERMAN/EBBING
Rn 7; SERICK BB 1973, 1408; vgl auch § 948 Rn 7).

2. Ist dagegen eine der verbundenen Sachen als *Hauptsache* anzusehen, erwirbt 7
ihr Eigentümer **Alleineigentum** an der Sacheinheit, und das Eigentum an der Nebensache erlischt (vgl § 946 Rn 7). Welche Sache den Hauptbestandteil der Sacheinheit bildet, bestimmt sich wiederum nach der Verkehrsauffassung (BGHZ 20, 163;
BGB-RGRK/PIKART Rn 13; ERMAN/EBBING Rn 8; PALANDT/BASSENGE Rn 3; SOERGEL/HENSSLER
Rn 7). Nach der Rspr kommt es weder auf das Wertverhältnis noch das Verhältnis
des räumlichen Umfangs für sich allein an. Entscheidend ist vielmehr, ob die
übrigen Bestandteile fehlen können, ohne dass das Wesen der in Frage kommenden
Sache dadurch beeinträchtigt wird (BGHZ 20, 163; RGZ 152, 99; OGHBrZ 2, 389, 393; 3,
348, 353; krit dazu BAUR/STÜRNER § 53 Rn 9). Ein Gehäuse, in das ein Apparat eingefügt
ist, ist dann nicht Nebensache, wenn das Gerät ohne Gehäuse zwar in Betrieb
gesetzt werden kann, praktisch aber nicht benutzbar ist. Dies ist der Fall, wenn
das Gehäuse die Bedienung des Apparates erst ermöglicht oder das Bedienungs-
personal schützen soll (BGHZ 20, 163). Die Rspr neigt in Zweifelsfällen dazu, die

Eigenschaft als Hauptbestandteil zu verneinen (SOERGEL/HENSSLER Rn 7, teilw kritisch
WESTERMANN/GURSKY § 52 II 2 b; BAUR/STÜRNER § 53 Rn 9). Prinzipell wird aber die Auffassung vertreten, § 947 Abs 2 sei restriktiv anzuwenden, um nicht durch den Normzweck zwingend gebotene Eigentumsverluste zu vermeiden (vgl etwa MünchKomm/
FÜLLER Rn 6).

8 3.   Die Rechtsfolgen des § 947 sind **endgültig und zwingend** (vgl § 946 Rn 7, 10 und
§ 950 Rn 27); anderslautende Vereinbarungen, sog *Verbindungsklauseln*, die von vornherein die Rechtswirkungen des § 947 ausschließen oder zu Lasten eines Miteigentümers ändern, sind unwirksam (BGH JZ 1972, 165; BAMBERGER/ROTH/KINDL Rn 8). Dagegen sind Abreden zulässig, wonach das gemäß § 947 entstandene Eigentum oder
Miteigentum nach Maßgabe der §§ 929 ff wieder zurückübertragen wird (Münch-
Komm/FÜLLER Rn 10; BGB-RGRK/PIKART Rn 17; PLANCK/BRODMANN Anm 20; SERICK BB
1973, 1406: Der Vorbehaltsverkäufer könnte sich durch antizipiertes Besitzkonstitut das Eigentum
oder Miteigentum an der einheitlichen Sache zur Sicherung einräumen lassen, dazu ausführlich
§ 950 Rn 41 ff).

**9 IV.   Die Wirkungen der Verbindung auf Rechte Dritter werden in § 949 geregelt;
die Ausgleichsansprüche in § 951.**

10 V.   Den Eigentumserwerb durch **Einverleibung in ein Inventar** kennt das BGB nur
in den Fällen der §§ 588 Abs 2, 1048 und 2111 (s Erl dazu). Im Augenblick der
Einverleibung erwirbt der bisherige Inventareigentümer (Verpächter, Grundeigentümer) kraft Gesetzes Eigentum an den Ersatzstücken, vorausgesetzt jedoch, dass
der Einverleibende an den angeschafften Sachen selbst Eigentum erworben hat
(BGB-RGRK/PIKART § 948 Rn 25; WOLFF/RAISER § 76).

§ 948
Vermischung

**(1) Werden bewegliche Sachen miteinander untrennbar vermischt oder vermengt,
so finden die Vorschriften des § 947 entsprechende Anwendung.**

**(2) Der Untrennbarkeit steht es gleich, wenn die Trennung der vermischten oder
vermengten Sachen mit unverhältnismäßigen Kosten verbunden sein würde.**

Materialien: E I § 892; II § 863; III § 932; Mot
III 359; Prot III 239.

I.   Inhalt und Anwendungsbereich

1 Die für die Sachverbindung geltende Eigentumsregelung (§ 947) ist bei der **Vermischung** oder **Vermengung** beweglicher Sachen verschiedener Eigentümer *entsprechend* anwendbar. § 948 ist eine Zuordnungsnorm, die anders als § 947 nicht die
Erhaltung der wirtschaftlichen Einheit bezweckt (BGB-RGRK/PIKART Rn 14; WESTER-
MANN/GURSKY § 52 III a), sondern die Lösung des Interessenkonflikts zwischen Stoff-

eigentümern, deren Sachen tatsächlich oder wirtschaftlich untrennbar miteinander vermischt oder vermengt sind (MünchKomm/Füller Rn 1). Der im GemR getroffene Unterschied zwischen flüssigen und festen Stoffen ist heute bedeutungslos, da in § 948 beide Tatbestände gleich behandelt werden.

Die dinglichen Rechtsfolgen des § 948 sind **unabdingbar**, was jedoch Abreden, die 2 eine nachträgliche Übereignung nach den §§ 929 ff vorsehen, nicht ausschließt (§ 947 Rn 8 und Vorbem 5 f zu § 946).

Die Vorschrift des § 948 ist *sinngemäß anwendbar*, wenn Sachen desselben Eigen- 3 tümers, zB verpfändete und pfandfreie Sachen miteinander vermischt werden (RGZ 67, 425; vgl § 947 Rn 2; § 949 Rn 5). Sie findet *keine Anwendung*, wenn eine *Verarbeitung* nach § 950 vorliegt (§ 947 Rn 2) oder das Einmischen von Sachen lediglich Übergabecharakter iS von §§ 929 ff hat (RG WarnR 1918 Nr 117; BGB-RGRK/Pikart Rn 6 und 9; Palandt/Bassenge Rn 1).

II. Voraussetzungen

Für den Eintritt der Rechtsfolgen des § 948 sind wie bei der Verbindung allein 4 **objektive** Kriterien maßgebend (§ 946 Rn 6). Bewegliche Sachen müssen miteinander derart vermischt oder vermengt sein, dass ihre Trennung **objektiv unmöglich** (Abs 1) oder mit **unverhältnismäßigen Kosten** verbunden ist (Abs 2). § 948 gilt nur, soweit die Untrennbarkeit reicht (Wolff/Raiser § 72 Anm 17).

Gegenstand der Regelung können bewegliche *Sachen aller Art* sein: Getreide (RGZ 5 112, 102; BGHZ 14, 114), Wein (Colmar LZ 1914, 92), Baumaterialien (BGH NJW 1958, 1534), Tiere (RGZ 140, 159), Geld (RG WarnR 1920 Nr 160), Münzen (vgl BGH NJW 1993, 935, 936).

III. Rechtswirkungen

1. In der Regel erwerben die bisherigen Sacheigentümer analog § 947 Abs 1 6 **Miteigentum** an der Gesamtmenge. Die Quoten der Beteiligten bestimmen sich nach dem Wertverhältnis der Einzelsachen im Zeitpunkt der Vermischung/Vermengung.

Kontrovers ist jedoch die Frage der Zuordnung, wenn die *Wertverhältnisse der* 7 *Teilmengen nicht feststellbar* sind (dazu ausf Staudinger/Langhein [2002] § 742 Rn 18 ff). Nach der zT im Schrifttum und in der Rspr des RG vertretenen Ansicht erwirbt der Besitzer Alleineigentum an der Gesamtmenge, und den nichtbesitzenden Teilhabern steht lediglich ein Bereicherungsanspruch zu (RGZ 112, 102; OLG Hamburg SeuffA 76 Nr 21; Leiss JZ 1959, 24 verweist – zu Unrecht – auf § 1006; Soergel/Mühl[12] Rn 4). Dieses Ergebnis vermag vorallem dann nicht zu befriedigen, wenn ausschließlich Sachen verschiedener nichtbesitzender Eigentümer vermischt werden. Der BGH lehnt (NJW 1958, 1534) die Auffassung des RG ab. Nach seiner Ansicht hängt die Entstehung des Miteigentums iS von § 947 nicht vom Nachweis der einzelnen Wertanteile der bisherigen Eigentümer ab, weshalb bei Nachweisschwierigkeiten nicht ohne weiteres Alleineigentum des Besitzers angenommen werden kann. Die Folgen mangelnder Feststellbarkeit sind nach der Rspr des BGH nach den allgemeinen Grundsätzen der Beweislast zu beurteilen (BGH NJW 1958, 1534 m zust Anm Hoche, der entspr Anwendung des § 287 ZPO bejaht; krit dazu Leiss aaO; vgl auch BGB-RGRK/Pikart Rn 13 und § 947 Rn 11; Palandt/Bassenge Rn 3; Planck/Brodmann Anm 2). Die entsprechende Anwendung des § 742, wonach im Zweifelsfalle den Beteiligten gleiche Anteile zustehen, wird in der Rspr und im Schrifttum zT abgelehnt, weil § 948 eine Sonderregelung enthalte (BGB-RGRK/Pikart Rn 13; Planck/Brodmann Anm 2). Diese nunmehr deutlich abnehmende Auffassung ist indessen schon im Ansatz verfehlt; denn § 948 geht von der Feststellbarkeit der jeweiligen Anteile aus. Ist diese nicht gegeben, so kommen die *allgemeinen Beweisgrundsätze* zur Anwendung. In den dann verbleibenden, allerdings seltenen Zweifelsfällen führt allein eine Heranziehung der Regeln über die Rechtsgemeinschaft, welche ja § 947 Abs 1 als Regelfall anstrebt, zu sachgerechten Lösungen. In diesen Fällen ist in analoger Anwendung des § 742 Miteigentum nach Köpfen anzunehmen (so Baur/Stürner § 53 Rn 11; Soergel/Henssler Rn 5; MünchKomm/Füller Rn 5; Flume NJW 1959, 922; Westermann/Gursky § 52 III a; vermittelnd Staudinger/Langhein [2002] § 742 Rn 23).

8 **2.** Ist dagegen eine der vermischten oder vermengten Sachen **Hauptsache**, erwirbt ihr Eigentümer entsprechend § 947 Abs 2 **Alleineigentum** an der Gesamtmenge (BGHZ 14, 117). In der Regel entsteht Alleineigentum nur bei verschiedenartigen Sachen (OLG Schleswig SchlHAnz 56, 239).

Die Frage, ob bei der Vermischung oder Vermengung *gleichartiger Sachen* die überwiegende Menge als Hauptsache iS von § 947 Abs 2 betrachtet werden kann, ist streitig (bejahend Wolff/Raiser § 72 III 1; abl MünchKomm/Füller Rn 6; Baur/Stürner § 53 Rn 11; Westermann/Gursky § 52 III a). Maßgeblich sollte auch hier die Verkehrsanschauung sein, bei einem deutlichen Übergewicht ist deshalb § 947 Abs 2 entsprechend anzuwenden (BGB-RGRK/Pikart Rn 14; Soergel/Henssler Rn 6; Palandt/Bassenge Rn 4; Planck/Brodmann Anm 2).

IV. Geldvermengung

9 Eine Sondervorschrift bezüglich vermengter Geldstücke kennt das BGB im Gegensatz zum GemR nicht mehr.

Nach hM ist § 948 auch bei der untrennbaren Vermengung von Geld anwendbar (BGB-RGRK/Pikart Rn 18), vorausgesetzt, dass nicht eine rechtsgeschäftliche Übereignung iS von §§ 929 ff vorliegt. Demnach entsteht in der Regel Miteigentum an der Geldmenge (vgl oben Rn 6 f). Bei unbestrittenen Quoten billigt jedoch die hM richtigerweise dem besitzenden Miteigentümer abweichend von den §§ 741 ff ein einseitiges Teilungsrecht zu (so Heck § 627 3; ebenso Baur/Stürner § 53 Rn 11; BGB-RGRK/Pikart Rn 18; Palandt/Bassenge Rn 3; Soergel/Henssler Rn 6; Westermann/Gursky § 52 III c; Wolff/Raiser § 72 III 3; MünchKomm/Füller Rn 7).

In der Literatur wird gelegentlich die Ansicht vertreten, dass es beim Geld lediglich auf den in den Geldstücken verkörperten Wert ankomme, auf den sich der Anspruch aus § 985 richte, sog Wertvindikation (Simitis AcP 159 [1960] 462; Westermann/Pinger § 30 V; dazu ausf Staudinger/Gursky [1999] § 985 Rn 79 ff und außerdem Pikart, Die sachenrechtliche Behandlung von Geld und Wertpapieren in der neueren Rspr, WM 1980, 510).

V. Sonderfälle

Das Sammellagergeschäft und die Sammelverwahrung sind gesetzlich besonders **10** geregelt.

1. Beim **Sammellagergeschäft** darf gem § 419 HGB (ergänzt durch § 23 OL-SchVO) der Lagerhalter vertretbare Sachen nur mit ausdrücklicher Genehmigung der beteiligten Einlagerer mit Sachen gleicher Art und Güte vermischen oder vermengen. Die Eigentümer der Teilmengen erwerben am Gesamtvorrat Miteigentum im Verhältnis ihrer Anteile. Der Lagerhalter ist jedoch befugt, jedem Einlagerer den ihm gebührenden Anteil auszuliefern (vgl Baumbach/Hopt [29. Aufl] § 419 Rn 3).

2. Die **Sammelverwahrung** von Wertpapieren regelt das DepotG §§ 5, 6; sie setzt **11** ebenfalls eine ausdrückliche Ermächtigung des Hinterlegers voraus. Bei vertretbaren Wertpapieren entsteht im Zeitpunkt des Eingangs beim Verwahrer für die bisherigen Eigentümer Miteigentum am Sammelbestand. Ihre Anteile werden nach dem Wertpapiernennbetrag und bei Wertpapieren ohne Nennbetrag nach der Stückzahl bestimmt.

3. Besondere Vorschriften bestehen in §§ 963, 964 für **vereinigte Bienenschwär-** **12** **me.**

§ 949
Erlöschen von Rechten Dritter

Erlischt nach den §§ 946 bis 948 das Eigentum an einer Sache, so erlöschen auch die sonstigen an der Sache bestehenden Rechte. Erwirbt der Eigentümer der belasteten Sache Miteigentum, so bestehen die Rechte an dem Anteil fort, der an die Stelle der Sache tritt. Wird der Eigentümer der belasteten Sache Alleineigentümer, so erstrecken sich die Rechte auf die hinzutretende Sache.

Materialien: E I § 895; II § 864; III § 933; Mot
III 361 f; Prot III 243.

I. Regelungsgehalt

Die Vorschrift regelt die Wirkungen der Verbindung und Vermischung (§§ 946–948) **1** **auf die Rechte Dritter,** die an den verbundenen/vermischten Sachen begründet sind.

1. Zu den Rechten Dritter iS von § 949 gehören neben den beschränkten ding- **2** lichen Rechten auch Rechte, die den Genuss und Gebrauch des Eigentums an den Sachen beeinträchtigen können sowie das Zurückbehaltungsrecht und das Aussonderungsrecht nach § 47 InsO (Planck/Brodmann Anm 1 c und ausf mit Beispielen Tobias AcP 94 [1903] 434 f). Rein *obligatorische Rechte* erlöschen nicht nach § 949; auf Grund der veränderten Eigentumslage sind sie aber idR nicht mehr realisierbar und erlöschen deshalb nach § 275 (bei Verschulden allenfalls § 280). Dagegen findet § 949

auf *Anwartschaftsrechte* - ganz unabhängig von ihrer dogmatischen Einordnung –
entsprechend Anwendung (RGZ 140, 156; BGB-RGRK/Pikart Rn 5; Serick I § 15 VII 2 a;
vgl außerdem § 936 Rn 15).

3 2.   Diese Rechte teilen das Schicksal des Eigentums. Sie **erlöschen** kraft Gesetzes
(BGH NJW 1954, 265 f), wenn die belastete Sache mit einem Grundstück (§ 946) oder
einer beweglichen Hauptsache (§§ 947 Abs 2, 948) verbunden wird, und zwar ohne
Rücksicht auf den guten oder bösen Glauben des Erwerbers **(S 1)**. Der Ausgleich
des Rechtsverlustes regelt sich nach § 951. Die am Grundstück oder der Hauptsache
begründeten Rechte **erstrecken** sich auf die hinzutretende Sache **(S 3)**.

Entsteht dagegen gemäß §§ 947 Abs 1, 948 Miteigentum an der einheitlichen Sache
oder Gesamtmenge, **setzen** sich die Rechte Dritter nach **S 2 am Miteigentumsanteil
fort** (dingliche Surrogation; vgl §§ 1066, 1258; RGZ 146, 336); sie behalten den alten
Rang.

4 3.   War die Hauptsache *gestohlen, verloren gegangen* oder *sonstwie abhanden*
gekommen, ist der gutgläubige Erwerb des Eigentums an der einheitlichen Sache
(§ 947) oder an den vermischten/vermengten Sachen (§ 948) ausgeschlossen. Der
Eigentümer muss auch dann vor unfreiwilligem Rechtsverlust (vgl § 935 mit Erl)
geschützt werden, wenn sein Eigentumsrecht durch Verbindung oder Vermischung
auf eine Nebensache ausgedehnt wird. Dagegen kann der Eigentümer der abhanden
gekommenen Nebensache, der sein Recht nach §§ 947 Abs 2, 948 verliert, nicht den
gleichen Schutz erwarten; sein Eigentumsverlust erfolgt ja gerade, um die Verfügungsbefugnis dem Eigentümer der Hauptsache zuzuordnen.

5   Strittig ist dagegen, ob § 935 für den nach §§ 947, 948 entstandenen Miteigentums-
anteil gilt, wenn eine abhanden gekommene Sache verbunden oder vermischt wird
(Reinicke DRiZ 1951, 143; Soergel/Henssler Rn 3; Tobias AcP 94 [1903] 438; Westermann/
Gursky § 52 I 4). Die wohl überwiegende Ansicht bejaht gutgläubigen Erwerb des
Miteigentumsanteils (KG OLG 12, 125; LG Bielefeld MDR 1951, 164; BGB-RGRK/Pikart
Rn 6; Palandt/Bassenge Rn 3; Planck/Brodmann Anm 1 d; Wolff/Raiser § 72 Anm 14;
Gehrlein MDR 1995, 16 f; AnwK-BGB/von Plehwe Rn 4). Diese Auffassung geht von
der verfehlten Vorstellung aus, dass damit überschaubare Verhältnisse geschaffen
werden. Wenn §§ 947 Abs 1, 948 das Eigentumsrecht nicht untergehen lassen, dann
will der Gesetzgeber – anders als bei § 947 Abs 2 – seinen Fortbestand schützen. Zu
diesem Zweck nimmt er es in Kauf, dass sich am Miteigentumsanteil die Drittbe-
rechtigungen fortsetzen und damit eine höchst komplexe Rechtslage entsteht. Es ist
nicht einzusehen, warum der durch § 935 vor unfreiwilligem Rechtsverlust geschützte Eigentümer einer vermeintlichen Rechtsklarheit zuliebe sein Recht jetzt verlieren soll, weil er „nur" noch Miteigentum hat (zustimmend MünchKomm/Füller Rn 3 und
mit ausführlicher Begründung Soergel/Henssler Rn 4).

II.   Anwendungsbereich

6   Nach hM ist § 949 *entsprechend* anwendbar, wenn *Sachen desselben Eigentümers*
miteinander verbunden oder vermischt werden. Im Falle des S 2 bestehen die
Rechte Dritter an dem Bruchteil der Gesamtsache oder Gesamtmenge fort, der
dem Wertverhältnis der belasteten Sache entspricht (RGZ 67, 425; BGB-RGRK/Pikart

Rn 4; **aM** Westermann/Gursky § 126 I 2; vgl dazu Staudinger/Wiegand [2002] § 1258 Rn 2
mwNw).

§ 950
Verarbeitung

**(1) Wer durch Verarbeitung oder Umbildung eines oder mehrerer Stoffe eine neue
bewegliche Sache herstellt, erwirbt das Eigentum an der neuen Sache, sofern nicht
der Wert der Verarbeitung oder der Umbildung erheblich geringer ist, als der Wert
des Stoffes. Als Verarbeitung gilt auch das Schreiben, Zeichnen, Malen, Drucken,
Gravieren oder eine ähnliche Bearbeitung der Oberfläche.**

**(2) Mit dem Erwerb des Eigentums an der neuen Sache erlöschen die an dem Stoffe
bestehenden Rechte.**

Materialien: E I §§ 893, 894, 895, 865; III § 934,
Mot III 361; Prot III 243.

Schrifttum

Ballerstedt, Arbeitskraft und Handlungsbegriff, JZ 1953, 389

Bechmann, Über den Rechtsgrund des Eigentumserwerbs durch Spezifikation, AcP 47 (1864) 25

vBonin, Über den Eigentumserwerb des Herstellers, ArchBürgR 38, 117

Brodmann, Zur Lehre vom Eigentumserwerb durch Verarbeitung, JherJb 79, 128

Bruchhaus, Der Verarbeitungserwerb nach bürgerlichem Recht (Diss Köln 1928)

Bülow, Recht der Kreditsicherheiten (6. Aufl) 2003

vCaemmerer, Verlängerter Eigentumsvorbehalt und Bundesgerichtshof, JZ 1953, 97

Drobnig, Empfehlen sich gesetzliche Maßnahmen zur Reform der Mobiliarsicherheiten? Gutachten F für den 57. Deutschen Juristentag (1976 mit weiterer Literatur)

Ebel, Die sogenannten Umarbeitungsgeschäfte der Bunt- und Edelmetallindustrie in zivilrechtlicher Sicht (Diss Frankfurt aM 1965)

Emge, Das Moment der Neuheit im § 950 BGB, AcP 114, 23

Fischer, Kollision des verlängerten Eigentumsvorbehalts der Warenlieferanten mit den Sicherungsmitteln der Geldkreditgeber (Diss Münster 1956)

Flume, Der verlängerte und erweiterte Eigentumsvorbehalt, NJW 1950, 841

Franke, Eigentumsvorbehaltung und Verarbeitung, BB 1955, 717

Günzel, Kreditsicherung durch Eigentumsvorbehalt, Betrieb 1949, 33

Herz, Der Rechtsgrund für den Eigentumserwerb am Arbeitsprodukt im Arbeitsvertrag, JherJb 74, 1

Hofmann, Der verlängerte Eigentumsvorbehalt als Mittel der Kreditsicherung des Warenlieferanten (Diss Mainz 1960)

ders, Zum Begriff der Neuheit in § 950 BGB, NJW 1961, 1246

ders, Verarbeitungsklausel und § 950 BGB, NJW 1962, 1798

Kötter, Die Tauglichkeit der Vorausabtretung als Sicherungsmittel des Geld- und Warenkredits (1960)

Kühlerwein, Wann liegt eine neue Sache vor?, LZ 1932, 874

Lambsdorff/Hübner, Eigentumsvorbehalt und AGB-Gesetz (1982)

Laufke, Zum Eigentumserwerb nach § 950 BGB, in: FS Hueck (1959), 69

Wolfgang Wiegand

LEMPENAU, Direkter Erwerb oder Durchgangs-
erwerb bei Übertragung künftiger Rechte
(1968)
LIEBSTAEDTER, Hypertrophie des Eigentums,
JW 1932, 3740
METZ, Verarbeitungsklausel, BlfGenossW 1967,
122
MÖHRING, Konkurrenz von Verarbeitungsklau-
seln, NJW 1960, 697
H-D MÜLLER, Wie verhält sich der § 950 BGB
zu dem Satz, daß jeder Arbeiter Eigentümer des
Arbeitsprodukts werden soll? (1930)
NIRK, Interessenwiderstreit der Waren- und
Geldkreditgeber aus der Sicht der neuen
höchstrichterlichen Rechtsprechung, NJW 1971,
1913
OVERBECKMANN, Die Problematik der Verar-
beitungsklauseln in Sicherungsverträgen (Diss
Münster 1963)
PARET, Die Lehre vom Eigentumserwerb durch
Spezifikation in ihrer Entwicklung bis zum
Entwurf eines bürgerlichen Gesetzbuches für
das deutsche Reich (1892, Nachdruck 1970)
PAULUS, Die „Herstellungsvereinbarung" als
konkursfeste Sicherheit des Bestellers eines
Software-Erstellungsvertrages, JR 1990, 405
REHBINDER, Recht am Arbeitsergebnis und
Urheberrecht, in: FS Roeber (1973) 481
ROTHKEGEL, Der Eigentumserwerb bei Verar-
beitung (1974) (dazu Rezension von GURSKY
AcP 177 [1977] 93 ff)
RÜHL, Eigentumsvorbehalt und Abzahlungsge-
schäft (1930)
SÄCKER, Zum Begriff des Herstellers in § 950
BGB, JR 1966, 51
SERICK, Konfliktloses Zusammentreffen meh-
rerer Verarbeitungsklauseln, BB 1972, 277
ders, Verbindungsklauseln als Kreditsiche-
rungsmittel, BB 1973, 1405 ff

ders, Kollisionsfälle im Bereich der Verarbei-
tungsklauseln, BB 1975, 381
ders, Rechtsmechanismen beim erweiterten Ei-
gentumsvorbehalt in unterschiedlichem Ver-
bund mit Verlängerungsformen, in: FS Zweigert
(1981)
diese Aufsätze decken sich teilweise mit SERICK,
Eigentumsvorbehalt und Sicherungsübertra-
gung, Bd I-V (1963–1982)
SINZHEIMER, JW 1932, 2597
STRAUSS, Stoff und Arbeit (1899)
TASCHE, Fremdwirkende Spezifikation, ihr
Umfang und Wesen (1920)
UHLE, Verarbeitung durch und für andere (1957)
WADLE, Das Problem der fremdwirkenden
Verarbeitung, JuS 1982, 477
WAGNER, Teilbarkeit der Herstellereigenschaft
in § 950 BGB, AcP 184 (1984) 14
WESTERMANN, Interessenkollisionen und ihre
richterliche Wertung bei den Sicherungswerten
an Fahrnis und Forderung (1964)
WIEACKER, Spezifikation, Schulprobleme und
Sachprobleme, in: FS Rabel (1954)
WIEGAND, Kreditsicherung und Rechtsdogma-
tik, in: Berner Festgabe zum Schweizerischen
Juristentag 1979 (Bern 1979) 283
ders, Akzessorietät und Spezialität, Zum Ver-
hältnis zwischen Forderung und Sicherungsge-
genstand, in: Probleme der Kreditsicherung,
Berner Tage für die juristische Praxis 1981
(1982) 35
ders, Die Entwicklung des Sachenrechts im
Verhältnis zum Schuldrecht, AcP 190 (1990)
112 ff
M WOLF AcP 177 (1977) 267 ff
ZEUNER, Die fremdwirkende Verarbeitung als
Zurechnungsproblem, JZ 1955, 195.

Vgl auch die Literaturangaben bei den Vorbem
zu § 946 ff.

Systematische Übersicht

I. **Entstehung und Bedeutung der Vor-
    schrift** _____ 1

II. **Voraussetzungen** _____ 7
1. Spezifikation als Realakt _____ 8
2. Neuheit der Sache _____ 9

3. Wertverhältnis: Verarbeitung/Stoff _ 11
4. Beweislast _____ 14
5. Abgrenzungsprobleme _____ 15

III. **Rechtsfolgen** _____ 16

IV. **Meinungsstand** _____ 18

1. Abdingbarkeit des § 950 _____ 19
2. § 950 als zwingendes Recht _____ 20
a) Veränderung der Herstellereigen-
    schaft durch Vereinbarung aufgrund
    subjektiver Elemente _____ 21
b) Feststellung der Herstellereigen-
    schaft nach objektiven Kriterien ___ 22
c) Zusammenfassung _____ 26

V. **Stellungnahme**

1. Entscheidungsgrundlagen _____ 27
2. Verarbeitungsklauseln als Kreditsi-
    cherungsmittel _____ 28

VI. **Fremdwirkende Verarbeitung**

1. Konsequenzen _____ 31
2. Herstellerfunktion _____ 32
3. Zusammenfassung _____ 35
4. Sonstige Fälle _____ 36

VII. **Konsequenzen für die Rechtsanwen-
      dung** _____ 39

1. Eigentumserwerb des Verarbeiters _ 40
2. Antizipierte Sicherungsübereignung. 41
3. Probleme der Sicherungsübereig-
    nung _____ 42
a) Individualabrede _____ 43
b) Sicherungsübereignung in AGB ____ 44
c) Umdeutung von Verarbeitungsklau-
    seln _____ 45
4. Keine Konstruktionsprobleme _____ 47
5. Konsequenzen bei Wirksamkeit der
    Verarbeitungsklauseln (Gegenmei-
    nung) _____ 49
6. Einzelprobleme _____ 50
a) Übersicherung _____ 50
b) Erwerbsbeschränkungen _____ 51
c) Qualifizierung des Eigentums _____ 53

Alphabetische Übersicht

Abdingbarkeit des § 950 _____ 19 ff
Abgrenzung zu § 947 _____ 15
AGB _____ 44
Antizipierte Sicherungsübereignung ___ 41 ff
Anwartschaftsrecht _____ 46
Arbeitsverhältnis _____ 37

Bearbeitung _____ 1, 7
Beweislast _____ 14
Bösgläubigkeit _____ 8, 16

Dispositivität des § 950 _____ 5, 19, 49 f
Durchgangserwerb des Verarbeiters ___ 41

Eigentumserwerb _____ 16, 27 ff, 40, 42, 51, 53

Fremdwirkende Verarbeitung _____
_____ 17, 31 ff, 40, 47, 53

Geschäftsfähigkeit _____ 8
Gestohlene Sachen _____ 16
Gleichwertigkeit von Arbeit und Stoff ___ 12
Gutgläubigkeit _____ 8, 16

Hersteller _____ 4, 31 ff, 35, 47 f
Herstellervereinbarung _____ 17, 21 ff

– BGH Rechtsprechung _____ 23

Kreditsicherung _____ 5, 28 ff

Miteigentum _____ 22, 42 ff

Neue Sache _____ 1, 4, 7, 9 f

Realakt der Verarbeitung _____ 2, 8, 16
Rechtsprechung
– Herstellervereinbarung _____ 23
– neue Sache _____ 10
– Wertverhältnisse _____ 13
Risikotragung _____ 33 ff

Sicherungsübereignung
– AGB _____ 44
– antizipierte _____ 41 ff
– Individualabrede _____ 43
– verlängerte _____ 30 ff
Sozialpolitisches Konzept _____ 3, 6
Spezifikation _____ 8
Stellvertretung _____ 8
Stoffwert _____ 11 f

Übersicherung _____ 50

Umbildung _____ 1, 7
Umdeutung von Verarbeitungsklauseln   42, 45

Verarbeitungsklauseln _ 17, 28, 30, 32, 45, 49 ff
Verarbeitungswert _____ 7, 11
Verfügungsrecht _____ 5, 27
Verkehrsanschauung _____ 7, 9
Verkehrswert _____ 11
Verlängerter Eigentumsvorbehalt _____ 30
Vermögensverteilung _____ 30

Werkvertrag _____ 17, 19, 38

Wert
– des Stoffes _____ 7, 11 ff
– der Verarbeitung _____ 7, 11
– Rechtsprechung _____ 13
Wesensveränderung einer Sache _____ 9
Wille des Verarbeiters _____ 8, 16
Wirtschaftspolitische Diskussion _____ 3, 5 f

Zuordnung neuer Sachenrechte _____ 6, 27
Zwingendes Recht des § 950 _____ 20

I.   Entstehung und Bedeutung der Vorschrift

1 Mit § 950 versucht der Gesetzgeber einen Konflikt zu lösen, dessen Bewältigung in allen Rechtsordnungen außerordentliche Schwierigkeiten bereitet. Während in den vorausgegangenen Vorschriften die Rechtsfolgen bestimmt werden müssen, die sich aus der Zusammenfügung mehrerer Sachen ergeben, geht es in § 950 um ein anders gelagertes Problem: Es entsteht immer dann, wenn jemand aus einer oder mehreren Sachen durch deren **Umbildung oder Bearbeitung eine neue Sache** herstellt. Dies führt zu einem Interessengegensatz zwischen dem Hersteller der neuen Sache und dem oder den Stoffeigentümern. Die Lösung des Konflikts wird dadurch erschwert, dass neben schwierigen rechtsphilosophischen Fragen (Begriff der „neuen Sache") auch sozial- und wirtschaftspolitische Aspekte zu beachten sind. Infolgedessen ist die Regelung in den verschiedenen Rechtsordnungen ganz unterschiedlich ausgefallen; in den meisten ist sie bis heute heftig umstritten (Übersicht über die historische Entwicklung bei ROTHKEGEL 1 ff und bes für die Antike WIEACKER, dort auch zu den rechtsphilosophischen Aspekten).

2 In Anbetracht der Vielfalt der vorgefundenen Lösungen und ihrer teilweise widersprüchlichen Ansätze hat der Gesetzgeber des BGB versucht, grundsätzlich neue Wege zu beschreiten. Im Gegensatz zur Tradition verzichtet er auf eine Unterscheidung zwischen gutgläubiger und bösgläubiger Verarbeitung und stellt auch nicht darauf ab, ob der Vorgang in irgendeiner Weise rückgängig gemacht werden kann. Vielmehr knüpft § 950 allein an den **Realakt der Verarbeitung** an und lässt die Rechtsfolge nur dann nicht eintreten, wenn der Wert der Verarbeitung erheblich hinter dem Stoffwert zurückbleibt. Diese nach eingehender Diskussion entwickelte Lösung (vgl Mot III 360 ff; Prot III 239 ff) hat allerdings nicht dazu geführt, dass dem BGB die traditionellen Kontroversen erspart geblieben wären. Wie in anderen Rechtsordnungen auch wird bis heute die Frage diskutiert, ab wann denn eine neue Sache vorliege (dazu unten Rn 9 f). Noch heftiger ist die Auseinandersetzung darüber geführt worden, welche sozial- und wirtschaftspolitischen Vorstellungen der Regelung des Gesetzes zugrunde liegen.

3 Die Frage nach dem **sozialpolitischen Konzept** stand bis Mitte der dreißiger Jahre im Vordergrund der Debatte, die sich vor allem auf die Frage der Anwendung des § 950 im Arbeitsverhältnis konzentrierte (vgl insbes die Arbeit von MÜLLER und die

Rezension von Sɪɴᴢʜᴇɪᴍᴇʀ zu dieser Arbeit). Besondere praktische Bedeutung hat diese Diskussion allerdings nie erlangt. Inzwischen ist die sozialpolitische Problematik der Verarbeitung völlig in den Hintergrund getreten. Man ist sich darüber einig, dass der Gesetzgeber nicht die Absicht hatte, eine programmatische Entscheidung zwischen Kapital und Arbeit zu treffen und dass § 950 eine derartige Funktion auch nicht erfüllen kann.

Gerade umgekehrt verhält es sich bei der **wirtschaftspolitischen Diskussion** um § 950. **4** Ansätze hierzu sind schon im Gesetzgebungsmaterial erkennbar (vgl Vorentwurf S 950, Mot III 361 und Prot III 243). Der Gesetzgeber war sich darüber im Klaren, dass neben der Frage der *Neuheit* einer Sache entscheidend sein würde, wer als *Hersteller* iS von § 950 zu gelten habe. Schon im Vorentwurf heißt es dazu: „Als Spezifikant ist übrigens nicht in allen Fällen derjenige zu betrachten, durch dessen Arbeitskraft die Herstellung erfolgt. Hat ein Anderer sich dieser Arbeitskraft in dem Sinne dienstbar gemacht, daß sie lediglich für ihn aufgewendet wird, so ist er derjenige, welchem das Eigenthum der neuen Sache durch Spezifikation erworben wird. Spezifikant ist also nicht der Geselle, welcher die Verarbeitung im Auftrag des Handwerksmeisters gegen Lohn bewirkt, sondern der Handwerksmeister, sofern er die Sache für sich anfertigen läßt, oder der Kunde, für welchen der Meister die Sache anfertigen läßt".

Während vor dem zweiten Weltkrieg die Frage, ob über die in § 950 geordneten **5** Rechtsfolgen disponiert werden könne, nur vereinzelt diskutiert und entschieden worden ist (vgl RGZ 138, 84 ff und 161, 109 ff; weitere Nachw Rᴏᴛʜᴋᴇɢᴇʟ 21; vgl außerdem die Arbeiten von Bʀᴏᴅᴍᴀɴɴ und Rüʜʟ), hat sich eine endgültige Verschiebung der Perspektive erst nach dem zweiten Weltkrieg ergeben. Zu Recht hebt der BGH (BGHZ 58, 88, 90) hervor, dass heute die wirtschaftspolitische Problematik der Verarbeitung ganz im Vordergrund steht und unter völlig neuen Aspekten beurteilt werden muss.

Diese Entwicklung hat zwei miteinander zusammenhängende Ursachen: Durch die zunehmende Differenzierung der Arbeitsprozesse und die immer stärkere Arbeitsteilung sind die Produktionsabläufe so komplex geworden, dass es außerordentlich schwer fällt, die in § 950 enthaltene Regelung auf diese Vorgänge überhaupt anzuwenden. Man hat deshalb vielfach angenommen, dass § 950 aufgrund dieser Entwicklung obsolet geworden sei (etwa Bᴀʟʟᴇʀsᴛᴇᴅᴛ JZ 1953, 389 f).

Andererseits hat die Frage, wem das *Verfügungsrecht* über das neu geschaffene Produkt zusteht, eine früher ungeahnte Bedeutung erlangt. Dies deshalb, weil die *Kreditsicherungspraxis im Zuge der Verfeinerung und Ausdehnung ihres Instrumentariums* in zunehmendem Maße auch auf die Fabrikationsprodukte gegriffen hat. Die darüber geführte Diskussion hat im Gegensatz zu den andern mit der Verarbeitung verbundenen Kontroversen in der Rechtsgeschichte und in der ausländischen Rechtsentwicklung keine Parallele; sie steht heute im Mittelpunkt der Auseinandersetzungen um § 950. Kernpunkt dieser Auseinandersetzung ist die Frage, ob und inwieweit die in § 950 ausgesprochene Rechtsfolge zur **Disposition** der Parteien steht (unten Rn 19; vgl außerdem die Arbeiten von Bʀᴏᴅᴍᴀɴɴ und Rüʜʟ). Ehe im Einzelnen dazu Stellung genommen werden kann, ist zunächst der traditionelle Anwendungsbereich der Vorschrift darzulegen.

6 Hinter der Diskussion um die sozial- und wirtschaftspolitische Bedeutung der Vorschrift sind diejenigen Aspekte, welche für den Gesetzgeber im Vordergrund gestanden haben, weitgehend zurückgetreten. Zwar war sich auch der Gesetzgeber – wie schon hervorgehoben (oben Rn 4) – darüber im Klaren, dass die von ihm getroffene Entscheidung sozial- und wirtschaftspolitische Konsequenzen habe. Diese Gesichtspunkte waren jedoch nicht maßgebend. Von zentraler Bedeutung war vielmehr die Absicht, im Interesse des Rechtsverkehrs klare Zuordnungsverhältnisse zu schaffen – ein Ansatz, welcher für die gesamte Regelung in den §§ 946–952 ausschlaggebend war (vgl Vorbem 1 zu § 946 mwNw). § 950 erfüllt also für den Gesetzgeber vor allem die Aufgabe, die Zuordnung des neugeschaffenen Eigentumsrechts zu regeln. Wenn in diesem Zusammenhang gelegentlich auch von der Publizitätsfunktion gesprochen wird (zB SOERGEL/HENSSLER Rn 4), so ist dies irreführend. Die Vorschrift des § 950 ist ebenso wie die vorausgehenden derart kompliziert, dass von einer Transparenz der sachenrechtlichen Verhältnisse kaum die Rede sein kann. Dem Gesetzgeber ging es in diesem Zusammenhang auch nicht um die Publizität im traditionellen Sinne, sondern um die *Eindeutigkeit und Endgültigkeit der Zuordnung neu entstandener Sachenrechte* (vgl Vorbem 1 zu § 946 und zu den daraus zu ziehenden Konsequenzen unten Rn 39 ff; so jetzt auch MünchKomm/FÜLLER Rn 1).

II. Voraussetzungen

7 Der Eigentumserwerb ist an folgende Tatbestandsvoraussetzungen geknüpft: *Aufgrund eines Herstellungsprozesses* (Verarbeitung, Bearbeitung oder Umbildung) muss eine *neue Sache* entstanden sein. Des Weiteren ist erforderlich, dass der *Wert der Verarbeitung nicht erheblich hinter dem Stoffwert* zurückbleibt. Sowohl bei der Frage der Neuheit der Sache wie bei der Beurteilung der Wertverhältnisse lassen sich nur schwer objektivierbare Maßstäbe finden; in beiden Punkten versucht man deshalb durch einen Rückgriff auf die Verkehrsanschauung Klarheit zu gewinnen (zur Problematik dieses Vorgehens insbes OTTE JuS 1970, 154 f). Im Einzelnen ist zu den Voraussetzungen Folgendes zu bemerken:

1. Spezifikation als Realakt

8 Das Gesetz führt in § 950 exemplarisch drei Tätigkeiten auf, die zur Schaffung einer neuen Sache führen können: Verarbeitung, Umbildung und Bearbeitung, die den beiden andern Vorgängen gleichgestellt wird (Abs 1 S 2). Es handelt sich um Tätigkeiten, welche das GemR unter dem Schlagwort der Spezifikation zusammenfasste. Die Bezeichnung und Beschreibung des Vorgangs spielt keine entscheidende Rolle; es kommt vielmehr darauf an, dass es sich um einen Herstellungsakt handelt, welcher zur Entstehung einer neuen Sache führt. Für diesen Vorgang sind zwei Dinge wesentlich:

Es muss sich um ein *vom menschlichen Willen beherrschtes, gesteuertes Tun* handeln. Die Umbildung oder Zusammenfügung mehrerer Stoffe durch Naturereignisse stellt keine Verarbeitung dar. Anderseits ist die Vornahme einer Verarbeitung *kein Rechtsgeschäft*, sondern ein Realakt. Das heißt, dass die Herstellung einer Sache **keine Geschäftsfähigkeit** voraussetzt und dass auch nicht das Bewusstsein erforderlich ist, rechtlich relevant zu handeln (allgM). Infolgedessen finden die allgemeinen Regeln über das rechtsgeschäftliche Handeln keine Anwendung, so dass zB eine

Stellvertretung bei der Verarbeitung nicht möglich ist (dazu auch unten Rn 21). Einigkeit besteht auch darüber, dass es auf die Gut- oder Bösgläubigkeit des Verarbeitenden nicht ankommt (Westermann/Gursky § 53 II 1). Nach alledem ist nicht die Art der Tätigkeit entscheidend, sondern ihr Ergebnis. So fällt das Belichten eines Films ebenso unter den Begriff des Verarbeitens wie das Ausbrütenlassen von Eiern durch eine Henne oder aber auch durch eine Brutanlage (Erman/Ebbing Rn 4; Westermann/Gursky § 53 II 1, 2, mNw). Es können also unter den Begriff des Verarbeitens verschiedenste Arten der Tätigkeit fallen, solange sie nur zur Herstellung einer neuen Sache geführt haben.

2. Neuheit der Sache

Die Frage, wann eine neue Sache vorliege, war schon im antiken Recht umstritten **9** (dazu Wieacker aaO, Dolezalek 392). Bis heute hat sich kein einheitlicher Maßstab dafür herausgebildet. Übereinstimmung besteht dahingehend, dass nicht ein philosophischer Begriff für die Frage der Neuheit ausschlaggebend sein kann. Vielmehr hat man sich darauf verständigt, auf die **Verkehrsanschauung** abzustellen (kritisch dazu Otte aaO, welcher für eine „wirtschaftliche Betrachtungsweise und die Beurteilung von Fall zu Fall" eintritt). Die Schwierigkeit der Feststellung der Neuheit einer Sache hat sich noch dadurch erhöht, dass mit der zunehmenden Differenzierung der Produktionstätigkeit nicht nur das Verhältnis zwischen Rohstoffen und neu hergestellten Sachen, sondern auch die Frage der sog Halb- und Zwischenfabrikate einzubeziehen ist.

Es liegt auf der Hand, dass unter diesen Umständen nur schwer Kriterien zu finden sind, nach denen die Neuheit einer Sache auf plausible Weise bestimmt werden kann. In der Literatur sind hierzu insbesondere folgende Gesichtspunkte vorgeschlagen worden: Als wichtigstes *Indiz* für eine veränderte Verkehrsauffassung über die Sache wird ihre **Bezeichnung** oder ihr **Name** betrachtet. Ein neuer Name lässt darauf schließen, dass nach der Verkehrsauffassung eine neue Sache vorliegt (so insbes Westermann/Gursky § 53 II 3; Wolff/Raiser § 73 I; Baur/Stürner § 53 Rn 18; Erman/Ebbing Rn 4; Bamberger/Roth/Kindl Rn 5; OLG Köln NJW 1991, 2590; krit Hofmann NJW 1961, 1246; abl E Wolf § 4 G II, der Neuheit nur annimmt, wenn es sich um eine Sache handelt, die vor diesem Zeitpunkt nicht existiert hat).

Sofern die Verkehrsanschauung allein zur Bestimmung der Neuheit nicht ausreicht, sind nach der Rspr (BGH NJW 1978, 697; OLG Köln NJW 1991, 2590) **wirtschaftliche Gesichtspunkte** heranzuziehen. Des Weiteren ist vorgeschlagen worden, die Neuheit einer Sache anzunehmen, wenn der bearbeitete Stoff eine **erhebliche Wesensveränderung** erfahren hat. Dazu ist allerdings keine Formveränderung erforderlich (vgl chemische Verbindung, in diesem Sinne Hofmann NJW 1961, 1246; BGB-RGRK/Pikart Rn 13; MünchKomm/Füller Rn 7; Erman/Ebbing Rn 4; Wolff/Raiser § 73 I; Rothkegel 78). Eine solche Wesensveränderung wird vor allem dann angenommen, wenn deutlich hervortretende Substanzveränderungen vorliegen. In diesem Sinne kann man von einer Neuheit sprechen, wenn zwischen Ausgangsstoff und Verarbeitungsprodukt keine Identität mehr besteht (BFH BB 1991, 653 und DStR 1992, 748). Weitere Anhaltspunkte für die Beurteilung der Neuheit einer Sache bieten auch der Grad der Festigkeit einer vorgenommenen Verbindung, der Zeitraum, auf den eine eventuelle Verbindung oder die gemeinsame Nutzung angelegt sind sowie das äussere Erscheinungsbild (BFH BB 1991, 653). Auch in den Fällen des Abs 1 S 2 muss das Kriterium der „Neuheit" erfüllt sein (JAUERNIG Rn 3). Während dies bei der Belichtung von Filmen zu bejahen ist (s schon oben Rn 7), wird beim Bespielen von (löschbaren) Ton- und Datenträgern die „Neuheit" – zu Recht – abgelehnt (WESTERMANN/GURSKY § 53 II 3).

10 Kasuistik: Es liegt auf der Hand, dass bei der Vielfalt dieser Kriterien und ihrer relativen Vagheit auch die Rechtsprechung kein einheitliches Bild aufweist. Aus der Vielzahl der Entscheidungen seien folgende Beispiele hervorgehoben:

Neuheit wurde *bejaht*: Bei der Produktion von Ziegeln aus Ton (RGZ 72, 281); Herstellung getrockneter Torfziegel (RG LZ 24, 587); Gewinnung von Weindestillat aus Brennwein (BGHZ 56, 88); Bau eines Schiffes aus Wrackteilen (Hbg VRS 1 320). Die Annahme der *Neuheit* wurde *abgelehnt* bei: Ausbesserung von Gegenständen (RGZ 138, 45; praktisch allgM, aM OTTE aaO); Wiederherstellung von Sachen, zB Maschinen, auch wenn alle wertvollen Teile wieder in das Maschinengestell eingebaut werden mussten (OGHZ 3, 348; SOUCHON JR 1948, 147, bejaht Neuheit, wenn aus einer lediglich Schrottwert besitzenden Sache eine brauchbare gemacht wird); Veränderung eines gestohlenen Wagens (KG NJW 1961, 1026); Zerschneiden eines Bildwerkes in einzelne Bildgruppen (RGSt 57, 160); Einschmelzen von Kunstgegenständen; Veredelung eines Wildlings (RG JW 1928, 2448); Mästen eines Jungtieres (BGH NJW 1978, 697); eine Verarbeitung kann auch im Zusammenfügen einzelner Bauteile liegen, aber keine neue Sache bei einer festen Verbindung von Elektromotoren mit einer Förderanlage (OLG Köln NJW 1991, 2570).

3.   Wertverhältnis: Verarbeitung/Stoff

11 Der *Eigentumserwerb* nach § 950 *setzt* ferner *voraus, dass der Verarbeitungswert nicht erheblich hinter dem Stoffwert zurückbleibt*. Der Gesetzgeber geht davon aus, dass der Verarbeitende aus einem oder mehreren fremden Stoffen eine neue Sache herstellt. § 950 ist aber auch dann anwendbar, wenn der Verarbeitende neben einem oder mehreren fremden auch eigene Stoffe verwendet. Der von § 950 vorgesehene Eigentumserwerb des Verarbeitenden soll jedoch nur dann eintreten, wenn zwischen dem Wert der verwendeten Stoffe und dem Verarbeitungswert eine bestimmte Relation besteht (vgl zur Begr dieser von der 2. Komm verfügten Einschränkung Prot III 240 f). Das Gesetz umschreibt diese Relation durch die Formel, „sofern nicht der Wert der Verarbeitung oder der Umbildung erheblich geringer ist als der Wert des Stoffes". Für die Berechnung dieses Wertverhältnisses haben sich folgende Kriterien ausgebildet:

Ausgangspunkt für die Berechnung bildet sowohl bei den verwendeten Stoffen wie bei der neuen Sache der **Verkehrswert**. Der Wert, der aufgewendeten Arbeitsleistung wird dann dadurch ermittelt, dass der Verkehrswert der neuen Sache mit dem Verkehrswert des oder der verwendeten Stoffe verglichen wird. Dieser sog *Verarbeitungswert* ist demnach die *Differenz zwischen dem Wert der neuen Sache und dem Wert aller verarbeiteten Stoffe* (RGZ 144, 236; BGHZ 18, 226; 56, 88; OGH 3, 348; NJW 1995 2633; OLG Köln NJW 1997, 2187; BAUR/STÜRNER § 53b II 2; ERMAN/EBBING Rn 6; MünchKomm/ FÜLLER Rn 10, 18; PALANDT/BASSENGE Rn 7; BGB-RGRK/PIKART Rn 11; SOERGEL/HENSSLER Rn 10; WESTERMANN/GURSKY § 53 II 4 und SERICK IV § 44 I 2 b). Daraus ergibt sich zugleich, dass für die Ermittlung des Arbeitswertes nicht die tatsächliche Arbeitsleistung und deren effektive Kosten ausschlaggebend sind, sondern der *Wertzuwachs*, den der verarbeitete Stoff durch die Verarbeitung zu einer neuen Sache erfahren hat (allgM; **aM** nur SCHULZ AcP 105 [1909] 372, der den Reproduktionswert für maßgeblich hält). Andererseits sind bei der Bestimmung des Verarbeitungswertes nicht nur die Arbeits- und Materialkosten, sondern auch andere Kostenfaktoren wie Teuerungszuschläge, öffentliche Abgaben etc einzurechnen, die sich im Wert der neuen Sache niederschlagen (beispielhaft BGHZ 56, 88 – Branntweinaufschlag). Verarbeitet der Hersteller zT eigene Stoffe, wird deren Wert für die Bewertung der Verarbeitung nicht berücksichtigt, sondern auf der Seite der Stoffwerte berechnet (WESTERMANN/GURSKY § 53 II 4; ERMAN/EBBING Rn 6; SOERGEL/HENSSLER Rn 10; PLANCK/BRODMANN Anm 2 aa).

Den **Stoffwert** ermittelt man durch die Addition der Verkehrswerte sämtlicher **12** verarbeiteter Stoffe einschließlich derjenigen des Herstellers selbst (BGHZ 20, 159, einhellige Meinung der oben zit Lit). Der Verkehrswert ist auch maßgebend bei der Verarbeitung eines Halbfabrikats oder anderer schon bearbeiteter Stoffe. Wird etwa zum Zweck der Verarbeitung ein Schmuckstück oder ein Kerzenleuchter eingeschmolzen, wäre als Ausgangspunkt nicht der Metallwert, sondern der Wert des bearbeiteten Edelmetalls anzusetzen (heute hM der Kommentarliteratur; ebenso WOLFF/RAISER § 73 Anm 7; anders PLANCK/BRODMANN Anm 2 aß). Andernfalls würde man den Eigentümer der bearbeiteten Sache zu Unrecht benachteiligen; vorausgesetzt ist allerdings, dass der bisherige Gegenstand in einem einheitlichen Arbeitsvorgang zu einer neuen Sache verarbeitet wird (so zutreffend ERMAN/EBBING Rn 6; WESTERMANN/GURSKY § 53 II 4). Umgekehrt ist der Rohstoffwert dann maßgebend, wenn in einem durchlaufenden Produktionsprozess aus diesem Rohstoff eine neue Sache hergestellt wird. Zwischenstufen der Verarbeitung bleiben dann außer Betracht (exemplarisch BGH JZ 1972, 165 – Herstellung einer Sauerkrautkonserve; Ausgangsstoff und maßgebend für die Wertfeststellung: der Wert des Kohls).

Trotz dieser relativ klaren Maßstäbe ist es im Einzelfall nicht ganz leicht, zu bestimmen, wann der Verarbeitungswert erheblich niedriger ist als der Stoffwert. Festzuhalten bleibt zunächst, dass *bei Gleichwertigkeit* von Stoff und Verarbeitung sowie dann, wenn der Wert der Verarbeitung nur geringfügig hinter dem Stoffwert zurückbleibt, *der Eigentumserwerb nach § 950 eintritt*. Umgekehrt ist zu beachten, dass bei der Verwendung mehrerer Stoffe, da deren Verkehrswerte zu addieren sind, der Wert der Verarbeitung nur selten die Summe der Stoffwerte übersteigen wird.

Die **Rechtsprechung** hat sich nur gelegentlich ausdrücklich zu den Wertverhältnissen **13** geäußert. Die Anwendbarkeit des § 950 wurde wegen erheblichen Verarbeitungswertes anerkannt im Ziegel- und im Torffall (vgl oben Rn 10) sowie bei der Herstellung von Bierdeckeln aus Zinn (OLG Dresden SeuffA 66 Nr 52). Dagegen wurde die Anwendung des § 950 abgelehnt beim Vermahlen von Getreide zu Mehl (RGZ 138, 88), bei der Verarbeitung von Trauben zu Most (RGZ 161, 113) sowie bei der Verarbeitung eines Silberfuchsfelles zu einem Pelzmantel (JW 1930, 2458). Ob all diese Fälle heute noch gleich beurteilt würden, mag dahinstehen, da sich in verschiedenen Bereichen (etwa bei der Pelzmanufaktur) die Arbeitsverhältnisse erheblich verändert haben. Da jedoch bei der Bestimmung der Wertverhältnisse auf die Verkehrswerte abgestellt wird, trägt diese Berechnungsmethode der Veränderung von Produktionsbedingungen und -kosten automatisch Rechnung.

Aus der neueren Rechtsprechung ist vor allem der schon erwähnte „Sauerkrautfall
wichtig geworden, in dem der Bundesgerichtshof sich ausdrücklich zu den Wertverhältnissen geäußert hat. Darin hält der BGH fest „Aus seiner grundsätzlichen
Einstellung, den Verarbeiter zu bevorzugen, schließt deshalb das Gesetz dessen
Eigentumserwerb nach § 950 erst aus, wenn der Verarbeitungswert in einem solchen
Umfang geringer ist als der Stoffwert, daß die Verkehrsauffassung den Unterschied
als erheblich ansieht. Das ist bei einem Verhältnis von 100 zu 60 also bei einer
Wertdifferenz von 40% immer der Fall" (JZ 1972, 166) Diese Richtwerte sind bestätigt worden in BGH NJW 1995, 2633 (s auch oben Rn 11). Mit diesen Maßstäben ist
zumindest ein einigermaßen klarer Anhaltspunkt für die Entscheidungsfindung
gegeben (zust MünchKomm/Füller Rn 10; Soergel/Henssler Rn 10; Palandt/Bassenge
Rn 7 und wohl auch Serick IV § 44 I 2 b Fn 42). Auch in folgendem Fall hat der BGH
einen erheblich geringeren Verarbeitungswert angenommen. Bei der Herstellung
von Furnieren wurden Rundhölzer im Wert von DM 14.000 verwendet. Der Verarbeitungswert betrug DM 8 000. Die Anwendung von § 950 wurde abgelehnt (BGH
WM 1963, 1339 f; Serick aaO). Umgekehrt kann – was wohl auch kaum problematisch
ist – von einem neuen Wirtschaftsgut ausgegangen werden, wenn der Stoffwert nur
10% der neu hergestellten Sache beträgt (BFH BB 1991, 653).

4.   Beweislast

14 Für den Tatbestand der Verarbeitung und das Entstehen einer neuen Sache ist der
Verarbeiter beweispflichtig, der den Eigentumserwerb behauptet. Bestreitet der
Stoffeigentümer dagegen, dass der Verarbeitungswert die nach § 950 erforderliche
Höhe erreichte, so ist er für den „erheblich geringeren Verarbeitungswert" beweis-
pflichtig (heute allgM, Planck/Brodmann Anm 2; Palandt/Bassenge Rn 3; Soergel/
Henssler Rn 30; Bamberger/Roth/Kindl Rn 15; Serick IV § 44 I 2 b).

5.   Abgrenzungsprobleme

15 § 950 hat Vorrang vor den vorausgehenden Vorschriften. Liegt ein Fall der Verarbeitung vor, so kommt insbes § 947 nicht zur Anwendung (allgM, vgl § 947 Rn 2).
Bleibt dagegen der Verarbeitungswert nach den zuvor dargelegten Berechnungsmethoden erheblich hinter dem Stoffwert zurück, so kommt § 947 zur Anwendung
(vgl § 947 Rn 2 sowie BGH JZ 1972, 165; Erman/Ebbing § 947 Rn 18; Palandt/Bassenge Rn 7
und ausf Serick IV § 44 II mwNw). Im Verhältnis von § 950 zu § 947 Abs 2 gilt Folgendes: Sofern eine Sache als Hauptsache iS von § 947 Abs 2 anzusehen ist, liegt keine
neue Sache iS von § 950 vor (allgM). Infolgedessen kann es zu einer Konkurrenz
zwischen § 950 und 947 Abs 2 nicht kommen (zustimmend Soergel/Henssler Rn 3; zum
Ganzen Serick aaO, zu weiteren Einzelproblemen im Zusammenhang mit § 947 unten Rn 27).

III.   Rechtsfolgen

16 Liegen die Voraussetzungen des § 950 vor, so erwirbt der Hersteller kraft Gesetzes
Eigentum. Es handelt sich um einen **originären Eigentumserwerb** an der neuen
Sache; die an dem verarbeiteten Stoff bestehenden Rechte erlöschen. Dies gilt auch
für das Eigentum des Verarbeiters, wenn dieser eigene Sachen verwendet (Soergel/
Henssler Rn 11; Wolff/Raiser § 73 II Fn 9; Planck/Brodmann Anm 4; OLG Breslau OLGE 14,

105). Auf eventuelle Anwartschaftsrechte des Verarbeitenden ist § 950 Abs 2 zumindest entsprechend anwendbar (Serick IV § 44 III 7; dazu unten Rn 46).

Diese Rechtsfolgen treten nach ganz herrschender Auffassung *unabhängig von der Willenslage* der Beteiligten ein (vgl oben Rn 8). Es kommt auch nicht darauf an, ob der Verarbeitende Rechte Dritter kennt oder nicht. Seine Gut- oder Bösgläubigkeit spielt im Gegensatz zum GemR und der Mehrheit der ausländischen Rechtsordnungen keine Rolle (zur Begründung Mot III 360; außerdem Windscheid/Kipp § 187 sowie Wolff/Raiser § 73 II; in diesem Zusammenhang wird in der Literatur häufig auf die flexiblere Regelung des schweizerischen Rechts verwiesen: Gem Art 726 Abs 2 SchwZGB wird der Richter ermächtigt, bei Bösgläubigkeit des Verarbeiters das Eigentum dem Stoffeigentümer zuzusprechen).

Schließlich ermöglicht § 950 sogar den *Eigentumserwerb* an *gestohlenen Sachen* gleichviel, ob diese vom Dieb selbst oder von einem (gut- oder bösgläubigen) Dritten verarbeitet werden. Für die Anwendung von § 935 fehlen die Voraussetzungen (BGH 1989, 3213; MünchKomm/Füller Rn 13; RGSt 53, 167; BGHZ 55, 176 und – beiläufig – 56, 131).

Während über die Rechtsfolgen der Verarbeitung weitgehend Einigkeit herrscht, **17** besteht – wie oben in Rn 1 ff bereits dargelegt (vgl auch Vorbem 4 ff zu § 946) – eine umfangreiche Kontroverse darüber, bei wem diese Rechtsfolgen eintreten oder anders ausgedrückt, wem die Verarbeitung zuzurechnen ist. Im Kern geht es dabei um die Frage, **ob und inwieweit eine fremdwirkende Verarbeitung möglich und erwünscht ist.** Unter diesem Schlagwort fasst man drei unterschiedliche Fallgruppen zusammen. Bei der *einfachsten Konstellation* geht es um die Zuweisung des Arbeitsergebnisses an den Inhaber eines Betriebes. Die *zweite Gruppe* umfasst diejenigen Fälle, in denen ein Betriebsinhaber für einen Besteller – idR im Rahmen eines Werkvertrages – tätig wird. Die weitaus komplizierteste Konstellation ergibt sich in der *dritten Gruppe*: Hier geht es darum, ob Waren- oder Geldkreditgeber eines Herstellers durch entsprechende Vereinbarungen – sog Herstellervereinbarung oder Verarbeitungsklauseln – die Wirkungen des § 950 von der Person des eigentlich Handelnden auf sich selbst umleiten können. Ehe auf diese Fallgruppen im Einzelnen einzugehen ist, sind die in der Literatur und Rechtsprechung vertretenen Positionen darzustellen (vgl zum Folgenden insbes die sehr ausführliche Darstellung bei Serick IV § 41–46 und V § 63 sowie die übersichtliche Darstellung des Meinungsstands bei Wadle JuS 1982, 477 ff).

IV. Meinungsstand

In der überaus umfangreichen Diskussion zu § 950 haben sich zwei Ansätze her- **18** auskristallisiert, die sich heute hauptsächlich gegenüberstehen: Einerseits wird die Ansicht vertreten, dass § 950 abdingbar sei. Eine zweite Auffassung geht davon aus, dass § 950 grundsätzlich nicht der Disposition der Parteien unterliege, sondern zwingendes Recht enthalte; aus Letzterem werden jedoch unterschiedliche Folgerungen abgeleitet.

1. Abdingbarkeit des § 950

19 Die Auffassung, dass § 950 dispositives Recht enthalte, haben schon vor dem zweiten Weltkrieg verschiedene Autoren begründet (Überblick zu den älteren Auffassungen bei HOFMANN NJW 1962, 1799 f; folgende Autoren vertreten die Ansicht, dass § 950 dispositiv sei: BAUR/STÜRNER § 53b I, II; vBONIN ArchBürgR 38, 117; FLUME NJW 1950, 841; STULZ, Der Eigentumsvorbehalt im in- und ausländischen Recht [2. Aufl 1931]; STRAUSS 58, grundlegendes „Plädoyer" für die Dispositivität nunmehr DOLEZALEK 392). Dies war auch der Standpunkt der älteren Rechtsprechung (Zusammenstellung bei ROTHKEGEL 21). In der Nachkriegszeit ist diese Ansicht auf besonders eindringliche Weise von FLUME und BAUR vertreten worden, die heute als Exponenten der These von der Dispositivität des § 950 gelten (FLUME NJW 1950, 841 ff; BAUR/STÜRNER § 53 Rn 20 f). Den Ausgangspunkt bildet die Annahme, dass § 950 den Interessenkonflikt zwischen Stoffeigentümer und Verarbeiter lösen wollte. Daraus wird gefolgert, dass die Norm nur dort anzuwenden sei, wo ein solcher Interessenkonflikt bestehe. Wenn die Parteien diesen Konflikt durch Vereinbarung selbst ausgeschlossen oder gelöst haben, stellt sich die Frage der Anwendung des § 950 nicht. Zur Unterstützung dieser Auffassung weist insbes BAUR – im Anschluss an schon früher vertretene Auffassungen – auf den Unterschied zwischen Werkvertrag und Werklieferungsvertrag hin. Während letzterer in § 651 ausdrücklich die Übereignungspflicht statuiere, gehe man beim Werkvertrag mangels einer entsprechenden Vorschrift offenbar davon aus, dass der Besteller Eigentümer des Werkes sei. Daneben wird in diesem Zusammenhang vielfach auf den Pfandrechtserwerb nach § 647 (DOLEZALEK 392, 423 uö) und auf die Vorschrift des § 644 verwiesen.

2. § 950 als zwingendes Recht

20 Der heute überwiegende Teil des Schrifttums und die Rechtsprechung gehen von der Annahme aus, dass es sich in § 950 um unabdingbares Recht handelt, ein Verarbeitungsverbot des Stoffeigentümers unbeachtlich ist (BGH NJW 1989, 3213). Daraus werden jedoch unterschiedliche Konsequenzen gezogen. Während einerseits eine freie Bestimmbarkeit der Herstellerfunktion angenommen wird, gehen andere Auffassungen dahin, dass diese nur nach objektiven Kriterien festgestellt werden darf.

a) Veränderung der Herstellereigenschaft durch Vereinbarung aufgrund subjektiver Elemente*

21 In Anknüpfung an die berühmte Passage in den Prot (III 239, 242 f), in denen die Komm feststellt, dass es „hier wie in andern Stellen des Entwurfs selbstverständlich sei, daß das ‚Herstellen lassen', obwohl darin keine Verwertung liege, dem ‚Herstellen' gleichstehe" hat man immer wieder versucht, auf die Willensrichtung der am Verarbeitungsvorgang Beteiligten abzustellen. Ausgangspunkt dieser Auffassung ist zunächst die Annahme, dass die Rechtsfolge als solche zwingend sei, dass es aber

---

* Die Zuordnung zu den einzelnen Meinungen fällt schwer, weil verschiedene Autoren sowohl *subjektive* als auch *objektive* Gesichtspunkte heranziehen und diese vielfach auch verknüpfen (so auch MünchKomm/FÜLLER Rn 19). Vor- wiegend auf subjektive Kriterien stellen ab: HOFMANN NJW 1962, 1978; FRANKE BB 1955, 717; LAUFKE, in: FS Hueck 69; für „beschränkt dispositiv" hält WAGNER AcP 184 (1984) 14, 23 ff den § 950.

freistehe, die Tatbestandsvoraussetzungen aufgrund der Willensrichtung des Handelnden oder durch entsprechende Vereinbarung zu verändern (zu älteren Konstruktionen, die insbes an die Stellvertretungsfigur anknüpfen, vgl ROTHKEGEL 54 f und HOFMANN NJW 1962, 1799 f). Diese Auffassung wird heute in eindeutiger Form vor allem von HOFMANN vertreten, welcher annimmt, dass durch einen sog Herstellervertrag, den er als einen Vertrag sui generis ansieht, über die Herstellereigenschaft disponiert werden kann (HOFMANN NJW 1962, 1802 und ausf Diss 59 ff; ähnlich im Ergebnis WAGNER AcP 184 [1984] 14, 23 ff). Im Ansatz geht auch der BGH von dieser Auffassung aus, hat sich aber zunehmend der folgenden objektivierenden Betrachtungsweise zugewandt.

b) Feststellung der Herstellereigenschaft nach objektiven Kriterien

Die weitaus überwiegende Auffassung geht heute davon aus, dass der Begriff des **22** Herstellers objektiv zu bestimmen sei. Einigkeit besteht darüber, dass dabei nicht der Vorgang der Verarbeitung allein maßgebend, sondern dass im Wege einer wertenden Betrachtung festzustellen ist, wem der Herstellungsvorgang zuzurechnen ist. Streit besteht jedoch über die Voraussetzungen und die Kriterien einer derartigen Zurechnung (ausschließlich oder überwiegend auf objektive Kriterien stellen ab: BALLERSTEDT JZ 1953 389; KÖTTER 94; MÖHRING NJW, 697; REHBINDER, in: FS Roeber 481; ROTHKEGEL 83; SERICK IV § 44 III; SÄCKER JR 1966, 51; WADLE JuS 1982, 477; M WOLF AcP 177 [1977] 266; ZEUNER JZ 1955, 195).

aa) Der **Bundesgerichtshof** hat in einer Reihe von Urteilen (BGHZ 14, 114; 20, 159; 46, **23**

117; BGH NJW 1952, 661; BGH NJW 1983, 2022; BGH NJW 1991, 1480) eine Konzeption entwickelt, in der objektive Elemente im Vordergrund stehen, aber durch subjektive Gesichtspunkte ergänzt werden (eingehende Darstellung der BGH-Rspr bei SERICK IV § 44 III 3 und ergänzend V § 63 I). Zunächst hatte der BGH (BGHZ 14, 115, 117) seinen Standpunkt folgendermaßen formuliert: „Denn ,herstellen' bedeutet in § 950 BGB nicht selbst verarbeiten oder umbilden. Die Verkehrsanschauung sieht vielmehr als den Hersteller den Geschäftsherrn des Verarbeitungs- oder Umbildungsvorgangs an ... Wie das Berufungsgericht festgestellt hat, dachte weder sie [die verarbeitende Firma] noch einer der übrigen Beteiligten daran, in die in § 13 EB [Lieferungsbedingungen] vorgesehene Rechtslage, wonach der Eigentumsvorbehalt der Klägerin auch bei Verarbeitung wirksam bleiben sollte, einzugreifen; vielmehr wollte die Firma Z im Einverständnis mit der Firma K die Gerste für die Klägerin verarbeiten". Dieser am Ende erfolgende Rückgriff auf die Willenslage der Beteiligten steht in einem gewissen Widerspruch zum Ansatz, welcher ausschließlich auf objektive Kriterien abstellt. Danach soll die *Verkehrsanschauung* maßgebend sein. Formelhaft wird diese Verkehrsanschauung dahin zusammengefasst, dass derjenige als Hersteller gilt, der als „Geschäftsherr des Verarbeitungs- oder Umbildungsvorgangs" erscheint. In einer späteren Entscheidung (BGHZ 20, 162; als Formel bestätigt in BGH NJW 1991, 1480, 1481) hat der Bundesgerichtshof versucht, den letzteren Punkt zu präzisieren. An die soeben zitierte Entscheidung anknüpfend führt er aus: „Die Frage, wer Hersteller der Gehäuse im Sinne des § 950 BGB war, ist auch hier nach der Lebensanschauung zu entscheiden ... Maßgebend ist der Standpunkt eines objektiven mit den Verhältnissen vertrauten Beurteilers". Der Ausgangspunkt wird hier insofern modifiziert, als der BGH zwar noch auf die Lebensanschauung zurückgreift, diese aber auf die Perspektive eines Insiders reduziert. Auf dieser Basis kommt der BGH dann zu dem Ergebnis: „Werden Rohstoffe unter Eigentumsvorbehalt geliefert und ist dabei vereinbart, daß die Verarbeitung für die Lieferfirma zu erfolgen hat, dann ist vom Standpunkt eines objektiven Beurteilers in der Regel diese Firma Hersteller im Sinne des § 950 BGB". Im Ergebnis läuft diese Rspr des BGH darauf hinaus, dass die Vereinbarung einer Verarbeitungsklausel zu einer Verlagerung der Herstellereigenschaft auf den Lieferanten bzw Besteller führt (so auch OLG Frankfurt OLGZ 1989, 198; Gleiches soll auch im Falle der Erstellung von Computer-Software gelten. Zu diesem Problem siehe insbes PAULUS JR 1990, 405 und auch HEILMANN KTS 1990, 437 f).

Zum Erwerb des Lieferanten (Bestellers) kommt es nach dieser Konzeption nur dann nicht, wenn der Verarbeiter in deutlich erkennbarer Weise von den getroffenen Vereinbarungen abweicht, so dass der Lieferant nicht mehr als Hersteller erscheint. Der BGH hat diese Rechtsprechung mehrfach bestätigt (BGHZ 46, 117; BGH NJW 1952, 661) und bezüglich der Eigentumsverhältnisse dahin weiterentwickelt, dass der Erwerb durch eine entsprechend formulierte Verarbeitungsklausel auf einen Miteigentumsanteil begrenzt werden kann (BGHZ 46, 117 ff, dazu unten Rn 42 ff).

In BGH NJW 1991, 1480 ff stritten die Erben eines Professors und die den Erblasser ehemals beschäftigende Universität um die Eigentums- und Besitzrechte an archäologischen Grabungsmaterialien. Auf die vom BGH selber und in der Literatur entwickelten Zuordnungskriterien zur Beurteilung der Herstellereigenschaft konnte nur mit Einschränkungen zurückgegriffen werden, da es sich hier *nicht um Wirtschaftsgut* handelte. Maßgeblich war hier nach Ansicht des BGH der Charakter der Forschungsmaterialien, deren Zweckbestimmung und die konkret gegebene Interessenlage zwischen Hochschullehrer und Universität, worauf dann auch mangels vertraglicher Abreden und einschlägiger gesetzlicher Regelungen abgestellt wurde (1481, 2; Hersteller und Eigentümer war danach der Erblasser und damit die Erben, deren Herausgabeanspruch scheiterte allerdings daran, dass der Universität ein dauerhaftes Recht zum Besitz iS von § 986 Abs 1 zustand).

24 **bb)** Im **Schrifttum** hat vor allem SERICK (IV § 44 III 6 b und Neue Rechtsentwicklungen 108) dem BGH zugestimmt (ausdrücklich für die Konzeption des BGH jetzt auch SOERGEL/ HENSSLER Rn 12 f 19 ff). Allerdings betont SERICK stärker als der BGH, die objektive Erkennbarkeit der Verlagerung der Herstellereigenschaft. So legt er besonderes Gewicht darauf, dass bei Vereinbarung einer Verarbeitungsklausel zwischen dem Vorbehaltslieferanten und dem Verarbeiter ein Besitzmittlungsverhältnis bestehe, welches bei Vertragstreue des Verarbeiters für die Verkehrsanschauung als Ansatzpunkt der Beurteilung dienen könne. Auf dieser Grundlage kommt SERICK zu folgendem Ergebnis: „Für einen objektiven, mit den Verhältnissen vertrauten Beurteiler eines Verarbeitungsvorganges erscheint nach der Verkehrsauffassung *grundsätzlich* der *Vorbehaltskäufer* und nicht der Vorbehaltslieferant als Hersteller. Der Parteiwille kann jedoch mit Hilfe einer *Verarbeitungsklausel* eine *Änderung* bewirken. Vollzieht sich dann der Verarbeitungsvorgang objektiv, wie in der Vereinbarung vorgesehen, so erscheint für einen objektiven Beurteiler der Vorbehaltslieferant in der Regel als Geschäftsherr des Verarbeitungsvorganges und damit als Hersteller der neuen Sache. Dabei ist gleichgültig, ob der Verarbeiter sich innerlich vertragsuntreu verhalten will. Erst nachdem auch äußerlich für den objektiven Beobachter ersichtlich geworden ist, daß sich der Verarbeiter nicht mehr an die Verarbeitungsklausel halten will ..., ändert sich die Beurteilung: Nunmehr ist der

Vorbehaltskäufer als Hersteller im Sinne des § 950 BGB zu qualifizieren ..." (157). SERICK hebt schließlich hervor, dass die gleichen Grundsätze im Fall der sog verlängerten Sicherungsübereignung (vgl dazu Anh 286 ff zu §§ 929 ff) anzuwenden seien. Danach kann der Sicherungsgeber bei Verarbeitung des Sicherungsgutes durch eine entsprechende Klausel ebenfalls Eigentum an der neuen Sache erwerben. Der Rechtsprechung des BGH folgt schließlich PIKART (BGB-RGRK/PIKART Rn 4 und 23), der insbes betont, dass Personen, die weder Stoffeigentümer noch Stoffbesitzer sind und auch sonst mit dem Herstellungsvorgang weder im natürlichen noch im wirtschaftlichen Sinne etwas zu tun haben, nicht in den Kreis der Hersteller einbezogen werden können. Dies soll selbst für den Geldkreditgeber gelten, welcher bestimmte Vorhaben finanziert, nicht aber Sicherungseigentümer einer verarbeiteten Sache ist (ähnlich MÖHRING NJW 1960, 697 ff).

In seiner ganz überwiegenden Mehrheit hat jedoch das Schrifttum die Rspr des **25** BGH abgelehnt. Nach dieser, vor allem von H WESTERMANN ([5. Aufl] § 53 III) maßgeblich formulierten Auffassung vermögen Verarbeitungsklauseln allein keine Verlagerung der Herstellereigenschaft herbeizuführen. Auf den subjektiven und individuellen Willen ist nicht abzustellen, vielmehr kommt es darauf an, ob dieser in objektivierter und typischer Weise zum Ausdruck gekommen ist. WESTERMANN entwickelt dazu folgende Kriterien: „Dem Sinn des § 950 scheint es am besten zu entsprechen, die Fremd- oder Eigenwirkung grundsätzlich von der Eingliederung des verarbeitenden Betriebes in den Wirtschaftsablauf abhängig zu machen.... Es ist also letztlich darauf abzustellen, welchen Willen die an der Herstellung wirtschaftlich Beteiligten typischerweise gehabt haben. Der speziellen Parteivereinbarung bleibt danach im Rahmen des § 950 nur ein beschränkter Raum." WESTERMANN sieht den Vorteil seiner Ansicht darin, „daß sie den Eigentumsübergang grundsätzlich von den Zufälligkeiten eines einzelnen Vertrages löst, dh auf eine objektiv erkennbare Basis stellt". Auf dieser Grundlage kommt WESTERMANN zu dem Ergebnis, dass Verarbeitungsklauseln bei verlängertem Eigentumsvorbehalt, sofern die von ihm geforderten objektiven weiteren Kriterien nicht vorliegen, den Eigentumserwerb des Verarbeiters nicht verhindern. WESTERMANN hat in zunehmendem Maße im Schrifttum Zustimmung gefunden; in der Folgezeit hat man sich vor allem darum bemüht, diejenigen Kriterien schärfer herauszuarbeiten, bei deren Vorliegen eine Verlagerung der Herstellereigenschaft auf den nicht unmittelbar Verarbeitenden anzunehmen ist. Trotz unterschiedlicher Akzentuierung besteht darüber Einigkeit, dass eine wirtschaftliche Betrachtungsweise und eine dementsprechende Bewertung notwendig seien. Wenn auch über die dabei anzuwendenden Kriterien im Einzelnen keine volle Übereinstimmung herrscht (vgl die Übersicht bei WADLE JuS 1982, 481 f), so lässt sich dieser Standpunkt doch folgendermaßen zusammenfassen: Die Verarbeitungswirkungen treten bei einem nicht am Verarbeitungsvorgang Beteiligten nur dann ein, wenn dieser Außenstehende aufgrund einer „sozial-ökonomisch effektiven Statusänderung" (SÄCKER) die Herstellerfunktion übernommen hat (in diesem Sinne jetzt auch WESTERMANN/GURSKY § 53 III 2 c).

Von diesem Standpunkt aus kann eine Herstellervereinbarung oder Verarbeitungsklausel eine derartige Verschiebung nicht bewirken. Vielfach wird in diesem Zusammenhang deshalb von der Unzulässigkeit oder Unwirksamkeit derartiger Klauseln gesprochen. Andererseits ist es aber auch nach dieser Auffassung möglich, die durch Verarbeitung entstehende neue Eigentumslage durch antizipierte Sicherungsübereignung zu verhindern (vgl auch SERICK, Neue Rechtsentwicklungen 109 und unten Rn 43 ff).

c) Zusammenfassung

26 Vergleicht man die zuvor dargestellten Meinungen in ihren Konsequenzen, so ergibt sich ein breites Spektrum mit fließenden Übergängen: Die extremste Position wird von HOFMANN vertreten, der zwar formal an der Unabdingbarkeit des § 950 festhält, im Ergebnis aber eine Zuweisung des Eigentums an jeden beliebigen Dritten durch Vereinbarung zulässt. Die Vertreter der Dispositivität des § 950 wollen dagegen eine solche Vereinbarung nur zwischen Stoffeigentümer (oder Stoffeigentümern) und Verarbeiter zulassen, weil sie den Parteien insoweit eine Regelungsbefugnis zusprechen. Im Ergebnis führt auch die weitgehende Anerkennung von Verarbeitungsklauseln in der Rspr des BGH dazu, dass Stoffeigentümer und Verarbeiter unter Ausschließung Dritter die Zuweisung des neugeschaffenen Eigentums regeln können. Bei der Verwendung objektiver Kriterien kommt es dagegen nur dann zu einer Verschiebung, wenn die eigentliche Herstellerfunktion aufgrund wirtschaftlicher Tatsachen auf einen anderen übergegangen ist (vgl dazu auch WIEGAND AcP 190 [1990] 112, 129 f).

V. Stellungnahme

1. Entscheidungsgrundlagen

27 Die Frage, welcher von diesen Auffassungen der Vorzug zu geben ist, kann mit dogmatisch-systematischen Argumenten nicht beantwortet werden. Dies ergibt sich schon aus den oben (Rn 4 ff und Vorbem 4 ff zu §§ 946 ff) skizzierten Elementen der Entstehungsgeschichte (grundlegend andere Beurteilung gerade dieses Aspektes bei DOLEZALEK 440 f). Dem Gesetzgeber ging es in erster Linie darum, die *sachenrechtlichen Zuordnungsprobleme* zu lösen, die sich aus dem Wegfall bestehender Eigentumsrechte und der Entstehung neuer Sacheinheiten ergeben. Aus diesem Bedürfnis nach eindeutiger Zuordnung erklärt es sich, dass bei der Frage des Eigentumserwerbs *sämtliche subjektiven Elemente bewusst ausgeschlossen* (vgl oben Rn 8, 16) und das Verfügungsrecht ausschließlich dem Verarbeiter zugeordnet wurden. Auch die Entscheidung für den Eigentumserwerb des Verarbeitenden ist zunächst und in erster Linie dadurch begründet, dass klare und überschaubare Rechtsverhältnisse geschaffen werden sollten. Jede andere Lösung hätte zu ähnlichen Komplikationen wie bei § 947 geführt (so ausdrücklich Mot III 361, vgl § 947 Rn 8). Andererseits ist nicht zu übersehen, dass der Wunsch nach Eindeutigkeit der Rechtsverhältnisse nur sehr unvollkommen verwirklicht wurde da die Entscheidung – wie oben dargelegt – im Bezug auf die Neuheit der Sache und die zu beurteilenden Wertverhältnisse noch mit zahlreichen Unsicherheitsfaktoren belastet bleibt (s oben Vorbem 9 zu §§ 946 ff).

Mit der Entscheidung für den Eigentumserwerb des Verarbeiters sollte allerdings nicht zugleich festgelegt werden, wer als Hersteller anzusehen sei. Vielmehr ergibt sich aus den berühmten und immer wieder zitierten Passagen in den Prot (oben Rn 21) und noch deutlicher aus der oben (Rn 4) wiedergegebenen Begründung zum Vorentwurf, dass man eindeutig davon ausging, dass als Hersteller nicht notwendig derjenige gelten müsse, der die Verarbeitung durchführt. *Der Eigentumserwerb sollte vielmehr bei demjenigen eintreten, der der Funktion nach als Hersteller er-*

scheint. Infolgedessen lassen sich auch aus den Regeln des Werkvertrags, die von den Vertretern der Dispositivität immer wieder zur Begründung ihrer These herangezogen werden (dazu oben Rn 19 und HOFMANN NJW 1962, 1800; zusammenfassend WADLE JuS 1982, 479 f; zuletzt DOLEZALEK 392,), keine entscheidenden Argumente ableiten. Da der Gesetzgeber ganz offenkundig davon ausging, dass der Besteller im Werkvertrag in dem hier eben skizzierten Sinne funktional als Hersteller anzusehen sei, stellt sich gar nicht die Frage, ob die Regelung des § 950 durch Parteivereinbarung (Werkvertrag) verdrängt werde. Daraus folgt zweierlei: Wer als Hersteller zu gelten habe, sollte bewusst nicht festgelegt, sondern einer wertenden Betrachtung bei der Gesetzesanwendung überlassen werden. Daraus hat man zu Recht gefolgert, dass sich aus dem Gesetz eindeutige Wertungen gegen die Dispositivität der Regelungen ebensowenig ableiten lassen, wie überzeugende Argumente für den zwingenden Charakter der Vorschrift (so insbes SÄCKER). Aus beiden Gesichtspunkten ergibt sich, dass für die zu entscheidende Frage, ob, unter welchen Voraussetzungen und mit welcher Wirkung die sog fremdwirkende Verarbeitung möglich sei, aus dem Gesetz und seiner Entstehung nur *einzelne Indizien* entnommen werden können. Ausgangspunkt für die Beurteilung muss diejenige Fallgruppe sein, die heute im Mittelpunkt der Auseinandersetzung steht, nämlich die Verlängerung des Eigentumsvorbehalts bzw der Sicherungsübereignung durch Herstellervereinbarung oder Verarbeitungsklauseln. Es geht im Kern darum, ob sich eine Sicherung des Stoffeigentümers, wie sie durch die Verarbeitungsklauseln erreicht werden soll, rechtfertigen lässt. Bei der Beurteilung dieser Frage sind die geringfügigen im Gesetz enthaltenen Ansatzpunkte zu berücksichtigen, vor allem aber ist zu prüfen, ob im Hinblick auf die Gesamtkonzeption der Sicherungsrechte die Konsequenzen der Verarbeitungsklauseln akzeptiert werden können.

In diesem Rahmen müssen die Argumente für die verschiedenen Lösungsvorschläge gestellt werden.

2.   Verarbeitungsklauseln als Kreditsicherungsmittel

Die Entscheidung für den Eigentumserwerb des Verarbeiters hat neben den dargelegten sachenrechtlichen Zielvorstellungen auch einen **wirtschaftspolitischen Aspekt**, der dem Gesetzgeber nicht entgangen ist. So spricht man in den Mot von dem „Übergewichte, welches aus wirthschaftlichen Gründen der produktiven Thätigkeit gebührt" (Mot III 361, ähnlich, wenn auch abgeschwächt, Prot III 240 f). Jedoch ist die volle Tragweite dieser Entscheidung insbes für den Bereich der Kreditsicherung nicht gesehen worden. Zu Recht hat HECK (§ 62 4) darauf hingewiesen, daß „der Eigentumserwerb durch Spezifikation ... für die Gläubiger des Erwerbenden wichtiger (ist) als für ihn selbst". Damit ist der kreditpolitische Aspekt dieser Regelung erstmals deutlich hervorgehoben worden. Freilich ist diese Aussage später vielfach dahin interpretiert worden, daß durch die Regelung des § 950 eine Bevorzugung der Gläubiger des Verarbeiters gegenüber dem Stoffeigentümer bewirkt werde. Dabei wird übersehen, daß die Stoffeigentümer, deren Eigentum durch die Verarbeitung untergeht, selbst zu den Gläubigern gehören. Sie haben einerseits Ausgleichsansprüche nach § 951 (vgl dort Rn 19 f) zum andern sind sie Gläubiger aufgrund von Kauf- und Darlehensverträgen. Die daraus resultierenden Forderungen sollen durch verlängerten Eigentumsvorbehalt bzw verlängerte Sicherungsübereignung gesichert werden. Der Versuch dieser Gläubiger geht nun dahin, den Zugriff der übrigen

Gläubiger auf die neue Sache zu verhindern, indem der Eigentumserwerb des Verarbeiters ausgeschlossen wird (vgl die insofern uneingeschränkt zutreffende Beschreibung bei DOLEZALEK 392).

29 a)   Hieraus ergibt sich die Frage, ob **Stoffeigentümer und Verarbeiter** die Möglichkeit haben sollen, **Dritte vom Zugriff auf die neugeschaffene Vermögenssubstanz fernzuhalten**. Genau dies behaupten die Vertreter der Theorie von der Abdingbarkeit des § 950. Hiernach betrifft die Vorschrift den Konflikt zwischen Stoffeigentümer und Verarbeiter, welchen die Parteien, wenn sie nur wollen, auch nach eigenen Vorstellungen regeln können. Diese Begründung greift zu kurz. Zunächst einmal wird in der Literatur heute vielfach zu Recht darauf hingewiesen, dass nach den oben dargelegten Vorstellungen des Gesetzgebers die Neuordnung der Rechtszuständigkeit im Vordergrund stand. Deshalb wird mit Grund gefragt, „ob man überhaupt von einer Entscheidung im Interessenkonflikt zwischen dem Stoffeigentümer und dem Hersteller sprechen kann" (WADLE JuS 1982, 479 mwNw). Diese Bedenken mögen durchaus geeignet sein, den Ansatz der Dispositivitäts-These in Zweifel zu ziehen. Sie tragen aber schon dann nicht mehr, wenn ein anderer Ansatz gewählt wird. Geht man etwa mit HOFMANN oder WAGNER (vgl oben Rn 21) davon aus, dass die Rechtsfolgen des § 950 zwar zwingend sind, aber mit Hilfe eines Herstellungsvertrages ohne weiteres auf einen Dritten umgeleitet werden können, so handelt es sich gar nicht mehr um den traditionellen Konflikt zwischen Stoffeigentümer und Verarbeiter (so zutr SERICK IV § 44 III 4 b). Gleiches gilt von der Konzeption der Rechtsprechung des BGH (vgl oben Rn 23). Auch hier hilft der Hinweis auf das Verhältnis Stoffeigentümer und Hersteller nicht weiter.

30 b)   Die *entscheidende Frage* lässt sich vielmehr dahin formulieren, ob die mit Hilfe der Herstellervereinbarung oder Verarbeitungsklauseln beabsichtigte **Umleitung des Eigentumserwerbs gegenüber den anderen Gläubigern des Verarbeiters zu rechtfertigen ist**. Eine Antwort auf diese Frage kann man nur vor dem Hintergrund der *Gesamtkonzeption der Mobiliarsicherheiten* geben. Eine zusammenfassende Darstellung dieses Sicherungssystems findet sich oben im Anhang zu §§ 929–931, worauf generell verwiesen wird. Hier genügen einige grundsätzliche Aspekte:

Es gehört zu den inzwischen selbstverständlich gewordenen Erscheinungen unseres Kreditsicherungsrechts, dass einzelne Gläubiger sich eine besonders gesicherte Stellung durch Vereinbarung von Eigentumsvorbehalt oder Sicherungsübereignungen verschaffen. Die Verlängerung und Erweiterung dieser Sicherungsrechte in horizontaler und vertikaler Richtung führt schließlich dazu, daß die Privilegierung dieser Gläubiger sich fortsetzt und durch entsprechende Klauseln auch zeitlich praktisch beliebig ausgedehnt werden kann. Diese Ausuferung der Sicherungsrechte ist immer wieder kritisiert worden und hat schließlich maßgeblich zur Neuorientierung des Insolvenzrechtes beigetragen (zum Ganzen Anh 36 ff zu §§ 929 ff und WIEGAND, Kreditsicherung 288 ff; ders, Akzessorietät 35 ff). Indessen kann auch diese Kritik nicht daran vorbeigehen, daß nach geltendem Recht Vereinbarungen, mit denen sich einzelne Gläubiger eine derartige Sonderstellung verschaffen, im Grundsatz möglich und zulässig sind. Dies heißt nun andererseits keineswegs, dass eine solche Privilegierung und Perpetuierung der Sicherheit in allen Bereichen und ohne jede Einschränkung akzeptiert werden muss. Vielmehr ist in jedem Fall konkret zu überprüfen, ob die angestrebte Sicherung mit der gesetzlichen Regelung und der in ihr zum Ausdruck kommenden Bewertung der Gläubigerinteressen zu vereinbaren ist (zu diesem „Umdenken bei den Mobiliarsicherheiten", – so MEYER-CORDING NJW 1979, 2126 ff – vgl im Einzelnen Anh 34 ff zu §§ 929 ff mwNw).

c) Eine solche **kritische Überprüfung hat von folgenden Grundgedanken auszugehen**: Der Gesetzgeber hat mit der Zuweisung des Verfügungsrechts und der dahinter stehenden Vermögenssubstanz an den Verarbeiter zugleich die Voraussetzung dafür geschaffen, dass dieses *Vermögen unter dessen Gläubigern neu verteilt wird*. Dies ist kein Einzelfall. Vielmehr ergeben sich derartige Konsequenzen häufig aus Entscheidungen des Gesetzgebers, welche auf den ersten Blick nur auf dogmatisch-systematischen Erwägungen beruhen. Ähnlich verhält es sich mit dem Akzessorietätsgrundsatz und dem Spezialitätsprinzip. Auch diese Prinzipien haben (neben anderen) die Funktion, den Haftungsrahmen zu begrenzen und von Zeit zu Zeit eine Neuverteilung der Sicherheiten zu ermöglichen (vgl dazu WIEGAND, Akzessorietät 38 f und Anh 10 ff zu §§ 929 ff). Der durch die Verarbeitungsklausel *verlängerte Eigentumsvorbehalt bzw die verlängerte Sicherungsübereignung* sollen gerade dies verhindern, ebenso alle anderen Klauseln, welche zu einer dauernden und umfassenden Sicherung einzelner Gläubiger führen sollen. Im Gegensatz zu den meisten dieser Erweiterungsformen lassen sich bei der *Verarbeitung aus dem Gesetz deutliche Gesichtspunkte ableiten, welche gegen die Zulässigkeit solcher Klauseln sprechen*. Der Gesetzgeber hat – wie sich aus den mehrfach dargelegten Aspekten der Entstehungsgeschichte eindeutig ergibt – ganz bewusst eine Neuverteilung der sachenrechtlichen Kompetenzen und Zuordnungen angestrebt; er hat dabei, wenn auch nicht in vollem Umfang, die wirtschaftpolitischen Konsequenzen seines Entscheides gesehen. **Dies rechtfertigt es, für die Rechtsanwendung den Schluss zu ziehen, dass die neugeschaffene Vermögenssubstanz dem Verarbeiter/Hersteller zugewiesen werden muss und dass erst nachdem sie in das Vermögen des Verarbeiters integriert ist, eine Neuverteilung stattfinden kann.** Alle Versuche, diese Vermögenssubstanz schon durch vorhergehende Vereinbarung und unter Ausschluss des Verarbeiters auf einzelne Gläubiger umzuleiten, widerspricht den Ordnungsvorstellungen des Gesetzes und benachteiligt die übrigen Gläubiger auf unangemessene Weise. **Deshalb sind Herstellervereinbarungen und Verarbeitungsklauseln prinzipiell nicht geeignet, einen Eigentumserwerb des als Hersteller „Vereinbarten" herbeizuführen.** Allerdings können sie bei (der von dem bisher Erörterten zu trennenden) Frage, ob allenfalls eine Verschiebung der Herstellerfunktion anzunehmen ist, Berücksichtigung finden (dazu unten Rn 32 ff).

VI. Fremdwirkende Verarbeitung

1. **Aus den zuvor angestellten Überlegungen ergibt sich eine Reihe von Konse-** 31 **quenzen:**

Die gesetzlich vorgesehene Rechtsfolge, dass der Verarbeiter Eigentum am Verarbeitungsprodukt erwirbt, kann durch eine Parteiabrede als solche nicht ausgeschlossen werden; auch die Vorstellungen und der Wille des Stoffeigentümers und insbes des Verarbeiters vermögen daran nichts zu ändern. Damit ist freilich die zentrale Frage, ob und unter welchen Voraussetzungen **ein anderer** als der Verarbeiter selbst die **Herstellerfunktion übernehmen** könne, noch nicht entschieden. Für die Beantwortung dieser Frage lassen sich aus den oben dargelegten Grundgedanken die maßgeblichen Gesichtspunkte ableiten.

32 **2.** Dass es Fallkonstellationen gibt, in denen ein nicht unmittelbar am Verarbeitungsprozess beteiligter Außenstehender die Funktion des Herstellers übernimmt, kann nicht bezweifelt werden. Von einer derartigen *funktionalen Betrachtung* ging der Gesetzgeber aus; sie führt auch heute im Einzelfall noch zu sinnvollen Ergebnissen so etwa in dem vom BGH entschiedenen Fall der Lohnmälzerei (BGHZ 14, 115; vgl die Zitate oben Rn 23). Zu beachten und noch stärker als bisher zu betonen ist jedoch die Tatsache, dass eine solche **Verschiebung der Herstellerfunktion stets als Ausnahmeerscheinung betrachtet werden muss.** Die damit eintretende Abweichung von der gesetzlichen Regelung bedarf aus den oben dargelegten Gründen in jedem Einzelfall der Rechtfertigung. Die Vereinbarung einer Verarbeitungsklausel oder der Abschluss eines sog Herstellervertrages genügen selbst dann nicht, wenn sich die Parteien – wie es der BGH und SERICK verlangen (vgl oben Rn 23 f) – entsprechend dieser Vereinbarung verhalten. (Wohl aus diesem Grunde werden in der Formularpraxis von Banken nicht selten „zweispurige" Verarbeitungsklauseln verwendet, die für den Fall des Scheiterns der Herstellervereinbarung an § 950 eine antizipierte Übereignung vorsehen. Vgl dazu SERICK, Neue Rechtsentwicklungen 110 und unten Rn 45 ff). Es müssen vielmehr eindeutige und gewichtige *objektive* Momente hinzukommen, welche noch präziser als bisher zu fassen sind (vgl auch WESTERMANN/ GURSKY § 53 III 2 d, e).

33 **a)** Im Hinblick auf die Bedeutung einer derartigen Verschiebung für die Kreditsicherung und unter Berücksichtigung der oben dargelegten Erwägungen wird man eine **Verlagerung der Herstellerfunktion nur unter folgenden Voraussetzungen** annehmen können: Derjenige, welcher als Hersteller angesehen werden soll, muss ein **entscheidend höheres Risiko** tragen als die übrigen Gläubiger des Verarbeiters. Nur durch die *bewusste* und *erkennbare Übernahme eines erhöhten Risikos* lässt sich seine Bevorzugung vor den übrigen Gläubigern rechtfertigen. Allein der Umstand, dass eventuelle Einbußen oder Nachteile ihn eher und stärker als die übrigen Gläubiger treffen, ist geeignet, seine Bevorzugung vor diesen zu begründen. Nur unter diesen Voraussetzungen kann man es für zulässig erachten, dass die an sich dem Verarbeiter zufallende Vermögenssubstanz einem anderen zugewiesen wird.

34 **b)** Wendet man diese Kriterien auf die Praxis an, so finden sich nur wenige Fälle, in denen man von einer wirklichen Verschiebung der Herstellerfunktion sprechen kann. Die verbreiteten Herstellervereinbarungen und Verarbeitungsklauseln lassen in aller Regel erkennen, dass der Stoffeigentümer keineswegs die Absicht hat, ein besonderes Risiko zu übernehmen. Zwar verliert er sein vorbehaltenes Eigentum (oder Sicherungseigentum), aber er erwirbt dadurch Ausgleichsansprüche und hat zudem einen – allerdings ungesicherten – Kaufpreis- oder Darlehensanspruch (vgl oben Rn 28). Er steht deshalb nicht schlechter als die übrigen Gläubiger des Verarbeiters. Eine solche Klausel kann deshalb nur Indiz für eine Verschiebung der Herstellerfunktion sein (so zutr RIMMELSPACHER, Kreditsicherung Rn 169; im Ansatz auch SERICK, der jedoch den Klauseln und ihrem Vollzug ein zu hohes Gewicht einräumt). **Entscheidend kommt es darauf an, ob objektive Kriterien feststellbar sind, aus denen sich die oben beschriebene Risikoverlagerung ergibt.** Dies ist nur dann der Fall, wenn der Außenstehende *in erheblichem Maße am Produktions- und Absatzrisiko teilnimmt,* *so dass eventuelle Fehlschläge ihn in unmittelbarer Weise treffen.* Zur näheren Feststellung dieser Voraussetzungen sind die in der Literatur entwickelten Kriterien zur Beurteilung heranzuziehen (vgl die oben Rn 24 f wiedergegebenen Formulierungen und die dortigen Nachweise; WESTERMANN/GURSKY § 53 III 2 d wollen auf die aus dem Werkvertrag abgeleiteten Kriterien „ökonomische Lenkung" und „Verwendungsrisiko" abstellen; so auch M WOLF Rn 596). Gerade die Praxis des BGH, der ja prinzipiell von einem ähnlichen Ansatz ausgeht (vgl oben Rn 23), zeigt aber, dass das Aufstellen und Anwenden dieser Kriterien allein nicht genügt, sondern dass sie immer nur Anhaltspunkte bleiben können.

3. Zusammenfassung

Fremdwirkende Verarbeitung ist prinzipiell zulässig; sie kann jedoch, sofern sie **35** kreditsichernde Funktion hat, nur unter sehr engen Voraussetzungen anerkannt werden. Dazu ist eine **eindeutige Verlagerung der Herstellungsfunktion** erforderlich. Das kann nur angenommen werden, wenn *der nicht selbst verarbeitende Dritte durch eine bewusste und erkennbare Risikoübernahme die Position des „Herstellers" eingenommen* hat. Einzelne Indizien und auch ein entsprechender Parteiwille genügen dafür nicht. **Vielmehr muss eine Gesamtwürdigung ergeben, dass eine Abweichung von der dem Gesetz zugrunde liegenden Normalsituation vorliegt.** Diese Abweichung muss so erheblich sein, dass sie die Bevorzugung eines einzelnen Gläubigers und damit notwendige Benachteiligung der übrigen Gläubiger des Verarbeiters rechtfertigt. Eine derartige Funktionsverlagerung kommt nicht für mehrere Außenstehende in Betracht, vielmehr können diese Voraussetzungen nur bei **einem** Dritten vorliegen (unten Rn 47), andererseits muss es sich bei dem Dritten nicht notwendig um einen Stoffeigentümer handeln (in diesem Sinne aber WADLE JuS 1982, 483; vgl auch oben Rn 29; zutr insoweit HOFMANN oben Rn 26). Es ist nämlich keineswegs ausgeschlossen, dass eine solche Verlagerung auf einen sonstigen Gläubiger des Verarbeiters erfolgt, wenn in dessen Person die beschriebenen Voraussetzungen vorliegen. Für eine Beschränkung der fremdwirkenden Verarbeitung auf den Stoffeigentümer besteht weder Anlass noch Anhalt im Gesetz. Dies ergibt sich auch aus den beiden anderen erwähnten (oben Rn 17) sofort anschließend behandelten Fällen.

4. Sonstige Fälle

Für alle übrigen Fälle, in denen sich das Problem der fremdwirkenden Verarbeitung **36** stellt (oben Rn 31 ff), ist ebenfalls darauf abzustellen, ob eine Verlagerung der Herstellerfunktion wirklich gegeben ist (hier spielen allerdings die Gesichtspunkte der Kreditsicherung keine Rolle). Von einer solchen Betrachtungsweise war schon der Gesetzgeber ausgegangen, wie sich aus den mehrfach erwähnten Begründungen zum Vorentwurf und in den Mot ergibt.

a) Zu Recht war schon damals angenommen worden, daß bei der Verarbeitung **37** im Rahmen eines **Arbeitsverhältnisses** der Unternehmer als Hersteller anzusehen sei. Diese Auffassung wird heute allgemein geteilt (etwa WESTERMANN/GURSKY § 53 III 2 c mwNw; MünchKomm/FÜLLER Rn 21; SOERGEL/HENSSLER Rn 15; ERMAN/EBBING Rn 7 und ZEUNER JZ 1955, 195 in analoger Anwendung von § 855). Einer besonderen arbeitsrechtlichen Begründung (zum arbeitsrechtlichen Aspekt zuletzt REHBINDER 483 f) bedarf dieses Ereignis nicht, da es sich schon aufgrund der dargestellten, von der Literatur überwiegend vertretenen objektiven Betrachtungsweise ergibt. Die „produktive Tätigkeit" (Mot III 361) an die der Gesetzgeber die Rechtsfolge des Eigentumserwerbs knüpfen wollte, liegt beim Unternehmer und nicht beim einzelnen Arbeitnehmer. Dasselbe gilt auch beim Heimarbeiter, dessen Bezug zum Unternehmen durch die räumliche Trennung nicht aufgehoben wird (so zu Recht etwa WESTERMANN/GURSKY § 53 III 2 c und zum Ganzen ausf ROTHKEGEL 85 ff).

38 b) Auch für die Frage des Eigentumserwerbs des Bestellers bei **Verarbeitung im Rahmen eines Werkvertrages** lässt sich schon aus dem Vorentwurf zum Sachenrecht eine klare Position des Gesetzgebers entnehmen. Er ging – wie das Zitat oben Rn 4 zeigt – eindeutig davon aus, dass der Besteller Eigentümer werde. Trotz der späteren Modifikation der Regelung hat sich am Standpunkt des Gesetzgebers insoweit nichts geändert. Auch in der Literatur wird dieser Standpunkt heute überwiegend und zu Recht vertreten. Schon die Fertigung nach Weisung und Vorstellungen des Bestellers unterscheidet diesen Fall deutlich von der Verarbeitung im eigenen Interesse. Hinzu kommt, daß der Besteller, der ja den Stoff selbst gestellt hat, das Herstellungs- und Verwendungsrisiko weitgehend alleine trägt. Gerade in diesem Punkte unterscheidet sich der Werklieferungsvertrag wesentlich vom normalen Werkvertrag. Infolgedessen ist die abweichende Regelung in § 651 angemessen und sachgerecht (BGB-RGRK/PIKART Rn 19; ERMAN/EBBINGL Rn 7; BAUR/STÜRNER § 53b III 2; PALANDT/BASSENGE Rn 10; ausf im Ergebnis aber wohl übereinstimmend ROTHKEGEL 108 ff mit umfangreichen Nachw; WADLE JuS 1982, 479, 483; MünchKomm/FÜLLER Rn 20).

VII. Konsequenzen für die Rechtsanwendung

39 Aus der hier vertretenen Ansicht, die im Ergebnis der in der Literatur vorherrschenden Meinung (vgl oben Rn 25) entspricht, ergeben sich Lösungen, die zur Rechtsprechung des BGH und der daran orientierten Praxis im Widerspruch stehen. Es sind deshalb im Folgenden die Konsequenzen, die sich aus den unterschiedlichen Auffassungen ergeben, einander gegenübergestellt.

1. Eigentumserwerb des Verarbeiters

40 Aufgrund der bei der Verarbeitung anzulegenden strengen Maßstäbe wird nur sehr selten eine Fremdwirkung der Verarbeitung bejaht werden können. In der ganzen überwiegenden Zahl der Fälle erwirbt also der Verarbeiter selbst das Eigentum gemäß § 950. Die bisherigen Stoffeigentümer verlieren ihr Eigentum. Dies gilt auch für die Vorbehaltslieferanten und die Sicherungsgeber, deren Stoffe verarbeitet werden. Für diese stellt sich die Frage, ob und in welchem Umfang sie neue Sicherheiten erwerben können. Die folgenden Ausführungen sind auf die Sicherungsbedürfnisse der Stoffeigentümer zugeschnitten, weil in der Praxis fast nur sie entsprechende Vereinbarungen treffen.

2. Antizipierte Sicherungsübereignung

41 Als einzige Möglichkeit bietet sich hier eine Sicherungsübereignung der durch die Verarbeitung entstandenen neuen Sache an. Um den Zeitraum, in dem das vom Verarbeiter erworbene Eigentum dem Zugriff anderer Gläubiger ausgesetzt ist, möglichst zu verkürzen, greift man in aller Regel zu einer *antizipierten Sicherungsübereignung*. Auf diese Weise kommt es zum sog **Durchgangserwerb des Verarbei-**

ters, der nur während der berühmten „logischen Sekunde" Eigentümer der Sache ist (zu den Einzelheiten dieser Konstruktion oben § 930 Rn 33 und Anh 120 ff zu §§ 929 ff). Gleichwohl kann dieser vorübergehende Eigentumserwerb des Verarbeiters dazu führen, dass der Stoffeigentümer die beabsichtigte Sicherung überhaupt nicht oder nur in geschmälerter Weise, etwa belastet mit Rechten Dritter, erwirbt. Als eine weitere Gefahr kommt hinzu, daß sein Eigentumserwerb davon abhängig ist, ob der Verarbeiter sich an die Vereinbarung hält; der Übergang des Eigentums setzt nämlich voraus, dass der Veräußernde, dh also der Verarbeiter, im Moment seines eigenen Eigentumserwerbs, noch den Willen hat, das Eigentum auf den früheren Stoffeigentümer zurückzuübertragen (dazu § 929 Rn 80 ff und § 930 Rn 33). Ungeachtet dieser Nachteile ist dies für den Stoffeigentümer, sofern er nach der hier vertretenen Auffassung nicht als Hersteller gilt und infolgedessen sein Eigentum verliert, die einzige Möglichkeit, eine neue Sicherheit zu erlangen (wie hier insbes WESTERMANN/ GURSKY § 53 III 2 e; EICHLER II 1 75; M WOLF Rn 600 und ders AcP 177 [1977] 267 f; BAMBERGER/ ROTH/KINDL Rn 14; E WOLF § 7 F II a und § 4 G III f; PALANDT/BASSENGE Rn 13; ERMAN/EBBING Rn 8 und ausf ROTHKEGEL 127 ff mwNw).

3.   Probleme der Sicherungsübereignung

Bei Vorliegen einer Sicherungsübereignung ergeben sich weitere Folgeprobleme: Es **42** ist zu entscheiden, ob eine auflösend bedingte Sicherungsübereignung in Betracht kommt und ob die Sicherungsübereignung das *Volleigentum* an der neuen Sache umfassen oder nur *Miteigentumsanteile* betreffen kann. Für die Beantwortung dieser Fragen spielt es wiederum eine Rolle, wie die Sicherungsübereignung zustande kommt. Handelt es sich um eine individuelle Vereinbarung, so ist der Rahmen weiterzuziehen, als wenn die vorweggenommene Sicherungsübereignung in AGB vorgesehen ist. Schließlich stellt sich die Frage, ob eine *Verarbeitungsklausel* eventuell in *eine Sicherungsübereignung umgedeutet* werden kann und welche Wirkungen dies gegebenenfalls hat.

a)   Individualabrede

Wird eine Sicherungsübereignung zwischen Stoffeigentümer und Verarbeiter indi- **43** viduell ausgehandelt, so kommt es entscheidend auf den Vertragstext an. Soweit dieser keine Anhaltspunkte enthält, ist eine auflösende Bedingung der Sicherungsübereignung nicht ohne weiteres anzunehmen (vgl Anh 195 f zu §§ 929 ff). Allerdings ist hier zu beachten, dass das Sicherungseigentum in der Mehrzahl der Fälle an die Stelle eines Eigentumsvorbehalts tritt, welcher in der Regel ebenfalls mit Tilgung des Kaufpreises automatisch erlischt (dazu auch unten Rn 45). Zielt die Sicherungsübereignung auf den vollen Eigentumserwerb des Stoffeigentümers, so besteht die Gefahr einer Übersicherung, welche zu einer ganzen oder teilweisen Nichtigkeit der Vereinbarung führen könnte (SOERGEL/HENSSLER Rn 23; zur Übersicherung vgl Anh 154 ff zu §§ 929 ff).

b)   Sicherungsübereignung in AGB

Im Regelfall wird die antizipierte Sicherungsübereignung in AGB enthalten sein **44** (vielfach hilfsweise neben den Hersteller- und Verarbeitungsklauseln, vgl die Hinweise bei SERICK IV § 44 III; dazu unten Rn 45). In diesen Fällen unterliegt die Vereinbarung zusätzlich der *Kontrolle nach den §§ 305 ff BGB (AGB-Normen)*. Dies führt dazu, dass eine Klausel, die auf den Erwerb des Alleineigentums zielt, als unangemessen im Sinne des § 307 BGB (ehemals § 9 AGBG) anzusehen ist (Nachw zum bisherigen Recht bei LAMBSDORFF/HÜBNER Rn 147, die zwar von der Rspr des BGH ausgehen, deren Ausf aber in entsprechender Weise auf die antizipierte Sicherungsübereignung übertragen werden können, vgl im Übrigen unten Rn 45).

Wenn die AGB keine entsprechende Abrede enthalten, stellt sich die Frage, ob eine wirksam vereinbarte **Sicherungsübereignung als auflösend bedingt** anzusehen ist. Nach der heute noch herrschenden Auffassung ist dies idR nicht der Fall (vgl Anh 195 ff zu §§ 929 ff). Im Hinblick auf die hier vorliegende besondere Interessenlage scheint es durchaus sinnvoll, die Sicherungsübereignung als auflösend bedingt zu betrachten; denn der Stoffeigentümer soll ja keine günstigere Position erhalten, als er sie zuvor hatte. Deshalb wäre eine Sicherungsübereignung anzunehmen, die durch Zahlung des Restkaufpreises auflösend bedingt ist (zustimmend BAMBERGER/ ROTH/KINDL Rn 14). Handelt es sich dagegen um die Verarbeitung von Sicherungsgut, das beispielsweise eine Darlehensforderung sichert, so ist nach dem derzeitigen Stand der Rechtsprechung und Lehre eine auflösende Bedingung nur schwer zu begründen (vgl im Einzelnen dazu Anh 195 ff zu §§ 929 ff und unten Rn 46).

c) Umdeutungen von Verarbeitungsklauseln

45 Besondere Schwierigkeiten bereitet die Frage, *ob eine Hersteller- oder Verarbeitungsklausel in eine antizipierte Sicherungsübereignung umgedeutet werden kann.* Gegen eine derartige Umdeutung bestehen **keine grundsätzlichen Bedenken.** Die nach § 140 erforderlichen Voraussetzungen (vgl dazu STAUDINGER/ROTH [2003] § 140 Rn 9 ff) liegen grundsätzlich vor; denn einerseits ist die Verarbeitungsklausel als solche zwar nicht im rechtstechnischen Sinne nichtig, sie führt aber nicht zu dem von den Parteien gewollten Erfolg, weil die angestrebten Rechtsfolgen der gesetzlichen Regelung widersprechen. Deshalb wird die Vereinbarung vielfach auch als unwirksam und unzulässig bezeichnet (vgl die Hinweise oben Rn 25). § 140 kann bei einer derartigen Fallgestaltung angewendet werden. Fraglich könnte allenfalls sein, ob das Ersatzgeschäft – die antizipierte Sicherungsübereignung – in allen seinen Merkmalen durch die fehlgeschlagene Verarbeitungsklausel abgedeckt wird. Zweifel könnten sich vor allem hinsichtlich der Vereinbarung des Besitzmittlungsverhältnisses ergeben. Betrachtet man jedoch den Inhalt einer Verarbeitungsklausel konkret, so umfasst sie auch die Vorstellung der Parteien, dass der Verarbeiter die neugeschaffene Sache für den als Hersteller bezeichneten Stofflieferanten besitzen soll. Schließlich kann man auch ohne weiters annehmen, „daß die Wirkungen des anderen Rechtsgeschäftes denen des ursprünglichen wirtschaftlichen im wesentlichen gleichartig sind" (so STAUDINGER/DILCHER [1995] § 140 Rn 7 mwNw). Infolgedessen dürfte die Umdeutung in aller Regel, ungeachtet der etwas geringeren Sicherheit, die dieser Weg dem Stoffeigentümer bietet, dem Willen der Parteien entsprechen (zustimmend SOERGEL/HENSSLER Rn 22; MünchKomm/FÜLLER Rn 27; BAMBERGER/ROTH/KINDL Rn 1). Dieser Eindruck wird vor allem dadurch bestätigt, daß in der Praxis sehr häufig neben einer Verarbeitungsklausel subsidiär eine antizipierte Sicherungsübereignung vereinbart wird (dazu mit weiteren Einzelheiten SERICK IV § 44 III 8 und Neue Rechtsentwicklungen 110, der ausdrücklich zu einem derartigen Vorgehen rät). Die Umdeutung einer Verarbeitungsklausel wird von denjenigen Autoren, die die Herstellervereinbarung und die Verarbeitungsklauseln ablehnen, überwiegend für angemessen gehalten (etwa ROTHKEGEL 133; E WOLF § 7 F II a; RIMMELSPACHER Rn 171).

Vielfach wird dabei angenommen, dass die aufgrund dieser Umdeutung entstehende Sicherungsübereignung als auflösend bedingt zu betrachten sei (insbes RIMMELSPACHER Rn 171; früher schon BRODMANN 135 und ähnlich auch ROTHKEGEL 129, 133; LARENZ II § 43 II d 2). *Für die Annahme einer auflösend bedingten Sicherungsübereignung* (s auch oben Rn 43) spricht weiter Folgendes: Der Vorbehaltsverkäufer würde im Fall des verlängerten Eigentumsvorbehalts bei unbedingter Sicherungsübereignung eine stärkere Rechtsstellung erlangen als er sie zuvor hatte (vgl RIMMELSPACHER Rn 171) und als er sie bei Wirksamkeit der Herstellervereinbarung hätte; denn auch in diesem Fall würde seine Sicherung mit Tilgung des Kaufpreises jedenfalls entfallen (so jetzt auch BAMBERGER/ROTH/KINDL Rn 14).

Darüber hinaus wird mit dieser Konzeption ein Problem ausgeräumt, dessen Lösung **46** überaus große praktische und konstruktive Schwierigkeiten bereitet. Bei der **Verarbeitung von Vorbehaltswaren** hat der verarbeitende Vorbehaltskäufer ein **Anwartschaftsrecht**, welches aufgrund der Verarbeitung in jedem Fall erlischt. Wird nun das Eigentum aufgrund einer antizipierten, aber auflösend bedingten Sicherungsübereignung auf den Stoffeigentümer zurückübertragen, so erwirbt der Verarbeiter aufgrund dieses Vorgangs erneut ein Anwartschaftsrecht, so dass seine Rechtsstellung praktisch ungeschmälert bestehen bleibt. Dagegen bereitet die Lösung dieser Frage den Vertretern der beiden anderen Konzeptionen außerordentliche Probleme (vgl etwa BAUR/STÜRNER § 53b III 3 b und ausf SERICK IV § 44 III 7 mit zahlreichen Nachw und einer kühn anmutenden Konstruktion).

Handelt es sich bei dem **verarbeiteten Stoff um Sicherungsgut** und hat der Sicherungsnehmer, zB die Kredit gewährende Bank, eine Herstellervereinbarung getroffen, die nach den oben dargelegten Grundsätzen zur Übertragung der Herstellerfunktion nicht ausreicht, so ist auch hier die Umdeutung in eine antizipierte Sicherungsübereignung der neuen Sache möglich, wenn nicht von vornherein eine „zweispurige" Klausel vereinbart wurde (s oben Rn 32, 45). Freilich wird man in diesen Fällen kaum eine auflösende Bedingung annehmen können, wenn nicht die ursprüngliche Sicherungsübereignung ebenfalls auflösend bedingt war. Andernfalls würde nämlich die Rechtsstellung der Bank geschmälert und der verarbeitende Sicherungsgeber erhielte ein Anwartschaftsrecht, welches er zuvor nicht hatte.

4.   Keine Konstruktionsprobleme

Die hier vertretene Konzeption führt auch in zwei weiteren umstrittenen Punkten **47** zu klaren Ergebnissen:

a)   Legt man die oben entwickelten Kriterien zur Übertragung der Herstellerfunktion an, so wird eine fremdwirkende Verarbeitung nur äußerst selten bejaht werden können. Jedenfalls aber ist sichergestellt, daß *nicht mehrere Außenstehende die Herstellerfunktion gleichzeitig oder gar gemeinsam iS* einer „kollektiven Herstellerschaft" (WADLE) für sich *in Anspruch nehmen können*. Die oben festgelegten Voraussetzungen können bei richtiger Anwendung allenfalls dazu führen, dass **ein Dritter**, dann aber dieser allein, als Hersteller anzusehen ist. Infolgedessen kann es zu der viel diskutierten und bis heute nicht befriedigend gelösten Kollision mehrerer Verarbeitungsklauseln (dazu unten Rn 52) nicht kommen.

48 b) Ein weiterer Vorteil besteht schließlich darin, daß in der ganz überwiegenden Zahl der Fälle, in denen eine fremdwirkende Verarbeitung nicht angenommen wird, eindeutig feststeht, dass es sich bei dem **durch antizipierte Übertragung erworbenen Eigentum um Sicherungseigentum handelt**, mit allen sich daraus für die Verwertung und Insolvenz ergebenden Konsequenzen (vgl dazu Anh 249 ff zu §§ 929 ff). In den wenigen Fällen einer wirklichen Verlagerung der Herstellereigenschaft wird man SERICK darin zustimmen müssen, dass auch dann – unabhängig von der konstruktiven Problematik – das erworbene Eigentum nach den Grundsätzen über das Sicherungseigentum zu behandeln ist (ausf mit allen Nachw dazu SERICK V § 63 I und Neue Rechtsentwicklungen 111; s auch WIEGAND AcP 190 [1990] 112, 130 und unten Rn 53).

5.   Konsequenzen bei Wirksamkeit von Verarbeitungsklauseln (Gegenmeinung)

49 Folgt man der These von der Dispositivität, so ist eine beliebige Verlagerung der Herstellereigenschaft auf Dritte zulässig. Die dabei immer wieder vorgeschlagene Beschränkung auf den Stoffeigentümer überzeugt sachlich kaum. Konsequenter wirkt insoweit die Auffassung von HOFMANN (zum Ganzen oben Rn 19 ff). Aber auch die Rechtsprechung des BGH führt – wie die eigene Praxis des BGH zeigt – zu einer weitgehenden Zulassung und Wirksamkeit von Verarbeitungsklauseln und Herstellervereinbarungen. Daraus ergibt sich eine Reihe von Folgeproblemen, für die bis heute keine befriedigende Lösung gefunden wurde. Vielmehr stellen die dazu vorgeschlagenen Lösungen klassische Fälle einer **Fehlerkompensation** dar, indem die aufgrund eines verfehlten Ansatzes gewonnenen Ergebnisse mit teilweise sehr bedenklichen Mitteln wieder korrigiert werden. Auf folgende Punkte soll kurz hingewiesen werden:

6.   Mit der Gegenmeinung entstehende Einzelprobleme

50 Lässt man *Verarbeitungsklauseln im weiten Umfang* zu (insbes iS der Rechtsprechung des BGH, vgl Rn 23), so ergeben sich daraus weitere Probleme:

a)   Übersicherung
Zunächst besteht bei Erwerb des Alleineigentums durch einen Stoffeigentümer die Gefahr der Übersicherung. Während nach der hier vertretenen Konzeption in den seltenen Fällen, in denen eine fremdwirkende Verarbeitung zugelassen wird, infolge der anzuwendenden Kriterien (Risikoübernahme und erhöhte Sicherungsinteressen) eine Übersicherung praktisch nicht in Betracht kommt, führt sowohl die Praxis des BGH als auch die Auffassung von der Dispositivität dazu, dass jeder beliebige Stoffeigentümer, auch wenn seine Sache nur mit geringem Prozentsatz am Endprodukt beteiligt ist, Volleigentum erlangen könnte. Infolgedessen hat man sehr bald das *Risiko einer Unwirksamkeit wegen Übersicherung* erkannt (vgl hierzu und für das folgende LAMBSDORFF/HÜBNER Rn 148 ff mit umfangreichen Nachw zur früheren Rechtslage und die Erl im Anh 154 ff zu §§ 929 ff; ausserdem MünchKomm/FÜLLER Rn 26; SOERGEL/HENSSLER Rn 23).

b)   Erwerbsbeschränkungen
51 Die Praxis hat deshalb den Eigentumserwerb in ihren Klauseln auf **Teilquoten** beschränkt. Dabei treten **zwei Probleme** auf: Grundsätzlich ergibt sich die Frage, ob der vom Gesetzgeber vorgesehene Erwerb nach § 950 auch noch in dieser Weise

unterteilt werden kann. Die Rechtsprechung des BGH hat diese Praxis ausdrücklich gebilligt (grundlegend BGHZ 46, 117, 119 f, bestätigt in BGH ZIP 1981, 153 f; vgl dazu auch SERICK, Neue Rechtsentwicklungen 112 f und WAGNER AcP 184 [1984] 14 ff mit einer „Musterklausel"). Von der hier vertretenen Konzeption aus lässt sich eine derartige Regelung kaum rechtfertigen. Sie steht in krassem Widerspruch zu den Vorstellungen des Gesetzgebers, der derart komplexe Eigentumsverhältnisse gerade vermeiden wollte (vgl Mot III 361, wo ausdrücklich darauf hingewiesen wird, daß Rechtsverhältnisse wie bei § 947 im Zusammenhang mit der Verarbeitung nicht erwünscht seien). Die von der Literatur überwiegend akzeptierte Beschränkung des Eigentumserwerbs auf einen Teilwert (BAMBERGER/ROTH/KINDL Rn 13, eher krit WESTERMANN/GURSKY § 53 III 2 e; grundsätzlich zustimmend, aber als Auslegungsproblem qualifiziert bei MünchKomm/FÜLLER Rn 27) beruht auf ähnlichen Überlegungen, wie sie bei der Vorauszession und anderen Verlängerungs- und Erweiterungsformen der Mobiliarsicherheiten anzutreffen sind. Die Problematik ist im Anhang zu §§ 929 ff zusammenfassend dargestellt; darauf wird generell verwiesen.

Geht man von der **prinzipiellen Zulässigkeit der Erwerbsbeschränkung** aus, so ergibt sich die Frage, nach welchen Kriterien die Anteile zu bestimmen sind. Der BGH hat sich in der erwähnten Entscheidung gegen die Zulässigkeit von Klauseln ausgesprochen, die an Nominalwerte anknüpfen und stattdessen *Bruchteilsklauseln* verlangt. Für die Bestimmung des Bruchteils kann in Analogie zu § 947 Abs 1 grundsätzlich auf den Wert der verarbeiteten Stoffe zurückgegriffen werden. Der BGH sieht damit auch die Erfordernisse als erfüllt an, die sich im Hinblick auf die Bestimmtheit sachenrechtlicher Verfügungsgeschäfte ergeben. Der BGH und die ihm folgende Literatur verweisen in diesem Zusammenhang auf die Grundsätze, die zur Bestimmtheit einer Sicherungsübereignung entwickelt worden sind (vgl dazu Anh 95 ff zu §§ 929 ff). Die Konkretisierung dieser Grundsätze bereitet außerordentliche Probleme. SERICK hat die verschiedenen Berechnungsmöglichkeiten, die aufgrund dieser Rspr als zulässig gelten müssen, in aller Ausführlichkeit und mit allen Einzelheiten dargelegt (vgl IV § 45 und Neue Rechtsentwicklungen 112 f; unter dem Aspekt des AGB-Kontrolle LAMBSDORFF/HÜBNER Rn 147).

Ein weiteres Folgeproblem besteht darin, dass mehrere Alleineigentumsklauseln **52** oder eine Alleineigentums- und mehrere Miteigentumsklauseln oder aber mehrere Miteigentumsklauseln zusammentreffen können. In allen diesen Fällen ergeben sich **Kollisionsprobleme**, die durch eine Kombination mehrerer theoretischer Ansätze gelöst werden sollen. Teilweise hält man die zu weit greifenden Klauseln für unwirksam und reduziert sie, zT wird eine Harmonisierung durch Auslegung versucht. Die Problematik ist ausführlich und in allen Nuancen von SERICK (IV § 46) dargelegt (ergänzend hierzu unter den von SERICK noch nicht berücksichtigten AGB-Aspekten LAMBSDORFF/HÜBNER Rn 153 ff; vgl auch WAGNER aaO mit ausf Nachw; vgl auch SOERGEL/HENSSLER Rn 24).

c) Qualifizierung des Eigentums
Streitig geworden ist schließlich die Frage, welche **Rechtsnatur** das durch Verarbei- **53** tungs- oder Herstellerklauseln erlangte Eigentum des als Verarbeiter geltenden Stoffeigentümers hat. Der Rspr des BGH lässt sich zu dieser Frage nichts Eindeutiges entnehmen. Rein vom Sprachgebrauch her spricht allerdings manches dafür, daß der BGH davon ausgeht, dass das neuerlangte Eigentum qualitativ dem ursprünglichen Vorbehaltseigentum gleichstehe (dahin tendieren jedenfalls

die Ausführungen BGHZ 46, 117 ff). Auch die Formularpraxis verwendet häufig Klauseln, die in diese Richtung zielen. In einer umfassenden Analyse dieser Frage hat SERICK überzeugend dargelegt, dass es sich bei diesem durch Fremdverarbeitung erlangten Eigentum der Sache nach nur um **Sicherungseigentum** handeln könne (V § 63 mit umfangreichen Nachw). Dem ist allerdings hinzuzufügen, dass es dabei nicht etwa um eine Frage der richtigen Bezeichnung oder konstruktiven Begründung geht. Vielmehr kommt es ausschließlich darauf an, welche Funktion ihm im Rahmen des Kreditsicherungsrechts zukommt. Bei einer derartigen Betrachtungsweise kann kein Zweifel daran bestehen, dass im Hinblick auf die Verwertung und die konkursrechtliche Behandlung dieses Eigentums nur die für das Sicherungseigentum geltenden Grundsätze zur Anwendung kommen können (vgl dazu Anh 249 ff zu §§ 929 ff und WIEGAND AcP 190 [1990] 112, 129 f; SOERGEL/HENSSLER Rn 26; so jetzt auch BAMBERGER/ROTH/KINDL Rn 14).

§ 951
Entschädigung für Rechtsverlust

(1) Wer infolge der Vorschriften der §§ 946 bis 950 einen Rechtsverlust erleidet, kann von demjenigen, zu dessen Gunsten die Rechtsänderung eintritt, Vergütung in Geld nach den Vorschriften über die Herausgabe einer ungerechtfertigten Bereicherung fordern. Die Wiederherstellung des früheren Zustands kann nicht verlangt werden.

(2) Die Vorschriften über die Verpflichtung zum Schadensersatz wegen unerlaubter Handlungen sowie die Vorschriften über den Ersatz von Verwendungen und über das Recht zur Wegnahme einer Einrichtung bleiben unberührt. In den Fällen der §§ 946, 947 ist die Wegnahme nach den für das Wegnahmerecht des Besitzers gegenüber dem Eigentümer geltenden Vorschriften auch dann zulässig, wenn die Verbindung nicht von dem Besitzer der Hauptsache bewirkt worden ist.

Materialien: TE SR § 151; E I § 897; II § 866, rev § 936; III § 935; SCHUBERT, SR I 952; Mot III 362; Prot III 244; VI 235, 238, 388; JAKOBS/ SCHUBERT, SR I 658.

Schrifttum

1. Zu Abs 1

AUFFERMANN, Der Bereicherungsanspruch beim Bauen auf fremdem Boden (Diss Marburg 1933)
BEISSNER, Die Verwendungen des Mieters und unrechtmäßigen Fremdbesitzers unter Berücksichtigung des Aspekts der aufgedrängten Bereicherung (Diss Göttingen 1994)
BAUR/M WOLF, Bereicherungsansprüche bei irrtümlicher Leistung auf fremde Schuld. – Das

Wegnahmerecht des Nichtbesitzers, JuS 1966, 393
BERG, Bereicherung durch Leistung und in sonstiger Weise in den Fällen des § 951 Abs 1 BGB, AcP 160 (1961) 505
BEUTHIEN, Leistung und Aufwendung im Dreiecksverhältnis, JuS 1987, 841
BEUTHIEN/WEBER, Schuldrecht II, Ungerechtfertigte Bereicherung und Geschäftsführung ohne Auftrag (2. Aufl 1987)

vCAEMMERER, Bereicherung und unerlaubte
Handlung, in: FS Ernst Rabel (1954) I 333
CANARIS, Der Bereicherungsausgleich in Drei-
ecksverhältnissen, in: 1. FS Larenz (1973) 799
ELLGER, Bereicherung durch Eingriff (2002)
FEILER, Aufgedrängte Bereicherung bei den
Verwendungen des Mieters oder Pächters
(1968)
GÖTZ, Der Vergütungsanspruch gem § 951
Abs 1 S 1 (1975)
GREINER, Die Haftung auf Verwendungsersatz
(2000)
HADDING, Die Verweisung auf die Vorschriften
über die Herausgabe einer ungerechtfertigten
Bereicherung im BGB, in: FS Mühl (1981) S 225
HERGESELL, Voraussetzungen und Umfang des
Ausgleichsanspruchs aus § 951 BGB (Diss
Breslau 1928)
HUBER, Bereicherungsansprüche beim Bau auf
fremdem Boden, JuS 1970, 342, 515
ders, Gefahren des vertraglichen Abtretungs-
verbots für den Schuldner der abgetretenen
Forderung, NJW 1968, 1905
HÜLSMANN, Leistungskondiktion und Eingriffskondiktion in Dreiecksverhältnissen (Diss
Köln 1966)
JAKOBS, Eingriffserwerb und Vermögensverschiebung (1964)
ders, Die Begrenzung des Verwendungsersatzes,
AcP 167 (1967) 350
ders, Die Verlängerung des Eigentumsvorbehalts und der Ausschluß der Abtretung der
Weiterveräußerungsforderungen, JuS 1973, 159
KLAUSER, Bereicherung wider Willen. Zur bereicherungsrechtlichen Behandlung von Verwendungen (Diss Freiburg 1955)
ders, Verwendungsersatz und Bereicherungsanspruch, NJW 1958, 47
ders, Aufwendungsersatz bei Neubauten und
werterhöhenden Verwendungen auf fremdem
Grund und Boden. Zum Problem der aufgedrängten Bereicherung, NJW 1965, 513
KLINKHAMMER, Die Rückabwicklung einver-
ständlich vorgenommener Verwendungen beim
Bau auf fremdem Boden, Betrieb 1972, 2385
KÖBL, Das Eigentümer-Besitzer-Verhältnis im
Anspruchssystem des BGB (1971)
J KOHLER, Die gestörte Rückabwicklung gescheiterter Austauschverträge (1989)

KOPPENSTEINER/KRAMER, Ungerechtfertigte
Bereicherung (2. Aufl 1988)
LACHNER, Die condictio ob rem (Diss Frankfurt
1996)
LOEWENHEIM, Bereicherungsrecht (1988)
W LORENZ, Bereicherungsausgleich beim Einbau fremden Materials, in: FS Serick (1992) 255
MAUSER, Die Voraussetzungen des Vergütungsanspruchs gem § 951 Abs 1 BGB (Diss
Tübingen 1965)
MÖHRENSCHLAGER, Der Verwendungsersatzanspruch des Besitzers im anglo-amerikanischen
und deutschen Recht (1971)
PIKART, Die Rechtsprechung des Bundesgerichtshofes zum Bereicherungsanspruch nach
§ 951, WM 1974, 654
PINGER, Funktion und dogmatische Einordnung
des Eigentümer-Besitzer-Verhältnisses (1973)
ders, Wertersatz im Bereicherungsrecht, MDR
1972, 101, 187
REEB, Grundprobleme des Bereicherungsrechts
(1975)
REIMER, Die aufgedrängte Bereicherung (1990)
REUTER/MARTINEK, Ungerechtfertigte Bereicherung (1983) (= Handbuch des Schuldrechts,
hrsg v Gernhuber, Bd 4)
GRAF vRITTBERG, Die aufgedrängte Bereicherung (Diss München 1969)
SCHEYHING, Zum Bereicherungsanspruch nach
§ 951 BGB, JZ 1956, 14
ders, Leistungskondiktion und Bereicherung „in
sonstiger Weise", AcP 157 (1958/59) 371
SCHINDLER, Die aufgedrängte Bereicherung
beim Ersatz von Impensen, AcP 165 (1965) 499
SERICK, Eigentumsvorbehalt und Sicherungsübereignung, Bd IV (1976) 649: Bereicherungsrecht und Verlängerungsformen
STURM, Zum Bereicherungsanspruch nach § 951
Abs 1 S 1 BGB, JZ 1956, 361
STÜRNER/HEGGEN, Der fehlgeschlagene Bau
auf fremdem Boden (OLG Stuttgart NJW-RR
1998, 1171), JuS 2000, 328
TÜCKMANTEL, Die Problematik einer Ausgleichspflicht für unerwünschten Vermögenszu-
wachs (Diss Münster 1971)
TOBIAS, Eigentumserwerb durch Verbindung,
AcP 94 (1903) 371
WALLMANN, Die Geltung des Subsidiaritäts-
grundsatzes im Bereicherungsrecht (1995)

WENDEHORST, Anspruch und Ausgleich: Theorie einer Vorteils- und Nachteilsausgleichung im Schuldrecht (1999)

WERNECKE, Abwehr und Ausgleich „aufgedrängter Bereicherungen" im Bürgerlichen Recht (2004)

WIELING, Bereicherungsrecht (1993)

MANFRED WOLF, Verwendungsersatzansprüche im Anspruchssystem, AcP 166 (1966) 188

ders, Die aufgedrängte Bereicherung, JZ 1966, 467

MARTIN WOLFF, Der Bau auf fremdem Boden (1900).

Vgl ferner die Schrifttumsangaben vor § 812 und § 818 bei STAUDINGER/W LORENZ (1999). Auch die dort aufgeführten Monographien werden hier abgekürzt zitiert.

2. Zu Abs 2

Vgl die Schrifttumsangaben vor § 997.

Ferner LIEBE, Das Wegnahmerecht der Bauhandwerker, SächsArch 3 (1908) 177.

Systematische Übersicht

I. **Grundsätzliches** _____ 1

II. **Die Voraussetzungen des Vergütungsanspruchs aus § 951 Abs 1**
1. Rechtsverlust _____ 4
2. Keine Leistung _____ 5
a) Leistung des verlierenden Teils an den gewinnenden _____ 6
b) Leistung des Materialeigentümers an einen Dritten _____ 7
c) Doppelmangel _____ 8
d) Abgeirrte Werkleistungen _____ 9
e) Anschein einer Drittleistung _____ 12
f) Leistung auf fremde Kosten; Abgrenzung zu den Eingriffsfällen _____ 13
g) Rechtsübergang ohne Leistung _____ 19
3. Ohne rechtlichen Grund _____ 20

III. **Die Parteien des Vergütungsanspruchs**
1. Anspruchsberechtigter _____ 21
2. Anspruchsgegner _____ 25

IV. **Inhalt des Anspruchs**
1. Allgemeines _____ 27
2. Der Gegenstand der Vergütungspflicht _____ 28
3. Umfang _____ 31
4. Zeitpunkt _____ 35
5. Keine Nutzungsherausgabe _____ 38
6. Entreicherungseinwand _____ 40

7. Kein Einwand des Mitverschuldens _ 41
8. Verschärfte Haftung _____ 43
9. Untergang _____ 44
10. Einwand aus § 817 S 2 _____ 45

V. **Schutz vor aufgedrängter Bereicherung**
1. Der Interessenkonflikt _____ 46
2. Lösung durch gegenläufige Beseitigungsansprüche? _____ 47
3. Verweisung auf die Wegnahme des verbundenen Materials _____ 48
4. Modifikation des Anspruchsumfangs? _____ 50
5. Kondiktionsausschluß durch Verwendungsersatzregeln _____ 53
6. Die Auffassung von Canaris _____ 61

VI. **Gebäudeerrichtung in der Erwartung späteren Eigentumserwerbs** _____ 62

VII. **Vorbehalt sonstiger Rechtsbehelfe**
1. Allgemeines _____ 63
2. Schadensersatzansprüche _____ 64
3. Verwendungsersatzansprüche _____ 65
4. Wegnahmerechte _____ 66

VIII. **Das besondere Wegnahmerecht des Abs 2 S 2**
1. Voraussetzungen _____ 67
2. Inhalt und Rechtsnatur _____ 73

Alphabetische Übersicht

Abgeirrte Werkleistungen _____ 9 f

Abhandekommen beim Eigentümer _____ 42

Aneignungsrecht _____ 70
Anspruchsberechtigter _____ 21
Anspruchsgegner _____ 25
Anwartschaftsrecht an der Hauptsache ____ 25
Anwartschaftsrecht an der eingefügten
  Sache _____ 21
Arbeitsaufwand _____ 29
Aufgedrängte Bereicherung _____ 46 ff

Bereicherungsaufdrängung _____ 46 ff
Begrenzung durch Verlust _____ 34
Beseitigungsanspruch _____ 47
Bösgläubiger Anspruchsgegner _____ 43

condictio ob rem _____ 39

Dispositives Recht _____ 3
Doppelmangel _____ 8
Drittleistung, Anschein einer _____ 12
Duldungsanspruch des Wegnahmeberechtig-
  ten _____ 73

Eigentumsvorbehalt an Baustoffen _____ 15
Einwand aus § 817 S 2 _____ 45
Elektive Konkurrenz _____ 72
Empfängerhorizont _____ 12
Entreicherungseinwand _____ 40
Ersparnisbereicherung _____ 28
Ertragswert, subjektiver _____ 50
Erwartung späteren Eigentumserwerbs ____ 62

falsus procurator _____ 6
Fertigstellung des Gebäudes _____ 35

Geschäftsunfähigkeit des Einbauenden   10, 16
Geschäftsunfähigkeit des Materialeigen-
  tümers _____ 11
Gebäudeerrichtung auf fremdem Boden __
  _____ 30, 35
Gestattung der Wegnahme _____ 48
Gegenleistung an Dritte _____ 12
Genehmigung der dem Einbau voran-
  gegangenen Verfügung _____ 17
Geldsummenschuld _____ 27
Grundpfandrechte _____ 25

Herzschrittmacher _____ 4

Inhalt des Anspruchs _____ 27

Instandsetzungspflicht bei Ausübung des
  Wegnahmerechts _____ 74

Konkurs _____ 77

Latenter Bereicherungsanspruch _____ 50
Leistung, Erwerb ohne _____ 5
Leistung auf fremde Kosten _____ 13
Leistung an Dritten _____ 7

Miteigentum _____ 4, 25

Nutzungsherausgabe _____ 38

Ohne rechtlichen Grund _____ 20

Pfandrecht an erweiterter Sache _____ 25
Pfandrecht an verbundener Sache _____ 21

Rechtsgrundverweisung _____ 1
Rechtsverlust _____ 4
– bei Eigentumsvorbehalt _____ 24
Rechtsübergang, kein _____ 19

Schadensersatzansprüche _____ 64
Schenkweise Weitergabe _____ 26
Subsidiaritätsdogma _____ 13
Subunternehmer _____ 7

Umfang der Vergütungspflicht _____ 31
Untergang durch Ersitzung _____ 44

Verschärfte Haftung _____ 43
Versionsanspruch _____ 7
Verweisung, Art der _____ 1
Verwendungsersatz, Verlust beim Einbau __ 40
Verwendungsersatzansprüche _____ 65
Vorwerfbare Bereicherungsaufdrängung __
  _____ 60, 61

Wahlrecht des Kondiktionsgläubigers ____ 17 f
Wegnahme, Verweisung auf _____ 48
Wegnahmemöglichkeit, Verweisung auf __ 48
Wegnahmerecht aus Abs 2 S 2 _____ 67 ff
Wegnahmerechte, sonstige _____ 66
Werkleistung, abgeirrte _____ 22
Wertbegriff, subjektiver _____ 50
Wertersatz statt Beseitigung in Natur __ 2, 27 ff
Wertsteigernde Baumaßnahmen

– durch Entleiher _____ 57
– durch Grundstückskäufer _____ 59
– durch Pächter _____ 58
Wertsteigerung der Hauptsache _____ 28
Wertsteigerung, nachträgliche _____ 37
Wiederabtrennung _____ 27

Wiederaufleben beschränkter dinglicher
 Rechte _____ 75
Wiedererlangung des Grundstücks _____ 36

Zeitpunkt der Wertermittlung _____ 35 ff
Zwangsversteigerung _____ 77

I. Grundsätzliches

1 Der in den §§ 946–950 geregelte Erwerb lastenfreien Eigentums durch Verbindung, Vermischung oder Verarbeitung beruht auf der Erwägung, daß „an dem einheitlichen Ganzen oder der einheitlichen neuen Sache auch nur einheitliches Recht zugelassen werden kann" (Mot Mugdan III 201). Der kraft Gesetzes eintretende Rechtsübergang soll hier also nur im Interesse der Rechtsklarheit und Rechtssicherheit eine einheitliche sachenrechtliche Zuordnung der neugeschaffenen wirtschaftlichen Einheit herbeiführen; der Vermögenswert der erlangten Substanz soll dem Begünstigten damit aber nicht zugewiesen werden: § 951 Abs 1 gewährt dem verlierenden Teil vielmehr eine Geldvergütung nach den Vorschriften über die Herausgabe einer ungerechtfertigten Bereicherung. Dadurch wird zum Ausdruck gebracht, daß die §§ 946–950 lediglich einen Erwerbsmodus regeln, nicht aber zugleich einen rechtfertigenden Grund für den mit der Rechtsverschiebung verbundenen Vermögenszuwachs beinhalten. Ob darin eine bloße Klarstellung zu sehen ist, ob also ein nach §§ 946 ff erfolgter Erwerb auch ohne § 951 Abs 1 als rechtsgrundlos anzusehen wäre oder ob § 951 Abs 1 überhaupt erst die Kondiktionsmöglichkeit schafft, indem er die §§ 946 ff als Rechtsgrund ausschließt, ist umstritten (im ersteren Sinne wohl zu Recht die hM, vgl Soergel/Henssler Rn 1 sowie AnwK-BGB/vPlehwe Rn 1 und die Nachweise bei Götz 35 Fn 131, 73 Fn 339; im letzteren Sinne H Westermann, SR 5 § 54, 1); die Frage ist nur von theoretischem Interesse. Jedenfalls legt § 951 Abs 1 S 1 durch die Verweisung auf die Vorschriften der ungerechtfertigten Bereicherung nicht nur den Umfang der Ausgleichspflicht fest (so aber RGZ 81, 204, 206; 139, 22; Esser, SchuldR 1 § 302 I 3 S 434; Sturm JZ 1956, 361, 362; Imlau NJW 1964, 1999). § 951 Abs 1 S 1 enthält vielmehr eine **Rechtsgrundverweisung** (Tatbestandsverweisung) auf § 812 Abs 1 S 1: Für den Vergütungsanspruch müssen also sämtliche Voraussetzungen eines Bereicherungsanspruchs aus § 812 Abs 1 S 1 erfüllt sein (so BGHZ 17, 236, 238 f; 35, 356, 359 f; 40, 272, 276; 55, 176, 177 uö; OLG Hamm NJW-RR 1992, 1105; OLG Stuttgart NJW-RR 1998, 1171; BGB-RGRK/Pikart Rn 6; Soergel/Henssler Rn 2; MünchKomm/Füller Rn 3; AnwK-BGB/vPlehwe Rn 3; Erman/Hefermehl Rn 3; Palandt/Bassenge Rn 2; Baur/Stürner § 53 Rn 24; H Westermann⁵ § 54, 1; M Wolf¹⁷ Rn 612; Gerhardt I 131; E Wolff § 4 H I c 1; Huber JuS 1970, 342, 344 f; Beuthien/Weber 25, 72 f; Wendehorst, Anspruch und Ausgleich [1999] 285; Ellger 511; weitere Nachweise bei Götz 33 Fn 120 und zur älteren Literatur 29 Fn 91). Der Vergütungsanspruch aus § 951 Abs 1 S 1 ist also ein unselbständiger Bereicherungsanspruch, ein bloßer Anwendungsfall des § 812 Abs 1 S 1, für den nur insoweit eine (scheinbare) Besonderheit besteht, als er nach § 951 Abs 1 S 1 stets auf Wertersatz gerichtet ist (s Rn 2 aE). Im Gegensatz zu dieser herrschenden Deutung interpretiert Hadding den § 951 Abs 1 S 1 als besondere Eingriffskondiktion und die Verweisung als „Teilverweisung" auf sämtliche nicht anspruchsbegründenden Vorschriften der §§ 812–822 (FS Mühl 225, 260 ff); diese Abweichung ist im wesentlichen terminologischer Art. Gänzlich vom bisherigen Normverständnis abweichend sieht Götz (passim, insbes 96 ff, 133 ff, 201) in § 951 Abs 1 einen privatrechtlichen Aufopferungsanspruch. Die Aufopferungslage soll darin bestehen, daß dem Benachteiligten durch die in § 951 Abs 1 S 2 normierte Belassungspflicht der an sich gegebene bereicherungsrechtliche Herausgabeanspruch entzogen werde (96 ff, 152 ff). Da ein solcher Aufopferungsanspruch aus § 951 Abs 1 nur in Betracht komme, wenn ohne die Belassungspflicht aus § 951 Abs 1 S 2 ein Bereicherungsanspruch entstehen würde, enthalte § 951 Abs 1 S 1 eine mittelbare Rechtsgrundverweisung auf die §§ 812 ff (154). Diese seltsam verschachtelte Konstruktion, die (wie Götz 154 selbst einräumt) keine von der hM abweichenden Fallösungen zur Folge haben würde, ist abzulehnen (so auch SOERGEL/MÜHLL[12] Rn 1; AK-BGB/JOERGES Rn 2). Der Aufopferungsgedanke (den BAUR/STÜRNER § 53 Rn 23 und SORGEL/HENSSLER Rn 2 nur als einen von mehreren Aspekten des § 951 heranziehen) reicht zur Erklärung des § 951 Abs 1 schon deshalb nicht aus, weil diese Norm ja auch und gerade in solchen Fällen eingreift, in denen ein Anspruch auf Wiederherausgabe der erlangten Substanz nach der Natur der Sache überhaupt nicht in Betracht kommt, dem Kondizienten also nicht erst durch § 951 Abs 1 S 2 entzogen wird. Im übrigen darf nicht übersehen werden, daß die in § 951 Abs 1 S 2 vorgenommene Ersetzung der bereicherungsrechtlichen Naturalrestitution durch die Vergütung des Wertzuwachses durchaus auch im Interesse des Kondiktionsgläubigers liegt, diesem also gerade kein Opfer auferlegt: Der Umfang der Vergütung wird in aller Regel nämlich über den Wert des wieder abgetrennten Bestandteils hinausgehen.

Sehr streitig ist, ob die Verweisung in § 951 Abs 1 S 1 beide Alternativen des § 812 **2** Abs 1 S 1 umfaßt, oder ob hier nur der Tatbestand der Nichtleistungskondiktion (§ 812 Abs 1 S 1 2. Alt) gemeint ist. Im ersteren Sinne wird die Norm von der Rspr verstanden (BGHZ 40, 272, 276; BGH NJW 1989, 2745, 2746; ebenso entschieden BGB-RGRK/ PIKART Rn 7 ff; ERMAN/HEFERMEHL[10] Rn 3; ESSER[3] § 100 III 1 d; MÜLLER Rn 265 1 ff; SCHWAB/ PRÜTTING Rn 467; SCHAPP/SCHUR Rn 254, 261; HUBER JuS 1970, 342; BERG AcP 160 [1961] 505, 511 f; BARNSTEDT, Das Merkmal der Rechtsgrundlosigkeit (1940) 73 f; HÜLSMANN 43; BÄLZ in: FS Gernhuber [1993] 1, 29 m Fn 98; EIDENMÜLLER JZ 1996, 889, 890 Fn 5; ELLGER 202 f). Nach der in der neueren Literatur überwiegenden Meinung regelt § 951 Abs 1 dagegen *nur einen Tatbestand der Nichtleistungskondiktion*, so daß die Leistungsfälle unmittelbar über § 812 Abs 1 S 1 1. Alt zu lösen wären (so MünchKomm/QUACK[3] Rn 3, 5; MünchKomm/FÜLLER[4] Rn 3; SOERGEL/HENSSLER Rn 4; BAMBERGER/ROTH/KINDL Rn 2; ERMAN/ EBBING[11] Rn 3; PALANDT/BASSENGE Rn 2; JAUERNIG/JAUERNIG Rn 1, 5; KROPHOLLER Rn 3; BAUR/ STÜRNER § 53 Rn 24; H WESTERMANN[5] § 54, 2; WIELING I § 11 II 5 a vor aa, bb; WOLFF/RAISER § 74 Fn 1, 3; WILHELM Rn 980; GERHARDT I 131 f; FIKENTSCHER Rn 1071, 1125, 1127; MÜLLER, SchR BT Rn 2271; BÜDENBENDER JuS 1997, 135, 139; BAUR/M WOLF JuS 1966, 393, 395; EHMANN NJW 1971, 612; MAUSER 31 ff; HAINES 60; HAYMANN JherJb 56 [1910] 90; BEUTHIEN/WEBER 25, 73; WILBURG 27 ff; vCAEMMERER, in: FS Rabel I S 333, 352; HADDING, in: FS Mühl 225, 262 f; vgl auch BGH LM § 812 BGB Nr 14; ebenso OLG Hamm NJW-RR 1992, 1105). Der letzteren Auffassung ist zuzustimmen. Schon die Tatsache, daß § 951 als Anspruchsgläubiger nur den bisherigen Rechtsinhaber nennt, zeigt, daß an einen durch Leistung bewirkten Rechtsübergang nicht gedacht ist: Denn Leistender und damit Gläubiger einer Leistungskondiktion könnte etwa in den Einbaufällen offensichtlich auch eine andere Person als der bisherige Materialeigentümer sein, etwa der Bauunternehmer, der sich zur Erfüllung des unwirksamen Werkvertrages eines Subunternehmers bedient und diesem gehörendes Material einbauen läßt. Wollte man § 951 auch bei einem durch Leistung erfolgten Einbau anwenden, so ließe sich damit doch nur ein Ausschnitt der einheitlichen Leistung erfassen: nämlich nur der Eigentumserwerb am Material, nicht die für den Einbau erforderliche Arbeitsleistung. Die Gesamtleistung müßte also in zwei Komponenten aufgegliedert werden, von denen die eine nach § 812 Abs 1 1. Alt und die andere nach §§ 951 Abs 1 S 1, 812 Abs 1 S 1 1. Alt auszugleichen wäre. Das aber erscheint wenig sinnvoll, zumal spätestens bei der Berechnung des Wertersatzes dann doch wieder von einem einheitlichen Vergütungsanspruch ausgegangen werden müßte (vgl BGHZ 10, 179, 180; 35, 356, 359). Schließlich müßte die Anwendung des Wegnahmerechts aus § 951 Abs 2 S 2 in den Fällen, in denen die Sachverbindung als Leistung zur Erfüllung eines unwirksamen Werkvertrages erfolgt, zu einer erheblichen Störung der bereicherungsrechtlichen Rückabwicklung führen (vgl M WOLF AcP 166 [1966] 188, 209 zur Parallelproblematik bei § 997): Der Leistende könnte durch die Ausübung des Wegnahmerechts sowohl den Kondiktionsausschlußgrund des § 814 wie auch die durch die Saldotheorie bewirkten Beschränkungen unterlaufen (vgl M WOLF aaO). Aus diesen Gründen ist § 951 Abs 1 S 1 als **Sonderfall der Nichtleistungskondiktion** zu verstehen, mithin als ein Rechtsfortwirkungsanspruch, der den nicht durch Leistung bewirkten Rechtsübergang schuldrechtlich ausgleicht. (Typischerweise wird es sich um eine *Eingriffskondiktion* handeln; wenn aber der Entreicherte den Rechtsverlust selbst ohne Leistungswillen herbeigeführt hat [vgl Rn 9], sollte man besser von *Aufwendungskondiktion* sprechen [so jetzt auch MünchKomm/FÜLLER Rn 3]). Diese Einordnung darf allerdings nicht dazu führen, daß sich der Kondiktionsanspruch bei einer im Wege der Leistung herbeigeführten Sachverbindung infolge Unanwendbarkeit des § 951 Abs 1 S 2 auf Naturalrestitution, also auf Wiederabtretung und Herausgabe der verbliebenen Nebensache richtet (so aber MAUSER 32 ff). Eine solche Ausgleichsart, die zu einer unnötigen Zerschlagung wirtschaftlicher Werte führen müßte, wäre bei vertragslosen Werkleistungen genauso unangemessen, wie in den Eingriffsfällen (so auch MÜLLER, SR Rn 2655). *§ 951 Abs 1 S 2 ist deshalb bei einer Leistungskondiktion wegen rechtsgrundlos bewirkter Sachverbindung entsprechend anzuwenden* (so jetzt auch WIELING I § 11 II 5 a bb Fn 21; MünchKomm/FÜLLER Rn 23; BAMBERGER/ROTH/KINDL Rn 2; PALANDT/BASSENGE Rn 2; BAMBERGER/ROTH/WENDEHORST § 818 Rn 26). § 951 Abs 1 S 2 präzisiert bei diesem Verständnis nur die Aussage des § 818 Abs 2 für eine bestimmte Art von „erlangtem Etwas": Der Empfänger ist zur Herausgabe des Erlangten in Natur auch dann „außerstande", wenn die erlangte Sache bei ihrem Erwerb als selbständiges Rechtsobjekt untergegangen ist (vgl auch STAUDINGER/W LORENZ [1999] § 818 Rn 23).

3 § 951 ist **dispositiv** (BGH NJW 1959, 2163; WM 1970, 1142; LM § 951 BGB Nr 28 = WM 1972, 389, 391; MünchKomm/FÜLLER Rn 4; SOERGEL/HENSSLER Rn 21; OLGR Frankfurt 1993, 61, 62; BAMBERGER/ROTH/KINDL Rn 1; hinsichtlich Abs 1 S 2 zweifelnd BGB-RGRK/PIKART Rn 43). Die Parteien können die Entschädigungspflicht also abweichend regeln oder ganz ausschließen (BGH LM § 951 BGB Nr 28). Bei einem Pachtvertrag über gewerbliche Räume kann die getroffene Vereinbarung, daß der Verpächter bei Vertragsende die vom Pächter eingebauten Anlagen ohne jede Entschädigung (und damit auch unter Ausschluß eines Anspruchs aus § 951) behalten darf, unter Umständen sittenwidrig sein (BGH NJW 1967, 1223 f = LM § 547 Nr 9; SOERGEL/HENSSLER Rn 21). Denkbar ist auch eine Unwirksamkeit nach § 307 (MünchKomm/FÜLLER Rn 4; SOERGEL/HENSSLER aaO). Die Abtretung des Vergütungsanspruchs an Dritte kann nach § 399 2. Alt ausgeschlossen oder von der Zustimmung eines Dritten abhängig gemacht werden (BGHZ 40, 156, 160; WM 1968, 195).

II. Die Voraussetzungen des Vergütungsanspruchs aus § 951 Abs 1

Voraussetzung des Anspruchs ist ein Rechtsverlust, der infolge der §§ 946–950 **4**
eintritt und der den gewinnenden Teil ohne Rechtsgrund bereichert.

1. Rechtsverlust

Einen Rechtsverlust in diesem Sinne erleidet, wer durch Verbindung, Vermischung
oder Verarbeitung das Eigentum oder ein beschränktes dingliches Recht an einer
beweglichen Sache einbüßt (§ 946; § 947 Abs 2; § 948 iVm § 947 Abs 2; § 949 S 1, 3;
§ 950). Entsprechendes gilt für den Verlust eines Anwartschaftsrechtes aus aufschiebend oder auflösend bedingter Übereignung (MünchKomm/Füller Rn 5; Soergel/
Henssler Rn 3; Palandt/Bassenge Rn 12; s unten Rn 23). Dagegen reicht der Untergang
eines bisherigen Zurückbehaltungsrechts an der Sache nicht aus (aA Soergel/
Henssler Rn 15). Wenn die Verbindung oder Vermischung dazu führt, daß an die
Stelle des Alleineigentums an einer der verbundenen oder vermischten Sachen nach
§ 947 Abs 1 bzw §§ 948, 947 Abs 1 Miteigentum an der neuen Sacheinheit bzw
-menge tritt, oder wenn sich ein beschränktes dingliches Recht nach § 949 S 2 in
einem entsprechenden Rechte am Miteigentumsanteil fortsetzt, so liegt eine bloße
Rechtsumwandlung vor, ist also kein Rechtsverlust gegeben (KG OLGE 12, 125, 126;
Planck/Brodmann Anm 1 a; BGB-RGRK/Johannsen[11] Anm 5; MünchKomm/Füller Rn 4;
Bamberger/Roth/Kindl Rn 4; Erman/Ebbing Rn 2; Palandt/Bassenge Rn 12; Baur/Stürner
§ 53 Rn 23; Studk-M Wolf Rn 1; Jauernig/Jauernig Rn 2; Schulze-Osterloh, Das Prinzip der
gesamthänderischen Bindung [1972] 273; Spyridakis 116; abw Staudinger/Berg[11] Rn 2 und
Biermann Anm 1, nach denen ein Bereicherungsausgleich hier nur daran scheitert, daß niemand
durch die Rechtsänderung bereichert ist; BGB-RGRK/Pikart[12] Rn 4, der in diesen Fällen ebenfalls
einen Rechtsverlust bejaht, hält eine feststellbare Bereicherung nicht für schlechthin ausgeschlossen). Wenn bei der Herstellung einer neuen Sache ein Eigentumserwerb des Spezifikanten daran scheitert, daß der Wert der Verarbeitung erheblich geringer als der
Wert des Ausgangsstoffes war, ist § 951 unanwendbar (Erman/Ebbing Rn 2; Biermann
Anm 1); der „Verlust" der Arbeitsleistung ist nun einmal kein Rechtsverlust (abw
Sokolowski SZRA 17, 303). Hier können statt dessen Verwendungsersatzansprüche
gegeben sein. Der Rechtsverlust muß im übrigen gerade infolge der §§ 946 ff eingetreten sein. Das trifft natürlich nicht zu, wenn der bisherige Eigentümer sein Eigentum schon vor der Verbindung aufgegeben hatte. – § 951 Abs 1 dürfte entsprechend
anzuwenden sein, wenn ein Arzt einem Patienten einen Herzschrittmacher implan-
tiert, der einem Dritten gehört (erwogen von LG Mainz MedR 1984, 199, 200). Der Rechtsverlust des früheren Eigentümers entspricht hier genau der Situation bei der zum
Rechtsübergang führenden Verbindung mit einer fremden Hauptsache. Bedenken
könnten sich höchstens daraus ergeben, daß hier keine Erweiterung des Eigentums
des Anspruchsgegners stattfindet. Ausschlaggebend muß aber sein, daß die Einfügung in den Körper des Patienten durchaus vermögensrelevant ist und diesen bereichern kann, indem sie ihm den Erwerb eines anderen Herzschrittmachers erspart.
Nach den unter Rn 12 f dargelegten Grundsätzen kommt allerdings eine Eingriffskondiktion des früheren Eigentümers des Herzschrittmachers nur in Betracht, wenn
diesem der Herzschrittmacher abhanden gekommen war oder wenn der Patient
bösgläubig war. Falls die Implantation des fremden Herzschrittmachers durch
§ 904 S 1 gerechtfertigt war, weil der Arzt nicht rechtzeitig einen anderen beschaffen
konnte, so haftet der Patient dem früheren Eigentümer aus § 904 S 2 (die Haftung

trifft nämlich in den Fällen der Nothilfe richtiger Ansicht nach den Begünstigten, vgl
STAUDINGER/SEILER [2002] § 904 Rn 34 ff, 38). (Wenn man mit der hM als „erlangtes Etwas" nicht die untergegangene Sache selbst, sondern die durch die Verbindung
ausgelöste Wertsteigerung der Hauptsache ansieht, wäre die analoge Anwendung
des § 951 Abs 1 in den Implantationsfällen kaum zu begründen). – Ein Rechtsverlust
iSv § 951 Abs 1 S 1 ist natürlich nicht gegeben, wenn durch den Einbau fremden
Materials nur ein *Scheinbestandteil* entsteht (BGH WM 1985, 1324, 1325). Ein Vergütungsanspruch nach § 951 kommt damit nicht in Betracht. S auch unten Rn 21 f.

2. Rechtsübergang ohne Leistung

5 Durch wen der zum Rechtsübergang führende Vorgang ausgelöst wurde, ist für
§ 951 grundsätzlich gleichgültig. Während beim Eigentumserwerb nach § 950 die
Herstellung der neuen Sache zwangsläufig durch den gewinnenden Teil erfolgt bzw
diesem zugerechnet wird, kann eine zum Rechtsübergang führende Verbindung
oder Vermischung sowohl vom Bereicherten wie vom Verlierer wie schließlich auch
von einem Dritten herbeigeführt worden sein. Bei einem vom verlierenden Teil
selbst bewirkten Einbau kann allerdings die Anwendung des § 951 aus Konkur-
renzgründen ausgeschlossen sein (s Rn 46 ff). Da § 951 Abs 1 S 1 als Rechtsgrundverweisung auf § 812 Abs 1 S 1 2. Alt zu verstehen ist, kann die Norm nur da
eingreifen, wo der Rechtsübergang nicht durch eine Leistung, sondern „in sonstiger
Weise" erfolgt.

6 **a)** § 951 ist also nicht anwendbar, wenn der *verlierende Teil selbst* die Sachverbindung als Leistung an den gewinnenden Teil etwa aufgrund eines zwischen ihnen
geschlossenen Vertrages vornimmt. Bei Unwirksamkeit dieses Vertrages erfolgt die
Rückabwicklung vielmehr im Wege der Leistungskondiktion (§ 812 Abs 1 S 1
1. Alt).

Dies gilt grundsätzlich auch dann, wenn dem Werkunternehmer der Auftrag zum
Einbau der fraglichen Materialien von einem *falsus procurator* erteilt worden ist
(STAUDINGER/LORENZ [1999] § 812 Rn 33 mwN; MünchKomm/FÜLLER Rn 10; für Anwendung des
§ 951 dagegen LG Bonn MDR 1962, 762; OLG Düsseldorf DR 1942, 800; vgl auch RG JW 1919,
715). Diese Konstellation darf nicht so beurteilt werden, als habe der Werkunternehmer an den falsus procurator geleistet und dieser das Geleistete ausschließlich
als eigene Leistung an den Vertretenen weitergegeben (vgl BERG, Typische BGB-Klau-
suren, JA Sonderheft 10, S 22). Gleichgültig ist auch, ob der Vertretene unter den
gegebenen Umständen den Eindruck einer Leistung des Pseudovertreters haben
mußte (sehr str, s unten Rn 12). Der Werkunternehmer hat also die Leistungskondiktion gegen den Vertretenen (abw OLG Hamm NJW-RR 1991, 1303: Aufwendungskondiktion
aus unberechtigter GoA; es fehlt jedoch evidentermaßen am Fremdgeschäftsführungswillen). Die
bloße Existenz des Anspruchs auf Erfüllung (§ 179) gegen den Pseudovertreter
schließt den Bereicherungsanspruch gegen den „Vertretenen" nicht aus (vgl RG
SCHUBERT/GLÖCKNER § 951 Nr 8; BGHZ 36, 30, 35; OERTMANN JW 1919, 715; vCAEMMERER, in:
FS Rabel I [1954] 333, 373; STAUDINGER/W LORENZ [1999] § 812 Rn 34; SOERGEL/MÜHL[12] Rn 13;
MünchKomm/FÜLLER Rn 10; ERMAN/HEFERMEHL[10] Rn 7; OLG Hamm MDR 1975, 488). Macht
der Werkunternehmer allerdings diesen gesetzlichen Garantieanspruch geltend,
muß er sich so behandeln lassen, als ob er seine Leistung aufgrund eines wirksamen
Vertrages an diesen erbracht hätte. Eine Inanspruchnahme des Vertretenen kommt

dann nicht mehr in Betracht (so iE BGH NJW 2001, 3184, 3185; BEIGEL BauR 1987, 626, 628). (Nach anderer Ansicht bleibt der Rückforderungsanspruch des Dritten [also hier des Werkunternehmers] auch bei Geltendmachung des Erfüllungsanspruchs aus § 179 bestehen, der Dritte muß aber diesen Rückforderungsanspruch an den falsus procurator abtreten [vgl MünchKomm/SCHRAMM⁴ § 179 Rn 32 aE]).

b) § 951 greift aber ebensowenig ein, wenn die zum Rechtsübergang führende **7** Sachverbindung als *Leistung des bisherigen Materialeigentümers an einen Dritten* zu qualifizieren ist (RG SCHUBERT/GLÖCKNER § 951 BGB Nr 6, 12). So, wenn ein Bauhandwerker eigenes Material in ein fremdes Gebäude im Auftrag und für Rechnung des Grundstücksmieters oder -pächters einbaut (BGH WM 1962, 552; OLG Saarbrücken MDR 2001, 1231, 1232). Ebenso, wenn ein Werkunternehmer im Auftrag des angeblichen Grundstückseigentümers ein Fertighaus auf einem Grundstück errichtet, an dem die Lebensgefährtin des Werkbestellers ein Erbbaurecht hat (OLG Hamm NJW-RR 1992, 1105). Desgleichen, wenn ein Bauhandwerker als Subunternehmer, also aufgrund eines Werkvertrages mit dem vom Bauherrn beauftragten Generalbauunternehmer, Baumaterial für das Haus des Bauherrn verwendet. In diesen Fällen kann der bisherige Materialeigentümer auch bei Insolvenz seines Vertragspartners keinen Bereicherungsausgleich von dem Grundstückseigentümer verlangen, dem seine Vertragsleistung faktisch zugute gekommen ist (RG JW 1903 Beil 24; SeuffA 63 Nr 11 = Gruchot 51 Nr 78; JW 1919, 715: Auftragserteilung durch Ehefrau des abwesenden Grundstückseigentümers; RGZ 130, 310, 312; BGH LM § 812 BGB Nr 14; WM 1962, 552; OLGR Naumburg 2000, 467 f; OLGR Saarbrücken 2001, 333, 334; STAUDINGER/W LORENZ [1999] § 812 Rn 64; BGB-RGRK/HEIMANN-TROSIEN § 812 Rn 36; SOERGEL/HENSSLER Rn 11; BAMBERGER/ROTH/KINDL Rn 7; ERMAN/EBBING § 951 Rn 7; KOPPENSTEINER/KRAMER 21 f; vCAEMMERER, in: FS Rabel I 369 ff; ders JZ 1962, 385, 388; BERG AcP 160 [1961] 505, 509; MÜLLER Rn 2611; vgl auch BGHZ 27, 317, 326; **aA** OLG Hamburg Recht 1912 Nr 1779). Der Gesetzgeber hat nämlich einen Versionsanspruch nach dem Vorbild des gemeinen oder des preußischen Rechts, also ein subsidiäres Zugriffsrecht auf den Drittempfänger einer Vertragsleistung bei Vermögenslosigkeit des Vertragspartners, bewußt abgelehnt (Mot II 830, 871; RTK MUGDAN II 1296). Diese Wertung ist auch dann zu respektieren, wenn der Vertrag zwischen dem bisherigen Materialeigentümer und dem Generalunternehmer unwirksam ist. Der bisherige Materialeigentümer hat also nur die Leistungskondiktion gegen seinen Vertragspartner, nicht die besondere Nichtleistungskondiktion aus § 951 gegen den Grundstückseigentümer (vgl MünchKomm/LIEB⁴ § 812 Rn 273; BERG aaO; SCHEYHING AcP 157 [1958/59] 371, 383 f; BEUTHIEN JuS 1987, 841, 844). Für die hM folgt dieses heute unstreitige Ergebnis bereits aus dem Grundsatz der Subsidiarität der Nichtleistungskondiktion (vgl unten Rn 13). Falls nur der Vertrag zwischen dem Generalunternehmer und dem Grundstückseigentümer nichtig ist, so steht nur dem ersteren, nicht dem von ihm beauftragten Subunternehmer und Materialeigentümer die Kondiktionsmöglichkeit gegen den Grundstückseigentümer offen (unstreitig); und zwar handelt es sich dabei wiederum um eine Leistungskondiktion, nicht um einen Anspruch aus § 951 (BAUR/STÜRNER § 53 Rn 30; WOLFF/RAISER § 74 I 2; STAUDINGER/ LORENZ [1999] § 812 Rn 64; BGB-RGRK/PIKART Rn 9; **aA** BGH NJW 1954, 793, 794; BERG AcP 160 [1961] 505, 511; SCHEYHING AcP 157 [1958/59] 371, 383). Der Rohbauunternehmer, der ein vom Eigentümer an den Bauherrn verkauftes, aber noch nicht aufgelassenes Grundstück im Auftrag des Käufers bebaut, erbringt damit naturgemäß eine Leistung an den Käufer; Bereicherungsansprüche wegen dieser Tätigkeit – insbesondere auch solche aus § 951 – können ihm damit nicht gegen den Grundstückseigentümer zustehen (OLG Stuttgart NJW-RR 1998, 1171).

8 c) Nach einer verbreiteten, früher herrschend gewesenen Auffassung soll der Bauhandwerker, der sein Material im Auftrag eines Dritten in ein fremdes Grundstück einbaut, aber bei *Unwirksamkeit beider Kausalverhältnisse* (also der zwischen ihm und dem Dritten einerseits und zwischen dem Dritten und dem Grundstückseigentümer andererseits) doch unmittelbar vom Grundstückseigentümer kondizieren können (BGHZ 36, 30, 32; BGB-RGRK/PIKART Rn 11; SOERGEL/MÜHL¹² Rn 3; WOLFF/ RAISER § 74 I 3 b aE; ENNECCERUS/LEHMANN § 221 III 1). Diese offensichtlich systemwidrige Ausnahme ist abzulehnen (so auch die hM, vgl STAUDINGER/W LORENZ [1999] § 812 Rn 54 mwN; BGB-RGRK/HEIMANN-TROSIEN § 812 Rn 39; MünchKomm/LIEB⁴ § 812 Rn 47 mwN, 273; MünchKomm/FÜLLER Rn 16 f; Rn 6; SOERGEL/HENSSLER [m Einschr]; Ak-BGB/JOERGES § 812 Rn 33; ERMAN/EBBING Rn 8; PALANDT/BASSENGE Rn 6; JAUERNIG/JAUERNIG Rn 12; Hk-BGB/ ECKERT Rn 3; StudK/M WOLF Anm 2 c aa; BAUR/STÜRNER § 53 Rn 31; WIELING I § 11 II 5 a bb; SCHREIBER Rn 188; DIEDERICHSEN JurA 1970, 382; vCAEMMERER JZ 1962, 389; H P WESTERMANN JuS 1972, 18; BERG AcP 160 [1961] 505, 513; KÖTTER AcP 153 [1954] 193, 216 ff; MEDICUS NJW 1974, 538, 541 f; REEB JuS 1972, 585; HASSOLD, Zur Leistung in Dreipersonenverhältnissen [1961] 79 ff; KUPISCH 25; KÖNDGEN, in: FG Esser [1975] 72 ff; U MEYER 25 f; WILHELM, Rechtsgutsverletzung, 118 f; PINGER AcP 179 [1979] 318 f; BREHM/BERGER Rn 28. 35). S aber auch Rn 12 ff.

9 d) Anders sind die Fälle *abgeirrter Werkleistungen* zu entscheiden: Der Werkunternehmer U bringt die von A bestellte Fassadenverkleidung versehentlich nicht an dessen Rohbau, sondern an dem benachbarten des B an. Hier hat U weder an A noch an B eine Leistung erbracht: A, an den U leisten wollte, hat nichts erlangt, und die tatsächlich bei B eingetretene Vermögensmehrung hat U nicht herbeiführen wollen. U kann deshalb nach §§ 951 Abs 1 S 1, 812 Abs 1 S 1 2. Alt bei B kondizieren (ebenso MünchKomm/FÜLLER Rn 11; BAMBERGER/ROTH/KINDL Rn 8; vgl auch TÜCKMANTEL 51, 58). Berücksichtigt werden muß allerdings, daß die Bereicherung dem Empfänger hier aufgedrängt ist. Zur Frage, ob dieser Umstand eine Einschränkung oder gar einen Ausschluß des an sich gegeben Kondiktionsanspruches rechtfertigt, s Rn 49 ff.

10 Ganz ähnlich ist die Situation, wenn der Handwerker H aufgrund eines Vertrages mit einem Dritten, dem Mieter D, Material in das Grundstück des G einbaut und sich D dann als *geschäftsunfähig* erweist. Hier liegt nicht nur ein „Doppelmangel" vor; vielmehr fehlt es an einer wirksamen Anweisung von seiten des D, die es rechtfertigen könnte, die tatsächlich zwischen H und G erfolgte Vermögensverschiebung als Leistung des H an D und des D an G zu werten. Zu Recht geht die ganz hL davon aus, daß der Bereicherungsausgleich im Drei-Personen-Verhältnis der Anweisungslage bei Unwirksamkeit oder nur scheinbarem Vorliegen der Anweisung direkt zwischen den Parteien des Vollzugsverhältnisses erfolgen muß (STAUDINGER/W LORENZ [1999] § 812 Rn 51, 54; MünchKomm/LIEB⁴ § 812 Rn 54 ff; BGB-RGRK/HEIMANN-TROSIEN § 812 Rn 27; BAMBERGER/ROTH/KINDL Rn 8; ERMAN/H P WESTERMANN § 812 Rn 22; KUPISCH 73 ff; WILHELM, Rechtsverletzung 133 ff; U MEYER, Der Bereicherungsausgleich in Dreiecksverhältnissen [1979] 56 ff, 98; KOPPENSTEINER/KRAMER 31 ff; REUTER/MARTINEK 425 ff; GERNHUBER, BR § 47 III 2 a; LOEWENHEIM 29 f; SCHNAUDER, Grundfragen zur Leistungskondiktion bei Drittbeziehungen [1981] 142 f; PINGER AcP 179 [1979] 301, 315 ff; CANARIS, in: 1. FS Larenz [1973] 821 f; ders BB 1972, 778; W LORENZ JZ 1968, 51 f; MEDICUS, BR Rn 677; KÖNDGEN, in: FS Esser [1975]

69; LARENZ, SchR II 12 § 68 III c 2; SCHLECHTRIEM JZ 1993, 24, 28. Für Rückabwicklung über Dreieck dagegen: PFISTER JR 1969, 48; MÖSCHEL JuS 1972, 301 f; WIELING JuS 1978, 807 f; WEITNAUER, in: FS vCaemmerer 263; HECK, SchR § 144 I 5 S 432). Dabei handelt es sich um eine Nichtleistungskondiktion (hM, s KOPPENSTEINER/KRAMER 34; CANARIS aaO; PINGER 316; LARENZ aaO; MEDICUS aaO; U MEYER 98; SCHNAUDER aaO; LOEWENHEIM 30 Fn 64; aA [Leistungskondiktion] MünchKomm/LIEB⁴ Rn 60; WILHELM, Rechtsverletzung 158 f; ders AcP 175 [1975] 313 Fn 26; zwischen Geschäftsunfähigkeit und beschränkter Geschäftsfähigkeit des Anweisenden differenzierend REUTER/MARTINEK 429 ff). Mithin kommt im genannten Beispiel § 951 zur Anwendung (LARENZ/CANARIS § 70 II 2 e aE; W LORENZ, in: FS Serick [1992] 255, 264; SOERGEL/HENSSLER Rn 12 aE). S auch unten Rn 16.

Hiervon zu unterscheiden sind die Fälle, in denen nicht der vom Eigentümer ver- **11** schiedene Auftraggeber, sondern der den Einbau vertragsgemäß vollziehende Materialeigentümer selbst geisteskrank oder jedenfalls nicht voll geschäftsfähig ist. Wird etwa der in Rn 10 zum Ausgang genommene Fall dahingehend abgewandelt, daß nicht D, sondern H geschäftsunfähig ist, stellt sich die Situation anders dar. Die Geschäftsunfähigkeit des H ist kein genügender Anlaß, das Vorliegen einer von ihm an D erbrachten Leistung zu verneinen (so aber SOERGEL/HENSSLER Rn 4 aE, 12 aE; MünchKomm/FÜLLER Rn 9; REUTER/MARTINEK § 12 II 3; LARENZ/CANARIS § 70 III 2 e bei Fn 36 [in einem gewissen Widerspruch zu § 67 II 1 e]; LORENZ, in: FS Serick [1992], 255, 267). Der korrekte Abwicklungsweg ist die Leistungskondiktion gegen den Vertragspartner D, der ja immerhin erfolgreich über die Arbeitskraft und das Material seines Vertragspartners H disponiert hat. Die für einen Bereicherungsanspruch gegen D – bei Gutgläubigkeit des D – erforderliche Bereicherung des letzteren läßt sich wohl immer mit Hilfe des Ersparnisgedankens begründen. Verweist man den geisteskranken Materialeigentümer H hier dagegen auf eine Nichtleistungskondiktion gegen G, so ist H erheblich schlechter gestellt. Denkbar ist ja, daß die Einbaumaßnahme den Wert des Grundstücks objektiv überhaupt nicht erhöht. Und nach hM könnte es ja selbst bei Vorhandensein einer solchen objektiven Wertsteigerung zu einer Reduzierung des Anspruchsumfangs oder gar einem Ausschluß des Anspruchs unter dem Gesichtspunkt der aufgedrängten Bereicherung kommen.

e)   Anschein einer Drittleistung
Probleme ergeben sich, wenn der Materialeigentümer den Einbau zum Zwecke der **12** Erfüllung eines vermeintlich zwischen ihm und dem Grundstückseigentümer bestehenden Vertrages vollzieht, während der Grundstückseigentümer nach den ihm erkennbaren Umständen annehmen muß, es handele sich um eine (durch Einschaltung eines Leistungsmittlers erbrachte) Leistung seines wirklichen Schuldners: Der Grundstückseigentümer G beauftragt etwa den Bauunternehmer U mit der Errichtung eines schlüsselfertigen Hauses; U soll bestimmte Arbeiten durch Subunternehmer ausführen lassen; den Auftrag über die erforderlichen Dachdeckerarbeiten vergibt U an den Dachdeckermeister M, wobei er als Vertreter des G auftritt. M führt den Auftrag also in der Überzeugung aus, eine dem G gegenüber bestehende vertragliche Verpflichtung zu erfüllen, während G eine Leistung seines Vertragspartners U zu erhalten glaubt. Wie bei dieser Konstellation das Leistungsverhältnis und damit der Kondiktionsweg bestimmt werden muß, ist umstritten. Die neuere Rechtsprechung und ein Teil des Schrifttums will bei Unklarheiten die Person des Leistenden aus der Sicht des Zuwendungsempfängers festlegen, weil die Zweckbestimmung der Zuwendung nach den Maßstäben der Auslegung empfangsbedürftiger

Willenserklärungen ermittelt werden müsse (so BGHZ 36, 30 ff; 40, 272 ff, 278; 67, 232, 241; BGH NJW 1974, 1132 f; WM 1978, 1053, 1054; OLG Hamm NJW-RR 1992, 1105; LG Bonn NJW 1991, 1360, 1361; BGB-RGRK/PIKART § 951 Rn 13; BGB-RGRK/HEIMANN-TROSIEN § 812 Rn 18; MünchKomm/QUACK[3] Rn 8; MünchKomm/FÜLLER Rn 18; PALANDT/THOMAS § 812 Rn 42; PALANDT/BASSENGE § 951 Rn 4; BAUR/STÜRNER § 53 Rn 31; LARENZ/CANARIS § 70 III 3 b; FIKENTSCHER Rn 1075 f; H WESTERMANN[5] § 54, 3; REUTER/MARTINEK 455 f; BAUR/M WOLF JuS 1966, 393, 396 f; BEUTHIEN JZ 1968, 323, 328 f; HUBER JuS 1970, 515 f; ZEISS JZ 1963, 7; THOMÄ JZ 1962, 623, 627; STOLTE JZ 1990, 220, 223; iE auch KOPPENSTEINER/KRAMER 38; ESSER/WEYERS, BesSchR § 48 III 6 b; SOERGEL/HUBER Rn 13 [mit anderer Begründung: wegen Möglichkeit eines gutgläubigen Erwerbs von U nach den Grundsätzen des Scheingeheißerwerbs]; mit Einschränkungen WIELING JZ 1977, 291, 293). Ein Teil der Autoren, die damit auf den objektiven Empfängerhorizont abheben, will allerdings dem Putativschuldner die Möglichkeit geben, seine (ihrem objektiven Erklärungswert nach auf eine Leistung des Dritten hindeutende) Tilgungsbestimmung nach § 119 Abs 1 1. Alt anzufechten (THOMÄ JZ 1962, 627; WEITNAUER NJW 1974, 1731; LARENZ/CANARIS aaO; WIELING JZ 1977, 292; ders, BerR 19; aM ZEISS JZ 1963, 9; REUTER/MARTINEK 456; HUBER JuS 1970, 515, 516). Der Zuwendende könnte sich damit (allerdings um den Preis der Schadensersatzpflicht aus § 122) den Kondiktionsanspruch gegen den Zuwendungsempfänger (G) verschaffen. Beide Varianten der Lehre vom Empfängerhorizont sind jedoch abzulehnen (so auch die im neueren Schrifttum wieder vordringende Meinung, vgl FLUME JZ 1962, 281; ders, AT II § 47 Fn 20 a; WILHELM JuS 1973, 1, 6; BERG NJW 1962, 101; 1964, 720; SOERGEL/MÜHL[12] Rn 3; MünchKomm/LIEB[4] § 812 Rn 107 f, 111; LARENZ, SchR II 12 § 68 III 2 d; SCHLECHTRIEM, SchR BT Rn 690; KÖNDGEN, in: FG ESSER [1975] 71 ff; KOPPENSTEINER/KRAMER 50; KUPISCH 70 ff; vCAEMMERER, in: FS DÖLLE I 135, 157 ff; vOLSHAUSEN JZ 1975, 29; ferner OLG Hamm BauR 1974, 420; kritisch auch ERMAN/HEFERMEHL[10] Rn 7). Entscheidend dafür ist der Umstand, daß der Zuwendende (M) das Objekt der Zuwendung (Material und Arbeitskraft) nicht wie bei einer befolgten Anweisung einem Dritten (hier dem Vertragspartner U des Empfängers G) zur Verfügung gestellt hat; ohne eine solche Disposition des Zuwendenden (M) fehlt aber jede Möglichkeit, die tatsächlich von M vollzogene Vermögensverschiebung rechtlich dem U zuzurechnen (vgl WILHELM, Rechtsverletzung 147 ff; vCAEMMERER, in: FS DÖLLE I 135, 164). Auch Vertrauensschutzgesichtspunkte rechtfertigen dies nicht: Der Empfänger (G) wird, wenn er den Kondiktionsanspruch des Putativschuldners (M) ausgesetzt ist, durch § 818 Abs 3 ausreichend geschützt (FLUME JZ 1962, 282; ESSER II 3 § 102 II 2; SCHLECHTRIEM, SchR BT Rn 690; ERMAN/HEFERMEHL[10] Rn 7): Soweit er wegen der vermeintlich von seinem Vertragspartner (U) erlangten Leistung bereits an diesen die Gegenleistung erbracht hat und sie von ihm infolge Insolvenz nicht zurückerlangen kann, ist die Bereicherung weggefallen (FLUME aaO; KUPISCH 73; WILHELM, Rechtsverletzung, 152 Fn 300; KÖNDGEN, in: FG ESSER [1975] 72; MEDICUS, BR Rn 688; aA J HAGER in: FS 50 Jahre BGH [2000] 777, 818 f). Die Regel, daß der Kondiktionsschuldner die an einen Dritten entrichtete Gegenleistung nicht als Bereicherungsbehinderung geltend machen kann, gilt nämlich nur für vindiktionssurrogierende Bereicherungsansprüche (unzutreffend WIELING JZ 1977, 292 f; BERG JuS 1964, 140 f; iE auch J HAGER aaO). Anders natürlich, wenn im Ausgangsfall der G den Werklohn für das schlüsselfertige Haus schon vor der Durchführung der Dachdeckerarbeiten an U gezahlt hatte und sein Resterfüllungsanspruch ohne das Tätigwerden des U nicht mehr durchsetzbar gewesen wäre. Dann besteht kein Kausalzusammenhang zwischen dem Bereicherungsvorgang und dem eingetretenen Verlust (iE MünchKomm/LIEB[4] Rn 111). Er steht aber auch bei Bejahung einer bereicherungsrechtlichen Vergütungspflicht gegenüber U nicht schlechter, als er ohne die Werkleistung des U gestellt wäre.

f) **Leistung auf fremde Kosten; Abgrenzung zu den Eingriffsfällen**
§ 951 greift ferner auch dann nicht ein, wenn der zum Rechtsübergang führende 13
Einbau nicht vom Materialeigentümer selbst, sondern von einem Dritten vollzogen
worden ist, die Herbeiführung des Rechtsüberganges aber als *Leistung des Dritten*
an den Empfänger zu qualifizieren ist. Denn nach dem Grundsatz der Subsidiarität
der Eingriffskondiktion kann der Empfänger nur dann einer Eingriffskondiktion
ausgesetzt sein, wenn er den Kondiktionsgegenstand nicht durch Leistung des Entreicherten oder eines Dritten erlangt hat (BGHZ 40, 272, 278; OLG Hamm NJW-RR 1992,
1105; Kötter AcP 153 [1954] 207 f; Esser, SchR 2 § 196, 2 b aa; BGB-RGRK/Heimann-Trosien
§ 812 Rn 41; Bamberger/Roth/Kindl Rn 5; StudK/Beuthien § 812 Anm V; Kropholler Rn 3;
Müller, SchR BT Rn 2222 ff; Beuthien JuS 1987, 841, 845; Berg AcP 160 [1961] 517; Zeiss JZ
1963, 8; Hadding JZ 1966, 224; Wieling/Finkenauer, Fälle zum Besonderen SchuldR [5. Aufl
2004] 180 ff; Beuthien JuS 1987, 841, 844 f). Diese Subsidiaritätsregel wird zwar seit
einiger Zeit wieder zunehmend in Zweifel gezogen (vgl Staudinger/W Lorenz [1999]
§ 812 Rn 62 ff; MünchKomm/Lieb[4] § 812 Rn 23 f, 114, 232 ff; MünchKomm/Füller § 951 Rn 15;
Soergel/Henssler Rn 6; Koppensteiner/Kramer 108 f; Larenz/Canaris, SchR II 2, § 70 II 1 d,
III 2 d; H P Westermann JuS 1972, 18 f; Picker NJW 1974, 1990; Pinger AcP 179 [1979] 301, 313
Fn 78; Thielmann AcP 187 [1987] 23 ff, 58 f; G Hager JuS 1987, 877, 878) oder modifiziert
(BGHZ 56, 228, 240 f; BGB-RGRK/Heimann-Trosien § 812 Rn 41; Huber JuS 1970, 343; Reeb
52; Larenz, SchR II 12 68 III a; Ehmann NJW 1971, 613; Esser, SchR BT 4 § 104 II 4; Schnauder
123 f; Beuthien/Weber 74; dagegen zutreffend Wieling/Finkenauer 181 Fn 2 und Fn 4, 185
Fn 12). Sie ist aber durchaus zutreffend, wenn der bereicherungsrechtliche Leistungsbegriff nicht rein mechanisch gehandhabt wird, sondern sein Einsatz wertungsmäßig
kontrolliert wird. Gerade in den Leistungsfällen ist jeweils sorgfältig zu prüfen, ob
sich das Geleistete überhaupt mit dem Objekt der in Betracht kommenden Eingriffskondiktion deckt (vgl Huber JuS 1970, 342, 345; Pagenberg NJW 1972, 186, 187 f;
Beuthien/Weber 74). Der Bauunternehmer, der unbefugt fremdes Material zur Gebäudeerrichtung verwendet, leistet an den Bauherrn zunächst einmal nur die dabei
eingesetzte Arbeitskraft seiner Angestellten. Der Eigentumserwerb des Bauherrn
an diesem Material ist aber an sich durch einen selbständigen Tatbestand, nämlich
durch § 946 herbeigeführt worden. Ob er dennoch der Leistung des Bauunternehmers zugerechnet werden kann, ist eine Wertungsfrage, die nicht durch rein begriffliche Erwägungen entschieden werden darf. Ausschlaggebend ist vielmehr die Überlegung, daß der Grundstückseigentümer bei sofortigem Einbau des Materials nicht
schlechter gestellt werden darf, als er stünde, wenn der Bauunternehmer das Material vor dem Einbau noch an ihn übereignet hätte. Falls der Bauherr bei einer
solchen Übereignung das Eigentum am Material nach § 932 BGB oder § 366 HGB
erworben hätte, wäre er einer Eingriffskondiktion des bisherigen Materialeigentümers nicht ausgesetzt (arg § 816 Abs 1 S 2). Dann muß auch der unmittelbar durch
den Einbau kraft Gesetzes eingetretene Eigentumserwerb kondiktionsfest sein
(Staudinger/W Lorenz [1999] § 812 Rn 61 S 143 f, Rn 63; MünchKomm/Lieb[4] § 812 Rn 282 ff;
Soergel/Mühl[12] § 951 Rn 4; Soergel/Henssler Rn 9; Bamberger/Roth/Kindl Rn 10; Bam-
berger/Roth/Wendehorst § 812 Rn 193 f; Erman/Hefermehl[10] Rn 8; Palandt/Bassenge Rn 9;
Jauernig Rn 16; H Westermann[5] § 54, 3; H Westermann/Gursky § 54, 2; Schapp/Schur
Rn 265 ff; Larenz, SchR II 12 § 68 III a 536; Larenz/Canaris, SchR II 2, § 70 III 2 a; Medicus,
BR Rn 729; ders, SchR II § 133 III 2 b; Esser/Weyers, SchR II 8 § 50 IV; Brox/Walker, BesSchR
27 § 38 Rn 1 f; Müller, SchR BT Rn 2267 f; Beuthien/Weber 74; König, Ungerechtfertigte
Bereicherung, 211; Thielmann AcP 187 [1987] 23, 33 ff; G Hager JuS 1987, 877, 879; Loewenheim
63 f; Paefgen JuS 1992, 192, 195; Thiele BSchR 205 f; Esser/Weyers II[8] § 50 IV; Huber JuS 1970,

346; H P Westermann JuS 1972, 18, 23; Reeb 56 f; Koppensteiner/Kramer 106 ff; vCaemmerer, in: FS Rabel 391 Fn 217; Pinger AcP 179 [1979] 301, 328 f; Giesen Jura 1995, 234, 236 f; Wieling/ Finkenauer, Fälle z BesSchR[5] [2004] 184; Wieling, Bereicherungsrecht[3] § 6 V 2 c; Berg AcP 160 [1961] 505, 520 ff; Ellger 245 f, 511 ff; der Sache nach auch Canaris, in: 1. FS Larenz [1973] 854 ff; Brehm/Berger Rn 28. 34; Wilhelm Rn 983 ff; aA Wolff/Raiser § 74 I 3 a; Sturm JZ 1956, 361 f). Den Ausschluß der Direktkondiktion des Materialeigentümers bei hypothetischem gutgläubigen Erwerb des Bauherrn sollte man dabei entgegen Thielmann (AcP 187 [1987] 23, 40) und G Hager (JuS 1987, 877, 879) nicht derart interpretieren, als enthielten die Vorschriften über den gutgläubigen Erwerb selbst einen die Eingriffskondiktion (nicht aber die Leistungskondiktion) ausschließenden rechtlichen Grund für den Erwerb. Ein solcher gespaltener Rechtsgrundbegriff ist dogmatisch nicht förderlich (kritisch auch Beuthien/Weber 168 Fn 61). Die Kondiktionssperre tritt übrigens (entgegen Wilhelm, Rechtsverletzung 155 Fn 309) unabhängig davon ein, ob der Bauherr die vereinbarte Vergütung an der Bauunternehmer bereits entrichtet hat oder nicht; denn auch bei § 932 führt ja schon die Tatsache der Entgeltlichkeit des gutgläubigen Erwerbs zur Kondiktionsfestigkeit, nicht erst die tatsächliche Kaufpreiszahlung. Wenn aber eine solche unterstellte Übereignung an der Furtivität des Materials oder an der Bösgläubigkeit des Bauherrn gescheitert wäre, dann wäre der Bauherr bis zum Einbau der Vindikation des Materialeigentümers ausgesetzt gewesen; der durch den Einbau nach § 946 eintretende Rechtsübergang muß deshalb die vindikationssurrogierende Eingriffskondiktion aus § 951 auslösen (Staudinger/W Lorenz [1999] § 812 Rn 63 mwN; MünchKomm/Füller Rn 21; Bamberger/Roth/Wendehorst § 812 Rn 194; W Lorenz, in: FS Serick [1992] 255, 272 f; Larenz/Canaris, SchR II 2, § 70 III 2 b S 214; Berg AcP 160 [1961] 505, 523 f; Schapp/Schur Rn 266 f; Wieling, BerR[3] § 6 V 2 c; aA Esser[2] § 196 2 b aa; E Wolf, SachenR[2] § 4 H c 3; ferner Reuter/Martinek 402 ff, 458 ff: kondiktionsfreier Erwerb des Bauherren, statt dessen Haftung des Bauunternehmers analog § 816 I 1; anders aber bei Geschäftsunfähigkeit des Bauherrn, s Reuter/Martinek 462 [dazu Schlechtriem ZHR 149 ⟨1985⟩ 327, 339 f]; Wallmann 130 ff, 142 ff, 150 ff; kondiktionsfreien Erwerb des Bauherrn bei Einbau abhanden gekommenen Materials erwägt auch Schlechtriem, in: Symposium König [1984] 57, 69 f). Damit ergibt sich folgende Regel:

14 *Wenn jemand auf einem fremden Grundstück aufgrund eines Vertrages mit dem Grundstückseigentümer unbefugt Material einbaut, das einem Dritten gehört, so kann der kraft Gesetzes eintretende Eigentumserwerb des Grundstückseigentümers der Leistung seines Vertragspartners nur für den Fall zugerechnet werden, daß dieser dem Grundstückseigentümer das Eigentum auch durch eine dem Einbau vorangegangene Übereignung hätte verschaffen können.* Anderenfalls – also wenn eine dem Einbau vorgeschaltete Übereignung am bösen Glauben des Bauherrn oder am Abhandenkommen der Baustoffe gescheitert wäre – liegt keine „Leistung auf fremde Kosten" (Larenz, SchR II 12 § 68 III a) vor, sondern der Grundstückseigentümer hat das Eigentum an dem eingebauten Material „in sonstiger Weise" auf Kosten des bisherigen Eigentümers rechtsgrundlos erlangt und muß diesem daher nach §§ 951 Abs 1, 812 Abs 1 S 1 2. Alt Wertersatz leisten; an den Werkunternehmer bereits erbrachte Zahlungen sind nicht absetzbar (s Rn 40). – Erfolgt der Einbau des fremden Materials dagegen *mit Zustimmung* des Materialeigentümers, so muß sich dieser zweifellos so behandeln lassen, als habe er das Material zunächst dem Einbauenden übereignet. Hier ist also eine Leistung des Materialeigentümers an den Einbauenden und eine weitere Leistung des Einbauenden an den Grundstückseigentümer gegeben (Huber JuS 1970, 344; iE auch Kupisch, Gesetzespositivismus 99; Münch-

Komm/Füller Rn 20). Ein Kondiktionsdurchgriff des bisherigen Materialeigentümers gegen den Grundstückseigentümer scheidet deshalb von vornherein aus (vgl Staudinger/W Lorenz [1999] § 812 Rn 64; ferner BGH NJW 1954, 793, 794). Abweichend von dem hier vertretenen Ansatz will Henckel (JZ 1997, 333, 340) auf die Parallele zum hypothetischen rechtsgeschäftlichen Erwerb verzichten und die kondiktionswürdigen Fälle auf der Ebene der Rechtsgrundlosigkeit bestimmen. Mit Rechtsgrund wäre danach der Erwerb des Bauherren, wenn dieser gutgläubig und der Erwerb ein entgeltlicher ist. Dabei soll als guter Glaube auch bei fehlender Kaufmannseigenschaft des Bauunternehmers das nicht grob fahrlässige Vertrauen auf eine Verfügungsermächtigung bzw Einbauermächtigung von seiten des Materialeigentümers genügen. Die Ergebnisdifferenzen gegenüber der hier vertretenen Auffassung sind durch die Neufassung des handelsrechtlichen Kaufmannsbegriffs im Jahre 1998 geringer geworden; ein Bauunternehmer ist heute in aller Regel wegen § 1 Abs 2 HGB nF Kaufmann.

Wenn ein Bauunternehmer unter **Eigentumsvorbehalt** bezogene Baustoffe unbefugt 15 auf dem Grundstück seines Auftraggebers verbaut, so unterliegt der letztere nach den obigen Darlegungen im Falle seiner Bösgläubigkeit der Eingriffskondiktion des Lieferanten aus §§ 951 Abs 1, 812 Abs 1 S 1 2. Alt (so auch Canaris, in: 1. FS Larenz [1973] 799, 854; Larenz SchR II 12 § 68 III a; Hüffer JuS 1981, 263, 268; H P Westermann JuS 1972, 18, 23; Picker NJW 1974, 1790; Singer/Grosse-Klussmann JuS 2000, 562, 566; Staudinger/W Lorenz [1999] § 812 Rn 63; MünchKomm/Lieb[4] § 812 Rn 282 ff, 287 f; 292; Soergel/Henssler Rn 6, 8 f; Bamberger/Roth/Kindl Rn 10; Bamberger/Roth/Wendehorst § 812 Rn 196 f; Jauernig/Schlechtriem § 812 Rn 85; Schapp/Schur Rn 267; Kupisch, Gesetzespositivismus 99 f; Thielmann AcP 187 [1987] 23, 33 ff; G Hager, in: Symposium König [1984] 151, 172; ders JuS 1987, 877, 879; offengelassen in BGH NJW-RR 1991, 343, 345 = WM 1991, 137, 139). Ein Teil des Schrifttums, dem sich jedenfalls für einen Sonderfall im Ergebnis auch der BGH angeschlossen hat (BGHZ 56, 228, 240 ff), lehnt diesen Kondiktionsdurchgriff jedoch ab. Die Begründungen dafür wechseln. Einige Autoren argumentieren mit dem Ausschluß der Versionsklage (zB Berg AcP 160 [1961] 505, 516) oder behaupten, es fehle an der Unmittelbarkeit der Vermögensverschiebung (so E Wolf[2] § 4 H I c 3). Andere verweisen darauf, daß eine Eingriffskondiktion des Lieferanten nach der neuformulierten (s Rn 12) Subsidiaritätsregel ausscheide, weil er das Material durch eigene Leistung an den Unternehmer aus der Hand gegeben habe (BGB-RGRK/Heimann-Trosien § 812 Rn 41; Ehmann NJW 1971, 613; Weitnauer Betrieb 1984, 2496, 2499; Esser, SchR 4 § 104 vor I; Serick IV § 54, 3 a; Brox/Walker, SchR II[29] § 38 Rn 1; Berger/Brehm Rn 28. 34; Palandt/Bassenge § 951 Rn 6). Jauernig (Anm 4 a bb) schließlich sieht die vom Lieferanten über den Bauunternehmer zum Grundstückseigentümer führende Vertragskette als Rechtsgrund an. Reuter/Martinek (404 f, 460) endlich berufen sich darauf, daß die Kondiktionshaftung des Bauunternehmers aus § 816 Abs 1 S 1 interessengerechter sei (dagegen W Lorenz, in: FS Serick [1992] 255, 265 ff; Staudinger/W Lorenz [1999] § 812 Rn 63). Die meisten dieser Argumente klingen auch in der Entscheidung BGHZ 56, 228 an. Dort hatte der klagende Baustofflieferant Baumaterial unter verlängertem Eigentumsvorbehalt an einen Bauunternehmer geliefert, der sie beim beklagten Bauherrn eingebaut hatte und später in Konkurs gefallen war. Zu diesem Einbau war der Bauunternehmer nicht berechtigt gewesen, da in dem Bauvertrag die Abtretung seiner Vergütungsforderung ausgeschlossen worden war. Der BGH versagte dem Lieferanten die Eingriffskondiktion aus § 951, weil dieser mit der Lieferung der Baustoffe selbst eine Leistung an den Bauunternehmer erbracht

Karl-Heinz Gursky

habe. Da das dem Lieferanten gehörende Material über eine doppelte Leistungsbeziehung, und zwar im Rahmen einer geschlossenen Kette wirksamer Vertragsver-
hältnisse, vom Lieferanten über den Bauunternehmer an den Bauherrn gelangt sei,
komme ein Kondiktionsdurchgriff des Lieferanten gegen den Bauherrn nicht in
Betracht (S 240; zust PIKART WM 1974, 650, 656; SERICK IV 697, 698 ff; MÜHL, in: 2. FS vLübtow
[1980] 547, 560; MünchKomm/QUACK Rn 7; iE auch JAKOBS JuS 1973, 153, 156 [weil die Durch-
griffskondiktion des Materialeigentümers das Abtretungsverbot unterlaufen würde]; REUTER/MAR-
TINEK 458 ff). Den Einwand HUBERS (JuS 1970, 342, 346 f), daß die bloße Leistung des
Besitzes mit dem später nach § 946 erfolgten Eigentumsübergang nichts zu tun
habe, läßt der BGH nicht gelten: Die auf vertraglicher Grundlage vorgenommene
Materiallieferung des Baustoffhändlers sei eine Leistung im bereicherungsrechtlichen Sinne, die dem Empfänger jedenfalls auch die tatsächliche Verfügungsgewalt
über das gelieferte Gut verschafft habe. Auch Eigentumsverluste, die diesen durch
unbefugte Weiterveräußerung seines Abnehmers träfen, hätten deshalb ihren Ursprung durchaus in dem zwischen beiden bestehenden Vertragsverhältnis. Damit
müßten die Bereicherungsansprüche des Lieferanten nach § 951 Abs 1 S 1 gegen
den Bauherrn ausgeschlossen sein.

Diese Begründung läuft jedoch auf eine petitio principii hinaus: Sie „setzt voraus,
was es erst zu beweisen gilt, nämlich den Ausschluß der – tatbestandsmäßig gegebenen – Eingriffskondiktion durch die Leistung auch nur des Besitzes an den
nunmehr unberechtigt Einbauenden" (MünchKomm/LIEB⁴ § 812 Rn 287). Für den Fall
der Bösgläubigkeit des Bauherrn führt die in ihr vertretene Rechtsauffassung zu
einem schlechthin inakzeptablen Ergebnis, nämlich „in letzter Konsequenz zur ge-
setzeswidrigen entschädigungslosen Enteignung des Vorbehaltsverkäufers zugunsten des bösgläubigen Bauherrn" (so mit Recht WILHELM, Rechtsgutverletzung, 155; abl
auch STAUDINGER/W LORENZ [1999] § 812 Rn 63; MünchKomm/LIEB § 812 Rn 288; THIELMANN
AcP 187 [1987] 23, 38 f; LOEWENHEIM/WINKLER JuS 1983, 686 f; G HAGER JuS 1987, 877, 879;
SINGER/GROSSE-KLUSSMANN JuS 2000, 562, 566; KOPPENSTEINER/KRAMER 106 ff). BGH WM
1991, 137, 139 = NJW-RR 1991, 343, 345 hat ausdrücklich offengelassen, ob den
bereicherungsrechtlichen Ausführungen in BGHZ 56, 228, 239 f auch für den Fall
der Bösgläubigkeit des Bauherrn zu folgen ist.

16 Die Tatsache, daß der Entreicherte das Bereicherungsobjekt selbst durch Leistung
in den Verkehr gebracht hat, schließt eine Eingriffskondiktion wegen anschließender Sachverbindung selbst dann nicht aus, wenn die Lieferung an den Zwischenmann zum Zwecke der Eigentumsübertragung erfolgte, diese aber fehlschlug: Wenn
ein Händler Saatgut an einen Grundstückspächter liefert, der sich nach der Aussaat
als geisteskrank erweist, so hat der Händler einen unmittelbaren Anspruch aus
§ 951 gegen den Grundstückseigentümer (RGZ 51, 80, 81; CANARIS, in: 1. FS Larenz [1973]
855 Fn 152 mwN; vCAEMMERER JZ 1962, 388; kritisch BGB-RGRK/HEIMANN-TROSIEN § 812
Rn 55). Entscheidend ist hier wieder, daß der Anspruchsteller dem Zwischenmann
durch Leistung – wie in den unter Rn 14 besprochenen Fällen – nur den Besitz des
Saatgutes verschafft hatte; der Eigentumserwerb des Grundstückseigentümers hat
mit dieser Leistung des Besitzes nichts zu tun. Das Geleistete deckt sich also nicht
mit dem Objekt der Eingriffskondiktion (s oben Rn 13).

17 Wird die zum Rechtsübergang führende Verarbeitung oder Sachverbindung **vom
gewinnenden Teil selbst vorgenommen**, so kann das Dogma von der Subsidiarität der

Eingriffskondiktion bei sorgfältiger Bestimmung des Bereicherungsgegenstandes erst recht nicht zum Ausschluß des Vergütungsanspruchs aus §§ 951 Abs 1, 812 Abs 1 S 1 2. Alt führen (BEUTHIEN/WEBER 67; PAGENBERG NJW 1972, 186 ff). Auch wenn dem gewinnenden Teil die betreffende Sache von dritter Seite geliefert worden war, so hat er durch diese Leistung doch nur den Besitz der Sache erlangt, das Eigentum aber erst durch die von ihm selbst vorgenommene Verbindung oder Verarbeitung erhalten. Wer gestohlene Sachen dem Dieb (gutgläubig) abkauft und sie so verarbeitet, daß er nach § 950 Eigentum am Arbeitsprodukt erlangt, ist also der Eingriffskondiktion des bisherigen Eigentümers ausgesetzt, die an die Stelle der bis zur Verarbeitung gegebenen Vindikation tritt (BGHZ 55, 176 „Jungbullenfall"; zust LARENZ, SchR II § 68 III f; MEDICUS, BR¹⁹ Rn 727; MünchKomm/FÜLLER Rn 21; BAMBERGER/ROTH/KINDL Rn Rn 10; KOPPENSTEINER/KRAMER 106; KROPHOLLER Rn 3; HOMBRECHER Jura 2003, 333, 334 f). Entsprechendes gilt, wenn der bösgläubige Abnehmer unterschlagener Vorbehaltsware durch Verarbeitung oder Verbindung das Eigentum erwirbt (HUBER JuS 1970, 346; H P WESTERMANN JuS 1972, 23; CANARIS, in: 1. FS Larenz [1973] 854; aA SERICK IV § 54 IV 4). In derartigen Fällen kann der bisherige Eigentümer aber auch die der Verarbeitung oder Verbindung vorausgegangene unwirksame Verfügung des Diebes oder Vorbehaltskäufers **genehmigen**, obwohl das Objekt der Verfügung nicht mehr existent ist (BGHZ 56, 131; FLUME, AT 3 § 57, 3 a aE; STAUDINGER/GURSKY [2001] § 184 Rn 25; SOERGEL/ HENSSLER Rn 7 aE; Bedenken bei THIELE, BGB – AT/AllgSchR 3 111 f). Dies führt dazu, daß der *Anspruch aus § 951 entfällt* und durch einen solchen aus §§ 816 Abs 1 S 1, 185 gegen den Veräußerer ersetzt wird (BGH aaO; STAUDINGER/W LORENZ [1994] § 816 Rn 10; BGB-RGRK/PIKART Rn 12; PALANDT/BASSENGE Rn 8; JAUERNIG Rn 14; StudK/M WOLF Anm 2 c bb).

Ein ganz ähnliches **Wahlrecht** hat der verlierende Teil nach verbreiteter Auffassung **18** in den Fällen des unberechtigten Einbaus fremden Materials durch einen Bauhandwerker: Wenn das Material abhanden gekommen oder der Bauherr bösgläubig war, stünde dem bisherigen Eigentümer ja der Kondiktionsdurchgriff aus § 951 gegen den bereicherten Grundstückseigentümer offen. Statt davon Gebrauch zu machen, könne er aber auch die Einbauleistung des Handwerkers analog § 185 Abs 2 S 1 Fall 2 genehmigen und dann entsprechend § 816 Abs 1 S 1 von ihm Herausgabe der erlangten Vergütung (oder genauer: des auf das verbaute fremde Material entfallenden Anteils der Vergütung) verlangen (MünchKomm/LIEB⁴ § 812 Rn 292; SOERGEL/ HENSSLER Rn 13; BAMBERGER/ROTH/KINDL Rn 10; BAMBERGER/ROTH/WENDEHORST § 812 Rn 194; PALANDT/BASSENGE Rn 8, 9; JAUERNIG/JAUERNIG Rn 15; ESSER/WEYERS, SchR BT II 8 § 50 II 2 a; vCAEMMERER, in: FS Rabel I 391; CANARIS, in: 1. FS Larenz [1973] 856; LARENZ/ CANARIS, SchR II 2, § 70 II 2 b; KOPPENSTEINER/KRAMER 95; aA aber STAUDINGER/W LORENZ [1999] § 816 Rn 5 [allgemeine Eingriffskondiktion wegen Verbrauchs gegen den Bauhandwerker]; BGB-RGRK/HEIMANN-TROSIEN § 816 Rn 4). In der Tat empfiehlt sich auch insoweit die rechtliche Gleichstellung mit der Fallgestaltung, daß der Handwerker das Material vor dem Einbau erst noch an den Bauherrn übereignet; dann aber wären die §§ 816 Abs 1 S 1, 185 Abs 2 unmittelbar anwendbar. (Ein Gesamtschuldverhältnis zwischen Bauherr und Bauhandwerker besteht dabei entgegen KOPPENSTEINER/KRAMER 96 nicht: Die Genehmigung des bisherigen Eigentümers, auf die KOPPENSTEINER/KRAMER offensichtlich verzichten wollen, führt zum Untergang der Eingriffskondiktion gegen den Grundstückseigentümer). Konsequenterweise muß § 816 Abs 1 S 1 auch dann entsprechend angewandt werden, wenn der durch den Einbau eingetretene Eigentumserwerb des gutgläubigen Bauherrn nach der Wertung der §§ 932 ff BGB,

366 HGB der Leistung des Bauunternehmers zuzurechnen ist und der Bauherr damit – wie oben Rn 13 dargelegt – auch ohne eine Genehmigung vor einem Vergütungsanspruch des Materialeigentümers aus § 951 Abs 1 geschützt ist (LARENZ/CANARIS § 70 III 2 b, S 214; MünchKomm/LIEB § 816 Rn 16 mwN; BAMBERGER/ROTH/ WENDEHORST § 816 Rn 7).

19 g)   Kein Rechtsübergang durch Leistung des Entreicherten ist gegeben, wenn ein Wohnungseigentümer erneuerungsbedürftige Fenster in der (von den übrigen Wohnungseigentümern und dem Hausverwalter geteilten) irrigen Überzeugung einbaut, daß die Instandsetzung der Fenster ausschließlich Sache des jeweiligen Wohnungseigentümers sei. Damit ist hier Raum für einen Bereicherungsanspruch aus §§ 951 Abs 1, 812 Abs 1 S 1 2. Alt (OLGR Hamburg 2002, 467, 468).

3.   Ohne rechtlichen Grund

20 Der gewinnende Teil ist nach §§ 951 Abs 1, 812 Abs 1 S 1 2. Alt nur dann zur Vergütung seines Erwerbs verpflichtet, wenn dieser „ohne rechtlichen Grund" erfolgt ist. Dieses Tatbestandsmerkmal wird seit WILBURG zumeist für Leistungs- und Nichtleistungskondiktionen unterschiedlich bestimmt (vgl STAUDINGER/W LORENZ [1999] § 812 Rn 1 f, 23 f, 76 f), dabei dann für die letzteren als Widerspruch zu einer absoluten Güterzuweisung verstanden. Bei dieser Sicht wäre es mit dem (nicht durch Leistung bewirkten) Rechtsübergang nach §§ 946 ff notwendigerweise erfüllt (so explizit MünchKomm/FÜLLER Rn 13). Richtiger Ansicht nach ist aber der Widerspruch zur rechtlichen Güterzuordnung nur beim Tatbestandsmerkmal „auf Kosten" zu prüfen (KOPPENSTEINER/KRAMER 70, 88; StudK/BEUTHIEN § 812 Anm III 2 d, e; KAEHLER 44 Fn 105). Auch der durch Eingriff erzielte Erwerb kann seine Rechtfertigung in einem Schuldverhältnis finden (STAUDINGER/SEUFERT[11] § 812 Rn 54; MünchKomm/QUACK[3] Rn 12; HAINES 87 f; KOPPENSTEINER/KRAMER 89 f; ESSER, SchuldR[3] § 104 I 3; LARENZ, SchR II[12] § 68 II S 533; BAMBERGER/ROTH/KINDL Rn 11; HÜLSMANN 5). Der verliercnde Teil hat also keinen Vergütungsanspruch aus § 951, wenn er dem gewinnenden Teil gegenüber zur Verschaffung des Eigentums oder jedenfalls zur Preisgabe seiner Sache verpflichtet war (LARENZ aaO; BAUR/STÜRNER § 53 Rn 26; HÜLSMANN aaO): So etwa, wenn der Käufer von Baumaterial dieses dem Verkäufer, der die Vertragserfüllung verweigert, eigenmächtig wegnimmt und bei sich einbaut (vgl HÜLSMANN 5 Fn 18). Der (von Münch-Komm/FÜLLER Rn 13 im Anschluß an LARENZ/CANARIS § 67 III 2 g erhobene) Einwand, daß die eigenmächtige Wegnahme der Kaufsache durch den Käufer keine Erfüllung bedeute, liegt neben der Sache. Bei vorheriger Erfüllung hätte der Käufer eine eigene Sache eingebaut, wäre also schon der Tatbestand des § 951 nicht erfüllt. Entscheidend kann doch nur sein, daß die Sache wegen des Lieferanspruchs des Käufers endgültig diesem gebührt. Als bloße Funktion seines Lieferanspruchs erwirbt der Käufer ja auch bei eigenmächtiger Wegnahme anerkanntermaßen ein Recht zum Besitz iS von § 986 (s STAUDINGER/GURSKY [1999] § 986 Rn 25). Für den rechtlichen Grund iS von § 812 kann nichts anderes gelten. Der Eigentumserwerb des Auszubildenden an dem aus Material des Ausbilders gefertigten Gesellenstück wird durch § 6 Abs 1 Nr 3 BBiG gerechtfertigt; dem Ausbilder steht deshalb kein Ausgleichsanspruch aus § 951 zu (LAG Köln 20. 12. 2002; 10 Sa 430/01 [juris] unter 2. = MDR 2002, 1016 [nur LS]; ebenso SCHNORR vCAROLSFELD in Anm zu BAG AP § 23 HandwO Nr 2). – Wenn ein Dritter aufgrund einer Vereinbarung mit dem Grundstückseigentümer einen Anbau auf dem Grundstück errichtet, den er nach der Vereinbarung bewohnen darf und für den er im Falle des Auszugs eine Entschädigung in Höhe der „noch nicht abgewohnten" Investition erhalten soll, scheitert ein Bereicherungsanspruch aus § 951 Abs 1 jedenfalls daran, daß die Bebauung „mit Rechtsgrund" erfolgt (BGH NJW 2003, 1317, 1318). Darüber hinaus aber auch, weil die Gebäudeerrichtung hier eine Leistung an den Grundstückseigentümer bedeutete (vgl Rn 62 und Rn 2). Vgl auch unten Rn 24.

III. Die Parteien des Vergütungsanspruchs

1. Anspruchsberechtigter

Anspruchsinhaber ist derjenige, der infolge der §§ 946–950 den Rechtsverlust er-   **21** leidet, also das Eigentum oder ein beschränktes dingliches Recht eingebüßt hat (s oben Rn 4). Bestand Miteigentum an der durch Verarbeitung oder Verbindung untergegangenen Sache, so hat jeder Miteigentümer einen selbständigen Bereicherungsanspruch für seinen Anteil (SPYRIDAKIS 118; aA MünchKomm/FÜLLER Rn 6 unter unzutr Berufung auf den Rechtsfortsetzungsgedanken). Er kann jedoch in extensiver Auslegung von § 1011 auch den Vergütungsanspruch für die Gesamtsache geltend machen, muß dann aber natürlich Leistung an alle ehemaligen Miteigentümer verlangen (vgl STAUDINGER/GURSKY [1999] § 1011 Rn 2). Schwierigkeiten ergeben sich, wenn an der untergegangenen Sache ein Pfandrecht bestand. War bereits Pfandreife eingetreten, so können die Vergütungsansprüche des Eigentümers und des Pfandgläubigers getrennt werden: Dem Pfandgläubiger steht der Vergütungsanspruch bis zur Höhe seines Pfandinteresses, dem ehemaligen Sacheigentümer der Rest zu. Dies kann allerdings nur gelten, wenn der Vergütungsanspruch wirklich dem vollen Wert der untergegangenen Sache entspricht. Ist die bei Eintritt der Haftungsverschärfung verbliebene Bereicherung des Anspruchsgegners geringer, so müssen beide Teilvergütungsansprüche anteilig gekürzt werden. Falls noch keine Pfandreife eingetreten ist, ist diese Lösung nicht möglich, weil der Pfandgläubiger dann nur ein Sicherungsinteresse hat. Die einzig praktikable Lösung dürfte wohl darin bestehen, daß der Vergütungsanspruch hier in einer bestimmten Weise von beiden Beteiligten (ehemaligem Pfandgläubiger und ehemaligem Eigentümer) gemeinsam geltend gemacht werden muß: Der ehemalige Pfandgläubiger kann verlangen, daß ihm Geldzeichen in Höhe des Vergütungsbetrages verpfändet werden und der ehemalige Eigentümer kann vom Wertersatzpflichtigen verlangen, daß dieser ihm anschließend dann diese Geldzeichen in der Form des § 931 übereignet.

Das Erfordernis des Rechtsverlustes (beim Anspruchsteller) ist nicht erfüllt, wenn   **22** jemand Arbeiten an einem fremden Gebäude durch einen anderen ausführen und den Auftragnehmer dabei diesem gehörendes Material einbauen läßt. Eine verbreitete Auffassung will hier § 951 dennoch (wohl im Analogiewege) anwenden (so RGZ 130, 310, 312; OLG Hamburg HEZ 3, 16; OLG Stuttgart NJW 1998, 1171; M WOLFF SachenR[9] § 74 I 1; BERG AcP 160 [1961] 505, 512; wohl auch BGH NJW 1954, 793, 794 und WM 1966, 369, 370 [sub I]; aA aber WOLFF/RAISER § 74 I 2 Fn 3; MAUSER 53 ff; MünchKomm/QUACK Rn 14). Wegen der Beschränkung des § 951 auf Nichtleistungsfälle (s oben Rn 5 ff) und des Vorrangs der Verwendungsersatzansprüche (s unten Rn 65) kann sich das Problem bei § 951 praktisch wohl nur in den Fällen der abgeirrten Werkleistungen (s oben Rn 9) stellen, also in solchen Fällen, in denen ein Subunternehmer aufgrund einer falschen Weisung des Hauptunternehmers Arbeiten an einem anderen Grundstück als dem des Bau-

Karl-Heinz Gursky

herren/Auftraggebers vornimmt. Hier hat der Subunternehmer selbstverständlich den vertraglichen Vergütungsanspruch gegen den Hauptunternehmer, dieser aber keinen entsprechenden Anspruch gegen seinen Auftraggeber. Unter diesen Umständen muß dem Werkunternehmer wenigstens ein Bereicherungsanspruch gegen den Eigentümer des Grundstücks zustehen, an dem die Arbeiten versehentlich ausgeführt worden sind. Dem Rechtsverlust beim Anspruchsteller, also dem Hauptunternehmer, muß es in dieser Situation gleichstehen, daß er den Einbau des betreffenden Materials veranlaßt hat, der Materialeigentümer den Einbau als Leistung an ihn vollzogen hat und er dem Materialeigentümer dafür die versprochene Vergütung bezahlt hat oder jedenfalls bezahlen muß.

23 Wird eine aufschiebend bedingt übereignete Sache von einem Dritten verarbeitet oder in das Grundstück eines Dritten eingebaut, so erleiden sowohl der Eigentümer wie der *Anwartschaftsberechtigte* einen Rechtsverlust (SOERGEL/HENSSLER Rn 15; MünchKomm/QUACK Rn 14). Dem Anwartschaftsberechtigten muß deshalb (entgegen MünchKomm/FÜLLER Rn 6) ein eigener Ausgleichsanspruch zustehen, wenn man nicht mit FLUME (AT II[3] § 39, 3 e S 712; § 42 4 e S 743) annehmen will, daß sich das Anwartschaftsrecht im Wege dinglicher Surrogation an dem Ausgleichsanspruch des bedingt Verfügenden fortsetzt (ähnlich HABERMEIER AcP 193 [1993] 364, 378 ff). Die Frage, wie sich dieser Anspruch zu den konkurrierenden des Vorbehaltseigentümers verhält, bereitet erhebliche Schwierigkeiten. Sie ist genauso zu entscheiden, wie die Parallelproblematik der konkurrierenden deliktischen Schadensersatzansprüche (vgl dazu STAUDINGER/BORK [1996] Vorbem 69 zu §§ 158 ff; STAUDINGER/BECKMANN [2004] § 449 Rn 67; STAUDINGER/HAGER [1999] § 823 Rn B 155 sowie STAUDINGER/GURSKY [1999] Vorbem 79 zu §§ 987 ff und die umfassende Übersicht über die bisher vertretenen Lösungen bei SERICK I § 11 V 3 b S 277 ff; ferner auch BIELETZKI JA 1996, 288 ff). MÜLLER-LAUBE (JuS 1993, 529, 533) will den Bereicherungsanspruch ausschließlich dem Anwärter geben, ihn aber bei Erlöschen des Anwartschaftsrechts automatisch an den Eigentümer zurückfallen lassen.

24 Einen Rechtsverlust erleidet der Vorbehaltsverkäufer naturgemäß auch dann, wenn der Vorbehaltskäufer selbst das unter Eigentumsvorbehalt gelieferte Material unbefugt in sein eigenes Grundstück einbaut. Der Erwerb ist in diesem Falle auch (noch) nicht durch den bestehenden Kaufvertrag gerechtfertigt; unbedingtes Eigentum steht dem Käufer auch schuldrechtlich erst ab der vollständigen Bezahlung des Kaufpreises zu und die Regel des § 813 Abs 2 gilt ja nur für die Fälle der freiwilligen vorzeitigen Erfüllung durch den Schuldner. Wenn der Käufer aber anschließend den restlichen Kaufpreis zahlt, entsteht damit der rechtliche Grund, der nunmehr den Anspruch aus § 951 ausschließt (MünchKomm/QUACK Rn 11 aE läßt ihn aus Kausalitätsüberlegungen scheitern).

2. Anspruchsgegner

25 Der Anspruch richtet sich gegen denjenigen, zu dessen Gunsten die Rechtsänderung eingetreten ist: Also im Falle des § 946 gegen den Eigentümer des Grundstücks, im Fall des § 947 Abs 2 gegen den Eigentümer der Hauptsache, bei der Konstellation von §§ 948 Abs 1, 947 Abs 2 gegen den Eigentümer der Hauptmenge, bei § 950 gegen den Spezifikanten. Im letzteren Falle kann der Anspruch sogar den Eigentümer des Ausgangsstoffes treffen, wenn dieser durch die von ihm selbst vorgenommene Verarbeitung von einem auf der Sache ruhenden Pfandrecht oder Nießbrauch frei geworden ist (Goldmann/Lilienthal II 97). Miteigentümer der durch Verbindung erweiterten Sache haften nicht als Gesamtschuldner, sondern jeweils nur wegen der Wertsteigerung ihres Anteils (BGH WM 1973, 71, 72; BGHZ 67, 232, 242; MünchKomm/Füller Rn 14; Soergel/Henssler Rn 16; Bamberger/Roth/Kindl Rn 13). Entsprechendes gilt für Wohnungseigentümer bzw Teileigentümer bei einer zum Rechtsübergang führenden Verbindung mit dem gemeinschaftlichen Eigentum (MünchKomm/Quack Rn 16). *Nicht* verpflichtet sind dagegen die *Inhaber beschränkter dinglicher Rechte* an dem Grundstück bzw der Hauptsache, da diese durch die Rechtsänderung nur indirekt begünstigt werden; es fehlt insoweit also an der Unmittelbarkeit der Vermögensverschiebung (RGZ 63, 416, 421; OLG Dresden ZBlFG 1907, 34, 38; KG WM 2002, 688 = WuB IV A § 946 BGB 1.02 [Wilhelm]; Wolff/Raiser § 74 I 4; H Westermann[5] § 54, 4; Westermann/Gursky[7] § 54, 3; BGB-RGRK/Pikart Rn 20; Soergel/Henssler Rn 16; Bamberger/Roth/Kindl Rn 13; Erman/Hefermehl[10] Rn 9; Palandt/Bassenge Rn 13; Hergesell 18 f; iE auch MünchKomm/Füller Rn 14; aA Wilhelm aaO; MünchKomm/Quack Rn 19 [§ 822 analog]; Erman/Ebbing Rn 12 [für Hypotheken- oder Pfandgläubiger, die die durch Einbau erweiterte Sache verwerten]; Spyridakis 114 ff; Stampe, Einführung in das Bürgerliche Recht I [1920] 23 Fn 1, 33 Fn 1; Kretzschmar Recht 1907, 285, 289; differenzierend Wieling I § 11 II 5 a aa und Gaier ZfIR 2003, 45 ff, 49 [Ausgleichspflicht kann nur Inhaber dinglicher Nutzungsrechte treffen]). Wird allerdings eine Sache in ein Gebäude eingebaut, das auf einem erbbaurechtsbelasteten Grundstück steht und deshalb dem Erbbauberechtigten gehört, so kann sich der Anspruch aus § 951 Abs 1 nur gegen den Erbbauberechtigten richten, da nur sein Sondereigentum am Gebäude durch den Rechtsübergang erweitert worden ist. Vgl auch OLG Koblenz NJW 1990, 126 (Verbesserungsarbeiten des Sohnes am Haus der Mutter, das diese bereits ohne Kenntnis des Sohnes unter Vorbehalt eines lebenslangen Nießbrauches weiterveräußert hat; die Entscheidung gibt dem Sohn Bereicherungsansprüche [aus § 812 Abs 1 S 1 2. Alt bzw § 812 Abs 1 S 2 2. Alt] gegen Mutter und Grundstückserwerber gleichermaßen). Entsprechendes gilt bei Einbau einer Einrichtung in eine Wohnungs- bzw Teileigentumseinheit; hier ist natürlich (nur) der betreffende Raumeigentümer passivlegitimiert (MünchKomm/Quack Rn 15). Anders ist die Situation zu beurteilen, wenn an der durch Verbindung erweiterten Hauptsache ein *Anwartschaftsrecht* aus bedingter Übereignung besteht. Hier dürfte die Annahme einer gesamtschuldnerischen Haftung von Vorbehaltseigentümer und Anwärter die einzige praktikable Lösung darstellen (Serick I § 15 VII 2 a S 449; zust MünchKomm/Füller Rn 14; Palandt/Bassenge Rn 13). Entsprechendes gilt, wenn die Hauptsache auflösend bedingt sicherungsübereignet ist (MünchKomm/Füller aaO).

Falls der zunächst Bereicherte die durch Verbindung erweiterte bzw aus fremdem **26** Stoff hergestellte Sache *unentgeltlich einem Dritten zuwendet*, ist § 822 anwendbar (BGH LM § 951 BGB Nr 28 = WM 1972, 389, 390; M Wolff, Bau, 64; Wolff/Raiser § 74 I 4; H Westermann[5] § 54, 5 b; Planck/Brodmann Anm 1 b; Palandt/Bassenge Rn 13; Tobias AcP 93 [1903] 371, 455; aA aber wohl Hadding, in: FS Mühl 225, 265 f [„Teilverweisung auf alle nicht anspruchsbegründenden Vorschriften in den §§ 812–822"]). Dies gilt auch dann, wenn man die in § 951 Abs 1 ausgesprochene Globalverweisung auf die Vorschriften über die Herausgabe einer ungerechtfertigten Bereicherung restriktiv, nämlich als Tatbestandsverweisung auf § 812 Abs 1 S 1 2. Alt interpretiert; § 822 steht nämlich in einem so engen Funktionszusammenhang mit § 818 Abs 3, daß diese Regelungen nicht auseinandergerissen werden dürfen. Der Beschenkte haftet also anstelle des zunächst Bereicherten, wenn dieser nach § 818 Abs 3 frei geworden ist. Entsprechendes gilt, wenn der zunächst Bereicherte Sicherungsnehmer ist und die durch die Verbindung im Wert gesteigerte Sache später wegen Nichteintritts des Sicherungsfalls an den Sicherungsgeber zurückübereignet (MünchKomm/QUACK Rn 16). Wer das Grundstück nach eingetretener Verbindung entgeltlich erworben hat, haftet demgegenüber nicht (s OLG Dresden SächsArch 1907, 161); dies gilt selbst dann, wenn die durch die Verbindung bewirkte Wertsteigerung des Grundstücks bei der Festsetzung des Kaufpreises außer Betracht geblieben ist, weil die Kontrahenten davon keine Kenntnis hatten (KRAWIELICKI JherJb 81 [1931] 257, 360 f; aA M WOLFF, Bau 65, Fn 64).

IV. Inhalt des Anspruchs

1. Allgemein

27 Der Anspruch richtet sich stets auf eine Vergütung in Geld; Naturalrestitution, also Wiederherstellung des früheren Zustandes und anschließende Herausgabe der wieder getrennten bzw zurückverwandelten Sache kann nicht verlangt werden (Abs 1 S 1 u 2). Nach hM geht jedoch die Wertkondiktion in einen Anspruch auf Rückübereignung der Sache selbst über, wenn der frühere Zustand ohne Zutun des Verlierers (Abs 2 S 2) wiederhergestellt wird (Prot Mugd III 647 f; PLANCK/BRODMANN Anm 1 c; BIERMANN Anm 1; STAUDINGER/BERG[11] Rn 6; WIELING I § 11 II 5 a aa; WOLFF/RAISER § 74 I 5; WESTERMANN § 54, 5 a; LANGE § 7 V a; BAMBERGER/ROTH/KINDL Rn 14; PALANDT/BASSENGE Rn 14; PINGER, Funktion, 119 Fn 564; HERGESELL 26 f; SPYRIDAKIS, Zur Problematik der Sachbestandteile [1966] 120). Dies läßt sich mit dem nachträglichen Wegfall des Schutzzweckes des § 951 Abs 1 S 2 begründen; wirklich zwingend ist der Schluß aber nicht. Bedenklich ist jedenfalls die weitergehende Annahme, der Bereicherte könne den (ihm offenbar bereits bekannten) Vergütungsanspruch geradezu planmäßig dadurch in einen Anspruch auf Herausgabe in Natur zurückverwandeln, daß er selbst den alten Zustand wiederherstellt, also etwa die eingebaute Sache wieder abtrennt (so aber STAUDINGER/BERG aaO; BIERMANN aaO; BGB-RGRK/PIKART Rn 37; BGB-RGRK/JOHANNSEN[11] Anm 23; WARNEYER[1] Anm II; SOERGEL/HENSSLER Rn 17; SPYRIDAKIS aaO 121; wie hier dagegen ERMAN/HEFERMEHL[10] Rn 16; MünchKomm/FÜLLER Rn 23; BAMBERGER/ROTH/KINDL Rn 14). Nun darf aber ein verschärft haftender Kondiktionsschuldner nach den Wertungen der §§ 818 Abs 4, 819 sicherlich nicht die Möglichkeit haben, seine Haftung willkürlich zum Nachteil des Kondizienten zu reduzieren. Die facultas alternativa, statt des an sich geschuldeten Wertersatzes einfach den wieder abgetrennten ehemaligen wesentlichen Bestandteil herauszugeben, darf man unter diesen Umständen dem Berechtigten allenfalls dann geben, wenn der Wert des abgetrennten Bestandteils ausnahmsweise nicht unter dem Betrag liegt, auf dem die Wertersatzpflicht infolge der Haftungsverschärfung „eingefroren" war; andernfalls müßte zur Herausgabe des Bestandteils jedenfalls noch die Zahlung der Wertdifferenz hinzu kommen. Ein deutliches Bedürfnis für eine solche gesetzesfern entwickelte Lösung besteht jedoch nicht.

Zur Frage der Anwendung des Vergütungsanspruchs durch eine Verweisung auf die Wegnahmemöglichkeit s unten Rn 48.

Die Vergütungspflicht aus § 951 stellt eine Geldsummenschuld dar (vgl STAUDINGER/K SCHMIDT[12] [1997] Vorbem D 53 ff zu § 244).

Nach GROTHE (MünchKomm-BGB⁴ Bd 1 a § 195 Rn 34 und § 197 Rn 6) soll für den Anspruch aus § 951 Abs 1 als Vindikationssurrogat die 30jährige Verjährungsfrist der dinglichen Herausgabeansprüche (§ 197 Abs 1 Nr 1) entsprechend gelten. Diese Auffassung ist abzulehnen (vgl AnwK-BGB-SchR/MANSELL § 197 Rn 35; PALANDT/ HEINRICHS § 197 Rn 13). Der schuldrechtliche Eigentumswohnungsanspruch ist etwas ganz anderes als der dingliche Rechtsverwirklichungsanspruch. Er ist zudem gerade nicht auf Herausgabe gerichtet. Es macht auch keinen Sinn, die Gruppe der Bereicherungsansprüche in der Verjährungsfrage uneinheitlich zu behandeln.

2. Der Gegenstand der Vergütungspflicht

Die bereicherungsrechtliche Vergütungspflicht aus § 951 Abs 1 soll den Vorteil **28** ausgleichen, den der Anspruchsgegner durch die zu seinen Gunsten eintretende Rechtsänderung erlangt. Primärer Kondiktionsgegenstand, also „erlangtes Etwas" iS von § 812 Abs 1 S 1, ist hier mithin die Rechtsänderung selbst. Im Falle des § 950 „erlangt" der Anspruchsgegner das Eigentum an dem ihm bisher nicht gehörenden Ausgangsstoff. In den Fällen der §§ 946, 947 stellt man allerdings zumeist direkt auf die (durch die Verbindung bewirkte) Wertsteigerung der Hauptsache ab (vgl BGH NJW 1962, 2293 f; WM 1966, 369, 370 sub IV; Betrieb 1966, 262; BGB-RGRK/PIKART Rn 29 f; STAUDINGER/W LORENZ [1999] § 818 Rn 26; BGB-RGRK/HEIMANN-TROSIEN § 818 Rn 18; Münch- Komm/LIEB⁴ § 818 Rn 55; MünchKomm/FÜLLER Rn 24; SOERGEL/HENSSLER Rn 19; ERMAN/EB- BING Rn 13; JAUERNIG/JAUERNIG Rn 19). Damit wird jedoch die differenztheoretische Betrachtungsweise des § 818 Abs 3 in die Feststellung des Kondiktionsgegenstandes hereingetragen. Der Kondiktionsgegenstand kann in den Fällen des Rechtserwerbs durch Verbindung genauso bestimmt werden wie bei der Konstellation des § 950: Der gewinnende Teil „erlangt" iS von §§ 951 Abs 1, 812 Abs 1 S 1 1. Alt die Substanz der bisher dem Kondizienten gehörenden Sache (so jetzt auch MünchKomm/FÜL- LER Rn 7). Deren objektiven Wert hat er mithin nach §§ 951 Abs 1 S 1, 818 Abs 2 zu ersetzen, soweit sich nicht aus § 818 Abs 3 etwas anderes ergibt (H WESTERMANN⁵ § 54, 5 b; NIPPERDEY MDR 1955, 663, 664; RÜMKER 107; HÜLSMANN 37; BAMBERGER/ROTH/KINDL Rn 15). War der gewinnende Teil bei der Vornahme der Verbindung oder Verarbeitung gutgläubig oder ist die Sachverbindung überhaupt ohne sein Wissen erfolgt, so wird seine Wertersatzpflicht durch § 818 Abs 3 auf den Umfang der noch bei Eintritt der Haftungsverschärfung bestehenden Bereicherung reduziert. Dabei gilt § 818 Abs 3 a fortiori, wenn das rechtsgrundlos Erlangte von vornherein nicht zu einer entsprechenden Bereicherung geführt hat (GURSKY JR 1972, 279, 282; wohl auch BAMBERGER/ROTH/KINDL Rn 15). Zu beachten ist, daß die Bereicherung nicht nur in einer durch die Verbindung bewirkten Wertsteigerung der Hauptsache bestehen, sondern sich auch aus einer **Ersparnis** von Aufwendungen ergeben kann. Wenn zB ein Grundstückseigentümer aus fremdem Material eine Garage errichtet, die eine sinnvollere Bebauung des Grundstücks verhindert und damit den Grundstückswert nicht erhöht, so hat er doch zumindest die Anschaffung eigenen Materials erspart. Diese Ersparnisbereicherung bleibt auch dann bestehen, wenn das aus fremdem Material errichtete Bauwerk bald darauf zerstört wird (vCAEMMERER, in: FS Rabel I 333, 381; nur iE übereinstimmend WERNECKE 110 Fn 115). Anders dagegen, wenn der A das auf seinem – vor kurzem geerbten – Grundstück lagernde Baumaterial des B nur deshalb zu einer Garage verbaut, weil er dieses vermeintlich zum Nachlaß gehörende Material nicht störend herumliegen lassen, sondern zu einem halbwegs sinnvollen Zweck verwenden will. Hier wäre eine Ersparnisbereicherung zu verneinen. – Soweit aber der Gesichtspunkt der ersparten Aufwendungen nicht eingreift, führt § 818 Abs 3 dazu, daß der gutgläubige Eigentümer der Hauptsache nur in Höhe der durch die Verbindung bewirkten Wertsteigerung seiner Sache haftet. – Wer dagegen **bösgläubig** fremdes Material verbaut, haftet nach §§ 819 Abs 1, 818 Abs 4 und 2 schlechthin auf den objektiven Wert des „erlangten Verbrauchsvorteils", dh des verbrauchten Materials (so implizit auch STAUDINGER/W LORENZ [1999] § 812 Rn 72 aE [für die „Ge- und Verbrauchsfälle"]; ebenso MünchKomm/FÜLLER Rn 28). Der Umfang der verschärften Haftung des von vornherein bösgläubigen Empfängers nichtgegenständlicher oder aus sonstigen Gründen nicht in Natur restituierbarer Vorteile wird durch § 818 Abs 2 1. Alt abschließend festgelegt, denn diese Norm bildet mit § 291 die einschlägigen „allgemeinen Vorschriften", auf die § 818 Abs 4 insoweit verweist (vgl BGHZ 83, 293, 298 ff; CANARIS JZ 1971, 560, 562; LARENZ/CANARIS § 73 II 3 c; FLESSNER 172; ERMAN/H P WESTERMANN § 818 Rn 50; PALANDT/SPRAU § 818 Rn 52 f; FIKENTSCHER Rn 1179; BROX/WALKER, SchuldR II²⁸ § 39 Rn 23; StudK/BEUTHIEN § 818 Anm 5 g; BEUTHIEN/WEBER 65).

29 Der Vergütungsanspruch aus § 951 Abs 1 S 1 erfaßt nicht den **Arbeitsaufwand** bei der Verbindung (BGH ZMR 1954, 165, 167, 1; WM 1966, 369, 370; MünchKomm/FÜLLER Rn 8; ERMAN/EBBING Rn 13; H WESTERMANN⁵ § 54, 5 b; WENDEHORST 296 f; M WOLFF, Bau 65 Fn 12; TOBIAS AcP 94 [1903] 371, 454). Es kann sich aber insoweit (zB bei einer „abgeirrten Werkleistung") ein Bereicherungsanspruch unmittelbar aus § 812 Abs 1 S 1 ergeben. (Die abweichende Auffassung von JAKOBS [AcP 167 <1967> 350, 373 ff, 380], nach der eine Nichtleistungskondiktion wegen Arbeitsaufwandes von vornherein nicht in Betracht kommen soll, beruht auf einer unzutreffenden bereicherungsrechtlichen Grundkonzeption; vgl MünchKomm/LIEB § 812 Rn 242; RÜMKER 42 ff). Schon im Rahmen des § 951 Abs 1 S 1 ist natürlich derjenige Arbeitsaufwand zu ersetzen, der sich im Wert der dann eingebauten Sache niedergeschlagen hat.

30 Für die Konstellation der **Gebäudeerrichtung auf fremdem Boden** nimmt die Rechtsprechung an, daß der Bauende einen **einheitlichen Kondiktionsanspruch** hat, auch wenn dieser sich hinsichtlich der verwandten Baustoffe auf § 951 Abs 1 und hinsichtlich der Eigenarbeiten und sonstigen Aufwendungen (zB Zahlungen für Arbeitslöhne und Architektenhonorar) unmittelbar auf § 812 Abs 1 S 1 gründe (BGHZ 10, 171, 179 f; 35, 356, 359; WM 1966, 277; Betrieb 1966, 262; WM 1973, 71, 72). Nun ist aber – wie unten noch zu zeigen sein wird – gerade beim Bau auf fremdem Boden § 951 praktisch nie anwendbar, weil entweder die Gebäudeerrichtung als Leistung an den Grundstückseigentümer zu qualifizieren ist oder aber vorrangige Verwendungsersatzregelungen eingreifen. Wenn man davon jedoch einmal absieht, so könnte ein Bereicherungsausgleich nach § 951 Abs 1 S 1 hier nur an die einzelnen Eigentumsverschiebungen anknüpfen. An sich entsteht also in der Tat „mit dem Einbau jedes einzelnen Ziegels, jedes einzelnen Balkens" (BGHZ 10, 171, 179) eine ausgleichsbedürftige Rechtsverschiebung und damit ein selbständiger Bereicherungsanspruch (RÜMKER 107). Aus Gründen der Praktikabilität wird man eine solche atomisierende Betrachtungsweise natürlich scheuen und einen einheitlichen Vergütungsanspruch wegen des gesamten Materials, das eine bestimmte Person im Zuge der Bauausführung an den Grundstückseigentümer verloren hat, annehmen. Dagegen ist im Regelfall nichts einzuwenden. Wenn aber beispielsweise die Bauausführung in mehreren, zeitlich getrennten Abschnitten erfolgt ist und sich in der Zwischenzeit die Preise für die Baumaterialien verändert haben, wäre eine Aufgliederung in mehrere Einzelansprüche unumgänglich (ebenso jetzt MünchKomm/FÜLLER Rn 8). Jedenfalls besteht beim Bauen auf fremdem Boden der Bereicherungsvorgang nicht einfach in der Überführung des Gebäudes als wirtschaftlicher Einheit aus dem Vermögen des Entreicherten in das des Bereicherten (so mit Recht NIPPERDEY MDR 1955, 663, 664 gegen die in BGHZ 10, 171, 179 f anklingende Vorstellung).

3. Umfang

Die Höhe der Vergütung bemißt sich – vorbehaltlich des § 818 Abs 3 – nach dem **31** *„Wert"* des Erlangten. Darunter ist – dem üblichen Sprachgebrauch des BGB entsprechend – der „objektive" Wert, also der gemeine Wert oder **Verkehrswert** zu verstehen (Mot II 836, 837; RGZ 147, 396, 398; BGHZ 5, 197, 201 f; 10, 171, 180; 17, 236, 239; BGH NJW 1962, 2293; WM 1963, 135, 136; 1966, 369, 370; 1967, 1250, 1251; 1973, 71, 73; stRspr; STAUDINGER/W LORENZ [1999] § 818 Rn 26 f; BGB-RGRK/HEIMANN-TROSIEN § 818 Rn 18; PLANCK/LOBE § 818 Anm 4 a; StudK/M WOLF Anm 2 a; MünchKomm/LIEB § 818 Rn 44 f mwN; MünchKomm/FÜLLER Rn 24; SOERGEL/MÜHL § 818 Rn 33; SOERGEL/HENSSLER § 951 Rn 18; PALANDT/BASSENGE § 951 Rn 15; LARENZ, SchR II[12], § 70 I; ders, in: FS vCaemmerer 209, 218 ff; SCHLECHTRIEM, SchR BT[6] Rn 784). Der im neueren Schrifttum zunehmend vertretene subjektive Wertbegriff (vgl etwa KOPPENSTEINER/KRAMER 168 ff; HAGEN, in: 1. FS Larenz [1973] 867, 883 f; REEB 96 ff; ERMAN/H P WESTERMANN § 818 Rn 17; StudK/BEUTHIEN § 818 Anm 4 a; ESSER/WEYERS, BesSchR II[8] § 51 I 4 c, e) muß mE als widerlegt angesehen werden (vgl LARENZ aaO; GOETZKE AcP 173 [1973] 289 ff; STAUDINGER/W LORENZ aaO; MünchKomm/LIEB aaO; WENDEHORST, Anspruch und Ausgleich [1999] 227 ff).

In zahlreichen Entscheidungen, die den Bereicherungsausgleich beim Bau auf **32** fremdem Boden betrafen, hat der BGH betont, daß sich die nach § 818 Abs 2 maßgebliche Verkehrswerterhöhung des Grundstücks idR und im wesentlichen nach der Steigerung seiner **Ertragsfähigkeit** bestimme (zB BGHZ 10, 171, 180 f; 17, 236, 237, 240 f; LM § 951 BGB Nr 14; WM 1955, 1253, 1255; 1962, 1295; 1963, 135, 137; 1963, 1066, 1068). Das ist gelegentlich dahingehend mißverstanden worden, daß der BGH den Bereicherungsausgleich hier auf die Erhöhung des objektiven Ertragswertes beschränken wolle (so KÖNIG, Gutachten und Vorschläge zur Überarbeitung des Schuldrechts [1981] II 1570; LARENZ, SchR II[12], § 70 I aE; vgl auch FEILER 98 ff). In Wirklichkeit verlassen diese Entscheidungen gar nicht den Maßstab des Verkehrswertes, sondern ziehen den Ertragswert lediglich als Berechnungsfaktor bei der Verkehrswertermittlung heran (so auch BGB-RGRK/HEIMANN-TROSIEN § 818 Rn 18; MünchKomm/QUACK[3] Rn 17). Das wiederum ist durchaus legitim, weil sich der Verkehrswert bebauter Grundstücke regelmäßig nicht durch bloßen Preisvergleich schätzen läßt. Die Wertermittlungsverordnung (WertV) vom 6. 12. 1988 (BGBl I 2209) verfährt ebenso (vgl §§ 3, 8 ff, 14 WertV). Je nach Art des betreffenden Grundstücks bzw Gebäudes kommt aber auch eine Anwendung des Sachwertverfahrens (PALANDT/BASSENGE Rn 15) oder eine Kombination beider Schätzungswege in Betracht (SOERGEL/HENSSLER Rn 18).

Soweit **gesetzliche Höchstpreise** bestehen, wird der gemeine Wert iSv § 818 Abs 2 **33** durch sie nach oben begrenzt; Schwarzmarktpreise bei der Beschaffung der Materialien bleiben also außer Betracht (BGHZ 5, 197, 201 f; BAMBERGER/ROTH/KINDL Rn 16).

Der Umfang des Vergütungsanspruchs aus § 951 Abs 1 S 1 kann nach wohl hM den **34** **Verlust** des Entreicherten **übersteigen** (BGHZ 17, 236, 239; BGH WM 1961, 700, 703; 1966, 366, 370; BGB-RGRK/PIKART Rn 30; BGB-RGRK/JOHANNSEN[11] Anm 16; SOERGEL/HENSSLER

§ 951 Rn 18; Palandt/Bassenge Rn 15; StudK/M Wolf Anm 4; Baur/Stürner § 53 Rn 32; Reinicke MDR 1955, 540; Koppensteiner/Kramer 169; Wendehorst, Anspruch und Ausgleich [1999] 286 [nur für die Eingriffsfälle, anders bei Verbindungsvornahme durch den verlierenden Teil S 300]; aA Feiler 104; Jakobs 62 Fn 179; Nipperdey MDR 1955, 663 f; MünchKomm/Lieb § 812 Rn 317; Baur/Stürner § 53 Rn 33; MünchKomm/Füller Rn 24; Bamberger/Roth/Kindl Rn 15; Bamberger/Roth/Wendehorst § 818 Rn 149; krit auch Erman/Hefermehl[10] Rn 12). Das ist jedoch unzutreffend. Der Bereicherungsausgleich nach § 951 knüpft – im Gegensatz zu anderen Kondiktionstatbeständen – an einen Rechtsübergang zwischen den Parteien an. Was der Kondiktionsschuldner durch den Bereicherungsvorgang erlangt, ist hier notwendigerweise dem Kondizienten durch denselben Vorgang entzogen. Die These der hM wäre allerdings unangreifbar, wenn mit dem Verlust des Entreicherten dessen Anschaffungsaufwand für die eingebaute Sache oder seine eventuellen Wiederbeschaffungskosten gemeint sein sollten. Diese könnten durchaus unter dem gegenwärtigen Marktpreis derartiger Sachen liegen.

4. Zeitpunkt

35 Der Vergütungsanspruch entsteht im Zeitpunkt des *Eintritts der Rechtsänderung* (Erman/Ebbing Rn 15; Eichler II 1, 84 f). Nach diesem Zeitpunkt muß sich deshalb auch die Bemessung des Wertes der erlangten Sache (§§ 951 Abs 1, 818 Abs 2) richten (RGZ 130, 310, 313; RG Gruchot 67 [1924/25] 316, 317; Baur/Stürner § 53 Rn 32 [für den Regelfall]; H Westermann[5] § 54, 5 b; Wieling I § 11 II 5 a aa; Müller Rn 2639; M Wolf Rn 618; Staudinger/K Schmidt [1997] Vorbem D 53 zu § 244; AnwK-BGB/vPlehwe Rn 16; MünchKomm/Füller Rn 25; Soergel/Henssler Rn 19; vMaydell, Geldschuld und Geldwert [1974] 351; für den Regelfall auch Larenz/Canaris § 72 III 5 c; Palandt/Bassenge Rn 16). Der Umstand, daß der Kondizient auch noch ein Wegnahmerecht ausüben könnte, so daß das Erlangte dem Vermögen des Empfängers noch nicht notwendigerweise endgültig inkorporiert ist, ändert daran nichts (RG Gruchot 67, 316, 317 f; BGH NJW 1954, 265, 266). Der Wert des verbundenen oder verarbeiteten Materials im Zeitpunkt der Verbindung oder Verarbeitung legt allerdings nur die Obergrenze der Wertersatzpflicht fest; der Anspruch wird zusätzlich begrenzt durch die beim Eintritt der Haftungsverschärfung noch vorhandene Bereicherung (§ 818 Abs 3, 4). Beim Bereicherungsausgleich für ein auf fremdem Boden errichtetes Gebäude stellt die hM grundsätzlich auf den Zeitpunkt der *Fertigstellung* ab (RGZ 130, 310, 313; BGH LM § 946 BGB Nr 6 = NJW 1954, 265, 266; BGHZ 17, 236, 239 f; LM § 951 BGB Nr 16 Bl 3 = NJW 1962, 2293; LM § 951 BGB Nr 17 = WM 1963, 135; WM 1966, 277, 279; 1973, 71, 73; BGB-RGRK/Pikart Rn 24; BGB-RGRK/Heimann-Trosien § 818 Rn 19; Staudinger/W Lorenz [1999] § 818 Rn 31 [nur für den Regelfall]; [iE] MünchKomm/Füller Rn 25; Soergel/Mühl[12] § 951 Rn 17; AnwK-BGB/vPlehwe Rn 12; Erman/Ebbing Rn 15; Palandt/Bassenge Rn 16; Feiler 107 f mit umfangreichen Nachweisen; Diederichsen JurA 1970, 378, 396 f). Wird das Gebäude nicht fertiggestellt, so soll der Zeitpunkt der endgültigen *Aufgabe des Weiterbauens* maßgeblich sein (BGHZ 10, 171, 179 [dazu Klarstellung in LM § 946 BGB Nr 6]; BGH MDR 1961, 591; Baur/Stürner § 53 Rn 32). Werden auf einem Grundstück mehrere Gebäude einer Wirtschaftseinheit errichtet, soll nach Palandt/Bassenge Rn 16 die Vollendung des letzten von ihnen entscheiden, während BGH LM § 951 BGB Nr 16 offenbar für die einzelnen Fertigstellungstermine getrennte Abrechnungen vornehmen will. Die Orientierung am Zeitpunkt der Gebäudefertigstellung ist jedoch verfehlt. Wenn bei der Konstellation des Bauens auf fremdem Boden überhaupt § 951 zur Anwendung kommt (s dazu unten Rn 53 ff), so muß der Anspruch auch schon in dem Augenblick entstehen, in dem die mit Grund und Boden verbundenen Materialien erstmals eine meßbare Wertsteigerung des Grundstücks (und damit eine Bereicherung des Grundstückseigentümers) zur Folge haben. Die Vollendung des Gebäudes oder die Einstellung der Bauarbeiten gibt dann nur den Zeitpunkt an, in dem der zunächst mit dem Fortschreiten der Arbeiten wachsende Vergütungsanspruch in seinem vollen Umfang entstanden ist (vgl RGZ 130, 310, 313). – Erst recht abzulehnen ist die Auffassung, daß die Wertberechnung für den Vergütungsanspruch aus § 951 nach dem Zeitpunkt der Anspruchserfüllung bzw dem der letzten mündlichen Verhandlung zu erfolgen habe (so aber KOPPENSTEINER NJW 1971, 588, 592, 593; PINGER MDR 1972, 187, 188 f; REUTER/MARTINEK 574 ff; MünchKomm/LIEB³ § 818 Rn 45; MünchKomm/QUACK³ § 951 Rn 18; SOERGEL/HENSSLER Rn 20; SKAUPY, in: Probleme der Währungsreform [1949] 94 f; EHLKE WM 1979, 1022, 1031; GÖTZ 188 ff; J KOHLER 89 Fn 68; dagegen mit Recht STAUDINGER/W LORENZ [1999] § 818 Rn 31; ERMAN/H P WESTERMANN § 818 Rn 21; PALANDT/THOMAS § 818 Rn 26; für Wahlmöglichkeit des Gläubigers zwischen dem Zeitpunkt der Entstehung der Wertersatzpflicht und dem der letzten mündlichen Verhandlung REIMER 75). Da der Bereicherungsvorgang mit dem Eintritt der Rechtsänderung abgeschlossen ist und das erlangte Eigentum natürlich die Zuweisung aller Verwertungschancen impliziert, besteht keine Möglichkeit, eine nachträgliche Wertsteigerung der eingebauten Sache noch dem früheren Eigentümer zugute kommen zu lassen (STAUDINGER/K SCHMIDT [1997] Vorbem D 53 zu § 244). Auch der Eintritt der Haftungsverschärfung ändert daran (entgegen K SCHMIDT aaO) nichts.

Insbesondere in den Fällen der Gebäudeerrichtung oder der Vornahme wertstei- **36** gernder Umbauten durch einen Mieter oder Pächter soll der Vergütungsanspruch aus § 951 nach verbreiteter Auffassung erst im Zeitpunkt der *Wiedererlangung* des Grundstücks durch den Grundstückseigentümer entstehen, weil dieser überhaupt erst durch die Rückgabe in den Genuß des Gebäudes bzw der Umbauten gelange (KLAUSER, Diss 30 ff; ders NJW 1958, 47, 48; 1965, 513, 517 f; BGB-RGRK/PIKART Rn 24; Münch-Komm/LIEB⁴ § 818 Rn 59; BAMBERGER/ROTH/WENDEHORST § 818 Rn 147; PALANDT/BASSENGE⁵⁴ Rn 16; WIELING I § 11 II 5 a aa; H WESTERMANN⁵ § 54, 5 c; LARENZ/CANARIS § 72 III 5 d; M WOLF JZ 1966, 467, 469 Fn 27; BFHE 152, 125; 172, 133; BFH DStZ 1999, 460, 461; dagegen FEILER 108 f). Anklänge an diese These fanden sich zunächst auch in der Rechtsprechung des BGH (BGHZ 10, 171, 180; LM § 951 BGB Nr 14 Bl 2 = WM 1961, 700, 702). Der BGH hat eine solche Lösung aber dann in der Entscheidung LM § 951 BGB Nr 17 = WM 1963, 135, 136 ausdrücklich abgelehnt und wiederum auf den Zeitpunkt der Vollendung des Gebäudes abgestellt (zust PALANDT/BASSENGE⁵⁴ Rn 16); den Umstand, daß dem Grundstückseigentümer durch das langfristige Leihverhältnis mit dem Erbauer zunächst die Nutzungen des Gebäudes entgingen, hat der BGH hier konsequenterweise bei der Berechnung der Werterhöhung berücksichtigt (WM 1963, 135, 136 1, 137 sub 4.; dagegen FEILER 101 Fn 9; KLAUSER NJW 1967, 513, 518). Im übrigen hat die Rechtsprechung ihre These, daß bei der Errichtung von Gebäuden auf fremdem Boden stets der Zeitpunkt der Fertigstellung für die Berechnung des bereicherungsrechtlichen Wertersatzes maßgeblich sei, für bestimmte *Sonderfälle* modifiziert. Baut ein Pächter aufgrund eines genehmigungsbedürftigen Pachtvertrages, der eine Entschädigung bei Vertragsbeendigung vorsieht, so soll der Anspruch des Pächters aus § 951 erst mit der Versagung der behördlichen Genehmigung entstehen, auch wenn das Gebäude schon vorher fertiggestellt war (BGH LM § 951 BGB Nr 15 = WM 1962, 768). Wird das Gebäude vom Mieter oder Pächter in der Erwartung eines späteren Eigentumserwerbs errichtet, soll der Zeitpunkt maßgebend sein, in dem feststeht, daß es zu diesem Erwerb nicht kommen wird (BGHZ 35, 356, 358 ff; WM 1966, 277, 279; 1966, 369, 370 sub IV; 1968, 1038, 1039 = LM § 812 BGB Nr 84 = NJW 1970, 136, 137; WM 1973, 71, 73; BGHZ 108, 256, 266; zust STAUDINGER/W LORENZ [1999] § 818 Rn 31; BGB-RGRK/PIKART § 951 Rn 24; BGB-RGRK/HEIMNN-TROSIEN § 812 Rn 97, § 818 Rn 19; SOERGEL/MÜHL[12] § 951 Rn 17; MünchKomm/LIEB[4] § 818 Rn 60; MünchKomm/QUACK[3] § 951 Rn 17; PALANDT/BASSENGE Rn 16; FEILER 108 Fn 36; SÖLLNER AcP 163 [1964] 20, 31; im wesentlichen auch LARENZ/CANARIS § 72 III 5 d; abw aber BGH WM 1961, 179, 181). Hierzu näher unten Rn 62.

37 Nach hM kann der einmal entstandene Vergütungsanspruch aus § 951 nur noch durch Wegfall oder Minderung der Bereicherung in seinem Umfang beeinflußt werden; eine *nachträgliche Wertsteigerung* soll schlechthin außer Betracht bleiben (BGHZ 5, 197, 200; BGB-RGRK/PIKART Rn 36; ERMAN/HEFERMEHL[10] Rn 15). Das ist jedoch ungenau. Die Obergrenze des Vergütungsanspruchs wird nur durch den Wert des erlangten Materials im Zeitpunkt des Einbaus gebildet. Wenn die durch den Einbau bewirkte Wertsteigerung der Hauptsache (und damit die Bereicherung ihres Eigentümers) zunächst hinter diesem Betrag zurückbleibt, ist der Vergütungsanspruch zunächst nach § 818 Abs 3 auf den niedrigeren Umfang der Bereicherung beschränkt. Der Einwand aus § 818 Abs 3 entfällt aber, wenn der Wert der Einbauten nachträglich anwächst (so auch FEILER 109 Fn 42; BAMBERGER/ROTH/KINDL Rn 15).

5. Keine Nutzungsherausgabe

38 Umstritten ist, ob der verlierende Teil neben der Geldentschädigung nach §§ 951 Abs 1, 818 Abs 2 von dem bereicherten Eigentümer der Hauptsache auch noch nach § 818 Abs 1 Ersatz für die Nutzungen verlangen kann, die dieser aus dem erlangten Bauwerk bzw der eingebauten Sache gezogen hat. Eine neuere Auffassung bejaht eine solche zusätzliche Nutzungsherausgabepflicht des bereicherten Sacheigentümers. Diese soll solange bestehen, wie sich das „gegenständliche Substrat" der Wertersatzpflicht im Vermögen des Kondiktionsschuldners befindet und dieser den Wertersatz noch nicht geleistet hat (MünchKomm/LIEB[4] § 818 Rn 61; MünchKomm/ QUACK[3] § 951 Rn 18; ERMAN/H P WESTERMANN § 818 Rn 13; PINGER MDR 1972, 187, 188 f; KOPPENSTEINER NJW 1971, 588, 592 ff; PAEFFGEN JuS 1992, 192, 196; wohl auch REUTER/MARTINEK 552 f; implizit LARENZ/CANARIS, SchR II 2 § 72 III 5 e; vgl ferner BGB-RGRK/HEIMANN-TROSIEN § 818 Rn 6 aE). Nach Eintritt der verschärften Haftung soll die Verzinsung der Wertersatzschuld nach §§ 819, 818 Abs 4, 291 den Mindestbetrag der dem Bereicherungskläger zustehenden Nutzungen bilden (KOPPENSTEINER NJW 1971, 588, 594, 595). Diese Auffassung ist abzulehnen (so auch BGH LM § 951 BGB Nr 13 = NJW 1961, 452; BAMBERGER/ROTH/KINDL Rn 14; ERMAN/HEFERMEHL[10] Rn 15; BAMBERGER/ROTH/WENDEHORST § 818 Rn 10 und Rn 142; MünchKomm/FÜLLER § 951 Rn 26; PALANDT/BASSENGE Rn 17; PALANDT/THOMAS § 818 Rn 8; MÜLLER Rn 2634; BAUR/STÜRNER § 53 Rn 31; GERNHUBER, BR[3] 442; WENDEHORST, Anspruch und Ausgleich [1999] 286 f; nur iE [Aufrechnung mit gleich hohem gegenläufigen Nutzungsherausgabeanspruch] LARENZ/CANARIS, SchR II 2, § 72 III 5 e; anders aber wieder BGHZ 35, 356, 361 f, s unten). Die in § 818 Abs 1 1. Alt vorgenommene Ausdehnung des Kondiktionsanspruchs auf die vom Empfänger aus dem erlangten Gegenstand gezogenen Nutzungen beruht entscheidend auf der Erwägung, daß dieser Gegenstand gerade infolge seiner Kondizierbarkeit jedenfalls inter partes weiterhin dem Kondizienten gebührt, der Empfänger also ein materiell fremdes Gut genutzt hat. Wer dagegen durch Verbindung oder Verarbeitung bereichert wird, erlangt nicht nur das Eigentum an der bisher fremden Sache, sondern diese ist ihm nunmehr auch im Verhältnis zum verlierenden Teil endgültig zugewiesen. Er nutzt die eingebaute Sache also auch bei einer nicht im Formalen steckenbleibenden Betrachtungsweise nicht als Fremder (vgl BGH LM § 951 BGB Nr 13 Bl 2). Dementsprechend kann ein Bereicherungsanspruch gegen eine Bank wegen des Erwerbs fremder Banknoten durch Vermischung mit eigenen Geldbeständen nicht auf die aus dem fraglichen Geldbetrag durch Ausleihe erzielbaren Zinsen erstreckt werden (unklar PAEFGEN JuS 1992, 192, 196).

Die mit dem Rechtsübergang nach § 946 verbundene Nutzungszuweisung an den **39** bereicherten Grundstückseigentümer bedeutet allerdings nicht, daß er umgekehrt nun ohne weiteres vom verlierenden Teil auch für die Nutzung der von diesem selbst geschaffenen Einbauten eine Vergütung verlangen könnte, falls der zwischen ihnen bestehende Miet- oder Pachtvertrag unwirksam ist (so aber BGH LM § 951 BGB Nr 13 = NJW 1961, 452; dagegen mit Recht BGB-RGRK/HEIMANN-TROSIEN Rn 34; MünchKomm/ LIEB § 818 Rn 61; BGB-RGRK/HEIMANN-TROSIEN § 818 Rn 6; BAMBERGER/ROTH/KINDL Rn 14). Dieses befremdliche Ergebnis ließe sich schon durch eine ähnliche Restriktion des § 818 Abs 1 vermeiden, wie sie der BGH in der Entscheidung NJW 1992, 892 = EWiR § 100 BGB 1/92, 131 (HOLCH) im Hinblick auf die Nutzungsherausgabepflicht des Käufers nach Wandlung vornimmt. Man könnte aber auch auf diese Restriktion verzichten und bei der Gegenrechnung des Pächters ansetzen. Wenn man die Nutzungsherausgabepflicht des verlierenden Teils wirklich auf die von diesem selbst vorgenommenen Einbauten erstreckt, so muß letzterer befugt sein, seinerseits analog § 102 alle für die Steigerung der Nutzungsfähigkeit kausalen Ausgaben abzusetzen (vgl § 987 Rn 20). In einem unter die condictio ob rem subsumierten Fall des Bauens auf fremdem Boden hat der BGH zwar den Nutzungsherausgabeanspruch des Grundstückseigentümers auch auf die Nutzung des vom Besitzer selbst geschaffenen Gebäudes erstreckt, diesen aber dann insoweit durch einen gegenläufigen Nutzungsherausgabeanspruch des Besitzers neutralisiert, so daß der Besitzer im Ergebnis nur die Nutzung des Grund und Bodens zu vergüten hatte (BGHZ 35, 356, 361 f; dazu Anm RIETSCHEL LM § 818 Abs 2 BGB Nr 11 Bl 2). Das Ergebnis war zutreffend, die (von LARENZ/CANARIS, SchR II 2, § 72 III 5 e wieder aufgegriffene) Konstruktion verfehlt (s auch MünchKomm/FÜLLER Rn 26 aE).

6.   Entreicherungseinwand

Der Umfang der Vergütungspflicht wird durch § 818 Abs 3 begrenzt auf die *noch bei* **40** *Eintritt der Haftungsverschärfung vorhandene Bereicherung* des Anspruchsgegners, dh die in diesem Zeitpunkt noch gegebene, auf den rechtsgrundlosen Erwerb zurückführbare Vermehrung seines Vermögens (vgl § 818 Rn 33 ff; dort auch zu den verschiedenen Vorschlägen für eine Beschränkung des Entreicherungseinwandes). Die Bereicherung kann insbesondere dadurch entfallen oder gemindert werden, daß die eingebaute oder neu hergestellte Sache zerstört oder beschädigt wird, ohne daß diese Einbuße durch einen realisierbaren Ersatzanspruch gegen einen Dritten (vgl BGH JZ 1994, 732, 733; MünchKomm/FÜLLER Rn 27) ausgeglichen würde. Allerdings ist hier jeweils zu prüfen, ob nicht doch der Gesichtspunkt der *Ersparnis* eigenen Materials zu einer fortdauernden Bereicherung des Anspruchsgegners führt (s oben Rn 28; abw GREINER 311 Fn 121). Der Ersparnisgedanke kann sich allerdings nicht nur anspruchserhaltend, sondern auch anspruchsmindernd auswirken: Wenn ein gutgläubiger Eingreifer fremdes Material verarbeitet oder zum wesentlichen Bestandteil seines Grundstücks macht, so muß ihm der Umstand zugutekommen, daß er aufgrund von Beziehungen derartiges Material unter dem üblichen Preis hätte einkaufen können. Infolge dieser günstigen Beschaffungsmöglichkeit ist er nämlich von vornherein nicht um den objektiven Wert des Materials, sondern nur in Höhe seiner eigenen Ersparnis, und dh in Höhe seines günstigen hypothetischen Einkaufspreises bereichert. § 818 III begrenzt deshalb seine Haftung von vornherein auf diesen Betrag (s GURSKY JR 1972, 279, 284; abw GREINER 311 Fn 121). Wer aus § 951 wegen der Verarbeitung oder des Einbaus fremden Materials in Anspruch genommen wird, kann den an einen Dritten gezahlten Kaufpreis nicht als Bereicherungsminderung geltend machen (RGZ 106, 4, 7; BGHZ 55, 176, 179 f; STAUDINGER/W LORENZ [1999] § 818 Rn 37; MünchKomm/LIEB § 818 Rn 81; BGB-RGRK/HEIMANN-TROSIEN § 818 Rn 28; BAMBERGER/ ROTH/KINDL § 951 Rn 15; H P WESTERMANN JuS 1972, 18, 24; KOPPENSTEINER/KRAMER 132 ff; RENGIER AcP 177 [1977] 428, 434 f; J HAGER, in: FS 50 Jahre BGH [FG aus der Wissenschaft 2000] 777, 818 f). Entsprechendes gilt für den Bereicherungsausgleich wegen Vermischung oder Vermengung: Erwirbt beispielsweise eine Sparkasse Eigentum an italienischen Lira-Noten, die sie von einem nichtberechtigten Minderjährigen angekauft hat, durch Vermischung mit eigenen Geldbeständen, so kann sie von dem Anspruch aus §§ 951 Abs 1, 812 Abs 1 S 1 2. Alt, 818 Abs 2 nicht unter Berufung auf § 818 Abs 3 den beim Ankauf der ausländischen Banknoten gezahlten Kaufpreis in Abzug bringen (LG Köln WM 1991, 1894, 1895; PAEFGEN JuS 1992, 191, 195). Entscheidend dafür ist weniger der Umstand, daß der Bereicherte in diesen Fällen Rechtsmängelgewährleistungsansprüche gegen den Dritten hat (so aber STAUDINGER/W LORENZ [1999] Rn 36), als der Gesichtspunkt, daß der Vergütungsanspruch an die Stelle der Vindikation getreten ist, gegenüber welcher der an den Dritten gezahlte Erwerbspreis ebenfalls keinen Einwand geliefert hätte (so BGH NJW 1970, 2059 zur Parallelproblematik bei § 816 Abs 1 S 1). In den Fällen, in denen der Einbau gestohlenen Materials durch den Werkunternehmer ohne vorherige Übergabe an den Besteller erfolgt, in denen also nie eine Vindikationslage zwischen dem früheren Materialeigentümer und dem Grundstückseigentümer bestanden hat, darf iE nichts anderes gelten, weil die Interessenlage hier genau die gleiche ist. Die an den Werkunternehmer erbrachte Bezahlung schließt also die Bereicherung des Bestellers und damit dessen Vergütungspflicht aus § 951 Abs 1 nicht aus (PLANCK/OEGG § 651 Anm 5; aA TOBIAS 456; RIEZLER, Der Werkvertrag [1900] 63). – Dagegen ist eine Bereicherungsminderung iSv § 818 Abs 3 gegeben, wenn der Kondiktionsschuldner durch den Einbau bzw die Verarbeitung einen zuvor erworbenen Verwendungsersatzanspruch einbüßt (vgl GURSKY JR 1971, 361 und STAUDINGER/GURSKY [1999] Vorbem 48 zu § 994). Die **Beweislast** für das Fehlen einer dem Wert des Erlangten entsprechenden Bereicherung trägt der Anspruchsgegner (vgl STAUDINGER/W LORENZ [1999] § 818 Rn 48).

41 Sofern die tatsächlichen Produktionskosten den „Wert der Verarbeitung" (also den Wertzuwachs, den der verarbeitete Stoff durch die Spezifikation erfahren hat) übersteigen, kann unter Umständen auch diese Differenz als Bereicherungsminderung berücksichtigt werden. Das gilt jedoch nur, wenn der Anspruchsgegner die betreffende Verarbeitung nur wegen des zufälligen Vorhandenseins des betreffenden Stoffes durchgeführt hat; anderenfalls würde nämlich wieder der Gesichtspunkt der Ersparnis eigenen Materials eine verlustunabhängige Bereicherung begründen.

7. Kein Einwand des Mitverschuldens

Ist der durch Verbindung beim Schuldner untergegangene oder durch Vermengung **42** nach §§ 948 iVm § 947 ins Alleineigentum des Besitzers gefallene Gegenstand zuvor beim Eigentümer abhanden gekommen, begründet der Umstand, daß der bisherige Eigentümer dieses Abhandenkommen durch Nachlässigkeit ermöglicht hat, gegenüber dem Anspruch aus § 951 Abs 1 nicht den Einwand des Mitverschuldens (LG Köln NJW-RR 1991, 868, 869; PAEFFGEN JuS 1992, 192, 195). Dieser Einwand hätte ja auch dem zuvor gegebenen Vindikationsanspruch nicht entgegengesetzt werden können (s § 985 Rn 115). Dann kann für den an die Stelle der Vindikation getretenen Bereicherungsanspruch aus § 951 Abs 1 nichts anderes gelten.

8. Verschärfte Haftung

Mit Eintritt der Bösgläubigkeit oder Rechtshängigkeit wird die Wertersatzschuld **43** des bereicherten Eigentümers der Hauptsache bzw des Spezifikanten nach §§ 819, 818 Abs 4 iVm Abs 2 endgültig fixiert (hM, s oben Rn 28; WENDEHORST, Anspruch und Ausgleich [1999] 308 Fn 319; aA WILHELM, Rechtsverletzung 187 m Fn 420; JAKOBS, Eingriffserwerb 146; REUTER/MARTINEK 559, 618; J KOHLER 89; KOPPENSTEINER/KRAMER 172 f). KOPPENSTEINER/KRAMER (aaO) und ESSER/WEYERS (§ 51 III 2 c) meinen, im Falle einer rechtsgrundlosen Gebäudeerrichtung müsse auch der bereits verschärft haftende Grundstückseigentümer bei einer nach der Wiedererlangung des bebauten Grundstücks durch Zufall eintretenden Zerstörung des Gebäudes von seiner Wertersatzpflicht frei werden, weil auch der bösgläubige Empfänger eines bebauten Grundstücks unter denselben Umständen (nach §§ 819 Abs 1, 818 Abs 4, 292 Abs 1, 990, 989 BGB) den Wert des Gebäudes nicht ersetzen müsse. In Wirklichkeit ist eine differenzierende Lösung hier durchaus angebracht. Daß der bösgläubige Kondiktionsschuldner im ersteren Falle das Risiko einer zufälligen Entreicherung tragen muß, ist das Korrelat dazu, daß er auch die Nutzungen des Gebäudes behalten darf. Es ist also gerade die Umkehrung der Parömie „cuius est periculum, eius et commodum esse debet", auf der KOPPENSTEINER/KRAMER (vgl 131, 161 ff, 180 f) ihr System aufbauen, die die von ihnen angegriffene Lösung rechtfertigt. Der Eintritt der Haftungsverschärfung löst die Verpflichtung zur Zahlung von Prozeßzinsen aus (§§ 819 Abs 1, 818 Abs 4, 291). Ist er mit dem Eintritt des Verzuges verbunden, so muß der Bereicherte dem Kondizienten nach §§ 280 Abs 1 und 2, 286 auch den weitergehenden Verspätungsschaden (nachweisbar entgangener Gewinn aus einer geplanten Geldanlage, Zinsbelastung infolge nicht rechtzeitiger Tilgung eines Bankkredits) erstatten. Selbstverständlich kann der Kondiktionsgläubiger diese Ansprüche nicht kumulieren (vgl PAEFGEN JuS 1992, 192, 196). Zu einer Haftung für schuldhaft nicht gezogene Nutzungen führt die Haftungsverschärfung entgegen MünchKomm/FÜLLER (Rn 28) nicht; die gibt es nur bei Bereicherungsansprüchen, die auf Herausgabe in Natur gerichtet sind (§§ 819 Abs 1, 818 Abs 4, 292 Abs 2, 987 Abs 2). – Im Gegensatz zur hM möchte WILHELM die verschärfte Haftung des Kondiktionsschuldners beim Wertersatzanspruch aus § 951 Abs 1 BGB nicht erst bei Kenntniserlangung von der Rechtsgrundlosigkeit des Erwerbs, sondern schon bei grob fahrlässiger Unkenntnis eintreten lassen (Rn 1013; s auch Rn 1161 m Fn 1087). Das ist grob systemwidrig.

Karl-Heinz Gursky

9. Untergang

44 WIELING (I § 11 I 3 a) nimmt an, daß der Anspruch aus § 951 noch durch eine hypothetische Ersitzung der eingebauten Sache untergehen kann. Nach 10jährigem gutgläubigen Eigenbesitz – offenbar zunächst an der später eingebauten beweglichen Sache, dann an der durch den Einbau erweiterten Hauptsache – soll der durch den Einbau entstandene Eigentumsfortwirkungsanspruch des früheren Eigentümers erlöschen. Eine solche Argumentation liegt in der Tat nahe, wenn man mit einer verbreiteten Variante der Lehre von den Doppelwirkungen im Recht davon ausgeht, daß auch der bereits zum Eigentümer Gewordene das Eigentum nochmals ersitzen kann (vgl KIPP, in: FS MARTITZ [1911] 211 ff; WIELING aaO). Diese Lehre entfernt sich jedoch zu weit vom Gesetz. Praktische Auswirkungen hätte das Erlöschen des Anspruchs kaum, da er ja ohnehin spätestens in 10 Jahren verjährt (§ 199 Abs 4).

10. Einwand aus § 817 S 2

45 Im Schrifttum wird gelegentlich die Auffassung vertreten, daß dem Anspruch aus § 951 Abs 1 der Einwand aus § 817 S 2 entgegenstehen könnte (MICHALSKI Jura 1994, 232, 233, 236; HONSELL, Die Rückabwicklung sittenwidriger und verbotener Geschäfte [1974] 56 Fn 26 mwN; ebenso HECK AcP 124 [1925] 1, 32 ff). Gemeint sind offenbar Fälle, in denen der Besitz durch ein doppelnichtiges Veräußerungsgeschäft an den Erwerber gelangt war, der Einwand aus § 817 S 2 analog auch der Vindikation des Veräußerers entgegenstand (dazu § 985 Rn 108) und der Erwerber schließlich durch Einbau Eigentum erlangt hat. Da aber schon die Übertragung des § 817 S 2 auf den Vindikationsanspruch nur in einem sehr engen Bereich möglich ist, drängen sich Sachverhalte, bei denen die Erstreckung des Einwandes aus § 817 S 2 auf den Eigentumsfortwirkungsanspruch aus § 951 Abs 1 wertungsmäßig zwingend geboten sein könnte, nicht gerade auf.

V. Schutz vor aufgedrängter Bereicherung?

46 1. Wenn die zum Rechtsübergang führende Verbindung nicht vom Eigentümer der Hauptsache, sondern von einem Dritten herbeigeführt wird, tritt regelmäßig der Interessenkonflikt der aufgedrängten Bereicherung auf. Wenn etwa der Besitzer eines fremden Grundstücks auf diesem ohne eine diesbezügliche Vereinbarung mit dem Grundstückseigentümer ein Gebäude errichtet oder wertsteigernde Einbauten oder Umbauten vornimmt, erlangt der Grundstückseigentümer damit rechtsgrundlos einen Vermögensvorteil, den er wahrscheinlich überhaupt nicht erwerben wollte und den er andererseits wegen dessen Beschaffenheit nicht (isoliert) in Natur restituieren kann. In dieser Situation geraten offensichtlich zwei fundamentale Prinzipien unserer Privatrechtsordnung – nämlich Bereicherungsausgleich und privatautonome Selbstbestimmung – miteinander in Konflikt: Das Bereicherungsausgleichsprinzip verlangt einen wertmäßigen Ausgleich der nun einmal eingetretenen rechtsgrundlosen Vermögensverschiebung, wenn (und soweit) der Empfänger noch bereichert ist. Eine solche Wertersatzpflicht müßte aber zwangsläufig die „Dispositionsfreiheit" des Bereicherten beeinträchtigen, dh, sein Recht, selbständig und eigenverantwortlich seine Vermögensangelegenheiten wahrzunehmen und insbesondere auch darüber zu entscheiden, ob und von wem er eine bestimmte Leistung gegen Entgelt erwerben will. Falls der objektiv bereicherte Eigentümer für die ihm

aufgedrängte „Verbesserung" seiner Sache Wertersatz leisten muß, wird ihm im
Ergebnis eine Umstrukturierung seines Vermögens aufgenötigt. Er muß zur Erfüllung der Wertersatzpflicht entweder vorhandene liquide Mittel einsetzen, die er
eigentlich für die Befriedigung anderer und für ihn wichtigerer Bedürfnisse verwenden wollte, oder aber er muß Kredite aufnehmen und damit wieder seinen zukünftigen Handlungsspielraum einengen oder schließlich zur Verschaffung der erforderlichen Barmittel Bestandteile seines Vermögens (uU gerade die verbesserte Sache
selbst) „versilbern". Dieser enteignende Effekt der Wertersatzpflicht wird gerade in
den Fällen des Bauens auf fremdem Boden deutlich, in denen der bereicherte
Grundstückseigentümer zum Ausgleich des Sachwertzuwachses regelmäßig ganz
erhebliche Mittel flüssig machen müßte. Unter diesen Umständen ist es nicht ver-
wunderlich, daß man immer wieder nach Wegen gesucht hat, um die Wertkondiktion auszuschließen oder zu beschränken.

2. Die älteste und bis vor kurzem auch am häufigsten vertretene Konzeption will **47**
den aus der Vorteilszuschiebung resultierenden Wertersatzanspruch mit Hilfe von
Gegenansprüchen des Bereicherungsempfängers blockieren, die **auf eine gegenständliche Beseitigung des erlangten Vorteils**, also zB auf Abbruch des aufgedrängten
Gebäudes, gerichtet sind (Martin WOLFF, Bau 65 f; im Anschluß an ihn BGH LM § 1004 BGB
Nr 14; BGH NJW 1965, 816 = WM 1965, 652; WM 1966, 765, 766; KG als Vorinstanz in RG JW
1931, 1552; OLG Celle MDR 1954, 294; STAUDINGER/W LORENZ [1999] Vorbem 43 aE zu § 812;
BGB-RGRK/PIKART Rn 39; BGB-RGRK/JOHANNSEN[11] Anm 22 ff; BGB-RGRK/GLANZMANN[12]
§ 631 Rn 83; SOERGEL/MÜHL[12] § 812 Rn 162; § 951 Rn 12; SOERGEL/HENSSLER § 951 Rn 17, 23;
ERMAN/HEFERMEHL[10] § 951 Rn 16; PALANDT/BASSENGE Rn 19; H WESTERMANN[5] § 54, 1; JAUERNIG/
SCHLECHTRIEM § 812 Rn 80; SCHREIBER Rn 190; WIELING I § 11 II 5 a aa; MÜLLER Rn 2645 ff;
BAUR/STÜRNER § 53 Rn 33; SCHWAB/PRÜTTING Rn 472; FEILER 63 f; DIESSELHORST 119; SPYRIDAKIS
121 f; TÜCKMANTEL 45 Fn 176; DEGENHART JuS 1963, 314, 319 Fn 24; MANFRED WOLF JZ 1966, 467,
472; HUBER JuS 1970, 515, 517 f; DIEDERICHSEN JurA 1970, 378, 399; KLAUSER NJW 1958, 47, 48;
OERTMANN JW 1931, 1552; PINGER 116 ff; KOPPENSTEINER/KRAMER 167; WERNECKE 191 ff, 216 ff,
610 ff). Die Geltendmachung des Vergütungsanspruchs nach § 951 soll jedenfalls
dann rechtsmißbräuchlich sein, wenn der Grundstückseigentümer die Beseitigung
des Gebäudes verlangen kann und tatsächlich verlangt (BGH NJW 1965, 816). Als
Grundlage des Beseitigungsverlangens zog M WOLFF nur § 1004 Abs 1 S 1 in Betracht; heute verweist man darauf, daß sich die Verpflichtung des Kondizienten zur
Entfernung des von ihm errichteten Gebäudes oder der von ihm vorgenommenen
Einbauten auch aus dem Gesichtspunkt des Schadensersatzes (§ 823 Abs 1, pFV)
oder aus § 546 (= § 556 aF) ergeben könne (vgl FEILER 61 mwN). Dieser Lösungsge-
danke ist aber schon deshalb ungeeignet, weil derartige Gegenansprüche des bereicherten Eigentümers auf Rückgängigmachung der werterhöhenden Baumaßnahmen nur sehr selten bestehen werden. Aus § 1004 läßt sich ein solcher Anspruch
richtiger Ansicht nach nicht herleiten, weil das fertiggestellte Gebäude nur die
gegenwärtige Auswirkung eines bereits in der Vergangenheit abgeschlossenen Ein-
griffs, nicht aber eine fortdauernde Eigentumsbeeinträchtigung darstellt (s STAUDIN-
GER/GURSKY [1999] § 996 Rn 11; § 1004 Rn 41 ff; s auch GREINER 357 Fn 39; REIMER 160 ff).
Schadensersatzansprüche werden meist daran scheitern, daß die werterhöhende Baumaßnahme
als solche (also ohne Berücksichtigung der damit evtl verbundenen Vergütungspflicht) gar keinen
Nachteil für den Kondiktionsschuldner bedeutet (vgl auch M WOLFF JZ 1966, 467, 472; TÜCKMAN-
TEL 46; MünchKomm/FÜLLER Rn 31). Und selbst wenn der Eigentümer ein Interesse an
der Wiederherstellung des alten Zustandes seines Grundstücks haben sollte, so

würde seinem Verlangen nach Naturalrestitution doch wohl zumeist § 251 Abs 2 S 1 entgegenstehen.

48 3.   Nach einer anderen, in zahlreichen Varianten vertretenen Konzeption soll der bereicherte Eigentümer der Hauptsache die Wertersatzpflicht für den ihm aufgedrängten Vermögenszuwachs dadurch abwenden können, daß er dem Kondizienten **die Wegnahme** des mit der Hauptsache verbundenen Materials **gestattet** bzw ihn auf sein ohnehin bestehendes Wegnahmerecht verweist (so BGHZ 23, 61, 64 f speziell für den Fall, daß dem Kondiktionsschuldner ein Bauwerk aufgedrängt wird, daß er nur mit erheblichen Kosten zu einer Einnahmequelle umgestalten könnte; ebenso BGB-RGRK/PIKART Rn 38; SOERGEL/OECHSLER⁹ Rn 8; AnwK-BGB/vPLEHWE Rn 13; PALANDT/BASSENGE Rn 20; ohne eine solche Einschränkung TOBIAS AcP 94, 371, 456 f; JAKOBS, Eingriffserwerb 174; ders AcP 167 [1967] 350, 374 ff; EICHLER JuS 1965, 479, 481; BAUR AcP 160 [1961] 465, 492 f; SCHULER NJW 1962, 1842, 1843; BACHOF, Das Wegnahmerecht [Diss Erlangen 1905] 78 ff; JAUERNIG/SCHLECHTRIEM § 812 Rn 80; wohl auch ESSER, SchuldR II³ § 104 I 4; für den Fall, daß der Bauende das fehlende Einverständnis des Grundstückseigentümers kannte, auch ERMAN/HEFERMEHL¹⁰ Rn 16). Eine tragfähige Begründung für diese rigorose Korrektur des § 951 Abs 1 ist nicht ersichtlich. Der BGH (aaO) hat die Abwehrbefugnis mit einer entsprechenden Anwendung des § 1001 S 2 zu legitimieren versucht. (So auch BGB-RGRK/PIKART aaO; ERMAN/HEFERMEHL aaO). Diese Norm paßt jedoch offensichtlich nicht (so auch PINGER, Funktion 119; M WOLF JZ 1966, 467, 472; FEILER 73; KOPPENSTEINER/KRAMER 167 f; REIMER 166 f; BREHM/BERGER Rn 28.45; SCHREIBER Rn 190; MünchKomm/FÜLLER Rn 30; BAMBERGER/ROTH/KINDL Rn 19; WENDEHORST, Anspruch und Ausgleich [1999] 304 f; kritisch auch ESSER/WEYERS II § 51 I 4 e; REUTER/MARTINEK 546; WIELING I § 11 II 5 a aa Fn 19): Nach § 1001 S 2 muß der Eigentümer, um der persönlichen Haftung für Verwendungen des unrechtmäßigen Besitzers zu entgehen, die gesamte durch die Verwendung erhaltene oder verbesserte Sache dem Verwendungsersatzberechtigten zur Verwertung (§ 1003) herausgeben, kann diesen also gerade nicht auf die bloße Wegnahme des Verwendungserfolgs verweisen. Die behauptete Verteidigungsmöglichkeit, die praktisch zur völligen Ausschaltung des § 951 Abs 1 bei allen nicht vom Hauptsacheneigentümer selbst vollzogenen Einbauten führen würde, ist im übrigen weder systemgerecht noch rechtspolitisch angemessen. Ihre Anhänger setzen sich über den erkennbaren Universalitätsanspruch des Bereicherungsausgleichsprinzips hinweg, ohne einen wertungsmäßigen Anschluß an die positiv-rechtlichen Durchbrechungen dieses Prinzips auch nur zu versuchen: Diese gesetzlichen Ausnahmefälle, in denen eine rechtsgrundlos eingetretene wirtschaftliche Vermögensmehrung nicht ausgeglichen wird, setzen alle eine besondere Schutzunwürdigkeit des „Entreicherten" voraus. Dies gilt für § 817 S 2 genauso wie für die §§ 814, 815 oder etwa § 687 Abs 2 S 2 und § 996. Damit vertrüge es sich nicht, wenn der Bereicherungsausgleich nach Sachverbindungen allein wegen der Schutzwürdigkeit des Bereicherten, zur Vermeidung der aus der Wertersatzpflicht resultierenden Beeinträchtigung seiner Dispositionsfreiheit, versagt würde, auch wenn die Restitutionsinteressen des Kondiktionsklägers nicht durch irgendwelche negativ zu bewertenden subjektiven Momente gemindert werden.

49   Im übrigen sind sämtliche Varianten der These von der Abwendung des Wertersatzanspruchs durch die Gestattung der Wegnahme natürlich auch deshalb unbefriedigend, weil sie nur einen Teilbereich der aufgedrängten Sachverbesserungen erfassen können: Diese Lösung versagt in den Fällen, in denen eine gegenständliche

Rücknahme des mit der Hauptsache verbundenen Materials praktisch nicht möglich ist (Anstrich uä) oder in denen der Bereicherungsvorgang in einer zur Verbesserung der Sache erbrachten Arbeitsleistung besteht. Wollte man in den letzteren Fällen den Bereicherungsanspruch wieder zulassen, so käme man zu einer einigermaßen willkürlichen Differenzierung. Begünstigt wäre dann nämlich gerade derjenige, der intensiver in den fremden Rechtskreis eingegriffen hat, nämlich derjenige, der die Verbindung so vorgenommen hat, daß sie praktisch untrennbar geworden ist (Möhrenschlager 58).

4. Die Mehrheit des gegenwärtigen Schrifttums will dem Problem der aufge- **50** drängten Bereicherung durch eine **Modifikation des Anspruchsumfangs** beikommen. Der zu leistende Wertersatz soll sich nicht nach dem objektiven Wertzuwachs des Empfängervermögens, sondern nach dem konkreten Nutzen bemessen, den gerade der Bereicherte selbst nach seinen individuellen Verhältnissen und Vermögensdispositionen von dem aufgedrängten Vermögenszuwachs habe (MünchKomm/Lieb[4] § 812 Rn 313 ff; Soergel/Henssler Rn 23; Erman/H P Westermann § 818 Rn 3, 17, § 814 Rn 6; Bamberger/Roth/Wendehorst § 818 Rn 143 ff; Palandt/Bassenge § 951 Rn 21; StudK/M Wolf § 951 Anm 4 d; Jauernig/Schlechtriem § 812 Rn 80; Reuter/Martinek 546 f; Wieling I § 11 II 5 a aa m Fn 19; Esser, SchuldR II[3] § 104 I 4, § 105 I 2; Esser/Weyers, BesSchR II[8] § 51 I 4 e; Fikentscher, SchR[9] Rn 1171; Larenz, SchR II[12] § 70 II; Baur/Stürner § 53 Rn 33; H Westermann[5] § 54, 5 c; Medicus, BR[16] Rn 899; ders, SchR II[6] § 128 IV 2 b; Schwab/Prütting Rn 472; Schapp/Schur Rn 258 f; § 13 III 1 [3]; Gerhardt I, 133 f; Pinger, Funktion 123 ff; Kohler [Schrifttum vor § 985] 486 ff; Wilhelm, SR Rn 1006 ff [mit erheblichen Einschränkungen]; H Haas [Schrifttum vor § 994] 137 f; Klauser, Diss 48, 58; ders NJW 1965, 512, 516; Feiler 98 ff; Pankow 56 ff; Ostendorf 80 ff; Reeb 96 ff; Hagen, in: 1. FS Larenz [1973] 867, 881, 883 f; Koller Betrieb 1974, 2385, 2389; Koppensteiner NJW 1971, 1769, 1771; Koppensteiner/Kramer 168; Huber JuS 1970, 515, 518; Wilhelm, Rechtsverletzung 85 Fn 86; Götz 186 f; Möhrenschlager 51 bei Fn 220 iVm S 106; Loewenheim 101 f; Beuthien/Weber 83; Reimer 68 f, 94 f; Wendehorst, Anspruch und Ausgleich [1999] 306 ff; [nur gegenüber bösgläubigen Bereicherungsgläubigern] Larenz/Canaris § 72 III 3 a, b; aus der Rspr OLG Stuttgart WürttJb 28, 28 = Recht 1916 Nr 1097 u 1109; BauR 1972, 388; OVG Münster OVGE 25, 286, 294). Allerdings hat dieser Ansatz durchaus noch nicht zu einer einheitlichen Theorie geführt. Man streitet insbesondere noch darüber, ob das Ergebnis über § 818 Abs 2 BGB (so etwa Feiler aaO; Esser aaO; Medicus aaO; Erman/H P Westermann aaO; Palandt/Bassenge Rn 21; Reeb aaO; Hagen aaO; Koppensteiner aaO; Möhrenschlager aaO; Loewenheim 123) oder über § 818 Abs 3 BGB (so Fikentscher Rn 1171; Koller aaO; Pinger aaO; Götz aaO; Larenz aaO; MünchKomm/Lieb[4] § 812 Rn 313, § 818; wohl auch Wilhelm Rn 1007) oder über eine nicht gegenstands-, sondern vermögensorientierte Bestimmung des „erlangten Etwas" (so Reuter/Martinek 546; zustimmend Schlechtriem, SchR BT[3] Rn 728 m Fn 191) zu begründen ist. Uneinigkeit herrscht auch über die Art und Weise, wie die individuellen Nutzungsentscheidungen des Bereicherungsempfängers berücksichtigt werden sollen: Ob der Kondiktionsschuldner eine einmalige Geldzahlung in Höhe des vorausgeschätzten und eskomptierten zukünftigen Nutzens zu erbringen hat (so OLG Stuttgart WürttJb 28, 28, 33; BauR 1972, 388; Ebbecke Recht 1918, 385, 391; Klauser, Diss 51 ff; Koller Betrieb 1974, 2385, 2389; MünchKomm/Lieb[4] § 812 Rn 316; Reimer 81 f, 98 f; wohl auch M Wolf Rn 620 [„subjektiver Ertragswert"]) oder ob der Bereicherungsanspruch zunächst gleichsam latent bleiben und erst durch den jeweiligen späteren Nutzungsakt aufgefüllt werden soll, durch den der Bereicherte den Vermögenszuwachs effektiv realisiert (so H Haas, Diss 140 ff; Eike Schmidt, in: Esser/Schmidt/Köndgen, Fälle und Lösungen zum SchuldR[3] 94; ähnlich

auch WILHELM, Rechtsgutsverletzung, 85 Fn 86; MEDICUS, BR Rn 899; LARENZ/CANARIS § 72 IV 3
d; vgl auch COSACK/MITTEIS I § 218 III 2 aF); die meisten Autoren kombinieren diese
beiden Modelle in unterschiedlicher Weise (vgl etwa H WESTERMANN⁵ § 54, 5 c; REUTER/
MARTINEK 546 f, 574 f; FEILER 101 f; PINGER, Funktion 128 f; ders MDR 1972, 187, 189). Gewisse
Meinungsdifferenzen bestehen auch darüber, inwieweit objektive Elemente (Zu-
mutbarkeit, Verkehrsüblichkeit oder Vertretbarkeit der Nutzungsplanung) in die
Anspruchsbemessung eingeführt werden sollen.

51 Auch dieser Lösungsansatz ist jedoch schon rechtspolitisch fragwürdig. Eine Beschränkung des Bereicherungsausgleichs zum Schutze der individuellen Vermögens-
planung ist jedenfalls dort bedenklich, wo die drohende Freiheitsbeeinträchtigung
nicht auf einer schuldhaften Einmischung des Entreicherten in den Zuständigkeits-
bereich des Empfängers beruht (zB: das vom Mieter eingebaute Material war dem
Kondizienten gestohlen; oder der Kläger hat den Einbau aufgrund des Auftrags
eines falsus procurator vorgenommen). Der Verlust des Bereicherungsanspruchs
trifft den Kondizienten regelmäßig sehr viel härter als den Kondiktionsgegner die
bloße Änderung seiner Vermögensstruktur, die ihm durch die Verpflichtung zur
Vergütung des erlangten Wertzuwachses aufgezwungen würde. In dieser Situation
verbietet sich jede Verabsolutierung des Gedankens der autonomen Selbstverwirk-
lichung. Der Bereicherungsempfänger muß gewisse Einengungen des Spielraums
freier planerischer Entscheidungen bei der Verwaltung seines Vermögens hinneh-
men, weil sich nur so ein sehr viel größerer Nachteil von dem Kondizienten abwenden läßt. Auf der anderen Seite geht der auf diesem Lösungswege erzielbare
Schutz für den Bereicherungsempfänger in den Fällen einer wissentlichen Bereicherungsaufdrängung einfach nicht weit genug.

52 Zu beachten ist auch, daß der Versuch einer Abschöpfung gerade des konkreten
Nutzens des Empfängers zu erheblichen Schwierigkeiten führen müßte (vgl dazu auch
WILHELM Rn 1007): Die Idee, den Bereicherungsausgleich durch cinc einmalige Geldzahlung in Höhe des eskomptierten zukünftigen finanziellen Nutzens, den der
Empfänger voraussichtlich aus der werterhöhenden Verbesserung seiner Sache ziehen wird, vorzunehmen, ist schon wegen des Prognoserisikos wenig attraktiv: Die
zukünftigen Vermögensdispositionen und Nutzungsentscheidungen des Bereicherten lassen sich eben nicht mit genügender Sicherheit vorhersagen. Die Lösung des
latenten Bereicherungsanspruchs, der erst durch die späteren Verwertungsakte aufgefüllt wird, vermeidet zwar diese Schwierigkeiten, ist aber äußerst impraktikabel
(MünchKomm/LIEB⁴ § 812 Rn 316) und vor allem mit der in § 819, 818 Abs 4 vorgesehenen Haftungsfixierung schwer zu vereinbaren. (Allerdings ist ein solcher latenter
Bereicherungsanspruch bei bestimmten Sonderkonstellationen kaum zu vermeiden,
vgl GURSKY JR 1992, 95, 99; ferner Sachverhalte wie die vom LG Lüneburg NJW 1970, 665 m
Anm MEDICUS, bei denen die rechtsgrundlose Verschaffung nichtgegenständlicher
Vorteile erst später zu einer Ersparnis des Empfängers führt). Schließlich darf auch
nicht übersehen werden, daß sich die für die Fälle aufgedrängter Bereicherung
postulierte Anspruchsbemessung nach dem subjektiven Nutzen des Empfängers
aus dem Gesetz nicht ableiten läßt. Der Gesetzgeber hat nun einmal den Inhalt
des Bereicherungsausgleichs für alle Kondiktionstatbestände einheitlich ausgestaltet. Den Begriffen „Wert" in § 818 Abs 2 und „bereichert" in § 818 Abs 3 darf
deshalb nicht für bestimmte Bereicherungsvorgänge ein besonderer, vom Normalfall abweichender Bedeutungsgehalt unterlegt werden.

5.   Erfolgversprechender erscheint deshalb der Versuch, zumindest eine Teillö- **53** sung des Problems der aufgedrängten Bereicherung durch die Entwicklung eines **Kondiktionsausschlußgrundes für qualifiziert vorwerfbare Bereicherungsaufdrängungen** zu erreichen. Eine derartige anspruchshindernde Einwendung läßt sich allerdings nicht aus dem vorhandenen Normen- und Wertungsbestand des technischen Bereicherungsrechts selbst begründen, da das Bereicherungsausgleichsprinzip auch in seiner positivierten Ausformung in den §§ 812 ff BGB deutlich auf universelle Geltung angelegt ist und der Konflikt mit dem Ziel des Freiheitsschutzes innerhalb der §§ 812 ff gar nicht angesprochen wird. Die einzelnen in den §§ 812 ff enthaltenen Kondiktionsausschlußgründe (§§ 814, 815, 817 S 2) regeln jedenfalls ganz anders geartete Interessenkonflikte. Die §§ 814 1. Alt, 815 1. Alt etwa, mit denen einige Autoren die Ausgleichsversagung bei Bereicherungsaufdrängungen begründen wollen (vgl Klauser NJW 1965, 513; Scheyhing AcP 157 [1958/59] 371, 389 Fn 68; Schindler AcP 165 [1965] 499, 513 ff; Diesselhorst 319 Fn 69), schließen die Rückforderung der Leistung nicht wegen einer wissentlichen Bereicherungsaufdrängung aus (der Empfänger will die Leistung ja haben), sondern weil die Rückforderung einen unerträglichen Selbstwiderspruch darstellen würde. Im übrigen passen diese Normen natürlich auch schon deshalb gar nicht, weil sie sogar die bereicherungsrechtliche Naturalrestitution verhindern, während sich die Problematik der aufgedrängten Bereicherung doch nur im Rahmen der Wertkondiktion stellt (MünchKomm/Lieb[4] § 812 Rn 312; Pinger, Funktion 113; Loewenheim 101 m Fn 192; s auch Reuter/Martinek 545). Der Lösungsversuch muß vielmehr von den außerhalb des technischen Bereicherungsrechts angesiedelten *Verwendungsersatznormen* ausgehen, in denen der Interessenkonflikt der aufgedrängten Bereicherung für die große Mehrheit der wirklich wichtigen Fallkonstellationen angesprochen ist (in der Tendenz ähnlich Greiner 343 ff, 371 ff).

Die Verwendungsersatzansprüche für berechtigte Besitzer scheinen auf den ersten **54** Blick keinen besonderen Schutz vor einer Bereicherungsaufdrängung zu bieten, weil die in den §§ 539 Abs 1, 601 Abs 2 S 1, 1049 Abs 1, 1216 S 1 ausgesprochene Verweisung auf die GoA-Normen von der völlig hM als Verweisung nicht nur auf die eigentlichen Aufwendungsersatzansprüche wegen berechtigter Geschäftsführung ohne Auftrag (§§ 683 S 1, 670 bzw 683 S 2, 679, 670 oder §§ 684 S 2, 670), sondern auch als Verweisung auf § 684 S 1 und damit mittelbar auf das Bereicherungsrecht verstanden wird (BGH NJW 1952, 597; WarnR 1967, Nr 124 S 255; WM 1967, 1147, 1148). Falls der Vermieter, Verpächter etc für (nicht notwendige) Verwendungen nur unter den Voraussetzungen der §§ 683, 684 S 2 BGB Ersatz zu leisten hätte, wäre er gegen Beeinträchtigungen seiner Dispositionsfreiheit in genügendem Maße geschützt. Nun ist aber mehr als zweifelhaft, ob die Verfasser des BGB die in der Globalverweisung auf die GoA-Regeln steckende Weiterverweisung auf die Aufwendungskondiktion des heutigen § 684 S 1 überhaupt gesehen haben; die Gesetzesmaterialien sprechen eher dagegen. Unter diesen Umständen bietet es sich an, die Verweisung auf die GoA-Normen in den §§ 539 Abs 1, 601 Abs 2 S 1, 1049 Abs 1, 1216 S 1 restriktiv als Verweisung auf die eigentlichen Aufwendungsersatzansprüche aus *berechtigter* Geschäftsführung ohne Auftrag (§§ 683 S 1, 670; §§ 683 S 2, 679, 670; 684 S 2, 670) zu interpretieren. Der Wortlaut der Verweisungen bietet dafür kaum ein Hindernis. Immerhin bildet das gesetzliche Schuldverhältnis der berechtigten Geschäftsführung ohne Auftrag zweifellos den eigentlichen Kernbereich der GoA-Normen; der Fall der unberechtigten Geschäftsführung ohne Auftrag liegt derart am Rande, daß ihm gelegentlich sogar die Qualität einer echten Geschäftsführung ohne Auftrag abgesprochen worden ist (STAUDINGER/NIPPERDEY[11] Vorbem 19 zu § 677; BGB-RGRK/STEFFEN Vorbem 3 zu § 677): § 684 S 1 enthält gar keinen eigenständigen Rechtsgedanken, sondern nur die überflüssige Klarstellung, daß insoweit keine Sperrwirkung gegenüber dem Bereicherungsrecht beabsichtigt ist und daß deshalb die Verfehlung des Zwecks der Geschäftsführerleistung die normale Leistungskondiktion auslösen muß. Die in den Verwendungsersatzregeln enthaltene Verweisung auf die „Vorschriften über die Geschäftsführung ohne Auftrag" wäre unter diesen Umständen, wenn sie sich wirklich auch auf § 684 S 1 beziehen sollte, gesetzestechnisch mißglückt und schlechthin irreführend. Da nicht notwendige Verwendungen etwa des Mieters zwar häufig zu einer objektiven Bereicherung des Vermieters führen, aber nur in den allerseltensten Fällen die Voraussetzungen des § 683 S 1 BGB erfüllen, würde die Verweisung fast in allen Anwendungsfällen doch nicht dem Wortlaut entsprechend im Normenkomplex der Geschäftsführung ohne Auftrag, sondern in dem gar nicht erwähnten Bereicherungsrecht enden. Nur durch die Ausklammerung des § 684 S 1 aus dem Zielbereich der Verweisung verhindert man auch den deutlichen Wertungswiderspruch zu § 996, der den Eigentümer gegen eine Bereicherungsaufdrängung durch solche (unrechtmäßigen) Besitzer schützt, deren Ausgleichsinteresse in besonders geringem Maße schutzwürdig ist (vgl STAUDINGER/GURSKY [1999] Vorbem 27 zu §§ 994 ff). Genau wie der wissentlich unrechtmäßige Besitzer, an dem sich § 996 vorwiegend orientiert, weiß aber auch der Mieter oder Pächter, daß er auf eine ihm nicht gehörende Sache wertsteigernde Verwendungen macht und damit deren Eigentümer eine „Leistung" aufdrängt. Gerade wegen dieser Kenntnis kann und muß man aber von den berechtigten Fremdbesitzern genauso wie von bösgläubigen nichtberechtigten Besitzern verlangen, „daß sie sich mit dem Eigentümer über die Zahlung eines Entgelts verständigen oder aber von einer Verwendung Abstand nehmen. Anderenfalls verdienen sie keinen Schutz, es sei denn, die Verwendung geschieht im Interesse und in Übereinstimmung mit dem wirklichen oder mußmaßlichen Willen des Eigentümers" (JAKOBS, Eingriffserwerb 176 f).

55 Wenn man, wie hier vorgeschlagen, die Verweisung in den §§ 539 Abs 1, 601 Abs 2 S 1, 1059 Abs 1, 1216 S 1 nur auf die Ausgleichsordnung des gesetzlichen Schuldverhältnisses der berechtigten Geschäftsführung ohne Auftrag bezieht, so ist **bei Verwendungen**, die in der Vornahme einer Sachverbindung bestehen, **der Rückgriff auf § 951 ausgeschlossen**; der Grundsatz der Spezialität der Verwendungsersatzregelungen gegenüber dem allgemeinen Bereicherungsrecht (STAUDINGER/GURSKY [1999] Vorbem 43 zu §§ 994 ff) greift auch hier ein (vgl HUBER JuS 1970, 515, 517). Diese Lösung gilt im übrigen auch für die so brisanten Fälle der Gebäudeerrichtung durch den Mieter oder Pächter, da kein Anlaß besteht, die Konstellation des Bauens auf fremdem Boden aus dem Begriff der „Verwendungen" auszuklammern (s STAUDINGER/GURSKY [1999] Vorbem 6 ff zu §§ 994 ff).

56 Bei dieser Deutung bieten sich die §§ 539 Abs 1, 601 Abs 2 S 1, 1049 Abs 1, 1216 S 1 BGB zusammen mit § 687 Abs 2 S 2 und § 996 als Grundlage für eine *Gesamtanalogie* an: Wer im Rahmen eines atypischen Besitzrechtsverhältnisses ohne eigene Verwendungsersatzregelung oder als Nichtbesitzer wissentlich rechtsgrundlos eine fremde Sache werterhöhend verbessert und deren Eigentümer damit einen von ihm nicht rechtsgeschäftlich erbetenen und nicht in Natur herausgebbaren Vermögens-

vorteil aufdrängt, erlangt dadurch keinen Kondiktionsanspruch gegen den bereicherten Sacheigentümer, sondern lediglich ein Wegnahmerecht (§ 951 Abs 2 S 2
oder in Analogie zu §§ 539 Abs 2, 601 Abs 2 S 2, 1049 Abs 2, 1216 S 2).

Demgegenüber hat der BGH in der Entscheidung NJW 1985, 313, 315 einem **57**
Entleiher von Wohnräumen, der diese mit Einverständnis des Verleihers/Grund-
stückseigentümers in der Erwartung einer langfristigen Nutzung ausgebaut hatte,
einen Bereicherungsanspruch aus § 951 genauso wie aus anderen Kondiktionstatbeständen versagt, weil der fortbestehende Leihvertrag einen Rechtsgrund für die
betreffenden Verwendungen des Entleihers bilde. Diese Konstruktion ist widersprüchlich: Wenn man – wie der BGH aaO – die Verwendungsersatzregelung des
§ 601 Abs 2 S 1 als Verweisung auch auf § 684 versteht, dann kann die bloße
Existenz des Leihvertrages schwerlich die bereicherungsrechtliche Vergütungspflicht schon im Grundsatz ausschließen. Einen Verwendungsersatzanspruch aus
§ 601 Abs 2 S 1 hatte der BGH hier zuvor an § 685 (unter Fehlinterpretation dieser
letzteren Norm) scheitern lassen (insoweit zust Wɪʟʜᴇʟᴍ Rn 981). Damit wäre aber
wegen der Spezialität der Verwendungsersatzregelung ein Rückgriff auf das Bereicherungsrecht ohnehin ausgeschlossen gewesen (s Rn 55). In der Folgeentschei-
dung in der gleichen Sache hat der BGH dann nach vorzeitiger Beendigung des
Leihverhältnisses dem ehemaligen Entleiher der Wohnung einen Anspruch aus
condictio ob causam finitam (§§ 812 Abs 1 S 2 Fall 1) zugesprochen, der sich an
der vom Entleiher geschaffenen Steigerung des Verkehrswertes der Räume orien-
tieren und durch Zahlung einer Geldrente auszugleichen sein soll (BGHZ 110, 125,
128 f, 131). Dies ist jedenfalls im Ansatz richtig und beleuchtet zugleich den eigentlichen Grund für den Ausschluß von Verwendungsersatz bzw Aufwendungskondiktion, während des Bestehens des Leihvertrages. Da der Ausbau mit Zustimmung des
Grundstückseigentümers geschah, erfolgte er im Hinblick auf eine mit diesem
getroffene konkludente Rechtsgrundabrede (Lᴀʀᴇɴᴢ/Cᴀɴᴀʀɪs, SchR II 2, § 68 I 2 c
S 149). Es handelt sich also gar nicht um Verwendungen, sondern um eine Leistung
des Entleihers an den Verleiher, für die in der Tat mit der vorzeitigen Beendigung
des Leihvertrages der Rechtsgrund entfallen ist. (Ob letzteres auf § 139 gestützt
werden kann, wie Cᴀɴᴀʀɪs aaO annimmt, oder ob der Gesichtspunkt des Wegfalls der
Geschäftsgrundlage besser paßt, wie dies Lɪᴇʙ [MünchKomm § 812 Rn 156] für die
verwandte Konstellation der nicht abgewohnten Baukostenzuschüsse vertritt, kann
hier dahinstehen. Für condictio ob rem Wɪʟʜᴇʟᴍ Rn 981).

In der Entscheidung NJW-RR 1994, 847 f hat der BGH einem Grundstückspächter, **58**
der mit Zustimmung des Verpächters Bauten errichtet hatte, nach Vertragsende
einen Entschädigungsanspruch für die durch die Bauten bewirkte Wertsteigerung
des Grundstücks versagt, weil der Verpächter (erfolglos) von ihm nach § 556 Abs 1
BGB aF (= 546 Abs 1 nF) Beseitigung der Bauten verlangt hatte. Der BGH betonte
dabei, auch der Umstand, daß der Verpächter in der Zwischenzeit das Grundstück
einschließlich der Bauten an einen Dritten verpachtet habe, bedeute noch keine die
Vergütungspflicht auslösende „Übernahme" der Bauten.

Ein Grundstückskäufer, der trotz Rücktrittsvorbehalts des Verkäufers wertsteigern- **59**
de Baumaßnahmen auf dem Grundstück durchführt, konnte bis zur Schuldrechts-
reform nach der Rücktrittserklärung des Verkäufers nicht von letzterem aus § 951
eine Vergütung für die von ihm herbeigeführte Wertsteigerung des Grundstücks

verlangen, weil §§ 347 S 2, 994 Abs 2 aF die Ersatzansprüche des Rückgewähr-schuldners wegen seiner Verwendungen abschließend regelten (OLG Oldenburg NdsRpfl 1994, 215, 216 = NJW-RR 1995, 150). Nach neuem Recht sind demgegenüber alle Aufwendungen des Rückgewährschuldners insoweit ersatzfähig, als sie den Gläubi-ger bereichern (§ 347 Abs 2 S 2).

60 Weiter als der hier vertretene (s oben Rn 53) Kondiktionsausschluß bei qualifiziert vorwerfbarer Bereicherungsaufdrängung geht ein von M WOLF (JZ 1967, 467 ff) entwickelter Lösungsvorschlag, wonach schon bei schuldhafter (also auch bei leicht fahrlässiger) Einmischung in den Rechtskreis des Bereicherten der Bereicherungs-ausgleich entfallen soll (ebenso BAUR/STÜRNER § 53 Rn 33 [c]; BREHM/BERGER Rn 28. 45). Die dafür gegebene Begründung ist unzutreffend. Den Vorschriften über die echte GoA und den Verwendungsersatznormen läßt sich entgegen M WOLF ein derartiger Grundsatz nicht entnehmen. § 684 S 1 zeigt deutlich, daß auch bei schuldhafter Verkennung des objektiven Interesses und/oder Willens des Geschäftsherrn wenig-stens der normale Bereicherungsausgleich stattfinden soll.

6. Die Auffassung von CANARIS

61 Eine weitere Lösung ist von Canaris entwickelt worden (LARENZ/CANARIS, SchR II 2 § 72 IV 3). CANARIS bejaht bei Gutgläubigkeit des Bereicherungsgläubigers grund-sätzlich einen bereicherungsrechtlichen Wertersatzanspruch in Höhe der objektiven Bereicherung, die von der Realisierung des Wertzuwachses durch den Kondiktions-schuldner völlig unabhängig ist (abl insoweit WENDEHORST, Anspruch und Ausgleich 308). Dagegen soll bei Bösgläubigkeit (also Kenntnis der Fremdheit der Sache, mit der eine eigene Sache verbunden wird) eine ungeschriebene (partielle) Kondiktions-sperre eingreifen. Der bei der Verbindungsvornahme bösgläubige Kondiktionsgläu-biger soll Wertersatz für die dem Empfänger aufgedrängte Bereicherung nur ver-langen können, wenn der Kondiktionsschuldner den Wertzuwachs tatsächlich realisiert hat oder wenn ihm diese Realisierung jedenfalls (in Analogie zu § 254 II 2) zumutbar wäre. Wie der bösgläubige Kondiktionsgläubiger soll auch ein berech-tigter Fremdbesitzer gestellt werden, der schuldhaft (also zumindest leicht fahrläs-sig) Verwendungen macht, die er nach dem Besitzrechtsverhältnis nicht machen durfte (aaO c). Das deckt sich für die Konstellation des gutgläubigen Kondiktions-gläubigers mit der hier vertretenen Auffassung, für die des bösgläubigen Kondik-tionsgläubigers dagegen mit der herrschenden Meinung. Nicht ganz paßt dazu die an anderer Stelle aufgestellte These, dem Bereicherungsanspruch stehe der Ein-wand des Rechtsmißbrauchs entgegen, wenn der Anspruchsteller die bereichernde Tätigkeit gerade deshalb vorgenommen hat, um anschließend eine bereicherungs-rechtliche Vergütung zu kassieren (LARENZ/CANARIS § 72 IV 2 b; ebenso OLG Stuttgart NJW-RR 1997, 1553, 1554 f; MünchKomm/FÜLLER Rn 35). Bei einem nachträglichen Wegfall der Bereicherung – der objektiv aufgedrängte Gebäudeanbau beispielsweise brennt später ab – soll der Kondiktionsschuldner auch gegenüber einem gutgläubigen Kondiktionsgläubiger analog § 300 I nur dann auf Wertersatz haften, wenn dieser Untergang auf grober Fahrlässigkeit des Kondiktionsschuldners beruht (dagegen WENDEHORST, Anspruch und Ausgleich 308 Fn 319).

VI. Gebäudeerrichtung in der Erwartung späteren Eigentumserwerbs

Eine besondere Interessenkonstellation ist gegeben, wenn jemand auf einem frem-   **62**
den Grundstück in der dem Eigentümer bekannten Erwartung, das Grundstück
später zu erwerben, ein Gebäude errichtet und diese Hoffnung dann fehlschlägt.
Der BGH hat in derartigen Fällen zunächst dem Erbauer des Gebäudes jeweils
einen Bereicherungsanspruch aus dem Gesichtspunkt der condictio ob rem (§ 812
Abs 1 S 2 2. Alt) zugebilligt (BGH LM § 951 BGB Nr 14 = WM 1961, 700; BGHZ 35, 356, 358
= BGH WM 1961, 2205; BGHZ 35, 356; 44, 321, 322 f; WM 1966, 277; 1966, 369, 370; BGH Urt v
12. 3. 1976 – IV ZR 49/75 [wesentlicher Inhalt mitgeteilt bei Johannsen WM 1977, 270, 280]).
Diese Rechtsprechung ist in der Literatur überwiegend auf Kritik gestoßen. Man
macht geltend, daß die Errichtung des Gebäudes in diesen Fällen gar keine Leistung
des Mieters oder Pächters an den Grundstückseigentümer darstelle und daß deshalb
nur eine Nichtleistungskondiktion (§ 812 Abs 1 S 1 2. Alt) in Betracht komme
(Staudinger/W Lorenz [1994] § 812 Rn 112; MünchKomm/Füller Rn 12; Soergel/Henssler
Rn 14; Henssler, in: GedSchr Lüderitz [2000] 287, 291 ff; StudK/Beuthien § 812 Anm II 3; Esser/
Weyers, BesSchR II⁸ § 49 II S 67 f; Reuter/Martinek 170; Medicus, BR Rn 693; Eike Schmidt,
in: Esser/Schmidt/Köndgen, Fälle und Lösungen: Schuldrecht [3. Aufl 1971] 92; Feiler 82 f;
Beuthien/Weber 40 f; Koppensteiner/Kramer² 56; Söllner AcP 163 [1964] 20, 30 f; iE auch
Larenz/Canaris § 68 I 2 c, d, 3 e). Um eine Auseinandersetzung mit dieser Kritik zu
vermeiden, hat der BGH in einer späteren Entscheidung den Kondiktionstatbestand
überhaupt offen gelassen (WM 1969, 1484 = NJW 1970, 136, 137; BGHZ 108, 256, 263). Wenn
eine „Leistung" des Bauenden an den Grundstückseigentümer verneint werden
müsse, weil der Bauende nur sein eigenes Interesse verfolgt habe und § 812 Abs 1
S 2 2. Alt BGB mithin nicht anwendbar sei, so könne der Bereicherungsanspruch
des Bauenden aus § 812 Abs 1 S 1 2. Alt BGB hergeleitet werden. Ähnlich ist er in
der Entscheidung BGHZ 108, 256 verfahren, in der es um den Ausbau eines Gebäudes durch den Mieter ging, der vergeblich darauf vertraut hatte, daß seine
Ehefrau das Gebäude später erben werde. Er nahm hier an, daß sowohl die Voraussetzungen einer Nichtleistungskondiktion nach § 812 Abs 1 S 1 Fall 2, wie auch
die der condictio ob rem (§ 812 Abs 1 S 2 Fall 2) vorlägen (dagegen zu Recht Larenz/
Canaris § 68 I 3 e; Soergel/Henssler § 951 Rn 14). Im Schrifttum finden sich aber auch
Stimmen, die, der älteren Rechtsprechung des BGH folgend, diese Fälle weiterhin
mit Hilfe der condictio ob rem lösen wollen, dabei allerdings eine ausdehnende
Auslegung oder analoge Anwendung von § 812 Abs 1 S 2 Fall 2 im Auge haben
(MünchKomm/Lieb⁴ § 812 Rn 199, 207; BGB-RGRK/Heimann-Trosien § 812 Rn 50, 96; Huber
JuS 1970, 515, 520; iE ebenso von einem zweckfreien Leistungsbegriff auch Lachner 122 ff).
Richtiger Ansicht nach kommt in diesen Fällen die condictio ob rem schon deshalb
nicht in Betracht, weil der Erbauer durch die Gebäudeerrichtung den Grundstücks-
eigentümer nicht zur späteren Übereignung des Grundstücks (als einer nicht ge-
schuldeten Gegenleistung) veranlassen will, sondern umgekehrt der erwartete
Eigentumserwerb das Motiv für die Bebauung bildet (so auch Medicus aaO; Reuter/
Martinek 170 f; Larenz/Canaris SchR II 2 § 68 I 3 c). Andererseits sind aber auch die
Bedenken gegen das Vorliegen einer Leistung unbegründet (vgl auch MünchKomm/
Lieb⁴ § 812 Rn 199; Huber JuS 1970, 516, 520; Klinkhammer Betrieb 1972, 2385 ff). Die Gebäudeerrichtung stellt eine wissentliche Zuwendung an den Grundstückseigentümer
dar, die mit Bezug auf eine konkludent getroffene Rechtsgrundabrede und damit
zweckgerichtet erfolgt (so jetzt auch Bamberger/Roth/Kindl Rn 9). Diese Vereinbarung
eines „reinen Rechtsgrundes" beinhaltet, daß der bereicherte Grundstückseigentü-

Karl-Heinz Gursky

mer das Eigentum am Gebäude nur vorläufig und nicht in eigenem Interesse, sondern für den Erbauer (gleichsam als dessen Treuhänder) haben soll, eine Rechtsstellung, die mit der erwarteten Übereignung des Grundstücks ihr Ende finden soll. Der Rechtsgrund entfällt damit, wenn endgültig feststeht, daß es zum erwarteten Eigentumserwerb nicht kommen wird (insoweit übereinstimmend LARENZ/CANARIS aaO). Der Erbauer hat dann die condictio ob causam finitam (§§ 812 Abs 1 S 2 1. Alt) (so jetzt auch BAMBERGER/ROTH/KINDL Rn 9). Widersprüchlich ist es, wenn LARENZ/CANARIS (aaO) und MünchKomm/FÜLLER (Rn 12) einerseits eine konkludent vereinbarte Rechtsgrundabrede bejahen, andererseits aber eine Leistung verneinen. Der Bereicherungsanspruch entsteht jedenfalls – gleichgültig, ob man die condictio ob rem oder die condictio ob causam finitam heranzieht – erst dann, wenn feststeht, daß der erwartete Eigentumserwerb des Leistenden nicht erfolgen wird (BFHE 182, 149, 152; BFH-NV 1998, 167 f = DStR 1998, 126, 127; BFH Urt v 13. 5. 2004 juris Nr STRE 2004 10209 unter I 1 d = Rn 31; BAMBERGER/ROTH/KINDL Rn 9). All dies muß auch gelten, wenn im Zusammenhang mit einem nichtigen Mietvertrag, der eine Kaufoption für den Mieter enthält, verabredet wird, daß der Mieter besondere (über den Rahmen der mietvertraglichen Instandsetzung hinausgehende) Baumaßnahmen im Hinblick auf seinen erwarteten späteren Eigentumserwerb vornimmt. Hier muß der Mieter bei Fehlschlagen seines erwarteten Eigentumserwerbs die condictio ob causam finitam haben, ohne daß die infolge der Nichtigkeit des Mietvertrages bestehende Vindikationslage dafür ein Hindernis bilden darf (s GURSKY JZ 1997, 1154, 1162; aA BGH NJW 1996, 52 f = LM § 812 BGB Nr 247 m Anm WIELING, wo der Bereicherungsausgleich für in der Erwartung späteren Eigentumserwerbs vorgenommene Baumaßnahmen zu Unrecht auf die Fälle des berechtigten Besitzes beschränkt wird). Entsprechendes gilt, wenn der Käufer eines Grundstücks, dem dieses unter Vereinbarung eines entgeltlichen Nutzungsverhältnisses für die Zwischenzeit vorzeitig übergeben wurde, im Einverständnis mit dem Grundstückseigentümer und Verkäufer mit Umbauten beginnt, der Verkäufer aber später berechtigtermaßen vom Kaufvertrag zurücktritt. (Der BGH operiert hier wieder mit der condictio ob rem, vgl NJW 2001, 3118, 3119 = EWiR 2001, 1001 [ARMBRÜSTER] = NJ 2002, 94 [HOCHHEIM]; für Nichtleistungskondiktion aus § 951 Abs 1 dagegen STÜRNER/ HEGGEN JuS 2000, 328, 331; gegen jeden Bereicherungsanspruch OLG Stuttgart NJW-RR 1998, 1171 f). – Anders ist die Situation jedoch zu beurteilen, wenn der Mieter eines Grundstücks ohne eine derartige Abrede mit dem Eigentümer ein Gebäude errichtet, weil er darauf spekuliert, der Eigentümer werde später schon zu einer Veräußerung des Grundstücks an ihn bereit sein (so lag der Fall in der Entscheidung BGH NJW 1959, 2163, vgl dort 1 aE). Hier handelt der Mieter eindeutig auf sein eigenes Risiko und ist nicht schutzwürdig. Aus den in Rn 46 ff dargelegten Gründen bleibt ihm der Ausgleich versagt.

VII. Vorbehalt sonstiger Rechtsbehelfe

1. Allgemeines

63 Der Vergütungsanspruch, den § 951 Abs 1 gewährt, ist nicht notwendigerweise der einzige Rechtsbehelf, der dem verlierenden Teil aus seiner Rechtseinbuße erwächst. Abs 2 stellt klar, daß der Entreicherte nicht gehindert sein soll, weitere Rechtsbehelfe geltend zu machen, die ihm aus besonderen Rechtsgründen zustehen. Abs 2 S 1 spricht dies zwar nur für deliktische Ansprüche auf Schadensersatz und Verwendungsersatz und für das Recht zur Wegnahme einer Einrichtung aus; die Aufzählung ist jedoch nicht abschließend gemeint (OGHZ 3, 348, 354; BGB-RGRK/Pikart Rn 47; Soergel/Mühl Rn 19). Unberührt bleibt damit insbesondere auch ein vertraglicher Anspruch des bisherigen Eigentümers auf Rückgabe bzw Herausgabe der verbundenen Sache (RG Recht 1903 Nr 2545; OGH aaO; BGB-RGRK/Pikart aaO; Soergel/Mühl[12] Rn 19).

2. Schadensersatzansprüche

Wenn die Verbindung, Vermischung oder Verarbeitung eine unerlaubte Handlung **64** darstellt, kommen die in § 951 Abs 2 S 1 ausdrücklich vorbehaltenen Schadensersatzansprüche wegen unerlaubter Handlung zur Anwendung. Der Schadensersatzberechtigte kann nach § 249 Abs 1 Herstellung des früheren Zustandes verlangen, sofern eine solche überhaupt möglich ist (vgl Prot III 245; Biermann Anm 2; Planck/Brodmann Anm 2 a; BGB-RGRK/Pikart Rn 48; MünchKomm/Füller Rn 37; Heilborn 121; **aA** Eck/Leonhard, Vorträge II 135 Fn 2). Abs 1 S 2 schließt dies nicht aus (BGB-RGRK aaO unter Hinweis auf die nicht veröffentlichte Entscheidung RG 30. 4. 1920 VII 490/19). Allerdings wird vielfach die Abwendungsbefugnis aus § 251 Abs 2 eingreifen. – Wer eine gestohlene Sache einbaut oder verarbeitet, die er leicht fahrlässig angekauft hat, haftet nach § 993 Abs 1 HS 2 und e contrario § 992 nicht auf Schadensersatz (Wolff/Raiser § 74 Fn 12; übersehen in OLG Dresden SeuffA 66 Nr 52). – Der private Bauherr (vgl § 354a HGB), der mit seinem Bauunternehmer ein Abtretungsverbot für dessen Werklohnforderung vereinbart, hat allein deshalb keine Rechtspflicht, darüber zu wachen, daß der Werkunternehmer nun keine Materialien verwendet, die ihm unter verlängertem Eigentumsvorbehalt geliefert worden waren. Der Bauherr haftet bei einer Unterlassung solcher Überprüfung dem durch den Einbau geschädigten Baustofflieferanten also nicht aus § 823 Abs 1 (BGHZ 56, 228, 238 f; BGH NJW-RR 1991, 343, 344 f = WM 1991, 137, 138 f; Jakobs JuS 1973, 152, 154; Serick IV 700 f; MünchKomm/Füller Rn 37; **aA** Huber JuS 1968, 1905, 1907; Sundermann WM 1989, 1197, 1201; Klamroth BB 1984, 1844.

3. Verwendungsersatzansprüche

Falls der verlierende Teil selbst die zum Rechtsübergang führende Verbindung **65** vornimmt oder veranlaßt, so liegt darin regelmäßig eine auf die Hauptsache gemachte Verwendung. Die Ersatzfähigkeit derartiger Impensen richtet sich nach den besonderen Vorschriften, die für das zwischen dem Verwendenden und dem Eigentümer bestehenden Rechtsverhältnis gelten (zB §§ 536a Abs 2, 539 Abs 1; § 581 Abs 2 iVm § 536a Abs 2, 539; § 601; § 693; § 850; §§ 994 ff; § 1049; § 1093 Abs 1 S 2, 1049; § 1216 S 2; §§ 2022 ff BGB; §§ 31 Abs 1 WEG, 1049 BGB; vgl die Übersicht bei Feiler 13 ff). § 951 Abs 2 S 1 spricht aus, daß diese Verwendungsersatzansprüche durch § 951 nicht ausgeschlossen werden. Die Frage, ob nicht umgekehrt die Verwendungsersatznormen den Vergütungsanspruch aus § 951 verdrängen, hat die Redaktionskommission bei der Aufnahme des Abs 2 S 1 wohl gesehen, aber offenbar nicht entscheiden wollen. In den Protokollen ist nämlich die Rede von den Verwendungsersatzansprüchen, die dem verlierenden Teil „neben dem Bereicherungsanspruche oder an seiner Stelle" zustehen (Mugdan III 648). Meines Erachtens ist in der Tat von einer Exklusivität der besonderen Verwendungsersatznormen gegenüber dem Bereicherungsrecht auszugehen, weil anderenfalls die abgestuften Verwendungsersatzregelungen durch die undifferenzierte Bereicherungsabschöpfung

Karl-Heinz Gursky

konterkariert würden (s oben Rn 55 und Staudinger/Gursky [1999] Vorbem 43 zu §§ 994 ff; MünchKomm/Quack § 951 Rn 38). Bei den Verwendungsersatznormen für berechtigte Fremdbesitzer reicht dies allerdings zur Zurückdrängung des Bereicherungsrechts noch nicht aus, weil die ganz hM (vgl Staudinger/Emmerich [2003] § 539 Rn 5; Bamberger/Roth/Ehlert § 539 Rn 10; Erman/Jendrek § 539 Rn 5; Hk-BGB/Eckert § 539 Rn 2) die dort regelmäßig ausgesprochene Verweisung auf die GoA-Regeln auch auf die Aufwendungskondiktion nach § 684 S 1 bezieht (kritisch dazu Staudinger/Gursky [1999] § 994 Rn 26). Würde man dann noch etwa § 539 Abs 1 BGB genau wie § 994 Abs 2 BGB als Fall der „angewandten GoA" (s Staudinger/Gursky [1999] § 994 Rn 22) verstehen, stünde dem Mieter wegen seiner Verwendungen regelmäßig über § 684 S 1 wenigstens ein Bereicherungsanspruch zu. Die Rechtsprechung versteht aber § 539 Abs 1 BGB genau wie die Vorgängernorm des § 547 Abs 2 BGB aF als vollständige Rechtsgrundverweisung auf die GoA und verlangt deshalb insbesondere den Fremdgeschäftsführungswillen des Mieters (vgl die Nachweise bei Staudinger/Emmerich [2003] § 539 Rn 6). Da ein Mieter Verwendungen auf die Mietsache in aller Regel erkennbar nur im eigenen Interesse macht, ist damit in der Praxis der Weg zu einem Bereicherungsausgleich für Verwendungen des Mieters fast vollständig gesperrt (vgl Emmerich NZM 1998, 49, 53; P Fischer FR 2004, 369, 370; Sauren DStR 1998, 709). Jedenfalls bietet der Wortlaut des § 951 Abs 2 S 1 keinen Anhaltspunkt dafür, daß eine freie Konkurrenz des Bereicherungsanspruchs aus § 951 Abs 1 mit den §§ 994 ff vom Gesetzgeber vorausgesetzt worden wäre (Reuter/Martinek § 20 III 3 b S 700; aA Ellger 209; Schildt JuS 1995, 953, 956; MünchKomm/Medicus § 996 Rn 11; Koppensteiner/Kramer 208).

4. Wegnahmerecht

66 Unberührt bleiben nach § 951 Abs 2 S 1 ferner die Vorschriften über das Recht zur Wegnahme einer Einrichtung (zB die §§ 539 Abs 2; 601 Abs 2 S 2, 997, 1049 Abs 2, 1093, 1216 S 2). Als speziellere Normen verdrängen diese wiederum das Wegnahmerecht aus § 951 Abs 2 S 2. Soweit sie (wie § 539 Abs 2 für die Miete von Mobilien und §§ 601 Abs 2 S 2, 1049, 1216 S 2) dem Eigentümer der Hauptsache keine Abwendungsbefugnis gewähren, kann eine solche also auch nicht aus §§ 951 Abs 2 S 2, 997 hergeleitet werden.

VIII. Das besondere Wegnahmerecht des Abs 2 S 2

1. Voraussetzungen

67 **a)**   Nach § 951 Abs 2 S 2 ist bei Fahrnisverbindung oder Grundstücksverbindung die Wegnahme nach den für das Wegnahmerecht des Besitzers gegenüber dem Eigentümer geltenden Vorschriften auch dann zulässig, wenn die Verbindung nicht von dem Besitzer der Hauptsache bewirkt worden ist. Wie diese Vorschrift zu verstehen ist, ist streitig. Das Schrifttum sieht darin überwiegend die **Gewährung eines selbständigen Wegnahmerechts**, das all denen zustehen soll, die durch die Verbindung ihrer Sache mit einer anderen das Eigentum verloren haben; die Verweisung auf § 997 hat danach nur Bedeutung für die in § 951 Abs 2 S 2 nicht ausdrücklich erwähnte Aneignungsbefugnis und die Ausschlußgründe des § 997 Abs 2 sowie die Weiterverweisung auf § 258 (Staudinger/Berg[11] Rn 15; MünchKomm/Füller Rn 40; Soergel/Henssler Rn 28 f; Bamberger/Roth/Kindl Rn 26; Palandt/Bassenge

Rn 25; StudK/M Wolf Anm 2 a cc; Hk-BGB/Eckert Rn 7; Kropholler Rn 6; Wolff/Raiser § 74
IV 3; H Westermann⁵ § 54, 6; J vGierke § 35 I 2 d; Baur/Wolf JuS 1966, 393, 398 f; Baur/
Stürner § 53 Rn 36 m Fn 1; Jakobs AcP 167 [1967] 350, 358 ff; Wieling JZ 1985, 511, 515 f;
Wilhelm Rn 1015 ff; Spyridakis 123; Medicus Rn 904; Hüttner ZBlFG 7 [1907] 5, 18;
Kretzschmar ZBlFG 6 [1906] 1, 5 f; Ruge 78; Rückert 25 f; Pieper 37; Kohler Rn 23 [c]).
Der BGH sieht dagegen in § 951 Abs 2 S 2 eine bloße Erweiterung des Wegnahme-
rechts aus § 997: Dem unrechtmäßigen Besitzer einer fremden Hauptsache wer-
de dadurch das Wegnahmerecht auch für den Fall verliehen, daß seine Sache nicht
von ihm selbst, sondern von einem Dritten mit der herauszugebenden Hauptsache
verbunden worden sei (BGHZ 40, 272, 280 ff; ebenso OLG Dresden ZBlFG 7, 38; Planck/
Brodmann Anm 2 c; BGB-RGRK/Pikart Rn 52; AnwK-BGB/vPlehwe Rn 18; Erman/Hefer-
mehl¹⁰ Rn 20; Jauernig/Jauernig Rn 23 [c]; Schuler NJW 1962, 1842, 1843; E Wolf 203; Berg
NJW 1964, 721; Michaelis, in: FS Nipperdey I 553, 563 Fn 10; Tobias AcP 94 [1903] 371, 444 ff).
Die erstere Auffassung verdient den Vorzug. Für sie spricht schon die Entstehungsgeschichte der Norm (dazu ausführlich Jakobs aaO). Die zweite Kommission, auf die die
Vorschrift zurückgeht, hatte dabei den Fall vor Augen, daß die Sache des Wegnahmeberechtigten vom gewinnenden Teil selbst in dessen Grundstück eingebaut worden ist (Prot Mugdan III 648); gerade diese Konstellation würde aber bei der Deutung
des BGH nicht erfaßt. Gegen die Interpretation des BGH spricht im übrigen, daß
sie den Regelungsgehalt des § 951 Abs 2 S 2 auf die Entscheidung einer rein theoretischen Fallsituation reduziert und dem Gesetzgeber obendrein ohne Grund eine
völlig verfehlte Plazierung der Norm, die ja als Ergänzungsvorschrift zu § 997
offensichtlich bei der letzteren Norm hätte untergebracht werden müssen, unterstellen muß (Jakobs 386). Ein solches Normverständnis ist auch nicht deshalb geboten, weil die Annahme eines selbständigen, allein an den Rechtsübergang anknüpfenden Wegnahmerechts aus § 951 Abs 2 S 2 zu einer gefährlichen Aushöhlung des
§ 951 Abs 1 S 2 führen müßte (so aber BGHZ 281): Der Eigentümer der Hauptsache
kann die Ausübung des Wegnahmerechts ja nach § 997 Abs 2 durch eine Geldentschädigung in Höhe des wirklichen Wertes der Wegnahmebefugnis (s Staudinger/
Gursky [1999] § 997 Rn 22) abwenden; außerdem ist die Ausübung des Wegnahmerechts in den allermeisten Fällen schon wegen der Kostentragungslast aus § 258 S 1
für den Entreicherten ohnehin weniger günstig als die Geltendmachung des Vergütungsanspruchs. Es muß also dabei bleiben, daß Abs 2 S 2 jedem, der durch eine
Verbindung iSd §§ 946, 947 einen Rechtsverlust erleidet, ein selbständiges Wegnahmerecht gewährt, gleichgültig, ob die Verbindung von ihm selbst oder von dem
gewinnenden Teil oder einem Dritten bzw durch ein Naturereignis herbeigeführt
wurde, und außerdem ganz unabhängig davon, ob er Besitzer der Hauptsache ist
oder nicht.

b)   Streitig ist auch, ob das Wegnahmerecht aus Abs 2 S 2 nur für **Einrichtungen**   68
(zu diesem Begriff s Staudinger/Bittner [2001] § 258 Rn 3; Staudinger/Emmerich [1995] § 547a
Rn 8) oder für alle wiederabtrennbaren wesentlichen Bestandteile gilt (im ersteren
Sinne Planck/Brodmann Anm 2 c; Soergel/Mühl Rn 23; MünchKomm/Quack³ Rn 27;
Soergel/Henssler Rn 27; Wolff/Raiser § 74 IV 3; Kretzschmar Recht 1907, 285 f; ders ZBlFG
1906, 1, 6; Liebe SächsArch 1908, 177, 180; im letzteren Sinne MünchKomm/Füller Rn 42; Bam-
berger/Roth/Kindl Rn 27; Erman/Hefermehl¹⁰ Rn 20; Palandt/Bassenge Rn 25; Baur/Wolf
JuS 1966, 393, 399; Spyridakis 126 f mwN; Wieling JZ 1985, 511, 516 f; offengelassen in BGHZ 40,
272, 281 f; BGH NJW 1954, 262). Der Wortlaut spricht eher gegen eine solche Beschränkung, da der Begriff „Einrichtung" lediglich in Abs 2 S 1 auftaucht und der in Abs 2

S 2 herangezogene § 997 nicht nur für „Einrichtungen" gilt (vgl BGHZ 40, 272, 281 f). Der Streit ist übrigens – entgegen BAUR/WOLF aaO – jedenfalls dann trotz der sich schon aus § 997 Abs 2 ergebenden Einschränkung nicht belanglos, wenn man das Charakteristikum der Einrichtung darin sieht, daß sie zu einer anderen, bereits fertiggestellten Sache hinzutritt (so STAUDINGER/BERG[11] Rn 14; SOERGEL/MÜHL[12] Rn 23 bei Fn 68; LIEBE SächsArch 1908, 177, 181; anders aber KRETZSCHMAR ZBlFG 1906, 1, 6; ders Recht 1907, 285).

69 c)   JAKOBS will – aufgrund einer von ihm mE überinterpretierten und überbewerteten beiläufigen Bemerkung der Motive (Mugd III 231) – das Wegnahmerecht aus § 951 Abs 2 S 2 überhaupt nur unter der zusätzlichen Voraussetzung gewähren, daß der Vergütungsanspruch hinter dem Wert der abgetrennten Bestandteile zurückbleibt (AcP 167 [1967] 350, 388 ff; zust MEDICUS Rn 904; SOERGEL/MÜHL[12] Rn 23; PALANDT/BASSENGE Rn 25; SCHAPP/SCHUR Rn 269; SCHREIBER Rn 192; vgl auch MünchKomm/QUACK[3] Rn 28; zweifelnd SOERGEL/HENSSLER Rn 29 aE). Für eine solche Restriktion besteht jedoch schon wegen der Existenz der Abwendungsbefugnis aus § 997 Abs 2 (dritte Variante) keinerlei Bedürfnis (ablehnend auch WIELING JZ 1985, 511, 517; J KOHLER 473 Fn 53; MünchKomm/FÜLLER Rn 44; BAMBERGER/ROTH/KINDL Rn 27).

70 d)   Da das Wegnahmerecht nach § 997 Abs 1 S 1 ein *Aneignungsrecht* einschließt, kann es nur dem früheren Eigentümer der Sache zustehen, die durch die Verbindung zum wesentlichen Bestandteil eines fremden Grundstücks oder einer fremden Sache geworden ist, nicht auch denjenigen, die nur ein beschränktes dingliches Recht verloren haben (so auch MünchKomm/FÜLLER Rn 43; BAMBERGER/ROTH/KINDL Rn 26; PALANDT/BASSENGE Rn 25; KRETZSCHMAR ZBlFG 6 [1906] 1, 5; HÜTTNER ZBlFG 7 [1907] 5, 18; **aA** BIERMANN Anm 3; PLANCK[4] Anm 2 c; MünchKomm/QUACK[3] Rn 25, 27; WOLFF/RAISER § 75 IV 3; WIELING I § 11 II 5 c aa; J vGIERKE § 35 I 2 d; TOBIAS AcP 94 [1903] 371, 455; SPYRIDAKIS 128 f; RUGE 79; WIELING JZ 1985, 511, 516). Die Ausübung des Wegnahmerechtes durch den Eigentümer führt (entgegen MÜLLER Rn 2672 und WIELING aaO) auch nicht dazu, daß die früheren beschränkten dinglichen Rechte automatisch wieder aufleben.

71 e)   Das Wegnahmerecht aus § 951 Abs 2 S 2 stellt nur eine Ergänzung zum Vergütungsanspruch aus § 951 Abs 1 dar. Es kann deshalb auch *nur dort anwendbar sein, wo der verlierende Teil* durch die Verbindung *wenigstens dem Grunde nach auch den Anspruch aus Abs 1 erlangt hat* (BAUR/STÜRNER § 53 Rn 36; WIELING JZ 1985, 511, 517 f; MünchKomm/FÜLLER Rn 43; BAMBERGER/ROTH/KINDL Rn 27). Das Wegnahmerecht entfällt damit insbesondere in denjenigen Fällen, in denen der Rechtsübergang auf einer Leistung iSv § 812 Abs 1 S 1 1. Alt (s oben Rn 5) beruht (BAUR/M WOLF JuS 1966, 393, 396; MünchKomm/FÜLLER Rn 43). Wer im Auftrage des Mieters einen Aufzug einbaut, hat (entgegen PLANCK/BRODMANN Anm 2 d) deshalb auch dann kein Wegnahmerecht, wenn der mit dem Mieter geschlossene Werkvertrag unwirksam ist. Wenn ein Unternehmer dagegen eine durch Betrug erlangte Sache in das Grundstück eines bösgläubigen Auftraggebers einbaut, ist der Eigentumserwerb des letzteren nicht der Leistung seines Vertragspartners zuzurechnen (s oben Rn 2, 5, 14); der betroffene frühere Eigentümer hat also (im Falle der Anfechtung) das Wegnahmerecht. Wenn bei unberechtigtem Einbau fremden Materials durch einen Bauunternehmer der Bereicherungsanspruch des Materialeigentümers gegen den Grundstückseigentümer und Bauherrn an den Wertungen der §§ 932 ff BGB, 366 HGB scheitert (s oben Rn 13), entfällt damit natürlich auch das Wegnahmerecht des

Materialeigentümers; der Eigentumsübergang ist dann der Leistung des Bauunternehmers zuzurechnen. Falls schließlich der Grundstückseigentümer eine unter Eigentumsvorbehalt erworbene Sache mit Einverständnis seines Lieferanten einbaut, ist ebenfalls kein Platz für das Wegnahmerecht (s OLG Dresden SächsArch 1907, 13, 15; PLANCK/BRODMANN Anm 2 d). Das besondere Wegnahmerecht aus Abs 2 S 2 kommt nicht zum Zuge, wenn der Eigentumsverlust auf einer vom verlierenden Teil als unrechtmäßigem Besitzer der Hauptsache vorgenommenen Verwendung beruht; dann ist vielmehr § 997 einschlägig. Kein Wegnahmerecht aus § 951 Abs 2 S 2 besteht auch, wenn durch die Verbindung nach § 947 Abs 1 Miteigentum entstanden ist (HELLMANN SeuffBl 67 [1902] 291; MünchKomm/FÜLLER Rn 43; aA WIELING JZ 1985, 511, 516 f; WIELING I § 11 II 5 c aa). Der Rechtsverlust ist hier ja bereits durch das erworbene Miteigentum ausgeglichen.

f) Der Berechtigte kann **wählen**, ob er das Wegnahmerecht nach § 951 Abs 2 S 2 **72** ausüben oder den Vergütungsanspruch aus § 951 Abs 1 geltend machen will. Es handelt sich hierbei aber nicht um ein Wahlschuldverhältnis iSd § 262, sondern um einen Fall der *elektiven Konkurrenz* (vgl dazu WEITNAUER, in: FS Hefermehl [1976] 467 ff) oder Ersetzungsbefugnis des Gläubigers (BGH NJW 1954, 265; SOERGEL/HENSSLER Rn 27; BAMBERGER/ROTH/KINDL Rn Fn 101). Das Wegnahmerecht entfällt, wenn der Wegnahmeberechtigte sich für den Vergütungsanspruch entscheidet und dieser erfüllt wird (WIELING JZ 1985, 511, 517 m Fn 80). Umgekehrt kommt der Vergütungsanspruch aus § 951 Abs 1 nicht schon mit der Geltendmachung des Wegnahmeanspruchs, sondern erst mit der tatsächlichen Wegnahme in Fortfall (BGH NJW 1954, 265, 266; MünchKomm/ FÜLLER Rn 46; BAMBERGER/ROTH/KINDL Rn 27).

2. Inhalt des Wegnahmerechts

a) Das Wegnahmerecht gibt seinem Inhaber die Befugnis, die verbundene Sache **73** (auf seine Kosten) **abzutrennen und sich anzueignen** (§ 997 Abs 1 S 1). Die Aneignung ist kein Rechtsgeschäft, sondern setzt analog § 958 lediglich die Ergreifung von Eigenbesitz am wieder abgetrennten Bestandteil voraus (s STAUDINGER/GURSKY [1999] § 997 Rn 9). Zur eigenmächtigen Durchsetzung, wenn er sich nicht im unmittelbaren Besitz der Sache befindet, ist der Wegnahmeberechtigte nicht legitimiert. Vielmehr hat er, wenn sich die Hauptsache im Besitz ihres Eigentümers befindet, gegen den letzteren einen schuldrechtlichen Anspruch auf Gestattung der Wegnahme (§§ 997 Abs 1 S 2, 258 S 2). Dieser *Duldungsanspruch* muß, trotz des mißverständlichen Relativsatzes in § 258 S 1, auch dann gegeben sein, wenn der Wegnahmeberechtigte niemals Besitzer der Hauptsache war (BIERMANN Anm 3; aA TOBIAS AcP 94 [1903] 371, 445). Der Duldungsanspruch richtet sich aber nur gegen den bereicherten Eigentümer der Hauptsache, nicht auch gegen einen mittlerweile im Besitz der Sache befindlichen Dritten (MünchKomm/FÜLLER Rn 47; aA WIELING JZ 1985, 511, 517 m Fn 81). Gerade deshalb ist es mißverständlich, wenn der BGH in BGHZ 81, 146, 150 und 101, 37, 42 im Hinblick auf § 258 S 2 von der dinglichen Natur des Duldungsanspruchs redet (vgl OERTMANN § 258 Anm 3; RUGE 94). – Falls der Hauptsacheneigentümer den ehemals selbständig gewesenen Sachbestandteil selbst wieder abtrennt, so reduziert sich der Inhalt des Wegnahmerechtes des früheren Eigentümers auf die Aneignungsbefugnis und den entsprechenden Duldungsanspruch. Das gleiche gilt, wenn der Besitzer der Hauptsache, der eine fremde Sache eingebaut hat, diese wieder abtrennt (vgl STAUDINGER/GURSKY [1999] § 997 Rn 7).

74 b) Im Falle der Ausübung des Wegnahmerechts hat der Wegnahmeberechtigte die Hauptsache **auf seine Kosten in den vorigen Stand zu bringen** (§§ 997 Abs 1 S 2, 258 S 1); diese Regelung ist allerdings in den Fällen, in denen der Eigentümer der Hauptsache selbst die Verbindung vorgenommen hat, nicht sonderlich sinnvoll. Wenn der Hauptsacheneigentümer schuldhaft gehandelt hat, wird diese Wiederherstellungspflicht allerdings durch einen gegenläufigen Anspruch aus §§ 823 Abs 1, 249 S 1, 251 neutralisiert; die Verpflichtung aus § 258 S 2 bildet einen Folgeschaden, der im Einbau liegenden Eigentumsverletzung. Die Gestattung der Wegnahme kann der Hauptsacheneigentümer von vorheriger *Sicherheitsleistung* abhängig machen (§ 997 Abs 1 S 2 iVm § 258 S 2 HS 2). Vgl Erl zu § 258. Das Wegnahmerecht *entfällt* unter den Voraussetzungen des § 997 Abs 2 (vgl STAUDINGER/GURSKY [1999] § 997 Rn 19 ff).

75 c) Durch die Ausübung des Wegnahmerechts erlangt der frühere Eigentümer der verbundenen Sache *originäres Eigentum* an dieser (O vGIERKE 523 Fn 24). Beschränkte dingliche Rechte, die vor der Verbindung an der Sache bestanden, leben dagegen nicht wieder auf (SPYRIDAKIS 128; PALANDT/BASSENGE Rn 25; **aA** TOBIAS 449 ff; RUGE 83 f; BRECHER 79; WIELING JZ 1985, 511, 516 [wo dies auch für die zufällig eintretende oder von Dritten vorgenommene Wiederabtrennung angenommen wird]). – Wenn der frühere Eigentümer sein Wegnahmerecht ausübt, muß genauso wie der Bereicherungsanspruch des Eigentümers (s oben Rn 72) auch der Bereicherungsanspruch des ehemaligen Gläubigers eines durch die Verbindung erloschenen Pfandrechts untergehen, und zwar ohne daß das erloschene Pfandrecht wieder aufleben würde (MünchKomm/FÜLLER Rn 45; BAMBERGER/ROTH/KINDL Rn 28; PALANDT/BASSENGE Rn 25; **aA** WIELING JZ 1985, 265, 266; WIELING I § 11 II 5 c aa). Zum Ausgleich wird man § 822 analog anwenden müssen. An die Stelle des untergegangenen Bereicherungsanspruchs des Pfandgläubigers gegen den Hauptsacheneigentümer tritt also ein neuer gegen den Wegnahmeberechtigten. – Die **Aneignung** selbst setzt wie bei § 958 (s dort Rn 5) Ergreifung des Eigenbesitzes am wieder abgetrennten Bestandteil voraus. Ein besonderer Eigentumserwerbswille ist (entgegen STAUDINGER/BERG[11] Rn 15) nicht erforderlich; auch die irrige Annahme des Wegnahmeberechtigten, die Gesamtsache gehöre ihm, muß genügen (s STAUDINGER/GURSKY [1999] § 997 Rn 9). Ein Eigentumserwerb nach § 951 Abs 2 S 2 erfolgt auch dann, wenn der Hauptsacheneigentümer den durch Einbau erworbenen Bestandteil selbst wieder ausbaut und an dessen früheren Eigentümer und Vorbehaltsverkäufer infolge dessen Rücktritts vom Kaufvertrag (ohne wirksame Rückübereignung) zurückgibt (s KOHLER JuS 1990, 530, 533).

76 d) Das Wegnahmerecht aus § 951 Abs 2 S 2 ist ein (im wesentlichen) **obligatorisches Recht** (hM, vgl RGZ 63, 416, 423; OLG Dresden ZBlFG 1907, 34, 38; BGH NJW 1954, 265; MünchKomm/FÜLLER Rn 41; PALANDT/BASSENGE Rn 25; SPYRIDAKIS 124 ff; H WESTERMANN[5] § 54, 6; J vGIERKE § 35 I 2 d; BIERMANN Anm 3; KOHLER JuS 1990, 530, 534 f; **aA** KRETZSCHMAR ZBlFG 1906, 1, 9 ff; ders Recht 1907, 285 ff; HÜTTNER ZBlFG 1907, 5, 18; ENDEMANN § 83 Fn 7; ENNECCERUS/NIPPERDEY § 79 A II 4; BRECHER, Das Unternehmen als Rechtsgegenstand [1953] 75; WIELING JZ 1985, 511, 515; WIELING I § 11 II 5 c aa). Die partielle Verdinglichung, die das Wegnahmerecht des unrechtmäßigen Besitzers (§ 997) durch die analoge Anwendung des § 999 Abs 2 erfährt, beruht auf dem engen Sachzusammenhang dieses Wegnahmerechts mit den Verwendungen aus §§ 994 ff; es ist deshalb nicht anzunehmen, daß durch die Globalverweisung auf die „für das Wegnahmerecht des Besitzers gegenüber dem Eigentümer geltenden Vorschriften" auch der durch

§ 999 Abs 2 verliehene Sukzessionsschutz auf das Wegnahmerecht aus § 951 Abs 2 S 2 übertragen werden sollte (so auch MünchKomm/Füller Rn 41; Soergel/Henssler Rn 30; aA Kriener ZBlFG 18 [1918] 221, 226; iE auch Wieling JZ 1985, 511, 516). Da der letztere ohnehin wegen der fehlenden Publizität in einem gewissen Widerspruch zu Grundprinzipien des Sachenrechts steht, verbietet sich eine weitere Ausdehnung. Als im wesentlichen obligatorischer Rechtsbehelf richtet sich das Wegnahmerecht aus § 951 Abs 2 S 2 grundsätzlich wie der Bereicherungsanspruch aus § 951 Abs 1 nur gegen denjenigen, der zur Zeit der Verbindung Eigentümer der Hauptsache war und deshalb unmittelbar durch diese Verbindung bereichert worden ist, nicht auch gegen dessen **Sondernachfolger**; späteren Eigentümern gegenüber wirkt es nur im Falle eines unentgeltlichen Erwerbs (§ 822 analog, vgl Wolff/Raiser § 74 IV 3; Clauss 28 f; Biermann aaO). Darüber hinaus wird man allerdings anzunehmen haben, daß auch die *Inhaber* solcher *beschränkter dinglicher Rechte an der Hauptsache*, die bereits bei Vornahme der Verbindung bestanden, die Ausübung des Wegnahmerechts dulden müssen (Spyridakis 126; iE wohl auch Wilhelm WuB IV A § 946 BGB 1.02); schützenswerte Interessen der Inhaber dieser Rechte, die einer solchen Lösung entgegenstehen könnten, sind angesichts ihres notwendigerweise unentgeltlichen Erwerbs nicht ersichtlich. Gegen die Inhaber der später (also nach der Begründung der Bestandteilseigenschaft) entstandenen dinglichen Rechte an der Hauptsache wirkt das Wegnahmerecht dagegen nicht, weil sonst eine erhebliche Gefährdung der Verkehrssicherheit entstünde (Spyridakis 129; aA Kretzschmar Recht 1907, 285, 288; wohl auch OLG Dresden ZBlFG 1907, 34, 39 [ohne Differenzierung nach dem Zeitpunkt]) und sich eine analoge Anwendung des § 999 Abs 2 im Gegensatz zur Situation bei § 997 (s dort Rn 14) verbietet. Diese Rechtsinhaber können also Unterlassung der Wiederabtrennung verlangen (§§ 1227, 1004; §§ 1027, 1004; 1065, 1004; § 1134). Ein nachträglich bestelltes Mobiliarpfandrecht an der Hauptsache bleibt (als nunmehr selbständiges zweites Pfandrecht) an dem wieder abgetrennten Bestandteil bestehen. Die nachträglich bestellte Hypothek würde dagegen am wieder abgetrennten Bestandteil nach § 1122 erlöschen (vgl Oertmann § 547 Anm 3). In der **Zwangsversteigerung** gibt das Wegnahmerecht grundsätzlich keine Widerspruchsbefugnis (Soergel/Henssler Rn 30; aA Hüttner ZBlFG⁷ [1907] 5, 19; Kretzschmar ZBlFG 1906, 1, 11); anders nur, wenn die Zwangsversteigerung von einem Grundpfandgläubiger betrieben wird, dessen Recht im Zeitpunkt der Verbindung bereits bestand. (Im letzteren Falle muß der Wegnahmeberechtigte den Weg des § 771 ZPO einschlagen und die rechtzeitige Einstellung der Zwangsversteigerung nach § 769 ZPO veranlassen, da das Recht sonst analog § 93 Abs 2 ZVG mit dem Zuschlag erlischt, vgl Staudinger/Gursky [1999] § 997 Rn 14 aE; anders wohl Wilhelm WuB IV A § 946 BGB 1.02). – Da das Wegnahmerecht überwiegend obligatorischer Natur ist, genießt es nicht den Schutz des § 823 I (so auch Soergel/Henssler Rn 30). Wird der abgetrennte Bestandteil vom Besitzer der Hauptsache beschädigt oder zerstört, so haftet dieser bei vorsätzlicher Schädigung aus § 826, ansonsten wohl nur bei Verzug mit der Duldungspflicht (§§ 286, 287). Eine Haftung aus positiver Forderungsverletzung scheidet aus. Da der Besitzer keiner echten Leistungspflicht ausgesetzt ist, sondern nur den Zugriff des Wegnahmberechtigten und die Ausübung von dessen Abtrennungsrecht dulden muß, wird man kaum eine unselbständige Sicherungspflicht des Besitzers im Verhältnis zum Wegnahmeberechtigten begründen können. Das Wegnahmerecht kann seinerseits gepfändet werden (Palandt/Bassenge⁵² Rn 22 aE). – Das Wegnahmerecht ist auch übertragbar, wie sich aus § 2172 Abs 2 S 1 HS 2 ergibt (Ruge 91; s auch

SOERGEL/HENSSLER Rn 30; MünchKomm/FÜLLER Rn 48). Die Übertragung erfolgt nach §§ 413, 398 durch schlichte Einigung.

77 Als persönliches Recht ist das ius tollendi im **Insolvenzverfahren über das Vermögen des Eigentümers der Hauptsache wirkungslos** (BIERMANN Anm 3; WOLFF/RAISER § 74 IV 3 b; H WESTERMANN[5] § 54, 6; MünchKomm/FÜLLER Rn 49; SOERGEL/HENSSLER Rn 30; BAMBERGER/ROTH/KINDL Rn 28; ERMAN/EBBING Rn 19; PALANDT/BASSENGE Rn 25; JAEGER/LENT, KO[8] § 43 Rn 25; MünchKomm/InsO/GAUTER § 47 Rn 328; OLG Dresden SächsArch 1907, 13; 1908, 142, 143; tendenziell auch KOHLER JuS 1990, 530, 534 f [Konkursfestigkeit allenfalls analog § 49 Abs 1 S 3 KO = 51 Nr 2 InsO; **aA** WIELING JZ 1985, 511, 516 m Fn 68; WIELING I § 11 II 5 c aa; RUGE 89 f; KRETZSCHMAR ZBlFG 6 [1906] 1, 12 ff und Recht 1907, 285 ff; SCHNEIDER Recht 1906, 727 ff; HÜTTNER ZBlFG 7 [1907] 18 f). Es gilt insoweit das gleiche wie bei § 997 (s dort Rn 15). Zwar hat der BGH das Wegnahmerecht des Mieters (jetzt § 539 Abs 2, früher § 547a Abs 1 aF) als von dinglicher Natur eingestuft (BGHZ 81, 146, 150; 101, 37, 42), aber diese Qualifizierung ist höchst zweifelhaft und ihre Rechtfertigung könnte sich allenfalls aus Sonderwertungen des Mietrechts ergeben (vgl SOERGEL/HENSSLER aaO).

§ 952
Eigentum an Schuldurkunden

(1) Das Eigentum an dem über eine Forderung ausgestellten Schuldschein steht dem Gläubiger zu. Das Recht eines Dritten an der Forderung erstreckt sich auf den Schuldschein.

(2) Das gleiche gilt für Urkunden über andere Rechte, kraft deren eine Leistung gefordert werden kann, insbesondere für Hypotheken-, Grundschuld- und Rentenschuldbriefe.

Materialien: E I § 1109 Abs 1; II § 867, rev § 937; III § 936; Mot III 744 f; Prot III 644 f.

Schrifttum

BARTELS, Die (weitere) vollstreckbare Ausfertigung für den Rechtsnachfolger, ZZP 116 (2003) 57

BUCHHOLZ, Die zivilrechtliche Bedeutung des Kraftfahrzeugbriefes, Rpfleger 1955, 57

DAMRAU, Pfandleihverordnung (1990)

EINSELE, Wertpapierrecht als Schuldrecht (1995)

GERNHUBER, Die Erfüllung und ihre Surrogate (2. Aufl 1994) § 25: Rückgabe des Schuldscheins

HELLMUTH GÜNTHER, Der Anspruch des Schuldners auf Rückgabe von Schuldschein, Inhaberschuldverschreibung und Wechsel bei nicht entstandener oder erloschener Forderung (Diss Hamburg 1970)

HEDEMANN, Das Recht auf Rückgabe eines Schuldscheins, JherJb 48 (1904) 63

KISCH, Das Recht am Versicherungsschein, LZ 1919, 7 ff

ders, Der Versicherungsschein (1952)

LANGENBERG, Die Verbriefung des Versicherungsvertrages (Diss Hamburg 1971)

ders, Die Versicherungspolice (1972)

FRIEDRICH MEHRTENS, Die privatrechtliche und vollstreckungsrechtliche Bedeutung des Kraftfahrzeugbriefes (Diss Göttingen 1955)

Parigger, Die eigentumssichernde Wirkung des Kraftfahrzeugbriefes, MDR 1954, 201

Pfizer, Dingliches Recht an Schuldscheinen, AcP 72 (1888) 1

Poeschel, § 952 des BGB (Diss Leipzig 1907)

Rauth, Der Inhalt des § 952 BGB (Diss Leipzig 1906)

Schlechtriem, Zivilrechtliche Probleme des Kraftfahrzeugbriefes, NJW 1970, 2088 ff

Alfred Schmidt, Das Eigentum am Wertpapier und das verbriefte Recht (Diss Köln 1955)

Weimar, Das Schuldurkundeneigentum, MDR 1975, 992 ff

ders, Rechtsunwirksame Übereignung und Verpfändung von Urkunden, WM 1962, 1254 ff

Zöllner, Die Zurückdrängung des Verkörperungselements bei den Wertpapieren, in: FS Raiser (1974) 249 ff

Zwitzers, Das Sparkassenbuch, Ztschr f Staats- und Selbstverwaltung 2 (1920/1921) 46 ff.

Ferner die Lehrbücher und Kommentare zum Wertpapierrecht, insbes

Baumbach/Hefermehl, Wechselgesetz und Scheckgesetz (22. Aufl 2000)

Bülow, WechselG, ScheckG, AGB (3. Aufl 2000)

Hildebrandt, Wertpapierrecht (1957)

Hueck/Canaris, Recht der Wertpapiere (12. Aufl 1986)

Jacobi, Wechsel- und Scheckrecht (1956)

Meyer-Cording/Drygala, Wertpapierrecht (3. Aufl 1995)

Müller-Christmann/Schnauder, Wertpapierrecht (1992)

Richardi, Wertpapierrecht (1987)

Sedatis, Einführung in das Wertpapierrecht (1988)

E Ulmer, Das Recht der Wertpapiere (1938)

Zöllner, Wertpapierrecht (14. Aufl 1987).

Systematische Übersicht

I. Allgemeines 1

II. Anwendungsbereich
1. Schuldscheine (Abs 1 S 1) 3
2. Urkunden über sonstige anspruchsbegründende Rechte (Abs 2) 7
3. Einzelfälle 8
4. Analoge Anwendung 9

III. Rechtsfolgen
1. Die Eigentumslage 10
a) bei Bestand der Forderung 10
b) bei Nichtexistenz der Forderung ... 13
c) Urkunde über mehrere Forderungen 14
d) Mehrere Gläubiger 15

e) Schuldschein auf wertvoller Zeichnung 16
f) Übergang des dokumentierten Rechts 17
g) Tilgung des verbrieften Forderungsrechts 18
2. Beschränkte dingliche Rechte (Abs 1 S 2) 19
3. Schuldschein kein selbständiger Gegenstand des rechtsgeschäftlichen Verkehrs 21

IV. Vergütung für Rechtsverlust 27

Alphabetische Übersicht

Abdingbarkeit .... 24 ff
Abschriften 3
Aktien 7
Ausschlußurteil 6

Beschränkte dingliche Rechte ...... 19 f

Depotscheine 5
Dereliktion 21
Erfindermodelle 9
Ersitzung 21

GmbH-Anteilscheine 7

Karl-Heinz Gursky

Gläubigermehrheit _____ 15
Grundpfandbriefe _____ 7, 11

Inhaberpapiere _____ 5

Kopien _____ 3
Kraftfahrzeugbrief _____ 9, 20

Mehrere Forderungen, Urkunde über _____ 14
Mehrere Gläubiger _____ 15
Mitgläubiger _____ 15
Musikautomatenbrief _____ 9

Nichtexistenz der Forderung _____ 13

Orderpapier _____ 5

Pfandscheine _____ 5, 21
Pfändung _____ 21 ff
Pferdepaß _____ 9

Rektapapiere _____ 5

Schuldscheine _____ 1, 3 ff
– Pfändung _____ 22 f
– Übereignung _____ 21 ff
Sparbuch _____ 5, 12, 22

Tilgung, Eigentumslage nach _____ 18

Übertragung des verbrieften Rechts _____ 17
Urteilsausfertigung _____ 6

Vergütung für Rechtsverlust _____ 27
Verpfändung _____ 21 f, 26
Versicherungsschein _____ 3, 5, 12, 17
Vertragsurkunden _____ 14, 15
Vertrag zugunsten Dritter _____ 15
Vollstreckbare Urkunden _____ 6

I.   Allgemeines

1 § 952 regelt die **dingliche Rechtslage an Schuldscheinen und anderen Urkunden über anspruchsbegründende Rechte**. Danach steht das Eigentum an solchen Urkunden dem jeweiligen Gläubiger des verbrieften Rechts zu, und ebenso erstreckt sich ein Pfandrecht oder Nießbrauch an dem dokumentierten Recht automatisch auf die darüber ausgestellte Urkunde. Die Urkunde wird also als Akzessorium oder **Annex des verbrieften Rechts** behandelt. § 952 hat damit einen Gedanken verallgemeinert, den § 1109 E I für Hypothekenbriefe ausgesprochen hatte und den schon die Motive (III 745) für analogiefähig hielten. Ohne eine derartige Norm müßte der Schuldschein, der ja an sich eine eigene Sache iS von § 90 bildet, als selbständiger Gegenstand des Eigentums und etwaiger beschränkter dinglicher Rechte in Betracht kommen. Die Begründung besonderer Rechte an ihm würde jedoch häufig dem Zweck der Forderung zuwiderlaufen und dem Rechtsverkehr abträglich sein. Außerdem ist eine derartige Urkunde in aller Regel für andere Personen als den Inhaber des verbrieften Rechts auch ohne jeden Wert; § 952 will deshalb dafür sorgen, daß der rechtliche Zusammenhang zwischen Urkunde und verbrieftem Recht aufrechterhalten bleibt.

2 Die Einfügung des Paragraphen gerade an dieser Stelle ist sachgemäß, da er in ähnlicher Weise wie die §§ 946–949 die einheitliche rechtliche Zuordnung einer wirtschaftlichen Einheit absichert (vgl PLANCK/BRODMANN Anm 1). STAUDINGER/BERG[11] (Rn 1) wollten demgegenüber die Plazierung der Norm mit der Erwägung rechtfertigen, daß diese zugleich eine Ausnahme von § 950 Abs 1 S 2 darstelle (so auch WOLFF/RAISER § 75 I 1). Das ist insofern zweifelhaft, als der Schuldschein ohne die darin ausgewiesene Forderung wertlos bliebe, ein Eigentumserwerb des jeweiligen Ausstellers durch Spezifikation also normalerweise nicht eintreten würde. – Der

Ausdruck, der Schuldschein sei „Zubehör" der Forderung, wurde ausdrücklich vermieden, da der Zubehörbegriff auf das Verhältnis von Sachen zu Sachen beschränkt bleiben sollte (s §§ 97, 98, Prot III 645). Wolff/Raiser (§ 75 II) sprechen von Quasipertinenz. Auch das ist insofern bedenklich, als die durch § 952 geschaffene rechtliche Verbindung sehr viel enger ist, als die zwischen Hauptsache und Zubehör.

II. Anwendungsbereich

1. Schuldscheine (Abs 1 S 1)

Schuldschein iSd § 952 ist jede vom Schuldner über seine Verpflichtung ausgestellte **3** Urkunde, gleichgültig ob diese – wie ein Darlehensschuldschein oder der Lagerempfangsschein (vgl dazu Gadow VerkRdSch 1937, 155) – nur zum Zwecke der Beweissicherung ausgestellt ist, oder ob durch die Urkunde die Verbindlichkeit überhaupt erst begründet wird, wie dies zB bei einer Bürgschaftsurkunde (OLGR Naumburg 2001, 481, 482), einem abstrakten Schuldversprechen oder einem Schuldanerkenntnis der Fall ist (RGZ 116, 166, 173; 120, 89; Planck/Brodmann Anm 2 a; Wolff/Raiser § 75 I 1; Müller Rn 2674; Gernhuber, Die Erfüllung und ihre Surrogate [2. Aufl 1994] § 25, 1). Der Schuldschein kann auch aus mehreren, innerlich zusammengehörigen und aufeinander Bezug nehmenden Urkunden bestehen (RGZ 131, 1, 6; Planck/Brodmann aaO). Eine unvollständige Wiedergabe des Inhalts der Verpflichtung (zB Darlehensschuldschein ohne Angaben über Fälligkeit und Verzinsung) schließt die Anwendung des § 952 nicht aus (Soergel/Henssler Rn 6; **aA** BGB-RGRK/Pikart Rn 4; die von Pikart angeführte Entscheidung RGZ 117 59, 60 betraf aber den Schuldscheinbegriff des früheren AnlAblG vom 16.7. 1925, nicht den des BGB). Bloßer Schuldschein ist auch jeder Versicherungsschein, der weder mit der Inhaberklausel nach § 4 Abs 1 VVG (s unten Rn 5) versehen noch als Wertpapier ieS ausgestaltet ist (vgl Sieg VersR 1977, 213 ff; Langenberg, Die Verbriefung 91; Kisch, Der Versicherungsschein [1992] 138, 154; ders LZ 1919, 6, 7 ff; Bruck/Möller, VVG[8] § 3 Rn 21 ff, § 4 Rn 9). Die Anwendung von § 952 hängt dabei nicht davon ab, daß der Versicherungsschein die Einlösungsklausel (§ 4 Abs 2 VVG) enthält (**aA** Prölss/Martin, VVG[26] § 3 Rn 45). Zu Unrecht gegen die Anwendung auf Feuerversicherungspolicen R Raiser, Feuerversicherungsbedingungen, § 8 Anm 3. – Für bloße Abschriften oder Fotokopien eines Schuldscheins gilt § 952 nicht; deren sachenrechtliche Rechtslage folgt vielmehr den gewöhnlichen Grundsätzen.

§ 952 geht davon aus, daß die Urkunde *ausschließlich* Schuldschein ist. Die Norm **4** kann deshalb keine Anwendung finden, wenn die Urkunde nicht nur eine Forderung dokumentiert, sondern daneben noch andere Angelegenheiten von Belang (vgl § 444 S 2 aF) betrifft (Planck/Brodmann Anm 2 a; Bamberger/Roth/Kindl Rn 2; Erman/Hefermehl[10] Rn 7; Rauth 41).

Unter den weiten Schuldscheinbegriff des § 952 Abs 1 fallen auch die **Rektapapiere**, **5** die eine Forderung verbriefen: Hierher gehören zB die bürgerlichrechtliche Anweisung (§§ 783 ff BGB); ferner die kaufmännischen Wertpapiere des § 363 HGB, sofern sie nicht an Order oder auf den Inhaber gestellt sind, Wechsel und Scheck, wenn sie mit negativer Orderklausel versehen sind (Art 11 Abs 2 WG, Art 14 Abs 2 ScheckG) oder aber protestiert oder präjudiziert sind (Art 20 WG, 24 ScheckG); ebenso ehemalige Inhaberpapiere, die auf einen bestimmten Berechtigten umgeschrieben worden sind (vgl BayObLGZ 4, 452 und Recht 1904 Nr 765); desgleichen Spar(-kassen)briefe (vgl STAUDINGER/MARBURGER [2002] Vorbem 75 zu §§ 793 ff; OLGR Oldenburg 1998, 208, 209) und andere Namensschuldverschreibungen des Kapitalmarkts (s Münch-Komm/HÜFFER[3] Vorbem 17 zu §§ 793 ff); schließlich auch die sogenannten qualifizierten Legitimationspapiere des § 808 (nur in der Konstruktion abw SOERGEL/HENSSLER Rn 7, der alle diese Papiere als „sonstige Schuldurkunden" unter Abs 2 bringt; korrekt ist das nicht, denn § 952 Abs 2 handelt von Urkunden über andere Rechte als Forderungen, bei denen kraft Gesetzes eine Leistung gefordert werden kann). Zu letzterer Untergruppe der Rektapapiere gehören regelmäßig die **Versicherungsscheine** (§ 3 VVG, s dazu KISCH LZ 1919 7 ff; BLUMHART Recht 1910, 738; GILBERT DR 1941, 2356; 2361; SIEG VersR 1977, 213 ff; RGZ 51, 83, 85; 66, 158, 163; RG JW 1934, 1409; OLG Hamburg VersR 1962, 1169; AG Mölln VersR 1978, 131), soweit sie mit einer Inhaberklausel versehen sind (§ 4 Abs 1 VVG, s RGZ 66, 158, 163; SOERGEL/HENSSLER Rn 7; ZÖLLNER WPR § 28 II; s oben Rn 3). Transport- und Seeversicherungspolicen können allerdings auch als Inhaber- oder Orderpapiere ausgestellt sein. Qualifiziertes Legitimationspapier ist auch ein Versicherungs-ausweis, der im Rahmen einer Gruppenversicherung für einen einzelnen Versicher-ten über die auf ihn entfallende Teilversicherung ausgestellt worden ist (OLG Bamberg VersR 1961, 25). Hierher gehören ferner Pfandscheine von Leihhäusern (BGH NJW 1977, 1352; OLG Dresden JW 1922, 505, 507; DAMRAU § 6 PfandlV Rn 5, 7; aA KG OLGE 26, 207, 208); Depotscheine einer Bank über hinterlegte Wertpapiere (RG WarnR 1918 Nr 57; OLG Celle OLGE 26, 60), sowie vor allem **Sparbücher** (RGZ 106, 1, 4; 156, 328, 333 f; RGSt 43, 17, 19; BGHSt 12, 300, 301; BGH WM 1972, 701; 1973, 39). Auch Schuldverschreibungen auf den Inhaber (§§ 793 ff), andere Inhaberpapiere (wie zB Schecks mit Inhaber- oder Überbringerklausel oder ohne Benennung des Scheck-nehmers, Art 5 Abs 2 und 3 ScheckG) und die Inhaberzeichen des § 807 sowie Wechsel, Namensschecks ohne negative Orderklausel und andere **Orderpapiere** er-füllen an sich die obengenannten Merkmale des Schuldscheinbegriffes. Dennoch kann § 952 bei ihnen grundsätzlich keine Anwendung finden, weil die Rechtsfolgen-anordnung der Norm mit der gesetzlichen Konstruktion dieser Wertpapiere unver-einbar ist: Diese sind als selbständige Träger der Forderung ausgestaltet; bei ihnen folgt also nicht das Eigentum dem verbrieften Recht, sondern umgekehrt das ver-briefte Recht dem Eigentum am Papier (ganz hM; aA BÜLOW EinlWG Rn 5; EinlScheckG Rn 3 [Begebungsvertrag auf Übertragung der Rechte aus dem Papier gerichtet; Eigentum folgt analog § 952 Abs 2]). Sofern allerdings eine Wechselforderung ohne Indossament durch eine bürgerlichrechtliche Zession übertragen wird, greift wiederum § 952 ein (SOERGEL/MÜHL[12] Rn 1; SOERGEL/HENSSLER Rn 4, 8; MünchKomm/FÜLLER Rn 8; ERMAN/EBBING Rn 6; PALANDT/BASSENGE Rn 3; BAUMBACH/HEFERMEHL[22] Art 11 WG Rn 5; WIELING I § 9 IX 1 a; BAUR/STÜRNER § 53 Rn 39; ULMER WPR 77; HUECK/CANARIS WPR § 8 I 2 a; LOCHER WPR 98; ZÖLLNER § 14 I 2; offengelassen in BGH NJW 1958, 302); ob eine solche Zession der Wechselforderung zusätzlich zur Einigung noch die Übergabe des Wechsels bzw statt dessen ein Übergabesurrogat erfordert, ist streitig (bejahend die hM, vgl RGZ 88, 290, 292; BGHZ 104, 145, 149 f; BGH NJW 1958, 302; WM 1970, 245, 246; HUECK/CANARIS § 8 I 1 mwN; REINICKE Betrieb 1958, 390, 391; WIELING aaO Fn 9; RICHARDI WPR § 16 II 2; implizit BAUR/STÜRNER § 53 Rn 39; verneinend ZÖLLNER § 14 I 2; MUSCHELER NJW 1981, 656 ff; BÜLOW WechselG, ScheckG, AGB, Art 11 WG Rn 5); gänzlich abweichend verlangten WOLFF/RAISER (§ 65 III 2) und STAUB/STRANZ (WG[13] Art 11 Anm 17) neben der Einigung noch Übereignung des Wechsels. Entsprechendes würde für Inhaberpapiere gelten, wenn man mit der neueren Lehre auch bei diesen eine Zession des verbrieften Rechtes zuläßt (so ZÖLLNER WPR § 2 II 1 b; ders, in: FS Raiser 277 ff; MünchKomm/HÜFFER[4], § 793

Rn 18 f; Hueck/Canaris, § 2 III 3 a; Müller-Christmann/Schnauder WPR Rn 32; Baumbach/Hefermehl[22] Einl WPR Rn 31; Staudinger/Marburger [2002] Vorbem 7 zu § 793; Bülow Art 5 ScheckG Rn 2; Soergel/Henssler Rn 8; Palandt/Sprau Rn 9; Einsele, Wertpapierrecht als Schuldrecht [1995]8 mwN; Staake JA 2004, 247, 251; **aa** BGB-RGRK/Steffen Vorbem 6 zu § 793 und § 793 Rn 11; MünchKomm/Vallenthin[1] Vorbem 4 zu § 793; E Ulmer WPR 75 ff). Jedenfalls braucht man § 952 bei einer als Inhaberpapier ausgestellten Transportversicherungspolice, wenn das verbriefte Recht nach §§ 69 VVG, 49 f ADSp auf den Erwerber der versicherten Sache übergeht (vgl Hueck/Canaris § 2 III 3 a). Auch in einigen weiteren Fällen muß bei Umlaufpapieren zur Sicherung der Einheit von Papier und verbrieftem Recht auf das Annexprinzip des § 952 rekurriert werden: So bei der Existenz von mehreren Wechselausfertigungen, zum Ausschluß der Möglichkeit gutgläubigen Erwerbs bei einer Veräußerung des Papiers als Autogramm (s Rn 24), beim Umtausch einer beschädigten Inhaberschuldverschreibung (§ 798) auf Vorlage eines nichtberechtigten Inhabers, ferner auch zur Begründung des Eigentumserwerbs des rückgriffsberechtigten Einlösers des Wechsels. Vgl die Zusammenstellung bei Hildebrandt WPR § 18. Ein weiterer Anwendungsbereich würde sich schließlich § 952 bei Orderpapieren eröffnen, wenn man bei Übertragung durch Indossament mit einer verbreiteten Auffassung (Zöllner WPR § 14 I 1 b; Huber, in: FS Flume [1978] II 83, 89; Bülow Art 11 WG Rn 2) auf eine zur Indossierung hinzutretende Übereignung verzichten würde (dagegen aber mE zu Recht Hueck/Canaris, WPR § 8 IV 2 a; Meyer-Cording, WPR3 51; Stöcker/Heidinger NJW 1992, 880, 881 und die hM). Wenn man davon ausgeht, daß die Übertragung globalverbriefter Aktien bei satzungsgemäßem Ausschluß des Anspruchs auf Einzelverbriefung nach §§ 413, 398 ff durch Zession erfolgt, muß das Bruchteilsmiteigentum des verfügenden Aktionärs an der Globalurkunde nach § 952 auf den Erwerber übergehen (Habersack/Meyer WM 2000, 1678, 1682; **aM** MünchKomm/Füller Rn 8).

Nicht zu den Schuldscheinen iSv § 952 gehören die **Ausfertigungen gerichtlicher** **6** **Entscheidungen** oder vollstreckbarer notarieller Urkunden. Sie werden der hoheitsrechtlichen Natur der Erteilung entsprechend Eigentum dessen, dem sie erteilt werden (OLG München DNotZ 1954, 552; BGB-RGRK/Pikart Rn 19; MünchKomm/Quack Rn 11; Bamberger/Roth/Kindl Rn 3; Erman/Ebbing Rn 10; Poeschel 17 ff; iE auch H Westermann5 § 55 I 2 [Eigentum des auch in der Urkunde als Berechtigter Benannten]; **aA** Wolff/Raiser § 75 I 5; RGZ 163, 54 läßt die Frage offen). Bei der Abtretung der Rechte aus einem Urteil geht also das Eigentum an der zugestellten Urteilsabschrift bzw einer bereits erteilten vollstreckbaren Ausfertigung nicht automatisch auf den Rechtsnachfolger über (vgl MünchKomm/Quack3 Rn 11; MünchKomm/Füller Rn 2; **aA** Bartels ZZP 116 [2003] 57, 76). Das Eigentum an einem Vollstreckungstitel geht auch nicht automatisch auf den Schuldner über, wenn dieser die titulierte Forderung erfüllt oder durch ein Erfüllungssuggorat tilgt. Der Schuldner hat vielmehr nur einen Anspruch auf Herausgabe analog § 371 BGB, den er allerdings erst nach vorheriger erfolgter Durchführung der Vollstreckungsgegenklage einklagen könnte (vgl Lüke JZ 1956, 475 f, 477). – All dies gilt jedoch nicht für ein *Ausschlußurteil*, durch das ein zerstörtes, stark beschädigtes oder verlorengegangenes Wertpapier für kraftlos erlärt wird (vgl §§ 799 f, 808 Abs 2 S 1 BGB, 365 Abs 2 HGB, 72 AktG, Art 90 WG, Art 59 ScheckG; zum Verfahren §§ 1003 ff, 1017 f ZPO). Ein solches Ausschlußurteil tritt als Träger der formellen Legitimation an die Stelle des für kraftlos erklärten Wertpapiers, ändert aber die materielle Rechtslage nicht. Ein Nichtberechtigter, der das Ausschlußurteil erlangt hat, wird also nicht zum Gläubiger des verbrieften Rechts (Hueck/Canaris,

WPR[12] § 16 III 1; ZÖLLNER, WPR[14] § 7 II 1 d; BAUMBACH/HEFERMEHL Art 90 WG Rn 3; BÜLOW
Art 90 WG Rn 7; aA LARENZ, SchR II[12] § 66 V b). In dieser Situation ist es am zweck-
mäßigsten, dem wirklichen Gläubiger des verbrieften Rechts über § 952 auch das
Eigentum an der Urteilsurkunde, nicht nur einen Anspruch auf Abtretung der
Rechte aus dem Urteil zuzusprechen (HUECK/CANARIS, ZÖLLNER, BAUMBACH/HEFERMEHL
aaO; aA PLEYER, in: FS Werner [1984] 639, 645; MünchKomm/FÜLLER Rn 10).

2.   Urkunden über sonstige anspruchsbegründende Rechte (Abs 2)

7 Der Grundsatz des Abs 1 wird durch Abs 2 auf alle Urkunden erstreckt, kraft deren
eine Leistung (§ 241 Abs 1) gefordert werden kann. Als Beispiele führt das Gesetz
Hypotheken-, Grundschuld- und Rentenschuldbriefe besonders auf. Grundschuld-
und Rentenschuldbriefe auf den Inhaber (§ 1195) gehören allerdings nicht hierher,
weil in diesen Fällen die Urkunde kein Akzessorium des darin verbrieften dinglichen Verwertungsrechts bildet, sondern umgekehrt das Eigentum am Brief das
zuständigkeitsbestimmende Recht darstellt (BIERMANN Anm 2; PLANCK/BRODMANN
Anm 2 [richtig 3] b). Neben den ausdrücklich aufgeführten Grundpfandbriefen lassen
sich auch Urkunden über Mitgliedschaftsrechte, denen Ansprüche entspringen können, unter Abs 2 subsumieren (WOLFF/RAISER § 75 I 1 mit Fn 4; abw wohl PLANCK/BROD-
MANN Anm 2 b): also beispielsweise die (im Gegensatz zu Aktien nicht als Wertpapiere, sonder als bloße Beweispapiere zu qualifizierenden) GmbH-Anteilsscheine
(RG WarnR 1928 Nr 107 S 212; FEINE EhrenbHandB III 3, 290; SCHOLZ/WINTER, GmbHG § 14
Rn 42, § 15 Rn 63; BAUMBACH/HUECK/HUECK/FASTRICH, GmbHG[17] § 14 Rn 8; ALBERTZ, Die Verbriefung des GmbH-Geschäftsanteils [Diss Düsseldorf 1996] 88 f; BAUR/STÜRNER § 53 Rn 40; H
WESTERMANN[5] § 55 I 2; MünchKomm/FÜLLER Rn 4; SOERGEL/HENSSLER Rn 7; BAMBERGER/ROTH/
KINDL Rn 4; SCHULER NJW 1956, 689, 692; BUCHWALD GmbHRdsch 1959, 254, 255; MünchKomm/
DAMRAU § 1274 Rn 57; aA OLG Hamburg HansRGZ 1928 B 197), ebenso früher Kuxscheine
der bergrechtlichen Gewerkschaften, nicht aber Aktien, da diese (jedenfalls nach hM,
abw HUECK/CANARIS, WPR § 25 I 2 c) wegen der in § 68 AktG fehlenden Verweisung auf
§ 11 Abs 2 WG nur als Inhaber- oder Orderpapiere ausgestaltet werden können.
Auch bei diesen muß allerdings hilfsweise wieder auf den Rechtsgedanken des § 952
zurückgegriffen werden, wenn man die Auffassung vertritt, daß die Aktienurkunde
bereits durch die bloße „Zuteilung" mit dem verbrieften Recht verbunden wird (so
RGZ 85, 327, 330 ff; 94, 61, 64; HILDEBRANDT WPR 201; aA [erst mit der Aushändigung an den
Aktionär] die Schrifttumsmehrheit, vgl LUTTER, in: Kölner Komm z AktG[2] § 67 Rn 3, Anh nach
§ 68 Rn 9 mwN); ebenso, wenn man (wie E ULMER, WPR 74 f) zwar die Aushändigung für
erforderlich hält, darin aber keine Übereignung sieht. Die Heranziehung von § 952
Abs 1 ist schließlich auch dann nötig, wenn eine Namensaktie, die ja nach § 68
AktG ein geborenes Orderpapier ist, zulässigerweise nach §§ 413, 398 durch Zession
übertragen wird (KINDLER NJW 2001, 1678, 1682).

3.   Einzelfälle

8 Unter § 952 fallen auch zollamtliche Begleitscheine oder Niederlagescheine (RG
14. 4. 1916 VII 32/16 = SoergRspr 1916 § 952 BGB Nr 1; BGB-RGRK/PIKART Rn 12), nicht aber
etwaige von den Zollbehörden ausgestellte Ausfuhrscheine, da diese lediglich die
Tatsache der Ausfuhr beweisen (RG JW 1932, 2277 m Anm GROSSMANN-DOERTH JW 1933,
1392). Über das Eigentum an Lohn- und Gehaltsbüchern vgl GLATZER Recht 1908,
809. Wegen der sogenannten Schuld- und Pfandverschreibungen vgl DÄUMER

ZBlFG 8, 652. Über die Frage, wem die Postwertzeichen auf Postanweisungen gehören, vgl GRAEFFNER DJZ 1904, 809. Keine Urkunden iSv § 952 Abs 1 oder 2 sind die Abtretungsurkunden (RG 6.12.1911 V 187/11 = SoergRspr 1912 § 952 Nr 1).

4. Analoge Anwendung

Nach völlig hM ist § 952 auf **Kraftfahrzeugbriefe** und Anhängerbriefe entsprechend 9 anwendbar (BGHZ 10, 122, 125; 34, 122, 134; 88, 11, 13; LM Nr 2 zu § 952 BGB; BGH NJW 1978, 1854 mwN; KGR 1993, 131; BGB-RGRK/PIKART Rn 16; SOERGEL/HENSSLER Rn 10; MünchKomm/ FÜLLER Rn 9; BAMBERGER/ROTH/KINDL Rn 5; ERMAN/EBBING Rn 10; PALANDT/BASSENGE Rn 7; JAUERNIG/JAUERNIG Rn 2; WOLFF/RAISER § 75 Fn 3; H WESTERMANN[5] § 55 I 2; BAUR/STÜRNER § 53 Rn 40; SERICK I 101; SCHLECHTRIEM NJW 1970, 2088, 2091; K SCHMIDT JuS 1987, 237, 238; **aA** ERMAN/HEFERMEHL[10] Rn 2; WIELING I § 9 IX 1 a; MEHRTENS 195). Diese Analogie ist in der Tat angebracht. Zwar weist der Kraftfahrzeugbrief an sich nach § 25 StVZO – wie HEFERMEHL aaO zu Recht betont – nur den Träger der Zulassung aus; eine Eintragung der Eigentumsverhältnisse wäre sogar unzulässig (vgl SERICK aaO mwN). Aber wenn der Kraftfahrzeugbrief auch nicht direkt das Eigentum des Zulassungsträgers bescheinigt, so kann er doch seine Aufgabe nur unter der Voraussetzung voll erfüllen, daß sein sachenrechtliches Schicksal mit dem des Kraftfahrzeugs selbst verbunden ist (vgl SCHLECHTRIEM 2091; SERICK II 218). Der Erwerber des Kraftfahrzeugs erwirbt also analog § 952 automatisch auch das Eigentum an einem Kraftfahrzeugbrief, an dem einem Dritten ein Zurückbehaltungsrecht eingeräumt worden ist und kann von letzterem damit nach § 985 Herausgabe verlangen (RG JW 937, 2768; BGH NJW-RR 1986, 986; LG Frankfurt aM NJW-RR 1986, 986); eine Einredeerstreckung zu Lasten des Erwerbers findet nicht statt, da § 986 Abs 2 auf gesetzliche Eigentumserwerbstatbestände nicht anwendbar ist (s STAUDINGER/GURSKY [1999] § 986 Rn 57). Die Möglichkeit einer Vindikation des Kraftfahrzeugbriefes erlangt der neue Kraftfahrzeugeigentümer auch in solchen Fällen, in denen er das Fahrzeugeigentum durch gutgläubigen Erwerb vom Nichtberechtigten erlangt hat (SCHLECHTRIEM NJW 1970, 2088, 2091 mwN; SOERGEL/HENSSLER Rn 10). Ein isolierter Eigentumsvorbehalt am Kraftfahrzeugbrief ist nicht möglich (SOERGEL/HENSSLER aaO). Infolge der analogen Anwendung von § 952 ist eine gesonderte Übereignung oder Belastung des Kraftfahrzeugbriefes unzulässig (KGR aaO). Eine gesonderte Drittwiderspruchsklage gegen die Hilfspfändung des Kraftfahrzeugbriefes ist ebenfalls nicht möglich (KGR aaO). – Dagegen ist eine analoge Anwendung von § 952 nicht möglich bei privaten Urkunden über Eigentumsverhältnisse an besonderen Arten von Sachen, wie etwa beim sogenannten *Musikautomatenbrief*, ebensowenig bei öffentlichen oder privaten Urkunden über bestimmte Eigenschaften von Sachen, wie etwa dem Pferdepaß (PALANDT/BASSENGE Rn 8; ERMAN/HEFERMEHL[10] Rn 7; BAMBERGER/ROTH/KINDL Rn 5; **aA** LG Karlsruhe NJW 1980, 789; MünchKomm/QUACK Rn 9; SOERGEL/HENSSLER Rn 10; ERMAN/EBBING Rn 10; vgl auch OLG Hamm NJW 1976, 1849) oder den Vermessungspapieren eines Segelbootes (PALANDT/BASSENGE aaO; **aA** MünchKomm/QUACK[3] Rn 9; SORGEL/HENSSLER aaO). Eher kommt die analoge Anwendung von § 952 bei der allgemeinen Betriebserlaubnis iSv §§ 18 Abs 3, 21 StVZO in Betracht (dafür KG MDR 1996, 795).

HECK (§ 62, 8 b) wirft die interessante Frage auf, ob die Vorschrift des § 952 wegen der Gleichheit der Interessenlage auch auf andere Sachen übertragbar ist, die (wie zB Erfindungsmodelle) ausschließlich einem Recht gewidmet sind. Er hält die ratio für zutreffend. Ebenso WEIMAR MittDPatAnw 1933, 213.

Auf das Eigentum am Filmnegativ läßt sich § 952 jedenfalls nicht entsprechend anwenden; dieses ist also kein Akzessorium des Urheberrechts (RGZ 145, 172, 174).

III. Rechtsfolgen

1. Die Eigentumslage

10 Das Eigentum an der Urkunde steht nach § 952 Abs 1 S 1 dem jeweiligen Gläubiger des verbrieften Rechts zu, ohne Rücksicht auf die bestehende Besitzlage.

a) Der erste Gläubiger wird also, sofern die *Forderung bereits entstanden* ist, mit der Ausstellung des Schuldscheins ohne weiteres (ex lege) Eigentümer desselben (MünchKomm/QUACK[3] Rn 16; BGB-RGRK/PIKART Rn 5; SOERGEL/HENSSLER Rn 13; DAMRAU § 6 PfandlV Rn 5; aA J vGIERKE WPR [1954] 33). Dies gilt auch dann, wenn Papier und Tinte einem Dritten gehören. Als *„ausgestellt"* ist der Schuldschein anzusehen, sobald er vom Schuldner unterzeichnet ist, vorausgesetzt, daß das Gläubigerrecht zu diesem Zeitpunkt bereits entstanden ist. Eine „Begebung" ist insoweit also nicht erforderlich (BIERMANN Anm 1 b; PLANCK/BRODMANN Anm 2 a; PALANDT/BASSENGE Rn 4; WOLFF/RAISER § 75 I 3; aA WIELING I § 9 IX 1 b; RAUTH 12). Der erste Gläubiger hat vielmehr – von der Unterzeichnung an – die Möglichkeit zu vindizieren. Allerdings kann zur Entstehung der verbrieften Forderung eine Begebung erforderlich sein. Dann kann der Gläubiger erst mit dieser das Eigentum am Papier erlangen.

11 Ein *Hypotheken- oder Grundschuldbrief* ist ausgestellt, wenn er mit der Unterschrift des Richters bzw Rechtspflegers und dem Siegel versehen ist (vgl POESCHEL aaO und § 56 GBO). Falls der Grundstückseigentümer und der Gläubiger keine Aushändigungsabrede iSv § 1117 Abs 2 getroffen haben, erwirbt der Gläubiger die Hypothek und damit das Eigentum am Hypothekenbrief allerdings erst mit der Übergabe des Briefes (§§ 1117 Abs 1, 1163 Abs 2); da bis dahin die Hypothek als Eigentümergrundschuld dem Grundstückseigentümer zusteht (§§ 1163 Abs 2, 1177 Abs 1 S 1), ist dieser in der Zwischenzeit auch Eigentümer des Hypothekenbriefes. Das gleiche gilt, wenn die Entstehungsvoraussetzungen der Hypothek im übrigen erfüllt sind, die zu sichernde Forderung aber noch nicht zur Entstehung gelangt ist (§ 1163 Abs 1 S 1, 1177 Abs 1 S 1). Hier steht also dem Grundstückseigentümer auch das Eigentum am Hypothekenbrief, durch die Valutierung der Hypothek auflösend bedingt, zu (BGHZ 53, 60, 63 mwN). Zur teilweisen Valutierung s unten Rn 15. Falls die Parteien zwar eine Aushändigungsabrede iS von § 1117 Abs 2 getroffen haben, eine entsprechende Anweisung an das Grundbuchamt aber versehentlich unterblieben ist, ist die Hypothek mit ihrer Eintragung Fremdgrundpfandrecht; der Gläubiger ist also nach § 952 von der Ausstellung an Eigentümer des Hypothekenbriefes. Wird bei einer Buchhypothek nachträglich ein Brief erteilt (§ 1116 Abs 3), so gehört dieser dem Gläubiger gem § 952 ebenfalls schon vor der Übergabe. Hiermit stimmt § 60 GBO überein.

12 Bei *Sparbüchern* bereitet die *Ermittlung des Berechtigten* häufig Schwierigkeiten, da Gläubiger der Guthabenforderung nicht notwendigerweise der im Buch Benannte ist. Die Kontobezeichnung ist vielmehr ein bloßes Beweiszeichen (RG JW 1937, 988), genauso wie der Besitz des Sparbuches. Wer Gläubiger der Einlagenforderung und damit Eigentümer des Sparbuches ist, bestimmt sich vielmehr nach dem der Ausstellung des Sparbuchs zugrunde liegenden Schuldverhältnis. Maßgebend ist hiernach der Wille des Einzahlenden, der aber irgendwie in Erscheinung getreten sein muß (RGZ 73, 220, 221; BGHZ 46, 198, 200 f; LM § 328 BGB Nr 42 = NJW 1970, 1181; BGH WM 1963, 455; 1965, 897; 1966, 1246; WM 1972, 383; 1975, 1200; BGH NJW 1994, 931; OLG Düsseldorf MDR 1999, 174, 175; OLG Koblenz NJW 1989, 2545; BFH BB 1977, 79; CANARIS NJW 1973, 825 ff; STAUB/CANARIS, HGB⁴: Lieferung 10: BankvertragsR I Rn 151 ff; STAUDINGER/MARBURGER [2002] § 808 Rn 14, 44 ff; STAUDINGER/HOPT/MÜLBERT¹² Vorbem 50 ff zu §§ 607 ff; BGB-RGRK/PIKART Rn 15; SOERGEL/HENSSLER Rn 9; SOERGEL/HÄUSER Vorbem 68 zu § 607; **abw** RAG DR 1942, 1652 [auch der intern gebliebene Wille des Einzahlenden maßgeblich], bedenklich auch BGH WM 1966, 279). Für die Gläubigerstellung eines Dritten können namentlich sprechen die Aushändigung des Buches oder die unwidersprochen gebliebene Verfügung über das Konto (vgl RGZ 73 221; 106, 4; RGSt 65, 101; OLG Braunschweig OLGE 26, 263; DANZ, Auslegung 269; KISCH KV 32, 389; ENNECCERUS/LEHMANN, SchuldR § 35 I 1; WIEACKER DR 1942, 1652 f). In der Übergabe des Sparbuches ist regelmäßig eine konkludente Zession der Anlageforderung zu sehen (vgl BGH WM 1962, 487; 1965, 897, 900; CANARIS NJW 1973, 825, 827). Die Anlage (oder Umschreibung) eines Sparbuchs auf den Namen eines minderjährigen Kindes oder Enkels des Einzahlenden wird, jedenfalls wenn sich der Errichtende den Besitz des Sparbuchs vorbehält, normalerweise nicht die Bedeutung haben, daß dem Kind oder Enkel sofort nach § 328 ein unmittelbarer Anspruch auf die Guthabenforderung zustehen soll (RG WarnR 1908, 149; BGHZ 28, 268, 270; 46, 198, 201; BGH WM 1965, 897, 900; 1970, 712, 713; OLG Königsberg HRR 1940 Nr 1110; OLG Köln MDR 1947, 197; KG MDR 1956, 105, 106; OLG München WM 1983, 1294, 1295; OLG Düsseldorf WM 1993, 835 [Anlage des Sparkontos auf den Namen eines Neffen]; LSG Rheinland-Pfalz WM 1993, 837, 839; STAUDINGER/MARBURGER [2002] § 808 Rn 45; CANARIS, BankvertragsR Rn 156; STAUDINGER/HOPT/MÜLBERT¹² Vorbem 53 zu § 607). Vielmehr liegt hier die Annahme nahe, daß die Guthabenforderung dem Benannten – unbeschadet der fortdauernden eigenen Verfügungsbefugnis des Einzahlenden – gem § 331 auf den Todesfall zugewandt werden soll (BGHZ 46, 198, 203; BGH NJW 1984, 480, 481; OLG Koblenz MDR 1995, 812 f; STAUDINGER/MARBURGER [2002] § 808 Rn 46; BAMBERGER/ROTH/KINDL Rn 8; CANARIS NJW 1973, 825, 827; STAUB/CANARIS, HGB⁴, Lieferung 10: BankvertragsR I Rn 156; MORDHORST MDR 1956, 6; OSWALD WM 1971, 578 f). Andere sprechen bei der Anlage eines Sparbuches auf den Namen eines Dritten die Forderung grundsätzlich demjenigen zu, auf dessen Namen das Buch lautet (so STAUDINGER/KOBER⁹ Anm 1 α; KG OLGE 22, 158; 27, 130; VTUHR LZ 1918, 881 f; KRÜCKMANN BankArch 1932/33, 412 ff; MATTHIESEN LZ 1919, 973). Wieder andere lassen die Forderung für denjenigen entstehen, aus dessen Mitteln die Einzahlung gemacht wird, so OLG Breslau OLGE 22, 218; RGSt 43, 17. – Die Eigentumsvermutung des § 1006 kommt dem Besitzer eines Sparbuches nicht zu (s SCHUBERT/GLÖCKNER § 952 Nr 8; STAUDINGER/GURSKY [1999] § 1006 Rn 2; CANARIS NJW 1973, 825, 827; ders, BankvertragsR Rn 158; SOERGEL/HENSSLER Rn 5; GERNHUBER, Die Erfüllung und ihre Surrogate [2. Aufl 1994] § 25, 3 a). Entsprechendes gilt für alle anderen unter § 952 fallenden Urkunden (BAMBERGER/ROTH/KINDL Rn 7). – Ein Urteil, das einer Partei den Besitz des Sparbuches zuspricht, hat keine Rechtskraftwirkung für die Frage, wer Gläubiger der Einlageforderung und damit Eigentümer des Sparbuches ist (BGH WM 1973, 39, 41).

Bei der *Versicherung für fremde Rechnung* steht das Eigentum am Versicherungsschein wegen § 75 Abs 1 S 1 VVG dem Versicherten, nicht dem Versicherungsnehmer zu (SIEG VersR 1977, 213; **aA** für den Bereich der Feuerversicherung RAISER, AFB² [1937] § 8

Rn 3); von der Versicherung kann der Versicherte die Police allerdings wegen § 75 Abs 1 S 2 VVG nicht vindizieren (BRUCK/MÖLLER, VVG[8] § 4 Rn 9).

13 **b)** **Besteht die** im Schuldschein dokumentierte **Forderung in Wirklichkeit nicht oder noch nicht,** so greift § 952 nicht ein; ebensowenig, wenn ein Schuldschein über eine aufschiebend bedingte Forderung ausgestellt wird. Nach verbreiteter Ansicht wird in diesen Fällen in der Regel der Aussteller der Urkunde nach § 950 deren Eigentümer, sofern ihm das Papier nicht ohnehin gehörte (STAUDINGER/BERG[11] Rn 2; BGB-RGRK/PIKART Rn 7; PLANCK/BRODMANN Anm 1; SOERGEL/HENSSLER Rn 12; WOLFF/RAISER § 75 I 3; GOLDMANN/LILIENTHAL § 21 Fn 3 [jeweils für Schuldscheine über künftige Forderungen]). ME dürfte sich hier durch die Niederschrift als solche die Eigentumslage kaum ändern, da bei fehlender Forderung ein „Wert der Verarbeitung" nicht ersichtlich ist (so auch MünchKomm/FÜLLER Rn 7). Die Aushändigung des Schuldscheins an den darin als Gläubiger Bezeichneten kann allerdings als Übereignung nach § 929 zu werten sein (nach BGB-RGRK/PIKART Rn 7 ist sie idR nur Besitzübertragung). Ansonsten geht, wenn die Forderung nachträglich zur Entstehung gelangt bzw die aufschiebende Bedingung eintritt, das Eigentum an der Urkunde von selbst (also ohne daß es einer Übergabe bedürfte) auf den Gläubiger über (GOLDMANN/LILIENTHAL § 21 Fn 3; MÜLLER Rn 2681; SOERGEL/HENSSLER Rn 13; BAUR/STÜRNER § 53 Rn 41). Bei einem Schuldschein über eine Scheinforderung wird § 952 anwendbar, wenn diese an einen gutgläubigen Zessionar abgetreten wird (§ 405; vgl STAUDINGER/BUSCHE [1999] § 405 Rn 8; MünchKomm/FÜLLER Rn 11; WEIMAR JR 1980, 406, 407).

14 **c)** § 952 soll nach verbreiteter Auffassung unanwendbar sein, wenn eine Urkunde selbständige **Forderungen verschiedener Gläubiger** verbrieft, wie dies insbesondere bei der Vertragsurkunde eines gegenseitigen Vertrages der Fall ist (OLG Hamburg OLGE 12, 280; PLANCK/BRODMANN Anm 2 a; BGB-RGRK/PIKART Rn 18; SOERGEL/HENSSLER Rn 11; ERMAN/EBBING Rn 11; MünchKomm/QUACK[3] Rn 6; PALANDT/BASSENGE Rn 1; H WESTERMANN[5] § 55 II 1; anders aber offenbar OLGR Naumburg 1998, 353). ME sollte man hier § 952 zumindest entsprechend anwenden und damit Miteigentum der verschiedenen Gläubiger annehmen (so WOLFF/RAISER § 75 I 4; PLANCK/BRODMANN 2 d; MünchKomm/FÜLLER Rn 3; BAMBERGER/ROTH/KINDL Rn 2; vTUHR I 231 Fn 6; RAUTH 11, 43; vgl auch POESCHEL 15). Solches entsteht ja ohnehin nachträglich in den Fällen, in denen eine im Schuldschein allein dokumentierte Forderung durch eine Teilzession aufgespalten wird (vgl BIERMANN Anm 1 a; POESCHEL 15; RGZ 59, 313, 318 und 69, 36, 40 für die Teilzession einer Hypothek; **aM** DERNBURG II § 143 II). Die Interessenlage ist mE in beiden Konstellationen gleich. Die hM müßte konsequenterweise auch die Anwendung von § 952 auf Versicherungsscheine ablehnen, in denen auch die Verpflichtungen des Versicherungsnehmers aufgeführt sind (für Anwendung des § 952 in diesem Falle aber OLG Hamburg Recht 1910 Nr 1262; SOERGEL/HENSSLER Rn 7). Der Gläubiger einer bloßen Nebenforderung (zB der Nießbraucher der verzinslichen Hauptforderung, dem nach §§ 1068 Abs 2, 1030 Abs 1, 99 Abs 2 die Zinsen zustehen) dürfte allerdings nicht Miteigentümer des Schuldscheins werden (OLG Kiel OLGE 6, 267; PLANCK/BRODMANN Anm 2 d; WARNEYER[1] Anm III; BAMBERGER/ROTH/KINDL Rn 2; PALANDT/BASSENGE Rn 4). – Werden für einen gegenseitigen Vertrag zwei Vertragsurkunden aufgesetzt, von denen jede Partei nur das für die Gegenseite bestimmte Exemplar unterzeichnet (§ 126 Abs 2 S 2), so ist in jeder Urkunde nur ein Schuldschein über die Forderung gegen den Unterzeichner ausgestellt; die Urkunde wird also jeweils Alleineigentum des Gegners (WOLFF/RAISER § 75 Fn 9; BAMBERGER/ROTH/KINDL Rn 2; abw PLANCK/BRODMANN Anm 2 a; BGB-RGRK/Pikart Rn 18). – Im übrigen ist zu beachten, daß § 952 nicht für die Urschrift einer notariellen Urkunde gelten kann. Diese ist und bleibt Eigentum des Notars (RGZ 163, 51, 54; Soergel/Henssler Rn 11; Bamberger/Roth/Kindl Rn 2; Palandt/ Bassenge Rn 1). – Eine Urkunde über eine Sicherungsabtretung betrifft ein von der Begründung der gesicherten Forderung unabhängiges Geschäft. Sie kann deshalb weder im Sinne von § 371 (aA AG Mönchengladbach NJW-RR 1997, 997), noch im Sinne von § 952 als „Schuldschein" eingestuft werden. Zwar enthält sie eine konkludente Bestätigung der gesicherten Forderung. Entscheidend ist aber, daß die Urkunde primär andere Gegenstände (die Zession und die dieser zugrunde liegende Sicherungabrede) dokumentiert (s oben Rn 4).

Steht die Forderung *mehreren Gläubigern* (als Gesamtgläubigern iSv §§ 428–430 **15** oder als Mitgläubigern nach § 432 oder im Falle einer Bruchteilsgemeinschaft, § 741) zu, so sind diese Miteigentümer des Schuldscheins (Wieling I § 9 IX 1 b). Falls eine Hypothek nur teilweise valutiert oder bereits teilweise zurückgezahlt ist und die Hypothek damit teilweise dem Grundstückseigentümer (als Eigentümergrundschuld nach §§ 1163 Abs 1 S 1 oder 2, 1177 Abs 1 S 1) zusteht, sind der Grundstückseigentümer und der Hypothekengläubiger Miteigentümer des Hypothekenbriefes (RGZ 59, 313, 318; 69, 36, 40; Westermann/Gursky § 55 II 1; Soergel/Henssler Rn 14, 16), wobei der Hypothekengläubiger dem Grundstückseigentümer gegenüber allerdings zum Alleinbesitz des Hypothekenbriefes berechtigt ist (RGZ 69, 36, 41 f). Gehört die Forderung oder Hypothek zu einem Gesamthandsvermögen, so steht der Schuldschein bzw der Hypothekenbrief ebenfalls im Eigentum der Gesamthand. Wie den Fall der Gläubigermehrheit sollte man im Anschluß an Wolff/Raiser (§ 75 I 4) auch den Schuldschein des Promittenten beim echten Vertrag zugunsten Dritter (§ 328) behandeln, bei dem neben dem Dritten auch dem Versprechensempfänger nach § 335 ein Recht auf die Leistung zusteht (für Miteigentum auch H Westermann[5] § 55 II 1; BGB-RGRK/Pikart Rn 6; MünchKomm/K Schmidt § 1008 Rn 24; MünchKomm/Füller § 952 Rn 13; Bamberger/Roth/Kindl Rn 8; Erman/Hefermehl[10] Rn 4; Palandt/Bassenge Rn 4). Demgegenüber nimmt Strohal JherJb 38, 1, 87 Alleineigentum des Dritten an (ebenso Baur/Stürner § 53 Rn 42; Wieling I § 9 IX 1 b Fn 19; Soergel/Henssler Rn 14; Erman/Ebbing Rn 14; Rauth 42). Diese letztere Auffassung liegt nahe, wenn man § 335 entgegen der hM (vgl Bayer, Der Vertrag zugunsten Dritter [1995] 215) mit Hadding (AcP 171 [1971] 414) nicht als echtes Forderungsrecht, sondern als gesetzliche Einziehungsermächtigung interpretiert. An der Vertragsurkunde eines solchen Vertrages zugunsten Dritter hat auch der Promittent Miteigentum (s oben Rn 14; abw Staudinger/Kaduk[12] § 335 Rn 8, 22 und Staudinger/Jagmann [2001] § 335 Rn 18: regelmäßig Alleineigentum des Promissars; wohl auch Planck/Siber § 328 Anm 5, die allerdings das Eigentum nach § 952 mit der vollständigen Erfüllung der Vertragsansprüche des Promittenten auf den Dritten übergehen lassen wollen).

e) Die Regelung des § 952 ist mitmotiviert durch die Erwägung, daß das Aus- **16** gangsmaterial der Urkunde typischerweise geringwertig sein wird. Die Anordnung des Eigentumserwerbs des Gläubigers paßt offensichtlich nicht für den bekannten Schulfall, daß der Schuldschein auf die Rückseite der Zeichnung eines berühmten Künstlers gesetzt wird: Es ist deshalb heute unstreitig, daß § 952 bei einer derartigen Konstellation keine Anwendung finden darf (vgl Planck/Brodmann Anm 1; MünchKomm/Füller Rn 19; Soergel/Henssler Rn 15; Bamberger/Roth/Kindl Rn 1; Erman/Ebbing Rn 12; Wolff/Raiser § 75 I 1; Wieling I § 9 IX 1 b; H Westermann[5] § 55 I 2; Lange § 32 IV 2; J

vGIERKE[2] § 32 IV 1; HECK § 62, 8 b; HILDEBRANDT § 18 II 1 S 06; WEIMAR MDR 1975, 393, 394;
POESCHEL 32 ff).

17 f)　　Mit der **Übertragung** des in der Schuldurkunde dokumentierten Rechts geht
das Urkundeneigentum automatisch auf den Zessionar über, ohne daß es dazu einer
Übergabe des Papiers bedürfte. Der Zessionar wird also Eigentümer der maßgeblichen Urkunde auch dann, wenn diese bei der Abtretung nicht übergeben wird,
sondern im Besitz des Zedenten oder eines Dritten verbleibt (vgl KISCH LZ 1919, 7).
Die Übergabe kann allerdings bereits für die Abtretung des verbrieften Rechts
erforderlich sein, wie zB für die Übertragung der Briefhypothek, § 1154 Abs 1 und 2
oder bei der (nach § 792 Abs 1 S 1 schon vor der Annahme möglichen) Übertragung
einer Anweisung (§ 792 Abs 1 S 3) oder wie bei der bürgerlich-rechtlichen Zession
einer Wechselforderung (s oben Rn 5). Bei einer *Teilzession* entsteht Miteigentum
(s oben Rn 14). Über die Rechtsstellung des Zessionars einer Briefhypothek gegenüber dem noch im Besitz des Briefes befindlichen Zedenten seines Zedenten s RG
WarnR 1908 Nr 64. Falls die Abtretung eines Sparguthabens nichtig ist oder infolge
Anfechtung nichtig wurde, verbleibt das Eigentum am Sparkassenbuch natürlich
trotz evtl Übergabe dem Zedenten. Daran ändert auch evtl Weiterübertragungen
nichts; die Zessionare können sich nicht auf den guten Glauben gem § 932 berufen
(OLG Kiel SchlHAnz 1912, 276; RGZ 156, 328, 333). Das Eigentum am Versicherungsschein geht bei der Versicherung für eigene Rechnung oder für Rechnung, wen es
angeht (§ 80 VVG, § 52 ADS) mit der Veräußerung der versicherten Sache durch
den Versicherungsnehmer oder den Versicherten zusammen mit dem Versiche-
rungsverhältnis insgesamt (§§ 69 ff VVG, 49 f ADS) auf den Erwerber über (SIEG
VersR 1977, 213, 215). Dies muß – entgegen SIEG VersR 1977, 213, 215, der lediglich
eine schuldrechtliche Übertragungspflicht nach § 444 aF BGB annimmt – auch dann
gelten, wenn der Versicherungsschein als Orderpapier (vgl § 363 HGB) oder als
echtes Inhaberpapier (vgl § 186 VVG) erstellt ist (HUECK/CANARIS, WPR § 2 III 3 a), da
auch eine nur vorübergehende Trennung des Urkundeneigentums vom verbrieften
Recht unerwünscht ist.

18 g)　　Nach **Tilgung** des Forderungsrechts kann der Schuldner gem § 371 die Rück-
gabe des Schuldscheins verlangen. Der Schuldner hat aber nur diesen obligatori-
schen Anspruch auf Rückgabe, das Eigentum am Schuldschein fällt also nicht etwa
im Augenblick der Erfüllung in Analogie zu § 952 von selbst an den bisherigen
Schuldner zurück (STAUDINGER/KADUK[12] § 371 Rn 8; STAUDINGER/OLZEN [2000] § 371 Rn 1;
PLANCK/BRODMANN § 952 Anm 1 c; BGB-RGRK/PIKART Rn 9; BGB-RGRK/WEBER § 371 Rn 3;
BGB-RGRK/STEFFEN § 797 Rn 8; SOERGEL/HENSSLER Rn 16; MünchKomm/FÜLLER Rn 21;
AnwK-BGB/vPLEHWE Rn 6; OERTMANN § 371 Anm 3; BAMBERGER/ROTH/DENNHARDT § 371
Rn 2; PALANDT/BASSENGE Rn 4; JAUERNIG/JAUERNIG Rn 4; JAUERNIG/STÜRNER § 371 Rn 1;
WOLFF/RAISER § 75 II Fn 13; H WESTERMANN[5] § 55 II 2; SCHWAB/PRÜTTING Rn 474;
ENNECCERUS/LEHMANN, SchR § 64 II Fn 14; ESSER/E SCHMIDT, SchR I 1 § 117 VI 3 S 288;
BRUCK/MÖLLER, VVG[8] § 4 Rn 9; J vGIERKE, WPR 20; WELLMANN, Der Schuldschein nach getilgter
Schuld [Diss Leipzig 1909] 24 ff; HEDEMANN JherJb 48 [1904] 63, 65 f, 70 ff; **aA** aber weite Teile des
Schrifttums, zB BAMBERGER/ROTH/KINDL Rn 10; ERMAN/EBBING Rn 17; Hk-BGB/ECKERT Rn 2;
BAUMBACH/HEFERMEHL, WPR Rn 16, Art 39 WG Rn 3, Art 50 Rn 4; E ULMER, WPR 127;
ZÖLLNER, WPR § 7 I; HUECK/CANARIS, WPR § 1 I 5 c; HILDEBRANDT WPR, 206 f; WIELING I § 9
IX 1 b; BAUR/STÜRNER § 53 Rn 44; MÜLLER Rn 2683; MEYER-CORDING/DRYGALA, WPR B XV 3;
RAUTH, Inhalt des § 952 [Diss Leipzig 1906]; GERNHUBER, Die Erfüllung [2. Aufl 1994] § 25, 3 b;

EISENHARDT JuS 1967, 81, 83; vTUHR, AT I 67 Fn 9; vgl auch PLANCK/SIBER § 371 Anm 1). Anderenfalls wäre nämlich § 371 überflüssig und § 797 S 2 kaum erklärbar. Bei Eintritt einer auflösenden Bedingung, mit der die Forderung versehen war und im Falle des Erlasses (§ 397) kann nichts anderes gelten: § 371 muß hier entsprechend angewandt werden. Die Konstellation des Untergangs der Forderung durch Anfechtung (entgegen BGB-RGRK/PIKART Rn 9) ist nicht gleich zu stellen: Infolge der Rückwirkung der Anfechtung entfällt auch der Eigentumserwerb des Gläubigers am Schuldschein mit Wirkung ex tunc (ERMAN/HEFERMEHL[10] Rn 6; PALANDT/BASSENGE Rn 4; unklar ERMAN/EBBING Rn 18). – Die Tilgung der verbrieften Hypothekenforderung führt nach §§ 1163 Abs 1 S 2, 1177 Abs 1 S 1 nur dazu, daß die Hypothek zu einer Eigentümergrundschuld wird; damit geht auch das Eigentum am Hypothekenbrief nach § 952 auf den Grundstückseigentümer über (RGZ 144, 26, 27).

2.   Beschränkte dingliche Rechte (Abs 1 S 2)

Die dingliche Unterordnung des Schuldscheins unter die darin dokumentierte For- **19** derung muß eine vollständige sein. Abs 1 S 2 schreibt deshalb vor, daß sich das Recht eines Dritten (ein Nießbrauch oder ein Pfandrecht) an der Forderung auch auf den Schuldschein erstrecken soll. Der Nießbraucher oder Pfandgläubiger hat mithin nach § 1065 bzw § 1227 einen dinglichen Anspruch auf Herausgabe des Schuldscheines. Für den Fall der Pfändung einer Forderung im Wege der Zwangsvollstreckung ist schon durch § 836 Abs 3 ZPO Fürsorge getroffen; der Pfändungspfandgläubiger hat aber nicht bloß gegen den Schuldner einen Anspruch auf Herausgabe der Urkunde nach § 836 Abs 3 ZPO, sondern kann diese aufgrund des § 952 Abs 1 S 2 auch bei jedem Dritten vindizieren (vgl OLG Dresden SeuffA 77 Nr 14 sowie RGZ 21, 364; die letztere Entscheidung wäre nun auf § 952 zu stützen).

In Analogie zu § 952 As 1 S 2 erstreckt sich ein Pfandrecht am Kraftfahrzeug, auch **20** ein Werkunternehmerpfandrecht nach § 647, automatisch auch auf den Kraftfahrzeugbrief (OLG Köln MDR 1977, 51, 52; MünchKomm/FÜLLER Rn 17; SOERGEL/HENSSLER Rn 15; STAUDINGER/PETERS [2000] § 647 Rn 4; BAMBERGER/ROTH/KINDL Rn 11; DERLEDER/PALLAS Jus 1997, 367, 372). Wer als unrechtmäßiger Besitzer Verwendungen auf ein Kraftfahrzeug gemacht hat und deshalb unter den Voraussetzungen des § 1003 Abs 1 S 2 ein pfandrechtsgleiches Befriedigungsrecht an dem Kraftfahrzeug erworben hat, kann genau wie ein Pfandgläubiger von dem Eigentümer des Kraftfahrzeugs die Herausgabe des Kraftfahrzeugbriefes zum Zwecke der Verwertung verlangen (BGHZ 34, 122, 134).

3.   Schuldschein kein selbständiger Gegenstand des rechtsgeschäftlichen Verkehrs

Die in § 952 statuierte Abhängigkeit des Schuldscheins vom rechtlichen Schicksal **21** der Forderung impliziert auch, daß eine selbständige Veräußerung oder Belastung des Schuldscheins genauso wenig möglich ist wie eine isolierte Zession der Forderung (übersehen in OLGR Naumburg 2002, 481, 482). Entsprechendes gilt für die Urkunden des § 952 Abs 2: Ein Hypothekenbrief kann also nicht nach §§ 929 ff isoliert übereignet werden (vgl § 1116 Rn 4 ff; RG Gruchot 47, 956; ZBlFG 3, 789 f; SCHUBERT/GLÖCKNER § 952 Nr 2; abw RG JW 1931, 3119, 3121: Übereignung des Hypothekenbriefes unter der Bedingung des alsbaldigen Forderungsübergangs). Auch eine Ersitzung (§ 937) des Schuldscheins kommt nicht in Betracht (MünchKomm/FÜLLER Rn 20; BGB-RGRK/PIKART § 937 Rn 4, § 952 Rn 2; BAMBERGER/ROTH/KINDL Rn 12). Der Fund eines verlorenen Schuldscheins kann nicht zum Eigentumserwerb nach § 973 führen (vgl § 973 Rn 5), eine Dereliktion ist nicht möglich (s § 959 Rn 11). All dies gilt wegen der analogen Anwendung von § 952 Abs 2 (s oben Rn 9) auch für den Kraftfahrzeugbrief. Dieser kann damit insbesondere nicht selbständig übereignet (SCHLECHTRIEM NJW 1970, 2088, 2091; aA OHL BB 1957, 912, 914) oder verpfändet werden. Dagegen ist ein Eigentumserwerb durch Verarbeitung denkbar: Wenn ein berühmter Künstler auf die Rückseite eines Schuldscheins eine wertvolle Zeichnung setzt, schaltet § 950 Abs 1 S 2 wieder den § 952 aus (heute unstr, s oben Rn 16). Eine formal ordnungsgemäße Pfändung des gegen einen Dritten bestehenden Anspruchs auf Herausgabe des Grundschuldbriefes läßt zwar kein wirksames Pfändungspfandrecht entstehen, führt aber denoch eine Pfandverstrickung herbei und nimmt dem Grundschuldgläubiger damit die Möglichkeit, die Grundschuld nach §§ 1192 Abs 1, 1154 Abs 1 S 1, 1117 Abs 2, 931 abzutreten (BGH WM 1979, 730). – Die „Übereignung" eines Sparbuchs kann natürlich als Abtretung der verbrieften Forderung auszulegen oder in eine solche umzudeuten sein (BGB WM 1965, 897, 900; BGB-RGRK/STEFFEN § 808 Rn 35; MünchKomm/FÜLLER Rn 20; SOERGEL/HENSSLER Rn 15; MÜLLER-CHRISTMANN/SCHNAUDER JuS 1992, 657). Entsprechendes gilt für die Übereignung eines Pfandscheins (BGH NJW 1977, 1352). Die Tatsache, daß der Schuldschein und die unter § 952 Abs 2 fallenden Urkunden kein selbständiger Gegenstand des Rechtsverkehrs sind, vielmehr nur mittelbar, nämlich durch eine Zession des verbrieften Rechts übertragen werden können, bedeutet zugleich, daß ein gutgläubiger Erwerb des Eigentums am Papier auch im Ergebnis nur in den seltenen Fällen möglich ist, in denen die Übertragung des Forderungsrechtes Verkehrsschutz genießt (§§ 405, 413 bzw bei Verfügungen durch einen Scheinerben des bisherigen Berechtigten § 2366).

22 Während eine selbständige Verpfändung von Urkunden iSv § 952 unzulässig ist (vgl RGZ 68, 277, 282 bzgl Sparkassenbuch; RGZ 66, 24, 27 für Hypothekenbrief; BGHZ 60, 174, 175 für den Grundschuldbrief), wird die Begründung *obligatorischer Besitzrechte* (zB durch Leihvertrag, RGZ 91, 155, 158) oder vertragsgemäßer *Zurückbehaltungsrechte* an Schuldscheinen oder Hypothekenbriefen nicht ausgeschlossen (LG Frankfurt aM NJW 1986, 986; WIELING I § 9 IX 1 b Fn 17; PLANCK/BRODMANN Anm 2 b β; BIERMANN Anm 1; SOERGEL/HENSSLER Rn 8; JAUERNIG/JAUERNIG Anm 2 c). Diese wirken allerdings nur inter partes, nicht auch gegenüber einem Zessionar der verbrieften Forderung als dem Sondernachfolger im Eigentum (vgl oben Rn 9; STAUDINGER/GURSKY [1999] § 986 Rn 57; RG WarnR 1928 Nr 107; OLG Hamburg MDR 1969, 139; LG Frankfurt aM aaO; KISCH 11; SOERGEL/HENSSLER Rn 15; PALANDT/BASSENGE Rn 6; aA SCHROEDER HansRZ 1919, 405 ff; WIELING aaO) oder bei einer Pfändung der Briefhypothek (LG Insterburg JW 1933, 718). Auch § 404 kann – entgegen WIELING aaO – an diesem Ergebnis nichts ändern; die Norm ist nicht einschlägig, weil der neue Eigentümer nicht aus einem abgetretenen schuldrechtlichen Herausgabeanspruch, sondern aus dem nach § 952 erworbenen Eigentum vorgeht. Unter Umständen steht dem Besitzer auch das gesetzliche Zurückbehaltungsrecht des § 273 zu, zB bei Widerruf des Auftrags bezüglich der Auslagen des Beauftragten (vgl NEUMANN Anm 5; GOLDMANN/LILIENTHAL § 21 Fn 2; POESCHEL 44; KISCH LZ 1919, 6, 10).

23 Auch bei *Pfändung* einer Forderung, über die ein einfacher Schuldschein ausgestellt ist, schlägt ein an diesem Scheine einem Dritten vom Gläubiger oder Vollstrek-

kungsschuldner eingeräumtes Zurückbehaltungsrecht gegenüber dem Anspruch auf
Herausgabe nach § 952 BGB nicht durch. Bei Pfändung einer Hypothekenforde-
rung wäre allerdings nach dem Wortlaut der §§ 830 ZPO und 1154 BGB ein solches
Zurückbehaltungsrecht an sich hinderlich, es muß aber hier nach dem leitenden
Gedanken des Gesetzes gewissermaßen eine Vorwirkung des § 952 BGB angenom-
men werden (vgl hierüber SCHNEIDER SeuffBl 76, 11; LG Insterburg JW 1933, 718; iE PALANDT/
BASSENGE Rn 6; STÖBER, Forderungspfändung[13] [2002] Rn 1824; abw TEMPEL JuS 1967, 117, 122).
Grundschuldbriefe und andere Urkunden iSv § 952 können zwar nicht selbständig
gepfändet werden, wohl aber Gegenstand einer Hilfspfändung sein, die die Möglichkeit zur Pfändung des verbrieften Rechts schaffen soll (vgl ROSENBERG/GAUL/
SCHILKEN, ZwVR[11] § 55 IV 1 a). Wird irrtümlich der Weg der selbständigen Pfändung
gewählt, so wird dadurch jedenfalls eine Verstrickung bewirkt (vgl BGH NJW 1979,
2045, 2046).

Nach verbreiteter Auffassung ist allerdings § 952 dispositiver Natur (STAUDINGER/ **24**
BERG[11] Rn 13; BIERMANN Anm 3; KRETZSCHMAR Anm 4; BGB-RGRK/PIKART Rn 2; PLANCK/
BRODMANN Anm 2 b ß; SOERGEL/MÜHL[12] Rn 1 aE [m Einschr in Fn 6]; ERMAN/HEFERMEHL
Rn 1; WOLFF/RAISER § 75 II; H WESTERMANN[5] § 55 I 2; HILDEBRANDT WPR 207 f; OHL BB
1957, 912, 914; HEDEMANN JherJb 48 [1904] 63, 73; SCHROEDER HansRZ 1919, 406; RGZ 51, 83,
85; RG JW 1931, 3119, 3121; schon Prot III 645; einschränkend SCHLECHTRIEM NJW 1970, 2088,
2091). Der Gläubiger soll beispielsweise die Möglichkeit haben, die Schuldurkunde
eines berühmt gewordenen Schuldners, die als Autogramm selbständigen Wert hat,
auch isoliert zu verwerten, zB an einen Sammler zu veräußern; ebenso soll er sich
bei der Abtretung der Forderung das Eigentum an dem Schuldschein vorbehalten
können. Diese Ansicht ist jedoch abzulehnen (vTUHR I 67 Fn 9; WIELING I § 9 IX 1 b;
ENDEMANN § 83 Fn 29; MÜLLER Rn 2687; MünchKomm/FÜLLER Rn 15; SOERGEL/HENSSLER
Rn 18 f; BAMBERGER/ROTH/KINDL Rn 1; ERMAN/EBBING Rn 2 PALANDT/BASSENGE Rn 1; JAUERNIG
Rn 7; ERMAN/PETER S 1 Anm 5; ZÖLLNER, in: FS Raiser 248, 276). Die Plazierung der Norm
im Anschluß an die ebenfalls zwingenden §§ 946 ff, die durchaus auf einer inneren
Verwandtschaft beruht (s oben Rn 2 und ENDEMANN aaO; BAUR/STÜRNER § 53 Rn 1), spricht
genauso gegen eine Abdingbarkeit wie die Schutzrichtung der Vorschrift: „Jedes
Auseinanderfallen von Gläubigerrecht und Recht am Schuldschein führt zu rechtlicher Verwirrung und ermöglicht eine Ausbeutung der Notlage des in Beweisnot
befindlichen Gläubigers" (vTUHR aaO). – Der **zwingende Charakter** des § 952 impliziert zugleich, daß bei den unter diese Norm fallenden Urkunden die Vorschriften
über den gutgläubigen Erwerb von Nichtberechtigten (§§ 932 ff) keine Anwendung
finden können (BIERMANN Anm 1; HECK § 62, 8 a; im Ergebnis auch BGB-RGRK/PIKART Rn 2;
abw PLANCK/BRODMANN Anm 2 b β). Wird also ein Schuldschein vom Verwahrer als
Autogramm veräußert, nutzt dem Ankäufer seine Redlichkeit nichts. Das gleiche
muß gelten, wenn ein Inhaber- oder Orderpapier von einem Verwahrer ausdrücklich
nicht als Träger des verbrieften Rechts, sondern – etwa nach Anbringung eines
Entwertungsvermerks, s Rn 25 – als Autogramm veräußert wird (HECK aaO; abw wohl
LANGE § 7 IV 2).

Die zwingende Natur des § 952 schließt es nicht aus, daß die Eigenschaft als Schuld- **25**
schein aufgehoben wird und das Papier damit wieder zu einem selbständigen Gegenstand des rechtsgeschäftlichen Verkehrs gemacht wird, das nunmehr nach allgemeinen Grundsätzen übereignet werden kann (ERMAN/PETER S 1 Anm 5; PALANDT/
BASSENGE Rn 1; MünchKomm/QUACK[3] Rn 29; SOERGEL/HENSSLER Rn 19; BAMBERGER/ROTH/

KINDL Rn 1). Dafür wird man aber verlangen müssen, daß die Urkunde vom Eigentümer in deutlich sichtbarer Weise (zB mittels Durchstreichens) entwertet wird (MünchKomm/FÜLLER Rn 16; abw LANGE § 7 IV 2 aE). Der Entwertungsvermerk eines Unbefugten (etwa des Verwahrers des Papiers) reicht dagegen nicht.

26 Die obigen Ausführungen gelten für den Kraftfahrzeugbrief entsprechend. Auch dieser kann nicht durch eine isolierte Verfügung vom Eigentum am Kraftfahrzeug getrennt und ebensowenig selbständig belastet werden. Ein bei der Übereignung des Kraftfahrzeugs ausgesprochener Eigentumsvorbehalt am Kraftfahrzeugbrief ist deshalb unwirksam (OLG Stuttgart DAR 1971, 13); ebenso eine selbständige Verpfändung des Kraftfahrzeugbriefes (LG Frankfurt aM NJW-RR 1986, 986 m Anm K Schmidt JuS 1987, 237 f; AG Salzuflen DAR 1968, 184; SCHLECHTRIEM NJW 1970, 2088, 2091 mwN in Fn 31; BGB-RGRK/PIKART Rn 16; MünchKomm/QUACK Rn 28). Auch eine isolierte Sicherungsübereignung oder Verpfändung ist nicht möglich (SCHLECHTRIEM aaO; SERICK II 217; PALANDT/BASSENGE Rn 7; OLG Stuttgart DAR 1971, 13, 14; LG Frankfurt aM aaO; SOERGEL/HENSSLER Rn 21; aA OHL BB 1957, 912, 914). Die Einräumung eines Zurückbehaltungsrechts ist möglich, wirkt aber nicht gegenüber dem Sondernachfolger im Eigentum (LG Frankfurt aM NJW-RR 1986, 986; PALANDT/BASSENGE Rn 7 iVm Rn 6; s auch oben Rn 22 sowie STAUDINGER/GURSKY [1999] § 986 Rn 57). Die rechtliche Verbindung von Kraftfahrzeug und Kraftfahrzeugbrief wird auch nicht dadurch gelöst, daß dieses unter Zurückbehalt des Briefs zum Zwecke der Verschrottung veräußert wird (aA LG Karlsruhe NJW 1980, 789 obiter dictum). Veräußert der Erwerber das Fahrzeug abredewidrig an einen Dritten, kann dieser also den Kraftfahrzeugbrief nach § 985 herausverlangen (aA LG Karlsruhe aaO). – Eine gesonderte Drittwiderspruchsklage ausschließlich gegen die (Hilfs-)Pfändung von Kraftfahrzeugpapieren ist unzulässig (KG OLGZ 1994, 113).

IV. Vergütung für den Rechtsverlust

27 Einen schuldrechtlichen Ausgleich für den Rechtsverlust, den der bisherige Eigentümer des Papiers durch einen Eigentumsübergang nach § 952 erleidet, sieht diese Norm nicht ausdrücklich vor. Jedoch bietet sich insoweit eine analoge Anwendung von § 951 Abs 1 an (dafür WOLFF/RAISER § 75 Fn 1; MÜLLER Rn 2690; PLANCK/BRODMANN Anm 1; BGB-RGRK/PIKART Rn 2; SOERGEL/HENSSLER Rn 17; ERMAN/HEFERMEHL[10] Rn 1; MünchKomm/FÜLLER Rn 18).

Untertitel 4
Erwerb von Erzeugnissen und sonstigen Bestandteilen einer Sache

Vorbemerkungen zu §§ 953–957

Schrifttum

AFFOLTER, Das Fruchtrecht (1908)

AUFFENBERG, Der Fruchterwerb des Pächters (Diss Erlangen 1897)

BARTH, Verfügungen über zukünftige Rechte, Gruchot 58 (1914) 577

vBLUME, Beiträge zur Auslegung des Deutschen BGB III: Zur Lehre vom Fruchterwerb des Pächters JherJb 39 (1898) 429

ders, Die Aneignung von abgetrennten Sachbestandteilen nach den Bestimmungen der §§ 956, 957 BGB, SeuffBl 67 (1902) 102, 113

BULLERMANN, Die Lehre vom Fruchterwerb (Diss Marburg 1914)

BUNGART, Dingliche Lizenzen an Persönlichkeitsrechten durch Einräumung von Fruchtziehungs- und Aneignungsrechten (Diss Potsdam 2003)

BUNSEN, Zur Lehre von den nicht getrennten Erzeugnissen, ArchBürgR 29 (1906) 11

FRITZ BUSCH, Der Eigentumserwerb duch Dritte (Diss Leipzig 1908)

DENCK, Gestattung des Fruchterwerbs und Konkurs des Gestattenden, JZ 1981, 331

DIEDERICHSEN, Das Recht zum Besitz aus Schuldverhältnissen (1965) (insbes 114 ff)

EGERT, Die Rechtsbedingung (1974) (insbes 63 ff)

FRANCKE, Zum Fruchterwerb, AcP 93 (1902) 309

ders, Zur Lehre von den Bestandteilen, ThürBl 53 (1906) 1

HARBURGER, Eigentumserwerb nach § 957, Recht 1901, 484

HARTWIG, Die rechtliche Wirkung des Eigentumsvorbehalts auf die Nachzucht, LZ 1933, 575

HEERMA, Die Rechtsstellung des Aneignungsberechtigten gemäß §§ 956, 957 BGB (Diss Münster 1963)

HELLMANN, Eigentumserwerb nach § 957 BGB, Recht 1901, 417

ders, Replik auf Harburger, Recht 1901, 532

K HERRFURTH, Fruchterwerb des Pächters (1903)

HOPPE, Rechtliche Bedeutung des Verzichts eines Pächters auf sein Fruchtziehungsrecht, Der Verpächter 1933, 44

JACUBEZKY, Zum § 957 BGB, Recht 1902, 4

JORES, Die rechtliche Natur des Eigentumserwerbs nach § 956 BGB (Diss Göttingen 1929)

JUNG, Willensänderung des Besitzmittlers, Recht 1919, 353

ders, Fruchterwerb des scheinberechtigten Besitzers, Recht 1920, 57

KOHLER, Vertrag und Übergabe, ArchBürgR 18 (1900) 1 (insbes 107 ff)

KRESS, Besitz und Recht (1909) (insbes 301 ff)

KRÜCKMANN, Die Ermächtigung und der Rechtsbesitz nach dem BGB, in: Die Reichsgerichtspraxis im deutschen Rechtsleben III (1929) 79 (insbes 90 ff)

LANDSBERG, Der Kauf von Holz auf dem Stamme, PosMSchr 1899, 177

HANS LANGE, Über den Erwerb von Erzeugnissen und sonstigen Bestandteilen einer Sache (Diss Rostock 1901)

LEMPENAU, Direkterwerb oder Durchgangserwerb bei Übertragung künftiger Rechte (1968)

LORENTZ, Sicherungsübereignung der Frucht auf dem Halm, MecklZ 47 (1931) 359

MARTINEK, Die Perle in der Auster – Eine zivilrechtliche Reminiszenz, JuS 1991, 710

MEDICUS, Kreditsicherung durch Verfügung über künftiges Recht, JuS 1967, 385

L MITTEIS, Zwei Fragen aus dem bürgerlichen Recht (1905) (20 ff: Grundstücksverpachtung durch den Scheineigentümer)

L Möhring, Der Fruchterwerb nach geltendem
Recht, insbesondere bei einem Wechsel des
Nutzungsberechtigten (Diss Köln 1954)
Oertmann, Die Pfändung stehender Früchte,
ZZP 41 (1911) 1
ders, Die Rechtsbedingung (1924)
Partheil, Der Eigentumserwerb an Früchten
und sonstigen Bestandteilen nach § 956 I BGB
(maschinenschr Diss Marburg 1956)
Raape, Aneignungsüberlassung, JherJb 74
(1924) 179
ders, Aneignungsüberlassung aufgrund einer
Bergwerkspacht, AcP 136 (1932) 210
Richert, Die Pfändbarkeit von Getreide auf
dem Halm des Landpächters nach Abtretung
seines Aneignungsrechts, JurBüro 1970, 567
Salier, Verkauf von Bäumen auf dem Stamm
(Diss Rostock 1903)
Schnorr vCarolsfeld, Soziale Ausgestaltung
des Erwerbs von Erzeugnissen, AcP 145 (1939)
27
F Schulz, Zwischenverfügung bei Veräußerung und Verpfändung wesentlicher Bestandteile, in: Bonner FG f Zitelmann (1923) 83
Sellner, Zu § 956 BGB, BayZ 1905, 113

Seydel, Der Fruchterwerb aufgrund des Ge-
stattungsgeschäfts nach §§ 956, 957 BGB (1907)
Sponer, Das Anwartschaftsrecht und seine
Pfändung (1965) 125
Spyridakis, Zur Problematik der Sachbestand-
teile (1966)
Stier, Verkauf von Bäumen auf dem Stamm
(1903)
Hans Tuch, Die Konstruktionsversuche am
§ 956 BGB (Diss Greifswald 1913)
vTuhr, Fruchterwerb bei bedingter Eigen-
tumsübertragung, Recht 1918, 297
Wacke, Wer sät, der mäht, JA 1981, 286
Warschauer, Fruchterwerb bei Wechsel des
Eigentums an der fruchttragenden Sache, JW
1912, 719
Wehrens, Verträge über die Ausbeute von
Bodenbestandteilen (Diss Mainz 1959)
Weimar, Der Erwerb von Früchten und sonstigen Erzeugnissen, MDR 1974, 990
Winter, Über die Rechtsverhältnisse der Bäume des Waldes, Deutsche Forst-Zeitung 1903,
669
Zitelmann, Übereignungsgeschäft und Eigentumserwerb an Bestandteilen JherJb 70 (1921)
1.

1 1.   Da nach dem Spezialitätsprinzip körperlich abgegrenzte Einzelsachen auch rechtlich selbständig sind, wirft jede **körperliche Loslösung eines Sachteils** die Frage auf, wem das Eigentum an dem Trennstück zustehen soll. Die gesetzliche Regelung dieser **Zuordnungsfrage** liefern die §§ 953–957. Diese Normen behandeln die natürlichen Sachfrüchte (§ 99 Abs 1) einerseits und die sonstigen Bestandteile andererseits weitgehend, aber nicht völlig gleich.

2 2.   Hinsichtlich des eigentlichen **Fruchterwerbs** standen sich früher die römischrechtliche *(Substantialprinzip)* und die deutschrechtliche Auffassung *(Produktionsprinzip)* gegenüber (vgl Wacke JA 1981, 286; Thielmann SZRA 94 [1977] 76; Wieling I § 11 III 1). Nach ersterer haben die organischen Erzeugnisse einer Sache vor der Trennung keine selbständige Existenz; mit der Trennung fällt die Frucht grundsätzlich automatisch dem Eigentümer der Muttersache zu. Letztere dagegen spricht den Früchten rechtliche Selbständigkeit zu, sobald sie sichtbar geworden sind, und verleiht demjenigen, der die Bestellungsarbeit getan, ein endgültiges Recht auf diese („verdientes Gut", „Wer sät, der mäht"). Vgl einerseits Windscheid/Kipp I § 185; Dernburg Pand I § 205; andererseits Stobbe-Lehmann II § 130; Roth, Deutsches Privatrecht III § 247; Heusler, Institutionen des deutschen Privatrechts II 195. Zum Ganzen Wacke JA 1981, 286 ff mwN; Ogris, Früchte, im Handwörterbuch der Deutschen Rechtsgeschichte I 1316 f.

Das BGB hat im Grundsatz die römischrechtliche Auffassung beibehalten (§ 953), **3** die Starrheit des Substantialprinzips aber durch eine Reihe von Ausnahmen abgemildert: Anstelle des Eigentümers der Muttersache können das Eigentum an den Früchten nämlich auch die folgenden Personen erwerben a) der dinglich Fruchtziehungsberechtigte (§ 954); b) der redliche Eigenbesitzer (§ 955 Abs 1); c) ein redlicher Fremdbesitzer, der ein dingliches Fruchtziehungsrecht zu haben meint (§ 955 Abs 2); ferner jemand, dem der Eigentümer (§ 956 Abs 1) oder ein sonstiger Erwerbsberechtigter (§ 956 Abs 2) oder ein Scheinberechtigter (§ 957) die Aneignung persönlich gestattet hat. Wenn die Voraussetzungen von mehreren dieser Normen erfüllt sind, schließt jeweils die letzte die vorangehenden aus: Die §§ 956, 957 beanspruchen also den Vorrang vor den §§ 953–955; § 955 geht den §§ 953, 954 vor; und § 954 schließt § 953 aus. Diese Rangfolge, die gesetzestechnisch durch die Formulierungen „soweit nicht" und „unbeschadet" zum Ausdruck gebracht wird, zwingt dazu, den Normenkomplex bei der Anwendung auf einen konkreten Fall gleichsam von hinten zu lesen (Baur/Stürner § 53 Rn 45). – Der Erwerbsvorgang selbst ist in den §§ 953–957 unterschiedlich ausgestaltet: Der Eigentümer, der dinglich Fruchtziehungsberechtigte und der redliche Eigen- oder Nutzungsbesitzer, erlangen das Eigentum nach §§ 953–955 unmittelbar mit der Trennung, gleichgültig wodurch diese eintritt und unabhängig davon, ob sie sich im Besitz der Muttersache befinden. Obligatorisch Aneignungsberechtigten (§§ 956, 957) fällt das Eigentum an der Frucht dagegen nur dann bereits im Zeitpunkt der Trennung zu, wenn ihnen der Besitz der Muttersache überlassen war und dieser Besitz noch fortdauert; anderenfalls erlangen sie das Eigentum erst mit der Besitzergreifung an den abgetrennten Früchten; in der Zwischenzeit richtet sich dann die Eigentumslage nach den §§ 953–955.

3. Für solche **Bestandteile** einer Sache, die nicht zu den Früchten iS von § 99 **4** Abs 1 gehören, gilt gleichfalls die Grundregel des § 953; sie bleiben also auch nach der Trennung im Eigentum des bisherigen Eigentümers der Hauptsache. Diese Regel erfährt wieder durch die §§ 956, 957 Ausnahmen. § 955 dagegen findet seinem klaren Wortlaut nach bei solchen Bestandteilen keine Anwendung. § 954 ist bei ihnen nicht einschlägig, da es gegenwärtig keine dinglichen Rechte zur Aneignung solcher Sachbestandteile gibt, die weder natürliche Erzeugnisse noch eine bestimmungsgemäße Ausbeute der Sache darstellen.

4. *Sonderregelungen*, die die §§ 953–957 modifizieren, enthalten § 910 für grenz- **5** überschreitende Wurzeln und Zweige sowie § 911 für solche Früchte, die von einem Baum oder Strauch auf ein Nachbargrundstück hinüberfallen. Vgl Staudinger/ Roth (2002) § 910 Rn 25 f und § 911 Rn 5 ff. – Ein örtliches Gewohnheitsrecht, das dem Grundstückseigentümer ein Fruchtziehungsrecht an gewissen grenznahen Teilen des Nachbargrundstücks zuspricht, ist unbeachtlich (LG Itzehoe SchlHAnz 1953, 24).

Die Landesgesetzgebung kann in den von ihr vorbehaltenen Gebieten die Regelungen der §§ 953–957 sowohl ergänzen wie abändern.

Die §§ 953 ff werden bei wildwachsenden Waldfrüchten eingeschränkt durch den sog Gemeingebrauch am Walde, s Vorbem 3 zu § 958.

5. Die §§ 953 ff enthalten keine Aussage darüber, ob sich *beschränkte dingliche* **6**

Karl-Heinz Gursky

Rechte an der Muttersache nach der Trennung an dem abgetrennten Bestandteil fortsetzen. Vgl dazu § 953 Rn 5, § 954 Rn 5 und § 955 Rn 17.

7 **6.**　　Die §§ 953 ff regeln ausschließlich die Eigentumslage. Der nach diesen Vorschriften eingetretene Eigentumserwerb schließt es nicht aus, daß der neue Eigentümer *schuldrechtlich* verpflichtet ist, Eigentum (und Besitz) an den Trennstücken an den Eigentümer der Muttersache zurückzuübertragen. Derartige schuldrechtliche Herausgabepflichten können sich insbesondere aus den §§ 987 ff, darüber hinaus aber auch aus einer Vielzahl anderer Anspruchsgrundlagen ergeben. S auch § 955 Rn 4 a. Ein Erwerb nach § 957 wird, wenn die Gestattung unentgeltlich erfolgte, analog § 816 I 2 durch einen schuldrechtlichen Anspruch des Eigentümers der Hauptsache auf Rückübereignung und Herausgabe des abgetrennten Bestandteils korrigiert (Larenz/Canaris § 67 III 2 f). Zur Frage, ob die Eigentumserwerbstatbestände der §§ 953 ff mit Rücksicht auf die Wertungen der §§ 987 ff im Wege der Rechtsfortbildung erweitert werden müssen, vgl Staudinger/Gursky (1999) Vorbem 6 zu §§ 987 ff.

7. Verhältnis zum Bergrecht

8 Der Eigentumserwerb an mineralischen Bodenbestandteilen richtet sich nur dann nach den §§ 953 ff, wenn diese in den Kreis der sog **Grundeigentümermineralien** (§ 3 Abs 2 und 4 BBergG vom 18. 8. 1980 – BGBl I 1310) fallen (s § 958 Rn 2; MünchKomm/ Quack § 956 Rn 11, § 958 Rn 15 ff). Die weit zahlreicheren **bergfreien** Mineralien (§ 3 Abs 3 BBergG) sind zunächst herrenlos; das Recht zu ihrer Aneignung kann sich nur aus einer Aufsuchungserlaubnis (§ 7 Abs 1 Nr 2 BBergG), einer bergrechtlichen Bewilligung (§ 8 Abs 1 Nr 1, 2 BBergG) oder dem Bergwerkseigentum (§ 9 BBergG) ergeben. Im Bereich der *aufrechterhaltenen alten Rechte* (§§ 149 ff BBergG) bleiben die §§ 953 ff subsidiär anwendbar, nämlich nur insoweit, als das betr Landesrecht die Voraussetzungen des Eigentumserwerbs nicht abschließend selbst regelt (s § 954 Rn 2).

9 **8.**　　**Öffentlich-rechtliche Abbauverbote** für Torf, Kies usw richten sich nur gegen den Eingriff in die natürliche Bodenbeschaffenheit, nicht aber gegen die Veränderung der Eigentumslage. Sie stehen deshalb der Anwendung der §§ 956 ff nicht entgegen (MünchKomm/Quack § 956 Rn 11).

10 **9.**　　**Übergangsrecht:** S Art 181 Abs 2 EGBGB mit Bem; ferner Prot VI 518 und Habicht, Die Einwirkung des BGB auf zuvor entstandene Rechtsverhältnisse (3. Aufl 1901) § 40.

§ 953
Eigentum an getrennten Erzeugnissen und Bestandteilen

Erzeugnisse und sonstige Bestandteile einer Sache gehören auch nach der Trennung dem Eigentümer der Sache, soweit sich nicht aus den §§ 954 bis 957 ein anderes ergibt.

Materialien: VE SR § 152; E I § 898; II § 868,
rcv § 938; III § 937; SCHUBERT, SR I 957 ff; Mot
III 363; Prot II 245; JAKOBS/SCHUBERT, SR I
666 f.

Grundsatz: Erzeugnisse (s § 99 Abs 1) und **sonstige Bestandteile** einer (beweglichen 1
oder unbeweglichen) Sache verbleiben (wie im gemeinen Recht) auch **nach der
Trennung dem Eigentümer.** Die Ursache der Trennung und die Besitzlage sind dabei
gleichgültig. Ausnahmen hiervon enthalten die §§ 954–957 und die §§ 910, 911
(s Vorbem 4 zu §§ 953 ff); ferner § 66 Abs 1 S 2, 3 FlurbG (vgl BayObLGSt 67, 24). Hiernach wird im Falle einer vorläufigen Besitzeinweisung nicht der Grundstückseigentümer, sondern der Eingewiesene Eigentümer der getrennten Früchte.

1. Solange die Erzeugnisse und sonstigen Bestandteile *mit der Sache selbst zu-* 2
sammenhängen (fructus pendentes) haben sie also keine selbständige juristische
Existenz, vgl § 94 (übereinstimmend mit dem gemeinen Recht im Gegensatz zu
den fructus industriales nach deutscher Rechtsauffassung, s Vorbem 1 ff zu §§ 955 ff).

Eine Ausnahme von dem Grundsatz enthält § 810 mit § 824 ZPO (**Pfändung stehen-** 3
der Früchte); vgl auch SeuffA 43 Nr 3. Dagegen besteht bis jetzt keine allgemeine
rechtliche Möglichkeit, die stehenden Früchte (zB die bevorstehende Erntefrucht)
rechtsgeschäftlich mit Wirkungen des Pfandrechts schon für die Zeit vor der Trennung zu verpfänden (vgl JAKUBEZKY Bemerkungen zu dem Entwurfe eines BGB für das
Deutsche Reich [1892] 239 ff). Das gesetzliche Früchtepfandrecht nach dem Düngemit-
telsicherungsgesetz besteht allerdings bereits an den noch nicht getrennten Früchten
(vgl BGHZ 120, 367 ff; STAUDINGER/WIEGAND [2002] Anh 29 zu § 1257; AnwK-BGB/vPLEHWE
Rn 12). Entsprechendes gilt für das Verpächterpfandrecht nach § 592 S 1 (vgl
STAUDINGER/PIKALO/vJEINSEN [1996] § 592 Rn 12). Zur Verpfändung von Früchten für
die Zeit nach der Trennung vgl STAUDINGER/WIEGAND (2002) § 1204 Rn 43. Eine
Abrede, durch die sich der Veräußerer eines Grundstücks das Eigentum an den
noch ungetrennten Erzeugnissen (etwa dem noch stehenden Holz) vorbehält, hätte
nur obligatorische Wirkung; der Veräußerer würde also mit der Übereignung des
Grundstücks auch das Eigentum an den Erzeugnissen verlieren und es erst mit der
Besitzergreifung an den getrennten Erzeugnissen zurückerlangen (BIERMANN Anm 1 a;
vgl auch BayObLG SeuffA 51 Nr 2).

2. Mit der **Abtrennung** einer Frucht oder eines sonstigen Substanzteils entsteht 4
ein neuer Eigentumsgegenstand, aber *kein neues Eigentum* (ECK/LEONHARD, Vorträge
über das Recht des BGB II [1904] 136 f; ENDEMANN II 1 § 85, 2; HECK § 63, 1; H WESTERMANN[5]
§ 57 II 1; SOERGEL/HENSSLER Rn 1; AnwK-BGB/MAUCH Rn 16; BAMBERGER/ROTH/KINDL Rn 1;
abw STAUDINGER/BERG[11] Rn 2; BGB-RGRK/PIKART Rn 9; KOHLER § 207 VI 1). Vielmehr setzt
sich das bisher am Sachganzen bestehende Eigentum im Wege einer Rechtsteilung
an den nunmehr getrennten Stücken fort. Daß die Verfasser des BGB von dieser
Grundanschauung ausgingen, haben sie im Text des § 953 durch die Worte „gehören
auch nach der Trennung" deutlich zum Ausdruck gebracht (vgl auch Mot III 363;
SCHUBERT, SR I 957). Die abgetrennten Früchte oder Substanzteile werden also vom
Eigentümer der Stammsache nicht eigentlich erworben, sie verbleiben ihm vielmehr
(ECK/LEONHARD II 137). HECK (§ 63, 1) spricht von einem Kontinuitätserwerb.

5 Der Grundsatz der Rechtskontinuität gilt auch für die *beschränkten dinglichen Rechte* (Eck/Leonhard II 137; Soergel/Henssler Rn 3; AnwK-BGB/Mauch Rn 16 Fn 23); diese setzen sich bei einer körperlichen Zerlegung der belasteten Sache an den Trennstücken fort, sofern das nicht (wie im Falle des dinglichen Vorkaufsrechts) nach dem Inhalt des betreffenden Rechts ausgeschlossen ist (Mot III 363). Vgl für die hypothekarische Haftung der getrennten Früchte §§ 1120–1122, für das Mobiliarpfand § 1212 (dazu Planck/Flad § 1212 Anm 1). Ein Erlöschen des Pfandrechts wird auch durch § 955 Abs 2 nicht ermöglicht (**aA** AnwK-BGB/Mauch Rn 13); die Norm befaßt sich nur mit der Eigentumslage.

6 Erzeugnisse von Sachen, die unter **Eigentumsvorbehalt** stehen, fallen grundsätzlich nach § 953 dem Vorbehaltsverkäufer zu (vgl Staudinger/Beckmann [2004] § 449 Rn 8; Serick I 230 mwN; Soergel/Henssler Rn 1); bei den zum alsbaldigen Verbrauch bestimmten Früchten (wie Milch, Eier) wird allerdings eine obligatorische Aneignungsgestattung zugunsten des Vorbehaltsverkäufers anzunehmen sein, so daß dieser nach § 956 Abs 1 S 1 1. Alt das Eigentum mit der Trennung erlangt (Serick I 230). Ob ansonsten das Anwartschaftsrecht des Käufers sich automatisch auch auf die Früchte erstreckt (so Serick I 230), erscheint zweifelhaft. Die Parteien können allerdings die Früchte (antizipiert) in die bedingte Übereignung einbeziehen (Flume, AT II § 40, 2 a S 724; Staudinger/Bork [1996] § 159 Rn 9; vgl auch Soergel/M Wolf § 159 Rn 1; Enneccerus/Nipperdey, AT[15] § 198 I 4). Das gleiche Ergebnis ließe sich durch eine aufschiebend bedingte Aneignungsgestattung (§§ 956 Abs 1 S 1 1. Alt, 158 Abs 1) hinsichtlich der Früchte erzielen. Die wohl hM nimmt eine solche aufschiebend bedingte Aneignungsgestattung bei der Veräußerung fruchttragender Sachen unter Eigentumsvorbehalt regelmäßig an (vTuhr Recht 1918, 297 ff; H Westermann[5] § 57 III 2 e; Palandt/Bassenge § 956 Rn 10; vgl auch A Blomeyer, Studien zur Bedingungslehre I [1939] 244).

7 **3.** Die Regel des § 953 kann auf *nicht wesentliche Bestandteile* überhaupt nur dann Anwendung finden, wenn diese sich bereits vor der Trennung im Eigentume des Sacheigentümers befinden (Neumann Anm 2).

8 **4.** § 953 gilt insbesondere auch für die spätere **Wiederaufhebung einer Verbindung** iS von §§ 946, 947, sofern sich diese Abtrennung nicht als Ausübung eines Wegnahmerechts oder als Realteilung iS von § 752 darstellt. Dem Eigentümer der Hauptsache (bzw im Falle des § 947 Abs 1 den Miteigentümern) verbleibt also das Eigentum an den Trennstücken, die Eigentumslage vor der Verbindung lebt nicht wieder auf (vgl § 946 Rn 7).

9 **5.** Früchte und sonstige Bestandteile eines *herrenlosen Grundstücks* werden nach dem Prinzip des § 953 ebenfalls herrenlos und können deshalb nach § 958 Abs 1 von jedermann okkupiert werden (Endemann II 1 § 78 Fn 17; MünchKomm/Kanzleiter § 928 Rn 10; **aM** Planck/Strecker § 928 Anm 5 e; Biermann § 928 Anm 2 a; Palandt/Bassenge § 928 Rn 3: ausschließliches Aneignungsrecht des Fiskus nach § 928; noch anders Erman/Hagen[9] § 928 Rn 6: Eigentum des Fiskus).

10 **6.** Hinsichtlich der **Trennung** im Sinne der §§ 953–957 ist es durchweg gleichgültig, ob diese der Berechtigte selbst oder ein anderer (zB ein Dieb) vornahm oder ob sie durch ein Naturereignis verursacht wurde.

7. Für **abgetrennte Körperteile** gilt § 953 nach zutreffender hM entsprechend (vgl **11** BGH NJW 1994, 127; Staudinger/Dilcher [1995] § 90 Rn 16; Staudinger/Gursky § 958 Rn 3; Soergel/Henssler § 953 Rn 4; jeweils mN); sie fallen also mit der Trennung in das Eigentum dessen, von dessen Leib sie abgetrennt wurden. Dies gilt auch für fest eingefügte künstliche Körperteile (wie künstliche Hirnschalen, Herzschrittmacher), vgl Staudinger/Dilcher (1995) § 90 Rn 13 ff; Staudinger/Gursky § 958 Rn 3 f. Über die Rechtsverhältnisse an menschlichen Leichnamen s Staudinger/Dilcher (1995) § 90 Rn 19 ff, Staudinger/Gursky § 958 Rn 4. Über Munition, die aus dem Körper eines Verwundeten herausoperiert wurde, vgl § 959 Rn 3.

8. Die **Trümmer** eines kriegszerstörten Gebäudes sind nach der Regel des § 953 **12** Eigentum des Grundstückseigentümers geblieben. Jedoch haben einige Länder nach dem Kriege Sonderregelungen getroffen, die zum Teil das Eigentum an den Trümmern auf die Gemeinden übergehen ließen. Vgl Staudinger/Berg[11] Rn 1 sub d.

9. **Beweislast**: Wer sich auf den Eigentumserwerb nach § 953 beruft, muß ledig- **13** lich sein Eigentum an der Muttersache und die Entstehung der streitigen Sache durch Abtrennung von dieser beweisen, nicht dagegen, daß keiner der Ausnahmetatbestände der §§ 954–957 vorliegt (Baumgärtel/Baumgärtel Rn 2; MünchKomm/ Oechsler Rn 8; Soergel/Henssler Rn 10; AnwK-BGB/Mauch Rn 20; Bamberger/Roth/ Kindl Rn 4; H Westermann[5] § 57 I 2; **aA** Leonhard, Die Beweislast[2] 391).

§ 954
Erwerb durch dinglich Berechtigten

Wer vermöge eines Rechts an einer fremden Sache befugt ist, sich Erzeugnisse oder sonstige Bestandteile der Sache anzueignen, erwirbt das Eigentum an ihnen, unbeschadet der Vorschriften der §§ 955 bis 957, mit der Trennung.

Materialien: VE SR §§ 153, 154; E I § 899
Abs 1; II § 869, rev § 939; III § 938; Schubert,
SR I 958 ff; Mot III 363 f; Prot III 245 f; Jakobs/
Schubert, SR I 668 ff.

1. Wer kraft eines **dinglichen Nutzungsrechts** an fremder Sache zur Aneignung **1** von Sachbestandteilen befugt ist, erwirbt das Eigentum an diesen **bereits mit der Trennung**, ohne daß es einer Besitzergreifung bedarf; wodurch die Trennung bewirkt wurde, ist dabei gleichgültig. Im gemeinen Recht hatte dagegen zB ein Nießbraucher das Eigentum nicht schon bei der Separation, sondern erst mit der Perzeption (Besitzergreifung) erworben (Windscheid/Kipp § 186).

2. Dingliche **Nutzungsrechte** der in § 954 vorausgesetzten Art sind insbesondere **2** Nießbrauch (§ 1030) und das Nutzungspfandrecht (§ 1213); aber auch Grunddienstbarkeiten (§ 1018) und beschränkte persönliche Dienstbarkeiten (§ 1090) können die Befugnis zur Aneignung bestimmter Früchte gewähren (zB zum Ausbeuten von

Bodenbestandteilen, etwa durch Betrieb eines Steinbruchs oder einer Kies- oder Lehmgrube). In Betracht kommt ferner das Erbbaurecht, sofern dieses dem Inhaber gem § 1 Abs 2 ErbbVO auch Nutzungsbefugnisse an den nicht für das Bauwerk erforderlichen Grundstücksteilen zuweist (hM, BGB-RGRK/PIKART Rn 1; WOLFF/RAISER § 77 II; PLANCK/BRODMANN Anm 1 a; SOERGEL/HENSSLER Rn 1; AnwK-BGB/MAUCH Rn 2; ERMAN/EBBING Rn 2; aA ERMAN/HEFERMEHL[10] Rn 1, die wegen § 12 Abs 2 ErbbVO hier § 953 anwenden wollen). Weiterhin das Verwaltungs- und Nutzungsrecht des überlebenden Ehegatten gem § 14 HöfeO (MünchKomm/QUACK Rn 2; AnwK-BGB/MAUCH Rn 2). Das Dauerwohnrecht (§ 31 WEG) gehört dagegen nicht hierher (aA SOERGEL/HENSSLER aaO; AnwK-BGB/vPLEHWE Rn 2). Für die Erwerbsrechte aufgrund landesrechtlicher Vorbehalte (s Art 68, 196 EGBGB [Art 197 ist obsolet]) gilt § 954 nur, soweit das Landesrecht für den Erwerbsvorgang keine besonderen Normen enthält (BIERMANN Anm 1; PLANCK/BRODMANN Anm 1 b; KRETZSCHMAR Anm 1 d; BAMBERGER/ROTH/KINDL Rn 2; ungenau Mot III 363). Ein eigenartiges dingliches Fruchterwerbsrecht ergibt sich, wenn das Recht des Nachbarn auf den Überfall (§ 911) durch eine Grunddienstbarkeit ausgeschlossen und dem Baumeigentümer eingeräumt wird (WOLFF/RAISER § 106 Fn 20).

3 3.   Der **Umfang** des Eigentumserwerbs aus § 954 wird durch den Inhalt des jeweiligen Rechts begrenzt. Der dinglich Berechtigte erwirbt also nur solche Erzeugnisse oder sonstigen Bestandteile, die seinem speziellen Recht unterworfen sind. So erlangt der Nießbraucher beim Einsturz eines Hauses, das auf dem nießbrauchbelasteten Grundstück stand, natürlich nicht das Eigentum an den Trümmern. Sofern der Nießbraucher Früchte in übermäßigem Umfang zieht, hindert dieser Umstand seinen Eigentumserwerb nach § 1039 nicht. Bei Grunddienstbarkeiten und beschränkten persönlichen Dienstbarkeiten besteht eine derartige Regelung nicht; hier schließt eine umfangmäßige Überschreitung des Fruchtziehungsrechts den Eigentumserwerb am Überschuß aus (WOLFF/RAISER § 106 II 1 aE; PLANCK/BRODMANN Anm 2). Bei einer gutgläubigen Überschreitung der Grenzen des dinglichen Nutzungsrechts kann allerdings § 955 Abs 2 eingreifen (BGB-RGRK/PIKART Rn 5; SOERGEL/HENSSLER Rn 3; BAMBERGER/ROTH/KINDL Rn 3; ERMAN/EBBING Rn 3). Andernfalls (also bei einer bösgläubigen Überschreitung) entsteht Miteigentum nach § 948 iVm § 947 Abs 1 (PALANDT/BASSENGE Rn 2). Zu der bei Forstnutzungsrechten manchmal erforderlichen Konkretisierung durch eine Zuweisung des Eigentümers vgl H WESTERMANN, SR[5] § 57 II 2; ders, Forstnutzungsrechte (1942) 124; DEHNER, Nachbarrecht[7] § 34 VI 1.

4 4.   § 954 paßt nur für **ausschließliche** Fruchterwerbsrechte. Wenn eine Dienstbarkeit oder eine ähnliche dingliche Berechtigung ihrem Inhaber nur die Befugnis zuweist, neben dem Eigentümer bestimmte Bodenbestandteile aus dem Grundstück zu entnehmen oder Bäume zu fällen, so ist ein eigentümliches dingliches Aneignungsrecht an fremder Sache gegeben. Der Eigentumserwerb des Servitutenberechtigten kann hier der Sachlogik nach erst mit der Besitzergreifung eintreten (RAAPE JherJb 74 [1924] 179, 182 f; vgl ferner WOLFF/RAISER § 77 II Fn 4; PLANCK/BRODMANN Anm 1 a β; BGB-RGRK/PIKART Rn 3; AnwK-BGB/MAUCH Rn 3 Fn 7; BAMBERGER/ROTH/KINDL Rn 3; WIELING I § 11 III 3 Fn 23). Ebenso, wenn die Dienstbarkeit auf die Aneignung bereits getrennter Grundstücksbestandteile gerichtet ist (zB Leseholzberechtigungen, Laub- oder Nadelstreurechte). In der Zeit zwischen Trennung und Besitzergreifung steht das Eigentum nach § 953 dem Grundstückseigentümer zu. Für eine Rückbeziehung des Erwerbs des Aneignungsberechtigten auf den Zeitpunkt der Trennung (dafür HANS LANGE 28) fehlt das Bedürfnis (s Rn 5).

5.   Wenn Grundstücksfrüchte nach § 954 in das Eigentum eines dinglich Erwerbs-   **5** berechtigten fallen, werden sie nach § 1120 **von der hypothekarischen Haftung frei**. Dies gilt nach dem klaren Wortlaut der letzteren Vorschrift auch dann, wenn das dingliche Erwerbsrecht der Hypothek im Range nachgeht (vgl STAUDINGER/WOLFSTEINER [2002] § 1120 Rn 23; MünchKomm/EICKMANN § 1120 Rn 23; SOERGEL/HENSSLER § 954 Rn 2; SOERGEL/KONZEN § 1120 Rn 3; AnwK-BGB/MAUCH Rn 4; BAMBERGER/ROTH/KINDL Rn 4; WOLFF/RAISER § 133 II; H WESTERMANN⁵ § 98 II 1; WIELING I § 11 III 3 Fn 25; WERNEBURG HoldMSchr 1917, 189, 193 ff; **aA** BIERMANN § 1120 Rn 2; HECK § 88, 3;). Ein Mobiliarpfandrecht dagegen, das dem dinglichen Erwerbsrecht im Range vorgeht, erstreckt sich nach § 1212 trotz des Eigentumsübergangs weiterhin auf die getrennten Erzeugnisse (vgl STAUDINGER/WIEGAND [2002] § 1212 Rn 3; AnwK-BGB/MAUCH Rn 4; BAMBERGER/ROTH/KINDL Rn 4; BAUR/STÜRNER § 53 Rn 49), ebenso auf andere abgetrennte Bestandteile. – § 1120 dürfte bei nicht ausschließlichen Fruchterwerbsrechten (s Rn 4) entsprechend anzuwenden sein.

6.   Darauf, wie die Trennung bewirkt wurde, kommt es auch hier nicht an, vgl   **6** § 953 Rn 10. Die in Rn 4 aA behandelten Fruchterwerbsrechte setzen allerdings die Trennung durch den Berechtigten voraus (AnwK-BGB/MAUCH Rn 3 Fn 7).

7.   Wenn aber die Voraussetzungen der §§ 955–957 vorliegen, tritt der Eigen-   **7** tumserwerb iS des § 954 nicht ein.

8.   Im Streit mit dem Eigentümer der Muttersache trägt derjenige, der seinen   **8** Erwerb aus § 994 ableitet, die **Beweislast** für die Existenz des dinglichen Rechtes und dafür, daß dieses die Befugnis zur Aneignung der fraglichen Früchte verleiht. Dritte, die trotz der dinglichen Erwerbsberechtigung nach den §§ 955–957 Eigentum erworben haben wollen, müssen das Vorliegen eines dieser Ausnahmefälle beweisen (BAUMGÄRTEL/BAUMGÄRTEL Rn 2; MünchKomm/OECHSLER Rn 5; BAMBERGER/ROTH/KINDL Rn 5; AnwK-BGB/Mauch Rn 5).

§ 955
Erwerb durch gutgläubigen Eigenbesitzer

(1) Wer eine Sache im Eigenbesitz hat, erwirbt das Eigentum an den Erzeugnissen und sonstigen zu den Früchten der Sache gehörenden Bestandteilen, unbeschadet der Vorschriften der §§ 956, 957, mit der Trennung. Der Erwerb ist ausgeschlossen, wenn der Eigenbesitzer nicht zum Eigenbesitz oder ein anderer vermöge eines Rechtes an der Sache zum Fruchtbezug berechtigt ist und der Eigenbesitzer bei dem Erwerb des Eigenbesitzes nicht in gutem Glauben ist oder vor der Trennung den Rechtsmangel erfährt.

(2) Dem Eigenbesitzer steht derjenige gleich, welcher die Sache zum Zwecke der Ausübung eines Nutzungsrechts an ihr besitzt.

(3) Auf den Eigenbesitz und den ihm gleichgestellten Besitz findet die Vorschrift des § 940 Abs 2 entsprechende Anwendung.

Materialien: E I § 900 S 1, 2 Nr 1; II § 870, rev § 940; III § 939; Schubert, SR I 1025, 1027 f; Mot III 364 ff; Prot III 247 ff; V 654; Jakobs/ Schubert, SR I 671 ff.

I. Allgemeines

1 Der **Besitz** einer Sache bildet in **zwei** Fällen die **Rechtsgrundlage** für den **Eigentumserwerb** an Erzeugnissen und den sonstigen zu den Früchten der Sache gehörenden Bestandteilen (§ 99 Abs 1 2. Alt):

Nämlich:

(a) wenn der Besitzer berechtigter oder redlicher unberechtigter **Eigenbesitzer** der Sache ist (Abs 1); und

(b) wenn der Besitzer die Sache redlich in Ausübung eines vermeintlichen dinglichen **Nutzungsrechts** besitzt (Abs 2).

In beiden Fällen vollzieht sich der Erwerb bereits mit der Trennung, nicht erst mit der Besitzergreifung. Auf welche Weise und durch wen die Trennung erfolgt, ist gleichgültig. Gutgläubige Mitbesitzer der Hauptsache erlangen zu gleichen Teilen Miteigentum an den Früchten (vgl Crome III 372 f; Wieling I § 11 III 4 a; M Wolff JherJb 44 [1902] 143, 193 ff). Bösgläubigkeit eines der Mitbesitzer hindert den Eigentumserwerb der anderen (vgl Staudinger/Wiegand § 937 Rn 3; Westermann/Gursky § 51 II 1 zur Parallelproblematik bei der Ersitzung). Der Anteil, der auf den bösgläubigen Mitbesitzer entfallen würde, verbleibt dem bisherigen Eigentümer.

§ 955 schützt den guten Glauben des Besitzers der Muttersache an eine vermeintliche dingliche Erwerbsberechtigung hinsichtlich der Früchte; die Norm greift deshalb bei fehlgeschlagenen Eigentumsübertragungen und fehlgeschlagenen Bestellungen eines dinglichen Fruchtziehungsrechts ein.

2 Hervorzuheben ist aber, daß sich der Erwerb *nur auf die Erzeugnisse und diejenigen Bestandteile, die zu den Früchten der Sache (iS von § 99 Abs 1) gehören*, nicht aber auf die sonstigen Bestandteile erstreckt. Durch diese Einschränkung soll verhindert werden, „daß die Sache selbst bei ihrer etwaigen Auflösung stückweise dem Eigentume des Besitzers verfalle" (Mot III 366). Das Material eines durch Erdbeben oder dergleichen zerstörten Gebäudes gehört also nicht dem gutgläubigen Eigen- oder Nutzungsbesitzer des Grundstücks, sondern ist nach § 953 im Eigentume des Grundstückseigentümers verblieben.

3 Auch § 955 regelt nur die Eigentumslage, nicht dagegen die Frage, ob der Besitzer die Früchte behalten darf oder dem Eigentümer der Muttersache bzw dem dinglich

Fruchtziehungsberechtigten gegenüber schuldrechtlich zur Herausgabe verpflichtet ist. Im Verhältnis zum ersteren kommen insoweit die §§ 987 ff zur Anwendung. Vgl STAUDINGER/GURSKY (1999) Vorbem 6 zu §§ 987 ff.

Die ratio legis des § 955 ist dunkel (HECK § 63, 3; vgl auch ENDEMANN II 1 § 85 Fn 23). **4** Kritik hat insbesondere der Umstand erfahren, daß derjenige, der ein Grundstück gutgläubig aufgrund eines nichtigen Pachtvertrages besitzt, nicht geschützt wird (WOLFF/RAISER § 77 Fn 7). Aber im Falle eines unwirksamen Pachtvertrages mit dem Eigentümer (oder Nießbraucher) selbst ist dies von geringer Bedeutung, da der Pächter hier die Früchte auch im Falle des Eigentumserwerbs nach §§ 812 Abs 1 S 1 1. Alt, 818 Abs 1 dem Eigentümer herauszugeben hätte. Nur bei der sicher seltenen Konstellation eines nichtigen Pachtvertrages mit einem bloßen Bucheigentümer wird durch die Versagung des Eigentumserwerbs die Wertentscheidung der §§ 987 ff außer Kraft gesetzt: Der gutgläubige Pächter muß die gezogenen Früchte dem Eigentümer herausgeben, da sie ja selbständig vindizierbar sind, während er sie bei unterstelltem Eigentumserwerb nach den §§ 987 ff behalten dürfte. S STAUDINGER/GURSKY (1999) Vorbem 6 zu §§ 987 ff.

Denkbar ist auch, daß das nach § 955 erworbene Eigentum an den Eigentümer der **4a** Muttersache übertragen werden muß. Das ist immer dann der Fall, wenn der gutgläubige Eigenbesitzer den Besitz der Muttersache im Rahmen eines doppelnichtigen Veräußerungsgeschäfts vom Eigentümer der Muttersache erhalten hatte. Die Leistungskondiktion ist nämlich bei dieser Konstellation nach zutreffender Auffassung neben den Vindikationsfolgenormen anwendbar (vgl STAUDINGER/GURSKY [1999] Vorbem 41 ff, 45 ff, 50 zu §§ 987 ff), und § 818 Abs 1 wird ja von der ganz hM auch dann mit dem Ziel einer Erweiterung des Kondiktionsanspruchs um die Nutzungen herangezogen, wenn nur der Besitz einer Sache geleistet worden ist (vgl STAUDINGER/GURSKY [1999] Vorbem 50 zu §§ 987 ff). Die gleiche Pflicht trifft den gutgläubigen Nutzungsbesitzer iS von § 955 Abs 2, wenn er den Besitz vom Eigentümer bei einer unwirksamen und auch kausalnichtigen Einräumung eines dinglichen Fruchtziehungsrechts (also eines Nießbrauchs, einer Dienstbarkeit oder eines Nutzungspfandrechts) übertragen bekommen hat. Hat der gutgläubige Eigenbesitzer oder Nutzungsbesitzer den Besitz dagegen von dritter Seite erlangt, kann eine Pflicht zur Übereignung und Herausgabe der nach § 955 zu Eigentum erworbenen Früchte an den Eigentümer der Muttersache nur aus § 987 Abs 1 oder aus § 988 oder aus § 993 Abs 1 HS 1 folgen; eine selbständige Eingriffskondiktion des Eigentümers wegen der Fruchtziehung wird dann durch die abschließende Regelung der §§ 987 ff ausgeschlossen (s STAUDINGER/GURSKY [1999] Vorbem 53 zu §§ 987 ff). Für eine auf Übereignung der gezogenen Früchte gerichtete selbständige Eingriffskondiktion des Eigentümers der Muttersache ist deshalb nur in den seltenen Fällen Raum, in denen der gutgläubige Eigen- oder Nutzungsbesitzer zugleich berechtigter Besitzer ist (Beispiel: der ahnungslose Erbe des Verwahrers einer fruchttragenden beweglichen Sache). Nur hier kann sich die Frage stellen, ob § 955 einen die Eingriffskondiktion ausschließenden Rechtsgrund für den Eigentumserwerb abgibt (bejahend ELLGER, Bereicherung durch Eingriff [2002] 548; verneinend LARENZ/CANARIS, SchR II 2, § 67 III 2 f, S 141). Die von ELLGER gezogene Parallele zur Kondiktionsfestigkeit des entgeltlichen gutgläubigen Erwerbs vom Nichtberechtigten paßt nicht, weil § 955 kein Fall eines rechtsgeschäftlichen Erwerbs ist).

II.   Abs 1: Der Fruchterwerb des Eigenbesitzers

5 1.   **Eigenbesitzer** ist nach § 872, wer die Sache als ihm gehörend besitzt (s Erl zu § 872). Der Eigenbesitz kann auch ein mittelbarer sein (Prot III 248; Eck/Leonhard II 139), falls dem Besitzmittler nicht selbst ein (vorrangiges) Fruchterwerbsrecht zusteht (s unten Rn 13). Der Erwerb ist jedoch ausgeschlossen, wenn der Eigenbesitzer weder objektiv zum Eigenbesitz berechtigt ist noch eine solche Berechtigung gutgläubig annimmt; ebenso wenn einem Dritten ein dingliches Fruchterwerbsrecht zusteht und der Eigenbesitzer insoweit bösgläubig ist. In diesen Fällen wird das Fruchtbezugsrecht des wirklich Berechtigten nicht beeinträchtigt. Berechtigt zum Eigenbesitz ist insbesondere der Käufer eines Grundstücks, dem dieses bereits vor Auflassung und Eintragung im Grundbuch übergeben worden ist (Planck/Brodmann Anm 2 a; Biermann Anm 2 a α; Bamberger/Roth/Kindl Rn 1). Auch für ihn gilt deshalb § 955 Abs 1 (Schapp/Schur Rn 278). Er erwirbt also Früchte des Grundstücks mit der Trennung, wenn der Kaufvertrag wirksam (und er damit zum Eigenbesitz berechtigt) ist und entweder kein dingliches Fruchterwerbsrecht eines Dritten besteht oder er ohne relevante grobe Fahrlässigkeit von der Existenz eines solchen Rechtes nichts weiß. (E Wolf S 209 will zugunsten des bereits besitzenden Grundstückskäufers nicht § 955 Abs 1, sondern nur § 956 anwenden, weil zum Tatbestand des § 955 das Nichtbestehen eines Rechts zum Eigen- oder Nutzungsbesitz gehöre. Diese Behauptung ist haltlos). Bei Kauf einer Mobilie unter Eigentumsvorbehalt ist der Käufer dagegen nach zutreffender hM nur zum Fremdbesitz berechtigt (vgl Staudinger/Beckmann [2004] § 449 Rn 44; Staudinger/Bund [2000] § 868 Rn 43, 872 Rn 6). Vor allem aber ist natürlich auch und gerade der **Eigentümer** selbst zum Eigenbesitz der Sache berechtigt. § 955 kann nun in der Tat auch zugunsten des Eigentümers angewandt werden (daher „eine Sache" statt „fremde Sache" des E I). Der Eigentümer bedarf nämlich (trotz des Anfallrechts aus § 953) noch der Vergünstigung des § 955, nämlich für den Fall, daß er gutgläubig von dem dinglichen Fruchtbezugsrecht eines anderen nichts weiß; denn ohne diese Ausdehnung des § 955 würde auf diesen Fall § 954 anzuwenden sein, dh der gutgläubige Eigentümer müßte dem Fruchtnutzungsberechtigten hinsichtlich des Fruchterwerbs nachstehen, wäre also schlechter gestellt als ein gutgläubiger Nichteigentümer (vgl Mot III 364; Prot III 248 und vJakubezky, Bemerkungen zu dem Entwurfe ... [1892] 241; übereinstimmend Planck/Brodmann Anm 1 a; Goldmann/Lilienthal § 22 Fn 10; BGB-RGRK/Pikart Rn 2; Bamberger/Roth/Kindl Rn 4; Palandt/Bassenge Rn 2; Wolff/Raiser § 77 III 1). § 955 Abs 1 nützt dem Eigentümer allerdings nichts, wenn er selbst nur mittelbaren Besitz hat und der Inhaber des dinglichen Fruchterwerbsrechts sich im unmittelbaren Besitz der Sache befindet; aus § 955 Abs 2 läßt sich nämlich indirekt schließen, daß dann das dingliche Anfallrecht des Besitzmittlers vorgeht (s Prot Mugdan III 651 f und unten Rn 13; im Ergebnis unstreitig, vgl dazu Goldmann/Lilienthal § 22 Fn 15; Wolff/Raiser § 77 III 2; Wieling I § 11 III 4 a; O vGierke § 137 Fn 23; Windscheid/Kipp I 964; BGB-RGRK/Pikart Rn 11).

6 2.   **Bezugspunkt** der Bösgläubigkeit ist hier der Rechtsmangel. Die Kenntnis bzw grob fahrlässige Unkenntnis muß sich also darauf beziehen, daß entweder schon der Eigenbesitz unrechtmäßigerweise ausgeübt wird oder daß jedenfalls ein ausschließliches dingliches Fruchterwerbsrecht eines anderen an der Sache besteht.

7   Der **Grad** der mala fides ist (analog wie bei der Ersitzung, § 937 Abs 2) zeitlich verschieden: (a) beim Erwerbe des Eigenbesitzes begründet nicht bloß Kenntnis, sondern auch eine auf grober Fahrlässigkeit beruhende Unkenntnis des Rechtsmangels den bösen Glauben.

(b) In der Zeit vom Besitzerwerb bis zur Trennung dagegen schadet nur ein direktes Erfahren des Rechtsmangels; vgl Prot III, 248. Eine Kenntniserlangung vom Rechtsmangel nach der Trennung ist ohne jeden Einfluß. Der Eintritt der Rechtshängigkeit bewirkt nicht ohne weiteres mala fides (s Mot aaO); § 989 ist nicht entsprechend anwendbar (SOERGEL/HENSSLER Rn 3; AnwK-BGB/Mauch Rn 7; WESTERMANN/GURSKY[7] § 57 II 3 b; aA H WESTERMANN[5] § 57 II 3 b aa). Die *Darlegungs- und Beweislast* für den bösen Glauben trifft auch hier (vgl §§ 932, 937) den Gegner des Eigen- oder Nutzungsbesitzers (BAUMGÄRTEL/BAUMGÄRTEL Rn 2 mwN; BGB-RGRK/PIKART Rn 8; Münch-Komm/OECHSLER Rn 9; AnwK-BGB/Mauch Rn 11; BAMBERGER/ROTH/KINDL Rn 7; ROSENBERG, Beweislast[5] 336; aA LEONHARD, Beweislast[2] 391). Die Bösgläubigkeit von *Hilfspersonen* des Besitzers ist unter den gleichen Voraussetzungen wie im Rahmen des § 990 relevant (vgl STAUDINGER/GURSKY [1999] § 990 Rn 42 ff).

Im Falle des **Besitzübergangs durch Erbfall** trifft den Erben spätestens im Zeitpunkt **8** seiner tatsächlichen Besitzergreifung die in § 955 vorausgesetzte Prüfungspflicht; ihm schadet hier also bereits grobe Fahrlässigkeit (BOEHMER, in: FS RG-Praxis III 216, 277 f; STAUDINGER/BOEHMER[11] § 1922 Rn 190; anders für den Fall der Gutgläubigkeit des Erblassers aber STAUDINGER/MAROTZKE [2000] § 1922 Rn 256). Bis zu diesem Zeitpunkt wirkt dagegen grundsätzlich über § 857 die Qualität des Erblasserbesitzes für den Erben weiter (vgl H WESTERMANN[5] § 57 II 3 b aa iVm § 51 II 3 c). Allerdings wird eine positive Kenntnis des Erben von der Nichtberechtigung des Erblassers und dem Eintritt des Erbfalles auch schon im Zeitraum zwischen Erbfall und Antritt des Verkehrsbesitzes den Fruchterwerb des Erben ausschließen müssen (vgl STAUDINGER/BOEHMER[11] § 1922 Rn 190; STAUDINGER/MAROTZKE [2000] § 1922 Rn 255). Darüber hinaus dürfte es sich empfehlen, die in § 955 Abs 1 S 2 Fall 1 normierte Prüfungspflicht schon auf den etwaigen früheren Zeitpunkt der Kenntniserlangung vom Erbfall und der besitzmäßigen Zugehörigkeit der Muttersache zum Nachlaß zu legen. Eine bona fides superveniens ist im Rahmen des § 955 genauso wie bei der Ersitzung beachtlich. Die Anwartschaft auf den Fruchterwerb entsteht also, wenn der Erbe des bösgläubigen Besitzers ohne grobe Fahrlässigkeit annimmt, die Sache habe dem Erblasser gehört (vgl STAUDINGER/MAROTZKE[12] § 1922 Rn 256), ebenso aber wenn ein zunächst bösgläubiger Eigenbesitzer ohne grobe Fahrlässigkeit auf ein nachträglich abgeschlossenes Erwerbsgeschäft vertraut. Dagegen kann die ursprüngliche Bösgläubigkeit natürlich nicht schon dadurch neutralisiert werden, daß der Eigenbesitzer durch bloßen Zeitablauf seine Nichtberechtigung oder die verdächtigen Umstände seines Erwerbs vergißt (vgl GURSKY JR 1986, 225, 227; das dort zur Ersitzung Ausgeführte gilt auch für den Erwerb nach § 955).

3. Nach einer verbreiteten Auffassung ist § 935 im Rahmen des § 955 entspre- **9** chend anzuwenden, erwirbt also der gutgläubige Eigen- oder Nutzungsbesitzer einer abhanden gekommenen Sache kein Eigentum an solchen Früchten, die im Zeitpunkt des Abhandenkommens der Sache bereits in nuce existierten (so PLANCK/BRODMANN Anm 3 [anders aber § 957 Anm 3 aE]; PALANDT/DEGENHARDT[28] Anm 1; HECK § 63, 7; WOLFF/RAISER § 77 III 4; COSACK/MITTEIS § 47 II 4; J VGIERKE § 36 IV 2 b; E WOLF, SachenR[2] 209; MÜLLER Rn 2720 f; VBLUME SeuffBl 67, 117). Diese Ansicht ist jedoch abzulehnen (hM,

Karl-Heinz Gursky

BIERMANN § 957 Anm 2; BGB-RGRK/PIKART § 955 Rn 4; SOERGEL/HENSSLER Rn 5; Münch-
Komm/QUACK Rn 7; ERMAN/EBBING Rn 16; AnwK-BGB/Mauch Rn 9; BAMBERGER/ROTH/KINDL
Rn 8; PALANDT/BASSENGE Rn 5; JAUERNIG/JAUERNIG Rn 3; ACHILLES/GREIFF/LEISS § 957 Anm 1;
WIELING I § 11 III 4 b; H WESTERMANN[5] § 57 II 3 c; WILHELM Rn 960 f; BAUR/STÜRNER § 53 Rn 53;
SCHAPP/SCHUR Rn 277; SCHREIBER Rn 197; COSACK II[6] § 208 II 3; GERHARDT I 135; HARMS[4] 108 f;
MEDICUS, BR Rn 603; LANGE/SCHEYHING[3] 77; vJACUBEZKY Recht 1902, 4 ff; JUNG Recht 1920, 57 f;
WITT AcP 201 [2001] 165, 189 f). Sie müßte zu erheblicher Unsicherheit führen, da sich
vielfach kaum mehr ermitteln lassen wird, ob eine bestimmte Frucht im Zeitpunkt
des Abhandenkommens bereits im Keim angelegt war oder nicht. Näher liegt es da,
die organischen Erzeugnisse von ihrer Trennung an als neue Sachen zu begreifen,
die deshalb vom Makel der Furtivität frei sind (COSACK). Dies ist vor allem auch
deshalb geboten, weil die Wertentscheidung des § 993 Abs 1 HS 2 – das Fruchtbehaltungsrecht des gutgläubigen unrechtmäßigen Besitzers – bei Ausschluß des Eigentumserwerbs durch die selbständige Vindizierbarkeit der Früchte unterlaufen
würde (HARMS aaO; BGB-RGRK/PIKART § 957 Rn 4); das aber wäre um so weniger
verständlich, als sich die Verfasser des BGB bei der Schaffung der §§ 987 ff gerade
am Leitbild des wegen § 935 fehlgeschlagenen gutgläubigen Erwerbs einer beweglichen Sache orientiert haben, das Fruchtbehaltungsrecht aus Verkehrsschutzgrün-
den einen gewissen Ausgleich für das versagte Lösungsrecht gewähren sollte (vgl
STAUDINGER/GURSKY [1999] Vorbem 4 zu § 987).

III.   Abs 2: Der Fruchterwerb des redlichen Nutzungsbesitzers

10 1.   Den Eigenbesitzer stellt Abs 2 demjenigen gleich, der die Sache „zum Zwecke
der Ausübung eines Nutzungsrechts an ihr besitzt". Das vom Besitzer ausgeübte
Nutzungsrecht muß, wie die Formulierung „Recht an der Sache" zeigt, dinglicher
Natur sein (heute allgemein anerkannt, abweichend früher COSACK II § 208 II 1 a δ aE). Der
Kreis der in Betracht kommenden Rechte ist damit der gleiche wie bei § 954 (s § 954
Rn 2). Es muß sich mithin um ein dingliches Recht handeln, das sowohl ein Anfall-
recht hinsichtlich der Früchte wie auch ein Recht zum Besitz des Grundstücks bzw
der Muttersache beinhaltet. In erster Linie ist hier an den Nießbrauch (§ 1030) zu
denken; aber auch ein Erbbaurecht (s § 954 Rn 2) kommt in Betracht; ebenso das
Verwaltungs- und Nutzungsrecht des überlebenden Ehegatten nach § 14 HöfeO
(MünchKomm/OECHSLER Rn 4); ferner bei Mobilien ein Nutzungspfandrecht gem
§§ 1204, 1213; schließlich auch Rechtspositionen des Landesprivatrechts.

11 2.   Abs 2 schützt zunächst einmal den unrechtmäßigen Besitzer, dessen **vermeint-
liches dingliches Fruchterwerbsrecht** (zB wegen Geschäftsunfähigkeit des Bestellers)
nicht wirksam zustande gekommen ist. Daneben aber auch den wirklichen Nieß-
braucher, der ein ihm im Range vorgehendes dingliches Nutzungsrecht nicht kennt
(WOLFF/RAISER § 77 III 1; WIELING I § 11 III 4 vor a; PLANCK/BRODMANN Anm 4 a; CROME III 373;
KRETZSCHMAR Anm 4 a) oder der (etwa als Rechtsnachfolger des ursprünglichen
Rechtsinhabers infolge falscher Unterrichtung) vom Besitzerwerb an bestimmte
Früchte als seinem Recht unterliegend ansieht, während sie in Wirklichkeit nicht
davon erfaßt werden (hM: PLANCK/BRODMANN Anm 4 a; SOERGEL/HENSSLER Rn 3; ERMAN/
EBBING Rn 8; WIELING aaO; **aM** E WOLF § 4 J III b 3 cc).

12 3.   Der Eigentumserwerb eines solchen Nutzungsbesitzers ist **ausgeschlossen**,
wenn dieser den Rechtsmangel (also die Nichtexistenz oder den geringeren Umfang

des ausgeübten Nutzungsrechts oder das Bestehen eines vorrangigen dinglichen Fruchterwerbsrechts eines Dritten) beim Besitzerwerb an der Hauptsache gekannt oder nur infolge grober Fahrlässigkeit nicht erkannt hat; ebenso wenn er nachträglich, aber noch vor der Trennung positive Kenntnis davon erlangt hat. Die Ausführungen in Rn 7 und 8 gelten insoweit entsprechend. Wenn der Nutzungsbesitzer nur mittelbaren Besitz hat, kann § 955 Abs 2 ferner durch die in Abs 1 S 1 ausdrücklich für vorrangig erklärten §§ 956, 957 ausgeschaltet werden.

4. Kollision mit Abs 1

Wenn gleichzeitig die Voraussetzungen des § 955 Abs 1 und des Abs 2 vorliegen, **13** also mittelbarer Eigenbesitz und unmittelbarer Nutzungsbesitz zusammentreffen, kommt allein Abs 2 zur Anwendung (PLANCK/BRODMANN Anm 6; BIERMANN 2 c; BAMBERGER/ROTH/KINDL Rn 10; ERMAN/EBBING Rn 8; GOLDMANN/LILIENTHAL 101 f m Fn 15; ECK/LEONHARD II 140; WOLFF/RAISER § 77 II 2; MÖHRING 48). Diese Konkurrenzentscheidung entspricht der erkennbaren Absicht der Gesetzesverfasser (Prot III 249 = MUGDAN III 651 f) und läßt sich außerdem aus der Anordnung der §§ 953–957 erschließen, bei denen jeweils die folgende Norm gegenüber den vorangehenden den Vorrang beansprucht (so mit Recht PLANCK/BRODMANN Anm 6). Dann muß aber ein nicht nur gutgläubig angenommenes, sondern tatsächlich bestehendes dingliches Nutzungsrecht des unmittelbaren Besitzers erst recht eine Anwendung des § 955 Abs 1 zugunsten eines nur mittelbar besitzenden Eigenbesitzers (nämlich des Eigentümers, der von der Existenz des betreffenden Nutzungsrechts keine Kenntnis hat) ausschließen (s oben Rn 5).

5. Einige Autoren wollen § 955 Abs 2 bei bloßem **Rechtsbesitz** entsprechend **14** anwenden. Wer ein für ihn eingetragenes, aber nicht wirksam bestelltes dingliches Nutzungsrecht ausübt, soll Eigentum an den Früchten erlangen, auch wenn er weder Besitzer der Sache ist noch Besitzschutz nach den §§ 1029, 1090 genießt (BIERMANN Anm 2 b; LANGE 38 ff; WOLFF/RAISER § 77 III 1 Fn 5; O vGIERKE § 137 II 3 a Fn 22; abw PLANCK/BRODMANN Anm 4 a, die hier mit § 956 helfen möchten; WIELING I § 11 III 4 a; MünchKomm/OECHSLER Rn 4). Diese These ist insofern bedenklich, als ein bloßer Rechtsbesitz außerhalb der §§ 1029, 1090 Abs 2 vom BGB gerade nicht anerkannt wird. Nun wird aber die Ausübung eines (wirklichen oder vermeintlichen) ausschließlichen dinglichen Fruchtziehungsrechts in aller Regel ohnehin zumindest *Mitbesitz* am Grundstück (vgl HECK § 16, 3) oder *Teilbesitz* an den noch ungetrennten Früchten (insb Holz auf dem Stamm) voraussetzen. Für derartige Fälle erscheint in der Tat eine Ausdehnung des § 955 Abs 2 vertretbar (für Gleichstellung des Teilbesitzes an den Früchten mit dem Besitz der Muttersache auch H WESTERMANN[5] § 57 II 3 b cc). Bei nicht ausschließlichen dinglichen Fruchterwerbsrechten (zB Holzungsrechte, bei denen der Eigentümer die Mitholzung hat, s § 954 Rn 4) paßt die Rechtsfolgenanordnung des § 955 ohnehin nicht, da hier ein etwaiger Eigentumserwerb des vermeintlichen Inhabers eines solchen Rechts der Sachlogik nach erst im Augenblick der Perzeption stattfinden kann. Unter diesen Umständen bietet es sich hier an, § 956 Abs 1 S 1 2. Alt a fortiori anzuwenden.

III. Abs 3

Der Eigen- oder Nutzungsbesitz an der Muttersache muß grundsätzlich gerade im **15**

Zeitpunkt der Fruchttragung bestehen; jeder Besitzverlust läßt deshalb die Anwartschaft auf den Fruchterwerb nach § 955 Abs 1 oder 2 entfallen. Abs 3 schafft jedoch in dieser Hinsicht eine **Erleichterung** durch die Verweisung auf § 940 Abs 2: Wenn der Eigen- oder Nutzungsbesitzer seinen **Besitz unfreiwillig verliert**, dann aber innerhalb eines Jahres oder aufgrund einer innerhalb dieser Frist erhobenen Klage wiedererlangt, so gilt sein Besitzzeitraum als nicht unterbrochen. Ihm sollen also auch die in der Zwischenzeit getrennten Früchte gehören. Die Verweisung auf § 940 Abs 2 ist allerdings recht dunkel und wirft deshalb eine Reihe von Problemen auf. Da ist zunächst einmal die Frage, wie sich die Eigentumslage der Früchte in der Zwischenzeit darstellt. Die naheliegendste Annahme ist die, daß der Eigentümer der Muttersache mit der Trennung zunächst einmal auflösend bedingtes Eigentum erlangt und daß er dieses dann mit der Wiedererlangung durch den früheren Eigenbesitzer oder Nutzungsbesitzer rückwirkend an den letzteren verliert, weil die Rückerlangung des Besitzes die Fiktion einer Besitzkontinuität auslöst (Wolff/Raiser § 77 III; Wieling I § 11 III 4 a m Fn 35; Erman/Hefermehl Rn 7; Planck/Brodmann Anm 7; Soergel/Henssler Rn 4; MünchKomm/Oechsler Rn 5; Soergel/Henssler Rn 4; Möhring S 50; ähnlich Eck/Leonhard II 141). H Westermann (SR[5] § 57 II 3 b cc) nimmt demgegenüber offenbar einen Eigentumsübergang ex nunc an. – § 955 Abs 3 greift wegen des Vorrangs der §§ 956, 957 natürlich nicht ein, wenn in der Zwischenzeit ein Dritter nach den letzteren Vorschriften Eigentum an den Früchten erworben hat. § 955 Abs 3 kann aber genausowenig zum Tragen kommen, wenn sich die Muttersache im Augenblick der Trennung bereits wieder im Eigen- oder Nutzungsbesitz eines gutgläubigen Dritten befand; es besteht hier keinerlei Anlaß, den früheren Besitzer vor dem gegenwärtigen zu bevorzugen. § 955 Abs 3 kann also überhaupt nur den zwischenzeitlichen Eigentumserwerb nach §§ 953, 954 überwinden, nicht aber den aus § 955 Abs 1 oder 2 (Wolff/Raiser § 77 III; Planck/Brodmann Anm 7; Biermann Anm 2 a; Soergel/Henssler Rn 4; Erman/Ebbing Rn 12; H Westermann[5] § 57 II 3 b cc). Auch der Anfall an den wirklichen Eigentümer oder dinglich Erwerbsberechtigten (§§ 953, 954) kann durch Abs 3 nur dann korrigiert werden, wenn dieser den Besitz der Muttersache nicht schon vor der Trennung zurückerlangt hatte (Wieling I § 11 III 4 a; MünchKomm/Oechsler Rn 8; Bamberger/Roth/Kindl Rn 9; Erman/Ebbing Rn 12); anderenfalls würde sich nämlich der gleichzeitig erfüllte Tatbestand des § 955 Abs 1 oder 2 durchsetzen.

16 Schwierigkeiten bereitet auch die Frage, **welche Sache** der frühere Eigen- oder Nutzungsbesitzer **wiedererlangen** muß: Ein Teil des Schrifttums bezieht die Wiedererlangung allein auf die Muttersache (Staudinger/Berg[11] Rn 6; BGB-RGRK/Pikart Rn 13; Soergel/Henssler Rn 4; MünchKomm/Oechsler Rn 5; wohl auch Planck/Brodmann Anm 7; Eck/Leonhard II 140 f), andere (Soergel/Mühl[12] Rn 6; Bamberger/Roth/Kindl Rn 9; Palandt/Bassenge Rn 4) wollen die Erlangung des Besitzes der Früchte jedenfalls für den Fall gleichstellen, daß die Muttersache in der Zwischenzeit untergegangen ist; wieder andere sehen die Wiedererlangung der Hauptsache und die Wiedererlangung der Früchte selbst generell als gleichwertig an (Wolff/Raiser § 77 III 3; Wieling I § 11 III 4 a; Erman/Ebbing Rn 14); und schließlich soll nach einer weiteren Auffassung nur die Besitzerlangung an den Früchten selbst gemeint sein (H Westermann[5] § 57 II 3 b cc; MünchKomm/Quack[3] Rn 7; Möhring 51 f). Der Wortlaut der Verweisung läßt mE nur die erste Auslegung zu. Von einer bloßen Unterbrechung des Besitzes, die im Wege der Fiktion übergangen wird, läßt sich nur sprechen, wenn der Besitz vor und nach dem fraglichen Zeitraum an der gleichen Sache besteht; da die

Früchte neue Sachen sind, die als solche erst nach dem Besitzverlust der Muttersache entstanden sind, können sie vom früheren Eigen- oder Nutzungsbesitzer der Muttersache auch nicht „wiedererlangt" werden. Eine Gleichstellung der Erlangung der Früchte mit der Wiedererlangung der Muttersache wäre allenfalls im Wege der Analogie denkbar; für eine solche ist aber ein zwingendes Bedürfnis mE nicht ersichtlich. – Die in § 955 Abs 3 angeordnete Fiktion der Fortdauer des Besitzes impliziert, daß die Wiedererlangung der Muttersache kein „Erwerb des Eigenbesitzes" (bzw Nutzungsbesitzes) iSv § 955 Abs 1 S 2 ist; eine grob fahrlässige Unkenntnis des Rechtsmangels bei der Wiedererlangung der Sache schadet also nicht (WOLFF/RAISER § 77 III 3; WIELING I § 11 III 4 a; MünchKomm/OECHSLER Rn 6; SOERGEL/ HENSSLER Rn 4; ERMAN/EBBING Rn 12).

IV. Rechte Dritter an der Sache

Vgl zunächst § 954 Rn 5. Die Regelung des § 1212, nach der sich ein an der Mut- **17** tersache bestehendes Mobiliarpfandrecht an den Früchten fortsetzt, wird durch § 955 nicht berührt. Bei Hypotheken, Grundschulden, Rentenschulden und Reallasten besteht ein Unterschied zwischen den Fällen Abs 1 und Abs 2. Nach § 1120 (iVm §§ 1192, 1199, 1107) bleiben die dem redlichen Eigenbesitzer zufallenden Früchte zunächst im hypothekarischen Haftungsverband, während die den Nutzungsbesitzern nach Abs 2 zufallenden Früchte sofort von jeder Haftung frei werden.

V. Beweislast

Zur Beweislast gegenüber dem Eigentümer der Muttersache bzw dem dinglich oder **18** obligatorisch Erwerbsberechtigten s § 953 Rn 13 und § 954 Rn 8. Im Streit mit anderen Eigentumsprätendenten, die ihren Erwerb aus §§ 956 oder 957 herleiten, tragen die letzteren die Beweislast für das Vorliegen dieser Normen (BAUMGÄRTEL/ BAUMGÄRTEL Rn 3). Zur Beweislast im Hinblick auf die Gut- oder Bösgläubigkeit s oben Rn 7.

§ 956
Erwerb durch persönlich Berechtigten

(1) Gestattet der Eigentümer einem anderen, sich Erzeugnisse oder sonstige Bestandteile der Sache anzueignen, so erwirbt dieser das Eigentum an ihnen, wenn der Besitz der Sache ihm überlassen ist, mit der Trennung, anderenfalls mit der Besitzergreifung. Ist der Eigentümer zu der Gestattung verpflichtet, so kann er sie nicht widerrufen, solange sich der andere in dem ihm überlassenen Besitz der Sache befindet.

(2) Das Gleiche gilt, wenn die Gestattung nicht von dem Eigentümer, sondern von einem anderen ausgeht, dem Erzeugnisse oder sonstige Bestandteile einer Sache nach der Trennung gehören.

Materialien: VE SR § 155; E I §§ 901, 902; II § 871, rev § 941; III § 940; SCHUBERT, SR I 961 f; Mot III 367 ff; Prot III 249 f; JAKOBS/SCHUBERT, SR I 685 ff.

Schrifttum

S Vorbem zu §§ 953 ff.

Systematische Übersicht

I. Allgemeines
1. Bedeutung und Anwendungsbereich — 1
2. Die Perle in der Auster — 5
3. Die rechtliche Konstruktion des Eigentumserwerbs nach § 956 — 6
a) Übertragungstheorie — 7
b) Aneignungstheorie — 8
c) Stellungnahme — 9

II. Die Gestattung der Aneignung — 10
1. Rechtsnatur — 11
2. Inhalt der Gestattung — 13
3. Gestattungsmacht — 18
a) Personenkreis — 18
b) Zeitpunkt — 20
c) Weiterwirkung der Gestattung des Rechtvorgängers? — 24

d) Konkurs des Gestattenden — 26
e) Zwangsvollstreckung in die Muttersache — 28

III. Besitzerwerb des Gestattungsadressaten — 30
1. Gestattung mit Besitzüberlassung (Abs 1 S 1 1. Alt) — 31
2. Gestattung ohne Besitzüberlassung (Abs 1 S 1 2. Alt) — 32

IV. Widerruf der Gestattung (Abs 1 S 2) — 32

V. Bedingte Aneignungsgestattungen — 38

VI. Beweislast — 44

Alphabetische Übersicht

Abstraktionsprinzip — 14
Aneignungstheorie — 8
Anwartschaftsrecht — 27

Bedingte Aneignungsgestattung — 43
Besitzdiener — 33
Besitzmittler — 33
Besitzüberlassung an Gestattungsempfänger — 31
Bestimmtheitsgrundsatz — 17
Beweislast — 44

Eigentumsvorbehalt — 43
Erwerbsgestattung — 1

Gestattungsbefugnis — 14 ff

Konkurs des Gestattenden — 26 f
Konstruktion der Aneignungsgestattung — 6 ff

Pächter — 2, 26, 38 ff
Perle in der Auster — 4

Rechtsnachfolge — 24 ff

Teilbesitz — 31
Torfabbauverträge — 2

Übertragungstheorie — 7 f

Verfügungsmacht — 18 ff
Verkauf von Holz auf dem Stamm — 2
Verkauf eines Hauses auf Abbruch — 2, 18

Widerruf der Gestattung — 38 ff

Zeitpunkt der Gestattungsbefugnis — 20 ff
Zwangsvollstreckung gegen den gestattenden Eigentümer — 28 f

I. Allgemeines

1. Bedeutung und Anwendungsbereich

Während der Eigentumserwerb an den getrennten Bestandteilen sich im Falle der **1** §§ 953, 954 aus einer dinglichen Rechtsposition an der Mutter- bzw Ausgangssache ergibt, regeln die §§ 956, 957 den **Erwerb von Trennstücken aufgrund einer persönlichen Aneignungsgestattung.** § 956 behandelt dabei solche Aneignungsgestattungen, die von einem Anfallberechtigten ausgehen, also vom Eigentümer der Muttersache (Abs 1) oder von derjenigen Person, der die Bestandteile nach der Trennung gehören bzw ohne die Gestattung gehören würden (Abs 2). In § 957 geht es dagegen um die Aneignungsgestattung eines Nichtberechtigten. Innerhalb des § 956 unterscheidet das Gesetz danach, ob die Aneignungsgestattung des Anfallberechtigten mit der Überlassung der Sache verbunden war oder nicht. Im ersteren Falle erwirbt der Gestattungsempfänger das Eigentum an den Früchten oder sonstigen Bestandteilen mit der Trennung, letzterenfalls erst mit der Besitzergreifung. Für die erste Variante paßt die Formulierung, mit der das Gesetz den Inhalt der Gestattung umschreibt, übrigens nicht sonderlich gut. Die Wendung „sich aneignen" impliziert dem üblichen Sprachgebrauch nach eine Tätigkeit des Erwerbers, die diesem das Eigentum verschafft; das BGB bezeichnet damit normalerweise die Konstellation, daß die Ergreifung von Eigenbesitz an einer herrenlosen oder auch fremden Sache zum Eigentumserwerb führt (zB §§ 958, 997 Abs 1 S 1). Da im Falle des § 956 1. Alt das Eigentum dem Gestattungsempfänger automatisch mit der Trennung, also ohne jede Aneignungshandlung zufällt, empfiehlt H Westermann (SR[5] § 57 III 1), statt der dem Gesetzeswortlaut folgenden üblichen Bezeichnung „Aneignungsgestattung" den Terminus „Erwerbsgestattung" zu verwenden. Im folgenden werden beide Begriffe synonym gebraucht.

Die **Hauptanwendungsfälle** des § 956 bilden   **2**

(1)   Der Fruchterwerb des Pächters,

(2)   die Veräußerung stehender oder hängender Früchte, wie zB der Verkauf von Getreide „auf dem Halm", von Holz „auf dem Stamm";

(3)   schuldrechtliche Verträge über die Ausbeutung von Bodenbestandteilen, gleichgültig wie diese Verträge dogmatisch einzuordnen sind (dazu Wehrens passim; Ströfer DB 1979, 1477; Hesse, Die Grundstücksverträge der Torfindustrie, SchLHAnz 1947, 169);

(4)   der Verkauf eines Gebäudes auf Abbruch.

(5)   die Überlassung der Ausübung des Nießbrauchs (§ 1059 S 2), denn die Ausübungsüberlassung wirkt nach zutreffender hM nur schuldrechtlich (BGHZ 56, 111, 115; Staudinger/Frank (2002) § 1059 Rn 18;

(6)   familienrechtliche Überlassungsverträge (MünchKomm/Quack Rn 4; Soergel/Henssler Rn 3).

§ 956 gilt aber auch für bewegliche Sachen (zB: A überläßt B vorübergehend ein   **3**

Fahrzeug, damit dieser irgendeine Zusatzeinrichtung, die A nicht mehr benötigt, für eigene Zwecke ausbauen kann). **AA** WIELING I § 11 III V b vor aa, der hier zu Unrecht § 954 anwenden will.

4 § 956 greift nicht ein, wenn ein Grundstückseigentümer einem Dritten die Aneignung bereits getrennter Früchte (also etwa das Aufsammeln von Fallobst oder abgebrochenen Zweigen) gestattet. Hier kann sich der Erwerb nur nach § 929 vollziehen. Es handelt sich um eine antizipierte Übereignung der vom Gestattungsadressaten ausgesonderten Früchte; die Besitzergreifung selbst ist, da sie mit Einverständnis des verfügenden Eigentümers erfolgt, als Übergabe iS dieser Vorschrift zu werten (s STAUDINGER/WIEGAND § 929 Rn 67).

2. Die Perle in der Auster

5 Der vielbesprochene Rechtsfall „Die Perle in der Auster" – ein in der Gastwirtschaft Austern verzehrender Gast „findet" in einer der Schalen eine Perle – gehört nicht hierher. Der Wirt, der dem Gast die Austern übergibt, gestattet diesem nicht die Aneignung des Inhalts der Austernschalen, er überträgt dem Gast vielmehr das Eigentum an den Austern mit allen ihren Bestandteilen (GAREIS DJZ 1905, 347; J vGIERKE DJZ 1905, 396; SOERGEL/HENSSLER § 953 Rn 4; BGB-RGRK/PIKART § 956 Rn 7; HEDEMANN BayZ 1905, 238; MünchKomm/QUACK § 929 Rn 58; MünchKomm/OECHSLER § 953 Rn 4; MARTINEK JuS 1991, 710, 714; **aA** FRANCKE ThürBl 53 [1906] 1, 5). Der Gastwirt ist jedoch zur Anfechtung nach § 119 Abs 2 berechtigt (HEDEMANN aaO; vgl ferner ENDEMANN II 1 § 87 Fn 3 d). Gänzlich abweichend SCHLOSSMANN JherJb 49 (1906) 139 ff, 147, nach dem die Austernschalen und damit die Perle als deren Bestandteil mit dem Auftragen des Gerichts nach § 959 herrenlos werden und damit der freien Aneignung nach § 958 unterliegen sollen, und WARNATSCH (Recht 1905, 340), der hier § 984 analog anwenden will. Vgl auch PLANCK/BRODMANN Anm 3 und § 965 Anm 1 a; FRANCKE ThürBl 53, 1 ff; JOSEF Recht 1905, 307 f (die Perle ist Eigentum des Austernfischers geblieben, der Gastwirt hat aber eine Besitzkondiktion); ferner die ausführliche Darstellung des Gangs der Diskussion bei MARTINEK JuS 1991, 710 ff.

3. Die rechtliche Konstruktion des Eigentumserwerbs nach § 956

6 Welche Rechtsnatur die „Aneignungsgestattung" hat und wie der Eigentumserwerb des Gestattungsempfängers zu konstruieren, dh dogmatisch zu erklären ist, ist außerordentlich streitig. Es stehen sich hier die sog „Übertragungstheorie" und die sog „Aneignungstheorie" gegenüber.

7 a) Nach der sog **Übertragungstheorie** wendet § 956 lediglich den Gedanken des § 929 auf einen Sonderfall der Übereignung künftiger Sachen an. Der Eigentumserwerb an den Früchten nach § 956 findet nach dieser Auffassung also seinen Grund in einer dinglichen Einigung iS von § 929 (Mot III 368; RGZ 78, 35, 36; STAUDINGER/BERG[11] Rn 8; PLANCK/BRODMANN Anm 2; BIERMANN Anm 3; BGB-RGRK/PIKART Rn 1; PALANDT/BASSENGE Rn 2; SOERGEL/OECHSLER[9] Anm 1; ERMAN/PETER S 1 Anm 1; KRETZSCHMAR Anm 1; WIELING I § 11 III 5 a; CROME III § 409 Fn 24; HECK 265; E WOLF, SachenR[2] § 4 J c 3 bb S 211; BREHM/BERGER Rn 29.6; GOLDMANN/LILIENTHAL § 22 Fn 24; R u D SCHMIDT, SR 56; WEHRENS 26; EGERT, Die Rechtsbedingung [1974] 63 f; KRESS, Besitz und Recht 303 f; F SCHULZ, in: Bonner FG für Zitelmann 84; ZITELMANN JherJb 70 [1921] 1, 29, 36 ff, 40 ff; BUNSEN ArchBR 29

[1906] 11, 14, 22 f [für § 956 Abs 1 S 1 Fall 2]; KOHLER ArchBR 18 [1900] 1, 107 f; ders, BR II 2, 223; FRANCKE AcP 93 [1902] 309, 320). Nach der am häufigsten vertretenen Variante soll die Einigungsofferte in der Aneignungsgestattung des Eigentümers oder sonstigen Anfallberechtigten liegen; die Annahme dieses Angebots wird dann regelmäßig in der Fortsetzung des Besitzes der Muttersache bis zur Trennung (§ 956 Abs 1 S 1 1. Alt) bzw der Besitzergreifung an den getrennten Früchten (2. Alt) gesehen (MOT, RG, STAUDINGER/BERG[11], BIERMANN, PALANDT/BASSENGE, CROME, KRETZSCHMAR, HECK, WEHRENS, alle aaO). Abweichend hiervon will eine andere Version bei der 1. Alt des § 956 Abs 1 S 1 die Akzeptation der Einigungsofferte schon in der Entgegennahme des Besitzes der Muttersache sehen (so PLANCK/BRODMANN Anm 2 S 518 u, 520 2. Abs; EGERT 63 f; KOHLER ArchBürgR 18 [1900] 108; für den Regelfall auch ZITELMANN 30). Nach einer dritten Spielart schließlich soll die dingliche Einigung normalerweise bereits in dem obligatorischen Gestattungsvertrag mit enthalten sein (HECK § 63, 5 a aE; PARTHEIL 22 f; LOEWENWARTER Anm 1; wohl auch BGB-RGRK/PIKART Rn 1, 6; E WOLF, SachenR[2] 211 f; WIELING I § 11 III 5 a aa; wohl auch BREHM/BERGER Rn 29.6. Vgl ferner LEMPENAU 59 ff m Fn 84). HECK (§ 63, 5) hat aus der Übertragungstheorie die radikale Konsequenz gezogen, die richtige Behandlung des § 956 sei dessen Ignorierung. Bei interessengemäßer Auslegung könne die Norm nämlich ohnehin nur zu Ergebnissen führen, die sich bereits aus den allgemeinen Grundsätzen ableiten ließen. § 956 sei deshalb gleichbedeutend mit den Worten: „Die rechtsgeschäftliche Übertragung von Trennstücken richtet sich nach den §§ 929–936".

b)   Demgegenüber sieht die sog **Aneignungstheorie** (die auch als Erwerbstheorie **8** oder Anwartschaftstheorie bezeichnet wird) in der persönlichen Aneignungsgestattung eine einseitige empfangsbedürftige Willenserklärung, die die Zustimmung zum Eigenbesitz- und Eigentumserwerb des Adressaten beinhaltet (WOLFF/RAISER § 77 IV 2; H WESTERMANN[5] § 57 III 2 b; EICHLER II 1, 49; GERHARDT I 136; J vGIERKE § 36 IV 1 b; K MÜLLER Rn 2735; WILHELM Rn 950 f [mit starker Annäherung an die Übertragungstheorie]; SOERGEL/MÜHL[12] Rn 2; SOERGEL/HENSSLER Rn 4; MünchKomm/OECHSLER Rn 2 f; BAMBERGER/ROTH/KINDL Rn 2; JAUERNIG/JAUERNIG Rn 2; SPONER, Das Anwartschaftsrecht und seine Pfändung [1965] 126; SPYRIDAKIS 148; BARTH Gruchot 58, 595 ff; SEYDEL 32 ff; DIEDERICHSEN, Das Recht zum Besitz aus Schuldverhältnissen [1965] 114; MARTINEK JuS 1988, L 3, 4; wohl auch MÜLBERT AcP 202 [2002] 912, 938 m Fn 96; für § 956 Abs 1 S 1 1. Fall auch BUNSEN ArchBR 29 [1906] 11 ff, 22 f). Die regelmäßig bereits im zugrunde liegenden Schuldvertrag enthaltene einseitige Gestattungserklärung begründet nach dieser Auffassung ein Erwerbsrecht des Gestattungsempfängers, das bei Überlassung des Besitzes der Muttersache ein Anfallrecht, anderenfalls ein Aneignungsrecht darstellt (vgl ERMANN/EBBING Rn 3; BARTH Gruchot 58 [1914] 577, 596 f; ferner auch LARENZ, AT[7] § 13 II 8 S 223). Der Gestattende verfügt nach dieser Deutung nicht antizipiert über die möglicherweise noch gar nicht vorhandenen Früchte – wie das die Übertragungstheorie annimmt –, sondern über sein eigenes Fruchtziehungsrecht (DIEDERICHSEN aaO). vTUHR (AT I 172 f Fn 6; II 2, 213 Fn 17; ders DJZ 1904, 426, 427) und SCHWAB/PRÜTTING (Rn 484) stehen dieser Konzeption recht nahe; sie begreifen die Gestattung jedoch nicht als einseitiges Rechtsgeschäft, sondern als Vertrag. Entsprechend sind wohl auch ENDEMANN II 1 § 85, 4 a und ENNECCERUS/H O LEHMANN (BR II[2] 185) zu verstehen.

c)   Zu diesem Theorienstreit ist folgendes zu bemerken: Die Hauptvariante der **9** Übertragungstheorie kann schon deshalb keine befriedigende Erklärung des § 956 liefern, weil sie rein tatsächliche Zustände oder Vorgänge als Willenserklärungen wertet (vgl WOLFF/RAISER § 77 IV 1 b Fn 26; H WESTERMANN⁵ § 57 III 2 b; BAUR/STÜRNER § 53 Rn 57; DIEDERICHSEN 114; SOERGEL/MÜHL Rn 2), also zu Fiktionen Zuflucht nehmen muß (SEYDEL 3; vBLUME JherJb 39, 445; SPYRIDAKIS 148; MünchKomm/QUACK Rn 2; vgl auch PLANCK/BRODMANN Anm 2 S 520: „unzulässige Insinuation"). Sie müßte außerdem zu dem wenig interessegemäßen Ergebnis führen, daß der zwischen Vertragsschluß und Ernte geisteskrank gewordene Pächter kein Eigentum an den getrennten Früchten erwirbt (H WESTERMANN⁵ § 57 III 2 b; BAUR/STÜRNER § 53 Rn 58; MünchKomm/OECHSLER Rn 2). Derartige Einwände, die auch die Variante von PLANCK/BRODMANN treffen (vgl ZITELMANN JherJb 70 [1921] 30), vermeidet allerdings die dritte Spielart der Übertragungstheorie, nach der die dingliche Einigung zwischen Gestattendem und Gestattungsempfänger bereits im schuldrechtlichen Gestattungsvertrag mit enthalten sein soll. Diese Abwandlung hat dafür jedoch Schwierigkeiten mit dem Erfordernis der Übergabe (ERMAN/HEFERMEHL¹⁰ Rn 4). Sie kann beispielsweise nicht erklären, daß nach § 956 Abs 1 S 1 1. Fall einem Grundstückspächter auch das Eigentum an solchen Früchten mit der Trennung zufällt, die von einem Dieb abgepflückt werden (wodurch der Pächter natürlich keinerlei Besitz an den getrennten Früchten erlangt). Gegen die Übertragungstheorie spricht auch die Stellung des § 956 im äußeren System des BGB; die Norm ist ja gerade nicht in dem Abschnitt plaziert, der von der Übertragung des Eigentums an beweglichen Sachen handelt, sondern zwischen die originären Eigentumserwerbsgründe der Verbindung, Vermischung, Verarbeitung einerseits und der Aneignung andererseits eingeordnet worden (BARTH Gruchot 58 [1914] 577, 596; H WESTERMANN⁵ § 57 III 2 b). Vor allem aber muß betont werden, daß die persönliche Aneignungsgestattung einen ganz anderen wirtschaftlichen Sinn hat als eine Einigung iSv § 929, weil sie im Gegensatz zur letzteren nicht nur eine einmalige Rechtsverschiebung herbeiführt, sondern typischerweise eine Dauerbefugnis begründet (SCHWAB/PRÜTTING Rn 484). Sinnvoller erscheint es deshalb, die persönliche Fruchterwerbsgestattung mit der Aneignungstheorie als Verfügung über das gegenwärtige Anfallrecht des Gestattenden zu deuten. Damit ist allerdings noch nicht entschieden, ob die Gestattung ein einseitiges Rechtsgeschäft oder einen Vertrag darstellt. Die Frage ist ohne große praktische Bedeutung, da sich eine stillschweigende Annahme in aller Regel aus den Umständen entnehmen lassen wird; zumeist dürfte sie sich – genauso wie die Gestattung selbst – bereits aus dem obligatorischen Vertrag herauslesen lassen. Der Wortlaut des § 956 Abs 1 S 1 spricht wohl eher für ein einseitiges Geschäft. Da aber die translative oder konstitutive Verschaffung von Rechten im BGB in aller Regel nur durch Vertrag erfolgen kann (vgl vTUHR II 1, 204), sollte man § 956 mE systemkonform auslegen und auch hier einen Gestattungsvertrag verlangen (vgl vTUHR II 2, 213 Fn 17; WILHELM Rn 950; SCHWAB/PRÜTTING aaO). Die Gestattung als Vertragsofferte kann übrigens auch ad incertas personas gerichtet werden. So wenn der Eigentümer eines Obstgartens am Straßenrand ein Schild anbringt, wonach er wegen der zu geringen Obstpreise auf eine Ernte verzichtet und jedermann das Abernten gestattet (HECK § 64, 8 will diesen Fall zu Unrecht unter § 959 bringen).

II. Die Gestattung der Aneignung

10 Erfordernis des Eigentumserwerbs durch den obligatorisch Berechtigten ist in erster Linie, daß diesem die Aneignung von Erzeugnissen oder sonstigen Bestandteilen einer Sache gestattet wird.

1. Rechtsnatur

Die Gestattung ist nach der hier vertretenen Auffassung ein *dinglicher Vertrag*, **11** während die meisten Anhänger der Aneignungstheorie darin eine einseitige empfangsbedürftige Willenserklärung sehen (vgl oben Rn 9). Auf diesen Vertrag finden – genau wie im Falle der Einigung – die Vorschriften des Allgemeinen Teils über Rechtsgeschäfte (§§ 104 ff) Anwendung. Die Aneignungsgestattung kann deshalb auch unter einer Bedingung (§ 158) erteilt werden (H WESTERMANN[5] § 57 III 2 e; Münch-Komm/QUACK Rn 5; vgl dazu unten Rn 36). Ein nach Abschluß des Vertrages eintretender Wegfall der Geschäftsfähigkeit des Gestattenden hat nach allgemeinen Grundsätzen auf die Wirksamkeit der Gestattung keinen Einfluß (unzutreffend SOERGEL/HENSSLER Rn 2). Besonderheiten gelten allerdings für die Bindung an die Gestattung, s Rn 38.

Die Gestattung *muß nicht ausdrücklich* erklärt werden. Regelmäßig wird sie in dem **12** zugrunde liegenden Schuldvertrag mit enthalten sein (DIEDERICHSEN 114; SEYDEL 27; s oben Rn 9). Falls die Verpachtung eines Grundstücks jedoch bereits längere Zeit vor dem Beginn des Pachtzeitraums erfolgt, kann die Gestattung unter Umständen auch erst in der Übergabe des Grundstücks an den Pächter zu sehen sein (vgl SEYDEL 27; PLANCK/BRODMANN Anm 3). Falls ein Grundstückspächter das auf dem Grundstück wachsende Getreide auf dem Halm verkauft, muß darin nicht notwendigerweise eine (Unter-)Gestattung iSv § 956 Abs 2 mit Abs 1 S 1 (nebst Abtretung des Anspruchs aus dem Pachtvertrag mit dem Grundstückseigentümer auf Duldung der Aberntung) liegen (vgl RG GoldtArch 48, 129 f).

Die Gestattung ist unstreitig eine **Verfügung**. Und zwar verfügt der Gestattende **13** nach der hier vertretenen Auffassung über sein eigenes Fruchterwerbsrecht (bzw Anfallrecht), während die Übertragungstheorie eine antizipierte Verfügung über die abzutrennenden Bestandteile als res futurae annimmt (s oben Rn 8).

Wie fast alle Verfügungen ist auch die Gestattung iSv § 956 *abstrakt*, dh von dem **14** etwa zugrunde liegenden schuldrechtlichen Verpflichtungsgeschäft unabhängig (SOERGEL/HENSSLER Rn 2; MünchKomm/QUACK Rn 3; JAUERNIG/JAUERNIG Rn 2 [c]; H WESTERMANN/GURSKY § 57 III 2 a; **aA** DIEDERICHSEN, Das Recht zum Besitz aus Schuldverhältnissen [1965] 114; RAAPE JherJb 74 [1924] 179, 201; SEYDEL 29). In Abs 1 S 2 ist nämlich vorausgesetzt, daß eine Gestattung trotz Fehlens eines (gültigen) Verpflichtungsgeschäfts bestehen kann. Soweit allerdings die Gestattungsvereinbarung gleichzeitig mit dem schuldrechtlichen Grundgeschäft geschlossen wird, werden etwaige Mängel des Grundgeschäfts auch der Gestattung anhaften (Fehleridentität). Weitergehend nehmen PLANCK/BRODMANN (Anm 3) an, daß die Gestattung ohne weiteres durch die Gültigkeit des Pachtvertrages bedingt sei (ebenso SEYDEL 29).

2. Inhalt der Gestattung

Die Aneignungsgestattung kann sich nicht nur auf Früchte iS von § 99 Abs 1, **15** sondern auf alle Arten von (wesentlichen) Bestandteilen beziehen. § 956 ist deshalb beispielsweise anwendbar, wenn ein Bauherr dem Bauunternehmer gestattet, bereits eingebaute Fenster, Türen oder Heizungsanlagen wieder zu entfernen (BGB-RGRK/PIKART Rn 7).

16 Ihrem Inhalt nach muß die Gestattung auf „Aneignung", dh Eigentumserwerb an den Trennstücken gerichtet sein. Die hM will allerdings §§ 956, 957 entsprechend anwenden, wenn ein Pfandrecht oder ein Nießbrauch an erst noch zu trennenden Bestandteilen bestellt werden soll (Mot III 367, 799; STAUDINGER/BERG[11] Rn 1 [b]; BIERMANN Anm 1 b; KRETZSCHMAR Anm 4; WOLFF/RAISER § 161 IV; H WESTERMANN[5] § 126 I 2; WILHELM Rn 951 Fn 801, Rn 1690 Fn 1758; KNÜTEL, in: LdR Sachenrecht 175; F SCHULZ, in: Bonner FG ZITELMANN [1923] 89, 111 f). Ein zwingendes Bedürfnis für diese Analogie ist jedoch nicht ersichtlich, da sich die Gültigkeitsvoraussetzungen einer solchen antizipierten Rechtsbestellung ohne weiteres den §§ 1030, 1032 bzw §§ 1204–1207 selbst entnehmen lassen (H WESTERMANN/GURSKY § 126 I 2).

17 Wie für alle Verfügungen gilt auch für die Aneignungsgestattung des § 956 der *Bestimmtheitsgrundsatz.* Dieser Umstand schließt jedoch nicht aus, daß die Aneignungsgestattung umfangmäßig begrenzt wird („5 Äpfel") oder auf einen ideellen Bruchteil der Früchte („1/3 der zu erntenden Früchte") eingeschränkt wird (**aA** für die letztere Konstellation H WESTERMANN[5] § 57 III 2 a; MünchKomm/QUACK[3] Rn 4; SOERGEL/HENSSLER Rn 2; für beides **aA** WIELING I § 11 III 5 a bb). Bei derartigen Abreden paßt zwar der erste Fall des § 956 Abs 1 offensichtlich nicht, aber gegen eine Heranziehung der zweiten Variante der Norm bestehen mE keine durchschlagenden Bedenken, weil jedenfalls im Zeitpunkt der Perzeption ermittelt werden kann, ob sich die Gestattung auf die in Besitz genommenen Früchte erstreckt oder nicht (zust MünchKomm/OECHSLER Rn 4; BAMBERGER/ROTH/KINDL Rn 4; nur in der Konstruktion anders H WESTERMANN[5] und QUACK aaO, die die Erwerbsgestattung in eine Einigung iSv § 929 über die vom Erwerbenden auszusondernden Früchte umdeuten wollen; einschränkend [„in bestimmten Fällen"] SOERGEL/HENSSLER Rn 2). Auf welche Erzeugnisse oder Bestandteile sich die Gestattung erstrecken will, ist im Einzelfall im Wege der Auslegung zu bestimmen. Bei dem Hauptanwendungsfall der §§ 956, 957, nämlich der Pacht, bezieht sich die Gestattung regelmäßig nur auf diejenigen Früchte, die nach den Regeln einer ordnungsmäßigen Wirtschaft als Ertrag anzusehen sind (arg § 581). An Übermaßfrüchten (bspw mutwillig gefällten Obstbäumen) erwirbt der Pächter das Eigentum deshalb nicht; vielmehr entscheidet sich die Eigentumsfrage insoweit nach den §§ 953–955 (WIELING I § 11 III 5 bei Fn 3; GOLDMANN/LILIENTHAL § 22 Fn 20; OERTMANN § 581 Anm 1 b; STAUDINGER/SONNENSCHEIN [1996] § 581 Rn 171; BGB-RGRK/PIKART Rn 8; BAMBERGER/ROTH/KINDL Rn 12; AK-BGB/OTT Rn 4; BAUR/STÜRNER § 53 Rn 64; **aA** ERMAN/HEFERMEHL[10] § 956 Rn 9, die Eigentumserwerb des Pächters bei schuldrechtlicher Ausgleichspflicht annehmen). Wird die Gestattung zur Aberntung von Obstbäumen mit der „Auflage" verbunden, einem bestimmten Bruchteil des geernteten Obstes dem Grundstückseigentümer abzugeben, so dürfte regelmäßig eine auf alle Früchte bezogene Erwerbsgestattung vorliegen, die mit einer schuldrechtlichen Rückübertragungspflicht kombiniert ist (vgl H WESTERMANN[5] § 57 III 2 a aE).

3. Gestattungsmacht

a) Personenkreis

18 Als Verfügung setzt die Gestattung Verfügungsmacht voraus; sie muß deshalb vom Berechtigten ausgehen. Gestattungsberechtigt ist nach Abs 1 S 1 und Abs 2 *jeweils derjenige, dem* ohne die Gestattung *die Bestandteile mit der Trennung zugefallen wären*: Das kann der Eigentümer (§ 953) oder ein dinglicher Berechtigter (§ 954), bei Früchten aber auch ein redlicher Eigen- oder Nutzungsbesitzer (§ 955) sein; im letzteren Falle ist eigene Gutgläubigkeit des Gestattungsempfängers nicht erforderlich (PLANCK/BRODMANN Anm 3; ERMAN/EBBING Rn 5; WOLFF/RAISER § 77 Fn 29). Aber auch ein selbst nur obligatorisch Berechtigter kommt in Betracht, sofern ihm der Besitz der Sache überlassen ist, § 956 Abs 1 S 1 1. Alt (RGZ 108, 269, 270; GOLDMANN/LILIEN-THAL § 22 Fn 21; PLANCK/BRODMANN Anm 3; SOERGEL/HENSSLER Rn 4; AnwK-BGB/MAUCH Rn 7 [ohne Erwähnung des Erfordernisses der Besitzüberlassung]). Die persönliche Aneignungsgestattung ist also weiterleitbar, selbst wenn der Gestattende hierdurch gegen seine Vertragspflichten verstößt (BGH WM 2003, 635, 637 = MDR 2003, 21, 22 = EWiR 2002, 965 [SCHÄFER]; PLANCK/BRODMANN Anm 3); das gilt auch für eine nach §§ 581 Abs 2, 540 bzw § 589 Abs 1 unzulässige Weiterverpachtung (PLANCK/BRODMANN aaO; AnwK-BGB/ MAUCH Rn 7; ERMAN/HEFERMEHL[10] Rn 5; PALANDT/BASSENGE Rn 1; WIELING I § 11 III 5; MAR-TINEK JuS 1988, L 6; **aA** BIERMANN Anm 1 a). Ein vertraglicher Ausschluß der Weitergestattung wäre nach § 137 S 1 unwirksam (**aA** RGZ 108, 269, 270; PALANDT/BASSENGE Rn 7; wie hier MünchKomm/OECHSLER Rn 5). Schließlich kann die Gestattung auch von jemandem ausgehen, der seinerseits die Muttersache von einem Nichtberechtigten gepachtet hat und nun ohne die Weiterverpachtung nach § 957 iVm § 956 Abs 1 S 1 mit der Trennung Eigentum erwerben würde (WIELING I § 11 III 5 m Fn 7; WOLFF/RAISER § 77 Fn 29; PLANCK/BRODMANN Anm 3 a); auch hier ist wieder eine eigene Gutgläubigkeit des Unterpächters nicht erforderlich. Die Konsequenz daraus zieht § 991 Abs 1 (vgl STAUDINGER/GURSKY [1999] Vorbem 6 zu §§ 987 ff). Das Recht zur Gestattung reicht bei den genannten Personen nicht weiter als das eigene Anfallrecht: Der Nießbraucher eines Grundstücks kann also eine wirksame Gestattung nur hinsichtlich der Früchte des Grundstücks erteilen, nicht aber einem Dritten den Abbruch eines auf dem Grundstück stehenden Gebäudes mit der Wirkung gestatten, daß der Dritte das Eigentum an dem Abbruchmaterial erwirbt (KRETZSCHMAR Anm 3). Ebenso kann ein gutgläubiger Eigen- oder Nutzungsbesitzer nur die Aneignung von Früchten, nicht aber auch die von sonstigen Bestandteilen wirksam gestatten; der Erwerb der letzteren kann sich allerdings aus § 957 ergeben (WIELING I § 11 III 5). – Die Aneignungsgestattung eines Nichtberechtigten führt nur unter den Voraussetzungen des § 957 zum Eigentumserwerb des Gestattungsempfängers (vgl Erl zu § 957).

In entsprechender Anwendung des § 956 Abs 2 muß auch die Aneignungsberechtigung des nichtbesitzenden ersten Gestattungsempfängers (§ 956 Abs 1 S 1 2. Alt) durch eine Weitergestattung *übertragbar* sein (RGZ 108, 269, 270; WIELING I § 11 III 5 m Fn 4; BGB-RGRK/PIKART Rn 21; MünchKomm/FÜLLER Rn 5; BAMBERGER/ROTH/KINDL Rn 5; ERMAN/EBBING Rn 5; F SCHULZ, in: FG Zitelmann 83, 85); der zweite Gestattungsempfänger erwirbt hier das Eigentum an den Trennstücken natürlich erst mit der Besitzergreifung, genauso wie dies ohne die Weitergestattung bei seinem auctor der Fall wäre (BGB-RGRK/PIKART aaO). Die Weiterleitung einer solchen persönlichen Aneignungsberechtigung aus § 956 Abs 1 S 1 2. Alt soll nach hM allerdings durch ein vertragliches Verbot der Weitergestattung ausgeschlossen werden können (RG, HEFERMEHL, PIKART aaO; PALANDT/BASSENGE Rn 7; H WESTERMANN[5] § 57 III 1; E WOLF[2] § 4 J III c 3 hh S 213). Das ist aber wiederum mit § 137 S 1 BGB nicht vereinbar (so auch WIELING I § 11 III 5; SOERGEL/HENSSLER Rn 5; BAMBERGER/ROTH/KINDL Rn 4 Fn 10; iE auch MünchKomm/OECHSLER Rn 5). – Nur zu einer persönlichen *Aneignungsberechtigung* (mit der Folge des Eigentumserwerbs durch Perzeption) führt auch die Aneignungsgestattung des Inhabers einer dinglichen, aber nicht ausschließlichen Fruchterwerbsberechtigung (s § 954 Rn 4) oder desjenigen, der ein Aneignungsrecht iSv § 958 Abs 2 hat. Vgl

19

dazu, insbesondere zu den Fällen der Jagderlaubnis und der Fischereierlaubnis, die eingehenden Ausführungen bei RAAPE JherJb 74 (1924) 179 ff.

20 b) Schwierigkeiten bereitet die Frage, in welchem **Zeitpunkt** die Gestattungsbefugnis vorliegen muß. Es geht dabei um zwei Teilaspekte: Nämlich zum einen darum, bis zu welchem Augenblick die **Rechtszuständigkeit** zur Erteilung der Gestattung gegeben sein muß, zum anderen die Frage, bis zu welchem Zeitpunkt die **Verfügungsbefugnis** des Gestattenden andauern muß, oder anders ausgedrückt: von welchem Zeitpunkt an die Wirksamkeit der erteilten Gestattung durch eine Entziehung oder Beschränkung der Verfügungsbefugnis des Gestattenden nicht mehr beeinflußt wird.

21 Die Rechtszuständigkeit zur Erwerbsgestattung kann nicht nur durch translative oder konstitutive Rechtsnachfolge (zB Weiterübertragung des Eigentums oder Erbbaurechts oder von herrschendem Grundstück und Grunddienstbarkeit, Bestellung eines Nießbrauchs durch den Eigentümer), sondern auch dadurch entfallen, daß das bisherige eigene dingliche oder obligatorische Fruchterwerbsrecht des Gestattenden durch Zeitablauf, Bedingungseintritt oder Kündigung endet oder dadurch, daß dieser seine eigene bisherige Fruchterwerbsanwartschaft aus § 955 oder § 957 durch Bösgläubigwerden verliert. Die hM verlangt nun grundsätzlich, daß der Gestattende die Rechtszuständigkeit für die Gestattung noch in dem Zeitpunkt besitzt, in dem der Eigentumserwerb nach § 956 erfolgen müßte (RGZ 78, 35, 36 [zum Fall der Rechtsnachfolge]; OLG Colmar OLGE 20, 167; BGB-RGRK/PIKART Rn 4; PLANCK/BRODMANN Anm 2 S 520 1. Abs; BIERMANN Anm 1 a; SOERGEL/HENSSLER Rn 8; PALANDT/BASSENGE Rn 5; JAUERNIG/JAUERNIG Rn 60; WOLFF/RAISER § 77 IV 4; BAUR/STÜRNER § 53 Rn 2 [d]). Demgegenüber will H WESTERMANN (SR⁵ § 57 III 2 c) allein auf den Augenblick des Zugangs der Gestattungserklärung abheben (ebenso offenbar MÜLBERT AcP 202 [2002] 912, 938 f Fn 96). Das ist vom Boden der – ja auch hier vertretenen – Aneignungstheorie an sich nur konsequent, da mit der (einseitigen oder wie hier als Vertrag verstandenen) Fruchterwerbsgestattung die Verfügung über das Fruchtbezugsrecht des Gestattenden ja vollendet ist. Andererseits ist zu berücksichtigen, daß das damit entstandene Fruchterwerbsrecht regelmäßig noch keine konstante Größe ist (BAUR/STÜRNER § 53 Rn 60), da sich erst in dem Augenblick seiner Realisierung durch Trennung der Früchte bzw Besitzergreifung an ihnen zeigt, ob überhaupt und wieviele Früchte da sind, an denen der Gestattungsempfänger Eigentum erwerben kann (BAUR/STÜRNER aaO). Wenn sich aber der Inhalt der Fruchtziehungsberechtigung noch bis zur Trennung bzw Besitzergreifung wandeln kann, so müssen die Fruchterwerbsgestattung und die Trennung bzw Besitzergreifung einen einzigen gestreckten Erwerbstatbestand bilden, der zwar als solcher nicht als eine Verfügung im technischen Sinne bezeichnet werden kann, aber einer Verfügung doch so ähnlich ist, daß man in Analogie zu der für Verfügungen geltenden Regelung fordern muß, daß die Verfügungsmacht des Gestattenden noch bei Abschluß dieses Erwerbstatbestandes gegeben sind (ebenso im Ergebnis BAUR/STÜRNER aaO; WILHELM Rn 951 f; WOLFF/RAISER § 77 IV; SCHAPP/SCHUR Rn 281; SOERGEL/MÜHL¹² Rn 2, 3; SOERGEL/HENSSLER Rn 2; PALANDT/BASSENGE Rn 2).

22 Eine Aneignungsgestattung des Eigentümers der Muttersache wird deshalb grundsätzlich wirkungslos, wenn dieser die Sache noch vor dem Zeitpunkt der Trennung oder Perzeption, in dem das Eigentum an der Teilsache auf den Gestattungsempfänger übergehen würde, **weiterveräußert**. Nur aus besonderen Rechtsgründen kann die Gestattung seines Rechtsvorgängers zu Lasten des Erwerbers weiterwirken (s unten Rn 24). Ebenso verliert die Aneignungsgestattung, die ein gutgläubiger Eigen- oder Nutzungsbesitzer erteilt hat, ihre Kraft, wenn dieser positive Kenntnis davon erlangt, daß er selbst zum Fruchtbezug gar nicht berechtigt ist (Biermann Anm 1 a; Wieling I § 11 III 5 b bb mwN). Dann kommt nur noch ein Erwerb nach § 957 in Betracht. Die von einem Pächter oder Nießbraucher erteilte Fruchterwerbsgestattung verliert ferner mit dem Ende der Rechtsposition des Gestattenden ihre Wirkung, es sei denn, daß das der Gestattung zugrunde liegende Schuldverhältnis aus besonderen Gründen (zB nach § 1056) auch den Eigentümer bindet. Andernfalls kann wieder nur § 957 helfen. Umgekehrt führt auch die Aneignungsgestattung eines Nichtberechtigten zum Eigentumserwerb des Gestattungsadressaten, wenn der Gestattende noch vor der Trennung bzw Besitzergreifung das Eigentum an der Muttersache bzw ein dingliches oder obligatorisches Fruchtbezugsrecht erwirbt (Wolff/Raiser § 77 IV 4). Entsprechendes gilt, wenn der bei der Gestattung noch bösgläubige Eigenbesitzer vor der Trennung bzw der Besitzergreifung an den Trennstücken von einem Gutgläubigen beerbt wird bzw selbst gutgläubig wird. Eine relevante bona fides superveniens ist hier allerdings nur dann gegeben, wenn der ursprünglich bösgläubige Eigenbesitzer aufgrund neuer Umstände ohne grobe Fahrlässigkeit zu der Überzeugung gelangt, nunmehr Eigentümer zu sein, oder wenn er die beim Erwerb des Besitzes leichtfertig unterlassene Prüfung der Berechtigung seines Rechtsvorgängers nach der Gestattung nachholt und dabei nicht auf verdächtige Umstände stößt. Dagegen kann es nicht ausreichen, daß der ursprünglich bösgläubige Eigenbesitzer die verdächtigen Umstände seines Besitzerwerbs oder gar die ihm ursprünglich positiv bekannte Nichtberechtigung infolge Zeitablaufs vergißt.

Als Verfügung setzt die Gestattung nicht nur die Verfügungsmacht (iSv Rechts- **23** zuständigkeit), sondern auch **Verfügungsbefugnis** des Gestattenden voraus. Diese müßte nach allgemeinen Grundsätzen nur beim Abschluß des eigentlichen Verfügungstatbestandes vorliegen. Beim Bestandteilerwerb nach § 956 muß jedoch aus den unter Rn 21 dargelegten Gründen die Trennung bzw Besitzergreifung an den getrennten Früchten als Endpunkt des „gestreckten" Verfügungstatbestandes angesehen werden. Bis zum Zeitpunkt der Trennung der Bestandteile (§ 956 Abs 1 S 1 1. Fall) bzw der Besitzergreifung des Gestattungsadressaten an ihnen (§ 956 Abs 1 S 1 2. Fall) muß deshalb im Grundsatz die unbeschränkte Verfügungsbefugnis des Gestattungsempfängers vorliegen. Ein durch einstweilige Verfügung gegen den Gestattenden ergangenes gerichtliches Veräußerungsverbot (§§ 135, 136 BGB, 938 Abs 2 ZPO) kann deshalb noch den Erwerb des Gestattungsempfängers verhindern. Zum Konkurs des Gestattenden s unten Rn 26.

c) Weiterwirkung der Gestattung des Rechtsvorgängers?
Wenn der Gestattende seine Rechtszuständigkeit noch vor dem Zeitpunkt verliert, **24** in dem der Eigentumserwerb des Gestattungsempfängers erfolgen soll, so bleibt die Gestattung jedenfalls dann auch dem Rechtsnachfolger gegenüber wirksam, wenn dieser die Verfügung seines Vormanns genehmigt (RGZ 78, 35, 37; F Schulz, in: Bonner FG Zitelmann 82, 89 Fn 1; Soergel/Mühl¹² Rn 4; BGB-RGRK/Pikart Rn 4; Planck/Brodmann⁴ Anm 2 a β; AnwK-BGB/Mauch Rn 6; Bamberger/Roth/Kindl Rn 7; Palandt/Bassenge Rn 8; Landsberg PosMSchr 1899, 181; Heck § 63; Wieling I § 11 III 5 a bb Fn 30; Baur/Stürner

Karl-Heinz Gursky

§ 53 Rn 62; aA Warschauer JW 1912, 719 f; Soergel/Henssler[13] Rn 5). Allerdings kann der Einzelrechtsnachfolger seine Gestattung eventuell noch widerrufen, denn er darf in diesem Falle sicherlich nicht schlechter stehen, als hätte er selbst eine neue Gestattung erteilt. Ansonsten wirkt die Erwerbsgestattung nach zutreffender hM gegenüber einem Einzelrechtsnachfolger des Gestattenden nur in den Fällen, in denen der Rechtsnachfolger dem Gestattungsempfänger gegenüber zur Duldung des Eigentumserwerbs verpflichtet ist (RGZ 78, 35, 36; BGB-RGRK/Pikart Rn 4; Biermann Anm 1 a; Bamberger/Roth/Kindl Rn 7; Palandt/Bassenge Rn 2; Baur/Stürner § 53 Rn 62; Brehm/Berger Rn 29. 7; F Schulz 88; Zitelmann 49; Tuch 87; Dernburg III § 110 Fn 19). Das ist etwa dann der Fall, wenn der Rechtsnachfolger nach §§ 581 Abs 2, 566 oder § 2135 in den von seinem Vorgänger abgeschlossenen Pachtvertrag eintritt oder wenn er dessen vertragliche Verpflichtungen gegenüber dem Gestattungsadressaten kumulativ oder privativ übernimmt.

25 Demgegenüber nehmen andere Autoren aus unterschiedlichen Gründen an, daß ein Wechsel der Rechtszuständigkeit zwischen Gestattung und Trennung bzw Perzeption den Eigentumserwerb des Gestattungsempfängers nicht hindert (so E Wolf, SachenR[2] 213; Planck/Brodmann[5] § 956 Anm 2 S 519; Bunsen ArchBürgR 29 [1906] 11 ff, 19; nur für nach § 956 Abs 1 S 2 unwiderrufliche Gestattungen Wolff/Raiser § 77 IV 6; Wieling I § 11 III 5 b bb; MünchKomm/Quack[3] Rn 6; Biermann Anm 3 c [im Widerspruch zu Anm 1 a]; Crome III 369; Eck/Leonhard, Vorträge über das Recht des BGB, II 144; für die Fälle, in denen dem Gestattungsempfänger der Besitz überlassen ist: vTuhr I § 11 Fn 44; Partheil 67 ff, 88). Heck (§ 63, 6) und Soergel/Mühl[12] (Rn 4 Fn 10) beschränken diese Lösung auf die Früchte beweglicher Sachen. Nach H Westermann (SR[5] § 57 III 2 c, d) wirkt die Gestattung schlechthin zu Lasten des Rechtsnachfolgers; dieser kann die Gestattung aber widerrufen, wenn er nicht aus besonderen Gründen an die zugrunde liegende Verpflichtung des Rechtsvorgängers gebunden ist. Der hM ist grundsätzlich zuzustimmen. Die Gegenüberstellung mit § 954 zeigt, daß die persönliche Aneignungsgestattung des § 956 kein dingliches, sondern nur ein relatives Eigentumserwerbsrecht schafft; ein solches muß von der Fortdauer des eigenen Fruchtbezugsrechts des Gestattenden abhängig sein (vgl F Schulz 97 ff; Enneccerus/Nipperdey, AT § 79 Fn 14). Wenn der Gestattungsadressat allerdings im Augenblick der Trennung bzw Perzeption noch keine Kenntnis von dem Wechsel in der Rechtszuständigkeit hatte, wird er durch § 957 geschützt (vgl F Schulz 100; Tuch 91; Wilhelm Rn 952). Daß schon die bloße Verpflichtung des Rechtsnachfolgers zur Duldung des Eigentumserwerbs des Gestattungsadressaten das Erfordernis der fortdauernden Rechtszuständigkeit des Gestattenden überwindet, ist angesichts der abstrakten Rechtsnatur der Gestattung eine dogmatisch schwer zu erklärende Anomalie; diese Lösung ist aber unumgänglich, weil nur so der von den §§ 593 b, 566 intendierte Schutz erreicht wird (vgl Tuch 87); wie eine echte Verpflichtung zur Duldung des Eigentumserwerbs dürfte übrigens auch eine im Wege der Einwanderstreckung nach § 986 Abs 2 begründete Belassungspflicht zu behandeln sein (so F Schulz 90 f; Tuch 87; vTuhr I 218 Fn 44; Crome III § 409 Fn 27; Planck/Brodmann[4] Anm 2 a β Bamberger/Roth/Kindl Rn 7). Wenn eine ungetrennte Frucht einer beweglichen Sache vom Eigentümer veräußert, die Muttersache dem Käufer zur Fruchtgewinnung übergeben wird und der Eigentümer die Muttersache anschließend nach § 931 einem Dritten übereignet, steht dieser Eigentumswechsel dem Fruchterwerb des ersten Käufers also nicht entgegen (F Schulz aaO).

d)   Wird vor der Trennung bzw Besitzergreifung über das Vermögen des Gestat- **26** tenden das **Insolvenzverfahren** eröffnet, so schließen die §§ 81 Abs 1 S 1, 91 Abs 1 InsO einen Eigentumserwerb des Gestattungsadressaten nach § 956 grundsätzlich aus (BGHZ 27, 360, 368 [für Gestattungen ohne Besitzüberlassung]; SOERGEL/HENSSLER Rn 6; PALANDT/BASSENGE Rn 5 [für Abs 1 S 1 Fall 1] WILHELM Rn 952; BAUR/STÜRNER § 53 Rn 60; WIELING I § 11 III 5 a bb [für § 956 Abs 1 S 1 2. Fall]; F SCHULZ 91; TUCH 95). Etwas anderes gilt nur, wenn der Insolvenzverwalter an den der Fruchtziehung zugrunde liegenden schuldrechtlichen Vertrag des Schuldners gebunden ist, die Gestattungspflicht des Schuldners also nach § 55 Abs 1 Nr 2 InsO auch der Insolvenzmasse gegenüber wirkt (JAEGER/HENCKEL, KO⁹ § 15 Anm 19; JAEGER/LENT, KO⁸ § 15 Anm 13 a; SCHUMACHER, Die Sicherung der Konkursmasse gegen Rechtsverluste, die nicht auf einer Rechtshandlung des Gemeinschuldners beruhen [§ 15 KO] [Diss Göttingen 1975] 168 f; BAUR/STÜRNER aaO; F SCHULZ aaO; TUCH aaO; vTUHR I 218; LEMPENAU 100 ff; wohl auch MünchKomm/QUACK³ Rn 8). Eine solche Bindung besteht insbesondere nach § 108 Abs 1 S 1 InsO beim Pachtvertrag, wenn der Schuldner dem Pächter den Besitz bereits vor Eröffnung des Insolvenzverfahrens überlassen hatte, ferner nach § 103 InsO, wenn der Verwalter Erfüllung wählt. Dagegen entfällt die Wirkung der Erwerbsgestattung mit der Eröffnung des Insolvenzverfahrens über das Vermögen des gestattenden Eigentümers, wenn dessen Gestattungspflicht keine Masseschuld bildet (JAEGER/HENCKEL Rn 19), mithin insbesondere, wenn Gestattung und Besitzüberlassung allein zu Sicherungszwecken erfolgten (so LEMPENAU 101 f). Wenn § 81 Abs 1 S 1 InsO den Erwerb nach § 956 ausschließt, kann auch nicht auf § 957 zurückgegriffen werden. Die Anwendung der letzteren Norm scheitert an einem Umkehrschluß aus § 81 Abs 1 S 2 InsO (WILHELM aaO).

Demgegenüber nimmt eine verbreitete Ansicht an, daß eine nach § 956 Abs 1 S 2 **27** unwiderrufliche Gestattung eine dingliche Gebundenheit des Gestattenden (bzw aus anderer Perspektive ein Anwartschaftsrecht des Gestattungsadressaten) schafft und deshalb trotz des Konkurses des Gestattenden fortwirkt (STAUDINGER/BERG¹¹ Rn 5 sub b; MünchKomm/OECHSLER Rn 5; BIERMANN Anm 3 c; LANDSBERG PosMSchr 1899, 177, 181; O vGIERKE 592 Fn 29; CROME III 369; ECK/LEONHARD II 143; MEDICUS JuS 1967, 385, 391 f; MünchKomm/H P WESTERMANN⁴ § 161 Rn 10; HEERMA 70 ff; SPYRIDAKIS 151; ähnlich DENCK JZ 1981, 331, 335, nach dem die mit einem Besitzrecht an der Muttersache verbundene Gestattung insolvenzfest sein soll). In Wirklichkeit kann auch die unwiderrufliche Gestattung ihrem Adressaten keine gesicherte Rechtsposition verschaffen, die sich als Anwartschaftsrecht bezeichnen ließe, weil die Erwerbsberechtigung des Adressaten von der fortbestehenden Eigentümerstellung des Gestattenden abhängig ist (ENNECCERUS/NIPPERDEY § 79 Fn 14; TUCH 98; LEMPENAU 101; für ein echtes Anwartschaftsrecht dagegen wohl RAISER, Dingliche Anwartschaften [1961] 14).

e)   Auch bei einer **Einzelzwangsvollstreckung** gegen den gestattenden Eigentümer **28** oder Nießbraucher (usw) ist die Stellung des Gestattungsempfängers schwach. Handelt es sich um eine bewegliche Sache, so kann der Gestattungsempfänger gegen ihre Pfändung nicht nach § 771 ZPO intervenieren. Falls die Gestattung mit der Besitzüberlassung verbunden war, schützt ihn allerdings § 808 ZPO. Falls sich die Aneignungsgestattung auf Grundstücksbestandteile bezieht, so erfaßt eine Beschlagnahme des Grundstücks durch Zwangsversteigerung oder Zwangsverwaltung (§§ 20, 148 ZVG) notwendigerweise auch die noch nicht getrennten Erzeugnisse bzw Bestandteile. Diese bleiben auch bei einer nachfolgenden Trennung unter Beschlag (RGZ 143, 33, 40 ff; OLG Königsberg SeuffA 64 Nr 135; OLG Breslau HRR 1928 Nr 221);

der mit der Trennung oder Besitzergreifung eintretende Eigentumserwerb des Gestattungsempfängers ist den Vollstreckungsgläubigern gegenüber nach §§ 23 Abs 1 S 1 ZVG, 135 BGB unwirksam (vgl OLG Breslau aaO; Heerma 77 ff, 88 f; für den Fall der Zwangsversteigerungsbeschlagnahme allerdings mit beachtlichen Gründen aA Wenz Rpfleger 1934, 391). All dies gilt jedoch nicht für Pächter, deren Fruchtgenuß von der Beschlagnahme nicht berührt wird (§§ 21 Abs 3, 152 Abs 2 ZVG), so daß sie das Eigentum mit der Trennung beschlagnahmefrei erwerben.

29 § 810 ZPO eröffnet die Möglichkeit einer **Pfändung von noch nicht getrennten Grundstücksfrüchten**, also insbesondere von Getreide auf dem Halm. (Die Vorschrift meint nur periodisch geerntete Erzeugnisse, nicht auch Holz auf dem Stamm). Hierdurch entsteht ein echtes Pfändungspfandrecht an den noch ungetrennten Früchten, nicht nur eine dingliche Anwartschaft (RGZ 18, 367; F Schulz, in: FG Zitelmann [1923] 83, 151 ff mwN S 152 Fn 5; aA Oertmann ZZP 41 [1911] 1, 15 ff; Egert 67 f; Henckel, Prozeßrecht und materielles Recht [1970] 334 Fn 86). Die Früchte werden also, obwohl sie noch partes fundi sind, für die Zwecke der Zwangsvollstreckung als schon selbständige bewegliche Sachen behandelt; die zu erwartende Trennung wird gleichsam gedanklich vorweggenommen. Zur Pfändung der noch ungetrennten Früchte ist deshalb ein Titel gegen denjenigen erforderlich, der mit der Trennung Eigentümer der Früchte werden würde (F Schulz 161 mwN). Werden die Früchte eines verpachteten Grundstücks aufgrund eines Titels gegen den Eigentümer/Verpächter gepfändet, so steht dem Pächter neben der Erinnerung (§§ 766, 808, 809 ZPO) auch die Drittwiderspruchsklage (§ 771 ZPO) zu (Staudinger/Emmerich¹² [1981] Vorbem 153 zu § 581 mwN [in Neubearbeitung 1996 nicht enthalten]; Wieling I § 11 III 5 b bb m Fn 71). Ein Käufer der anstehenden Früchte, der die Ernte selber duchführen soll muß, wenn ihm bereits vor der Pfändung der Besitz des Grundstücks überlassen war, die gleichen Rechtsbehelfe haben (F Schulz 161; Bamberger/Roth/Kindl Rn 9; aA OLG Naumburg JW 1930, 845 mit insoweit zustimmender Anm E Wolf; Soergel/Henssler Rn 9; Palandt/Bassenge Rn 3), da er ebenfalls mit der Trennung Eigentum an den Früchten erwirbt (in RGZ 18, 365, 367 fehlte es an der Besitzüberlassung an den Käufer der Ernte). Umgekehrt hat der Grundstückeigentümer bei einer Pfändung stehender Früchte durch Gläubiger des Pächters oder eines im Besitz des Grundstücks befindlichen Fruchtkäufers nicht die Drittwiderspruchsklage nach § 771 ZPO (so auch Palandt/Bassenge Rn 6; Eck/Leonhard, Vorträge II 143; Biermann Anm 2; Wieczorek/Schütze/Lüke³ § 810 Rn 4; Wieling I § 11 III 5 b bb m Fn 72). Das Verpächterpfandrecht (§ 592) geht allerdings einem solchen Pfändungspfandrecht im Range vor (hM, RGZ 132, 116, 121; Staudinger/Emmerich¹² (1981) § 585 Rn 15; Pikalo/vJeinsen § 592 Rn 13; F Schulz 164 f; Wieczorek/Schütze/Lüke³ Rn 5); der Verpächter kann deshalb nach § 805 ZPO vorzugsweise Befriedigung verlangen (Staudinger/Emmerich aaO; Wieling I § 11 III 5 b m Fn 72).

III. Besitzerwerb des Gestattungsadressaten

30 Der Eigentumserwerb des Gestattungsempfängers vollzieht sich mit der bloßen Trennung der Erzeugnisse bzw Bestandteile, wenn ihm der Besitz der Muttersache überlassen ist (Abs 1 S 1 1. Alt), anderenfalls mit seiner Besitzergreifung an den Trennstücken (Abs 1 S 1 2. Alt). Im ersteren Falle ist die Ursache der Trennung völlig gleichgültig. Ein Grundstückspächter, dem der Besitz des Grundstücks überlassen ist, erwirbt die Früchte mit ihrer Trennung vom Grundstück auch dann, wenn diese ohne menschliche Einwirkung eintritt, ebenso aber auch, wenn diese durch

einen unbefugten Dritten, etwa einen Dieb, bewirkt wird (RGZ GoldtArch 48, 129; SOERGEL/HENSSLER Rn 9).

1.   Gestattung mit Besitzüberlassung (Abs 1 S 1 1. Alt)

Der Besitz der ganzen Sache muß dem Gestattungsempfänger „überlassen", dh vom   **31** Gestattenden bewußt übertragen worden sein. Wenn der Gestattende zwar im Zeitpunkt der Gestattung noch voll geschäftsfähig, bei der Besitzübertragung aber bereits geschäftsunfähig war, ist ihm die Besitzüberlassung nicht zurechenbar und deshalb hier nicht relevant. Falls sich der Gestattungsadressat durch verbotene Eigenmacht in den Besitz der Muttersache gesetzt hat, kann er das Eigentum an den getrennten Bestandteilen nur nach Abs 1 S 1 2. Alt (also erst durch Perzeption) erwerben (BGB-RGRK/PIKART Rn 11; MARTINEK JuS 1988, L 3, 6; abw SPYRIDAKIS 145; für völligen Ausschluß des Eigentumserwerbs bei eigenmächtiger Besitzergreifung offenbar WILHELM Rn 953). Anders allerdings, wenn der Eigentümer (usw) der Muttersache der Besitzergreifung des Gestattungsempfängers nachträglich zustimmt und ihr damit mit Wirkung ex nunc den Makel der verbotenen Eigenmacht nimmt (vgl STAUDINGER/ BUND [2000] § 858 Rn 19, 64). War der Gestattungsempfänger im Zeitpunkt der Aneignungsgestattung bereits im Besitz der Muttersache und war dieser Umstand dem Gestattenden auch bekannt, so wird man unter Berücksichtigung des § 929 S 2 eine der Überlassung gleichwertige Konstellation annehmen, also Abs 1 S 1 1. Alt analog anwenden können (vgl SPYRIDAKIS 145). Die Verschaffung **mittelbaren Besitzes** genügt für das Merkmal der Besitzüberlassung nur, wenn nicht der Gestattende selbst im unmittelbaren Besitz der Muttersache bleibt (BGHZ 27, 360, 362; BGB-RGRK/PIKART Rn 11; SOERGEL/HENSSLER Rn 9; ERMAN/EBBING Rn 10; PALANDT/BASSENGE Rn 3; BAUR/STÜRNER § 53 Rn 63 [bb]; H WESTERMANN⁵ § 57 III 3 a; SCHWAB/PRÜTTING Rn 481; aA SPYRIDAKIS 144; WIELING I § 11 III 5 b cc m Fn 75). Der überlassene Besitz muß *noch zur Zeit der Trennung* bestehen (BGB-RGRK/PIKART Rn 11; BIERMANN Anm 2; SOERGEL/HENSSLER Rn 9; MünchKomm/OECHSLER Rn 6; ERMAN/EBBING Rn 10; PALANDT/BASSENGE Rn 7; WOLFF/ RAISER § 77 IV 1 a; H WESTERMANN/GURSKY § 57 III 3 a; O vGIERKE § 36 IV 1 a; CROME III 370; vBLUME JherJb 39 [1898] 429, 430; SEYDEL 35; BUNSEN 20 f; aA MITTEIS 55 Fn 20; KRESS, Besitz und Recht 304 Fn 825; PLANCK/BRODMANN Anm 3; E WOLF, SachenR² 213; EGERT 107 f). Dafür spricht schon die Entstehungsgeschichte der Norm: § 901 Abs 2 E I verlangte noch ausdrücklich eine Fortdauer der Innehabung (also des Besitzes), und die von der zweiten Kommission vorgenommene Neufassung beabsichtigte keine sachlichen Änderungen (vgl Prot MUGDAN III 652). Allerdings wird § 955 Abs 3 entsprechend anzuwenden sein (WOLFF/RAISER, SPYRIDAKIS, BGB-RGRK/PIKART, SOERGEL/MÜHL, PALANDT/BASSENGE, WESTERMANN, aaO); ein nur vorübergehender unfreiwilliger Besitzverlust hindert also den Eigentumserwerb des Gestattungsempfängers nicht (s § 955 Rn 15). Wenn § 956 Abs 1 S 1 1. Alt von der Überlassung des „Besitzes der Sache" spricht, so ist damit offensichtlich der Besitz der ganzen *Sache* gemeint. Der Wortlaut der Norm erfaßt also nicht den Fall, daß nur der Besitz an den ungetrennten Früchten (oder sonstigen Bestandteilen) überlassen ist; letzteres ist mit Einschränkungen möglich in der Form des sog **Teilbesitzes** nach § 865 (s Erl bei STAUDINGER/ BUND [2000] § 865). Die zu billigende hM wendet bei dieser Konstellation jedoch § 956 Abs 1 S 1 1. Alt analog an, so daß der Gestattungsempfänger auch hier das Eigentum an den Trennstücken unmittelbar mit der Trennung erwirbt (RGZ 108, 269, 272; STAUDINGER/BERG¹¹ Rn 6; BIERMANN Anm 2; SOERGEL/HENSSLER Rn 9; ERMAN/EBBING Rn 10; PALANDT/BASSENGE Rn 3; WOLFF/RAISER § 77 IV 1 a; H WESTERMANN⁵ § 57 III 3 a; EGERT 64;

KRESS, Besitz und Recht 279; SELLNER BayZ 1905, 113 ff; SALIER 28 ff, 44 ff; OERTMANN ZZP 41 [1911] 1, 28; WIELING I § 11 III 5 b cc; **aA** BGB-RGRK/PIKART Rn 12; ENDEMANN II 1 § 39 Fn 10; E WOLF, SachenR² 212; PLANCK/BRODMANN Anm 4; LANDSBERG PosMSchr 1899, 180; ROSENBERG § 865 Anm II 2). Das ist insbesondere wichtig für den Holzhandel (Kauf von Holz auf dem Stamm), da Teilbesitz an den verkauften Bäumen durch deren Kennzeichnung (Forsthammeranschlag) und die Zusage des unbehinderten Zugangs zum Grundstück eingeräumt werden kann (vgl RGZ 108, 269, 272; STAUDINGER/BUND [2000] § 865 Rn 5 mwN; SOERGEL/STADLER § 865 Rn 3; AnwK-BGB/MAUCH Rn 8; DICKEL, Dt und pr Forstzivilrecht² [1917] 661; BIERMANN § 865 Anm 2; BAUR/STÜRNER § 53 Rn 63 [aa]; PALANDT/BASSENGE Rn 9; **aA** LANDSBERG aaO; ROSENBERG aaO). Auch beim Verkauf eines Hauses auf Abbruch ist denkbar, daß dem Käufer nur Teilbesitz am Gebäude eingeräumt wird. Wenn beim Verkauf von Holz auf dem Stamm der Grundstückseigentümer dem Käufer den Platz, auf dem die Bäume stehen, als Lagerplatz für die gefällten Stämme überläßt, so erwirbt der Käufer den Besitz der Grundfläche erst nach dem Fällen der Bäume; der Eigentumserwerb richtet sich also nach Abs 1 S 1 2. Alt (RG BayZ 1918, 221).

2. Gestattung ohne Besitzüberlassung (§ 956 Abs 1 S 1 2. Alt)

32 Wenn der Gestattungsempfänger den Besitz der Muttersache nur durch verbotene Eigenmacht erlangt hat (s oben Rn 31) oder wenn er ihn im Zeitpunkt der Trennung bereits wieder verloren hat (und dieser Verlust nicht analog § 955 Abs 3 unbeachtlich ist), erwirbt er das Eigentum an den Trennstücken, deren Aneignung ihm gestattet wurde, erst mit ihrer Inbesitznahme (Abs 1 S 1 2. Alt). Hier tritt also jeweils ein Zwischenerwerb des Gestattenden ein (WOLFF/RAISER § 77 IV 1 b), falls die Trennung nicht durch den Gestattungsempfänger selbst vollzogen wird. Der Gestattungsempfänger hat dann die Befugnis, sich die durch die Trennung entstandene neue fremde bewegliche Sache durch Besitzergreifung anzueignen, also ein (relatives) Aneignungsrecht an fremder Sache (ERMAN/EBBING Rn 10). Auch wenn der Besitz der Muttersache vertragswidrig noch nicht überlassen war, kann der Eigentumserwerb des Gestattungsempfängers nur im Wege der Perzeption erfolgen. Der Umstand, daß die Besitzergreifung sich solchenfalls als verbotene Eigenmacht darstellt, kann den Eigentumserwerb nach § 956 Abs 1 S 1 2. Alt nicht hindern (BIERMANN Anm 2; OECHSLER Rn 6; **aA** SPYRIDAKIS 145; BUNSEN 15 f). Wenn allerdings der Eigentümer der Muttersache dem Gestattungsempfänger die Besitzergreifung untersagt oder ihn am Zutritt zum Grundstück hindert, so wird darin regelmäßig ein (zulässiger, s Abs 1 S 2 und unten Rn 38 f) Widerruf der Aneignungsgestattung liegen (so auch MünchKomm/OECHSLER Rn 6). Der Gestattungsempfänger kann sich dann nicht mehr selbst durch Besitzergreifung an den getrennten Bestandteilen Eigentum verschaffen, sondern ist auf den Weg der Klage angewiesen (vgl Mot III 367 ff).

33 Die Besitzergreifung kann zweifellos auch durch einen (im Rahmen seiner Weisungen handelnden) **Besitzdiener** erfolgen (vgl F BUSCH, Der Eigentumserwerb durch Dritte … [Diss Leipzig 1908] 29), ebenso auch durch einen **Besitzmittler** (vgl BUSCH 30; RÜMELIN AcP 93 [1902] 280 ff; ELTZBACHER, Die Handlungsfähigkeit nach deutschem bürgerlichen Recht I [Berlin 1903] 213 f; ferner § 958 Rn 4).

34 Falls die eingeräumte Aneignungsbefugnis keine ausschließliche sein, sondern mit einer bestehenbleibenden gleichartigen Befugnis des Gestattenden konkurrieren sollte, kann sich der Gestattungsempfänger solche Sachen, an denen der Gestattende selbst bereits Besitz ergriffen hat, natürlich nicht aneignen. Eine Beschränkung auf solche Sachen, die der Gestattungsempfänger selbst abgetrennt hat, besteht dagegen auch hier nicht (aA ERMAN/EBBING Rn 11).

Ob bereits eine Besitzergreifung an den Trennstücken erfolgt ist, kann im Einzelfall **35** zweifelhaft sein. Das bloße Fällen von Bäumen auf fremdem Boden (ohne Abtransport) genügt normalerweise noch nicht (ERMAN/EBBING Rn 11; ferner BGB-RGRK/PIKART Rn 13; SOERGEL/HENSSLER Rn 10). Vgl auch RG BayZ 1918, 221.

Im Schrifttum wird gelegentlich die Auffassung vertreten, die Parteien könnten **36** vereinbaren, daß das Eigentum an den Trennstücken auch ohne die Besitzüberlassung der Muttersache bereits mit der Separation auf den Gestattungsempfänger übergeht (HECK § 63, 5 b; PALANDT/BASSENGE[42] § 956 Anm 3). Als eine die dingliche Zuordnung regelnde Norm kann § 956 aber nicht dispositiv sein (BGB-RGRK/PIKART Rn 14; ERMAN/HEFERMEHL[10] Rn 8). Die Parteien können jedoch den angestrebten Erfolg durch eine antizipierte Übereignung der res futura nach § 930 BGB erreichen (PALANDT/BASSENGE Rn 4; WILHELM Rn 951m Fn 797), wenn die Abrede den Bestimmtheitsanforderungen (s STAUDINGER/WIEGAND § 929 Rn 11 f, § 930 Rn 31 f) genügt.

Auch § 956 Abs 1 S 1 2. Alt betrifft nur Rechtsgeschäfte über noch nicht getrennte **37** Bestandteile. Wird bereits geschlagenes Holz dergestalt veräußert, daß dem Käufer die Abfuhr überlassen wird, so handelt es sich um eine Übereignung nach § 929 S 1, bei der die Übergabe normalerweise in der Form des § 854 Abs 2 erfolgt, bzw, wenn ausnahmsweise kein offener Besitz gegeben ist, mit der gestatteten Wegnahme vollzogen ist.

IV. Widerruf der Gestattung (Abs 1 S 2)

Der Eigentumserwerb des Gestattungsempfängers nach § 956 Abs 1 S 1 tritt nur ein, **38** wenn die Aneignungsgestattung nicht vor der Trennung (in der 1. Alt) bzw Besitzergreifung (in der 2. Alt) wirksam widerrufen war.

Ein solcher Widerruf ist grundsätzlich zulässig (BGB-RGRK/PIKART Rn 16; SOERGEL/HENSSLER Rn 7; WIELING I § 11 III 5 a cc; MEDICUS JuS 1967, 385, 391; EGERT, Die Rechtsbedingung [1974] 66; BUNSEN ArchBR 29 [1906] 11, 15), ebenso wie ja auch die Einigung iS von § 929 nach zutreffender hM vom Veräußerer bis zur Übergabe einseitig widerrufen werden kann (s STAUDINGER/WIEGAND § 929 Rn 80 ff; aA WIELING aaO). Unwiderruflich ist die Gestattung nach Abs 1 S 2 allerdings dann, wenn zwei Voraussetzungen kumulativ erfüllt sind: Der Gestattende muß dem Gestattungsadressaten den Besitz der Muttersache (oder den Teilbesitz an den Früchten, soweit dieser zulässig ist) überlassen haben, und diese Besitzlage muß noch bestehen (bzw bei vorübergehendem unfreiwilligen Besitzverlust in Analogie zu § 955 Abs 3 als fortbestehend gelten, vgl WOLFF/RAISER § 77 IV 6; L MITTEIS 56 Fn 21; BGB-RGRK/PIKART Rn 20); und zweitens muß der Gestattende dem Begünstigten gegenüber „zu der Gestattung verpflichtet" sein. Mit der letzteren ungenauen Formulierung ist eine sich aus dem zugrunde liegenden Kausalgeschäft ergebende Verpflichtung gemeint, den Eigentumserwerb des Gestattungsadressaten zu dulden, dh die bereits erteilte Gestattung nicht zu widerrufen (ZITELMANN 45 f). So ist der Verpächter gem § 581 Abs 1 S 1 verpflichtet, dem Pächter den Fruchtgenuß zu gewähren; er kann deshalb die Gestattung der Aneignung der in § 581 Abs 1 S 1 gemeinten Früchte nicht widerrufen, solange der Pächter während der Laufzeit des Vertrages den Besitz der Sache hat. Wenn allerdings jene Gestattungspflicht aufhört, zB durch Ablauf der für das Vertragsverhältnis bestimmten Zeit, so muß ein Widerruf der Gestattung wieder zulässig sein.

39 Der Gestattende ist an die erteilte Gestattung *nur* unter den Voraussetzungen des § 956 Abs 1 S 2 gebunden (**aA** WIELING I § 11 III 5 a cc). Ein Widerruf der Gestattung ist – wie sich im Umkehrschluß aus Abs 1 S 2 ergibt – auch gegenüber einem Pächter oder Käufer zulässig, dem der Besitz der Muttersache (bzw Teilbesitz an den stehenden Früchten) noch nicht überlassen worden ist (hM, vgl PLANCK/BRODMANN Anm 3 b β; SOERGEL/HENSSLER Rn 7; PALANDT/BASSENGE Rn 5; BIERMANN Anm 3 a; KRETZSCHMAR Anm 2; WOLFF/RAISER § 77 IV 6; BAUR/STÜRNER § 53 Rn 61; EGERT 66; BUNSEN 15; MANKOWSKI, Beseitigungsrechte [2003] 78; **aM** SEYDEL 34; HECK § 63, 5 a; vBLUME JherJb 39 [1898] 429 ff, 458 ff; PARTHEIL 78 ff; ferner O vGIERKE § 137 Fn 35 und [iE von der hier vertretenen Auffassung allerdings gar nicht abweichend] WIELING I § 11 III 5 a cc). Daß der Verkäufer oder Verpächter durch einen solchen Widerruf seine vertraglichen Verpflichtungen verletzt, steht dem nicht entgegen (PLANCK/BRODMANN aaO). Der zugrunde liegende Verpflichtungsvertrag wird durch den zulässigen Widerruf übrigens nicht berührt; der Käufer behält also seinen Eigentumsverschaffungsanspruch (RG WarnR 1923/4 Nr 9 = SeuffA 78 Nr 28). Andererseits hindert auch die Überlassung des Besitzes der Muttersache einen Widerruf der Gestattung nicht, wenn die Gestattung ohnehin nur gefälligkeitshalber, ohne eine zugrunde liegende Verpflichtung, erteilt worden ist (KRETZSCHMAR Anm 2; iE auch WIELING I § 11 III 5 a cc). Der nach § 956 Abs 1 S 2 unwirksame Widerruf hindert den Eigentumserwerb natürlich nicht. Die bloße Verschaffung mittelbaren Besitzes reicht auch im Rahmen von Abs 1 S 2 nur dann als Besitzüberlassung aus, wenn der Gestattende nicht im unmittelbaren Besitz verbleibt (MünchKomm/OECHSLER Rn 7).

40 Unter den Voraussetzungen des Abs 1 S 2 ist nur der *einseitige* Widerruf unzulässig. Nicht ausgeschlossen ist natürlich eine vertragliche Abänderung oder Aufhebung des Pachtvertrages, die damit zugleich das Fruchtbezugsrecht des Pächters einschränkt oder aufhebt. So kann der Pächter durch Vertrag mit dem Verpächter zugunsten des letzteren auf das Recht der Fruchtziehung von einem bestimmten Teil des Pachtlandes verzichten (RGZ 138, 237, 241 = JW 1933, 694 m Anm BERNHÖFT; BAMBERGER/ROTH/KINDL Rn 11).

41 Genau wie § 956 insgesamt ist auch § 956 Abs 1 S 2 analog anzuwenden, wenn eine persönliche Aneignungsgestattung von jemandem erteilt worden ist, der selbst nur ein Aneignungsrecht hat, also das Eigentum an den Früchten nicht mit der Trennung, sondern erst mit der Besitzergreifung erwirbt (vgl RAAPE JherJb 74 [1924] 179, 198 f).

42 Beruft sich der Eigentümer (oder im Falle des § 956 Abs 2 der sonstige Gestattungsberechtigte) auf einen rechtzeitigen Widerruf der von ihm erteilten Gestattung, dann trägt er dafür die Beweislast (BAUMGÄRTEL/BAUMGÄRTEL Rn 2). Macht der Gestattende die Unwiderruflichkeit der Gestattung geltend, so hat er die Voraussetzungen des § 956 Abs 1 S 2 zu beweisen (BAUMGÄRTEL/BAUMGÄRTEL aaO).

V. Bedingte Aneignungsgestattungen

Die Aneignungsgestattung kann unstreitig auch unter einer Bedingung erteilt wer- **43**
den (vTuHR Recht 1918, 297; H Westermann⁵ § 57 III 2 e; Soergel/Henssler Rn 12; AnwK-
BGB/Mauch Rn 9; Palandt/Bassenge Rn 2). So kann beispielsweise bei der aufschiebend bedingten Übereignung einer beweglichen Sache zugleich eine bedingte Erwerbsgestattung hinsichtlich der zu erwartenden Früchte erteilt werden; nach der
Trennung hat der Käufer dann auch an den Früchten ein Anwartschaftsrecht, das
mit der Zahlung des Kaufpreises zu unbedingtem Eigentum erstarkt (s § 953 Rn 6;
BGB-RGRK/Pikart § 956 Rn 22). – Wenn der Grundstückseigentümer Holz auf dem
Stamm oder sonstige ungetrennte Früchte unter Eigentumsvorbehalt veräußert, so
ist ebenfalls die Aneignungsgestattung durch die Zahlung des Kaufpreises bedingt
(Palandt/Bassenge Rn 9 [b]). Die Abrede kann aber auch die weitergehende Bedeutung haben, daß dem Käufer schon die Besitzergreifung an den geschlagenen
Stämmen (also ihre Abfuhr) erst nach der Bezahlung gestattet sein soll (so wohl
RGZ 72, 309, 310 f; LG Augsburg BayZ 1916, 361). Dann handelt es sich um eine antizipierte Übereignung, bei der die Besitzübertragungsvereinbarung nach § 854 Abs 2
aufschiebend bedingt ist, das Erfordernis der Übergabe also erst mit dem Bedingungseintritt erfüllt ist (vgl Staudinger/Bund [2000] § 854 Rn 25, 32 mwN). – Zu Eigen-
tumsvorbehaltsklauseln im Pachtvertrag vgl Serick I 231.

VI. Beweislast

Wer den Eigentumserwerb aus § 956 herleitet, muß die Voraussetzungen dieser **44**
Norm beweisen; er braucht dagegen nicht nachzuweisen, daß sein Erwerb nicht an
§ 957 scheitert. Vielmehr trägt dann derjenige, der seinen Erwerb auf § 957 stützt,
die Beweislast für das Vorliegen der letzteren Norm (Baumgärtel/Baumgärtel Rn 3).
Vgl im übrigen Rn 35 a.

§ 957
Gestattung durch den Nichtberechtigten

**Die Vorschriften des § 956 finden auch dann Anwendung, wenn derjenige, welcher
die Aneignung einem anderen gestattet, hierzu nicht berechtigt ist, es sei denn, dass
der andere, falls ihm der Besitz der Sache überlassen wird, bei der Überlassung,
anderenfalls bei der Ergreifung des Besitzes der Erzeugnisse oder der sonstigen
Bestandteile nicht in gutem Glauben ist oder vor der Trennung den Rechtsmangel
erfährt.**

Materialien: E II § 872, rev § 942; III § 941; Prot
III 249 f; Jakobs/Schubert SR I 685 ff.

Schrifttum

S Vorbem zu §§ 953 ff.

I. Allgemeines

1 § 957 dehnt die Regelung des vorigen Paragraphen auf jene Fälle aus, in denen die **persönliche Aneignungsgestattung von einem Nichtberechtigten erteilt** worden ist, der Gestattungsempfänger diesen aber gutgläubig für berechtigt gehalten hat. Die Norm schützt also den guten Glauben des Gestattungsadressaten an ein nur vermeintlich bestehendes Erwerbsrecht des Gestattenden. Die Fassung des § 957 ist allerdings mißglückt; Tragweite und Geltungsgebiet des § 957 waren deshalb von Anfang an strittig.

II. Die Person des Gestattenden

2 Kontrovers war zunächst, von welchen Personen hier die Gestattung der Aneignung von Bestandteilen überhaupt ausgehen kann.

Von der einen Seite wurde das Prinzip des § 957 dahin verstanden, daß schlechthin jeder unbefugte Dritte (also auch ein Nichtbesitzer), der die Aneignung Gestattende sein könne (so Wendt AcP 89 [1899] 66; OLG Stuttgart WürttJb 19, 60; Seydel 41 ff; Cosack II³ § 204 IV 2; Maenner § 255 S 210 Fn 88; Eck/Leonhard, Vorträge über das Recht des BGB II [1904] 145 Fn 1; ferner vBlume SeuffBl 67 [1902] 102, 117; Planck/Greiff³ Anm 2). Cosack (aaO) erläuterte dies mit dem bekannt gewordenen Bespiel des auf der Mauer eines fremden Weinbergs sitzenden Spaßvogels, der einen den Weinberg bewundernden Passanten dazu einlädt, sich nach Herzenslust Trauben zu pflücken, da er ja noch mehr habe. Andere (Hellmann Recht 1901, 417 ff; Kretzschmar Anm 2) wollen auf den textlichen Zusammenhang des § 957 mit § 956 („die Vorschriften des § 956 finden auch dann Anwendung usw") besonderes Gewicht gelegt wissen und kommen zur Auslegung, daß auch bei § 957 auf der „gestattenden Seite" nur die Personen des § 956, also der Eigentümer, der dinglich Nutzungsberechtigte, der gutgläubige Eigenbesitzer und der gutgläubige Nutzungsbesitzer in Betracht kommen dürfen, jedoch mit der Änderung, daß hier diesen gerade für den einzelnen Fall die Ausübung des Eigentums oder des Nutzungsrechts nicht zusteht, etwa weil das Fruchtbezugsrecht gepfändet worden ist.

3 Im Anschluß an vJacubezky (Recht 1902, 4 ff) nimmt demgegenüber die hM an, daß auch bei § 957 **nur die Gestattung durch einen Besitzer** die Grundlage für einen gutgläubigen Erwerb zu bilden vermag (RGZ 108, 269, 271; RG Recht 1927 Nr 612; OLG München OLGE 26, 1; Planck/Brodmann Anm 1; Biermann Anm 1 a; BGB-RGRK/Pikart Rn 2; Soergel/Henssler Rn 3; MünchKomm/Oechsler Rn 2; AnwK-BGB/Mauch Rn 1; Bamberger/Roth/Kindl Rn 2; Erman/Ebbing Rn 2; Palandt/Bassenge Rn 2; Crome III 374 Fn 71; Cosack/Mitteis II § 47 III; Wolff/Raiser § 77 IV 5 b; Baur/Stürner § 53 Rn 66; Wilhelm Rn 838, 956 f; Heck § 63, 7; Goldmann/Lilienthal § 22 Fn 22; E Wolf, SachenR² 214; Schwab/Prütting Rn 483; Gerhardt I 136 f [mit zu geringen Anforderungen an den Besitz]; Endemann II 1 § 85, 4 b; Dernburg III § 110 3 d; Wiegand JuS 1974, 551; Spyridakis 152; mit gewissen Zweifeln auch H Westermann⁵ § 57 III 4 b; ähnlich Harburger Recht 1901, 484). Das ist zutreffend: § 957 enthält zweifellos einen Sonderfall des gutgläubigen Erwerbs vom Nichtberechtigten. Ein solcher setzt aber in allen Ausprägungen eine objektive Rechtsscheinbasis voraus, und im Fahrnisrecht wird diese nun einmal durch den Besitz dargestellt (Wolff/Raiser aaO; RGZ 108, 269, 271). Im übrigen wird das Erfordernis des Besitzes des Gestattenden im Wortlaut des § 957 wenigstens insofern angedeutet, als dort (unter Bezugnahme auf § 956 Abs 1 S 1 1. Alt) von der Überlassung des Besitzes die Rede ist; die Überlassung des Besitzes setzt den Besitz des Überlassenden voraus (vJacubezky Recht 1902, 4, 5). Es ist also bei § 957 zu ergänzen: „Der Erwerb des Eigentums tritt jedoch, falls dem anderen nicht der Besitz der Sache überlassen wird oder schon überlassen ist, nur ein, wenn derjenige, welcher die Aneignung gestattet, zu der Zeit, zu der der andere den Besitz der Erzeugnisse oder der sonstigen Bestandteile ergreift, im Besitze der Sache ist" (vJacubezky Recht 1902, 4, 6). Der im Cosackschen Beispiel figurierende Witzbold, der an einen Vorübergehenden Trauben aus einem fremden Weinberge verschenkt (s Rn 2), kann also nicht wirksam Eigentum an jenen übertragen. Genügen wird es auch, wenn der Gestattende *Teilbesitz* (s Staudinger/Bund [2000] § 865 mit Erl) an den noch ungetrennten Bestandteilen hat, deren Aneignung er dem Erwerber gestattet; überträgt der Gestattende seinen Teilbesitz auf den Gestattungsempfänger, so liegt darin eine Besitzüberlassung iSd §§ 956 f, so daß der gutgläubige Erwerber mit der Trennung der Bestandteile deren Eigentümer wird (s RGZ 108, 269, 271, 272; Recht 1927 Nr 627).

Fraglich kann ferner sein, ob nicht auch die Aneignungsgestattung eines *Besitz-* **4** *dieners* für § 957 genügt. Hier ist zu berücksichtigen, daß ein Besitzdiener, der im eigenen Namen (also nicht als Besitzdiener oder Vertreter des Besitzers) einem Dritten den Besitz einer beweglichen Sache seines Besitzherrn zum Zwecke der Fruchtziehung oder Abtrennung eines Bestandteils überläßt, sich damit doch wohl zunächst für einen Augenblick selbst zum Besitzer macht. Damit ist hier die für § 957 erforderliche Rechtsposition an sich gegeben (Planck/Brodmann Anm 1 aE; Staudinger/Kober[10] Rn 1; Wieling I § 11 III 6 a aa; Witt AcP 201 [2001] 165, 191; **aA** Biermann Anm 1 a; Hellmann Recht 1901, 532, 533). Allerdings ist die überlassene Muttersache damit zugleich abhanden gekommen; dieser Umstand schließt aber nur den Erwerb „sonstiger" Bestandteile, nicht auch den von Früchten aus (s unten Rn 8). – Falls der Gestattungsadressat die Muttersache *schon vor der Gestattung in Besitz* hatte, muß in Analogie zu § 932 Abs 1 S 2 verlangt werden, daß er den fraglichen Besitz vom Gestattenden erlangt hat (BGB-RGRK/Pikart Rn 3; OLG München OLGE 26, 1, 2). (Wenn A zuerst bösgläubig vom Nichtberechtigten B ein Grundstück mietet, sich dann aber der ebenfalls Nichtberechtigte C als Eigentümer des Grundstücks aufspielt und A mit C nunmehr einen neuen Mietvertrag schließt und sich dabei die Befugnis zur Abholzung einiger Bäume erteilen läßt, erwirbt er trotz guten Glaubens kein Eigentum an den gefällten Stämmen).

III. Der gute Glaube

Nur die eigene Erwerbsbefugnis des Gestattenden wird durch den guten Glauben **5** des Gestattungsempfängers ersetzt, nicht die Gestattungserklärung selbst; die irrtümliche Annahme einer Gestattung (Bsp: der vermeintliche Erbe des Pächters führt die Ernte durch) kann also nicht zum Eigentumserwerb nach § 957 führen (Biermann 1 d; Crome III § 409 Fn 69; **aA** Cosack II[3] § 208 II 2 a δ); auch Geschäftsunfähigkeit oder Willensmängel auf seiten des Gestattenden kann der gute Glaube nicht überspielen (Wilhelm Rn 964; Wieling I § 11 III 6 a). Das gleiche gilt für die Verfügungsbefugnis eines an sich selbst erwerbsberechtigten Gestattenden; § 957 hilft insbesondere nicht über § 81 InsO hinweg (vgl § 956 Rn 26). Da „die Vorschriften des § 956" anzuwenden sind, ergibt sich, daß auch die Bestimmungen des § 956 Abs 1 S 2 über den Widerruf der Gestattung heranzuziehen sind. Ein rechtzeitiger Wider-

Karl-Heinz Gursky

ruf der Gestattung durch ihren nichtberechtigten Urheber schließt also den Eigentumserwerb aus, sofern die Gestattung für diesen nicht bereits bindend geworden war. Wenn der Nichtberechtigte zu der Gestattung vertraglich verpflichtet ist, kann er diese nicht widerrufen, solange der andere den ihm überlassenen Besitz der Sache innehat. Der Eigentümer der Muttersache (oder ein sonstiger Fruchterwerbsberechtigter) kann die Gestattung zwar nie widerrufen, aber den Adressaten natürlich von der wahren Rechtslage unterrichten und damit dessen guten Glauben zerstören.

6 Der gute Glaube des Erwerbers muß sich auf das Gestattungsrecht des anderen Teils beziehen (Biermann Anm 1 b; Kretzschmar Anm 3; BGB-RGRK/Pikart Rn 6; Wieling aaO). Der Erwerber muß den Gestattenden also gutgläubig für den Eigentümer (§ 953) oder einen dinglichen Nutzungsberechtigten (§ 954) oder einen kraft persönlicher Gestattung Aneignungsberechtigten gehalten haben (BGB-RGRK/Pikart aaO). Dagegen dürfte es nicht ausreichen, wenn der Gestattungsadressat den (in Wirklichkeit bösgläubigen) Gestattungsurheber für einen gutgläubigen Eigen- oder Nutzungsbesitzer angesehen hat, also davon ausging, daß der Gestattende ohne die Gestattung nach § 955 Eigentümer der Bestandteile geworden wäre (**aA** Wieling I § 11 III 6 a bb). Der gute Glaube selbst ist in § 957 – genau wie in § 937 und in § 990 - „zweispurig" (H Westermann[5]) geregelt. Wenn dem Gestattungsadressaten der Besitz der Muttersache überlassen wird, darf er bei der Überlassung den Mangel des Gestattungsrechts des anderen Teils weder positiv kennen oder infolge grober Fahrlässigkeit verkennen; nach diesem Zeitpunkt schadet ihm (bis zur Trennung) nur noch positive Kenntniserlangung von der Nichtberechtigung des Gestattenden. Der Überlassung des Besitzes der Muttersache muß die Überlassung des Teilbesitzes an den abzutrennenden Bestandteilen auch hier gleichstehen (vgl § 956 Rn 31; Boehmer, in: FS RG-Praxis III 216, 283 f). Wenn dem Erwerber der Besitz der Stammsache nicht überlassen worden ist, darf er den Rechtsmangel bei der Perzeption der getrennten Bestandteile weder kennen noch infolge grober Fahrlässigkeit verkennen (§ 957 ist insofern schlecht gefaßt, als die letzten Worte „oder vor der Trennung den Rechtsmangel erfährt" sich auf beide Fälle zu beziehen scheinen, logisch aber nur auf den ersteren Fall bezogen werden können [vgl Windscheid/Kipp I, 967 und Wolff/Raiser § 77 IV 5 a]). Wer ein fremdes Grundstück aufgrund einer persönlichen Aneignungsgestattung aberntet, ist bösgläubig, wenn er weiß, daß der Gestattende nur einen schuldrechtlichen Anspruch auf die Übereignung des Grundstücks hat (OLG Posen PosMSchr 1905, 160).

7 **Beweislast:** § 957 verlangt (wie § 932) nicht guten Glauben als positive Voraussetzung des Eigentumserwerbs, sondern schließt den Erwerb bei Bösgläubigkeit aus. Aus dieser Gesetzesfassung ergibt sich, daß der Gegner des Gestattungsadressaten den Mangel des guten Glaubens darzulegen und zu beweisen hat (Baumgärtel/ Baumgärtel Rn 2 mwN).

IV. Analoge Anwendung von § 935?

8 Wenn sich die Aneignungsgestattung auf Bestandteile einer abhanden gekommenen beweglichen Sache bezieht, stellt sich die Frage, ob der Eigentumserwerb gem § 957 durch eine entsprechende Anwendung des § 935 ausgeschlossen wird. Die Notwendigkeit einer solchen Analogie ist heute für die nicht zu den Früchten gehörenden

Bestandteile allgemein anerkannt (vgl BGB-RGRK/Pikart Rn 4; Soergel/Henssler Rn 4; AnwK-BGB/Mauch Rn 3; Bamberger/Roth/Kindl Rn 4; Schapp/Schur Rn 283). § 935 könnte anderenfalls nämlich allzu leicht umgangen werden (Erman/Hefermehl[10] Rn 2; BGB-RGRK/Pikart Rn 4). Der Dieb, der die gestohlene Sache selbst zerlegt und die einzelnen Bestandteile dann veräußert, kann seinen gutgläubigen Abnehmern nach § 935 kein Eigentum verschaffen; wenn er die Abtrennung dem Käufer überläßt, muß dem Bestohlenen das Eigentum ebenfalls erhalten bleiben, da die Interessenkonstellation hier genau die gleiche ist (Planck/Brodmann Anm 3). Der Makel der Furtivität erstreckt sich natürlich nicht auf solche Bestandteile, die erst nach dem Abhandenkommen mit der fraglichen Hauptsache verbunden worden sind (Biermann Anm 2 a; Planck/Brodmann[4] Anm 2 b γ; MünchKomm/Quack[3] Rn 5; Wolff/Raiser § 77 IV 5 c; Witt AcP 201 [2001] 169, 189). Keine Besonderheiten gelten, wenn das Abhandenkommen auf einer unbefugten Weggabe durch einen Besitzdiener beruht (Witt AcP 201 [2001] 169, 189 f). Umstritten ist die Analogie dagegen für die Früchte (dh organische Erzeugnisse) der abhanden gekommenen Mobilie. Der Streitstand ist hier der gleiche wie bei der Parallelproblematik im Rahmen des § 955 (s dort Rn 9). ME müssen die Früchte aus den in § 955 Rn 5 angeführten Gründen als neue, vom Makel des Abhandenkommens freie Sachen angesehen werden (so auch Witt AcP 189 f mwN; iE auch Wilhelm Rn 960 f [der aber in einem gewissen Widerspruch dazu den Ausschluß des Erwerbs bei Aneignungsgestattung eines nichtbesitzenden Nichtberechtigten auf den Rechtsgedanken des § 935 stützt]).

V. Schuldrechtliche Herausgabepflichten des Erwerbers

Es ist denkbar, daß der zum Eigentümer des abgetrennten Bestandteils gewordene **9** Gestattungsadressat das erlangte Eigentum und den Besitz des abgetrennten Bestandteils an den Eigentümer der Muttersache zurückübertragen muß. Das hängt von mehreren Faktoren ab. Wenn es sich um Früchte handelt und dem Gestattungsadressaten der Besitz der Muttersache von dem gestattenden Nichtberechtigten überlassen worden war, entscheidet sich die Frage nach den §§ 987 ff; danach ist die Herausgabepflicht des ja gutgläubigen unrechtmäßigen Besitzers grundsätzlich zu verneinen (§ 993 Abs 1 HS 2); anders bei unentgeltlicher Fruchterwerbsgestattung (§ 988) oder Rechtshängigkeit der Vindikation vor der Fruchtziehung (§ 987) oder wenn es sich im Verhältnis zum Eigentümer um Übermaßfrüchte iS von § 993 Abs 1 HS 1 handelt. Falls die Fruchterwerbsgestattung dagegen nicht mit einer Besitzüberlassung verbunden war oder wenn die Aneignungsgestattung andere Bestandteile als Früchte betraf, entscheiden die Wertungen des § 816 Abs 1 S 2 über die Herausgabepflicht, denn § 957 stellt jedenfalls insoweit eine Parallelvorschrift zu § 932 dar (Larenz/Canaris, SchR II 2, § 67 III 2 f, S 141). Eine Verpflichtung zur Übereignung und Besitzabgabe an den Eigentümer der Muttersache (genauer: denjenigen, der im Augenblick des Eigentumserwerbs nach § 957 Eigentümer der Muttersache war) besteht also nur bei unentgeltlicher Aneignungsgestattung. Ungenau Ellger, Bereicherung durch Eingriff (2002) 548 f: Eingriffskondiktion aus § 812 Abs 1 S 1, 2. Fall generell wegen Vergleichbarkeit des § 957 mit § 932 ausgeschlossen.

Untertitel 5
Aneignung

Vorbemerkungen zu §§ 958–964

1 I. Die §§ 958 ff behandeln den Eigentumserwerb an beweglichen Sachen mittels **Aneignung**. Hinsichtlich unbeweglicher Sachen s § 928 und Art 129 EGBGB, hinsichtlich der eingetragenen Schiffe § 7 Abs 2 des SchiffsRG vom 15. 11. 1940 (RGBl I 1499). Wegen der Flußbettveränderungen (Alluvion, insula in flumine nata, alveus derelictus, Avulsion) s STAUDINGER/BERG[11] Vorbem 7 zu § 946, STAUDINGER/PFEIFER § 928 Rn 23 und Art 65 EGBGB.

2 II. An die Spitze der Regelung stellt das Gesetz in § 958 Abs 1 den Grundsatz der freien Aneignung herrenloser beweglicher Sachen, weist dann aber bereits in Abs 2 auf die zahlreichen positivrechtlichen Ausnahmen (in Form von Aneignungsverboten und ausschließlichen Okkupationsrechten) hin, die diesen Grundsatz weitgehend verdrängen, ja fast bedeutungslos machen. Die folgenden Normen konkretisieren das wichtigste Tatbestandsmerkmal des § 958, das der Herrenlosigkeit: § 959 handelt von der Herrenlosigkeit kraft Verzichts des bisherigen Eigentümers (Dereliktion), § 960 behandelt das Herrenloswerden von gefangenen oder gezähmten wilden Tieren und § 961 das Herrenloswerden von Bienenschwärmen. Im Anschluß an diese letztere Norm finden sich in §§ 962–964 weitere Vorschriften eines besonderen Bienenrechts, die mit der Aneignung nichts zu tun haben.

3 III. Aneignungsrechte bezüglich *fremder* Sachen enthalten oder setzen voraus die §§ 700 Abs 1 S 2, 910, 954, 956, 951 Abs 2 u 997. Die freie Aneignung nicht herrenloser, sondern in fremdem Eigentum stehender Sachen gibt es nur bei im Freien angetroffenen Tauben aufgrund landesrechtlicher Vorschriften im Rahmen des Vorbehalts von Art 130 EGBGB (vgl dort; aus der Rspr RGSt 48, 384; KGJ 44, 346; OLG Breslau JW 1931, 231) sowie als meist gewohnheitsrechtliche Befugnis zum Sammeln von Beeren, Pilzen, Kräutern und Blumen in bescheidenem Umfang im Rahmen des sog „Gemeingebrauchs am Walde" (vgl RINCK MDR 1961, 980 ff; STEINBACH BayZ 1909, 162; NIESSLEIN, Waldeigentum und Gesellschaft [1988] 58 f; MünchKomm/QUACK § 956 Rn 10, § 958 Rn 22; SOERGEL/HENSSLER § 958 Rn 2; JAUERNIG/JAUERNIG § 956 Rn 3); gesetzlich geregelt in § 40 LWaldG BW v 4. 4. 1985 (GVBl 106) und Art 28 Bay NatSchG v 10. 10. 1982 (GVBl 874) als Ausführungsgesetz zu Art 141 Abs 3 BayVerf sowie § 15 S 2 Feld- und ForstordnungsG Nds idF v 30. 8. 1984 (GVBl 215); dazu gehört in Baden-Württemberg und Rheinland-Pfalz (§ 12 rh-pf Feld- u ForststrafG idF v 15. 12. 1969 [GVBl 1970, 31]) auch das Leseholzrecht. – Die Aneignung einer fremden Sache ohne Aneignungsrecht kann entgegen vTUHR II 1, 242 f Fn 43 nicht als eine Verfügung über das bisherige Recht des Eigentümers aufgefaßt werden, denn die Aneignung ist richtiger Ansicht nach überhaupt kein Rechtsgeschäft (s § 958 Rn 7). Die ohne Aneignungsrecht vorgenommene Aneignung einer fremden Sache wird deshalb durch eine Genehmigung des Eigentümers nicht analog §§ 185 Abs 2 S 1 Fall 1, 184 Abs 1 mit Rückwirkung, sondern nur ex nunc wirksam (FLUME, AT II[3] § 11, 5 d

S 145; **aA** vTUHR aaO); die Genehmigung ist nämlich in eine Übereignungsofferte, die nach § 151 nicht des Zugangs der Annahmeerklärung bedarf, umzudeuten.

IV. Das *Kriegsbeuterecht* ist in das BGB nicht aufgenommen (Mot III 370) und **4** damit, da auch kein landesrechtlicher Vorbehalt ins EGBGB aufgenommen wurde, als privates Aneignungsrecht beseitigt (PLANCK/BRODMANN Vorbem 3; **aM** DERNBURG § 115 II). Zum völkerrechtlichen Beuterecht der Staaten vgl Haager Landkriegsordnung Art 46, 53 f; aus der Rspr OGHZ 1, 227, 295; BGHZ 5, 126; 16, 311; ferner BAUR, Das „Beutefahrzeug", DRZ 1949, 219. Wegen der sog Kriegsandenken s DELIUS GuR 15, 361. Über die Frage, wem die bei Kampfhandlungen abgeschossene Munition einschließlich der im Körper von Verwundeten steckenden Geschosse gehört, s § 959 Rn 3.

V. *Seeauswurf* und strandtriftige Sachen waren früher ebenso wie seetriftige und **5** vom Meeresgrund geborgene Sachen durch die Sonderregelung der StrandO v 17. 5. 1874 (RGBl 73) der freien Aneignung entzogen (vgl § 958 Rn 12 u Vorbem 5 zu §§ 965 ff). Diese Sonderregelungen sind mit der Aufhebung der StrandO durch Art 35 des 3. RechtsbereinigungsG v 28. Juni 1990, BGBl I 1243, beseitigt.

§ 958
Eigentumserwerb an herrenlosen Sachen

(1) Wer eine herrenlose bewegliche Sache in Eigenbesitz nimmt, erwirbt das Eigentum an der Sache.

(2) Das Eigentum wird nicht erworben, wenn die Aneignung gesetzlich verboten ist oder wenn durch die Besitzergreifung das Aneignungsrecht eines anderen verletzt wird.

Materialien: VE SR §§ 156, 163; E I § 903; II § 873; III § 942; SCHUBERT, SR I 962 ff, 969; Mot III 369 f; Prot III 250 ff; JAKOBS/SCHUBERT, SR I 690 ff, 702 f.

Schrifttum

BOHLEN, Der Eigentumserwerb des Jagdberechtigten durch Anfall (1932)
vBRÜNNECK, Das Recht der Jagdausübung, Gruchot 57 (1913) 365
ders, Wo und wann findet im Bereiche der preußischen Landesgesetzgebung der § 958 Abs 2 BGB auf die Fischerei Anwendung?, Gruchot 61 (1917) 218
F BUSCH, Der Eigentumserwerb durch Dritte bei der Aneignung, dem Fruchterwerb und der Verarbeitung (Diss Leipzig 1908)
DICKEL, Aneignungsrecht, in: FG O vGierke II (1910) 357 (insbes 372 ff)

EBNER, Die gesetzlichen Aneignungsverbote des § 958 Abs 2 im preußischen Jagdrecht, VerwArch 13 (1905) 538
ders, Besitz und Eigentum an jagdbarem Wild, Gruchot 57 (1913) 343
ERNST, Eigenbesitz und Mobiliarerwerb (1992)
GÖRGENS, Künstliche Teile im menschlichen Körper, JR 1980, 140
HAMMER, Herrenlosigkeit von Greifvögeln, AgrarR 1991, 185
ders, Eigentum an Wildtieren, NuR 1992, 62

HANOW, Herrenloses Gut auf Eisenbahngebiet und seine Aneignung, VerkRdsch 1925, 483 (dazu auch KAPPEL, 551; NEHSE, 619)

KNÜTEL, Von schwimmenden Inseln, wandernden Bäumen, flüchtenden Tieren und verborgenen Schätzen – Zu den Grundlagen einzelner Tatbestände originären Eigentumserwerbs, in: FS HH Seiler (1999) 549

KOCH, Rechte an Sachen als sonstige Rechte im Sinne von § 823 Abs 1 BGB (1961) 90 ff: Aneignungsrechte

J LANGE, Über den Erwerb des Eigentums durch Aneignung nach dem BGB §§ 958–964 (Diss Greifswald 1904)

LORZ, Jagd und Aneignung, NuR 1980, 112

A MÜLLER, Der Okkupationserwerb geschäftsunfähiger Personen (Diss Breslau 1908)

W MÜLLER, Darf der Jagdberechtigte über Wild verfügen, das mit der Jagd zu verschonen ist?, NuR 1979, 137; 1980, 110

OERTMANN, Die Aneignung von Bestandteilen einer Leiche, LZ 1925, 511

ROETTGERS-SCHULTE, Der Erwerb des Eigentums an beweglichen herrenlosen Sachen unter besonderer Berücksichtigung der jagdbaren Tiere nach dem bürgerlichen Gesetzbuch (Diss Erlangen 1933)

H G SAUBER, Der Erwerb der Wildbeute (1936)

SCHMIDT, Ansprüche und zivilrechtliche Befugnisse des Jagdausübungsberechtigten gegenüber dem seine Aneignungsbefugnisse verletzenden Wilderer, SeuffBl 69, 357

WEISS, Das Willensmoment bei der occupatio des römischen Rechts, nebst einer rechtsvergleichenden Betrachtung des Willensmoments im Aneignungsrecht des BGB (1955).

Rechtsvergleichend:
GIESEKE, RvglHdwb II 180.

I. Allgemeines

1 Voraussetzung des Eigentumserwerbs durch **Aneignung** (Okkupation, E I: Zueignung) sind nach Abs 1 die **Herrenlosigkeit** der zu okkupierenden **beweglichen Sache** und die Begründung von **Eigenbesitz** durch den Aneignenden, nach Abs 2, daß dies ohne Verletzung eines fremden ausschließlichen Aneignungsrechtes oder eines Aneignungsverbots erfolgt. § 958 erfaßt also nicht nur die sog „freie Aneignung", sondern auch die Fälle der Aneignung kraft eines Aneignungsrechts bezüglich der herrenlosen Sache. Die Okkupation von Miteigentumsanteilen einer beweglichen Sache ist nur denkbar, wenn man die Dereliktion solcher Anteile zuläßt; ein einseitiger Verzicht auf den Miteigentumsanteil ist jedoch richtiger Ansicht nach mit der gesetzlichen Ausgestaltung des Gemeinschaftsverhältnisses nicht zu vereinbaren (s § 959 Rn 10). Abweichend BIERMANN Anm 2; M WOLF JherJb 44 (1902) 143, 194; WIELING I § 11 IV 2 a. Wenn man sich aber über die Bedenken gegen eine Dereliktion von Miteigentumsanteilen hinwegsetzen wollte, so dürften für die Okkupation herrenlos gewordener Miteigentumsanteile keine Besonderheiten gelten: Eine automatische Anwachsung zugunsten der anderen Miteigentümer würde dadurch nicht entstehen (M WOLFF aaO; PLANCK/LOBE § 747 Anm 6; aA WALSMANN, Der Verzicht [1912] 137 ff). Ein bisheriger Mitbesitzer könnte sich dann die derelinquierte Miteigentumsquote durch bloße Erweiterung seines Besitzwillens aneignen; aber auch ein Dritter könnte die Aneignung durch die Ergreifung von Mitbesitz vollziehen. Darin würde zwar unter Umständen eine Besitzstörung gegenüber dem faktisch zum Alleinbesitzer gewordenen bisherigen Mitbesitzer liegen; diese wäre jedoch unschädlich, denn § 858 begründet dann nur ein Verbot der Besitzergreifung als solcher, nicht aber ein Aneignungsverbot iSv Abs 2 (M WOLF aaO; WIELING aaO).

Soweit ausnahmsweise die Aneignung fremder Sachen zulässig ist, muß für die

Durchführung der Aneignung auf § 958 Abs 1 zurückgegriffen werden (MünchKomm/ Quack Rn 25). Eine ohne Aneignungsrecht vorgenommene Aneignung einer fremden Sache kann nach vTuhr (AT II 1, 242 f Fn 43) durch Genehmigung nach § 182 Abs 2 S 1 Fall 1 wirksam werden. Die Aneignung ist jedoch kein Rechtsgeschäft (s unten Rn 7) und ein Bedürfnis für eine analoge Anwendung von § 185 Abs 2 S 1 ist nicht ersichtlich.

§ 958 gilt auch für derelinquierte nichteingetragene Schiffe. Die Okkupation von eingetragenen Schiffen richtet sich nach § 7 Abs 2 SchiffsRG.

§ 958 gilt nicht für Altertumsfunde (Planck/Brodmann Anm 1). Der originäre Eigentumserwerb an diesen richtet sich vielmehr nach § 984 (s § 984 Rn 3).

II. Herrenlose Sachen

Herrenlos ist eine Sache dann, wenn sie keinen Eigentümer hat (allgM; abw nur **2** Radloff JW 1931, 3414, 3415, der zusätzlich Besitzlosigkeit verlangt). Zu den herrenlosen Sachen gehören sowohl diejenigen, welche noch nie im Eigentum standen, als auch diejenigen, die vom bisherigen Eigentümer aufgegeben wurden (§ 959) oder an denen das Eigentum aus sonstigen Gründen erloschen ist (§§ 960 Abs 2, 3, 961). Ursprünglich herrenlose Sachen sind die wilden Tiere (die allerdings, soweit jagdbar, unter Abs 2 fallen), Meeresprodukte (die Hochseefischerei ist der wirtschaftlich bedeutendste Fall der freien Aneignung); ferner die unabgegrenzten und deshalb nicht unter § 90 fallenden (vgl Staudinger/Dilcher[12] Vorbem 28 f zu § 90) Massen wie die freie Luft, das fließende Wasser; entgegen Staudinger/Berg[11] Rn 2 und Soergel/Mühl Rn 3 jedoch nicht die wildwachsenden Kräuter, Blumen, Beeren und Pilze (s Vorbem 3 zu §§ 958 ff). Zunächst herrenlos sind auch die bergfreien, nicht aber die in § 3 Abs 4 BBergG aufgezählten Grundeigentümer-Mineralien; diese stehen nach § 3 Abs 2 S 1 BBergG im Eigentum des Grundstückseigentümers. Die Frage, ob auch das Eis der Flüsse eine herrenlose Sache ist, entscheidet sich nach landesgesetzlichem Wasserrecht.

Abgetrennte Körperteile des lebenden Menschen werden mit der Trennung nicht zu **3** aneignungsfähigen herrenlosen Sachen (so aber Staudinger/Coing[11] § 90 Rn 4 mwN; Kahn GuR 9, 294 f jeweils mit der Annahme eines bevorzugten Aneignungsrechts des bisherigen Trägers), sondern fallen (§ 953 a fortiori) in das Eigentum desjenigen, von dessen Leib sie abgetrennt wurden (BGHZ 124, 52, 54 = NJW 1994, 127 mwN; Enneccerus/ Nipperdey § 121 II 1 aE; Lehmann/Hübner, AT[15] § 49 I 1; Soergel/Marly[13] § 90 Rn 7 und Soergel/Henssler[13] § 953 Rn 4; Staudinger/Dilcher [1995] § 90 Rn 16; BGB-RGRK/Kregel § 90 Rn 4; MünchKomm/Holch[4] § 90 Rn 27; Wieling I § 2 II 2 a; Medicus, AT[5] Rn 1178; Hubmann, Das Persönlichkeitsrecht [2. Aufl 1967] 228 Fn 28; Taupitz JZ 1992, 1089, 1092 mwN; BGH 5 Str 179/58 bei Dallinger MDR 1958, 739; KG FamRZ 1969, 415; OLG Celle NJW 1960, 2017; LG Detmold NJW 1958, 265; **abw** Forkel JZ 1974, 593, 595 f: nur ein am getrennten Teil fortbestehendes „Persönlichkeitsrecht am eigenen Körper"; ferner Kallmann FamRZ 1969, 572, 577; Staudinger/Coing[11] § 90 Rn 4; Gareis, in: FS Schirmer [1900] 61, 90 ff: herrenlose Sache, aber ausschließliches Aneignungsrecht). Das gilt auch für in den lebenden Körper fest eingefügte Ersatzteile, die, wie Plomben (BGH aaO) oder künstliche Hirnschalen aus ihm üblicherweise zu Lebzeiten nicht mehr entfernt werden; diese haben mit der Einfügung in den menschlichen Körper ihre Sacheigenschaft verloren (Enneccerus/

NIPPERDEY aaO; WIELING I § 2 II 2 a; STAUDINGER/DILCHER [1995] § 90 Rn 18; PLANCK/STRECKER[4] § 90 Anm 2 a; MünchKomm/HOLCH § 90 Rn 22; SOERGEL/MARLY § 90 Rn 4; BGB-RGRK/KREGEL § 90 Rn 3; BROX, AT[25] Rn 732; BACHARACH BayZ 1917, 211; MEDICUS, AT[8] Rn 1176; **aA** STAUDINGER/COING[11] § 90 Rn 4; ILGNER, Der Schrittmacher als Rechtsobjekt [Diss Osnabrück 1990] 12 ff). Das gleiche gilt auch für Herzschrittmacher und andere Zusatzimplantate, auch wenn diese für den Patienten nicht unbedingt lebensnotwendig sind und in gewissen Abständen ausgetauscht werden; entscheidend ist hier die feste Verbindung mit dem menschlichen Körper (LG Mainz MedR 1984, 200, 201; MünchKomm/HOLCH[4] § 90 Rn 29; PALANDT/HEINRICHS § 90 Rn 3; **aA** BRANDENBURG JuS 1984, 47, 48; GROPP JR 1985, 181, 183; GÖRGENS JR 1980, 140 f). Der dem lebenden Körper wieder entnommene Herzschrittmacher fällt also analog § 953 automatisch in das Eigentum seines bisherigen Trägers (STAUDINGER/DILCHER [1995] § 90 Rn 18 aE).

4 Die Leiche und ihre Bestandteile werden überwiegend als herrenlose, aber nicht aneignungsfähige Sachen betrachtet, es sei denn, daß sie (wie Skelette, Knochen oder Mumien) mit einer bestimmten Persönlichkeit nicht mehr in Beziehung gebracht werden können (STAUDINGER/DILCHER [1995] § 90 Rn 19 ff; STAUDINGER/COING[11] § 90 Rn 5; SOERGEL/BAUR[11] § 90 Rn 6; MünchKomm/HOLCH[4] § 90 Rn 30 f; ERMAN/MICHALSKI § 90 Rn 6; HÜBNER, AT[15] Rn 23; LEHMANN/HÜBNER § 49 I 1; WOLPERT Ufita 34, 150, 152 ff mwN; EDELBACHER ÖJZ 1965, 449, 450 mwN). Demgegenüber sehen OERTMANN (Vorbem 6 e zu § 90) und BRUNNER (NJW 1953, 1173) im Leichnam eine Sache im Eigentum des Erben, während EICHHOLZ (NJW 1968, 2274 f) eine herrenlose und aneignungsfähige Sache annimmt, an der kein vorrangiges Aneignungsrecht der Angehörigen iSv Abs 2 bestehe, die Aneignung aber nur im Rahmen der guten Sitten zulässig sein soll, wobei für die Frage der Vereinbarkeit mit den guten Sitten auch der Wille des Verstorbenen Berücksichtigung finden soll (ähnlich SOERGEL/STEIN[12] § 1922 Rn 16). Noch weitergehend gestehen KALLMANN (FamRZ 1969, 578) und EDELBACHER (ÖJZ 1965, 449, 453) den Angehörigen ein vorrangiges Aneignungsrecht an der auch von ihnen als herrenlose Sache betrachteten Leiche zu. Herrenlos wie nach der zutreffenden herrschenden Lehre der Leichnam insgesamt sind auch dessen Goldzähne und ähnliche festeingefügte Körperersatzteile (DOTTERWEICH JR 1953, 174; **aA** OLG Gera HESt 2, 196; OERTMANN LZ 1925, 511; STRÄTZ, Zivilrechtliche Aspekte der Rechtsstellung der Toten [1971] 55 f und SOERGEL/MÜHL[12] § 953 Rn 2: Eigentumsrecht des Erben; LG Köln MDR 1948, 365: ausschließliches Verfügungsrecht des Erben) einschließlich der Herzschrittmacher; jedoch wird man hier ein bevorzugtes Aneignungsrecht der Erben als Gewohnheitsrecht anzuerkennen haben (vgl WOLPERT Ufita 34, 150, 197 ff; BGB-RGRK/KREGEL § 90 Rn 5 und § 1922 Rn 10; SOERGEL/STEIN[12] § 1922 Rn 21; MünchKomm/HOLCH[4] § 90 Rn 32; ERMAN/SCHLÜTER[11] § 1922 Rn 37; PALANDT/EDENHOFER § 1922 Rn 46; LANGE/KUCHINKE ErbR[5] § 5 III 5 g; WEIMAR JR 1979, 363, 364; GÖRGENS JR 1980, 142; **aA** DOTTERWEICH aaO; für Aneignungsrecht der Angehörigen WIELING I § 2 II Fn 26; STAUDINGER/DILCHER[12] § 90 Rn 30; KALLMANN FamRZ 1969, 578; für automatischen Eigentumserwerb der Erben im Falle der Trennung MünchKomm/LEIPOLD[2] § 1922 Rn 52). Dieses Aneignungsrecht darf allerdings ohne Zustimmung der totensorgeberechtigten Angehörigen (vgl § 2 Abs 2, 3 FeuerbestG) nicht ausgeübt werden (vgl LG Mainz MedR 1984, 199, 200; GÖRGENS JR 1980, 140, 141 ff; WEIMAR JR 1979, 363; LANGE/KUCHINKE, ErbR[5] § 5 III 5 g Fn 156; BAMBERGER/ROTH/KINDL Rn 3). Nimmt ein Dritter derartige vom Leichnam wieder abgetrennte künstliche Körperteile eigenmächtig in Besitz, so steht dem Aneignungsberechtigten nach LG Mainz MedR 1984, 199, 200 analog § 985 ein dinglicher Herausgabeanspruch zu, während STAUDINGER/DILCHER (1995) § 90 Rn 30 einen dinglichen Herausgabeanspruch dem zum postmortalen Persönlichkeitsschutz berufenen Angehörigen zusprechen und auf eine Analogie zu § 1004 stützen. Jedenfalls dürfte der Herausgabeanspruch auch aus § 861 abzuleiten sein, da mit der Abtrennung vom Leichnam für eine logische Sekunde analog § 857 Besitz des Erben entstanden sein dürfte. Vgl auch STAUDINGER/GURSKY (1999) Vorbem 6 zu § 985.

III. Begründung von Eigenbesitz

Der Erwerb des Eigenbesitzes (§ 872) setzt objektiv die Erlangung der vollen tat- 5 sächlichen Gewalt und subjektiv den Willen, die Sache als eigene zu besitzen, voraus. Wegen der Einzelheiten s die Erl zu § 872. Wegen der Frage, ob der Jäger bereits mit der Erlegung des Wildes die tatsächliche Gewalt daran erwirbt, vgl EBNER Gruchot 57, 357; DICKEL, Forstzivilrecht (2. Aufl 1917) 665; NICK/FRANK, Das Jagdrecht in Bayern (3. Aufl 1972) 19; POLLWEIN, Komm z JagdG (10. Aufl 1923) 9 f; BEHR/OTT/NÖTH, Die deutsche Reichsjagdgesetzgebung (1935/37) 22 f. Die bloße Verwundung des Tieres bedeutet aber, auch wenn sie dessen Beweglichkeit stark einschränkt und die alsbaldige Erledigung sehr wahrscheinlich macht, noch keinen Besitzerwerb (ENDEMANN § 36, 1 a S 195 Fn 7; WIELING I § 11 V 5 b; s auch KNÜTEL in: FS HH Seiler 549, 566 ff; aA KEGEL in: FS vCaemmerer [1978] 149, 151 ff; abl dazu ERNST JZ 1988, 359, 360). Am Tier in der von ihm selbst oder seinem Beauftragten aufgestellten Falle erlangt der Jagdausübungsberechtigte Besitz, wenn sich dieses nicht mehr befreien kann, RGSt 32, 164; KG JW 1926, 2647; anders aber, wenn die Falle von einem Wilderer auf einem fremden Grundstück aufgestellt wurde (LK-StGB/SCHÜNEMANN[1] § 292 Rn 39; LEONHARDT, Jagdrecht § 1 BJagdG Anm 6). Herrenlos bleibt auch der Fuchs, dem es gelingt, mit dem Fangeisen zu flüchten; gerät er auf fremdes Jagdgebiet, so begeht der Fallensteller Wilderei, wenn er ihn dort abholt (KG aaO). Der Jäger, der seinen Jagdhund zum Apport veranlaßt, erwirbt bereits mit dem Zugriff des Hundes Besitz. Wer bereits Fremdbesitzer ist (zB als „Finder" der vermeintlich verlorenen Sache für den Verlierer), erlangt Eigenbesitz durch erkennbare Änderung des Besitzwillens (BGH WM 1971, 1452, 1454; WIELING I § 11 IV 2 b; MünchKomm/QUACK Rn 8; BAMBERGER/ROTH/KINDL Rn 4; K MÜLLER Rn 274 f). Ein besonderer Wille, Eigentum zu erwerben, wird in § 958 nicht vorausgesetzt (Mot III 369; COSACK/MITTEIS, BR II 1, § 42 I 1; MünchKomm/QUACK Rn 8; WEISS 144 f; aM SCHWAB/PRÜTTING Rn 486; DERNBURG § 111 IV b). Die irrige Meinung des Besitzergreifenden, die in Wirklichkeit herrenlose Sache gehöre ihm schon, schließt deshalb eine wirksame Aneignung nicht aus (BGB-RGRK/ PIKART Rn 8; BAMBERGER/ROTH/KINDL Rn 4); ebensowenig auch die irrige Annahme des Aneignenden, sich eine verlorengegangene fremde Sache durch Fundunterschlagung rechtswidrig anzueignen (Mot III 369 u OLG Königsberg OLGE 39, 227; WOLFF/ RAISER § 78 Fn 20 mwN; WIELING I § 11 IV 2 b aa mwN; WILHELM Rn 939; CROME § 111 IV b; K MÜLLER Rn 2742 l). Dagegen erwirbt zunächst mangels Eigenbesitzes kein Eigentum, wer eine derelinquierte Sache, in der Meinung, sie sei verloren, für den ihm bekannten (früheren) Eigentümer in Besitz nimmt (WIELING I § 11 V 1 a dd Fn 36; WOLFF/ RAISER § 82 II; HECK § 64, 3; aM O vGIERKE § 132 IV 1 Fn 43; MünchKomm/QUACK § 965 Rn 11). Entsprechendes gilt, wenn der Betreffende unschlüssig ist, ob es sich um eine verlorene oder eine derelinquierte Sache handelt, das etwa fortbestehende fremde Eigentum aber respektieren will. Auch hier ist zunächst Fremdbesitz anzunehmen (vgl MünchKomm/JOOST § 872 Rn 4; H WESTERMANN/GURSKY § 12 II 1). Die Okkupation erfolgt hier deshalb erst durch eine spätere Betätigung des Eigenbesitzwillens. – Der Gastwirt erlangt an der von einem eiligen Gast zurückgelassenen und damit derelinquierten (s § 959 Rn 5) Weinflasche automatisch Organisationsbesitz (s H WESTER-MANN/GURSKY § 13 I 2 S 293) und kraft eines zu unterstellenden generellen Eigenbesitzwillens automatisch Eigentum nach § 958 Abs 1 (s H WESTERMANN/GURSKY[6] § 58 II 2 b S 471 f). Werden Stadttaubenpopulationen durch eine organisierte und kontinuierliche Fütterung an „Taubenhäuser" von Tierschutzorganisationen gebunden, so kann darin eine Besitzbegründung und damit Aneignung liegen (WOHLFAHRT DÖV 1993, 152, 157).

6 **1.** Die den Eigentumserwerb auslösende Begründung des Eigenbesitzes kann auch *durch Besitzmittler* iSv § 868 (zB einen Jagdgast für den Jagdberechtigten) oder Besitzdiener (§ 855) erfolgen (PLANCK/BRODMANN Anm 2; ZEUNER JZ 1955, 197; WIELING I § 11 IV 2 b; BUSCH 4 ff; SOERGEL/HENSSLER Rn 4; gegen eine Okkupation durch Besitzmittler F LEONHARD, Vertretung beim Fahrniserwerb [1899] 114 f). Der Wille, Eigenbesitz zu erwerben, muß aber auch in diesen Fällen beim Besitzherrn vorhanden sein (ENDEMANN § 86, 2 bei Fn 16). Andererseits darf aber auch der kraft Werkvertrages oder selbständigen Dienstvertrages operierende Besitzmittler seine Rolle gerade bei der konkreten Aneignung nicht verlassen. Wer sich vertraglich verpflichtet hat, etwa Muscheln am Meeresstrand für einen Fabrikanten zu suchen und diesem als Besitzmittler den Eigenbesitz und das Eigentum an den gesammelten Muscheln zu verschaffen, kann dennoch für sich selbst das Eigentum erwerben, wenn er eine entsprechende Willensrichtung vor oder bei dem Aufsammeln deutlich macht (DOLEZALEK AcP 195 [1995] 392, 437). Der Bergmann, der das Mineral vor Ort losbricht, verschafft als Besitzdiener dem Bergbauberechtigten Besitz und Eigentum (BGHZ 17, 223, 228; WOLFF/RAISER § 97 I 1). Vgl auch RGSt 39, 179 bezüglich Bernsteingewinnung und dazu ERNST, Eigenbesitz und Mobiliarerwerb (1992), 214 Fn 361. Dagegen können die Grundsätze über die Stellvertretung bei der Okkupation keine Anwendung finden (abw STAUDINGER/BERG[11] Rn 15; ERNST 215; CROME § 410 I 1 a; s auch POLLWEIN SeuffBl 74, 86). Keine Besitzdienerschaft beim Besitzerwerb liegt vor, wenn der Angestellte des Jagdausübungsberechtigten von vornherein die Absicht hat, das Wild weisungswidrig für sich selbst zu erlegen (BayObLG BayZ 1932, 258; BEHR/OTT/NÖTH 24). Wenn jemand als Geschäftsführer ohne Auftrag für einen anderen eine herrenlose Sache in Besitz nimmt, so erwirbt dieser damit noch kein Eigentum (aM LANGE § 47 Fn 4; BayObLGSt 1954, 116), da die GoA richtiger Ansicht nach kein Besitzmittlungsverhältnis iSv § 868 begründet (vgl H WESTERMANN/GURSKY § 19 I 2). Eigenbesitz und Eigentum erwirbt der Geschäftsherr vielmehr erst dann, wenn ihm die Besitzergreifung mitgeteilt wird und er sich damit einverstanden erklärt (PLANCK/BRODMANN Anm 2). Die Genehmigung des Geschäftsherrn verschafft diesem den mittelbaren Eigenbesitz und das Eigentum dabei nur ex nunc, nicht rückwirkend (H WESTERMANN/ GURSKY aaO; PLANCK/BRODMANN aaO; s auch ERNST 220, 222, der aber den Erwerb des Geschäftsherrn erst bei der Herausgabe an diesen eintreten lassen will; für Rückwirkung dagegen ROSENBERG § 868 Anm II 2 d ζ; LAST JherJb 63 [1913] 71, 95 f). In derartigen Fällen ist aber jeweils auch zu prüfen, ob nicht in Wirklichkeit eine Aneignung durch den „Geschäftsführer" selbst in der Absicht, die Sache dem „Geschäftsherrn" zu schenken, vorliegt (vgl LEONHARD, Stellvertretung beim Fahrniserwerb [1899] 114 ff). Letzteres kommt naturgemäß nicht in Betracht, wenn jemand ein früher gefangen gehaltenes, aber dann entflohenes und nach § 960 Abs 2 herrenlos gewordenes wildes Tier in der irrigen Annahme, das Eigentum des bisherigen Halters bestehe fort, für diesen einfängt bzw in sonstiger Weise in Besitz nimmt.

2. Auch ein *Geschäftsunfähiger* kann, sofern er nur eines natürlichen Beherr- **7** schungswillens fähig ist, Eigenbesitz begründen und dadurch gemäß § 958 Eigentum erwerben (SOERGEL/HENSSLER Rn 5; PLANCK/BRODMANN Rn 2; BGB-RGRK/PIKART[12] Rn 8; MünchKomm/QUACK Rn 8; BAMBERGER/ROTH/KINDL Rn 4; ERMAN/EBBING Rn 4; PALANDT/BAS-SENGE Rn 2; JAUERNIG/JAUERNIG Rn 1; WOLFF/RAISER § 78 III; H WESTERMANN/GURSKY § 58 IV; BAUR/STÜRNER § 53 Rn 72; E WOLF § 4 A I c 2; LANGE § 52 Fn 12; EICHLER II 1, 43; SCHREIBER Rn 199; LEHMANN/HÜBNER, AT[16] § 28 A II 2; COSACK/MITTEIS, BR II 1, § 42 I 1; WEISS 154 f; ISAY JherJb 44, 46; **aM** FLUME, AT II[3] § 13, 11 c; PAWLOWSKI, Der Rechtsbesitz [1961] 45 Fn 199; ENDEMANN, BR II § 86 Fn 15; ENNECCERUS/NIPPERDEY § 150 Fn 6; STAUDINGER/BERG Rn 15; STAUDINGER/COING[15] § 105 Rn 9; BGB-RGRK/JOHANNSEN[11] Anm 2; BIERMANN Anm 1 b; LARENZ, Vertrag und Unrecht 69, 71). Die Aneignung ist nämlich kein Rechtsgeschäft, da die Rechtsfolge Eigentumserwerb unabhängig von einem final auf diese Rechtsfolge gerichteten Willen eintritt (FLUME, AT II[3] § 9, 2 a bb S 110; WILHELM Rn 72 Fn 137; WIELING I § 11 IV 2 b Fn 23 aa; HÜBNER, AT Rn 397; MünchKomm/QUACK Rn 8; SOERGEL/HENSSLER Rn 4, 5; PLANCK/BRODMANN Anm 2; BAMBERGER/ROTH/KINDL Rn 4; PALANDT/BAS-SENGE Rn 2; JAUERNIG/JAUERNIG Rn 1; J vGIERKE § 37 III 1; HEDEMANN § 26 III 1; DE BOOR, Grundriß2 [1954] 408; GERHARDT I[5] 139; vTUHR II 1, 168 Fn 148 [anders aber S 405]; LANGE aaO; BIERMANN aaO; ISAY aaO; GOLDMANN/LILIENTHAL II § 23 Fn 4; H WESTERMANN/GURSKY aaO; EICHLER aaO; LEONHARD, AT 253; SIEDLER, Zurechnung von Realakten im Bürgerlichen Recht [1999] 196; **aM** MANIGK, Das rechtswirksame Verhalten [1939] 367 f; ENNECCERUS/NIPPERDEY § 145 II A 3; LARENZ, AT[7] § 18 I S 317; ders, Vertrag und Unrecht aaO; LARENZ/WOLF AT[9] § 24 Rn 22; BREIT, Die Geschäftsfähigkeit [1903] 260 f; CROME, BR[3] § 111 Fn 16; PAWLOWSKI, AT[7] Rn 603, 605; SCHWAB/PRÜTTING Rn 486; W LORENZ, in: FS Serick [1992] 255, 265 Fn 39; ELTZBACHER, Die Handlungsfähigkeit nach dem bürgerlichen Recht I [1903] 216 f; ADOMEIT, Gestaltungsrechte, Rechtsgeschäfte, Ansprüche [1969] 23 f).

3. Die Ergreifung des Eigenbesitzes führt (anders als ALR I 9 §§ 12, 13) den **8** Eigentumserwerb auch dann herbei, wenn der Aneignende einem anderen in der Besitzergreifung zuvorkommt oder ihn hieran hindert (WIELING I § 11 IV 2 b; DICKEL, Forstzivilrecht[2] [1917] 859; HEDEMANN § 26 III 2); soweit hierin allerdings eine unerlaubte Handlung liegt, verpflichtet sie zum Schadensersatz (§§ 823 Abs 2 BGB, 240 StGB und § 826). Wenn mehrere Personen die Sache in Eigenbesitz nehmen, so erlangen sie Miteigentum (vgl hierzu WOLFF JherJb 44 [1902] 194 ff und CROME III § 410 I 2).

IV. Verstoß gegen ein gesetzliches Verbot

Nach Abs 2 verschafft die Eigenbesitzergreifung **kein Eigentum,** dh es dauert die **9** bisherige Herrenlosigkeit fort, wenn die Aneignung **gesetzlich** (dh durch irgendeine Rechtsnorm, Art 2 EGBGB) **verboten** ist. Hierunter sind allerdings nur solche Vorschriften zu verstehen, die die Aneignung selbst verbieten wollen, nicht auch solche, die nur ein bestimmtes Vorgehen bei der Aneignung untersagen (Auslegungsfrage; vgl auch Rn 1). Wichtige Aneignungsverbote enthalten § 42 Abs 1 Nr 1 und Abs 2 Nr 1 BNatSchG v 25. 3. 2002 (BGBl I 1193) mit den ergänzenden Rechtsverordnungen (wie zB § 2 BWildSchV) sowie die entsprechenden landesrechtlichen Vorschriften (Artenschutzrecht). Vgl KOLODZIEJCOK/RECKEN, Naturschutz, Landschaftspflege und einschlägige Regelungen des Jagd- und Forstrechts (Loseblattkommentar) Kennzahl 1158 = § 20f BNatSchG Rn 20 und Kennzahl 4179 = § 2 BWildSchV Rn 5 ff; HAMMER NuR 1992, 62. Das Aneignungsverbot entfällt hier beim Vorliegen der Ausnahmetatbestände der §§ 43 Abs 1 und 5 BNatSchG sowie

kraft behördlicher Einzelgenehmigung nach §§ 43 Abs 7 und 8, 62 BNatSchG bzw
§ 2 Abs 5 BWildSchV. Zum Spannungsverhältnis zwischen solchen wildschutzrecht-
lichen Regelungen und dem jagdrechtlichen Aneignungsrecht und der sich daraus
ergebenden Aufgabe einer Auflösung der Normkonkurrenz vgl VG Freiburg NuR
1996, 425, 426 (wo dem jagdrechtlichen Aneignungsrecht an einem tot aufgefundenen Mäusebussard der Vorrang vor dem naturschutzrechtlichen Inbesitznahmever-
bot des § 20f Abs 2 Nr 1 BNatSchG aF gegeben wird) und HAMMER DVBl 1997,
401, 405. Ein Aneignungsverbot besteht auch bei zwangsbewirtschafteten Sachen,
vgl BGB-RGRK/PIKART Rn 15. Aneignungsverbote können auch durch Polizeiverordnung erlassen werden (RGSt 48, 121); für eine Polizeiverordnung, die die Aneignung des in die Abfalltonnen eingefüllten Hausmülls oder zur Sperrgutabfuhr bereitgestellten Sperrmülls verbietet, wie sie das RG aaO noch für wirksam ansah,
dürfte heute jedoch die Ermächtigungsgrundlage fehlen (BURI JZ 1970, 195; WEBER JZ
1978, 691, 692; MünchKomm/QUACK Rn 6; WIELING I § 11 IV 2 c; **aM** wohl GERHARDT I 140).
Entsprechendes gilt für landesrechtliche Normen, die ein ausschließliches Aneignungsrecht der Gemeinden an dem zur Abfuhr bereitgestellten Haus- oder Sperrmüll begründen wollen (vgl WEBER JZ 1978, 691, 692). Vorschriften, die den Erwerb
bestimmter Sachen generell verbieten oder von einer behördlichen Erlaubnis abhängig machen – wie etwa § 28 WaffenG, 27 SprengG, § 3f BetäubungsmittelG, § 2
AusfG zu Art 26 Abs 2 GG v 20. 4. 1961 (BGBl I 444) –, hindern auch eine Okkupation (WIELING § 11 IV 2 c iVm § 4 I 2 a; SOERGEL/HENSSLER Rn 6). Die Aneignung militä-
rischer Waffen, Fahrzeuge u dgl war nach dem 2. Weltkrieg durch Gesetz Nr 24 der
AHK v 30. 5. 1950 (AmtsBl AHK Nr 251) verboten. Das KriegswaffenkontrollG v
20. 4. 1961 (BGBl I 444) begründet keine Aneignungsverbote. Den Okkupanten trifft
jedoch nach § 12 Abs 6 Nr 1 eine Anzeigepflicht. Die Überwachungsbehörde muß
dem Okkupanten dann durch Verwaltungsakt aufgeben, die okkupierte Kriegswaffe
innerhalb bestimmter Frist unbrauchbar zu machen oder einem Erwerbsberechtigten zu überlassen (s POTTMEYER, KriegswaffenkontrollG [2. Aufl 1994] § 12 Rn 86–88).

10 Die Frage, ob auch die sog *Schonvorschriften* für das Gebiet der Jagd, der Fischerei
und des Vogelfangs (vgl § 22 BJagdG u dazu VO über die Jagdzeiten v 2. 4. 1977
[BGBl I 531], zuletzt geändert durch VO v 25. 4. 2002 [BGBl I 1487], und die ergänzenden
landesrechtlichen Bestimmungen) Verbote iS des Abs 2 beinhalten, ist streitig.
Richtiger Ansicht nach fallen nur solche Vorschriften, die eine dauernde absolute
Schonung gebieten (wie etwa § 22 Abs 2 S 1 BJagdG) unter § 958 Abs 2, nicht aber
auch solche Verordnungen, die nur zeitliche Okkupationsbeschränkungen oder
örtliche Beschränkungen oder Verbote bestimmter Erlegungsarten, Fangarten oder
Fanggeräte aufstellen (vSTAUDINGER SeuffBl 63, 258 ff; SOERGEL/HENSSLER Rn 6; BIERMANN
Anm 2 d α; ERMAN/EBBING Rn 7; LORZ/METZGER, Jagdrecht/Fischreirecht[3] [1998] § 1 BJagdG
Rn 15; LORZ, NuR 1980, 112 ff; KOLODZIEJCOK/RECKEN Kennzahl 4179 = § 2 BWildSchV
Rn 31–36; LEONHARDT, BJagdG § 1 Anm 6; DICKEL, Forstzivilrecht [2. Aufl 1917] 860 f; **aM** COSACK
II § 202 I 3; WINDSCHEID/KIPP I 947; WOLFF/RAISER § 78 Fn 23; MÜLLER NuR 1979, 137, 138, nach
denen alle Schonvorschriften Aneignungsverbote iSv Abs 2 darstellen; noch anders WIELING § 11
IV 2 d m Fn 35; PLANCK/BRODMANN Anm 3 a α; EBNER, VerwArch 13, 545; DERNBURG § 113 IX u
MITZSCHKE/SCHÄFER, BJagdG [4. Aufl 1982] § 1 Rn 23–23d; GAUL NuR 1980, 110; MEYER-RAVEN-
STEIN, AgrarR 1984, 223; ders, Jagdrecht in Niedersachsen § 1 BJagdG Rn 112; HEINICHEN, Das
Jagdrecht in Niedersachsen [2. Aufl 1981] § 1 Anm VI 2, nach denen die Verletzung einer Schon-
vorschrift die Aneignung nie hindert). Dabei entfällt das Aneignungsverbot naturgemäß,
soweit jagdrechtliche Ausnahmen von den Schonzeitbestimmungen eingreifen: so

nach landesrechtlichen Rechtsverordnungen, die aufgrund von § 22 Abs 2 S 2 BJagdG ergangen sind (KOLODZIEJCOK/RECKEN Kennzahl 1159 = § 20g BNatSchG Rn 13) sowie kraft behördlicher Genehmigung im Einzelfall nach § 22 Abs 4 S 3 und § 27 BJagdG KOLODZIEJCOK/RECKEN aaO und Kennzahl 4179 = § 2 BWildSchV Rn 37). Ob § 22a Abs 1 HS 2 BJagdG eine entsprechende Ausnahme für die Aneignung schwerkranken Wildes während der Schonzeit begründet, ist streitig (verneinend KOLODZIEJCOK/RECKEN Kennzahl 1179 = § 2 BWildSchV Rn 42; LORZ NuR 1980, 112, 116; aA HAMMER NuR 1980, 111 f). Auch absolute Schonvorschriften verbieten die Aneignung aber nicht ausnahmslos: Sie hindern den Jagdberechtigten nicht, sich das ohne sein Zutun gefallene oder von einem frei herumlaufenden Hund gerissene bzw von einem Wilderer getötete Wild anzueignen (VG Freiburg NuR 1996, 425, 426; LG Nürnberg-Fürth VersR 1976, 646; BEHR/OTT/NÖTH 28 f; BGB-RGRK/JOHANNSEN[11] Anm 5; STAUDINGER/SCHÄFER[12] § 823 Rn 97; STAUDINGER/HAGER [1999] § 823 Rn B 136; KOLODZIEJCOK/ RECKEN Kennzahl 4179 = § 2 BWildSchV Rn 42; LORZ NuR 1980, 112, 115; HAMMER NuR 1980, 111 f; aA Müller NuR 1979, 137, 138). Allerdings können der Aneignung von Fallwild immer noch artenschutzrechtliche Bestimmungen entgegenstehen (KÜNKELE NuR 1982, 101, 102; s aber auch VG Freiburg aaO). Der Schutzzweck der Jagdverschonung läßt sich aber in Fällen dieser Art ohnehin nicht mehr erreichen, so daß die Annahme eines Aneignungsverbotes in diesen Fällen sinnwidrig wäre. Das gleiche muß auch für das nach § 22a Abs 1 HS 2 aA BJagdG zu erlegende schwerkranke Wild, das einer ganzjährigen schonenden Wildart angehört, gelten. Bei schwerkrankem Wild, das gefangen und versorgt werden könnte, besteht kein genügender Grund für eine Nichtanwendung des prinzipiellen Aneignungsverbotes. HAMMER (NuR 1992, 62, 64) unterstellt für die Wiederaneignung von ausgebrochenen Wildtieren eine gewohnheitsrechtliche Ausnahme von artenschutzrechtlichen und jagdrechtlichen Aneignungsverboten zugunsten des früheren Eigentümers. – Nach LORZ/METZGER aaO sind auch die nach § 21 Abs 3 BJagdG ergangenen Abschußverbote wegen des erkennbaren Zieles eines Vollschutzes der in ihrem Bestand bedrohten Tierarten als Aneignungsverbote zu qualifizieren (wohl richtig).

V.   Verletzung eines fremden Aneignungsrechts

Der Eigentumserwerb durch Aneignung tritt gemäß Abs 2 auch dann nicht ein (die   **11** bisherige Herrenlosigkeit besteht also fort), wenn durch die Besitzergreifung ein (bundes- oder landesrechtlich begründetes) **ausschließliches Aneignungsrecht eines anderen verletzt** wird.

1.   Ein solches stellt das Aneignungsrecht des Jagdberechtigten (§§ 1, 3 BJagdG) an allen jagdbaren Tieren (deren Kreis in § 2 BJagdG festgelegt, durch landesrechtliche Vorschriften teilweise noch erweitert ist) einschließlich des Fallwildes, der Abwurfstangen und der Eier des jagdbaren Federwildes (§ 1 Abs 5 BJagdG) in seinem Jagdbezirk dar. Das Jagdrecht dauert grundsätzlich nur so lange, wie das Wild sich im Jagdbezirk befindet; es kommt also nicht auf den Standort des Jägers beim Schuß, sondern auf den des Wildes an. Die Wildfolge, dh die Verfolgung krankgeschossenen Schalenwildes in einen Nachbarbezirk, ist nach § 22a Abs 2 BJagdG und den Landesjagdgesetzen (etwa § 29 LJagdG NW) nur aufgrund schriftlicher Vereinbarungen zulässig. Liegt ein Stück Wild genau *auf der Grenze*, so wird jeder der beiden Revierinhaber das Aneignungsrecht am ganzen Stück haben, im Falle der Ausübung aber dem Reviernachbarn die Hälfte des Wertes erstatten müssen (SCHANDAU/DREES, Das Jagdrecht in NRW [3. Aufl 1986] 26; NICK/FRANK, Das Jagdrecht in Bayern [3. Aufl 1972] 19; für Alleineigentum des zuerst Kommenden ohne Entschädigungspflicht BEHR/OTT/NÖTH 554; wohl auch MITSCHKE/SCHÄFER, BJagdG⁴ § 1 Rn 23 d; für Miteigentum M RÜMELIN AcP 126, 88 f [§ 923 analog]; DICKEL, Forstzivilrecht [2. Aufl 1917] 810; EBNER Gruchot 57, 361 f; wohl auch MEYER-RAVENSTEIN, Jagdrecht in Niedersachsen [1989] § 22a BJagdG Rn 30 a; HEINICHEN, Das Jagdrecht in Niedersachsen [1981] § 5 Anm VIII). An dem von Unbefugten (Wilderern) erlegten oder gefangenen Wild besteht das Aneignungsrecht allerdings auch dann weiter, wenn es aus dem Bezirk weggeschafft worden ist (RGSt 39, 427, 430; WOLFF/RAISER § 80 VI 1; PLANCK/UNZNER Art 69 EGBGB Anm 4; O vGIERKE § 132 Fn 26; DERNBURG, BR III § 113 VIII; KOCH 111 f mwN; FURTNER JR 1962, 414; aM SCHMIDT SeuffBl 69, 358; MITZSCHKE/SCHÄFER § 1 ANM 9 a). Zum beschränkten Jagdrecht des Grundstückseigentümers in befriedeten Bezirken (§ 6 S 2 BJagdG) vgl MITZSCHKE/SCHÄFER § 6 Rn 28, 29 und LK-StGB/SCHÜNEMANN § 292 Rn 10–15; SCHANDAU/DREES³ § 6 BJagdG, § 4 LJagdG MW Anm IV; LORZ/METZGER, Jagdrecht/Fischereirecht³ (1998) § 6 BJagdG Rn 2, 4; OLG Köln MDR 1962, 671 u die abweichende Auffassung von FURTNER MDR 1963, 98. Der Umstand, daß die Tötung eines fremdem Jagdrecht unterliegenden Tieres nach § 228 gerechtfertigt war (vgl LK-StGB/SCHÜNEMANN¹¹ § 292 Rn 68), hebt das ausschließliche Aneignungsrecht des Jagdausübungsberechtigten nicht auf (BGB-RGRK/PIKART Rn 16). Die Jagdbarkeit an verendetem Wild oder Fallwild besteht fort, auch wenn der Tierkörper bereits in Verwesung übergegangen und für menschlichen Genuß nicht mehr geeignet ist (LK-StGB/SCHÜNEMANN¹¹ § 292 Rn 77); auch Restbestandteile, die für den Jagdausübungsberechtigten von Wert sind wie der Schädel mit dem damit verbundenen Kopfschmuck, unterliegen dem Aneignungsrecht (EBNER Gruchot 55, 557; LK-StGB/SCHÜNEMANN¹¹ aaO; NICK/FRANK 18; LORZ/METZGER, Jagdrecht/Fischereirecht³ [1998] Rn 14 [m Einschr]); der Jagdausübungsberechtigte kann insoweit nicht schlechter stehen als bei Abwurfstangen (zumindest seit der Ausdehnung des Jagdrechts auf die letzteren überholt deshalb RG Recht 1902 Nr 115). Nachweise über die den Rahmen des BJagdG ausfüllenden Landesgesetze und ausführliche Schrifttumsnachweise zum Jagdrecht bei Art 69 EGBGB.

12 2.   Weitere ausschließliche Aneignungsberechtigungen sehr unterschiedlicher Art enthält das **Fischereirecht**, das sehr stark zersplittert ist. Vgl die ausführliche Übersicht über das in Deutschland geltende Fischereirecht bei STAUDINGER/PROMBERGER/MAYER (1998) Art 69 EGBGB Rn 28 ff und die Schrifttumsangaben ebd; ferner die Übersicht bei WOLFF/RAISER § 81. Auf welchem Rechtstitel die Fischereiberechtigung beruht und von welcher Art (zB in eigenem oder fremdem Gewässer, sog freie Fischereiberechtigung usw) sie im einzelnen ist, ist für die Anwendung des § 958 Abs 2 gleichgültig; entscheidend ist nur, daß eine die freie Okkupation ausschließende besondere Fischereiberechtigung besteht (vgl vSTAUDINGER, Vorträge 358). Schließlich gehörte hierher das Aneignungsrecht des **Bergwerkseigentümers** (§ 9 BBergG) bzw des Inhabers einer bergrechtlichen Bewilligung (§ 8 BBergG bzw § 3 Abs 1 des Gesetzes über die vorläufige Regelung des Tiefseebergbaus vom 16. 8. 1980, BGBl I 1457) bzgl der in der Verleihungsurkunde genannten bergbaufreien Mineralien (vgl § 3 Abs 1, 3 BBergG) in seinem Feld. Diesem Aneignungsrecht unterliegen die Mineralien allerdings nur in ihrer natürlichen Ablagerung. Nur aufrechterhaltenes altes Bergwerkseigentum verleiht nach § 151 Abs 2 Nr 1 darüber hinaus auch das Aneignungsrecht bzgl solcher Mineralien, die auf den Halden eines Vorgängerbergbaus liegen, sofern diese nicht im Eigentum des Grundstückseigentümers stehen. Zur ähnlichen früheren Rechtslage nach § 54 prBergG vgl BGHZ

17, 223, 225 ff. Das BBergG enthält anonsten keine Aussage über die Gewinnungsbefugnis bzgl der auf einer Bergwerkshalde lagernden mineralischen Rohstoffe; es bewendet damit bei den allgemeinen sachenrechtlichen Grundsätzen, nach denen die Halde entweder zum Grundstückseigentum gehört oder wegen § 95 im Eigentum des Inhabers der Bergbauberechtigung steht (BOLDT/WILLER, BBergG [1984] § 128 Rn 5). Hat der jetzige Bergwerkseigentümer das durch Ausübung des Gewinnungs- und Aneignungsrechts erlangte Eigentum am Fördergut hinsichtlich der Haldenmaterialien aufgegeben, so lebt sein Aneignungsrecht nicht wieder auf; die Haldenmaterialien unterliegen dann vielmehr der freien Aneignung nach Abs 1 (BGHZ 17, 223; aM FEUTH NJW 1955, 1187). Wegen der unvermeidbaren Mitgewinnung anderer (dem Grundeigentümer zustehender oder dem Aneignungsrecht eines anderen Bergbauberechtigten unterliegender) Bodenschätze vgl § 42 BBergG. Eine umfangmäßig beschränkte Aneignungsbefugnis gewährt nach § 41 BBergG auch die bloße Erlaubnis zur Aufsuchung von Bodenschätzen (§ 7 Abs 1 Nr 2 BBergG). Das Sammeln von bergfreien Mineralien in Form von Handstücken oder kleinen Proben für mineralogische oder geologische Sammlungen bedarf nach § 4 Abs 1 Nr 1–3 BBergG nicht einer solchen Erlaubnis; damit besteht hier die freie Aneignungsmöglichkeit nach § 948 Abs 1 (MünchKomm/QUACK Rn 19), denn die bergbaufreien Mineralien sind bis zur Aneignung nach § 3 Abs 2 BBergG nicht Bestandtel des Grundstückseigentums, mithin herrenlos. Übersicht über das geltende Bergrecht und Schrifttumsangaben bei Art 67 EGBGB. Die durch Art 35 des 3. Rechtsbereinigungsgesetzes v 28. 6. 1990 (BGBl I, 1243) aufgehobene **Strandungsordnung** vom 17. 5. 1874 (RGBl 73) begründete früher hinsichtlich des Seeauswurfs, der strandtriftigen Gegenstände und der vom Meeresgrund geborgenen Güter nicht ein Aneignungsrecht (des Landesfiskus oder des Bergers), sondern nur ein Aneignungsverbot (EWALD MDR 1957, 137) verbunden mit einem öffentlich-rechtlichen Anspruch auf obrigkeitliche Überweisung (§ 35 StrandO) der betreffenden Güter nach erfolgtem Ausschluß der unbekannten Berechtigten in einem Aufgebotsverfahren. – Das Aneignungsrecht des Fiskus an *herrenlosen Grundstücken* (§ 928) erstreckt sich nicht auf Früchte und sonstige Bestandteile, die von einem solchen Grundstück abgetrennt werden (BGH NJW 1994, 949 [implizit, da Eigentumserwerb nach § 958 Abs 1 bejaht]; ENDEMANN, BR II 1 § 78 Fn 17; MünchKomm/QUACK § 928 Rn 10; SOERGEL/HENSSLER § 958 Rn 8; aM PLANCK/STRECKER § 928 Anm 5 e; BIERMANN § 928 Anm 2 a).

3.   Die *Rechtsnatur* der genannten ausschließlichen Aneignungsrechte ist streitig.   **13** Richtiger Auffassung nach handelt es sich hierbei um einen besonderen Typ des subjektiven Rechts, der sowohl den Herrschaftsrechten (Sachenrechten) wie auch den Gestaltungsrechten nahesteht, doch keiner dieser beiden Gruppen zugerechnet werden kann (LARENZ, AT[7] § 13 II 8). Für die Bewertung als eigentümliches dingliches Recht an herrenloser Sache haben sich ausgesprochen: WOLFF/RAISER § 79 II 2; EICHLER I 49; RAAPE JherJb 74, 187. Für die Einordnung als Gestaltungsrecht: ENNECCERUS/NIPPERDEY, AT[15] § 79; RUDOLF SCHMIDT, Sachenrecht 57; ZITELMANN, IPR II 47 ff; LEHMANN/HÜBNER, AT[16] § 12 I 1 b; MünchKomm/QUACK Rn 16 Fn 10. Unabhängig von dieser Qualifizierung muß das Aneignungsrecht etwa des Jagd- oder Fischereiberechtigten als „sonstiges Recht“ iSv § 823 Abs 1 behandelt werden (vgl STAUDINGER/SCHÄFER[12] § 823 Rn 97; einschränkend STAUDINGER/HAGER [1999] § 823 Rn B 136), das durch Vernichtung, Verletzung oder Entziehung von Tieren, die ihm unterliegen, beeinträchtigt wird (WOLFF/RAISER § 79 II 2 a; BGH VersR 1969, 928; LM § 823 [F] BGB Nr 10; JZ 1982, 647; OLG Frankfurt NJW 1959, 2218: Schädigungen des Fischbestandes durch Abwässer; abw LG Nürnberg-Fürth VersR 1976, 646). Bei der Schadensbe-rechnung (dazu Koch 119 ff) ist hier zu berücksichtigen, ob der Eigentumserwerb des Aneignungsberechtigten nach dem gewöhnlichen Verlauf der Dinge überhaupt mit genügender Sicherheit erwartet werden konnte (H Westermann⁵ § 58 III 2; Behr/Ott/ Nöth 666; aA Wolff/Raiser § 79 II 2 a), ferner ob entsprechendes Zuchtwild zur Bestandsauffüllung beschafft werden muß (BGH LM § 823 [F] BGB Nr 10; Staudinger/ Hager § 823 [1999] Rn B 136; Weimar DAR 1973, 92).

14 4. Die **Folgen** der Inbesitznahme der herrenlosen Sache unter **Verletzung des fremden Aneignungsrechts**: Im Interesse einer gleichheitlichen Regelung war in Art 69 EGBGB zugleich bestimmt worden (Mot z EGBGB 37 u 38, Prot VI 375–377), daß der Landesgesetzgebung in den betreffenden Vorschriften über Jagd und Fischerei ein Abweichen vom Grundsatz des Abs 2 hinsichtlich der Eigentums-frage nicht erlaubt ist. Ab 1. 4. 1935 ist jener Art 69 aufgehoben, soweit er die Jagd betrifft (§ 71 RJagdG vom 3. 7. 1934, vgl auch § 46 Nr 1 BJagdG); an dem Grundsatz des Abs 2 ist aber damit hinsichtlich der Eigentumsfrage nichts geändert worden, da neue abweichende Ländergesetze nicht ergangen sind. Durch den angeführten Zwischensatz des Art 69 EGBGB war insbesondere die Streitfrage über die Rechts-folge der Okkupation eines Wilderers für ganz Deutschland dahin entschieden, daß durch eine Aneignung seitens eines Wilderers weder dieser noch der Jagd- oder Fischereiberechtigte Eigentümer wird. Vielmehr bleibt das von jenem erbeutete Wild zunächst herrenlos und unterliegt weiter dem Aneignungsrecht, bis es entwe-der der Jagdberechtigte in Besitz bekommt oder ein gutgläubiger Dritter es erwirbt (§§ 932, 936), vgl RGSt 39, 427 ff (§ 935 Abs 1 kann bezüglich des dritten Erwerbers keine Anwendung finden, da der Jagd- und Fischereiberechtigte den Besitz noch nicht hatte). Der Wilderer wird also nicht als „unfreiwilliger Repräsentant" des Berechtigten behandelt (so auch BayObLG NJW 1955, 32; Planck/Brodmann Anm 3 b; Biermann Anm 2 d α; BGB-RGRK/Pikart Rn 12; MünchKomm/Quack Rn 26; Soergel/ Henssler Rn 7; Bamberger/Roth/Kindl Rn 9; Palandt/Bassenge Rn 4; Jauernig/Jauernig Rn 2; Wolff/Raiser § 78 III 2; Wieling I § 11 IV 2 d; Endemann II 1 § 86, 2 b; Eichler II 1, 44; Schwab/Prütting Rn 488; Lange § 47 III; Dernburg § 111 Fn 7; O vGierke § 132 Fn 25; Hede-mann § 26 IV, § 27 II f 1; Meyer-Ravenstein, Jagdrecht in Niedersachsen [1989] § 1 BJagdG Rn 112; LK-StGB/Schünemann¹¹ § 292 Rn 35, 56; Schmidt SeuffBl 69, 357). Nach anderer Auffassung soll der Aneignungsberechtigte bereits mit der Besitzerlangung duch den Wilderer Eigentümer werden (H Westermann⁵ § 58 IV; Baur/Stürner § 53 Rn 72; Wilhelm Rn 940; Heck § 64, 6; Leonhard, Vertretung beim Fahrniserwerb [1899] 114; Dickel, Forstzivilrecht [2. Aufl 1917] 862 ff, 1061 ff; Radloff JW 1931, 3414; vBrünneck Gruchot 57 [1913] 375 ff; Eck/Leonhard, Vorträge über das Recht des BGB II 147 Fn 5). Der unredliche dritte Erwerber kann auch nicht durch Zähmung Eigentum erwerben (RGSt aaO; Weimar MDR 1961, 113; Soergel/Henssler Rn 7; aM Goetze GuR 10, 188). Sofern der Wilderer das Wild selbst oder Teile davon (zB das Geweih) noch im Besitz hat, kann mit der Schadensersatzklage aus §§ 823, 249 Abs 1 Herausgabe als Naturalrestitution ver-langt werden (RGSt aaO; Soergel/Henssler Rn 7; Bedenken bei Schulz AcP 105, 212; Josef AcP 117, 253; Schmidt SeuffBl 69, 363 f; Radloff JW 1931, 3414; gegen den letzteren vPesta-lozza JW 1932, 1036). Außerdem hat der Aneignungsberechtigte die Besitzkondiktion nach § 812 Abs 1 S 1 2. Alt (übereinstimmend Goldmann/Lilienthal II § 23 Fn 9; Oert-mann Bayr LandesprivatR 372, 373; Soergel/Henssler Rn 7) sowie den Herausgabe-anspruch aus §§ 687 Abs 2, 681 S 2, 667, mangels früheren Besitzes an dem Wild aber keinen possessorischen Herausgabeanspruch aus § 861. Nach Wolff/Raiser (§ 79 II

2 b) hat der Jagdberechtigte (auch) einen dinglichen Anspruch auf Duldung der Wegnahme. Nach einer dritten Ansicht schließlich soll dem Aneignungsberechtigten gegenüber dem Wilderer oder sonstigen unberechtigten Besitzer des dem Aneignungsrecht unterliegenden Wildes sogar in Analogie zu § 985 ein dinglicher Herausgabeanspruch zustehen (WIELING I § 11 IV 3 b; ders JZ 1985, 511, 516; MÜLLER Rn 2742 o; PALANDT/BASSENGE⁵⁴ § 985 Rn 5; STAUDINGER/GURSKY [1999] Vorbem 6 zu § 985). Die gleiche Analogie wird für das Aneignungsrecht des Erben an vom Leichnam wiederabgetrennten Implantaten und künstlichen Körperteilen (LG Mainz MedR 1984, 200) und das Aneignungsrecht des Bergwerkspächters auf Herausgabe der von einem Dritten (konkret: dem Verpächter) während seiner Pachtzeit gewonnenen Mineralien (so RG JW 1938, 3040) vertreten. In der Tat darf man den Aneignungsberechtigten (entgegen STAUDINGER/GURSKY¹² Rn 12) wohl nicht schutzlos lassen, wenn die seinem Aneignungsrecht unterliegenden Sachen in den Besitz eines Dritten gelangt. Dann aber ist die analoge Anwendung von § 985 wohl die zweckmäßigere Lösung als die Konstruktion von WOLFF/RAISER. Wer einen solchen dinglichen Herausgabeanspruch des Aneignungsberechtigten zur Absicherung seines Aneignungsrechtes verneint, müßte dann wohl dem Aneignungsberechtigten den Zugang zu der zu okkupierenden Sache auch dann eröffnen, wenn sich diese im Besitz eines Dritten befindet. Dafür bietet sich allenfalls der Vorlegungsanspruch des § 809 an. Das wäre jedoch eine recht gekünstelte Lösung. Zur Ergänzung wird man dann auch § 1005 entsprechend anwenden müssen (DICKEL, Forstzivilrecht² [1917] 883). Damit erfaßt man den Fall, daß der Wilderer etwa das Geweih auf einem fremden Grundstück versteckt (s auch § 1005 Rn 2). Falls der Wilderer das Wild veräußert hat, kann der Jagdberechtigte nach § 816 Abs 1 S 1 den Erlös verlangen.

15 Die Besitzansprüche aus §§ 861, 862 stehen dem Jagdberechtigten gegen den Wilderer nicht zu, da dieser den Besitz als solchen nicht durch verbotene Eigenmacht erlangt hat, s BIERMANN Anm 2 d β; wohl aber wird die Selbsthilfe nach § 229 häufig dem Wilderer gegenüber zulässig sein, s OERTMANN aaO. Der Jagdberechtigte kann also bei etwaigem Betreffen dem Wilderer das Wilderergut im Wege der Selbsthilfe abnehmen mit der Folge, daß er sofort Eigentümer wird; er ist dabei auch nicht auf seinen Jagdbezirk beschränkt, falls das Wild aus dem Bezirk verbracht worden ist, so POLLWEIN, BayJgdG (10. Aufl 1923) 17 f u DERNBURG § 113 Fn 18; FURTNER JR 1962, 414; vBRÜNNECK Gruchot 57 (1913) 382; abw MITZSCHKE/SCHÄFER, BJagdG⁴ § 1 Anm 9 a. Zum Ganzen vgl EBNER GA 54, 252 ff; ders Gruchot 57, 343; SCHMIDT SeuffBl 69, 357; PFENNIGSDORF, Das Jagdrecht (Diss 1900) 61 ff; vBRÜNNECK Gruchot 57 (1913) 365, 375 ff; BOHLEN, Der Eigentumserwerb des Jagdberechtigten durch Anfall (Diss Marburg 1932). Zu den genau entsprechenden Folgen der Verletzung des bergrechtlichen Aneignungsrechts vgl WOLFF/RAISER § 97 I 1; WILLECKE/ TURNER, Grundriß des Bergrechts (2. Aufl 1970) 10; BOLDT/WELLER, BBergG, § 8 Rn 15.

16 Das Aneignungsrecht an einer im Besitz eines Unbefugten befindlichen Sache kann auch durch *Ersitzung* enden (PLANCK/BRODMANN Anm 3 b; STAUDINGER/BERG¹¹ Rn 9; MünchKomm/QUACK § 965 Rn 11; aA vBRÜNNECK Gruchot 57 [1913] 383). Ob Aneignungsverbote iSv § 958 Abs 2 die Ersitzung ausschließen, ist eine Frage der Auslegung der einzelnen Verbotsnorm. Abweichend einerseits WOLFF/RAISER § 71 Fn 2, (Aneignungsverbote hindern Ersitzung nie), andererseits vBRÜNNECK Gruchot 57 (1913) 384 (Aneignungsverbote schließen generell auch Ersitzung aus). Die artenschutzrechtlichen Aneignungsverbote dürften auch einem Eigentumserwerb durch Ersitzung entgegenstehen.

17 **5.** An einer Verletzung des fremden Jagdrechts fehlt es, wenn der Jagdausübungsberechtigte einem Jagdgast ausnahmsweise die *Aneignung erlaubt* hat. Der Ausnahmetatbestand des § 958 Abs 2 2. Alt greift deshalb nicht ein und der Jagdgast erlangt somit Eigentum schon nach dem Grundtatbestand des § 958 Abs 1 (vgl MEYER-RAVENSTEIN, Jagdrecht in Niedersachsen [1989] § 11 BJagdG Rn 143). Die Lösung, § 958 Abs 2 trotz der Einwilligung des Jagdberechtigten anzuwenden und diese Einwilligung in eine antizipierte Übereignung des vom Jagdgast erlegten Wildes an diesen umzudeuten, empiehlt sich schon deshalb nicht, weil dann der Durchgangserwerb des Jagdberechtigten unter Umständen am erkennbaren Eigenbesitzwillen des Jagdgastes scheitern würde. § 185 kann hier schon deshalb nicht angewandt werden, weil die Aneignung kein Rechtsgeschäft ist (s Vorbem 3 zu §§ 958 ff und oben Rn 7). – Nach § 20 Abs 2 LJagdG Nds dürfen angestellte Jäger und Jagdgäste sich im Zweifel die Trophäe aneignen. Hier wird also kraft gesetzlicher Auslegungsregel eine (antizipierte) obligatorische Aneignungsgestattung des Revierinhabers (§ 956) unterstellt.

VI. Originäres Eigentum

18 Der Erwerb durch Aneignung ist ein ursprünglicher (vgl vTUHR II 1, 41 mwN; SÜSS AcP 151 [1950/51] 1, 21; MünchKomm/QUACK Rn 21). Rechte Dritter an der Sache erlöschen (im Gegensatz zu den §§ 936, 945 u a) durch die Okkupation nicht, sie können aber durch usucapio libertatis untergehen; vgl Erl zu § 945.

§ 959
Aufgabe des Eigentums

Eine bewegliche Sache wird herrenlos, wenn der Eigentümer in der Absicht, auf das Eigentum zu verzichten, den Besitz der Sache aufgibt.

Materialien: VE SR § 157; E I § 904; II § 874;
III § 943; SCHUBERT, SR I 964; Mot III 370 f;
Prot III 253 f; JAKOBS/SCHUBERT, SR I § 964.

Schrifttum

EBERSBACH, Tieraussetzung im Naturschutz-, Jagd- und Fischereirecht, NuR 1981, 195
FINK, Die rechtliche Natur der Aufgabe des Eigentums (Diss Breslau 1904)
FRITSCHE, Das Verhältnis von Dereliktion und Vernichtungsabsicht, MDR 1962, 714
B KUNZ, Ist die Aufgabe des Eigentums nach §§ 928 und 959 BGB ein Rechtsgeschäft bzw

eine Willenserklärung im Sinne des BGB? (Diss Rostock 1905)
MÜNSTERMANN, Die rechtliche Natur und Behandlung der Dereliktion (Diss Marburg 1932)
OBERMANN, Fundtiere – Herrenlose Tiere und deren rechtliche und tatsächliche Behandlung im Spannungsverhältnis von Tierschutz und Aufgabenbewältigung der Ordnungsbehörden, VR 1983, 340

SCHLOSSMANN, Zum Wirtshausrecht und zur
Lehre von den herrenlosen Sachen, JherJb 49
(1905) 139

WALSMANN, Der Verzicht (1912)

WEIMAR, Das eigentümerlose Kraftfahrzeug auf
fremden Grundstücken, VersN 1966, 145.

I.   Eigentumsverlust durch Verzicht (Dereliktion)

Übereinstimmend mit dem GemR (DERNBURG, Pand I § 186 u BLR T 1 II Kap 3 § 5) wird **1**
durch die bloße **Besitzaufgabe** eine bewegliche Sache nicht herrenlos. Es muß
vielmehr die erkennbare **Absicht** des Eigentümers hinzukommen, auf das Eigentum
zu **verzichten** (animus derelinquendi). Die Dereliktion stellt sich damit im Gegensatz zur Aneignung als ein Rechtsgeschäft dar (FLUME, AT II³ § 9, 2 a bb; heute unstr).
Und zwar handelt es sich grundsätzlich (Sonderfälle unter Rn 6, 7) um ein einseitiges
Rechtsgeschäft, das sich aus zwei Elementen zusammensetzt, nämlich einer Willens-
betätigung (so PLANCK/BRODMANN Anm 2; BGB-RGRK/JOHANNSEN Anm 1; LARENZ, AT⁶ § 13
IV c, § 18 I 305; LARENZ/WOLF, AT⁹ § 24 Rn 22; für Willenserklärung dagegen WOLFF/RAISER § 78
II 1 a; ENNECCERUS/NIPPERDEY § 145 Fn 16; H WESTERMANN⁵ § 58 II 2 b; BAUR/STÜRNER § 53
Rn 70; SOERGEL/HENSSLER Rn 1, 2; MünchKomm/QUACK Rn 3; MünchKomm/KRAMER⁴ Vorbem 26
vor § 116; BAMBERGER/ROTH/KINDL Rn 1; H SCHÜNEMANN, Die Rechte am menschlichen Körper
[1985] 110 Fn 1) und einen Realakt. Die Wirkungen der Dereliktion tritt ein, sobald
beide Elemente vorliegen (s Rn 7). Die Annahme von WILHELM (Rn 938), der Derelinquent könne sich das Eigentum vor einer Okkupation der Sache durch einen
Dritten durch bloße „Rücknahme des Verzichtswillens" wiederbeschaffen, ist unhaltbar. Als Rechtsgeschäft setzt die Dereliktion Geschäftsfähigkeit, als Verfügung
auch die Verfügungsmacht des verzichtenden Eigentümers voraus (die ihm etwa
nach Eröffnung des Insolvenzverfahrens über sein Vermögen gemäß §§ 80, 81 InsO
fehlt). Die Anwendung der Vorschriften des allgemeinen Teils über Willenserklärungen kann jedoch – wie allgemein bei Willensbetätigungen (vgl LARENZ, AT⁷ § 18 I
aE) – nur mit gewissen Modifikationen erfolgen (so auch MünchKomm/KRAMER⁴ Vorbem
26 vor § 116). Da hier die Auslegung nicht nach der Verständnismöglichkeit Dritter,
sondern nach dem tatsächlichen Willen des Handelnden zu fragen hat (vgl PAWLOW-
SKI, AT⁷ Rn 607, 609), sind weder § 116 (**aM** WALSMANN 276) noch § 119 Abs 1 anwendbar
(LARENZ/WOLF, AT⁹, § 24 Rn 23; iE auch BAMBERGER/ROTH/KINDL Rn 3 bei Annahme einer
nichtempfangsbedürftigen Willenserklärung). Wenn die Umstände so sind, daß Dritte auf
eine Dereliktion schließen müssen, der Verzichtswille aber fehlt, so bedarf es keiner
Anfechtung (**aA** HÖLDER JherJb 55 [1909] 448). Wird ein vermeintlich leeres Behältnis
weggeworfen, erstreckt sich der Verzichtswille von vornherein nicht auf den darin
befindlichen Gegenstand (BGB-RGRK/PIKART Rn 6). Entsprechendes gilt, wenn der
Eigentümer sich über die Identität (und nicht nur über irgendwelche Eigenschaften)
der weggebenen Sache irrt (vgl H WESTERMANN/GURSKY § 58 II 2 b). Ansonsten ist aber
auch eine Anfechtung durchaus möglich (hM, ENNECCERUS/NIPPERDEY § 203 Fn 21;
WOLFF/RAISER § 78 II 1 a; H WESTERMANN⁵ § 58 II 2 b; HÖLDER JherJb 55 [1909] 448; WIELING
I § 11 IV 4 b bei Fn 71; MünchKomm/QUACK Rn 9; **aM** PLANCK/BRODMANN Anm 2; PAWLOWSKI,
AT⁷ Rn 609; E WOLF, SR² § 4 K II a Fn 72). Dabei gelten die allgemeinen Anfechtungs-
gründe. Es gibt keinen tragfähigen Grund, hier auch die Anfechtung wegen eines
nicht unter § 119 Abs 2 fallenden Motivirrtums zuzulassen (**aA** WILHELM Rn 939 [wo-
nach eine solche Anfechtung allerdings nicht den Eigentumsverlust selbst, sondern nur den Rechtsgrund für den Eigentumserwerb des Okkupanten beseitigt]). Anfechtungsgegner nach § 143
Abs 4 S 1 ist der Okkupant (FLUME, AT II § 31, 5 c; BIERMANN Anm 1 d; ENNECCERUS/

NIPPERDEY aaO; STAUDINGER/ROTH [1996] § 143 Rn 29; H WESTERMANN aaO; BGB-RGRK/PI-
KART Rn 1; MünchKomm/QUACK Rn 9; MünchKomm/MAYER-MALY[4] § 143 Rn 21; BAMBERGER/
ROTH/KINDL Rn 3; PALANDT/BASSENGE Rn 1; **aA** PAWLOWSKI aaO). Hat noch niemand die
Sache okkupiert, so kommt allerdings eine Anfechtung mangels Anfechtungsgeg-
ners nicht in Betracht (so auch BGB-RGRK/PIKART Rn 1; **am** FLUME aaO und STAUDINGER/
ROTH aaO [Anfechtung gegenüber einem Okkupationsinteressenten möglich]; ferner ENNECCERUS/
NIPPERDEY aaO und KLUCKHOHN AcP 113 [1915] 37 f, die hier einen konkludenten Widerruf, etwa
durch das Bemühen um die Wiedererlangung der Sache, genügen lassen wollen, während vTUHR II
1, 409 eine öffentliche Zustellung nach Analogie von § 132 Abs 2 für erforderlich hält; noch anders
WIELING I § 11 IV 4 b, der eine Anfechtung durch nichtempfangsbedürftige Willenserklärung
genügen läßt, wenn der Derelinquent wegen der räumlichen Entfernung zur sofortigen Wiederaneignung nicht in der Lage ist). Möglich ist natürlich eine (Wieder-)Aneignung, die aber
im Gegensatz zur Anfechtung nicht zurückwirkt. Die Anfechtung der Dereliktion
ändert nichts an der Freiwilligkeit der Besitzaufgabe und macht die Sache deshalb
nicht zu einer abhanden gekommenen. Keine wirksame Dereliktion ist (entgegen
PAWLOWSKI, AT[7] Rn 609) gegeben, wenn der Eigentümer ein Familienmitglied oder
einen Angestellten anweist, eine bestimmte Sache wegzuwerfen, der Betreffende
aber versehentlich eine andere Sache wegwirft: Hinsichtlich der wirklich weggewor-
fenen Sache fehlt es am Besitzaufgabe- und Entschlagungswillen des Eigentümers,
hinsichtlich der wirklich gemeinten aber am tatsächlichen Vollzug der Besitzaufgabe. Die Dereliktion verträgt nach der Natur dieses Rechtsgeschäfts keine Bedingung (PLANCK/BRODMANN Anm 4; E WOLF, SR[2] § 4 K II a S 214; WIELING I § 11 IV 4 b; **aM**
MünchKomm/QUACK Rn 8; O vGIERKE § 131 Fn 27; WALSMANN 277; WOLFF/RAISER § 78 Fn 10;
MÜLLER Rn 2741 b) oder Zeitbestimmung (**aM** E WOLF aaO; MünchKomm/QUACK aaO). Zur
Dereliktion durch einen mit Zustimmung des Eigentümers handelnden Nichtberechtigten s STAUDINGER/GURSKY (2004) Vorbem 17 zu §§ 182 ff. – Die Dereliktion
läßt nur das bisherige Eigentum untergehen. An der Sache bestehende beschränkte
dingliche Rechte bleiben bestehen.

2 § 959 regelt nur die Dereliktion von beweglichen Sachen einschließlich der nicht
eingetragenen Schiffe. Die Dereliktion von Grundstücken richtet sich nach § 928
Abs 1, die von eingetragenen Seeschiffen nach § 7 Abs 1 SchiffsRG. Die Aufgabe
von beschränkten dinglichen Rechten richtet sich nach § 1064 und § 1255. – Gegenstand der Dereliktion nach § 959 BGB können auch einfache (nicht wesentliche)
Bestandteile eines Grundstücks sein. Nicht wesentliche Bestandteile, die dem
Grundstückseigentümer gehören, werden allerdings von Verfügungsgeschäften über
das Grundstück regelmäßig erfaßt (STAUDINGER/DILCHER [1995] § 93 Rn 34; MünchKomm/
HOLCH[4] § 93 Rn 31). Dies gilt auch für den Verzicht auf das Grundstückseigentum
(§ 928 BGB; vgl STAUDINGER/PFEIFER § 928 Rn 18; MünchKomm/KANZLEITER § 928 Rn 10).
Sollte dagegen ein Grundstückseigentümer in Verkennung der Rechtslage durch
bloße Besitzaufgabe das Grundstück zu derelinquieren versuchen, würde er nicht
nur das Grundstückseigentum selbst, sondern auch das Eigentum an den ihm
gehörenden einfachen Grundstücksbestandteilen behalten; einer auf die letzteren
beschränkten Anwendung von § 959 BGB stünde § 139 BGB entgegen. Grund-
stückszubehörstücke, die dem Grundstückseigentümer gehören, würden von einem
Verzicht auf das Grundstückseigentum (§ 928 BGB) nicht erfaßt, da es insoweit an
einer § 926 BGB entsprechenden Regelung fehlt und sich eine entsprechende Anwendung der letzteren Norm angesichts ihres Ausnahmecharakters verbietet (BGB-
RGRK/AUGUSTIN § 928 Rn 2; MünchKomm/KANZLEITER, § 928 Rn 10; BAMBERGER/ROTH/GRÜN

§ 928 Rn 7; ERMAN/LORENZ § 928 Rn 6). Sie können also nur nach Fahrnisrecht (§ 959 BGB) derelinquiert werden. – Wie einfache Grundstücksbestandteile können auch Scheinbestandteile eines Grundstücks (§ 95 BGB) trotz der fortdauernden festen Verbindung mit dem Grundstück selbständig nach § 959 BGB derelinquiert werden, wenn Teilbesitz ihres Eigentümers gegeben ist. Das ändert nichts daran, daß der bisherige Scheinbestandteil seinen Charakter behält und rechtlich selbständig bleibt (aA SPYRIDAKIS 79: Umwandlung in einen wesentlichen Grundstücksbestandteil und deshalb Ausdehnung des Grundstückseigentums nach § 946).

1. Der **rechtsgeschäftliche Wille**, mit der Besitzaufgabe auf das Eigentum **zu 3 verzichten** (der sog Entschlagungswille), braucht nicht besonders erklärt zu werden; es genügt, wenn sich der Verzichtswille aus der Art und Weise und den Begleitumständen der Besitzaufgabe erschließen läßt. Hierzu ist nicht nur die Ermittlung des tatsächlichen Willens im Wege eines Rückschlusses aus Indizien, sondern, da es sich meist um sehr allgemein gehaltene laienhafte Vorstellungen handeln wird, auch die „Aufbereitung" und juristische Qualifizierung dieses voluntativen Elements erforderlich (FRITSCHE MDR 1962, 714). Dereliktionsabsicht bei der Besitzaufgabe wird man dann annehmen müssen, wenn dem Wegwerfenden das rechtliche Schicksal der Sache ersichtlich gleichgültig war, wenn er also zu diesem Zeitpunkt auch nichts dagegen hatte, daß sich ein anderer die Sache zueignen könnte (FRITSCHE aaO). So wenn jemand bewußt die gelesene Zeitung im Zug liegen läßt. Auch das Einfüllen des Hausmülls in die Mülltonne bzw die Bereitstellung der Mülltonne oder von Sperrmüll zur Müllabfuhr ist regelmäßig Ausdruck des Dereliktionswillens (SCHREIBER Rn 199; abw WILHELM Rn 935: Bereitstellung von Sperrmüll nur widerrufbare Aneignungsgestattung). Die Konstruktion einer Übereignung an die die Müllabfuhr besorgende Gemeinde wäre eine wirklichkeitsfremde Unterstellung (GERHARDT I 138 f). Zur Eigentumslage des Mülls vgl ferner § 958 Rn 7. Anders allerdings, soweit es sich um persönliche Briefe und ähnliche Gegenstände handelt, die ersichtlich deshalb in die Mülltonne geworfen worden sind, um sie durch die Müllabfuhr vernichten zu lassen; die Vernichtungsabsicht schließt hier die Dereliktionsabsicht aus (FRITSCHE aaO; WIELING I § 11 IV 4 b; AnwK-BGB/HOEREN Rn 4; vgl auch HEDEMANN Recht 1907, 942 ff). Entsprechendes gilt für selbstgemalte Bilder, die ein Künstler zum Sperrmüll stellt (LG Ravensburg NJW 1987, 3142). Aus ähnlichen Gründen darf man auch bei Grabbeigaben keine Dereliktionsabsicht annehmen (hM, vgl GAEDKE, Handbuch des Friedhofs- und Bestattungsrechts [8. Aufl 2002] 193; STAUDINGER/DILCHER [1995] Vorbem 39 zu §§ 90 ff; WIELING I § 11 IV 4 b). Der Ausstattende will die ins Grab mitgegebenen Sachen dem Toten widmen (im Bewußtsein der daraus resultierenden großen Wahrscheinlichkeit ihres Untergangs), sie aber keinesfalls dem Zugriff Dritter aussetzen. Dieser Gesichtspunkt paßt nicht bei der Auswilderung eines bisher gefangen oder gezähmt gehaltenen Tieres (§ 39 Abs 1 Nr 3 BNatSchG) bzw der Aussetzung von Fischbrut in nicht abgeschlossenen Gewässern (vgl OGH ÖJZ 1968, 101); hier ergibt sich der Entschlagungswille daraus, daß das Tier von nun an wild leben soll, wild lebende Tiere aber nach § 960 Abs 1 S 1 herrenlos sind (HAMMER NuR 1992, 62, 63). Keine Dereliktionsabsicht ist vor allem bei einer nur als vorübergehend geplanten Besitzaufgabe anzunehmen: so etwa beim Liegenlassen von Sachen in großer Eile oder um eine zeitweilige Entlastung zu haben (RGSt 39, 28; Patronenhülsen). Auch wenn die Chance, den aufgegebenen Besitz zurückzuverlangen, sehr gering ist, muß die Besitzaufgabe nicht Ausdruck des Entschlagungswillens sein (PLANCK/BRODMANN Anm 1 a): sie ist es nicht zB beim Überbordwerfen von Sachen zur Erleichterung eines

Ballons oder eines Schiffes in Seenot (PLANCK/BRODMANN Anm 1 a; BIERMAN Anm 1 b; MünchKomm/QUACK Rn 5; vgl auch INST 2, 1, 48 und dazu KNÜTEL JuS 2001, 209, 215); das gleiche gilt für die bei Kampfhandlungen abgeschossene Munition (RMG 9, 158; WOLFF/RAISER § 78 II 1 mwN; **aM** bezüglich abgeschossener Granaten GOLTZ JR 1935, 86) oder Torpedos (OLG Schleswig SchlHA 1953, 265). Die aus dem Körper des Verwundeten entfernte Kugel ist allerdings dessen Eigentum (WOLFF/RAISER aaO; BENDIX JW 1915, 65, 68; **aM** SOERGEL/MÜHL[12] Rn 2 mwN [nur Aneignungsrecht], abwegig LANGE DJZ 1914, 1382). Die Selbstversenkung eines Kriegsschiffes bei Kriegsende in geringer Tiefe kann ebenfalls nicht als Eigentumsaufgabe gewertet werden; außerdem würde dem Kommandanten hierzu auch die Verfügungsbefugnis gefehlt haben (OLG Schleswig SchlHA 1953, 295; EWALD MDR 1957, 136; s auch REIF MDR 1958, 890). Das gleiche gilt für das in einem früheren Kampfgebiet liegen gebliebene Wehrmachtsgerät. Wenn vom nationalsozialistischen Regime Verfolgte auf der Flucht irgendwelche Gegenstände ohne nähere Bestimmung zurückgelassen haben, sind diese mangels eines kundgegebenen Verzichtswillens dadurch nicht nach § 958 herrenlos geworden (VG Leipzig RGV B III 41). Nicht derelinquiert ist auch die von Flüchtlingen zurückgelassene Habe (LG Kiel SchlHA 1946, 249). Über Eigentumsverhältnisse am Flüchtlingsgut und Bergelohn s OLG Braunschweig MDR 1948, 112 m Anm BRUNS; LG Dortmund MDR 1950, 546. Zur Dereliktion von Früchten, die auf ein dem öffentlichen Gebrauch dienendes Nachbargrundstück gefallen sind, vgl STAUDINGER/ROTH (2002) § 910 Rn 9. Festgestellt werden muß auch der *Umfang* des Verzichtswillens. Wer ein vermeintlich leeres Behältnis wegwirft, in dem sich Geldscheine befinden, will damit keinesfalls auch dieses Geld derelinquieren (BGB-RGRK/PIKART Rn 6).

4 Der Verzichtswille ist auch dann nicht vorhanden, wenn der Eigentümer nur *zugunsten einer* bestimmten oder unbestimmten *anderen Person* das Eigentum aufgeben will, da er in diesem Falle für die Regel jener Person das Eigentum übertragen will (DÖRNER [Schrifttum zu § 984] 109; WIELING I § 11 IV 4 b bei Fn 70; MünchKomm/QUACK Rn 7; PALANDT/BASSENGE Rn 1; s auch MANIGK, Das rechtswirksame Verhalten [1939] 445). Die Dereliktion darf deshalb nicht verwechselt werden mit einer Übertragungsofferte an eine unbestimmte Person. Bei der ersteren will der bisherige Eigentümer mit der Sache überhaupt nichts mehr zu tun haben, bei der letzteren will er das Eigentum unter der Bedingung verlieren, daß ein anderer es erwirbt. Wenn der Eigentümer sich der Sache ersichtlich auf jeden Fall entledigen will oder wenn ihm das weitere Schicksal der Sache offensichtlich gleichgültig ist, verbirgt sich hinter der scheinbaren Übereignungsofferte ad incertas personas eine Dereliktion (Bsp: bei einem Karnevalsumzug werden Süßigkeiten und Blumensträußchen in die Menge geworfen). Die Abgrenzung im Einzelfall kann allerdings schwierig sein, vgl BGB-RGRK/PIKART Rn 3; EICHLER II 1, 54. Kein Fall des § 959 ist der mögliche einseitige *Verzicht des Vorbehaltsverkäufers* auf den Eigentumsvorbehalt, der vielmehr als Erfüllung der aufschiebenden Bedingung der Übereignung wirkt (vgl BGH NJW 1958, 1231; MünchKomm/QUACK Rn 16; STAUDINGER/BECKMANN [2004] § 449 Rn 43; SERICK I 437; GURSKY, Klausurenkurs Sachenrecht [11. Aufl 2003] Rn 145; für Anwendung von § 959 aber WIELING I § 17 V a). Zum Verzicht des Vorbehaltskäufers auf sein Anwartschaftsrecht vgl SERICK I 453.

5 2. Die **Besitzaufgabe** muß tatsächlich durchgeführt sein. Es genügt also nicht, wenn der Eigentümer zwar den Besitzwillen aufgibt, aber die tatsächliche Sachherrschaft behält (vgl RMG 3, 11 ff). Die Dereliktion zahmer (aber auch gezähmter wilder)

Tiere mißlingt deshalb, solange diese die consuetudo revertendi nicht ablegen, vgl
WOLFF/RAISER § 78 II 2 c; ENDEMANN II 1 § 86 Fn 4; bei Sachen, die einem Werkunternehmer zur Reparatur übergeben worden, vom Besteller aber nicht wieder
abgeholt worden sind, fehlt es schon an der Besitzaufgabe (aA FABER JR 1987, 313, 315),
jedenfalls aber an der hier erforderlichen (s Rn 6) Äußerung des Eigentumsaufgabe-
bewillens. Keine Besitzaufgabe (aber auch keine Dereliktionsabsicht) ist anzunehmen hinsichtlich der auf einem gesperrten Truppenübungsplatz verschossenen Ar-
tilleriemunition, wenn die Platzverwaltung diese in regelmäßigen Abständen
einsammeln und als Schrott verwerten läßt. Übungsmunition, die von nicht deutschen Einheiten auf einem derart organisierten deutschen Truppenübungsplatz ver-
schossen wird, dürfte dagegen im Einverständnis mit der fiskalischen Verwaltung
der betreffenden Einheit derelinquiert werden; sie geht dann mit der Folge des
§ 958 Abs 1 in den Organisationsbesitz des deutschen Militärfiskus über (OLG Hamm
aaO und dazu H WESTERMANN[5] § 58 II b S 282 bzw H WESTERMANN/GURSKY § 58 II 2 b S 472). Es
ist nämlich nicht erforderlich, daß die zu derelinquierende Sache durch die Besitzaufgabe des Eigentümers wirklich besitzlos wird (so jetzt auch BAMBERGER/ROTH/KINDL
Rn 4; aA BAUR/STÜRNER § 53 Rn 70; JAUERNIG/JAUERNIG Rn 1 [b]). Die Dereliktion muß
vielmehr auch da möglich sein, wo die Sache im Falle der Besitzaufgabe automatisch in den Organisationsbesitz eines Dritten übergeht (vgl H WESTERMANN/GURSKY
§ 58 II 2 b S 471 f). Die gegenteilige Auffassung wäre zwar dogmatisch eleganter, weil
dann ein völliger Gleichlauf von Besitz- und Eigentumslage gesichert wäre. Sie
würde aber den Anwendungsbereich der Dereliktion doch wohl zu sehr einengen (H
WESTERMANN/GURSKY aaO). Da keine schützenswerten Interessen Dritter entgegenstehen, muß auch die Dereliktion solcher Sachen möglich sein, die im Falle der
Besitzaufgabe automatisch in den Organisationsbesitz eines Dritten übergehen (zB
die von einem Gast in der Gastwirtschaft zurückgelassenen nicht verbrauchten
Speisen und Getränke). Wer hier die Dereliktion verneint, müßte zu der gekünstelten Konstruktion einer konkludenten Rückübereignung dieser Reste an den Gastwirt Zuflucht nehmen. Nicht derelinquiert sind die für die Altkleidersammlung des
DRK bereitgestellten (und mit dem DRK-Zeichen versehenen) Kleidersäcke (OLG
Saarbrücken NJW-RR 1987, 500; MünchKomm/QUACK Rn 6; SOERGEL/HENSSLER Rn 3; AnwK-
BGB/MAUCH Rn 3). In derartigen Fällen ist vielmehr eine konkludente Übereignungs-
offerte an die Hilfsorganisation, die die Sammlung durchführt, gegeben. Abgeschossene Munition, die in einem Kugelfang aufgefangen worden ist (OLG Kiel SchlHA
1927, 231). Auch ein am Grabe niedergelegter Kranz wird nicht besitzlos, sondern die
Friedhofsverwaltung erlangt den Besitz (BayObLGSt 5, 89 u OLG Düsseldorf DRZ 1935
Nr 674). Die Deutung des Vorgangs als Dereliktion scheitert aber nicht daran, sondern am Fehlen des Entschlagungswillens: Dem Betreffenden ist das Schicksal des
Kranzes nicht gleichgültig; er will ihn nicht dem Zugriff beliebiger Dritter preis-
geben. Wegen der Dereliktion von abgetrennten Körperteilen vgl TAUPITZ AcP 191
(1991) 201, 208 f. Wegen verborgener Sachen vgl OLG Hamburg OLGE 6, 117.

3. Auch der bloß **mittelbar** (§ 868) besitzende Eigentümer kann derelinquieren 6
durch die entsprechende an den unmittelbaren Besitzer gerichtete Erklärung, die
Sache nicht weiter haben zu wollen (so auch WALSMANN 278; BGB-RGRK/PIKART Rn 8;
PLANCK/BRODMANN Anm 3; KRETZSCHMAR Anm 2 a; BAMBERGER/ROTH/KINDL Rn 4; ERMAN/EB-
BING Rn 5; GOLDMANN/LILIENTHAL § 25 Fn 2; DIEDERICHSEN, Das Recht zum Besitz aus Schuldverhältnissen [1965] 157; E WOLF[2] § 4 K II c; HEDEMANN § 26 II 1; einen Erlaßvertrag mit dem
unmittelbaren Besitzer verlangen WOLFF/RAISER § 78 II 1 a; SERICK I 437 u ERMAN/HEFERMEHL[10]

Karl-Heinz Gursky

Rn 3; nach WIELING I § 11 IV 4 a und § 17 V a soll jede kundgetane Aufgabe des Besitzwillens des Oberbesitzers ausreichen, eine Kundgabe gegenüber dem Besitzmittler also nicht erforderlich sein; nach H WESTERMANN[5] § 58 II 2 b, MünchKomm/QUACK Rn 11, SOERGEL/HENSSLER Rn 5 und EICHLER II 1, 54 kann der mittelbare Besitzer nur dadurch derelinquieren, daß er den unmittelbaren Besitzer zur Besitzaufgabe veranlaßt). Eine konkludente Erklärung dieses Inhalts kann gegeben sein, wenn ein Fahrzeugeigentümer der Reparaturwerkstatt, die das Fahrzeug als schrottreif und irreparabel erklärt hatte, kommentarlos die Fahrzeugpapiere übersendet (vgl AG Frankfurt aM ZAP EN-Nr 241/93; AnwK-BGB/HOEREN Rn 4). Es gilt insoweit das Gleiche wie für die unter Rn 10 erörterten Fälle der Dereliktion von Sachen, bei denen mit der Besitzaufgabe sofort Organisationsbesitz eines Dritten entsteht. Zur Dereliktion von Miteigentumsanteilen vgl unten Rn 10.

7 4.   Das zeitliche Verhältnis der beiden Tatbestandselemente: Die Entschlagungsabsicht muß in der Besitzaufgabe zum Ausdruck kommen. Erklärt der Eigentümer schon vor der Besitzaufgabe, daß er auf das Eigentum verzichte, so ist das zunächst wirkungslos und höchstens Indiz für die Willensrichtung bei einer späteren Besitzaufgabe (PLANCK/BRODMANN Anm 3; DÖRNER [Schrifttum zu § 984] 108; WOLFF/RAISER § 78 II 1 a). Andererseits muß man (in Analogie zu § 929 S 2) auch annehmen, daß die Dereliktion auch noch nach dem unfreiwilligen Besitzverlust oder der in anderer Absicht erfolgten Besitzaufgabe geschehen kann (PLANCK/BRODMANN Anm 3; BGB-RGRK/PIKART Rn 10; SOERGEL/HENSSLER Rn 4; H WESTERMANN[5] § 58 II 2 b; WOLFF/RAISER § 78 II 1 a; BAUR/STÜRNER § 53 Rn 70; JAUERNIG/JAUERNIG Rn 2; KEGEL, in: FS vCaemmerer [1978] 149, 173 Fn 55; **aM** EICHLER II 1, 54; ENDEMANN II 1 § 86 Fn 4; MAENNER § 25 Fn 7). Und zwar ist hierzu die bloße Kundgabe des Entschlusses, das Eigentum aufzugeben, ausreichend (BayObLG JR 1987, 128); der Eigentümer stellt etwa die Nachforschungen nach einem verlorenen Gegenstand mangels weiteren Interesses ein (konkludente, nicht empfangsbedürftige Willenserklärung). Demgegenüber soll nach MANIGK (Willenserklärung und Willensgeschäft [1907] 548; ebenso offenbar STAUDINGER/NÖLL [2001] § 7 SchiffsRG Rn 1; zweifelnd BIERMANN Anm 1 b) der bloße Entschluß als solcher ohne Betätigung ausreichen, während WALSMANN (278) eine Erklärung an die Öffentlichkeit verlangt. Die Kundgebung kann hier insbesondere auch durch ein Unterlassen erfolgen. Bei geringwertigen Gegenständen wird man diese Absicht uU aus einer langdauernden Vernachlässigung entnehmen können, s DERNBURG § 111 Fn 11; vgl hierzu auch OLG Zweibrücken DRZ 1948, 98 (jahrelanges Dulden fremden Eigenbesitzes). Dagegen wird die bisherige Untätigkeit des Reiches und des Bundes nicht als Verzicht auf die im ersten Weltkrieg untergegangenen Kriegsschiffe angesehen werden können (REICH MDR 1958, 890 gegen EWALD MDR 1957, 134 ff). Ebenso konnte unter den besonderen Verhältnissen der Nachkriegszeit ein liegengebliebenes Kfz auch dann nicht ohne weiteres als derelinquiert angesehen werden, wenn der Eigentümer längere Zeit Nachforschungen unterlassen hat (OGH RdK 1950, 42; ähnlich LG Osnabrück NdsRpfl 1949, 14). Keine Dereliktion liegt auch vor, wenn der Verlierer einer Sache die Nachsuche als aussichtslos abbricht und sich in den Verlust findet oder die Angelegenheit vergißt (PLANCK/BRODMANN Anm 3; KEGEL, in: FS vCaemmerer [1978] 149, 173 f). Behauptet jemand, dem mehrere bisher in einem Gatter gehaltene Wildschweine entkommen sind und der nur einen Teil von diesen wiedergefunden hat, gegenüber einem Dritten, der von ihm Ersatz für von den Wildschweinen angerichtete Schäden verlangt, daß er alle seine Sauen eingefangen habe und daß die Verursacher des Wildschadens ihm nicht gehören könnten, liegt darin noch keine Aufgabe des Eigentums an den noch nicht wiedereingefangenen Wildschweinen (BayObLG JR 1987, 128): Das Leugnen des fortdauernden Besitzverlustes läßt keinen Schluß auf einen Verzichtswillen zu, sondern dient allein der Abwehr der Schadensersatzforderung. Hatte im Zeitpunkt der nachträglichen Kundgabe bereits ein Dritter die Sache in Besitz genommen, so erwirbt dieser mit der Kundgabe des Verzichtswillens durch den bisherigen Eigentümer nach § 958 Eigentum (H Westermann[5] § 58 II 2 b; Süss AcP 151 [1950/51] 21).

5.   Während die vorangehende Vorschrift über die Okkupation ausdrücklich auf **8** gesetzliche Aneignungsverbote verweist, werden in § 959 gesetzliche *Dereliktionsverbote* nicht erwähnt. Das schließt derartige Vorschriften nicht notwendigerweise aus. Es ist jedoch sehr genau zu prüfen, ob eine Norm sich wirklich gegen die Eigentumsaufgabe als solche richtet. Die umweltrechtlichen Abfallvorschriften (wie § 13 KrW-/AbfG v 27. 9. 1994 [BGBl I 2705] und die dazu ergangenen Verordnungen) sind entgegen einer verbreiteten Auffassung (LG Ravensburg NJW 1987, 3142, 3143; MünchKomm/Quack Rn 14 f; AK-BGB/Ott Rn 3; Soergel/Henssler Rn 4; s auch Fehns/Elzer JuS 1992, 88; OLGR Köln 2001, 118, 119 f) nicht als Dereliktionsverbote zu interpretieren (Wieling I § 11 IV 4 b; Baur/Stürner § 53 Rn 69; Bamberger/Roth/Kindl Rn 5; Erman/Ebbing Rn 7; Jauernig/Jauernig Rn 3 [anders aber für § 3 iVm § 2 I AltautoV]; Hk-BGB/Eckert Rn 1; wohl auch Biletzki NJW 1998, 279, 281): Die Vorschriften wollen rein faktische Verhaltensweisen erzwingen, nämlich eine geordnete, die öffentliche Sicherheit und Ordnung nicht gefährdende Weise der Abfallbeseitigung sicherstellen. Für dieses Ziel ist aber die Eigentumslage des Abfalls irrelevant (Wieling aaO). Das gleiche gilt für die naturschutzrechtlichen, jagdrechtlichen und fischereirechtlichen Tieraussetzungsverbote (zB die aufgrund von § 41 Abs 2 BNatSchG erlassenen landesrechtlichen Vorschriften, ferner § 28 Abs 2, 3 BJagdG und die nach § 28 Abs 4 BJagdG ergangenen landesrechtlichen Regelungen; [vgl dazu Ebersbach NuR 1981, 195 ff] sowie die Aussetzungsbeschränkungen nach § 3 Nr 3 TierschutzG v 24. 7. 1972 idF d Bek v 25. 5. 1998 – BGBl I 1105, 1818 [für die letztere Vorschrift ebenso Wieling § 11 IV 4 b Fn 75]; abw aber Jauernig/Jauernig Rn 1). Öffentlich-rechtliche Aufbewahrungspflichten (zB für Handelsbücher [vgl § 257 HGB, § 283 Abs 1 Nr 5 StGB] oder Patientenkarteien [vgl Fuchtel/Kübler VBlBW 2000, 187] implizieren kein Dereliktionsverbot).

II.   Gegenstand der Dereliktion sind nur **bewegliche Sachen**. Die Dereliktion von **9** Grundstücken ist in § 928, die von eingetragenen Schiffen in § 7 Abs 1 SchiffsRG vom 15. 11. 1940 besonders geregelt. Die Dereliktion der Restbestände gesunkener Schiffe, die zwar bergbar, deren Wiederherstellung zu einem Schiff im Rechtssinne aber nicht möglich ist, richtet sich dagegen nach § 959 (Staudinger/Nöll [2001] § 7 SchiffsRG Rn 1; ferner Schaps/Abraham, Das deutsche Seerecht[3] § 7 SchiffsRG Anm 2; dies, Das Seerecht in der BRD, Bd I: Seehandelsrecht, 1. Teil[4] [1978] Vorbem 49 vor § 476); ebenso die Dereliktion nicht eingetragener Schiffe. Auch belastete Sachen können derelinquiert werden (Planck/Brodmann Anm 5; aA Wilhelm Rn 115); die **Rechte Dritter** gehen dadurch aber nicht unter, sondern bleiben an der eigentümerlosen Sache bestehen. Sie können jedoch durch usucapio libertatis (§ 945) erlöschen.

Die früher ganz hM ließ auch die Dereliktion von *Miteigentumsanteilen* zu (M Wolff **10** JherJb 44 [1902] 143, 194 f; Planck/Lobe § 747 Anm 6; Biermann Anm 1 a; Wieling I § 11 IV 4 b; Staudinger/Gursky[12] Rn 7; aA aber Schulze-Osterloh, Das Prinzip der gesamthänderischen Bindung [1971] 121 ff; Staudinger/Huber § 747 Rn 14; MünchKomm/K Schmidt[3] § 747 Rn 15;

MünchKomm/K Sᴄʜᴍɪᴅᴛ⁴ § 1008 Rn 16; Wɪʟʜᴇʟᴍ Rn 136 f; für das Miteigentum am Grundstück auch BGHZ 115, 1, 7 f m umfangr Nachw). Überwiegend nahm man dabei an, daß eine automatische Anwachsung zugunsten der anderen Miteigentümer dadurch nicht eintrete, der derelinquierte Miteigentumsanteil vielmehr herrenlos und damit okkupierbar werde (M Wᴏʟꜰꜰ aaO; Pʟᴀɴᴄᴋ/Lᴏʙᴇ aaO; **aA** Wᴀʟsᴍᴀɴɴ 137 ff). Die Möglichkeit, daß einer der Teilhaber einseitig auf seinen Anteil verzichtet, ist aber mit der gesetzlichen Ausgestaltung des Gemeinschaftsverhältnisses zwischen den Miteigentümern nicht zu vereinbaren. Dies ist beim Miteigentum an einem Grundstück besonders deutlich, weil die übrigen Miteigentümer nach § 928 Abs 2 hier nicht einmal die Möglichkeit der Okkupation des derelinquierten Anteils hätten. Aber auch bei Mobilien darf der einzelne Miteigentümer nicht die Möglichkeit haben, durch einseitige Entscheidung seinen Anteil an den Lasten und Kosten der gemeinschaftlichen Sache auf die anderen Miteigentümer zu überbürden (vgl BGHZ 115, 1, 10).

11 Die Frage, ob auch *Order- und Inhaberpapiere* wie bewegliche Sachen derelinquiert werden können, ist streitig (bejahend Jᴀᴄᴏʙɪ, EhrenbHandB IV 1, 351; Wᴏʟꜰꜰ/Rᴀɪsᴇʀ § 65 III 1, 2 m Fn 16, § 78 Fn 1; Hɪʟᴅᴇʙʀᴀɴᴅᴛ, Wertpapierrecht AT [1957] 278; **aM** Zöʟʟɴᴇʀ, in: FS Raiser 249, 276; Pʟᴀɴᴄᴋ/Bʀᴏᴅᴍᴀɴɴ Anm 1 b; Sᴇᴜꜰᴇʀᴛ/Wᴀʟsᴍᴀɴɴ, ZPO Vorbem 3 zu § 1003; Aᴅʟᴇʀ GrünhutsZ 26, 36 f; Gʀüɴʜᴜᴛ, WechselR I 290). Eine andere Auffassung will die Dereliktion bei massenweise ausgegebenen Wertpapieren (zB Inhaberschuldverschreibungen, Inhaberaktien, Lotterielosen), nicht dagegen bei Einzelpapieren zulassen; bei den letzteren soll durch den in der Preisgabe liegenden konkludenten Verzicht auf das verbriefte Recht das Papiereigentum an den Verpflichteten zurückfallen (Uʟᴍᴇʀ, Das Recht der Wertpapiere [1938] 83, 86; Eʀᴍᴀɴ/Hᴇꜰᴇʀᴍᴇʜʟ¹⁰ Rn 4). Richtig dürfte es sein, die Frage generell zu verneinen (so wohl auch MünchKomm/Qᴜᴀᴄᴋ Rn 2): Die Annahme, daß das Schicksal des verbrieften Rechts sich auch hier nach Sachenrechtsgrundsätzen richten müsse, würde eine Überspannung des Verkörperungsgedankens darstellen. Denn der Satz, daß bei Inhaber- und Orderpapieren das Recht aus dem Papier dem Recht am Papier folgt, bezieht sich nur auf rechtsgeschäftliche Übertragungsakte, die das verbriefte Recht einschließen sollen (Zöʟʟɴᴇʀ 274). Für verbriefte Forderungen ist genau wie für nicht verbriefte der Erlaßvertrag (§ 397) die einzige gesetzliche vorgesehene Form der Rechtsaufgabe (Aᴅʟᴇʀ aaO; Gʀüɴʜᴜᴛ aaO; Zöʟʟɴᴇʀ aaO). Ein einseitiger Verzicht wäre auch schon deshalb systemwidrig, weil selbst im Fahrnisrecht ein Verzicht zugangsbedürftig ist, wo ein mittelbar Begünstigter vorhanden ist, vgl §§ 1064, 1255, 1273, 1276 (Hɪʟᴅᴇʙʀᴀɴᴅᴛ WPR 280 Fn 11). Auch eine isolierte Dereliktion der Urkunde als solcher ohne Aufgabe des verbrieften Rechts ist wegen § 952 nicht möglich (Pʟᴀɴᴄᴋ/Bʀᴏᴅᴍᴀɴɴ Anm 1 b; Zöʟʟɴᴇʀ, in: FS Raiser 249, 276).

III. Erlöschen des Eigentums ohne Dereliktion?

12 Nach Sᴛᴀᴍᴍʟᴇʀ (Die Lehre vom richtigen Recht [1929] 336) und Rüᴍᴇʟɪɴ (AcP 133 [1931] 94, 100) soll das Eigentum auch dann erlöschen, wenn die Sache der menschlichen Herrschaft derart entzogen ist, daß keine Aussicht mehr auf eine Wiedererlangung besteht. Ebenso für die auf See an unbekannter Stelle gesunkenen Schiffe (vgl auch Sᴛᴀᴜᴅɪɴɢᴇʀ/Nöʟʟ [2001] § 7 Rn 4 [a] mwN). Ein derartiger Erlöschensgrund ohne Anhaltspunkt im Gesetz könnte nur dann anerkannt werden, wenn diese Lösung allein der Natur der Sache gerecht würde oder wenn sie durch ein unabweisbares Bedürfnis des Rechtsverkehrs gefordert würde. Das ist aber nicht der Fall, da das Fund-recht die Folgen einer unerwarteten Wiederentdeckung der Sache sachgemäß regelt (H WESTERMANN/GURSKY § 58 II 2 c). Aus dem gleichen Grunde ist auch die These von KEGEL (in: FS vCaemmerer 149, 175 ff), das Eigentum an einer beweglichen Sache erlösche nach 30jähriger Besitzlosigkeit („Entsitzung"), abzulehnen. – Wilde Kasta-nien, Tannenzapfen und bestimmte andere Früchte von Bäumen werden jedenfalls dann, wenn sie auf öffentlich genutzten Grundstücken niedergefallen sind, allge-mein als herrenlos angesehen (vgl STAUDINGER/BEUTLER[12] § 911 Rn 7; MünchKomm/SÄCKER § 911 Rn 6; etwas anders jetzt aber STAUDINGER/ROTH [2002] § 911 Rn 9: Dereliktion). Es dürfte sich bei dieser lange Zeit einhelligen Rechtsauffassung bereits um Gewohnheits-recht (und zwar wegen denkbarer regionaler Unterschiede der Anschauungen um örtliches Gewohnheitsrecht [Observanz]) handeln.

§ 960
Wilde Tiere

(1) Wilde Tiere sind herrenlos, solange sie sich in der Freiheit befinden. Wilde Tiere in Tiergärten und Fische in Teichen oder anderen geschlossenen Privatgewässern sind nicht herrenlos.

(2) Erlangt ein gefangenes wildes Tier die Freiheit wieder, so wird es herrenlos, wenn nicht der Eigentümer das Tier unverzüglich verfolgt oder wenn er die Verfol-gung aufgibt.

(3) Ein gezähmtes Tier wird herrenlos, wenn es die Gewohnheit ablegt, an den ihm bestimmten Ort zurückzukehren.

Materialien: VE SR § 158; E I § 905; II § 875;
III § 941; SCHUBERT, SR I 965 f; MOT III 371 f;
Prot III 254 f; JAKOBS/SCHUBERT, SR I 694 f.

Schrifttum

AVENARIUS, Der Freiflug des Falken – mobilia non habent sequelam, NJW 1993, 2589
BREHM/BERGER, Der verendete Falke, JuS 1994, 14
EBNER, Besitz und Eigentum an jagdbarem Wild, Gruchot 57 (1913) 343
HAMMER, Eigentum an Wildtieren, NuR 1992, 62
ders, Eigentum an Beizvögeln, Greifvögel und Falknerei, Jahrbuch des Deutschen Falkenor-dens 1990, 130
ders, Herrenlosigkeit von Greifvögeln, AgrarR 1991, 185
HÖTZEL, Vom Wild zum landwirtschaftlichen

Nutztier, Rechtsfragen tierzüchterischer Bemü-hungen im heutigen Domestikationsprozeß ins-besondere vom Damwild, AgrarR 1976, 301 ff
JOESEF, Haftung des Bahnunternehmers bei Überfahren von Wild und bei Störungen im Fischereibetrieb (EisenbE 45, 256)
ders, Erörterungen zum Fischereirecht, AcP 117 (1919) 247
QUIEL, Über den Begriff des Fischereirechts und der geschlossenen Gewässer, ZAgrR 15 (1931) 1
ROTERING, Zur Lehre vom Besitze. Tiergarten und Hegewald, ArchBR 38, 145
TESMER, Die wilden Tiere, AgrarR 1974, 149 ff

Karl-Heinz Gursky

WACKE, Plaudereien über den Löwen und seine
Gesellschaft, RJ 10 (1991) 119

WOHLFAHRT, Rechtsprobleme der Stadttaube,
DÖV 1993, 152.

I.   Allgemeines; der Begriff „wildes Tier"

1 Die Vorschrift handelt in enger Anlehnung an das gemeine Recht (vgl D 41, 1, 3, 2;
4; 5) von der **Herrenlosigkeit wilder Tiere**. Abs 1 konstatiert ihre ursprüngliche
Herrenlosigkeit bis zu einer wirksamen Aneignung, und die beiden folgenden Ab-
sätze regeln die besonderen Voraussetzungen, unter denen wilde Tiere auch ohne
Dereliktion herrenlos werden. Eine Legaldefinition des Begriffes wildes Tier enthält
das BGB nicht; der Begriff wird als feststehend vorausgesetzt. Wild ist ein Tier,
wenn es einer Tierart angehört, die normalerweise frei von menschlicher Herrschaft
lebt. Der im Gesetz nicht erwähnte, aber vorausgesetzte Komplementärbegriff ist
der des zahmen Tieres (vgl WENDT AcP 103, 458 ff; BAMBERGER/ROTH/KINDL Rn 1; abw
MünchKomm/QUACK Rn 3: „nicht-wildes Tier"; BAUR/STÜRNER § 53 Rn 68: „Haustier"). **Zahme**
Tiere sind solche, die einer Art angehören, die in unseren Breiten schon normalerweise unter menschlicher Herrschaft lebt, weil sie durch Domestikation von
menschlicher Betreuung abhängig geworden sind. Zahme Tiere sind also insbesondere diejenigen, die in der betreffenden Gegend als Haustiere im engeren Sinne (vgl
STAUDINGER/BERG[11] § 833 Rn 93 f) gehalten werden, aber auch Pfauen und Tauben, die
in Schlägen gehalten werden (für die letzteren abweichend RGSt 48, 385; wie hier PLANCK/
BRODMANN Anm 5; SMOSCHEWER JW 1915, 1417; WIELING I § 11 IV 5 a; MünchKomm/QUACK
Rn 4), nicht aber zu Jagdzwecken gehaltene Frettchen und in Fasanerien gehaltene
Fasane (DICKEL, Forstzivilrecht[2] [1917] 858), auch nicht zum Zwecke der Fleischproduk-
tion in Gattern gehaltenes Damwild oder Schwarzwild (STAUDINGER/BELLING/EBERL-
BORGES § 833 Rn 118). Auf zahme Tiere findet § 960 BGB keine Anwendung. Sie
werden nur durch Dereliktion (§ 959) herrenlos; diese kann auch dadurch erfolgen,
daß der Eigentümer nach dem Entlaufen des Tieres durch Verzicht auf jede Verfolgungsmaßnahme seinen Aufgabewillen kundtut (§ 959 Rn 7); zu beachten ist aber
jeweils, daß das bloße Sichabfinden mit dem eingetretenen Verlust nicht unbedingt
auf einen Verzichtswillen schließen läßt, sondern auch Ausdruck der Ohnmacht sein
kann (s § 959 Rn 7). Werden Tiere, die in anderen Ländern als Haustiere dienen, in
Tiergärten oä gehalten, so verlieren sie damit die Eigenschaft eines zahmen Tieres
(STAUDINGER/BELLING/EBERL-BORGES § 833 Rn 119). Wenn dagegen im Rahmen eines
landwirtschaftlichen Experiments exotische Haustiere in entsprechender Funktion
in Deutschland eingesetzt würden, so wären sie auch hier als zahme Tiere zu
behandeln.

2 Die Unterscheidung von wilden und zahmen Tieren richtet sich nach der Artzuge-
hörigkeit, nicht nach den Eigenschaften des einzelnen Tieres (ERMAN/EBBING Rn 2;
WIELING I § 11 IV 5 a bei Fn 7; MünchKomm/QUACK Rn 3); auch der besonders „böswillige"
und kaum zu beherrschende Bulle ist danach ein zahmes Tier (LANGE § 52 Fn 1).
Zugleich folgt daraus, daß sich das einzelne Tier nicht im Laufe der Zeit von einem
wilden zu einem zahmen Tier oder umgekehrt entwickeln kann (abw STAUDINGER/
BERG[11] Rn 1): Der verwilderte Hund bleibt ein zahmes Tier, das im Haus gehaltene
Rehkitz ein (gezähmtes) wildes Tier, der in Käfigen gehaltene Singvogel ein (ge-
fangenes) wildes Tier (abw STAUDINGER/BERG[11] Rn 8 [a]). Dagegen können die heutigen
Stadttauben, obwohl sie Abkömmlinge entflogener Haustauben sind, nur als wilde

Tiere behandelt werden (WOHLFAHRT DÖV 1993, 157). Bei den wilden Tieren unterscheidet § 960 wieder, ob das einzelne Tier „gezähmt" ist (Abs 3) oder nicht, bei den „ungezähmten" darüber hinaus, ob das Tier vom Menschen gefangen gehalten wird (Abs 1 S 2, Abs 2) oder nicht. – Die Abgrenzung von gezähmten und gefangen gehaltenen Tieren ist bei vielen Gattungen nicht pauschal möglich, sondern für jedes Individuum gesondert zu treffen (HAMMER NuR 1992, 62, 63).

QUACK (MünchKomm Rn 5) will auch nicht-domestizierte, sondern gefangen gehalte- **3**
ne „Heimtiere" wie exotische Schildkröten, Meerschweinchen, Goldhamster, Kanarienvögel und Wellensittiche sowie darüber hinaus wohl auch in Pelztierfarmen gehaltene Silberfüchse oder sonstige Pelztiere aus dem Anwendungsbereich des § 960 herausnehmen. In der Tat ist die erleichterte Möglichkeit des Eigentumsverlustes bei diesen Tieren rechtspolitisch fragwürdig: Zum einen sind derartige Tiere regelmäßig für Geld erworben und das Kontinuitätsinteresse des Eigentümers ist deshalb kaum weniger schutzwürdig als bei anderen Sachen. Zum anderen ist auch für jeden erkennbar, daß derartige im Freien angetroffene Tiere menschlicher Herrschaft entkommen sein müssen. Dennoch verbietet sich eine solche Restriktion. Konsequenterweise müßte man dann nämlich alle in Deutschland nicht wild vorkommenden Tierarten aus dem Anwendungsbereich des § 960 herausnehmen und diese wie zahme Tiere ausschließlich den normalen Vorschriften über den Eigentumsverlust an Sachen unterwerfen. Eine solche (beispielsweise von WIELING I § 11 IV 5 c vertretene) Lösung ist aber mit der Entstehungsgeschichte des § 960 Abs 2 nicht zu vereinbaren (s Rn 7).

II. Herrenlosigkeit der in Freiheit lebenden wilden Tiere

Wilde Tiere sind nach Abs 1 S 1 **herrenlos, solange sie sich in Freiheit befinden**. Unter **4**
dieser Freiheit ist hier die natürliche Freiheit zu verstehen. (Der Hirsch zB, der im tiefen Schnee sich einen Lauf brach und nicht mehr weiter kann, ist trotzdem noch in seiner natürlichen Freiheit). Sie endet erst, wenn der Mensch das Tier in seine Gewalt bekommt. Die Herrenlosigkeit endet aber nicht notwendigerweise mit der natürlichen Freiheit (**aM** RADLOFF JW 1931, 3415), sondern erst dann, wenn nach Maßgabe des § 958 durch rechtmäßige Aneignung oder zB durch Ersitzung Eigentum erworben wird. Die Zähmung stellt keinen Eigentumserwerbsgrund dar (WEIMAR MDR 1961, 113). Andererseits folgt aus Abs 1 S 1 auch nicht, daß ein durch Gefangennahme wirksam angeeignetes wildes Tier durch die Wiedererlangung seiner natürlichen Freiheit automatisch wieder herrenlos wird (vgl Abs 2).

III. Wilde Tiere in Tiergärten; Fische in geschlossenen Privatgewässern

Abs 1 S 2 will lediglich klarstellen, daß wilde Tiere in Tiergärten und Fische in **5**
geschlossenen Privatgewässern nicht im Sinne von S 1 „in der Freiheit" sind (vgl Mot III 371 f).

1.   Tiergärten im Sinne dieser Vorschrift sind wilddicht umschlossene Grundflä- **6**
chen, in denen die Tiere eine gewisse Bewegungsfreiheit besitzen, die andererseits aber nur so groß sind, daß das Einfangen oder Töten des Wildes jederzeit ohne Bejagung im eigentlichen Sinne möglich ist (MITZSCHKE/SCHÄFER/BELGARD, BJagdG [4. Aufl 1982] § 6 Rn 35; BEHR/OTT/NÖTH, Die deutsche Reichsjagdgesetzgebung [1935] 16 f;

Görcke, Das Reichsforstzivilrecht [1930] 317; Rühling/Selle, BJagdG [1953] § 6 Anm 5; Planck/ Brodmann Anm 2; Biermann Anm 1 b; BGB-RGRK/Pikart Rn 4; MünchKomm/Quack Rn 9; Soergel/Henssler Rn 3; Bamberger/Roth/Kindl Rn 3; Erman/Ebbing Rn 6; Wolff/Raiser § 80 II 1; Wieling I § 11 IV 5 b aa mwN; O vGierke, DPrR III, 950 Fn 72; Kohler II 2, 181; Stelling DJZ 1907, 182; Ebner Gruchot 57, 352; Rotering ArchBürgR 38, 145; ders JagdRZ 1907, 159; vor allem KGJ 49, 355, 360). Hierunter fallen zB Schaugehege und die meisten der heute als „Wildparks" oder „Safari-Parks" bezeichneten Gehege (beachte aber die abweichende Verwendung des Begriffes „Wildpark" im Jagdrecht, etwa § 20 Abs 2 BJagdG). Den Gegensatz bilden die sog eingehegten Reviere oder Gatterreviere, für die es bei Abs 1 S 2 bewendet. Die abweichende reichsgerichtliche Rechtsprechung, nach der es für den Begriff „Tiergarten" allein auf die wildsichere Umschließung, nicht aber auch auf die Größe des Gebietes ankommen sollte, also auch ein mehrere 1000 Morgen großes Gatterrevier unter § 960 Abs 1 S 2 fallen konnte (RGSt 42, 75; 60, 275; JW 1903, 80), ist zumindest seit § 8 Abs 3 RJagdG und § 7 Abs 3 BJagdG überholt, wonach sogar vollständig eingefriedete Flächen von weniger als 75 ha zu Eigenjagdbezirken ernannt werden können; denn das setzt voraus, daß es sich hierbei nicht um Tiergärten handelt, auf die das BJagdG nicht anwendbar ist (§ 6 S 3 BJagdG), und daß das Wild in diesen Bezirken trotz der Einfriedung herrenlos ist. (Diese Argumentation schließt nicht aus, daß ein Tiergarten iSv § 960 Abs 1 S 2 im Einzelfall auch größer als 75 ha sein kann). Das Eigentum an den im Tiergarten gehaltenen Tieren erstreckt sich nach § 953 auch auf die Abwurfstangen (KG SeuffBl 59, 268). Zu Fasanerien vgl Behr/Ott/Nöth 17.

7 **2.** Die Formulierung des Abs 1 S 2 ist mißglückt; die Norm muß *berichtigend interpretiert* werden. Beabsichtigt war nämlich nur eine Klarstellung zum Merkmal „in der Freiheit" in S 1, nicht aber die Schaffung eines neuen Eigentumserwerbsgrundes, der sich ergäbe, wenn man S 2 wörtlich nähme. Die Gefangenhaltung von Wild in einem Tiergarten kann für die Eigentumsfrage schwerlich weitergehende Folgen haben als das Gefangenhalten in einem Käfig oä (vgl Abs 2) oder die Zähmung des gefangenen Tieres (s Rn 4). Wie die beiden letzteren Maßnahmen die nach § 958 Abs 2 unwirksame Okkupation nicht ersetzen können, so wird auch das Verbringen des unter Verletzung eines ausschließlichen Aneignungsrechts gefangenen Tieres in einen Tiergarten nicht zur Beendigung der Herrenlosigkeit führen können (Behr/Ott/Nöth 15; Hammer NuR 1992, 62; ders DVBl 1997, 401, 409; Soergel/Henssler Rn 2; Bamberger/Roth/Kindl Rn 2). Andererseits darf die Gesetzeskorrektur hier auch nicht weitergehen, als zur Vermeidung von Wertungswidersprüchen erforderlich ist. Deshalb wird man § 960 Abs 1 S 2 auch die gesetzliche Vermutung zu entnehmen haben, daß der Eigenbesitzer des Tiergartens zugleich auch Eigenbesitzer aller darin festgehaltenen Tiere ist, so daß er durch den Akt der Einschließung des Wildes jedenfalls dann nach § 958 Abs 1 daran Eigentum erworben hat, wenn dieses bis dahin herrenlos war und die der Einschließung vorausgehende Gefangennahme weder gegen ein gesetzliches Verbot verstieß noch das ausschließliche Aneignungsrecht eines anderen verletzte. Der Eigenbesitzer des Tiergartens erwirbt also auch ohne besonderen Okkupationsakt Eigentum an den ohne sein Wissen in den Tiergarten eingedrungenen und gezwungenermaßen darin verbliebenen Tieren (Wieling I § 11 IV 5 b aa; wohl auch Planck/Brodmann Anm 2; aA Rotering JagdRZ 1907, 158; ArchBürgR 38, 145, 159, 166 f: das Gesetz wolle dem Tiergartenbesitzer Eigentum und Besitz nicht aufdrängen). Im übrigen bezieht sich Abs 1 S 2 natürlich nur auf solche Tiere, die durch die Umfriedung überhaupt ihrer Freiheit beraubt sind; ab- und zufliegende Sing- und Raubvögel bleiben also auch im Tiergarten herrenlos. Dasselbe gilt etwa bei einem für Rot- und Schwarzwild angelegten Tiergarten für Klettertiere wie Marder und Wildkatzen, die die Umschließung überklettern können, oder für Wildkaninchen oder Hasen, die unter dem Zaun oder zwischen den Pfählen durchschlüpfen können (BEHR/OTT/NÖTH 17; ROTERING ArchBürgR 38, 145, 161).

3.   **Geschlossene Privatgewässer** (Teiche sind eine beispielshalber aufgeführte Un-   **8** terart) sind solche Gewässer, die auf natürliche Art oder durch gleichwirkende Sicherungsmittel so abgeschlossen sind, daß unter normalen Verhältnissen ein Überwechseln der Fische aus einem oder nach einem anderen Gewässer nicht stattfinden kann, und die ihrem ganzen Umfang nach ein und demselben Eigentümer (bzw einer Miteigentümer- oder Gesamthandsgemeinschaft) gehören (KG PrVerwBl 48, 114; KG DJ 1937, 1363; PrOVG ZfAgrR 11, 215, 223 ff; WIELING I § 11 IV 5 b bb; QUIEL ZfAgrR 15, 1 ff; vgl auch BERGMANN, Fischereirecht [1966] 105; JOSEF AcP 117 [1919] 263 f; LK-StGB/SCHÜNEMANN[11] § 293 Rn 7). Daß das betreffende Gewässer in Staatseigentum steht, ist unschädlich (vSTAUDINGER SeuffBl 63, 285, 288 f; PLANCK/BRODMANN Anm 2; KG ZfAgrR 21, 352, 353). Auch die Größe des Gewässers ist nicht entscheidend (QUIEL 9; KG ZfAgrR 21, 352, 353; zur Gegenauffassung neigend PrOVG ZfAgrR 11 [1928/29] 215, 227). Abs 1 S 2 muß auch dann angewandt werden, wenn nur für bestimmte Fischarten der Wechsel unmöglich ist, für andere dagegen nicht; es besteht kein Grund, die ersteren als herrenlos zu behandeln (PLANCK/BRODMANN Anm 2; WIELING I § 11 IV 5 b bb; QUIEL 10 f; aA SOERGEL/HENSSLER Rn 4). Der Begriff der geschlossenen Privatgewässer iS von § 960 Abs 1 S 2 kann nicht durch Landesrecht anders bestimmt werden (PLANCK aaO; WOLFF/RAISER § 78 Fn 5; BLEYER BayZ 1908, 448, 450; WIELING I § 11 IV 5 b bb; aM vSTAUDINGER aaO; BIERMANN Anm 1 c; DERNBURG § 114 Fn 19; EYMANN SeuffBl 74, 401 ff; wohl auch OVG Münster RdL 1995, 322, 323). Dagegen könnte das Landesrecht abweichend von § 960 Abs 1 S 2 auch Fische in geschlossenen Privatgewässern für herrenlos erklären (PrOVG ZfAgrR 11 [1928] 215, 218; BERGMANN 28; aM VOLKMER Zeitschrift für Fischerei 25, 211). Auch durch eine voraussichtlich nur kurz andauernde Gefangenschaft wird die natürliche Freiheit aufgehoben, wenn die betreffenden Tiere auf einem Privatgrundstück gefangen gehalten werden, wie zB bei Fischen in Tümpeln, die zeitweilig vom durchfließenden Wasser abgeschnitten sind, vgl BayObLGSt 1, 269; abw aber PrOVG ZfAgrarR 14, 139. – Was für Fische bestimmt ist, wird analog auch für andere in Teichen usw gehaltene Tiere wie zB Krebse gelten müssen, vgl DNotZ 1895, 39, nicht aber für Wasserflöhe.

IV.   **Das Herrenloswerden gefangener wilder Tiere**

Jedes gefangene (ungezähmte) wilde Tier – das sind solche, die lediglich physisch   **9** durch Absperrung in Käfigen, Tiergärten, Zuchtfarmen u dgl beherrscht werden – wird wieder herrenlos, wenn es aus der menschlichen Gefangenschaft ausbricht und damit seine **Freiheit wiedererlangt** und der Eigentümer es **nicht unverzüglich verfolgt** oder wenn der Eigentümer die begonnene **Verfolgung aufgibt.** Dies gilt auch für exotische Tiere, auch solche, die in unseren klimatischen Verhältnissen gar nicht längere Zeit existieren können (PLANCK/BRODMANN Anm 3 a; SOERGEL/MÜHL[12] Rn 5; BGB-RGRK/PIKART Rn 7; WACKE RJ 10 [1991], 119, 125 f [mit rechtspolitischer Kritik 130]; DICKEL, Forstzivilrecht[2] 856; aM ERMAN/HEFERMEHL[10] Rn 3; MünchKomm/QUACK Rn 5, 14; WIELING I § 11 IV 5 e). Die Qualifizierung der Freiheit als „natürliche" im E I ist gerade deshalb wieder gestrichen worden, um ein entsprechendes Mißverständnis zu vermeiden, da fremdländische Tiere bei uns ihre „natürliche" Freiheit überhaupt nicht erlangen können (Prot III 254). Zum Herrenloswerden von aus Zuchtfarmen ausgebrochenen Silberfüchsen vgl OLG München JW 1930, 2458 und OLG Königsberg JW 1931, 3463. Gezähmte Tiere dagegen, die zeitweilig in einem Wildpark gehalten werden und damit zusätzlich noch gefangen sind, sind nach Abs 3 zu behandeln (RG JW 1916, 907, 908); die Unterbringung in einem Tiergarten ist aber Indiz für fehlende Zähmung (RG aaO; KG JW 1928, 2471; LG Kiel Greifvögel und Falknerei 1990, 137; SOERGEL/ HENSSLER Rn 3). – § 960 Abs 2 ist entgegen BREHM und BERGER (JuS 1994, 14, 15) kein typisierter Sonderfall der Dereliktion: Der Eigentumsverlust tritt ja ganz unabhängig davon ein, ob das Unterlassen rechtzeitiger Verfolgung Ausdruck eines Eigentumsaufgabewillens oder Ausdruck der Ohnmacht ist oder schließlich auf verschuldeter Unkenntnis vom Entweichen des Tieres beruht.

10 Unter Verfolgung ist jede auf Wiedererlangung des ausgebrochenen Tieres gerichtete und hierzu auch generell geeignete (also nicht von vornherein aussichtslose) Maßnahme zu verstehen (zu eng LG Kiel, Greifvögel und Falknerei 1990, 137, 138, das offenbar nur solche Maßnahmen genügen lassen will, die eine erhebliche Wahrscheinlichkeit für das Wiedereinfangen des Tieres begründen). Der Begriff darf, damit der bisherige Eigentümer nicht zu leicht geschädigt werde, nicht zu eng ausgelegt werden (DERNBURG § 112 I 2 a; OLG München JW 1930, 2458 mit Anm KERN; HAMMER NuR 1992, 62, 63; ders, Greifvögel und Falknerei 1990, 130, 131). Man verfolgt nach heutigen Begriffen ein entkommenes Tier nicht allein durch körperliche Nachteile oder persönliches Suchen, sondern auch in anderer Weise, zB durch unverzüglichen öffentlichen Anschlag oder durch sofortiges Ausschreiben in der Presse oder durch Aufstellen von Kastenfallen, den Versuch des Anfütterns usw. Bis sich solche Verfolgung – je nach den Umständen des Einzelfalles – als ergebnislos erweist, wird auch das Tier noch als im bisherigen Eigentume stehend gelten können (übereinstimmend PLANCK/BRODMANN Anm 3 b; WOLFF/RAISER § 78 Fn 15; BIERMANN Anm 2 a; DERNBURG § 112 I 2 a; KUHLENBECK Anm 3; WEIMAR JR 1963, 415; KELLER JR 1987, 129; PALANDT/BASSENGE Rn 1 [c]; Hk-BGB/ ECKERT Rn 3; enger MAENNER § 25 Fn 74; ECK, Vorträge 151; BAMBERGER/ROTH/KINDL Rn 4; ERMAN/EBBING Rn 7; WIELING I § 11 IV 5 c bb; DICKEL, Forstzivilrecht[2] 856; AVENARIUS [„nur Maßnahmen, die die physische Nähe wenigstens einigermaßen bewirken können"]; differenzierend LANGE § 52 Fn 6). Vgl auch KEGEL, in: FS vCaemmerer (1976) 149, 167. Nur diese weite Interpretation des Merkmals „verfolgt" trägt der verfassungsrechtlichen Eigentumsgarantie genügend Rechnung (BREHM/BERGER JuS 1994, 14, 15 f). Die Anforderungen an die zeitliche Kontinuität der Nachstellung dürfen nicht übertrieben werden (HAMMER Greifvögel und Falknerei 1990, 130, 132; bedenklich BayVGH 136 f; LG Kiel aaO 137, 138). Eine Verfolgung durch andere für den Eigentümer muß hier gleichstehen, gleichviel ob jene im Auftrag oder als Geschäftsführer ohne Auftrag handeln, BIERMANN aaO. Die Verfolgung muß allerdings unverzüglich (vgl § 121 Abs 1 S 1) erfolgen. Diese Voraussetzung ist nicht gegeben, wenn der Eigentümer nach Kenntniserlangung vom Ausbruch des Tieres den Beginn der Verfolgung schuldhaft verzögert oder wenn die Verfolgung zunächst deshalb unterbleibt, weil er infolge eigenen Verschuldens oder Verschuldens seiner Leute (§ 278) zunächst gar keine Kenntnis von dem Ausbruch erlangt hat; ferner auch dann nicht, wenn (wie PLANCK/ BRODMANN Anm 3 b mit Recht betonen), der Eigentümer die rechtzeitig begonnene Verfolgung hinsichtlich der Wahl der Mittel und der Art ihres Einsatzes (vgl LANGE aaO) nicht mit der im Verkehr erforderlichen Sorgfalt betreibt (abw ENDEMANN II 1,

§ 86 Fn 11, der die Legaldefinition des § 121 als unpassend ansieht und „unverzüglich" hier als „unmittelbar an das Ausbrechen anschließend" interpretiert; ähnlich AVENARIUS NJW 1993, 2589, nach dem auch die „ohne schuldhaftes Zögern" begonnene Verfolgung das Eigentum nicht erhalten kann, wenn der Eigentümer die Kenntnis vom Entweichen erst nach geraumer Zeit erlangt, so daß die Verfolgung die physische Nähe zum Tier nicht mehr wahren kann). – Die unverzügliche Verfolgung ist zur Aufrechterhaltung des Eigentums am entwichenen Tier nicht schon deshalb entbehrlich, weil dieses mit einer Kennzeichnung versehen ist, die die Ermittlung des bisherigen Eigentümers ermöglicht. Eine solche Kennzeichnung kann (entgegen BREHM/BERGER JuS 1994, 14, 16) nicht als „antizipierte Verfolgungsmaßnahme" gewertet werden.

Das ausgebrochene wilde Tier wird ferner auch dann herrenlos, wenn der Eigentü- **11** mer die **Verfolgung aufgibt**, dh von ihr tatsächlich Abstand nimmt (OLG Frankfurt EJS III 41), gleichviel, ob er auch den Willen hat, das Eigentum aufzugeben oder nicht (Prot III 254; WIELING I § 11 IV 5 d cc mwN). Der Eigentumsverlust setzt aber voraus, daß das entkommene Tier die wiedererlangte Freiheit bis zu dem Zeitpunkt behalten hat, in dem die Verfolgung aufgegeben wurde oder als schuldhaft verzögert anzusehen ist, tritt also nicht ein, wenn es schon vor diesem Zeitpunkt von einem nicht für den Eigentümer handelnden Dritten gefangengenommen worden ist (vgl AG Pforzheim 9. 10. 1923 bei SCHÜSSLER, Deutsches Bienenrecht [1934] 162, 163; ACHILLES/ GREIFF/LEISS Anm 4; iE auch BGB-RGRK/JOHANNSEN[11] Anm 9).

Nach HAMMER (NuR 1992, 62, 63 und AgrarR 1991, 185, 186) soll der ehemalige Eigen- **12** tümer eines nach § 960 Abs 2 oder 3 herrenlos gewordenen Tieres kraft Gewohnheitsrechts zur Wiederaufnahme des Tieres befugt sein, wenn er später zufällig auf dieses stößt. Ein derartiges Gewohnheitsrecht dürfte jedoch kaum nachweisbar sein. Richtig ist allerdings, daß die Wiederaneignung hier nicht an Artenschutzvorschriften scheitern darf: Die Erwerbsverbote passen nicht, wenn es sich um ein Tier handelt, das zuvor zweifelsfrei legal in menschlicher Hand war und in der Freiheit möglicherweise gar nicht überleben kann oder seiner Art nach gar nicht ausgesetzt werden dürfte.

V.   Abs 3: Das Herrenloswerden gezähmter wilder Tiere

Gezähmte wilde Tiere sind solche, die trotz ihrer Gattungszugehörigkeit an den **13** Menschen so gewöhnt sind, daß sie von menschlicher Betreuung abhängig geworden sind und vom Menschen durch bloße psychische Mittel (Einwirkung auf den Tierinstinkt) beherrscht werden, was sich vor allem darin zeigt, daß sie trotz vorhandener Bewegungsfreiheit die Gewohnheit angenommen haben, an den ihnen vom Menschen bestimmten Aufenthaltsort zurückzukehren (RG JW 1916, 907, 908; WENDT AcP 103, 458 ff; LANGE § 52 I 2 c α; ERMAN/EBBING Rn 8). Die Grenzen sind flüssig; im Zweifel entscheidet die Verkehrsanschauung. Die Abgrenzung der gezähmten von den gefangen gehaltenen wilden Tieren bereitet im Falle der Beizvögel Schwierigkeiten, da bei ihnen relativ kurze Phasen der Jagdflüge, in denen sie nur durch psychische Mittel beherrscht werden, mit längeren Zeitabschnitten abwechseln, in denen sie nur durch körperliche Absperrung mit Sicherheit beherrschbar sind (vgl HAMMER Greifvögel und Falknerei 1990, 130, 131). Jedenfalls während der Dauer des Jagdfluges wird man die Beizvögel wohl zu den gezähmten wilden Tieren zu zählen haben (so im Ergebnis SchlHOLG SchlHA 1965, 191 für abgerichtete Jagdfalken; OVG Münster

NuR 1990, 134, 135; Bamberger/Roth/Kindl Rn 5; aA Hammer Greifvögel und Falknerei 1990, 130, 131; ders NuR 1992, 62, 63). Allgemein zu entflohenen Beizvögeln auch Englaender, Jagd und Jäger in Rheinland-Pfalz Nr 5/1970, 4. Zu verwilderten Hochbrutflugenten OLG Hamm ESJ III 1 Nr 2. Auch die (in Stöcken lebenden) Honigbienen sind nach zutreffender hM gezähmte wilde Tiere, nicht etwa Haustiere (RGZ 158, 388; Staudinger/Schäfer[12] § 833 Rn 95 mwN; Staudinger/Belling/Eberl-Borges [2002] § 833 Rn 120; Soergel/Mühl Rn 2; Pritzl SeuffBl 66, 457, 461; Heimbücher Versicherungswirtschaft 1994, 924; Martinek die biene 1994, 641 ff m umfangr Nachw; abw Staudinger/Berg[11] Rn 8 mit ausführlicher Begründung; Gerke NuR 1991, 59, 61 f). Diese Einordnung ist aber ohne Belang, da die Eigentumslage der einzelnen Biene kaum von Interesse ist und § 960 für den Bienenschwarm ohnehin durch die Sonderregelung der §§ 961–964 verdrängt wird. § 960 Abs 3 läuft für die einzelne Biene leer, weil diese ja aus Naturveranlagung in ihren Stock zurückkehrt (vgl Lehnart JR 1929, 183). Wilde Tiere, die zwar überwiegend durch psychische Mittel beherrscht werden, aber ihrer Natur nach doch so unberechenbar und gefährlich bleiben, daß immer mit der Notwendigkeit des Einsatzes äußerer Gewaltmittel zu ihrer Beherrschung gerechnet werden muß (der „zahme" Zirkuslöwe) gehören nicht hierher (Lange § 52 Fn 5), sondern sind entsprechend Abs 2 zu behandeln. Das gezähmte wilde Tier wird herrenlos, wenn es die Gewohnheit, an den ihm von Menschen bestimmten Ort zurückzukehren (consuetudo revertendi) ablegt und damit in den natürlichen Zustand eines wilden Tieres zurückfällt. Das gilt auch, wenn das Tier deshalb nicht zurückkehrt, weil es die Orientierung verloren hat (LG Detmold EJS III 65). Ein gezähmter Gänsegeier wird nicht dadurch herrenlos, daß ihm der Halter ausgedehnte Freiflüge gestattet, von denen der Vogel gewohnheitsmäßig nach kürzerer Zeit oder mitunter auch erst nach mehren Tagen zum Halter zurückkehrt (OLG Oldenburg EJS I 82 Nr 9).

14 Im Rahmen von § 960 Abs 3 wird man die Einschränkung aus Abs 2 am Ende entsprechend anwenden müssen: Ein gezähmter Jagdfalke etwa, der entfliegt, darf nicht herrenlos werden, wenn der Eigentümer ihn unverzüglich verfolgt: Der Bestandsschutz für das Eigentum an gezähmten Wildtieren kann insoweit nicht schwächer sein als der bei gefangenen Wildtieren (so mit Recht MünchKomm/Quack Rn 18; Soergel/Henssler Rn 6; AnwK-BGB/Hoeren Rn 5; Palandt/Bassenge Rn 2; Hammer DVBl 1997, 401, 409; Brehm/Berger JuS 1994, 14, 15 f; LG Bonn NJW 1993, 940; aA Avenarius NJW 1993, 2589 f).

VI. Zahme Tiere

15 Über den Verlust des Eigentums an zahmen Tieren (zB Haustieren, aber auch Tauben und Pfauen, s oben Rn 1) enthält das BGB im übrigen keine besonderen Bestimmungen. Es muß hier also bei den allgemeinen Grundsätzen verbleiben. Die zahmen Tiere werden also dadurch allein, daß sie entlaufen und vom Eigentümer nicht verfolgt werden (§ 960 Abs 2), noch nicht herrenlos, ebensowenig dadurch, daß sie etwa die consuetudo revertendi abgelegt haben (Abs 3, s Rn 13), sofern nicht eine Dereliktion im Sinne des § 959 (vgl dort insbesondere Rn 4) anzunehmen ist (übereinstimmend Goldmann/Lilienthal § 23 Fn 12). Ein entlaufener Hund ist also nicht herrenlos, sondern verloren iSd § 965 (Wolff/Raiser § 78 II 2 c).

§ 961
Eigentumsverlust bei Bienenschwärmen

Zieht ein Bienenschwarm aus, so wird er herrenlos, wenn nicht der Eigentümer ihn unverzüglich verfolgt oder wenn der Eigentümer die Verfolgung aufgibt.

Materialien: VE SR § 159 Abs 1; E I § 906; II § 876; III 945; Schubert, SR I 966 ff; Mot III 373; Prot III 255; RTK Mugd III 1000 f; Jakobs/ Schubert, SR I 696 ff.

Schrifttum

Bälz, Das Recht an Bienen (1891) 97 ff zu E I
Boeger, Die Rechte und Pflichten des Bienen-halters (1908)
Cuntz, Das deutsche Bienenrecht (Diss Heidelberg 1909)
Ermel, Wenn Bienen schwärmen, RdRN 1936, 714
Figge, Die Grundzüge des Bienenrechts, RdL 1954, 172
Friederichs, Zum Recht der Bienen, DJZ 1904, 688
Gaisbauer, Der ausgezogene Bienenschwarm, DWW 1980, 250
Gerhardt, „Im Namen des Bienenvolkes". Ein wichtiger Abschnitt des Bürgerlichen Gesetz-buches bedarf dringend der Reform, in: FS Hermann Weber (= NVwZ 2001, Sonder-heft) 17
Gercke, Die rechtliche Bewertung der Bienen, NuR 1991, 59 ff
ders, Das Bienenrecht (1985)
Heimbücher, Bienen – ein Umweltrisiko?, Versicherungswirtschaft 1994, 924
Hille, Das deutsche Immen- und Zeidelrecht (Diss 1909)
Janus, Das Bienenrecht (Diss 1906)
Kolligs, Das Bienenrecht nach den §§ 906–909 des E I, AcP 74, 433
Künzel, Rechtsfragen der Bienenhaltung (Diss Marburg 1934)
Kuhlenbeck, Zum Bienenrecht, Recht 1904, 309
Lehnart, Ein Beitrag zum Bienenrecht, JR 1929, 183

Lühn-Irriger, Die Biene im deutschen Recht von den Anfängen bis zur Gegenwart (1999)
Martinek, Der Imker und sein Nachbar. Neue Perspektiven im imkerlichen Nachbar- und Haftungsrecht, die biene 1994, 584, 641
Pech, Das Bienenrecht der Deutschen Demo-kratischen Republik (1958)
Pritzl, Das Recht an Bienen nach deutschem BGB, SeuffBl 66 (1901) 457
ders, Die Rechtsverhältnisse an Bienen (1908)
Rieth, Das gesamte deutsche Bienenrecht in historischer Entwicklung und Gegenwart (Diss Heidelberg 1910)
Rohde, Zur Haftung des Imkers, VersR 1968, 227
Schüssler, Deutsches Bienenrecht (1934)
Schwendner, Handbuch des Bienenrechts (1989)
ders, Schwarmrecht, Imkerfreund (Organ des Landesverbandes bayerischer Imker eV) 1987, 300, 341
Weber, Von Bienen und vom Bienenrecht RdRN 1941, 25 u 61.
Rechtsvergleichend:
Gieseke, RvglHdWB II 561, W Kistler, Schweizerisches Bienenrecht (Zürich 1944)
Historisch:
Stefan Schulz, Die historische Entwicklung des Rechts der Bienen (§§ 961–964 BGB) (1990). (Dazu Rezensionen von Drosdek RJ 1991, 96; vPuter SavZ GA 1991, 518 und vFilip-Fröschl SavZ RA 1994, 602).

Karl-Heinz Gursky

1 I. Die §§ 961–964 wollen nur die Besonderheiten des Eigentumsverlustes und -erwerbs an den aus Bienenstöcken ausziehenden Bienenschwärmen (also das sog **Schwarmrecht)** regeln. (Für Bienen, die nicht in Stöcken gehalten werden, gilt diese Regelung nicht, es bleibt insoweit vielmehr bei der allgemeineren der §§ 958–960). Das Weitere über die Haltung dieser Tiere sollte der polizeilichen Regelung überlassen werden (Mot III 372); s hierzu näher SCHÜSSLER 47, 49 ff, 56 ff, 84, 111. Nicht in der „Bienenidylle" der §§ 961–964 geregelt sind auch die Fragen, welche Abwehrrechte dem Grundstückseigentümer gegen das Eindringen von Bienen zustehen (s dazu BGHZ 117, 110, 112; OLG Bamberg NJW-RR 1992, 406; OLG Köln RdL 1968, 46; OLG Koblenz RdL 1968, 325; OLG Nürnberg RdL 1970, 95; STAUDINGER/H ROTH [2002] § 906 Rn 166 mwN; DEHNER, Nachbarrecht[6] B § 16 II 2 Fn 31, II 3, VI; MARTINEK die biene 1994, 584 ff m umfangr Nachw), welche Rechte einem Imker im Falle einer Beeinträchtigung seiner Bienenschwärme durch Industrieabgase oder Schädlingsbekämpfungsmittel zustehen (vgl dazu BGH LM § 831 [Fc] BGB Nr 6; BGHZ 16, 366 und dazu SCHACK JuS 1963, 263; DEHNER B § 16 VI), sowie die Haftung des Imkers für Schäden, die die Bienen verursachen (s dazu BGHZ 117, 110, 113 f; STAUDINGER/BELLING/EBERL-BORGES [2002] § 833 Rn 120).

2 II. § 961 bestimmt den Zeitpunkt, in welchem der **endgültige Eigentumsverlust** an einem **ausziehenden Bienenschwarm** eintreten soll (gleichgültig ob, was sehr selten geschieht, der ganze Stock seine bisherige Wohnung verläßt oder ob nur ein Teilschwarm sich absondert, um ein neues Bienenvolk zu gründen). Gegenstand der Regelung ist der ausziehende Schwarm als Sachgesamtheit, nicht die einzelne Biene, die gleichsam als wesentlicher Bestandteil des Schwarms behandelt wird. Obwohl die Bienen gezähmte wilde Tiere iSv § 960 Abs 3 sind (s § 960 Rn 13), wird der ausziehende Schwarm herrenlos, wenn ihn der Eigentümer nicht unverzüglich verfolgt oder wenn er die Verfolgung aufgibt. Diese Regelung ist analog der für gefangene wilde Tiere in § 960 Abs 2. Damit wird zum Ausdruck gebracht, daß die Bienen nicht schon in Gemäßheit des § 960 Abs 3 durch das Ausziehen herrenlos werden; ferner, daß die Einschränkung des Gemeinen Rechts, wonach der Schwarm in conspectu des verfolgenden Eigentümers geblieben sein mußte, beseitigt ist (vgl RTK MUGDAN III 1001). Wegen der Erläuterung der Begriffe unverzügliche Verfolgung und Aufgabe der Verfolgung vgl § 960 Rn 9 f. Solange sich der Schwarm auf dem Grundstück des Imkers befindet, wird es zur Erhaltung seines Eigentums allerdings einer Verfolgung überhaupt nicht bedürfen, weil dann der Schwarm im Rechtssinne noch nicht „ausgezogen" ist (MünchKomm/QUACK Rn 4; SOERGEL/HENSSLER Rn 2; BAMBERGER/ROTH/KINDL Rn 2; Hk-BGB/ECKERT Rn 2; SCHÜSSLER 114; FIGGE 174; **aM** BGB-RGRK/PIKART Rn 3; WIELING I § 11 IV 6 a Fn 64; RTK MUGDAN III 1001). – Herrenlos gewordene Bienenschwärme unterliegen der freien Aneignung nach § 958 Abs 1. Nach J vGIERKE (SR[4] § 37 II 2 a; ebenso PALANDT/BASSENGE Rn 1) soll hier kraft Gewohnheitsrechts eine symbolische Besitzergreifung (Niederlegung einer Sache des Okkupanten unter den Baum, auf dem der Schwarm sich niedergelassen hat), genügen (**aA** wohl zu Recht BÄLZ 29; O vGIERKE § 132 III; WIELING I § 11 IV 6 d; MünchKomm/QUACK Rn 3; SOERGEL/HENSSLER Rn 4); nach Auskunft von Prof. Dr. MARTINEK (STAUDINGER-Kommentator und Hobby-Imker) kann es sich dabei allenfalls um lokales Gewohnheitsrecht handeln. Der Umstand, daß der Okkupant ein fremdes Grundstück eigenmächtig betreten hat, hindert seinen Eigentumserwerb nicht (WIELING I § 11 IV 6 d; H WESTERMANN/GURSKY § 58 V; PRITZL SeuffBl 66, 462).

§ 962
Verfolgungsrecht des Eigentümers

Der Eigentümer des Bienenschwarms darf bei der Verfolgung fremde Grundstücke betreten. Ist der Schwarm in eine fremde nicht besetzte Bienenwohnung eingezogen, so darf der Eigentümer des Schwarmes zum Zwecke des Einfangens die Wohnung öffnen und die Waben herausnehmen oder herausbrechen. Er hat den entstehenden Schaden zu ersetzen.

Materialien: VE SR § 160; E I § 907; II § 877;
III § 946; SCHUBERT, SR I 967 f; Mot III 373;
Prot III 255, VI 235 f.

Der § 962 verleiht dem Eigentümer eines ausgezogenen Bienenschwarmes zum **1** Zwecke der Verfolgung **besondere Selbsthilferechte**, deren Ausübung von den Voraussetzungen des § 229 nicht abhängig ist. Voraussetzung ist hier aber, daß zur Zeit der Verfolgung das Eigentumsrecht am Schwarme noch nicht nach § 961 erloschen ist.

I.   Satz 1: Der verfolgende Bieneneigentümer hat ein weitergehendes Recht, **2** fremde Grundstücke zu betreten, als das allgemein in § 867 normierte. Es handelt sich hier also nicht nur um eine Anwendung der §§ 867, 1005 (ebenso PLANCK/BROD-MANN Anm 1; SCHÜSSLER 119; WIELING I § 11 IV 6 a bei Fn 71; **aM** Prot III 255; DERNBURG § 112 Fn 22). § 962 gibt dem Imker nämlich nicht nur einen Anspruch auf Gestattung des Betretens, der im Weigerungsfalle durch Klage oder durch Erwirkung einer einstweiligen Verfügung durchgesetzt werden müßte, sondern verleiht ihm eine besondere Selbsthilfebefugnis. Die Voraussetzungen des § 229 müssen dabei nicht vorliegen; § 962 regelt das besondere Selbsthilferecht selbständig (WIELING § 11 IV 6 a; PLANCK/BRODMANN Anm 1; SOERGEL/HENSSLER Rn 1). Das Betreten ist also keine verbotene Eigenmacht; Notwehr ist hiergegen nicht möglich. Es darf aber nur jenes Grundstück betreten werden, dessen Betreten zur wirksamen Durchführung der Verfolgung sich als notwendig erweist (BGB-RGRK/PIKART Rn 2). Von einer Sicherheitsleistung wie bei § 867 darf der betroffene Grundstückseigentümer die Duldung des Betretens nicht abhängig machen (PRITZL SeuffBl 66, 457, 463; SOERGEL/HENSSLER Rn 1).

II.   Satz 2: Der verfolgende Bieneneigentümer darf weiter zum Zwecke des Ein- **3** fangens die fremde Bienenwohnung öffnen und die Waben herausnehmen (beim sog Mobilbau) oder herausbrechen (beim sog Stabilbau). Voraussetzung ist hier aber, daß der Schwarm in eine fremde, nicht besetzte Bienenwohnung einzog (Gegensatz zu § 964: in eine besetzte Bienenwohnung). Auch diese Selbsthilfebefugnis kann allerdings nur die zum Zwecke des Einfangens notwendigen Maßnahmen decken. Ein Herausbrechen der Waben ist also nicht zulässig, wenn der Schwarm sich auch durch Abklopfen oder Abtrommeln einfangen ließe (vgl SCHÜSSLER 119 f).

III.   Satz 3: Der aus dem Vorgehen nach S 1 oder S 2 entstehende **Schaden** muß **4** ersetzt werden (vgl MUGDAN III 656). Vorherige Sicherheitsleistung wegen des zu erwartenden Schadens, wie bei § 867, kann der Eigentümer nicht verlangen. Im übrigen ist der Schadensersatzanspruch (wie im Falle des § 867) von einem Verschulden nicht abhängig (Aufopferungshaftung, vgl Canaris NJW 1964, 1987, 1993; Hubmann JZ 1958, 489, 490 f; MünchKomm/Quack Rn 1; Soergel/Henssler Rn 1). Für den durch die Bienen selbst verursachten Schaden bestimmt sich die Haftpflicht nach allgemeinen Grundsätzen, s §§ 823 ff, insbesondere § 833. Wenn sich der Grundstückseigentümer der Verfolgung auf seinem Boden ohne dringende Gründe widersetzt, so kann er dadurch schadensersatzpflichtig werden, vgl Dernburg § 112 III 2 b und Schüssler 120 f; als Anspruchsgrundlage bieten sich § 823 Abs 1 (Eigentumsverletzung) und § 823 Abs 2 BGB iVm § 240 StGB an.

§ 963
Vereinigung von Bienenschwärmen

Vereinigen sich ausgezogene Bienenschwärme mehrerer Eigentümer, so werden die Eigentümer, welche ihre Schwärme verfolgt haben, Miteigentümer des eingefangenen Gesamtschwarmes; die Anteile bestimmen sich nach der Zahl der verfolgten Schwärme.

Materialien: VE SR § 161; E I § 908; II § 878;
III § 948; Schubert, SR I 969; Mot III 373 f;
Prot III 255.

1 I. Die **Vereinigung** von **Bienenschwärmen verschiedener Eigentümer** außerhalb einer bereits besetzten Bienenwohnung (vgl § 964) führt in prinzipieller Übereinstimmung mit § 948 zum Miteigentum der verfolgenden Eigentümer. Abwichend von § 948 ist hier jedoch Untrennbarkeit nicht Voraussetzung der Miteigentumsentstehung (Wieling I § 11 IV 6 b bei Fn 77); ferner bestimmen sich die Miteigentumsanteile entgegen § 947 Abs 1 nicht nach dem Wertverhältnis der früher einzelnen Schwärme (das nur sehr schwer zu ermitteln wäre), sondern der Einfachheit halber nach der Zahl der verfolgten Schwärme. Für Rechte Dritter gilt § 949 entsprechend. Hat sich auch ein bereits herrenlos gewordener Schwarm mit den rechtzeitig verfolgten vereinigt, so erstreckt sich das Miteigentum der verfolgenden Schwarmeigentümer nach Wortlaut und Sinn des § 963 automatisch (also ohne Okkupation) auch auf ihn. Dann muß aber Entsprechendes auch für den Fall gelten, daß nur ein Eigentümer seinen ausgezogenen Schwarm rechtzeitig verfolgt hat; er wird automatisch (insoweit anders die hM, vgl Planck/Brodmann Anm 1; Biermann Anm 1; BGB-RGRK/Pikart Rn 4; Wieling I § 11 IV 6 b; Staudinger/Berg[11] Rn 4: erst durch das Einfangen nach Maßgabe des § 958) Eigentümer des Gesamtschwarmes. Der Ort der Vereinigung ist gleichgültig. § 963 betrifft also auch den Fall, daß die Vereinigung in einer fremden unbesetzten Bienenwohnung erfolgt ist (Schüssler 122; BGB-RGRK/Pikart Rn 5).

2 II. Die *Aufhebung* der entstanden *Miteigentumsgemeinschaft* richtet sich nach §§ 749 ff. Die Aufhebung durch Teilung in Natur (§ 752) ist allerdings ausgeschlossen, wenn im Gesamtschwarm weniger Königinnen als Miteigentümer noch vorhanden sind (vgl Schüssler 123; Rieth 65 ff; Pritzl SeuffBl 66, 463 f). Falls ein Gesamtschwarm mit drei Königinnen zwei Miteigentümern gehört, muß einer der Teilschwärme veräußert werden (Schüssler 123; Wieling I § 11 IV 6 b Fn 81).

§ 964
Vermischung von Bienenschwärmen

Ist ein Bienenschwarm in eine fremde besetzte Bienenwohnung eingezogen, so erstrecken sich das Eigentum und die sonstigen Rechte an den Bienen, mit denen die Wohnung besetzt war, auf den eingezogenen Schwarm. Das Eigentum und die sonstigen Rechte an dem eingezogenen Schwarme erlöschen.

Materialien: VE SR § 160 Abs 2; E I § 909 S 1, 2; II § 879; III § 948; Schubert, SR I 968 f; Mot III 373 f; Prot III 255.

§ 964 behandelt den Fall des sog **Not-, Hunger- oder Bettelschwarmes**, der aus **1** Mangel an Nahrung in eine fremde, besetzte Bienenwohnung einfällt und dort in der Regel durch gegenseitiges Abstechen Schaden verursacht – für gewöhnlich ist dies die Folge nachlässig betriebener Zucht. Aus Billigkeitsgründen tritt hier der Gesamtschwarm (im Gegensatz zu § 963) in das Rechtsverhältnis des bereits früher in der Wohnung vorhandenen Schwarmes (Mot III 374; vgl auch RTK 73 Ziff 20). Der bisherige Eigentümer kann sich diesen Falles nicht durch Verfolgung gemäß § 961 das Eigentum erhalten. Die durch den Rechtserwerb eintretende Bereicherung ist hier eine vom Gesetz gebilligte; sie soll den Schaden ausgleichen, den der Hungerschwarm erfahrungsgemäß in der besetzten Bienenwohnung verursacht; daher hat der frühere Eigentümer keinerlei Kondiktionsanspruch (§ 909 S 3 E I, der dies ausdrücklich aussprach, ist später als selbstverständlich gestrichen worden).

Nicht zu verwechseln mit dem in § 964 geregelten Fall des Besetzens einer fremden **2** Bienenwohnung ist der Fall, daß fremde Bienen in den Bienenstock eines Züchters eindringen und daraus den Honig rauben (Honigraub, Raubbienen). Der Imker wird hier nicht als berechtigt angesehen, die fremden Bienen zu vergiften, da ihm genügend Mittel zur Verfügung stehen, um sich der Eindringlinge auf andere Weise als durch Tötung zu erwehren. Es spricht auch eine tatsächliche Vermutung dafür, daß der gefährdete Imker die Gefahr durch eigenes unsachgemäßes Handeln selbst verschuldet hat, da es eine besondere Raubbienenart in Deutschland nicht gibt. Vgl im einzelnen Dehner, Nachbarrecht (6. Aufl 1982) § 16 VI sowie Schüssler 9, 24, 131.

Karl-Heinz Gursky

Untertitel 6
Fund

Vorbemerkungen zu §§ 965–984

Schrifttum

ACKERMANN, Fund in öffentlichen Verkehrsmitteln, Verkehrsdienst 1969, 47

ALBERTY, Der Rechtsschein im Fundrecht (Diss Münster 1936)

ALTMANN, Zur Lehre vom Finderlohn nach dem BGB, BayZ 1907, 453

BASSENGE, Der Änderungen des Fundrechts, NJW 1976, 1486

BEEZ, Die rechtliche Stellung des Finders nach dem Bürgerlichen Gesetzbuch (Diss Leipzig 1909)

BEHREND, Der Begriff der verlorenen Sache (Diss Rostock 1903)

BERNHÖFT, Rechtsfragen des täglichen Lebens, Heft 1: Vom Finden (1908)

BITTKOW, Der Anspruch auf den Finderlohn (Diss Magdeburg 1906)

BLENCKNER, Die rechtliche Stellung des Finders verlorener Sachen (Diss Greifswald 1901)

BRÜCKMANN, Der Begriff der verlorenen Sache, ArchBürgR 23, 322 ff

CHAFFAK, Fundsache und Schatz (Diss Leipzig 1903)

CONRING, Grundbegriffe des Fundrechts (Diss Göttingen 1917)

vCARLOWITZ-HARTITZSCH, Der Fund (Diss Leipzig 1912)

CARLSTAEDT, Das Fundrecht des Bürgerlichen Gesetzbuches (Diss Marburg 1911)

DELIUS, Das Fundrecht und das Schatzrecht nach dem BGB unter besonderer Berücksichtigung der Pflichten der Polizeibehörden, PrVerwBl 1899, 337

DENEKE-STOLL, Zur Person des Finders, in: Erlanger FS KH Schwab (1990) 43

DERDAY, Das Fundrecht des Bürgerlichen Gesetzbuchs und seine Entwicklung in Wissenschaft und Praxis (Diss München 1978)

DIECKMANN, Das Rechtsverhältnis zwischen Verlierer und Finder nach dem Recht des Bürgerlichen Gesetzbuchs (Diss ROSTOCK 1909)

DUBISCHAR, Fundbesitz im Selbstbedienungsmarkt – BGH NJW 1987, 2812, JuS 1989, 703

EDENFELD, Reformfragen des Fundrechts, JR 2001, 458

EGER, Fund in den Räumen oder Wagen der Eisenbahn, BayZ 1905, 139 ff

ERHARD, Rechtliche Behandlung des auf dem Schlachtfeld zurückgebliebenen Privateigentums unbekannter gefallener Feinde, MilArch 6, 77

ERNST, Eigenbesitz und Mobiliarerwerb (1992) (bes S 213 ff)

FABER, Eigentumserwerb an sog vergessenen Sachen, JR 1987, 313

FELDBERG, Geschäftsfähigkeit und Fundrecht (Diss Göttingen 1918)

FRANCKE, Räumlichkeiten als Orte des Verlierens und Findens, HirthsAnn 1903, 310 ff

GOTTWALD, Der gefundene Autobus – OLG Hamm NJW 1979, 725, JuS 1979, 247

GROTZ, Die Erlangung der Finderstellung nach Bürgerlichem Recht (Diss Erlangen 1914)

A HAASE, Das Fundrecht mit besonderer Berücksichtigung der obrigkeitlichen Mitwirkung (Diss Göttingen 1919) (enthält auf S VII-XII ausführliche Nachweise der älteren Literatur, insbesondere auch zahlreiche weitere Dissertationen)

HARTMANN, Zweifelsfragen aus dem Fundrecht, Recht 1913, 391 und HansGZ 1918, B 25

ders, Ein Fall zum ausländischen Fundrecht, LZ 1917, 1116

HELMREICH, Finderlohn beim Verlust einer zugestellten Postanweisung, BayZ 1912, 254

HILSE, Fund bzw Auffindung in öffentlichen Beförderungsmitteln, EisenbE 16, 165

HIRSEKORN, Das Fundrecht, Gerichtsvollzieh-
erzeitung 19, 73

HOPMANN, Der Eigentumserwerb an der gefundenen Sache nach deutschen Rechtsquellen
(Diss Heidelberg 1905)

HÜSCHELRAT, Strittige Fragen aus dem Fundrecht (Masch-schr Diss KÖLN 1924)

HUTTNER, Das Fundrecht in Baden-Württemberg (1988)

KÖBL, Das Eigentümer-Besitzer-Verhältnis im
Anspruchssystem des BGB (1971) 196

KOHLER-GEHRIG, Die Fundbehörde, VBlBW
1995, 377

KRUSCH, Grundzüge eines neuen Fundrechts,
AcP 148, (1943) 282

KUNZ, Der Fund in privaten Räumen (Masch-
schr Diss Breslau 1925)

LASSALLY, Der Fund in Geschäftsräumen durch
Angestellte, JR 1927, 347

LERCH, Fundrecht auf Wasserstraßen, Polizei/
Technik/Verkehr 5 (1960) Sondernr 3, 72

LINS, Das Fundrecht des BGB (Diss Bayreuth
1994)

PRINZ ZU LIPPE, Fundrechtliche Streitfragen
(1931)

MANN, Der Fund im Gasthaus (Diss Göttingen
1933)

MARTELL, Das Recht der Fundsache,
VerkRdsch 1927, 165

MECKE DE SWEBUSSIN, Der Fund auf der Straße, Polizei/Technik/Verkehr 4 (1959) 310

ders, Die rechtliche Behandlung von Fundsachen, Der Personenverkehr 10 (1959) 112

MERTES, Die zuständige Behörde des Fundrechts in Rheinland-Pfalz, VR 1978, 161

MIETHSAM, Das Fundrecht des Bürgerlichen
Rechts (Diss Erlangen 1925)

MITTENZWEI, Fundbesitz als Gegenstand des
Deliktsschutzes und der Eingriffskondiktion,
MDR 1987, 883

MORITZ, Der Eigentumserwerb des Finders
nach dem BGB (Diss Leipzig 1908)

NAGATZ, Der Einfluß bestehender Vertragsver-
hältnisse auf das Fundrecht (Diss Göttingen
1928)

E MÜLLER, Die rechtliche Stellung des Finders
(Diss Greifswald 1904)

NEUBECKER, Zum Fund in einer Droschke, DJZ
1911, 143

OCHS, Der Anspruch auf Finderlohn (Diss
Greifswald 1914)

ODEY, Die Besitzverhältnisse verlorener Sachen
(Diss Greifswald 1921)

OSSIG, Können verwechselte Sachen gefunden
werden?, Die Bundesbahn 1954, 310 (vorwiegend zu § 5 EVO)

RITTAU, Aneignung von Fundsachen, PosMSchr
1912, 108

ROCKE/CLORIUS, Ordnungsbehörden und Tier-
schutzvereine: Ein Beitrag zum Fund- und
Ordnungsrecht, VerwRdSch 1989, 292

ROTHER, Der Fund im Betrieb, BB 1965, 247

SCHÄFER, Über Fundrecht, SeuffBl 68, 1

SCHLIETER, Der Besitz bei der Fundsache (Diss
Leipzig 1905)

SCHNEICKERT, Über Fundrecht, HirthsAnn
1904, 229

K SCHREIBER, Eigentumserwerb durch Fund,
JA 1990, 446

SILBER-SCHMIDT, Fund in Privat- und Gasthäu-
sern, SeuffBl 68, 109

ders, Der Fund verlorener Sachen, SeuffBl 69,
337

SPIELBERG, Die unrechtmäßige Versteigerung
der Fundsache, SeuffBl 77, 232

SPRINGMANN, Begriff der Fundsache (1906)

SPRINZ, Die Gegenansprüche des Finders (Diss
Breslau 1904)

STERNBERG, Beiträge zur Fundlehre nach österreichischem Recht unter Berücksichtigung des
deutschen BGB (1904)

STIEGER, Finden – keine reine Freude. Rechts-
anspruch und Verpflichtung, Anwalts-Lehrling
1 (1953) Nr 4, 1

E STRAUSS, Das Fundrecht des bürgerlichen
Gesetzbuchs (1908)

TROITZSCH, Der Fund, BayZ 1906, 155

VOHBACH, Die Lehre vom Funde im Römischen
und Deutschen Recht (Diss Leipzig 1910)

VOSS, Verzicht auf Finderlohn als sittliche oder
Anstandspflicht, DJZ 1907, 1138

WALL, Können nach deutschem Recht Minderjährige finden? (Diss Greifswald 1911)

WALTHER, Die obligatorischen Pflichten und
Rechte des Finders nach dem Deutschen
Bürgerlichen Gesetzbuch (Diss Leipzig 1907)

WARNCKE, Finderlohn des Arbeitnehmers,
ArbR 1928, 277

                   Karl-Heinz Gursky

WEDELL, Die rechtlichen Beziehungen zwischen Verlierer und Finder (Diss Rostock 1903)
WEIMAR, Fundbelohnung durch Auslobung, JR 1962, 175
ders, Rechtsfragen zum Fundrecht, JR 1977, 498
WIMMER, Der Fund in Haus und Hof (Diss Heidelberg 1914)
WITTUS, Das Rechtsverhältnis zwischen Finder und Verlierer und seine Konsequenzen nach dem Recht des Bürgerlichen Gesetzbuchs (Diss Leipzig 1905).

Zur Geschichte:
DELBRÜCK, Vom Finden verlorener Sachen, JherJb 3, 1 ff
JOH HÜBNER, Der Fund im germanischen und älteren deutschen Recht (1915).

Rechtvergleichend:
GIESEKE, RvglHdWB III 548.

Alphabetische Übersicht

Siehe die Übersicht bei § 965.

1 I. Der vorliegende **Unterabschnitt** handelt vom **Fund** verlorener Sachen nur in den §§ 965–982. Und zwar regeln hier die §§ 965–977 die Rechtsverhältnisse an verlorenen und wiedergefundenen Sachen im allgemeinen, während die §§ 978–982 Sondervorschriften für den Fund bei Behörden oder in Verkehrsanstalten aufstellen. § 983 erstreckt die Regelung des Fundes in den Geschäftsräumen einer Behörde auf **andere Fälle**, in denen eine Behörde in den Besitz einer fremden Sache gelangt ist, ohne zu deren Aufbewahrung vertraglich verpflichtet zu sein oder den Empfangsberechtigten bzw dessen Aufenthalt zu kennen. § 984 normiert das Aneignungsrecht an einem **Schatz**. – Das **Gesetz vom 19. 7. 1976** (BGBl I 1817) hat Änderungen im Bereich des Fundrechts gebracht, um dieses den veränderten Lebensverhältnissen und heutigen wirtschaftlichen Bedingungen anzupassen (BT-Drucks 7/3559, 1); es hat zudem durchgängig den Ausdruck „Polizeibehörde" durch „zuständige Behörde" ersetzt. Für die vor seinem Inkrafttreten am 1. 11. 1976 gemachten Funde bleiben nach Art 2 des Gesetzes die bisher geltenden Vorschriften maßgebend. Die Wertgrenzen der Fundrechtsvorschriften (vgl §§ 965 Abs 2 S 2, 971 Abs 1 S 2, 973 Abs 2 S 1, 974 S 1 und § 978 Abs 2 S 1) sind durch Art 2 Nr 11–13 des Gesetzes vom 27. 6. 2000 (BGBl I S 987) auf € umgestellt worden. – Rechtspolitische Kritik und Reformvorschläge bei EDENFELD JR 2001, 485 ff; in der älteren Literatur bleiben hierzu wichtig KRUSCH AcP 148 (1943) 282 ff und Protokolle der Ausschüsse der AkDR III 6 (Neudruck 1994) 540 ff.

2 II. Das Fundrecht des BGB knüpft an *partikularrechtliche Regelungen*, insbesondere die des ALR (I 9 §§ 19–73) an (vgl dazu SCHUBERT, SR I 984; STRAUSS 4 ff). Das Gemeine Recht hatte demgegenüber ein besonderes Fundrecht nicht ausgebildet, sondern behalf sich mit der negotiorum gestio und rei vindicatio. Es gab deshalb weder die Möglichkeit eines gesetzlichen Eigentumserwerbs des Finders noch einen Anspruch des Finders auf Finderlohn (vgl DELBRÜCK JherJb 3, 1 f u WINDSCHEIDT/KIPP I § 184 Fn 7). Das BGB behandelt den Fund, wie die redaktionelle Einordnung zeigt, als **besondere Eigentumserwerbsart** (§ 973). Der Eigentumserwerb des Finders ist jedoch im Rahmen des Fundrechts eigentlich nur von sekundärer Bedeutung: ein Notbehelf für den Fall, daß sich der primär erstrebte Erfolg – die Rückgabe der Sache an den Verlierer oder einen sonstigen Empfangsberechtigten – nicht erreichen läßt (Krusch 82). Im Vordergrund der §§ 965 ff stehen vielmehr die obligatorischen Rechte und Pflichten des Finders; der weitaus überwiegende Teil der Voschriften regelt dieses durch den Fund entstandene *gesetzliche Schuldverhältnis* zwischen Finder und Empfangsberechtigtem (Lins 67 ff). Diese Normen sind nur deshalb mit in den 3. Titel des Sachenrechts aufgenommen worden, weil der Eigentumserwerb des Finders von der ordnungsgemäßen Erfüllung der dem Finder aus diesem Schuldverhältnis obliegenden Pflichten abhängig gemacht worden ist (Johow 851, 853). Dem Finder werden *Anzeige-, Verwahrungs- und Herausgabepflichten* auferlegt (§§ 965–969): Anzuzeigen hat der Finder den Fund primär gegenüber einem ihm bekannten Empfangsberechtigten, andernfalls gegenüber der sachlich zuständigen Verwaltungsbehörde; letztere Anzeige kann nur beim sog Klein- oder Bagatellfund (Gegenstände bis zu 10 € Wert) unterbleiben; § 965 Abs 1 u 2. Von der Pflicht zur Verwahrung der Fundsache (§ 966) kann sich der Finder durch Ablieferung bei der zuständigen Behörde befreien (§ 967). Ebenso gilt er stets als zur Herausgabe der Sache an den Verlierer legitimiert (§ 969). Wegen der Freiwilligkeit seines fremdnützigen Tätigwerdens haftet der Finder nur für Vorsatz und grobe Fahrlässigkeit (§ 968). In zweiter Linie entstehen auch *Ansprüche des Finders* gegenüber dem Empfangsberechtigten, nämlich der Anspruch auf Ersatz seiner Aufwendungen (§ 970) und der Anspruch auf einen prozentual bestimmten Finderlohn (§ 971). Ihre Durchsetzung unterliegt gemäß § 972 den Beschränkungen der §§ 1000–1002. Darüber hinaus erwirbt der Finder bereits mit dem Fund die Anwartschaft auf den *Eigentumserwerb* an der Fundsache unter den Voraussetzungen der §§ 973, 974. – Das gesetzliche Schuldverhältnis der §§ 965 ff impliziert noch kein Besitzmittlungsverhältnis (vgl Bamberger/Roth/Kindl Rn 2; Palandt/Bassenge § 868 Rn 18; H Westermann/Gursky 19 I 2; **aA** Staudinger/Bund [2000] § 868 Rn 34).

Die Frage, ob das gesetzliche Schuldverhältnis des Sachfundes dem der *Geschäfts-* **3** *führung ohne Auftrag* nur nahesteht oder ob es sich zum letzteren sogar tatbestandlich-begrifflich wie lex specialis zu lex generalis verhält, ist vom Gesetzgeber bewußt offen gelassen worden (vgl Mot III 376) und auch heute noch streitig (im ersteren Sinne etwa Wolff/Raiser § 82 III; Erman/Hefermehl[10] Vorbem 1 zu § 965; Lange § 53 II; im letzteren Sinne Köbl 196; Wollschläger, Die Geschäftsführung ohne Auftrag [1976] 264; implizit auch Edenfeld JR 2001, 485, 488). Die Frage ist im ersteren Sinne zu entscheiden, da der Sachfund im Gegensatz zur GoA kein subjektives Tatbestandselement enthält (s § 965 Rn 13). Soweit dies zur Lückenfüllung innerhalb des gesetzlichen Schuldverhältnisses des Sachfundes erforderlich ist, kann jedoch auf die §§ 677 ff zurückgegriffen werden (Wolff/Raiser aaO; Wilhelm Rn 1063; Planck/Brodmann Vorbem 2; Erman/Hefermehl[10] Vorbem 1; insoweit nicht eindeutig Edenfeld JR 2001, 485, 488, der „zur Klarstellung" einzelne Verweisungen auf das GoA-Recht in die Fundvorschriften aufgenommen haben möchte). Gänzlich abweichend E Wolf, SR[2] § 4 B III C 5 S 189, der ein gesetzliches Schuldverhältnis zwischen Finder und Empfangsberechtigtem überhaupt leugnet, weil die Pflichten des Finders aus §§ 965–967 dinglicher Art seien. Diese Ansicht beruht auf einer unzutreffenden Bestimmung der Besonderheit dinglicher Ansprüche bzw Pflichten (ebenso Lins 73 ff, 76).

III. Das Eigenartige des Fundrechts liegt darin, daß es die privatrechtlich erheb- **4** lichen Tatsachen ausdrücklich in Verbindung bringt mit Funktionen, die bestimmten *Verwaltungsbehörden* im Interesse des Verlierers zugestanden und auferlegt sind; es treten hier also neben Sätze des reinen Privatrechts solche öffentlich-rechtlicher

Natur (RG HansGZ 1906, B Nr 154; VGH Bremen DVBl 1956, 628; HAASE 31 ff; zweifelnd MünchKomm/QUACK Rn 2). Gerade weil diese im Rahmen einer Privatrechtskodifikation natürlich ein Fremdkörper sind, hat der Gesetzgeber von einer detaillierten Regelung des behördlichen Verfahrens abgesehen und zB die Bestimmungen über das Aufgebot der Fundsachen und über den Aufwendungsersatzanspruch der Verwaltungsbehörde dem für das öffentliche Recht zuständigen Landesgesetzgeber überlassen (vgl Mot III 377 sub 3 b; Prot III 256 u 271; HARTMANN HansGZ 1918, B 25 ff; HAASE 32). Da die „zuständige Behörde" (der allgemeinen inneren Verwaltung), die in der aF der §§ 965 ff noch „Polizeibehörde" genannt wurde, öffentliche Gewalt ausübt, soweit sie im Fundrecht tätig wird, sind Schadensersatz- oder Herausgabeansprüche des Eigentümers oder Finders gegen die Fundbehörde öffentlich-rechtlicher Natur (VGH Bremen DVBl 1956, 628; HARTMANN HansGZ 1918, b 25; H WESTERMANN/ GURSKY § 59 II 5 a; teilweise abw STAUDINGER/BERG[11]). Dennoch ist für sie unter dem Gesichtspunkt der öffentlich-rechtlichen Verwahrung nach § 40 Abs 2 S 1 VwGO der Zivilrechtsweg gegeben (H HERMANN, Die öffentlich-rechtlichen Kompetenzen der Zivilgerichte [Diss Würzburg 1963] 58 u 117 f; MünchKomm/QUACK § 973 Rn 6; SOERGEL/MÜHL[12] Rn 2; PALANDT/BASSENGE Rn 1; KOHLER-GEHRIG VBlBW 1995, 377, 380; ERICHSEN/RÜFNER, All VerwR[12] § 29 I Rn 7; aA VGH Bremen aaO; BGB-RGRK/PIKART § 973 Rn 3; ERMAN/EBBING § 973 Rn 5). Für eine Klage auf Abnahme der Fundsache wäre dagegen die Sonderzuweisung an den Zivilrechtsweg nicht einschlägig; es handelt sich dann ja nicht um eine Klage „aus" öffentlich-rechtlicher Verwahrung, sondern um eine Klage auf Herstellung derselben.

5 IV. Sondervorschriften: Die Normen der *Strandungsordnung* (StrandO) v 17. 5. 1874 (RGBl 73, zul geänd durch Ges v 25. 7. 1986 – BGBl I 1120) über das rechtliche Schicksal des Strandgutes und seetriftiger oder vom Meeresgrund geborgener Gegenstände gingen früher dem Fundrecht des BGB als leges speciales vor (EHLERS SchlHA 1971, 227 f). Der Erwerb nach § 35 StrandO bildete ein seerechtliches Gegenstück zum Funderwerb nach BGB: Gemeinsam war, daß die Geschäftsführung des Finders und des Bergers entgeltlich war und der Anspruch auf Finder- und Bergelohn durch Versäumung der Anzeige verwirkt wurde; auch hier bestand eine vererbliche Anwartschaft auf den Eigentumserwerb für den Berger, aber auch für den Landesfiskus. Im Gegensatz zum Fundrecht fand aber stets ein besonders normiertes Aufgebotsverfahren zwecks Ermittlung des Empfangsberechtigten statt (vgl EWALD/GRAF, Standungsordnung [2. Aufl 1955]; SCHAPS/ABRAHAM, Das Deutsche Seerecht III [3. Aufl 1964] 397 ff). Erst bei dessen Erfolglosigkeit wurden Seeauswurf, strandtriftige Güter und in Seenot vom Strand aus geborgene Gegenstände dem Landesfiskus (§ 35 Abs 1 StrandO), versunkene und seetriftige Güter dagegen dem Berger überwiesen (§ 35 Abs 2 StrandO). Diese Sonderregelungen sind nunmehr beseitigt. Die StrandO ist durch Art 35 des 3. RechtsbereinigungsG v 28. 6. 1990 (BGBl I 1243) aufgehoben worden. – **Übergangsrecht**: Wegen der vor dem 1. 1. 1900 gefundenen Sachen vgl STAUDINGER/BERG[11] Vorbem 8. Wegen der Übergangsregelung des Gesetzes zur Änderung des Fundrechts v 19. 7. 1976 (BGBl I 1817) vgl Rn 1 aE.

6 V. Internationales Privatrecht. Der Erwerb der Eigentumsanwartschaft durch den Finder richtet sich gemäß Art 43 Abs 1 EGBGB nach dem Recht des Fundortes (vgl WOLFF/RAISER § 90 III 3; STAUDINGER/STOLL[12] Anh I nach Art 12 EGBGB Rn 202 mwN). Wird die Fundsache vor der Vollendung des Eigentumserwerbs in ein anderes Land verbracht, so müßte sich dieser nach der situs-Regel nach dem Recht des Aufnahmestaates bestimmen (so in der Tat WOLFF/RAISER § 90 III 3; M WOLFF, IPR³ § 35 VII 1 b). Eine verbreitete (und jedenfalls früher herrschende) Meinung nimmt hier jedoch eine Sonderanknüpfung vor; sie geht wegen der in den meisten Rechtsordnungen bestehenden Verknüpfung des Eigentumserwerbs mit schuldrechtlichen Pflichten des Finders von einem unwandelbaren Statut des Fundortes aus (zB ZITELMANN, IPR II 311 Fn 16, 351; FIRSCHING, IPR 36, 4; einschränkend STAUDINGER/STOLL [1996] Internationales Sachenrecht Rn 270 und MünchKomm/KREUZER³ Anh I nach Art 38 EGBGB Rn 76, wonach das neue Belegenheitsrecht den Eigentumserwerb ausschließen oder erschweren könnte, eine solche Verdrängung des Rechts des Fundortes aber im Zweifel nicht beabsichtigt ist). Folgt man dieser Auffassung, dann sind die §§ 965 ff überhaupt nur anwendbar, wenn die Sache im Inland gefunden worden ist. Ob für eine Durchbrechung der situs-Regel wirklich genügender Anlaß gegeben ist, erscheint zweifelhaft. Aber auch wer einen Statutenwechsel bei der Verbringung der Fundsache in ein anderes Rechtsgebiet für möglich hält, wird die Anzeige bei der Fundbehörde des Fundortes vernünftigerweise ausreichen lassen müssen; über die Frage, ob der Eigentumserwerb überhaupt eine Anzeige bei der Fundbehörde erfordert oder nicht, entscheidet dann aber die Rechtslage des aufnehmenden Staatsgebietes.

Nach dem Recht des Fundortes richtet sich der Anspruch auf Finderlohn **7** (STAUDINGER/STOLL [1996] Internationales Sachenrecht Rn 202; OLG Düsseldorf RIW-AWD 1984, 481 = MDR 1983, 132 [wo aber übersehen ist, daß die Voraussetzungen der §§ 965 ff BGB gar nicht vorlagen]).

Der Anspruch des Finders auf Aufwendungsersatz richtet sich nach den Grund- **8** sätzen der Anknüpfung einer Geschäftsführung ohne Auftrag (STAUDINGER/STOLL [1996] Internationales Sachenrecht Rn 202). Diese führen grundsätzlich wiederum zur Maßgeblichkeit des Rechtes der Geschäftsführung, also hier zum Recht des Fundortes. Haben allerdings Finder und Eigentümer der verlorenen Sache übereinstimmend ihren Wohnsitz in einem dritten Staat, so ist das gemeinsame Heimatrecht maßgeblich (so nach altem Recht OLG Düsseldorf aaO; vBAR, IPR II Rn 727). Dasselbe dürfte sich jetzt aus Art 41 ergeben. Zum Ganzen vgl auch FRANKENSTEIN, IPR II, 75 f; JOSEF LZ 1926 Beibl f IPR 209; HARTMANN LZ 1917, 1116; SELLOW, Die lex rei sitae im Fahrniserwerb, besonders bei Ersitzung, Fund, Aneignung (Diss Greifswald 1936).

Zum Fund an Bord eines Flugzeuges oder Schiffes bzw einer Bohrinsel vgl **9** STAUDINGER/STOLL (1996) Internationales Sachenrecht Rn 266; MünchKomm/ KREUZER³ Anh I nach § 38 EGBGB Rn 76; ferner JOSEF aaO. Im wesentlichen unstreitig ist, daß bei einem Fund auf einem Schiff im Hafen bzw in einem gelandeten Flugzeug das Recht des Uferstaates bzw des Landes, zu dem der Flughaften gehört, maßgeblich ist, und daß außerhalb eines fremden Staatsgebietes das Recht des Flaggenstaates anzuwenden ist (vgl STOLL aaO). Umstritten ist dagegen, ob das Erreichen von Territorialgewässern bzw das Überfliegen fremden Staatsgebietes bereits eine Anknüpfung an das betreffende Staatsgebiet rechtfertigt (bejahend MünchKomm/KREUZER aaO; wohl zu Recht verneinend STOLL aaO).

§ 965
Anzeigepflicht des Finders

(1) Wer eine verlorene Sache findet und an sich nimmt, hat dem Verlierer oder dem Eigentümer oder einem sonstigen Empfangsberechtigten unverzüglich Anzeige zu machen.

(2) Kennt der Finder die Empfangsberechtigten nicht oder ist ihm ihr Aufenthalt unbekannt, so hat er den Fund und die Umstände, welche für die Ermittelung der Empfangsberechtigten erheblich sein können, unverzüglich der zuständigen Behörde anzuzeigen. Ist die Sache nicht mehr als zehn Euro wert, so bedarf es der Anzeige nicht.

Materialien: VE SR §§ 165, 166 Abs 1; E I §§ 910 Abs 1, 921 Abs 1; II § 880; III § 949; SCHUBERT, SR I 989 ff; Mot III 375 ff, 386; Prot III 255 f, 272; JAKOBS/SCHUBERT, SR I 704 ff;

Abs 2 geändert durch Gesetz vom 19. 7. 1976 (BGBl I 1817) und durch Art 2 Abs 1 Nr 11 des Gesetzes v 27. 6. 2000 (BGBl I 897).

Alphabetische Übersicht

Ansichnehmen	9	Mehrheit von Findern	8, 9
Anzeigepflicht des Finders	17 ff	Mittelbarer Besitz	**Vorbem** 2; 12
Auftragsverhältnis	12, 14		
		Nachforschungspflicht des Finders	18
Bagatell- oder Kleinfund	**Vorbem** 2; 19		
Besitzdiener	10 f	Öffentliche Behörden	5
Besitzrecht des Finders	13		
Besitzverlust	1 ff	Papierkorbinhalt	6
		Perle in der Auster	3
Empfangsberechtigte	16	Privaträume	6
Finder	8 ff	Schuldrechtliches Verhältnis	**Vorbem** 2; 16
Fremdgeschäftsführungswille	13	Strandgut	**Vorbem** 5
Gaststätte	7	Übergangsrecht	**Vorbem** 1 u 5
Geschäftsführung ohne Auftrag	**Vorbem** 3	Unredlicher Finder	13
Geschäftsunfähige	15		
Gesetzliches Schuldverhältnis	**Vorbem** 2	Verkehrsanstalt	7
Gestohlene Sachen	1, 3	Verlorene Sache	1 ff
		Versteckte Sachen	3
Hotelzimmer	7, 10	Verwahrungspflicht	**Vorbem** 2
		Verwaltungsbehördliche Mitwirkung	**Vorbem** 4; 17
Internationales Privatrecht	**Vorbem** 5 ff		
		Warenhäuser	7, 12
Kraftfahrzeug, stehengelassenes	4	Wertpapiere	1
		Willensrichtung	13
Landesrechtliche Vorschriften	17		

I.   Der Tatbestand des Sachfundes (Abs 1 HS 1)

Der **Fund** im Sinne der §§ 965 ff setzt voraus **a)** daß es sich um eine verlorene Sache handelt (Näheres Rn 1 ff); **b)** daß ein Finden im speziellen Sinne des Abs 1 stattgefunden hat (Näheres Rn 8 ff).

1.   Der Begriff der **verlorenen Sache** ist im Gesetz nicht definiert. Gemeint ist **1** damit eine bewegliche Sache, die *besitzlos, aber nicht herrenlos geworden* ist (WOLFF/ RAISER § 82 I; H WESTERMANN/GURSKY § 59 I 2; WIELING I § 11 V 1; SCHWAB/PRÜTTING Rn 495; MÜLLER Rn 3091; KRUSCH 288; STRAUSS 12; MITTENZWEI MDR 1987, 883; LINS 19 ff, 48 f; EDEN-FELD JR 2000, 485, 486. Die sachlich abweichenden Begriffsbestimmungen von DERNBURG § 116 III und BRÜCKMANN ArchBürgR 23, 322 ff sind widerlegt von WINDSCHEID/KIPP I, 949 f, SILBER-SCHMIDT SeuffBl 69, 337 ff und WOLFF/RAISER § 82 Fn 1). Im Rahmen der §§ 935 Abs 2, 1006 Abs 1 S 2, 1007 Abs 2 bezeichnet „verloren" – wie die Gegenüberstellung mit „gestohlen" und „sonst abhanden gekommen" beweist – nur solche Sachen, die dem Verlierer durch Zufall, also gegen seinen Willen und ohne eine hierauf gerichtete Tätigkeit eines anderen aus dem Besitz gekommen sind. Diese Einschränkung ist im Rahmen des § 965 unangebracht (PLANCK/BRODMANN Anm 1 a; SOERGEL/HENSSLER Rn 10; ERMAN/EBBING Rn 3; PALANDT/BASSENGE Vorbem 1; WIELING I § 11 V 1 a; E WOLF[2] 187 f; GOTTWALD JuS 1989, 247, 248; LINS 45 ff; abw STAUDINGER/BERG[11] Rn 1; SOERGEL/MÜHL Rn 1, 4 [m Einschr] sowie EICHLER II 1, 55; ROTHER BB 1965, 247; BGB-RGRK/PIKART Rn 2; AnwK-BGB/HOEREN Rn 5; DENEKE-STOLL, in: Erlanger FS KH Schwab 43, 45). Denn andernfalls gäbe es neben den herrenlosen und den verlorenen Sachen noch eine dritte Kategorie „besitzloser Sachen", für die es an einer gesetzlichen Regelung fehlen würde (ERMAN/HEFERMEHL aaO). Daß es im Rahmen des § 965 nicht auf die Art und Weise des Besitzverlustes ankommt, zeigt auch die Entstehungsgeschichte. Der – von der 2. Kommission sachlich gebilligte – § 910 E I hatte noch ausdrücklich von „verlore-nen oder sonst abhanden gekommenen" Sachen gesprochen, weil der Begriff „ver-loren" häufig in einem Sinn verwendet werde, der für die Vorschriften über den Fund zu eng sei (Mot III 375). Dieser Zusatz wurde offenbar nur deshalb gestrichen, weil der auf den Zeitpunkt des Besitzverlustes bezogene Begriff des Abhanden-kommens nicht geeignet erschien, das Erfordernis der im Zeitpunkt des Fundes noch fortdauernden Besitzlosigkeit zum Ausdruck zu bringen (vgl KRUSCH 288; SIL-BERSCHMIDT SeuffBl 69, 340 f). Verloren iSv § 965 ist damit auch die vom Dieb auf der Flucht weggeworfene Beute oder das vom Dieb irgendwo stehengelassene Kfz (OLG Hamm NJW 1979, 725 f [Omnibus, der vom Dieb 23 km entfernt abgestellt und der erst nach 4 Wochen entdeckt wurde]; LG Aachen MDR 1990, 245; CAPITAIN RdK 33, 335; zweifelnd, aber jedenfalls für analoge Anwendung des Fundrechts BGB-RGRK/PIKART Rn 7; SOERGEL/HENSSLER Rn 3); ferner eine Sache, die der unmittelbare Besitzer ohne Wissen und Willen des Eigentümers preisgibt; schließlich auch die vom Eigentümer zum Zwecke der De-reliktion aufgegebene Sache, sofern die Dereliktion (zB wegen Geschäftsunfähig-keit) unwirksam ist (vgl PLANCK/BRODMANN Anm 1 a; WOLFF/RAISER § 82 I 1; WIELING I § 11 V 1 a aa; BAUR/STÜRNER § 53 Rn 78; LANGE § 53 Fn 3; VGH Bremen DVBl 1956, 628). – Im Normalfall wird die Sache ursprünglich einer menschlichen Sachherrschaft unter-standen haben, also erst nachträglich besitzlos geworden sein. Zur unbedingten Voraussetzung sollte man das aber (entgegen SORGEL/HENSSLER Rn 2; MÜLLER Rn 3092) nicht erheben. Andernfalls wären die von einer entlaufenen Hündin geworfenen Welpen im Gegensatz zum Muttertier (s § 960 Rn 15) nicht verloren iS von § 965 (für herrenlos erklärt diese VG Gießen NuR 2002, 113, was mit § 953 nicht zu vereinbaren ist). –

Entgegen WILHELM (Rn 1041) besteht keine Notwendigkeit, auch nur *scheinbar besitzlose* Sachen als „verloren" iSv § 965 zu qualifizieren (übereinstimmend EDENFELD Jura 2001, 485, 486). WILHELM will auf diese Weise zur Haftung desjenigen kommen, der eine nur vermeintlich besitzlose Sache an sich genommen hat, dann aber die Finderpflichten nicht erfüllt. Der Betreffende haftet aber, wenn er die Besitzlage des Eigentümers und den entgegenstehenden Willen schuldhaft verkannt hat, ohnehin aus § 678 bzw §§ 992, 823 Abs 1, 848 für Zufall. Hat er die Sache schuldlos für verloren gehalten, so haftet er für schuldhafte Beschädigungen oder einen verschuldeten Verlust der Sache aus dem Gesichtspunkt des Fremdbesitzerexzesses (vgl STAUDINGER/GURSKY [1999] Vorbem 28 f zu §§ 987 ff). Daß keine Anzeigepflicht besteht, muß hingenommen werden, weil selbst der bösgläubige unrechtmäßige Besitzer einer fremden Sache grundsätzlich nicht die Verpflichtung hat, den ihm bekannten Eigentümer vom Verbleib der Sache zu unterrichten (s STAUDINGER/GURSKY [1999] § 990 Rn 91). Im übrigen bleibt die Strafdrohung, da aus dem Verheimlichen des angeblichen Fundes uU auf eine Unterschlagung der Sache geschlossen werden kann. – Als Objekt des Fundes kommen auch besitzlose *Wertpapiere* in Betracht (ganz hM, vgl WOLFF/RAISER § 82 VI; WIELING I § 11 V 3 b; PLANCK/BRODMANN § 971 Anm 2 c; aA WILHELM Rn 1037 Fn 907). Die Möglichkeit der Kraftloserklärung von Wertpapieren ist nun einmal ein ausreichender Ersatz für die Interessenwahrnehmung durch den Finder. § 973 paßt allerdings bei Wertpapieren nicht (s § 973 Rn 5).

2 a)   Ob **Besitzverlust** eingetreten ist, bestimmt sich nach § 856, vgl die Bem dort. Eine ihrer Natur nach vorübergehende Lockerung der tatsächlichen Gewalt (wie zB ein Verlegen der Sache durch den Besitzer innerhalb der eigenen Wohnung) stellt gemäß § 856 Abs 2 noch keinen Besitzverlust dar. Die Dauer des Besitzverlustes selbst ist jedoch für § 965 irrelevant (MünchKomm/QUACK Rn 7; ERMAN/EBBING Rn 4). Die häufig zu findende Formulierung, eine Sache sei nicht verloren, solange dem (bisherigen) Besitzer der Ort des Verlustes bekannt und ihm die Möglichkeit einer (nicht rein zufälligen) Wiedererlangung nicht abgeschnitten sei (so zB SOERGEL/MÜHL12 Rn 3 im Anschluß an RGSt 38, 444; SOERGEL/HENSSLER Rn 5), ist ungenau. In dem Fall RGSt 38, 444 etwa, in dem ein Gegenstand in einem Eisenbahnwagen liegengelassen worden war und der Eigentümer den Verlust sofort nach der Weiterfahrt des Zuges bemerkt und alsbald dem Zugpersonal durch bahnamtliches Telegramm mitgeteilt hatte, war entgegen der Auffassung des RG Besitzverlust anzunehmen (so auch H WESTERMANN5 § 59 I 2; BAMBERGER/ROTH/KINDL Rn 4; abw STAUDINGER/BERG11 Rn 2; AnwK-BGB/HOEREN Rn 7; WIELING I § 11 V 1 a cc Fn 35). Denn nach Lage der Dinge war die Sache hier zunächst einmal doch jedermanns Zugriff preisgegeben, der Erfolg des Sicherungsversuchs sehr zweifelhaft.

3 b)   **Einzelfälle**: Nicht unter § 965 fällt die Perle, die der in einer Gastwirtschaft Austern verzehrende Gast „findet", denn diese ist weder besitz- noch herrenlos, sondern dem Gast als Bestandteil der Auster mit dieser übereignet (vgl § 956 Rn 5). Ein Geldschein, der von Angestellten eines Lumpenhändlers beim Sortieren der Lumpen entdeckt wird, kann von ihnen schon deshalb nicht im Rechtssinne gefunden werden, weil er sich bereits im Besitz des Händlers befindet (BGB-RGRK/JOHANNSSEN11 Anm 4; aM OLG Breslau OLGE 41, 158 [m abl Anm der Redaktion]), so daß es auf die unter Rn 10 behandelte Problematik gar nicht ankommt (offen gelassen in AG Berlin EzA § 965 Nr 1 S 4). Nicht verloren ist regelmäßig auch die vom Dieb *vergrabene* Beute, weil an ihr der Besitz des Diebes fortbesteht. (Dieser kann natürlich durch spätere Ereignisse entfallen.) Der heimliche Beobachter, der die Sache ausgräbt, ist deshalb nicht Finder iSv § 965 (OLG Hamburg OLGE 6, 117; RGSt 53, 175; WOLFF/RAISER § 82 Fn 2). Die versteckte Sache wird zur verlorenen, wenn derjenige, der sie versteckt hat, den Aufbewahrungsort vergißt (BGB-RGRK/PIKART Rn 3; SOERGEL/HENSSLER Rn 5; einschränkend WIELING I § 11 V 1 a bb bei Fn 20) oder wenn er verstirbt, ohne die Information über das Versteck weitergegeben zu haben (SOERGEL/MÜHL[12] Rn 3; abw SOERGEL/HENSSLER Rn 5 und OLG Hamburg MDR 1982, 409 unter Berufung auf § 857; s auch STAUDINGER/BUND [2000] § 857 Rn 12). Wenn im Boden eines Waldes Schmuckstücke und Münzen entdeckt werden, die dort – nach den Umständen, insbesondere den Prägedaten der Münzen – wohl vor etwa 30 Jahren vergraben worden sind, so darf davon ausgegangen werden, daß diese Sachen mittlerweile besitzlos geworden sind (**aA** OLG Hamburg MDR 1982, 409). Es ist schwerlich ein vernünftiger Grund dafür denkbar, solche Sachen so lange im Versteck zu belassen. Problematisch ist, ob versteckte Sachen auch dann besitzlos werden, wenn derjenige, der sie versteckt hat, langfristig an ihrer Wiedererlangung gehindert ist (zB wegen einer Freiheitsstrafe). Auch hier dürfte wohl Besitzlosigkeit anzunehmen sein (so jetzt auch BAMBERGER/ROTH/ KINDL Rn 4; nach PALANDT/BASSENGE Vorbem 1 besteht Besitz an versteckten Sachen [nur?] fort, wenn deren Lage bekannt und jederzeitige Wiedererlangung möglich ist). Wenn jemand *bemerkt*, wie einem anderen eine Sache entfällt, und er ihn nicht auf den Verlust aufmerksam macht, obwohl er dies könnte, so ist die Sache nach verbreiteter Ansicht (STAUDINGER/BERG[11] Rn 5; BGB-RGRK/PIKART Rn 4; PLANCK/BRODMANN Anm 1 b; SOERGEL/MÜHL Rn 4; JOSEF ArchBürgR 20, 45; abw WIELING I § 11 V 1 b aa) zumindest für den Beobachter deshalb keine verlorene, weil die tatsächliche Gewalt des bisherigen Besitzers nur durch Mitwirken des „Finders" beendet worden sei. Das ist jedoch problematisch. Eine zwischenzeitliche Besitzlosigkeit der Sache wird man, wenn der Beobachter mit der Ansichnahme zuwartet, kaum leugnen können, und auf die Art und Weise des Besitzverlustes kommt es für das Tatbestandsmerkmal „verloren" ja grundsätzlich nicht an. Es dürfte auch genügen, die Finderrechte nach §§ 971 Abs 2, 973 Abs 2 S 2 a fortiori entfallen zu lassen. Legt jemand *absichtlich* eine Sache auf die Straße, damit eventuell ein anderer sie finde und an den an der Sache bezeichneten Bestimmungsort bringe (so OLG Hamburg OLGE 8, 112: Briefumschlag mit Geld, adressiert an die Finanzbehörde mit dem Zusatz „Steuerhinterziehung"), so muß diese als verloren behandelt werden (so mit Recht WOLFF/RAISER § 82 Fn 10; abw STAUDINGER/BERG[11] u SOERGEL/HENSSLER Rn 10). Wenn ein gestohlenes Kraftfahrzeug vom Dieb auf einem öffentlichen Parkplatz abgestellt worden ist und dort vor seiner Entdeckung 12 Tage unbenutzt gestanden hat, spricht eine tatsächliche Vermutung für eine Besitzaufgabe durch den Dieb (AG Hamburg NJW 1993, 2627). An Geldscheinen, die in betätigten Geldausgabeautomaten versehentlich zurückgelassen werden soll Besitz des den Automaten betreibenden Kreditinstituts fortbestehen (EDENFELD JA 1995, 557, 559; zweifelhaft).

c)   Die §§ 965 ff verlangen, daß die Sache *objektiv* verloren ist. Daß der Finder   **4** einer objektiv nicht besitzlosen Sache diese ohne Verschulden für besitzlos hält, genügt also nicht (HAASE 6; SILBERSCHMIDT SeuffBl 69, 337; WOLFF/RAISER § 82 II; GOTTWALD JuS 1979, 247, 248). Die Frage, ob der Eigentümer der Sache noch zu ermitteln ist, kann für den Begriff der verlorenen Sache nicht von Bedeutung sein (PLANCK/BRODMANN Anm 1 a; abw 9. Aufl Anm 1 e). Auf der anderen Seite ist nicht erforderlich, daß die Besitzlosigkeit ohne weiteres erkennbar ist. Auch das nur für eine einzelne Fahrt gestohlene und nach deren Beendigung vom Dieb auf einem öffentlichen Parkplatz oder am Straßenrand stehengelassene Kraftfahrzeug ist eine verlorene Sache (OLG Hamm NJW 1979, 725 f; LG Aachen MDR 1990, 245; GOTTWALD aaO; MünchKomm/QUACK Rn 10). Ebensowenig ist erforderlich, daß der Finder die Sache bei der Inbesitznahme für eine verlorene hielt (SOERGEL/HENSSLER Rn 13; s unten Rn 13).

5 d)   Nicht anwendbar sind die §§ 965 ff auf jene besitzlosen Sachen, die durch das Besitzloswerden zugleich *herrenlos* geworden sind, vgl §§ 959, 960 Abs 2, 3 mit Erl. Auf diese kommen die Vorschriften über die Aneignung (§ 958) zur Anwendung. WILHELM will allerdings die Anwendung des Fundrechts auch auf herrenlose Sachen ausdehnen, an denen ein beschränktes dingliches Recht oder ein Aneignungsrecht besteht bzw die bei der Eigentumsaufgabe einem Mieter „verlorengegangen" sind (Rn 1043). Die Fundvorschriften sind hier jedoch unpassend; ein solcher „Finder" führt ja wegen der jederzeitigen Aneignungsmöglichkeit ein potentiell eigenes Geschäft. – Eine *besondere Regelung* ist getroffen für jene Sachen, die in den Geschäftsräumen oder Beförderungsmitteln einer öffentlichen Behörde oder einer dem öffentlichen Verkehr dienenden Verkehrsanstalt gefunden werden (s § 978).

6 e)   Auch Sachen, die man in **Privaträumen**, also zB in einer Wohnung, einem Hause, einem Kaufladen, einem Gasthause verliert, können grundsätzlich Gegenstand eines Fundes im Sinne der §§ 965 ff sein. Die Motive (III 387) stellen zwar die Fundorte des § 978 den „Privatgebäuden und Privaträumen" gegenüber, „wo die dort befindlichen Sachen bereits einer gewissen Detention unterstehen und nicht im eigentlichen Sinne gefunden werden können". Allein diese Auffassung der Motive ist offensichtlich durch die von der späteren Gesetzesfassung noch stark abweichenden Besitzlehre des E I beeinflußt und kann schon deshalb für die Auslegung nicht maßgeblich sein. – Im einzelnen ist hier folgendes zu sagen: Sachen, die ich selbst innerhalb meiner abgeschlossenen Wohnung oder meines Ladens usw „verliere" (im Sprachgebrauch des täglichen Lebens) und trotz Suchens nicht wiederfinde, können rechtlich zunächst nicht als verloren gelten, solange diese sich in meinem Machtbereich befinden und deshalb durch die „Obhut des Besitztums mitgedeckt" werden (ENDEMANN § 87 Fn 3; EICHLER II 1, 56). Auch insoweit greift der Gedanke des § 856 Abs 2 ein. Jedoch gilt dies nur für den Normalfall. Wenn die Lage der Sache eine solche ist, daß sie trotz ihrer Beziehung zu den beherrschten Räumen dem Gesichtskreis und der Einflußmöglichkeit des Wohnungsinhabers entzogen ist, mit ihrer Wiederentdeckung also nicht mehr zu rechnen ist, muß sie als „verloren" iSv § 965 gelten (OLG Hamburg OLGE 14, 81, 83; H WESTERMANN[5] § 59 I 2; SOERGEL/HENSSLER Rn 6; MünchKomm/QUACK Rn 6; SCHWAB/PRÜTTING Rn 495; MITTENZWEI MDR 1987, 883; vgl auch BGB-RGRK/PIKART Rn 3): So etwa ein Ring, der derart in eine Dielenritze fällt, daß er erst beim Aufreißen der Diele entdeckt werden kann (WOLFF/RAISER § 82 Fn 2; MünchKomm/QUACK Rn 6; BAMBERGER/ROTH/KINDL Rn 4; **aA** PLANCK/BRODMANN Anm 1 a α; WIELING I § 11 V 1 a bb; LINS 41). Insofern ist das Rechtssprichwort „Das Haus verliert nichts" nur bedingt richtig (zum Problemkreis vgl EICHLER II 1, 56; SCHÄFER SeuffBl 68, 1 ff; SILBERSCHMIDT SeuffBl 68, 109 ff; ders SeuffBl 69, 337 ff; BRÜCKMANN ArchBürgR 23, 322 ff; SCHNEICKERT HirthsAnn 1904, 229). Nach OLG Hamburg OLGE 14, 81, 83 soll auch eine Banknote, die irrtümlich in den Papierkorb geraten ist, entsprechend zu behandeln sein, es sei denn, daß der Verlust rechtzeitig bemerkt und nach der Banknote gesucht würde oder daß die Gepflogenheit bestünde, den Inhalt der Papierkörbe vor seiner Weggabe einer Durchmusterung zu unterziehen (zust STAUDINGER/

GURSKY[12] Rn 6; SOERGEL/HENSSLER Rn 6; abl BGB-RGRK/PIKART Rn 4; WIELING I § 11 V 1 a bb bei Fn 26). Das dürfte jedoch zu weit gehen: Der Inhalt des Papierkorbs ist der Herrschaft des Eigentümers noch nicht entzogen; es besteht immer noch die Möglichkeit, daß der nicht in den Papierkorb gehörende Gegenstand bei dessen Entleerung in die Mülltonne entdeckt wird. Die bloße Dauer der Unauffindbarkeit der verlegten Sache ist für die Abgrenzung nicht entscheidend. Besitzverlust iSv § 965 tritt jedenfalls dann ein, wenn der die verlegte Sache mitdeckende Machtbereich entfällt, etwa durch Auszug. Sachen, die ein Mieter im Hausflur eines Mehrparteienmiethauses „verliert", werden regelmäßig besitzlos. Wenn man Sachen in *fremden Privaträumen* unbeabsichtigt liegen läßt, so bedeutet dies nach der Verkehrsanschauung jedenfalls dann noch keinen Besitzverlust, wenn man es alsbald bemerkt und die Sache unverzüglich abholt (PLANCK/BRODMANN Anm 1 a τ; EICHLER II 1, 57; E WOLF § 4 B III a S 188). Entdeckt der Wohnungsinhaber die liegengebliebene Sache in der Zwischenzeit und nimmt sie an sich, so liegt ein Fall normaler GoA, kein Sachfund iSv § 965 vor (so mit Recht PLANCK aaO; EICHLER aaO). Holt dagegen der bisherige Besitzer seine in der fremden Wohnung vergessene und vom Wohnungsinhaber noch nicht entdeckte Sache nicht alsbald ab, so endet sein Besitz. Nach verbreiteter Auffassung (zB SOERGEL/HENSSLER Rn 8; ERMAN/HEFERMEHL[10] Rn 2; BAMBERGER/ROTH/KINDL Rn 4; ROSENBERG § 854 Anm I 2 S 26 f; WIELING I § 11 V a bb; SCHÄFER SeuffBl 68, 2; ROSENBERG § 867 Anm IV 1 c) wird die Sache dadurch jedoch nicht besitzlos und damit zu einer verlorenen, sondern der Besitz geht automatisch auf den Wohnungsinhaber über (ablehnend: WOLFF/RAISER § 82 Fn 2; PLANCK/BRODMANN Anm 1 a τ; FRANCKE HirthsAnn 1903, 310 f). Das ist für den Regelfall zutreffend, da man einen generellen Besitzbegründungswillen (s STAUDINGER/BUND [2000] Rn 18) des Wohnungsinhabers hinsichtlich der von seinen Besuchern vergessenen Sachen unterstellen darf. Damit sind hier wiederum, wenn der Wohnungsinhaber die liegengebliebene Sache „findet", an Stelle der §§ 965 ff die GoA-Normen anwendbar (WIELING aaO). Die damit implizierte Versagung eines Finderlohns ist angesichts der Geringfügigkeit der vom Wohnungsinhaber aufzuwendenden Mühe und des Fehlens einer auch nur vorübergehenden Schutzlosigkeit der Sache rechtspolitisch sinnvoll (vgl dazu KRUSCH 305).

Etwas anderes gilt jedoch, wenn die Sache nicht in einer Privatwohnung, sondern in 7 einem (nicht bereits unter § 978 fallenden) *dem Publikumsverkehr geöffneten Raum* liegenbleibt (Bsp aus der Rspr: Hoteltoilette, RGZ 108, 259 = JW 1925, 784 m abl Anm HEDEMANN; Geschäftsräume einer Bank, OLG Hamburg BankArch 6, 12; Lichtspieltheater, BGHZ 8, 130 = LM § 965 BGB Nr 1 m Anm ASCHER). Auch wenn hier der Besitzbegründungswille des Besitzers der Räumlichkeit offenkundig ist – dieser hat etwa seine Angestellten ausdrücklich beauftragt, auf verlorene Gegenstände zu achten und sie bei ihm abzuliefern – fehlt ihm jedenfalls bis zur Auffindung der verlorenen Sache die objektive Herrschaftsmöglichkeit über die dem Zugriff einer unbestimmten Vielzahl von Personen preisgegebene Sache (vgl STRAUSS 26; WIELING I § 11 V 1 a bb m Fn 32; BIERMANN Anm 1). Zumindest kleinere Sachen, die ein Kunde oder Besucher in einem Geschäftslokal, Warenhaus, Privattheater oder in einem sonstigen für den Publikumsverkehr geöffneten Raum versehentlich liegenläßt oder die ihm dort entfallen, dürften in aller Regel besitzlos und damit findbar werden (H WESTERMANN/GURSKY § 59 I 2; abw aber AnwK-BGB/HOEREN Rn 8). Ein Geldschein, der in einem Selbstbedienungsgroßmarkt deutlich sichtbar unter einem Verkaufsregal zwischen den dort ausgestellten Waren liegt und der dort von einem Kunden entdeckt wird, war damit in diesem Augenblick besitzlos und damit ein mögliches Fundobjekt. Demgegenüber

hat der BGH in der Entscheidung BGHZ 101, 186 = JZ 1988, 357 mit abl Anm
ERNST angenommen, der Geldschein habe sich schon vor seiner Entdeckung durch
den Kläger im unmittelbaren Besitz des beklagten Großmarktunternehmens befunden. Die tatsächliche Herrschaftsgewalt des Großmarktbetreibers erstrecke sich
nach der insoweit primär maßgeblichen Verkehrsanschauung grundsätzlich auf alle
in den Geschäftsräumen befindlichen Gegenstände, an denen nicht anderweitiger
Besitz bestehe. Das müsse auch für dort verlorene (und noch nicht entdeckte)
Sachen gelten, jedenfalls wenn diese deutlich sichtbar zwischen den ausgestellten
Waren lägen (BGHZ 101, 186, 188 f). Die Öffentlichkeit des Raumes für Publikumsverkehr ändere daran nichts (BGHZ 101, 186, 189). Diese Entscheidung stellt allzu
geringe Anforderungen an die tatsächliche Sachherrschaft (GURSKY JZ 1991, 496, 497;
abl auch WIELING I § 11 V 1 b S 488 Fn 32; BAMBERGER/ROTH/KINDL Rn 4; ERNST JZ 1988, 359;
DUBISCHAR JuS 1989, 703, 705; WILHELM Rn 433 ff, 437, 1058; GERHARDT I 141 f; EDENFELD JR
2001, 485, 486; zust aber SOERGEL/MÜHL[12] § 965 Rn 4 Fn 27; SOERGEL/HENSSLER Rn 8; M WOLF
Rn 171; im Ansatz auch MORITZ WuB IV A § 965 BGB 1.87 [der aber die Regeln über den
Verkehrsfund entsprechend anwenden will]). Die Chance des Großmarktunternehmens,
die tatsächliche Gewalt über das verlorene Geld auszuüben, war zunächst doch nur
eine ganz vage, da die Entdeckung des Scheins durch einen Kunden von vornherein
wahrscheinlicher war als seine Sicherstellung durch einen Angestellten und da der
jeweilige Entdecker den Schein wohl auch ohne nennenswerte Risiken hätte ein-
stecken und mitnehmen können (s näher GURSKY JZ 1991, 496, 497). Mißlich sind aber
auch die spezifisch fundrechtlichen Konsequenzen der Entscheidung: Wenn man
einen automatischen Besitzerwerb des Großmarktunternehmens an den in seinen
Geschäftsräumen „verlorenen" Sachen bejaht, dann werden diese zu keinem Zeitpunkt besitzlos und können damit im Rechtssinne auch gar nicht gefunden werden.
Damit nimmt man aber einem Besucher des Großmarktes, der die einem anderen
Kunden des Unternehmers entfallene Sache erblickt, jeden Anreiz, bei der Sicherstellung der Sache mitzuwirken (so mit Recht ERNST JZ 1988, 359, 361). Im Ergebnis zu
Recht hat deshalb das RG aaO den zwischenzeitlichen Besitzerwerb des Gastwirts
an dem von einer unbekannten Besucherin in einer Ecke der Hoteltoilette verlorenen und nicht von der mit der Suche nach verlorenen Gegenständen beauftragten
Raumpflegerin, sondern offenbar erst einige Tage später von einer anderen Besucherin gefundenen Schmuckstück verneint (so auch KEGEL, in: FS vCaemmerer 149, 160 f).
Aus dem gleichen Grunde war auch die in BGHZ 8, 130 offengelassene Frage, ob
der Inhaber des Kinos an den von Besuchern vergessenen Sachen bereits vor ihrer
Entdeckung durch seine Angestellten Besitz erlangt hatte, zu verneinen. (Bei Beja-
hung der Frage wären diese Sachen nicht verloren iSv § 965, so mit Recht ERMAN/EBBING Rn 5).
Schließlich ist noch der Fall denkbar, daß jemand in einer fremden Wohnung eine
Sache verliert (zB den Stein aus einem Ring), der Verlust auch entdeckt wird, die
Suche jedoch zunächst erfolglos bleibt. Hier ist anzunehmen, daß der Wohnungsinhaber an der irgendwo in der „deckenden Obhut seines Besitztums" befindlichen
Sache, mit deren Wiederauffindung durchaus noch zu rechnen ist, Besitz erlangt.
Aber nach einem modicum tempus, das dem richterlichen Ermessen im Einzelfall
untersteht, wird die Sache dann doch zur verlorenen. – Für den Fund im Betrieb
gelten nach alledem (entgegen ROTH BB 1965, 247 ff und DERDAY 137 ff) keine Besonderheiten (s auch § 978 Rn 6). Das allgemeine Fundrecht greift ein, wenn die in Rede
stehende Sache wirklich besitzlos geworden und damit zur im technischen Sinne
verlorenen geworden ist. Das aber hängt primär von den räumlichen Gegebenheiten
und der Anzahl der anwesenden Personen ab. Gegenstände, die Betriebsangehöri-

gen oder Besuchern (Kunden, Transportpersonal von Lieferfirmen usw) auf den Werkstraßen oder in den Fabrikhallen eines Großunternehmens entfallen, werden automatisch besitzlos (ähnlich SOERGEL/HEFERMEHL Rn 8; MÜLLER Rn 3097); die Brieftasche, die ein Geschäftspartner im Büro des Firmenchefs vergißt, wird es nicht (ROTHER 247 f). Vgl auch unten Rn 10 f und § 978 Rn 6 (Ablieferung beim firmeneigenen Fundbüro). Eine Zwischenstellung haben die Fälle, daß im Hotelzimmer etwas vergessen wird. Entdeckt schon das Zimmermädchen beim ersten Wiederherrichten des Zimmers nach der Abreise des Gastes die vergessene Sache, so war diese natürlich noch nicht besitzlos geworden. Anders könnte aber zu entscheiden sein, wenn es sich um ein Schmuckstück handelt, das in der hintersten Ecke des obersten Schrankfaches liegt und das deshalb erst nach Monaten entdeckt wird. Die Abgrenzung macht naturgemäß Schwierigkeiten.

2.   **Finder** im Sinne des Gesetzes ist derjenige, der eine verlorene Sache *„findet* **8** *und an sich nimmt"*. Diese Formulierung des Gesetzes ist insoweit irreführend, als sie auf einen Doppeltatbestand hindeutet. In Wirklichkeit ist allein das Moment des „Ansichnehmens" entscheidend, durch das der schutzlose Zustand der Sache beendet wird. Das erste Moment – das Finden – ist überflüssig und könnte ersatzlos gestrichen werden (WOLFF/RAISER § 82 II; KRUSCH AcP 148 [1943] 282, 289). Es bedeutet hier nämlich nur „sinnlich wahrnehmen", nicht etwa – wie es der allgemeine Sprachgebrauch nahelegen würde – „als erster sinnlich wahrnehmen". Und ohne vorherige Wahrnehmung kann natürlich ohnehin niemand eine Sache an sich nehmen. Wenn A eine verlorene Sache an sich nimmt, die B zuerst entdeckt und ihm gezeigt hat, so ist nur A der Finder der Sache (BGHZ 8, 130, 133; WOLFF/RAISER aaO; WIELING I § 11 V 1 b; BAUR/STÜRNER § 53 Rn 79; EICHLER II 1, 58; H WESTERMANN⁵ § 59 I 3; SCHWAB/PRÜTTING Rn 496; SOERGEL/HENSSLER Rn 11; SCHREIBER Jura 1990, 446, 447; LINS 58 f; EDENFELD JR 2001, 485, 487; SIEDLER, Zurechnung von Realakten im Gesetz [1999] 186 ff; **aA** [und untereinander unterschiedlich] GOLDMANN/LILIENTHAL I 2 § 24 Fn 5; LASALLY JR 1927, 347, 349; GROTZ 56 ff.; KEGEL, in: FS vCaemmerer 149, 169; WILHELM Rn 1048). Allerdings kann hier A dem B, wenn dieser die Sache selber an sich nehmen wollte, nach § 826 oder § 823 Abs 2 (iVm § 240 StGB), nicht aber nach § 687 Abs 2 (so HECK § 65, 1) schadensersatzpflichtig sein (MITTENZWEI MDR 87, 883, 884). Der Schadensersatz kann dabei (entgegen WIELING I § 11 V 1 b und PLANCK/BRODMANN Anm 1 b) auch den entgangenen Finderlohn bzw Eigentumserwerb umfassen. Daß der Geschädigte insoweit noch keine gesicherte Erwerbsaussicht hatte, spielt keine Rolle; im Rahmen der haftungsausfüllenden Kausalität kommt es allein auf die voraussichtliche Entwicklung bei pflichtgemäßem Verhalten an. – Praktisch ohne Bedeutung ist, ob man aus dem Begriff „findet" wenigstens noch das subjektive Merkmal herausliest, daß der Entdecker die Besitzlosigkeit erkennt (so MünchKomm/QUACK Rn 13; DUBISCHAR JuS 1989, 703, 705).

a)   Das sonach entscheidende Tatbestandsmerkmal **„Ansichnehmen"** bedeutet die **9** Erlangung der tatsächlichen Gewalt, also des unmittelbaren Besitzes (BGHZ 8, 130, 133), allerdings nur in der speziellen Form der körperlichen Ergreifung, nicht etwa im Sinne des weitgespannten Besitzbegriffs des § 854 (so auch EICHLER aaO; GOLDMANN/ LILIENTHAL § 24 Fn 4). Es genügt also nicht, wenn ich eine auf meinem Grundstück wahrgenommene verlorene Sache einstweilen liegen lasse (iE auch LINS 60). Ohne einen Apprehensionsakt, der die Sache dem allgemeinen Zugriff entzieht, fehlt es hier regelmäßig schon am Besitzerwerb. Als „Ansichnehmen" kann aber auch schon die bewußte Duldung eines zugelaufenen Tieres zu werten sein (**aA** wohl SOERGEL/

Mühl[12] Rn 3). Schließlich wird man uU auch eine nicht mit der Besitzergreifung verbundene Art der Sicherstellung der verlorenen Sache für § 965 genügen lassen müssen: So jedenfalls dann, wenn es sich um schwer transportable Sachen handelt und ein wirkliches Ansichnehmen nach der Natur der Sache oder unter den gegebenen Umständen nicht möglich oder tunlich ist. Zu Recht hat deshalb das OLG Hamm in NJW 1979, 725, 726 es für die Anwendbarkeit der Fundvorschriften genügen lassen, daß der Entdecker eines gestohlenen und vom Dieb stehengelassenen Autobusses die Polizei benachrichtigte und damit dafür sorgte, daß dieser Bus bis zur Abholung durch den Eigentümer bewacht wurde (ähnlich LG Aachen MDR 1990, 245; LG Hannover VersR 1996, 577 = NJW-RR 1996, 1178, 1179; zust Gottwald JuS 1979, 247, 248; Schneider JurBüro 1979, 1129, 1130; AnwK-BGB/Hoeren Rn 10). Wer eine verlorene Sache nur zur Besichtigung aufnimmt und sofort wieder hinlegt, ist nicht Finder und begeht deshalb auch keine Pflichtverletzung (vgl Prot III 258; Wolff/Raiser § 82 II m Fn 6; Planck/Brodmann Anm 1 b; BGB-RGRK/Pikart Rn 1; Deneke-Stoll, in: Erlanger FS KH Schwab 43, 49; Lins Rn 61 f), denn ein solches vorläufiges In-die-Hand-Nehmen ist noch keine Besitzergreifung (Staudinger/Seufert[11] § 854 Rn 2); es fehlt dann am Beherrschungswillen (Wieling I § 11 V 1 b aa; AnwK-BGB/Hoeren Rn 10), nach anderer Ansicht an der erforderlichen Dauer der Sachherrschaft (MünchKomm/Quack Rn 14; Wolff/Raiser aaO; Lins 62). Gleichzeitige Besitzergreifung durch *mehrere* Personen macht diese zu Mitfindern; sie sind dann bzgl der Finderpflichten Gesamtschuldner, erwerben die Eigentumsanwartschaft und den Anspruch auf Finderlohn zu Bruchteilen nach Köpfen, und jeder kann im Rahmen des § 970 für seine eigenen Aufwendungen Ersatz verlangen (Wolff/Raiser § 82 II; H Westermann[5] § 59 I 3; Wieling I § 11 V 1 b Fn 42).

10 b) Die Besitzergreifung kann anerkanntermaßen auch durch *Besitzdiener* (§ 855) erfolgen (Wilhelm Rn 1052 Fn 927; abw nur Lasally JR 1927, 348). Der Besitzherr und nicht der Besitzdiener ist also Finder, wenn der letztere eine verlorene Sache bemerkt und den unmittelbaren Besitz für den Besitzherrn begründet. Eine Platzanweiserin, die vertraglich verpflichtet ist, den Theaterraum auf verlorene Gegenstände zu durchsuchen und Fundsachen bei der Geschäftsleitung abzugeben, erwirbt den Besitz an der Fundsache nicht für sich selbst, sondern als Besitzdienerin für ihren Arbeitgeber (BGHZ 8, 130 = NJW 1953, 419). Wenn es (etwa kraft einer vom Direktionsrecht des Arbeitgebers gedeckten Weisung) zu den Dienstpflichten des Angestellten gehört, die in den seiner Wartung unterstellten Räumen verlorenen Sachen aufzunehmen und bei seinem Arbeitgeber abzuliefern, so hindert der interne (nicht geäußerte) Wille des Angestellten, die Finderrechte für sich selbst und nicht für den Arbeitgeber zu erwerben, den für § 965 erforderlichen Besitzerwerb des Arbeitgebers nicht (BGHZ 8, 130, 133 gegen OLG Breslau Recht 1910 Nr 916 und OLGE 41, 158, 159 f [dazu oben Rn 3]). Die Erklärung des Angestellten bei der Ablieferung, er behalte sich die Finderrechte vor, ist irrelevant (BGH aaO), da sie erst nach der Besitzergreifung für den Arbeitgeber erfolgt (Hoche JuS 1961, 74). S auch Ernst, Eigenbesitz und Mobiliarerwerb (1992) 217 (abw Begründung); Enders, Der Besitzdiener – ein Typusbegriff (1992) 82 f. Der Wille, für den Prinzipal zu erwerben, wird zunächst einmal vermutet (Wieling I § 4 IV 1 b S 161). Wenn eine Hotelangestellte die in einem Hotelzimmer entdeckte verlorene Sache nicht bei ihrem Arbeitgeber, sondern bei der Fundbehörde abliefert (wie im Falle OLG Breslau Recht 1910 Nr 916), so läßt dies noch nicht den Schluß zu, daß sie die entsprechende Absicht, die Finderrechte für sich selbst zu erwerben, bereits im Augenblick der Besitzergreifung kundgetan hat. Dieser Umstand ändert also nichts daran, daß sie Besitz und Finderrechte für den Arbeitgeber erworben hat (aA ERNST 218; KRÜGER, Erwerbszurechnung kraft Status [1979] 125 und OLG Breslau aaO, wo dem Kellner die Finderstellung zugesprochen wird, sofern er nicht den Willen, für den Wirt zu handeln, deutlich gemacht hat; ähnlich auch DENEKE-STOLL 43, 56). Vgl auch Arbeitsgericht Berlin EzA § 965 BGB Nr 1. Wenn der Besitzdiener dagegen von vornherein seinen Willen, nicht für den Arbeitgeber zu handeln, äußerlich erkennbar betätigt, wird er zwar selbst Finder (HOCHE aaO), macht sich aber gegenüber dem Arbeitgeber (aus pFV) schadensersatzpflichtig.

All dies gilt aber nur, wenn die Sicherstellung etwaiger verlorener Sachen über **11** haupt zu den Dienstpflichten des Besitzdieners gehört (WIELING I § 11 V 1 b aa; J vGIERKE § 38 I 1; EDENFELD JR 2001, 485, 487; SIEDLER, Zurechnung von Realakten im Bürgerlichen Recht [1999] 192; Derdag 150; GOTTWALD JuS 1979, 247, 249). Wenn das nicht der Fall ist, können Arbeitnehmer auch auf dem Betriebsgrundstück des Arbeitgebers verlorene Sachen durchaus für sich selbst finden (zB: Ein Fabrikarbeiter findet auf dem betriebseigenen Parkplatz die Brieftasche eines Kunden des Unternehmens). Ebenso, wenn ein Bürobote auf einem seiner Botengänge einen verlorenen Wertgegenstand auf der Straße entdeckt und an sich nimmt (DENEKE-STOLL 43, 53). Entdeckung und Inbesitznahme der verlorenen Sachen erfolgen dann nicht im Rahmen, sondern nur bei Gelegenheit der weisungsgebundenen Tätigkeit des Arbeitnehmers. Ein nur zeitweise beschäftigter Aushilfsfahrer, der in seiner Freizeit zufällig auf einem öffentlichen Parkplatz einen gestohlenen Bus seines Arbeitgebers entdeckt und diesen sicherstellen läßt, handelt dabei außerhalb seiner Dienstpflichten; er findet also für sich selbst (OLG Hamm NJW 1979, 725, 726; GOTTWALD JuS 1979, 247, 249, SOERGEL/ MÜHL Rn 2; ERNST, Eigenbesitz und Mobiliarerwerb [1992] 215 f; EDENFELD JR 2001, 485, 486 f). Ob der Besitzdiener zur Inbesitznahme verlorener Gegenstände für den Arbeitgeber verpflichtet ist oder nicht, ist eine Frage der Auslegung des Arbeitsvertrages und der ihm im Rahmen des Direktionsrechtes des Arbeitgebers erteilten Weisungen (vgl dazu ENDERS 84). Für die Auslegung des Vertrages ist insoweit die Verkehrssitte von überragender Bedeutung. Ob einem Zimmermädchen oder Kellner explizit die Anweisung erteilt werden muß, von Gästen liegengelassen Sachen beim Wirt abzuliefern (vgl SCHNEIDER, Zivilrechtliche Klausuren und Hausarbeiten² [1963] 82 und OLG Dresden SächsArch 14, 353), erscheint zweifelhaft. Eine Ablieferungspflicht des Kellners bejahen SCHÄFER, SeuffBl 68, 5; DERDAY 150. Ein Oberkellner der deutschen Schlaf- und Speisewagengesellschaft (oder eines Nachfolgeunternehmens), der eine von einem Gast im Speisewagen vergessene Sache an sich nimmt, begründet als Besitzdiener Besitz seines Arbeitgebers (LG Frankenthal NJW 1956, 573, 574 [wo allerdings eine explizite Weisung im Hinblick auf Fundgegenstände erteilt worden war]). Die angestellten Aushilfskräfte eines Entrümpelungsunternehmers dürften auch ohne ausdrücklichen Hinweis dazu verpflichtet sein, unter dem abzutransportierenden Kellerinhalt entdeckte Wertsachen an ihren Arbeitgeber abzuliefern (Arbeitsgericht Berlin EZA § 965 BGB Nr 1 S 4 f). Entsprechendes dürfte für die Konstellation von OLG Breslau OLGE 41, 158 (Entdeckung einer Geldnote durch Angestellte einer Altpapiersortieranstalt) gegolten haben. – Was für Besitzdiener ausgeführt ist, gilt auch für besitzdienerähnliche Hilfspersonen. Wenn eine älterer Passant (A) eine Sache entdeckt, die an einer für ihn schwer erreichbaren Stelle liegt und deshalb einen sportlicheren anderen Passanten B um Hilfe bittet, hat B, wenn er der Bitte entspricht, in der Tat eine besitzdienerähnliche Position (vgl STAUDINGER/BUND [2000] § 855 Rn 6 zum Besitzdiener kraft Gefälligkeitsverhältnisses; aA SIEDLER, Zurechnung von Realakten im

Bürgerlichen Recht [1999] 193: Besitzmittler). Unter diesen Umständen kann nur A als Geschäftsherr der Finder iS von § 965 sein (vgl WESTERMANN[5] § 59 I 3; DENEKE-STOLL, in: Erlanger FS KH SCHWAB 43, 54; GOTTWALD JuS 1979, 247, 249).

12 Die Erlangung *mittelbaren* Besitzes dürfte für das Tatbestandsmerkmal „Ansichnehmen" ausreichen (H WESTERMANN/GURSKY § 59 I 3; MünchKomm/QUACK Rn 14; SOERGEL/ HEFERMEHL Rn 11; ERMAN/EBBING Rn 7; WIELING § 11 V 1 b aa; DENEKE-STOLL, in: Erlanger FS KH SCHWAB 43, 50, 53 ff; **aA** STAUDINGER/GURSKY[12] Rn 10; BGB-RGRK/PIKART Rn 9). Es macht von der Interessenlage her keinen Unterschied, ob der Entdecker der verlorenen Sache den Apprehensionsakt selbst vollziehen kann, oder aber wegen deren Sperrigkeit einen Werkunternehmer (zB einen Abschleppunternehmer, der das vom Auftraggeber entdeckte gestohlene Fahrzeug abtransportiert und auf seinem Betriebshof sicherstellt, vgl WIELING aaO) einschalten muß. Denkbar ist übrigens, daß ein selbständiger Unternehmer schon mit der Suche nach verlorenen Gegenständen beauftragt ist. (Ein Warenhausbetreiber vereinbart beispielsweise mit dem von ihm beauftragten Gebäudereinigungsunternehmen, daß dessen Mitarbeiter Fundgegenstände bei der Warenhausleitung abzugeben haben. Wenn dieser Abrede entsprechend verfahren wird, muß die Finderstellung dem Warenhausunternehmen zukommen (vgl ERNST, Eigenbesitz und Mobiliarerwerb [1992] 213).

13 **3.** Nach völlig hM wird der Tatbestand des Sachfundes allein durch die in § 965 genannten objektiven Momente konstituiert; eine bestimmte *Willensrichtung* des Finders wird nicht vorausgesetzt. Auch die Begründung von Eigenbesitz an der verlorenen Sache – sei es zum Zwecke der rechtswidrigen Zueignung (Fundunterschlagung), sei es zum Zwecke der Okkupation der irrtümlich für herrenlos gehaltenen Sache oder schließlich, weil der Finder sich irrtümlich für den Eigentümer der verlorenen Sache hält – führt danach zur Anwendung der §§ 965 ff (WOLFF/RAISER § 82 II; PLANCK/BRODMANN Anm 1 b; H WESTERMANN/GURSKY § 59 I 3; WILHELM Rn 1055; ERMAN/EBBING Rn 3; MANIGK, Willenserklärung und Willensgeschäft [1907] 672; KLEIN, Die Rechtshandlungen [1912] 36; MITTENZWEI MDR 1987, 883; LINS 63 ff). Demgegenüber will KÖBL (196 ff) die Anwendung der §§ 965 ff auf die Fälle der Begründung von Fremdbesitz für den Verlierer oder Empfangsberechtigten (als Geschäftsführung für den, den es angeht) beschränken (ähnlich WIELING I § 11 V 1 c m Fn 62; MünchKomm/ QUACK Rn 16). Durch diese Ergänzung der Tatbestandsvoraussetzungen des Sachfundes um das Erfordernis des Fremdgeschäftsführungswillens wird das gesetzliche Schuldverhältnis der §§ 965 ff ein echter Spezialfall der GoA, bei dem lediglich die Willens- und Interessegemäßheit der Geschäftsführung in dem Umstand der Verlorenheit gesetzlich vertypt ist (KÖBL 196 f). Diese Interpretation würde die Abgrenzung zum Eigentümer-Besitzer-Verhältnis erleichtern, insbesondere ohne weiteres einsichtig machen, weshalb hinsichtlich der Frage des Rechts zum Besitz zwischen den Fällen des Findens „für" den Empfangsberechtigten einerseits und denen des Findens unter Begründung von Eigenbesitz differenziert werden kann. Sie ist jedoch de lege lata nicht haltbar, da das Gesetz ausdrücklich den Verlust bestimmter Finderrechte an die nachträgliche Verletzung der Ehrlichkeitspflicht anknüpft (§§ 971 Abs 2, 973 Abs 2 S 2). Insbesondere der Ausschlußgrund der Verheimlichung der Sache wäre kaum verständlich, wenn der unredliche Finder mangels Fremdgeschäftsführungswillens von vornherein nicht den §§ 965 ff unterläge. Die §§ 965 ff sind also auch bei Fehlen des Fremdgeschäftsführungswillens anwendbar. Der unredliche Finder haftet daneben aber aus den §§ 687 Abs 2, 987 ff (s § 966 Rn 2),

823 ff (iVm § 992). Der „Okkupant" einer nur vermeintlich herrenlosen, in Wirklichkeit aber verlorenen Sache ist, wenn sein Irrtum nicht auf grober Fahrlässigkeit beruht, nach § 968 haftfrei und kann im Wege der Ersitzung (§ 937) Eigentum erwerben (WOLFF/RAISER § 82 II: LINS 65). Vgl auch § 966 Rn 2 und § 968 Rn 2. Die Voraussetzungen der grundsätzlich konkurrierenden (s § 966 Rn 2) vindikatorischen Schadensersatznormen liegen dann (jedenfalls zunächst) ebenfalls nicht vor. Der Vorteil des § 968 (nicht aber der der Freistellung von der vindikatorischen Schadensersatzpflicht und der der Ersitzungslage) entfällt, wenn der „Okkupant" nachträglich weitere Umstände erfährt, die seine fortdauernde Überzeugung von einer wirksamen Aneignung nunmehr als grob fahrlässig erscheinen lassen.

4. Die Frage, ob auch das *negative* Tatbestandsmerkmal des § 677 – das Fehlen **14** eines besonderen, zur Geschäftsbesorgung berechtigenden Rechtsverhältnisses – in den Tatbestand des Sachfundes übernommen werden muß, ist differenzierend zu beantworten: Das Fundrecht ist unanwendbar, wenn der „Finder" dem Verlierer gegenüber vertraglich (zB kraft Auftrags) verpflichtet ist, die verlorene Sache zu suchen (STRAUSS 26). Die bloße vertragliche Nebenpflicht etwa eines Kinounternehmens (vgl BGHZ 8, 130) oder Gastwirts, im Rahmen des Zumutbaren liegengelassene Gegenstände sicherzustellen und dem Verlierer auf Nachfrage auszuhändigen, dürfte dagegen die Anwendung der §§ 965 ff nicht ausschließen.

5. Da der Tatbestand des Fundes auf seiten des Finders lediglich die Besitzer- **15** werbshandlung, nicht aber eine besondere Willensrichtung verlangt, ist der Fund kein Rechtsgeschäft, sondern ein **Realakt**, den – wie die Besitzbegründung als solche – *auch ein Geschäftsunfähiger* verwirklichen kann, sofern er nur überhaupt einer tatsächlichen Gewalthabe und eines natürlichen Beherrschungswillens fähig ist (PLANCK/BRODMANN Anm 1 b; ERMAN/EBBING Rn 7; ENNECCERUS/NIPPERDEY §§ 137 IV 2 b, 207 III 1; FLUME, AT II³ § 13, 11 c; WIELING I § 11 V 1 c; WILHELM Rn 1063, Rn 945; MünchKomm/ QUACK Rn 15; SOERGEL/HENSSLER Rn 1; FELDBERG 48 ff; LINS 66; teilweise abw DENEKE-STOLL in: Erlanger FS KH SCHWAB 43, 50 f; teilweise abw BARING SächsArch 15, 145). Für die Haftung des nicht voll geschäftsfähigen Finders soll nach hM (PLANCK/BRODMANN § 968 Anm 1; WOLFF/RAISER § 82 III; WIELING I § 11 V 2 e; WILHELM Rn 1063 Fn 943; BGB-RGRK/PIKART § 968 Rn 4; MünchKomm/QUACK § 968 Rn 2; SOERGEL/HENSSLER Rn 1; BAMBERGER/ROTH/KINDL Rn 5; ERMAN/EBBING aaO; BIERMANN Anm 2 b) § 682 entsprechend gelten. Für eine solche Lückenfüllung besteht jedoch kein Bedürfnis, da bereits § 276 Abs 1 S 3 zu einem befriedigenden Ergebnis führt (so im Ergebnis auch E WOLF² § 4 B III c 3 S 188; MITTENZWEI MDR 1987, 883, 884 Fn 13; LINS 100 ff, 120; DENEKE-STOLL 43, 51). Falls der gesetzliche Vertreter des nicht voll geschäftsfähigen Finders von dem Fund Kenntnis erlangt, hat er für die Erfüllung der Finderpflichten zu sorgen; tut er das nicht, so haftet der Finder für ihn nach §§ 278 Abs 1, 276 Abs 1, 968. Daneben haftet eventuell der gesetzliche Vertreter selbst aus Delikt; zu seinen Gunsten ist dann § 968 analog anzuwenden (BGB-RGRK/PIKART Rn 4). Wegen der Finderrechte vgl § 971 Rn 4 u § 973 Rn 2.

II. Die Empfangsberechtigung

Das **gesetzliche Schuldverhältnis** des Sachfundes entsteht zwischen dem Finder und **16** dem oder den „*Empfangsberechtigten*". Empfangsberechtigter ist jeder, der nach außerfundrechtlichen Grundsätzen – also etwa aus Eigentum (§ 985), einem beschränkten dinglichen Recht (§§ 1065, 1227) oder aus früherem Besitz (§ 1007) – vom Finder Herausgabe der Sache verlangen kann (OLG Hamburg OLGE 8, 112, 113; WOLFF/RAISER § 82 IV; PLANCK/BRODMANN Anm 2 a α EDENFELD JR 2001, 485, 487; etwas weiter MünchKomm/QUACK Rn 20; DENEKE-STOLL 43, 44 Fn 20: jeder der ein Recht zum Besitz der Sache hat [das träfe zB auch auf den Käufer zu, wenn der Verkäufer die Kaufsache vor Übergabe verloren hat, s § 986 Rn 14]; Dazu gehört wegen § 1007 Abs 2 auch ein früherer Finder, der die Sache seinerseits wieder verloren hat (WIELING I § 11 V 3 d aa; WILHELM Rn 1063 Rn 942). Wenn der bisherige Eigentümer die Sache erkennbar einem Dritten zugedacht hatte – etwa ein adressierter Brief oder dgl – so ist dieser Dritte derjenige, an den nach dem mutmaßlichen oder wirklichen Willen des Eigentümers (§ 677) die Herausgabe erfolgen soll, und damit ebenfalls empfangsberechtigt (WOLFF/RAISER aaO; WIELING I § 11 V 2; wohl auch EDENFELD JuS 1998, 332, 333); in diesem Falle besteht (atypischerweise) ein Herausgabeanspruch dieses Dritten analog §§ 677, 683 S 1, 681 S 2, 667. Entgegen dem Wortlaut des § 965 Abs 1 ist nicht jeder Verlierer (zu diesem Begriff vgl § 969 Rn 2) zugleich auch Empfangsberechtigter (H WESTERMANN/GURSKY[7] § 59 I 4; MünchKomm/QUACK Rn 20; aA BGB-RGRK/PIKART Rn 13): Der Dieb, der die gestohlene Sache verliert, ist wegen § 1007 Abs 3 nicht empfangsberechtigt. Nicht zu den Empfangsberechtigten zählt ein Besitzdiener des früheren Besitzers, auch wenn er es war, der die Sache „verloren" hat (aA WIELING I § 11 V 2 a Fn 68). Wenn das Besitzdienerverhältnis noch besteht, genügt der Finder seiner Herausgabepflicht aber auch durch die Übergabe der Fundsache an den Besitzdiener (s § 969 Rn 2).

III. Die Anzeigepflicht des Finders

17 Die erste der beiden Hauptpflichten des Finders in diesem gesetzlichen Schuldverhältnis ist seine Anzeigepflicht **(Abs 2)**. Er hat den Fund unverzüglich, dh ohne grob fahrlässiges Zögern (§§ 121 Abs 1 S 1, 968) anzuzeigen. Wenn dem Finder ein Empfangsberechtigter (s Rn 16) hinsichtlich Person und Aufenthaltsort bekannt ist, so hat die Anzeige nach Abs 1 an diesen zu erfolgen. Die Anzeige an die für Fundsachen zuständige Verwaltungsbehörde genügt hier nicht (Kritik de lege ferenda bei KRUSCH 284). Die Anzeigepflicht dürfte allerdings entfallen, wenn die zuständige Behörde sich zur Weiterleitung der ihr gegenüber erfolgten Meldung an den Empfangsberechtigten bereiterklärt (vgl BGB-RGRK/PIKART Rn 16; KOHLER/GEHRIG VBlBW 1995, 377, 378). Kennt der Finder mehrere Empfangsberechtigte, so genügt die Anzeige an einen von diesen (arg § 428, vgl § 969 Rn 3). Die Anzeige bei dem selbst nicht empfangsberechtigten Verlierer ist an sich an den falschen Adressaten gerichtet: Wenn der Finder die fehlende Empfangsberechtigung aber weder kennt noch infolge grober Fahrlässigkeit übersieht, so liegt darin nach § 968 keine vom Finder zu vertretende Pflichtverletzung (WIELING I § 11 V 2 a; WOLFF/RAISER § 82 IV). Entsprechendes gilt, wenn die Anzeige bei einer sonstigen Person erfolgt, die der Finder ohne grobe Fahrlässigkeit für einen Empfangsberechtigten hält. Kennt der Finder keinen Empfangsberechtigten oder ist ihm der Aufenthalt aller ihm bekannten Empfangsberechtigten unbekannt, so hat er den Fund und die Umstände, welche für die Ermittlung des Empfangsberechtigten erheblich sein könnten, der dafür sachlich *zuständigen Behörde* der allgemeinen inneren Verwaltung anzuzeigen; öffentliche Ausschreibung genügt nicht. Welche Behörde zuständig ist, bestimmt das Landesrecht (zB für Baden-Württemberg § 5a AGBGB v 26.11. 1974 [GVBl 490, zuletzt geändert durch G v 28.6. 2000 GVBl 470]: Gemeinde; für Bayern § 1 der VO [FundV] v 12.7. 1977 [GVBl 386], zuletzt geändert am 28.3. 2001 [GVBl 174], und Bek des Bayer Staatsministeriums des

Inneren v 20.7. 1977 [MABl 642]: jede Gemeinde, eventuell Autobahnmeisterei oder Polizei; Brandenburg: § 13 Nr 1 AGBGB v 28.7. 2000 [GVBl I 114]: örtliche Ordnungsbehörde; Bremen: § 28 brem AGBGB idF d Ges v 7.11. 1977 [GBl 361]: Ortspolizeibehörde; Nordrhein-Westfalen: VO v 27.9. 1977 [GVBl 350]: örtliche Ordnungsbehörde; Rheinland-Pfalz: VO v 20.9. 1977 [GVBl 340]: Gemeindeverwaltung bzw Verbandsgemeindeverwaltung; Saarland: § 28 AGJusG v 5.12. 1997 [ABl 258] und Erlaß v 15.4. 1992 [GMBl 167]; Schleswig-Holstein: VO v 18.10. 1976 [GVBl 266]: örtliche Ordnungsbehörde). Mangels besonderer Regelung dürfte die Gemeindeverwaltung zuständig sein. Die Anzeige muß nicht gerade bei der Behörde des Fundortes erfolgen (Prot III 256; Denkschr 134; Wieling I § 11 V 2 a; s auch § 5a Abs 1 S 3 bw AGBGB). Wer zB etwas auf dem Wege zur Bahn findet, darf die Fundsache mit auf die Reise nehmen und am Reiseziel Anzeige erstatten (Wolff/Raiser § 82 I 1 b). Das weitere Verfahren der Fundbehörde richtet sich nach den einzelnen landesrechtlichen Vorschriften (s o und Staudinger/Berg[11] Rn 25; ferner für Hamburg GebO für Fundsachen v 11.7. 1972 [GVBl I 145] idF der VO v 2.3. 1976 [GVBl I 56]; für Nordrhein-Westfalen Runderlaß des Innenministeriums v 19.9. 2001 [MBl NRW 1324]; für Rheinland-Pfalz beachte auch Rundschreiben des Ministers des Inneren vom 20.10. 1977 [MinBl 1009, 1119]).

Umfang dieser Anzeigepflicht: Der Finder muß der zuständigen Behörde nicht nur **18** den Fund selbst mitteilen, sondern überhaupt alle ihm bekannten Umstände angeben, die für die Ermittlung des Empfangsberechtigten von Bedeutung sein können. Erfährt er solche Umstände nachträglich, so muß er seine Anzeige ergänzen (Planck/Brodmann Anm 2 a β BGB-RGRK/Pikart Rn 20; Soergel/Henssler Rn 17; Wolff/ Raiser § 82 V 1 b). Wird dem Finder erst nach Erstattung der Anzeige bei der Fundbehörde ein Empfangsberechtigter bekannt, so hat er diesem ebenfalls unverzüglich den Fund anzuzeigen. Eine besondere **Nachforschungspflicht** trifft den Finder aber in keinem Fall. Durch selbständige Versuche, den Verlierer zu ermitteln (zB öffentliche Ausschreibung), wird er von seiner Anzeigepflicht gegenüber der Fundbehörde nicht befreit. (Zum Aufwendungsersatz vgl § 970 mit Erl).

Eine **Ausnahme von der Anzeigepflicht** besteht nur für **Bagatell- oder Kleinfund**, dh **19** wenn der Wert der Sache 10 € nicht übersteigt. (Die jetzige Wertgrenze gilt aufgrund von Art 2 Nr 11 des Gesetzes v 27.6. 2000 [BGBl I 897] seit dem 30.7. 2000. Bis dahin lag die Obergrenze für die nicht anzeigepflichtigen Begatellfunde bei 10 DM. Ursprünglich betrug die Grenze 3 RM. Die Verordnung v 16.4. 1943 [RGBl I 266], die den Betrag auf 10 RM erhöhte, wurde in der BrZ 1948, im übrigen Bundesgebiet 1953 wieder aufgehoben [s Staudinger/Berg[11] Rn 27]. Die danach geltende Wertgrenze trug der seit 1900 eingetretenen Geldwertverringerung Rechnung, war aber infolge der schleichenden Geldentwertung schon wieder bedenklich niedrig, als im Zuge der Euro-Einführung praktisch eine Verdoppelung erfolgte [Edenfeld JR 2001, 485, 487]). „Sache" ist hier gleichbedeutend mit „Fund"; besteht der Fund aus mehreren Einzelsachen, so kommt es auf den Gesamtwert an. Ist dem Finder ein Empfangsberechtigter der Sache bekannt, so gilt die Anzeigepflicht nach Abs 1 auch für den Bagatellfund. Dies ergibt sich aus der Stellung des Satzes 2 in Abs 2. Außerdem muß der Finder – wie sich aus § 971 Abs 2 ergibt – auch beim Bagatellfund den bei ihm nachfragenden (und unverdächtig erscheinenden) potentiellen Berechtigten Auskunft über den Verbleib der Sache erteilen (vgl OLG Dresden OLGE 4, 332). Die übrigen Pflichten des Finders (Verwahrungspflicht, Herausgabe- bzw Ablieferungspflicht) werden bei Bagatellfunden ohnehin nicht modifiziert (Wieling I § 11 V 2 a

Karl-Heinz Gursky

Fn 74). Die in der Bevölkerung verbreitete Auffassung, Bagatellfunde dürfe der Finder sich aneignen, ist verfehlt.

20 Bei schuldhafter (§ 968) Verletzung der Anzeigepflicht ist der Finder schadenser-satzpflichtig (Planck/Brodmann Anm 2 c; Soergel/Henssler § 971 Rn 18; Wieling I § 11 V 2 a aE; AnwK-BGB/Hoeren Rn 12). Wegen weiterer Folgen einer Verletzung der Anzeigpflicht vgl §§ 971 Abs 2, 973 Abs 1 mit Erl.

§ 966
Verwahrungspflicht

(1) Der Finder ist zur Verwahrung der Sache verpflichtet.

(2) Ist der Verderb der Sache zu besorgen oder ist die Aufbewahrung mit unver-hältnismäßigen Kosten verbunden, so hat der Finder die Sache öffentlich verstei-gern zu lassen. Vor der Versteigerung ist der zuständigen Behörde Anzeige zu machen. Der Erlös tritt an die Stelle der Sache.

Materialien: VE SR § 168; E I §§ 911, 913; II § 881, III § 950; Schubert, SR I 990 f, 993 ff; Mot III 378 f; Prot III 258, 261; Jakobs/ Schubert, SR I 714 f; Abs 2 S 2 geändert durch Gesetz vom 19. 7. 1976 (BGBl I 1817).

I. Die zweite Hauptpflicht des Finders ist die Verwahrungspflicht.

1 **1.** Zu ihrer Konkretisierung sind die Vorschriften über die vertragsmäßige Ver-wahrung (§§ 688 ff) nur mit Vorsicht entsprechend heranzuziehen (weitergehend die hM, vgl Soergel/Henssler Rn 1 mwN; Kohler-Gehrig VBlBW 1995, 377, 378). So ist zB eine Unterbringung bei Dritten zulässig (Planck/Brodmann Anm 1; Biermann Anm 1; Lins 83; Edenfeld JR 2001, 485, 487); der Finder ist nur, wie der E I formulierte, verpflichtet, „für die Verwahrung der Sache zu sorgen". Die Verwahrungspflicht beginnt mit der Besitzbegründung (Ansichnahme). Der Finder darf die Sache dann nicht mehr aufgeben, auch nicht an ihren früheren Platz zurücklegen (Prot III 258 = Mugdan III 657; Wieling I § 11 V 2 b; Planck/Brodmann Anm 1; Biermann Anm 3; Soergel/Henssler Rn 1). Ein bloßes Aufheben der Sache zum Zwecke der Besichtigung stellt jedoch noch keine Ansichnahme dar (s § 965 Rn 9). Gleichgültig muß für die Verwahrungs-pflicht sein, ob der Finder bei dem Ansichnehmen der Sache glaubte, diese alsbald schon dem Verlierer wieder zuführen zu können (übereinstimmend Planck/Brodmann Anm 1; **aM** Dernburg § 116 V 4). Stellt sich die Sache nach ihrer Inbesitznahme aller-dings als völlig wertlos heraus, so darf sich der Finder ihrer wieder entledigen (BGB-RGRK/Pikart Rn 2; Soergel/Henssler Rn 1; Erman/Ebbing Rn 1; Kohler-Gehrig VBlBW 1995, 377, 378; **aM** Biermann Anm 3; O vGierke § 132 Fn 48). Droht späterer Verderb, so muß der Finder gemäß Abs 2 verfahren. In der Verwahrungspflicht kann auch eine *Unterhaltungspflicht* liegen, zB Fütterung eines Tieres (Planck/Brodmann Anm 1; BGB-RGRK/Pikart Rn 4; MünchKomm/Quack Rn 2; Erman/Ebbing Rn 1; Wolff/Raiser § 85

V 2; WIELING I § 11 V 2 b; LINS 82 f; KOHLER-GEHRIG VBlBW 1995, 377, 378; EDENFELD JR 2001, 485, 487; **aM** BARG SächsArch 15, 144). Der von der 2. Kommission sachlich gebilligte § 911 Abs 1 des E I erwähnte die Erhaltungspflicht sogar ausdrücklich neben der Verwahrungspflicht. Die Pflicht, besonders wertvolle Fundsachen versichern zu lassen, folgt aus der Verwahrungspflicht nicht (WOLFF/RAISER § 82 Fn 19; **aM** DÖRSTLING ZVersWiss 13, 622; SOERGEL/HENSSLER Rn 1 u STAUDINGER/BERG[11] Rn 1 [d]). Die Verwahrungspflicht erstreckt sich auch auf etwaige Sachfrüchte (BGB-RGRK/PIKART Rn 4; MünchKomm/QUACK Rn 2; SOERGEL/HENSSLER Rn 1; MÜLLER Rn 3105). Durch Ablieferung der Fundsache an die zuständige Behörde kann sich der Finder jederzeit von seiner Verwahrungspflicht befreien, § 967.

2. Der Finder ist nach § 966 zum Besitz verpflichtet, nicht aber im Sinne von **2** § 986 zum Besitz berechtigt (abw STAUDINGER/GURSKY[12] Rn 2): Er hat mit anderen Worten kein vindikationsausschließendes Besitzrecht, sondern ist permanent einem „verhaltenen" Vindikationsanspruch ausgesetzt (s STAUDINGER/GURSKY [1999] Vorbem 14 zu §§ 987 ff) und zudem zur Ingebrauchnahme der Sache nicht befugt (MünchKomm/QUACK aaO; SOERGEL/HENSSLER aaO; MÜLLER aaO; **aA** BGB-RGRK/PIKART Rn 4; OLG Köln JMBl NRW 1964, 91. Das ändert aber nichts daran, daß sein Besitzstand ein rechtmäßiger ist, solange er nicht von der zuständigen Behörde zur Ablieferung (§ 967) oder von einem Empfangsberechtigten zur Herausgabe aufgefordert worden ist (MünchKomm/MEDICUS Vorbem 14 vor § 987; SOERGEL/HENSSLER Rn 2; MÜLLER Rn 3101 a, etwas anders Rn 3105), und deshalb zunächst auch nicht den §§ 987 ff unterliegen kann. (Über solche unvollständigen, nur der Vergangenheit zugewandten Besitzrechte, die nicht die Vindikation selbst, wohl aber die Nebenfolgen der Vindikation ausschließen, s § 986 Rn 22 und Vorbem 14 f zu §§ 987 ff). In der Begründung unrichtig RG JW 1924, 1715, wo der Finder als gutgläubiger Besitzer angesehen wird. Nach der Natur der Sache kann die (unvollkommene) Besitzberechtigung allerdings nur im Falle der Redlichkeit des Finders bestehen; der unredliche (die Fundsache unterschlagende) Finder muß unberechtigter Besitzer sein (SOERGEL/MÜHL Vorbem 11 zu § 987; LINS 65 Fn 86; SIBER JherJb 89 [1941] 1, 21 Fn 1, 30). Und auch der gutgläubige „Okkupant" einer vermeintlich herrenlosen, objektiv aber verlorenen Sache sollte wohl besser als unrechtmäßiger Besitzer iS der §§ 987 ff behandelt werden. Das Besitzrecht des Finders ist dann auf diejenigen Fälle beschränkt, in denen der Finder um seine Finderstellung weiß und bereit ist, die sich daraus ergebenden Pflichten zu erfüllen. Dogmatisch begründen läßt sich dies, wenn man das Besitzrecht nicht aus § 966 Abs 1, sondern aus der beim redlichen Finder an sich gegebenen (wenn auch durch die Spezialregelung der §§ 965 ff weitgehend bedeutungslos gemachten) berechtigten GoA (für den, den es angeht) herleitet. Demgegenüber entnimmt SIBER (JherJb 89 [1941] 1, 21 Fn 1) das Besitzrecht des redlichen Finders § 966 Abs 1 und verneint die Anwendbarkeit dieser Vorschrift auf unredliche Finder. Noch anders RAISER (in: FS M Wolff 133 Fn 39, 139 f), der auch dem ehrlichen Finder ein Recht zum Besitz iSv § 986 abspricht, aber die Anwendung der §§ 987 ff auf ihn für durch die Sonderregelung der §§ 965 ff ausgeschlossen hält.

II. An die Stelle der Verwahrungspflicht tritt bei Sachen, deren Verderb zu **3** befürchten ist oder deren Wert erheblich geringer ist als die voraussichtlichen Aufbewahrungskosten, die Verpflichtung des Finders, die Sache **öffentlich** (s § 383 Abs 3) **versteigern** zu lassen (Abs 2 S 1); auch von dieser Pflicht kann der Finder sich durch Ablieferung bei der zuständigen Behörde (§ 967) befreien.

4 1. Ein bestimmter Versteigerungsort ist nicht vorgeschrieben; der Finder hat einen geeigneten auszuwählen und haftet für seine Wahl nach § 968 (vgl NEUMANN Anm 2). Bei Fundsachen, die so schnell verderben, daß die Einleitung eines Versteigerungsverfahrens nicht sinnvoll ist oder bei denen sich eine öffentliche Versteigerung schon wegen der etwaigen Kosten nicht lohnen würde, ist der Finder zum *freihändigen Verkauf* berechtigt (vgl STRAUSS 40; PLANCK/BRODMANN Anm 2; BGB-RGRK/ PIKART Rn 8; MünchKomm/QUACK Rn 3; SOERGEL/HENSSLER Rn 3 mwN; KOHLER-GEHRIG VBlBW 1995, 377, 378), aber nicht verpflichtet; er haftet dann analog § 816 Abs 1 S 1 auf Herausgabe des Erlöses. Diese Befugnis ist zwar nicht ausdrücklich geregelt, wird aber vom Zweck des Abs 2, dem Empfangsberechtigten den Wert der Sache möglichst vollständig zu erhalten, gefordert. Ist auch eine freihändige Veräußerung nicht möglich, so darf der Finder die Sache selbst (bzw die daraus gezogenen Sachfrüchte) verbrauchen (WOLFF/RAISER § 82 V 2 m Fn 21; WIELING § 11 V 2 b Fn 80; H WESTERMANN[5] § 59 II 1; HEDEMANN § 28 II a 3; DERNBURG § 116 V 4; MATTHIASS § 169 II A 1 b; COSACK/MITTEIS § 45 II 2 a; PLANCK/BRODMANN Anm 2; BGB-RGRK/PIKART Rn 8; KOHLER-GEHRIG VBlBW 1995, 377, 378; **aM** BIERMANN Anm 3; TÜRCKE § 965 Anm 4; ENDEMANN II 1 § 87 Fn 8; COSACK[3] § 206 II 2) und haftet dann nach §§ 812 Abs 1 S 1, 818 Abs 3 in Höhe seiner Ersparnisbereicherung. Hat der Finder hierfür keinen Bedarf, so muß er unter diesen Umständen auch befugt sein, sich der Sache wieder zu entledigen (PLANCK/BRODMANN aaO; BGB-RGRK/PIKART Rn 2; KOHLER-GEHRIG VBlBW 1995, 377, 378).

5 2. Die beabsichtigte Versteigerung hat der Finder der zuständigen Behörde (§ 965 Rn 17) *anzuzeigen* (Abs 2 S 2), und zwar so rechtzeitig, daß die Behörde sich schlüssig werden kann, ob sie gemäß § 967 Ablieferung der Sache an sich verlangen soll. (Verbieten kann die Behörde die Versteigerung nur, wenn sie zugleich die Ablieferung anordnet). Ohne rechtzeitige Anzeige ist die Versteigerung unzulässig (SOERGEL/HENSSLER Rn 3). Die Anzeige ist zurücknehmbar; die Rücknahme führt aber zur Unzulässigkeit der Versteigerung, s KLEIN ArchBürgR 33, 265.

6 3. Der *Ersteigerer* der Sache wird Eigentümer, auch wenn er das Nichteigentum des Finders kennt, denn die gesetzliche Ermächtigung (nach BERTZEL AcP 158 [1959/60] 113 gesetzliche Vertretungsmacht) des Finders ersetzt die Einwilligung des Eigentümers (s Mot III 378 sub 4. und § 185 mit Bem; BGB-RGRK/PIKART Rn 9; MünchKomm/QUACK Rn 4; SOERGEL/HENSSLER Rn 4; BAMBERGER/ROTH/KINDL Rn 2; ERMAN/EBBING Rn 2; **abw** KUHNT MDR 1953, 641, der zusätzlich guten Glauben des Erstehers, dh nicht grob fahrlässige Unkenntnis der Empfangsberechtigten, verlangt). Anders, wenn die Voraussetzungen des Abs 2 S 1 nicht vorliegen; hier kommt es auf den guten Glauben des Erwerbers hinsichtlich des Vorliegens einer ordnungsmäßigen Fundversteigerung (analog § 1244) an (so die hM: WIELING I § 11 V 2 b Fn 81; WOLFF/RAISER § 82 Fn 20; H WESTERMANN/GURSKY § 59 II 1; SOERGEL/HENSSLER Rn 3; MünchKomm/QUACK Rn 4; ERMAN/EBBING Rn 2; BGB-RGRK/PIKART Rn 11; BAMBERGER/ROTH/KINDL Rn 2; PALANDT/BASSENGE Rn 2; CANARIS, HandelsR[23] § 29 I 3 a; leicht modifiziert [zusätzlich Unkenntnis von der Person des Eigentümers erforderlich] DÜNKEL, Öffentliche Versteigerung und gutgläubiger Erwerb [1970] 73 f; KUHNT MDR 1953, 643; abw PLANCK/BRODMANN Anm 2; SPIEGELBERG SeuffBl 77, 232 f). Daneben kommt auch ein gutgläubiger Erwerb nach §§ 932, 935 Abs 2 in Betracht, wenn der Ersteigerer nicht erkennt, daß es sich um eine Fundversteigerung handelt (DÜNKEL 74). Nach PLANCK/ BRODMANN Anm 2 ist die Versteigerung auch ohne die vorgeschriebene Anzeige ohne weiteres wirksam. Das ist unzutreffend. Es handelt sich bei Abs 2 S 2 nicht um eine Sollvorschrift, sondern um eine nur durch den guten Glauben des Erstehers ersetzbare Wirksamkeitsvoraussetzung (MünchKomm/Quack Rn 3, 4).

4.   Der *Erlös* tritt nach allen Richtungen an die Stelle der verkauften Sache 7 (Abs 2 S 3): der bisherige Sacheigentümer wird kraft dinglicher Surrogation Eigentümer des Geldes, und die Finderrechte und Pflichten beziehen sich nunmehr auf den Erlös. Wo in den nachfolgenden Paragraphen von „Sache" gesprochen wird, ist also für diesen Fall „Erlös" zu lesen. Vgl §§ 967, 969–971, 973–976. Zur Hinterlegung des Erlöses (gemäß § 372 S 2) ist der Finder nicht berechtigt; an ihre Stelle tritt die Ablieferung bei der Fundbehörde (§ 967).

§ 967
Ablieferungspflicht

Der Finder ist berechtigt und auf Anordnung der zuständigen Behörde verpflichtet, die Sache oder den Versteigerungserlös an die zuständige Behörde abzuliefern.

Materialien: VE SR § 167; E I § 912; II § 882;
III § 951; Schubert, SR I 993 f; Mot III 379;
Prot III 259; Jakobs/Schubert, SR I 714 ff;
geändert durch Gesetz vom 19. 7. 1976 (BGBl I
1817).

I.   Der Paragraph enthält implizit (vgl E I § 912 Abs 2) die von der Kritik viel- 1 fach übersehene, für den Finder so wichtige *Erleichterung*, nämlich durch **Ablieferung an die zuständige Behörde** (s § 965 Rn 15) sich von fast allen Verpflichtungen für die Zukunft *befreien* zu können, ohne seine Rechte (auf Finderlohn, Eigentumserwerb, Aufwendungsersatz) zu verlieren (§ 975 S 1). Daran ändert auch § 975 S 3 nichts, der die Herausgabe der Fundsache an einen Empfangsberechtigten von der Zustimmung des Finders abhängig macht. Dies geschieht allein zur Wahrung der Rechte des Finders; eine Mitwirkung bei der Prüfung der Empfangsberechtigung wird ihm hierdurch nicht aufgebürdet (Planck/Brodmann Anm 1). Im einzelnen wirkt sich die Ablieferung auf die Pflichten des Finders wie folgt aus: Die Verwahrungspflicht erlischt ersatzlos; die Herausgabepflicht wandelt sich um in die Pflicht, der Herausgabe durch die Fundbehörde zuzustimmen (BGB-RGRK/Pikart § 975 Rn 1); eine Anzeigepflicht kann auch noch nach der Ablieferung entstehen (§ 965 Rn 16). Die befreiende Wirkung tritt erst mit der tatsächlichen Ablieferung ein, nicht bereits dann, wenn die zuständige Behörde die Annahme unberechtigterweise verweigert (BGB-RGRK/Pikart Rn 4). Auch bei der Ablieferung besteht keine Beschränkung auf die Behörde des Fundortes selbst (vgl Prot III 259 u Denkschr 134; anders Mot III 379). Eine Verpflichtung zur Ablieferung des Fundes oder des Versteigerungserlöses besteht (im Gegensatz zur Anzeigepflicht) nur, wenn dies durch ordnungsbehördliche Verordnung in der Gemeinde des Fundortes allgemein vorgeschrieben ist (SächsOVG Jena 1925, 1060, 1061; BGB-RGRK/Pikart Rn 5; Soergel/Henssler Rn 2; Bamberger/Roth/Kindl Rn 2; Wolff/Raiser § 82 V 2; H Westermann/Gursky § 59 II 2 c; **aM** MünchKomm/Quack Rn 4 [Gesetz erforderlich]) oder im Einzelfall von der Fundbehörde durch Verwaltungsakt angeordnet wird. Die Ablieferung ist dann durch die Zwangsmaßnahmen des Verwaltungsvollstreckungsverfahrens erzwingbar. Der Finder seinerseits muß notfalls gegen die Fundbehörde auf Abnahme klagen können (abw SOERGEL/MÜHL[12] Rn 2) und zwar wegen des öffentlich-rechtlichen Charakters des § 967 (s WILKE JuS 1966, 481, 482 u o Vorbem 4 zu §§ 965 ff) im Verwaltungsrechtswege (KOHLER-GEHRIG VBlBW 1995, 377, 379). § 40 Abs 2 S 1 VwGO greift nicht ein, da es sich nicht um eine Klage „aus" öffentlich-rechtlicher Verwahrung, sondern „auf" Begründung eines derartigen Verwahrungsverhältnisses handelt (KOHLER-GEHRIG aaO; SOERGEL/HENSSLER Rn 3). Klageart ist die allgemeine Leistungsklage (MünchKomm/ QUACK Rn 3; undeutlich KOHLER-GEHRIG aaO).

2 **II.** Durch die Ablieferung erhält die Fundbehörde die Verpflichtung zur Verwahrung der Sache oder des Erlöses sowie zur Herausgabe an den Empfangsberechtigten (vgl § 975 mit Erl). Die nähere Regelung dieses *öffentlich-rechtlichen Verwahrungsverhältnisses* ist dem Landesgesetzgeber überlassen (s Vorbem 4 zu §§ 965 ff u § 965 Rn 17). Die Fundbehörde kann Dritte (zB Tierheimbetreiber, Lagerhalter) als Hilfspersonen (Verwaltungshelfer) einschalten (KOHLER-GEHRIG VBlBW 1995, 377, 379). Hinsichtlich der Kosten der behördlichen Verwahrung vgl § 970 Rn 2. Zur Amtshaftung der Fundbehörde vgl OLG Hamburg SeuffArch 61 Nr 7. Besitzmittler des Finders iSv § 868 wird die Fundbehörde durch die Ablieferung schon deshalb nicht, weil sie hier hoheitliche Befugnisse ausübt (HARTMANN HansGZ 1918, B 27; HAASE 33 ff; SOERGEL/ MÜHL[12] Rn 2; abw WOLFF/RAISER § 82 V 2; STRAUSS 49). Die Behörde kann die Fundsache uU versteigern lassen (s § 975 S 2 und dazu KOHLER-GEHRIG aaO).

§ 968
Umfang der Haftung

Der Finder hat nur Vorsatz und grobe Fahrlässigkeit zu vertreten.

Materialien: E II § 883; III § 952; Prot III 258 f; JAKOBS/SCHUBERT, SR I 720.

1 **I.** Der Finder haftet ebenso wie jemand, der zur Abwendung einer einem anderen drohenden dringenden Gefahr als Geschäftsführer ohne Auftrag tätig wird (s § 680 und Prot III 259), nur für Vorsatz und grobe Fahrlässigkeit. Diese Beschränkung gilt für sämtliche Finderpflichten (also die Anzeige-, Verwahrungs- und Ablieferungspflichten nach den §§ 965–967 und auch die Pflicht zur Prüfung der Legitimation des ihm die Sache Abverlangenden, s § 969 Rn 1) und auch für eine parallellaufende deliktische Haftung. Entsprechend eingeschränkt haftet der Finder über § 278 auch für das Verschulden seiner Erfüllungsgehilfen oder gesetzlichen Vertreter. Über grobe Fahrlässigkeit s § 277. Beispiel für grobe Fahrlässigkeit LG Frankfurt NJW 1956, 873: Kellner im Speisewagen händigt Fund ohne weiteres an angeblichen Bekannten des Verlierers aus. Die Versendung der Fundsache an die Fundbehörde oder einen Empfangsberechtigten als gewöhnliche Postsendung stellt demgegenüber keine grobe Fahrlässigkeit dar (AG Düsseldorf VersR 1986, 874; SOERGEL/ HENSSLER Rn 1). Zur Haftung des nicht voll geschäftsfähigen Finders vgl § 965 Rn 15.

Nimmt der gesetzliche Vertreter des minderjährigen Finders die Fundsache an dessen Stelle in Verwahrung, so muß für seine eigene deliktische Haftung § 968 entsprechend gelten (so auch BGB-RGRK/PIKART Rn 4). Wegen der Haftung des Minderjährigen selbst vgl § 965 Rn 15.

II. Die Haftungsbeschränkung des § 968 ist deutlich auf die Situation des *redli-* 2 *chen Finders* zugeschnitten, der subjektiv im Interesse des Verlierers oder sonstigen Empfangsberechtigten handelnd Fremdbesitz an der Sache begründet. Sie paßt also insbesondere nicht, wenn der unredliche Finder die Fundsache nach ihrer Unterschlagung ohne grobe Fahrlässigkeit beschädigt. § 968 dürfte hier durch §§ 687 Abs 2, 678 (Haftung auch für Zufall infolge des versari in re illicita) verdrängt werden (unentschieden SOERGEL/HENSSLER Rn 1 Fn 2); die etwaige Haftung aus §§ 990 Abs 1 S 1, 989 (s oben § 966 Rn 2) geht weniger weit (allein auf letztere Vorschrift will MÜLLER Rn 3113 abstellen). Im Falle der irrtümlichen Eigengeschäftsführung des Finders (etwa desjenigen, der die Fundsache für herrenlos hält) weicht die fundrechtliche Haftung wegen § 968 nur geringfügig von der allgemeinen Haftung unrechtmäßiger Eigenbesitzer nach §§ 987 ff ab (Bsp: leicht fahrlässige Unkenntnis bei Ansichnahme, grob fahrlässige Unkenntnis im Augenblick des Verschenkens der Fundsache); diese Abweichungen können in Kauf genommen werden, zumal wenn man in diesen Fällen eine grundsätzliche Konkurrenz von fundrechtlicher und vindikatorischer Schadensersatzhaftung des irrtümlichen Eigengeschäftsführers ausgeht. Vgl auch § 965 Rn 13, § 966 Rn 2, Vorbem 14 zu §§ 987 ff. Eine analoge Anwendung des § 968 auf die Fundbehörde ist nicht möglich (so auch MünchKomm/ QUACK Rn 1; SOERGEL/HENSSLER § 967 Rn 4).

§ 969
Herausgabe an den Verlierer

Der Finder wird durch die Herausgabe der Sache an den Verlierer auch den sonstigen Empfangsberechtigten gegenüber befreit.

Materialien: E II § 884; III § 953; Prot III 259 ff; JAKOBS/SCHUBERT, SR I 714 ff.

I. Grundsätzlich hat der Finder vor der Auslieferung der Sache an einen (an- 1 geblichen) Empfangsberechtigten dessen *Legitimation zu prüfen* (vgl HAASE 22 ff; OLG Dresden OLGE 4, 332, 333) und haftet bei Verletzung dieser Prüfungspflicht dem wahren Berechtigten im Rahmen des § 968. Die Verantwortlichkeit des Finders für die richtige Herausgabe wird durch den erst von der 2. Kommission eingefügten § 969 *erleichtert*, denn danach braucht er die Empfangsberechtigung des Verlierers gerade nicht nachzuprüfen, sondern wird generell **zur Herausgabe an den Verlierer ermächtigt**. Der Verlierer ist – entgegen dem mißverständlichen Wortlaut – durchaus nicht notwendigerweise Empfangsberechtigter (zum Begriff vgl § 965 Rn 16); der Dieb zB, der seine Beute verlor, wäre dies mangels eines Herausgabeanspruchs gegen den Finder nicht. Der Finder hat also bei der Herausgabe nur zu prüfen (§ 968), ob der andere auch wirklich der Verlierer der Sache war, mehr nicht; insbesondere braucht er die rechtlichen Beziehungen Dritter zur Fundsache nicht in Betracht zu ziehen (Prot III 260 ff im Gegensatz zu Mot III 376); maW: er braucht bei der Rückgabe nur dasjenige Besitzverhältnis wiederherzustellen, das unmittelbar vor dem Besitzloswerden der Sache bestanden hat. § 969 muß allerdings unanwendbar sein, wenn der Finder positiv weiß, daß der Verlierer nicht empfangsberechtigt ist (so SOERGEL/ HENSSLER Rn 2; BAMBERGER/ROTH/KINDL Rn 1; KOHLER-GEHRIG VBlBW 1995, 377, 379; BGB-RGRK/PIKART Rn 1; DERNBURG § 116 V 5; nur in der Konstruktion abw PLANCK/BRODMANN Anm 2; MünchKomm/QUACK Rn 4; ERMAN/EBBING Rn 2; BIERMANN Anm 1; KRETZSCHMAR Anm 1; DEBOOR, Die Kollision von Forderungsrechten [1928] 94, die den Eigentümer in diesem Falle auf die Schadensersatzansprüche aus § 826 bzw §§ 823 Abs 2 BGB, 257 StGB verweisen. Noch anders WOLFF/RAISER § 82 IV; WIELING I § 11 V 2 d; O vGIERKE § 132 Fn 50 und LANGE § 53 II b γ, nach denen bereits die grobe Fahrlässigkeit des Finders seine Legitimation zur Herausgabe an den nicht empfangsberechtigten Verlierer zerstört. Aber dann wäre § 969 überflüssig, weil die Haftungserleichterung nicht über § 968 hinausginge [übereinstimmend SOERGEL/HENSSLER aaO]). Die Wirkung des § 969 entfällt auch, wenn der wahre Empfangsberechtigte eine einstweilige Verfügung erlangt, durch die dem Finder die Herausgabe an den Verlierer untersagt wird (BGB-RGRK/PIKART Rn 3). Der Finder wird übrigens nach §§ 969, 968 auch dann frei, wenn er an jemanden herausgibt, den er ohne grobe Fahrlässigkeit fälschlicherweise für den Verlierer hält, an dessen Empfangsberechtigung er aber zweifelt.

2 II. *Verlierer* iSd § 969 ist der letzte unmittelbare Besitzer der Sache, allerdings nur, wenn er den Besitz unfreiwillig eingebüßt hat. Bei Sachen, deren unmittelbarer Besitz willentlich aufgegeben worden ist (etwa vom Dieb oder Besitzmittler, vgl § 965 Rn 1), fehlt also ein Verlierer (MünchKomm/QUACK Rn 2; ERMAN/EBBING Rn 2; WIELING I § 11 V 2 d Fn 85; anders die wohl hM, vgl PLANCK/BRODMANN Anm 2; STAUDINGER/BERG[11] § 965 Rn 11; SOERGEL/HENSSLER § 965 Rn 14). Ein Besitzdiener, dem die anvertraute Sache verlorengeht, ist nicht Verlierer iSd Gesetzes (so PLANCK/BRODMANN Anm 2 mit ausführlicher Begründung; WIELING I § 11 V 2 d; ERMAN/EBBING Rn 2; H WESTERMANN[5] § 59 II 2 d; abw BGB-RGRK/JOHANNSEN[11] Anm 4; LENT/SCHWAB[16] § 42 III im Anschluß an Prot III 260); Verlierer ist vielmehr bei freiwilliger Aufgabe oder unfreiwilligem Verlust der Sachherrschaft durch den Besitzdiener immer dessen Geschäftsherr, der bisherige Besitzer selbst (MünchKomm/QUACK Rn 2; SOERGEL/HENSSLER § 965 Rn 14). Solange das Besitzdienerverhältnis besteht, kann die Herausgabe an den Besitzherrn ohnehin durch Rückgabe an den Besitzdiener erfolgen. Besteht dieses Verhältnis aber nicht mehr, so wird durch die Aushändigung an den ehemaligen Besitzdiener der frühere Besitzstand nicht wiederhergestellt und ist eine Haftung des Finders für Vorsatz und grobe Fahrlässigkeit durchaus angemessen (iE auch WIELING I § 11 V 2 d; abw SOERGEL/ MÜHL[12] Rn 1: Haftung nur bei positiver Kenntnis vom Wegfall des Besitzdienerverhältnisses).

3 III. *Mehrere Empfangsberechtigte* sind schlichte Gesamtgläubiger, so daß der Finder an jeden von ihnen nach seiner Wahl mit befreiender Wirkung gegenüber allen leisten kann, § 428 (PLANCK/BRODMANN Anm 3; ERMAN/EBBING Rn 1; O vGIERKE II 534; H WESTERMANN[5] § 59 II 2 d; WIELING I § 11 V 2 d; LINS 75 Fn 47). Abw WOLFF/RAISER (§ 82 IV) und HAASE (26), die analog §§ 869, 986 Abs 1 S 2 ein Rangverhältnis der Empfangsberechtigungen und die Pflicht des Finders zur Herausgabe an den Bestberechtigten annehmen, was aber deutlich dem Zweck des § 969 widerspricht. Eine Grenze schafft hier erst § 826 (zB bei Herausgabe an einen aus § 1007 Abs 2 anspruchsberechtigten früheren Besitzer ohne eigene materielle Besitzberechtigung gegenüber

dem Eigentümer, um dem Eigentümer zu schaden). (Noch anders DE BOOR, Die Kollision
von Forderungsrechten [1928] 93: Wahlrecht des Finders, bis ihn einer der Gläubiger in Verzug setzt,
danach Herausgabe nur an diesen). Es handelt sich aber um eine sogenannte unechte
Gesamtgläubigerschaft, bei der § 429 nicht paßt (vgl RÜTTEN, Mehrheit von Gläubigern
[1989] 173 ff, 182 f).

§970
Ersatz von Aufwendungen

**Macht der Finder zum Zwecke der Verwahrung oder Erhaltung der Sache oder zum
Zwecke der Ermittlung eines Empfangsberechtigten Aufwendungen, die er den
Umständen nach für erforderlich halten darf, so kann er von dem Empfangsberechtigten Ersatz verlangen.**

Materialien: VE SR §§ 169, 170 Abs 1 Nr 1; E I
§ 914 Nr 1; II § 885; III § 954; JAKOBS/SCHUBERT
SR I 721 ff; Mot III 380; Prot III 261 f.

I. Die **Gegenansprüche des Finders** gehen auf **Ersatz von Aufwendungen** (§ 970)   **1**
und Bezahlung eines Finderlohnes (§ 971). Über die Geltendmachung dieser Ansprüche s §§ 972, 974. Der Aufwendungersatzanspruch des Finders setzt voraus, daß
er die Aufwendungen zu einem der in § 970 genannten Zwecke gemacht hat und
daß diese entweder zur Erfüllung seiner gesetzlichen Pflichten (§§ 965, 966) objektiv
erforderlich waren (zB Versteigerungskosten) oder er sie wenigstens ohne grobe
Fahrlässigkeit (§ 968) hierfür erforderlich gehalten hat (PLANCK/BRODMANN Anm 1 a;
WOLFF/RAISER § 82 VI 1; H WESTERMANN[5] § 59 II 4 a; SOERGEL/HENSSLER Rn 1). Darüber
hinaus sind aber auch solche Aufwendungen zur Ermittlung des Empfangsberechtigten zu ersetzen, die der Finder ohne grobe Fahrlässigkeit nicht für sinnvoll halten
konnte, die aber gegen alle Wahrscheinlichkeit doch zum Erfolg geführt haben
(WOLFF/RAISER aaO; H WESTERMANN aaO; WIELING I § 11 V 3 a); anders wiederum, soweit
sich der gleiche Erfolg durch geeignetere Maßnahmen mit geringeren Kosten hätte
erreichen lassen. Im Wege einer teleologischen Extension wird man auch die besonderen Kosten der Ablieferung (Porto und Verpackung bei Zusendung an die
Behörde oder dem Empfangsberechtigten) als ersatzfähig ansehen können (BGB-
RGRK/PIKART Rn 1). Immer muß es sich aber um ein echtes Vermögensopfer handeln.
Die (über das Ansichnehmen hinausgehende) Tätigkeit des Finders kann als solche
keine Aufwendung darstellen (WIELING I § 11 V 3 a; ERMAN/EBBING Rn 1; **aM** H WESTER
MANN[5] § 59 II 4 a; SOERGEL/HENSSLER Rn 1; ERMAN/HEFERMEHL[10] Rn 1; EDENFELD JR 2001, 485,
488), jedenfalls solange dem Finder dadurch nicht anderweitige Einnahmen entgehen. Ausgleich hierfür erfolgt also nur durch den Finderlohn (**aM** BGB-RGRK/PIKART
§ 971 Rn 1; SOERGEL/HENSSLER aaO [genügend, daß für solche Arbeit üblicherweise Entgelt
gezahlt wird, wie für das Melken der zugelaufenen Kuh]). Wegen der *Verzinsung* s § 256.
Die Rechtsregel des § 994 Abs 1 S 2 ist entgegen der hM (BGB-RGRK/PIKART Rn 3;
PALANDT/BASSENGE Rn 1; HAASE Rn 28; STAUDINGER/BERG[11] Rn 1) nicht entsprechend anwendbar, da der Finder zur Ziehung von Nutzungen aus der Fundsache grundsätzlich nicht befugt und deshalb zumindest nach Bereicherungsrecht zur Herausgabe

Karl-Heinz Gursky

oder Vergütung der gezogenen Nutzungen verpflichtet ist (so auch MünchKomm/QUACK Rn 1; WIELING I § 11 V 3 a; SOERGEL/HENSSLER Rn 2). Auch soweit die Verwahrungs- und Erhaltungspflicht ausnahmsweise einmal den Finder zur Fruchtziehung verpflichtet (zB Melken der zugelaufenen Kuh), liegt darin nicht zugleich ein Behaltensgrund iSv § 812. Der Anspruch richtet sich nach dem klaren Wortlaut der Vorschrift nur gegen den (oder die) Empfangsberechtigten, nicht auch gegen die Gemeinde, die allenfalls subsidiär zur Verwahrung der Fundsache verpflichtet ist (VG Gießen NuR 2002, 113, 114). Ein Aufwendungsersatzanspruch aus öffentlich-rechtlicher GoA gegen die Fundbehörde wäre immerhin denkbar, wird aber nur sehr selten gegeben sein (VG Gießen aaO). Erst recht hat ein Tierarzt, der ihm zugeführte „Fundtiere" ohne Rücksprache mit der örtlichen Ordnungsbehörde behandelt oder tötet, regelmäßig keinen Honoraranspruch gegen die Gemeinde aus öffentlich-rechtlicher GoA (OVG Münster NVwZ 1996, 653).

2 II. Zugunsten der *Fundbehörde* ist § 970 nicht entsprechend anwendbar. Es kommt insoweit nur ein öffentlich-rechtlicher Gebührenanspruch in Betracht, der landesgesetzlich geregelt sein muß (Prot III 271; PLANCK/BRODMANN Anm 2; BGB-RGRK/JOHANNSEN[11] Anm 3; SOERGEL/HENSSLER Rn 3; ERMAN/EBBING Rn 3; WIELING I § 11 V 3 a Fn 1; HARTMANN Recht 1913, 395; abw STAUDINGER/BERG[11] u WOLFF/RAISER § 82 VI 1).

§ 971
Finderlohn

(1) Der Finder kann von dem Empfangsberechtigten einen Finderlohn verlangen. Der Finderlohn beträgt von dem Wert der Sache bis zu 500 Euro fünf vom Hundert, von dem Mehrwert drei vom Hundert, bei Tieren drei vom Hundert. Hat die Sache nur für den Empfangsberechtigten einen Wert, so ist der Finderlohn nach billigem Ermessen zu bestimmen.

(2) Der Anspruch ist ausgeschlossen, wenn der Finder die Anzeigepflicht verletzt oder den Fund auf Nachfrage verheimlicht.

Materialien: VE SR § 170 Abs 1 Nr 2; E I §§ 914 Nr 2, 921 Abs 2; II § 886; III § 955; SCHUBERT, SR I 996 ff; Mot III 380 f, 386; Prot III 261 ff, 264, 272; JAKOBS/SCHUBERT, SR I 721 ff; geändert durch Art 1 Nr 2 des Gesetzes vom 19. 7. 1976 (BGBl I 1817); dazu BT-Drucks 7/3559, 4; nochmals geändert durch Art 2 Abs 1 Nr 12 des Gesetzes v 27. 6. 2000 (BGBl I 897).

1 I. Der **Finderlohn** soll ebenso eine Belohnung für die Ehrlichkeit als ein Entgelt für die Mühewaltung des Finders sein. (Über die Gründe für die gesetzliche Aufstellung eines Finderlohns vgl Prot III 262 ff; man entnahm das Institut des Finderlohns aus dem preußischen und sächsischen Recht; wegen der geschichtlichen Grundlagen vgl auch STRAUSS 41 ff). Im übrigen ist es gleichgültig, ob der Finder größere oder geringere Mühe aufgewendet hat. Der Finderlohn kann auch dann beansprucht werden, wenn der Eigentümer oder der Verlierer dem Finder von vornherein bekannt war (Prot III 262 f; KRUSCH AcP 148 [1943] 282, 283; GOTTWALD JuS 1979, 247, 250). Die Höhe des Finderlohns ist neu geregelt durch das Gesetz vom 19. 7. 1976

(BGBl I 1817), das am 1. 11. 1976 in Kraft getreten ist. Für die vor diesem Datum gemachten Funde gilt weiter die alte Fassung des § 971 Abs 1 (s STAUDINGER/BERG[11]). Die Wertgrenze betrug ursprünglich 300 Mark bzw später 300 DM, seit dem Gesetz v 19. 7. 1976 dann 1. 000 DM. Der letztere Wert ist durch das Gesetz vom 27. 6. 2000 (BGBl I 897) umgestellt worden auf 500 €, also geringfügig abgesenkt worden. Offensichtlich sachgerecht ist er bei der Geldkarte. Bei isoliert verlorenen Kreditkarten will HENSSLER (SOERGEL/HENSSLER Rn 4) wohl zu Recht auf den Lästigkeitswert (Aufwand für Sperre und Neuausstellung) abstellen. Rechtspolitische Kritik bei REICHEL LZ 1921, 7.

1.   Die prozentuale **Berechnung** des Finderlohns (5% bei einem Wert der Fund- **2** sache bis zu 500 €, von da ab 3%) richtet sich nach dem Wert der Sache zur Zeit der Herausgabe an den Empfangsberechtigten (PLANCK/BRODMANN Anm 2 c; BGB-RGRK/ PIKART Rn 4; MünchKomm/QUACK Rn 5; SOERGEL/HENSSLER Rn 3; KRUSCH 297; LINS 90 ff; **aM** DELIUS 339 im Anschluß an Prot III 263: Zeit des Fundes). Zur Berechnung des Zeitwertes eines gefundenen Kraftfahrzeugs vgl AG Hamburg NJW 1993, 2627. Ist die Fundsache versteigert worden, bemißt sich der Finderlohn nach dem Bruttoerlös, § 966 Abs 2 S 3 (die Versteigerungskosten sind Aufwendungen iSv § 970). Der Finderlohn bei *Tieren* (hier durchgehend nur 3%, früher sogar nur 1%) ist (entgegen E I) deshalb niedriger bestimmt, weil das Verlaufen der Tiere auf der Weide nicht selten und die vom Finder geforderte Tätigkeit weniger mühevoll sei (ZG III, 186; gegen diese Sonderbehandlung zu Recht EDENFELD JR 2001, 485, 488). Hat die Sache *keinen allgemeinen Wert*, zB ein Privatbrief, ein Andenken usw, so ist der Finderlohn nach billigem Ermessen zu bestimmen (also nicht nach dem Ermessen des Verlierers allein), Abs 1 S 3. Diese Art der Wertbestimmung muß insbesondere auch für Sparbücher und aufbietbare Wertpapiere gelten (WOLFF/RAISER § 82 VI 2; WIELING I § 11 V 3 b; H WESTERMANN, SR[5] § 59 II 4 b; BAMBERGER/ROTH/KINDL Rn 2; STROHAL Recht 1901, 160), da Fundobjekt ja das Papier als solches, nicht die darin verbriefte Forderung ist (SOERGEL/HENSSLER Rn 4; PALANDT/BASSENGE Rn 1; STROHAL Recht 1901, 160). Dabei wird einerseits zu berücksichtigen sein, welche Vermögenseinbußen (zB Aufgebotskosten) dem Verlierer bzw Berechtigten durch die Rückerstattung erspart worden sind, andererseits aber auch, welchen Wert die betreffende Sache für einen unredlichen Finder dargestellt hätte, insbesondere also, ob ein Versuch der Geltendmachung oder Veräußerung des verbrieften Rechts Aussicht auf Erfolg gehabt hätte. Auch die Mühe und Zeit, die der Verlierer hätte aufwenden müssen, um sich das in dem verlorenen Papier verbriefte Recht zu sichern, wird mit zu veranschlagen sein (PLANCK/BRODMANN Anm 2 c). Unter Beachtung dieser Gesichtspunkte ist als Wert der Fundsache ein Betrag zugrunde zu legen, der zwischen den ersparten Kosten des Aufgebotsverfahrens oder der Sperrung des Sparguthabens und dem Kurswert des Wertpapiers (bzw dem Betrag der durch das Sparbuch verbrieften Forderung) liegt, und dann analog § 971 Abs 1 S 2 zu verfahren. Die größere oder geringere Mühe des Finders darf auch im Rahmen des § 971 Abs 1 S 3 nicht berücksichtigt werden (PLANCK/BRODMANN aaO; WIELING I § 11 V 3 b; SOERGEL/HENSSLER Rn 4). Mangels einer Einigung entscheidet der Richter über die Höhe des Finderlohns gemäß § 971 Abs 1 S 3 nach billigem Ermessen (ebenso SOERGEL/HENSSLER Rn 4; abw MünchKomm/QUACK Rn 5: Bestimmung durch den Finder analog § 316). Nach MünchKomm/QUACK Rn 5 muß bei Sparbüchern der für jedermann ohne Berechtigungsnachweis sofort verfügbare Betrag zugrunde gelegt werden, und ebenso sollte danach bei zusammen mit der Scheckkarte gefundenen Euroscheckvordrucken der seinerzeit (nämlich bis Ende

2001) garantierte Betrag angesetzt werden. Das erscheint zu rigide. Eher kommt der Nominalwert bei Zinsscheinen in Betracht (SOERGEL/HENSSLER Rn 4). Offensichtlich sachgerecht ist er bei der Geldkarte. Bei isoliert (dh wohl: ohne Information ohne die mit der Kreditkarte ausgegebene PIN) verlorenen Kreditkarten will HENSSLER (SOERGEL Rn 4) wohl zu Recht auf den Lästigkeitswert (Aufwand für Sperre und Neuausstellung) abstellen. Bei zusammen mit einer Notiz über die PIN verlorene Bankkarten oder Kreditkarten will MünchKomm/QUACK (Rn 5) auf den zu Lasten des Kontoinhabers mißbräuchlich erlangbaren Betrag abheben. Das ist im Ansatz plausibel. Man müßte aber wohl wieder die ersparten Kosten für die Sperre und die Neuausstellung einer Karte hinzuzählen. Für den Verlust einer ohne PIN ausgegebenen Kreditkarte dürfte das gleiche gelten. Für die Zulassung eines unbezifferten Klageantrags entgegen § 253 Abs 2 Nr 2 ZPO besteht angesichts des § 92 Abs 2 ZPO kein Bedürfnis (DERNBURG § 116 VI 2; aA PLANCK/BRODMANN Anm 2 c; MünchKomm/QUACK Rn 8: SOERGEL/HENSSLER Rn 8). Die schon fast gewohnheitsrechtliche Zulassung eines solchen unbezifferten Antrags bei bestimmten vom Kläger nur schwer abschätzbaren Forderungen (wie etwa Schmerzensgeldansprüchen) durch die Praxis (vgl RGZ 140, 213; BGH NJW 1952, 382; 1974, 1551; berechtigte Kritik an dieser Rechtsprechung bei RÖHL ZZP 85, 52 ff, 73 ff und GERSTENBERG NJW 1988, 1352 ff), ist bisher auf Schadensersatz- und Entschädigungsansprüche beschränkt geblieben (weitergehend allerdings die hM, vgl STEIN/JONAS/SCHUMANN/LEIPOLD[21] § 253 ZPO Rn 81; ROSENBERG/SCHWAB § 98 II 3 b β ZÖLLER/GREGER[22] § 253 Rn 14).

3 2. Der Anspruch auf den Finderlohn steht *neben* dem Anspruch auf Aufwendungsersatz (§ 970). Die dem Finder zu ersetzenden Auslagen dürfen also (im Gegensatz zum E I) nicht von dem Wert der Sache bei der Berechnung des Finderlohns abgezogen werden. Falls der Verlierer durch Auslobung einen Finderlohn ausgesetzt hat, besteht zwischen dem rechtsgeschäftlichen und dem gesetzlichen Anspruch Anspruchskonkurrenz; also keine Kumulation (WOLFF/RAISER § 82 VI 2; BGB-RGRK/PIKART Rn 2; SOERGEL/HENSSLER Rn 6; ERMAN/EBBING Rn 1; WEIMER JR 1962, 175, 176). Über den Anspruchsgegner und die Geltendmachung s §§ 972, 974. Über die Behandlung des Anspruchs nach dem Eigentumserwerb des Finders vgl § 973 Rn 8. Über Verzicht auf Finderlohn als sittliche oder Anstandspflicht und die bei einem Verzicht auftretenden Rechtsfragen (zB Verzicht des Vormundes, des Vorerben, des Minderjährigen, Anfechtbarkeit im Konkurs usw) vgl Voss DJZ 1907, 1138. Über eine befreiende Zahlung an den Überbringer s § 972 Rn 2. Mehrere Finder sind Teilgläubiger (A BLOMEYER, AllSchR[4] § 47 pr).

4 II. Der Anspruch ist nach Abs 2 **ausgeschlossen**, wenn der Finder seine *Anzeigepflicht verletzt* (also nicht, nicht rechtzeitig oder nicht vollständig) erfüllt. Voraussetzung ist dabei, daß die Pflichtverletzung iSv § 968 schuldhaft war (PLANCK/BRODMANN Anm 3 a; BIERMANN Anm 5; KRETZSCHMAR Anm 2 b; BGB-RGRK/PIKART Rn 6; PALANDT/BASSENGE Rn 1; DERNBURG § 116 VI 2; WOLFF/RAISER § 82 V 1 c; hM Abw WIELING I § 11 V 3 c; MANIGK, Willenserklärung und Willensgeschäft [1907] 672; P KLEIN, Anzeigepflicht im Schuldrecht [1908] 93; FELDBERG 67 f). Die Pflichtverletzung von nicht voll geschäftsfähigen Findern kann gem § 276 Abs 1 S 3 nur dann schuldhaft sein, wenn diese iSv §§ 827, 828 überhaupt verschuldensfähig sind; andernfalls Ausschluß nur bei Verschulden des gesetzlichen Vertreters. Macht der Finder geltend, die Anzeige sei nach § 965 Abs 2 S 2 nicht erforderlich gewesen, so trägt er die Beweislast für das Vorliegen eines Kleinfundes (BAUMGÄRTEL/BAUMGÄRTEL Rn 1; aA LEONHARD, Die Beweislast[2] 391). Der Anspruch ist nach Abs 2 ferner auch dann ausgeschlossen, wenn der (verschuldensfähige) Finder den Fund *auf Nachfrage verheimlicht* (vgl dazu WEYL, System der Verschuldensbegriffe im BGB [1905] 476 ff). Dies kann allerdings nur gelten, wenn der Finder überhaupt verschuldensfähig ist (aM WIELING I § 11 V 3 b). Vorausgesetzt ist ferner, daß der Nachfragende nicht ein völlig Unberufener ist (DERNBURG § 116 VI Fn 27; BIERMANN Anm 6); es dürfte aber genügen, daß der Nachfragende als Geschäftsführer ohne Auftrag für den Empfangsberechtigten Erkundigungen anstellt (enger PLANCK/ BRODMANN Anm 3 b). Auf jeden Fall genügt die Nachforschung einer zuständigen Behörde, etwa der Polizei (SOERGEL/HENSSLER Rn 2). „Auf Nachfrage" verheimlicht der Finder den Fund auch dann, wenn er bei einer an einen anderen gerichteten Nachfrage zugegen ist und sie vernimmt, ohne sich zu melden (PLANCK aaO). Der Verheimlichung auf Nachfrage ist im Wege der Analogie jedes arglistige Verhindern der Ermittlung des Fundes gleichzustellen (vgl auch DERNBURG § 116 VI 2; BGB-RGRK/ PIKART Rn 7). Der Ausschlußgrund der Verheimlichung gilt nicht nur für den Bagatellfund, sondern greift auch bei einem Wertfund ein, wenn der Finder nach der Anzeige oder Ablieferung des Fundes bei der Fundbehörde dem anfragenden Berechtigten den Fund verheimlicht (so auch BGB-RGRK/PIKART Rn 8; MünchKomm/ QUACK Rn 3; SOERGEL/HENSSLER Rn 7; KRETZSCHMAR Anm 2; ERMAN/EBBING Rn 3; WIELING I § 11 V 3 b; aM PLANCK/BRODMANN Anm 3 b). Die Anspruchsverwirkung ist nicht heilbar.

§ 972
Zurückbehaltungsrecht des Finders

Auf die in den §§ 970, 971 bestimmten Ansprüche finden die für die Ansprüche des Besitzers gegen den Eigentümer wegen Verwendungen geltenden Vorschriften der §§ 1000 bis 1002 entsprechende Anwendung.

Materialien: E I § 915; II § 887; III § 956; Mot III 379 f; Prot III 264 ff; VI 236; JAKOBS/ SCHUBERT, SR I 721 ff.

I. Die *Ansprüche des Finders* auf Aufwendungsersatz (§ 970) und Finderlohn **1** (§ 971) sind zunächst nicht einklagbar – ein wesentlicher Unterschied zur GoA (§ 683) –, sondern können von ihm nur durch Ausübung eines **Zurückbehaltungsrechts** (§ 1001 S 1) bis zur vollständigen Befriedigung geltend gemacht werden (im Falle der Ablieferung an die zuständige Behörde durch Verweigerung seiner nach § 975 S 3 erforderlichen Zustimmung zur Herausgabe). Auflösung des Schwebezustandes durch Vorgehen nach § 974 möglich, vgl ERL dazu und Prot VI 236. Vgl zum Ganzen auch SCHLEGELBERGER, Das Zurückbehaltungsrecht (1904) 85 ff. § 1000 S 2 ist unanwendbar, da auch der unredliche Finder durch das Ansichnehmen der objektiv verlorenen Sache als solches keine vorsätzliche unerlaubte Handlung begeht. Im **Klageweg** geltend machen kann der Finder die Ansprüche erst, wenn der Empfangsberechtigte die Sache „wiedererlangt" hat oder aber die Ansprüche des Finders genehmigt hat, § 1001 S 1 (s dazu BASSENGE NJW 1976, 1486 sub II 2 b), die Annahme der unter Vorbehalt der Ansprüche angebotenen Sache gilt als Genehmigung, § 1001 S 3. Wegen aller Einzelheiten vgl Erl zu § 1001. Der Verweis auf

§ 1001 S 1 Fall 2 (Genehmigung) paßt allerdings nicht sonderlich gut; im unmittelbaren Anwendungsbereich der letzteren Regelung wird ja eine vom Adressaten vorgenommene Ausgabe zur Verbesserung oder Erhaltung der Sache des Erklärenden genehmigt; für die Genehmigung des Empfangsberechtigten besteht ein vergleichbarer Bezugspunkt dagegen nur, soweit es um Aufwendungen geht. Beim Finderlohn müßte sich die Genehmigung auf den – bisher schon existierenden, aber noch im Klagewege durchsetzbaren – Finderlohnanspruch selbst beziehen. Die „Genehmigung" eines Anspruchs ist aber eine befremdliche Vorstellung. Man wird im Rahmen der entsprechenden Anwendung das Erfordernis der Genehmigung insoweit wohl als „Anerkenntnis" interpretieren müssen. Die denkbare Alternative, die Verweisung auf § 1001 S 1 Fall 2 überhaupt nur auf die Aufwendungen des Finders zu beziehen, ist von BASSENGE aaO erwogen worden, entspricht aber eindeutig der Entstehungsgeschichte der Regelung (vgl Mot III 380) und der ganz herrschenden Interpretation der Verweisung (vgl PLANCK/BRODMANN Anm 2; BGB-RGRK/PIKART Rn 1; WOLFF/RAISER § 82 VI 3 b; E WOLF § 4b III c 4). Die Genehmigung nur der Aufwendungen führt nicht automatisch auch die Klagbarkeit des Finderlohnanspruchs herbei (aA SOERGEL/HENSSLER Rn 2). Wiedererlangung ist nur die Erlangung des unmittelbaren Besitzes; wird also durch die Rückgabe an einen früheren Besitzmittler des Eigentümers dessen mittelbarer Besitz wiederhergestellt, so entsteht dadurch gegenüber dem Eigentümer noch kein Klagerecht (WOLFF/RAISER § 82 Fn 26; PLANCK/BRODMANN Anm 3; aM STRAUSS 48). Etwas anderes gilt nur dann, wenn die Sache auf Weisung des Eigentümers oder jedenfalls mit seiner Zustimmung dem Beauftragten oder sonstigen Besitzmittler des Eigentümers herausgegeben worden ist (BGB-RGRK/PIKART § 1001 Rn 6) oder wenn dieser befugt ist, mit Wirkung gegenüber dem Eigentümer die in § 1001 genannten Entscheidungen (Genehmigung, Rückgabe) zu treffen (s STAUDINGER/GURSKY [1999] § 1001 Rn 3). Gegen eine verzögerte Geltendmachung der Ansprüche des Finders wird der Empfangsberechtigte dadurch geschützt, daß diese – mangels Genehmigung – nach Monatsfrist präkludiert sind, wenn der Finder die Fundsache ohne Vorbehalt der Ansprüche an den Berechtigten herausgegeben hat, § 1002 Abs 1. Auch dem Interesse des Verlierers, daß er nicht nachträgliche Ansprüche befriedigen muß, deren bei der Ablieferung noch nicht gedacht wurde, ist Rechnung getragen: Von solchen nachträglich erhobenen, von ihm nicht genehmigten Ansprüchen kann er sich durch Rückgabe an den Finder befreien, § 1001 S 2. Diese Rückgabe ist keine Übereignung, sondern stellt nur das Zurückbehaltungsrecht wieder her (WOLFF/RAISER § 82 VI 3 b; SOERGEL/HENSSLER Rn 3); ein Eigentumserwerb des Finders kann auch hier erst unter den Voraussetzungen des § 974 S 2 eintreten (vgl § 974 Rn 3). Anspruchsgegner ist immer nur derjenige Empfangsberechtigte, der die Sache wiedererlangt oder die Ansprüche genehmigt hat. Dieser haftet trotz des Vorhandenseins anderer Empfangsberechtigter auf den vollen Betrag (sogar für die Aufwendungen zur Ermittlung eines anderen Empfangsberechtigten). Mehre Empfangsberechtigte (die alle genehmigt haben oder von denen der eine genehmigt, der andere die Sache zurückerlangt hat) haften nach hM (PLANCK/BRODMANN Anm 3; WOLFF/RAISER aaO) wegen § 420 nach Kopfteilen (zweifelhaft, Gesamtschuld erscheint angemessener; so auch WIELING I § 11 V 3 c m Fn 11).

2 II. Im Rahmen des § 1001 S 1 kommt es auf die Art und Weise der Wiedererlangung der Sachen nicht an. Problematisch ist aber, ob nicht bei der entsprechenden Anwendung im Rahmen des § 972 doch ein *innerer Zusammenhang der Wieder-*

erlangung mit der Findertätigkeit gefordert werden muß. Wenn der Finder bzw die Fundbehörde den Besitz der Fundsache nachträglich wieder verlor und nunmehr der Berechtigte die Sache durch Zufall (ohne Zusammenhang mit der Tätigkeit dieses Finders) zurückerlangt, so sollen nach PLANCK/BRODMANN (§ 973 Anm 4) Aufwendungsersatz und Finderlohn entfallen. Nach WOLFF/RAISER (§ 82 Fn 34) soll dagegen beides grundsätzlich bestehen bleiben und der Finderlohn nur dann entfallen, wenn der Berechtigte die Sache durch einen zweiten Finder zurückerlangt hat, also andernfalls eine Verdoppelung seiner Zahlungspflicht eintreten würde. Richtig dürfte sein, den Finderlohn generell zu versagen, wenn der Finder den Besitz der Fundsache nachträglich wieder einbüßt und der Berechtigte die Fundsache ohne inneren Zusammenhang mit der Findertätigkeit wiedererlangt. Denn der Finderlohn ist doch wohl eine Prämie nicht nur für ein Bemühen, sondern für den Erfolg der Findertätigkeit. (Ein solcher innerer Zusammenhang zwischen Findertätigkeit und Wiedererlangung dürfte aber trotz des Besitzverlustes zu bejahen sein, wenn die Sache dem Finder gestohlen wird und der Dieb die Sache als angeblicher Finder dem Empfangsberechtigten zurückbringt, um Finderlohn zu erhalten; s dazu aber auch unten). Der Aufwendungserstattungsanspruch dürfte dagegen grundsätzlich bestehen bleiben; anders allerdings wohl wieder, wenn der Finder den Besitz der Sache freiwillig aufgegeben hat (vgl dazu HAASE 16). Zahlt der Empfangsberechtigte Finderlohn und Aufwendungsersatz an einen *Überbringer* der Fundsache, der nicht der Finder ist (sondern die Sache zB dem Finder entwendet hat), den er aber ohne grobe Fahrlässigkeit für den Finder hält, so wird er dadurch nach § 851 a fortiori auch dem Finder gegenüber befreit (WOLFF/RAISER § 82 VI 4; KOHLER ArchBürgR 24, 191). Gibt er die Sache ohne Geltendmachung des Finderlohnanspruchs an den Verlierer oder an einen anderen Empfangsberechtigten heraus, so kann darin ein konkludenter Verzicht (also eine Erlaßofferte) liegen (GOTTWALD JuS 1979, 247, 250).

III. Eine Verpflichtung des Empfangsberechtigten, die Sache einzulösen oder **3** auch nach Untergang der Sache beim Finder dessen Ansprüche ohne weiteres zu befriedigen, besteht (im Gegensatz zur Geschäftsführung ohne Auftrag, § 683) nicht; Mot III 379. Es verliert aber der Empfangsberechtigte, der die Abnahme der Sache gegen Befriedigung des Finders verweigert, seine Rechte an der Sache nach Maßgabe des § 974.

§ 973
Eigentumserwerb des Finders

(1) Mit dem Ablauf von sechs Monaten nach der Anzeige des Fundes bei der zuständigen Behörde erwirbt der Finder das Eigentum an der Sache, es sei denn, dass vorher ein Empfangsberechtigter dem Finder bekannt geworden ist oder sein Recht bei der zuständigen Behörde angemeldet hat. Mit dem Erwerb des Eigentums erlöschen die sonstigen Rechte an der Sache.

(2) Ist die Sache nicht mehr als zehn Euro wert, so beginnt die sechsmonatige Frist mit dem Fund. Der Finder erwirbt das Eigentum nicht, wenn er den Fund auf Nachfrage verheimlicht. Die Anmeldung eines Rechts bei der zuständigen Behörde steht dem Erwerb des Eigentums nicht entgegen.

Karl-Heinz Gursky

Materialien: VE SR § 171; E I §§ 918, 919 Abs 3 des Gesetzes vom 19. 7. 1976 (BGBl I 1817); I, 920, 921; II § 888; III § 597; Schubert, SR I dazu BT-Drucks 7/3559, 4 f; erneut geändert 998 ff; Mot III 382 ff; Prot III 271 f; Jakobs/ durch Art 2 Abs 1 Nr 11 des Gesetzes vom Schubert, SR I 736 ff; geändert durch Art 1 Mr 27. 6. 2000 (BGBl I 897).

I. Allgemeines

1 Die zweimal geänderte Vorschrift (s unten Rn 9) regelt den Eigentumserwerb des Finders an der Fundsache. Mit diesem will das Gesetz das Fundobjekt, das in der Hand des Finders oder der Fundbehörde ja zunächst nur ein toter Wert ist, im Interesse der Volkswirtschaft wieder nutzbar machen. Außerdem soll die Aussicht auf den Eigentumserwerb dem Finder einen zusätzlichen Anreiz zur loyalen Erfüllung seiner gesetzlichen Pflichten geben. Der lastenfreie (Abs 1 S 2) Eigentumserwerb des Finders setzt den Ablauf einer sechsmonatigen Verschwiegenheitsfrist sowie das Nichtvorliegen gewisser Hinderungsgründe voraus. Fristbeginn und Hinderungsgründe sind dabei für den Wertfund (Abs 1) und den Bagatellfund (Abs 2) unterschiedlich geregelt (Rn 2 f). Ein weiteres ungeschriebenes Tatbestandsmerkmal muß aus dem Sinn und Zweck der Vorschrift ergänzt werden: Der Eigentumserwerb des Finders kann nur eintreten, wenn die Fundsache sich bei Fristablauf noch im (zumindest mittelbaren) Besitz des Finders oder der zuständigen Verwaltungsbehörde, der sie der Finder abgeliefert hat, befindet. Denn Ausgangspunkt und Anlaß dieser Regelung ist die tatsächliche Herrschaftsmöglichkeit des Finders, die gerade in eine entsprechende Rechtsposition umgewandelt werden soll, um die Sache dem Rechtsleben und dem Wirtschaftsprozeß wieder zuzuführen (so im Ergebnis auch Mittenzwei MDR 1987, 883, 885; Planck/Brodmann Anm 4; Bamberger/Roth/Kindl Rn 2; Palandt/Bassenge Rn 1; Soergel/Butteweg[8] Anm 1; Neuner AcP 203 [2003] 46, 67; aA jedoch die hM: Wieling I § 11 V 3 d aa; Staudinger/Berg[11] Rn 3; MünchKomm/Quack Rn 5; Soergel/ Henssler Rn 3; Dernburg § 116 VII 5; Biermann Anm 2 d; Goldmann/Lilienthal § 25 Fn 7; Kretzschmar Anm III; Strauss 53; H Westermann[5] § 59 II 5 a; Wolff/Raiser § 82 VII 1; Eichler II 1, 59 Fn 28; Derday 81; Lins 131; Edenfeld JR 2001, 485, 488. Die Entscheidung RG JW 1931, 930 wird zu Unrecht für die hier vertretene Auffassung angeführt: dort waren die Fundsachen dem Finder nicht nur abhanden gekommen, sondern vor Fristablauf bereits von Dritten verbraucht worden). Die Gegenmeinung führt unter Umständen zu einem doppelten Eigentumsübergang: Der Finder, der die Sache vor dem Fristablauf schon wieder verloren hat, würde danach zunächst Eigentümer werden, nur um dieses Eigentum dann durch den Erwerb eines zweiten Finders einzubüßen (Wieling I § 11 V 3 d aa).

II. Die Voraussetzungen im einzelnen

2 **1.** Die *sechsmonatige Frist* (für deren Berechnung die §§ 187, 188 gelten) *beginnt* beim Wertfund mit der Anzeige des Fundes bei der zuständigen Verwaltungsbehörde, beim Bagatellfund mit dem Fund selbst. Hat der Finder bei einem Wertfund die vorschriftsmäßige Anzeige nach § 965 Abs 2 überhaupt nicht erstattet, so ist ein Eigentumserwerb nach § 973 für ihn demnach ausgeschlossen; gleichgültig ist dabei, ob die Unterlassung verschuldet war oder nicht. Auch ein geschäftsunfähiger Finder kann deshalb ohne Anzeige nicht Eigentum nach § 973 erwerben. Erfolgte die Anzeige zwar, aber nicht unverzüglich nach dem Funde, so wird der Eigentumserwerb nur zeitlich hinausgeschoben, nicht aber verhindert, da die Wiedereingliede-

rung der Sache in den Wirtschaftsprozeß nicht endgültig unmöglich gemacht werden soll (so auch PLANCK/BRODMANN Anm 1 a; ERMAN/EBBING Rn 4; WOLFF/RAISER § 82 VII 1; WIELING I § 11 V 3 d Fn 18; EICHLER II 1, 61 Fn 29; STRAUSS 53 f).

2. Hinderung des Eigentumserwerbs: (1) der Eigentumserwerb des Finders ist **3** generell ausgeschlossen bei *Schlechtgläubigkeit* des Finders, dh wenn ihm selbst im Laufe der 6-Monatsfrist ein beliebiger Empfangsberechtigter (s § 965 Rn 16), also nicht notwendig der Verlierer oder der Eigentümer, bekannt geworden ist. Dieser Ausschlußgrund gilt, obwohl er in Abs 1 genannt ist, auch für den Bagatellfund: Abs 1 wird durch Abs 2 S 2 modifiziert, was seine grundsätzliche Geltung auch für den Kleinfund beweist (PLANCK/BRODMANN Anm 1 b; **aM** DELIUS PrVerwBl 1899, 337, 339). Die Kenntniserlangung setzt das Erfahren bestimmter Rechtsverhältnisse voraus; bloße Behauptungen eines angeblichen Empfangsberechtigten ohne näheren Nachweis begründen deshalb regelmäßig noch keine mala fides beim Finder (vgl Mot III 385). Eine bewußte Verweigerung der Kenntnisnahme muß aber der Kenntnis gleichstehen (vgl BGB-RGRK/PIKART Rn 5; MÜLLER Rn 3126). Nach MünchKomm/ QUACK Rn 3 soll dem Finder auch die Kenntnis zumutbarer Ermittlungsmöglichkeiten schaden. Aber der Finder ist zu Nachforschungen gerade nicht verpflichtet. Nur die bewußte Verweigerung der Kenntnisnahme steht der Kenntnis gleich. Daß dem Finder außer der Person des Empfangsberechtigten auch dessen Aufenthaltsort bekannt geworden wäre, ist nicht zu fordern, vgl die Gegenüberstellung in § 965 Abs 2 S 1 (PLANCK/BRODMANN Anm 1 a γ; WIELING I § 11 V 3 d Fn 19; PALANDT/BASSENGE Rn 2; abw WOLFF/RAISER § 82 VII 1); es muß genügen, daß dieser – bei Nachforschungen etwa durch die Fundbehörde – auffindbar wäre. (2) Der Eigentumserwerb des Finders tritt ferner auch dann nicht ein, wenn er den Fund *auf Nachfrage verheimlicht* (s hierüber § 971 Rn 4) hat. Dies gilt, obwohl der Ausschlußgrund der Verheimlichung nach der Gesetzesfassung nur für den Kleinfund bestimmt ist (Abs 2 S 2), richtiger Auffassung nach a fortiori auch bei einem Wertfund (so auch H WESTERMANN[5] § 59 II 5 a; WIELING I § 11 V 3 d; MünchKomm/QUACK Rn 3; SOERGEL/HENSSLER Rn 2; wohl auch J vGIERKE § 38 I 5; für die Konstellation erst Verheimlichung, dann Anzeige auch WOFF/RAISER § 82 Fn 31 und PLANCK/BRODMANN Anm 1 b β; **aM** BIERMANN Anm 2 b; BGB-RGRK/PIKART Rn 5), und zwar auch dann, wenn der Finder im Zeitpunkt der Nachfrage die Sache bereits bei der Fundbehörde abgeliefert hatte. (3) *Im Falle des Wertfundes*, nicht aber bei einem Kleinfund, ist der Eigentumserwerb des Finders schließlich auch dann gehindert, wenn *vor Ablauf der Frist ein Empfangsberechtigter sein Recht* bei einer sachlich, nicht notwendig örtlich zuständigen Behörde *angemeldet* hat, gleichgültig ob dieser Umstand dem Finder bekannt wurde oder nicht (Anmeldung bei der durch Ablieferung oder Anzeige örtlich zuständig gewordenen Behörde verlangen MünchKomm/ QUACK Rn 3 und KOHLER-GEHRIG VBlBW 1995, 377, 380; wie hier PLANCK/BRODMANN Anm 1 a γ; KRETZSCHMAR Anm I 2 b; BIERMANN Anm 2 c; SOERGEL/HENSSLER Rn 5; BAMBERGER/ROTH/ KINDL Rn 3; MÜLLER Rn 3127). Nach MünchKomm/QUACK Rn 3 soll die bloße Meldung des Verlustes nicht genügen, vielmehr die Geltendmachung der konkreten Berechtigung erforderlich sein. Das erscheint etwas formalistisch: zumeist wird die Eigentümerstellung wenigstens implizit vorgetragen sein. *Keinen* Hinderungsgrund für den Eigentumserwerb des Finders bildet dagegen die Ablieferung der Fundsache bei der Fundbehörde (s § 975), sofern der Finder nicht der Fundbehörde gegenüber auf den Eigentumserwerb verzichtet (s § 976 Abs 1). Jedoch geht das vom Finder erlangte Eigentum im Falle des § 976 Abs 2 nachträglich auf die Gemeinde des Fundortes über. *Beweislast*: Die Hinderungsgründe für den Eigentums-

Karl-Heinz Gursky

erwerb des Finders sind ihm im Streitfall nachzuweisen (BGB-RGRK/JOHANNSEN[11] Anm 3; BAUMGÄRTEL/BAUMGÄRTEL Rn 1).

III.   Rechtsnatur des Eigentumserwerbs

4 Der Eigentumserwerb nach § 973 ist eine besondere Eigentumserwerbsart, die weder der Aneignung noch der Ersitzung sonderlich nahesteht (vgl KRUSCH AcP 148 [1943] 298). Verfehlt ist insbesondere der Versuch, das Wesen dieses Erwerbsgrundes damit zu erklären, daß der Finder durch die Inbesitznahme für sich ein „eventuelles Aneignungsrecht" begründe (so aber STAUDINGER/BERG[11] Rn 3 im Anschluß an STOBBE/LEHMANN § 131 Fn 17): Im Gegensatz zur Okkupation erwirbt der Finder das Eigentum gerade ohne Rücksicht auf einen darauf gerichteten Willensakt (KRUSCH aaO). Vielmehr beruht der Eigentumserwerb des Finders entscheidend auf dem Rechtsgedanken der Verschweigung (STRAUSS 53; H KRAUSE, Schweigen im Rechtsverkehr [1933] 169 ff insbes 172, 174 ff; WOLFF/RAISER § 82 VII; EICHLER II 1, 60). Selbst der Gedanke einer weiteren Belohnung für die Findertätigkeit tritt demgegenüber zurück (abw KRUSCH 299). Sind die Voraussetzungen des § 973 erfüllt, so tritt der Eigentumserwerb von selbst ein. Es bedarf dazu keiner weiteren Förmlichkeit (kein Aufgebotsverfahren, keine öffentliche Aufforderung, kein behördliches Zeugnis usw).

5 Der Eigentumserwerb ist *originär*, jedoch entsteht, da das Rechtsobjekt dasselbe bleibt, kein neues Eigentum. Zutreffend spricht § 977 S 2 von dem „Übergang des Eigentums auf den Finder". So richtig WOLFF/RAISER § 82 VII 1 und SÜSS AcP 151 [1950/51] 1, 10 f; abw STAUDINGER/KOBER[9] Anm 3 b. Vgl auch STAUDINGER/BERG[11] § 937 Rn 4 und STAUDINGER/WIEGAND § 937 Rn 17. Der Erwerb ist lastenfrei (Abs 1 S 2). Unanwendbar (wegen § 952) ist § 973 beim Fund eines Sparbuches oder sonstigen *Rektapapiers* (STROHAL Recht 1901, 161; SOERGEL/HENSSLER Rn 6; Münch-Komm/QUACK Rn 3; AnwK-BGB/HOEREN Rn 2; BAMBERGER/ROTH/KINDL Rn 1; HILDEBRANDT, Wertpapierrecht, AT [1957] 252), aber auch beim Fund von Inhaber- und Orderpapieren (vgl ZÖLLNER, in: FS Raiser 249, 274 f mwN; SOERGEL/HENSSLER Rn 6; aM JACOBI, Ehrenbergs Hdb IV 1 [1917] 351; für Umlaufpapiere HILDEBRANDT 195; für massenweise ausgegebene Wertpapiere ULMER, Wertpapierrecht [1938] 83 sowie LOCHER, Recht der Wertpapiere [1947] 39, differenzierend für den Wechsel [Erwerb des Eigentums an der Urkunde, nicht aber des verbrieften Rechts] BAUMBACH/HEFERMEHL, WG und ScheckG[22] Einl WG Rn 31). Es besteht einerseits kein Anlaß, den Finder auch das verbriefte Recht erwerben zu lassen, da dieses ja dem Berechtigten gar nicht „verloren" gehen konnte und auch bei dauerhaftem Verlust des Papiers nach Durchführung eines Aufgebotsverfahrens weiterhin ausgeübt werden kann; andererseits verbietet sich ein isolierter Erwerb des Eigentums am Papier ohne Miterwerb des verbrieften Rechts, weil Papier und verbrieftes Recht nur durch Kraftloserklärung des Papiers voneinander getrennt werden können. Im übrigen hätte der Finder natürlich regelmäßig auch gar kein Interesse an einem solchen isolierten Erwerb des Papiereigentums. Vgl auch § 959 Rn 11.

6 Der Eigentumserwerb tritt wie jeder auf Verschweigung beruhende Erwerb *ex nunc* ein (WOLFF/RAISER § 82 VII 1; PLANCK/BRODMANN Anm 2; SOERGEL/HENSSLER Rn 6 m Fn 19; BAMBERGER/ROTH/KINDL Rn 4; ERMAN/EBBING Rn 1; PALANDT/BASSENGE Rn 1; H WESTERMANN[5] § 59 II 5; BAUR/STÜRNER § 53 Rn 82; EICHLER II 1, 59; SCHWAB/PRÜTTING Rn 503; VIEWEG/WERNER § 6 Rn 30; CROME § 413 Fn 61; GOLDMANN/LILIENTHAL § 25 Fn 2; STRAUSS 53; KRUSCH 298; LINS 137 ff, 143; für Rückdatierung auf den Fund dagegen STAUDINGER/BERG[11] Rn 3; DERNBURG

§ 116 VII 3; BGB-RGRK/Pikart Rn 2; Biermann Anm 5; Kretzschmar Anm III; Egert, Die Rechtsbedingung [1974] 202). Zugleich mit dem Eigentum an der Fundsache erwirbt der Finder auch das Eigentum an den in der Zwischenzeit gezogenen Sachfrüchten (Planck aaO; Soergel/Mühl[12] Rn 1 m Fn 3; AnwK-BGB/Hoeren Rn 3; Palandt/Bassenge Rn 1; Edenfeld JR 2001, 485, 488; Wolff/Raiser § 82 VII 1; Lins 143); diese sind sozusagen „mitgefunden" (MünchKomm/Quack Rn 5). Wegen der Beweislast s Rn 3 aE.

Der Eigentumserwerb des Finders nach § 973 wird durch die Eröffnung des Insolvenzverfahrens über das Vermögen des bisherigen Eigentümers nicht gehindert (vgl Jaeger/Henckel, KO[9] § 15 Rn 84).

IV. Die Rechtsnatur der Anwartschafts des Finders

Die Anwartschaft des Finders auf den Eigentumserwerb stellt nach hM ein vererbliches und (in den Formen der §§ 929 ff) übertragbares Recht dar (so Staudinger/ **7** Berg[11] Rn 3 [g]; Wieling I § 11 V 3 d aa; Wolff/Raiser § 82 VII 3; H Westermann[5] § 59 II 5 a; Baur/Stürner § 53 Rn 82; Wilhelm Rn 1064; Schwab/Prütting Rn 503; Lange § 53 Fn 10; O vGierke II, 538; J vGierke § 35 I 5; MünchKomm/Quack Rn 6; Soergel/Henssler Rn 7; Erman/ Ebbing Rn 3; Palandt/Bassenge Rn 1; Hk-Eckert §§ 970–977 Rn 5; Mittenzwei MDR 1987, 883, 885; Krusch AcP 148 [1943] 282, 299; Brandis JW 1931, 507; Forkel, Grundfragen der Lehre vom privaten Anwartschaftsrecht [1962] 113 Fn 106, 149 Fn 106; zweifelnd Edenfeld JR 2001, 485, 489). In Wirklichkeit handelt es sich aber nicht um eine echtes Anwartschaftsrecht, sondern um eine bloße Erwerbsaussicht, die zwar vererblich ist und kraft positiver Anordnung in § 976 auf die Gemeinde übergehen kann, nicht aber Gegenstand des Rechtsverkehrs sein kann (Planck/Brodmann Anm 4; Eichler II 1, 60; Müller Rn 3129 a; Sponer, Das Anwartschaftsrecht und seine Pfändung [1965] 127 f; Lins 136 f; wohl auch Raiser, Dingliche Anwartschaften [1961] 13; Lempenau, Direkterwerb oder Durchgangserwerb [1968] 60 f). Einerseits ist kein einziges Rechtsmerkmal einer Vorwirkung des Vollrechts ersichtlich, und andererseits besteht für die Übertragbarkeit der Anwartschaft des Finders angesichts ihrer rechtlichen Schwäche auch kein wirtschaftliches Bedürfnis. Der Finder ist natürlich nicht daran gehindert, über sein künftiges Eigentum antizipiert mit der Wirkung des § 185 Abs 2 zu verfügen. – Wer anders entscheidet, also ein übertragbares Anwartschaftsrecht des Finders bejaht, muß wohl annehmen, daß kein Durchgangserwerb des Finders erfolgt. Der Finder müßte aber für den Anspruch aus § 977 selbst passiv legitimiert bleiben (Palandt/Bassenge Rn 1; Wieling I § 11 V 3 d aa; Edenfeld JR 2001, 485, 489). In die Rechte und Pflichten aus dem gesetzlichen Schuldverhältnis würde der Erwerber nicht einrücken (Palandt/Bassenge Rn 1). Die Übertragung des Anwartschaftsrechts impliziert, daß auch das unvollkommene Besitzrecht des Finders auf den Erwerber übergeht; dieser haftet dann dem Eigentümer nicht nach den §§ 987 ff (**aA** MünchKomm/Quack Rn 6; Palandt/Bassenge Rn 1), sondern nach allgemeinem Bereicherungsrecht und Deliktsrecht. § 968 kann zugunsten des Erwerbers nicht eingreifen. Das Anwartschaftsrecht würde erlöschen, wenn der Finder den Fund verheimlicht (Wieling aaO).

V. Folgen des Eigentumserwerbs

Der lastenfreie Eigentumserwerb des Finders führt zu Bereicherungsansprüchen der **8** bisher Berechtigten gem § 977. – Die Ansprüche auf Finderlohn und Ersatz der Aufwendungen kann der Finder, nachdem er Eigentümer der Fundsache geworden ist, nicht mehr geltend machen, außer er wird seinerseits nach § 977 in Anspruch genommen, vgl dort Rn 2. – Wenn der Finder die Fundsache an die zuständige Behörde abgeliefert hat, erwirbt er mit dem Eigentum auch einen Herausgabeanspruch gegen die betreffende Gemeinde, der jedoch nicht privatrechtlicher, sondern öffentlich-rechtlicher Natur ist (VGH Bremen DVBl 1956, 628 mwN; OLG Hamburg HansRGZ 1930 B 381; BGB-RGRK/Pikart Rn 3; Bamberger/Roth/Kindl Rn 4; H Wester-mann[5] § 59 II 5 a; Kohler-Gehrig VBlBW 1995, 377, 380; **abw** Staudinger/Berg[11] Rn 3 [e] u OLG Hamburg OLGE 36, 156). Wegen § 40 Abs 2 VwGO ist für diesen aber der Zivilrechtsweg gegeben (s Vorbem 4 zu § 965; **abw** BGB-RGRK/Pikart aaO).

VI. Frühere Fassungen; Übergangsregelung

9 Die *jetzige Fassung* des § 973 beruht auf Art 2 Abs 1 Nr 11 des Gesetzes vom 27. 6. 2000 (BGBl I 897) und ist seit dem 30. 6. 2000 in Kraft (Art 12 dieses Gesetzes). Die bis dahin geltende Fassung ging zurück auf Art 1 Nr 3 des Gesetzes vom 19. 7. 1976 (BGBl I 1817). Die ursprüngliche Fassung, die eine einjährige Verschwei-gungsfrist und als Wertgrenze 3 M bzw DM vorsah, galt danach weiter für alle vor dem 1. 11. 1976 gemachten Funde (s Vorbem 1 zu § 965). Wegen der Rechtslage zwi-schen 1943 und 1953 s Staudinger/Berg[11] Rn 5.

§ 974
Eigentumserwerb durch Verschweigung

Sind vor dem Ablauf der sechsmonatigen Frist Empfangsberechtigte dem Finder bekannt geworden oder haben sie bei einer Sache, die mehr als zehn Euro wert ist, ihre Rechte bei der zuständigen Behörde rechtzeitig angemeldet, so kann der Finder die Empfangsberechtigten nach den Vorschriften des § 1003 zur Erklärung über die ihm nach den §§ 970 bis 972 zustehenden Ansprüche auffordern. Mit dem Ablauf der für die Erklärung bestimmten Frist erwirbt der Finder das Eigentum und erlöschen die sonstigen Rechte an der Sache, wenn nicht die Empfangsberechtigten sich rechtzeitig zu der Befriedigung der Ansprüche bereit erklären.

Materialien: E I § 919 Abs 2; II § 889; III § 958;
Mot III 384 f; Prot III 271 f; Jakobs/Schubert,
SR I 736 ff; geändert durch Gesetz vom
19. 7. 1976 (BGBl I 1817; dazu BT-Drucks 7/
3559, 4 f).

1 **I.** § 974 setzt voraus, daß sich die Ansprüche der Empfangsberechtigten und die Gegenansprüche des Finders nicht durch gütliche Einigung, dh durch Herausgabe der Sache gegen volle Entschädigung des Finders erledigen (es will zB keiner der Anmelder die Ansprüche des Finders befriedigen). Dem Finder soll ein Mittel zur **Beseitigung des Schwebezustandes** gegeben werden und gleichzeitig auf die Emp-fangsberechtigten ein indirekter Druck zur Einlösung der Fundsache gegen Ent-richtung des Finderlohnes und Ersatz der Aufwendungen ausgeübt werden, vgl Prot VI 236. Der Finder kann nämlich alle Empfangsberechtigten, die er kennt oder die

ihr Recht bei der zuständigen Behörde angemeldet haben, unter Angabe des als Finderlohn und Aufwendungsersatz verlangten Betrages dazu auffordern, sich innerhalb einer von ihm bestimmten angemessenen Frist zu erklären, ob sie die Ansprüche genehmigen. Lassen dann alle Aufgeforderten die Frist ohne Abgabe einer Erklärung verstreichen – und sind keine weiteren unbekannt gebliebenen und deshalb nicht aufgeforderten Empfangsberechtigten vorhanden (vgl u Rn 3) –, so erwirbt der Finder mit Ablauf der Frist lastenfreies Eigentum (S 2). Der Verschweigung steht es gleich, wenn ein Empfangsberechtigter die Befriedigung der Ansprüche schlechthin verweigert, ohne diese damit zugleich (Auslegungsfrage!) dem Grunde oder der Höhe nach zu bestreiten (so mit Recht BGB-RGRK/Pikart Rn 4).

Voraussetzung ist aber immer, daß die gesetzte Erklärungsfrist wirklich angemessen ist, dh dem zur Erklärung Aufgeforderten Zeit läßt, sich über die Einlösung schlüssig zu werden, sich insbes dazu auch mit den anderen Empfangsberechtigten in Verbindung zu setzen. Die Frist so zu bestimmen, daß noch in ihrem Rahmen die des § 973 Abs 1 abläuft, ist (entgegen Planck/Brodmann Anm 2 a; Lins 146; Soergel/Henssler Rn 2, 4) nicht notwendig, sondern allenfalls zweckmäßig. Ist die Frist zu kurz bemessen, so wird – im Gegensatz zu den Fällen der §§ 250, 1003 – keine angemessene Frist in Gang gesetzt, sondern die ganze Maßnahme ist wirkungslos; denn die an den Fristablauf geknüpfte Folge des Eigentumsübergangs verträgt keine Unklarheit (so auch Wieling I § 11 V 3 c; Palandt/Bassenge Rn 1; Lins 146 f; Soergel/Henssler Rn 2). Der Finder kann dann die ganze Aufforderung mit korrekter Fristsetzung wiederholen (MünchKomm/Quack Rn 2; Erman/Ebbing Rn 4). Dies kann schon vor Ablauf der unwirksamen Frist geschehen. Eine bloße Verlängerung um den Zeitraum, um den die Fristsetzung zu knapp bemessen war, dürfte dagegen nicht ausreichen (aA MünchKomm/Quack Rn 2; Soergel/Henssler Rn 2). Aus der Formulierung „vor dem Ablauf der sechsmonatigen Frist" darf nicht geschlossen werden, daß der Eigentumserwerb nach § 974 im Falle des Wertfundes überhaupt nur dann erfolgen könnte, wenn die sechsmonatige Frist nach § 973 Abs 1 bereits durch Fundanzeige bei der zuständigen Behörde in Gang gesetzt war (aM Planck/Brodmann Anm 1). Die Möglichkeit, durch die Fristsetzung gegenüber dem Empfangsberechtigten den Schwebezustand zu beenden, muß der Finder vielmehr auch dann haben, wenn er die Anzeige bei der Fundbehörde befugterweise unterlassen hat, weil ihm der Empfangsberechtigte von Anfang an bekannt war und er sich deshalb unmittelbar an diesen wenden konnte (Strauss 55). Dies gilt allerdings nur, wenn keine weiteren Empfangsberechtigten vorhanden sind (s u Rn 3).

II. *Genehmigt* auch nur einer der zur Erklärung Aufgeforderten die Ansprüche **2** des Finders, tritt der Rechtsübergang gem § 974 nicht ein, sondern bleiben die Rechte aller erhalten (vgl Prot III 270); der Finder kann dann seine Erstattungsansprüche gegen den betreffenden Empfangsberechtigten im Klageweg durchsetzen (s § 972). Der etwaige Ausgleichsanspruch des Genehmigenden gegen die anderen Empfangsberechtigten ist im Fundrecht nicht geregelt, sondern kann sich nur aus den insoweit bestehenden Vertragsverhältnissen bzw aus den Normen über Geschäftsführung ohne Auftrag oder ungerechtfertigte Bereicherung ergeben. – *Bestreitet* auch nur einer der zur Erklärung aufgeforderten Empfangsberechtigten vor dem Ablauf der gesteckten Frist den Anspruch des Finders rundweg oder aber auch nur der geltend gemachten Höhe nach (s § 1003 Abs 2), so kann der Finder die Auflösung des Schwebezustandes nur dadurch erreichen, daß er den Betrag seiner

Karl-Heinz Gursky

Ansprüche gegenüber dem betreffenden Empfangsberechtigten rechtskräftig feststellen läßt und diesem Empfangsberechtigten sodann nochmals eine angemessene Frist eröffnet, binnen derer er sich darüber erklären kann, ob er die Sache nunmehr einlösen will; erst nach fruchtlosem Ablauf dieser zweiten Frist kann der Finder dann gem S 2 das freie Eigentum erwerben (Planck/Brodmann Anm 2 b; Soergel/ Henssler Rn 5; Wolff/Raiser § 82 VII 2). Diese erneute Fristsetzung kann auf Antrag des Finders auch schon in dem Feststellungsurteil erfolgen (RGZ 137, 98, 101 [zu §§ 994 ff]; BGB-RGRK/Pikart Rn 5; Soergel/Henssler Rn 5; Erman/Ebbing Rn 8).

3 III. Die Fristsetzung nach § 974 S 1 muß grundsätzlich gegenüber *allen* Empfangsberechtigten erfolgen, die der Finder kennt oder die sich bei der zuständigen Behörde gemeldet haben (Planck/Brodmann Anm 2 a; BGB-RGRK/Pikart Rn 3; Münch-Komm/Quack Rn 3; Soergel/Henssler Rn 3; Wolff/Raiser § 82 VII 2; Müller Rn 3131); andernfalls kann die Wirkung des § 974 S 2 nicht eintreten. Dabei läuft natürlich die Frist gegenüber jedem der aufgeforderten Empfangsberechtigten gesondert (Münch-Komm/Quack Rn 2; BGB-RGRK/Pikart Rn 3; Soergel/Henssler Rn 3). Auch gegenüber einem Empfangsberechtigten, der die Sache schon gem §§ 972, 1001 S 2 zurückgegeben hat, um sich von den Ansprüchen des Finders zu befreien, ist die Fristsetzung nicht entbehrlich (Planck/Brodmann Anm 2 a; Soergel/Henssler Rn 3; **aA** MünchKomm/Quack Rn 3; wohl auch BGB-RGRK/Pikart Rn 6). Nur dann, wenn ein Empfangsberechtigter die Ansprüche des Finders schon vorher ersichtlich ernsthaft und endgültig besstreitet, wäre die Setzung einer Erklärungsfrist eine sinnlose Formalität; hier dürfte sofort die Feststellungsklage nach § 1003 Abs 2 zulässig sein. Ist ein *weiterer Empfangsberechtigter vorhanden*, der dem Finder *unbekannt* ist und sich auch nicht bei der zuständigen Behörde gemeldet hat, so genügt der Ablauf der gem § 974 gesetzten Erklärungsfrist für den Eigentumserwerb des Finders nicht. Dieser tritt vielmehr erst dann ein, wenn *auch die Sechsmonatsfrist des § 973 verstrichen ist*, ohne daß der weitere Empfangsberechtigte sich bei der zuständigen Behörde gemeldet hat oder dem Finder bekannt geworden ist (H Westermann[5] § 59 II 5 b; Münch-Komm/Quack Rn 5; Soergel/Henssler Rn 4; Bamberger/Roth/Kindl Rn 4; gleiches Ergebnis bei abweichender Konstruktion – zunächst resolutiv bedingter Eigentumserwerb – auch Wolff/ Raiser § 82 VII 2; **aM** Strauss 57 Fn 1). Meldet sich innerhalb der Sechsmonatsfrist des § 973 ein weiterer Empfangsberechtigter, so muß auch dieser nach § 974 aufgefordert werden; der Eigentumserwerb des Finders tritt hier erst dann ein, wenn auch dieser nachträglich bekanntgewordene Erwerbsberechtigte sich verschweigt (Wieling I § 11 V 3 c). – Kritik de lege ferenda bei Edenfeld JR 2001, 485, 488.

4 IV. Die *Beweislast* für die Aufforderung zur Erklärung und die Fristsetzung trägt der Finder, die für die rechtzeitige Erklärung der Empfangsberechtigte (Planck/ Brodmann Anm 2 a b).

§ 975
Rechte des Finders nach Ablieferung

Durch die Ablieferung der Sache oder des Versteigerungserlöses an die zuständige Behörde werden die Rechte des Finders nicht berührt. Lässt die zuständige Behörde die Sache versteigern, so tritt der Erlös an die Stelle der Sache. Die zuständige

Behörde darf die Sache oder den Erlös nur mit Zustimmung des Finders einem Empfangsberechtigten herausgeben.

Materialien: VE SR § 170 Abs 2; E I §§ 913, 916; II § 980; III § 959; Schubert, SR I 996; Mot III 378, 381; Prot III 261, 271; Jakobs/Schubert, SR I 721 ff; geändert durch Gesetz vom 19. 7. 1976 (BGBl I 1817).

I.   Satz 1: Durch die *Ablieferung* der Sache (§ 967) oder des Erlöses (§§ 967, 966 **1** Abs 2 S 3) an die zuständige Behörde werden die Rechte des Finders (§§ 970–974) in keiner Weise beeinträchtigt; die bloße Ablieferung kann deshalb noch nicht als Verzicht auf diese Rechte gewertet werden. Den Besitz an der Fundsache bzw an dem Erlös verliert der Finder durch die Ablieferung aber vollständig (s § 967 Rn 2). Wegen der Auswirkung auf die Pflichten des Finders vgl § 967 Rn 1.

II.   Satz 2: Die Versteigerungsbefugnis der Fundbehörde tritt erst ein, wenn der **2** Fund an diese abgeliefert ist. Unter welchen Voraussetzungen die Fundbehörde die Sache versteigern darf, bleibt Sache der Landesgesetzgebung im Sinne einer dem öffentlichen Recht angehörenden Materie (vgl Prot III 261); gleiches gilt von der Art der Versteigerung (s § 965 Rn 15). Soweit keine landesgesetzlichen Vorschriften vorliegen, ist § 966 entsprechend anzuwenden (vgl OLG Hamburg HansGZ 1910, Beibl 135; BGB-RGRK/Pikart Rn 2; Soergel/Henssler Rn 3; wohl auch Kohler-Gehrig VBlBW 1995, 377, 379). Wenn die zuständige Behörde eine Sache (zB einen abgelieferten Hund) versteigert, die nicht verloren war, so wird der Erwerber bei der Fundversteigerung gleichwohl Eigentümer nach Analogie des Erwerbs bei der Versteigerung gepfändeter Sachen (vgl Stein/Jonas/Münzberg, ZPO²¹ § 817 Rn 21); ist der Erwerber schlechtgläubig, so hat der frühere Eigentümer uU den Anspruch aus §§ 826, 249 Abs 1 auf Rückübereignung der Sache (vgl Haase 45 f).

III.   Satz 3: Die zuständige Behörde darf die Fundsache oder den Erlös aus ihr nur **3** mit Zustimmung des Finders an den Empfangsberechtigten herausgeben. Dadurch soll insbesondere das Zurückbehaltungsrecht des Finders (§ 972) gewahrt bleiben. Die Zustimmung muß der Behörde nachgewiesen werden. Sie wird durch ein rechtskräftiges Urteil nach § 894 ZPO ersetzt. Eine Verurteilung des Finders zur Herausgabe muß die gleiche Wirkung haben (Planck/Brodmann Anm 3). Herausgabe ohne Einholung der Zustimmung stellt eine Amtspflichtverletzung iSv § 839 dar (BGB-RGRK/Pikart Rn 3; Kohler-Gehrig VBlBW 1995, 377, 380). Die Fundbehörde handelt hier kraft ihres Amtes, also nicht als Verwahrerin und auch nicht als negotiorum gestrix (vgl Biermann § 975 Anm 1; Strauss aaO; Hartmann Recht 1913, 391 und Vorbem 4 zu § 965). Verweigert die Behörde trotz vorliegender oder durch Urteil ersetzter Zustimmung des Finders die Herausgabe, kann der Empfangsberechtigte seinen öffentlich-rechtlichen (s § 973 Rn 8) Herausgabeanspruch gegen die Behörde im Wege der Leistungsklage vor dem Verwaltungsgericht durchsetzen (MünchKomm/Quack Rn 3; Bamberger/Roth/Kindl Rn 1; aA Soergel/Henssler Rn 3). Anspruch auf die Zustimmung des Finders hat der Empfangsberechtigte erst, nachdem er die Verwendungen und den Finderlohn genehmigt hat; und auch dann kann er nur Zustimmung

Karl-Heinz Gursky

zur Aushändigung der Sache gegen Erstattung der Aufwendungen und des Finderlohnes bzw Zustimmung zur Auskehrung des nach Abzug des Aufwendungsbetrages und des Finderlohns verbleibenden Restes des Versteigerungserlöses verlangen. Denn dem Finder stünde – wenn er im Besitz der Sache geblieben wäre bzw wenn man die Fundbehörde als Besitzmittler ansehen könnte – trotz seiner Genehmigung noch ein Zurückbehaltungsrecht (zumindest aus § 273, richtiger Ansicht nach aber auch aus § 1000, s § 1000 Rn 8) gegenüber dem dann gegebenen Herausgabeanspruch des Empfangsberechtigten zu.

§ 976
Eigentumserwerb der Gemeinde

(1) Verzichtet der Finder der zuständigen Behörde gegenüber auf das Recht zum Erwerb des Eigentums an der Sache, so geht sein Recht auf die Gemeinde des Fundorts über.

(2) Hat der Finder nach der Ablieferung der Sache oder des Versteigerungserlöses an die zuständige Behörde aufgrund der Vorschriften der §§ 973, 974 das Eigentum erworben, so geht es auf die Gemeinde des Fundorts über, wenn nicht der Finder vor dem Ablauf einer ihm von der zuständigen Behörde bestimmten Frist die Herausgabe verlangt.

Materialien: E I § 923 Abs 1; II § 891; III § 960;
Mot III 386; Prot III 272 f; geändert durch
Gesetz vom 19. 7. 1976 (BGBl I 1817).

1 **I.** **Abs 1**: Der gegenüber der zuständigen Behörde (s § 965 Rn 17) erklärte **Verzicht des Finders** auf sein Recht zum Eigentumserwerb wirkt zugunsten der Gemeinde des Fundortes. Auch hier kommt es nur auf die sachliche, nicht auch die örtliche Zuständigkeit an (PLANCK/BRODMANN Anm 1; SOERGEL/HENSSLER Rn 1; ERMAN/EBBING Rn 2; **aM** MünchKomm/QUACK Rn 1; BAMBERGER/ROTH/KINDL Rn 1; MÜLLER Rn 3135 [nach Anzeige oder Ablieferung nur noch bei der Behörde, an die die Anzeige oder Ablieferung erfolgt ist]). Der Verzicht ist eine einseitige, amtsempfangsbedürftige Willenserklärung, deren Wirksamkeit sich nach den allgemeinen Vorschriften (§§ 104 ff) richtet. Sie kann unter der aufschiebenden Bedingung der Erfüllung der Finderansprüche (§§ 970, 971) abgegeben werden (KOHLER-GEHRIG VBlBW 1995, 377, 381; BGB-RGRK/PIKART Rn 2). Wenn diese Bedingung bei Ablauf der Frist aus § 973 Abs 1 noch nicht eingetreten ist, wird der Finder Eigentümer und die Bedingung fällt aus (KOHLER-GEHRIG aaO). Die Verzichtserklärung ist auch dann wirksam, wenn sie vor einer örtlich unzuständigen Behörde (der allgemeinen inneren Verwaltung) abgegeben wird. Sie bedarf keiner besonderen Form. Der Verzicht gem Abs 1 kann auch dann wirksam erklärt werden, wenn die Fundsache oder der Versteigerungserlös nicht an die zuständige Behörde abgeliefert worden ist (vgl BIERMANN Anm 1 a).

2 Infolge des Verzichts geht die – ansonsten richtiger Auffassung nach unübertragbare (s § 973 Rn 7) – Eigentumsanwartschaft des Finders, so wie sie in diesem Augenblick

besteht, kraft Gesetzes auf die Gemeinde des Fundortes über. Bereits erwachsene Hinderungs- oder Hemmungsgründe hinsichtlich des Eigentumserwerbs bleiben aufrecht; neue Hinderungsgründe können nicht mehr in der Person des Finders, sondern nur noch bei der Gemeinde entstehen (WIELING I § 11 V 3 d aa). Im übrigen erwirbt die Gemeinde mit Ablauf der Fristen der §§ 973, 974 das Eigentum an der Sache, soweit es auch der Finder ohne seinen Verzicht erworben hätte. (Der § 974 kommt hierbei insofern in Frage, weil es denkbar ist, daß der Finder die Empfangs- berechtigten nach § 974 aufforderte, vor Ablauf der gesetzten Frist aber – bevor er also Eigentümer wurde – auf sein Recht verzichtete; von der Gemeinde selbst kann eine Aufforderung gem § 974 insofern nicht ausgehen, als ihr keine Ansprüche aus §§ 970–972 zustehen; vgl GOLDMANN/LILIENTHAL § 25 Fn 11). Die Ansprüche des Finders auf Aufwendungsersatz und Finderlohn müßten besonders abgetreten werden (aA MÜLLER Rn 3136 m Fn 2); ein ausdrücklicher Vorbehalt dieser Ansprüche beim Ver- zicht auf die Eigentumsanwartschaft ist nicht erforderlich (SOERGEL/HENSSLER Rn 2; KOHLER-GEHRIG VBlBW 1995, 377, 380 mwN; aM WESTERMANN[5] § 59 II a; BIERMANN Anm 1 a; KRETZSCHMAR Anm 1 S 254; ERMAN/HEFERMEHL[10] Rn 2: sonst uU konkludenter Verzicht; gänzlich abweichend wohl MünchKomm/QUACK Rn 1, 2, wo ein vollständiger Übergang der Finderrechte auf die Gemeinde angenommen und selbst ein Vorbehalt der Ansprüche auf Aufwendungsersatz und Finderlohn offenbar als unwirksam angesehen wird. Dafür gibt es aber keinerlei Anhaltspunkt im Gesetz). Mangels einer solchen Abtretung kann sie der Finder nach dem Eigen- tumserwerb der Gemeinde analog § 999 Abs 2 dieser gegenüber im Klageweg gel- tend machen, §§ 972, 1001 S 1 1. Alt (ERMAN/EBBING Rn 3 [für den Fall des Vorbehalts der Ansprüche beim Verzicht]; aA SOERGEL/HENSSLER Rn 2; KOHLER-GEHRIG VBlBW 1995, 375, 381) die Gemeinde kann sich jedoch nach §§ 972, 1001 S 2 durch Rückgabe der Sache an den Finder befreien, denn die Annahme in Kenntnis des Vorbehalts löst – da sie ja nicht durch den Eigentümer, sondern durch eine Behörde der noch nicht zum Eigentümer gewordenen Gemeinde erfolgt, die die Annahme gar nicht verweigern darf – nicht die Genehmigungsfiktion des § 1001 S 3 aus.

II. Verfall infolge Nichtabholung: Abs 2 betrifft den häufig vorkommenden Fall,   3 daß sich der Finder nach Ablieferung der Sache um das weitere nicht mehr beküm- mert, ohne vorher gem Abs 1 ausdrücklich auf seine Ansprüche verzichtet zu haben. Auch in einem solchen Falle geht, wenn der Finder nach Ablieferung der Sache oder des Erlöses an die zuständige Behörde nach §§ 973, 974 das Eigentum am einen oder anderen erworben hat, dieses Eigentum (wie nach Abs 1) auf die Gemeinde des Fundortes über, wenn nicht der Finder vor Ablauf einer ihm von der zuständi- gen Behörde bestimmten Frist bei dieser Herausgabe begehrt hat. Die Frist ist nach §§ 187 ff zu berechnen; eine Nachprüfung der Angemessenheit durch das Gericht erfolgt hier nicht (so mit Recht PLANCK/BRODMANN Anm 2; BGB-RGRK/PIKART Rn 6; abw MünchKomm/QUACK Rn 3 und AnwK-BGB/HOEREN Rn 2: Fristsetzung nach §§ 40, 42 VwGO anfechtbarer Verwaltungsakt; EDENFELD JR 2001, 485, 488); eine evidentermaßen unange- messen kurze Fristsetzung wird jedoch regelmäßig rechtsmißbräuchlich und deshalb unwirksam sein. Die Ansprüche des Finders auf Finderlohn und Ersatz der Auf- wendungen können gegenüber der Gemeinde im Falle des Abs 2 nicht geltend gemacht werden, da diese Ansprüche bereits beim Eigentumserwerb des Finders durch Konfusion erloschen sind (WIELING I § 11 V 3 d bei Fn 24; PLANCK/BRODMANN Anm 2; BGB-RGRK/PIKART Rn 7; H WESTERMANN/GURSKY § 59 II 5 a; SOERGEL/HENSSLER Rn 3; BAM- BERGER/ROTH/KINDL Rn 2; KOHLER-GEHRIG VBlBW 1995, 377, 381). Wenn der Finder oder sein Aufenthalt gar nicht mehr zu ermitteln ist, gilt § 983 (MünchKomm/QUACK Rn 3;

KOHLER-GEHRIG VBlBW 1995, 377, 380). – Der Finder trägt die Beweislast für die rechtzeitige Geltendmachung seines Herausgabeanspruchs (BAUMGÄRTEL/BAUMGÄRTEL Rn 1; aA LEONHARD, Die Beweislast[2] 392).

§ 977
Bereicherungsanspruch

Wer infolge der Vorschriften der §§ 973, 974, 976 einen Rechtsverlust erleidet, kann in den Fällen der §§ 973, 974 von dem Finder, in den Fällen des § 976 von der Gemeinde des Fundorts die Herausgabe des durch die Rechtsänderung Erlangten nach den Vorschriften über die Herausgabe einer ungerechtfertigten Bereicherung fordern. Der Anspruch erlischt mit dem Ablauf von drei Jahren nach dem Übergang des Eigentums auf den Finder oder die Gemeinde, wenn nicht die gerichtliche Geltendmachung vorher erfolgt.

Materialien: VE SR § 172; E I §§ 922, 923
Abs 2; II § 892; III § 961; SCHUBERT, SR I 1004 f;
Mot III 386; Prot III 272; JAKOBS/SCHUBERT, SR
I 721 ff.

I.   Allgemeines

1 Der Eigentumserwerb des Finders oder der Gemeinde soll lediglich die faktisch „herrenlose" Sache wieder dem Rechtsleben zuführen, nicht aber zugleich den in der Sache verkörperten Vermögenswert endgültig dem Erwerber zuweisen. Deshalb gewährt § 977 dem durch diesen lastenfreien Eigentumserwerb geschädigten früheren Empfangsberechtigten einen persönlichen **Ausgleichsanspruch** nach den Vorschriften über die **ungerechtfertigte Bereicherung**; es handelt sich dabei um eine Rechtsfolgenverweisung (so auch SOERGEL/HENSSLER Rn 4; ähnlich HADDING in: FS Mühl [1981] 225, 265 [Verweisung auf alle nicht anspruchsbegründenden Normen der §§ 812–822; aA MÜLLER Rn 3133). Da aber eine langjährige Ungewißheit über eine die dinglche Herausgabepflicht überdauernde obligatorische Haftung mit den berechtigten Interessen des Finders bzw der Gemeinde kaum vereinbar wäre, ist für den Ausgleichsanspruch eine dreijährige Präklusivfrist bestimmt. Der Ausgleichsanspruch entsteht nur, wenn der Rechtsverlust nach den §§ 973, 974, 976 eintritt, nicht dagegen etwa, wenn der Finder die Sache unberechtigterweise veräußert, bevor er daran Eigentum erworben hat. – Kritik de lege ferenda bei EDENFELD JR 2001, 485, 489.

II.   Parteien und Inhalt des Anspruchs

2 **Ausgleichspflichtig** ist der Finder (§§ 973, 974) oder die Gemeinde (§ 976) sowie unter den Voraussetzungen des § 822 auch ein dritter Erwerber der Fundsache (SOERGEL/HENSSLER Rn 2; EDENFELD JR 2001, 485, 489; WEIMAR JR 1977, 498, 499; implizit anders HADDING aaO). **Anspruchsberechtigt** sind der bisherige Eigentümer der Fundsache sowie die früher dinglich Berechtigten, deren Recht nach § 973 Abs 1 S 2 erloschen ist. Da § 977 auch den § 974 mit aufführt, muß auch ein Empfangsbe-

rechtigter, der sein Recht durch Verstreichenlassen der ihm vom Finder gesetzten Erklärungsfrist verloren hat, diesen bereicherungsrechtlichen Ausgleichsanspruch haben. Diese – sachlich nicht zu billigende (vgl ENDEMANN § 87 Fn 21; EDENFELD JR 2001, 485, 489) – Regelung beruht offenbar auf einem Fehler der Redaktionskommission (vgl E I § 922 I 2, Mot III 386; Prot III 272); gleichwohl ist der eindeutige Wortlaut des Gesetzes verbindlich (WOLFF/RAISER § 82 VIII; PLANCK/BRODMANN Anm 1; BGB-RGRK/PIKART Rn 5; SOERGEL/HENSSLER Rn 3; BAMBERGER/ROTH/KINDL Rn 2; ERMAN/EBBING Rn 5; LINS 152 ff [wo ein Redaktionsversehen verneint wird]; anders WIELING I § 11 V 3 d bb; MünchKomm/QUACK Rn 3; MITTENZWEI MDR 1987, 883, 885 Fn 25 [Rechtsmißbrauch]; DELIUS PrVerwBl 1899, 337, 340). – Nicht ersatzberechtigt ist natürlich der Finder selbst gegenüber der Gemeinde im Falle des § 976 Abs 2, da andernfalls der frühere Eigentümer der Sache überhaupt nicht oder nur neben dem Finder die Rückübertragung verlangen könnte (PLANCK/BRODMANN Anm 1 aE; BGB-RGRK/PIKART Rn 6; SOERGEL/HENSSLER Rn 2; KOHLER-GEHRIG VBlBW 1995, 377, 382). Der **Inhalt** der Ausgleichspflicht im einzelnen bestimmt sich nach den §§ 812, 818, 819. Geschuldet wird aber primär die Naturalrestitution des Erlangten (§ 812 Abs 1 S 1 2. Alt), dh die Rückgängigmachung der erfolgten Rechtsverschiebung und die Herausgabe der Sache, falls dies nicht möglich ist, Herausgabe der commoda ex re (§ 818 Abs 1 2. Alt) oder Wertersatz (§ 818 Abs 2), ferner Herausgabe der Nutzungen (§ 818 Abs 1 1. Alt). Die Verpflichtung zur Herausgabe oder zum Wertersatz beschränkt sich aber grundsätzlich auf die noch vorhandene Bereicherung (§ 818 Abs 3). Eine Bereicherungsminderung liegt – wenn der Bereicherungsanspruch sich gegen den Finder richtet oder wenn der aus § 977 verpflichteten Gemeinde die Finderansprüche abgetreten waren – auch in dem uno actu mit dem Eigentumserwerb eingetretenen Untergang der Ansprüche auf Aufwendungsersatz und Finderlohn (WIELING I § 11 V 3 d bb; KOHLER-GEHRIG VBlBW 1995, 377, 382; iE auch SOERGEL/HENSSLER Rn 4). Die Minderungsposten werden im Falle der Wertersatzpflicht durch Abzug, im Falle der Naturalrestitution durch Verurteilung zur Herausgabe nur Zug um Zug gegen eine Ausgleichszahlung in Höhe der Bereicherungsminderung berücksichtigt; dies geschieht auch im letzteren Fall von Amts wegen, sofern die Minderungsposten in den Prozeß eingeführt worden sind; der Ausübung eines Zurückbehaltungsrechts bedarf es also (entgegen BGB-RGRK/PIKART Rn 4; MünchKomm/QUACK Rn 4; MITTENZWEI MDR 1987, 883, 885 Fn 25 aE) hierzu nicht (vgl BGH NJW 1963, 1870; SOERGEL/HENSSLER Rn 4). Die Steigerung der Haftung nach § 819 (Kenntnis des Empfängers von Mangel des Rechtsgrundes) wird, da andernfalls die Rechtsstellung des Finders in unerträglicher Weise verschlechtert würde, erst dann eintreten können, wenn und sobald der Finder von der Person eines Empfangsberechtigten sichere Kunde erlangt (ähnlich BIERMANN Anm 1; PLANCK/BRODMANN Anm 3; SOERGEL/HENSSLER Rn 4; WOLFF/RAISER § 82 VIII; WIELING I § 11 V 3 d bb aE; SCHWAB/PRÜTTING Rn 504; E WOLF § 4 B III e; WEIMAR MDR 1968, 819, 820; LINS 150; EDENFELD JR 2001, 485, 489; KOHLER-GEHRIG VBlBW 1995, 377, 382; nur in der Konstruktion abw MünchKomm/QUACK Rn 4; anders aber MÜLLER[2] Rn 3134; WILHELM Rn 1067). Im Falle des § 974 wird darüber hinaus die Kenntnis des Finders davon, daß der Empfangsberechtigte im Gegensatz zu seinem früheren Verhalten nunmehr doch zur „Auslösung" der Fundsache bereit ist, zu fordern sein (so jetzt auch SOERGEL/HENSSLER Rn 4; KOHLER-GEHRIG VBlBW 1995, 377, 382; anders WOLFF/RAISER aaO). Schließlich muß im Rahmen der verschärften Bereicherungshaftung des Finders die Schadensersatzhaftung aus §§ 819 Abs 1, 818 Abs 4, 292, 989 durch § 968 eingeschränkt werden; die Sorgfaltspflichten des Finders können nach seinem Eigentumserwerb nicht intensiver sein als vorher (s auch WILHELM Rn 1067). – Richtet sich der Anspruch aus § 977

Karl-Heinz Gursky

gegen die Gemeinde und sind dieser die Finderrechte nicht abgetreten worden (s dazu § 976 Rn 2), so muß zum Schutze des Finders § 975 S 2 entsprechend angewandt werden. Vor Erfüllung der Finderansprüche darf die Gemeinde damit den Bereicherungsanspruch aus § 977 nicht erfüllen (KOHLER-GEHRIG VBlBW 1995, 377, 382).

III. Erlöschen des Anspruchs durch Fristablauf

3 Der Anspruch erlischt mit Ablauf von drei Jahren nach dem Übergang des Eigentums auf den Finder oder die Gemeinde, wenn er nicht inzwischen (klagend oder einredeweise zB durch Aufrechnung, auch durch Mahnbescheid oder Anmeldung im Insolvenzverfahren) gerichtlich geltend gemacht wurde. Es handelt sich hierbei um eine absolute *Präklusivfrist* (SÄCKER ZZP 80, 439 f), nicht um eine Verjährungsfrist. Über die Berechnung s § 187 Abs 1, § 188 Abs 2. Die §§ 206, 210, 211 nF = 203, 206, 207 aF sowie §§ 214, 216 nF = §§ 222, 223 aF sind hier nicht anwendbar (PLANCK/ BRODMANN Anm 4; BGB-RGRK/PIKART Rn 7; aM WENDT AcP 92, 170 ff). Dagegen kann zur Erläuterung des Begriffs der gerichtlichen Geltendmachung und wegen der Voraussetzungen, unter denen ein Akt der gerichtlichen Geltendmachung als nicht erfolgt gilt, § 204 mit Vorsicht herangezogen werden (SOERGEL/HENSSLER Rn 5; vgl auch PLANCK/ BRODMANN aaO).

§ 978
Fund in öffentlicher Behörde oder Verkehrsanstalt

(1) Wer eine Sache in den Geschäftsräumen oder den Beförderungsmitteln einer öffentlichen Behörde oder einer dem öffentliche Verkehre dienenden Verkehrsanstalt findet und an sich nimmt, hat die Sache unverzüglich an die Behörde oder die Verkehrsanstalt oder an einen ihrer Angestellten abzuliefern. Die Vorschriften der §§ 965 bis 967 und 969 bis 977 finden keine Anwendung.

(2) Ist die Sache nicht weniger als 50 Euro wert, so kann der Finder von dem Empfangsberechtigten einen Finderlohn verlangen. Der Finderlohn besteht in der Hälfte des Betrages, der sich bei Anwendung des § 971 Abs 1 Satz 2, 3 ergeben würde. Der Anspruch ist ausgeschlossen, wenn der Finder Bediensteter der Behörde oder der Verkehrsanstalt ist oder der Finder die Ablieferungspflicht verletzt. Die für die Ansprüche des Besitzers gegen den Eigentümer wegen Verwendungen geltende Vorschrift des § 1001 findet auf den Finderlohnanspruch entsprechende Anwendung. Besteht ein Anspruch auf Finderlohn, so hat die Behörde oder die Verkehrsanstalt dem Finder die Herausgabe der Sache an einen Empfangsberechtigten anzuzeigen.

(3) Fällt der Versteigerungserlös oder gefundenes Geld an den nach § 981 Abs 1 Berechtigten, so besteht ein Anspruch auf Finderlohn nach Absatz 2 Satz 1 bis 3 gegen diesen. Der Anspruch erlischt mit dem Ablauf von drei Jahren nach seiner Entstehung gegen den in Satz 1 bezeichneten Berechtigten.

Materialien: VE SR § 175; E I § 924; II § 893; III § 962; SCHUBERT, SR I 1014 ff; Mot III 387 f; Prot III 273; JAKOBS/SCHUBERT, SR I 746 ff; geändert durch Gesetz vom 19. 7. 1976 (BGBl I

1817); dazu BT-Drucks 7/3559, 5, 7; nochmals   vom 27. 6. 2000 (BGBl I 897).
geändert durch Art 2 Abs 1 Nr 13 des Gesetzes

Schrifttum

ACKERMANN, Fund in öffentlichen Verkehrs-
mitteln, Verkehrsdienst 1969, 47
ALTMANN, Zur Lehre vom Finderlohn nach
dem BGB, BayZ 1907, 453
CASSELMANN, Zur Frage der Anwendbarkeit
der §§ 978 ff auf die in Geschäftsräumen der
Landesversicherungsanstalten gefundenen
Sachen und Geldbeträge, SGb 1965, 6
EGER, Fund in den Räumen oder Wagen der
Eisenbahn, BayZ 1905, 139
EITH, Der Fund in der Behörde (§ 978 BGB),
Zur Auslegung einer überflüssigen Bestimmung
des BGB, MDR 1981, 189
HARTMANN, Der Begriff der Verkehrsanstalt in
§ 978 BGB, LZ 1918, 746
HELLMANN, Die Behandlung der in den Ge-
schäftsräumen oder Beförderungsmitteln der
Eisenbahn aufgefundenen Gegenstände, Eisen-
bE 27, 239

ders LZ 1918, 746
HILSE, Fund bzw Auffindung in öffentlichen
Beförderungsmitteln, EisenbE 16, 165
KRÖNER, Haftung der Eisenbahn für Fundge-
genstände, EisenbE 46, 27
KUNZ, Der Fund in einer „Verkehrsanstalt" –
am Beispiel der DB, MDR 1986, 537
OESTERLEN, Die Behandlung des Fundes auf
der Eisenbahn nach dem BGB, Zeitg d Ver d
Eisenb-Verw 1897 Nr 50, 461
REMÉ, Gilt die Bestimmung des § 978 BGB
über den Verkehrsfund auch für herrenlose
Sachen?, VerkRdsch 1933, 560
ROTHER, Der Fund im Betrieb, BB 1965, 247
SCHNEICKERT, Über Fundrecht, HirthsAnn
1904, 229
WEIMAR, Gilt die Bestimmung des § 978 BGB
über den Verkehrsfund auch für herrenlose
Sachen?, VerkRdsch 1933, 622.

I.   Allgemeines

Die §§ 978–981 enthalten eine vom allgemeinen Fundrecht abweichende Regelung **1**
für den sogenannten **Verkehrsfund**, dh den Fund in den Geschäftsräumen und
Beförderungsmitteln einer Behörde oder Verkehrsanstalt. Diese Sonderregelung,
die durch die mit dem Gesetz vom 19. 7. 1976 (BGBl I 1817) erfolgte Einfügung von
Abs 2 u 3 (zum Übergangsrecht vgl Vorbem 1 zu §§ 965 ff) abgeschwächt wurde, beruht auf
zwei Erwägungen: Zum einen kann bei den betreffenden Räumlichkeiten eine
besondere Aufsicht vorausgesetzt werden, die die dort befindlichen Sachen unter
ihren Schutz nimmt (Mot III 387); zum anderen macht die Ablieferung der Sache
bei den Bediensteten der Behörde oder Verkehrsanstalt dem Finder im allgemeinen
keine besondere Mühe (BT-Drucks 7/3559, 5). Daß die in diesen Räumen vergessenen
Sachen ohnehin wegen der organisierten Aufsicht überhaupt nicht besitzlos und
damit nicht im technischen Sinne „verloren" werden, sondern unmittelbar in den
Besitz der Behörde oder Verkehrsanstalt übergehen (so H WESTERMANN[5] § 59 III 1),
wird man angesichts der bei einem ständig wechselnden Publikumsverkehr oder
doch nur sehr beschränkten Beherrschungsmöglichkeit kaum annehmen können;
auch die Gesetzesverfasser (Mot III 388 sub 3) waren (entgegen STRAUSS 63) nicht
dieser Ansicht. Die §§ 978–981 gelten aber unabhängig davon für alle innerhalb des
in § 978 bezeichneten örtlichen Bereichs vergessenen bzw aufsichtslos zurückgelassenen Sachen, auch soweit diese nicht wirklich besitzlos geworden, sondern unmittelbar in den durch die geordnete Aufsicht der Angestellten begründeten, durch den
Raum als solchen bedingten Besitz der Behörde übergegangen sind (BGHZ 101, 186,

192; OLG Hamburg OLGE 14, 81, 84; OLG Köln MDR 1998, 522, 523; BGB-RGRK/Pikart Rn 2; MünchKomm/Quack Rn 2; Soergel/Henssler Rn 1; Erman/Ebbing Rn 2; Eger 140; aA Müller Rn 3137). § 978 ist deshalb nicht nur ein Spezialfall des Sachfundes iSv § 965, sondern geht teilweise darüber hinaus. Man könnte daher passender den Ausdruck „Auffindung" statt „Fund" gebrauchen. Herrenlose Sachen fallen nicht unter diese Vorschrift (Remé VerkRdsch 1933, 560; aA BGB-RGRK/Pikart Rn 2; Weimar VerkRdsch 1933, 622). § 978 ist zwingendes Recht (Hartmann LZ 1918, 1116). Die Ausdehnung betrifft aber nur Sachen Dritter: Sachen, die im Besitz der Behörde oder Verkehrsanstalt selbst stehen, werden von § 978 erst erfaßt, wenn sie (trotz Verbleibens in den der Norm genannten Räumlichkeiten) besitzlos geworden sind (OLG Köln MDR 1998, 522, 523).

2 Über die rechtspolitische Zweckmäßigkeit der Norm bestehen seit jeher sehr unterschiedliche Auffassungen. Dementsprechend streitet man darüber, ob eine extensive oder eine einschränkende Handhabung der Norm angebracht ist (s insbes Rn 6). Heute überwiegen wohl zu Recht die kritischen Stimmen (vgl BGHZ 101, 186, 193; Wieling I § 11 V 4 a; AK-BGB/Ott Rn 1; Eith MDR 1981, 189 f; Edenfeld JR 2001, 485, 489 ff). Die Regelung des Amts- und Verkehrsfundes schwächt die Anreize für die fürsorgliche Initiative eines ehrlichen Finder sehr stark ab. Das aber kann nicht im Interesse der Empfangsberechtigten liegen (Eith MDR 1981, 189; Wieling I § 11 V 4). Unzweckmäßig ist auch die mit dieser Regelung verbundene Aufsplitterung der Zuständigkeiten, die eine zentrale Erfassung aller Fundsachen auf Gemeindeebene verhindert und den Verlierer unter Umständen zur Nachfrage bei einer Vielzahl von Institutionen zwingt (Eith aaO; Wieling aaO).

II.   Der örtliche Bereich im einzelnen

3 **1.**   Zu den durch die §§ 978–982 einer Sonderregelung unterworfenen Fundorten gehören zunächst einmal die **Geschäftsräume oder Beförderungsmittel einer öffentlichen Behörde**. Was unter dem Begriff „Behörde" – der Zusatz öffentlich ist bedeutungslos, weil es private Behörden nicht gibt (Eith MDR 1981, 189, 190; Edenfeld JR 2001, 485, 490) – im Rahmen von § 978 verstanden werden muß, ist streitig. Das öffentliche Recht, aus dem der Begriff stammt, unterscheidet mehrere Behördenbegriffe. Das Schrifttum tendiert bisher überwiegend zu einer weiten Interpretation. So wollte die vorletzte Bearbeitung die von der Rechtsprechung zu § 114 StGB aF entwickelte Behördendefinition zugrunde legen, wonach eine Behörde jedes „in den allgemeinen Organismus der Behörden eingefügte Organ der Staatsgewalt (ist), daß dazu berufen ist, unter öffentlicher Autorität für die Erreichung der Zwecke des Staates oder der von ihm geförderten Zwecke tätig zu sein" (vgl RG JW 1925, 351; BGH NJW 1951, 799). Nach Quack (MünchKomm Rn 3, 4) sind hier alle Organe der unmittelbaren Staatsverwaltung, die Gerichte, Körperschaften, Anstalten und Stiftungen des öffentlichen Rechts, sowie die öffentlich-rechtlich betriebenen Sondervermögen gemeint. Dies entspricht im wesentlichen dem sog „weiteren" Behördenbegriff des öffentlich-rechtlichen Schrifttums und deckt sich der Sache nach auch mit der Position der vorletzten Bearbeitung. Damit würden nun aber auch die unselbständigen Anstalten erfaßt, also die öffentlichen Einrichtungen wie Schwimmbäder, Sportplätze, Sporthallen, Parkhäuser, Märkte, Krankenhäuser, Schulen, Theater, Bibliotheken, Museen, zoologische Gärten und Schlachthäuser, Parkanlagen und Friedhöfe (vgl Staudinger/Gursky[12] Rn 2; MünchKomm/Quack Rn 4; Derday 114; Müller

Rn 3138). Bei diesen ist aber wegen des starken Publikumsverkehrs die Chance einer Sicherstellung der verlorenen Sachen durch die Mitarbeiter der Einrichtung selbst besonders gering, bedarf es also der Anreize für ein Eingreifen des ehrlichen Finders, die das normale Fundrecht gewährt (Eith MDR 1981, 189, 191). Dies spricht dafür, die unselbständigen öffentlichen Anstalten prinzipiell aus dem Behördenbegriff des § 978 auszuklammern, also dessen Interpretation dem sog „engeren" Behördenbegriff des öffentlichen Rechtes anzugleichen (Eith aaO; AK-BGB/Ott Rn 2; AnwK-BGB/Hoeren Rn 4; ähnlich Wieling § 11 V 4 a: Beschränkung auf bürokratisch arbeitende Dienststellen der öffentlichen Verwaltung). Nur die Diensträume des eigentlichen Leitungsstabes der jeweiligen öffentlichen Einrichtung, in denen ein nennenswerter Publikumsverkehr ja nicht stattzufinden pflegt, wird man den Behörden gleichzustellen haben (Eith aaO).

Als Behörden iSv § 978 sind danach anzusehen: Alle Dienststellen der unmittel- **4** baren Staatsverwaltungen, Einrichtungen der Bundeswehr, alle kommunalen Ämter, die Organe der selbständigen öffentlich-rechtlichen Körperschaften, Stiftungen und Anstalten, die Gerichte, die Bundesbank und die Landeszentralbanken (Soergel/Mühl Rn 2; Eith MDR 1981, 189, 191) aber auch die Organe der Träger der Sozialversicherung (beispielsweise die Landesversicherungsanstalten, vgl Casselmann, SGb 1965, 6 ff), nicht dagegen wohl die Organe der Kirchen, selbst wenn diese Körperschaften des öffentlichen Rechts sind (insoweit anders die hM, vgl Wolff/Raiser § 82 IX; H Westermann⁵ § 59 III 1; Staudinger/Berg¹¹ Rn 2; MünchKomm/Quack Rn 4; Soergel/Henssler Rn 2; Strauss 62; Eith MDR 1981, 189, 191). Keine Behörden sind jedenfalls die wirtschaftlichen Unternehmungen iSd Kommunalrechts, also etwa die Sparkassen oder kommunale Energieversorgungsunternehmen (Eith MDR 1981, 189, 191; Soergel/Mühl Rn 2; Bamberger/Roth/Kindl Rn 2); auch Bahn und Post sind es nicht mehr. Keine Behörde iSv § 978 stellt schließlich der TÜV dar (Eith MDR 1981, 189, 191; MünchKomm/Quack Rn 4; Soergel/Mühl Rn 2), obwohl er öffentliche Aufgaben erfüllt und in gewissem Maße hoheitliche Befugnisse wahrnimmt. Entsprechendes gilt für sonstige beliehene Unternehmen.

Auch der Begriff *Geschäftsraum* wird traditionell sehr weit interpretiert (vgl **5** Staudinger/Gursky¹² Rn 2; Planck/Brodmann Anm 1 a; Soergel/Mühl Rn 2; Erman/Ebbing Rn 3; Palandt/Bassenge Rn 1). So sollen auch Zugänge, Flure, Treppen sowie Nebenräume (zB Toiletten und Kantinen) hierher gehören (vgl Staudinger/Gursky¹² Rn 2; MünchKomm/Quack Rn 5; Soergel/Henssler Rn 5; Dernburg § 116 Fn 39), ferner auch Höfe und Gartenanlagen des Behördengrundstückes (vgl Planck/Brodmann Anm 1 a) bzw Vorplätze des Behördengebäudes (AnwK-BGB/Hoeren Rn 5); nur Dienstwohnungen und sonstige Privaträume werden ausgeklammert. Auch diese Handhabung ist nicht unbedenklich, die vom Gesetzgeber vorausgesetzte organisierte Aufsicht wird ja bei derartigen Räumlichkeiten regelmäßig nur in einem sehr viel geringeren Maße gegeben sein als bei den eigentlichen Behördenräumen. Eith (MDR 1981, 189, 191 f) will deshalb solche Zugänge und Nebenräume generell ausklammern und als Geschäftsräume nur die eigentlichen Diensträume behandeln. Eine weniger weitgehende Einschränkung befürwortet Wieling (I § 11 V 4 a): Als Geschäftsräume kommen danach Nebenräume nur dann in Betracht, wenn zumindest der Zu- und Abgang des Publikums (zB durch einen Pförtner) überwacht wird und damit wenigstens eine minimale Aufsicht gesichert ist. Andererseits ist zu berücksichtigen, daß die erste Kommission eine Beschränkung auf geschlossene Geschäftsräume ausdrücklich abgelehnt hat (vgl JAKOBS/SCHUBERT, SR I 949 f) und daß man zu den Geschäftsräumen einer Verkehrsanstalt sicherlich auch und gerade die Schalterhallen der Bahnhöfe rechnen muß, in denen angesichts des starken Publikumsverkehrs eine effektive Sicherung von Fundsachen durch Bahnbeamte und Bahnpolizei kaum möglich ist. Unter diesen Umständen geht es schwerlich an, aus dem Begriff der Geschäftsräume einer Behörde alle solche Räumlichkeiten auszuklammern, bei denen keine besondere Wahrscheinlichkeit für eine Sicherstellung von Fundsachen durch eine organisierte Raumaufsicht besteht. Man wird deshalb, um neue Ungereimtheiten zu vermeiden, im Ansatz an der traditionellen weiten Interpretation des Begriffs „Geschäftsräume" festhalten müssen. Für den Begriff des Geschäftsraums ist es gleichgültig, ob der Raum überhaupt dem Publikumsverkehr geöffnet ist oder nicht (PLANCK/BRODMANN Anm 1 a; SOERGEL/HENSSLER Rn 5; H WESTERMANN[5] § 59 III 1; MÜLLER Rn 3139; DERDAY 114; aA BIERMANN Anm 1; KRETZSCHMAR Anm 2 c; CROME § 413 Fn 89; wohl auch KURZ 537). Das ergibt sich schon daraus, daß die Beförderungsmittel der öffentlichen Behörde mitgenannt sind: Zu den Beförderungsmitteln solcher Behörden, die nicht zugleich Verkehrsanstalten sind, wird das Publikum regelmäßig keinen Zutritt haben. Für den Begriff des Geschäftsraums ist auch gleichgültig, ob die Behörde (oder Verkehrsanstalt) Eigentümerin oder etwa Mieterin des Raumes ist, sofern sie ihn nur für ihre Zwecke nützt. Die „Beförderungsmittel" sind besonders erwähnt, weil solche auch bei Behörden oder Anstalten, deren eigentlicher Zweck nicht im Transport besteht, vorkommen können.

6 **2.** Zu den besonderen Fundorten des § 978 gehören ferner die **Geschäftsräume** und **Beförderungsmittel einer dem öffentlichen Verkehr dienenden Verkehrsanstalt.** Die Umgrenzung dieses Begriffs der „dem öffentlichen Verkehr dienenden Verkehrsanstalt" ist seit jeher streitig. Auf der Hand liegt allerdings, daß damit jedenfalls alle „Anstalten" (dh größeren Unternehmen) gemeint sein müssen, die dem Verkehr im engeren Sinne dienen, deren bestimmungsgemäßer Zweck bzw Geschäftsgegenstand also die Beförderung von Personen oder Sachen ist, und zwar unabhängig davon, ob es sich um ein staatliches Unternehmen oder um einen Privatbetrieb handelt (arg § 981 Abs 1 aE). Dieser Begriffskern ist denn auch allgemein anerkannt. Kontrovers diskutiert wird jedoch die Frage, ob die Vorschrift nicht im Wege einer extensiven Auslegung auch auf solche größeren Einrichtungen wie Theater, Privatschulen, Ausstellungen, Banken, Warenhäuser oder Hotels erstreckt werden sollte, in denen (unter einer gewissen Aufsicht) bestimmungsgemäß ein erheblicher Publikumsverkehr stattfindet und Funde deshalb wohl so häufig sind, daß ein eigener Fundsachendienst des betreffenden Unternehmens erwartet werden kann (dafür ROTHER BB 1965, 247, 250 [de lege ferenda sogar für Ausdehnung auf alle Betriebe]; WOLFF/RAISER § 82 IX; CROME § 413 I 2 a; LENT/SCHWAB[9] 159; OLG Hamburg SeuffArch 63 Nr 65 [mit ausführlichen weiteren Nachw]; pr OVG JW 1918, 66; BIERMANN Anm 1; DERNBURG § 116 Fn 40; ENDEMANN § 87 Fn 29; MORITZ WuB IV A § 965 BGB 1.87; wohl auch DUBISCHAR JuS 1989, 703, 707). Gegen diese Ausdehnung aber die hM (RGZ 108, 259, 260; PLANCK/BRODMANN Anm 1 c; BGB-RGRK/PIKART Rn 12; SOERGEL/HENSSLER Rn 4; BAMBERGER/ ROTH/KINDL Rn 2; ERMAN/EBBING Rn 3; PALANDT/BASSENGE Rn 1; WIELING I § 11 V 4 a; H WESTERMANN[5] § 59 III 1; WILHELM Rn 1057; SCHWAB/PRÜTTING Rn 508; J vGIERKE § 38 II; E WOLF[2] § 4 B III f; MÜLLER Rn 3140; GOLDMANN/LILIENTHAL § 25 Fn 3; MAENNER § 25 Fn 132; KRETZSCHMAR Anm 2 b; STRAUSS 62; ALTMANN BayZ 1907, 453; HARTMANN LZ 1918, 746; ERNST JZ 1988, 359, 361; SCHREIBER Jura 1990, 446; WEIMAR JR 1977, 498, 500; DERDAY 120). Letzterer Meinung ist zuzustimmen. Dafür spricht zunächst einmal die Entstehungsgeschichte der Vorschrift (vgl PLANCK/BRODMANN Anm 1 c). § 978 geht über E I § 924 zurück auf § 175 des Vorentwurfs des Redaktors JOHOW, der den Begriff Verkehrsanstalt ausdrücklich durch die (beigefügten) Worte „eines Eisenbahn-, Pferdebahn-, Dampfschiffahrtsunternehmens u dgl" erläuterte (vgl SCHUBERT, SR I 43). Die extensive Auslegung verbietet sich darüber hinaus schon deshalb, weil sie keine sichere Grenzziehung zulassen würde. Es wäre auch rechtspolitisch nicht sinnvoll, „das allgemeine Fundrecht mit der polizeilichen Zuständigkeit zur objektiven Interessenwahrung so weitgehend durch das Sonderrecht mit der starken Stellung der ,privaten Anstalt' zu verdrängen" (H WESTERMANN[5] § 59 III 1). Schließlich fordert auch das Interesse des Verlierers selbst eher die Vereinheitlichung der Fundbehandlung und damit die Einschränkung, denn der Verlierer, der sich nicht mehr erinnert, ob er die Sache im Warenhaus, im Restaurant oder im Theater verloren hat, wäre gezwungen, überall speziell nachzufragen und die Bekanntmachungen all dieser Etablissements (§ 980) sich zu verschaffen usw (vgl STRAUSS aaO). Verfährt allerdings jemand, der eine Sache in einer bei der engen Interpretation nicht unter § 978 fallenden Räumlichkeit mit erheblichem Publikumsverkehr, in der Funde etwas Alltägliches sind und deshalb ein besonderer Fundsachendienst erwartet werden kann, gefunden hat, wie nach § 978, so wird er damit häufig schon deshalb keine Verletzung seiner Finderpflichten begehen, weil diese Art des Vorgehens dem Interesse und dem mutmaßlichen Willen des Verlierers (§§ 677, 683) entspricht. Jedenfalls wird aber die Annahme des Finders, die hier gefundene Sache dem Inhaber der Räumlichkeit abliefern zu dürfen, schwerlich als grob fahrlässig (§ 968) bezeichnet werden können (PLANCK/BRODMANN Anm 1 c; KRUSCH AcP 148 [1943] 282, 305; weitergehend WILHELM Rn 1058: analog § 978 Abs 1 S 1 Verpflichtung des Finders zur Abgabe der Fundsache beim Raumeigentümer). Die Ablieferung der Fundsache bei der Raumaufsicht oder Fundstelle des Unternehmens bedeutet normalerweise keine konkludente Übertragung auf die Finderrechte. Dem Unternehmer darf – entgegen BGHZ 101, 186, 189 – auch nicht unter Berufung auf seinen angeblich automatisch entstandenen Organisationsbesitz an in seinen Räumen verlorenen Sachen die Finderstellung zugesprochen werden (s § 965 Rn 7). Verfehlt war es schließlich auch, wenn WILHELM ihm die Stellung eines Mitfinders und damit einen hälftigen Anteil an den Finderrechten zuweist (1. Aufl Rn 579; anders jetzt 2. Aufl Rn 1058). – Im übrigen fallen nicht nur die staatlichen, sondern auch private Verkehrsanstalten unter § 978. Auf Einrichtungen des Linienverkehrs ist die Vorschrift nicht beschränkt (**aA** Münch-Komm/QUACK Rn 7, 8). Es muß sich aber immer um eine Anstalt, dh um ein Unternehmen von größerem Umfang handeln (PLANCK/BRODMANN Anm 1 c; BGB-RGRK/PIKART Rn 11; MünchKomm/QUACK Rn 8; ERMAN/HEFERMEHL[10] Rn 2). Deshalb fällt ein Taxi (bei einem Unternehmer, der nur einige Taxis hält) nicht unter § 978 (NEUDECKER DJZ 1911, 143; WIELING I § 11 V 4 a bei Fn 53; SOERGEL/MÜHL Rn 3; abw HILSE aaO; STRAUSS 62; GOLDMANN/LILIENTHAL § 26 Fn 3), ebensowenig die Boote eines Ruderbootvermieters. Für Eisenbahnen gelten keine Besonderheiten mehr (KUNZ MDR 1986, 537, 540); die frühere Regelung in § 5 EVO ist ersatzlos entfallen.

Auch hier ist der Begriff **Geschäftsräume** im weitesten Sinne zu verstehen, so daß zu **7** den Geschäftsräumen praktisch die gesamten Bahnhofs- und Flughafengebäude inklusive Gepäck- und Zollabfertigungsstellen, Vorhallen, Schalterhallen, Wartesälen, Restaurants, Toiletten und sonstigen Nebenräumen, aber auch die Bahnsteige hierher zu rechnen sind (PLANCK/BRODMANN Anm 1 c; BGB-RGRK/PIKART Rn 7; Münch-Komm/QUACK Rn 7; PALANDT/BASSENGE Rn 1; KUNZ MDR 1986, 537 f). Im einzelnen ergeben

sich aber wiederum Abgrenzungsfragen. So will ein Teil der Literatur als Geschäfts-
räume der Verkehrsanstalten nur die dem Publikumsverkehr zugänglichen Teile der
Bahnhöfe und Flughäfen verstehen (BGB-RGRK/Pikart Rn 7; wohl auch Kunz aaO;
dagegen Planck/Brodmann aaO). Diese Einschränkung verbietet sich aus den oben
Rn 5 genannten Gründen. Auf der anderen Seite will man – wohl zu Recht – die
jedem unbeschränkt zugänglichen Örtlichkeiten wie bahn- bzw flughafeneigene
Zufahrtsstraßen oder Vorplätze, Bahndämme oder offene Unterstellhäuser einer
Bus- und Straßenbahnlinie hier ausklammern (so Soergel/Henssler Rn 5; MünchKomm/
Quack Rn 7; Eger BayZ 1905, 140; Derday 115; am aber Kunz MDR 1986, 537). In der Tat
wären derartige Räumlichkeiten wohl nur gewaltsam unter den Begriff der „Ge-
schäftsräume" zu subsumieren. Vereinzelt wird betont, daß vermietete oder ver-
pachtete Verkaufsflächen in Bahnhöfen nicht gemeint sein könnten (Finger, EVO[4]
[1970] § 5 Anm 1 g; Kunz MDR 1986, 537). Das kann jedoch nur für den Innenraum von
Verkaufskiosken und dgl gelten. – Was die **Beförderungsmittel** anbelangt, so kommt
im Falle der Deutschen Bundesbahn das gesamte von dieser eingesetzte „rollende
Material" einschließlich der von ihr beförderten bahnfremden Wagen (also zB der
Speise- und Schlafwagen oder der im Eigentum Dritter stehenden Güterwagen) in
Betracht (Kunz MDR 1986, 537, 538; Soergel/Henssler Rn 3; aA Finger, EVO[4] § 5 Anm 1 h).
Eine Speise- und/oder Schlafwagengesellschaft hat dabei nicht die Rolle einer
selbständigen Verkehrsanstalt, sondern muß die in ihren Wagen vergessenen Sachen
bei der Bundesbahn abliefern (LG Frankfurt aM NJW 1956, 873, 874; BGB-RGRK/Pikart
Rn 10; Soergel/Henssler Rn 3; Erman/Hefermehl[10] Rn 2; unklar Müller Rn 3140). Ein im
Auftrage der Bundesbahn verkehrender Bus eines selbständigen Busunternehmens
dürfte ebenfalls der Verkehrsanstalt DB zuzurechnen sein, so daß es keine Rolle
mehr spielt, ob auch das Busunternehmen selbst als Anstalt qualifiziert werden
könnte.

III. Rechtsfolgen

8 1. Der **Finder** – also derjenige, der die verlorene Sache entdeckt und an sich
genommen hat – ist in den Fällen des § 978 **weitgehend ausgeschaltet**. Ihm ist nur
eine einzige Pflicht auferlegt, nämlich die unverzügliche Ablieferung der Fundsache
bei der Behörde oder Verkehrsanstalt, die dann hinsichtlich des weiteren Verfahrens an die Stelle der allgemein für Fundsachen zuständigen Behörde tritt. Die
Sache kann dabei jedem beliebigen im Dienst befindlichen Mitarbeiter ausgehändigt werden (Goldmann/Lilienthal § 26 Fn 5). Der Finder haftet bei Verletzung dieser
Pflicht (zB Aushändigung der Sache an einen Nichtberechtigten) – wie die Neufassung (s o Rn 1) von Abs 1 S 2 klarstellt – in entsprechender Anwendung von § 968
nur für Vorsatz und grobe Fahrlässigkeit. Zur Mitteilung von Umständen, die für die
Ermittlung des Empfangsberechtigten von Bedeutung sind, ist der Finder grundsätzlich nicht verpflichtet (Planck/Brodmann Anm 2; BGB-RGRK/Pikart Rn 14; Strauss
64; aM Staudinger/Berg[11] Rn 5; Kretzschmar Anm 3; Derday 121 u Biermann Anm 2), und
ebensowenig ist er verpflichtet, den ihm zufällig bekannten Verlierer zu benachrichtigen (Crome § 413 Fn 96; BGB-RGRK/Pikart Rn 14; Planck/Brodmann Anm 2); das
ergibt sich seit der Neufassung der Vorschrift schon daraus, daß Abs 2 keinen § 971
Abs 2 entsprechenden Ausschlußgrund enthält. Der Finder ist aber, wenn er den
Empfangsberechtigten kennt, nach §§ 677, 683 berechtigt, die Sache dem Verlierer
unmittelbar auszuhändigen (Strauss aaO; Wolff/Raiser § 82 IX 2; Kretzschmar Anm 3;
Soergel/Henssler Rn 8); in diesem Falle muß er auch Aufwendungsersatz (zB Erstat-

tung der Fahrtkosten) nach §§ 683 S 1, 670 verlangen können (PLANCK/BRODMANN Anm 2 aE; ebenso wohl WOLFF/RAISER aaO; BGB-RGRK/PIKART Rn 15; SOERGEL/MÜHL[12] Rn 6; BIERMANN Anm 3; abw WIELING I § 11 V 4 b Rn 64). Noch stärker sind die Finderrechte gegenüber den §§ 970 ff eingeschränkt: Aufwendungsersatz (§ 970) kommt bei bloßer Ablieferung an die Behörde oder Verkehrsanstalt schon nach der Natur der Sache nicht in Betracht. Denkbar ist allerdings, daß ein Reisender nachts in einem Bahnhof etwas findet, aber nicht mehr abliefern kann, weil alle Schalter schon geschlossen haben, die Fundsache deshalb mit nach Hause nimmt und per Post an die Bahnhofsverwaltung schickt. Hier muß er wiederum nach §§ 677, 683 S 1, 670 aufwendungsersatzberechtigt sein (in der Konstruktion abw DERNBURG § 116 IX vor 1 und DERDAY 133: § 994 analog). Die Anwartschaft des Finders auf den Eigentumserwerb (§§ 973, 974) entfällt völlig (Abs 1 S 2), und der Finderlohn, der bis zum Gesetz vom 19. 7. 1976 (s Vorbem 1 zu §§ 965 ff) ebenfalls vollständig ausgeschlossen war, ist sehr stark eingeschränkt: Er wird nur gewährt, wenn die gefundene Sache mindestens 50 € wert ist (Abs 2 S 1) und beträgt auch dann nur die Hälfte des normalen Finderlohns (Abs 2 S 2). Bedienstete der Behörde oder Verkehrsanstalt sind von dem Anspruch auf Finderlohn ausgeschlossen, ebenso der Finder, der die Ablieferungspflicht verletzt (Abs 2 S 3). Falls kein Empfangsberechtigter sein Recht anmeldet und folglich der Finder gegen diesen seinen Finderlohnanspruch nicht realisieren kann, ist diejenige Verkehrsanstalt oder Behörde, an die nach § 981 Abs 1 der Versteigerungserlös bzw das gefundene Geld gefallen ist, zur Entrichtung des Finderlohns verpflichtet (Abs 3). – Bezüglich des Finderlohns dürfte derjenige, der eine „verlorene" Sache in den öffentlichen Fundorten entdeckt, aber nicht an sich nimmt, einem Finder im technischen Sinne gleichzustellen sein, wenn er einen Angestellten der Behörde oder Verkehrsanstalt auf sie hinweist und dieser sie daraufhin sicherstellt (so auch WIELING I § 11 V 4 b; aA KUNZ MDR 1986, 537, 538 Fn 15). Denn damit ist ja – wenn auch auf eine andere als die vom Gesetzgeber allein ins Auge gefaßte Weise – genau derjenige Erfolg herbeigeführt, um dessentwillen der Finderlohn ausgesetzt ist.

2.   Einzelheiten des Anspruchs auf Finderlohn: Für die Ermittlung des Wertes der   9
Sache, der über das Ob und die Höhe des Finderlohns entscheidet, gilt das in § 971 Rn 2 Ausgeführte. Da § 978 Abs 2 S 2 auf § 971 Abs 1 S 3 verweist, kommen auch Sachen ohne Verkehrswert in Betracht, wenn der hier nach billigem Ermessen festzusetzende Wert der Fundsache für den Berechtigten (s § 971 Rn 2) 50 € übersteigt. – Der Anspruch auf Finderlohn richtet sich auch beim Verkehrsfund – solange nicht die Voraussetzungen des § 981 Abs 1 eingetreten sind – gegen den (oder die) Empfangsberechtigten. Er entsteht jedoch überhaupt erst dann, wenn dem Empfangsberechtigten die Fundsache von der Verkehrsanstalt oder Behörde ausgehändigt wird (Abs 2 S 4 iVm § 1001 S 1 1. Alt) oder der Empfangsberechtigte den Anspruch genehmigt (§ 1001 S 1 2. Alt). Vorher besteht hier nicht einmal ein modifiziertes Zurückbehaltungsrecht wie nach Ablieferung eines normalen Fundes (vgl § 972 Rn 1). Ist der Anspruch auf Finderlohn dadurch entstanden, daß der Empfangsberechtigte die Fundsache wiedererlangt hat, so kann jener den Anspruch noch nachträglich und ohne zeitliche Begrenzung durch Rückgabe der Sache an die Behörde oder Verkehrsanstalt erlöschen lassen (§ 1001 S 2). Die Voraussetzungen der Genehmigungsfiktion des § 1001 S 3, die eine solche befreiende Wirkung der Rückgabe ausschließen würde, werden hier kaum jemals erfüllt sein; der etwa von der Behörde oder Verkehrsanstalt bei der Herausgabe erklärte Vorbehalt des

Anspruchs des Finders ist irrelevant, weil diese für die Sicherung dieses Anspruchs gar nicht zuständig sind und die Herausgabe ohnehin nicht verweigern dürfen. Der Finderlohn verjährt nach § 195, da § 1002 – abweichend vom Entwurf der Neufassung (BT-Drucks 7/3559) – in Abs 2 S 4 nicht für anwendbar erklärt ist; die fehlende Verweisung läßt sich nicht im Wege der Rechtsfortbildung ergänzen (aA WIELING I § 11 V 4 b). Um dem Finder die Geltendmachung seines Anspruchs zu erleichtern, legt Abs 2 S 5 der Behörde oder Verkehrsanstalt die Pflicht auf, ihm die Herausgabe der Sache an einen Empfangsberechtigten anzuzeigen. Bei Verletzung dieser Pflicht kommt ein Schadensersatzanspruch aus PFV oder Amtshaftung (§ 839) in Betracht.

10 Sobald das Eigentum an dem Versteigerungserlös oder dem gefundenen Geld nach § 981 auf die Verkehrsanstalt oder Bund, Land oder Gemeinde übergegangen ist, richtet sich der Finderlohnanspruch **gegen den neuen Eigentümer** (Abs 3 S 1). Der Anspruch erlischt in diesem Falle mit dem Ablauf von drei Jahren nach dem Eintritt der Voraussetzungen des § 981 Abs 1, sofern er nicht bis dahin geltend gemacht worden ist. Eine gerichtliche Geltendmachung ist, im Unterschied zu sonstigen Präklusivfristen für Ansprüche im BGB, nicht vorgeschrieben; es genügt also jedes von seiten des Finders oder seines Rechtsnachfolgers gegenüber dem neuen Eigentümer zum Ausdruck gebrachte Zahlungsverlangen (BGB-RGRK/PIKART Rn 23; SOERGEL/HENSSLER Rn 9; abw WIELING I § 11 V 4 c, der § 1002 analog anwenden will, s oben Rn 9). Falls ein zu hoher Betrag beansprucht wird, ist dies unschädlich. Da der Eigentumsanfall nach § 981 Abs 1 für den Finder die gleiche Wirkung hat wie die Herausgabe an den Empfangsberechtigten, dürfte die Behörde oder Verkehrsanstalt ihm gegenüber auch insoweit (analog § 978 Abs 2 S 5) anzeigepflichtig sein. Der vor Ablauf der Präklusivfrist des Abs 3 geltend gemachte Finderlohnanspruch unterliegt der Regelverjährung gem §§ 195, 199 Abs 1 (vgl BASSENGE NJW 1976, 1486; BGB-RGRK/PIKART Rn 23; SOERGEL/HENSSLER Rn 9). – Der Finder geht leer aus, wenn die Behörde oder Verkehrsanstalt, obwohl sich kein Empfangsberechtigter meldet, von einer Versteigerung absieht. Einen Anspruch auf Vornahme der Versteigerung hat er nämlich nicht.

11 **3. Ausschlußgründe:** Der Anspruch auf Finderlohn wird nach Abs 2 S 3 1. Fall Bediensteten der Behörde oder Verkehrsanstalt versagt, weil es zu ihren Dienstpflichten gehört, in den Geschäftsräumen oder Beförderungsmitteln ihres Arbeitgebers verlorene Sachen an jenen abzuliefern. Dies muß entsprechend auch für Angestellte eines mit der Säuberung oder Bewachung der betreffenden Räumlichkeiten beauftragten Privatunternehmens gelten (BASSENGE NJW 1976, 1486; Münch-Komm/QUACK Rn 11; SOERGEL/HENSSLER Rn 8 Fn 31; aA WIELING I § 11 V 4 b Fn 61), ebenso natürlich auch für Angestellte der Deutschen Schlaf- und Speisewagen-Gesellschaft (KUNZ MDR 1986, 537, 539). Dieser Ausschlußgrund versteht sich fast von selbst (EDENFELD 2001, 485, 489). Der Finderlohnanspruch entfällt ferner, wenn der Finder seine Ablieferungspflicht aus Abs 1 S 1 (§ 968) verletzt (Abs 2 S 3). Vorausgesetzt ist dabei, daß die Pflichtverletzung iS von § 968 verschuldet ist (BGB-RGRK/PIKART Rn 19; ERMAN/HEFERMEHL[10] Rn 3; aA WIELING I § 11 IV 4 b). Schon aus diesem Grunde kann einem geschäftsunfähigen Finder die Nichtablieferung nicht schaden (in der Konstruktion abw BGB-RGRK/PIKART aaO). Da den Finder keine über die Ablieferung hinausgehenden Pflichten treffen, führt die Verheimlichung des Fundes auf Nachfrage des Berechtigten nicht zum Anspruchsverlust. Der Anspruch wird natürlich auch dann nicht ausgeschlossen, wenn der Finder die Sache – wozu er berechtigt ist (s o Rn 8) – unverzüglich selbst dem ihm bekannten Empfänger überbringt (BASSENGE aaO).

§ 979
Öffentliche Versteigerung

(1) Die Behörde oder die Verkehrsanstalt kann die an sie abgelieferte Sache öffentlich versteigern lassen. Die öffentlichen Behörden und die Verkehrsanstalten des *Reichs,* der *Bundesstaaten* und der Gemeinden können die Versteigerung durch einen ihrer Beamten vornehmen lassen.

(2) Der Erlös tritt an die Stelle der Sache.

Materialien: VE SR §§ 175 Abs 2 S 2, 176
Abs 1, 2, 177; E I §§ 925 Abs 1, 926 Abs 2; II
§ 894 Abs 1, 3; III § 963; SCHUBERT, SR I
1014 ff; Mot III 388 f; Prot III 273; JAKOBS/
SCHUBERT, SR I, 746 ff.

Die **Rechtsstellung** der **Behörde** oder **Verkehrsanstalt** ist in den §§ 979–981 nur lük- **1**
kenhaft, nämlich nur hinsichtlich der Versteigerungsbefugnis und der Rechte am Erlös geregelt. Im übrigen dürfte eine Behörde die gleiche Rechtsstellung haben wie die allgemein für die Fundsachen zuständige Behörde. Dagegen handelt die private Verkehrsanstalt als negotiorum gestrix für den Verlierer; ihre Haftung richtet sich dabei, wie die des Finders, nach § 968 (so auch BIERMANN Anm 1; Münch-Komm/QUACK Rn 3; SOERGEL/HENSSLER Rn 2; ERMAN/HEFERMEHL[10] Rn 1; HARTMANN Recht 1913, 391, 395; KRÖNER EisenbE 46, 30 ff; KUNZ MDR 1986, 537, 540; **aM** PLANCK/BRODMANN Anm 1; CROME § 413 Fn 98; DERDAY 134 f; STRAUSS 65; WIELING I § 11 V 4 c bei Fn 65). Sie kann mithin Aufwendungsersatz nach §§ 677, 683 S 1, 670 verlangen (WIELING I § 11 V 4 c), nicht aber wie eine Behörde Gebühren erheben. Zur Haftung der Deutschen Bundesbahn für ihre Mitarbeiter vgl KUNZ MDR 1986, 537, 540 f.

§ 979 spricht der Behörde oder Verkehrsanstalt im Sinne des § 978 das **Versteige-** **2**
rungsrecht hinsichtlich unanbringlicher Fundsachen zu; einen Eigentumserwerb der Behörde oder der Anstalt an der gefundenen Sache kennt das Gesetz nicht. Eine direkte Verpflichtung zur Versteigerung besteht nicht, wohl aber ein indirekter Zwang, weil eine anderweitige Verwertung der Sache hier nicht angängig ist (auch ist kein Eigentumserwerb wie nach § 973 möglich). Die Versteigerung muß grundsätzlich in der Form des § 383 Abs 3 S 1 erfolgen; Behörden oder nicht private Verkehrsanstalten können die Versteigerung nach Abs 1 S 2 auch durch einen hierzu geeigneten eigenen Beamten durchführen lassen; dieser muß nicht unbedingt Vollstreckungsbeamter iSd Verwaltungszwangsverfahrens sein (MünchKomm/QUACK Rn 2; SOERGEL/HENSSLER Rn 3; BAMBERGER/ROTH/KINDL Rn 1; **aA** CASSELMANN SGb 1965, 7). Öffentliche Verkehrsanstalten in diesem Sinne sind auch die von der öffentlichen Hand als AG oder GmbH betriebenen Verkehrsunternehmen (MünchKomm/QUACK Rn 2; SOERGEL/HENSSLER Rn 2). Da solche Verkehrsbetriebe keine eigenen Beamten

haben, wird hier nur die Versteigerung durch Beamte des Trägers in Betracht kommen (MünchKomm/QUACK Rn 2; aA SOERGEL/HENSSLER Rn 3 [Versteigerung durch eigene Beschäftigte genügt]). Die Einhaltung des § 980 (der § 384 als Spezialnorm verdrängt) ist Rechtmäßigkeitsvoraussetzung der Versteigerung. Nicht zu versteigern ist natürlich gefundenes Geld, vgl § 981 Abs 2 S 2. Wenn die Sache einen Markt- oder Börsenpreis hat, muß es der Behörde oder Anstalt (analog §§ 385, 1221, 1235 Abs 2) freistehen, diese aus freier Hand durch einen öffentlich ermächtigten Handelsmakler, Auktionator usw verkaufen zu lassen, da eine öffentliche Versteigerung hier nicht bloß zwecklos, sondern auch kostspieliger wäre (so mit Recht WOLFF/RAISER § 82 IX 3; WIELING I § 11 V 4 c; PLANCK/BRODMANN Anm 3; BGB-RGRK/PIKART Rn 6; SOERGEL/ HENSSLER Rn 4; ERMAN/EBBING Rn 2; H WESTERMANN[5] § 59 III 3; enger MünchKomm/QUACK Rn 4: nur bei börsengängigen Papieren). Ein Mitsteigern von Angestellten der Behörde usw ist zivilrechtlich nicht ausgeschlossen. – Anstelle von „Reich" und „Bundesstaaten" sind jetzt die Bundesrepublik und die Länder getreten. Zu **Abs 2** vgl § 966 Abs 2 S 3 sowie § 981.

§ 980
Öffentliche Bekanntmachung des Fundes

(1) Die Versteigerung ist erst zulässig, nachdem die Empfangsberechtigten in einer öffentlichen Bekanntmachung des Fundes zur Anmeldung ihrer Rechte unter Bestimmung einer Frist aufgefordert worden sind und die Frist verstrichen ist; sie ist unzulässig, wenn eine Anmeldung rechtzeitig erfolgt ist.

(2) Die Bekanntmachung ist nicht erforderlich, wenn der Verderb der Sache zu besorgen oder die Aufbewahrung mit unverhältnismäßigen Kosten verbunden ist.

Materialien: VE SR §§ 176 Abs 3, 4, 177; E I
§ 925 Abs 1; II § 894 Abs 2; III § 964; SCHUBERT,
SR I 1015 ff; Mot III 388 f; Prot III 273.

1 I. Die **Zulässigkeit** der **Versteigerung** ist an **bestimmte Voraussetzungen** geknüpft:

1. Die Bekanntmachung des Fundes (dh Angabe des gefundenen Gegenstandes) muß öffentlich geschehen (dh zur Kenntnis der Allgemeinheit gebracht werden) und zugleich die Empfangsberechtigten zur Anmeldung ihrer Rechte auffordern; für letztere Anmeldung muß zugleich eine Frist bestimmt werden. Die näheren Bestimmungen im einzelnen sind Sache der betreffenden Verwaltungen; s hierüber § 982 und Erl.

2. Die vorschriftsmäßig bestimmte Frist (s §§ 187 f) muß verstrichen sein, ohne daß sich ein Empfangsberechtigter meldete. – Die Bekanntmachung ist ausnahmsweise nicht erforderlich, wenn der Verderb der Sache zu besorgen oder die Aufbewahrung mit unverhältnismäßigen Kosten verbunden ist **(Abs 2)**. Vgl hierzu § 966 Abs 2 und § 966 Rn 3.

II. Eine ohne Einhaltung der vorbezeichneten Voraussetzungen erfolgende Ver- **2** steigerung ist unrechtmäßig und grundsätzlich unwirksam (BGB-RGRK/PIKART Rn 3; SOERGEL/HENSSLER Rn 2; ERMAN/HEFERMEHL[10] Rn 1; **aM** BIERMANN Anm 1; KRETZSCHMAR Anm 3). § 980 schränkt nämlich die Versteigerungsbefugnis aus § 979 ein (PLANCK/ BRODMANN Anm 3). Der Ersteher erwirbt aber entsprechend § 1244 Eigentum, wenn er sich in gutem Glauben über das Vorliegen der Rechtmäßigkeitsvoraussetzungen befunden hat (WOLFF/RAISER § 82 IX 3 m Fn 50; WIELING I § 11 V 4 c bei Fn 69; BGB-RGRK/ PIKART Rn 3; MünchKomm/QUACK Rn 3; SOERGEL/HENSSLER Rn 2; ERMAN/HEFERMEHL[10] Rn 1; PALANDT/BASSENGE Rn 1; H WESTERMANN[5] § 59 III 3; **aM** PLANCK/BRODMANN Anm 3 mwN). Bei Unkenntnis vom Charakter der Versteigerung kommt auch § 935 Abs 2 in Betracht (vgl § 966 Rn 5). Im Falle eines freihändigen Verkaufs ist eine Ersetzung der fehlenden Rechtmäßigkeitsvoraussetzungen durch guten Glauben des Erwerbers wegen § 935 Abs 1 nicht möglich (LG Zweibrücken DRZ 1948, 98; H WESTERMANN[5] § 59 III 3; BGB-RGRK/PIKART Rn 2; MünchKomm/QUACK Rn 3; SOERGEL/HENSSLER Rn 2; BAMBERGER/ROTH/ KINDL Rn 1).

§ 981
Empfang des Versteigerungserlöses

(1) Sind seit dem Ablaufe der in der öffentlichen Bekanntmachung bestimmten Frist drei Jahre verstrichen, so fällt der Versteigerungserlös, wenn nicht ein Empfangsberechtigter sein Recht angemeldet hat, bei *Reichsbehörden* und *Reichsanstalten* an den *Reichsfiskus*, bei Landesbehörden und Landesanstalten an den Fiskus des *Bundesstaats*, bei Gemeindebehörden und Gemeindeanstalten an die Gemeinde, bei Verkehrsanstalten, die von einer Privatperson betrieben werden, an diese.

(2) Ist die Versteigerung ohne die öffentliche Bekanntmachung erfolgt, so beginnt die dreijährige Frist erst, nachdem die Empfangsberechtigten in einer öffentlichen Bekanntmachung des Fundes zur Anmeldung ihrer Rechte aufgefordert worden sind. Das gleiche gilt, wenn gefundenes Geld abgeliefert worden ist.

(3) Die Kosten werden von dem herauszugebenden Betrag abgezogen.

Materialien: VE SR §§ 176 Abs 3, 177 Abs 3; E
I § 926; II § 895; III § 964; SCHUBERT, SR I
1015 ff; Mot III 389; Prot III 273.

I. Die Vorschrift regelt den Eigentumserwerb der öffentlichen Hand bzw der **1** Verkehrsanstalt an dem Versteigerungserlös bzw an dem gefundenen Geld. Das hier gewährte Privileg hat keine deutlichen historischen Vorbilder und keine ins Auge fallenden systematischen Parallelen (vgl WEYL, in: Kieler FG für Hänel [1907] 110, 118 ff). Die dreijährige Präklusivfrist (s §§ 187, 188) für den Eigentumserwerb am Versteigerungserlös – ein Eigentumserwerb an der Sache selbst findet nicht statt – beginnt nicht mit der Versteigerung, sondern mit dem Ablauf der Anmeldefrist (§ 980); über den Begriff „Empfangsberechtigter" s § 965 Rn 14; über öffentliche Bekanntmachung vgl auch RGZ 27, 251. Der Eigentumsübergang erfolgt erst mit Ablauf der

Präklusivfrist. Anders natürlich, wenn der Erlös nicht gesondert aufbewahrt, sondern mit sonstigen Kassenbeständen vermischt worden ist (§§ 948, 947 Abs 2); dann erlischt mit Fristablauf der an die Stelle des Eigentums getretene Bereicherungsanspruch aus § 951 (Biermann Anm 1 a). Der Eigentumsübergang ist endgültig: dem bisherigen Eigentümer bleibt – im Gegensatz zu § 977 – nicht einmal ein bereicherungsrechtlicher Ausgleichsanspruch. Wohl aber richtet sich ein etwaiger Finderlohnanspruch nunmehr gegen die Gemeinde (§ 978 Abs 3 S 1). Zum Ausschluß des Verfalls genügt die Anmeldung; einer gerichtlichen Geltendmachung bedarf es nicht. Der Anspruch auf den Erlös verjährt nunmehr von der Versteigerung an nach den allgemeinen Regeln (BGB-RGRK/Pikart Rn 1). – Statt „Reichsbehörden und -anstalten" ist heute selbstverständlich „Bundesbehörden und -anstalten", statt „Reichsfiskus" entsprechend „Bundesfiskus" und statt „Bundesstaat" „Bundesland" zu lesen. Bei einer Versteigerung durch Bundespost oder Bundesbahn fällt der Erlös an das verselbständigte Sonderunternehmen des Bundes (MünchKomm/Quack Rn 1).

2 Wurde die öffentliche Bekanntmachung der Versteigerung unterlassen, so muß eine besondere öffentliche Bekanntmachung des Fundes (ohne Setzung einer Anmeldefrist) erfolgen. Dies gilt nicht nur, wenn die öffentliche Bekanntmachung nach § 980 Abs 2 unterbleiben durfte, sondern auch im Falle eines Verstoßes gegen § 980 Abs 1 (heute allgM, so Planck/Brodmann Anm 2 b mwN; BGB-RGRK/Pikart Rn 4; MünchKomm/ Quack Rn 2; Soergel/Henssler Rn 2). Die dreijährige Ausschlußfrist läuft dann von dieser Bekanntmachung an.

3 Beim Fund von Geld wäre eine Versteigerung überhaupt unsinnig. Hier beginnt die dreijährige Frist deshalb stets mit der besonderen Bekanntmachung des Fundes. Unter Geld sind hier alle in- und ausländischen Zahlungsmittel zu verstehen, außerdem etwaige im Verkehr wie Geld behandelte Wertpapiere (vgl Planck/Brodmann Anm 3 und die Kommentare zu § 815 ZPO). Diese Fassung des § 981 ist hier insofern nicht ganz klar, weil nicht ausgesprochen ist, daß auch gefundenes Geld nach Maßgabe des Abs 1 den daselbst bezeichneten Personen zufällt, während Abs 2 in Ansehung von Geld lediglich eine Bestimmung über die Berechnung der Frist trifft. An dem Sinn des Gesetzes kann jedoch hier kein Zweifel aufkommen (vgl Prot III 273 und Goldmann/Lilienthal § 26 Fn 9).

4 **II.** Wird der Erlös (oder das gefundene Geld) an einen Empfangsberechtigten herausgegeben, so dürfen sämtliche *Kosten* (der Bekanntmachung, der Versteigerung, Kosten für Verwahrung und Erhaltung der Sache usw) abgezogen werden. Eine Verzinsungspflicht besteht für die verwahrende Behörde oder Anstalt nicht. Im einzelnen vgl hierzu die bei § 982 angegebenen Ausführungsvorschriften.

§ 982
Ausführungsvorschriften

Die in den §§ 980, 981 vorgeschriebene Bekanntmachung erfolgt bei *Reichs*behörden und *Reichs*anstalten nach den von dem *Bundesrat*, in den übrigen Fällen nach den von der Zentralbehörde des *Bundesstaats* erlassenen Vorschriften.

Materialien: E I § 925 Abs 2; II § 366; III § 966;
Mot III 388 f; Prot III 273.

I. Für frühere Reichsbehörden und Reichsanstalten, jetzt Bundesbehörden und **1**
Bundesanstalten ist hier einschlägig die Bekanntmachung des Bundesrats vom
16. 6. 1898 (RGBl 912 = BGBl III 403–5) mit folgendem Wortlaut:

§ 1

Die nach den §§ 980, 983 BGB von Reichsbehörden und Reichsanstalten zu erlassenden Bekanntmachungen erfolgen durch Aushang an der Amtsstelle oder, wenn für Bekanntmachungen der bezeichneten Art eine andere Stelle bestimmt ist, durch Aushang an dieser Stelle. Zwischen dem Tage, an welchem der Aushang bewirkt, und dem Tage, an welchem das ausgehängte Schriftstück wieder abgenommen wird, soll ein Zeitraum vo mindestens sechs Wochen liegen; auf die Gültigkeit der Bekanntmachung hat es keinen Einfluß, wenn das Schriftstück von dem Orte des Aushanges zu früh entfernt wird.

Die Behörde oder die Anstalt kann weitere Bekanntmachungen, insbesondere durch Einrückung in öffentliche Blätter, veranlassen.

§ 2
Die in der Bekanntmachung zu bestimmende Frist zur Anmeldung von Rechten muß mindestens sechs Wochen betragen. Die Frist beginnt mit dem Aushange, falls aber die Bekanntmachung auch durch Einrückung in öffentliche Blätter erfolgt, mit der letzten Einrückung.

Hierzu ist zu bemerken, daß § 1 Abs 1 S 1 und § 2 S 1 nicht bloß instruktionelle
Bedeutung haben. Eine Außerachtlassung dieser Vorschriften muß ebenso wirken,
wie wenn die Bekanntmachung überhaupt nicht geschehen wäre (vgl BIERMANN § 982
Anm 1; MünchKomm/QUACK Rn 2; SOERGEL/HENSSLER Rn 1; BAMBERGER/ROTH/KINDL Rn 1).
An die Stelle des Bundesrats ist nach Maßgabe des Art 129 GG die sachlich
zuständige Stelle getreten, damit der Bundesminister des Inneren (ERMAN/EBBING
§ 982 Rn 1; SOERGEL/HENSSLER Rn 1; PALANDT/BASSENGE § 982 Rn 1; FRIEHE ArchÖR 109
[1984] 76). In zweifelhaften Fällen entscheidet gemäß Art 129 I 2 GG die Bundesregierung im Einvernehmen mit dem Bundesrat.

II. Die von den **Zentralbehörden** der **Bundesstaaten** (jetzt: **Länder**) erlassenen **2**
Ausführungsvorschriften sind die folgenden: für Baden-Württemberg: § 5a Abs 2 b-
w AGBGB v 26. 11. 1974 (GVBl 490, zuletzt geändert durch G v 28. 6. 2000, GVBl 470) und
Anordnung der Landesregierung über die Behandlung von Fundsachen und unanbringlichen Sachen (Fundsachenanordnung) v 29. 9. 1981 (GABl 1570), geändert
durch Anordnungen v 2. 9. 1999 (GABl 518) und v 22. 5. 2001 (GABl 766); für Bayern:
§ 10a der VO über die Zuständigkeiten und das Verfahren der Fundbehörden
(FundV) v 12. 7. 1977 (GVBl 386), zuletzt geändert am 28. 3. 2001 (GVBl 174); für
Berlin als Verwaltungsvorschrift Rundschreiben der Senatsverwaltung des Inneren
über Fundsachen in Dienstgebäuden des Landes Berlin v 2. 8. 1996 (ABl 3375 Nr 48/
13. 09. 1996 -„Fundsachenrundschreiben"); für Brandenburg § 14 AGBGB v 28. 7. 2000
(GVBl I 114); für Bremen: VO v 18. 7. 1899 (GBl 156, Sa Bremen 403-b-1) und als
Verwaltungsvorschrift die Fundsachenordnung v 29. 9. 1981 (GABl 1570); für Hamburg: VO über die Bekanntmachung von Funden und unanbringlichen Sachen v

Karl-Heinz Gursky

19. 11. 1962 (GVBl I, 183); für Hessen VO v 9. 8. 1899 (HessRegBl 449); für Nieder-
sachsen nds AGBGB v 4. 3. 1971 (GVBl 73) § 25; für Nordrhein-Westfalen: VO v
27. 9. 1977 (GV NRW 350); für Rheinland-Pfalz: Landesverordnung über die Bekanntmachung von Funden und unanbringbaren Sachen v 10. 4. 1987 (GVBl 132); für das
Saarland: § 29 des Gesetzes zur Ausführung bundesrechtlicher Justizgesetze (AG-
JusG) v 5. 2. 1997 (ABl 258), zuletzt geändert durch das G v 7. 11. 2001 (ABl 2158); für
Thüringen § 26 AGBGB v 3. 12. 2002 (GVBl 424). Wenn die Betriebe mehreren
Ländern angehören, müssen die Vorschriften aller beteiligten Staaten beobachtet
werden (vgl EGER BayZ 1905, 139, 141).

§ 983
Unanbringbare Sachen bei Behörden

**Ist eine öffentliche Behörde im Besitz einer Sache, zu deren Herausgabe sie ver-
pflichtet ist, ohne daß die Verpflichtung auf Vertrag beruht, so finden, wenn der
Behörde der Empfangsberechtigte oder dessen Aufenthalt unbekannt ist, die Vorschriften der §§ 979 bis 982 entsprechende Anwendung.**

Materialien: VE SR § 176; E I § 927; II § 897;
III § 967; Mot III 389 f; Prot III 273.

1 1.   § 983 regelt *keinen Fall des Sachfundes*, sondern steht nur deshalb an dieser
Stelle, weil er die Normen über die Behandlung der in den Geschäftsräumen einer
öffentlichen Behörde gefundenen Sachen auf gewisse andere in dem **Besitz einer
öffentlichen Behörde** befindlichen Sachen ausdehnt. Die Vorschrift trifft also solche
Fälle, in denen der Besitz der Behörde weder auf Vertrag beruht noch andererseits
ein Fund iSd § 978 vorliegt. Auch normale Fundsachen können darunter fallen,
wenn der Finder nicht mehr zu ermitteln ist (Mot III 389). Nr 75 der Richtlinien für
das Straf- und Bußgeldverfahren (RiStBV) verweist zu Recht auf die §§ 983, 979
(s LÖFFLER NJW 1991, 1705, 1709). Andere Beispiele: Beschlagnahmte Diebesbeute,
deren Eigentümer nicht ermittelt werden konnte (LESSER SeuffBl 76, 791; BayObLG
SeuffBl 68, 126; OLG Celle 21. 12. 2001 bei juris [KORE 40144 2002]); Gegenstände, die ohne
der Einziehung zu unterliegen, bei Gericht als Überführungsstücke zurückgeblieben
sind (sie wurden etwa von einem nicht mehr bekannten Zeugen übergeben); nicht
zur Beförderung bestimmte Sachen (Schmuck, Geldstücke), die in einem Postbrief-
kasten gefunden werden (STRAUSS 68). Nicht dagegen der einer Behörde zugelaufene
Hund, denn dieser fällt unmittelbar unter § 978 (vgl WOLFF/RAISER § 82 Fn 4; SOERGEL/
HENSSLER Rn 2; **aM** WEISS DJZ 1905, 906).

2 2.   Im einzelnen ist zu bemerken: Wenn der Behörde ein Empfangsberechtigter
nach Person und Aufenthalt bekannt ist, dieser aber mit der Annahme in Verzug ist,
so kann sich die Behörde nur durch Hinterlegung der Sache (§ 372) von der Pflicht
fernerer Verwahrung befreien (PLANCK/BRODMANN Anm 1 d; BIERMANN Anm 1; FRIEDRICHS
ArchBürgR 42 28, 66). Ist die Sache zur Hinterlegung nicht geeignet, so kann sie
versteigert werden; dann ist der Erlös zu hinterlegen (übereinstimmend PLANCK/BROD-
MANN Anm 1 d). Über die Haftung des Staates bei Verlust derartiger Sachen vgl RGZ

51, 219. Liegen die Voraussetzungen des § 983 vor, so ist die Behörde gesetzlich befugt, die Sache nach §§ 979, 980, 982 öffentlich versteigern zu lassen; das Eigentum am Erlöse fällt nach Maßgabe der §§ 981, 982, je nach dem, ob eine Bundes-, Landes- oder Gemeindebehörde in Frage kommt, dem Bundes- oder Landesfiskus oder der betreffenden Gemeinde zu. Ergänzend kommen die allgemeinen Grundsätze über die öffentlich-rechtliche Verwahrung zur Anwendung (s dazu STAUDINGER/ REUTER [1995] Vorbem 48 ff zu § 688).

§ 984
Schatzfund

Wird eine Sache, die so lange verborgen gelegen hat, dass der Eigentümer nicht mehr zu ermitteln ist (Schatz), entdeckt und infolge der Entdeckung in Besitz genommen, so wird das Eigentum zur Hälfte von dem Entdecker, zur Hälfte von dem Eigentümer der Sache erworben, in welcher der Schatz verborgen war.

Materialien: VE SR § 174; I § 928; II § 898; III § 968; SCHUBERT, SR I 1006 ff; Mot III 390 f; Prot III 273 f; JAKOBS/SCHUBERT, SR I 756 ff.

Schrifttum

BLENS-VANDIEKEN, Das deutsche Ausgrabungsrecht, Badische Fundberichte, Sonderheft 9 (1965)
BORCHERS, Beiträge zur Lehre vom Schatzerwerb im Zusammenhang mit der Regelung des Fundes von Bodendenkmalen (Diss Göttingen 1941)
BRIEGER, Die Voraussetzungen des Schatzfundes (Diss Breslau 1927)
BRÜCKNER, Der Altertumsfund und seine Stellung in der Rechtsordnung (Diss Erlangen 1923)
BRÜGGE, Bodendenkmalrecht unter besonderer Berücksichtigung der Paläontologie (1993)
CHAFFAK, Fundsache und Schatz nach römischem und bürgerlichem Recht (Diss Leipzig 1903)
DÖRNER, Zivilrechtliche Probleme der Bodendenkmalpflege (1992)
DOLEZYCH, Die Rechtsverhältnisse am Fund und Schatz nach gemeinem und bürgerlichem Recht (Diss Jena 1901)
EHLERS, Schatzfund und Strandrecht, SchlHA 1971, 227

FECHNER, Rechtlicher Schutz achäologischen Kulturgutes (1991)
ders, Rechtliche Aspekte von Unterwassergrabungen, DÖV 1994, 321
FISCHER ZU CRAMBURG, Das Schatzregal. Der obrigkeitliche Anspruch auf das Eigentum an Schatzfunden in den deutschen Rechten (2001; Rezension von K GRAF im Internet unter www.hclist.de/piepermail/museum/2001-februar/ 000888.html)
FRANZKE, Der Begriff des Schatzes (Diss Rostock 1901)
GAREIS, Über Rechtsverhältnisse an Begräbnisstätten, SeuffBl 70, 308 ff
GIEN, Zur Lehre vom Erwerb des Schatzes (Diss Breslau 1926)
HAHN, Der Schatzfund (Diss Erlangen 1925)
HENNINGS, Altertumsfunde, zugleich ein Beitrag zur Lehre vom Schatzrecht nach BGB und zur Frage der Gesetzgebung betreffend Denkmalpflege (Diss Hamburg 1911)
HERBIG, Das Schatzrecht (Diss Leipzig 1902)
HÖNES, Das Schatzregal, DÖV 1992, 425
ders, Das Schatzregal im Dienste des Denkmalschutzes, NuR 1994, 419

Karl-Heinz Gursky

ders, Schatzregal im Aufwind, Archäologisches Nachrichtenblatt, Bd 3 (1998), Heft 1, 33–37

HOLZ, Schatz und Gräberfunde, LZ 1916, 362 ff

KIRSCH, Eigentums- und andere Rechtsfragen bei Münzfunden, Frankfurter Münzzeitung 7 (1907) S 169

KNÜTEL, Von schwimmenden Inseln, wandernden Bäumen, flüchtenden Tieren und verborgenen Schätzen, in: FS HH Seiler (1999) 549

KOHLER, Das Recht an Denkmälern und Altertumsfunden, DJZ 1904, 771

KÜHNE, Rechtsverhältnisse an den Bestandteilen einer Leiche und den ins Grab mitgegebenen Gegenständen (Diss Göttingen 1925)

LANGEWORT, Schatzfund und Altertumsfund im Recht (Diss Erlangen 1930)

LEHMANN, Das Schatzregal: Antiquierte Begrifflichkeit oder moderne Gesetzestechnik? in: HORN/KIEHR/KUNOW/TRIER (Hrsg), Archäologie und Recht (1991) 73

LIEBRECHT, Das Verhältnis des Schatzes zur Fundsache nach römischem und bürgerlichem Recht (Diss Leipzig 1903)

LÜBBECKE, Die rechtliche Bedeutung des Schatzfundes im derelinquierten Grundstücke nach dem Deutschen Bürgerlichen Gesetzbuch (Diss Erlangen 1914)

MAHNKE, Der Schatzerwerb nach dem Bürgerlichen Gesetzbuch im Vergleiche mit dem römischen Rechte und preußischen Landrechte (Diss Greifswald 1900)

MANSFELD, Das Schatzrecht (1924)

OEBBECKE, Das Recht der Bodendenkmalpflege in der Bundesrepublik Deutschland, DVBl 1983, 384 ff

PAPPENHEIM, Eigentumserwerb an Altertumsfunden, JherJb 45 (1903) 141

ders, Empfiehlt es sich, reichsrechtlich oder landesrechtlich dem Staate ein Vorrecht an Altertumsfunden zu gewähren?, Verh d 27. DJT (1904) Bd 2 S 3

PETERS, Der „Finder" und der „Entdecker" im Rechte des Bürgerlichen Gesetzbuches für das Deutsche Reich (Diss Rostock 1908)

SCHEINHÜTTE, Über die Eigentumsverhältnisse am Schatz in einem herrenlosen (aufgegebenen) Grundstücke (Diss Leipzig 1914)

SCHLEISS, Das Schatzrecht in rechtsvergleichender Darstellung (Diss Greifswald 1918)

A SCHMIDT, Der Schatzfund im 19. Jahrhundert. Eine Rechtsprechungsanalyse im Spiegel des französischen, preußischen und gemeinen Rechts (2002)

B SCHMÜCKER, Wann wird beim Schatzfund des Bürgerlichen Gesetzbuchs Eigentum erworben? (Diss Leipzig 1933)

A SCHNEIDER, Schatz oder Fund? Ein Beitrag zur Lehre von der rechtlichen Behandlung historischer Funde (Diss Rostock 1905)

SCHROEDER, Grundgesetz und Schatzregal, JZ 1989, 676

SIEDLER, Zurechnung von Realakten im Bürgerlichen Recht (1999)

STRICKER, Der Rechtsbegriff des Schatzes (Diss Saarbrücken 1908)

W VOGEL, Der Schatzerwerb nach gemeinem Recht und dem Recht des BGB (Diss Berlin 1903).

Rechtsvergleichend:
GIESEKE, RvglHWB III 556.

Systematische Übersicht

I.   **Schatz** _____ 1

II. **Voraussetzungen des Schatzerwerbes**
1.   Allgemeines: Verhältnis von Entdeckung und Inbesitznahme _____ 6
2.   Entdecker _____ 8

3.   Fremdwirkende Entdeckung _____ 9

III. **Folgen des Schatzfundes** _____ 12

IV. **Landesrechtliche Vorbehalte** _____ 21

Alphabetische Übersicht

Abbruchunternehmer _____ 10

Ablieferungspflichten _____ 21

Altertumsfunde	3	Herrenloses Grundstück	15
Aneignungswille	11	Hortfunde	17
Anwartschaft des Grundstückseigentümers	20		
Anzeigepflicht	18	Kostbarkeiten	1
Arbeiter als Entdecker	9 f	Küstengewässer, Funde in	5
Beschränkte dingliche Rechte an bergender		Landesrechtliche Vorbehalte	21
Sache	12		
Besitzlage	2	Mehrere Entdecker	8
		Moorleichen	3
Denkmalschutzrecht	21		
		Nachentecker	6
Eigenbesitz	11	Nachentdeckung	6
Eigentumswechsel zwischen Entdeckung		Naturereignis, Freilegung durch	1
und Inbesitznahme	13		
Entdecker	8 ff	Schatzregal	21
Entdeckung, Verhältnis zur Inbesitznahme	6 f		
		Unerlaubte Handlung	16
Fossilien	3		
Freilegung	6	Versteckte Sachen	2
Fremdwirkende Entdeckung	9	Verzicht auf Inbesitznahme	7
Grundstücksgrenze, Schatzfund auf der	12	Zwingendes Recht	19

I.   Schatz

Die Begriffsbestimmung des **Schatzes** stimmt im wesentlichen mit der gemeinrecht-   **1**
lichen (D 41, 1, 31, 1) überein (s Fischer zu Cramburg 37 f). Als Besonderheiten sind
hervorzuheben:

1.   Auf Geld oder Kostbarkeiten oder Wertsachen ist der Begriff nicht mehr
beschränkt; *jede bewegliche Sache* (s § 90) kann hierunter fallen (Mot III 390;
Wieling I § 11 VI 2 a; Schwab/Prütting Rn 509; Biermann Anm 1 d; Kretzschmar Anm 1 a;
MünchKomm/Quack Rn 1; Erman/Ebbing Rn 2; Dörner 26 f; **aM** Planck/Brodmann Anm 1 d;
vermittelnd BGB-RGRK/Pikart Rn 4: nicht Sachen von ganz geringfügigem Wert), nicht aber
ein Grundstücksbestandteil wie zB der Mosaikboden eines ausgegrabenen Hauses
aus der Vorzeit, sofern noch eine feste Verbindung mit dem Boden besteht (BGB-
RGRK/Pikart Rn 2; Fechner 58; Dörner 27; Fischer zu Cramburg 39; aA Wieling I § 11 VI 2
a); ebensowenig natürliche Bestandteile des Grund und Bodens wie Erze, im Boden
gewachsene Edelsteine u dgl (BGB-RGRK/Pikart Rn 2; Planck/Brodmann Anm 1 c; H
Westermann[5] § 60, 1).

Die betreffende Sache muß in einer anderen Sache – sei es einer beweglichen (zB
einem Möbelstück), sei es einem Grundstück – **verborgen** gewesen sein (Dörner 30).
(Das impliziert zugleich, daß die Sache gerade wegen ihrer räumlichen Lage und
daraus resultierenden fehlenden Sichtbarkeit besitzlos war, vgl Soergel/Henssler
Rn 4; **aA** Baur/Stürner § 53 Rn 54). Daß sie im Zeitpunkt der Entdeckung noch verborgen war, also erst durch den Entdecker freigelegt wurde, ist nicht erforderlich;

auch eine Sache, die durch ein Naturereignis freigelegt worden ist, unterliegt § 984 (Biermann Anm 2 a; Planck/Brodmann Anm 2 b; Soergel/Henssler Rn 4; Wieling I § 11 VI 2 b; Dörner 47; Blens-Vandieken 15; aM Goldmann/Lilienthal § 27 Fn 4; BGB-RGRK/ Johannsen[11] Anm 2; ferner Endemann II 1 § 88 Fn 7, der den Schatz in diesem Falle ganz an den Eigentümer der bergenden Sache fallen lassen will). Daß die Sache absichtlich verborgen wurde (E I § 928), ist nicht notwendig; auch durch Naturereignisse verschüttete oder in sonstiger Weise der menschlichen Wahrnehmung entzogene Sachen werden erfaßt (BGB-RGRK/Pikart Rn 5; MünchKomm/Quack Rn 1; Blens-Vandieken 16; Fischer zu Cramburg 39). Auch eine verlorene Sache kann deshalb zum Schatz werden. Sachen, die offen auf einem Dachboden liegen, sind selbst dann nicht verborgen in diesem Sinne, wenn der Dachboden nur unter Überwindung von Schwierigkeiten (nämlich nur mit Hilfe einer Leiter und durch eine schwer zu öffnende Dachluke) betreten werden kann und dementsprechend nur selten aufgesucht wird (OLG Köln OLGZ 1992, 253, 254; Soergel/Henssler Rn 4; aA Dörner 30 f). Anders wäre bei solchen Sachen zu entscheiden, die sich in einem Raum befinden, dessen Öffnung zugemauert oder übertapeziert worden ist und dessen Existenz in Vergessenheit geraten ist.

2 2. Die Sache muß aber (jedenfalls grundsätzlich, zu Ausnahmen s unten Rn 3 a) einmal im Eigentum einer Person gestanden haben, die – bzw deren Rechtsnachfolger – jetzt nicht mehr zu ermitteln ist *(objektive Unmöglichkeit der Ermittlung des Eigentümers)*. Es muß also (infolge des langen Verborgenseins der Sache) jede Hoffnung auf Ermittlung des Eigentümers vergeblich erscheinen (Mot III 390; OLG Hamburg MDR 1982, 409). Zu beachten ist, daß zwar nicht § 1006 (so aber Wieling I § 11 VI 2 b Fn 29, der zu Unrecht dem Besitzer der bergenden Sache auch den Besitz an der verborgenen zuspricht, vgl Dörner 33), wohl aber eine tatsächliche Vermutung zunächst einmal dafür spricht, daß die verborgene Sache dem Eigentümer der bergenden gehört; diese tatsächliche Vermutung muß durch die Umstände entkräftet werden (Erman/Ebbing Rn 2). Hierfür wird insbesondere der Zeitraum des Verborgenseins von Bedeutung sein. Eine besonders lange Zeit (seit alters) ist jedoch nicht erforderlich. Aus der Praxis vgl Obertribunal Stuttgart SeuffA 4 (1851) Nr 9; KG OLGE 8 (1904) 115 f; HansOLG Hamburg MDR 1982, 409. Wenn trotz der langen Verborgenheit sich auf irgendeine Weise der Eigentümer ermitteln läßt, so liegt kein Schatzfund, sondern ein Fund iSv § 965 vor (zB Grabbeigaben aus jüngerer Zeit, Planck/Brodmann Anm 1 c). Dabei muß zum Schutze des unbekannten Eigentümers auch entfernten Möglichkeiten, den Berechtigten noch zu ermitteln, nachgegangen werden (vgl OLG Hamburg SeuffA 60 Nr 171 S 322, 323 f; MDR 1982, 409; Soergel/Henssler Rn 5). Wenn im Boden eines Waldes Münzen und Schmuckstücke gefunden werden, die etwa 40 Jahre vorher vergraben worden sind, so kann nicht vom Vorliegen eines Schatzes ausgegangen werden, wenn sich unter den Schmuckstücken ein Ehering mit eingraviertem Vor- und Zunamen befindet und die daraus sich ergebenden Möglichkeiten der Ermittlung des Voreigentümers nicht erschöpft sind (HansOLG Hamburg MDR 1982, 409). Wird im Nebenraum einer kirchlichen Friedhofskapelle in einer Kiste ein dort abgelegtes Kruzifix entdeckt, so handelt es sich nicht um einen Schatzfund (OLG Celle NJW 1992, 2576; Soergel/Henssler Rn 4 m Fn 14; aA Jauernig/ Jauernig Rn 1 [b]). Hier ist nämlich davon auszugehen, daß dieses Kruzifix im Besitz der Kirchengemeinde steht und daß für letztere deshalb die Eigentumsvermutung des § 1006 spricht. Im übrigen handelt es sich jedenfalls nicht um eine verborgene Sache, wenn das Kruzifix angesichts seiner Größe bei einem Aufräumen der Kiste nicht übersehen werden konnte. Die von § 984 verlangte Unmöglichkeit, der Klärung der Eigentumslage ist auch dann gegeben, wenn die Sache möglicherweise sogar herrenlos ist, sich gerade das aber nicht sicher entscheiden läßt (SOERGEL/ HENSSLER Rn 8; DENEKE-STOLL, in: Erlanger FS KH Schwab [1990] 43, 56; SOERGEL/HENSSLER Rn 3; weitergehend PAPPENHEIM JherJb 45 [1903] 141, 143 f).

Denkbar ist, daß man zunächst eine Ermittlung des Eigentümers der verborgen **3** gewesenen Sache für ausgeschlossen halten mußte, später aber unerwartet Urkunden auftauchen, die die bisherige Eigentumslage dieser Sache klären. Damit hat sich dann nachträglich herausgestellt, daß die Voraussetzungen des § 984 nur vermeintlich vorgelegen haben, in Wirklichkeit aber kein Schatzfund, sondern ein normaler Fund iSv § 965 gegeben war (ENDEMANN § 88 Fn 5; GOLDMANN/LILIENTHAL § 27, 1; DÖRNER 33; BLENS-VANDIEKEN 28). Völlig verlassen kann man sich deshalb auf den Erwerb aus § 984 nicht; eine wirklich gesicherte Position erlangen die (zunächst nur wahrscheinlichen) Miteigentümer der wiederentdeckten Sache erst in dem Moment, in dem zusätzlich auch noch die Voraussetzungen der Ersitzung nach § 937 vorliegen.

Mangels eines früheren Eigentümers sind an sich kein Schatz die Überreste vor- **3a** weltlicher Tiere, menschliche Skelette, Moorleichen, Meteoriten und ähnliche Funde. Wegen der übereinstimmenden Interessenlage erscheint es jedoch angemessen, den hier zu eng gefaßten § 984 auf solche und ähnliche Fälle entsprechend anzuwenden, soweit solchen Gegenständen ein archäologisches, historisches oder naturwissenschaftliches Interesse zukommt (ebenso BVerwG NJW 1997, 1171, 1172; OVG Koblenz BauR 1994, 217 [betr Fossilien]; OLG Nürnberg NJW-RR 2003, 933 = OLGR 2003, 222 [betr Fossilien]; PAPPENHEIM JherJb 45 [1903] 141, 144 ff; HOLZ LZ 1916, 362 ff; WOLFF/RAISER § 83 I; BAUR/STÜRNER § 53 Rn 84; WESTERMANN/GURSKY § 60, 1; SCHWAB/PRÜTTING Rn 509; J vGIERKE § 35 III; PLANCK/BRODMANN Anm 1 c; BIERMANN Anm 1; BAMBERGER/ROTH/KINDL Rn 2; BGB-RGRK/PIKART Rn 7 [auch für Meteoriten]; MünchKomm/QUACK Rn 1; SOERGEL/HENSSLER Rn 9; AnwK-BGB/HOEREN Rn 3; ERMAN/EBBING Rn 2; BLENS-VANDIEKEN 19; DÖRNER 35; wohl auch HÖNES NuR 1994, 419, 423; aA GRASSMANN, SR Rn 560). Ebenso bei Altertumsfunden, die (wie insbesondere Grabbeigaben) herrenlos geworden sind (PAPPENHEIM JherJb 45 [1903] 141, 144; BIERMANN Anm 1; DÖRNER 35 f; BLENS-VANDIEKEN 17 f; iE auch WIELING I § 11 VI 2 a m Fn 20, 26; Bedenken bei LEHMANN 78 ff). Bei Grabbeigaben aus neuerer Zeit ist eine Dereliktion regelmäßig zu verneinen (s oben § 984 Rn 3 mwN; STAUDINGER/DILCHER [1996] Vorbem 39 zu §§ 90 ff). Für sie gilt also § 984 unmittelbar, wenn der Geber nicht mehr zu ermitteln ist (STAUDINGER/DILCHER aaO).

3.   Wie nach GemR muß gerade *infolge der langen Verborgenheit* der Eigentümer **4** nicht mehr zu ermitteln sein (KG OLGE 8, 115, 116; OLG Hamburg MDR 1982, 409; BGB-RGRK/PIKART Rn 6; FISCHER ZU CRAMBERG 39); wenn also der Eigentümer aus einem anderen Grunde unbekannt ist, liegt regelmäßig ein Fund iSv § 965 vor. Die nach einer Brandkatastrophe, einem Bombenangriff oder einem zerstörenden Naturereignis aufgefundenen Gegenstände, deren Eigentümer nicht mehr zu ermitteln sind, werden deshalb regelmäßig als Fundsachen und nicht als Schatz gelten können.

4.   Der Tatbestand des § 984 kann auch bei Funden in den dem Bund gehörenden **5** **Küstengewässern** erfüllt sein; die Vorschriften der 1990 aufgehobenen Strandungsordnung gingen jedoch § 984 vor (EHLERS aaO). Andererseits hatten Schatzregale Vorrang vor den Vorschriften der Strandungsordnung.

II.   Voraussetzungen des Schatzerwerbs

1.   Allgemeines: Verhältnis von Entdeckung und Inbesitznahme

6 Die Notwendigkeit einer Neuregelung der Eigentumslage ergibt sich in dem Augenblick, in dem die bisher verborgene Sache wieder menschlicher Beherrschungsmöglichkeit zugeführt wird. Das Gesetz verlangt für diese Neuregelung der Eigentumslage in Anlehnung an den Tatbestand des Sachfundes (§ 965) zweierlei, nämlich die *Entdeckung* des Schatzes und seine *Inbesitznahme*. Dabei ist hier aber – im Gegensatz zu § 965 – die Entdeckung das wichtigere Tatbestandsstück. Der Entdecker des Schatzes erhält ein Anwartschaftsrecht, das durch die Inbesitznahme zum (Mit-) Eigentum erstarkt (WOLFF/RAISER § 83 III 1). Die Besitzergreifung wird sich meist unmittelbar anschließen. Notwendig ist dies allerdings nicht. Das Anwartschaftsrecht des Entdeckers ist vererblich und übertragbar (WOLFF/RAISER § 83 III 1 b; WIELING I § 11 VI 4; STAUDINGER/MAROTZKE [2000] § 1922 Rn 240; PLANCK/FLAD Vorbem II 5 vor § 1922; ENDEMANN III 1 § 7 II b 1; SOERGEL/HENSSLER Rn 8; aA MÜLLER Rn 3154). Entdecker und Inbesitznehmer brauchen nicht identisch zu sein (RGZ 70, 308, 309). Falls A den Schatz entdeckt, dem B davon erzählt und dieser daraufhin den Schatz heimlich in Besitz nimmt, erwirbt A die Eigentumshälfte (PAPPENHEIM JherJb 45 [1903] 141, 147). Die Besitzergreifung muß aber jeweils Folge der Entdeckung sein. Versäumt der Entdecker die Besitzergreifung und entdeckt ein anderer später unabhängig von ihm den noch verborgenen Schatz ebenfalls, so geht der andere vor, wenn er seinerseits Besitz ergreift (übereinstimmend BIERMANN Anm 2 d; PLANCK/BRODMANN Anm 1 b; WIELING I § 11 VI 2 b; Mot III 384, 390; auch RGZ 70, 308 ff). Die erforderliche Kausalität zwischen der ersten Entdeckung und der späteren Inbesitznahme durch einen Dritten fehlt auch dann, wenn der erste Entdecker A den teilweise freigelegten Schatz wieder vergräbt und sich dann entfernt, um Hilfe zur Bergung zu holen, und nun in der Zwischenzeit B ganz unabhängig davon auf den Schatz stößt und ihn hebt: Hier fällt der Entdeckeranteil nach hM an den „Nachentdecker" B (ENDEMANN II 1 § 88 Fn 9; WOLFF/RAISER § 83 Fn 5; BGB-RGRK/PIKART Rn 10; BIERMANN Anm 2 d; COSACK/MITTEIS § 45 VIII 3 b; BLENS-VANDIEKEN 26; aA DÖRNER 52 f [entscheidend die erste Wahrnehmung] sowie WIELING § 11 VI 3 a m Fn 33, 4 und MÜLLER Rn 3154 [Anwartschaftsrecht des A verhindert Eigentumserwerb des B und verwandelt sich mit der erzwingbaren Herausgabe des Schatzes in die Miteigentümerstellung]). Das gleiche gilt, wenn A auf einen durch Naturereignisse teilweise freigelegten Schatz stößt, diesen zunächst in seiner bisherigen Lage beläßt und nun auch der B diesen Schatz entdeckt und sofort birgt (PLANCK/BRODMANN Anm 2 b). Der hM wird man zustimmen können, auch wenn B die Sache natürlich nicht „als erster" wahrnimmt. Die erste Entdeckung der weiterhin verborgenen Sache wird hier gleichsam durch die von ihr völlig unabhängige zweite Entdeckung, die zur Hebung des Schatzes führt, überholt. Der zweite Entdecker verdient hier den Vorzug, weil er die Sache realiter der menschlichen Nutzung wieder zugeführt hat, während der erste dies nur geplant hatte. Anders wäre dagegen zu entscheiden, wenn der erste Entdecker den von ihm selbst teilweise freigelegten Schatz in dieser offenen Lage beläßt oder aber zwar mit Erdreich bedeckt, dabei aber auffällige Grabungsspuren hinterläßt, und nun gerade deshalb ein zweiter Entdecker auf den Schatz stößt und ihn hebt: Dann ist die erste Entdeckung die maßgebende, weil sie conditio sine qua non für die zweite und damit die Inbesitznahme war (im Ergebnis WIELING I § 11 VI 4; DÖRNER 50 f [Fall 2]; H WESTERMANN[5] § 60, 3; BAMBERGER/ROTH/KINDL Rn 3).

Die Bloßlegung und Entdeckung des Schatzes verliert allerdings ihre Relevanz, **7** wenn der Entdecker die freigelegte Sache irrtümlich für wertlos hält und deshalb planmäßig von ihrer Inbesitznahme absieht. Darin liegt nämlich ein analog § 959 beachtlicher Verzicht auf das Anwartschaftsrecht des Entdeckers. Die Folge ist, daß die – nunmehr offen daliegende – Sache erneut iSv § 984 „entdeckt" werden kann. Vgl KRETZSCHMAR Anm 2 b; WIELING I § 11 VI 4; DÖRNER 44 Fn 9, 50 f; BLENS-VANDIEKEN 21. – Nimmt ein Dritter aufgrund der Entdeckung eines anderen den Schatz in Besitz, so verwandelt sich die bisherige Eigentumsanwartschaft automatisch in den Miteigentumsanteil (aA MÜLLER Rn 3154).

2. Entdecker

Entdecker ist derjenige, der die bisher verborgene Sache (als erster) wahrnimmt **8** (PLANCK/BRODMANN Anm 2 a; BIERMANN Anm 2 a; BGB-RGRK/PIKART Rn 8; BLENS-VANDIE-KEN 20 f), gleichgültig, ob diese Entdeckung zufällig erfolgt oder das Ergebnis gezielter Nachforschungen ist. Wird allerdings der Schatz durch eine auf die bergende Sache einwirkende Tätigkeit (wie zB Abbrucharbeiten) bloßgelegt, so wird man diese mit mehr oder weniger Mühe verbundene Bloßlegung mit zum Entdecken zu rechnen haben, so daß ein untätiger Zuschauer, der die Bloßlegung gleichzeitig wahrnimmt, nicht als Entdecker anzusehen wäre (RG SeuffA 51 Nr 9; DÖRNER 48). Mehrere Personen, die den Schatz gleichzeitig entdecken, sind Mitfinder. Sie erwerben mithin den Entdeckeranteil zu gleichen Teilen (WIELING I § 11 VI 5; DÖRNER 25 Fn 98). Läßt sich nicht mehr klären, wer von einer Personengruppe den bereits durch Witterungseinflüsse freigelegten Schatz als erster erblickt und die anderen auf ihn aufmerksam gemacht hat, so wird man wohl von einer Mitentdeckerstellung aller Beteiligten auszugehen haben (so auch SOERGEL/HENSSLER Rn 6).

3. Fremdwirkende Entdeckung

Der Entdecker braucht den Schatz nicht eigenhändig freizulegen, er muß ihn nicht **9** mit eigenen Augen als erster wahrnehmen, sondern kann Hilfspersonen einsetzen (RGZ 70, 308 ff; BGB-RGRK/PIKART Rn 9). Wenn also jemand Arbeiter oder sonstige Hilfspersonen im Rahmen einer planmäßig auf die Auffindung eines Schatzes gerichteten Tätigkeit einsetzt, ist – wenn die Nachforschung erfolgreich ist – dieser Auftraggeber, nicht aber der den Schatz als erster erblickende Arbeiter, der Entdecker iSv § 984 (RGZ 70, 308, 310 f; BGHZ 103, 101, 106; OLG Hamburg SeuffA 60 [1905] Nr 171; OLG Nürnberg 1999, 325; DÖRNER 71 mwN; BAMBERGER/ROTH/KINDL Rn 4; ERMAN/EBBING Rn 6; SOERGEL/HENSSLER Rn 7; SIEDLER 118 f; allgM); dies gilt auch dann, wenn die eingesetzten Arbeiter gar nicht wissen, daß ihre Tätigkeit der Schatzsuche dient (SOERGEL/HENSSLER Rn 7 Fn 28; SIEDLER aaO; abw DÖRNER 73; BLENS-VANDIEKEN 24; offen gelassen in BGHZ 103, 101, 108 f). Ähnlich kann ein Auktionator, dem der Auftrag gegeben wird, die zu verkaufenden Mobilien auf etwa darin verstecktes Geld usw zu untersuchen, nicht als Entdecker eines Schatzes gelten, wenn er hierbei etwas findet (vgl OLG Hamburg SeuffA 60 Nr 171). Mit Stellvertretung iSv § 164 hat diese Zurechnung von Hilfspersonen an den Auftraggeber nichts zu tun (BLENS-VANDIEKEN 23; DÖRNER 68; BIERMANN Anm 2 a; MünchKomm/QUACK Rn 2; WOLFF/RAISER § 83 III 1 c; aM STAUDINGER/BERG[11] Rn 2; ERNST, Eigenbesitz und Mobiliarerwerb [1922] 215). Hat aber ein Arbeiter oder Angestellter selbständig, ohne eine auf Schatzsuche gerichtete Anweisung bzw Leitung, bei Gelegenheit seiner Tätigkeit einen Schatz entdeckt (zB Knecht beim

Pflügen), so entdeckt der Arbeitnehmer nach zutreffender hM für sich selbst; er selbst, nicht der Arbeitgeber erlangt damit das Finderrecht aus § 984 (BGHZ 103, 101, 107 [Lübecker Schatzfund]; RG SeuffA 51, 12, 14; SoergRspr 1913, § 984 BGB Nr 1; DÖRNER 75; SIEDLER 119; PLANCK/BRODMANN Anm 2 a; BGB-RGRK/PIKART § 984 Rn 9; ERMAN/EBBING Rn 6; PALANDT/BASSENGE Rn 1; O vGIERKE II § 132 Fn 89; ENDEMANN II § 88 Fn 10; BAUR/STÜRNER § 53 Rn 84; HEDEMANN 156; GERHARDT I 142; aM ZEUNER JZ 1955, 195, 197 bei Fn 10; BALLERSTEDT JZ 1953, 389, 390 bei Fn 15; RÜHL, Eigentumsvorbehalt und Abzahlungsgesetz [1930] 133; einschränkend MünchKomm/QUACK Rn 3; differenzierend WIELING I § 11 VI 3 b). Dies muß grundsätzlich auch dann gelten, wenn der Arbeitnehmer bei der ihm übertragenen Arbeit fast zwangsläufig auf den Schatz stoßen und diesen bei normaler Aufmerksamkeit bemerken mußte (aA WIELING I § 11 VI 3 b). Wenn etwa – wie im Lübecker Schatzfall – bei Abrißarbeiten ein Münzhort freigelegt und vom Baggerführer entdeckt wird, kann diese Entdeckertätigkeit nicht ohne weiteres – s aber unten Rn 10 – seinem Arbeitgeber zugerechnet werden (BGHZ 103, 101, 106; GERHARDT EWiR § 984 BGB 1/88, 363; GURSKY JZ 1988, 670 f und 1991, 496, 502; SCHREIBER Jura 1990, 446, 447 f; DENEKE-STOLL, in: Erlanger FS KH Schwab [1990] 43, 57). Eine gleichsam automatische Zurechnung der Schatzentdeckung an den Arbeitgeber scheitert hier schon daran, daß wertvolle Schatzfunde selbst bei Abbrucharbeiten selten sind und deshalb kaum zu den Zwecken eines arbeitsteiligen Betriebes gehören können (BGHZ 103, 101, 107). Unter diesen Umständen kann der zufällige Schatzfund eines Arbeitnehmers „bei natürlicher Betrachtung nicht mit seiner betrieblichen Tätigkeit, zu der ihn der Arbeitsvertrag verpflichtet, in Verbindung gebracht und damit dem Arbeitgeber zugeordnet werden" (BGHZ 103, 101, 107; zust SOERGEL/HENSSLER Rn 7). Das gleiche gilt (nach OLG Nürnberg NJW-RR 2003, 933), wenn der Sohn eines in einem Steinbruch angestellten Baggerführers, der ohne eigenen Vertrag mit dem Steinbruchbetreiber dem Vater zur Hand geht, in dem Steinbruch ein Fossil entdeckt. Hier hatte der Steinbruchbetreiber die Arbeitnehmer explizit angewiesen, etwa entdeckte Versteinerungen an ihn abzuliefern, und der Sohn des Baggerführers war zeitweilig selbst in dem Steinbruch angestellt gewesen. Das OLG Nürnberg stellte entscheidend auf die fehlende Anstellung im Zeitpunkt der Entdeckung ab.

10 Ein Abbruchunternehmer kann sich jedoch dadurch die rechtlichen Vorteile aus zufälligen Schatzfunden seiner Arbeitnehmer sichern, daß er diesen die generelle Anweisung erteilt, auf bei den Arbeiten zutage tretende wertvolle Sachen zu achten und diese gegebenenfalls bei ihm abzuliefern. Eine solche Anweisung muß nach der Interessenlage durch das Direktionsrecht des Arbeitgebers gedeckt sein und dazu führen, daß die Entdeckung des Schatzes etwa durch einen Baggerführer dem Abbruchunternehmer zuzurechnen wäre (GURSKY JZ 1988, 670 f; einschränkend SOERGEL/HENSSLER Rn 7 [jedenfalls wenn der Arbeitnehmer aufgrund eines Drittauftrags eingesetzt wird, der gerade auf gezielte Schatzsuche gerichtet ist]; abw RG SoergRspr 1913 § 984 BGB Nr 1; DÖRNER 76 ff; offengelassen in BGHZ 103, 101, 108): Der Baggerführer erlangt ja die Gelegenheit zur Wahrnehmung des Schatzes überhaupt nur durch die ihm übertragene abhängige Arbeit, und der Abbruchunternehmer seinerseits kann nur bei der Anerkennung einer Verlagerung der Entdeckerposition auf ihn seiner eigenen Verpflichtung gegenüber dem Besteller aus § 4 Nr 9 S 1 und 3 VOB (B) nachkommen. (Vgl auch die Platzanweiserinentscheidung BGHZ 8, 130, wo der BGH für die Parallelproblematik beim Fund iSv § 965 annahm, daß die Ablieferungsanweisung des Kinounternehmers zu einer Verlagerung der Finderstellung und damit insbesondere auch der Eigentumsanwartschaft des Finders auf den Unternehmer führte). Dagegen wird die Entdeckerposition durch die

VOB-Klauseln entgegen MünchKomm/QUACK Rn 3 nicht etwa weiterverlagert auf den Auftraggeber des ausführenden Werkunternehmers. Die bloße Anweisung, auf weiterverwertbare Sachen zu achten, reicht für die Verlagerung der Entdeckerstellung auf den Arbeitgeber nicht (PALANDT/BASSENGE Rn 1). Ähnlich ist die Situation, wenn bei Tiefbauarbeiten, die in einem historischen Stadtkern unter ständiger archäologischer und denkmalpflegerischer Aufsicht ausgeführt werden, ein Schatz entdeckt wird. Dann ist der ausgrabende Baggerführer genausowenig Entdecker, als wäre ihm eine entsprechende Weisung erteilt worden (OLGR Nürnberg 1999, 325, 326 [vollständiger bei juris KORE 409809900]). Etwas anderes kann nur gelten, wenn zwischen dem Schatzfund und dem Anlaß für die Überwachung der Bauarbeiten durch Denkmalpfleger und Archäologen keinerlei Zusammenhang besteht (OLG Nürnberg bei juris aaO unter b).

Der Schatzfund ist kein Unterfall der Okkupation. Er erfordert deshalb weder **11** Aneignungswillen noch die Begründung von *Eigenbesitz* (im letzteren Punkte **aA** DERN-BURG § 117 Fn 6; wie hier dagegen PLANCK/BRODMANN Anm 2 b; KRETZSCHMAR Anm 3; BLENS-VANDIEKEN 22). Im übrigen ist der Schatzfund kein Rechtsgeschäft, sondern Realakt und setzt deshalb Geschäftsfähigkeit des Finders bzw Inbesitznehmers nicht voraus (ENNECCERUS/NIPPERDEY § 137 IV 2 b; WIELING I § 11 VI 3 b; DÖRNER 44; SOERGEL/HENSSLER Rn 6).

III. Folgen des Schatzfundes

Der Schatz fällt *zur Hälfte dem Finder* (im vorigen Sinne), *zur Hälfte dem Eigen-* **12** *tümer* der Sache zu, in welcher der Schatz verborgen war, wie nach GemR (INST 2, 1 39 [sog Hadrianische Teilung]; vgl SCHROEDER JZ 1989, 676, 678; MAYER-MALY, in: HdWBRG VI Sp 1361 ff; KNÜTEL in: FS HH Seiler [1999] 549, 570 ff; FISCHER ZU CRAMBURG 51 ff). Durch die Zuweisung des Entdeckeranteils will § 984 denjenigen belohnen, durch dessen Tätigkeit der Schatz der Verborgenheit entzogen und so der menschlichen Herrschaft und Nutzung wieder zugeführt wird (RG SeuffA 51 [1896] 12, 14; RGZ 70, 308, 311; BGHZ 103, 101, 109; DÖRNER 26). Daß auch dem Eigentümer der bergenden Sache hälftiges Miteigentum zugesprochen wird, ist damit zu rechtfertigen, daß er bisher der Sache „am nächsten stand" (H WESTERMANN[5] § 60, 3). Im übrigen wird in vielen Fällen die Annahme, daß die verborgen gewesene Sache dem Eigentümer der sie bergenden gehören könnte, jedenfalls nicht völlig von der Hand zu weisen sein. Rechtspolitische Kritik einerseits bei HOLZ LZ 1916, 363, 364 (Vorbehalte gegen den Entdeckeranteil), andererseits bei WOLFF/RAISER § 83 III 1 a; LEHMANN 74 (Vorbehalte gegen den Eigentümeranteil). Für den Eigentümer der Sache bedarf es dabei keiner besonderen Erwerbshandlung; der Erwerb der Schatzhälfte durch ihn ist eine bloße Reflexwirkung der Tätigkeit des Finders (vTUHR II 1, 12 Fn 42). Es entsteht Miteigentum (§§ 1008 ff) und Gemeinschaft (§§ 741 ff) zwischen beiden. Ist der Finder selbst Eigentümer der bergenden Sache, so erhält er natürlich das Alleineigentum. Wird der Schatz **auf der Grenze** gefunden, so daß er also in zwei Grundstücken verborgen war, so wird die eine Hälfte beiden beteiligten Grundeigentümern zufallen (vgl § 174 Abs 2 VE und dazu die Begründung des Redaktors JOHOW bei SCHUBERT SR I 1011; ferner ENDEMANN II § 88 Fn 7), und zwar ist nach § 742 anzunehmen, daß diesen gleiche Anteile (also jedem 1/4) zustehen (KRETZSCHMAR Anm 4 b; GOLDMANN/LILIENTHAL § 27 Fn 6; DÖRNER 25 Fn 99; abw WIELING § 11 VI 5: Miteigentum der Nachbarn im Verhältnis des Wertes der Teile, die in dem jeweiligen Grundstück wohnen). Bei einem Schatzfund im Grenzbereich zweier Grundstücke wird sich gelegentlich nachträglich nicht mehr mit Sicherheit klären lassen, in welchem Grundstück der Schatz verborgen war. Auch hier dürfte sich praktisch keine andere Lösung anbieten, als von einem Fund auf der Grenze und damit vom Miteigentum der betreffenden Grundstückseigentümer auszugehen. Falls auf der Sache, in der der Schatz verborgen war, **dingliche Rechte** lasten, so erstrecken sich diese nicht auf den Anteil des Sacheigentümers am Schatz (WOLFF/RAISER § 83 III 1 a); § 1040 hebt dies für den Nießbrauch ausdrücklich hervor. Wegen des Erbbaurechts vgl STAUDINGER/RAPP (2002) ErbbVO Rn 42 u WITTMAACK, Das Erbbaurecht des BGB (1906) 140 ff.

13 Falls das Eigentum an der bergenden Sache zwischen Entdeckung und Inbesitznahme des Schatzes **wechselt**, so ist die Eigentumslage im Zeitpunkt der Entdeckung maßgeblich (SCHUBERT, SR I 1011; WIELING § 11 VI 5; BLENS-VANDIEKEN 28).

14 Im Lübecker Schatzfundfall BGHZ 103, 101 wurden Münzen auf der Baggerschaufel in dem vom Schaufellader abgehobenen Bauschutt entdeckt, der in diesem Zeitpunkt unter Umständen bereits dem Bauunternehmer gehörte. Der Miteigentumsanteil wurde jedoch zu Recht dem Grundstückseigentümer zugesprochen; nach dem klaren Wortlaut der Norm geht der Eigentümeranteil ja an den Eigentümer der Sache, in der der Schatz verborgen „war", dh in dem er sich bis zu seiner Bloßlegung befunden hatte (BGHZ 103, 101, 112 f; zust WILHELM Rn 1069 Rn 952; SOERGEL/HENSSLER Rn 10). – Falls ein Schatz in Trümmern entdeckt wird, die schon vor langer Zeit aus einer Mauer herausgebrochen und auf das Nachbargrundstück gestürzt sind (vgl JHERING, Civilrechtsfälle[6] S 170), so hängt die Entscheidung davon ab, ob das ursprüngliche Eigentum an den Trümmern weiter bestand oder ob der Mauereigentümer – was sehr wahrscheinlich ist – diese zumindest konkludent derelinquiert hat; ebenso davon, ob diese Trümmerstücke mittlerweile mit dem Erdreich des Nachbargrundstücks verwachsen und damit zu wesentlichen Bestandteilen des letzteren geworden sind.

15 War der Schatz in einem **herrenlosen Grundstück** verborgen, so fällt der Eigentümeranteil jedenfalls nicht an den nach § 928 Abs 2 aneignungsberechtigten Fiskus; die spätere Ausübung des Aneignungsrechts entfaltet auch keine Rückwirkung (ENDEMANN § 88 Fn 15; PLANCK/BRODMANN § 928 Anm 5 e). Der Eigentümeranteil wird vielmehr subjektlos und unterliegt damit der freien Aneignung nach § 958 (ENDEMANN § 78 Fn 17; in der Konstruktion abweichend BLENS-VANDIEKEN 27: Entdecker erwirbt Alleineigentum in berichtigender Auslegung von § 984).

16 Die Rechte des Entdeckers bleiben unverkürzt, auch wenn diesem der Zutritt zur bergenden Sache oder die Freilegung des Schatzes nur durch eine **unerlaubte Handlung** möglich war (Mot III 390; PAPPENHEIM Verh d 27. DJT [1904] II 3, 7; PLANCK/BRODMANN Anm 2 a; KRETZSCHMAR Anm 4 a; BIERMANN Anm 2 a; ENDEMANN § 88 Fn 8; SOERGEL/HENSSLER Rn 6; WIELING I § 11 VI 3 a; DÖRNER 63 ff; BLENS-VANDIEKEN 23; FISCHER ZU CRAMBURG 149; vgl auch OLG Jena 47 Nr 187 zum GemR). Ebensowenig führt ein Verstoß gegen denkmalschutzrechtliche Vorschriften (Grabungsverbote, Veränderungsverbote) zum Verlust des Entdeckeranteils (DÖRNER 65 ff; aM MünchKomm/QUACK Rn 3, 4). Solche denkmalschutzrechtlichen Verbote richten sich nur gegen die „wilde" Ausgrabung als solche und damit gegen bestimmte Umstände der Schatzsuche; sie wollen aber keinesfalls eine Veränderung der dinglichen Rechtslage des Bodendenkmals verhindern. Damit verbietet sich eine analoge Anwendung von § 958 Abs 2 (Dörner 67 f).

Gelegentlich kann problematisch sein, **an welchen Sachen** eigentlich der Entdecker **17** das hälftige Miteigentum erworben hat. Im Lübecker Schatzfall (BGHZ 103, 101) beispielsweise hatte der Baggerführer nur einen Teil des Münzhortes freigelegt, während die Mehrzahl der 23.200 Gold- und Silbermünzen erst von den Mitarbeitern des Amtes für Vor- und Frühgeschichte ans Licht gebracht wurde. Dennoch hat ihm der Bundesgerichtshof den Entdeckeranteil an allen Münzen zugesprochen. Das ist zumindest auf den ersten Blick überraschend. An sich ist Schatz iS von § 984 jede einzelne verborgen gewesene Sache, für die die Voraussetzungen der Legaldefinition des § 984 zutreffen (Dörner 29). Bei einem Münzschatz haben wir also genaugenommen ebensoviele Schätze wie Münzen (Dörner aaO). Dernburg (§ 117 Fn 13) hatte daraus geschlossen, der Miteigentumserwerb des Entdeckers könne nur soweit reichen wie die Entdeckung selbst. Falls zB ein Arbeiter auf fremdem Boden einen Fund mache, der hinzukommende Eigentümer ihn aber fortschicke, daraufhin tiefer grabe und weitere Schatzgegenstände finde, so habe der Eigentümer dem ersten Finder von dem, was er selbst entdeckte, nichts abzugeben. Diese Lösung ist jedoch nur dann interessengerecht, wenn die einzelnen Schatzgegenstände offensichtlich unabhängig voneinander verborgen (beispielsweise im Moor versenkt) worden sind. Eine größere Menge Münzen, die offenbar alle gleichzeitig und an derselben Stelle verborgen worden waren und die im Zeitpunkt ihrer Entdeckung auch immer noch in engster Nachbarschaft lagerten, so daß die Freilegung und Wahrnehmung eines Teils geradezu zwangsläufig auch zur Bergung des Restes führen mußte, sollte dagegen als einheitlicher Schatzfund behandelt werden (Gursky JZ 1988, 670, 671). Etwas weiter gehend will Dörner 53 ff, 59 dem Erstentdecker den Finderanteil generell auch an solchen Folgefunden zusprechen, die dieser ohne die Aktivitäten des Zweitentdeckers zwangsläufig selbst gemacht hätte. Blens-Van-dieken (S 25) schließlich will im Falle der Teilentdeckung eines Hortes usw dem Erstentdecker ohne weiteres alle Folgefunde zurechnen, mit denen dieser rechnete. Nach Ansicht des OLG Düsseldorf steht dem Entdecker eines Römergrabes auf einem Baugelände der Entdeckeranteil auch hinsichtlich weiterer Gräber zu, die nach Anzeige von den Mitarbeitern der Denkmalpflege freigelegt werden (OLG-Rp Düsseldorf 1993, 106, 107; dagegen zu Recht Dörner 62).

Eine **Anzeigepflicht** des Finders an den Eigentümer der bergenden Sache besteht **18** nicht (Mot III 390; Wieling I § 11 VI m Fn 47; Dörner 79). Der letztere kann nach §§ 809 ff Vorlage des Schatzes selbst und, wenn es sich um einen Inbegriff von Gegenständen handelt (zB eine Anzahl Münzen), nach §§ 260 f Vorlage eines Bestandsverzeichnisses und evtl dessen Bekräftigung durch eine eidesstattliche Versicherung verlangen (BGB-RGRK/Pikart Rn 9; Soergel/Henssler Rn 9). Auch ein indirekter strafrechtlicher Schutz besteht für den Eigentümer der bergenden Sache, denn der verheimlichende Finder begeht eine Unterschlagung (vgl RGSt 21, 270). Hat ein Dritter den Schatz im Besitz, so schlägt § 1011 ein. Ebensowenig wie gegenüber dem Eigentümer der bergenden Sache besteht eine Anzeigepflicht gegenüber der Fundbehörde. Vgl aber unten Rn 21.

Da § 984 eine Zuordnungsnorm darstellt, ist seine Regelung **zwingendes Recht** **19** (Gursky JZ 1988, 670, 671; Dörner 104 f; Siedler 120; Planck/Brodmann Anm 3 b; **aM**

STAUDINGER/BERG[11] Rn 3 [h]; STAUDINGER/GURSKY[12] Rn 3; H WESTERMANN/GURSKY[6] § 60, 3; NICKLISCH/WEICK, VOB, Teil B[3], § 4 Rn 126; INGENSTAU/KORBION/OPPLER, VOB[14], Teil B § 4 Rn 434; HEIERMANN/RIEDL/RUSAM, Handkommentar zur VOB, Teil B § 4 Rn 108; KUSS, VOB [3. Aufl] § 4 VOB/B Rn 289; WILHELM Rn 1070). Abweichende Vereinbarungen – etwa die Ablieferungspflicht des Werkunternehmers gegenüber dem Bauherrn nach § 4 Nr 9 S 1 und 3 VOB (B) – können eine dem Werkunternehmer zukommende Entdeckerstellung nicht auf den Bauherren verlagern (so auch DÖRNER 107; aA ERNST, Eigenbesitz und Mobiliarerwerb [1992] 213 Fn 359). Die Einbeziehung von § 4 Nr 9 S 1 und 3 VOB (B) kann aber in eine antizipierte Übertragung des Entdeckeranteils nach § 930 oder auch § 929 S 2 umgedeutet werden (DÖRNER 107, 109 ff; s auch WESTERMANN/ GURSKY[7] § 60, 3); ebenso die Vereinbarung einer höheren Quote für den Schatzsucher in eine antizipierte teilweise Übertragung des Eigentümeranteils. Die antizipierte Übertragung des Miteigentumsanteils bleibt allerdings wegen der grundsätzlichen Widerrufbarkeit der Einigung wirkungslos, wenn der Werkunternehmer bei Ergreifung des Besitzes an dem freigelegten Schatz deutlich machen sollte, daß er den Entdeckeranteil doch für sich selber erwerben und behalten will. In diesem Falle entfaltet die Klausel nur schuldrechtliche Wirkung. Erst recht kann die Vereinbarung der VOB (B) in einem Abbruchvertrag nicht zu einer Verlagerung der Entdeckerstellung auf den Besteller führen, wenn der zufällig auf den Schatz stoßende Baggerführer diesen für sich selber entdeckt (vgl oben Rn 9; BGHZ 103, 101, 109).

20 Die Anwartschaft des Grundstückseigentümers auf das hälftige Miteigentum an einem in seinem Grundstück verborgenen und noch zu entdeckenden Schatz ist kein selbständiges Recht, sondern eine bloße Rechtswirkung des Grundstückseigentums; sie kann deshalb auch nicht durch isolierte Übertragung vom Grundstückseigentum getrennt werden (KG OLGE 6, 265). Eine bei der Veräußerung des Grundstücks getroffene Abrede, durch die sich der Veräußerer die Eigentümerrechte bezüglich des noch nicht entdeckten Schatzes vorbehalten hat, ist jedenfalls nicht eintragungsfähig, weil das zukünftige (dh mit der Entdeckung und Inbesitznahme entstehende) Miteigentum am Schatz kein mit dem Grundstück verbundenes subjektiv-dingliches Recht iSv § 96 wäre und deshalb nur in den Formen des Mobiliarsachenrechts übertragen werden kann (KG aaO). Eine als Bestandteil des Grundstückskaufvertrages nach § 311b formbedürftige obligatorische Verpflichtung des Grundstückserwerbers, das Eigentum an einem in dem Grundstück gefundenen Schatz auf den Veräußerer zu übertragen, wäre durch eine Vormerkung nicht zu sichern, wohl aber könnte es mittelbar durch eine Sicherungshypothek für den etwaigen Ersatzanspruch geschützt werden. Vgl KGJ 24 A, 244.

IV. Landesrechtliche Vorbehalte

21 Ein besonderes Recht des Fiskus oder öffentlicher Behörden am Schatze (s ROTH, Bayr ZivilR I § 36) besteht nach dem BGB selbst nicht mehr, auch nicht beim Auffinden wissenschaftlicher oder historischer Denkmäler. Art 73 EGBGB hält jedoch landesrechtliche Schatzregalien, also Regelungen, aufgrund deren das Land unter bestimmten Voraussetzungen automatisch Eigentum am Schatzfund erwirbt, aufrecht. Derartige Anfallrechte gab es beim Inkrafttreten des BGB allenfalls noch in Teilen des ehemaligen Herzogtums Schleswig und in Schwarzburg-Rudolstadt (s PAPPENHEIM JherJb 45 [1903] 141, 152 ff; FISCHER ZU CRAMBURG 96 f; aber auch Mot III 391: „Ein eigentliches Schatzregal kommt nicht vor."). Art 73 EGBGB läßt jedoch auch die

Neubegründung von Schatzregalien zu, und zwar auch dort, wo diese beim Inkrafttreten des BGB nicht mehr bestanden (BVerfGE 78, 205, 210 = NJW 1988, 2593; DÖRNER 20 f; FECHNER 60; aA SCHROEDER JZ 1989, 677, 679). Davon haben die meisten Bundesländer Gebrauch gemacht, die in ihren Denkmalschutzgesetzen unter nicht ganz einheitlichen Voraussetzungen (bei staatlichen Grabungen, zum Teil bei Funden in Grabungsschutzgebieten bzw bei besonders bedeutenden Funden) das Eigentum an eigentlich unter § 984 fallenden Altertumsfunden bzw Kulturdenkmälern auf das Land übergehen lassen. Vgl § 23 DSchG BW v 25. 5. 1971 (GBl 209) idF d G v 6. 12. 1983 (GBl 797), zuletzt geändert durch G v 14. 3. 2001 (GBl 189); § 3 Abs 2 iVm § 2 Abs 5 DSchG Berlin v 24. 4. 1995(GVBl 274), geändert durch G v 16. 7. 2001(GVBl 260); § 20 DSchG Brandenburg v 22. 7. 1991 (GVBl 311), zuletzt geändert durch G v 18. 12. 1997 (GVBl 124); § 19 DSchG Bremen v 27. 5. 1975 (GVBl 265), zuletzt geändert durch G v 17. 12. 2002 (GB 1605); § 18 Abs 3 DSchG Hamburg v 3. 12. 1973 (GVBl 466), zuletzt geändert durch G v 18. 7. 2001 (GVBl 255); § 13 DSchG Mecklenburg-Vorpommern v 30. 11. 1993 (GVBl 975) idF des G v 6. 1. 1998 (GVOBl 12, ber 247), zuletzt geändert durch G v 22. 11. 2001 (GVOBl 438); § 18 DSchG Nds v 30. 5. 1978 (GVBl 517), zuletzt geändert durch G v 20. 11. 2001(GVBl 701); § 19a DSchG RhPf v 23. 3. 1978 (GVBl 159) idF d G v 27. 10. 1986 (GVBl 291), zuletzt geändert durch G v 16. 12. 2002 (GVBl 481); § 23 DSchG Saarl v 12. 10. 1977 (Amtsbl 993), geändert durch G v 12. 6. 2002 (Amtsbl 1506); § 25 DSchG Sachsen v 3. 3. 1993 (GVBl 229), zuletzt geändert durch G v 14. 11. 2002 (GVBl 307); § 12 Abs 1 DSchG Sachsen-Anhalt v 21. 10. 1991 (GVBl 368), zuletzt geändert durch G v 17. 12. 2003 (GVBl 355); § 21 DSchG Schleswig-Holstein v 31. 3. 1996 (GVOBl 409) idF des G v 21. 11. 1996 (GVOBl 676, ber 1997, 360), geändert durch G v 16. 12. 2002 (VOBl 264); § 17 DSchG Thüringen v 7. 1. 1992 (GBl 7, ber 550); vgl dazu auch HÖNES DÖV 1992, 425; ders NuR 1994, 419, 421 f; DÖRNER 20 f, 38 ff; FECHNER 59 f. Am weitesten gehen dabei das Schatzregal von Berlin, das alle beweglichen Bodendenkmäler ohne ermittelbaren Eigentümer erfaßt, und die sächsische Regelung, die für alle herrenlosen bzw den Tatbestand des § 984 BGB erfüllenden beweglichen Kulturdenkmale gilt, andererseits aber dem Finder einen Belohnungsanspruch gewährt. Das Bundesverfassungsgericht sieht diese Regelungen als verfassungsgemäß an (BVerfGE 78, 205 = NJW 1988, 2593; krit SCHROEDER JZ 1989, 676 ff; FISCHER ZU CRAMBURG 152 ff). Soweit derartige Regelungen Fossilien betreffen, ergibt sich die Gesetzgebungskompetenz des Landes aus Art 70 und/oder Art 75 Abs 1 Nr 3 GG (BVerwGE 102, 260, 265 = NJW 1997, 1171, 1172 = IBR 1997, 115 m Anm LAUER). Das frühere allgemeine Schatzregal in Schleswig ist offensichtlich beseitigt, da die §§ 17, 21 DSchG SchlH doch wohl von der grundsätzlichen Geltung des § 984 ausgehen (WIELING I § 11 VI 6) und das Verhältnis des eng gefaßten Schatzregals des § 21 zu einem weitergehenden, aber nur in einem Teil des Landes geltenden Schatzregal in dem Gesetz hätte geregelt werden müssen. In Bremen und dem Saarland geht das kraft des Schatzregals vom Land erworbene Eigentum ex nunc auf die nach § 984 Berechtigten über, wenn es nicht innerhalb von drei Monaten durch Eintragung in die Denkmalliste oder (im Saarland) durch Geltendmachung des Vindikationsanspruchs offengelegt wird (§ 19 Abs 2 DSchG Bremen; § 23 Abs 2 DSchG Saarl; dazu DÖRNER 40 f). Die gleiche Wirkung löst der staatliche Eigentumsverzicht nach § 23 Abs 2 DSchG Saarl aus (DÖRNER 41). Andererseits können landesgesetzliche Vorschriften, die den Eigentumserwerb nach § 984 zwar unberührt lassen, aber die Ablieferung von Altertumsfunden an öffentliche Behörden gegen Geldersatz anordnen, aufgrund des Art 109 EGBGB (vgl Prot III 273, B) in Geltung bleiben bzw neu erlassen werden. Vgl die

Karl-Heinz Gursky

der Gestaltung des preußischen Ausgrabungsgesetzes v 26. 3. 1914 (PrGS 41) ange-
lehnten Regelungen in § 24 DSchG Hessen v 23. 9. 1974 (GVBl I 450) idF d Neu-
bekanntmachung v 5. 9. 1986 (GVBl I 269), geändert durch G v 31. 10. 2001 (GVBl
434) und §§ 17, 34 DSchG NW v 11. 3. 1980 (GVBl 226), zuletzt geändert durch G v
25. 9. 2001(GVBl 708); ferner § 20 DSchG Rh-Pf; § 12 Abs 2 DSchG Sachsen-Anhalt;
§ 19 DSchG Saarl; § 17 DSchG SchlH; § 21 DSchG Thüringen. Die aufgrund eines
landesrechtlichen Ausgrabungsgesetzes erzwungene Ablieferung ist Enteignung iSv
Art 14 Abs 3 GG. Über deren Zulässigkeit vgl BVerwGE 21, 191 = NJW 1965, 1932.

Die genannten öffentlich-rechtlichen Sonderregelungen reduzieren die praktische
Bedeutung des § 984, dies aber nicht soweit, daß für den Schatzerwerb nach BGB
kaum noch ein Anwendungsbereich bliebe. Die gesetzlichen Ablieferungspflichten
verhindern einen transitorischen Eigentumserwerb nach § 984 ohnehin nicht.
Schatzregale im eigentlichen Sinne gibt es weiterhin in den großen Flächenstaaten
Nordrhein-Westfalen, Hessen und Bayern überhaupt nicht. Und in den übrigen
Bundesländern sind die Tatbestände der staatlichen Anfallrechte jeweils enger als
die des § 984, so daß auch hier durchaus Raum für die Anwendung der letzteren
Vorschrift bleibt. Das gilt selbst für das besonders umfassende Schatzregal von
Sachsen: Nicht jede innerhalb einer bergenden Sache gefundene Mobilie, deren
Eigentümer infolge der langen Verborgenheit nicht mehr zu ermitteln ist, ist zu-
gleich ein „bewegliches Kulturdenkmal". Schließlich ist zu beachten, daß Fossilien
nicht den Schatzregalien unterfallen (vgl BVerwG NJW 1997, 1171; K SCHMIDT JuS 2003,
1234).

V. Beweislast

22 Wer unter Berufung auf § 984 das Mit- oder Alleineigentum einer Sache für sich
reklamiert, muß die Voraussetzungen dieser Norm nachweisen (BAUMGÄRTEL/LAUMEN/
BAUMGÄRTEL Rn 1; SOERGEL/HENSSLER Rn 5; OLG Hamburg MDR 1982, 409). Dasselbe gilt
für jeden, der eine für ihn günstige Rechtsfolge aus dem gegenwärtigen oder auch
früheren Mit- oder Alleineigentum eines Dritten herleitet, das dieser nach § 984
erworben haben soll.

VI. Internationales Privatrecht

23 Vgl Vorbem 6 zu §§ 965 ff; STAUDINGER/STOLL (1996) Internationales SachenR
Rn 269 f. Bei Schatzfunden auf Grundstücken ausländischer diplomatischer Missio-
nen gilt nicht etwa das Recht des Entsendestaates; die Exterritorialität des Bot-
schaftsgrundstücks ändert nichts daran, daß dieses kollisionsrechtlich zum Inland
gehört (vBAR, IPR I Rn 157).

Sachregister

Die fetten Zahlen beziehen sich auf die Paragraphen, die mageren Zahlen auf die Randnummern.

Abbauverbote
Öffentlich-rechtliche – **Vorbem 953 ff** 9
Abbruchunternehmer
Schatzfund **984** 10
Abfall
und Dereliktion **959** 3
Abhandenkommen
Aneignungsgestattung **957** 8
Ausschluß des Gutglaubenserwerbs **935** 21
Ausschluß lastenfreien Eigentumserwerbs **936** 12
Begriff **935** 4
Besitzdiener **935** 14
Besitzverlust **935** 4 ff
Bestandteile, Früchte **935** 16
Einschränkung des Erwerberschutzes **Vorbem 932 ff** 20
Erbschaftsbesitzer **935** 19
Fruchterwerb **955** 9
Fundrecht **965** 1
Geld **935** 24
Geschäftsfähigkeit **935** 9 ff
der Hauptsache, Verbindung und Vermischung **949** 4
Hoheitsakt **935** 17
Inhaberpapiere **932** 215; **935** 25 f
Inhaberverrechnungsscheck **932** 208
Mittelbarer Besitz **935** 13
und öffentliche Versteigerung **932** 27
Täuschung, Irrtum, Drohung **935** 11
Trennung, Eigentumserwerb am Trennstück **955** 9; **957** 8
Unfreiwilligkeit **935** 9 ff
Verarbeitung, Umbildung **950** 16
Verbindung beweglicher Sache mit einem Grundstück **946** 6
Ablieferungspflicht
des Finders **967** 1, 2; **975** 1 ff; **978** 8
Abmarkungsprotokoll
Grenzverlauf **925** 32
Abstraktionsprinzip
Aneignungsgestattung **956** 14
Auflassung/schuldrechtliche Verpflichtung **925** 1 f
und Bedingungszusammenhang **929** 31
und Besitzkonstitut **930** 14
Durchsetzung des Beurkundungszwanges **925a** 3
Eigentumsübertragung und – **929** 2; **Vorbem 929 ff** 15
Einigung/Wirksamkeitsfrage **929** 18 ff

Abstraktionsprinzip (Forts.)
und Geschäftseinheit causa/Verfügung **929** 27
und gutgläubiger Fahrniserwerb **Vorbem 932 ff** 3
Inhalt **Vorbem 929 ff** 15
Interessen Dritter, Verhältnis der Parteien **Vorbem 929 ff** 18
Kritik, Korrekturen **Vorbem 929 ff** 16
und Rückabwicklung nach Gutglaubenserwerb **932** 120
Sicherungsmittel und Auflockerung des – **Anh 929 ff** 33
Sicherungsübereignung und Sicherungsabrede **Anh 929 ff** 66
Treuhandeigentum **Anh 929 ff** 311
Verkehrsschutzgedanke, Regeln des gutgläubigen Erwerbs **Vorbem 929 ff** 17
Zweck **Vorbem 929 ff** 17; **Vorbem 932 ff** 3
Abtrennung
s. Trennung (Eigentum am Trennstück)
Abtretung
Abtretungsurkunden **952** 8
Aktien, noch nicht verurkundete **936** 5
Dokumentiertes Recht und Eigentum an Urkunden **952** 5, 6, 17
Eigentumsvorbehalt und Abtretungsverbot **932** 172
Forderung und abhängiger Schuldschein **952** 21
des Grundstücksübertragungsanspruchs **925** 127
des Herausgabeanspruchs im Besitzmittlungsverhältnis **934** 6
Rechte aus einem Urteil **952** 6
Sparguthaben **952** 17
des Vergütungsanspruchs wegen Eigentumsverlustes **951** 3
des Vindikationsanspruchs **931** 13 ff
und Vorbehalt des Eigentums am Schuldschein **952** 24
des vorgemerkten Anspruchs **925** 127
Wechselforderung, durch Zession abgetretene **952** 5
Abtretung des Herausgabeanspruchs (Eigentumserwerb an beweglichen Sachen)
s. a. Einigung (Eigentumserwerb an beweglichen Sachen)
Abtretungsverbot (§ 399 BGB) **931** 23
Abtretungsvertrag **931** 20 ff; **934** 6
Aktionenrechtliches Denken **931** 2

Abtretung des Herausgabeanspruchs
(Eigentumserwerb an beweglichen Sachen)
(Forts.)
  Allgemeine Versicherungsbedingungen
  931 46
  Anfechtung des Abtretungsvertrages 931 31
  Anfechtung des Grundgeschäfts 931 31
  Anweisung des Sachbesitzers durch Veräu-
  ßerer 931 43
  Besitz eines Dritten als Voraussetzung
  931 4 ff
  Besitzdienerstellung des Dritten 931 7
  Besitzeinräumungsansprüche, gesetzliche
  931 12
  Besitzkonstitut 931 1, 5; 934 1, 5 ff
  Besitzlose Sachen 931 17
  Bestimmtheit des Herausgabeanspruchs
  931 25
  Depotscheine 931 42
  Durchhandeln eingelagerter Ware 931 41
  Eigentum und hiervon gesonderter Heraus-
  gabeanspruch 931 2
  Eigentumsübergang mit Wirksamwerden
  der Abtretung 931 29 ff
  Eigentumsverschaffungswille 931 11
  Einigung und Abtretung 931 11
  Einigung und Abtretung des Vindikations-
  anspruchs 931 13 ff
  Einigung, schlichte bei besitzlosen Sachen
  931 17
  Einwendungen, Einreden gegenüber
  neuem Eigentümer 931 30
  Freistellungsschein 931 41
  Fremdbesitzerwille des Dritten 931 6
  Gegenstand der Abtretung 931 24 ff
  Geschäftsfähigkeit 931 21
  Gutglaubenserwerb Vorbem 932 ff 17, 18;
  934 1 ff
  Herausgabeanspruch aus Besitzkonstitut
  931 11
  Herausgabeanspruch aus Vindikation
  931 13
  Kfz-Brief 931 44
  Künftige Herausgabeansprüche 931 17, 26
  Lagerscheine 931 41
  Lastenfreier Eigentumserwerb 936 14, 15
  Leasinggeschäft 931 5
  Legitimationsurkunden 931 42
  Lieferscheine 931 40
  Mehrfache Abtretung des Herausgabean-
  spruchs 931 28
  Miteigentumsanteile 931 34
  Nichtexistenter Herausgabeanspruch
  931 27
  Rechtsgeschäfte, zwei erforderliche 931 1
  Rechtsgeschäftsregeln und Abtretungsver-
  trag 931 21

Abtretung des Herausgabeanspruchs
(Eigentumserwerb an beweglichen Sachen)
(Forts.)
  Rechtsverhältnis, vertragliches oder gesetz-
  liches als Grundlage abtretbaren Heraus-
  gabeanspruchs 931 18
  Sammelverwahrung 931 34
  Schuldnerschutz im Zessionsrecht 931 22
  Sicherungsübereignung Anh 929 ff 84, 138
  Stellvertretung 931 21
  Traditionspapiere 931 37
  Unmittelbarer Besitzer, Bestimmbarkeit
  931 25
  Untervermietung 931 5
  Veräußerer als mittelbarer Besitzer 931 5
  Veräußerungsverbot, relatives 931 47
  Verfügungsverbot, relatives 931 12
  Verkehrsbedürfnisse 931 1
  Versicherungssumme, Entgegennahme
  931 45
  Vindikationsanspruch und Eigentum
  931 13
  Vindikationsanspruch ohne anderen
  Herausgabeanspruch 931 1, 13, 14
  Warenbegleitpapiere 931 39
  Wertpapiergeschäft 931 23, 34
  Zollniederlageschein 931 42
ADHGB
  Gutglaubenserwerb Vorbem 932 ff 2
Aktien
  Erwerb nicht eingezahlter junger – 932 218
  Gutgläubig lastenfreier Erwerb
  Vorbem 932 ff 44
  Gutgläubiger lastenfreier Zweiterwerb
  936 5
  ohne Lieferbarkeitsbescheinigung 932 195
  Übertragung global verbriefter 952 5
  Übertragung von Inhaberaktien, Namens-
  aktien 929 90
  Urkundeneigentum 952 7
Aktiengesellschaft
  und Auflassungserfordernis 925 27
  Vor-Gesellschaft 925 51
Akzessionsprinzip
  Verbindung von Sachen 946 1
Akzessorietät
  Begrenzung des Haftungsrahmens 950 30
  im Pfandrecht und Bestimmtheitserforder-
  nis Anh 929 ff 12
  Sicherungsübereignung
  s. dort
Akzessorium
  Urkunde als – 952 1
Allgemeine Geschäftsbedingungen
  Abtretungsverbot für einen Erstabnehmer
  932 172
  Sicherungsübereignung
  s. dort

ALR
ius ad rem (Trennungsprinzip, Abstraktionsprinzip) **Vorbem 929 ff** 15
Altertumsfund
als Schatzfund **984** 3a
Altertumsfunde
Eigentumserwerb **958** 1; **984** 3
und Schatzregalien/Landesgesetzgebung **984** 21
Altkleidersammlung
und Dereliktion **959** 5
Amtliche Bescheinigungen
und Auflassungserfordernisse **925** 103 ff
Aneignung beweglicher Sachen
Aneignungsrechte als dingliche Belastungen einer Sache **936** 2
Artenschutzrecht **958** 9
Ausschließliche Aneignungsrechte **958** 11 ff
Bergwerkseigentum, Aneignungsrecht **958** 12
Besitzaufgabe und Entschlagungsabsicht **959** 7
Besitzaufgabe und Herrenlosigkeit **959** 1 ff
Bienenschwarm
s. dort
Bodenschätze **958** 12
Dereliktion des Eigentümers **959** 1 ff
Eigenbesitz, Begründung an herrenlosen Sachen **958** 1 ff
Eigentum, Erlöschen ohne Dereliktion? **959** 12
Eigentumserwerb, originärer **958** 18
Entschlagungswille **959** 3
Ersitzung **958** 16
Erwerbsverbote **958** 9
Fische/Fischereirecht
s. dort
Flüchtlingsgut **959** 3
Flußbettveränderungen **Vorbem 958 ff** 1
Forstrecht **958** 9
an fremden Sachen (Übersicht) **Vorbem 958 ff** 3
Fremdes Aneignungsrecht, verletztes **958** 11 ff
Fund, Abgrenzung **973** 4
Gemeingebrauch am Wald **Vorbem 958 ff** 3
Geschäftsführung ohne Auftrag **958** 6
Geschäftsunfähigkeit **958** 7
Gesetzliches Verbot der Aneignung **958** 9 ff
Grundsatz freier Aneignung herrenloser Sachen **Vorbem 958 ff** 2
Grundstück, herrenloses **958** 12
Herrenlose Sachen **958** 2 ff
Herrenlosigkeit nach Dereliktion **959** 1 ff
Herrenlosigkeit wilder Tiere **960** 1 ff
Implantate **958** 3, 14
Inhaberpapiere, Dereliktion **959** 11

Aneignung beweglicher Sachen (Forts.)
Jagd/Jagdrecht
s. dort
Körperersatzteile **958** 4
Körperteile, abgetrennte **958** 3, 14
Kriegsbeuterecht **Vorbem 958 ff** 4
KriegswaffenkontrollG **958** 9
Landesrecht **Vorbem 958 ff** 3
Landesrecht und Schonzeitbestimmungen **958** 10
Landschaftspflege **958** 9
Leichen, Leichenbestandteile **958** 4, 14
Luft **958** 2
Meeresprodukte **958** 2
Mineralien **958** 2, 12
Miteigentum, entstehendes **958** 8
Miteigentumsanteile **958** 1; **959** 9
Mittelbarer Besitzer, Dereliktion **959** 6
Müll **958** 9
Naturschutz **958** 9
Orderpapiere, Dereliktion **959** 11
Organisationsbesitz **959** 6
Pachtvertrag **958** 14
Polizeiverordnung und Anordnungsverbote **958** 9
Rechtsgeschäftscharakter, fehlender **Vorbem 958 ff** 3
Schatzfund, Abgrenzung **984** 11
Schiffe, gesunkene **959** 9
Seeauswurf **Vorbem 958 ff** 5
Sonstige Rechte im Sinne des § 823 BGB **958** 13
Sprengstoff **958** 9
Stellvertretung und Okkupation **958** 6
Strandungsordnung von 1874 **958** 12
Tauben **Vorbem 958 ff** 3
Tiere
s. dort
Verbot der Aneignung **958** 9 ff
Verfügung, nicht gegebene **Vorbem 958 ff** 3
Verzicht auf das Eigentum **959** 1 ff
Waffen **958** 9
Wasser **958** 2
Wertpapiere, Dereliktion **959** 11
Aneignung eines Grundstücks
Alleineigentum **927** 4
Aneignungsrecht des Eigenbesitzers **927** 18 ff
Ausschlußurteil, beschränkter Wirkungsbereich **927** 16
Beschränkte dingliche Rechte, kein Aneignungsrecht **927** 6
DDR-Grundstücke **927** 7
Deutschrechtliche Regelung **927** 3
Dingliche Rechte, Schuldverhältnisse, weiterbestehende **927** 17
Eigentümer, Widerlegung der Vermutung des § 891 BGB **927** 10

Aneignung eines Grundstücks (Forts.)
Eintragungen, keine zustimmungsbedürfti-
gen in den letzten 30 Jahren **927** 11
Entstehung des Aneignungsrecht nach
Ausschlußurteil **927** 15
Erbbaurecht, kein Aneignungsrecht **927** 6
Fischereiberechtigung **927** 6
Gebäudeeigentumsrechte, keine Aneig-
nung **927** 6
Gerichtliches Aufgebot zur Ausschließung
des Eigentümers **927** 8 ff
Gesamthandseigentum **927** 5
Glaubhaftmachung 30jährigen Eigenbesit-
zes **927** 9
und Grundbuchsystem **927** 3
Grundbuchzweck **927** 1
Grundstücksgleiche Rechte **927** 6
Herrenloses Grundstück **Vorbem 925 ff** 4;
927 10
keine Kontratabularersitzung, Kontratabu-
laraneignung **927** 3
an Miteigentum nach Bruchteilen **927** 4
Nichtgebuchtes Grundstück **927** 10
Praktisch geringe Bedeutung **927** 3
an realen Grundstücksteilen **927** 4
Verfügungen über das Aneignungsrecht des
Eigenbesitzers **927** 20
Verstorbener, verschollener eingetragener
Eigentümer **927** 11
am Wohnungseigentum **927** 4
Zustimmung zum Ausschluß vom Eigen-
tum **927** 12
Aneignungsgestattung
Eigentumserwerb an Trennstücken **956** 1 ff
Aneignungsrecht
durch Landesfiskus **928** 20
Anfechtung
Abtretung des Herausgabeanspruchs
931 31
Auflassungserklärung **925** 67, 112, 119
Dereliktion **959** 1
Eigentumserwerb aufgrund anfechtbarer
Rechtsgeschäfte **932** 115, 125, 137,
196 f
der Einigung bei Mängeln der causa **929** 19,
20
Weiterveräußerung anfechtbar erworbener
Sache **932** 197
Anfechtungsgesetz
Übereignung von Sicherungsgut in Gläubi-
gerbenachteiligungsabsicht
Anh 929 ff 162
Anlandungen
Eigentumserwerb **946** 15
Ansichnehmen
Verlorene Sache als Fund **965** 9 ff

Anspruchsbegründende Rechte
Dingliche Rechtslage an Schuldscheinen/
an anderen Urkunden
s. Schuldscheine
Antizipierte Einigung
s. Einigung (Eigentumserwerb an beweg-
lichen Sachen)
s. Sicherungsübereignung
Antizipiertes Besitzkonstitut
s. Sicherungsübereignung
Eigentumsübergang **929** 33
Kenntlichmachung/Ausführungshandlung
929 32
Vereinbarung: Gültigkeitsvoraussetzungen
929 30 f
Anwartschaft/Anwartschaftsrecht
Anwartschaftsstufen **925** 121
des Auflassungsempfängers
s. Auflassung
Bedingt bestelltes oder abgetretenes Recht/
Inhaberstellung **925** 121
Begriff, rechtliche Erfassung **925** 122;
929 34
Bucheigentümer ohne Auflassung **925** 121
Buchhypothek/Gläubigerstellung vor
Valutierung **925** 121
Dingliche Belastung einer Sache **936** 2
Eigentumsanwartschaft, Begründung und
Übertragung **929** 35
Eigentumsvorbehaltskäufer **925** 121
Einigung, aufschiebend bedingte **929** 33
des Finders **973** 7
Gutglaubenserwerb (bewegliche Sachen)
932 8, 129, 129 ff
Sachenrecht eigener Art **Anh 929 ff** 24
Sachenrecht/Übersicht über geschützte
Rechtspositionen **925** 121
Schatzfund **984** 20
Sicherungsübereignung
s. dort
Sicherungsübereignung von Dritteigentum
933 5 ff
als subjektiv dingliches Recht **929** 34
Übertragung von Anwartschaftsrechten an
beweglichen Sachen **929** 7
Vorgemerkte Ansprüche/Abtretung,
Verpfändung, Pfändung **925** 121
Wohnungseigentum/vor Wohnungsfertig-
stellung **925** 121
Anweisung
als Schuldschein **952** 5
Anwesenheit der Beteiligten
Auflassungsform, Erfordernis gleichzeiti-
ger – **925** 83
Anzeigepflicht
des Finders **965** 17 ff; **966** 5; **971** 4

Arbeitsverhältnis
und Rechtsfolgen einer Stoffverarbeitung
950 3, 37
Archäologisches Interesse
Schatzfundcharakter **984** 3a
Artenschutz
Aneignungsverbote **958** 16
und Fallwildaneignung **958** 10
Aufgebotsverfahren
nach dem Sachenrechtsbereinigungsgesetz
927 7
Verfahren zur Ausschließung des Eigentümers **927** 8
Auflassung
Abgabe der Erklärungen **925** 85;
Vorbem 925 ff 86
Abgrenzung gegenüber Eintragung und
anderen Verfahrenserklärungen **925** 2
Abstrakte Anwartschaft, forderungsabhängige Vormerkung **925** 125
Abstraktionsgrundsatz **925** 1, 95, 133;
925a 4
Abtretung des Erbanteils **925** 18
Änderungen
— nach Grundbuchvollzug **925** 88
— vor Grundbuchvollzug **925** 87
— zwischen Auflassung und Eintragung
925 107
AGBG-Recht **925** 34
Aktiengesellschaft, Vor-AG **925** 27, 51
Alleineigentum, Bruchteilseigentum,
Gesamthandseigentum **925** 54
Amtliche Bescheinigungen **925** 103 ff
Amtspflicht zur Kenntnisnahme von der
zugrundeliegenden Verpflichtung
925a 1 ff
Amtsträger, Mitwirkung als materielle
Wirksamkeitsvoraussetzung **925** 75
Aneignung **925** 33
des Aneignungsrechts **927** 20
Anfechtbarkeit **925** 112
Anladung, Neubildung von Inseln **925** 33
und Anspruch des Erwerbers auf Eigentumsverschaffung **925** 9
Anspruchsübertragung zum Schutz des
Zweiterwerbers **925** 147
Antragsrecht des Auflassungsempfängers
925 10
Anwartschaft/Anwartschaftsrecht
— Absoluter Schutz/fehlender **925** 125
— Abstrakte Eigentumsanwartschaft/
forderungsabhängige Vormerkung
925 125, 142
— aufgrund Auflassung allein **925** 133
— Begriff **925** 122
— BGH-Begriff des Anwartschaftsrechts
925 123

Auflassung (Forts.)
— Dingliches Recht/fehlende Qualität
925 124
— Erlöschen **925** 139
— Nicht eintragungsfähige/nicht vormerkungsfähige **925** 133
— Schutz **925** 146
— Schutz des Zweiterwerbers **925** 147
— Übertragung/Verpfändung **925** 16
— Verkehrsfähigkeit **925** 128 ff
Anwesenheit, gleichzeitige der Beteiligten
925 83
Arglistige Täuschung über den Gegenstand
925 118
Aufhebung der Auflassung **925** 16, 89, 90
Auflassung und Eigentumsvormerkung,
Rechtslage **925** 140
Auflassung, Eintragungsbewilligung und
Erwerberantrag auf Eintragung, Rechtslage **925** 137, 137 ff
Auflassung, Eintragungsbewilligung,
Erwerberantrag auf Eintragung und
Vormerkung, Rechtslage **925** 141
Auflassung und Eintragungsbewilligung,
Rechtslage **925** 134
Auflassung und Veräußererantrag auf
Eintragung, Rechtslage **925** 136
Aufspaltung **925** 27
Ausgliederung **925** 27; **Vorbem 925 ff** 30
Ausländische Rechtsformen **925** 55
Ausländischer Notar **925** 80
Ausländisches Güterrecht und Eigentumserwerb **925** 57
Auslegung der Erklärungen **925** 36 ff
Auslegung im Grundbuchverfahren **925** 38
Außenbereich **925** 102
Baugesetzbuch **925** 31, 102, 105
Baulichkeiten, Übereignung **925** 15
Bedingung
— Auflassungsvollmacht **925** 96
— Bedingungsfeindlichkeit der Auflassung/Nichtigkeitsfolge **925** 91 ff
— Einwilligung, vorherige **925** 96
— Einzelfälle unwirksamer Auflassung
925 94
— Entstehung juristischer Person **925** 97
— Genehmigung bei schwebender Unwirksamkeit **925** 96
— Genehmigung vollmachtloser Vertretung **925** 97
— Rechtsbedingungen als gesetzliche
Wirksamkeitsvoraussetzungen **925** 97
— Schuldrechtliches Verpflichtungsgeschäft **925** 95
— Vollzugsvorbehalte/Abgrenzung **925** 98
— Zustimmung eines Dritten **925** 97
— Zwischeneintragung **925** 97
Befristung

Auflassung (Forts.)
— Befristungsfeindlichkeit der Auflassung
  925 91 ff
— Eigentum auf Zeit/ausgeschlossenes
  925 95
— Schuldrechtliches Verpflichtungsge-
  schäft **925** 95
— Vollmacht/Einwilligung/Genehmigung
  925 96
Begriff, Herkunft **925** 3
Behördliche Genehmigungen **925** 102
Beitrittsgebiet, GVO **925** 102
Belastungen, anderweitige des Grundstüks
  trotz – **925** 9
Beratungsfunktion **925** 75
als Berichtigungsbewilligung **925** 13
Besitzübergabe nicht erforderlich **925** 109
Bestimmtheitsgrundsatz **925** 54
und Bewilligung **925** 11
und Bewilligung und eigener Antrag des
  Auflassungsempfängers **925** 11
und Bewilligung und Veräußererantrag
  925 11
Bewußte Falschbezeichnung des Auflas-
  sungsgegenstandes **925** 65, 118
BGB-Gesellschaft **925** 25, 55, 59
BGB-Gesellschaft als Vorgründungsgesell-
  schaft **925** 51
Bindung an die Auflassung **925** 111
Bruchteilseigentum von Miterben **925** 24
Bruchteilseigentum, Übertragung **925** 17
Bruchteilsgemeinschaft als Erwerberin
  925 55
Brücke zwischen Verpflichtungsgeschäft
  und Erfüllungsgeschäft **925a** 4
Bucheigentümer **925** 45
Buchersitzung **925** 33
Buchungsfreies Grundstück **925** 15
Buchungsprinzip **925** 92
DDR, dem ZGB unbekannte – **925** 14
Denkmalschutz **925** 105
Dingliche Rechtslage und verfahrensrecht-
  liche Ordnungsverfahrensvorschriften
  925 101
als Dinglicher Vertrag im Sinne des § 873
  BGB **925** 2, 9, 34, 41
Dissens über den Auflassungsgegenstand
  925 66, 118
Doppeltatbestand als materielles Erforder-
  nis und als Grundbucheintragung **925** 8
Doppelvertretung **925** 70
Drittwirkung, fehlende **925** 9
Ehegatte, erforderliche Zustimmung § 1365
  BGB **925** 44
Eheliches Güterrecht **925** 23, 113
Eigenbesitz am Grundstück vor – **955** 5

Auflassung (Forts.)
Eigentümer-Gemeinschaftsverhältnis,
  Veränderungen untereinander ohne
  Erfordernis einer – **925** 14
Eigentumserwerb und wirksame Auflas-
  sung **925** 112
Eigentumsformen und Gemeinschaftsver-
  hältnis **925** 54, 55
Eigentumsverlust des Veräußerers vor
  Eintragung **925** 113
Eigentumsverlust und Verkäuferschutz
  925 145
und Eigentumsverschaffung **925** 9
Eigentumsvorbehalt nicht möglich **925** 143
und Einigung über die Besitzübergabe
  925 10
als Einigung bezeichneter dinglicher
  Vertrag **925** 2
Einigung und Eintragung § 873 BGB,
  ausreichende **925** 14
Einlagegrundstück **925** 61, 112
Einmanngesellschaft **925** 50, 70
Eintragung
  s. a. unter Grundbucheintragung
Einwilligung **925** 46, 71, 96
Einwilligung zur Weiterveräußerung
  925 126, 135
Enteignung **925** 31, 102
Entgegennahme durch den Notar als
  gesetzliche Regel **925** 79 ff
Erbbaurecht **925** 20 ff, 101
Erbengemeinschaft, Auseinandersetzung
  925 24
Erbengemeinschaft, Eigentumserwerb
  925 58
Erbrecht **925** 24
Erbschaftskauf **925** 24
Erforderlichkeit, fehlende **925** 14
Erfüllungsgeschäft, Einheit mit Verpflich-
  tungsgeschäft **925** 95
Ermächtigung zur Weiterveräußerung
  925 126
Ersetzung durch Urteil **925** 84
Erwerber, Gemeinschaftsverhältnis mehre-
  rer **925** 54; **925 ff** 55
Erwerbererklärungen **925** 47 ff
Erwerbsbeschränkungen **925** 48
Erwerbswille/Übertragungswille **925** 41
Etymologie des Begriffs **925** 3
Europäische Wirtschaftliche Interessenver-
  einigung **925** 51
Falsa demonstratio (unbewußte Falschbe-
  zeichnung) **925** 68
Falschbezeichnung des Auflassungsgegen-
  standes **925** 65 ff, 118
Familiengericht, Beschluß § 1383 BGB
  925 84
Firmenänderung **925** 26

Auflassung (Forts.)
Fischereirecht 925 22
Fiskusanfall von Vereinsvermögen, Stiftungsvermögen 925 29
Flurbereinigung 925 31, 102
Form der Auflassung, Wesen und Funktionen 925 75 ff
Form der Erklärung (mündliche, auch auf andere Weise) 925 86
und formlose Einigung 925 9
Formstatut Art.11 Abs.5 EGBGB 925 5
Formzwang für das Grundgeschäft (§ 313 BGB) 925 5
Forstrecht 925 105
Gebäudeeigentum 925 60
Gebietskörperschaften, Änderung 925 31
Gegenstand (Aufzählung) 925 60
Gemeindliches Vorkaufsrecht 925 31
Genehmigungen 925 46, 96, 102
Genossenschaften 925 28
Gerichtlicher Vergleich 925 81, 82
Gesamtgut 925 23, 56
Gesamthänder, Grundstücksübertragung 925 17
Gesamthandsanteile, Übertragung, Vergrößerung oder Verkleinerung 925 18
Gesamthandsanteile, Verfügungen hierüber 925 18
Gesamtrechtsnachfolge 925 112, 113
Geschäftseinheit von Verpflichtung und Verfügung 925 95
Geschäftsfähigkeit, Verlust des Erwerbers/ Veräußerers 925 112
Gleichzeitige Anwesenheit der Beteiligten 925 83
Gleichzeitige Stellung als Veräußerer/ Erwerber 925 53
GmbH, Vor-GmbH 925 27, 51
Grenzregelungen, Grenzänderungen 925 31, 32
Grundbuchamt
— Auflassungsentgegennahme/fehlende Zuständigkeit seit 1.1.1970 925 81
— Pflichten bei der Eintragung 925a 12
Grundbucheintragung
— Anwartschaftsübertragung 925 129
— Auflassungsnachweis 925 76
— über Eintragung hinausgehende Auflassung 925 115
— Eintragungsvoraussetzungen 925 100
— Güterstand 925 57
— Rechtslage zwischen Auflassung/ Eintragung 925 120 ff
— Übereinstimmung Auflassung/Eintragung 925 114 ff
— Unwirksame Auflassung bei– 925 113
— Urteilsverwendung 925 84
— Verfahrensvoraussetzungen 925 100 ff

Auflassung (Forts.)
— Vollmachtsnachweis 925 71, 73
als Grundbucherklärung 925 38, 40
Grundbuchgrundstück 925 107
Grundbuchvollzug
— und Änderungen der Auflassung 925 87
— und Aufhebung der Auflassung 925 89
Grunderwerbsteuergesetz 925 104
Grundstück als Grundbuchgrundstücke 925 61
Grundstücksbegriff 925 15
Grundstücksbezeichnung 925 60
Grundstücksfläche, noch nicht vermessene 925 62, 145
Grundstücksgleiche Rechte 925 22
Grundstücksvereinigung, Bestandteilszuschreibung, Teilung: kein Erfordernis einer – 925 14
Grundstücksverkehrsgenehmigung im Beitrittsgebiet Vorbem 925 ff 14
und Grundstücksvermessung 925 62
Gütergemeinschaft 925 55, 57, 113
Gutglaubensschutz 925 146
Hoheitsakt, Eigentumsübergang 925 14, 31
Hoheitsgrenzen, Änderung 925 32
Identitätserklärung nach Grundstücksvermessung 925 62
Inhalt 925 35
Irrtum 925 67, 118
Juristische Personen im Gründungsstadium 925 50
Juristische Personen des öffentlichen Rechts 925 30
Käuferschutz 925 143 ff
Kapitalgesellschaften 925 27
Katastermäßige Bezeichnung einer Teilfläche 925 62
Kaufpreiszahlung und Auflassung, Verkäuferschutz 925 145
Kettenauflassung 925 126
KGaA 925 27
Kommanditgesellschaft, Vor-KG 925 26, 51, 59, 61
Kommunalverband 925 30
Kondizierbarkeit 925 112
Konsularbeamte, Zuständigkeit 925 81
LandbeschaffungsG 925 31
Landesrecht 925 83
Landwirtschaftliche, fortswirtschaftliche Grundstücke, GrstVG 925 102
Landwirtschaftliche Produktionsgenossenschaft 925 22, 28
Materielles Recht
— und Gegenstand der Auflassung 925 60
— Unwirksame Erklärung/Beispiele 925 42
— Verfahrensrechtliche Bedeutung 925 8

Auflassung (Forts.)
Mehrheit von Erwerbern, Gemeinschafts-
 verhältnis **925** 54 ff
Mietverhältnis **925** 110
Miteigentum, Übertragung **925** 19
Miteigentumsanteil, Übertragung **925** 17,
 63
Miteigentumsanteile, Größe einzelner bei
 Erwerb in Bruchteilsgemeinschaft **925** 56
Mündliche Erklärungen **925** 86
Nachweis **925** 101
Nasciturus als Erwerber **925** 49
Nichtberechtigter (Einwilligung, Genehmi-
 gung) **925** 46
Nichtigkeit bedingter, befristeter – **925** 91
Nichtigkeit/Verstoß gegen gesetzliches
 Verbot **925** 42
Nichtrechtgeschäftlicher Eigentumsüber-
 gang **925** 14
Nichtrechtsfähiger Verein **925** 55, 59
Nichtrechtsfähiger Verein, Übergang zum
 e.V. **925** 29
Niederschrift **925** 86
Nondum conceptus als Erwerber **925** 49
Notarielle Beurkundung
— Amtspflicht des Notars: Darlegung des
 gesamten Verpflichtungtatbestandes
 925a 9
— Amtspflicht des Notars: Vorlage des
 beurkundeten Vertrages **925a** 8
— Anforderungen an die Niederschrift
 925 86
— Brücke zwischen Verpflichtungs- und
 Erfüllungsgeschäft **925a** 4
— Materiellrechtliche Wirkung **925** 76
— und notarielle Entgegennahme der
 Auflassung als gesetzliche Regel
 925 79 ff
— Tatsachenprotokoll/nicht ausreichen-
 des **925** 76
— Unterbliebene/fehlerhafte– **925** 76
— Verfahrensrechtlicher Auflassungsnach-
 weis **925** 76, 101
Öffentliche Interessen an der Grundbuch-
 institution **925** 75
Öffentliches Grundstück **925** 15
Offene Handelsgesellschaft, Vorgesell-
 schaft **925** 26, 51, 59
ohne Gebäudebestandteil **925** 61
Originärer Eigentumserwerb **925** 33
Pachtverhältnis **925** 110
Personengesellschaften **925** 26
Personengesellschaften/Gründungsstadi-
 um
— Verfahrensrechtliche Bedeutung **925** 50
Pfändbarkeit der Anwartschaft **925** 128
Postmortale Vollmacht **925** 72

Auflassung (Forts.)
Ratsschreiber in Baden-Württemberg,
 zuständiger **925** 81
Realer Grundstücksteil als Gegenstand
 der – **925** 60 ff
Rechtsbedingung als rechtsgeschäftliche
 Bedingung **925** 97
Rechtsentwicklung **925** 77 ff
Rechtsfähigkeit, Fähigkeit zum Eigentums-
 erwerb **925** 48
Rechtsgeschäftliche Bedingung, Zeitbe-
 stimmung **925** 93
Rechtsgeschäftliche Eigentumsübertra-
 gung **925** 13
Rechtskräftige Verurteilung zur – **925** 84
Rechtspflegeakt der Entgegennahme der
 Auflassung **925** 75
RegisterverfahrensbeschleunigungsG
 925 14, 22
Relative Verfügungsbeschränkungen
 925 112
Restitutionsentscheidung **925** 31
Rücktritt, Ausschluß des einseitigen
 925 113
Rücktritt vom schuldrechtlichen Geschäft
 925 89
Rücktrittsvorbehalt **925** 145
Rückübertragung des Eigentums **925** 90
Sanierungsgebiet **925** 102
Schuldrechtliche Verpflichtung
— Änderungen **925** 87
— Aufhebung **925** 89
— Bedingung, Befristung **925** 95
— Beurkundungspflicht **925a** 3
— und dinglicher Vertrag/Abweichungen
 925 117
— Formnichtigkeit **925a** 11
— Grundbuchvollzug/Vereinbarungen
 hierzu **925** 99
— Käuferschutz **925** 143
— Notarkenntnis hiervon **925a** 1 ff
— Übertragung/Verpfändung **925** 16
— Wirksamkeitsbedingung **925** 94
Schutzzweck
— Käuferschutz **925** 146
— Verkäuferschutz **925** 145
— Zweiterwerber-Schutz **925** 147
Schwebende Unwirksamkeit **925** 133
Selbstkontrahieren **925** 70
als Sondernorm zu § 873 BGB **925** 3
Spaltung **925** 29
Staatliches Notariat der DDR **925** 80
Städtebaulicher Entwicklungsbereich
 925 102
Stiftung **925** 29
Teilungsanordnung **925** 24
Tod des Veräußerers/des Erwerbers
 925 112

Auflassung (Forts.)
Übereinstimmung von Eintragung und –
925 114 ff
Übereinstimmung, fehlende von Eintra-
gung, Auflassung 925 117
Übergabe des Grundstücks vor – 955 5
Übersicht **Vorbem 925 ff** 3
Übertragbarkeit der Eigentumsanwart-
schaft 925 128, 129
Übertragung der Anwartschaft, des schuld-
rechtlichen Anspruchs auf – 925 16
Übertragungswille/Erwerbswille 925 41
Umdeutung 925 39, 40, 56
Umlegung 925 31, 102
Umwandlung 925 27 ff
Unbedenklichkeitsbescheinigung des
Finanzamtes 925 104
Unwirksamkeit bis zur Grundbucheintra-
gung, Fälle 925 113
Urteil und Rechtskraftvermerk 925 84
Veräußererklärungen 925 43 ff
Vereine 925 29
Verfügungen, anderweitige über das glei-
che Grundstück 925 127
Verfügungsberechtigung des Eigentümers
925 44
Verfügungsbeschränkung nicht aufgrund
der – 925 9
Verfügungsbeschränkungen, relative
925 112
Verfügungsmacht trotz – 925 133
Verfügungsmacht, Verlust vor Eintragung
925 113
Verhinderung der Eintragung nach der –
925 119
Verkäuferschutz 925 143 ff
Vermächtniserfüllung 925 24
Vermessung des Grundstücks 925 62
Verpfändung der Anwartschaft, des
schuldrechtlichen Anspruchs auf –
925 16, 128
Verschmelzung 925 27, 29
Versorgungsrechtliche Veräußerungsbe-
schränkung 925 102
Vertrauensschutz und Falschbezeichnung
925 68
Vertretung 925 69 ff
Vertretung ohne Vertretungsmacht 925 74
Vollmacht
— Formnachweis ggü dem Grundbuchamt
925 73
Vollmacht, bedingte oder befristete 925 96
Vollmacht und gerichtlicher Vergleich
925 82
Vollmachtserteilung 925 70
Vollmachtsform 925 71
Vollzugsvorbehalt 925 98, 145

Auflassung (Forts.)
Vorbehalt der Eigentumsumschreibung
925 145
Vorgründungsgesellschaft und Vorgesell-
schaft 925 51
Vorkaufsrechtsbescheinigung 925 105
Vormerkung/Eigentumsvormerkung
s. dort
Vormundschaftsgericht, Genehmigung
925 97, 102
Warnfunktion, Schutzfunktion 925 75
Weiterveräußerung 925 126, 135
Willenserklärungen, Abgabeformen und
Wirksamkeit als Auflassungserklärung
925 86
Willenserklärungen, wirksame und über-
einstimmende 925 35
Wirksamkeit bei Vollendung des Eigen-
tumserwerbs 925 112
Wohnungseigentum 925 19, 64, 101;
925a 5
Wohnungserbbaurecht 925 21
Zeitbestimmungen 925 94
Zug-um-Zug-Leistung nicht möglich
925 143
Zug-um-Zug-Verurteilung 925 84
zugunsten Dritter 925 ff 52
Zwangsversteigerung, Zuschlag 925 31
Zweiterwerber, Maßnahmen zu dessen
Schutz 925 147
zwingendes materielles Recht 925 4
Aufopferungsgedanke
Vergütungsanspruch bei Eigentumsverlust
§§ 946–950 951 1
Aufspaltung
und Auflassungserfordernis 925 26
Aufsuchungserlaubnis
Aneignung bergfreier Mineralien
Vorbem 953 ff 8
Aufwendungsersatzanspruch
des Finders **Vorbem 965 ff** 2, 8; **970** 1, 2;
971 2; **972** 1; **973** 8
Ausfertigung
Gerichtliche Entscheidungen/vollstreck-
bare Urkunden 952 6
Ausgliederung
und Auflassungserfordernis 925 26
**Ausgrabungsrecht und landesrechtliche Abliefe-
rungsrechte 984** 21
Ausländische Kapitalgesellschaft
EuGH-Urteile Centros, Überseering, Inspi-
re Art/Folgen für die Grundbuchfähig-
keit 925 52
Ausländisches Güterrecht
Auflassung an Ehegatten in – 925 57
Auslegung von Willenserklärungen
Auflassungserklärungen 925 36 ff
Einigungserklärungen **929** 9

Ausschlußurteil
Kraftloserklärung eines Wertpapiers **952** 6
Außenbereich
Grundstücke im – **925** 102
Autogramm
Schuldscheininhalt **952** 24
Automat
und Besitzergreifung durch den Erwerber
929 94

Baden-Württemberg
Denkmalschutzgesetze/Altertumsfunde,
Kulturdenkmäler **984** 21
BauGB
Eigentumsübertragung durch Hoheitsakt
925 31, 32
Grundstücksteilung im Außenbereich/
früheres Genehmigungserfordernis
925 102
Baulichkeiten
als bewegliche Sachen **925** 15
BauROG
Auflassung und Genehmigungspflicht
925 102
Bedingung
Aneignungsgestattung **956** 43
Auflassung
s. dort
oder Geschäftseinheit causa/Verfügung
929 27
Grundstückskaufvertrag **925** 95
Schuldschein über aufschiebend bedingte
Forderung **952** 13
Sicherungsübereignung **Anh 929 ff** 49,
196 ff
Treuhänderische Übereignung
Anh 929 ff 317, 342 ff
Übereignung beweglicher Sachen **929** 29 ff
Beförderungsmittel
Verkehrsfund **978** 6; **979** 1 ff
Befristung
Auflassung
s. dort
Grundstückskaufvertrag **925** 95
Behörde
Besitz an Sachen **983** 1, 2
Verkehrsfund **978** 3 ff; **979** 1 ff
Beitrittsgebiet
Behördliche Genehmigung der Auflassung
(GVO) **925** 102
Grundstücksverkehrsgenehmigung
Vorbem 925 ff 14
Sachenrechtsbereinigungsgesetz, Aufge-
botsverfahren **927** 7
Benzin an Tankstellen
Abfüllen **929** 95

Bergfreie Mineralien
Aneignungsrecht/Rechtsgrundlagen
Vorbem 953 ff 8
Bergrecht
als dingliches Aneignungsrecht **936** 2
Eigentumserwerb an mineralischen Boden-
bestandteilen **Vorbem 953 ff** 8; **958** 12
Berlin
Denkmalschutzgesetze/Altertumsfunde,
Kulturdenkmäler **984** 21
Beschwerungen
Ausschluß lastenfreien Erwerbs bei öffent-
lich-rechtlichen– **936** 3
Besitz
Abhandenkommen **935** 4 ff
Abtretung eines Herausgabeanspruchs als
Eigentumsverschaffung **931** 4 ff
Aneignungsgestattung und Besitzüberlas-
sung **956** 31 ff
Aneignungsgestattung und gutgläubiger
Erwerb **957** 3
Aneignungsgestattung ohne Besitzüberlas-
sung **956** 32 ff
Ansichnehmen verlorener Sache **965** 9 ff
Besitzaufgabe durch den Veräußerer als
Übergabeerfordernis **929** 62, 63
Besitzergreifung durch den Erwerber
929 67
Besitzerwerb und Bösgläubigkeit **932** 98
Besitzkonstitut **930** 4, 8
Besitzlage und Verfügungsmacht, Ausein-
anderfallen **935** 2
und Besitzverschaffungsmacht **932** 20
Beziehungen zu den Vertragsparteien und
Übergabeerfordernis **929** 54
brevi manu traditio **929** 117 ff
Dereliktion **959** 1
Eheliche Lebensgemeinschaft
s. dort
Eigenbesitz und Aneignung herrenloser
Sachen **958** 5
Eigenbesitz an Erzeugnissen **955** 1, 5 ff
Eigenbesitz, Fremdbesitz und Fund **965** 12
und Eigentum **932** 14, 69
Eigentumsvorbehalt **955** 5
Entschlagungswille und Besitzaufgabe
959 3
Erbfall und Besitzübergang **955** 8
Erbschaftsbesitzer, Abhandenkommen
935 19 f
und Erwerb lastenfreien Eigentums **936** 1 ff
an Erzeugnissen und Eigentumserwerb
955 1 ff
Finderpflicht zum Besitz **966** 2
Fruchterwerb des Eigenbesitzers **955** 1, 5 ff
Fruchterwerb des redlichen Nutzungsbesit-
zers **955** 10 ff
Geschäftsfähigkeit und Besitzaufgabe **935** 9

Besitz (Forts.)
am Grundstück vor Auflassung 955 5
und Gutglaubenserwerb **Vorbem 932 ff** 12 ff
Herrenlosigkeit und Besitzaufgabe 959 1 ff
Jagdausübung 958 5
Lockerung tatsächlicher Gewalt 965 2
Nebenbesitz 934 3
Obhut des Besitztums 965 6
Organisationsbesitz 959 5
Privaträume und Besitzverlust 965 6, 7
Publikumsverkehr, Liegenlassen von
    Sachen 965 7
Rechtsbesitz und Fruchterwerb 955 14
Rechtsschein/Wertungswiderspruch §§
    933, 934 **934** 2
Redlicher Nutzungsbesitzer, Fruchterwerb
    955 10 ff
Sachherrschaft des Erwerbers als Überga-
    beerfordernis 929 63
Schatzfund 984 1, 6
Sicherungsübereignung
    s. dort
Symbolische Vorgänge, Änderungen von
    Bezeichnungen, bloße Erklärungen
    929 65
und tatsächliche Sachherrschaft 965 7
und Übergabe 932 18 ff
Übergabe als Neuordnung der Eigentums-
    und Besitzverhältnisse 929 60
Übergabe und Umwandlung der Besitzver-
    hältnisse 929 49
Urkunden, obligatorische Besitzrechte
    952 22
Urkundeneigentum und Besitzverhältnisse
    952 10
Veränderung, neu geschaffene Besitzsitua-
    tion und Übergabeerfordernis 929 52
Verbotene Eigenmacht, Abgrenzung zur
    Übergabe 929 85
Verlierer 969 2
Verlorene (besitzlose) Sachen 965 1, 2
Versteckter 965 3
Wegnahme, Weggabe aufgrund Hoheitsak-
    tes 935 17
des Wilderers 958 15
Willensmoment bei der Übergabe 929 88
und zeitgemäße Interpretation des Tradi-
    tionsprinzips 929 55
Besitz (Besitzdiener)
Aneignungsgestattung und Besitzergrei-
    fung durch – 956 33
Aneignungsgestattung und gutgläubiger
    Erwerb 957 4
Ansichnehmen verlorener Sache 965 10 f
brevi manu traditio 929 125
als Dritter und Eigentumsverschaffung
    931 7
Eigenbesitzbegründung 958 6

Besitz (Besitzdiener) (Forts.)
Übergabe 929 53
und Übergabe unter Einschaltung von –
    929 48, 49
Unterschlagung, Weggabe der Sache durch
    935 14
Besitz (Mitbesitz)
Besitzkonstitut 930 10
brevi manu traditio 929 123
Verschaffung von Miteigentum 929 109
Besitz (Mittelbarer Besitz)
Abhandenkommen 935 5
Abtretung des Herausgabeanspruchs und
    Gutglaubenserwerb 934 1, 4 ff
Aneignungsgestattung und Verschaffung
    des – 956 31, 33
Ansichnehmen verlorener Sache 965 12
Besitzkonstitut 930 9
Besitzkonstitut und zugrundeliegendes
    Rechtsverhältnis 930 13
brevi manu traditio 929 123
Dereliktion 959 6
Eigenbesitz 955 5; 958 6
Eigentümer, der Wegnahme beim mittelba-
    ren Besitzer zustimmender 935 13
Fremdbesitzerwille des unmittelbaren
    Besitzers 930 11; 934 4
und Nutzungsbesitz, unmittelbarer 955 13
Rechtsscheinbasis, nicht ausreichende
    933 21
als Rechtsscheinposition 934 3
Sicherungsübereignung **Anh 929 ff** 92
des Veräußerers und Eigentumsverschaf-
    fung durch Abtretung des Herausgabe-
    anspruchs 931 5
**Besitzkonstitut (Eigentumserwerb an beweglichen
Sachen)**
    s. a. Gutglaubenserwerb
Abgrenzung von simulierten Rechtsge-
    schäften 930 20
Abschluß zweier Rechtsgeschäfte 930 12
Abstraktes, individualisiertes Konstitut
    Anh 929 ff 85 ff; 930 14
oder Abtretung des Herausgabeanspruchs
    930 9; 934 6
Anforderungen, Inhalt 930 14 ff
Antizipiertes Besitzkonstitut 930 8, 30 ff
Antizipiertes Besitzkonstitut und Siche-
    rungsübereignung **Anh 929 ff** 138
Aufschiebend bedingte Übereignung 930 8
Ausführungshandlung und antizipiertes
    Besitzkonstitut 930 32
Ausführungshandlung und Insichkonstitut
    930 34
Ausweichkonstruktionen 933 33
Besitz des verfügenden Eigentümers 930 8
Bestimmtheitserfordernis 930 7, 31
Bewegliche Sachen ohne Ausnahme 930 6

Besitzkonstitut (Eigentumserwerb an beweglichen Sachen) (Forts.)
Beweis für den Parteiwillen **930** 18
Durchgangserwerb bei antizipiertem Besitzkonstitut **930** 33
Eheliche Gemeinschaft **930** 29
Eigenbesitzwille des Erwerbers **930** 25
Eigentumserwerb, gescheiterter **933** 7
Eigentumsvorbehalt, nachträglich vereinbarter **930** 36 ff
Einigung, vorausgesetzte **930** 7
Eltern-Kind-Verhältnis **930** 26
Erleichterung der Rechtsübertragung **930** 1
Ernsthaftigkeit des Eigentumsübertragungswillens **930** 18, 21
Fremdbesitzerwille des Veräußerers, entscheidender **930** 11, 25
Funktion **930** 11
Gesetzliche Verhältnisse **930** 26 ff
Gutglaubenserwerb **Vorbem 932 ff** 16
Hausrat **930** 26
Herausgabebereitschaft **930** 22
Insichkonstitut **930** 34, 35
Insolvenzverwaltung **930** 29
Kauf und Verbleib bei dem Verkäufer **930** 42
Kenntlichmachung **930** 31
Kindesvermögen, Verwaltung **930** 29
Kommissionsgeschäft **930** 43
Konkretes Verhältnis **930** 14, 15
Kriterien, Indizfunktion **930** 18
Lastenfreier Eigentumserwerb **936** 14
Manipulationen und richterliche Kontrolle **930** 24
Minimalanforderungen **930** 16
Mitbesitz des Veräußerers **930** 10
Mittelbarer Besitz aufgrund ungültigen Rechtsverhältnisses **930** 13
Nichtberechtigter **933** 7
Pfändungspfandrecht **930** 29
als Rechtsgeschäft **930** 11, 12, 13
Rechtspolitische statt dogmatische Erwägungen **930** 24
Sachgesamtheit **930** 41
Schweizerisches ZGB **Anh 929 ff** 7
Sicherungsübereignung
s. dort
Sonderformen **930** 26 ff
Testamentsvollstreckung **930** 29
Traditionsprinzip **930** 22, 22 ff
und Übergabe **930** 11, 23; **933** 16 ff
Übergabeverzicht **930** 4
Unmittelbarer, mittelbarer Besitz des Veräußernden **930** 9
Verkehrsbedürfnis **930** 23
Vertragstyp, nicht erforderlicher bestimmter **930** 25

Besitzkonstitut (Eigentumserwerb an beweglichen Sachen) (Forts.)
Vollstreckungsvereitelung, Insolvenzschieberei **930** 24
Willenshaltung des Veräußerers, entscheidende **930** 11
Willensmoment **930** 23
Willensrichtung, entscheidende **930** 25
zweifach gestufter mittelbarer Besitz **930** 9
Besitzübertragung
s. Übergabe
Bestandteile eines Grundstücks
Abgrenzung vom Zubehör **926** 7
Bestandteile einer Sache
s. Trennung (Eigentum am Trennstück)
Bestandteile einer Sacheinheit
und Eigentumsverhältnise
s. Verbindung
Bestimmtheitserfordernis
Abtretung des Herausgabeanspruchs **931** 25
und Akzessorietät im Pfandrecht **Anh 929 ff** 12
Aneignungsgestattung **956** 17
antizipiertes Besitzkonstitut **930** 31
sachenrechtliches **929** 11
Sicherungsübereignung
s. dort
Beurkundung
s. Notarielle Beurkundung
Bewegliche Sachen
s. Sachen (bewegliche)
Beweisrecht
Schuldscheinfunktion **952** 3
Beweiszweck
einer Urkunde über anspruchsbegründende Rechte **952** 1
BGB-Gesellschaft
Anwachsungsprinzip **925** 25
Ausländische Kapitalgesellschaft als– **925** 52
Gesellschafterwechsel **925** 25
Grundstückseigentum, Erwerb **925** 59
Rechtsfähigkeit und Grundbuchfähigkeit/ Diskussionsstand **925** 59
Rechtsformenveränderung **925** 25
Sicherheitenpool **Anh 929 ff** 307
Übertragung des Grundstückseigentums **925** 25
Umwandlung der Erbengemeinschaft **925** 24
Bienenschwarm
Bettelschwarm **964** 1, 2
Herrenlosigkeit eines ausziehenden **961** 1 ff
Vereinigung **963** 1, 2
Verfolgung und Selbsthilferecht des Eigentümers **962** 1 ff

Bindungswirkung
  an die Auflassung **925** 111
  an die Einigung vor Übergabe **929** 82 ff
Binnenschiffahrtsregister
  Eigentumsübertragung an eingetragenen
    Schiffen **929a** 1
Bodendenkmäler
  und Schatzregalien/Landesgesetzgebung
    984 21
Bodenschätze
  Aufsuchungserlaubnis/Aneignungsbefug-
    nis **958** 12
Bohrinsel
  Fund an Bord **Vorbem 965 ff** 9
Brandenburg
  Denkmalschutzgesetze/Altertumsfunde,
    Kulturdenkmäler **984** 21
Bremen
  Auflassungsform/Ausnahmen **925** 83
  Denkmalschutzgesetze/Altertumsfunde,
    Kulturdenkmäler **984** 21
Bruchteilseigentum
  s. Miteigentum
Bruchteilsgemeinschaft
  und Eigentum an einem Schuldschein
    952 15
  Grundstückserwerb in einer – **925** 56
  Verfügung eines Miteigentümers **932** 128
Buchungsfreies Grundstück
  Auflassung **925** 15
Bürgschaftsurkunde
  als rechtsbegründende Urkunde/Schuld-
    scheincharakter **952** 1
Bundesrepublik
  Grundstückseigentum, Recht zur Aufgabe
    928 19

Causa
  s. Schuldrechtliches
    Verpflichtungsgeschäft

Darlehensschuldschein 952 1
DDR
  Bodenreformgrundstücke **Vorbem 925 ff** 14
  Volkseigener Miteigentumsanteil am
    Grundstück, Aufgebotsverfahren **927** 7
  ZGB-Inkrafttreten/Grundstückseigen-
    tumserwerb vor/nach 1.1.1976
    Vorbem 925 ff 14
Denkmalschutz
  und Schatzregalien/Landesgesetzgebung
    984 21
Depotschein
  Aushändigung **931** 42
  als Schuldschein **952** 5
Dereliktion beweglicher Sachen
  Abfallvorschriften **959** 8
  Absicht, erforderliche **959** 1 ff

Dereliktion beweglicher Sachen (Forts.)
  Altkleidersammlung **959** 5
  Anfechtung **959** 1
  Besitzaufgabe, bloße **959** 1
  Besitzaufgabe, tatsächlich durchgeführte
    959 5
  Eigentumserlöschen ohne– **959** 12
  Entschlagungswille **959** 3
  Flüchtlingshabe **959** 3
  Gastwirtschaft **959** 5
  Grabbeigaben **959** 3
  Grundstücksbestandteile/einfache **959** 1
  Grundstückszubehör **959** 2
  durch mittelbar besitzenden Eigentümer
    959 6
  Munition **959** 5
  Order- und Inhaberpapiere **959** 1
  Rechte Dritter **959** 9
  als Rechtsgeschäft **959** 1
  Sperrmüllzuführung **959** 3
  und Übertragungsofferte an unbestimmten
    Personenkreis **959** 4
Dereliktion eingetragener Schiffe
  SchiffsRG-Regelung **959** 9
Dereliktion eines Grundstücks
  Beschränkte dingliche Grundstücksrechte
    928 8
  Erbbaurechte **928** 8
  Gebäudeeigentum **928** 8
  Gesamthandseigentum **928** 7
  Grundstücke, reale Grundstückteile **928** 6
  Grundstücksgleiche Rechte **928** 8
  Miteigentumsanteile **928** 8
  Tatsächliche Dereliktion (Besitzaufgabe)
    928 9
  Verzichtserklärung **928** 10 ff
  Wohnungseigentum **928** 8
  Wohnungserbbaurecht **928** 8
Diebstahl
  s. Abhandenkommen
Dienstbarkeiten
  Dingliches Nutzungsrecht **954** 2, 3, 4
Dingliche Rechte
  s. a. Sachenrecht
  Aneignungsbefugnis, Eigentumserwerb
    954 1 ff
  Aneignungsrecht als dingliches Recht eige-
    ner Art **927** 18
  und Aneignungsrecht des Fiskus **928** 27
  Aneignungsrechte als Belastungen einer
    Sache **936** 2
  Aneignungsrechte an herrenlosen Sachen
    958 13
  Anwartschaftsrecht des Auflassungsemp-
    fängers **925** 124
  als Belastungen einer Sache **936** 2 ff
  Dereliktion **959** 2, 9
  und Eigentum **936** 17

Dingliche Rechte (Forts.)
Entstehung eigener Arten im Bereich der
Sicherungsrechte **Anh 929 ff** 27
an Forderungsrechten/Erstreckung auf
den Schuldschein **952** 19 f
Fruchterwerb des Eigenbesitzers **955** 1, 5 ff
Fruchterwerb des redlichen Nutzungsbesit-
zers **955** 10 ff
Geschlossene Zahl/numerus clausus von
Sachenrechten **Anh 929 ff** 4
nach Gutglaubenserwerb und Rückabwick-
lung desselben **932** 114 ff
Lex fori (Verfahrensrecht) **Vorbem 925 ff** 7
Lex rei sitae (Sachstatut) **Vorbem 925 ff** 6, 9
und Mobiliarsicherheiten **Anh 929 ff** 7
Numerus clausus **Anh 929 ff** 4
Rechtsverlust bei Verbindung, Vermi-
schung **949** 1 ff
an Schuldscheinen, Urkunden über
anspruchsbegründende Rechte **952** 1 ff
Sicherungsgeschäfte als beschränkte dingli-
che Rechte **Anh 929 ff** 58
nach Trennung eines Bestandteils **953** 5;
Vorbem 953 ff 6; **954** 5; **955** 17
Urkunden als Akzessorium der Verbrie-
fung/des Verwertungsrechts **952** 7
Verknüpfung mit schuldrechtlichen Bezie-
hungen **Vorbem 925 ff** 10
Dingliche Rechtsgeschäfte
Auflassung **925** 2, 9, 34, 41
als Einigung **Vorbem 929 ff** 11
Einigung als abstrakte – **929** 18
Savigny'sche Theorie vom dinglichen
Vertrag **Vorbem 929 ff** 15
und schuldrechtliche Rechtsgeschäfte,
Unterschied **Vorbem 925 ff** 9
und Verfügungsgeschäft **Vorbem 929 ff** 12
Dissens
Auflassungserklärungen **925** 118
Auflassungsgegenstand **925** 66
Dritter, Dritte
Aneignungsrecht des Fiskus und Eigentum
Dritter **928** 26
Auflassung zugunsten – **925** 52
Besitz und Eigentumsübertragung durch
Abtretung eines Herausgabeanspruchs
931 4 ff
Besitzerlangung durch Täuschung eines –
932 21
Dereliktion und Rechte – **959** 9
Eigentumsübertragung unter Einschal-
tung – **929** 96 ff
Einigung zugunsten – **929** 42 ff
Geheißerwerb **929** 97
Kontenbezeichnung und Gläubigerstellung
952 12
Rechte Dritter und lastenfreier gutgläubi-
ger Erwerb **936** 1 ff

Dritter, Dritte (Forts.)
Sicherungsübereignung und Verhältnis
zu – **Anh 929 ff** 236 ff
Streckengeschäft **929** 98
Treuhandeigentum, Erwerb von –
Anh 929 ff 318 ff
Vobehaltseigentum, Verkauf an – **936** 16
Zugriff auf neugeschaffene Vermögenssub-
stanz und Abwehr durch Verarbeitungs-
klauseln **950** 29
Schuldschein/Forderungsrechte Dritter
952 19 f
Drittwiderspruchsklage
s. Zwangsvollstreckung

Eheliche Lebensgemeinschaft
Bruch unmittelbaren Mitbesitzes **935** 8
Ehewohnung/REhegattenmitbesitz **935** 8
Gesetzliche Besitzmittlungsverhältnisse
930 29
Haushaltsgeld/zur Verfügung gestelltes
929 103
Hausrat/Ehegattenmitbesitz **929** 101 f;
935 8
Hochzeitsgeschenke **929** 104
Eheliches Güterrecht
Auflassung **925** 23
Eigentum
und Risikoverteilung **935** 14
Eigentum (Fahrnis)
Abstraktionsprinzip, einheitlicher Begriff
des Eigentums und Typenzwang
Anh 929 ff 9
Anwartschaft, Anwartschaftsrecht
s. dort
Aufsplitterung, Ausschluß und Konse-
quenzen desselben **Anh 929 ff** 5
und beschränkte dingliche Rechte
Anh 929 ff 4; **936** 17
und Besitz
– Auseinanderfallen **932** 69;
Vorbem 932 ff 1
– Rechtsschein des Besitzes **932** 14 f
– Schluß auf das Eigentum **Anh 929 ff** 30;
Vorbem 932 ff 12
und Eigenbesitz **955** 5
und Eigentumsanspruch (Vindikation)
931 13
Eigentumsvorbehalt
s. dort
Eindeutigkeit, Klarheit **Einl 929–984** 9
Ermittlung, unmögliche des Eigentümers
984 2
Erwerb des Eigentums an beweglichen
Sachen
s. Eigentumserwerb
Erwerb und Verlust (Übersicht)
Einl 929–984 1 ff

Eigentum (Fahrnis) (Forts.)
als Gegenstand der Gut- oder Bösgläubig-
keit **932** 39
Herrenlosigkeit **927** 10; **928** 20; **958** 1 ff
und Institutionen der Kreditsicherung
Einl 929 ff 7, 11
Klarheit, Eindeutigkeit der Eigentumsver-
hältnisse **Anh 929 ff** 43
Kontinuitätsgrundsatz **953** 4, 5
Leitende Gesichtspunkte **Einl 929 ff** 9
Relativierung des Begriffs **Anh 929 ff** 33
Sachenrecht und Eigentumsbegriff
Anh 929 ff 2 ff
an Schuldscheinen, Urkunden über
anspruchsbegründende Rechte **952** 1 ff
Sicherungseigentum
s. Sicherungsübereignung
Treuhandeigentum
s. dort
Unteilbarkeit **Anh 929 ff** 3
verbrieftes Recht folgt dem Eigentum,
Eigentum dem verbrieften Recht **952** 5
und Verfügungsbefugnis **929** 17
Verkehrsinteresse **Vorbem 932 ff** 4
Vorbehaltseigentum
s. Eigentumsvorbehalt
Zuordnungsverhältnisse, Entstehung
unklarer **Anh 929 ff** 44
Eigentum (Grundstückseigentum)
s. Grundstückseigentum
Eigentumserwerb (Fahrnis)
als abstraktes Verfügungsgeschäft **929** 2
Aneignung
s. dort
Aneignungsgestattung
s. dort
Bedeutung, Stellung im Gesetz
Vorbem 929 ff 1 ff
Bestandteile, Fruchterwerb
s. Trennung (Eigentum am Trennstück)
Bienenschwarm
s. dort
Derivativer, originärer **973** 4, 5
durch Einigung und Abtretung des Herausgabeanspruchs
s. Einigung; Abtretung des Herausgabeanspruchs
durch Einigung und Besitzkonstitut
s. Einigung; Besitzkonstitut
durch Einigung und Übergabe
s. Einigung; Einigung und Übergabe;
Übergabe
Elemente der Eigentumsübertragung
929 56
durch Ersitzung
s. dort
Fiduziarische Übertragungen, Volleigentum des Erwerbers **Anh 929 ff** 5

Eigentumserwerb (Fahrnis) (Forts.)
Fundrecht
s. dort
durch Gesetz **Einl 929 ff** 12
Grundeigentümermineralien
Vorbem 953 ff 8
Grundmodell Einigung und Übergabe
929 1
Gutglaubenserwerb
s. dort
als kombinierter Tatbestand
Vorbem 929 ff 13 ff
kraft Fiktion bei Traditionspapieren **936** 18
vom Nichteigentümer
s. Gutglaubenserwerb
Originärer, derivativer **Einl 929 ff** 13;
935 39 ff; **958** 18
durch Rechtsgeschäft **929** 1; **Einl 929 ff** 12;
Vorbem 929 ff 7, 8 ff; **935** 42 ff; **936** 6
Rechtsnachfolge im Prozeß **Einl 929 ff** 14
Rückabwicklung nach Gutglaubenserwerb
932 114 ff
Schatzfund **984** 12 ff
Schwarmrecht **961** 1 ff
Übersicht außerhalb der §§ 929 ff BGB
geregelter Fälle **Einl 929 ff** 15
an Urkunden **952** 10 ff
durch Verbindung, Vermischung, Verarbei-
tung
s. dort
Verselbständigung (Trennungsprinzip,
Abstraktionsprinzip) **Vorbem 929 ff** 15
Eigentumserwerb (Grundstückseigentum)
Aneignung eines Grundstücks
s. dort
Auflassung
s. dort
Eigentumsgarantie
und Gutglaubenserwerb **Vorbem 932 ff** 6
Eigentumsübertragung
Rechtsgeschäftlicher Teil: die Einigung
s. Einigung
Seeschiffe, nicht eingetragene **929a** 1 ff
Tatsächliches Element: die Übergabe
s. Übergabe
Eigentumsverlust
aufgrund Risikozuweisung **935** 14
aufgrund Vermischung, Verbindung,
Verarbeitung **946** 7; **947** 6 ff; **948** 8;
949 3; **950** 7
Besitzlosigkeit kein Grund für – **959** 12
durch Dereliktion
s. dort
Entschädigung für Rechtsverlust
s. dort
Schwarmrecht **961** 1 ff

Eigentumsvorbehalt
Anwartschaftsrecht als dingliche Belastung
  936 2
Baustoffeinbau/unbefugter durch Bauunternehmer **951** 15
Bestimmtheitserfordernis **Anh 929 ff** 12
Eigentumsbegriff, Aufgabe des einheitlichen **Anh 929 ff** 23 ff
Einigung, aufschiebend bedingte **929** 33
Erkundigungspflicht nach bestehendem –
  932 64 ff
Erkundigungspflicht des Erwerbers nach
  vorhandenem – **932** 64
Erweiterungsformen, problematische
  Anh 929 ff 44, 45
Erzeugnisse **953** 6
Fremdbesitz **955** 5
und Grundstückseinbau **946** 4
Nachforschungsobliegenheiten **932** 173 ff
nachträglich vereinbarter **930** 36 ff
Schutz des Vorbehaltskäufers gegen weitere
  Verkäuferverfügung **936** 16
Schutzbedürftigkeit des Vorbehaltseigentümers **932** 76
und Sicherungsübereignung **Anh 929 ff** 12 f
Sicherungsübereignung von Vorbehaltsgut
  Anh 929 ff 285 ff
und Sicherungsübereignung/Publizitätsverlust **Anh 929 ff** 30
Surrogate/Gläubigerzugriff
  Anh 929 ff 15 ff
Unteilbarkeit des Eigentums, numerus
  clausus dinglicher Rechte **Anh 929 ff** 6
Verarbeitung von Vorbehaltsware **950** 46
durch Verarbeitungsklausel verlängerter –
  950 30
Verbindung der Vorbehaltssache mit einem
  Grundstück **946** 10
Verkehrsüblichkeit **932** 64, 75
Verlängerte Sicherungsübereignung und
  verlängerter – **Anh 929 ff** 287 ff
Zulässigkeit nach dem BGB, selbstverständliche **Anh 929 ff** 42
Zuordnungsverhältnisse, Entstehung
  unklarer **Anh 929 ff** 44
Einbau
Grundstückseinbau im Auftrage Dritter
  951 7, 8
Grundstückseinbau durch Leistung auf
  fremde Kosten **951** 13 f
Grundstückseinbau, unbefugter von
  Vorbehaltsware **951** 15
Grundstückseinbau und Unklarheit über
  die Person des Leistenden **951** 11
Rechtslage bei nur scheinbarer Anweisung
  951 10
Werkleistung, Fälle abgeirrter **951** 9

**Einigung (Eigentumserwerb an beweglichen
  Sachen)**
s. a. Besitzkonstitut; Abtretung des
  Herausgabeanspruchs; Übergabe
als abstraktes dingliches Rechtsgeschäft
  929 18, 25 ff
und Abtretung des Herausgabeanspruchs
  aus Besitzkonstitut **931** 11
AGBG und Zweck der Klauselverbote
  929 21
Antizipierte Einigung
— Bindungswirkung **929** 82 ff
— Einigsein bis zur Besitzerlangung **929** 81
— bei Übereignung durch bloße Einigung
  (brevi manu traditio) **929** 119 ff
Anwartschaftsrecht und bedingte Übereignung **929** 33 ff
als Auflassung bezeichnete – **925** 1
Auslegung **929** 9
Bedingung **929** 29 ff
Befristung **929** 36
Besitzkonstitut und Vorliegen erforderlicher – **930** 7
Bestimmtheit **929** 11
Bindungswirkung vor Übergabe, abzulehnende **929** 82 ff
brevi manu traditio **929** 117 ff
als dinglicher Vertrag **929** 8;
  Vorbem 929 ff 11, 12
Drohung, Täuschung **929** 20
Eigentumsanwartschaft, Eigentumsvorbehalt **929** 33 ff
Eigentumsrecht und Verfügungsbefugnis
  929 15 ff
Eigentumsübertragung durch bloße –
  929 117 ff
Fehleridentität **929** 18 ff
Formlosigkeit **925** 9; **929** 10
Geschäfte für den, den es angeht **929** 39
Geschäftseinheit (Verknüpfung, Verpflichtung und Verfügung) **929** 25
Geschäftsfähigkeit **929** 13, 40; **932** 10
Gesetzliches Verbot, Verstoß **929** 21
Grundstückszubehör **926** 13
Gutglaubenserwerb **932** 10 ff, 22, 32, 94,
  107
Innerer Bezug zur Übergabe **929** 85 ff
Insichgeschäft **929** 41
Irrtum **929** 19, 20; **932** 12
Kontroverse um rechtliche Einordnung
  929 8, 14
Nichtberechtigter **933** 9, 12 f
Rechtsgeschäftliche Regeln **929** 14;
  Vorbem 929 ff 14
als rechtsgeschäftlicher Teil der Eigentumsübertragung **929** 1, 8, 18
Sachgesamtheiten **929** 111
Schiffe **929a** 1 ff

Einigung (Eigentumserwerb an beweglichen Sachen) (Forts.)
Schlichte Einigung, ausreichende zur Eigentumsübertragung **930** 28; **931** 18; **932** 32
Schlichte Einigung und lastenfreier Eigentumserwerb **936** 14
und schuldrechtliche Verträge **929** 18 ff; **Vorbem 929 ff** 14
Schuldrechtliches Verpflichtungsgeschäft, Entstehungsmängel **929** 28
Sicherungsübereignung **Anh 929 ff** 75 ff
Sittenwidrigkeit **929** 22; **932** 12
Stellvertretung **929** 38 ff; **932** 12, 97
Täuschung, Drohung **929** 20
Treuhänderische Übereignung **Anh 929 ff** 313 ff, 316
Übereignungswille **930** 11
Übergabemoment und vorhandene – **929** 80
Verbindung beweglicher Sache mit einem Grundstück **946** 8
Verbotswidrigkeit **929** 21
als Verfügung **Vorbem 929 ff** 10, 14; **Anh 929 ff** 100
Verfügung nur für den Veräußerer **929** 14
Verfügung zugunsten Dritter **929** 42 ff
Verfügungsmacht und Eigentumsrecht **929** 15 ff
Vertragsbegriff anstelle des Begriffs der – **929** 75, 76
Vertragsstruktur **Vorbem 929 ff** 11
Verwechselung **929** 19
und Vindikationsanspruch des Eigentümers **931** 13 ff
Wechselforderung, durch Zession abgetretene **952** 5
Wertneutralität der Verfügung **929** 24
Widerrufbarkeit **929** 84
Willenserklärungen **929** 9 ff
Wucher **929** 23
zugunsten Dritter **929** 42 ff
Einigung (Eigentumserwerb an Grundstücken)
Auflassung
s. dort
Einigung und Übergabe
s. a. Einigung; Übergabe
Bezug zwischen – **929** 85 ff
Modellvorstellung des Gesetzes: parallel und kongruent **929** 46
Sicherungsübereignung **Anh 929 ff** 75 ff
Verhältnis **929** 71 ff
Wechselforderung, durch Zession abgetretene **952** 5
Einlagegrundstück
Auflassung **925** 61

Einstweilige Verfügung
auf Unterlassung der Grundbucheintragung **925** 119
auf Verbot des Eigentumserwerbs **925** 119
Einverleibung in ein Inventar
Fälle **947** 10
Einwilligung
zur Einigung **929** 16
zur Weiterveräußerung eines Grundstücks (Kettenauflassungen) **925** 126
Enteignung
Behördliche Genehmigung der Auflassung **925** 102
Eigentumsübertragung **925** 31
Entschädigung für Rechtsverlust
Abdingbares Recht **951** 3
Alternativen des Bereicherungsrechts/erfaßte **951** 2
Anschein einer Drittleistung **951** 12
Anspruchsberechtigter/Anspruchsgegner **951** 21 ff
Anwartschaftsrecht/Verlust **951** 4
Arbeitsaufwand bei der Verbindung **951** 29
Aufgedrängte Bereicherung **951** 46 ff
Aufopferungslage **951** 1
Aufwendungskondiktion **951** 2
Eigentumsvorbehalt/unbefugter Einbau **951** 15
Eingriffskondiktion **951** 2
Entreicherungseinwand **951** 40
Erwerbsmodus/rechtfertigender Grund **951** 1
Gebäudeerichtung auf fremdem Boden **951** 30
Gebäudeerichtung/Erwartung späteren Eigentumserwerbs **951** 62
Geldvergütung als Anspruchsinhalt **951** 27
Leistung auf fremde Kosten/Abgrenzung zu Eingriffsfällen **951** 13 ff
Leistung/fehlende **951** 5 ff
Leistungsfall/ausgeschlossener **951** 2
Mitverschuldenseinwand/ausgeschlossener **951** 42
Naturalrestitution/ausgeschlossene **951** 27
Nichtleistungskondiktion **951** 2
Nutzungsherausgabe neben Geldentschädigung **951** 38 f
Pachtvertrag **951** 3
Rechtlicher Grund/fehlender **951** 20
Rechtsänderung als erlangtes Etwas **951** 28
Rechtsgrundlos bewirkte Sachverbindung **951** 2
Rechtsgrundverweisung **951** 1
Rechtsübergang und Vermögenswert/Unterscheidung **951** 1
Rechtsverlust durch Verbindung/Verbindung/Verarbeitung **951** 4

Entschädigung für Rechtsverlust (Forts.)
Schadensersatzansprüche aufgrund Delik-
tes **951** 64
Verkehrswert/Höhe der Vergütung
951 31 ff
Verschärfte Haftung **951** 43
Verwendungsersatzansprüche **951** 4, 65
Vorbehalt sonstiger Rechtsbehelfe **951** 63
Wegnahmerecht/besonderes **951** 67 ff
Zurückbehaltungsrecht/Untergang **951** 4
Erbanteil
Teilabtretung **925** 24
Erbbaurecht
Aneignungsrecht, ausgeschlossenes **927** 6
und Aneignungsrecht des Fiskus **928** 28
Auflassung **925** 20, 22
als dingliches Nutzungsrecht **954** 2
Erlöschen der Berechtigung **946** 9
Gebäudeerrichtung aufgrund – **946** 5
Erbengemeinschaft
Auflassung bei Erbauseinandersetzung
925 24
Grundstückserwerb in – **925** 58
Erbfall
und Aneignungsrecht des Erben **958** 15
und Besitzübergang **955** 8
Erbrecht
Auflassung **925** 24
Erbschaftskauf
Auflassung **925** 24
Erbschein
und Gutglaubenserwerb **932** 136
Erkundigungsobliegenheiten
und Gutglaubenserwerb **932** 55 ff
Ermächtigung
aufgrund Auflassung und Eintragungsbe-
willigung **925** 126
Errungenschaftsgemeinschaft
Auflassung an Ehegatten in – **925** 57
Ersitzung (Eigentumserwerb an beweglichen
Sachen)
Abstraktionsprinzip und daraus folgende –
937 19
Aneignungsrecht, endendes infolge –
958 16
und Aneignungsverbote **958** 16
Anwendungsgebiet **Vorbem 937 ff** 4
Ausgleichsproblem **937** 18 ff
Bedeutungsverlust aufgrund Gutglaubens-
erwerbs **Vorbem 937 ff** 4
Bereicherungsansprüche **937** 20, 23
Besitz – und Eigentumslage, Diskrepanz
Vorbem 937 ff 3
Besitzerwerb, erforderliche Willensrich-
tung **937** 2
Besitznachfolge **943** 1 ff
Besitznachweis, bloßer nicht ausreichend
937 2

Ersitzung (Eigentumserwerb an beweglichen
Sachen) (Forts.)
Besitzverlust, Unterbrechung **940** 1 ff
Beweislast für den guten Glauben **937** 11
Billigkeitsgedanke **938** 1
Eigenbesitz, mittelbarer oder unmittelbarer
937 3
Eigenbesitz, Verlust **940** 1 ff
Eigenbesitz, zehnjähriger als Vorausset-
zung **937** 2 ff
Eigentum und Besitz, Auseinanderfallen
937 22
Eigentumserwerb **937** 5, 16
Erbenstellung **943** 5; **944** 1 ff
Erbschaftsbesitzer **944** 2
Erbschaftssachen, Sonderregelung **937** 14
Gesamthandsbesitz **937** 3
Geschäftsfähigkeit **937** 4
Guter Glaube an das eigene Recht,
geschützter **937** 7
Hilfspersonen, Vertreter **937** 10
Internationales Privatrecht **Vorbem 937 ff** 6
Kenntnis des Nichtrechts, positive nach
Beginn der Ersitzung **937** 9
Klageerhebung gegen Eigenbesitzer oder
dessen Besitzmittler **941** 1 ff
Lastenfreiheit **945** 1 ff
Menzel-Entscheidung **937** 21
Mitbesitz **937** 3
Miteigentümer, Klageerhebung **941** 6
Nachforschungsobliegenheit **937** 8
Natürlicher Wille zum Besitzerwerb **937** 4
Öffentliche Sachen **937** 13
Rechtfertigungsgrund **937** 1
Rechtsgrundlage **927** 3
Rechtsirrtum des Ersitzenden **937** 8
Rechtsnachfolge und Eigenbesitz eines
Dritten **943** 1 ff
Rechtsnachfolge im Prozeß **937** 17
res sacrae und sanctae **937** 13
Rückgewähransprüche **937** 18 ff
als sachenrechtlicher Zuordnungstatbe-
stand **937** 20
Schuldschein **952** 21
Übergangsrecht Art 185, Art 169 EGBGB
Vorbem 937 ff 5
Unterbrechungswirkung **942** 1
Veräußerungsverbot (absolutes, relatives)
937 15
Verjährung des Eigentumsanspruchs,
hemmendes oder der Vollendung entge-
genstehendes Ereignis **939** 1 ff
Vermutung des § 1006 BGB **937** 2
Zeitpunkt des Besitzerwerbs, erforderlicher
guter Glaube **937** 8
als Zuordnung dinglicher Rechte **937** 22
Erwerbsbeschränkungen
Grundstückseigentum **925** 47 ff

Erzeugnisse einer Sache
s. Trennung (Eigentum am Trennstück)
Europäischer Gerichtshof
Urteile in Sachen Centros, Überseering,
Inspire Art/Grundbuchfähigkeit auslän-
discher Kapitalgesellschaft **925** 52
Europäisches Recht
Kreditsicherungssystem/vorgesehene
Registerlösung **Anh 929 ff** 38
EuroparechtsanpassungsG Bau
Genehmigungslose Grundstücksteilung im
Außenbereich **925** 102
EWIV
Vorgesellschaft/fehlende Grundbuchfä-
higkeit **925** 51

Factoring
Verlängerte Sicherungsübereignung und –
Anh 929 ff 294
Fahrlässigkeit
Gutglaubenserwerb **932** 40 ff, 205, 207
Fahrnisrecht
s. Eigentum (Fahrnis)
s. Eigentumserwerb (Fahrnis)
s. Sachen (bewegliche)
Falschbezeichnung
Auflassungserklärungen **925** 118
Auflassungsgegenstand **925** 65 ff
Familienvermögen
Absolute Verfügungsbeschränkungen **932** 7
Faustpfandprinzip
Prinzip der Mobiliarsicherheiten
Anh 929 ff 7
und Zulässigkeit der Sicherungsübereig-
nung **Anh 929 ff** 52
Fiduziarische Übereignung
s. Treuhänderische Eigentumsübertra-
gung
Filmnegativ
Eigentum **952** 9
Fischereirecht
Aneignungsberechtigung **958** 12
Fische in geschlossenen Privatgewässern
960 5 ff
Okkupation eines Wilderers **958** 14
Schonvorschriften **958** 10
Flugzeug
Fund an Bord **Vorbem 965 ff** 9
Flurbereinigungsplan
Eigentumsübertragung **925** 31
und Ersatzgrundstück **925** 61
Flurbereinigungsverfahren
Behördliche Genehmigung der Auflassung
925 102
Einlage – oder Ersatzgrundstück, Auflas-
sung **925** 15
Flußbettveränderungen
und Aneignung **Vorbem 958 ff** 1

Forderung
s. Schuldrechtliche Verpflichtung
und abhängiger Schuldschein **952** 21
und Eigentumslage am Schuldschein
952 10 ff
verbriefte **952** 5
Form
Abtretung, Verpfändung des Grundstücks-
übereignungsanspruchs **925** 127
Auflassung **925** 75 ff
Auflassungsaufhebung **925** 89, 113
Auflassungsvollmacht **925** 71
Einigung **929** 10
Übertragung, Verpfändung der Eigentums-
anwartschaft des Auflassungsempfän-
gers **925** 16
Verpflichtung zur Eigentumsaufgabe
928 17
Verzicht auf das Grundstückseigentum
928 12
Forstrecht
Aneignungsverbote **958** 9
Fortgesetzte Gütergemeinschaft
Auflassung an Ehegatten in – **925** 57
Fossilien
als Schatzfund **984** 3, 21
Frachtgut
Übereignung **929** 91
Freistellungsschein
Aushändigung **931** 41
Bedeutung ihrer Übergabe **929** 92
Fremdes Aneignungsrecht
Verletzung **958** 11 ff
Frist
Eigentumserwerb des Finders **973** 2 ff
Fruchterwerb
s. Trennung (Eigentum am Trennstück)
Fund
Abbruchunternehmen und Schatzfund
984 10
Abgrenzung zum Schatzfund **984** 2
Abhandenkommen und fortdauernde
Besitzlosigkeit **965** 1
Ablieferung an zuständige Behörde **967** 1,
2; **973** 3; **975** 1 ff
Ablieferungspflicht gegenüber Behörde,
Verkehrsanstalt **978** 8
ALR **Vorbem 965 ff** 2
Altertumsfund **984** 21
Amtsfund **978** 1 ff
Aneignung, Abgrenzung **973** 4
Ansichnehmen **965** 8, 9 ff
Anstalten, öffentliche Einrichtungen **978** 3
Anwartschaft des Finders **973** 7; **978** 8
Anzeige beabsichtigter Versteigerung **966** 5
Anzeigepflicht nicht im Falle des Schatz-
fundes **984** 18
Anzeigepflicht des Finders **965** 17 ff

Fund (Forts.)
Anzeigepflicht des Finders, verletzte **971** 4
Arbeitsverhältnis **965** 10
Auftragsverhältnis **965** 12, 14
Aufwendungsersatz **970** 1, 2; **971** 3; **972** 1;
978 8
Ausgleichsanspruch nach Eigentumser-
werb **977** 1 ff
Ausgraben versteckter Sache **965** 3
Ausgrabungsgesetze, landesrechtliche
984 21
Bagatellfund **965** 19; **Vorbem 965 ff** 2;
971 4; **973** 1, 3
Bahnhofsgebäude **978** 7
Bahnsteige **978** 7
Banken **978** 6
Bedienstete der Behörde, Verkehrsanstalt
978 11
Beförderungsmittel **978** 1, 3 ff
Bereicherungsanspruch **977** 1 ff
beschränkt dinglicher Rechtsinhaber
965 16
Besichtigung durch Finder **965** 9
Besitz öffentlicher Behörde, sonstiger
983 1, 2
Besitz, unmittelbarer **965** 9
Besitzdiener **965** 10 f
Besitzdiener und Verlierer **969** 2
Besitzmittler als Verlierer **969** 2
Besitzrecht des Finders **965** 13
Besitzrecht des früheren Besitzers **965** 16
Besitzverlust **965** 1 ff
Besitzverpflichtung ohne Besitzberechti-
gung **966** 2
Betrieb **965** 7, 10, 11
Bohrinsel, Fund an Bord **Vorbem 965 ff** 9
Brief, adressierter **965** 16
Bundespost, Bahn **978** 4
Bundeswehr **978** 4
Das Haus verliert nichts **965** 6
Dauer der Unauffindbarkeit **965** 6
Denkmäler, Denkmalschutz **984** 21
Dieb als Verlierer **965** 16; **969** 2
Diebesbeute, beschlagnahmte **983** 1
Dienstpflicht **965** 11
Dritter als Herausgabeberechtigter **965** 16
Eigenbesitz, nicht erforderlicher bei
Schatzfund **984** 11
Eigenbesitz, Fremdbesitz **965** 13
Eigentümer **965** 16
Eigentümer, Frage der Ermittlungsmög-
lichkeit **965** 4
Eigentümer-Besitzer-Verhältnis, Abgren-
zung **965** 13
Eigentumserwerb und Ausgleichspflicht
977 1 ff
Eigentumserwerb des Finders **972** 1;
973 1 ff

Fund (Forts.)
Eigentumserwerb der Gemeinde **976** 1 ff
Eigentumserwerb öffentlicher Hand am
Versteigerungserlös **981** 1 ff
Eigentumserwerb nach Schatzfund **984** 6,
12 ff
als Eigentumserwerbsart **Vorbem 965 ff** 2
Einstweilige Verfügung auf Herausgabeun-
tersagung **969** 1
Empfangsberechtigte, Aufforderung zur
Erklärung **974** 1 ff
Empfangsberechtigung gegenüber dem
Finder **965** 16; **966** 1
Empfangsberechtigung, Prüfung **969** 1
Entdeckung, fremdwirkende **984** 9
Entdeckung und Inbesitznahme bei Schatz-
fund **984** 6
Entrümpelungsunternehmen **965** 11
Ermittlungsmöglichkeiten, Kenntnis
zumutbarer **973** 3
Erwerbsaussicht des Finders **973** 7
Fabrikhalle **965** 7
Finder **965** 8 ff; **973** 3
Finderlohn **971** 1 ff; **972** 1; **978** 9
Flughafengebäude **978** 6
Flugzeug, Fund an Bord **Vorbem 965 ff** 9
Fremdgeschäftsführungswille **965** 13
Fristablauf und erloschener Ausgleichsan-
spruch **977** 3
Fristsetzung zur Erklärung **974** 1 ff
Fund oder Schatzfund **984** 2
Gaststätte **965** 7
Gemeinde des Fundorts, Eigentumserwerb
976 1 ff
Gepäckabfertigung **978** 7
Gerichte **978** 4
Geschäftsführung ohne Auftrag **965** 13 f;
Vorbem 965 ff 3; **968** 1; **972** 1, 3
Geschäftsherr **969** 2
Geschäftsräume einer Behörde **978** 1, 3 ff
Geschäftsunfähigkeit des Finders **965** 15
Gesetzlicher Vertreter **965** 15
Gesetzliches Schuldverhältnis **965** 16;
Vorbem 965 ff 2 f
Grobe Fahrlässigkeit des Finders **968** 1
Großmarktunternehmen **965** 7
Herausgabeermächtigung des Finders
969 1 ff
Herausgaberecht **965** 16
Herrenlos gewordene Sachen infolge
Besitzloswerdens **965** 6
Herrenlose, verlorene, besitzlose Sachen
965 1
Herrenloses Grundstück und Schatzfund
984 15
Hotel **965** 7, 10; **978** 6
Inhaberpapiere **973** 5
Insolvenz des bisherigen Eigentümers **973** 6

Fund (Forts.)
Internationales Privatrecht
   Vorbem 965 ff 6 ff
Kellner 965 11
Kino 965 7
Klagbarkeit 972 1
Kommunen 978 4
Kraftfahrzeug, stehengelassenes 965 4
Küstengewässer, Fund 984 5
Landesrecht 965 17; 982 1; 984 21
Lastenfreier Eigentumserwerb 973 5
Legitimationsprüfung vor Auslieferung
   969 1
Liegengelassene Sache 965 2
Lockerung tatsächlicher Gewalt 965 2
Lübecker Schatzfundfall 984 14, 17
Mehrheit von Empfangsberechtigten 969 3
Mehrheit von Findern 965 8, 9
Mehrparteienmiethaus 965 6
Mittelbarer Besitz 965 12; **Vorbem 965 ff** 2
Münzschatz 984 17
Nachforschungspflicht des Finders 965 18
Naturalrestitution 977 2
Naturereignis und Schatzfund 984 6
Obhut des Besitztums 965 6
Obligatorische Finderstellung, im Vorder-
   grund stehende 965 16; **Vorbem 965 ff** 2
Öffentlich-rechtliche Körperschaften 978 4
Öffentlich-rechtliches Verwahrungsver-
   hältnis 967 2
Öffentliche Behörden 965 5
Öffentliche Versteigerung 966 3 ff; 979 1,
   2; 980 1, 2
Orderpapiere 973 5
Papierkorbinhalt 965 6
Perle in der Auster 965 3
Platzanweiser 965 10
Polizei, benachrichtigte und Bewachung
   965 9
Post, Bahn 978 4
Präklusivfrist 977 3
Privaträume 965 6
Publikumsverkehr 978 3
Realakt 965 15
Rechtliche Beziehungen des Verlierenden
   zur Fundsache 969 1
Rechtspapier 973 5
redlicher Finder 968 2
Restaurant 978 6, 7
Sachenrechtlicher Bezug **Vorbem 965 ff** 2
Sachherrschaft, tatsächliche 965 7
Schatzregalien 984 21
Schein besitzloser Sache 965 1
Schiff, Fund an Bord **Vorbem 965 ff** 9
Schutzfund 984 1 ff
Schwebezustand, Beseitigung 974 1 ff
Sechsmonatsfrist 973 2
Selbstbedienungsmarkt 965 7

Fund (Forts.)
Sozialversicherungsträger 978 4
Sparkassen 978 4
Sparkassenbuch 973 5
Sperrigkeit 965 12
Strandungsordnung **Vorbem 965 ff** 5
Taxi 978 6
Theater 965 10; 978 6
TÜV 978 4
Überführungsstücke, liegengebliebene
   983 1
Unerlaubte Handlung und Schatzfund
   984 16
Ungerechtfertigte Bereicherung 973 8
unredlicher Finder 965 13
Unterschlagung 966 2; 968 2
Verborgenheit, lange 984 2
Verderb, zu befürchtender 966 3
Verfall infolge Nichtabholung 976 3
Verheimlichen 971 4; 973 3
Verkehrsanstalt, dem öffentlichen Verkehr
   dienende 965 7; 978 6
Verkehrsfund 978 1 ff, 9
Verlierer 969 2
Verlierer, Empfangsberechtigter 969 1
Verlorene Sache 965 1 ff
Verschwiegenheitsfrist 973 1
Versteckte Sache 965 3
Versteigerung, Versteigerungserlös 966 3 ff;
   981 1 ff
Vertretenmüssen des Finders 968 1, 2
Verwahrungspflicht des Finders 966 1 ff
Verzicht auf Eigentumserwerb 976 1 ff
Vindikationslage 966 2
Vorsatz des Finders 968 1
Wahrnehmen und Ansichnehmen 965 8
Warenhaus 965 7, 12; 978 6
Werkvertrag und Schatzfund 984 19
Wertfund, Verschwiegenheitsfrist 973 1
Wertpapiere 965 1
Wiederentdeckung, nicht mehr zu erwar-
   tende 965 6
Wiedererlangung 972 1
Willensrichtung 965 13
Zoll 978 7
Zurückbehaltungsrecht des Finders 972 1

Gastwirtschaft
Organisationsbesitz 959 5
Gebäudeeigentum
Aneignungsrecht, ausgeschlossenes 927 6
Auflassung 925 21
als Gegenstand der Auflassung 925 60
Gebietskörperschaften (Änderung)
Eigentumsübertragung 925 31
Geheiß-Erwerb
als Übergabe 929 50
Eigentumsübertragung 929 97

Geld
Eigentumserwerb am abhandengekomme-
nen – **932** 24
Eigentumsübertragung **929** 6
Übergabe zum Zwecke der Geschäftsbesor-
gung **929** 100
Geldautomat
und Besitzergreifung durch den Erwerber
929 94
**Geldvergütung (Verarbeitung, Verbindung,
Vermischung)**
s. Entschädigung für Rechtsverlust
Gemeinschaftsverhältnis
und Grundstückserwerb **925** 54 ff
Genehmigung
der Einigung **929** 16
zur Weiterveräußerung eines Grundstücks
(Kettenauflassungen) **925** 126
Wirksamkeit der Auflassung **925** 102
Genossenschaften
und Auflassungserfordernis **925** 28
Gerichtliche Entscheidung
Eigentum an der Ausfertigung **952** 6
Gerichtlicher Vergleich
Auflassung **925** 82
Gerichtliches Aufgebot
Verfahren zur Ausschließung des Eigentü-
mers **927** 8
Gerichtsvollzieher
Wegnahme aufgrund Herausgabetitels
933 27
Gesamtgläubigerschaft
und Eigentum an einem Schuldschein
952 15
Empfangsberechtigte gegenüber Finder
969 3
Gesamthand
Aneignungsrecht am Eigentum **927** 5
Eintragungsfähigkeit von Verfügungen
über Gesamthandanteile **925** 18
Grundstückseigentum, Erwerb **925** 59
Grundstücksübertragung **925** 18
Gutgläubiger Erwerb **932** 99
Übertragung, Vergrößerung, Verkleine-
rung eines Gesamthandanteils **925** 18
Geschäft für den, den es angeht
Konstruktion der Einigung **929** 39
Geschäftseinheit
von causa und Verfügung **929** 25
Geschäftsfähigkeit
Abtretung des Herausgabeanspruchs
931 21
Aneignung **958** 7
und Auflassungserklärung **925** 112
und Besitzaufgabe **935** 9
Einigung **929** 13; **932** 10
Fund **965** 15
Verarbeitung, Umbildung **950** 8

Geschäftsfähigkeit (Forts.)
Verbindung beweglicher Sache mit einem
Grundstück **946** 6
Geschäftsführung ohne Auftrag
Aneignung **958** 6
Fund **965** 13; **Vorbem 965 ff** 3, 8; **972** 1
Gesetzliche Besitzmittlungsverhältnisse
zur Eigentumsübertragung ausreichende
930 26 ff
Gesetzliches Schuldverhältnis
Finder – Empfangsberechtigter **965** 16;
Vorbem 965 ff 2
Gesetzliches Verbot
Aneignungsverbote **958** 9
und Nichtigkeit dinglichen Rechtsgeschäfts
929 21
Gewohnheitsrecht
und Zulässigkeit der Sicherungsübereig-
nung **Anh 929 ff** 54 f
Gläubigergesamtheit
und Schuldscheinurkunde **952** 15
GmbH
Anteilsscheine, Urkundeneigentum **952** 7
und Auflassungserfordernis **925** 26
Vor-Gesellschaft **925** 51
Grabausstattung
und Dereliktion **959** 3, 5
Grabbeigaben
als Schatzfund **984** 3a
Grenzregelungsbeschluß
Eigentumsübertragung **925** 31
rechtsübertragende Wirkung **925** 32
Grenzscheidungsurteil
Eigentumsübertragung **925** 31
Eigentumszuteilung **925** 32
Grobe Fahrlässigkeit
Gutglaubenserwerb **932** 40 ff, 205, 207
Vertretenmüssen des Finders **965** 17; **968** 1,
2
Grundbuch/Grundbucheintragung
Aneignung und Ersitzung **927** 3
des Aneignungsberechtigten **927** 26, 28 ff
Aneignungsberechtigter, Eintragung **927** 26
Aneignungsrecht, Entstehung **927** 15
Aneignungsrecht des Landesfiskus **928** 21
Anwartschaftsrecht (Beispiele) **925** 121
Anwartschaftsrechte/geschützte Rechtspo-
sitionen **925** 121
Aufgebotsverfahren, gerichtliches **927** 8 ff
Aufhebung verfahrensrechtlicher Erklä-
rungen **925** 89
Auflassung
s. dort
Auslegung von Grundbucherklärungen
925 38
Auslegung, Umdeutung von Grundbucher-
klärungen **925** 36 ff
Berichtigungen **925** 54

Grundbuch/Grundbucheintragung (Forts.)
Berichtigungsfähigkeit **925** 54
Eigentümer oder nachweisbarer Nichteigentümer, keine Eintragung **927** 10
Eigentümer, Tod oder Verschollenheit des eingetragenen **927** 11
Eintragungstätigkeit des Grundbuchamtes, keine Amtsermittlung und Beweiserhebung **925** 38
Grundbuch und Eigentum, Übereinstimmung **925** 92
Grundbucherklärungen, grundsätzliche Anforderungen **925** 38
Grundbucherklärungen im Sinne des § 29 GBO **925** 7
Grundbuchgrundstück **925** 61
Grundstück, nicht gebuchtes und Aufgebotsverfahren **927** 10
Grundstücksbezeichnung **925** 61
Güterstandsermittlung **925** 57
Herrenloses Grundstück **927** 10
Hoheitsakt und Eintragung, Eigentumsübergang **925** 31
Kataster und Grundbuch **925** 62
Katastermäßige Bezeichnung einer Teilfläche **925** 62
Übereinstimmung von Auflassung und Eintragung **925** 114 ff
Übertragung der Eigentumsanwartschaft durch den Auflassungsempfänger, keine – **925** 129
Umdeutung **925** 56
Unrichtigkeit des Grundbuchs **925** 117
Vertretungsmacht, Nachweis **925** 73
Verzicht auf das Grundstückseigentum **928** 13, 13 ff, 14
Vollzugsvorbehalt **925** 98
Vorbehalt der Bewilligung **925** 145
Vorbehaltserklärungen, Vorbehaltshandlungen **925** 99
Vorgemerkter Anspruch, Abtretung, Verpfändung und Pfändung **925** 121

Grunddienstbarkeit
dingliches Nutzungsrecht **954** 2, 3
Gebäudeerrichtung aufgrund – **946** 5

Grundeigentümermineralien Vorbem 953 ff 8

Grundgeschäft
s. Schuldrechtliches Verpflichtungsgeschäft

Grundpfandrechte
und Aneignungsrecht des Fiskus **928** 28
Grundpfandbriefe, Eigentum **952** 7
lastenfreier Erwerb beweglicher Sachen **936** 20
und Sicherungsübereignung **Anh 929 ff** 295 ff

Grundschuld
Ausstellung eines Briefes **952** 11

Grundschuld (Forts.)
Fruchterwerb **955** 17
Grundpfandbriefe, Eigentumslage **952** 7
lastenfreier Eigentumserwerb beweglicher Sachen **936** 20
Pfändung des Herausgabeanspruchs **952** 21

Grundstück
Auflassung und Grundstücksbegriff **925** 15
Eigenbesitz am Grundstück und gerichtliches Aufgebotsverfahren **927** 8
nicht gebuchtes, aber dem Buchungszwang unterliegendes **927** 10
herrenloses **927** 10; **928** 20; **953** 9
und Schatzfund **984** 1
Wesentliche Bestandteile **946** 3

Grundstückseigentum
Alleineigentum und Gemeinschaftsverhältnisse **925** 54 ff
Aneignungsrecht
s. Aneignung des Grundstücks
Aneignungsrecht an Mineralien **958** 12
Aufgabe des Eigentums **Vorbem 925 ff** 19
Auflassung
s. dort
Bucheigentümer, Rechtsstellung **925** 121
Buchersitzung **Vorbem 925 ff** 18
Dereliktion
s. dort
Eigentumsübergang kraft Gesetzes (Übergang) **Vorbem 925 ff** 16
Eigentumsübertragung durch Hoheitsakt **925** 31
Eigentumsvorbehalt bei der Übereignung, nicht möglicher **925** 143
Einbau von Drittmaterialien auf fremdem Grundstück **951** 14
Erwerb
s. Auflassung; Schuldrechtliches Verpflichtungsgeschäft
Erwerb und Verlust (Übersicht)
Vorbem 925 ff 1
Gemeinschaftsverhältnis der Eigentümer untereinander **925** 14
Grundbuchgrundstück **925** 61
Grundstück und Zubehör, wirtschaftliche Einheit **926** 1
Hoheitsakte (Eigentumserwerb, Eigentumsverlust) **Vorbem 925 ff** 17
Jagdrecht **958** 11
Katastermäßige Bezeichnung einer Teilfläche **925** 62
Nichtrechtsgeschäftlicher Übergang **925** 14
Originärer Eigentumserwerb, ohne Auflassung erfolgender **925** 33
Realer Grundstücksteil, noch nicht als selbständiges Grundstück geführter **925** 62
Rechtsgeschäftliche Übertragung
s. Auflassung

Grundstückseigentum (Forts.)
Rechtsgeschäftliche Übertragung (Übersicht) **Vorbem 925 ff** 15
Rückübertragung nach Auflassung **925** 90
Schatzfund **984** 1
Veränderungen ohne Wechsel des Rechtsträgers **925** 14
Verbindung beweglicher Sache mit einem Grundstück
s. Verbindung
Vereinigung, Bestandteilszuschreibung, Teilung **925** 14
Verpflichtung zur Eigentumsaufgabe **928** 17
Wesentliche Grundstücksbestandteile **926** 6
Grundstücksgleiche Rechte
Aneignungsrecht, ausgeschlossenes **927** 6
Auflassung **925** 21
als Gegenstand der Auflassung **925** 22, 60
Grundstückskaufvertrag
Auflassung
s. dort
Rechtswahl, lex rei actus **Vorbem 925 ff** 9
Grundstücksrechte
Rechtsänderungen, durch Einigung und Eintragung eintretende **925** 14
Treuhänderische Übereignung **Anh 929 ff** 9
Grundstücksteilfläche (reale)
Aneignungsrecht **927** 4
als Gegenstand der Auflassung **925** 15, 60, 62
Grundbuch, Nachweis der Auflassungserklärung **925** 101
Verkauf noch nicht vermessener **925** 145
Grundstückszubehör
Belastetes Zubehör (Rechte Dritter) **926** 18 ff
Bestandteile, Abgrenzung **926** 7
und Dereliktion **959** 2
Eigentum des Veräußerers **926** 9 ff
Einigung über den Zubehörübergang **926** 13
Erwerb nach Fahrnisrecht **926** 15
Erwerb nach Grundstücksrecht oder Fahrnisrecht **926** 3
Fremde Zubehörstücke, gutgläubiger Zubehörerwerb **926** 17
und Grundstück, wirtschaftliche Einheit **926** 1
Grundstücksversteigerung **926** 9
Nießbrauchbestellung **926** 9
Schuldrechtlicher Vertrag **926** 5
und Sicherungsübereignung **Anh 929 ff** 292 ff
Vorkaufsrecht **926** 9
Gütergemeinschaft
Auflassung an Ehegatten in – **925** 57
Vereinbarung **925** 113

Gutglaubenserwerb (an beweglichen Sachen)
s. a. Abhandenkommen
Analogie zu § 936 Abs. 3 BGB **936** 17
Aneignungsgestattung **957** 1 ff
Anwartschaft/Eigentumsvorbehalt **Anh 929 ff** 25
Bestandsschutz oder Sicherheit des Rechtsverkehrs **935** 1
Definition **932** 38
Derivativer Erwerb **Vorbem 932 ff** 40
bei Einigung und Abtretung des Herausgabeanspruchs **934** 1 ff
bei Einigung und Übergabe
s. Alphabetisches Stichwortverzeichnis zu § 932 BGB
bei Einigung und vereinbartem Besitzkonstitut
s. Alphabetisches Stichwortverzeichnis zu § 933 BGB
Erwerb lastenfreien Eigentums
s. Alphabetisches Stichwortverzeichnis zu § 936 BGB
Guter Glaube, böser Glaube **Vorbem 932 ff** 26
Interessenabwägung, Interessenbewertung **932** 11, 25
Kritik an der Konzeption **Vorbem 932 ff** 29 ff
Nebenbesitzkonstruktion **Vorbem 932 ff** 32
Rechtsgeschäftlicher Erwerb vorausgesetzter **932** 2, 4, 5; **Vorbem 932 ff** 36
Rechtsgrund **Vorbem 932 ff** 11
Rechtsscheinposition **Vorbem 932 ff** 12 ff
Risikoprinzip **Vorbem 932 ff** 23
an Seeschiffen, nicht eingetragenen **932 a** 1, 2
Sicherungsrechte/Nachforschungspflichten bei Mobiliarsicherheiten **932** 57 ff
Sicherungsübereignung **932** 30, 59, 63 ff, 75, 77, 80, 135, 188 ff; **Vorbem 932 ff** 45
als Steuerungsinstrument **Vorbem 932 ff** 47 ff
Subjektive Voraussetzungen **932** 35 ff; **Vorbem 932 ff** 25 ff
Systematische Einordnung **Vorbem 932 ff** 39
Veranlassungsgedanke **Vorbem 932 ff** 22
Verfügungsbefugnis, nicht geschützter guter Glaube **Vorbem 932 ff** 37
Verkehrsgeschäfte, hierauf beschränkter – **932** 13, 117; **Vorbem 932 ff** 42 ff
Wertungswidersprüche **Vorbem 932 ff** 32 ff
Gutglaubenserwerb (Schiffsregister) 932 8
Gutglaubensschutz (an beweglichen Sachen)
Schuldscheine **952** 21, 24

Hamburg
Denkmalschutzgesetze/Altertumsfunde,
Kulturdenkmäler **984** 21
Handelsgeschäft
Eigentumsübertragung **929** 113
Hausrat
Besitzverhältnisse **929** 102
Gutglaubenserwerb, ausgeschlossener
932 131, 209
Herausgabeanspruch
aufgrund obligatorischen Besitzrechts an
Urkunden **952** 22
Besitzmittlungsverhältnis und erforderli-
cher – **930** 16; **931** 11
des Empfangsberechtigten gegenüber
Finder **969** 1, 2
des mittelbaren Besitzers, Abtretung **934** 4,
10
Schuldschein nach Tilgung des Forde-
rungsrechts **952** 18
des Sicherungsnehmers am Sicherungsgut
Anh 929 ff 230
Vindikationsanspruch des Eigentümers
931 12 ff
gegen Wilderer **958** 14
Herrenlose bewegliche Sachen
als Aneignungsvoraussetzung **958** 1 ff
besitzlose und zugleich – **965** 5
Dereliktion **959** 1 ff
Herrenlose Grundstücke
als Aneignungsvoraussetzung **927** 10;
928 20; **958** 12
Eigentumsverlust und entstehende –
Vorbem 925 ff 4
Schatzfund **984** 15
Herrenlose Tiere 960 1 ff
Herrenloser Bienenschwarm 961 1 ff
Hersteller
bei der Verarbeitung von Stoffeigentum
s. Verarbeitung (Umbildung)
Herstellervereinbarungen
und Kollision von Sicherungsrechten
Anh 929 ff 286
Herzschrittmacher 958 3
Hessen
Auflassungsform/Ausnahmen **925** 83
Höferecht
Nutzungsrecht des überlebenden Ehegat-
ten **954** 2
Hoheitsakt
Grundstücksübertragung durch – **925** 31
Hoheitsgrenzen
Änderung **925** 32
Hoheitsrechtliche Erteilung
und Eigentum an Urkunden **952** 6
Hypothek
und Aneignungsrecht des Fiskus **928** 28

Hypothek (Forts.)
Anwartschaft des Gläubigers einer Buchhy-
pothek vor Valutierung **925** 121
Ausstellung eines Briefes **952** 11
Fruchterwerb **955** 17
Grundpfandbriefe, Eigentumslage **952** 7
Grundstücksfrüchte **954** 5
Lastenfreier Eigentumserwerb beweglicher
Sachen **936** 20

Identitätstäuschung
durch Nichtberechtigten **932** 100
Informationstechnologie
Elemente als bewegliche Sachen **929** 4a
Inhaberpapiere
Abhandenkommen **932** 215
Dereliktion **959** 11
Eigentumserwerb an abhandengekomme-
nen – **932** 25, 26
Eigentumsübertragung **929** 6
Inhaberaktien **936** 5
und Schuldscheine/abzugrenzende Rechts-
folge **952** 5
durch Zession übertragene **952** 5
Inhaberschuldverschreibung
durch Zession übertragene **952** 5
Inhaberzeichen
als Schuldschein **952** 5
Insichkonstitut
Besitzmittlungsverhältnis **930** 34
Insolvenz
Aneignungsgestattung **956** 26
Auflassung und Insolvenzplan **925** 82
Beschlagnahme **936** 3
Besitzverhältnisse **930** 29
Gutglaubenserwerb **932** 134
Kreditsicherungssystem/unzulängliches
Anh 929 ff 38
Poolvereinbarungen und Anfechtungstat-
bestände **Anh 929 ff** 306
und Reform der Mobiliarsicherheiten
Anh 929 ff 36, 36 ff
Sicherungseigentum **Anh 929 ff** 249 ff
Treuhandeigentum **Anh 929 ff** 326 ff
Verfügungsbefugnis und Rechtsinhaber-
schaft **929** 16
Internationales Privatrecht
Dingliche Rechtsverhältnisse, Verfügungs-
geschäfte/lex rei sitae **Vorbem 925 ff** 8
Eigentumserwerb, Fähigkeit
Vorbem 925 ff 13
Erbstatut und Grundstückserwerb durch
Erbengemeinschaft **925** 58
Erwerbsbeschränkungen, Veräußerungsbe-
schränkungen **Vorbem 925 ff** 13
Fundrecht **Vorbem 965 ff** 6 ff
Gemeinschaftsverhältnisse mehrerer
Grundstückseigentümer **Vorbem 925 ff** 10

Internationales Privatrecht (Forts.)
Güterrecht, Erbrecht, Gesellschaftsrecht
und gemeinschaftliches Grundstückseigentum **Vorbem 925 ff** 11, 12
lex rei sitae und IPR-Reform 1986
Vorbem 925 ff 8
Recht der Deutschen Einheit
Vorbem 925 ff 14
Inventar
Einverleibung (Fälle) **947** 10
Irrtum
Auflassungserklärungen **925** 118
Auflassungsgegenstand **925** 67

Jagdausübung
und Besitzerwerb **958** 5
Jagdrecht
Aneignungserlaubnis **958** 17
Aneignungsrecht des Jagdberechtigten
958 11
Aneignungsverbote **958** 9
als dingliches Aneignungsrecht **936** 2
Okkupation eines Wilderers **958** 14
Schonvorschriften **958** 10
Selbsthilfe gegenüber Wilderer **958** 15
Juristische Personen
Besitzverlust **935** 15
Grundstückeigentum, Erwerb im Gründungsstadium **925** 50, 51
Juristische Personen des öffentlichen Rechts
und Auflassungserfordernis **925** 30

Kapitalgesellschaften
und Auflassungserfordernis **925** 27
Kataster
Teilflächenbezeichnung/Übereinstimmung Grundbuch und Kataster **925** 62
Kaufmännische Wertpapiere
als Schuldscheine **952** 5
Kaufmännischer Verkehr
Sicherungsgeschäfte, zu erforschende
932 75
Kettenhandel
Eigentumsübertragung **929** 98
Kindesvermögen (Verwaltung)
Besitzverhältnisse **930** 29
Knebelung
und Nichtigkeit des dinglichen Rechtsgeschäfts **929** 24
Sicherungsübereignung **Anh 929 ff** 152
Körperteile
abgetrennte **953** 11
abgetrennte als bewegliche Sachen **929** 4
abgetrennte des lebenden Menschen **958** 3
fest eingefügte Ersatzteile **958** 3, 4, 14
Kollision von Sicherungsrechten
s. Sicherungsrechte (Kollision von Mobiliarsicherheiten)

Kommanditgesellschaft
Anwachsungsprinzip **925** 26
Auseinandersetzung **925** 26
Gründung und Grundstückseinbringung
925 26
Grundstückseigentum, Erwerb **925** 59
Grundstückseigentum, Erwerb im Gründungsstadium **925** 50, 51
Grundstückseinbringung **925** 26
Übertragung auf andere Gesellschaften
925 26
Umwandlung, formwechselnde **925** 26
Umwandlung unter Wahrung der Rechtsidentität **925** 26
Verfügungen über Gesellschaftsanteile
925 26
Verschmelzung, Spaltung **925** 26
Vorgesellschaft/fehlende Grundbuchfähigkeit **925** 51
Kommanditgesellschaft aA
und Auflassungserfordernis **925** 26
Kommissionsgeschäft
Besitzkonstitut **930** 43
Eigentumserwerb **929** 108
Konsularbeamte
Auflassung **925** 81
Konto
und Sparbuch **952** 12
Kraftfahrzeug
Pfandrecht am Kfz und Kraftfahrzeugbrief
952 20
Kraftfahrzeugbrief
Ausschluß isolierter Verfügung **952** 26
Bedeutung seiner Übertragung **929** 92
Eigentum **952** 9
Gebrauchtwagen-Handel und nicht vorliegender – **932** 63, 140 ff
und Identitätstäuschung **932** 100
Neuwagenkauf und nicht vorliegender –
932 63, 166 ff
Pfandrecht am Kfz/Erstreckung **952** 20
Sondereigentumserwerb/ausgeschlossener
932 211
Übergabe **931** 44
Kraftfahrzeugkauf (Gebrauchtwagen-Handel)
Fahrzeugbrief, nicht vorliegender **932** 63,
140 ff
Kraftfahrzeugkauf (Neuwagenkauf)
Kraftfahrzeugbrief, nicht vorliegender
932 63, 166 ff
Kreditsicherung
s. Sicherungsrechte
Kriegsbeuterecht
Völkerrechtliches Beuterecht
Vorbem 958 ff 4
KriegswaffenkontrollG
Anzeigepflicht des Okkupanten **958** 9

Künftige Forderungen
Sicherungsabtretung **Anh 929 ff** 73
Sicherungsrechte und Einbeziehung auch –
Anh 929 ff 12
Künftiger Herausgabeanspruch
Abtretung des Herausgabeanspruchs
931 26
Künstlerisches Werk
auf einer Schuldscheinurkunde **952** 16, 24
Künstliche Körperteile 953 11
Küstengewässer
Fund **984** 5
und Schatzfund **984** 5
Kulturdenkmäler
Funde **984** 21
und Schatzregalien/Landesgesetzgebung
984 21
Kunstgegenstände/Kulturgüter
Besitzverlust kraft öffentlichen Rechts/
Nazi-Regime und entartete Kunst **935** 18
Gutgläubiger Eigentumserwerb **932** 132 f

Lagergut
Übereignung **929** 91
Landesfiskus
Aneignungsrecht herrenlos gewordenen
Grundstücks **928** 20
Grundstückseigentum, Recht zur Aufgabe
928 19
Landesrecht
Auflassungsform, Ausnahmen **925** 83
bergfreie Mineralien **Vorbem 953 ff** 8
dingliches Fruchterwerbsrecht **954** 2
Eigentumserwerb an Trennstücken
Vorbem 953 ff 5
Erwerb nach Uferrecht, Wasserrecht **946** 15
Fundrecht **Vorbem 965 ff** 4
Fundrecht, Behördenzuständigkeit **965** 17
Jagdgesetze **958** 11
Müllabfuhr und Aneignungsrecht der
Gemeinden **958** 9
Schatzfund **984** 21
Verkehrsfund, Versteigerung **982** 2
Landschaftspflege
Aneignungsverbote **958** 9
**Landwirtschaftliche, forstwirtschaftliche Grund-
stücke**
Behördliche Genehmigung der Auflassung
(GrdstVG) **925** 102
Lastenfreier Erwerb
Gutgläubiger Eigentumserwerb **936** 1 ff
Leasing
Eigentumsübertragung **931** 5
Rechtsnatur/Nachforschungspflicht,
Erkundigungsobliegenheit nach beste-
hendem– **932** 76 f, 187b

Lebenspartnerschaft
Grundbucheintragung als Vermögensge-
meinschaft **925** 56
Legitimationspapiere
als Schuldschein **952** 5
Leiche
und deren Bestandteile **958** 4, 14
Lex rei sitae
Dingliche Rechtsverhältnisse
Vorbem 925 ff 6
Dingliches Verfügungsgeschäft
Vorbem 925 ff 9
IPR-Reform 1986 **Vorbem 925 ff** 8
Lieferscheine
Aushändigung **931** 40
Bedeutung ihrer Übergabe **929** 92
Liegenschaftsrecht
Teilgebiete (Übersicht) **Vorbem 925 ff** 5
Lübecker Schatzfundfall
Umfang eigener Entdeckung/Umfang des
Miteigentumserwerbs **984** 17
Luft
Herrenlosigkeit **958** 2

Markierungsvereinbarung
bei Sicherungsvereinbarung bezüglich Teil-
mengen **Anh 929 ff** 108
Mecklenburg-Vorpommern
Denkmalschutzgesetze/Altertumsfunde,
Kulturdenkmäler **984** 21
Meeresprodukte 958 2
Mehrheit von Gläubigern
Verbriefung selbständiger Forderungen in
einer Urkunde **952** 14
Mehrheit von Grundstückserwerbern
und Erklärungen über das Gemeinschafts-
verhältnis **925** 54 ff
Menschlicher Körper
Körperteile **958** 3, 4, 14
Mietvertrag
Vermieterpfandrecht und Sicherungsüber-
eignung **Anh 929 ff** 302
Mineralien 958 2, 12
Mißbrauch
der Treuhänderstellung **Anh 929 ff** 331 ff
Miteigentum (an beweglichen Sachen)
Abhandenkommen **935** 7
Bienenschwarm, vereinigter **963** 1, 2
Dereliktion **958** 1; **959** 10
Eigentumserwerb **929** 109
Erwerb bisherigen Sacheigentümer nach
Sachverbindung **947** 6 ff
Gutgläubiger Erwerb **932** 99, 126 ff
Rechte Dritter, am Miteigentumsanteil
fortgesetzte nach Verbindung, Vermi-
schung **949** 3, 5
Schatzfund **984** 12

Miteigentum (an beweglichen Sachen) (Forts.)
Übertragung von Miteigentumsanteilen
931 34
Miteigentum (Grundstücksrecht)
Aneignungsrecht 927 4
als Gegenstand der Auflassung 925 63
Grundbuch, Nachweis der Auflassungser-
klärung 925 101
Mitgliedschaftsrechte
Urkundeneigentum 952 7
Mittelbarer Besitz
s. Besitz (mittelbarer)
Mobiliarsicherheiten
s. Sicherungsrechte (Mobiliarsicherhei-
ten)
Musikautomatenbrief
Eigentum 952 9

Nachforschungsobliegenheiten
bei Sicherungsrechten 932 173 ff
Nachforschungspflichten
und Gutglaubenserwerb 932 55 ff
Nasciturus
Grundstückseigentum, Erwerb 925 49
Naturschutz
Aneignungsverbote 958 9
und öffentlich-rechtliche Beschwerungen
936 3
Nebenbesitz
Ausschluß gutgläubigen Erwerbs durch die
Figur des– 934 3
Nebenforderungen
und Schuldscheinurkunde 952 14
Neuheit einer Sache
nach Verarbeitung, Umbildung
s. Verarbeitung (Umbildung)
Nichtberechtigter
analoge Anwendung von Gutglaubensvor-
schriften 932 134
Auflassungserklärung 925 46
und Eigentumserwerb an beweglichen
Sachen
s. Gutglaubenserwerb (an beweglichen
Sachen)
Gutglaubenserwerb und Rückerwerb durch
den – 932 114 ff
Nichteheliche Lebensgemeinschaft
Besitzverhältnisse 929 105
Nichtigkeit
und Anfechtbarkeit nach AnfG/InsO
Anh 929 ff 162
Auflassung 925 4, 42, 90, 93, 119
Dinglichen Rechtsgeschäfts 929 18 ff
des Kausalgeschäfts und Verfügungsvoll-
zug 932 115
eines Rechtsgeschäfts und Besitzaufgabe
35 12
Sicherungsabrede Anh 929 ff 167

Nichtigkeit (Forts.)
Zweckvereinbarung bei Treuhandeigentum
Anh 929 ff 317
Nichtrechtsfähiger Verein
Grundstückseigentum, Erwerb 925 59
Niedersachsen
Denkmalschutzgesetze/Altertumsfunde,
Kulturdenkmäler 984 21
Nießbrauch
als dingliches Nutzungsrecht 954 2
am dokumentierten Recht, an darüber
ausgestellte Urkunden 952 1
an einem Recht und Schuldschein 952 19
Gebäudeerrichtung aufgrund – 946 5
Zubehörerstreckung bei der Bestellung
926 9
Nondum conceptus
Grundstückseigentum, Erwerb 925 49
Notarielle Beurkundung
Auflassung
s. dort
Ausfertigung vollstreckbarer Urkunden/
Eigentumslage 952 6
Numerus clausus
Sachenrechtlicher Typenzwang/Auflocke-
rung durch Mobiliarsicherheiten
Anh 929 ff 27, 33
Nutzungspfandrecht
als dingliches Nutzungsrecht 954 2
Nutzungsrechte
Aneignungsbefugnis aufgrund dinglicher –
954 1 ff

Obliegenheit
Gutglaubenserwerb 932 43
Öffentlich-rechtliche Abbauverbote
Rechtsfolgen/Eigentumslage
Vorbem 953 ff 8
Öffentlich-rechtliche Beschwerungen
Ausschluß lastenfreien Erwerbs 936 3
Öffentlich-rechtliches Verwahrungsverhältnis
Fund 967 2
Öffentliche Gewalt
Behördentätigkeit im Fundrecht
Vorbem 965 ff 4
Öffentliche Sachen
Verfügungsfreiheit des Eigentümers 928 19
Widmung 936 3
Öffentliche Versteigerung
Eigentumserwerb trotz Abhandenkommen
932 27
Fundsachen 966 3 ff
Verkehrsfund 979 1; 980 1, 2; 981 1 ff;
982 1, 2
Öffentlicher Rechtsträger
Grundstückseigentum, Aufgabe 928 19
Öffentliches Grundstück
Auflassung 925 15

Öffentliches Recht
Besitzverlust kraft – 935 17
Offene Handelsgesellschaft
Anwachsungsprinzip 925 26
Auseinandersetzung 925 26
Gründung und Grundstückseinbringung
925 26
Grundstückseigentum, Erwerb 925 50, 51,
59
Grundstückseinbringung 925 26
Gutglaubenserwerb 932 226
Übertragung auf andere Gesellschaften
925 26
Umwandlung unter Wahrung der Rechts-
identität 925 26
Verfügungen über Gesellschaftsanteile
925 26
Verschmelzung, Spaltung 925 26
Vorgesellschaft/fehlende Grundbuchfä-
higkeit 925 51
Orderpapiere
Dereliktion 959 11
Eigentumsübertragung 929 6
als Schuldschein 952 5
und Schuldscheine/abzugrenzende Rechts-
folge 952 5
Organentnahme
TransplantationsG 929 4

Partnerschaft
Vor-Partnerschaft/fehlende Grundbuchfähigkeit 925 51
Perle in der Auster-Fall
Sachfund/Schatzfund-Abgrenzung 965 3
Personengesellschaften
s. a. Rechtsformen/einzelne
und Auflassungserfordernis 925 26
Grundstückseigentum, Erwerb im Gründungsstadium 925 50, 51
Pfändung
des Aneignungsrechts 927 20
von Früchten auf dem Halm 953 3; 956 29
des Grundstücksübereignungsanspruchs
925 127, 131
von Sachen und Zulässigkeit der Sicherungsvereinbarung Anh 929 ff 111
vorgemerkten Anspruchs 925 121
Pfandrecht
Besitzverhältnisse 930 29
am dokumentierten Recht, an darüber
ausgestellter Urkunde 952 1
Lastenfreier Eigentumserwerb 936 9 ff
Registerpfandrecht, bestehenbleibendes
936 21
und Schuldschein 952 19, 20
und Sicherungsabtretung Anh 929 ff 191
durch Sicherungsübereignung verdrängtes
Anh 929 ff 29

Pfandrecht (Forts.)
Sorgfaltspflicht des Pfandgläubigers
932 228
Pfandschein
Übereignung 952 21
Politische Parteien
Grundbuchfähigkeit 925 59
Polizeiverordnung
und Anordnungsverbote 958 9
Postwertzeichen
Eigentum 952 8
Prioritätsprinzip
Gutglaubenserwerb bei Besitzkonstitut
933 32
Sicherungsübereignung
s. dort
Privaträume
und Besitzverlust 965 6
Publizität
Besitzkonstitut und Verzicht auf – 930 2
Eigentumsvorbehalt Anh 929 ff 30
Erkennbarkeit von Besitzveränderungen
929 66
Herstellung tatsächlicher Herrschaftsge-
walt 929 66
und Klarheit, Eindeutigkeit der Eigentums-
verhältnisse Anh 929 ff 43
Kreditsicherung und Forderung vermehr-
ter – Anh 929 ff 40
Kreditsicherungssystem/Systemwechsel
durch Registerlösung Anh 929 ff 38
Mobiliarsicherheiten, uneinheitliche
Konzeption Anh 929 ff 42
und Offenlegung von Sicherungsrechten
Anh 929 ff 42
Publizitätsinteressen, zu relativierende
Vorbem 929 ff 23
Sicherungsmittel und Verlust an –
Anh 929 ff 30
Sicherungsübereignung Anh 929 ff 105,
137
und Traditionsprinzip 929 56;
Vorbem 929 ff 21

Ratsschreiber (Baden-Württemberg)
Auflassung 925 81
Raumsicherungsübereignungsvertrag
Mustervertrag Anh 929 ff 74
bei Teilmengen Anh 929 ff 108
Realakt
Dereliktion 959 1
Fund 965 15
Schatzfund 984 11
Verarbeitung 950 2, 8, 16
Verbindung beweglicher Sache mit einem
Grundstück 946 6
Reale Grundstücksteile
s. Grundstücksteilfläche (reale)

Rechte
Anspruchsbegründende Rechte/dingliche
Rechtslage an Schuldscheinen
s. Schuldscheine
Rechtsgeschäft
Abtretung des Herausgabeanspruchs als –
931 21
Aneignungsgestattung **956** 11
und Besitzkonstitut **930** 12, 13
Dereliktion **959** 1
Einigung und allgemeine Regeln für das –
929 14
Rechtsgrund
und Vollzug des Rechtsgrundes (Tren-
nungsprinzip) **Vorbem 929 ff** 16
Rechtskraft
Auflassungserklärung **925** 84
Rechtsmißbrauch
und Zulässigkeit der Sicherungsübereignung **Anh 929 ff** 52
Rechtsschein
Begrenzung des Prinzips **935** 1 ff
Besitz/Wertungswiderspruch §§ 933, 934
934 2
und Gutglaubenserwerb **Vorbem 932 ff** 8, 9,
11, 12 ff
Kaufmannseigenschaft und Gutglaubenserwerb **932** 135
Mittelbarer Besitz **934** 3
und Übergabe **933** 20
und Veranlassungsgedanke
Vorbem 932 ff 22
und Vertrauen **932** 37
und Zerstörung desselben **932** 54 ff
Rechtsübertragung
und Übergang des Urkundeneigentums
952 17
Rechtsverlust
durch Verbindung/Vermischung/Verar-
beitung
s. Entschädigung für Rechtsverlust
Rektapapiere
Eigentumsübertragung **929** 6
als Schuldschein **952** 5
Relative Verfügungsbeschränkung
Auflassungserklärung **925** 112
Relatives Veräußerungsverbot
Verfügung über bewegliche Sachen entge-
gen – **931** 47
Rentenschuld
Fruchterwerb **955** 17
Grundpfandbriefe, Eigentumslage **952** 7
Restitutionsentscheidung
Eigentumsübertragung **925** 31
Rheinland-Pfalz
Auflassungsform/Ausnahmen **925** 83
Denkmalschutzgesetze/Altertumsfunde,
Kulturdenkmäler **984** 21

Richterliche Rechtsfortbildung
und Zulässigkeit der Sicherungsübereignung **Anh 929 ff** 54 ff
Risikoprinzip
und Eigentumsverlust **935** 14
Römisches Recht
Fruchterwerb **Vorbem 953 ff** 2
Rückabwicklung
nach Gutglaubenserwerb **932** 114 ff

Saarland
Denkmalschutzgesetze/Altertumsfunde,
Kulturdenkmäler **984** 21
Sachen (besitzlose)
Eigentumsübertragung **931** 17
Verlorene Sachen **965** 1
Sachen/bewegliche
Begriff **Einl 929–984** 4
Beschwerungen, öffentlich-rechtliche **936** 3
Besitzkonstitut **930** 6
Dereliktion
s. dort
Dingliche Belastungen und lastenfreier
Eigentumserwerb **936** 2 ff
Eigentumserwerb
s. dort
Eigentumserwerb nach Trennung
s. Trennung (Eigentum am Trennstück)
Eigentumsverlust
s. dort
Erwerb von Grundstückszubehör nach
Grundstücksrecht oder nach Fahrnis-
recht **926** 3, 15
Gutglaubenserwerb
s. dort
Herrenlose Sachen
s. dort
Informationstechnologie **929** 4a
Körperteile **929** 4
Nichtwesentliche Grundstücksbestandteile
als – **929** 4
Schatzfund **984** 1
Scheinbestandteile **929** 4
Schiffe **929a** 1
Sondervorschriften für einen Eigentumser-
werb **929** 4
Tiere, Rechtslage **929** 5
Verlorene Sachen **965** 1 ff
Sachenrecht
s. a. Dingliche Rechte
und Abstraktionsprinzip **Vorbem 929 ff** 17
AGB-Bedeutung **Anh 929 ff** 18 f
Anwartschaft und Sachenrecht eigener Art
Anh 929 ff 24
Anwartschaften, geschützte **925** 121
Autonomie **Anh 929 ff** 144
Bestimmtsheitsgrundsatz **929** 11

Sachenrecht (Forts.)
Dualistisches Prinzip: Rechtsgeschäft/
Sichtbarmachung **Vorbem 925 ff** 2
und Eigentumsbegriff, zugrundeliegender
Anh 929 ff 2
Lösung von Zuordnungsproblemen **950** 27
Numerus clausus dinglicher Rechte/
geschlossene Zahl dinglicher Rechte
Anh 929 ff 4
Ordnungsfunktion **Anh 929 ff** 144
und Recht der Schuldverhältnisse
Vorbem 929 ff 15
Rechtssicherheit und einheitliche Zuord-
nung **951** 1
Relativierung zentraler Prinzipien
Anh 929 ff 20
Schuldrechtliche/dingliche Rechtsgeschäf-
te **Vorbem 925a** 4; **Vorbem 925 ff** 9
und Schuldrecht/Relativierung strikter
Trennung **Anh 929 ff** 27
Selbständigkeit **Einl 929 ff** 9;
Vorbem 929 ff 15
Sicherungsrechte, ausdrücklich geregelte
Anh 929 ff 58
Transparenz sachenrechtlicher Verhältnis-
se **950** 6
Typenzwang (numerus clausus) und
Rechtsfortbildung **Anh 929 ff** 27, 33
Veränderung der Systematik **Anh 929 ff** 8
Sachgesamtheiten
Besitzkonstitut **930** 41
Eigentumsübertragung **929** 111
Sicherungsübereignung
s. dort
Sachsen
Denkmalschutzgesetze/Altertumsfunde,
Kulturdenkmäler **984** 21
Sachsen-Anhalt
Denkmalschutzgesetze/Altertumsfunde,
Kulturdenkmäler **984** 21
Sachverbindung
und Eigentumsverhältnise
s. Verbindung
Sammellagergeschäft
Vermischung, Vermengung **948** 10
Sammelverwahrung
Übereignung von Eigentum an Wertpapie-
ren **931** 34
Vermischung, Vermengung **948** 11
Sanierungsgebiet
Behördliche Genehmigung der Auflassung
925 102
Savigny
Theorie vom dinglichen Vertrag
Vorbem 929 ff 15
Schatzfund
Abbruchunternehmer **984** 10
Abgrenzung zum Fund **984** 2

Schatzfund (Forts.)
Ablieferungspflichten **984** 21
Altertumsfund **984** 3a
Aneignungswille **984** 11
Anwartschaft des Grundstückseigentümers
984 20
Anzeigepflicht **984** 18
Arbeiter als Entdecker **984** 9 f
Archäologisches/historisches/naturwis-
senschaftliches Interesse **984** 3a
Beschränkte dingliche Rechte an bergender
Sachen **984** 12
Besitzlage **984** 1, 2
Bewegliche Sachen als Gegenstand **984** 1
Denkmalschutzrecht **984** 21
Eigenbesitz **984** 11
Eigentumslage/Neuregelung
— Insbesitznahme des Schatzes **984** 8 ff
— Schatzentdeckung **984** 8 ff
Eigentumswechsel zwischen Entdeckung/
Inbesitznahme **984** 13
Entdeckung/Inbesitznahme, Verhältnis
984 6 f
Fossilien **984** 3
Fremdwirkende Entdeckung **984** 9
Grabbeigaben **984** 3a
Grundstücksbestandteile/ausgeschlossene
984 1
Grundstücksgrenze/Schatzfund auf ihr
984 12
Herrenloses Grundstück **984** 15
Hortfunde **984** 17
Kostbarkeiten **984** 1
Küstengewässer **984** 5
Landesrechtliche Vorbehalte **984** 21
Lübecker Schatzfundfall **984** 17
Mehrheit von Entdeckern **984** 8
Moorleichen **984** 3
Nachentdecker/Nachentdeckung **984** 6
Naturereignis als Freilegungsgrund **984** 1
Perle in der Auster-Fall **965** 3
als Realakt **984** 11
Schatzregal **984** 21
Schwierigkeiten des Auffindens/Abgren-
zung **984** 1
Unerlaubte Handlung des Entdeckers
984 16
Unmöglichkeit der Eigentümerermittlung
984 2
Verborgen gewesene Sachen **984** 1
Zuordnungsnorm/zwingendes Recht
984 19
Scheck
als Schuldschein **952** 5
Schiffe
Eigentumsübertragung **929a** 1 ff
Fund an Bord **Vorbem 965 ff** 9
Gutgläubiger Erwerb **932a** 1, 2

Schiffsregister
Dereliktion **959** 2
Gutglaubenserwerb **932** 7
Okkupation **958** 1
Registerpfandrechte, bestehenbleibende
936 21
SchiffsRG 1940 **929a** 1
Schleswig-Holstein
Denkmalschutzgesetze/Altertumsfunde,
Kulturdenkmäler **984** 21
Schrankfach
Übereignung des Inhalts **929** 110
Schuldrecht
und Sachenrecht **925a** 4; **Vorbem 925 ff** 8
und Sachenrecht/Relativierung strikter
Trennung **Anh 929 ff** 27
Schuldrechtliche/dingliche Rechtsgeschäf-
te **Vorbem 925 ff** 9
Schuldrechtliche Verpflichtung
Abstraktionsgrundsatz **925** 1
Abtretung des Herausgabeanspruchs
931 32
Änderung des Grundstückskaufvertrages
925 87
Amtspflichten bei der Entgegennahme der
Auflassung bezüglich des – **925a** 8 ff
Aufhebung des Grundstückskaufvertrages
925 89
und Auflassung
s. Auflassung
Durchsetzung des Beurkundungszwanges
925a 3
zur Eigentumsaufgabe **928** 17
Eigentumserwerb an Trennstücken
Vorbem 953 ff 7
Eigentumsübertragung und Abstraktions-
prinzip **Vorbem 929 ff** 15
Eigentumsübertragung und Trennungs-
prinzip **Vorbem 929 ff** 15
Einheit mit dem Erfüllungsgeschäft **925** 95
Entstehungsmängel und Folgen für die
Verfügung **929** 28
Falschbezeichnung **925** 68
Form **925** 1
Formzwang **925** 5
Geschäftseinheit mit der Verfügung
929 25 ff
Grundstückskaufvertrag
s. Auflassung
Grundstückszubehör **926** 5
Käuferschutz, Verkäuferschutz bei Grund-
stücksverträgen **925** 143 ff
Realer Grundstücksteil, Veräußerung
925 62
Rechtswahl, lex rei actus **Vorbem 925 ff** 9
Rückabwicklung nach Gutglaubenserwerb
932 122
und Schuldscheinurkunde **952** 21

Schuldrechtliche Verpflichtung (Forts.)
Sicherungsabrede **Anh 929 ff** 218 ff
Sittenwidrigkeit **929** 22, 23
Urkundenvorlage bei der Auflassung/
Brücke zwischen Verpflichtung und
Erfüllung **925a** 4
Urkundliche Begründung einer– **952** 3
Verbotswidrigkeit **929** 21
Vollzug eines Verfügungsgeschäfts und
unwirksames – **932** 115
und Wirksamkeit einer Auflassung bei
anderweitigem – **925** 127
und Wirksamkeit der Einigung **929** 18 ff
Zweckvereinbarung/Sicherungsübereig-
nung **Anh 929 ff** 59
Zweckvereinbarung/Treuhandeigentum
Anh 929 ff 316 f
Schuldscheine
Abhängigkeit vom Forderungsschicksal
952 21
Abschriften/Fotokopien **952** 3
Abtretung/Übertragung des Schuld-
scheins, ausgeschlossene isolierte **952** 21
Abtretung/Übertragung verbrieften Rechts
952 17
Aktien/Übertragung global verbriefter
952 5
Andere Gegenstände als die Forderung
dokumentierte **952** 4, 14
Annexprinzip **952** 5
Ausfertigung gerichtlicher Entscheidun-
gen, vollstreckbarer Urkunden/Abgren-
zung gegenüber– **952** 6
Ausschließliche Urkundenfunktion **952** 4
Begriff/Zweck seiner Ausstellung **952** 3
Berühmter Schuldner **952** 24
Dingliche Rechte Dritter an der Forderung
952 19 f
Eigentumslage/Gläubiger verbrieften
Rechts als Eigentümer **952** 10 ff
Forderungsrecht/fehlendes der dokumen-
tierten Forderung **952** 13
Gegenseitiger Vertrag/zwei Vertragsurkun-
den **952** 14
Gläubigermehrheit (Gesamtgläubiger/
Mitgläubiger/Bruchteilsgemeinschaft)
952 15
Gläubigermehrheit mit jeweils selbständi-
gen Forderungen **952** 14
Gutgläubiger Papiererwerb **952** 21
Inhaberpapiere/abzugrenzende Rechtsfol-
ge **952** 5
Kraftfahrzeugbrief
s. dort
Nebenforderungen **952** 14
Orderpapiere/abzugrenzende Rechtsfolge
952 5
Pfändung des Forderungsrechts **952** 23

Schuldscheine (Forts.)
Rechtsfolgenanordnung des § 952/gesetzliche Wertpapierkonstruktion als Gegensatz 952 5
Rechtsverlust bisherigen Eigentümers 952 27
Rektapapiere 952 5
Schuldbegründende/nur Beweiszwecken dienende 952 3
Schuldrechtliche Besitzrechte an der Urkunde 952 22
Sparbücher 952 5, 12
Tilgung des Forderungsrechts/Rückgabe des Schuldscheines 952 18
Veräußerung oder Belastung/ausgeschlossene selbständige von– 952 21
Verpfändung/Ausschluß selbständiger 952 22
Versicherungsschein 952 3, 5
mit Zeichnung berühmten Künstlers 952 16, 24
Zurückbehaltungsrecht an der Urkunde 952 21
Zwingendes Recht der Eigentumslage 952 24 f
Schuldverschreibung auf den Inhaber
als Schuldschein 952 5
Schwarmrecht
s. Bienenschwarm
Schwebende Unwirksamkeit
Auflassung 925 74
Seeauswurf
Sonderregelung der StranO/früheres Recht Vorbem 958 ff 5
Selbstkontrahieren
und Insichkonstitut 930 34
Sicherungsrecht
s. Eigentumsvorbehalt
s. Sicherungsrechte (Kollision von Mobiliarsicherheiten)
s. Sicherungsrechte (Mobiliarsicherheiten)
s. Sicherungsübereignung
s. Treuhänderisches Eigentum
Sicherungsrechte (Kollision von Mobiliarsicherheiten)
von Eigentumsvorbehalt und Sicherungsübereignung Anh 929 ff 32, 285 f
von Herstellervereinbarung und Übereignung von Warenlager mit wechselndem Bestand Anh 929 ff 284
von Sicherungsübereignung und Factoring Anh 929 ff 291
von Sicherungsübereignungen Anh 929 ff 271 ff
von Verarbeitungsklauseln Anh 929 ff 283
Verarbeitungsklauseln, Aufeinandertreffen mehrerer 950 52

Sicherungsrechte (Mobiliarsicherheiten)
AGB-Bedeutung Anh 929 ff 18, 19
Akzessorische, nichtakzessorische Anh 929 ff 189
Auflockerung sachenrechtlichen Typenzwanges Anh 929 ff 38
Ausuferungsproblem 950 30
Automatismus der Sicherungsgeschäfte Anh 929 ff 261 ff
Besitzkonstitute, problematische 933 33
BGB-Konzept Anh 929 ff 10
Eigentumsvorbehalt
s. dort
Entstehung eigener dinglicher Rechtspositionen Anh 929 ff 27
Erkundigungsobliegenheiten 932 55 ff
Faustpfandprinzip Anh 929 ff 7
Forderung nach Abbau allzu weitreichender – Anh 929 ff 40
Gläubigerprivilegierung 950 30
Grundentscheidungen Anh 929 ff 7
Gutglaubenserwerb, Nachforschungspflichten 932 57 ff
Hypertrophie Anh 929 ff 44
Insolvenz als Krisensituation Anh 929 ff 37
und Insolvenzrechtsreform Anh 929 ff 36
Kreditsicherung und Übereignung Anh 929 ff 40 ff
Kreditsicherungssystem/unzulängliches deutsches Anh 929 ff 38
Kreis gesicherter Forderungen, Ausweitung Anh 929 ff 12
Mobiliarsicherheiten, Reform Anh 929 ff 34 ff
Nachforschungsobliegenheiten 932 173 ff
und Nachforschungspflicht bezüglich Sicherungsrechte Dritter 932 81
Nachforschungspflicht des Erwerbers bezüglich Sicherungsrechte Dritter 932 81
Privatautonomie und Rechtsmißbrauchsfrage Anh 929 ff 47 ff
Publizitätsverlust Anh 929 ff 30
Reformproblematik Anh 929 ff 34 ff
Restriktionsansätze Anh 929 ff 186
Sachenrecht und Übereignungstatbestände Anh 929 ff 20 ff
Sachenrechtsprinzipien/Relativierung Anh 929 ff 20
Sicherheitenpool Anh 929 ff 303 ff
Sicherheitenverbund/Zugriff auf Surrogate Anh 929 ff 20
Sicherungsgeschäfte, Umsatzgeschäfte 932 73
Sicherungsmittel und zu sichernde Forderung Anh 929 ff 13
Sicherungsübereignung
s. dort

Sicherungsrechte (Mobiliarsicherheiten) (Forts.)
   UNIDROIT/UNCITRAL-Vorschäge
      Anh 929 ff 38
   Verarbeitungsklauseln als Kreditsiche-
      rungsmittel 950 28 ff
   Verfremdung bestimmter Rechtsinsitute
      Anh 929 ff 16; 947 8; 950 41 ff
   Verkehrsgeschäfte und Gutglaubenserwerb
      Vorbem 932 ff 45 f
   Wegnahmeberechtigungen in Sicherungs-
      verträgen 929 70
   Zugriff auf Surrogate der ursprünglichen
      Sicherheit Anh 929 ff 15 ff
Sicherungsübereignung
   Ablösung eines Eigentumsvorbehalts/
      Sicherungsgeberverpflichtung
      Anh 929 ff 74
   Abstraktionsprinzip
   — Sicherungsabrede als causa Anh 929 ff 66
   — Sicherungsnehmer-Sicherung
         Anh 929 ff 61
   — Sittenwidrige causa Anh 929 ff 168
   — und Verkehrsschutz/Traditionsprinzip/
         Faustpfandprinzip Anh 929 ff 269
   Abtretung des Herausgabeanspruchs
      Anh 929 ff 84
   Abtretung eines künftigen Herausgabean-
      spruchs Anh 929 ff 281
   Abtretungsklausel in der Sicherungsabrede
      Anh 929 ff 223
   Akzessorietät
   — und bedingte Sicherungsübertragung
         Anh 929 ff 196 ff
   — Konkretisierung des Prinzips
         Anh 929 ff 12
   — Übertragung auf die Sicherungsübereig-
         nung Anh 929 ff 197
   Allgemeine Geschäftsbedingungen
   — Ausuferung/Entgegenwirkung, Restrik-
         tion Anh 929 ff 186
   — Bedeutung für die Entwicklung
         Anh 929 ff 18 f
   — Benachteiligung/unangemessene
         Anh 929 ff 154
   — Besitzkonstitut/ausdrückliche Verein-
         barung und Benennung Anh 929 ff 86
   — Erweiterte Sicherungsübereignung
         Anh 929 ff 172 ff
   — Erweiterte Zweckerklärung
         Anh 929 ff 183
   — Gemischte Bestände Anh 929 ff 112
   — Individualabreden/Vorrang
         Anh 929 ff 180 f
   — Inhaltskontrolle Anh 929 ff 182
   — Überraschende Klauseln
         Anh 929 ff 172 ff
   — Verwertung des Sicherungsgutes
         Anh 929 ff 229

Sicherungsübereignung (Forts.)
   Anerkennung durch die Rechtsprechung
      Anh 929 ff 11
   Anfechtungsgesetz Anh 929 ff 254
   Anschlußsicherungsübereignung
      Anh 929 ff 206, 257 ff, 274
   Antizipierte Eigentumsübertragung
      Anh 929 ff 71 f, 90 f, 112, 120, 128,
      130 ff, 209, 221, 279 ff
   Antizipierte Eigentumsübertragung statt
      Verlagerung der Herstellerfunktion
      950 41 ff
   Antizipiertes Besitzkonstitut Anh 929 ff 138
   Anwartschaft/Anwartschaftsrecht
   — Auflösend bedingte Sicherungsübereig-
         nung Anh 929 ff 206
   — Aufschiebend bedingte Sicherungsüber-
         eignung Anh 929 ff 24 ff
   — Dingliche Belastung 936 2
   — Erwerb Anh 929 ff 25, 112 ff, 140,
         206 ff, 239, 250, 274, 286
   — Grundstückseigentümer
         Anh 929 ff 297 ff
   — Übertragung Anh 929 ff 115 ff
   — Umdeutung fehlgeschlagener Eigen-
         tumsübertragung Anh 929 ff 31, 247,
         286
   — Verfügung über das Eigentum
         Anh 929 ff 247
   — und Zwangsvollstreckung Anh 929 ff 329
   unter auflösender Bedingung
      Anh 929 ff 116, 171, 196 ff, 239, 334,
      341; 950 43 f
   Ausführungshandlung Anh 929 ff 129 ff
   Ausgestaltungsformen Anh 929 ff 68 ff
   Aussaugung Anh 929 ff 153
   Barvorschuß-Theorie statt Vertragsbruch-
      theorie Anh 929 ff 291
   Bedingung Anh 929 ff 49, 196 ff
   — Rückzahlung gesicherter Forderung
         929 32
   Beendigung Anh 929 ff 257 ff
   Benachrichtigung vor Verwertung
      Anh 929 ff 235
   Beschädigung/Zerstörung durch Dritte
      Anh 929 ff 238
   und beschränkt dingliche Sicherungsge-
      schäfte Anh 929 ff 58
   Beschränkungen Anh 929 ff 144 ff
   Besitzberechtigung/entfallende
      Anh 929 ff 231
   und Besitzkonstitut Anh 929 ff 85 ff, 280;
      930 5
   und Besitzkonstitut/Diskussion um
      notwendige Konkretisierung
      Anh 929 ff 91; 930 24
   und Besitzkonstitut/weitere Sicherungsge-
      bernutzung Anh 929 ff 221

Sicherungsübereignung (Forts.)
Besitzlage bei Vorbehaltsware
Anh 929 ff 117
und besitzloses Pfnardecht **Anh 929 ff** 256
Besitzverschaffung **Anh 929 ff** 79
Besitzwechsel/nicht erkennbarer **929** 58
Bestimmtheitsgrundsatz **Anh 929 ff** 12, 43,
48, 76 ff, 91, 95 ff, 103, 110, 112 f,
118, 124, 130, 132, 139, 186, 268,
278
Bestimmtheitsgrundsatz und Prioritäts-
prinzip **Anh 929 ff** 268 ff
Bestimmtheitsgrundsatz und Restriktion
Anh 929 ff 186
BGB-Vereinbarkeit **Anh 929 ff** 55
Bindung des Sicherungsnehmers
Anh 929 ff 63
Direkterwerb **Anh 929 ff** 260
Dritteigentum **933** 5
Drittverhältnisse **Anh 929 ff** 236 ff
Drittwiderspruchsklage/Sicherungsgeber
Anh 929 ff 250, 252
Drittwiderspruchsklage/Sicherungsneh-
mer **Anh 929 ff** 252
Durchgangserwerb **Anh 929 ff** 122, 141 ff,
260, 270, 283, 297
Eigentümerstellung/Erlangung voller
Anh 929 ff 236
Eigentum/funktionelle Aufteilung
Anh 929 ff 58
Eigentumsbegriff/Aufgabe des einheitli-
chen Begriffs **Anh 929 ff** 21 f
Eigentumserwerb/Sachgesamtheiten
Anh 929 ff 103 ff, 109 ff, 123 ff
Eigentumserwerb/Warenlager
Anh 929 ff 103 ff, 109 ff, 123 ff
als Eigentumsform/besondere
Anh 929 ff 63, 211 ff
Eigentum/Sicherungsnehmererwerb
Anh 929 ff 59
Eigentum/Sicherungsnehmerstellung
Anh 929 ff 234
Eigentumsübertragung/fiduiziarische
Anh 929 ff 5
Eigentumsübertragung/Übertragung der
Anwartschaft **Anh 929 ff** 113
Eigentumsübertragung/zu sichernde
Forderung, Sicherungsabrede
Anh 929 ff 64 ff
und Eigentumsvorbehalt **Anh 929 ff** 13, 74,
112 f, 288
und Eigentumsvorbehalt/Publizitätsverlust
Anh 929 ff 30
und Eigentumsvorbehalt/verlängerter und
verlängerte– **Anh 929 ff** 287 ff
Einfache Sicherungsübereignung
Anh 929 ff 71

Sicherungsübereignung (Forts.)
Einigung und Besitzverschaffung
Anh 929 ff 75 ff
Einigung/Bestimmtheitserfordernis
Anh 929 ff 99 ff
Entwicklung/Bedeutung **Anh 929 ff** 51 ff
Erhaltungspflichten des Sicherungsgebers
Anh 929 ff 219
Erkennbarkeit der Zuordnung
Anh 929 ff 103 ff
Erkundigungspflichten **932** 64
Erlösklausel **Anh 929 ff** 223
Ernsthaftigkeit **Anh 929 ff** 89
Ersatzklauseln/Nachschubklauseln
Anh 929 ff 220
Erweiterte Sicherungsübereignung
Anh 929 ff 72, 172 ff
Erweiterung von Sicherungsrechten/horin-
zontale und vertikale **Anh 929 ff** 12 ff,
15 ff
Erweiterungsformen/problematische
Anh 929 ff 44 f
Factoring und verlängerte Sicherungsüber-
eignung **Anh 929 ff** 291
Fälligkeit gesicherter Forderung/Heraus-
gabeanspruch **Anh 929 ff** 230 ff
Faustpfandprinzip **Anh 929 ff** 7, 11, 42,
52, 269
Fiduziarische Übereignung
s. Treuhandschaft
Freigabeanspruch/Freigabeklauseln
Anh 929 ff 156 f
Freihändiger Verkauf **Anh 929 ff** 233
Fremdbesitzerwille/fehlender **Anh 929 ff** 90
Fremde Gegenstände/ausdrückliche
Herausnahme **Anh 929 ff** 110
Fremde Schuld **Anh 929 ff** 70
Funktion/Struktur **Anh 929 ff** 58 ff
Gefährdung des Sicherungszwecks
Anh 929 ff 222
Geld/Warenkredit-Gegensatz
Anh 929 ff 283
Gemischte Bestände **Anh 929 ff** 109 ff
Gesetzlich geregelte Sicherungsrechte
Anh 929 ff 201 ff
Gestaltungsfreiheit/Autonomie des
Sachenrechts **Anh 929 ff** 144
Gewohnheitsrecht **Anh 929 ff** 54
Gläubigergefährdung **Anh 929 ff** 158 ff
Globalzession **Anh 929 ff** 268, 288, 291
Grundmodell **Anh 929 ff** 64 ff
Grundpfandrecht und Sicherungsübereig-
nung/Kollisionsfälle **Anh 929 ff** 292 ff
Gute Sitten/Verstoß **Anh 929 ff** 146 ff
Gutglaubensschutz **Anh 929 ff** 38, 269;
932 30, 59, 63 ff, 75, 77, 80, 135,
188 ff; **Vorbem 932 ff** 45
Hausrat **Anh 929 ff** 104

Sicherungsübereignung (Forts.)
Herstellervereinbarung Anh 929 ff 263,
283 f
Inkongruente Deckung
s. unten unter Übersicherung
Insolvenz Anh 929 ff 249 ff
Insolvenzverschleppung bei Sicherungsei-
gentum Anh 929 ff 162
Insolvenzverwalter/Anfechtung anfecht-
baren Rechtsgeschäfts Anh 929 ff 255
Interessenwahrnehmung/wechselseitige
Anh 929 ff 227
Kaufpreisforderung und Abtretungsklau-
seln Anh 929 ff 223
Kenntlichmachung bei wechselndem
Bestand Anh 929 ff 129 ff
Klarheitserfordernisse der Zuordnungsver-
hältnisse Anh 929 ff 117, 205
Knebelung Anh 929 ff 152
Kollisionsfälle
— Eigentumsvorbehalt und Sicherungs-
übereignung Anh 929 ff 32, 285 ff
— Herstellervereinbarung und Warenla-
gerübereignung bei wechselndem
Bestand Anh 929 ff 284
— von Sicherungsgeschäften
Anh 929 ff 261 ff
— von Sicherungsrechten Anh 929 ff 37, 73
— von Sicherungsübereignung und Facto-
ring Anh 929 ff 291
— von Sicherungsübereignungen
Anh 929 ff 267 ff
— von Verarbeitungsklauseln
Anh 929 ff 283
Kreditbetrug Anh 929 ff 163
Kreditsichernde Funktion Anh 929 ff 63
Kreditsicherung Anh 929 ff 1, 8
Lex commissoria Anh 929 ff 234
Markierungsvereinbarung Anh 929 ff 108
Mehrfache Sicherungsübereignung
Anh 929 ff 271 ff
Mehrfache Verfügungen über das Siche-
rungsgut Anh 929 ff 267 ff
Mittelbarer Besitz und Gutglaubenserwerb
934 4
Mittelbarer Eigenbesitz des Sicherungsneh-
mers Anh 929 ff 92
Mustervertrāge Anh 929 ff 74
Nachforschungsobliegenheiten 932 188 ff
Nachschubklausel
— als Ausfluß der Erhaltungspflichten des
Sicherungsgebers Anh 929 ff 220
— bei Sicherungsübereignung mit wech-
selndem Bestand Anh 929 ff 127
Nachschubklauseln/Ersatzklauseln
Anh 929 ff 220
Nachträgliche Veränderungen der Sachge-
samtheit Anh 929 ff 124

Sicherungsübereignung (Forts.)
Nebenbesitzkonstruktion Anh 929 ff 117
Nichtige Sicherungsabrede/Folgen
Anh 929 ff 167 f
Numerus clausus der Sachenrechte
Anh 929 ff 4, 9, 33 ff, 61
Öffentliche Versteigerung Anh 929 ff 233
Ökonomische Bedeutung Anh 929 ff 56 ff
Offenkundigkeitsprinzip Anh 929 ff 227
Ordnungsfunktion des Sachenrechts
Anh 929 ff 144
Pfandrechtsvorschriften/analoge Anwen-
dung bei der Verwertung Anh 929 ff 226 f
Pfandrecht/tatsächlich verdrängtes
Anh 929 ff 29, 62
Poolverträge Anh 929 ff 261, 303 ff
Prioritätsprinzip Anh 929 ff 38, 48, 268 ff,
278 ff, 283, 288, 290 ff
Publizitäts- und Transparenzerwägungen
Anh 929 ff 105
Publizitätsprinzip/Verlangen nach einer
Ausführungshandlung Anh 929 ff 137
Raumsicherungsvereinbarung
— Mustervertrag Anh 929 ff 74
— Sicherungsübereignung von Teilmengen
Anh 929 ff 108
Rechtsentwicklung Anh 929 ff 51 ff
Rechtsgrund der Übereignung
Anh 929 ff 59
Rechtszuständigkeit/Erfordernis der Klar-
heit und Eindeutigkeit Anh 929 ff 117
Restriktive Anwendung Anh 929 ff 186
Richterliche Rechtsfortbildung
Anh 929 ff 54, 201
Rückübereignung bei Beendigung
Anh 929 ff 258 ff
als Sachenrechtstyp/neuer Anh 929 ff 33
Sachgesamtheit
— Antizipierte Übereignung
Anh 929 ff 278 ff
— Existente/konstante Anh 929 ff 103 ff
— Nachschubklauseln Anh 929 ff 220
— Nachträgliche Veränderung
Anh 929 ff 124
— und Sachmengen Anh 929 ff 93 f
— als Sicherungsut Anh 929 ff 139 ff
— Wechselnder Bestand Anh 929 ff 123 ff,
284, 289
Sammelbezeichnungen Anh 929 ff 97
Schadensersatzansprüche/vertragswidrige
Verwendung Anh 929 ff 222
Schadensersatzansprüche/Zerstörung des
Sicherungsgegenstandes Anh 929 ff 241
Schuldrecht/Aufteilung des Eigentums-
rechts Anh 929 ff 59
Schuldrecht/Rückabwicklung
Anh 929 ff 208

Sicherungsübereignung (Forts.)
Schutzbedürftigkeit des Eigentümers
    Anh 929 ff 76
Schweizerisches ZGB Anh 929 ff 52
Selbständiges Rechtsinstitut Anh 929 ff 60
Selbsteintrittsrecht des Sicherungsnehmers
    Anh 929 ff 234
Sicherheitenpool Anh 929 ff 303 ff
Sicherungsabrede
— als causa Anh 929 ff 66, 218 ff
— Rechtsgrund und Zweckbestimmung
    Anh 929 ff 81
— und Sicherungsgeberposition
    Anh 929 ff 214
— Verdinglichung Anh 929 ff 60
— Verletzung durch Sicherungsnehmer-
    Verfügung Anh 929 ff 248
— Vertragstyp Anh 929 ff 87
— und Verwertung des Sicherungsgutes
    Anh 929 ff 225 ff
— Zentrales Element Anh 929 ff 80 f
Sicherungseigentum als Sondereigentum
    Anh 929 ff 9, 60, 211
Sicherungsgeber
— Aussonderungsrecht/Sicherungsneh-
    mer-Insolvenz Anh 929 ff 251
— Drittwiderspruchsklage Anh 929 ff 250
— Insolvenz Anh 929 ff 252 f
— Rechte/Pflichten Anh 929 ff 218 ff
— Verfügungen über das Sicherungsgut
    Anh 929 ff 243 ff
Sicherungsnehmer
— Absonderungsrecht/Insolvenz des
    Sicherungsgebers Anh 929 ff 253
— Drittwiderspruchsklage Anh 929 ff 252
— Insolvenz Anh 929 ff 250 f
— Selbsteintrittsrecht Anh 929 ff 234
— Verfügungen über das Sicherungsgut
    Anh 929 ff 242
— Verwertung des Sicherungsgutes durch
    den- Anh 929 ff 225 ff
Sicherungszweck Anh 929 ff 66, 81, 212 ff
Sicherungszweck/Wegfall Anh 929 ff 257
Simulierte Rechtsgeschäfte Anh 929 ff 77
Sittenwidrigkeit Anh 929 ff 146 ff, 288 f
Spezialitätsprinzip Anh 929 ff 95
Teilmengen Anh 929 ff 108, 140
und Treuhandrecht Anh 929 ff 55
Typische Erscheinungsformen
    Anh 929 ff 68 ff
Überpfändungsverbot/Umfang des
    Herausgabeanspruchs Anh 929 ff 232
Übersicherung
— AGB-Vereinbarungen Anh 929 ff 154
— Anfängliche Übersicherung
    Anh 929 ff 157 ff
— Begriff Anh 929 ff 154

Sicherungsübereignung (Forts.)
— Deckungsgrenze und Bemessung
    Anh 929 ff 156
— Freigabeanspruch/Freigabeklauseln bei
    nachträglicher- Anh 929 ff 155 ff
— Sittenwidrigkeit/Unangemessenheit
    Anh 929 ff 154a, 154b
— Ursprüngliche/nachträgliche
    Anh 929 ff 154
Umdeutung fehlgeschlagener-
    Anh 929 ff 31, 247, 286
Unpfändbare Sachen Anh 929 ff 111
Unterscheidbarkeit Anh 929 ff 108
durch Verarbeitungsklausel verlängerte-
    950 30
Verarbeitungsklausel/Kollisionsfälle
    Anh 929 ff 283
Verarbeitungsklauseln Anh 929 ff 73, 223,
    263, 283 ff
Verarbeitung/Veräußerung von Siche-
    rungsgut Anh 929 ff 223; 950 46
Verdinglichte Sicherungsabrede
    Anh 929 ff 60
Verfallklausel und Sicherungsgutsverwer-
    tung Anh 929 ff 234
Verfügungen
— Mehrfache über das Sicherungsgut
    Anh 929 ff 267 ff
— des Sicherungsnehmers Anh 929 ff 203 f,
    242 ff
Verlängerte Sicherungsübereignung
    Anh 929 ff 79
Verlängerte Sicherungsübereignung/
    verlängerter Eigentumsvorbehalt
    Anh 929 ff 287 ff
und Vermieterpfandrecht Anh 929 ff 302
Vertragsbruchtheorie Anh 929 ff 263, 283,
    288 ff
Verwertung des Sicherungsgutes
    Anh 929 ff 225 ff
von Vorbehaltsgut Anh 929 ff 285
Vorbehaltskäufer und Sicherungsgeber
    Anh 929 ff 117
Warenkredit/Geldkredit
— Gegensatz Anh 929 ff 283
— Vertragsbruchtheorie Anh 929 ff 291
Warenlager/Eigentumserwerb
    Anh 929 ff 103 ff, 109 ff, 123 ff, 278 f,
    284
Widerruf bei antizipierter Sicherungsüber-
    eignung Anh 929 ff 280
Zerstörung/Beschädigung durch Dritte
    Anh 929 ff 238
Zubehör Anh 929 ff 294 ff
Zuordnungsverhältnisse/Entstehung,
    Klarheitserfordernisse Anh 929 ff 44,
    205

Sicherungsübereignung (Forts.)
Zusammentreffen mit anderen Sicherungs-
verfügungen **Anh 929 ff** 285 ff
Zwangsvollstreckung **Anh 929 ff** 250, 252
Zweckvereinbarung **Anh 929 ff** 59, 177 ff,
217
Sittenwidrigkeit
Einigung **929** 18 ff; **932** 12
und Nichtigkeit dinglichen Rechtsgeschäfts
929 22, 23
Sicherungsübereignung **Anh 929 ff** 146 ff
Sorgfalt
und Fahrlässigkeit **932** 53
**Sozialversicherungsrechtliche Veräußerungsbe-
schränkungen**
Behördliche Genehmigung der Auflassung
925 102
Sparbuch
Berechtigter **952** 12
als Schuldschein **952** 5
Übereignung **952** 21
Spezialitätsprinzip
und abgegrenzte Einzelsachen
Vorbem 953 ff 1
Begrenzung des Haftungsrahmens **950** 30
Sicherungsübereignung **Anh 929 ff** 95 ff
und Vermögensübernahme **929** 113
Spezifikation
s. Verarbeitung (Umbildung)
Sprengstoffrecht
Aneignungsverbote **958** 9
Städtebaulicher Entwicklungsbereich
Behördliche Genehmigung der Auflassung
925 102
Stellvertretung
s. Vertretung
Stiftungen
und Auflassungserfordernis **925** 29
Stoffwert
und Wertverhältnis Verarbeitung/Stoff
950 12
Strandungsordnung 1984 958 12;
Vorbem 965 ff 5; **984** 5
Streckengeschäft
Eigentumsübertragung **929** 98
und Übergabeerfordernis **929** 51
Surrogate
Sicherheitensurrogate/Gläubigerzugriff
durch Sicherheitenverbund
Anh 929 ff 15 ff

Teilmengen
Sicherungsübereignung **Anh 929 ff** 108
Teilungsanordnung
Auflassung **925** 24
Testamentsvollstreckung
Besitzverhältnisse **930** 29

Testamentsvollstreckung (Forts.)
Verfügungsbefugnis und Rechtsinhaber-
schaft **929** 16
Thüringen
Denkmalschutzgesetze/Altertumsfunde,
Kulturdenkmäler **984** 21
Tiere
Aneignungsrecht des Jagdberechtigten
958 11
Artenschutz **958** 10
Auswilderung gefangener, gezähmter
959 3, 5
Besitzerwerb bei Jagdausübung **958** 5
Herrenlosigkeit wilder Tiere **960** 1 ff
Okkupation eines Wilderers **958** 14
Schonvorschriften **958** 10
in Tiergärten **960** 5 ff
Übertragung nach sachenrechtlichen
Vorschriften **929** 5
wilde, zahme **960** 1 ff
Traditionspapiere
Übereignung durch Abtretung eines
Herausgabeanspruchs **931** 37
Übereignung mittels – **936** 18
Übergabe **929** 91
Traditionsprinzip
und Besitzkonstitut **930** 22, 23
Eigentumsübereignung und –
Vorbem 929 ff 19
Publizitätswirkungen **Vorbem 929 ff** 21
Relativierung **Vorbem 929 ff** 20
Übergabe als Form der Eigentumsübertra-
gung **Vorbem 929 ff** 21
Übergabeerfordernis und zeitgemäßes
Verständnis des – **929** 55 ff
TransplantationsG
und Organentnahme **929** 4
Trennung (Eigentumserwerb am Trennstück)
Abbauverbote, öffentlich-rechtliche
Vorbem 953 ff 9
Abhandenkommen **935** 16; **955** 9; **957** 8
Abtrennung von Substanzteilen **953** 4
Aneignungsgestattung **956** 1 ff; **957** 1 ff
Auflösung einer Sache **955** 2
Ausbeuten von Bodenbestandteilen **954** 2
Bedingte Aneignungsgestattung **956** 43
Bergfreie Mineralien **Vorbem 953 ff** 8
Bergrecht, Verhältnis **Vorbem 953 ff** 8
Beschränkte dingliche Rechte an der
Muttersache **953** 5; **Vorbem 953 ff** 6;
954 5; **955** 17
Besitz, unrechtmäßiger **955** 11
Besitzerwerb des Gestattungsadressaten
956 30 ff
Besitzverlust des Nutzungsbesitzers **955** 15
Bestandteile, nicht zu den Früchten gehö-
rende **Vorbem 953 ff** 4; **955** 2

Trennung (Eigentumserwerb am Trennstück)
(Forts.)
Bestandteile herrenlosen Grundstücks
953 9
Bodenbestandteile, Ausbeutungsrechte
956 2
Dienstbarkeiten **954** 2
Dingliches Nutzungsrecht und Aneignung
von Bestandteilen **954** 1 ff
Dingliches Nutzungsrecht, vermeintliches
955 1, 10 ff
Eigenbesitzer, Fruchterwerb **955** 1, 5 ff
Eigenbesitzer, redlicher **955** 1, 5 ff
Eigentümer-Besitzer-Verhältnis **955** 3
Eigentumserwerb des Gestattungsempfän-
gers **956** 6 ff
Eigentumsgegenstand, neuer und Eigen-
tum **953** 4
Eigentumsvorbehalt und Sacherzeugnisse
953 6
Erbbaurecht **954** 2
Erbfall **955** 8
Erdbeben **955** 2
Erntefrucht, bevorstehende **953** 3
Forstnutzungsrechte **954** 3
Fruchterwerb, Fruchterwerbsrechte
Vorbem 953 ff 2; **954** 4
Fruchterwerb des Pächters **956** 2
Fruchterwerb des redlichen Nutzungsbesit-
zers **955** 1, 10 ff
Fruchtziehungsberechtigter, dinglicher
954 1 ff
Fructus pendentes **953** 2
Früchte, bereits getrennte **956** 4
Früchte herrenlosen Grundstücks **953** 9
Früchtepfandrecht, gesetzliches **953** 3
Früchteverpfändung vor und nach Tren-
nung **953** 3
Gebäude, Verkauf auf Abbruch **956** 2
Getreide, Pfändung auf dem Halm **956** 29
Getreide, Verkauf auf dem Halm **956** 2
Grunddienstbarkeiten **954** 2, 3
Grundeigentümermineralien
Vorbem 953 ff 8
Grundsatz **953** 1
Holz auf dem Stamm, Verkauf **956** 2
Hypothekarische Haftung **954** 5
Insolvenz und Aneignungsgestattung
956 26
Körperteile, abgetrennte **953** 11
Kollision §§ 955 Abs. 1, Abs. 2 **955** 13
Künftige Sachen, Übereignung **956** 7
Landesrechtliche Vorbehalte **954** 2
Nichtberechtigter, Aneignungsgestattung
957 1 ff
nichtwesentliche Bestandteile **953** 7
Nießbrauch **954** 2, 3; **955** 11
Nutzungspfandrecht **954** 2

Trennung (Eigentumserwerb am Trennstück)
(Forts.)
Nutzungsrecht, dingliches **954** 1 ff
Pachtvertrag, unwirksamer **955** 4
Perle in der Auster-Fall **956** 5
Pfändung noch nicht getrennter Grund-
stücksfrüchte **956** 29
Pfändung stehender Früchte **953** 3
Rangfolge der Normen **Vorbem 953 ff** 3
Rechte Dritter an der Muttersache **955** 17
Rechtsbesitz **955** 14
Rechtskontinuität **953** 5
Römisches Recht **Vorbem 953 ff** 2; **953 ff** 3
Stammsache und abgetrennte Substanzteile
953 4
Trennung und Trennungsberechtigung
953 10
Trümmer **953** 12; **954** 3
Veräußerung stehender, hängender Früch-
te **956** 2
Verbindung, Wiederaufhebung **953** 8
Verbrauch, alsbaldiger **953** 6
Widerruf einer Aneignungsgestattung
956 38 ff
Zwangsvollstreckung und Aneignungsge-
stattung **956** 28
Trennungsprinzip
Ablösung der Eigentumsübertragung vom
schuldrechtlichen Grundgeschäft
Vorbem 929 ff 15
Treuhandschaft
Abredewidrige Treuhänderverfügungen
Anh 929 ff 331 ff
Auflösend bedingte Übereignung
Anh 929 ff 314
Auftragscharakter **Anh 929 ff** 316
Bestimmtheitsprinzip **Anh 929 ff** 317
Echte/unechte Treuhand **Anh 929 ff** 327
Eigennützige/fremdnützige Treuhand
Anh 929 ff 324
Einigung, Besitzverschaffung
Anh 929 ff 312 ff
Erwerb von Dritten **Anh 929 ff** 318 ff
und Gutglaubenserwerb **Vorbem 932 ff** 45
Insolvenz, Zwangsvollstreckung
Anh 929 ff 326 ff
Interessenlage und Typisierungsversuche
Anh 929 ff 325
Mißbrauch der Treuhänderstellung
Anh 929 ff 338
Nichtigkeit des Grundgeschäfts
Anh 929 ff 317
Offenkundigkeitsprinzip **Anh 929 ff** 317
ohne Sicherungszweck **Anh 929 ff** 309 ff
Richterliche Rechtsfortbildung
Anh 929 ff 321
und Sicherheitenpool **Anh 929 ff** 307

Treuhandschaft (Forts.)
  Sicherungsübereignung als eine Art –
    Anh 929 ff 309
  Sondervermögen/eigenständiges Sachen-
    recht **Anh 929 ff** 322
  Treuhandeigentum, Arten und Erschei-
    nungsformen **Anh 929 ff** 9, 321 ff
  Typisierungsversuche **Anh 929 ff** 323
  Unmittelbarkeitsprinzip **Anh 929 ff** 327
  Verfügungen des Treuhänders über das
    Treugut **Anh 929 ff** 331 ff
  Volleigentum des Erwerbers **Anh 929 ff** 5
  Widerspruchsrecht (771 **ZPO) des Treuge-**
    bers Anh 929 ff 329
  Zweckbezogenheit der Eigentumsverschaf-
    fung **Anh 929 ff** 311
  Zweckvereinbarung als Kernstück
    Anh 929 ff 316

Überbau
  Eigentumserwerb **946** 14
Übergabe (Eigentumserwerb an beweglichen
Sachen)
  s. a. Einigung
  s. a. Gutglaubenserwerb
  Änderungen von Bezeichnungen **929** 65
  Äußerliche Erkennbarkeit des Wechsels
    einer Sachherrschaft **929** 65
  Antizipierte Einigung **929** 80 ff
  Antizipierte Einigung und brevi manu
    traditio **929** 119
  Benzin an Tankstellen **929** 95
  Besitz des Erwerbers und brevi manu tradi-
    tio **929** 123 ff
  Besitzaufgabe des Veräußerers **929** 62
  Besitzbeziehungen, fehlende zu den
    Vertragsparteien **929** 54 ff
  Besitzdiener, Besitzmittler **929** 48, 53
  Besitzdiener und brevi manu traditio
    929 125
  Besitzergreifung durch den Erwerber
    929 67, 67 ff
  Besitzergreifung als Übergabe **929** 93 ff
  Besitzerlangung **932** 18 ff
  Besitzkonstitut
    s. dort
  Besitzverhältnisse, beliebige Form der
    Veränderung **929** 52
  Beteiligung Dritter **929** 96 ff
  brevi manu traditio **929** 117
  Dauer der Besitzbegründung **929** 64
  und Eigentumsübertragungswille **929** 56
  Eigentumsverhältnisse und Besitzverhält-
    nisse: Neuordnung **929** 60
  Einigung, innerer Bezug der Übergabe
    hierzu **929** 85 ff
  Einigung und Übergabe, Verhältnis
    929 71 ff

Übergabe (Eigentumserwerb an beweglichen
Sachen) (Forts.)
  Elemente der Übergabe **929** 61 ff
  und Erfordernisse eines komplexen Güter-
    austausches **Vorbem 929 ff** 24
  Erkennbarkeitsproblem **929** 66
  Erklärungen, bloße zur veränderten Besitz-
    lage **929** 65
  Finaler Bezug, Einigung und Übergabe
    929 85
  Frachtgut, Lagergut **929** 91
  Freistellungsschein **929** 92
  Fremdes Geld **929** 99, 100
  Funktion der Übergabe, neu zu überden-
    kende **929** 52
  Geben und Nehmen von Hand zu Hand
    929 46
  Geheiß-Erwerb **929** 50, 97; **932** 24
  Geheißperson **932** 18
  Geldautomat **929** 94
  keine generellen Merkmale **929** 61
  Gerichtsvollzieher, Wegnahme **933** 27
  Haushaltsgeld **929** 103
  Hausrat **929** 102
  Herstellung tatsächlicher Herrschaftsge-
    walt **929** 66
  Inbesitznahme durch den Erwerber
    929 67 ff, 93 ff
  Interessenlagen/Fallgruppen und Funk-
    tion der – **Vorbem 929 ff** 26
  Kettenhandel **929** 98; **932** 18
  Kfz-Brief **929** 92
  Kindsmittel **929** 107
  Kommissionsware **929** 108
  und Kreditsicherungsgeschäfte, Bedeutung
    in der Rechtsprechung **929** 61
  Leitbild des Gesetzes **929** 46; **932** 16
  Leitbild, gesetzliches und neues Verständ-
    nis der – **929** 52
  Lieferschein **929** 92
  Miteigentum und Mitbesitzverschaffung
    929 109
  Mittelsleute, eingeschaltete **932** 16
  Mittelspersonen, Einschaltung **929** 48
  Nichteheliche Lebensgemeinschaft **929** 105
  Publizitätserwägungen **929** 56;
    Vorbem 929 ff 23
  Rauminhalt **929** 110
  als Rechtsscheintatbestand beim Gutglau-
    benserwerb **932** 16 ff; **933** 23
  Sachgesamtheit **929** 111
  Sachherrschaft, dem Erwerber zuzurech-
    nende **929** 63
  Schiffe, nicht im Seeschifsregister einge-
    tragene: kein Erfordernis der – **929a** 1 ff
  Schlüsselübergabe **929** 110
  Selbstbedienungssäulen **929** 95
  Sicherungsübereignung **Anh 929 ff** 79

Übergabe (Eigentumserwerb an beweglichen Sachen) (Forts.)
 Streckengeschäft **929** 51, 98
 Symbolische Vorgänge **929** 65
 durch Täuschung des besitzenden Dritten
  932 21
 als tatsächliches Element **929** 1, 45
 Traditionspapiere **929** 91
 und Traditionsprinzip **929** 55;
  Vorbem 929 ff 21 ff
 und Übereignungswille **Vorbem 929 ff** 22
 zu Übereignungszwecken (Martin Wolff)
  929 86, 87
 Umwandlung der Besitzverhältnisse **929** 49
 Veräußererwille und Besitzergreifung
  durch den Erwerber **929** 68
 Veräußerung als beiderseitiges Motiv
  929 86
 auf Veranlassung des Veräußerers **932** 20
 Verbotene Eigenmacht, Abgrenzung
  929 67 ff, 85
 Verkaufsautomat **929** 94
 Vermögensübernahme **929** 113
 Verschaffung des Besitzes durch den
  Veräußerer **929** 50
 Versendung von Waren **929** 114
 als Vollzugsbedingung **929** 84
 Vorübergehende Benutzung **929** 64, 86
 Wechsel der Sachherrschaft **929** 64
 Wechselforderung, durch Zession abgetretene **952** 5
 Wegnahmeberechtigungsklauseln in Sicherungsverträgen **929** 70
 Willensmoment bei der Übergabe **929** 88
 Zusammenhang mit der Einigung **929** 85 ff
 Zweck **929** 56
 Zweigliedriger Verfügungstatbestand
  929 84
Übersicherung
 Sicherungsübereignung
 s. dort
Übertragung eines Rechts
 des Aneignungsrechts **927** 20
 und Übergang des Urkundeneigentums
  952 17
Uferrecht
 Eigentumserwerb **946** 15
Umdeutung
 Auflassungserklärungen **925** 39, 40
Umlegung
 Behördliche Genehmigung der Auflassung
  925 102
 Eigentumsübertragung **925** 31
 Einlage – oder Ersatzgrundstück, Auflassung **925** 15
 Vereinfachte Umlegung **925** 31 f
Umsatzgeschäfte
 und Sicherungsgeschäfte **932** 74

Umwandlung
 und Auflassungserfordernis **925** 26
Unbedenklichkeitsbescheinigung 925 104
UNCITRAL
 Kreditsicherungssystem/Systemwechsel
  durch Registerlösung **Anh 929 ff** 38
Unerlaubte Handlung
 Aneignung **958** 8
 Aneignungsrechte als sonstige Rechte
  958 13
 Gutglaubenserwerb als speziellere Regelung **932** 111
 Schatzfund **984** 16
 Wilderei **958** 14
Ungerechtfertigte Bereicherung
 Auflassungserklärung **925** 112
 Eigentumsverlust infolge Funds **977** 1 ff
 und Gutglaubenserwerb **932** 112
 lastenfreier Eigentumserwerb **936** 19
 Nichtleistungskondiktion, Sonderfall des
  § 951 Abs 1 Satz 1 BGB **951** 2
 Rechtsgrundverweisung für den Vergütungsanspruch nach Eigentumsverlust
  §§ 946–950
 s. Entschädigung für Rechtsverlust
UNIDROIT
 Kreditsicherungssystem/Systemwechsel
  durch Registerlösung **Anh 929 ff** 38
Urkunden
 als Akzessorium der Verbriefung/des
  Verwertungsrechts **952** 7
 Notarielle Beurkundung
 s. dort
 Schuldscheine
 s. dort

Veräußerungsverbot (relatives)
 Verfügung über bewegliche Sachen entgegen – **931** 47
Verarbeitung (Umbildung)
 s. a. Entschädigung für Rechtsverlust
 Abdingbarkeit oder zwingendes Recht
  950 19 ff
 Abgrenzungsprobleme **950** 15
 Absatzrisiko, Produktionsrisiko und
  fremdwirkende Verarbeitung **950** 34
 Abwehr Dritter vom neugeschaffenen
  Produkt **950** 29
 AGB, AGBG und antizipierte Sicherungsübereignung **950** 44
 antizipierte Sicherungsübereignung **950** 41
 Anwartschaftsrecht bei der Verarbeitung
  von Vorbehaltswaren **950** 46
 Arbeitsverhältnis **950** 3, 37
 Arbeitswert als Wertzuwachs **950** 11
 Art der Tätigkeit, Ergebnis der Tätigkeit
  950 8
 Bezeichnung der Sache **950** 9

Verarbeitung (Umbildung) (Forts.)
Bruchteilsklauseln bei Eigentumserwerb durch den Stoffeigentümer **950** 51
Durchgangserwerb des Verarbeiters bei antizipierter Sicherungsübereignung **950** 41
Eigene Stoffe **950** 11
Eigentumserwerb des Herstellers, originärer **950** 16 ff
Eigentumserwerb kraft Gesetzes **Vorbem 946 ff** 3
Eigentumserwerb, mangels Wertverhältnisses gescheiterter **951** 4
Eigentumserwerb durch den Stoffeigentümer als Sicherungseigentum **950** 53
Eigentumserwerb des Verarbeiters, grundsätzlich gegebener **950** 40
Eigentumsvorbehalt, verlängerter **950** 25, 30
Erwerbsbeschränkungen bei Eigentumserwerb durch den Stoffeigentümer **950** 51
Filmbelichtung **950** 7, 9
fremdwirkende Verarbeitung **950** 31 ff
fremdwirkende Verarbeitung, Möglichkeit **950** 17 ff
Geschäftsfähigkeit **950** 8
Geschäftsherr des Verarbeitungsvorganges **950** 23
Gestohlene Sachen **950** 16
Gläubiger des Verarbeiters, andere **950** 30
Gutgläubigkeit, Bösgläubigkeit nicht relevant **950** 2
Gutgläubigkeit/Bösgläubigkeit, nicht entscheidende **950** 16
Hersteller **950** 4, 31 ff, 35, 47
Hersteller und Eigentumserwerb, kein notwendiger Zusammenhang **950** 27
Herstellerbegriff, objektiv zu bestimmender **950** 22 ff
Herstellereigenschaft, Folgen weitgehender Erweiterung **950** 49
Herstellerfunktion, Verlagerung unter Risikoübernahme **950** 33
Herstellerfunktion, Verschiebung als Ausnahmefall **950** 32
Herstellerklausel, Umdeutung in antizipierte Sicherungsübereignung **950** 45
Interessenausgleich der Beteiligten **Vorbem 946 ff** 2
Interessenkonflikt Stoffeigentümer/Verarbeiter **950** 19
Kasuistik zur Neuheit **950** 10
Kasuistik zu den Wertverhältnissen **950** 13
Kollisionsprobleme bei Mehrheit von Eigentumsklauseln **950** 52
Kontroversen **950** 1, 2
Kreditsicherungspraxis und Verfügungsberechtigung **950** 5

Verarbeitung (Umbildung) (Forts.)
Lohnmälzerei-Fall **950** 32
Menschliches Handeln **950** 8
Name der Sache **950** 9
Naturereignis **950** 8
Neue Sache **950** 1, 4, 7, 9 f
Neuverteilung sachenrechtlicher Kompetenz und Zuordnung **950** 30
Normalsituation **950** 35
Produktionsabläufe, Bedeutung **950** 5
Realakt **950** 2, 8, 16
Rechtsgeschäftsregeln **950** 8
Rechtsverlust **951** 4
Sachenrechtliche Zuordnungsprobleme, Lösung als Gesetzeszweck **950** 27
Schuldschein, mit wertvoller Zeichnung versehen **952** 21
Sicherungsgut als verarbeiteter Stoff **950** 46
Sicherungsübereignung, antizipierte **950** 41
Sicherungsübereignung, auflösend bedingte **950** 42 ff
Sicherungsübereignung, verlängerte **950** 30
Sozialpolitisches Konzept **950** 3
Spezifikation (Herstellungsakt) **950** 8
Stellvertretung **950** 8
Stoffwert **950** 12
Tonträger, Datenträger (bespielen) **950** 9
Übersicherungsgefahr bei Eigentumserwerb durch den Stoffeigentümer **950** 50
Verarbeitungsklausel, Umdeutung in antizipierte Sicherungsübereignung **950** 45
Verarbeitungsklauseln **950** 17, 28, 30, 32, 45, 45 ff
Verarbeitungsklauseln, Folgen weitgehender Zulässigkeit **950** 49
Verarbeitungsklauseln, Kollision **950** 47, 52
Verarbeitungsklauseln als Kreditsicherungsmittel **950** 28 ff
Verbindung **950** 15
Verkehrsanschauung **950** 7, 9
Verkehrswert der neuen Sache **950** 11
Vermeidung komplexer Eigentumsverhältnisse **950** 51
Verwendungsersatzansprüche bei gescheitertem Eigentumserwerb **951** 4
Werkvertrag **950** 27, 38
Wertverhältnis Verarbeitung/Stoff **950** 11 ff
Wesensveränderung, erhebliche **950** 9
Willenslage, unabhängige **950** 16
Wirtschaftliche Gesichtspunkte für die Neuheit der Sache **950** 9
Wirtschaftspolitische Diskussion **950** 4, 28
Zweck klarer Zuordnung der Eigentumsrechte **Vorbem 946 ff** 1; **Vorbem 950** 6, 17 ff

Verarbeitungsklauseln
und Kollision von Sicherungsrechten
Anh 929 ff 286
und verlängerte Sicherungsübereignung
Anh 929 ff 73
Verbindlichkeit
und Urkunde **952** 1
Verbindung
s. a. Entschädigung für Rechtsverlust
Akzessionsprinzip **946** 1
Alleineigentumserwerb bei Hauptsachen-
entstehung **947** 7
Anlandungen **946** 15
aufgrund Vertrages **951** 6
Ausübung dinglicher Rechte **946** 5
Bestandteilseigenschaft, fehlende des
Grundstücks **947** 2
eigener Sachen **946** 13
Eigentumserwerb durch den Grundstücks-
eigentümer **946** 7 ff
Eigentumserwerb kraft Gesetzes
Vorbem 946 ff 3
Eigentumsvorbehalt **946** 4, 10
Einbaufälle, Leistender **951** 3
Einbauten des Mieters **946** 4
Einverleibung in ein Inventar **947** 10
Erbbaurecht **946** 5, 9
Grundstückseinbau, unbefugter von
Vorbehaltsware **951** 14
Grundstückseinbaufälle nicht unter
Verbindung **951** 1 ff
Hauptsache, abhandengekommene **949** 4
Herzschrittmacher, implantierter **951** 4
Interessenausgleich der Beteiligten
Vorbem 946 ff 2
Klauseln zur Abwendung der Rechtsfolgen
947 8
als Leistung bisherigen Materialeigentü-
mers an einen Dritten **951** 7
Miteigentumserwerb bisheriger Sacheigen-
tümer **947** 6
Miteigentumserwerb an einheitlicher Sache
und Fortsetzung der Rechte Dritter **949** 3
Miteigentumserwerb und Verbindung mit
abhandengekommener Sache **949** 5
Realakt **946** 6
Rechte Dritter, Erlöschen kraft Gesetzes
949 1 ff
Rechtsumwandlung **951** 4
Rechtsverlust **951** 4
Sachverbindung **947** 1 ff
Scheinbestandteil **951** 4
Schiff, eingetragenes **946** 12
Trennung, spätere **946** 7
Überbau **946** 14
Verarbeitung, gleichzeitige **947** 2
Verarbeitung, vorrangige **950** 15

Verbindung (Forts.)
Versionsanspruch, vom Gesetz abgelehnter
951 7
Vorübergehender Zweck **946** 4
Vorübergehender Zweck, erforderliche
Einigung **946** 8
Wegfall eines dinglichen Rechts **946** 9
Werkvertrag **951** 6
Wesentliche Bestandteile einer einheitli-
chen Sache **947** 5
Wesentliche Grundstücksbestandteile
946 2 ff
Wiederaufhebung **953** 8
Zwangsversteigerungsverfahren **946** 11
Zweck klarer Zuordnung der Eigentums-
rechte **Vorbem 946 ff** 1
zwingendes Recht **946** 10; **947** 8
Verbindungsklauseln
und verlängerte Sicherungsübereignung
Anh 929 ff 73
Verborgene Sachen
s. Schatzfund
Verdinglichung obligatorischer Rechte
Verwerfung jeder – **Anh 929 ff** 5
Vereine
und Auflassungserfordernis **925** 29
Verfassungsrecht, Verfassungsmäßigkeit
Eigentumsgarantie und Gutglaubenser-
werb **Vorbem 932 ff** 6
Verfügung
s. a. Dinglicher Vertrag
Abstraktionsprinzip **Vorbem 929 ff** 16
Abtretung des Herausgabeanspruchs als –
931 20
Aneignungsgestattung **956** 13
Anfechtung **929** 19, 20
Bestimmtheitsgrundsatz **929** 11
Dinglicher Vertrag/Verfügungsgeschäft
Vorbem 929 ff 12
Eigentumsübertragung als abstraktes –
929 2; **Vorbem 929 ff** 13 ff
Eigentumsübertragung: Gesamttatbestand
oder Einigung als – **Vorbem 929 ff** 10
Einigung als rechtsgeschäftlicher Teil
929 14
Geschäftseinheit von causa und – **929** 25 ff
Kausalgeschäfte und Vollzug der – **932** 115
eines Minderjährigen über fremde Rechte
932 11
Sicherungsgut, mehrfache Verfügungen
hierüber **Anh 929 ff** 270 ff
zu Sicherungszwecken **932** 78 ff
Sittenwidrigkeit **929** 24
des Treuhänders über das Treugut
Anh 929 ff 331 ff
Verstoß gegen gesetzliches Verbot **929** 21
Verzicht auf Grundstückeigentum **928** 10
als wertneutrales Geschäft **929** 24

Verfügung (Forts.)
  zugunsten Dritter **929** 42
Verfügungsbefugnis
  Aneignungsgestattung **956** 18 ff, 23
  Auflassungserklärung und späterer Verlust
    der – **925** 113
  und Auflassungserklärungen **925** 112
  Entzug gegenüber dem Rechtsinhaber
    929 16
  guter Glaube hieran nicht geschützt
    Vorbem 932 ff 37
  Gutglaubenserwerb, ausgeschlossener
    936 7
  Kaufmann und guter Glaube an dessen –
    932 135
  als Voraussetzung der Einigung **929** 15 ff
Verfügungsbeschränkungen
  Auflassung ohne die Folge einer – **925** 9
  Auflassungserklärung **925** 44, 112
  ehegüterrechtliche § 1365 BGB **925** 44
  Familienvermögen betreffende Regelun-
    gen **932** 7
  Grundstückseigentum und absolute Verfü-
    gungsverbote **928** 19
  kein Gutglaubensschutz **932** 7, 20, 133,
    134; **Vorbem 932 ff** 38
Verfügungshindernisse
  und Gutglaubenserwerb des Eigentums
    932 5
Verfügungsverbote
  kein Gutglaubensschutz **932** 7;
    Vorbem 932 ff 38
Vergütungsanspruch
  Entschädigung für Rechtsverlust
    s. dort
Verkaufsautomat
  und Besitzergreifung durch den Erwerber
    929 94
Verkehrsfund
  s. Fund
Verkehrsgeschäfte
  und Gutglaubenserwerb an beweglichen
    Sachen **932** 13, 117; **Vorbem 932 ff** 42 ff
  Treuhand, Sicherungsübereignung
    Vorbem 932 ff 45
Verkehrsrecht
  oder römisch-rechtliches Vindikationsprin-
    zip **Vorbem 932 ff** 4
  Ursprung des Begriffs **Vorbem 932 ff** 2
Verkehrswert
  und Wertverhältnis Verarbeitung/Stoff
    950 11
Verlängerte Sicherungsübereignung
  s. Sicherungsübereignung
Verlorengegangene Sachen
  s. Abhandenkommen
Vermächtnis
  Auflassung **925** 24

Vermieterpfandrecht
  lastenfreier Eigentumserwerb **936** 9
Vermischung (Vermengung)
  s. a. Entschädigung für Rechtsverlust
  Alleineigentumserwerb bei vermischter
    Hauptsache **948** 8
  bewegliche Sachen aller Art **948** 5
  eigene Sachen des Eigentümers **949** 6
  Eigentumserwerb kraft Gesetzes
    Vorbem 946 ff 3
  Geldvermengung **948** 9
  gleichartige Sachen, Hauptsachenproblem
    948 8
  Hauptsache, abhandengekommene **949** 4
  Interessenausgleich der Beteiligten
    Vorbem 946 ff 2
  Kosten, unverhältnismäßige der Trennung
    948 4
  Lösung eines Interessenkonfliktes **948** 1
  Miteigentum an der Gesamtmenge **948** 6, 7
  Miteigentumserwerb an einheitlicher Sache
    und Fortsetzung der Rechte Dritter **949** 3
  Miteigentumserwerb und Verbindung mit
    abhandengekommener Sache **949** 5
  Rechte Dritter, Erlöschen kraft Gesetzes
    949 1 ff
  Rechtsumwandlung **951** 4
  Rechtsverlust **951** 4
  Sachen desselben Eigentümers **948** 3
  Sammellagergeschäft, Sammelverwahrung
    948 10, 11
  Trennung, objektiv unmögliche **948** 4
  Übergabecharakter **948** 3
  Verarbeitung **948** 3
  Zweck klarer Zuordnung der Eigentums-
    rechte **Vorbem 946 ff** 1
  zwingendes Recht **948** 2
Vermögensübertragung
  und Auflassungserfordernis **925** 26
Verpfändung
  des Aneignungsrechts **927** 20
  des Grundstücksübereignungsanspruchs
    925 127, 130
  vorgemerkten Anspruchs **925** 121
Verschmelzung
  und Auflassungserfordernis **925** 26
Versendung von Waren
  Eigentumsübertragung **929** 114
Versicherung für fremde Rechnung
  Eigentum am Versicherungsschein **952** 12
Versicherungsschein
  als Schuldschein **952** 3, 5
Versionsanspruch
  vom Gesetz abgelehnter **951** 7
**Versorgungsrechtliche Veräußerungsbeschrän-
kungen**
  behördliche Genehmigung der Auflassung
    925 102

Vertrag
und Einigung **Vorbem 929 ff** 11, 12
Vertrag (gegenseitiger)
und zweifache Vertragsurkunden **952** 14
Vertrag zugunsten Dritter
Auflassung zugunsten Dritter **925** 47
und Eigentum am Schuldschein **952** 15
Übereignung beweglicher Sachen **929** 44
Vertragsbruchtheorie
Kollision von Sicherungsrechten
Anh 929 ff 263, 283, 288, 291
Vertrauensschutz
und Rechtsschein **932** 37
Vertretung
Abtretung des Herausgabeanspruchs
931 21
und Aneignung **958** 6
Auflassung **925** 69 ff
bei Eigentumsübereignung **929** 38 ff
bei Eigentumsübertragung **929** 96
Einigung **929** 38 f; **932** 12, 135 ff
Verwahrungspflicht
des Finders **966** 1 ff
Verwaltungsgerichtsbarkeit
und Auflassung im gerichtlichen Vergleich
925 82
Verwertung
des Sicherungsgutes **Anh 929 ff** 225 ff
Verzicht
auf Aneignungsrecht des Eigenbesitzers
927 21
des Finders auf Eigentumserwerb **976** 1 ff
des Fiskus auf Aneignungsrecht am Grundstück **928** 24, 25
auf Grundstückseigentum **928** 9 ff
Vindikationsanspruch
und Eigentumsverschaffung durch Abtretung des Herausgabeanspruchs **931** 13 ff
Vindikationsprinzip
und Gutglaubenserwerb **Vorbem 932 ff** 4
Vollmacht
Auflassung
s. dort
Vorgesellschaften
Grundstückeigentum, Erwerb im Gründungsstadium **925** 50, 51
Vorgründungsgesellschaften
und Grundstückserwerb **925** 51
Vorkaufsrecht (dingliches)
Zubehörerstreckung bei der Bestellung
926 9
Vorkaufsrecht (gemeindliches)
Hoheitsakt und Eintragung, Eigentums-
übergang **925** 31
Vorkaufsrechtsbescheinigung 925 105
Vormerkung
und Aneignungsrecht **927** 17
und Aneignungsrecht des Fiskus **928** 30

Vormerkung (Forts.)
und Anspruch **925** 127
Auflassung, Bewilligung, Erwerberantrag
und – **925** 141
Auflassung und Eigentumsvormerkung,
Frage eines Anwartschaftsrechts **925** 140
Eigentumsanwartschaft und Eigentums-
vormerkung, Gegenüberstellung **925** 142
Eintragung der Abtretung, Verpfändung,
Pfändung des vorgemerkten Anspruchs
925 121
Maßnahmen zum Schutze des Käufers
925 146
Schutzfunktion **925** 92
Sicherung des Übereignungsanspruchs vor
und nach der Auflassung **925** 127
Übertragung des Anspruchs, Übergang
der – **925** 16
keine Verfügungsbeschränkung, keine
Grundbuchsperre **925** 127
Vormundschaftsgericht
Genehmigung einer Auflassung **925** 96

Waffenrecht
Aneignungsverbote **958** 9
Warenbegleitpapiere
Aushändigung **931** 39
Wasserrecht
Eigentumserwerb **946** 15
Wechsel
als Schuldschein **952** 5
Wechselforderung
durch Zession abgetretene **952** 5
Wegnahmerecht
Entschädigung für Rechtsverlust/besonde-
res – **951** 67 ff
Werkvertrag
Eigentumserwerb bei Verarbeitung im
Rahmen eines – **950** 38
Wertpapiere
Ausschließungsurteil **952** 6
Dereliktion **959** 11
Eigentumsübertragung **929** 6
Gutglaubenserwerb **932** 195, 214 ff
Kraftloserklärung **952** 6
Rechtsfolgenanordnung des § 952/gesetzli-
che Wertpapierkonstruktion als Gegen-
satz **952** 5
Widerrufbarkeit
der Aneignungsgestattung **956** 38 ff
der Einigung **929** 84; **956** 38
Widerspruch
und Aneignungsrecht **927** 17
und Aneignungsrecht des Fiskus **928** 30
Wild
s. Tiere
Wilderei
und Besitzerwerb **958** 5

Wissenschaftliches Interesse
Schatzfundcharakter **984** 3a
Wohnungseigentum
Aneignungsrecht **927** 4
Anwartschaft vor Fertigstellung der
Wohnung **925** 121
Auflassung **925** 19
als Gegenstand der Auflassung **925** 60, 64
Nachweis der Auflassungserklärung gegen-
über dem Grundbuch **925** 101
Umwandlung Wohnungs- in Teileigentum
925 19
Wohnungserbbaurecht
Auflassung **925** 21
Wucher
und Nichtigkeit des dinglichen Rechtsge-
schäfts **929** 23

Zollbegleitscheine
Eigentum **952** 8
Zollniederlageschein
Aushän **Zubehör**
Erwerb nach Grundstücksrecht oder Fahr-
nisrecht **926** 3
Zubehör
Erwerb nach Grundstücksrecht oder Fahr-
nisrecht **926** 3
Grundstückszubehör
s. dort

Zurückbehaltungsrecht
keine dingliche Belastung einer Sache **936** 4
des Finders **972** 1
an Schuldscheinen, Hypothekenbriefen
952 22
Zwangsversteigerung
Grundstückszubehör **926** 9
Verbindung der Vorbehaltssache mit einem
Grundstück **946** 11
Zuschlag **925** 31
Zwangsvollstreckung
Aneignungsgestattung **956** 28
Besitzverlust **935** 17
Drittwiderspruchsklage
— des Sicherungsgebers/des Sicherungs-
nehmers **Anh 929 ff** 250, 252
— des Treugebers/des Treuhänders
Anh 929 ff 329
Eigentum an einem Titel **952** 6
Sicherungseigentum **Anh 929 ff** 249 ff
Treuhandeigentum **Anh 929 ff** 326 ff
Zwangsvollstreckungsunterwerfung
Vollstreckbare Urkunde/Eigentumslage
952 6
Zweckvereinbarung
als Rechtsgrund der Sicherungsübereig-
nung **Anh 929 ff** 59
bei Treuhandeigentum **Anh 929 ff** 319, 320

J. von Staudingers
Kommentar zum Bürgerlichen Gesetzbuch
mit Einführungsgesetz und Nebengesetzen

Übersicht vom 17. Dezember 2004

Die Übersicht informiert über die Erscheinungsjahre der Kommentierungen in der 13. Bearbeitung und deren Neubearbeitungen (= Gesamtwerk STAUDINGER). *Kursiv* geschrieben sind die geplanten Erscheinungsjahre.

Die Übersicht ist für die 13. Bearbeitung und für deren Neubearbeitungen zugleich ein Vorschlag für das Aufstellen des „Gesamtwerk STAUDINGER" (insbesondere für solche Bände, die nur eine Sachbezeichnung haben). Es wird empfohlen, die Austauschbände chronologisch neben den überholten Bänden einzusortieren, um bei Querverweisungen auf diese schnell Zugriff zu haben. Bei Platzmangel sollten die ausgetauschten Bände an anderem Ort in gleicher Reihenfolge verwahrt werden.

	13. Bearb.	Neubearbeitungen	
Buch 1. Allgemeiner Teil			
Einl BGB; §§ 1–12; VerschG	1995		
Einl BGB; §§ 1–14; VerschG		2004	
§§ 21–89; 90–103 (1995)	1995		
§§ 90–103 (2004); 104–133; BeurkG	2004	2004	
§§ 134–163	1996	2003	
§§ 164–240	1995	2001	2004
Buch 2. Recht der Schuldverhältnisse			
§§ 241–243	1995		
AGBG	1998		
§§ 244–248	1997		
§§ 249–254	1998		
§§ 255–292	1995		
§§ 293–327	1995		
§§ 255–314		2001	
§§ 255–304			2004
§§ 315–327		2001	
§§ 315–326			2004
§§ 328–361	1995		
§§ 328–361b		2001	
§§ 328–359			2004
§§ 362–396	1995	2000	
§§ 397–432	1999		
§§ 433–534	1995		
§§ 433–487; Leasing		2004	
Wiener UN-Kaufrecht (CISG)	1994	1999	
VerbrKrG; HWiG; § 13a UWG	1998		
VerbrKrG; HWiG; § 13a UWG; TzWrG		2001	
§§ 491–507			2004
§§ 535–563 (Mietrecht 1)	1995		
§§ 564–580a (Mietrecht 2)	1997		
2. WKSchG; MÜG (Mietrecht 3)	1997		
§§ 535–562d (Mietrecht 1)		2003	
§§ 563–580a (Mietrecht 2)		2003	
§§ 581–606	1996		
§§ 607–610	./.		
§§ 611–615	1999		
§§ 616–619	1997		
§§ 620–630	1995		
§§ 616–630		2002	
§§ 631–651	1994	2000	2003
§§ 651a–651l	2001		
§§ 651a–651m		2003	
§§ 652–704	1995		
§§ 652–656		2003	
§§ 705–740	2003		
§§ 741–764	1996	2002	
§§ 765–778	1997		
§§ 779–811	1997	2002	
§§ 812–822	1994	1999	
§§ 823–825	1999		
§§ 826–829; ProdHaftG	1998	2003	
§§ 830–838	1997	2002	
§§ 839, 839a	2002		
§§ 840–853	2002		
Buch 3. Sachenrecht			
§§ 854–882	1995	2000	
§§ 883–902	1996	2002	

	13. Bearb.	Neubearbeitungen	
§§ 903–924; UmweltHaftR	1996		
§§ 903–924		2002	
UmweltHaftR		2002	
§§ 925–984; Anh §§ 929 ff	1995	2004	
§§ 985–1011	1993	1999	
ErbbVO; §§ 1018–1112	1994	2002	
§§ 1113–1203	1996	2002	
§§ 1204–1296; §§ 1–84 SchiffsRG	1997	2002	
§§ 1–64 WEG	*2005*		

Buch 4. Familienrecht

	13. Bearb.	Neubearbeitungen	
§§ 1297–1320; NeLebGem (Anh §§ 1297 ff); §§ 1353–1362	2000		
§§ 1363–1563	1994	2000	
§§ 1564–1568; §§ 1–27 HausratsVO	1999	2004	
§§ 1569–1586b	*2005*		
§§ 1587–1588; VAHRG	1998	2004	
§§ 1589–1600o	1997		
§§ 1589–1600e		2000	2004
§§ 1601–1615o	1997	2000	
§§ 1616–1625	2000		
§§ 1626–1633; §§ 1–11 RKEG	2002		
§§ 1638–1683	2000	2004	
§§ 1684–1717; Anh § 1717	2000		
§§ 1741–1772	2001		
§§ 1773–1895; Anh §§ 1773–1895 (KJHG)	1999	2004	
§§ 1896–1921	1999		

Buch 5. Erbrecht

	13. Bearb.	Neubearbeitungen	
§§ 1922–1966	1994	2000	
§§ 1967–2086	1996		
§§ 1967–2063		2002	
§§ 2064–2196		2003	
§§ 2087–2196	1996		
§§ 2197–2264	1996	2003	
§§ 2265–2338a	1998		
§§ 2339–2385	1997	2004	

EGBGB

	13. Bearb.	Neubearbeitungen	
Einl EGBGB; Art 1–2, 50–218	1998		
Art 219–222, 230–236	1996		
Art 219–245		2003	

EGBGB/Internationales Privatrecht

	13. Bearb.	Neubearbeitungen	
Einl IPR; Art 3–6	1996	2003	
Art 7, 9–12	2000		
IntGesR	1993	1998	
Art 13–18	1996		
Art 13–17b		2003	
Art 18; Vorbem A + B zu Art 19		2003	
IntVerfREhe	1997		
Kindschaftsrechtl Ü; Art 19	1994		
Art 19–24		2002	
Art 20–24	1996		
Art 25, 26	1995	2000	
Art 27–37	2002		
Art 38	1998		
Art 38–42		2001	
IntWirtschR	2000		
IntSachenR	1996		

	13. Bearb.	Neubearbeitungen	
Gesamtregister	*2005*		
Vorläufiges Abkürzungsverzeichnis	1993		
Das Schuldrechtsmodernisierungsgesetz	2002	2002	
BGB-Synopse 1896–1998	1998		
BGB-Synopse 1896–2000		2000	
100 Jahre BGB – 100 Jahre Staudinger (Tagungsband 1998)	1999		

Demnächst erscheinen

	13. Bearb.	Neubearbeitungen	
§§ 249–254		2005	
Wiener UN-Kaufrecht (CISG)			2005
IntVerfREhe		2004	

Dr. Arthur L. Sellier & Co. KG – Walter de Gruyter GmbH & Co. KG oHG, Berlin
Postfach 30 34 21, D-10728 Berlin, Telefon (030) 2 60 05-0, Fax (030) 2 60 05-222